Caderno de Treino

MAGISTRATURA FEDERAL

JUIZ FEDERAL

Coleção
Edital Sistematizado

Baseado na metodologia
Questão vem primeiro

Leonardo Garcia
Roberval Rocha

Ighor Fernando Rocha Galvão
Coordenação e pesquisa de jurisprudência

Caderno de Treino

MAGISTRATURA FEDERAL

JUIZ FEDERAL

Edital Sistematizado com Questões e Jurisprudência

9ª edição

Revista, atualizada e ampliada

2023

EDITORA JusPODIVM
www.editorajuspodivm.com.br

EDITORA JusPODIVM
www.editorajuspodivm.com.br

Rua Canuto Saraiva, 131 – Mooca – CEP: 03113-010 – São Paulo – São Paulo
Tel: (11) 3582.5757
• Contato: https://www.editorajuspodivm.com.br/central-de-relacionamento

Capa e Diagramação: Marcelo S. Brandão *(santibrando@gmail.com)*

S329m Caderno de Treino Para Magistratura Federal - Juiz Federal - Edital Sistematizado com Questões e Jurisprudência / organizado por Leonardo Garcia e Roberval Rocha / coordenador por Ighor Fernando Rocha Galvão – 9. ed., rev., atual. e ampl. - São Paulo: JusPodivm, 2023.

624 p.
(Coleção Caderno de Treino - Edital Sistematizado)

Inclui Bibliografia
ISBN: 978-85-442-4396-1

1. Provas de seleção. 2. Concursos. 3. Magistratura Federal. I. Galvão, Ighor Fernando Rocha. II. Garcia, Leonardo. III. Rocha, Roberval. IV. Título.

CDD 341.33312

BIBLIOTECÁRIA RESPONSÁVEL

Ana Carolina Ribeiro Mois – CRB7 – RJ 007348/0

SOBRE OS ORGANIZADORES E COORDENADOR

ORGANIZADORES

LEONARDO GARCIA

- Procurador do Estado do Espírito Santo.
- Mestre em Direitos Difusos e Coletivos pela PUC/SP.
- Ex-Procurador Federal com exercício no Gabinete do Advogado-Geral da União (AGU) com atuação específica perante o STF.
- Especialista em "Derecho del Consumo y Economía" pela Universidad de Castilla la Mancha/Espanha.
- Assessor do Relator da Comissão Especial de Atualização do CDC no Senado Federal.
- Professor de diversos cursos jurídicos e de pós-graduação.
- Autor e coordenador de diversos livros jurídicos.

ROBERVAL ROCHA

- Mestre em Direito, Universidade Católica de Pernambuco.
- Bacharel em Direito, Universidade Federal de Pernambuco.
- Organizador das séries: Principais Julgamentos, Súmulas Organizadas por Assunto, Anotadas e Comentadas, Direito na Visão dos Tribunais – Para Concursos, Editais Sistematizados, Coleção OAB e Treinando Para Concursos.
- Autor dos livros Sinopses Jurídicas – Direito Tributário e CTN Para Concursos.
- Coautor de diversos livros da Coleção Súmulas Organizadas por Assunto, Anotadas e Comentadas.

COORDENADOR E PESQUISA DE JURISPRUDÊNCIA

IGHOR FERNANDO ROCHA GALVÃO

- Advogado e parecerista.
- Pós-graduado em Direito Processual Civil pela Pontifícia Universidade Católica de Minas Gerais.
- Especialista em Direito Médico. Especialista em Direito Tributário.
- Assessor Jurídico na Procuradoria da Fazenda Municipal do Recife.
- Colaborador em diversas séries jurídicas, dentre elas: Editais Sistematizados, Súmulas Organizadas por Assunto, Principais Julgamentos do STF e do STJ.

SUMÁRIO

APRESENTAÇÃO

O objetivo do ***Caderno de Treino Juiz Federal*** é fornecer ferramentas úteis, objetivas e sistemáticas para a preparação ao concurso, um dos certames mais difíceis e concorridos do país.

O livro condensa os tópicos previstos na maioria dos editais, separando-os por ramo do direito e por assunto, e os contempla com:

- questões objetivas e discursivas;
- súmulas (STF, STJ, TRF's e TNU);
- enunciados (CJF, ENFAM, Fonacrim, Fonajef, Fonacom, Fonage, Fonacre, Fonadirh, Fonef e CARF).
- seleção de informativos recentes e resumidos (STF e STJ);
- temas recentes de repercussão geral e de recursos repetitivos.

E, também, com uma exclusiva tabela que indica as alterações legislativas de interesse para concursos públicos ocorridas nos últimos dois anos.

Assim, de modo estruturado e pedagógico, o candidato terá a oportunidade de estudar minuciosamente a jurisprudência e as súmulas aplicáveis dos Tribunais Superiores referentes aos pontos dos editais, e, principalmente, detectar se, e como, os assuntos foram exigidos nas provas anteriores.

Os Informativos dos Tribunais foram selecionados dentre os noticiados nos últimos doze meses, com maior probabilidade de serem cobrados nas provas, assim como os temas de repercussão geral e de recursos repetitivos dos últimos três anos.

Em relação às questões de provas, foi elaborado um ***Raio-X*** da incidência nos pontos dos editais, demonstrando a frequência com que os tópicos de estudo são mais, ou menos, exigidos, possibilitando melhor estratégia de direcionamento e abordagem dos conteúdos. Já a ***Suma dos Temas*** indica exatamente as matérias mais abordadas e permite concentrar esforços e atenção sobre essas "preferidas" das bancas organizadoras, principalmente na "reta final" dos concursos.

As questões objetivas **não são comentadas** e visam estimular o leitor a **treinar para as provas**. As questões discursivas são apresentadas também com esse intuito, e não disponibilizam os gabaritos oficiais das bancas (que normalmente não divulgam "espelhos" para esse tipo de teste).

Esperamos, assim, propiciar ao leitor melhores condições na árdua preparação para ocupar os tão almejados cargos nas carreiras mais prestigiadas do serviço público brasileiro.

Observação: a entrada em vigor do NCPC desatualizou quase todas as questões de direito processual civil, o que levou à utilização, no livro, de questões recentes, extraídas de concursos públicos de outras carreiras jurídicas assemelhadas.

Contem sempre conosco.

Leonardo Garcia & Roberval Rocha

METODOLOGIA "QUESTÃO VEM PRIMEIRO"

A Coleção Cadernos de Treino foi confeccionada com base na metodologia de estudo ***Questão Vem Primeiro***, criada pelo Prof. Leonardo Garcia e aprimorada nesta Coleção pelo Prof. Roberval Rocha. Consiste no método mais moderno e eficaz para a preparação de concursos públicos.

Quebrando o paradigma da utilização de questões de concursos "para treinar" o que foi estudado, a metodologia de estudo ***Questão Vem Primeiro*** propõe justamente o contrário do que muito estudante e candidato à concurso faz (utiliza as questões de concursos após o estudo de determinada matéria para verificar se o conteúdo foi apreendido e se o candidato consegue acertar as questões).

Antes de qualquer estudo (ainda que se trate de matérias que o candidato nunca estudou, nem mesmo na graduação), a metodologia propõe a leitura de questões anteriormente à leitura sobre o assunto. Uma leitura simples, verificando quais temas foram cobrados e como foram elaborados os enunciados das questões e suas alternativas, sem a ansiedade de ter que acertar a questão (até porque, como mencionado, muitas vezes sequer o candidato estudou a matéria).

Por isso, o objetivo desta coleção não foi comentar as questões. Com este propósito, a Editora possui outros livros e coleções. Como salientado, a metodologia ***Questão Vem Primeiro*** utiliza as questões para direcionar e ajudar o candidato à estudar focado para concursos.

Nada melhor do que as próprias questões de concursos para direcionar o estudo dos candidatos a concursos públicos. O erro na metodologia antiga era que o candidato estudava uma matéria sem saber ao certo o que deveria ser absorvido, quais os pontos mais importantes, quais as pegadinhas que precisam ser alertadas etc.

Lendo as questões anteriormente, o candidato naturalmente começa a perceber em seus estudos o que deve ser guardado, o que é importante e até mesmo começa a visualizar possíveis questões de concursos públicos futuras.

A Coleção Cadernos de Treino visa justamente contemplar um acervo relevante dos últimos certames das carreiras e das bancas examinadoras, separando as questões por tópicos constantes nos editais, ou seja, por assuntos cobrados. Além disso, facilitando ainda mais o estudo do candidato, a coleção contém gráficos e raio-x dos pontos mais cobrados, já indicando o que deve ser priorizado nos estudos. A indicação das matérias e dos temas que devem ser priorizados no estudo é fundamental para um estudo focado e de sucesso.

Utilize a metodologia ***Questão Vem Primeiro*** em seus estudos e descubra como isso pode ser um grande aliado em sua preparação.

RAIO-X DOS CONCURSOS

1. TABELA DOS ÚLTIMOS CONCURSOS REALIZADOS

A tabela abaixo indica os concursos ocorridos nos últimos anos, por Tribunal Regional Federal, e a respectiva organizadora do certame.

Tabela 01

	2022	2021	2020	2019	2018	2017	2016	2015	2014	2013
TRF1								Cespe		Cespe
TRF2					IBFC	TRF			TRF	Cespe
TRF3	Vunesp				TRF		TRF			TRF
TRF4	TRF						TRF		TRF	
TRF5						Cespe		Cespe		Cespe
TRF6										

O próximo quadro indica os Tribunais Regionais Federais e suas respectivas juridições.

Tabela 02

REGIÃO	JURISDIÇÃO	SEDE
TRF 1	AC, AM, AP, RO, RR, PA, TO + BA, MA, PI + GO, MT + DF	Brasília
TRF 2	RJ, ES	Rio de Janeiro
TRF 3	SP, MS	São Paulo
TRF 4	PR, RS, SC	Porto Alegre
TRF 5	AL, CE, PB, PE, RN, SE	Recife
TRF 6	MG	Belo Horizonte

2. QUANTITATIVO ANUAL DOS ÚLTIMOS CONCURSOS REALIZADOS

A distribuição abaixo indica quais foram os quantitativos de concursos da carreira, por ano, na última década.

Distribuição 01

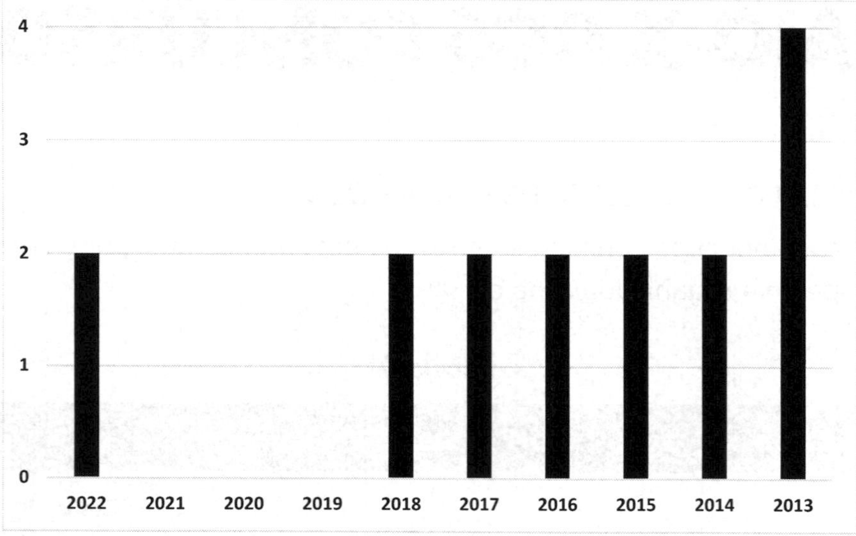

3. TABELA DOS ÚLTIMOS CONCURSOS POR ORGANIZADORA

A tabela abaixo indica quais foram as instituições que organizaram os últimos certames dessa carreira.

Tabela 03

ORGANIZADORA	CONCURSOS
Cespe	6
IBFC	1
Vunesp	1
TRF	8
TOTAL	**16**

4. TABELA CRONOLÓGICA DOS ÚLTIMOS CONCURSOS REALIZADOS

A tabela abaixo indica qual foi o ano do último concurso da carreira e a respectiva organizadora, por TRF.

Tabela 04

REGIÃO	ANO	ORGANIZADORA
TRF3	2022	Vunesp
TRF4	2022	TRF
TRF2	2018	TRF
TRF5	2017	Cespe
TRF1	2015	Cespe
TRF6	-	-

5. MAPA CRONOLÓGICO DOS ÚLTIMOS CONCURSOS REALIZADOS

Neste mapa, o gradiente permite identificar quais os estados estão mais próximos de organizar concursos da carreira, tendo em vista o ano de realização do último certame, conforme visto na tabela acima.

Tabela 05

RAIO-X DAS QUESTÕES

1. QUESTÕES POR DISCIPLINA E TEMA

A seguir, são apresentadas as tabelas de **Raio-X**, que servem para orientar o estudo a ser desenvolvido, descortinando o grau de exigência e a frequência com que certos temas são explorados nos concursos públicos para ingresso nesta carreira jurídica.

As tabelas indicam o número total de questões objetivas e as respectivas percentagens de distribuição nas disciplinas abordadas nos concursos. Ao final, consta, também, a distribuição das questões discursivas.

Tabela 06

1. DIREITO CONSTITUCIONAL

ASSUNTOS	QUESTÕES	%
1. Dos Princípios Fundamentais	1	0,4%
2. Dos Direitos e Garantias Fundamentais	29	12,2%
3. Da Organização do Estado	22	9,2%
4. Da Organização dos Poderes	62	26,1%
5. Da Defesa do Estado e das Instituições Democráticas	6	2,5%
6. Da Ordem Econômica e Financeira	16	6,7%
7. Da Ordem Social	12	5,0%
8. Das Disposições Constitucionais Gerais; ADCT	0	0,0%
9. Direito Processual Constitucional	55	23,1%
10. Teoria Constitucional	35	14,7%
TOTAL	238	100%

2. DIREITO DO CONSUMIDOR

ASSUNTOS	QUESTÕES	%
1. Disposições Gerais	17	36,2%
2. Dos Direitos Básicos do Consumidor	2	4,3%
3. Da Qualidade de Produtos e Serviços	8	17,0%
4. Das Práticas Comerciais	6	12,8%
5. Da Proteção Contratual	8	17,0%
6. Das Sanções Administrativas	2	4,3%
7. Da Defesa do Consumidor em Juízo	4	8,5%
TOTAL	47	100%

3. DIREITO ECONÔMICO

ASSUNTOS	QUESTÕES	%
1. Direito da Concorrência	26	42,6%
2. Direito Penal Econômico	3	4,9%
3. Direito Regulatório	11	18,0%
4. Monopólios	3	4,9%
5. Princípios da Ordem Econômica	18	29,5%
TOTAL	61	100%

4. DIREITO PENAL

ASSUNTOS	QUESTÕES	%
1. Da Aplicação da Lei Penal	4	3,0%
2. Do Crime	13	9,8%
3. Da Imputabilidade Penal	2	1,5%
4. Do Concurso de Pessoas	6	4,5%
5. Das Penas	14	10,5%
6. Da Extinção da Punibilidade	7	5,3%
7. Dos Crimes c/ Pessoa	5	3,8%
8. Dos Crimes c/ Patrimônio	11	8,3%
9. Dos Crimes c/ Organização do Trabalho	1	0,8%
10. Dos Crimes c/ Dignidade Sexual	2	1,5%
11. Dos Crimes c/ Fé Pública	5	3,8%
12. Dos Crimes c/ Administração Pública	11	8,3%
13. Leis Penais Especiais	37	27,8%
14. Teoria e Princípios	15	11,3%
TOTAL	133	100%

5. DIREITO PREVIDENCIÁRIO

ASSUNTOS	QUESTÕES	%
1. Constituição Federal	28	23,0%
2. Contribuições Previdenciárias	6	4,9%
3. Direito Processual Previdenciário	12	9,8%
4. Lei de Benefícios da Previdência Social	67	54,9%
5. Lei de Custeio da Previdência Social	5	4,1%
6. Lei de Organização da Assistência Social	2	1,6%
7. Leis de Previdência Complementar	2	1,6%
TOTAL	122	100%

6. DIREITO PROCESSUAL PENAL

ASSUNTOS	QUESTÕES	%
1. Do Inquérito Policial	7	5,6%
2. Da Ação Penal/Civil	3	2,4%
3. Da Competência	14	11,3%
4. Das Questões e Processos Incidentes	6	4,8%
5. Da Prova	20	16,1%
6. Dos Sujeitos do Processo	1	0,8%
7. Da Prisão, das Medidas Cautelares...	7	5,6%
8. Das Citações e Intimações	2	1,6%
9. Da Sentença	6	4,8%
10. Dos Processos em Espécie	5	4,0%
11. Das Nulidades e dos Recursos em Geral	12	9,7%
12. Disposições Gerais	0	0,0%
13. Leis Especiais	39	31,5%
14. Teoria e Princípios	2	1,6%
TOTAL	124	100%

7. DIREITO CIVIL

ASSUNTOS	QUESTÕES	%
1. Das Pessoas	15	8,3%
2. Dos Bens	2	1,1%
3. Dos Fatos Jurídicos	26	14,4%
4. Do Direito das Obrigações	81	45,0%
5. Do Direito das Coisas	29	16,1%
6. Do Direito de Família	4	2,2%
7. Do Direito das Sucessões	2	1,1%
8. Das Disposições Finais e Transitórias	1	0,6%
9. Leis Especiais	20	11,1%
TOTAL	180	100%

8. DIREITO PROCESSUAL CIVIL

ASSUNTOS	QUESTÕES	%
1. Das Normas Processuais Civis	3	1,7%
2. Da Função Jurisdicional	19	10,9%
3. Dos Sujeitos do Processo	21	12,1%
4. Dos Atos Processuais	14	8,0%
5. Da Tutela Provisória	11	6,3%
6. Da Formação, da Suspensão e da Extinção do Processo	2	1,1%

7. Do Processo de Conhecimento e do Cumprimento...	51	29,3%
8. Do Processo de Execução	7	4,0%
9. Dos Processos nos Tribunais e dos Meios de...	27	15,5%
10. Disposições Finais e Transitórias	1	0,6%
11. Leis Especiais	16	9,2%
12. Teoria e Princípios	2	1,1%
TOTAL	**174**	**100%**

9. DIREITO EMPRESARIAL

ASSUNTOS	QUESTÕES	%
1. Do Empresário	7	5,3%
2. Da Sociedade	39	29,5%
3. Do Estabelecimento	5	3,8%
4. Dos Institutos Complementares	5	3,8%
5. Contratos Mercantis/Bancários	21	15,9%
6. Lei de Intervenção e Liquidação Extrajudicial	4	3,0%
7. Lei de Propriedade Industrial	23	17,4%
8. Lei de Recuperação Judicial, Extrajudicial e Falência	12	9,1%
9. Títulos de Crédito	16	12,1%
TOTAL	**132**	**100%**

10. DIREITO FINANCEIRO

ASSUNTOS	QUESTÕES	%
1. Despesas e Receitas Públicas	10	16,1%
2. Dívida Pública	4	6,5%
3. Fiscalização Contábil, Financeira e Orçamentária	8	12,9%
4. Lei de Responsabilidade Fiscal	6	9,7%
5. Leis Orçamentárias	19	30,6%
6. Precatórios	6	9,7%
7. Repartição/Transferência de Receitas/Recursos	5	8,1%
8. Outros Temas	4	6,5%
TOTAL	**62**	**100%**

11. DIREITO TRIBUTÁRIO

ASSUNTOS	QUESTÕES	%
1. Competência Tributária	5	3,1%
2. Espécies de Tributos	23	14,1%
3. Legislação Tributária	11	6,7%
4. Obrigação Tributária	12	7,4%
5. Crédito Tributário	26	16,0%

6. Administração Tributária	8	4,9%
7. Limitações do Poder de Tributar	33	20,2%
8. Impostos Federais	25	15,3%
9. Direito Processual Tributário	20	12,3%
TOTAL	163	100%

12. DIREITO ADMINISTRATIVO

ASSUNTOS	QUESTÕES	%
1. Agentes Públicos	24	9,6%
2. Atos Administrativos	15	6,0%
3. Bens Públicos	28	11,2%
4. Controle da Administração Pública	18	7,2%
5. Entes da Administração Pública	33	13,3%
6. Intervenção do Estado na Propriedade	26	10,4%
7. Licitações e Contratos	23	9,2%
8. Processo Administrativo	13	5,2%
9. Responsabilidade Civil do Estado	15	6,0%
10. Serviços Públicos	24	9,6%
11. Sistema Financeiro da Habitação	10	4,0%
12. Teoria, Poderes e Princípios	20	8,0%
TOTAL	249	100%

13. DIREITO AMBIENTAL

ASSUNTOS	QUESTÕES	%
1. Código de Mineração	8	4,2%
2. Código Florestal	19	9,9%
3. Constituição Federal	9	4,7%
4. Lei da Biodiversidade	5	2,6%
5. Lei dos Agrotóxicos	3	1,6%
6. Lei dos Crimes Ambientais	19	9,9%
7. Lei da Política Nacional de Biossegurança	10	5,2%
8. Lei da Política Nacional de Recursos Hídricos	17	8,9%
9. Lei da Política Nacional de Resíduos Sólidos	4	2,1%
10. Lei da Política Nacional do Meio Ambiente	10	5,2%
11. Lei do Sistema Nacional de Unidades de Conservação	17	8,9%
12. Leis Esparsas	10	5,2%
13. Licenciamento Ambiental	22	11,5%
14. Responsabilidade Ambiental	19	9,9%
15. Tutela Processual	8	4,2%
16. Teoria e Princípios	12	6,3%
TOTAL	192	100%

14. DIREITO INTERNACIONAL PRIVADO

ASSUNTOS	QUESTÕES	%
1. Aplicação da Lei no Espaço	17	39,5%
2. Arbitragem Internacional	3	7,0%
3. Carta Rogatória	5	11,6%
4. Comércio e Contratos Internacionais	13	30,2%
5. Homologação de Sentença Estrangeira	5	11,6%
TOTAL	43	100%

15. DIREITO INTERNACIONAL PÚBLICO

ASSUNTOS	QUESTÕES	%
1. Direito dos Tratados	25	19,2%
2. Direitos Humanos	27	20,8%
3. Domínio Público Internacional	11	8,5%
4. Lei de Migração	5	3,8%
5. Mercosul	14	10,8%
6. Sujeitos de Direito Internacional Público	23	17,7%
7. Relações Diplomáticas e Consulares	5	3,8%
8. Solução de Controvérsias	6	4,6%
9. Tratados e Convenções Esparsos	14	10,8%
TOTAL	130	100%

16. TODAS AS DISCIPLINAS (OBJETIVAS)

ASSUNTOS	QUESTÕES	%
1. Direito Constitucional	238	11,6%
2. Direito do Consumidor	47	2,3%
3. Direito Econômico	61	3,0%
4. Direito Penal	133	6,5%
5. Direito Previdenciário	122	6,0%
6. Direito Processual Penal	124	6,0%
7. Direito Civil	180	8,8%
8. Direito Processual Civil	174	8,5%
9. Direito Empresarial	132	6,4%
10. Direito Financeiro	62	3,0%
11. Direito Tributário	163	8,0%
12. Direito Administrativo	249	12,1%
13. Direito Ambiental	192	9,4%
14. Direito Internacional Privado	43	2,1%
15. Direito Internacional Público	130	6,3%
TOTAL	2050	100%

17. TODAS AS DISCIPLINAS (DISCURSIVAS)

ASSUNTOS	QUESTÕES	%
1. Direito Constitucional	32	21,3%
2. Direito do Consumidor	5	3,3%
3. Direito Econômico	4	2,7%
4. Direito Penal	9	6,0%
5. Direito Previdenciário	15	10,0%
6. Direito Processual Penal	8	5,3%
7. Direito Civil	15	10,0%
8. Direito Processual Civil	10	6,7%
9. Direito Empresarial	9	6,0%
10. Direito Financeiro	2	1,3%
11. Direito Tributário	14	9,3%
12. Direito Administrativo	13	8,7%
13. Direito Ambiental	6	4,0%
14. Direito Internacional Privado	4	2,7%
15. Direito Internacional Público	4	2,7%
TOTAL	150	100%

2. ANÁLISE GRÁFICA DAS DISTRIBUIÇÕES

Adiante, é feita uma análise gráfica das informações contidas nas tabelas de **Raio-X** apresentadas no tópico anterior, objetivando traduzir visualmente a importância dos conteúdos mais explorados nas provas.

Os gráficos individualizam os dados de cada matéria, em relação às questões objetivas. Ao final, dois gráficos condensando todas as disciplinas: um, em relação às questões objetivas; outro, em relação às discursivas.

2.1. Direito Constitucional

Tradicionalmente, é a segunda disciplina mais exigida nos concursos (só perde para direito administrativo).

Nas matérias constitucionais, importante ressaltar que a Magistratura Federal exige muitos conhecimentos afetos ao capítulo da "Organização dos Poderes", que abarca **mais de um quarto** do conteúdo das provas desta disciplina. É bom, também, estudar com afinco os tópicos **processo constitucional** (ações e remédios constitucionais) e **teoria constitucional**. Juntas, essas três partes abrangem **mais de 60% das questões**.

Tópicos da CF/88 **menos abordados** em provas objetivas: "Dos Princípios Fundamentais", "Da Defesa do Estado e das Instituições Democráticas", "Das Disposições Constitucionais Gerais" e o "Ato das Disposições Constitucionais Transitórias".

As questões referentes a Direito Administrativo, Direito Econômico, Direito Financeiro, Direito Previdenciário e Direito Tributário encontram-se em capítulos próprios.

Gráfico 01

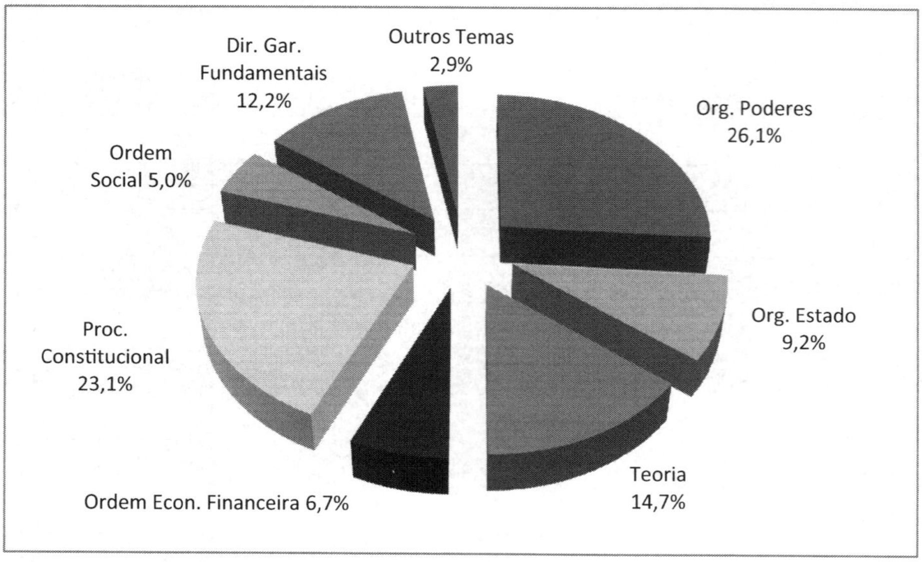

2.2. Direito do Consumidor

No direito consumerista, a quase totalidade das questões exigidas nos concursos públicos refere-se a um único título do Código de Defesa do Consumidor: **Dos Direitos do Consumidor**, que abrange 90% das questões desta matéria, dispostas no livro.

Portanto, o leitor deve dar máxima atenção aos capítulos do CDC que o compõem, priorizando especificamente: "Disposições Gerais", "Da Qualidade de Produtos e Serviços, da Prevenção e da Reparação dos Danos" e "Da Proteção Contratual". Esses três, juntos, correspondem a **quase 70%** das provas.

Conteúdos do CDC que são **pouco explorados** nas provas: "Dos Direitos Básicos do Consumidor" e "Das Sanções Administrativas".

Gráfico 02

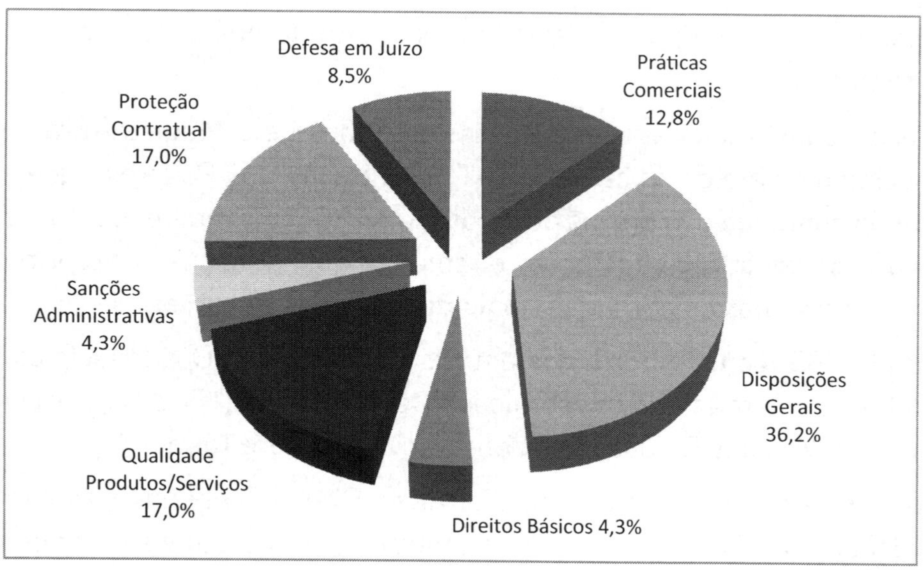

2.3. Direito Econômico

A disciplina é extremamente concentrada em três tópicos: "Direito da Concorrência", "Princípios da Ordem Econômica" e "Direito Regulatório". Juntos, respondem por **90% das questões**.

Conteúdos que **não são muito explorados** pelas bancas em número de questões objetivas: Direito Penal Econômico e Monopólios.

Gráfico 03

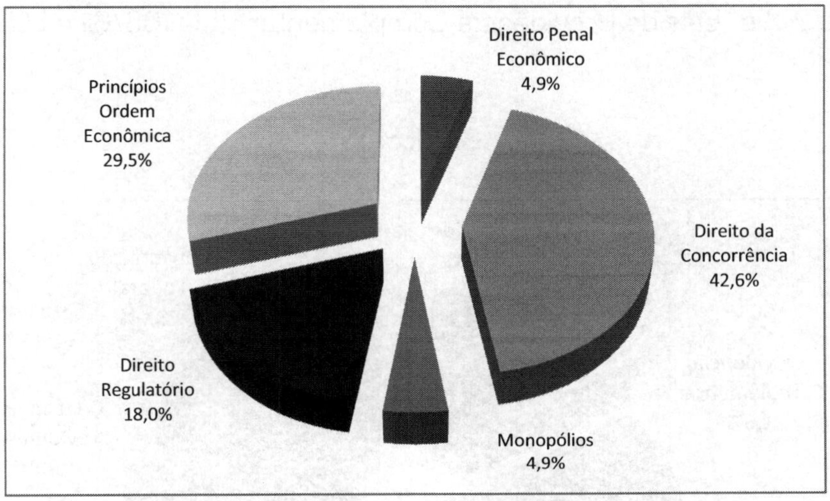

2.4. Direito Penal

As **leis penais especiais** têm importante relevância nos certames para o cargo, com **quase 30% das questões** de direito penal. A parte **teórica e principiológica** da disciplina também é relevante.

No que toca ao Código Penal, os títulos "Do Crime", "Das Penas" e a Parte Especial do códex (crimes em espécie) merecem bastante atenção.

Tópicos do CP que **quase não caem nas provas**: "Da Aplicação da Lei Penal" e "Da Imputabilidade Penal".

Gráfico 04

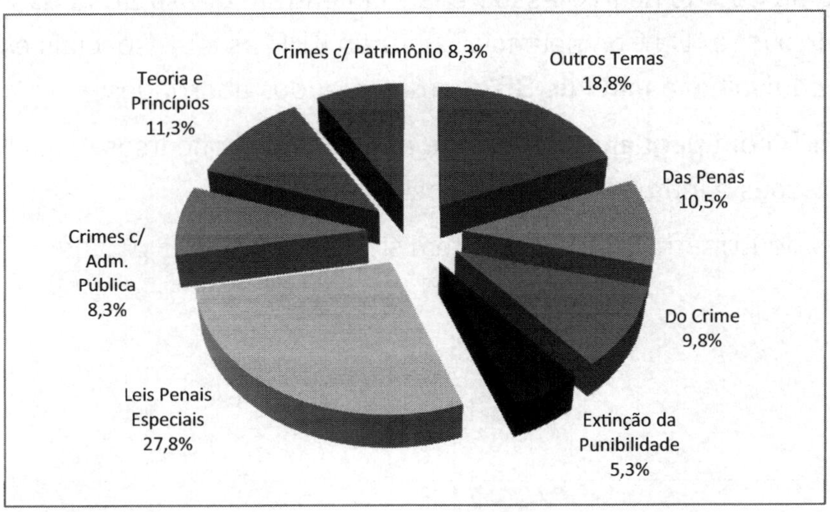

2.5. Direito Previdenciário

Nessa matéria, **mais da metade das questões** refere-se ao principal diploma de regência previdenciária, a Lei 8.213/91, com destaques para tópicos que dizem respeito aos benefícios em espécie e ao rol de beneficiários.

Temas constitucionais referentes a princípios e a previdência dos servidores públicos também devem ser bem estudados. Correspondem a **quase um quarto** do conteúdo.

Conteúdos **timidamente presentes nas provas**: "Lei de Organização da Assistência Social" (Lei 8.742/93) e "Leis de Previdência Complementar" (LC 108/01 e LC 109/01).

Gráfico 05

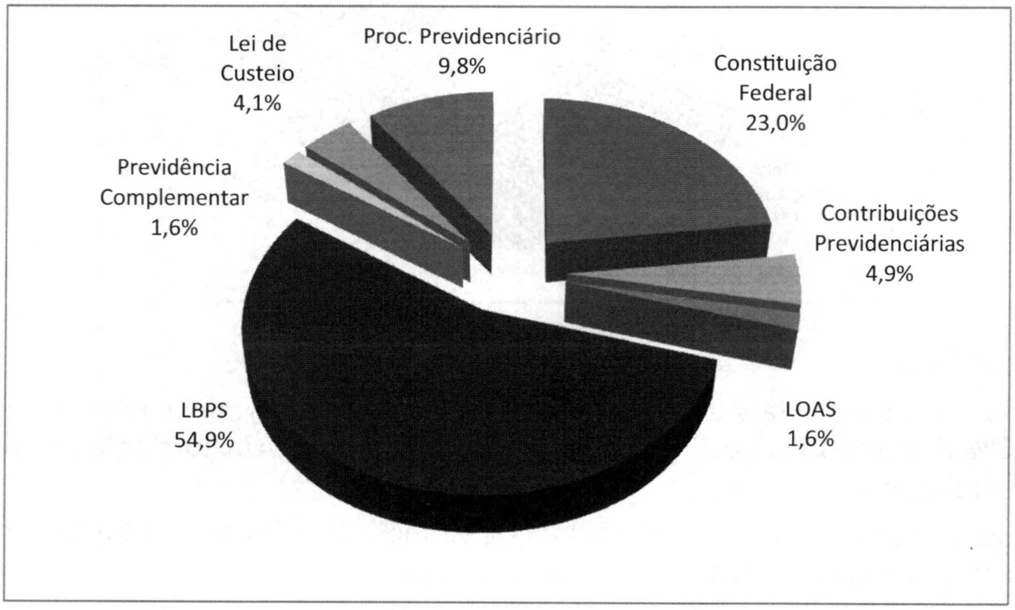

2.6. Direito Processual Penal

Dois tópicos do Código de Processo Penal concentram **quase 30% das questões** desta disciplina: "Da Prova" e "Da Competência". Fora do CPP, as leis especiais exigem atenção e estudo porque equivalem a **mais de 30%** dos conteúdos abordados.

Pontos do CPP com **pequeno número de questões** de concursos: "Dos Sujeitos do Processo", "Das Citações e Intimações" e "Disposições Gerais".

A parte mais doutrinária também não tem sido relevante nas provas.

Gráfico 06

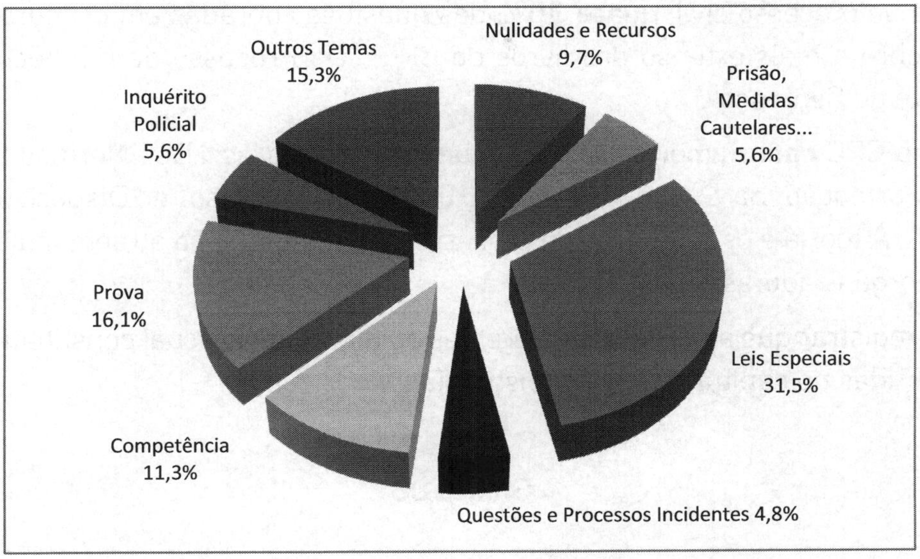

2.7. Direito Civil

O conteúdo do Código Civil tem sido prioritariamente explorado nos concursos. Destaque para "Direito das Obrigações", "Direito das Coisas" e "Fatos Jurídicos", que concentram o grosso dos temas versados nas provas, com **mais de 75%** do total das questões.

Títulos do CC/2002 apenas **esporadicamente presentes nas provas**: "Dos Bens", "Do Direito das Sucessões" e "Das Disposições Finais e Transitórias".

As leis civis esparsas vem sendo mais cobradas nos concursos recentes.

Convém observar que as questões referentes ao direito de empresa e aos títulos de crédito foram deslocadas para capítulo próprio: Direito Empresarial.

Gráfico 07

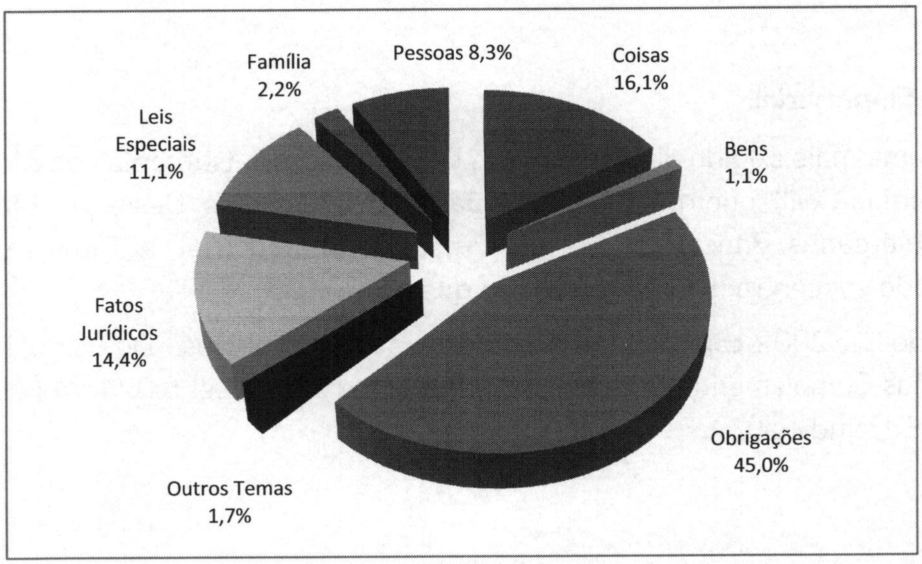

2.8. Direito Processual Civil

Em tema de processo civil, **quase 30%** das questões cobradas em concursos jurídicos versavam sobre o mais extenso dos livros do CPC: "Do Processo de Conhecimento e do Cumprimento de Sentença".

Pontos do CPC **com número baixo de questões** em provas: "Das Normas Processuais Civis", "Da Formação, da Suspensão e da Extinção do Processo" e "Disposições Finais e Transitórias". A teoria e os princípios do processo civil também não atraem muito a atenção das bancas organizadoras.

Convém registrar que as questões referentes ao direito processual constitucional encontram-se inseridas no capítulo Direito Constitucional.

Gráfico 08

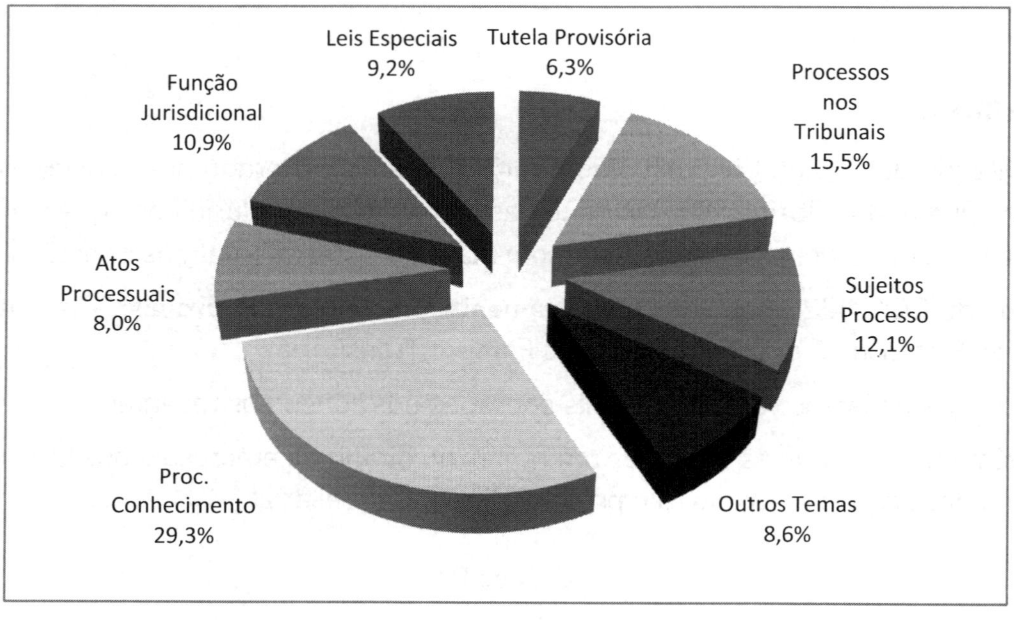

2.9. Direito Empresarial

Aqui, o tema mais exigido diz respeito aos tipos societários (subtópico de Direito de Empresa, do Código Civil), que responde por **quase 30% questões**. Destaque, também, para "Contratos Mercantis/Bancários", "Lei de Propriedade Industrial" e "Títulos de Crédito". Esse agregado concentra **mais de 60% das questões**.

Tópicos do CC/2002 **com poucas questões** nas últimas provas: "Do Estabelecimento" e "Dos Institutos Complementares". O mesmo se pode dizer da Lei 6.024/74 (Intervenção e Liquidação Extrajudicial).

Gráfico 09

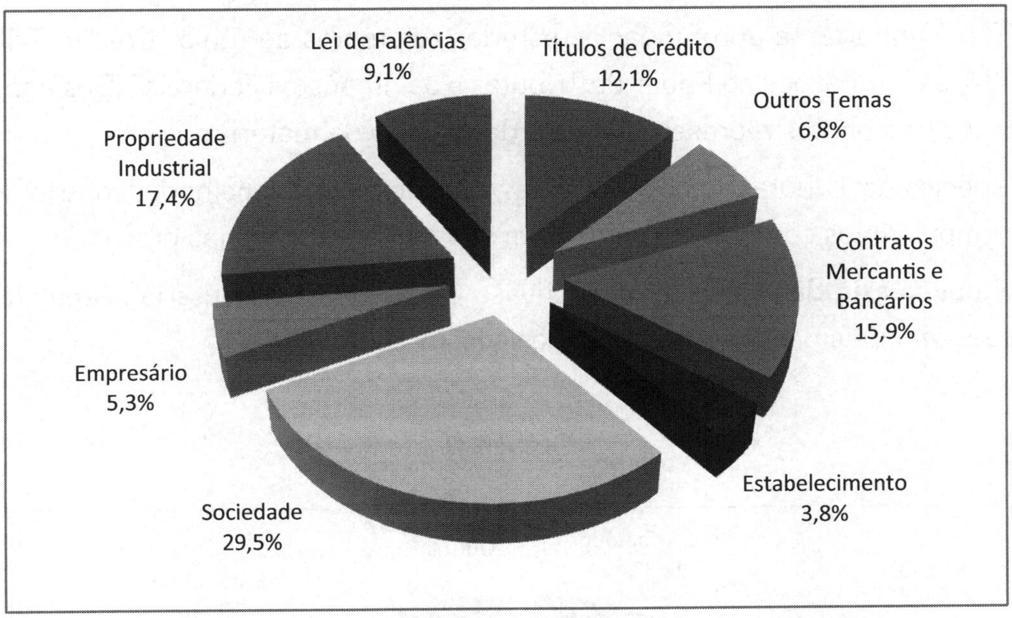

2.10. Direito Financeiro

Questões atinentes a direito orçamentário representam aproximadamente **30% das questões** desta matéria. Outros temas bastante explorados são os que dizem respeito aos "Fiscalização Contábil, Financeira e Orçamentária" e às "Despesas e Receitas Públicas". Esses três pontos arregimentam **quase 60%** do conteúdo da disciplina.

"Dívida Pública" é o ponto **menos cobrado** nas provas objetivas da primeira fase.

Gráfico 10

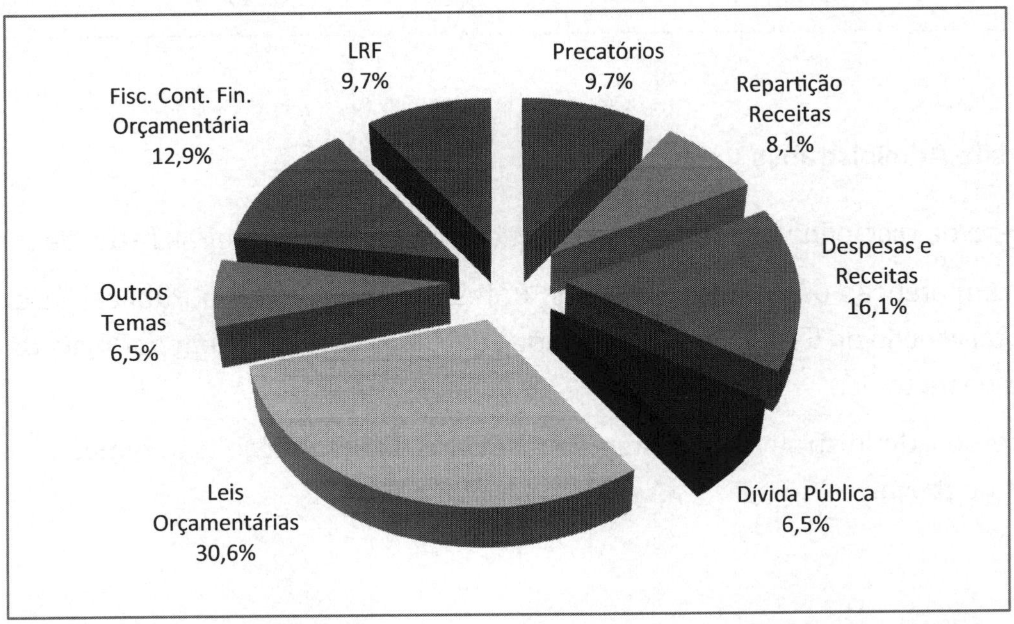

2.11. Direito Tributário

No CTN, é importante aprofundar os estudos referentes ao título "Crédito Tributário"; na CF/1988, as Limitações ao Poder de Tributar e os "Impostos Federais" (Dos Impostos da União). Esses três pontos representam **mais da metade** da matéria.

As "Espécies de Tributos" (impostos, taxas, contribuição de melhoria, contribuições especiais e empréstimos compulsórios) também são muito exigidos nas provas.

Temas **pouco exigidos** nas provas objetivas: "Competência Tributária". **Atenção**: impostos estaduais e municipais não são cobrados nesses concursos.

Gráfico 11

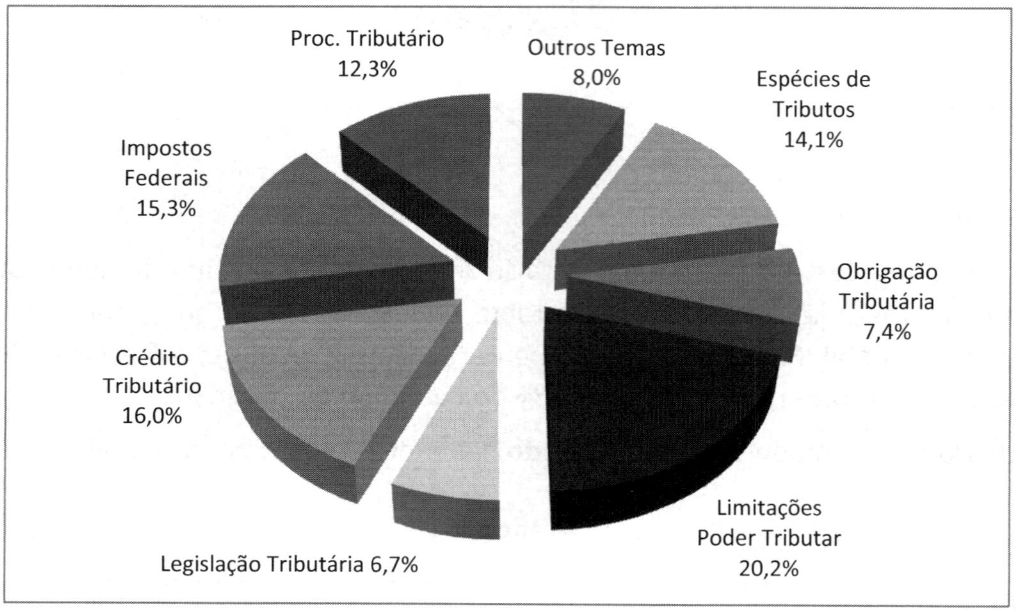

2.12. Direito Administrativo

Trata-se da disciplina que mais fornece questões para as primeiras fases de prova.

Merecem atenção os pontos referentes "Entes da Administração Pública", "Bens Públicos" e "Intervenção do Estado na Propriedade", que, juntos, respondem por **mais de 1/3 das questões** deste tópico.

"Processo Administrativo" e "Sistema Financeiro da Habitação" são temas com **poucas questões** de prova.

Gráfico 12

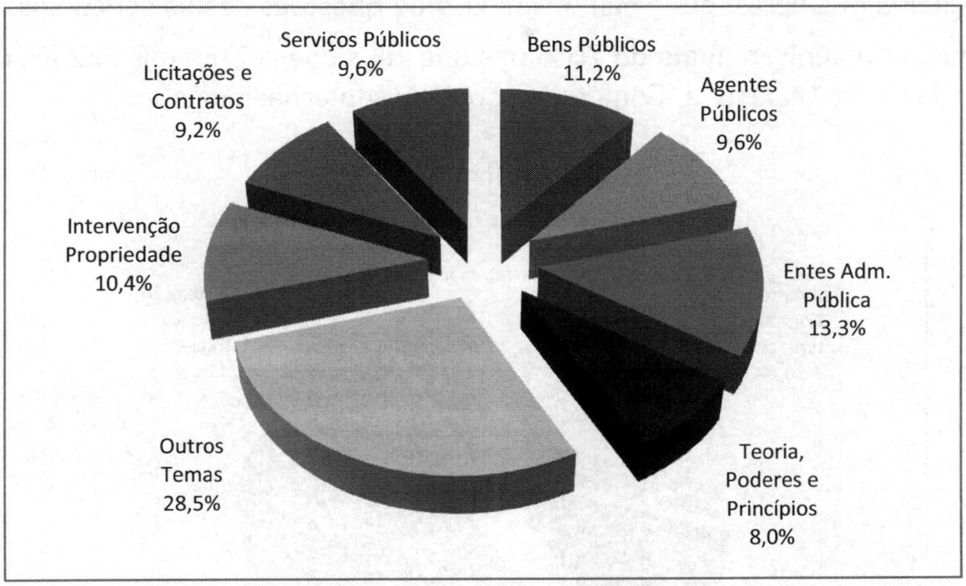

2.13. Direito Ambiental

É a terceira disciplina mais cobrada nas provas objetivas.

Nesta matéria, "Licenciamento Ambiental", "Lei dos Crimes Ambientais" e "Código Florestal" concentram **quase um terço** dos conteúdos exigidos nas provas.

Outros pontos críticos são: "Lei da Política Nacional de Recursos Hídricos", "Lei do Sistema Nacional de Unidades de Conservação" e "Responsabilidade Ambiental".

Diplomas sem muito destaque: "Lei da Biodiversidade", "Lei dos Agrotóxicos", "Lei da Política Nacional de Resíduos Sólidos".

Gráfico 13

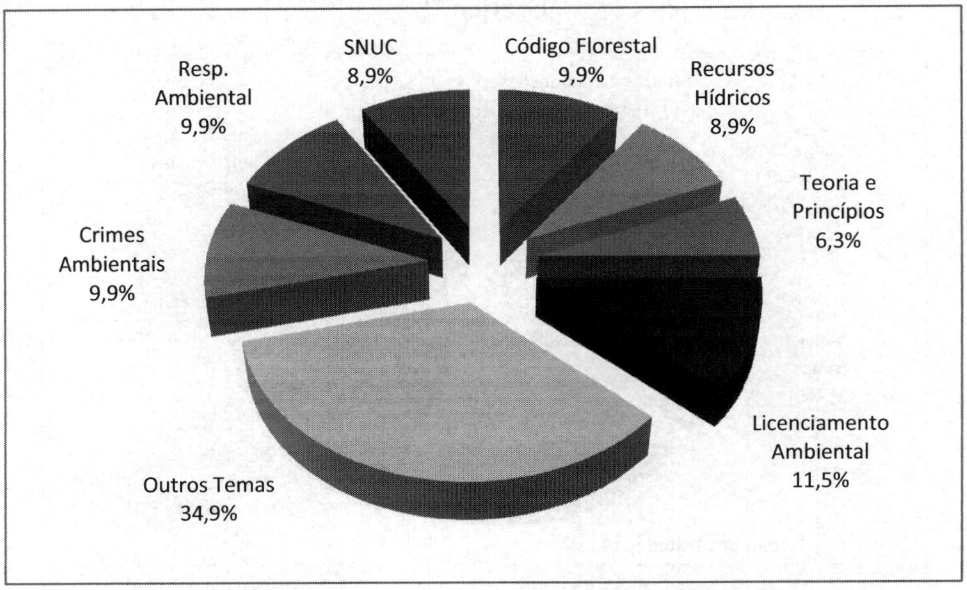

2.14. Direito Internacional Privado

É a disciplina que apresenta o **menor número de questões** nestes concursos.

Dois temas concentram **mais de 70%** das questões que caíram nos últimos concursos: "Aplicação da Lei no Espaço" e "Comércio e Contratos Internacionais".

Gráfico 14

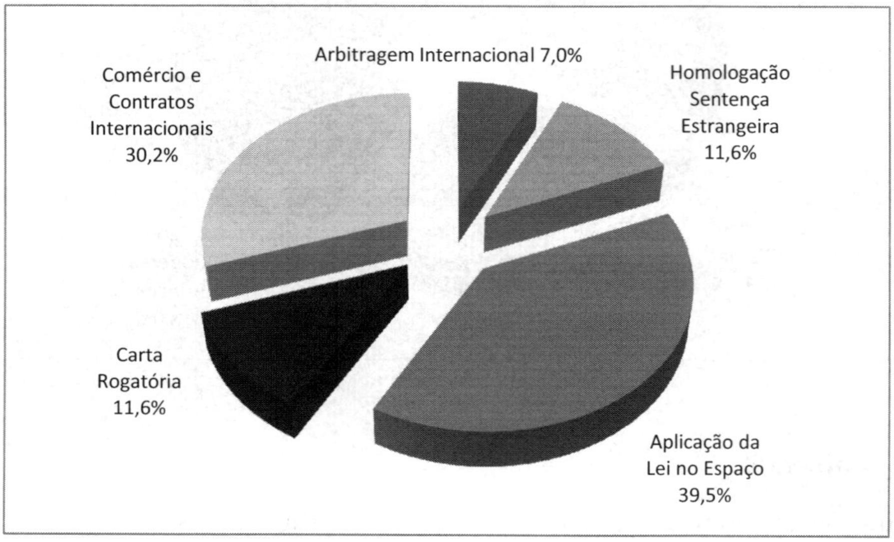

2.15. Direito Internacional Público

"Direito dos Tratados", "Sujeitos de Direito Internacional Público" e "Direitos Humanos" são as matérias mais abordadas de DIP. Juntas, representam **quase 70%** do conteúdo. Deve-se dar atenção, também, aos vários assuntos que se referem à estrutura, normas e funcionamento do Mercosul.

"Relações Diplomáticas e Consulares" apresentam o **menor número de questões** de prova.

Gráfico 15

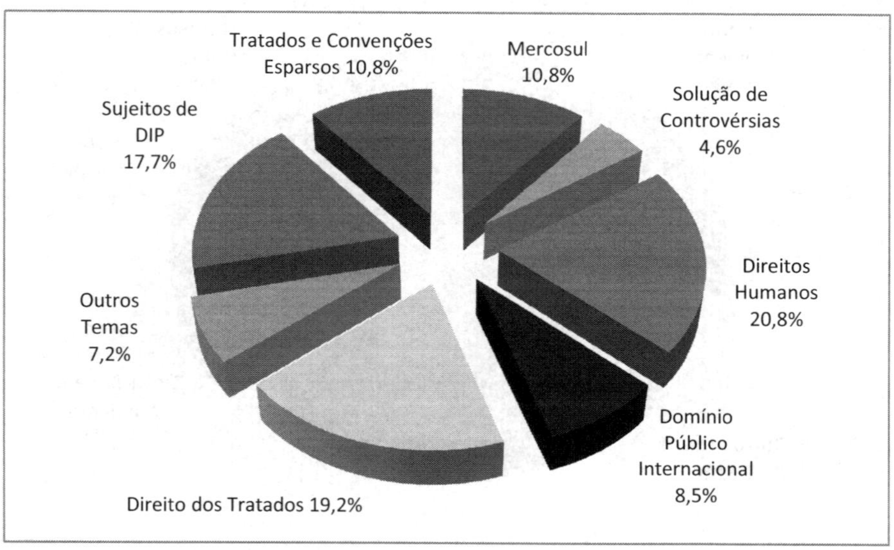

2.16. Todas as Disciplinas (Objetivas)

A divisão da disciplinas é feita por "blocos", seguindo a ordem estabelecida na Resolução nº 75/2009 do Conselho Nacional de Justiça (CNJ), que dispõe sobre os concursos públicos para ingresso na carreira da Magistratura em todos os ramos do Poder Judiciário nacional:

- primeiro bloco (direito constitucional, direito previdenciário, direito penal, direito processual penal, direito econômico e de proteção ao consumidor), com **29,3% das questões** de prova;
- segundo bloco (direito civil, direito processual civil, direito empresarial, direito financeiro e tributário), com **34,7% das questões** de prova; e
- terceiro bloco (direito administrativo, direito ambiental, direito internacional publico e privado), com **30% das questões** de prova.

No livro, apenas por questões didáticas, foram apartados em capítulos autônomos: direito financeiro, direito tributário, direito do consumidor, direito econômico direito internacional público e direito internacional privado.

Gráfico 16

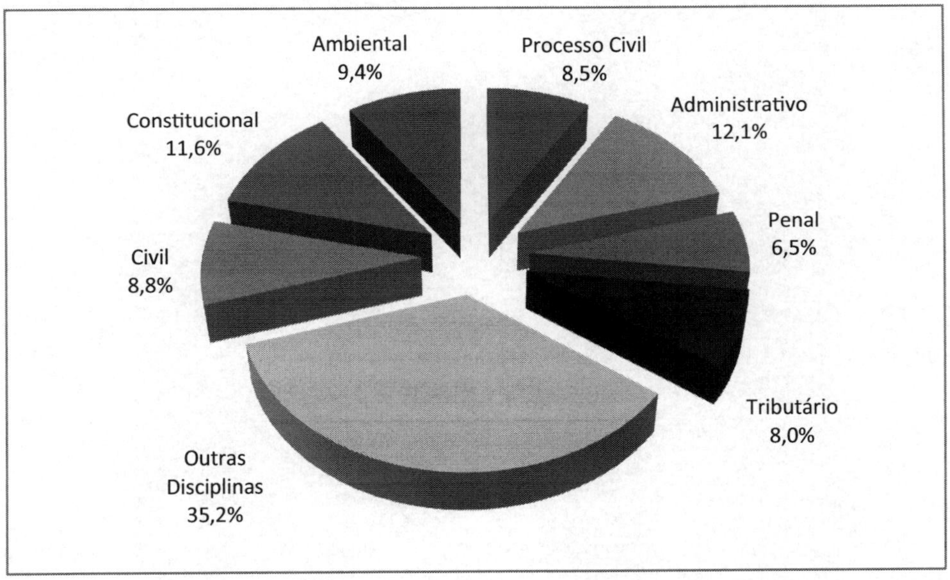

2.17. Todas as Disciplinas (Discursivas)

O livro traz questões discursivas para exemplificar ao leitor como as provas escritas exploram os conteúdos exigido nos editais. As disciplinas mais tradicionais (direito administrativo, direito constitucional, direito tributário, direito previdenciário e direito civil) também são as que mais caem nas provas.

Importa ressaltar que temas afeitos à **sociologia do direito**, à **filosofia do direito** e à **teoria do direito**, apesar de raramente exigidos nas questões objetivas, são cobrados nas provas escritas discursivas.

Gráfico 17

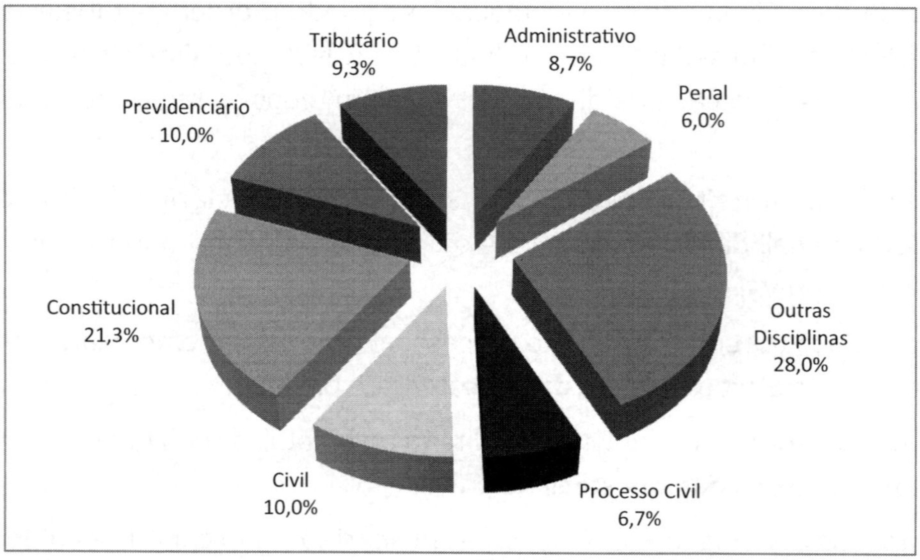
Tributário
9,3%
Administrativo
8,7%
Penal
6,0%
Previdenciário
10,0%
Constitucional
21,3%
Outras
Disciplinas
28,0%
Civil
10,0%
Processo Civil
6,7%

SUMA DOS TEMAS

1. TEMAS DAS PROVAS OBJETIVAS

A tabela abaixo indica visualmente o **grau de exigência** dos tópicos de cada disciplina. As questões objetivas são totalizadas por símbolos. Cada um dos símbolos utilizados agrega um conjunto de até cinco questões.

O gradiente/simbologia indica o número acumulado de questões em cada item, evidenciando o perfil estatístico que as bancas organizadoras adotam na feitura das provas.

Tabela 07

CAPÍTULO / TÓPICOS	QUESTÕES
1. DIREITO CONSTITUCIONAL	
1. Dos Princípios Fundamentais	○
2. Dos Direitos e Garantias Fundamentais	○○◯◯●●
3. Da Organização do Estado	○○◯◯●
4. Da Organização dos Poderes	○○◯◯●●⚡⚡💣💣☢☢☠
5. Da Defesa do Estado e das Inst. Democráticas	○○
6. Da Ordem Econômica e Financeira	○○◯◯
7. Da Ordem Social	○○◯
8. Das Disposições Constitucionais Gerais; ADCT	-
9. Direito Processual Constitucional	○○◯◯●●⚡⚡💣💣☢
10. Teoria Constitucional	○○◯◯●●⚡
2. DIREITO DO CONSUMIDOR	
1. Disposições Gerais	○○◯◯
2. Dos Direitos Básicos do Consumidor	○
3. Da Qualidade de Produtos e Serviços	○○
4. Das Práticas Comerciais	○○
5. Da Proteção Contratual	○○
6. Das Sanções Administrativas	○
7. Da Defesa do Consumidor em Juízo	○
3. DIREITO ECONÔMICO	
1. Direito da Concorrência	○○◯◯●●
2. Direito Penal Econômico	○
3. Direito Regulatório	○○◯

CAPÍTULO / TÓPICOS	QUESTÕES
4. Monopólios	◌
5. Princípios da Ordem Econômica	◌◌○○
4. DIREITO PENAL	
1. Da Aplicação da Lei Penal	◌
2. Do Crime	◌◌○
3. Da Imputabilidade Penal	◌
4. Do Concurso de Pessoas	◌◌
5. Das Penas	◌◌○
6. Da Extinção da Punibilidade	◌◌
7. Dos Crimes c/ Pessoa	◌
8. Dos Crimes c/ Patrimônio	◌◌○
9. Dos Crimes c/ Organização do Trabalho	◌
10. Dos Crimes c/ Dignidade Sexual	◌
11. Dos Crimes c/ Fé Pública	◌
12. Dos Crimes c/ Administração Pública	◌◌○
13. Leis Penais Especiais	◌◌○○●●⚡⚡
14. Teoria e Princípios	◌◌○
5. DIREITO PREVIDENCIÁRIO	
1. Constituição Federal	◌◌○○●●
2. Contribuições Previdenciárias	◌◌
3. Direito Processual Previdenciário	◌◌○
4. Lei de Benefícios da Previdência Social	◌◌○○●●⚡⚡💣💣☢☢☠☠
5. Lei de Custeio da Previdência Social	◌
6. Lei de Organização da Assistência Social	◌
7. Leis de Previdência Complementar	◌
6. DIREITO PROCESSUAL PENAL	
1. Do Inquérito Policial	◌◌
2. Da Ação Penal/Civil	◌
3. Da Competência	◌◌○
4. Das Questões e Processos Incidentes	◌◌
5. Da Prova	◌◌○○
6. Dos Sujeitos do Processo	◌
7. Da Prisão, das Medidas Cautelares e da Lib...	◌◌
8. Das Citações e Intimações	◌
9. Da Sentença	◌◌
10. Dos Processos em Espécie	◌
11. Das Nulidades e dos Recursos em Geral	◌◌○

CAPÍTULO / TÓPICOS	QUESTÕES
12. Disposições Gerais	-
13. Leis Especiais	◌◌○○●●⚡⚡
14. Teoria e Princípios	◌
7. DIREITO CIVIL	
1. Das Pessoas	◌◌○
2. Dos Bens	◌
3. Dos Fatos Jurídicos	◌◌○○●●
4. Do Direito das Obrigações	◌◌○○●●⚡⚡💣💣☢☢☠☠...
5. Do Direito das Coisas	◌◌○○●●
6. Do Direito de Família	◌
7. Do Direito das Sucessões	◌
8. Das Disposições Finais e Transitórias	◌
9. Leis Especiais	◌◌○○
8. DIREITO PROCESSUAL CIVIL	
1. Das Normas Processuais Civis	◌
2. Da Função Jurisdicional	◌◌○○
3. Dos Sujeitos do Processo	◌◌○○●
4. Dos Atos Processuais	◌◌○
5. Da Tutela Provisória	◌◌○
6. Da Formação, da Suspensão e da Extinção do...	◌
7. Do Processo de Conhecimento e do Cump. ...	◌◌○○●●⚡⚡💣💣☢
8. Do Processo de Execução	◌◌
9. Dos Processos nos Tribunais e dos Meios de Imp. ...	◌◌○○●●
10. Disposições Finais e Transitórias	◌
11. Leis Especiais	◌◌○○
12. Teoria e Princípios	◌
9. DIREITO EMPRESARIAL	
1. Do Empresário	◌◌
2. Da Sociedade	◌◌○○●●⚡⚡
3. Do Estabelecimento	◌
4. Dos Institutos Complementares	◌
5. Contratos Mercantis/Bancários	◌◌○○●
6. Lei de Intervenção e Liquidação Extrajudicial	◌
7. Lei de Propriedade Industrial	◌◌○○●
8. Lei de Recuperação Judicial, Extrajudicial e Falência	◌◌○
9. Títulos de Crédito	◌◌○○

CAPÍTULO / TÓPICOS	QUESTÕES
10. DIREITO FINANCEIRO	
1. Despesas e Receitas Públicas	○○
2. Dívida Pública	○
3. Fiscalização Contábil, Financeira e Orçamentária	○○
4. Lei de Responsabilidade Fiscal	○○
5. Leis Orçamentárias	○○○○
6. Precatórios	○○
7. Repartição/Transferência de Receitas/Recursos	○
8. Outros Temas	○
11. DIREITO TRIBUTÁRIO	
1. Competência Tributária	○
2. Espécies de Tributos	○○○○●
3. Legislação Tributária	○○○
4. Obrigação Tributária	○○○
5. Crédito Tributário	○○○○●●
6. Administração Tributária	○○
7. Limitações do Poder de Tributar	○○○○●● ϟ
8. Impostos Federais	○○○○●
9. Direito Processual Tributário	○○○○
12. DIREITO ADMINISTRATIVO	
1. Agentes Públicos	○○○○●
2. Atos Administrativos	○○○
3. Bens Públicos	○○○○●●
4. Controle da Administração Pública	○○○○
5. Entes da Administração Pública	○○○○●● ϟ
6. Intervenção do Estado na Propriedade	○○○○●●
7. Licitações e Contratos	○○○○●
8. Processo Administrativo	○○○
9. Responsabilidade Civil do Estado	○○○
10. Serviços Públicos	○○○○●
11. Sistema Financeiro da Habitação	○○
12. Teoria, Poderes e Princípios	○○○○
13. DIREITO AMBIENTAL	
1. Código de Mineração	○○
2. Código Florestal	○○○○
3. Constituição Federal	○○
4. Lei da Biodiversidade	○

CAPÍTULO / TÓPICOS	QUESTÕES
5. Lei dos Agrotóxicos	○
6. Lei dos Crimes Ambientais	○○○○
7. Lei da Política Nacional de Biossegurança	○○
8. Lei da Política Nacional de Recursos Hídricos	○○○○
9. Lei da Política Nacional de Resíduos Sólidos	○
10. Lei da Política Nacional do Meio Ambiente	○○
11. Lei do Sistema Nacional de Un. de Conservação	○○○○
12. Leis Esparsas	○○
13. Licenciamento Ambiental	○○○○●
14. Responsabilidade Ambiental	○○○○
15. Tutela Processual	○○
16. Teoria e Princípios	○○○
14. DIREITO INTERNACIONAL PRIVADO	
1. Aplicação da Lei no Espaço	○○○○
2. Arbitragem Internacional	○
3. Carta Rogatória	○
4. Comércio e Contratos Internacionais	○○○
5. Homologação de Sentença Estrangeira	○
15. DIREITO INTERNACIONAL PÚBLICO	
1. Direito dos Tratados	○○○○●
2. Direitos Humanos	○○○○●●
3. Domínio Público Internacional	○○○
4. Lei de Migração	○
5. Mercosul	○○○
6. Sujeitos de Direito Internacional Público	○○○○●
7. Relações Diplomáticas e Consulares	○
8. Solução de Controvérsias	○○
9. Tratados e Convenções Esparsos	○○○

2. TEMAS MAIS EXIGIDOS

No texto do livro foram ressaltados os **temas mais exigidos nas provas objetivas**. São verdadeiros pontos-chave de estudo que merecem toda atenção e análise do leitor. Todos sinalizados em realce:

ATENÇÃO: ESTE TEMA É MUITO EXIGIDO NOS CONCURSOS!

Abaixo, uma tabela-resumo desses verdadeiros "**temas sensíveis**" dos concursos organizados pela Banca. São **30** tópicos, que agregam **648** questões e, estatisticamente, representam **mais de 30%** do conteúdo desses certames.

Tabela 08

CAPÍTULO / TÓPICOS	QUESTÕES
1. DIREITO CONSTITUCIONAL	
2. Dos Dir. e Gar. Fundamentais... 2.1. Dos Dir. e Dev. Ind. e Coletivos	16
4. Da Organização dos Poderes... 4.1.2. Do Processo Legislativo	19
9. Direito Processual Constitucional... 9.1.1. ADI/ADC	27
10.3. Hermenêutica Constitucional	19
2. DIREITO DO CONSUMIDOR	
1. Disposições Gerais	17
3. DIREITO ECONÔMICO	
1. Direito da Concorrência	26
5. Princípios da Ordem Econômica	18
5. DIREITO PREVIDENCIÁRIO	
4. Lei de Benefícios da Previdência Social... 4.2.2. Dos Benefícios	38
6. DIREITO PROCESSUAL PENAL	
5. Da Prova	20
7. DIREITO CIVIL	
4. Do Direito das Obrigações... 4.5. Dos Contratos em Geral	17
4. Do Direito das Obrigações... 4.8. Da Responsabilidade Civil	19
9. DIREITO EMPRESARIAL	
2. Da Sociedade... 2.3.2. Limitada, Anônima, Comandita p/ Ações	23
5. Contratos Mercantis/Bancários	21
7. Lei de Propriedade Industrial	23
10. DIREITO FINANCEIRO	
5. Leis Orçamentárias	19
11. DIREITO TRIBUTÁRIO	
2. Espécies de Tributos	23
5. Crédito Tributário	36
7. Limitações do Poder de Tributar... 7.2. Princípios	16
8. Impostos Federais	25
12. DIREITO ADMINISTRATIVO	
3. Bens Públicos	28
13. DIREITO AMBIENTAL	
2. Código Florestal	19
6. Lei dos Crimes Ambientais	19
8. Lei da Política Nacional de Recursos Hídricos	17

CAPÍTULO / TÓPICOS	QUESTÕES
11. Lei do Sistema Nacional de Unidades de Conservação	17
13. Licenciamento Ambiental	22
14. Responsabilidade Ambiental	19
14. DIREITO INTERNACIONAL PRIVADO	
1. Aplicação da Lei no Espaço	17
15. DIREITO INTERNACIONAL PÚBLICO	
1. Direito dos Tratados	25
2. Direitos Humanos	27
6. Sujeitos de Dir. Int. Público... 6.2. Organismos Internacionais	16

3. GRUPOS DE TEMAS QUE MAIS CONCENTRAM QUESTÕES

Muitas vezes, revisões de véspera ou estudos focados para maximizar resultados exigem dos candidatos que procurem o "**mapa da mina**" das provas que vão enfrentar.

Pensando nisso, a tabela abaixo agrega os pontos de estudo mais relevantes de cada uma das disciplinas presentes no livro, indicando os temas principais que se deve abordar para resolver aquilo que "mais cai" nos concursos. Demonstra-se o percentual representativo do somatório das questões destes pontos principais na matéria em estudo e leva o leitor "direto ao que interessa" para atingir a maior pontuação possível nas provas.

Tabela 09

CAPÍTULO / TÓPICOS		%
1. DIREITO CONSTITUCIONAL		
4. Da Organização dos Poderes + 9. Direito Processual Constitucional	=	49,2%
2. DIREITO DO CONSUMIDOR		
1. Disposições Gerais + 3. Da Qualidade de Produtos e Serviços	=	53,2%
3. DIREITO ECONÔMICO		
1. Direito da Concorrência	=	42,6%
4. DIREITO PENAL		
13. Leis Penais Especiais + 14. Teoria e Princípios	=	39,1%
5. DIREITO PREVIDENCIÁRIO		
4. Lei de Benefícios da Previdência Social	=	54,9%
6. DIREITO PROCESSUAL PENAL		
5. Da Prova + 13. Leis Especiais	=	47,5%

CAPÍTULO / TÓPICOS		%
7. DIREITO CIVIL		
4. Do Direito das Obrigações	=	45,0%
8. DIREITO PROCESSUAL CIVIL		
7. Do Proc. de Conhecimento e do Cumprimento de Sentença + 9. Dos Processos nos Tribunais e dos Meios de Impugnação...	=	44,8%
9. DIREITO EMPRESARIAL		
3. Da Sociedade + 7. Lei de Propriedade Industrial	=	47,0%
10. DIREITO FINANCEIRO		
1. Despesas e Receitas Públicas + 5. Leis Orçamentárias	=	46,8%
11. DIREITO TRIBUTÁRIO		
5. Crédito Tributário + 7. Limitações do Poder de Tributar + 8. Impostos Federais	=	51,5%
12. DIREITO ADMINISTRATIVO		
1. Agentes Públicos + 3. Bens Públicos + 5. Entes da Administração Pública + 6. Intervenção do Estado na Propriedade	=	44,6%
13. DIREITO AMBIENTAL		
2. Código Florestal + 6. Lei dos Crimes Ambientais + 13. Licenciamento Ambiental + 14. Responsabilidade Ambiental	=	41,1%
14. DIREITO INTERNACIONAL PRIVADO		
1. Aplicação da Lei no Espaço + 4. Comércio e Contratos Internacionais	=	69,8%
15. DIREITO INTERNACIONAL PÚBLICO		
1. Direito dos Tratados + 2. Direitos Humanos	=	40,0%
16. TODAS AS DISCIPLINAS (OBJETIVAS)		
1. Direito Constitucional + 7. Direito Civil + 12. Direito Administrativo + 13. Direito Ambiental	=	41,9%
17. TODAS AS DISCIPLINAS (DISCURSIVAS)		
1. Direito Constitucional + 5. Direito Previdenciário + 7. Direito Civil	=	41,3%

4. "TOP 5"

No texto do livro foram ressaltados os **conjuntos de temas mais exigidos nas provas objetivas**. São aglomerados de temas afins cujos conteúdos representam grandes porções daquilo que as provas exigem em determinadas disciplinas:

Tabela 10

ORDEM	CAPÍTULO	TÓPICOS	QUESTÕES
1º	7. Dir. Civil	4. Do Direito das Obrigações	81
2º	5. Dir. Previdenciário	4. Lei de Benefícios da Prev. Social	67
3º	1. Dir. Constitucional	4. Da Organização dos Poderes	62
4º	1. Dir. Constitucional	10. Dir. Proc. Constitucional	55
5º	8. Dir. Proc. Civil	7. Do Proc. de Conhecimento...	51

Todos marcados em quadros de atenção:

TOP 5: 1º LUGAR ENTRE OS MAIORES AGREGADOS DE QUESTÕES DO LIVRO!

ATUALIZAÇÕES LEGISLATIVAS

A tabela de atualizações legislativas condensa quais artigos de leis, de códigos, da CF/88, foram alterados nos últimos dois anos, para que sirva de orientação ao direcionamento do seu estudo. Lembre-se: inovações legais são muito cobradas nas provas!

Atualizada até: **Lei 14.532/2023; LC 195/2022 e EC 128/2022**.

Tabela 11

DIPLOMA	NÚMERO	ALTERAÇÕES (ARTS.)	FONTE
DIREITO ADMINISTRATIVO			
Estatuto Jur. Emp. Públ. e Soc. Econ. Mista	L 13.303/16	-	-
Lei da Parceria Público-Privada	L 11.079/04	8º, 10	Ls 14.227, 14.133/21
Lei da Prescrição Administrativa Punitiva	L 9.873/99	-	-
Lei da Prescrição Quinquenal	Dec. 20.910/32	-	-
Lei das OS	L 9.637/98	-	-
Lei das OSCIP	L 9.790/99	2º	L 13.999/20
Lei das Parcerias Voluntárias Org. Sociedade Civil	L 13.019/14	4º-A, 81-B	Ls 14.309, 14.345/22
Lei de Acesso à Informação	L 12.527/11	12	L 14.129/21
(...)	(...)	7º	L 14.345/22
Lei de Concessões e Permissões	L 8.987/95	6º	L 14.015/20
(...)	(...)	2º	L 14.133/21
Lei de Consórcios Públicos	L 11.107/05	1º, 8º, 11, 12, 13	L 14.026/20
Lei de Desapropriação p/ Interesse Social	L 4.132/62	-	-
Lei de Desapropriação p/ Utilidade Pública	DL 3.365/41	3º, 4º, 5º	L 14.273/21
(...)	(...)	34-A	L 14.421/22
Lei de Improbidade	L 8.429/92	inúmeras alterações	L 14.230/21
Lei de Licitações	L 8.666/93	inúmeras alterações	L 14.133/21
(...)	(...)	122	L 14.368/22
Lei de Licitações (nova)	L 14.133/21	nova lei	-
Lei de Organização da Administração Federal	DL 200/67	-	-
Lei de Outorga e Prorrogação das Concessões e Permissões	L 9.074/95	2º, 4º-E	Ls 14.182, 14.273/21
(...)	(...)	4º-E	L 14.299/22
Lei de Tombamento	DL 25/37	-	-
Lei do Contrato de Desempenho	L 13.934/19	nova lei	-

DIPLOMA	NÚMERO	ALTERAÇÕES (ARTS.)	FONTE
Lei do Pregão	L 10.520/02	revogação em 2023	L 14.133/21
Lei do Processo Administrativo Federal	L 9.784/99	49-A a 49-G	L 14.210/21
Lei do RDC	L 12.462/11	63	L 14.034/20
(...)	(...)	revogação parcial em 2023	L 14.133/21
DIREITO AMBIENTAL			
Código Florestal	L 12.651/12	3º, 4º	L 14.285/21
(...)	(...)	39, 40	L 14.406/22
Lei da PNRH	L 9.433/97		
Lei da PNRS	L 12.305/10	50	L 14.066/20
Lei de Pagamento por Serviços Ambientais	L 14.119/21	nova lei	
Lei da Política Nacional do Meio Ambiente	L 6.938/81	19, 54	L 14.026/20
Lei de Cooperação em Proteção Ambiental	LC 140/11	-	-
Lei de Gestão de Florestas Públicas	L 11.284/06	-	-
Lei do Bioma Mata Atlântica	L 11.428/06	-	-
Lei do SNUC	L 9.985/00	-	-
Lei dos Crimes Ambientais	L 9.605/98	32	L 14.064/20
DIREITO CIVIL			
Código Civil	L 10.406/02	1.080-A	L 14.030/20
(...)	(...)	inúmeras alterações	Ls 14.179, 14.193, 14.195/21
(...)	(...)	inúmeras alterações	Ls 14.309, 14.405, 14.382, 14.451/22
DIREITO CONSTITUCIONAL			
Constituição Federal	CF	37, 158, 163-A, 165, 167, 169, 193, 195, 206, 211, 212, 212-A, 167, 198, 155, 1696	ECs 106 a 108/20 e 126/22 a 128/22
(...)	(...)	6º, 14, 17, 28, 29-A, 37, 49, 82, 84, 100, 159, 160, 163, 164-A, 165, 167, 167-A a 167-G, 168, 169, 203	ECs 109 a 114/21
(...)	(...)	5º, 17, 21, 22, 73, 101, 104, 105, 107, 111-A, 115, 123, 156, 198, 225	ECs 115, 116, 117, 118, 120, 122 a 125/22
ADCT	CF	inúmeras alterações	ECs 108/20, 127/22 e 126/22
(...)	(...)	inúmeras alterações	ECs 109 a 114/21
(...)	(...)	119, 120	ECs 119, 123/22
DIREITO DO CONSUMIDOR			
Código de Defesa do Consumidor	L 8.078/90	inúmeras alterações	L 14.181/21

DIPLOMA	NÚMERO	ALTERAÇÕES (ARTS.)	FONTE
Lei dos Planos/Seguros de Saúde	L 9.656/98	1º, 10, 10-D, 12	L 14.307, 14.454/22
DIREITO ECONÔMICO			
Lei de Defesa da Concorrência	L 12.529/11	46-A, 47, 47-A, 85	L 14.470/22
DIREITO EMPRESARIAL			
Lei da Duplicata Escritural	L 13.775/18	-	-
Lei das Sociedades Anônimas	L 6.404/76	121, 124	L 14.030/20
(...)	(...)	inúmeras alterações	L 14.195/21, LC 182/21
(...)	(...)	293	L 14.430/22
Lei de Propriedade Industrial	L 9.279/96	71, 71-A	L 14.200/21
Lei de Recuperação Judicial, Extrajudicial e Falência	L 11.101/05	inúmeras alterações	L 14.112/20
DIREITO FINANCEIRO			
Lei de Coeficientes do FPM	LC 91/97		
Lei de Normas Gerais de Direito Financeiro	L 4.320/64	-	-
Lei de Rateio de Impostos Estaduais	LC 63/90	-	-
Lei de Recuperação Fiscal	LC 159/17	inúmeras alterações	LCs 178, 181/21
(...)	(...)	2º	LC 189/22
Lei de Responsabilidade Fiscal	LC 101/00	21, 65	LC 173/20
(...)	(...)	18, 19, 20, 23, 31, 32, 33, 40, 51, 59	LCs 177, 178/21
(...)	(...)	65-A	LC 195/22
DIREITO INTERNACIONAL			
Lei de Migração	L 13.445/17	-	-
DIREITO PENAL			
Código Penal	DL 2.848/40	339	L 14.110/20
(...)	(...)	27, 129, 147-A, 147-B, 154-A, 155, 171, 286, 337-E a 337-P, 359-I a 359-T	Ls 14.132, 14.133, 14.155, 14.188, 14.197, 14.245/21
(...)	(...)	111, 121, 141	L 14.344/22
(...)	(...)	140	L 14.532/22
(...)	(...)	171-A	L 14.478/22
DIREITO PREVIDENCIÁRIO			
Lei de Benefícios da Previdência Social	L 8.213/91	117, 117-A	L 14.020/20
(...)	(...)	115, 124-A, 124-B	Ls 14.131, 14.199/21
(...)	(...)	60, 101, 115, 126	Ls 14.438, 14.441/22
Lei de Entidades de Previdência Complementar	LC 108/01	-	-
Lei de Organização da Assistência Social	L 8.742/93	inúmeras alterações	L 13.982/20

DIPLOMA	NÚMERO	ALTERAÇÕES (ARTS.)	FONTE
(...)	(...)	inúmeras alterações	L 14.176/21
(...)	(...)	6º-F	L 14.284/21
(...)	(...)	20, 26-B, 40-B	L 14.441/22
Lei de Organização da Seguridade Social	L 8.212/91	22, 25	Ls 13.986, 14.057/20
(...)	(...)	12, 47, 68-A, 69, 76	Ls 14.119, 14.148, 14.179, 14.199/21
(...)	(...)	30, 32-C, 80	Ls 14.360, 14.438/22
Lei do Regime de Previdência Complementar	LC 109/01	-	-
DIREITO PROCESSUAL CIVIL			
Código de Processo Civil	L 13.105/15	inúmeras alterações	Ls 14.133, 14.195/21
(...)	(...)	75, 85	Ls 14.341, 14.365/22
Lei das Cautelares contra o Poder Público	L 8.437/92	-	-
Lei de Execução Fiscal	L 6.830/80	-	-
Lei do Processo Eletrônico	L 11.419/06	11	L 14.318/22
(...)		81	L 14.245/21
Lei dos Juizados Especiais	L 9.099/95	22, 23	L 13.994/20
(...)	(...)	-	-
Lei dos Juizados Especiais da Fazenda Pública	L 12.153/09	-	-
Lei dos Juizados Especiais Federais	L 10.259/01	-	-
DIREITO PROCESSUAL CONSTITUCIONAL			
Lei da ADPF	L 9.882/99	-	-
Lei da Súmula Vinculante	L 11.417/06	-	-
Lei de Ação Civil Pública	L 7.347/85	-	-
Lei de Ação Popular	L 4.717/65	-	-
Lei de Procedimentos STF/STJ	L 8.038/90	-	-
Lei do "Habeas Data"	L 9.507/97	-	-
Lei do Mandado de Injunção	L 13.300/16	-	-
Lei do Mandado de Segurança	L 12.016/09	-	-
DIREITO PROCESSUAL PENAL			
Código de Processo Penal	DL 3.689/41	70, 400-A, 474-A	Ls 14.155, 14.245/21
(...)	(...)	798-A	L 14.365/22
DIREITO TRIBUTÁRIO			
Código Tributário Nacional	L 5.172/66	198	LC 187/21
(...)	(...)	18-A	LC 194/22
Estatuto da ME e da EPP	LC 123/06	2º, 18-A, 18-F, 61-A, 61-D, 65-A	LC 182, 188/21
Lei Complementar do ISSQN	LC 116/03	3º, 6º, Anexo	LC 175/20

DIPLOMA	NÚMERO	ALTERAÇÕES (ARTS.)	FONTE
(...)	(...)	6º, Anexo	LC 183/21
Lei Complementar do ICMS	LC 87/96	inúmeras alterações	LCs 190, 194/22
LEIS CIVIS ESPECIAIS			
Estatuto da Cidade	L 10.257/01	57-A	L 14.273/21
	(...)	2º	L 14.489/22
Estatuto da OAB	L 8.906/94	3-A	L 14.039/20
(...)	(...)	inúmeras alterações	L 14.365/22
(...)	(...)	6º	L 14.508/22
Estatuto da Pessoa Idosa	L 10.741/03	96	L 14.181/21
(...)	(...)	inúmeras alterações	L 14.423/22
Lei de Alienação Fiduciária de Coisa Imóvel	L 9.514/97	6º ao 16	L 14.430/22
Lei de Direitos Autorais	L 9.610/98	-	-
Lei de Incorporações Imobiliárias	L 4.591/64	inúmeras alterações	L 14.382/22
Lei de Introdução às Normas do Direito Brasileiro	DL 4.657/42	-	-
Lei de Locações de Imóveis Urbanos	L 8.245/91	-	-
Lei de Parcelamento do Solo Urbano	L 6.766/79	2º-A, 4º	Ls 14.118, 14.285/21
(...)	(...)	18, 19	L 14.382/22
Lei Geral de Proteção de Dados	L 13.709/18	65	L 14.010/20
(...)	(...)	55-A, 55-B, 55-C, 55-M	L 14.460/22
Marco Civil da Internet	L 12.965/14	-	-
LEIS PENAIS ESPECIAIS			
Estatuto do Desarmamento	L 10.826/03	-	-
Lei da Interceptação Telefônica	L 9.296/96	-	-
Lei da Lavagem de Dinheiro	L 9.613/98	9º	14.183/21
(...)	(...)	1º, 9º, 10, 12-A	L 14.478/22
Lei da Prisão Temporária	L 7.960/89	-	-
Lei das Contravenções Penais	DL 3.688/41	39, 65	Ls 14.132, 14.197/21
Lei das Organizações Criminosas	L 12.850/13	-	-
Lei de Drogas	L 11.343/06	60, 61	L 14.322/22
Lei de Execução Penal	L 7.210/84	14, 152	L 14.326, 14.344/22
Lei de Identificação Criminal	L 12.037/09	-	-
Lei de Infrações de Reperc. Interest./Internac.	L 10.446/02	-	-
Lei de Investigação por Delegado	L 12.830/13	-	-
Lei de Proteção a Testemunhas	L 9.807/99	-	-
Lei do Abuso de Autoridade	L 13.869/19	15-A	Lei 14.321/22
Lei dos Crimes c/ Ordem Tributária	L 8.137/90	-	-

DIPLOMA	NÚMERO	ALTERAÇÕES (ARTS.)	FONTE
Lei dos Crimes c/ Sistema Financeiro Nacional	L 7.492/86	-	-
(...)	(...)	1º	14.478/22
Lei dos Crimes de Preconceito	L 7.716/89	-	-
(...)	(...)	2ª-A, 20, 20-A, 20-B, 20-C, 20-D	L 14.532/23
Lei dos Crimes de Responsabilidade	DL 201/67	-	-
Lei dos Crimes de Tortura	L 9.455/97	-	-
Lei dos Crimes Hediondos	L 8.072/90	1º	L 14.344/22
Lei dos Juizados Especiais	L 9.099/95	22, 23	L 13.994/20
(...)	(...)	81	L 14.245/21
Lei Maria da Penha	L 11.340/06	22	L 13.984/20
(...)	(...)	12-C	L 14.188/21
(...)	(...)	38-A	L 14.310/22

1

DIREITO CONSTITUCIONAL

VOLUME DE QUESTÕES

MUITO ALTO

1. DOS PRINCÍPIOS FUNDAMENTAIS

SÚMULAS

STF **Súm. Vinculante 37.** Não cabe ao Poder Judiciário, que não tem função legislativa, aumentar vencimentos de servidores públicos sob o fundamento de isonomia.

INFORMATIVOS

STF **Dia da Consciência Negra: instituição de feriado local por lei municipal.** É constitucional a instituição, por lei municipal, de feriado local para a comemoração do Dia da Consciência Negra, a ser celebrado em 20 de novembro, em especial porque a data representa um símbolo de resistência cultural e configura ação afirmativa contra o preconceito racial. Sob múltiplos fundamentos constitucionais, a previsão do feriado assume inegável viés de fomento cultural como ação afirmativa em sentido amplo, de caráter compulsório, cujo respaldo constitucional deriva diretamente do disposto no art. 3º da Constituição Federal. Segundo o texto constitucional, a atuação comissiva do Poder Público há de ser implementada para combater quaisquer formas de discriminação, em especial pelo repúdio ao racismo (CF, arts. 4º, VIII, e 5º, XLII) na promoção do bem de todos, objetivo fundamental da República Federativa do Brasil e competência comum das unidades federativas (art. 23, I e X). *ADPF 634, 30.11.2022. Pleno. Inf 1078.*

QUESTÕES OBJETIVAS

1. (Cespe/TRF/5R/Juiz/2009) A CF deu especial destaque ao direito internacional público, ao dispor a respeito dos princípios que devem nortear as relações internacionais brasileiras. Supondo que um país vizinho da América do Sul decretasse a prisão de um ex-presidente ditador, após o devido processo legal, e os EUA diplomaticamente condenassem essa decisão por simpatizarem com o ex-dirigente, o Brasil deveria:

a) agir da mesma forma que os EUA, tendo em vista a importância desse país no mundo.

b) interferir na decisão daquele país vizinho, a fim de garantir a sua hegemonia política na América Latina.

c) respeitar a decisão do país sul-americano, tendo em vista o princípio da independência nacional e da igualdade entre os Estados.

d) agir da mesma forma que os EUA, visando ao princípio da concessão de asilo político.

e) condenar a prisão por ser ela contrária ao princípio da prevalência dos direitos humanos.

2. DOS DIREITOS E GARANTIAS FUNDAMENTAIS

2.1. Dos Direitos e Deveres Individuais e Coletivos

ATENÇÃO: ESTE TEMA É MUITO EXIGIDO NOS CONCURSOS!

SÚMULAS

STF **Súm. Vinculante 1.** Ofende a garantia constitucional do ato jurídico perfeito a decisão que, sem ponderar as circunstâncias do caso concreto, desconsidera a validez e a eficácia de acordo constante de termo de adesão instituído pela Lei Complementar 110/2001.

STF **Súm. Vinculante 11.** Só é lícito o uso de algemas em casos de resistência e de fundado receio de fuga ou de perigo à integridade física própria ou alheia, por parte do preso ou de terceiros, justificada a excepcionalidade por escrito, sob pena de responsabilidade disciplinar, civil e penal do agente ou da autoridade e de nulidade da prisão ou do ato processual a que se refere, sem prejuízo da responsabilidade civil do Estado.

STF **Súm. Vinculante 14.** É direito do defensor, no interesse do representado, ter acesso amplo aos elementos de prova que, já documentados em procedimento investigatório realizado por órgão com competência de polícia judiciária, digam respeito ao exercício do direito de defesa.

STF **Súm. Vinculante 21.** É inconstitucional a exigência de depósito ou arrolamento prévios de dinheiro ou bens para admissibilidade de recurso administrativo.

STF **Súm. Vinculante 25.** É ilícita a prisão civil de depositário infiel, qualquer que seja a modalidade do depósito.

STF **Súm. Vinculante 28.** É inconstitucional a exigência de depósito prévio como requisito de admissibilidade de ação judicial na qual se pretenda discutir a exigibilidade de crédito tributário.

STF **Súm. Vinculante 45.** A competência constitucional do tribunal do júri prevalece sobre o foro por prerrogativa de função estabelecido exclusivamente pela constituição estadual.

STF **Súm. 1.** É vedada a expulsão de estrangeiro casado com brasileira, ou que tenha filho brasileiro, dependente da economia paterna.

STF **Súm. 421.** Não impede a extradição a circunstância de ser o extraditado casado com brasileira ou ter filho brasileiro.

STF **Súm. 654.** A garantia da irretroatividade da lei, prevista no art. 5º, XXXVI, da Constituição da República, não é invocável pela entidade estatal que a tenha editado.

STF **Súm. 704.** Não viola as garantias do juiz natural, da ampla defesa e do devido processo legal a atração por continência ou conexão do processo do corréu ao foro por prerrogativa de função de um dos denunciados.

STJ Súm. 280. O art. 35 do Decreto-lei n. 7.661, de 1945, que estabelece a prisão administrativa, foi revogado pelos incisos LXI e LXVII do art. 5º da Constituição Federal de 1988.

STJ Súm. 419. Descabe a prisão civil do depositário judicial infiel.

STJ Súm. 639. Não fere o contraditório e o devido processo decisão que, sem ouvida prévia da defesa, determine transferência ou permanência de custodiado em estabelecimento penitenciário federal.

TRF2 Súm. 53. Viola a garantia constitucional do livre exercício de qualquer trabalho, ofício ou profissão, a suspensão do direito de exercer a advocacia, prevista no art. 37, I, §§ 1º e 2º da Lei 8.906/1994, em razão do inadimplemento da contribuição anual devida à Ordem dos Advogados do Brasil.

REPERCUSSÃO & REPETITIVOS

STF Rep. Geral 455. A exigência de garantia para o exercício da profissão de leiloeiro, prevista nos artigos 6º a 8º do Decreto 21.981/1932, é compatível com o artigo 5º, XIII, da CF/1988. *RE 1263641, 13.10.2020.*

STF Rep. Geral 562. Ante conflito entre a liberdade de expressão de agente político, na defesa da coisa pública, e honra de terceiro, há de prevalecer o interesse coletivo. *RE 685493, 22.5.2020.*

STF Rep. Geral 786. É incompatível com a Constituição a ideia de um direito ao esquecimento, assim entendido como o poder de obstar, em razão da passagem do tempo, a divulgação de fatos ou dados verídicos e licitamente obtidos e publicados em meios de comunicação social analógicos ou digitais. Eventuais excessos ou abusos no exercício da liberdade de expressão e de informação devem ser analisados caso a caso, a partir dos parâmetros constitucionais – especialmente os relativos à proteção da honra, da imagem, da privacidade e da personalidade em geral – e as expressas e específicas previsões legais nos âmbitos penal e cível. *RE 1010606, 11.2.2021.*

STF Rep. Geral 855. A exigência constitucional de aviso prévio relativamente ao direito de reunião é satisfeita com a veiculação de informação que permita ao poder público zelar para que seu exercício se dê de forma pacífica ou para que não frustre outra reunião no mesmo local. *RE 806339, 14.12.2020.*

STF Rep. Geral 922. É inconstitucional o condicionamento da desfiliação de associado à quitação de débito referente a benefício obtido por intermédio da associação ou ao pagamento de multa. *RE 820823, 30.9.2022.*

STF Rep. Geral 1120. Em respeito ao princípio da separação dos poderes, previsto no art. 2º da Constituição Federal, quando não caracterizado o desrespeito às normas constitucionais pertinentes ao processo legislativo, é defeso ao Poder Judiciário exercer o controle jurisdicional em relação à interpretação do sentido e do alcance de normas meramente regimentais das Casas Legislativas, por se tratar de matéria "interna corporis". *RE 1297884, 11.6.2021.*

ENUNCIADOS

CJF Pen. Proc. Penal 27. São imprescritíveis e insuscetíveis de anistia, graça ou indulto crimes que caracterizem graves violações de direitos humanos, praticados por agentes públicos ou particulares, diante da Convenção Americana de Direitos Humanos e da pacífica jurisprudência da Corte Interamericana de Direitos Humanos, de observância obrigatória por todos os órgãos e poderes do Estado brasileiro.

Fonadirh Enunc. 13. Uma sociedade livre, democrática, plural e igualitária, e a Constituição de 1988 assim nos constitui, não aceita práticas e discursos que promovam discriminação raciais, étnicas, religiosas, de gênero e orientação sexual, bem como qualquer outra espécie de discriminação a grupos vulneráveis ou minoritários (arts. 1º, 3º e 5º da CRFB).

Fonadirh Enunc. 14. Decisões judiciais que levam em consideração singularidades de ordem cultural, social ou histórica relacionadas a grupos vulneráveis ou minoritários concretizam a igualdade material e reafirmam o princípio constitucional da isonomia.

Fonadirh Enunc. 17. As liberdades de expressão e de imprensa são pressupostos e elementos constitutivos da democracia, pois garantem a fiscalização e participação de pessoas e instituições nas discussões e decisões públicas que determinam os destinos da sociedade, assegurando trânsito livre e plural de ideias.

Fonadirh Enunc. 48. A participação pacífica em movimentos sociais traduz expressão regular do direito universal de cidadania, de liberdade e de livre manifestação de pensamento, todos com assento constitucional e relacionados aos direitos humanos.

INFORMATIVOS

STF Licença à gestante e à adotante para militares das Forças Armadas. É inconstitucional ato normativo que, ao disciplinar a licença maternidade no âmbito das Forças Armadas, estabelece prazos distintos de afastamento com fundamento na diferenciação entre a maternidade biológica e a adotiva, bem como em função da idade da criança adotada. *ADI 6603, 13.9.2022. Pleno. Inf 1067.*

STF Lei da meia-entrada: entidades emitentes da CIE e liberdade de associação. É inconstitucional exigir das entidades estudantis locais e regionais, legitimadas para a expedição da carteira de identidade estudantil (CIE), filiação às entidades de abrangência nacional. O dever de filiação instituído pela Lei 12.933/13 viola o princípio da liberdade de associação. Admite-se a definição de um modelo único nacionalmente padronizado da CIE, desde que publicamente disponibilizado e fixados parâmetros razoáveis que não obstem o acesso pelas entidades com prerrogativa legal para sua emissão. *ADI 5108, 25.3.2022. Pleno. Inf 1048.*

STJ Matéria jornalística. Críticas jornalísticas a magistrada. Autoridade pública. Direito de informação, expressão e liberdade de imprensa. Ausência de configuração de abuso no dever de informar. Interesse público. Dano moral. Afastamento. Prevalência da liberdade de informação e de crítica. A divulgação de notícia ou crítica acerca de atos ou decisões do Poder Público, ou de comportamento de seus agentes, não configuram, a princípio, abuso no exercício da liberdade de imprensa, desde que não se refiram a núcleo essencial de intimidade e de vida privada da pessoa. *REsp 1325938, 4ª T, 31.8.2022. Inf 749.*

STJ Busca domiciliar. Habitação em prédio abandonado de escola municipal. Extensão interpretativa do conceito de domicílio. Possibilidade. Art. 5º, XI da CF. A habitação em prédio abandonado de escola municipal pode caracterizar o conceito de domicílio em que incide a proteção disposta no art. 5º, XI da CF. *AgRg no HC 712529, 5ª T, 4.11.2022.*

STJ Crimes contra a honra. Autoridade pública. Jornalista. Críticas pesadas, violentas e grosseiras. Liberdade de imprensa. Ausência de "animus injuriandi". Manifestações por parte da imprensa de natureza crítica, satírica, agressiva, grosseira ou deselegante não autorizam, por si sós, o uso do direito penal para, mesmo que de forma indireta, silenciar a atividade jornalística. *AgRg no HC 691897, 6ª T, 26.5.2022. Inf 738.*

STJ Direito ao esquecimento. Fatos verídicos. Exclusão de matéria jornalística. Impossibilidade. O direito ao esquecimento não justifica a exclusão de matéria jornalística. *REsp 1961581, 3ª T, 13.12.2021. Inf 723.*

STJ Violação de domicílio. Ingresso policial apoiado em atitude suspeita do acusado. Fuga no momento da abordagem. Ausência de justa causa. Aplicação do entendimento firmado no HC 598051. A violação de domicílio com base no comportamento suspeito do acusado, que empreendeu fuga ao ver a viatura policial, não autoriza a dispensa de investigações prévias ou do mandado judicial para a entrada dos agentes públicos na residência. *HC 695980, 6ª T, 25.3.2022. Inf 729.*

STJ Ação coletiva. Associação. Legitimidade ativa "ad causam". Representação processual. Autorização expressa dos associados e respectiva lista juntada à inicial. Necessidade. Precedente do STF. Feito ajuizado antes do julgamento do RE 573232. Abertura de prazo para regularização processual da parte autora. Possibilidade. Situação excepcional. Em ação coletiva proposta por associação, é imprescindível a autorização expressa dos associados e a juntada da lista de representados à inicial, mostrando-se razoável permitir que a parte autora regularize sua representação processual no caso de ajuizamento de ação coletiva em momento anterior ao julgamento do RE 573232, em 14.5.2014. *REsp 1977830, 1ª T, 25.3.2022. Inf 729.*

QUESTÕES DISCURSIVAS

1. (Vunesp/TRF/3R/Juiz/2022) Discorra sobre "(...) o poder de obstar (...) a divulgação de fatos ou dados verídicos e licitamente obtidos e publicados em meios (...) analógicos ou digitais (privados)" (trecho de ementa da decisão proferida em sessão plenária do STF no julgamento do RE n. 1.010.606/RJ, Rel. Min. Dias Toffoli, j. 11.02.2021). Nesse tema, como se insere o chamado direito ao esquecimento?

2. (Cespe/TRF/1R/Juiz/2009) Disserte sobre o tema dignidade da pessoa humana, desenvolvendo, necessariamente e na sequência proposta, os seguintes tópicos: (i) dignidade da pessoa humana como concepção filosófica e moral; (ii) pessoa humana como sujeito e objeto de direitos (aporia?); (iii) marcos de maior repercussão na trajetória histórica desse tema; (iv) dignidade da pessoa humana como concepção humanista e sua inserção nos documentos constitucionais do século XX; (v) significado desse princípio no contexto da ordem jurídica; (vi) princípio fundamental da dignidade da pessoa humana segundo a ordem jurídico-constitucional brasileira; (vii) dignidade da pessoa humana e direitos fundamentais; (viii) dignidade da pessoa humana como garantia negativa; (ix) papel da jurisprudência em face do tema.

3. (TRF/2R/Juiz/2007) A Carta Magna de 1988 tutela, sob que parâmetros, em favor da pessoa, os efeitos retrospectivos das normas jurídicas.

QUESTÕES OBJETIVAS

2. (Vunesp/TRF/3R/Juiz/2022) Suponha, no contexto da Constituição brasileira de 1988, a entrada em vigor de uma Emenda Constitucional que suprima a liberdade de reunião, como medida adotada em um contexto de combate ao terrorismo. É correto afirmar, a esse respeito, que

a) essa Emenda terá como fundamento de validade o dever estatal de proteção da vida, e sua constitucionalidade é reafirmada pela escala positivada constitucionalmente de "valores prioritários".
b) em se utilizando a interpretação conforme a Constituição, com base na vedação da simetria, pode-se decretar a nulidade da hipótese de incidência dessa Emenda Constitucional às autoridades dos níveis federativos dos Estados-membros e dos Municípios.
c) é flagrantemente inconstitucional, por eliminar um direito fundamental, sendo competente para reconhecer a inconstitucionalidade o Supremo Tribunal Federal, hipótese em que se exige a maioria de 2/3 (dois terços) de seus membros ("full bench").
d) cada magistrado, nos processos comuns em curso cuja decisão dependa dessa novel Emenda à Constituição, poderá afastá-la, por inconstitucionalidade, nos fundamentos da decisão, inclusive de ofício.

3. (IFBC/TRF/2R/Juiz/2018) Julgue os itens abaixo e marque a alternativa correta:

I. A chamada eficácia horizontal dos direitos fundamentais impõe a sua observância mesmo nas relações jurídicas estabelecidas entre particulares. Portanto, afigura-se possível a revisão judicial da exclusão de associado dos quadros de associação privada, quando violado direito individual previsto na Constituição Federal.
II. Não há direito subjetivo à nomeação de candidato aprovado em concurso público, fora do número de vagas ofertadas no edital.
III. Deputados e Senadores possuem imunidade material mesmo quando exerçam a liberdade de opinião em ambiente privado, desde que as manifestações guardem conexão com o desempenho da função legislativa ou tenham sido proferidas em razão dela.

a) Todas as assertivas estão incorretas.
b) Estão corretas as assertivas II e III.
c) Somente a assertiva III está correta.
d) Todas as assertivas estão corretas.
e) Estão corretas as assertivas I e III.

4. (IFBC/TRF/2R/Juiz/2018) Dadas as assertivas abaixo, assinale a alternativa correta:

I. A adoção de critérios diferenciados para o licenciamento dos militares temporários, em razão do sexo, não viola o princípio da isonomia.
II. Editais de concurso público não podem estabelecer restrição a pessoas com tatuagem, salvo situações excepcionais, em razão de conteúdo que viole valores constitucionais.
III. A impetração de mandado de segurança coletivo por entidade de classe em favor dos associados depende da autorização destes.

a) Todas as assertivas estão corretas.
b) Somente está correta a assertiva III.
c) Estão corretas as assertivas II e III.
d) Estão corretas as assertivas I e III.
e) Estão corretas as assertivas I e II.

5. (IFBC/TRF/2R/Juiz/2018) A respeito dos direitos fundamentais e garantias individuais é correto afirmar:

a) Dispositivo de lei federal que proíbe, no âmbito da programação das emissoras de radiodifusão comunitária, a transmissão de conteúdo tendente a converter pessoas a uma religião ou ideologia não ofende a liberdade de expressão, não configurando censura prévia.
b) Por ser dever do Estado assegurar os meios para o exercício do direito à informação, é impossível o indeferimento administrativo à pretensão de acesso a documento sigiloso reconhecido como indispensável ao resguardo de interesse público legítimo e à preservação da sociedade e do Estado.
c) É possível ao Juiz decidir uma causa com base em valores jurídicos abstratos, mesmo sem levar em consideração a consequência prática da decisão, desde que o pedido seja fundamentado no princípio constitucional da dignidade da pessoa humana.
d) Devido à livre escolha da profissão ou ofício são inconstitucionais as leis que, a despeito da desnecessidade de proteção a interesse público específico, restrinjam o exercício de atividades como, por exemplo, a de músico.
e) Viola o direito fundamental à intimidade o fornecimento, pelas instituições financeiras, de informações bancárias dos contribuintes à administração tributária, sem a intermediação do Poder Judiciário.

6. (TRF/2R/Juiz/2017) Analise as proposições e, ao final, marque a opção correta:

I. No exercício da jurisdição, como fundamento para apreciação de pedido, o juiz federal pode declarar a inconstitucionalidade de lei, mas não a inconstitucionalidade de emenda constitucional.
II. No sistema brasileiro de controle de constitucionalidade, cabe exclusivamente aos Poderes Legislativo e Executivo a realização de controle preventivo de constitucionalidade da lei, reservando-se ao Judiciário função repressiva.
III. Os direitos e garantias fundamentais enunciados na maioria dos incisos do artigo 5º da Constituição são normas que produzem seus efeitos típicos independentemente da atuação do legislador infraconstitucional.
IV. O direito ao exercício de profissão (inciso XIII do artigo 5º da Constituição) é clássico exemplo de norma cuja eficácia não pode ser contida, conforme amplamente decidido nos vários litígios que envolvem os Conselhos de fiscalização da profissão.

a) Estão cometas apenas as assertivas I, II e III.
b) Estão corretas apenas as assertivas II e III.
c) Está correta apenas a assertiva III.

d) Estão corretas apenas as assertivas II e IV.
e) Estão corretas apenas as assertivas III e IV.

7. **(TRF/2R/Juiz/2017)** Marque a opção correta:

a) O direito fundamental à isonomia não é ferido pelos certames públicos para cargos de carreira policial, de escrivão, de agente de segurança e de carcereiro, entre outros, que exigem altura mínima de 1 metro e 60 cm como condição para o ingresso.
b) A proteção constitucional à liberdade de consciência e de crença assegura o direito de não ter religião, e impede que o Poder Público embarace o funcionamento de qualquer culto, sendo inconstitucional exigência de que instituições religiosas se submetam a limites sonoros em suas reuniões.
c) Todos os brasileiros têm assegurado o direito de receber dos órgãos públicos informações de seu interesse ou interesse geral, salvo nos casos em que decretado o segredo de justiça.
d) O direito constitucional de petição pode ser condicionado ao pagamento de custas módicas ou no máximo razoáveis, daí ser inconstitucional, como já decidiu o STF, o estabelecimento de taxa judiciária cobrada sobre o valor da causa, sem limitação expressa.
e) O fato de ser livre a expressão de atividade intelectual, artística, científica e de comunicação não impede que tal direito seja limitado pelo legislador, permitindo-se, por exemplo, a proteção da reputação das demais pessoas, da segurança nacional, da ordem pública e da saúde.

8. **(TRF/4R/Juiz/2016)** Assinale a alternativa correta. De acordo com a Constituição Federal:

a) Compete privativamente à União legislar sobre direito penal, direito processual penal e direito penitenciário.
b) A lei considerará a associação para o tráfico ilícito de entorpecentes e drogas afins como crime hediondo.
c) A lei considerará a prática do racismo, o tráfico ilícito de entorpecentes e drogas afins e a ação de grupos armados contra a ordem constitucional e o estado democrático como crimes imprescritíveis e insuscetíveis de graça ou anistia.
d) O civilmente identificado não será submetido à identificação criminal, salvo nas hipóteses previstas em lei.
e) A prisão ilegal será imediatamente relaxada pela autoridade judiciária quando a lei admitir a liberdade provisória, com ou sem fiança.

9. **(Cespe/TRF/5R/Juiz/2015)** Com relação aos critérios constitucionais de aplicação das leis no tempo, assinale a opção correta à luz da doutrina e da jurisprudência do STF pertinentes a esse tema.

a) Terá eficácia retroativa média a lei nova que atingir apenas os efeitos dos atos anteriores produzidos após a data em que ela entrar em vigor.
b) A União pode invocar a proteção do direito adquirido contra lei federal que suprima direitos da própria União.
c) De acordo com a jurisprudência do STF, uma lei processual que altere o regime recursal terá aplicação imediata, incidindo inclusive sobre os casos em que já haja decisão prolatada pendente de publicação.
d) A CF não positivou expressamente a regra de que as leis não podem atingir fatos ocorridos no passado, adotando, na verdade, a teoria subjetiva de proteção dos direitos adquiridos em face de leis novas.
e) O servidor público tem direito adquirido à manutenção dos critérios legais de fixação do valor da remuneração.

10. **(Cespe/TRF/5R/Juiz/2015)** Com relação aos direitos e garantias fundamentais, assinale a opção correta conforme o entendimento do STF.

a) Viola as garantias do livre exercício do trabalho, ofício ou profissão a exigência, pela fazenda pública, de prestação de fiança para a impressão de notas fiscais de contribuintes em débito com o fisco.
b) A proibição de liberdade provisória nos processos por crimes hediondos veda o relaxamento da prisão processual por excesso de prazo.
c) O direito a ampla defesa não engloba o acesso aos documentos em procedimento investigatório realizado por órgão com competência de polícia judiciária.
d) Deve ser resguardado o nome do servidor público na publicitação dos dados referentes a sua remuneração, porquanto tal divulgação viola a proteção constitucional à intimidade.
e) No âmbito processual criminal, a garantia do juízo natural impede a redistribuição de processos na hipótese de criação de varas especializadas em razão da matéria.

11. **(TRF/2R/Juiz/2014)** Assinale a opção correta:

a) A tutela da inviolabilidade do domicílio, oriunda da Magna Carta, apenas admite o ingresso na casa de alguém mediante o seu consentimento ou em caso de flagrante delito ou, ainda, a qualquer hora, mediante prévia determinação judicial.
b) A tutela da inviolabilidade do domicílio é garantia constitucional segundo a qual ninguém pode penetrar em qualquer casa sem consentimento de seu proprietário, salvo para prestar socorro ou, durante o dia, por determinação judicial.
c) A tutela da inviolabilidade do domicílio inclui quartos de hotel em que o indivíduo se hospeda e até mesmo compartimentos privados não abertos ao público onde alguém exerça a sua profissão ou atividade.
d) A inviolabilidade do domicílio é garantia constitucional segundo a qual ninguém pode penetrar em qualquer casa, empresa individual ou microempresa sem consentimento do proprietário, salvo em caso de flagrante delito, ou para prestar socorro, ou, durante o dia, por determinação judicial.
e) A inviolabilidade do domicílio é destinada a proteger a moradia, ainda que precária, e também se aplica, nesse diapasão, a quartos de hotel, mas não a locais onde se exerça atividade com intuito lucrativo.

12. **(TRF/3R/Juiz/2013)** A respeito do princípio da proteção judiciária, também chamado pela doutrina como princípio da inafastabilidade do controle jurisdicional, marque a assertiva que exprime as determinações constitucionais:

a) fundamenta-se no princípio da separação dos poderes, incluindo as garantias de independência e imparcialidade do juiz, a garantia do juiz natural ou constitucional, o direito de ação e de defesa e o direito a uma duração razoável do processo. Quanto a esse último, cabe ao Congresso Nacional promover alterações na legislação federal objetivando tomar mais amplo o acesso à Justiça e mais célere a prestação jurisdicional.
b) fundamenta-se no princípio da separação dos poderes, incluindo as garantias de independência e imparcialidade do juiz, a garantia do juiz natural ou constitucional, o direito de ação e de defesa e o direito a uma duração razoável do processo. Quanto a esse último, cabe aos tribunais, exclusivamente, a tarefa de adequar sua estrutura, de modo a garantir o cumprimento do desígnio constitucional.
c) inclui o monopólio judiciário do controle jurisdicional ("a lei não excluirá da apreciação do Poder Judiciário lesão ou ameaça a direito"), o direito de ação e de defesa ("aos litigantes, em processo judicial e administrativo, e aos acusados em

geral são assegurados o contraditório e ampla defesa, com os meios e recursos a ela inerentes"), o direito ao devido processo legal ("ninguém será privado da liberdade sem o devido processo legal") e a duração razoável do processo ("a todos são asseguradas, no âmbito judicial e administrativo, a razoável duração do processo e os meios que garantam a celeridade de sua tramitação").

d) inclui o monopólio judiciário do controle jurisdicional ("a lei não excluirá da apreciação do Poder Judiciário lesão a direito"), o direito de ação e de defesa ("aos litigantes, em processo judicial e administrativo, e aos acusados em geral são assegurados o contraditório e ampla defesa, com os meios e recursos a ela inerentes"), o direito ao devido processo legal ("ninguém será privado da liberdade sem o devido processo legal") e a duração razoável do processo ("a todos são asseguradas, no âmbito judicial e administrativo, a razoável duração do processo e os meios que garantam a celeridade de sua tramitação").

e) inclui o monopólio judiciário do controle jurisdicional ("a lei não excluirá da apreciação do Poder Judiciário lesão a direito"), o direito de ação e de defesa ("aos litigantes, em processo judicial e administrativo, e aos acusados em geral são assegurados o contraditório e ampla defesa, com os meios e recursos a ela inerentes"), o direito ao devido processo legal ("ninguém será privado da liberdade sem o devido processo legal") e a duração razoável do processo ("a todos são asseguradas, no âmbito judicial, a razoável duração do processo e os meios que garantam a celeridade de sua tramitação").

13. (TRF/3R/Juiz/2013) As cooperativas receberam atenção especial do constituinte originário em diversos assuntos. A esse respeito é incorreta a seguinte afirmação:

a) a criação de associações e, na forma da lei, a de cooperativas dependem de autorização, vedada a interferência estatal em seu funcionamento.

b) o Estado favorecerá a organização da atividade garimpeira em cooperativas, levando em conta a proteção do meio ambiente e a promoção econômico-social dos garimpeiros.

c) cabe à lei complementar estabelecer normas gerais em matéria de legislação tributária, inclusive sobre o adequado tratamento tributário ao ato cooperativo praticado pelas sociedades cooperativas.

d) como agente normativo e regulador da atividade econômica, o Estado exercerá, na forma da lei, as funções de fiscalização, incentivo e planejamento, sendo este determinante para o setor público e indicativo para o setor privado, sendo que a lei apoiará e estimulará o cooperativismo e outras formas de associativismo.

e) o sistema financeiro nacional, estruturado de forma a promover o desenvolvimento equilibrado do País e a servir aos interesses da coletividade, em todas as partes que o compõem, abrangendo as cooperativas de crédito, será regulado por leis complementares que disporão, inclusive, sobre a participação do capital estrangeiro nas instituições que o integram.

14. (TRF/3R/Juiz/2013) Aponte a alternativa correta:

a) No concurso formal heterogêneo de crimes, se inexistentes desígnios autônomos, quando determinada a pena de multa, aplicar-se-á a mais grave aumentada de um sexto até a metade.

b) Para o STF o roubo com ofensa a vítimas diversas, com prejuízo físico e psíquico a mais de uma pessoa, e que afete patrimônios diversos, não será considerada concurso formal, mesmo que praticado por uma única conduta.

c) Pelo texto constitucional, seria possível a concessão de indulto àquele condenado pela prática de crime hediondo, sendo-lhe inaplicáveis apenas a graça, anistia e fiança.

d) O crime de invadir dispositivo informático alheio (art. 154-A do Código Penal) se consuma se demonstrada a finalidade de obter, adulterar ou destruir dados ou informações sem autorização expressa do titular, sendo inadmissível a alegação de existência de autorização tácita.

e) O crime de invadir dispositivo informático alheio (art. 154-A do Código Penal) será condicionado à representação se for cometido contra empresas concessionárias de serviços públicos.

15. (Cespe/TRF/5R/Juiz/2013) Acerca dos direitos e garantias individuais e dos direitos constitucionais dos trabalhadores, assim como dos direitos relativos a família, educação e cultura, assinale a opção correta.

a) Como somente a lei pode restringir a publicidade dos atos processuais, é proibido aos tribunais vedar, por exemplo, a degravação de sustentação oral para divulgação em livro acadêmico.

b) Apesar de livre a associação sindical, o aposentado filiado não tem direito de ser votado nas organizações sindicais.

c) É direito dos trabalhadores urbanos e rurais a remuneração do trabalho noturno superior à do diurno, majoração essa não devida, na base de cálculo remuneratório, se houver escala de revezamento.

d) O princípio da gratuidade do ensino público não impede a exigência de taxa instituída, por universidade pública, como condição para a efetivação da matrícula do estudante.

e) O mandado injuncional é ação constitucional com a específica função de impedir que a mora legislativa frustre o exercício de direitos, liberdades e prerrogativas outorgados pela CF, não havendo, nesse caso, legitimidade coletiva.

16. (Cespe/TRF/3R/Juiz/2011) Tendo em vista os dispositivos constitucionais que versam sobre o direito ao trabalho, à saúde, à previdência social e à segurança, assinale a opção correta.

a) A filiação ao RGPS é obrigatória para todos os que estão inseridos no mercado de trabalho, razão pela qual a CF veda por completo a adoção de quaisquer requisitos diferenciados para a concessão de aposentadoria a seus beneficiários.

b) Conforme a CF, a segurança pública visa à preservação da ordem pública e da incolumidade das pessoas e do patrimônio, sendo órgãos por ela responsáveis a Polícia Federal, a Polícia Rodoviária Federal, as polícias civis, as polícias militares, os corpos de bombeiros militares e as guardas municipais.

c) A garantia ao salário mínimo nacionalmente unificado, sem diferenciação entre trabalhadores urbanos e rurais, de uma ou de outra região, não se aplica aos trabalhadores que, pela natureza da atividade que exercem, recebem remuneração variável.

d) A assistência à saúde é livre à iniciativa privada, mas as instituições privadas, com exceção das entidades filantrópicas e sem fins lucrativos, não podem participar do Sistema Único de Saúde.

e) O seguro-desemprego é direito garantido ao trabalhador que foi demitido sem justa causa, mas não ao que voluntariamente pediu demissão.

17. (TRF/4R/Juiz/2010) Dadas as assertivas abaixo, assinale a alternativa correta.

I. Em face de sua natureza política, as Comissões Parlamentares de Inquérito podem decretar imotivadamente a quebra de sigilo bancário e telefônico.

II. Os escritórios e consultórios profissionais estão abrangidos no conceito de "casa" para fins da garantia constitucional da inviolabilidade.

III. Em razão de sua índole programática, as normas definidoras de direitos e garantias fundamentais dependem, para que adquiram cogência e eficácia, de normas regulamentadoras.

IV. A União poderá intervir nos Estados, em caso de recusa à execução de lei federal, somente após provimento, pelo Superior Tribunal de Justiça, de representação do Procurador-Geral da República nesse sentido.

a) Está correta apenas a assertiva II.
b) Está correta apenas a assertiva IV.
c) Estão corretas apenas as assertivas I, II e III.
d) Estão corretas apenas as assertivas II, III e IV.
e) Estão corretas todas as assertivas.

2.2. Dos Direitos Sociais

SÚMULAS

STF **Súm. Vinculante 4.** Salvo os casos previstos na Constituição Federal, o salário mínimo não pode ser usado como indexador de base de cálculo de vantagem de servidor público ou de empregado, nem ser substituído por decisão judicial.

STF **Súm. Vinculante 6.** Não viola a Constituição da República o estabelecimento de remuneração inferior ao salário mínimo para os praças prestadores de serviço militar inicial.

STF **Súm. Vinculante 40.** A contribuição confederativa de que trata o artigo 8º, IV, da Constituição Federal, só é exigível dos filiados ao sindicato respectivo.

STF **Súm. 675.** Os intervalos fixados para descanso e alimentação durante a jornada de seis horas não descaracterizam o sistema de turnos ininterruptos de revezamento para o efeito do art. 7º, XIV, da Constituição.

STF **Súm. 677.** Até que lei venha a dispor a respeito, incumbe ao Ministério do Trabalho proceder ao registro das entidades sindicais e zelar pela observância do princípio da unicidade.

ENUNCIADOS

Fonadirh **Enunc. 40.** As políticas públicas que têm por objetivo a implementação de direitos sociais são instrumentos de efetivação dos objetivos da República descritos no artigo 3º da Constituição Federal de 1988.

Fonadirh **Enunc. 45.** As políticas públicas que concretizam direitos sociais devem considerar as múltiplas discriminações decorrentes de gênero, raça e outros, consoante tratamento da Convenção Interamericana contra toda forma de discriminação e intolerância.

Fonadirh **Enunc. 46.** O ente/órgão responsável pela execução do programa social de habitação tem o dever de demonstrar que realizou a efetiva fiscalização da obra e que adotou medidas suficientes para evitar possíveis ilícitos que venham a ocorrer, tais como falhas, vícios, atrasos ou ocupações irregulares.

INFORMATIVOS

STF **Medidas para garantir a continuidade de serviços públicos essenciais e direito de greve.** São constitucionais o compartilhamento, mediante convênio, com estados, Distrito Federal ou municípios, da execução de atividades e serviços públicos federais essenciais, e a adoção de procedimentos simplificados para a garantia de sua continuidade em situações de greve, paralisação ou operação de retardamento promovidas por servidores públicos federais. Nessa hipótese, não se criam cargos, nem se autoriza contratação temporária. Tampouco delegam-se atribuições de servidores públicos federais a servidores públicos estaduais, ou autoriza-se a investidura em cargo público federal sem a aprovação prévia em concurso público. *ADI 4857, 11.3.2022. Inf 1046.*

STF **Congelamento da base de cálculo para desindexação de piso salarial vinculado ao valor do salário mínimo.** A fixação do piso salarial em múltiplos do salário mínimo mostra-se compatível com o texto constitucional, desde que não ocorra vinculação a reajustes futuros. *ADPF 53 Ref-MC, Pleno, 18.2.2022. Inf 1044.*

2.3. Da Nacionalidade

QUESTÕES DISCURSIVAS

4. (TRF/2R/Juiz/2014) Karpov, nascido na Rússia em 1992, é filho de pai ucraniano e mãe lituana. Todos eles se mudam para o Brasil em 1998. Em 2010, pai e mãe pedem e obtêm a nacionalidade brasileira, mediante naturalização regular. Todos vivem bem e felizes, no Brasil. Agora, Karpov pretende optar pela nacionalidade brasileira. É viável a opção de nacionalidade, de modo a se lhe conferir a condição de brasileiro nato?

5. (TRF/3R/Juiz/2008) São brasileiros natos, conforme a Constituição, os nascidos no território brasileiro. O que é exatamente o território brasileiro para fins de determinação da nacionalidade "jure soli"?

6. (TRF/2R/Juiz/2007) Mulher brasileira, nascida no Brasil, adquiriu a nacionalidade portuguesa automaticamente por casamento com nacional português no Rio de Janeiro e tem filhos aqui nascidos. Responda justificada e separadamente: (i) Ela pode ter declarada a perda da nacionalidade brasileira em virtude da aquisição da nacionalidade portuguesa? (ii) Ela é passível de expulsão do território nacional por prática de atividades nocivas ao interesse nacional?.

7. (Cespe/TRF/5R/Juiz/2006) De acordo com a Constituição Federal, o menor, filho de mãe brasileira, nascido no estrangeiro mas residente no país, fica sujeito à condição de homologação judicial da opção pela nacionalidade brasileira após alcançar a maioridade. Antes dessa homologação, em que situação fica o menor quanto à nacionalidade, consoante o entendimento do Supremo Tribunal Federal?.

QUESTÕES OBJETIVAS

18. (TRF/3R/Juiz/2016) Só o brasileiro nato pode ser:

a) Deputado Federal ou Senador da República.
b) Ministro de Tribunal Superior.
c) Chefe do Estado Maior das Forças Armadas.
d) Presidente do Banco Central da República.

19. (Cespe/TRF/1R/Juiz/2015) Com referência à defesa do Estado e das instituições democráticas, à segurança pública e aos direitos de nacionalidade, assinale a opção correta.

a) Os cargos de ministro de Estado da Defesa e o de ministro das Relações Exteriores, entre outros, são privativos de brasileiros natos.
b) Considera-se brasileiro nato o indivíduo nascido no estrangeiro e registrado em repartição brasileira competente, desde que seja filho de pai brasileiro ou de mãe brasileira, ainda que seus pais não estejam a serviço da República Federativa do Brasil.
c) Compete exclusivamente ao Congresso Nacional aprovar previamente a decretação do estado de defesa e determinar o seu tempo de duração, bem como as áreas a serem abrangidas e as medidas coercitivas a vigorarem durante sua vigência.
d) O estado de sítio pode ser decretado em locais restritos e determinados, a fim de preservar a ordem pública ou a paz social ameaçadas por grave e iminente instabilidade institucional.
e) Ressalvada a competência da União, as funções de polícia judiciária e a apuração de infrações penais civis e militares cabem às polícias civis.

20. (TRF/2R/Juiz/2014) Pablo nasceu no estrangeiro, filho de mãe brasileira e de pai mexicano, e veio a residir no Brasil pouco antes de completar 15 anos. Atingida a maioridade, optou pela nacionalidade brasileira, através de processo que tramitou na Justiça Federal. Pablo tem, agora, 30 anos de idade. Assinale a opção correta:

a) Ele pode, em tese e imediatamente, ser nomeado Ministro do Supremo Tribunal Federal.
b) Sua naturalização pode ser cancelada, também por sentença judicial, se vier a praticar atividade nociva ao interesse nacional.
c) Em tese, Pablo poderá ser titular, dentro de alguns anos, de qualquer cargo privativo de brasileiro nato.
d) Pablo não poderá, a qualquer tempo, ser nomeado para o cargo de Ministro de Estado da Defesa.
e) Pablo não poderá, a qualquer tempo, ser eleito para o cargo de Vice-Presidente da República.

21. (Cespe/TRF/1R/Juiz/2013) Com relação ao instituto da personalidade jurídica internacional, assinale a opção correta.

a) O STF entende ser relativa a imunidade de jurisdição das organizações internacionais.
b) Os elementos considerados na identificação do Estado como sujeito de direito internacional não incluem a capacidade para entabular relações internacionais.
c) O princípio da autodeterminação aplica-se aos casos de secessão de Estado.
d) Aos grupos nacionais beligerantes que se rebelarem contra o governo constituído com vistas à criação de um novo Estado não será reconhecida a personalidade jurídica internacional.
e) Conforme entendimento do STF, admite-se a perda da nacionalidade de brasileiro cuja naturalização seja cancelada por sentença judicial condenatória pela prática de atividade nociva ao interesse nacional.

22. (Cespe/TRF/1R/Juiz/2011) Considerando o conceito de nacionalidade e o Estatuto da Igualdade entre portugueses e brasileiros, assinale a opção correta.

a) A CF considera brasileiros natos, independentemente de formalidades, os nascidos no estrangeiro, de pai brasileiro ou mãe brasileira, desde que qualquer deles esteja a serviço do Brasil.
b) Além das condições previstas no texto constitucional, somente lei complementar pode estabelecer novos casos em que se exija a condição de brasileiro nato para a ocupação de cargos, empregos e funções públicas.
c) A exemplo dos países que se formaram a partir de grande contingente de imigrantes, o Brasil adota predominantemente o critério do jus sanguinis para definição da nacionalidade, admitindo, porém, em situações específicas, a aplicação do jus soli.
d) A situação do cidadão português que, no Brasil, seja admitido no regime de igualdade plena previsto na Convenção sobre Igualdade de Direitos e Deveres entre Brasileiros e Portugueses, é idêntica à do brasileiro naturalizado.
e) O brasileiro nato e o brasileiro naturalizado que exerçam atividade contrária ao interesse nacional estão sujeitos à perda da nacionalidade, mediante processo judicial, assegurada ao réu ampla defesa.

23. (Cespe/TRF/5R/Juiz/2013) Com base na jurisprudência do STF, assinale a opção correta a respeito de processo eleitoral, condições de elegibilidade, nacionalidade e direitos e garantias referentes às eleições.

a) É permitido ao legislador estadual fixar condições de elegibilidade e de investidura no cargo de juiz de paz distintas daquelas constitucionalmente previstas.
b) Havendo renúncia do mandato parlamentar, a vaga deve ser preenchida com base na lista de suplentes do próprio partido político do renunciante.
c) A aquisição da nacionalidade primária pode ser voluntária ou involuntária.
d) A exigência de voto impresso no processo de votação não fere o direito constitucional do sigilo das votações.
e) Quando o eleitor se apresenta para a votação, é legítimo exigir-lhe a apresentação de documento oficial com foto e do título eleitoral, de forma a garantir a segurança do processo de identificação dos eleitores.

24. (Cespe/TRF/3R/Juiz/2011) Acerca da nacionalidade, da iniciativa popular de lei, do plebiscito e da disciplina constitucional sobre os partidos políticos, assinale a opção correta.

a) A perda de nacionalidade, em virtude de atividade nociva ao interesse nacional, é procedimento administrativo cujo trâmite ocorre no Ministério da Justiça.
b) A CF regulamenta a iniciativa popular de lei tanto no âmbito federal quanto nos âmbitos estadual e municipal, fixando as regras e os procedimentos relativos à apresentação do projeto de lei.
c) Nas questões de relevância nacional, compete ao Congresso Nacional, mediante decreto legislativo, convocar plebiscito; no caso da incorporação, subdivisão ou desmembramento de estados, a competência pertence às assembleias legislativas dos estados envolvidos.
d) Os partidos políticos com registro no TSE têm direito a acesso gratuito ao rádio e à televisão, mas apenas os partidos com representação no Congresso Nacional podem receber recursos do fundo partidário.
e) A nacionalidade secundária é adquirida por meio da naturalização, que pode ser requerida tanto pelo apátrida como pelo estrangeiro. Mesmo que eles satisfaçam os requisitos para a obtenção da naturalização, o Poder Executivo dispõe de competência discricionária para concedê-la ou não.

2.4. Dos Direitos Políticos, Dos Partidos Políticos

SÚMULAS

STF **Súm. Vinculante 18.** A dissolução da sociedade ou do vínculo conjugal, no curso do mandato, não afasta a inelegibilidade prevista no § 7º do artigo 14 da Constituição Federal.

ENUNCIADOS

Fonadirh **Enunc. 39.** Os direitos humanos compõem uma unidade indivisível, interdependente e inter-relacionada, na qual os direitos civis e políticos hão de ser conjugados com os direitos econômicos, sociais e culturais, sem relação de predominância.

INFORMATIVOS

STF **Autonomia partidária: duração de mandato, prazo de vigência de órgãos provisórios e anistia de multa.** Os partidos políticos podem, no exercício de sua autonomia constitucional, estabelecer a duração dos mandatos de seus dirigentes, desde que compatível com o princípio republicano da alternância do poder concretizado por meio da realização de eleições periódicas em prazo razoável. É inconstitucional a previsão do prazo de até oito anos para a vigência dos órgãos provisórios dos partidos, para evitar distorções ao claro significado de "provisoriedade", notadamente porque, nesse período, podem ser realizadas distintas eleições em todos os níveis federativos. É constitucional a previsão de concessão de anistia às cobranças, devoluções ou transferências ao Tesouro Nacional que tenham como causa as doações ou contribuições feitas em anos anteriores por servidores públicos que exerçam função ou cargo público de livre nomeação e exoneração, desde que filiados a partido político. *ADI 6230, 5.8.2022. Pleno. Inf 1062.*

STF Restrições à veiculação de propaganda eleitoral em meios de comunicação impressos e na internet. São constitucionais as restrições, previstas na Lei das Eleições, à veiculação de propaganda eleitoral em meios de comunicação impressos e na internet. Considerando-se que o pagamento das propagandas eleitorais no Brasil se dá atualmente com recursos públicos, na ampla maioria dos casos, então a regulamentação da propaganda eleitoral está mais direcionada para a forma do gasto do Fundo Eleitoral do que propriamente para disciplinar a liberdade de expressão. Trata-se de uma opção política do legislador sobre onde e como devam ser gastos recursos públicos. Ademais, as diretrizes relativas à propaganda eleitoral voltam-se à realização de princípios próprios, tais como a paridade de armas entre os candidatos e a preservação das eleições, pondo-os a salvo do abuso do poder econômico, sempre disposto a influir no resultado das urnas. *ADI 6281, Pleno, 17.2.2022. Inf 1044.*

STF Fundo Partidário e Fundo Eleitoral: vedação de repasse de seus recursos. São constitucionais, visto não ofenderem a autonomia partidária, os dispositivos de Resolução editada pelo TSE que vedam o repasse de recursos do Fundo Partidário e do Fundo Especial de Financiamento de Campanha (FEFC) por partidos políticos ou candidatos não pertencentes à mesma coligação e/ou não coligados. No caso, a atividade normativa do TSE não passou da esfera regulamentar. A vedação prevista pelos dispositivos impugnados encontra amparo direto na Constituição Federal e na legislação eleitoral, revelando-se plenamente razoável, pois leva em conta a finalidade dos repasses de recursos do FEFC e do Fundo Partidário, bem como a necessidade de acabar com as assimetrias causadas pela existência de coligações em eleições proporcionais. Com efeito, o montante dos referidos fundos que será repartido entre as agremiações políticas é definido pelo critério da representatividade no Congresso Nacional, não sendo plausível permitir o repasse de seus recursos a candidatos de partidos distintos não pertencentes à mesma coligação, especialmente em razão da natureza pública dessas verbas. *ADI 7214, 30.9.2022. Pleno. Inf 1070.*

STF Criação do Fundo Especial de Financiamento de Campanha. É constitucional a criação do Fundo Especial de Financiamento de Campanha (FEFC) por meio de norma infraconstitucional, dada a inexistência de obrigação ou proibição sobre o tema na CF. *ADI 5795, 19.8.2022. Pleno. Inf 1065.*

STF Ampliação de gastos com publicidade institucional e princípio da anterioridade eleitoral. A ampliação dos limites para gasto com publicidade institucional às vésperas das eleições pode afetar significativamente as condições da disputa eleitoral, sendo necessário postergar, em obediência ao princípio da anterioridade eleitoral (CF, art. 16), a eficácia de alterações normativas nesse sentido. *ADI 7182, 1.7.2022. Pleno. Inf 1062.*

QUESTÕES OBJETIVAS

25. (Cespe/TRF/1R/Juiz/2013) Com base na legislação que disciplina o processo eleitoral brasileiro e no entendimento jurisprudencial acerca da matéria, assinale a opção correta.

a) Condenação por crime de corrupção por turma de tribunal de justiça implica inelegibilidade, ainda que pendente de julgamento em outra instância.
b) As coligações partidárias realizadas nos estados devem guardar coerência com a coligação celebrada no plano nacional, sob pena de nulidade.
c) MP estadual participa da composição dos tribunais eleitorais, ao contrário do MPF.
d) O quociente eleitoral e a cláusula de barreira são incompatíveis com os princípios que regem o sistema eleitoral brasileiro.
e) A prática do ilícito da captação de sufrágio não implica o afastamento do candidato da eleição, em razão do princípio da presunção de inocência.

26. (Cespe/TRF/2R/Juiz/2013) Com relação aos direitos de nacionalidade, aos direitos políticos e aos partidos políticos, assinale a opção correta.

a) No Brasil, o alistamento eleitoral depende da iniciativa do nacional que preencha os requisitos constitucionais e legais exigidos, não havendo inscrição de ofício por parte da autoridade judicial eleitoral.
b) Embora se caracterizem como pessoas jurídicas de direito privado, os partidos políticos só adquirem personalidade jurídica após o registro de seus estatutos no tribunal regional eleitoral do estado em que estejam sediados.
c) Com a Emenda Constitucional n. 54/2007, passaram a ser considerados brasileiros natos os nascidos no estrangeiro, de pai e mãe brasileiros, desde que sejam registrados em repartição brasileira competente ou venham a residir no Brasil após atingir a maioridade.
d) Serão considerados brasileiros naturalizados os estrangeiros de qualquer nacionalidade residentes no Brasil há mais de quinze anos ininterruptos, mas, com relação aos originários de países de língua portuguesa, a CF prevê somente que tenham residência permanente no país como condição para adquirir a nacionalidade brasileira.
e) A idade mínima é requisito de elegibilidade, exigindo-se, no caso de candidatos a prefeito, vice-prefeito, vereador e juiz de paz, a idade de vinte e um anos no momento do registro da candidatura na justiça eleitoral.

27. (Cespe/TRF/2R/Juiz/2013) De acordo com os dispositivos constitucionais e o entendimento do STF atinentes ao exercício de mandato eletivo por detentor de cargo no serviço público, assinale a opção correta.

a) O servidor público investido no mandato de prefeito deverá ser afastado do cargo, emprego ou função, sendo-lhe possível cumular os vencimentos, todavia, sempre observando o teto constitucional, ou seja, o subsídio fixado para os ministros do STF.
b) Segundo o entendimento do STF, ao servidor público que seja eleito vice-prefeito aplicar-se-á as disposições aplicáveis ao servidor eleito para o cargo de vereador.
c) Em qualquer caso que exija o afastamento do servidor para o exercício de mandato eletivo, seu tempo de serviço será computado para todos os efeitos legais.
d) Independentemente de o mandato eletivo ser federal, estadual, municipal ou distrital, o servidor ficará afastado de cargo ou função.
e) Júlio foi aprovado em concurso de promotor de justiça estadual, tendo sido empossado no cargo em 8.12.1984 e exercido esse cargo durante dez anos, após os quais resolveu se candidatar ao cargo de deputado federal de seu estado, tendo sido eleito com votação expressiva. Após o exercício do mandato eletivo, ele tentou a reeleição, mas não obteve sucesso, razão por que reassumiu suas funções no MP de seu estado. Nas eleições gerais de 2006, Júlio tentou novamente concorrer a uma cadeira na Câmara dos Deputados, mas sua candidatura não foi aceita, tendo em vista vedação ao exercício de atividade político-partidária. Nessa situação, segundo o entendimento dominante no STF, foi correta a não aceitação da candidatura de Júlio.

28. (Cespe/TRF/2R/Juiz/2011) No que se refere aos direitos sociais, aos direitos de nacionalidade e aos direitos políticos, assinale a opção correta.

a) O presidente da República, os governadores de estado, os prefeitos e quem os suceda ou substitua no curso do mandato podem ser reeleitos para um único período subsequente, mas, para concorrerem a outros cargos, devem renunciar ao respectivo mandato até seis meses antes do pleito.
b) Por ser a licença-paternidade direito constitucional fundamental, o prazo de cinco dias previsto para o benefício não pode ser objeto de alteração pela legislação infraconstitucional.
c) Diferentemente do previsto para os trabalhadores urbanos, prescreve em dois anos o prazo para os trabalhadores rurais

ajuizarem ação para o pagamento de créditos resultantes das relações de trabalho.

d) Aos portugueses com idoneidade moral que comprovem residência no Brasil durante, pelo menos, um ano ininterrupto devem ser atribuídos os direitos inerentes ao brasileiro nato.

e) O brasileiro nato adquire plena capacidade eleitoral passiva aos trinta anos, idade mínima exigida de candidato a presidente e a vice-presidente da República.

29. (Cespe/TRF/1R/Juiz/2011) Tendo em vista os direitos de nacionalidade, os direitos políticos, o estado de defesa e o estado de sítio, assinale a opção correta.

a) São requisitos para elegibilidade, entre outros, o alistamento eleitoral e o domicílio eleitoral na circunscrição em que o indivíduo pretenda candidatar-se.

b) Os estrangeiros de qualquer nacionalidade somente poderão requerer a nacionalidade brasileira se residirem na República Federativa do Brasil há mais de trinta anos ininterruptos e não tiverem condenação penal.

c) O estado de sítio, medida excepcional, somente pode ser decretado nos casos de declaração de estado de guerra ou resposta a agressão armada estrangeira.

d) O indivíduo que sofrer condenação penal transitada em julgado terá seus direitos políticos suspensos, mas apenas no caso de crimes dolosos, não no de crimes culposos e contravenções penais.

e) O presidente da República pode decretar, com a finalidade de preservar a ordem pública ameaçada por grave instabilidade institucional, estado de defesa em locais determinados, dependendo, para isso, de autorização do Congresso Nacional.

30. (Cespe/TRF/5R/Juiz/2009) Com relação aos partidos políticos, ao alistamento, à eleição e aos direitos políticos, assinale a opção correta.

a) Considere que Petrônio tenha sido eleito e diplomado no cargo de prefeito de certo município no dia 1º.1.2008. Nessa situação hipotética, o mandato eletivo de Petrônio poderá ser impugnado ante a justiça eleitoral, no prazo de 15 dias a contar da diplomação, por meio de ação instruída com provas de abuso do poder econômico, corrupção ou fraude.

b) Os partidos políticos adquirem personalidade jurídica com registro dos seus estatutos no Tribunal Superior Eleitoral.

c) É vedado aos estrangeiros, ainda que naturalizados brasileiros, o alistamento como eleitores.

d) Suponha que Pedro, deputado federal pelo estado X, seja filho do atual governador do mesmo estado. Nessa situação hipotética, Pedro é inelegível para concorrer à reeleição para um segundo mandato parlamentar pelo referido estado.

e) A condenação criminal com trânsito em julgado ensejará a perda dos direitos políticos do condenado.

3. DA ORGANIZAÇÃO DO ESTADO

3.1. Da União

SÚMULAS

1) Bens

STF Súm. 477. As concessões de terras devolutas situadas na faixa de fronteira, feitas pelos Estados, autorizam, apenas, o uso, permanecendo o domínio com a União, ainda que se mantenha inerte ou tolerante, em relação aos possuidores.

STF Súm. 479. As margens dos rios navegáveis são domínio público, insuscetíveis de expropriação e, por isso mesmo, excluídas de indenização.

STF Súm. 480. Pertencem ao domínio e administração da União, nos termos dos artigos 4º, IV, e 186, da Constituição Federal de 1967, as terras ocupadas por silvícolas.

STF Súm. 650. Os incisos I e XI do art. 20 da Constituição Federal não alcançam terras de aldeamentos extintos, ainda que ocupadas por indígenas em passado remoto.

2) Competência Legislativa

STF Súm. Vinculante 2. É inconstitucional a lei ou ato normativo estadual ou distrital que disponha sobre sistemas de consórcios e sorteios, inclusive bingos e loterias.

STF Súm. Vinculante 39. Compete privativamente à União legislar sobre vencimentos dos membros das polícias civil e militar e do corpo de bombeiros militar do Distrito Federal.

STF Súm. Vinculante 46. A definição dos crimes de responsabilidade e o estabelecimento das respectivas normas de processo e julgamento são da competência legislativa privativa da União.

STJ Súm. 19. A fixação do horário bancário, para atendimento ao público, é da competência da União.

REPERCUSSÃO & REPETITIVOS

STF Rep. Geral 774. A norma estadual que impõe à concessionária de geração de energia elétrica a promoção de investimentos, com recursos identificados como parcela da receita que aufere, voltados à proteção e à preservação de mananciais hídricos é inconstitucional por configurar intervenção indevida do Estado no contrato de concessão da exploração do aproveitamento energético dos cursos de água, atividade de competência da União, conforme art. 21, XII, "b", da Constituição Federal. *RE 827538, 12.5.2020.*

INFORMATIVOS

STF Prestação e divulgação de contas de sindicatos: exigência por lei distrital. É inconstitucional, por violar o art. 22, I, da CF, norma distrital que obriga os sindicatos a divulgarem na internet a prestação de contas das verbas recebidas a título de contribuição confederativa, sindical e de outros recursos recebidos do Distrito Federal. No caso, a lei invade competência legislativa privativa da União, pois guarda pertinência com o direito coletivo do trabalho, assim como – sob um prisma mais abrangente – o direito civil, enquanto entidades associativas. *ADI 5349, 19.8.2022. Pleno. Inf 1064.*

STF Porte de armas de fogo: presunção do risco da atividade e efetiva necessidade mediante lei estadual. É inconstitucional, por violar competência da União para legislar sobre materiais bélicos, norma estadual que reconhece o risco da atividade e a efetiva necessidade do porte de arma de fogo ao atirador desportivo integrante de entidades de desporto legalmente constituídas e ao vigilante de empresa de segurança privada. *ADI 7189, 23.9.2022. Pleno. Inf 1069.*

STF Serviço de telecomunicação e proibição de oferta e comercialização de serviço de valor adicionado. É inconstitucional, por violar os arts. 21, XI, 22, IV, e 48, XII da CF, norma estadual que proíbe concessionárias de serviços de telecomunicação de ofertarem e comercializarem serviço de valor adicionado (SVA). Embora o SVA não constitua propriamente serviço de telecomunicação, a proibição de sua oferta e comercialização acaba por interferir indiretamente na prestação dos serviços de telecomunicação, porque restringe o plano de negócio das empresas do setor, com possíveis prejuízos para o equilíbrio econômico-financeiro dos contratos de concessão. *ADI 6199, 15.8.2022. Pleno. Inf 1063.*

STF Lei estadual e depósitos judiciais e extrajudiciais de terceiros. É inconstitucional norma estadual que dispõe sobre valores correspondentes a depósitos judiciais e extrajudiciais de terceiros, ou seja, em que o ente federado não é parte interessada. Sob o prisma formal, ao determinar que os depósitos judiciais e extrajudiciais, em dinheiro, à disposição do poder judiciário estadual ou da Secretaria da Fazenda, serão efetuados em Conta Central de Depósitos Procedimentais, o legislador estadual usurpou a competência da União para legislar sobre: (i) o Sistema Financeiro Nacional (CF, art. 21, VIII); (ii) a política de crédito e transferência de valores (arts. 22, VII, e 192); (iii) direito civil e processual (art. 22, I); e (iv) normas gerais de direito financeiro (art. 24, I), atuando, neste último caso, além dos limites de sua competência suplementar, pois previu hipóteses e finalidades não estabelecidas em normas gerais editadas pela União. Quanto ao aspecto material, a disciplina que possibilita o uso e administração, pelo Poder Executivo, de numerário de terceiros, cujo depositário é o Judiciário, viola a separação dos Poderes, dada a clara desarmonia ao sistema de pesos e contrapesos. No caso, o tratamento legal impugnado ainda afronta o direito de propriedade dos jurisdicionados – pois configura expropriação de recursos a eles pertencentes –; caracteriza empréstimo compulsório não previsto no art. 148 da CF;

bem como cria endividamento fora das hipóteses de dívida pública permitidas pela Constituição. *ADI 6660, 20.6.2022. Pleno. Inf 1060.*

STF Lei estadual: planos de saúde e limitação de tratamento para pessoas com deficiência. É inconstitucional, por ofensa à competência privativa da União para legislar sobre direito civil e política de seguros, lei estadual que veda, no âmbito de seu território, operadoras de planos de saúde de limitarem consultas e sessões para o tratamento de pessoas com deficiência. A competência legislativa concorrente em matéria de defesa do consumidor não autoriza os estados-membros a editarem normas sobre o tema, nem mesmo em caráter suplementar. *ADI 7172, 17.10.2022, Pleno. Inf 1072.*

STF Covid-19: multa por descumprimento de cláusula de fidelidade contratual nos serviços de telecomunicações. É inconstitucional, por ofensa à competência privativa da União para legislar sobre telecomunicações, lei estadual que veda a aplicação de multa por quebra de fidelidade nos serviços de TV por assinatura, telefonia, internet e serviços assemelhados, enquanto perdurar a pandemia da Covid-19. *ADI 7211, 30.9.2022. Pleno. Inf 1070.*

STF Covid-19 e instituições de ensino: inadimplência, recusa de matrícula e competência legislativa. É inconstitucional, por violação à competência privativa da União para legislar sobre direito civil (CF, art. 22, I), norma estadual que impede as instituições particulares de ensino superior de recusarem a matrícula de estudantes inadimplentes e de cobrar juros, multas, correção monetária ou quaisquer outros encargos durante o período de calamidade pública causado pela pandemia da Covid-19. *ADI 7179, 5.8.2022. Pleno. Inf 1062.*

STF Construção de instalações nucleares e de energia elétrica: imposição de exigências por norma estadual. É inconstitucional norma de Constituição estadual que impõe condições locais para a construção de instalações nucleares e de energia elétrica. Ao disporem sobre os assuntos, incorrem em indevida invasão da competência privativa da União para explorar tais serviços e legislar a seu respeito. *ADI 7076, 24.6.2022. Pleno. Inf 1060.*

STF Competência da União para explorar e legislar sobre atividades nucleares. É inconstitucional norma de Constituição estadual que dispõe sobre serviços de atividades nucleares de qualquer natureza. *ADI 6858, 1.7.2022. Pleno. Inf 1061.*

STF Atividade profissional de despachantes: competência legislativa para regulamentação. É privativa da União a competência para legislar sobre condições para o exercício da profissão de despachante (CF, art. 22, XVI), de modo que a disciplina legal dos temas relacionados à sua regulamentação também deve ser estabelecida pela União. *ADI 6738/GO, 21.11.2022. Pleno. Inf 1076.*

STF Promoção e benefícios a novos clientes e extensão aos preexistentes. É inconstitucional lei estadual que impõe aos prestadores privados de serviços de ensino e de telefonia celular a obrigação de estender o benefício de novas promoções aos clientes preexistentes. A norma promove ingerência em relações contratuais já estabelecidas sem que exista conduta lesiva ou abusiva por parte do prestador. A alteração de forma geral e abstrata do conteúdo de negócios jurídicos caracteriza norma de direito civil, cuja competência legislativa é privativa da União. *ADI 5399, 9.6.2022. Pleno. Inf 1058.*

STF Custas e emolumentos judiciais: majoração e criação de sanções processuais por ente estadual. É inconstitucional norma estadual que institui sanções processuais diversas da legislação federal para litigantes que abusem do seu direito à prestação jurisdicional e um procedimento mais restritivo para requerer o benefício da gratuidade de justiça. Compete à União legislar sobre direito processual (CF, art. 22, I) e já existe, no CPC, expressão legislativa exaustiva sobre a matéria. Custas e os emolumentos classificam-se como tributo da espécie taxa, e não podem ter como fato gerador principal um ato ilícito. *ADI 7063, 3.6.2022. Pleno. Inf 1057.*

STF Obrigações impostas aos planos de saúde e competência legislativa privativa da União. É formalmente inconstitucional lei estadual que estabelece obrigações referentes a serviço de assistência médico-hospitalar que interferem nas relações contratuais estabelecidas entre as operadoras de planos de saúde e seus usuários. Esses temas são relativos a direito civil e concernem à política de seguros, matérias conferidas constitucionalmente à competência legislativa privativa da União, nos termos do art. 22, I e VII, da CF. *ADI 7029, 6.5.2022. Pleno. Inf 1053.*

STF Pessoas desaparecidas e divulgação de fotos em noticiários de TV e em jornais. É inconstitucional lei estadual que fixe a obrigatoriedade de divulgação diária de fotos de crianças desaparecidas em noticiários de TV e em jornais de estado-membro. Na hipótese, a lei estadual invade a competência legislativa da União para dispor privativamente sobre radiodifusão de sons e imagens (CF, art. 22, IV). Além disso, cria obrigação à margem dos contratos de concessão dessas pessoas jurídicas com a União (poder concedente), em contrariedade ao art. 21, XII, da CF. Também em inconstitucionalidade material: primeiro, porque estabelece indevida interferência na liberdade de agentes econômicos privados; segundo, porque ofende a liberdade de informação jornalística dos veículos de comunicação social (CF, art. 220). *ADI 5292, 25.3.2022. Pleno. Inf 1048.*

STF Normas estaduais sobre inclusão e exclusão de consumidores em cadastros de proteção ao crédito. A adoção de sistema de comunicação prévia a consumidor inadimplente por carta registrada com aviso de recebimento configura desrespeito à CF. A norma impugnada transgride o modelo geral (CDC, art. 43, § 2º). Além disso, afeta ostensivamente relações comerciais e consumeristas que transcendem os limites territoriais do ente federado, bem como transfere todo o ônus financeiro da inadimplência da pessoa do devedor para a sociedade em geral. //É inconstitucional a previsão, por lei estadual, de "prazo de tolerância" a impedir que o nome do consumidor inadimplente seja imediatamente inscrito em cadastro ou banco de dados. O tempo do pagamento e os efeitos da mora são matérias de direito civil e comercial, reservadas à União (CF, art. 22, I). //A supressão da verificação prévia quanto à existência do crédito, exigibilidade do título e inadimplência do devedor não caracteriza violação do princípio da vedação ao retrocesso. *ADI 5224, 8.3.2022. Inf 1046.*

STF Lei estadual e vedação à inscrição em cadastro de proteção ao crédito. É inconstitucional lei estadual que vede a inscrição em cadastro de proteção ao crédito de usuário inadimplente dos serviços de abastecimento de água e esgotamento sanitário. Não compete aos estados legislar sobre normas gerais de proteção ao consumidor ou concessão de serviço público. As normas gerais sobre consumo, editadas pela União, não preveem qualquer restrição quanto aos tipos de débitos que possam ser inscritos nos bancos de dados e cadastros de consumidores. *ADI 6668, Pleno, 11.2.2022. Inf 1043.*

STF Concessão de porte de arma de fogo a procuradores estaduais por lei estadual. A concessão de porte de arma a procuradores estaduais, por lei estadual, é incompatível com a Constituição Federal. A CF atribuiu à União a competência material para autorizar e fiscalizar o armamento produzido e comercializado no País. Também outorgou ao legislador federal a competência legislativa correspondente para ditar normas sobre material bélico. *ADI 6985, Pleno, 25.2.2022. Inf 1045.*

QUESTÕES OBJETIVAS

31. (TRF/4R/Juiz/2022) Assinale a alternativa correta.

a) É constitucional legislação federal que estabeleça novas eleições para os cargos majoritários simples, isto é, prefeitos de municípios com menos de duzentos mil eleitores e senadores da República, em casos de vacância por causas eleitorais.
b) É possível a criação de territórios, mediante autorização do Supremo Tribunal Federal.
c) Ao Distrito Federal são atribuídas as competências reservadas aos Estados e aos Municípios, inclusive a competência legislativa sobre o Poder Judiciário, o Ministério Público e a Defensoria Pública do Distrito Federal.
d) Não será admitida iniciativa popular no processo legislativo estadual.
e) A União é pessoa jurídica de direito público internacional.

32. (Cespe/TRF/5R/Juiz/2017) Estado-membro editou lei instituindo requisito novo de habilitação, não previsto na lei federal de licitações e contratos administrativos, o qual passou a ser exigido aos interessados em participar nas licitações estaduais. Nessa situação hipotética, de acordo com o entendimento do STF acerca do tema, a referida lei deverá ser julgada

a) constitucional, porque a matéria é de competência concorrente da União e dos estados.
b) constitucional, pois compete aos estados suplementar a legislação federal por meio de normas específicas, de acordo com as suas particularidades.
c) inconstitucional, já que é exclusiva da União a competência para legislar sobre licitação.
d) inconstitucional, pois é privativa da União a competência para legislar sobre normas gerais de licitação.
e) constitucional, já que estados podem legislar sobre assuntos de interesse local.

33. (TRF/4R/Juiz/2016) Dadas as assertivas abaixo, assinale a alternativa correta.

I. A Constituição Federal confere à União Federal, em caráter exclusivo, a exploração do serviço postal e do correio aéreo nacional.

II. Lei estadual não poderá disciplinar a respeito de validade de crédito de telefone celular pré-pago, projetando-o no tempo, sob pena de violação à competência exclusiva da União Federal para legislar sobre telecomunicações.

III. Diante da competência da União de explorar, diretamente ou mediante autorização, concessão ou permissão, os portos marítimos, fluviais e lacustres, o serviço de docas tem necessariamente natureza pública.

IV. Toda a atividade nuclear em território nacional é de competência exclusiva da União Federal e se dá após prévia aprovação da Presidência da República.

a) Estão corretas apenas as assertivas I e II.
b) Estão corretas apenas as assertivas I, II e III.
c) Estão corretas apenas as assertivas I, II e IV.
d) Estão corretas apenas as assertivas II, III e IV.
e) Estão corretas todas as assertivas.

34. (TRF/4R/Juiz/2014) Dadas as assertivas abaixo, assinale a alternativa correta. É da competência privativa da União legislar sobre:

I. Registros públicos.
II. Processo civil e procedimentos em matéria processual.
III. Direito Civil.
IV. Direito Financeiro.
V. Direito Urbanístico.

a) Está correta apenas a assertiva III.
b) Estão corretas apenas as assertivas I e II.
c) Estão corretas apenas as assertivas I e III.
d) Estão corretas apenas as assertivas III, IV e V.
e) Estão corretas todas as assertivas.

35. (TRF/3R/Juiz/2010) Assinale a alternativa incorreta: Portaria ministerial do Ministério da Justiça expedida com base no art. 74, do estatuto da criança e do adolescente - Lei federal 8.069/90, para exercer a classificação na área das diversões públicas e de programas de rádio e televisão, de acordo com os arts. 21, XVI, e 220, § 3º, I, da Constituição Federal, aqui considerada a sua edição como um ato de extravasamento administrativo aos comandos da lei, revela que.

a) Deve ser integralmente cumprida, pois além de ser um ato administrativo, tem conteúdo normativo e, como tal, pode inovar a ordem jurídica.
b) Pode ser caracterizada como ato regulamentar desprovido de autonomia normativa.
c) Constitui ato regulamentar, que ultrapassa o conteúdo da lei, e pratica ilegalidade, sendo submetida ao contencioso de direito comum.
d) No que extravasar os limites da lei, ela é diretamente inconstitucional, e já não está no terreno regulamentar, pois invade o campo legislativo, possibilitando sua correção no âmbito do controle concentrado de constitucionalidade.

3.2. Dos Estados Federados

SÚMULAS

STF **Súm. Vinculante 2.** É inconstitucional a lei ou ato normativo estadual ou distrital que disponha sobre sistemas de consórcios e sorteios, inclusive bingos e loterias.

STF **Súm. Vinculante 45.** A competência constitucional do tribunal do júri prevalece sobre o foro por prerrogativa de função estabelecido exclusivamente pela constituição estadual.

STF **Súm. Vinculante 46.** A definição dos crimes de responsabilidade e o estabelecimento das respectivas normas de processo e julgamento são da competência legislativa privativa da União.

REPERCUSSÃO & REPETITIVOS

STF **Rep. Geral 491.** Os Estados-Membros e o Distrito Federal têm competência legislativa para estabelecer regras de postagem de boletos referentes a pagamento de serviços prestados por empresas públicas e privadas. *ARE 649379, 17.11.2020.*

INFORMATIVOS

STF **Empresas de telefonia e internet: obrigatoriedade de inserção de mensagem nas faturas.** É constitucional norma estadual que, a pretexto de proteger a saúde pública, obriga as prestadoras de serviços de telefonia celular e de internet a inserirem, nas faturas de consumo, mensagem incentivadora à doação de sangue. Não há usurpação de competência privativa da União, visto que o valor constitucional primordialmente tutelado pela norma impugnada não é o serviço prestado por concessionárias de telecomunicações, mas a proteção e defesa da saúde, matéria sujeita à competência legislativa concorrente (CF, art. 24, XII). *ADI 6088, 26.8.2022. Pleno. Inf 1065.*

STF **Reserva de assentos especiais para pessoas obesas.** É constitucional lei estadual que prevê a reserva de assentos especiais a serem utilizados por pessoas obesas, correspondente a 3% dos lugares em salas de projeções, teatros e espaços culturais localizados em seu território e a, no mínimo, 2 lugares em cada veículo do transporte coletivo municipal e intermunicipal. Inexiste qualquer relação com a competência privativa da União referente à regulação de trânsito e transporte (CF, art. 22, IX), de modo que a política de inclusão adotada se enquadra na competência concorrente da União, estados e municípios para promover o acesso à cultura, ao esporte e ao lazer (CF, arts. 6º, 23, V, 24, IX, 215 e 217, § 3º). *ADI 2477, 21.10.2022. Pleno. Inf 1073.*

STF **Região metropolitana: saneamento básico, poder decisório e recursos obtidos com a empreitada comum.** É inconstitucional norma que prevê a concentração excessiva do poder decisório nas mãos de só um dos entes públicos integrantes de região metropolitana. Nesse mesmo contexto, é inadmissível que a gestão e a percepção dos frutos da empreitada metropolitana comum, incluídos os valores referentes a eventual concessão à iniciativa privada, aproveitem a apenas um dos entes federados. *ADPF 863, 13.5.2022. Pleno. Inf 1055.*

STF **Prazo de validade de bilhetes de transporte rodoviário de passageiros e competência legislativa estadual.** Compete aos estados-membros a definição do prazo de validade de bilhetes de transporte rodoviário intermunicipal de passageiros. Incumbe aos estados, como titulares da exploração do transporte rodoviário intermunicipal, a definição da respectiva política tarifária, à luz dos elementos que possam influenciá-la, como o prazo de validade do bilhete, nos termos do art. 175 da CF. *ADI 4289, 8.4.2022. Pleno. Inf 1050.*

STF **Lei estadual: SAC e atendimento telefônico gratuito.** É válida lei estadual que obrigue empresas prestadoras de serviços de televisão por assinatura e estabelecimentos comerciais de vendas no varejo e no atacado – que já possuam Serviço de Atendimento ao Consumidor (SAC) – a fornecerem atendimento telefônico gratuito a seus clientes. Sem que haja previsão normativa federal a desautorizar, o norte exegético do princípio federativo atrai solução que preserve a competência do ente federado menor à luz do art. 24 da CF . O exercício da competência concorrente está chancelado pelos §§ 1º e 2º do art. 24 da CF, haja vista o nítido caráter de suplementação do arcabouço jurídico protetivo das relações de consumo que a obrigação de gratuidade no serviço de atendimento telefônico traduz. *ADI 4118, Pleno, 25.2.2022. Inf 1045.*

STF **Concessão de meia-entrada em estabelecimentos de lazer e entretenimento para professores da rede pública estadual e municipais de ensino.** É constitucional lei estadual que concede aos professores das redes públicas estadual e municipais de ensino o benefício da meia-entrada nos estabelecimentos de lazer e entretenimento. A competência para legislar sobre direito econômico é concorrente. Assim, como a legislação federal atualmente vigente que trata do benefício em comento (Lei 12.933/13) não contempla a específica categoria profissional abrangida pela norma estadual impugnada, o ente federado pode utilizar-se legitimamente de sua competência normativa supletiva para tanto. A medida não viola o princípio da isonomia. O tratamento desigual criado pela lei está plenamente justificado – constitui estratégia de política pública que se coaduna com a priorização absoluta da educação básica. *ADI 3753, 8.4.2022. Pleno. Inf 1050.*

QUESTÕES OBJETIVAS

36. (TRF/4R/Juiz/2022) Assinale a alternativa correta. A Constituição Federal, ao tratar da repartição de competências, adota o princípio da predominância do interesse. Consoante a jurisprudência do Supremo Tribunal Federal, pode-se afirmar que é inconstitucional:

a) lei estadual que imponha medidas de segurança em estacionamentos.
b) lei municipal que proíba o uso de fogos de artifício de efeito sonoro ruidoso no âmbito do Município.
c) lei estadual que disponha sobre a exposição de produtos orgânicos em estabelecimentos comerciais.
d) lei municipal que, no exercício de competência legislativa suplementar, exija a manutenção de equipe de bombeiros profissionais civis em estabelecimentos de grande porte, como shoppings e hipermercados.
e) lei estadual que verse sobre procedimentos simplificados para atividades e empreendimentos de pequeno potencial de impacto ambiental.

37. (Cespe/TRF/5R/Juiz/2015) De acordo com o entendimento do STF, assinale a opção correta a respeito da repartição de competências legislativas estabelecidas na CF.

a) Não se pode criar, por lei estadual, vara especializada em delitos praticados por organizações criminosas.
b) Os estados-membros podem legislar sobre a definição dos crimes de responsabilidade e o estabelecimento das respectivas normas de processo e julgamento.
c) Os estados-membros podem editar lei que crie prioridade de tramitação para os processos que tenham como parte mulheres vítimas de violência doméstica.
d) As unidades federadas não possuem competência para fixar índices de correção monetária de créditos fiscais em percentuais superiores aos fixados pela União para o mesmo fim.
e) Por se tratar de matéria referente a servidores públicos, a Constituição estadual pode tratar do regime trabalhista dos empregados de sociedades de economia mista e empresa pública.

38. (Cespe/TRF/1R/Juiz/2015) Com base no disposto na CF a respeito da competência dos estados-membros e dos municípios e do procedimento de intervenção federal e estadual, assinale a opção correta.

a) Cabe, em todos os casos, ao presidente da República a iniciativa de decretação de intervenção federal nos estados e no DF, competindo-lhe, ainda, formalizá-la mediante decreto.
b) A intervenção nos municípios cabe somente aos estados-membros, salvo em municípios localizados nos territórios federais, caso em que a concretização da intervenção compete ao Senado Federal.
c) A fiscalização do município compete à assembleia legislativa do respectivo estado, mediante controle externo, com o auxílio dos tribunais de contas dos estados ou do município ou dos conselhos ou tribunais de contas dos municípios, onde houver.
d) O poder de instituir regiões metropolitanas, aglomerações urbanas e microrregiões, constituídas por agrupamentos de municípios limítrofes, é dos estados, que devem editar lei complementar para fazê-lo.
e) É dos estados a competência para instituir diretrizes para o desenvolvimento urbano, inclusive habitação, saneamento básico e transportes urbanos.

39. (Cespe/TRF/5R/Juiz/2011) Com base na doutrina e na jurisprudência do STF, assinale a opção correta a respeito da repartição de competências entre os entes da Federação brasileira.

a) É inconstitucional lei estadual que fixe índices de correção monetária de créditos fiscais, ainda que o fator de correção adotado seja igual ou inferior ao utilizado pela União, visto que, em matéria financeira, não há competência legislativa concorrente entre o ente federal e o estadual.
b) É constitucional norma estadual que estabeleça como competência do tribunal de contas do estado o exame prévio de validade de contratos firmados com o poder público, por força do princípio da simetria.
c) Lei estadual que institua a obrigatoriedade de instalação de cinto de segurança em veículo de transporte coletivo será constitucional, visto que tratará de matéria constante do rol das competências remanescentes dos estados.
d) Caso se edite lei estadual proibindo as empresas de telecomunicações de cobrarem taxas para a instalação de segundo ponto de acesso à Internet, tal lei deverá ser considerada inconstitucional, visto que invadirá a competência privativa da União para legislar sobre telecomunicações.
e) Se for editada lei distrital de iniciativa parlamentar instituindo gratificação específica para os policiais militares e o Corpo de Bombeiros Militar do DF, essa lei será constitucional porquanto a competência da União para organizar e manter a Polícia Militar e o Corpo de Bombeiros Militar do DF não exclui a competência do ente distrital.

40. (Cespe/TRF/2R/Juiz/2009) Acerca dos estados-membros da Federação brasileira, assinale a opção correta.

a) Não obstante a ausência de previsão na CF, o estado-membro pode, no exercício de sua autonomia, subordinar a eficácia de contratos e convênios celebrados pelas respectivas secretarias de estado à aprovação da assembleia legislativa.
b) Os estados-membros têm autonomia para, nas respectivas constituições, estabelecer imunidade dos governadores à perseguição criminal durante o mandato por atos estranhos ao exercício de suas funções, tal como ocorre com o presidente da República.
c) Segundo entendimento do STF, todas as regras constitucionais relativas ao Poder Legislativo da União são de observância obrigatória pelos estados-membros, por força do princípio da simetria.
d) Na ausência de previsão específica na constituição estadual, permanece o subsídio mensal do governador como limite remuneratório do Poder Executivo estadual, salvo as carreiras do MP e dos procuradores e defensores públicos estadual.
e) Os estados-membros podem criar, mediante lei complementar, regiões metropolitanas dotadas de personalidade jurídica própria, com o objetivo de oferecer soluções para problemas ou carências localizadas.

3.3. Dos Municípios

SÚMULAS

STF Súm. Vinculante 38. É competente o município para fixar o horário de funcionamento de estabelecimento comercial.

STF Súm. Vinculante 49. Ofende o princípio da livre concorrência lei municipal que impede a instalação de estabelecimentos comerciais do mesmo ramo em determinada área.

STF Súm. 419. Os municípios têm competência para regular o horário do comércio local, desde que não infrinjam leis estaduais ou federais válidas.

STF Súm. 702. A competência do Tribunal de Justiça para julgar prefeitos restringe-se aos crimes de competência da justiça comum estadual; nos demais casos, a competência originária caberá ao respectivo tribunal de segundo grau.

STF Súm. 703. A extinção do mandato do prefeito não impede a instauração de processo pela prática dos crimes previstos no art. 1º do DL 201/67.

STJ Súm. 208. Compete à justiça federal processar e julgar prefeito municipal por desvio de verba sujeita a prestação de contas perante órgão federal.

STJ Súm. 209. Compete à justiça estadual processar e julgar prefeito por desvio de verba transferida e incorporada ao patrimônio municipal.

STJ Súm. 615. Não pode ocorrer ou permanecer a inscrição do município em cadastros restritivos fundada em irregularidades na gestão anterior quando, na gestão sucessora, são tomadas as providências cabíveis à reparação dos danos eventualmente cometidos.

TRF2 Súm. 58. É inconstitucional, por invadir competência legislativa municipal, a Lei estadual 4.223/2003, que disciplina o atendimento ao público e estipula tempo máximo de espera na fila pelos usuários dos serviços bancários das agências localizadas no Estado do Rio de Janeiro.

REPERCUSSÃO & REPETITIVOS

STF Rep. Geral 546. Surge constitucional previsão normativa local voltada a coibir fraude considerado o serviço público de transporte coletivo e inconstitucional condicionar a liberação de veículo apreendido ao pagamento de multas, preços públicos e demais encargos decorrentes de infração. *RE 661702, 4.5.2020.*

STF Rep. Geral 559. A EC nº 57/08 não convalidou desmembramento municipal realizado sem consulta plebiscitária e, nesse contexto, não retirou o vício de ilegitimidade ativa existente nas execuções fiscais que haviam sido propostas por município ao qual fora acrescida, sem tal consulta, área de outro para a cobrança do IPTU quanto a imóveis nela localizados. *RE 614384, 29.4.2022.*

STF Rep. Geral 849. Compete aos municípios legislar sobre a obrigatoriedade de instalação de hidrômetros individuais nos edifícios e condomínios, em razão do preponderante interesse local envolvido. *RE 738481,16.8.2021.*

INFORMATIVOS

STF Isenção de tarifas de água e esgoto: predominância de interesse local e competência legislativa. É inconstitucional, por invadir a competência municipal para legislar sobre assuntos de interesse local (CF, art. 30, I e V), lei estadual que concede, por período determinado, isenção das tarifas de água e esgoto e de energia elétrica aos consumidores residenciais, industriais e comerciais. Segundo as diretrizes nacionais para o saneamento básico, fixadas pela Lei 11.445/07 e atualizadas pela Lei do Novo Marco do Saneamento Básico (Lei 14.026/20), compete aos municípios, responsáveis pela gestão dos assuntos de interesse local e pela edição de leis que digam respeito a esses temas, a titularidade dos serviços públicos de saneamento básico. Ainda que o estado seja o acionista majoritário das empresas concessionárias dos serviços de saneamento básico, não se admite essa interferência. *ADI 6912, 15.8.2022. Pleno. Inf 1063.*

QUESTÕES OBJETIVAS

41. (TRF/4R/Juiz/2016) Dadas as assertivas abaixo, assinale a alternativa correta.

I. Afronta a autonomia municipal disposição de Constituição Estadual que estabelece limites a serem observados pela Câmara Municipal na fixação dos subsídios do Prefeito e do Vice-Prefeito.

II. O Município não tem competência para legislar sobre a atividade lícita de mídia exterior (propaganda comercial) utilizada nos espaços urbanos, na medida em que pertence à União Federal a competência privativa para legislar sobre o âmbito econômico da publicidade e da propaganda.

III. Não há inconstitucionalidade em dispositivo de Constituição Estadual que assegura a concessão do benefício da chamada meia passagem aos estudantes usuários de transportes coletivos municipais.

IV. O controle externo das contas municipais, especialmente daquelas pertinentes ao Chefe do Poder Executivo local, representa uma das mais expressivas prerrogativas institucionais da Câmara dos Vereadores, que o exercerá com o auxílio do Tribunal de Contas do Estado.

a) Estão corretas apenas as assertivas I e III.
b) Estão corretas apenas as assertivas I e IV.
c) Estão corretas apenas as assertivas II e III.
d) Estão corretas apenas as assertivas I, II e III.
e) Estão corretas apenas as assertivas I, II e IV.

42. (TRF/2R/Juiz/2014) Concessionária de serviço público federal insurge-se contra série de obrigações previstas na legislação municipal, quer as tributárias, quer as que limitam a área de construção e freiam seus investimentos. Assinale a opção correta:

a) Por força da imunidade constitucional recíproca, não podem ocorrer imposições tributárias à concessionária.
b) Há que se verificar, para aferir a licitude de tais obrigações, se elas são compatíveis com a lei federal.
c) Os serviços públicos federais são imunes à atuação legislativa dos municípios, inclusive no âmbito não tributário, em nome de regra constitucional que tutela a eficiência do pacto federativo.
d) Essas obrigações serão legítimas, ainda que possam se chocar com lei federal, desde que o objeto da legislação municipal esteja dentre aqueles cuja competência seja municipal, constitucionalmente.
e) Há que se ponderar, em cada caso concreto, quais são as imposições razoáveis de serem cobradas de concessionárias de outros entes, e, assim, decidir o aparente conflito de normas.

43. (Cespe/TRF/5R/Juiz/2013) À luz do que dispõe a CF a respeito dos estados-membros e dos municípios, assinale a opção correta.

a) A definição do horário de funcionamento das instituições bancárias é da competência legislativa do município, por constituir matéria de interesse local.
b) Será constitucional norma de estado-membro que conceda estabilidade aos empregados de empresa pública e de sociedade de economia mista estadual.
c) A hipótese de município compor um dos polos da lide e de a União compor o outro polo não configura, por si só, conflito federativo apto a ensejar a competência originária do STF.
d) A União pode intervir em estado-membro para pôr termo a grave comprometimento da ordem pública, desde que haja provimento pelo STF de representação do procurador-geral da República.
e) Como a CF prevê a imunidade do presidente da República à persecução penal por atos estranhos ao exercício de sua função, será legítima norma constitucional estadual que preveja imunidade semelhante ao governador do respectivo estado membro.

44. (Cespe/TRF/5R/Juiz/2011) Considerando a organização político-administrativa brasileira, assinale a opção correta a respeito dos entes federativos.

a) A intervenção da União nos estados para prover a execução de lei federal depende de provimento, pelo STJ, de representação formulada pelo procurador-geral da República.
b) É cabível intervenção estadual em município nos casos em que o tribunal de justiça der provimento a representação para assegurar a observância de princípios expressos na constituição estadual, admitindo-se a interposição de recurso extraordinário em face do acórdão que deferir o pedido de intervenção.
c) Nem o DF nem os territórios podem ser divididos em municípios.

d) Segundo entendimento do STF, os municípios gozam de autonomia tributária, razão pela qual detêm competência legislativa plena para a instituição e a desoneração de tributos de sua competência, observados os limites constitucionais.

e) Os estados federados podem instituir regiões metropolitanas, aglomerações urbanas e microrregiões, observada autorização prevista em lei complementar federal.

45. (TRF/3R/Juiz/2010) A codificação de normas sanitárias e de saúde pode ser instituída no âmbito federal, estadual e municipal, em decorrência lógica da competência concorrente preconizada no art. 24, XII, da CF?

a) Sim, mas o ente federativo poderá atuar nessas áreas, com base na aplicabilidade de leis editadas por outro ente de outra esfera superior, ainda que corporifiquem normas esparsas, ou seja, ainda que não se encontrem no formato de código posto.

b) Sim, mas deverá editar o seu próprio código para poder atuar.

c) Não diretamente, pois a edição de seu código dependerá de autorização do ente federativo de ordem superior.

d) Não, porque os códigos só podem ser editados na esfera federal (União), tais como: código civil, código de processo civil, código penal, código de processo penal etc.

46. (Cespe/TRF/2R/Juiz/2009) Com base na doutrina e na jurisprudência do STF, assinale a opção correta quanto ao município no federalismo nacional.

a) A sucessão do prefeito e do vice-prefeito inclui-se no domínio normativo da lei orgânica municipal e não se sujeita ao princípio da simetria constitucional.

b) Os municípios são competentes para explorar e regulamentar a prestação de serviços de transporte coletivo intermunicipal de passageiros.

c) A CF não atribui aos municípios competência suplementar, mas apenas aos estados-membros.

d) O deferimento de pedido de intervenção estadual nos municípios por TJ possui natureza político-administrativa, o que, todavia, não obsta sua apreciação pelo STF em recurso extraordinário.

e) Os municípios têm autonomia para regular o horário de funcionamento do comércio local, ainda que em contrariedade ao disposto em leis estaduais válidas, com base na competência que lhes foi atribuída pela CF para legislar acerca de assuntos de interesse local.

3.4. *Do Distrito Federal e dos Territórios*

SÚMULAS

STF Súm. Vinculante 2. É inconstitucional a lei ou ato normativo estadual ou distrital que disponha sobre sistemas de consórcios e sorteios, inclusive bingos e loterias.

STF Súm. Vinculante 39. Compete privativamente à União legislar sobre vencimentos dos membros das polícias civil e militar e do corpo de bombeiros militar do Distrito Federal.

STF Súm. 642. Não cabe ação direta de inconstitucionalidade de lei do Distrito Federal derivada da sua competência legislativa municipal.

QUESTÕES DISCURSIVAS

8. (Cespe/TRF/5R/Juiz/2013) O governador do estado W editou medida provisória, disciplinando o horário de funcionamento de estabelecimentos comerciais e bancários, tendo a assembleia legislativa aprovado o referido texto, que foi transformado em lei. O governador do Distrito Federal, seguindo o exemplo do governador do estado W, editou medida provisória com o mesmo teor. A Federação Nacional dos Municípios alegou, com base no art. 30 da Constituição Federal, que as medidas provisórias eram inconstitucionais, pois feriam a autonomia municipal para legislar sobre a matéria. Um órgão do governo federal argumentou, com base no disposto no art. 22 da Constituição Federal, que a competência para legislar sobre a matéria era privativa da União. Considerando a situação hipotética apresentada, posicione-se quanto à procedência dos argumentos da Federação Nacional dos Municípios e do órgão do governo da União, em relação às duas medidas provisórias.

3.5. *Da Intervenção*

SÚMULAS

STF Súm. 360. Não há prazo de decadência para a representação de inconstitucionalidade prevista no art. 8º, parágrafo único, da Constituição Federal.

STF Súm. 614. Somente o Procurador-Geral da Justiça tem legitimidade para propor ação direta interventiva por inconstitucionalidade de lei municipal.

INFORMATIVOS

STF Hipóteses constitucionais de intervenção estadual no município: rol taxativo. É inconstitucional – por violação aos princípios da simetria e da autonomia dos entes federados – norma de Constituição estadual que prevê hipótese de intervenção do estado no município fora das que são taxativamente elencadas no artigo 35 da CF. *ADI 6619, 21.10.2022. Pleno. Inf 1073.*

STJ Ordem judicial de desocupação. Não cumprimento. Medidas cabíveis tomadas pelo ente estatal. Reassentamento das famílias. Pedido de intervenção federal. Medida excepcional. Não cabimento. Princípio da proporcionalidade. A excepcionalidade e a gravidade que circundam a intervenção federal, bem como a complexidade que emana do cumprimento da ordem de desocupação, sobrepõem-se ao interesse particular dos proprietários do imóvel. *IF 113, Corte Especial, 6.4.2022. Inf 732.*

QUESTÕES DISCURSIVAS

9. (TRF/4R/Juiz/2014) Discorra sobre a intervenção federal nos estados-membros considerando suas espécies, sua evolução histórica no constitucionalismo brasileiro e a jurisprudência do Supremo Tribunal Federal a respeito.

QUESTÕES OBJETIVAS

47. (Cespe/TRF/5R/Juiz/2015) Haja vista que, em situações excepcionais textualmente previstas na CF, cabe à União preservar a integridade política, jurídica e física da Federação por meio da intervenção federal, da mesma forma que cabe a estado-membro intervir em município nos casos previstos na CF, assinale a opção correta de acordo com essas regras.

a) Caberá recurso extraordinário contra acórdão de tribunal de justiça que defira pedido de intervenção estadual em município.

b) A intervenção federal para pôr termo a grave comprometimento da ordem pública independe de provimento do Poder Judiciário.

c) A representação interventiva só é cabível contra atos normativos gerais e abstratos que firam princípios constitucionais sensíveis, excluindo-se de sua apreciação os atos concretos.

d) Em razão da excepcionalidade da intervenção federal, não se revela possível a concessão de medida cautelar em processo de representação interventiva submetido ao crivo do STF.

e) A intervenção federal por descumprimento de ordem ou decisão judiciária da justiça do trabalho, por se fundar em direito infraconstitucional, deve ser requisitada pelo STJ.

48. (TRF/2R/Juiz/2014) Em relação à federação brasileira, considere as seguintes assertivas:

I. A intervenção federal em municípios estaduais é medida excepcional, possível e pertinente nas taxativas hipóteses previstas na Constituição Federal.

II. A secessão é vedada, e bem assim a abolição da autonomia política e administrativa local, que apenas podem ser admitidas através de eventual emenda constitucional.

III. A competência legislativa residual cabe aos Estados e aos Municípios, em igualdade de condições.

IV. A competência administrativa residual, não disciplinada na Constituição Federal, cabe à União Federal.

V. Conforme interpretação consolidada, as causas e os conflitos entre a União e os Estados têm, em vista das partes litigantes e do texto expresso da Lei Maior, a competência originária atribuída ao Supremo Tribunal Federal, independentemente do conteúdo do litígio.

Assinale a opção correta:

a) Todas as assertivas estão erradas.
b) Há apenas uma assertiva correta.
c) Há apenas duas assertivas corretas.
d) Há apenas três assertivas corretas.
e) Há apenas quatro assertivas corretas.

49. (TRF/4R/Juiz/2012) Dadas as assertivas abaixo, assinale a alternativa correta.

I. A decisão do Tribunal de Justiça de não encaminhar o pedido de intervenção ao Supremo Tribunal Federal não enseja recurso extraordinário, visto que se trata de decisão de caráter administrativo.

II. A criação de Tribunal de Justiça Militar é decisão soberana do poder constituinte estadual.

III. As associações só poderão ser compulsoriamente dissolvidas ou ter suas atividades suspensas por decisão judicial, exigindo-se, no primeiro caso, o trânsito em julgado.

IV. Em caso de descumprimento de decisão judicial, a intervenção federal poderá ser decretada pelo Presidente da República, após requisição do Supremo Tribunal Federal, do Superior Tribunal de Justiça, do Tribunal Superior do Trabalho ou do Tribunal Superior Eleitoral.

V. Lei complementar federal poderá autorizar os Estados, o Distrito Federal e os Municípios a legislar sobre questões específicas das matérias de competência privativa da União.

a) Está correta apenas a assertiva II.
b) Estão corretas apenas as assertivas I e III.
c) Estão corretas apenas as assertivas I, IV e V.
d) Estão corretas apenas as assertivas II, III e IV.
e) Estão corretas todas as assertivas.

50. (Cespe/TRF/1R/Juiz/2011) Assinale a opção correta a respeito da intervenção federal e da disciplina constitucional sobre os estados-membros e os municípios.

a) A CF estabelece, de forma enumerada, os poderes dos estados e municípios, dispondo sobre áreas comuns de atuação administrativa paralela entre eles; nesse sentido, pode-se dizer que as competências desses entes estão taxativamente previstas no texto constitucional.
b) Os municípios poderão, mediante leis aprovadas por suas respectivas câmaras municipais, instituir regiões metropolitanas e microrregiões, constituídas por agrupamentos de municípios limítrofes, com o objetivo de oferecer soluções para problemas e carências de interesse comum.
c) Uma das hipóteses que pode ensejar a intervenção estadual nos municípios é a falta de prestação de contas pelo prefeito municipal.
d) A intervenção federal nos estados só pode ocorrer por iniciativa do presidente da República e nas hipóteses taxativamente previstas no texto constitucional.
e) Visando uniformizar tema de interesse predominantemente regional, a CF confere aos estados a competência de promover o adequado ordenamento territorial, mediante planejamento e controle do uso, do parcelamento e da ocupação do solo urbano.

51. (Cespe/TRF/2R/Juiz/2011) A respeito do que dispõe a CF sobre o instituto da intervenção e sobre o DF e os territórios, assinale a opção correta.

a) Ao DF são atribuídas as competências materiais dos estados e dos municípios, assim como as competências legislativas reservadas aos estados, mas não as destinadas aos municípios.
b) A intervenção federal somente pode ocorrer por iniciativa do presidente da República e por solicitação dos poderes estaduais, nas hipóteses expressamente previstas no texto constitucional.
c) Antes da edição do decreto interventivo, o presidente da República deve ouvir o Conselho da República e o Conselho de Defesa Nacional, cujos pareceres vincularão o chefe do Poder Executivo apenas no que diz respeito à amplitude, ao prazo e às condições de execução do processo de intervenção.
d) A decretação e a execução da intervenção estadual nos municípios são da competência privativa da assembleia legislativa, mediante decreto legislativo, devendo o governador do estado, na sequência, editar o ato de nomeação do interventor.
e) Embora não existam atualmente territórios federais, a CF admite que eles possam ser criados por lei complementar federal. Como descentralizações administrativo-territoriais da União, os territórios carecem de autonomia e não são considerados entes federativos.

52. (TRF/3R/Juiz/2010) No caso de intervenção federal em Estado-membro ou no Distrito Federal, decorrente de provimento pelo Supremo Tribunal Federal, de representação do Procurador Geral da República, caberá ao chefe do poder executivo federal:

a) Decretar a intervenção, que neste caso é ato vinculado, cabendo ao Presidente da República a mera formalização de uma decisão tomada por órgão judiciário, que independe, portanto, de nova apreciação quanto ao mérito.
b) Mesmo considerando que no caso apontado, a competência para decretar a intervenção pertence constitucionalmente ao Supremo Tribunal Federal, deverá ouvir o Conselho da República e o Conselho de Defesa Nacional, embora sejam órgãos ditos pela Constituição Federal como sendo de consulta do Presidente da República e, baseando-se em seus pareceres, editar ou não o ato interventivo.
c) Após receber a comunicação do Supremo Tribunal Federal, determinar ao Senhor Ministro da Justiça, no prazo de 15 dias, a execução da medida interventiva.
d) Ouvir previamente o Presidente do Congresso Nacional, para os fins de expedição do decreto de intervenção.

4. DA ORGANIZAÇÃO DOS PODERES

TOP 5: 3º LUGAR ENTRE OS MAIORES AGREGADOS DE QUESTÕES DO LIVRO!

4.1. Do Poder Legislativo

4.1.1. Do Congresso Nacional

SÚMULAS

STF Súm. 245. A imunidade parlamentar não se estende ao corréu sem essa prerrogativa.

STF Súm. 397. O poder de polícia da Câmara dos Deputados e do Senado Federal, em caso de crime cometido nas suas dependências, compreende, consoante o regimento, a prisão em flagrante do acusado e a realização do inquérito.

REPERCUSSÃO & REPETITIVOS

STF Rep. Geral 562. Ante conflito entre a liberdade de expressão de agente político, na defesa da coisa pública, e honra de terceiro, há de prevalecer o interesse coletivo. *RE 685493, 22.5.2020.*

INFORMATIVOS

STF Convocação de autoridades pela Assembleia Legislativa e princípio da simetria. É inconstitucional, por violação ao princípio da simetria e à competência privativa da União para legislar sobre o tema (CF, art. 22, I), norma de Constituição estadual que amplia o rol de autoridades sujeitas à fiscalização direta pelo Poder Legislativo e à sanção por crime de responsabilidade. Isso porque o art. 50, caput, e § 2º, da CF, que prescreve sistemática de controle do Poder Legislativo sobre o Poder Executivo, configura norma de repetição obrigatória pelos estados-membros, motivo pelo qual a ordem jurídica estadual, seguindo essa lógica, deve referir-se a cargos correspondentes ao de ministro de Estado, ou seja, a secretário de Estado ou equivalente em termos de organização administrativa. *ADI 6640, 19.8.2022. Pleno. Inf 1064.*

STF Liberdade de expressão e imunidade parlamentar. A liberdade de expressão não alcança a prática de discursos dolosos, com intuito manifestamente difamatório, de juízos depreciativos de mero valor, de injúrias em razão da forma ou de críticas aviltantes. A garantia da imunidade parlamentar não alcança os atos praticados sem claro nexo de vinculação recíproca entre o discurso e o desempenho das funções parlamentares. *Pet 8242 AgR, 3.5.2022. 2ª T. Inf 1053.*

QUESTÕES OBJETIVAS

53. (TRF/4R/Juiz/2022) Assinale a alternativa correta. A respeito do regime jurídico-constitucional de deputados e senadores:

a) a incorporação às forças armadas de deputados e senadores, embora militares e ainda que em tempo de guerra, dependerá de licença do Congresso Nacional.
b) perderão o mandato quando investidos no cargo de Ministro de Estado.
c) serão obrigados a testemunhar sobre informações recebidas ou prestadas em razão do exercício do mandato.
d) não poderão, desde a posse, ser titulares de mais de um cargo ou mandato público eletivo.
e) devem ser obrigatoriamente brasileiros natos.

54. (Vunesp/TRF/3R/Juiz/2022) Sobre as prerrogativas constitucionais atuais dos parlamentares federais no Brasil, assinale a alternativa correta:

a) a prisão em flagrante delito de Senador da República só é possível em crimes relacionados ao exercício do mandato ou abuso do cargo.
b) após a prisão em flagrante delito, os autos devem ser remetidos à respectiva Casa legislativa à qual pertença o parlamentar, para deliberação parlamentar sobre a prisão.
c) qualquer processo e investigação ficam suspensos até que o Congresso Nacional delibere sobre a conveniência de sua continuidade durante o exercício do mandato parlamentar.
d) tem-se a imunidade material, que se aplica aos parlamentares e seus suplentes, independentemente de estarem nas dependências físicas do Congresso Nacional.

55. (TRF/3R/Juiz/2018) A par das funções representativa e legislativa, o Congresso Nacional recebeu do Constituinte atribuições investigativas. Estas manifestam-se na esfera político-administrativa por meio de Comissões Parlamentares de Inquérito (CPIs). A respeito desses órgãos é correto dizer que:

a) A CPI deverá ter prazo certo, podendo deliberar, em face de razões de interesse público, devidamente fundamentadas, sua prorrogação para além do termo final da legislatura em que foi constituída.
b) Havendo provas de autoria e da ocorrência de ilícito penal, poderá a CPI, por decisão justificada, determinar a realização de medidas cautelares assecuratórias para garantir a eficácia de eventual futura condenação criminal.
c) Embora sejam as CPIs limitadas constitucionalmente pela competência, conteúdo e matéria da investigação político-administrativa, em nome da separação dos poderes, não se lhes aplica o princípio da reserva constitucional de jurisdição.
d) As CPIs podem, sem a necessidade de intervenção judicial, por decisão fundamentada, determinar quebra de sigilo fiscal, bancário e de dados.

56. (TRF/2R/Juiz/2017) Quanto ao Legislativo no Brasil, marque a opção correta:

a) Salvo as hipóteses de votação de Emendas Constitucionais, as deliberações de cada uma das Casas do Congresso Nacional e de suas respectivas Comissões devem ser tomadas pela maioria de votos, desde que presente a maioria de seus membros.
b) As Propostas de Emendas à Constituição encaminhadas ao Congresso Nacional pelo Presidente da República devem ter sua tramitação iniciada na Câmara dos Deputados, sob pena de incidir em inconstitucionalidade formal.
c) Às comissões parlamentares de inquérito regularmente criadas são asseguradas, preenchidos os pressupostos, competências para realização de diligências, para requerimento de informações e para afastamento de sigilo fiscal, telefônico e de correspondência dos investigados.
d) O instituto da iniciativa popular pode ser exercido pela apresentação ao Poder Legislativo Federal de projeto de lei subscrito por não menos do que 2% (dois por cento) do eleitorado nacional, distribuído pelo menos por dez dos Estados, com não menos de 0,3% (três décimos por cento) dos eleitores de cada um deles.
e) A Constituição prevê como únicos legitimados para a proposição de Emendas à Constituição Federal o Presidente da República, ao menos 1/3 (um terço) de Deputados Federais e ao menos 1/3 (um terço) de Senadores

57. (TRF/3R/Juiz/2016) Examine as seguintes proposições e indique a alternativa correta:

I. As Comissões Parlamentares de Inquérito/CPIs são temporárias e destinadas a apurar fatos determinados; possuem poderes próprios das autoridades judiciárias o que legitima que, apuradas por elas responsabilidades civil ou penal, apliquem sanções aos infratores.
II. A Constituição Federal não estabelece hierarquia entre lei complementar e lei ordinária, nem entre lei federal e lei

estadual, tampouco prevê iniciativa popular para emendar a Carta Magna.

III. A inviolabilidade parlamentar por opiniões e palavras acompanha o Deputado Federal ou Senador quando ele é candidato a outro cargo eletivo, imunizando-o de responder por ofensas dirigidas a outras pessoas durante a campanha.

IV. Vagando os cargos de Presidente e de Vice-Presidente da República nos dois primeiros anos do mandato presidencial, será feita eleição direta noventa dias depois de aberta a última vaga.

a) São corretas as proposições II e IV.
b) São corretas as proposições I e III.
c) São corretas as proposições III e IV.
d) Todas as proposições são incorretas.

58. (TRF/4R/Juiz/2014) Dadas as assertivas abaixo, assinale a alternativa correta. Incumbe privativamente ao Senado Federal:

I. Aprovar a indicação dos Embaixadores.
II. Aprovar a indicação do Ministro da Fazenda.
III. Aprovar a indicação dos Ministros do Supremo Tribunal Federal e do Superior Tribunal de Justiça.
IV. Deliberar acerca do alcance das decisões proferidas pelo Supremo Tribunal Federal na Declaração de Inconstitucionalidade de Lei em tese.
V. Suspender, no todo ou em parte, as leis e os decretos declarados inconstitucionais, em decisão definitiva, pelo Supremo Tribunal Federal.

a) Está correta apenas a assertiva I.
b) Está correta apenas a assertiva II.
c) Estão corretas apenas as assertivas III e IV.
d) Estão corretas apenas as assertivas I, III e V.
e) Estão corretas todas as assertivas.

59. (TRF/2R/Juiz/2014) Comissão parlamentar de inquérito é instaurada no Congresso Nacional para investigar o aumento do valor dos imóveis e do preço dos hotéis no Rio de Janeiro nos últimos 5 anos, em decorrência da realização da Copa e das Olimpíadas. Em sua primeira reunião, ela decide convocar o Prefeito do Município do Rio de Janeiro. Considere as quatro proposições abaixo:

I. A comissão parlamentar de inquérito não pode convocar o Chefe do Poder Executivo, em especial o de outra unidade da federação, pois se trataria de violação da separação de poderes e da autonomia federativa.
II. Uma comissão parlamentar de inquérito não pode ser instaurada pelo Congresso Nacional para investigar assunto de interesse local.
III. As autoridades públicas podem ser convocadas, mas não compelidas a comparecer às audiências de comissão parlamentar de inquérito, mormente porque ninguém pode ser obrigado a fazer prova contra si mesmo.
IV. CPI federal pode ser instaurada sobre qualquer assunto e, embora se entenda que ela não possa convocar o chefe do executivo federal, a convocação do Prefeito se insere dentre os poderes investigativos próprios das CPIs, está relacionada com o seu objeto e, portanto, deve ser atendida.

Assinale a opção correta:

a) Apenas a IV está correta.
b) Apenas a I, II e III estão corretas.
c) Apenas a I e a II estão corretas.
d) Apenas a I está correta.
e) Todas as quatro proposições estão erradas.

60. (Cespe/TRF/1R/Juiz/2011) Acerca da organização e atribuições do Poder Legislativo e da fiscalização financeira e orçamentária exercida pelo Congresso Nacional, assinale a opção correta.

a) Ao tomarem conhecimento de qualquer irregularidade ou ilegalidade ocorrida no âmbito do Poder Executivo, do Poder Legislativo e do Poder Judiciário, os responsáveis pelo controle interno dela devem dar ciência à Controladoria Geral da União, sob pena de responsabilidade solidária.
b) As normas da CF que versam sobre o TCU aplicam-se à organização e à fiscalização dos tribunais de contas dos estados e do DF, cabendo às respectivas casas legislativas estabelecer o número de conselheiros dessas cortes de contas e a sua forma de nomeação.
c) O Poder Legislativo é composto por deputados federais, eleitos pelo sistema proporcional, e por senadores, eleitos pela maioria absoluta do total de eleitores de cada unidade da Federação.
d) Diferentemente das mesas do Senado Federal e da Câmara dos Deputados, a mesa do Congresso Nacional será presidida, alternadamente, pelo presidente do Senado Federal e da Câmara dos Deputados, com mandato de dois anos.
e) Compete privativamente ao Senado Federal processar e julgar os ministros do STF e os membros do CNJ nos crimes de responsabilidade.

61. (TRF/3R/Juiz/2010) Afirmações feitas por congressista nacional contra determinada pessoa, embora ditas no exercício do mandato parlamentar, foram consideradas ofensivas e, também, veiculadas pela imprensa. A Procuradoria Geral da República, por sua vez, concluiu, inclusive, que os fatos enquadraram-se objetivamente aos preceitos do crime de injúria. Pergunta-se:

a) A conduta do congressista nacional pode resultar na perda do mandato parlamentar.
b) O mandato parlamentar está protegido constitucionalmente pela exclusão de cometimento de crime por parte de deputados e senadores por suas opiniões, palavras e votos.
c) Pode ensejar não só a perda do mandato parlamentar, mas também a necessidade de ressarcimento de eventual dano material ou moral decorrente da atuação do congressista nacional.
d) Poderá resultar na perda do mandato parlamentar, após a necessária análise se está ou não configurado nexo causal entre as afirmações e o exercício do cargo.

4.1.2. Do Processo Legislativo

ATENÇÃO: ESTE TEMA É MUITO EXIGIDO NOS CONCURSOS!

SÚMULAS

STF **Súm. Vinculante 54.** A medida provisória não apreciada pelo Congresso Nacional podia, até a Emenda Constitucional 32/2001, ser reeditada dentro do seu prazo de eficácia de trinta dias, mantidos os efeitos de lei desde a primeira edição.

REPERCUSSÃO & REPETITIVOS

STF **Rep. Geral 595.** É constitucional a promulgação, pelo Chefe do Poder Executivo, de parte incontroversa de projeto da lei que não foi vetada, antes da manifestação do Poder Legislativo pela manutenção ou pela rejeição do veto, inexistindo vício de inconstitucionalidade dessa parte inicialmente publicada pela ausência de promulgação da derrubada dos vetos. *RE 706103, 27.4.2020.*

STF **Rep. Geral 1040.** Surge constitucional lei de iniciativa parlamentar a criar conselho de representantes da sociedade civil, integrante da estrutura do Poder Legislativo, com atribuição de acompanhar ações do Executivo. *RE 626946, 13.10.2020.*

INFORMATIVOS

STF Medida Provisória e recursos destinados a promoção da cultura e eventos. Devem ser suspensos os efeitos da MPv 1.135/2022 que, ao tratar sobre tema já deliberado pelo Poder Legislativo, alterou a entrega obrigatória de recursos financeiros destinada ao setor de cultura e eventos para mera autorização de repasse de verbas da União aos estados, Distrito Federal e municípios, observada a disponibilidade orçamentária e financeira. A Medida Provisória não satisfez os requisitos de urgência e relevância, atuou com desvio de finalidade e abuso de poder, além de invadir matéria reservada à lei complementar. Esvaziou a finalidade das leis 14.399/22 e 14.148/21 e da LC 195/22, que dispõem sobre ações emergenciais direcionadas ao setor cultural; burlou a livre atuação do Parlamento, que havia derrubado os vetos presidenciais apostos nos referidos diplomas legais; e valeu-se de instrumento extraordinário de criação de normas, para restabelecer a vontade do Poder Executivo sobre a deliberação do Poder Legislativo. *ADI 7232 MC-Ref/DF, 8.11.2022. Pleno. Inf 1075.*

STF Iniciativa de leis sobre a organização do Ministério Público estadual. A atribuição de iniciativa privativa ao Governador do Estado para leis que disponham sobre a organização do Ministério Público estadual contraria o modelo delineado pela Constituição Federal nos arts. 61, § 1º, II, d, e 128, § 5º. *ADI 400, 20.6.2022. Pleno. Inf 1059.*

STF Extemporaneidade do veto presidencial. O poder de veto previsto no art. 66, § 1º, da CF não pode ser exercido após o decurso do prazo constitucional de 15 dias. *ADPF 893, 20.6.2022. Pleno. Inf 1059.*

STF Extinção da pena de prisão disciplinar de policiais e bombeiros militares. É inconstitucional lei federal, de iniciativa parlamentar, que veda medida privativa e restritiva de liberdade a policiais e bombeiros militares dos estados, dos territórios e do Distrito Federal. Compete ao chefe do Poder Executivo local a iniciativa de lei que disponha sobre o regime jurídico de servidores militares estaduais e distritais, por força do princípio da simetria. *ADI 6595, 20.5.2022. Pleno. Inf 1055.*

STF Proposições legislativas e adoção do rito de urgência. É constitucional a previsão regimental de rito de urgência para proposições que tramitam na Câmara dos Deputados e no Senado Federal, descabendo ao Poder Judiciário examinar concretamente as razões que justificam sua adoção. Inexiste violação ao devido processo legislativo, pois as normas dos Regimentos Internos reduzem as formalidades processuais para casos específicos, devidamente reconhecidos pela maioria legislativa, o que é permitido pela própria Constituição. A adoção do rito é matéria "interna corporis", sendo defeso ao STF adentrar em tal seara, o que implicaria indevido controle jurisdicional sobre a interpretação do sentido e do alcance de normas meramente regimentais, infringindo o princípio da separação dos Poderes. *ADI 6968, 20.4.2022. Pleno. Inf 1051.*

STF Substituição de trabalhador privado em greve por servidor público. Não há vício de iniciativa de lei na edição de norma de origem parlamentar que proíba a substituição de trabalhador privado em greve por servidor público. No caso, ainda que a lei distrital impugnada, de iniciativa parlamentar, esteja voltada ao funcionamento da Administração Pública, ela não se sobrepõe ao campo de discricionariedade política que a CF reservou, com exclusividade, ao governador, no que toca a dispor sobre a organização administrativa. *ADI 1164, 1.4.2022. Pleno. Inf 1049.*

STF Quórum para aprovação de emendas constitucionais estaduais. É inconstitucional norma de Constituição estadual que preveja quórum diverso de 3/5 dos membros do Poder Legislativo para aprovação de emendas constitucionais. As regras e parâmetros do processo legislativo federal, como é o caso do processo de reforma constitucional, na forma disposta pela CF, é de reprodução obrigatória nas Constituições estaduais, em estrita observância ao princípio da simetria. *ADI 6453, Pleno, 11.2.2022. Inf 1043.*

QUESTÕES DISCURSIVAS

10. (TRF/4R/Juiz/2016) Considerando as disposições constitucionais pertinentes ao tema e a jurisprudência do Supremo Tribunal Federal relacionada ao processo legislativo de emenda à Constituição, discorra sobre os seguintes aspectos: (a) limites procedimentais e circunstanciais ao poder de reforma; (b) natureza, finalidade e alcance da proteção da cláusula pétrea; (c) a cláusula pétrea da garantia do direito adquirido; (d) cláusulas pétreas implícitas.

QUESTÕES OBJETIVAS

62. (Vunesp/TRF/3R/Juiz/2022) Considere as seguintes afirmações e assinale a alternativa correta:

I. Pelo "spoil system", atualmente praticado no Brasil, a indicação para cargos públicos de confiança no Poder Executivo é rotineiramente utilizada para obter alianças ou apoios políticos, prosperando o apadrinhamento e a troca de favores.

II. A aprovação final de leis no Congresso Nacional opera, em grande medida, por meio do sistema comissional, e não em sessão plenária.

III. Municípios não podem aprovar leis municipais em contradição com as leis federais, cabendo à Justiça Federal a competência originária para restabelecer a superioridade e unidade da legislação federal.

IV. É vedado o "overruling" de decisão proferida pelo Supremo Tribunal Federal por meio da aprovação de Emenda Constitucional, sendo esta hipótese, necessariamente, de inconstitucionalidade da respectiva Emenda Constitucional.

a) Apenas as afirmações I e II são corretas.
b) A afirmação IV está correta.
c) A afirmação II está errada e a afirmação III está correta apenas para as competências comuns.
d) A afirmação I está correta e a afirmação II foi correta apenas para o período do regime militar.

63. (TRF/4R/Juiz/2022) Assinale a alternativa correta.

a) É admitida iniciativa popular no processo legislativo das leis ordinárias, não sendo cabível no processo legislativo das leis complementares.
b) O veto será tácito se o Presidente da República silenciar decorrido o prazo de quinze dias úteis contados do recebimento do projeto de lei.
c) A adoção de medida provisória pelo Presidente da República produz o efeito imediato de revogar diploma legal anterior.
d) Aprovado projeto de lei de conversão alterando texto original, tem-se por revogada a medida provisória, independentemente de veto ou sanção.
e) Não será admitido aumento da despesa prevista nos projetos sobre organização dos serviços administrativos da Câmara dos Deputados, do Senado Federal, dos Tribunais Federais e do Ministério Público.

64. (IFBC/TRF/2R/Juiz/2018) Julgue os enunciados abaixo e assinale a alternativa correta:

I. Admite-se o controle preventivo de constitucionalidade do projeto de lei, por comissão da própria casa legislativa de origem ou pelo presidente da República, quando da sanção.

II. Pela Constituição Federal todos os projetos de lei dependem da aprovação pelo plenário da Casa Legislativa, após discussão e votação, sendo vedada a delegação "interna corporis" em favor de comissão.

III. Na hipótese de o Presidente sancionar expressamente apenas parte do projeto de lei, silenciando quanto ao restante do projeto, estará, na verdade, sancionando-o tacitamente no todo.

IV. O veto presidencial pode ser jurídico, quando o projeto de lei for considerado inconstitucional, ou político, quando se o considerar contrário ao interesse público. Somente o veto político pode ser parcial.

a) Todas as assertivas estão corretas.
b) Estão corretas as assertivas II e III.
c) Nenhuma das assertivas está correta.
d) Estão corretas as assertivas I e III.
e) Estão corretas as assertivas I e IV.

65. (Cespe/TRF/5R/Juiz/2017) Foi proposta, por um terço das assembleias legislativas das unidades da Federação, emenda constitucional com o objetivo de alterar dispositivo referente à Defensoria Pública, visando-se aprimorar a estrutura orgânico-institucional desse órgão. Votada em dois turnos nas duas casas do Congresso Nacional, a emenda foi aprovada mediante três quintos dos votos dos membros de cada uma delas. Nesta situação hipotética, a referida proposta deve ser considerada

a) constitucional, pois o tema tratado na emenda respeita as limitações formais e materiais ao poder constituinte derivado reformador.
b) inconstitucional, já que a emenda fere limitação formal ao poder constituinte derivado reformador.
c) inconstitucional, pois a emenda fere cláusula pétrea da separação dos poderes.
d) inconstitucional, uma vez que a emenda fere cláusula de reserva de iniciativa do chefe do Poder Executivo.
e) constitucional, porquanto o poder constituinte derivado é ilimitado.

66. (TRF/2R/Juiz/2017) Assinale a opção correta:.

a) A antinomia entre e lei complementar e lei ordinária se resolve ou com a inconstitucionalidade ou com a inaplicabilidade desta última.
b) Quando o Presidente da República sanciona o projeto de lei, convalida-se o vício derivado da usurpação de iniciativa, se esta cabia ao executivo.
c) Cargos públicos do executivo federal apenas podem ser criados e extintos por lei de iniciativa do Presidente da República, mas isso não impede que, sem aumento de despesa, o regime jurídico desses servidores seja disciplinado por lei de iniciativa parlamentar.
d) No sistema pátrio, não há empecilho constitucional à edição de leis sem caráter geral e abstrato, providas apenas de efeitos concretos e individualizados.
e) As Comissões Parlamentares de Inquérito podem, no seu mister constitucional e preenchidos os pressupostos, determinar a busca e apreensão domiciliar.

67. (Cespe/TRF/5R/Juiz/2017) Se a medida provisória não for apreciada em até quarenta e cinco dias contados de sua publicação, entrará em regime de urgência, subsequentemente, em cada uma das Casas do Congresso Nacional, ficando sobrestadas, até que se ultime a votação, todas as demais deliberações legislativas da Casa em que estiver tramitando. Constituição Federal, art. 62, § 6º. Considerando o artigo referido e interpretando o limite do sobrestamento das deliberações legislativas, o STF fixou entendimento de que o sobrestamento alcança projetos de

a) lei ordinária sobre temas passíveis de regramento por medida provisória.
b) decreto legislativo da casa em que estiver tramitando a medida provisória.
c) lei complementar e de lei ordinária que tratem de temas não incluídos no âmbito de incidência das medidas provisórias.
d) emenda constitucional e lei complementar.
e) resolução e emenda constitucional.

68. (TRF/2R/Juiz/2017) Leia as assertivas e, ao final, marque a opção correta:

I. A utilização de Medida Provisória para fins de abertura de crédito extraordinário é medida excepcionalíssima, somente admitida pela Constituição para fazer frente a despesas decorrentes de guerra ou comoção interna, observadas as demais regras aplicáveis a tal espécie legislativa.
II. As Medidas Provisórias possuem força de lei e eficácia imediata desde a sua publicação. Após editadas, o Presidente da República não pode meramente cancelá-las e, assim, retirá-las da apreciação do Poder Legislativo, impedindo que este examine plena e integralmente seus efeitos, o que não impede que uma MP revogue outra ainda não convertida em lei.
III. Embora ato normativo provisório, cuja finalidade é ser convertida em lei. a Medida Provisória pode ser objeto de Ação Direta de inconstitucionalidade ou de Ação Declaratória de Constitucional idade, sendo certo que, se convertida em lei, é imprescindível o aditamento da inicial, sob pena de extinção do processo de controle abstrato.

a) Apenas a assertiva I está correta.
b) Apenas a assertiva II está correta.
c) Apenas a assertiva III está correta.
d) Apenas as assertivas II e III estão corretas.
e) Apenas as assertivas I e II estão corretas.

69. (TRF/4R/Juiz/2016) Assinale a alternativa incorreta.

a) O cidadão que exerce dois mandatos consecutivos como Prefeito de determinado Município fica inelegível para o cargo de mesma natureza em qualquer outro Município da Federação, para o período subsequente.
b) Para concorrerem a outros cargos, o Presidente da República, o Governador de Estado, o Governador do Distrito Federal e os Prefeitos devem renunciar aos respectivos mandatos até 6 (seis) meses antes dos pleitos respectivos.
c) A vedação ao nepotismo não exige a edição de lei formal para coibi-lo, na medida em que tal proibição decorre diretamente dos princípios constitucionais contidos no art. 37, caput da Constituição Federal.
d) A dissolução da sociedade ou do vínculo conjugal, no curso do mandato, não afasta a inelegibilidade do ex-cônjuge.
e) O plebiscito e o referendo são formas de consulta popular, sendo determinados, exclusivamente, pelo Congresso Nacional, visando à manifestação do povo sobre determinado tema específico já aprovado em lei, a qual só entrará em vigor se for ratificada pela vontade majoritária dos eleitores.

70. (Cespe/TRF/1R/Juiz/2015) Com relação ao plebiscito, aos direitos políticos, à iniciativa popular de lei e aos partidos políticos, assinale a opção correta.

a) No Brasil, o alistamento eleitoral depende da iniciativa da autoridade judicial eleitoral, que deve comunicar ao cidadão que ele está apto a exercer sua capacidade eleitoral ativa por preencher os requisitos exigidos.
b) Os projetos de lei de iniciativa popular devem ser apresentados à Câmara dos Deputados, que fará sua apreciação inicial.
c) Os partidos políticos são pessoas jurídicas de direito público cuja personalidade jurídica se consuma após o registro de seus estatutos no Tribunal Superior Eleitoral.
d) Conforme dispõe a CF, a convocação de plebiscito é competência privativa da Câmara dos Deputados, na condição de casa composta por representantes do povo.
e) Embora não se insiram entre os direitos e garantias fundamentais previstos na CF, os direitos políticos possuem o caráter instrumental de proteção do princípio democrático e investem o indivíduo no "status activae civitati".

71. (TRF/2R/Juiz/2014) O Presidente da República remete ao Congresso Nacional projeto de lei dispondo sobre criação de Ministério Extraordinário de Assuntos Especiais, estruturado em cinco departamentos. Emenda parlamentar suprime um dos departamentos, por considerá-lo desnecessário. Assinale a alternativa correta:

a) A emenda é ofensiva à Constituição Federal, já que o controle do legislativo – quando a matéria é de iniciativa exclusiva do Executivo – ocorre com a apreciação plena do projeto, e a possibilidade de emenda parlamentar é admitida em taxativos casos, diferentes da hipótese citada.
b) A emenda é ofensiva à Constituição Federal, que não admite emendas parlamentares em projetos de iniciativa exclusiva.
c) A emenda está em conformidade com a Constituição Federal, que não cogita, em projetos de iniciativa exclusiva, de limites ao poder de emenda do parlamento.
d) A emenda está em conformidade com a Constituição Federal, e o Presidente da República, na oportunidade da sanção, pode vetá-la e, assim, readequar o projeto ao seu teor original.
e) A emenda está em conformidade com a Constituição Federal, já que, em projetos de iniciativa exclusiva do Presidente da República, a Constituição Federal veda é o aumento de despesa.

72. (TRF/2R/Juiz/2014) Sobre as Medidas Provisórias é correto afirmar:

a) Os decretos-lei editados entre março de 1985 e a promulgação da Constituição Federal foram convertidos em medidas provisórias, aplicando-se-lhes as regras constitucionais inerentes às medidas provisórias.
b) Após a edição da Emenda Constitucional 32/2001, passou a ser vedada a edição de Medida Provisória que verse sobre nacionalidade, direitos políticos, direito penal, direito civil, direito comercial, direito eleitoral e direito processual civil.
c) As medidas provisórias que estavam pendentes de apreciação pelo Congresso Nacional na data de edição da EC 32/2001 tiveram sua vigência prorrogada de forma indeterminada, até que medida provisória posterior as revogue explicitamente ou até que haja deliberação definitiva do Congresso Nacional.
d) Medida provisória que não tenha sido convertida em lei no prazo constitucionalmente estabelecido perderá sua vigência desde a edição, de forma que as relações jurídicas criadas por atos praticados com base na medida serão consideradas inválidas, a não ser que seja editada resolução específica tratando dos efeitos das relações jurídicas dela decorrentes.
e) O regime constitucional atual das medidas provisórias permite que elas venham a ter vigência pelo prazo total de cento e oitenta dias contados da sua publicação na imprensa oficial, além dos eventuais períodos de recesso do Congresso Nacional, quando o referido prazo fica suspenso.

73. (TRF/2R/Juiz/2014) Assinale a opção correta, que é, entre as listadas abaixo, a diretamente prevista na Constituição Federal:

a) O Estado indenizará o preso preventivamente, quando absolvido da imputação, assim como o que ficar preso além do tempo fixado na sentença.
b) É impositivo o seguro contra acidentes de trabalho, a cargo do empregador, sem excluir a indenização a que este está obrigado, aferida objetivamente.
c) É vedada a vinculação ou equiparação de quaisquer espécies remuneratórias para o efeito de remuneração de pessoal do serviço público, salvo previsão de lei complementar.
d) A matéria constante de projeto de lei rejeitado somente poderá constituir objeto de novo projeto, na mesma sessão legislativa, mediante proposta da maioria absoluta dos membros de qualquer das Casas do Congresso Nacional.
e) Não será promovido o juiz que, por qualquer razão, retiver autos em seu poder além do prazo legal, não podendo devolvê-los ao cartório sem o devido despacho ou decisão.

74. (Cespe/TRF/2R/Juiz/2013) A respeito das disposições constitucionais sobre o processo legislativo, assinale a opção correta.

a) O presidente da República não poderá reeditar, na mesma sessão legislativa, a medida provisória que tenha sido expressamente rejeitada. Ele poderá fazê-lo, porém, se a medida provisória tiver sofrido rejeição tácita ou implícita, que se caracteriza quando o Congresso Nacional não a examina dentro do prazo de cento e vinte dias previsto no texto constitucional.
b) Compete às assembleias legislativas estaduais, por autoridade própria, dispor, mediante decretos legislativos, sobre a iniciativa popular de lei no âmbito dos respectivos estados.
c) Nos casos em que o presidente da República, transcorrido o prazo de quinze dias úteis do recebimento de projeto de lei aprovado pelo Congresso Nacional, não se manifestar expressamente no sentido de sancionar ou de vetar o projeto, ocorrerá a sanção tácita, que terá como fase seguinte a promulgação da lei.
d) As resoluções são atos normativos destinados a regular assunto de competência exclusiva do Congresso Nacional, incumbindo-lhes, prioritariamente, referendar atos emanados do presidente da República.
e) A iniciativa para apresentação de proposta de emenda à CF por deputado ou senador depende da manifestação de dois terços, no mínimo, dos membros da Câmara dos Deputados e do Senado Federal.

75. (TRF/4R/Juiz/2012) Dadas as assertivas abaixo, assinale a resposta correta.

I. Não cabe aos Municípios legislar sobre matéria de competência normativa concorrente da União, dos Estados-membros e do Distrito Federal.
II. A Polícia Militar do Distrito Federal é mantida pela União e está diretamente subordinada ao Gabinete Militar da Presidência da República.
III. O processo legislativo federal compreende a elaboração de emendas à Constituição, leis complementares, leis ordinárias, leis delegadas, medidas provisórias, decretos legislativos e resoluções.
IV. A guarda municipal destina-se à proteção dos bens e da população do Município e à preservação da ordem pública local, inclusive do trânsito.
V. O tombamento de um bem de valor histórico pelo Instituto do Patrimônio Histórico e Artístico Nacional, autarquia federal vinculada ao Ministério da Cultura, transfere à União o dever jurídico de protegê-lo com exclusividade.

a) Está correta apenas a assertiva III.
b) Estão corretas apenas as assertivas I e IV.
c) Estão corretas apenas as assertivas I, II e IV.
d) Estão corretas apenas as assertivas II, III e V.
e) Nenhuma assertiva está correta.

76. (Cespe/TRF/3R/Juiz/2011) No que concerne à organização político-administrativa do Estado brasileiro, à intervenção federal e ao processo legislativo, assinale a opção correta.

a) A matéria constante de projeto de lei rejeitado poderá constituir objeto de novo projeto, na mesma sessão legislativa, mediante proposta da maioria absoluta dos membros de qualquer das Casas do Congresso Nacional.
b) Somente por emenda constitucional admite-se a alteração da forma federativa de Estado, para que o Brasil venha, eventualmente, a assumir a condição de Estado unitário.
c) Os denominados princípios constitucionais sensíveis, que, uma vez descumpridos, podem dar ensejo à intervenção federal, incluem os valores sociais do trabalho e da livre iniciativa, o pluralismo político e a prevalência dos direitos humanos.

d) Para efeitos administrativos, a União pode instituir regiões metropolitanas, aglomerações urbanas e microrregiões em um mesmo complexo geoeconômico e social, visando a seu desenvolvimento e à redução das desigualdades regionais.

e) O presidente da República pode solicitar urgência para apreciação de todos os projetos de lei que julgar relevantes ao bom funcionamento da administração pública, com exceção dos projetos de iniciativa privativa dos órgãos do Poder Judiciário.

77. (Cespe/TRF/1R/Juiz/2011) Com relação às cláusulas pétreas e às normas constitucionais que versam sobre o processo legislativo, assinale a opção correta.

a) O processo legislativo envolve a elaboração de várias espécies normativas, entre as quais se incluem as leis delegadas, as medidas provisórias, os decretos e os regulamentos.

b) A forma federativa de Estado e a forma republicana de governo constituem limites materiais explícitos ao poder de reforma constitucional, na medida em que o poder constituinte originário deixou assente, de modo expresso, a impossibilidade de supressão de tais matérias da normatividade constitucional.

c) Compete ao STF a iniciativa de proposição de lei complementar que disponha sobre o Estatuto da Magistratura.

d) São de competência da União as leis que disponham sobre a organização administrativa e judiciária, matéria tributária e orçamentária, serviços públicos e pessoal da administração do DF.

e) Os limites materiais da CF impedem emendas que alterem o texto das cláusulas pétreas, visto que qualquer alteração nessas disposições descaracterizaria o núcleo essencial desenvolvido e explicitado pelo poder constituinte originário.

78. (Cespe/TRF/2R/Juiz/2011) Assinale a opção correta acerca do processo legislativo, das competências e do funcionamento do Congresso Nacional.

a) É competência exclusiva do Congresso Nacional aprovar previamente, por voto secreto, a escolha de magistrados, nos casos estabelecidos no texto constitucional, bem como processar e julgar os ministros do STF e os membros do Conselho Nacional de Justiça nos crimes de responsabilidade.

b) O presidente do STF tem competência para solicitar a convocação extraordinária do Congresso Nacional a fim de discutir matérias relativas à organização administrativa e judiciária dos órgãos do Poder Judiciário.

c) É expressamente vedada a edição de medida provisória sobre matéria relativa à organização do Poder Judiciário e do MP, à carreira e à garantia de seus membros.

d) O decreto legislativo é o instrumento normativo por meio do qual são disciplinadas as matérias de competência privativa da Câmara dos Deputados e do Senado Federal.

e) O tratado sobre direitos humanos aprovado, em cada Casa do Congresso Nacional, por dois terços dos votos de seus respectivos membros equivale a emenda constitucional e dispõe de força executória a partir da edição do decreto legislativo que promulgue o seu texto.

79. (Cespe/TRF/3R/Juiz/2011) Em relação à organização e às atribuições do Poder Legislativo, ao estatuto dos congressistas e à perda de mandato parlamentar, assinale a opção correta.

a) É atribuição privativa do Congresso Nacional autorizar operações externas de natureza financeira, de interesse da União, dos estados, do DF e dos municípios.

b) As matérias de competência exclusiva do Congresso Nacional são disciplinadas por meio de decreto legislativo e dispensam a manifestação, mediante sanção ou veto, do presidente da República.

c) O membro do Congresso Nacional perderá o mandato se deixar de comparecer, em cada sessão legislativa, à terça parte das sessões ordinárias da Casa a que pertencer, salvo licença ou missão autorizada. A perda é decidida pela Câmara dos Deputados ou pelo Senado Federal, por voto secreto e maioria absoluta.

d) A Câmara dos Deputados compõe-se de representantes dos estados e do DF, eleitos em número proporcional à população, de forma que nenhuma unidade da Federação tenha menos de oito ou mais de sessenta deputados.

e) Os deputados e senadores, desde a posse, somente poderão ser processados e julgados pelo STF, prerrogativa de foro que vale apenas para as infrações penais, não se estendendo, portanto, aos crimes eleitorais e às contravenções penais.

80. (Cespe/TRF/2R/Juiz/2009) Quanto à atuação do Poder Legislativo federal e às espécies normativas, assinale a opção correta.

a) Cabe ao Congresso Nacional, com a sanção do presidente da República, autorizar, em terras indígenas, a exploração e o aproveitamento de recursos hídricos e a pesquisa e lavra de riquezas minerais.

b) É da competência exclusiva do Congresso Nacional permitir que forças estrangeiras transitem pelo território nacional ou nele permaneçam temporariamente, ressalvados os casos previstos em lei complementar.

c) Cabe ao Congresso Nacional disciplinar, em resolução, as relações jurídicas decorrentes de medidas provisórias não convertidas em lei no prazo constitucional.

d) A edição de medida provisória acarreta a revogação de lei anterior que verse acerca do mesmo assunto.

e) Caso o presidente da República extrapole os limites fixados na resolução concedente da delegação legislativa, o Congresso Nacional, mediante decreto legislativo, pode sustar a lei delegada, com efeitos "ex nunc".

4.2. Do Poder Executivo

INFORMATIVOS

STF Obrigatoriedade de reserva de vagas de estacionamento para advogados em órgãos públicos estaduais. É inconstitucional – por violar o princípio da separação dos Poderes, em decorrência da usurpação da iniciativa exclusiva do Poder Executivo para legislar sobre a organização e a administração dos órgãos da Administração Pública (CF, art. 61, § 1º, II, "e", e art. 84, VI, "a") – lei de iniciativa parlamentar que institui regra de reserva de vagas de estacionamento aos órgãos públicos estaduais. *ADI 6937, 21.11.2022. Pleno. Inf 1076.*

STF Foro por prerrogativa de função: ampliação do rol de autoridades na esfera estadual. É inconstitucional, por violação ao princípio da simetria, norma de Constituição Estadual que confere foro por prerrogativa de função a autoridades que não guardam semelhança com as que o detém na esfera federal. Inconstitucionalidade material das expressões "reitores de universidades públicas" e "diretores presidentes das entidades da administração estadual indireta", previstas em Constituição estadual. *ADI 6511, 13.9.2022. Pleno. Inf 1067.*

STF Chefe do Poder Executivo estadual: dupla vacância do cargo no último biênio do mandato. É inconstitucional, por violação ao princípio democrático, norma de Constituição estadual que, a pretexto de disciplinar a dupla vacância no último biênio do mandato do chefe do Poder Executivo, suprime a realização de eleições. Na hipótese de dupla vacância, no último biênio do mandato, a disciplina sobre o processo de escolha do governador do estado e do prefeito do município compete (a) aos estados-membros e aos municípios, respectivamente, se decorrente de causas não eleitorais; ou (b) à União, se decorrente de causas eleitorais. Assim, muito embora o art. 81, § 1º, da CF não consubstancie norma de reprodução obrigatória, a autonomia organizacional outorgada às unidades da Federação (art. 25, caput, da CF c/c o art. 11 do ADCT) não afasta a indispensabilidade da realização de eleições, sejam diretas (regra), sejam indiretas (exceção), pois, no Brasil, os mandatos políticos são exercidos por pessoas escolhidas pelo povo mediante votação. *ADI 7142, 19.8.2022. Pleno. Inf 1064.*

STF Remanejamento de cargos em comissão de peritos do MNPCT, fragilização do combate à tortura no País e abuso do poder regulamentar. São indevidos, mediante decreto, o remanejamento dos cargos em comissão destinados aos peritos do Mecanismo Nacional de Prevenção e Combate à Tortura (MNPCT), a exoneração de seus ocupantes e a transformação dessa atividade em prestação de serviço público relevante não remunerado. Tais medidas levam ao esvaziamento de políticas públicas previstas na Lei 12.847/13, o que importa em abuso do poder regulamentar e, por conseguinte, desrespeito à separação dos Poderes. *ADPF 607, 25.3.2022. Pleno. Inf 1048.*

STJ Mandado de Segurança. Impetração contra ato do presidente de assembleia legislativa. Inépcia de inicial com pedido de abertura de impeachment de governador. Renúncia ao cargo de governador. Perda do objeto. Recurso prejudicado. A renúncia ao cargo de governador impede o recebimento de pedido de abertura de impeachment. *RMS 68932, 2ª T, 6.9.2022. Inf 753.*

QUESTÕES OBJETIVAS

81. (TRF/4R/Juiz/2022) Assinale a alternativa correta.

a) O Presidente da República, na vigência de seu mandato, não pode ser responsabilizado por atos estranhos ao exercício de suas funções.

b) O Presidente da República não poderá ser preso, salvo em flagrante de crime inafiançável.

c) Os governadores de estado, nas infrações penais comuns, serão julgados perante os tribunais de justiça.

d) O Presidente da República ficará suspenso de suas funções até o final do processo, nas infrações penais comuns, se recebida a denúncia ou queixa-crime pelo Supremo Tribunal Federal.

e) Em caso de impedimento do Presidente e do Vice-Presidente da República, serão sucessivamente chamados ao exercício da Presidência da República o Presidente do Senado Federal, o da Câmara dos Deputados e o do Supremo Tribunal Federal.

82. (TRF/3R/Juiz/2016) Em relação ao Presidente da República é incorreto afirmar:

a) O processo por crime de responsabilidade é levado a efeito pelo Senado Federal, mas sob a presidência do Presidente do Supremo Tribunal Federal/STF.

b) Os crimes de responsabilidade que lhe forem imputados serão objeto de acusação e processo nos termos da lei que trata da improbidade administrativa.

c) Ficará suspenso de suas funções se for recebida denúncia criminal ou queixa-crime contra ele pelo Supremo Tribunal Federal/STF.

d) Após a instauração do processo por crime de responsabilidade, ficará suspenso de suas funções.

83. (TRF/4R/Juiz/2016) Assinale a alternativa incorreta.

a) Afronta a competência privativa da União para legislar sobre telecomunicações lei estadual que discipline a cobrança de serviços de telefonia.

b) Temas relacionados ao Estatuto da Magistratura só poderão ser disciplinados por lei complementar de iniciativa exclusiva do Supremo Tribunal Federal.

c) A destituição do Procurador-Geral da República, por iniciativa do Presidente da República, deverá ser precedida de autorização da maioria absoluta do Senado Federal.

d) A União, os Estados e o Distrito Federal têm competências concorrentes para legislar, entre outros, sobre proteção ao patrimônio histórico, cultural, artístico, turístico e paisagístico. No âmbito dessa legislação concorrente, a competência da União limita-se a estabelecer normas gerais, a qual não exclui a competência suplementar dos Estados. Inexistindo lei federal sobre normas gerais, os Estados exercerão competência legislativa plena, para atender às suas peculiaridades. Contudo, a superveniência de lei federal sobre normas gerais suspende a eficácia da lei estadual no que lhe for contrário.

e) O Conselho de Defesa Nacional é o órgão de consulta do Presidente da República nos assuntos relacionados com a soberania nacional e a defesa do Estado Democrático, sendo, portanto, essenciais à sua composição, como membros natos, o Vice-Presidente da República, o Presidente do Congresso Nacional e o Presidente do Supremo Tribunal Federal.

84. (TRF/4R/Juiz/2016) Assinale a alternativa incorreta.

a) A Constituição permite, expressamente, ao Presidente da República dispor, por decreto, sobre a organização e o funcionamento da Administração Pública Federal quando isso não implicar aumento de despesas ou criação de órgãos públicos.

b) A soberania nacional, no plano transnacional, funda-se no princípio da independência nacional, efetivada pelo Presidente da República, consoante suas atribuições previstas na Carta de 1988. Nesse enfoque, a extradição não é ato de nenhum Poder do Estado, mas da República Federativa do Brasil, pessoa jurídica de direito público externo, representada na pessoa de seu Chefe de Estado, o Presidente da República.

c) Está constitucionalmente prevista como competência privativa do Chefe do Poder Executivo Federal, sendo, portanto, indelegável, a de aplicar pena de demissão a servidores públicos federais.

d) Nos casos de impedimentos do Presidente e do Vice-Presidente da República, ou de vacância dos respectivos cargos, serão sucessivamente chamados ao exercício da Presidência o Presidente da Câmara dos Deputados, o do Senado Federal e o do Supremo Tribunal Federal.

e) Quando ocorre a dupla vacância dos cargos de Presidente e de Vice-Presidente da República, o sistema constitucional brasileiro admite a eleição, na forma da lei, nos últimos dois anos do período presidencial, para ambos os cargos, pelo Congresso Nacional.

85. (Cespe/TRF/1R/Juiz/2015) Com relação ao Conselho da República, ao Conselho de Defesa Nacional e às atribuições e à responsabilidade do presidente da República, assinale a opção correta.

a) Para a decretação de estado de defesa e estado de sítio e para a declaração de guerra, o presidente da República estará vinculado à manifestação do Conselho da República, órgão de assessoramento superior do Poder Executivo.

b) A presidência do Conselho de Defesa Nacional, do qual são membros natos os comandantes do Exército, da Marinha e da Aeronáutica, é exercida pelo ministro de Estado da Defesa.

c) A criação de órgãos públicos pode se dar mediante a edição, pelo chefe do Poder Executivo, de atos administrativos que versem sobre a organização e o funcionamento da administração federal, mas a criação de entidades dotadas de personalidade jurídica própria, como as autarquias e as fundações públicas, depende da edição de lei.

d) Na vigência de seu mandato, o presidente da República goza de imunidades processuais, podendo, por isso, ser processado pela prática de crimes de responsabilidade praticados no exercício de suas funções, mas não pela prática de infrações penais comuns.

e) Conforme a CF, algumas atribuições privativas do presidente da República podem ser delegadas aos ministros de Estado, ao procurador-geral da República ou ao advogado-geral da União, os quais devem observar, no exercício dessas atribuições, os limites constantes nas respectivas delegações.

86. (TRF/4R/Juiz/2014) Assinale a alternativa incorreta.

a) O Supremo Tribunal Federal possui orientação no sentido de que a contratação em caráter precário, para o exercício das mesmas atribuições do cargo para o qual foi promovido concurso público, implica preterição de candidato habilitado quando ainda subsiste a plena vigência do referido concurso, o que viola o direito do concorrente aprovado à respectiva nomeação.

b) A jurisprudência do Superior Tribunal de Justiça possui orientação no sentido de que não há que se falar na presença de discricionariedade no exercício do poder disciplinar pela autoridade pública, sobretudo no que tange à imposição de sanção disciplinar, o que torna possível o controle judicial de tais atos administrativos de forma ampla.

c) Segundo a orientação predominante no Superior Tribunal de Justiça, o Poder Judiciário não pode substituir a banca examinadora, tampouco se imiscuir nos critérios de correção de provas e de atribuição de notas, porquanto sua atuação cinge-se ao controle jurisdicional da legalidade do concurso público.

d) Segundo estabelece a Constituição Federal, ao Presidente da República compete privativamente dispor, mediante decreto, sobre organização e funcionamento da administração federal quando não implicar aumento de despesa nem criação ou extinção de órgãos públicos, não lhe sendo possível, todavia, extinguir funções ou cargos públicos, ainda que vagos.

e) Invalidada por sentença judicial a demissão do servidor estável, será ele reintegrado, e o eventual ocupante da vaga, se estável, reconduzido ao cargo de origem, sem direito a indenização, aproveitado em outro cargo ou posto em disponibilidade com remuneração proporcional ao tempo de serviço.

87. (Cespe/TRF/2R/Juiz/2013) Assinale a opção correta acerca do Poder Executivo na ordem constitucional brasileira.

a) O Conselho da República é órgão superior de consulta do presidente da República, e dele participam, além dos presidentes da Câmara dos Deputados e do Senado Federal, os líderes da maioria e da minoria em ambas as casas legislativas, o ministro da Justiça e seis cidadãos brasileiros natos, com mais de trinta e cinco anos de idade, de livre nomeação pelo chefe do Poder Executivo.

b) Compete ao Conselho da República opinar nas hipóteses de declaração de guerra e de celebração da paz, de decretação do estado de defesa e do estado de sítio.

c) Tanto as funções de chefe de Estado como as de chefe de governo integram o rol de competências privativas do presidente da República.

d) A CF determina que, ficando vagos os cargos de presidente e vice-presidente da República nos dois primeiros anos de mandato, o STF declarará a vacância de ambos os cargos e investirá na função de presidente o sucessor, para em seguida serem convocadas eleições.

e) Os ministros de Estado serão sempre julgados pelo STF, seja nos crimes comuns, seja nos crimes de responsabilidade.

88. (Cespe/TRF/5R/Juiz/2011) A respeito do Poder Executivo, assinale a opção correta.

a) Nos crimes comuns, o presidente da República será processado e julgado pelo STF somente após ser declarada procedente a acusação por parte da Câmara dos Deputados, circunstância que não impede a instauração de inquérito policial e o oferecimento da denúncia.

b) Em caso de urgência ou de interesse público relevante, o presidente da República pode convocar extraordinariamente o Congresso Nacional, devendo ser efetuado o pagamento da parcela indenizatória devida em razão do caráter excepcional da convocação.

c) O presidente da República detém competência privativa tanto para decretar o estado de defesa e o estado de sítio quanto para suspender essas medidas.

d) A composição do Conselho da República, órgão de consulta do presidente da República, está taxativamente prevista na CF, razão por que é vedada a participação, nas reuniões desse conselho, de outras autoridades além das indicadas na CF.

e) Nos crimes de responsabilidade, o Senado Federal, na condição de órgão judicial, exercendo jurisdição recebida da CF, julga o presidente da República, razão por que é cabível a interposição de recurso ao STF contra decisão proferida em processo de impeachment.

89. (Cespe/TRF/1R/Juiz/2011) Com relação às atribuições e às responsabilidades do presidente da República, ao Conselho da República e ao Conselho de Defesa Nacional, assinale a opção correta.

a) Na vigência de seu mandato, o presidente da República não poderá ser responsabilizado por atos estranhos ao exercício de suas funções, tanto na esfera penal quanto na civil, administrativa, fiscal e tributária.

b) O presidente da República somente poderá ser processado por crime de responsabilidade após autorização do Senado Federal, pelo voto da maioria absoluta de seus membros.

c) O Conselho de Defesa Nacional é órgão de consulta do presidente da República nos assuntos relacionados com a soberania nacional e a defesa do Estado democrático, sendo suas decisões vinculantes nos casos que envolvam declaração de guerra e celebração da paz.

d) Compete ao presidente da República nomear dois membros do Conselho da República, órgão superior de consulta convocado e presidido pelo chefe do Poder Executivo.

e) O presidente da República possui competência para dispor, mediante decreto, sobre a criação e extinção de órgãos despersonalizados, mas não de órgãos e entidades dotados de personalidade jurídica e capacidade processual.

90. (Cespe/TRF/5R/Juiz/2009) Acerca do Poder Executivo, do Conselho da República e do Conselho de Defesa Nacional, assinale a opção correta.

a) Todos os membros do Conselho da República, órgão de consulta da Presidência, são escolhidos pelo presidente da República.

b) Compete ao Conselho de Defesa Nacional opinar a respeito das questões relevantes para a estabilidade das instituições democráticas.

c) Para que o presidente da República seja julgado pelo STF por crimes comuns, é necessária a autorização de dois terços da Câmara dos Deputados, por força da qual fica ele suspenso das suas funções.

d) Não se submete ao controle concentrado de constitucionalidade, conforme entendimento do STF, o decreto que, dando execução a lei inconstitucional, cria cargos públicos remunerados e estabelece as respectivas denominações, competências, atribuições e remunerações.

e) Conforme entendimento do STF, o presidente da República pode delegar aos ministros de Estado, por meio de decreto, a atribuição de demitir, no âmbito das suas respectivas pastas, servidores públicos federais.

4.3. Do Poder Judiciário

4.3.1. Disposições Gerais

SÚMULAS

1) Garantias dos Juízes

STF **Súm. 40.** A elevação da entrância da comarca não promove automaticamente o juiz, mas não interrompe o exercício de suas funções na mesma comarca.

STF **Súm. 731.** Para fim da competência originária do Supremo Tribunal Federal, é de interesse geral da magistratura a questão de saber se, em face da Loman, os juízes têm direito à licença-prêmio.

2) Quinto Constitucional

STF **Súm. 627.** No mandado de segurança contra a nomeação de magistrado da competência do Presidente da República, este é considerado autoridade coatora, ainda que o fundamento da impetração seja nulidade ocorrida em fase anterior do procedimento.

STF **Súm. 628.** Integrante de lista de candidatos a determinada vaga da composição de tribunal é parte legítima para impugnar a validade da nomeação de concorrente.

3) Precatórios

STF **Súm. Vinculante 17.** Durante o período previsto no parágrafo 1º do artigo 100 da Constituição, não incidem juros de mora sobre os precatórios que nele sejam pagos.

STF **Súm. Vinculante 47.** Os honorários advocatícios incluídos na condenação ou destacados do montante principal devido ao credor consubstanciam verba de natureza alimentar cuja satisfação ocorrerá com a expedição de precatório ou requisição de pequeno valor, observada ordem especial restrita aos créditos dessa natureza.

STF **Súm. 655.** A exceção prevista no art. 100, caput, da Constituição, em favor dos créditos de natureza alimentícia, não dispensa a expedição de precatório, limitando-se a isentá-los da observância da ordem cronológica dos precatórios decorrentes de condenações de outra natureza.

STJ **Súm. 144.** Os créditos de natureza alimentícia gozam de preferência, desvinculados os precatórios da ordem cronológica dos créditos de natureza diversa.

STJ **Súm. 311.** Os atos do Presidente do Tribunal que disponham sobre processamento e pagamento de precatório não têm caráter jurisdicional.

4) Reserva de Plenário

STF **Súm. Vinculante 10.** Viola a cláusula de reserva de plenário (CF, art. 97) a decisão de órgão fracionário de tribunal que, embora não declare expressamente a inconstitucionalidade de lei ou ato normativo do Poder Público, afasta a sua incidência no todo ou em parte.

5) Separação de Poderes

STF **Súm. Vinculante 37.** Não cabe ao Poder Judiciário, que não tem função legislativa, aumentar vencimentos de servidores públicos sob o fundamento de isonomia.

REPERCUSSÃO & REPETITIVOS

STF **Rep. Geral 964.** A promoção na magistratura por antiguidade precede a mediante remoção. *RE 1037926, 16.9.2020.*

ENUNCIADOS

Fonadirh **Enunc. 16.** A observância dos direitos humanos constitui pressuposto ao exercício constitucionalmente adequado da jurisdição, inclusive a criminal.

Fonacom **Enunc. 24.** O tema resolução alternativa de disputas deverá ser contemplado na formação continuada de magistrados.

INFORMATIVOS

STF **Tempo de serviço como critério de desempate para a promoção na carreira da magistratura.** É inconstitucional, por disciplinar matéria concernente ao Estatuto da Magistratura, norma estadual que prevê a adoção do maior tempo de serviço público como critério de desempate para a promoção de magistrados. *ADI 6772, 23.9.2022. Pleno. Inf 1069.*

STF **Autorização para o prosseguimento de investigações contra magistrados.** É inconstitucional norma estadual de acordo com a qual compete a órgão colegiado do tribunal autorizar o prosseguimento de investigações contra magistrados, por criar prerrogativa não prevista na Lei Orgânica da Magistratura Nacional e não extensível a outras autoridades com foro por prerrogativa de função. *ADI 5331, 3.6.2022. Pleno. Inf 1057.*

STJ **Servidor público. Magistrado convocado para exercer, em substituição, o cargo de desembargador. Períodos de férias, recesso, licenças e afastamentos legais. Direito à diferença de vencimentos. Art. 124 da Loman. Efetivo exercício do cargo. Art. 102 da Lei 8.112/90.** Os períodos de férias, recesso, licenças e afastamentos de juiz convocado para atuar como desembargador devem ser considerados quanto ao direito de recebimento de diferença de vencimentos previsto no art. 124 da LC 35/79. *REsp 1902244, 2ª T, 30.8.2022. Inf 759.*

QUESTÕES DISCURSIVAS

11. (TRF/3R/Juiz/2018) Dissertação. "Quando Oliver Wendell Holmes era Juiz da Suprema Corte, certa vez ele deu carona ao jovem Learned Hand, quando ia para o trabalho. Ao chegar a seu destino, Hand saltou, acenou para a carruagem que se afastava e gritou alegremente: 'Faça justiça, juiz!' Holmes pediu ao condutor que parasse e voltasse, para surpresa de Hand. 'Não é esse o meu trabalho!', disse Holmes, debruçado na janela. A carruagem então fez meia-volta e partiu, levando Holmes para o trabalho, que, supostamente, não consistia em fazer justiça". (Dworkin, Ronald. A justiça de toga; tradução Jefferson Luiz Camargo; revisão da tradução Fernando Santos; revisão técnica Alonso Reis Freire. São Paulo: Editora WMF Martins Fontes, 2010, p. 3). A Constituição Federal brasileira completou 30 anos no último dia 5 de outubro. Seu artigo 3º estabelece os objetivos fundamentais da República Federativa do Brasil, dentre os quais estão a construção de uma sociedade livre, justa e solidária; a garantia do desenvolvimento nacional; a erradicação da pobreza e da marginalização e a redução das desigualdades sociais e regionais. Ao longo desses anos, o Poder Judiciário tem sido provocado a dirimir conflitos relativos ao papel do Poder Público e a concretização do conteúdo da Constituição. Críticas têm sido elaboradas à atuação judicial. A partir do texto acima e do citado dispositivo constitucional, elabore dissertação na qual expresse o seu entendimento quanto ao papel do juiz federal nesse contexto, expondo e analisando as críticas lançadas à atuação do Poder Judiciário. Aborde, também, a discussão sobre segurança jurídica e justiça.

12. (IFBC/TRF/2R/Juiz/2018) "CNJ define procedimento de votação em matéria administrativa para casal de desembargadores" (notícia publicada no sítio eletrônico do Conselho Nacional de Justiça em 30.04.2014). Cuidou-se de procedimento instaurado a requerimento de desembargadora de Tribunal de Justiça contra decisão do Pleno do referido tribunal que a proibiu de participar nas deliberações administrativas do Tribunal Pleno por ser casada com desembargador também integrante do mesmo tribunal. À luz deste caso apreciado pelo Conselho Nacional de Justiça, indaga-se: a) é possível a atuação dos desembargadores casados no mesmo julgamento do Tribunal na esfera administrativa do Pleno? b) há regra no Código de Ética da Magistratura Nacional aplicável à hipótese (em caso positivo, qual)? c) como deve ser observado o procedimento de votação da questão administrativa quando na mesma sessão houver a presença dos dois desembargadores que são casados entre si?

13. (TRF/4R/Juiz/2010) Discorra sobre a ética da magistratura federal, abordando princípios e sistemas de controle.

QUESTÕES OBJETIVAS

91. (TRF/4R/Juiz/2022) Assinale a alternativa correta. A ética aplicada ocupa-se da concretização dos princípios éticos diante das exigências morais e dos valores específicos de cada atividade, visando à realização de seus bens internos e tarefas particulares. Sendo assim, para a observância dos preceitos éticos aplicáveis à magistratura:

a) para avaliar a correção moral na atividade da magistratura, basta ter presente a opinião majoritária e a forma costumeira de agir de seus membros, sem submetê-las ao crivo crítico e reflexivo dos princípios éticos, do seu conteúdo e das suas exigências.
b) o princípio da independência judicial, na relação entre os membros da magistratura, repele interferência na atuação judicial de outro magistrado e inadmite influências externas indevidas à convicção do magistrado na solução dos casos em que se insere a garantia do livre convencimento, que permite ao juiz interpretar o direito sem distanciar-se de suas convicções religiosas.
c) o clamor público, ou mesmo eventual intensidade da crítica do público, quando determinantes no procedimento ou na decisão judicial, comprometem a prática das virtudes da independência e da imparcialidade.
d) a adoção pelo juiz de medidas que fogem à ortodoxia dos meios processuais que o ordenamento positivo lhe coloca à disposição, assim como realização espetaculosa de atos restritivos de direitos de investigados, não justifica preocupação com a observância do dever de imparcialidade, uma vez que decorre do compromisso do magistrado com a efetividade do processo e a atenção à opinião pública.
e) os padrões éticos aplicáveis à magistratura não chegam ao ponto de exigir, em matéria de imparcialidade, além da autocrítica diante da reprodução de estereótipos negativos, atenção à linguagem corporal e à expressão facial na prática de atos processuais.

92. (TRF/4R/Juiz/2022) Assinale a alternativa correta. Sobre o Poder Judiciário:

a) para fins de promoção, o tribunal não poderá recusar o juiz mais antigo.
b) as decisões administrativas dos tribunais serão motivadas e em sessão pública, sendo as disciplinares tomadas pelo voto da maioria absoluta de seus membros.
c) é obrigatória a promoção do juiz que figure por três vezes alternadas em lista de merecimento.
d) é vedada a permuta entre magistrados.
e) os juízes gozam das garantias de estabilidade, inamovibilidade e irredutibilidade de subsídio.

93. (Vunesp/TRF/3R/Juiz/2022) Conforme o Estatuto constitucional da Magistratura, o juiz

a) necessita residir na respectiva comarca de sua atividade jurisdicional.
b) está protegido pela garantia da inamovibilidade, sendo vedada qualquer forma de permuta entre magistrados.
c) goza da irredutibilidade de subsídio, garantida apenas após dois anos de exercício do cargo.
d) poderá ser removido ou colocado em disponibilidade, por interesse público, em virtude de decisão adotada pelo voto da maioria absoluta do Conselho Nacional de Justiça.

94. (Vunesp/TRF/3R/Juiz/2022) Quanto à "Reforma do Judiciário", realizada pela Emenda Constitucional nº 45, de 2004, assinale a alternativa correta:

a) foi alterada a estrutura do recurso extraordinário, que passou a assumir sempre caráter rescisório e, quanto ao controle difuso-concreto da constitucionalidade dos atos normativos, houve objetivização dos processos comuns.
b) foram alteradas as competências expressas de alguns tribunais e foi admitida a edição de súmula vinculante, de ofício, pelo Supremo Tribunal Federal, ou seja, sem qualquer provocação de legitimados ou partes interessadas.
c) a ação declaratória de constitucionalidade teve sua legitimidade ativa reduzida e a reclamação constitucional foi renomeada para representação constitucional, mantendo as mesmas hipóteses de cabimento.
d) extinguiu-se a possibilidade de que em ação direta de inconstitucionalidade por omissão o Supremo Tribunal Federal determine ao órgão administrativo que adote, em trinta dias, as providências necessárias para tornar efetiva a norma.

95. (TRF/2R/Juiz/2017) Sobre o regime constitucional dos precatórios, marque a alternativa correta:

a) Os credores de débitos de natureza alimentícia, com 60 (sessenta) anos de idade ou mais, ou que sejam portadores de doença grave ou deficiência, assim definidos na forma da lei, gozam do benefício de receber o valor do precatório com preferência sobre os demais, obedecido o limite de montante equivalente ao triplo fixado em lei para requisições de pequeno valor.
b) Nos lermos de posicionamento do STF, empresas públicas não podem gozar da possibilidade de pagar débitos judiciais por meio de precatórios, em razão de serem pessoas de direito privado.
c) Nos termos de posicionamento do STF, sociedades de economia mista não podem gozar da possibilidade de pagar débitos judiciais por meio de precatórios, em razão de regra constitucional.
d) É vedado à União assumir débitos, oriundos de precatórios, de Estados, do Distrito Federal e de Municípios.
e) A Constituição veda que qualquer interessado possa comprar imóveis de ente público pagando-os com a entrega de créditos de precatórios devidos por esse mesmo ente.

96. (TRF/2R/Juiz/2017) Sobre as "súmulas vinculantes", assinale a opção correta:

a) A edição de súmula vinculante exige quórum qualificado de 2/3 (dois terços) dos Ministros do STF, sendo requisito ao exercício da competência para editá-las a existência de controvérsia atual entre órgãos do Judiciário, ou entre o Judiciário e a Administração Pública, que acarrete severa insegurança jurídica e relevante multiplicação de processos sobre questão idêntica.
b) Os únicos legitimados para provocar a edição, o cancelamento ou a revisão de súmula vinculante são as entidades que ostentam legitimidade para provocar o controle de constitucionalidade concentrado.
c) Em havendo contrariedade à súmula vinculante, seja ela decorrente de ato jurisdicional ou de ato administrativo, qualquer indivíduo prejudicado poderá impugnar o respectivo ato diretamente perante o STF, mediante reclamação, independentemente de esgotar outras medidas prévias
d) De acordo com a delimitação de competências para o controle abstrato de constitucionalidade, não é cabível o ajuizamento de Ação Direta de Inconstitucionalidade em face de Súmulas Vinculantes, sendo admissível contra cias o ajuizamento de Arguição de Descumprimento de Preceito Fundamental.

e) Se Juiz Federal profere certa decisão e, algum tempo depois, é editada súmula vinculante em sentido contrário, pode-se dizer que a decisão do magistrado a afrontou, e é corrigível por reclamação.

97. (Cespe/TRF/1R/Juiz/2015) Com base no que dispõe a CF sobre o Poder Judiciário, assinale a opção correta.

a) A regra constitucional que determina a composição de um quinto dos lugares dos tribunais para membros do MP e para advogados aplica-se aos TRFs, aos tribunais dos estados e do DF e aos tribunais superiores, com exceção do STF e do STM.

b) As causas em que a União figure como autora serão aforadas na seção judiciária onde a outra parte tenha domicílio, mas as causas intentadas contra a União somente poderão ser aforadas na seção judiciária em que houver ocorrido o ato ou fato que tenha dado origem à demanda.

c) Aos juízes federais compete processar e julgar os crimes cometidos a bordo de navios ou aeronaves civis ou militares, estejam eles em solo, no ar ou no mar.

d) Ao Conselho da Justiça Federal, que funciona junto ao STJ, cabe a supervisão funcional, administrativa e financeira da justiça federal de segundo grau, enquanto ao TRF respectivo cabe tomar as providências correicionais relativas à justiça federal de primeiro grau.

e) No exercício da autonomia administrativa e financeira de que dispõe o Poder Judiciário, os tribunais têm competência para elaborar suas propostas orçamentárias dentro dos limites estipulados conjuntamente com os demais poderes na lei de diretrizes orçamentárias.

98. (Cespe/TRF/5R/Juiz/2013) Assinale a opção correta acerca do Poder Judiciário.

a) Advogado ou membro do MP que passe a integrar a carreira da magistratura por meio da regra do quinto constitucional adquirirá a vitaliciedade após dois anos de efetivo exercício do cargo.

b) A partir da publicação do enunciado de súmula vinculante do STF na imprensa oficial, ficam vinculados ao seu teor os demais órgãos do Poder Judiciário, assim como os órgãos do Poder Legislativo e do Poder Executivo.

c) De acordo com o entendimento do STF, o foro especial por prerrogativa de função estende-se aos magistrados aposentados.

d) O STF entende que, caso magistrado federal tenha sido indicado por três vezes consecutivas, em lista tríplice, para promoção por merecimento, a cargo de juiz de TRF, a Presidência da República é obrigada a nomeá-lo, por ser a nomeação um direito subjetivo público decorrente de garantia da magistratura.

e) De acordo com a jurisprudência do STF, confirmada pelo plenário do tribunal, é desnecessária a realização de sessão pública e de votação nominal, aberta e fundamentada para a promoção por merecimento de magistrados, bem como para deliberações sobre remoções voluntárias para membros do Poder Judiciário.

99. (Cespe/TRF/5R/Juiz/2009) No que se refere ao Poder Judiciário, assinale a opção correta.

a) Suponha que um juiz federal substituto ocupe cargo de professor em uma universidade pública, na qual lecione a disciplina de direito penal, duas vezes por semana, no turno noturno, e que esse mesmo magistrado tenha sido convidado a ministrar aulas em um cursinho preparatório para a magistratura, uma vez por semana, também no turno noturno. Nessa situação hipotética, há violação à CF, visto que, conforme o entendimento do STF, juiz somente pode ocupar um único cargo de professor.

b) Compete ao presidente do TRF da 5ª Região encaminhar ao Congresso Nacional proposta orçamentária do tribunal que preside.

c) Os débitos de natureza alimentícia, para fins de pagamento por precatório, compreendem os decorrentes de salários, vencimentos, proventos, pensões e suas complementações, benefícios previdenciários e indenizações, por morte ou invalidez, fundadas na responsabilidade civil, em virtude de sentença transitada em julgado.

d) Suponha que um juiz do trabalho tenha determinado a prisão em flagrante de uma testemunha, pelo crime de falso testemunho, nos autos de uma reclamação trabalhista. Nessa situação hipotética, compete à justiça do trabalho, e não à justiça federal, julgar o referido crime.

e) É prerrogativa do juiz ser preso apenas por ordem escrita do tribunal ou do órgão especial competente para o julgamento de crime que ele tenha cometido.

100. (Cespe/TRF/2R/Juiz/2009) No que se refere ao Poder Judiciário, assinale a opção correta.

a) Segundo o STF, o Poder Judiciário tem competência para dispor acerca da especialização de varas, ainda que haja impacto orçamentário, já que possui autonomia orçamentária, e a matéria se insere na organização da organização judiciária dos tribunais, não restrita ao campo de incidência exclusiva da lei.

b) Após a aquisição da vitaliciedade, todo e qualquer magistrado somente poderá perder o cargo por decisão judicial transitada em julgado.

c) O Conselho da Justiça Federal funciona junto ao STJ, cabendo-lhe a supervisão administrativa e orçamentária da justiça federal de primeiro e segundo graus, como órgão central do sistema e com poderes de correição, cujas decisões são dotadas de caráter vinculante.

d) Na hipótese de grave violação de direitos humanos, o procurador-geral da República ou o advogado-geral da União, com a finalidade de assegurar o cumprimento de obrigações decorrentes de tratados internacionais de direitos humanos dos quais o Brasil seja parte, poderão suscitar, perante o STJ, incidente de deslocamento de competência para a justiça federal.

e) Consoante o STF, no concurso de crimes, a competência criminal da justiça federal para um deles não tem a força de atrair o processo dos crimes conexos.

4.3.2. Do Supremo Tribunal Federal

SÚMULAS

1) Ação Rescisória

STF Súm. 249. É competente o Supremo Tribunal Federal para a ação rescisória quando, embora não tendo conhecido do recurso extraordinário, ou havendo negado provimento ao agravo, tiver apreciado a questão federal controvertida.

STF Súm. 515. A competência para a ação rescisória não é do Supremo Tribunal Federal, quando a questão federal, apreciada no recurso extraordinário ou no agravo de instrumento, seja diversa da que foi suscitada no pedido rescisório.

2) Competência

STF Súm. 503. A dúvida, suscitada por particular, sobre o direito de tributar, manifestado por dois Estados, não configura litígio da competência originária do Supremo Tribunal Federal.

STF **Súm. 691.** Não compete ao Supremo Tribunal Federal conhecer de "habeas corpus" impetrado contra decisão do relator que, em "habeas corpus" requerido a tribunal superior, indefere a liminar.

STF **Súm. 731.** Para fim da competência originária do Supremo Tribunal Federal, é de interesse geral da magistratura a questão de saber se, em face da Loman, os juízes têm direito à licença-prêmio.

4.3.3. Do Conselho Nacional de Justiça

SÚMULAS

STF **Súm. 649.** É inconstitucional a criação, por constituição estadual, de órgão de controle administrativo do Poder Judiciário do qual participem representantes de outros poderes ou entidades.

STF **Fundo especial do Poder Judiciário e fontes de receitas.** Nos termos do artigo 102, I, "r", da CF, é competência exclusiva do STF processar e julgar, originariamente, todas as ações ajuizadas contra decisões do CNJ e do CNMP proferidas no exercício de suas competências constitucionais, respectivamente, previstas nos artigos 103-B, § 4º, e 130-A, § 2º, da CF. Compete ao STF processar e julgar originariamente ações propostas contra o CNJ e contra o CNMP no exercício de suas atividades-fim. O CNJ pode determinar à autoridade recalcitrante o cumprimento imediato de suas decisões, ainda que impugnadas perante a justiça federal de primeira instância, quando se tratar de hipótese de competência originária do STF. *ADI 4412, 18.11.2020.*

INFORMATIVOS

STF **Conselho Nacional de Justiça e análise prévia de anteprojetos de lei de criação de cargos, funções e unidades judiciárias dos tribunais de justiça.** É constitucional a Resolução 184/13 do CNJ no que determina aos tribunais de justiça estaduais o encaminhamento, para eventual elaboração de nota técnica, de cópia dos anteprojetos de lei de criação de cargos, funções comissionadas e unidades judiciárias. *ADI 5119, 20.6.2022. Pleno. Inf 1059.*

STF **CNJ e transferência do sigilo de dados fiscais e bancário.** É constitucional a requisição, sem prévia autorização judicial, de dados bancários e fiscais considerados imprescindíveis pelo Corregedor Nacional de Justiça para apurar infração de sujeito determinado, desde que em processo regularmente instaurado mediante decisão fundamentada e baseada em indícios concretos da prática do ato. Contudo, é preciso assegurar a existência de garantias ao contribuinte, de modo que não há espaço para devassa ou varredura, buscas generalizadas e indiscriminadas na vida das pessoas, com o propósito de encontrar alguma irregularidade. *ADI 4709, 27.5.2022. Pleno Inf 1056.*

QUESTÕES OBJETIVAS

101. (TRF/4R/Juiz/2014) Assinale a alternativa incorreta.

a) O Corregedor do Tribunal Superior Eleitoral é um Ministro do Superior Tribunal de Justiça.
b) Nos crimes de responsabilidade, o Ministro do Supremo Tribunal Federal é julgado pelo Senado Federal.
c) O Conselho Nacional de Justiça é presidido pelo Presidente do Superior Tribunal de Justiça.
d) Incumbe ao Superior Tribunal de Justiça o julgamento, em matéria penal, dos Governadores dos Estados.
e) O Tribunal Superior Eleitoral é integrado por, no mínimo, sete membros, dentre os quais três escolhidos entre os Ministros do Supremo Tribunal Federal.

102. (Cespe/TRF/1R/Juiz/2011) Assinale a opção correta com referência ao Poder Judiciário.

a) A permuta de juízes dos TRFs e a determinação de sua jurisdição e sede se darão por resolução do Conselho da Justiça Federal.
b) Aos juízes federais compete processar e julgar as causas em que a União e as entidades da administração indireta forem interessadas na condição de autoras, rés, assistentes ou oponentes, excetuando-se as de falência, de acidentes de trabalho e as sujeitas à justiça eleitoral e à justiça do trabalho.
c) A CF estabelece que as unidades federativas com elevado número de ações judiciais devem constituir seções judiciárias nas capitais, cabendo aos juízes da justiça local, nos estados em que não existirem varas federais, o exercício da jurisdição e das atribuições cometidas aos juízes federais.
d) Afora a remoção de ofício, os magistrados podem ser removidos independentemente de sua vontade, em razão de interesse público, por decisão tomada pelo voto da maioria absoluta do respectivo tribunal ou do CNJ, assegurada ampla defesa.
e) Os membros da magistratura, incluídos os ministros do STF e os dos tribunais superiores, somente perderão o cargo por decisão judicial transitada em julgado.

4.3.4. Do Superior Tribunal de Justiça

SÚMULAS

1) Competência Cível Originária

STJ **Súm. 41.** O Superior Tribunal de Justiça não tem competência para processar e julgar, originariamente, mandado de segurança contra ato de outros tribunais ou dos respectivos órgãos.

STJ **Súm. 177.** O Superior Tribunal de Justiça é incompetente para processar e julgar, originariamente, mandado de segurança contra ato de órgão colegiado presidido por ministro de Estado.

STJ **Súm. 236.** Não compete ao Superior Tribunal de Justiça dirimir conflitos de competência entre juízes trabalhistas vinculados a tribunais regionais do trabalho diversos.

4.3.5. Dos Demais Tribunais

SÚMULAS

1) Do TST, dos TRT's e dos Juízes do Trabalho

STF **Súm. Vinculante 22.** A Justiça do Trabalho é competente para processar e julgar as ações de indenização por danos morais e patrimoniais decorrentes de acidente de trabalho propostas por empregado contra empregador, inclusive aquelas que ainda não possuíam sentença de mérito em primeiro grau quando da promulgação da Emenda Constitucional n. 45/04.

STF **Súm. Vinculante 23.** A Justiça do Trabalho é competente para processar e julgar ação possessória ajuizada em decorrência do exercício do direito de greve pelos trabalhadores da iniciativa privada.

STF **Súm. 433.** É competente o Tribunal Regional do Trabalho para julgar mandado de segurança contra ato de seu presidente em execução de sentença trabalhista.

STF **Súm. 736.** Compete à Justiça do Trabalho julgar as ações que tenham como causa de pedir o descumprimento de normas trabalhistas relativas à segurança, higiene e saúde dos trabalhadores.

STJ **Súm. 10.** Instalada a junta de conciliação e julgamento, cessa a competência do juiz de direito em matéria trabalhista, inclusive para a execução das sentenças por ele proferidas.

STJ **Súm. 180.** Na lide trabalhista, compete ao tribunal regional do trabalho dirimir conflito de competência verificado, na respectiva região, entre juiz estadual e junta de conciliação e julgamento.

STJ **Súm. 225.** Compete ao tribunal regional do trabalho apreciar recurso contra sentença proferida por órgão de primeiro grau da justiça trabalhista, ainda que para declarar-lhe a nulidade em virtude de incompetência.

STJ **Súm. 367.** A competência estabelecida pela EC n. 45/2004 não alcança os processos já sentenciados.

2) Dos Tribunais e Juízes Eleitorais

STF Súm. 72. No julgamento de questão constitucional, vinculada a decisão do Tribunal Superior Eleitoral, não estão impedidos os ministros do Supremo Tribunal Federal que ali tenham funcionado no mesmo processo, ou no processo originário.

STJ Súm. 368. Compete à justiça comum estadual processar e julgar os pedidos de retificação de dados cadastrais da justiça eleitoral.

STJ Súm. 374. Compete à justiça eleitoral processar e julgar a ação para anular débito decorrente de multa eleitoral.

3) Dos Tribunais e Juízes Federais

STF Súm. Vinculante 36. Compete à justiça federal comum processar e julgar civil denunciado pelos crimes de falsificação e de uso de documento falso quando se tratar de falsificação da caderneta de inscrição e registro (CIR) ou de carteira de habilitação de amador (CHA), ainda que expedidas pela Marinha do Brasil.

STJ Súm. 55. Tribunal regional federal não é competente para julgar recurso de decisão proferida por juiz estadual não investido de jurisdição federal.

STJ Súm. 122. Compete à justiça federal o processo e julgamento unificado dos crimes conexos de competência federal e estadual, não se aplicando a regra do art. 78, II, "a", do Código de Processo Penal.

STJ Súm. 147. Compete à justiça federal processar e julgar os crimes praticados contra funcionário público federal, quando relacionados com o exercício da função.

TRF1 Súm. 30. Não é da competência do tribunal regional federal o processo e julgamento de prefeito municipal acusado de apropriação, ou desvio, de verbas recebidas de entidades federais e incorporadas ao patrimônio do município.

4) Dos Tribunais e Juízes dos Estados

STF Súm. Vinculante 27. Compete à justiça estadual julgar causas entre consumidor e concessionária de serviço público de telefonia, quando a Anatel não seja litisconsorte passiva necessária, assistente, nem opoente.

STF Súm. 330. O Supremo Tribunal Federal não é competente para conhecer de mandado de segurança contra atos dos tribunais de justiça dos Estados.

STF Súm. 498. Compete à justiça dos Estados, em ambas as instâncias, o processo e o julgamento dos crimes contra a economia popular.

STF Súm. 516. O Serviço Social da Indústria (Sesi) está sujeito à jurisdição da justiça estadual.

STF Súm. 522. Salvo ocorrência de tráfico com o exterior, quando, então, a competência será da justiça federal , compete à justiça dos Estados o processo e o julgamento dos crimes relativos a entorpecentes.

STF Súm. 555. É competente o tribunal de justiça para julgar conflito de jurisdição entre juiz de direito do Estado e a justiça militar local.

STF Súm. 702. A competência do tribunal de justiça para julgar prefeitos restringe-se aos crimes de competência da justiça comum estadual; nos demais casos, a competência originária caberá ao respectivo tribunal de segundo grau.

STJ Súm. 34. Compete à justiça estadual processar e julgar causa relativa a mensalidade escolar, cobrada por estabelecimento particular de ensino.

STJ Súm. 42. Compete à justiça comum estadual processar e julgar as causas cíveis em que é parte sociedade de economia mista e os crimes praticados em seu detrimento.

STJ Súm. 55. Tribunal regional federal não é competente para julgar recurso de decisão proferida por juiz estadual não investido de jurisdição federal.

STJ Súm. 224. Excluído do feito o ente federal cuja presença levara o juiz estadual a declinar da competência, deve o juiz federal restituir os autos e não suscitar conflito.

STJ Súm. 238. A avaliação da indenização devida ao proprietário do solo, em razão de alvará de pesquisa mineral, é processada no juízo estadual da situação do imóvel.

STJ Súm. 270. O protesto pela preferência de crédito, apresentado por ente federal em execução que tramita na justiça estadual , não desloca a competência para a justiça federal.

STJ Súm. 363. Compete à justiça estadual processar e julgar a ação de cobrança ajuizada por profissional liberal contra cliente.

STJ Súm. 368. Compete à justiça comum estadual processar e julgar os pedidos de retificação de dados cadastrais da justiça eleitoral.

STJ Súm. 505. A competência para processar e julgar as demandas que têm por objeto obrigações decorrentes dos contratos de planos de previdência privada firmados com a Fundação Rede Ferroviária de Seguridade Social – Refer é da justiça estadual.

TRF2 Súm. 40. Em se tratando de crimes ambientais, a regra é a competência da justiça estadual, exceto se praticados em detrimento de bens, serviços ou interesses da União, de suas autarquias e empresas públicas.

4) Dos Tribunais e Juízes Militares

STJ Súm. 53. Compete à justiça comum estadual processar e julgar civil acusado de prática de crime contra instituições militares estaduais.

STJ Súm. 78. Compete à justiça militar processar e julgar policial de corporação estadual, ainda que o delito tenha sido praticado em outra unidade federativa.

STJ Súm. 90. Compete à justiça estadual militar processar e julgar o policial militar pela prática do crime militar, e à comum pela prática do crime comum simultâneo àquele.

REPERCUSSÃO & REPETITIVOS

STF Rep. Geral 358. A competência constitucional do Tribunal para decidir sobre a perda do posto e da patente dos oficiais e da graduação das praças é específica, nos termos do artigo 125, § 4º, não autorizando a concessão de reforma de policial militar julgado inapto a permanecer nas fileiras da corporação. *RE 601146, 8.6.2020.*

STF Rep. Geral 820. A competência prevista no § 3º do artigo 109 da Constituição Federal, da Justiça comum, pressupõe inexistência de Vara Federal na Comarca do domicílio do segurado. *RE 860508, 8.3.2021.*

STF Rep. Geral 859. A insolvência civil está entre as exceções da parte final do artigo 109, I, da Constituição da República, para fins de definição da competência da justiça federal. *RE 678162, 26.3.2021.*

INFORMATIVOS

STF Reunião de ações eleitorais sobre o mesmo fato para julgamento conjunto. A regra geral que determina a reunião de ações eleitorais que versem sobre os mesmos fatos para julgamento conjunto pode ser afastada sempre que o magistrado aferir a pertinência da separação dos feitos, à luz das circunstâncias do caso concreto e das exigências inerentes aos postulados do devido processo legal, do contraditório e da ampla defesa. *ADI 5507, 2.9.2022. Pleno. Inf 1066.*

STF Resolução do TSE e enfrentamento à desinformação no processo eleitoral. A Resolução 23.714/22 do TSE – que dispõe sobre o enfrentamento à desinformação atentatória à integridade do processo eleitoral – não exorbita o âmbito da sua competência normativa e tampouco impõe censura ou restrição a meio de comunicação ou linha editorial da mídia imprensa e eletrônica. *ADI 7261 MC, 25.10.2022. Pleno. Inf 1074.*

STF Competência dos Tribunais para supervisionar investigações contra autoridades com foro por prerrogativa de função. É constitucional a norma de Regimento Interno de Tribunal de Justiça que condiciona a instauração de inquérito à autorização do desembargador-relator nos feitos de competência originária daquele órgão. Não há ofensa ao sistema acusatório, pois a previsão regimental decorre da normativa constitucional que determina o foro específico, sujeitando investigações contra determinadas autoridades a maior controle judicial, pela importância das funções que exercem. O mesmo tratamento conferido às autoridades com foro por prerrogativa de função no STF deve ser aplicado, por simetria, àquelas com foro em outros tribunais. *ADI 7083, 13.5.2022. Pleno. Inf 1054.*

QUESTÕES OBJETIVAS

103. (TRF/4R/Juiz/2022) Assinale a alternativa correta.

a) Tendo em vista a adoção da jurisdição como instrumento para resolução dos conflitos, não mais subsiste no ordenamento jurídico brasileiro nenhuma forma de autotutela de direitos em favor do particular.

b) Compete à autoridade judiciária brasileira, com exclusão de qualquer outra, o processamento e o julgamento das ações decorrentes de relações de consumo quando o consumidor tiver domicílio ou residência no Brasil.

c) Compete à Justiça Federal o processamento e o julgamento de ação revisional de alimentos ajuizada por autor residente no exterior contra réu residente no Brasil, nos casos previstos na Convenção sobre a Prestação de Alimentos no Estrangeiro (Convenção de Nova York), somente nos casos em que a Procuradoria-Geral da República atue como instituição intermediária.

d) Compete à Justiça comum o julgamento das demandas entre o usuário e a operadora do plano de saúde, inclusive quando o plano é organizado na modalidade de autogestão empresarial e é operado pela própria empresa contratante do trabalhador.

e) É competente o foro de domicílio do réu ou do local do fato para a ação de reparação de dano sofrido em razão de delito ou acidente de veículos.

104. (IFBC/TRF/2R/Juiz/2018) O art. 109 da Constituição Federal prevê a competência da Justiça Federal para "III - as causas fundadas em tratado ou contrato da União com Estado estrangeiro ou organismo internacional". A que tipo de tratados se refere o dispositivo?

a) Somente aos tratados bilaterais.

b) Somente aos tratados plurilaterais.

c) Somente aos tratados de natureza tributária.

d) A todos os tratados em vigor no Brasil.

e) Aos tratados que demandem uma contraprestação específica do Estado brasileiro, também denominados tratados-contrato.

105. (TRF/3R/Juiz/2016) Em relação ao Poder Judiciário a afirmativa incorreta é:

a) Aos juízes federais compete processar e julgar todas as causas em que a União, entidade autárquica ou empresa pública federal forem interessadas na condição de autoras, rés, assistentes ou oponentes, bem como a disputa sobre direitos indígenas, e ainda as causas em que Estado estrangeiro ou organismo internacional litiga com Município ou pessoa domiciliada ou residente no Brasil.

b) O Conselho da Justiça Federal/CJF funciona junta ao Superior Tribunal de Justiça/STJ, exercendo na forma da lei a supervisão administrativa e orçamentária da Justiça Federal e possui poderes correcionais, cujas decisões terão caráter vinculante.

c) A cláusula constitucional de reserva de plenário não impede que os órgãos fracionários dos Tribunais, ou os seus membros quando decidem monocraticamente, rejeitem a arguição de invalidade dos atos normativos.

d) Compete ao Superior Tribunal de Justiça/STJ a homologação das sentenças estrangeiras e a concessão do "exequatur" para as cartas rogatórias.

106. (Cespe/TRF/5R/Juiz/2015) À luz do entendimento adotado pelo STF, assinale a opção correta acerca do Poder Judiciário.

a) A aposentadoria de desembargador não desloca para a primeira instância a competência para o processamento e o julgamento de eventuais ilícitos penais por ele cometidos no período de exercício do cargo.

b) Se o nome de um juiz figurar por três vezes alternadas na lista tríplice para compor TRF, a escolha do presidente da República tornar-se-á vinculada.

c) Compete à justiça federal processar e julgar mandado de segurança impetrado contra ato do presidente da Câmara dos Deputados.

d) Compete à justiça federal julgar todas as causas entre consumidor e concessionária de serviço público de telefonia.

e) Para o provimento de cargo de ministro do STJ destinado à magistratura federal, deve-se distinguir entre desembargadores de TRF, originários da carreira da magistratura federal, ou provenientes do MPF ou da advocacia.

107. (TRF/4R/Juiz/2014) Assinale a alternativa correta. A Justiça Federal de 1º Grau, extinta pela Constituição Federal de 1937, foi restabelecida pela:

a) Constituição Federal de 1946.

b) Emenda Constitucional nº 16/65.

c) Emenda Constitucional nº 1/69.

d) Emenda Constitucional nº 7/77.

e) Nenhuma das alternativas anteriores está correta.

108. (Cespe/TRF/3R/Juiz/2011) Acerca da organização e das competências da justiça federal, assinale a opção correta.

a) A remoção ou permuta de juízes dos TRFs, bem como a determinação de sua jurisdição e sede, será disciplinada por resolução do Conselho da Justiça Federal.

b) Aos juízes federais compete processar e julgar os crimes praticados por índios, tanto em caso de crimes comuns quanto de crimes que envolvam disputa sobre direitos indígenas.

c) No âmbito da justiça federal comum, cada unidade da Federação deve constituir uma seção judiciária com sede na respectiva capital; a localização das varas federais deve ser estabelecida em lei ordinária.

d) Cabe ao Conselho da Justiça Federal, ainda que suas decisões não tenham caráter vinculante, exercer a supervisão administrativa da justiça federal de primeiro e segundo graus, com poderes correcionais.

e) Conforme o disposto na CF, as competências da justiça federal de primeira instância são fixadas apenas em razão da matéria.

109. (Cespe/TRF/2R/Juiz/2011) De acordo com o disposto na CF sobre o Poder Judiciário, assinale a opção correta.

a) Compete à justiça militar processar e julgar, singularmente, os militares das forças estaduais nos crimes militares definidos em lei, bem como julgar as ações judiciais contra atos disciplinares militares, sendo da competência dos juízes federais processar e julgar os crimes militares cometidos contra civis.

b) O STF é o órgão competente para processar e julgar as causas fundadas nas relações internacionais e as relativas à tutela da nacionalidade.

c) Compete aos tribunais regionais federais processar e julgar os juízes federais e os desembargadores dos tribunais de justiça estaduais da área de sua jurisdição, nos crimes comuns e de responsabilidade.

d) Em razão da chamada quarentena, os ex-ocupantes de cargos na magistratura estão impedidos de exercer atividade advocatícia perante qualquer juízo ou tribunal até que decorram três anos do afastamento por aposentadoria ou exoneração.

e) Causas que envolvam grave violação de direitos humanos podem ser transferidas para a justiça federal, mediante incidente de deslocamento de competência suscitado pelo procurador-geral da República, em qualquer fase do inquérito ou processo.

4.4. Das Funções Essenciais à Justiça

4.4.1. Do Ministério Público

SÚMULAS

STF **Súm. 643.** O Ministério Público tem legitimidade para promover ação civil pública cujo fundamento seja a ilegalidade de reajuste de mensalidades escolares.

STJ **Súm. 189.** É desnecessária a intervenção do Ministério Público nas execuções fiscais.

STJ **Súm. 329.** O Ministério Público tem legitimidade para propor ação civil pública em defesa do patrimônio público.

STJ **Súm. 594.** O Ministério Público tem legitimidade ativa para ajuizar ação de alimentos em proveito de criança ou adolescente independentemente do exercício do poder familiar dos pais, ou do fato de o menor se encontrar nas situações de risco descritas no art. 98 do Estatuto da Criança e do Adolescente, ou de quaisquer outros questionamentos acerca da existência ou eficiência da Defensoria Pública na comarca.

STJ **Súm. 601.** O Ministério Público tem legitimidade ativa para atuar na defesa de direitos difusos, coletivos e individuais homogêneos dos consumidores, ainda que decorrentes da prestação de serviço público.

REPERCUSSÃO & REPETITIVOS

STJ **IAC 13.** (...) D) O Ministério Público pode requisitar diretamente ao oficial de registro competente a averbação de informações alusivas a suas funções institucionais. *REsp 1.857098, 11.5.2022.*

ENUNCIADOS

CJF **PSEL 68.** O atendimento interdisciplinar realizado por psicólogos e assistentes sociais, no âmbito da Defensoria Pública e do Ministério Público, promove a solução extrajudicial dos litígios, constituindo-se forma de composição e administração de conflitos complementar à mediação, conciliação e arbitragem.

STF **Autonomia financeira do Ministério Público e gratificação por atividade eleitoral.** É constitucional dispositivo de lei estadual que prevê a autonomia financeira do Ministério Público. É inconstitucional dispositivo de lei estadual que institui gratificação aos membros do MP pela prestação de serviço à Justiça Eleitoral a ser paga pelo Poder Judiciário. *ADI 2381, 30.4.2021.*

INFORMATIVOS

STF **Prerrogativa do Ministério Público de posicionar-se ao lado do magistrado nos julgamentos.** A prerrogativa atribuída aos membros do MP de situar-se no mesmo plano e imediatamente à direita dos magistrados nas audiências e sessões de julgamento (LC 75/93, art. 18, I, "a"; e Lei 8.625/93, art. 41, XI) não fere os princípios da isonomia, do devido processo legal, da ampla defesa e do contraditório nem compromete a necessária paridade de armas que deve existir entre a defesa e a acusação. O direito à igualdade das partes é substancial, não figurativa. A atuação do Parquet pode conjugar, simultânea ou alternadamente, os papéis de parte processual e de "custos legis", dada a singela circunstância de sua atribuição em defender o interesse público e a sociedade. Assim, não se pode afirmar que a proximidade física entre o integrante do Ministério Público e o magistrado, por si só, propicie algum tipo de influência ou comprometimento aos julgamentos. *ADI 4768, Pleno, 23.11.2022. Inf 1077.*

STF **Ministério Público estadual: movimentação funcional e modelo federal.** É inconstitucional lei estadual que prevê movimentação funcional entre membros do Ministério Público, mediante procedimentos e critérios diversos dos estabelecidos pelo modelo federal. *ADI 6328, 15.8.2022. Pleno. Inf 1063.*

STF **Inamovibilidade dos membros do Ministério Público da União.** É inconstitucional norma que prevê a designação bienal para o exercício de funções institucionais inerentes às respectivas carreiras dos membros do MPU. Dentro da estrutura organizacional do MPU, as unidades de lotação dos integrantes de suas carreiras correspondem aos denominados ofícios, que representam os locais em que exercidas suas atribuições institucionais. Após lotados em determinado ofício, eles gozam da garantia constitucional da inamovibilidade. O deslocamento para outro ofício, sem retorno ao de origem, por meio de designações e redesignações bienais, conduz ao grave risco de movimentações casuísticas. *ADI 5052, 20.5.2022. Pleno. Inf 1055.*

QUESTÕES OBJETIVAS

110. (Cespe/TRF/1R/Juiz/2015) No que tange à AGU, ao MP e aos servidores públicos, assinale a opção correta.

a) Tanto a União quanto os estados, o DF e os municípios estão obrigados a instituir regime jurídico único e planos de carreira para os ocupantes de cargos públicos da administração direta, mas não para os servidores da administração indireta.

b) A AGU representa os interesses da União no âmbito judicial e na consultoria e assessoramento jurídico aos poderes da República.

c) Dado o princípio da indivisibilidade, o MP é uma instituição una, podendo seus membros, que não se vinculam aos processos nos quais atuam, ser substituídos uns pelos outros de acordo com as normas legais.

d) Constam expressamente na CF dispositivos normativos que investem o MP de poderes investigatórios criminais, sendo-lhe facultado promover a colheita de determinados elementos de prova que demonstrem a autoria e a materialidade de delitos.

e) Os servidores públicos têm direito à irredutibilidade de salário e ao piso salarial proporcional à extensão e à complexidade do trabalho, mas não ao salário-família e ao fundo de garantia do tempo de serviço.

111. (Cespe/TRF/1R/Juiz/2013) Assinale a opção correta acerca dos papéis do MP e da magistratura diante da ordem jurídico-constitucional.

a) Não é facultado ao MP intervir em ação penal privada subsidiária da pública.

b) Detentor da pretensão punitiva do Estado, o MP deve imputar a culpabilidade do réu, em princípio, cabendo ao magistrado apená-lo ou absolvê-lo.

c) O magistrado está adstrito à manifestação do MP para absolver o réu, e somente pode condená-lo mediante requerimento do MP, segundo a jurisprudência do STF.

d) Conforme o STJ, nos crimes de ação pública, pode o magistrado condenar o réu, ainda que o MP peça a absolvição.

e) O chefe do MPF pode ser exonerado de seu cargo mediante iniciativa reservada aos membros do Senado Federal.

112. (Cespe/TRF/2R/Juiz/2011) Com referência ao MP, à advocacia e à defensoria pública, assinale a opção correta.

a) O advogado tem imunidade profissional, não constituindo injúria, difamação ou desacato puníveis qualquer manifestação de sua parte, no exercício de sua atividade, em juízo ou fora dele.

b) Ao MP é assegurada autonomia funcional e administrativa, cabendo ao Poder Executivo apenas propor ao Congresso Nacional a criação e a extinção dos cargos e serviços auxiliares do MP.

c) A destituição do procurador-geral da República ocorre por iniciativa do presidente da República, precedida de autorização da maioria absoluta do Senado Federal.

d) A Advocacia-Geral da União é chefiada pelo advogado-geral da União, cargo de nomeação pelo presidente da República, entre integrantes do órgão, com mais de trinta anos de idade, de notável saber jurídico e reputação ilibada.

e) As defensorias públicas estaduais dispõem de autonomia funcional e administrativa, mas, sendo órgãos do Poder Executivo, cabe ao governador de estado a iniciativa de sua proposta orçamentária dentro dos limites estabelecidos na lei de diretrizes orçamentárias.

113. (Cespe/TRF/5R/Juiz/2009) Considerando a jurisprudência do STF, assinale a opção correta acerca dos direitos e garantias fundamentais.

a) Suponha que Maria, viúva de servidor público estadual, estivesse recebendo, com base em lei estadual, pensão de 100% do valor da remuneração do cargo efetivo do falecido marido e que lei estadual superveniente tenha reduzido esse percentual para 50% do valor da remuneração do cargo. Nessa situação hipotética, a redução legal alcança o benefício recebido por Maria, já que não há direito adquirido a regime jurídico.

b) Suponha que, por determinação judicial, tenha sido instalada escuta ambiental no escritório de advocacia de Pedro, para apurar a sua participação em fatos criminosos apontados em ação penal. Nessa situação hipotética, se essa escuta foi instalada no turno da noite, quando vazio estava o escritório em tela, eventual prova obtida nessa diligência será ilícita, por violação ao domicílio, ainda que preenchidos todos os demais requisitos legais.

c) Considere que Paulo tenha respondido a processo administrativo disciplinar e optado por nomear como seu defensor um colega de trabalho que não era nem advogado nem bacharel em direito. Nessa situação hipotética, caracteriza-se violação ao princípio da ampla defesa.

d) Considere que Carla, menor com 10 meses de idade, não tenha acesso a uma creche pública gratuita por falta de vagas. Nessa situação hipotética, não poderia Carla ser matriculada em uma creche pública por força de decisão judicial, visto que a criação das condições desse serviço público decorre da análise dos critérios de conveniência e oportunidade do administrador, não havendo direito subjetivo na espécie.

e) Suponha que Pedro, menor com 10 anos de idade, não tenha acesso a medicamento gratuito fornecido pelo SUS. Nessa situação hipotética, tem legitimidade para impetrar ação civil pública o MP, com vistas a condenar o ente federativo competente a disponibilizar esse medicamento, sem que haja usurpação da competência da defensoria pública.

4.4.2. Da Advocacia e da Defensoria Pública

SÚMULAS

STJ **Súm. 594.** O Ministério Público tem legitimidade ativa para ajuizar ação de alimentos em proveito de criança ou adolescente independentemente do exercício do poder familiar dos pais, ou do fato de o menor se encontrar nas situações de risco descritas no art. 98 do Estatuto da Criança e do Adolescente, ou de quaisquer outros questionamentos acerca da existência ou eficiência da Defensoria Pública na comarca.

ENUNCIADOS

CJF **PSEL 68.** O atendimento interdisciplinar realizado por psicólogos e assistentes sociais, no âmbito da Defensoria Pública e do Ministério Público, promove a solução extrajudicial dos litígios, constituindo-se forma de composição e administração de conflitos complementar à mediação, conciliação e arbitragem.

INFORMATIVOS

STF **Defensoria pública estadual e poder de requisição.** É constitucional lei complementar estadual que, desde que observados os parâmetros de razoabilidade e proporcionalidade, confere à Defensoria Pública a prerrogativa de requisitar, de quaisquer autoridades públicas e de seus agentes, certidões, exames, perícias, vistorias, diligências, processos, documentos, informações, esclarecimentos e demais providências necessárias ao exercício de suas atribuições. A moldura constitucional referente à Defensoria Pública foi significativamente alterada com a promulgação das ECs 45/04, 74/13 e 80/14, oportunidade na qual se expandiu o papel, a autonomia e a missão do órgão, aproximando-a do tratamento conferido ao Ministério Público. *ADI 6863, 13.9.2022. Pleno. Inf 1067.*

STF **Ouvidoria-Geral das Defensorias Públicas estaduais.** É constitucional a norma federal que criou a Ouvidoria-Geral da Defensoria Pública nos estados-membros e estabeleceu suas competências. A LC 80/94 se limitou a instituir diretrizes gerais sobre a organização e a estrutura da Ouvidoria-Geral das Defensorias Públicas estaduais, sem prever qualquer singularidade regional ou especificidade local. *ADI 4608, 13.5.2022. Pleno. Inf 1054.*

STF **Recriação de Assistência Jurídica da Justiça Militar.** É inconstitucional norma estadual que restabeleça, no âmbito do Poder Judiciário local, cargos de Advogado da Justiça Militar vocacionados a patrocinar a defesa gratuita de praças da Polícia Militar. A função de defesa dos necessitados, quando desempenhada pelo Estado, é própria à Defensoria Pública (CF, art. 134; LC 80/94). *ADI 3152, 26.4.2022. Pleno. Inf 1052.*

STF **Constitucionalidade do poder de requisição da Defensoria Pública.** A Defensoria Pública detém a prerrogativa de requisitar, de quaisquer autoridades públicas e de seus agentes, certidões, exames, perícias, vistorias, diligências, processos, documentos, informações, esclarecimentos e demais providências necessárias à sua atuação. Ao conceder tal prerrogativa, o legislador buscou propiciar condições materiais para o exercício de suas atribuições, não havendo que se falar em qualquer espécie de violação ao texto constitucional, mas, ao contrário, em sua densificação. *ADI 6852, Pleno, 18.2.2022. Inf 1045.*

QUESTÕES OBJETIVAS

114. (Cespe/TRF/2R/Juiz/2013) No que se refere às funções essenciais à justiça e à defesa do Estado e das instituições democráticas, assinale a opção correta.

a) Cabe à DP a orientação jurídica e a defesa dos necessitados em todos os graus de jurisdição, não tendo a DPU exclusividade para atuação perante o STJ, pois as DPEs têm legitimidade para interpor recursos nos tribunais superiores.

b) O presidente da República pode, ouvido o Conselho da República e o Conselho de Defesa Nacional, decretar estado de defesa para preservar ou prontamente restabelecer, em locais restritos e determinados, a ordem pública ou a paz social ameaçadas por grave e iminente instabilidade institucional, devendo submeter o decreto à apreciação do Congresso Nacional, cuja manifestação terá caráter meramente consultivo.

c) Incumbe privativamente ao procurador-geral da República exercer as funções do MP junto ao STF, e, em razão do princípio da unidade institucional, os membros do MPE não têm legitimidade para propor originariamente reclamação perante a Corte Suprema.

d) O MPU compreende o MPF, MPT, MPM e o MPDFT e, embora assim não conste de forma expressa na Carta Magna, o STF entendeu que o MP/TCU também integra o MPU.

e) A Advocacia-Geral da União é a instituição que, diretamente ou por meio de órgão vinculado, representa a União, judicial e extrajudicialmente, sendo que o advogado-geral da União é de livre nomeação pelo presidente da República entre os integrantes da carreira.

5. DA DEFESA DO ESTADO E DAS INSTITUIÇÕES DEMOCRÁTICAS

5.1. Do Estado de Defesa e do Estado de Sítio

QUESTÕES OBJETIVAS

115. (TRF/3R/Juiz/2013) Do estado de defesa e do estado de sítio, não é correto que:

a) o Presidente da República pode, ouvidos o Conselho da República e o Conselho de Defesa Nacional, decretar estado de defesa para preservar ou prontamente restabelecer, em locais restritos e determinados, a ordem pública ou a paz social ameaçadas por grave e iminente instabilidade institucional ou atingidas por calamidades de grandes proporções na natureza.

b) o decreto que instituir o estado de defesa determinará o tempo de sua duração, especificará as áreas a serem abrangidas e indicará, nos termos e limites da lei, as medidas coercitivas a vigorarem, podendo abranger restrições aos direitos de reunião, ainda que exercida no seio das associações, o sigilo de correspondência e o sigilo de comunicação telegráfica e telefônica, sendo que a ocupação e uso temporário de bens e serviços públicos, na hipótese de calamidade pública, responderá a União pelos danos e custos decorrentes.

c) o Presidente da República pode, ouvidos o Conselho da República e o Conselho de Defesa Nacional, decretar o estado de sítio nos casos de comoção grave de repercussão nacional ou ocorrência de fatos que comprovem a ineficácia de medida tomada durante o estado de defesa e a declaração de estado de guerra ou resposta a agressão armada estrangeira.

d) o decreto do estado de sítio indicará sua duração, as normas necessárias a sua execução e as garantias constitucionais que ficarão suspensas, e, depois de publicado, o Presidente da República designará o executor das medidas específicas e as áreas abrangidas.

e) a Mesa do Congresso Nacional, ouvidos os líderes partidários, designará Comissão composta de cinco de seus membros para acompanhar e fiscalizar a execução das medidas referentes ao estado de defesa e ao estado de sítio.

116. (TRF/4R/Juiz/2012) Assinale a alternativa incorreta.

a) Antes de vencido o prazo, dependerá de decisão judicial o cancelamento da concessão do serviço de radiodifusão sonora e de sons e imagens.

b) Na vigência do estado de sítio, decretado em situação de estado de guerra, só poderão ser tomadas contra as pessoas as seguintes medidas: obrigação de permanência em localidade determinada; detenção em edifício não destinado a acusados ou condenados por crimes comuns; restrições relativas à inviolabilidade da correspondência, ao sigilo das comunicações, à prestação de informações e à liberdade de imprensa, radiodifusão e televisão; suspensão da liberdade de reunião e busca e apreensão em domicílio.

c) A autonomia gerencial, orçamentária e financeira dos órgãos e das entidades da administração direta e indireta poderá ser ampliada mediante contrato, a ser firmado entre seus administradores e o Poder Público, que tenha por objeto a fixação de metas de desempenho para o órgão ou a entidade.

d) O oficial militar só perderá o posto e a patente se for julgado indigno do oficialato ou com ele incompatível, por decisão de tribunal militar de caráter permanente, em tempo de paz, ou de tribunal especial, em tempo de guerra.

e) Os recursos públicos serão destinados às escolas públicas e a escolas comunitárias, confessionais ou filantrópicas, definidas em lei, que comprovem finalidade não lucrativa e apliquem seus excedentes financeiros em educação, bem como assegurem a destinação de seu patrimônio a outra escola comunitária, confessional ou filantrópica, ou ao Poder Público, no caso de encerramento de suas atividades.

117. (Cespe/TRF/2R/Juiz/2009) Quanto à defesa do Estado e das instituições democráticas, assinale a opção correta.

a) De acordo com a doutrina, no estado de sítio há controle político prévio, concomitante e sucessivo.

b) É vedada, em caráter absoluto, a suspensão das imunidades parlamentares no estado de sítio.

c) O Congresso Nacional não permanecerá em funcionamento no estado de sítio, quando este for decretado na hipótese de declaração de guerra ou de resposta a agressão armada estrangeira.

d) Segundo a CF, os guardas municipais dispõem de competência para o policiamento ostensivo e preventivo.

e) Compete à Polícia Federal apurar as infrações penais contra a ordem política e social ou em detrimento de bens, serviços e interesses da União ou de suas entidades autárquicas e empresas públicas, assim como outras infrações cuja prática tenha repercussão interestadual e intermunicipal e exija repressão uniforme.

5.2. Das Forças Armadas

SÚMULAS

STF **Súm. Vinculante 6.** Não viola a Constituição da República o estabelecimento de remuneração inferior ao salário mínimo para os praças prestadores de serviço militar inicial.

STF **Súm. 10.** O tempo de serviço militar conta-se para efeito de disponibilidade e aposentadoria do servidor público estadual.

STF **Súm. 55.** Militar da reserva está sujeito a pena disciplinar.

STF **Súm. 673.** O art. 125, § 4º, da Constituição, não impede a perda da graduação de militar mediante procedimento administrativo.

STF **Súm. 674.** A anistia prevista no art. 8º do ADCT não alcança os militares expulsos com base em legislação disciplinar ordinária, ainda que em razão de atos praticados por motivação política.

QUESTÕES OBJETIVAS

118. (Cespe/TRF/5R/Juiz/2011) Com relação à defesa do Estado e das instituições democráticas e aos direitos políticos, assinale a opção correta.

a) As hipóteses de inelegibilidade, por configurarem circunstâncias que impedem o cidadão de exercer total ou parcialmente a capacidade eleitoral passiva, constam de rol taxativo previsto na CF.

b) A reaquisição de direitos políticos suspensos só se faz possível mediante decisão judicial proferida em ação ajuizada para tal fim.

c) Os casos que ensejam a decretação do estado de sítio estão previstos na CF de forma taxativa, diferentemente dos relativos ao estado de defesa.

d) O controle político exercido sobre a decretação do estado de defesa é prévio, concomitante ou sucessivo.

e) Apesar de a prestação de serviço militar ser obrigatória, a recusa em cumpri-la é admitida sob a alegação do direito de escusa de consciência, cabendo, nesse caso, às Forças Armadas atribuir àquele que exercer esse direito serviço alternativo em tempo de paz, cuja recusa enseja como sanção a declaração da perda dos direitos políticos.

5.3. Da Segurança Pública

ENUNCIADOS

CJF **PSEL 86.** O Poder Público promoverá a capacitação massiva em técnicas de gestão de conflitos comunitários para policiais militares e guardas municipais.

INFORMATIVOS

STF **Polícia Civil: enquadramento como exercício de atribuição essencial à função jurisdicional do Estado e à defesa da ordem jurídica.** É incompatível com a CF norma de Constituição estadual que estabelece a natureza jurídica da Polícia Civil como função essencial à atividade jurisdicional do Estado e à defesa da ordem jurídica, bem como atribui aos Delegados de Polícia a garantia de independência funcional. O art. 144, § 6º, da CF estabelece vínculo de subordinação hierárquica da Polícia Civil ao governador do estado, mostrando-se inconstitucional a atribuição de autonomia ao órgão ou de independência funcional a seu dirigente, o Delegado de Polícia. O inquérito policial é procedimento pré-processual de natureza administrativa e inquisitória, destinado a colher provas que subsidiem o exercício da ação penal pelo Ministério Público. Nesse contexto, o seu condutor, o Delegado de Polícia, apesar de desempenhar atividades de conteúdo jurídico, não integra carreira propriamente jurídica, pois, se assim o fosse, inviabilizaria o controle externo e o poder requisitório exercidos pelo Parquet. *ADI 5517, 21.11.2022. Pleno. Inf 1076.*

STF **Funções desempenhadas por Delegado de Polícia: atribuição de natureza jurídica e caráter essencial ao Estado.** É inconstitucional norma de Constituição estadual, oriunda de iniciativa parlamentar, que atribui às funções de polícia judiciária e à apuração de infrações penais exercidas pelo Delegado de Polícia natureza jurídica e caráter essencial ao Estado. Compete exclusivamente ao chefe do Poder Executivo (CF, art. 61, § 1º, II, b e c) a iniciativa de normas sobre a organização administrativa e os servidores públicos, seu regime jurídico e provimento de cargos. O art. 144, § 6º, da CF estabelece vínculo de subordinação hierárquica da Polícia Civil ao governador de estado. Sendo assim, o desenho institucional inserido constitucionalmente não legitima a governança independente da polícia judiciária. *ADI 5528, 21.11.2022. Pleno. Inf 1076.*

STF **Lista tríplice para escolha de delegado-chefe da Polícia Civil.** É inconstitucional norma de Constituição estadual, oriunda de iniciativa parlamentar, que disponha sobre a nomeação, pelo governador do estado, de ocupante do cargo de diretor-geral da Polícia Civil, a partir de lista tríplice elaborada pelo Conselho Superior de Polícia. A instituição de requisitos para a nomeação do delegado-chefe da Polícia Civil é matéria de iniciativa privativa do chefe do Poder Executivo (CF, art. 61, § 1º, II, c e e), e, dessa forma, não pode ser tratada por emenda constitucional de iniciativa parlamentar. *ADI 6923, 28.10.2022. Pleno. Inf 1074.*

STF **Extinção da pena de prisão disciplinar de policiais e bombeiros militares.** É inconstitucional lei federal, de iniciativa parlamentar, que veda medida privativa e restritiva de liberdade a policiais e bombeiros militares dos estados, dos territórios e do Distrito Federal. Compete ao chefe do Poder Executivo local a iniciativa de lei que disponha sobre o regime jurídico de servidores militares estaduais e distritais, por força do princípio da simetria. *ADI 6595, 20.5.2022. Pleno. Inf 1055.*

STF **Militares estaduais grevistas e anistia das infrações disciplinares.** É formalmente inconstitucional norma federal que concede anistia a policiais e bombeiros militares estaduais por infrações disciplinares decorrentes da participação em movimentos reivindicatórios por melhorias de vencimentos e de condições de trabalho. A anistia de competência da União recai sobre crimes. Em matéria de infrações disciplinares, cabe aos entes estaduais concedê-la a seus servidores, em face da autonomia federativa. Quanto aos bombeiros e policiais militares, a competência estadual é realçada nos arts. 42 e 144, § 6º, da CF. *ADI 4869, 27.5.2022. Pleno Inf 1056.*

STF **Produção de relatórios de inteligência e vinculação ao interesse público.** Os órgãos do Sistema Brasileiro de Inteligência, conquanto necessários para a segurança pública, segurança nacional e garantia de cumprimento eficiente dos deveres do Estado, devem operar com estrita vinculação ao interesse público, observância aos valores democráticos e respeito aos direitos e garantias fundamentais. Nesse contexto, caracterizam desvio de finalidade e abuso de poder a colheita, a produção e o compartilhamento de dados, informações e conhecimentos específicos para satisfazer interesse privado de órgão ou de agente público. *ADPF 722, 13.5.2022. Pleno. Inf 1054.*

STF **Polícia civil e independência funcional.** É inconstitucional norma estadual que assegure a independência funcional a delegados de polícia, bem como que atribua à polícia civil o caráter de função essencial ao exercício da jurisdição e à defesa da ordem jurídica. A polícia civil está, necessariamente, subordinada ao chefe do Poder Executivo estadual, logo, não é possível atribuir-lhe independência funcional. *ADI 5522, Pleno, 18.2.2022. Inf 1044.*

STF **Plano de redução de letalidade policial e controle de violações de direitos humanos.** O Estado do Rio de Janeiro deve elaborar, no prazo máximo de 90 dias, um plano para redução da letalidade policial e controle das violações aos direitos humanos pelas forças de segurança, que apresente medidas objetivas, cronogramas específicos e previsão dos recursos necessários para a sua implementação. *ADPF 635 MC-ED, Pleno, 3.2.2022. Inf 1042.*

STJ **Tráfico de drogas. Atuação das guardas municipais. Rol taxativo do art. 144 da CF. Busca pessoal. Ausência de relação clara, direta e imediata com a tutela de bens, serviços e instalações municipais. Impossibilidade.** As guardas municipais não possuem competência para patrulhar supostos pontos de tráfico de drogas, realizar abordagens e revistas em indivíduos suspeitos da prática de tal crime ou ainda investigar denúncias anônimas relacionadas ao tráfico e outros delitos cuja prática não atinja de maneira clara, direta e imediata os bens, serviços e instalações municipais. *REsp 1977119, 6ª T, 16.8.2022. Inf 746.*

QUESTÕES OBJETIVAS

119. (Cespe/TRF/5R/Juiz/2013) Com relação a segurança pública, defesa do estado e das instituições democráticas e funções essenciais à justiça, assinale a opção correta.

a) O decreto que instituir o estado de defesa pode indicar, como medida coercitiva, a busca e apreensão em domicílio.
b) É constitucional, de acordo com entendimento do STF, norma estadual que atribua à defensoria pública estadual a prestação de assistência judicial a servidores públicos processados pela prática de ato em razão do exercício de suas funções.
c) É obrigatória a participação do Poder Legislativo estadual no procedimento de escolha e nomeação do procurador-geral de justiça de estado-membro, assim como é obrigatória a participação do Senado Federal no procedimento de escolha e nomeação do procurador-geral da República.
d) O advogado-geral da União será julgado, pelos crimes de responsabilidade, perante o STF.
e) O rol dos órgãos encarregados do exercício da segurança pública, previsto constitucionalmente, é taxativo e, segundo o STF, os estados-membros e o DF devem observá-lo.

120. (TRF/3R/Juiz/2010) Guarda municipal em atuação de policiamento ostensivo prende determinada pessoa por considerar seu comportamento suspeito, conduzindo-a a uma delegacia de polícia. Pergunta-se:

a) Esta ação encontra-se validada em face do contido na primeira parte do art. 144, da Constituição Federal, segundo a qual, a segurança pública é dever do Estado, direito e responsabilidade de todos, sendo exercida para a preservação da ordem pública e da incolumidade das pessoas e do patrimônio.
b) À guarda municipal conferiu a Constituição Federal as ações destinadas à proteção de seus bens, serviços e instalações, na forma da respectiva lei municipal, ou seja, restringiu a sua atuação apenas à polícia administrativa.
c) A atuação em policiamento ostensivo por intermédio da guarda municipal somente pode ser feita juntamente com a polícia civil ou polícia militar do estado.
d) Esta ação pode ser considerada válida, desde que a guarda municipal tenha assinado convênio com a secretaria de segurança pública estadual.

6. DA ORDEM ECONÔMICA E FINANCEIRA

6.1. Da Política Urbana

ENUNCIADOS

Fonadirh **Enunc. 46.** O ente/órgão responsável pela execução do programa social de habitação tem o dever de demonstrar que realizou a efetiva fiscalização da obra e que adotou medidas suficientes para evitar possíveis ilícitos que venham a ocorrer, tais como falhas, vícios, atrasos ou ocupações irregulares.

QUESTÕES OBJETIVAS

121. (Cespe/TRF/2R/Juiz/2011) Assinale a opção correta, considerando a função social da propriedade e seus consectários.

a) A desapropriação-sanção, aplicada à propriedade urbana que não cumpra sua função social, tem por finalidade transferir permanentemente o imóvel ao poder público.
b) De acordo com entendimento do STJ, é impossível a revogação de cláusulas de inalienabilidade, impenhorabilidade e incomunicabilidade impostas por testamento em imóvel, com base no princípio da função social da propriedade.
c) A edificação compulsória da propriedade urbana que não cumpria sua função social não se transfere ao novo adquirente do imóvel.
d) Uma das diretrizes do plano diretor, instrumento necessário ao cumprimento da função social da propriedade urbana, consiste em impedir a inadequada utilização do imóvel e a retenção especulativa que interfiram nos projetos de desenvolvimento urbano.

e) Nos casos de desatendimento da função social da propriedade em áreas urbanas com mais de vinte mil habitantes, a imposição de imposto sobre a propriedade territorial urbana progressivo independe da existência de plano diretor, ao contrário do que ocorre com a edificação compulsória e a desapropriação-sanção.

122. (Cespe/TRF/1R/Juiz/2011) Acerca da desapropriação por necessidade ou utilidade pública, da função social da propriedade e do regime das jazidas, assinale a opção correta.

a) O bem particular desapropriado com base no interesse social destina-se à administração, devendo ser obrigatoriamente incorporado ao patrimônio público, vedada sua transferência a terceiros.
b) As jazidas pertencem ao proprietário do solo, para efeito de exploração ou aproveitamento, sendo-lhe garantida, ainda, a propriedade do produto da lavra.
c) A propriedade urbana cumpre sua função social quando atende às exigências fundamentais de ordenação da cidade expressas no plano diretor.
d) Diferentemente da desapropriação por interesse social, o pagamento da desapropriação por necessidade ou utilidade pública somente é possível mediante títulos da dívida pública.
e) A política de desenvolvimento urbano é atribuição do poder público municipal; por isso, compete privativamente aos municípios legislar sobre direito urbanístico.

123. (Cespe/TRF/2R/Juiz/2009) Quanto ao direito de propriedade e à desapropriação, assinale a opção correta.

a) A CF contempla hipótese de desapropriação de imóvel urbano não edificado mediante pagamento em títulos da dívida pública municipal.
b) De acordo com a jurisprudência do STF, a justa indenização na desapropriação de imóvel urbano deve ser observada no momento da imissão provisória na posse e não quando ocorre a transferência do domínio.
c) Segundo o STF, o decreto que declara um imóvel de utilidade pública para fins de desapropriação é ato normativo, que pode ser objeto de ADI.
d) Considerando a competência da União para desapropriar por interesse social, para fins de reforma agrária, o imóvel rural que não esteja cumprindo sua função social, as operações de transferência desse bem são isentas exclusivamente de impostos federais.
e) É facultado ao poder público municipal, mediante lei específica para área incluída no plano diretor, exigir, nos termos de lei estadual, que o proprietário do solo urbano não edificado, subutilizado ou não utilizado promova seu adequado aproveitamento.

6.2. Da Política Agrícola e Fundiária e da Reforma Agrária

SÚMULAS

STJ Súm. 354. A invasão do imóvel é causa de suspensão do processo expropriatório para fins de reforma agrária.

REPERCUSSÃO & REPETITIVOS

STF Rep. Geral 961. É impenhorável a pequena propriedade rural familiar constituída de mais de 1 (um) terreno, desde que contínuos e com área total inferior a 4 (quatro) módulos fiscais do município de localização. *ARE 1038507, 21.12.2020.*

QUESTÕES OBJETIVAS

124. (TRF/2R/Juiz/2014) Assinale a opção correta:

a) O entendimento dominante nos Tribunais admite a desapropriação da propriedade produtiva para fins de reforma agrária, em caso de ofensa à função socioambiental, com pagamento em títulos.
b) A Constituição veda qualquer possibilidade de desapropriação da propriedade produtiva.
c) Apenas a União Federal pode desapropriar para fins de reforma agrária, com pagamento em títulos de dívida.
d) Os Municípios podem desapropriar para fins de reforma agrária, com pagamento em títulos, mas apenas em casos de imóveis subutilizados ou não utilizados, e após as medidas sucessivas listadas na Lei Maior.
e) O descumprimento da função socioambiental é o único caso em que a Lei Maior admite que os Estados promovam a expropriação com pagamento em títulos de dívida.

125. (Cespe/TRF/5R/Juiz/2013) Com base no que dispõe o Estatuto da Terra, assinale a opção correta.

a) O minifúndio pode ser conceituado como área fixada pelo imóvel rural que, direta e pessoalmente explorado pelo agricultor e sua família, lhes absorva toda a força de trabalho, garantindo-lhes a subsistência e o progresso social e econômico, com extensão máxima fixada para cada região e tipo de exploração e onde eventualmente terceiros trabalhem.
b) Entende-se por imóvel rural o prédio destinado à atividade agrícola, pecuária ou agroindustrial, desde que localizado fora do perímetro urbano do município.
c) No cumprimento da função social da terra, o proprietário deve assegurar a qualidade dos produtos de origem agropecuária, seus derivados e resíduos de valor econômico.
d) O objetivo da política agrícola, conjunto de ações voltadas à defesa da posse da terra, consiste em orientar as atividades agropecuárias, para garantir o pleno emprego, harmonizando-as com o processo de industrialização do país.
e) A alienação ou a imposição de ônus real ao imóvel não interrompe a vigência dos contratos de arrendamento ou parceria rural.

126. (Cespe/TRF/5R/Juiz/2011) A respeito dos direitos e obrigações concernentes aos bens imóveis rurais, para o fim de execução da reforma agrária e promoção da política agrícola, assinale a opção correta.

a) De acordo com o Estatuto da Terra, o direito do arrendatário à preferência é pessoal.
b) Imóvel localizado em zona municipal urbana não pode ser classificado como rural.
c) Para a classificação da propriedade rural como pequena, média ou grande, considera-se a área total do imóvel.
d) Para efeito de impenhorabilidade, a pequena propriedade rural deve ter área entre um e quatro módulos fiscais.
e) Nos contratos agrícolas, o prazo legal mínimo pode ser afastado pela convenção das partes.

127. (Cespe/TRF/1R/Juiz/2009) Assinale a opção correta quanto ao instituto da propriedade e à ordem econômica.

a) Na desapropriação, a indenização justa e prévia deve traduzir a mais completa recomposição do valor retirado do patrimônio do expropriado e, nesse sentido, reconhece o STF a legitimidade do pagamento de indenização pelas matas existentes, até mesmo aquelas integrantes da cobertura vegetal sujeita a preservação permanente.

b) A CF prevê que as glebas nas quais forem localizadas culturas de plantas psicotrópicas serão imediatamente expropriadas, sem indenização ao proprietário. O STF entende que, nessa hipótese, o termo gleba se refere apenas à área efetivamente cultivada e não a toda a propriedade, de modo que a gleba não poderia ser considerada o todo, mas somente a parte objeto do plantio ilegal.

c) São princípios gerais da atividade econômica, entre outros, a função social da propriedade, a defesa do consumidor e o tratamento favorecido para as empresas de pequeno e médio porte constituídas sob as leis brasileiras e que tenham sede e administração no país.

d) Segundo orientação do STF, embora haja distinção entre atividade e propriedade, não se permite que o domínio do resultado da lavra das jazidas de petróleo, de gás natural e de outros hidrocarbonetos fluidos possa ser atribuído pela União a terceiros, sob pena de ofensa à reserva de monopólio.

e) De acordo com a CF, a economia brasileira é descentralizada e de mercado. Nesse sentido, o Estado somente pode intervir no domínio econômico como agente regulador e em caráter excepcional.

6.3. Do Sistema Financeiro Nacional

SÚMULAS

STF **Súm. Vinculante 7.** A norma do parágrafo 3º do artigo 192 da Constituição, revogada pela Emenda Constitucional 40/2003, que limitava a taxa de juros reais a 12% ao ano, tinha sua aplicabilidade condicionada à edição de lei complementar.

STF **Súm. 121.** É vedada a capitalização de juros, ainda que expressamente convencionada.

STF **Súm. 596.** As disposições do Decreto 22.626 de 1933 não se aplicam às taxas de juros e aos outros encargos cobrados nas operações realizadas por instituições públicas ou privadas, que integram o sistema financeiro nacional.

STF **Súm. 725.** É constitucional o § 2º do art. 6º da L. 8.024/90, resultante da conversão da MPr 168/90, que fixou o BTN fiscal como índice de correção monetária aplicável aos depósitos bloqueados pelo Plano Collor I.

STJ **Súm. 23.** O Banco Central do Brasil é parte legítima nas ações fundadas na Resolução 1154, de 1986.

STJ **Súm. 179.** O estabelecimento de crédito que recebe dinheiro, em depósito judicial, responde pelo pagamento da correção monetária relativa aos valores recolhidos.

STJ **Súm. 271.** A correção monetária dos depósitos judiciais independe de ação específica contra o banco depositário.

STJ **Súm. 283.** As empresas administradoras de cartão de crédito são instituições financeiras e, por isso, os juros remuneratórios por elas cobrados não sofrem as limitações da Lei de Usura.

STJ **Súm. 287.** A Taxa Básica Financeira (TBF) não pode ser utilizada como indexador de correção monetária nos contratos bancários.

STJ **Súm. 288.** A Taxa de Juros de Longo Prazo (TJLP) pode ser utilizada como indexador de correção monetária nos contratos bancários.

STJ **Súm. 295.** A Taxa Referencial (TR) é indexador válido para contratos posteriores à Lei n. 8.177/1991, desde que pactuada.

STJ **Súm. 382.** A estipulação de juros remuneratórios superiores a 12% ao ano, por si só, não indica abusividade.

STJ **Súm. 538.** As administradoras de consórcio têm liberdade para estabelecer a respectiva taxa de administração, ainda que fixada em percentual superior a dez por cento.

ENUNCIADOS

Fonajef **Enunc. 92.** Para a propositura de ação relativa a expurgos inflacionários sobre saldos de poupança, deverá a parte autora providenciar documento que mencione o número da conta bancária ou prova de relação contratual com a instituição financeira.

Fonajef **Enunc. 95.** Nas ações visando a correção do saldo das cadernetas de poupança, pode o juiz, havendo prova inequívoca de titularidade da conta à época, suprir a inexistência de extratos por meio de arbitramento.

STF **Tarifa bancária pela mera disponibilização de "cheque especial".** Há indícios de contrariedade ao ordenamento jurídico-constitucional na permissão dada por resolução do Conselho Monetário Nacional às instituições financeiras para cobrarem tarifa bancária pela mera disponibilização de crédito ao cliente na modalidade "cheque especial". *ADI 6407 MC-Ref, 27.11.2020.*

QUESTÕES OBJETIVAS

128. (TRF/3R/Juiz/2018) Sobre bitcoin, assinale a alternativa correta:

a) É moeda eletrônica.

b) Não é regulada pelo Bacen (Banco Central do Brasil).

c) As empresas que negociam ou guardam as chamadas moedas virtuais em nome dos usuários, pessoas naturais ou jurídicas, são autorizadas a funcionar pelo Bacen.

d) É valor mobiliário.

129. (Cespe/TRF/1R/Juiz/2013) Assinale a opção correta a respeito da liquidação extrajudicial das instituições financeiras.

a) Não é exigível pena pecuniária decorrente de infração de norma administrativa de instituição financeira cuja liquidação extrajudicial tenha sido decretada.

b) Determinada a liquidação extrajudicial de instituição financeira, ocorre a equiparação do Banco Central do Brasil ao juiz da falência, detendo o banco, por consequência, competência para determinar administrativamente a revogação de atos praticados pela instituição em liquidação durante o período suspeito.

c) É da competência do ministro da Fazenda a decretação da liquidação de instituição financeira, incumbindo-se ao Banco Central do Brasil operacionalizá-la.

d) Determinada a liquidação extrajudicial de instituição financeira, há suspensão da prescrição relativa a pretensões derivadas de obrigações da instituição, que voltar a ocorrer pelo período restante após a decretação da extinção da liquidação.

e) Determinada a liquidação extrajudicial de instituição financeira, as ações contra a referida instituição devem ser julgadas pela justiça federal.

130. (Cespe/TRF/2R/Juiz/2013) No que tange ao SFN e a finanças públicas, assinale a opção correta.

a) O Banco Central do Brasil poderá comprar e vender títulos de emissão do Tesouro Nacional, com o objetivo de regular a oferta de moeda ou a taxa de juros, bem como conceder empréstimos a qualquer órgão ou entidade que não seja instituição financeira.

b) Segundo o princípio da legalidade, a lei orçamentária anual não poderá conter dispositivos estranhos à previsão da receita e à fixação das despesas, incluindo-se nessa proibição a autorização para a abertura de crédito suplementar.

c) A abertura de crédito extraordinário somente será admitida para atender a despesas imprevisíveis e urgentes, como as decorrentes de guerra, comoção ou calamidade pública, porém não caberá ao Poder Judiciário a análise desses requisitos.

d) O plano plurianual, as diretrizes orçamentárias e os orçamentos anuais integram o sistema orçamentário, sendo que as leis que versem sobre esses temas serão de iniciativa do Poder Executivo.

e) Embora o SFN deva ser regulado por lei complementar, o STF sumulou o entendimento de que a norma que limitava a taxa de juros reais a 12% ao ano tinha eficácia plena.

131. (Cespe/TRF/1R/Juiz/2011) No que concerne ao SFN, estruturado de forma a promover o desenvolvimento equilibrado do país e a servir aos interesses da coletividade, de acordo com a CF e a legislação de regência vigente, assinale a opção correta.

a) Os recursos financeiros relativos a programas e projetos de caráter nacional e regional, respectivamente de responsabilidade da União e dos estados federados, devem ser depositados em instituições nacionais e regionais de crédito e devem ser por elas aplicados.
b) As condições para a participação do capital estrangeiro nas instituições financeiras devem atender aos interesses nacionais e aos acordos internacionais.
c) Na estrutura do SFN não se incluem as cooperativas de crédito.
d) No tratamento tributário, a instituição a ser incorporada, participante do Programa de Estímulo à Reestruturação e ao Fortalecimento do SFN, deverá contabilizar como perdas os valores dos créditos de difícil recuperação, observadas, para esse fim, as normas fixadas pelo Conselho Monetário Nacional.
e) As taxas de juros reais, de acordo com as comissões nelas incluídas e quaisquer outras remunerações direta ou indiretamente referidas à concessão de crédito, não poderão ser superiores a 12% ao ano, sendo conceituada como crime de usura a cobrança acima desse limite.

132. (Cespe/TRF/3R/Juiz/2011) A respeito do SFN, assinale a opção correta.

a) Não são consideradas instituições financeiras as pessoas jurídicas que tenham como atividade acessória a coleta, intermediação ou aplicação de recursos financeiros próprios ou de terceiros, em moeda nacional ou estrangeira, e a custódia de valor de propriedade de terceiros.
b) Compete à Comissão de Valores Mobiliários definir a política a ser observada na organização e no funcionamento do mercado de valores mobiliários.
c) Por estar sujeito ao regime próprio das empresas privadas, de acordo com o art. 173, § 1º, II, da CF, o Banco do Brasil S.A. não tem competência para executar política creditícia e financeira do governo federal no SFN.
d) São membros do Conselho Monetário Nacional, órgão executor do SFN, os ministros da Fazenda e do Planejamento, e o presidente do BACEN.
e) Entre as atribuições do BACEN, estão a de emitir papel moeda, a de receber depósitos compulsórios das instituições financeiras e bancárias e a de estabelecer as condições para exercícios de cargos de direção nas instituições financeiras.

133. (Cespe/TRF/3R/Juiz/2011) Caso pretenda expandir seus negócios, determinado banco comercial que já opera no Brasil poderá agir, sem necessitar de autorização do Bacen, para:

a) abrir agência no Brasil, se for banco de origem estrangeira.
b) alterar seus estatutos.
c) realizar operações de recebimento de depósitos à vista.
d) realizar operações de câmbio.
e) abrir agência no exterior, se for banco de origem brasileira.

134. (Cespe/TRF/5R/Juiz/2011) Com base na Lei n. 6.024/1974, assinale a opção correta a respeito da liquidação extrajudicial de instituições financeiras.

a) A decretação da liquidação não suspende as execuções de sentença já em curso contra a instituição financeira sob intervenção, o que só ocorrerá se for declarada a sua falência.
b) Administradores, membros do conselho fiscal e até terceiros à instituição financeira em liquidação podem ficar com bens indisponíveis, sendo impedidos de aliená-los até se apurar sua responsabilidade.
c) A liquidação dos bens de instituição financeira deve obedecer às disposições sobre realização do ativo previstas na legislação falimentar em vigor.
d) As sociedades que podem ser submetidas a liquidação extrajudicial são essencialmente empresariais e devem estar organizadas como sociedades anônimas com capital aberto ou fechado.
e) A liquidação extrajudicial pode ser iniciada por decisão administrativa ou, na ausência injustificada desta, por decisão judicial, garantidos, nesse caso, o contraditório e a ampla defesa à sociedade empresarial.

135. (Cespe/TRF/2R/Juiz/2009) A respeito de liquidação extrajudicial, assinale a opção correta.

a) Cooperativas de crédito não se sujeitam à liquidação extrajudicial.
b) A liquidação extrajudicial não pode ser decretada de ofício.
c) A liquidação extrajudicial não interfere nos bens particulares dos administradores da liquidanda.
d) A decretação da liquidação extrajudicial é ato privativo da autoridade judicial.
e) A decretação da liquidação extrajudicial produz o vencimento antecipado das obrigações da liquidanda.

136. (Cespe/TRF/5R/Juiz/2009) Acerca do sistema financeiro nacional, assinale a opção incorreta.

a) O sistema financeiro nacional é constituído pelas seguintes instituições: Conselho Monetário Nacional, Banco Central do Brasil, Banco do Brasil, Banco Nacional do Desenvolvimento Econômico e Social e demais instituições financeiras públicas e privadas.
b) Compete ao Conselho Monetário Nacional a emissão de papel-moeda.
c) As instituições financeiras estrangeiras só podem funcionar no Brasil mediante decreto do Poder Executivo.
d) Toda instituição financeira privada, com exceção das cooperativas de crédito, constituem-se sob a forma de sociedade anônima.
e) É da competência do Banco Central do Brasil regular a execução dos serviços de compensação de cheques e outros papéis.

7. DA ORDEM SOCIAL

7.1. Da Educação, da Cultura e do Desporto

SÚMULAS

STF **Súm. Vinculante 12.** A cobrança de taxa de matrícula nas universidades públicas viola o disposto no art. 206, IV, da Constituição Federal.

STF **Súm. 643.** O Ministério Público tem legitimidade para promover ação civil pública cujo fundamento seja a ilegalidade de reajuste de mensalidades escolares.

STJ **Súm. 34.** Compete à justiça estadual processar e julgar causa relativa a mensalidade escolar, cobrada por estabelecimento particular de ensino.

STJ **Súm. 570.** Compete à justiça federal o processamento e julgamento de demanda em que se discute a ausência de ou o obstáculo ao credenciamento de instituição particular de ensino superior no Ministério da Educação como condição de expedição de diploma de ensino a distância aos estudantes.

TRF1 **Súm. 32.** A frequência mínima do aluno deve ser apurada sobre o número de aulas dadas, se assim previsto no estatuto ou regimento da instituição de ensino, desde que não inferior ao piso legal.

TRF1 **Súm. 35.** Concluídos os estudos de 2º grau, o aluno do curso profissionalizante está apto a ingressar em instituição de ensino superior mediante exame vestibular, independentemente da aprovação no estágio, que só é necessário à habilitação técnica do estudante.

TRF1 **Súm. 51.** É legítimo o edital do Exame Nacional do Ensino Médio (Enem) que prevê acesso às provas apenas para fins pedagógicos e recurso exclusivamente de ofício.

TRF1 **Súm. 52.** A cobrança de taxa de matrícula ou mensalidade em qualquer curso ministrado em estabelecimento oficial de ensino público viola o disposto no art. 206, IV, da Constituição Federal.

TRF2 **Súm. 25.** Nas ações que versem sobre a inexigibilidade do salário-educação, devem figurar no polo passivo da relação processual, na qualidade de litisconsortes passivos necessários, o Instituto Nacional do Seguro Social (INSS) e o Fundo Nacional de Desenvolvimento da Educação (FNDE).

TRF2 **Súm. 39.** A demora, ou inadimplência, nos repasses de verbas públicas para o programa de crédito educativo, não autorizam restrições ao exercício das atividades acadêmicas dos seus beneficiários por parte da instituição de ensino.

TRF4 **Súm. 29.** Não cabe a exigência de estágio profissionalizante para efeito de matrícula em curso superior.

REPERCUSSÃO & REPETITIVOS

STF **Rep. Geral 548.** 1. A educação básica em todas as suas fases – educação infantil, ensino fundamental e ensino médio – constitui direito fundamental de todas as crianças e jovens, assegurado por normas constitucionais de eficácia plena e aplicabilidade direta e imediata. 2. A educação infantil compreende creche (de zero a 3 anos) e a pré-escola (de 4 a 5 anos). Sua oferta pelo Poder Público pode ser exigida individualmente, como no caso examinado neste processo. 3. O Poder Público tem o dever jurídico de dar efetividade integral às normas constitucionais sobre acesso à educação básica. *RE 1008166, 22.9.2022.*

STF **Rep. Geral 958.** É constitucional a norma geral federal que reserva fração mínima de um terço da carga horária dos professores da educação básica para dedicação às atividades extraclasse. *RE 936790, 29.5.2020.*

ENUNCIADOS

CJF **PSEL 52.** O Poder Público e a sociedade civil incentivarão a facilitação de diálogo dentro do âmbito escolar, por meio de políticas públicas ou parcerias público-privadas que fomentem o diálogo sobre questões recorrentes, tais como: bullying, agressividade, mensalidade escolar e até atos infracionais. Tal incentivo pode ser feito por oferecimento da prática de círculos restaurativos ou outra prática restaurativa similar, como prevenção e solução dos conflitos escolares.

Fonadirh **Enunc. 18.** A liberdade acadêmica consiste na liberdade de aprender, ensinar e pesquisar, assim como na liberdade de divulgar o pensamento, a arte e o saber nas práticas de ensino, em universidades, escolas, e em todos os ambientes de troca e aprendizado, sendo vedado ao Estado, por qualquer de seus agentes, interferir no desenvolvimento das suas atividades. (art. 5º, IX, 206, II, e 207 da CF).

Fonadirh **Enunc. 19.** As universidades e as instituições de pesquisas científicas detêm autonomias científica, financeira e de gestão financeira e patrimonial, sendo violadores das normas constitucionais os atos que, sob a justificativa de regulá-las e restringi-las, esvaziem seu conteúdo e mitiguem sua missão de construção e expressão do conhecimento (art. 207 da CRFB).

INFORMATIVOS

STF **Reserva de vagas para irmãos na mesma escola.** É constitucional lei estadual, de iniciativa parlamentar, que determina a reserva de vagas, no mesmo estabelecimento de ensino, para irmãos que frequentem a mesma etapa ou ciclo escolar, pois disciplina medida que visa consolidar políticas públicas de acesso ao sistema educacional e do maior convívio familiar possível. Não viola a competência reservada ao chefe do Poder Executivo lei de iniciativa parlamentar que reafirma ou densifica o conteúdo de direitos fundamentais previstos na própria Constituição Federal e cujo conteúdo é de observância obrigatória pelos estados-membros (CF, art. 61, § 1º, II, e; e art. 84, VI, a). Facilitar o acesso ao sistema de ensino, a medida diminui a evasão escolar, fortalece a convivência familiar e facilita o transporte de alunos, de modo a consolidar o direito fundamental à educação e a proteção aos interesses das crianças e dos adolescentes, em reforço ao que já dispõe o Estatuto da Criança e do Adolescente. *ADI 7149, 23.9.2022. Pleno. Inf 1069.*

STF **Salário-educação: critério para a distribuição da arrecadação.** À luz da EC 53/06, é incompatível com a ordem constitucional vigente a adoção, para fins de repartição das quotas estaduais e municipais referentes ao salário-educação, do critério legal de unidade federada em que realizada a arrecadação desse tributo, devendo-se observar unicamente o parâmetro quantitativo de alunos matriculados no sistema de educação básica. A partir da EC 53/06, que incluiu o § 6º ao art. 212 da CF, as cotas do salário-educação destinadas aos estados e municípios têm o número de alunos matriculados nas redes públicas de ensino como único critério de distribuição da arrecadação. *ADPF 188, 15.6.2022. Pleno. Inf 1059.*

QUESTÕES OBJETIVAS

137. (Cespe/TRF/5R/Juiz/2017) A respeito da disciplina constitucional do direito à saúde, do Sistema Único de Saúde (SUS), do papel do Poder Judiciário na efetividade das políticas públicas sanitárias e da improbidade administrativa, assinale a opção correta.

a) Por entender que a substância fosfoetanolamina sintética (a pílula do câncer) é ineficaz para o tratamento contra o câncer, o STF declarou a inconstitucionalidade da lei que autorizou a sua produção, distribuição e dispensação no país.

b) Segundo o STJ, configura-se "bis in idem" a condenação por acórdão do TCU e por sentença condenatória em ação civil pública de improbidade referente ao mesmo fato e com imposição de sanção de ressarcimento ao erário.

c) A ausência de prestação de contas do prefeito de determinado município importou na sua condenação por ato de improbidade administrativa, devendo o prefeito ressarcir o valor integral do dano apurado. Os seus direitos políticos foram suspensos e ele ficou proibido de contratar com o poder público por três anos. Conforme entendimento do STJ, após a interposição de recurso, é possível a redução da penalidade aplicada, considerando-se o princípio da proporcionalidade.

d) Entende o STF que a concessão judicial de medicamento de alto custo não previsto nos protocolos do SUS está condicionada, em regra geral, ao registro na Agência Nacional de Vigilância Sanitária e à ausência de tratamento alternativo eficaz.

e) Ao colegiado do Conselho de Saúde compete, em âmbito municipal, formular estratégias e controlar a execução da política de saúde, excluindo-se os aspectos econômicos e financeiros.

138. (Cespe/TRF/1R/Juiz/2015) No que se refere à proteção constitucional à família, à educação, à ciência e tecnologia e à comunicação social, assinale a opção correta.

a) De acordo com a CF, lei federal pode, entre outros objetivos, regular as diversões e espetáculos públicos, cabendo ao poder público informar sobre a natureza desses eventos, as faixas etárias a que não se recomendem, locais e horários em que sua apresentação se mostre inadequada.

b) Conforme previsão constitucional, reconhece-se como entidade familiar apenas aquela constituída pelo casamento civil ou religioso com efeitos civis, ainda que garantias constitucionais protejam as diversas formas de relacionamento familiar.

c) A União, os estados e o DF devem aplicar na manutenção e no desenvolvimento do ensino, anualmente, pelo menos de vinte e cinco por cento da receita resultante de tributos.

d) Na organização dos sistemas de ensino, cabe aos municípios atuar prioritariamente no ensino fundamental e médio.

e) A CF veda genericamente a vinculação de receitas orçamentárias, mas admite que a União, os estados, o DF e os municípios vinculem parte de sua receita a entidades públicas de fomento ao ensino e à pesquisa científica e tecnológica.

7.2. Da Ciência e Tecnologia

QUESTÕES OBJETIVAS

139. (Vunesp/TRF/3R/Juiz/2022) São preceitos constitucionais em vigor no Brasil, diretamente relacionados com a proteção do mercado interno e com o desenvolvimento regional, respectivamente,

a) a irrestrita liberdade de iniciativa econômica e o orçamento participativo para a realização da infraestrutura.
b) o direito à apropriação privada do lucro empresarial e as regiões metropolitanas.
c) a subsidiariedade da iniciativa pública na Economia e a parceria público-privada.
d) a viabilização da autonomia tecnológica do país e os juros favorecidos para financiamento de atividades prioritárias.

140. (Cespe/TRF/5R/Juiz/2009) No que concerne à ordem social, assinale a opção correta.

a) Caso seja praticado crime de estelionato contra instituição privada que integra o SUS, a instauração do inquérito policial é atribuição constitucionalmente prevista para a Polícia Federal.
b) É facultado aos estados e ao DF vincular parcela de sua receita orçamentária a entidades públicas de fomento ao ensino e à pesquisa científica e tecnológica.
c) Lei brasileira que institua forma de coagir famílias pobres a não terem mais que dois filhos não está em desconformidade material com a CF.
d) Todos os brasileiros têm direito ao meio ambiente ecologicamente equilibrado, bem dominial da União e essencial à sadia qualidade de vida. Nesse sentido, impõe-se ao poder público e à coletividade o dever de defender o meio ambiente e preservá-lo para as presentes e futuras gerações.
e) Compete à União, aos estados, ao DF e aos municípios, por meio de lei, regular as diversões e espetáculos públicos, informando acerca de sua natureza, das faixas etárias a que eles não sejam recomendados e dos locais e horários em que sua apresentação se mostre inadequada.

7.3. Da Comunicação Social

REPERCUSSÃO & REPETITIVOS

STF Rep. Geral 704. São constitucionais a cota de tela, consistente na obrigatoriedade de exibição de filmes nacionais nos cinemas brasileiros, e as sanções administrativas decorrentes de sua inobservância. *RE 627432, 18.3.2021.*

STF Rep. Geral 1013. São constitucionais os procedimentos licitatórios que exijam percentuais mínimos e máximos a serem observados pelas emissoras de rádio na produção e transmissão de programas culturais, artísticos e jornalísticos locais, nos termos do artigo 221 da Constituição Federal de 1988. *RE 1070522, 18.3.2021.*

STF Rep. Geral 1039. Presente razoável e adequada finalidade de fazer chegar ao maior número de brasileiros diversas informações de interesse público, é constitucional o artigo 38, "e", da Lei 4.117/1962, com a redação dada pela Lei 13.644/2018, ao prever a obrigatoriedade de transmissão de programas oficiais dos Poderes Executivo, Legislativo e Judiciário ("Voz do Brasil"), em faixa horária pré-determinada e de maior audiência. *RE 1026923, 16.11.2020.*

QUESTÕES OBJETIVAS

141. (Cespe/TRF/3R/Juiz/2011) A respeito das disposições constitucionais sobre a ordem social, assinale a opção correta.

a) O casamento civil pode ser dissolvido pelo divórcio, após prévia separação judicial por mais de um ano, nos casos expressos em lei, ou comprovada a separação de fato por mais de dois anos.
b) O dever do Estado com a educação efetiva-se mediante o cumprimento de várias garantias, como a garantia à educação básica obrigatória e gratuita às crianças de zero a seis anos de idade.
c) A CF veda toda e qualquer censura de natureza política e ideológica, mas prevê a regulação estatal de diversões e espetáculos públicos, dispondo que cabe ao poder público, entre outras atribuições, informar sobre a inadequação de que esses eventos ocorram em determinados locais e horários.
d) Como a justiça desportiva é órgão de natureza administrativa e não integra o Poder Judiciário, a ela compete julgar, com exclusividade e em caráter terminativo, a disciplina e as competições desportivas, de maneira a esgotar, na própria instância administrativa, a apreciação das lides relacionadas ao desporto.
e) É admitida a participação de pessoa jurídica no capital social de empresa jornalística ou de radiodifusão apenas no caso de o capital da sociedade pertencer exclusiva e nominalmente a brasileiros, não podendo a participação exceder a trinta por cento do capital social.

142. (Cespe/TRF/2R/Juiz/2009) No que se refere aos comandos constitucionais relativos à ordem social, assinale a opção correta.

a) Considerando a proteção especial prevista na CF, não se aplica o princípio da reserva do possível no tocante à efetivação dos direitos assegurados aos idosos.
b) Apesar de competir ao Poder Executivo outorgar e renovar a concessão, permissão ou autorização para o serviço de radiodifusão sonora e de sons e imagens, referidos atos somente produzem efeitos legais após deliberação do Congresso Nacional.
c) Como forma de apoiar e incentivar a capacitação tecnológica, a CF confere à União, aos estados, ao DF e aos municípios a faculdade de vincular parcela de sua receita orçamentária a entidades públicas de fomento ao ensino e à pesquisa científica e tecnológica.
d) É privativa de brasileiro nato a propriedade de empresa jornalística e de radiodifusão sonora e de sons e imagens.
e) A admissão de professores, técnicos e cientistas estrangeiros é privativa de instituições de pesquisa científica e tecnológica.

7.4. Da Família, da Criança, do Adolescente e do Idoso

ENUNCIADOS

Fonadirh Enunc. 4. A decisão do HC coletivo 143.641 aplica-se às presas de origem estrangeira, desde que esteja grávida, puérpera ou com a guarda da criança no Brasil.

QUESTÕES OBJETIVAS

143. (Cespe/TRF/1R/Juiz/2009) Assinale a opção correta acerca da ordem social e dos direitos constitucionais dos trabalhadores.

a) A CF estabelece que o Estado deve garantir a todos o pleno exercício dos direitos culturais e o acesso às fontes de cultura e, nesse sentido, estabelece a obrigatoriedade para os estados e o DF de vincularem até 0,5% de sua receita tributária líquida a fundo estadual de fomento à cultura.
b) A CF admite a propriedade de empresa jornalística e de radiodifusão sonora e de sons e imagens exclusivamente aos brasileiros natos.
c) A CF não prevê, entre os direitos sociais coletivos dos trabalhadores, o direito de representação classista.
d) O direito subjetivo dos idosos à gratuidade do transporte coletivo urbano é assegurado pela CF, em norma de eficácia plena.
e) De acordo com a CF, a fundação de sindicato rural demanda autorização prévia do poder público e registro no órgão estatal competente.

7.5. Dos Índios

SÚMULAS

STF Súm. 650. Os incisos I e XI do art. 20 da Constituição Federal não alcançam terras de aldeamentos extintos, ainda que ocupadas por indígenas em passado remoto.

STJ Súm. 140. Compete à justiça comum estadual processar e julgar crime em que o indígena figure como autor ou vítima.

ENUNCIADOS

1) Convenção 169/OIT

Fonadirh **Enunc. 42.** É vinculante o direito de os povos indígenas, quilombolas e populações tradicionais serem consultados previamente, de forma livre e informada, antes de serem tomadas decisões administrativas ou legislativas e realizados empreendimentos que possam afetar sua cultura, bens, terras, modos de vida e ancestralidade, de acordo com a Convenção 169 da OIT.

2) Direitos Territoriais

Fonadirh **Enunc. 35.** É recomendável a adoção de medidas de gerenciamento de acervo processual que priorizem o julgamento dos processos de demarcação das terras indígenas, bem como, garantam que os povos indígenas participem dos processos afetos a seus interesses de modo a neles poderem compreender e se fazer compreender, inclusive com atuação multidisciplinar de especialistas se necessário.

Fonadirh **Enunc. 36.** A tese do marco temporal é inválida à luz da Constituição da República de 1988 e do direito internacional dos direitos humanos.

Fonadirh **Enunc. 37.** A consulta prévia, livre e informada, requisito de validade do procedimento decisório nas hipóteses em que as medidas propostas puderem alterar seu modo de vida tradicional, deve ser aplicada pelo Estado brasileiro de forma constitucional e convencionalmente adequada, observando os protocolos de consulta elaborados pelo povo indígena afetado.

3) Outros Temas

Fonadirh **Enunc. 43.** A promoção de audiência pública é instrumento eficaz à efetiva participação dos povos indígenas, quilombolas e populações tradicionais no âmbito de ações judiciais que tutelem seus interesses.

INFORMATIVOS

STF Proteção territorial em terras indígenas não homologadas. É necessário que a União e a Fundação Nacional do Índio (Funai) executem e implementem atividade de proteção territorial nas terras indígenas, independentemente de sua homologação. Nos termos do art. 231 da CF, a União tem o dever (e não a escolha) de demarcar as terras indígenas. No caso, a não homologação das demarcações dessas terras deriva de inércia deliberada do Poder Público, em afronta ao direito originário dos índios. *ADPF 709 MC-2ª-Ref, Pleno, 25.2.2022. Inf 1045.*

STJ Certificação de georreferenciamento de imóvel rural. Sobreposição a terra indígena. Processo demarcatório não concluído. Inviabilidade. A sobreposição da propriedade rural com área indígena, ainda que o processo de demarcação não tenha sido concluído, inviabiliza a certificação de georreferenciamento. *AREsp 1640785, 2ª T, 27.10.2022.*

STJ Nulidade de processo de demarcação. Discussão da posse indígena de terras. Litisconsórcio passivo necessário. Comunidade indígena. Funai. MPF. A comunidade indígena cuja posse fundiária é questionada em ação de nulidade de demarcação tem o direito subjetivo de ser ouvida no processo, na qualidade de litisconsorte passivo necessário. *AgInt na Pet no REsp 1586943, 2ª T, 17.05.2022. Inf 737.*

STJ Aquisição e demarcação de terras indígenas. Legitimidade passiva da união. Fundamento constitucional. Conflito entre as etnias. Constituição de reserva indígena. Intervenção do poder judiciário. Possibilidade. O Poder Judiciário pode determinar, ante injustificável inércia estatal, que o Poder Executivo adote medidas necessárias à concretização de direitos constitucionais dos indígenas. *REsp 1623873, 1ª T, 28.4.2022. Inf 734.*

QUESTÕES DISCURSIVAS

14. (Cespe/TRF/3R/Juiz/2011) A origem dos direitos às terras indígenas no Brasil é de direito originário ou derivado? Justifique a resposta e destaque os principais pontos da disciplina constitucional das terras ocupadas pelos índios, bem como os critérios necessários à demarcação das terras indígenas.

QUESTÕES OBJETIVAS

144. (Cespe/TRF/5R/Juiz/2017) A respeito dos indígenas e suas terras, do regime jurídico dos recursos minerais e dos terrenos de marinha, assinale a opção correta de acordo com a doutrina e a jurisprudência vigentes.

a) A propriedade exclusiva da União dos recursos minerais, inclusive os do subsolo, não implica domínio do resultado da lavra de jazidas de petróleo, de gás natural e de outros hidrocarbonetos fluídos: a União pode atribuir a terceiros a exploração desses recursos, sem qualquer ofensa à reserva de monopólio para pesquisa e lavra.

b) Segundo entendimento do STJ, o procedimento de demarcação dos terrenos de marinha produz efeito meramente declaratório da propriedade da União sobre as áreas demarcadas; o registro de propriedade no registro de imóveis faz prova absoluta do direito alegado, sendo oponível à União.

c) Segundo o STF, para efeitos de demarcação de terras indígenas, deve ser considerado o marco temporal de promulgação da Constituição Federal de 1988, perdendo-se a tradicionalidade da posse nativa no caso de renitente esbulho possessório de terceiros à época da promulgação da Carta Magna.

d) Após regular conclusão da demarcação de terras indígenas - cujo processo demarcatório compete à União instaurar, sequenciar e concluir formalmente, bem como efetivá-lo materialmente -, poderá haver revisão administrativa para ampliar ou reduzir a terra indígena, com fundamento no princípio da autotutela administrativa, nos termos de entendimento do STF.

e) O usufruto das riquezas do solo, dos rios e dos lagos em terras indígenas devidamente demarcadas pela União não poderá ser relativizado: no desenvolvimento do processo demarcatório, a União já teve a oportunidade de analisar o interesse público nas eventuais riquezas presentes nas terras demarcadas.

145. (TRF/3R/Juiz/2016) Assinale a assertiva incorreta, a respeito dos indígenas e as suas terras:

a) A demarcação de terra indígena é ato meramente formal, que apenas reconhece direito preexistente e constitucionalmente assegurado (art. 231 da CF).

b) A eventual existência de registro imobiliário em nome de particular, a despeito do que dispunha o art. 859 do Código Civil de 1916 ou do que prescreve o art. 1.245 e §§ do vigente Código Civil, não torna oponível à União Federal esse título de domínio privado, pois a Constituição da República pré-excluiu do comércio jurídico as terras indígenas ("res extra commercium"), proclamando a nulidade e declarando a extinção de atos que tenham por objeto a ocupação, o domínio e a posse de tais áreas, considerando ineficazes, ainda, as pactuações negociais que sobre elas incidam, sem possibilidade de quaisquer consequências de ordem jurídica, inclusive aquelas que provocam, por efeito de expressa recusa constitucional, a própria denegação do direito à indenização ou do acesso a ações judiciais contra a União Federal, ressalvadas, unicamente, as benfeitorias derivadas da ocupação de boa-fé.

c) O Plenário do Supremo Tribunal Federal estabeleceu como marco temporal de ocupação da terra pelos índios, para efeito de reconhecimento como terra indígena, a data da promulgação da Constituição, em 5 de outubro de 1988. De tal premissa decorre a conclusão de que não se pode reconhecer a tradicionalidade da posse nativa onde, ao tempo da promulgação da Lei Maior de 1988, a reocupação não ocorreu, ainda que por efeito de renitente esbulho por parte de não índios.
d) Conforme entendimento do Supremo Tribunal Federal, há compatibilidade entre o usufruto de terras indígenas e faixa de fronteira, visto que a permanente alocação indígena nesses estratégicos espaços em muito facilita e até obriga que as instituições de Estado se façam também presentes.

146. (Cespe/TRF/5R/Juiz/2015) No que se refere aos indígenas e suas terras, assinale a opção correta.

a) Nas causas em que forem discutidos direitos e interesses dos índios, de suas comunidades ou organizações, será obrigatória a intervenção do MP estadual.
b) As tradições e costumes de manejo agrícola das comunidades indígenas nas terras tradicionalmente ocupadas devem adequar-se à legislação ambiental em vigor.
c) A pesquisa e a lavra de minerais em terras indígenas dependem de autorização do Congresso Nacional, mesmo que essas atividades sejam exercidas pelos próprios índios.
d) As terras tradicionalmente ocupadas pelos índios são de seu domínio coletivo, sendo inalienáveis e indisponíveis, de modo que cabe a eles o usufruto das riquezas do solo, dos rios e dos lagos nelas existentes.
e) Ainda está em curso o prazo concedido no ADCT para que a União conclua a demarcação das terras indígenas.

147. (TRF/4R/Juiz/2014) Assinale a alternativa correta. Relativamente às terras indígenas:

a) Enquanto não demarcadas pelo Poder Executivo Federal, são bens dominiais da União, mas, após o regular procedimento demarcatório, passam a integrar o patrimônio das populações indígenas indicadas no laudo etno-histórico e antropológico, elaborado pelo órgão de proteção dos índios, ficando sempre assegurado o usufruto vitalício em favor da União.
b) As terras ocupadas pelos índios por mais de cinco anos passam a integrar o patrimônio da União e destinam-se à posse permanente dos índios, cabendo-lhes o usufruto exclusivo das riquezas do solo, dos rios e dos lagos nelas existentes.
c) É da competência exclusiva do Congresso Nacional, ouvidas as comunidades afetadas, autorizar o aproveitamento dos recursos hídricos, incluídos os potenciais energéticos, a pesquisa e a lavra das riquezas minerais em terras indígenas, ficando-lhes assegurada participação nos resultados da lavra, na forma da lei.
d) As terras indígenas de que trata o art. 231 da Constituição Federal serão judicialmente demarcadas por iniciativa e sob a orientação do órgão federal de assistência ao índio, cabendo ao Ministro da Justiça definir, mediante portaria, os limites das terras indígenas e ao Presidente da República editar o decreto homologatório.
e) São bens comuns da União, dos Estados, do Distrito Federal e dos Municípios as terras tradicionalmente ocupadas pelos índios, competindo ao órgão federal de proteção aos índios (Funai) proceder com exclusividade às avaliações etno-históricas e antropológicas necessárias à demarcação das terras indígenas.

148. (TRF/3R/Juiz/2013) Levando em conta o direito indígena sobre áreas tradicionalmente ocupadas, e em particular a demarcação administrativa tratada pela Portaria n. 534, de 13 de abril de 2005, do Ministério da Justiça – relativa à Terra Indígena Raposa Serra do Sol, no Estado de Roraima, promovida pela Funai – assinale a alternativa considerada equivocada:

a) A Constituição Federal reconhece aos índios os direitos originários sobre as terras que tradicionalmente ocupam, competindo à União demarcá-las, proteger e fazer respeitar todos os seus bens.
b) O Supremo Tribunal Federal assentou que a Constituição Federal fixou a data de sua promulgação como critério referencial para o dado da ocupação indígena.
c) Quando se verificarem provas antropológicas que atestem um direito indígena, o ato demarcatório terá caráter declaratório de situação jurídica preexistente, não conferindo a Constituição direito indenizatório pela terra nua.
d) A área considerada como tradicionalmente ocupada por população indígena deverá estar coletivamente situada em determinado espaço fundiário com caráter de perdurabilidade.
e) Não será considerada como tradicional a posse nativa, de acordo com a Suprema Corte se, ao tempo da promulgação da Constituição, não se verificou efetiva ocupação indígena, mesmo na hipótese de esbulho praticado por não-índios, em data anterior, cuja resistência, até o momento, se dê por sucessivos conflitos.

8. DAS DISPOSIÇÕES CONSTITUCIONAIS GERAIS; ADCT

SÚMULAS

STF Súm. 496. São válidos, porque salvaguardados pelas disposições constitucionais transitórias da Constituição Federal de 1967, os decretos-leis expedidos entre 24 de janeiro e 15 de março de 1967.

TRF4 Súm. 66. A anistia prevista no art. 11 da Lei n. 9.639/98 é aplicável aos agentes políticos, não aproveitando aos administradores de empresas privadas.

REPERCUSSÃO & REPETITIVOS

STF Rep. Geral 779. Os substitutos ou interinos designados para o exercício de função delegada não se equiparam aos titulares de serventias extrajudiciais, visto não atenderem aos requisitos estabelecidos nos arts. 37, inciso II, e 236, § 3º, da Constituição Federal para o provimento originário da função, inserindo-se na categoria dos agentes estatais, razão pela qual se aplica a eles o teto remuneratório do art. 37, inciso XI, da Carta da República. *RE 808202, 24.8.2020.*

STF Rep. Geral 818. É compatível com a Constituição Federal controle judicial a tornar obrigatória a observância, tendo em conta recursos orçamentários destinados à saúde, dos percentuais mínimos previstos no artigo 77 do Ato das Disposições Constitucionais Transitórias, considerado período anterior à edição da Lei Complementar nº 141/2012. *RE 858075, 14.5.2021.*

STF Rep. Geral 1157. É vedado o reenquadramento, em novo plano de cargos, carreiras e remuneração, de servidor admitido sem concurso público antes da promulgação da Constituição Federal de 1988, mesmo que beneficiado pela estabilidade excepcional do artigo 19 do ADCT, haja vista que esta regra transitória não prevê o direito à efetividade, nos termos do artigo 37, II, da Constituição Federal e decisão proferida na ADI 3609. *ARE 1306505, 28.3.2022.*

ENUNCIADOS

Fonacrim Enunc. 70. Destinação de bens objeto de perdimento. Compõe ônus da delegação pública a realização, pelos cartórios extrajudiciais, dos atos necessários à instrução de feitos criminais, nos termos dos artigos 1º e 2º do Decreto-lei nº 1.537/77, recepcionado pelo artigo 236, § 2º, da CF/88.

Fonadirh Enunc. 41. A aplicação da Emenda Constitucional nº 95/2016 deve ser compatibilizada com os objetivos fundamentais da República (art. 3º) e os direitos fundamentais e sociais previstos na Constituição, não podendo constituir obstáculo à implementação das prioridades estabelecidas pelo constituinte originário.

STF Repartição de receitas tributárias e desvinculação de receitas da União. A repartição de receitas prevista no art. 157, II, da CF não se estende aos recursos provenientes de receitas de contribuições sociais desafetadas por meio do instituto da Desvinculação de Receitas da União (DRU) na forma do art. 76 do ADCT. *ADPF 523, 6.2.2021. Pleno.*

INFORMATIVOS

STF Lei estadual e concessão de benefício fiscal sem prévia estimativa de impacto orçamentário e financeiro. É inconstitucional lei estadual que concede benefício fiscal sem a prévia estimativa de impacto orçamentário e financeiro exigida pelo art. 113 do ADCT. *ADI 6303, 11.3.2022. Inf 1046.*

STF Fundef/Fundeb: precatório e pagamento de pessoal. O caráter extraordinário dos valores de complementação do Fundeb pagos pela União aos estados e aos municípios, por força de condenação judicial, justifica o afastamento da subvinculação prevista nos arts. 60, XII, do ADCT e 22 da Lei 11.949/07. Isso porque a observância à regra da subvinculação implicaria em pontual e insustentável aumento salarial dos professores do ensino básico, que, em razão da regra de irredutibilidade salarial, teria como efeito pressionar o orçamento público municipal nos períodos subsequentes – sem que houvesse receita subsequente proveniente de novos precatórios inexistentes – acarretando o investimento em salários além do patamar previsto constitucionalmente, em prejuízo de outras ações de ensino a serem financiadas com os mesmos recursos. É inconstitucional o pagamento de honorários advocatícios contratuais com recursos destinados ao FUNDEB, o que representaria indevido desvio de verbas constitucionalmente vinculadas à educação. *ADPF 528, 18.3.2022. Inf 1047.*

STF Covid-19: Realocação de recursos vinculados ao Fundeb para ações de combate à pandemia do novo coronavírus. É vedada a utilização, ainda que em caráter excepcional, de recursos vinculados ao Fundeb para ações de combate à pandemia do novo coronavírus. Impossibilidade do uso dos recursos do Fundeb para gastos não relacionados à educação, pois possuem destinação vinculada a finalidades específicas, todas voltadas exclusivamente à área educacional. *ADI 6490, Pleno, 18.2.2022. Inf 1044.*

STF Bens de informática e Zona Franca de Manaus. É constitucional a exclusão dos bens de informática dos incentivos fiscais previstos para a ZFM, promovida pela Lei 8.387/91. A Lei 8.387/91 não reduziu favor fiscal previsto pelo DL 288/67, nem violou o art. 40 do ADCT. Quando a CF foi promulgada, os bens de informática não eram regulados pelo DL288/67, mas pela Lei 7.232/84 (Lei de Informática). Isso se deu em razão da revogação tácita, já que diante da incompatibilidade entre as duas normas, prevaleceu a Lei de Informática por ser lei mais nova e especial em relação ao decreto-lei. *ADI 2399, Pleno, 11.2.2022. Inf 1043.*

9. DIREITO PROCESSUAL CONSTITUCIONAL

TOP 5: 4º LUGAR ENTRE OS MAIORES AGREGADOS DE QUESTÕES DO LIVRO!

9.1. Controle Concentrado

9.1.1. ADI/ADC

ATENÇÃO: ESTE TEMA É MUITO EXIGIDO NOS CONCURSOS!

SÚMULAS

STF Súm. 360. Não há prazo de decadência para a representação de inconstitucionalidade prevista no art. 8º, parágrafo único, da Constituição Federal.

STF Súm. 614. Somente o Procurador-Geral da Justiça tem legitimidade para propor ação direta interventiva por inconstitucionalidade de lei municipal.

STF Súm. 642. Não cabe ação direta de inconstitucionalidade de lei do Distrito Federal derivada da sua competência legislativa municipal.

STF Súm. 729. A decisão na Ação Direta de Constitucionalidade n. 4 não se aplica à antecipação de tutela em causa de natureza previdenciária.

ENUNCIADOS

Fonacre Enunc. 5. As entidades representativas dos diferentes setores da economia devem ser aceitas como "amicus curiae" nas ações que tenham impacto concorrencial.

INFORMATIVOS

STF Procuradorias municipais: legitimidade para interpor recurso em ação de controle de constitucionalidade. A procuradoria jurídica estadual ou municipal possui legitimidade para interpor recurso em face de acórdão de tribunal de justiça proferido em representação de inconstitucionalidade. A ausência de assinatura do chefe do Poder Executivo na petição recursal não constitui óbice para a análise do recurso, sendo suficiente que a peça seja subscrita pelo procurador, que também detém legitimidade recursal em ações de controle de constitucionalidade. *ARE 873804 AgR-2º-ED-EDv-AgR, 13.10.2022, Pleno. Inf 1072.*

QUESTÕES DISCURSIVAS

15. (TRF/2R/Juiz/2017) A jurisprudência do Supremo Tribunal Federal tem ampliado a chamada "modulação dos efeitos" da pronúncia de inconstitucionalidade da lei. Analise a compatibilidade de tal prática para com o sistema brasileiro de controle de constitucionalidade, assim como o momento adequado e a legitimidade para a sua provocação, bem como a sua aplicabilidade às leis que instituem ou majoram tributos.

16. (Cespe/TRF/5R/Juiz/2015) Disserte sobre o tema controle de constitucionalidade, abordando, necessariamente, os aspectos a seguir: (i) No que se refere ao controle preventivo de constitucionalidade de lei federal pelo Judiciário, considere os seguintes pontos: controle concreto ou abstrato; legitimados ativos e passivos; a(s) hipótese(s) de cabimento; meio(s) viável(is) para a realização de tal controle; e os efeitos da decisão. (ii) Com relação ao controle abstrato de constitucionalidade de lei municipal, considere os seguintes pontos: possibilidade e hipóteses de controle; normas-parâmetro; corte(s) competente(s) para a realização de tal controle em cada hipótese; legitimados à propositura da ação abstrata em cada hipótese; efeitos da decisão em cada hipótese. (iii) Ainda no que tange ao controle abstrato de constitucionalidade de lei municipal, considere o cabimento ou não de recurso extraordinário em face de acórdão do tribunal local que declarar a inconstitucionalidade de lei municipal.

17. (Cespe/TRF/1R/Juiz/2011) Considerando o controle concentrado de constitucionalidade, conceitue: (i) inconstitucionalidade por arrastamento ou atração; (ii) inconstitucionalidade progressiva ou norma em trânsito para a inconstitucionalidade; (iii) inconstitucionalidade circunstancial; (iv) proibição do atalhamento constitucional ou do desvio de poder constituinte; (v) interpretação conforme com redução de texto.

18. (Cespe/TRF/2R/Juiz/2011) É possível a modulação temporal em matéria tributária, ante o princípio do "solve et repete"?

19. (Cespe/TRF/5R/Juiz/2009) Estabeleça, com a devida fundamentação, as diferenças entre a situação de inconstitucionalidade por omissão geral e a de inconstitucionalidade por omissão parcial, no que se refere aos instrumentos de controle.

20. (TRF/2R/Juiz/2007) Adota-se no ordenamento pátrio, sob quais pressupostos, o instituto "binding effect"?

QUESTÕES OBJETIVAS

149. (TRF/4R/Juiz/2022) Assinale a alternativa correta.

a) Aos Tribunais de Justiça dos Estados é dado exercerem controle concentrado de constitucionalidade de normas municipais em face da Constituição Federal quando se tratar de normas de reprodução obrigatória pelos Estados-membros.

b) O controle de constitucionalidade incidental, realizado pelos juízes singulares, depende de prévia declaração de inconstitucionalidade pelo tribunal ao qual o magistrado está vinculado.

c) Segundo a jurisprudência do Supremo Tribunal Federal, admite-se a interposição de recursos por amicus curiae nos processos objetivos de controle de constitucionalidade.

d) O Supremo Tribunal Federal entende que o Procurador-Geral do Estado possui legitimidade para ajuizar ações de controle de constitucionalidade, bem como para interpor seus respectivos recursos, sem que as referidas peças processuais estejam subscritas ou ratificadas pelo Governador do Estado.

e) O Supremo Tribunal Federal não admite a utilização da ação civil pública como instrumento idôneo de fiscalização incidental de constitucionalidade, pela via difusa, em nenhuma circunstância.

150. (Vunesp/TRF/3R/Juiz/2022) No Brasil, os fenômenos da inconstitucionalidade e da não-recepção têm semelhanças, mas apresentam regime jurídico diverso, especialmente porque a inconstitucionalidade exige, sempre,

a) para o controle de atos normativos, que estes tenham sido editados posteriormente à entrada em vigor da Constituição-parâmetro, enquanto a não-recepção opera como juízo de inexistência de atos normativos editados anteriormente à Constituição-parâmetro em vigor e com conteúdo incompatível com esta.

b) um controle judicial, pela via de alguma das ações específicas, diferentemente da não-recepção, que pode ser reconhecida por qualquer agente público.

c) um juízo comparativo entre lei ou ato normativo, de uma parte, e Constituição em vigor, de outra parte, diferentemente da não-recepção, que só pode operar entre ato administrativo anteriormente editado em comparação com a Constituição-parâmetro em vigor.

d) um juízo comparativo entre qualquer lei em vigor e Constituição, podendo ser esta a atual ou a anterior, enquanto adota-se a não-recepção apenas para estabelecer a ilegitimidade de leis publicadas anteriormente à Constituição em vigor, perante a Constituição anterior.

151. (Vunesp/TRF/3R/Juiz/2022) Sobre o controle de constitucionalidade e seus efeitos, no Brasil, pode-se assegurar que, atualmente,

a) o enunciado de súmula vinculante possui efeito impeditivo de recurso e é considerado fundamento suficiente para a decisão judicial, vinculando exclusivamente a Administração Pública.

b) no julgamento da arguição de descumprimento de preceito fundamental pelo Supremo Tribunal Federal este não pode adotar efeitos prospectivos, sendo igualmente vedados os efeitos aditivos ou legislativos.

c) a ação direta de inconstitucionalidade de Lei Federal julgada procedente por decisão de Tribunal Regional Federal vincula apenas os magistrados federais da respectiva Região.

d) na chamada fase de julgamento da modulação temporal dos efeitos da decisão, em sede de controle abstrato, no Supremo Tribunal Federal, a retroatividade da decisão de inconstitucionalidade exige apenas a maioria simples dos integrantes da Corte.

152. (TRF/3R/Juiz/2018) A Ação Direta de Inconstitucionalidade (ADI) coloca em movimento a chamada jurisdição constitucional orgânica, tutelando a validade da lei e de atos normativos. No que concerne aos efeitos da decisão definitiva de mérito no processo de controle abstrato, por meio do qual a ADI é veiculada, é correto afirmar que:

a) Norma criada por lei e declarada inconstitucional pelo STF no processo objetivo ainda assim é suscetível de revogação pelo Congresso.

b) A decisão proferida em ADI produzirá efeitos contra todos e eficácia erga omnes, desde que atendido o requisito de sua comunicação à autoridade ou órgão responsável pela expedição do ato para que lhe suste a execução.

c) É inadmissível o ajuizamento de ADI ou ADPF contra lei ou ato normativo revogado ou de eficácia exaurida, diante da perda do objeto.

d) No direito brasileiro, a decisão de rejeição da inconstitucionalidade não implica declaração de constitucionalidade da norma impugnada, podendo o STF reexaminar a questão em outro processo objetivo de controle concentrado.

153. (TRF/2R/Juiz/2017) Marque a opção correta:

a) Os Tribunais Regionais Federais (TRFs), em seu mister de realização de controle judicial abstrato de constitucional idade, ao julgarem ações diretas contra lei em tese devem respeitar a regra da reserva de plenário.

b) Tanto a Ação Direta de Inconstitucionalidade, quanto a Ação Declaratória de Constitucionalidade, quanto a Arguição de Descumprimento de Preceito Fundamental são exemplos de ações de controle concentrado de constitucionalidade que somente podem ser manejadas contra leis ou atos normativos de caráter abstrato.

c) A apreciação do aspecto jurisdicional de decisão do magistrado, realizado pelo Conselho Nacional de Justiça, pode levar o órgão a comandar a sua reforma, desde que, oportunamente (sem preclusão), tenda sido interposto o recurso judicial próprio.

d) A competência para questionamento judicial de atos do Conselho Nacional de Justiça pertence ao Supremo Tribunal Federal, cujos Ministros Presidente, Vice-Presidente e Corregedor ficam impedidos de conhecer da ação, se tiverem participado da sessão em que se praticou o ato questionado.

e) A técnica de "Inconstitucionalidade parcial sem redução de texto", utilizada pelo STF, corresponde ao reconhecimento de inconstitucionalidade de uma dada interpretação dentre as cabíveis de um mesmo enunciado normativo, excluindo-se do ordenamento jurídico a interpretação incompatível com a Constituição, mas mantendo como viáveis as demais não expressamente excluídas.

154. (Cespe/TRF/5R/Juiz/2015) No tocante às ações de controle concentrado, assinale a opção correta com base no entendimento do STF.

a) Cabe ao STF processar e julgar a ação declaratória de constitucionalidade de lei ou ato normativo federal ou estadual.

b) A despeito do caráter dúplice da ADI, o indeferimento de medida cautelar não dá margem à propositura de reclamação, visto que essa decisão não possui efeito vinculante.

c) A ADPF pode ser utilizada para o fim de rever ou cancelar súmula vinculante.

d) Dado o caráter subsidiário e complementar da ADPF, o município tem legitimidade para propô-la.

e) Não é cabível medida cautelar em ADI por omissão.

155. (Cespe/TRF/1R/Juiz/2015) Acerca da ADI, da ADC e da ADPF, assinale a opção correta.

a) Omissão legislativa federal ou estadual que obste a efetividade da CF pode ser objeto de ADI, mas não o pode a omissão administrativa.

b) Diferentemente do que ocorre na ADI e na ADC, na ADPF não se admite a intervenção de "amicus curiae".

c) Segundo entendimento do STF, todos os legitimados para propor ADI possuem capacidade processual plena e podem subscrever a peça inicial da ação sem auxílio de advogado.
d) Declarada a constitucionalidade de lei ou ato normativo federal em ADC, nova análise contestatória da matéria só poderá ser feita mediante a decisão de dois terços dos membros do STF.
e) Podem ser objeto de ADI, entre outros, os atos normativos editados por pessoas jurídicas de direito público, sejam elas federais ou estaduais.

156. (TRF/4R/Juiz/2014) Assinale a alternativa correta. O controle de constitucionalidade na modalidade concentrada foi introduzido no Brasil pela:
a) Constituição Federal de 1934.
b) Constituição Federal de 1891.
c) Constituição Federal de 1988.
d) Emenda Constitucional nº 7/77.
e) Emenda Constitucional nº 16/65.

157. (TRF/4R/Juiz/2014) Assinale a alternativa incorreta.
a) No regime constitucional anterior à Constituição Federal de 1988, o único legitimado para propor a ação direta de inconstitucionalidade era o Procurador-Geral da República.
b) O Governador de Estado, a partir de 1988, tem legitimidade para propor a Ação Declaratória de Constitucionalidade perante o Superior Tribunal de Justiça.
c) Na jurisprudência do Supremo Tribunal Federal, o veto é irretratável.
d) Incumbe ao Superior Tribunal de Justiça a homologação das sentenças estrangeiras e a concessão do "exequatur" às cartas rogatórias.
e) É incabível o ajuizamento, perante o Supremo Tribunal Federal, de Ação Direta de Inconstitucionalidade de lei municipal em tese.

158. (TRF/4R/Juiz/2014) Assinale a alternativa correta. A Ação Declaratória de Constitucionalidade foi introduzida no Direito Constitucional brasileiro pela:
a) Emenda Constitucional nº 16/65.
b) Constituição Federal de 1967.
c) Emenda Constitucional nº 7/77.
d) Constituição Federal de 1988.
e) Emenda Constitucional nº 3/93.

159. (TRF/2R/Juiz/2014) Assinale a alternativa correta:
a) No controle abstrato de constitucionalidade, o Supremo Tribunal Federal encontra-se diretamente vinculado ao pedido e ao fundamento (causa de pedir) que levam à inconstitucionalidade, apresentados na petição inicial, pois se trata de ação direta.
b) O ajuizamento de Ações Diretas de Inconstitucionalidade por partidos políticos registrados no Tribunal Superior Eleitoral fica condicionado apenas à demonstração de seu registro regular.
c) Não é viável que o Supremo Tribunal acolha ação direta de inconstitucionalidade tanto de lei quanto de ato normativo municipal em face da Constituição Federal, mas nada obsta, presentes os pressupostos, o exame do tema em Arguição de Descumprimento de Preceito Fundamental.
d) Aplicam-se ao processo de controle abstrato de constitucionalidade as regras tradicionais de impedimento e suspeição previstas no CPC e, por isso, a jurisprudência do STF aponta que o ministro que já atuou previamente no processo objetivo na condição de Procurador-Geral da República ou Advogado-Geral da União não atuará no julgamento da ação.
e) Em sede de Ação Direta de Inconstitucionalidade e Ação Declaratória de Constitucionalidade, a jurisprudência do Supremo Tribunal Federal não admite o deferimento de liminar monocrática pelo Relator, salvo nas hipóteses em que a Corte esteja em recesso, ocasião em que cabe ao Presidente do STF deliberar sobre as medidas urgentes eventualmente necessárias.

160. (TRF/3R/Juiz/2013) Quanto ao controle de constitucionalidade, é correto dizer:
a) a ação direta de inconstitucionalidade de lei, ato normativo ou judicial federal ou estadual e a ação declaratória de constitucionalidade de lei ou ato normativo federal são de competência originária do STF.
b) a ação direta de inconstitucionalidade de lei ou ato normativo federal ou estadual e a ação declaratória de constitucionalidade de lei ou ato normativo federal ou estadual são de competência originária do STF.
c) a ação direta de inconstitucionalidade de lei ou ato normativo federal ou estadual e a ação declaratória de constitucionalidade de lei ou ato normativo federal são de competência originária do STF.
d) a competência recursal do STF abrange as causas julgadas em instâncias inferiores que contrariem dispositivos da Constituição ou declarem inconstitucional tratado ou lei federal, mas não abrange ação que julgue válida lei ou ato de governo local contestado em face da Constituição.
e) as decisões definitivas de mérito, proferidas pelo Supremo Tribunal Federal, nas ações diretas de inconstitucionalidade e nas ações declaratórias de constitucionalidade produzirão eficácia contra todos e efeito vinculante, relativamente aos demais órgãos do Poder Judiciário, sendo indicativas para o Poder Executivo.

161. (Cespe/TRF/2R/Juiz/2013) Com relação ao controle de constitucionalidade no direito brasileiro, assinale a opção correta.
a) A ação de inconstitucionalidade interventiva, que tem como único legitimado ativo o procurador-geral da República, está fundamentada na violação de um princípio sensível por parte de estado-membro ou do DF e o seu procedimento não admite a concessão de medida liminar.
b) As decisões definitivas de mérito proferidas pelo STF nas ações diretas de inconstitucionalidade e nas ações declaratórias de constitucionalidade produzirão eficácia contra todos e efeito vinculante relativamente aos demais órgãos do Poder Judiciário e à administração pública direta e indireta.
c) Segundo a cláusula de reserva de plenário, somente pela maioria de seus membros ou dos membros do respectivo órgão especial os tribunais poderão declarar a inconstitucionalidade de lei ou ato normativo, porém não haverá violação da cláusula de reserva de plenário quando a decisão de órgão fracionário de tribunal, embora não declare expressamente a inconstitucionalidade de lei ou ato normativo do poder público, afaste a sua incidência no todo ou em parte.
d) Inconstitucionalidade reflexa consiste na incompatibilidade de uma norma infralegal, como o decreto não autônomo expedido pelo chefe do Poder Executivo, com uma lei e, por via indireta, com a própria CF. Segundo o entendimento do STF a ação direta de inconstitucionalidade é meio idôneo para verificação de tal vício.
e) O "amicus curiae" somente pode demandar a sua intervenção até a data em que o relator liberar o processo para pauta de julgamento, e a sua participação será autorizada mediante despacho irrecorrível do relator nas ações diretas de inconstitucionalidade; porém a sua participação não será cabível no procedimento de controle difuso de constitucionalidade.

162. (Cespe/TRF/5R/Juiz/2013) Em relação ao controle de constitucionalidade das leis e dos atos normativos, assinale a opção correta.

a) É cabível a oposição de embargos de declaração para fins de modulação dos efeitos de decisão proferida em ação direta de constitucionalidade.

b) Inexiste inconstitucionalidade por vício formal subjetivo em lei resultante de iniciativa parlamentar que disponha sobre a criação de cargos na administração direta.

c) Conforme a jurisprudência do STF, é permitido ao amicus curiae interpor recurso das decisões proferidas nos processos objetivos de controle de constitucionalidade.

d) O controle incidental de constitucionalidade de uma lei somente pode ser realizado em face da Constituição vigente, e não de Constituição anterior, já revogada.

e) O veto jurídico é exemplo de controle prévio de constitucionalidade, realizado pelo chefe do Poder Executivo quando entende ser o projeto de lei contrário ao interesse público.

163. (Cespe/TRF/5R/Juiz/2013) Ainda com relação ao controle de constitucionalidade das leis e dos atos normativos, assinale a opção correta.

a) O STF admite a declaração de inconstitucionalidade por arrastamento, também denominada por atração, de decreto regulamentar de lei que tenha sido objeto de ADI julgada procedente.

b) As associações que congregam exclusivamente pessoas jurídicas, as denominadas associações de associações, não têm legitimidade, segundo a jurisprudência do STF, para propor a ADI perante o tribunal.

c) É cabível a proposição de ação rescisória à decisão que julga procedente o pedido em arguição de descumprimento de preceito fundamental, não sendo possível sua proposição quando o pedido for julgado improcedente.

d) Segundo a jurisprudência do STF, não se admite o controle preventivo de constitucionalidade em relação a projeto de lei ou de emenda constitucional.

e) O advogado-geral da União será sempre citado para a defesa de ato impugnado em ADI, ainda que o STF já tenha se manifestado pela inconstitucionalidade em caso semelhante.

164. (Cespe/TRF/1R/Juiz/2013) A respeito do sistema brasileiro de controle de constitucionalidade de leis e atos normativos, tal como instituído na Carta Magna e aplicado pelo Poder Judiciário, assinale a opção correta.

a) O controle de constitucionalidade de leis municipais, em face da constituição do estado, é de competência do STF.

b) A apreciação de proposta de emenda constitucional viciada de inconstitucionalidade material enseja o controle de constitucionalidade preventivo pelo STF.

c) Não há inconstitucionalidade de norma constante do texto da Carta Magna promulgado em 5/10/1988.

d) Desde que observado o princípio da reserva de plenário, a inconstitucionalidade de lei ou ato normativo pode ser declarada por maioria simples dos membros de um tribunal.

e) O controle de constitucionalidade alcança leis e outros atos normativos, excetuando-se as emendas constitucionais.

165. (TRF/4R/Juiz/2012) Dadas as assertivas abaixo, assinale a alternativa correta.

I. Podem propor ação direta de inconstitucionalidade a Mesa da Assembleia Legislativa ou a Mesa da Câmara Legislativa do Distrito Federal.

II. A decisão do Tribunal de Justiça local em controle abstrato de lei municipal em face da Constituição Estadual não enseja a interposição de recurso extraordinário para o Supremo Tribunal Federal, intérprete máximo da Constituição Federal. Contudo, excepcionalmente, se o parâmetro da Constituição Estadual for uma norma constitucional de observância obrigatória pelos Estados-membros, o Supremo Tribunal Federal poderá ser instado a pronunciar-se, em sede de recurso extraordinário, sobre a interpretação da lei questionada perante a Constituição Federal.

III. Todos os partidos políticos têm legitimidade para a propositura de ação direta de inconstitucionalidade.

IV. Conquanto a estrita observância do postulado da reserva de plenário atue como pressuposto de validade e eficácia jurídica da declaração jurisdicional de inconstitucionalidade, a exigência constitucional não se impõe nas hipóteses em que a decisão é proferida por Turma Recursal de Juizados Especiais Federais.

V. Não será admitida arguição de descumprimento de preceito fundamental quando houver qualquer outro meio eficaz de sanar a lesividade.

a) Estão corretas apenas as assertivas I e II.

b) Estão corretas apenas as assertivas III e IV.

c) Estão corretas apenas as assertivas II e IV.

d) Estão corretas apenas as assertivas I, II, IV e V.

e) Estão corretas apenas as assertivas I, II, III e V.

166. (TRF/4R/Juiz/2012) Considerando os atos normativos abaixo, assinale a alternativa que relaciona aquele(s) que pode(m) ser objeto(s) de controle concentrado de constitucionalidade.

I. As instruções normativas editadas pelas autoridades federais.

II. As convenções coletivas de trabalho, dado o seu caráter normativo.

III. O decreto legislativo federal expedido para sustar determinada licitação, destinada à compra de material escolar por órgão da União.

IV. O decreto legislativo ratificador de tratado internacional.

a) Apenas o ato normativo mencionado no item III.

b) Apenas o ato normativo mencionado no item IV.

c) Apenas os atos normativos mencionados nos itens II e III.

d) Apenas os atos normativos mencionados nos itens II e IV.

e) Apenas os atos normativos mencionados nos itens I, III e IV.

167. (TRF/4R/Juiz/2012) Dadas as assertivas abaixo, assinale a alternativa correta.

I. Podem propor ação direta de inconstitucionalidade a Mesa da Assembleia Legislativa ou a Mesa da Câmara Legislativa do Distrito Federal.

II. A decisão do Tribunal de Justiça local em controle abstrato de lei municipal em face da Constituição Estadual não enseja a interposição de recurso extraordinário para o Supremo Tribunal Federal, intérprete máximo da Constituição Federal. Contudo, excepcionalmente, se o parâmetro da Constituição Estadual for uma norma constitucional de observância obrigatória pelos Estados-membros, o Supremo Tribunal Federal poderá ser instado a pronunciar-se, em sede de recurso extraordinário, sobre a interpretação da lei questionada perante a Constituição Federal.

III. Todos os partidos políticos têm legitimidade para a propositura de Ação Direta de Inconstitucionalidade.

IV. Conquanto a estrita observância do postulado da reserva de plenário atue como pressuposto de validade e eficácia jurídica da declaração jurisdicional de inconstitucionalidade, a exigência constitucional não se impõe nas hipóteses em que a decisão é proferida por Turma Recursal de Juizados Especiais Federais.

V. Não será admitida arguição de descumprimento de preceito fundamental quando houver qualquer outro meio eficaz de sanar a lesividade.

a) Estão corretas apenas as assertivas I e II.
b) Estão corretas apenas as assertivas III e IV.
c) Estão corretas apenas as assertivas II e IV.
d) Estão corretas apenas as assertivas I, II, IV e V.
e) Estão corretas apenas as assertivas I, II, III e V.

168. (Cespe/TRF/3R/Juiz/2011) Publicada lei de vigência imediata que revogou normas anteriores, houve o ajuizamento de ADI, tendo sido a referida lei declarada inconstitucional dois meses depois de sua publicação. Considerando essa situação hipotética, assinale a opção correta.

a) Para preservar a segurança das relações, deve-se, como regra, manter a exigibilidade do título fundado na lei declarada inconstitucional.
b) Em razão do princípio da obrigatoriedade simultânea, a lei teve vigência, por dois meses, em todo o território nacional e em outros países.
c) A declaração de inconstitucionalidade deve afetar os atos praticados durante a vigência da lei, visto que, na hipótese, se admite, de acordo com o ordenamento nacional, repristinação.
d) A declaração de inconstitucionalidade afeta a vigência da lei assim declarada da mesma forma que opera o esgotamento do prazo nas leis temporárias.
e) Dada a declaração de inconstitucionalidade, a decisão afeta os atos praticados no período da "vacatio legis".

169. (Cespe/TRF/1R/Juiz/2011) Considerando a disciplina constitucional a respeito do controle de constitucionalidade das leis e dos atos normativos, assinale a opção correta.

a) A ADI admite a intervenção de terceiros, mas a ADC, não.
b) Uma vez proposta a ADI por omissão, todos os demais legitimados podem manifestar-se, por escrito, sobre o objeto da ação e pedir a juntada de documentos reputados úteis para o exame da matéria, no prazo das informações, bem como apresentar memoriais.
c) Sendo a ADPF espécie de controle concentrado que visa evitar ou reparar lesão às normas que, materialmente constitucionais, fazem parte da Constituição formal, e não à Constituição em seu conjunto, não cabe reclamação para o STF no caso de descumprimento da decisão.
d) O STF, seguindo a doutrina constitucional majoritária, entende que a ADPF é cabível contra ato do poder público de natureza administrativa ou normativa, mas não contra ato judicial.
e) A decisão sobre a constitucionalidade ou a inconstitucionalidade de lei ou ato normativo pelo STF está sujeita à manifestação, em um ou em outro sentido, de, pelo menos, oito ministros, quer se trate de ADI, quer se trate de ADC.

170. (TRF/4R/Juiz/2010) Assinale a alternativa correta.

a) A inconstitucionalidade por omissão verifica-se nos casos em que não sejam praticados atos legislativos ou administrativos requeridos para tornar plenamente aplicáveis normas constitucionais.
b) Estabelecido pelo artigo 97 da Constituição Federal que "somente pelo voto da maioria absoluta de seus membros ou dos membros do respectivo órgão especial poderão os tribunais declarar a inconstitucionalidade de lei", não poderá o juiz singular considerar lei inconstitucional em suas decisões.
c) As decisões definitivas de mérito nas ações declaratórias de constitucionalidade de lei produzirão eficácia contra todos, mas não terão efeito vinculante em relação aos demais órgãos do Judiciário, que manterão sua independência.
d) A inconstitucionalidade por ação somente se configura quando há normas formadas por autoridades incompetentes ou em desacordo com formalidades ou procedimentos estabelecidos pela Constituição Federal.
e) Sempre que julgada procedente a ação direta de inconstitucionalidade de lei ou de ato normativo federal ou estadual, o Supremo Tribunal Federal deverá comunicar ao Senado para suspensão da lei ou do ato normativo.

171. (TRF/4R/Juiz/2010) Dadas as assertivas abaixo, assinale a alternativa correta. Ao declarar a inconstitucionalidade de lei ou ato normativo, poderá o Supremo Tribunal Federal, por maioria de dois terços de seus membros:

I. Restringir os efeitos da declaração, tendo em vista razões de segurança jurídica.
II. Decidir que ela só tenha eficácia a partir de seu trânsito em julgado, em razão de excepcional interesse social.
III. Decidir que ela só tenha eficácia a partir de determinado momento pela Corte fixado.

a) Estão corretas apenas as assertivas I e II.
b) Estão corretas apenas as assertivas I e III.
c) Estão corretas apenas as assertivas II e III.
d) Estão corretas todas as assertivas.
e) Nenhuma assertiva está correta.

172. (TRF/3R/Juiz/2010) A ação direta de inconstitucionalidade por omissão, que tem por objeto a assim chamada inconstitucionalidade negativa, resultante da inércia ou do silêncio de qualquer órgão de poder, o qual deixa de praticar em certo tempo o ato legislativo exigido pela constituição, tem entre seus legitimados:

a) Todos aqueles constantes do rol previsto no "caput" do art. 103, da CF.
b) O Procurador-Geral da República, se a omissão ocorrer na esfera federal.
c) O presidente do Conselho Federal da Ordem dos Advogados do Brasil, partido político com representação no congresso nacional ou confederação sindical ou entidade de classe de âmbito nacional.
d) Todos aqueles constantes do rol previsto no "caput" do art. 103, da CF, menos aquela pessoa ou órgão responsável direto pela omissão legislativa.

173. (TRF/3R/Juiz/2010) Em relação à ação direta de inconstitucionalidade prevista no art. 102, inciso I, alínea "a", da Constituição Federal é incorreto asseverar:

a) Apenas em caso de excepcional urgência admite-se a concessão de medida liminar e por decisão da maioria absoluta dos membros do Tribunal, ressalvada a hipótese de recesso.
b) Não é admissível a intervenção de terceiros.
c) Discutem-se, tão somente, questões de direito, na medida em que a ação objetiva o controle abstrato de norma, sendo defesa a análise de aspectos fáticos.
d) Admite-se a intervenção de "amicus curiae", sendo-lhe assegurada tanto a oportunidade de manifestação escrita, como de sustentação oral.

174. (TRF/3R/Juiz/2010) O Conselho Federal da Ordem dos Advogados do Brasil ingressou com ação direta de inconstitucionalidade perante o Supremo Tribunal Federal, para questionar a constitucionalidade de determinada medida provisória, cujo conteúdo não guarda relação direta com os seus objetivos enquanto entidade de classe representativa da advocacia no país. Pergunta-se:

a) A OAB tem legitimidade ativa para agir, pois está enquadrada entre as pessoas e órgãos, cuja atuação neste caso não depende de demonstração de qualquer interesse próprio, ou seja, não precisa preencher o requisito de pertinência temática entre o conteúdo da norma impugnada e o interesse da advocacia.
b) A OAB terá legitimidade ativa para propor ação direta de inconstitucionalidade, caso revele pertinência temática com o conteúdo da norma objeto da arguição, ou seja, deverá demonstrar, enquanto entidade de classe de âmbito nacional, vínculo de necessidade ou de utilidade que se exige daquele que tem pertinência subjetiva, para que possa obter a sentença de mérito.
c) A OAB não necessita demonstrar pertinência temática com o objeto da ação direta de inconstitucionalidade, mas deverá obter o consentimento de seus órgãos seccionais, para formalizar a propositura.
d) Além de ter que demonstrar pertinência temática, isto é, repita-se, que o objeto da impugnação esteja ligado e conforme seus objetivos de entidade profissional, deverá contar, ainda, para alcançar tal legitimidade, com a aprovação dos seus conselhos regionais.

175. (Cespe/TRF/2R/Juiz/2009) Quanto ao processo legislativo e ao controle de constitucionalidade, assinale a opção correta.

a) De acordo com a doutrina, quando o projeto de lei for modificado em sua substância pela casa revisora, a emenda deve retornar para a análise da casa iniciadora, sob pena de configuração de vício formal subjetivo, passível de controle de constitucionalidade.
b) O controle prévio ou preventivo de constitucionalidade realizado pelo Poder Legislativo incide sobre todos os projetos de atos normativos.
c) No Brasil, o controle posterior ou repressivo de constitucionalidade é exercido com exclusividade pelo Poder Judiciário, tanto de forma difusa como concentrada.
d) No tocante à legitimação dos partidos políticos para a representação de inconstitucionalidade de lei ou ato normativo estadual ou federal, contestados em face da CF, o STF entende que a perda de representação do partido político no Congresso Nacional após o ajuizamento da ADI descaracteriza a legitimidade ativa para o prosseguimento da ação.
e) De acordo com a doutrina, a técnica da declaração de inconstitucionalidade por arrastamento pode ser aplicada tanto em processos distintos como no mesmo processo.

9.1.2. ADPF

QUESTÕES DISCURSIVAS

21. (Cespe/TRF/2R/Juiz/2009) Considerando as normas constitucionais e legais, bem como a jurisprudência do Supremo Tribunal Federal, queira indicar e comentar as diferenças e o regime jurídico aplicável à ação direta de inconstitucionalidade e à arguição de descumprimento de preceito fundamental, tendo em vista o seu objeto e requisitos de admissibilidade.

22. (TRF/2R/Juiz/2007) Aplicam-se os princípios da adstrição, e do "iura novit curia", no controle de constitucionalidade das regras jurídicas no âmbito da ação de descumprimento de preceito fundamental?

QUESTÕES OBJETIVAS

176. (Vunesp/TRF/3R/Juiz/2022) No julgamento da Arguição de Descumprimento de Preceito Fundamental (ADPF) nº 756 ficou registrado que "(...) incumbe ao Supremo Tribunal Federal exercer o seu poder contramajoritário, oferecendo a necessária resistência às ações e omissões de outros Poderes da República de maneira a garantir a integral observância dos ditames constitucionais, na espécie, daqueles que dizem respeito à proteção da vida e da saúde.". A partir desse trecho, assinale a alternativa correta:

a) as decisões adotadas no âmbito da ADPF não produzem efeitos erga omnes, mas seus fundamentos são vinculantes para o Poder Judiciário.
b) o chamado "poder contramajoritário" viola diretamente o sistema democrático brasileiro, que adota o governo da maioria e a constitucionalidade automática, insindicável, das decisões emanadas das respetivas instâncias assim eleitas.
c) o papel do Poder Judiciário deve ser sempre alinhado com as decisões majoritárias dos poderes representativos eleitos, pois o Supremo Tribunal Federal detém o monopólio do controle de constitucionalidade das leis e dos decretos presidenciais.
d) a decisão do Supremo Tribunal Federal em sede de ADPF pode fixar as condições e o modo de interpretação e aplicação de qualquer preceito fundamental violado.

177. (TRF/3R/Juiz/2013) Considere as seguintes assertivas:

I. Os Tribunais Superiores podem propor formalmente ao STF a criação de súmula vinculante de caráter penal, carecendo os Tribunais de Justiça e os Tribunais Regionais Federais de tal legitimidade por lhes faltar atuação em âmbito nacional.
II. É possível admitir a colaboração do "amicus curiae" em ações diretas de inconstitucionalidade, em arguição de descumprimento de preceito fundamental, em processo de revisão ou cancelamento de súmula vinculante e em recursos extraordinários.
III. O indiciamento, nos termos da lei, é ato privativo do delegado de polícia, e deve ser sempre fundamentado, mediante análise técnico-jurídica do fato, indicando autoria, materialidade e suas circunstâncias.
IV. Nos termos da lei, é cabível agravo regimental da decisão do relator do recurso especial no STJ que sobresta o julgamento e remete os autos para julgamento de recurso extraordinário no STF considerado prejudicial àquele.
V. O arquivamento do inquérito policial, por despacho do juiz, faz coisa julgada material nos casos de reconhecimento de prescrição da pretensão punitiva e de atipicidade da conduta, sendo decisão "rebus sic stantibus" nos casos de arquivamento por incidência de causa de justificação.

Pode-se afirmar que:

a) Estão corretas todas as assertivas.
b) Estão corretas as assertivas I, III e V.
c) Estão corretas as assertivas III, IV e V.
d) Estão corretas as assertivas II, III e V.
e) Estão erradas as assertivas I, IV e V.

178. (Cespe/TRF/2R/Juiz/2011) No que se refere ao controle incidental de constitucionalidade, à ação direta de inconstitucionalidade (genérica e por omissão), à ação declaratória de constitucionalidade e à arguição de descumprimento de preceito fundamental, assinale a opção correta.

a) Uma vez admitida, pelo STF, a ação declaratória de constitucionalidade, a autoridade responsável pela criação da lei ou do ato normativo e o advogado-geral da União deverão ser citados para se pronunciarem sobre o objeto da ação.

b) A ação direta de inconstitucionalidade por omissão tem como objeto omissão administrativa que afete a efetividade da CF ou omissão legislativa de órgãos legislativos federais, mas não estaduais, em face da CF.

c) Cabe arguição de descumprimento de preceito fundamental contra lei ou ato normativo federal, estadual ou municipal, incluindo-se os anteriores à CF; nesse sentido, pode-se dizer que tal arguição é cabível mesmo contra leis pré-constitucionais.

d) No controle incidental ou concreto, a questão de constitucionalidade somente pode ser suscitada pelas partes da relação processual.

e) Podem ser objeto de ação direta de inconstitucionalidade, além de leis de todas as formas e conteúdos, decretos legislativos, decretos autônomos e decretos editados com força de lei pelo Poder Executivo, resoluções do Tribunal Superior Eleitoral e medidas provisórias, mas não resoluções ou deliberações administrativas de tribunais, que não são consideradas atos normativos primários.

9.2. Controle Difuso

SÚMULAS

STF Súm. Vinculante 10. Viola a cláusula de reserva de plenário (CF, art. 97) a decisão de órgão fracionário de tribunal que, embora não declare expressamente a inconstitucionalidade de lei ou ato normativo do Poder Público, afasta a sua incidência no todo ou em parte.

QUESTÕES DISCURSIVAS

23. (Cespe/TRF/5R/Juiz/2011) Discorra sobre o fenômeno da objetivação, objetivização ou abstrativização do controle difuso de constitucionalidade pelo Supremo Tribunal Federal. Em seu texto, explicite o conceito desse fenômeno, apresente exemplos, analise as relações do fenômeno com outras modalidades de controle constitucional e com procedimentos decisórios vinculativos, como a súmula vinculante e a repercussão geral, e enfoque, ao final, as consequências de todas essas novidades para a aplicação jurisdicional da Constituição Federal.

QUESTÕES OBJETIVAS

179. (IFBC/TRF/2R/Juiz/2018) Assinale a alternativa correta:

a) O chamado controle de convencionalidade impõe uma aferição de validade das normas nacionais, tendo por parâmetro não o texto constitucional, mas os tratados internacionais assumidos pelo Brasil em matéria de proteção aos direitos humanos, ainda que estes não tenham sido regularmente ratificados pelo Estado.

b) O STF entende inválida a chamada superação legislativa da jurisprudência da Corte, quer ela se faça por meio de Emenda Constitucional ou legislação infraconstitucional, em razão de entender que, com ela, o Parlamento desrespeita a eficácia vinculante das decisões da Corte Suprema.

c) A despeito da previsão contida no artigo 97 da CF/88 ("somente pelo voto da maioria absoluta de seus membros ou dos membros do respectivo órgão especial poderão os tribunais declarar a inconstitucionalidade de lei ou ato normativo do Poder Público") é desnecessária a submissão à regra da reserva de plenário por turma de Tribunal Regional Federal, quando a decisão judicial estiver fundada em jurisprudência do Plenário ou em Súmula do Supremo Tribunal Federal.

d) O STF não reconhece a existência da chamada "inconstitucionalidade progressiva", que doutrinariamente ocorre quando a norma é declarada constitucional, mas caminha progressivamente para a inconstitucionalidade.

e) Não cabe reclamação de decisão judicial que contrarie súmula vinculante editada pelo Supremo Tribunal Federal.

180. (Cespe/TRF/5R/Juiz/2017) À luz do entendimento do Supremo Tribunal Federal (STF), julgue os seguintes itens, acerca do controle incidental de constitucionalidade.

I. Admite-se o controle difuso de constitucionalidade em ação civil pública, desde que a alegação de inconstitucionalidade não se confunda com o pedido principal da causa.

II. Não se admite a modulação temporal de efeitos em controle difuso de constitucionalidade.

III. A cláusula de reserva de plenário se aplica às turmas recursais dos juizados especiais.

IV. A regra da reserva de plenário não se aplica a julgamento de competência singular, podendo o juiz, mesmo de ofício, deixar de aplicar preceitos normativos que considere contrários ao texto constitucional.

Estão certos apenas os itens

a) I e III.

b) I e IV.

c) II e III.

d) II e IV.

e) I, III e IV.

181. (Cespe/TRF/5R/Juiz/2015) Desde a Constituição de 1937, adotou-se, no Brasil, a chamada cláusula de reserva de plenário ("full bench"), prevista atualmente no art. 97 da CF, que preceitua que "somente pelo voto da maioria absoluta de seus membros ou dos membros do respectivo órgão especial poderão os tribunais declarar a inconstitucionalidade de lei ou ato normativo do poder público". A respeito dessa cláusula, assinale a opção correta.

a) A cláusula de reserva de plenário não atinge juizados de pequenas causas e juizados especiais, pois, segundo a configuração que lhes foi atribuída pelo legislador, esses juizados não funcionam, na esfera recursal, sob o regime de plenário ou de órgão especial.

b) Os órgãos fracionários de tribunais podem afastar, no todo ou em parte, a incidência de lei ou ato normativo sem obedecer à cláusula de reserva de plenário, desde que não haja declaração expressa de inconstitucionalidade.

c) A cláusula de reserva de plenário deve ser observada nos casos em que o tribunal conclua que determinada norma pré-constitucional não foi recepcionada pela CF.

d) No controle difuso de normas, é possível declarar a inconstitucionalidade de lei pré-constitucional tendo como parâmetro a Constituição vigente à época de edição da lei, hipótese em que não será necessária a observância da cláusula de reserva de plenário, visto não se tratar de violação à CF.

e) Conforme a cláusula de reserva de plenário, o juiz singular de primeiro grau não pode, incidentalmente, declarar a inconstitucionalidade de lei ou ato normativo em um caso concreto, salvo se já houver precedente no mesmo sentido do pleno ou órgão especial do tribunal ao qual o magistrado se encontre vinculado ou do STF.

182. (TRF/2R/Juiz/2014) Em relação ao controle incidental de constitucionalidade é correto afirmar:

a) Interposto o recurso de apelação, a chamada cláusula de reserva de plenário deve ser observada sempre que a questão constitucional é suscitada, tanto para afirmar a constitucionalidade como a inconstitucionalidade de lei.

b) A cláusula de reserva de plenário é plenamente aplicável aos órgãos recursais típicos, sejam Tribunais ou Turmas Recursais de Juizados Especiais, mas não às hipóteses nas quais a lei imponha recurso de alçada ao próprio órgão que prolatou a sentença.

c) O voto da maioria dos membros do Pleno de cada tribunal é exigível para declarar a inconstitucionalidade de lei, podendo a inconstitucionalidade de outros atos normativos ser declarada por órgão fracionário.

d) Decidido o incidente de inconstitucionalidade com observância da cláusula de reserva de plenário, os efeitos da decisão do Tribunal ou Turma Recursal, ao pronunciar a inconstitucionalidade, terão incidência "ex nunc" e "erga omnes".

e) No âmbito do controle incidental de constitucionalidade, poderá o magistrado reconhecer tanto violações materiais quanto violações formais à Constituição, independentemente de requerimento apresentado pela parte.

9.3. Ações Constitucionais

9.3.1. Ação Civil Pública

SÚMULAS

STF **Súm. 643.** O Ministério Público tem legitimidade para promover ação civil pública cujo fundamento seja a ilegalidade de reajuste de mensalidades escolares.

STJ **Súm. 329.** O Ministério Público tem legitimidade para propor ação civil pública em defesa do patrimônio público.

STJ **Súm. 489.** Reconhecida a continência, devem ser reunidas na justiça federal as ações civis públicas propostas nesta e na justiça estadual.

TRF4 **Súm. 70.** São devidos honorários advocatícios em execução de título judicial, oriundo de ação civil pública.

REPERCUSSÃO & REPETITIVOS

STF **Rep. Geral 1004.** Em ação civil pública proposta pelo Ministério Público do Trabalho em face de empresa estatal, com o propósito de invalidar a contratação irregular de pessoal, não é cabível o ingresso, no polo passivo da causa, de todos os empregados atingidos, mas é indispensável sua representação pelo sindicato da categoria. *RE 629647, 28.10.2022.*

STJ **Repetitivo 948.** Em ação civil pública proposta por associação, na condição de substituta processual, possuem legitimidade para a liquidação e execução da sentença todos os beneficiados pela procedência do pedido, independentemente de serem filiados à associação promovente. *REsp 1438263, 24.3.2021.*

INFORMATIVOS

STJ **Ação Civil Pública. Cumprimento individual de sentença. Prazo prescricional da pretensão objeto da ação.** É de 5 anos o prazo prescricional para ajuizamento da execução individual de sentença proferida em ação civil pública. *EDcl no REsp 1569684, 4ª T, 25.10.2022. Inf 756.*

STJ **Ação civil pública. Vícios na construção de edifícios populares. Alvenaria autoportante. "Prédio-caixão". Natureza dos pedidos formulados na exordial. Litisconsórcio passivo necessário em relação a todos os sujeitos econômicos, direta ou indiretamente, responsáveis. Art. 47 do CPC/1973. Prescindibilidade.** Em ação civil pública que se objetiva apenas a realização de levantamento dos prédios construídos com determinada técnica, a realização de estudo técnico e a reparação de vícios urgentes, não há litisconsórcio necessário de todos sujeitos econômicos, direta ou indiretamente, responsáveis pela construção e segurança dos imóveis. *REsp 1453891, 1ª T, 26.9.2022. Inf 752.*

STJ **Ação civil pública. Prática de atos vexatórios em revistas íntimas para ingresso em centros de detenção. Indenização por danos morais. Associação civil. Estatuto que prevê como finalidade a defesa dos direitos humanos. Legitimidade ativa. Substituição processual. Autorização de todas as pessoas lesadas. Ausência de obrigatoriedade.** Em ação civil pública ajuizada por associação civil, cujo estatuto prevê como finalidade a defesa de direitos humanos, em que se postula por indenização por danos morais decorrentes da prática de atos vexatórios em revistas íntimas para ingresso em centros de detenção, não é obrigatória a juntada de autorização individual de cada uma das pessoas interessadas. *AgInt no REsp 1833056, 1ª T, 24.8.2022. Inf 750.*

STJ **Ação civil pública. Defensoria pública. Legitimidade ativa. Pequeno agricultor familiar. Registro de reserva legal no cadastro ambiental rural. Imposição de fazer. Apoio técnico e jurídico. Hipossuficiência. Presunção legal expressa. Carência do assistido. Comprovação prévia. Inexigibilidade.** A Defensoria Pública possui legitimidade ativa para propor ação civil pública com vista a impor ao Estado o cumprimento de obrigações legais na tutela de pequenos agricultores familiares, sendo prescindível a comprovação prévia e concreta da carência dos assistidos. *REsp 1847.991, 2ª T, 16.8.2022. Inf 748.*

STJ **Ação civil pública. Concurso público. Resultado final homologado. Nomeação e posse de aprovados. Litisconsórcio. Ausência. Nulidade.** O autor da ação civil pública dá causa à nulidade processual quando deixa de indicar no polo passivo as pessoas beneficiadas pelo procedimento e pelos atos administrativos inquinados, deixando de formar o litisconsórcio na hipótese em que homologado o resultado do concurso, com as consequentes nomeação e posse dos aprovados. *REsp 1735702, 2ª T, 20.6.2022. Inf 742.*

STJ **Ação civil pública. Legitimidade ativa "ad causam". Administração pública indireta. Pertinência temática. Necessidade.** A legitimidade ativa na ação civil pública das pessoas jurídicas da administração pública indireta depende da pertinência temática entre suas finalidades institucionais e o interesse tutelado. *REsp 1978138, 4ª T, 22.3.2022. Inf 731.*

STJ **Ação civil pública. Prédio escolar com problemas estruturais. Permanência no ensino. Reformas em estabelecimento de crianças e adolescentes. Competência Absoluta. Justiça da Infância e da Juventude.** Compete à Justiça da Infância e da Juventude processar e julgar causas envolvendo reformas de estabelecimento de ensino de crianças e adolescentes. *AREsp 1840462, 2ª T, 18.3.2022. Inf 730.*

STJ **Ação civil pública. Restituição de valores indevidamente pagos a título de empréstimo compulsório sobre a aquisição de automóveis. Ministério Público. Ilegitimidade ativa ad causam.** O Ministério Público não tem legitimidade ativa para ajuizar ação civil pública objetivando a restituição de valores indevidamente recolhidos a título de empréstimo compulsório sobre aquisição de automóveis de passeio e utilitários. *REsp 1709093, 1ª T, 1.4.2022. Inf 731.*

STJ **Ação civil pública proposta por associação de natureza privada. Art. 18 da Lei 7.347/85. Honorários advocatícios. Princípio da simetria utilizado em benefício do réu. Impossibilidade.** Não se aplica às ações civil públicas propostas por associações e fundações privadas o princípio da primazia na condenação do réu nas custas e nos honorários advocatícios. *REsp 1974436, 3ª T, 25.3.2022. Inf 729.*

QUESTÕES DISCURSIVAS

24. (Cespe/TRF/2R/Juiz/2011) De acordo com o artigo 1º da Lei 9.688/98, "São extintos os cargos de Censor Federal a que se refere a Lei. 9.266, de 15 de março de 1996, e seus atuais ocupantes serão enquadrados em cargos de Perito Criminal Federal e de Delegado de Polícia Federal da Carreira Policial Federal, observada a respectiva classe, após conclusão de curso específico organizado pelo Departamento de Polícia Federal do Ministério da Justiça." Com base nesse preceito legal, o Ministro de Estado da Justiça promove o respectivo enquadramento dos outrora ocupantes do extinto cargo de censor federal nos cargos de perito criminal e de delegado federal. O Ministério Público Federal, entendendo que tal enquadramento não era válido, pelo fato de a Lei n. 9.688/98 ser inconstitucional, ajuíza ação civil pública tendo em vista obter a declaração (i) de nulidade do referido enquadramento; e (ii) "incidenter tantum" de inconstitucionalidade da Lei 9.688/98. Pergunta-se: de acordo com a jurisprudência do STF, os pedidos são juridicamente possíveis?

QUESTÕES OBJETIVAS

183. (TRF/4R/Juiz/2022) Assinale a alternativa correta.

a) Após o trânsito em julgado de sentença condenatória proferida em sede de ação de desapropriação, não é cabível a propositura de ação civil pública em defesa do patrimônio público para discutir a dominialidade do bem expropriado, sendo viável apenas a propositura de ação rescisória.

b) Segundo o entendimento do Supremo Tribunal Federal, o art. 16 da Lei da Ação Civil Pública, que estabelece limite territorial para a abrangência da coisa julgada, é inconstitucional.

c) O Ministério Público não tem legitimidade para a propositura de ação civil pública em defesa de direitos sociais relacionados ao FGTS.

d) A competência para o julgamento de ação de improbidade administrativa relacionada a eventuais irregularidades na utilização ou prestação de contas de repasses de verbas federais aos demais entes federativos é da Justiça Federal, independentemente das partes que figurem na ação, consistindo em hipótese de definição da competência em razão da matéria.

e) Não há interesse para a propositura de ação condenatória se o titular do direito possuir, em seu favor, título executivo extrajudicial relativo ao mesmo crédito.

184. (TRF/4R/Juiz/2022) A competência para processar e julgar ação civil pública proposta por uma associação de defesa ambiental por poluição de águas subterrâneas localizadas em município que se encontra na divisa entre os Estados do Rio Grande do Sul e de Santa Catarina é do:

a) juízo de Direito da Comarca da Justiça Estadual à qual o município está vinculado, porque as águas subterrâneas pertencem ao município em que se encontram e porque o dano ambiental ocorreu no seu território.

b) juízo Federal da Subseção Judiciária da Justiça Federal à qual o município está vinculado, porque as águas subterrâneas pertencem à União.

c) juízo Federal da Subseção Judiciária da Justiça Federal no Distrito Federal, porque a poluição das águas subterrâneas encontra-se em município que se acha na divisa entre dois estados da Federação.

d) juízo Federal da Subseção Judiciária da Justiça Federal à qual o município está vinculado, porque, encontrando-se o município na divisa entre dois estados da Federação, o conflito exige um juiz isento de interesse no desfecho da causa.

e) juízo de Direito da Comarca da Justiça Estadual à qual o município está vinculado, porque as águas subterrâneas pertencem ao estado-membro em que se encontram e porque o dano ambiental ocorreu no seu território.

185. (Vunesp/TRF/3R/Juiz/2022) Examine as assertivas abaixo e assinale a alternativa correta, a propósito da aplicação das normas do processo civil coletivo:

I. Em resposta a ação civil pública intentada pelo Ministério Público Federal para a recuperação de danos decorrentes de lançamento de óleo no mar, a empresa responsável alega que é nulo o inquérito civil, no qual foi produzido laudo técnico que constatou a natureza, a quantidade do material lançado e a extensão dos impactos ao meio ambiente, pois não observou o princípio do contraditório. A decisão acolheu tal preliminar considerando que o inquérito civil está submetido ao princípio do contraditório, nos termos de previsão expressa da Lei nº 7347/85, bem como do entendimento do Superior Tribunal de Justiça.

II. O Instituto do Patrimônio Histórico e Artístico Nacional – IPHAN celebrou termo de ajustamento de conduta com o proprietário de um bem tombado cujas cláusulas determinavam o cumprimento de diversas obrigações de fazer para a demolição de obras que desfiguraram a fachada do imóvel tombado. Em embargos à execução, o proprietário alega que a convenção das partes não tem força executiva. Por consequência, ausente título executivo, impõe-se a extinção da execução sem resolução de mérito. Os embargos à execução foram julgados improcedentes, uma vez que a força executiva do termo de ajustamento de conduta advém de previsão expressa da Lei nº 7.347/85, com a redação dada pelo Código de Defesa do Consumidor, sendo título hábil a justificar a ação de execução autônoma.

III. Em ação civil pública foi homologado acordo celebrado pela Procuradoria Regional dos Direitos do Cidadão de São Paulo, órgão do Ministério Público Federal, pelo Sindicato Nacional dos Aposentados, Pensionistas e Idoso e pelo Instituto Nacional do Seguro Social em que ficou estabelecido cronograma e condições de revisão de todas as aposentadorias por invalidez, auxílio-doença e pensões por morte concedidas até 2002. Posteriormente, identificando que sua aposentadoria não foi revisada nos termos do acordo, Maria resolve propor ação individual de cumprimento do acordo. A petição inicial foi indeferida, por se considerar exclusiva a legitimidade ativa do Ministério Público Federal para a promoção do cumprimento de sentença de ação coletiva, invocando jurisprudência consolidada do Superior Tribunal de Justiça.

IV. A Defensoria Pública da União e o Ministério Público Federal propuseram em litisconsórcio ação civil pública para inclusão na Relação Nacional de Medicamentos, no âmbito do Sistema Único de Saúde, de medicamentos comprovadamente mais eficazes e modernos, devidamente registrados na ANVISA, concebidos para tratamento de linforma não-Hodgkin e câncer de mama, em atendimento ao direito à saúde e à integralidade do SUS. Em sede de contestação, a União Federal alegou em preliminar a ilegitimidade ativa da Defensoria Pública da União para a propositura da ação civil pública, uma vez que os titulares do direito à saúde não são necessariamente pessoas hipossuficientes. Em despacho saneador, foi afastada tal preliminar, pois a redação atual da Lei nº 7.347/85 confere à Defensoria Pública legitimidade ativa para propor a ação civil pública, à luz também da sua vocação constitucional, sendo que, no caso, boa parte da população dependente do SUS é hipossuficiente a justificar a atuação da instituição.

a) Apenas a assertiva III é incorreta.

b) As assertivas I e III são incorretas.

c) Apenas a assertiva I é incorreta.

d) Todas as assertivas são incorretas.

186. (IFBC/TRF/2R/Juiz/2018) Nos termos do entendimento fixado pelo Supremo Tribunal Federal e pelo Superior Tribunal de Justiça, sobre o alcance territorial da sentença coletiva transitada em julgado, diante da limitação determinada pelo art. 16 da Lei n. 7.347/85:

a) a sentença pode ser executada nacionalmente independentemente do que foi fixado no título.

b) a sentença fará coisa julgada erga omnes, nos limites da competência territorial do órgão prolator, ainda que o título tenha estabelecido de modo mais amplo.

c) o Supremo Tribunal Federal entendeu que o tema possuía repercussão geral, estabelecendo que a coisa julgada deve prevalecer, em razão da proteção constitucional.

d) o Supremo Tribunal Federal entendeu que o tema possuía repercussão geral, estabelecendo que limitação determinada pela lei não ofende a coisa julgada.

e) a sentença pode ser executada fora dos limites da competência territorial do órgão prolator, por força da coisa julgada, ainda que em contrariedade à limitação legal, se fixado no título.

187. (Cespe/TRF/5R/Juiz/2013) A respeito da ACP, assinale a opção correta.

a) As "class actions", ações coletivas existentes em países que adotam o sistema jurídico "civil law", foram criadas para suprir a ineficácia das clássicas ações individuais na tutela de direitos supraindividuais, tendo o modelo alemão de "class action" influenciado diretamente o regime jurídico das ações civis públicas no Brasil.

b) Predomina no âmbito do STF e do STJ o entendimento segundo o qual o MP tem legitimidade para defender em juízo os interesses individuais homogêneos disponíveis somente nos casos em que houver relevância social, como em discussões acerca do direito constitucional dos segurados à obtenção de certidão por tempo de serviço junto ao Instituto Nacional do Seguro Social.

c) Existe expressa vedação legal à veiculação, em ACP, de pretensões envolvendo tributos, tarifas públicas e fundos de natureza institucional cujos beneficiários possam ser individualizados.

d) A doutrina utiliza a expressão jurisdição constitucional das liberdades para se referir à atividade jurisdicional voltada à tutela dos direitos fundamentais, cuja garantia não pode se dar por meio de ACP, já que o ordenamento jurídico pátrio prevê mecanismos específicos para a tutela desses direitos, como, por exemplo, as ADIs.

e) A Lei n. 7.347/1985, que regula a ACP, contém normas de direito processual e, predominantemente, normas de direito material.

9.3.2. Ação Popular

SÚMULAS

STF Súm. 101. O mandado de segurança não substitui a ação popular.

STF Súm. 365. Pessoa jurídica não tem legitimidade para propor ação popular.

INFORMATIVOS

STJ Ação popular. Prefeito. Ato administrativo. Encaminhamento de projeto de lei à câmara municipal. Inobservância da legislação vigente. Desvio de finalidade. Condenação ao ressarcimento de valores despendidos na realização dos trabalhos desenvolvidos com vista à elaboração de Projeto de Lei. Descabimento. Teoria da interrupção do nexo causal. Não é possível a condenação de prefeito ao ressarcimento de valores despendidos na realização dos trabalhos desenvolvidos com vista à elaboração de projeto de lei, na hipótese em que o ato administrativo encaminhado à Câmara Municipal desconsidera a legislação vigente, e é praticado com desvio de finalidade. *AREsp 1408660, 1ª T, 16.8.2022. Inf 745.*

QUESTÕES DISCURSIVAS

25. (TRF/2R/Juiz/2014) Cidadão ajuizou ação popular na qual o pedido formulado postula desconstituir o ato ilegal e lesivo ao patrimônio da União Federal. Após regular trâmite, foi proferida sentença no sentido de anular o ato impugnado e condenar o agente público e os beneficiários diretos ao ressarcimento do erário por perdas e danos. Em apelação, os réus alegaram que houve violação aos artigos 128 e 460 do Código de Processo Civil. Analise o acerto ou equívoco da sentença, de modo fundamentado.

QUESTÕES OBJETIVAS

188. (TRF/4R/Juiz/2016) Dadas as assertivas abaixo, assinale a alternativa correta.

I. O Supremo Tribunal Federal, por ausência de previsão constitucional, não dispõe de competência originária para processar e julgar ação popular promovida contra qualquer órgão ou autoridade da República, mesmo que o ato hostilizado tenha emanado do próprio Presidente da República, ou das Mesas da Câmara dos Deputados ou do Senado Federal, ou ainda de qualquer dos Tribunais Superiores da União.

II. A Súmula Vinculante, a qual só pode ser formada no âmbito do Supremo Tribunal Federal, não vincula, entretanto, o Poder Legislativo quando este exerce atividade jurisdicional "stricto sensu".

III. Compete ao Supremo Tribunal Federal o controle jurisdicional dos atos de Comissão Parlamentar de Inquérito que envolvam ilegalidade ou ofensa a direitos individuais, na medida em que a Comissão Parlamentar de Inquérito procede como se fosse a Câmara dos Deputados, o Senado Federal ou o Congresso Nacional como um todo.

IV. Não cabe recurso extraordinário contra decisão proferida no processamento de precatórios.

a) Estão corretas apenas as assertivas I, II e III.
b) Estão corretas apenas as assertivas I, II e IV.
c) Estão corretas apenas as assertivas I, III e IV.
d) Estão corretas apenas as assertivas II, III e IV.
e) Estão corretas todas as assertivas.

189. (TRF/2R/Juiz/2014) Em ação popular por ato lesivo ao patrimônio público federal, ocorrendo a situação de abandono do processo (art. 9º da Lei n. 4.717/65), após intimação pessoal do cidadão autor (§ 1º do art. 267 do Código de Processo Civil), o juiz deverá adotar a seguinte providência:

a) Extinguir o processo sem resolução de mérito, sem prejuízo do ajuizamento de nova ação caso não tenha ocorrido a prescrição.

b) Determinar a publicação de editais na forma prevista na legislação da ação popular, a permitir que qualquer cidadão assuma a ação, vedado ao Ministério Público assumir o pólo ativo.

c) Determinar a publicação de editais na forma prevista na legislação da ação popular, a permitir que qualquer cidadão ou o Ministério Público assuma a ação no prazo legal. Na eventualidade de não haver qualquer manifestação no sentido de assumir a ação, caberá ao magistrado extinguir o processo sem resolução de mérito.

d) Após o decurso do prazo fixado na legislação da ação popular, sem que haja manifestação positiva de qualquer cidadão ou do Ministério Público no sentido de assumir a demanda popular, o magistrado poderá designar cidadão de sua livre escolha para prosseguir com a ação popular.

e) Existe previsão na legislação da ação popular quanto aos editais e à possível retomada da ação por qualquer cidadão ou pelo Ministério Público, mas é discricionária a adoção do procedimento e, na hipótese de o juiz entender pela probabilidade de inexistir interessado em assumir a ação, poderá deixar de expedir editais e extinguir o processo sem resolução de mérito.

190. (Cespe/TRF/5R/Juiz/2013) Em relação à ação popular, ao mandado de segurança e à ação de improbidade administrativa, assinale a opção correta.

a) O pedido de reconsideração, na via administrativa, não interrompe o prazo para a impetração do mandado de segurança, inclusive nos casos de interposição de recurso administrativo com efeito suspensivo.

b) A lei de improbidade administrativa, afinada com a garantia constitucional da efetividade da tutela jurisdicional, prevê apenas duas espécies de medidas cautelares: a indisponibilidade de bens e o afastamento do agente público do exercício do cargo, emprego ou função.

c) Em sede de ação popular, admite-se o controle da representatividade adequada em cada caso concreto, segundo o modelo "ope judicis", de modo que, mesmo provada a condição de eleitor ou cidadão português equiparado, a legitimidade ainda poderá ser recusada pelo juiz.

d) De acordo com o entendimento do STF, em relação à legitimidade para impetrar mandado de segurança coletivo, a exigência do requisito de estar em funcionamento há pelo menos um ano aplica-se tanto às associações quanto às entidades de classe ou sindicatos.

e) Segundo o STJ, no âmbito da ação popular, é possível que a entidade pública, mesmo após ter contestado ou ter se mantido inerte, se retrate do posicionamento anteriormente tomado e passe a atuar como assistente do autor, ainda que já saneado o feito.

191. (Cespe/TRF/3R/Juiz/2011) No que se refere a direitos e garantias fundamentais, instrumentos de tutela desses direitos e inafastabilidade do controle judicial, assinale a opção correta.

a) O MP deve acompanhar a ação popular, cabendo-lhe apressar a produção de provas e promover a responsabilidade civil ou criminal dos que nela incidirem, sendo-lhe vedado, em qualquer hipótese, assumir a defesa do ato impugnado.

b) O texto constitucional determina que a lei não pode excluir da apreciação do Poder Judiciário lesão ou ameaça a direito, seja ela proveniente de ação ou omissão de organizações públicas, seja originada de conflitos privados; como corolário do princípio da inafastabilidade do controle judicial, a CF garante, de modo expresso, o direito ao duplo grau de jurisdição em todos os feitos e instâncias.

c) O direito de petição é direito fundamental de caráter universal, assegurado à generalidade das pessoas físicas, brasileiras ou estrangeiras, de modo individual ou coletivo, mas não às pessoas jurídicas, que não dispõem de legitimidade para valer-se desse instrumento de defesa de interesses próprios ou de terceiros contra atos ilegais ou praticados com abuso de poder.

d) A jurisprudência do STF considera que o princípio do direito adquirido se impõe a leis de direito privado, mas não a leis de ordem pública, pois estas se aplicam de imediato, alcançando os efeitos futuros do ato jurídico perfeito ou da coisa julgada.

e) O brasileiro nato, o brasileiro naturalizado e o estrangeiro não podem ser extraditados por crime político ou de opinião, mas, no que tange à prática de crime comum, a CF veda por inteiro apenas a extradição de brasileiro nato ou naturalizado, admitindo-a para o cidadão estrangeiro.

192. (TRF/3R/Juiz/2010) Assinale a afirmação correta:

a) Ao tratar da responsabilidade objetiva do estado o legislador constitucional no art. 37, § 6o, estabeleceu a obrigação de indenizar e o direito de regresso contra o causador do dano, razão pela qual este último deve ser sempre chamado a integrar o feito nos termos do art. 70, III, do Código de Processo Civil.

b) Para o ajuizamento da ação civil pública por improbidade administrativa é imprescindível a prévia instauração de inquérito civil.

c) A ação popular, por sua própria natureza, bem como em razão da legitimidade ativa exclusiva prevista em lei, independe para a sua propositura da descrição completa dos atos apontados como irregulares, cuja anulação se pleiteia.

d) Caberá ação popular para anular atos praticados por ente privado, desde que possam de alguma forma causar prejuízo aos cofres públicos.

9.3.3. "Habeas Corpus"

SÚMULAS

STF **Súm. 208.** O assistente do Ministério Público não pode recorrer, extraordinariamente, de decisão concessiva de "habeas corpus".

STF **Súm. 299.** O recurso ordinário e o extraordinário interpostos no mesmo processo de mandado de segurança, ou de "habeas corpus", serão julgados conjuntamente pelo Tribunal Pleno.

STF **Súm. 344.** Sentença de primeira instância concessiva de "habeas corpus", em caso de crime praticado em detrimento de bens, serviços ou interesses da União, está sujeita a recurso "ex officio".

STF **Súm. 395.** Não se conhece de recurso de "habeas corpus" cujo objeto seja resolver sobre o ônus das custas, por não estar mais em causa a liberdade de locomoção.

STF **Súm. 431.** É nulo o julgamento de recurso criminal, na segunda instância, sem prévia intimação, ou publicação da pauta, salvo em "habeas corpus".

STF **Súm. 606.** Não cabe "habeas corpus" originário para o Tribunal Pleno de decisão de turma, ou do plenário, proferida em "habeas corpus" ou no respectivo recurso.

STF **Súm. 691.** Não compete ao Supremo Tribunal Federal conhecer de "habeas corpus" impetrado contra decisão do relator que, em "habeas corpus" requerido a tribunal superior, indefere a liminar.

STF **Súm. 692.** Não se conhece de "habeas corpus" contra omissão de relator de extradição, se fundado em fato ou direito estrangeiro cuja prova não constava dos autos, nem foi ele provocado a respeito.

STF **Súm. 693.** Não cabe "habeas corpus" contra decisão condenatória a pena de multa, ou relativo a processo em curso por infração penal a que a pena pecuniária seja a única cominada.

STF **Súm. 694.** Não cabe "habeas corpus" contra a imposição da pena de exclusão de militar ou de perda de patente ou de função pública.

STF **Súm. 695.** Não cabe "habeas corpus" quando já extinta a pena privativa de liberdade.

STJ **Súm. 648.** A superveniência da sentença condenatória prejudica o pedido de trancamento da ação penal por falta de justa causa feito em "habeas corpus".

TRF1 **Súm. 10.** Compete ao Tribunal Regional Federal conhecer "habeas corpus" quando o coator for juiz do trabalho.

TRF4 **Súm. 124.** O "habeas corpus" não pode ser utilizado como substitutivo de recurso próprio, salvo em casos de flagrante ilegalidade.

ENUNCIADOS

Fonacrim **Enunc. 6.** O "habeas corpus" não deve ser admitido para impugnação de decisão interlocutória, quando o risco de restrição à liberdade de locomoção for remoto, ou para antecipar a discussão de questões de direito ou de fato cuja resolução é apropriada na sentença ou nos recursos cabíveis contra esta.

INFORMATIVOS

STJ **"Habeas corpus". Decreto de Governador de Estado. Apresentação de comprovante de vacinação. Controle abstrato de ato normativo. Via imprópria.** O "habeas corpus" não constitui via própria para impugnar decreto de governador de Estado sobre adoção de medidas acerca da apresentação do comprovante de vacinação contra a Covid-19 para que as pessoas possam circular e permanecer em locais públicos e privados. *RDC no HC 700487, 2ª T, 22.2.2022. Inf 726.*

STJ **Acordo de não persecução penal. ANPP. Confissão formal e circunstanciada do fato criminoso. Art. 28-A do CPP. Declaração de inconstitucionalidade. "Habeas corpus". Via incompatível para a pretensão.** Não é compatível com a via do "habeas corpus" a pretensão de declaração de inconstitucionalidade do art. 28-A do CPP. *Proc. segredo justiça, 6ª T, 10.10.2022. Inf 758.*

9.3.4. "Habeas Data"

SÚMULAS

STJ **Súm. 2.** Não cabe o "habeas data" (CF, art. 5º, LXXII, letra "a") se não houve recusa de informações por parte da autoridade administrativa.

9.3.5. Mandado de Injunção

REPERCUSSÃO & REPETITIVOS

STF **Rep. Geral 1038.** I. A Constituição Federal não prevê adicional noturno aos militares estaduais ou distritais. II. Mandado de injunção será cabível para que se apliquem, aos militares estaduais, as normas que regulamentam o adicional noturno dos servidores públicos civis, desde que o direito a tal parcela remuneratória esteja expressamente previsto na Constituição Estadual ou na Lei Orgânica do Distrito Federal. *RE 970823, 18.8.2020.*

ENUNCIADOS

CJF **Proc. Civil 12.** É cabível a intervenção de "amicus curiae" (art. 138 do CPC) no procedimento do Mandado de Injunção (Lei n. 13.300/2016).

QUESTÕES OBJETIVAS

193. (IFBC/TRF/2R/Juiz/2018) Sobre o tema do controle de constitucionalidade assinale a alternativa correta:

a) No caso de declaração incidental de inconstitucionalidade em controle concentrado, o Senado será comunicado da decisão e, em juízo discricionário, poderá suspender a execução da lei viciada, quando então a decisão adquire efeito "erga omnes".
b) Segundo a teoria da transcendência, além do dispositivo, também são vinculantes os motivos determinantes da decisão e as considerações dispensáveis para a resolução da causa.
c) Não cabe arguição de descumprimento de preceito fundamental quando o fundamento da controvérsia constitucional recair sobre lei ou ato normativo municipal.
d) A jurisprudência do STF firmou-se no sentido de que a arguição de descumprimento de preceito fundamental é, via de regra, meio idôneo para processar questões controvertidas derivadas de normas secundárias e de caráter tipicamente regulamentar.
e) Em sede de mandado de injunção individual, a superveniência de lei regulamentadora, após ter sido regulamentada a mora, somente afetará a situação do autor se a aplicação da norma editada lhe for mais favorável.

194. (Cespe/TRF/2R/Juiz/2011) Assinale a opção correta acerca do tratamento constitucional sobre os direitos e deveres individuais e coletivos, o mandado de injunção e o "habeas data".

a) A liberdade de locomoção em tempo de paz, que engloba, em relação ao território nacional, as situações de acesso e ingresso, saída e permanência, assim como a possibilidade de deslocamento, constitui direito absoluto, que não comporta limitações.
b) É plena a liberdade de associação para fins lícitos; as associações só podem ser compulsoriamente dissolvidas por sentença judicial transitada em julgado, e a suspensão de suas atividades depende de decisão judicial ou de ato normativo do Poder Executivo.
c) Além das pessoas físicas, as pessoas jurídicas, os sindicatos e as associações, assim como o MP, dispõem de legitimidade para impetrar mandado de injunção.
d) O "habeas data" pode ser impetrado contra qualquer órgão do Estado, seja ele do Poder Executivo, do Poder Legislativo ou do Poder Judiciário, mas não contra pessoas jurídicas de direito privado.
e) A CF garante a livre escolha da profissão ou ofício e veda condicionamento de qualquer espécie pela legislação infraconstitucional.

9.3.6. Mandado de Segurança

SÚMULAS

1) Cabimento

STF **Súm. 101.** O mandado de segurança não substitui a ação popular.

STF **Súm. 266.** Não cabe mandado de segurança contra lei em tese.

STF **Súm. 267.** Não cabe mandado de segurança contra ato judicial passível de recurso ou correição.

STF **Súm. 270.** Não cabe mandado de segurança para impugnar enquadramento da Lei 3.780, de 12 de julho de 1960, que envolva exame de prova ou de situação funcional complexa.

STF **Súm. 429.** A existência de recurso administrativo com efeito suspensivo não impede o uso do mandado de segurança contra omissão da autoridade.

STJ **Súm. 202.** A impetração de segurança por terceiro, contra ato judicial, não se condiciona à interposição de recurso.

STJ **Súm. 213.** O mandado de segurança constitui ação adequada para a declaração do direito à compensação tributária.

STJ **Súm. 333.** Cabe mandado de segurança contra ato praticado em licitação promovida por sociedade de economia mista ou empresa pública.

STJ **Súm. 460.** É incabível o mandado de segurança para convalidar a compensação tributária realizada pelo contribuinte.

2) Citação de Litisconsorte

STF **Súm. 631.** Extingue-se o processo de mandado de segurança se o impetrante não promove, no prazo assinado, a citação do litisconsorte passivo necessário.

STF **Súm. 701.** No mandado de segurança impetrado pelo Ministério Público contra decisão proferida em processo penal, é obrigatória a citação do réu como litisconsorte passivo.

3) Coisa Julgada

STF **Súm. 268.** Não cabe mandado de segurança contra decisão judicial com trânsito em julgado.

STF **Súm. 304.** Decisão denegatória de mandado de segurança, não fazendo coisa julgada contra o impetrante, não impede o uso da ação própria.

4) Competência

STF **Súm. 248.** É competente, originariamente, o Supremo Tribunal Federal, para mandado de segurança contra ato do Tribunal de Contas da União.

STF **Súm. 330.** O Supremo Tribunal Federal não é competente para conhecer de mandado de segurança contra atos dos tribunais de justiça dos Estados.

STF **Súm. 433.** É competente o Tribunal Regional do Trabalho para julgar mandado de segurança contra ato de seu presidente em execução de sentença trabalhista.

STF **Súm. 623.** Não gera por si só a competência originária do Supremo Tribunal Federal para conhecer do mandado de segurança com base no art. 102, I, n, da Constituição, dirigir-se o pedido contra deliberação administrativa do tribunal de origem, da qual haja participado a maioria ou a totalidade de seus membros.

STF **Súm. 624.** Não compete ao Supremo Tribunal Federal conhecer originariamente de mandado de segurança contra atos de outros tribunais.

STJ **Súm. 41.** O Superior Tribunal de Justiça não tem competência para processar e julgar, originariamente, mandado de segurança contra ato de outros tribunais ou dos respectivos órgãos.

STJ **Súm. 177.** O Superior Tribunal de Justiça é incompetente para processar e julgar, originariamente, mandado de segurança contra ato de órgão colegiado presidido por ministro de Estado.

STJ **Súm. 376.** Compete à turma recursal processar e julgar o mandado de segurança contra ato de juizado especial.

TRF1 **Súm. 55.** Os Tribunais Regionais da Justiça Especializada possuem competência para julgar mandado de segurança contra atos de natureza administrativa, praticados por seus presidentes.

5) Direito Líquido e Certo

STF **Súm. 625.** Controvérsia sobre matéria de direito não impede concessão de mandado de segurança.

6) Honorários Advocatícios

STF **Súm. 512.** Não cabe condenação em honorários de advogado na ação de mandado de segurança.

STJ **Súm. 105.** Na ação de mandado de segurança, não se admite condenação em honorários advocatícios.

7) Legitimidade Ativa

STF **Súm. 628.** Integrante de lista de candidatos a determinada vaga da composição de tribunal é parte legítima para impugnar a validade da nomeação de concorrente.

8) Legitimidade Passiva

STF **Súm. 510.** Praticado o ato por autoridade, no exercício de competência delegada, contra ela cabe o mandado de segurança ou a medida judicial.

STF **Súm. 627.** No mandado de segurança contra a nomeação de magistrado da competência do Presidente da República, este é considerado autoridade coatora, ainda que o fundamento da impetração seja nulidade ocorrida em fase anterior do procedimento.

9) Liminares

STF **Súm. 405.** Denegado o mandado de segurança pela sentença, ou no julgamento do agravo, dela interposto, fica sem efeito a liminar concedida, retroagindo os efeitos da decisão contrária.

STF **Súm. 626.** A suspensão da liminar em mandado de segurança, salvo determinação em contrário da decisão que a deferir, vigorará até o trânsito em julgado da decisão definitiva de concessão da segurança ou, havendo recurso, até a sua manutenção pelo Supremo Tribunal Federal, desde que o objeto da liminar deferida coincida, total ou parcialmente, com o da impetração.

10) Mandado de Segurança Coletivo

STF **Súm. 629.** A impetração de mandado de segurança coletivo por entidade de classe em favor dos associados independe da autorização destes.

STF **Súm. 630.** A entidade de classe tem legitimação para o mandado de segurança ainda quando a pretensão veiculada interesse apenas a uma parte da respectiva categoria.

11) Prazo Decadencial

STF **Súm. 430.** Pedido de reconsideração na via administrativa não interrompe o prazo para o mandado de segurança.

STF **Súm. 632.** É constitucional lei que fixa o prazo de decadência para a impetração de mandado de segurança.

12) Recursos

STF **Súm. 272.** Não se admite como ordinário recurso extraordinário de decisão denegatória de mandado de segurança.

STF **Súm. 299.** O recurso ordinário e o extraordinário interpostos no mesmo processo de mandado de segurança, ou de "habeas-corpus", serão julgados conjuntamente pelo Tribunal Pleno.

STF **Súm. 392.** O prazo para recorrer de acórdão concessivo de segurança conta-se da publicação oficial de suas conclusões, e não da anterior ciência à autoridade para cumprimento da decisão.

STJ **Súm. 604.** O mandado de segurança não se presta para atribuir efeito suspensivo a recurso criminal interposto pelo Ministério Público.

13) Via Processual Adequada

STF **Súm. 269.** O mandado de segurança não é substitutivo de ação de cobrança.

STF **Súm. 271.** Concessão de mandado de segurança não produz efeitos patrimoniais, em relação a período pretérito, os quais devem ser reclamados administrativamente ou pela via judicial própria.

14) Teoria da Encampação

STJ **Súm. 628.** A teoria da encampação é aplicada no mandado de segurança quando presentes, cumulativamente, os seguintes requisitos: a) existência de vínculo hierárquico entre a autoridade que prestou informações e a que ordenou a prática do ato impugnado; b) manifestação a respeito do mérito nas informações prestadas; e c) ausência de modificação de competência estabelecida na Constituição Federal.

ENUNCIADOS

CJF **Administrativo 35.** Cabe mandado de segurança para pleitear que seja obedecida a ordem cronológica para pagamentos em relação a crédito já reconhecido e atestado pela Administração, de acordo com o art. 5º, caput, da Lei n. 8.666/1993.

CJF **Proc. Civil 49.** A tutela da evidência pode ser concedida em mandado de segurança.

CJF **Proc. Civil 62.** Aplica-se a técnica prevista no art. 942 do CPC no julgamento de recurso de apelação interposto em mandado de segurança.

CJF **Proc. Civil 123.** Aplica-se o art. 339 do CPC à autoridade coatora indicada na inicial do mandado de segurança e à pessoa jurídica que compõe o polo passivo.

INFORMATIVOS

STJ **Mandado de segurança. Intimação da pessoa jurídica de direito público a que se vincula à autoridade impetrada. Legitimidade recursal. Intimação pessoal da autoridade coatora. Desnecessário. Teoria do órgão ou da imputação.** Em mandado de segurança, a legitimidade para recorrer é da pessoa jurídica de direito público, sendo dispensável a intimação da autoridade coatora para fins de início da contagem do prazo recursal. *AgInt no AREsp 1430628, 2ª T, 18.8.2022. Inf 747.*

STJ **Concurso público. Cotas. Candidato autodeclarado pardo. Posterior recusa pela comissão especial. Caso concreto. Dilação probatória. Inadequação da via mandamental.** É inadequado o manejo de mandado de segurança com vistas à defesa do direito de candidato em concurso público a continuar concorrendo às vagas reservadas às pessoas pretas ou pardas, quando a comissão examinadora de heteroidentificação não confirma a sua autodeclaração. *RMS 58785, 1ª T, 23.8.2022. Inf 746.*

STJ **Defensoria Pública. Defesa judicial das prerrogativas institucionais. Mandado de segurança impetrado por Defensor Público. Cabimento. Atribuição não exclusiva do Defensor-Geral. Princípios da unidade e da indivisibilidade.** O Defensor Público, atuando em nome da Defensoria Pública, possui legitimidade para impetrar mandado de segurança em defesa das funções institucionais e prerrogativas de seus órgãos de execução, atribuição não conferida exclusivamente ao Defensor Público-Geral. *Proc. segredo justiça, 4ª T, 10.6.2022. Inf 742.*

STJ **Mandado de Segurança Individual. Cumprimento de sentença. Honorários sucumbenciais. Não cabimento. Art. 25 da Lei 12.016/09. Súm. 105/STJ.** No processo de Mandado de Segurança individual, não cabem honorários advocatícios, na esteira do disposto no art. 25 da Lei 12.016/09 e na Súm. 105/STJ, não havendo ressalva à fase de cumprimento de sentença. *AgInt no REsp 1968010, 1ª T, 11.5.2022. Inf 753.*

STJ **Recurso ordinário em Mandado de Segurança. Exclusão de multa coercitiva. Decisão não denegatória. Descabimento. CF.** Não cabe recurso ordinário em mandado de segurança com fundamento no art. 105, II, b, da CF, na hipótese em que houver a concessão da segurança e a parte impugna capítulo que havia tão-somente excluído a multa cominatória para o cumprimento da liminar. *RMS 69727, 2ª T, 18.10.2022.*

STJ **Recurso ordinário. Apelação em mandado de segurança. Fungibilidade. Recebimento como recurso especial. Descabimento.** É incabível a interposição de recurso ordinário contra apelação em mandado de segurança. *RMS 66905, 2ª T, 22.3.2022. Inf 731.*

STJ **Mandado de segurança. Dirigente de Federação Esportiva. Entidade privada que não desempenha atividade pública delegada. Art. 82 da Lei 9.615/98 (Lei Pelé). Ilegitimidade passiva.** É inviável a subsunção de dirigentes, unidades ou órgãos de entidades de administração do desporto ao conceito de autoridade pública ou exercício de função pública, sobressaindo o caráter privado dessas atividades, declarando-se a ilegitimidade passiva a obstar o exame de mérito do mandado de segurança. *REsp 1348503, 4ª T, 22.2.2022. Inf 726.*

STJ **Mando de Segurança. Defesa dos interesses transindividuais e do patrimônio público material ou imaterial. Ministério Público. Legitimidade ativa.** O Ministério Público possui legitimidade ativa para impetrar mandado de segurança a fim de promover a defesa dos interesses transindividuais e do patrimônio público material ou imaterial. *RMS 67108, 2ª T, 5.4.2022. Inf 732.*

QUESTÕES DISCURSIVAS

26. (TRF/2R/Juiz/2007) O mandado de segurança se enquadra nas hipóteses de tutela jurisdicional diferenciada?

27. (Cespe/TRF/5R/Juiz/2007) É admissível recurso contra ato de indeferimento da inicial de mandado de segurança impetrado sob alegação de autorização legislativa estadual contra o fechamento de casa de bingo determinado por delegado de polícia federal?

QUESTÕES OBJETIVAS

195. (TRF/4R/Juiz/2022) Dadas as assertivas abaixo, assinale a alternativa correta.

I. A impetração de mandado de segurança coletivo por entidade de classe em favor dos associados independe da autorização destes.

II. No mandado de segurança, a teoria da encampação terá como consequência alterar o polo passivo do mandamus e, se for o caso, o processo será remetido ao juízo competente para a observância da competência funcional estabelecida na Constituição Federal.

III. Não cabe mandado de segurança contra atos de gestão comercial praticados por administradores de empresas públicas, sociedades de economia mista e concessionárias de serviço público.

IV. Não será concedida medida liminar que tenha por objeto a compensação de créditos tributários, a entrega de mercadorias e bens provenientes do exterior, a reclassificação ou equiparação de servidores públicos e a concessão de aumento ou a extensão de vantagens ou pagamento de qualquer natureza, conforme entendimento do Supremo Tribunal Federal.

a) Estão corretas apenas as assertivas I e II.
b) Estão corretas apenas as assertivas I e III.
c) Estão corretas apenas as assertivas II e III.
d) Estão corretas apenas as assertivas III e IV.
e) Estão corretas apenas as assertivas I, II e IV.

196. (TRF/4R/Juiz/2016) Dadas as assertivas abaixo, assinale a alternativa correta.

I. Para fins de mandado de segurança, considerar-se-á federal a autoridade coatora se as consequências de ordem patrimonial do ato contra o qual se requer o mandado houverem de ser suportadas pela União ou por entidade por ela controlada, mesmo que se trate de sociedade de economia mista.

II. O pedido de mandado de segurança poderá ser renovado dentro do prazo decadencial, salvo se a decisão denegatória houver apreciado o mérito.

III. O mandado de segurança coletivo não induz litispendência para as ações individuais, mas os efeitos da coisa julgada não beneficiarão o impetrante a título individual se não requerer a desistência de seu mandado de segurança no prazo de 30 (trinta) dias a contar da ciência comprovada da impetração da segurança coletiva.

IV. Segundo a orientação do Supremo Tribunal Federal, a previsão estatutária genérica para representação dos associados em juízo é suficiente para que a associação impetre mandado de segurança coletivo, prescindindo de autorização específica.

a) Estão corretas apenas as assertivas I e II.
b) Estão corretas apenas as assertivas II e IV.
c) Estão corretas apenas as assertivas I, II e III.
d) Estão corretas apenas as assertivas II, III e IV.
e) Estão corretas todas as assertivas.

197. (TRF/4R/Juiz/2014) Dadas as assertivas abaixo, assinale a alternativa correta. Sobre o mandado de segurança:

I. São incabíveis, no processo de mandado de segurança, embargos infringentes.

II. No mandado de segurança coletivo, a sentença fará coisa julgada limitadamente aos membros do grupo ou da categoria substituídos pelo impetrante.

III. Não cabe mandado de segurança contra os atos de gestão comercial praticados pelos administradores de empresas públicas, de sociedades de economia mista e de concessionárias de serviço público.

IV. Compete à Justiça Federal processar e julgar mandado de segurança contra ato de sociedade de economia mista federal envolvendo concurso público.

a) Está correta apenas a assertiva I.
b) Estão corretas apenas as assertivas I e II.
c) Estão corretas apenas as assertivas I, II e III.
d) Estão corretas apenas as assertivas I, II e IV.
e) Estão corretas todas as assertivas.

198. (Cespe/TRF/1R/Juiz/2013) A partir da ideia de jurisdição constitucional das liberdades e tendo em vista seus principais mecanismos, assinale a opção correta.

a) Na hipótese de o pedido formulado na ACP ser julgado improcedente por insuficiência de prova, a coisa julgada obtida terá efeito "erga omnes", nos limites da competência territorial do prolator da sentença, de forma a impedir que outros colegitimados possam promover outra ação com idêntico fundamento.
b) Consoante entendimento sumulado do STF, para que seja reconhecida a legitimidade da entidade de classe para impetração de mandado de segurança coletivo, é necessária a demonstração de que a pretensão veiculada na ação mandamental interessa a toda a respectiva categoria.
c) A regra segundo a qual competência territorial é relativa aplica-se à ACP.
d) Conforme entendimento sumulado do STJ, as turmas recursais dos juizados especiais são competentes para julgar mandados de segurança impetrados contra atos emanados de tais juizados.
e) Sempre que houver desistência ou abandono da ACP por parte da associação legitimada, o MP ou outro legitimado deverá assumir a titularidade ativa da ação.

199. (Cespe/TRF/1R/Juiz/2013) Após concorrência de técnica e preço, foi celebrado, com determinado órgão público federal, contrato de fornecimento de equipamentos de informática e manutenção com determinada empresa. Todavia, a indústria que fornecia os produtos de hardware e software à contratada suspendeu a parceria, imputando à empresa contratada quebra de confiança por ter passado a negociar com indústria concorrente. Sem ter como cumprir o contrato com a administração nos termos originais, a contratada ofereceu substituição dos produtos por outros, alegando equivalência. A administração federal recusou a substituição e, facultada a defesa, decidiu pela aplicação de pena de multa e, ainda, pela declaração de inidoneidade para licitar e contratar com a administração pública. A empresa impetrou mandado de segurança, inquinando de ilegais as decisões da administração pública e pleiteando a anulação das penas aplicadas. Com base nessa situação hipotética, assinale a opção correta.

a) A ordem no "writ" deverá ser concedida ao menos para impedir a cumulação da pena de multa com a declaração de inidoneidade.
b) No polo passivo do "writ", deve figurar necessariamente um ministro de Estado.

c) À falta de especificação, a declaração de inidoneidade para contratar é restrita da esfera federal, pois a limitação a direitos é interpretada restritivamente.
d) É ilegal a responsabilização da empresa contratada, não tendo havido culpa ou dolo de sua parte, dada a inesperada recusa da indústria em fornecer-lhe os produtos prometidos.
e) A declaração de inidoneidade opera efeitos "ex tunc" e, se mantida, eventuais outros contratos celebrados pela impetrante com a administração federal deverão ser rescindidos.

200. (Cespe/TRF/1R/Juiz/2011) Assinale a opção correta considerando a impetração de mandado de segurança contra ato de autoridade pública federal.

a) O juiz decretará de ofício a caducidade da medida liminar quando o impetrante criar obstáculo ao normal andamento do processo.
b) Se for interposto agravo de instrumento contra liminar concedida, não poderá a parte se valer do pedido de suspensão de segurança.
c) Ao despachar a inicial, o juiz determinará a notificação do representante judicial para prestar informações.
d) Despachada a inicial, somente poderá haver ingresso de litisconsorte ativo antes da sentença.
e) Desde que dentro do prazo decadencial, não haverá óbice quanto à renovação do pedido de mandado de segurança.

201. (TRF/3R/Juiz/2010) Em relação ao Mandado de Segurança, de natureza constitucional e disciplinado pela Lei 12.016/09, é incorreto afirmar:

a) O conteúdo do pedido no mandado de segurança visa à prática, sustação ou abstenção de determinada medida administrativa, comportando as variações que, na sua multiplicidade, comporta a ação administrativa em prejuízo do indivíduo.
b) A competência para processar e julgar mandado de segurança impetrado contra ato de juizado especial é da turma recursal.
c) Compete ao Juiz Estadual processar e julgar mandado de segurança impetrado contra ato de diretor de faculdade de ensino privada.
d) A competência para o julgamento do mandado de segurança é absoluta, por ser fixada ratione personae, sendo irrelevante para esse efeito, e ressalvadas as exceções previstas constitucionalmente, a natureza da controvérsia sob o ponto de vista do direito material ou do pedido deduzido na demanda.

202. (TRF/3R/Juiz/2010) A Constituição Federal, art. 5º, LXX, "b", estabelece que o mandado de segurança coletivo poderá ser impetrado por: "organização sindical, entidade de classe ou associação legalmente constituída" em defesa dos interesses de seus membros ou associados. No que respeita à "entidade de classe", pergunta-se:

a) Em face do contido no texto constitucional, necessita ela de prévia autorização de seus membros para a propositura do mandado de segurança coletivo.
b) A "entidade de classe" não necessita de prévia autorização de seus membros para o ajuizamento do mandado de segurança coletivo, mas precisa comprovar a exigência constitucional de um ano de constituição e funcionamento.
c) A impetração do mandado de segurança coletivo por parte de "entidade de classe" objetiva a defesa de direitos relacionados com as atividades identificadoras da categoria, mas não que sejam peculiares a essa categoria. A "entidade de classe", assim como, os partidos políticos, necessita antes de tudo, apresentar representatividade de âmbito nacional.
d) Prescinde de autorização de seus filiados, e em relação a ela é desnecessária a prova de que foi constituída e está em funcionamento há pelo menos um ano, além de não necessitar de representatividade em âmbito nacional.

9.4. Reclamação

QUESTÕES OBJETIVAS

203. (TRF/4R/Juiz/2014) Dadas as assertivas abaixo, assinale a alternativa correta.

I. Admite-se reclamação para o Supremo Tribunal Federal somente na hipótese em que a decisão recorrida seja contrária à Súmula de sua jurisprudência.
II. Admite-se a reclamação para o Supremo Tribunal Federal na hipótese em que a decisão do juiz de primeiro grau contrariar orientação firmada em julgamento afeto ao regime da repercussão geral.
III. A súmula vinculante, emanada do Supremo Tribunal Federal, vincula o legislador, que não pode dispor contrariamente ao que nela se contém.

a) Está correta apenas a assertiva II.
b) Está correta apenas a assertiva III.
c) Estão corretas apenas as assertivas I e II.
d) Estão corretas apenas as assertivas II e III.
e) Nenhuma assertiva está correta.

10. TEORIA CONSTITUCIONAL

10.1. Classificação/Conceito de Constituições/Normas

QUESTÕES OBJETIVAS

204. (TRF/4R/Juiz/2022) Assinale a alternativa correta.

a) A Constituição brasileira de 1988 classifica-se como semirrígida, porquanto é composta por normas constitucionais em sentido formal e material.
b) Na classificação ontológica, constituição nominal é aquela submetida ao poder político dominante, tendo por objetivo a sua perpetuação no poder.
c) Diante de uma constituição flexível, não há hierarquia formal entre a norma constitucional e a legislação ordinária.
d) Levando-se em consideração a forma, as constituições serão dogmáticas quando resultantes de longa evolução histórica, fruto das tradições e dos costumes sociais de um povo.
e) As constituições serão outorgadas quando originárias de um órgão constituinte, composto por representantes do povo.

205. (Cespe/TRF/5R/Juiz/2017) A Constituição Federal de 1988 veda a instituição de impostos sobre patrimônio, renda ou serviços relacionados às finalidades essenciais dos partidos políticos, dos sindicatos e das instituições de educação e de assistência social sem fins lucrativos, atendidos os requisitos da lei. De acordo com a classificação tradicional da eficácia das normas constitucionais, tal norma é de aplicabilidade

a) imediata, embora de eficácia contida.
b) diferida, pois de eficácia limitada.
c) diferida, pois de eficácia contida
d) imediata, pois de eficácia plena.
e) imediata, embora de eficácia limitada.

206. (TRF/2R/Juiz/2017) Assinale a opção que, corretamente, classifica a Constituição Federal em vigor:

a) dogmática, promulgada, rígida e analítica.
b) rígida, popular, não dogmática e originalista.
c) flexível, popular, histórica e formal.

d) democrática, formal, semiflexível e originalista
e) semiflexível, promulgada, dirigente e nominalista.

207. (TRF/3R/Juiz/2016) Com relação a classificação das Constituições é correto dizer que:

a) a Constituição formal é aquela promulgada em sessão solene do Poder Constituinte que a elaborou, com a presença do chefe do Poder Executivo.
b) a Constituição rígida é aquela que não prevê mecanismo ou processo que permita a alteração de suas normas, só podendo ser mudada por outro Poder Constituinte originário.
c) a Constituição dirigente confere atenção especial à implementação de programas pelo Estado.
d) a Constituição ortodoxa é aquela que se pauta por valores e tradições há muito já estabelecidos e conservados pela sociedade.

208. (Cespe/TRF/1R/Juiz/2015) A respeito da ordem constitucional brasileira, assinale a opção correta.

a) Não se considera o município entidade federativa, embora se reconheça que ele dispõe de capacidade de auto-organização, autogoverno e autoadministração.
b) As formas de Estado e de governo adotadas na CF são consideradas, devido a previsão expressa, cláusulas pétreas.
c) Quanto ao modo de elaboração, a CF é uma Constituição dogmática, na medida em que se apresenta como produto escrito e sistematizado por um órgão constituinte, a partir de valores predominantes em determinado momento histórico.
d) A matéria constante de proposta de emenda constitucional rejeitada ou havida por prejudicada não pode ser novamente apresentada na mesma legislatura.
e) As normas presentes no ato das disposições constitucionais transitórias, pelo seu caráter temporário, são dispositivos hierarquicamente inferiores às normas constantes do corpo principal da CF.

209. (Cespe/TRF/5R/Juiz/2013) Acerca do conceito, dos elementos e da classificação das constituições, assinale a opção correta.

a) As Constituições classificadas, quanto ao modo de elaboração, como Constituições históricas, apesar de serem juridicamente flexíveis, são, normalmente, politicamente rígidas.
b) De acordo com a concepção que a define como um processo público, a Constituição consiste em uma ordem jurídica fundamental do Estado e da sociedade, não se caracterizando, portanto, como Constituição aberta, ou seja, como obra de um processo de interpretação.
c) Entendida como um programa de integração e representação nacionais, a Constituição deve conter apenas matérias referentes a grupos particularizados e temas passíveis de alterações frequentes, de modo a propiciar a durabilidade e a estabilidade do próprio texto constitucional.
d) Conforme a concepção política, a Constituição é a soma dos fatores reais de poder que regem o país.
e) São denominados elementos limitativos das Constituições aqueles que visam assegurar a defesa da Constituição e do estado democrático de direito.

210. (Cespe/TRF/3R/Juiz/2011) Com relação a poder constituinte originário, tipologia das constituições, hermenêutica e mutação constitucional, assinale a opção correta.

a) Quanto ao conteúdo, considera-se constituição formal aquela dotada de supremacia, que, como norma fundamental e superior, regula o modo de produção das demais normas do ordenamento jurídico.
b) As normas constitucionais são espécies de normas jurídicas, e, como tal, sua interpretação baseia-se em conceitos e elementos clássicos da interpretação em geral, não sendo possível afirmar, portanto, que, no campo hermenêutico, as normas constitucionais apresentam especificidades que as diferenciam das demais normas.
c) A mutação constitucional ocorre por interpretação judicial ou por via de costume, mas não pela atuação do legislador, pois este age apenas editando normas de desenvolvimento ou complementação do texto constitucional, dentro dos limites por este imposto.
d) Conforme determinação expressa do Ato das Disposições Constitucionais Transitórias, cabe aos estados, ao DF e aos municípios exercer o poder constituinte decorrente, entendido como a capacidade desses entes federativos de se auto-organizarem de acordo com suas próprias constituições, respeitados os princípios impostos, de forma explícita ou implícita, pela CF.
e) O poder constituinte originário é a expressão das decisões soberanas da maioria de um povo, em dado momento histórico; esse poder se manifesta em uma assembleia constituinte soberana, responsável por inaugurar uma nova ordem jurídica.

10.2. Evolução/História Constitucional

QUESTÕES OBJETIVAS

211. (Vunesp/TRF/3R/Juiz/2022) Sobre a história, teoria e prática dos direitos constitucionais e fundamentais no Brasil, assinale a alternativa correta:

a) o Supremo Tribunal Federal entende que a ordem de desindexação, quando direcionada a provedores de internet com atuação no Brasil, equivale ao direito ao esquecimento, e admite sua incidência na internet como um direito fundamental individual.
b) é vedado, por atentar contra a soberania nacional, o uso de jurisprudência constitucional estrangeira na jurisprudência brasileira, especialmente quando resultar em redução do programa normativo dos direitos fundamentais expressos na Constituição de 1988.
c) a Constituição de 1891, em norma inovadora, garantiu a representação da minoria na Câmara dos Deputados.
d) o juiz das garantias, criado recentemente para atuar após o juiz da causa, na análise do cumprimento integral dos direitos fundamentais em cada processo, pode ser caracterizado como uma primeira fase revisora de decisões judiciais, reforçando a cultura garantista.

212. (TRF/3R/Juiz/2018) Um novo paradigma para o constitucionalismo surgiu entre o final do século XX e o início do século XXI. Procura ser uma resposta teórico-prática para a necessidade de se obterem eficácia e efetividade para as normas constitucionais, sobretudo as portadoras de direitos sociais. Implanta, no Brasil, modelo normativo-axiológico, com adoção expressa de valores e opções pela efetivação de políticas públicas com sede constitucional. Muitas destas bastante específicas, como os serviços de saúde, educação e assistência social a hipossuficientes. Esse paradigma constitucional possui algumas notas típicas, dentre as quais não se encontram:

a) Separação conceitual entre o direito constitucional e a moralidade política.
b) Tendência a integração das diversas esferas da razão prática para solução dos casos constitucionais: o direito, a moral e a política.

c) Compreensão da constitucionalidade enquanto critério último de validade das normas, em termos substantivos e não apenas formais.
d) Os direitos constitucionais incorporam uma ordem objetiva de valores. Esses direitos e valores tornam-se onipresentes com "efeito irradiante" sobre os demais ramos do direito.

213. (TRF/3R/Juiz/2016) Considere a história constitucional do Brasil e assinale a alternativa correta:

a) Os direitos fundamentais foram expressamente previstos pela primeira vez na Constituição de 1946, a qual sobreveio após a queda do Estado Novo.
b) A forma federativa de Estado foi prevista na Constituição de 1891, mas ainda assim não foi assegurada autonomia aos Municípios na condição de entes federados.
c) Na Constituição de 1946 foi concedida ao Presidente da República autorização para expedir decretos-lei e foi prevista a eleição para as Casas Legislativas por meio de voto direto e secreto.
d) O presidencialismo sempre acompanhou a forma republicana de governo desde que esta foi implantada com a queda do Império.

10.3. Hermenêutica Constitucional

ATENÇÃO: ESTE TEMA É MUITO EXIGIDO NOS CONCURSOS!

QUESTÕES DISCURSIVAS

28. (Vunesp/TRF/3R/Juiz/2022) Embora escrito no contexto do direito norte-americano, Richard Posner (que foi juiz federal de umas das cortes federais de apelação nos EUA) nos provoca a refletir sobre a atividade jurisdicional e a própria compreensão do papel do Direito na sociedade: "Se se aprovasse uma emenda constitucional reescravizando os negros ou ordenando sua deportação para a África, um juiz federal instado a aplicara emenda não teria nenhuma absolvição moral em chamara atenção para o fato de estar obedecendo ao direito positivo válido. A adesão inflexível ao direito positivo é menos passível de enobrecer seus adeptos do que de solapar o estado de direito ao fazer com que as virtudes deste - regularidade, previsibilidade, impessoalidade, abnegação - se pareçam grotescas, caricaturais, desumanas." É claro que no Brasil as cláusulas pétreas tornariam ilegítima essa emenda. Todavia, a partir do excerto acima, produza um texto argumentativo com sua reflexão sobre um dos mais importantes desafios colocados diante do juiz: É possível obter harmonia prática no ato de julgar entre segurança jurídica e justiça?

29. (TRF/3R/Juiz/2016) A interpretação das normas jurídicas é uma matéria que se desenvolveu em três etapas fundamentais: a) a obra de Friedrich Schleiermacher, no início do século XIX; b) a hermenêutica clássica de Savigny, na segunda metade do século XIX, e ainda preponderantes na Alemanha atual; c) a Nova Hermenêutica, no século XX. O magistrado tem como parte essencial de seu ofício a interpretação das normas e a coerência argumentativa de suas decisões. Nesse sentido, responda: (a) Quais os critérios hermenêuticos clássicos de Savigny e como se deve operacionalizá-los na interpretação? (b) Qual o papel da lei na interpretação da norma? E possível desconsiderá-la na interpretação? Por quê?

30. (TRF/4R/Juiz/2016) O jurista J.C. Gray (The Nature and Sources of Law, 1902) dizia que "as leis são fontes do Direito, e não partes do Direito". Ao seu lado, J. Austin (The Province of Jurisprudence Determined, 1932) frisava que "o direito constitucional é apenas a moral positiva", enquanto Hans Kelsen (Theory of Law and State, 1949) visualizava por inteiro um sistema jurídico-legal e, assim, enfatizava que "a primeira norma genuína instituindo a sanção está contida na segunda, e assim por diante". Então, para H.L.A. Hart (O Conceito do Direito, 1961), o Direito passou a ser "uma união de regras primárias e secundárias". Por sua vez, em A Justiça de Toga, Ronald Dworkin, apegado à importância dos princípios e da própria e correta justiça aplicada nos tribunais, utilizou passagem histórica como figura de retórica, para registrar que, "Quando Oliver Wendell Holmes era juiz da Suprema Corte, certa vez ele deu carona ao jovem Learned Hand, quando ia para o trabalho. Ao chegar a seu destino, Hand saltou, acenou para a carruagem que se afastava e gritou alegremente: 'Faça justiça, juiz!' Holmes pediu para o condutor que parasse e voltasse, para a surpresa de Hand. 'Não é esse o meu trabalho!', disse Holmes, debruçado na janela. A carruagem então fez meia-volta e partiu, levando Holmes para o trabalho, que, supostamente, não consistia em fazer justiça". Para muitos e, em especial, para Alf Ross, "há uma relação entre o direito vigente e a ideia de justiça". Portanto e sem dúvida, uma grande indagação jurídica por certo ainda persiste. Nesse sentido, disserte sobre "o que é o direito" e sobre "como as convicções morais de um juiz podem influenciar seus julgamentos acerca do que é o direito". Em sua resposta deverá, necessariamente, também analisar e contextualizar: (a) Justiça e Moral; (b) Direito e Moral; (c) Direito e Justiça; (d) Política Jurídica.

31. (TRF/2R/Juiz/2013) Diferencie as técnicas decisórias da interpretação conforme a Constituição e da inconstitucionalidade parcial sem redução de texto, fornecendo ao menos um exemplo de aplicação de cada uma delas.

32. (Cespe/TRF/2R/Juiz/2011) A doutrina do duplo efeito encontra esteio no ordenamento constitucional pátrio?

QUESTÕES OBJETIVAS

214. (TRF/4R/Juiz/2022) Dadas as assertivas abaixo, assinale a alternativa correta.

I. Quando o ordenamento jurídico dispõe que todos têm direito à saúde e, ao mesmo tempo, prevê critérios para a prestação de serviços médicos e fornecimento de medicamentos, trata-se de matéria de justiça distributiva.
II. O art. 37, § 6º, da Constituição Federal, ao prever que "as pessoas jurídicas de direito púbico e as de direito privado prestadoras de serviços públicos responderão pelos danos que seus agentes, nessa qualidade, causarem a terceiros, assegurado o direito de regresso contra o responsável nos casos de dolo ou culpa", consubstancia disposição de justiça geral ou política, pois cuida das relações na comunidade política, mediando as relações entre sujeitos definidos, em relação de reciprocidade, por meio de critérios de distribuição e proporcionalidade.
III. A justiça distributiva diz respeito às coisas que são divididas ou compartilhadas, como ocorre na configuração do Regime Geral de Previdência Social; a justiça comutativa, por sua vez, corresponde a uma estrutura de troca, obedecendo a um modelo aritmético, o que pode ser ilustrado pelos parâmetros de fixação das taxas no direito tributário, em que seu valor deve observar os custos da atuação estatal subjacente.
IV. O Supremo Tribunal Federal, ao considerar a reserva de vagas para pessoas negras nos concursos públicos uma "política corretiva da desigualdade material existente entre brancos e negros na disputa, no âmbito de concursos públicos, pela assunção de cargos efetivos e empregos públicos na administração pública federal" (excerto do voto do Min. Roberto Barroso, ADC nº 41), expressou juízo de justiça comutativa.

a) Estão corretas apenas as assertivas I e III.

b) Estão corretas apenas as assertivas I e IV.
c) Estão corretas apenas as assertivas II e III.
d) Estão corretas todas as assertivas.
e) Nenhuma das assertivas está correta.

215. (TRF/4R/Juiz/2022) Assinale a alternativa incorreta.

a) A utilização da sistemática e da dogmática da Análise Econômica do Direito, especialmente nas decisões judiciais, pode, em casos especiais, autorizar o juiz a julgar "contra legem".
b) Um dos conceitos recorrentes na Análise Econômica do Direito é o de ser uma abordagem que explique o comportamento dos indivíduos perante as regras e os efeitos destas na consecução de resultados eficientes.
c) A Análise Econômica do Direito reflete um método de análise mais consequencialista e menos dogmático sobre o Direito.
d) A escassez, uma das principais premissas da Análise Econômica do Direito, é empregada no sentido de que as coisas ou os elementos que nos cercam não são ilimitados e, por isso, as pessoas têm a necessidade de equacionar a alocação dos recursos para a tomada de decisão.
e) Quando se analisa a eficiência de uma instituição ou de um sistema complexo, como é o Poder Judiciário, é fundamental considerar que a internalização de comportamentos e a cooperação para a otimização dos seus recursos dependem, em grande medida, de uma aderência dos indivíduos à instituição, a partir de respostas que são também fruto de estímulos externos.

216. (TRF/4R/Juiz/2022) Dadas as assertivas abaixo, assinale a alternativa correta.

I. Ao enunciar que "justiça é igualdade" e que "a injustiça é excesso e falta", Aristóteles expressa a teoria clássica da justiça; nela, a justiça não é uma coisa, nem um sentimento, ela é, em vez disso, a virtude de aplicar medidas e regras.
II. A análise econômica do direito aplica teorias e métodos da economia a diversas áreas do sistema jurídico; assim, propõe-se a descrever e explicar instituições jurídicas a partir do critério "eficiência", entendido como o emprego dos recursos a fim de maximizar a satisfação humana.
III. A análise econômica do direito, quando propõe avaliações normativas das soluções jurídicas e do funcionamento do sistema jurídico, sujeita-se às críticas endereçadas ao utilitarismo, seja por ignorar questões que constituem o núcleo do conceito de justiça, tais como os problemas de distribuição, seja por subordinar os indivíduos ao agregado de resultados, impondo-lhes sacrifícios em nome do agregado de benefícios.

a) Estão corretas apenas as assertivas I e II.
b) Estão corretas apenas as assertivas I e III.
c) Estão corretas apenas as assertivas II e III.
d) Estão corretas todas as assertivas.
e) Nenhuma das assertivas está correta.

217. (Vunesp/TRF/3R/Juiz/2022) Sobre a seguinte tese: "São sempre necessárias leis específicas e expressas para efetivar e concretizar normas programáticas ou sociais da Constituição brasileira de 1988", assinale, segundo o Direito Constitucional brasileiro, a alternativa correta:

a) se trata de uma livre opção interpretativa, podendo tal exigência ser invocada legitimamente para evitar as dificuldades advindas de uma Constituição social extremamente custosa para uma economia periférica.
b) decorre da impossibilidade de aplicação direta de "princípios constitucionais" por decisões judiciais.
c) é a base, historicamente falando, de uma teoria de bloqueio, especialmente quanto ao Estado Social, e reforça uma visão legicêntrica do sistema jurídico.
d) autoriza o cabimento da ação popular, respeitada a condicionante de que se trate de omissão que torne inviável o exercício dos direitos constitucionais e das prerrogativas inerentes à nacionalidade, soberania e cidadania.

218. (Vunesp/TRF/3R/Juiz/2022) Ao contrário das ciências da natureza (física, química, biologia), é bastante difícil falar em conceito ou mesmo ideia do que é o Direito. Essa dificuldade advém do fato – de o Direito ser fenômeno histórico e social. De fato, o conteúdo das normas das comunidades – ao contrário das leis da física – varia no tempo e no espaço. O que temos são "approachs" (aproximações), faces de um grande poliedro. Uma dessas abordagens captura o aspecto do Direito enquanto "técnica social específica" para se lograr a observância das normas, como se extrai de um autor: "O que o assim chamado Direito dos antigos babilônios tem em comum com o – igualmente assim chamado – Direito que prevalece hoje nos Estados Unidos? (...) pois a palavra (Direito) refere-se à técnica social específica de uma ordem coercitiva, que, apesar das enormes diferenças entre o Direito da Antiga Babilônia e o dos Estados Unidos hoje (...) é essencialmente a mesma para todos esses povos que diferem tão amplamente em tempo, lugar e cultura – a técnica social que consiste em ocasionar a conduta social desejada dos homens por meio da ameaça de coerção no caso de conduta contrária". A perspectiva acima reproduz a abordagem do:

a) Direito como integridade em Dworkin.
b) Direito como conjunto de normas e procedimentos em Alexy.
c) Positivismo normativista de Kelsen.
d) Realismo jurídico norte-americano de Holmes.

219. (Vunesp/TRF/3R/Juiz/2022) É comum aos juízes estarem diante dos chamados "casos difíceis". Nesse tema, um dos grandes debates que ainda se desenvolve na Teoria do Direito é aquele referente à existência (ou não) de discricionariedade judicial para definir o Direito das partes nos hard cases. Uma dessas perspectivas sustenta que o Direito é um fenômeno basicamente comunicacional e que a linguagem jurídica tem inevitavelmente textura aberta, o que propicia o surgimento de casos difíceis, hipótese em que não é possível a identificação do Direito com singela aplicação do método da subsunção. Nessa visão, métodos clássicos de interpretação não são suficientes para a tomada de decisão e só há um caminho ao juiz: realizar interpretação estipulando um novo significado de maneira discricionária. Essa perspectiva da teoria do Direito é sustentada pelo:

a) Jusnaturalismo de John Finnis.
b) Positivismo de Herbert Hart.
c) Pós-positivismo de Ronald Dworkin.
d) Agir comunicativo em Habermas.

220. (Vunesp/TRF/3R/Juiz/2022) Adequada leitura do contexto social é fundamental na tomada de decisão pelos juízes federais. Foquemos no uso pela hermenêutica constitucional do princípio da proporcionalidade "lato sensu". O olhar externo da "sociologia compreensiva" permite colocar a atuação decisória do juiz em plano mais amplo, o da ação social: i) As pessoas são capazes de interpretar suas realidades sociais (valores, crenças, emoções, costumes, poder etc.) e de a elas atribuir sentido; ii) têm capacidade de levar em conta os fins, os meios e as consequências – inclusive secundárias – de seus atos; iii) identicamente são hábeis a agir em conformidade a valores – pela crença no valor em si de determinadas condutas (ética, estética, religiosa etc.), independentemente do sucesso pessoal, iv) atuam, também, determinadas por afetos e estados sentimentais e/ou movidas pela tradição – hábitos, costumes, cotidiano. Em suma, temos o pluralismo dos motivos na ação social. À hermenêutica judicial motiva-se apenas em parte dos tópicos acima, restando ainda em aberto ou em construção o papel dos afetos e emoções. Pois bem, o sociólogo que desenvolve essa sociologia compreensiva, utilizada como pano de fundo para a abordagem acima da intepretação constitucional, é:

a) Émile Durkheim.
b) Auguste Comte.
c) Max Weber.
d) Niklas Luhmann.

221. (TRF/4R/Juiz/2022) Dadas as assertivas abaixo, assinale a alternativa correta. Considerando o debate sobre teorias da justiça:

I. "A adoção irrestrita da Teoria da Relativização da Coisa Julgada, a pretexto de uma suposta correção de rumos da sentença passada em julgado, sob o discurso de que esta não se mostraria, aos olhos da parte sucumbente, a melhor, a mais justa ou a mais correta, em hipotética ofensa a algum valor constitucional, calcado num inescondível subjetivismo, redundaria na desestabilização dos conflitos pacificados pela prestação jurisdicional, a fulminar, por completo, a sua finalidade precípua, revelando-se catalisadora de intensa insegurança jurídica." (REsp 1782867/MS, DJe 14/08/2019, excerto da ementa) – A preocupação com o subjetivismo, referida no excerto da ementa acima (REsp 1782867/MS), relaciona-se com o debate, presente na teoria da justiça de John Rawls, sobre o utilitarismo.

II. "Dos regramentos legais (arts. 219 do Código de Processo Civil de 2015, c. c. 1.046, § 2º, e 189 da Lei nº 11.101/2005), ressai claro que o Código de Processo Civil, notadamente quanto à forma de contagem em dias úteis, somente se aplicará aos prazos previstos na Lei nº 11.101/2005 que se revistam da qualidade de processual. (...) Sem olvidar a dificuldade, de ordem prática, de se identificar a natureza de determinado prazo, se material ou processual, cuja determinação não se despoja, ao menos integralmente, de algum grau de subjetivismo, este é o critério legal imposto ao intérprete do qual ele não se pode apartar." (REsp 1698283/GO, DJe 24/05/2019, excerto da ementa) – A menção a "algum grau de subjetivismo", referida no excerto da ementa acima (REsp 1698283/GO) relaciona-se ao debate, presente na teoria da justiça de John Rawls, sobre o intuicionismo.

III. O Supremo Tribunal Federal rejeitou, diante do regime legal então vigente, a pretensão de excluir do rol dos crimes hediondos as formas simples dos crimes de estupro e de atentado violento ao pudor (HC 81288/SC); para tanto, aduziu, dentre outros fundamentos, a extrema gravidade dos danos decorrentes do estupro, a necessidade de os julgadores conhecerem a realidade das relações de gênero, a dramática subnotificação desses crimes, a vulnerabilidade da mulher no espaço doméstico, os danos atuais e potenciais à saúde sexual e reprodutiva, as gravíssimas sequelas emocionais e os impactos na construção da subjetividade feminina. - Os fundamentos acima referidos podem ser relacionados às críticas feministas às teorias da justiça que, partindo de premissas atomistas, abstratas e individualistas, mostram-se incapazes de compreender a posição e as necessidades das mulheres.

a) Está correta apenas a assertiva I.
b) Está correta apenas a assertiva II.
c) Está correta apenas a assertiva III.
d) Estão corretas apenas as assertivas I e II.
e) Estão corretas apenas as assertivas II e III.

222. (TRF/3R/Juiz/2018) O parâmetro do controle de constitucionalidade é encontrado na Constituição Federal, havendo tendência jurisprudencial e doutrinária no sentido de ampliação desse parâmetro a partir do conceito de "bloco de constitucionalidade". Já o objeto da ADI genérica é norma veiculada por lei ou ato normativo que se mostre em confronto com o parâmetro. Sob essa ótica, é correto afirmar que:

a) Apenas admite-se o controle de constitucionalidade de Proposta de Emenda à Constituição (PEC) e de projeto de lei quando estes forem manifestamente ofensivos a cláusula pétrea ou violem procedimento formal previsto na Constituição para sua elaboração.
b) Configura usurpação de competência do STF a tramitação de arguição de inconstitucionalidade (art. 948 do CPC) que tenha por objeto o mesmo dispositivo legal cuja validade esteja sendo discutida em sede de ADI na Suprema Corte.
c) A Convenção sobre os Direitos das Pessoas com Deficiência e seu Protocolo Facultativo (Nova York, 2007), promulgada pelo Decreto nº 6.949/2009, faz parte do conceito de bloco de constitucionalidade.
d) É admissível, conforme entendimento do STF, a tramitação de ADI que tenha por objeto norma declarada constitucional, em sede recurso extraordinário, pelo Plenário da Corte, dado o efeito "inter partes" da decisão prolatada em controle difuso.

223. (TRF/3R/Juiz/2018) A Constituição brasileira possui uma plêiade de princípios, muitos deles em conflito em casos concretos. Há vetores interpretativos que auxiliam o juiz no trabalho de construção da decisão. Um desses vetores da hermenêutica contemporânea (v.g., Canotilho) tem campo de atuação em hipóteses de colisão entre direitos fundamentais, sendo que subjacente a este princípio está a ideia de igual valor dos bens constitucionais que impede, como solução, o sacrifício de uns em relação aos outros e impõe condicionantes recíprocas. Esse vetor traduz o princípio da:

a) concordância prática.
b) máxima efetividade.
c) correção funcional.
d) interpretação.

224. (Cespe/TRF/5R/Juiz/2015) A prática constitucional brasileira, por se tornar a cada dia mais complexa, exige o incremento do estudo da teoria da Constituição com o objetivo de se compreender e justificar a atuação cada vez mais proeminente do Poder Judiciário. Acerca desse assunto, assinale a opção correta.

a) De acordo com o positivismo de Hans Kelsen, a escolha de uma interpretação dentro da moldura de possibilidades proporcionada pela norma jurídica realiza-se segundo a livre apreciação do tribunal, e não por meio de qualquer espécie de conhecimento do direito preexistente.
b) Para Ronald Dworkin, princípios constitucionais são conceituados como mandamentos de otimização que conduzem à única resposta correta.
c) A corrente doutrinária denominada não interpretacionismo defende que os juízes, ao decidirem questões constitucionais, devem limitar-se a fazer cumprir as normas explícitas ou claramente implícitas na Constituição escrita.
d) A teoria da Constituição dirigente, por conceber um projeto bastante ambicioso e totalizante da Constituição, implica a adoção de uma concepção procedimentalista do papel institucional das cortes constitucionais.
e) Segundo a teoria substancialista, o Poder Judiciário deve decidir os casos constitucionais de maneira estreita e rasa, utilizando-se apenas dos argumentos estritamente necessários para a solução do litígio, deixando de parte questões morais controversas.

225. (Cespe/TRF/5R/Juiz/2015) Tendo em vista que, para lidar com as dificuldades decorrentes da declaração de inconstitucionalidade de leis e atos normativos por parte dos tribunais, a doutrina e a jurisprudência têm desenvolvido uma série de métodos e técnicas interpretativas que auxiliam na resolução de casos constitucionais, assinale a opção correta.

a) O STF, pela maioria absoluta de seus membros, pode modular ou limitar os efeitos da declaração de inconstitucionalidade, tendo em vista razões de segurança jurídica ou de excepcional interesse social.
b) O princípio da justeza ou da conformidade funcional preceitua que o órgão encarregado da interpretação constitucional não pode chegar a um resultado que subverta ou perturbe o esquema de repartição de funções constitucionalmente estabelecido.
c) O STF utiliza-se da chamada técnica da interpretação conforme a Constituição para advertir o legislador de que o ato impugnado encontra-se em regime de transição para a inconstitucionalidade.
d) A técnica da declaração de inconstitucionalidade sem pronúncia de nulidade é utilizada para considerar inconstitucional apenas determinada hipótese de aplicação da lei, sem proceder à alteração do seu programa normativo.
e) O princípio da máxima efetividade da Constituição propõe que se dê primazia às soluções hermenêuticas que, compreendendo a historicidade das estruturas constitucionais, possibilitem a sua atualização normativa, garantindo a sua eficácia e permanência.

226. (Cespe/TRF/1R/Juiz/2013) Considerando a hermenêutica constitucional, assinale a opção correta com base na doutrina de referência.

a) Norma constitucional de eficácia contida incide direta e imediatamente sobre a matéria respectiva.
b) Norma constitucional de eficácia limitada ou reduzida somente produz efeitos mediante intervenção do Poder Judiciário.
c) Norma constitucional de eficácia plena tem aplicação direta e imediata, mas não integral.
d) A aplicação de norma constitucional de eficácia reduzida prescinde de lei em sentido material.
e) Norma constitucional de eficácia plena exige lei reguladora, ou integradora, para produzir efeitos jurídicos.

227. (TRF/4R/Juiz/2012) Dadas as assertivas abaixo, assinale a alternativa correta.

I. As disposições constitucionais transitórias são de eficácia limitada, porque a sua aplicação depende de norma regulamentadora.
II. As normas constitucionais programáticas são normas de eficácia limitada, porque o seu conteúdo pode ser restringido por normas infraconstitucionais.
III. Os tratados e as convenções internacionais situam-se, no sistema jurídico brasileiro, no mesmo plano de validade e eficácia das leis ordinárias.
IV. Uma lei que tenha sido elaborada em desacordo com o processo legislativo previsto na Constituição sob cuja vigência foi editada, mas que, até o advento da nova Constituição, não foi objeto de arguição de inconstitucionalidade, não pode ser recepcionada por esta, ainda que com ela guarde compatibilidade material.
V. As normas infraconstitucionais anteriores à nova Constituição que sejam materialmente compatíveis são por ela recepcionadas.

a) Estão corretas apenas as assertivas I e III.
b) Estão corretas apenas as assertivas IV e V.
c) Estão corretas apenas as assertivas I, II e IV.
d) Estão corretas apenas as assertivas II, III e V.
e) Estão corretas todas as assertivas.

228. (TRF/4R/Juiz/2010) Dadas as assertivas abaixo, assinale a alternativa correta.

I. O vício de inconstitucionalidade pode decorrer tanto de um ato de execução material como de um ato normativo do Poder Público.
II. A inconstitucionalidade pode decorrer de omissão total ou parcial por parte do Poder Público.
III. A cláusula de "reserva do possível" não pode ser invocada pelo Poder Público com a finalidade de exonerar-se do cumprimento de obrigações constitucionais quando essa conduta implicar a nulificação de direitos fundamentais.
IV. Compete ao Judiciário não apenas determinar à Administração a execução de políticas públicas garantidoras de direitos fundamentais, como também indicar quais políticas seriam aconselháveis, diante da gama de opções com que se depara o administrador.
V. A execução ou não de políticas públicas constitui prerrogativa exclusiva da Administração, não competindo ao Judiciário imiscuir-se em tal matéria, sob pena de ferimento do princípio da separação dos Poderes.

a) Estão corretas apenas as assertivas I e IV.
b) Estão corretas apenas as assertivas II e III.
c) Estão corretas apenas as assertivas II e IV.
d) Estão corretas apenas as assertivas IV e V.
e) Estão corretas apenas as assertivas I, II e III.

229. (TRF/4R/Juiz/2010) Dadas as assertivas abaixo, assinale a alternativa correta.

I. Havendo colisão entre o princípio da liberdade de imprensa e o direito à privacidade, prevalecerá aquela, porque informada pelo interesse público.
II. A colisão entre dois princípios constitucionais, calcados em direitos fundamentais, resolve-se pela supressão de um em favor de outro.
III. Relativamente ao direito que possui a imprensa de informar, deve-se conferir maior proteção à privacidade e à imagem de pessoas públicas do que às pessoas privadas.
IV. O conflito aparente de princípios constitucionais se resolve pelas regras da ponderação e da razoabilidade.

a) Está correta apenas a assertiva I.
b) Está correta apenas a assertiva IV.
c) Estão corretas apenas as assertivas I e II.
d) Estão corretas apenas as assertivas III e IV.
e) Estão corretas apenas as assertivas I, II e III.

230. (TRF/4R/Juiz/2010) Dadas as assertivas abaixo, assinale a alternativa correta.

I. A tese de que há hierarquia entre normas constitucionais originárias, dando azo à declaração de inconstitucionalidade de umas em frente às outras, é incompatível com o sistema de constituição rígida.
II. As cláusulas pétreas podem ser invocadas para sustentar a inconstitucionalidade de normas constitucionais originárias que lhe são inferiores.
III. Não havendo hierarquia entre as normas constitucionais, é inadmissível a declaração de inconstitucionalidade de norma introduzida na Constituição Federal por emenda.

IV. Tanto as normas materialmente constitucionais como as normas formalmente constitucionais possuem a mesma eficácia, não havendo hierarquia entre elas.

a) Estão corretas apenas as assertivas I e III.
b) Estão corretas apenas as assertivas I e IV.
c) Estão corretas apenas as assertivas II e III.
d) Estão corretas todas as assertivas.
e) Nenhuma assertiva está correta.

231. (Cespe/TRF/5R/Juiz/2009) A respeito do controle de constitucionalidade das leis e dos atos normativos, assinale a opção correta.

a) Ocorre inconstitucionalidade por arrastamento quando a declaração de inconstitucionalidade alcança outra norma constitucional que não tenha sido impugnada inicialmente. Em tal situação, conforme entendimento do STF, diante do princípio da demanda, o referido tribunal não pode apreciar a norma consequente caso ela não tenha sido arrolada como inconstitucional pelo autor da ação direta de inconstitucionalidade.
b) No controle difuso, a atribuição de efeitos prospectivos à declaração de inconstitucionalidade é proibida pelo STF.
c) Em face do princípio da subsidiariedade, segundo entendimento do STF, a possibilidade de impetração de mandado de segurança exclui a de se ingressar com arguição de descumprimento de preceito fundamental.
d) A expressão "bloco de constitucionalidade" pode ser entendida como o conjunto normativo que contém disposições, princípios e valores materialmente constitucionais fora do texto da CF formal.
e) Os tribunais de justiça dos estados, por decisão da maioria relativa de seus membros, podem deferir pedido de medida cautelar na ação declaratória de constitucionalidade consistente na determinação de que os juízes e os tribunais suspendam o julgamento dos processos que envolvam a aplicação da lei ou do ato normativo objeto da ação até seu julgamento definitivo.

232. (Cespe/TRF/5R/Juiz/2009) Acerca do conceito, dos elementos e da classificação da CF, do poder constituinte e da hermenêutica constitucional, assinale a opção correta.

a) De acordo com o princípio da força normativa da constituição, defendida por Konrad Hesse, as normas jurídicas e a realidade devem ser consideradas em seu condicionamento recíproco. A norma constitucional não tem existência autônoma em face da realidade. Para ser aplicável, a CF deve ser conexa à realidade jurídica, social e política, não sendo apenas determinada pela realidade social, mas determinante em relação a ela.
b) Segundo Kelsen, a CF não passa de uma folha de papel, pois a CF real seria o somatório dos fatores reais do poder. Dessa forma, alterando-se essas forças, a CF não teria mais legitimidade.
c) A CF admite emenda constitucional por meio de iniciativa popular.
d) Segundo Pedro Lenza, os elementos limitativos da CF estão consubstanciados nas normas constitucionais destinadas a assegurar a solução de conflitos constitucionais, a defesa da Constituição, do Estado e das instituições democráticas.
e) Constituição rígida é aquela que não pode ser alterada.

10.4. Poder Constituinte

QUESTÕES OBJETIVAS

233. (TRF/4R/Juiz/2022) Assinale a alternativa correta.

a) O poder constituinte decorrente, atribuído aos Estados-membros, caracteriza-se como derivado e incondicionado.
b) Mutação constitucional consiste na aprovação de emenda à Constituição, alterando norma constitucional anteriormente promulgada.
c) A emenda à Constituição será promulgada pelo Presidente da República, não se admitindo veto.
d) O poder constituinte originário é permanente, inicial, autônomo e juridicamente incondicionado.
e) A Constituição não poderá ser emendada na vigência de intervenção federal, estado de necessidade ou estado de sítio.

234. (TRF/3R/Juiz/2016) Analise as proposições abaixo e assinale a alternativa certa:

I. Sob o aspecto democrático, a titularidade do Poder Constituinte é do Estado, mas é o povo que o exerce.
II. A Constituição nova, ainda que seja silente a respeito, revoga inteiramente a Constituição anterior, fenômeno que decorre da normatização geral.
III. Os direitos e deveres individuais e coletivos estendem-se aos estrangeiros que apenas estão em trânsito pelo Brasil.
IV. Para fins da proteção referida no art. 5º, XI, da Constituição atual, o conceito normativo de "casa" deve ser abrangente, de modo a se estender, em regra, a qualquer compartimento privado onde alguém exerce uma atividade ou profissão.
V. As associações de caráter paramilitar só podem funcionar depois de autorizadas pelo Ministério da Defesa.

a) Todas as proposições estão corretas.
b) Apenas a proposição I é incorreta.
c) As proposições III e IV são incorretas.
d) As proposições II, III e IV são as corretas.

235. (TRF/4R/Juiz/2012) Considerando o sistema constitucional brasileiro vigente, assinale a alternativa incorreta.

a) O poder constituinte originário não pode ser exercido na vigência de estado de sítio.
b) Não há como opor direito adquirido à manifestação do poder constituinte originário.
c) Segundo o Supremo Tribunal Federal, o preâmbulo da Constituição não contém normas constitucionais de valor jurídico autônomo, nem serve de paradigma comparativo para a declaração de inconstitucionalidade.
d) O poder constituinte reformador pode manifestar-se a qualquer momento, desde que observe as limitações impostas pelo constituinte.
e) Para fins de extradição, o ordenamento jurídico brasileiro não exige que a ordem de prisão do extraditando haja sido expedida por autoridade integrante do Poder Judiciário, senão apenas por autoridade que tenha competência para fazê-lo nos termos da lei do Estado requerente.

236. (Cespe/TRF/1R/Juiz/2011) Acerca do poder constituinte, da CF e do ADCT, assinale a opção correta.

a) As normas que versam sobre a intervenção federal nos estados e no DF, bem como dos estados nos municípios, incluem-se entre os chamados elementos de estabilização constitucional.

b) O poder constituinte originário dá início a nova ordem jurídica, e, nesse sentido, todos os diplomas infraconstitucionais perdem vigor com o advento da nova constituição.
c) Consideram-se elementos socioideológicos da CF as normas que disciplinam a organização dos poderes da República e o sistema de governo.
d) O ADCT não tem natureza de norma constitucional, na medida em que dispõe sobre situações excepcionais e temporárias.
e) Segundo disposição literal da CF, os estados e municípios dispõem do chamado poder constituinte derivado decorrente, que deve ser exercido de acordo com os princípios e regras dessa Carta.

10.5. Teoria do Estado

QUESTÕES OBJETIVAS

237. (Cespe/TRF/5R/Juiz/2015) É corrente o entendimento de que o Estado constitui uma junção de elementos: uma base territorial, uma dimensão humana e um governo efetivamente estabelecido. Considerando o primeiro desses elementos, costuma-se identificar o elemento territorial ou espacial do Estado. Com relação a essa temática, assinale a opção correta.
a) De acordo com decisão da CIJ, o sobrevoo não autorizado do território de um Estado (X) por aeronave pertencente a outro Estado (Y) não configura desrespeito à soberania territorial de X.
b) O direito de passagem inocente no espaço aéreo ocorre da mesma forma que em relação ao mar territorial.
c) O STF possui entendimento de existência de territórios indígenas, identificando, assim, a possibilidade de determinado povo atuar perante a ordem jurídica internacional.
d) É reconhecido aos navios de todas as nacionalidades o direito de passagem inocente no mar territorial brasileiro, que não compreende a possibilidade de auxílio a pessoas em perigo.
e) A Convenção das Nações Unidas sobre o Direito do Mar admite a possiblidade de expansão da plataforma continental brasileira além dos limites atualmente fixados de duzentas milhas marítimas.

238. (TRF/4R/Juiz/2010) Assinale a alternativa correta.
a) A exploração de portos fluviais e lacustres compete aos Estados.
b) A Federação Brasileira é composta pela União, Estados e um Distrito Federal, ao passo que os municípios somente têm autonomia em temas de seu particular interesse, nos termos da respectiva lei orgânica.
c) Como Federação, o Brasil conta com autonomia legislativa dos Estados sem que existam limites a essa autonomia.
d) Como República, o Brasil conta com o exercício do poder político em caráter eletivo, transitório e com responsabilidade.
e) É de competência privativa estadual a legislação sobre desapropriação no âmbito de cada Estado.

2

DIREITO DO CONSUMIDOR

VOLUME DE QUESTÕES

MUITO BAIXO

1. DISPOSIÇÕES GERAIS

ATENÇÃO: ESTE TEMA É MUITO EXIGIDO NOS CONCURSOS!

SÚMULAS

STJ **Súm. 297.** O Código de Defesa do Consumidor é aplicável às instituições financeiras.

STJ **Súm. 506.** A Anatel não é parte legítima nas demandas entre a concessionária e o usuário de telefonia decorrentes de relação contratual.

STJ **Súm. 563.** O Código de Defesa do Consumidor é aplicável às entidades abertas de previdência complementar, não incidindo nos contratos previdenciários celebrados com entidades fechadas.

STJ **Súm. 602.** O Código de Defesa do Consumidor é aplicável aos empreendimentos habitacionais promovidos pelas sociedades cooperativas.

STJ **Súm. 608.** Aplica-se o Código de Defesa do Consumidor aos contratos de plano de saúde, salvo os administrados por entidades de autogestão.

REPERCUSSÃO & REPETITIVOS

STJ **Repetitivo 1095.** Em contrato de compra e venda de imóvel com garantia de alienação fiduciária devidamente registrado em cartório, a resolução do pacto, na hipótese de inadimplemento do devedor, devidamente constituído em mora, deverá observar a forma prevista na Lei n. 9.514/1997, por se tratar de legislação específica, afastando-se, por conseguinte, a aplicação do Código de Defesa do Consumidor. *REsp 1891498, 26.10.2022.*

ENUNCIADOS

CJF **Comercial 9.** Quando aplicado às relações jurídicas empresariais, o art. 50 do Código Civil não pode ser interpretado analogamente ao art. 28, § 5º, do CDC ou ao art. 2º, § 2º, da CLT.

CJF **Comercial 19.** Não se aplica o Código de Defesa do Consumidor às relações entre sócios/acionistas ou entre eles e a sociedade.

CJF **Comercial 20.** Não se aplica o Código de Defesa do Consumidor aos contratos celebrados entre empresários em que um dos contratantes tenha por objetivo suprir-se de insumos para sua atividade de produção, comércio ou prestação de serviços.

CJF **Civil 686.** Aplica-se o sistema de proteção e defesa do consumidor, conforme disciplinado pela Lei n. 8.078, de 11 de setembro de 1990, às relações contratuais formadas entre os aplicativos de transporte de passageiros e os usuários dos serviços correlatos.

INFORMATIVOS

STF **Atualização do rol de procedimentos e eventos em saúde suplementar.** São constitucionais os prazos para conclusão dos procedimentos administrativos de atualização do rol de procedimentos e eventos em saúde suplementar (Lei 9.656/98, art. 10, §§ 7º e 8º), por inexistir incompatibilidade entre a sua definição e a urgência dos pacientes na obtenção de um tratamento. O formato adotado para a composição da Comissão de Atualização do Rol de Procedimentos e Eventos em Saúde Suplementar não fere a CF, ante a ausência da alegada exclusão de participantes usuários de planos de saúde ou discriminação de qualquer natureza. São constitucionais os critérios a serem considerados no relatório elaborado pela referida Comissão, uma vez que não há submissão do direito à saúde à interesses econômicos e financeiros. *ADI 7088, 9.11.2022. Pleno. Inf 1075.*

STJ **Agência Nacional de Saúde Suplementar. Rol de Procedimentos e Eventos em Saúde Suplementar. Taxatividade. Operadora de plano ou seguro de saúde. Tratamento não constante do Rol da ANS. Não obrigatoriedade. Admissão em hipóteses excepcionais e restritas.** 1. O rol de Procedimentos e Eventos em Saúde Suplementar é, em regra, taxativo; 2. A operadora de plano ou seguro de saúde não é obrigada a arcar com tratamento não constante do rol da ANS se existe, para a cura do paciente, outro procedimento eficaz, efetivo e seguro já incorporado ao rol; 3. É possível a contratação de cobertura ampliada ou a negociação de aditivo contratual para a cobertura de procedimento extra rol; 4. Não havendo substituto terapêutico ou esgotados os procedimentos do rol da ANS, pode haver, a título excepcional, a cobertura do tratamento indicado pelo médico ou odontólogo assistente, desde que (i) não tenha sido indeferido expressamente, pela ANS, a incorporação do procedimento ao rol da Saúde Suplementar; (ii) haja comprovação da eficácia do tratamento à luz da medicina baseada em evidências; (iii) haja recomendações de órgãos técnicos de renome nacionais (como Conitec e Natjus) e estrangeiros; e (iv) seja realizado, quando possível, o diálogo interinstitucional do magistrado com entes ou pessoas com expertise técnica na área da saúde, incluída a Comissão de Atualização do rol de Procedimentos e Eventos em Saúde Suplementar, sem deslocamento da competência do julgamento do feito para a Justiça Federal, ante a ilegitimidade passiva ad causam da ANS. *EREsp 1.886.929, 2ª S, 8.6.2022. Inf 740.*

STJ **Transporte aéreo internacional. Extravio de mercadoria. Falta de especificação do valor. Indenização tarifada. Convenção de Montreal. Cabimento.** A responsabilidade civil decorrente de extravio de mercadoria importada objeto de contrato de transporte celebrado entre a importadora e a companhia aérea se encontra disciplinada pela Convenção de Montreal. *EREsp 1289629, 2ª S, 25.5.2022. Inf 738.*

QUESTÕES DISCURSIVAS

1. (Cespe/TRF/5R/Juiz/2018) Em caso de antinomia entre o Código de Defesa do Consumidor e os tratados internacionais que regulamentam a ordenação do transporte aéreo internacional, dos quais o Brasil é signatário, qual norma é prevalente? Justifique sua resposta com base nas normas internas (legais e constitucionais) e internacionais relacionadas à matéria, bem como na jurisprudência do Supremo Tribunal Federal.

2. (TRF/2R/Juiz/2007) Tiago Santos ajuizou ação de conhecimento em face da CEF pedindo a condenação da ré ao ressarcimento do valor debitado em sua conta corrente, correspondente a prêmio de seguro residencial, mediante o argumento de que não contratou tal seguro. Segundo o autor, com fulcro no Código de Defesa do Consumidor, deve-se inverter o "onus probandi", cabendo à ré provar que o correntista concordou em celebrar o contrato de seguro residencial. Além disso, o autor invoca a impossibilidade de produzir prova negativa, para justificar o pedido de atribuição à ré do ônus de provar a sua manifestação de vontade. Em sua defesa, a ré alega que o Código de Defesa do Consumidor não se aplica às instituições financeiras, pois há dispositivo constitucional dispondo que o sistema financeiro nacional deverá ser regido por lei complementar, não se justificando, em consequência, a inversão do ônus da prova com base na referida lei ordinária. Decida a questão, indicando os dispositivos legais aplicáveis.

QUESTÕES OBJETIVAS

1. (Vunesp/TRF/3R/Juiz/2022) Nos termos da legislação consumerista, consumidor é toda pessoa física ou jurídica que adquire ou utiliza produto ou serviço como destinatário final. Fundamental, portanto, para se aferir o alcance da proteção legal, a compreensão prática do que se entende por "destinatário final". Considere o seguinte caso: Caio Prado médico recém-formado iniciou residência médica no HC da FMUSP e, embora não detivesse conhecimentos de direito imobiliário, construção ou incorporação, adquiriu com sua poupança seu primeiro imóvel: um estúdio de 1 dormitório – em fase final de construção – de uma incorporadora imobiliária, para uso pessoal ou revender com lucro ou, ainda, obter renda complementar com locação. Sucede que após a entrega do flat houve divergências na interpretação do contrato entre Caio Prado e a construtora. Quanto à aplicação do CDC à relação contratual de com- fara & venda acima, assinale a alternativa correta:

a) Caio não pode ser caracterizado como hipossuficiente sob o ponto de vista econômico, portanto não recebe proteção do CDC.
b) Como Caio adquiriu o imóvel com finalidade de revenda ou renda não faz jus ao amparo do CDC, pois se trata de consuma intermediário.
c) Caio é técnica e/ou juridicamente vulnerável, devendo receber proteção da legislação consumerista,
d) Caio fará jus à proteção do CDC desde que utilize o estúdio para uso pessoal ou familiar, de acordo com a teoria finalista.

2. (Vunesp/TRF/3R/Juiz/2022) Lia firmou um contrato de mútuo com a Caixa Econômica Federal dando como garantia pignoratícia algumas joias. Havia uma cláusula contratual, comum a todos os contratos desta modalidade firmados pela instituição bancária, de que a eventual necessidade de ressarcimento do valor das joias, em virtude de extravio, roubo ou furto, teria como parâmetro a avaliação unilateral realizada pelo Banco, em geral bem abaixo do valor de mercado. As joias foram roubadas da agência bancária na qual estavam depositadas por uma quadrilha de ladrões de banco. Lia, inconformada com a perda das joias, propôs ação na Justiça Federal pleiteando a reparação dos danos materiais pelo ressarcimento integral do valor de mercado das joias, conforme prova técnica a ser produzida durante a instrução. Assinale a alternativa correta à luz do entendimento doutrinário e jurisprudencial sobre o tema:

a) Como se trata de ocorrência de caso fortuito ou força maior, uma vez que o roubo foi praticado por terceiros, apesar da adoção de todas as medidas de segurança pertinentes pelo banco, sendo o problema de segurança pública fora da alçada da instituição, não há responsabilidade da Caixa Econômica Federal, como credora pignoratícia, de ressarcir ao proprietário a perda das joias, nos termos da disciplina sobre penhor prevista no Código Civil.
b) Como há um risco profissional assumido pelo banco quanto à perda do bem, previsto no contrato de penhor, o que faz lei entre as partes, a credora pignoratícia é responsável pelo ressarcimento, devendo-se observar, todavia, o limite de indenização previsto no contrato, que fixou os bens dados como garantia e suas especificações, nos termos do Código Civil, único conjunto de normas aplicáveis às relações travadas entre clientes e instituições financeiras.
c) No caso, além das regras do Direito Civil, também incidem na hipótese as normas do Código de Defesa do Consumidor, aplicáveis às instituições financeiras em suas relações com os clientes, ressalvadas as questões de remuneração dos empréstimos financeiros, o que ensejaria a responsabilidade da Caixa Econômica Federal que assumiu o risco profissional de custódia e de restituição da coisa após o pagamento da dívida, que deve se dar, contudo, nos limites das cláusulas do contrato, porquanto de pleno conhecimento da cliente não hipossuficiente.
d) No caso, além das regras do Direito Civil, também incidem na hipótese, as normas do Código de Defesa do Consumidor, aplicáveis às instituições financeiras em suas relações com os clientes, ressalvadas as questões de remuneração dos empréstimos financeiros, o que ensejaria a responsabilidade da Caixa Econômica Federal que assumiu o risco profissional de custódia e de restituição da coisa após o pagamento da dívida, não podendo prevalecer em contrato de adesão cláusulas que coloquem o consumidor em desvantagem exagerada, incompatíveis com a boa-fé e a equidade, o que impõe que a Caixa seja responsável por pagar o valor real das joias conforme apurado em perícia.

3. (IFBC/TRF/2R/Juiz/2018) Sob a ótica do ordenamento jurídico brasileiro e a jurisprudência do STJ, marque a opção correta:

a) O Código de Defesa do Consumidor não é aplicável às instituições financeiras.
b) O Código de Defesa do Consumidor não é aplicável à relação jurídica entre a entidade de previdência privada e seus participantes.
c) As instituições de ensino superior respondem subjetivamente pelos danos suportados pelo aluno/consumidor pela realização de curso não reconhecido pelo Ministério da Educação, sore o qual não lhe tenha sido dada prévia e adequada informação.
d) Aplica-se o Código de Defesa do Consumidor aos contratos de plano de saúde, salvo os administrados por entidades de autogestão.
e) O Código de Defesa do Consumidor é aplicável aos empreendimentos habitacionais, exceto os promovidos pelas sociedades cooperativas.

4. (TRF/3R/Juiz/2018) Sobre a disciplina da relação de consumo e a aplicabilidade de normas e princípios do Código de Defesa do Consumidor, conforme a interpretação que vem sendo dada na jurisprudência, assinale a alternativa incorreta:

a) contratos relativos ao Programa de Arrendamento Residencial - PAR, previstos na Lei nº 10.188/2001, estando voltados ao atendimento de necessidade de moradia de população de baixa renda, submetem-se à disciplina do Código de Defesa do Consumidor.

b) contratos de abertura de crédito para financiamento estudantil (FIES), ao constituírem programa de governo em benefício dos estudantes, ficam excluídos da disciplina consumerista.

c) em ocorrendo saques fraudulentos em conta bancária, o correntista não pode ser obrigado a provar o fato negativo, ou seja, que não efetuou os referidos saques, razão pela qual é cabível a inversão do ônus da prova, nos termos do artigo 6º, VIII, do CDC.

d) eventual conflito do sistema interno consumerista com a disciplina internacional, em particular, as Convenções de Varsóvia e de Montreal, relativo a controvérsias envolvendo extravio de bagagens de passageiros em transporte aéreo internacional, deve ser solucionado com prevalência aos tratados internacionais.

5. (Cespe/TRF/5R/Juiz/2017) Conforme a jurisprudência do STJ, configura relação jurídica de consumo a relação

a) jurídica entre entidade aberta de previdência complementar e seus participantes.

b) jurídica entre locador e locatário, nos contratos regidos pela lei que dispõe sobre locações de imóveis urbanos.

c) jurídica estabelecida entre condomínio edilício e condôminos.

d) jurídica no caso de planos de saúde administrados por contrato de autogestão.

e) contratual entre advogado e cliente.

6. (TRF/3R/Juiz/2016) Dadas as assertivas abaixo, assinale a alternativa correta, considerando os termos preconizados pelo Código de Defesa do Consumidor – CDC, introduzido pela Lei nº 8.078, 11.9.1990.

I. Os bancos são considerados, à luz do CDC, como fornecedores de serviços e de produtos, neste caso – o dinheiro.

II. A jurisprudência do Superior Tribunal de Justiça pacificou entendimento no sentido de que o ajuizamento da execução individual, derivada de decisão proferida no julgamento de ação coletiva, tem como foro o domicílio do exequente, em conformidade com os artigos 98, § 2º, I, e 101, I, do CDC, afastada a ocorrência de prevenção do juízo que examinou o mérito da ação coletiva.

III. É considerada irregular a informação em cadastro de proteção ao crédito, referente a período superior a cinco anos, podendo o consumidor valer-se do "habeas data" (artigo 5º, inciso LXXII, da Constituição da República) como meio de conhecimento, retificação e supressão de dados inexatos.

IV. Aplica-se a multa de mora de, no máximo, dois por cento, decorrente do inadimplemento de obrigações condominiais, na forma do artigo 52 do CDC.

a) Estão corretas apenas as assertivas I e IV.

b) Estão incorretas apenas as assertivas II e IV.

c) Está incorreta apenas a assertiva IV.

d) Estão corretas todas as assertivas.

7. (TRF/4R/Juiz/2016) Assinale a alternativa correta. No que concerne às relações de consumo:

a) À luz da jurisprudência do Superior Tribunal de Justiça, adota-se a teoria finalista ou subjetiva para fins de caracterização da pessoa jurídica como consumidora em eventual relação de consumo, devendo, portanto, ser destinatária final econômica do bem ou serviço adquirido.

b) Prescreve em 3 (três) anos a pretensão à reparação pelos danos causados por fato do produto ou do serviço, iniciando-se a contagem do prazo a partir do conhecimento do dano e de sua autoria.

c) Deixar de comunicar à autoridade competente e aos consumidores a nocividade ou a periculosidade de produtos cujo conhecimento seja posterior à sua colocação no mercado constitui somente infração administrativa, punida com pena de multa.

d) As regras da legislação consumerista não se aplicam quando constatada a má prestação de um serviço público concedido, uma vez que o referido diploma se aplica apenas às relações de âmbito privado.

e) Aos consumidores que realizam compras no estabelecimento por meio de catálogo da loja, não é garantido o direito de arrependimento no prazo de 7 (sete) dias.

8. (Cespe/TRF/5R/Juiz/2015) Acerca dos sujeitos integrantes da relação de consumo nos moldes do que é descrito no CDC, assinale a opção correta com base na jurisprudência do STJ.

a) Será considerado consumidor pelo CDC o sujeito que for submetido a publicidade enganosa, desde que ele tenha realizado contrato com fornecedor de produto ou serviço objeto da referida publicidade.

b) As vítimas de um acidente de consumo, mesmo que não tenham adquirido o produto como destinatários finais, são consideradas consumidores pelo CDC.

c) Empresa de transporte de pessoas ou cargas pode ser considerada consumidora em sua relação com a empresa concessionária de rodovia.

d) O condomínio que utiliza a água para o consumo das pessoas que nele residem não deve ser considerado consumidor em sua relação com a empresa concessionária de água.

e) A jurisprudência do STJ consagrou a teoria maximalista para interpretar o conceito de consumidor, admitindo a aplicação do CDC nas relações entre fornecedores e consumidores empresários em que fique evidenciada a relação de consumo.

9. (Cespe/TRF/1R/Juiz/2015) No que diz respeito à relação jurídica de consumo, assinale a opção correta.

a) O serviço, como elemento objetivo da relação de consumo, deve ser prestado pelo fornecedor mediante remuneração direta.

b) De acordo com o princípio da vinculação, a oferta publicitária é irretratável e ilimitável.

c) Para que haja a responsabilização civil por fato do produto e do serviço, é necessário que a vítima do evento danoso tenha prévia vinculação contratual com o fornecedor do produto ou do serviço.

d) O fornecedor equiparado é o terceiro intermediário ou aquele que auxilia na relação de consumo principal, a exemplo dos bancos de dados nos serviços de proteção ao crédito.

e) O consumidor potencial é toda pessoa física ou jurídica que adquire ou que utiliza o produto como destinatário final.

10. (TRF/3R/Juiz/2013) Assinale a alternativa correta:

a) A teoria maximalista amplia o conceito de consumidor, ao considerar como tal todo aquele que exaure a função econômica do bem ou serviço como destinatário final, excluindo-o do mercado de consumo.

b) O STJ, tomando por base uma análise sistemática do texto CDC, tem evoluído para uma aplicação temperada da teoria maximalista frente às pessoas jurídicas.

c) Por meio de um processo que vem sendo denominado pela doutrina e jurisprudência de "finalismo aprofundado", em determinadas hipóteses, a pessoa jurídica adquirente de um produto ou serviço pode ser equiparada ao consumidor, por apresentar, frente ao fornecedor, alguma vulnerabilidade.

d) Para que se qualifique uma relação jurídica de consumo necessário que se constate a presença de uma pessoa jurídica de um lado (fornecedor) e uma pessoa física de um lado (consumidor), o qual apresenta uma situação de vulnerabilidade em relação àquela.
e) O CDC equipara ao consumidor outras pessoas que não propriamente as adquirentes ou usuárias de produtos ou serviços, como por exemplo, a coletividade de pessoas, desde que indetermináveis, e que haja intervindo nas relações de consumo.

11. (TRF/3R/Juiz/2013) Marque a alternativa correta, de acordo com a jurisprudência do STJ sobre o direito do consumidor:

a) As demandas afetas à relação de consumo possuem competência relativa, razão pela qual incumbe à parte a sua alegação em juízo.
b) A responsabilidade da administradora de cartão de crédito é principal e a do banco subsidiária pelos prejuízos causados ao consumidor.
c) Em que pese à admissibilidade de mitigação da teoria finalista, nos casos de fornecimento de energia elétrica a município não há que se falar em relação de consumo por não ser o destinatário final do serviço.
d) Nas demandas coletivas ajuizadas contra prestadoras de serviços de telecomunicação, em que a discussão da tarifação dos serviços perpassa análise de regramentos da Anatel, não há que se falar em litisconsorte necessário da autarquia, o que não atrai a competência da Justiça Federal.
e) Não é possível a negativa de cobertura de seguro de vida em relação a sinistros de doenças preexistentes, por violar o Direito do Consumidor.

12. (Cespe/TRF/2R/Juiz/2011) Assinale a opção correta com relação ao direito do consumidor.

a) É legal a suspensão no fornecimento de energia elétrica nos casos de dívidas contestadas em juízo e decorrentes de suposta fraude no medidor, não configurando o fato constrangimento ao consumidor que procure discutir no Poder Judiciário débito potencialmente indevido.
b) A jurisprudência do STJ é unânime no sentido de estar a devolução em dobro condicionada à existência de má-fé ou de culpa do fornecedor na cobrança pelo preço das mercadorias ou serviços, não sendo devida a devolução por simples engano justificável.
c) A jurisprudência do STJ tem mitigado os rigores da teoria finalista para autorizar a incidência do CDC nas hipóteses em que a parte (pessoa física ou jurídica), embora não seja tecnicamente a destinatária final do produto ou serviço, se apresente em situação de vulnerabilidade.
d) Não se aplica o CDC aos casos de indenização por danos morais e materiais por má prestação de serviço em transporte aéreo, que são regulados por norma específica no ordenamento jurídico brasileiro.
e) A jurisprudência do STJ sedimentou-se no sentido da possibilidade de inversão do ônus da prova em hipóteses que versem acerca de saques indevidos em conta bancária, desde que haja o reconhecimento da hipossuficiência técnica do consumidor e da verossimilhança das alegações.

13. (TRF/4R/Juiz/2010) Assinale a alternativa correta.

a) A pessoa jurídica de direito público não pode ser considerada fornecedor.
b) A pessoa jurídica de direito público não pode ser considerada consumidor final.
c) A ignorância do fornecedor sobre os vícios que venham a ter os produtos o exime da responsabilidade de indenizar.
d) O direito de reclamar pelos vícios aparentes caduca em 30 dias sejam os bens duráveis ou não.
e) Todas as alternativas anteriores estão incorretas.

14. (Cespe/TRF/2R/Juiz/2009) Assinale a opção correta quanto à disciplina jurídica do CDC.

a) Segundo a doutrina finalista, a interpretação da expressão destinatário final deve ser restrita e somente o consumidor, parte mais vulnerável na relação contratual, merece especial tutela jurídica.
b) Para a corrente maximalista, ou subjetiva, o consumidor apenas é o não profissional, aquele que adquire ou utiliza um produto para uso próprio ou de sua família.
c) A jurisprudência do STJ superou a discussão acerca do alcance da expressão destinatário final e consolidou a teoria maximalista como aquela que indica a melhor interpretação do conceito de consumidor.
d) No sistema do CDC, a vulnerabilidade científica do consumidor, pessoa física ou jurídica, é sempre presumida.
e) A vulnerabilidade fática é aquela em que o comprador não possui conhecimentos específicos acerca do objeto que adquire e pode ser facilmente ludibriado no momento da contratação.

15. (Cespe/TRF/2R/Juiz/2009) Assinale a opção correta com relação às disposições do CDC.

a) Os contratos de locação sujeitam-se às disposições do CDC.
b) Bens imateriais não são objeto de proteção das normas consumeristas.
c) O conceito de fornecedor de bens e serviços de consumo abrange os entes despersonalizados.
d) Serviço é qualquer atividade fornecida no mercado de consumo, seja remunerada ou não.
e) O contrato de mútuo entre o agente financeiro do SFH e o mutuário não é abrangido pelo CDC.

16. (Cespe/TRF/5R/Juiz/2009) Considerando o CDC, assinale a opção correta.

a) A habitualidade insere-se tanto no conceito de fornecedor de serviços quanto no de produtos, para fins de incidência do CDC.
b) A relação jurídica locatícia é regida pelo CDC no que não contrariar a lei específica. Dessa forma, as cláusulas consideradas iníquas e abusivas constantes do contrato de locação podem ser revistas com base na legislação consumerista.
c) O pagamento de contribuição de melhoria, por estar adstrito à realização de obra pública, insere-se no âmbito das relações de consumo.
d) O produto recebido gratuitamente, como brinde, em decorrência da celebração de contrato de consumo, não é abrangido pelo CDC.
e) A abertura de conta poupança, por caracterizar-se como operação tipicamente bancária, não está abrangida pela legislação consumerista.

17. (Cespe/TRF/1R/Juiz/2009) No que concerne à relação jurídica de consumo, assinale a opção correta.

a) Há relação de consumo quando uma montadora de automóveis adquire peças para montar um veículo.
b) Para que seja equiparado a consumidor, um grupo de pessoas deve ser determinável.
c) As pessoas atingidas por um acidente aéreo, ainda que não sejam passageiros, são equiparadas aos consumidores.
d) Segundo o entendimento do STF, nas operações de natureza securitária, não se aplica o Código de Defesa do Consumidor.
e) Toda venda de produto implica a prestação de serviço, bem como toda prestação de serviço implica a venda de produto.

2. DOS DIREITOS BÁSICOS DO CONSUMIDOR

ENUNCIADOS

CJF **PSEL 51.** O Estado e a sociedade deverão estimular as soluções consensuais nos casos de superendividamento ou insolvência do consumidor pessoa física, a fim de assegurar a sua inclusão social, o mínimo existencial e a dignidade da pessoa humana.

CJF **PSEL 75.** As empresas e organizações devem ser incentivadas a implementar, em suas estruturas organizacionais, um plano estratégico consolidado para prevenção, gerenciamento e resolução de disputas, com o uso de métodos adequados de solução de controvérsias. Tal plano deverá prever métricas de sucesso e diagnóstico periódico, com vistas ao constante aprimoramento. O Poder Judiciário, as faculdades de direito e as instituições observadoras ou reguladoras das atividades empresariais devem promover, medir e premiar anualmente tais iniciativas.

CJF **PSEL 82.** O Poder Público, o Poder Judiciário, as agências reguladoras e a sociedade civil deverão estimular, mediante a adoção de medidas concretas, o uso de plataformas tecnológicas para a solução de conflitos de massa.

INFORMATIVOS

STF **Lei estadual: SAC e atendimento telefônico gratuito.** É válida lei estadual que obrigue empresas prestadoras de serviços de televisão por assinatura e estabelecimentos comerciais de vendas no varejo e no atacado – que já possuam Serviço de Atendimento ao Consumidor (SAC) – a fornecerem atendimento telefônico gratuito a seus clientes. Sem que haja previsão normativa federal a desautorizar, o norte exegético do princípio federativo atrai solução que preserve a competência do ente federado menor à luz do art. 24 da CF . O exercício da competência concorrente está chancelado pelos §§ 1º e 2º do art. 24 da CF, haja vista o nítido caráter de suplementação do arcabouço jurídico protetivo das relações de consumo que a obrigação de gratuidade no serviço de atendimento telefônico traduz. *ADI 4118, Pleno, 25.2.2022. Inf 1045.*

QUESTÕES OBJETIVAS

18. (TRF/2R/Juiz/2014) Foram propostas algumas ações em face da Empresa de Correios e Telégrafos (ECT), pleiteando ressarcimento de danos oriundos do extravio de grande quantidade de cartas e postagens, efetivamente ocorrida em certa comunidade carente. Uma dessas ações é de natureza coletiva. Assinale a opção correta:

a) Em relação à inversão do ônus da prova, ela não é admissível no bojo de ação coletiva.
b) Quando deferida, a inversão do ônus da prova gera a obrigação de o fornecedor adiantar as despesas para a produção da prova requerida pelo consumidor.
c) Independentemente da inversão do ônus da prova, a partir da premissa do enunciado, constitui ônus da ECT, para não ser responsabilizada, provar uma das excludentes legais, pois o sistema é objetivo.
d) Na hipótese, delimitado o dano individual de cada prejudicado, é inviável qualquer ação coletiva e, ademais, o entendimento dominante aponta que o Código de Defesa do Consumidor não se aplica às entregas da ECT, regidas por lei própria (Lei n. 6538/1978), que estabelece monopólio postal e retira a matéria do mercado de consumo.
e) A inversão do ônus da prova depende de requerimento da parte, e não pode ser determinada ex officio pelo juiz.

19. (TRF/3R/Juiz/2010) Sobre a inversão do ônus da prova no âmbito do Código de Defesa do Consumidor é correto afirmar que:

a) É obrigatória para o Juiz quando presentes a verossimilhança e a hipossuficiência.
b) Não pode ser deferida em favor do Ministério Público, por não ser considerado hipossuficiente.
c) Abrange as despesas com honorários periciais da parte favorecida pela inversão.
d) Ocorre "ope legis" na hipótese do art. 38 do Código de Defesa do Consumidor.

3. DA QUALIDADE DE PRODUTOS E SERVIÇOS

3.1. Da Responsabilidade p/ Fato/Vício

SÚMULAS

STF **Súm. 28.** O estabelecimento bancário é responsável pelo pagamento de cheque falso, ressalvadas as hipóteses de culpa exclusiva ou concorrente do correntista.

STJ **Súm. 479.** As instituições financeiras respondem objetivamente pelos danos gerados por fortuito interno relativo a fraudes e delitos praticados por terceiros no âmbito de operações bancárias.

STJ **Súm. 595.** As instituições de ensino superior respondem objetivamente pelos danos suportados pelo aluno/consumidor pela realização de curso não reconhecido pelo Ministério da Educação, sobre o qual não lhe tenha sido dada prévia e adequada informação.

ENUNCIADOS

CJF **Civil 552.** Constituem danos reflexos reparáveis as despesas suportadas pela operadora de plano de saúde decorrentes de complicações de procedimentos por ela não cobertos.

CJF **Civil 661.** A aplicação do art. 931 do Código Civil para a responsabilização dos empresários individuais e das empresas pelos danos causados pelos produtos postos em circulação não prescinde da verificação da antijuridicidade do ato.

CJF **PSEL 64.** Os dirigentes máximos de entes estatais que exploram atividade econômica podem delegar à sua área jurídica a capacidade de intervir na resolução de litígios extrajudiciais provocados por clientes, em virtude de falhas ocorridas na realização de negócios, emitindo manifestação de caráter mandatório às demais áreas da instituição com a finalidade de indenizar (patrimonial e/ou extrapatrimonialmente) ou solicitar providências que reparem o dano causado aos clientes, de acordo com a legislação e jurisprudência pertinentes.

Fonacom **Enunc. 79.** Em ações versando sobre vícios construtivos, tendo como objeto o mesmo empreendimento, a prova pericial deverá preferencialmente ser concentrada em um único juízo, por ato concertado, com fundamento no artigo 69, inciso IV do CPC.

Fonacom **Enunc. 80.** Em ações de vícios construtivos, a conciliação, ainda que o pedido principal se restrinja à obrigação de pagar, deve priorizar a reparação do imóvel (obrigação de fazer).

INFORMATIVOS

STJ **Tumulto em estádio de futebol. Artefato explosivo. Falha na segurança. Estatuto do torcedor. CDC. Falha na segurança. Fato do serviço. Culpa de terceiros. Não configuração.** Em partida de futebol, se houver tumulto causado por artefatos explosivos jogados contra a torcida visitante, o time mandante deve responder pelos danos causados aos torcedores. *REsp 1773885, 3ª T, 30.8.2022. Inf 747.*

STJ **Serviços educacionais. Licenciatura plena em Educação Física. Separação entre bacharelado e licenciatura. Falha no dever de informar. Danos morais devidos. Responsabilidade objetiva.** Constitui dever da instituição de ensino a informação clara e transparente acerca do curso ofertado, orientando e advertindo seus alunos acerca da separação entre bacharelado e licenciatura. *AgInt no REsp 1738996, 3ª T, 2.6.2022. Inf 746.*

STJ **Plano de Previdência Complementar. Entidade aberta de previdência privada. Pecúlio. Aplicabilidade do CDC. Diferença entre o valor informado ao instituidor do benefício e o montante pago administrativo. Vinculação à oferta e à informação prestada. Obtenção de vantagem econômica. Cumprimento de dever correspondente.** A promessa, reiterada periodicamente, acerca do valor da prestação previdenciária deve ser honrada perante o consumidor que não foi comprovada e oportunamente avisado do alegado erro de cálculo. *REsp 1966034, 4ª T, 24.5.2022. Inf 738.*

STJ **Revisão de contrato de financiamento. Título executivo. Condenação dos litisconsortes. Solidariedade não presumida. Responsabilidade. Rateio proporcional.**

A previsão de solidariedade prevista no art. 25, § 1º, do CDC deve ser interpretada restritivamente. *REsp 1647238, 1ª T, 17.5.2022. Inf 737.*

STJ **Procedimento cirúrgico. Falecimento do paciente. Riscos. Consentimento genérico ("blanket consent"). Insuficiência. Consentimento informado. Autodeterminação do paciente. Imprescindibilidade. Falha no dever de informação. Responsabilidade civil do médico.** O médico é civilmente responsável por falha no dever de informação acerca dos riscos de morte em cirurgia. *REsp 1848862, 3ª T, 8.4.2022. Inf 733.*

STJ **Comercialização de ingressos on-line. Evento cancelado ou adiado. Ausência de comunicação adequada, prévia e eficaz aos consumidores. Falha na prestação do serviço (fato do serviço). Dano moral configurado. Responsabilidade solidária.** A sociedade empresária que comercializa ingressos no sistema on-line responde civilmente pela falha na prestação do serviço. *REsp 1985198, 3ª T, 7.4.2022. Inf 733.*

STJ **Viagem internacional. Bloqueio do cartão de crédito. Danos morais. Ação indenizatória. Mãe. Ilegitimidade ativa.** Não tem legitimidade ativa para propor ação indenizatória por danos morais a mãe de pessoa impossibilitada de usar cartão de crédito em viagem internacional. *REsp 1967728, 3ª T, 25.3.2022. Inf 729.*

STJ **Matéria jornalística. Fatos desabonadores atribuídos à instituição financeira. Clientes com nomes citados na reportagem. Responsabilização por dano moral em face do banco. Ausência de nexo causal. Descabimento.** É descabido reputar à instituição financeira, que foi mencionada em matéria jornalística retratando fatos que lhe eram desabonadores, responsabilidade por reparar danos morais suportados por clientes que tiveram seus nomes citados nessa mesma reportagem. *REsp 1761078, 3ª T, 22.2.2022. Inf 727.*

STJ **Danos materiais e morais. Acidente de consumo. Falecimento de integrante da plateia. Empresa patrocinadora de evento. Não integrante da cadeia de fornecimento. Responsabilidade afastada.** A empresa patrocinadora de evento, que não participou da sua organização, não pode ser enquadrada no conceito de fornecedor para fins de responsabilização por acidente de consumo ocorrido no local. *REsp 1955083, 3ª T, 18.2.2022. Inf 727.*

STJ **Compra e venda de automóvel. Vício do produto. Resolução do contrato de financiamento. Responsabilidade de agente financeiro não vinculado à montadora. Não cabimento. Exceção. Banco integrante do grupo econômico da montadora.** Os agentes financeiros ("bancos de varejo") que financiam a compra e venda de automóvel não respondem pelos vícios do produto, subsistindo o contrato de financiamento mesmo após a resolução do contrato de compra e venda, exceto no caso dos bancos integrantes do grupo econômico da montadora ("bancos da montadora"). *REsp 1946388, 3ª T, 17.12.2021. Inf 722.*

STJ **Agências bancárias. Caixas eletrônicos inoperantes. Falta de numerário. Desabastecimento. Excessiva espera em filas por tempo superior ao limite previsto em lei municipal. Reiteração das condutas. Teoria do desvio produtivo. Dano moral coletivo. Caracterização.** A inadequada prestação de serviços bancários, caracterizada pela reiterada existência de caixas eletrônicos inoperantes, sobretudo por falta de numerário, e pelo consequente excesso de espera em filas por tempo superior ao estabelecido em legislação municipal, é apta a caracterizar danos morais coletivos. *REsp 1929288, 3ª T, 24.2.2022. Inf 726.*

STJ **Ação de indenização por danos morais e materiais. Ingestão de produto contendo corpo estranho. Fato do produto. Responsabilidade solidária. Inexistência. Acordo celebrado com o comerciante. Extensão às fabricantes. Impossibilidade. Art. 844, § 3º, do CC. Inaplicabilidade.** A inexistência de responsabilidade solidária por fato do produto entre os fornecedores da cadeia de consumo impede a extensão do acordo feito por um réu em benefício do outro. *REsp 1968143, 3ª T, 8.2.2022. Inf 724.*

QUESTÕES OBJETIVAS

20. (IFBC/TRF/2R/Juiz/2018) O Superior Tribunal de Justiça consagrou a orientação de que é incabível a ação do terceiro prejudicado direta e exclusivamente em face da seguradora do suposto causador do dano (Súmula n. 529). Contudo, em casos excepcionais nos quais a obrigação de indenizar a vítima se revele incontroversa, o mesmo Tribunal Superior tem admitido a ação direta e exclusiva da vítima em face da seguradora. Assinale a alternativa que indica uma de tais hipóteses excepcionais:

a) a pretensão relativa à identificação da ocorrência do sinistro coberto pelo seguro obrigatório.
b) a pretensão deduzida para fins de reparação de danos quando o ofensor nega a ocorrência de sinistro.
c) a pretensão de complementação de indenização securitária decorrente do seguro de responsabilidade civil facultativo.
d) a pretensão deduzida na ação de reparação de dano para denunciar a seguradora à lide.
e) a pretensão exposta em face do ofensor, causador do dano.

21. (IFBC/TRF/2R/Juiz/2018) Cláudio, cirurgião e locatário de centro cirúrgico de hospital de renome pelo prazo de quinze dias, submete seu paciente João à cirurgia de ponte de safena, conforme prognóstico anteriormente feito. Contudo, a intervenção cirúrgica não é bem-sucedida e, no curso do procedimento, João vem a falecer. Pressupondo a configuração da responsabilidade civil no caso, aponte quem é o responsável pelo óbito do paciente:

a) o médico, em razão de responsabilidade civil objetiva.
b) o médico e o hospital, devido à teoria do risco profissional.
c) somente o hospital, devido à sua condição de prestador de serviço.
d) o médico, desde que demonstrada culpa no evento.
e) o médico e o hospital, em virtude do vínculo de locação.

22. (TRF/2R/Juiz/2014) As opções abaixo deturpam e contrariam enunciados de súmulas do Superior Tribunal de Justiça, salvo uma delas, que expressa orientação jurisprudencial dominante. Assinale a opção correta:

a) Em regra, a simples devolução indevida de cheque não caracteriza o dano moral.
b) Em regra, ainda quando preexistente legítima inscrição, a anotação irregular em cadastro de proteção ao crédito gera indenização por dano moral, além do direito ao seu cancelamento.
c) Submete-se ao prazo decadencial de noventa dias o direito de obter prestação de contas e esclarecimentos sobre cobrança de taxas, tarifas e encargos bancários.
d) Por serem regidos através de lei especial (Lei n. 9.656/98), os contratos de plano de saúde apenas de modo excepcional sofrem a incidência do Código de Defesa do Consumidor.
e) Ainda que a fraude seja de boa qualidade e difícil de ser percebida, as instituições financeiras respondem, em regra, por danos gerados em virtude de abertura de conta falsa, em nome do inocente lesado, que teve seus documentos furtados.

23. (Cespe/TRF/1R/Juiz/2013) Considerando as principais atividades empresariais e sua relação com o regime jurídico das relações de consumo, assinale a opção correta.

a) Em se tratando de contratos bancários, dada a condição de hipossuficiência do consumidor em relação aos bancos, é cabível a revisão de ofício, pelo magistrado, de cláusulas abusivas.
b) É subjetiva a responsabilidade das instituições financeiras por danos gerados por fortuito interno relativo a fraudes e delitos praticados por terceiros no âmbito de operações bancárias.
c) Atualmente, considera-se que a multa moratória fixada em contratos bancários deve ser mantida à taxa contratada, ainda que pactuada em taxa superior a 2%, visto que, segundo o STJ, o que se veda, nesses contratos, é a estipulação de juros remuneratórios superiores a 12% ao ano.
d) O fato de o consumidor, ignorando o "recall", deixar de levar o veículo para o conserto não isenta o fabricante da obrigação de indenizar.
e) O plano de saúde é obrigado a divulgar amplamente eventual cláusula contratual que limite o tempo de internação hospitalar, de modo a garantir que o consumidor dela tome ciência.

24. (Cespe/TRF/1R/Juiz/2011) A respeito dos serviços públicos e das relações de consumo, assinale a opção correta.

a) Aplicam-se as disposições do CDC às hipóteses de aumento abusivo dos valores cobrados como contraprestação de serviço público, independentemente da natureza da cobrança – se por taxa ou por preço público.

b) Configura hipótese de litisconsórcio passivo necessário da Agência Nacional de Telecomunicações a demanda movida pelo usuário contra concessionária, sobre a legitimidade da cobrança de tarifa por serviço de telefonia.

c) Constitui caso fortuito, excludente de responsabilidade da empresa transportadora, assalto a mão armada, dentro de veículo coletivo, contra consumidor-usuário.

d) Não configura erro justificável a cobrança de tarifa de esgoto por serviço que não tenha sido prestado pela concessionária de serviço público, não devendo, portanto, os valores indevidamente cobrados do usuário ser restituídos em dobro.

e) Conforme a jurisprudência do STJ, as disposições do CDC não se aplicam à atividade notarial de titulares de serventias de registros públicos.

3.2. Da Decadência e da Prescrição

SÚMULAS

STJ **Súm. 412.** A ação de repetição de indébito de tarifas de água e esgoto sujeita-se ao prazo prescricional estabelecido no Código Civil.

STJ **Súm. 477.** A decadência do art. 26 do CDC não é aplicável à prestação de contas para obter esclarecimentos sobre cobrança de taxas, tarifas e encargos bancários.

QUESTÕES OBJETIVAS

25. (TRF/2R/Juiz/2017) Leia as assertivas abaixo e, ao final, assinale a opção correta:

I. As vítimas dos acidentes de consumo são consumidoras por equiparação.

II. Existente vício redibitório, há casos nos quais os prazos decadenciais para a reclamação, no Código Civil, são melhores, para o consumidor, do que os da Lei 8.078 e, em tais hipóteses, aplicar-se-á o Código Civil.

III. O prazo prescricional da pretensão à reparação de dano, no Código Civil, é de três anos, enquanto no Código de Defesa do Consumidor (CDC) o prazo é de cinco anos, iniciando-se a partir do conhecimento do dano e de sua autoria.

IV. A disciplina da desconsideração da personalidade jurídica, no âmbito do CDC, abarca mais hipóteses do que as previstas no Código Civil e, em seu teor literal, poderá incidir sempre que a personalidade jurídica for, de alguma forma, obstáculo ao ressarcimento de prejuízos causados aos consumidores.

a) Todas as assertivas estão corretas.

b) Apenas a assertiva I é falsa.

c) Apenas a assertiva II é falsa.

d) Apenas a assertiva III é falsa.

e) Apenas a assertiva IV é falsa

26. (Cespe/TRF/2R/Juiz/2009) Antônio recebeu em sua residência inúmeras cartas de cobrança, emitidas pela concessionária de serviço público de fornecimento de energia elétrica, referente a parcelas que já haviam sido pagas. Ocorre que, apesar da adimplência de Antônio, o serviço de fornecimento de energia elétrica foi interrompido pela concessionária, o que o levou a pagar o débito indevido e ajuizar ação ordinária de repetição de indébito, com pedido de restituição em dobro do valor pago. Antônio pleiteou ainda, nessa mesma ação, declaração de abusividade de aumento tarifário. Com base nessa situação hipotética, assinale a opção correta.

a) Para a devolução em dobro do débito pago indevidamente, Antônio deverá comprovar a existência de má-fé da concessionária.

b) Mesmo que fosse comprovado o inadimplemento de Antônio, a concessionária não poderia interromper o fornecimento de energia elétrica, em face da essencialidade do serviço prestado.

c) A comprovação de que a interrupção do fornecimento de energia se deu em virtude de culpa exclusiva de terceiro não exclui a responsabilidade da concessionária.

d) O pedido de declaração de abusividade do aumento tarifário possui natureza de direito ou interesse difuso.

e) A cobrança não caracteriza vício de serviço, devendo ser afastado o prazo decadencial previsto no CDC para o ajuizamento da ação judicial.

3.3. Da Desconsideração da Personalidade Jurídica

INFORMATIVOS

STJ **Bens do administrador não sócio. Incidente de desconsideração da personalidade jurídica. Teoria menor. Interpretação extensiva. Impossibilidade.** Para fins de aplicação da teoria menor da desconsideração da personalidade jurídica, o § 5º do art. 28 do CDC não dá margem para admitir a responsabilização pessoal de quem não integra o quadro societário da empresa (administrador não sócio). *REsp 1860333, 4ª T, 11.10.2022. Inf 754.*

QUESTÕES OBJETIVAS

27. (TRF/4R/Juiz/2022) Dadas as assertivas abaixo, assinale a alternativa correta. Considerando-se as disposições do Código de Defesa do Consumidor e a jurisprudência do Superior Tribunal de Justiça:

I. a personalidade jurídica do fornecedor pode ser desconsiderada, bastando para isso que esta seja obstáculo ao ressarcimento de prejuízos causados ao consumidor, aplicando-se a teoria maior para a desconsideração da personalidade jurídica nas relações de consumo.

II. a personalidade jurídica do fornecedor pode ser desconsiderada, bastando para isso que esta seja obstáculo ao ressarcimento de prejuízos causados ao consumidor, aplicando-se a teoria menor para a desconsideração da personalidade jurídica nas relações de consumo.

III. as alterações trazidas pela Lei nº 13.874/2019 quanto à proteção da personalidade jurídica, em especial no que se refere à sua desconsideração, são plenamente aplicáveis nas relações de consumo.

IV. é inconstitucional a disposição do art. 28, § 5º, do Código de Defesa do Consumidor, pois o permissivo legal para a desconsideração da personalidade jurídica na expressão "sempre que sua personalidade for, de alguma forma, obstáculo ao ressarcimento de prejuízos causados aos consumidores" viola o princípio constitucional da livre iniciativa.

V. as sociedades integrantes dos grupos societários e as sociedades controladas são subsidiariamente responsáveis pelas obrigações decorrentes das relações de consumo.

a) Estão corretas apenas as assertivas I e III.

b) Estão corretas apenas as assertivas I e V.

c) Estão corretas apenas as assertivas II e V.

d) Estão corretas apenas as assertivas II, III e IV.

e) Estão corretas apenas as assertivas II, IV e V.

4. DAS PRÁTICAS COMERCIAIS

4.1. Da Publicidade

QUESTÕES OBJETIVAS

28. (TRF/2R/Juiz/2014) Considere a publicidade feita por sociedade prestadora de serviço. A mensagem publicitária assinala, ao final: "não se comporte como pobre, como um gari ou outro perdedor, contrate nossos serviços". Assinale a proposição correta:

a) Trata-se de publicidade enganosa e, em tese, configura tipo penal, que admite a modalidade dolosa ou culposa.
b) A hipótese é de publicidade abusiva, mas a Lei n. 8.078/90 não prevê sanção penal, e sim apenas cível.
c) Cuida-se de publicidade abusiva e, em tese, apta a acarretar sanção cível, criminal e administrativa.
d) A publicidade citada é, dependendo do ângulo, enganosa ou abusiva, e encerra infração cuja pena é somente de multa, sem prejuízo de eventual repercussão civil.
e) A publicidade citada é subliminar, e encerra infração cuja pena é de multa, sem prejuízo de eventual repercussão cível.

29. (Cespe/TRF/5R/Juiz/2011) À luz do CDC, assinale a opção correta.

a) Para os efeitos do CDC, não se considera fornecedor a pessoa jurídica pública que desenvolva atividade de produção e comercialização de produtos ou prestação de serviços.
b) Entes despersonalizados, ainda que desenvolvam atividades de produção, montagem, criação ou comercialização de produtos, não podem ser considerados fornecedores.
c) Qualquer pessoa prejudicada por publicidade enganosa pode, em princípio, buscar indenização, mesmo não tendo contratado nenhum serviço.
d) Pessoa jurídica que compre bens para revendê-los é considerada consumidora.
e) Pessoa física que alugue imóvel particular, por meio de contrato, é considerada fornecedora, para efeitos legais.

30. (Cespe/TRF/2R/Juiz/2009) Assinale a opção correta no que concerne às disposições do CDC.

a) O CDC veda expressamente a utilização do "merchandising" e do "teaser", por afrontarem o princípio da identificação obrigatória da publicidade.
b) Segundo a jurisprudência hodierna, para atender as disposições do CDC, além do código de barras e do preço nas prateleiras, os supermercados devem colocar o preço em cada produto à venda.
c) O fabricante do produto é solidariamente responsável pelos atos de seus prepostos, sendo necessária a existência de contrato típico de trabalho, para o reconhecimento do vínculo de preposição.
d) O fornecedor que veicule propaganda de notável pontualidade e eficiência de seus serviços de entrega assume os riscos da atividade, como o atraso aéreo.
e) Se o fornecedor de certo produto recusar cumprimento à oferta, ao consumidor é dado aceitar outro produto e rescindir o contrato, sendo-lhe vedado exigir o cumprimento forçado da obrigação, nos termos da oferta.

31. (Cespe/TRF/5R/Juiz/2009) Ainda com base no CDC, assinale a opção correta.

a) Reputa-se abusiva qualquer modalidade de comunicação de caráter publicitário, inteira ou parcialmente falsa, ou capaz de induzir a erro o consumidor a respeito da natureza, das características, da qualidade, da quantidade, das propriedades e de quaisquer outros dados acerca dos produtos e serviços.
b) No caso de venda de produto a varejo, a falta de indicação de restrição quantitativa relativa à oferta de determinado produto, pelo fornecedor, autoriza o consumidor a exigir a quantidade que melhor lhe aprouver, podendo o não atendimento configurar dano moral.
c) Publicidade promocional é a campanha que se destina a institucionalizar a marca, sem preocupação com a venda do produto em si, ou com levar o mercado a comprar certo número de unidades do produto; seu foco é a marca, não o modelo.
d) Constatado que o fornecedor, por meio de mensagem publicitária, garantiu a entrega de veículo objeto de contrato de compra e venda firmado entre o consumidor e uma de suas concessionárias, submete-se esse fornecedor ao cumprimento da obrigação nos exatos termos da oferta apresentada, salvo na hipótese de declaração de falência da respectiva concessionária.
e) No caso de aquisição de alimentos com embalagens premiáveis, a ausência de informação acerca da existência de produtos com defeito na impressão, capaz de retirar o direito ao prêmio, configura publicidade enganosa por omissão.

4.2. Das Práticas Abusivas

SÚMULAS

STJ **Súm. 532.** Constitui prática comercial abusiva o envio de cartão de crédito sem prévia e expressa solicitação do consumidor, configurando-se ato ilícito indenizável e sujeito à aplicação de multa administrativa.

STJ **Súm. 609.** A recusa de cobertura securitária, sob a alegação de doença preexistente, é ilícita se não houve a exigência de exames médicos prévios à contratação ou a demonstração de má-fé do segurado.

STF **Tarifa bancária pela mera disponibilização de "cheque especial".** Há indícios de contrariedade ao ordenamento jurídico-constitucional na permissão dada por resolução do Conselho Monetário Nacional às instituições financeiras para cobrarem tarifa bancária pela mera disponibilização de crédito ao cliente na modalidade "cheque especial". *ADI 6407 MC-Ref, 27.11.2020.*

INFORMATIVOS

STJ **Plano de saúde coletivo empresarial. Direito de manutenção. Contratação de empregado já aposentado. Ausência de contribuição para o plano de saúde a título de mensalidade. Manutenção do usuário por tempo indeterminado por força de documento escrito (termo de opção). Exclusão unilateral do usuário após dois anos de permanência sob o argumento de contrariedade à lei. Abusividade da exclusão** É abusiva a exclusão unilateral do usuário, quando seu direito de manutenção tem amparo contratual, pactuado/firmado no "Termo de Opção", e o rompimento unilateral do vínculo somente seria admitido nas hipóteses previstas na RN ANS 195/08. *REsp 1940391, 3ª T, 23.6.2022. Inf 742.*

STJ **Contrato de plano de saúde. Rescisão por inadimplemento. Pagamento de todas as parcelas devidas com correção monetária e juros de mora. Ofensa à boa-fé objetiva. Comportamento contraditório da operadora.** É abusiva a rescisão do contrato de plano de saúde pela operadora com fundamento na inadimplência, se quando da notificação exigida pela Lei 9.656/98 o consumidor não mais se encontra inadimplente, tendo adimplido todas as parcelas devidas com correção monetária e juros de mora. *REsp 2001686, 3ª T, 18.8.2022. Inf 746.*

STJ **Aquisição de passagens aéreas. Programa de fidelidade. Resgate por pontos. Serviço disponível por meio da internet. Cancelamento e reembolso de passagens. Impossibilidade de uso do mesmo canal. Abusividade.** A empresa aérea que disponibilizar a opção de resgate de passagens aéreas com "pontos" pela internet é obrigada a assegurar que o cancelamento ou reembolso destas seja solicitado pelo mesmo meio. *REsp 1966032, 4ª T, 16.8.2022. Inf 745.*

QUESTÕES OBJETIVAS

32. (IFBC/TRF/2R/Juiz/2018) Assinale a opção que se caracteriza como prática abusiva, e que são vedadas ao fornecedor de produtos ou serviços:

I. Condicionar o fornecimento de produto ou de serviço ao fornecimento de outro produto ou serviço, bem como, sem justa causa, a limites quantitativos.

II. Permitir o ingresso em estabelecimentos comerciais ou de serviços de um número maior de consumidores que o fixado pela autoridade administrativa como máximo.

III. Enviar ou entregar ao consumidor, sem solicitação prévia, qualquer produto, ou fornecer qualquer serviço.

IV. Elevar o preço de produtos ou serviços.

a) Estão corretas apenas as assertivas I e II.

b) Estão corretas as assertivas I, II e III.

c) Estão corretas as assertivas II e III.

d) Todas as assertivas estão corretas.

e) Estão corretas as assertivas I e IV.

33. (Cespe/TRF/2R/Juiz/2013) De acordo com o Código Civil, o Estatuto do Idoso e a jurisprudência do STJ, assinale a opção correta.

a) Entre as preferências e privilégios dos credores, o privilégio geral só compreende os bens sujeitos ao pagamento do crédito que ele favorece; e o especial, todos os bens não sujeitos ao crédito real nem a privilégio geral.

b) A interrupção da prescrição por um credor não aproveita aos outros; da mesma maneira, a interrupção da prescrição produzida contra o principal devedor não prejudica o fiador.

c) Segundo os ditames do Estatuto do Idoso e de acordo com o entendimento do STJ, é vedado às seguradoras de planos de saúde o aumento desarrazoado das mensalidades dos planos pelo simples fato de mudança de faixa etária.

d) As nulidades devem ser pronunciadas pelo juiz, quando conhecer do negócio jurídico ou dos seus efeitos e as encontrar provadas, sendo-lhe permitido supri-las de ofício ou a requerimento das partes.

e) Segundo o Código Civil, a invalidade do instrumento induz a do negócio jurídico mesmo que este possa ser provado por outro meio.

4.3. Dos Bancos de Dados e Cadastros de Consumidores

SÚMULAS

STJ **Súm. 323.** A inscrição do nome do devedor pode ser mantida nos serviços de proteção ao crédito até o prazo máximo de cinco anos, independentemente da prescrição da execução.

STJ **Súm. 359.** Cabe ao órgão mantenedor do cadastro de proteção ao crédito a notificação do devedor antes de proceder à inscrição.

STJ **Súm. 385.** Da anotação irregular em cadastro de proteção ao crédito, não cabe indenização por dano moral, quando preexistente legítima inscrição, ressalvado o direito ao cancelamento.

STJ **Súm. 404.** É dispensável o aviso de recebimento (AR) na carta de comunicação ao consumidor sobre a negativação de seu nome em bancos de dados e cadastros.

STJ **Súm. 548.** Incumbe ao credor a exclusão do registro da dívida em nome do devedor no cadastro de inadimplentes no prazo de cinco dias úteis, a partir do integral e efetivo pagamento do débito.

STJ **Súm. 550.** A utilização de escore de crédito, método estatístico de avaliação de risco que não constitui banco de dados, dispensa o consentimento do consumidor, que terá o direito de solicitar esclarecimentos sobre as informações pessoais valoradas e as fontes dos dados considerados no respectivo cálculo.

STJ **Súm. 572.** O Banco do Brasil, na condição de gestor do Cadastro de Emitentes de Cheques sem Fundos (CCF), não tem a responsabilidade de notificar previamente o devedor acerca da sua inscrição no aludido cadastro, tampouco legitimidade passiva para as ações de reparação de danos fundadas na ausência de prévia comunicação.

INFORMATIVOS

STF **Normas estaduais sobre inclusão e exclusão de consumidores em cadastros de proteção ao crédito.** A adoção de sistema de comunicação prévia a consumidor inadimplente por carta registrada com aviso de recebimento configura desrespeito à CF. A norma impugnada transgride o modelo geral (CDC, art. 43, § 2º). Além disso, afeta ostensivamente relações comerciais e consumeristas que transcendem os limites territoriais do ente federado, bem como transfere todo o ônus financeiro da inadimplência da pessoa do devedor para a sociedade em geral. //É inconstitucional a previsão, por lei estadual, de "prazo de tolerância" a impedir que o nome do consumidor inadimplente seja imediatamente inscrito em cadastro ou banco de dados. O tempo do pagamento e os efeitos da mora são matérias de direito civil e comercial, reservadas à União (CF, art. 22, I). //A supressão da verificação prévia quanto à existência do crédito, exigibilidade do título e inadimplência do devedor não caracteriza violação do princípio da vedação ao retrocesso. *ADI 5224, 8.3.2022. Inf 1046.*

STF **Lei estadual e vedação à inscrição em cadastro de proteção ao crédito.** É inconstitucional lei estadual que vede a inscrição em cadastro de proteção ao crédito de usuário inadimplente dos serviços de abastecimento de água e esgotamento sanitário. Não compete aos estados legislar sobre normas gerais de proteção ao consumidor ou concessão de serviço público. As normas gerais sobre consumo, editadas pela União, não preveem qualquer restrição quanto aos tipos de débitos que possam ser inscritos nos bancos de dados e cadastros de consumidores. *ADI 6668, Pleno, 11.2.2022. Inf 1043.*

QUESTÕES DISCURSIVAS

3. (TRF/3R/Juiz/2013) Narbal, sócio-gerente da empresa "Laticínios e Frios Alfajor Ltda." teve seu nome inscrito no cadastro negativo de proteção ao crédito, comprovando-se, "a posteriori", que tal registro fora indevido, uma vez que a dívida tinha sido quitada de forma parcelada. O sócio ajuizou, assim, demanda reparatória respectiva. A empresa, algum tempo depois, também ajuizou demanda reparatória por danos morais, alegando que aquela inscrição indevida do seu sócio teria impedido obtenção de empréstimo junto à Caixa Econômica Federal para o financiamento do plano de expansão industrial, sendo lesada em sua reputação, por via reflexa. Com base no enunciado acima, responda: (i) Em relação à inscrição do nome do sócio Narbal, nossa jurisprudência alberga o dano "in re ipsa", como base suficiente para eventual pleito indenizatório? (ii) É admissível, "in casu", a hipótese de prejuízos reflexos à pessoa jurídica? (iii) A pessoa jurídica pode ser vítima desta espécie de dano?

5. DA PROTEÇÃO CONTRATUAL

5.1. Disposições Gerais

SÚMULAS

STJ **Súm. 322.** Para a repetição de indébito, nos contratos de abertura de crédito em conta corrente, não se exige a prova do erro.

ENUNCIADOS

CJF **Civil 650.** O conceito de pessoa superendividada, previsto no art. 54-A, § 1º, do Código de Defesa do Consumidor, deve abranger, além das dívidas de consumo, as dívidas em geral, de modo a se verificar o real grau de comprometimento do seu patrimônio mínimo para uma existência digna.

QUESTÕES DISCURSIVAS

4. (TRF/2R/Juiz/2007) Com o advento do Código Civil de 2002 houve uma aproximação principiológica entre esse Código e o Código de Defesa do Consumidor. Quais são esses princípios contratuais sociais?

QUESTÕES OBJETIVAS

34. (TRF/4R/Juiz/2022) Assinale a alternativa correta. Acerca da relação de consumo no âmbito do comércio eletrônico:

a) o direito de arrependimento deverá ser exercido pelo consumidor no prazo de quatorze dias a contar da conclusão da contratação.
b) o fornecedor deverá disponibilizar o contrato ao consumidor em meio que permita sua conservação e sua reprodução em até sete dias após a conclusão da contratação.
c) para garantir o atendimento facilitado ao consumidor no comércio eletrônico, o fornecedor deverá confirmar em até vinte e quatro horas o recebimento da aceitação da oferta.
d) o fornecedor deve enviar ao consumidor confirmação imediata do recebimento da manifestação de arrependimento.
e) é obrigatório que o fornecedor utilize assinatura digital padrão ICP-Brasil nas contratações envolvendo valores acima de R$ 10.000,00.

35. (Cespe/TRF/5R/Juiz/2017) Pedro celebrou com uma concessionária de serviço público contrato de prestação de serviço de telefonia fixa e deixou de efetuar o pagamento das faturas referentes ao serviço. Um ano depois, em decorrência de erro na instalação, o cabo de fibra óptica utilizado pela empresa na residência de Pedro pegou fogo, ferindo-o. Ele, então, ajuizou ação de indenização contra a concessionária e contra a Agência Nacional de Telecomunicações (Anatel). Requereu, ainda, o reconhecimento da abusividade da cobrança de tarifa básica e o envio, pelas rés, das faturas discriminadas das ligações efetuadas. Em sua resposta, a concessionária de serviço público argumentou que não poderia atender ao requerido, pois havia suspendido, após o ajuizamento da ação, o serviço de telefonia em decorrência de inadimplência passada de Pedro. A Anatel, por sua vez, alegou não possuir legitimidade passiva nesse tipo de demanda. A respeito dessa situação hipotética, assinale a opção correta à luz da jurisprudência dos tribunais superiores.

a) O argumento oferecido pela concessionária é pertinente, pois, por sua inadimplência pretérita, Pedro estava legalmente sujeito à interrupção do serviço.
b) A alegação da Anatel é impertinente, pois ela é parte legítima na demanda de Pedro, já que se trata de relação contratual entre usuário e concessionária de serviço público.
c) Competirá à justiça federal o julgamento da ação, já que a Anatel é parte na demanda.
d) O pedido de Pedro quanto ao reconhecimento de inadmissibilidade de cobrança de tarifa básica é incabível.
e) A concessionária deverá fornecer a discriminação das ligações efetuadas, sendo facultado a ela o repasse do custo desse serviço a Pedro.

36. (Cespe/TRF/5R/Juiz/2013) Assinale a opção correta de acordo com o CDC.

a) Se o dano for causado por componente ou peça incorporada ao produto ou serviço, respondem subsidiariamente o seu fabricante, o construtor ou importador e quem tiver realizado a incorporação.
b) São nulas de pleno direito as cláusulas que infrinjam as normas ambientais ou possibilitem sua violação.
c) Comprovado que o fornecedor desconhecia os vícios de qualidade por inadequação do produto, extingue-se o dever de indenizar.
d) As sociedades integrantes dos grupos societários e as sociedades controladas são solidariamente responsáveis pelas obrigações estabelecidas no CDC.
e) Quando a contratação do serviço ocorrer fora do estabelecimento comercial, o consumidor poderá desistir do contrato no prazo de até quinze dias, contado da assinatura ou do recebimento do serviço.

37. (Cespe/TRF/5R/Juiz/2009) Assinale a opção correta acerca do CDC e dos contratos de seguro.

a) Considerando a natureza de trato sucessivo do contrato de seguro-saúde, o CDC rege as renovações que se derem sob sua vigência, não se podendo falar em retroação da lei nova, na hipótese de contrato firmado antes do início da vigência desse código.
b) Na ação em que se pretende o cumprimento de obrigação avençada em contrato de seguro, consubstanciada na indenização de prejuízo resultante do risco assumido em tal contrato, incide o prazo prescricional previsto no CDC.
c) É lícita a cláusula do contrato de seguro que cobre o transporte de cargas e exclui da cobertura as operações de carga e descarga, desde que escrita em destaque no contrato de adesão.
d) A legislação securitária garante à seguradora o cancelamento automático do contrato em caso de atraso no pagamento do prêmio, mesmo que tal pagamento tenha sido efetivado no dia seguinte ao do vencimento.
e) Prescreve em vinte anos o prazo para o segurado mover ação de cobrança da diferença entre o valor de mercado do bem segurado e o montante fixado na apólice, pago pela seguradora.

38. (Cespe/TRF/2R/Juiz/2009) Assinale a opção correta quanto à disciplina jurídica do CDC.

a) Segundo a doutrina finalista, a interpretação da expressão destinatário final deve ser restrita e somente o consumidor, parte mais vulnerável na relação contratual, merece especial tutela jurídica.
b) Para a corrente maximalista, ou subjetiva, o consumidor apenas é o não profissional, aquele que adquire ou utiliza um produto para uso próprio ou de sua família.
c) A jurisprudência do STJ superou a discussão acerca do alcance da expressão destinatário final e consolidou a teoria maximalista como aquela que indica a melhor interpretação do conceito de consumidor.
d) No sistema do CDC, a vulnerabilidade científica do consumidor, pessoa física ou jurídica, é sempre presumida.
e) A vulnerabilidade fática é aquela em que o comprador não possui conhecimentos específicos acerca do objeto que adquire e pode ser facilmente ludibriado no momento da contratação.

5.2. *Das Cláusulas Abusivas*

SÚMULAS

STJ **Súm. 302.** É abusiva a cláusula contratual de plano de saúde que limita no tempo a internação hospitalar do segurado.

STJ **Súm. 381.** Nos contratos bancários, é vedado ao julgador conhecer, de ofício, da abusividade das cláusulas.

STJ **Súm. 597.** A cláusula contratual de plano de saúde que prevê carência para utilização dos serviços de assistência médica nas situações de emergência ou de urgência é considerada abusiva se ultrapassado o prazo máximo de 24 horas contado da data da contratação.

STJ **Súm. 638.** É abusiva a cláusula contratual que restringe a responsabilidade de instituição financeira pelos danos decorrentes de roubo, furto ou extravio de bem entregue em garantia no âmbito de contrato de penhor civil.

INFORMATIVOS

STJ **Programa de fidelidade com plano de benefícios (milhas aéreas). Contrato de adesão. Cláusula que proíbe a transferência dos pontos/bônus por ato "causa mortis". Validade. Obrigação "intuito personae". Demonstração da abusividade ou desvantagem exagerada. Não configurada. Contrato unilateral e benéfico.** Não é abusiva a cláusula constante de programa de fidelidade que impede a transferência de pontos/bônus de milhagem aérea aos sucessores do cliente titular no caso de seu falecimento. *REsp 1878651, 3ª T, 7.10.2022. Inf 753.*

STJ **Contrato de arrendamento mercantil. Inadimplemento do arrendatário. Cláusula que prevê o vencimento antecipado da dívida. Abusividade. Não configuração.** Não é abusiva a cláusula de contrato de arrendamento mercantil que prevê o vencimento antecipado da dívida em decorrência do inadimplemento do arrendatário. *REsp 1699184, 4ª T, 25.10.2022.*

QUESTÕES OBJETIVAS

39. (Cespe/TRF/2R/Juiz/2013) Com relação às cláusulas abusivas e nulas, de que trata o CDC, assinale a opção correta.

a) O fornecimento de serviços por determinada empresa pode ser regido por regra contratual que estipule a utilização obrigatória da arbitragem com o objetivo de resolver, de forma mais célere, conflitos com consumidores.
b) Um fornecedor do ramo de bens importados pode estipular, contratualmente, a alteração unilateral nos preços de seus produtos, como instrumento de garantia para as hipóteses de mudanças bruscas no cenário econômico internacional.
c) Um contrato de prestação de serviços de limpeza predial poderá estabelecer a utilização de substância química vedada por legislação ambiental, sem que isso implique a nulidade da respectiva cláusula.
d) Um contrato poderá prever o ressarcimento, a cargo dos consumidores, dos custos de cobrança relativa às suas obrigações, em situações de comprovado risco de inadimplência, sem que esse direito possa ser invertido contra o fornecedor.
e) Na relação de consumo, uma pessoa jurídica X poderá celebrar com seu fornecedor Y contrato com cláusula que limite o pagamento de indenizações a situações justificáveis.

40. (Cespe/TRF/3R/Juiz/2011) A respeito de cláusulas abusivas, assinale a opção correta.

a) A nulidade de uma cláusula contratual abusiva invalida o contrato quando, apesar dos esforços de integração, a sua ausência acarreta ônus excessivos para qualquer das partes.
b) O rol de cláusulas abusivas estabelecido no art. 51 do CDC é exaustivo.
c) É necessária a má-fé do fornecedor para a caracterização da abusividade de cláusula, de acordo com o que dispõe o CDC.
d) Da nulidade das cláusulas abusivas ou da desproporcionalidade das prestações decorre somente sua invalidação, não sendo possível o juiz modificar o conteúdo das disposições contratuais.
e) Conforme dispõe o CDC, são válidas as cláusulas que determinem a utilização compulsória da arbitragem.

41. (TRF/3R/Juiz/2010) A multa prevista no art. 52 do CDC, no percentual de 2%, aplica-se:

a) A todo e qualquer contrato regrado pelo CDC.
b) Também aos contratos de locação.
c) Ao não pagamento das cotas de condomínio.
d) Quando houver concessão de crédito ou outorga de financiamento ao consumidor.

6. DAS SANÇÕES ADMINISTRATIVAS

SÚMULAS

STJ **Súm. 285.** Nos contratos bancários posteriores ao Código de Defesa do Consumidor incide a multa moratória nele prevista.

STJ **Súm. 543.** Na hipótese de resolução de contrato de promessa de compra e venda de imóvel submetido ao Código de Defesa do Consumidor, deve ocorrer a imediata restituição das parcelas pagas pelo promitente comprador – integralmente, em caso de culpa exclusiva do promitente vendedor/construtor, ou parcialmente, caso tenha sido o comprador quem deu causa ao desfazimento.

QUESTÕES OBJETIVAS

42. (Cespe/TRF/5R/Juiz/2015) Por ter violado norma de proteção ao consumidor, a instituição financeira XYZ foi punida com penalidade de multa imposta pelo Procon. Tal violação também configurou descumprimento a norma regulatória setorial, razão pela qual a empresa XYZ foi novamente punida com pena de multa, dessa vez pelo BCB. Em ambos os casos, foram observadas as normas processuais administrativas. A referida empresa ingressou com ação judicial em que questionou a legalidade das penalidades aplicadas. Com referência a essa situação hipotética, assinale a opção correta.

a) A competência do BCB no campo regulatório do setor não impede a fiscalização concomitante pelo Procon, com fundamento nas normas do CDC, porém a aplicação de multa pelo mesmo ato configura situação de "bis in idem", vedada pelo ordenamento jurídico brasileiro.
b) A penalidade aplicada pelo BCB deve prevalecer sobre a multa aplicada pelo Procon, que deve ser anulada, por ser a norma regulatória considerada especial em relação à norma consumerista.
c) Não houve ilegalidade na aplicação das duas multas pelo mesmo ato, tendo em vista que se verificou violação concomitante de norma do CDC e de norma regulatória do setor.
d) As duas multas podem ser cumuladas, pois a multa aplicada pelo Procon tem a finalidade de ressarcir o dano causado ao consumidor, enquanto a multa aplicada pelo BCB tem finalidade regulatória, de nítido caráter punitivo.
e) A multa aplicada pelo Procon é nula, pois o CDC não atribui a esse órgão competência para aplicação de penalidades, mas apenas para a prática de atos de fiscalização e conciliação entre fornecedor e consumidor.

43. (Cespe/TRF/2R/Juiz/2011) Acerca dos institutos de direito do consumidor, assinale a opção correta.

a) A contribuição de intervenção no domínio econômico sobre combustível é tributo indireto, razão pela qual o consumidor final tem legitimidade ativa "ad causam" para o pedido de restituição da parcela de preço específica.
b) Não é lícita a aplicação a fornecedor, por mais de um órgão de proteção e defesa do consumidor, de sanções decorrentes da mesma infração.
c) As ações que, ajuizadas pelo consumidor contra concessionária de telefonia, visem ao questionamento da cobrança da assinatura básica mensal e à devolução dos valores cobrados a esse título não podem ser processadas nos juizados especiais cíveis.
d) As cooperativas de crédito não integram o Sistema Financeiro Nacional e não estão sujeitas às normas do CDC.
e) Tratando-se de ação que objetive reparação dos danos causados pelo tabagismo, a prescrição é regulada pelo Código Civil e não, pelo CDC.

7. DA DEFESA DO CONSUMIDOR EM JUÍZO

7.1. Disposições Gerais

SÚMULAS

STF Súm. Vinculante 27. Compete à justiça estadual julgar causas entre consumidor e concessionária de serviço público de telefonia, quando a Anatel não seja litisconsorte passiva necessária, assistente, nem opoente.

STJ Súm. 601. O Ministério Público tem legitimidade ativa para atuar na defesa de direitos difusos, coletivos e individuais homogêneos dos consumidores, ainda que decorrentes da prestação de serviço público.

INFORMATIVOS

STJ Nulidade de tarifas bancárias. Pedido amplo. Trânsito em julgado. Posterior ação de repetição de indébito. Juros remuneratórios incidentes sobre a mesma tarifa. Impossibilidade. Existência de coisa julgada. A declaração de ilegalidade de tarifas bancárias, com a consequente devolução dos valores cobrados indevidamente, em ação ajuizada anteriormente com pedido de forma ampla, faz coisa julgada em relação ao pedido de repetição de indébito dos juros remuneratórios incidentes sobre as referidas tarifas. *REsp 1899115, 3ª T, 8.4.2022. Inf 733.*

QUESTÕES DISCURSIVAS

5. (TRF/3R/Juiz/2010) Em conformidade com a legislação vigente, responda as indagações seguintes, fundamentando-as: (i) As violações de direitos do consumidor praticadas pela Internet podem ser enquadradas nas disposições do Código de Defesa do Consumidor e do Código Civil brasileiro, se o produtor ou prestador de serviços tem estabelecimento no Brasil e sede fora do país? E na hipótese de o produtor ou prestador de serviços não ter representação no Brasil? Neste último caso, teria a União Federal legitimidade ativa para defender o consumidor com apoio nos arts. 81 e 82 do CDC? Se afirmativa a resposta, quais os requisitos para o exercício desta representação e qual o foro competente? (ii) A oferta de produtos e serviços pela Internet e por e-mail pode ser considerada como fora do estabelecimento comercial, para os efeitos do art. 49 e parágrafo único do Código de Defesa do Consumidor? Caso positivo, deve ser dispensado o mesmo tratamento ao adquirente de produtos ou serviços, seja pessoa física ou pessoa jurídica?

7.2. Das Ações Coletivas

SÚMULAS

STJ Súm. 489. Reconhecida a continência, devem ser reunidas na justiça federal as ações civis públicas propostas nesta e na justiça estadual.

INFORMATIVOS

STJ Ação Civil Pública. Abusividade contratual. Viabilidade. Demonstração dos fatos constitutivos mediante apresentação ou indicação de início de prova. Necessidade. É inviável o ajuizamento de ação coletiva, que tenha como causa de pedir abusividade contratual, sem que seja colacionado aos autos uma única prova documental. *REsp 1583430, 4ª T, 23.8.2022. Inf 748.*

STJ Ação civil pública. Inversão do ônus de sucumbência sem a afirmação da ocorrência de má-fé. Impossibilidade. Violação literal da Lei 7.347/85 e do CDC. Nos termos dos arts. 18 da Lei 7.347/85 e 87 do CDC, não há condenação em honorários advocatícios na ACP, salvo em caso de comprovada má-fé. *AR 4.684, 2ª S, 19.5.2022. Inf 738.*

STJ Ação civil pública. Produtos alimentícios. Obrigação de informar a presença ou não de glúten. Associação brasileira de defesa do consumidor. Legitimidade ativa. Pertinência temática. Flexibilização. Direito humano à alimentação adequada. Demonstração. Necessidade. O juízo de verificação da pertinência temática para a proposição de ACP's há de ser responsavelmente flexível e amplo, em contemplação ao princípio constitucional do acesso à justiça, mormente a considerar-se a máxima efetividade dos direitos fundamentais. *AgInt nos EDcl no REsp 1788290, 4ª T, 24.5.2022. Inf 738.*

STJ Interesses individuais homogêneos. Execução coletiva. Associação. Legitimidade ativa subsidiária. Recuperação fluida ("fluid recovery"). Art. 100 do CDC. A legitimidade subsidiária da associação e dos demais sujeitos previstos no art. 82 do CDC em cumprimento de sentença coletiva fica condicionada, passado um ano do trânsito em julgado, a não haver habilitação por parte dos beneficiários ou haver em número desproporcional ao prejuízo, nos termos do art. 100 do CDC. *REsp 1955899, 3ª T, 21.3.2022. Inf 730.*

STJ Ação civil pública. Execução coletiva. Art. 98 do CDC. Direitos individuais homogêneos. Ausência de legitimidade do Ministério Público. O MP não possui legitimidade para promover a execução coletiva do art. 98 do CDC por ausência de interesse público ou social a justificar sua atuação. *REsp 1801518, 3ª T, 16.12.2021. Inf 722.*

QUESTÕES OBJETIVAS

44. (Cespe/TRF/5R/Juiz/2017) O Ministério Público de determinado estado da Federação e o Ministério Público Federal ajuizaram, em litisconsórcio, ação civil pública para tutela de direitos individuais homogêneos de consumidores lesados por contrato de consumo. De acordo com o STJ, nessa situação hipotética:

a) caso seja rejeitado o pedido, com sentença transitada em julgado, estará vedada a propositura de nova demanda coletiva, com o mesmo objeto, por outro legitimado coletivo.
b) se o réu for condenado em obrigação de dar quantia certa, os juros de mora incidirão a partir da sentença condenatória que vier a ser prolatada na fase de conhecimento.
c) o juiz deve extinguir o processo sem resolução do mérito em razão da ilegitimidade do Ministério Público, por se tratar de tutela de direitos individuais homogêneos em situação decorrente de contrato particular.
d) deve ser permitida a formação do litisconsórcio ativo independentemente de razão específica que justifique a atuação conjunta na lide, bastando que se verifique a legitimidade ministerial para propositura de demanda.
e) caso seja julgada procedente a ação, a contagem do prazo prescricional aplicável às execuções individuais de sentença condenatória só se iniciará com a publicação de edital no órgão oficial.

45. (Cespe/TRF/5R/Juiz/2015) A empresa Aurum, indústria fabricante de automóveis, lançou, em setembro de 2014, veículo cuja campanha publicitária afirmou tratar-se de modelo 2014-2015, antecipando, assim, a comercialização do modelo do ano seguinte, como é a praxe no Brasil e em alguns outros países. Em janeiro de 2015, a empresa Aurum abandonou a fabricação do referido modelo e passou a fabricar outro, diferente, denominado simplesmente de modelo 2015. Sentindo-se lesados, compradores do automóvel modelo 2014-2015 ingressaram com ações judiciais individuais buscando reparação, afirmando que houve quebra de uma legítima expectativa e consequente desvalorização exagerada de seus veículos no mercado. Concomitantemente, o MP ingressou com ação coletiva contra a empresa Aurum, objetivando a proteção desses mesmos interesses. Acerca da situação hipotética apresentada, assinale a opção correta à luz da jurisprudência do STJ.

a) Configurou-se lesão a direitos difusos, pois o ato lesivo atingiu um número indeterminado de pessoas, abrangendo desde o primeiro comprador de cada veículo até seus futuros proprietários.
b) Caso veiculada a demanda por ação coletiva, o CDC prevê expressamente a legitimidade ativa do MP e da defensoria pública, entre outros entes, de forma concorrente.
c) Os efeitos da coisa julgada na ação coletiva não beneficiarão os consumidores que forem autores de ações individuais se

não for requerida sua desistência no prazo de trinta dias a contar da ciência do ajuizamento da ação coletiva.

d) No caso da ação coletiva, eventual condenação poderá ser genérica e será posteriormente liquidada pelas vítimas, por seus sucessores ou pelos legitimados para a propositura da ação.

e) O ato praticado pela empresa Aurum não poderá ser considerado publicidade enganosa se, no momento da sua veiculação, não havia a intenção deliberada de enganar o consumidor ou induzi-lo a erro.

46. (Cespe/TRF/3R/Juiz/2011) Assinale a opção correta, levando em conta a defesa coletiva, em juízo, dos consumidores.

a) É cabível a propositura de ação civil pública em matéria tributária ou previdenciária para defender direitos individuais.

b) É admissível a propositura de ação civil pública em que haja declaração incidental de inconstitucionalidade, em face de fundamento ou questão prejudicial constitucional.

c) São caracterizados como coletivos os interesses ou direitos transindividuais, de natureza indivisível, cujos titulares sejam pessoas indeterminadas e ligadas por circunstâncias de fato.

d) O MP não tem legitimidade para promover ação civil pública cujo fundamento seja a ilegalidade de reajuste de mensalidades escolares.

e) Caracterizam-se como difusos os interesses ou direitos transindividuais, de natureza indivisível, cujo titular seja grupo, categoria ou classe de pessoas ligadas entre si ou com a parte contrária por relação jurídica base.

47. (Cespe/TRF/5R/Juiz/2009) Quanto ao CDC, à disciplina normativa aplicável aos consórcios e à atividade bancária, assinale a opção correta.

a) Para que uma associação que tenha por finalidade a defesa do consumidor possa propor ação coletiva em favor dos participantes desistentes de consórcio de veículos, exige-se que ela tenha sido instituída para a defesa específica dos interesses dos consorciados.

b) A ação civil pública é a via apropriada para o reconhecimento de nulidade de cláusula abusiva que preveja a devolução, sem correção monetária, das prestações pagas pelo consorciado desistente.

c) As administradoras de consórcios de bens móveis possuem total liberdade para fixar a respectiva taxa de administração, mas é ilegal e abusiva a taxa fixada em percentual superior a 10%.

d) Segundo a jurisprudência do STF, a quantia recolhida a título de prestação de serviço de água e de esgoto tem natureza jurídica de taxa e, nessa situação, é inaplicável o CDC a situações de aumento do valor cobrado.

e) É inaplicável o CDC às relações entre os condôminos e o condomínio quanto às despesas de manutenção deste, bem como entre o condomínio de que tenha sido cobrada indevidamente taxa de esgoto e a concessionária desse serviço público.

3

DIREITO ECONÔMICO

VOLUME DE QUESTÕES

BAIXO

1. DIREITO DA CONCORRÊNCIA

ATENÇÃO: ESTE TEMA É MUITO EXIGIDO NOS CONCURSOS!

ENUNCIADOS

Fonacre **Enunc. 1.** No conflito entre o CADE e a agência reguladora, o ato praticado pelo agente econômico, com base numa norma ou decisão da Agência, goza de presunção de boa-fé.

Fonacre **Enunc. 2.** O CADE deve investigar a infração concorrencial, ainda que ela tenha decorrido de ilícito supostamente praticado pela empresa (ex. infrações trabalhistas, ambientais, tributárias etc.), submetendo ao órgão responsável a apuração de tais ilícitos.

Fonacre **Enunc. 5.** As entidades representativas dos diferentes setores da economia devem ser aceitas como "amicus curiae" nas ações que tenham impacto concorrencial.

Fonacre **Enunc. 7.** Nos setores de alta tributação, em razão do elevado risco da irreversibilidade e do impacto à concorrência, a eventual suspensão da exigibilidade do crédito será, preferencialmente, efetuada mediante depósito integral e em dinheiro.

Fonacre **Enunc. 21.** A pouca variabilidade de preços, o aumento dos preços pelos revendedores em datas próximas e o preço/margem de revenda superior em comparação com municípios próximos não constituem, por si só, prova da existência de cartel, dadas as características do mercado de combustíveis – homogeneidade e transparência de preços.

Fonacre **Enunc. 22.** A pouca variabilidade de preços, o aumento dos preços pelos revendedores em datas próximas e o preço/margem de revenda superior em comparação com municípios próximos não constituem, por si só, prova da existência de cartel, dadas as características do mercado de combustíveis – homogeneidade e transparência de preços.

Fonacre **Enunc. 23.** O Poder Judiciário deve agir com cautela, se possível ouvindo a Fazenda Pública, e evitar a concessão de medidas liminares tributárias sem o devido recolhimento dos montantes questionados ou depósito em dinheiro para garantia do juízo, nas demandas judiciais em que sejam identificados indícios de: 1) reiterada prática evasiva pelo agente econômico demandante; 2) atuação do demandante em mercados que reconhecidamente possuam elevada carga tributária e baixa margem de lucro; e 3) risco significativo de ganho de participação de mercado pelo demandante relacionado diretamente ao não recolhimento de tributos.

Fonacre **Enunc. 24.** Em demandas indenizatórias em que alguma parte do processo peça acesso a provas e documentos de Acordo de Leniência ou Termo de Compromisso de Cessação firmado com o Conselho Administrativo de Defesa Econômica (CADE), o juízo deverá intimar o CADE para, querendo, intervir no feito na qualidade de assistente, nos termos do artigo 118 da Lei n. 12.529/2011.

Fonacre **Enunc. 25.** Podem ser aceitos como garantia ao pedido de tutela de urgência, visando à suspensão dos efeitos da decisão administrativa do CADE, o depósito judicial, a fiança bancária, o seguro-garantia, bens móveis ou imóveis, ou, ainda, qualquer caução idônea, livre e desembaraçada e em valor suficiente para assegurar o pagamento integral da multa (Lei n. 12.529/2011, art. 98).

Fonacre **Enunc. 26.** A propositura de ação judicial relacionada a infração à ordem econômica independe de prévio requerimento administrativo, conforme inteligência do art. 47 da Lei n. 12.529/2011.

Fonacre **Enunc. 27.** Em demandas indenizatórias decorrentes de prática de cartel, o pedido de acesso a provas e documentos de Acordo de Leniência ou Termo de Compromisso de Cessação, firmado com o Conselho Administrativo de Defesa Econômica, poderá ser deferido somente em hipóteses excepcionais, quando tal acesso for indispensável ao deslinde da causa, de forma que, sendo deferido o pedido, os respectivos documentos serão colocados em segredo de Justiça, nos termos do art. 189, inciso I, do CPC.

Fonacre **Enunc. 28.** É possível o compartilhamento com outros órgãos e autoridades de provas produzidas a partir de acordo de leniência, desde que não sejam utilizados contra os próprios colaboradores, em extrapolação ao acordo realizado.

Fonacre **Enunc. 29.** É cabível a mitigação da penalidade em casos de infração à ordem econômica quando demonstrado que a empresa possui efetivo programa de integridade, nos termos do artigo 45, II, da Lei n. 12.529/2011.

INFORMATIVOS

STJ **Condutas anticompetitivas. Infração contra a ordem econômica. Lei 12.529/11. Cartel. Ação de indenização por danos morais e materiais. Responsabilidade extracontratual. Não reconhecimento do cartel pelo CADE. Prescrição. Termo inicial. Ciência da conduta causadora dos danos alegados. Princípio da actio nata. Art. 206, § 3º, V, do CC.** Em ação indenizatória que se origina de alegado ilícito concorrencial, uma vez verificada inexistência de decisão do CADE sobre a formação de cartel, o prazo prescricional é de três anos – art. 206, § 3º, V, CC – e o termo inicial para sua contagem é a data da ciência do fato danoso. *REsp 1971316, 4ª T, 25.10.2022. Inf 756.*

STJ **Comércio eletrônico (e-commerce). Serviço de publicidade. Provedores de busca na internet. Alteração do referenciamento de um domínio com base na utilização de certas palavras-chave ("keyword advertising"). Utilização de marca registrada de concorrente. Direcionamento de usuários para o seu próprio sítio eletrônico. Concorrência desleal. Configuração.** Configura concorrência desleal a contratação de serviços de links patrocinados ("keyword advertising") prestados por provedores de busca na internet para obter posição privilegiada em resultado de busca em que o consumidor de produto ou serviço utiliza como palavra-chave a marca de um concorrente. *REsp 1937989, 4ª T, 23.8.2022. Inf 747.*

QUESTÕES DISCURSIVAS

1. (TRF/3R/Juiz/2018) Críticas lançadas sobre a Lei nº 12.529, de 2011, sustentam que esse diploma não viabiliza um controle efetivo, por parte do CADE, sobre (i) a aquisição de pequenas empresas pelas gigantes dos respectivos setores e (ii) os acordos verticais. Essas críticas são procedentes? Justifique.

2. (TRF/2R/Juiz/2013) As empresas de laticínios OST S/A e Mandel S/A, com sede no Município do Rio de Janeiro, realizam uma fusão em março de 2013, passando a se chamar Kaya S/A. Já em pleno funcionamento, recebem uma notificação do CADE sobre a abertura de processo administrativo para a análise do negócio societário, bem como a imposição de multa de vinte mil reais, para cada uma, por ausência de comunicação prévia à autarquia sobre a fusão. Inconformadas, ingressam com ação anulatória na Justiça Federal no Rio de Janeiro em face do CADE, buscando anular o processo administrativo instaurado e a própria multa. Alegam que o negócio: (i) pode sofrer controle prévio ou posterior pelo CADE; (ii) diminuirá o preço do produto, em razão do aumento da produção; (iii) aumentará a oferta de emprego. Como Juiz Federal Substituto da Vara Cível da Seção Judiciária do Rio de Janeiro para a qual foi distribuída a demanda, como V. Sª. decidiria a questão?

QUESTÕES OBJETIVAS

1. (IFBC/TRF/2R/Juiz/2018) Com relação ao ordenamento jurídico brasileiro e o sistema de defesa da concorrência, marque a alternativa correta:

a) O CADE, por intermédio da Superintendência-Geral, poderá celebrar acordo de leniência, com a extinção da ação punitiva da administração pública ou a redução de 1 (um) a 2/3 (dois terços) da penalidade aplicável, com pessoas físicas e jurídicas que forem autoras de infração à ordem econômica, desde que colaborem efetivamente com as investigações e o processo administrativo e que dessa colaboração resulte: a identificação dos demais envolvidos na infração; e a obtenção de informações e documentos que comprovem a infração noticiada ou sob investigação, e cumprir outros requisitos previstos na lei.

b) O CADE, por intermédio da Superintendência-Geral, poderá celebrar acordo de leniência, com a extinção da ação punitiva da administração pública ou a redução de 1 (um) a 2/3 (dois terços) da penalidade aplicável, com pessoas jurídicas que forem autoras de infração à ordem econômica, desde que colaborem efetivamente com as investigações e o processo administrativo e que dessa colaboração resulte: a identificação dos demais envolvidos na infração; e a obtenção de informações e documentos que comprovem a infração noticiada ou sob investigação.

c) O CADE, por intermédio do Ministério Público Federal, poderá celebrar acordo de leniência, com a extinção da ação punitiva da administração pública ou a redução de 1 (um) a 2/3 (dois terços) da penalidade aplicável, com pessoas jurídicas que forem autoras de infração à ordem econômica, desde que colaborem efetivamente com as investigações e o processo administrativo e que dessa colaboração resulte: a identificação dos demais envolvidos na infração; e a obtenção de informações e documentos que comprovem a infração noticiada ou sob investigação.

d) O CADE, por intermédio do Ministério Público Federal, poderá celebrar acordo de leniência, com a extinção da ação punitiva da administração pública ou a redução de 2/3 (dois terços) da penalidade aplicável, com pessoas físicas e jurídicas que forem autoras de infração à ordem econômica, desde que colaborem efetivamente com as investigações e o processo administrativo e que dessa colaboração resulte: a identificação dos demais envolvidos na infração; e a obtenção de informações e documentos que comprovem a infração noticiada ou sob investigação.

e) O CADE, por intermédio da Superintendência-Geral, poderá celebrar acordo de leniência, com a extinção da ação punitiva da administração pública ou a redução de 1 (um) a 2/3 (dois terços) da penalidade aplicável, com pessoas físicas e jurídicas que forem autoras de infração à ordem econômica, desde que colaborem efetivamente com as investigações e o processo administrativo e que dessa colaboração resulte: a identificação dos demais envolvidos na infração; e a obtenção de informações e documentos que comprovem a infração noticiada ou sob investigação, sem exigência de outros dispositivos legais.

2. (TRF/3R/Juiz/2018) Assinale a alternativa correta:

a) Maiores os custos de transação em um mercado, maior o grau de dependência econômica nele existente.

b) A celebração de acordos verticais tende a diminuir os custos de transação a serem incorridos pelos agentes econômicos partícipes.

c) Os contratos de distribuição celebrados entre empresas ou grupos de empresas com faturamento superior a R$ 200 milhões de reais devem ser submetidos à apreciação do CADE.

d) Para a Escola de Chicago, cartel e preço predatório são as práticas antitruste mais nocivas à sociedade.

3. (TRF/3R/Juiz/2018) Assinale a alternativa correta:

a) A patente garante a seu detentor a inexistência de concorrência eventualmente oferecida por quaisquer produtos que satisfaçam a mesma necessidade do consumidor.

b) O CADE pode anular patentes em caso de abuso de posição dominante por parte de seu detentor.

c) O mero paralelismo consciente dos preços entre agentes econômicos é insuficiente para comprovar a existência de um cartel.

d) A jurisprudência administrativa do CADE é no sentido de condenar empresas por aumento arbitrário de lucros, no caso de abuso do direito de propriedade intelectual.

4. (TRF/3R/Juiz/2018) A fornecedora "A" escoa sua produção por meio de uma rede de distribuidores (rede "A"). Em uma licitação, um dos distribuidores ("X") celebra acordo com outros licitantes, não integrantes da rede "A", e sagra-se vencedor do certame. Posteriormente, "X" é condenado pelo CADE, por participação em cartel, com base na Lei nº 12.529, de 2011. Assinale a alternativa correta:

a) "A" é solidariamente responsável pela infração à ordem econômica cometida por "X", mesmo sem ter participado do acordo com os outros licitantes. A responsabilidade de "A", no caso, é objetiva.

b) Outro membro da rede "A" possui legitimidade para propor ação civil de reparação de danos contra "X", por descumprimento do contrato existente entre "X" e "A".

c) A decisão do CADE não pode ser revista pelo Poder Judiciário.

d) Mesmo antes de ser proferida a decisão do CADE reconhecendo a existência de infração à ordem econômica, os prejudicados podem propor ação de indenização contra X.

5. (Cespe/TRF/5R/Juiz/2017) A respeito do "dumping", assinale a opção correta.

a) É permitido ao Conselho de Política Aduaneira celebrar com o exportador ou o governo do país exportador acordo que elimine os efeitos prejudiciais decorrentes da prática de dumping.

b) É vedada a aplicação de direitos provisórios durante a fase de investigação, salvo se envolver a concessão de subsídios à indústria agrícola.

c) O combate a essa prática destina-se à proteção do setor da economia global atingido pela discriminação interna de preços.

d) Os direitos compensatórios e os direitos antidumping serão cobrados independentemente de quaisquer obrigações de natureza tributária relativas à importação de produtos afetados.

e) Considera-se dumping a introdução de um produto em mercado estrangeiro a preço superior a seu valor normal, se comparado a preço de produto similar praticado no país exportador.

6. (TRF/2R/Juiz/2017) Quanto ao acordo de leniência no âmbito Conselho Administrativo de Defesa Econômica – CADE, marque a opção correta:

a) O acordo de leniência pode resultar em redução da pena, mas não cm extinção da punibilidade da sanção administrativa a ser imposta à pessoa jurídica colaboradora.

b) É inviável o acordo de leniência se a autoridade administrativa já dispõe de prova sobre a ocorrência da infração investigada.

c) A pessoa jurídica que pretenda qualificar-se para o acordo não pode ser a líder da conduta infracional a ser revelada.

d) A pessoa jurídica que pretenda qualificar-se deve ser a primeira a fazê-lo com relação à infração noticiada ou sob investigação.

e) O acordo pode resultar em extinção da pena administrativa, mas não em extinção da punibilidade relativa a crime contra a ordem econômica.

7. (TRF/3R/Juiz/2013) De acordo com a Lei 12.529/2011 (que estrutura o Sistema Brasileiro de Defesa da Concorrência), é correto afirmar que:

a) Ao Ministério Público Federal perante o CADE compete tomar as medidas judiciais necessárias à cessação de infrações da ordem econômica ou à obtenção de documentos para a instrução de processos administrativos de qualquer natureza.

b) A personalidade jurídica do responsável por infração da ordem econômica poderá ser desconsiderada quando houver alteração de seus estatutos ou contrato social.

c) A Secretaria de Acompanhamento Econômico poderá requisitar informações e documentos de juízes federais com o fito de promover a concorrência em órgãos de governo e perante a sociedade.

d) A responsabilidade por infração à ordem econômica implica a responsabilidade subsidiária dos administradores da empresa.

e) A execução das decisões do CADE será promovida perante a Justiça Federal no domicílio ou sede do executado, conforme o funcionamento da empresa.

8. (Cespe/TRF/1R/Juiz/2013) Quanto às infrações da ordem econômica dispostas na Lei Antitruste, assinale a opção correta.

a) A reiteração de atos que configurem infração da ordem econômica, após decisão do tribunal determinando sua cessão, sujeita o responsável à proibição de exercer o comércio em nome próprio pelo prazo de até cinco anos.

b) A retenção de bens de produção ou de consumo, sob qualquer pretexto, dada a gravidade social que representa, caracteriza infração à ordem econômica.

c) O estado de insolvência provocado por má administração, que implique inatividade da pessoa jurídica, não pode acarretar, por si só, a desconsideração da personalidade jurídica do responsável.

d) Apenas no caso de comprovação de culpa, a prática de atos que tenham por objetivo o aumento arbitrário de lucros caracterizará infração à ordem econômica.

e) Nas relações comerciais de prazo indeterminado, o rompimento da continuidade em razão de recusa da outra parte em submeter-se a cláusulas anticoncorrenciais caracteriza infração à ordem econômica.

9. (Cespe/TRF/5R/Juiz/2011) A respeito do direito concorrencial, assinale a opção correta.

a) A posição dominante de uma empresa ou grupo no mercado, ou seja, a sua participação significativa é causa, por si só, de intervenção das autoridades antitruste.

b) Mercado relevante material refere-se à área geográfica, ou seja, ao local que se deseja analisar em termos de concorrência.

c) O conceito de mercado relevante relaciona-se à definição, para análise concorrencial, do espaço geográfico dos agentes econômicos e de todos os produtos e serviços substituíveis entre si, nesse mercado.

d) Os conceitos de poder econômico e de posição dominante são equivalentes.

e) Na análise concorrencial, considera-se poder econômico a participação de determinada empresa ou grupo em um mercado.

10. (Cespe/TRF/1R/Juiz/2011) Em relação ao abuso do poder econômico e à Lei Antitruste, assinale a opção correta.

a) A perda de mandato dos conselheiros do CADE só pode ocorrer em virtude de decisão do presidente da República, por provocação de qualquer cidadão, ou em razão de condenação penal irrecorrível por crime doloso.

b) As diversas formas de infração da ordem econômica implicam a responsabilidade da empresa e a individual de seus dirigentes ou administradores, solidariamente.

c) Ao presidente e aos conselheiros do CADE é vedado emitir parecer sobre matéria de sua especialização, ainda que em tese, podendo eles, no entanto, atuar como consultores de empresa privada.

d) Para ser caracterizada como infração da ordem econômica, a ação de limitar, falsear ou prejudicar, de qualquer forma, a livre concorrência ou a livre iniciativa depende da comprovação de dolo ou culpa.

e) Conforme a jurisprudência do STJ, a simples oferta de desconto nas vendas feitas com dinheiro ou cheque, em relação às efetuadas por meio de cartão de crédito, caracteriza abuso de poder econômico.

11. (Cespe/TRF/1R/Juiz/2011) Em relação à prática denominada dumping e às medidas de salvaguarda, assinale a opção correta.

a) Para a determinação do dano pela prática de dumping, não é necessária a demonstração de nexo causal entre as importações objeto de dumping e o dano à indústria doméstica.

b) As medidas de salvaguarda visam à defesa da indústria e da produção doméstica em face do avanço de exportações de mercadorias em patamar de valores inferiores aos do produtor nacional, não sendo necessária a investigação prévia para a aplicação de tais medidas.

c) Em determinadas circunstâncias críticas, é possível a aplicação de medida de salvaguarda provisória, com duração máxima de duzentos dias, podendo ser suspensa por decisão interministerial antes do prazo final estabelecido.

d) Considera-se prática de "dumping" a introdução de um bem no mercado doméstico, exceto sob as modalidades de "drawback", a preço de exportação inferior ao valor normal praticado no mercado de origem.

e) Para se aferir a prática de dumping, o preço de exportação será o efetivamente pago pelo produto exportado ao Brasil, incluindo-se impostos e considerando descontos efetivamente concedidos.

12. (Cespe/TRF/2R/Juiz/2011) Com referência à Lei Antitruste, assinale a opção correta.

a) Os prejudicados têm ação para, em defesa de interesses individuais ou individuais homogêneos, obter a cessação de práticas que constituam infração da ordem econômica e para o recebimento de indenização por perdas e danos, após a conclusão do processo administrativo respectivo, que será suspenso em virtude do ajuizamento.

b) Constitui título executivo extrajudicial decisão do plenário do CADE que comine multa ou obrigação de fazer. Tratando-se de obrigação de pagar ou de fazer, para que se possam mitigar liminarmente os efeitos inerentes a esse título, com a suspensão de sua eficácia, cabe ao juiz fixar o valor de caução idônea a garantir o cumprimento da decisão final, considerada incabível a exigência de depósito do valor de eventual multa.

c) As disposições da lei atinentes às infrações contra a ordem econômica aplicam-se às pessoas físicas ou jurídicas de direito público ou privado, e a quaisquer associações de entidades ou pessoas, constituídas de fato ou de direito, ainda que temporariamente, com ou sem personalidade jurídica, exceto se exercerem atividade sob regime de monopólio legal.

d) A personalidade jurídica do responsável por infração contra a ordem econômica poderá ser desconsiderada caso se comprove abuso de direito, excesso de poder, infração da lei, fato ou ato ilícito ou violação dos estatutos ou contrato social, não sendo, entretanto, efetivada a desconsideração quando ocorrer encerramento ou inatividade da pessoa jurídica provocados por má administração.

e) Ocorre posição dominante quando uma empresa ou grupo de empresas controla parcela substancial de mercado relevante, como fornecedor, intermediário, adquirente ou financiador de um produto, serviço ou tecnologia a ele relativa, sendo presumida a posição dominante quando a empresa ou grupo de empresas controle 20% de mercado relevante, podendo esse percentual ser alterado pelo CADE para setores específicos da economia.

13. (Cespe/TRF/3R/Juiz/2011) Considere que uma empresa de laticínios, detentora de 15% do mercado de processamento e pasteurização de leite tipo C em determinado estado da Federação, venda o produto abaixo do preço de custo. Nesse caso, é correto afirmar que, para se decidir pela existência, ou não, de infração ao direito de concorrência, deve-se analisar, necessariamente:

a) a delimitação da dimensão material do mercado relevante, que consiste em definir os bens e serviços que têm elasticidade em sua substituição, sob a perspectiva dos produtores.

b) possível justificativa para a conduta, como, por exemplo, o fato de o produto ser perecível, estando iminente a expiração de sua validade para consumo.

c) o alcance, em razão do ato praticado, de pelo menos um dos seguintes efeitos/resultados: prejuízo à livre concorrência ou à livre iniciativa; dominação do mercado relevante de bens ou serviços, aumento arbitrário dos lucros; exercício de forma abusiva, de posição dominante.

d) a suspeita de a empresa ter posição dominante correspondente a mais de 20% do mercado relevante, o que, de acordo com o art. 20, § 3º, da Lei n. 8.884/1994, é suficiente para excluí-la da prática de infração, já que a empresa em questão tem apenas 15% do mercado.

e) a delimitação da dimensão geográfica do mercado relevante, entendido como o território onde a empresa está sediada.

14. (Cespe/TRF/5R/Juiz/2013) Com relação às normas brasileiras de proteção à livre iniciativa e à livre concorrência, assinale a opção correta.

a) O abuso de posição dominante não implica, necessariamente, restrição à livre concorrência e à livre iniciativa ou aumento arbitrário de lucros.

b) Estão sujeitos à Lei Antitruste brasileira pessoas físicas ou jurídicas de direito público ou privado, associações de entidades ou de pessoas, desde que suas atividades tenham fins lucrativos.

c) As condutas passíveis de caracterizar infração à ordem econômica são apenas as descritas expressamente na Lei Antitruste.

d) É possível que um ato que não tenha chegado a existir no mundo jurídico configure infração à ordem econômica.

e) Toda restrição à livre concorrência ou à livre iniciativa é domínio de mercado ou abuso de posição dominante.

15. (TRF/4R/Juiz/2010) Assinale a alternativa correta. No que se refere à expressão "dumping", podemos afirmar que a sua prática:

a) Diz respeito ao fomento à indústria local de um ou mais países.

b) Significa simplesmente vender um determinado produto por preço inferior ao seu custo.

c) Situa-se na prática da legítima e livre concorrência.

d) Também é considerada como truste, sendo sinônimas.

e) Todas as alternativas anteriores estão incorretas.

16. (Cespe/TRF/5R/Juiz/2013) Com base na legislação antitruste brasileira, assinale a opção correta.

a) O ordenamento pátrio permite que hipóteses de isenção à lei antitruste sejam fixadas em lei complementar.

b) Os mercados de telefonia fixa e de telefonia celular pertencem ao mesmo mercado relevante.

c) Considera-se que o varejo tradicional e o mercado de vendas a distância pertencem ao mesmo mercado relevante.

d) O mercado de venda de espaço virtual para publicidade é isolado, não se reconhecendo um mercado relevante de vendas de espaços publicitários em geral.

e) Não se consideram, na delimitação de mercado relevante geográfico, os custos de transportes, os incentivos de autoridades locais e a taxa de câmbio.

17. (TRF/4R/Juiz/2014) Dadas as assertivas abaixo, assinale a alternativa correta. Conforme a legislação brasileira antitruste atualmente em vigor:

I. Compete à Secretaria de Acompanhamento Econômico – SDE impor sanções administrativas por infrações à ordem econômica.

II. O Conselho Administrativo de Defesa Econômica – Cade – é uma entidade judicante com jurisdição em todo o território nacional e decide sobre a existência de infração à ordem econômica, aplicando as penalidades previstas em lei.

III. O membro do Ministério Público Federal designado junto ao Conselho Administrativo de Defesa Econômica – Cade emitirá parecer nos processos administrativos para imposição de sanções administrativas por infrações à ordem econômica.

a) Está correta apenas a assertiva I.

b) Está correta apenas a assertiva II.

c) Estão corretas apenas as assertivas I e III.

d) Estão corretas apenas as assertivas II e III.

e) Estão corretas todas as assertivas.

18. (TRF/2R/Juiz/2014) Assinale a opção correta:

a) A conduta de impor preços excessivos pode, até mesmo independentemente de culpa, ser infratora da ordem econômica, quando tenha por objeto ou possa produzir efeitos tais como limitar, falsear ou de qualquer forma prejudicar a livre concorrência ou a livre iniciativa.

b) Ao contrário da Lei n. 8.884/1994, a Lei n. 12.529/2011 não tipificou a infração de "impor preços excessivos", de modo que tal conduta não é por si passível de punição, salvo quando, na forma dolosa, alcançar os resultados descritos no item anterior, hipótese em que será punível.

c) A conduta de impor preços excessivos apenas prejudica quem os impõe, que terá dificuldade em achar comprador, de modo que, exatamente por isso, a Lei n. 12.529/2011 não menciona tal prática, que nem a título de dolo pode ser punida.

d) As diversas formas de infração da ordem econômica implicam responsabilidade solidária entre a sociedade empresária, os seus dirigentes e os sócios majoritários.

e) O concerto de condutas, ou a conduta uniforme acertada entre empresas concorrentes não foi mencionada pela Lei n. 12.529/2011 como infração contra a ordem econômica por estar, em regra, na esfera da livre iniciativa dos interessados.

19. (TRF/2R/Juiz/2014) Sobre o acordo de leniência, previsto na Lei n. 12.529/2011, assinale a opção correta:

a) O beneficiário do acordo, que o descumprir, somente pode assinar outro ajuste de leniência depois de decorridos 5 anos do julgamento da infração pelo Tribunal Administrativo de Defesa Econômica.

b) O acordo de leniência é celebrado entre as empresas envolvidas na infração contra a ordem econômica e a União, por intermédio da Secretaria de Direito Econômico.

c) Mesmo a sociedade empresária que tenha estado à frente da conduta tida como infracionária pode celebrar o acordo de leniência.

d) O referido acordo tem como possíveis consequências a suspensão do processo administrativo que averigua a infração econômica ou a redução de 2/3 (dois terços) da penalidade aplicável.

e) O acordo de leniência é parte integrante do processo administrativo, aplicando-se a independência das esferas, de modo que ele não impede a instauração da ação penal se a infração contra a ordem econômica também constituir crime.

20. (Cespe/TRF/5R/Juiz/2015) No que se refere à defesa da concorrência, assinale a opção correta.

a) A Lei de Proteção à Concorrência considera infração da ordem econômica quaisquer atos que impliquem as consequências econômicas que ela enumera, tratando-se, nesse caso, de hipótese de tipificação fechada.

b) Segundo importante precedente do STJ, a competência para julgar aquisições e fusões bancárias é do CADE, afastando do BCB a competência nessa matéria.

c) Uma decisão do plenário do Tribunal Administrativo de Defesa Econômica do CADE pela aplicação de multa ou pela imposição de obrigação de fazer ou não fazer constitui título executivo judicial.

d) A aplicação da denominada "regra da razão" permite avaliar, em tese, se a conduta praticada implica ou não violação das normas concorrenciais, ou seja, se causa ou não dano a mercado relevante.

e) O CADE, autarquia federal vinculada ao Ministério da Justiça, é entidade judicante com jurisdição em todo o território nacional.

21. (Cespe/TRF/1R/Juiz/2015) Assinale a opção correta acerca do direito concorrencial.

a) A doutrina das infraestruturas essenciais, ou "essential facilities", pressupõe situações de dependência de um agente econômico em relação a outro, titular de bem crucial para a produção de determinado bem ou serviço.

b) O acordo tácito para a uniformização de preços e condições de venda entre concorrentes não caracteriza colusão horizontal, visto que esta deve ser expressamente acordada entre os concorrentes.

c) O combate à exclusão de concorrentes por predação ou por negociação compulsória tem por finalidade impedir a dominação dos mercados, o que constitui fim diverso do combate à colusão horizontal, visto que esta afeta os preços para o consumo, mas não interfere na dinâmica dos mercados.

d) Conforme entendimento do STF, não se aplica imunidade tributária à Empresa de Correios e Telégrafos nos casos em que esta exercer atividades econômicas em concorrência com a iniciativa privada.

e) O Estado, ainda que motivado por interesse público ou social, não pode intervir sobre a liberdade de iniciativa.

22. (Cespe/TRF/1R/Juiz/2015) No que se refere ao direito concorrencial e à Lei n. 12.529/2011, que estrutura o Sistema Brasileiro de Defesa da Concorrência, assinale a opção correta.

a) A emissão de parecer por membro do MPF que atue perante o CADE é condicionada a eventual requerimento do presidente ou do conselheiro-relator do parquet.

b) O CADE é constituído pelo TADE e pela Secretaria de Acompanhamento Econômico do Ministério da Fazenda.

c) Conforme entendimento do STF, tal como nas causas intentadas contra a União, a ação ajuizada contra o CADE pode ser aforada, a critério do autor, na seção judiciária de seu domicílio, naquela onde houver ocorrido o ato ou fato que deu origem à demanda ou onde esteja situada a coisa, ou, ainda, no DF.

d) A perda de mandato do presidente ou dos conselheiros do TADE só poderá ocorrer por decisão judicial.

e) É vedado ao TADE responder a consultas sobre condutas em andamento.

23. (Cespe/TRF/1R/Juiz/2015) De acordo com o que determina a Lei Antitruste (Lei n. 12.529/2011), assinale a opção correta no que tange à execução judicial das decisões do CADE.

a) A decisão do juiz que decreta a intervenção judicial da empresa para fins de execução específica prescinde de fundamentação para sua validade e adequação legal, apenas se exigindo que o juiz indique, clara e precisamente, as providências a serem adotadas pelo interventor nomeado.

b) Em intervenção judicial relativa a execução específica, o interventor, assim que é nomeado, assume automaticamente a administração da empresa, devendo apresentar relatório mensal de suas atividades ao juiz.

c) Compete exclusivamente ao juízo federal da sede do domicílio do executado processar e julgar os processos executivos concernentes à concorrência, quando o título executivo impuser obrigação de fazer ou não fazer.

d) Os processos de execução judicial das decisões do CADE têm preferência sobre todas as demais espécies de ação.

e) A suspensão da execução pela oposição de embargos é condicionada à garantia do juízo no valor das multas aplicadas objeto do título exequendo.

24. (Cespe/TRF/1R/Juiz/2015) A respeito das infrações contra a ordem econômica previstas na Lei n. 12.529/2011, assinale a opção correta.

a) O rol das infrações previstas na lei é taxativo e sua tipificação pressupõe a valoração de seus efeitos e impactos na ordem econômica.
b) A conquista de mercado relevante de bens ou serviços que decorrer de maior eficiência de um agente econômico em relação aos seus concorrentes constituirá infração à ordem econômica.
c) O conceito de mercado relevante prescinde do elemento geográfico.
d) Para o cálculo de multa nas infrações administrativas contra a ordem econômica previstas na lei em questão, é irrelevante o fato de ter ou não se consumado a infração.
e) Se um procedimento administrativo que tenha por fim julgar possíveis infrações da ordem econômica estiver paralisado e aguardando decisão há mais de três anos, será permitido o reconhecimento de ofício da prescrição intercorrente.

25. (TRF/3R/Juiz/2016) A Lei nº 12.529, de 30.11.2011, Lei de Defesa da Concorrência – LDC, estrutura o Sistema Brasileiro de Defesa da Concorrência – SBDC, integrado pelo Conselho Administrativo de Defesa Econômica – CADE. Assim, sobre as assertivas que se seguem, assinale a alternativa correta:

I. A prática usualmente denominada "gun jumping" (expressão em inglês que significa "queimar a largada"), conhecida na literatura e jurisprudência estrangeiras, consiste na consumação de atos de concentração econômica, antes da decisão final da autoridade antitruste. A LDC prevê que o controle dos atos de concentração, quando cabíveis, será realizado previamente pelo CADE em 240 (duzentos e quarenta) dias, prorrogáveis, a fim de preservar a livre iniciativa e a concorrência.
II. O critério de submissão dos atos de concentração ao CADE decorre da aferição, cumulativamente, do faturamento bruto anual e do volume de negócios total no País dos grupos envolvidos, apurados no ano anterior à operação.
III. São considerados atos de concentração econômica, pela LDC, as operações nas quais: i) duas ou mais empresas anteriormente independentes se fundem; ii) uma ou mais empresas adquirem, direta ou indiretamente, por compra ou permuta de ações, quotas, títulos ou valores mobiliários conversíveis em ações, ou ativos, tangíveis ou intangíveis, por via contratual ou por qualquer outro meio ou forma, o controle ou partes de uma ou outras empresas; iii) uma ou mais empresas incorporam outra ou outras empresas; ou iv) duas ou mais empresas celebram contrato associativo, consórcio ou joint venture, exceto quando destinados às licitações promovidas pela Administração Pública direta e indireta.
IV. Para fins de evitar o risco de aplicação de multa pecuniária de até R$60.000.000,00 (sessenta milhões de reais), dentre outras consequências, as partes envolvidas em um ato de concentração deverão manter as suas estruturas físicas e as condições competitivas inalteradas até a avaliação final do CADE.

a) Estão corretas apenas as assertivas I e IV.
b) Estão corretas apenas as assertivas II e IV.
c) Estão corretas apenas as assertivas I e III.
d) Todas as assertivas estão corretas.

26. (TRF/4R/Juiz/2016) Assinale a alternativa correta. Acerca dos institutos de Direito Econômico e Concorrencial:

a) A Lei n. 12.529/2011 (Lei Antitruste) aplica-se quando os atos de concentração econômica realizados no exterior produzam ou possam produzir efeitos significativos no mercado interno brasileiro.
b) Admite-se a possibilidade de restrições ao comércio internacional com o fito de proteger o comércio doméstico somente quando consumado o prejuízo frente às importações, por meio de medidas de salvaguarda.
c) A dominação de mercado relevante de bens ou serviços constitui infração contra ordem econômica apenas quando comprovada a culpa do agente ativo.
d) As empresas públicas prestadoras de serviços públicos que atuam diretamente na atividade econômica não podem gozar de privilégios fiscais não extensivos às do setor privado, haja vista a manifesta afronta ao princípio da livre-concorrência.
e) A prática de truste consiste na associação entre empresas do mesmo ramo de produção com objetivo de dominar o mercado e disciplinar a concorrência, implicando prejuízo da economia por impedir o acesso do consumidor à livre--concorrência.

2. DIREITO PENAL ECONÔMICO

QUESTÕES OBJETIVAS

27. (TRF/2R/Juiz/2017) A rede "Pães e Amor Ltda", com faturamento bruto, no ano anterior, de R$ 15.000.000,00 (quinze milhões de reais), pretende adquirir dois outros estabelecimentos, com faturamento anual, somado, de um terço da cifra anterior. Em documentos escritos, os sócios expressam plano para, em até um ano, dominarem o mercado de padarias de dois bairros e, em até 5 anos, dominarem 50% do mercado da cidade, com base em estratégias de barateamento de custos, diminuição de preços, atendimento domiciliar e melhor gestão global. À luz de tais dados, assinale a opção correta:

a) É necessária a aprovação da aquisição dos estabelecimentos pelo Conselho Administrativo de Defesa Econômica (CADE).
b) Não é necessária a aprovação da aquisição dos estabelecimentos, bastando mera comunicação ao Conselho Administrativo de Defesa Econômica, cuja ausência configura infração à ordem econômica, passível de multa.
c) A falta de comunicação à autarquia não é ilícita, mas os documentos que expressam a intenção de dominar o mercado de bairros e, depois, 50% do mercado da cidade, indicam infração à ordem econômica e à concorrência.
d) Ainda que não haja comunicação e que os documentos escritos venham a público, não há, no descrito, infração à ordem econômica ou à concorrência.
e) É o concerto de condutas, da compra dos estabelecimentos (caso não seja comunicada) à intenção de dominar mercado relevante, que caracteriza a infração à ordem econômica e submete a rede de padaria às sanções da Lei nº 12.529/2011 (Lei de Defesa da Concorrência).

28. (TRF/3R/Juiz/2013) Considerando a relevância da atividade econômica para o desenvolvimento nacional, marque a alternativa correta em face do Direito Econômico:

a) Associação de médicos ou o conselho regional de medicina pode ser enquadrado como agente infrator da ordem econômica, considerando ser possível sua identificação como sujeito econômico.
b) A formação de Cartel pode ocorrer em ramos distintos da atividade econômica, desde que seja considerado mercado relevante.

c) O direito antidumping tem por escopo restabelecer os danos à atividade econômica nacional, podendo ultrapassar a margem de dumping apurada.
d) A dominação de mercado por uma empresa de tecnologia da informação configura infração à ordem econômica, ainda que seja fruto de sua eficiência.
e) Conforme a "regra da fonte" do Direito norteamericano haverá um acordo horizontal quando concorrentes em níveis diversos de mercado concordam em restringir o comércio em seu próprio nível da cadeia produtiva.

29. (Cespe/TRF/5R/Juiz/2013) No que se refere aos delitos de natureza econômica, financeira, tributária e decorrentes das relações de consumo, assinale a opção correta.

a) Admite-se a modalidade culposa do crime de omitir informação relevante sobre a durabilidade de produto alimentício no exercício de atividade comercial.
b) O dono de posto de combustível que adquire dois mil litros gasolina e, então, mistura a gasolina a água e solvente, colocando o produto adulterado à venda em seu estabelecimento comercial, comete o delito de estelionato previsto no art. 171 do CP, já que, com essa conduta, obtém, mediante fraude, vantagem econômica ilícita em prejuízo de terceiro.
c) Em se tratando de crime de supressão de tributo mediante falsificação de nota fiscal, o sócio gerente responsável pela administração contábil e financeira da empresa que admitir à autoridade policial ter praticado o delito e revelar a participação de outros sócios, ou mesmo de contadores e falsários, salvo em caso de quadrilha, será beneficiado pela diminuição da pena, de um a dois terços, na terceira fase de sua aplicação.
d) Tratando-se de crimes contra o sistema financeiro, a pessoa jurídica poderá ser condenada criminalmente quando comprovada a ofensa a bens supraindividuais, a fim de se manter a confiabilidade do sistema como um todo.
e) Não constitui crime a conduta de deixar de fornecer à fiscalização tributária documento obrigatório relativo à prestação de serviços realizada, sujeitando-se o infrator a penalidade administrativa e ao pagamento de multa.

3. DIREITO REGULATÓRIO

ENUNCIADOS

Fonacre **Enunc. 8.** Embora o controle de juridicidade dos atos regulatórios não obedeça a uma parametrização fechada, o Poder Judiciário deve privilegiar intervenções procedimentais em vez de intervenções resolutivas, de modo a verificar a observância, entre outros pontos, i) da transparência e da publicidade das decisões administrativas, ii) da legitimidade e da efetiva participação dos atores juridicamente interessados, inclusive da sociedade civil, iii) da realização do estudo de Análise de Impacto Regulatório (AIR), quando cabível; e iv) do atendimento das balizas legais e constitucionais autorizativas da regulação, bem como dos seus motivos determinantes.

Fonacre **Enunc. 9.** Sempre que possível, o Poder Judiciário deve estimular o diálogo entre os agentes reguladores e econômicos, provendo-os com os incentivos e os parâmetros de legalidade necessários para que corrijam a juridicidade violada, inclusive mediante a adoção de mecanismos alternativos de resolução de controvérsias.

Fonacre **Enunc. 10.** O Poder Judiciário deve deferir tutelas que restabeleçam a juridicidade violada com o menor grau de impacto interventivo possível, também atentando para as consequências políticas, econômicas e concorrenciais de suas decisões.

Fonacre **Enunc. 11.** O Poder Judiciário deve primar pelo controle de juridicidade empiricamente informado, incentivando as partes e terceiros interessados a apresentarem dados técnicos e científicos que subsidiem a verificação lógica entre as premissas, as metodologias e as conclusões que embasam os atos regulatórios.

Fonacre **Enunc. 12.** O Poder Judiciário deverá prestigiar a participação dos agentes reguladores e econômicos, seja convocando audiências públicas, seja convidando terceiros interessados para integrar a lide na condição de amicus curiae, entre outras medidas que promovam a ampliação democrática do debate.

Fonacre **Enunc. 19.** As demandas em matéria de energia elétrica que apresentem efeitos sistêmicos devem ser preferencialmente reunidas para julgamento conjunto, na forma do parágrafo terceiro do artigo 55 do CPC.

Fonacre **Enunc. 20.** Ao decidir sobre questões regulatórias no setor de energia elétrica, os juízes devem ter em conta os problemas sistêmicos e econômicos que suas decisões podem causar.

QUESTÕES OBJETIVAS

30. (Vunesp/TRF/3R/Juiz/2022) Como agente normativo e regulador de atividade econômica em sentido estrito, o Estado brasileiro, atualmente,

a) exerce as funções de fiscalização, incentivo e planejamento, todas em caráter vinculante para o agente econômico privado.
b) pode, por meio de Lei estadual, permitir a exploração da atividade de bingos, loterias e jogos de azar.
c) pode, por meio de Lei nacional, impedir a instalação de novos estabelecimentos industriais de um mesmo ramo em uma mesma área geográfica ou a ela contígua.
d) deve reprimir o abuso do poder econômico que vise ao aumento arbitrário dos lucros, mesmo que obtido em regime de concorrência.

31. (TRF/3R/Juiz/2013) Com relação ao controle de preços no mercado, assinale a alternativa correta:

I. A competência estatal para estabelecer o controle de preços no mercado pode manifestar-se, de modo geral, quer pelo estabelecimento de valores mínimos, quer pela fixação de quantias máximas. Na primeira hipótese objetiva, protege-se o consumidor; na segunda, o produtor.
II. O Controle público de preços no mercado pode ser considerado, em tese, como uma medida violadora da ordem constitucional econômica.
III. O sistema constitucional brasileiro, analogamente a todos os demais sistemas contemporâneos retira ao Estado o poder de regulação do mercado na modalidade controle de preços.
IV. O abuso de preços previstos na Lei antitruste caracteriza-se sempre que exista prática de preços excessivos ou aumento de preços de forma injustificada por parte do agente com posição dominante.

a) todos os enunciados são corretos.
b) os enunciados I e III são corretos.
c) os enunciados II e III são corretos.
d) os enunciados III e IV são falsos.
e) todos os enunciados são falsos.

32. (TRF/4R/Juiz/2012) Assinale a alternativa incorreta.

a) A Lei n. 12.529/2011, que estrutura o sistema brasileiro de defesa da concorrência e dispõe sobre prevenção e repressão à ordem econômica, não coíbe a existência de empresas ou organizações com grande poder econômico, porque, dentro de certos limites, admite concentração econômica.
b) Aplica-se a Lei n. 12.529/2011 às práticas que possam produzir efeitos no território nacional.
c) Na Constituição da República Federativa do Brasil de 1988, o constituinte optou por um sistema econômico fundado na livre-iniciativa, o que impede o Estado de intervir na economia, salvo em situações excepcionais, quando necessário aos imperativos da segurança nacional ou a relevante interesse coletivo.
d) Dominar mercado relevante de bens ou serviços constitui infração à ordem econômica, independentemente de culpa.

e) A recusa, omissão ou retardamento injustificado de informação ou documentos solicitados pelo CADE ou pela Secretaria de Acompanhamento Econômico constitui infração punível com multa diária, podendo ser aumentada em até 20 (vinte) vezes, se necessário para garantir sua eficácia, em razão da situação econômica do infrator.

33. (Cespe/TRF/5R/Juiz/2011) A respeito da intervenção do Estado na economia, assinale a opção correta.

a) A atividade normativa e reguladora do Estado exercida por meio da intervenção na atividade econômica compreende as funções de fiscalização, participação e incentivo.
b) O monopólio estatal na refinação do petróleo nacional impede a contratação, pela União, de empresa privada para a realização dessa atividade.
c) A participação em atividades econômicas e a administração dessas atividades são as duas possíveis formas de ingerência do Estado na economia.
d) Sempre que entender cabível, e independentemente de previsão na CF, o Estado pode intervir na economia, utilizando-se do monopólio de exploração direta da atividade econômica.
e) O planejamento da atividade econômica pelo Estado, na nova ordem constitucional econômica, é sempre indicativo para o setor privado, em harmonia com o princípio da livre iniciativa.

34. (Cespe/TRF/1R/Juiz/2011) Acerca da intervenção direta do Estado brasileiro na ordem econômica, assinale a opção correta.

a) Conforme pacífica jurisprudência do STJ, a contribuição especial de intervenção no domínio econômico para financiar os programas e projetos vinculados à reforma agrária e suas atividades complementares não pode ser cobrada de empresas urbanas.
b) De acordo com previsão constitucional, as empresas públicas prestadoras de serviços públicos não podem gozar de privilégios fiscais não extensivos às empresas que operem no setor privado, sob pena de violação do princípio da livre concorrência.
c) A existência ou o desenvolvimento de atividade econômica em regime de monopólio sem que a propriedade do bem empregado no processo produtivo ou comercial seja concomitantemente detida pelo agente daquela atividade ofende o texto constitucional.
d) É constitucional a instituição, por lei ordinária, da contribuição de intervenção no domínio econômico, sendo desnecessária a vinculação direta entre os benefícios dela decorrentes e o contribuinte.
e) O Estado brasileiro não pode assumir a iniciativa de exploração da atividade econômica, devendo avocá-la, em caráter excepcional, nos casos de necessidade para a segurança nacional ou de relevância para o interesse da coletividade, conforme critérios a serem estabelecidos em lei complementar.

35. (Cespe/TRF/2R/Juiz/2011) No que se refere à intervenção do Estado no domínio econômico, assinale a opção correta.

a) A jurisprudência dos tribunais superiores pacificou-se no sentido de que o serviço postal – conjunto de atividades que torna possível o envio de correspondência ou objeto postal de um remetente para endereço final e determinado – consubstancia atividade econômica em sentido estrito, de forma que o monopólio postal do Estado, previsto expressamente na CF, não pode ser relativizado.
b) Verifica-se, na CF, a opção por sistema econômico voltado primordialmente para a livre-iniciativa, o que legitima a assertiva de que o Estado só deve intervir na economia em situações excepcionais, quando necessário aos imperativos da segurança nacional ou de relevante interesse coletivo.
c) A proteção à segurança nacional autoriza o Estado a deter o controle de determinadas atividades econômicas para a garantia da soberania e da independência da Nação, tais como o da exploração de minérios portadores de energia atômica e o de combustíveis fósseis, sendo o conceito de segurança nacional eminentemente jurídico e determinado em lei de forma taxativa.
d) O poder constituinte derivado reformador alterou o texto original da CF, no que se refere à disciplina dos monopólios estatais em relação aos combustíveis fósseis derivados, e permitiu a contratação, por parte da União, de empresas estatais ou privadas para as atividades relacionadas ao abastecimento de petróleo.
e) A Emenda Constitucional n. 49/2006 exclui do monopólio da União a pesquisa, a lavra, o enriquecimento, o reprocessamento, a produção, a comercialização e a utilização de minérios e minerais nucleares e seus derivados, como, por exemplo, os radioisótopos de meia-vida curta, para usos médicos, agrícolas e industriais.

36. (Cespe/TRF/5R/Juiz/2011) No que se refere a liberalismo e intervencionismo, assinale a opção correta.

a) A atuação do Estado, seja por meio do condicionamento da atividade econômica, seja por meio da exploração direta de determinada atividade econômica, anula, por inteiro, a forma econômica capitalista prevista na CF.
b) O intervencionismo valoriza o indivíduo como agente econômico e ente responsável pela condução das regras de mercado.
c) Com o liberalismo, buscou-se atingir a justiça social por meio da imposição de regras estatais na condução da atividade econômica, sem se considerar o lucro.
d) O objetivo do liberalismo foi o de livrar o indivíduo da usurpação e dos abusos do poder estatal na condução da atividade econômica.
e) O intervencionismo visava proteger o Estado dos abusos advindos do liberalismo, como foi o caso da concorrência desleal entre os indivíduos e o Estado.

37. (Cespe/TRF/5R/Juiz/2011) Com relação à ordem econômica, ao direito de propriedade e comunicação social, assinale a opção correta.

a) A CF admite a incidência de contribuição de intervenção no domínio econômico sobre a importação de petróleo e seus derivados, de gás natural e seus derivados e de álcool combustível, podendo a alíquota dessa contribuição ser diferenciada por produto ou uso, ou reduzida e restabelecida por ato do Poder Executivo, sem a observância do princípio da anterioridade.
b) A União pode contratar com empresas estatais ou privadas a realização de pesquisa, o enriquecimento e o processamento de minérios e minerais nucleares e seus derivados.
c) As operações de transferência de imóveis rurais desapropriados por interesse social para fins de reforma agrária são isentas apenas dos impostos federais.
d) É vedada a participação de capital estrangeiro em empresas jornalísticas e de radiodifusão sonora e de sons e imagens.
e) A CF atribui exclusivamente à União a competência para dispensar tratamento jurídico diferenciado às microempresas e às empresas de pequeno porte, de modo a incentivá-las mediante a simplificação de suas obrigações administrativas, previdenciárias, tributárias e creditícias

38. (Cespe/TRF/5R/Juiz/2009) Acerca do direito econômico, assinale a opção correta.

a) Sistema econômico é a forma por meio da qual o Estado estrutura sua política e organiza suas relações sociais de produção, isto é, a forma adotada pelo Estado no que se refere à distribuição do produto do trabalho e à propriedade dos fatores de produção. Atualmente, existem apenas dois sistemas econômicos bem distintos e delineados no mundo: o capitalismo e o socialismo.

b) A ordem econômica, consoante o tratamento dado pelo legislador constituinte de 1988, admite duas vertentes conceituais. Para uma delas, a vertente ampla, a ordem econômica constitui uma parcela da ordem de direito, inerente ao mundo do dever-ser, ou seja, é o tratamento jurídico dispensado para disciplinar o comportamento dos agentes econômicos no mercado.

c) O modelo do Estado intervencionista econômico é fortemente influenciado pelas doutrinas de John Maynard Keynes, que sustentou que os níveis de emprego e de desenvolvimento socioeconômico devem-se muito mais às políticas públicas implementadas pelo governo e a certos fatores gerais macroeconômicos, e não meramente ao somatório dos comportamentos microeconômicos individuais dos empresários.

d) O Estado intervencionista socialista atua com o fito de garantir o exercício racional das liberdades individuais, e sua política intervencionista não visa ferir os postulados liberais, mas, apenas, coibir o exercício abusivo e pernicioso do liberalismo.

e) No que tange à atuação do Estado no domínio econômico, a intervenção regulatória ocorre quando o Estado, nos casos expressos e devidamente autorizados no ordenamento jurídico, atua, em regime de igualdade com o particular, na exploração de atividade econômica.

39. (Cespe/TRF/1R/Juiz/2013) No que se refere à intervenção do Estado no domínio econômico, assinale a opção correta.

a) As reservas do setor público, modalidade de atuação governamental, compreendem a edição de normas de conteúdo financeiro ou fiscal por meio das quais o Estado impulsiona medidas de fomento ou de dissuasão da atividade econômica.

b) Na regulação cultural, um dos tipos de atuação estatal nos diversos setores da economia, o Estado intervém no interesse público definindo padrões para a segurança e desestimulando a exploração de fatores de produção potencialmente poluentes.

c) No Estado intervencionista socialista, a ingerência estatal na atividade econômica visa garantir a efetivação de políticas de caráter assistencialista na sociedade, de modo que os notadamente hipossuficientes sejam providos em suas necessidades básicas.

d) As falhas de mercado que ensejam a regulação estatal das atividades econômicas, como forma de intervenção indireta, incluem a assimetria informativa.

e) Constitui intervenção indireta a atuação do Estado como empresário, situação em ele se compromete com a atividade produtiva e assume a gestão de empresas privadas, conforme os interesses de ordem social.

40. (Cespe/TRF/1R/Juiz/2009) A respeito dos sistemas econômicos e da intervenção do Estado no domínio econômico, assinale a opção correta.

a) O estado de bem-estar social é aquele que provê diversos direitos sociais aos cidadãos, de modo a mitigar os efeitos naturalmente excludentes da economia capitalista.

b) O capitalismo assenta-se no individualismo do liberalismo econômico, tendo como característica o direito de propriedade limitado e mitigado pela vontade estatal.

c) A intervenção reguladora é aquela em que o Estado, no exercício de suas atividades de polícia administrativa, visa reprimir e punir abusos econômicos.

d) Quando o Estado atua na economia por meio de instrumentos normativos de pressão, essa forma de agir denomina-se absorção.

e) O Estado intervém na economia pela forma de indução quando atua paralelamente aos particulares, empreendendo atividades econômicas.

4. MONOPÓLIOS

QUESTÕES OBJETIVAS

41. (Cespe/TRF/2R/Juiz/2009) Com referência à ordem econômica, assinale a opção correta.

a) São princípios gerais da atividade econômica, entre outros, o da vedação do confisco e o da uniformidade.

b) Compete exclusivamente à União instituir contribuições de intervenção no domínio econômico, as quais, segundo a doutrina, apesar da nomenclatura, não possuem natureza jurídica tributária.

c) Considerando que a ordem econômica se funda na valorização do trabalho humano e na livre iniciativa, é absolutamente vedada a exigência de autorização de órgãos públicos para o exercício de qualquer atividade econômica.

d) Compete exclusivamente à União promover tratamento jurídico diferenciado às microempresas e às empresas de pequeno porte, simplificando suas obrigações administrativas, tributárias e previdenciárias.

e) Constitui monopólio da União o transporte, por meio de conduto, de petróleo bruto, seus derivados e gás natural de qualquer origem.

42. (TRF/4R/Juiz/2014) Assinale a alternativa correta. Nos termos do art. 177 da Constituição Federal de 1988, o monopólio incide basicamente nas seguintes áreas:

a) Sistema financeiro.

b) Saúde e previdência complementar.

c) Ensino superior.

d) Extração de madeira.

e) Petróleo, gás natural e minerais nucleares.

43. (TRF/2R/Juiz/2014) Embora a regra seja a livre iniciativa, a Constituição Federal estabelece hipóteses de monopólio. Constitui monopólio da União Federal:

a) A pesquisa e a lavra de riquezas minerais do solo e subsolo, salvo radioisótopos cuja produção, comercialização e utilização poderão ser autorizadas sob regime de permissão.

b) A refinação do petróleo nacional ou estrangeiro.

c) Transporte do petróleo refinado e seus derivados básicos, e bem assim o transporte, por meio de dutos e condutos, de petróleo, seus derivados e de gás de qualquer origem.

d) A produção e comercialização de radioisótopos, que, por seu conteúdo nuclear, não podem ser objeto de permissão.

e) Importação e exportação de riquezas minerais.

5. PRINCÍPIOS DA ORDEM ECONÔMICA

ATENÇÃO: ESTE TEMA É MUITO EXIGIDO NOS CONCURSOS!

SÚMULAS

STF Súm. Vinculante 38. É competente o município para fixar o horário de funcionamento de estabelecimento comercial.

STF **Súm. Vinculante 49.** Ofende o princípio da livre concorrência lei municipal que impede a instalação de estabelecimentos comerciais do mesmo ramo em determinada área.

STF **Súm. 70.** É inadmissível a interdição de estabelecimento como meio coercitivo para cobrança de tributo.

STF **Súm. 323.** É inadmissível a apreensão de mercadorias como meio coercitivo para pagamento de tributos.

STF **Súm. 547.** Não é lícito à autoridade proibir que o contribuinte em débito adquira estampilhas, despache mercadorias nas alfândegas e exerça suas atividades profissionais.

ENUNCIADOS

Fonacre **Enunc. 4.** Nos casos de devedores contumazes, não são aplicáveis as súmulas 70, 323 e 547 do STF.

Fonacre **Enunc. 6.** A neutralidade tributária é um princípio comum a todas as esferas federativas, objetivando a proteção aos princípios da livre concorrência e equilíbrio dos mercados.

INFORMATIVOS

STF **Privatização de empresa estatal e transferência de débitos judiciais ao estado.** É constitucional norma estadual que prevê a assunção de obrigações financeiras resultantes de sentença judicial proferida após a privatização de sociedade de economia mista prestadora de serviço público pelo respectivo estado. A norma não cria despesas efetivas nem constitui privilégios fiscais concedidos à então estatal. Ela também não viola o princípio da isonomia ou o ato jurídico perfeito. Isso porque, ao determinar a assunção de apenas alguns débitos, o legislador atuou dentro de seu espaço de discricionariedade, visando tornar a operação mais atrativa à luz do interesse público e estimular a aquisição. *ADI 5271, 26.8.2022. Pleno. Inf 1065.*

STF **Transporte coletivo interestadual: gratuidade e redução de tarifa para jovens de baixa renda.** É constitucional – por não ofender o direito de propriedade e os princípios da ordem econômica e do equilíbrio econômico-financeiro dos contratos administrativos – lei federal que determina a reserva, por veículo, de duas vagas gratuitas e, após estas esgotarem, de duas vagas com tarifa reduzida em, no mínimo, 50%, para serem utilizadas por jovens de baixa renda no sistema de transporte coletivo interestadual de passageiros. A norma impugnada concretiza o direito ao transporte a um grupo vulnerável, economicamente e constitucionalmente tutelado, atribuindo ao poder regulamentar a definição dos procedimentos e critérios para o seu exercício. A CF preceitua que a livre iniciativa e a propriedade privada devem ser compatibilizadas com o objetivo de redução das desigualdades regionais e sociais, de forma a assegurar existência digna a todos, conforme os ditames da justiça social. *ADI 5657, 17.11.2022. Pleno. Inf 1076.*

STF **Energia elétrica e regulamentação por medida provisória com posterior conversão em lei.** A Medida Provisória 144/03, convertida na Lei 10.848/04, que dispõe sobre a comercialização de energia elétrica, não viola o art. 246 da CF. A EC 6/95 não promoveu alteração substancial na disciplina constitucional do setor elétrico, mas, em razão da revogação do art. 171 da CF, restringiu-se a substituir a expressão "empresa brasileira de capital nacional" pela expressão "empresa constituída sob as leis brasileiras e que tenha sua sede e administração no país", incluída no § 1º do art. 176 da CF pela EC 6/95. O setor elétrico já estava, antes dessa alteração, aberto ao capital privado. Houve apenas ampliação colateral em relação às empresas que poderiam ser destinatárias de autorização ou concessão para explorar o serviço. A MP não se destinou a dar eficácia às modificações introduzidas pela EC 6/95, mas a regulamentar o art. 175 da CF, que dispõe sobre o regime de prestação de serviços públicos no setor elétrico. *ADI 3090, 20.4.2022. Pleno. Inf 1051.*

QUESTÕES DISCURSIVAS

3. (TRF/2R/Juiz/2007) Defina "constituição econômica"?

4. (TRF/2R/Juiz/2007) O que você entende por princípio do compartilhamento da infraestrutura no Direito da Regulação?

QUESTÕES OBJETIVAS

44. (TRF/4R/Juiz/2022) Dadas as assertivas abaixo, assinale a alternativa correta.

I. Os princípios gerais da atividade econômica são: soberania nacional; propriedade privada; função social da propriedade; livre concorrência; defesa do consumidor; defesa do meio ambiente, inclusive mediante tratamento diferenciado conforme o impacto ambiental dos produtos e dos serviços e de seus processos de elaboração e de prestação; redução das desigualdades regionais e sociais; busca do pleno emprego; tratamento favorecido para as empresas de pequeno porte constituídas sob as leis brasileiras e que tenham sua sede e administração no país.

II. É assegurado a todos o livre exercício de qualquer atividade econômica, independentemente de autorização de órgãos públicos, salvo nos casos previstos em lei, decretos e portarias emanados das autoridades competentes.

III. A Lei nº 13.874/2019 que instituiu a Declaração de Direitos de Liberdade Econômica é aplicável à interpretação do direito civil, empresarial, econômico, urbanístico e do trabalho nas relações jurídicas que se encontrem no seu âmbito de aplicação e na ordenação pública, inclusive sobre exercício das profissões, comércio, juntas comerciais, registros públicos, trânsito, transporte e proteção ao meio ambiente.

IV. É dever da administração pública e das demais entidades que se sujeitam à Lei nº 13.874/2019, na aplicação da ordenação pública sobre atividades econômicas privadas, proceder à lavratura de autos de infração ou aplicar sanções com base em termos subjetivos ou abstratos somente quando estes forem propriamente regulamentados por meio de critérios claros, objetivos e previsíveis, devendo ser observado o critério da dupla visita para qualquer atividade.

V. De acordo com a Lei nº 13.874/2019, as propostas de edição e de alteração de atos normativos de interesse geral de agentes econômicos ou de usuários dos serviços prestados, elaboradas por órgão ou entidade da administração pública federal, incluídas as autarquias e as fundações públicas, serão precedidas da realização de análise de impacto regulatório, que conterá informações e dados sobre os possíveis efeitos do ato normativo para verificar a razoabilidade do seu impacto econômico.

a) Estão corretas apenas as assertivas III e V.
b) Estão corretas apenas as assertivas IV e V.
c) Estão corretas apenas as assertivas I, II e III.
d) Estão corretas apenas as assertivas I, III e IV.
e) Estão corretas apenas as assertivas I, III e V.

45. (TRF/3R/Juiz/2013) Com relação à ordem econômica, marque a alternativa correta:

I. A ordem econômica na Constituição de 1988 é uma ordem econômica aberta, porquanto não prescreve um modelo econômico acabado.

II. A competência normativa e reguladora atribuída ao Estado pela Constituição é ampla o suficiente para incluir intervenções bastante brandas e excluir bem extremadas na ordem econômica.

III. A livre iniciativa (Constituição Federal, Art. 1º, IV e 170, caput) manifesta-se sob um duplo aspecto, pois garante, de um lado, a liberdade de acesso ao mercado, com livre criação e fundação de empresa e, de outro, a livre atuação de empresas já criadas, isto é, liberdade de atuação e permanência no mercado.

IV. O Estado, enquanto detentor de poder econômico público, não está sujeito à norma disciplinadora.

a) todos os enunciados são corretos.

b) os enunciados I e III são corretos.
c) os enunciados II e III são corretos.
d) os enunciados III e I são falsos.
e) todos os enunciados são falsos.

46. (Cespe/TRF/1R/Juiz/2013) Considerando a ordem constitucional econômica e os princípios gerais da atividade econômica dispostos na CF, assinale a opção correta.

a) As atividades que envolvam hidrocarbonetos fluidos, salvo o petróleo e o gás natural, por constituírem monopólio da União, não podem ser objeto de contrato entre ela e empresas privadas.
b) A CF prevê tratamento favorecido para as empresas de pequeno porte que tenham sede e administração no país, independentemente de terem sido constituídas sob as leis estrangeiras, com base no interesse nacional.
c) A Empresa Brasileira de Correios e Telégrafos, empresa pública federal prestadora de serviço público, sujeita-se ao regime jurídico próprio das empresas privadas, inclusive no que se refere aos direitos e obrigações civis, comercias, trabalhistas e tributários.
d) A fiscalização, o incentivo e o planejamento, exercidos pelo Estado como agente normativo e regulador da atividade econômica, são determinantes para os setores públicos e privados.
e) As empresas estatais ou privadas que lavrem jazidas de petróleo, mediante acordo firmado com a União, não podem ser denominadas concessionárias, ante a natureza da propriedade da qual são titulares.

47. (TRF/4R/Juiz/2012) Dadas as assertivas abaixo, assinale a alternativa correta.

I. As infrações à ordem econômica são taxativamente elencadas na legislação vigente e consumam-se somente após a produção de efeitos concretos no mercado.
II. Compete exclusivamente à União legislar sobre direito econômico, em face da preponderância do interesse nacional.
III. Consoante a jurisprudência do Supremo Tribunal Federal, o serviço postal não consubstancia atividade econômica em sentido estrito, e a exclusividade da prestação dos serviços públicos é expressão de uma situação de privilégio, não se confundindo com monopólio.
IV. As decisões proferidas pelo sistema de solução de controvérsias da Organização Mundial do Comércio são vinculantes, podendo qualquer país apresentar reclamação perante a organização, na qualidade de terceiro interessado.

a) Está correta apenas a assertiva III.
b) Está correta apenas a assertiva IV.
c) Estão corretas apenas as assertivas I e II.
d) Estão corretas apenas as assertivas II, III e IV.
e) Nenhuma assertiva está correta.

48. (Cespe/TRF/1R/Juiz/2015) Assinale a opção correta relativamente ao instituto da desapropriação e às disposições constitucionais sobre a ordem econômica.

a) Como agente regulador da atividade econômica, cabe ao Estado exercer, de forma indicativa, mas não determinante, as funções de fiscalização, incentivo e planejamento tanto para o setor público como para o setor privado.
b) O Estado não pode explorar, de forma direta ou indireta, atividade econômica, salvo em caso de necessidade relativa à segurança nacional, mediante prévia autorização do Congresso Nacional.
c) A CF prevê expressamente a edição de lei que reprima o abuso do poder econômico que vise à dominação dos mercados, à eliminação da concorrência e ao aumento arbitrário dos lucros.
d) Pessoas jurídicas que pratiquem atos contra a ordem econômica e financeira e contra a economia popular sujeitam-se à responsabilização civil e administrativa, com punições compatíveis com sua natureza, ficando afastada a responsabilização individual de seus dirigentes.
e) A CF prevê que tanto a desapropriação por interesse social quanto a desapropriação por necessidade ou utilidade pública seja feita somente mediante justa e prévia indenização em dinheiro.

49. (TRF/3R/Juiz/2016) Ao explorarem diretamente atividade econômica, as empresas públicas e as sociedades de economia mista:

a) não se sujeitam à exigência de licitação para contratar obras, serviços, compras e alienações, diante da supremacia do interesse público.
b) sujeitam-se ao regime jurídico das empresas privadas quanto aos direitos e obrigações civis, comerciais, tributários e trabalhistas.
c) estão impedidas de atuar nas atividades econômicas que são de livre exploração pelo setor privado.
d) não podem desfrutar de tratamento fiscal mais favorecido que não é estendido ao setor privado, mas em compensação não se sujeitam aos princípios constitucionais que animam a Administração Pública.

50. (TRF/4R/Juiz/2016) Assinale a alternativa correta. Sobre os princípios e as normas que regem a atividade econômica no Estado brasileiro:

a) A livre-iniciativa, erigida a condição de fundamento da República Federativa do Brasil, permite que qualquer pessoa exerça livremente qualquer atividade econômica, dependendo, em qualquer hipótese, de prévia autorização de órgãos públicos.
b) Tendo em vista o elevado potencial para geração de emprego e de renda para o país, a Constituição Federal conferiu tratamento favorecido para as empresas de pequeno porte constituídas sob as leis brasileiras, independentemente do local em que tenham sua sede e sua administração.
c) Consoante o texto constitucional, a ordem econômica se edificará sob o fundamento da livre-iniciativa, de cunho predominantemente capitalista, conferindo a todos o direito de se lançar ao mercado de produção e bens, por sua conta e risco, não competindo ao Estado brasileiro a regularização e a normalização das atividades econômicas.
d) De acordo com o Supremo Tribunal Federal, implica violação ao princípio da livre concorrência a atuação em regime de privilégio da Empresa Brasileira de Correios e Telégrafos na prestação dos serviços que lhe incumbem.
e) Não obstante constituam monopólio da União a pesquisa e a lavra das jazidas de petróleo e gás natural, é lícita a contratação de empresas privadas para a realização dessas atividades.

51. (IFBC/TRF/2R/Juiz/2018) Quanto aos princípios gerais da atividade econômica previstos na Constituição brasileira, assinale a opção correta.

a) A Constituição Federal adota o princípio de defesa do meio ambiente, inclusive mediante tratamento diferenciado conforme o impacto ambiental dos produtos e serviços e de seus processos de elaboração e prestação.
b) O princípio da soberania nacional na ordem econômica é incompatível com a Constituição brasileira, pois traz o isolamento do Estado diante da ordem econômica internacional.

c) A Constituição Federal foi a primeira a prever a função social da propriedade como princípio da ordem econômica.
d) A livre concorrência é garantida independentemente de o Estado promover a livre iniciativa.
e) O princípio da propriedade privada traduz-se no poder de gozar e dispor de um bem, sendo direito de exercício absoluto e irrestrito.

52. (Cespe/TRF/5R/Juiz/2017) Julgue os itens a seguir, acerca dos princípios constitucionais relativos à atividade econômica.

I. Agente privado poderá instituir empresa que explore pesquisas sobre nanotecnologia, independentemente de autorização de órgãos públicos, desde que atenda às exigências de planificação estatal para o setor.
II. O aproveitamento dos potenciais de energia elétrica será realizado por brasileiros ou por empresa constituída sob as leis brasileiras com sede e administração no país.
III. Estatuto jurídico de sociedade de economia mista que explore atividade econômica de prestação de serviços, além de estar sujeito ao regime jurídico próprio das empresas privadas, deverá dispor, entre outros, sobre as formas de fiscalização pela sociedade.
IV. É vedada a concessão de benefício fiscal a empresas do ramo de reciclagem, para coibir tratamento jurídico e econômico diferenciado e garantir a aplicação do princípio da isonomia.

Estão certos apenas os itens

a) I e II.
b) I e III.
c) I e IV.
d) II e III.
e) III e IV.

53. (TRF/2R/Juiz/2017) Assinale a opção que, corretamente, lista princípios que a Constituição assenta para a ordem econômica:

a) Soberania nacional, propriedade privada, livre iniciativa e tratamento favorecido a empresas brasileiras de sócios nacionais.
b) Livre iniciativa, tratamento favorecido a pequenas empresas com sócios nacionais, defesa do meio ambiente, defesa do consumidor e redução das desigualdades sociais.
c) Soberania nacional, livre concorrência, defesa do meio ambiente, redução das desigualdades regionais e livre iniciativa.
d) Defesa do consumidor, defesa do meio ambiente, defesa da atuação do estado como agente regulador e produtor na economia, defesa da concorrência, propriedade privada e função social da propriedade.
e) Soberania nacional, propriedade privada, livre iniciativa e tratamento favorecido a empresas brasileiras de sócios nacionais

54. (Cespe/TRF/2R/Juiz/2009) Segundo Cristiane Derani, os fatores natureza, trabalho e capital compõem a tríade fundamental para o desenvolvimento da atividade econômica. Isso seria o bastante para justificar a indissociabilidade entre direito econômico e direito ambiental. Contudo, existe outro ponto, tão ou mais forte que este, qual seja:

a) as finalidades de ambos os ramos do direito coincidem, posto que propugnam pelo aumento do bem-estar ou qualidade de vida individual e coletiva.
b) a real compatibilização entre o econômico e o ecológico, na perspectiva de uma sociedade pós-industrial, só pode ocorrer quando aquele deixar de exercer supremacia sobre o segundo, o que só será possível por meio de rigoroso controle demográfico nos países periféricos.
c) ambos os ramos do direito estão hoje incorporados ao direito financeiro, sendo por isso que se busca a contabilização dos recursos ambientais.
d) a finalidade de ambos é a manutenção do modo de produção capitalista, pois a demagogia que sustenta o discurso ambientalista, bem como as premissas de uma economia globalizada, são reflexos da ideologia dominante: o neoliberalismo.
e) ambos buscam impor limites ao desenvolvimento e progresso social das nações periféricas, propiciando melhores condições de vida e acesso aos recursos ambientais escassos aos países desenvolvidos.

55. (Cespe/TRF/5R/Juiz/2011) Em relação aos princípios da constituição econômica, assinale a opção correta.

a) Ao prever o princípio do pleno emprego na CF, o legislador pretendeu defender a absorção da força de trabalho a qualquer custo, sem se preocupar com a dignidade da pessoa humana.
b) A defesa do consumidor não se insere entre os princípios da chamada constituição econômica formal.
c) A livre concorrência inclui-se entre os princípios gerais da atividade econômica denominados integração.
d) Ao prever, na CF, a livre iniciativa, o legislador buscou proteger a liberdade de desenvolvimento da empresa, com o objetivo de garantir ao empresário a sua realização pessoal e a obtenção de lucro.
e) Os princípios gerais da atividade econômica denominados integração objetivam resolver os problemas da marginalização regional e(ou) social.

56. (Cespe/TRF/3R/Juiz/2011) O STF, na ADI n. 1.950/SP, analisou a constitucionalidade da medida que concedeu o direito a pagamento de meia entrada para o ingresso em estabelecimentos de entretenimento e assemelhados em favor dos estudantes matriculados regularmente nos estabelecimentos de ensino de São Paulo. Acerca do princípio da livre iniciativa, discutido no caso, assinale a opção correta.

a) A liberdade de comércio e de indústria representa um dos corolários do princípio da livre iniciativa, marco no decreto d'Allarde.
b) De acordo com a posição vencedora, o Estado só intervirá na economia em circunstâncias restritas, devendo estar os outros princípios da ordem econômica e constitucional subordinados à livre iniciativa.
c) A livre iniciativa não tem vínculos com o princípio da legalidade e significa, em verdade, um limite para a ação pública, em termos de estado de direito.
d) A livre iniciativa é implicitamente fundamento da República e um dos desdobramentos do princípio da liberdade.
e) A interferência do Estado na decisão de formação de preços deve estar embasada no princípio da livre iniciativa, prescindindo-se de outros princípios de índole social.

57. (Cespe/TRF/2R/Juiz/2011) A respeito da ordem constitucional econômica, assinale a opção correta.

a) A intervenção estatal na economia faz-se com respeito aos princípios da ordem econômica, não representando a fixação de preços em valores abaixo da realidade e em desconformidade com a legislação aplicável desrespeito ao princípio da livre iniciativa, mas ao da defesa do consumidor.
b) O direito de edificar é relativo, dado que condicionado à função social da propriedade, e, ainda que as restrições decorrentes da limitação administrativa preexistam à aquisição do terreno e sejam do conhecimento dos adquirentes, têm estes, com base nelas, direito à indenização do poder público.
c) A empresa de pequeno porte optante do regime especial unificado de arrecadação de tributos e contribuições é dispensada do pagamento das contribuições instituídas pela União para

as entidades privadas de serviço social, não se estendendo tal isenção às contribuições às entidades de formação profissional vinculadas ao sistema sindical.

d) É inconstitucional, por infringir o princípio da razoabilidade e inibir a iniciativa privada, norma de lei ordinária que imponha aos sócios das empresas por cotas de responsabilidade limitada a responsabilidade solidária, mediante seus bens pessoais, pelos débitos da pessoa jurídica para com a seguridade social.

e) Por constituir risco presumido à ordem econômica, à livreiniciativa e à concorrência, é vedada a concessão de imunidade tributária nas operações de importação de bens realizadas por município quando houver identidade entre o contribuinte de direito e o de fato.

58. (Cespe/TRF/5R/Juiz/2011) No que se refere à ordem jurídico-econômica, assinale a opção correta.

a) O modelo político adotado pelo Estado brasileiro, conforme previsto na CF, é imposto pela ordem econômica vigente no mercado.

b) As normas econômicas dispostas na CF são de natureza essencialmente estatutária, e não, diretiva.

c) Regime político e ordem econômica equivalem-se do ponto de vista conceitual.

d) Na CF, a ordem jurídico-econômica estabelece limites ao exercício da atividade econômica e define, de maneira exclusiva, a estrutura do sistema econômico a ser adotado pelo Estado brasileiro.

e) A mudança dos paradigmas liberais na atividade econômica, com a inclusão da obrigatória observância de princípios como o da dignidade da pessoa humana, deveu-se à atuação do próprio Estado, que passou a intervir no mercado em busca do bem coletivo.

59. (Cespe/TRF/2R/Juiz/2011) A respeito de institutos de direito econômico, assinale a opção correta.

a) O princípio econômico da defesa do consumidor não é violado por resolução de autoridade estadual que, no livre exercício do poder de polícia, discipline horário de funcionamento de estabelecimentos comerciais e matérias específicas de consumo do interesse da unidade da Federação.

b) Segundo a jurisprudência do STF, o estado-membro está autorizado a alterar relações jurídico-contratuais entre o poder concedente municipal e as empresas concessionárias, desde que mediante lei específica e existência de substrato fático embasado no interesse público coletivo de natureza econômica.

c) No plano econômico, a concepção de Estado liberal é fruto direto das doutrinas de Adam Smith, para quem a harmonia social seria alcançada por meio da liberdade de mercado, aliando-se a persecução do interesse privado dos agentes econômicos a ambiente concorrencialmente equilibrado.

d) A ordem econômica em sentido estrito é a parcela da ordem de fato, inerente ao mundo do ser, ou seja, o tratamento jurídico dispensado para disciplinar as relações jurídicas decorrentes do exercício de atividades econômicas.

e) O conceito de Estado intervencionista econômico surgiu como reação contrária aos postulados do Estado liberal, com o fito de garantir o exercício racional das liberdades individuais, afastando a doutrina liberalista por completo no âmbito econômico para materializar os princípios da defesa do mercado e da concorrência.

60. (TRF/2R/Juiz/2014) Assinale a opção que, além de condizente com o sistema legal pátrio, melhor expressa, entre as cinco, consectário das ideias da livre concorrência e da liberdade de iniciativa:

a) A lei poderá conceder proteção e benefícios temporários a empresas brasileiras de capital nacional, adequadas ao desenvolvimento do país.

b) A exploração direta de atividade econômica pelo Estado há de ser limitada.

c) Inexiste tratamento favorecido para empresas brasileiras de qualquer natureza.

d) É possível a exploração de atividade econômica pelo Estado, desde que necessária aos imperativos da segurança nacional ou a relevante interesse coletivo, definidos em atos do Poder Executivo.

e) O exercício ou não de atividade econômica diretamente pelo Estado fica a critério do poder público, quando o interesse estatal o exigir.

61. (Cespe/TRF/1R/Juiz/2015) Em relação à ordem constitucional econômica e aos princípios gerais da atividade econômica, assinale a opção correta.

a) A responsabilidade civil objetiva do fornecedor depende do reconhecimento, na esfera administrativa ou judicial, da vulnerabilidade do consumidor.

b) No que se refere à defesa do meio ambiente, a CF exige a apresentação de EIA pelo responsável por obra ou atividade potencialmente nociva, finalizada ou em andamento.

c) A intervenção do Estado no domínio econômico é regulada por princípios próprios e específicos da ordem econômica, motivo pelo qual independe da obediência aos princípios da razoabilidade e da proporcionalidade.

d) O princípio da função social da propriedade é aplicado, inclusive, aos bens de produção.

e) Princípio da livre concorrência e princípio da livre iniciativa são conceitos coincidentes, entendidos como fundamento político garantidor da liberdade econômica.

4

DIREITO PENAL

VOLUME DE QUESTÕES

MÉDIO

1. DA APLICAÇÃO DA LEI PENAL

SÚMULAS

STF **Súm. 611.** Transitada em julgado a sentença condenatória, compete ao juízo das execuções a aplicação de lei mais benigna.

STF **Súm. 711.** A lei penal mais grave aplica-se ao crime continuado ou ao crime permanente, se a sua vigência é anterior à cessação da continuidade ou da permanência.

STJ **Súm. 501.** É cabível a aplicação retroativa da Lei n. 11.343/2006, desde que o resultado da incidência das suas disposições, na íntegra, seja mais favorável ao réu do que o advindo da aplicação da Lei n. 6.368/1976, sendo vedada a combinação de leis.

QUESTÕES DISCURSIVAS

1. (TRF/4R/Juiz/2010) Discorra sobre o conflito de leis no tempo (irretroatividade, direito adquirido, lei civil e lei penal).

2. (TRF/2R/Juiz/2007) É possível a aplicação combinada de leis penais como resposta à prática de um determinado fato delituoso?

QUESTÕES OBJETIVAS

1. (TRF/2R/Juiz/2017) Assinale a opção correta:

a) A doutrina dominante aponta que, em regra, o crime culposo admite tentativa, especialmente quando a culpa é própria.

b) Se "A" determina que "B" aplique uma surra em "C", e este, ao executar a ação, excede-se, causando a morte de "C", o Código Penal Brasileiro determina que ambos respondam por homicídio, em decorrência da adoção do sistema monista no concurso de pessoas.

c) O erro de tipo exclui a ilicitude, mas permite a punição culposa do fato, quando vencível.

d) No concurso de crimes, o cálculo da prescrição da pretensão punitiva considera o acréscimo decorrente do concurso formal, material ou da continuidade delitiva.

e) Se vigorava lei mais benéfica, depois substituída por lei mais grave, hoje vigente, é a lei mais grave que será aplicada ao crime continuado ou ao crime permanente, se a sua vigência foi iniciada antes da cessação da continuidade.

2. (TRF/4R/Juiz/2014) Dadas as assertivas abaixo, assinale a alternativa correta.

I. O disposto no art. 62, § 1º, I, b, da Constituição Federal, que veda a edição de medida provisória em matéria penal, não obsta que, presentes a relevância e a urgência, sejam veiculadas normas processuais penais, desde que não modifiquem a competência nem interfiram no contraditório e na ampla defesa.

II. A anistia é ato político, concedido mediante lei. Assim, é da competência do Congresso e do chefe do Executivo, correndo por conta destes a avaliação dos critérios de conveniência e oportunidade do ato, sem dispensa, entretanto, de controle judicial, porque pode ocorrer, por exemplo, desvio do poder de legislar ou afronta ao devido processo legal substancial.

III. A necessidade de proteção a determinados valores constitucionais por um período certo ou excepcional autorizam a edição de lei excepcional ou temporária, que se aplica ao fato praticado durante sua vigência, embora decorrido o período de sua duração ou cessadas as circunstâncias que a determinaram.

IV. Ficam sujeitos à lei brasileira, embora cometidos no estrangeiro, os crimes praticados por brasileiros, desde que concorrentes as seguintes condições: o agente entrar no território nacional; ser o fato punível também no estrangeiro, ainda que, por qualquer circunstância, esteja extinta a punibilidade pela legislação estrangeira; não ter sido o agente absolvido no estrangeiro ou não ter cumprido pena; e estar o crime incluído entre aqueles pelos quais a lei brasileira autoriza a extradição.

a) Está correta apenas a assertiva II.

b) Estão corretas apenas as assertivas I e IV.

c) Estão corretas apenas as assertivas II e III.

d) Estão corretas apenas as assertivas II, III e IV.

e) Nenhuma assertiva está correta.

3. (TRF/4R/Juiz/2010) Dadas as assertivas abaixo, assinale a alternativa correta.

I. Fica sujeito à lei brasileira o crime ocorrido no estrangeiro contra o patrimônio da Caixa Econômica Federal ou do Banco do Brasil S.A.

II. Crime comum praticado por brasileiro em território estrangeiro é punível por meio da aplicação da lei brasileira mesmo em caso de ter sido perdoado no exterior.

III. A pena cumprida no estrangeiro atenua a pena diversa imposta no Brasil pelo mesmo crime.
IV. Aplica-se a lei brasileira aos crimes que por tratado o Brasil se obrigou a reprimir, ainda que o agente não entre no território nacional.
V. As regras gerais do Código Penal não se aplicam às leis especiais que disponham de modo diverso.
a) Está correta apenas a assertiva I.
b) Estão corretas apenas as assertivas I, III e V.
c) Estão corretas todas as assertivas.
d) Está incorreta apenas a assertiva I.
e) Está incorreta apenas a assertiva V.

4. (TRF/4R/Juiz/2010) Dadas as assertivas abaixo, assinale a alternativa correta.
I. Poderá haver imposição de pena de multa por fato que lei posterior deixar de considerar crime.
II. Segundo a jurisprudência predominante do Supremo Tribunal Federal, a lei penal mais grave aplica-se ao crime continuado ou ao crime permanente se a sua vigência é anterior à cessação da continuidade ou da permanência.
III. A lei temporária, decorrido o período de sua duração, não mais se aplicará aos fatos praticados durante a sua vigência.
IV. Considera-se praticado o crime no momento do seu resultado, ainda que diverso tenha sido o tempo da ação ou omissão que lhe deu causa.
V. Para os efeitos penais, consideram-se extensão do território nacional as embarcações e aeronaves brasileiras, de natureza pública ou a serviço do governo brasileiro, onde quer que se encontrem.
a) Está correta apenas a assertiva IV.
b) Está correta apenas a assertiva V.
c) Estão corretas apenas as assertivas II e IV.
d) Estão corretas apenas as assertivas II e V.
e) Estão corretas apenas as assertivas I, II, IV e V.

2. DO CRIME

SÚMULAS

STF Súm. 145. Não há crime, quando a preparação do flagrante pela polícia torna impossível a sua consumação.

ENUNCIADOS

CJF **Pen. Proc. Penal 29.** A responsabilidade a título de omissão imprópria deve observar a assunção fática e real de competências que fundamentam a posição de garantidor.

Fonacrim **Enunc.** 31. A reiteração da conduta delitiva, em regra, afasta a aplicação do princípio da insignificância.

QUESTÕES OBJETIVAS

5. (IFBC/TRF/2R/Juiz/2018) Leia as assertivas e ao final marque a opção correta:
I. O consentimento do ofendido é causa de extinção da tipicidade, sempre que apreça expressa ou tacitamente no tipo de injusto, como condição que deve estar necessariamente presente para funcionar como excludente.
II. Ainda a respeito da disciplina da ilicitude, é possível constatar que o nosso Código Penal relaciona quatro causas de exclusão da ilicitude, mas apenas explicitou conceitualmente duas delas em sua Parte Geral.
III. Age em legítima defesa de direito difuso de terceiros, a equipe policial que ingressa no interior de uma residência para prender em flagrante delito uma pessoa que lá se encontra, mantendo escondida em seu interior, farta quantidade de droga.
IV. Segundo a teoria da "ratio essendi", a prática de uma conduta típica indicia sempre a sua própria ilicitude, de modo que se resultar provado que o agente agiu em legítima defesa, teremos o caso de uma conduta típica, mas com a exclusão de sua antijuridicidade.
V. No que concerne ao instituto do estado de necessidade adotado pelo legislador pátrio, é possível afirmar que age em estado de necessidade exculpante, a equipe policial que ingressa no interior de uma residência para prender quem se encontra em flagrante delito.
a) Apenas as assertivas I e II estão corretas.
b) Apenas as assertivas III e IV estão corretas.
c) Apenas as assertivas I e V estão corretas.
d) Apenas as assertivas II e IV estão corretas.
e) Apenas as assertivas III e V estão corretas.

6. (TRF/3R/Juiz/2018) Leia as afirmações abaixo e, ao final, indique a alternativa correta:
I. O crime somente se consuma quando nele se reúnem todos os elementos de sua definição legal.
II. O agente que, voluntariamente, desiste de prosseguir na execução do crime não responde pelos atos já praticados.
III. A tentativa não é punível quando o crime não se consuma por ineficácia absoluta do meio ou por absoluta impropriedade do objeto.
IV. O erro sobre a identidade da pessoa contra a qual o crime é praticado isenta de pena o agente, se o erro é inevitável.
a) Apenas as afirmações III e IV estão certas.
b) Apenas as afirmações I e II estão certas.
c) Apenas as afirmações I e III estão certas.
d) Apenas as afirmações II e IV estão certas.

7. (TRF/2R/Juiz/2014) Caio, agente da polícia, durante suas férias, resolve manter a forma e treinar tiros. Vai até um terreno baldio e ali alveja uma caçamba de lixo. O agente imaginava-se sozinho e, sem querer, acerta um mendigo que ali dormia, dentro da caçamba. Em tese, ocorreu:
a) Descriminante putativa.
b) Causa legal de exclusão da culpabilidade.
c) Caso fortuito, ou força maior criminógena.
d) Erro de tipo.
e) Erro na execução ("aberratio ictus").

8. (TRF/2R/Juiz/2014) Assinale a alternativa correta:
a) Na desistência voluntária, o agente desiste de prosseguir nos atos de execução. Neste caso, tem-se a chamada ponte de ouro, que estimula o agente a retroceder, e ele será apenas punido pela tentativa.
b) A inequívoca e categórica inaptidão do meio empregado pelo agente para a obtenção do resultado chama à aplicação a forma tentada do delito.
c) O arrependimento eficaz, com a reparação do dano ou restituição da coisa por ato voluntário do agente, ocorrido até o recebimento da denúncia, enseja a redução da pena à metade.
d) O erro na execução é o erro ocorrido por inabilidade ou por acidente. O agente quer atingir A, mas acerta B. Neste caso, o agente responde como se tivesse acertado a pessoa visada. No caso de também ser atingida a pessoa que o agente queria ofender, aplica-se a regra do concurso material.

e) O arrependimento posterior implica causa de diminuição da pena do agente, e apenas é aplicável aos crimes praticados sem violência ou grave ameaça à pessoa.

9. (Cespe/TRF/1R/Juiz/2013) No que se refere aos temas relacionados à teoria do delito e à teoria da pena, assinale a opção correta.

a) Todo delito qualificado pelo resultado é preterdoloso.

b) Para a realização do cálculo do prazo da prescrição da pena em abstrato, interessa o limite máximo da pena cominada no tipo penal respectivo, independentemente da existência de causas de aumento ou diminuição e de circunstâncias agravantes ou atenuantes.

c) Para a aplicação da pena, é perfeitamente admissível a compensação entre a causa de aumento e a causa de diminuição da pena, desde que as respectivas frações sejam idênticas.

d) O crime impossível constitui causa de exclusão da tipicidade.

e) Não há, na Parte Geral do CP brasileiro, previsão de causa especial de diminuição de pena, sendo esta prevista apenas na Parte Especial desse mesmo código.

10. (Cespe/TRF/5R/Juiz/2013) No que se refere à teoria e à aplicação do direito penal, assinale a opção correta.

a) O condutor de veículo automotor que, por imprudência, colidir em veículo dirigido por uma gestante, causando-lhe lesões corporais de natureza leve, responderá criminalmente por sua conduta, incidindo, na aplicação da pena, a circunstância agravante de ter sido o crime praticado contra mulher grávida.

b) Crime profissional consiste na prática de ações com intenção de lucro, como é o caso, por exemplo, do curandeirismo, enquanto o crime habitual consiste na reiteração da mesma conduta reprovável, como um meio usual de sobrevivência, como, por exemplo, o rufianismo.

c) Na hipótese de tentativa irreal ou supersticiosa, o agente não responde pelo crime pretendido porque sua intenção não basta para ofender o bem jurídico visado, sendo a tentativa impunível e, conforme o caso, o crime impossível ou o delito putativo.

d) Não pode alegar, em sua defesa, estado de necessidade o indivíduo que tem o dever legal ou contratual de enfrentar o perigo.

e) Será reduzida de um a dois terços a pena do condenado pelo crime de latrocínio que colaborar voluntariamente com a investigação policial e o processo criminal na identificação dos demais coautores ou partícipes do crime, na localização da vítima e na recuperação total ou parcial do produto do crime.

11. (Cespe/TRF/1R/Juiz/2013) Considerando as teorias que tratam do dolo eventual e da culpa consciente, assinale a opção correta.

a) Consoante a teoria do risco, pertencente ao grupo das teorias volitivas, o dolo eventual não tem como objeto o resultado típico, mas, apenas, a conduta típica, sendo necessário que o agente, primeiro, tenha conhecimento de que sua ação implica risco indevido e, segundo, assuma o risco da produção do resultado como decorrência provável da conduta tipificada como proibida.

b) Com base na teoria do perigo desprotegido, também conhecida como teoria do perigo a descoberto, mesmo que a ocorrência do resultado lesivo fique na dependência do acaso e, portanto, fora da possibilidade de ser evitado pelo agente, poder-se-á falar, em princípio, tanto em dolo eventual quanto em culpa consciente, uma vez que somente a atitude subjetiva do agente em relação ao resultado mentalmente representado como possível é que poderá constituir referencial seguro para a distinção entre uma e outra hipótese típica.

c) Uma variante da teoria do risco surge com base no critério do conhecimento sobre um perigo qualificado para o bem jurídico, segundo o qual o dolo se configura no caso em que a produção do resultado for provável e não meramente possível, examinando-se as condições específicas de atuação do agente e afastado o parâmetro genérico fornecido pelo homem sensato ou cuidadoso.

d) De acordo com a teoria da representação, também denominada teoria da possibilidade, integrante do grupo das teorias intelectivas, haverá dolo eventual se o agente admitir, conscientemente, a possibilidade da ocorrência do resultado. Com base nessa teoria, portanto, culpa é sempre culpa inconsciente, não existindo culpa consciente. Assim, a distinção entre dolo e culpa está associada ao conhecimento ou ao desconhecimento, por parte do agente, dos elementos do tipo objetivo: o conhecimento configura o dolo; o desconhecimento caracteriza a culpa.

e) Segundo a teoria do consentimento ou da aprovação, pertencente ao grupo das teorias volitivas, para a configuração do dolo eventual, é necessário que o agente se conforme com a produção do resultado, aceitando-o, mesmo que a posteriori, ou seja, ainda que não o tenha previsto no momento da prática da conduta típica.

12. (Cespe/TRF/1R/Juiz/2013) No que concerne à culpabilidade e às causas de sua exclusão, à disciplina do erro relevante em direito penal e às causas de exclusão da ilicitude, assinale a opção correta.

a) No modelo psicológico de culpabilidade, o dolo é normativo.

b) Todo erro penalmente relevante relacionado a uma causa de exclusão da ilicitude é erro de proibição indireto.

c) O erro de tipo evitável isenta de pena o agente.

d) Não se admite legítima defesa contra legítima defesa putativa.

e) A coação física absoluta é causa de exclusão da culpabilidade.

13. (Cespe/TRF/3R/Juiz/2011) No tocante às situações derivadas da hipótese do erro em direito penal, assinale a opção correta.

a) De acordo com a doutrina majoritária, incorre em erro de proibição indireto aquele que supõe situação de fato que, se existisse, tornaria a ação legítima.

b) Nos termos do CP, no erro de execução, não se consideram, para aplicação da pena, as condições ou qualidades da pessoa contra a qual o agente queria praticar o crime, mas as condições ou qualidades da pessoa contra a qual o crime foi praticado.

c) De acordo com a teoria extremada da culpabilidade, é preciso distinguir, em relação a causa de justificação, entre erro de proibição indireto e erro de tipo permissivo.

d) O fato de o sujeito A disparar arma de fogo contra B, mas, por má pontaria, atingir mortalmente C, que está ao lado de B, caracteriza o denominado, de acordo com o CP, erro sobre a pessoa.

e) Segundo a interpretação doutrinária dominante do CP, o erro de tipo, vencível ou invencível, pode recair sobre qualquer elemento constitutivo do tipo objetivo e impede a configuração do tipo subjetivo doloso.

14. (Cespe/TRF/5R/Juiz/2011) No que concerne à teoria geral do crime, assinale a opção correta.

a) O fato de o agente estar sendo vigiado por fiscal de estabelecimento comercial, assim como a existência de sistema eletrônico de vigilância, impede de forma completamente eficaz a consumação do delito pretendido, de modo a se reconhecer caracterizado crime impossível, pela absoluta eficácia dos meios empregados.

b) Em relação à punibilidade do chamado crime impossível, adota-se no CP a teoria sintomática, segundo a qual só haverá crime impossível quando a ineficácia do meio e a impropriedade do objeto jurídico forem absolutas; sendo elas relativas, fica caracterizada a tentativa.

c) Quanto à punição na modalidade tentada de crime, adota-se no CP a teoria subjetiva, segundo a qual a tentativa, por produzir mal menor, deve ser punida de forma mais branda que o crime consumado, reduzindo-se de um a dois terços a pena prevista.

d) Não se admite desistência voluntária em relação à prática de delito unissubsistente, admitindo-se arrependimento eficaz apenas com relação à prática de crimes materiais. Para beneficiar-se dessas espécies de tentativa qualificada, que, por si sós, não beneficiam os partícipes, o agente deve agir de forma voluntária, mas não necessariamente de forma espontânea.

e) Segundo a jurisprudência do STJ, tratando-se de delito de apropriação indébita, a devolução da coisa que não seja de pequeno valor, desde que antes do recebimento da denúncia, afasta o dolo, ainda que haja controvérsia sobre a existência de devolução parcial, não devendo tal fato ser considerado como mero arrependimento posterior.

15. (Cespe/TRF/1R/Juiz/2011) No que diz respeito às causas de exclusão da ilicitude e de culpabilidade, assinale a opção correta.

a) Para o reconhecimento da causa de exclusão de ilicitude, há necessidade da presença dos pressupostos objetivos e da consciência do agente de agir acobertado por uma excludente, de modo a evitar o dano pessoal ou de terceiro, admitindo-se as causas supralegais de justificação.

b) A legislação extravagante prevê, entre as causas de exclusão de culpabilidade, a que assegura, na Lei de Entorpecentes, a isenção de pena do agente que, em razão da dependência de droga, seja, ao tempo da ação ou da omissão, incapaz de entender o caráter ilícito do fato, incidindo, apenas, no delito de portar ou trazer consigo drogas para uso pessoal.

c) A condição de silvícola e a surdo-mudez completa são consideradas causas de exclusão da imputabilidade absoluta, por presunção legal expressa, com fulcro no critério biopsicológico, de as pessoas nessas condições demonstrarem incapacidade de entender o que seja ilicitude e de se autodeterminar de acordo com esse entendimento.

d) As causas de exclusão de ilicitude são taxativas e estão previstas na parte geral do CP, tendo o legislador pátrio fornecido o conceito preciso de cada uma delas, de modo a evitar interpretações não previstas na norma, em benefício do autor da conduta.

e) As causas de exclusão de ilicitude e de culpabilidade têm os mesmos efeitos jurídicos, reconhecem a conduta como infração penal e, em nenhuma hipótese, acarretam a imposição de pena ao agente.

16. (TRF/4R/Juiz/2010) Dadas as assertivas abaixo, assinale a alternativa correta.

I. Estado de necessidade é causa legal excludente de ilicitude e coação moral irresistível é causa excludente de culpabilidade.

II. Ofensa irrogada em juízo, na discussão da causa, pela parte ou por seu procurador ou conceito desfavorável emitido por funcionário público em apreciação ou informação que preste no cumprimento de dever de ofício são causas excludentes de ilicitude previstas expressamente na parte especial do Código Penal Brasileiro.

III. É exemplo de excludente de ilicitude o abate de animal protegido pela lei ambiental quando realizado para saciar a fome do agente ou de sua família.

IV. Inexigibilidade de conduta diversa é excludente supralegal de culpabilidade por definição doutrinária predominante que a considera implícita no ordenamento jurídico.

V. Estrito cumprimento do dever legal é causa legal de exclusão da ilicitude.

a) Estão corretas todas as assertivas.

b) Está incorreta apenas a assertiva II.

c) Está incorreta apenas a assertiva III.

d) Está incorreta apenas a assertiva IV.

e) Estão incorretas todas as assertivas.

17. (Cespe/TRF/1R/Juiz/2009) Assinale a opção correta em relação às causas de exclusão de culpabilidade, ao concurso de pessoas, às finalidades das penas e às medidas de segurança.

a) Em relação à embriaguez não acidental, o CP adotou a teoria da "actio libera in causa", devendo ser considerado o momento da prática delituosa e não o da ingestão da substância, para aferir a culpabilidade do agente.

b) No erro de proibição indireto, o agente tem perfeita noção da realidade, mas avalia de forma equivocada os limites da norma autorizadora. Tal erro, se escusável, isenta-o de pena; se inescusável, concede-lhe o direito a redução da pena de um sexto a um terço.

c) No ordenamento jurídico brasileiro, a natureza jurídica do concurso de pessoas é justificada pela adoção da teoria monista, na qual inexistem desvios subjetivos de conduta.

d) Segundo a teoria finalista, a pena tem a dupla função de punir o criminoso e prevenir a prática do crime pela reeducação e pela intimidação coletiva.

e) A medida de segurança possui finalidade preventiva e visa ao tratamento dos inimputáveis que demonstrarem, pela prática delitiva, potencialidade para novas ações danosas, razão pela qual não se aplicam os princípios da irretroatividade da lei penal mais grave e da anterioridade a essa espécie de sanção penal.

3. DA IMPUTABILIDADE PENAL

QUESTÕES OBJETIVAS

18. (IFBC/TRF/2R/Juiz/2018) Assinale a afirmativa certa:

a) O sujeito que no momento da prática do crime não era capaz de se determinar, completamente, de acordo com o entendimento do caráter ilícito do fato em razão de embriaguez culposa, poderá ter a pena reduzida de um a dois terços.

b) O critério psicológico determina cientificamente sempre a imputabilidade ou não do agente. Ao passo que o critério biológico etário adotado hoje pela lei penal, é passível de superação pelo juiz na sentença, quando razões de política criminal recomendem.

c) As medidas de segurança aplicáveis aos inimputáveis são: internação em hospital de custódia e tratamento psiquiátrico; na falta deste em estabelecimento adequado; e sujeição a tratamento ambulatorial. Mas se estiver extinta a punibilidade, nenhuma dessas medidas deve incidir.

d) No caso de tratamento ambulatorial, o tempo limitado para sua ocorrência variará de um a três anos. Terminado o prazo determinado para sua realização, e constatado por perícia que o inimputável cumpriu o programa ambulatorial, sua liberação do tratamento será declarada cumprida em definitivo.

e) A doença mental ou o desenvolvimento mental incompleto ou retardado isentam de pena, se ao tempo da ação ou da omissão, ou entre a denúncia e a sentença, o agente era ou se toma inteiramente incapaz de entender o caráter ilícito do fato.

19. (Cespe/TRF/2R/Juiz/2013) Assinale a opção correta com referência à imputabilidade penal.

a) Aquele que, ao tempo da ação, era inteiramente incapaz de compreender o caráter ilícito do fato, mas que recobrar sua sanidade no curso da ação penal, conforme perícia atestada nos autos, não poderá ser condenado pelo crime cometido, pois o juiz proferirá sentença absolutória imprópria, não incidindo a aplicação de medida de segurança.
b) Aquele que, ao tempo da ação, por desenvolvimento mental retardado, era inteiramente incapaz de entender o caráter ilícito do fato estará sujeito à sanção de medida de segurança por tempo indeterminado, devendo submeter-se periodicamente a perícias médicas para avaliar a cessação ou não de sua periculosidade.
c) A reforma do CP ocorrida em 1984 aboliu o sistema vicariante, em que a sentença impunha ao inimputável e ao semi-imputável não só pena como também medida de segurança.
d) Aquele que, ao tempo da ação, não era inteiramente capaz de entender o caráter ilícito do fato por força da dependência do consumo de drogas, comprovada mediante laudo pericial produzido em juízo, poderá ser absolvido impropriamente e encaminhado a tratamento médico adequado.
e) Aquele que, ao tempo da ação, por desenvolvimento mental incompleto, não era inteiramente capaz de determinar-se de acordo com o entendimento do caráter ilícito do fato deverá ser condenado criminalmente, mas com a pena reduzida de um terço a dois terços.

4. DO CONCURSO DE PESSOAS

SÚMULAS

STF **Súm. 245.** A imunidade parlamentar não se estende ao corréu sem essa prerrogativa.

QUESTÕES OBJETIVAS

20. (Vunesp/TRF/3R/Juiz/2022) Assinale a alternativa correta:

a) Na chamada autoria colateral, não há vínculo subjetivo entre os autores.
b) Os únicos requisitos do concurso de pessoas são: pluralidade de participantes; pluralidade de condutas; relevância causal de cada conduta; e identidade de infração penal.
c) O crime de aborto com o consentimento da gestante não configura exceção à teoria monista unitária do concurso de pessoas.
d) O delito de associação para o tráfico de drogas possui natureza hedionda.

21. (IFBC/TRF/2R/Juiz/2018) Sobre o concurso de agentes, leia as assertivas abaixo e ao final marque a opção correta:

I. Os crimes plurissubjetivos não se confundem com os crimes de concurso necessário. Nos primeiros os agentes podem se reunir eventualmente para praticar o crime, enquanto nos segundos a tipicidade necessariamente só se dá com o concurso de agentes.
II. O Código Penal brasileiro atualmente vigente adota a teoria exclusivamente monista do concurso de agentes. Em decorrência desta opção dogmática de nosso legislador, jamais, e em hipótese alguma, nossa legislação admitiu a possibilidade de excepcioná-la, para adotar a teoria pluralista.
III. Na chamada coautoria mediata, verifica-se a confluência da autoria mediata e da coautoria. Ademais, ela configura-se quando dois ou mais agentes se valem, cada qual de uma maneira, de outro agente não punível para executarem um crime.
IV. O concurso de agentes exige: interveniência de duas ou mais pessoas para o mesmo fato delituoso; identidade de infração penal; e vontade consciente de concorrerem todos os agentes para o mesmo crime, sendo irrelevante a contribuição causal de cada um.
V. Na chamada cooperação dolosamente distinta, um dos concorrentes apenas atua querendo praticar um fato menos grave do que aquele que efetivamente acaba sendo levado a efeito pelos demais concorrentes, razão pela qual apenas responderá pelo fato menos grave.

a) Apenas as assertivas I e II estão corretas
b) Apenas as assertivas III e IV estão corretas.
c) Apenas as assertivas I e V estão corretas.
d) Apenas as assertivas II e IV estão corretas.
e) Apenas as assertivas III e V estão corretas.

22. (Cespe/TRF/5R/Juiz/2015) Com relação ao concurso de crimes e de pessoas e ao crime continuado, assinale opção correta.

a) O crime continuado ocorre quando o agente pratica uma ou mais infrações penais de mesma espécie ou não, de forma concomitante, caso em que a pena pode ser aumentada até o dobro.
b) O CP tipifica como crime a conivência, que ocorre quando o agente, mesmo que não tenha o dever de evitar o resultado, não intervém para fazer cessar a prática de infração penal de que tomou conhecimento.
c) É suficiente para caracterizar a participação em sentido estrito a exteriorização da vontade do partícipe de cooperar na ação criminosa do autor, desde que este tenha conhecimento dessa intenção e aceite a ajuda oferecida.
d) Ocorre concurso formal imperfeito quando há dolo em relação ao delito desejado e dolo eventual no tocante aos outros resultados da mesma ação, situação em que o agente deve ser apenado pelo sistema de acúmulo material.
e) A autoria mediata distingue-se da participação em sentido estrito em razão do domínio do fato. Tem-se, como exemplo da primeira, a utilização de inimputáveis para a prática de crimes.

23. (TRF/4R/Juiz/2014) Dadas as assertivas abaixo, assinale a alternativa correta.

I. A imunidade material ou inviolabilidade exclui da incidência penal determinadas pessoas, retirando-lhes a qualidade de destinatários da lei criminal. Já a imunidade formal, da qual são destinatários, por exemplo, os deputados, diz respeito à prisão, ao processo, à prerrogativa do foro.
II. Segundo a doutrina, há concorrência de culpas quando dois indivíduos, um ignorando a participação do outro, concorrem, culposamente, para a produção de um fato definido como crime. Nesses casos, tem-se um concurso de pessoas, em que os agentes respondem, na medida de sua culpabilidade, pelo resultado (art. 29 do Código Penal).
III. Para a teoria moderna, que dá realce primacial aos princípios da necessidade da incriminação e da lesividade do fato criminoso, o crime de mera conduta – no sentido de não se exigir para sua configuração um resultado material exterior à ação – não implica admitir sua existência independentemente de lesão efetiva ou potencial ao bem jurídico tutelado.

IV. A doutrina classifica os crimes funcionais em próprios e impróprios. Nos crimes próprios, a qualidade de funcionário público é elementar do tipo. Ausente a condição de funcionário público a conduta é atípica. São exemplos de crimes próprios: concussão, corrupção passiva e prevaricação. Aqueles chamados de impróprios são crimes funcionais em que o fato seria igualmente criminoso se não fosse praticado por funcionário público, embora a outro título. Por exemplo, o peculato, que, não fosse a qualidade de funcionário público, seria punível como apropriação indébita. Em havendo concurso de pessoas, sendo a condição de funcionário elementar do crime, estender-se-á aos copartícipes, mesmo que particulares, nos termos do art. 30 do Código Penal.

a) Está incorreta apenas a assertiva II.
b) Está incorreta apenas a assertiva IV.
c) Estão incorretas apenas as assertivas I e III.
d) Estão incorretas apenas as assertivas II e IV.
e) Estão corretas todas as assertivas.

24. (Cespe/TRF/1R/Juiz/2013) Armando e Frederico, médicos, ministraram, cada um, em Bruno, paciente que convalescia no leito hospitalar, uma dose de veneno, fazendo-a passar pelo medicamento adequado, o que resultou na morte de Bruno. Tendo essa situação hipotética como referência inicial, assinale a opção correta.

a) Caso Armando e Frederico tenham ministrado as doses de veneno sem combinação prévia e sem conhecimento da intenção um do outro, e tenha sido comprovado que apenas uma das doses, embora ministrada no mesmo instante da outra, produziu, por si só, a morte de Bruno, ambos os agentes devem responder pela morte de Bruno, ainda que seja impossível determinar o autor da aplicação da dose letal, visto que a morte teria ocorrido necessariamente por uma ou por outra condição.
b) Se, além de haver recebido as duas doses letais de veneno ministradas por Armando e Frederico, Bruno, ainda vivo, fosse vítima de outra ação, dolosa ou culposa, de terceiro, e viesse a falecer em seguida a essa terceira ação posterior, Armando e Frederico não poderiam ser responsabilizados pelo resultado morte.
c) Ainda que Armando e Frederico tenham agido em conjunto e de comum acordo, seria indispensável a aplicação do critério da prognose posterior objetiva para se proceder à imputação objetiva do resultado morte aos dois agentes, em concurso, a despeito da comprovação de que o envenenamento tenha sido a causa da morte de Bruno.
d) Caso Armando e Frederico tenham ministrado as doses de veneno no mesmo instante, sem combinação prévia e sem conhecimento da intenção um do outro, e tenha sido comprovado que cada uma das doses produziu seu efeito de forma instantânea, e que cada uma delas, isoladamente, era suficiente para matar, o fato configuraria dupla causalidade alternativa, mostrando-se inadequada a aplicação pura e simples da fórmula da eliminação hipotética, cuja correção, nesta situação, pode ser feita pela fórmula da eliminação global.
e) Caso Armando e Frederico, com a intenção de matar, tenham, individualmente, sem combinação prévia e sem conhecimento da intenção um do outro, ministrado doses de veneno que, isoladamente, fossem insuficientes para produzir a morte de Bruno, eles deveriam responder, de forma individual, por tentativa de homicídio, apesar da ocorrência do resultado morte.

25. (Cespe/TRF/2R/Juiz/2011) Assinale a opção correta a respeito do concurso de pessoas e de crimes, da relação de causalidade e do crime continuado.

a) Com relação ao concurso de pessoas, no CP, tal como no sistema monístico ou unitário, distinguem-se punibilidade de autoria e de participação. Caso ocorra arrependimento do partícipe que tenha instigado ou induzido o autor à prática da infração e este tenha decidido pelo cometimento do delito, somente não será responsabilizado o partícipe se conseguir impedir que o autor realize a conduta criminosa.
b) De acordo com a teoria do domínio do fato no âmbito dos delitos culposos, a autoria imediata equipara-se à coautoria, visto que autor e coautor nas consequências do delito são aqueles que executam parte necessária do plano global, o domínio funcional do fato, que, embora não seja ato típico, integra a resolução previamente acordada da prática do crime.
c) No que se refere ao concurso material de crimes, adota-se, no sistema penal brasileiro, a teoria da absorção, de acordo com a qual a pena do delito maior absorve a sanção penal do menos grave; no tocante ao crime continuado e ao concurso formal perfeito, adota-se o sistema da exasperação.
d) No sistema penal brasileiro, adota-se, no que diz respeito à relação de causalidade, a teoria da equivalência causal, caracterizada pelo fato de o agente utilizar-se conscientemente das condições para justificar sua conduta criminosa, considerada a energia humana necessária para ocorrer o resultado pretendido, do qual deriva a responsabilidade penal. Essa teoria deixa nítida a distinção entre "causa efficiens" e condições.
e) A doutrina contemporânea registra como necessária a presença de alguns elementos para a caracterização do crime continuado, entre os quais se incluem o fator psicológico ou dolo unitário e a habitualidade da infração, no aspecto subjetivo, e, no objetivo, a identidade do bem jurídico tutelado e do tipo penal, além de mesma titularidade da vítima.

5. DAS PENAS

5.1. Das Espécies de Pena

SÚMULAS

STF Súm. Vinculante 26. Para efeito de progressão de regime no cumprimento de pena por crime hediondo, ou equiparado, o juízo da execução observará a inconstitucionalidade do art. 2º da Lei n. 8.072, de 25 de julho de 1990, sem prejuízo de avaliar se o condenado preenche, ou não, os requisitos objetivos e subjetivos do benefício, podendo determinar, para tal fim, de modo fundamentado, a realização de exame criminológico.

STF Súm. 716. Admite-se a progressão de regime de cumprimento da pena ou a aplicação imediata de regime menos severo nela determinada, antes do trânsito em julgado da sentença condenatória.

STF Súm. 717. Não impede a progressão de regime de execução da pena, fixada em sentença não transitada em julgado, o fato de o réu se encontrar em prisão especial.

STF Súm. 718. A opinião do julgador sobre a gravidade em abstrato do crime não constitui motivação idônea para a imposição de regime mais severo do que o permitido segundo a pena aplicada.

STF Súm. 719. A imposição do regime de cumprimento mais severo do que a pena aplicada permitir exige motivação idônea.

STJ Súm. 269. É admissível a adoção do regime prisional semiaberto aos reincidentes condenados a pena igual ou inferior a quatro anos se favoráveis as circunstâncias judiciais.

STJ Súm. 440. Fixada a pena-base no mínimo legal, é vedado o estabelecimento de regime prisional mais gravoso do que o cabível em razão da sanção imposta, com base apenas na gravidade abstrata do delito.

STJ Súm. 493. É inadmissível a fixação de pena substitutiva (art. 44 do CP) como condição especial ao regime aberto.

STJ Súm. 588. A prática de crime ou contravenção penal contra a mulher com violência ou grave ameaça no ambiente doméstico impossibilita a substituição da pena privativa de liberdade por restritiva de direitos.

ENUNCIADOS

Fonacrim Enunc. 15. A falta de interesse em razão da prescrição pela pena em perspectiva pode ser reconhecida quando manifesta e admitida com prudente valoração de segurança acerca da pena máxima admissível e da extrapolação do tempo para sua ocorrência.

Fonacrim Enunc. 36. No curso da instrução criminal, caso o MPF, intimado para tanto, não demonstre a existência de circunstâncias que possam importar na fixação da eventual pena em patamar no qual a pretensão punitiva não estaria prescrita, o processo poderá ser extinto por falta de interesse de agir.

Fonacrim Enunc. 38. Diante do caráter devolutivo da apelação, o acórdão que confirme a sentença condenatória constitui marco interruptivo do prazo prescricional após a edição da Lei n. 11.596/2007.

Fonacrim Enunc. 42. A adoção da prestação pecuniária depositada em conta única, em substituição de pena (art. 44 do CP), assim como em propostas de transação penal e suspensão condicional do processo, é decisão de conteúdo jurisdicional, cabendo exclusivamente ao juiz da ação penal decidir por sua adoção ou não. Da mesma forma, caberá ao juiz da execução penal, quando remetida a ele a decisão sobre a destinação dos recursos, decidir se será adotado o procedimento de conta única ou não.

QUESTÕES OBJETIVAS

26. (Cespe/TRF/1R/Juiz/2015) Prevista no CP e em legislações extravagantes, a multa é modalidade de pena que pode ser aplicada em conjunto com a pena privativa de liberdade ou isoladamente. Acerca da disciplina contida no CP sobre a pena de multa, assinale a opção correta.

a) O valor do dia-multa é arbitrado com base no salário mínimo mensal vigente ao tempo da condenação do réu e deve ser atualizado, quando da execução, pelos índices de correção monetária aplicáveis.

b) Ao fixar a pena de multa, o juiz deve atender principalmente ao grau de reprovabilidade do delito e desconsiderar a situação econômica para não apenar diferentemente réus condenados pelo mesmo crime.

c) O CP veda a substituição de pena privativa de liberdade pela pena de multa em condenação por crime doloso, embora tal substituição seja possível em casos de crime culposo e contravenção penal.

d) As hipóteses de interrupção e suspensão da prescrição de penas de multa são as mesmas previstas para as penas privativas de liberdade, tanto antes quanto após o trânsito em julgado da condenação.

e) Se houver concurso formal ou material de crimes punidos com pena de multa, ao condenado devem ser aplicadas distinta e integralmente as multas referentes a cada um dos delitos.

27. (Cespe/TRF/2R/Juiz/2013) A respeito de aspectos diversos relacionados às penas, assinale a opção correta.

a) No concurso formal perfeito, ou próprio, de crimes, a pena de multa é resultado da pena mais grave, aumentada de um sexto até a metade.

b) Para agravar a pena, o juiz poderá, em decisão fundamentada, aplicar ao crime de furto qualificado pelo concurso de pessoas a causa especial de aumento relativa ao concurso de pessoas que se encontra prevista no crime de roubo.

c) A existência de ações penais em curso, e não de inquéritos policiais, pode ser utilizada como critério de aumento da pena base na primeira fase de aplicação da pena.

d) A confissão espontânea e a menoridade relativa são circunstâncias atenuantes preponderantes e que, por tal motivo, podem servir de fundamento à redução da pena-base abaixo do grau mínimo previsto em lei.

e) O juiz pode aplicar o regime semiaberto ao condenado a pena igual ou inferior a quatro anos, se forem favoráveis as circunstâncias judiciais, ainda que a reincidência se opere em crime específico.

28. (TRF/4R/Juiz/2012) Assinale a alternativa correta, de acordo com o Código Penal.

a) Pratica crime de corrupção passiva o funcionário público que solicita, recebe ou exige, para si ou para outrem, direta ou indiretamente, em razão da função, vantagem indevida.

b) A conduta de solicitar, exigir, cobrar ou obter, para si ou para outrem, vantagem ou promessa de vantagem, a pretexto de influir em ato praticado por funcionário público estrangeiro no exercício de suas funções, relacionado a transação comercial internacional, caracteriza o crime de corrupção passiva em transação comercial internacional.

c) A reparação do dano causado constitui condição objetiva para a progressão de regime aos condenados por crime contra a Administração Pública.

d) Considera-se funcionário público estrangeiro, para os efeitos penais, quem, ainda que transitoriamente ou sem remuneração, exerce cargo, emprego ou função pública em representações diplomáticas, entidades estatais ou paraestatais de país estrangeiro.

e) É extinta a punibilidade do crime de sonegação de contribuição previdenciária se o agente, espontaneamente, declara e confessa, até o término da ação fiscal, as contribuições, importâncias ou valores e presta as informações devidas à Previdência Social, na forma definida em lei ou regulamento.

5.2. Da Cominação/Aplicação da Pena

SÚMULAS

1) Circunstâncias Agravantes e Atenuantes

STJ Súm. 231. A incidência da circunstância atenuante não pode conduzir à redução da pena abaixo do mínimo legal.

STJ Súm. 241. A reincidência penal não pode ser considerada como circunstância agravante e, simultaneamente, como circunstância judicial.

STJ Súm. 442. É inadmissível aplicar, no furto qualificado, pelo concurso de agentes, a majorante do roubo.

STJ Súm. 443. O aumento na terceira fase de aplicação da pena no crime de roubo circunstanciado exige fundamentação concreta, não sendo suficiente para a sua exasperação a mera indicação do número de majorantes.

STJ Súm. 444. É vedada a utilização de inquéritos policiais e ações penais em curso para agravar a pena-base.

STJ Súm. 545. Quando a confissão for utilizada para a formação do convencimento do julgador, o réu fará jus à atenuante prevista no art. 65, III, d, do Código Penal.

STJ Súm. 636. A folha de antecedentes criminais é documento suficiente a comprovar os maus antecedentes e a reincidência.

TRF4 Súm. 130. A agravante baseada numa única reincidência e a atenuante da confissão espontânea, quando coexistirem, compensam-se integralmente.

2) Regime Prisional

STJ Súm. 269. É admissível a adoção do regime prisional semiaberto aos reincidentes condenados a pena igual ou inferior a quatro anos se favoráveis as circunstâncias judiciais.

STJ Súm. 440. Fixada a pena-base no mínimo legal, é vedado o estabelecimento de regime prisional mais gravoso do que o cabível em razão da sanção imposta, com base apenas na gravidade abstrata do delito.

3) Substituição da Pena

STJ Súm. 171. Cominadas cumulativamente, em lei especial, penas privativa de liberdade e pecuniária, é defeso a substituição da prisão por multa.

STJ **Súm. 493.** É inadmissível a fixação de pena substitutiva (art. 44 do CP) como condição especial ao regime aberto.

TRF4 **Súm. 132.** Na hipótese em que a condenação puder ser substituída por somente uma pena restritiva de direitos, a escolha entre as espécies previstas em lei deve recair, preferencialmente, sobre a de prestação de serviços à comunidade, porque melhor cumpre a finalidade de reeducação e ressocialização do agente.

4) Suspensão Condicional do Processo

STJ **Súm. 243.** O benefício da suspensão do processo não é aplicável em relação às infrações penais cometidas em concurso material, concurso formal ou continuidade delitiva, quando a pena mínima cominada, seja pelo somatório, seja pela incidência da majorante, ultrapassar o limite de um (01) ano.

STJ **Súm. 337.** É cabível a suspensão condicional do processo na desclassificação do crime e na procedência parcial da pretensão punitiva.

5) Outros Temas

STF **Súm. 715.** A pena unificada para atender ao limite de trinta anos de cumprimento, determinado pelo art. 75 do Código Penal, não é considerada para a concessão de outros benefícios, como o livramento condicional ou regime mais favorável de execução.

STJ **Súm. 74.** Para efeitos penais, o reconhecimento da menoridade do réu requer prova por documento hábil.

STJ **Súm. 501.** É cabível a aplicação retroativa da Lei n. 11.343/2006, desde que o resultado da incidência das suas disposições, na íntegra, seja mais favorável ao réu do que o advindo da aplicação da Lei n. 6.368/1976, sendo vedada a combinação de leis.

STJ **Súm. 527.** O tempo de duração da medida de segurança não deve ultrapassar o limite máximo da pena abstratamente cominada ao delito praticado.

REPERCUSSÃO & REPETITIVOS

STJ **Repetitivo 1077.** Condenações criminais transitadas em julgado, não consideradas para caracterizar a reincidência, somente podem ser valoradas, na primeira fase da dosimetria, a título de antecedentes criminais, não se admitindo sua utilização para desabonar a personalidade ou a conduta social do agente. *REsp 1.794.854, 1.7.2021.*

STJ **Repetitivo 585.** É possível, na segunda fase da dosimetria da pena, a compensação integral da atenuante da confissão espontânea com a agravante da reincidência, seja ela específica ou não. Todavia, nos casos de multirreincidência, deve ser reconhecida a preponderância da agravante prevista no art. 61, I, do Código Penal, sendo admissível a sua compensação proporcional com a atenuante da confissão espontânea, em estrito atendimento aos princípios da individualização da pena e da proporcionalidade. *REsp 1947845, 22.6.2022.*

STJ **Repetitivo 1110.** 1. Em razão da "novatio legis in mellius" engendrada pela Lei n. 13.654/2018, o emprego de arma branca, embora não configure mais causa de aumento do crime de roubo, poderá ser utilizado como fundamento para a majoração da pena-base, quando as circunstâncias do caso concreto assim justificarem. 2. O julgador deve fundamentar o novo apenamento ou justificar a não realização do incremento na basilar, nos termos do que dispõe o art. 387, II e III, do CPP. 3. Não cabe a esta Corte Superior a transposição valorativa da circunstância para a primeira fase da dosimetria ou mesmo compelir que o Tribunal de origem assim o faça, em razão da discricionariedade do julgador ao aplicar a "novatio legis in mellius". *REsp 1921190, 26.5.2022.*

ENUNCIADOS

Fonacrim **Enunc. 29.** Reconhecida a inconstitucionalidade, no caso concreto, da pena mínima cominada no art. 273 do Código Penal, por violar o princípio da proporcionalidade, pode o juiz aplicar o preceito secundário de outro tipo penal relacionado com os elementos normativos da conduta analisada.

INFORMATIVOS

STJ **Falsidade ideológica em documento público. Continuidade delitiva por 15 vezes. Aplicação do aumento do crime continuado no patamar máximo. Adoção de fração de 2/3 no caso de 7 ou mais infrações. Adequada proporcionalidade. Consonância com a jurisprudência do STJ.** É proporcional a aplicação da fração máxima de 2/3 na hipótese de a conduta criminosa corresponder a 7 ou mais infrações em continuidade delitiva. *AgRg no REsp 1945790, 6ª T, 13.9.2022. Inf 749.*

STJ **Minorante da colaboração premiada. Redução inferior ao ajustado com o Ministério Público. Legalidade. Declarações falsas perante o plenário do júri. Motivação idônea.** É justificada a redução da pena do réu colaborador em patamar um pouco inferior ao que havia sido ajustado com o Ministério Público, tendo em vista que o acusado prestou declarações falsas perante o plenário do júri. *REsp 1973397, 5ª T, 6.9.2022. Inf 748.*

STJ **Dosimetria da pena. Homicídio qualificado. Concurso de atenuantes e agravantes. Agravante de dissimulação. Atenuante de confissão. Preponderância sobre a dissimulação. Quesitos previstos no CP. Redução da pena.** No concurso entre agravantes e atenuantes, a atenuante da confissão espontânea deve preponderar sobre a agravante da dissimulação, nos termos do art. 67 do CP. *HC 557224, 6ª T, 19.8.2022. Inf 745.*

STJ **Proposta de alteração da jurisprudência. Súm. 545/STJ. Pretendido afastamento da atenuante da confissão, quando não utilizada para fundamentar a sentença condenatória. Descabimento. Ausência de previsão legal. Princípios da legalidade, isonomia e individualização da pena. Interpretação do CP. Proteção da confiança (vertrauensschutz) que o réu, de boa-fé, deposita no sistema jurídico ao optar pela confissão.** O réu fará jus à atenuante do art. 65, III, d, do CP quando houver admitido a autoria do crime perante a autoridade, independentemente de a confissão ser utilizada pelo juiz como um dos fundamentos da sentença condenatória, e mesmo que seja ela parcial, qualificada, extrajudicial ou retratada. *REsp 1.972.098, 5ª T, 20.6.2022. Inf 741.*

STJ **Fixação do regime prisional. Circunstância judicial desfavorável. Pena-base acima do mínimo legal. Condenação à pena igual ou inferior a 4 anos de reclusão. Regime inicial aberto. Possibilidade.** Dadas as peculiaridades do caso concreto, admite-se que ao réu primário, condenado à pena igual ou inferior a 4 anos de reclusão, seja fixado o regime inicial aberto, ainda que negativada circunstância judicial. *REsp 1970578, 6ª T, 3.5.2022. Inf 735.*

STJ **Homicídio qualificado. Recurso da defesa. Pena-base. Modificação dos institutos jurídicos. Cúmulo material para continuidade delitiva. Pena final inalterada. "Reformatio in pejus". Não ocorrência.** O reconhecimento da continuidade delitiva não importa na obrigatoriedade de redução da pena definitiva fixada em cúmulo material, porquanto há possibilidade de aumento do delito mais gravoso em até o triplo, nos termos do art. 71, par. ún., in fine, do CP. *AgRg no HC 301882, 6ª T, 26.4.2022. Inf 734.*

QUESTÕES DISCURSIVAS

3. (TRF/2R/Juiz/2007) Augustus foi condenado a 2 (dois) anos e 8 (oito) meses de reclusão por infração ao art. 297 do CP (falsificação de documento público). A pena-base foi fixada no mínimo legal, e ainda foram acrescentados oito meses em razão da reincidência. Responda, justificadamente: poderia, o juiz, estabelecer o regime inicial semiaberto para Augustus?

QUESTÕES OBJETIVAS

29. (Vunesp/TRF/3R/Juiz/2022) Sobre a dosimetria das penas e a substituição da pena privativa de liberdade por restritivas de direitos, é correto afirmar:

a) o antecedente negativo pode ser reconhecido quando o delito ocorreu após a conduta criminosa em julgamento, desde que o trânsito em julgado da decisão respectiva se verifique antes da sentença.

b) a chamada "prescrição da reincidência" ocorre após 5 (cinco) anos do trânsito em julgado da decisão condenatória.

c) a reincidência genérica não impede a substituição da pena privativa de liberdade por restritivas de direitos.

d) A circunstância judicial dos maus antecedentes não pode ser reconhecida se passados mais de 5 (cinco) anos do cumprimento ou extinção da pena.

30. (Vunesp/TRF/3R/Juiz/2022) Mévio foi condenado por descaminho, por internalizar joias no Brasil sem o pagamento dos tributos devidos. Na dosimetria, na primeira fase, três circunstâncias judiciais foram valoradas negativamente: a culpabilidade, tendo em vista o alto poder aquisitivo do réu, a personalidade, por sua ganância e as consequências do delito, pois expressivo o valor das joias e tributos incidentes. A juíza fixou a pena-base no dobro do mínimo legal, isto é, em 2 anos de reclusão. Em sua apelação, Mévio requereu a fixação da pena-base no mínimo; o Ministério Público não recorreu. O Tribunal afastou as circunstâncias referentes à culpabilidade e à personalidade, mas manteve inalterada a pena-base, pois considerou expressivo e inusual o valor das joias apreendidas. Assinale a alternativa correta:

a) O Tribunal devia ter afastado também a circunstância referente às consequências do delito, pois a sonegação de tributos é elementar do tipo de descaminho.
b) Considerando-se o efeito devolutivo da apelação e a discricionariedade permitida pelo art. 59 do Código Penal, o Tribunal podia ter decidido da forma indicada.
c) Eventual "reformatio in pejus" na dosimetria afere-se apenas levando-se em conta a totalidade da pena imposta.
d) Impunha-se a redução da pena-base pelo Tribunal, sob pena de "reformatio in pejus".

31. (Cespe/TRF/5R/Juiz/2017) Um estrangeiro foi preso sob a acusação de compartilhar arquivos contendo pornografia infantil na chamada "Deep Web" (Internet Profunda), cujo conteúdo não é de fácil acesso para a maioria dos internautas. Segundo a polícia, o estrangeiro é acusado da prática reiterada do crime de pedofilia e estupro de vulnerável. As investigações concluíram que o material pornográfico foi produzido pelo agente no exterior e divulgado - inicialmente, já que, posteriormente houve repasse do material por terceiros - somente por uma troca de email entre o acusado, que residia no Brasil, e um brasileiro também residente no país. Constatou-se, ainda, que ele próprio praticava as cenas de sexo explícito com as vítimas. A respeito dessa situação hipotética, assinale a opção correta.

a) Verificada a conexão entre o estupro de vulnerável e a produção e a divulgação do material pornográfico, as penas deverão ser aplicadas considerando-se as regras do concurso material de crimes.
b) O local da prática deve ser considerado o território nacional, em razão do princípio da territorialidade.
c) Como o agente é estrangeiro e a produção do material ocorreu no exterior, ele não poderá ser julgado por autoridades brasileiras pela produção do material.
d) Mesmo em relação à divulgação do material prevalece o caráter de internacionalidade do crime, dada a utilização da Internet.
e) Deverá ser aplicado o princípio da consunção ou da absorção, uma vez que as condutas de produzir e armazenar são atos preparatórios para a transmissão via Internet.

32. (TRF/2R/Juiz/2017) Assinale a opção correta:

a) Fixada a pena em seu mínimo legal, é possível estipular regime prisional mais gravoso do que o previsto em razão da sanção imposta, desde que presente a gravidade abstrata do delito e a perturbação causada à ordem pública.
b) Fixada a pena-base em seu mínimo legal, é possível compensar a atenuante da confissão espontânea e o aumento referente à continuidade delitiva.
c) Reconhecida a incidência de duas ou mais causas de qualificação, ambas serão utilizadas para qualificar o delito, influenciando a fixação da pena-base que, nesse caso, será necessariamente definida acima do mínimo previsto no preceito secundário do tipo qualificado.
d) É possível, na segunda fase da dosimetria da pena, a compensação da atenuante da confissão espontânea com a agravante da reincidência, não havendo preponderância.
e) O tempo de prisão provisória, no Brasil ou no estrangeiro, não deverá ser computado para fins de determinação do regime inicial de pena privativa de liberdade.

33. (Cespe/TRF/5R/Juiz/2015) Com relação às penas, à sua aplicação e às causas de extinção da punibilidade, assinale a opção correta.

a) Não ofenderá o princípio da legalidade o juiz que, ao prolatar sentença condenatória, reconhecer de ofício, em favor do réu, atenuantes que não estejam previstas em lei nem foram alegadas pelas partes.
b) Segundo a Lei dos Crimes Ambientais, constitui circunstância agravante a prática de infrações penais ambientais em época de grave crise econômica ou social e por ocasião de calamidade pública.
c) O CP preconiza de forma expressa que o prazo da prescrição da pretensão punitiva deve ser aumentado em um terço se houver reincidência.
d) O CP autoriza o juiz a aumentar a pena de multa prevista para o cometimento de delito em até dez vezes se concluir que, diante da situação econômica do réu, mesmo o máximo da multa original será ineficaz.
e) De acordo com preceito expresso do CP, a reincidência penal não pode ser considerada, ao mesmo tempo, circunstância agravante e circunstância judicial, ainda que o sentenciado seja reincidente em mais de um delito.

34. (TRF/2R/Juiz/2014) Assinale a opção correta à luz da orientação dominante e/ou do texto legal expresso:

a) Existente o concurso de crime, a aplicação da pena de multa observa as regras pertinentes à modalidade de concurso que incidiu ao caso.
b) A incidência de circunstância atenuante pode conduzir, à luz da ponderação e da razoabilidade, à redução da pena para abaixo do mínimo legal.
c) As causas de aumento e de diminuição da pena devem ser computadas na primeira fase da operação pelo sistema trifásico.
d) Majorante é sinônimo de qualificadora, vale dizer, a pena abstratamente cominada será distinta da aplicada ao tipo simples.
e) A reincidência não pode ser considerada como agravante e, simultaneamente, como circunstância judicial.

35. (Cespe/TRF/5R/Juiz/2011) Acerca dos diversos institutos do direito penal, assinale a opção correta.

a) Caracteriza-se o concurso formal quando praticados crimes de roubo mediante uma só ação, exceto se as vítimas forem distintas.
b) A reiteração criminosa indicadora de delinquência habitual ou profissional é suficiente para descaracterizar o crime continuado.
c) A obtenção fraudulenta de financiamento em instituição financeira oficial e o estelionato cometido em detrimento de entidade de direito público são considerados crimes de mão própria.
d) Segundo a jurisprudência do STJ, o delito de redução do trabalhador à condição análoga à de escravo insere-se nos crimes contra a liberdade pessoal, razão pela qual o ilícito suprime o bem jurídico apenas em perspectiva individual.
e) Para a caracterização da transnacionalidade do crime de tráfico de drogas, não basta que a operação vise à difusão da droga no exterior; assim, a apreensão da droga ainda no aeroporto, antes do efetivo embarque, não serve de prova do crime de tráfico internacional de drogas.

36. (Cespe/TRF/2R/Juiz/2011) Juan, cidadão espanhol, pretendendo transportar 3.500 g de substância entorpecente conhecida como cocaína para a Espanha, no interior de um aparelho de ar condicionado portátil, adquiriu passagens aéreas de Brasília/DF para Barcelona, com conexão no Rio de Janeiro/RJ. Ao chegar ao aeroporto Tom Jobim, no Rio de Janeiro, para a conexão internacional, após passar pelo aparelho de raios X, mostrou-se muito nervoso, o que chamou a atenção dos agentes policiais. Após entrevista com Juan, a polícia encontrou a substância entorpecente. Juan foi preso em flagrante delito por tráfico de drogas. No momento da autuação, o estrangeiro, primário e sem antecedentes criminais, espontaneamente confessou a prática do crime e declarou-se dependente químico, alegando que o motivara à conduta delituosa a necessidade de dinheiro para pagar dívidas com traficantes no seu país de origem. Juan colaborou com a investigação policial do tráfico, identificou as pessoas que o haviam aliciado e apontou outros integrantes da organização, que conhecera por ocasião do aliciamento, o que resultou em prisões no Brasil e no exterior, e na apreensão de significativa quantidade de drogas, dinheiro, veículos, embarcações, móveis e petrechos para preparação e embalagem de drogas. Considerando a aplicação de pena, elementares e circunstâncias, assinale a opção correta com base nessa situação hipotética e na Lei de Entorpecentes.

a) A legislação que disciplina o crime de tráfico de drogas autoriza expressamente o perdão judicial em casos de efetiva e voluntária colaboração do réu, desde que as informações e declarações prestadas sejam relevantes e contribuam, de fato, com as investigações ou o processo, seja na identificação dos demais corréus e partícipes, seja na recuperação total ou parcial do produto do crime, como na situação em tela.
b) A espécie e a quantidade da droga apreendida com Juan, o tráfico interestadual por meio de transporte público e o conhecimento dos integrantes e do funcionamento da organização criminosa obstam a aplicação da causa especial de diminuição de pena prevista na legislação e nomeada pela doutrina como tráfico privilegiado.
c) Demonstrada por perícia a dependência toxicológica de Juan e comprometida, de forma plena ou parcial, a compreensão do caráter ilícito do fato, poderá ele ser isento de pena ou ser esta reduzida, impondo a lei, em qualquer dos casos, a compulsória medida de segurança de internamento em hospital de custódia e tratamento.
d) O fato caracteriza tráfico interestadual de drogas, na forma consumada, concretizada por meio de transporte público, e tráfico internacional, na forma tentada, em concurso material.
e) Caso Juan seja condenado e o juiz aplique a pena-base no mínimo legal, estará vedado o reconhecimento da atenuante de confissão espontânea, por incompatibilidade com a prisão em flagrante.

5.3. Da Suspensão Condicional da Pena

QUESTÕES OBJETIVAS

37. (Cespe/TRF/1R/Juiz/2013) A respeito de execução de penas e de medidas de segurança, assinale a opção correta.

a) O juiz poderá suspender, pelo período de dois a quatro anos, a pena não superior a dois anos do crime de lesão corporal de natureza grave de que resulte debilidade permanente de membro, desde que o sentenciado cumpra as condições impostas, que poderão ser modificadas mediante proposta do conselho penitenciário.
b) A permanência da custódia de preso em estabelecimento penal federal será pelo período da prisão cautelar ou, em caso de condenação definitiva, pelo período de execução da pena, salvo necessidade de transferência.
c) O descumprimento de medida cautelar diversa da medida de prisão obriga o juiz a decretar a prisão preventiva com fundamento na garantia da aplicação da lei penal.
d) A medida de segurança que impõe tratamento ambulatorial não poderá ser convertida, no juízo da execução, por internação, em razão do princípio de "no reformatio in pejus".
e) A fiança depositada em juízo, em caso de condenação, servirá ao pagamento das custas processuais e à execução da pena de multa e, por isso, não se estende à reparação civil da vítima, que constitui condenação acessória fundamentada na sentença.

38. (Cespe/TRF/2R/Juiz/2009) Quanto à aplicação de pena, assinale a opção correta.

a) Havendo concurso de crimes, as penas de multa não serão aplicadas de forma autônoma e integral, mas seguindo a regra da pena privativa de liberdade.
b) Em caso de crime continuado, o aumento efetuado pelo juiz em face da continuidade não poderá exceder o resultado que ocorreria em caso de concurso material de delitos.
c) No concurso de causas de aumento ou de diminuição previstas na parte especial, não pode o juiz limitar-se a um só aumento ou a uma só diminuição, devendo proceder a todos os aumentos ou diminuições legalmente previstos.
d) A condenação anterior à pena de multa não impede a suspensão da pena, se presentes os demais requisitos.
e) É incabível o livramento condicional para o condenado por crime doloso cometido com violência ou grave ameaça à pessoa, mesmo se as condições pessoais não fizerem presumir que o condenado não voltará a delinquir.

5.4. Do Livramento Condicional

SÚMULAS

STF Súm. 715. A pena unificada para atender ao limite de trinta anos de cumprimento, determinado pelo art. 75 do Código Penal, não é considerada para a concessão de outros benefícios, como o livramento condicional ou regime mais favorável de execução.

STJ Súm. 441. A falta grave não interrompe o prazo para obtenção de livramento condicional.

STJ Súm. 617. A ausência de suspensão ou revogação do livramento condicional antes do término do período de prova enseja a extinção da punibilidade pelo integral cumprimento da pena.

ENUNCIADOS

CJF Pen. Proc. Penal 5. É prescindível a decisão final sobre a prática de falta grave para obstar o livramento condicional com base no art. 83, III, "b" do CP.

CJF Pen. Proc. Penal 12. O requisito previsto no art. 83, III, b, do Código Penal, consistente em o agente não ter cometido falta grave nos últimos 12 (doze) meses, poderá ser valorado, com base no caso concreto, para fins de concessão de livramento condicional quanto a fatos ocorridos antes da entrada em vigor da Lei 13.964/2019, sendo interpretado como comportamento insatisfatório durante a execução da pena.

INFORMATIVOS

STJ Indeferimento de livramento condicional. Prazo para a reabilitação da falta. Requisito objetivo preenchido. Requisito subjetivo não configurado. Mau comportamento carcerário. Faltas de natureza grave relativamente recentes. Crime cometido com violência ou grave ameaça. O histórico prisional conturbado do apenado, somado ao crime praticado com violência ou grave ameaça (uma condição legal do atual art. 83, p.ú., do CP), afasta a constatação inequívoca do requisito subjetivo para a concessão do livramento condicional. *HC 734064, 5ª T, 9.5.2022. Inf 735.*

5.5. *Dos Efeitos da Condenação, Da Reabilitação*

SÚMULAS

TRF4 **Súm. 131.** Para que o juiz possa fixar o valor mínimo para a reparação dos danos causados pela infração, é necessário que a denúncia contenha pedido expresso nesse sentido ou que controvérsia dessa natureza tenha sido submetida ao contraditório da instrução criminal.

ENUNCIADOS

CJF **Pen. Proc. Penal 15.** Para fins de aplicação do art. 91-A do Código Penal, cabe ao Ministério Público, e não à Defesa, a comprovação de incompatibilidade entre o patrimônio e os rendimentos lícitos do réu.

INFORMATIVOS

STJ **Policial militar. Corrupção de testemunha. Violação de dever para com a Administração Pública. Perda do cargo. Art. 92, I, a, do CP. Aplicabilidade.** O reconhecimento de que o réu, condenado pelo crime de corrupção de testemunha, praticou ato incompatível com o cargo de policial militar, é fundamento válido para a decretação da perda do cargo público. *HC 710966, 6ª T, 28.3.2022. Inf 731.*

QUESTÕES OBJETIVAS

39. (Cespe/TRF/1R/Juiz/2015) Segundo o CP, é efeito da condenação criminal transitada em julgado a:

a) perda de cargo público, que se dá de forma automática e independente de motivação por parte do juiz se houver sido aplicada pena privativa de liberdade igual ou superior a um ano, nos crimes praticados com abuso de poder.

b) obrigatoriedade de indenizar a vítima pelos danos causados pelo crime, desde que a vítima tenha se habilitado como assistente de acusação e formulado prova e pedido expresso acerca do reconhecimento do dano causado.

c) perda, em favor da União, do produto do crime ou de qualquer bem ou valor que constitua vantagem alcançada pelo agente com a prática do fato criminoso, ainda que isso traga prejuízo à vítima, que deve ajuizar ação de perdas e danos contra o condenado se desejar indenização.

d) perda automática da permissão para dirigir ou da carteira de habilitação quando o condenado tiver usado um veículo como meio para a prática de crime doloso, culposo ou contravenção penal.

e) incapacidade para o exercício do pátrio poder no caso de crime doloso apenado com reclusão e cometido contra filho, desde que motivadamente declarada na sentença.

6. DA EXTINÇÃO DA PUNIBILIDADE

SÚMULAS

STF **Súm. 146.** A prescrição da ação penal regula-se pela pena concretizada na sentença, quando não há recurso da acusação.

STF **Súm. 497.** Quando se tratar de crime continuado, a prescrição regula-se pela pena imposta na sentença, não se computando o acréscimo decorrente da continuação.

STF **Súm. 592.** Nos crimes falimentares, aplicam-se as causas interruptivas da prescrição, previstas no Código Penal.

STJ **Súm. 18.** A sentença concessiva do perdão judicial é declaratória da extinção da punibilidade, não subsistindo qualquer efeito condenatório.

STJ **Súm. 74.** Para efeitos penais, o reconhecimento da menoridade do réu requer prova por documento hábil.

STJ **Súm. 191.** A pronúncia é causa interruptiva da prescrição, ainda que o tribunal do júri venha a desclassificar o crime.

STJ **Súm. 220.** A reincidência não influi no prazo da prescrição da pretensão punitiva.

STJ **Súm. 338.** A prescrição penal é aplicável nas medidas socioeducativas.

STJ **Súm. 415.** O período de suspensão do prazo prescricional é regulado pelo máximo da pena cominada.

STJ **Súm. 438.** É inadmissível a extinção da punibilidade pela prescrição da pretensão punitiva com fundamento em pena hipotética, independentemente da existência ou sorte do processo penal.

STJ **Súm. 617.** A ausência de suspensão ou revogação do livramento condicional antes do término do período de prova enseja a extinção da punibilidade pelo integral cumprimento da pena.

REPERCUSSÃO & REPETITIVOS

STF **Rep. Geral 150.** Não se aplica para o reconhecimento dos maus antecedentes o prazo quinquenal de prescrição da reincidência, previsto no art. 64, I, do Código Penal. *RE 593818, 18.8.2020.*

STF **Rep. Geral 438.** Em caso de inatividade processual decorrente de citação por edital, ressalvados os crimes previstos na Constituição Federal como imprescritíveis, é constitucional limitar o período de suspensão do prazo prescricional ao tempo de prescrição da pena máxima em abstrato cominada ao crime, a despeito de o processo permanecer suspenso. *RE 600851, 7.12.2020.*

STJ **Repetitivo 1100.** O acórdão condenatório de que trata o inciso IV do art. 117 do Código Penal interrompe a prescrição, inclusive quando confirmatório de sentença condenatória, seja mantendo, reduzindo ou aumentando a pena anteriormente imposta. *REsp 1920091, 10.8.2022.*

ENUNCIADOS

Fonacrim **Enunc. 97.** Esgotadas as instâncias ordinárias, não há distinção quanto à possibilidade de execução de penas privativas de liberdade e penas restritivas de direitos.

Fonacrim **Enunc. 107.** O prazo da prescrição da pretensão executória somente se inicia após o trânsito em julgado da sentença condenatória para ambas as partes.

INFORMATIVOS

STJ **Prescrição da pretensão executória. Art. 112, I, do CP. Termo inicial. Trânsito em julgado para ambas as partes. Entendimento sufragado pelo STF.** O Termo inicial da contagem do prazo da prescrição da pretensão executória é o trânsito em julgado para ambas as partes. *AgRg no REsp 1983259, 3ª S, 3.11.2022.*

QUESTÕES OBJETIVAS

40. (IFBC/TRF/2R/Juiz/2018) Assinale a assertiva certa:

a) As medidas socioeducativas não são passíveis de prescrição penal, pois o menor inimputável não pratica crimes.

b) A frequência a curso de ensino formal ou não, é causa de remição de parte do tempo de execução penal em qualquer dos três regimes.

c) A prescrição da execução da pena de multa, após a reforma do Código Penal, observa sempre o prazo de dois anos.

d) O período de suspensão do prazo prescricional é regulado pelo máximo da pena cominada.

e) Não cabe o regime semiaberto aos reincidentes condenados a pena igual ou inferior a quatro anos, mesmo que favoráveis as circunstâncias judiciais.

41. (Cespe/TRF/5R/Juiz/2017) Acerca da extinção da punibilidade, assinale a opção correta.

a) Transitada em julgado a sentença condenatória, a prescrição corre também durante o tempo em que o condenado estiver preso por outro motivo, salvo se a pena estiver sendo cumprida no estrangeiro.

b) A extinção da punibilidade de crime que seja pressuposto, elemento constitutivo ou circunstância agravante de outro crime não se estende a este e, tratando-se de crimes conexos, a extinção da punibilidade de um deles não impede, quanto aos outros, a agravação da pena resultante da conexão.

c) Para fins de prescrição, tratando-se de concurso de crimes, a extinção da punibilidade incidirá sobre a pena de cada um, isoladamente, sendo considerada para efeitos de reincidência a sentença que conceder o perdão judicial.

d) Após o trânsito em julgado da sentença condenatória, a prescrição regula-se pela pena aplicada e, se o crime for hediondo, os prazos aumentam em um terço, ainda que o condenado não seja reincidente.

e) Após o trânsito em julgado da sentença condenatória para a acusação ou após o não provimento de seu recurso, a prescrição regula-se pela pena aplicada, podendo o termo inicial ser a data anterior à da denúncia ou à da queixa.

42. (Cespe/TRF/2R/Juiz/2013) A respeito da punibilidade e das suas causas de extinção, assinale a opção correta.

a) A morte do agente dá ensejo à extinção da punibilidade desse agente e, ainda que posteriormente à sentença declaratória da extinção se comprove a falsidade da certidão de óbito, a sentença será mantida, uma vez que não cabe revisão criminal em prejuízo do réu.

b) No crime de peculato exclusivamente em sua modalidade culposa, se houver reparação do dano no curso do inquérito policial, extinguir-se-á a punibilidade do agente.

c) A prescrição retroativa regula-se pela pena concreta fixada na condenação, contado o prazo do trânsito em julgado para a acusação retroativamente ao recebimento da denúncia, ou do recebimento da denúncia até a prática do crime.

d) O juiz não pode declarar isenção de pena em favor do autor do crime de homicídio.

e) Nos crimes contra a ordem tributária, extingue-se a punibilidade com o pagamento integral ou o parcelamento do tributo ou contribuição social devida, incluídos os acessórios legais.

43. (TRF/4R/Juiz/2012) Dadas as assertivas abaixo, assinale a alternativa correta.

I. São imprescritíveis, de acordo com a Constituição Federal, a prática da tortura, a prática do racismo e a ação de grupos armados, civis ou militares, contra a ordem constitucional e o Estado Democrático de Direito.

II. Nos crimes de omissão no recolhimento de contribuições previdenciárias, a prova de dificuldades financeiras, como causa supralegal de inexigibilidade de conduta diversa, que exclui a culpabilidade, pode ser feita por meio de documentos, sendo desnecessária a realização de perícia, conforme entendimento jurisprudencial.

III. De acordo com entendimento do Supremo Tribunal Federal, a natureza do estelionato contra a Previdência Social daquele que aufere a vantagem indevida é de crime instantâneo com efeitos permanentes, cujo lapso prescricional tem início com o pagamento da primeira vantagem indevida.

IV. Consoante jurisprudência do Supremo Tribunal Federal, não há falar em prescrição da pretensão punitiva estatal após o julgamento em segundo grau de jurisdição quando os recursos especial e extraordinário não são admitidos na origem, porque inadmissíveis, e tais decisões são mantidas pelo Superior Tribunal de Justiça e pelo Supremo Tribunal Federal.

V. O acórdão condenatório que reforma sentença penal absolutória reveste-se de eficácia interruptiva da prescrição penal.

a) Estão corretas apenas as assertivas I e V.

b) Estão corretas apenas as assertivas I, II e III.

c) Estão corretas apenas as assertivas II, IV e V.

d) Estão corretas apenas as assertivas I, III e IV.

e) Estão corretas todas as assertivas.

44. (TRF/4R/Juiz/2010) Dadas as assertivas abaixo, assinale a alternativa correta.

I. A Lei 9.613/1998 (Lei de Lavagem de Dinheiro) não admite perdão judicial em nenhuma hipótese.

II. É admitido o perdão judicial nos casos dos artigos 168-A do Código Penal (apropriação indébita previdenciária) e 337-A do Código Penal (sonegação previdenciária), em certas circunstâncias.

III. É admitido perdão judicial nos casos de homicídio culposo e lesão corporal culposa, em certas circunstâncias.

IV. Admite-se, conforme as circunstâncias, o perdão judicial no caso do delito previsto no artigo 176 do Código Penal, isto é, utilizar-se de serviço público de transporte sem dispor de recursos para efetuar o pagamento.

V. Conforme as circunstâncias, a Lei 9.605/1998 (Lei dos Crimes Ambientais) admite perdão judicial no caso de guarda doméstica de animal silvestre não ameaçado de extinção.

a) Está correta apenas a assertiva I.

b) Estão corretas apenas as assertivas I, II, III e V.

c) Estão corretas apenas as assertivas II, III, IV e V.

d) Estão corretas todas as assertivas.

e) Nenhuma assertiva está correta.

45. (TRF/3R/Juiz/2010) Assinale a afirmação correta:

a) Considerando-se o agente que na data do fato não tinha ainda setenta anos, atingidos quando já cumpria pena por condenação, deve o juiz da execução providenciar a imediata progressão do regime.

b) A reincidência se configura com o trânsito em julgado da sentença condenatória, mas o lapso prescricional se interrompe na data do cometimento do delito.

c) O juiz, ao observar que todos os elementos constantes dos autos o levarão à aplicação de pena, que pelo decurso do prazo, já foi atingida pela prescrição, deverá em obediência ao princípio da celeridade reconhecer a prescrição virtual.

d) O preso provisório dependendo do tempo do recolhimento cautelar tem direito à progressão de regime prisional.

46. (Cespe/TRF/2R/Juiz/2009) A respeito das causas de extinção da punibilidade, assinale a opção correta.

a) Estando o condenado no gozo de sursis ou livramento condicional, não se admite a concessão de indulto.

b) Acarreta perempção e, consequentemente, extinção da punibilidade o não comparecimento do querelante, na ação penal privada, à audiência para oitiva das testemunhas.

c) A extinção da punibilidade de crime que é pressuposto a elemento constitutivo ou circunstância agravante de outro não necessariamente se estende a este. Nos delitos conexos, a extinção da punibilidade de um deles não impede, quanto aos outros, a agravação da pena resultante da conexão.

d) O cumprimento de pena no estrangeiro não é causa impeditiva da prescrição, por falta de previsão legal e impossibilidade de aplicação da analogia "in malam partem".

e) Constitui causa interruptiva da prescrição o oferecimento da denúncia ou queixa.

7. DOS CRIMES C/ PESSOA

SÚMULAS

STF Súm. 594. Os direitos de queixa e de representação podem ser exercidos, independentemente, pelo ofendido ou por seu representante legal.

STF Súm. 714. É concorrente a legitimidade do ofendido, mediante queixa, e do Ministério Público, condicionada à representação do ofendido, para a ação penal por crime contra a honra de servidor público em razão do exercício de suas funções.

ENUNCIADOS

Fonadirh Enunc. 28. Nos crimes de tráfico de pessoas devem ser observadas as circunstâncias pessoais, sociais, de vulnerabilidade e hipossuficiência na aferição do consentimento da vítima, nos termos do artigo 3º do Protocolo Adicional da Convenção de Palermo.

Fonadirh Enunc. 44. Configura submissão à condição análoga à de escravo e consequente violação grave de direitos humanos manter trabalhadoras e trabalhadores sem registro nos órgãos competentes, sem remuneração mensal fixa, sem transporte diário, sem instalações sanitárias, sem alimentação diária, sem acesso a transporte para residência ou explorando o conhecimento tradicional sem uma contraprestação digna, independentemente de gênero ou raça.

INFORMATIVOS

STJ Homicídio. Aplicação da qualificadora da paga. Mandantes. Inaplicabilidade. Princípio da legalidade. Conduta caracterizadora do concurso de pessoas. A qualificadora da paga (art. 121, 2º, I, do CP) não é aplicável aos mandantes do homicídio, porque o pagamento é, para eles, a conduta que os integra no concurso de pessoas, mas não o motivo do crime. *REsp 1973397, 5ª T, 6.9.2022. Inf 748.*

STJ Lesão corporal. Qualificadora. Deformidade permanente. Dano estético. Restrição às lesões físicas. Estresse pós-traumático e alteração permanente da personalidade. Não incidência. A qualificadora prevista no art. 129, § 2º, IV, do CP (deformidade permanente) abrange somente lesões corporais que resultam em danos físicos. *HC 689921, 6ª T, 14.3.2022. Inf 728.*

STJ Injúria. Internet. Utilização do "instagram direct". Caráter privado das mensagens. Indisponibilidade para acesso de terceiros. Consumação. Local em que a vítima tomou ciência das ofensas. O crime de injúria praticado pela internet por mensagens privadas, as quais somente o autor e o destinatário têm acesso ao seu conteúdo, consuma-se no local em que a vítima tomou conhecimento do conteúdo ofensivo. *CC 184269, 3ª S, 9.2.2022. Inf 724.*

QUESTÕES OBJETIVAS

47. (IFBC/TRF/2R/Juiz/2018) Sobre o crime de homicídio qualificado, é possível assinalar apenas como afirmativa correta:

a) São meios de execução que o qualificam: o veneno; a emboscada; a asfixia ou outro meio insidioso ou cruel.
b) São formas de execução que o qualificam: a traição; a dissimulação; a tortura ou outro recurso que dificulte ou tome impossível a defesa da vítima.
c) O motivo fútil consiste numa escala de desvalor que vai da desproporção entre o crime e a causa, passando pela insignificância, até a ausência de motivo.
d) O fogo é um meio cruel para a execução do homicídio, e também pode resultar perigo comum conforme as circunstâncias.
e) A superioridade de armas e a força física, são circunstâncias que sempre qualificam o homicídio, como meios que dificultam a defesa da vítima.

48. (TRF/3R/Juiz/2018) Relativamente ao crime de redução a condição análoga à de escravo, assinale a alternativa incorreta:

a) A competência para processar e julgar quem comete esse crime é da Justiça Federal, caracterizando-se o delito por ser do tipo misto alternativo.
b) Não se restringe à área rural ou a locais longínquos, podendo ocorrer em área urbana, atividade industrial ou mesmo no trabalho doméstico.
c) Caracteriza-se por ser a vítima submetida a trabalhos forçados ou a jornada exaustiva, bem como sujeita a condições degradantes de trabalho, restringindo-se, por qualquer meio, sua locomoção, em razão de dívida contraída com o empregador.
d) Se a vítima é criança, adolescente, idoso ou pessoa com deficiência ou se o crime é cometido por motivo de preconceito de raça, cor, etnia, religião ou origem, a pena é aumentada de 1/3 (um terço).

49. (TRF/2R/Juiz/2017) Leia as assertivas e, ao final, marque a opção correta:

I. Não constituem calúnia ou difamação punível a ofensa irrogada em juízo, na discussão da causa, pela parle ou por seu procurador.
II. No crime de calúnia, o querelado não pode ingressar com a exceção da verdade quando o fato imputado à vítima constitua crime de ação privada e não houver condenação definitiva sobre o assunto.
III. Os crimes de calúnia e difamação exigem afirmativa específica acerca de fato determinado. Já na injúria as assertivas não consideram fatos específicos, e se referem a afirmações vagas e gerais feitas à pessoa do ofendido.
IV. É isento de pena o querelado que, antes da sentença, se retrata cabalmente da injúria ou da difamação.

a) Apenas as assertivas II e III estão corretas.
b) Apenas as assertivas I, II e IV estão corretas.
c) Apenas a assertiva II está correta.
d) Apenas as assertivas I e III estão corretas.
e) Todas as assertivas são falsas.

50. (TRF/3R/Juiz/2016) Um dos crimes mais graves do ordenamento pátrio é o de redução à condição análoga à de escravo, capitulado no artigo 149 do Código Penal. Acerca de tal delito, é possível afirmar que:

a) Restará verificado, sempre que os direitos trabalhistas não forem observados em sua integralidade.
b) Restará verificado, apenas quando o trabalho a que as vítimas forem submetidas não for remunerado.
c) Haja vista as alterações realizadas pela Lei 10.803/03, revogou o artigo 203 do Código Penal.
d) Convive em harmonia com o artigo 203 do Código Penal.

51. (TRF/4R/Juiz/2014) Dadas as assertivas abaixo, assinale a alternativa correta. Os membros de uma organização criminosa, indignados com um delator, que aceitou acordo de colaboração premiada, identificou membros e descreveu as atividades do grupo, decidiram eliminá-lo. Para tanto, encarregaram um dos seus integrantes de matá-lo na saída do edifício do Ministério Público, local onde estaria prestando depoimento.

I. Se o atirador, imaginando tratar-se do delator a ser eliminado, atirar e matar pessoa diversa, responderá por homicídio culposo, pois o agente não tinha intenção de matar pessoa diversa, respondendo, assim, por sua imperícia.
II. Se o atirador, imaginando tratar-se do delator a ser eliminado, atirar e matar pessoa diversa, responderá por homicídio doloso. Nesse caso, não se consideram as condições ou qualidades da própria vítima, senão as da pessoa contra quem o agente queria praticar o crime.
III. Se o atirador, imaginando tratar-se do delator a ser eliminado, atirar e matar pessoa diversa, responderá por homicídio doloso, em concurso com homicídio tentado.
IV. Se o atirador, iludido pelo reflexo de uma pessoa que passava do outro lado da rua, atirar e atingir apenas a porta de vidro, responderá por dano culposo, porém qualificado por se tratar de patrimônio da União.

a) Está correta apenas a assertiva I.
b) Está correta apenas a assertiva II.
c) Está correta apenas a assertiva III.
d) Está correta apenas a assertiva IV.
e) Nenhuma assertiva está correta.

8. DOS CRIMES C/ PATRIMÔNIO

SÚMULAS

1) Do Furto

STJ **Súm. 442.** É inadmissível aplicar, no furto qualificado, pelo concurso de agentes, a majorante do roubo.

STJ **Súm. 511.** É possível o reconhecimento do privilégio previsto no § 2º do art. 155 do CP nos casos de crime de furto qualificado, se estiverem presentes a primariedade do agente, o pequeno valor da coisa e a qualificadora for de ordem objetiva.

STJ **Súm. 567.** Sistema de vigilância realizado por monitoramento eletrônico ou por existência de segurança no interior de estabelecimento comercial, por si só, não torna impossível a configuração do crime de furto.

2) Do Roubo e da Extorsão

STF **Súm. 603.** A competência para o processo e julgamento de latrocínio é do juiz singular e não do tribunal do júri.

STF **Súm. 610.** Há crime de latrocínio, quando o homicídio se consuma, ainda que não se realize o agente a subtração de bens da vítima.

STJ **Súm. 96.** O crime de extorsão consuma-se independentemente da obtenção da vantagem indevida.

STJ **Súm. 443.** O aumento na terceira fase de aplicação da pena no crime de roubo circunstanciado exige fundamentação concreta, não sendo suficiente para a sua exasperação a mera indicação do número de majorantes.

STJ **Súm. 582.** Consuma-se o crime de roubo com a inversão da posse do bem mediante emprego de violência ou grave ameaça, ainda que por breve tempo e em seguida à perseguição imediata ao agente e recuperação da coisa roubada, sendo prescindível a posse mansa e pacífica ou desvigiada.

3) Da Apropriação Indébita

TRF4 **Súm. 65.** A pena decorrente do crime de omissão no recolhimento de contribuições previdenciárias não constitui prisão por dívida.

TRF4 **Súm. 67.** A prova da materialidade nos crimes de omissão no recolhimento de contribuições previdenciárias pode ser feita pela autuação e notificação da fiscalização, sendo desnecessária a realização de perícia.

TRF4 **Súm. 68.** A prova de dificuldades financeiras, e consequente inexigibilidade de outra conduta, nos crimes de omissão no recolhimento de contribuições previdenciárias, pode ser feita através de documentos, sendo desnecessária a realização de perícia.

TRF4 **Súm. 69.** A nova redação do art. 168-A do Código Penal não importa em descriminalização da conduta prevista no art. 95, "d", da Lei n. 8.212/91.

4) Do Estelionato e Outras Fraudes

STF **Súm. 246.** Comprovado não ter havido fraude, não se configura o crime de emissão de cheque sem fundos.

STF **Súm. 521.** O foro competente para o processo e julgamento dos crimes de estelionato, sob a modalidade da emissão dolosa de cheque sem provisão de fundos, é o do local onde se deu a recusa do pagamento pelo sacado.

STF **Súm. 554.** O pagamento de cheque emitido sem provisão de fundos, após o recebimento da denúncia, não obsta ao prosseguimento da ação penal.

STJ **Súm. 17.** Quando o falso se exaure no estelionato, sem mais potencialidade lesiva, é por este absorvido.

STJ **Súm. 24.** Aplica-se ao crime de estelionato em que figure como vítima entidade autárquica da Previdência Social a qualificadora do § 3º do art. 171 do Código Penal.

STJ **Súm. 48.** Compete ao juízo do local da obtenção da vantagem ilícita processar e julgar crime de estelionato cometido mediante falsificação de cheque.

STJ **Súm. 73.** A utilização de papel moeda grosseiramente falsificado configura, em tese, o crime de estelionato, da competência da justiça estadual.

STJ **Súm. 107.** Compete à justiça comum estadual processar e julgar crime de estelionato praticado mediante falsificação das guias de recolhimento das contribuições previdenciárias, quando não ocorrente lesão à autarquia federal.

STJ **Súm. 244.** Compete ao foro do local da recusa processar e julgar o crime de estelionato mediante cheque sem provisão de fundos.

TRF4 **Súm. 82.** É inaplicável o princípio da insignificância ao estelionato cometido em detrimento de entidade de direito público.

REPERCUSSÃO & REPETITIVOS

STJ **Repetitivo 1087.** A causa de aumento prevista no § 1º do art. 155 do Código Penal (prática do crime de furto no período noturno) não incide no crime de furto na sua forma qualificada (§ 4º). *REsp 1890981, 25.5.2022.*

STJ **Repetitivo 1110.** 1. Em razão da "novatio legis in mellius" engendrada pela Lei n. 13.654/2018, o emprego de arma branca, embora não configure mais causa de aumento do crime de roubo, poderá ser utilizado como fundamento para a majoração da pena-base, quando as circunstâncias do caso concreto assim justificarem. 2. O julgador deve fundamentar o novo apenamento ou justificar a não realização do incremento na basilar, nos termos do que dispõe o art. 387, II e III, do CPP. 3. Não cabe a esta Corte Superior a transposição valorativa da circunstância para a primeira fase da dosimetria ou mesmo compelir que o Tribunal de origem assim o faça, em razão da discricionariedade do julgador ao aplicar a "novatio legis in mellius". *REsp 1921190, 26.5.2022.*

STJ **Repetitivo 1144.** 1. Nos termos do § 1º do art. 155 do Código Penal, se o crime de furto é praticado durante o repouso noturno, a pena será aumentada de um terço. 2. O repouso noturno compreende o período em que a população se recolhe para descansar, devendo o julgador atentar-se às características do caso concreto. 3. A situação de repouso está configurada quando presente a condição de sossego/tranquilidade do período da noite, caso em que, em razão da diminuição ou precariedade de vigilância dos bens, ou, ainda, da menor capacidade de resistência da vítima, facilita-se a concretização do crime. 4. São irrelevantes os fatos de as vítimas estarem ou não dormindo no momento do crime, ou o local de sua ocorrência, em estabelecimento comercial, via pública, residência desabitada ou em veículos, bastando que o furto ocorra, obrigatoriamente, à noite e em situação de repouso. *REsp 1979989, 22.6.2022.*

ENUNCIADOS

CJF **Pen. Proc. Penal 8.** Nos casos de Estelionato (art. 171, CP) cometido por meio virtual, a competência para processo e julgamento da ação será do local da agência bancária da conta depositária, se a vítima realizou depósito bancário em dinheiro, ou o local da agência bancária da vítima, se ela realizou transferência bancária (TED).

CJF **Pen. Proc. Penal 26.** A escusa absolutória do artigo 181, inciso II, do Código Penal abrange também a paternidade e filiação socioafetivas.

Fonacrim **Enunc. 26.** O crime de apropriação indébita previdenciária é crime omissivo próprio e exige apenas dolo genérico para a configuração do tipo subjetivo.

Fonacrim **Enunc. 90.** O crime de apropriação indébita previdenciária é crime omissivo próprio e exige apenas o dolo genérico para a configuração do tipo subjetivo.

INFORMATIVOS

STJ **Furto. Não punibilidade. Maus antecedentes. Ausência de habitualidade. Análise singularizada do caso concreto. Princípio da insignificância. Incidência.** Admite-se reconhecer a não punibilidade de um furto de coisa com valor insignificante, ainda que presentes antecedentes penais do agente, se não denotarem estes tratar-se de alguém que se dedica, com habitualidade, a cometer crimes patrimoniais. *AgRg no REsp 1986729, 6ª T, 30.6.2022. Inf 744.*

STJ **Furto qualificado. Escalada. Prova inconteste. Laudo pericial. Dispensabilidade.** Excepcionalmente, presentes nos autos elementos aptos a comprovar a escalada de forma inconteste, a prova pericial torna-se prescindível. *AgRg no REsp 1895487, 6ª T, 2.5.2022. Inf 735.*

STJ **Roubo. Circunstâncias do crime. Delito praticado no interior de ônibus vazio. Simulacro de arma de fogo. Periculosidade normal do tipo. Elevação da reprimenda. Inidoneidade.** O roubo em transporte coletivo vazio é circunstância concreta que não justifica a elevação da pena-base. *AgRg no HC 693887, 5ª T, 21.2.2022. Inf 727.*

QUESTÕES OBJETIVAS

52. (TRF/3R/Juiz/2018) José da Silva, réu primário e com condenações criminais anteriores, porém sem trânsito em julgado, confesso, cometeu crime de estelionato contra a Previdência Social, causando prejuízos significativos à autarquia, sendo condenado à pena de 1 (um) ano e 4 (quatro) meses de reclusão e 13 (treze) dias-multa, em regime inicial aberto. Com base nessas informações, é correto afirmar:

a) Ainda que primário, o juiz poderia ter aumentado a pena-base ante as circunstâncias judiciais desfavoráveis (CP, art. 59), sopesando, para tanto, os antecedentes criminais e as consequências do delito.
b) A causa de aumento prevista no art. 171, § 3º, do Código Penal é aplicável ao caso por se tratar o ofendido de entidade de direito público, sendo a fração de aumento sempre fixa, em 1/3 (um terço).
c) Se o juiz entender possível, a substituição da pena privativa de liberdade aplicada (CP, art. 44) poderá ser feita por uma pena de multa ou uma pena restritiva de direitos.
d) A confissão do acusado não poderá ser levada em consideração na dosimetria da pena se for alegada alguma causa excludente de antijuridicidade ou culpabilidade (confissão qualificada).

53. (TRF/2R/Juiz/2017) Assinale a opção correta:

a) Nos casos de estelionato em detrimento do patrimônio do INSS (art. 171, § 3º do Cód. Penal), cometido pelo próprio beneficiário e renovado mensalmente, o crime assume a natureza permanente, dado que, para além de o delito se protrair no tempo, o agente tem o poder de, a qualquer tempo, fazer cessar a ação delitiva.
b) O delito de apropriação indébita previdenciária (art. 168-A do Código Penal) constitui crime omissivo próprio e se perfaz com a mera omissão de recolhimento da contribuição previdenciária dentro do prazo e das formas legais, requerendo o dolo específico de querer incorporar a verba ao patrimônio do agente.
c) Não ocorrida a violência real, não se considera crime o chamado roubo de uso, que se perfaz quando o agente apenas utiliza temporariamente o bem subtraído, sem qualquer intenção, prévia ou posterior, de tê-lo para si.
d) Comete o crime de concussão o funcionário público que se utiliza de violência ou grave ameaça para obter vantagem indevida.
e) A extorsão é crime formal e se consuma quando o agente efetivamente obtém a vantagem indevida.

54. (Cespe/TRF/5R/Juiz/2017) No que concerne ao crime de apropriação indébita previdenciária previsto no Código Penal (CP), assinale a opção correta.

a) As figuras assemelhadas à apropriação indébita previdenciária constantes do CP são todas condutas omissivas relacionadas à ausência de recolhimento ou repasse de importâncias relacionadas à previdência social.
b) A ação penal relativa a esse crime é pública incondicionada e a competência para processá-la e julgá-la é da justiça federal, ainda que inexista lesão à previdência social, como no caso de falsificação das guias de recolhimento das contribuições previdenciárias.
c) Em relação a esse crime, a legislação penal prevê causa especial de extinção da punibilidade, subordinada ao cumprimento de alguns requisitos pelo agente de forma espontânea, mesmo que já tenha sido iniciada a ação fiscal.
d) Para a consumação desse crime, exige-se a omissão de repasse das contribuições recolhidas à previdência social acrescida do ânimo de assenhorar-se daquelas contribuições, sendo o tipo penal apropriação indébita previdenciária uma modalidade de apropriação indébita.
e) Por estar a consumação desse crime subordinada ao prazo e à forma legal ou convencional para o repasse das contribuições à previdência social, trata-se de exemplo de norma penal incompleta.

55. (TRF/4R/Juiz/2016) Assinale a alternativa correta.

a) O entendimento que atualmente prevalece no Superior Tribunal de Justiça é o de que, em se tratando da importação ou da exportação ilícita de substâncias entorpecentes, é necessário que fique demonstrada a efetiva transposição das fronteiras nacionais para que possa ser aplicada a causa de aumento da pena relativa à transnacionalidade.
b) Em se tratando de furto qualificado, não cabe a aplicação do privilégio de que trata o parágrafo 2º do artigo 155 do Código Penal, cujo teor é o seguinte: "Se o criminoso é primário, e é de pequeno valor a coisa furtada, o juiz pode substituir a pena de reclusão pela de detenção, diminuí-la de um a dois terços, ou aplicar somente a pena de multa".
c) Na dicção do Superior Tribunal de Justiça, para a caracterização do delito de apropriação indébita previdenciária, previsto no artigo 168-A do Código Penal, é imprescindível a demonstração do dolo específico do agente, de apropriar-se dos valores destinados à Previdência Social, ou seja, de seu "animus rem sibi habendi".
d) É firme, no Superior Tribunal de Justiça, o entendimento no sentido de que, quando o agente é condenado pela importação ou pela exportação ilícita de substâncias entorpecentes, não é possível a aplicação da majorante da transnacionalidade, sob pena de incorrer-se em "bis in idem".
e) Atualmente, prevalece no Superior Tribunal de Justiça o entendimento de que o crime de furto se consuma com a posse de fato da "res furtiva", ainda que por breve espaço de tempo e seguida da perseguição ao agente, sendo prescindível a posse mansa e pacífica ou desvigiada.

56. (TRF/4R/Juiz/2016) Assinale a alternativa correta.

a) O atual entendimento do Superior Tribunal de Justiça é no sentido de que o uso de arma de brinquedo, na prática do delito de roubo, não autoriza a incidência da causa especial de aumento de pena baseada no emprego de arma.
b) O agente que, de posse de cartão de débito clonado, o utiliza para realizar saques fraudulentos na conta corrente bancária da vítima, na Caixa Econômica Federal, pratica o delito de estelionato.
c) No julgamento da Ação Penal n. 470, o Plenário do Supremo Tribunal Federal adotou o entendimento no sentido de que são atípicos os depósitos em moeda estrangeira, em contas bancárias no exterior, realizados por meio do sistema "dólar-cabo", pois, para a materialização do delito de evasão de divisas, é imprescindível a saída física de moeda do território nacional.
d) No crime de supressão ou redução ilícita de tributo, que é considerado crime material contra a ordem tributária, a prescrição da pretensão punitiva do Estado começa a fluir no dia seguinte ao dia do vencimento do tributo ilicitamente suprimido ou reduzido.
e) Por não possuir a qualidade de funcionário público, quem trabalha, como empregado celetista, para uma empresa privada, prestadora de serviços, contratada para a execução de atividade típica da administração pública, não pode responder por crime que se insira na categoria dos crimes praticados por funcionários públicos contra a administração pública.

57. (Cespe/TRF/5R/Juiz/2015) Ana, de quarenta e seis anos de idade, conheceu Silas, de sessenta e três anos de idade, portador de doenças coronárias crônicas. Aproveitando-se da situação de

Silas, que era já aposentado por invalidez, Ana começou a manter com ele relacionamento amoroso, visando receber os valores decorrentes de sua aposentadoria. De fato, em pouco tempo e com a aquiescência de Silas, ela obteve declaração formal de união estável e convenceu o companheiro a adotar, mediante processo regular concretizado, seu filho menor, fruto de relacionamento anterior. Durante a união estável, Ana forjou procuração feita em nome de Silas, com auxílio de Lauro, que se passou por Silas no cartório para fins de reconhecimento de firma e em outras ocasiões em que era necessária a presença do outorgante. De posse do instrumento procuratório amplo, Ana fez empréstimos na mesma instituição bancária em que Silas recebia sua aposentadoria, vinculando o pagamento das parcelas do empréstimo ao benefício previdenciário. Além disso, de posse dos mesmos instrumentos, em instituição bancária diversa, Ana firmou contrato de arrendamento mercantil em nome de Silas e transferiu o bem a Lauro. Além disso, passou a perceber, continuamente, a aposentadoria de Silas mediante uso da senha bancária e cartão de benefício, obtidos com uso da aludida procuração. Em data recente, Silas tomou conhecimento de tudo o que Ana havia feito e mais, já que as despesas domésticas estavam sendo pagas com dinheiro proveniente de empréstimos bancários contraídos em seu nome, mês a mês, com prestações que atingiam o percentual de 70% do benefício. Diante disso, Silas encaminhou "notitia criminis" contra a companheira, encerrando o relacionamento. Ao tomar conhecimento da representação, Ana e Lauro passaram a pressionar Silas, mediante grave ameaça, para que ele se retratasse da representação e assumisse as transações realizadas. Em decorrência da situação, Silas sofreu infarto fulminante e faleceu. Com referência a essa situação hipotética, assinale a opção correta.

a) Ana e Lauro devem responder, em tese, pela prática dos seguintes delitos, entre outros: estelionato, em continuidade delitiva, e estelionato qualificado, em concurso com o crime contra sistema financeiro; falsificação de documento particular; e homicídio na modalidade qualificada.
b) O crime perpetrado por Ana será o de estelionato qualificado, uma vez que as condutas antecedentes tinham como único desígnio a percepção da aposentadoria de Silas, sendo irrelevante a representação deste.
c) Se Ana for denunciada pelos crimes patrimoniais descritos, admite-se em seu favor a oposição da escusa absolutória, uma vez que os fatos ocorreram na constância da união estável, não se estendendo essa vantagem a Lauro.
d) Ana e Lauro perpetraram, em concurso de agentes, o crime de falsificação de documento particular em concurso material com o crime de latrocínio, já que a morte de Silas assegurou a ocultação da falsificação e a impunidade dos agentes.
e) Os agentes praticaram o estelionato na modalidade qualificada por terem agido em detrimento de entidade de direito público, em concurso de agentes; além disso, Ana e Lauro devem responder também por crime contra sistema financeiro e homicídio na modalidade qualificada, já que Silas tinha mais de sessenta anos de idade quando morreu.

58. (Cespe/TRF/5R/Juiz/2015) Josué, maior, capaz, líder de grupo comunitário ligado a pessoas sem teto, constatou que um prédio com cinquenta apartamentos, dentro de um conjunto habitacional, encontrava-se vazio, com as chaves de todas as unidades na portaria para fins de vistoria e concessão de alvará para ocupação. Tratava-se de prédio construído no âmbito de programa governamental de moradia, gerido e financiado por banco público federal com recursos do Sistema Financeiro Habitacional e destinado a pessoas de baixa renda, e parte dos apartamentos já havia sido entregue às famílias contempladas pelo programa, que aguardavam somente a autorização para ocupar seus imóveis. Josué, aproveitando-se do fato de o prédio estar vazio, organizou e liderou, no mesmo dia, no período noturno, a invasão do prédio, no fim da qual todas as unidades residenciais foram ocupadas com o fim de utilização como moradia definitiva. Tudo se deu de forma pacífica, sem danos aos imóveis e sem violência, mas o movimento impossibilitou a vistoria e entrega dos apartamentos às famílias que faziam parte do programa de moradia. Após duas semanas da ocupação, Josué, acompanhado de representantes das famílias invasores, procurou a Defensoria Pública Federal para obter assistência jurídica para regularizar a situação em que se encontravam. Após a consulta jurídica, a desocupação do prédio teve início, e, por fim, as autoridades públicas competentes assumiram compromisso no sentido de prestar às famílias invasoras assistência administrativa e, se fosse o caso, judicial, para que estas pudessem ingressar em programas governamentais de moradia. As famílias foram advertidas acerca das consequências legais da continuidade da ocupação irregular, e, por fim, todos os invasores decidiram, após trinta dias vivendo no prédio, desocupar espontaneamente os apartamentos. Após a saída dos invasores, verificou-se que os apartamentos foram deixados nas mesmas condições em que se encontravam antes da ocupação. Durante os trinta dias de ocupação, o banco gestor, apesar de ter sido formalmente comunicado da invasão pela empresa construtora, não adotou quaisquer medidas administrativas ou judiciais, e não houve instauração de procedimento administrativo investigatório até a desocupação. A respeito dessa situação hipotética, assinale a opção correta.

a) Em relação a Josué, estão configurados, em concurso material, o crime de incitação à prática de crime e o crime de esbulho possessório qualificado, perpetrado contra patrimônio de empresa pública, pelo qual devem responder todos os demais invasores, com a incidência da agravante de concurso de pessoas por ser crime de mera atividade, comissivo e instantâneo.
b) A conduta dos invasores é atípica, pois, devido ao respeito às garantias constitucionais do direito de associação e manifestação, não é possível criminalizar os movimentos sociais legítimos, além de não estar presente na situação o elemento constitutivo do crime de esbulho possessório: a violência real contra pessoas ou coisas ou grave ameaça.
c) Diante do dano causado pelo atraso na entrega dos imóveis, os agentes devem responder, em coautoria, pelo crime único de dano qualificado, perpetrado contra patrimônio de empresa pública, e, condenados, devem ter a pena aumentada em um terço por terem agido durante o repouso noturno.
d) Apesar de os agentes terem cometido o crime de esbulho possessório na modalidade qualificada – contra entidade de direito público e mediante concurso eventual de pessoas –, o juiz deve aplicar ao caso o benefício do arrependimento, já que os invasores agiram sem violência e desocuparam pacificamente os imóveis.
e) Os agentes, que serão isentos de pena por terem desocupado espontaneamente os apartamentos antes de ter sido tomada medida coativa, praticaram o crime de esbulho possessório por concurso de mais de duas pessoas.

59. (TRF/2R/Juiz/2014) Quanto ao crime de apropriação indébita previdenciária (art. 168-A do Código Penal), assinale a alternativa correta:

a) O dolo exigido é o genérico, de modo que a omissão, por si, é apta a configurar o delito, que prescinde da fraude material e do "animus rem sibi habendi" para a sua caracterização.
b) O bem jurídico tutelado é o patrimônio do empregado de quem a contribuição foi recolhida e não repassada, de modo que o falecimento deste gera a extinção da punibilidade.
c) A linha dominante admite caracterizada a inexigibilidade de conduta diversa, como causa supralegal de exclusão da culpabilidade, com a demonstração de que o repasse das

contribuições previdenciárias traria dificuldades para o réu ou seus familiares, além da falta de dolo direto e especial.

d) A corrente apoiada na jurisprudência tradicional e dominante considera tratar-se de delito de conduta mista, comissiva quanto ao recolhimento e omissiva quanto ao repasse, sendo o dolo específico o seu elemento subjetivo.

e) Para a configuração do crime exige-se a posse física do numerário apropriado, pelo menos na forma consumada.

60. (Cespe/TRF/1R/Juiz/2013) Em cada uma das opções a seguir, é apresentada uma situação hipotética seguida de uma assertiva a ser julgada acerca de determinadas espécies de delitos. Assinale a opção em que a assertiva está correta.

a) Margarida trabalhava no caixa de uma loja de roupas de propriedade de Teresinha, de cuja confiança gozava, razão por que detinha o controle pessoal da movimentação do caixa. Pretendendo mudar-se para outra cidade, Margarida pediu demissão e, no decurso do período de cumprimento do aviso prévio, deixou de registrar, no caixa da loja, a entrada de várias notas relativas a vendas efetuadas, tendo-se apropriado do valor correspondente, que totalizou R$ 850,00. Além disso, Margarida retirou do caixa, para si, ao longo do referido período, outras quantias, que, somadas, alcançaram o valor de R$ 1.500,00. Nessa situação, Margarida praticou furto qualificado em continuação delitiva.

b) Augusto confiou a Bernardo o preenchimento de uma folha de papel assinada em branco, na qual deveria constar proposta de trabalho com orçamento que seria remetida a um cliente. Bernardo guardou a folha em uma gaveta, planejando preenchê-la assim que retornasse do almoço. Aproveitando-se da ausência de Bernardo, Heleno retirou o papel da gaveta, redigiu uma confissão de dívida de duzentos mil reais de Augusto a seu favor, embora este não lhe devesse coisa alguma, e se apropriou do documento. Nessa situação, a conduta de Heleno se enquadra no tipo penal da falsidade ideológica.

c) Joaquim subtraiu de Manuel um cheque assinado em branco, preencheu-o com valor expressivo e efetuou o saque do dinheiro diretamente no caixa do banco. Posteriormente, descobriu-se que, de fato, o verdadeiro titular da conta bancária a que pertencia o cheque era Felipe, cuja assinatura fora falsificada por Manuel que havia subtraído o cheque. Nessa situação, Joaquim e Manoel devem responder pela falsificação material do documento e Joaquim, também, por estelionato.

d) Emiliana, pobre e desempregada, sem condições de criar o quinto filho recém-nascido, entregou a criança a Letícia, que, de comum acordo com o marido, Arnaldo, e juntamente com este, registrou em cartório o menino como se fosse filho do casal. Nessa hipótese, Letícia e Arnaldo devem responder por falsidade ideológica, configurada como crime contra a fé pública.

e) Ao sair de uma festa, Celestino entregou o ticket de estacionamento ao manobrista e aguardou a chegada do automóvel. O manobrista, por engano, entregou-lhe outro veículo, muito mais novo e, portanto, mais valioso. Mesmo sabendo que aquele não era o seu automóvel, Celestino o recebeu e o levou consigo. Nessa situação, Celestino não provocou o engano, mas também não o desfez, incorrendo no crime de estelionato.

61. (TRF/3R/Juiz/2013) Considere as seguintes assertivas:

I. A possibilidade de iniciar ação penal para apuração da prática do crime de apropriação indébita previdenciária antes da constituição definitiva do crédito fiscal em âmbito administrativo é pacífica na jurisprudência do Superior Tribunal de Justiça.

II. O elemento subjetivo da apropriação indébita previdenciária, crime omissivo próprio, é incongruente, sendo cabível o reconhecimento da inexigibilidade de conduta diversa, desde que cabalmente demonstrada pelo agente.

III. A prescrição do crime fiscal tem por termo inicial a data da entrega de declaração pelo contribuinte reconhecendo o referido débito fiscal, dispensada, nesse caso, qualquer outra providência por parte do fisco.

IV. No crime de sonegação de contribuição previdenciária, será extinta a punibilidade se o agente, espontaneamente, declarar e confessar as contribuições, importâncias ou valores e prestar informações devidas à previdência social, na forma definida em lei ou regulamento, após o início da ação fiscal e antes do oferecimento da denúncia.

V. E pacífica a jurisprudência do STF a respeito do condicionamento do processo penal contra pessoa jurídica pela prática de crime ambiental à identificação e persecução penal da pessoa física responsável pelo mesmo delito.

É possível afirmar que:

a) Apenas a assertiva III está correta.
b) As assertivas I e III estão corretas.
c) As assertivas I, III e IV estão corretas.
d) Apenas uma assertiva está errada.
e) Todas as assertivas estão erradas.

62. (Cespe/TRF/1R/Juiz/2011) Em relação ao crime de apropriação indébita previdenciária e ao delito de sonegação de contribuição previdenciária, assinale a opção correta.

a) Caracteriza-se sonegação previdenciária quando o agente deixa de recolher, no prazo e na forma legal, contribuição ou outra importância que, destinada à previdência social, tenha sido descontada de pagamento efetuado a segurados, a terceiros ou arrecadada do público ou, ainda, que tenha integrado despesas contábeis ou custos relativos à venda de produtos ou à prestação de serviço.

b) Dispõe o CP, de forma expressa, a possibilidade de se conceder o perdão judicial, previsto na parte especial do código, ou somente a aplicação da pena de multa ao crime de sonegação previdenciária se o agente for primário e de bons antecedentes e desde que tenha promovido, após o início da ação fiscal e antes de recebida a denúncia, o pagamento integral ou parcelamento da contribuição social previdenciária, incluindo-se acessórios.

c) Nos termos do entendimento jurisprudencial estabelecido nos tribunais superiores, o crime de apropriação indébita previdenciária é considerado delito omissivo próprio, em todas as suas modalidades, e consuma-se no momento em que o agente deixa de recolher as contribuições, depois de ultrapassado o prazo estabelecido na norma de regência, sendo, portanto, desnecessário o "animus rem sibi habendi".

d) Em relação aos crimes de apropriação indébita e de sonegação previdenciária, preconiza o CP que devem ser suspensas a pretensão punitiva e a prescrição penal, desde que haja parcelamento do débito e os pedidos sejam formalizados e aceitos antes do recebimento da denúncia criminal, uma vez que, quitados integralmente os débitos, inclusive os acessórios, objeto de parcelamento, extingue-se a punibilidade.

e) Nos crimes de apropriação indébita previdenciária, assegura a lei, de forma expressa, a incidência da causa extintiva da punibilidade se o agente, espontaneamente, declarar e confessar as contribuições, importâncias ou valores e prestar as informações devidas à previdência social, na forma definida em lei ou regulamento, antes do início da ação fiscal.

9. DOS CRIMES C/ ORGANIZAÇÃO DO TRABALHO

QUESTÕES OBJETIVAS

63. (IFBC/TRF/2R/Juiz/2018) Assinale a resposta certa:

a) Para a configuração típica do crime de frustração de direito assegurado por lei trabalhista, a lei penal prevê apenas a ação delituosa de ilusão mediante fraude, destinada a impedir o exercício de direitos trabalhistas, ou o desligamento do serviço através da simulação de dívidas contraídas pelo empregado.

b) Para a configuração típica do crime de aliciamento de trabalhadores de um local para outro do território nacional, é necessária a ação de recrutar seduzindo, mais de um trabalhador, com o fim de levá-los para qualquer lugarejo, mas desde que afastado daquele em que ocorreu o aliciamento.

c) Para a configuração típica do crime de redução a condição análoga a de escravo, o consentimento da vítima é elemento essencial a ser aferido, haja vista que não incide a punição em hipótese alguma, quando tal consentimento tenha sido dado, expressa ou tacitamente, pelo ofendido.

d) Para a configuração típica do crime de redução a condição análoga a de escravo basta que a vítima tenha sido submetida, eventualmente, a apenas uma jornada exaustiva de trabalho, ou a um episódio degradante de trabalho, casos em que há evidente violação da dignidade humana.

e) Para a configuração típica do crime de atentado contra a liberdade de trabalho, a grave ameaça capaz de constranger alguém a trabalhar durante certo período de tempo ou em determinados dias, pode se consubstanciar na promessa, pelo empregador, de rescisão do contrato de trabalho.

10. DOS CRIMES C/ DIGNIDADE SEXUAL

SÚMULAS

STJ **Súm. 593.** O crime de estupro de vulnerável se configura com a conjunção carnal ou prática de ato libidinoso com menor de 14 anos, sendo irrelevante eventual consentimento da vítima para a prática do ato, sua experiência sexual anterior ou existência de relacionamento amoroso com o agente.

REPERCUSSÃO & REPETITIVOS

STJ **Repetitivo 1121.** Presente o dolo específico de satisfazer à lascívia, própria ou de terceiro, a prática de ato libidinoso com menor de 14 anos configura o crime de estupro de vulnerável (art. 217-A do CP), independentemente da ligeireza ou da superficialidade da conduta, não sendo possível a desclassificação para o delito de importunação sexual (art. 215-A do CP). *REsp 1959697, 8.6.2022.*

QUESTÕES OBJETIVAS

64. (TRF/4R/Juiz/2022) Dadas as assertivas abaixo, assinale a alternativa correta.

I. No crime de tráfico de pessoas com a finalidade de exploração sexual, o consentimento válido da vítima exclui a tipicidade. Contudo, o consentimento dado pela vítima de tráfico de pessoas com a finalidade de exploração sexual é irrelevante para efeitos de exclusão da tipicidade quando decorrente de abuso de sua situação de vulnerabilidade.

II. O crime de promoção de migração ilegal é compatível com o princípio da não criminalização da migração, pois que não incrimina o comportamento dos migrantes que, ilegalmente, ingressam ou que deixam o território nacional.

III. Nos crimes contra o Estado Democrático de Direito, não constitui crime a manifestação crítica aos poderes constitucionais. Conforme referido no julgamento da Arguição de Descumprimento de Preceito Fundamental que analisou a constitucionalidade do inquérito das "fake news" que tramita no Supremo Tribunal Federal, inserem-se como constitucionalmente protegidos, quando não acompanhados de atos de violência, discursos que visem ao fim da democracia, pois que expressão da liberdade de pensamento.

IV. A prescritibilidade penal das condutas que constituam escravidão e suas formas análogas, no entendimento da Corte Interamericana dos Direitos Humanos no caso Fazenda Brasil Verde, viola a Convenção Americana sobre Direitos Humanos.

a) Estão corretas apenas as assertivas I e II.

b) Estão corretas apenas as assertivas I e III.

c) Estão corretas apenas as assertivas III e IV.

d) Estão corretas apenas as assertivas I, II e IV.

e) Estão corretas apenas as assertivas II, III e IV.

65. (IFBC/TRF/2R/Juiz/2018) Leia as assertivas abaixo e assinale a opção correta:

I. O crime específico de tráfico de pessoas consiste em agenciar, aliciar, recrutar, transportar, transferir, comprar, alojar ou acolher pessoa, mediante grave ameaça, violência, coação, fraude ou abuso, com a finalidade de remover-lhe órgãos, tecidos ou partes do corpo; submetê-la a trabalho em condições análogas à de escravo; submetê-la a qualquer tipo de servidão; adoção ilegal ou exploração sexual.

II. A pedofilia por meio da informática ou telemática também se caracteriza quando alguém assegura meios ou serviços para o armazenamento ou o acesso por rede de computadores às fotografias, cenas, imagens ou outro registro que contenha cena de sexo explícito ou pornográfica envolvendo criança ou adolescente, mas não quando o responsável legal pela prestação do serviço, embora notificado, deixa de desabilitar o acesso ao conteúdo.

III. A aquisição, posse ou armazenamento de fotografia, vídeo ou outra forma de registro que contenha cena de sexo explícito ou pornográfica envolvendo criança ou adolescente é crime sempre punido com reclusão de um a quatro anos e multa, sendo irrelevante para a aplicação da pena, que haja pequena quantidade de material pornográfico apreendido.

IV. O crime de estupro próprio, punido com a pena de reclusão de oito a doze anos e multa, consiste no constrangimento de mulher, mediante violência ou grave ameaça, a ter conjunção carnal ou a praticar ou permitir que com ela se pratique qualquer outro ato libidinoso diverso da conjunção carnal, assim como também quando da conduta resulta lesão corporal de natureza grave, ou se a vítima é menor de dezoito ou maior de catorze anos.

V. O recém introduzido crime de estupro de vulnerável consiste em ter conjunção carnal ou praticar outro ato libidinoso com menor de catorze anos. E incorre na mesma pena quem pratica as mesmas ações com alguém que, por enfermidade ou deficiência mental, não tem o necessário discernimento para a prática do ato, ou que, por qualquer outra causa, não pode oferecer resistência.

a) Apenas as assertivas I e II estão corretas.

b) Apenas as assertivas III e IV estão corretas.

c) Apenas as assertivas I e V estão corretas.

d) Apenas as assertivas II e IV estão corretas.

e) Apenas as assertivas III e V estão corretas.

11. DOS CRIMES C/ FÉ PÚBLICA

SÚMULAS

STJ **Súm. 17.** Quando o falso se exaure no estelionato, sem mais potencialidade lesiva, é por este absorvido.

STJ **Súm. 62.** Compete à justiça estadual processar e julgar o crime de falsa anotação na Carteira de Trabalho e Previdência Social, atribuído a empresa privada.

STJ **Súm. 73.** A utilização de papel moeda grosseiramente falsificado configura, em tese, o crime de estelionato, da competência da justiça estadual.

STJ **Súm. 104.** Compete à justiça estadual o processo e julgamento dos crimes de falsificação e uso de documento falso relativo a estabelecimento particular de ensino.

STJ **Súm. 200.** O juízo federal competente para processar e julgar acusado de crime de uso de passaporte falso é o do lugar onde o delito se consumou.

STJ **Súm. 522.** A conduta de atribuir-se falsa identidade perante autoridade policial é típica, ainda que em situação de alegada autodefesa.

STJ **Súm. 546.** A competência para processar e julgar o crime de uso de documento falso é firmada em razão da entidade ou órgão ao qual foi apresentado o documento público, não importando a qualificação do órgão expedidor.

REPERCUSSÃO & REPETITIVOS

STF **Rep. Geral 1003.** É inconstitucional a aplicação do preceito secundário do art. 273 do Código Penal, com redação dada pela Lei 9.677/1998 (reclusão, de 10 a 15 anos, e multa), à hipótese prevista no seu § 1º-B, I, que versa sobre a importação de medicamento sem registro no órgão de vigilância sanitária. Para esta situação específica, fica repristinado o preceito secundário do art. 273, na redação originária (reclusão, de 1 a 3 anos, e multa). *RE 979962, 24.3.2021.*

QUESTÕES OBJETIVAS

66. (TRF/2R/Juiz/2017) João falsificou cédulas de R$100,00, para o fim de utilizá-las na aquisição de computador pertencente a Fritz, alemão que passava férias no Brasil. Após vender o bem, Fritz foi preso em flagrante quando, sem perceber o engodo de que fora vítima, tentou pagar conta de restaurante com uma das cédulas recebidas. A falsificação era grosseira (fato depois atestado por laudo pericial) e foi facilmente detectada. Assinale a opção correia:

a) João deve responder pelo crime de falsificação de moeda (artigo 289 do Código Penal), já que logrou êxito em ludibriar a vítima, ofendendo o bem jurídico tutelado na norma penal.

b) João responde por dois crimes (artigo 289, caput e artigo 289, parágrafo 1º do Código Penal), por ter fabricado a moeda falsa e por tê-la introduzido em circulação.

c) Fritz deve responder pelo delito culposo de usar moeda falsa, já que era fácil aferir a falsidade, e João por um crime de moeda falsa, já que a introdução em circulação da moeda, por quem a fabricou, constitui mero exaurimento do delito.

d) João somente responde pelo crime de introduzir moeda falsa em circulação, uma vez que sua conduta era e foi eficiente a tanto.

e) João deve responder pelo delito de estelionato.

67. (TRF/4R/Juiz/2016) Assinale a alternativa correta.

a) Atualmente, prevalece no Supremo Tribunal Federal e no Superior Tribunal de Justiça o entendimento no sentido de que o princípio constitucional da autodefesa não aproveita àquele que se atribui falsa identidade, perante a autoridade policial, com o objetivo de ocultar seus maus antecedentes; logo, tal conduta é penalmente típica.

b) No Código Penal brasileiro, que segue a teoria monista, o agente público que, com infração de seu dever funcional, facilita a prática do descaminho responde, em coautoria, pelo delito de descaminho.

c) O delito de corrupção passiva não se consuma se o funcionário público não chega a receber a vantagem indevida que, em razão do cargo que ocupa, ele solicitou.

d) Na dicção do Superior Tribunal de Justiça, é típica a conduta de firmar ou usar declaração de pobreza falsa em juízo, com a finalidade de obter o reconhecimento de seu direito à assistência judiciária gratuita.

e) Prevalece, nas 7ª e 8ª Turmas do Tribunal Regional Federal da 4ª Região, que detêm competência em matéria criminal, o entendimento no sentido de que, para a deflagração da "persecutio criminis" relativa ao delito de descaminho, faz-se necessária a prévia constituição definitiva do crédito tributário.

68. (Cespe/TRF/1R/Juiz/2015) Em cada uma das opções abaixo, é apresentada uma situação hipotética, seguida de assertiva a ser julgada. Assinale a opção que apresenta a assertiva correta.

a) Júlio recebeu de boa-fé moeda falsa em transação comercial e, após saber da falsidade e visando evitar prejuízo, restituiu a moeda à circulação ao realizar compras em um supermercado. Nessa situação, ao fazer pagamento de suas compras com moeda falsa, Júlio praticou crime punido com pena de detenção.

b) Renato, guarda municipal de cidade brasileira, favoreceu a remessa de um lote de trinta armas de fogo de uso permitido, sem autorização da autoridade competente, para país fronteiriço com o Brasil. Nessa situação, Renato praticou crime de tráfico internacional de arma de fogo, sem que incida causa de aumento de pena prevista no Estatuto do Desarmamento.

c) José, com o intuito de enganar representante de instituição bancária para celebrar contrato de mútuo, apresentou contracheque e identidade falsos na ocasião do negócio. Nessa situação, praticou crime contra o sistema financeiro.

d) Paulo e Pedro, ambos com bons antecedentes e sem condenação anterior transitada em julgado, associaram-se a outros quatro indivíduos com o intuito de praticar reiteradamente a venda de substâncias entorpecentes. Nessa situação, Paulo e Pedro cometeram delito de associação para o tráfico e, em razão de seus antecedentes pessoais, devem ser beneficiados com diminuição de pena prevista na Lei de Entorpecentes.

e) Tarcísio, presidente de uma organização não governamental, deixou de repassar à previdência social as contribuições recolhidas dos empregados dessa associação no prazo e na forma legal e convencional. Nessa situação, caso tenha agido com dolo específico, ou seja, com intuito deliberado de fraudar a previdência social, Tarcísio terá cometido delito de apropriação indébita previdenciária.

69. (Cespe/TRF/1R/Juiz/2015) Segundo o CP, deverá ser tipificada como crime contra a fé pública a conduta de:

a) agente que adulterar sinais que identifiquem um veículo automotor.

b) funcionário público que inserir dados falsos em banco de dados da administração pública para obter vantagem indevida para si.

c) funcionário público que devassar o sigilo de proposta de concorrência pública.

d) particular que rasgar edital afixado por ordem de funcionário público.

e) agente que devassar indevidamente o conteúdo de correspondência fechada dirigida a outrem.

70. (Cespe/TRF/2R/Juiz/2011) Márcio, maior, capaz, reincidente em crime doloso, comprou, na mercearia do bairro em que mora, na cidade de São João de Meriti – RJ, gêneros alimentícios no montante de R$ 60,00, pagou as compras com duas cédulas de

R$ 50,00, cuja inautenticidade era de seu pleno conhecimento, e recebeu o troco em moeda nacional autêntica. No dia seguinte, arrependido de sua conduta pela repercussão que poderia adquirir, procurou o proprietário da mercearia, Paulo, maior capaz e com ensino médio completo, confessou o ocorrido, restituiu o troco e pagou integralmente, com dinheiro legal, as mercadorias. Paulo chamou a polícia, que encontrou, no caixa da mercearia, apenas uma das cédulas falsificadas, tendo sido ela apreendida. Márcio foi conduzido à delegacia, ocasião em que foram encontrados em sua posse os seguintes petrechos destinados especificamente à falsificação de moeda: duas matrizes metálicas e faixa magnética que imita o fio de segurança de cédulas autênticas. A partir dessa situação hipotética, assinale a opção correta.

a) Paulo deve ser acusado da prática do "delictum privilegiatum" de reinserir em circulação moeda falsa, classificado como de menor potencial ofensivo, ainda que alegue desconhecer norma legal proibitiva, caso se comprove que ele, tendo recebido como verdadeira cédula falsa, portanto, de boa-fé, a tenha restituído à circulação, após perceber sua inautenticidade, para evitar prejuízo a seu regular comércio.
b) Tendo sido o crime praticado sem violência ou grave ameaça a pessoa, com posterior reparação do prejuízo sofrido pela vítima, e em face do comportamento voluntário do agente, anterior ao oferecimento da denúncia, fica caracterizado o arrependimento eficaz, o que impõe a redução da pena de um a dois terços.
c) Caso se demonstre, na instrução do processo, que Márcio é o autor da falsificação do dinheiro e igualmente o responsável por sua circulação, ele deverá ser responsabilizado por concurso material, em face da peculiaridade do tipo misto cumulativo que caracteriza o crime de moeda falsa.
d) No caso de moeda falsa, o CP estabelece a sanção na modalidade culposa, de maneira excepcional, em duas circunstâncias: quando o agente tem ciência da falsidade da moeda e a guarda ou a tem em depósito de forma culposa, ou quando, ciente da falsidade, igualmente de forma culposa, a restitui à circulação.
e) O delito de posse de petrechos para falsificação de moeda, previsto em tipo próprio no CP como ato preparatório, de perigo abstrato, deve ser punido de forma independente e autônoma em relação ao crime de falsificação, posse e circulação da moeda.

12. DOS CRIMES C/ ADMINISTRAÇÃO PÚBLICA

SÚMULAS

1) Dos Crimes Praticados por Funcionário

STJ **Súm. 147.** Compete à justiça federal processar e julgar os crimes praticados contra funcionário público federal, quando relacionados com o exercício da função.

STJ **Súm. 599.** O princípio da insignificância é inaplicável aos crimes contra a administração pública.

2) Dos Crimes Praticados por Particular

STJ **Súm. 147.** Compete à justiça federal processar e julgar os crimes praticados contra funcionário público federal, quando relacionados com o exercício da função.

STJ **Súm. 151.** A competência para o processo e julgamento por crime de contrabando ou descaminho define-se pela prevenção do juízo federal do lugar da apreensão dos bens.

STJ **Súm. 599.** O princípio da insignificância é inaplicável aos crimes contra a administração pública.

TRF4 **Súm. 123.** A caracterização do delito de descaminho prescinde da constituição do crédito tributário.

3) Dos Crimes contra a Administração da Justiça

STJ **Súm. 165.** Compete à justiça federal processar e julgar crime de falso testemunho cometido no processo trabalhista.

STJ **Súm. 599.** O princípio da insignificância é inaplicável aos crimes contra a administração pública.

REPERCUSSÃO & REPETITIVOS

STJ **Repetitivo 1060.** A desobediência à ordem legal de parada, emanada por agentes públicos em contexto de policiamento ostensivo, para a prevenção e repressão de crimes, constitui conduta penalmente típica, prevista no art. 330 do Código Penal brasileiro. *REsp 1859933, 3ª S, 1.4.2022.*

ENUNCIADOS

Fonacrim **Enunc. 79.** Os crimes de corrupção e contra a administração pública em geral devem ser julgados em todas as instâncias com prioridade em relação aos demais.

INFORMATIVOS

STJ **Servidor público. Remuneração de funcionário "fantasma". Valores que já lhe pertenceriam. Peculato-desvio. Atipicidade. Apuração na esfera administrativa.** Não é típico o ato do servidor que se apropria de valores que já lhe pertenceriam, em razão do cargo por ele ocupado. *AgRg no AREsp 2073.825, 5ª T, 22.8.2022. Inf 746.*

STJ **Denúncia contra desembargador. Circunstância de imposição hierárquica não descrita na peça acusatória. Causa de aumento de pena do art. 327, § 2º, do CP. Não incidência.** A mera afirmação de que o denunciado ocupa o cargo de desembargador é insuficiente para a incidência da causa de aumento de pena prevista no art. 327, § 2º, do CP. *AgRg na APn 970, Corte Especial, 4.5.2022. Inf 736.*

STJ **Oferecimento de vantagem indevida para evitar a atuação policial. Agente abordado com drogas para uso próprio. Ato de ofício. Corrupção ativa. Ocorrência. Disposições do art. 48, §§ 2º e 3º da Lei de Drogas.** Configura o crime de corrupção ativa o oferecimento de vantagem indevida a funcionário público para determiná-lo a omitir ou retardar ato de ofício relacionado com o cometimento do crime de posse de drogas para uso próprio. *AREsp 2007599, 5ª T, 3.5.2022. Inf 735.*

STJ **Administração Pública. Contratação direta de serviços de advocacia. Art. 89 da Lei 8.666/93 c/c art. 337-E do CP. Ausência de dolo específico e de efetivo prejuízo aos cofres públicos. Atipicidade da conduta.** Para a configuração do crime previsto no art. 89 da Lei 8.666/93, agora disposto no art. 337-E do CP (Lei 14.133/21), é indispensável a comprovação do dolo específico de causar danos ao erário e o efetivo prejuízo aos cofres públicos. *AgRg no HC 669347, 5ª T, 13.12.2021. Inf 723.*

QUESTÕES OBJETIVAS

71. (TRF/4R/Juiz/2022) Assinale a alternativa incorreta.

a) Eventual coincidência temporal entre o recebimento indireto de vantagem indevida, no campo da corrupção passiva, e a implementação de atos autônomos de ocultação, dissimulação ou integração na lavagem não autoriza o reconhecimento de crime único se atingida a tipicidade objetiva e subjetiva própria do delito de lavagem de dinheiro.
b) É prevista a aplicação da pena em dobro quando se tratar de crime de contrabando ou de descaminho praticado em transporte aéreo. Conforme a jurisprudência atual do Superior Tribunal de Justiça, é devida a aplicação dessa majorante apenas quando se tratar de voo clandestino, e não de voo regular, isso porque, naquele caso, a censurabilidade da conduta seria maior, pois que realizada sem sujeição à fiscalização alfandegária aeroportuária.
c) Associados de forma estável e permanente, três agentes que tenham por finalidade a prática de apenas um delito de tráfico de drogas (o qual nem mesmo viera a acontecer – inexistindo, portanto, a apreensão da droga) e a prática de numerosos crimes de extorsão mediante sequestro podem incorrer, a depender do contexto fático, no crime de associação para fins de tráfico de drogas e de associação criminosa, mas não no crime de integrar organização criminosa previsto na Lei nº 12.850/2013.

d) Embora a entrega da declaração pelo contribuinte reconhecendo débito fiscal constitua o crédito tributário, dispensada qualquer outra providência por parte do fisco, nos crimes de apropriação indébita previdenciária, a representação fiscal para fins penais será encaminhada ao Ministério Público somente depois de proferida decisão final, na esfera administrativa, sobre a exigência fiscal do crédito tributário correspondente.

e) Em que pese o débito verificado não ultrapasse R$ 20.000,00 (vinte mil reais), a existência de outras ações penais, inquéritos policiais em curso ou procedimentos administrativos fiscais, apesar de não configurar reincidência, é suficiente para caracterizar a habitualidade delitiva e, por consequência, afastar a incidência do princípio da insignificância nos delitos de descaminho.

72. **(Vunesp/TRF/3R/Juiz/2022)** Leia o texto abaixo e, ao final, indique a alternativa correta. Policial rodoviário federal recebe de um particular determinada quantia a título de gratificação pela recuperação de gado furtado, encontrado na proximidade de rodovia federal. O pagamento não fora solicitado ou prometido anteriormente, tendo o particular espontaneamente decidido realizá-lo após a recuperação da rês.

a) Houve configuração apenas de crime de corrupção passiva.
b) Houve configuração de crimes de crimes de corrupção ativa e passiva.
c) Houve configuração apenas de crime de corrupção ativa.
d) Não houve configuração de crime.

73. **(IFBC/TRF/2R/Juiz/2018)** Examine o tipo penal do art. 359-A do CP, e assinale a opção correta: "Art. 359-A. Ordenar, autorizar ou realizar operação de crédito, interno ou externo, sem prévia autorização legislativa: Pena - reclusão, de 1 (um) a 2 (dois) anos. Parágrafo único. Incide na mesma pena quem ordena, autoriza ou realiza operação de crédito, interno ou externo:

I. com inobservância de limite, condição ou montante estabelecido em lei ou em resolução do Senado Federal.
II. quando o montante da dívida consolidada ultrapassa o limite máximo autorizado por lei".

I. A tipicidade penal ora estabelecida se caracteriza pela conduta consistente na ordenação, autorização ou realização de operação que tenha por fim conceder créditos a pessoas necessitadas ou interessadas em desenvolverem atividades econômicas.
II. A inobservância de limite, condição ou montante estabelecido em lei, para a ordenação, autorização, ou realização de operação de crédito, interno ou externo, é elementar consistente no especial fim com que deve agir o agente para que ocorra a tipicidade.
III. Os tipos penais estabelecidos no caput e no parágrafo único, ora em exame, são mistos ou de conteúdo variado, e são ainda modalidade de crimes contra a Administração Pública.
IV. Na modalidade prevista no inciso I do parágrafo único, se está diante de norma penal em branco, na medida em que o tipo penal prevê o contorno exato da proibição, condicionando-a ao montante contido na resolução.
V. A consumação dos crimes estabelecidos no caput e no parágrafo único, ocorre sempre com a entrega ou disponibilização efetiva do crédito ao interessado em obtê-lo, razão pela qual o crime se classifica como material.

a) Apenas as assertivas I e II estão corretas.
b) Apenas as assertivas III e IV estão corretas.
c) Apenas as assertivas I e V estão corretas.
d) Apenas as assertivas II e IV estão corretas.
e) Apenas as assertivas III e V estão corretas.

74. **(Cespe/TRF/5R/Juiz/2017)** Julgue os itens a seguir, a respeito do crime de contrabando e de descaminho.

I. A importação de colete à prova de balas sem a prévia autorização do órgão público competente configura crime de contrabando.
II. É inadmissível a aplicação do princípio da insignificância para o crime de contrabando, uma vez que o bem jurídico tutelado não possui caráter exclusivamente patrimonial, mas envolve a vontade estatal de controlar a entrada de determinado produto em prol da segurança e da saúde públicas.
III. Comete o crime de contrabando quem, de qualquer forma, utiliza em proveito próprio ou alheio, no exercício de atividade comercial realizada em residência, mercadoria de procedência estrangeira que introduziu clandestinamente no Brasil.
IV. Como os cigarros estrangeiros são produtos liberados para a comercialização no Brasil - desde que previamente analisados e registrados no país pelos órgãos competentes -, a pessoa que os importa sem autorização comete o crime de descaminho.

Estão certos apenas os itens

a) I e II.
b) I e III.
c) II e III.
d) II e IV.
e) III e IV.

75. **(TRF/2R/Juiz/2017)** Assinale a opção correta:

a) Quando o falso se exaure no descaminho, sem mais potencialidade lesiva, é por este absorvido, como crime-fim, condição que não se altera por ser menor a pena a este cominada.
b) Se João, médico particular, solicitar o pagamento de cem reais para atender paciente pelo Sistema Único de Saúde, ele não pratica crime funcional, já que não exerce atividade típica da Administração Pública.
c) O particular que auxilia materialmente a prática de crime de peculato-desvio por seu amigo, que sabe ser servidor, responderá por apropriação indébita, tendo em vista lhe faltar a qualidade de funcionário público.
d) O crime de corrupção passiva (artigo 317 do Código Penal) somente se configura com a efetiva prática ou omissão da conduta funcional do servidor, já que o chamado "'ato de oficio" integra o tipo penal.
e) O particular que é vítima de crime de concussão (artigo 316 do Código Penal) comete o crime de corrupção ativa (artigo 333 do Código Penal) quando entrega ao funcionário público a vantagem exigida.

76. **(TRF/3R/Juiz/2016)** Para fins penais, é considerado funcionário público:

a) O médico não concursado, que presta serviços pelo SUS.
b) Os funcionários das empresas de ônibus, haja vista que o transporte público é serviço fundamental.
c) Os funcionários das empresas de telecomunicações, haja vista que se trata de serviço essencial.
d) Apenas quem tenha prestado concurso público.

77. **(TRF/4R/Juiz/2016)** Assinale a alternativa incorreta.

a) Segundo orientação do Supremo Tribunal Federal, nos limites da circunscrição do Município e havendo pertinência com o exercício do mandato, os vereadores são imunes judicialmente por suas palavras, suas opiniões e seus votos. Não obstante, a ausência de controle judicial não imuniza completamente as manifestações dos parlamentares, que podem ser repreendidas pelo Legislativo.

b) É dispensável o exame antropológico destinado a aferir o grau de integração do silvícola na sociedade se o juiz afirma sua imputabilidade plena com fundamento na avaliação do grau de escolaridade e da fluência na língua portuguesa ou em outros elementos de convicção.
c) A instauração do incidente de insanidade mental pressupõe a configuração de dúvida razoável sobre a própria imputabilidade criminal do acusado, ou seja, não é de ser deferido apenas porque apresentado pela defesa.
d) A imunidade conferida ao advogado que instruiu a testemunha a prestar depoimento inverídico nos autos de ação judicial obsta sua responsabilização penal como autor intelectual ou partícipe no crime de falso testemunho.
e) Segundo o Código Penal Brasileiro, se o fato é cometido sob coação irresistível ou em estrita obediência à ordem, não manifestamente ilegal, de superior hierárquico, só é punível o autor da coação ou da ordem.

78. (TRF/3R/Juiz/2016) Sabendo que Caio, brasileiro, foi flagrado retornando ao país, portando medicamentos sem registro no órgão de vigilância sanitária competente, diga qual posicionamento resta incongruente com a lei, a doutrina e precedentes judiciais existentes:

a) A situação sequer ensejaria reflexão penal, dado que a falta de registro implica apenas responsabilidade administrativa.
b) Por força do princípio da proporcionalidade, tendo em vista que o bem jurídico tutelado é a saúde pública, há fundamentos para aplicar a Caio a pena prevista para o crime de tráfico de drogas.
c) Por força do princípio da proporcionalidade, tendo em vista que o bem jurídico tutelado é a saúde pública, se pequena a quantidade de medicamentos, há fundamentos para aplicar a Caio as medidas previstas para o porte de droga para uso próprio.
d) A conduta de Caio pode ser analisada à luz do delito de descaminho.

79. (TRF/3R/Juiz/2013) Assinale a alternativa incorreta:

a) Dentre outras hipóteses previstas em lei, denega-se o mandado de segurança se for reconhecida a ilegitimidade "ad causam" do impetrante.
b) No processo de mandado de segurança, não cabem embargos infringentes.
c) Ao despachar a petição inicial de ação de mandado de segurança impetrada por servidor do Tribunal Regional Federal da 3ª Região contra ato de seu presidente, visando ao restabelecimento de determinada vantagem salarial, o relator deverá determinar a notificação do impetrado para que preste informações e, além disso, ordenará que se dê ciência do feito ao órgão de representação judicial da União.
d) Concedido o mandado de segurança, a sentença estará sujeita obrigatoriamente ao duplo grau de jurisdição, sem prejuízo da recorribilidade permitida à pessoa jurídica interessada e, ainda, à autoridade coatora.
e) Constitui crime de desobediência, nos termos do artigo 330 do Código Penal, o não cumprimento das decisões proferidas em mandado de segurança, salvo se houver previsão de sanção administrativa.

80. (Cespe/TRF/2R/Juiz/2013) A respeito dos crimes contra a administração pública, assinale a opção correta.

a) No crime de sonegação de contribuição previdenciária, será extinta a punibilidade se o agente, espontaneamente, declarar e confessar as contribuições, importâncias ou valores e prestar informações devidas à previdência social, na forma definida em lei ou regulamento, após o início da ação fiscal e antes do oferecimento da denúncia.
b) O perito que fizer afirmação falsa em processo cível em que uma das partes seja o Ibama responderá pelo crime de falsa perícia, que, no entanto, deixará de ser punível se, antes do trânsito em julgado da sentença no processo cível, citado perito retratar-se ou declarar a verdade.
c) O diretor de presídio que não vedar ao preso o acesso a aparelho de comunicação que possibilite a este conversar apenas com outros presos no mesmo estabelecimento prisional não cometerá crime porque o que a lei penal veda é a comunicação do preso com o ambiente externo. Nessa situação, o diretor responderá apenas por infração administrativa.
d) No crime de descaminho, não se admite a incidência do princípio da insignificância, sob pena de isso facilitar a sonegação fiscal.
e) Praticará o crime de denunciação caluniosa quem der causa à instauração de investigação policial contra alguém, imputando-lhe contravenção penal de que o sabe inocente.

81. (TRF/4R/Juiz/2010) Dadas as assertivas abaixo, assinale a alternativa correta.

I. Constitui crime funcional contra a ordem tributária, previsto na Lei 8.137/90, a conduta do servidor que, com violação do dever, exigir vantagem pecuniária para deixar de lançar tributo devido.
II. Constitui crime de concussão, previsto no artigo 316 do Código Penal Brasileiro, o fato de o policial rodoviário exigir, para si, no exercício da função, vantagem pecuniária para deixar de lavrar auto de infração em desfavor de motorista que foi flagrado cometendo infração de trânsito.
III. O servidor público que, com infração do dever funcional, facilita o descaminho ou o contrabando incide nas penas previstas no artigo 334 do Código Penal Brasileiro, na medida da sua culpabilidade, por participação ou coautoria.
IV. Incide nas penas previstas no artigo 318 do Código Penal, que prevê o crime de facilitação do contrabando ou descaminho, o servidor que, com infração de dever funcional, facilita a prática de contrabando ou descaminho por terceiro.
V. A corrupção passiva terá a pena aumentada se, em consequência da vantagem recebida, o funcionário retardar ou deixar de praticar qualquer dever de ofício ou o praticar infringindo dever funcional.

a) Está correta apenas a assertiva III.
b) Estão corretas apenas as assertivas III e V.
c) Estão corretas apenas as assertivas I, II, e IV.
d) Estão corretas apenas as assertivas I, II, IV e V.
e) Estão corretas todas as assertivas.

13. LEIS PENAIS ESPECIAIS

13.1. *Código de Trânsito Brasileiro (Lei 9.503/97)*

SÚMULAS

STF Súm. 720. O art. 309 do Código de Trânsito Brasileiro, que reclama decorra do fato perigo de dano, derrogou o art. 32 da Lei das Contravenções Penais no tocante à direção sem habilitação em vias terrestres.

STJ Súm. 575. Constitui crime a conduta de permitir, confiar ou entregar a direção de veículo automotor a pessoa que não seja habilitada, ou que se encontre em qualquer das situações previstas no art. 310 do CTB, independentemente da ocorrência de lesão ou de perigo de dano concreto na condução do veículo.

REPERCUSSÃO & REPETITIVOS

STF Rep. Geral 486. É constitucional a imposição da pena de suspensão de habilitação para dirigir veículo automotor ao motorista profissional condenado por homicídio culposo no trânsito. *RE 607107, 12.2.2020.*

13.2. Estatuto do Desarmamento (Lei 10.826/03)

SÚMULAS

STJ Súm. 513. A "abolitio criminis" temporária prevista na Lei n. 10.826/2003 aplica-se ao crime de posse de arma de fogo de uso permitido com numeração, marca ou qualquer outro sinal de identificação raspado, suprimido ou adulterado, praticado somente até 23.10.2005.

INFORMATIVOS

STF Flexibilização da aquisição de armas de fogo por meio de decreto presidencial. A flexibilização, via decreto presidencial, dos critérios e requisitos para a aquisição de armas de fogo prejudica a fiscalização do Poder Público, além de violar a competência legislativa em sentido estrito para a normatização das hipóteses legais quanto à sua efetiva necessidade. *ADI 6466 MC-Ref, 20.9.2022. Pleno. Inf 1069.*

STJ Transporte de arma de fogo. Colecionador com registro para a prática desportiva e guia de tráfego. Autorização de tráfego entre sua residência e clube de tiro. Ausência do porte da guia de trânsito. Atipicidade. Lei 10.826/03 (Estatuto do desarmamento). É atípica a conduta de colecionador, com registro para a prática desportiva e guia de tráfego, que se dirigia ao clube de tiros sem portar consigo a guia de trânsito da arma de fogo. *AgRg no AgRg no RHC 148516, 5ª T, 15.8.2022. Inf 753.*

QUESTÕES OBJETIVAS

82. (TRF/4R/Juiz/2022) Assinale a alternativa incorreta.

a) A manutenção de conta no exterior com depósito em valor superior a cinco milhões de dólares dos Estados Unidos da América, de 1º de janeiro a 30 de dezembro, não caracteriza o crime de evasão de divisas na modalidade de manutenção de depósitos não declarados no exterior se, na data-base de declaração ao Banco Central do Brasil (Bacen) – vale dizer, 31 de dezembro –, o valor existente for inferior àquele previsto em regulação do Bacen como de obrigatória declaração.

b) Quando a droga vier remetida do exterior por via postal e for conhecido o destinatário por meio do endereço aposto na correspondência, mesmo que a apreensão tenha ocorrido no aeroporto de entrada no Brasil, é competente para o processamento e o julgamento do crime de tráfico internacional de drogas o juízo federal da subseção judiciária com competência territorial sobre o município do destino da droga, conforme entendimento atual do Superior Tribunal de Justiça, que flexibiliza seu anterior entendimento sumulado.

c) Não sendo disposto em lei federal que institua regime especial de parcelamento o disciplinamento sobre os efeitos deste na suspensão da pretensão punitiva nos crimes previstos nos artigos 1º e 2º da Lei nº 8.137/1990 e nos artigos 168-A e 337-A do Código Penal, aplica-se o regramento geral previsto na Lei nº 9.430/96, pelo qual a pretensão punitiva será suspensa desde que o pedido de parcelamento tenha sido formalizado antes do recebimento da denúncia.

d) Segundo entendimento atual do Superior Tribunal de Justiça, nos crimes dos artigos 12 (posse irregular de arma de fogo de uso permitido), 14 (porte ilegal de arma de fogo de uso permitido) e 16 (posse ou porte ilegal de arma de fogo de uso restrito) da Lei nº 10.826/2003, cuidando-se de crimes que atingem a incolumidade pública, é imprescindível a realização de perícia sobre as armas de fogo para aferição da potencialidade lesiva.

e) É possível a valoração da quantidade e natureza da droga apreendida, tanto para a fixação da pena-base quanto para a modulação da causa de diminuição prevista no art. 33, parágrafo 4º, da Lei nº 11.343/2006, neste último caso ainda que sejam os únicos elementos aferidos, desde que não tenham sido considerados na primeira fase do cálculo da pena.

83. (Cespe/TRF/5R/Juiz/2013) Assinale a opção correta tendo como referência o Estatuto do Desarmamento.

a) Um fazendeiro poderá pleitear à autoridade policial federal a aquisição e registro de arma de fogo, desde que preencha determinados requisitos legais, como contar com mais de vinte e um anos de idade, incorrendo na posse irregular de arma de fogo o fazendeiro que, não cumprindo esses requisitos, adquirir arma de fogo e mantê-la em sua propriedade rural.

b) Modificar as características de uma arma de fogo, de forma a torná-la equivalente a arma de fogo de uso restrito, constitui, por equiparação, crime de comércio irregular de arma de fogo.

c) O proprietário de arma de fogo legalmente registrada em seu nome deverá, no prazo de vinte e quatro horas depois de ocorrido o fato, registrar ocorrência policial e comunicar à Polícia Federal a sua perda, sob pena de responder por crime de omissão de cautela, previsto na Lei n. 10.826/2003.

d) Aquele que exerce a função de frentista em posto de combustíveis durante o período noturno e possui certificado de registro de arma de fogo da qual é o legítimo proprietário pode, sem incorrer em crime, mantê-la em seu local de trabalho, para defesa pessoal.

e) São vedadas a fabricação, a venda, a comercialização de réplicas e simulacros de armas de fogo que com estas se possam confundir, salvo as réplicas e simulacros destinados à instrução, ao adestramento, ou à coleção de usuário autorizado, nas condições fixadas pelo Comando do Exército, e os brinquedos. Aquele que, sem autorização legal, proceder à fabricação de simulacro de arma de fogo, que com esta possa se confundir, responde pelo crime de comércio ilegal de arma de fogo.

13.3. Lei da Lavagem de Dinheiro (Lei 9.613/98)

ENUNCIADOS

Fonacrim Enunc. 33. O artigo 17-B da Lei nº 9.613/1998 e os artigos 15 e 16 da Lei nº 12.850/2013 são constitucionais, pois conferem à autoridade policial e ao Ministério Público apenas acesso a dados não incluídos no âmbito do direito fundamental à intimidade, e aplicam-se a todos os procedimentos de investigação criminal.

Fonacrim Enunc. 35. O artigo 17-D da Lei nº 9.613/1998 é inconstitucional, pois a aplicação da medida cautelar de afastamento de servidor público de suas funções depende de decisão judicial.

INFORMATIVOS

STJ Lavagem de capitais. Inépcia da Denúncia. Inicial acusatória que atribui tipos penais sem indicar que conduta praticada pela acusada teria concorrido para o êxito da empreitada criminosa. Ausência de indícios probatórios. Máculas que impedem o exercício do contraditório e da ampla defesa. Trancamento da ação penal. Inexistindo a demonstração do mínimo vínculo entre o acusado e o delito a ele imputado, impossibilitado está o exercício do contraditório e da ampla defesa. *RHC 154162, 6ª T, 22.3.2022. Inf 729.*

STJ Crime de lavagem de capitais e corrupção passiva. Tipicidade formal. Autolavagem. Consunção. Inaplicabilidade. Na autolavagem não ocorre a consunção entre a corrupção passiva e a lavagem de dinheiro. *APn 989, Corte Especial, 22.2.2022. Inf 726.*

QUESTÕES DISCURSIVAS

4. (TRF/2R/Juiz/2007) No direito brasileiro, qual a relação necessária entre o crime antecedente e a condenação pela prática do crime de lavagem de dinheiro dos bens que naquele tiveram origem? Como essa relação deve ser demonstrada para fins de condenação?

QUESTÕES OBJETIVAS

84. (Vunesp/TRF/3R/Juiz/2022) Sobre o delito de lavagem de dinheiro, assinale a alternativa correta:

a) A chamada autolavagem não configura o crime de lavagem de dinheiro por não se revestir de autonomia e consistir em mero exaurimento do crime antecedente.

b) A ação penal por crime de lavagem de dinheiro cuja infração antecedente seja crime tributário material apenas pode ser proposta após o exaurimento da esfera administrativa, com a constituição definitiva dos créditos tributários.

c) Conselho de Controle de Atividades Financeiras – COAF é um órgão técnico-investigativo, cuja função é colaborar com as investigações penais sobre lavagem de dinheiro por meio da realização de perícias financeiras.

d) O Supremo Tribunal Federal reconheceu que o afastamento de servidor público de suas funções em caso de indiciamento por crimes de lavagem de dinheiro ou ocultação de bens, direitos e valores não viola os princípios da presunção de inocência, da proporcionalidade e da igualdade porque tem previsão legal expressa e não acarreta prejuízo de remuneração.

85. (TRF/3R/Juiz/2018) Assinale a alternativa correta:

a) O processo e julgamento do crime de lavagem de dinheiro prescinde da existência da infração penal antecedente.

b) O crime de lavagem de dinheiro caracteriza-se pela ocorrência de crime antecedente expressamente previsto na lei específica.

c) O processo de lavagem de dinheiro é composto por, pelo menos, três fases: ocultação, dissimulação e integração.

d) A legislação brasileira exige a completude do ciclo de lavagem para que se caracterize o crime de lavagem de capitais.

86. (Cespe/TRF/5R/Juiz/2017) Com relação às regras processuais relativas aos crimes de lavagem de dinheiro, assinale a opção correta.

a) O juiz não deve receber a denúncia oferecida pelo crime de lavagem de dinheiro, caso tenha ocorrido a prescrição por crime antecedente.

b) Não é cabível medida cautelar diversa da prisão para crimes de lavagem de dinheiro.

c) O recurso cabível da decisão que determina medida assecuratória nos crimes de lavagem de dinheiro é o da apelação.

d) Se um imóvel situado no Brasil for produto do crime de lavagem de dinheiro praticado por estrangeiro que, por esse crime, tenha sido penalmente condenado em seu país, mesmo com a homologação da sentença penal estrangeira, será vedado o perdimento do imóvel, por se caracterizar um verdadeiro confisco indireto.

e) É inepta a denúncia por crime de lavagem de dinheiro que, devido ao suposto envolvimento de diversos agentes, descreve os fatos de maneira genérica e sistematizada, ainda que haja clareza que permita compreender a conjuntura tida por delituosa.

87. (TRF/2R/Juiz/2017) Sobre a "Lavagem de Dinheiro" (Lei 11.9.613/98), é correto dizer:

a) Somente haverá crime quando o agente ocultar ou dissimular a natureza, origem, localização, disposição, movimentação ou propriedade de bens, direitos ou valores provenientes, direta ou indiretamente, de um dos crimes antecedentes listados na Lei.

b) A lavagem de dinheiro é considerada crime derivado ou acessório, pois pressupõe a ocorrência de delito anterior. Não se admite a sua existência quando o ativo financeiro é proveniente de infração penal cometida posteriormente aos atos acoimados como sendo de lavagem.

c) A participação no cometimento da infração antecedente é condição para que o agente possa ser sujeito ativo da lavagem.

d) Comete o delito de lavagem de dinheiro o funcionário público que recebe valor de suborno e o utiliza para comprar imóvel, cuja propriedade registra em seu próprio nome, depositando o restante em aplicação financeira de sua titularidade.

e) Dá-se a forma culposa do delito nos casos de "cegueira" ou "ignorância" deliberada, ou seja, quando há prova de que o agente tinha conhecimento da elevada probabilidade de que os bens ou valores envolvidos eram provenientes de infração penal e tenha agido de modo indiferente a esse conhecimento.

88. (TRF/3R/Juiz/2016) Se um indivíduo é flagrado entrando com R$ 100.000,00 (cem mil reais) em dinheiro no território nacional, pode-se dizer que:

a) A situação constitui um irrelevante penal, pois evadir dinheiro é crime, porém, internar não.

b) Está-se diante do crime capitulado no artigo 22, "caput", da Lei 7.492/86.

c) A depender da origem do dinheiro, pode-se estar diante de vários crimes, inclusive lavagem de dinheiro.

d) A depender da origem do dinheiro, pode-se estar diante de crime contra a ordem tributária.

89. (Cespe/TRF/1R/Juiz/2015) Em relação à Lei de Lavagem de Dinheiro (Lei n. 9.613/1998), assinale a opção correta.

a) Os tipos previstos na Lei de Lavagem de Dinheiro são próprios, pois o texto legal exige o pertencimento dos agentes a determinada categoria de pessoas para que fique caracterizada a conduta criminosa.

b) A doutrina majoritária identifica como bem jurídico do delito de lavagem de dinheiro a administração da justiça e(ou) a ordem socioeconômica.

c) Para que tenha direito a benefício resultante de colaboração premiada, é necessário que o agente cumpra dois requisitos: identifique os autores e informe a localização dos bens, direitos ou valores objeto do crime.

d) Caso uma instituição cuja atividade principal seja captação de recursos financeiros de terceiros tenha conhecimento de atos suspeitos previstos nessa lei, deve comunicar o fato ao Conselho de Controle das Atividades Financeiras para evitar ser responsabilizada criminalmente.

e) Se, em um escritório, ocorrer a prática reiterada de delitos previstos na referida lei com o conhecimento dos funcionários, a responsabilização criminal de cada um desses agentes dependerá da comprovação de sua prática efetiva de atos de ocultação de bens, direitos ou valores provenientes de infração penal.

90. (TRF/4R/Juiz/2014) Dadas as assertivas abaixo, assinale a alternativa correta.

I. Segundo o Código Penal, o crime é complexo quando elemento ou circunstância do tipo legal, por si mesmo, constitui crime.

II. A lei brasileira sobre lavagem de dinheiro (Lei n. 9.613/98), a exemplo de legislações europeias, não contemplou a "autolavagem", ou seja, a possibilidade de o autor do crime antecedente responder também, em concurso de crimes, por lavagem de dinheiro.

III. Em apertada síntese, segundo a teoria do domínio do fato, o autor de um delito é quem tem o poder de decisão sobre a realização do fato. Explica, assim, a figura do autor mediato, ou seja, o "autor atrás de outro autor". Na prática, essa teoria se aplica nas hipóteses em que não se logra obter elementos probatórios que vinculem, por exemplo, um superior hierárquico, que se utiliza de um subordinado para a execução da conduta típica.

IV. De acordo com a jurisprudência do Superior Tribunal de Justiça, o monitoramento por câmeras de vigilância e por sistema de alarmes ou mesmo a existência de seguranças no estabelecimento tornam impossível a consumação do furto, incidindo, assim, a regra do art. 17 do Código Penal.

a) Está correta apenas a assertiva I.
b) Está correta apenas a assertiva II.
c) Está correta apenas a assertiva III.
d) Estão corretas todas as assertivas.
e) Nenhuma assertiva está correta.

91. (TRF/3R/Juiz/2013) Sobre os crimes de cartel e de lavagem de dinheiro, considere as seguintes assertivas:

I. As penas de reclusão ou detenção previstas para os crimes concorrenciais tipificados no art. 4º da Lei 8.137/90 podem ser integralmente convertidas em multa independentemente da quantidade da pena aplicada.

II. O princípio do "ne bis in idem" não impede a punição do autor do crime antecedente pelo concurso deste com a lavagem de dinheiro posterior, se ele dela participar, ao contrário do que ocorre nos casos de favorecimento real e receptação simples.

III. Na lei de lavagem de dinheiro, a alienação antecipada de bens se limita aos casos de risco de depreciação total de bens ou quando houver dificuldade para sua manutenção.

IV. A Lei 12.529/11 impede o oferecimento da denúncia contra o agente beneficiário da leniência, a partir da celebração do acordo, não apenas pela prática do crime principal, de cartel, mas também em relação a qualquer outro delito diretamente relacionado a este, hipótese não prevista expressamente para o colaborador espontâneo nos crimes de lavagem de dinheiro.

V. O dolo eventual, modalidade admissível para o crime de lavagem de dinheiro, segundo julgados recentes do STF, não é suficiente para a tipicidade nos crimes de receptação qualificada e de denunciação caluniosa.

É possível afirmar que:

a) Todas as assertivas estão erradas.
b) Todas as assertivas estão corretas.
c) As assertivas II, III e V estão corretas.
d) As assertivas II e III e IV estão corretas.
e) As assertivas I, II e IV estão corretas.

13.4. *Lei do Tráfico de Drogas (Lei 11.343/06)*

SÚMULAS

STF **Súm. 522.** Salvo ocorrência de tráfico com o exterior, quando, então, a competência será da justiça federal , compete à justiça dos Estados o processo e o julgamento dos crimes relativos a entorpecentes.

STJ **Súm. 501.** É cabível a aplicação retroativa da Lei n. 11.343/2006, desde que o resultado da incidência das suas disposições, na íntegra, seja mais favorável ao réu do que o advindo da aplicação da Lei n. 6.368/1976, sendo vedada a combinação de leis.

STJ **Súm. 587.** Para a incidência da majorante prevista no art. 40, V, da Lei n. 11.343/2006, é desnecessária a efetiva transposição de fronteiras entre estados da Federação, sendo suficiente a demonstração inequívoca da intenção de realizar o tráfico interestadual.

STJ **Súm. 607.** A majorante do tráfico transnacional de drogas (art. 40, I, da Lei n. 11.343/06) configura-se com a prova da destinação internacional das drogas, ainda que não consumada a transposição de fronteiras.

STJ **Súm. 630.** A incidência da atenuante da confissão espontânea no crime de tráfico ilícito de entorpecentes exige o reconhecimento da traficância pelo acusado, não bastando a mera admissão da posse ou propriedade para uso próprio.

STM **Súm. 14.** Tendo em vista a especialidade da legislação militar, a Lei n. 11.343, de 23 de agosto de 2006, que instituiu o Sistema Nacional de Políticas Públicas sobre Drogas, não se aplica à Justiça Militar da União.

TRF4 **Súm. 126.** Não configura "bis in idem" a aplicação, ao tráfico transnacional de drogas, da causa de aumento relativa à transnacionalidade, prevista no artigo 40, inciso I, da Lei n. 11.343/06.

REPERCUSSÃO & REPETITIVOS

STJ **Repetitivo 1052.** Para ensejar a aplicação de causa de aumento de pena prevista no art. 40, VI, da Lei n. 11.343/2006 ou a condenação pela prática do crime previsto no art. 244-B da Lei n. 8.069/1990, a qualificação do menor, constante do boletim de ocorrência, deve trazer dados indicativos de consulta a documento hábil – como o número do documento de identidade, do CPF ou de outro registro formal, tal como a certidão de nascimento. *REsp 1619265, 18,5.2020.*

STJ **Repetitivo 1139.** É vedada a utilização de inquéritos e/ou ações penais em curso para impedir a aplicação do art. 33, § 4º, da Lei n. 11.343/06. *REsp 1977027, 10.8.2022.*

ENUNCIADOS

CJF **Pen. Proc. Penal 2.** Para a aplicação do artigo 40, inciso VI, da Lei n. 11.343/2006, é necessária a prova de que a criança ou adolescente atua ou é utilizada, de qualquer forma, para a prática do crime, ou figura como vítima, não sendo a mera presença da criança ou adolescente no contexto delitivo causa suficiente para a incidência da majorante.

CJF **Pen. Proc. Penal 7.** Não fica caracterizado o crime do inciso IV do § 1º do artigo 33 da Lei 11.343/2006, incluído pela Lei Anticrime, quando o policial disfarçado provoca, induz, estimula ou incita alguém a vender ou a entregar drogas ou matéria-prima, insumo ou produto químico destinado à sua preparação (flagrante preparado), sob pena de violação do art. 17 do Código Penal e da Súmula 145 do Supremo Tribunal Federal.

Fonacrim **Enunc. 60.** A aplicação do princípio da insignificância é incompatível com o crime de tráfico internacional de drogas e figuras equiparadas.

Fonadirh **Enunc. 29.** Nos crimes de tráfico de drogas deve-se atentar para eventual circunstância de o agente ser ele mesmo vítima de tráfico de pessoas no caso de grupos vulneráveis, especialmente quando relacionados a mulheres e população LGBT.

QUESTÕES DISCURSIVAS

5. (TRF/2R/Juiz/2007) Caius, a pedido de Aurelius, que está com a mão engessada, enrola um cigarro de maconha, e ainda cede o papel empregado para tanto, para que apenas Aurelius possa usar a droga que trazia consigo. De outro lado Ticius, após receber pasta de cocaína – bruta – em seu galpão, efetua as misturas necessárias para disponibilizá-la ao uso. Quais os critérios distintivos das condutas de Caius e Ticius e o que elas constituem?

QUESTÕES OBJETIVAS

92. (TRF/3R/Juiz/2018) Relativamente ao crime de tráfico transnacional de drogas (art. 33 da Lei nº 11.343/2006) e considerando a atual jurisprudência do Supremo Tribunal Federal e do Superior Tribunal de Justiça, é correto afirmar que:

a) Não é possível a concessão de liberdade provisória por se tratar de crime equiparado a hediondo.
b) É vedada a conversão da pena privativa de liberdade em penas restritivas de direitos.
c) A fixação do regime inicial para cumprimento da pena privativa de liberdade deve observar apenas as regras previstas nos artigos 33 e 59 do Código Penal.

d) A aplicação da causa de diminuição de pena prevista no art. 33, § 4º, da Lei nº 11.343/2006 não afasta a hediondez do crime de tráfico de drogas.

93. (TRF/2R/Juiz/2017) Abaixo há três afirmações: duas sobre a Lei nº 11.343/2006 (Lei Antidrogas) e uma sobre crimes contra o sistema tributário. Leia-as e, depois, marque a opção correta:

I. A incidência do aumento de pena em razão da transnacionalidade do delito de tráfico (art. 40, inc. I, da Lei 11.343/2006) pressupõe o efetivo transporte da droga para o exterior.

II. Presente a causa de diminuição de pena prevista no § 4º do art. 33 da Lei 11.343/2006, por ser o agente primário, de bons antecedentes, não dedicado a atividades criminosas e não integrante de organização criminosa, ainda assim é hediondo o crime de tráfico por ele praticado.

III. Nos termos da Súmula Vinculante 24 do STF, os crimes contra a ordem tributária previstos no art. 1º, incisos I a IV, da Lei nº 8.137/90 não se tipificam antes do lançamento definitivo do tributo. Contudo, o delito do art. 1º, inciso V, da Lei nº 8.137/90 ("negar ou deixar de fornecer, quando obrigatório, nota fiscal ou documento equivalente, relativa a venda de mercadoria ou prestação de serviço, efetivamente realizada, ou fornecê-la em desacordo com a legislação"), sendo formal, independe do lançamento tributário.

a) Apenas a assertiva I está correta.
b) Apenas a assertiva II está correta.
c) Apenas a assertiva III está correta.
d) Todas são falsas.
e) Todas estão corretas.

94. (TRF/3R/Juiz/2016) Pensando nas pessoas que se dispõem a transportar drogas, no próprio corpo, durante viagens internacionais, é possível dizer:

a) Se forem primárias, ostentarem bons antecedentes e não integrarem organização criminosa, terão a pena reduzida de um sexto a dois terços.
b) Mesmo se forem primárias, ostentarem bons antecedentes e não integrarem organização criminosa, não farão jus à redução de pena, haja vista tratar-se de tráfico internacional.
c) São isentas de pena, haja vista o fato de estarem submetidas a organizações criminosas que as obrigam a cometer o crime.
d) Mesmo quando obrigadas a proceder dessa forma, devem ser punidas, pois, em Direito Penal, o que importa é o resultado.

95. (TRF/4R/Juiz/2016) Assinale a alternativa correta.

a) Caso os depoimentos colhidos em audiência sejam registrados por meio audiovisual, a respectiva transcrição deverá ser disponibilizada às partes, no prazo de cinco dias.
b) O trânsito em julgado da sentença homologatória da transação penal impede o Ministério Público de dar continuidade à "persecutio criminis", ainda que o autor do fato haja descumprido as cláusulas do referido documento.
c) O processo e o julgamento do crime de lavagem ou ocultação de bens, direitos e valores dependem do prévio processo e julgamento das respectivas infrações penais antecedentes.
d) Da decisão do juiz singular que não receber a apelação, por considerá-la intempestiva, cabe a interposição de carta testemunhável.
e) Ao juiz federal com jurisdição sobre o local da apreensão da droga remetida do exterior pela via postal compete processar e julgar o crime de tráfico transnacional de substâncias entorpecentes.

96. (Cespe/TRF/5R/Juiz/2015) Com base na Lei Antidrogas (Lei n. 11.343/2006) e no entendimento sumulado pelo STJ, assinale a opção correta.

a) Caso um juiz considere condenar um réu que colaborou, como informante, com uma organização voltada para o tráfico, como consequência lógica, ele deverá condenar esse réu também pela prática de associação para o tráfico.
b) Um réu condenado por associação para o tráfico não pode ser reconhecido como agente de tráfico privilegiado no mesmo feito, haja vista a incompatibilidade de ordem objetiva preconizada pela Lei Antidrogas.
c) No que diz respeito a crime de tráfico internacional de drogas e conforme entendimento sumulado de tribunal superior, o juiz, ao reconhecer, em sua sentença, que a conduta do réu caracteriza tráfico privilegiado, não poderá impor a esse réu pena abaixo do mínimo legal.
d) O juiz pode aplicar causa majorante de pena de um sexto a dois terços quando o crime de tráfico de drogas tiver sido perpetrado com emprego ostensivo de arma de fogo para a intimidação difusa ou coletiva. Se a arma tiver sido utilizada em contexto diverso do de crime de tráfico, tratar-se-á de concurso material de crimes.
e) O ato infracional análogo ao crime de tráfico de drogas cometido por adolescente, por si só, conduz obrigatoriamente à imposição de medida socioeducativa de internação do jovem, salvo na modalidade de tráfico privilegiado.

97. (Cespe/TRF/1R/Juiz/2013) No que concerne a aspectos diversos do direito processual penal brasileiro, assinale a opção correta.

a) O laudo de exame de corpo de delito será realizado por, no mínimo, dois peritos oficiais, portadores de diploma de curso superior, sob pena de nulidade do laudo.
b) O juiz que represente criminalmente ou por infração ética contra o advogado que o tiver injuriado no curso de audiência de instrução processual deverá imediatamente declarar-se suspeito, em razão do princípio da imparcialidade.
c) Em julgamento de acusado de crime organizado para o tráfico de drogas, o juiz poderá conceder o perdão judicial ou reduzir a pena do acusado colaborador que identificar os demais integrantes do grupo e as infrações por eles praticadas.
d) O MP, ao se manifestar acerca de questão preliminar suscitada na resposta à acusação, poderá requerer a absolvição do réu, ou mesmo a desistência da ação, essa restrita ao reconhecimento evidente da atipicidade do fato.
e) Durante investigação policial em crime de tráfico de drogas, o juiz poderá autorizar a infiltração de agente policial em organização criminosa e poderá protrair a prisão em flagrante delito pelo transporte de drogas, a fim de identificar outros integrantes do grupo.

98. (Cespe/TRF/5R/Juiz/2009) Acerca do tráfico ilícito de substâncias entorpecentes, seu uso e seu procedimento penal, à luz da legislação em vigor, assinale a opção correta.

a) A doutrina garantista, atenta ao princípio da reserva legal, aponta como lacuna de formulação, e não silêncio eloquente do legislador, a falta de previsão, em relação aos crimes de tráfico ilícito de substância entorpecente, da conduta de produzir drogas, de forma que, estando o agente nessa situação, somente com a ação controlada dos policiais eventualmente infiltrados seria possível prendê-lo em flagrante, de modo a aguardar outra conduta prevista do tipo penal de ação múltipla.
b) A infiltração de agentes de polícia em tarefas de investigação pode ser realizada em qualquer fase da persecução criminal, dependendo, no entanto, de autorização judicial e oitiva do MP.

c) Se restar comprovado, ao fim da instrução criminal, que o agente, em razão da dependência, era inteiramente incapaz de entender o caráter ilícito do fato ao tempo da ação, o juiz, se absolver o acusado, não poderá determinar o seu encaminhamento para tratamento médico adequado.
d) Não há, na legislação específica, disposição expressa a respeito da pena de multa, devendo o juiz aplicar, subsidiariamente, os dispositivos do CPP acerca do tema.
e) Reincidindo o agente na prática do crime de uso de substância entorpecente, caberá a sua prisão em flagrante, devendo ser ele imediatamente encaminhado ao juiz competente.

13.5. Lei dos Crimes c/ Ordem Tributária (Lei 8.137/90)

SÚMULAS

STF **Súm. Vinculante 24.** Não se tipifica crime material contra a ordem tributária, previsto no art. 1º, incisos I a IV, da Lei n. 8.137/90, antes do lançamento definitivo do tributo.

STF **Súm. 609.** É pública incondicionada a ação penal por crime de sonegação fiscal.

TRF4 **Súm. 78.** A constituição definitiva do crédito tributário é pressuposto da persecução penal concernente a crime contra a ordem tributária previsto no art. 1º da Lei n. 8.137/90.

ENUNCIADOS

Fonacrim **Enunc. 27.** Em processos penais relativos a crimes tributários, é ônus da acusação diligenciar por informações sobre a exclusão do contribuinte de programas de parcelamento.

Fonacrim **Enunc. 37.** No caso dos crimes tributários alcançados pela Súmula Vinculante n. 24, a prescrição tem início com a constituição definitiva do crédito.

Fonacrim **Enunc. 91.** Em processos penais relativos a crimes tributários, é ônus da acusação diligenciar por informações sobre a exclusão do contribuinte de programas de parcelamento.

Fonacrim **Enunc. 93.** O juízo criminal não é a instância adequada para analisar a validade do lançamento tributário, o que deve ser discutido no juízo cível ou na esfera administrativa,

Fonacrim **Enunc. 95.** No caso dos crimes tributários alcançados pela Súmula Vinculante nº 24, a prescrição tem início com a constituição definitiva do crédito.

Fonacrim **Enunc. 98.** Havendo garantia do crédito tributário, mediante depósito integral e em dinheiro, na seara cível, é cabível a extinção da ação penal, por ausência de interesse processual

Fonacrim **Enunc. 99.** Não implica "bis in idem" a aplicação da continuidade delitiva (art. 71 do CPB), após a aplicação da causa de aumento prevista no art. 12, I, da Lei n. 8.137/90, ainda que o valor individual da sonegação em cada competência ou exercício financeiro, seja inferior a 1 milhão de reais.

INFORMATIVOS

STJ **Crime tributário. Inépcia da denúncia. Requisitos do art. 41 do CPP. Condição de diretor-superintendente. Dolo de apropriação. Inúmeros inadimplementos. Ausência de tentativa de regularização. Presunção relativa.** Para fins do disposto no art. 2º, II, da Lei 8.137/90, a menção a inúmeros inadimplementos (inscritos em dívida ativa) gera a presunção relativa da ausência de tentativa de regularização. *AgRg no HC 728271, 6ª T, 24.6.2022*

STJ **Sonegação fiscal. Dolo genérico. Insuficiência. Necessidade de demonstração da contumácia e do dolo de apropriação.** O dolo de não recolher o tributo, de maneira genérica, não é suficiente para preencher o tipo subjetivo do crime de sonegação fiscal (art. 2º, II, da Lei 8.137/90). *HC 569856, 6ª T, 14.10.2022. Inf 753.*

QUESTÕES DISCURSIVAS

6. (TRF/3R/Juiz/2013) Em junho de 2013, "A" – gerente de uma empresa – cometeu o crime fiscal previsto no art. 1º, I, da Lei 8.137/90 e, após o lançamento definitivo do tributo, depositou o valor economizado numa conta de empresa de fachada para, posteriormente, justificar os ganhos por meio de contratos fictícios. Após a condenação em primeiro grau, a empresa gerida por "A" pagou integralmente o débito oriundo do tributo, inclusive acessórios. Responda: (i) Qual(is) o(s) crime(s) praticado(s) por "A" e qual a consequência jurídica do pagamento realizado? (ii) A solução seria a mesma se, no caso, o referido pagamento fosse realizado antes do lançamento definitivo do tributo?

QUESTÕES OBJETIVAS

99. (Vunesp/TRF/3R/Juiz/2022) Sobre os crimes tributários, assinale a alternativa correta:

a) Para fins de extinção da punibilidade, considera-se equivalente ao pagamento do tributo a garantia do juízo cível em processo de execução fiscal.
b) No caso de crime previsto no art. 2º da Lei 8.137/90, a prescrição tem como termo "a quo" a data da constituição definitiva do crédito tributário.
c) Se o agente sonegou imposto de renda nos anos de 2014 e 2015, por omitir receitas em suas declarações, aplica-se o crime continuado.
d) Não configura "bis in idem" a majoração da pena-base em razão do valor sonegado e a aplicação concomitante da causa de aumento prevista no art. 12, I, da Lei 8.137/90.

100. (TRF/3R/Juiz/2018) Relativamente aos crimes contra a ordem tributária, assinale a alternativa correta:

a) A Súmula Vinculante nº 24 do Supremo Tribunal Federal aplica-se não só aos crimes materiais e formais previstos na Lei nº 8.137/1990, mas também ao crime de descaminho.
b) A adesão ao Regime Especial de Regularização Cambial e Tributária (RERCT) instituído pela Lei nº 13.245/2016, associada ao pagamento integral dos tributos devidos e multas antes do trânsito em julgado da sentença condenatória, acarretará a extinção da punibilidade.
c) O parcelamento do débito sempre acarreta a suspensão do processo, mesmo que formalizado depois do recebimento da denúncia.
d) Ainda que não se inicie perante o órgão fiscal competente o procedimento para constituir definitivamente o crédito tributário, é possível ao menos a instauração de procedimento investigatório para a apuração dos fatos supostamente criminosos.

101. (TRF/3R/Juiz/2016) Sabendo-se que os presidentes de empresas, que dominam o mercado em um determinado setor, se unem para fixar preços e dividir territórios de atuação, é possível afirmar que tais presidentes:

a) Devem ser responsabilizados por crimes contra as relações de consumo, especialmente o previsto no artigo 7º, inciso IV, da Lei 8.137/90.
b) Devem responder por crime contra a ordem econômica em sentido estrito.
c) Não podem sofrer qualquer tipo de procedimento penal, haja vista o princípio da responsabilidade penal subjetiva.
d) Não podem sofrer qualquer punição, como pessoas físicas; as empresas, entretanto, poderão ser punidas nos termos da Lei 12.529/11.

102. (TRF/4R/Juiz/2016) Assinale a alternativa correta.

a) Na dicção do Superior Tribunal de Justiça, não há nulidade na decretação de medidas investigatórias – como busca e apreensão, interceptação telefônica e quebra dos sigilos bancário e fiscal – para apurar crimes autônomos, conexos ao crime material contra a ordem tributária, quando o crédito tributário ainda pende de lançamento definitivo.

b) Na sentença, o juiz poderá dar ao fato que constitui objeto da denúncia capitulação legal diversa daquela dada pela acusação, desde que isso não acarrete a aplicação de pena mais grave em relação à que decorreria da capitulação legal original.

c) Ressalvados os procedimentos especiais previstos no Código de Processo Penal e na legislação esparsa, o procedimento comum ordinário será observado quando se tratar de crime cuja pena privativa da liberdade máxima cominada seja igual ou superior a três anos.

d) É válida a interceptação telefônica realizada sem autorização judicial quando um dos interlocutores consente em que ela seja tratada como escuta telefônica, como tal considerada a captação de conversa feita por um terceiro, com o conhecimento de apenas um dos interlocutores.

e) Quando o processo judicial tramitar em meio eletrônico, a petição eletrônica enviada para atender a determinado prazo processual será considerada intempestiva se tiver sido transmitida após o horário de encerramento do expediente normal da unidade judiciária competente, no último dia do referido prazo.

103. (TRF/2R/Juiz/2014) Quando o acusado de suprimir o pagamento de tributo devido (em conduta típica descrita no art. 1º da Lei n. 8.137/90) realiza, posteriormente ao recebimento da denúncia, o pagamento integral das exações respectivas, ocorre:

a) O arrependimento posterior.
b) A desistência voluntária.
c) Uma circunstância que atenua a pena.
d) A extinção da punibilidade.
e) A suspensão da pretensão punitiva.

104. (TRF/3R/Juiz/2013) Nos termos da legislação e da jurisprudência em vigor, a fiscalização da Receita Federal do Brasil considera ocorrido crime contra a ordem tributária quando ela identifica omissão de informação ou prestação de declaração falsa à autoridade fazendária. Considere que o contribuinte, no prazo legal, apresente declaração de inconformidade, pleiteando a completa anulação do auto de infração. Se indeferido o pedido e na pendência de julgamento de recurso ao CARF, a esse respeito, indique a única resposta correta:

a) deve o Ministério Público Federal propor, de imediato, a competente ação penal, para evitar a prescrição da punibilidade.
b) deve o Ministério Público Federal aguardar a decisão definitiva do procedimento administrativo antes de propor a competente ação penal.
c) considerando a absoluta independência dos processos administrativo tributário e judicial criminal, nada obsta a propositura de ação penal até mesmo antes da defesa administrativa.
d) somente o pagamento imediato do tributo apurado no auto de infração, com todos os seus acréscimos legais, pode ser causa impeditiva da propositura da competente ação criminal.
e) deve o Ministério Público Federal propor, de imediato, a competente ação penal, para evitar a decadência.

105. (Cespe/TRF/5R/Juiz/2009) A respeito dos crimes contra a ordem tributária, assinale a opção correta com base na jurisprudência do STF.

a) Independentemente da representação fiscal para fins penais, se o MP dispuser, por outros meios, de elementos que lhe permitam comprovar a definitividade da constituição do crédito tributário, ele pode, então, de modo legítimo, fazer instaurar os pertinentes atos de persecução penal por delitos contra a ordem tributária.
b) O cancelamento do crédito tributário por decisão definitiva do Conselho de Contribuintes, após o lançamento fiscal prévio, não influencia a ação penal em curso por delito de sonegação fiscal, dada a independência das instâncias penal e administrativa.
c) Havendo conexão entre os crimes de sonegação tributária e falsidade ideológica, ainda que esta não tenha sido perpetrada em documento exclusivamente destinado à prática do primeiro crime, aplica-se o princípio da consunção, devendo o agente responder unicamente pelo crime contra a ordem tributária.
d) Enquanto não efetivado o lançamento definitivo do débito tributário, não há justa causa para a ação penal, o que não influi no lapso prescricional penal, que não se suspende.
e) A impetração de mandado de segurança, após o lançamento definitivo do crédito tributário, impede o início da ação penal.

13.6. Lei dos Crimes c/ Sistema Financeiro Nacional (Lei 7.492/86)

SÚMULAS

TRF3 **Súm. 34.** O inquérito não deve ser redistribuído para vara federal criminal especializada enquanto não se destinar a apuração de crime contra o sistema financeiro (Lei 7.492/86) ou delito de lavagem de ativos (Lei 9.613/98).

ENUNCIADOS

CJF **Pen. Proc. Penal 23.** O crime de gestão temerária de instituição financeira exige a demonstração da violação das regras e parâmetros objetivos de gerenciamento de riscos e limites operacionais na administração, intermediação e aplicação de recursos de terceiros, instituídos pelas autoridades de regulação do sistema financeiro nacional.

QUESTÕES OBJETIVAS

106. (IFBC/TRF/2R/Juiz/2018) Para fins de aplicação das normas penais contidas na Lei n. 7.492, de 16 de junho de 1986, denominada Lei dos Crimes de Colarinho Branco, considera-se instituição financeira:

a) Apenas a pessoa jurídica de direito privado que desempenhe atividade financeira bancária, de captação, intermediação ou aplicação de recursos financeiros seus ou de terceiros, em moeda nacional ou estrangeira, ou a custódia, emissão, distribuição, negociação, intermediação, ou administração de valores mobiliários.
b) Apenas a pessoa jurídica de direito público que desempenhe atividade financeira bancária de captação, intermediação ou aplicação de recursos financeiros de terceiros, em moeda nacional ou estrangeira, ou a custódia, emissão, distribuição, negociação, intermediação, ou administração de valores mobiliários.
c) A pessoa jurídica de direito público ou privado que tenha como atividade principal ou acessória, cumulativamente ou não, a captação, intermediação ou aplicação de recursos financeiros de terceiros, em moeda nacional ou estrangeira, ou a custódia, emissão, distribuição, negociação, intermediação, ou administração de valores mobiliários.
d) A pessoa jurídica de direito privado que tenha como atividade principal, e a pessoa jurídica de direito púbico que tenha como atividade acessória, cumulativamente ou não, a captação, intermediação ou aplicação de recursos financeiros em geral, em moeda nacional ou estrangeira, ou a custódia, emissão,

distribuição, negociação, intermediação, ou administração de valores mobiliários.

e) A pessoa jurídica de direito público ou privado que tenha como atividade principal ou acessória, cumulativamente ou não, a captação, intermediação ou aplicação de recursos financeiros seus ou de terceiros, em moeda nacional ou estrangeira, ou a custódia, emissão, distribuição, negociação, intermediação, ou administração de valores mobiliários.

107. (Cespe/TRF/2R/Juiz/2011) Considerando as causas extintivas de punibilidade, as circunstâncias, os crimes contra a administração pública, contra a ordem tributária, contra a ordem econômica e contra o sistema financeiro, assinale a opção correta.

a) Sendo o prazo prescricional interrompido, em qualquer caso, recomeça a correr a partir do dia da interrupção.
b) Em caso de prescrição executória, a contagem do prazo não poderá, em hipótese nenhuma, possuir termo inicial anterior ao recebimento da denúncia ou da queixa; é de três anos, no mínimo, o prazo prescricional para todas as penas.
c) Têm disciplina especial as causas interruptivas da prescrição dos crimes contra a ordem tributária, contra a ordem econômica e contra o sistema financeiro.
d) O crime de contrabando não se caracteriza enquanto não houver decisão definitiva no processo administrativo fiscal acerca da constituição do tributo devido, admitindo-se, em juízo, a incidência do princípio da insignificância.
e) No crime de aplicação indevida de financiamento concedido por instituição financeira oficial, a reparação voluntária e integral do dano, antes do recebimento da denúncia, não extingue a punibilidade do agente, mas permite a incidência do arrependimento posterior e, caso ocorra a restituição antes do julgamento, configurará atenuante de reparação do dano.

108. (TRF/3R/Juiz/2010) Marque a alternativa correta:

a) O crime previsto no art. 17 da Lei 7.492/86 é de mera conduta, sendo irrelevante a destinação dos recursos, na medida em que a norma visa a proteção do Sistema Financeiro Nacional.
b) Nos crimes contra a ordem tributária somente os sócios administradores devem figurar como acusados, ficando afastada de plano qualquer responsabilidade de eventuais colaboradores tais como contadores ou empregados.
c) No crime de quadrilha (art. 288 CP) em que se constituem empresas fantasmas com o objetivo de sonegação fiscal, o lançamento do tributo sonegado é essencial ao oferecimento da denúncia.
d) A jurisprudência tem reconhecido no crime de sonegação fiscal a forma culposa.

13.7. Leis Esparsas

SÚMULAS

STF **Súm. Vinculante 26.** Para efeito de progressão de regime no cumprimento de pena por crime hediondo, ou equiparado, o juízo da execução observará a inconstitucionalidade do art. 2º da Lei n. 8.072, de 25 de julho de 1990, sem prejuízo de avaliar se o condenado preenche, ou não, os requisitos objetivos e subjetivos do benefício, podendo determinar, para tal fim, de modo fundamentado, a realização de exame criminológico.

STJ **Súm. 645.** O crime de fraude à licitação é formal, e sua consumação prescinde da comprovação do prejuízo ou da obtenção de vantagem.

STJ **Súm. 471.** Os condenados por crimes hediondos ou assemelhados cometidos antes da vigência da Lei n. 11.464/2007 sujeitam-se ao disposto no art. 112 da Lei n. 7.210/1984 (Lei de Execução Penal) para a progressão de regime prisional.

STJ **Súm. 536.** A suspensão condicional do processo e a transação penal não se aplicam na hipótese de delitos sujeitos ao rito da Lei Maria da Penha.

STJ **Súm. 542.** A ação penal relativa ao crime de lesão corporal resultante de violência doméstica contra a mulher é pública incondicionada.

STJ **Súm. 588.** A prática de crime ou contravenção penal contra a mulher com violência ou grave ameaça no ambiente doméstico impossibilita a substituição da pena privativa de liberdade por restritiva de direitos.

STJ **Súm. 600.** Para a configuração da violência doméstica e familiar prevista no artigo 5º da Lei n. 11.340/2006 (Lei Maria da Penha) não se exige a coabitação entre autor e vítima.

STJ **Súm. 606.** Não se aplica o princípio da insignificância a casos de transmissão clandestina de sinal de internet via radiofrequência, que caracteriza o fato típico previsto no art. 183 da Lei n. 9.472/1997.

TRF4 **Súm. 127.** A conduta de utilizar ou instalar rádio transceptor em veículo automotor se enquadra no art. 70, da Lei 4.117/62, não se qualificando como desenvolvimento de atividade de telecomunicação, art. 183, da Lei 9.472/97.

INFORMATIVOS

STF **Art. 38 da Lei 9.430/96: representação fiscal para fins penais e crimes contra a Previdência Social.** A representação fiscal para fins penais relativa aos crimes de apropriação indébita previdenciária e de sonegação de contribuição previdenciária será encaminhada ao Ministério Público depois de proferida a decisão final, na esfera administrativa, sobre a exigência fiscal do crédito tributário correspondente. *ADI 4980, 10.3.2022. Inf 1047.*

STF **Fixação de condições obrigatórias e cumulativas para a decretação da prisão temporária.** A decretação de prisão temporária somente é cabível quando (i) for imprescindível para as investigações do inquérito policial; (ii) houver fundadas razões de autoria ou participação do indiciado; (iii) for justificada em fatos novos ou contemporâneos; (iv) for adequada à gravidade concreta do crime, às circunstâncias do fato e às condições pessoais do indiciado; e (v) não for suficiente a imposição de medidas cautelares diversas. *ADI 3360, Pleno, 11.2.2022. Inf 1043.*

STJ **Decreto Lei 201/67. Responsabilidade de prefeito. Ausência de notificação para defesa prévia. Nulidade processual. Inocorrência. Recorrente que à época da denúncia não mais detinha a condição de funcionário público.** Se, no momento do oferecimento da denúncia, o acusado não exercer função/cargo público, torna-se dispensável a defesa prévia prevista no art. 2°, I, do DL 201/67. *AgRg no RHC 163645, 5ª T, 22.8.2022. Inf 746.*

STJ **Tráfico de drogas. Hediondez. Semi-imputabilidade. Não afastamento. Forma privilegiada. Equiparação. Inocorrência.** A semi-imputabilidade, por si só, não afasta o tráfico de drogas e o seu caráter hediondo, tal como a forma privilegiada. *AgRg no HC 716210, 6ª T, 13.5.2022. Inf 737.*

STJ **Transferência de preso para Sistema Penitenciário Federal. Pedido de prorrogação do prazo. Possibilidade. Lei 11.671/08. Necessidade de fundada motivação pelo juízo de origem. Persistência do motivo ensejador do pedido de transferência originário. Fundamentação suficiente.** Se devidamente motivado pelo Juízo estadual o pedido de manutenção de preso, em presídio federal, não cabe ao Magistrado federal exercer juízo de valor sobre a fundamentação apresentada, mas, apenas, aferir a legalidade da medida. *CC 190601, 3ª S, 30.9.2022. Inf 751.*

QUESTÕES OBJETIVAS

109. (TRF/4R/Juiz/2022) Dadas as assertivas abaixo, assinale a alternativa correta. O Brasil é signatário da Convenção para a Prevenção e a Repressão ao Genocídio, que foi internalizada pelo Decreto nº 30.822/1952. Acerca do crime de genocídio, previsto entre nós desde 1956:

I. em situações excepcionais que justifiquem o afastamento do "ne bis in idem", a Justiça brasileira poderá processar e julgar uma mesma acusação de crime de genocídio perpetrada por brasileiro no exterior, mesmo que lá tenha sido absolvido – como pode ocorrer quando o processo, no exterior, tenha sido conduzido de uma maneira que, no caso concreto, se revele incompatível com a intenção de submeter a pessoa à ação da justiça.
II. apesar de constitucionalmente vedada a extradição, brasileiro nato que tenha perpetrado crime de genocídio poderá vir a ser entregue pelo Brasil ao Tribunal Penal Internacional, se por

este requerido e uma vez presentes as condições jurídicas que atraiam sua jurisdição.

III. há concurso aparente de normas entre o crime de genocídio (na modalidade matar membros do grupo) e o crime de homicídio doloso, havendo-se de afastar, em face da especialidade, a incidência do artigo 121 do Código Penal, razão por que a competência para o processamento e o julgamento do caso será do juízo federal singular.

a) Está correta apenas a assertiva I.
b) Está correta apenas a assertiva II.
c) Está correta apenas a assertiva III.
d) Estão corretas apenas as assertivas I e II.
e) Estão corretas apenas as assertivas II e III.

110. (Cespe/TRF/5R/Juiz/2017) A Lei n. 12.984/2014 define como crime de discriminação dos portadores do vírus da imunodeficiência humana e doentes de AIDS a conduta consistente em

a) proibir a pessoa portadora do HIV e(ou) aquela que já esteja doente de AIDS de entrar em estabelecimento comercial, como por exemplo, em uma loja de departamentos.
b) recusar a inscrição de pessoa portadora do HIV e(ou) daquela que já esteja doente de AIDS como aluno de academia de ginástica, associações desportivas e assemelhados.
c) exonerar ou demitir pessoa portadora do HIV e(ou) aquela que já esteja doente de AIDS de seu cargo ou emprego, bem como negar-lhe emprego ou trabalho.
d) recusar atendimento à pessoa portadora do HIV e(ou) àquela que já esteja doente de AIDS em estabelecimentos como salões de beleza, barbearias, estâncias termais e assemelhados.
e) segregar pessoa portadora do HIV e(ou) aquela que já esteja doente de AIDS nos ambientes de convivência social, como shoppings centers, espetáculos e festas.

111. (Cespe/TRF/5R/Juiz/2017) Acerca dos aspectos penais do tráfico interno e internacional de pessoas, assinale a opção correta.

a) O Brasil vem se empenhando em adotar todas as medidas necessárias ao combate ao tráfico de pessoas, tendo tipificado todas as condutas definidas no Protocolo de Palermo desde sua assinatura.
b) O crime de tráfico de pessoas previsto no CP atende aos compromissos assumidos pelo Brasil no âmbito internacional, uma vez que as condutas passíveis de punição são significativamente restritas no código.
c) O CP prevê que são puníveis as condutas consistentes em agenciar, aliciar, recrutar, transportar, transferir, comprar, alojar ou acolher pessoa, mediante grave ameaça, violência, coação, fraude ou abuso, com a finalidade de adoção ilegal ou exploração sexual.
d) O consentimento de pessoa brasileira, maior de idade, para ser levada ao exterior com a finalidade de se prostituir basta para excluir o crime de tráfico de pessoas, uma vez que ela tem consciência do trabalho e de suas condições.
e) O tráfico de pessoas é equiparado aos crimes hediondos, de forma que a concessão do livramento condicional a acusados desse crime deve obedecer aos rigores da respectiva legislação.

112. (TRF/4R/Juiz/2016) Assinale a alternativa correta.

a) No julgamento de Arguição de Inconstitucionalidade, a Corte Especial do Tribunal Regional Federal da 4ª Região declarou a inconstitucionalidade, sem redução de texto, do preceito secundário do artigo 273 do Código Penal (falsificação, corrupção, adulteração ou alteração de produtos terapêuticos ou medicinais), no que tange a determinadas condutas delitivas de importação de medicamentos; à luz do entendimento adotado pela referida Corte Especial nesse julgamento, toda e qualquer importação de medicamentos sem registro no órgão de vigilância sanitária competente deve ser enquadrada como contrabando.
b) Dentre as características de uma organização criminosa, tal como conceituada na lei brasileira, inclui-se a quantidade mínima de pessoas que se associam para formá-la; essa quantidade mínima é de 5 (cinco) pessoas.
c) No entender do Supremo Tribunal Federal, aquele que, mediante fraude, obtém um benefício previdenciário de prestação continuada, em favor de si próprio, pratica um crime de estelionato instantâneo, de efeitos permanentes.
d) Na dicção do Superior Tribunal de Justiça, é necessária a prova da efetiva corrupção do menor para que se configure o crime de corromper ou facilitar a corrupção de menor de 18 (dezoito) anos, previsto no Estatuto da Criança e do Adolescente.
e) Na dicção do Supremo Tribunal Federal, o requisito da habitualidade é inerente ao delito de "desenvolver clandestinamente atividades de telecomunicações", previsto no artigo 183 da Lei n. 9.472, de 16.07.1997, que dispõe sobre os serviços de telecomunicações.

113. (Cespe/TRF/1R/Juiz/2013) No que concerne aos crimes contra o índio, de genocídio e outros previstos na legislação penal extravagante e às penalidades previstas no Estatuto do Estrangeiro, assinale a opção correta.

a) O Estatuto do Índio, ao tipificar crimes contra os índios e contra a cultura indígena, não define um tipo especial de homicídio contra o índio, mas prevê causa especial de aumento da pena no caso de crime contra a pessoa, o patrimônio ou os costumes, no qual o ofendido seja índio não integrado ou comunidade indígena.
b) Impedir o acesso de alguém ou recusar-lhe atendimento em restaurantes, bares, confeitarias ou locais semelhantes abertos ao público, pelo único motivo desse alguém ser indígena, é crime previsto no Estatuto do Índio.
c) O falso testemunho, definido como crime contra a administração da justiça, quando praticado perante o Conselho de Defesa dos Direitos da Pessoa Humana ou perante comissão de inquérito por ele constituída, está sujeito a pena mais elevada que a prevista no CP brasileiro.
d) A medida de deportação é mais severa que a de expulsão, sendo ambas as penalidades cominadas a algumas das infrações previstas no Estatuto do Estrangeiro, além da pena privativa de liberdade, no regime de reclusão ou detenção, da pena de multa e do banimento.
e) Na legislação penal brasileira há previsão típica de genocídio por omissão e genocídio culposo.

114. (Cespe/TRF/1R/Juiz/2013) A respeito de processos por crimes de responsabilidade de funcionário público, crimes contra a honra, crimes falimentares e crime de tráfico ilícito de entorpecentes, assinale a opção correta, com base na lei e no entendimento dos tribunais superiores.

a) No processo criminal por crimes de calúnia e difamação praticados contra servidor público no exercício da função, após recebida a queixa, o juiz designará audiência de reconciliação e, se essa for frutífera, homologará, por sentença, a desistência do querelante.
b) No processo criminal por tráfico internacional de drogas, é competente a justiça federal, ressalvada a competência da justiça estadual excepcionalmente se o crime for praticado em município que não seja sede de vara federal.
c) Constitui efeito da condenação por crime falimentar a inabilitação do condenado para o exercício de atividade empresarial, salvo se lhe for outorgado mandato ou gestão de negócio

por terceiro que, momentaneamente, não possa exercer a administração da empresa.

d) Estando o réu solto e decorrido o prazo para o MP oferecer a denúncia por crime falimentar, qualquer credor habilitado ou o administrador judicial poderá oferecer ação penal privada subsidiária da pública, observado o prazo decadencial de seis meses, salvo se o parquet decidir aguardar a apresentação, pelo administrador, da exposição circunstanciada do relatório da falência.

e) De acordo com o STJ, no processo por crime de responsabilidade de funcionário público, oferecida a denúncia com base em inquérito policial devidamente relatado pelo delegado de polícia, o juiz não poderá recebê-la nem citar o acusado sem antes notificá-lo para que apresente resposta escrita, sob pena de nulidade absoluta.

115. (TRF/4R/Juiz/2012) Considerando o fato descrito abaixo, assinale a alternativa correta. Fulano de Tal, guarda portuário e encarregado de almoxarifado federal situado em área de marinha de grande incidência de crimes, no intuito de proteger o acervo público, já por seguidas vezes vitimado por furtos noturnos, resolveu, mediante ação concertada com seus colegas de trabalho, eletrificar os altos muros que circundam o depósito e, na parte interna, na área gramada do entorno da edificação, sem risco para esta ou para os bens nela armazenados, distribuir, em pontos estratégicos, dispositivos que ele próprio fabricou e que são ativados por ele apenas à noite, consistentes em artefatos explosivos de emprego dissimulado para serem acionados pela presença, pelo contato ou pela proximidade de uma pessoa, capazes de ferir, incapacitar ou até matar o eventual invasor que cause a detonação de tais aparatos.

a) Fulano de Tal, independentemente de tê-los instalado, pelo simples fato de fabricar os artefatos descritos, cometeu crime especial previsto na Lei n. 10.300/2001 (Lei de Minas Terrestres Antipessoal).

b) Fulano de Tal, segundo o entendimento doutrinário predominante, agiu no exercício regular de direito.

c) Fulano de Tal, segundo o entendimento doutrinário predominante, agiu em legítima defesa preordenada.

d) Fulano de Tal, segundo o entendimento doutrinário predominante, elaborou legitimamente ofendículos, o que pode ser interpretado como exercício regular de direito ou legítima defesa preordenada, não havendo nenhum crime nas circunstâncias, mormente considerando ser guarda portuário, possuir poder de polícia e autorização para uso de armas.

e) Nenhuma alternativa anterior está correta.

116. (Cespe/TRF/1R/Juiz/2011) Com base na Lei dos Crimes contra a Propriedade Imaterial, conjugada com os demais objetos de avaliação de direito penal, assinale a opção correta.

a) Comete crime contra registro de marca quem reproduz, sem autorização do titular, no todo ou em parte, marca registrada, ou a imita de modo que possa induzir confusão, salvo, nos termos da legislação de regência, se fizer constar, de forma expressa, a ressalva, em invólucro, rótulo ou em outro meio de divulgação, utilizando termos como "tipo", "espécie", "semelhante", "sucedâneo", "idêntico", ou equivalente.

b) Comete crime de concorrência desleal quem emprega meio fraudulento para desviar, em proveito próprio ou alheio, clientela de outrem e, para tanto, usa, indevidamente, nome comercial, título de estabelecimento ou insígnia alheios ou vende, expõe ou oferece à venda ou tem em estoque produto com essas referências.

c) A lei que regulamenta os crimes contra a concorrência desleal segue a inovação legislativa referente aos crimes ambientais e prevê, igualmente, de forma expressa, a responsabilidade penal da pessoa jurídica, aplicando-lhe as sanções compatíveis com essa condição, além da indispensável responsabilização do sócio de empresa ou administrador que incorrer nas tipificações estabelecidas na norma de regência.

d) O órgão governamental competente para autorizar a comercialização de produto pratica crime de concorrência desleal quando divulga, sem autorização, resultados de testes ou outros dados não anunciados cuja elaboração envolva esforço considerável e que tenham sido apresentados a entidades governamentais como condição para aprovar a comercialização de produtos, ainda que necessários à proteção do público.

e) Incorre em crime contra as marcas e patentes quem vende, expõe ou oferece à venda produto, declarando-o objeto de patente depositada, ou concedida, ou de desenho industrial registrado, que não o seja, ou menciona-o, em anúncio ou papel comercial, como depositado ou patenteado, ou registrado, sem o ser.

117. (Cespe/TRF/2R/Juiz/2011) A polícia rodoviária federal, em 20.5.2011, durante abordagem de rotina dos motoristas na BR-101, nas proximidades de Campos dos Goytacazes/RJ, abordou o veículo conduzido por Nicolas, maior, capaz, cidadão francês, que, acompanhado de Sandra, brasileira, maior, solteira, apresentou, juntamente com os documentos do veículo, alugado, habilitação estrangeira, com tradução juramentada, vencida havia poucos dias. O elevado grau de nervosismo de Nicolas motivou os policiais a fazerem revista minuciosa no veículo, no qual encontraram seis fuzis, oito pistolas e 22 caixas de munição, tudo de procedência estrangeira. Nicolas confessou que as buscara no Paraguai para revendê-las no Rio de Janeiro/RJ e argumentou que a companheira, que acreditava estar em viagem de turismo, nada sabia sobre o comércio das armas. O francês foi preso em flagrante, e, na delegacia, constatou-se que era reincidente: fora condenado no Brasil por tráfico internacional de drogas e porte de armas, e cumprira as penas. Nicolas foi expulso do país em 10.10.2010, em cumprimento a decreto publicado em 2.9.2010. Apurou-se, igualmente, que o estrangeiro regressara ao país em março de 2011, por meio da fronteira do Paraguai, e passara a residir na cidade de Belford Roxo/RJ, com Sandra. Com base na situação hipotética apresentada, assinale a opção correta.

a) A lei permite, para o tráfico internacional de armas, de forma diversa do que prevê para o tráfico de drogas, o concurso material com o contrabando, o que enseja a extinção da punibilidade desse último, mediante o pagamento do imposto devido, antes de oferecida a denúncia.

b) Nicolas deve ser acusado, além de tráfico internacional de armas, da prática de crime de trânsito, por ter conduzido veículo automotor com habilitação estrangeira vencida, o que pressupõe risco à incolumidade pública, sendo este crime, de perigo abstrato, absorvido pelo de reingresso de estrangeiro expulso, ante o princípio da consunção.

c) Por ser considerado meio para o tráfico internacional de armas, o crime de reingresso de estrangeiro expulso, caracterizado como a entrada, no território nacional, de estrangeiro com armas de fogo e munições, sem autorização da autoridade competente, reputa-se absorvido por aquele, incidindo o princípio da absorção.

d) Caso se demonstre, no processo, que Sandra tinha ciência do tráfico de armas e da condição irregular de seu companheiro estrangeiro no país, ela deve ser responsabilizada, em concurso de pessoas, por todos os crimes cometidos pelo réu, acrescidos do delito personalíssimo de ocultar estrangeiro irregular.

e) Constatando-se que as armas e as munições fossem de uso privativo das forças armadas e que seriam destinadas à real ofensa da integridade física aos chefes dos poderes da União, estaria caracterizado crime contra a segurança nacional, pelo princípio da especialidade.

118. (TRF/3R/Juiz/2010) Assinale a alternativa correta:

a) Para se configurar o crime previsto no art. 58, III da Lei 6001/73, que dispõe sobre o Estatuto do índio, a ação delituosa deverá ser praticada dentro da reserva indígena.
b) Nos crimes praticados contra os índios a pena será sempre agravada de 1/3.
c) Aplica-se aos delitos praticados por índios as regras estabelecidas no Código Penal no que concerne ao regime de cumprimento da pena.
d) Na hipótese de crime cometido por índio poderá o juiz atenuar a pena considerando o grau de integração.

14. TEORIA E PRINCÍPIOS

SÚMULAS

STJ **Súm. 589.** É inaplicável o princípio da insignificância nos crimes ou contravenções penais praticados contra a mulher no âmbito das relações domésticas.

STJ **Súm. 599.** O princípio da insignificância é inaplicável aos crimes contra a administração pública.

STJ **Súm. 606.** Não se aplica o princípio da insignificância a casos de transmissão clandestina de sinal de internet via radiofrequência, que caracteriza o fato típico previsto no art. 183 da Lei n. 9.472/1997.

TRF4 **Súm. 82.** É inaplicável o princípio da insignificância ao estelionato cometido em detrimento de entidade de direito público.

INFORMATIVOS

STF **Liberdade de expressão e limites.** A liberdade de expressão existe para a manifestação de opiniões contrárias, jocosas, satíricas e até mesmo errôneas, mas não para opiniões criminosas, discurso de ódio ou atentados contra o Estado Democrático de Direito e a democracia. São inadmissíveis manifestações proferidas em redes sociais que objetivem a abolição do Estado de Direito e o impedimento, com graves ameaças, do livre exercício de seus poderes constituídos e de suas instituições. A garantia constitucional da imunidade parlamentar incide apenas sobre manifestações proferidas no desempenho da função legislativa ou em razão desta, não sendo possível utilizá-la como escudo protetivo para a prática de atividades ilícitas. Não configurada "abolitio criminis" com relação aos delitos previstos na Lei de Segurança Nacional (Lei 7.170/83). Quando determinada conduta típica (e suas elementares) permanece descrita na nova lei penal, com a manutenção do caráter proibido da conduta, há a configuração do fenômeno processual penal da continuidade normativo-típica. Observa-se, assim, a ocorrência de continuidade normativo-típica entre as condutas previstas nos arts. 18 e 23, IV, da Lei 7.170/83 e a conduta prevista no art. 359-L do CP, bem como entre a conduta prevista no art. 23, II, da Lei 7.170/83 e o conduta típica prevista no art. 286, par. ún., do CP. *AP 1044, 20.4.2022. Pleno. Inf 1051.*

STJ **Multirreincidência específica. Furto de três desodorantes. Princípio da insignificância. Não incidência. Gozo de prisão domiciliar. Contumácia do agente.** A multirreincidência específica somada ao fato de o acusado estar em prisão domiciliar durante as reiterações criminosas são circunstâncias que inviabilizam a aplicação do princípio da insignificância. *REsp 1957218, 6ª T, 23.8.2022. Inf 746.*

QUESTÕES DISCURSIVAS

7. (IFBC/TRF/2R/Juiz/2018) Em que consiste a técnica de remessa na elaboração legislativa das normas penais? Quais as formas de remessa identificáveis em nosso direito penal e suas respectivas classificações? De que críticas é passível a referida técnica e quais os pontos defensáveis da sua utilização?

8. (Cespe/TRF/1R/Juiz/2009) Discorra sobre a finalidade da pena como sanção específica do direito penal, abordando as principais teorias relacionadas ao tema, com ênfase na doutrina de Kant.

9. (TRF/2R/Juiz/2007) Em que consiste o princípio: "nulla necessitas sine injuria", e qual a sua repercussão no direito penal?

QUESTÕES OBJETIVAS

119. (Vunesp/TRF/3R/Juiz/2022) Tício foi condenado pela prática do art. 183 da Lei de Telecomunicações, por ter prestado serviços de telecomunicações na modalidade Serviço de Comunicação Multimídia (SCM), sem autorização da Anatel Após o trânsito em julgado e início do cumprimento da pena, sobreveio norma da Anatel que dispensou a necessidade de autorização quando o número de usuários desse tipo de serviço for inferior a 5000 (cinco mil). Considerando que Tício havia prestado o serviço para número inferior a 5000 usuários, assinale a alternativa correta:

a) Eventual "abolitio criminis" não pode levar à extinção da punibilidade no presente caso, tendo em vista o trânsito em julgado da decisão condenatória.
b) Há no caso "abolitio criminis" capaz de levar à extinção da punibilidade de Tício.
c) Não há abolitio criminis quando, tratando-se de norma penal em branco, houver modificação apenas da norma complementar emanada de órgão administrativo.
d) Por se tratar de complemento meramente secundário da norma penal em branco, não se aplica a "novatio legis in melius".

120. (Vunesp/TRF/3R/Juiz/2022) A respeito de temas da teoria geral do direito penal, assinale a alternativa correta:

a) O Supremo Tribunal Federal considera o crime de injúria racial prescritível, pois não pode ser equiparado a crime de racismo, constitucionalmente considerado imprescritível. Tal equiparação violaria o princípio da estrita legalidade penal.
b) No concurso de crimes, a pena considerada para fins de fixação da competência do Juizado Especial Criminal será verificada individualmente a partir da pena máxima cominada a cada delito isoladamente, no caso de concurso material; ou desprezando-se a exasperação, na hipótese de concurso formal ou crime continuado.
c) Quando se tratar de crime continuado, a prescrição regula-se pela pena final imposta na sentença, ou seja, computando-se o acréscimo decorrente da continuação.
d) A lei penal mais grave aplica-se ao crime continuado ou ao crime permanente se a sua vigência é anterior à cessação da continuidade delitiva ou da permanência.

121. (TRF/4R/Juiz/2022) Dadas as assertivas abaixo, assinale a alternativa correta.

I. A partir da teoria do etiquetamento ("labeling approach"), pode-se afirmar que parcela significativa do conteúdo da norma penal incriminadora seja determinada pelos órgãos encarregados de sua aplicação (polícias, Ministério Público e Poder Judiciário) com base em suas particulares concepções jurídicas acerca da fronteira entre o que seja a conduta delitiva e a não delitiva.
II. Cuidando-se de situação de crime permanente, a prisão em flagrante decorrente de atividade estatal fundada em discriminação direta não invalida a prisão e, tampouco, a prova colhida.
III. Estatísticas criminais brasileiras, como aquelas decorrentes do Anuário do Fórum Brasileiro de Segurança Pública, indicam, no que tange à seletividade racial, um padrão de distribuição da letalidade policial que aponta para a expressiva sobrerrepresentação de negros dentre as vítimas.
IV. Em decorrência de o Estado se encontrar submetido ao princípio da legalidade e sujeito a deveres constitucionais, o racismo, no sistema de justiça criminal brasileiro, ocorre somente por meio de atos individuais perpetrados por seus agentes.

a) Está correta apenas a assertiva I.

b) Está correta apenas a assertiva II.
c) Está correta apenas a assertiva III.
d) Estão corretas apenas as assertivas I e IV.
e) Estão corretas apenas as assertivas II e III.

122. (TRF/4R/Juiz/2022) Dadas as assertivas abaixo, assinale a alternativa correta. Considerando a teoria do domínio do fato a partir da concepção de Claus Roxin:

I. o domínio do fato expressa-se pelo domínio da ação, pelo domínio da vontade e pelo domínio funcional do fato.
II. a coautoria, hipótese de domínio funcional do fato, tem como requisitos: um plano conjunto ou comum para a realização do fato; execução, colaboração ou atuação conjuntas na fase executiva; e contribuição essencial à realização do fato na fase executiva.
III. no caso do domínio da vontade, para os casos de autoria mediata por domínio da organização, além da fungibilidade dos executores, especialmente dispostos para o cometimento dos crimes, é imprescindível que o delito ocorra em meio a uma organização verticalmente estruturada, dissociada do direito, sendo, assim, inaplicável à criminalidade eventual praticada no âmbito corrente das atividades empresariais e dos partidos políticos.

a) Está correta apenas a assertiva I.
b) Está correta apenas a assertiva II.
c) Está correta apenas a assertiva III.
d) Estão corretas apenas as assertivas I e II.
e) Estão corretas todas as assertivas.

123. (TRF/3R/Juiz/2018) Durante o julgamento da Ação Penal nº 470 ("Mensalão"), a teoria do domínio do fato foi mencionada diversas vezes. Relativamente a essa teoria, leia as afirmações abaixo e, ao final, indique a alternativa correta:

I. Foi retomada e desenvolvida pelo jurista alemão Claus Roxin, na década de 1960, e tem por função dogmática distinguir entre autor e partícipe.
II. A ideia reitora dessa teoria é de que autor é quem atua com o domínio do fato; é a figura central do acontecer típico.
III. Foi adotada pelo Código Penal brasileiro ao dispor que quem, de qualquer modo, concorre para o crime incide nas penas a este cominadas, na medida de sua culpabilidade.
IV. Segundo essa teoria, domínio do fato é o poder de evitar o fato. Assim, o chefe de uma organização criminosa responde pela mera posição.

a) Apenas as afirmações I e III estão certas.
b) Apenas as afirmações I e II estão certas.
c) Apenas as afirmações II e IV estão certas.
d) Apenas as afirmações III e IV estão certas.

124. (Cespe/TRF/5R/Juiz/2017) Assinale a opção que apresenta princípios que devem ser observados pelas leis penais por expressa previsão constitucional.

a) legalidade, irretroatividade, responsabilidade pessoal, economicidade, individualização da pena
b) legalidade, irretroatividade, responsabilidade pessoal, presunção da inocência, eficiência da pena
c) legalidade, irretroatividade, responsabilidade pessoal, presunção da inocência, individualização da pena
d) legalidade, irretroatividade, moralidade, presunção da inocência, individualização da pena
e) legalidade, impessoalidade, irretroatividade, presunção da inocência, individualização da pena

125. (TRF/4R/Juiz/2016) Dadas as assertivas abaixo, assinale a alternativa correta. Com base na orientação jurisprudencial do Superior Tribunal de Justiça e do Supremo Tribunal Federal:

I. Das várias teorias que buscam justificar o dolo eventual, sobressai a teoria do consentimento (ou da assunção), consoante a qual o dolo exige que o agente consinta em causar o resultado, além de considerá-lo como possível. A questão central diz respeito à distinção entre dolo eventual e culpa consciente, que, como se sabe, apresentam aspecto comum: a previsão do resultado ilícito.
II. O direito penal brasileiro encampou a teoria da ficção jurídica para justificar a natureza do crime continuado (art. 71 do Código Penal). Por força de uma ficção criada por lei, justificada em virtude de razões de política criminal, a norma legal permite a atenuação da pena criminal, ao considerar que as várias ações praticadas pelo sujeito ativo são reunidas e consideradas fictamente como delito único.
III. Embora, em rigor, o indulto só devesse ser dado – como causa, que é, de extinção de punibilidade – depois do trânsito em julgado da sentença condenatória, a jurisprudência do Supremo Tribunal Federal inclina-se pelo cabimento da concessão do indulto antes de a sentença condenatória transitar em julgado, desde que não mais caiba recurso de apelação.
IV. A insignificância, enquanto princípio, se revela, conforme a visão de Roxin, importante instrumento que objetiva, ao fim e ao cabo, restringir a aplicação literal do tipo formal, exigindo-se, além da contrariedade normativa, a ocorrência efetiva de ofensa relevante ao bem jurídico tutelado.

a) Estão corretas apenas as assertivas I e II.
b) Estão corretas apenas as assertivas I e IV.
c) Estão corretas apenas as assertivas II e III.
d) Estão corretas apenas as assertivas III e IV.
e) Estão corretas todas as assertivas.

126. (TRF/3R/Juiz/2016) Relativamente ao concurso de crimes, pode-se afirmar:

a) Não pode haver concurso material, ou formal, entre os crimes de cartel e corrupção ativa.
b) Entre o crime tributário a falsidade documental intentada para sua prática, há concurso material.
c) Entre o crime tributário a falsidade documental intentada para sua prática, há concurso formal.
d) Em regra, o cartel afasta a corrupção.

127. (Cespe/TRF/5R/Juiz/2015) No que tange aos princípios básicos do direito penal e à interpretação da lei penal, assinale a opção correta.

a) Embora o princípio da legalidade proíba o juiz de criar figura típica não prevista na lei, por analogia ou interpretação extensiva, o julgador pode, para benefício do réu, combinar dispositivos de uma mesma lei penal para encontrar pena mais proporcional ao caso concreto.
b) Do princípio da culpabilidade procede a responsabilidade penal subjetiva, que inclui, como pressuposto da pena, a valoração distinta do resultado no delito culposo ou doloso, proporcional à gravidade do desvalor representado pelo dolo ou culpa que integra a culpabilidade.
c) O princípio do "ne bis idem" está expressamente previsto na CF e preconiza a impossibilidade de uma pessoa ser sancionada ou processada duas vezes pelo mesmo fato, além de proibir a pluralidade de sanções de natureza administrativa sancionatórias.
d) A infração bagatelar própria está ligada ao desvalor do resultado e(ou) da conduta e é causa de exclusão da tipicidade material do fato; já a imprópria exige o desvalor ínfimo da

culpabilidade em concurso necessário com requisitos "post factum" que levam à desnecessidade da pena no caso concreto.

e) O princípio da ofensividade ou lesividade não se presta à atividade de controle jurisdicional abstrata da norma incriminadora ou à função político-criminal da atividade legiferante.

128. (TRF/4R/Juiz/2014) Dadas as assertivas abaixo, assinale a alternativa correta. Segundo a doutrina, é correto afirmar:

I. No dolo eventual, une-se o assentimento à assunção do risco, a partir da posição do agente que tem consciência de que pode ocorrer o resultado e assim mesmo age. Na culpa consciente, assoma ao espírito do agente a possibilidade de causação do resultado, mas confia ele que esse resultado não sucederá. A distinção é relevante, por exemplo, nos casos de homicídio.

II. No crime material ou de ação e evento, o fato praticado tem relevância penal se, à ação praticada, une-se, por nexo de causalidade, um resultado exterior destacado da ação e considerado consequência essencial à configuração típica.

III. Nos crimes em que o dano se destaca da ação, e esta se desenrola por uma trilha conduzente à produção do resultado danoso, o legislador pune essa ação, mesmo que não venha a efetivamente atingir o resultado, criando-se, todavia, uma situação perigosa ao bem jurídico, que não foi lesado apenas por razões independentes da vontade do agente, pois a ação era potencialmente lesiva. Eis a definição do crime de perigo abstrato.

IV. Em síntese, o tipo penal reproduz, de forma paradigmática, a ação tal como é na realidade, ou seja, caracterizada por um significado axiológico como menosprezo a um valor digno de tutela. Havendo plena congruência entre ação, nos seus elementos objetivos, subjetivos e valorativos, e o que se descreve no modo abstrato no tipo penal, dá-se a adequação típica.

a) Está incorreta apenas a assertiva I.
b) Está incorreta apenas a assertiva II.
c) Está incorreta apenas a assertiva III.
d) Estão incorretas todas as assertivas.
e) Estão corretas todas as assertivas.

129. (TRF/3R/Juiz/2013) No que se refere ao princípio da insignificância:

I. O princípio da insignificância somente se aplica ao crime de contrabando se o agente não faz do delito uma prática habitual.

II. O princípio da insignificância – construção jurisprudencial e doutrinária sem previsão legal – é atualmente admitido como excludente de tipicidade em crimes ambientais e inadmitido em crimes de falsificação de moeda.

III. Não apresenta repercussão geral o recurso extraordinário que verse sobre a questão do reconhecimento de aplicação do princípio da insignificância em crime de posse de substância entorpecente para uso pessoal porque se trata de matéria infraconstitucional.

É possível afirmar que:

a) Todas as assertivas estão corretas.
b) Apenas as assertivas II e III estão corretas.
c) Apenas as assertivas I e III estão corretas.
d) Apenas as assertivas II e III estão falsas.
e) Nenhuma assertiva está correta.

130. (Cespe/TRF/2R/Juiz/2013) Assinale a opção correta acerca da interpretação da lei penal.

a) A interpretação extensiva é admitida em direito penal para estender o sentido e o alcance da norma até que se atinja sua real acepção.
b) A interpretação analógica não é admitida em direito penal porque prejudica o réu.
c) A interpretação teleológica consiste em extrair o sentido e o alcance da norma de acordo com a posição da palavra na estrutura do texto legal.
d) A analogia penal permite ao juiz atuar para suprir a lacuna da lei, desde que isso favoreça o réu.
e) A interpretação judicial da lei penal se manifesta na edição de súmulas vinculantes editadas pelos tribunais.

131. (Cespe/TRF/3R/Juiz/2011) No tocante às respostas que a dogmática penal contemporânea oferece acerca das teorias do crime e da pena, assinale a opção correta.

a) Segundo uma das teorias mais conhecidas de imputação objetiva, para atribuição do tipo objetivo ao agente, a criação ou o incremento de um risco proibido é insuficiente quando o resultado não provenha diretamente desse risco.
b) Para a definição das fontes do especial dever de agir, fundamento da posição de garantidor, adota-se, no CP, o critério material puro.
c) A pena criminal implica reprovação, expressa na ideia de retribuição de acordo com a culpabilidade, prevenção especial como intimidação e manutenção da confiança na ordem jurídica e, finalmente, prevenção geral como neutralização e correção do autor do crime.
d) A aplicação da pena de multa ocorre em duas fases: na primeira, determina-se o valor do dia-multa; na segunda, a quantidade de dias-multa, atendendo-se, sobretudo, à situação econômica do autor.
e) O conhecimento das características descritivas típicas da posição de garantidor é suficiente para fundamentar a omissão dolosa e dispensa a representação da possibilidade de realização da ação ordenada pelo preceito normativo.

132. (Cespe/TRF/2R/Juiz/2009) Acerca de culpa, culpabilidade e ilicitude, julgue os seguintes itens.

I. Para a teoria diferenciadora alemã, a qual chegou a ser prevista no CP de 1969, que não chegou a entrar em vigor, há necessidade de ponderação entre os bens e deveres em conflito e somente o bem reputado de menor valor pode ser licitamente sacrificado para proteção do de maior valor.

II. O CP brasileiro não adotou a teoria diferenciadora, todavia, em relação ao agente que tinha o dever legal de enfrentar o perigo, poderá haver a aplicação do estado de necessidade justificante, se o bem que sacrificou era de menor valor do que o protegido.

III. O desconhecimento da lei é inescusável. O erro sobre a ilicitude do fato, se inevitável, isenta de pena; se evitável, não constitui causa de diminuição da reprimenda, podendo ser valorado como circunstância judicial, quando da aplicação da pena, na primeira fase da dosimetria.

IV. Nos crimes culposos, o tipo penal é aberto, o que decorre da impossibilidade do legislador de antever todas as formas de realização culposa; assim, o legislador prevê apenas genericamente a ocorrência da culpa, sem defini-la, e, no caso concreto, o aplicador deve comparar o comportamento do sujeito ativo com o que uma pessoa de prudência normal teria, na mesma situação.

Estão certos apenas os itens:

a) I e IV.
b) II e III.
c) II e IV.
d) I, II e III.
e) I, III e IV.

133. (Cespe/TRF/5R/Juiz/2009) Considerando a parte geral do direito penal, julgue os seguintes itens:

I. Nos crimes de tendência intensificada, o tipo penal requer o ânimo de realizar a própria conduta típica legalmente prevista, sem necessidade de transcender tal conduta, como ocorre nos delitos de intenção. Em outras palavras, não se exige que o autor do crime deseje um resultado ulterior ao previsto no tipo penal, mas, apenas, que confira à ação típica um sentido subjetivo não previsto expressamente no tipo, mas deduzível da natureza do delito. Cita-se, como exemplo, o propósito de ofender, nos crimes contra a honra.

II. Subdividem-se os crimes de perigo em crimes de perigo concreto e crimes de perigo abstrato, diferenciando-se um do outro porque naqueles há a necessidade da demonstração da situação de risco sofrida pelo bem jurídico penal protegido, o que somente pode ser reconhecível por uma valoração subjetiva da probabilidade de superveniência de um dano. Por outro lado, no crime de perigo abstrato, há uma presunção legal do perigo, que, por isso, não precisa ser provado.

III. No CP, adota-se, em relação ao concurso de agentes, a teoria monística ou unitária, segundo a qual, aquele que, de qualquer modo, concorre para o crime incide nas penas a este cominadas na medida de sua culpabilidade; no referido código, adota-se, ainda, o conceito restritivo de autor, entendido como aquele que realiza a conduta típica descrita na lei, praticando o núcleo do tipo.

IV. Franz Von Liszt estabeleceu distinção entre ilicitude formal e material, asseverando que é formalmente antijurídico todo comportamento humano que viola a norma penal, ao passo que é substancialmente antijurídico o comportamento humano que fere o interesse social tutelado pela própria norma.

V. A superveniência de causa relativamente independente exclui a imputação quando, por si só, tenha produzido o resultado; os fatos anteriores, entretanto, imputam-se a quem os tenha praticado.

A quantidade de itens certos é igual a:

a) 1
b) 2
c) 3
d) 4
e) 5

5

DIREITO PREVIDENCIÁRIO

VOLUME DE QUESTÕES

MÉDIO-BAIXO

1. CONSTITUIÇÃO FEDERAL (CF/88)

1.1. Dos Servidores Públicos

SÚMULAS

STF **Súm. Vinculante 3.** Nos processos perante o Tribunal de Contas da União asseguram-se o contraditório e a ampla defesa quando da decisão puder resultar anulação ou revogação de ato administrativo que beneficie o interessado, excetuada a apreciação da legalidade do ato de concessão inicial de aposentadoria, reforma e pensão.

STF **Súm. Vinculante 33.** Aplicam-se ao servidor público, no que couber, as regras do regime geral da previdência social sobre aposentadoria especial de que trata o artigo 40, § 4º, inciso III da Constituição Federal, até a edição de lei complementar específica.

STF **Súm. Vinculante 55.** O direito ao auxílio-alimentação não se estende aos servidores inativos.

STF **Súm. 6.** A revogação ou anulação, pelo Poder Executivo, de aposentadoria, ou qualquer outro ato aprovado pelo Tribunal de Contas, não produz efeitos antes de aprovada por aquele tribunal, ressalvada a competência revisora do Judiciário.

STF **Súm. 10.** O tempo de serviço militar conta-se para efeito de disponibilidade e aposentadoria do servidor público estadual.

STF **Súm. 359.** Ressalvada a revisão prevista em lei, os proventos da inatividade regulam-se pela lei vigente ao tempo em que o militar, ou o servidor civil, reuniu os requisitos necessários.

STF **Súm. 567.** A Constituição, ao assegurar, no § 3º, do art. 102, a contagem integral do tempo de serviço público federal, estadual ou municipal para os efeitos de aposentadoria e disponibilidade não proíbe à União, aos Estados e aos Municípios mandarem contar, mediante lei, para efeito diverso, tempo de serviço prestado a outra pessoa de direito público interno.

STJ **Súm. 242.** Cabe ação declaratória para reconhecimento de tempo de serviço para fins previdenciários.

TNU **Súm. 13.** O reajuste concedido pelas leis 8.622/93 e 8.627/93 (28,86%) constituiu revisão geral dos vencimentos e, por isso, é devido também aos militares que não o receberam em sua integralidade, compensado o índice então concedido, sendo limite temporal desse reajuste o advento da MP 2131 de 28.12.2000.

TNU **Súm. 20.** A Lei n. 8.112, de 11 de dezembro de 1990, não modificou a situação do servidor celetista anteriormente aposentado pela Previdência Social Urbana.

TNU **Súm. 23.** As substituições de cargos ou funções de direção ou chefia ou de cargo de natureza especial ocorridas a partir da vigência da MP 1.522/1996, e até o advento da Lei 9.527/1997, quando iguais ou inferiores a trinta dias, não geram direito à remuneração correspondente ao cargo ou função substituída.

TNU **Súm. 39.** Nas ações contra a Fazenda Pública, que versem sobre pagamento de diferenças decorrentes de reajustes nos vencimentos de servidores públicos, ajuizadas após 24.08.2001, os juros de mora devem ser fixados em 6% (seis por cento) ao ano (art. 1º-F da Lei 9.494/97).

TNU **Súm. 66.** O servidor público ex-celetista que trabalhava sob condições especiais antes de migrar para o regime estatutário tem direito adquirido à conversão do tempo de atividade especial em tempo comum com o devido acréscimo legal, para efeito de contagem recíproca no regime previdenciário próprio dos servidores públicos.

TNU **Súm. 69.** O tempo de serviço prestado em empresa pública ou em sociedade de economia mista por servidor público federal somente pode ser contado para efeitos de aposentadoria e disponibilidade.

REPERCUSSÃO & REPETITIVOS

STF **Rep. Geral 160.** É constitucional a cobrança de contribuições sobre os proventos dos militares inativos, aqui compreendidos os Policiais Militares e o Corpo de Bombeiros dos Estados e do Distrito Federal e os integrantes das Forças Armadas, entre o período de vigência da Emenda Constitucional 20/98 e da Emenda Constitucional 41/03, por serem titulares de regimes jurídicos distintos dos servidores públicos civis e porque a eles não se estende a interpretação integrativa dos textos dos artigos 40, §§ 8º e 12, e artigo 195, II, da Constituição da República. *RE 596701, 20.4.2020.*

STF **Rep. Geral 317.** O art. 40, § 21, da Constituição Federal, enquanto esteve em vigor, era norma de eficácia limitada e seus efeitos estavam condicionados à edição de lei complementar federal ou lei regulamentar específica dos entes federados no âmbito dos respectivos regimes próprios de previdência social. *RE 630137, 27.2.2021.*

STF **Rep. Geral 457.** É inconstitucional, por transgressão ao princípio da isonomia entre homens e mulheres (CF, art. 5º, I), a exigência de requisitos legais diferenciados para efeito de outorga de pensão por morte de ex-servidores públicos em relação a seus respectivos cônjuges ou companheiros/companheiras (CF, art. 201, V). *RE 659424, 13.10.2020.*

STF **Rep. Geral 578.** (i) Ressalvado o direito de opção, a regra de transição do art. 8º, inciso II da Emenda Constitucional n. 20/98, somente se aplica aos servidores que, quando da sua publicação, ainda não reuniam os requisitos necessários para a aposentadoria; (ii) em se tratando de carreira pública escalonada em classes, a exigência instituída pelo art. 8º, inciso II da Emenda Constitucional n. 20/98, de cinco anos de efetivo exercício no cargo no qual se dará a aposentadoria, deverá ser compreendida como cinco anos de efetivo exercício na carreira a que pertencente o servidor. *RE 662423, 25.8.2020.*

STF **Rep. Geral 606.** A concessão de aposentadoria aos empregados públicos inviabiliza a permanência no emprego, nos termos do art. 37, § 14, da Constituição Federal, salvo para as aposentadorias concedidas pelo Regime Geral de Previdência Social até a data de entrada em vigor da Emenda Constitucional 103/09, nos termos do que dispõe seu art. 6º. RE 655283, 16.6.2021.

STF **Rep. Geral 942.** Até a edição da Emenda Constitucional n. 103/2019, o direito à conversão, em tempo comum, do prestado sob condições especiais que prejudiquem a saúde ou a integridade física de servidor público decorre da previsão de adoção de requisitos e critérios diferenciados para a jubilação daquele enquadrado na hipótese prevista no então vigente inciso III do § 4º do art. 40 da Constituição da República, devendo ser aplicadas as normas do regime geral de previdência social relativas à aposentadoria especial contidas na Lei 8.213/1991 para viabilizar sua concretização enquanto não sobrevier lei complementar disciplinadora da matéria. Após a vigência da EC n. 103/2019, o direito à conversão em tempo comum, do prestado sob condições especiais pelos servidores obedecerá à legislação complementar dos entes federados, nos termos da competência conferida pelo art. 40, § 4º-C, da Constituição da República. *RE 1014286, 31.8.2020.*

STF Rep. Geral 1207. A promoção por acesso de servidor a classe distinta na carreira não representa ascensão a cargo diverso daquele em que já estava efetivado, de modo que, para fins de aposentadoria, o prazo mínimo de cinco anos no cargo efetivo, exigido pelo artigo 40, § 1º, inciso III, da Constituição Federal, na redação da Emenda Constitucional 20/1998, e pelos artigos 6º da Emenda Constitucional 41/2003 e 3º da Emenda Constitucional 47/2005, não recomeça a contar pela alteração de classe. *RE 1322195, 1.4.2022.*

INFORMATIVOS

STF Pensão mensal vitalícia a viúvas de ex-prefeitos. É inconstitucional, por violação aos princípios republicano, democrático, da moralidade, da impessoalidade e da igualdade, lei municipal que concede pensão especial mensal e vitalícia a viúvas de ex-prefeitos. Os cargos políticos de chefia do Poder Executivo são exercidos por mandatos temporários e os seus ocupantes são transitórios, motivo pelo qual a jurisprudência desta Corte é no sentido da inexistência de qualquer direito ao recebimento de pensão vitalícia por seus ex-ocupantes, nas esferas estadual e municipal, e por seus respectivos dependentes. *ADPF 975, 7.10.2022. Pleno. Inf 1071.*

STF Lei federal e reajuste da previdência social nos estados e no Distrito Federal de forma simultânea com o regime geral. É formalmente inconstitucional lei federal que determina a todos os entes federados mantenedores de regimes próprios da previdência social a realização de reajustes, na mesma data e índice em que se der o reacerto dos benefícios do regime geral, excetuados os beneficiados pela garantia da paridade. Nos termos da CF, art. 24, XII e § 1º, a regência federal deve ficar restrita ao estabelecimento de normas gerais, que não alcançam a revisão dos proventos. *ADI 4582, 28.10.2022. Pleno. Inf 1074.*

STF Criação de regime previdenciário específico para os agentes públicos não titulares de cargos efetivos por lei estadual. Viola o art. 40, caput e § 13, da CF, a instituição, por meio de lei estadual, de um regime previdenciário específico para os agentes públicos não titulares de cargos efetivos. A competência legislativa dos estados e do Distrito Federal em matéria previdenciária restringe-se à competência suplementar para o respectivo regime próprio (CF, art. 24, § 2º) e à instituição da contribuição previdenciária para o regime próprio (CF, art. 149, § 1º). Em qualquer hipótese, o exercício dessa competência legislativa é sempre limitada aos servidores titulares de cargo efetivo. Não há, pois, espaço para que os entes subnacionais criem regime próprio de previdência para agentes públicos não titulares de cargos efetivos. *ADI 7198, 28.10.2022. Pleno. Inf 1074.*

STJ Aposentadoria. Conversão de tempo especial em comum. Certidão do tempo de contribuição do RGPS. Servidor público. Contagem recíproca. Regime próprio de previdência. Até a EC 103/19. Possibilidade. Tema 942/STF. Juízo de retratação. Até a edição da EC 103/19, é admissível, aos servidores públicos, a conversão do tempo de serviço especial em comum objetivando a contagem recíproca de tempo de serviço. *REsp 1592380, 2ª T, 10.2.2022. Inf 724.*

QUESTÕES DISCURSIVAS

1. (TRF/4R/Juiz/2016) Um médico ingressou na Universidade Federal do Rio Grande do Sul em 1980 como professor, pelo regime celetista, posteriormente convertido em cargo público pelo Regime Jurídico Único dos Servidores da União, aposentando-se em 2005 pelo regime próprio federal. Ao mesmo tempo, laborou em consultório médico, efetuando as contribuições previdenciárias como contribuinte autônomo, e, completados o período e a carência necessários, requereu sua aposentação pelo Regime Geral de Previdência Social. A Autarquia Previdenciária indeferiu a pretensão sob argumento de que o tempo como contribuinte individual (1980 a 1990) já foi utilizado na concessão da primeira aposentadoria, pelo regime próprio, uma vez que é vedada a contagem do tempo do serviço público com o de atividade privada, quando concomitantes. A partir do caso descrito, analise e fundamente: (a) Está correto o indeferimento, feito pelo INSS, do benefício de aposentadoria como médico pelo Regime Geral da Previdência Social? (b) É possível a cumulação das duas referidas aposentadorias, com aproveitamento de tempo de contribuição como médico contribuinte autônomo concomitante com período laborado como professor em Universidade Federal, mas com vínculo originário celetista? (c) Discorra sobre os institutos envolvidos na solução do caso em tela, apontando a legislação incidente e os fundamentos pertinentes.

QUESTÕES OBJETIVAS

1. (Cespe/TRF/5R/Juiz/2015) No que concerne ao regime jurídico do servidor estatutário e do empregado público e ao regime de previdência social para ambos, assinale a opção correta.

a) O RGPS organizado pelo INSS se aplica aos empregados das pessoas jurídicas de direito privado da administração indireta e aos empregados públicos em geral, deles excluídos os servidores ocupantes exclusivamente de cargos em comissão e os servidores temporários.

b) O RGPS é obrigatório para os servidores que ingressaram no serviço público até a data da publicação do ato de instituição desse regime, e facultativo para os que ingressaram no serviço público depois da instituição desse regime.

c) Em que pese a alteração promovida pela Emenda Constitucional n. 19, que implementou, em 1998, a reforma da administração pública, permanece válida a norma constitucional que determina que todos os entes federativos devem instituir regime jurídico único para os servidores da administração pública direta, das autarquias e das fundações de direito público.

d) O regime de emprego público regulamentado pela Lei n. 9.962/2000 incide sobre os servidores da administração federal direta, mas não sobre os servidores das autarquias, das empresas públicas e das sociedades de economia mista.

e) Os cargos em comissão e as funções de confiança podem ser exercidos por qualquer pessoa, servidor público ou não, cabendo à legislação ordinária estabelecer os casos, as condições e os percentuais mínimos de cargos comissionados destinados aos servidores de carreira.

2. (TRF/4R/Juiz/2014) Dadas as assertivas abaixo, assinale a alternativa correta. Sobre o Regime Previdenciário do servidor público federal, a disciplina jurídica consta da Lei n. 8.112, de 11.12.1990, a qual dispôs sobre o Regime Jurídico Único dos Servidores Públicos Civis da União Federal, das Autarquias e das Fundações Públicas Federais. No seu Título VI, o referido diploma legal cuida da Seguridade Social do Servidor, sendo possível afirmar que:

I. Ainda que haja opção pelo regime de previdência complementar, conforme previsto na Lei n. 12.618/2012, a União mantém Plano de Seguridade Social para o servidor e sua família, visando garantir meios de subsistência nos eventos de doença, invalidez, velhice, acidente em serviço, inatividade, falecimento e reclusão, além da proteção à maternidade, à adoção e à paternidade, sem descuidar da assistência à saúde.

II. O servidor será aposentado compulsoriamente ao completar 70 (setenta) anos de idade, de modo automático, sendo sua aposentadoria declarada por ato oficial, com vigência a partir do dia imediato àquele em que o servidor atingiu a idade-limite de permanência no serviço ativo, recebendo proventos integrais, independentemente de seu tempo de serviço.

III. Entre as doenças graves, contagiosas ou incuráveis que justificam a aposentadoria por invalidez permanente do servidor público federal, com proventos integrais, estão a esclerose múltipla, a neoplasia maligna e a cegueira posterior ao ingresso no serviço público.

IV. A aposentadoria por invalidez será precedida de licença para tratamento de saúde, por período não excedente a 24 (vinte e quatro) meses, sendo que, expirado o período da licença e não estando em condições de reassumir o cargo ou de ser readaptado, o servidor será aposentado.

a) Estão corretas apenas as assertivas I e II.
b) Estão corretas apenas as assertivas I e III.
c) Estão corretas apenas as assertivas I, III e IV.
d) Estão corretas apenas as assertivas II, III e IV.
e) Estão corretas todas as assertivas.

3. (Cespe/TRF/5R/Juiz/2013) Em relação aos servidores públicos, considerando a jurisprudência dos tribunais superiores e as disposições da Lei n. 8.112/1990, assinale a opção correta.

a) De acordo com jurisprudência do STJ, não é possível o aproveitamento, para fins de incorporação de quintos, do tempo de serviço cumprido sob o regime celetista por ex-empregado público reintegrado em cargo público sob o regime estatutário em razão da extinção da empresa pública em que trabalhava.
b) Consoante a jurisprudência do STJ, o pedido de exoneração, de ofício, por servidor público, de um dos cargos que acumule indevidamente, no curso de processo administrativo disciplinar instaurado para apuração da acumulação ilegal de cargos, implica a extinção do processo por falta do objeto.
c) Segundo a jurisprudência do STJ, deve-se observar o teto constitucional para a remuneração de servidores públicos mesmo na hipótese de acumulação de proventos por servidor aposentado em decorrência do exercício legal de dois cargos privativos de profissionais de saúde.
d) Consoante a jurisprudência do STJ e do STF, os servidores inativos que reingressaram no serviço público antes da promulgação da Emenda Constitucional n. 20/1998 podem perceber tanto os proventos da aposentadoria como os vencimentos do novo cargo público, independentemente de os cargos serem ou não acumuláveis; no entanto, o servidor que entrar para inatividade em relação ao novo cargo não poderá acumular os dois proventos decorrentes da aposentadoria, devendo optar por um deles.
e) Servidor demitido ilegalmente deve ser reintegrado ao cargo por ele anteriormente ocupado, e o atual ocupante do cargo, se for servidor não estável, deverá ser posto em disponibilidade, com direito à percepção de vencimentos proporcionais, até que surja novo cargo em que seja lotado.

4. (Cespe/TRF/5R/Juiz/2013) Acerca do novo regime de previdência complementar para os servidores públicos federais titulares de cargo efetivo, assinale a opção correta.

a) A Funresp-EXE, a Funresp-LEG e a Funresp-JUD devem ser criadas pela União no prazo de cento e oitenta dias, contado da publicação da lei que as instituiu, e iniciar suas atividades em até duzentos e quarenta dias após a publicação da autorização de funcionamento concedida pelo órgão fiscalizador, configurando o descumprimento injustificado de tais prazos a prática de ato de improbidade administrativa.
b) A competência exercida pelo órgão fiscalizador exime os patrocinadores da responsabilidade pela supervisão e fiscalização sistemática das atividades das entidades fechadas de previdência complementar.
c) Competem ao TCU a supervisão e a fiscalização dos planos de benefícios da Funresp-EXE, da Funresp-LEG e da Funresp-JUD.
d) O regime jurídico de pessoal das entidades fechadas de previdência complementar é o estatutário.
e) Além da sujeição às normas de direito público que decorram de sua instituição pela União como fundação de direito público, integrante da administração indireta, a natureza pública das entidades fechadas de previdência complementar implica submissão à legislação federal sobre licitação e contratos administrativos, realização de concurso público para a contratação de pessoal, no caso de empregos permanentes, ou de processo seletivo simplificado, em caso de contrato temporário, e publicação anual, na imprensa oficial ou em sítio oficial da administração pública, certificado digitalmente por autoridade para esse fim credenciada no âmbito da Infraestrutura de Chaves Públicas Brasileira (ICP-Brasil), de seus demonstrativos contábeis, atuariais, financeiros e de benefícios, sem prejuízo do fornecimento de informações aos participantes e assistidos dos planos de benefícios e ao órgão fiscalizador.

5. (Cespe/TRF/1R/Juiz/2011) Assinale a opção correta no que se refere a servidores públicos federais, regimes jurídicos e previdenciário, cargos, empregos e funções, bem como a processo disciplinar.

a) O atual regime previdenciário do servidor público não prevê a garantia de reajustamento dos benefícios para a preservação de seu valor real.
b) No processo administrativo disciplinar, eventuais irregularidades na portaria inaugural ensejam a anulação do processo, ainda que comprovada a ausência de prejuízo para o servidor público envolvido, já que se trata de ato essencial à legalidade do processo.
c) É vedado novo julgamento do processo administrativo disciplinar, ainda que para fins de abrandamento da sanção disciplinar aplicada ao servidor público.
d) Compete à justiça do trabalho processar e julgar causas que envolvam o poder público e os servidores a ele vinculados por contrato temporário, quando ocorre o desvirtuamento da contratação temporária para o exercício de função pública.
e) Não é admitida a acumulação de proventos de duas aposentadorias, decorrentes do exercício de dois cargos de professor, com os vencimentos de cargo público ocupado em face de aprovação em concurso público.

6. (Cespe/TRF/3R/Juiz/2011) Considerando o regime jurídico e o previdenciário dos servidores públicos, bem como direitos e deveres desses servidores, assinale a opção correta.

a) Litígios entre o Estado e servidores estatutários da administração direta, sejam eles federais, estaduais ou municipais, são dirimidos pela justiça do trabalho.
b) Os servidores públicos titulares de cargos efetivos da União, dos estados, do DF e dos municípios, incluídas suas autarquias e fundações, submetem-se a regime previdenciário especial, não ao RGPS, aplicável aos trabalhadores em geral da iniciativa privada.
c) Entre os direitos sociais estendidos ao servidor público incluem-se o décimo terceiro salário, o salário família, o seguro-desemprego e o piso salarial proporcional à extensão e à complexidade do trabalho desenvolvido.
d) Tendo o STF deferido medida cautelar para suspender a eficácia do art. 39 da CF, com a redação dada pela Emenda Constitucional n. 19/1998, o regime jurídico único voltou a ser obrigatório em toda a administração direta e indireta da União, dos estados, do DF e dos municípios.
e) A unicidade de regime jurídico alcança os servidores permanentes e os temporários, cabendo à pessoa federativa, após a opção, aplicar o mesmo regime jurídico a ambas as espécies de servidores.

7. (Cespe/TRF/3R/Juiz/2011) Considerando o regime próprio de previdência social dos servidores públicos estatutários, assinale a opção correta.

a) O cômputo do tempo de atividade rural anterior a 1991, para fins de contagem recíproca com o período prestado na administração pública sob regime estatutário, visando à aposentadoria estatutária, só pode ser feito mediante o recolhimento das contribuições previdenciárias relativas ao tempo de atividade rural.

b) O pensionista portador de doença incapacitante é isento da contribuição sobre os proventos de pensão recebida no âmbito do regime próprio de previdência dos servidores públicos estatutários, ainda que os proventos superem o dobro do limite máximo estabelecido para os benefícios do RGPS.

c) O regime próprio de previdência social dos servidores públicos estatutários observa, assim como o RGPS, critérios que preservem o equilíbrio financeiro e atuarial, mas, por expressa disposição constitucional, não admite a aplicação subsidiária das normas do regime geral.

d) Suponha que João, procurador aposentado da fazenda nacional, seja convidado a ocupar o cargo em comissão de diretor de secretaria da Vara Federal de Execuções Fiscais do estado de São Paulo e aceite a proposta. Nessa situação, em relação à atividade de diretor de secretaria, João estará vinculado ao regime próprio de previdência dos servidores públicos federais.

e) O servidor público ex-celetista que tenha exercido atividade especial e passado para o regime estatutário por força da CF não tem direito a contar o tempo de serviço com o acréscimo legal, dada a vedação constitucional da contagem de tempo de serviço fictício, para fins de aposentadoria estatutária.

8. (Cespe/TRF/5R/Juiz/2009) A respeito do regime previdenciário do servidor estatutário, assinale a opção correta.

a) Lei estadual de iniciativa parlamentar que trate apenas de aposentadoria de servidores públicos não é inconstitucional, visto que tal matéria não é privativa do chefe do Poder Executivo, sendo certo que a supressão de parcela de proventos de aposentadoria, concedida em desacordo com a lei, não ofende o princípio da irredutibilidade de vencimentos.

b) Aos servidores vitalícios, ao contrário do que ocorre com os notários, registradores e demais servidores dos ofícios extrajudiciais, aplica-se a aposentadoria compulsória por idade, sendo extensivas aos inativos, desde que mediante lei específica, as vantagens de caráter geral outorgadas aos servidores em atividade.

c) Atividades exercidas por servidores públicos em condições especiais que lhes prejudiquem a saúde podem ensejar a adoção de requisitos e critérios diferenciados para a concessão de aposentadoria, em termos definidos em lei complementar, cuja inexistência pode acarretar a aplicação da legislação própria dos trabalhadores regidos pelo RGPS.

d) As funções de magistério limitam-se ao trabalho em sala de aula, excluindo-se as demais atividades extraclasse, de forma que, para efeitos de aposentadoria especial de professores, não se computa o tempo de serviço prestado em atividades como as de coordenação e assessoramento pedagógico.

e) A União, os estados, o DF e os municípios, independentemente de instituírem regime de previdência complementar para os seus servidores titulares de cargo efetivo, poderão fixar, para o valor das aposentadorias e pensões a serem concedidas pelos próprios regimes de previdência, o limite máximo estabelecido para os benefícios do RGPS.

1.2. Da Seguridade Social

1.2.1. Da Saúde

SÚMULAS

TRF1 **Súm. 54.** Não viola os arts. 199, § 4º, da Constituição Federal e 14, § 1º, da Lei 10.205/2001 a remessa de sangue de cordão umbilical para estocagem em laboratório localizado no exterior para preservação de células-tronco com fins terapêuticos, sem nenhum propósito de comercialização.

TRF2 **Súm. 51.** O art. 32, da Lei n. 9.656/98, que trata do ressarcimento ao Sistema Único de Saúde (SUS), é constitucional.

TRF4 **Súm. 98.** Ressalvadas as hipóteses excepcionais, o registro na ANVISA constitui condição necessária ao fornecimento de medicamentos por decisão judicial.

TRF4 **Súm. 99.** A dispensação de medicamento oncológico, judicialmente determinada, far-se-á exclusivamente por estabelecimentos de saúde credenciados junto à Rede de Atenção Oncológica – Cacon ou Unacon.

TRF4 **Súm. 100.** Nas ações em que se busca o deferimento judicial de prestações de saúde sujeitas à ordem de espera, somente se deferirá o pedido caso haja demonstração de que a urgência do caso impõe a respectiva realização antes do prazo apontado pelo Poder Público, administrativamente ou nos autos, para entrega administrativa da prestação.

TRF4 **Súm. 101.** Para o deferimento judicial de prestações de saúde não inseridas em um protocolo pré-estabelecido, não basta a prescrição do médico assistente, fazendo-se necessária a produção de provas atestando a adequação e a necessidade do pedido.

REPERCUSSÃO & REPETITIVOS

STF **Rep. Geral 1103.** É constitucional a obrigatoriedade de imunização por meio de vacina que, registrada em órgão de vigilância sanitária, (i) tenha sido incluída no Programa Nacional de Imunizações ou (ii) tenha sua aplicação obrigatória determinada em lei ou (iii) seja objeto de determinação da União, Estado, Distrito Federal ou Município, com base em consenso médico-científico. Em tais casos, não se caracteriza violação à liberdade de consciência e de convicção filosófica dos pais ou responsáveis, nem tampouco ao poder familiar. *ARE 1267879, 17.12.2020.*

ENUNCIADOS

CJF **PSEL 48.** É recomendável que, na judicialização da saúde, previamente à propositura de ação versando sobre a concretização do direito à saúde – fornecimento de medicamentos e/ou internações hospitalares –, promova-se uma etapa de composição extrajudicial mediante interlocução com os órgãos estatais de saúde.

Fonajef **Enunc. 134.** O cumprimento das ordens judiciais que determinam concessão de medicamentos ou tecnologias de saúde deve ser feito prioritariamente pela parte ré, evitando-se o depósito de valores para aquisição direta pela parte autora, privilegiando a sua transferência para o serviço de saúde onde se realiza o tratamento.

Fonajef **Enunc. 135.** A despeito da solidariedade dos entes da Federação no âmbito do direito à saúde, a decisão judicial que conceder medicamentos deve indicar, preferencialmente, aquele responsável pelo atendimento imediato da ordem.

Fonajef **Enunc. 136.** O cumprimento da decisão judicial que conceder medicamentos deve ser feito prioritariamente pelo Estado ou Município (aquele que detenha a maior capacidade operacional) ainda que o ônus de financiamento caiba à União.

Fonajef **Enunc. 137.** Nas ações de saúde, a apresentação pelas partes de formulário padronizado de resposta a quesitos mínimos previamente aprovados por acordo entre o Judiciário e entidades afetadas pode dispensar a realização de perícia.

Fonajef **Enunc. 138.** A despeito da solidariedade, as decisões judiciais podem indicar a qual ente da Federação incumbe o dispêndio financeiro para atendimento do direito reconhecido, nos termos da Portaria 1.554, de 30 de julho de 2013 do Ministério da Saúde ou outro ato que vier a substituí-la.

Fonajef **Enunc. 172.** Apenas a prescrição médica não é suficiente para o fornecimento de medicamentos e/ou insumos não incluídos nas listas do SUS.

Fonajef **Enunc. 173.** Nas demandas individuais de saúde, a decisão judicial acerca da pretensão de fornecimento de medicamentos, insumos ou procedimentos não fornecidos pelo SUS deve ser fundamentada, sempre que possível, na medicina baseada em evidências.

Fonajef **Enunc. 174.** Nas demandas individuais de saúde veiculando pretensão de fornecimento de medicamentos, insumos ou procedimentos não fornecidos pelo SUS pode o juiz exigir que a parte instrua a demanda com elementos mínimos oriundos da medicina baseada em evidências.

Fonajef **Enunc. 190.** Nos casos em que o pedido em ação judicial seja de medicamento, produto ou procedimento já previsto nas listas oficiais do SUS ou em Protocolos Clínicos e Diretrizes Terapêuticas (PDCT) para tratamento particular, dever ser determinada a inclusão do demandante em serviço ou programa já existentes no Sistema Único de Saúde (SUS), para fins de acompanhamento e controle clínico.

Fonajef **Enunc. 191.** Nas demandas que visam ao acesso a ações e serviços da saúde diferenciados daqueles oferecidos pelo Sistema Único de Saúde, o autor deve apresentar prova da evidência científica, a inexistência, inefetividade ou impropriedade dos procedimentos ou medicamentos constantes dos protocolos clínicos do SUS.

Fonajef **Enunc. 192.** Sempre que possível, as decisões liminares sobre saúde devem ser precedidas de notas de evidência científica emitidas por Núcleos de Apoio Técnico em Saúde – NATS – ou similares.

Fonajef **Enunc. 209.** A solidariedade entre os entes públicos para prover serviços de assistência à saúde não impede a declaração de ilegitimidade passiva da União para responder às ações nas quais se discute apenas a ordem de regulação (fila) gerida pelos estados ou municípios.

Fonage **Enunc. 1.** As demandas de saúde, via de regra, devem ser consideradas demandas repetitivas em razão da origem comum do litígio e receber tratamento coletivo.

Fonacom **Enunc. 44.** O Poder Judiciário deve divulgar e estimular a utilização de métodos consensuais para solução das demandas de saúde tanto na fase processual, quanto na fase pré-processual.

Fonacom **Enunc. 45.** Nas demandas de saúde, a conciliação pode servir também para definir a forma de cumprimento das decisões judiciais pelos órgãos públicos competentes.

Fonacom **Enunc. 46.** Quando necessária, a perícia médica nas demandas de saúde deve ser realizada previamente ao envio do caso para a conciliação.

Fonacom **Enunc. 59.** É possível a utilização de sistemas informatizados de saúde, como o "AcessaSUS", que contém informações sobre o histórico médico do paciente, para orientar procedimento de conciliação em demandas de saúde, mesmo sem autorização prévia do demandante.

INFORMATIVOS

STF **Produtos fumígenos: restrições à publicidade e inserção de advertências sanitárias nas embalagens.** Não viola o texto constitucional a imposição legal de restrições à publicidade de produtos fumígenos e de inserção de advertências sanitárias em suas embalagens quando se revelarem adequadas, necessárias e proporcionais para alcançar a finalidade de reduzir o fumo e o consumo do tabaco, hábitos que constituem perigo à saúde pública. Prevalece a tutela da saúde (CF, art. 6º), inclusive à luz da proteção prioritária da criança e do adolescente (CF, art. 227), sendo certo que as medidas limitam a livre iniciativa, na dimensão expressiva e comunicativa, visando concretizar os objetivos fundamentais da República (CF, art. 3º). *ADI 3311, 13.9.2022. Pleno. Inf 1068.*

STF **Covid-19: indenização por incapacidade ou morte de profissionais da saúde em razão da pandemia.** É constitucional norma federal que prevê compensação financeira de caráter indenizatório a ser paga pela União por incapacidade permanente para o trabalho ou morte de profissionais da saúde decorrentes do atendimento direto a pacientes acometidos pela Covid-19. A Lei 14.128/21 dispõe sobre política pública social para atender finalidade específica, com fundamento no dever estatal de promover políticas e programas de proteção e defesa da saúde. Ela não representa qualquer interferência sobre o regime jurídico de servidores públicos da União ou a estrutura e atribuições de órgãos da Administração Pública federal, inexistindo suposta violação à iniciativa privativa do Presidente da República (CF, art. 61, § 1º). A indenização prevista não configura despesa obrigatória de caráter continuado, eis que possui como justificativa específica o enfrentamento das consequências sociais e econômicas decorrentes da crise sanitária da Covid-19. Assim, o seu pagamento restringe-se ao período de calamidade pública e se insere no regime fiscal excepcional disposto pelas ECs 106/2020 e 109/2021, através das quais a observância de condicionantes fiscais foi flexibilizada, de modo que desnecessária a apresentação de estimativa do impacto orçamentário e financeiro (ADCT, art. 113). *ADI 6970, 15.8.2022. Pleno. Inf 1065.*

STF **Saúde pública: financiamento federal e alteração da forma de cálculo dos recursos mínimos aplicados pela União.** São constitucionais – por não violarem o direito à saúde – os arts. 2º e 3º da EC 86/15 ("Emenda do Orçamento Impositivo"), os quais alteraram a forma de cálculo dos recursos mínimos aplicados anualmente, pela União, em Ações e Serviços Públicos de Saúde (ASPS) mediante a instituição de subpisos anuais progressivos, neles incluída a parcela oriunda das receitas de "royalties" de petróleo e de gás natural. Não há comprovação de que a mudança dos parâmetros para a definição do patamar mínimo referente ao financiamento federal desfigura o núcleo essencial de direito fundamental, notadamente do direito à saúde, mesmo sob a ótica da vedação ao retrocesso social, visto ser admitida a regulamentação desses direitos por critérios escolhidos pelo legislador ordinário. *ADI 5595, 17.10.2022. Pleno. Inf 1073.*

STF **Ação para o fornecimento de medicamentos: fármaco com registro na Anvisa e na União.** É obrigatória a inclusão da União no polo passivo de demanda na qual se pede o fornecimento gratuito de medicamento registrado na Agência de Vigilância Sanitária, mas não incorporado aos Protocolos Clínicos e Diretrizes Terapêuticas do Sistema Único de Saúde. *RE 1286407 AgR-2º, 26.4.2022. 1ª T. Inf 1052.*

STF **Covid-19: observância das decisões proferidas pelo STF em relação à obrigatoriedade de vacinação.** As notas técnicas objeto de análise, ao disseminarem informações matizadas pela dubiedade e ambivalência, no concernente à compulsoriedade da imunização, podem desinformar a população, desestimulando a vacinação contra a Covid-19. É vedado ao governo federal a utilização do canal de denúncias "Disque 100" do MMFDH para recebimento de queixas relacionadas à vacinação contra a Covid-19, bem como para o recebimento de queixas relacionadas a restrições de direitos consideradas legítimas pelo STF. *ADPF 754 16ª TPI-Ref, 18.3.2022. Inf 1047.*

STJ **Plantio e colheita de "cannabis sativa" para fins medicinais. Órgão regulamentador. ANVISA. Ausência de regulamentação. Suprimento pelo Poder Judiciário. Impossibilidade.** A ausência de regulamentação do órgão competente acerca do procedimento de avaliação técnica quanto ao preenchimento dos requisitos da autorização do cultivo e colheita de "cannabis sativa" para fins medicinais não pode ser suprida pelo Poder Judiciário. *AgRg no RHC 155610, 5ª T, 13.5.2022. Inf 736.*

STJ **Fornecimento de medicamento registrado na Anvisa, mas não constante dos atos normativos do SUS. Tema 793 da repercussão geral. Inexistência de litisconsórcio passivo necessário. Obrigação solidária dos entes da federação. Impetração direcionada apenas contra secretário estadual de saúde. Competência da justiça Estadual.** Em ação que pretende o fornecimento de medicamento registrado na Anvisa, ainda que não incorporado em atos normativos do SUS, é prescindível a inclusão da União no polo passivo da demanda. *RMS 68602, 2ª T, 29.4.2022. Inf 734.*

QUESTÕES DISCURSIVAS

2. (TRF/3R/Juiz/2006) O Conselho Regional de Enfermagem promoveu ação perante a Justiça Federal, objetivando compelir certo município a contratar enfermeiros para a supervisão de equipes de enfermagem, durante todo o período de funcionamento, em hospital municipal, nos termos de exigência prevista em resolução do Conselho Federal de Enfermagem, sob pena de multa diária. A partir de tais elementos, e na condição de Procurador do Município, elabore todos os argumentos de defesa.

QUESTÕES OBJETIVAS

9. (TRF/4R/Juiz/2022) Assinale a alternativa incorreta.

a) Para a aposentadoria por tempo de contribuição com a fórmula 85/95 de que trata a Lei nº 13.183/2015, que incluiu o art. 29-C na Lei nº 8.213/1991, o emprego do fator previdenciário é facultativo.

b) Segundo o Supremo Tribunal Federal, é constitucional o fator previdenciário nos termos em que disposto no art. 29, caput, incisos e parágrafos, da Lei nº 8.213/1991, com a redação dada pelo art. 2º da Lei nº 9.876/1999.

c) Com a Emenda Constitucional nº 103/2019, conferiu-se permissão excepcional para acumulação de mais de uma pensão deixada por cônjuge quando proveniente de regime diverso com restrição de percentuais a serem auferidos, sendo 100% do benefício mais vantajoso e um percentual que irá variar pelo número de salários mínimos para o outro benefício.

d) É firme a orientação no Supremo Tribunal Federal de que os entes da federação, em decorrência da competência comum, são solidariamente responsáveis nas demandas prestacionais na área da saúde e, diante dos critérios constitucionais de descentralização e hierarquização, compete à autoridade judicial direcionar o cumprimento, conforme as regras de repartição de competências e determinar o ressarcimento a quem suportou o ônus financeiro.

e) Segundo tese fixada pelo Superior Tribunal de Justiça, a concessão dos medicamentos não incorporados em atos normativos do SUS exige a presença cumulativa dos seguintes requisitos: comprovação, por meio de laudo médico fundamentado e circunstanciado expedido por médico que assiste o paciente, da imprescindibilidade ou necessidade do medicamento, assim como da ineficácia, para o tratamento da moléstia, dos fármacos fornecidos pelo SUS; incapacidade financeira de arcar com o custo do medicamento prescrito; e pedido de registro do medicamento protocolado na ANVISA.

10. (IFBC/TRF/2R/Juiz/2018) No que se refere ao direito à saúde na ordem constitucional brasileira, assinale a alternativa correta:

a) A existência de atribuição própria para cada ente federativo em normas infraconstitucionais não elide a responsabilidade solidária imposta constitucionalmente a todos eles.

b) O Sistema Único de Saúde é gerido pelo princípio da descentralização e a obrigação de fornecer e custear medicamentos ordinários é de incumbência exclusiva dos Estados e Municípios.

c) As ações e serviços de saúde são integrantes de uma rede regionalizada e descentralizada que compõe o Sistema Único de Saúde. Nesse sistema cada ente público assume sua responsabilidade constitucional de forma autônoma e exclusiva.

d) O art. 200, da Constituição Federal, estabeleceu as competências do Sistema Único de Saúde e é regulamentado nas Leis ns. 8.080/90 e 8.142/90 que descentralizam o sistema e a prestação dos serviços de saúde. Assim, compete à União apenas a formulação de diretrizes políticas e planejamento do setor de saúde.

e) Não é cabível a judicialização de demandas envolvendo internações e tratamentos médicos no âmbito do SUS, por se tratar de questões no âmbito de discricionariedade técnica do gestor público, não passível de controle judicial.

11. (IFBC/TRF/2R/Juiz/2018) Após analisar as afirmações abaixo, assinale a alternativa correta:

I. Como a Constituição Federal afirma que a saúde é direito de todos e dever do Estado, cabe ao Poder Judiciário determinar que o Estado forneça medicamentos, ainda não registrados na Anvisa ou de eficácia não demonstrada, desde que demonstradas a urgência e a gravidade do estado de saúde do paciente.

II. Devido ao princípio da separação dos poderes, não é lícito ao Poder Judiciário determinar a implementação de políticas públicas nas questões relativas ao direito constitucional à saúde.

III. No que tange à legitimidade passiva dos entes políticos envolvidos, referente às ações cuja pretensão é o fornecimento de medicamentos, tratamentos e congêneres imprescindíveis à saúde de pessoa carente, há solidariedade entre a União Federal, Estados e Municípios, considerando a unicidade do Sistema Único de Saúde.

IV. o STF entende ser constitucional atos normativos que, no âmbito do Sistema Único de Saúde (SUS), vedam a internação em acomodações superiores, bem como o atendimento diferenciado por médico do próprio SUS ou conveniado, mediante o pagamento da diferença dos valores correspondentes.

a) Todas as alternativas estão corretas.

b) Somente a alternativa III está correta.

c) As alternativas II e III estão corretas.

d) As alternativas III e IV estão corretas.

e) As alternativas II e IV estão corretas.

12. (TRF/3R/Juiz/2016) Quanto à assistência à saúde, é correto afirmar:

a) É um direito de acesso universal e igualitário às ações e aos serviços de saúde e de atendimento integral, com preferência para as atividades preventivas, sendo devido pelo Estado complementarmente aos serviços privados, podendo ser executado diretamente pelo Poder Público ou por intermédio de terceiros, pessoas físicas ou jurídicas.

b) As ações e os serviços públicos de saúde integram uma rede regionalizada e hierarquizada, constituída na forma de um sistema único de saúde, financiado com recursos do orçamento da seguridade social e da União, não podendo, no caso da União, a receita líquida do respectivo exercício financeiro ser inferior a 15% (quinze por cento).

c) A Agência Nacional de Saúde Suplementar – ANS é autarquia especial, vinculada ao Ministério da Saúde, com funções de regular, normatizar, controlar e fiscalizar as medidas sanitárias, cabendo aos Estados e Municípios e à rede privada a prestação dos serviços de saúde e vigilância sanitária em todo o território nacional.

d) Entende-se por vigilância sanitária um conjunto de ações capaz de eliminar, diminuir ou prevenir riscos à saúde e de intervir nos problemas sanitários decorrentes do meio ambiente, da produção e circulação de bens e da prestação de serviços de interesse da saúde.

13. (Cespe/TRF/5R/Juiz/2015) Consoante o caput do art. 194 da CF, "A seguridade social compreende um conjunto integrado de ações de iniciativa dos poderes públicos e da sociedade, destinadas a assegurar os direitos relativos à saúde, à previdência e à assistência social". No que se refere às distinções entre as três grandes funções de governo que compõem a seguridade social, é correto afirmar que:

a) a função de assistência social destina-se aos segurados da previdência social mais carentes, ao passo que a previdência destina-se ao segurado que não tem plano próprio de previdência privada.

b) as ações do poder público no campo da saúde estão precipuamente voltadas para a prestação de serviços, enquanto aquelas no âmbito da previdência social referem-se à prestação de benefícios previdenciários.

c) a função saúde atende aos segurados que se encontram no gozo dos direitos que, nessa qualidade, lhe são inerentes, ao passo que a assistência social destina-se aos que perderam essa qualidade.

d) o benefício de prestação continuada, previsto na Lei Orgânica da Assistência Social, destina-se a ações direcionadas à saúde e à assistência social.

e) a função saúde não se destina aos segurados da previdência que possuam planos privados de saúde.

14. (Cespe/TRF/2R/Juiz/2013) Com relação à ordem econômica, financeira e social, assinale a opção correta.

a) Os gestores locais do SUS poderão admitir agentes comunitários de saúde e agentes de combate às endemias por meio de processo seletivo público, porém caberá à legislação federal dispor sobre o regime jurídico e o piso salarial profissional nacional de tais agentes.

b) A educação é direito de todos e dever do Estado, devendo este garantir a educação básica obrigatória e gratuita dos quatro aos dezessete anos de idade, porém as universidades gozam de autonomia administrativa e de gestão financeira e patrimonial, o que autoriza as universidades públicas cobrarem taxa de matrícula.

c) A justiça desportiva não integra o Poder Judiciário, competindo-lhe dirimir as controvérsias relativas à disciplina e às competições desportivas, e, por isso, os magistrados poderão cumular suas funções com as da justiça desportiva, desde que haja compatibilidade de horários.

d) A proteção à livre concorrência é um dos princípios orientadores da ordem econômica, e, segundo entendimento do STF o privilégio de entrega de correspondência da ECT – empresa pública – viola tal princípio.

e) Ao disciplinar a política urbana, a CF estabelece que a propriedade privada deve cumprir sua função social, motivo pelo qual é perfeitamente admissível que o poder público fixe adicional progressivo do IPTU em função do número de imóveis do contribuinte.

1.2.2. Da Previdência Social

SÚMULAS

TRF1 **Súm. 23.** São autoaplicáveis as disposições constantes dos §§ 5º e 6º do art. 201 da Constituição Federal.

TRF2 **Súm. 49.** As disposições contidas nos §§ 5º e 6º do art. 201 da Constituição Federal, com redação dada pela emenda constitucionais 20/98 são autoaplicáveis.

TRF3 **Súm. 5.** O preceito contido no artigo 201, § 5º, da Constituição da República consubstancia norma de eficácia imediata, independendo sua aplicabilidade da edição de lei regulamentadora ou instituidora da fonte de custeio.

TRF3 **Súm. 13.** O artigo 201, § 6º, da Constituição da República tem aplicabilidade imediata para efeito do pagamento da gratificação natalina dos anos de 1988 e 1989.

TRF4 **Súm. 24.** São autoaplicáveis os §§ 5º e 6º do art. 201 da Constituição Federal de 1988.

TRF5 **Súm. 8.** São autoaplicáveis as regras dos §§ 5º e 6º do art. 201 da Constituição Federal, ao estabelecerem o salário mínimo e a gratificação natalina para o benefício previdenciário.

TRF5 **Súm. 9.** É imediata a incidência da forma de cálculo prevista no art. 202 da Constituição Federal, mas não se aplica à aposentadoria implantada antes de outubro de 1988.

ENUNCIADOS

Fonadirh **Enunc. 49.** O combate à pobreza, a redução das desigualdades sociais, regionais e de gênero, e a inclusão social das pessoas com deficiência compõem o núcleo essencial do direito à previdência social.

Fonadirh **Enunc. 50.** O direito previdenciário deve observar critérios de razoabilidade e proporcionalidade no estabelecimento de regras que visem ao respeito à segurança jurídica e proteção da confiança.

QUESTÕES OBJETIVAS

15. (TRF/3R/Juiz/2016) Estabelece o artigo 194 da Constituição Federal que "A seguridade social compreende um conjunto integrado de ações de iniciativa dos Poderes Públicos e da sociedade, destinadas a assegurar os direitos relativos à saúde, à previdência e à assistência social". Assinale a alternativa correta sobre os princípios constitucionais específicos que regem a Seguridade Social:

a) Universalidade da cobertura e do atendimento pode ser destacada como subjetiva e objetiva e refere-se ao direito dos contribuintes à cobertura das necessidades nas situações socialmente danosas.

b) Uniformidade e equivalência dos benefícios e serviços às populações urbanas e rurais impõe que, diante de idênticas situações de necessidade, haja diversidade de proteção, em forma de benefícios e serviços.

c) Seletividade e distributividade na prestação dos benefícios e serviços indica que o sistema de proteção social deve oferecer todas as prestações, sem exceções, a quem delas necessite, para a consecução da igualdade e da justiça social.

d) Diversidade da base de financiamento refere-se à busca da seguridade social pela pluralidade de recursos, com participação individual e social e decorre do solidarismo social, pelo qual devem ser adotadas técnicas de proteção social e conjugados esforços de todos para a cobertura das contingências sociais.

16. (TRF/4R/Juiz/2016) Assinale a alternativa correta. Com base nos conceitos e nos princípios informadores da Previdência Social:

a) O Regime Geral da Previdência Social deverá observar critérios que preservem o equilíbrio financeiro e atuarial, bem como possuir caráter contributivo e filiação obrigatória.

b) O caráter democrático e descentralizado da administração da Previdência Social garante participação dos empregadores, dos aposentados e do Governo nos órgãos colegiados, conformando a denominada gestão tripartite.

c) É assegurado o reajustamento dos benefícios previdenciários para preservar-lhes, em caráter permanente, o valor real, conforme critérios definidos em decreto anual do Presidente da República.

d) A Previdência Social, organizada sob a forma do regime geral, atenderá, exclusivamente, nos termos da lei, à cobertura dos eventos de doença, morte e idade avançada.

e) É vedada a adoção de requisitos e critérios diferenciados para a concessão de qualquer aposentadoria no Regime Geral da Previdência Social, por força do princípio da equivalência e da uniformidade dos benefícios.

17. (Cespe/TRF/5R/Juiz/2015) Considerando que, no âmbito do direito previdenciário, os princípios se confundem com os objetivos da seguridade social, assinale a opção correta.

a) A distributividade na prestação dos serviços visa evitar, entre outros efeitos, a concentração de atendimento em certas regiões do país em detrimento de outras.

b) Historicamente, a irredutibilidade do valor dos benefícios tem sido adotada tanto em seu sentido real quanto nominal.

c) A universalidade de cobertura restringe-se ao aspecto objetivo da seguridade social, ao passo que a universalidade de atendimento, ao aspecto subjetivo.

d) A equivalência dos benefícios e serviços prestados às populações urbanas e rurais deve ser entendida com relatividade, admitindo-se, no âmbito principiológico, diferenciações decorrentes da relevância de uns trabalhadores sobre outros.

e) O princípio da seletividade evidencia as diferenças que podem ser admitidas no tratamento entre beneficiários de um mesmo regime.

18. (Cespe/TRF/1R/Juiz/2015) Com base na CF e na legislação sobre seguridade social – saúde, previdência e assistência social –, assinale a opção correta.

a) Apesar de ser constitucionalmente previsto o caráter democrático da administração da seguridade social, de sua gestão não participam os trabalhadores e empregados.

b) A previdência está organizada sob a forma de regime geral, de caráter contributivo e de filiação facultativa, ainda que o trabalhador não esteja amparado por regime próprio de previdência.

c) Enquanto o acesso à saúde é universal e independe de qualquer retribuição financeira por parte do usuário, o acesso à previdência e à assistência social exige a contribuição direta do beneficiário ou do assistido.

d) A irredutibilidade do valor dos benefícios está elencada entre os princípios constitucionais da seguridade social.
e) Todas as entidades beneficentes são isentas de contribuição para a seguridade social.

19. (Cespe/TRF/1R/Juiz/2015) Assinale a opção correta no que se refere ao financiamento da seguridade social.

a) Em obediência ao princípio da isonomia, a CF veda a diferenciação entre alíquotas ou bases de cálculo de contribuição social devida por empresas de ramos distintos.
b) Não obstante a determinação constitucional de que a seguridade social seja financiada por toda a sociedade, a União é a responsável pela cobertura de eventuais insuficiências financeiras decorrentes do pagamento de benefícios de prestação continuada da previdência social.
c) As contribuições sociais destinadas ao financiamento da seguridade social não podem ser exigidas no mesmo exercício financeiro em que tiver sido publicada a lei que as instituir, visto que a elas se aplica o princípio da anterioridade constitucionalmente previsto para os tributos em geral.
d) As aposentadorias e o auxílio-doença concedidos pelo RGPS integram o salário de contribuição.
e) Caso opte pela exclusão do direito ao benefício de aposentadoria por tempo de contribuição, é dado ao segurado empregado, ao contribuinte individual e ao facultativo a opção de reduzir pela metade a alíquota de contribuição incidente sobre o seu salário de contribuição.

20. (TRF/2R/Juiz/2014) Sobre a seguridade social, está expresso na Constituição Federal:

a) A imposição, como uma das fontes de seu financiamento, de parcela reservada do imposto sindical (o quinto sindical).
b) Nenhum benefício ou serviço da seguridade social poderá ser criado, majorado ou estendido sem a correspondente fonte de custeio total.
c) O devedor inscrito em débito com o sistema da seguridade social, no cadastro estabelecido em lei, não poderá contratar com o Poder Público.
d) São isentos de contribuição para a seguridade social o produtor, o parceiro, o meeiro e o arrendatário rurais e o pescador artesanal, bem como os respectivos cônjuges.
e) É garantida a busca da paridade dos vencimentos dos benefícios de aposentados e aumentos reais periódicos, por produtividade.

21. (TRF/4R/Juiz/2012) Assinale a alternativa correta.

a) É admissível a destinação de recursos públicos para auxílio às instituições privadas que explorem, com fins lucrativos, a assistência à saúde.
b) É facultado aos Estados e ao Distrito Federal vincular a programa de apoio a inclusão e a promoção social até cinco décimos por cento de sua receita tributária líquida.
c) A participação de empresas ou capitais estrangeiros na assistência à saúde só se pode dar de forma indireta.
d) Não compete ao Sistema Único de Saúde executar ações de vigilância sanitária e epidemiológica.
e) É admissível o aporte de recursos a entidade de previdência privada pela União, na qualidade de patrocinador, ainda que a sua contribuição exceda a do segurado.

22. (Cespe/TRF/5R/Juiz/2011) Em relação aos institutos de direito previdenciário, assinale a opção correta.

a) Não há inconstitucionalidade formal ou material em lei ordinária que vincule a simples condição de sócio à obrigação de responder solidariamente pelos débitos da sociedade limitada perante a seguridade social, visto que tal matéria não se inclui entre as normas gerais de direito tributário; além disso, unificar os patrimônios das pessoas jurídica e física, nesse caso, não compromete a garantia constitucional da livre iniciativa.
b) A justiça comum estadual não tem competência para processar e julgar ação de justificação judicial para habilitação de benefício previdenciário, mesmo na hipótese de o domicílio do justificante não ser sede de vara federal, uma vez que se trata de competência indelegável dos juízes federais.
c) É possível a aplicação imediata de novo teto previdenciário fixado por emenda constitucional aos benefícios pagos com base em limitador anterior, considerados os salários de contribuição utilizados para os cálculos iniciais, pois não se trata de majoração do valor do benefício sem a correspondente fonte de custeio, mas apenas da declaração do direito de o segurado ter a sua renda mensal de benefício calculada com base em limitador mais alto.
d) É de dez contribuições mensais o período de carência exigido para a concessão de salário-maternidade à empregada doméstica; à segurada da previdência social que adotar criança até um ano de idade será devido esse benefício por cento e vinte dias, a que adotar criança com idade entre um e quatro anos, por sessenta dias, e a que adotar criança com idade entre quatro e oito anos, por trinta dias.
e) No que se refere à concessão de benefícios, a legislação previdenciária deve ser interpretada de forma restrita, razão pela qual não é possível o reconhecimento do exercício de atividade especial em data anterior à legislação que a teria incluído no mundo jurídico, o que representaria a possibilidade de aplicação retroativa de lei nova, em violação ao princípio "tempus regit actum".

23. (TRF/4R/Juiz/2010) Dadas as assertivas abaixo acerca dos princípios informadores da Seguridade Social e da Previdência Social, assinale a alternativa correta.

I. Em razão do princípio da uniformidade e da equivalência dos benefícios e serviços, é totalmente vedada a adoção de requisitos e critérios diferenciados para a concessão de aposentadoria aos beneficiários do Regime Geral de Previdência Social.
II. Em razão de princípio consagrado na Constituição Federal, é assegurado o reajustamento dos benefícios para preservar-lhes, em caráter permanente, o valor real, conforme critérios definidos em decreto do Presidente da República, após proposta do Conselho Nacional de Previdência Social.
III. Por força de princípio constitucional, há possibilidade de instituição de regime de previdência privada facultativo, de caráter complementar e organizado de forma autônoma em relação ao Regime Geral de Previdência Social, baseado na constituição de reservas que garantam o benefício contratado, e regulado por lei complementar.
IV. O princípio da universalidade garante o acesso à Previdência Social, independentemente de qualquer condição, a todas as pessoas residentes no país, inclusive estrangeiros.
V. Os princípios previstos na Constituição Federal acerca da Seguridade Social estabelecem, dentre outras coisas, equidade na forma de participação no custeio, diversidade da base de financiamento e caráter democrático e descentralizado da administração, mediante gestão quadripartite, com participação dos trabalhadores, dos empregadores, dos aposentados e do Governo nos órgãos colegiados.

a) Está correta apenas a assertiva III.
b) Estão corretas apenas as assertivas I e IV.
c) Estão corretas apenas as assertivas III e V.
d) Estão corretas apenas as assertivas IV e V.
e) Nenhuma assertiva está correta.

24. (Cespe/TRF/1R/Juiz/2009) Quanto aos princípios do sistema de seguridade social, assinale a opção correta.

a) Segundo o princípio da equidade, quanto maiores forem as possibilidades de sinistro que determinada atividade acarrete, maior será o tributo social. Com base nesse princípio, a CF prevê que as contribuições sociais devidas pelo empregador, pela empresa e pela entidade a ela equiparada na forma da lei poderão ter alíquotas diferenciadas em razão da atividade econômica, regra que não se aplica à base de cálculo.

b) Com base no princípio constitucional da solidariedade, o legislador poderá garantir prioridade a determinadas prestações a serem garantidas ao beneficiário do sistema de seguridade social.

c) Um dos objetivos fixados pela CF para a seguridade social é o caráter democrático e descentralizado da administração, mediante gestão quadripartite, com a participação exclusiva dos trabalhadores, dos empregadores, dos aposentados e dos pensionistas nos órgãos colegiados.

d) De acordo com o princípio da universalidade da cobertura, todas as situações que configurarem riscos sociais devem estar compreendidas no âmbito de proteção do sistema de seguridade.

e) A CF estabelece expressamente que um dos objetivos do sistema de seguridade social é a uniformidade e equivalência dos benefícios e serviços às populações urbanas e rurais. Entretanto, o legislador ordinário poderá estabelecer benefícios diferenciados para essas populações, em determinadas hipóteses.

1.2.3. Da Assistência Social

ENUNCIADOS

CJF **PSEL 65.** O emprego dos meios consensuais de solução de conflito deve ser estimulado nacionalmente como política pública, podendo ser utilizados nos Centros de Referência da Assistência Social (CRAS), cujos profissionais, predominantemente psicólogos e assistentes sociais, lotados em áreas de vulnerabilidade social, estão voltados à atenção básica e preventiva.

QUESTÕES DISCURSIVAS

3. (TRF/3R/Juiz/2013) A assistência aos desamparados vem expressamente prevista na vigente Carta Constitucional, formando, juntamente com outros direitos sociais, os denominados direitos fundamentais de segunda geração. Para efetivação desse direito social estabeleceu-se que a assistência social deve ser prestada a quem comprove dela necessitar, com o pagamento de um salário-mínimo de benefício mensal à pessoa idosa maior de 65 anos, bem como à pessoa deficiente, observados certos critérios e a necessidade econômica. Em função de tal proposição, responda: (i) Quais as principais diferenças entre os direitos fundamentais de primeira e os de segunda geração e qual a relevância de tal distinção para a aplicação dos direitos sociais, sob o ponto de vista do princípio da legalidade? (ii) Comprovada a necessidade econômica, a pessoa portadora de deficiência terá direito ao denominado benefício assistencial de prestação continuada, ainda que o laudo médico aponte pela capacidade laborativa para o exercício pleno de diversas atividades? (iii) O que se entende por necessidade econômica e qual será a consequência para um portador de deficiência, que esteja recebendo benefício assistencial de prestação continuada, caso venha a exercer atividade formal remunerada?

4. (TRF/2R/Juiz/2007) Distinga a assistência social da seguridade social.

5. (TRF/3R/Juiz/2006) Dissertação: Art. 203, inc. V, da Constituição Federal: mistificação ou paranoia?

QUESTÕES OBJETIVAS

25. (IFBC/TRF/2R/Juiz/2018) Marque a opção certa. A seguridade social compreende um conjunto integrado de ações de iniciativa dos poderes públicos e da sociedade, destinadas a assegurar os direitos relativos à:

a) Saúde, educação e previdência social.

b) Previdência social, assistência social e saúde.

c) Saúde, assistência social e educação.

d) Educação, assistência social e previdência social.

e) Educação, direitos humanos e saúde.

26. (Cespe/TRF/1R/Juiz/2013) Assinale a opção correta no que se refere à saúde, à previdência e à assistência social.

a) A pessoa participante de regime próprio de previdência pode filiar-se, na qualidade de segurado facultativo, ao regime geral de previdência social (RGPS), se para ele contribuir.

b) O Sistema Único de Saúde é financiado com recursos do orçamento da seguridade social, da União, dos estados, do DF e dos municípios, sendo vedadas outras fontes de custeio.

c) Sendo organizada sob a forma de regime geral, de caráter contributivo e de filiação não obrigatória, a previdência social protege o trabalhador em situação de desemprego involuntário apenas se ele for filiado ao regime.

d) É de um salário mínimo e meio o valor do benefício assistencial, comumente denominado LOAS, pago mensalmente à pessoa portadora de deficiência e ao idoso que comprovem não possuir meios de prover a própria manutenção ou de tê-la provida por sua família.

e) Os objetivos da assistência social, que deve ser prestada a quem dela necessitar, independentemente de contribuição à seguridade social, incluem habilitar e reabilitar pessoas portadoras de deficiência, preparando-as para uma integração comunitária.

27. (Cespe/TRF/5R/Juiz/2011) A respeito da saúde, da assistência social, da manutenção e da perda da qualidade de segurado da previdência social, assinale a opção correta.

a) De acordo com a jurisprudência do STJ, no que se refere à tarifação legal de provas, o registro no Ministério do Trabalho e Emprego deve servir como o único meio de prova da condição de desempregado do segurado, o que representa exceção à prevalência do livre convencimento motivado do juiz.

b) O trabalhador que, em razão de estar incapacitado para o trabalho, deixar de contribuir para a previdência social por mais de doze meses consecutivos perderá a qualidade de segurado, pois incapacidade não é hipótese legalmente prevista para a manutenção da qualidade de segurado do trabalhador que deixe de exercer atividade remunerada.

c) Em razão da essencialidade do direito à saúde, o Estado não pode afastar-se do mandato, juridicamente vinculante, que lhe foi outorgado pela CF, embora as opções do poder público, tratando-se de proteção à saúde, possam ser exercidas com apoio em juízo de conveniência ou de oportunidade, razão pela qual é indevida a intromissão do Poder Judiciário quando atue positivamente para garantir direito dessa natureza.

d) Segundo a jurisprudência consolidada do STJ, a substituição de um medicamento por outro para tratar a mesma doença constituirá novo pedido, já que o objeto imediato será alterado, devendo a parte ajuizar nova medida caso necessite de novos medicamentos no curso da ação judicial inicialmente promovida para o fornecimento de fármaco que se tenha revelado ineficaz.

e) As ações governamentais na área da assistência social caracterizam-se pela descentralização político-administrativa, cabendo a coordenação e a edição de normas gerais à esfera federal e a coordenação e a execução dos respectivos programas às esferas estadual e municipal bem como a entidades beneficentes e de assistência social.

28. (TRF/3R/Juiz/2010) Segundo o artigo 203 da Constituição Federal de 1988, a assistência social será prestada:

a) A quem dela necessitar, conforme dispuser a lei, porém dependente de contribuição à seguridade social.

b) A quem dela necessitar, independentemente de contribuição à seguridade social, e tem por exclusivo objetivo a proteção à família, à maternidade, à infância, e à adolescência.

c) A quem dela necessitar, atendida a qualidade de segurado da previdência social e as condições previstas em lei.

d) A quem dela necessitar, independentemente de contribuição à seguridade social, e tem entre seus objetivos a garantia de um salário mínimo de benefício mensal à pessoa portadora de deficiência e ao idoso que comprovem não possuir meios de prover à própria manutenção ou de tê-la provida por sua família, conforme dispuser a lei.

1.3. ADCT

SÚMULAS

STF **Súm. 687.** A revisão de que trata o art. 58 do ADCT não se aplica aos benefícios previdenciários concedidos após a promulgação da Constituição de 1988.

2. CONTRIBUIÇÕES PREVIDENCIÁRIAS

SÚMULAS

1) Cofins

STJ **Súm. 423.** A Contribuição para Financiamento da Seguridade Social - Cofins incide sobre as receitas provenientes das operações de locação de bens móveis.

STJ **Súm. 508.** A isenção da Cofins concedida pelo art. 6º, II, da LC n. 70/1991 às sociedades civis de prestação de serviços profissionais foi revogada pelo art. 56 da Lei n. 9.430/1996.

STJ **Súm. 584.** As sociedades corretoras de seguros, que não se confundem com as sociedades de valores mobiliários ou com os agentes autônomos de seguro privado, estão fora do rol de entidades constantes do art. 22, § 1º, da Lei n. 8.212/1991, não se sujeitando à majoração da alíquota da Cofins prevista no art. 18 da Lei n. 10.684/2003.

2) PIS

STF **Súm. 659.** É legítima a cobrança da Cofins, do PIS e do Finsocial sobre as operações relativas a energia elétrica, serviços de telecomunicações, derivados de petróleo, combustíveis e minerais do país.

STJ **Súm. 468.** A base de cálculo do PIS, até a edição da MP n. 1.212/1995, era o faturamento ocorrido no sexto mês anterior ao do fato gerador.

TRF3 **Súm. 28.** O PIS é devido no regime da Lei Complementar n. 7/70 e legislação subseqüente, até o termo inicial de vigência da MP n. 1.212/95, diante da suspensão dos decretos-leis n. 2.445/88 e n. 2.449/88 pela Resolução n. 49/95, do Senado Federal.

TRF4 **Súm. 28.** São inconstitucionais as alterações introduzidas no Programa de Integração Social (PIS) pelos decretos-leis 2.445/88 e 2.449/88.

TRF5 **Súm. 7.** São inconstitucionais as alterações na contribuição para o Programa de Integração Social introduzidas pelos decretos-leis 2.445 e 2.449.

3) Finsocial

TRF5 **Súm. 6.** Subsiste, até a vigência e eficácia da Lei Complementar n. 70/91, a cobrança do Finsocial com base no Decreto-Lei n. 1.940/82, sendo inconstitucionais as alterações introduzidas pela Lei 7.887/89, ressalvada a situação das empresas prestadoras de serviço.

4) Outras Contribuições

TRF1 **Súm. 14.** O art. 202, da Constituição Federal, somente se aplica a partir da criação da respectiva fonte de custeio (Lei 8.212/91).

TRF2 **Súm. 1.** O artigo 29 do Decreto-Lei 2.303 de 1986, não se aplica aos créditos previdenciários.

TRF2 **Súm. 26.** O artigo 202 da Constituição Federal, em sua redação original, não é autoaplicável, por depender de integração legislativa, só implementada com a edição das leis 8.212/91 e 8.213/91, que aprovaram o plano de custeio e de benefícios da previdência social.

TRF3 **Súm. 19.** É aplicável a variação do índice de reajuste do salário mínimo, no percentual de 39,67%, na atualização dos salários de contribuição anteriores a março de 1994, a fim de apurar a renda mensal inicial do benefício previdenciário.

TRF4 **Súm. 2.** Para o cálculo da aposentadoria por idade ou por tempo de serviço, no regime precedente à Lei n. 8.213, de 24 de julho de 1991, corrigem-se os salários de contribuição, anteriores aos doze últimos meses, pela variação nominal da ORTN/OTN.

TRF4 **Súm. 7.** É inconstitucional o art. 8º da Lei 7.689 de 15 de dezembro de 1988.

TRF4 **Súm. 21.** É constitucional a Contribuição Social criada pelo art. 1º da Lei Complementar 70, de 1991.

TRF4 **Súm. 40.** Por falta de previsão legal, é incabível a equivalência entre o salário de contribuição e o salário de benefício para o cálculo da renda mensal dos benefícios previdenciários.

TRF4 **Súm. 44.** É inconstitucional a contribuição previdenciária sobre o "pro labore" dos administradores, autônomos e avulsos, prevista nas leis ns. 7.787/89 e 8.212/91.

TRF4 **Súm. 47.** Na correção monetária dos salários de contribuição integrantes do cálculo de renda mensal inicial dos beneficiários previdenciários, em relação ao período de março a agosto de 1991, não se aplica o índice de 230,40%.

TRF4 **Súm. 50.** Não há direito adquirido à contribuição previdenciária sobre o teto máximo de 20 salários mínimos após a entrada em vigor da Lei n. 7.787/89.

TRF5 **Súm. 10.** A contribuição previdenciária incide sobre a parte da folha de pagamentos da empresa aos seus administradores, sócios-gerentes e autônomos.

TNU **Súm. 35.** A Taxa Selic, composta por juros de mora e correção monetária, incide nas repetições de indébito tributário.

TNU **Súm. 38.** Aplica-se subsidiariamente a Tabela de Cálculos de Santa Catarina aos pedidos de revisão de RMI - OTN/ORTN, na atualização dos salários de contribuição.

TNU **Súm. 52.** Para fins de concessão de pensão por morte, é incabível a regularização do recolhimento de contribuições de segurado contribuinte individual posteriormente a seu óbito, exceto quando as contribuições devam ser arrecadadas por empresa tomadora de serviços.

TNU **Súm. 67.** O auxílio-alimentação recebido em pecúnia por segurado filiado ao Regime Geral da Previdência Social integra o salário de contribuição e sujeita-se à incidência de contribuição previdenciária.

TNU **Súm. 83.** A partir da entrada em vigor da Lei n. 8.870/94, o décimo terceiro salário não integra o salário de contribuição para fins de cálculo do salário de benefício.

REPERCUSSÃO & REPETITIVOS

1) PIS/Cofins

STF **Rep. Geral 34.** É constitucional a previsão em lei ordinária que introduz a sistemática da não-cumulatividade a Cofins dado que observa os princípios da legalidade, isonomia, capacidade contributiva global e não-confisco. *RE 570122, 2.9.2020.*

STF **Rep. Geral 179.** Em relação às contribuições ao PIS/Cofins, não viola o princípio da não-cumulatividade a impossibilidade de creditamento de despesas ocorridas no sistema cumulativo, pois os créditos são presumidos e o direito ao desconto somente surge com as despesas incorridas em momento posterior ao início da vigência do regime não-cumulativo. *RE 587108, 29.6.2020.*

STF **Rep. Geral 228.** É devida a restituição da diferença das contribuições para o Programa de Integração Social - PIS e para o Financiamento da Seguridade Social - Cofins recolhidas a mais, no regime de substituição tributária, se a base de cálculo efetiva das operações for inferior à presumida. *RE 596832, 29.6.2020.*

STF **Rep. Geral 244.** Surge inconstitucional, por ofensa aos princípios da não cumulatividade e da isonomia, o artigo 31, cabeça, da Lei n. 10.865/2004, no que vedou o creditamento da contribuição para o PIS e da Cofins, relativamente ao ativo imobilizado adquirido até 30 de abril de 2004. *RE 599316, 29.6.2020.*

STF **Rep. Geral 304.** São inconstitucionais os arts. 47 e 48 da Lei 11.196/2005, que vedam a apuração de créditos de PIS/Cofins na aquisição de insumos recicláveis. *RE 607109, 7.6.2021.*

STF **Rep. Geral 337.** Não obstante as leis n. 10.637/02 e 10.833/03 estejam em processo de inconstitucionalização, é ainda constitucional o modelo legal de coexistência dos regimes cumulativo e não cumulativo, na apuração do PIS/Cofins das empresas prestadoras de serviços. *RE 607642, 29.6.2020.*

STF **Rep. Geral 391.** É infraconstitucional e incide a Súmula 279/STF, a ela se aplicando os efeitos da ausência de repercussão geral, a controvérsia relativa a base de cálculo da Cofins e do PIS, na importação feita no âmbito do sistema Fundap, quando fundada na análise do fatos e provas que originaram o negócio jurídico subjacente à importação e no enquadramento como operação de importação por conta e ordem de terceiro de que trata a MP n. 2.158-35/2001. *RE 635443, 21.4.2020.*

STF **Rep. Geral 707.** Revela-se constitucional o artigo 3º, § 3º, incisos I e II, da Lei n. 10.637/2003, no que veda o creditamento da contribuição para o Programa de Integração Social, no regime não cumulativo, em relação às operações com pessoas jurídicas domiciliadas no exterior. *RE 698531, 29.6.2020.*

STF **Rep. Geral 744.** É constitucional o § 9º do artigo 8º da Lei n. 10.865/2004, a estabelecer alíquotas maiores, quanto à Contribuição ao PIS e à Cofins, consideradas empresas importadoras de autopeças não fabricantes de máquinas e veículos. *RE 633345, 4.11.2020.*

STF **Rep. Geral 939.** É constitucional a flexibilização da legalidade tributária constante do § 2º do art. 27 da Lei n. 10.865/04, no que permitiu ao Poder Executivo, prevendo as condições e fixando os tetos, reduzir e restabelecer as alíquotas da contribuição ao PIS e da Cofins incidentes sobre as receitas financeiras auferidas por pessoas jurídicas sujeitas ao regime não cumulativo, estando presente o desenvolvimento de função extrafiscal. *RE 1043313, 10.12.2020.*

STF **Rep. Geral 1024.** É constitucional a inclusão dos valores retidos pelas administradoras de cartões na base de cálculo das contribuições ao PIS e da Cofins devidas por empresa que recebe pagamentos por meio de cartões de crédito e débito. *RE 1049811, 18.3.2022.*

STF **Rep. Geral 1047.** I. É constitucional o adicional de alíquota da Cofins-Importação previsto no § 21 do artigo 8º da Lei n. 10.865/2004; II. A vedação ao aproveitamento do crédito oriundo do adicional de alíquota, prevista no artigo 15, § 1º-A, da Lei n. 10.865/2004, com a redação dada pela Lei 13.137/2015, respeita o princípio constitucional da não cumulatividade. III. A vedação ao aproveitamento do crédito oriundo do adicional de alíquota, prevista no artigo 15, § 1º-A, da Lei n. 10.865/2004, com a redação dada pela Lei 13.137/2015, respeita o princípio constitucional da não cumulatividade. *RE 1178310, 16.9.2020.*

2) Outras Contribuições

STF **Rep. Geral 699.** É constitucional a cobrança, em face das entidades fechadas de previdência complementar não imunes, do imposto de renda retido na fonte (IRRF) e da contribuição social sobre o lucro líquido (CSLL). *RE 612686, 28.10.2022.*

STF **Rep. Geral 756.** I. O legislador ordinário possui autonomia para disciplinar a não cumulatividade a que se refere o art. 195, § 12, da CF/1988, respeitados os demais preceitos constitucionais, como a matriz constitucional das contribuições ao PIS e Cofins e os princípios da razoabilidade, da isonomia, da livre concorrência e da proteção à confiança; II. É infraconstitucional, a ela se aplicando os efeitos da ausência de repercussão geral, a discussão sobre a expressão 'insumo' presente no art. 3º, II, das Leis 10.637/2002 e 10.833/2003 e sobre a compatibilidade, com essas leis, das IN/SRF 247/2002 (considerada a atualização pela IN/SRF 358/2003) e 404/2004; III. É constitucional o § 3º do art. 31 da Lei 10.865/2004. *RE 841979, Pleno, 25.11.2022.*

STF **Rep. Geral 833.** É constitucional a expressão "de forma não cumulativa" constante do 'caput' do art. 20 da Lei 8.212/1991. *RE 852796, 14.5.2021.*

STF **Rep. Geral 985.** É legítima a incidência de contribuição social sobre o valor satisfeito a título de terço constitucional de férias. *RE 1072485, 31.8.2020.*

STF **Rep. Geral 1048.** É constitucional a inclusão do Imposto sobre Circulação de Mercadorias e Serviços – ICMS na base de cálculo da Contribuição Previdenciária sobre a Receita Bruta – CPRB. *RE 1187264, 24.2.2021.*

STF **Rep. Geral 1135.** É constitucional a inclusão do Imposto sobre Serviços de Qualquer Natureza – ISS na base de cálculo da Contribuição Previdenciária sobre a Receita Bruta – CPRB. *RE 1285845, 18.6.2021.*

ENUNCIADOS

1) CSLL

CARF **Súm. 55.** O saldo devedor da correção monetária complementar, correspondente à diferença verificada em 1990 entre o IPC e o BTNF, não pode ser deduzido na apuração da base de Cálculo da Contribuição Social sobre o Lucro Líquido (CSLL).

CARF **Súm. 53.** Não se aplica ao resultado decorrente da exploração de atividade rural o limite de 30% do lucro líquido ajustado, relativamente à compensação da base de cálculo negativa de CSLL, mesmo para os fatos ocorridos antes da vigência do art. 42 da Medida Provisória nº 1991-15, de 10 de março de 2000.

CARF **Súm. 83.** O resultado positivo obtido pelas sociedades cooperativas nas operações realizadas com seus cooperados não integra a base de cálculo da Contribuição Social sobre o Lucro Líquido – CSLL, mesmo antes da vigência do art. 39 da Lei no 10.865, de 2004.

CARF **Súm. 117.** A indedutibilidade de despesas com "royalties" prevista no art. 71, parágrafo único, alínea "d", da Lei nº 4.506, de 1964, não é aplicável à apuração da CSLL.

CARF **Súm. 136.** Os ajustes decorrentes de superveniências e insuficiências de depreciação, contabilizados pelas instituições arrendadoras em obediência às normas do Banco Central do Brasil, não causam efeitos tributários para a CSLL, devendo ser neutralizados extracontabilmente mediante exclusão das receitas ou adição das despesas correspondentes na apuração da base de cálculo da contribuição.

CARF **Súm. 137.** Os resultados positivos decorrentes da avaliação de investimentos pelo método da Equivalência Patrimonial não integram a base de cálculo do IRPJ ou da CSLL na sistemática do lucro presumido.

CARF **Súm. 139.** Os descontos e abatimentos, concedidos por instituição financeira na renegociação de créditos com seus clientes, constituem despesas operacionais dedutíveis do lucro real e da base de cálculo da CSLL, não se aplicando a essa circunstância as disposições dos artigos 9º a 12 da Lei nº 9.430/1996.

CARF **Súm. 140.** Aplica-se retroativamente o disposto no art. 11 da Lei nº 13.202, de 2015, no sentido de que os acordos e convenções internacionais celebrados pelo Governo da República Federativa do Brasil para evitar dupla tributação da renda abrangem a CSLL.

CARF **Súm. 141.** As aplicações financeiras realizadas por cooperativas de crédito constituem atos cooperativos, o que afasta a incidência de IRPJ e CSLL sobre os respectivos resultados.

CARF **Súm. 145.** A partir da 01.10.2002, a compensação de crédito de saldo negativo de IRPJ ou CSLL, ainda que com tributo de mesma espécie, deve ser promovida mediante apresentação de Declaração de Compensação – DCOMP.

CARF **Súm. 146.** A variação cambial ativa resultante de investimento no exterior avaliado pelo método da equivalência patrimonial não é tributável pelo IRPJ e CSLL.

CARF **Súm. 179.** É vedada a compensação, pela pessoa jurídica sucessora, de bases de cálculo negativas de CSLL acumuladas por pessoa jurídica sucedida, mesmo antes da vigência da Medida Provisória nº 1.858-6, de 1999.

2) PIS/Cofins

CARF **Súm. 15.** A base de cálculo do PIS, prevista no artigo 6º da Lei Complementar nº 7, de 1970, é o faturamento do sexto mês anterior, sem correção monetária.

CARF **Súm. 107.** A receita da atividade própria, objeto da isenção da Cofins prevista no art. 14, X, c/c art. 13, III, da MP nº 2.158-35, de 2001, alcança as receitas obtidas em contraprestação de serviços educacionais prestados pelas entidades de educação sem fins lucrativos a que se refere o art. 12 da Lei nº 9.532, de 1997.

CARF **Súm. 153.** As receitas decorrentes das vendas de produtos efetuadas para estabelecimentos situados na Zona Franca de Manaus equiparam-se às receitas de exportação, não se sujeitando, portanto, à incidência das contribuições para o PIS/Pasep e para a Cofins.

CARF **Súm. 157.** O percentual da alíquota do crédito presumido das agroindústrias de produtos de origem animal ou vegetal, previsto no art. 8º da Lei nº 10.925/2004, será determinado com base na natureza da mercadoria produzida ou comercializada pela referida agroindústria, e não em função da origem do insumo que aplicou para obtê-lo.

CARF **Súm. 159.** Não é necessária a realização de lançamento para glosa de ressarcimento de PIS/Pasep e Cofins não cumulativos, ainda que os ajustes se verifiquem na base de cálculo das contribuições.

3) Outras Contribuições

CARF **Súm. 62.** A base de cálculo das contribuições previdenciárias será o valor total fixado na sentença ou acordo trabalhista homologado, quando as parcelas legais de incidência não estiverem discriminadas.

CARF **Súm. 64.** Não incidem contribuições previdenciárias sobre as verbas concedidas aos segurados empregados a título de auxílio-creche, na forma do artigo 7º, inciso XXV, da Constituição Federal, em face de sua natureza indenizatória.

CARF **Súm. 66.** Os Órgãos da Administração Pública não respondem solidariamente por créditos previdenciários das empresas contratadas para prestação de serviços de construção civil, reforma e acréscimo, desde que a empresa construtora tenha assumido a responsabilidade direta e total pela obra ou repasse o contrato integralmente.

CARF **Súm. 89.** A contribuição social previdenciária não incide sobre valores pagos a título de vale-transporte, mesmo que em pecúnia.

CARF **Súm. 149.** Não integra o salário de contribuição a bolsa de estudos de graduação ou de pós-graduação concedida aos empregados, em período anterior à vigência da Lei nº 12.513, de 2011, nos casos em que o lançamento aponta como único motivo para exigir a contribuição previdenciária o fato desse auxílio se referir a educação de ensino superior.

CARF **Súm. 150.** A inconstitucionalidade declarada por meio do RE 363.852/MG não alcança os lançamentos de sub-rogação da pessoa jurídica nas obrigações do produtor rural pessoa física que tenham como fundamento a Lei nº 10.256, de 2001.

CARF **Súm. 182.** O seguro de vida em grupo contratado pelo empregador em favor do grupo de empregados, sem que haja a individualização do montante que beneficia a cada um deles, não se inclui no conceito de remuneração, não estando sujeito à incidência de contribuições previdenciárias, ainda que o benefício não esteja previsto em acordo ou convenção coletiva de trabalho.

STJ **Contribuição previdenciária patronal. Auxílio alimentação ou auxílio transporte. Valores descontados dos empregados. Base de cálculo. Incidência.** O valor correspondente à participação do trabalhador no auxílio alimentação ou auxílio transporte, descontado do salário do trabalhador, deve integrar a base de cálculo da contribuição previdenciária patronal. *REsp 1.928.591, 2ª T, 5.10.2021.*

INFORMATIVOS

STJ **Arrendamento mercantil (leasing). Instituições financeiras descritas no art. 22, § 1º, da Lei 8.212/91. Receitas oriundas da alienação de bens do ativo permanente. Dedução da base de cálculo da contribuição ao PIS e da Cofins. Possibilidade. Lei 9.718/98, art. 3º, §§ 5º e 6º. Normas especiais. Art. 3º, § 2º, da Lei 9.718/98. Norma geral. Convivência harmônica entre ambos os regramentos.** As instituições financeiras descritas no art. 22, § 1º, da Lei 8.212/91 podem deduzir da base de cálculo da contribuição ao PIS e da Cofins as receitas oriundas da alienação de bens do ativo permanente. *REsp 1747824, 1ª T, 29.11.2022. Inf 759.*

STJ **Arrendamento mercantil. Exclusão da receita decorrente da alienação dos bens arrendados do ativo permanente (não circulante) da base de cálculo da contribuição ao PIS e da Cofins no regime cumulativo. Art. 3º, § 2º, IV, da Lei 9.718/98. Receita decorrente da alienação dos bens objeto de operação de leasing na qual a instituição financeira figura como arrendadora. Alcance.** A receita decorrente da alienação dos bens objeto de operação de leasing na qual a instituição financeira figura como arrendadora é excluída da base de cálculo da contribuição ao PIS e Cofins. *REsp 1747824, 1ª T, 29.11.2022. Inf 759.*

STJ **Crédito presumido de ICMS. Exclusão das bases de cálculo do IRPJ e da CSLL. Aplicação de entendimento firmado pela Seção de Direito Público do STJ (EREsp 1517492). Questão análoga analisada pelo STF sob o rito da repercussão geral. Princípio federativo.** Não é possível a inclusão de créditos presumidos de ICMS na base de cálculo do IRPJ e da CSLL, não tendo a LC 60/17 aptidão para alterar a conclusão de que a tributação federal do crédito presumido de ICMS representa violação ao princípio federativo. *REsp 1951855, 1ª T, 8.11.2022. Inf 756.*

STJ **Contribuições sociais. Base de cálculo. Valores retidos a título de imposto de renda e de contribuição previdenciária a cargo do empregado. Exclusão. Impossibilidade.** Os valores descontados a título de contribuição previdenciária e de imposto de renda retido na fonte compõem a base de cálculo da contribuição previdenciária patronal e das contribuições destinadas a terceiros e ao RAT. *AgInt no REsp 1951995, 1ª T, 26.5.2022. Inf 739.*

QUESTÕES OBJETIVAS

29. (TRF/4R/Juiz/2022) Assinale a alternativa correta.

a) Para a instituição de contribuição destinada ao Serviço Brasileiro de Apoio às Micro e Pequenas Empresas (Sebrae), é exigível a edição de lei complementar, por se tratar de exercício de competência tributária residual.

b) As contribuições sociais e de intervenção no domínio econômico, instituídas pela União, incidem sobre receitas decorrentes de operações indiretas de exportação caracterizadas pela participação negocial de sociedade exportadora intermediária.

c) É inconstitucional a majoração diferenciada de alíquotas em relação às contribuições sociais incidentes sobre o faturamento ou a receita de instituições financeiras ou de entidades a elas legalmente equiparáveis.

d) Incide imposto de renda sobre os juros de mora devidos pelo atraso no pagamento de remuneração por exercício de emprego, cargo ou função, dada a natureza acessória da referida parcela.

e) É constitucional a contribuição previdenciária devida por aposentado pelo Regime Geral de Previdência Social que permaneça em atividade ou a essa retorne.

30. (TRF/3R/Juiz/2018) Indique a conclusão correta. A Contribuição para o Financiamento da Seguridade Social - Cofins, exigida das pessoas jurídicas:

a) Pode incidir de acordo com dois regimes jurídicos distintos: cumulativo e não cumulativo.

b) Tem por base de cálculo as receitas de vendas canceladas.

c) Quando incidente no regime cumulativo, é calculada deduzindo-se o valor dos créditos correspondentes à depreciação dos bens do ativo não circulante.

d) Quando incidente no regime não cumulativo, tem por base de cálculo o valor dos insumos utilizados na produção das mercadorias adquiridas.

31. (Cespe/TRF/5R/Juiz/2015) Tendo em vista que grande parte do custeio do RGPS decorre de contribuições de empresas e trabalhadores, calculadas em razão da remuneração ou do salário de contribuição, assinale a opção correta.

a) A contribuição do empregador ao RGPS relativamente ao faturamento limita-se ao somatório dos salários de contribuição da totalidade dos seus empregados.

b) A contribuição do empregador ao RGPS relativamente a cada empregado tem sua base de cálculo limitada ao salário de contribuição do respectivo empregado.

c) A contribuição do servidor público ao RGPS incide sobre a sua remuneração integral.

d) A contribuição do empregado ao RGPS incide sobre o seu salário de contribuição.

e) A contribuição do empregador ao RGPS relativamente ao lucro limita-se ao somatório dos salários de contribuição da totalidade dos seus empregados.

32. (Cespe/TRF/2R/Juiz/2013) Conforme a CF, a seguridade social será financiada por toda a sociedade, de forma direta e indireta, nos termos da lei, mediante recursos provenientes dos orçamentos da União, dos estados, do Distrito Federal e dos municípios, e de determinadas contribuições. Nesse sentido, as contribuições sociais constitucionalmente previstas incluem a contribuição:

a) sobre o domínio econômico incidente sobre a venda de petróleo e derivados.

b) do exportador de serviços para o exterior.

c) do aposentado pelo RGPS.
d) da pensionista de trabalhador falecido que se tenha aposentado pelo RGPS.
e) da entidade equiparada a empresa, na forma da lei, incidente sobre o faturamento.

33. (TRF/4R/Juiz/2012) Dadas as assertivas abaixo, assinale a alternativa correta.

I. Segundo a Constituição Federal, as contribuições de seguridade social incidem sobre o faturamento, e não sobre a receita.
II. Após a regulamentação infraconstitucional da Emenda Constitucional n. 42, de 19 de dezembro de 2003, que autorizou que a Contribuição Social para o Financiamento da Seguridade Social (Cofins) fosse não cumulativa, ressalvadas as empresas prestadoras de serviços e as optantes pelo Simples, todas as empresas estão submetidas ao regime da não cumulatividade.
III. A legislação que regulamenta o PIS e a Cofins não cumulativos não admite a geração de créditos presumidos.
IV. Nas operações de comércio exterior, as contribuições sociais e de intervenção no domínio econômico incidirão na importação de produtos estrangeiros ou serviços, não incidindo, porém, sobre as receitas decorrentes de exportação.
V. Ressalvadas as contribuições previdenciárias, que estão sujeitas à disciplina da Lei n. 8.212/1991 (Lei de Custeio da Previdência Social), é vedada, segundo a Constituição Federal, a alteração do prazo de prescrição, em matéria tributária, por lei ordinária.

a) Está correta apenas a assertiva II.
b) Está correta apenas a assertiva IV.
c) Estão corretas apenas as assertivas I, III e IV.
d) Estão corretas apenas as assertivas I, II, III e V.
e) Nenhuma assertiva está correta.

34. (Cespe/TRF/1R/Juiz/2011) Assinale a opção correta com referência ao financiamento da seguridade social.

a) Aplica-se à tributação da pessoa jurídica, para as contribuições destinadas ao custeio da seguridade social, calculadas com base na remuneração, o regime de competência, de forma que o tributo incide no momento em que surge a obrigação legal de pagamento, não importando se este vai ocorrer em oportunidade posterior.
b) A CF autoriza a utilização dos recursos provenientes das contribuições sociais incidentes sobre a folha de salários e demais rendimentos dos segurados para custear as despesas com pessoal e administração geral do Instituto Nacional do Seguro Social.
c) Para fins de cálculo do salário de contribuição do segurado empregado, não se admite fracionamento, razão pela qual, quando a admissão, a dispensa, o afastamento ou a falta do segurado empregado ocorrer no curso do mês, o salário de contribuição será calculado considerando-se o número total de dias do mês.
d) Conforme previsão constitucional, nenhum benefício ou serviço da seguridade social ou de previdência privada poderá ser criado, majorado ou estendido sem a correspondente fonte de custeio total.
e) Integram a produção, para os efeitos de contribuição do empregador rural pessoa física, os produtos de origem vegetal submetidos a processos de beneficiamento ou industrialização rudimentar, excetuando-se os processos de lavagem, limpeza, descaroçamento, pilagem, descascamento, lenhamento, pasteurização, resfriamento, secagem, fermentação, embalagem, cristalização e fundição.

3. DIREITO PROCESSUAL PREVIDENCIÁRIO

SÚMULAS

1) Acidente do Trabalho

STF **Súm. 230.** A prescrição da ação de acidente do trabalho conta-se do exame pericial que comprovar a enfermidade ou verificar a natureza da incapacidade.

STJ **Súm. 89.** A ação acidentária prescinde do exaurimento da via administrativa.

STJ **Súm. 226.** O Ministério Público tem legitimidade para recorrer na ação de acidente do trabalho, ainda que o segurado esteja assistido por advogado.

STJ **Súm. 351.** A alíquota de contribuição para o Seguro de Acidente do Trabalho (SAT) é aferida pelo grau de risco desenvolvido em cada empresa, individualizada pelo seu CNPJ, ou pelo grau de risco da atividade preponderante quando houver apenas um registro.

2) Competência

STF **Súm. Vinculante 22.** A justiça do trabalho é competente para processar e julgar as ações de indenização por danos morais e patrimoniais decorrentes de acidente de trabalho propostas por empregado contra empregador, inclusive aquelas que ainda não possuíam sentença de mérito em primeiro grau quando da promulgação da Emenda Constitucional n. 45/04.

STF **Súm. Vinculante 53.** A competência da justiça do trabalho prevista no artigo 114, inciso VIII, da Constituição Federal alcança a execução de ofício das contribuições previdenciárias relativas ao objeto da condenação constante das sentenças que proferir e acordos por ela homologados.

TRF2 **Súm. 15.** O § 3º do art. 109 da constituição federal de 1988, institui, quanto às causas de natureza previdenciária, hipótese de competência relativa, pelo que não elide a competência concorrente da justiça federal.

TRF3 **Súm. 20.** A regra do § 3º do artigo 109 da Constituição Federal abrange não só os segurados e beneficiários da previdência social, como também aqueles que pretendem ver declarada tal condição.

TRF3 **Súm. 22.** É extensível aos beneficiários da Assistência Social (inciso V do artigo 203 da CF) a regra de delegação de competência do § 3º do artigo 109 da Constituição Federal, sendo exclusiva a legitimidade passiva do INSS.

TRF3 **Súm. 24.** É facultado aos segurados ou beneficiários da Previdência Social ajuizar ação na justiça estadual de seu domicílio, sempre que esse não for sede de Vara da justiça federal.

TRF3 **Súm. 26.** Não serão remetidas aos Juizados Especiais Federais as causas previdenciárias e assistenciais ajuizadas até a sua instalação, em tramitação em Vara Federal ou Vara Estadual no exercício de jurisdição Federal delegada.

TRF3 **Súm. 37.** Compete à 3ª Seção julgar as ações referentes à devolução dos valores recebidos indevidamente a título de benefício previdenciário, independentemente do tipo de ação proposta.

TRF3 **Súm. 38.** Ausente controvérsia a respeito dos requisitos para a concessão ou revisão de benefício da seguridade social, cumpre à unidade judiciária com competência cível o julgamento de demanda que verse sobre a regularidade de processo administrativo previdenciário.

TRF4 **Súm. 8.** Subsiste no novo texto constitucional a opção do segurado para ajuizar ações contra a Previdência Social no foro estadual do seu domicílio ou no do Juízo Federal.

TRF4 **Súm. 135.** É da competência do juízo previdenciário o julgamento de pedido de condenação por danos morais quando cumulado com o de concessão de benefício.

TRF4 **Súm. 136.** Compete às varas e turmas especializadas em matéria tributária o julgamento de ações que tenham por objeto a dedução da base de cálculo das contribuições sociais devidas, da remuneração paga à empregada gestante, prevista na Lei 14.151/21.

3) Correção Monetária

STJ **Súm. 148.** Os débitos relativos a benefício previdenciário, vencidos e cobrados em juízo após a vigência da Lei n. 6.899/1981, devem ser corrigidos monetariamente na forma prevista nesse diploma legal.

TRF1 **Súm. 7.** Extinto o Bônus do Tesouro Nacional, a correção monetária de benefícios previdenciários oriundos de condenação judicial passou a ser feita pelo Índice Nacional de Preços ao Consumidor

TRF1 **Súm. 41.** Os índices integrais de correção monetária, incluídos os expurgos inflacionários, a serem aplicados na execução de sentença condenatória de pagamento de benefícios previdenciários, vencimentos, salários, proventos, soldos e pensões, ainda que nela não haja previsão expressa, são de 42,72% em janeiro de 1989, 10,14% em fevereiro de 1989, 84,32% em março de 1990, 44,80% em abril de 1990, 7,87% em maio de 1990 e 21,87% em fevereiro de 1991.

4) Custas Processuais

STJ **Súm. 178.** O INSS não goza de isenção do pagamento de custas e emolumentos, nas ações acidentárias e de benefícios, propostas na justiça estadual.

5) Depósito Prévio

STJ **Súm. 175.** Descabe o depósito prévio nas ações rescisórias propostas pelo INSS.

STJ **Súm. 483.** O INSS não está obrigado a efetuar depósito prévio do preparo por gozar das prerrogativas e privilégios da Fazenda Pública.

TRF4 **Súm. 55.** É constitucional a exigência de depósito prévio da multa para interposição de recurso administrativo, nas hipóteses previstas pelo art. 93 da Lei n. 8.212/91. com a redação dada pela Lei n. 8.870/94. e pelo art. 636, § 1º, da CLT.

6) Exaurimento da Via Administrativa

STJ **Súm. 89.** A ação acidentária prescinde do exaurimento da via administrativa.

TRF2 **Súm. 44.** Para a propositura de ações de natureza previdenciária é desnecessário o exaurimento das vias administrativas.

TRF3 **Súm. 9.** Em matéria previdenciária, torna-se desnecessário o prévio exaurimento da via administrativa, como condição de ajuizamento da ação.

7) Honorários Advocatícios

STF **Súm. 234.** São devidos honorários de advogado em ação de acidente do trabalho julgada procedente.

STJ **Súm. 110.** A isenção do pagamento de honorários advocatícios, nas ações acidentárias, é restrita ao segurado.

STJ **Súm. 111.** Os honorários advocatícios, nas ações previdenciárias, não incidem sobre as prestações vencidas após a sentença.

TRF4 **Súm. 76.** Os honorários advocatícios, nas ações previdenciárias, devem incidir somente sobre as parcelas vencidas até a data da sentença de procedência ou do acórdão que reforme a sentença de improcedência.

8) Juros

STJ **Súm. 204.** Os juros de mora nas ações relativas a benefícios previdenciários incidem a partir da citação válida.

TRF4 **Súm. 3.** Os juros de mora, impostos a partir da citação, incidem também sobre a soma das prestações previdenciárias vencidas.

TRF4 **Súm. 75.** Os juros moratórios, nas ações previdenciárias, devem ser fixados em 12% ao ano, a contar da citação.

9) Provas

STJ **Súm. 149.** A prova exclusivamente testemunhal não basta à comprovação da atividade rurícola, para efeito da obtenção de benefício previdenciário.

STJ **Súm. 242.** Cabe ação declaratória para reconhecimento de tempo de serviço para fins previdenciários.

STJ **Súm. 577.** É possível reconhecer o tempo de serviço rural anterior ao documento mais antigo apresentado, desde que amparado em convincente prova testemunhal colhida sob o contraditório.

TRF1 **Súm. 27.** Não é admissível prova exclusivamente testemunhal para reconhecimento de tempo de exercício de atividade urbana e rural (Lei 8.213/91, art. 55, § 3º).

TRF1 **Súm. 40.** O mandado de segurança não é a via própria para a comprovação de tempo de serviço para efeito previdenciário, quando ensejar dilação probatória

TRF4 **Súm. 73.** Admitem-se como início de prova material do efetivo exercício de atividade rural, em regime de economia familiar, documentos de terceiros, membros do grupo parental.

TRF4 **Súm. 104.** A legislação previdenciária não faz qualquer restrição quanto à admissibilidade da prova testemunhal, para comprovação da união estável, com vista à obtenção de benefício previdenciário.

TRF4 **Súm. 106.** Quando impossível a realização de perícia técnica no local de trabalho do segurado, admite-se a produção desta prova em empresa similar, a fim de aferir a exposição aos agentes nocivos e comprovar a especialidade do labor.

TNU **Súm. 6.** A certidão de casamento ou outro documento idôneo que evidencie a condição de trabalhador rural do cônjuge constitui início razoável de prova material da atividade rurícola.

TNU **Súm. 14.** Para a concessão de aposentadoria rural por idade, não se exige que o início de prova material, corresponda a todo o período equivalente à carência do benefício.

TNU **Súm. 22.** Se a prova pericial realizada em juízo dá conta de que a incapacidade já existia na data do requerimento administrativo, esta é o termo inicial do benefício assistencial.

TNU **Súm. 27.** A ausência de registro em órgão do Ministério do Trabalho não impede a comprovação do desemprego por outros meios admitidos em direito.

TNU **Súm. 31.** A anotação na CTPS decorrente de sentença trabalhista homologatória constitui início de prova material para fins previdenciários.

TNU **Súm. 34.** Para fins de comprovação do tempo de labor rural, o início de prova material deve ser contemporâneo à época dos fatos a provar.

TNU **Súm. 62.** O segurado contribuinte individual pode obter reconhecimento de atividade especial para fins previdenciários, desde que consiga comprovar exposição a agentes nocivos à saúde ou à integridade física.

TNU **Súm. 63.** A comprovação de união estável para efeito de concessão de pensão por morte prescinde de início de prova material.

TNU **Súm. 68.** O laudo pericial não contemporâneo ao período trabalhado é apto à comprovação da atividade especial do segurado.

TNU **Súm. 75.** A Carteira de Trabalho e Previdência Social (CTPS) em relação à qual não se aponta defeito formal que lhe comprometa a fidedignidade goza de presunção relativa de veracidade, formando prova suficiente de tempo de serviço para fins previdenciários, ainda que a anotação de vínculo de emprego não conste no Cadastro Nacional de Informações Sociais (CNIS).

TNU **Súm. 77.** O julgador não é obrigado a analisar as condições pessoais e sociais quando não reconhecer a incapacidade do requerente para a sua atividade habitual.

10) Outros Temas

STJ **Súm. 77.** A Caixa Econômica Federal é parte ilegítima para figurar no polo passivo das ações relativas às contribuições para o fundo PIS/Pasep.

REPERCUSSÃO & REPETITIVOS

STF **Rep. Geral 1092.** Compete à justiça comum processar e julgar causas sobre complementação de aposentadoria instituída por lei cujo pagamento seja, originariamente ou por sucessão, da responsabilidade da Administração Pública direta ou indireta, por derivar essa responsabilidade de relação jurídico-administrativa. *RE 1265549, 5.6.2020.*

STJ **Repetitivo 692.** A reforma da decisão que antecipa os efeitos da tutela final obriga o autor da ação a devolver os valores dos benefícios previdenciários ou assistenciais recebidos, o que pode ser feito por meio de desconto em valor que não exceda 30% (trinta por cento) da importância de eventual benefício que ainda lhe estiver sendo pago. *Pet 12482, 1ª S, 11.5.2022.*

STJ **Repetitivo 975.** Aplica-se o prazo decadencial de dez anos estabelecido no art. 103, caput, da Lei 8.213/1991 às hipóteses em que a questão controvertida não foi apreciada no ato administrativo de análise de concessão de benefício previdenciário. *REsp 1648336, 4.8.2020.*

STJ **Repetitivo 979.** Com relação aos pagamentos indevidos aos segurados decorrentes de erro administrativo (material ou operacional), não embasado em interpretação errônea ou equivocada da lei pela Administração, são repetíveis, sendo legítimo o desconto no percentual de até 30% (trinta por cento) de valor do benefício pago ao segurado/beneficiário, ressalvada a hipótese em que o segurado, diante do caso concreto, comprova sua boa-fé objetiva, sobretudo com demonstração de que não lhe era possível constatar o pagamento indevido. *REsp 1381734, 23.4.2021.*

STJ **Repetitivo 1005.** Na ação de conhecimento individual, proposta com o objetivo de adequar a renda mensal do benefício previdenciário aos tetos fixados pelas Emendas Constitucionais 20/98 e 41/2003 e cujo pedido coincide com aquele anteriormente formulado em ação civil pública, a interrupção da prescrição quinquenal, para recebimento das parcelas vencidas, é a data de ajuizamento da lide individual, salvo se requerida a sua suspensão, na forma do art. 104 da Lei n. 8.078/1990. *REsp 1.761.874, 1.7.2021.*

STJ **Repetitivo 1018.** O segurado tem direito de opção pelo benefício mais vantajoso concedido administrativamente, no curso de ação judicial em que se reconheceu benefício menos vantajoso. Em cumprimento de sentença, o segurado possui o direito à manutenção do benefício previdenciário concedido administrativamente no curso da ação judicial e, concomitantemente, à execução das parcelas do benefício reconhecido na via judicial, limitadas à data de implantação daquele conferido na via administrativa. *REsp 1767789, 8.6.2022.*

STJ **Repetitivo 1050.** O eventual pagamento de benefício previdenciário na via administrativa, seja ele total ou parcial, após a citação válida, não tem o condão de alterar a base de cálculo para os honorários advocatícios fixados na ação de conhecimento, que será composta pela totalidade dos valores devidos. *REsp 1847731, 5.5.2021.*

STJ **Repetitivo 1057.** (I) O disposto no art. 112 da Lei n. 8.213/1991, segundo o qual "o valor não recebido em vida pelo segurado só será pago aos seus dependentes habilitados à pensão por morte ou, na falta deles, aos seus sucessores na forma da lei civil, independentemente de inventário ou arrolamento", é aplicável aos âmbitos judicial e administrativo; (II) Os pensionistas detêm legitimidade ativa para pleitear, por direito próprio, a revisão do benefício derivado (pensão por morte) – caso não alcançada pela decadência –, fazendo jus a diferenças pecuniárias pretéritas não prescritas, decorrentes da pensão recalculada; (III) Caso não decaído o direito de revisar a renda mensal inicial do benefício originário do segurado instituidor, os pensionistas poderão postular a revisão da aposentadoria, a fim de auferirem eventuais parcelas não prescritas resultantes da readequação do benefício original, bem como os reflexos na graduação econômica da pensão por morte; e (IV) À falta de dependentes legais habilitados à pensão por morte, os sucessores (herdeiros) do segurado instituidor, definidos na lei civil, são partes legítimas para pleitear, por ação e em nome próprios, a revisão do benefício original – salvo se decaído o direito ao instituidor – e, por conseguinte, de haver eventuais diferenças pecuniárias não prescritas, oriundas do recálculo da aposentadoria do "de cujus". *REsp 1.856.967, 28.6.2021.*

STJ **Repetitivo 1117.** O marco inicial da fluência do prazo decadencial, previsto no caput do art. 103 da Lei n. 8.213/1991, quando houver pedido de revisão da renda mensal inicial (RMI) para incluir verbas remuneratórias recebidas em ação trabalhista nos salários de contribuição que integraram o período básico de cálculo (PBC) do benefício, deve ser o trânsito em julgado da sentença na respectiva reclamatória. *REsp 1947419, 24.8.2022.*

ENUNCIADOS

1) Competência

Fonajef **Enunc. 187.** São da competência da justiça federal os pedidos de benefícios ajuizados por segurados especiais e seus dependentes em virtude de acidentes ocorridos nessa condição.

Fonajef **Enunc. 203.** Não compete à justiça federal solucionar controvérsias relacionadas à ausência e/ ou à inexatidão das informações constantes de PPP e/ou LTCAT para prova de tempo de serviço especial.

2) Mediação

CJF **PSEL 36.** Para estimular soluções administrativas em ações previdenciárias, quando existir matéria de fato a ser comprovada, as partes poderão firmar acordo para a reabertura do processo administrativo com o objetivo de realizar, por servidor do INSS em conjunto com a Procuradoria, procedimento de justificação administrativa, pesquisa externa e/ou vistoria técnica, com possibilidade de revisão da decisão original.

CJF **PSEL 37.** Recomenda-se a criação de câmaras previdenciárias de mediação ou implantação de procedimentos de mediação para solucionar conflitos advindos de indeferimentos, suspensões e cancelamentos de benefícios previdenciários, ampliando o acesso à justiça e permitindo à administração melhor gerenciamento de seu processo de trabalho.

CJF **PSEL 69.** A Administração Pública, sobretudo na área tributária e previdenciária, deve adotar, "ex officio", a interpretação pacificada de normas legais e constitucionais, respectivamente, no Superior Tribunal de Justiça e no Supremo Tribunal Federal, independentemente de julgamento em caso de recursos repetitivos ou repercussão geral ou de edição de súmula vinculante.

3) Prévio Requerimento Administrativo

CJF **PSEL 71.** Tendo havido prévio e comprovado requerimento administrativo, incumbe à Administração Pública o dever de comprovar em juízo que adotou as providências legais e regulamentares para a aferição do direito da parte.

Fonajef **Enunc. 77.** O ajuizamento da ação de concessão de benefício da seguridade social reclama prévio requerimento administrativo.

Fonajef **Enunc. 78.** O ajuizamento da ação revisional de benefício da seguridade social que não envolva matéria de fato dispensa o prévio requerimento administrativo, salvo quando houver ato oficial da Previdência reconhecendo administrativamente o direito postulado.

Fonajef **Enunc. 79.** A comprovação de denúncia da negativa de protocolo de pedido de concessão de benefício, feita perante a ouvidoria da previdência social, supre a exigência de comprovação de prévio requerimento administrativo nas ações de benefícios da seguridade social.

Fonajef **Enunc. 80.** Em juizados itinerantes, pode ser flexibilizada a exigência de prévio requerimento administrativo, consideradas as peculiaridades da região atendida.

Fonajef **Enunc. 164.** Julgado improcedente pedido de benefício por incapacidade, no ajuizamento de nova ação, com base na mesma doença, deve o segurado apresentar novo requerimento administrativo, demonstrando, na petição inicial, o agravamento da doença, juntando documentos médicos novos.

Fonajef **Enunc. 165.** Ausência de pedido de prorrogação de auxílio-doença configura a falta de interesse processual equivalente à inexistência de requerimento administrativo.

Fonajef **Enunc. 166.** A conclusão do processo administrativo por não comparecimento injustificado à perícia ou à entrevista rural equivale à falta de requerimento administrativo.

Fonajef **Enunc. 197.** Por deter requisitos legais diferentes, o requerimento administrativo de benefício por incapacidade previdenciária não configura pretensão resistida para postular benefício assistencial na esfera judicial.

Fonajef **Enunc. 202.** A ausência de PPP ou documento equivalente no processo administrativo implicará, em relação ao tempo especial respectivo, a extinção do processo judicial sem resolução do mérito por falta de requerimento administrativo válido.

4) Provas

4.1) Meios de Prova

Fonajef **Enunc. 188.** O benefício concedido ao segurado especial, administrativamente ou judicialmente, configura início de prova material válida para posterior concessão aos demais integrantes do núcleo familiar, assim como ao próprio beneficiário.

Fonajef **Enunc. 222.** É possível o julgamento do mérito dos pedidos de benefício previdenciário rural com base em prova exclusivamente documental, caso seja suficiente para a comprovação do período de atividade rural alegado na petição inicial.

Fonajef **Enunc. 223.** O juiz poderá indeferir a petição inicial, por inépcia, quando, em ações previdenciárias, intimada a parte para a emenda, não seja sanada a inadequada narrativa dos fatos ou a ausência de início de prova material.

Fonajef **Enunc. 225.** A prova técnica simplificada é legítima para análise de pedidos de benefícios previdenciários e assistenciais.

Fonacom **Enunc. 81.** Nas ações em que a controvérsia disser respeito à comprovação da qualidade de segurado especial é lícita a celebração de negócio jurídico processual (artigo 190 do CPC), para que a produção de provas seja documentada e concentrada na petição inicial e contestação, com a apresentação de elementos documentais e audiovisuais sobre o autor, local e forma de trabalho, inclusive com gravação de oitiva de confrontantes e georreferenciamento, no caso do autor; e consulta aos sistemas previdenciários e demais bases governamentais disponíveis, no caso do INSS, com oportunidade para réplica escrita, dispensando-se, a critério do juiz, a realização de audiência de instrução e julgamento.

Fonacom **Enunc. 82.** Em sede de conciliação em reclamação pré processual que trata de pedido de concessão de benefício de prestação continuada para pessoa em situação de rua, a hipossuficiência do autor pode ser comprovada por declaração de acompanhamento emitida pelo CRAS ou outro órgão ou instituição da rede de proteção social dos Estados, DF e dos Municípios.

4.2) Perícia

Fonajef **Enunc. 112.** Não se exige médico especialista para a realização de perícias judiciais, salvo casos excepcionais, a critério do juiz.

Fonajef **Enunc. 126.** Não cabe a presença de advogado em perícia médica, por ser um ato médico, no qual só podem estar presentes o próprio perito e eventuais assistentes técnicos.

Fonajef **Enunc. 133.** Quando o perito médico judicial não conseguir fixar a data de início da incapacidade, de forma fundamentada, deve-se considerar para tanto a data de realização da perícia, salvo a existência de outros elementos de convicção.

Fonajef **Enunc. 167.** Nas ações de benefício assistencial, não há nulidade na dispensa de perícia socioeconômica quando não identificado indício de deficiência, a partir de seu conceito multidisciplinar.

Fonajef **Enunc. 204.** Verificando-se a necessidade de nova perícia com outra especialidade médica, a turma recursal deverá converter os autos em diligências para a realização do ato, em vez de anular a sentença, tendo em vista a limitação de pagamento de uma perícia por instância em cada processo, disposta no § 3º do art. 1º da Lei n. 13.876/2019.

Fonajef **Enunc. 207.** A utilização de notas técnicas e pareceres técnico-científicos do e-NATJUS e dos NATJUS pode dispensar produção de perícia.

5) Sentença Judicial

Fonajef **Enunc. 212.** Não há nulidade na sentença quando esta determina a concessão do melhor benefício, observados os parâmetros a serem analisados para a sua implantação administrativa.

INFORMATIVOS

STJ **Pensão por morte. Mudança de paradigma. ADI 6096/STF. Prazo decadencial para a revisão do ato de indeferimento, cancelamento ou cessação de benefício previdenciário. Art. 24 da Lei 13.846/19 que deu nova redação ao art. 103 da Lei 8.213/91. Inconstitucionalidade. Súm. 85/STJ.** Não é possível inviabilizar o pedido de concessão do benefício previdenciário ou de seu restabelecimento em razão do transcurso de quaisquer lapsos temporais – seja decadencial ou prescricional. *AgInt no REsp 1805428, 1ª T, 17.5.2022. Inf 737.*

QUESTÕES DISCURSIVAS

6. (TRF/3R/Juiz/2008) O beneficiário de aposentadoria do regime geral da Previdência Social, domiciliado em Mauá, município que integra a jurisdição da 26ª Subseção Judiciária de São Paulo, impetrou mandado de segurança contra o ato de suspensão desse benefício, emanado do responsável pela Agência da Previdência Social em Mauá, perante o Juízo Federal da 3ª Vara de Santo André, instalada de acordo com o Provimento n. 226, de 26 de novembro de 2001, do Conselho da Justiça da Terceira Região, cujo parágrafo único do art. 3º prescreve: "A jurisdição em relação às causas que versarem sobre execução fiscal e matéria previdenciária abrangerá apenas o município de Santo André". Ao despachar a petição inicial, como fica a questão da competência, em face do artigo 109, § 3º, da Constituição Federal?

7. (TRF/4R/Juiz/2006) Disserte sobre a prova do tempo de serviço para fins previdenciários, abordando, no mínimo, os seguintes aspectos: exigência de prova legal e razoabilidade; exceções à prova legal e fundamentos; meios de prova válidos e exemplos; procedimentos de justificação; prova emprestada; efeitos da sentença trabalhista na lide previdenciária; e efeitos da sentença cível de incapacidade ou de dependência.

QUESTÕES OBJETIVAS

35. (Vunesp/TRF/3R/Juiz/2022) "A" recebe pensão por morte desde 12/04/2011. "B', o instituidor da pensão, era beneficiário de aposentadoria por tempo de contribuição e recebia o benefício desde 10/02/2009. "B" havia sido vencedor de ação trabalhista, que lhe garantiu a majoração dos salários de contribuição referentes ao período de 01/2005 a 12/2008. O trânsito em julgado da sentença trabalhista ocorreu em 15/07/2015. "B" nunca requereu a revisão do benefício de aposentadoria. Em 03/03/2022, "A" formulou requerimento administrativo de revisão da renda mensal inicial do benefício de pensão por morte, para incluir, no cálculo da pensão, o aumento dos salários de contribuição do falecido no período de 01/2005 a 12/2008, tal como reconhecido na ação trabalhista. O INSS, ao analisar o requerimento de "A", reconheceu a decadência do direito à revisão. Inconformada com a decisão administrativa, "A" ajuizou ação judicial em 03/05/2022. Sobre a decadência, assinale a alternativa que está em consonância com a legislação e a jurisprudência do Superior Tribunal de Justiça e da TNU:

a) não ocorreu a decadência, pois o prazo de 10 anos deve ser contado a partir do trânsito em julgado da sentença trabalhista.
b) não se aplica o instituto da decadência, pois a questão não foi apreciada no ato administrativo de análise de concessão do benefício previdenciário.
c) ocorreu a decadência, pois o prazo de 10 anos deve ser contado a partir do início do recebimento da pensão por morte.
d) ocorreu a decadência, pois o prazo de 10 anos deve ser contado a partir do início do recebimento da aposentadoria pelo instituidor da pensão.

36. (Cespe/TRF/5R/Juiz/2017) A respeito do processo administrativo e da ação previdenciária, assinale a opção correta.

a) A falta de pleito administrativo com o objetivo de manter benefício previdenciário já concedido e cujos fatos já foram analisados pelo órgão administrativo inviabiliza o processamento da ação previdenciária por falta de interesse de agir.
b) Decisão judicial que extingue ação previdenciária sem resolução de mérito por falta de prévio pedido administrativo ofende o princípio da inafastabilidade da jurisdição.
c) A existência de requerimento administrativo pleiteando benefício previdenciário junto ao órgão administrativo impede o processamento de ação judicial que tenha por objeto o mesmo pleito administrativo, até que o requerimento seja decidido na primeira instância da via administrativa.
d) A interposição de recurso administrativo contra decisão do órgão previdenciário que indeferiu pedido de benefício inviabiliza a propositura de ação judicial com o mesmo objeto do pleito denegatório, enquanto não ficar decidido o referido recurso.
e) A existência de tese firmada administrativamente pelo órgão previdenciário contrário ao pleito do segurado não inviabiliza a propositura de ação judicial sem prévio requerimento administrativo.

37. (TRF/4R/Juiz/2014) Assinale a alternativa correta.

a) A ação para haver prestação vencida devida pelo INSS a segurado prescreve no prazo de cinco anos, contado do dia primeiro do mês seguinte ao do recebimento da respectiva parcela.
b) O prazo decadencial, diferentemente do prescricional, não pode ser suspenso, não correndo, entrementes, contra os menores de dezoito anos, os que, por enfermidade ou deficiência mental, não tiverem o necessário discernimento para a prática

dos atos da vida civil e os que, mesmo por causa transitória, não puderem exprimir sua vontade.

c) De acordo com a orientação do Superior Tribunal de Justiça expressa em recurso especial representativo da controvérsia, a norma extraída do caput do artigo 103 da Lei n. 8.213/91 aplica-se às causas que buscam o reconhecimento do direito de renúncia à aposentadoria, pois estabelece prazo decadencial para o segurado ou seu beneficiário postular a revisão do ato de concessão de benefício, o qual se modificado, importará em pagamento retroativo, como ocorre no caso da desaposentação.

d) A Lei n. 9.784/99 estabelece prazo decadencial de cinco anos para a Administração desconstituir atos administrativos de efeitos favoráveis aos respectivos destinatários, mas, segundo a Lei n. 8.213/91, o direito da Previdência Social de anular os atos administrativos de que decorram efeitos favoráveis para os seus beneficiários decai em dez anos, contados da data em que foram praticados, salvo comprovada má-fé.

e) Os artigos 103 e 103-A da Lei n. 8.213/91 dispõem sobre três prazos extintivos de direito, submetidos a lustro, a saber: prescrição, decadência para o segurado revisar o ato de concessão e decadência para a Administração desfazer atos favoráveis aos segurados.

38. (Cespe/TRF/5R/Juiz/2013) No que concerne aos princípios, à eficácia e à interpretação das normas de seguridade social, assinale a opção correta.

a) Embora não haja nas normas previdenciárias preceito equivalente ao previsto no CPC, segundo o qual o juiz somente se pode valer da equidade quando autorizado por lei, essa técnica tem sido utilizada na solução de conflitos que envolvam matéria previdenciária, como os casos de concessão de benefícios previdenciários nas relações homoafetivas.

b) De acordo com o princípio do equilíbrio financeiro e atuarial, o poder público, na execução das políticas relativas à saúde e à assistência social, assim como à previdência social, deve atentar sempre para a relação entre custo e pagamento de benefícios, a fim de manter o sistema em condições superavitárias.

c) Por adotar os princípios da seletividade e distributividade, o poder público pode averiguar a capacidade contributiva do indivíduo para fins de concessão dos benefícios e dos serviços da seguridade social.

d) Como as normas previdenciárias aplicam-se somente às pessoas que vivem no território nacional, o brasileiro ou estrangeiro domiciliado e contratado no Brasil para trabalhar como empregado em sucursal ou agência de empresa nacional no exterior não pode ser segurado da previdência social.

e) Os tratados, convenções e outros acordos internacionais de que Estado estrangeiro ou organismo internacional e o Brasil sejam partes e que versem sobre matéria previdenciária são interpretadas como leis ordinárias gerais.

39. (Cespe/TRF/5R/Juiz/2011) No que se refere aos litígios previdenciários nos juizados especiais federais e às aposentadorias, assinale a opção correta.

a) O tempo de serviço anterior à edição da Lei n. 8.213/1991 pode ser considerado para a concessão de benefício previdenciário do RGPS ao segurado trabalhador rural, inclusive para efeito de carência, ainda que não tenha havido, naquele tempo, recolhimento de contribuição previdenciária.

b) Para fins de aposentadoria por idade, é necessário que o trabalhador rural comprove atividade rurícola contínua, no período imediatamente anterior ao requerimento administrativo ou judicial, por período equivalente à metade do prazo de carência legalmente exigido aos demais trabalhadores.

c) O salário de benefício da aposentadoria por invalidez será igual a 91% do valor do salário de benefício do auxílio-doença anteriormente recebido, reajustado pelos índices de correção dos benefícios previdenciários.

d) É juridicamente aceitável a acumulação de pensão por morte com aposentadoria por invalidez, pois esses benefícios têm naturezas distintas e fatos geradores diferentes.

e) Tratando-se de demanda previdenciária, o fato de o imóvel ser superior ao módulo rural afasta, por si só, a qualificação de seu proprietário como segurado especial, ainda que comprovada, nos autos, a exploração em regime de economia familiar.

40. (Cespe/TRF/3R/Juiz/2011) Acerca de segurados, benefícios e serviços do RGPS, assinale a opção correta.

a) O salário-família é devido ao segurado empregado, exceto ao doméstico, e ao segurado trabalhador avulso, na proporção do número de filhos e independentemente da renda do segurado.

b) Suponha que José, segurado facultativo, tenha recolhido sua última contribuição previdenciária em janeiro de 2011 e falecido em 17.9.2011. Nesse caso, José perdera a qualidade de segurado antes da data do óbito.

c) A renda mensal inicial do auxílio-doença é de 91% do salário de benefício, que corresponde à média aritmética simples dos maiores salários de contribuição relativos a 80% de todo o período contributivo, multiplicada pelo fator previdenciário.

d) O serviço social, que compreende a orientação aos segurados e dependentes sobre seus direitos e deveres perante a previdência social, é prestado de forma gratuita e sem prioridade a qualquer beneficiário.

e) Todas as empresas estão obrigadas a preencher um percentual de seus cargos com trabalhadores reabilitados e só podem dispensar um trabalhador reabilitado após a contratação de substituto de condição semelhante.

41. (Cespe/TRF/3R/Juiz/2011) Assinale a opção correta, a respeito do RGPS.

a) Suponha que Mário seja titular de aposentadoria concedida em 20/11/1996. Nesse caso, não há prazo para o INSS revisar de ofício a renda mensal inicial do mencionado benefício, o que pode ser feito a qualquer tempo, desde que observado o prévio contraditório.

b) A comprovação do tempo de serviço para obtenção de benefício previdenciário exige início de prova material, sendo assim considerada a declaração prestada pelo ex-empregador, quando contemporânea aos fatos alegados.

c) Considere que João, carregador de bagagem em porto, preste, sem vínculo empregatício, serviços a diversas empresas por intermédio do sindicato da categoria. Nessa situação, João é segurado obrigatório na condição de contribuinte individual.

d) A dependência econômica dos pais em relação aos filhos não é presumida e deve ser comprovada com início de prova material, não sendo admitida a prova exclusivamente testemunhal, salvo na ocorrência de força maior ou caso fortuito.

e) Conforme jurisprudência do STF, a majoração do limite máximo do valor dos benefícios previdenciários (também conhecido como teto) efetivada por emenda constitucional não tem aplicação retroativa aos benefícios concedidos com limite no teto anterior.

42. (Cespe/TRF/2R/Juiz/2011) Em relação ao denominado período de graça e à comprovação de tempo de serviço/contribuição no âmbito do RGPS, assinale a opção correta.

a) Mantém a qualidade de segurado, independentemente de contribuições, até doze meses após o licenciamento, o indivíduo incorporado às Forças Armadas para prestar serviço militar.

b) Para fins de reconhecimento de tempo de serviço, a sentença trabalhista será admitida como início de prova material quando corroborada pelo conjunto fático-probatório dos autos, ainda que o INSS não tenha integrado a lide.

c) Para fazer jus às vantagens garantidas em lei pelo período de graça, o segurado deve comprovar sua situação de desemprego por meio de registro em órgão do Ministério do Trabalho e Emprego.

d) É incabível ação declaratória para o mero reconhecimento de tempo de serviço para fins previdenciários.

e) A comprovação do tempo de serviço mediante justificação administrativa só produz efeito quando embasada em início de prova material; não se admite prova exclusivamente testemunhal, mesmo na hipótese de força maior ou caso fortuito.

43. (Cespe/TRF/1R/Juiz/2011) Assinale a opção correta acerca das ações previdenciárias.

a) O cálculo da verba de honorários advocatícios nas ações previdenciárias incide apenas sobre as prestações vencidas até a prolação da sentença que julgar total ou parcialmente procedente o pedido, excluindo-se, assim, as vincendas.

b) Compete à justiça federal da capital do estado processar e julgar os litígios decorrentes de acidente do trabalho envolvendo segurado residente em município que não seja sede de vara federal.

c) O cômputo do prazo prescricional de um ano para o ajuizamento da ação, objetivando o recebimento de indenização securitária em favor do segurado, tem início a partir do requerimento em que se tenha pleiteado administrativamente a aposentadoria por invalidez.

d) O MP não tem legitimidade para propor ação civil pública que veicule pretensões relativas a benefícios previdenciários.

e) Compete à justiça federal julgar ação de complementação de aposentadoria em que se objetive a complementação de benefício previdenciário, caso o pedido e a causa de pedir decorram de pacto firmado com instituição de previdência privada.

44. (TRF/4R/Juiz/2010) Há em tramitação no Judiciário brasileiro um número muito expressivo de ações de natureza previdenciária, o que deu origem a orientações seguras na jurisprudência acerca de várias questões. Dadas as assertivas, analisando-as à luz do entendimento jurisprudencial predominante no âmbito do Tribunal Regional Federal da 4ª Região e dos Tribunais Superiores, assinale a alternativa correta.

I. Subsiste no novo texto constitucional a opção do segurado para ajuizar ações contra a Previdência Social no foro estadual do seu domicílio ou no do Juízo Federal, devendo a ação, nesse último caso, ser ajuizada necessariamente perante o Juízo Federal do seu domicílio.

II. As parcelas devidas pelo INSS em ações previdenciárias devem ser acrescidas de correção monetária. Os juros, quando cabíveis, também devem ser acrescidos ao montante principal, incidentes a partir da data do ajuizamento da ação.

III. Os honorários advocatícios, nas ações previdenciárias, devem incidir somente sobre as parcelas vencidas até a data da sentença de procedência ou do acórdão que reforme a sentença de improcedência.

IV. A prova exclusivamente testemunhal não basta à comprovação da atividade rurícola, para efeito de obtenção de benefício previdenciário, mas admitem-se como início de prova material do efetivo exercício de atividade rural, em regime de economia familiar, documentos em nome de terceiros, membros do grupo parental.

V. Em matéria de direito intertemporal, a lei aplicável ao pleito de concessão de pensão previdenciária por morte é aquela vigente na data do óbito do segurado.

a) Estão corretas apenas as assertivas I, III e IV.

b) Estão corretas apenas as assertivas II, III e V.

c) Estão corretas apenas as assertivas III, IV e V.

d) Estão corretas apenas as assertivas I, III, IV e V.

e) Estão corretas todas as assertivas.

45. (Cespe/TRF/2R/Juiz/2009) A propósito do processo de justificação administrativa, assinale a opção correta.

a) Em qualquer hipótese, a comprovação do tempo de serviço para fins previdenciários deve realizar-se com base em início de prova material, não sendo admitida a prova exclusivamente testemunhal.

b) A homologação da justificação judicial processada com base em prova exclusivamente testemunhal dispensa a justificação administrativa, em vista da autoridade da coisa julgada constituída.

c) A justificação administrativa deve ser admitida ainda que o fato a comprovar dependa de registro público de casamento, de idade ou de óbito.

d) Contra a decisão da autoridade competente do INSS que opinar pela eficácia ou pela ineficácia da justificação administrativa não caberá recurso.

e) O processamento da justificação administrativa traduz opção legal conferida ao interessado, ainda que exista outro meio capaz de configurar a verdade do fato alegado e de sua plausibilidade.

46. (Cespe/TRF/1R/Juiz/2009) A respeito das ações previdenciárias, que correspondem ao maior número de feitos nos juizados especiais federais cíveis, assinale a opção correta.

a) A Lei n. 10.259/2001 estabelece que, nas ações previdenciárias e nas relativas à assistência social, havendo designação de exame, as partes serão intimadas a apresentar quesitos e indicar assistentes no prazo de dez dias.

b) Nas causas de competência do juizado especial federal cível, não haverá reexame necessário, salvo quando envolverem matéria previdenciária.

c) Para evitar dano de difícil reparação, o juiz poderá, de ofício ou a requerimento das partes, deferir medidas cautelares no curso do processo, salvo quando estiver diante de questão previdenciária, como o cancelamento ou a suspensão indevida de benefício promovido pela autarquia previdenciária.

d) Nos processos que tramitem perante o juizado especial federal cível, a lei ordinária fixa prazo diferenciado para a prática de atos processuais pelo INSS, inclusive quanto à interposição de recursos, sendo que a citação para audiência de conciliação deverá ser efetuada com antecedência mínima de trinta dias.

e) Quando a orientação acolhida pela turma de uniformização, em questões de direito material ou processual, incluídas as matérias previdenciárias, contrariar súmula ou jurisprudência dominante no STJ, a parte interessada poderá provocar a manifestação do STJ, que dirimirá a divergência.

4. LEI DE BENEFÍCIOS DA PREVIDÊNCIA SOCIAL (LEI 8.213/91)

TOP 5: 2º LUGAR ENTRE OS MAIORES AGREGADOS DE QUESTÕES DO LIVRO!

4.1. Dos Beneficiários (Segurados/Dependentes/Inscrições)

SÚMULAS

TRF2 **Súm. 32.** Conta-se como tempo de efetivo serviço, para fins previdenciários, o período de atividade como aluno-aprendiz em escola técnica, exercida sob a vigência do Decreto n. 4.073/42, desde que tenha havido retribuição pecuniária, admitindo-se como tal o recebimento de alimentação, vestuário, moradia, material escolar e parcela de renda auferida com a execução de encomendas para terceiros, à conta do orçamento da união, independente de descontos previdenciários.

TRF4 **Súm. 102.** É possível o cômputo do interregno em que o segurado esteve usufruindo benefício por incapacidade (auxílio-doença ou aposentadoria por invalidez) para fins de carência, desde que intercalado com períodos contributivos ou de efetivo trabalho.

TRF5 **Súm. 18.** O tempo de treinamento do estudante como monitor universitário não é contado para fins previdenciários.

TNU **Súm. 4.** Não há direito adquirido à condição de dependente de pessoa designada, quando o falecimento do segurado deu-se após o advento da Lei 9.032/95.

TNU **Súm. 30.** Tratando-se de demanda previdenciária, o fato de o imóvel ser superior ao módulo rural não afasta, por si só, a qualificação de seu proprietário como segurado especial, desde que comprovada, nos autos, a sua exploração em regime de economia familiar.

TNU **Súm. 41.** A circunstância de um dos integrantes do núcleo familiar desempenhar atividade urbana não implica, por si só, a descaracterização do trabalhador rural como segurado especial, condição que deve ser analisada no caso concreto.

TNU **Súm. 62.** O segurado contribuinte individual pode obter reconhecimento de atividade especial para fins previdenciários, desde que consiga comprovar exposição a agentes nocivos à saúde ou à integridade física.

ENUNCIADOS

Fonajef **Enunc. 161.** Nos casos de pedido de concessão de benefício por segurado facultativo de baixa renda, a comprovação da inscrição da família no CadÚnico é documento indispensável para propositura da ação, sob pena de extinção sem exame do mérito.

Fonajef **Enunc. 189.** A percepção do seguro desemprego gera a presunção de desemprego involuntário para fins de extensão do período de graça nos termos do art. 15, § 2º, da Lei 8.213/91.

QUESTÕES DISCURSIVAS

8. (TRF/2R/Juiz/2007) O trabalhador avulso é segurado obrigatório?

QUESTÕES OBJETIVAS

47. (Vunesp/TRF/3R/Juiz/2022) "A", beneficiário de auxílio-acidente desde 05/06/2007, recolheu contribuições como contribuinte individual no período de 01/2017 a 01/2021. Ficou incapacitado, de forma total e permanente, em 18/05/2022. Sobre a qualidade de segurado de "A", é correto afirmar que:

a) manteve a qualidade de segurado até 31/01/2021.
b) não perdeu a qualidade de segurado, pois está em gozo de auxílio-acidente.
c) manteve a qualidade de segurado até 31/01/2022.
d) manteve a qualidade de segurado até 15/03/2022.

48. (TRF/4R/Juiz/2022) Assinale a alternativa incorreta.

a) Em demandas previdenciárias, a ausência de conteúdo probatório eficaz a instruir a inicial implica a carência de pressuposto de constituição e desenvolvimento válido do processo, impondo sua extinção sem o julgamento do mérito e a consequente possibilidade de o autor intentar novamente a ação, segundo jurisprudência do Superior Tribunal de Justiça.
b) O Superior Tribunal de Justiça fixou a tese de que o tempo de serviço rural, anterior ao advento da Lei nº 8.213/1991, ainda que remoto e descontínuo, pode ser computado para fins da carência necessária à obtenção da aposentadoria híbrida por idade, ainda que não tenha sido efetivado o recolhimento das contribuições, seja qual for a predominância do labor misto exercido no período de carência ou o tipo de trabalho exercido no momento do implemento do requisito etário ou do requerimento administrativo.
c) O artigo 15 da Lei nº 8.213/1991 prevê o denominado "período de graça", que se dá na hipótese de cessação do recolhimento das contribuições, permitindo a prorrogação da qualidade de segurado facultativo durante o lapso temporal que é de 12 (doze) meses após a cessação das contribuições.
d) O Superior Tribunal de Justiça definiu que o termo inicial do auxílio-acidente deve recair no dia seguinte ao da cessação do auxílio-doença que lhe deu origem.
e) O Superior Tribunal de Justiça fixou que é possível o reconhecimento da especialidade da atividade de vigilante mesmo após a Emenda Constitucional nº 103/2019, com ou sem o uso de arma de fogo, em data posterior à Lei nº 9.032/1995 e ao Decreto nº 2.172/1997, desde que haja a comprovação da efetiva nocividade da atividade, por qualquer meio de prova, até 05/03/1997, momento em que se passa a exigir apresentação de laudo técnico ou elemento material equivalente para comprovar a permanente, não ocasional, nem intermitente exposição à atividade nociva que coloque em risco a integridade física do segurado.

49. (TRF/4R/Juiz/2022) Assinale a alternativa incorreta.

a) A seguridade social é regida pelo princípio da irredutibilidade; sendo que para os benefícios previdenciários, há garantia da preservação do valor real.
b) Para ostentar a qualidade de segurado facultativo, é necessário ter a idade de 16 anos ou mais, não exercer atividade remunerada, contribuir voluntariamente, não poder participar do Regime Próprio de Previdência Social (salvo quando afastado sem remuneração e desde que nessa qualidade não possa contribuir para seu regime) e efetuar a inscrição no Regime Geral de Previdência Social.
c) Na categoria de empregados segurados inclui-se o brasileiro ou o estrangeiro domiciliado e contratado no Brasil para trabalhar como empregado em sucursal ou agência de empresa nacional no exterior.
d) Segundo a Emenda Constitucional nº 103/2019, o segurado somente terá reconhecida, como tempo de contribuição ao Regime Geral de Previdência Social, a competência cuja contribuição seja igual ou superior à contribuição mínima mensal exigida para sua categoria, assegurado o agrupamento de contribuições.
e) Mantém a qualidade de segurado, mesmo sem contribuir, o segurado que estiver em gozo de benefício, inclusive auxílio-acidente.

50. (IFBC/TRF/2R/Juiz/2018) Com relação à manutenção da qualidade de segurado, independentemente de contribuições, é correto afirmar:

a) O segurado facultativo mantém a qualidade de segurado por até 6 meses da cessação das contribuições.
b) O segurado retido ou recluso mantém a qualidade de segurado por até 6 meses do livramento.
c) O segurado que deixa de exercer atividade remunerada abrangida pela Previdência Social, ou estiver suspenso ou licenciado mantém a qualidade de segurado por até 24 meses.
d) Enquanto estiver no gozo de benefício o segurado não perde a qualidade de segurado, desde que o benefício não se prolongue por mais de 12 meses.
e) Se o segurado já tiver recolhido mais de 120 contribuições sem interrupção que acarrete a perda da qualidade de segurado, todos os prazos dos incisos do art. 15 da Lei 8.213/91 são prorrogados em 6 meses.

51. (TRF/3R/Juiz/2016) Assinale a alternativa incorreta:

a) Os segurados facultativos são aqueles que não exercem atividade remunerada, enquadrada por lei como obrigatória, tenham idade mínima de 16 (dezesseis) anos, não se enquadrem em regime próprio e decidam contribuir para o Regime Geral da Previdência Social.

b) São segurados obrigatórios da Previdência Social aqueles que exercem atividade remunerada, os quais são divididos nas seguintes classes: empregado, empregado doméstico, trabalhador avulso, contribuinte individual, segurado especial, bolsista e estagiário prestadores de serviços à empresa, nos termos da Lei 11.788/2008.

c) O período de graça é o prazo em que a pessoa mantém a qualidade de segurado, embora não esteja vertendo contribuições, podendo ou não ter limite, nos termos da lei, e conservando todos os seus direitos perante a previdência social.

d) É beneficiário do Regime Geral da Previdência Social, na condição de dependente do segurado, o irmão não emancipado, de qualquer condição, menor de 21 (vinte e um) anos ou inválido ou que tenha deficiência intelectual ou mental ou deficiência grave.

52. (Cespe/TRF/1R/Juiz/2015) Com relação aos beneficiários do RGPS, assinale a opção correta.

a) Para efeitos previdenciários, presume-se que o filho e o enteado com menos de vinte e um anos são economicamente dependentes do segurado.

b) Para que o companheiro de segurado do mesmo sexo integre o rol de dependentes, de modo que faça jus aos mesmos direitos que os casais heterossexuais no que diz respeito ao recebimento de pensão por morte, é indispensável que se comprove, além da vida em comum, a dependência econômica.

c) O brasileiro civil que trabalhe fora do país para organismo oficial internacional do qual o Brasil seja membro efetivo, ainda que lá domiciliado e contratado, será segurado da previdência social como empregado.

d) De acordo com a jurisprudência pacificada do STJ, o trabalho urbano de um dos membros do grupo familiar não descaracteriza, por si só, os demais integrantes como segurados especiais.

e) A pessoa física que tiver deixado de exercer atividade remunerada abrangida pela previdência social manterá a qualidade de segurado, independentemente de contribuições, pelo período de até doze meses. Esse prazo será prorrogado por até dezoito meses, caso se comprove o pagamento de pelo menos cento e vinte contribuições mensais ininterruptas.

53. (Cespe/TRF/2R/Juiz/2013) A Lei n. 8.212/1991 prevê que tem a faculdade, e não a obrigatoriedade, de ser segurado da previdência social:

a) o maior de quatorze anos de idade que se filiar ao RGPS mediante contribuição desde que não incluído em uma das hipóteses de segurado obrigatório.

b) o estrangeiro domiciliado e contratado no Brasil para trabalhar como empregado em sucursal ou agência de empresa nacional no exterior.

c) o estrangeiro que, com residência permanente no Brasil, preste serviço no Brasil a missão diplomática estrangeira.

d) o brasileiro civil domiciliado e contratado no exterior que trabalhe para a União, em organismos oficiais brasileiros localizados no exterior, e que não seja segurado na forma da legislação vigente do país do domicílio.

e) o empregado doméstico.

54. (Cespe/TRF/1R/Juiz/2013) Com relação aos segurados e seus dependentes, assinale a opção correta.

a) As relações jurídicas de custeio previdenciário do dependente e do segurado são distintas, havendo previsão de alíquotas diferenciadas para ambos, razão por que não há carência em relação aos benefícios de que sejam titulares os dependentes.

b) Se o segurado não tiver nenhum dos dependentes expressamente elencados na lei como beneficiários do RGPS, poderá designar uma pessoa, independentemente de manter com ela grau de parentesco, como sua beneficiária, desde que essa pessoa seja menor de vinte e um anos de idade ou inválida.

c) Conforme previsto no Plano de Benefícios da Previdência Social, o segurado facultativo mantém a qualidade de segurado, independentemente de contribuição, até seis meses após a cessação das contribuições, espaço de tempo denominado período de graça pela doutrina.

d) De acordo com a Lei n. 8.213/1991, a companheira do segurado deve comprovar a união estável e a dependência econômica para receber eventual benefício da previdência.

e) Cabe ao segurado, quando de sua filiação ao sistema previdenciário, a inscrição do dependente, sendo vedado ao próprio dependente inscrever-se como tal após a morte do segurado.

55. (Cespe/TRF/5R/Juiz/2013) Em relação ao Regime Geral da Previdência Social, assinale a opção correta.

a) Não se requer prova de dependência econômica para que cônjuge, companheira, companheiro, filho não emancipado com menos de vinte e um anos de idade ou pais do segurado façam jus aos benefícios previdenciários na condição de seu dependente.

b) O menor de quatorze anos de idade pode ser segurado facultativo do regime geral da previdência social, desde que não esteja exercendo atividade remunerada que o enquadre como segurado obrigatório.

c) É permitida a filiação ao regime geral da previdência social, na qualidade de segurado facultativo, de pessoa participante de regime próprio previdenciário.

d) O segurado que deixa de exercer atividade remunerada abrangida pela previdência social mantém a qualidade de segurado até doze meses após a cessação das contribuições, independentemente do pagamento de novas contribuições.

e) O servidor público ocupante de cargo em comissão, sem vínculo efetivo com a União, suas autarquias ou fundações públicas, é considerado segurado facultativo da previdência social.

56. (TRF/4R/Juiz/2012) Dadas as assertivas abaixo, assinale a alternativa correta.

I. Os servidores públicos civis da União, dos Estados, dos Municípios e do Distrito Federal ocupantes de cargos públicos estão necessariamente submetidos a regime jurídico único, de modo que estão todos excluídos do Regime Geral de Previdência Social estabelecido pela Lei n. 8.213/1991.

II. O não brasileiro com residência permanente no Brasil, que presta serviços no Brasil, é segurado obrigatório do Regime Geral de Previdência Social do Brasil, mesmo quando desempenha sua atividade junto a órgão subordinado a repartição consular de carreira estrangeira.

III. A qualidade de segurado, como regra, é mantida pelo prazo de seis meses após o licenciamento para os conscritos, prevendo a Lei n. 8.213/1991 o acréscimo de doze meses do período de graça caso comprovado acometimento por doença de segregação compulsória.

IV. Segundo o entendimento predominante na 3ª Seção do Superior Tribunal de Justiça, demonstrada a situação de desemprego pela cessação do vínculo na Carteira de Trabalho sem nova anotação, com ratificação por outras provas, dentre as quais permitida a testemunhal, o período de graça é acrescido de doze meses.

V. No Regime Geral de Previdência Social, extingue-se o direito à pensão por morte do dependente que atinge 21 anos de idade, salvo se estudante de curso superior, observado nesse caso o limite de 24 anos, na linha de precedentes do Superior Tribunal de Justiça.

a) Está correta apenas a assertiva I.
b) Estão corretas apenas as assertivas II e IV.
c) Estão corretas apenas as assertivas III e V.
d) Estão corretas apenas as assertivas I, III e IV.
e) Estão corretas apenas as assertivas II, III e V.

57. (TRF/4R/Juiz/2012) Dadas as assertivas abaixo, assinale a alternativa correta.

I. O tempo de serviço não fictício é computado como tempo de contribuição para o período anterior à Emenda Constitucional n. 20/1998.

II. As contribuições recolhidas em razão de trabalho como empresário, autônomo ou equiparado, de período anterior à filiação, não são computadas para fins de carência.

III. O segurado facultativo de baixa renda não poderá computar as contribuições com alíquota reduzida para a aposentadoria por tempo de contribuição.

IV. O tempo de trabalho rural prestado antes da Lei n. 8.213/1991 pode ser computado ao servidor estatutário independentemente do recolhimento de contribuições previdenciárias pertinentes ao período.

a) Estão corretas apenas as assertivas I e IV.
b) Estão corretas apenas as assertivas II e III.
c) Estão corretas apenas as assertivas I, II e III.
d) Estão corretas apenas as assertivas II, III e IV.
e) Estão corretas todas as assertivas.

58. (TRF/4R/Juiz/2010) Dadas as assertivas abaixo, assinale a alternativa correta. Os beneficiários do Regime Geral de Previdência Social classificam-se como segurados e dependentes. Sobre os dependentes pode-se afirmar que:

I. É beneficiário do Regime Geral de Previdência Social, na condição de dependente do segurado, o irmão não emancipado, de qualquer condição, menor de 21 (vinte e um) anos ou inválido.

II. O enteado e o menor tutelado equiparam-se a filho mediante declaração do segurado, sendo presumida, nesse caso, a dependência.

III. A dependência dos pais em relação aos filhos depende de comprovação, não se presumindo.

IV. O cônjuge e o filho não emancipado, de qualquer condição, menor de 21 (vinte e um) anos ou inválido, têm dependência presumida e concorrem em situação de igualdade ao benefício de pensão.

V. Ainda que demonstrada a condição de companheiro ou companheira, assim entendida a pessoa que, sem ser casada, mantém união estável com o segurado ou com a segurada, a qualidade de dependente para fins previdenciários está condicionada à comprovação da efetiva dependência econômica.

a) Estão corretas apenas as assertivas I, III e IV.
b) Estão corretas apenas as assertivas I, III e V.
c) Estão corretas apenas as assertivas II, III e IV.
d) Estão corretas apenas as assertivas II, IV e V.
e) Estão corretas apenas as assertivas I, II, III e IV.

59. (TRF/4R/Juiz/2010) Dadas as assertivas abaixo, assinale a alternativa correta. Os beneficiários do Regime Geral de Previdência Social classificam-se como segurados e dependentes. Sobre os segurados pode-se afirmar que:

I. O servidor público ocupante de cargo em comissão, sem vínculo efetivo com a União, Autarquias, inclusive em regime especial, e Fundações Públicas Federais, pode se filiar ao Regime Geral de Previdência Social como segurado facultativo.

II. É segurado especial o trabalhador que, individualmente ou em regime de economia familiar, ainda que com o auxílio eventual de terceiros, desempenhe atividade na condição de pescador artesanal ou a esta assemelhada e que faça da pesca profissão habitual ou principal meio de vida.

III. É segurado obrigatório da Previdência Social como empregado a pessoa física maior de 12 (doze) anos que presta serviço de natureza urbana ou rural à empresa, em caráter não eventual, sob sua subordinação e mediante remuneração, inclusive como diretor empregado.

IV. É segurado como trabalhador avulso aquele que presta, a diversas empresas, sem vínculo empregatício, serviço de natureza urbana ou rural definidos no Regulamento de Benefícios.

V. Entende-se como regime de economia familiar para fins de qualificação como segurado especial a atividade em que o trabalho dos membros da família é indispensável à própria subsistência e ao desenvolvimento socioeconômico do núcleo familiar e é exercido em condições de mútua dependência e colaboração, sem a utilização de empregados permanentes.

a) Estão corretas apenas as assertivas I e II.
b) Estão corretas apenas as assertivas I e V.
c) Estão corretas apenas as assertivas II, IV e V.
d) Estão corretas apenas as assertivas III, IV e V.
e) Estão corretas apenas as assertivas I, II, III e IV.

60. (Cespe/TRF/2R/Juiz/2009) A propósito dos segurados do RGPS, assinale a opção correta.

a) É segurado obrigatório da previdência social, na qualidade de contribuinte individual, o exercente de mandato eletivo federal, estadual ou municipal, desde que não vinculado a regime próprio de previdência social.
b) O aposentado pelo RGPS que voltar a exercer atividade alcançada por esse regime será segurado obrigatório em relação a essa atividade e ficará sujeito às contribuições legais para custeio da seguridade social.
c) Na qualidade de empregado, é segurado obrigatório da previdência social o brasileiro civil que trabalhe no exterior para organismo oficial internacional do qual o Brasil seja membro efetivo, ainda que lá domiciliado e contratado, salvo quando coberto por regime próprio de previdência social.
d) O ministro de confissão religiosa e o membro de instituto de vida consagrada, de congregação ou de ordem religiosa são segurados obrigatórios da previdência social, na qualidade de empregados.
e) O servidor civil ocupante de cargo efetivo da União é vinculado ao RGPS, ainda que amparado por regime próprio de previdência social.

4.2. Das Prestações em Geral

4.2.1. Das Disposições Gerais

SÚMULAS

1) Atividade Rural

TNU **Súm. 5.** A prestação de serviço rural por menor de 12 a 14 anos, até o advento da Lei 8.213, de 24 de julho de 1991, devidamente comprovada, pode ser reconhecida para fins previdenciários.

TNU **Súm. 6.** A certidão de casamento ou outro documento idôneo que evidencie a condição de trabalhador rural do cônjuge constitui início razoável de prova material da atividade rurícola.

TNU **Súm. 10.** O tempo de serviço rural anterior à vigência da Lei n. 8.213/91 pode ser utilizado para fins de contagem recíproca, assim entendida aquela que soma tempo de atividade privada, rural ou urbana, ao de serviço público estatutário, desde que sejam recolhidas as respectivas contribuições previdenciárias.

TNU **Súm. 14.** Para a concessão de aposentadoria rural por idade, não se exige que o início de prova material, corresponda a todo o período equivalente à carência do benefício.

TNU **Súm. 34.** Para fins de comprovação do tempo de labor rural, o início de prova material deve ser contemporâneo à época dos fatos a provar.

TNU **Súm. 41.** A circunstância de um dos integrantes do núcleo familiar desempenhar atividade urbana não implica, por si só, a descaracterização do trabalhador rural como segurado especial, condição que deve ser analisada no caso concreto.

TNU **Súm. 46.** O exercício de atividade urbana intercalada não impede a concessão de benefício previdenciário de trabalhador rural, condição que deve ser analisada no caso concreto.

TNU **Súm. 54.** Para a concessão de aposentadoria por idade de trabalhador rural, o tempo de exercício de atividade equivalente à carência deve ser aferido no período imediatamente anterior ao requerimento administrativo ou à data do implemento da idade mínima.

TNU **Súm. 76.** A averbação de tempo de serviço rural não contributivo não permite majorar o coeficiente de cálculo da renda mensal inicial de aposentadoria por idade previsto no art. 50 da Lei n. 8.213/91.

2) Atualização Monetária de Benefício

TRF1 **Súm. 19.** O pagamento de benefícios previdenciários, vencimentos, salários, proventos, soldos e pensões, feito, administrativamente, com atraso, está sujeito a correção monetária desde o momento em que se tornou devido.

TRF3 **Súm. 8.** Em se tratando de matéria previdenciária, incide a correção monetária a partir do vencimento de cada prestação do benefício, procedendo-se à atualização em consonância com os índices legalmente estabelecidos, tendo em vista o período compreendido entre o mês em que deveria ter sido pago, e o mês do referido pagamento.

3) Coeficiente de Cálculo de Benefício

TNU **Súm. 76.** A averbação de tempo de serviço rural não contributivo não permite majorar o coeficiente de cálculo da renda mensal inicial de aposentadoria por idade previsto no art. 50 da Lei n. 8.213/91.

4) Prazos Decadência/Prescrição

TNU **Súm. 28.** Encontra-se prescrita a pretensão de ressarcimento de perdas sofridas na atualização monetária da conta do Plano de Integração Social – PIS, em virtude de expurgos ocorridos por ocasião dos Planos Econômicos Verão e Collor I.

TNU **Súm. 74.** O prazo de prescrição fica suspenso pela formulação de requerimento administrativo e volta a correr pelo saldo remanescente após a ciência da decisão administrativa final.

TNU **Súm. 81.** A impugnação de ato de indeferimento, cessação ou cancelamento de benefício previdenciário não se submete a qualquer prazo extintivo, seja em relação à revisão desses atos, seja em relação ao fundo de direito.

5) Reajuste de Benefício

TRF1 **Súm. 12.** A Lei 7.604/87 não impede a revisão dos cálculos iniciais e dos reajustes posteriores dos valores de benefícios previdenciários (TFR, Súmula 260.)

TRF1 **Súm. 20.** O critério de revisão previsto no art. 58, do Ato das Disposições Constitucionais Transitórias, da Constituição Federal de 1988, é diverso do estatuído na Súmula 260, do Tribunal Federal de Recursos, e aplica-se somente aos benefícios previdenciários concedidos até 04.10.1988.

TRF1 **Súm. 36.** O inciso II do art. 41, da Lei 8.213/91, revogado pela Lei 8.542/92, era compatível com as normas constitucionais que asseguram o reajuste dos benefícios para preservação de seu valor real.

TRF1 **Súm. 49.** O critério de revisão previsto na Súmula 260 do Tribunal Federal de Recursos, diverso do estabelecido no art. 58 do Ato das Disposições Constitucionais Transitórias da Constituição Federal de 1988, perdeu eficácia a partir do Decreto-Lei 2.335, de 12 de junho de 1987.

TRF2 **Súm. 17.** No reajuste dos benefícios de prestação continuada, mantidos pela Previdência Social, aplica-se o critério da Súmula nº 260 (salário mínimo) do extinto Tribunal Federal de Recursos até o sétimo mês após a vigência da Constituição Federal de 1988 e, a partir de então, os critérios de revisão estabelecidos no art. 58 do ADCT e 201, § 2º, da mesma Carta Magna.

TRF3 **Súm. 6.** O reajuste dos proventos resultantes de benefícios previdenciários deve obedecer às prescrições legais, afastadas as normas administrativas que disponham de maneira diversa.

TRF3 **Súm. 7.** Para a apuração da renda mensal inicial dos benefícios previdenciários concedidos antes da Constituição Federal de 1988, a correção dos 24 (vinte e quatro) salários de contribuição, anteriores aos últimos 12 (doze), deve ser feita em conformidade com o que prevê o artigo 1º da Lei 6.423/77.

TRF3 **Súm. 18.** O critério do art. 58 do ADCT é aplicável a partir de 05.04.1989 até a regulamentação da Lei de Benefícios pelo Decreto 357 de 9.12.1991.

TRF3 **Súm. 25.** Os benefícios previdenciários concedidos até a promulgação da Constituição Federal de 1988 serão reajustados pelo critério da primeira parte da Súmula n. 260 do Tribunal Federal de Recursos até o dia 4 de abril de 1989.

TRF4 **Súm. 15.** O reajuste dos benefícios de natureza previdenciária, na vigência do Decreto-Lei n 2.351, de 7 de agosto de 1987, vinculava-se ao salário mínimo de referência e não ao piso nacional de salários.

TRF4 **Súm. 36.** Inexiste direito adquirido a reajuste de benefícios previdenciários com base na variação do IPC – Índice de Preços ao Consumidor – de março e abril de 1990.

TRF4 **Súm. 48.** O abono previsto no artigo 9º, § 6º, letra "b", da Lei n. 8.178/91 está incluído no índice de 147,06%, referente ao reajuste dos benefícios previdenciários em 1º de setembro de 1991.

TRF4 **Súm. 51.** Não se aplicam os critérios da Súmula 260 do extinto Tribunal Federal de Recursos aos benefícios previdenciários concedidos após a Constituição Federal de 1988.

TRF4 **Súm. 77.** O cálculo da renda mensal inicial de benefício previdenciário concedido a partir de março de 1994 inclui a variação integral do IRSM de fevereiro de 1994 (39,67%).

TRF5 **Súm. 11.** Aplica-se ao reajuste de benefício previdenciário, em setembro de 1991, o percentual de 147,06%.

TNU **Súm. 1.** A conversão dos benefícios previdenciários em URV, em março/94, obedece às disposições do art. 20, incisos I e II da Lei 8.880/94 (MP n. 434/94).

TNU **Súm. 2.** Os benefícios previdenciários, em maio de 1996, deverão ser reajustados na forma da Medida Provisória 1.415, de 29 de abril de 1996, convertida na Lei 9.711, de 20 de novembro de 1998.

TNU **Súm. 8.** Os benefícios de prestação continuada, no Regime Geral da Previdência Social, não serão reajustados com base no IGP-DI nos anos de 1997, 1999, 2000 e 2001.

TNU **Súm. 19.** Para o cálculo da renda mensal inicial do benefício previdenciário, deve ser considerada, na atualização dos salários de contribuição anteriores a março de 1994, a variação integral do IRSM de fevereiro de 1994, na ordem de 39,67% (art. 21, § 1º, da Lei n. 8.880/94).

TNU **Súm. 21.** Não há direito adquirido a reajuste de benefícios previdenciários com base na variação do IPC (Índice de Preço ao Consumidor), de janeiro de 1989 (42,72%) e abril de 1990 (44,80%).

TNU **Súm. 25.** A revisão dos valores dos benefícios previdenciários, prevista no art. 58 do ADCT, deve ser feita com base no número de salários mínimos apurado na data da concessão, e não no mês de recolhimento da última contribuição.

6) Revisão de Benefício

TRF4 **Súm. 107.** O reconhecimento de verbas remuneratórias em reclamatória trabalhista autoriza o segurado a postular a revisão da renda mensal inicial, ainda que o INSS não tenha integrado a lide, devendo retroagir o termo inicial dos efeitos financeiros da revisão à data da concessão do benefício.

7) Suspensão/Cancelamento de Benefício

TRF2 **Súm. 43.** A cassação ou suspensão de benefício previdenciário é ato administrativo único, de efeitos permanentes, razão pela qual, impetrado o mandado de segurança após o prazo de 120 dias, opera-se a decadência.

TRF2 **Súm. 46.** A suspeita de fraude na concessão do benefício previdenciário não autoriza, de imediato, a sua suspensão ou cancelamento, sendo indispensável a apuração dos fatos mediante processo administrativo regular, assegurados o contraditório e a ampla defesa.

8) Tempo de Serviço

TNU **Súm. 9.** O uso de Equipamento de Proteção Individual (EPI), ainda que elimine a insalubridade, no caso de exposição a ruído, não descaracteriza o tempo de serviço especial prestado.

TNU **Súm. 18.** Para fins previdenciários, o cômputo do tempo de serviço prestado como aluno-aprendiz exige a comprovação de que, durante o período de aprendizado, houve simultaneamente: (i) retribuição consubstanciada em prestação pecuniária ou em auxílios materiais; (ii) à conta do Orçamento; (iii) a título de contraprestação por labor; (iv) na execução de bens e serviços destinados a terceiros.

TNU **Súm. 24.** O tempo de serviço do segurado trabalhador rural anterior ao advento da Lei n. 8.213/91, sem o recolhimento de contribuições previdenciárias, pode ser considerado para a concessão de benefício previdenciário do Regime Geral de Previdência Social (RGPS), exceto para efeito de carência, conforme a regra do art. 55, § 2º, da Lei n. 8.213/91.

TNU **Súm. 34.** Para fins de comprovação do tempo de labor rural, o início de prova material deve ser contemporâneo à época dos fatos a provar.

TNU **Súm. 50.** É possível a conversão do tempo de serviço especial em comum do trabalho prestado em qualquer período.

TNU **Súm. 54.** Para a concessão de aposentadoria por idade de trabalhador rural, o tempo de exercício de atividade equivalente à carência deve ser aferido no período imediatamente anterior ao requerimento administrativo ou à data do implemento da idade mínima.

TNU **Súm. 55.** A conversão do tempo de atividade especial em comum deve ocorrer com aplicação do fator multiplicativo em vigor na data da concessão da aposentadoria.

TNU **Súm. 69.** O tempo de serviço prestado em empresa pública ou em sociedade de economia mista por servidor público federal somente pode ser contado para efeitos de aposentadoria e disponibilidade.

9) Termo Inicial de Concessão de Benefício

TNU **Súm. 22.** Se a prova pericial realizada em juízo dá conta de que a incapacidade já existia na data do requerimento administrativo, esta é o termo inicial do benefício assistencial.

TNU **Súm. 33.** Quando o segurado houver preenchido os requisitos legais para concessão da aposentadoria por tempo de serviço na data do requerimento administrativo, esta data será o termo inicial da concessão do benefício.

10) Outros Temas

TRF3 **Súm. 14.** O salário mínimo de NCz$ 120,00 (cento e vinte cruzados novos) é aplicável ao cálculo dos benefícios previdenciários no mês de junho de 1989.

TRF4 **Súm. 26.** O valor dos benefícios previdenciários devidos no mês de junho de 1989 tem por base o salário mínimo de NCz$120,00 (art. 1º da Lei 7.789/89).

REPERCUSSÃO & REPETITIVOS

STF **Rep. Geral 996.** Não encontra amparo no texto constitucional revisão de benefício previdenciário pelo valor nominal do salário mínimo. *RE 968414, 15.5.2020.*

STF **Rep. Geral 1091.** É constitucional o fator previdenciário previsto no art. 29, caput, incisos e parágrafos, da Lei n. 8.213/91, com a redação dada pelo art. 2º da Lei n. 9.876/99. *RE 1221630, 5.6.2020.*

STF **Rep. Geral 1102.** O segurado que implementou as condições para o benefício previdenciário após a vigência da Lei 9.876, de 26.11.1999, e antes da vigência das novas regras constitucionais, introduzidas pela EC 103/2019, tem o direito de optar pela regra definitiva, caso esta lhe seja mais favorável. *RE 1276977, 1.12.2022.*

STJ **Repetitivo 1013.** No período entre o indeferimento administrativo e a efetiva implantação de auxílio-doença ou de aposentadoria por invalidez, mediante decisão judicial, o segurado do RPGS tem direito ao recebimento conjunto das rendas do trabalho exercido, ainda que incompatível com sua incapacidade laboral, e do respectivo benefício previdenciário pago retroativamente. *REsp 1786590, 1.7.2020.*

STJ **Repetitivo 1070.** Após o advento da Lei n. 9.876/1999, e para fins de cálculo do benefício de aposentadoria, no caso do exercício de atividades concomitantes pelo segurado, o salário-de-contribuição deverá ser composto da soma de todas as contribuições previdenciárias por ele vertidas ao sistema, respeitado o teto previdenciário. *REsp 1870793, 11.5.2022.*

ENUNCIADOS

Fonajef **Enunc. 70.** É compatível com o rito dos juizados especiais federais a aplicação do art. 112 da Lei n. 8.213/1991, para fins de habilitação processual e pagamento.

Fonajef **Enunc. 142.** A natureza substitutiva do benefício previdenciário por incapacidade não autoriza o desconto das prestações devidas no período em que houve exercício de atividade remunerada.

Fonajef **Enunc. 162.** Em caso de incapacidade intermitente, o pagamento de parcelas anteriores à perícia depende da efetiva comprovação dos períodos em que o autor esteve incapacitado.

Fonajef **Enunc. 186.** É requisito de admissibilidade da petição inicial a indicação precisa dos períodos e locais de efetivo exercício de atividade rural que se pretende reconhecer, sob pena de indeferimento.

Fonajef **Enunc. 213.** O cálculo dos benefícios por incapacidade deve observar os critérios da legislação anterior à entrada em vigor da EC 103/19, quando a data de início da incapacidade a preceder, mesmo que a DER seja posterior.

Fonajef **Enunc. 214.** O cálculo da aposentadoria por incapacidade permanente deve observar a lei vigente à época do início da incapacidade permanente, ainda que precedido de auxílio-doença.

Fonajef **Enunc. 215.** É possível o cômputo do tempo de serviço rural antes do início de vigência a Lei 8.213/91, bem como o tempo especial convertido para comum até o advento da EC 103/2019, para fins de concessão de aposentadoria programada.

Fonajef **Enunc. 216.** A utilização de EPI não elide o direito à especialidade do labor nos casos de exposição a agentes reconhecidamente cancerígenos, ainda que considerados eficazes no PPP.

Fonajef **Enunc. 217.** O segurado que exerce atividades em condições especiais, quando em gozo de auxílio-doença, seja acidentário ou previdenciário, faz jus ao cômputo desse mesmo período como tempo de serviço especial, mesmo após a EC 103/2019.

Fonajef **Enunc. 222.** É possível o julgamento do mérito dos pedidos de benefício previdenciário rural com base em prova exclusivamente documental, caso seja suficiente para a comprovação do período de atividade rural alegado na petição inicial.

INFORMATIVOS

STJ **Benefício previdenciário. Revisão. Art. 144 da Lei 8.213/91. Decadência. Prazo decenal. Termo inicial. Vigência da Medida Provisória 1.523-9/97.** O direito à revisão de benefício previdenciário, com fundamento no art. 144 da Lei 8.213/91, submete-se ao prazo decadencial de dez anos, adotando-se como termo inicial a data da vigência da Medida Provisória 1.523-9/97, o dia 28.6.1997. *AgInt no AREsp 2013778, 2ª T, 27.6.2022. Inf 748.*

QUESTÕES OBJETIVAS

61. (TRF/4R/Juiz/2022) Assinale a alternativa incorreta.

a) Conforme entendimento do Superior Tribunal de Justiça, o reconhecimento do exercício de atividade sob condições especiais pela exposição ao agente nocivo ruído, quando constatados diferentes níveis de efeitos sonoros, deve ser aferido por meio do Nível de Exposição Normalizado (NEN). Ausente essa informação, deverá ser adotado como critério o nível máximo de ruído (pico de ruído), desde que perícia técnica judicial comprove a habitualidade e a permanência da exposição ao agente nocivo na produção do bem ou na prestação do serviço.

b) Segundo orientação do Superior Tribunal de Justiça, o segurado que exerce atividades em condições especiais, quando em gozo de auxílio-doença, seja acidentário, seja previdenciário, faz jus ao cômputo desse mesmo período como tempo de serviço especial.

c) Comprovada a exposição do segurado a um dos agentes nocivos elencados como reconhecidamente cancerígenos em norma regulamentadora, deve ser reconhecida a especialidade do respectivo período, não se exigindo avaliação quantitativa, apenas qualitativa.

d) Segundo o Superior Tribunal de Justiça, as normas regulamentadoras que estabelecem os casos de agentes e atividades nocivos à saúde do trabalhador são exemplificativas, podendo ser tido como distinto o labor que a técnica médica e a legislação correlata considerarem como prejudiciais ao obreiro, desde que o trabalho seja permanente, não ocasional, nem intermitente, em condições especiais.

e) Não há direito subjetivo do segurado na revisão de benefício complementado por entidade de previdência complementar, pois as relações jurídicas existentes entre o segurado e o INSS e entre o primeiro e a entidade de previdência complementar são distintas, não interferindo o contrato celebrado entre o particular e a entidade nas obrigações legais do INSS.

62. (TRF/4R/Juiz/2022) Assinale a alternativa incorreta.

a) Segundo entendimento do Supremo Tribunal Federal é desnecessário o exaurimento da via administrativa como pressuposto do interesse de agir em juízo, restando caracterizada a lesão a direito não somente pela rejeição do requerimento de concessão de benefício previdenciário pelo INSS em decisão pendente de recurso, mas também quando excedido o prazo legal para análise do pedido administrativo.

b) O termo inicial dos efeitos financeiros de revisão de benefício previdenciário de aposentadoria por tempo de contribuição para aposentadoria especial, dada a inclusão de tempo especial, deve retroagir à data da concessão do benefício, porquanto o deferimento de tais verbas representa o reconhecimento tardio de um direito já incorporado ao patrimônio jurídico do segurado.

c) A Lei nº 8.213/1991 excluiu o emprego do fator previdenciário para a aposentadoria especial e não para a aposentadoria por tempo de contribuição, porém, quando deferida com base na conversão de períodos de atividade especial em comum, o tempo especial utilizado convertido em comum é passível de incidência do fator previdenciário proporcional.

d) O trabalhador intermitente é considerado segurado obrigatório da Previdência Social na categoria empregado, desde que a prestação de serviços se dê com subordinação, de forma não contínua, com alternância de períodos de prestação de serviços e de inatividade.

e) O vínculo empregatício mantido entre cônjuges ou companheiros não impede o reconhecimento da qualidade de segurado do empregado, excluído o doméstico.

63. (Vunesp/TRF/3R/Juiz/2022) Assinale a alternativa correta:

a) Após a entrada em vigor da Emenda Constitucional nº 103, de 12 de novembro de 2019, não é mais possível a concessão de aposentadoria mediante a conversão de tempo especial em comum, em razão de vedação expressa.

b) De acordo com a jurisprudência da TNU – Turma Nacional de Uniformização, é possível, no curso do processo judicial, a reafirmação da Data de Entrada de Requerimento (DER) para a concessão de benefícios previstos nas regras de transição da Emenda Constitucional 103/19, mesmo que o requerimento original preceda a vigência desta Emenda Constitucional.

c) O direito adquirido permite que o segurado do Regime Geral de Previdência Social, que tenha cumprido todos os requisitos para obtenção de aposentadoria até a entrada em vigor da Emenda Constitucional 103/19, conjugue vantagens do novo sistema com aquelas aplicáveis ao regime anterior.

d) As restrições relativas à acumulação do benefício de pensão por morte, previstas na Emenda Constitucional 103/19, não serão aplicadas se o direito ao benefício houver sido adquirido antes da entrada em vigor da Emenda Constitucional. Considera-se adquirido o direito na data do requerimento.

64. (Cespe/TRF/5R/Juiz/2017) Armando, nascido em 10/8/1974, começou a trabalhar aos dez anos de idade, com seus pais e irmãos, em uma pequena propriedade rural, em regime de economia familiar, no interior do nordeste brasileiro. Em 1995, Armando mudou-se para Recife/PE e foi trabalhar como empregado em uma indústria alimentícia, até 2002. Posteriormente, Armando ingressou no serviço público federal, vinculando-se ao regime próprio de previdência social (RPPS). Acerca do reconhecimento de filiação ao regime geral de previdência social (RGPS) do período trabalhado por Armando em regime de economia familiar, e da obtenção da contagem recíproca de tempo de serviço, assinale a opção correta.

a) Poderá ser reconhecida a filiação somente a partir dos quatorze anos e até os dezoito anos de idade, e poderá fazer uso da contagem recíproca de tempo de serviço independentemente do recolhimento da contribuição previdenciária referente ao período trabalhado em regime de economia familiar.

b) Poderá ser reconhecida a filiação somente a partir dos dezesseis anos e até os dezoito anos de idade, se comprovado o recolhimento da contribuição previdenciária do período em que exerceu o trabalho em regime de economia familiar, ou se promovido o seu recolhimento a qualquer tempo.

c) Poderá ser reconhecida a filiação somente a partir dos dezoito anos e até os vinte anos de idade, desde que comprovado o recolhimento da contribuição previdenciária no período em que trabalhava em regime de economia familiar.

d) Poderá ser reconhecida a filiação do período entre os dez e os dezoito anos de idade, enquanto exerceu atividade em regime de economia familiar, se comprovado o recolhimento contemporâneo da contribuição previdenciária do período em que exerceu o trabalho em regime de economia familiar.

e) Poderá ser reconhecida a filiação a partir dos doze anos de idade, enquanto exerceu atividade em regime de economia familiar, e poderá fazer uso da contagem recíproca de tempo de serviço caso promova o recolhimento das contribuições desse período a título de indenização.

65. (Cespe/TRF/5R/Juiz/2017) Quanto à aplicação da lei previdenciária no tempo, assinale a opção correta.

a) Independentemente do benefício pretendido, aplica-se o princípio "tempus regit actum": a lei do tempo em que se preencheram todos os requisitos para a concessão do benefício pretendido pelo segurado.

b) Com exceção das aposentadorias por tempo de contribuição e por idade, aplica-se a lei em vigor à época em que o segurado ingressou no sistema previdenciário.

c) Aplica-se o princípio "lex posterior derrogat priori" para os benefícios devidos aos segurados, independentemente de ser mais ou menos vantajoso; aplicando-se entretanto, a lei em vigor na data de ingresso do segurado no sistema previdenciário para os benefícios devidos aos dependentes.

d) Independentemente do benefício pretendido, será adotada a interpretação que mais se aproxima do ideal de justiça, pautado em princípio valorativo e finalístico, segundo o qual se aplica a lei mais vantajosa ao segurado.

e) Aplica-se o princípio "lex posterior derrogat priori", com a ressalva de que havendo alteração da lei após o ingresso do trabalhador ao sistema previdenciário, será adotada a lei mais vantajosa ao beneficiário segurado ou dependente.

66. (TRF/3R/Juiz/2016) Assinale a alternativa correta:

a) O abono anual corresponde ao valor integral da prestação mensal e é devido a todos os beneficiários de prestação continuada do Sistema de Seguridade Social, sendo, apenas, proporcional ao número de meses da percepção do benefício, caso tenha percebido menos de 12 parcelas no ano.

b) O valor dos benefícios em manutenção será reajustado, anualmente, na mesma data do reajuste do salário mínimo, "pro rata", de acordo com suas respectivas datas de início ou do último reajustamento, e pelos mesmos índices.

c) Não há ofensa aos princípios constitucionais da irredutibilidade e da preservação do valor real dos benefícios, a aplicação de reajustes com base nos critérios estabelecidos em lei.

d) O primeiro pagamento do benefício será efetuado até trinta dias após a data da apresentação, pelo segurado, da documentação necessária à sua concessão.

67. (TRF/4R/Juiz/2016) Assinale a alternativa correta.

a) O tempo de contribuição ou de serviço contado por um sistema para concessão de aposentadoria poderá ser aproveitado para outro sistema, desde que anterior à edição da Lei Federal n. 8.213/91.

b) Na contagem do tempo de contribuição ou de serviço regulado pela Lei n. 8.213/91, não será admitida a contagem em dobro ou em outras condições especiais, exceto se comprovado o duplo recolhimento das contribuições.

c) Atualmente, o exercente de mandato eletivo federal é considerado segurado obrigatório do Regime Geral da Previdência Social, independentemente de ser vinculado a regime próprio.

d) A compensação financeira entre os regimes de previdência será feita ao sistema que o interessado estiver vinculado ao requerer o benefício pelos demais sistemas, em relação aos respectivos tempos de contribuição ou de serviço, conforme dispuser o regulamento.

e) O tempo de serviço militar, inclusive voluntário, desde que seja posterior à filiação ao Regime Geral de Previdência Social e não tenha sido contado para inatividade remunerada nas Forças Armadas ou aposentadoria no serviço público, poderá ser aproveitado na aposentadoria pelo Regime Geral de Previdência Social.

68. (TRF/4R/Juiz/2016) Assinale a alternativa correta. Relativamente ao julgamento do Supremo Tribunal Federal, em repercussão geral (RE 631.240/MG), que assentou entendimento sobre o interesse de agir e o prévio requerimento administrativo de benefício previdenciário:

a) A falta de prévio requerimento administrativo de concessão de benefício deve implicar a extinção do processo judicial com resolução de mérito.

b) Nas ações já ajuizadas no âmbito de Juizado Itinerante, a falta do prévio requerimento administrativo implicará a extinção do feito sem julgamento de mérito.

c) Nas ações judiciais, mesmo que o Instituto Nacional do Seguro Social tenha apresentado contestação de mérito, aplica-se a extinção do feito sem resolução de mérito, em face da ausência de prévio requerimento administrativo.

d) Nas ações em que estiver ausente o prévio requerimento administrativo, o feito será baixado em diligência ao Juízo de primeiro grau, onde permanecerá sobrestado, a fim de intimar o autor a dar entrada no pedido em até 30 dias, sob pena de extinção do processo por falta de interesse de agir.

e) Nos casos em que estiver ausente o prévio requerimento administrativo e, baixado o feito em diligência, o interessado comprovar a postulação administrativa e o Instituto Nacional do Seguro Social, após intimação judicial, manifestar-se e indeferir o benefício, estará caracterizado o interesse de agir, e o feito deverá prosseguir, retornando ao Tribunal Regional Federal para julgamento.

69. (Cespe/TRF/5R/Juiz/2015) As prestações ofertadas pelo RGPS são genericamente chamadas de benefícios e serviços. No que se refere a essas prestações, assinale a opção correta.

a) Caso trabalhe por conta própria, sem relação de trabalho com empresa ou equiparado, e opte por contribuir com alíquota reduzida, o segurado contribuinte individual poderá se aposentar por tempo de contribuição, mas, não, por idade.

b) O aposentado pelo RGPS que, apesar de ter-se aposentado, permanecer em atividade sujeita a esse regime não terá direito ao salário-família, ainda que cumpra os requisitos para tanto.

c) Terá direito ao benefício de auxílio-acidente o contribuinte individual que for vítima de acidente de trabalho.

d) O deputado federal vinculado ao RGPS que for vítima de acidente de trabalho não terá direito ao benefício de auxílio-acidente.

e) Há prestações que se destinam apenas aos segurados; outras, apenas a seus dependentes; e um terceiro grupo de prestações, destinadas tanto àqueles quanto a estes beneficiários do RGPS.

70. (TRF/4R/Juiz/2014) Dadas as assertivas abaixo, assinale a alternativa correta. A Lei n. 8.213/91, que dispôs sobre os Planos de Benefícios da Previdência Social, dedicou especial atenção à questão dos Serviços, disciplinando o chamado Serviço Social, bem como a Habilitação e a Reabilitação Profissional. Seu decreto regulamentador (Decreto n. 3.048/99) dedicou os artigos 136 a 141 aos temas da Habilitação e da Reabilitação Profissional. Com relação aos Serviços devidos aos segurados vinculados ao Regime Geral de Previdência Social (RGPS) e aos seus respectivos dependentes, pode-se dizer que:

I. Compete ao Serviço Social prestar aos segurados e aos seus dependentes todos os esclarecimentos relativos a seus direitos sociais e aos meios de exercê-los, estabelecendo, em conjunto com os beneficiários, o processo de solução dos problemas que surgirem no âmbito interno da instituição e na dinâmica da sociedade.

II. O Serviço Social deverá dar prioridade aos segurados em benefício por incapacidade temporária e atenção especial aos aposentados e pensionistas.

III. A Reabilitação Profissional é devida em caráter obrigatório aos segurados incapacitados de modo parcial ou total para o trabalho, inclusive aposentados.

Contudo, tal dever da Administração Previdenciária não compreende o fornecimento de órteses, próteses ou outros instrumentos de auxílio à locomoção, sob pena de ônus excessivo aos cofres da Previdência Social.

a) Está correta apenas a assertiva I.

b) Está correta apenas a assertiva II.

c) Estão corretas apenas as assertivas I e II.

d) Estão corretas apenas as assertivas II e III.

e) Estão corretas todas as assertivas.

71. (TRF/2R/Juiz/2014) Quanto aos benefícios do Regime Geral de Previdência Social oriundos da incapacidade do segurado, assinale a opção correta:

a) O julgador, quando não reconhecer a incapacidade do requerente para a sua atividade habitual, pode conceder o benefício julgando as condições pessoais e sociais.

b) É possível o recebimento de benefício por incapacidade durante período em que houve exercício de atividade remunerada pelo segurado, uma vez comprovado que o segurado estava realmente incapaz para as atividades habituais na época em que trabalhou.

c) Não há direito a auxílio-doença ou a aposentadoria por invalidez quando a incapacidade para o trabalho é preexistente ao reingresso do segurado ao Regime Geral de Previdência Social (RGPS), inclusive nos casos de agravamento da doença.

d) Compete à Justiça Federal processar e julgar os casos relativos a auxílio-doença por acidente de trabalho nas situações em que há agravamento da doença por fato não decorrente do serviço antes desempenhado.

e) Se a prova pericial indicar que a incapacidade já existia em data anterior à do requerimento administrativo, deve aquela ser considerada como data de início do benefício.

72. (Cespe/TRF/3R/Juiz/2011) Acerca dos regimes especiais, assinale a opção correta.

a) A reparação econômica em prestação mensal, devida ao anistiado político no valor igual ao da remuneração que receberia se estivesse na ativa, não é isenta de contribuição previdenciária nem pode ser acumulada com outros benefícios de natureza previdenciária.

b) Somente o ferroviário admitido na Rede Ferroviária Federal S.A. pelo regime estatutário e que não tenha feito a opção pelo regime celetista tem direito à complementação de aposentadoria para equiparar os proventos da inatividade com a remuneração que receberia se em atividade estivesse.

c) A pensão especial aos portadores da síndrome da talidomida, cujo valor é calculado com base nos pontos indicadores da natureza e no grau da dependência resultante da deformidade física, não pode ser reduzida em razão da aquisição de capacidade laborativa ocorrida após a sua concessão.

d) O direito de reversão da pensão de ex-combatente da Segunda Guerra Mundial para a filha mulher, em razão do falecimento da própria mãe, que recebia a pensão especial, é regulado pelas normas em vigor na data do óbito da genitora.

e) Os seringueiros que contribuíram na produção da borracha durante a Segunda Guerra Mundial, conhecidos como "soldados da borracha", têm direito à pensão mensal vitalícia no valor de dois salários mínimos, intransferível aos dependentes.

73. (TRF/3R/Juiz/2010) Assinale a alternativa correta:

a) O prazo de decadência para que o segurado ou beneficiário exerça o direito de revisão do ato de concessão de benefício será contado do dia primeiro do mês seguinte ao do recebimento da primeira prestação, ou, quando for o caso, do dia que tomar conhecimento da decisão indeferitória definitiva no âmbito administrativo.

b) Os prazos de decadência e prescrição serão de 05 (cinco) anos para a revisão de todo e qualquer direito previdenciário.

c) O prazo de prescrição de toda e qualquer ação para haver prestações vencidas ou quaisquer restituições ou diferenças devidas pela Previdência Social será de 10 (dez) anos, salvo o direito dos menores, incapazes e ausentes, na forma do Código Civil.

d) O direito de revisão e o de haver prestações vencidas ou restituições, ainda que dentro dos respectivos prazos, somente poderá ser exercido judicialmente após o indeferimento na via administrativa.

74. (TRF/4R/Juiz/2010) Um dos requisitos exigidos para a concessão de benefícios previdenciários no Regime Geral de Previdência Social é a carência. Dadas as assertivas abaixo sobre carência, assinale a alternativa correta.

I. Período de carência é o número mínimo de contribuições mensais indispensáveis para que o beneficiário faça jus ao benefício, consideradas a partir do transcurso do primeiro dia dos meses subsequentes às suas respectivas competências.

II. Independe de carência a concessão de auxílio-doença e aposentadoria por invalidez nos casos de acidente de qualquer natureza ou causa e de doença profissional ou do trabalho, bem como nos casos de segurado que, após filiar-se ao Regime Geral de Previdência Social, for acometido de alguma das doenças e afecções especificadas em lista elaborada pelos Ministérios competentes, de acordo com os critérios de estigma, deformação, mutilação, deficiência ou outro fator que lhe confira especificidade e gravidade que mereçam tratamento particularizado.

III. A perda da qualidade de segurado importa em caducidade dos direitos inerentes a essa qualidade, não havendo possibilidade de concessão de pensão por morte aos dependentes do segurado que falecer após a perda dessa qualidade.

IV. A despeito da preocupação social que inspira o regime previdenciário público brasileiro, ele é eminentemente contributivo, de modo que, a partir do advento da Lei 8.213/91, deixou de existir qualquer possibilidade de concessão de benefício previdenciário sem recolhimento de contribuições no período equivalente à carência exigida.

V. Nos casos do segurado empregado e do trabalhador avulso, serão consideradas, para cômputo do período de carência, as contribuições referentes ao período a partir da data da inscrição no Regime Geral de Previdência Social.

a) Está correta apenas a assertiva II.

b) Estão corretas apenas as assertivas II e V.

c) Estão corretas apenas as assertivas I, III e V.

d) Estão corretas todas as assertivas.

e) Nenhuma assertiva está correta.

75. (TRF/4R/Juiz/2010) Dadas as assertivas abaixo sobre cálculo da renda mensal inicial e manutenção e reajustamento da renda mensal dos benefícios previdenciários do Regime Geral de Previdência Social, assinale a alternativa correta.

I. O valor do benefício de prestação continuada, inclusive o regido por norma especial e o decorrente de acidente do trabalho, exceto o salário-família e o salário-maternidade, será sempre calculado com base no salário de benefício consistente na média aritmética simples dos maiores salários de contribuição correspondentes a oitenta por cento de todo o período contributivo, multiplicada pelo fator previdenciário.

II. O salário de benefício do segurado que contribuir em razão de atividades concomitantes será calculado com base na média dos salários de contribuição da atividade principal, assim considerada a de maior renda, acrescida de 75% (setenta e cinco por cento) da média da atividade secundária.

III. Em nenhuma hipótese a renda mensal do benefício de prestação continuada que substituir o salário de contribuição ou o rendimento do trabalho do segurado terá valor inferior ao do salário mínimo nem superior ao do limite máximo do salário de contribuição.

IV. Nas hipóteses estabelecidas atualmente na Lei 8.213/91 em que é possível a cumulação de auxílio-acidente e aposentadoria por tempo de contribuição, a renda mensal daquele não integra o salário de contribuição desta para fins de cálculo do salário de benefício.

V. O valor dos benefícios em manutenção será reajustado, anualmente, na mesma data do reajuste do salário mínimo, aplicada a todos os benefícios a variação integral do Índice Nacional de Preços ao Consumidor – INPC/IBGE acumulada a partir da data do reajuste anterior.

a) Está correta apenas a assertiva II.

b) Estão corretas apenas as assertivas I e V.

c) Estão corretas apenas as assertivas II, III e IV.

d) Estão corretas todas as assertivas.

e) Nenhuma das assertivas está correta.

4.2.2. Dos Benefícios

ATENÇÃO: ESTE TEMA É MUITO EXIGIDO NOS CONCURSOS!

SÚMULAS

1) Aposentadoria

1.1) Aposentadoria Especial

STJ **Súm. 272.** O trabalhador rural, na condição de segurado especial, sujeito à contribuição obrigatória sobre a produção rural comercializada, somente faz jus à aposentadoria por tempo de serviço, se recolher contribuições facultativas.

TRF1 **Súm. 33.** Aposentadoria especial decorrente do exercício de atividade perigosa, insalubre ou penosa não exige idade mínima do segurado.

TNU **Súm. 26.** A atividade de vigilante enquadra-se como especial, equiparando-se à de guarda, elencada no item 2.5.7 do Anexo III do Decreto n. 53.831/64.

TNU **Súm. 49.** Para reconhecimento de condição especial de trabalho antes de 29.4.1995, a exposição a agentes nocivos à saúde ou à integridade física não precisa ocorrer de forma permanente.

TNU **Súm. 62.** O segurado contribuinte individual pode obter reconhecimento de atividade especial para fins previdenciários, desde que consiga comprovar exposição a agentes nocivos à saúde ou à integridade física.

TNU **Súm. 66.** O servidor público ex-celetista que trabalhava sob condições especiais antes de migrar para o regime estatutário tem direito adquirido à conversão do tempo de atividade especial em tempo comum com o devido acréscimo legal, para efeito de contagem recíproca no regime previdenciário próprio dos servidores públicos.

TNU **Súm. 70.** A atividade de tratorista pode ser equiparada à de motorista de caminhão para fins de reconhecimento de atividade especial mediante enquadramento por categoria profissional.

TNU **Súm. 71.** O mero contato do pedreiro com o cimento não caracteriza condição especial de trabalho para fins previdenciários.

TNU **Súm. 82.** O código 1.3.2 do quadro anexo ao Decreto n. 53.831/64, além dos profissionais da área da saúde, contempla os trabalhadores que exercem atividades de serviços gerais em limpeza e higienização de ambientes hospitalares.

TNU **Súm. 85.** É possível a conversão de tempo comum em especial de período(s) anterior(es) ao advento da Lei nº 9.032/95 (que alterou a redação do § 3º do art. 57 da Lei nº 8.213/91), desde que todas as condições legais para a concessão do benefício pleiteado tenham sido atendidas antes da publicação da referida lei, independentemente da data de entrada do requerimento (DER).

TNU **Súm. 87.** A eficácia do EPI não obsta o reconhecimento de atividade especial exercida antes de 03/12/1998, data de início da vigência da MP 1.729/98, convertida na Lei n. 9.732/98.

1.2) Aposentadoria por Idade

TRF4 **Súm. 49.** O critério de cálculo da aposentadoria proporcional estabelecido no artigo 53 da Lei 8.213/91 não ofende o texto constitucional.

TRF4 **Súm. 103.** A concessão da aposentadoria híbrida ou mista, prevista no art. 48, § 3º, da Lei n. 8.213/91, não está condicionada ao desempenho de atividade rurícola pelo segurado no momento imediatamente anterior ao requerimento administrativo, sendo, pois, irrelevante a natureza do trabalho exercido neste período.

TRF5 **Súm. 22.** O fator previdenciário incide na aposentadoria de professor (art. 201, § 8º, da CF/88; art. 56, da Lei nº 8.213/91), salvo em relação ao beneficiário que tenha adquirido o direito à jubilação antes da edição da Lei nº 9.876/99.

TNU **Súm. 14.** Para a concessão de aposentadoria rural por idade, não se exige que o início de prova material, corresponda a todo o período equivalente à carência do benefício.

TNU **Súm. 44.** Para efeito de aposentadoria urbana por idade, a tabela progressiva de carência prevista no art. 142 da Lei n. 8.213/91 deve ser aplicada em função do ano em que o segurado completa a idade mínima para concessão do benefício, ainda que o período de carência só seja preenchido posteriormente.

TNU **Súm. 54.** Para a concessão de aposentadoria por idade de trabalhador rural, o tempo de exercício de atividade equivalente à carência deve ser aferido no período imediatamente anterior ao requerimento administrativo ou à data do implemento da idade mínima.

TNU **Súm. 76.** A averbação de tempo de serviço rural não contributivo não permite majorar o coeficiente de cálculo da renda mensal inicial de aposentadoria por idade previsto no art. 50 da Lei n. 8.213/91.

1.3) Aposentadoria por Invalidez

STJ **Súm. 557.** A renda mensal inicial (RMI) alusiva ao benefício de aposentadoria por invalidez precedido de auxílio-doença será apurada na forma do art. 36, § 7º, do Decreto n. 3.048/1999, observando-se, porém, os critérios previstos no art. 29, § 5º, da Lei n. 8.213/1991, quando intercalados períodos de afastamento e de atividade laboral.

STJ **Súm. 576.** Ausente requerimento administrativo no INSS, o termo inicial para a implantação da aposentadoria por invalidez concedida judicialmente será a data da citação válida.

TNU **Súm. 36.** Não há vedação legal à cumulação da pensão por morte de trabalhador rural com o benefício da aposentadoria por invalidez, por apresentarem pressupostos fáticos e fatos geradores distintos.

TNU **Súm. 47.** Uma vez reconhecida a incapacidade parcial para o trabalho, o juiz deve analisar as condições pessoais e sociais do segurado para a concessão de aposentadoria por invalidez.

TNU **Súm. 53.** Não há direito a auxílio-doença ou a aposentadoria por invalidez quando a incapacidade para o trabalho é preexistente ao reingresso do segurado no Regime Geral de Previdência Social.

TNU **Súm. 57.** O auxílio-doença e a aposentadoria por invalidez não precedida de auxílio-doença, quando concedidos na vigência da Lei n. 9.876/1999, devem ter o salário de benefício apurado com base na média aritmética simples dos maiores salários de contribuição correspondentes a 80% do período contributivo, independentemente da data de filiação do segurado ou do número de contribuições mensais no período contributivo.

TNU **Súm. 65.** Os benefícios de auxílio-doença, auxílio-acidente e aposentadoria por invalidez concedidos no período de 28.3.2005 a 20.7.2005 devem ser calculados nos termos da Lei n. 8.213/1991, em sua redação anterior à vigência da Medida Provisória n. 242/2005.

TNU **Súm. 73.** O tempo de gozo de auxílio-doença ou de aposentadoria por invalidez não decorrentes de acidente de trabalho só pode ser computado como tempo de contribuição ou para fins de carência quando intercalado entre períodos nos quais houve recolhimento de contribuições para a previdência social.

TNU **Súm. 78.** Comprovado que o requerente de benefício é portador do vírus HIV, cabe ao julgador verificar as condições pessoais, sociais, econômicas e culturais, de forma a analisar a incapacidade em sentido amplo, em face da elevada estigmatização social da doença.

2) Auxílios Doença/Reclusão/Acidente

STJ **Súm. 44.** A definição, em ato regulamentar, de grau mínimo de disacusia, não exclui, por si só, a concessão do benefício previdenciário.

STJ **Súm. 146.** O segurado, vítima de novo infortúnio, faz jus a um único benefício somado ao salário de contribuição vigente no dia do acidente.

STJ **Súm. 507.** A acumulação de auxílio-acidente com aposentadoria pressupõe que a lesão incapacitante e a aposentadoria sejam anteriores a 11.11.1997, observado o critério do art. 23 da Lei n. 8.213/1991 para definição do momento da lesão nos casos de doença profissional ou do trabalho.

STJ **Súm. 557.** A renda mensal inicial (RMI) alusiva ao benefício de aposentadoria por invalidez precedido de auxílio-doença será apurada na forma do art. 36, § 7º, do Decreto n. 3.048/1999, observando-se, porém, os critérios previstos no art. 29, § 5º, da Lei n. 8.213/1991, quando intercalados períodos de afastamento e de atividade laboral.

TRF4 **Súm. 105.** Inexiste óbice à fixação da renda mensal do auxílio-acidente em patamar inferior ao salário mínimo, uma vez que tal benefício constitui mera indenização por redução de capacidade para o trabalho, não se lhe aplicando, assim, a disposição do art. 201, § 2º, da Constituição Federal.

TNU **Súm. 53.** Não há direito a auxílio-doença ou a aposentadoria por invalidez quando a incapacidade para o trabalho é preexistente ao reingresso do segurado no Regime Geral de Previdência Social.

TNU **Súm. 57.** O auxílio-doença e a aposentadoria por invalidez não precedida de auxílio-doença, quando concedidos na vigência da Lei n. 9.876/1999, devem ter o salário de benefício apurado com base na média aritmética simples dos maiores salários de contribuição correspondentes a 80% do período contributivo, independentemente da data de filiação do segurado ou do número de contribuições mensais no período contributivo.

TNU **Súm. 65.** Os benefícios de auxílio-doença, auxílio-acidente e aposentadoria por invalidez concedidos no período de 28.3.2005 a 20.7.2005 devem ser calculados nos termos da Lei n. 8.213/1991, em sua redação anterior à vigência da Medida Provisória n. 242/2005.

TNU **Súm. 73.** O tempo de gozo de auxílio-doença ou de aposentadoria por invalidez não decorrentes de acidente de trabalho só pode ser computado como tempo de contribuição ou para fins de carência quando intercalado entre períodos nos quais houve recolhimento de contribuições para a previdência social.

3) Benefício de Prestação Continuada

TRF2 **Súm. 29.** No reajuste dos benefícios de prestação continuada, mantidos pela Previdência Social, aplica-se o critério da Súmula n. 260 do extinto Tribunal Federal de Recursos até o sétimo mês após a vigência da Constituição Federal de 1988 e, a partir de então, os critérios de revisão estabelecidos nos arts. 58 do ADCT e 201, § 2º, da mesma Carta Magna.

TNU **Súm. 29.** Para os efeitos do art. 20, § 2º, da Lei n. 8.742, de 1993, incapacidade para a vida independente não é só aquela que impede as atividades mais elementares da pessoa, mas também a impossibilita de prover ao próprio sustento.

TNU **Súm. 48.** Para fins de concessão do benefício assistencial de prestação continuada, o conceito de pessoa com deficiência, que não se confunde necessariamente com situação de incapacidade laborativa, exige a configuração de impedimento de longo prazo com duração mínima de 2 (dois) anos, a ser aferido no caso concreto, desde o início do impedimento até a data prevista para a sua cessação.

TNU **Súm. 72.** É possível o recebimento de benefício por incapacidade durante período em que houve exercício de atividade remunerada quando comprovado que o segurado estava incapaz para as atividades habituais na época em que trabalhou.

4) Pensão por Morte

STJ **Súm. 336.** A mulher que renunciou aos alimentos na separação judicial tem direito à pensão previdenciária por morte do ex-marido, comprovada a necessidade econômica superveniente.

STJ **Súm. 340.** A lei aplicável à concessão de pensão previdenciária por morte é aquela vigente na data do óbito do segurado.

STJ **Súm. 416.** É devida a pensão por morte aos dependentes do segurado que, apesar de ter perdido essa qualidade, preencheu os requisitos legais para a obtenção de aposentadoria até a data do seu óbito.

TRF2 **Súm. 60.** A pensão de ex-combatente, por morte ocorrida na vigência das Leis 3.765/60 e 4.242/63, será devida às filhas, ainda que maiores, desde que não possam prover os meios de sua subsistência, inclusive por reversão, em valor correspondente ao soldo de 2º Sargento, vedada a percepção cumulativa com qualquer outra importância dos cofres públicos.

TRF4 **Súm. 72.** É possível cumular aposentadoria urbana e pensão rural.

TRF4 **Súm. 74.** Extingue-se o direito à pensão previdenciária por morte do dependente que atinge 21 anos, ainda que estudante de curso superior.

TRF4 **Súm. 95.** A pensão especial devida ao ex-combatente pode ser cumulada com outro benefício previdenciário, desde que não tenham o mesmo fato gerador.

TNU **Súm. 36.** Não há vedação legal à cumulação da pensão por morte de trabalhador rural com o benefício da aposentadoria por invalidez, por apresentarem pressupostos fáticos e fatos geradores distintos.

TNU **Súm. 37.** A pensão por morte, devida ao filho até os 21 anos de idade, não se prorroga pela pendência do curso universitário.

TNU **Súm. 45.** Incide correção monetária sobre o salário-maternidade desde a época do parto, independentemente da data do requerimento administrativo.

TNU **Súm. 52.** Para fins de concessão de pensão por morte, é incabível a regularização do recolhimento de contribuições de segurado contribuinte individual posteriormente a seu óbito, exceto quando as contribuições devam ser arrecadadas por empresa tomadora de serviços.

TNU **Súm. 63.** A comprovação de união estável para efeito de concessão de pensão por morte prescinde de início de prova material.

5) Outros Temas

TRF4 **Súm. 117.** A lei aplicável para a análise do direito à reversão de pensão especial de ex-combatente é aquela vigente na data do óbito do militar.

TRF4 **Súm. 118.** Os requisitos específicos previstos no art. 30 da Lei 4.242/1963 devem ser preenchidos não apenas pelo ex-combatente, mas também por seus dependentes que venham a requerer a reversão.

REPERCUSSÃO & REPETITIVOS

1) Aposentadoria Invalidez/Idade/Tempo de Serviço/Especial

STF **Rep. Geral 503.** No âmbito do Regime Geral de Previdência Social – RGPS, somente lei pode criar benefícios e vantagens previdenciárias, não havendo, por ora, previsão legal do direito à 'desaposentação' ou à 'reaposentação', sendo constitucional a regra do art. 18, § 2º, da Lei 8.213/1991. *RE 827833 ED, 6.2.2020.*

STF **Rep. Geral 709.** I. É constitucional a vedação de continuidade da percepção de aposentadoria especial se o beneficiário permanece laborando em atividade especial ou a ela retorna, seja essa atividade especial aquela que ensejou a aposentação precoce ou não. II. Nas hipóteses em que o segurado solicitar a aposentadoria e continuar a exercer o labor especial, a data de início do benefício será a data de entrada do requerimento, remontando a esse marco, inclusive, os efeitos financeiros. Efetivada, contudo, seja na via administrativa, seja na judicial a implantação do benefício, uma vez verificado o retorno ao labor nocivo ou sua continuidade, cessará o benefício previdenciário em questão. *RE 791961, 8.6.2020.*

STF **Rep. Geral 1095.** No âmbito do Regime Geral de Previdência Social (RGPS), somente lei pode criar ou ampliar benefícios e vantagens previdenciárias, não havendo, por ora, previsão de extensão do auxílio da grande invalidez a todas as espécies de aposentadoria. *RE 1221446, 18.6.2021.*

STJ **Repetitivo 1011.** Incide o fator previdenciário no cálculo da renda mensal inicial de aposentadoria por tempo de contribuição de professor vinculado ao Regime Geral de Previdência Social, independente da data de sua concessão, quando a implementação dos requisitos necessários à obtenção do benefício se der após o início de vigência da Lei n. 9.876/1999, ou seja, a partir de 29.11.1999. *REsp 1808156, j. 10.2.2021.*

STJ **Repetitivo 1115.** O tamanho da propriedade não descaracteriza, por si só, o regime de economia familiar, caso estejam comprovados os demais requisitos legais para a concessão da aposentadoria por idade rural. *REsp 1947404, 23.11.2022.*

2) Auxílios Doença/Reclusão/Acidente

STF **Rep. Geral 1125.** É constitucional o cômputo, para fins de carência, do período no qual o segurado esteve em gozo do benefício de auxílio-doença, desde que intercalado com atividade laborativa. *RE 1298832, 19.2.2021.*

STJ **Repetitivo 862.** O termo inicial do auxílio-acidente deve recair no dia seguinte ao da cessação do auxílio-doença que lhe deu origem, conforme determina o art. 86, § 2º, da Lei n. 8.213/1991. *REsp 1.729.555, 1.7.2021.*

3) Pensão por Morte

STF **Rep. Geral 526.** É incompatível com a Constituição Federal o reconhecimento de direitos previdenciários (pensão por morte) à pessoa que manteve, durante longo período e com aparência familiar, união com outra casada, porquanto o concubinato não se equipara, para fins de proteção estatal, às uniões afetivas resultantes do casamento e da união estável. *RE 883168, 2.8.2021.*

ENUNCIADOS

Fonajef **Enunc. 96.** A concessão administrativa do benefício no curso do processo acarreta a extinção do feito sem resolução de mérito por perda do objeto, desde que corresponda ao pedido formulado na inicial.

Fonajef **Enunc. 141.** A Súmula 78 da TNU, que determina a análise das condições pessoais do segurado em caso de ser portador de HIV, é extensível a outras doenças igualmente estigmatizantes.

Fonajef **Enunc. 143.** Não importa em julgamento "extra petita" a concessão de benefício previdenciário por incapacidade diverso daquele requerido na inicial, inclusive o auxílio-acidente.

Fonajef **Enunc. 148.** Nas ações revisionais em que se se postula aplicação da tese de direito adquirido ao melhor benefício, é requisito da petição inicial que seja apontada a data em que verificada tal situação.

Fonajef **Enunc. 163.** Não havendo pedido expresso na petição inicial de aposentadoria proporcional, o juiz deve se limitar a determinar a averbar os períodos reconhecidos em sentença, na hipótese de o segurado não possuir tempo de contribuição para concessão de aposentadoria integral.

Fonajef **Enunc. 201.** Na hipótese de aposentadoria por invalidez, é possível a concessão de ofício do adicional de 25%, no caso de necessidade de assistência permanente de terceiro.

Fonajef **Enunc. 226.** A progressão do aumento da idade, prevista no art. 18, § 1º, da EC 103/2019, deve ser aplicada de acordo com o ano em que a mulher implementar o último requisito para aposentadoria por idade, independentemente da data do requerimento administrativo.

INFORMATIVOS

STF **Termo inicial da licença-maternidade e do salário-maternidade.** Nos casos de internações pós-parto que durem mais de duas semanas, o termo inicial da licença-maternidade e do salário-maternidade é a alta hospitalar da mãe ou do recém-nascido – o que ocorrer por último –, prorrogando-se ambos os benefícios por igual período ao da internação, visto que não podem ser reduzidos de modo irrazoável e conflitante com o direito social de proteção à maternidade e à infância. Diante da elevada quantidade de nascimentos prematuros e de complicações de saúde após o momento do parto, há uma omissão inconstitucional relativa no § 1º do art. 392, da CLT, e no art. 71 da Lei 8.213/91, pois as crianças ou suas mães, internadas após o parto, são desigualmente privadas do período destinado à convivência inicial. *ADI 6327, 21.10.2022. Pleno. Inf 1073.*

STJ **Pensão por morte. Concubinato e casamento. Convivência simultânea. Rateio entre a concubina e a viúva. Impossibilidade. Tema 526/STF.** Nos termos do Tema 526/STF, é incompatível com a CF o reconhecimento de direitos previdenciários (pensão por morte) à pessoa que manteve, durante longo período e com aparência familiar, união com outra casada, porquanto o concubinato não se equipara, para fins de proteção estatal, às uniões afetivas resultantes do casamento e da união estável. *AgInt no RE nos EDcl no AgRg no Ag 1424071, Corte Especial, 9.6.2022. Inf 757.*

STJ **Aposentadoria por tempo de contribuição. Reconhecimento de cômputo de período de atividade rural. Lei 8.213/91. Ausência de recolhimento de contribuições facultativas. Impossibilidade.** Para fins de concessão de aposentadoria por tempo de contribuição, com o reconhecimento de atividade rural referente a períodos posteriores à edição da Lei 8.213/91, faz-se necessário o recolhimento de contribuições previdenciárias. *AgInt no REsp 1991852, 1ª T, 24.8.2022. Inf 750.*

STJ **Aposentadoria por tempo de contribuição. Seguro-desemprego. Recebimento conjunto. Vedação legal. Compensação ou desconto. Possibilidade.** Para atender ao disposto no par. ún. do art. 124 da Lei 8.213/91, basta que o valor recebido a título de seguro-desemprego, nos períodos coincidentes, seja abatido do montante devido nos casos em que o benefício previdenciário foi equivocadamente indeferido pela autarquia federal. *REsp 1.982.937, 1ª T, 8.4.2022. Inf 733.*

STJ **Cumulação de benefícios. Auxílio-acidente e aposentadoria. Eclosão da moléstia anterior a edição da Lei 9.528/97. Possibilidade. Súm. 507/STJ.** A possibilidade de cumulação do auxílio-acidente com proventos de aposentadoria pressupõe que a eclosão da lesão incapacitante, ensejadora do direito ao auxílio-acidente, e a concessão da aposentadoria sejam anteriores à alteração do art. 86, §§ 2º e 3º, da Lei 8.213/91, promovida em 11.11.1997 pela MPv 1.596-14/97, posteriormente convertida na Lei 9.528/97, sendo irrelevante a data do termo inicial do benefício. *AgInt no REsp 1907861, 1ª T, 29.3.2022. Inf 731.*

STJ **Ação declaratória de tempo de serviço. Atividade de guarda-mirim. Desvirtuamento. Equiparação a segurado empregado. Art. 11, I, a, da Lei 8.213/91. Possibilidade.** É possível o reconhecimento do tempo de serviço na atividade de guarda-mirim, para fins previdenciários, nos casos em que o caráter socioeducativo da atividade é desvirtuado, por meio da comprovação da existência de vínculo semelhante ao de natureza empregatícia. *AREsp 1921941, 1ª T, 17.2.2022. Inf 725.*

QUESTÕES DISCURSIVAS

9. (Vunesp/TRF/3R/Juiz/2022) É possível a concessão de aposentadoria especial ao segurado contribuinte individual? Justifique a resposta, abordando o suporte normativo, as fontes de custeio, a prova do tempo de serviço especial e, se for o caso, o entendimento jurisprudencial.

10. (TRF/3R/Juiz/2018) Relativamente ao auxílio-reclusão (CF, art. 201, IV): i) é possível o indeferimento do benefício com base na alegação da descaracterização da situação de baixa renda, fundada na existência de sinais exteriores de riqueza ou de significativo patrimônio em nome do segurado, antes do seu recolhimento à prisão, ainda que comprovadas, no processo judicial, a vinculação ao Regime Geral da Previdência Social e a duradoura não percepção, pelo segurado, de rendimentos? ii) é admissível a concessão do benefício ao filho do segurado de baixa renda concebido após sua prisão e nascido no curso do encarceramento? Justifique.

11. (Cespe/TRF/5R/Juiz/2013) Luís, professor do quadro permanente de uma universidade estadual, lecionava, concomitantemente, em uma escola particular da cidade onde morava, na qual trabalhava desde a graduação. Luís laborava corretamente, observando a compatibilidade de horários e era considerado um dos melhores professores da disciplina que ministrava. Em 2.5.1996, Luís se aposentou, por tempo de serviço, junto ao INSS e junto à previdência do estado. Em decorrência de sua excelência no magistério, no mês seguinte ao das aposentadorias, Luís foi convidado a lecionar no Colégio Saber, tendo a instituição assinado a sua carteira de trabalho e previdência social. Em dezembro de 1996, Luís sofreu um acidente que lhe ocasionou redução da capacidade laboral. Após se submeter a perícia, Luís pleiteou o auxílio-acidente perante o INSS, benefício que lhe foi negado administrativamente, o que ensejou ação judicial que está, no momento, conclusa para julgamento após longa instrução probatória. Nessa situação, é possível Luís acumular o auxílio-acidente com os seus proventos de aposentadoria provenientes do INSS e da previdência do estado?

12. (Cespe/TRF/5R/Juiz/2011) É possível a renúncia à aposentadoria proporcional, para fins de obtenção de aposentadoria integral, com o aproveitamento do tempo de serviço e das contribuições vertidas em razão de atividade desenvolvida durante a vigência do benefício originário?

13. (Cespe/TRF/2R/Juiz/2011) Asdrúbal vive com Cleopatra, com quem é casado desde 1970. Desde 1998, Asdrúbal, à margem do casamento, mantém um relacionamento amoroso com Juanita. Esta é sustentada por Asdrúbal, que lhe alugou um apartamento e arca com praticamente a totalidade de suas despesas. Em janeiro de 2012, Asdrúbal, que tinha 67 anos, e Cleopatra morrem em um acidente de carro. Juanita ajuíza ação ordinária em face do Instituto Nacional do Seguro Social – INSS, na qual postula a condenação da autarquia federal a conceder-lhe pensão pela morte de Asdrúbal em razão da sua qualidade de companheira. Citado, o INSS pleiteia, na contestação, a improcedência do pedido, sustentando que: (i) Juanita não se insere no rol de dependentes previsto na legislação previdenciária; (ii) ao tempo do óbito, Asdrúbal não ostentava mais a qualidade de segurado, visto que, conforme as alegações contidas na petição inicial, os documentos apresentados pela autora e as informações constantes do Cadastro Nacional de Informações Sociais – CNIS, o falecido somente teve, em toda sua vida, um único vínculo empregatício, com a respectivas contribuições, no período compreendido entre janeiro de 1989 e dezembro de 2005, não havendo a comprovação de qualquer outra das hipóteses previstas nos artigos 11 e 13 da Lei n. 8.213/91. Presumindo-se a veracidade dos fatos narrados na questão, analise a pertinência dos argumentos de defesa da autarquia para o indeferimento da concessão do benefício previdenciário pretendido, com a indicação dos dispositivos legais ou constitucionais pertinentes.

14. (TRF/4R/Juiz/2010) Discorra sobre aposentadoria rural por idade no Regime Geral de Previdência Social.

15. (TRF/4R/Juiz/2008) Trate da atividade especial e aposentadoria decorrente: (i) natureza jurídica; (ii) espécies; (iii) prova do tempo da atividade especial.

QUESTÕES OBJETIVAS

76. (TRF/4R/Juiz/2022) Assinale a alternativa correta.

a) Segundo a jurisprudência do Supremo Tribunal Federal, a preexistência de casamento ou de união estável de um dos conviventes não impede o reconhecimento de novo vínculo de concubinato, mesmo que referente a idêntico período, inclusive para fins previdenciários, em virtude da consagração da proteção dada pelo Estado a entidades familiares constituídas.

b) É vedado o recebimento conjunto de mais de uma pensão deixada por genitores, ressalvado o direito de opção pela mais vantajosa.

c) Os pensionistas têm legitimidade ativa para pleitear, por direito próprio, a revisão do benefício derivado do originário, em razão de reflexos da revisão deste – caso não alcançada pela decadência, que passa a fluir a partir da concessão da pensão, em razão do princípio da actio nata.

d) A Emenda Constitucional nº 103/2019 prevê que a pensão por morte será concedida a dependente de segurado do Regime Geral de Previdência Social e será equivalente a 100% da aposentadoria recebida pelo segurado ou daquela a que teria direito se fosse aposentado por incapacidade permanente na data do óbito, até o limite máximo de benefícios do Regime Geral de Previdência Social, na hipótese de existir dependente inválido ou com deficiência intelectual, mental ou grave.

e) Para fins de concessão de pensão por morte, segundo jurisprudência do Superior Tribunal de Justiça, é possível a regularização da inscrição com o recolhimento de contribuições de segurado contribuinte individual posteriormente a seu óbito quando se tratar de mera complementação de exações feitas a menor.

77. (TRF/4R/Juiz/2022) Assinale a alternativa incorreta.

a) A Emenda Constitucional nº 103/2019 inseriu disposição de que, até que lei discipline o cálculo dos benefícios do Regime Próprio de Previdência Social da União e do Regime Geral de Previdência Social, será utilizada a média aritmética simples dos salários de contribuição e das remunerações adotadas como base para contribuições a Regime Próprio de Previdência Social e ao Regime Geral de Previdência Social, ou como base para contribuições decorrentes das atividades militares de que tratam os arts. 42 e 142 da Constituição Federal, atualizados monetariamente, correspondentes a 100% (cem por cento) do período contributivo desde a competência julho de 1994 ou desde o início da contribuição, se posterior àquela competência.

b) Tratando-se de contribuinte individual que optar pela exclusão de percepção do direito ao benefício de aposentadoria por tempo de contribuição, a alíquota de contribuição incidente sobre o limite mínimo mensal do salário de contribuição será de 11% (onze por cento); e, caso deseje contar o tempo de contribuição para fins de obtenção da aposentadoria por tempo de contribuição, deverá complementar a contribuição mensal mediante recolhimento sobre o valor correspondente ao limite mínimo mensal do salário de contribuição em vigor na competência a ser complementada.

c) O salário de benefício do segurado que contribuir em razão de atividades concomitantes pode ser calculado com base na soma dos salários de contribuição das atividades exercidas na data do requerimento ou do óbito, ou no período básico de cálculo, não mais se cogitando, após a alteração, em impedimentos à soma dos salários de contribuição pelo exercício de mais de uma atividade.

d) Não se admite a inclusão dos valores percebidos a título de auxílio-acidente no cálculo do salário de contribuição, uma vez que é proibido o acúmulo dessa prestação com qualquer espécie de aposentadoria do regime geral concedida após a edição da Lei nº 9.528/1997.

e) Conforme previsto no art. 29-C da Lei nº 8.213/1991, com a redação que lhe deu a Lei nº 13.183/2015, o segurado que preencher o requisito para a aposentadoria por tempo de contribuição poderá optar pela não incidência do fator previdenciário no cálculo de sua aposentadoria quando o total resultante da soma de sua idade e de seu tempo de contribuição, incluídas as frações, na data de requerimento da aposentadoria, for igual ou superior a noventa e cinco pontos, se homem, observado o tempo mínimo de contribuição de trinta e cinco anos; ou igual ou superior a oitenta e cinco pontos, se mulher, observado o tempo mínimo de contribuição de trinta anos.

78. (TRF/4R/Juiz/2022) Assinale a alternativa correta.

a) Segundo a jurisprudência do Superior Tribunal de Justiça para a concessão do auxílio-reclusão, o critério de aferição de renda do segurado que não exerce atividade laboral remunerada no momento do recolhimento à prisão é a ausência de renda, e não o último salário de contribuição.

b) Não é segurado especial o membro do grupo familiar que possuir outra fonte de renda, exceto se exercer atividade remunerada em período não superior a noventa dias corridos ou intercalados no ano civil.

c) O décimo terceiro salário passou a integrar o salário de contribuição a partir da Lei nº 8.870/1994 e, como consequência, é incluído no cálculo do benefício previdenciário.

d) Com a entrada em vigor da Lei nº 13.457/2017, o segurado necessita cumprir a metade do período de carência para fazer jus ao benefício incapacitante, previsão que se aplica imediatamente inclusive aos processos em curso.

e) Com a entrada em vigor da Emenda Constitucional nº 103/2019, o fator previdenciário foi extinto, aplicando-se exclusivamente aos benefícios anteriores à sua edição.

79. (TRF/4R/Juiz/2022) Assinale a alternativa incorreta.

a) Não é mais possível a contagem de tempo de contribuição ficto a partir da entrada em vigor da Emenda Constitucional nº 103/2019 para efeito de concessão dos benefícios previdenciários e de contagem recíproca.

b) O salário-família, até que lei o discipline, será concedido apenas àqueles que tenham renda bruta mensal igual ou inferior a montante fixado, que será corrigido pelos mesmos índices aplicados aos benefícios do Regime Geral de Previdência Social.

c) O auxílio-acidente será concedido ao trabalhador doméstico, ao trabalhador avulso, ao segurado facultativo e ao segurado especial quando, após a consolidação das lesões decorrentes de acidente de qualquer natureza, resultar sequela definitiva que implique redução da capacidade para o trabalho que habitualmente exercia.

d) Após a reforma promovida pela Emenda Constitucional nº 103/2019, o valor da aposentadoria por incapacidade permanente será igual a 60% da média contributiva, com acréscimo de 2% para cada ano de contribuição que exceder o tempo de contribuição de 20 anos para o homem e de 15 anos para a mulher.

e) A reforma da previdência trazida pela Emenda Constitucional nº 103/2019 estabeleceu que lei complementar poderá disciplinar a cobertura de benefícios não programados, inclusive os decorrentes de acidente do trabalho, a ser atendida concorrentemente pelo Regime Geral de Previdência Social, abrindo espaço também para o atendimento pelo setor privado.

80. (TRF/4R/Juiz/2022) Assinale a alternativa correta.

a) Segundo entendimento do Superior Tribunal de Justiça, é possível a reafirmação da DER (data de entrada do requerimento) para o momento em que forem implementados os requisitos para a concessão do benefício, mesmo que isso se dê no interstício entre o ajuizamento da ação e a prolação da sentença, vedado seu reconhecimento em segunda instância.

b) No âmbito administrativo, para que o segurado faça jus ao exame acerca da possibilidade de reafirmação da DER, deve, desde o requerimento, formular tal pretensão.

c) O Supremo Tribunal Federal reconheceu a constitucionalidade da vedação à percepção do benefício de aposentadoria especial pelo segurado que continuar exercendo atividade nociva ou a ela retornar. A Corte, ainda, estabeleceu que, nas hipóteses em que o trabalhador continua a exercer o labor especial após a solicitação da aposentadoria, a data de início do benefício e os efeitos financeiros da concessão serão devidos desde a DER. Dessa forma, somente após a implantação do benefício, seja na via administrativa, seja na via judicial, torna-se exigível o desligamento da atividade nociva.

d) Promovida a implantação da aposentadoria especial, uma vez verificado o retorno ao labor nocivo ou sua continuidade, o benefício será cassado imediatamente caso a parte não justifique, por iniciativa própria, logo após à concessão, o motivo do retorno ou da permanência.

e) Segundo a jurisprudência do Superior Tribunal de Justiça, admite-se a aplicação retroativa de decreto que reduza patamar de ruído prejudicial à saúde do trabalhador, para fins de reconhecimento de atividade especial.

81. (Vunesp/TRF/3R/Juiz/2022) Assinale a alternativa correta, à luz da legislação e da jurisprudência do Superior Tribunal de Justiça e da TNU:

a) O tempo de trabalho rural, como segurado especial, posterior ao advento da Lei 8.213/91, pode ser considerado, para fins de concessão de aposentadoria por tempo de contribuição, independentemente do recolhimento de contribuições previdenciárias, exceto para efeito de carência.

b) A aposentadoria por idade do trabalhador rural será devida ao segurado especial, que exerce atividade rural em regime de economia familiar, desde que tenha completado a idade mínima de 55 anos para mulheres ou 60 anos para homens e tenha cumprido a carência de 180 meses atividade rural imediatamente anterior ao requerimento do benefício ou à data do implemento da idade mínima, sendo vedado o exercício atividade urbana intercalada.

c) Para fins de concessão de aposentadoria por idade híbrida ao trabalhador urbano, será permitido o cômputo, como carência, do tempo de serviço rural anterior ao advento da Lei 8.213/91, ainda que remoto e descontínuo e mesmo que não tenha sido efetivado o recolhimento das contribuições, nos termos do art. 48, parágrafo 3º, da Lei nº 8.213/91, seja qual for a predominância do labor misto exercido no período de carência ou o tipo de trabalho exercido no momento do implemento do requisito etário ou do requerimento administrativo.

d) A comprovação do tempo de labor rural exige a apresentação de início de prova material, o que, segundo a jurisprudência do Superior Tribunal de Justiça e da TNU, não se confunde com prova plena. Além disso, diante das dificuldades do trabalhador rural de obtenção de prova escrita, não há exigência de que o documento apresentado como início de prova material seja contemporâneo aos fatos alegados ou que abranja todo o período que se quer comprovar.

82. (Vunesp/TRF/3R/Juiz/2022) Sobre o auxílio-inclusão, assinale a alternativa correta:

a) O valor do auxílio-inclusão percebido por um membro da família será considerado no cálculo da renda familiar mensal per capita para fins de concessão e de manutenção de outro auxílio-inclusão no âmbito do mesmo grupo familiar.

b) O auxílio-inclusão será devido a partir da data do requerimento e o seu valor corresponderá a 60% (sessenta por cento) do valor do benefício de prestação continuada em vigor.

c) O valor do auxílio-inclusão e o da remuneração do beneficiário do auxílio-inclusão (limitada a 2 salários-mínimos) percebidos por um membro da família serão considerados no cálculo da renda familiar per capita para fins de manutenção de benefício de prestação continuada concedido anteriormente a outra pessoa do mesmo grupo familiar.

d) O pagamento do auxilio-inclusão não poderá ser acumulado com o pagamento de seguro-desemprego.

83. (Vunesp/TRF/3R/Juiz/2022) Sobre o benefício de pensão por morte, assinale a alternativa que está de acordo com a Emenda Constitucional 103/2019:

a) É vedada a acumulação de pensão por morte deixada por cônjuge ou companheiro de um regime de previdência social com aposentadoria concedida por outro regime, seja ele o Regime Geral de Previdência Social ou regime próprio de previdência social.

b) Consideram-se dependentes do segurado, para fins de concessão de pensão por morte, o cônjuge, a companheira, o companheiro e o filho não emancipado, de qualquer condição, menor de 21 anos ou inválido ou que tenha deficiência intelectual ou mental ou deficiência grave; os pais; o irmão não emancipado, de qualquer condição, menor de 21 anos ou inválido ou que tenha deficiência intelectual ou mental ou deficiência grave. As cotas por dependente cessarão com a perda dessa qualidade e serão reversíveis aos demais dependentes.

c) Equiparam-se ao filho, para fins de recebimento de pensão por morte, exclusivamente o enteado e o menor tutelado, desde que comprovada a dependência econômica.

d) É vedada a acumulação de pensão por morte deixada por cônjuge ou companheiro de um regime de previdência social com pensão por morte concedida por outro regime de previdência social.

84. (IFBC/TRF/2R/Juiz/2018) Paulo com 42 anos ficou viúvo em 15.01.2018. José, seu marido, faleceu na condição de segurado da previdência social. Eram casados há 3 anos. Sobre o regime de pensões por morte aplicado ao caso concreto é correto afirmar:

a) Paulo não terá direito à pensão, pois não comprovou a dependência econômica.

b) Paulo não terá direito à pensão, pois apesar de a Resolução 175/2013, do CNJ reconhecer o direito ao casamento em uniões homoafetivas, tal resolução é ato administrativo que não produz efeitos na esfera previdenciária.

c) Paulo terá direito à pensão por apenas 4 meses pois, do início do casamento ao óbito não transcorreram mais de 4 anos.

d) Paulo terá direito à pensão por morte de forma vitalícia.

e) Paulo terá direito à pensão por morte por 20 anos.

85. (TRF/3R/Juiz/2018) A aposentadoria especial do segurado poderá:

a) Ser recusada pelo INSS nos casos em que a indústria empregadora não efetue o recolhimento da contribuição devida à previdência nos percentuais adicionais de 1%, 2% e 3% incidentes sobre o total das remunerações pagas ou creditadas e cuja alíquota é definida em razão do risco leve, médio ou grave de acidente de trabalho decorrente da atividade preponderantemente exercida pela empresa.

b) Ser concedida mediante o enquadramento como especial da atividade exercida entre 2005 e 2015 e considerada evidentemente insalubre ou perigosa em ato normativo expedido pelo Ministério do Trabalho, independentemente da juntada aos autos de documento atestando essa situação, eis que fatos notórios independem de prova.

c) Ser cumulada com o auxílio-acidente, que até então era devido ao segurado como forma de indenizá-lo pela consolidação das lesões decorrentes de acidente de qualquer natureza e que resultou na redução da sua capacidade de trabalho em relação às funções que exercia.

d) Resultar da conversão da aposentadoria integral por tempo de serviço/contribuição do segurado que conseguir comprovar que exerceu, pelo período exigido em Lei e considerado pela autarquia previdenciária como trabalhado em condições comuns, suas funções submetido permanentemente, não ocasional e intermitente a agentes agressivos à sua saúde e à sua integridade física.

86. (TRF/3R/Juiz/2018) Pode-se dizer que o equilíbrio financeiro e atuarial do sistema previdenciário será violado, eis que descreve hipótese não abarcada pelo ordenamento jurídico, pela:

a) Concessão de pensão por morte ao filho não emancipado e menor de 21 (vinte e um) anos, do trabalhador que falece 2 (dois) dias depois de ter iniciado contrato de trabalho válido, mas ainda não registrado em CTPS.

b) Concessão de auxílio-reclusão, devido à prisão do segurado de baixa renda, aos seus dependentes, mesmo que tenham quem lhes proveja o sustento ou possam trabalhar como forma de obtê-lo.

c) Concessão de aposentadoria por idade ao produtor rural que todo mês, além de extrair o próprio sustento da atividade agropecuária exercida, comercializa significativo excedente da produção, mas deixa de recolher sobre esse valor as contribuições devidas ao RGPS.

d) Concessão subsequente de salário-maternidade, sendo o primeiro à trabalhadora e mãe biológica do recém-nascido e que 1 (um) ano depois seja judicialmente destituída do pátrio poder; e o segundo à trabalhadora que vier a adotar esta criança, após a conclusão do procedimento de adoção.

87. (TRF/3R/Juiz/2018) Assinale a alternativa que contém tese jurídica não apreciada pelos Tribunais Superiores na sistemática dos recursos excepcionais repetitivos:

a) O estigma social a que submetido o portador do vírus HIV é suficiente à demonstração da incapacidade temporária ou permanente do segurado na análise e concessão do auxílio-doença e da aposentadoria por invalidez.

b) Necessidade de fixação da data de início do benefício por incapacidade no momento do requerimento administrativo ou, na falta deste, na citação.

c) Renúncia ao benefício previdenciário já implantado, com a consequente concessão de outro mais vantajoso, calculado com base também nas remunerações recebidas pelo segurado aposentado pelo exercício de atividade laborativa após a inatividade.

d) O desemprego do segurado é suficiente a lhe atribuir a condição de baixa renda e, portanto, suficiente ao preenchimento do requisito necessário à concessão do auxílio-reclusão.

88. (TRF/3R/Juiz/2018) Em relação à pensão por morte é correto afirmar que:

a) É devida ao filho de qualquer condição, não emancipado e menor de 21 (vinte e um) anos ou de até 23 (vinte e três) anos, desde que comprove documentalmente estar cursando o ensino médio ou superior em instituição reconhecida pelo Ministério da Educação ou inválido ou que tenha deficiência intelectual ou mental ou deficiência grave.

b) É devida, em igualdade de condições, ao companheiro homoafetivo do segurado e que com ele convivia no momento do falecimento, cuja dependência econômica é presumida, e à ex-esposa que dele dependia economicamente, porque beneficiária de pensão alimentícia fixada no acordo de separação.

c) É devida aos pais do segurado falecido, maiores de 65 (sessenta e cinco) anos, sem fonte própria de renda, cuja dependência econômica, em razão disso, é presumida juris tantum.

d) É devida à pessoa menor de 21 (vinte e um) anos ou maior de 60 (sessenta), desde que em condição de abandono, ou inválida ou que tenha deficiência intelectual ou mental ou deficiência grave, previamente designada como dependente econômico pelo segurado falecido.

89. (TRF/2R/Juiz/2017) Quanto ao Regime Geral de Previdência (RGPS) é correto afirmar:

a) É possível a cumulação entre o auxílio-acidente e o auxílio-doença decorrentes do mesmo fato gerador incapacitante, pois o primeiro é benefício complementar da renda e, ademais, a vedação não é expressa no rol taxativo da Lei nº 8.213/1991.

b) O tempo em que o segurado do RGPS recebe auxílio-doença não é computado como tempo de contribuição.

c) A prestação relativa à pensão por morte independe de carência.

d) Reconhecida a incapacidade parcial para o trabalho, o Juiz não pode conceder a aposentadoria por invalidez, mas sim o auxílio-doença.

e) Após perdida a qualidade de segurado, cm caso de lesão incapacitante o beneficiário do RGPS precisa contribuir durante 6 meses, no mínimo, para fazer jus ao auxílio-doença.

90. (TRF/2R/Juiz/2017) Relativamente às pensões por morte do Regime Geral de Previdência Social (Lei nº 8.213/1991), assinale a opção correta:

a) A jurisprudência dominante admite estender a pensão até os 24 anos de idade do beneficiário, desde que ele demonstre a necessidade e a sua condição de estudante universitário.

b) A jurisprudência dominante aponta que o cônjuge divorciado, que recebia pensão alimentícia, concorrerá à pensão por morte com o coeficiente do benefício limitado ao percentual ou ao valor dos alimentos que recebia do falecido.

c) O valor da pensão terá o coeficiente de 100% da aposentadoria que o segurado recebia ou a que teria direito se estivesse aposentado por invalidez, ainda que tenha havido óbito do instituidor em época em que a legislação vigente fixava o coeficiente em 80%.

d) A mãe do segurado, quando idosa e na falta de beneficiários de classe anterior, faz jus à pensão derivada da morte do filho, sendo presumida a dependência econômica.

e) O indivíduo maior, ainda que efetivamente inválido, não faz jus a receber a pensão decorrente do falecimento de seu irmão em concomitância com o filho menor deste, que já a recebe.

91. (TRF/2R/Juiz/2017) Analise as assertivas e, ao final, marque a opção correta:

I. É permitida a filiação ao regime geral de previdência social, na qualidade de segurado facultativo, à pessoa participante de regime próprio de previdência.

II. Quando o óbito do segurado, casado há mais de 2 (dois) anos, ocorre depois de vertidas mais de 18 (dezoito) contribuições mensais, a pensão em favor da viúva, que conta 35 anos de idade, será devida por prazo indeterminado.

III. Nos pedidos de benefício de prestação continuada regulados pela Lei nº 8.742/93 (LOAS), para adequada valoração dos fatores ambientais, sociais, econômicos e pessoais que impactam a participação da pessoa com deficiência na sociedade é necessária a avaliação por assistente social ou outras providências aptas a revelar a efetiva condição vivida pelo requerente no meio social.

a) Apenas as assertivas II e III estão corretas.
b) Apenas a assertiva III está correta.
c) Todas estão corretas.
d) Apenas as assertivas I e II estão corretas.
e) Apenas as assertivas I e III estão corretas

92. (Cespe/TRF/5R/Juiz/2017) O benefício de prestação continuada concedido a pessoa com deficiência será suspenso no caso de o beneficiário

a) receber a título de herança patrimônio capaz de prover sua manutenção.
b) ser acolhido por instituição assistencial pública ou particular, como, por exemplo, abrigo ou instituição congênere.
c) receber imóvel para fixação de residência, mediante doação de programa social concedido pelo poder público.
d) completar dois anos de recebimento do benefício.
e) passar a exercer atividade remunerada na condição de aprendiz.

93. (TRF/3R/Juiz/2016) Sobre o benefício de auxílio-doença, é correto afirmar que:

a) É devido ao segurado empregado que ficar incapacitado, temporariamente, para o seu trabalho, desde que cumprido o período de carência, devendo ser pago o seu salário integral pela empresa, durante os 30 (trinta) primeiros dias consecutivos ao do afastamento da atividade por motivo de doença.
b) Para o segurado empregado, o benefício de auxílio-doença tem início no 16º dia da incapacidade, se requerido até 30 (trinta) dias do afastamento do trabalho.
c) A progressão ou o agravamento da doença ou da lesão invocada como causa para a incapacidade devem ser anteriores à filiação do segurado ao Regime Geral de Previdência Social, para que seja devido o benefício de auxílio-doença.
d) Cumpridos os requisitos legais, a concessão do auxílio-doença é devido a todos os segurados a partir da data do início da incapacidade.

94. (TRF/4R/Juiz/2016) Assinale a alternativa correta. Em relação ao auxílio-doença no Regime Geral de Previdência Social:

a) O benefício será devido ao segurado que, havendo cumprido, quando for o caso, o período de carência exigido em lei, ficar incapacitado para sua atividade laboral por, no mínimo, 30 (trinta) dias.
b) Quando requerido por segurado afastado da atividade laboral por mais de 30 (trinta) dias, será devido a contar do 31º dia de afastamento do trabalho.
c) Quando decorrente de acidente de trabalho, consistirá em uma renda mensal correspondente a 100% do salário de benefício.
d) Será devido ao segurado que se filiar ao Regime Geral de Previdência Social já portador da doença, independentemente de a incapacidade decorrer de agravamento da lesão, desde que recolhidas as contribuições vencidas no prazo de 60 (sessenta) dias.
e) O segurado em gozo desse benefício, insusceptível de recuperação para sua atividade habitual, deverá submeter-se a processo de reabilitação profissional para o exercício de outra atividade, mantendo a percepção do auxílio-doença até que seja considerado habilitado para o desempenho de nova atividade que lhe garanta a subsistência ou, quando considerado não recuperável, for aposentado por invalidez.

95. (TRF/3R/Juiz/2016) Assinale a alternativa correta:

a) Ao segurado que completou 35 anos de serviço, se homem, ou 30 anos, se mulher, e optou por continuar em atividade é assegurado, se mais vantajoso, o direito à aposentadoria, nas mesmas condições legais da data do cumprimento dos requisitos necessários à concessão do benefício.
b) Deve ser dirimido pelo Tribunal Regional Federal o conflito de competência entre juízos estadual e federal, instalado na ação em que se discute benefício decorrente de acidente do trabalho.
c) A suspensão do pagamento do benefício previdenciário concedido mediante fraude não configura ofensa ao devido processo legal, devendo ser expedida a notificação de ciência ao segurado ou beneficiário, para conhecimento e apresentação de defesa.
d) No âmbito da competência delegada, prevista no artigo 109, § 3º, da Constituição da República, as causas de natureza previdenciária cujo valor não ultrapasse 60 (sessenta) salários mínimos serão processadas e julgadas nos juizados especiais estaduais.

96. (TRF/4R/Juiz/2014) Assinale a alternativa correta.

a) Benefícios programados estão sujeitos a carência, assim entendido esse requisito como um número mínimo de contribuições mensais indispensáveis à concessão, sendo ele escusado em determinadas circunstâncias, a exemplo do que acontece em relação a todos os benefícios não programados, vinculados que são a situações imprevisíveis.
b) No caso de um empregado que pretenda a concessão de aposentadoria por tempo de contribuição, a interpolação de períodos contributivos com perda da qualidade de segurado não constitui óbice ao aproveitamento do período contributivo antecedente para fins de carência quando houver ele recolhido sessenta contribuições na nova filiação.
c) O salário-maternidade, no caso das seguradas contribuintes individuais e das empregadas domésticas, depende do cumprimento de carência correspondente a dez contribuições mensais, período esse que poderá ser reduzido no caso de parto antecipado.
d) As contribuições recolhidas em atraso por segurados avulsos e empregados, referentes a competências anteriores à inscrição no Regime Geral de Previdência Social, não podem ser consideradas para fins de carência.
e) A concessão dos benefícios de pensão por morte, auxílio-reclusão, serviço social e reabilitação aos dependentes do segurado não prescinde do implemento da carência, que é mitigada, todavia, em determinadas situações.

97. (TRF/2R/Juiz/2014) Quanto à pensão por morte, disciplinada pela Lei n. 8.213/1991, assinale a alternativa correta:

a) A pensão será devida com efeito a contar da data de requerimento administrativo, mesmo que o beneficiário seja absolutamente incapaz na data do óbito do instituidor e somente a requeira ao atingir a plena capacidade.
b) Deferida uma segunda beneficiária para determinada pensão, cinco anos depois do falecimento (pedido tardio), a primeira beneficiária terá de devolver ao INSS os 50% de pensão que, no caso, recebeu a mais durante todo o período.
c) A divorciada que voltou a viver o ex-cônjuge pode ser contemplada com a pensão pela morte do ex-marido se demonstrar que com ele manteve união estável até a data de seu óbito.
d) Não mais se defere a pensão por morte àquela beneficiária que demonstre capacidade financeira para se sustentar.

e) Será concedida pensão à esposa de segurado que esteja notoriamente desaparecido, ainda que não exista declaração judicial nesse sentido.

98. (TRF/4R/Juiz/2014) Dadas as assertivas abaixo, assinale a alternativa correta. A recente Lei n. 12.873/2013, entre outras disposições, introduziu sensíveis alterações nas Leis de Custeio e de Benefícios. Especificamente, nas modificações promovidas na disciplina jurídica do salário-maternidade, pode-se dizer, na atual redação dada à Lei n. 8.213/91, que:

I. Ao segurado ou segurada vinculado(a) ao Regime Geral de Previdência Social (RGPS) que adotar ou obtiver a guarda judicial para fins de adoção de criança, é devido salário-maternidade pelo período de 120 (cento e vinte) dias, o qual deverá ser pago diretamente pela Previdência Social.
II. No caso de falecimento da segurada ou do segurado que fizer jus ao recebimento do salário-maternidade, o benefício será pago por todo o período ou pelo tempo restante a que teria direito ao(à) cônjuge ou ao(à) companheiro(a) sobrevivente que tenha a qualidade de segurado(a), exceto no caso de falecimento do(a) filho(a) ou de seu abandono, observadas as normas aplicáveis ao salário-maternidade.
III. A percepção do salário-maternidade, inclusive daquele pago ao(à) cônjuge sobrevivente na hipótese de morte do segurado ou da segurada que fazia jus originalmente ao benefício, está condicionada ao afastamento do(a) segurado(a) do trabalho ou da atividade desempenhada, sob pena de suspensão do benefício.

a) Está correta apenas a assertiva I.
b) Estão corretas apenas as assertivas I e II.
c) Estão corretas apenas as assertivas I e III.
d) Estão corretas apenas as assertivas II e III.
e) Estão corretas todas as assertivas.

99. (TRF/4R/Juiz/2014) Assinale a alternativa incorreta.

a) A concessão do benefício de auxílio-acidente pressupõe a comprovação de que o segurado empregado apresenta redução permanente da sua capacidade laborativa em decorrência de acidente de qualquer natureza e de que a moléstia incapacitante é irreversível.
b) A acumulação do auxílio-acidente com proventos de aposentadoria pressupõe que a eclosão da lesão incapacitante, ensejadora do direito ao auxílio-acidente, e o início da aposentadoria sejam anteriores à alteração do art. 86, §§ 2º e 3º, da Lei n. 8.213/91, promovida pela Medida Provisória 1.596-14/97, posteriormente convertida na Lei n. 9.528/97.
c) A adequada interpretação do disposto nos arts. 29, II e § 5º, e 55, II, da Lei n. 8.213/91, conduz à conclusão de que o cômputo dos salários de benefício como salários de contribuição somente será admissível se, no período básico de cálculo – PBC, houver afastamento intercalado com atividade laborativa em que há recolhimento da contribuição previdenciária.
d) A citação válida informa o litígio, constitui em mora a autarquia previdenciária federal e deve ser considerada como termo inicial para a implantação da aposentadoria por invalidez concedida na via judicial quando ausente a prévia postulação administrativa.
e) Caso o segurado, após filiar-se ao Regime Geral de Previdência Social, seja acometido de doença especificada em lista elaborada em ato administrativo expedido pelas autoridades competentes, de acordo com os critérios de estigma, deformação, mutilação, deficiência ou outro fator que lhe confira especificidade e gravidade que mereçam tratamento particularizado, a concessão da aposentadoria por invalidez independe do cumprimento da carência de 12 meses de contribuições mensais.

100. (TRF/2R/Juiz/2014) A seguridade social abrange as ações de assistência social. Relativamente ao benéfico assistencial da Lei n. 8.742/1993, mais conhecida como "LOAS" (Lei Orgânica da Assistência Social), assinale a opção correta:

a) O critério para aferir miserabilidade é o tipificado na Lei n. 8.742/1993, qual a renda mensal familiar per capita inferior a ¼ do salário mínimo.
b) A Turma Nacional de Jurisprudência dos Juizados Especiais Federais (TNU), em incidente de uniformização de jurisprudência, pode e deve reanalisar a questão de fato relativa à miserabilidade para, quando for o caso, conceder o benefício.
c) O benefício previdenciário recebido por membro da família não é considerado, para fins de deferimento do benefício assistencial, na contagem da renda familiar referida pela Lei n. 8742/1993.
d) O deferimento do benefício assistencial, no exame da miserabilidade econômica, exige prova pericial sociológica ou laudo de verificação por assistente social, não sendo suficiente a mera aferição atestada por Oficial de Justiça.
e) A incapacidade não precisa ser permanente para fins de concessão do benefício assistencial de prestação continuada.

101. (TRF/2R/Juiz/2014) Quanto à aposentadoria por idade do trabalhador rural e à prova do labor rural, assinale a opção correta:

a) Em demanda previdenciária, o fato de o imóvel ser superior ao módulo rural afasta a qualificação de seu proprietário como segurado especial.
b) A circunstância de um dos membros da família desempenhar trabalho urbano descaracteriza o regime de economia familiar, típico do regime rural, inviabilizando a caracterização do trabalhador como rural ou segurado especial.
c) Para concessão de aposentadoria por idade de trabalhador rural, o tempo de exercício de atividade equivalente à carência deve ser aferido no período imediatamente anterior ao requerimento administrativo ou à data do implemento da idade mínima.
d) O exercício de atividade urbana intercalada impede a concessão de benefício previdenciário de trabalhador rural.
e) Para fins de comprovação do tempo de labor rural, o início de prova material não precisa ser contemporâneo à época dos fatos a provar.

102. (TRF/3R/Juiz/2013) Dentre as proposições que se seguem, assinale a correta, levando-se em consideração as normas previdenciárias vigentes:

I. A incapacidade total e permanente para o exercício da atividade laborativa que o segurado habitualmente exercia é um dos requisitos para a concessão do benefício de aposentadoria por invalidez, ainda que seja viável a reabilitação para outra atividade de nível semelhante à anterior.
II. A gravidade da doença que gerou a incapacidade laborativa em nenhuma hipótese afasta a exigência do cumprimento da carência legalmente exigida para o benefício de aposentadoria por invalidez ou auxílio-doença.
III. É devido o acréscimo de 25% sobre o valor da aposentadoria por invalidez do segurado que necessitar de assistência permanente de outra pessoa, mesmo quando a aposentadoria já estiver no valor máximo legalmente permitido.
IV. O segurado que estiver aposentado por invalidez há mais de cinco anos, que tenha sua capacidade laborativa recuperada, continuará recebendo o seu benefício integralmente, por prazo indeterminado, desde que não retome a exercer atividade laborativa.
V. Em se tratando de transformação de auxílio-doença em aposentadoria por invalidez a renda mensal inicial desta será de

100% do salário-de-benefício que serviu de base para o cálculo da renda mensal inicial do auxílio-doença, reajustado pelos mesmos índices de correção dos benefícios em geral.

a) todos os enunciados estão corretos.
b) os enunciados I e II estão corretos.
c) os enunciados III e V estão corretos.
d) os enunciados II, III e IV estão corretos.
e) os enunciados I, II, III e V estão corretos.

103. (TRF/3R/Juiz/2013) Dentre as proposições que se seguem, assinale a correta, levando-se em consideração a legislação de regência, em sua redação atual:

I. Na concessão do benefício de aposentadoria rural por idade ao segurado especial e ao trabalhador rural, empregado ou enquadrado na categoria de contribuinte individual, o tempo de atividade rural exercido até 31 de dezembro de 2010, sem o recolhimento das respectivas contribuições, é considerado para efeito de carência, desde que esse tempo de serviço seja comprovado com base em início de prova material, corroborada por prova testemunhai.
II. Na concessão do benefício de aposentadoria rural por idade ao segurado especial e ao trabalhador rural, empregado ou enquadrado na categoria de contribuinte individual, o tempo de atividade rural exercido entre janeiro de 2011 a dezembro de 2015, sem o recolhimento das respectivas contribuições, é considerado para efeito de carência, sendo que nesse período há necessidade de comprovação específica do número de meses trabalhados para cada empregador, ou na prestação de serviço de natureza rural, em caráter eventual, sem relação de emprego, mas cada mês comprovado será multiplicado por três, limitado a 12 meses, dentro do respectivo ano civil.
III. Ostentam a qualidade de segurado especial, entre outros: o trabalhador rural, empregado ou enquadrado na categoria de contribuinte individual, o produtor, seja proprietário, usufrutuário, possuidor, assentado, parceiro ou meeiro outorgado, comodatários ou arrendatários rurais, que explore atividade agropecuária em área de até quatro módulos fiscais, individualmente ou em regime de economia familiar, ainda que com o auxílio eventual de terceiros, desde que resida no imóvel rural ou em aglomerado próximo a ele.
IV. No regime de economia familiar o cônjuge ou companheiro e os filhos maiores de 16 anos ou a estes equiparados deverão ter participação ativa nas atividades rurais da família, para serem considerados segurados especiais, desde que não possuam outra fonte de rendimento, ressalvadas as exceções legais.
V. A exploração da atividade turística da propriedade rural, inclusive com hospedagem, desde que não seja por mais de 120 dias ao ano, não descaracteriza a condição de segurado especial.

a) todos os enunciados estão corretos.
b) os enunciados I, II, III e IV estão corretos.
c) os enunciados I e II estão corretos.
d) os enunciados III e IV estão corretos.
e) os enunciados IV e V estão corretos.

104. (Cespe/TRF/5R/Juiz/2013) Com relação aos serviços da previdência social, aos benefícios previdenciários e à forma como são calculados, assinale a opção correta.

a) De acordo com a CF, nenhum benefício pago pela previdência social pode ter valor inferior a um salário mínimo.
b) Tratando-se de mulher, para aplicação do fator previdenciário, cujo cálculo baseia-se na idade, na expectativa de sobrevida e no tempo de contribuição do segurado ao se aposentar, adicionam-se ao tempo de contribuição cinco anos.
c) O segurado pelo regime geral de previdência social faz jus ao recebimento de auxílio-doença e auxílio-reclusão.
d) Havendo perda da qualidade de segurado, as contribuições anteriores a essa data não poderão ser computadas para efeito de carência.
e) Veda-se a acumulação de auxílio-acidente com proventos de aposentadoria, mesmo nos casos em que a manifestação da lesão incapacitante, ensejadora da concessão do auxílio, e o início da aposentadoria sejam anteriores ao ano de 1997.

105. (TRF/4R/Juiz/2012) Dadas as assertivas abaixo, assinale a alternativa correta.

I. Na apuração do salário de benefício da aposentadoria por tempo de contribuição deferida no regime da Lei n. 9.876/1999 (Lei que instituiu o fator previdenciário), toma-se por base a média aritmética simples dos maiores salários de contribuição correspondentes a oitenta por cento de todo o período contributivo, multiplicada pelo fator previdenciário, este obtido a partir das variáveis idade, expectativa de sobrevida e tempo de contribuição do segurado ao se aposentar, segundo fórmula constante em anexo da Lei n. 8.213/1991.
II. Segundo o entendimento do Superior Tribunal de Justiça, no caso de conversão de auxílio-doença em aposentadoria por invalidez, na apuração do salário de benefício, a duração do benefício antecedente será contada considerando-se como salário de contribuição, no período, o salário de benefício que serviu de base para o cálculo da renda mensal, reajustado nas mesmas épocas e bases dos benefícios em geral.
III. No caso de um benefício deferido em janeiro de 1996, com período básico de cálculo apurado com base em 36 contribuições descontínuas no período máximo de 48 meses, a aplicação da variação integral do IRSM de fevereiro de 1994 (39,67%) na atualização dos salários de contribuição somente é cabível se a referida competência (fevereiro/94) integrar o PBC (período básico de cálculo).
IV. Na hipótese de a média prevista no artigo 29 da Lei n. 8.213/1991 (que dispõe sobre o salário de benefício) resultar superior ao limite máximo do salário de contribuição vigente no mês de início do benefício, a diferença percentual entre essa média e o referido limite será incorporada ao valor do benefício juntamente com o primeiro reajuste após a concessão, sem prejuízo de recuperação de eventuais resíduos nos reajustes posteriores, observado, todavia, que, para fins de pagamento, nenhum benefício assim reajustado poderá superar o limite máximo do salário de contribuição vigente na respectiva competência.
V. O fenômeno inflacionário atinge a todos de maneira idêntica, uma vez que a correção monetária nada mais faz do que recompor o valor de compra da moeda, mas o reajuste da renda mensal inicial dos benefícios deferidos sob a égide da Lei n. 8.213/1991 se dá de forma proporcional, considerando as respectivas datas de início.

a) Estão corretas apenas as assertivas I, II e III.
b) Estão corretas apenas as assertivas I, IV e V.
c) Estão corretas apenas as assertivas III, IV e V.
d) Estão corretas apenas as assertivas II, III, IV e V.
e) Estão corretas todas as assertivas.

106. (TRF/4R/Juiz/2012) Fulano de Tal contribuiu de forma intercalada para o Regime Geral de Previdência Social como autônomo/contribuinte individual por alguns anos entre 1962 e 1993 e depois deixou de ter qualquer vínculo. Em abril de 2009, sofreu um acidente que o deixou sem movimento nos membros inferiores. Considerando a situação descrita, dadas as assertivas abaixo, assinale a alternativa correta.

I. A despeito de não mais ostentar a condição de segurado da Previdência Social, Fulano de Tal pode ter direito à concessão de benefício assistencial, nos termos da Lei n. 8.742/1993 (Loas), desde que não possua meios de prover sua subsistência nem de tê-la provida por sua família e que sua deficiência, mesmo que temporária, caracterize impedimento de longo prazo.

II. Desde que não possua meios de prover sua subsistência nem de tê-la provida por sua família, Fulano de Tal, atualmente com 61 anos de idade, tem direito à concessão de benefício assistencial independentemente de sua condição de saúde, pois já é considerado idoso pela Lei n. 10.741/2003 (Estatuto do Idoso).

III. Caso tenha recolhido cento e oitenta contribuições mensais até 1993, e a sua incapacidade seja definitiva, Fulano de Tal tem direito à concessão de aposentadoria por invalidez em razão do acidente que ocorreu em 2009, a despeito de não mais ostentar a condição de segurado, pois a obtenção do referido benefício independe de carência.

IV. Como a concessão de aposentadoria por idade não pressupõe o preenchimento simultâneo dos requisitos inerentes ao benefício, Fulano de Tal, independentemente de sua condição de saúde, ao completar 65 anos, terá direito à concessão de aposentadoria por idade, caso tenha recolhido, mesmo que de forma intercalada, cento e oitenta contribuições até 1993.

V. Caso Fulano de Tal tivesse falecido em razão das lesões sofridas no acidente ocorrido em 2009, sua esposa, que é sua dependente presumida, teria direito à concessão de pensão por morte, a despeito de ele não mais ostentar a condição de segurado na data do óbito, desde que ele tivesse na ocasião 65 anos de idade e houvesse recolhido cento e oitenta contribuições mensais até 1993, mesmo que de forma intercalada.

a) Estão corretas apenas as assertivas I e II.
b) Estão corretas apenas as assertivas II e III.
c) Estão corretas apenas as assertivas III e IV.
d) Estão corretas apenas as assertivas I, III e V.
e) Estão corretas apenas as assertivas I, IV e V.

107. (TRF/4R/Juiz/2012) Dadas as assertivas abaixo, assinale a alternativa correta.

I. A aposentadoria por idade é igual a 70% (setenta por cento) do salário de benefício, mais 1% (um por cento) deste por grupo de 12 (doze) contribuições, não podendo ultrapassar 100% (cem por cento) do salário de benefício.

II. Na aposentadoria por idade, é opcional a aplicação do fator previdenciário.

III. A aposentadoria compulsória é aquela requerida pela empresa quando o segurado empregado completa 70 (setenta) anos de idade, se do sexo masculino, ou 65 (sessenta e cinco) anos, se do sexo feminino.

IV. Não incide o cálculo do fator previdenciário nas aposentadorias especial e por invalidez.

a) Está correta apenas a assertiva I.
b) Estão corretas apenas as assertivas II e IV.
c) Estão corretas apenas as assertivas I, II e III.
d) Estão corretas apenas as assertivas II, III e IV.
e) Estão corretas todas as assertivas.

108. (Cespe/TRF/2R/Juiz/2011) Assinale a opção correta relativamente ao cálculo do valor dos benefícios previdenciários.

a) À segurada especial é garantida a concessão do salário-maternidade no valor de um salário mínimo, desde que se comprove o exercício de atividade rural de forma contínua, nos nove meses imediatamente anteriores ao do início do benefício.
b) O valor do benefício de prestação continuada, incluindo-se o regido por norma especial e o decorrente de acidente do trabalho e excetuando-se o salário-família e o salário-maternidade, será calculado com base no salário de benefício.
c) Serão considerados para cálculo do salário de benefício os ganhos habituais do segurado empregado, a qualquer título, sob forma de moeda corrente ou de utilidades, sobre os quais incidam contribuições previdenciárias, incluindo-se a gratificação natalina.
d) O valor mensal do auxílio-acidente não integra o salário de contribuição, para cálculo do salário de benefício de qualquer aposentadoria paga pelo RGPS.
e) Ao segurado contribuinte individual que, satisfazendo as condições exigidas para a concessão do benefício requerido, não comprovar o efetivo recolhimento das contribuições devidas será concedido o benefício de valor mínimo, devendo sua renda ser recalculada quando da apresentação da prova do recolhimento das contribuições.

109. (TRF/3R/Juiz/2010) Assinale a alternativa correta:

a) A aposentadoria por idade será devida ao segurado que completar 65 (sessenta e cinco) anos, se homem, e 60 (sessenta) anos se mulher, independentemente de cumprimento de período de carência.
b) A aposentadoria por idade, cumprida a carência exigida na Lei 8.213/91, será devida ao segurado que completar 63 (sessenta e três) anos, se homem, e 57 (cinquenta e sete) anos, se mulher.
c) A aposentadoria por idade, cumprida a carência exigida na Lei 8.213/91, será devida ao segurado que completar 65 (sessenta e cinco) anos, se homem, e 60 (sessenta) anos, se mulher.
d) A concessão do benefício de aposentadoria por idade não depende de período de carência.

110. (TRF/3R/Juiz/2010) O professor e a professora poderão se aposentar por tempo de serviço:

a) Após 30 (trinta) anos o professor e após 25 (vinte e cinco) anos a professora, de efetivo exercício em funções de magistério, com renda mensal correspondente a 100% (cem por cento) do salário-de-benefício.
b) Após 30 (trinta) anos o professor e após 25 (vinte e cinco) anos a professora, de efetivo exercício em funções de magistério, com renda mensal correspondente a 80% (oitenta por cento) do salário-de-benefício.
c) Após 30 (trinta) anos o professor e a professora, de efetivo exercício em funções de magistério, com renda mensal correspondente a 100% (cem por cento) do salário-de-benefício.
d) Após 25 (vinte e cinco) anos o professor e 20 (vinte) anos a professora, de efetivo exercício de magistério, com renda mensal correspondente a 100% (cem por cento) do salário-de-benefício.

111. (TRF/3R/Juiz/2010) Assinale a alternativa correta:

a) O benefício de aposentadoria por invalidez corresponde a 85% (oitenta e cinco por cento) do salário-de-benefício.
b) O benefício de aposentadoria por invalidez pode ser concedido ao segurado insuscetível de reabilitação para o exercício de atividade que lhe garanta a subsistência, sendo-lhe pago por tempo indeterminado.
c) Em nenhuma hipótese, o benefício de aposentadoria por invalidez será pago ao segurado portador de doença ou lesão de que já era portador ao filiar-se ao Regime Geral da Previdência Social.
d) O valor da aposentadoria por invalidez do segurado que necessitar da assistência permanente de outra pessoa será acrescido de 25% (vinte e cinco por cento).

112. (TRF/3R/Juiz/2010) Assinale a alternativa correta:

a) O abono anual é devido ao segurado e ao dependente da Previdência Social que, durante o ano, recebe o benefício da assistência social constitucional.
b) O abono anual é devido ao segurado e ao dependente da Previdência Social que recebeu o benefício de auxílio-doença, auxílio-acidente ou aposentadoria, pensão por morte ou auxílio-reclusão.
c) O abono anual será calculado pela média dos valores do benefício recebido pelo segurado durante o ano.
d) O abono anual não se confunde e não tem qualquer relação com a gratificação de natal dos trabalhadores.

113. (TRF/3R/Juiz/2010) Assinale a alternativa correta:

a) A pensão por morte será devida ao conjunto dos dependentes do segurado que falecer, aposentado ou não, e será de 80% (oitenta por cento) do valor da aposentadoria que o segurado recebia ou daquela a que teria direito se estivesse aposentado por invalidez na data do seu falecimento.
b) A pensão por morte será devida ao conjunto dos dependentes do segurado que falecer, aposentado ou não, a contar da data: I – do óbito, quando requerida até trinta dias depois deste; II – do requerimento, quando requerida após o prazo previsto no inciso anterior; III – da decisão judicial, no caso de morte presumida.
c) A pensão por morte poderá ser protelada por falta de habilitação de outro possível dependente.
d) O cônjuge divorciado ou separado judicialmente ou de fato que recebia alimentos terá preferência em relação aos demais dependentes.

4.2.3. Outros Temas

SÚMULAS

STF **Súm. 687.** A revisão de que trata o art. 58 do ADCT não se aplica aos benefícios previdenciários concedidos após a promulgação da Constituição de 1988.

5. LEI DE CUSTEIO DA PREVIDÊNCIA SOCIAL (LEI 8.212/91)

SÚMULAS

STF **Súm. 241.** A contribuição previdenciária incide sobre o abono incorporado ao salário.

STF **Súm. 688.** É legítima a incidência da contribuição previdenciária sobre o 13º salário.

STJ **Súm. 310.** O auxílio-creche não integra o salário-de-contribuição.

STJ **Súm. 456.** É incabível a correção monetária dos salários de contribuição considerados no cálculo do salário de benefício de auxílio-doença, aposentadoria por invalidez, pensão ou auxílio-reclusão concedidos antes da vigência da CF/1988.

STJ **Súm. 458.** A contribuição previdenciária incide sobre a comissão paga ao corretor de seguros.

STF **Súm. 466.** Não é inconstitucional a inclusão de sócios e administradores de sociedades e titulares de firmas individuais como contribuintes obrigatórios da previdência social.

REPERCUSSÃO & REPETITIVOS

STF **Rep. Geral 72.** É inconstitucional a incidência de contribuição previdenciária a cargo do empregador sobre o salário maternidade. *RE 576967, 5.8.2020.*

STF **Rep. Geral 543.** A alteração de regência constitucional do salário-família não repercute nas relações jurídicas existentes na data em que promulgada a Emenda Constitucional n. 20/1998. *RE 657989, 16.6.2020.*

STF **Rep. Geral 723.** É constitucional, formal e materialmente, a contribuição social do segurado especial prevista no art. 25 da Lei 8.212/1991. *RE 761263, 15.4.2020.*

STJ **Repetitivo 994.** É constitucional a inclusão do imposto sobre circulação de mercadorias e serviços – ICMS na base de cálculo da contribuição previdenciária sobre a receita bruta – CPRB. *REsp 1638772, 27.4.2022.*

QUESTÕES OBJETIVAS

114. (Cespe/TRF/2R/Juiz/2013) A Previdência Social é regida por princípios que foram consolidados na Lei n. 8.212/1991. Entre esses princípios, encontra-se o princípio:

a) do cálculo dos benefícios considerando-se os salários de contribuição nominais.
b) da preservação do valor real dos benefícios.
c) da previdência complementar facultativa, custeada por parcela das contribuições sociais previdenciárias.
d) da universalidade de participação nos planos previdenciários, independentemente de contribuição.
e) do valor da renda mensal dos benefícios, substitutos do salário de contribuição ou do rendimento do trabalho do segurado, superior ao valor do salário mínimo.

115. (Cespe/TRF/2R/Juiz/2013) A Lei n. 8.212/1991, que institui o plano de custeio da seguridade social, distingue as pessoas que são consideradas empresas daquelas que se equiparam a empresas. Entre as que se equiparam a empresa encontram-se as:

a) fundações públicas.
b) cooperativas.
c) firmas individuais.
d) sociedades que assumam o risco de atividade econômica rural com fins lucrativos.
e) autarquias.

116. (TRF/4R/Juiz/2012) Dadas as assertivas abaixo, assinale a alternativa correta.

I. A Previdência Social brasileira funciona em regime de repartição, regendo-se, dentre outros, pelo princípio da universalidade, asseguradas, ainda, a irredutibilidade dos benefícios e garantido o valor da renda mensal, para todos os benefícios, não inferior ao salário mínimo.
II. Em razão da retroatividade mínima ínsita às normas de direito previdenciário, segundo a qual têm elas vigência imediata, alcançando os efeitos futuros de fatos passados, alterada a forma de cálculo da renda mensal inicial, os valores dos benefícios em manutenção devem sofrer, para o futuro, os reflexos da nova lei.
III. A Previdência Social compreende o Regime Geral de Previdência Social e o Regime Facultativo Complementar de Previdência Social, o qual somente pode ser regulado por lei complementar.
IV. Integram o orçamento da Seguridade Social as receitas das contribuições sociais e as receitas de outras fontes, incluídas nesta última categoria, entre outras, as multas, a atualização monetária e os juros moratórios.
V. As contribuições devidas pelos segurados contribuintes individuais integram o orçamento da Seguridade Social, e o salário de contribuição, no caso, é representado pela remuneração auferida em uma ou mais empresas ou pelo exercício de sua atividade por conta própria, durante o mês, sem limite máximo, pois este só deve ser observado quando o salário de contribuição é computado para fins de cálculo da renda mensal de benefício previdenciário.

a) Está correta apenas a assertiva I.
b) Está correta apenas a assertiva V.
c) Estão corretas apenas as assertivas II e V.
d) Estão corretas apenas as assertivas III e IV.
e) Estão corretas apenas as assertivas I, II, III e IV.

117. (Cespe/TRF/2R/Juiz/2011) Em referência ao custeio da seguridade social, assinale a opção correta.

a) O grau de risco – leve, médio ou grave – para a determinação da contribuição para o custeio da aposentadoria especial, partindo-se da atividade preponderante da empresa, deve ser definido por lei, sendo ilegítima a definição por mero decreto.

b) Para o contribuinte individual, estipula-se como salário de contribuição a remuneração auferida durante o mês em uma ou mais empresas ou pelo exercício de sua atividade por conta própria, sem limite, nesse último caso.

c) O salário-maternidade não tem natureza remuneratória, mas indenizatória, razão pela qual não integra a base de cálculo da contribuição previdenciária devida pela segurada empregada.

d) O abono recebido em parcela única e sem habitualidade pelo segurado empregado, previsto em convenção coletiva de trabalho, não integra a base de cálculo do salário de contribuição.

e) Constitui receita da seguridade social a renda bruta dos concursos de prognósticos, excetuando-se os valores destinados ao programa de crédito educativo.

118. (Cespe/TRF/2R/Juiz/2009) Acerca dos princípios e das regras de custeio da seguridade social, assinale a opção correta.

a) Ressalvadas as situações excepcionais de força maior devidamente comprovadas, nenhum benefício ou serviço pode ser instituído, majorado ou estendido a categorias de segurados sem a correspondente fonte de custeio.

b) As contribuições sociais apenas são exigíveis depois de transcorridos noventa dias da vigência da lei que as tenha instituído ou majorado.

c) O regime de solidariedade social é garantido pela cobrança compulsória de contribuições sociais, exigidas apenas de indivíduos segurados, bem como de pessoas jurídicas.

d) O princípio do orçamento diferenciado impede que o orçamento da seguridade social seja confundido com o da União, a qual, todavia, em caráter excepcional, está autorizada a lançar mão de parte dos recursos destinados à seguridade social, mediante prévia autorização do Senado Federal.

e) As contribuições sociais incidem sobre as aposentadorias e pensões concedidas no RGPS.

6. LEI DE ORGANIZAÇÃO DA ASSISTÊNCIA SOCIAL (LEI 8.742/93)

ENUNCIADOS

Fonajef **Enunc. 51.** O art. 20, § 1º, da Lei 8.742/93 não é exauriente para delimitar o conceito de unidade familiar.

QUESTÕES OBJETIVAS

119. (IFBC/TRF/2R/Juiz/2018) João, pessoa com deficiência, dirigiu-se à Agência da Previdência Social, com prévio agendamento, para realizar pedido de LOAS. O pedido foi negado por entender a autarquia que a soma da renda per capita da família de João, considerando a soma de todo o núcleo familiar, inclusive seu pai idoso, que recebe benefício no valor de um salário mínimo, ultrapassa o teto legal para aferição da miserabilidade. Sobre referida decisão administrativa é correto afirmar:

a) Está correto o INSS. Nos termos da Lei n. 8.742/93 toda a renda auferida pelo núcleo familiar deve ser considerada para aferição da hipossuficiência.

b) Está errado o INSS. Aplica-se por analogia o parágrafo único, do art. 34, do Estatuto do Idoso aos pedidos de benefício assistencial feito por pessoa com deficiência. Assim, o benefício de idoso no valor de um salário mínimo não deve ser computado para aferição da hipossuficiência.

c) Está correto o INSS. Se fosse um pedido de LOAS/Idoso o benefício percebido por pessoa do núcleo familiar em valor até um salário mínimo não seria computado, mas em se tratando de LOAS/Deficiente o valor deve ser somado à renda do núcleo familiar, por ausência de previsão legal em sentido contrário.

d) Está errado o INSS. Porém, por ausência de previsão legal de recurso administrativo, João terá que recorrer ao juizado especial federal competente.

e) Está correto o INSS. Tratando-se de benefício assistencial e, portanto, sem custeio, a interpretação sobre o instituto jurídico deve ser restritiva.

120. (TRF/3R/Juiz/2016) Considerando as assertivas abaixo, assinale a alternativa correta:

I. São diretrizes para a organização das ações governamentais na área da assistência social: a descentralização político-administrativa e a participação da população, por meio de organizações representativas.

II. A assistência social será prestada a quem dela necessitar, independentemente de contribuição, para subsistência da pessoa necessitada, portadora de deficiência e do idoso, cabendo à família do beneficiário contribuir com valor mensal correspondente a 1/4 do salário mínimo "per capita", nos termos da lei.

III. A renda mensal vitalícia, o benefício de prestação continuada, o auxílio-natalidade e os benefícios eventuais, previstos no artigo 22 da Lei Orgânica da Assistência Social – LOAS, são benefícios concedidos independentemente de requerimento e contribuição da pessoa necessitada e prestados com recursos do orçamento da seguridade social, como encargo de toda a sociedade, de forma direta ou indireta.

IV. O benefício de prestação continuada não pode ser acumulado pelo beneficiário com qualquer outro no âmbito da seguridade social ou de outro regime, excepcionados apenas o de assistência médica e da pensão especial de natureza indenizatória, não sendo também computados os rendimentos decorrentes de estágio supervisionado e de aprendizagem, para os fins de cumprimento do requisito da renda familiar mínima.

a) As assertivas I e IV estão corretas.

b) As assertivas I e III estão corretas.

c) Apenas a assertiva III está incorreta.

d) Apenas a assertiva I está correta.

7. LEIS DE PREVIDÊNCIA COMPLEMENTAR (LC 108/01 E LC 109/01)

SÚMULAS

STJ **Súm. 289.** A restituição das parcelas pagas a plano de previdência privada deve ser objeto de correção plena, por índice que recomponha a efetiva desvalorização da moeda.

STJ **Súm. 290.** Nos planos de previdência privada, não cabe ao beneficiário a devolução da contribuição efetuada pelo patrocinador.

STJ **Súm. 291.** A ação de cobrança de parcelas de complementação de aposentadoria pela previdência privada prescreve em cinco anos.

STJ **Súm. 427.** A ação de cobrança de diferenças de valores de complementação de aposentadoria prescreve em cinco anos contados da data do pagamento.

TRF2 **Súm. 18.** O segurado da previdência social oficial, que recebe complementação de benefício de entidade de previdência privada, tem legitimidade "ad causam" para propor ação em face da primeira, com vistas à revisão de seu benefício previdenciário.

REPERCUSSÃO & REPETITIVOS

STF **Rep. Geral 452.** É inconstitucional, por violação ao princípio da isonomia (art. 5º, I, da Constituição da República), cláusula de contrato de previdência complementar que, ao prever regras distintas entre homens e mulheres para cálculo e concessão de complementação de aposentadoria, estabelece valor inferior do benefício para as mulheres, tendo em conta o seu menor tempo de contribuição. *RE 639138, 18.8.2020.*

STJ **Repetitivo 1021.** (a) A concessão do benefício de previdência complementar tem como pressuposto a prévia formação de reserva matemática, de forma a evitar o desequilíbrio atuarial dos planos. Em tais condições, quando já concedido o benefício de complementação de aposentadoria por entidade fechada de previdência privada, é inviável a inclusão dos reflexos de quaisquer verbas remuneratórias reconhecidas pela Justiça do Trabalho nos cálculos da renda mensal inicial dos benefícios de complementação de aposentadoria. (b) Os eventuais prejuízos causados ao participante ou ao assistido que não puderam contribuir ao fundo na época apropriada ante o ato ilícito do empregador poderão ser reparados por meio de ação judicial a ser proposta contra a empresa ex-empregadora na Justiça do Trabalho. *REsp 1778938, 11.12.2020.*

INFORMATIVOS

STJ **Ação civil pública. Ministério Público Federal. Ingerência judicial no liame entre assistidos e entidade de previdência complementar. Proibição de concessão de novos benefícios e cancelamento de benefícios complementares. Direitos individuais homogêneos. Relevância social. Inexistência.** Não é possível, em ação civil pública ajuizada pelo MPF, a ingerência judicial no liame entre assistidos e entidade de previdência complementar, notadamente a proibição de concessão de novos benefícios e o cancelamento de benefícios complementares indevidamente concedidos, sem que exista prova concreta de que a manutenção desses poderia violar gravemente a esfera jurídica de número indeterminado de múltiplos sujeitos de direito. *AREsp 1325652, 1ª T, 4.10.2022. Inf 752.*

STJ **Ação de cobrança de pensão por morte. Previdência complementar. Pretensão de companheira do falecido de ser reconhecida como beneficiária. Litisconsórcio passivo necessário e unitário em relação às demais beneficiárias. Configuração.** Na ação em que se requer a concessão do benefício de pensão por morte, há litisconsórcio passivo necessário e unitário entre o administrador do plano de previdência complementar e os demais beneficiários do falecido participante. *REsp 1993030, 3ª T, 30.9.2022. Inf 752.*

STJ **Entidade fechada de previdência privada. Equiparação às instituições financeiras. Impossibilidade. Contratos de mútuo. Cobrança de juros remuneratórios. Limite legal. Capitalização. Periodicidade anual.** Nos contratos de mútuo celebrados pelas entidades fechadas de previdência complementar com seus beneficiários, é ilegítima a cobrança de juros remuneratórios acima do limite legal, autorizada a capitalização de juros somente na periodicidade anual, desde que pactuada, após a entrada em vigor do CC. *REsp 1854818, 4ª T, 7.6.2022. Inf 741.*

STJ **Previdência privada. Benefício previdenciário complementar. Quantum fixado em liquidação de sentença transitada em julgado. Erro material. Devolução de valores recebidos a maior. Inexigibilidade. Boa-fé objetiva.** Não é cabível a devolução de valores recebidos a maior a título de complementação de aposentadoria por força de decisão judicial transitada em julgado, mesmo que ela seja posteriormente desconstituída. *AREsp 1775987, 4ª T, 3.5.2022. Inf 735.*

QUESTÕES OBJETIVAS

121. (Cespe/TRF/1R/Juiz/2015) Acerca do regime previdenciário do servidor estatutário, do regime de previdência privada e das entidades de previdência complementar, assinale a opção correta.

a) Com o fim da regra de paridade entre ativos e inativos, o servidor que ingressar no serviço público federal, no âmbito do Poder Executivo, nos dias atuais não poderá se aposentar voluntariamente, pelo regime próprio, com proventos equivalentes à remuneração do cargo efetivo, devendo o cálculo de seus proventos ser feito com base na média aritmética simples da remuneração percebida nos últimos cinco anos de exercício no cargo.
b) O regime de previdência privada tem como características a complementaridade, a autonomia em relação ao RGPS, bem como o caráter facultativo, e baseia-se na constituição de reservas que assegurem o benefício contratado.
c) As entidades fechadas de previdência complementar têm como objetivo único a administração e execução de planos de benefícios de natureza previdenciária e são constituídas sob a forma de sociedade anônima.
d) Tanto as entidades abertas de previdência complementar quanto as fechadas – bem como os planos de benefícios por elas operados – são acessíveis a quaisquer pessoas interessadas.
e) Após a Emenda Constitucional n. 20/1998, passou-se a exigir um tempo mínimo de cinco anos de efetivo exercício no serviço público para a concessão da aposentadoria voluntária de servidor público. Além disso, passou a ser requisito, concomitantemente com o tempo de contribuição, uma idade mínima de sessenta anos para o homem e de cinquenta e cinco anos para a mulher.

122. (TRF/4R/Juiz/2014) Dadas as assertivas abaixo, assinale a alternativa correta. A Previdência Social brasileira é constituída pelo Regime Geral de Previdência Social (RGPS), de natureza estatal e pública, de caráter contributivo e de filiação obrigatória, preservados os equilíbrios financeiro e atuarial (art. 201, caput, incisos e parágrafos, da Constituição Federal de 1988), e pelo Regime de Previdência Privada, de caráter complementar, facultativo, baseado na constituição de reservas que garantam o benefício contratado e regulado por lei complementar (art. 202, caput e parágrafos, da Constituição Federal de 1988). O referido Regime de Previdência Privada, de caráter complementar, foi regulado pela Lei Complementar n. 109, de 29.05.2001, a qual dispôs, entre outros temas, a respeito das entidades de Previdência Complementar, classificando-as em abertas e fechadas. Quanto a estas últimas (fechadas), foi editada a Lei Complementar n. 108, de 29.05.2001, a qual dispôs sobre as relações entre os entes públicos (União, Estados, Distrito Federal e Municípios), bem como suas autarquias, fundações, sociedades de economia mista e outras entidades públicas (empresas controladas direta ou indiretamente), e suas respectivas entidades fechadas de Previdência Complementar. Sendo assim, com base nesses diplomas legais, é possível afirmar que:

I. As entidades fechadas de Previdência Complementar são acessíveis aos empregados de uma empresa ou de um grupo de empresas, aos servidores da União, dos Estados, do Distrito Federal e dos Municípios (e de suas autarquias, fundações, sociedades de economia mista e outras entidades públicas), entes denominados de patrocinadores, e, também, aos associados ou membros de pessoas jurídicas de caráter profissional, classista ou setorial, estas denominadas instituidoras.
II. As entidades de Previdência Complementar abertas visam a instituir e operar planos de benefícios de caráter previdenciário, concedidos em forma de renda continuada ou pagamento único, acessíveis a quaisquer pessoas físicas.
III. Enquanto as entidades fechadas de Previdência Complementar se organizam sob a forma de fundação ou sociedade civil, sem fins lucrativos, as entidades abertas de Previdência Complementar são constituídas unicamente sob a forma de sociedades anônimas.
IV. As contribuições vertidas para as entidades de Previdência Complementar, destinadas ao custeio dos planos de benefícios de natureza previdenciária, são dedutíveis para fins de incidência de imposto sobre a renda, nos limites e nas condições fixadas em lei. Além disso, a concessão de benefício pela Previdência Complementar não depende da concessão de benefício pelo Regime Geral da Previdência Social (RGPS).

a) Estão corretas apenas as assertivas I e II.
b) Estão corretas apenas as assertivas I e IV.
c) Estão corretas apenas as assertivas I, III e IV.
d) Estão corretas apenas as assertivas II, III e IV.
e) Estão corretas todas as assertivas.

6

DIREITO PROCESSUAL PENAL

VOLUME DE QUESTÕES

MÉDIO-BAIXO

1. DO INQUÉRITO POLICIAL

SÚMULAS

STF **Súm. Vinculante 14.** É direito do defensor, no interesse do representado, ter acesso amplo aos elementos de prova que, já documentados em procedimento investigatório realizado por órgão com competência de polícia judiciária, digam respeito ao exercício do direito de defesa.

STF **Súm. 524.** Arquivado o inquérito policial, por despacho do juiz, a requerimento do Promotor de Justiça, não pode a ação penal ser iniciada, sem novas provas.

TRF2 **Súm. 10.** Cometido delito em local sujeito a jurisdição de nova vara, é esta a competente para conhecer do inquérito policial distribuído anteriormente a outra vara, não estando instaurada ação penal, pelo recebimento da denúncia.

TRF3 **Súm. 34.** O inquérito não deve ser redistribuído para vara federal criminal especializada enquanto não se destinar a apuração de crime contra o sistema financeiro (Lei 7.492/86) ou delito de lavagem de ativos (Lei 9.613/98).

TRF4 **Súm. 128.** É válida a instauração de procedimento investigatório com base em denúncia anônima, quando amparada por outro indício.

ENUNCIADOS

Fonacrim **Enunc. 23.** Não há nulidade no deferimento de diligências policiais sem a oitiva do Ministério Público.

Fonacrim **Enunc. 50.** Peças de informação produzidas no âmbito do Ministério Público deverão seguir as regras de tramitação do inquérito policial, inclusive com a competente distribuição e arquivamento perante o Poder Judiciário.

Fonacrim **Enunc. 51.** Os inquéritos em tramitação direta entre autoridade policial e Ministério Público deverão ser distribuídos perante o Poder Judiciário.

INFORMATIVOS

STJ **Excesso de prazo para a conclusão de inquérito policial. Investigação que perdura por mais de 9 anos. Investigado solto. Complexidade não evidenciada. Suposta acusação ligada ao exercício profissional. Estigmatização decorrente da condição de suspeito de prática delitiva. Constrangimento ilegal. Trancamento da investigação. Razoável duração do processo.** Há excesso de prazo para conclusão de inquérito policial, quando, a despeito do investigado se encontrar solto e de não sofrer efeitos de qualquer medida restritiva, a investigação perdura por longo período e não resta demonstrada a complexidade apta a afastar o constrangimento ilegal. *HC 653299, 6ª T, 25.8.2022. Inf 747.*

QUESTÕES OBJETIVAS

1. (Vunesp/TRF/3R/Juiz/2022) Sobre o inquérito policial, é correto afirmar que:

a) O indiciamento, quando não realizado pela autoridade policial, deve ser determinado pelo magistrado, de ofício ou atendendo a requerimento do Ministério Público, na decisão de recebimento da denúncia.

b) Embora a existência de inquéritos policiais e ações penais em curso não possa ser considerada maus antecedentes, pode ser utilizada para agravar a pena-base como indicativo de personalidade voltada para a prática de crimes.

c) O pedido de arquivamento de inquérito policial fundamentado na ausência de elementos que permitam ao Procurador-Geral da República formar a "opinio delicti" não pode ser recusado pelo Supremo Tribunal Federal. Apenas nas hipóteses em que o fundamento for a atipicidade da conduta ou a extinção da punibilidade, pode o Supremo Tribunal Federal analisar o mérito do pedido.

d) Notícia anônima detalhada, contendo narração de fatos específicos, constitui elemento idôneo para instauração de inquérito policial, cujo objetivo será buscar indícios que corroborem a narrativa.

2. (TRF/2R/Juiz/2017) Delegado da Polícia Federal recebe carta apócrifa, na qual é reportado esquema de fraude, consistente em produzir atestados falsos para obtenção, junto ao INSS, de benefícios de auxílio-doença. Após diligências preliminares destinadas a verificar a verossimilhança das informações da carta, o Delegado instaura inquérito policial para completa apuração dos fatos. Consideradas tal narrativa e a jurisprudência do STF, assinale a opção correta:

a) O inquérito deve ser trancado, pois é ilegal a sua instauração a partir de denúncia anônima.

b) É legal a instauração de inquérito policial em virtude de denúncia anônima, desde que realizadas diligências preliminares para verificar a verossimilhança das informações.

c) O inquérito deve ser trancado. No caso de denúncia anônima, a jurisprudência do STF assinala que o inquérito policial só pode ser instaurado com autorização judicial prévia.

d) Em virtude da regra constitucional que veda o anonimato, a jurisprudência dos Tribunais Superiores aponta que o inquérito policial só pode ser formalmente instaurado após diligências prévias e após a autorização do juiz, que, cm alguns casos, pode ser posterior.

e) Independentemente da questão do anonimato, que depende de solução diversa das acima apontadas, o Delegado agiu de forma ilícita, pois é vedada a realização de diligências investigatórias antes da instauração formal de inquérito policial, já que subtrai da apreciação legal o eventual arquivamento das informações.

3. (TRF/3R/Juiz/2016) Em virtude de um ofício encaminhado pelo COAF, noticiando movimentações bancárias suspeitas, um Procurador da República requisitou a instauração de Inquérito Policial, para apurar a suposta prática de lavagem de dinheiro e de crimes financeiros. A Polícia Federal instaurou o inquérito, tendo o Delegado determinado, de plano, o indiciamento do investigado. Desejando questionar a ordem de indiciamento e a própria instauração do inquérito policial, a defesa decide impetrar "habeas corpus", tendo o advogado dúvidas acerca de quem seja a autoridade competente para apreciar a ação constitucional. Diante desse cenário, assinale a opção correta:

a) A decisão de impetrar "habeas corpus" é incorreta, pois não há coação ilegal, sequer em tese.
b) A autoridade competente é o juiz de primeira instância.
c) A autoridade competente é o Tribunal Regional Federal.
d) A análise da ordem de indiciamento compete ao juiz de primeira instância e a da instauração do inquérito policial ao Tribunal Regional Federal.

4. (Cespe/TRF/2R/Juiz/2013) Acerca do inquérito policial (IP), assinale opção correta.

a) Mesmo em caso de sigilo decretado no IP, a autoridade policial terá de encaminhar ao instituto de identificação os dados relativos à infração penal e à pessoa do indiciado.
b) O advogado tem direito de vista aos autos do IP, salvo nos casos de decretação de sigilo.
c) Qualquer pessoa do povo que tiver conhecimento de qualquer infração penal poderá comunicá-la à autoridade policial, que, então, deverá reduzi-la a termo e, caso verifique a procedência das informações, instaurar inquérito.
d) A pedido do indiciado, a autoridade policial deverá instaurar o contraditório e a ampla defesa no curso do IP.
e) Nos crimes hediondos, o IP pode ser instaurado com base apenas em denúncia anônima encaminhada a delegado de polícia, a membro do MP ou a juiz, por constituir indício da prática de crime.

5. (Cespe/TRF/1R/Juiz/2011) Em relação ao inquérito policial, assinale a opção correta com base no direito processual penal.

a) Na atual sistemática processual penal, resta vedada instauração de inquérito policial em relação aos crimes de menor potencial ofensivo, em qualquer hipótese, em face do preceito legal expresso que determina a lavratura de termo circunstanciado, pelo qual não se admite submissão do autor do fato ao constrangimento do procedimento inquisitivo, como, por exemplo, à condução coercitiva e à identificação criminal.
b) Os vícios ocorridos no curso do inquérito policial, em regra, não repercutem na futura ação penal, ensejando, apenas, a nulidade da peça informativa, salvo quando houver violações de garantias constitucionais e legais expressas e nos casos em que o órgão ministerial, na formação da "opinio delicti", não consiga afastar os elementos informativos maculados para persecução penal em juízo, ocorrendo, desse modo, a extensão da nulidade à eventual ação penal.
c) Ordenado o arquivamento de inquérito policial instaurado antes da constituição definitiva do crédito tributário, de modo a atender a força impositiva de verbete sumular vinculante, resta vedado, em qualquer hipótese, o seu desarquivamento, mesmo sobrevindo constituição do crédito tributário, após o encerramento do procedimento administrativo/fiscal, porque o fundamento da decisão judicial é a atipicidade do fato, cuja eficácia preclusiva é de coisa julgada material.
d) Considere a seguinte situação hipotética. O MP, ao oferecer denúncia, não se manifestou, de forma expressa, em relação a alguns fatos e a determinados agentes investigados, cujos elementos estão evidenciados no bojo do inquérito policial. Nessa situação hipotética, restam assentes doutrina e jurisprudência pátria acerca da ocorrência do pedido de arquivamento implícito ou arquivamento indireto, por parte do órgão de acusação, exigindo-se, contudo, para os devidos efeitos legais, decisão judicial expressa de arquivamento.
e) O atual entendimento consolidado na jurisprudência dos tribunais superiores prevê a possibilidade de retratação do pedido de arquivamento de inquérito policial, independentemente do surgimento de provas novas, desde que não tenha ocorrido ainda o pronunciamento judicial, visto que prevalece o interesse público da persecução penal.

6. (Cespe/TRF/1R/Juiz/2011) Contra eventuais infrações penais praticadas por gestores públicos cujos atos e contas estejam submetidos à apreciação do TCU, nos termos do atual entendimento dos tribunais superiores, somente poderá ser instaurado inquérito policial ou deflagrada a persecução penal em juízo após encerramento da via administrativa, com a conclusão do processo de contas, sem a qual não se obterá certeza acerca da legalidade dos atos praticados e da eventual responsabilidade do gestor, nos mesmos moldes aplicados para os crimes contra a ordem tributária, em que há necessidade de encerramento da esfera administrativa fiscal, para a constituição do débito tributário, como condição de procedibilidade.

7. (TRF/4R/Juiz/2010) Dadas as assertivas abaixo, assinale a alternativa correta.

I. O prazo previsto para término do inquérito policial, no Código de Processo Penal, é de 10 (dez) dias, se o indiciado estiver preso. Em caso de indiciado solto, é de 30 (trinta) dias.
II. Quando se tratar de indiciado preso preventivamente, o prazo para término do inquérito será contado da data em que for executada a ordem de prisão, segundo o Código de Processo Penal.
III. O prazo para término do inquérito em caso de crime contra a economia popular, na forma da Lei 1.521/1951, esteja o indiciado preso ou solto, é de 10 (dez) dias.
IV. Em caso de indiciado preso por ordem da Justiça Federal, o prazo para término do inquérito é de 15 (quinze) dias, prorrogáveis por igual tempo.
V. Em se tratando de tráfico ilícito de drogas, previsto na Lei 11.343/2006, o prazo para o término do inquérito é de 30 (trinta) dias em caso de acusado preso e de 90 (noventa) dias em caso de acusado solto, podendo os prazos ser duplicados por decisão judicial, ouvido o Ministério Público, se houver pedido justificado da autoridade policial.

a) Está correta apenas a assertiva I.
b) Estão corretas apenas as assertivas II e V.
c) Estão corretas apenas as assertivas I, III e IV.
d) Estão corretas apenas as assertivas I, IV e V.
e) Estão corretas todas as assertivas.

2. DA AÇÃO PENAL/CIVIL

SÚMULAS

STF **Súm. 524.** Arquivado o inquérito policial, por despacho do juiz, a requerimento do Promotor de Justiça, não pode a ação penal ser iniciada, sem novas provas.

STF **Súm. 554.** O pagamento de cheque emitido sem provisão de fundos, após o recebimento da denúncia, não obsta ao prosseguimento da ação penal.

STF **Súm. 594.** Os direitos de queixa e de representação podem ser exercidos, independentemente, pelo ofendido ou por seu representante legal.

STF **Súm. 609.** É pública incondicionada a ação penal por crime de sonegação fiscal.

STF **Súm. 696.** Reunidos os pressupostos legais permissivos da suspensão condicional do processo, mas se recusando o promotor de justiça a propô-la, o juiz, dissentindo, remeterá a questão ao procurador-geral, aplicando-se por analogia o art. 28 do Código de Processo Penal.

STF **Súm. 709.** Salvo quando nula a decisão de primeiro grau, o acórdão que provê o recurso contra a rejeição da denúncia vale, desde logo, pelo recebimento dela.

STF **Súm. 714.** É concorrente a legitimidade do ofendido, mediante queixa, e do Ministério Público, condicionada à representação do ofendido, para a ação penal por crime contra a honra de servidor público em razão do exercício de suas funções.

STJ **Súm. 234.** A participação de membro do Ministério Público na fase investigatória criminal não acarreta o seu impedimento ou suspeição para o oferecimento da denúncia.

STJ **Súm. 542.** A ação penal relativa ao crime de lesão corporal resultante de violência doméstica contra a mulher é pública incondicionada.

STJ **Súm. 648.** A superveniência da sentença condenatória prejudica o pedido de trancamento da ação penal por falta de justa causa feito em "habeas corpus".

ENUNCIADOS

CJF **Pen. Proc. Penal 3.** A inexistência de confissão do investigado antes da formação da "opinio delicti" do Ministério Público não pode ser interpretada como desinteresse em entabular eventual acordo de não persecução penal.

CJF **Pen. Proc. Penal 28.** Recomenda-se a realização de práticas restaurativas nos acordos de não persecução penal, observada a principiologia das Resoluções n. 225 do CNJ e 118/2014 do CNMP.

CJF **Pen. Proc. Penal 32.** A proposta de acordo de não persecução penal representa um poder-dever do Ministério Público, com exclusividade, desde que cumpridos os requisitos do art. 28-A do CPP, cuja recusa deve ser fundamentada, para propiciar o controle previsto no § 14 do mesmo artigo.

Fonacrim **Enunc. 16.** O valor mínimo para reparação dos danos causados pelo crime pode abranger danos morais.

Fonacrim **Enunc. 104.** É atribuição do MP a localização e intimação prévia do investigado para fins de propositura de ANPP.

Fonacrim **Enunc. 105.** É cabível a propositura do ANPP mesmo após o recebimento da denúncia.

Fonacrim **Enunc. 106.** Por ocasião do oferecimento da denúncia, cabe ao MP demonstrar que promoveu a notificação do Investigado da recusa da propositura do ANPP para fins de aplicação do artigo 28-A, §14 do CPP.

INFORMATIVOS

STJ **Acordo de não persecução penal. Art. 28-A, § 6º, do CPP. Execução penal. Competência. Juízo que homologou o acordo. Investigado residente em jurisdição diversa. Penas restritivas de direitos. Acompanhamento e fiscalização do cumprimento. Deprecação. Possibilidade.** A competência para a execução do acordo de não persecução penal é do Juízo que o homologou. *CC 192158, 3ª S, 18.11.2022. Inf 757.*

STJ **Acordo de não persecução penal. Ausência dos requisitos subjetivos legais. Recusa no oferecimento do acordo por parte do Ministério Público. Fundamentação idônea. Legalidade.** Constitui fundamentação idônea para o não oferecimento de ANPP a existência de vários registros policiais e infracionais, embora o réu seja tecnicamente primário, bem como a utilização de posição de liderança religiosa para a prática de delito de violação sexual mediante fraude. *Proc. segredo justiça, 5ª T, 8.8.2022. Inf 750.*

STJ **Acordo de não persecução penal – ANPP. Pleito de realização do acordo. Não cabimento após o recebimento da denúncia. Faculdade do Parquet. Recusa devidamente fundamentada.** A possibilidade de oferecimento do ANPP é conferida exclusivamente ao Ministério Público, não cabendo ao Poder Judiciário determinar ao Parquet que o oferte. *RHC 161251, 5ª T, 16.5.2022. Inf 739.*

STJ **Abandono de incapaz com resultado morte. Dever de assistência. Assunção fática da posição de garante. Atipicidade penal não configurada de plano. Necessidade de prosseguimento da ação penal.** Não há falar em trancamento da ação penal quando a complexidade dos fatos e da adequação típica das condutas a eles, na conformidade da plausível articulação de juízos normativos preliminares da denúncia, implicam a conveniência da instrução probatória. *RHC 150707, 5ª T, 15.2.2022. Inf 725.*

QUESTÕES OBJETIVAS

8. (TRF/3R/Juiz/2016) Pensando na hipótese de, após a apresentação de resposta à acusação, o magistrado se convencer da falta de justa causa para a ação penal, assinale qual hipótese é verdadeira:

a) O magistrado terá que deixar a ação correr, pois não lhe compete conceder habeas corpus contra si próprio.
b) O magistrado deverá absolver sumariamente o acusado, sem especificar nenhum inciso do artigo 397 do Código de Processo Penal.
c) O magistrado poderá rejeitar a denúncia, dado que o primeiro recebimento, conforme parte da doutrina, ocorre a título precário.
d) O magistrado deverá enviar os autos ao titular da ação, para que diga se concorda em retirar a denúncia.

9. (Cespe/TRF/2R/Juiz/2013) Assinale opção correta com referência à ação penal e à ação civil.

a) Uma vez que transite em julgado a condenação criminal que fixe o valor da reparação civil pelos danos causados, o ofendido não poderá mover ação de reparação de danos com o propósito de acrescer seu valor, mas apenas execução do título executivo judicial formado na sentença penal.
b) O ofendido poderá propor ação civil em face do agente, ainda que a sentença absolutória decida que o fato imputado não constitui crime.
c) Concedido o perdão, mediante declaração expressa nos autos, o querelado será intimado a dizer, no prazo de três dias, se o aceita, não importando seu silêncio em aceitação.
d) O assistente de acusação, após ser regularmente habilitado no processo, poderá aditar a denúncia oferecida pelo MP.
e) O MP não pode aditar a queixa-crime por força da prevalência do princípio da disponibilidade da ação penal privada.

10. (Cespe/TRF/3R/Juiz/2011) Com referência à ação penal, assinale a opção correta.

a) De acordo com súmula do STF, a ação penal por crime contra a honra de servidor público, em razão do exercício de suas funções, é condicionada à representação do ofendido, que não tem legitimidade para propor queixa.
b) A ação penal é de natureza pública, mas sua iniciativa é, em alguns casos, atribuída por lei ao particular – em regra o ofendido -, por intermédio de queixa ou representação.
c) O direito de representação, em caso de morte ou ausência do ofendido, passa ao ascendente, descendente, cônjuge ou irmão, nesta ordem.
d) A queixa pode ser dirigida à autoridade policial, ao juiz ou ao MP.
e) A ação penal por injúria consistente na utilização de elementos referentes a raça, cor, etnia, religião, origem ou condição de pessoa idosa ou portadora de deficiência, se não configurar crime de racismo, é pública condicionada.

3. DA COMPETÊNCIA

SÚMULAS

1) Competência por Prerrogativa de Função

STF **Súm. Vinculante 45.** A competência constitucional do tribunal do júri prevalece sobre o foro por prerrogativa de função estabelecido exclusivamente pela constituição estadual.

STF **Súm. 451.** A competência especial por prerrogativa de função não se estende ao crime cometido após a cessação definitiva do exercício funcional.

STF **Súm. 702.** A competência do tribunal de justiça para julgar prefeitos restringe-se aos crimes de competência da justiça comum estadual; nos demais casos, a competência originária caberá ao respectivo tribunal de segundo grau.

STF **Súm. 703.** A extinção do mandato do prefeito não impede a instauração de processo pela prática dos crimes previstos no art. 1º do DL 201/67.

STF **Súm. 704.** Não viola as garantias do juiz natural, da ampla defesa e do devido processo legal a atração por continência ou conexão do processo do corréu ao foro por prerrogativa de função de um dos denunciados.

STJ **Súm. 164.** O prefeito municipal, após a extinção do mandato, continua sujeito a processo por crime previsto no art. 1º do Decreto-lei n. 201, de 27.2.67.

STJ **Súm. 208.** Compete à justiça federal processar e julgar prefeito municipal por desvio de verba sujeita a prestação de contas perante órgão federal.

STJ **Súm. 209.** Compete à justiça estadual processar e julgar prefeito por desvio de verba transferida e incorporada ao patrimônio municipal.

TRF1 **Súm. 30.** Não é da competência do Tribunal Regional Federal o processo e julgamento de prefeito municipal acusado de apropriação, ou desvio, de verbas recebidas de entidades federais e incorporadas ao patrimônio do município.

2) Conflito de Competência entre Justiça Comum e Justiça Militar

STF **Súm. 555.** É competente o tribunal de justiça para julgar conflito de jurisdição entre juiz de direito do Estado e a justiça militar local.

STJ **Súm. 53.** Compete à justiça comum estadual processar e julgar civil acusado de prática de crime contra instituições militares estaduais.

STJ **Súm. 78.** Compete à justiça militar processar e julgar policial de corporação estadual, ainda que o delito tenha sido praticado em outra unidade federativa.

STJ **Súm. 90.** Compete à justiça estadual militar processar e julgar o policial militar pela prática do crime militar, e à comum pela prática do crime comum simultâneo àquele.

3) Conflito de Competência entre justiça federal e justiça estadual

STF **Súm. Vinculante 36.** Compete à justiça federal comum processar e julgar civil denunciado pelos crimes de falsificação e de uso de documento falso quando se tratar de falsificação da caderneta de inscrição e registro (CIR) ou de carteira de habilitação de amador (CHA), ainda que expedidas pela Marinha do Brasil.

STF **Súm. 498.** Compete à justiça dos Estados, em ambas as instâncias, o processo e o julgamento dos crimes contra a economia popular.

STF **Súm. 522.** Salvo ocorrência de tráfico com o exterior, quando, então, a competência será da justiça federal , compete à justiça dos Estados o processo e o julgamento dos crimes relativos a entorpecentes.

STJ **Súm. 38.** Compete à justiça estadual comum, na vigência da Constituição de 1988, o processo por contravenção penal, ainda que praticada em detrimento de bens, serviços ou interesse da União ou de suas entidades.

STJ **Súm. 42.** Compete à justiça comum estadual processar e julgar as causas cíveis em que é parte sociedade de economia mista e os crimes praticados em seu detrimento.

STJ **Súm. 62.** Compete à justiça estadual processar e julgar o crime de falsa anotação na Carteira de Trabalho e Previdência Social, atribuído a empresa privada.

STJ **Súm. 73.** A utilização de papel moeda grosseiramente falsificado configura, em tese, o crime de estelionato, da competência da justiça estadual.

STJ **Súm. 104.** Compete à justiça estadual o processo e julgamento dos crimes de falsificação e uso de documento falso relativo a estabelecimento particular de ensino.

STJ **Súm. 107.** Compete à justiça comum estadual processar e julgar crime de estelionato praticado mediante falsificação das guias de recolhimento das contribuições previdenciárias, quando não ocorrente lesão à autarquia federal.

STJ **Súm. 122.** Compete à justiça federal o processo e julgamento unificado dos crimes conexos de competência federal e estadual, não se aplicando a regra do art. 78, II, "a", do Código de Processo Penal.

STJ **Súm. 140.** Compete à justiça comum estadual processar e julgar crime em que o indígena figure como autor ou vítima.

STJ **Súm. 147.** Compete à justiça federal processar e julgar os crimes praticados contra funcionário público federal, quando relacionados com o exercício da função.

STJ **Súm. 546.** A competência para processar e julgar o crime de uso de documento falso é firmada em razão da entidade ou órgão ao qual foi apresentado o documento público, não importando a qualificação do órgão expedidor.

TRF2 **Súm. 40.** Em se tratando de crimes ambientais, a regra é a competência da justiça estadual, exceto se praticados em detrimento de bens, serviços ou interesses da União, de suas autarquias e empresas públicas.

4) Competência pelo Lugar da Infração

STF **Súm. 521.** O foro competente para o processo e julgamento dos crimes de estelionato, sob a modalidade da emissão dolosa de cheque sem provisão de fundos, é o do local onde se deu a recusa do pagamento pelo sacado.

STJ **Súm. 48.** Compete ao juízo do local da obtenção da vantagem ilícita processar e julgar crime de estelionato cometido mediante falsificação de cheque.

STJ **Súm. 200.** O juízo federal competente para processar e julgar acusado de crime de uso de passaporte falso é o do lugar onde o delito se consumou.

STJ **Súm. 244.** Compete ao foro do local da recusa processar e julgar o crime de estelionato mediante cheque sem provisão de fundos.

5) Outros Temas

STF **Súm. 603.** A competência para o processo e julgamento de latrocínio é do juiz singular e não do tribunal do júri.

STJ **Súm. 59.** Não há conflito de competência se já existe sentença com trânsito em julgado, proferida por um dos juízos conflitantes.

STJ **Súm. 151.** A competência para o processo e julgamento por crime de contrabando ou descaminho define-se pela prevenção do juízo federal do lugar da apreensão dos bens.

STJ **Súm. 165.** Compete à justiça federal processar e julgar crime de falso testemunho cometido no processo trabalhista.

TRF3 **Súm. 32.** É competente o relator para dirimir conflito de competência em matéria penal através de decisão monocrática, por aplicação analógica do art. 120, parágrafo único do Código de Processo Civil autorizada pelo artigo 3º do Código de Processo Penal.

TRF3 **Súm. 33.** Vigora no processo penal, por aplicação analógica do artigo 87 do Código de Processo Civil autorizada pelo artigo 3º do Código de Processo Penal, o princípio da "perpetuatio jurisdictionis".

ENUNCIADOS

CJF **Pen. Proc. Penal 8.** Nos casos de Estelionato (art. 171, CP) cometido por meio virtual, a competência para processo e julgamento da ação será do local da agência bancária da conta depositária, se a vítima realizou depósito bancário em dinheiro, ou o local da agência bancária da vítima, se ela realizou transferência bancária (TED).

Fonacrim **Enunc. 67.** Em caso de foro por prerrogativa de função, a reunião de processos por conexão ou continência constitui medida excepcional.

Fonacrim **Enunc. 82.** A decisão recente do STF na questão de ordem da AP 937 aplica-se em casos de mandatos consecutivos, independente do cargo, sendo competente para julgamento o juiz de primeiro grau.

INFORMATIVOS

STF **Competência penal originária do STF e "mandatos cruzados".** A competência penal originária do STF para processar e julgar parlamentares alcança os congressistas federais no exercício de mandato em casa parlamentar diversa daquela em que consumada a hipotética conduta delitiva, desde que não haja solução de continuidade. Dessa forma, quando o investigado ou acusado não tiver sido novamente eleito para os cargos de deputado federal ou senador, a competência do STF deve ser declinada. *Inq 4342 QO, 1º.4.2022. Pleno. Inf 1049.*

STJ Crime eleitoral ou conexão do delito comum com delito eleitoral. Inocorrência. Justiça eleitoral. Incompetência. Não tendo havido imputação de crime eleitoral ou a ocorrência de conexão de delito comum com delito eleitoral, não se justifica o encaminhamento do feito à Justiça Eleitoral. *HC 746737, 5ª T, 12.9.2022. Inf 749.*

STJ Incidente de deslocamento de competência (IDC). Grupo de extermínio. Grave violação de direitos humanos. Incapacidade de agentes públicos na condução de investigações. Casos conhecidos como "Maio Sangrento" e "Chacina do Parque Bristol". Omissão na apuração dos fatos. Incapacidade nas instâncias locais. Risco de responsabilização internacional. Excepcionalidade demonstrada. Competência da Justiça Federal. A Terceira Seção deferiu o incidente de deslocamento de competência para a Justiça Federal em razão da incapacidade dos agentes públicos na condução de investigações, de identificar os autores dos homicídios/execuções cometidos nos casos conhecidos como "Maio Sangrento" e "Chacina do Parque Bristol". *IDC 9, 3ª S, 10.8.2022. Inf 744.*

STJ Crime praticado quando o acusado não possuía foro por prerrogativa de função. Superveniente posse no cargo de prefeito. Deslocamento da competência para o Pleno do Tribunal de Justiça. Impossibilidade. Não sendo o crime praticado em razão e durante o exercício do cargo ou função, as regras de competência não são alteradas pela superveniente posse no cargo de prefeito municipal. *REsp 1982779, 6ª T, 20.9.2022.*

STJ Imputação de participação em duas organizações criminais. Alegação de litispendência. Não verificação. Condutas independentes e autônomas. Prolação de sentença na Justiça Estadual. Impossibilidade de reunião dos processos. Art. 82 do CPP. A imputação de dois crimes de organização criminosa ao agente não revela, por si só, a litispendência das ações penais, se não ficar demonstrado o liame entre as condutas praticadas por ambas as organizações criminosas. *RHC 158083, 5ª T, 20.5.2022. Inf 737.*

STJ Estelionato. Competência. Hipóteses descritas no § 4º do art. 70 do CPP. Ausência. Regra geral prevista do art. 70, caput, do CPP. Incidência. No crime de estelionato, não identificadas as hipóteses descritas no § 4º do art. 70 do CPP, a competência deve ser fixada no local onde o agente delituoso obteve, mediante fraude, em benefício próprio e de terceiros, os serviços custeados pela vítima. *CC 185983, 3ª S, 13.5.2022. Inf 736.*

STJ Conexão. Reunião dos processos. Faculdade do julgador. Organização criminosa. Lavagem de dinheiro. Causa de aumento de pena. Soma ou unificação ulterior. Juízo da execução. A eventual incidência da causa de aumento descrita na parte final do § 4º do art. 1º da Lei de Lavagem de Dinheiro, na redação dada pela Lei 12.683/12, não constituiu empecilho para o juiz manter a separação dos feitos, nos termos do art. 80 do CPP. *RHC 157077, 5ª T, 3.5.2022. Inf 735.*

STJ Desvio de verbas públicas do SUS. Competência da Justiça Federal. Teoria do juízo aparente. Avaliação da validade da prova determinada pelo Juízo incompetente. Atribuição do Juízo Federal. É aplicável a teoria do juízo aparente para ratificar medidas cautelares no curso do inquérito policial quando autorizadas por juízo aparentemente competente. *AgRg no RHC 156413, 5ª T, 8.4.2022. Inf 733.*

STJ Estelionato. Tentativa de saque com apresentação de cheque fraudulento. Hipótese não prevista na Lei 14.155/21. Consumação do crime no local onde a vítima possui conta bancária. O crime de estelionato praticado por meio saque de cheque fraudado compete ao juízo do local da agência bancária da vítima. *CC 182977, 3ª S, 14.3.2022. Inf 728.*

QUESTÕES DISCURSIVAS

1. (TRF/2R/Juiz/2007) Uma equipe local da Polícia Federal apreende mercadorias descaminhadas, na Rodovia Presidente Dutra, na altura da Cidade de Resende, ao determinar revista em ônibus procedente do Paraguai e com entrada no Brasil por Foz do Iguaçu. Feita a comunicação do flagrante, o Juízo Federal de Rezende coloca os indivíduos em liberdade provisória mediante fiança. Após a elaboração do laudo pericial das mercadorias, e em virtude de promoção do Ministério Público Federal, os autos são redistribuídos para uma das Varas Federais Criminais da Seção Judiciária do Rio de Janeiro, especializada no processo e julgamento dos crimes contra o sistema financeiro nacional, cidade esta onde residem os passageiros, proprietários das referidas mercadorias. Nela, o Juiz recebe a denúncia e determina a citação dos acusados. Pergunta-se: o procedimento está adequado aos pressupostos da instauração da relação processual?

QUESTÕES OBJETIVAS

11. (TRF/4R/Juiz/2022) Assinale a alternativa incorreta.

a) Com o confisco alargado, aplicável em condenações por infrações às quais a pena cominada máxima seja superior a seis anos de reclusão, permite-se que o perdimento de bens incida sobre o valor do patrimônio ilicitamente acumulado a partir do início da prática delitiva, sem necessidade de demonstração da relação de causalidade específica entre a prática delitiva e o enriquecimento do condenado.

b) No que diz respeito à natureza jurídica do delito de estelionato previdenciário, a jurisprudência dos Tribunais Superiores faz as seguintes distinções: I) crime permanente, quando a fraude é praticada pelo próprio beneficiário, que passa, assim, a perceber prestação previdenciária mensalmente; II) crime instantâneo com efeitos permanentes, quando a fraude é praticada por terceiro não beneficiário, de forma a permitir a concessão de benefício previdenciário indevido a outrem; III) crime continuado, quando é praticado por terceiro que, após a morte do beneficiário, não comunica o falecimento e permanece recebendo o benefício regularmente concedido, como se ele fosse, sacando as prestações mediante uso do cartão magnético e senha do segurado falecido.

c) Consoante jurisprudência atual do Superior Tribunal de Justiça, evidenciado dano ao serviço postal em razão do furto de correspondências e encomendas, estará caracterizada a lesão ao serviço-fim da Empresa Brasileira de Correios e Telégrafos (ECT), a atrair a competência da Justiça Federal mesmo que o crime seja perpetrado em agência explorada por particular mediante contrato de franquia.

d) Consoante jurisprudência atual do Superior Tribunal de Justiça, é possível o reconhecimento do delito de evasão de divisas como crime antecedente para a caracterização da lavagem de dinheiro, pois, se o agente pratica atos visando à ocultação de numerários ilicitamente enviados ao exterior, também incide em lavagem de dinheiro.

e) Segundo a jurisprudência atual do Superior Tribunal de Justiça, uma vez preenchidos os pressupostos para a aplicação da extraterritorialidade da lei penal brasileira, crime de homicídio praticado por brasileiro nato contra estrangeiro no exterior, cuja extradição tenha sido negada, deve ser processado e julgado pela Justiça Estadual, já que a situação não se enquadra nas hipóteses do artigo 109 da Constituição Federal.

12. (TRF/2R/Juiz/2017) Analise as assertivas sobre a competência penal e, depois, marque a opção correta:

I. A conexão entre crimes da competência da Justiça Federal e da Estadual não enseja a reunião dos feitos.

II. São requisitos para o deferimento do incidente de deslocamento de competência para a Justiça Federal a grave violação de direitos humanos, a necessidade de assegurar o cumprimento, pelo Brasil, de obrigações decorrentes de tratados internacionais e a incapacidade de o estado membro, por suas instituições e autoridades, levar a cabo, em toda a sua extensão, a persecução penal.

III. Se cometidos durante o horário de expediente, compete à Justiça Federal julgar os delitos praticados por funcionário público federal.

a) Apenas a assertiva I está correta.
b) Apenas a assertiva II está correta.
c) Apenas a assertiva III está correta
d) Todas as assertivas estão corretas.
e) Apenas as assertivas II e III estão corretas.

13. (TRF/2R/Juiz/2017) Sobre a figura do foro por prerrogativa de função, leia as proposições e, ao final, assinale a opção correta:

I. Os juízes federais de 1º grau possuem foro por prerrogativa de função junto aos Tribunais (TRFs) em que exercem jurisdição, foro que abrange também os juízes do trabalho de 1º grau.

II. Na eventualidade de Procurador da República cometer crime comum durante o exercício funcional, prevalecerá a competência originária por prerrogativa de função ainda que o inquérito ou a ação penal sejam iniciados após a sua aposentação.

III. A jurisprudência do STF admite que a competência especial por prerrogativa de função, em relação a crimes comuns, seja aplicável tanto na fase de inquérito quanto na de instauração da ação penal, estendendo-se aos demais investigados originalmente sem prerrogativa de foro, quando seus atos sejam indivisíveis em relação aos atos praticados pelos detentores de foro.

a) Apenas a assertiva I é correta.
b) Apenas a assertiva II é correta.
c) Apenas a assertiva III é correta.
d) Apenas as assertivas I e III estão corretas.
e) Todas as assertivas estão corretas.

14. (TRF/3R/Juiz/2016) Segundo o Supremo Tribunal Federal, o julgamento dos crimes relacionados à pornografia na internet compete:

a) À Vara da Criança e Adolescente, uma vez que o crime está previsto no ECA.
b) À Justiça Federal, pois, dentre outros motivos, presente a internacionalidade.
c) À Justiça Estadual, sempre que as imagens tiverem sido postadas no Brasil.
d) À Justiça Estadual, desde que as imagens tenham sido acessadas no Brasil.

15. (TRF/2R/Juiz/2014) Analise as proposições e, ao final, responda:

I. É da competência penal da Justiça Federal processar e julgar os crimes praticados em detrimento de bens, serviços ou interesse de fundações públicas federais.

II. É da competência penal da Justiça Federal processar e julgar os crimes praticados em detrimento de bens de concessionária de serviços públicos federais.

III. É da competência penal da Justiça Federal processar e julgar os crimes contra a fauna.

a) Apenas a assertivas I está correta.
b) Apenas as assertivas I e II estão corretas.
c) Apenas as assertivas I e III estão corretas.
d) Apenas as assertivas II e III estão corretas.
e) Todas as assertivas estão corretas.

16. (Cespe/TRF/1R/Juiz/2013) Assinale a opção correta a respeito das competências da justiça federal e da justiça estadual.

a) Juiz federal de primeira instância não tem competência para julgar conflito entre governo estrangeiro e ente municipal brasileiro.
b) As disputas que envolvem direitos indígenas a reserva no território de um único estado se inserem entre as competências da justiça estadual.
c) Compete aos juízes federais julgar os crimes cometidos a bordo de avião, ainda que se trate de voo doméstico, ressalvados os crimes militares.
d) Não há o que falar em competência de juiz federal no que concerne ao julgamento de crimes políticos caso o autor seja agente político estadual.
e) Brasília é o foro necessário para o julgamento de ação de competência da justiça federal que envolva servidor público federal.

17. (Cespe/TRF/1R/Juiz/2013) De acordo com o entendimento dos tribunais superiores, assinale a opção correta acerca da competência jurisdicional.

a) Compete à justiça federal processar e julgar o crime de sabotagem contra serviço de transporte coletivo cuja conduta provoque danos aos equipamentos de informática que registram a frequência dos funcionários da empresa.
b) Compete à justiça federal processar e julgar o crime de redução a condição análoga à de escravo e o crime de venda de mercadoria imprópria ao consumo a esse conexo, cujas autorias sejam imputadas ao mesmo agente.
c) Compete à justiça federal da seção judiciária do DF processar e julgar crime de peculato praticado por servidor público integrante do quadro de pessoal efetivo do Ministério Público do DF e Territórios, órgão integrante do MPU.
d) Compete à justiça federal processar e julgar o crime e a contravenção penal a ele conexa praticados a bordo de aeronave estrangeira particular no espaço aéreo nacional.
e) Compete à seção judiciária da justiça federal local processar e julgar quaisquer crimes praticados por um índio contra outro índio dentro de reserva indígena demarcada.

18. (TRF/4R/Juiz/2012) Dadas as assertivas abaixo, de acordo com a jurisprudência dos Tribunais Superiores, assinale a alternativa correta.

I. A Justiça Federal é competente para processar e julgar crime de falsificação de papel-moeda, ainda que a falsidade seja grosseira, pois o Brasil assinou a Convenção Internacional para Repressão da Moeda Falsa, internalizada no país por Decreto.

II. Será sempre da Justiça Federal a competência para processar e julgar crime de estelionato praticado mediante falsificação das guias de recolhimento das contribuições previdenciárias.

III. Compete à Justiça Federal o processo e o julgamento unificado dos crimes conexos de competência federal e estadual, não se aplicando a regra do art. 78, II, a, do Código de Processo Penal.

IV. Compete à Justiça Federal processar e julgar os crimes praticados contra funcionário público federal, apenas quando relacionados com o exercício da função.

V. Compete à Justiça Federal processar e julgar prefeito municipal por infrações penais praticadas em detrimento de bens, serviços ou interesses da União, assim entendidas aquelas relativas à malversação de verbas recebidas da União sob condição e sujeitas a prestação de contas e ao controle do Tribunal de Contas da União.

a) Estão corretas apenas as assertivas I e II.
b) Estão corretas apenas as assertivas IV e V.
c) Estão corretas apenas as assertivas I, II e III.
d) Estão corretas apenas as assertivas III, IV e V.
e) Estão corretas todas as assertivas.

19. (TRF/4R/Juiz/2012) Dadas as assertivas abaixo, assinale a alternativa correta.

I. Compete à Justiça Federal processar e julgar contravenções penais comprovadamente praticadas em detrimento de bens, serviços ou interesses da União ou de suas entidades.

II. A Justiça Federal é absolutamente incompetente para processar e julgar "habeas corpus" impetrado contra ato de autoridade militar da aeronáutica consistente em aplicação de penalidade disciplinar imposta a militar que lhe seja hierarquicamente subordinado.

III. Compete ao Tribunal de Justiça, a que seja hierarquicamente vinculado o juiz de direito, processar e julgar a ação penal em que se impute a esse mesmo magistrado sonegação de tributo federal.

a) Está correta apenas a assertiva I.
b) Está correta apenas a assertiva III.
c) Estão corretas apenas as assertivas I e II.
d) Estão corretas apenas as assertivas II e III.
e) Nenhuma assertiva está correta.

20. (Cespe/TRF/1R/Juiz/2011) Assinale a opção correta acerca da competência e da ação penal.

a) Contra eventuais infrações penais praticadas por gestores públicos cujos atos e contas estejam submetidos à apreciação do TCU, nos termos do atual entendimento dos tribunais superiores, somente poderá ser instaurado inquérito policial ou deflagrada a persecução penal em juízo após encerramento da via administrativa, com a conclusão do processo de contas, sem a qual não se obterá certeza acerca da legalidade dos atos praticados e da eventual responsabilidade do gestor, nos mesmos moldes aplicados para os crimes contra a ordem tributária, em que há necessidade de encerramento da esfera administrativa fiscal, para a constituição do débito tributário, como condição de procedibilidade.
b) A prática de crimes de abuso contra a ordem econômica e a relação de consumo, especificamente na prestação de serviços e na venda de produtos, mediante ajuste ou acordo entre as empresas para a formação de eventual monopólio, ofende bens jurídicos tutelados diretamente pela União, como a ordem econômica, de forma exclusiva, e ao consumidor, na modalidade concorrente, nos termos expressos da CF, e são, na forma da jurisprudência dos tribunais superiores, de competência da justiça federal.
c) À justiça federal compete conhecer, processar e julgar eventual infração penal de pessoa que se apresente ao gerente de banco privado, na condição de auditor fiscal da Receita Federal do Brasil, e solicite ao funcionário informações acerca de movimentações bancárias de determinado cliente, dada a ocorrência de usurpação de função pública federal e de tentativa de lesar sigilo bancário, com dupla ofensa, portanto, aos bens jurídicos tutelados pela União federal.
d) Havendo conexão entre crimes de competência estadual e federal, firma-se a segunda para conhecer, processar e julgar o feito, consoante preceito contido em verbete sumular do STJ e, mesmo que sobrevenha declaração de extinção da punibilidade em relação ao crime que atraiu a competência federal, permanece este juízo competente para julgar as demais infrações, em face do princípio da perpetuatio jurisdictionis, nos termos expressos do CPP.
e) Constitui crime da competência da justiça federal o transporte de recursos minerais, como de pedras preciosas e semipreciosas, tais como topázio, turmalina, quartzo, entre outras, sem a correspondente documentação e autorização legal, sendo o delito previsto na lei dos crimes contra a ordem econômica e o sistema de estoque de combustíveis, por ser patrimônio da União, conforme disposto na CF, não se exigindo condição específica ou de procedibilidade para a persecução penal em juízo.

21. (Cespe/TRF/5R/Juiz/2011) No que concerne à competência processual penal, assinale a opção correta.

a) A prerrogativa de foro de deputado estadual acusado de crime contra o SFN submete-o ao tribunal de justiça do estado, e não, ao TRF.
b) Não compete à justiça federal processar e julgar crime praticado por funcionário público por equiparação, no exercício de suas funções, ainda quando em detrimento do patrimônio da União.
c) Mostra-se incompatível com a CF o deslocamento para a assembleia legislativa local, ainda que mediante emenda à constituição do estado, do processo e julgamento dos conselheiros do tribunal de contas estadual, nas infrações político-administrativas.
d) Compete à justiça federal o julgamento de ação que apure uso de carteira de trabalho e previdência social falsa em demanda judicial que objetive a obtenção de benefício previdenciário do INSS, e o fato de o autor da ação previdenciária dela desistir altera a competência penal, deslocando-a para a justiça comum estadual.
e) O crime de roubo cometido no interior de aeronave que se encontre em solo não atrai a competência da justiça federal para processá-lo e julgá-lo.

22. (TRF/3R/Juiz/2010) Assinale a alternativa correta relativa à competência:

a) O Juízo da Vara de Execuções Criminais do Estado não tem competência para decidir incidentes da execução relativos a réus presos, condenados pela Justiça Federal.
b) Aos juízes federais, exclusivamente, compete julgar os crimes praticados contra o meio ambiente previstos nos arts. 34 e 35 da Lei 9.605, de 12 de fevereiro de 1998.
c) Os feitos que envolvem os crimes de "lavagem", previstos na Lei 9.613, de 03 de março de 1998, devem necessariamente ser processados no Juízo em que tramitou o feito relativo aos delitos antecedentes.
d) Absolvido o réu em feito que se processou na Justiça Federal configura-se a prevenção do magistrado para julgar os crimes conexos, em obediência ao princípio da "perpetuatio jurisdictionis".

23. (Cespe/TRF/2R/Juiz/2009) Acerca de aplicação da lei penal e da competência, assinale a opção correta.

a) Em relação aos crimes de tortura, não há disposição específica relativa à competência; vigora, assim, a regra geral de territorialidade prevista no CPP, não sendo competente a justiça brasileira se o crime for praticado fora do território nacional, ainda que a vítima seja brasileira.
b) Compete à justiça federal o processo e julgamento de quaisquer crimes em que indígena figure como autor ou como vítima.
c) Compete à justiça estadual o processo por contravenção penal, salvo se praticada em detrimento de bens, serviços ou interesse da União ou de suas entidades, fato que atrai a competência da justiça federal.
d) Compete à justiça federal o processo e julgamento dos crimes conexos de competência federal e estadual, não se aplicando a regra do CPP de preponderância do lugar da infração à qual for cominada pena mais grave.
e) Compete à justiça federal processar e julgar as causas relativas a crimes praticados em detrimento de sociedade de economia mista.

24. (Cespe/TRF/2R/Juiz/2009) Quanto às garantias constitucionais do processo e às normas das convenções e tratados de direito internacional relativos ao processo penal, com base no entendimento do STF, assinale a opção correta.

a) Buscando concretizar os preceitos previstos na Convenção Americana de Direitos Humanos, a Emenda Constitucional n. 45/2004 introduziu na CF uma nova modalidade de recurso inominado, de modo a conferir eficácia ao duplo grau de jurisdição.
b) Não viola as garantias do juiz natural, da ampla defesa e do devido processo legal a atração por continência ou conexão do processo do corréu ao foro por prerrogativa de função de um dos denunciados.

c) Não há contraditório no inquérito policial, procedimento eminentemente inquisitório, de forma que o defensor, ainda que no interesse do representado, não tem direito a acesso amplo aos elementos de prova já documentados nos autos e que digam respeito ao direito de defesa; poderá ele, sobre tais documentos, exercer o contraditório diferido.

d) A gravação clandestina de conversa telefônica, feita por um dos interlocutores, com transcrição posteriormente juntada em inquérito policial em que um dos participantes era investigado, é fonte ilícita de prova e ofende a garantia de vedação de provas ilícitas.

e) Sendo vários os acusados em ação penal pública, constitui nulidade relativa a ausência de oportunidade ao corréu de formular reperguntas no interrogatório do outro; é necessária, para anulação do ato, a demonstração de prejuízo por parte do interessado, e não cabe falar em ofensa às garantias constitucionais do devido processo legal e da ampla defesa.

4. DAS QUESTÕES E PROCESSOS INCIDENTES

ENUNCIADOS

CJF **Pen. Proc. Penal 6.** É possível aditar a denúncia para requerer a perda de bens cujo conhecimento se der após iniciada a ação penal, caso em que, recebido o aditamento, deverão ser ouvidos os interessados e propiciada a dilação probatória.

Fonacrim **Enunc. 109.** É possível aplicar a alienação antecipada prevista no art. 144-A do CPP aos criptoativos.

Fonacrim **Enunc. 110.** A liberação de até 20% dos bens bloqueados para fins de pagamento de honorários, prevista no artigo 24-A de Lei n. 8.906/94, não alcança os valores e bens sujeitos ao perdimento.

Fonacrim **Enunc. 111.** É ônus do requerente demonstrar a licitude dos bens constritos para fim de liberação.

INFORMATIVOS

STJ **Exceção de suspeição da autoridade policial. Impossibilidade. Art. 107 do CPP. Possibilidade de resolução na esfera administrativa. Fase inquisitorial. Nulidade da ação penal. Necessidade de demonstração do prejuízo.** A ausência de afirmação da autoridade policial de sua própria suspeição não eiva de nulidade o processo judicial por si só, sendo necessária a demonstração do prejuízo suportado pelo réu. *REsp 1.942.942, 5ª T, 10.8.2021.*

QUESTÕES OBJETIVAS

25. (IFBC/TRF/2R/Juiz/2018) Assinale a afirmativa correta:

a) Sequestro é medida assecuratória incidente sobre os bens móveis e imóveis do indiciado ou acusado, ainda que em poder de terceiros, quando adquiridos com proveito da infração penal.

b) Apenas mediante requerimento do ministério público, do ofendido, ou de seu representante legal, poderá o juiz ordenar o sequestro em qualquer fase do processo ou do inquérito.

c) O sequestro somente será levantado nas hipóteses taxativas legais, em que a ação penal não for intentada em sessenta dias, contados da diligência constritiva; quando o réu for absolvido; ou o terceiro prestar fiança idônea.

d) A hipoteca legal sempre haverá de ser requerida pelo ministério público sobre todos os bens do indiciado ou acusado, quando presentes indícios mínimos da autoria, e não se souber quais bens foram exatamente produtos do crime.

e) Poderão ser vendidos no segundo leilão, em alienação antecipada, por valor não inferior a 50% do estipulado em avaliação judicial, os bens constritos e que estão sujeitos a qualquer grau de deterioração ou depreciação, ou quando for difícil sua manutenção.

26. (Cespe/TRF/5R/Juiz/2015) No que se refere às questões prejudiciais, assinale a opção correta.

a) De acordo com o CPP, as questões prejudiciais, obrigatórias ou facultativas, podem ser reconhecidas, de ofício, pelo juiz da causa principal, sendo prescindível, em qualquer dos casos, a produção antecipada de provas.

b) Considere que um indivíduo, maior e capaz, tenha feito afirmação falsa, na condição de testemunha, em uma reclamação trabalhista em curso na justiça especializada. Considere, ainda, que, ao final da audiência, o magistrado do trabalho tenha encaminhado as peças ao MPF, e que este tenha ofertado denúncia. Nessa situação, a caracterização do crime de falso testemunho ficará pendente até o encerramento definitivo do processo de reclamação trabalhista, sendo, portanto, uma questão prejudicial heterogênea, e facultativa a suspensão do processo criminal.

c) As questões prejudiciais submetem-se a juízo de prelibação, no qual o juiz criminal faz a análise da necessidade de suspensão do processo e remessa dos autos ao juízo competente, para que seja dirimida a controvérsia incidental. Caso o magistrado rejeite o pedido de suspensão do processo, caberá recurso em sentido estrito da decisão que ordene o seguimento da ação penal.

d) As questões prejudiciais homogêneas cominam a obrigatoriedade da suspensão do processo criminal principal e devem ser necessariamente solucionadas pelo juiz da causa principal.

e) Se, no curso de uma ação penal contra servidor público federal por suposta prática de peculato, na modalidade de apropriação ou desvio de recursos públicos, a defesa apresentar resposta à acusação, alegando regularidade das contas declaradas pelo TCU e idêntico posicionamento encontrado na ação de improbidade administrativa em curso, admitir-se-á a objeção apresentada pela defesa como questão prejudicial heterogênea, o que autoriza a suspensão da ação principal.

27. (TRF/2R/Juiz/2014) Com relação às exceções, em direito processual penal:

a) Para a arguição da suspeição do juiz, é indispensável a capacidade postulatória.

b) São dilatórias as exceções de ilegitimidade de parte, incompetência do juízo, suspeição, impedimento, incompatibilidade; são peremptórias as exceções de litispendência e coisa julgada.

c) Julgada procedente a exceção de suspeição, o processo continuará com a designação de outro juiz, mantidos os atos praticados pelo primeiro juiz antes do afastamento.

d) Recebida a exceção de coisa julgada, o processo ficará suspenso até que seja definitivamente julgada.

e) A jurisprudência predominante é no sentido de que a exceção de suspeição deve ser arguida na primeira oportunidade em que o réu se manifestar nos autos, sob pena de preclusão.

28. (Cespe/TRF/5R/Juiz/2013) Em relação às questões e processos incidentes, assinale a opção correta.

a) De acordo com preceito expresso no CPP, a alienação antecipada, que deve ser provocada pelo MP, constitui incidente processual, autuado em autos apartados, contra o qual pode o réu ofertar embargos, desde que para discutir o valor estipulado pela administração judicial ou a necessidade de venda ou manutenção dos bens apreendidos; uma vez embargada a alienação com esse fundamento, não será pronunciada a decisão nos embargos antes de a sentença condenatória transitar em julgado.

b) Desde que se comprove, nos autos, a existência do crime, haja indício suficiente de autoria e se comprove a procedência ilícita dos bens, conforme dispositivo expresso no CPP, admite-se o sequestro de bens móveis produtos do crime.

c) O sequestro é incidente autuado em apartado contra o qual se admitem embargos de terceiro e do acusado, com a restrição de que se fundamentem, respectivamente, no fato de os bens terem sido adquiridos com os proventos da infração ou de terem sido transferidos a título oneroso e adquiridos de boa-fé; em ambas as hipóteses, não poderá ser pronunciada decisão nos embargos antes de a sentença condenatória transitar em julgado.
d) Na alienação antecipada de veículos, segundo consta expressamente no CPP, a ordem judicial da alienação conterá a determinação de transferência do bem, livre do pagamento de multas, encargos e tributos anteriores, além da advertência do dever do arrematante de efetivá-la no prazo de até noventa dias após a sentença condenatória transitar em julgado, sob pena de perda em favor da União.
e) Na alienação antecipada com o objetivo de preservar o valor dos bens, sempre que estes estiverem sujeitos a qualquer grau de deterioração ou depreciação, ou houver dificuldade para sua manutenção, deve-se observar o valor estipulado pela administração judicial; caso esse valor não alcance o montante estabelecido, os bens poderão ser alienados por valor não inferior a 80% do estipulado na avaliação judicial.

29. (Cespe/TRF/2R/Juiz/2011) No que se refere às questões prejudiciais, aos processos incidentes, às exceções e às medidas assecuratórias, assinale a opção correta.

a) A restituição de coisas apreendidas pode ser intentada a qualquer tempo, antes de transitar em julgado a sentença penal, e deve ser ordenada pela autoridade policial ou juiz, mediante termo nos autos, ainda que as coisas estejam em poder de terceiros de boa-fé; após essa fase, haverá a perda em favor da União.
b) No que diz respeito ao incidente de falsidade documental, pode o juiz, de ofício, ordenar a verificação de idoneidade de documento, com autuação em autos apartados; não fará a decisão, ao final, coisa julgada em ulterior processo, penal ou civil. Em situações excepcionais, pode ocorrer a suspensão do processo principal, salvo quanto às provas de natureza urgente.
c) As exceções e os incidentes são procedimentos de natureza eminentemente processual, porque dizem respeito à validade e ao regular desenvolvimento do processo, necessitam, como regra, de pronunciamento prévio do juízo, processam-se em autos apartados, apensos à ação penal, no próprio juízo criminal, e não suspendem o curso da ação.
d) Nas questões prejudiciais heterogêneas obrigatórias, há imperativa suspensão do processo ou inquérito para dirimir controvérsia acerca do estado civil da pessoa, de modo que não haja repercussão na própria existência do crime ou de circunstância agravante; igualmente se suspende o prazo prescricional enquanto não resolvida a questão no juízo cível.
e) Para a decretação do sequestro de bens imóveis, basta a existência de indícios veementes da proveniência ilícita dos bens, adquiridos com os proventos da infração, ainda que já transferidos a terceiro, admitindo-se embargos; em nenhuma hipótese poderá ser pronunciada decisão antes de transitada em julgado a sentença da ação penal.

30. (Cespe/TRF/2R/Juiz/2009) Com relação às medidas assecuratórias previstas no CPP, assinale a opção correta.

a) É cabível o sequestro de bens imóveis adquiridos pelo acusado com os proventos da infração, desde que haja indícios veementes da proveniência ilícita dos bens e que estes ainda não tenham sido transferidos a terceiro.
b) Uma vez ordenado judicialmente o sequestro, poderá ele ser levantado se a ação penal não for intentada no prazo de sessenta dias, contados da data da conclusão da diligência.
c) Não legitima o levantamento do sequestro a prestação de caução por parte de terceiro idôneo, a quem tiverem sido transferidos os bens.
d) A sentença irrecorrível de extinção da punibilidade não autoriza o levantamento do arresto ou o cancelamento da hipoteca, mas somente a sentença absolutória irrecorrível.
e) O sequestro é medida assecuratória específica para os bens imóveis adquiridos com os proventos da infração; portanto, não cabe para bens móveis assim adquiridos.

5. DA PROVA

ATENÇÃO: ESTE TEMA É MUITO EXIGIDO NOS CONCURSOS!

SÚMULAS

STF **Súm. Vinculante 14.** É direito do defensor, no interesse do representado, ter acesso amplo aos elementos de prova que, já documentados em procedimento investigatório realizado por órgão com competência de polícia judiciária, digam respeito ao exercício do direito de defesa.

STF **Súm. 361.** No processo penal, é nulo o exame realizado por um só perito, considerando-se impedido o que tiver funcionando anteriormente na diligência de apreensão.

STJ **Súm. 74.** Para efeitos penais, o reconhecimento da menoridade do réu requer prova por documento hábil.

STJ **Súm. 273.** Intimada a defesa da expedição da carta precatória, torna-se desnecessária intimação da data da audiência no juízo deprecado.

STJ **Súm. 455.** A decisão que determina a produção antecipada de provas com base no art. 366 do CPP deve ser concretamente fundamentada, não a justificando unicamente o mero decurso do tempo.

TRF4 **Súm. 67.** A prova da materialidade nos crimes de omissão no recolhimento de contribuições previdenciárias pode ser feita pela autuação e notificação da fiscalização, sendo desnecessária a realização de perícia.

TRF4 **Súm. 68.** A prova de dificuldades financeiras, e consequente inexigibilidade de outra conduta, nos crimes de omissão no recolhimento de contribuições previdenciárias, pode ser feita através de documentos, sendo desnecessária a realização de perícia.

REPERCUSSÃO & REPETITIVOS

STF **Rep. Geral 1041.** Sem autorização judicial ou fora das hipóteses legais, é ilícita a prova obtida mediante abertura de carta, telegrama, pacote ou meio análogo. *RE 1116949, 21.8.2020.*

ENUNCIADOS

1) Disposições Gerais (arts. 155 a 157)

CJF **Pen. Proc. Penal 24.** Nos crimes submetidos à jurisdição brasileira, os provedores de conexão e de aplicações de internet que prestam serviços no Brasil devem fornecer o conteúdo de comunicações armazenadas em seu poder, não lhes sendo lícito, sob pena de sanções processuais, invocar legislação estrangeira para eximir-se do dever de cumprir a decisão judicial.

Fonacrim **Enunc. 58.** É possível a utilização das provas obtidas em acordo de cooperação internacional, para fim diverso daquele que justificou a sua obtenção, desde que não haja vedação expressa no tratado ou no acordo de cooperação.

Fonacrim **Enunc. 83.** É ônus da parte interessada apontar e comprovar a conexão estrita e exata entre a prova ilícita e as provas supostamente decorrentes desta, nos termos artigo 156 do CPP.

Fonacrim **Enunc. 84.** São inadmissíveis as provas ilícitas, na forma do art. 157, caput, do CPP, assim entendidas aquelas obtidas mediante violação a direitos e garantias constitucionais e legais.

Fonacrim **Enunc. 88.** A empresa que presta serviços em território nacional não pode descumprir ordem judicial de acesso a dados sob o fundamento de não possuir representação no Brasil.

2) Do Exame de Corpo de Delito, da Cadeia de Custódia e das Perícias em Geral (arts. 158 a 184)

Fonacrim **Enunc. 108.** O exercício da precedência no acesso e na guarda dos vestígios relacionados a ocorrências aeronáuticas (art. 88-C do CBA) da Autoridade de Investigação Sipaer deve ocorrer sob os princípios da integridade e rastreabilidade da cadeia de custódia previstos no Código de Processo Penal.

3) Das Testemunhas (arts. 202 a 225)

Fonacrim **Enunc. 44.** O ajuste de que trata o art. 221 do CPP deve ser efetuado mediante oportunidade de indicação pela autoridade, de acordo com opções informadas pelo juízo, respeitado o prazo de instrução do rito respectivo. Não havendo indicação pela autoridade, o juiz designará o ato.

Fonacrim **Enunc. 59.** Sem prejuízo da prerrogativa prevista no artigo 222, § 3º, do CPP, de expedição de carta precatória para realização de atos processuais, deve-se priorizar a utilização dos meios eletrônicos consentâneos à virtualização do processo.

Fonacrim **Enunc. 81.** Configura abuso de defesa arrolar testemunha sem pertinência com os fatos do processo, violando o princípio da colaboração das partes e da boa-fé processual.

4) Dos Documentos (arts. 231 a 238)

Fonacrim **Enunc. 73.** Em se tratando de prisão em flagrante, é válido o acesso a conversas e dados contidos em dispositivo informático ou de telecomunicação, inclusive em relação a interlocutores e/ou terceiros mencionados, desde que haja autorização judicial ou consentimento do detentor.

Fonacrim **Enunc. 85.** É possível o acesso, sem prévia ordem judicial, aos dados do dispositivo eletrônico, desde que realizado imediatamente após a prisão em flagrante do investigado ou apreensão, presente o requisito da urgência na produção dos elementos de prova, devidamente justificada pela autoridade.

Fonacrim **Enunc. 86.** A autorização de quebra de sigilo de dados armazenados em um dispositivo específico engloba a sua integralidade, resguardado o sigilo do processo.

Fonacre **Enunc. 16.** Independe de autorização judicial a solicitação de informações cadastrais pela autoridade policial a partir do IP, IMEI, endereço físico ou qualquer outra forma de identificação do terminal utilizado para acesso, produção ou tráfego pela rede mundial de computadores.

5) Da Busca e da Apreensão (arts. 240 a 250)

Fonacrim **Enunc. 22.** O cumprimento de mandados de busca e apreensão deve iniciar-se durante o dia, podendo estender-se pelo período noturno, caso necessário ao encerramento da diligência.

Fonacrim **Enunc. 74.** A autorização judicial para busca e apreensão em determinada localidade inclui a apreensão de quaisquer dispositivos informáticos ou de telecomunicações, permitindo a busca pessoal naqueles que se encontrem no local.

6) Lei do Sigilo Bancário (LC 105/01)

Fonacrim **Enunc. 56.** É lícita a utilização na esfera penal, independente de autorização judicial, de informações bancárias obtidas diretamente pelas autoridades fiscais, desde que respeitados os requisitos do artigo 6º da Lei Complementar nº 105/2001

Fonacrim **Enunc. 57.** É constitucional a utilização de informações sobre operações que envolvam recursos provenientes de quaisquer atividades criminosas, obtidas pelas instituições financeiras e Banco Central, independente de autorização judicial (art. 1º, § 3º, IV e art. 9º da LC 105).

INFORMATIVOS

STF **Procedimento para reconhecimento de pessoas.** A desconformidade ao regime procedimental determinado no art. 226 do CPP deve acarretar a nulidade do ato e sua desconsideração para fins decisórios, justificando-se eventual condenação somente se houver elementos independentes para superar a presunção de inocência. O reconhecimento de pessoas, presencial ou por fotografia, deve observar o procedimento previsto no art. 226 do CPP, cujas formalidades constituem garantia mínima para quem se encontra na condição de suspeito da prática de um crime e para uma verificação dos fatos mais justa e precisa. *RHC 206846, 2ª T, 22.2.2022. Inf 1045.*

STJ **Busca e apreensão. Diligência na residência de detentor de foro por prerrogativa de função. Investigado não detentor da prerrogativa de foro. Incomunicabilidade do resultado da diligência. Mandado de busca e apreensão específico ao investigado. Nulidade. Não ocorrência.** A prerrogativa de foro não se estende a terceiro que compartilhe imóvel com autoridade não investigada. *Proc. segredo justiça, 5ª T, 7.11.2022. Inf 759.*

STJ **Invasão de domicílio. Denúncia anônima. Ausência de outras diligências. Inexistência de fundadas razões. Vício na autorização do morador. Ilicitude das provas.** Havendo controvérsia entre as declarações dos policiais e do flagranteado, e inexistindo a comprovação de que a autorização do morador foi livre e sem vício de consentimento, impõe-se o reconhecimento da ilegalidade da busca domiciliar. *AgRg no HC 766654, 5ª T, 19.9.2022. Inf 759.*

STJ **Reconhecimento fotográfico. Inobservância do procedimento previsto no art. 226 do CPP. Demais provas produzidas sob o crivo do contraditório e da ampla defesa. Fonte independente e suficiente. Condenação mantida.** Ainda que o reconhecimento fotográfico esteja em desacordo com o procedimento previsto no art. 226 do CPP, deve ser mantida a condenação quando houver outras provas produzidas sob o crivo do contraditório e da ampla defesa, independentes e suficientes o bastante, para lastrear o decreto condenatório. *AgRg nos EDcl no HC 656845, 6ª T, 17.10.2022. Inf 758.*

STJ **Prova testemunhal. Depoimento dos policiais. Mesmo valor probatório que qualquer outra prova testemunhal. Coerência interna. Coerência externa. Sintonia com demais provas dos autos. Superação do standard probatório mínimo. Livre convencimento motivado. Avaliação crítica da prova.** O testemunho prestado em juízo pelo policial deve ser valorado, assim como acontece com a prova testemunhal em geral, conforme critérios de coerência interna, coerência externa e sintonia com as demais provas dos autos. *AREsp 1936393, 5ª T, 8.11.2022. Inf 756.*

STJ **Advogado. Apresentação de "notitia criminis" ao Ministério Público. Delação. Ausência de justa causa. Violação ao dever de sigilo profissional. Ilicitude das provas obtidas.** São ilícitas as provas obtidas em acordo de delação premiada firmado com advogado que, sem justa causa, entrega às autoridades investigativas documentos e gravações obtidas em virtude de mandato que lhe fora outorgado, violando o dever de sigilo profissional. *RHC 164616, 5ª T, 30.9.2022. Inf 751.*

STJ **Mandado de busca e apreensão. Requisitos. Art. 243 do CPP. Detalhamento do que pode ou não ser arrecadado. Desnecessidade.** São lícitas as provas obtidas com a apreensão de bens não discriminados expressamente em mandado ou na decisão judicial correspondente, mas vinculados ao objeto da investigação. *Proc. segredo justiça, 5ª T, 22.8.2022. Inf 750.*

STJ **Investigação criminal. Quebra de sigilo telemático. Provedora de aplicação. Facebook. Recusa de fornecimento de dados armazenados em seus servidores. Utilização de cooperação jurídica internacional. Desnecessidade. Crime praticado em território nacional mediante serviço ofertado a usuários brasileiros. Opção por armazenamento em nuvem. Irrelevante.** Empresas que prestam serviços de aplicação na internet em território brasileiro devem necessariamente se submeter ao ordenamento jurídico pátrio, independentemente da circunstância de possuírem filiais no Brasil e/ou realizarem armazenamento em nuvem. *RMS 66392, 5ª T, 19.8.2022. Inf 750.*

STJ **Audiência de inquirição de testemunhas. Defensor dativo. Ausência de contato prévio com o réu. Cerceamento de defesa. Prejuízo demonstrado.** No âmbito da audiência de inquirição de testemunhas, a ausência de contato prévio entre o réu e seu defensor dativo configura cerceamento de defesa. *REsp 1794907, 6ª T, 13.9.2022. Inf 749.*

STJ **Tráfico de drogas. Denúncia anônima de traficância local. Fundada suspeita da posse de corpo de delito. Demonstração de nervosismo e inquietude em razão da aproximação da guarnição policial. Circunstâncias autorizadoras de busca pessoal. Art. 244 do CPP.** O ato de dispensar uma sacola na rua ao notar a aproximação da guarnição, somado ao nervosismo demonstrado e à denúncia anônima pretérita de que o acusado estava praticando o crime de tráfico de drogas no local, indica a existência de fundada suspeita de que o recipiente contivesse substâncias entorpecentes e de que o réu estivesse na posse de mais objetos relacionados ao crime. *HC 742815, 6ª T, 31.8.2022. Inf 749.*

STJ **Crimes contra a dignidade sexual. Revaloração da prova ou de dados suficientes para solução do caso concreto. Afastamento do óbice da Súm. 7/STJ. Possibilidade. Vedação ao reexame do material de conhecimento. Inocorrência.**

Em crimes contra a dignidade sexual, admite-se, excepcionalmente, o afastamento do óbice da Súm. 7/STJ estritamente para a revaloração da prova ou de dados explicitamente admitidos e delineados no decisório recorrido. *Proc. segredo justiça, 5ª T, 26.8.2022. Inf 747.*

STJ **Reconhecimento fotográfico. Distância temporal dos fatos. Inexistência de outras provas além do depoimento da vítima. Reconhecimento em juízo. Enviesamento cognitivo. Convalidação. Inviabilidade. Nulidade. Configuração.** É nula a condenação fundamentada em reconhecimento fotográfico que, além de ter sido realizado com grande lapso temporal dos fatos, encontra-se em contradição com os depoimentos prestados pela vítima, não sendo possível a sua convalidação em juízo. *HC 664537, 6ª T, 19.8.2022. Inf 746.*

STJ **Audiência de instrução e julgamento. Inquirição diretamente pelo magistrado. Protagonismo judicial e abstenção do Ministério Público. Irregularidade. Questão de ordem suscitada na audiência pela defesa. Prejuízo evidenciado. Art. 212 do CPP. Violação. Nulidade dos atos processuais.** A inquirição de testemunhas diretamente pelo magistrado que assume o protagonismo na audiência de instrução e julgamento viola o art. 212 do CPP. *HC 735519, 6ª T, 16.8.2022. Inf 745.*

STJ **Chip telefônico. Descarte em via pública. Acesso. Quebra do sigilo telefônico. Inocorrência.** O acesso ao chip telefônico descartado pelo acusado em via pública não se qualifica como quebra de sigilo telefônico. *HC 720605, 5ª T, 9.8.2022. Inf 744.*

STJ **Busca domiciliar. Habitação em prédio abandonado de escola municipal. Extensão interpretativa do conceito de domicílio. Possibilidade. Art. 5º, XI da CF.** A habitação em prédio abandonado de escola municipal pode caracterizar o conceito de domicílio em que incide a proteção disposta no art. 5º, XI da CF. *AgRg no HC 712529, 5ª T, 4.11.2022.*

STJ **Roubo majorado. Reconhecimento fotográfico. Procedimento previsto no art. 226 do CPP. Obrigatoriedade. Nova orientação jurisprudencial do STJ. Ausência de riscos de um reconhecimento falho. "Distinguishing".** No caso em que o reconhecimento fotográfico na fase inquisitorial não tenha observado o procedimento legal, mas a vítima relata o delito de forma que não denota riscos de um reconhecimento falho, dá-se ensejo a "distinguishing" quanto ao acórdão do HC 598886, que invalida qualquer reconhecimento formal – pessoal ou fotográfico – que não siga estritamente o que determina o art. 226 do CPP. *REsp 1.969032, 6ª T, 20.5.2022. Inf 739.*

STJ **Violação de domicílio. Presença de justa causa para o ingresso forçado de policiais. Informações obtidas por inteligência policial. Diligências prévias. Atitude suspeita. Exercício regular da atividade investigativa. Fundadas razões.** A investigação policial originada de informações obtidas por inteligência policial e mediante diligências prévias que redunda em acesso à residência do acusado configura exercício regular da atividade investigativa promovida pelas autoridades policiais. *AgRg no HC 734423, 5ª T, 26.5.2022. Inf 738.*

STJ **Busca pessoal. Art. 244 do CPP. Ausência de fundada suspeita. Alegação vaga de "atitude suspeita". Insuficiência. Ilicitude da prova obtida.** A mera alegação genérica de "atitude suspeita" é insuficiente para a licitude da busca pessoal. *RHC 158580, 6ª T, 25.4.2022. Inf 735.*

STJ **Tráfico de drogas. Denúncia anônima. "Disque-drogas". Diligências que constataram a veracidade das informações prévias. Fundadas razões para o ingresso na residência do acusado. Violação de domicílio. Inocorrência.** A denúncia anônima acerca da ocorrência de tráfico de drogas acompanhada das diligências para a constatação da veracidade das informações prévias podem caracterizar as fundadas razões para o ingresso dos policiais na residência do investigado. *AgRg nos EDcl no RHC 143066, 5ª T, 22.4.2022. Inf 734.*

STJ **Reconhecimento pessoal. Vítima capaz de identificar o autor do fato. Dúvida na individualização do agente. Inocorrência. Instauração do procedimento do art. 226 do CPP. Desnecessidade.** Se a vítima é capaz de individualizar o autor do fato, é desnecessário instaurar o procedimento do art. 226 do CPP. *HC 721963, 6ª T, 19.4.2022. Inf 733.*

STJ **Quebra de sigilo de dados estáticos. Serviço de geolocalização. Marco Civil da Internet. Não violação. Extrapolação da decisão de quebra de sigilo em face de número indeterminado de pessoas. Princípio da proporcionalidade. Não observância.** Não é possível a quebra de sigilo de dados informáticos estáticos (registros de geolocalização) nos casos em que haja a possibilidade de violação da intimidade e vida privada de pessoas não diretamente relacionadas à investigação criminal. *RMS 68119, 5ª T, 28.3.2022. Inf 729.*

STJ **Domicílio. Expressão do direito à intimidade. Asilo inviolável. Exceções constitucionais. Interpretação restritiva. Ausência de fundadas razões. Desvio de finalidade e "fishing expedition". Nulidade das provas obtidas.** Admitir a entrada na residência especificamente para efetuar uma prisão não significa conceder um salvo-conduto para que todo o seu interior seja vasculhado indistintamente, em verdadeira pescaria probatória ("fishing expedition"), sob pena de nulidade das provas colhidas por desvio de finalidade. *HC 663055, 6ª T, 22.3.2022. Inf 731.*

STJ **Reconhecimento fotográfico realizado na fase do inquérito policial. Inobservância do procedimento previsto no art. 226 do CPP. Prova inválida como fundamento para a condenação.** É inválido o reconhecimento pessoal realizado em desacordo com o modelo do art. 226 do CPP, o que implica a impossibilidade de seu uso para lastrear juízo de certeza da autoria do crime, mesmo que de forma suplementar. *HC 712781, 6ª T, 15.3.2022. Inf 729.*

STJ **Interrogatório. Perguntas do juiz condutor do processo. Art. 186 do CPP. Manifestação do desejo de não responder. Encerramento do procedimento. Exclusão da possibilidade de questionamentos do defensor técnico. Ilegalidade.** É ilegal o encerramento do interrogatório do paciente que se nega a responder aos questionamentos do juiz instrutor antes de oportunizar as indagações pela defesa. *HC 703978, 6ª T, 7.4.2022. Inf 732.*

STJ **Dados fiscais. Requisição pelo Ministério Público. Autorização judicial. Ausência. Ilegalidade.** É ilegal a requisição, sem autorização judicial, de dados fiscais pelo Ministério Público. *RHC 82233, 3ª S, 9.2.2022. Inf 724.*

STJ **Conteúdo das interceptações telefônicas. Formato escolhido pela defesa. Ônus atribuído ao Estado. Inocorrência. Ilegalidade. Ausência.** A conversão do conteúdo das interceptações telefônicas em formato escolhido pela defesa não é ônus atribuído ao Estado. *AgRg no RHC 155813, 5ª T, 21.2.2022. Inf 731.*

STJ **Compartilhamento de dados de movimentações financeiras da própria instituição bancária ao Ministério Público. Violação ao sigilo de dados bancários. Inocorrência.** Não há ilicitude das provas por violação ao sigilo de dados bancários, em razão do compartilhamento de dados de movimentações financeiras da própria instituição bancária ao Ministério Público. *RHC 147307, 6ª T, 29.3.2022. Inf 731.*

STJ **Busca e apreensão. Domicílio como expressão do direito à intimidade. Asilo inviolável. Exceções constitucionais. Interpretação restritiva. Ausência de fundadas razões. Ausência de consentimento válido do morador. Indução a erro. Vício da manifestação de vontade. Provas obtidas. Nulidade.** A indução do morador a erro na autorização do ingresso em domicílio macula a validade da manifestação de vontade e, por consequência, contamina toda a busca e apreensão. *HC 674139, 6ª T, 15.2.2022. Inf 725.*

STJ **Busca pessoal. Nervosismo do averiguado. Percepção por parte de agentes públicos. Excesso de subjetivismo. Fundada suspeita. Insuficiência.** A percepção de nervosismo do averiguado por parte de agentes públicos é dotada de excesso de subjetivismo e, por isso, não é suficiente para caracterizar a fundada suspeita para fins de busca pessoal. *REsp 1961459, 6ª T, 8.4.2022. Inf 732.*

QUESTÕES DISCURSIVAS

2. (TRF/4R/Juiz/2008) Aborde a questão da prova ilícita: (i) hipóteses constitucionais e legais de vedação; (ii) prova ilícita por derivação; (iii) tratamento doutrinário e jurisprudencial à admissão da prova ilícita; (iv) casuística: (iv.a) prova ilícita "pro reo"; (iv.b) validade ou não da utilização de informações reconhecidamente sigilosas, licitamente obtidas em feito criminal (para processos disciplinares decorrentes do mesmo fato, ou em procedimentos investigatórios por outros crimes).

QUESTÕES OBJETIVAS

31. (TRF/4R/Juiz/2022) Assinale a alternativa incorreta.

a) Conforme entendimento atual do Superior Tribunal de Justiça, a prova da legalidade e da voluntariedade do consentimento para o ingresso na residência do suspeito incumbe, em caso de dúvida, à acusação.

b) Segundo entendimento do Superior Tribunal de Justiça, o compartilhamento direto de dados bancários por órgãos investigativos estrangeiros com a Polícia Federal viola a ordem jurídica brasileira por ofensa à reserva de jurisdição nacional se tiverem sido obtidos, embora validamente no país de origem, sem prévia autorização judicial.

c) No que tange ao reconhecimento pessoal, a desatenção às regras procedimentais determinadas na legislação potencializa brechas para abusos ou mesmo reprodução de desigualdades e preconceitos raciais e sociais. Segundo a jurisprudência atual do Superior Tribunal de Justiça, é inválido reconhecimento de pessoa, presencialmente ou por fotografia, que não siga o procedimento constante no Código de Processo Penal.

d) A Lei Geral de Proteção de Dados não se aplica ao tratamento de dados pessoais realizado para fins exclusivos de investigação e repressão de infrações penais.

e) É constitucional a remessa de informações de relatórios de inteligência financeira da Unidade de Inteligência Financeira ao Ministério Público, não se tratando de matéria sujeita à reserva de jurisdição.

32. (Vunesp/TRF/3R/Juiz/2022) Sobre o reconhecimento de pessoas, é correto afirmar:

a) A repetição em juízo do ato anteriormente produzido em desconformidade com o art. 226 do CPP é capaz de sanar a irregularidade.

b) Tendo em vista a superação do modelo tarifário na apreciação das provas, o reconhecimento pessoal não é absoluto e as formalidades do art. 226 do CPP constituem forma de recomendação legal.

c) O reconhecimento fotográfico pode ser admitido, entre outros elementos de prova, desde que realizado com observância das regras previstas para O reconhecimento pessoal.

d) O artigo 226 do CPP adota o sistema "duplo-cego", de modo que os servidores encarregados de organizar o reconhecimento também não devem saber quem é o suspeito em identificação.

33. (Vunesp/TRF/3R/Juiz/2022) O Superior Tribunal de Justiça alterou sua jurisprudência sobre temas relevantes do processo penal, podendo-se afirmar que, recentemente, o tribunal estabeleceu que:

a) O protagonismo da juíza na inquirição das testemunhas pode levar à declaração de nulidade da ação penal, por malferir o princípio acusatório.

b) A busca pessoal ou veicular, sem mandado judicial, motivada apenas pela impressão subjetiva da polícia sobre a aparência ou atitude suspeita do indivíduo é, em regra, ilegal. Contudo, caso seja encontrada droga com o suspeito, há a convalidação da medida, por se tratar de corpo de delito, nos termos do art. 244 do CPP.

c) A confissão, ainda que parcial, qualificada ou extrajudicial, deve levar à aplicação de circunstância atenuante do art. 65, III, d, do Código Penal. Todavia, caso tenha sido retratada, não incide a atenuante.

d) A busca pessoal realizada com base isoladamente em denúncia anônima é ilegal, mas a prova amealhada a partir dela não será considerada nula se estiver configurado crime permanente.

34. (TRF/3R/Juiz/2018) Relativamente à prova testemunhal, assinale a alternativa que contém uma afirmação correta:

a) Estão proibidas de depor as pessoas que, em razão de sua função, ministério, ofício ou profissão, devam guardar segredo, salvo se, desobrigadas pela parte interessada, quiserem dar seu depoimento.

b) No rito comum ordinário e na primeira fase do júri, serão ouvidas no máximo oito testemunhas por fato criminoso; no rito sumário, serão ouvidas até cinco testemunhas e, no rito sumaríssimo e na segunda fase do júri, serão inquiridas no máximo três testemunhas por fato criminoso.

c) Não serão computados, para fins de estabelecimento de oitiva de testemunhas, exclusivamente o ofendido e aqueles que não prestarem compromisso.

d) Poderão recusar-se a depor os ascendentes, descendentes e afins em linha reta, salvo quando não for possível, por outro meio, obter-se a prova do fato e suas circunstâncias, sendo que, se optarem por prestar depoimento, prestarão compromisso de dizer a verdade.

35. (Cespe/TRF/5R/Juiz/2017) Acerca da coleta de material genético para fins processuais penais, assinale a opção correta.

a) O réu preso em flagrante pela prática de crime de roubo deve se sujeitar à coleta de material genético para inclusão em banco de dados, mesmo que confesse a conduta e forneça sua identidade civil.

b) Caso seja essencial para as investigações policiais, o preso em flagrante poderá ser obrigado a se sujeitar à coleta de material genético, mediante despacho da autoridade judiciária competente, mesmo que forneça a sua identidade civil.

c) As informações genéticas contidas nos bancos de dados de perfis genéticos poderão revelar traços somáticos ou comportamentais das pessoas.

d) Quando a pena do crime a ser apurado for de detenção, a autoridade policial não poderá colher material genético do preso, mesmo com o consentimento dele.

e) A coleta obrigatória de material genético, à qual são submetidos os condenados por crimes hediondos, é inconstitucional por ofender o princípio de que ninguém é obrigado a produzir provas contra si mesmo.

36. (TRF/2R/Juiz/2017) Analise as afirmativas abaixo e, a seguir, assinale a opção correta.

I. Oferecida a denúncia ou queixa, o juiz deverá citar o réu paia a apresentação de resposta escrita em dez dias. Após tal manifestação da defesa, o juiz proferirá decisão de recebimento ou de rejeição da denúncia ou queixa apresentada.

II. O réu preso só deve ser interrogado por videoconferência quando presentes razões excepcionais previstas no Código de Processo Penal, devendo ser garantido, durante o ato, o acesso a canais telefônicos reservados para comunicação entre o defensor que esteja no presídio e o advogado presente na sala de audiência do fórum, e entre este e o preso.

III. Se o réu, citado pessoalmente, não apresentar a resposta no prazo legal, o juiz decretará sua revelia e proferirá decisão de saneamento do processo. A petição de resposta escrita não é termo essencial do processo e sua falta não enseja nulidade.

a) Apenas a assertiva I está correta

b) Apenas a assertiva II está correta.

c) Apenas a assertiva III está correta.

d) Apenas as assertivas II e III estão corretas.

e) Todas as assertivas são falsas.

37. (TRF/3R/Juiz/2016) Se, no curso da ação penal, o magistrado notar que a prescrição está prestes a ocorrer, poderá:

a) Sentenciar, independentemente da apresentação dos memoriais defensivos.

b) Concentrar a oitiva das testemunhas de acusação e defesa em um único ato.

c) Determinar à defesa que apresente declarações escritas, no lugar de ouvir as testemunhas arroladas.

d) Declarar, desde logo, a extinção da punibilidade, pela prescrição em perspectiva.

38. (TRF/4R/Juiz/2016) Assinale a alternativa correta.

a) De acordo com o Código de Processo Penal, poderá o juiz, de ofício ou a requerimento das partes, proferir decisão fundamentada determinando que, em caráter excepcional, o interrogatório do réu preso seja feito por sistema de videoconferência ou por outro recurso tecnológico de transmissão de sons e imagens em tempo real, desde que tal medida seja necessária para atender a uma das finalidades especificamente previstas no referido diploma legal.

b) Na audiência criminal, as perguntas às testemunhas são feitas diretamente pela acusação e pela defesa e, por força do princípio acusatório, o juiz não pode complementar a inquirição.

c) Em nosso sistema processual penal, que segue o sistema acusatório puro, não pode o juiz determinar de ofício a produção de quaisquer provas.

d) Prevalece no Supremo Tribunal Federal e no Superior Tribunal de Justiça o entendimento de que o princípio da indivisibilidade da ação penal também se aplica às ações penais públicas.

e) Da decisão do juiz singular que julgar procedente a exceção de suspeição, cabe recurso em sentido estrito; da sentença que pronunciar o réu, cabe apelação.

39. (Cespe/TRF/5R/Juiz/2015) O empresário Dimas, cuja empresa está sediada em Petrolina/PE, investigado por crimes contra a ordem tributária e econômica em inquérito instaurado em Caruaru/PE, obteve notícia de que sofreria ação de busca e apreensão na empresa e, minutos antes da chegada da autoridade policial, retirou os documentos e valores, objetos da busca, e os levou para a casa de familiares na cidade de Juazeiro/BA. Os agentes federais, após realizarem a busca na sede da empresa, sem êxito, ouviram os empregados, em rápida diligência, e obtiveram informações acerca do paradeiro do investigado e dos objetos da busca e imediatamente se dirigiram a Juazeiro/BA, onde encontraram o investigado na casa de familiares, juntamente com dois sobrinhos – uma menina de onze anos de idade e um adolescente de treze anos de idade. Após exibirem o mandado judicial direcionado ao endereço da empresa, o investigado ofereceu oposição ao cumprimento da ordem judicial, sob o pretexto de esta não autorizar a busca no local, mantendo-se, assim, resistente ao cumprimento da ordem. Após todas as tentativas, sem sucesso, de fazer que Dimas abrisse a porta, os agentes a arrombaram. Após diligência nesse novo local, os agentes nada encontraram, contudo, desconfiaram da postura dos sobrinhos do investigado e decidiram fazer busca pessoal nos menores, tendo a agente executora encontrado os documentos presos com fita adesiva aos corpos dos jovens, que confessaram ter escondido os documentos por ordem e coação do tio. Ato contínuo, foram todos encaminhados para a delegacia local, a fim de que fossem tomadas as devidas providências, em especial a responsabilização do investigado pelos atos praticados. Considerando-se os meios de prova previstos no CPP, é correto afirmar que, nessa situação hipotética:

a) as regras expressas do CPP chancelam o procedimento adotado pela Polícia Federal e entende-se que, pelo critério da proporcionalidade, os eventuais vícios ocorridos na diligência, pelos meios utilizados, não contaminam o objeto da prova.

b) a atuação dos agentes federais, ao efetuarem a busca pessoal nos sobrinhos menores do investigado, eivou de vício o meio de prova pretendido, por descumprimento das formalidades legais, sendo inadmissíveis as provas obtidas ilicitamente.

c) a diligência não poderia ter sido cumprida em local diverso do constante no mandado judicial, sobretudo devido ao fato de a localização do imóvel estar sob a jurisdição de outro TRF, que não fazia parte do objeto da investigação.

d) para que a busca e apreensão realizada fosse lícita, os agentes federais deveriam ter-se apresentado à competente autoridade policial do local, necessariamente, antes da diligência, e requisitado auxílio e(ou) acompanhamento da diligência, conforme preceito expresso do CPP.

e) a busca pessoal depende de autorização judicial expressa, sobretudo quando executada fora do local constante no mandado, por respeito ao direito à intimidade e à privacidade, havendo restrições legais expressas no CPP.

40. (Cespe/TRF/5R/Juiz/2015) Acerca de provas, instrumentos legais de obtenção de prova e procedimento probatório, assinale a opção correta.

a) No sistema processual brasileiro, admite-se prova emprestada, desde que produzida em face das mesmas partes e submetida ao duplo contraditório, ou seja, a observância deste no processo originário será renovada no processo para o qual tiver sido transladada. Por essa razão, não se admitem, no processo penal, os elementos informativos produzidos em inquérito civil, por constituir procedimento não contraditório, assim como não são admitidas as transcrições das interceptações telefônicas autorizadas em ação penal diversa.

b) O interrogatório é considerado hodierna e majoritariamente como meio de defesa. Caso o réu encontre-se preso, cumprirá ao magistrado realizar o ato processual em sala própria, no estabelecimento em que estiver recolhido o réu, assegurando a publicidade interna do ato, ou então ordenar a requisição do preso para participar da audiência de instrução e julgamento, ainda que este tenha manifestado desejo de ser dispensado do ato, ratificado pela defesa, em razão do direito de presença ser indisponível.

c) O sistema processual penal brasileiro assegura ao investigado ou ao réu o direito de não produzir provas contra si mesmo, em qualquer fase da persecução penal, e, desse modo, o investigado ou o réu não poderão ser compelidos a se submeter a procedimentos invasivos, como, por exemplo, o reconhecimento pessoal ou a reconstituição simulada dos fatos.

d) O sistema processual penal brasileiro autoriza a produção antecipada de provas, desde que observados o binômio da urgência e relevância, a adequação ao momento da persecução penal, a legitimação do órgão acusatório e a proporcionalidade da medida. Tem-se como exemplo autorizador a informação acerca do risco de morte de testemunhas ameaçadas por associação criminosa, com possibilidade de perecimento dos depoimentos relevantes.

e) Na obtenção da colaboração premiada, a lei de regência limita o acesso dos defensores aos autos, especialmente no que se refere às diligências em andamento, e impõe o dever de o investigado delator firmar compromisso de dizer a verdade do que souber e do que lhe for perguntado, sendo o depoimento mantido em sigilo até o recebimento da denúncia.

41. (Cespe/TRF/1R/Juiz/2015) Em relação à prova testemunhal, assinale a opção correta.

a) Nos termos do CPP, para que um militar seja inquirido em juízo, deve ser feita uma requisição diretamente à autoridade que lhe seja hierarquicamente superior.

b) A legislação brasileira é silente no que se refere à realização de oitiva de testemunha por videoconferência, uma vez que os legisladores reconhecem a dificuldade que muitos municípios teriam em providenciar o equipamento necessário.

c) Quando não for possível obter ou integrar a prova do fato e de suas circunstâncias por outros meios, o ascendente ou descendente do réu não poderá ser eximido de depor sob compromisso.

d) Caso um deputado federal venha a ser réu em uma ação penal, sua inquirição deverá se dar em local, dia e hora que previamente ele ajustar com a autoridade judicial.

e) Para a produção de prova testemunhal em outro juízo, deve a parte requerer a expedição de carta rogatória ou precatória ao juiz, demonstrando, em ambos os casos, a imprescindibilidade da prova testemunhal na motivação do requerimento.

42. (TRF/4R/Juiz/2014) Dadas as assertivas abaixo, assinale a alternativa correta. Segundo a orientação jurisprudencial do Supremo Tribunal Federal:

I. A ordem constitucional contempla a segregação cautelar como medida excepcional que se justifica, segundo a legislação pátria, para a garantia da ordem pública e da ordem econômica, por conveniência da instrução criminal ou para assegurar a aplicação da lei penal. Assim, sob fundamento da garantia da ordem pública, é idôneo, por exemplo, utilizar os argumentos da credibilidade da justiça e da gravidade em abstrato do delito para decretar a segregação cautelar.

II. É direito do defensor, no interesse do representado, ter acesso amplo aos elementos de prova que, já documentados em procedimento investigatório realizado por órgão com competência de polícia judiciária, digam respeito ao exercício do direito de defesa. Esse direito tem por objeto as informações já introduzidas nos autos de inquérito, não as relativas à decretação e às vicissitudes da execução de diligências em curso.

III. Assiste a cada um dos litisconsortes penais passivos o direito – fundado em cláusulas constitucionais (Constituição Federal, art. 5º, LIV e LV) – de formular reperguntas aos demais corréus, que, no entanto, não estão obrigados a respondê-las, em face da prerrogativa contra a autoincriminação, de que também são titulares.

IV. O estrangeiro, mesmo o não domiciliado no Brasil, tem plena legitimidade para impetrar "habeas corpus" para tornar efetivo, nas hipóteses de persecução penal, o direito subjetivo, de que também é titular, à observância e ao integral respeito, por parte do Estado, das prerrogativas que compõem a cláusula do devido processo legal e a ela dão significado.

a) Estão corretas apenas as assertivas II e III.
b) Estão corretas apenas as assertivas III e IV.
c) Estão corretas apenas as assertivas I, III e IV.
d) Estão corretas apenas as assertivas II, III e IV.
e) Estão corretas todas as assertivas.

43. (TRF/4R/Juiz/2014) Dadas as assertivas abaixo, assinale a alternativa correta.

I. De acordo com o artigo 366 do Código de Processo Penal, se o acusado, citado por edital, não comparecer nem constituir advogado, ficarão suspensos o processo e o curso do prazo prescricional, podendo o juiz, todavia, determinar a produção antecipada de provas. Com efeito, verificando o juiz que, entre a data do fato e o momento processual, já decorreu significativo lapso temporal, poderá, cautelarmente, proceder à oitiva de testemunha, condicionada a validade do ato à nomeação de defensor "ad hoc" para o réu.

II. Segundo o Supremo Tribunal Federal, bens jurídicos constitucionais como "moralidade administrativa" e "persecução penal pública" – como bens da comunidade –, que se acrescem ao direito fundamental à honra de policiais federais acusados de estupro de pessoa recolhida na carceragem da Polícia Federal e ao direito à imagem da própria instituição, autorizam, não obstante a recusa da vítima – que se opõe com o argumento do direito à intimidade e da preservação da identidade do pai do seu filho –, a coleta de material biológico da placenta para exame de DNA.

III. Conforme orientação do Supremo Tribunal Federal, salvo quando forem produzidos pelo próprio acusado ou constituírem, eles próprios, o corpo de delito, os escritos anônimos não podem justificar, por si só, desde que isoladamente considerados, a imediata instauração de "persecutio criminis".

IV. Embora admissível no processo penal o uso da prova emprestada – assim entendida aquela produzida em um determinado processo e trasladada, na forma documental, para outro processo –, é precário seu valor, exigindo-se integração probatória à luz do contraditório.

a) Estão corretas apenas as assertivas I e III.
b) Estão corretas apenas as assertivas II e IV.
c) Estão corretas apenas as assertivas I, II e III.
d) Estão corretas apenas as assertivas II, III e IV.
e) Estão corretas todas as assertivas.

44. (TRF/2R/Juiz/2014) Assinale a alternativa correta:

a) Na oitiva de testemunha por carta precatória, a presença do réu será indispensável, sendo facultativa a presença de defensor.
b) A defesa deve ser intimada da expedição de carta precatória e da data da audiência no Juízo deprecado, sob pena de nulidade.
c) A expedição da carta precatória não suspende a instrução criminal, que pode prosseguir em seus ulteriores termos até a sentença; cumprida e devolvida a carta após a oitiva das testemunhas de defesa, ela não poderá ser juntada aos autos.
d) É absoluta a nulidade decorrente de falta de intimação de expedição de carta precatória para intimação de testemunha, nos termos da jurisprudência sumulada do Egrégio Supremo Tribunal Federal.
e) Quando a testemunha residir fora da jurisdição, poderá o juiz que preside o feito ouvi-la, diretamente, por videoconferência ou qualquer outro meio tecnológico de transmissão de sons e imagens, podendo tal oitiva se dar dentro da audiência una de instrução e julgamento.

45. (TRF/2R/Juiz/2014) Analise as assertivas e assinale, ao final, a opção correta.

I. Antes da oitiva da testemunha, o juiz tomará seu compromisso de dizer a verdade. Em princípio, toda pessoa poderá ser testemunha, ainda as consideradas de má reputação, ou mesmo os amigos do acusado, cabendo ao julgador aferir o valor da prova produzida no momento da sentença.

II. Antes de iniciar a oitiva testemunhal, é possível às partes contraditar as testemunhas. O juiz fará consignar a contradita e a resposta da testemunha, mas só a excluirá ou não lhe deferirá compromisso nos casos previstos em lei.

III. O corréu não poderá ser testemunha, na medida em que a testemunha encontra-se compromissada e tem a obrigação de dizer a verdade, enquanto o corréu pode falsear a verdade, sem incorrer em crime de falso testemunho, por se encontrar descompromissado.

IV. O Juízo competente para processar e julgar o crime de falso testemunho é o do lugar do delito, e a Justiça Federal é competente para julgar os crimes de falso testemunho cometidos em processo trabalhista.

a) Apenas as assertivas II e III estão corretas.
b) Apenas as assertivas II e IV estão corretas.
c) Todas as assertivas estão corretas.
d) Apenas as assertivas I, II e III estão corretas.
e) Todas as assertivas estão incorretas.

46. (TRF/2R/Juiz/2014) Analise as assertivas e assinale, ao final, a opção correta.

I. O interrogatório do acusado estrangeiro, que não fale português, será feito por intérprete, ainda que o magistrado seja fluente na língua estrangeira que fala o acusado.

II. O interrogatório do surdo-mudo será feito por intérprete, sendo vedada a inquirição por escrito.

III. O interrogatório do preso será feito, como regra, pessoalmente, admitindo-se, quando determinado por decisão fundamentada, sua realização por videoconferência.

a) Todas as assertivas estão corretas.
b) Apenas a assertiva I está correta.
c) Apenas a assertiva II está correta.
d) Apenas a assertiva III está correta.
e) Apenas as assertivas I e III estão corretas.

47. (TRF/2R/Juiz/2014) De acordo com o Código de Processo Penal, assinale a opção correta:

a) Indícios são circunstâncias conhecidas e provadas que, tendo relação com o fato, autorizam, por indução, concluir-se sobre a existência de outras circunstâncias.
b) A juntada de documentos depende de requerimento da parte interessada.
c) Em nome da privacidade, as cartas particulares não poderão, sem o consentimento do signatário, ser exibidas em juízo pelo réu dela destinatário.
d) Os documentos em língua estrangeira só serão juntados ao processo depois de traduzidos.
e) Uma vez reduzida a termo a confissão, e exatamente por isso, ela é irretratável, embora possa ser reputada nula.

48. (Cespe/TRF/2R/Juiz/2013) Assinale a opção correta a respeito do processo penal.

a) No crime de falsificação de documento público, a falta de perícia, por ter o réu se recusado a fornecer material gráfico similar àquele encontrado nas peças falsificadas, não pode ser suprida por outro meio de prova, porque se tratar de crime que deixa vestígios.
b) No crime de uso de documento falso, pode-se prescindir da prova pericial, desde que o ilícito seja comprovado por outros meios de prova.
c) A perícia sobre a aptidão para efetuar disparos é indispensável no crime de porte ilegal de arma de fogo, por se tratar de crime de perigo concreto.
d) O exame de corpo de delito poderá ser realizado em qualquer dia e a qualquer hora, salvo aos domingos e feriados.
e) É nula a prova de um crime obtida por meio de interceptação telefônica relacionada a outro delito, ainda que judicialmente autorizada, pois a autorização relacionada a esse outro delito cabe ao juiz competente para processar e julgar a causa a ele pertinente.

49. (Cespe/TRF/5R/Juiz/2013) No que concerne às provas, tratados, convenções e cooperação em matéria penal, assinale a opção correta.

a) Mesmo sendo a atividade probatória mais ampla no processo penal que no processo civil, há vedações referentes aos meios pelos quais são colhidas as provas e aos resultados que podem ser obtidos com a utilização desses meios. A admissibilidade da prova fica condicionada, mesmo no caso de não haver vedação expressa, ao resultado da prova e ao fato de ela configurar ou não violação de direitos, devidamente autorizada.
b) Conforme disposto nos tratados bilaterais de auxílio direto firmados pelo Brasil, em se tratando de produção probatória, são desnecessários a homologação da sentença estrangeira e o exequatur, o qual pode ser apresentado diretamente ao juízo competente, ainda que a medida contemple pedido de caráter executório – como buscas e apreensões, bloqueios e quebras de sigilo -, desde que se intime, previamente, a parte contrária, com cópia do requerimento e das peças necessárias. Os autos permanecem, nesse caso, em juízo, até o decurso do prazo por ele estabelecido, após o qual, deferida e executada a medida, com ou sem resposta, deverão ser imediata e diretamente remetidos à autoridade solicitante.
c) Os procedimentos de ação controlada, afastamento de sigilo de informações fiscais, bancárias, financeiras e eleitorais e infiltração de agentes de polícia ou de inteligência dependem de prévia autorização judicial estritamente sigilosa, sendo, por essa razão, considerados medidas de produção antecipada de prova.
d) A busca e apreensão é considerada pelo CPP como meio de prova, devendo-se observar, quando de sua autorização, os requisitos gerais das medidas cautelares e, no particular, por imposição legal, a prévia demonstração de que a colheita da prova não pode ser feita por outros meios disponíveis, com a descrição pormenorizada das coisas e objetos sobre os quais recairá a medida; além disso, se executada em repartições públicas, essa medida deve ser precedida da requisição judicial do objeto da busca e apreensão.
e) A prova emprestada tem natureza documental e sua validade depende de que tenha sido produzida sob o crivo do contraditório e da ampla defesa, em outro processo judicial ou procedimento administrativo que envolvessem as mesmas partes. Consideram-se provas emprestadas aptas a lastrear a condenação os elementos colhidos diretamente pelo MP, desde que se tenha dado a oportunidade ao acusado de exercer a ampla defesa durante a produção da prova originária, sendo dispensada a renovação do contraditório.

50. (Cespe/TRF/5R/Juiz/2009) A respeito das provas no direito processual penal, à luz do entendimento do STF e da legislação respectiva, assinale a opção correta.

a) A gravação de conversa telefônica por um dos interlocutores não é considerada interceptação telefônica, ainda que tenha sido feita com a ajuda de um repórter, pois, nesse caso, a gravação é clandestina, mas não ilícita, nem ilícito é seu uso, em particular como meio de prova.
b) Por ser tema atinente às garantias constitucionais do processo, a análise da utilização, pelo magistrado a quo, de provas ilícitas para fundamentar a pronúncia do acusado dispensa o prequestionamento, podendo ser analisada de ofício em qualquer tempo e grau de jurisdição, não se aplicando o entendimento, sumulado pelo STF, de que é inadmissível o recurso extraordinário quando não ventilada, na decisão recorrida, a questão federal suscitada.
c) Suponha que a polícia, em diligência realizada sem autorização judicial, tenha apreendido instrumentos de crime que não investigava. Nessa situação hipotética, a prova colhida invalida o inquérito policial ou processo em curso, mas não impede que o agente seja investigado em face dos instrumentos encontrados, dada a aplicação do princípio da proporcionalidade às teorias do encontro fortuito de provas e dos frutos da árvore envenenada.
d) A recente reforma processual penal consagrou o entendimento, já consolidado na doutrina, de que se deve distinguir provas ilícitas e ilegítimas, consideradas estas as que violem normas processuais, e ilícitas, as que violem normas de direito material.
e) A acareação, uma vez requerida pela defesa, é direito do acusado, sendo passível de revisão criminal a sentença penal condenatória transitada na qual o juiz tenha indeferido o pedido de acareação formulado no momento oportuno, ainda que a sentença não se tenha fundado apenas no depoimento do corréu.

6. DOS SUJEITOS DO PROCESSO

SÚMULAS

STF **Súm. 208.** O assistente do Ministério Público não pode recorrer, extraordinariamente, de decisão concessiva de "habeas corpus".

STF **Súm. 210.** O assistente do Ministério Público pode recorrer, inclusive extraordinariamente, na ação penal, nos casos dos arts. 584, § 1º e 598 do Código de Processo Penal.

STF **Súm. 448.** O prazo para o assistente recorrer, supletivamente, começa a correr imediatamente após o transcurso do prazo do Ministério Público.

STJ **Súm. 234.** A participação de membro do Ministério Público na fase investigatória criminal não acarreta o seu impedimento ou suspeição para o oferecimento da denúncia.

STJ **Súm. 644.** O núcleo de prática jurídica deve apresentar o instrumento de mandato quando constituído pelo réu hipossuficiente, salvo nas hipóteses em que é nomeado pelo juízo.

ENUNCIADOS

Fonacrim **Enunc. 10.** Para aplicação da sanção processual do artigo 265, caput, do CPP, é imprescindível a prévia intimação do advogado para oportunizar a justificava da omissão.

INFORMATIVOS

STJ **Exceção de suspeição. Inimizade entre juiz e advogado reconhecida pelo próprio excepto e pelo tribunal de origem em determinados processos, porém rejeitada em outros. Incoerência que ofende o art. 926 do CPC. Inaplicabilidade do art. 256 do CPP. Simples habilitação de advogado rival do magistrado como defensor de um dos réus. Prerrogativa conferida ao causídico pelo art. 7º, I, da Lei 8.906/94. Cabimento da representação apud acta. Incidência do art. 266 do CPP. Exceção de suspeição caracterizada.** A hipótese excepcional do art. 256 do CPP somente pode ser reconhecida se o magistrado ou o Tribunal, atendendo a elevado ônus argumentativo, demonstrar de maneira inequívoca que o excipiente provocou dolosamente a suspeição. *AREsp 2026528, 5ª T, 7.6.2022. Inf 740.*

QUESTÕES OBJETIVAS

51. (Cespe/TRF/5R/Juiz/2013) Em relação aos sujeitos do processo, assinale a opção correta.

a) A atividade probatória do assistente de acusação independe do MP, sendo, por isso, dispensável a oitiva do órgão de acusação no que se refere às postulações probatórias propostas pelo assistente.

b) Conforme previsão do CPP, a atuação do assistente de acusação, que receberá a causa no estado em que ela se encontra, é admitida enquanto não transitar em julgado a sentença, vedada a participação de corréu no mesmo processo como assistente do MP.

c) Será configurada a suspeição do juiz, admitindo-se a recusa por qualquer das partes, quando ele tiver funcionado como juiz de outra instância, tendo se pronunciado, de fato ou de direito, sobre a questão.

d) O acusado e seu defensor, sejam eles pessoa física ou jurídica, constituem a parte passiva no processo penal, qualquer que seja a infração penal cometida.

e) O CPP, ao disciplinar os sujeitos, dispõe, de forma expressa, em capítulo específico, sobre a defensoria pública e sua atuação no processo criminal.

7. DA PRISÃO, DAS MEDIDAS CAUTELARES E DA LIBERDADE PROVISÓRIA

7.1. Disposições Gerais

ENUNCIADOS

Fonacrim **Enunc. 9.** A decretação das medidas cautelares não significa prejulgamento nem gera suspeição ou impedimento do juiz para o julgamento da ação penal.

Fonacrim **Enunc. 47.** É cabível a fixação de "astreintes" no processo criminal.

INFORMATIVOS

STJ **Medidas cautelares diversas da prisão. Retenção do passaporte e proibição de deixar o país. Circunstâncias do caso concreto. Alegação de excesso de prazo. Irrazoabilidade.** Não há disposição legal que restrinja o prazo das medidas cautelares diversas da prisão, as quais podem perdurar enquanto presentes os requisitos do art. 282 do CPP, devidamente observadas as peculiaridades do caso e do agente. *AgRg no HC 737657, 5ª T, 14.6.2022. Inf 741.*

7.2. Da Prisão

SÚMULAS

STF **Súm. Vinculante 11.** Só é lícito o uso de algemas em casos de resistência e de fundado receio de fuga ou de perigo à integridade física própria ou alheia, por parte do preso ou de terceiros, justificada a excepcionalidade por escrito, sob pena de responsabilidade disciplinar, civil e penal do agente ou da autoridade e de nulidade da prisão ou do ato processual a que se refere, sem prejuízo da responsabilidade civil do Estado.

STF **Súm. 397.** O poder de polícia da Câmara dos Deputados e do Senado Federal, em caso de crime cometido nas suas dependências, compreende, consoante o regimento, a prisão em flagrante do acusado e a realização do inquérito.

STJ **Súm. 21.** Pronunciado o réu, fica superada a alegação do constrangimento ilegal da prisão por excesso de prazo na instrução.

STJ **Súm. 52.** Encerrada a instrução criminal, fica superada a alegação de constrangimento por excesso de prazo.

TRF1 **Súm. 9.** A prisão ordenada por magistrado da justiça do trabalho, em matéria penal de competência do juiz federal, a este deve ser comunicada, que se for ilegal, a relaxará.

ENUNCIADOS

1) Da Prisão em Flagrante (arts. 301 a 310)

CJF **Pen. Proc. Penal 30.** Excepcionalmente e de forma fundamentada, nos casos em que se faça inviável a realização presencial do ato, é possível a realização de audiência de custódia por sistema de videoconferência.

Fonacrim **Enunc. 46.** Não é obrigatória a prévia manifestação do Ministério Público Federal quanto às providências do art. 310 do CPP.

Fonacrim **Enunc. 53.** Na audiência de custódia, a presença do juiz, membro do Ministério Público, advogado ou defensor público poderá ocorrer por videoconferência.

Fonacrim **Enunc. 54.** O prazo de vinte e quatro horas para a realização da audiência de custódia pode ser flexibilizado em situações excepcionais.

Fonacrim **Enunc. 55.** É dispensável a realização de audiência de custódia se, ao receber a comunicação de flagrante, o juiz entender de pronto que é caso de concessão de liberdade.

Fonadirh **Enunc. 22.** A audiência de custódia constitui direito fundamental e instrumento imprescindível à gestão do ingresso no sistema prisional, possibilita a verificação de abusos e tortura, e permite conhecer a situação pessoal do preso, bem como obter subsídios para decidir sobre a necessidade/pertinência da decretação da prisão preventiva e/ou da fixação de medidas cautelares.

Fonacrim **Enunc. 100.** Não há nulidade na realização da audiência de custodia por videoconferência, salvo comprovação de efetivo prejuízo.

Fonacrim Enunc. 101. É admitida a realização de audiência de custódia por videoconferência, notadamente quando o preso estiver custodiado em local diverso da sede do Juízo.

Fonacrim Enunc. 102. É dispensável a realização da audiência de custódia quando o juiz determinar a imediata restituição da liberdade do preso.

2) Da Prisão Preventiva (arts. 311 a 316)

CJF Pen. Proc. Penal 10. A decretação ou a manutenção da prisão preventiva, para a garantia da ordem pública, pode ser fundamentada com base no risco de reiteração delitiva do agente em crimes com gravidade concreta, justificada por meio da existência de processos criminais em andamento.

CJF Pen. Proc. Penal 17. Na observância dos pressupostos e requisitos à segregação cautelar, é incabível a decretação da prisão preventiva pelo crime de receptação exclusivamente em razão da suposta conduta ter ocorrido em área de fronteira.

CJF Pen. Proc. Penal 19. Cabe ao tribunal no qual se encontra tramitando o feito em grau de recurso a reavaliação periódica da situação prisional do acusado, em atenção ao parágrafo único do art. 316 do CPP, mesmo que a ordem de prisão tenha sido decretada pelo Magistrado de primeiro grau.

CJF Pen. Proc. Penal 31. A decisão de revisão periódica da prisão preventiva deve analisar de modo motivado, ainda que sucinto, se as razões que a fundamentaram se mantêm e se não há excesso de prazo, sendo vedada a mera alusão genérica à não alteração do quadro fático.

Fonacrim Enunc. 5. São fundamentos idôneos da prisão preventiva, para garantia da ordem pública, dentre outros: a) evitar a reiteração da prática de infrações penais; ou b) a gravidade em concreto da infração penal ou a periculosidade revelada pelo "modus operandi", especialmente em crimes praticados com grave violência ou com grande lesão a interesses coletivos ou à Administração Pública.

Fonacrim Enunc. 52. Em caso de descumprimento das medidas cautelares anteriormente fixadas, a decretação da prisão preventiva não se submete ao limite de pena do art. 313, I, do CPP.

Fonacrim Enunc. 103. Na hipótese do artigo 310 do CPP, não há ilegalidade na decretação da prisão preventiva decorrente do flagrante, quando requerida medida cautelar diversa pela MPF.

Fonadirh Enunc. 38. A decretação da prisão preventiva impõe ao magistrado um ônus qualificado de fundamentação, baseado nas circunstâncias atuais e concretas da prática do crime, inclusive para afastar a aplicação das medidas cautelares diversas da prisão.

3) Da Prisão Domiciliar (arts. 317 a 318-B)

Fonadirh Enunc. 24. A aplicação da substituição da prisão preventiva pela prisão domiciliar nos casos previstos no artigo 318-A do Código de Processo Penal é direito subjetivo da pessoa detida, ressalvados exclusivamente os casos nele previstos: crimes praticados com violência ou grave ameaça ou contra filha, filho ou dependente.

Fonadirh Enunc. 25. Contraria o art. 318-A do Código de Processo Penal, o indeferimento da substituição da prisão preventiva pela domiciliar a utilização de argumentos genéricos sobre a dispensabilidade da mãe para o cuidado dos filhos, a adequação da unidade prisional para a prisão de gestantes e seus descendentes, bem como fundamentos de ordem moral sobre o comportamento da mãe ou a gravidade em abstrata do crime, especialmente de tráfico de drogas.

INFORMATIVOS

STF Conversão dos autos de prisão em flagrante em diligência. É inconstitucional norma do provimento do Conselho da Magistratura estadual que proíbe o juiz de converter os autos de prisão em flagrante em diligência. Isso porque, a norma, além de desbordar dos limites do poder regulamentar, invade a competência privativa da União para legislar sobre direito processual penal (CF, art. 21, I). A possibilidade de ordenar diligências prévias consiste em prerrogativa inafastável do magistrado. *ADI 4662, 15.8.2022. Pleno. Inf 1063.*

STF Prisão preventiva: prazo nonagesimal para a sua revisão e respectiva competência jurisdicional. O transcurso do prazo previsto no par. ún. do art. 316 do CPP não acarreta, automaticamente, a revogação da prisão preventiva e, consequentemente, a concessão de liberdade provisória. O CPP estabelece, tão somente, a necessidade de uma reanálise dos requisitos que fundamentaram o decreto prisional. A exigência da revisão nonagesimal quanto à necessidade e adequação da prisão preventiva aplica-se até o final dos processos de conhecimento. *ADI 6581, 8.3.2022. Inf 1046.*

STJ Prisão preventiva. Réu em situação de rua. Descumprimento de medida cautelar alternativa. Ausência de fundamentação concreta acerca da cautelaridade. Descabimento. Medidas cautelares alternativas. Observância da Resolução 425/CNJ. Na análise do cabimento da prisão preventiva de pessoas em situação de rua, além dos requisitos legais previstos no CPP, o magistrado deve observar as recomendações constantes da Res. 425/CNJ, e, caso sejam fixadas medidas cautelares alternativas, aquela que melhor se adequa a realidade da pessoa em situação de rua. *HC 772380, 6ª T, 16.11.2022. Inf 757. Inf 757.*

STJ Operação "Contágio". Organização Criminosa. Diversos crimes. Prisão preventiva decretada. Gravidade real dos fatos. Insuficiência de medidas cautelares diversas. Novos crimes mesmo após a deflagração da operação. Necessidade de interrupção do ciclo delitivo da organização criminosa. Motivação idônea e contemporânea. Manutenção da custódia. A necessidade de interrupção do ciclo delitivo de associações e organizações criminosas é fundamento idôneo para justificar a custódia cautelar e a garantia da ordem pública. *HC 730721, 6ª T, 23.8.2022. Inf 746.*

STJ Prisão em flagrante. Requerimento do Ministério Público para aplicação de medidas cautelares mais brandas. Magistrado que determina a decretação da prisão preventiva. Impossibilidade. Atuação de ofício. Constrangimento ilegal. Se o requerimento do MP limita-se à aplicação de medidas cautelares ao preso em flagrante, é vedado ao juiz decretar a medida mais gravosa – prisão preventiva –, por configurar uma atuação de ofício. *AgRg no HC 754506, 5ª T, 22.8.2022. Inf 746.*

STJ Tráfico de drogas. Prisão Preventiva. Fundamentação concreta. Grande quantidade de drogas. Mãe de filho menor. Prisão domiciliar. Cabimento. Proteção à criança. A apreensão de grande quantidade e variedade de drogas não impede a concessão da prisão domiciliar à mãe de filho menor de 12 anos se não demonstrada situação excepcional de prática de delito com violência ou grave ameaça ou contra seus filhos, nos termos do art. 318-A, I e II, do CPP. *AgRg no HC 712258, 6ª T, 1.4.2022. Inf 733.*

STJ Prisão em flagrante. Pedido de conversão do flagrante em cautelares diversas pelo Ministério Público. Magistrado que determina a cautelar máxima. Possibilidade. Prisão preventiva de ofício. Não ocorrência. Anterior provocação do Ministério Público. A determinação do magistrado pela cautelar máxima, em sentido diverso do requerido pelo Ministério Público, pela autoridade policial ou pelo ofendido, não pode ser considerada como atuação "ex officio". *RHC 145225, 6ª T, 15.2.2022. Inf 725.*

STJ Prisão preventiva. Crime de violação sexual mediante fraude. Ausência dos requisitos do art. 312 do CPP. Crime praticado no exercício da medicina. Condições pessoais favoráveis. Suficiência das medidas cautelares do art. 319 do CPP. Não se justifica a prisão preventiva se, considerando o modus operandi dos delitos, a imposição da cautelar de proibição do exercício da medicina e de suspensão da inscrição médica, e outras que o Juízo de origem entender necessárias, forem suficientes para prevenção da reiteração criminosa e preservação da ordem pública. *HC 699362, 5ª T, 8.3.2022. Inf 728.*

STJ Art. 316, p. ú., do CPP. Prisão preventiva. Acusado foragido. Dever de revisão periódica da custódia cautelar. Inexistência. Quando o acusado encontrar-se foragido, não há o dever de revisão ex officio da prisão preventiva, a cada 90 dias, exigida pelo art. 316, p. ú., do CPP. *RHC 153528, 5ª T, 1.4.2022. Inf 731.*

STJ Delitos descritos na Lei 12.850/13. Prisão preventiva. Imposição automática. Ilegalidade. Necessidade de demonstração da imprescindibilidade da medida. Art. 312 CPP. A mera circunstância de o agente ter sido denunciado em razão dos delitos descritos na Lei 12.850/13 não justifica a imposição automática da prisão preventiva, devendo-se avaliar a presença de elementos concretos, previstos no art. 312 do CPP. *HC 708148, 5ª T, 5.4.2022. Inf 732.*

QUESTÕES DISCURSIVAS

3. (Cespe/TRF/5R/Juiz/2018) João, suspeito de um roubo à agência da Caixa Econômica Federal de Campina Grande/PB, ocorrido em 20.6.2012, foi preso em flagrante no dia 3.1.2013, durante diligência de cumprimento do mandado de busca e apreensão, de que resultou a descoberta de R$ 900.000,00 (novecentos mil reais) em espécie enterrados no quintal de sua residência. Considerando essa situação hipotética, pronuncie-se sobre a validade da prisão de João.

QUESTÕES OBJETIVAS

52. (TRF/4R/Juiz/2022) Dadas as assertivas abaixo, assinale a alternativa correta.

I. Consoante decisão tomada em sede de controle concentrado de constitucionalidade, a decretação de prisão temporária resta autorizada quando, não sendo suficiente a imposição de medidas cautelares diversas, dentre outros requisitos, for imprescindível para as investigações do inquérito policial, constatada a partir de elementos concretos, e não de meras conjecturas, vedada a sua utilização como prisão para averiguações ou quando baseada no mero fato de o representado não possuir residência fixa, devendo ser justificada em fatos novos ou contemporâneos.

II. Se, de um lado, a jurisprudência do Superior Tribunal de Justiça favoreceu o princípio acusatório ao reconhecer como vedada, sob pena de nulidade, a decretação da prisão preventiva de ofício na hipótese de conversão de prisão em flagrante, de outro lado, amainou as consequências dessa interpretação ao entender que a posterior manifestação do Ministério Público ou da autoridade policial pela decretação da prisão preventiva supre a nulidade original.

III. Conforme a jurisprudência do Superior Tribunal de Justiça, a ausência da realização de audiência de custódia enseja, por si só, a nulidade de prisão preventiva decorrente de conversão da prisão em flagrante, por afronta ao disciplinado no Código de Processo Penal e na Convenção Americana sobre Direitos Humanos.

a) Estão corretas apenas as assertivas I e II.
b) Estão corretas apenas as assertivas I e III.
c) Estão corretas apenas as assertivas II e III.
d) Estão corretas todas as assertivas.
e) Nenhuma das assertivas está correta.

53. (TRF/4R/Juiz/2022) Assinale a alternativa incorreta.

a) Na cooperação jurídica internacional por auxílio direto, não se cumpre uma decisão estrangeira – endossada pelo exequatur do Superior Tribunal de Justiça, como acontece nas cartas rogatórias. Na cooperação jurídica internacional por auxílio direto, produz-se uma decisão judicial brasileira que deve ser proferida nas mesmas circunstâncias exigidas em um procedimento criminal nacional. Assim, na cooperação jurídica internacional por auxílio direto há um pedido estrangeiro e uma decisão brasileira, enquanto, nas cartas rogatórias, há uma decisão estrangeira e um endosso brasileiro, realizado por juízo de delibação.
b) Nas transferências internacionais de execução da pena e de pessoa condenada, a execução penal será da Justiça Federal, que, por sua vez, deverá declinar da competência ao juízo das execuções penais do Estado caso o condenado venha a ser recolhido em estabelecimento sujeito à administração estadual.
c) Consoante entendimento atual do Superior Tribunal de Justiça, não há possibilidade de expedição de guia de execução provisória em casos de prisão preventiva.
d) Conforme a jurisprudência atual do Superior Tribunal de Justiça, tanto na inclusão quanto na prorrogação do período de permanência de preso proveniente da Justiça Estadual em estabelecimento penitenciário federal, ao juízo estadual incumbe justificar a medida à luz do interesse da segurança pública ou do interesse do próprio preso. É vedado ao juízo federal reanalisar o mérito da transferência ou o mérito da prorrogação do período de permanência, cabendo-lhe tão somente examinar a regularidade formal da solicitação.
e) É relativa a competência dos Juizados Especiais Federais Criminais, admitindo-se o deslocamento da competência, por regras de conexão ou de continência, para o Juízo Federal Comum, no concurso de infrações penais de menor potencial ofensivo e comum. De todo modo, perante o Juízo Federal Comum, será possível a concessão de transação penal e de suspensão condicional do processo, quando cabíveis.

54. (Vunesp/TRF/3R/Juiz/2022) Sobre a prisão cautelar, assinale a alternativa correta:

a) A citação por edital não constitui fundamento idôneo para a decretação da prisão preventiva, uma vez que a não localização do réu não indica presunção de fuga.
b) O princípio da homogeneidade estabelece que a prisão preventiva, por sua natureza cautelar, é legitima nos casos em que a sanção abstratamente prevista ou imposta na sentença condenatória recorrível não resulte em constrição pessoal.
c) Nos casos em que os requisitos de cautelaridade estiverem bem caracterizados, o tribunal pode suprir deficiências de fundamentação do decreto prisional em sede de julgamento de Habeas Corpus.
d) A decretação de prisão preventiva deve estar fundamentada em fatos concretos e atuais que a justifiquem, ou na gravidade abstrata do delito, quando se tratar de crime hediondo.

55. (TRF/2R/Juiz/2014) Jovem holandesa é presa em flagrante no aeroporto, ao tentar embarcar com considerável quantidade de heroína. Ela indica aos policiais o lugar onde se encontra a pessoa para quem trouxera drogas do exterior, na semana passada, e descreve a mala usada. Chegando a hotel no Centro, a polícia encontra o senhor de nacionalidade asiática indicado pela jovem e, com ele, a mala por ela descrita, completamente vazia. O asiático disse que só falaria em juízo. Analise as assertivas:

I. Devem os policiais efetivar a prisão do asiático em flagrante, a ser homologado pelo juiz e convertido em prisão preventiva, já que se tem a situação denominada de quase flagrante.

II. Preso o asiático em flagrante, a prisão deve ser relaxada ante a evidente ausência de flagrância.

III. A autoridade policial federal pode representar pela prisão temporária do asiático, considerados os fortes indícios da prática do crime de tráfico transnacional de drogas, a ausência de residência fixa e a indispensabilidade da segregação cautelar para a investigação.

IV. A autoridade policial pode representar pela prisão preventiva do asiático, considerada a prova da materialidade do delito, consistente na droga apreendida com a jovem, e os poderosos indícios de autoria, quanto ao asiático, com fundamento na garantia da ordem pública (evitar a reiteração da prática criminosa), por conveniência da instrução criminal e para assegurar a aplicação da lei penal (estrangeiro não residente e sem vínculos com o país).

V. Eventualmente homologado o flagrante, sem o relaxamento da prisão, com sua conversão em preventiva pelos fundamentos acima expostos, descaberia discutir, em momento posterior, para efeito penal, eventual ilegalidade do flagrante, na medida em que a segregação cautelar teria sido mantida já agora por outro título prisional, de forma fundamentada.

a) Apenas a assertiva V está correta.
b) Apenas a assertiva II está correta.
c) Todas as assertivas estão corretas.
d) Somente a assertiva I está errada.
e) Todas as assertivas estão incorretas.

56. (Cespe/TRF/2R/Juiz/2013) Assinale a opção correta a respeito da prisão e da liberdade.

a) A prisão preventiva poderá ser decretada no curso da investigação criminal ou da instrução processual, a requerimento da autoridade policial ou do MP, ou de ofício, pelo juiz.

b) A prisão preventiva poderá ser decretada observando-se a adequação da medida à gravidade do crime, as circunstâncias do fato e as condições pessoais do indiciado ou acusado.

c) Não poderá ser concedida fiança ao reincidente específico em crime de homicídio culposo.

d) No crime de epidemia com resultado morte, a fiança não poderá ser concedida pela autoridade policial, mas pelo juiz, por força da pena prevista em abstrato, tendo por valor entre dez e duzentos salários mínimos.

e) A fiança terá de ser quitada em dinheiro perante a autoridade que a estipular, vedado o depósito de pedras preciosas e de títulos da dívida pública.

57. (TRF/4R/Juiz/2012) Dadas as assertivas abaixo, assinale a alternativa correta.

I. Segundo a jurisprudência dominante do Supremo Tribunal Federal, conhecimentos fortuitos, obtidos no curso de uma interceptação telefônica autorizada judicialmente em juízo criminal, não podem ser compartilhados com investigações diversas daquelas que ensejaram a medida.

II. Decretada a prisão temporária do investigado, a soltura do custodiado, antes de findar o prazo da medida, só pode fazer-se mediante a concessão de liberdade provisória com ou sem fiança.

III. Segundo o Código de Processo Penal, recebido o auto de prisão em flagrante e não sendo caso de seu relaxamento, poderá o juiz homologá-lo por simples despacho, caso em que o custodiado permanecerá preso, tendo em vista que o flagrante prende por si só.

IV. Segundo jurisprudência dominante do Supremo Tribunal Federal, constitui nulidade absoluta, por cerceamento de defesa, o indeferimento da transcrição integral de interceptações telefônicas realizadas no curso das investigações.

a) Está correta apenas a assertiva II.

b) Estão corretas apenas as assertivas I e IV.

c) Estão corretas apenas as assertivas I e III.

d) Estão corretas apenas as assertivas II, III e IV.

e) Nenhuma assertiva está correta.

58. (TRF/4R/Juiz/2012) Dadas as assertivas abaixo, assinale a alternativa correta.

I. Se o réu for condenado penalmente, o numerário depositado como fiança servirá ao pagamento das custas, da indenização do dano, da prestação pecuniária e da multa, ainda que ocorra prescrição depois da sentença condenatória.

II. A prisão preventiva será decretada apenas quando não for cabível a substituição por outra medida cautelar, salvo nas hipóteses de crime hediondo ou de tráfico de drogas, nas quais a prisão será sempre decretada em razão da Lei n. 8.072/1990 (Lei dos Crimes Hediondos) e da Lei n. 11.343/2006 (Lei de Drogas), respectivamente, que proíbem a concessão de fiança ou liberdade provisória.

III. A Constituição Federal considera inafiançáveis e insuscetíveis de graça ou anistia a prática da tortura, o tráfico ilícito de entorpecentes e drogas afins, o racismo, o terrorismo e os definidos como crimes hediondos.

IV. Quando houver determinação de prender alguém que se encontre no território nacional, fora da jurisdição do juiz processante, poderá ser deprecada sua prisão ou, havendo urgência, o juiz requisitará a prisão por qualquer meio de comunicação, inclusive por correspondência eletrônica.

V. A prisão preventiva será admitida quando houver dúvida sobre a identidade civil da pessoa ou quando esta não fornecer elementos suficientes para esclarecê-la, salvo se o juiz verificar que o agente praticou o fato nas condições de estado de necessidade, de legítima defesa, em estrito cumprimento do dever legal ou de exercício regular de direito.

a) Estão corretas apenas as assertivas I, IV e V.

b) Estão corretas apenas as assertivas II, III e IV.

c) Estão corretas apenas as assertivas I, II, III e V.

d) Estão corretas apenas as assertivas I, III, IV e V.

e) Estão corretas todas as assertivas.

7.3. Da Liberdade Provisória

ENUNCIADOS

CJF **Pen. Proc. Penal 14.** Em caso de hipossuficiência, o não pagamento da fiança não pode ser motivo legítimo a impedir a concessão da liberdade provisória.

Fonacrim **Enunc. 49.** Um dos parâmetros para a fixação da fiança é o valor do dano causado.

8. DAS CITAÇÕES E INTIMAÇÕES

SÚMULAS

1) Das Citações

STF **Súm. 351.** É nula a citação por edital de réu preso na mesma unidade da federação em que o juiz exerce a sua jurisdição.

STF **Súm. 366.** Não é nula a citação por edital que indica o dispositivo da lei penal, embora não transcreva a denúncia ou queixa, ou não resuma os fatos em que se baseia.

STF **Súm. 701.** No mandado de segurança impetrado pelo Ministério Público contra decisão proferida em processo penal, é obrigatória a citação do réu como litisconsorte passivo.

STJ **Súm. 415.** O período de suspensão do prazo prescricional é regulado pelo máximo da pena cominada.

STJ **Súm. 455.** A decisão que determina a produção antecipada de provas com base no art. 366 do CPP deve ser concretamente fundamentada, não a justificando unicamente o mero decurso do tempo.

2) Das Intimações

STF **Súm. 155.** É relativa a nulidade do processo criminal por falta de intimação da expedição de precatória para inquirição de testemunha.

STF **Súm. 431.** É nulo o julgamento de recurso criminal, na segunda instância, sem prévia intimação, ou publicação da pauta, salvo em "habeas corpus".

STF **Súm. 707.** Constitui nulidade a falta de intimação do denunciado para oferecer contrarrazões ao recurso interposto da rejeição da denúncia, não a suprindo a nomeação de defensor dativo.

STF **Súm. 708.** É nulo o julgamento da apelação se, após a manifestação nos autos da renúncia do único defensor, o réu não foi previamente intimado para constituir outro.

STF **Súm. 710.** No processo penal, contam-se os prazos da data da intimação, e não da juntada aos autos do mandado ou da carta precatória ou de ordem.

STJ **Súm. 273.** Intimada a defesa da expedição da carta precatória, torna-se desnecessária intimação da data da audiência no juízo deprecado.

REPERCUSSÃO & REPETITIVOS

STF **Rep. Geral 438.** Em caso de inatividade processual decorrente de citação por edital, ressalvados os crimes previstos na Constituição Federal como imprescritíveis, é constitucional limitar o período de suspensão do prazo prescricional ao tempo de prescrição da pena máxima em abstrato cominada ao crime, a despeito de o processo permanecer suspenso. *RE 600851, 7.12.2020.*

ENUNCIADOS

Fonacrim **Enunc. 18.** É constitucional a citação com hora certa prevista no art. 362 do CPP, devendo-se comprovar a ocultação do réu por satisfatórias diligências.

Fonacrim **Enunc. 80.** É lícita a adoção de medidas alternativas no interesse da instrução processual e da razoável duração do processo, tais como contar com a colaboração das partes à condução das testemunhas ao juízo, evitando a expedição de cartas precatórias, rogatórias e mandados de intimação.

QUESTÕES OBJETIVAS

59. (IFBC/TRF/2R/Juiz/2018) Assinale a afirmativa correta:

a) A expedição da carta rogatória para a citação do acusado que se encontra no estrangeiro em lugar sabido, não suspende o curso da prescrição.
b) A intimação das partes no processo penal será feita sempre pessoalmente na pessoa dos advogados ou defensores e do ministério público.
c) As intimações, só serão feitas na imprensa oficial quando o advogado constituído ou o defensor público não forem encontrados nos seus endereços de trabalho.
d) O acusado que, citado pessoalmente ou por edital, não comparecer nem constituir advogado, terá seu processo suspenso, e o curso do prazo prescricional será interrompido.
e) O edital será válido quando constar a finalidade para a qual é feita a citação, sendo suficiente para tanto o dispositivo da lei penal que se imputa ao citado.

60. (Cespe/TRF/5R/Juiz/2017) Em razão de não ser localizado para a citação pessoal, o réu foi citado por edital e constituiu advogado nos autos, fazendo o processo transcorrer normalmente. Um mês após ser constituído, o advogado renunciou ao mandado outorgado; o juiz intimou novamente o réu por edital para que comparecesse em juízo e constituísse novo advogado. O acusado permaneceu silente. Nessa situação hipotética, de acordo com o entendimento majoritário do Superior Tribunal de Justiça, o juiz deverá

a) declarar o réu revel e dar continuidade ao processo, nomeando defensor público ou dativo.
b) intimar o acusado por hora certa.
c) suspender o processo e a prescrição penal com efeito retroativo à citação editalícia.
d) suspender o processo e manter o trâmite regular da prescrição.
e) suspender o processo e a prescrição penal a partir do término do prazo transcorrido da nova intimação por edital.

9. DA SENTENÇA

SÚMULAS

STF **Súm. 453.** Não se aplicam à segunda instância o art. 384 e parágrafo único do Código de Processo Penal, que possibilitam dar nova definição jurídica ao fato delituoso, em virtude de circunstância elementar não contida, explícita ou implicitamente, na denúncia ou queixa.

STJ **Súm. 337.** É cabível a suspensão condicional do processo na desclassificação do crime e na procedência parcial da pretensão punitiva.

REPERCUSSÃO & REPETITIVOS

STJ **Repetitivo 1110.** 1. Em razão da "novatio legis in mellius" engendrada pela Lei n. 13.654/2018, o emprego de arma branca, embora não configure mais causa de aumento do crime de roubo, poderá ser utilizado como fundamento para a majoração da pena-base, quando as circunstâncias do caso concreto assim justificarem. 2. O julgador deve fundamentar o novo apenamento ou justificar a não realização do incremento na basilar, nos termos do que dispõe o art. 387, II e III, do CPP. 3. Não cabe a esta Corte Superior a transposição valorativa da circunstância para a primeira fase da dosimetria ou mesmo compelir que o Tribunal de origem assim o faça, em razão da discricionariedade do julgador ao aplicar a "novatio legis in mellius". *REsp 1921190, 26.5.2022.*

ENUNCIADOS

Fonacrim **Enunc. 11.** A "emendatio libelli", na nova redação do art. 383 do CPP, pode ser aplicada em qualquer fase da persecução penal para definição de direitos do acusado ou para o reconhecimento de incompetência.

Fonadirh **Enunc. 3.** Recomenda-se que: 1) sentença condenatória contra réu ou ré estrangeira disponha sobre: a) o acesso à autorização de residência, sendo esta recomendação aplicável também para liberdade provisória ou medidas cautelares alternativas; b) autorização da expulsão ou deportação assim que houver o deferimento por parte do juízo das execuções de progressão ao regime aberto ou livramento condicional; d) determinação de inscrição no Cadastro de Pessoa Física (CPF); 2) em caso de aplicação de pena restritiva de direitos a réu ou ré estrangeira sem vínculos com o território nacional, recomendam-se que sejam imputadas duas prestações pecuniárias para viabilizar o célere retorno ao país de origem; 3) seja extraída cópia integral do passaporte antes de sua devolução à representação consular.

QUESTÕES DISCURSIVAS

4. (TRF/2R/Juiz/2007) A "mutatio libelli" de que trata o art. 384 do CPP, empreendida pelo juiz, viola o princípio acusatório?

QUESTÕES OBJETIVAS

61. (IFBC/TRF/2R/Juiz/2018) Assinale a assertiva correta a respeito da sentença penal:

a) A fundamentação da sentença penal tem por fim permitir o exame lógico da decisão, tanto pelos sujeitos do processo, como pelos tribunais e a própria sociedade.
b) A motivação do juiz constante da fundamentação da sentença, tanto pode ser explícita quanto implícita, haja vista que o que transita em julgado é apenas o dispositivo.
c) É válida a fundamentação da sentença penal que se limita a exarar: "está provado nos autos que a imputação ministerial é verdadeira", haja vista a força da máxima "jura novit curia" para mostrar a convicção do juiz.
d) É válida a fundamentação da sentença penal que se limita a consubstanciar reportes de ementas diversas de jurisprudência dos tribunais nacionais, que nela são mencionadas como amparo ao dispositivo da decisão.
e) Não viola o princípio da motivação das decisões judiciais, o recebimento puro e simples da denúncia, haja vista que maiores considerações sobre os pressupostos processuais, a inépcia ou a justa causa, só são exigidos quando da decisão sobre a resposta preliminar.

62. (TRF/2R/Juiz/2014) Em processo penal:

a) A "emendatio libelli" exige que seja assegurada ao réu vista sobre a possível modificação da classificação jurídica do fato.
b) É admissível, em princípio, a "emendatio libelli" em segundo grau de jurisdição.
c) É admissível a "mutatio libelli" em ações penais exclusivamente privadas.
d) É admissível a "mutatio libelli" em segundo grau de jurisdição.
e) Todas as afirmações anteriores E estão erradas.

63. (Cespe/TRF/3R/Juiz/2011) No que tange ao procedimento da ação penal, à prisão preventiva e à "mutatio libelli", bem como à "emendatio libelli", assinale a opção correta.

a) Na "mutatio libelli", o próprio juiz pode alterar a acusação, não ficando adstrito aos termos do aditamento.

b) É dispensável a citação pessoal de réu preso, seja por mandado ou precatória, sendo suficiente a citação por edital, desde que o acusado não esteja preso na mesma unidade da Federação em que o juiz exerce a sua jurisdição.

c) Independentemente da quantidade da pena máxima cominada, se o acusado for reincidente, a prisão preventiva tem cabimento nos crimes dolosos.

d) Segundo o entendimento doutrinário dominante, a justa causa tanto pode referir-se a questões tipicamente processuais, como ausência de lastro probatório mínimo para a denúncia, quanto a questões pertinentes ao próprio mérito da ação penal, como a atipicidade manifesta.

e) A "emendatio libelli" é providência que pode ser adotada em qualquer grau de jurisdição e não se submete a limitação alguma em segundo grau, mesmo na hipótese de ausência de recurso do MP.

64. (Cespe/TRF/1R/Juiz/2011) No que diz respeito às decisões, à sentença penal e à fixação de penas, assinale a opção correta.

a) Encerrada a instrução probatória, se entender cabível nova definição jurídica do fato, em consequência de prova, nos autos, de elemento ou circunstância da infração penal não contida na acusação, o juiz deve determinar o retorno dos autos, com vista ao MP, para que este examine a possibilidade de aditamento da peça acusatória e, se isso ocorrer, cada parte poderá arrolar testemunhas, ficando o juiz, na sentença, adstrito aos termos do aditamento, o que implica a ocorrência de "mutatio libelli", procedimento que não se aplica às ações penais exclusivamente privadas.

b) A atual sistemática processual veda ao juiz, ao proferir sentença condenatória, independentemente da pena imposta, a possibilidade de impor prisão preventiva ou outra medida cautelar, caso não tenham sido cominadas no curso da instrução do processo, em face da ausência dos requisitos da necessidade e da proporcionalidade, permitindo-se, apenas, o reexame da manutenção de medida anteriormente determinada, sem prejuízo do conhecimento da apelação que vier a ser interposta.

c) O CPP estabelece, de forma expressa, três modalidades de sentença absolutória: a sumária ou antecipada, a definitiva e a absolutória imprópria e, quando fundadas em motivos ou causas absolutórias arroladas expressamente no CPP, consideram-se aduzidas e repelidas todas as alegações que a acusação tenha para o acolhimento da pretensão punitiva, restando definidos os limites objetivos da coisa julgada, com eficácia preclusiva em relação à jurisdição civil em todos os casos.

d) No atual sistema processual penal, ocorre a cumulação de instâncias, assim nominado pela doutrina o dever do juiz, quando da prolação de sentença condenatória, de fixar valor mínimo para a reparação dos danos emergentes causados pelo crime, considerados os prejuízos sofridos pelo ofendido, mas não os danos morais, independentemente de pedido expresso da vítima e da existência de debates anteriores acerca dos danos e de sua extensão.

e) O juiz que constate, ao prolatar sentença condenatória, excessiva mora na conclusão da fase investigativa ou no encerramento da instrução processual, sem que o réu tenha concorrido, direta ou indiretamente, para tanto, está autorizado, nos termos da atual jurisprudência dos tribunais superiores, de modo a dar efetividade ao princípio constitucional da duração razoável do processo, a reconhecer e aplicar, na dosimetria da pena, na fase de apreciação das circunstâncias legais, de ofício, a atenuante inominada, prevista no CP.

65. (TRF/4R/Juiz/2010) Dadas as assertivas abaixo, assinale a alternativa correta.

I. Nos crimes de ação pública, o juiz poderá proferir sentença condenatória, ainda que o Ministério Público tenha opinado pela absolvição, não podendo, nessa hipótese, reconhecer circunstâncias agravantes.

II. Ao proferir sentença condenatória, o juiz fixará o valor máximo para reparação dos danos causados pela infração, considerando os prejuízos sofridos pelo ofendido.

III. Qualquer das partes poderá, no prazo de cinco dias, pedir ao juiz que declare a sentença, sempre que nela houver obscuridade, ambiguidade, contradição ou omissão.

IV. Na sentença o juiz decidirá, fundamentadamente, sobre a manutenção ou, se for o caso, imposição de prisão preventiva ou de outra medida cautelar, sem prejuízo do conhecimento da apelação que vier a ser interposta.

V. A sentença será publicada em mão do escrivão, que lavrará nos autos o respectivo termo, registrando-a em livro especialmente destinado a esse fim.

a) Estão corretas apenas as assertivas I e V.

b) Estão corretas apenas as assertivas IV e V.

c) Estão corretas apenas as assertivas III, IV e V.

d) Estão corretas apenas as assertivas I, II, III e IV.

e) Estão corretas todas as assertivas.

66. (Cespe/TRF/2R/Juiz/2009) De acordo com o CPP, assinale a opção correta.

a) No caso de "mutatio libelli", o MP deverá aditar a denúncia no prazo de cinco dias, não sendo válido às partes arrolar novas testemunhas.

b) Recusando-se membro do MP a aditar a denúncia, em caso de "mutatio libelli", o juiz fará remessa dos autos ao procurador-geral, ou a órgão competente do MP, e este promoverá o aditamento, designará outro órgão do MP para fazê-lo ou insistirá na recusa, a qual só então estará o juiz obrigado a atender.

c) No caso de "mutatio libelli", ouvido o defensor do acusado no prazo de cinco dias e admitido o aditamento, não há previsão legal de realização de nova audiência, já que a nova definição jurídica do fato terá advindo da instrução já realizada.

d) O juiz, sem modificar a descrição do fato contida na denúncia ou queixa, poderá atribuir-lhe definição jurídica diversa, salvo se tiver de aplicar pena mais grave, hipótese em que é indispensável o aditamento.

e) No caso de "emendatio libelli" efetuada na sentença, ainda que se trate de infração da competência de outro juízo, o juiz deverá sentenciar, em consequência da "perpetuatio jurisdictionis".

10. DOS PROCESSOS EM ESPÉCIE

10.1. Do Processo Comum

10.1.1. Da Instrução Criminal

SÚMULAS

STJ **Súm. 21.** Pronunciado o réu, fica superada a alegação do constrangimento ilegal da prisão por excesso de prazo na instrução.

STJ **Súm. 52.** Encerrada a instrução criminal, fica superada a alegação de constrangimento por excesso de prazo.

STJ **Súm. 64.** Não constitui constrangimento ilegal o excesso de prazo na instrução, provocado pela defesa.

ENUNCIADOS

CJF **Pen. Proc. Penal 11.** O pronunciamento jurisdicional do art. 396 do CPP, que recebe a denúncia, tem natureza jurídica de decisão interlocutória, portanto necessita de fundamentação, conforme art. 93, IX, da CF.

Fonacrim **Enunc. 19.** A regra do parágrafo segundo do art. 399 do CPP, ao consagrar no processo penal o princípio da identidade física do juiz, não tem caráter absoluto, aplicando-se a ela as mesmas exceções previstas no art. 132 do CPC.

Fonacrim **Enunc. 70.** Destinação de bens objeto de perdimento. Compõe ônus da delegação pública a realização, pelos cartórios extrajudiciais, dos atos necessários à instrução de feitos criminais, nos termos dos artigos 1º e 2º do Decreto-lei nº 1.537/77, recepcionado pelo artigo 236, § 2º, da CF/88.

Fonacrim **Enunc. 79.** Os crimes de corrupção e contra a administração pública em geral devem ser julgados em todas as instâncias com prioridade em relação aos demais.

INFORMATIVOS

STF **Delatado e direito de falar por último.** Havendo pedido expresso da defesa no momento processual adequado (art. 403 do CPP e art. 11 da Lei 8.038/90), os réus têm o direito de apresentar suas alegações finais após a manifestação das defesas dos colaboradores, sob pena de nulidade, desde que o requeira expressamente e no momento adequado, ou seja, quando da abertura dessa fase processual (CPP, art. 403; e Lei 8.038/90, art. 11). *HC 166373, 30.11.2022. Pleno. Inf 1078.*

QUESTÕES OBJETIVAS

67. (TRF/4R/Juiz/2012) Assinale a alternativa correta.

a) Com fundamento no decurso do tempo, o juiz pode, forte no art. 366 do Código de Processo Penal, determinar a produção antecipada de provas.

b) Provas que constituam derivação de uma prova ilícita são sempre inutilizáveis no processo penal, tendo em vista o princípio constitucional da proibição da prova ilícita, que engloba a ilicitude derivada ou de segundo grau.

c) Não há vedação, no plenário do júri, a que as partes procedam à leitura da sentença de pronúncia, salvo na hipótese de comprovado excesso de linguagem pelo magistrado pronunciante.

d) O prazo para o oferecimento de resposta à acusação, no procedimento ordinário, conta-se da data em que ocorrer a citação do acusado por mandado, e não da data em que esse mandado for juntado aos autos.

e) Renunciando o defensor constituído, sem prévia comunicação ao acusado, deve o juiz, desde logo, designar membro da Defensoria Pública, ou nomear defensor dativo, para atuar em favor do acusado, sob pena de nulidade absoluta por ofensa ao princípio da ampla defesa, pois a revelia, no processo penal, não autoriza que o réu reste indefeso.

68. (Cespe/TRF/2R/Juiz/2011) No que se refere aos ritos e a outros elementos pertinentes ao direito processual penal, assinale a opção correta.

a) Caso ocorra a citação por hora certa, cujo objetivo fundamental é evitar a ocultação do acusado, serão adotados os procedimentos previstos no Código de Processo Civil para o ato citatório e, caso não haja comparecimento do réu em juízo nem constituição de advogado, ficarão suspensos o processo e o curso do prazo prescricional, podendo o juiz determinar a produção antecipada das provas consideradas urgentes e, se for o caso, decretar prisão preventiva; há divergência nos tribunais superiores acerca do prazo de suspensão do processo.

b) No procedimento em que se admite a defesa preliminar ou resposta à acusação, o conteúdo da argumentação pode ser amplo ou reservar-se às preliminares, com apresentação de documentos e justificações, especificação de provas, indicação de testemunhas e todas as exceções na peça processual. Caso não seja apresentada defesa preliminar de réu citado, deve o juiz nomear advogado dativo ou encaminhar os autos à defensoria pública para resposta, sob pena de nulidade do processo, por ofensa ao devido processo legal.

c) A apresentação da defesa preliminar ou resposta à acusação, no procedimento comum ordinário, acompanhada de documentos, objetos e alegações que possam ensejar a absolvição sumária, impõe a intimação do órgão de acusação, de modo a atender ao princípio do contraditório e não obstar, de forma prematura, o prosseguimento da ação penal com sentença de mérito, ação cujo dominus litis é o MP.

d) No procedimento comum ordinário e sumário, considera-se a pena máxima cominada ao crime para a definição do rito e, após o recebimento da denúncia e citação do réu, abre-se a indispensável oportunidade para defesa preliminar ou resposta à acusação, na forma escrita. Caso o réu seja citado por edital, o prazo para resposta terá início com a apresentação pessoal em juízo ou com o comparecimento do defensor constituído.

e) Recentes alterações legislativas permitiram o julgamento antecipado do processo criminal e facultaram ao juiz absolver sumariamente o réu, caso presentes, de forma manifesta, os elementos excludentes da ilicitude do fato, da culpabilidade do agente, salvo inimputabilidade, se o fato narrado evidentemente não constituir crime, ou, ainda, quando esteja extinta a punibilidade do agente, como, por exemplo, pela perspectiva de prescrição.

10.1.2. Do Tribunal do Júri

SÚMULAS

STF **Súm. Vinculante 45.** A competência constitucional do tribunal do júri prevalece sobre o foro por prerrogativa de função estabelecido exclusivamente pela constituição estadual.

STF **Súm. 156.** É absoluta a nulidade do julgamento, pelo júri, por falta de quesito obrigatório.

STF **Súm. 206.** É nulo o julgamento ulterior pelo júri com a participação de jurado que funcionou em julgamento anterior do mesmo processo.

STF **Súm. 603.** A competência para o processo e julgamento de latrocínio é do juiz singular e não do tribunal do júri.

STF **Súm. 712.** É nula a decisão que determina o desaforamento de processo da competência do júri sem audiência da defesa.

STF **Súm. 713.** O efeito devolutivo da apelação contra decisões do júri é adstrito aos fundamentos da sua interposição.

STJ **Súm. 21.** Pronunciado o réu, fica superada a alegação do constrangimento ilegal da prisão por excesso de prazo na instrução.

STJ **Súm. 191.** A pronúncia é causa interruptiva da prescrição, ainda que o tribunal do júri venha a desclassificar o crime.

INFORMATIVOS

STJ **Tribunal do júri. Homicídio. Tese defensiva. Desclassificação para lesão corporal seguida de morte. Formulação de quesitos referentes ao dolo direito e ao dolo eventual. Dolo eventual não discutido em plenário. Ofensa ao princípio da amplitude de defesa. Não configuração. Questão abarcada pela tese defensiva. Nulidade. Não ocorrência.** No âmbito do Tribunal do Júri, não há nulidade na formulação de quesito a respeito do dolo eventual, quando a defesa apresenta tese no sentido de desclassificar o crime para lesão corporal seguida de morte, ainda que a questão não tenha sido discutida em plenário. *AREsp 1883314, 5ª T, 18.11.2022. Inf 757.*

STJ **Tribunal do júri. Fase acusatória ("iudicium accusationis"). Não oferecimento de alegações finais. Comprovação de que isso não ocorreu por desídia do acusado. Prejuízo à defesa. Configuração. Princípio da plenitude de defesa. Nulidade da decisão de pronúncia.** O entendimento de que, em processos de competência do júri, o não oferecimento de alegações finais na fase acusatória não é causa de nulidade do processo não se aplica na hipótese em que isso não ocorre por deliberação do acusado. *AgRg no HC 710306, 6ª T, 27.9.2022. Inf 751.*

STJ **Tribunal do Júri. Art. 563, III, d, do CPP. Interpretação estrita. Decisão teratológica. Completamente divorciada do conjunto probatório constante do processo. Apelação. Possibilidade.** O art. 563, III, d, do CPP deve ser interpretado de forma estrita, permitindo a rescisão do veredicto popular somente quando a conclusão alcançada pelos jurados seja teratológica, completamente divorciada do conjunto probatório constante do processo. *AgRg no HC 482056, 6ª T, 8.8.2022. Inf 752.*

STJ **"Modus operandi" do crime. Emboscada. Quesitação acerca da ciência dos mandantes. Ausência. Nulidade. Qualificadoras objetivas. Comunicação aos coautores. Ingresso na esfera de conhecimento. Necessidade.** Há nulidade no quesito que não questiona os jurados sobre a ciência dos mandantes do crime em relação ao modus operandi pelos executores diretos – emboscada –, já que as qualificadoras objetivas do homicídio só se comunicam entre os coautores desde que tenham ciência do fato que qualifica o crime. *REsp 1973397, 5ª T, 6.9.2022. Inf 748.*

STJ **Incidência de minorantes. Quesitação. Obrigatoriedade. Quantum de diminuição da pena. Competência do juiz sentenciante.** Embora seja necessária a quesitação aos jurados sobre a incidência de minorantes, a escolha do quantum de diminuição da pena cabe ao juiz sentenciante, e não ao júri. *REsp 1973397, 5ª T, 6.9.2022. Inf 748.*

STJ **Afastamento de qualificadora. Vício de quesitação. Submissão a novo júri. Desnecessidade.** Diversamente do que ocorre na hipótese de contrariedade entre o veredito e as provas dos autos (art. 593, § 3º, do CPP), o afastamento de qualificadora por vício de quesitação não exige a submissão dos réus a novo júri. *REsp 1973397, 5ª T, 6.9.2022. Inf 748.*

STJ **Tribunal do júri. Veredito condenatório. Manifesta contrariedade às provas dos autos. Cassação da sentença. Submissão dos réus a novo júri. Absolvição imediata. Impossibilidade.** O reconhecimento da manifesta contrariedade entre o veredito condenatório e as provas dos autos gera a cassação da sentença e submissão dos réus a novo júri, mas não sua absolvição imediata pelos juízes togados, na forma do art. 593, § 3º, do CPP. *Proc. segredo justiça, 5ª T, 29.6.2022. Inf 747.*

STJ **Tribunal do júri. Quesitação deficiente. Formulação composta. Vício de complexidade. Nulidade absoluta do julgamento.** Quesitos complexos, com má redação ou com formulação deficiente, geram a nulidade do julgamento do Tribunal do Júri, por violação ao art. 482, par. ún., do CPP. *AREsp 1883043, 5ª T, 15.3.2022. Inf 729.*

STJ **Homicídio Qualificado. Execução provisória Pena. Reprimenda igual ou superior a 15 anos de reclusão. Art. 492, I, do CPP. Prisão automática. Ilegalidade. Ausência de elementos de cautelaridade. Repercussão geral. Tema 1068 pendente de julgamento.** Pendente de julgamento no STF o Tema 1068, em que se discute a constitucionalidade do art. 492, I, do CPP, deve ser reafirmado o entendimento do STJ de impossibilidade de execução provisória da pena mesmo em caso de condenação pelo tribunal do júri com reprimenda igual ou superior a 15 anos de reclusão. *AgRg no HC 714884, 5ª T, 24.3.2022. Inf 729.*

10.2. Dos Processos Especiais

SÚMULAS

STJ **Súm. 330.** É desnecessária a resposta preliminar de que trata o artigo 514 do Código de Processo Penal, na ação penal instruída por inquérito policial.

QUESTÕES OBJETIVAS

69. (TRF/3R/Juiz/2018) De acordo com a jurisprudência sumulada do Superior Tribunal de Justiça:

a) O princípio da insignificância é aplicável aos crimes cometidos contra a Administração Pública.
b) Não é possível o agravamento da pena-base nos delitos praticados contra a Administração Pública com fundamento no elevado prejuízo causado aos cofres públicos.
c) A elementar do crime de peculato não se comunica aos coautores e partícipes estranhos ao serviço público.
d) A notificação do funcionário público, nos termos do art. 514 do Código de Processo Penal, não é necessária quando a ação penal for precedida de inquérito policial.

70. (TRF/2R/Juiz/2014) Assinale a alternativa correta:

a) Na resposta preliminar à acusação, se a defesa não nega os fatos, e apenas controverte a sua qualificação, fica impedido o julgador de absolver sumariamente o acusado, antes da fase probatória.
b) De acordo com a jurisprudência sólida do Superior Tribunal de Justiça, nos crimes praticados por funcionário público, ainda que a ação penal esteja lastreada em inquérito policial, não se dispensa a resposta escrita preliminar de que cuida o artigo 514 do Código de Processo Penal (CPP).
c) Na esteira da jurisprudência dominante, o procedimento de que cuidam os artigos 513 e seguintes do CPP, ao prever a prévia resposta do funcionário, é observável para todos os crimes praticados por funcionário público, e não só quando se trate de crime funcional típico.
d) É exclusiva do Ministério Público, condicionada à representação do ofendido, a legitimidade para a ação penal por crime contra a honra de servidor público em razão do exercício de suas funções.
e) Recebida a resposta do funcionário público, de que cuida o artigo 514 do CPP, o juiz rejeitará a queixa ou denúncia, em despacho fundamentado e independentemente da oitiva do Ministério Público, se convencido, pela resposta apresentada, da inexistência do crime.

71. (TRF/4R/Juiz/2010) Dadas as assertivas abaixo, assinale a alternativa correta.

I. Os autos originais de processo penal extraviados ou destruídos, em primeira ou segunda instância, serão restaurados. Existindo cópia autêntica, será considerada como original.
II. As partes deverão ser citadas pessoalmente para a restauração dos autos. Não sendo encontradas, serão citadas por edital.
III. Proceder-se-á à restauração na primeira instância, ainda que os autos se tenham extraviado na segunda.
IV. Caso, no curso da restauração, apareçam os autos originais, estes serão apensados aos autos da restauração, nos quais continuará o processo.
V. Até a decisão que julgue restaurados os autos, a sentença condenatória em execução continuará a produzir efeito, desde que conste da respectiva guia arquivada na cadeia ou na penitenciária onde o réu estiver cumprindo a pena ou de registro que torne a sua existência inequívoca.

a) Está correta apenas a assertiva IV.
b) Estão corretas apenas as assertivas I, III e IV.
c) Estão corretas apenas as assertivas I, III e V.
d) Estão corretas todas as assertivas.
e) Está incorreta apenas a assertiva IV.

11. DAS NULIDADES E DOS RECURSOS EM GERAL

11.1. Das Nulidades

SÚMULAS

STF **Súm. 155.** É relativa a nulidade do processo criminal por falta de intimação da expedição de precatória para inquirição de testemunha.

STF **Súm. 160.** É nula a decisão do tribunal que acolhe, contra o réu, nulidade não arguida no recurso da acusação, ressalvados os casos de recurso de ofício.

STF **Súm. 351.** É nula a citação por edital de réu preso na mesma unidade da federação em que o juiz exerce a sua jurisdição.

STF **Súm. 361.** No processo penal, é nulo o exame realizado por um só perito, considerando-se impedido o que tiver funcionando anteriormente na diligência de apreensão.

STF **Súm. 366.** Não é nula a citação por edital que indica o dispositivo da lei penal, embora não transcreva a denúncia ou queixa, ou não resuma os fatos em que se baseia.

STF **Súm. 523.** No processo penal, a falta da defesa constitui nulidade absoluta, mas a sua deficiência só o anulará se houver prova de prejuízo para o réu.

STF **Súm. 706.** É relativa a nulidade decorrente da inobservância da competência penal por prevenção.

STF **Súm. 707.** Constitui nulidade a falta de intimação do denunciado para oferecer contrarrazões ao recurso interposto da rejeição da denúncia, não a suprindo a nomeação de defensor dativo.

STF **Súm. 708.** É nulo o julgamento da apelação se, após a manifestação nos autos da renúncia do único defensor, o réu não foi previamente intimado para constituir outro.

STF **Súm. 712.** É nula a decisão que determina o desaforamento de processo da competência do júri sem audiência da defesa.

INFORMATIVOS

STJ **Pedido de reconhecimento de nulidade. Oitiva de testemunha sem a presença do paciente. Nulidade relativa. Ausência de demonstração do prejuízo. Preclusão. Vício só alegado em revisão criminal. Nulidade de algibeira. Impossibilidade.** É inadmissível a chamada "nulidade de algibeira" – aquela que, podendo ser sanada pela insurgência imediata da defesa após ciência do vício, não é alegada, como estratégia, numa perspectiva de melhor conveniência futura. *AgRg no HC 732642, 5ª T, 30.5.2022. Inf 741.*

STJ **Rol de testemunhas. CPP. Apresentação extemporânea pela defesa. Indeferimento. Nulidade. Inexistência.** Inexiste nulidade na desconsideração do rol de testemunhas quando apresentado fora da fase estabelecida no art. 396-A do CPP. *AgRg no RHC 161330, 5ª T, 8.4.2022. Inf 738.*

STJ **Julgamento da apelação criminal. Pronunciamento oral do relator para o acórdão. Manifestação desrespeitosa, pejorativa e ofensiva ao acusado. Excesso verbal que exorbita da mera falta de urbanidade. Maltrato ao devido processo legal. Sistema acusatório. Falta de imparcialidade. Hipótese de suspeição. Nulidade. Reconhecimento.** Expressões ofensivas, desrespeitosas e pejorativas proferidas pelo magistrado na sessão de julgamento contra a honra do jurisdicionado que está sendo julgado, podem configurar causa de nulidade absoluta, haja vista que ofendem a garantia constitucional da imparcialidade, que deve, como componente do devido processo legal, ser observada em todo e qualquer julgamento em um sistema acusatório. *HC 718525, 6ª T, 26.4.2022. Inf 734.*

STJ **Procedimento em curso no STF. Peça sigilosa. Abertura de procedimento investigatório criminal autônomo. Investigação dos mesmo fatos. Ilegalidade.** É ilegal a utilização, por parte do Ministério Público, de peça sigilosa obtida em procedimento em curso no STF para abertura de procedimento investigatório criminal autônomo com objetivo de apuração dos mesmos fatos já investigados naquela Corte. *RHC 149836, 5ª T, 15.2.2022. Inf 726.*

11.2. Dos Recursos

SÚMULAS

1) Disposições Gerais (arts. 574 a 580)

STF **Súm. 160.** É nula a decisão do tribunal que acolhe, contra o réu, nulidade não arguida no recurso da acusação, ressalvados os casos de recurso de ofício.

STF **Súm. 344.** Sentença de primeira instância concessiva de "habeas corpus", em caso de crime praticado em detrimento de bens, serviços ou interesses da União, está sujeita a recurso "ex officio".

STF **Súm. 431.** É nulo o julgamento de recurso criminal, na segunda instância, sem prévia intimação, ou publicação da pauta, salvo em "habeas corpus".

STF **Súm. 448.** O prazo para o assistente recorrer, supletivamente, começa a correr imediatamente após o transcurso do prazo do Ministério Público.

STF **Súm. 700.** É de cinco dias o prazo para interposição de agravo contra decisão do juiz da execução penal.

STF **Súm. 709.** Salvo quando nula a decisão de primeiro grau, o acórdão que provê o recurso contra a rejeição da denúncia vale, desde logo, pelo recebimento dela.

STJ **Súm. 604.** O mandado de segurança não se presta para atribuir efeito suspensivo a recurso criminal interposto pelo Ministério Público.

2) Do Recurso em Sentido Estrito (arts. 581 a 592)

STF **Súm. 210.** O assistente do Ministério Público pode recorrer, inclusive extraordinariamente, na ação penal, nos casos dos arts. 584, § 1º e 598 do Código de Processo Penal.

TRF4 **Súm. 60.** Da decisão que não recebe ou que rejeita a denúncia cabe recurso em sentido estrito.

3) Da Apelação (arts. 593 a 606)

STF **Súm. 210.** O assistente do Ministério Público pode recorrer, inclusive extraordinariamente, na ação penal, nos casos dos arts. 584, § 1º e 598 do Código de Processo Penal.

STF **Súm. 705.** A renúncia do réu ao direito de apelação, manifestada sem a assistência do defensor, não impede o conhecimento da apelação por este interposta.

STF **Súm. 713.** O efeito devolutivo da apelação contra decisões do júri é adstrito aos fundamentos da sua interposição.

STJ **Súm. 347.** O conhecimento de recurso de apelação do réu independe de sua prisão.

4) Da Revisão (arts. 621 a 631)

STF **Súm. 393.** Para requerer revisão criminal, o condenado não é obrigado a recolher-se à prisão.

5) Do Recurso Extraordinário (arts. 632 a 638)

STF **Súm. 208.** O assistente do Ministério Público não pode recorrer, extraordinariamente, de decisão concessiva de "habeas corpus".

STF **Súm. 210.** O assistente do Ministério Público pode recorrer, inclusive extraordinariamente, na ação penal, nos casos dos arts. 584, § 1º e 598 do Código de Processo Penal.

6) Disposições Gerais (arts. 791 a 811)

STF **Súm. 710.** No processo penal, contam-se os prazos da data da intimação, e não da juntada aos autos do mandado ou da carta precatória ou de ordem.

ENUNCIADOS

CJF **Pen. Proc. Penal 1.** A norma puramente processual tem eficácia a partir da data de sua vigência, conservando-se os efeitos dos atos já praticados. Entende-se por norma puramente processual aquela que regulamente procedimento sem interferir na pretensão punitiva do Estado. A norma procedimental que modifica a pretensão punitiva do Estado deve ser considerada norma de direito material, que pode retroagir se for mais benéfica ao acusado.

CJF **Proc. Civil 3.** As disposições do CPC aplicam-se supletiva e subsidiariamente ao Código de Processo Penal, no que não forem incompatíveis com esta Lei.

Fonacrim **Enunc. 48.** Em casos de crimes graves contra a Administração Pública, não se deve permitir o apelo em liberdade, salvo se o produto do crime tiver sido integralmente recuperado.

INFORMATIVOS

STJ **Revisão criminal. Ajuizamento contra decisão monocrática no STJ. Possibilidade.** É cabível o ajuizamento de revisão criminal em face de decisão unipessoal de relator que dá provimento a recurso especial para restabelecer sentença condenatória. *Proc. segredo justiça, 3ª S, 14.9.2022. Inf 749.*

STJ **Revisão criminal. Mero reexame de fatos e provas. Ausência de contrariedade ao texto expresso da lei penal ou à evidência dos autos. Utilização como nova apelação. Não cabimento.** Não é cabível revisão criminal quando utilizada nova apelação, com vista a reexame de fatos e provas, não se verificando contrariedade ao texto expresso da lei penal ou à evidência dos autos, consoante previsão do art. 621, I, do CPP. *AgRg na RvCr 5735, 3ª S, 16.5.2022. Inf 746.*

QUESTÕES OBJETIVAS

72. (Vunesp/TRF/3R/Juiz/2022) Tício foi denunciado por estelionato simples, em continuidade delitiva, tendo o Ministério

Público deixado de oferecer a suspensão condicional do processo. Na sentença, a juíza afastou a continuidade e condenou o réu a uma pena definitiva de 1 ano de reclusão e 10 dias-multa. O Ministério Público apelou da sentença apenas para que fosse reconhecida a continuidade delitiva. Não houve recurso da defesa. Assinale a alternativa correta:

a) Com o advento da sentença, está definitivamente preclusa a possibilidade de suspensão condicional do processo.
b) O Tribunal, negando provimento à apelação da acusação, decisão que transitou em julgado, deverá determinar a remessa dos autos ao Parquet para eventual proposta de suspensão condicional do processo.
c) Somente a desclassificação de delito, operada na sentença, poderia ensejar nova possibilidade de oferecimento da suspensão condicional do processo.
d) A magistrada de primeiro grau, sobrestando o juízo de admissibilidade do recurso, deve remeter os autos ao Parquet para eventual proposta de suspensão condicional do processo.

73. (IFBC/TRF/2R/Juiz/2018) Considere as seguintes assertivas e assinale a alternativa correta:

I. Em recurso ministerial, exclusivamente interposto para o agravamento da pena, não poderá o tribunal diminui-la por erro na sua dosimetria.
II. Tratando-se de denúncia recebida por juiz absolutamente incompetente, o reconhecimento da nulidade da decisão impedirá a interrupção do prazo prescricional.
III. Salvo quando nula a decisão de primeiro grau, o acórdão que provê o recurso contra a rejeição da denúncia vale, desde logo, pelo recebimento dela.

a) Somente a assertiva III está correta.
b) Todas as assertivas estão erradas.
c) Estão corretas as assertivas II e III.
d) Estão corretas as assertivas I e II.
e) Todas as assertivas estão corretas.

74. (Cespe/TRF/5R/Juiz/2017) O recurso cabível da decisão que revoga medida cautelar diversa da prisão é

a) o agravo de instrumento.
b) a carta testemunhável.
c) o agravo interno.
d) a apelação.
e) o recurso em sentido estrito.

75. (TRF/4R/Juiz/2016) Assinale a alternativa incorreta. Segundo a jurisprudência do Supremo Tribunal Federal:

a) A exceção da verdade, quando deduzida nos crimes contra a honra que autorizam a sua oposição, deve ser admitida, processada e julgada, ordinariamente, pelo juízo competente para apreciar a ação penal condenatória. Tratando-se, no entanto, de "exceptio veritati" deduzida contra pessoa que dispõe, "ratione muneris", de prerrogativa de foro perante o Supremo Tribunal Federal (Constituição Federal, art. 102, I, b e c), a atribuição da Suprema Corte restringir-se-á, unicamente, ao julgamento da referida exceção, não assistindo a esse Tribunal competência para admiti-la, para processá-la ou, sequer, para instruí-la, razão pela qual os atos de dilação probatória pertinentes a esse procedimento incidental deverão ser promovidos na instância ordinária competente para apreciar a causa principal (ação penal condenatória).
b) É concorrente a legitimidade do ofendido, mediante queixa, e do Ministério Público, condicionada à representação do ofendido, para a ação penal por crime contra a honra de servidor público em razão do exercício de suas funções.
c) O Ministério Público é parte ilegítima para impetrar "habeas corpus" que vise ao reconhecimento da incompetência absoluta do juiz processante de ação penal.
d) As restrições de ordem temática que delimitam, materialmente, o âmbito do exercício do direito de defesa, estabelecidas no Estatuto do Estrangeiro, não são inconstitucionais nem ofendem a garantia da plenitude de defesa, em face da natureza de que se reveste o processo extradicional no direito brasileiro.
e) A expedição de cartas rogatórias para oitiva de testemunhas residentes no exterior condiciona-se à demonstração da imprescindibilidade da diligência e ao pagamento prévio das respectivas custas pela parte requerente, ressalvada a possibilidade de concessão de assistência judiciária aos economicamente necessitados.

76. (Cespe/TRF/1R/Juiz/2015) O "habeas corpus":

a) somente pode ser interposto por procurador com poderes especiais, vedada a interposição pelo próprio réu.
b) pode ser interposto pelo MP, com o intuito de obter a liberdade provisória ao réu preso.
c) pode ser interposto por qualquer pessoa em favor do réu, desde que esta possua inscrição de advogado ou estagiário na Ordem dos Advogados do Brasil.
d) deverá ser interposto sempre perante o TRF competente, ainda que a autoridade coatora seja o delegado federal que conduzir o auto de prisão em flagrante.
e) pode ser interposto ainda que apenas pena de multa tenha sido imposta ao sentenciado.

77. (Cespe/TRF/1R/Juiz/2015) Assinale a opção correta à luz da disciplina legal dos recursos e da revisão criminal no processo penal.

a) A revisão criminal deixará de ser conhecida pelo órgão julgador se o pedido for feito após a extinção da punibilidade, visto que, no juízo de admissibilidade do recurso, exige-se que o requerimento ocorra antes ou durante o cumprimento da pena, devendo o réu requerer eventual indenização por injusta condenação por meio de ação cível ordinária.
b) É cabível a interposição de recurso em sentido estrito da decisão que declara a incompetência do juízo.
c) Caso deseje recorrer de decisão tomada por vara federal que tenha rejeitado denúncia contra determinado indivíduo por atipicidade do fato, o MPF deverá fazê-lo por meio de apelação, uma vez que a decisão resultou na extinção do processo.
d) A defesa de acusado de cometimento de crime em 2007 e condenado, em primeira instância, em 2015, a uma pena de vinte e dois anos de reclusão poderá ingressar com recurso de protesto por novo júri, pois o crime foi cometido antes da vigência da Lei n. 11.689/2008.
e) Caso sentenciado que tenha ingressado com recurso de revisão criminal junto ao TRF faleça no curso do processo, deve o desembargador federal relator extinguir o processo, reconhecendo a extinção da punibilidade do réu devido ao óbito.

78. (Cespe/TRF/1R/Juiz/2013) Com relação a insanidade mental, perdimento de bens, sequestro de bens, provas e incidente de falsidade, assinale a opção correta.

a) Na sentença penal condenatória, o juiz poderá decretar o perdimento de bens apreendidos e empregados na prática do crime de sonegação tributária e destiná-los à União, que, incorporando-os a seu patrimônio, poderá usufruí-los, aliená-los em leilão judicial ou doá-los aos entes federados.
b) Considera-se prova ilícita por derivação aquela colhida por meio de interceptação telefônica autorizada por juiz

competente, mas que demonstra a autoria de crime diverso do que foi objeto específico da decisão judicial.

c) No curso da ação penal privada, é proibido ao juiz instaurar, de ofício, o incidente de falsidade documental, haja vista que o direito nele contido é de natureza disponível, reservando-se ao querelado ou ao MP requerer sua instauração.

d) Caberá recurso de apelação, interposto no prazo de cinco dias, contra decisão que indefere o pedido de sequestro requerido pelo MP, por se tratar de decisão judicial com força de definitiva.

e) Se houver reconhecimento, por laudo de insanidade mental, de que o acusado, ao tempo da ação, era capaz de entender o caráter ilícito do fato, mas, no curso da instrução criminal, lhe sobrevier doença mental que o torne absolutamente incapaz de entender o caráter ilícito do fato, o juiz o absolverá impropriamente e aplicará medida de segurança de tratamento ambulatorial ou de internação.

79. (TRF/3R/Juiz/2013) Concernente ao "habeas corpus" assinale a alternativa incorreta:

a) O Juiz de primeiro grau não tem competência para conceder a ordem de ofício.

b) quando já tenha cessada a violência ou coação ilegal, o juiz deverá considerar prejudicado o pedido.

c) se o pedido for favorável ao paciente, será imediatamente posto em liberdade, expedindo o juiz alvará de soltura clausulado.

d) o órgão do Ministério Público possui legitimidade para impetrar a ordem.

e) cessará a competência do juiz para apreciar o pedido quando a violência advier de autoridade judiciária de igual jurisdição.

80. (Cespe/TRF/2R/Juiz/2013) Com relação a recursos e nulidades no processo penal, assinale a opção correta.

a) Não poderá ser declarada, pelo tribunal, a nulidade do ato processual praticado mediante corrupção passiva do juiz prolator da decisão.

b) Contra decisão que negar pedido de liberdade provisória poderá ser interposto recurso em sentido estrito perante o juiz, a quem competirá reformar ou sustentar sua decisão e, nesse último caso, encaminhar ao tribunal o recurso nos próprios autos.

c) Declarada a incompetência jurisdicional, o juiz deverá declarar nulos todos os atos processuais praticados e encaminhar os autos ao juiz competente.

d) Entende-se por efeito diferido do recurso o fato de a defesa poder interpor recurso perante o juiz singular e apresentar suas respectivas razões perante o tribunal.

e) Na pronúncia, se for reconhecido que o acusado agiu sob o domínio de violenta emoção logo em seguida a injusta provocação da vítima, caberá recurso em sentido estrito para o MP pleitear a exclusão da causa de diminuição da pena, que só poderá ser reconhecida pelos jurados.

81. (Cespe/TRF/3R/Juiz/2011) Assinale a opção correta, no tocante aos recursos em processo penal.

a) Com a extinção do protesto por novo júri, não é mais possível, pela via recursal, que o réu seja submetido a novo julgamento perante o tribunal do júri.

b) O agravo de instrumento é o recurso cabível contra a decisão que não admite recurso extraordinário ou especial, e a carta testemunhável, o recurso apropriado contra a decisão que denega a apelação.

c) Da decisão de pronúncia cabe recurso em sentido estrito; da impronúncia e da absolvição sumária cabe apelação.

d) O recurso em sentido estrito é cabível apenas contra a decisão do juiz que concede a ordem de "habeas corpus", pois da que a denega tem cabimento outro "habeas corpus".

e) O CPP prevê o recurso em sentido estrito contra a decisão que receber ou rejeitar a denúncia ou a queixa.

82. (TRF/4R/Juiz/2010) Dadas as assertivas abaixo, assinale a alternativa correta.

I. Cabe recurso em sentido estrito da decisão que receber ou não a denúncia ou queixa.

II. Cabe recurso em sentido estrito da decisão que concluir pela competência ou pela incompetência do juízo.

III. Cabe recurso em sentido estrito da decisão que conceder ou negar a ordem de "habeas corpus".

IV. Cabe recurso em sentido estrito da decisão que ordenar ou não a suspensão do processo, em virtude de questão prejudicial.

V. Cabe recurso em sentido estrito da decisão que decretar a prescrição ou julgar, por outro modo, extinta a punibilidade.

a) Está correta apenas a assertiva V.

b) Estão corretas apenas as assertivas III e V.

c) Estão corretas apenas as assertivas I, II e IV.

d) Estão corretas todas as assertivas.

e) Nenhuma assertiva está correta.

83. (TRF/3R/Juiz/2010) O Tribunal, na revisão criminal, poderá:

a) Julgar extinta a ação por prejuízo superveniente em razão de falecimento do requerente.

b) Reduzir a pena de ofício com base em legislação mais benéfica, que não estava em vigor na data da sentença transitada em julgado.

c) Dar nova classificação ao delito, reexaminar a prova e fixar pena diversa da aplicada no juízo monocrático, que não obstante igual na sua totalidade é maior na terceira fase, em razão de aplicação de causa de aumento.

d) Verificados os pressupostos do artigo 621 do Código de Processo Penal reconhecer a legitimidade ativa do Ministério Público.

12. DISPOSIÇÕES GERAIS

ENUNCIADOS

Fonacrim **Enunc. 71.** À luz do artigo 798 do CPP, o artigo 220 do CPC não se aplica ao processo penal.

Fonacrim **Enunc. 72.** A regra prevista no artigo 12 do CPC não se aplica ao processo penal.

Fonacrim **Enunc. 75.** A negativa de fornecimento de informações judicialmente requisitadas sujeita-se à imposição de multa (astreintes), bloqueio de ativos, de transferências internacionais e prisão, assim como quaisquer outras medidas judiciais necessárias ao cumprimento da decisão.

Fonacrim **Enunc. 76.** As astreintes fixadas no processo penal, em razão do descumprimento de ordem judicial, não possuem natureza penal e fundam-se no artigo 536, § 1º, do CPC, não tendo destinação legal específica.

Fonacrim **Enunc. 77.** Virtualização/digitalização obrigatória e prioritária dos processos de corrupção na JF.

Fonacrim **Enunc. 78.** Considerar válida a entrega de documentos e eventuais IPLs em formato digital.

13. LEIS ESPECIAIS

13.1. Lei das Organizações Criminosas (Lei 12.850/13)

ENUNCIADOS

CJF **Pen. Proc. Penal 22.** As restrições previstas no § 16 do art. 4º da Lei n. 12.850/2013, com a redação dada pela Lei n. 13.964/2019, aplicam-se também aos processos penais para os quais a colaboração premiada foi trasladada como prova emprestada.

Fonacrim **Enunc. 33.** O artigo 17-B da Lei nº 9.613/1998 e os artigos 15 e 16 da Lei nº 12.850/2013 são constitucionais, pois conferem à autoridade policial e ao Ministério Público apenas acesso a dados não incluídos no âmbito do direito fundamental à intimidade, e aplicam-se a todos os procedimentos de investigação criminal.

Fonacrim **Enunc. 34.** A informação sobre os registros de identificação dos números dos terminais de origem e de destino das ligações telefônicas à autoridade policial e ao Ministério Público, prevista no artigo 17 da Lei nº 12.850/2013, depende de autorização judicial.

INFORMATIVOS

STJ **Acordo de colaboração premiada. Lei 12.850/13. Celebração por pessoa jurídica. Incapacidade. Ausência de voluntariedade e possibilidade de responsabilização penal.** Pessoa jurídica não possui capacidade para celebrar acordo de colaboração premiada, previsto na Lei 12.850/13. *RHC 154979, 6ª T, 15.8.2022. Inf 747.*

STJ **Acordo de colaboração premiada. Crimes cometidos em coautoria. Possibilidade. Organização criminosa estruturada. Desnecessidade.** É possível celebrar acordo de colaboração premiada em quaisquer condutas praticadas em concurso de agentes. *HC 582678, 6ª T, 14.6.2022. Inf 742.*

STJ **Colaboração premiada. Acordo entre acusação e defesa. Vítima colaboradora. Impossibilidade.** A colaboração premiada é um acordo realizado entre o acusador e a defesa, não podendo a vítima ser colaboradora. *HC 750946, 6ª T, 11.10.2022. Inf 754.*

QUESTÕES DISCURSIVAS

5. (Cespe/TRF/3R/Juiz/2011) Considerando a legislação vigente no Brasil e a Convenção da ONU sobre Crime Organizado Transnacional (Convenção de Palermo), explique, de modo fundamentado, as diferenças entre "concurso de agentes", "associação em quadrilha ou bando" e "organização criminosa", aplicando-as na criminalidade econômica derivada de atividade empresarial, para responder à seguinte indagação: A prática de crime econômico eventual, em decorrência de atividade empresarial, também implica, necessariamente, a imputação pelo crime de associação em quadrilha ou bando? Por quê?

QUESTÕES OBJETIVAS

84. (Vunesp/TRF/3R/Juiz/2022) Assinale a alternativa correta:

a) No caso de mora no atendimento a requisições judiciais de dados telemáticos, a falta de previsão no Código de Processo Penal inviabiliza a fixação de astreintes.
b) O colaborador deve apresentar seus memoriais finais antes dos corréus delatados.
c) Se o juiz decreta a interceptação telefônica, com base em denúncia anônima rica em detalhes, a cognição judicial supre a falta de diligências preliminares por parte da Polícia.
d) Não se pode falar em distribuição do ônus da prova entre as partes no processo penal liberal.

85. (Vunesp/TRF/3R/Juiz/2022) Leia as afirmações abaixo sobre a colaboração premiada e, ao final, indique a alternativa correta:

I. O Supremo Tribunal Federal reconheceu a inconstitucionalidade da realização de acordo de colaboração premiada por Delegado de Polícia, por se tratar de âmbito de atuação exclusiva do Ministério Público, na qualidade de dominus litis.
II. O Ministério Público poderá deixar de oferecer denúncia se a colaboração se referir a infração desconhecida pelas autoridades, o colaborador não for o líder da organização criminosa e tiver sido o primeiro a prestar colaboração efetiva.
III. A colaboração premiada é meio de obtenção de prova, sendo a palavra do colaborador suficiente para a condenação se confirmada por outros colaboradores, a denominada corroboração cruzada, ou por outros elementos de prova.

a) Apenas as afirmações I e II estão corretas.
b) Apenas as afirmações II e III estão corretas.
c) Apenas a afirmação II está correta.
d) Todas as afirmações estão corretas.

86. (TRF/3R/Juiz/2018) Relativamente à colaboração premiada prevista na Lei nº 12.850/2013, é correto afirmar que:

a) É expressamente prevista como meio de obtenção da prova, em qualquer fase da persecução penal.
b) Pode ser concedida pelo juiz de ofício ou por requerimento do Ministério Público.
c) A personalidade do colaborador constitui requisito de validade do acordo de colaboração.
d) A revelação da estrutura hierárquica e da divisão de tarefas da organização criminosa é sempre necessária para que haja o acordo de colaboração.

87. (TRF/2R/Juiz/2017) Tício era Diretor do Banco Reco S.A., instituição regulamente constituída e autorizada a funcionar. Entre 2011 e 2012, Tício, juntamente com outros diretores, praticou gestão fraudulenta e fraudes que simulavam empréstimos milionários não pagos, inventando a existência de créditos, lançados no balanço e demonstrativos do Banco. Todavia, Tício decide revelar os crimes praticados e procura Delegado de Polícia Federal. Instaurado inquérito, Tício identifica os coautores e partícipes, indicando a conduta e a divisão de tarefas entre os fraudadores. Afirmando-se a inexistência de valores produzidos pela fraude, não houve reparação financeira. O Delegado de Polícia lavra acordo de colaboração premiada (Lei nº 12.850/2013) e, diante da colaboração de Tício, assistido todo o tempo por advogado, insere cláusula prevendo o perdão judicial, de modo que Tício não sofra pena. O acordo é enviado ao juiz natural que, ouvido o Ministério Público, o homologa. Ajuizada a ação penal, um dos corréus argui a nulidade do acordo de colaboração. Entre as opções abaixo, apenas uma mostra, corretamente, vício de legalidade existente no acordo. Assinale-a:

a) Somente o Ministério Público possui a iniciativa de propor a colaboração premiada.
b) A Lei nº 12.850/2013 não prevê a possibilidade de que o criminoso colaborador deixe de receber punição.
c) A Lei nº 12.850/2013 não se aplica aos crimes praticados antes de sua entrada em vigor.
d) A Lei nº 12.850/2013 não se aplica aos crimes praticados por Tício.
e) Não houve recuperação financeira.

88. (Cespe/TRF/5R/Juiz/2015) No que concerne à Convenção das Nações Unidas contra o Crime Organizado Transnacional e à Lei n. 12.850/2013, que trata de ações praticadas por organizações criminosas, assinale a opção correta.

a) Segundo a lei que trata de organização criminosa, a caracterização de "grupo criminoso organizado" envolve a obtenção, direta ou indireta, de vantagem indevida mediante perpetração de contravenções penais.

b) A referida convenção permite incluir pessoas jurídicas como parte em pedidos de cooperação judiciária a ser prestada na fase de investigação, durante o processo ou em atos judiciais relativos a infrações pelas quais essas pessoas possam ser responsabilizadas.

c) A mencionada convenção veda expressamente a possibilidade de os Estados-partes invocarem a ausência de dupla incriminação como motivo para a recusa da cooperação judiciária demandada ou para a apresentação de obstáculo a essa cooperação.

d) Embora a convenção em apreço recomende que os Estados-partes tipifiquem em suas leis internas a conduta caracterizadora do crime de "obstrução à justiça", o legislador brasileiro absteve-se de fazê-lo na lei que trata de organização criminosa.

e) Para aplicação da convenção em apreço, os crimes devem ser graves, conforme entendimento nela descrito para "infração grave", e praticados por "grupo criminoso organizado" em mais de um Estado.

13.2. Lei de Execução Penal

SÚMULAS

1) Do Condenado e do Internado (arts. 5º a 60)

STJ **Súm. 40.** Para obtenção dos benefícios de saída temporária e trabalho externo, considera-se o tempo de cumprimento da pena no regime fechado.

STJ **Súm. 441.** A falta grave não interrompe o prazo para obtenção de livramento condicional.

STJ **Súm. 526.** O reconhecimento de falta grave decorrente do cometimento de fato definido como crime doloso no cumprimento da pena prescinde do trânsito em julgado de sentença penal condenatória no processo penal instaurado para apuração do fato.

STJ **Súm. 534.** A prática de falta grave interrompe a contagem do prazo para a progressão de regime de cumprimento de pena, o qual se reinicia a partir do cometimento dessa infração.

STJ **Súm. 535.** A prática de falta grave não interrompe o prazo para fim de comutação de pena ou indulto.

2) Dos Órgãos da Execução Penal (arts. 61 a 81)

STF **Súm. 611.** Transitada em julgado a sentença condenatória, compete ao juízo das execuções a aplicação de lei mais benigna.

STJ **Súm. 192.** Compete ao juízo das execuções penais do estado a execução das penas impostas a sentenciados pela justiça federal , militar ou eleitoral, quando recolhidos a estabelecimentos sujeitos à administração estadual.

STJ **Súm. 639.** Não fere o contraditório e o devido processo decisão que, sem ouvida prévia da defesa, determine transferência ou permanência de custodiado em estabelecimento penitenciário federal.

TRF4 **Súm. 125.** Compete à justiça federal a execução das sentenças penais condenatórias por ela proferidas, salvo quando o cumprimento se der em estabelecimento estadual.

3) Da Execução das Penas em Espécie (arts. 105 a 170)

3.1) Das Penas Privativas de Liberdade (arts. 105 a 146)

3.1.1) Dos Regimes (arts. 110 a 119)

STF **Súm. Vinculante 26.** Para efeito de progressão de regime no cumprimento de pena por crime hediondo, ou equiparado, o juízo da execução observará a inconstitucionalidade do art. 2º da Lei n. 8.072, de 25 de julho de 1990, sem prejuízo de avaliar se o condenado preenche, ou não, os requisitos objetivos e subjetivos do benefício, podendo determinar, para tal fim, de modo fundamentado, a realização de exame criminológico.

STF **Súm. Vinculante 56.** A falta de estabelecimento penal adequado não autoriza a manutenção do condenado em regime prisional mais gravoso, devendo-se observar, nesta hipótese, os parâmetros fixados no Recurso Extraordinário (RE) 641320.

STF **Súm. 715.** A pena unificada para atender ao limite de trinta anos de cumprimento, determinado pelo art. 75 do Código Penal, não é considerada para a concessão de outros benefícios, como o livramento condicional ou regime mais favorável de execução.

STF **Súm. 716.** Admite-se a progressão de regime de cumprimento da pena ou a aplicação imediata de regime menos severo nela determinada, antes do trânsito em julgado da sentença condenatória.

STF **Súm. 717.** Não impede a progressão de regime de execução da pena, fixada em sentença não transitada em julgado, o fato de o réu se encontrar em prisão especial.

STJ **Súm. 439.** Admite-se o exame criminológico pelas peculiaridades do caso, desde que em decisão motivada.

STJ **Súm. 471.** Os condenados por crimes hediondos ou assemelhados cometidos antes da vigência da Lei n. 11.464/2007 sujeitam-se ao disposto no art. 112 da Lei n. 7.210/1984 (Lei de Execução Penal) para a progressão de regime prisional.

STJ **Súm. 491.** É inadmissível a chamada progressão "per saltum" de regime prisional.

STJ **Súm. 534.** A prática de falta grave interrompe a contagem do prazo para a progressão de regime de cumprimento de pena, o qual se reinicia a partir do cometimento dessa infração.

3.1.2) Das Autorizações de Saída (arts. 120 a 125)

STJ **Súm. 40.** Para obtenção dos benefícios de saída temporária e trabalho externo, considera-se o tempo de cumprimento da pena no regime fechado.

STJ **Súm. 520.** O benefício de saída temporária no âmbito da execução penal é ato jurisdicional insuscetível de delegação à autoridade administrativa do estabelecimento prisional.

3.1.3) Da Remição (arts. 126 a 130)

STF **Súm. Vinculante 9.** O disposto no artigo 127 da Lei n. 7.210/1984 (Lei de Execução Penal) foi recebido pela ordem constitucional vigente, e não se lhe aplica o limite temporal previsto no caput do artigo 58.

STJ **Súm. 341.** A frequência a curso de ensino formal é causa de remição de parte do tempo de execução de pena sob regime fechado ou semiaberto.

STJ **Súm. 562.** É possível a remição de parte do tempo de execução da pena quando o condenado, em regime fechado ou semiaberto, desempenha atividade laborativa, ainda que extramuros.

3.1.4) Do Livramento Condicional (arts. 131 a 146)

STF **Súm. 715.** A pena unificada para atender ao limite de trinta anos de cumprimento, determinado pelo art. 75 do Código Penal, não é considerada para a concessão de outros benefícios, como o livramento condicional ou regime mais favorável de execução.

STJ **Súm. 441.** A falta grave não interrompe o prazo para obtenção de livramento condicional.

STJ **Súm. 617.** A ausência de suspensão ou revogação do livramento condicional antes do término do período de prova enseja a extinção da punibilidade pelo integral cumprimento da pena.

3.2) Das Penas Restritivas de Direito (arts. 147 a 155)

STJ **Súm. 643.** A execução da pena restritiva de direitos depende do trânsito em julgado da condenação.

3.3) Da Suspensão Condicional (arts. 156 a 163)

STF **Súm. 499.** Não obsta a concessão do "sursis" condenação anterior a pena de multa.

4) Dos Incidentes de Execução (arts. 180 a 193)

STJ **Súm. 535.** A prática de falta grave não interrompe o prazo para fim de comutação de pena ou indulto.

STJ Súm. 631. O indulto extingue os efeitos primários da condenação (pretensão executória), mas não atinge os efeitos secundários, penais ou extrapenais.

5) Do Procedimento Judicial (arts. 194 a 197)

STF Súm. 695. Não cabe "habeas corpus" quando já extinta a pena privativa de liberdade.

STF Súm. 700. É de cinco dias o prazo para interposição de agravo contra decisão do juiz da execução penal.

REPERCUSSÃO & REPETITIVOS

STF Rep. Geral 758. O reconhecimento de falta grave consistente na prática de fato definido como crime doloso no curso da execução penal dispensa o trânsito em julgado da condenação criminal no juízo do conhecimento, desde que a apuração do ilícito disciplinar ocorra com observância do devido processo legal, do contraditório e da ampla defesa, podendo a instrução em sede executiva ser suprida por sentença criminal condenatória que verse sobre a materialidade, a autoria e as circunstâncias do crime correspondente à falta grave. *RE 776823, 7.12.2020.*

STF Rep. Geral 941. A oitiva do condenado pelo juízo da execução penal, em audiência de justificação realizada na presença do defensor e do Ministério Público, afasta a necessidade de prévio procedimento administrativo disciplinar (PAD), assim como supre eventual ausência ou insuficiência de defesa técnica no PAD instaurado para apurar a prática de falta grave durante o cumprimento da pena. *RE 972598, 4.5.2020.*

STF Rep. Geral 1169. Tendo em vista a legalidade e a taxatividade da norma penal (art. 5º, XXXIX, CF), a alteração promovida pela Lei 13.964/2019 no art. 112 da LEP não autoriza a incidência do percentual de 60% (inc. VII) aos condenados reincidentes não específicos para o fim de progressão de regime. Diante da omissão legislativa, impõe-se a analogia "in bonam partem", para aplicação, inclusive retroativa, do inciso V do artigo 112 da LEP (lapso temporal de 40%) ao condenado por crime hediondo ou equiparado sem resultado morte reincidente não específico. *ARE 1327963, 17.9.2021.*

STJ Repetitivo 1084. É reconhecida a retroatividade do patamar estabelecido no art. 112, V, da Lei n. 13.964/2019, àqueles apenados que, embora tenham cometido crime hediondo ou equiparado sem resultado morte, não sejam reincidentes em delito de natureza semelhante. *REsp 1.910.240, 31.5.2021.*

STJ Repetitivo 1106. Sobrevindo condenação por pena privativa de liberdade no curso da execução de pena restritiva de direitos, as penas serão objeto de unificação, com a reconversão da pena alternativa em privativa de liberdade, ressalvada a possibilidade de cumprimento simultâneo aos apenados em regime aberto e vedada a unificação automática nos casos em que a condenação substituída por pena alternativa é superveniente. *REsp 1918287, 27.4.2022.*

STJ Repetitivo 1120. Nada obstante a interpretação restritiva que deve ser conferida ao art. 126, § 4º, da LEP, os princípios da individualização da pena, da dignidade da pessoa humana, da isonomia e da fraternidade, ao lado da teoria da derrotabilidade da norma e da situação excepcionalíssima da pandemia de Covid-19, impõem o cômputo do período de restrições sanitárias como de efetivo estudo ou trabalho em favor dos presos que já estavam trabalhando ou estudando e se viram impossibilitados de continuar seus afazeres unicamente em razão do estado pandêmico. *REsp 1953607, 14.9.2022.*

STJ Repetitivo 1155. 1) O período de recolhimento obrigatório noturno e nos dias de folga, por comprometer o "status libertatis" do acusado, deve ser reconhecido como período a ser detraído da pena privativa de liberdade e da medida de segurança, em homenagem aos princípios da proporcionalidade e do "non bis in idem". 2) O monitoramento eletrônico associado, atribuição do Estado, não é condição indeclinável para a detração dos períodos de submissão a essas medidas cautelares, não se justificando distinção de tratamento ao investigado ao qual não é determinado e disponibilizado o aparelhamento. 3) As horas de recolhimento domiciliar noturno e nos dias de folga devem ser convertidas em dias para contagem da detração da pena. Se no cômputo total remanescer período menor que vinte e quatro horas, essa fração de dia deverá ser desprezada. *REsp 1977135, 28.11.2022.*

ENUNCIADOS

1) Do Condenado e do Internado (arts. 5º a 60)

CJF Pen. Proc. Penal 16. O rol trazido pelo artigo 50 da Lei de Execução Penal é taxativo, não comportando interpretação extensiva ou equiparação analógica.

CJF Pen. Proc. Penal 21. A decisão do procedimento administrativo disciplinar (PAD) que avalia a falta disciplinar sujeita-se a posterior análise e decisão judicial, podendo ser novamente examinadas as questões de fato e de direito, bem como o magistrado proferir nova decisão, para reconhecimento ou não da referida falta.

2) Dos Órgãos da Execução Penal (arts. 61 a 81)

Fonacrim Enunc. 62. Nas Seções ou Subseções onde não haja casa de albergado, não há óbice ao Juiz Federal com competência em execução penal exercer a fiscalização das penas dos réus em regime aberto.

Fonacrim Enunc. 63. Na fiscalização do cumprimento da pena no regime aberto domiciliar, em face da inexistência de casa de albergado, bem como das penas restritivas de direitos, o custeio das despesas do monitoramento eletrônico não pode ser imposto ao apenado.

3) Da Execução das Penas em Espécie (arts. 105 a 170)

3.1) Das Penas Privativas de Liberdade (arts. 105 a 146)

CJF Pen. Proc. Penal 13. O princípio da legalidade impõe que se observe, quando da soma das penas, o cálculo diferenciado para fins de progressão de regime.

CJF Pen. Proc. Penal 20. É possível, em situações excepcionais, a aplicação da prisão domiciliar humanitária, prevista no art. 117 da Lei n. 7.210/1984, também aos condenados em cumprimento de regime fechado e semiaberto.

Fonacrim Enunc. 61. Prisão domiciliar enseja detração, independentemente de monitoramento eletrônico.

Fonacrim Enunc. 97. Esgotadas as instâncias ordinárias, não há distinção quanto à possibilidade de execução de penas privativas de liberdade e penas restritivas de direitos.

Fonadirh Enunc. 26. Na execução penal, o respeito ao direito fundamental à identidade de gênero requer, nas medidas privativas de liberdade, observar a unidade prisional adequada à proteção dos direitos da pessoa detida, de acordo com as circunstâncias do caso concreto.

Fonadirh Enunc. 4. A decisão do HC coletivo 143.641 aplica-se às presas de origem estrangeira, desde que esteja grávida, puérpera ou com a guarda da criança no Brasil.

3.2) Das Penas Restritivas de Direito (arts. 147 a 155)

Fonacrim Enunc. 64. Em caso de conversão de pena restritiva de direito em privativa de liberdade, a expedição de mandado de prisão para o início do cumprimento de pena no regime aberto pode ser substituída pela expedição de mandado de condução coercitiva (a ser cumprido pela autoridade policial), para fins de comparecimento na audiência admonitória.

Fonacrim Enunc. 65. O juízo da execução penal, excepcionalmente e desde que não prejudique o apenado, por ocasião da realização da audiência admonitória, poderá realizar a adequação das penas restritivas de direito fixadas na sentença aos fatos extraordinários supervenientes ao trânsito em julgado, ajustando-as às condições pessoais do condenado.

Fonacrim Enunc. 97. Esgotadas as instâncias ordinárias, não há distinção quanto à possibilidade de execução de penas privativas de liberdade e penas restritivas de direitos.

Fonacom Enunc. 64. Nas audiências admonitórias, é possível ao juiz da execução penal, em cooperação com as partes e com base no princípio da oportunidade, fixar condições diversas da constante da sentença transitada em julgado, nas hipóteses de substituição por penas restritivas de direitos, desde que compatíveis com a situação pessoal do condenado e com as finalidades da pena.

3.3) Da Pena de Multa (arts. 164 a 170)

CJF Pen. Proc. Penal 18. Na execução penal, o não pagamento da multa pecuniária ou a ausência do seu parcelamento não impedem a progressão de regime, desde que os demais requisitos a tanto estejam preenchidos e que se demonstre a impossibilidade econômica de o apenado adimpli-la.

CJF Pen. Proc. Penal 25. As obrigações pecuniárias (pena de multa, custas processuais e obrigação de reparar os danos) advindas da sentença penal condenatória recorrível, não podem ser executadas antes do trânsito em julgado.

Fonacrim Enunc. 42. A adoção da prestação pecuniária depositada em conta única, em substituição de pena (art. 44 do CP), assim como em propostas de transação penal e suspensão condicional do processo, é decisão de conteúdo jurisdicional, cabendo exclusivamente ao juiz da ação penal decidir por sua adoção ou não. Da mesma forma, caberá ao juiz da execução penal, quando remetida a ele a decisão sobre a destinação dos recursos, decidir se será adotado o procedimento de conta única ou não.

Fonacrim **Enunc. 66.** As implicações da pena de multa na progressão do regime de cumprimento da pena não alteram a legitimidade para a cobrança do valor atribuída à Fazenda Nacional.

Fonacom **Enunc. 68.** As técnicas de conciliação e práticas restaurativas são cabíveis na execução de multa penal.

4) Outros Temas

CJF **PSEL 38.** O Estado promoverá a cultura da mediação no sistema prisional, entre internos, como forma de possibilitar a ressocialização, a paz social e a dignidade da pessoa humana.

INFORMATIVOS

STF **Execução penal: estudo a distância e remição da pena.** A ineficiência do Estado em fiscalizar as horas de estudo realizadas a distância pelo condenado não pode obstaculizar o seu direito de remição da pena, sendo suficiente para comprová-las a certificação fornecida pela entidade educacional. *RHC 203546, 28.6.2022. 1ª T. Inf 1061.*

STJ **Livramento condicional. Requisito subjetivo. Lei 13.964/19. Ausência de falta grave nos últimos 12 meses. Fato por si só insuficiente.** A ausência de falta grave nos últimos 12 meses não é suficiente para satisfazer o requisito subjetivo exigido para a concessão do livramento condicional. *AgRg no HC 776645, 6ª T, 3.11.2022. Inf 756.*

STJ **Coleta compulsória de material orgânico de suspeitos para fins de identificação criminal. Art. 5º-A da Lei 12.037/09. Incluído pela Lei 12.654/12. Ausência de consentimento. Material não descartado. Pessoas definitivamente não condenadas. Coleta ilegal. Direito à não autoincriminação. RE 973.837/MG. Repercussão Geral 905/STF.** É nula, para fins de identificação criminal, a coleta compulsória de material orgânico não descartado de pessoas definitivamente não condenadas. *RHC 162703, 6ª T, 13.9.2022. Inf 750.*

STJ **Execução penal. Art. 126 da LEP. Realização de cursos profissionalizantes. Modalidade à distância. Ausência de credenciamento no Ministério da Educação (MEC). Exigência da Lei de Diretrizes e Bases da Educação Nacional. Remição por estudo. Impossibilidade.** A remição de pena em virtude de curso profissionalizante, realizado pelo apenado na modalidade à distância (EaD), exige a apresentação de certificado emitido por entidade educacional devidamente credenciada perante o Ministério da Educação (MEC). *AgRg no HC 722388, 6ª T, 15.8.2022. Inf 748.*

STJ **Prisão domiciliar. Mãe com filhos de até 12 anos incompletos. Art. 318, V, do CPP. Crime sem violência ou grave ameaça. Não cometimento contra os próprios filhos. Imprescindibilidade de cuidados maternos presumida. Execução definitiva da pena. Art. 117 da LEP. Regime semiaberto. HC coletivo n. 143.641/SP do STF. Interpretação extensiva.** A concessão de prisão domiciliar às genitoras de menores de até 12 anos incompletos não está condicionada à comprovação da imprescindibilidade dos cuidados maternos, que é legalmente presumida. *AgRg no HC 731648, 5ª T, 23.6.2022. Inf 742.*

STJ **Cumprimento de pena privativa de liberdade. Progressão de regime. Crime hediondo com resultado morte praticado por reincidente genérico. Condenação anterior à entrada em vigor da Lei 13.964/19. Aplicação retroativa do art. 112, VI, "a", da Lei de Execução Penal com a redação da Lei 13.964/19. Possibilidade.** Aplica-se se o percentual previsto no art. 112, VI, "a", da Lei 7.210/84 (LEP) para a progressão de regime ao condenado por crime hediondo com resultado morte e reincidente genérico, quando a condenação tenha ocorrido antes da entrada em vigor da Lei 13.964/19 (Pacote Anticrime). *AgRg no REsp 2015414, 5ª T, 25.10.2022.*

STJ **Execução penal. Indulto. Decreto Presidencial 9.246/97. Prisão cautelar. Detração penal. Impossibilidade.** O indulto é instituto da execução penal, não se estendendo os benefícios da norma instituidora aos presos cautelarmente com direito à detração penal. *AgRg no AREsp 1887116, 6ª T, 6.5.2022. Inf 736.*

STJ **Execução definitiva de pena em regime inicial fechado. Concessão de prisão domiciliar. Possibilidade. Proteção integral à criança. Prioridade. HC coletivo STF 143641.** Excepcionalmente, admite-se a concessão da prisão domiciliar às presas dos regimes fechado quando verificado pelo juízo da execução penal, no caso concreto, a proporcionalidade, adequação e necessidade da medida, e que a presença da mãe seja imprescindível para os cuidados da criança ou pessoa com deficiência, não sendo caso de crimes praticados por ela mediante violência ou grave ameaça contra seus descendentes. *RHC 145931, 3ª S, 9.3.2022. Inf 728.*

QUESTÕES OBJETIVAS

89. (TRF/4R/Juiz/2022) Assinale a alternativa correta.

a) É inconstitucional, por ofensa às garantias constitucionais da ampla defesa e do contraditório, a citação por hora certa no processo penal.

b) Cabe ao juiz zelar pela integridade psicológica da vítima, impedindo que seja estereotipada pelas partes – salvo no exercício da ampla defesa e do contraditório –, processando e julgando o feito, quando aplicável, a partir de perspectiva de gênero, vale dizer, atento às desigualdades com a finalidade de neutralizá-las, buscando alcançar uma igualdade substantiva.

c) Em processos ou procedimentos que tenham por objeto crimes praticados por organizações criminosas, o juiz poderá declinar do feito, se houver, à Vara Criminal Colegiada, para o que deverá indicar os motivos e as circunstâncias que acarretam risco à sua integridade física em decisão fundamentada, da qual será dado conhecimento ao órgão correicional.

d) Da decisão que rejeita a denúncia nos crimes de competência do Juizado Especial Federal Criminal, é cabível recurso em sentido estrito.

e) À míngua de procedimento estabelecido na Lei de Execução Penal, adota-se o rito do recurso em sentido estrito para o agravo em execução, para o qual não é prevista, legalmente, a atribuição de efeito suspensivo.

90. (TRF/3R/Juiz/2016) Se o defensor de um condenado preso entender que ele faz jus ao livramento condicional, deverá:

a) Solicitar ao Tribunal, mediante a impetração de "habeas corpus".

b) Solicitar ao Tribunal, mediante a propositura de Revisão Criminal.

c) Solicitar ao Juiz da Execução, mediante Agravo em Execução.

d) Solicitar ao Juiz da Execução, mediante petição.

91. (Cespe/TRF/1R/Juiz/2015) Acerca da aplicação de medida de segurança, assinale a opção correta.

a) O internado por medida de segurança deve ser encaminhado para estabelecimento com características hospitalares, onde deve receber tratamento.

b) Imposta medida de segurança de tratamento ambulatorial ao agente, será vedado ao juiz determinar a internação desse agente mesmo se houver piora do seu quadro de sanidade mental.

c) Se o agente for inimputável, a ele deverá ser imposta medida de segurança de internação, ainda que o crime seja punido com detenção.

d) Extinta a punibilidade, o juiz poderá determinar que o agente seja submetido a tratamento ambulatorial para garantia da ordem pública, se concluir que ele ainda oferece risco para a sociedade.

e) O direito brasileiro proíbe a aplicação de pena privativa de liberdade a agentes semi-imputáveis e restringe a punição a essas pessoas a medidas de segurança de tratamento ambulatorial.

92. (Cespe/TRF/1R/Juiz/2015) Com base na jurisprudência do STJ e do STF, assinale a opção correta acerca de execução penal, prisão e nulidades.

a) Se houver excesso de prazo na instrução criminal em decorrência de demora na apresentação de documentos pela defesa, será impositiva a concessão de liberdade provisória ao réu.

b) Na execução penal, é inadmissível a progressão imediata do regime prisional fechado para o aberto.

c) A exigência da prisão provisória para apelar não ofende a garantia da presunção de inocência.
d) Será válida a decisão que autorizar a produção antecipada de provas fundamentada no mero decurso do tempo, quando estiverem suspensos o processo penal e a prescrição diante da ausência de citação pessoal do réu.
e) A prática de falta grave acarreta o reinício do prazo para a obtenção do benefício do livramento condicional.

93. (TRF/2R/Juiz/2014) A configuração de falta grave do condenado, na execução da pena privativa de liberdade, em regime fechado, é apta a gerar o seguinte efeito:

a) A regressão do regime prisional.
b) A perda parcial dos dias remidos.
c) A exclusão da assistência médica.
d) A imposição do trabalho sem remuneração.
e) Nenhum dos efeitos acima previstos, embora possa gerar outros.

94. (TRF/2R/Juiz/2014) A pessoa condenada em regime aberto e que exerce atividade em trabalho externo:

a) Pode descontar a pena aplicada dos dias de trabalho.
b) Não tem direito à assistência médica.
c) Tem, depois de seis meses, direito à prisão domiciliar.
d) Não pode obter a remição da pena pelos dias de trabalho.
e) Somente será beneficiário do desconto da pena se a jornada ultrapassar oito horas de trabalho externo.

95. (Cespe/TRF/5R/Juiz/2013) Assinale a opção correta acerca da aplicação da pena.

a) Em caso de condenação por crimes praticados com abuso de poder ou violação de dever para com a administração pública, constituirá efeito automático da condenação criminal a perda do cargo, da função pública ou do mandato eletivo se aplicada pena privativa de liberdade por tempo igual ou superior a um ano.
b) Incorreria em mera infração administrativa o gerente da Casa da Moeda do Brasil que autorizasse a emissão de papel-moeda em quantidade superior à autorizada por lei, já que inexiste previsão legal dessa conduta, em especial no tipo penal de moeda falsa.
c) Antes do trânsito em julgado da sentença condenatória, pode o juiz conceder progressão de regime de execução da pena ou a aplicação imediata de regime menos severo.
d) Para conceder o livramento condicional ao condenado à pena privativa de liberdade de vinte e cinco anos de reclusão e, ainda, à pena privativa de liberdade de doze anos de reclusão, o juiz procederá ao cálculo da soma das penas, atento ao limite legal de trinta anos de cumprimento como critério para a concessão do benefício.
e) O desconto do valor da multa aplicada cumulativamente à pena privativa de liberdade poderá ser efetuado no salário do condenado, desde que não incida sobre os recursos indispensáveis ao sustento do condenado e de sua família.

96. (Cespe/TRF/5R/Juiz/2013) Pena é a sanção aflitiva imposta pelo Estado, mediante ação penal, ao autor de uma infração (penal), como retribuição de seu ato ilícito, consistente na diminuição de um bem jurídico, e cujo fim é evitar novos delitos. A respeito da execução da pena, assinale a opção correta.

a) O exame criminológico foi abolido do sistema jurídico brasileiro, sendo vedada sua utilização para fins de progressão da pena.
b) O sistema penitenciário pensilvânico, originado no século XVIII, tinha por objetivo o isolamento total do preso, a quem era vedado o recebimento de visitas, e orientava-se exclusivamente pelo trabalho forçado, o que constituía regime extremamente severo e não permitia a ressocialização do condenado.
c) A prisão especial impede a progressão do regime de execução da pena fixada em sentença ainda não transitada em julgado.
d) No regime fechado de cumprimento da pena, o trabalho deve ser realizado pelo preso dentro do estabelecimento prisional, em conformidade com as aptidões ou ocupações anteriores do condenado, desde que compatíveis com a execução da pena, sendo, pois, vedado o trabalho externo.
e) A permissão de saída consiste na autorização temporária, concedida ao condenado pelo diretor do estabelecimento prisional, em situações de urgência, tais como falecimento de irmão do preso, admitida aos que cumprem pena em regime fechado e semiaberto, assim como aos presos provisórios.

97. (Cespe/TRF/2R/Juiz/2013) Acerca de aspectos diversos relacionados às penas, assinale a opção correta.

a) Aquele que, dolosamente, falsificar produto cosmético e o expuser à venda em feira pública poderá, na sentença condenatória, ter sua pena privativa de liberdade substituída por pena restritiva de direitos, consistente em prestação pecuniária ao consumidor que eventualmente faça uso do produto, deduzindo-se o valor do montante de eventual condenação em ação de reparação civil.
b) Aquele que ostente condenação anterior transitada em julgado a pena de multa pelo crime de ter, dolosamente, danificado plantas de ornamentação de logradouro público, e que for condenado a pena de três anos de reclusão por crime de desmatamento de floresta nativa em terra de domínio público, sem autorização do órgão competente, poderá ser beneficiado pela suspensão condicional da execução da pena.
c) Será causa para a revogação obrigatória da suspensão condicional da execução da pena concedida ao condenado por crime de lesão corporal de natureza grave o fato de este beneficiário, no curso do prazo, ser condenado, em sentença irrecorrível, pelo crime de, culposamente, ter destruído floresta considerada de preservação permanente.
d) Será inicialmente fechado o regime de cumprimento da pena nos crimes hediondos, de tortura, de terrorismo e de tráfico ilícito de entorpecentes.
e) O reincidente em crime de receptação que for condenado em crime de falsificação de documento público não poderá ser beneficiado pela substituição da pena privativa de liberdade por pena restritiva de direitos.

98. (TRF/4R/Juiz/2012) Assinale a alternativa correta.

a) Contra decisão do juiz singular que não receber o recurso de apelação criminal é cabível a interposição de carta testemunhável.
b) É incabível a suspensão condicional do processo na hipótese de procedência parcial da pretensão punitiva, tendo em vista que sua admissibilidade regula-se pelo teor da denúncia, tal qual esta é deduzida pelo Ministério Público.
c) É competente o juízo das execuções penais do Estado para a execução das penas impostas a sentenciado pela Justiça Federal quando recolhido este a estabelecimento sujeito à administração estadual.
d) Da decisão que, no procedimento ordinário, rejeitar a resposta à acusação, determinando o prosseguimento da ação penal, é cabível apelação criminal.
e) O recurso de embargos infringentes e de nulidade pode ser interposto tanto pela acusação, quanto pela defesa, desde que objetive exclusivamente a prevalência do voto vencido do acórdão.

99. (TRF/4R/Juiz/2012) Assinale a alternativa correta.

a) O regime aberto baseia-se na autodisciplina e no senso de responsabilidade do condenado, que deve trabalhar ou frequentar curso fora do estabelecimento prisional, podendo cumprir pena restritiva de direito, em substituição à privativa de liberdade, como condição especial imposta pelo juiz.

b) O tempo de cumprimento das penas privativas de liberdade não pode ser superior a 30 (trinta) anos, limite esse que, de acordo com o entendimento do Supremo Tribunal Federal, deve ser observado para a concessão de outros benefícios, como o livramento condicional ou o regime mais favorável de execução.

c) De acordo com o entendimento do Supremo Tribunal Federal, é inconstitucional o artigo 2º, § 1º, da Lei n. 8.072/1990 (Lei dos Crimes Hediondos), que determina o cumprimento da pena em regime integralmente fechado, competindo ao juiz da condenação analisar os requisitos objetivos e subjetivos previstos na Lei de Execuções Penais quanto à possibilidade de progressão para regime menos severo, ainda que de forma superveniente ao trânsito em julgado da sentença penal condenatória.

d) Considera-se requisito objetivo para a progressão de regime o cumprimento de 1/6 da pena no regime inicial fixado na sentença penal condenatória, salvo no caso dos crimes hediondos, para os quais o legislador estabeleceu, em qualquer hipótese, o cumprimento mínimo de 2/5 da pena.

e) A progressão de um regime prisional a outro, segundo a Lei de Execução Penal, deve ser gradativa, inadmitindo-se, de acordo com o entendimento dos Tribunais Superiores, a denominada progressão "per saltum".

100. (Cespe/TRF/5R/Juiz/2011) A respeito dos recursos e das nulidades, assinale a opção correta.

a) Da decisão que denegar a apelação ou julgá-la deserta é cabível carta testemunhável, que será requerida ao diretor de secretaria ou ao secretário do tribunal, conforme o caso, nas quarenta e oito horas seguintes, devendo o requerente indicar as peças do processo que deverão ser trasladadas.

b) Consoante a jurisprudência do STJ, a correção, de ofício, de erro material na sentença condenatória, em prejuízo do condenado, ainda que em recurso exclusivo da defesa, não constitui "reformatio in pejus".

c) De acordo com a jurisprudência do STJ, em respeito aos princípios da ampla defesa e da verdade real, a mera alegação de que o acusado é usuário de substância entorpecente, por si só, justifica o exame de dependência toxicológica, sob pena de nulidade da ação penal.

d) O rigor da constituição do agravo de instrumento no processo civil enseja-lhe o não conhecimento por ausência de peças obrigatórias ou necessárias à correta compreensão do incidente. De acordo com a jurisprudência do STJ, tal rigor não se aplica a esse recurso no processo criminal.

e) Apesar de o agravo em execução não possuir rito próprio, é pacífica na jurisprudência a aplicação a ele do procedimento do recurso em sentido estrito, sendo, portanto, devido o exercício do juízo de retratação.

101. (Cespe/TRF/2R/Juiz/2011) Com referência à execução penal, assinale a opção correta.

a) A norma que rege o sistema penitenciário federal estabelece de forma expressa a atribuição da Defensoria Pública da União, para atuar, com exclusividade, nos estabelecimentos prisionais federais, e veda, em qualquer hipótese, a transferência de presos entre as penitenciárias federais, sem novo incidente.

b) O ingresso regular de preso no sistema penitenciário federal depende de incidente próprio, escalonado em duas etapas distintas: a admissibilidade preliminar da transferência, exercida pelo juízo da vara de execução penal de origem, e a decisão final acerca da inclusão, pelo juízo federal. Havendo divergência entre os juízos, admite-se conflito de competência no tribunal competente, que resolverá o mérito da transferência, em caráter prioritário.

c) A lei veda, de forma expressa, em qualquer hipótese, a remoção excepcional de preso para o sistema penitenciário federal antes do início ou encerramento do incidente de transferência, de modo a não ultrapassar a lotação máxima do estabelecimento penal federal de segurança máxima.

d) O preso incluído no sistema penitenciário federal, por prisão provisória ou definitiva, permanece com processo na vara de execução penal de origem, sendo esta competente para conhecer, processar e julgar os incidentes na execução penal, visto que a transferência provisória não altera o juízo natural da execução.

e) A inclusão de presos no sistema penitenciário federal dar-se-á de forma excepcional, temporária e provisória, com prazo máximo de 360 dias, autorizando a lei uma única e extraordinária renovação, a ser decidida pelo juízo federal, desde que requerida antes do encerramento do prazo da inclusão.

102. (Cespe/TRF/2R/Juiz/2009) Acerca da prisão e do "habeas corpus", assinale a opção correta.

a) O representante legal de pessoa jurídica citado para representá-la tem interesse processual para impetrar "habeas corpus" em favor dela, não havendo, assim, óbice ao processamento do writ.

b) Morador de rua que não comprove residência fixa ou ocupação lícita oferece risco à aplicação da lei penal, de forma que sua prisão, para preservação da ordem pública e para assegurar a aplicação da lei penal, pode ser validamente lastreada em tais fundamentos, por si sós.

c) O CPP expressamente veda a prisão em flagrante do agente que se apresente à autoridade policial, ainda que logo após a prática de crime.

d) A prisão preventiva é condição de procedibilidade para o processo de extradição e, tendo natureza cautelar, destina-se a assegurar a execução de eventual ordem de extradição, mas comporta, em regra, liberdade provisória e prisão domiciliar.

e) Incumbe ao Estado aparelhar-se visando à observância das decisões judiciais. Se não houver meios de assegurar o cumprimento da pena em regime semiaberto, ocorre a transformação em aberto e, se inexistente casa do albergado, em prisão domiciliar.

103. (Cespe/TRF/5R/Juiz/2009) Com relação à resolução do Conselho da Justiça Federal acerca da inclusão de presos em presídios federais e da transferência de presos para tais estabelecimentos, assinale a opção correta.

a) A alegação de interesse próprio do preso não é justificativa hábil para admissão de condenado de alta periculosidade em estabelecimento penal federal de segurança máxima.

b) Uma vez admitido o condenado estadual em estabelecimento penal federal de segurança máxima, a competência para julgar o processo e eventuais incidentes será do juízo da execução penal federal, e não mais do juízo deprecante.

c) A decisão que rejeite a transferência de preso, proferida por juiz federal que desenvolva a atividade jurisdicional de execução penal no estabelecimento penal federal, é definitiva, não comportando recurso ou conflito.

d) No estabelecimento penal federal, a lotação máxima nunca poderá ser ultrapassada, devendo o número de presos, sempre que possível, ser mantido aquém do limite indicado.

e) Cabe ao STJ a designação do juízo federal que desenvolverá a atividade jurisdicional de execução penal nos estabelecimentos penais federais.

13.3. Lei de Interceptação Telefônica (Lei 9.296/96)

SÚMULAS

TRF4 **Súm. 129.** É lícita a sucessiva renovação da interceptação telefônica, enquanto persistir sua necessidade para a investigação.

ENUNCIADOS

Fonacrim **Enunc. 1.** O pedido de prorrogação da interceptação das comunicações telefônicas e telemáticas deve ser fundamentado pela autoridade policial, que deverá instruí-lo com elementos probatórios que justifiquem a manutenção da medida.

Fonacrim **Enunc. 2.** A quebra do sigilo das comunicações telefônicas e telemáticas pode ser prorrogada tantas vezes quantas necessárias à investigação.

Fonacrim **Enunc. 3.** As provas obtidas por meio de interceptações telefônicas e telemáticas podem ser compartilhadas com outros órgãos, para efeito de responsabilização extrapenal.

Fonacrim **Enunc. 4.** É desnecessária a degravação de todos os diálogos interceptados no curso da investigação.

Fonacrim **Enunc. 87.** A remissão legislativa do parágrafo segundo do art. 10 da Lei 12.965/14, refere-se aos parâmetros e prazos da Lei nº 9.296/96, conforme o parágrafo único do artigo primeiro desta.

Fonacrim **Enunc. 88.** A empresa que presta serviços em território nacional não pode descumprir ordem judicial de acesso a dados sob o fundamento de não possuir representação no Brasil.

REPERCUSSÃO & REPETITIVOS

STF **Rep. Geral 661.** São lícitas as sucessivas renovações de interceptação telefônica, desde que, verificados os requisitos do artigo 2º da Lei 9.296/1996 e demonstrada a necessidade da medida diante de elementos concretos e a complexidade da investigação, a decisão judicial inicial e as prorrogações sejam devidamente motivadas, com justificativa legítima, ainda que sucinta, a embasar a continuidade das investigações. *RE 625263, 17.3.2022.*

INFORMATIVOS

STJ **Interceptação telefônica. Requisitos da utilização da técnica de fundamentação "per relationem". Impossibilidade. Mera remissão à representação do Ministério Público. Ausência de transcrição dos argumentos ou acréscimo das razões de decidir do Magistrado. Exigência de consideração autônoma relativa ao caso concreto. Efetiva demonstração da imprescindibilidade de prorrogação/autorização da medida constritiva.** Em decisões que autorizem a interceptação das comunicações telefônicas de investigados, é inválida a utilização da técnica da fundamentação "per relationem" (por referência) sem tecer nenhuma consideração autônoma, ainda que sucintamente, justificando a indispensabilidade da autorização de inclusão ou de prorrogação de terminais em diligência de interceptação telefônica. *RHC 119342, 6ª T, 20.9.2022. Inf 751.*

STJ **Imposição de outra medida cautelar. Mera referência à legalidade da interceptação telefônica. Validação pelo Superior Tribunal de Justiça. Inocorrência.** A mera referência à legalidade da interceptação telefônica, com exclusiva intenção de justificar a imposição de outra medida cautelar, não significa que tenha havido a sua validação pelo STJ. *Proc. segredo justiça, 6ª T, 13.9.2022. Inf 749.*

STJ **Procedimento Investigatório Criminal Autônomo instaurado pelo Ministério Público estadual. Gravação ambiental realizada por um dos interlocutores sem conhecimento do outro. Participação das advogadas no ato, na presença do inquirido e dos representantes do Ministério Público. Licitude. Prestígio aos princípios da ampla defesa e do devido processo legal.** A gravação ambiental em que advogados participam do ato, na presença do inquirido e dos representantes do Ministério Público, inclusive se manifestando oralmente durante a sua realização, ainda que clandestina ou inadvertida, realizada por um dos interlocutores, não configura crime, escuta ambiental, muito menos interceptação telefônica. *HC 662690, 5ª T, 17.5.2022. Inf 737.*

STJ **Interceptação telefônica. Alegação de deficiência de fundamentação. Fundamentação "per relationem". Prorrogação automática. Ausência de previsão expressa que os fundamentos da representação deram suporte à decisão. Necessidade.** As decisões que deferem a interceptação telefônica e respectiva prorrogação devem prever, expressamente, os fundamentos da representação que deram suporte à decisão – o que constituiria meio apto a promover a formal incorporação, ao ato decisório, da motivação reportada como razão de decidir – sob pena de ausência de fundamento idôneo para deferir a medida cautelar. *HC 654131, 6ª T, 19.11.2021. Inf 723.*

QUESTÕES OBJETIVAS

104. (TRF/3R/Juiz/2018) Relativamente à interceptação de comunicações telefônicas, de qualquer natureza, para prova em investigação criminal e em instrução processual penal, assinale a alternativa que contém uma afirmação correta:

a) Somente pode ser deferida a requerimento do Ministério Público, em qualquer fase da investigação policial ou na instrução processual penal.

b) É admissível para a investigação de qualquer tipo de infração penal.

c) Não poderá ser deferida se não houver indícios razoáveis da autoria ou participação em infração penal.

d) Será deferida, ainda que a prova possa ser feita por outros meios disponíveis.

105. (Cespe/TRF/5R/Juiz/2015) Com relação ao afastamento do sigilo fiscal, bancário e de dados e às interceptações de comunicação, assinale a opção correta.

a) Nos casos de quebra de sigilo fiscal e bancário, cabe à autoridade policial, sob a fiscalização do promotor e do defensor, descartar os elementos que não se relacionem com os fatos apurados.

b) A quebra de sigilo dos dados telefônicos submete-se ao princípio constitucional da reserva de jurisdição, de modo a se preservar a esfera de privacidade das pessoas.

c) Pode ser afastada a exigência legal de declaração de segredo de justiça nos feitos criminais em que tenham ocorrido interceptações de comunicação, quando houver solicitação de comissão parlamentar de inquérito, por exemplo.

d) Para que seja autorizada a interceptação telefônica, não é necessário que haja instauração de inquérito policial, bastando que fique demonstrada a possibilidade de autoria ou participação em infração penal.

e) O réu não está legitimado a postular a medida cautelar de intercepção telefônica no interesse de sua defesa. Entretanto, se esta for produzida de forma clandestina, demonstrando sua inocência, o réu deverá ser absolvido da imputação original, mitigando-se a regra da inadmissibilidade de prova ilícita no âmbito do processo penal.

106. (Cespe/TRF/1R/Juiz/2015) A interceptação das comunicações telefônicas poderá ser determinada pelo juiz a requerimento:

a) do assistente de acusação, durante a investigação criminal.

b) do ministro da Fazenda, quando da investigação de crimes contra a ordem tributária.

c) da autoridade policial, durante a investigação criminal.

d) do MP, somente após o recebimento da denúncia.

e) do ministro da Justiça, se o crime praticado envolver a violação de direitos humanos.

107. (TRF/4R/Juiz/2014) Dadas as assertivas abaixo, assinale a alternativa correta. Segundo orientação jurisprudencial do Supremo Tribunal Federal, é correto afirmar:

I. Quando a interceptação telefônica constituir medida cautelar preventiva, ainda no curso das investigações criminais, a norma de competência há de ser entendida e aplicada com temperamento. Assim, o ponto de partida à determinação da competência para a ordem judicial de interceptação – não podendo ser o fato imputado, que só a denúncia, eventual e futura, precisará – haverá de ser o fato suspeitado, objeto dos procedimentos investigatórios em curso. Assim, se, inicialmente, suspeita-se da prática do crime de tráfico internacional de entorpecentes, válida é a decisão do Juiz Federal, bem como a prova dela decorrente, ainda que ao final se decline da competência para a Justiça Estadual.

II. O juiz, ainda que em plantão, que primeiro toma conhecimento da causa e examina a representação policial relativa aos pedidos de prisão temporária, busca e apreensão e interceptação telefônica, nos termos do art. 75, parágrafo único, c/c art. 83 do Código de Processo Penal, fica prevento para a ação penal.

III. Não há ofensa ao princípio do contraditório pela não apresentação de defesa prévia do art. 514 do Código de Processo Penal quando o crime praticado por servidor público é exercido com violência e grave ameaça.

IV. A indisponibilidade do direito de defesa – que traduz prerrogativa jurídica de extração constitucional – impõe ao magistrado processante o dever de velar, incondicionalmente, pelo respeito efetivo a essa importante garantia processual, cabendo-lhe, inclusive, proclamar o réu indefeso, mesmo naquelas hipóteses em que a ausência de defesa técnica resulte de conteúdo nulo de peça produzida por advogado constituído pelo próprio acusado.

a) Estão corretas apenas as assertivas I e III.
b) Estão corretas apenas as assertivas I e IV.
c) Estão corretas apenas as assertivas II e IV.
d) Estão corretas apenas as assertivas I, III e IV.
e) Estão corretas todas as assertivas.

108. (Cespe/TRF/1R/Juiz/2013) Em consonância com a jurisprudência dos tribunais superiores, com relação à interceptação telefônica e aos dispositivos legais aplicáveis ao tema, assinale a opção correta.

a) A perícia técnica de transcrição de conversas telefônicas interceptadas por ordem judicial é dispensável para a prova da autoria do crime.
b) Admite-se, por uma única vez, a prorrogação judicial da interceptação telefônica anteriormente decretada, desde que fundamentada pelo juiz competente, sob pena de nulidade da prova.
c) A interceptação telefônica poderá ser decretada por juiz criminal competente, para fins de investigação policial ou instrução criminal, pelo prazo máximo improrrogável de sessenta dias.
d) A prova obtida em interceptação telefônica autorizada por juiz criminal não poderá ser emprestada ao juízo cível onde tramite ação por improbidade administrativa contra o mesmo acusado, em razão da ofensa aos princípios do contraditório e da ampla defesa, ressalvada a concordância do acusado.
e) É nula a prova colhida em interceptação telefônica decretada por juiz incompetente, ainda que o motivo da incompetência não seja contemporâneo à decisão judicial, em razão de a nulidade operar efeitos de pleno direito desde a prática do ato judicial.

13.4. Leis dos Juizados Especiais (Lei 9.099/95 e 10.259/01)

SÚMULAS

STF Súm. Vinculante 35. A homologação da transação penal prevista no artigo 76 da Lei 9.099/1995 não faz coisa julgada material e, descumpridas suas cláusulas, retoma-se a situação anterior, possibilitando-se ao Ministério Público a continuidade da persecução penal mediante oferecimento de denúncia ou requisição de inquérito policial.

STF Súm. 640. É cabível recurso extraordinário contra decisão proferida por juiz de primeiro grau nas causas de alçada, ou por turma recursal de juizado especial cível e criminal.

STF Súm. 696. Reunidos os pressupostos legais permissivos da suspensão condicional do processo, mas se recusando o promotor de justiça a propô-la, o juiz, dissentindo, remeterá a questão ao procurador-geral, aplicando-se por analogia o art. 28 do Código de Processo Penal.

STF Súm. 723. Não se admite a suspensão condicional do processo por crime continuado, se a soma da pena mínima da infração mais grave com o aumento mínimo de um sexto for superior a um ano.

STF Súm. 727. Não pode o magistrado deixar de encaminhar ao Supremo Tribunal Federal o agravo de instrumento interposto da decisão que não admite recurso extraordinário, ainda que referente a causa instaurada no âmbito dos juizados especiais.

STJ Súm. 203. Não cabe recurso especial contra decisão proferida por órgão de segundo grau dos juizados especiais.

STJ Súm. 243. O benefício da suspensão do processo não é aplicável em relação às infrações penais cometidas em concurso material, concurso formal ou continuidade delitiva, quando a pena mínima cominada, seja pelo somatório, seja pela incidência da majorante, ultrapassar o limite de um (01) ano.

STJ Súm. 337. É cabível a suspensão condicional do processo na desclassificação do crime e na procedência parcial da pretensão punitiva.

STJ Súm. 376. Compete à turma recursal processar e julgar o mandado de segurança contra ato de juizado especial.

STJ Súm. 428. Compete ao tribunal regional federal decidir os conflitos de competência entre juizado especial federal e juízo federal da mesma seção judiciária.

STM Súm. 9. A Lei n. 9.099, de 26.09.95, que dispõe sobre os juízos especiais cíveis e criminais e dá outras providências, não se aplica à Justiça Militar da União.

ENUNCIADOS

Fonacom Enunc. 66. Nas audiências preliminares de transação penal ou de suspensão condicional do processo, é possível a realização de visita técnica por mediador ou a designação de perito judicial, quando a negociação exigir conhecimento técnico específico.

Fonacom Enunc. 65. Nas audiências preliminares de transação ou suspensão condicional do processo realizadas por carta precatória, é possível ao juízo deprecado, em cooperação com as partes e com base no princípio da oportunidade, fixar penas restritivas de direitos (no caso de transação) ou condições (sursis processual) diversas das previstas na carta precatória, desde que compatíveis com a situação pessoal do beneficiário e com as finalidades da medida despenalizador.

INFORMATIVOS

STF Competência para a lavratura de termo circunstanciado. É constitucional norma estadual que prevê a possibilidade da lavratura de termos circunstanciados pela Polícia Militar e pelo Corpo de Bombeiro Militar. A CF conferiu aos estados e ao Distrito Federal, competência concorrente para editar normas legislativas que garantam maior eficiência e eficácia na aplicação da Lei 9.099/95, que viabiliza a lavratura do termo por qualquer autoridade legalmente reconhecida. *ADI 5637,11.3.2022. Inf 1046.*

STJ Juizados Especiais da Fazenda Pública. Pedido de Uniformização de Interpretação de Lei – PUIL. Art. 18 da Lei 12.153/09. Divergência entre decisões proferidas por turmas recursais de diferentes estados. Turma recursal. Juízo prévio de admissibilidade. Descabimento. Usurpação de competência. Não é possível a Turma Recursal nos Juizados Especiais da Fazenda Pública realizar juízo prévio de admissibilidade de Pedido de Uniformização de Interpretação de Lei (PUIL) a ser julgado pelo STJ. *Rcl 42409, 1ª S, 29.6.2022. Inf 743.*

STJ PUIL. Cabimento. Direito processual. Impossibilidade. Não cabe pedido de uniformização de interpretação de lei federal – PUIL em questões de direito processual. *AgInt no Puil 1192, 1ª S, 25.5.2022. Inf 738.*

STJ Suspensão condicional do processo ofertada pelo Ministério Público. Reparação do dano à vítima. Desacordo quanto ao valor a ser pago. Inviabilidade do benefício legal. A falta de acordo entre as partes quanto ao valor a ser pago a título de reparação do dano inviabiliza o benefício legal da suspensão condicional do processo. *RHC 163897, 6ª T, 21.10.2022. Inf 754.*

QUESTÕES OBJETIVAS

109. (IFBC/TRF/2R/Juiz/2018) Assinale a afirmação certa:

a) Para o Supremo Tribunal Federal, é possível a suspensão condicional do processo em crime continuado, sendo irrelevante o somatório da pena mínima da infração mais grave com o aumento de um sexto a dois terços, considerando-se a pena de cada crime para a suspensão.

b) Para o Superior Tribunal de Justiça, não cabe a suspensão condicional do processo para as infrações penais cometidas em concurso material ou em concurso formal, quando a pena mínima cominada ultrapassar um ano em razão do somatório ou da fração incidente.

c) No denominado erro na execução, quando por acidente sobrevêm resultado diverso do que era pretendido pelo agente, este responde por culpa, se o fato é previsto como crime culposo. Mas se ocorre também o resultado pretendido, este, por ser doloso, absorve o primeiro.

d) Quando o sujeito ativo, por acidente ou erro no uso dos meios de execução, atinge pessoa diversa da que pretendia ofender, responde como se tivesse praticado o crime contra esta, em virtude do erro sobre a pessoa. Mas, se atingir também a pessoa que pretendia ofender, responderá pelos dois crimes em concurso material.

e) No concurso material de crimes; no concurso ideal próprio; no concurso formal imperfeito; e no crime continuado, a dogmática jurídico-penal adotou, indistintamente, a regra do cúmulo de penas, haja vista que, em todos eles, prevalece o entendimento de que constituem delitos por acumulação.

110. (TRF/3R/Juiz/2018) Relativamente aos crimes de menor potencial ofensivo (Lei nº 9.099/1995 e Lei nº 10.259/2001), é incorreto afirmar que:

a) Se o órgão do Ministério Público, na ação penal pública incondicionada, não oferecer proposta de transação penal, o juiz poderá fazê-lo, propondo ao autor do fato a imediata aplicação de multa ou pena restritiva de direitos.

b) Os institutos despenalizantes de que trata a Lei nº 9.099/1995 e a Lei nº 10.259/2001 são aplicáveis às autoridades que gozam de prerrogativa de foro.

c) A Lei nº 9.099/1995 não é aplicável no âmbito da Justiça Militar nem nos casos que envolvam violência doméstica ou familiar contra a mulher.

d) Consideram-se infrações de menor potencial ofensivo, no âmbito da Justiça Federal, aquelas a que a lei comine pena máxima não superior a dois anos, cumuladas ou não com multa, exceto as contravenções penais.

111. (TRF/4R/Juiz/2016) Dadas as assertivas abaixo, assinale a alternativa correta. Segundo entendimento do Supremo Tribunal Federal, o instituto da transação penal:

I. Permite a dispensa da persecução penal em crimes de menor potencial ofensivo, desde que o suspeito da prática do delito concorde em se submeter, sem qualquer resistência, ao cumprimento de pena restritiva de direito ou multa que lhe tenha sido oferecida pelo representante do Ministério Público, em audiência. No caso, a lei relativizou, de um lado, o princípio da obrigatoriedade da instauração da persecução penal em crimes de ação penal pública de menor ofensividade e, de outro, autorizou o investigado a dispor das garantias processuais penais que o ordenamento lhe confere, mitigando o próprio princípio da culpabilidade.

II. As consequências jurídicas extrapenais previstas no art. 91 do Código Penal, dentre as quais a do confisco de instrumentos do crime (art. 91, II, a) e de seu produto ou de bens adquiridos com o seu proveito (art. 91, II, b), só podem ocorrer como efeito acessório, reflexo ou indireto de uma condenação penal, logo, não são passíveis de aplicação pelo juiz no caso de transação penal.

III. O juiz, em caso de descumprimento dos termos do acordo, pode substituir a medida restritiva de direito consensualmente fixada por pena privativa de liberdade compulsoriamente aplicada, desde que fundamente sua opção.

IV. As consequências geradas pela transação penal são apenas as definidas no instrumento do acordo. Além delas, o único efeito acessório gerado pela homologação do ato é o de impedir novamente o mesmo benefício no prazo de cinco anos. Os demais efeitos penais e civis decorrentes das condenações penais não são constituídos.

a) Estão corretas apenas as assertivas I e II.

b) Estão corretas apenas as assertivas II e IV.

c) Estão corretas apenas as assertivas III e IV.

d) Estão corretas todas as assertivas.

e) Nenhuma assertiva está correta.

112. (Cespe/TRF/2R/Juiz/2013) Com base na Lei n. 9.099/1995 e suas alterações, assinale a opção correta.

a) Na ação penal pública condicionada à representação em crime da competência do juizado especial criminal, não obtida composição civil e não aceita a proposta de transação penal, o MP poderá, antes da denúncia, oferecer proposta de suspensão condicional do processo.

b) A suspensão condicional do processo pode ser concedida para cada crime isoladamente, desde que para cada um deles, individualmente, a pena mínima cominada não seja superior a um ano, mesmo que o somatório das penas ultrapasse esse limite.

c) Admite-se a composição civil entre o autor do crime de desacato e o policial desacatado.

d) A suspensão condicional do processo poderá ser revogada se o acusado vier a ser processado, no curso do prazo, por contravenção penal.

e) Frustrada, no juízo cível, por falta de bens à penhora, a execução da composição civil dos danos homologada no juizado especial criminal, o MP poderá oferecer denúncia contra o autor do fato.

113. (Cespe/TRF/5R/Juiz/2013) Com relação aos juizados especiais criminais, assinale a opção correta.

a) Para que seja possível a transação penal, nas ações penais públicas ou privadas, o beneficiário, entre outras condições, deve reparar o dano causado pela infração, salvo impossibilidade de fazê-lo, não podendo, ainda, ser reincidente em crime doloso.

b) No procedimento sumariíssimo, é assegurada a possibilidade da resposta à acusação, na forma e no prazo previstos no CPP, e igualmente garantida a possibilidade de absolvição sumária e de utilização da videoconferência, de modo a facilitar a participação do acusado no ato processual.

c) A suspensão condicional do processo só pode se dar se a pena mínima cominada à infração for igual ou inferior a um ano, sendo admitida ainda no caso de o denunciado ser maior de setenta anos de idade ou se razões de saúde a justificarem, ainda que a sanção seja superior ao mínimo estabelecido, e dilata, de seis a quatro anos, o prazo de suspensão do feito se o acusado atender aos demais requisitos para gozo do benefício legal.

d) A suspensão do processo, por ser direito subjetivo do acusado, poderá ser proposta em qualquer etapa processual, inclusive quando reconhecida sua possibilidade em sede recursal, situação em que deve o tribunal baixar o processo em diligência, a fim de que seja realizada a proposta de suspensão, que, uma vez aceita, paralisará totalmente o processo.

e) Considere que um indivíduo, maior de idade, capaz, tenha praticado crime de menor potencial ofensivo, e que o MP, convencido da existência da materialidade e da autoria do delito, tenha oferecido proposta de transação penal para aplicação imediata de pena restritiva de direitos. Considere, ainda, que o magistrado, ao examinar a proposta, aceita pelo acusado, tenha constatado que ele havia sido condenado anteriormente por contravenção penal, com sentença definitiva. Nessa situação, a condenação anterior, por si só, não obsta a transação proposta pelo MP.

114. (TRF/3R/Juiz/2010) Com a edição da Lei 11.313, de 28 de junho de 2006, a qual alterou em parte a Lei 9.099, de 26 de setembro de 1995, a transação penal:

a) Aplica-se somente aos crimes apenados com a detenção.
b) Aplica-se a súmula 243 do Superior Tribunal de Justiça.
c) Aplica-se somente aos processos da competência dos Juizados Especiais.
d) Poderá ser deferida nas hipóteses de conexão ou continência.

115. (Cespe/TRF/5R/Juiz/2009) Acerca do entendimento esposado pelo STF no enunciado de suas súmulas, julgue os seguintes itens:

I. Considere que Pedro tenha sido processado por crime de descaminho, tendo sido extinta sua punibilidade em face da prescrição da pretensão punitiva. Considere, ainda que, ao ser intimado da sentença, Pedro tenha renunciado ao direito de apelação sem a assistência do seu defensor, que, inconformado com tal decisão, pois tinha como tese a negativa de autoria, apelou da sentença de extinção da punibilidade. Nessa situação hipotética, prevalecerá a vontade de Pedro.

II. No direito processual penal, diferentemente do que ocorre no direito processual civil, a competência por prevenção é reconhecível de ofício pelo juiz da causa, de forma que é absoluta a nulidade decorrente da inobservância de tal espécie de competência.

III. No processo penal, contam-se os prazos da data da intimação, e não da juntada aos autos do mandado ou da carta precatória ou de ordem.

IV. No juizado especial federal criminal, uma vez reunidos os pressupostos permissivos da suspensão condicional do processo, mas se recusando o promotor de justiça a propô-la, o juiz, caso não concorde com o entendimento do promotor, remeterá a questão ao procurador-geral de justiça, aplicando, por analogia, o disposto no art. 28 do CPP.

A quantidade de itens certos é igual a:

a) 0.
b) 1.
c) 2.
d) 3.
e) 4.

13.5. Leis Esparsas

SÚMULAS

TRF3 **Súm. 35.** Os efeitos penais do artigo 9º da Lei 10.684/03 aplicam-se ao Programa de Parcelamento Excepcional – PAEX.

ENUNCIADOS

CJF **Pen. Proc. Penal 9.** Para a decretação da prisão temporária é necessária a aplicação cumulativa do inc. III com o inc. I do artigo 1º da Lei n. 7.960/1989.

Fonacrim **Enunc. 8.** A prisão temporária é medida cautelar válida e que objetiva assegurar a investigação criminal.

Fonacrim **Enunc. 45.** É possível determinar a coleta de perfil genético para fins de alimentar o banco de dados previsto na Lei 12.654/2012, em situações devidamente justificadas, nas quais o material genético possa ser útil na identificação criminal em investigações futuras ou revisões criminais.

INFORMATIVOS

STJ **Ministério Público estadual. Prerrogativa de ser pessoalmente intimado. Requerimento de inclusão no Portal de Intimação do STJ. Ato efetivado por meio eletrônico. Validade. Observância do art. 5º, §§ 1º e 3º, da Lei 11.419/06.** Havendo requerimento próprio neste sentido, a intimação efetivada por meio eletrônico do Ministério Público não viola sua prerrogativa de ser pessoalmente intimado. *Pet no REsp 1468085, 5ª T, 16.9.2022. Inf 757.*

STJ **Processo judicial eletrônico. Petição assinada manualmente e digitalizada por causídico constituído nos autos. Peticionamento por advogado titular de certificado digital sem procuração. Regularidade do ato. Mesma prova do original.** É admissível o recurso cuja petição é impressa, assinada manualmente por causídico constituído nos autos e digitalizada, e o respectivo peticionamento eletrônico é feito por outro advogado sem procuração. *AREsp 1917838, 4ª T, 9.9.2022. Inf 751.*

STJ **Energia elétrica. Interferência do Poder Judiciário em regras de elevada especificidade técnica por meio de liminar. Grave lesão à ordem e à economia pública. Demonstração.** A interferência do Poder Judiciário em regras de elevada especificidade técnica do setor elétrico por meio de liminar configura grave lesão à ordem e à economia pública. *SLS 2162, Corte Especial, 2.5.2022. Inf 739.*

QUESTÕES DISCURSIVAS

6. (TRF/2R/Juiz/2007) Sobre a prisão temporária, responda: (i) qual a diferença fundamental entre ela e a prisão preventiva? (ii) em que consiste o "periculum libertatis", apto a autorizá-la? (iii) por que meio e de que forma, o sujeito preso por força de prisão temporária poderá conhecer as razões da custódia?

QUESTÕES OBJETIVAS

116. (Cespe/TRF/1R/Juiz/2015) No que se refere aos atos de comunicação processual no processo penal, assinale a opção correta.

a) De acordo com a lei que dispõe sobre a informatização do processo judicial (Lei n. 11.419/2006), a citação eletrônica é permitida no processo penal quando se tratar de infração de menor potencial ofensivo.
b) Se concluir que o acusado se oculta para não ser citado, o oficial de justiça deverá certificar a ocorrência e considerá-lo citado, devolvendo, em seguida, o mandado de citação ao cartório.
c) No processo penal, os prazos são contados a partir da data da juntada aos autos do mandado ou da carta precatória ou de ordem.
d) Segundo o STF, no processo penal, é nula a citação por edital que se limite a indicar o dispositivo da lei penal sem apresentar transcrição da denúncia ou queixa pertinente nem resumir os fatos em que se baseie.
e) A lei referente à informatização do processo judicial (Lei n. 11.419/2006) incide no processo penal e determina que se considerem realizados os atos processuais por meio eletrônico no dia e hora do seu envio ao sistema do Poder Judiciário.

117. (Cespe/TRF/1R/Juiz/2015) Com base nos dispositivos legais que tratam da execução penal e da transferência de presos para estabelecimento prisional federal, bem como na jurisprudência do STF e do STJ, assinale a opção correta.

a) Segundo a jurisprudência do STF e do STJ, para a obtenção do benefício do trabalho externo, o preso que passar a cumprir sua pena em regime semiaberto deverá ter cumprido, pelo menos, um sexto da pena.

b) Conforme a jurisprudência do STJ, a única sanção a que se sujeitará o condenado que, cumprindo pena no regime fechado, cometer falta grave será a perda de até um terço dos dias remidos pelo trabalho ou estudo, se a falta for homologada pelo juízo, uma vez que esse condenado está recolhido no mais gravoso dos regimes.

c) Admite-se a remição de pena pelo estudo, desde que presencial no estabelecimento prisional ou na instituição de ensino, uma vez que não há previsão na Lei de Execuções Penais sobre a possibilidade de remição pelo ensino a distância.

d) São legitimados para requerer o processo de transferência do preso para o presídio federal a autoridade administrativa, o MP e o próprio preso, devendo o processo ser iniciado a partir da admissibilidade exclusiva do juízo federal da necessidade da transferência.

e) Configurada situação de extrema necessidade, o juiz federal poderá autorizar a imediata transferência do preso antes da oitiva das partes, podendo, após a instrução do incidente, decidir pela manutenção ou revogação da medida adotada.

118. (Cespe/TRF/5R/Juiz/2015) Assinale a opção correta acerca dos delitos relacionados aos serviços de telecomunicações.

a) De acordo com a Lei de Organização dos Serviços de Telecomunicações, a utilização de rádio clandestina é crime formal, sendo suficiente para sua caracterização a inexistência da prévia autorização do poder público, restando consumado o delito com um único funcionamento e em caráter experimental.

b) Considere a seguinte situação hipotética. Em um município brasileiro, a câmara municipal homenageou uma rádio local e reconheceu que essa empresa prestava relevantes serviços à comunidade. Essa rádio local funcionava com habitualidade e transmitia notícias e informações acerca de serviços públicos, mas não tinha a concessão exigida para tal. Nessa situação hipotética, a atitude da câmara afasta o elemento constitutivo do tipo da clandestinidade previsto no Código Brasileiro de Telecomunicações.

c) A persecução penal nos crimes de telecomunicações fica condicionada a representação feita pela Anatel, que deve ser acompanhada de prova material cautelar e indiciária da atividade de telecomunicação.

d) Segundo o Código Brasileiro de Telecomunicações, constitui delito qualificado o desenvolvimento clandestino de atividades de telecomunicação de que resultem prejuízos a terceiros, caso em que o juiz, se houver condenação, deve impor o valor mínimo de dez mil reais para a reparação do dano.

e) O Código Brasileiro de Telecomunicações considera crime a mera instalação de equipamentos de telecomunicações sem a competente concessão, permissão ou autorização de serviço estabelecido nas normas que regulam o setor.

119. (Cespe/TRF/5R/Juiz/2015) Acerca dos crimes contra o serviço postal e o serviço de telegrama, assinale a opção correta.

a) A Lei dos Crimes contra Serviço Postal não reconhece como delito a conduta caracterizada pela ação de possuir ou guardar instrumentos aptos a fabricar selos falsificados, que é reprimida pela regra geral e subsidiária do CP no delito de apetrechos destinados à falsificação de papéis públicos.

b) Constitui crime de descaminho a importação de máquina para confeccionar selos ou franquear correspondência, sem o pagamento, no todo ou em parte, dos impostos devidos pela entrada desacompanhada de documentação legal.

c) De acordo com a Lei dos Crimes contra Serviço Postal, se o delito de violação do monopólio exercido pela União sobre os serviços postais for cometido por pessoa jurídica, deve ser imposta a sanção penal acessória de encerramento ou suspensão das atividades da empresa violadora, sem prejuízo da responsabilidade penal do dirigente dessa empresa que, de qualquer modo, tenha concorrido para o crime.

d) Constitui crime de contrabando especial previsto na Lei dos Crimes contra Serviço Postal a importação ou exportação de bens, objetos e substâncias proscritas no território nacional por intermédio dos serviços dos correios e telégrafos.

e) Se empresa internacional de grande porte, presente em todo território nacional, promover e utilizar serviço próprio de coleta, transporte e entrega de correspondências no âmbito interno de suas filiais, no território nacional e no exterior, sem intermediação comercial, essa atuação não caracterizará o crime de violação do privilégio postal da União.

120. (Cespe/TRF/5R/Juiz/2015) No que tange aos crimes previstos no CP, na Lei dos Crimes contra o Mercado de Capitais e na Lei dos Crimes contra o Sistema Financeiro, assinale a opção correta.

a) Embora seja considerada atípica no direito brasileiro a detenção de equipamento destinado à falsificação ou adulteração de cartões de crédito, caso ocorra a falsificação propriamente dita, com a efetiva inserção dos cartões contrafeitos em circulação e o seu uso, fica caracterizado crime contra o Sistema Financeiro Nacional, devido ao abalo da credibilidade do mercado financeiro.

b) Constitui crime contra o Sistema Financeiro Nacional a realização de operações simuladas ou a execução de outras manobras fraudulentas, com a finalidade de alterar artificialmente o regular funcionamento dos mercados de valores mobiliários em bolsa de valores, de mercadorias e de futuros, no mercado de balcão ou no mercado de balcão organizado, com o fim de obter vantagem indevida ou lucro.

c) Considere a seguinte situação hipotética. Com o objetivo de incentivar o conhecimento e a participação da nova classe média de determinada comunidade no mercado de capitais, Jonas passou a atuar, sem receber qualquer remuneração, como administrador de carteira individual de investimentos e agente autônomo de investimento. Para isso, Jonas utilizou conhecimentos obtidos em estágio técnico na área de mercado de valores mobiliários e ficou tão entusiasmado com a possibilidade de ajudar as pessoas da comunidade que não lhe ocorreu pedir autorização ou registro de suas atividades à autoridade administrativa competente. Nessa situação hipotética, mesmo tendo agido com objetivo altruísta e sem fins lucrativos, Jonas cometeu crime contra o mercado de capitais.

d) Considere a seguinte situação hipotética. José, produtor rural, obteve financiamento rural aprovado pelo Pronamp no valor de R$ 380.000,00. Essa quantia deveria ser utilizada, conforme projeto aprovado, na reforma, ampliação e construção de instalações permanentes, na formação de lavouras permanentes, na eletrificação rural e na aquisição de caprinos e ovinos para ampliar produção de laticínios e derivados na região. Ocorre que parte dos recursos foi utilizada na aquisição de camionete cabine dupla 0 km, não prevista no projeto original, para uso na área rural e transporte de insumos. José honrou todas as parcelas do financiamento, e a compra do bem foi verificada na vistoria final do contrato. Nessa situação hipotética, a conduta do produtor rural no que se refere à compra da camionete é atípica por não trazer prejuízos ao sistema financeiro e pelo fato de os investimentos permanecerem na atividade rural original, ainda que a aquisição do bem não estivesse prevista expressamente no contrato.

e) A Lei dos Crimes contra o Sistema Financeiro e a Lei dos Crimes contra Mercado de Capitais trazem previsão de sanções penais específicas para os administradores e para as pessoas jurídicas envolvidas nas infrações penais nelas preconizadas, e estabelecem penas de multa aplicáveis às pessoas jurídicas com base no dano provocado ou na vantagem ilícita auferida pelos agentes.

121. (TRF/4R/Juiz/2014) Dadas as assertivas abaixo, assinale a alternativa correta.

I. O Ministério Público poderá, no caso de colaboração premiada, quando o colaborador não for o líder da organização criminosa e for o primeiro a prestar efetiva colaboração, deixar de oferecer denúncia.

II. Se a colaboração for posterior à sentença, a pena poderá ser reduzida até a metade ou será admitida a progressão de regime ainda que estejam ausentes os requisitos objetivos.

III. Não obstante o acordo de colaboração premiada, o colaborador poderá ser ouvido em juízo a requerimento das partes ou por iniciativa da autoridade judicial. Nos depoimentos que prestar, o colaborador renunciará, na presença de seu defensor, ao direito ao silêncio e estará sujeito ao compromisso legal de dizer a verdade.

IV. As declarações do agente colaborador, ainda que se consubstanciem em única prova judicial, autorizam a prolação de sentença condenatória quando corroborem a prova existente no inquérito.

a) Está incorreta apenas a assertiva I.
b) Está incorreta apenas a assertiva II.
c) Está incorreta apenas a assertiva III.
d) Está incorreta apenas a assertiva IV.
e) Nenhuma assertiva está correta.

122. (Cespe/TRF/1R/Juiz/2011) Em relação ao afastamento do sigilo fiscal, bancário e de dados, bem como à interceptação das comunicações telefônicas, assinale a opção correta.

a) A autoridade policial, ao verificar que da gravação da interceptação telefônica permitida judicialmente constem partes que não interessam diretamente à prova dos fatos sob investigação, bem como intimidades da vida privada da pessoa sobre a qual recai a medida cautelar, está autorizada pela lei de regência a inutilizar as referidas partes da gravação, durante o inquérito, devendo comunicar o incidente ao MP.

b) Admite-se, na forma da legislação de regência, o afastamento de sigilo bancário por comissão de inquérito administrativo destinada a apurar responsabilidade de servidor público, por infração praticada no exercício de suas atribuições ou que tenha relação com as atribuições do cargo, mediante prévia autorização do Poder Judiciário, independentemente da existência de processo judicial em curso, constituindo a violação do sigilo das operações de instituições financeiras delito de competência da justiça federal.

c) A lei que disciplina o sigilo das operações de instituições financeiras assegura que a quebra de sigilo pode ser decretada quando necessária para apuração de ocorrência de qualquer ilícito, em qualquer fase do inquérito ou do processo judicial, impondo-se às instituições financeiras o dever de informar, mensalmente, ao órgão de fiscalização tributária da União, as operações financeiras efetuadas pelos usuários de seus serviços e cujo montante global movimentado ultrapasse o limite previamente estabelecido, sem que se constitua ofensa ao sigilo bancário, incluindo-se as operações financeiras efetuadas pelas administrações direta e indireta da própria União, dos estados, do DF e dos municípios.

d) Nos termos da lei que rege as interceptações telefônicas, uma vez deferido o pedido de interceptação pelo juiz competente, a autoridade policial conduzirá os procedimentos de intercepção, dando ciência ao MP, que poderá acompanhar a sua realização, e, caso ocorra a gravação da comunicação interceptada na diligência, nos termos expressos da norma, será determinada a sua transcrição, devendo a gravação da conversa ser realizada por peritos oficiais, como estabelece o CPP.

e) Conforme jurisprudência dos tribunais superiores, é desnecessária a gravação integral dos diálogos obtidos por meio das interceptações telefônicas autorizadas judicialmente, impondo-se, entretanto, a realização de perícia de voz para a validação da prova, de modo a demonstrar que a gravação registrada pertence ao investigado ou réu, sendo esta a comprovação material da existência do delito, na forma do CPP, não se admitindo que a convicção do juiz acerca dos fatos ocorra por outro meio que não seja o exame pericial.

14. TEORIA E PRINCÍPIOS

ENUNCIADOS

Fonacrim Enunc. 24. A justificação para o uso de algemas, pelo agente ou autoridade policial, pode ser consignada posteriormente à realização do ato.

Fonacrim Enunc. 39. O acesso aos autos é irrestrito quando não há segredo de justiça.

Fonacrim Enunc. 40. Sempre que possível, o segredo de justiça deve limitar-se a dados ou peças específicos dos autos.

Fonacrim Enunc. 41. O registro nos autos das pessoas que a eles tiveram acesso ou deles extraíram cópias não constitui restrição ao direito de informação.

Fonacrim Enunc. 81. Configura abuso de defesa arrolar testemunha sem pertinência com os fatos do processo, violando o princípio da colaboração das partes e da boa-fé processual.

Fonadirh Enunc. 16. A observância dos direitos humanos constitui pressuposto ao exercício constitucionalmente adequado da jurisdição, inclusive a criminal.

Fonacom Enunc. 63. Com base no permissivo do art. 3º do CPP, são válidos, no âmbito penal, os negócios jurídicos processuais previstos nos artigos 190 e 191 do CPC/2015, na forma da lei, cabendo ao juiz o controle de validade do ajuste.

INFORMATIVOS

STJ Investigação. Atuação do Grupo de Atuação Especial de Combate ao Crime Organizado (GAECO). Solicitação de promotor de justiça vinculado à investigação. Violação do princípio do promotor natural. Não configuração. Não configura violação ao princípio do promotor natural a atuação do GAECO quando precedida de solicitação do promotor de justiça a quem a investigação foi atribuída. *Proc. segredo justiça, 5ª T, 27.9.2022. Inf 751.*

QUESTÕES DISCURSIVAS

7. (TRF/3R/Juiz/2018) No âmbito da cooperação jurídica internacional em matéria penal, aplica-se a regra da dupla incriminação? Responder explicitando os fundamentos da dupla incriminação e as espécies de cooperação jurídica internacional, indicando as situações e a extensão da medida. Exemplificar conforme o caso.

8. (TRF/2R/Juiz/2007) Quais as consequências básicas que derivam da reunião, no Estado, do poder-dever de punir e do poder-dever de tutela jurídica processual?

QUESTÕES OBJETIVAS

123. (TRF/4R/Juiz/2016) Assinale a alternativa incorreta. Segundo a jurisprudência do Supremo Tribunal Federal:

a) O princípio processual penal do "favor rei" não ilide a possibilidade de utilização de presunções "hominis ou facti", pelo juiz, para decidir sobre a procedência do "ius puniendi", máxime porque o Código de Processo Penal prevê expressamente a prova indiciária.

b) O princípio do livre convencimento motivado ou da persuasão racional, segundo o qual compete ao juiz da causa valorar com ampla liberdade os elementos de prova constantes dos autos, desde que o faça motivadamente, autoriza ao juiz condenar o réu colaborador, a despeito de sua retratação, apenas lastreado nas provas por ele produzidas.

c) A decisão judicial que, motivada pela existência de outras provas e elementos de convicção constantes dos autos, considera desnecessária a realização de determinada diligência probatória e julga antecipadamente a lide não ofende a cláusula constitucional da plenitude de defesa.

d) O Ministério Público dispõe de competência para promover, por autoridade própria e por prazo razoável, investigações de natureza penal, desde que respeitados os direitos e as garantias que assistem a qualquer indiciado ou a qualquer pessoa sob investigação do Estado, observadas, sempre, por seus agentes, as hipóteses de reserva constitucional de jurisdição e, também, as prerrogativas profissionais de que se acham investidos, em nosso País, os advogados, sem prejuízo da possibilidade – sempre presente no Estado Democrático de Direito – do permanente controle jurisdicional dos atos, necessariamente documentados, praticados pelos membros daquela instituição.

e) Se o órgão da persecução penal demonstrar que obteve, legitimamente, novos elementos de informação a partir de uma fonte autônoma de prova – que não guarde qualquer relação de dependência nem decorra da prova originariamente ilícita, com esta não mantendo vinculação causal –, tais dados probatórios revelar-se-ão plenamente admissíveis, porque não contaminados pela mácula da ilicitude originária.

124. (Cespe/TRF/3R/Juiz/2011) Com referência aos direitos fundamentais, aos recursos e ao procedimento da ação penal, assinale a opção correta.

a) Por falta de disposição legal expressa, não se aplicam à fase inicial do procedimento previsto para o tráfico de drogas as disposições do CPP referentes à absolvição sumária, à rejeição da denúncia e à citação do acusado para responder por escrito à acusação.

b) Nos termos do CPP em vigor, a prescrição é circunstância que pode conduzir à rejeição da denúncia e não, à absolvição sumária.

c) A ampla defesa, como efetiva participação no processo, compreende o direito a defensor técnico habilitado para todos os atos processuais, incluindo-se o interrogatório, não sendo admissível a ausência de manifestação da defesa nos momentos relevantes, como nas alegações finais, cuja inexistência ou deficiência impossibilitam a prolação de sentença.

d) Em nenhum caso será admitido, por intempestivo, recurso especial interposto antes da publicação do acórdão de julgamento dos embargos de declaração.

e) No processo penal, em regra, o interrogatório realiza-se antes da abertura do prazo para apresentação de defesa prévia.

7

DIREITO CIVIL

VOLUME DE QUESTÕES

ALTO

1. DAS PESSOAS

1.1. Das Pessoas Naturais

SÚMULAS

STJ **Súm. 387.** É lícita a cumulação das indenizações de dano estético e dano moral.

STJ **Súm. 403.** Independe de prova do prejuízo a indenização pela publicação não autorizada de imagem de pessoa com fins econômicos ou comerciais.

REPERCUSSÃO & REPETITIVOS

STF **Rep. Geral 786.** É incompatível com a Constituição a ideia de um direito ao esquecimento, assim entendido como o poder de obstar, em razão da passagem do tempo, a divulgação de fatos ou dados verídicos e licitamente obtidos e publicados em meios de comunicação social analógicos ou digitais. Eventuais excessos ou abusos no exercício da liberdade de expressão e de informação devem ser analisados caso a caso, a partir dos parâmetros constitucionais – especialmente os relativos à proteção da honra, da imagem, da privacidade e da personalidade em geral – e as expressas e específicas previsões legais nos âmbitos penal e cível. *RE 1010606, 11.2.2021.*

ENUNCIADOS

1) Da Personalidade e da Capacidade

CJF **Civil 1.** A proteção que o Código defere ao nascituro alcança o natimorto no que concerne aos direitos da personalidade, tais como nome, imagem e sepultura.

CJF **Civil 2.** Sem prejuízo dos direitos da personalidade nele assegurados, o art. 2º do Código Civil não é sede adequada para questões emergentes da reprogenética humana, que deve ser objeto de um estatuto próprio.

CJF **Civil 3.** A redução do limite etário para a definição da capacidade civil aos 18 anos não altera o disposto no art. 16, I, da Lei n. 8.213/91, que regula específica situação de dependência econômica para fins previdenciários e outras situações similares de proteção, previstas em legislação especial.

CJF **Civil 272.** Não é admitida em nosso ordenamento jurídico a adoção por ato extrajudicial, sendo indispensável a atuação jurisdicional, inclusive para a adoção de maiores de dezoito anos.

CJF **Civil 273.** Tanto na adoção bilateral quanto na unilateral, quando não se preserva o vínculo com qualquer dos genitores originários, deverá ser averbado o cancelamento do registro originário de nascimento do adotado, lavrando-se novo registro. Sendo unilateral a adoção, e sempre que se preserve o vínculo originário com um dos genitores, deverá ser averbada a substituição do nome do pai ou da mãe natural pelo nome do pai ou da mãe adotivos.

CJF **Civil 397.** A emancipação por concessão dos pais ou por sentença do juiz está sujeita a desconstituição por vício de vontade.

CJF **Civil 530.** A emancipação, por si só, não elide a incidência do Estatuto da Criança e do Adolescente.

CJF **Civil 645.** A comoriência pode ocorrer em quaisquer das espécies de morte previstas no direito civil brasileiro.

2) Dos Direitos da Personalidade

CJF **Civil 4.** O exercício dos direitos da personalidade pode sofrer limitação voluntária, desde que não seja permanente nem geral.

CJF **Civil 5.** (1) As disposições do art. 12 têm caráter geral e aplicam-se inclusive às situações previstas no art. 20, excepcionados os casos expressos de legitimidade para requerer as medidas nele estabelecidas; (2) As disposições do art. 20 do novo Código Civil têm a finalidade específica de regrar a projeção dos bens personalíssimos nas situações nele enumeradas. Com exceção dos casos expressos de legitimação que se conformem com a tipificação preconizada nessa norma, a ela podem ser aplicadas subsidiariamente as regras instituídas no art. 12.

CJF **Civil 6.** A expressão "exigência médica", contida no art. 13, refere-se tanto ao bem-estar físico quanto ao bem-estar psíquico do disponente.

CJF **Civil 139.** Os direitos da personalidade podem sofrer limitações, ainda que não especificamente previstas em lei, não podendo ser exercidos com abuso de direito de seu titular, contrariamente à boa-fé objetiva e aos bons costumes.

CJF **Civil 140.** A primeira parte do art. 12 do Código Civil refere-se às técnicas de tutela específica, aplicáveis de ofício, enunciadas no art. 461 do Código de Processo Civil, devendo ser interpretada com resultado extensivo.

CJF **Civil 274.** Os direitos da personalidade, regulados de maneira não exaustiva pelo Código Civil, são expressões da cláusula geral de tutela da pessoa humana, contida no art. 1º, III, da Constituição (princípio da dignidade da pessoa humana). Em caso de colisão entre eles, como nenhum pode sobrelevar os demais, deve-se aplicar a técnica da ponderação.

CJF **Civil 275.** O rol dos legitimados de que tratam os arts. 12, parágrafo único, e 20, parágrafo único, do Código Civil também compreende o companheiro.

CJF **Civil 276.** O art. 13 do Código Civil, ao permitir a disposição do próprio corpo por exigência médica, autoriza as cirurgias de transgenitalização, em conformidade com os procedimentos estabelecidos pelo Conselho Federal de Medicina, e a consequente alteração do prenome e do sexo no Registro Civil.

CJF **Civil 277.** O art. 14 do Código Civil, ao afirmar a validade da disposição gratuita do próprio corpo, com objetivo científico ou altruístico, para depois da morte, determinou que a manifestação expressa do doador de órgãos em vida prevalece sobre a vontade dos familiares, portanto, a aplicação do art. 4º da Lei n. 9.434/97 ficou restrita à hipótese de silêncio do potencial doador.

CJF **Civil 278.** A publicidade que venha a divulgar, sem autorização, qualidades inerentes a determinada pessoa, ainda que sem mencionar seu nome, mas sendo capaz de identificá-la, constitui violação a direito da personalidade.

CJF **Civil 279.** A proteção à imagem deve ser ponderada com outros interesses constitucionalmente tutelados, especialmente em face do direito de amplo acesso à informação e da liberdade de imprensa. Em caso de colisão, levar-se-á em conta a notoriedade do retratado e dos fatos abordados, bem como a veracidade destes e, ainda, as características de sua utilização (comercial, informativa, biográfica), privilegiando-se medidas que não restrinjam a divulgação de informações.

CJF **Civil 398.** As medidas previstas no art. 12, parágrafo único, do Código Civil podem ser invocadas por qualquer uma das pessoas ali mencionadas de forma concorrente e autônoma.

CJF **Civil 399.** Os poderes conferidos aos legitimados para a tutela "post mortem" dos direitos da personalidade, nos termos dos arts. 12, parágrafo único, e 20, parágrafo único, do CC, não compreendem a faculdade de limitação voluntária.

CJF **Civil 400.** Os parágrafos únicos dos arts. 12 e 20 asseguram legitimidade, por direito próprio, aos parentes, cônjuge ou companheiro para a tutela contra a lesão perpetrada "post mortem".

CJF **Civil 401.** Não contraria os bons costumes a cessão gratuita de direitos de uso de material biológico para fins de pesquisa científica, desde que a manifestação de vontade tenha sido livre e esclarecida e puder ser revogada a qualquer tempo, conforme as normas éticas que regem a pesquisa científica e o respeito aos direitos fundamentais.

CJF **Civil 402.** O art. 14, parágrafo único, do Código Civil, fundado no consentimento informado, não dispensa o consentimento dos adolescentes para a doação de medula óssea prevista no art. 9º, § 6º, da Lei n. 9.434/1997 por aplicação analógica dos arts. 28, § 2º (alterado pela Lei n. 12.010/2009), e 45, § 2º, do ECA.

CJF **Civil 403.** O direito à inviolabilidade de consciência e de crença, previsto no art. 5º, VI, da Constituição Federal, aplica-se também à pessoa que se nega a tratamento médico, inclusive transfusão de sangue, com ou sem risco de morte, em razão do tratamento ou da falta dele, desde que observados os seguintes critérios: a) capacidade civil plena, excluído o suprimento pelo representante ou assistente; b) manifestação de vontade livre, consciente e informada; e c) oposição que diga respeito exclusivamente à própria pessoa do declarante.

CJF **Civil 404.** A tutela da privacidade da pessoa humana compreende os controles espacial, contextual e temporal dos próprios dados, sendo necessário seu expresso consentimento para tratamento de informações que versem especialmente o estado de saúde, a condição sexual, a origem racial ou étnica, as convicções religiosas, filosóficas e políticas.

CJF **Civil 405.** As informações genéticas são parte da vida privada e não podem ser utilizadas para fins diversos daqueles que motivaram seu armazenamento, registro ou uso, salvo com autorização do titular.

CJF **Civil 531.** A tutela da dignidade da pessoa humana na sociedade da informação inclui o direito ao esquecimento.

CJF **Civil 532.** É permitida a disposição gratuita do próprio corpo com objetivos exclusivamente científicos, nos termos dos arts. 11 e 13 do Código Civil.

CJF **Civil 533.** O paciente plenamente capaz poderá deliberar sobre todos os aspectos concernentes a tratamento médico que possa lhe causar risco de vida, seja imediato ou mediato, salvo as situações de emergência ou no curso de procedimentos médicos cirúrgicos que não possam ser interrompidos.

CJF **Civil 576.** O direito ao esquecimento pode ser assegurado por tutela judicial inibitória.

CJF **Civil 613.** A liberdade de expressão não goza de posição preferencial em relação aos direitos da personalidade no ordenamento jurídico brasileiro.

CJF **Civil 646.** A exigência de autorização de cônjuges ou companheiros, para utilização de métodos contraceptivos invasivos, viola o direito à disposição do próprio corpo.

3) Da Ausência

CJF **Civil 97.** No que tange à tutela especial da família, as regras do Código Civil que se referem apenas ao cônjuge devem ser estendidas à situação jurídica que envolve o companheirismo, como por exemplo na hipótese de nomeação de curador dos bens do ausente (art. 25 do Código Civil).

CJF **Civil 614.** Os efeitos patrimoniais da presunção de morte posterior à declaração da ausência são aplicáveis aos casos do art. 7º, de modo que, se o presumivelmente morto reaparecer nos dez anos seguintes à abertura da sucessão, receberá igualmente os bens existentes no estado em que se acharem.

INFORMATIVOS

STJ **Responsabilidade civil. Ação de indenização por danos morais. Direito de informação, expressão e liberdade de imprensa. Ausência de configuração do dano moral. Exercício regular do direito de informação.** A utilização de fotografias que servirem tão somente para ilustrar matéria jornalística sobre fato ocorrido e narrado pelo ponto de vista do repórter não constitui, per se, violação ao direito de preservação de imagem ou de vida íntima e privada de outrem, não havendo que se falar em causa para indenização por danos morais. *Proc. segredo justiça, 4ª T, 31.8.2022. Inf 748.*

STJ **Juízo de retratação. Direito ao esquecimento. Tese fixada pelo STF (Tema 786). Acórdão da 3ª Turma do STJ. Ausência de determinação de exclusão da pesquisa. Determinação da desvinculação do nome da autora, sem qualquer outro termo, com a matéria desabonadora referente à fraude em concurso público. Preservação do conteúdo. Conciliação entre o direito individual à intimidade e à privacidade e o direito coletivo à informação. Juízo de retratação não exercido.** A determinação para que os provedores de busca na internet procedam a desvinculação do nome de determinada pessoa, sem qualquer outro termo empregado, com fato desabonador a seu respeito dos resultados de pesquisa não se confunde com o direito ao esquecimento, objeto da tese de repercussão geral 786/STF. *Proc. segredo justiça, 3ª T, 30.6.2022. Inf 743.*

QUESTÕES OBJETIVAS

1. (TRF/4R/Juiz/2022) Assinale a alternativa correta.

a) Aqueles que, por causa transitória ou permanente, não puderem exprimir a sua vontade são considerados absolutamente incapazes.
b) O Supremo Tribunal Federal, em sede de controle concentrado de constitucionalidade, conferiu interpretação conforme aos artigos 20 e 21 do Código Civil para declarar inexigível autorização da pessoa biografada relativamente a obras biográficas literárias ou audiovisuais.
c) Se dois ou mais indivíduos falecerem na mesma ocasião, haverá presunção absoluta de comoriência.
d) A emancipação voluntária exige homologação judicial.
e) Será declarada a morte presumida sem declaração de ausência daquela pessoa que desaparecer de seu domicílio sem dela haver notícia.

2. (IFBC/TRF/2R/Juiz/2018) Devido ao desabamento do Edifício Wilton Paes de Almeida, localizado na capital do Estado de São Paulo, após um incêndio de grandes proporções ocorrido no local, pai e filho se encontravam no interior do prédio e vieram a falecer. Não tendo sido identificado por perícia qual foi o momento da morte de cada um dos dois, assinale a alternativa correta:

a) ambos herdam reciprocamente o patrimônio do outro.
b) a hipótese é de comoriência.
c) o caso é de ausência judicialmente declarada.
d) houve sucessão aberta em favor do filho morto.
e) a situação é de herança deixada pelo filho em benefício do seu pai.

3. (TRF/4R/Juiz/2016) Assinale a alternativa correta. A respeito da capacidade civil, levando em conta a Lei n. 13.146/2015:

a) O direito ao recebimento de atendimento prioritário da pessoa com deficiência não abrange a tramitação processual e os procedimentos judiciais em que for parte ou interessada.
b) A pessoa com deficiência – assim entendida aquela que tem impedimento de longo prazo de natureza física, mental, intelectual ou sensorial, o qual, em interação com uma ou mais barreiras, pode obstruir sua participação plena e efetiva na

sociedade em igualdade de condições com as demais pessoas – é considerada capaz para casar-se e constituir união estável, exercer direitos sexuais e reprodutivos e conservar sua fertilidade, mas não para exercer o direito à guarda, à tutela, à curatela e à adoção.

c) A menoridade cessa aos dezoito anos completos, quando a pessoa fica habilitada à prática de todos os atos da vida civil. Contudo, a incapacidade cessará, para os menores, dentre outras hipóteses legalmente elencadas, pelo desempenho de funções inerentes a cargo público comissionado ou de provimento efetivo.

d) Qualquer pessoa com mais de dezesseis anos pode casar, independentemente de autorização de seus pais e representantes legais.

e) A curatela de pessoas com deficiência afetará tão somente os atos relacionados aos direitos de natureza patrimonial e negocial, isto é, sua definição não alcança o direito ao próprio corpo, à sexualidade, ao matrimônio, à privacidade, à educação, à saúde, ao trabalho e ao voto.

4. (TRF/4R/Juiz/2014) Dadas as assertivas abaixo, assinale a alternativa correta. O Código Civil de 2002 (Lei n. 10.406/2002), na redação vigente, se ocupa, nos artigos 11 a 21, da tutela jurídica dos chamados direitos da personalidade, ou seja, da proteção jurídica de objetos de direito que pertencem à natureza do homem (direitos de humanidade). Mais adiante, no artigo 52 atribui também às pessoas jurídicas a titularidade dos direitos da personalidade, desde que compatíveis com os aspectos múltiplos das atividades que desenvolvem. A partir dos referidos dispositivos legais, é possível afirmar que:

I. O ato de disposição do próprio corpo, para fins de transplante, é admitido pelo Código Civil de 2002, na forma estabelecida por lei especial. Sendo assim, é permitido à pessoa plenamente capaz dispor, gratuitamente, de tecidos, órgãos e partes de seu corpo vivo, para fins terapêuticos ou para transplantes, desde que resguardada a sua integridade física e psíquica.

II. É válida, com objetivo científico ou altruístico, a disposição gratuita do próprio corpo, no todo ou em parte, para depois da morte, sendo que a livre manifestação expressa do doador dos órgãos em vida prevalece sobre a vontade de seus familiares.

III. Toda a pessoa natural tem direito ao nome, sendo que a forma fundamental de aquisição do patronímico é a filiação. O atual Código Civil, no entanto, permite que o marido adote o patronímico da esposa, na medida em que a própria Carta Constitucional de 1988 equiparou os direitos e deveres dos homens e mulheres.

IV. O direito ao nome empresarial (ou à denominação das sociedades simples, associações e fundações) decorre da proteção que a Lei Civil assegura às pessoas jurídicas, enquanto sujeitos do direito à identidade, ao passo que, do ponto de vista da Ordem Pública, esses sujeitos de direito, titulares do nome ou da denominação, têm a correlata obrigação de ter um nome pelo qual possam ser identificados perante a sociedade e os Poderes Públicos.

a) Estão corretas apenas as assertivas I e II.
b) Estão corretas apenas as assertivas II e III.
c) Estão corretas apenas as assertivas I, III e IV.
d) Estão corretas apenas as assertivas II, III e IV.
e) Estão corretas todas as assertivas.

5. (TRF/4R/Juiz/2014) Dadas as assertivas abaixo, assinale a alternativa correta. O Código Civil de 2002 (Lei n. 10.406/2002), na redação vigente, dedica o seu Livro I à tutela jurídica das pessoas. Com base nas disposições respectivas às pessoas naturais, é possível afirmar que:

I. São atributos da personalidade civil ou personalidade: nome, estado (status), domicílio, capacidade e fama.

II. A incapacidade é a restrição legal aos atos da vida civil, sendo esta, na Ordem Jurídica brasileira, exclusivamente, de fato ou exercício.

III. Os pródigos, ainda que relativamente incapazes, podem praticar, validamente, atos de administração patrimonial, como são exemplos a transação financeira perante bancos e a constituição de hipotecas sobre bens imóveis.

IV. A emancipação voluntária pode ser concedida por ambos os pais ao menor com no mínimo 16 (dezesseis) anos de idade, independentemente de homologação judicial, mas necessariamente concretizada em instrumento público, sob pena de nulidade, devendo a escritura respectiva ser registrada no cartório do registro civil, à margem do assento de nascimento.

a) Está correta apenas a assertiva I.
b) Estão corretas apenas as assertivas II e III.
c) Estão corretas apenas as assertivas I, II e IV.
d) Estão corretas apenas as assertivas II, III e IV.
e) Estão corretas todas as assertivas.

6. (Cespe/TRF/2R/Juiz/2013) Com base no Estatuto da Criança e do Adolescente (ECA) e no que disciplina o Código Civil acerca das pessoas naturais e jurídicas e dos contratos, assinale a opção correta.

a) A doação a entidade futura caducará se, em três anos, esta não estiver constituída regularmente.

b) Na adoção internacional de criança ou adolescente brasileiro, não se exige que ocorra o trânsito em julgado da decisão que conceder a adoção para a saída do adotando do território nacional.

c) A proteção legal do pseudônimo se restringe aos adotados para as atividades lícitas.

d) O direito de anular a constituição das pessoas jurídicas de direito privado por defeito do ato constitutivo decai em quatro anos, contando-se tal prazo da publicação da inscrição desse ato no registro.

e) A união de pessoas que se organizem para fins não econômicos constitui uma associação, havendo, entre os associados, direitos e obrigações recíprocos.

7. (TRF/4R/Juiz/2012) Dadas as assertivas abaixo, assinale a alternativa correta.

I. Nome é um direito personalíssimo e, em princípio, é inalterável e imutável, salvo as exceções em lei, sendo possível a supressão de um patronímico pelo casamento, desde que não haja prejuízo à ancestralidade nem à sociedade.

II. Com exceção dos casos previstos em lei, os direitos de personalidade são intransmissíveis e irrenunciáveis, não podendo o seu exercício sofrer limitação voluntária.

III. Salvo por exigência médica, é defeso o ato de disposição do próprio corpo quando importar diminuição permanente da integridade física ou contrariar os bons costumes.

IV. É anulável o negócio concluído pelo representante em conflito de interesses com o representado se tal fato era ou devia ser do conhecimento de quem com aquele tratou.

V. No caso de pessoas públicas, o âmbito de proteção dos direitos da personalidade se vê diminuído, sendo admitida, em tese, a divulgação de informações aptas a formar o juízo crítico dos eleitores sobre o caráter do candidato.

a) Está correta apenas a assertiva V.
b) Estão corretas apenas as assertivas I e II.

c) Estão corretas apenas as assertivas I, III, e IV.

d) Estão corretas apenas as assertivas II, III e V.

e) Estão corretas todas as assertivas.

8. (TRF/4R/Juiz/2012) Dadas as assertivas abaixo, assinale a alternativa correta.

I. A recepção de lei ordinária como lei complementar pela Constituição posterior a ela só ocorre com relação aos seus dispositivos em vigor quando da promulgação desta, não havendo que se pretender a ocorrência de efeito repristinatório, porque o nosso sistema jurídico, salvo disposição em contrário, não admite a repristinação.

II. Em nosso ordenamento jurídico, é vedada a aplicação retroativa da lei, salvo em relação às leis penais mais benéficas.

III. O pseudônimo goza da mesma proteção que se dá ao nome quando adotado para atividades lícitas, e, por isso, quando notório, o seu uso sem autorização do titular implica perdas e danos.

IV. A desconsideração da personalidade jurídica denominada "inversa" não tem sido admitida pelo Superior Tribunal de Justiça à míngua de disposição legal que a preveja.

V. É anulável o negócio jurídico simulado, mas subsistirá o que se dissimulou, se válido for na substância e na forma.

a) Estão corretas apenas as assertivas I e III.

b) Estão corretas apenas as assertivas II e IV.

c) Estão corretas apenas as assertivas I, III e V.

d) Estão corretas apenas as assertivas II, IV e V.

e) Estão corretas todas as assertivas.

1.2. Das Pessoas Jurídicas

SÚMULAS

STJ **Súm. 227.** A pessoa jurídica pode sofrer dano moral.

STJ **Súm. 525.** A Câmara de vereadores não possui personalidade jurídica, apenas personalidade judiciária, somente podendo demandar em juízo para defender os seus direitos institucionais.

ENUNCIADOS

1) Disposições Gerais

CJF **Civil 7.** Só se aplica a desconsideração da personalidade jurídica quando houver a prática de ato irregular, e limitadamente, aos administradores ou sócios que nela hajam incorrido.

CJF **Civil 51.** A teoria da desconsideração da personalidade jurídica – "disregard doctrine" fica positivada no novo Código Civil, mantidos os parâmetros existentes nos microssistemas legais e na construção jurídica sobre o tema.

CJF **Civil 141.** A remissão do art. 41, parágrafo único, do CC às "pessoas jurídicas de direito público, a que se tenha dado estrutura de direito privado", diz respeito às fundações públicas e aos entes de fiscalização do exercício profissional.

CJF **Civil 142.** Os partidos políticos, os sindicatos e as associações religiosas possuem natureza associativa, aplicando-se-lhes o Código Civil.

CJF **Civil 143.** A liberdade de funcionamento das organizações religiosas não afasta o controle de legalidade e legitimidade constitucional de seu registro, nem a possibilidade de reexame pelo Judiciário da compatibilidade de seus atos com a lei e com seus estatutos.

CJF **Civil 144.** A relação das pessoas jurídicas de Direito Privado, constante do art. 44, incs. I a V, do Código Civil, não é exaustiva.

CJF **Civil 145.** O art. 47 não afasta a aplicação da teoria da aparência.

CJF **Civil 146.** Nas relações civis, interpretam-se restritivamente os parâmetros de desconsideração da personalidade jurídica previstos no art. 50 (desvio de finalidade social ou confusão patrimonial). (Este Enunciado não prejudica o enunciado n. 7).

CJF **Civil 280.** Por força do art. 44, § 2º, consideram-se aplicáveis às sociedades reguladas pelo Livro II da Parte Especial, exceto às limitadas, os arts. 57 e 60, nos seguintes termos: a) Em havendo previsão contratual, é possível aos sócios deliberar a exclusão de sócio por justa causa, pela via extrajudicial, cabendo ao contrato disciplinar o procedimento de exclusão, assegurado o direito de defesa, por aplicação analógica do art. 1.085; b) As deliberações sociais poderão ser convocadas pela iniciativa de sócios que representem 1/5 (um quinto) do capital social, na omissão do contrato. A mesma regra aplica-se na hipótese de criação, pelo contrato, de outros órgãos de deliberação colegiada.

CJF **Civil 281.** A aplicação da teoria da desconsideração, descrita no art. 50 do Código Civil, prescinde da demonstração de insolvência da pessoa jurídica.

CJF **Civil 282.** O encerramento irregular das atividades da pessoa jurídica, por si só, não basta para caracterizar abuso de personalidade jurídica.

CJF **Civil 283.** É cabível a desconsideração da personalidade jurídica denominada "inversa" para alcançar bens de sócio que se valeu da pessoa jurídica para ocultar ou desviar bens pessoais, com prejuízo a terceiros.

CJF **Civil 284.** As pessoas jurídicas de direito privado sem fins lucrativos ou de fins não econômicos estão abrangidas no conceito de abuso da personalidade jurídica.

CJF **Civil 285.** A teoria da desconsideração, prevista no art. 50 do Código Civil, pode ser invocada pela pessoa jurídica em seu favor.

CJF **Civil 286.** Os direitos da personalidade são direitos inerentes e essenciais à pessoa humana, decorrentes de sua dignidade, não sendo as pessoas jurídicas titulares de tais direitos.

CJF **Civil 406.** A desconsideração da personalidade jurídica alcança os grupos de sociedade quando presentes os pressupostos do art. 50 do Código Civil e houver prejuízo para os credores até o limite transferido entre as sociedades.

CJF **Comercial 9.** Quando aplicado às relações jurídicas empresariais, o art. 50 do Código Civil não pode ser interpretado analogamente ao art. 28, § 5º, do CDC ou ao art. 2º, § 2º, da CLT.

2) Das Associações

CJF **Civil 280.** Por força do art. 44, § 2º, consideram-se aplicáveis às sociedades reguladas pelo Livro II da Parte Especial, exceto às limitadas, os arts. 57 e 60, nos seguintes termos: a) Em havendo previsão contratual, é possível aos sócios deliberar a exclusão de sócio por justa causa, pela via extrajudicial, cabendo ao contrato disciplinar o procedimento de exclusão, assegurado o direito de defesa, por aplicação analógica do art. 1.085; b) As deliberações sociais poderão ser convocadas pela iniciativa de sócios que representem 1/5 (um quinto) do capital social, na omissão do contrato. A mesma regra aplica-se na hipótese de criação, pelo contrato, de outros órgãos de deliberação colegiada.

CJF **Civil 407.** A obrigatoriedade de destinação do patrimônio líquido remanescente da associação a instituição municipal, estadual ou federal de fins idênticos ou semelhantes, em face da omissão do estatuto, possui caráter subsidiário, devendo prevalecer a vontade dos associados, desde que seja contemplada entidade que persiga fins não econômicos.

CJF **Civil 534.** As associações podem desenvolver atividade econômica, desde que não haja finalidade lucrativa.

CJF **Civil 577.** A possibilidade de instituição de categorias de associados com vantagens especiais admite a atribuição de pesos diferenciados ao direito de voto, desde que isso não acarrete a sua supressão em relação a matérias previstas no art. 59 do CC.

CJF **Civil 615.** As associações civis podem sofrer transformação, fusão, incorporação ou cisão.

3) Das Fundações

CJF **Civil 8.** A constituição de fundação para fins científicos, educacionais ou de promoção do meio ambiente está compreendida no CC, art. 62, parágrafo único.

CJF **Civil 9.** O art. 62, parágrafo único, deve ser interpretado de modo a excluir apenas as fundações de fins lucrativos.

CJF **Civil 10.** Em face do princípio da especialidade, o art. 66, § 1º, deve ser interpretado em sintonia com os arts. 70 e 178 da LC n. 75/93.

CJF **Civil 147.** A expressão "por mais de um Estado", contida no § 2º do art. 66, não exclui o Distrito Federal e os Territórios. A atribuição de velar pelas fundações, prevista no art. 66 e seus parágrafos, ao MP local isto é, dos Estados, DF e Territórios onde situadas não exclui a necessidade de fiscalização de tais pessoas jurídicas pelo MPF, quando se tratar de fundações instituídas ou mantidas pela União, autarquia ou empresa pública federal, ou que destas recebam verbas, nos termos da Constituição, da LC n. 75/93 e da Lei de Improbidade.

QUESTÕES OBJETIVAS

9. (TRF/4R/Juiz/2022) Assinale a alternativa correta. Em relação ao disposto no Código Civil:

a) o registro dos regulamentos dos fundos de investimentos na Comissão de Valores Mobiliários é condição suficiente para garantir a sua publicidade, mas não a oponibilidade de efeitos em relação a terceiros.
b) a transferência de ativos ou de passivos de valor proporcionalmente insignificante, sem efetivas contraprestações, não configura confusão patrimonial apta a ensejar a desconsideração da personalidade jurídica.
c) a parte identificável que não tenha redigido determinado dispositivo contratual não é beneficiada na interpretação de tal disposição.
d) a revisão dos contratos civis e empresariais poderá ser realizada amplamente e sem limitações.
e) o estabelecimento não se confunde com o local onde se exerce a atividade empresarial, mas deverá ser sempre físico.

10. (TRF/3R/Juiz/2016) Relativamente às pessoas jurídicas, marque a alternativa correta:

a) Se a pessoa jurídica tiver administração coletiva, as decisões se tomarão, em qualquer caso, pela maioria de votos dos presentes.
b) Compete privativamente às assembleias gerais das associações a destituição e a eleição dos administradores, bem como a alteração dos estatutos.
c) Quando insuficientes para constituir a fundação, os bens a ela destinados serão incorporados em outra fundação que se proponha a fim igual ou semelhante, independentemente do que dispuser o instituidor.
d) É obrigatória a inclusão de norma estatutária nas associações que preveja o direito de recorrer dos associados na hipótese de sua exclusão.

11. (Cespe/TRF/5R/Juiz/2011) A respeito da teoria da desconsideração da personalidade jurídica, assinale a opção correta.

a) Pessoas jurídicas de direito privado sem fins lucrativos não são atingidas pela referida teoria.
b) É possível que a própria pessoa jurídica invoque em seu favor a teoria da desconsideração.
c) O encerramento irregular da pessoa jurídica basta para caracterizar o abuso da personalidade jurídica.
d) Para a aplicação dessa teoria, é crucial que se comprove a insolvência da pessoa jurídica.
e) Por ser necessariamente interpretada de forma estrita, essa teoria não é admitida na forma inversa.

12. (TRF/4R/Juiz/2010) Assinale a alternativa correta. Os partidos políticos são:

a) Pessoas jurídicas de direito público interno.
b) Pessoas jurídicas de direito público externo.
c) Pessoas jurídicas de direito privado.
d) Não são pessoas jurídicas.
e) Todas as alternativas anteriores estão incorretas.

13. (TRF/3R/Juiz/2010) Aponte a alternativa incorreta. As pessoas jurídicas:

a) São representadas por seus prepostos.
b) São presentadas por seus procuradores judiciais.
c) Possuem órgãos de administração de suas atividades sociais.
d) São presentadas por seus órgãos de administração.

14. (Cespe/TRF/1R/Juiz/2009) Considerando o que dispõe o Código Civil acerca das pessoas naturais e das pessoas jurídicas, assinale a opção correta.

a) Na sistemática do Código Civil, não se admite a declaração judicial de morte presumida sem decretação de ausência.
b) A dissolução irregular da empresa não é suficiente de per si para justificar a desconsideração da personalidade jurídica, se não ficar comprovado abuso da personalidade jurídica ou fraude, a ensejar a responsabilização pessoal dos sócios por dívida da pessoa jurídica.
c) A lei confere ao tutor o poder de emancipar, mediante instrumento público, o tutelado que tiver 16 anos de idade completos.
d) Havendo transmissibilidade da cota de um associado por morte, o herdeiro automaticamente adquire a qualidade de associado, a despeito de permissão estatutária ou consenso da associação.
e) Segundo o Código Civil, a União, os estados, o DF e os municípios legalmente constituídos possuem personalidade jurídica e, por isso, podem ser sujeitos de direitos e obrigações. Tal prerrogativa estende-se às câmaras municipais.

1.3. Do Domicílio

SÚMULAS

STF **Súm. 363.** A pessoa jurídica de direito privado pode ser demandada no domicílio da agência, ou estabelecimento, em que se praticou o ato.

ENUNCIADOS

CJF **Civil 408.** Para efeitos de interpretação da expressão "domicílio" do art. 7º da Lei de Introdução às Normas do Direito Brasileiro, deve ser considerada, nas hipóteses de litígio internacional relativo a criança ou adolescente, a residência habitual destes, pois se trata de situação fática internacionalmente aceita e conhecida.

QUESTÕES OBJETIVAS

15. (Cespe/TRF/3R/Juiz/2011) Considerando que Paulo resida com sua família em Jaú/SP, seja sócio proprietário de uma empresa de construção em Marília/SP e trabalhe como corretor de imóveis em Bauru/SP, assinale a opção correta no que se refere ao domicílio, em face da discussão da validade de modificação do contrato social da empresa de construção.

a) Qualquer um dos três municípios pode ser considerado domicílio.
b) Deve ser considerado domicílio o município de Jaú, local da residência de Paulo, visto que, na legislação civil, é adotada a teoria da unidade de domicílio.
c) Bauru será o domicílio adequado caso a corretagem seja a principal atividade profissional de Paulo.
d) Será domicílio o local em que Paulo for efetivamente encontrado quando da discussão da questão.
e) Como a questão envolve o contrato social da empresa de construção, Marília deve ser considerada domicílio de Paulo.

2. DOS BENS

SÚMULAS

1) Bens Públicos

STF **Súm. 340.** Desde a vigência do Código Civil, os bens dominicais, como os demais bens públicos, não podem ser adquiridos por usucapião.

STF **Súm. 477.** As concessões de terras devolutas situadas na faixa de fronteira, feitas pelos Estados, autorizam, apenas, o uso, permanecendo o domínio com a União, ainda que se mantenha inerte ou tolerante, em relação aos possuidores.

STF **Súm. 479.** As margens dos rios navegáveis são domínio público, insuscetíveis de expropriação e, por isso mesmo, excluídas de indenização.

STF **Súm. 480.** Pertencem ao domínio e administração da União, nos termos dos artigos 4º, IV, e 186, da Constituição Federal de 1967, as terras ocupadas por silvícolas.

STF **Súm. 650.** Os incisos I e XI do art. 20 da Constituição Federal não alcançam terras de aldeamentos extintos, ainda que ocupadas por indígenas em passado remoto.

STJ **Súm. 496.** Os registros de propriedade particular de imóveis situados em terrenos de marinha não são oponíveis à União.

STJ **Súm. 619.** A ocupação indevida de bem público configura mera detenção, de natureza precária, insuscetível de retenção ou indenização por acessões e benfeitorias.

2) Cláusula de Inalienabilidade/Incomunicabilidade

STF **Súm. 49.** A cláusula de inalienabilidade inclui a incomunicabilidade dos bens.

ENUNCIADOS

CJF **Civil 11.** Não persiste no novo sistema legislativo a categoria dos bens imóveis por acessão intelectual, não obstante a expressão "tudo quanto se lhe incorporar natural ou artificialmente", constante da parte final do art. 79 do CC.

CJF **Civil 287.** O critério da classificação de bens indicado no art. 98 do Código Civil não exaure a enumeração dos bens públicos, podendo ainda ser classificado como tal o bem pertencente a pessoa jurídica de direito privado que esteja afetado à prestação de serviços públicos.

CJF **Civil 288.** A pertinência subjetiva não constitui requisito imprescindível para a configuração das universalidades de fato e de direito.

CJF **Civil 535.** Para a existência da pertença, o art. 93 do Código Civil não exige elemento subjetivo como requisito para o ato de destinação.

QUESTÕES OBJETIVAS

16. (Cespe/TRF/5R/Juiz/2015) No que se refere a bens, assinale a opção correta.

a) Os bens dominicais, diferentemente dos demais bens públicos, se submetem primordialmente às regras do direito privado.
b) Os bens incorpóreos não admitem usucapião, mas, como regra, admitem tutela possessória.
c) A consuntibilidade que um bem gera é incompatível com a infungibilidade.
d) A divisibilidade, ou não, de uma coisa, sob o aspecto jurídico, decorre de um critério utilitarista.
e) Os bens acessórios são aqueles que, não sendo partes integrantes do bem principal, se destinam de modo duradouro ao uso de outro.

17. (Cespe/TRF/1R/Juiz/2013) A respeito da classificação dos bens, assinale a opção correta.

a) Uma universalidade de fato é um bem coletivo cuja natureza não pode ser alterada pela vontade de seu titular.
b) As pertenças são bens acessórios, embora não acompanhem, como regra, o principal.
c) A fungibilidade de um bem é determinada por sua natureza, portanto um bem fungível não pode se tornar infungível por ato de vontade.
d) Um bem é consumível quando o seu uso importa imediata perda de sua substância, podendo-se afirmar que o conceito não guarda relação com a possibilidade de alienação.
e) A indivisibilidade é decorrente da natureza ou da lei, sendo impossível a indivisibilidade por força da vontade.

3. DOS FATOS JURÍDICOS

3.1. Do Negócio Jurídico

3.1.1. Disposições Gerais, Da Representação

ENUNCIADOS

CJF **Civil 289.** O valor de 30 salários mínimos constante no art. 108 do Código Civil brasileiro, em referência à forma pública ou particular dos negócios jurídicos que envolvam bens imóveis, é o atribuído pelas partes contratantes e não qualquer outro valor arbitrado pela Administração Pública com finalidade tributária.

CJF **Civil 409.** Os negócios jurídicos devem ser interpretados não só conforme a boa-fé e os usos do lugar de sua celebração, mas também de acordo com as práticas habitualmente adotadas entre as partes.

CJF **Civil 421.** Os contratos coligados devem ser interpretados segundo os critérios hermenêuticos do Código Civil, em especial os dos arts. 112 e 113, considerada a sua conexão funcional.

QUESTÕES OBJETIVAS

18. (Cespe/TRF/5R/Juiz/2017) Beneficiário de nota promissória nula requereu em juízo que ela fosse aproveitada como confissão de dívida. Seu pedido foi aceito, ante a presença dos elementos objetivos e subjetivos. Nesse caso, aplicou-se a

a) teoria da máxima intenção nos negócios jurídicos.
b) redução equivalente do negócio jurídico.
c) conversão substancial do negócio jurídico.
d) confirmação inversa do negócio jurídico.
e) convalidação elementar subjetiva do negócio jurídico.

19. (Cespe/TRF/1R/Juiz/2013) Considere que um indivíduo tenha contratado com sua esposa a venda, pelo preço de R$ 50,00, de um carro raro que ele tenha herdado do pai, tendo sido estabelecida a condição de que ela poderia experimentar o objeto pelo prazo de cinco dias, dentro do qual, caso não se sentisse satisfeita, poderia devolvê-lo. Nessa situação hipotética,

a) o contrato é ineficaz pois foi realizado entre cônjuges.
b) o preço ínfimo estabelecido afeta a natureza do negócio.
c) o contrato é viciado porque condiciona o recebimento da coisa a condição potestativa.
d) a compradora detém direito real sobre o bem a partir do consenso entre as partes.
e) a venda é nula porque ocorreu entre pessoas casadas.

20. (TRF/4R/Juiz/2012) Dadas as assertivas abaixo, assinale a alternativa correta.

I. Nas declarações de vontade em geral, se atenderá mais à intenção nelas consubstanciada do que ao sentido literal da linguagem; já a transação interpreta-se restritivamente, e por ela não se transmitem, apenas se declaram ou se reconhecem direitos.
II. "Mora creditoris" é a inexecução culposa da obrigação e "mora debitoris" é a recusa em recebê-la no tempo, no modo, no lugar e na forma devidos.
III. A jurisprudência do Superior Tribunal de Justiça não recepciona a teoria da perda de uma chance, porque o direito brasileiro somente admite os danos certos e concretos.
IV. Em se tratando de sentença cível condenatória, arbitrados os honorários advocatícios em percentual sobre o valor da causa, a correção monetária incide a partir do respectivo ajuizamento.

V. É viável juridicamente a promessa de doação ante a possibilidade de se harmonizar a exigibilidade contratual e a espontaneidade, característica do "animus donandi".

a) Estão corretas apenas as assertivas I e III.
b) Estão corretas apenas as assertivas I e IV.
c) Estão corretas apenas as assertivas I, III e IV.
d) Estão corretas apenas as assertivas II, IV e V.
e) Estão corretas apenas as assertivas II, III e V.

21. (Cespe/TRF/5R/Juiz/2011) A respeito do abuso de direito, assinale a opção correta.

a) O "venire contra factum proprium" não se configura ante comportamento omissivo.
b) A "supressio" pode coexistir com os prazos legais da decadência.
c) Na "surrectio", o exercício continuado de uma situação jurídica implica nova fonte de direito subjetivo, desde que não contrarie o ordenamento.
d) A configuração do abuso de direito exige o elemento subjetivo.
e) De acordo com o STJ, a teoria dos atos próprios não se aplica ao poder público.

22. (Cespe/TRF/2R/Juiz/2009) A respeito da boa-fé, julgue os itens a seguir:

I. A boa-fé objetiva recomenda a verificação da vontade aparente das partes em um contrato.
II. Não é possível que uma pessoa aja com boa-fé subjetiva, desprovida de boa-fé objetiva.
III. Por se tratar de regra de conduta, a boa-fé objetiva da parte é analisada externamente.
IV. A boa-fé objetiva, apesar de desempenhar importante papel de paradigma interpretativo do negócio jurídico, não é fonte de obrigação.
V. A boa-fé objetiva impõe deveres laterais aos negócios jurídicos, ainda que não haja previsão expressa das partes.

Estão certos apenas os itens:

a) I, II e IV.
b) I, III e V.
c) I, IV e V.
d) II, III e IV.
e) II, III e V.

3.1.2. Da Condição, do Termo e do Encargo

SÚMULAS

STJ **Súm. 35.** Incide correção monetária sobre as prestações pagas, quando de sua restituição, em virtude da retirada ou exclusão do participante de plano de consórcio.

STJ **Súm. 176.** É nula a cláusula contratual que sujeita o devedor à taxa de juros divulgada pela Anbid/Cetip.

INFORMATIVOS

STJ **Contratos. Condição meramente potestativa. Cláusula que subordina a eficácia do negócio jurídico à vontade do credor. Validade.** É válida a condição suspensiva que subordina a eficácia do ato jurídico à vontade do credor, em função de um interesse juridicamente relevante no resultado de uma determinada ação judicial. *REsp 1990221, 3ª T, 13.5.2022. Inf 745.*

STJ **Condição meramente potestativa. Interesse do credor. Possibilidade. Transferência da propriedade de imóvel. Estipulação "tão logo fosse de seu interesse" em favor do credor. Termo incerto ou indeterminado. Validade.** Pode ser válida a estipulação que confira ao credor a possibilidade de exigir, "tão logo fosse de seu interesse", a transferência da propriedade de imóvel. *REsp 1990221, 3ª T, 3.5.2022. Inf 735.*

QUESTÕES OBJETIVAS

23. (Cespe/TRF/2R/Juiz/2011) A respeito das condições e seus efeitos, assinale a opção correta.

a) A incerteza é elemento caracterizador imprescindível à condição.
b) As condições juridicamente impossíveis equiparam-se às ilícitas.
c) É vedada cláusula que estabeleça condição suspensiva para pagamento.
d) Nada sendo estipulado em contrário, o implemento da condição resolutiva produz efeitos "ex tunc".
e) São defesas as condições que estejam fora da alçada das partes.

3.1.3. Dos Defeitos, Da Invalidade

SÚMULAS

STJ **Súm. 195.** Em embargos de terceiro não se anula ato jurídico, por fraude contra credores.

ENUNCIADOS

1) Do Erro ou Ignorância

CJF **Civil 12.** Na sistemática do art. 138, é irrelevante ser ou não escusável o erro, porque o dispositivo adota o princípio da confiança.

1.2) Do Estado de Perigo

CJF **Civil 148.** Ao "estado de perigo" (art. 156) aplica-se, por analogia, o disposto no § 2º do art. 157.

1.3) Da Lesão

CJF **Civil 149.** Em atenção ao princípio da conservação dos contratos, a verificação da lesão deverá conduzir, sempre que possível, à revisão judicial do negócio jurídico e não à sua anulação, sendo dever do magistrado incitar os contratantes a seguir as regras do art. 157, § 2º, do Código Civil de 2002.

CJF **Civil 150.** A lesão de que trata o art. 157 do Código Civil não exige dolo de aproveitamento.

CJF **Civil 290.** A lesão acarretará a anulação do negócio jurídico quando verificada, na formação deste, a desproporção manifesta entre as prestações assumidas pelas partes, não se presumindo a premente necessidade ou a inexperiência do lesado.

CJF **Civil 291.** Nas hipóteses de lesão previstas no art. 157 do Código Civil, pode o lesionado optar por não pleitear a anulação do negócio jurídico, deduzindo, desde logo, pretensão com vista à revisão judicial do negócio por meio da redução do proveito do lesionador ou do complemento do preço.

CJF **Civil 410.** A inexperiência a que se refere o art. 157 não deve necessariamente significar imaturidade ou desconhecimento em relação à prática de negócios jurídicos em geral, podendo ocorrer também quando o lesado, ainda que estipule contratos costumeiramente, não tenha conhecimento específico sobre o negócio em causa.

1.4) Da Fraude Contra Credores

CJF **Civil 151.** O ajuizamento da ação pauliana pelo credor com garantia real (art. 158, § 1º) prescinde de prévio reconhecimento judicial da insuficiência da garantia.

CJF **Civil 292.** Para os efeitos do art. 158, § 2º, a anterioridade do crédito é determinada pela causa que lhe dá origem, independentemente de seu reconhecimento por decisão judicial.

2) Da Invalidade

CJF **Civil 13.** O aspecto objetivo da convenção requer a existência do suporte fático no negócio a converter-se.

CJF **Civil 152.** Toda simulação, inclusive a inocente, é invalidante.

CJF **Civil 153.** Na simulação relativa, o negócio simulado (aparente) é nulo, mas o dissimulado será válido se não ofender a lei nem causar prejuízos a terceiros.

CJF **Civil 293.** Na simulação relativa, o aproveitamento do negócio jurídico dissimulado não decorre tão-somente do afastamento do negócio jurídico simulado, mas do necessário preenchimento de todos os requisitos substanciais e formais de validade daquele.

CJF **Civil 294.** Sendo a simulação uma causa de nulidade do negócio jurídico, pode ser alegada por uma das partes contra a outra.

CJF **Civil 536.** Resultando do negócio jurídico nulo consequências patrimoniais capazes de ensejar pretensões, é possível, quanto a estas, a incidência da prescrição.

CJF **Civil 537.** A previsão contida no art. 169 não impossibilita que, excepcionalmente, negócios jurídicos nulos produzam efeitos a serem preservados quando justificados por interesses merecedores de tutela.

CJF **Civil 538.** No que diz respeito a terceiros eventualmente prejudicados, o prazo decadencial de que trata o art. 179 do Código Civil não se conta da celebração do negócio jurídico, mas da ciência que dele tiverem.

CJF **Civil 545.** O prazo para pleitear a anulação de venda de ascendente a descendente sem anuência dos demais descendentes e/ou do cônjuge do alienante é de 2 (dois) anos, contados da ciência do ato, que se presume absolutamente, em se tratando de transferência imobiliária, a partir da data do registro de imóveis.

CJF **Civil 578.** Sendo a simulação causa de nulidade do negócio jurídico, sua alegação prescinde de ação própria.

CJF **Civil 616.** Os requisitos de validade previstos no Código Civil são aplicáveis aos negócios jurídicos processuais, observadas as regras processuais pertinentes.

QUESTÕES OBJETIVAS

24. (TRF/4R/Juiz/2022) Assinale a alternativa incorreta.

a) O falso motivo que não tenha sido expresso como razão determinante não viciará a declaração de vontade.
b) Não há previsão legal no direito brasileiro para o erro de direito.
c) A consequência jurídica do reconhecimento judicial da coação é o da anulabilidade do negócio jurídico.
d) O dolo de aproveitamento não consiste em requisito expresso da disciplina jurídica da lesão no Código Civil.
e) A manifestação de vontade não subsistirá se o autor da declaração e o seu destinatário tinham conhecimento da reserva mental.

25. (TRF/3R/Juiz/2018) Haverá simulação a gerar invalidade do negócio jurídico quando:

a) Aquele que recebeu documento assinado com texto não escrito no todo ou em parte formá-lo ou completá-lo por si ou por meio de outrem, violando o pacto feito com o signatário.
b) A parte alterar documento mediante a supressão ou interpolação unilateral de texto.
c) O negócio aparentar conferir direitos a pessoas diversas às quais efetivamente eles se conferem.
d) O ato envolver a transmissão gratuita de bens ou remissão de dívida quando já insolvente o devedor; ou a tal condição reduzido pelos referidos atos.

26. (TRF/4R/Juiz/2016) Assinale a alternativa incorreta.

a) O erro acidental não acarreta a anulação do negócio jurídico.
b) A coação por terceiro somente anula o negócio jurídico se dela tiver ou devesse ter conhecimento a parte a quem aproveite.
c) Não se decreta a anulação do negócio lesivo se as partes concordarem com o reequilíbrio contratual.
d) O dolo acidental só obriga à satisfação de perdas e danos; o dolo é acidental quando, a seu despeito, o negócio seria realizado, embora por outro modo.
e) É anulável o negócio jurídico simulado, mas subsistirá o que se dissimulou se ele for material e formalmente válido.

27. (TRF/3R/Juiz/2016) Sobre os defeitos do negócio jurídico, assinale a alternativa incorreta:

a) O erro de cálculo não invalida o negócio jurídico; ele apenas autoriza a retificação da declaração de vontade.
b) O erro não invalida o negócio jurídico quando a pessoa, a quem a manifestação de vontade se dirige, se oferecer para executá-la na conformidade da vontade real do manifestante.
c) A lesão não invalida o negócio jurídico se for oferecido suplemento suficiente, ou se a parte favorecida concordar com a redução do proveito.
d) O estado de perigo não invalida o negócio jurídico se a parte beneficiada oferecer justa reparação pelo fato de ter se aproveitado da premente necessidade de a outra parte salvar-se.

28. (TRF/2R/Juiz/2014) Assinale a proposição correta:

a) A simulação caracteriza vício do consentimento e é anulável o negócio jurídico por ela contaminado.
b) A coação absoluta é vício do consentimento e torna anulável o ato dela derivado, enquanto a coação relativa caracteriza-se através da pressão inocente, sem malícia.
c) A outorga de garantia real a credor, por parte de devedor já insolvente, em detrimento dos quirografários, presume-se em fraude contra credores.
d) O erro de direito não é cogitado, no Código Civil, como situação que possa caracterizar a anulabilidade da manifestação de vontade.
e) O dolo acidental torna anulável a manifestação de vontade dele derivada.

29. (Cespe/TRF/5R/Juiz/2013) Considerando a teoria geral do direito civil, assinale a opção correta.

a) Possuem domicílio necessário o incapaz, o servidor público, o preso, o marítimo e o empresário.
b) Para efeitos do direito à sucessão aberta, considera-se bem móvel ou imóvel, conforme o caso concreto.
c) Em relação à desconsideração da personalidade jurídica, o encerramento irregular das atividades da pessoa jurídica, por si só, basta para caracterizar o abuso de personalidade.
d) Quando determinada pessoa, sob premente necessidade ou por inexperiência, obriga-se a prestação manifestamente desproporcional ao valor da contraprestação, ocorre lesão.
e) A qualidade de associado é intransmissível, não podendo o estatuto dispor o contrário.

30. (TRF/4R/Juiz/2010) Assinale a alternativa correta. É nulo o ato jurídico:

a) que tiver por objetivo fraudar lei imperativa.
b) se resultante de erro.
c) se resultante de coação.
d) praticado para fraudar terceiros.
e) todas as alternativas anteriores estão incorretas.

31. (Cespe/TRF/5R/Juiz/2009) Duas pessoas maiores e capazes resolveram entabular um negócio de compra e venda de um imóvel avaliado em R$ 1.000.000,00, documentando o ato por meio de instrumento particular. Posteriormente, falecido o vendedor, os seus herdeiros apontaram a invalidade do ato por impropriedade da forma, tendo argumentado o comprador que, ainda assim, o ato poderia ser considerado uma promessa irretratável de compra e venda, uma vez presentes os requisitos para isso. Considerando a situação hipotética apresentada, assinale a opção correta.

a) Na situação em tela, ausente a lesão a interesse público ou de terceiros, o vício descrito seria sanável, o que poderia resultar na convalidação do ato, de modo a preservar a sua validade como promessa de compra e venda.

b) Na situação descrita, verifica-se vício em uma das partes do negócio, que pode ser separada das demais ainda válidas, de modo que essas últimas possam ser preservadas para o fim de conservar o ato de transmissão.

c) Caso os herdeiros não tivessem questionado a validade do negócio descrito, mesmo cientes de seu vício, ocorreriam sua confirmação tácita e a consequente preservação da sua validade.

d) Apesar de prestigiar o princípio da conservação dos atos jurídicos, o Código Civil não previu meio de conservar negócios eivados de nulidade, como o descrito.

e) Sendo evidente a intenção do vendedor de transmitir direitos ao comprador, é possível admitir a conversão substancial do negócio nulo em promessa de compra e venda.

32. (Cespe/TRF/1R/Juiz/2009) Acerca dos defeitos dos negócios jurídicos, assinale a opção correta.

a) Se, na celebração do negócio, uma das partes induzir a erro a outra, levando-a a concluir o negócio e assumir obrigação desproporcional à vantagem obtida, esse negócio será nulo porque a manifestação de vontade emanou de erro essencial e escusável.

b) O dolo acidental, a despeito do qual o ato seria realizado, embora por outro modo, acarreta a anulação do negócio jurídico.

c) A lesão é defeito que surge concomitantemente à realização do negócio e enseja-lhe a anulabilidade, mas, ainda assim, permite-se a revisão contratual para evitar a anulação e aproveitar-se, desse modo, o negócio.

d) No negócio jurídico a título gratuito, somente se configura a fraude quando a insolvência do devedor for notória ou houver motivo para ser conhecida, caso em que se admite a anulação por iniciativa do credor.

e) Em caso de anulabilidade de negócio jurídico por coação moral, é vedado ao juiz, sob critério subjetivo, considerar circunstâncias personalíssimas do coato que possam ter influído em seu estado moral, pois deve levar em conta o ser humano médio.

3.2. Dos Atos Jurídicos Lícitos, Dos Atos Ilícitos

SÚMULAS

STJ **Súm. 43.** Incide correção monetária sobre dívida por ato ilícito a partir da data do efetivo prejuízo.

ENUNCIADOS

CJF **Civil 37.** A responsabilidade civil decorrente do abuso do direito independe de culpa, e fundamenta-se somente no critério objetivo-finalístico.

CJF **Civil 159.** O dano moral, assim compreendido todo o dano extrapatrimonial, não se caracteriza quando há mero aborrecimento inerente a prejuízo material.

CJF **Civil 411.** O descumprimento de contrato pode gerar dano moral quando envolver valor fundamental protegido pela Constituição Federal de 1988.

CJF **Civil 412.** As diversas hipóteses de exercício inadmissível de uma situação jurídica subjetiva, tais como "supressio", "tu quoque", "surrectio" e "venire contra factum proprium", são concreções da boa-fé objetiva.

CJF **Civil 413.** Os bons costumes previstos no art. 187 do CC possuem natureza subjetiva, destinada ao controle da moralidade social de determinada época, e objetiva, para permitir a sindicância da violação dos negócios jurídicos em questões não abrangidas pela função social e pela boa-fé objetiva.

CJF **Civil 414.** A cláusula geral do art. 187 do Código Civil tem fundamento constitucional nos princípios da solidariedade, devido processo legal e proteção da confiança e aplica-se a todos os ramos do direito.

CJF **Civil 539.** O abuso de direito é uma categoria jurídica autônoma em relação à responsabilidade civil. Por isso, o exercício abusivo de posições jurídicas desafia controle independentemente de dano.

CJF **Civil 550.** A quantificação da reparação por danos extrapatrimoniais não deve estar sujeita a tabelamento ou a valores fixos.

CJF **Civil 551.** Nas violações aos direitos relativos a marcas, patentes e desenhos industriais, será assegurada a reparação civil ao seu titular, incluídos tanto os danos patrimoniais como os danos extrapatrimoniais.

CJF **Civil 617.** O abuso do direito impede a produção de efeitos do ato abusivo de exercício, na extensão necessária a evitar sua manifesta contrariedade à boa-fé, aos bons costumes, à função econômica ou social do direito exercido.

QUESTÕES OBJETIVAS

33. (TRF/4R/Juiz/2022) Assinale a alternativa incorreta.

a) O Código Civil de 2002 adotou a técnica legislativa das cláusulas gerais.

b) O instituto jurídico da prescrição fulmina a pretensão do direito subjetivo, e não a respectiva ação judicial.

c) Os três princípios fundamentais que guiaram a edição do Código Civil de 2002 são a eticidade, a socialidade e a operabilidade.

d) Aquele que habitar prédio, ou parte dele, responde pelo dano proveniente das coisas que dele caírem ou forem lançadas em lugar indevido.

e) A previsão do abuso do direito no Código Civil não contempla o ato ilícito, derivando da boa-fé objetiva na sua função limitadora do exercício de direitos subjetivos.

3.3. Da Prescrição e da Decadência

SÚMULAS

STF **Súm. 149.** É imprescritível a ação de investigação de paternidade, mas não o é a de petição de herança.

STF **Súm. 150.** Prescreve a execução no mesmo prazo de prescrição da ação.

STF **Súm. 154.** Simples vistoria não interrompe a prescrição.

STF **Súm. 383.** A prescrição em favor da Fazenda Pública recomeça a correr, por dois anos e meio, a partir do ato interruptivo, mas não fica reduzida aquém de cinco anos, embora o titular do direito a interrompa durante a primeira metade do prazo.

STF **Súm. 443.** A prescrição das prestações anteriores ao período previsto em lei não ocorre, quando não tiver sido negado, antes daquele prazo, o próprio direito reclamado, ou a situação jurídica de que ele resulta.

STJ **Súm. 85.** Nas relações jurídicas de trato sucessivo em que a Fazenda Pública figure como devedora, quando não tiver sido negado o próprio direito reclamado, a prescrição atinge apenas as prestações vencidas antes do quinquênio anterior à propositura da ação.

STJ **Súm. 101.** A ação de indenização do segurado em grupo contra a seguradora prescreve em um ano.

STJ **Súm. 106.** Proposta a ação no prazo fixado para o seu exercício, a demora na citação, por motivos inerentes ao mecanismo da Justiça, não justifica o acolhimento da arguição de prescrição ou decadência.

STJ **Súm. 229.** O pedido do pagamento de indenização à seguradora suspende o prazo de prescrição até que o segurado tenha ciência da decisão.

STJ **Súm. 278.** O termo inicial do prazo prescricional, na ação de indenização, é a data em que o segurado teve ciência inequívoca da incapacidade laboral.

STJ **Súm. 412.** A ação de repetição de indébito de tarifas de água e esgoto sujeita-se ao prazo prescricional estabelecido no Código Civil.

STJ **Súm. 547.** Nas ações em que se pleiteia o ressarcimento dos valores pagos a título de participação financeira do consumidor no custeio de construção de rede elétrica, o prazo prescricional é de vinte anos na vigência do Código Civil de 1916. Na vigência do Código Civil de 2002, o prazo é de cinco anos se houver previsão contratual de ressarcimento e de três anos na ausência de cláusula nesse sentido, observada a regra de transição disciplinada em seu art. 2.028.

REPERCUSSÃO & REPETITIVOS

STJ **Repetitivo 1019.** O prazo prescricional aplicável à desapropriação indireta, na hipótese em que o Poder Público tenha realizado obras no local ou atribuído natureza de utilidade pública ou de interesse social ao imóvel, é de 10 anos, conforme parágrafo único do art. 1.238 do CC. *REsp 1757352, 7.5.2020.*

ENUNCIADOS

1) Da Prescrição

1.1) Disposições Gerais

CJF **Civil 14.** (1) O início do prazo prescricional ocorre com o surgimento da pretensão, que decorre da exigibilidade do direito subjetivo; (2) O art. 189 diz respeito a casos em que a pretensão nasce imediatamente após a violação do direito absoluto ou da obrigação de não fazer.

CJF **Civil 154.** O juiz deve suprir de ofício a alegação de prescrição em favor do absolutamente incapaz.

CJF **Civil 155.** O art. 194 do Código Civil de 2002, ao permitir a declaração "ex officio" da prescrição de direitos patrimoniais em favor do absolutamente incapaz, derrogou o disposto no § 5º do art. 219 do CPC.

CJF **Civil 295.** A revogação do art. 194 do Código Civil pela Lei n. 11.280/2006, que determina ao juiz o reconhecimento de ofício da prescrição, não retira do devedor a possibilidade de renúncia admitida no art. 191 do texto codificado.

CJF **Civil 415.** O art. 190 do Código Civil refere-se apenas às exceções impróprias (dependentes/não autônomas). As exceções propriamente ditas (independentes/autônomas) são imprescritíveis.

CJF **Civil 579.** Nas pretensões decorrentes de doenças profissionais ou de caráter progressivo, o cômputo da prescrição iniciar-se-á somente a partir da ciência inequívoca da incapacidade do indivíduo, da origem e da natureza dos danos causados.

CJF **Civil 581.** Em complemento ao Enunciado 295, a decretação "ex officio" da prescrição ou da decadência deve ser precedida de oitiva das partes.

1.2) Das Causas que Impedem ou Suspendem a Prescrição

CJF **Civil 156.** Desde o termo inicial do desaparecimento, declarado em sentença, não corre a prescrição contra o ausente.

CJF **Civil 296.** Não corre a prescrição entre os companheiros, na constância da união estável.

1.3) Das Causas que Interrompem a Prescrição

CJF **Civil 416.** A propositura de demanda judicial pelo devedor, que importe impugnação do débito contratual ou de cártula representativa do direito do credor, é causa interruptiva da prescrição.

CJF **Civil 417.** O art. 202, I, do CC deve ser interpretado sistematicamente com o art. 219, § 1º, do CPC, de modo a se entender que o efeito interruptivo da prescrição produzido pelo despacho que ordena a citação é retroativo até a data da propositura da demanda.

1.4) Dos Prazos da Prescrição

CJF **Civil 418.** O prazo prescricional de três anos para a pretensão relativa a aluguéis aplica-se aos contratos de locação de imóveis celebrados com a administração pública.

CJF **Civil 419.** O prazo prescricional de três anos para a pretensão de reparação civil aplica-se tanto à responsabilidade contratual quanto à responsabilidade extracontratual.

CJF **Civil 420.** Não se aplica o art. 206, § 3º, V, do Código Civil às pretensões indenizatórias decorrentes de acidente de trabalho, após a vigência da Emenda Constitucional n. 45, incidindo a regra do art. 7º, XXIX, da Constituição da República.

CJF **Civil 580.** É de três anos, pelo art. 206, § 3º, V do CC, o prazo prescricional para a pretensão indenizatória da seguradora contra o causador de dano ao segurado, pois a seguradora sub-roga-se em seus direitos.

INFORMATIVOS

STJ **Honorários advocatícios contratuais. Rescisão unilateral. Prescrição. Termo inicial. Remuneração "ad exitum". Condição suspensiva.** O termo inicial do prazo de prescrição da pretensão ao recebimento de honorários advocatícios contratados sob a condição de êxito da demanda judicial, no caso em que o mandato foi revogado por ato unilateral do mandante antes do término do litígio, é a data do êxito da demanda, e não a da revogação do mandato. *REsp 1777499, 4ª T, 22.11.2022. Inf 759.*

STJ **Condutas anticompetitivas. Infração contra a ordem econômica. Lei 12.529/11. Cartel. Ação de indenização por danos morais e materiais. Responsabilidade extracontratual. Não reconhecimento do cartel pelo CADE. Prescrição. Termo inicial. Ciência da conduta causadora dos danos alegados. Princípio da actio nata. Art. 206, § 3º, V, do CC.** Em ação indenizatória que se origina de alegado ilícito concorrencial, uma vez verificada inexistência de decisão do CADE sobre a formação de cartel, o prazo prescricional é de três anos – art. 206, § 3º, V, CC – e o termo inicial para sua contagem é a data da ciência do fato danoso. *REsp 1971316, 4ª T, 25.10.2022. Inf 756.*

STJ **Prescrição. Ação revisional. Devedor. Ajuizamento da ação executiva. Prazo. Interrupção.** A propositura da ação revisional pelo devedor interrompe o prazo prescricional para o ajuizamento da ação executiva. *REsp 1956817, 3ª T, 17.6.2022. Inf 743.*

STJ **Prescrição. Execução. Dupla interrupção do prazo. Protesto de título (extrajudicial) e citação processual. Impossibilidade. Princípio da unicidade da interrupção prescricional.** Em razão do princípio da unicidade da interrupção prescricional, mesmo diante de uma hipótese interruptiva extrajudicial (protesto de título) e outra em decorrência de ação judicial de cancelamento de protesto e título executivo, apenas admite-se a interrupção do prazo pelo primeiro dos eventos. *REsp 1786266, 4ª T, 11.10.2022. Inf 754.*

STJ **Contrato de TV por assinatura. Cobrança indevida. Serviços não contratados. Ponto extra. Taxas de licenciamento de software e segurança de acesso. Prescrição decenal. Art. 202 do CC.** A pretensão de repetição de indébito por cobrança indevida de valores referentes a serviços de TV por assinatura não previstos no contrato sujeita-se à norma geral do lapso prescricional de dez anos. *REsp 1951988, 4ª T, 16.5.2022. Inf 737.*

STJ **Responsabilidade civil. Indenização por danos materiais e morais. Prescrição. Termo inicial. Ciência inequívoca dos efeitos do ato lesivo. Teoria da "actio nata". Viés subjetivo.** O termo inicial do prazo prescricional para o ajuizamento de ação de indenização, por dano moral e material, conta-se da ciência inequívoca dos efeitos decorrentes do ato lesivo. *REsp 1836016, 3ª T, 10.5.2022. Inf 736.*

STJ **Prescrição. Termo inicial. Trânsito em julgado da ação penal. Relação de prejudicialidade. CC, art. 200. Causa suspensiva. Incidência.** O art. 200 assegura que o prazo prescricional não comece a fluir antes do trânsito em julgado da sentença penal, independentemente do resultado da ação na esfera criminal. *REsp 1987108, 3ª T, 1.4.2022. Inf 732.*

STJ **Contratos de seguro em geral. Pretensão do segurado em face da seguradora. Prazo prescricional. Termo inicial. Ciência do segurado acerca da recusa da cobertura securitária.** Nos contratos de seguro em geral, a ciência do segurado acerca da recusa da cobertura securitária é o termo inicial do prazo prescricional da pretensão do segurado em face da seguradora. *REsp 1970111, 3ª T, 15.3.2022. Inf 730.*

STJ **Contrato de Locação. Restituição de caução. Prazo prescricional trienal. Art. 206, § 3º, I, do CC.** É trienal o prazo prescricional aplicável à pretensão de restituição da caução prestada em contrato de locação. *REsp 1967725, 3ª T, 15.2.2022. Inf 725.*

STJ **Anterior coexistência de dívidas. Prescrição. Compensação espontânea. Possibilidade. Negativa de prova pericial. Cerceamento de defesa.** A prescrição somente obsta a compensação se for anterior ao momento da coexistência das dívidas. *REsp 1969468, 3ª T, 24.2.2022. Inf 726.*

QUESTÕES DISCURSIVAS

1. (Cespe/TRF/1R/Juiz/2009) Discorra a respeito das situações jurídicas listadas a seguir bem como sobre as suas respectivas titularidades e definições, estabelecendo relação, no que for cabível (e se o for), com os institutos da prescrição e da decadência: (i) dever jurídico; (ii) dever livre; (iii) sujeição; (iv) obrigação; (v) interesse legítimo; (vi) obrigação potestativa.

2. (TRF/1R/Juiz/2006) Considerando que o Código Civil de 2002 reduziu diversos prazos prescricionais, analise as diversas situações possíveis, relativamente à prescrição extintiva e aquisitiva.

Para tanto, leve em conta os dispositivos específicos contidos no código, bem como os princípios gerais do direito intertemporal.

QUESTÕES OBJETIVAS

34. (Vunesp/TRF/3R/Juiz/2022) A partir do exame das assertivas abaixo, assinale a alternativa correta:

I. O comando do Código Civil que assegura que os prazos prescricionais não correm contra os menores de 16 anos os beneficia de forma ampla e não se restringe apenas às relações reguladas pelo próprio Código; assim, nos feitos nos quais se controverte a incidência do Decreto nº 20.910/1932, também deve ser aplicada a regra de que o curso da prescrição não corre se o titular do direito violado é menor de 16 anos.

II. A pretensão da Coordenação de Aperfeiçoamento de Pessoal de Nível Superior (CAPES) de obter ressarcimento de gastos com curso de doutorado realizado e não concluído é prescritível, consoante as regras de prescrição dos atos ilícitos.

III. As normas sobre prescrição e decadência em matéria civil devem necessariamente ser disciplinadas em lei complementar, conforme entendimento vinculante do Supremo Tribunal Federal.

IV. O direito ao uso de nome social por pessoa travesti ou transexual nos documentos oficiais e nos registros dos sistemas de informação de cadastros, de programas, de serviços, de fichas de formulários, de prontuários e congêneres dos órgãos e das entidades da administração pública federal não se submete à decadência, podendo ser exercido a qualquer tempo.

a) Estão corretas as assertivas I e III.
b) Estão corretas as assertivas II, III, IV.
c) Estão corretas as assertivas I, II e IV.
d) Estão corretas as assertivas II e III.

35. (IFBC/TRF/2R/Juiz/2018) Relativamente à hipótese de interrupção da contagem do prazo prescricional operada contra o fiador, é correto afirmar que:

a) ela não prejudica o devedor afiançado quando a relação não envolva obrigação solidária passiva.
b) a lei deve ser interpretada ampliativamente em qualquer caso de fiança, para prejudicar o devedor.
c) nunca haverá a extensão da interrupção do prazo quanto ao devedor.
d) ela não prejudica o devedor, quando a relação envolva solidariedade passiva.
e) ela prejudica o devedor afiançado, independentemente da relação se basear em obrigação solidariedade passiva.

36. (TRF/3R/Juiz/2013) A partir da compreensão dos institutos da prescrição e decadência, marque a alternativa certa:

a) Os variados prazos ditados pelos artigos 205 e 206 da parte geral, do Código Civil, por não se reportarem a direitos potestativos, são considerados, pois, como prescricionais extintivos.
b) Os prazos considerados decadenciais do Código Civil são aplicáveis aos denominados direitos potestativos, ou seja, são direitos subjetivos que exigem do outro uma contraprestação ou dever específico.
c) Todo prazo considerado prescricional está ligado a uma pretensão, ou seja, ao poder que alguém tem de opor-se a uma violação sofrida, prazos estes que se encontram na parte especial do Código Civil.
d) Conforme nosso ordenamento, o magistrado não poderá, de ofício, reconhecer a prescrição de direitos, salvo aqueles não-patrimoniais ou os concernentes aos absolutamente incapazes.
e) O pagamento voluntário de uma dívida pelo devedor, após o esgotamento do prazo para a respectiva cobrança não é considerado como renúncia à prescrição, uma vez que já se esgotou o lapso prescricional.

37. (Cespe/TRF/5R/Juiz/2011) Assinale a opção correta no que se refere a prescrição.

a) O prazo prescricional suspenso contra servidor ausente do país em serviço público da União voltará a fluir caso esse servidor retorne ao Brasil ainda que por breve período, como o de férias, por exemplo.
b) Se um dos credores solidários em dívida pecuniária se casar com a devedora, o prazo prescricional da pretensão relativa à cobrança da prestação será suspenso em relação a todos.
c) A demonstração, pelo devedor, de ciência da dívida é suficiente para interromper a prescrição.
d) Falecendo o autor da herança antes de decorrida a metade do prazo de prescrição para o exercício de determinada pretensão, o prazo voltará a correr a favor do sucessor.
e) Ação consignatória presta-se para interromper a prescrição.

38. (Cespe/TRF/5R/Juiz/2009) No que tange à disciplina da prescrição e da decadência no Código Civil de 2002, assinale a opção correta.

a) Não é possível que haja renúncia prévia de prazo prescricional legal, mas pode haver renúncia de prazo decadencial fixado em lei, desde que seja feita de forma expressa, já que a sua aplicação é adstrita aos direitos potestativos.
b) Caso um dos credores solidários interpele judicialmente o devedor quanto à interrupção da prescrição, tal fato não aproveitará aos demais credores que se quedaram inertes.
c) A citação realizada em ação que tenha terminado com a resolução do processo sem julgamento do mérito não é apta a interromper a prescrição.
d) Os contratantes podem, desde que mediante prévio acordo por escrito, diminuir os prazos prescricionais estabelecidos no Código Civil, mas não é lícito que eles aumentem o referido prazo, pois isso configuraria violação de norma de ordem pública.
e) Se, após prescrita a dívida, o devedor ajuizar ação de consignação em pagamento, não deve o juiz decretar de ofício a prescrição, uma vez que o Código Civil não extinguiu a renúncia à prescrição.

39. (Cespe/TRF/2R/Juiz/2013) Com relação a bens, negócios jurídicos e obrigações, e às regras de prescrição em favor da fazenda pública, assinale a opção correta à luz do Código Civil e da jurisprudência do STJ.

a) Nas relações de trato sucessivo em que a fazenda pública figure como devedora, quando não tiver sido negado o próprio direito reclamado, a prescrição atingirá apenas as prestações vencidas antes do quinquênio anterior à propositura da ação. Segundo o STJ, todavia, esse entendimento não é aplicável na hipótese de lei de efeitos concretos cuja vigência acarrete lesão ou modificação do status do suposto titular do direito, haja vista que, nesse caso, o prazo prescricional é contado da data da publicação da lei.
b) Há negócios jurídicos que se exteriorizam de maneira obscura e ambígua, sendo necessário interpretá-los a fim de se precisar a intenção neles consubstanciada. Nesse sentido, o Código Civil não proscreve a interpretação extensiva dos negócios jurídicos benéficos e da renúncia.
c) É anulável o negócio concluído pelo representante em conflito de interesses com o representado, se tal fato era ou devia ser do conhecimento de quem com aquele tratou. O prazo

decadencial para se pleitear a anulação desse negócio é de um ano, contado de sua conclusão ou da cessação da incapacidade.

d) A fiança prestada sem autorização de um dos cônjuges implica a ineficácia parcial da garantia com relação ao cônjuge que a ela não anuiu.

e) Será considerada uma universalidade de fato a pluralidade de bens singulares que, pertinentes à mesma pessoa, tenham destinação unitária, não sendo possível, todavia, que os bens formadores dessa universalidade possam ser objeto de relações jurídicas próprias.

40. (Cespe/TRF/5R/Juiz/2015) Acerca da prescrição, assinale a opção correta.

a) Entre os cônjuges, na constância da sociedade conjugal, o prazo prescricional poderá ser interrompido, mas não suspenso, já que vai de encontro à ordem pública o alongamento indefinido do prazo.

b) Diferentemente do que ocorre com a renúncia expressa, o Código Civil estabelece que a renúncia tácita à prescrição somente poderá ocorrer após a consumação do prazo.

c) Por ser medida que vai ao encontro do interesse público, a redução dos prazos prescricionais é permitida pelo Código Civil.

d) A prescrição poderá ser alegada por cônjuge, ascendente ou descendente, da parte que aproveite, caso seja demonstrado benefício jurídico que os afete direta ou indiretamente.

e) De acordo com o STJ, o termo inicial do prazo prescricional das ações indenizatórias, em observância ao princípio da "actio nata", é a data em que a lesão e os seus efeitos são constatados.

41. (TRF/3R/Juiz/2016) Sobre a prescrição e a decadência no Direito Civil, marque a alternativa incorreta:

a) Se a pretensão aos alimentos se fundar em relação de Direito Público (alimentos devidos pelo Estado), o prazo prescricional será de 2 anos.

b) A pretensão à reparação civil por danos materiais extracontratuais prescreve em três anos.

c) É nula a renúncia à decadência fixada em lei.

d) O prazo máximo da prescrição é de dez anos, quando a lei não lhe haja fixado prazo menor.

3.4. Da Prova

SÚMULAS

STF **Súm. 259.** Para produzir efeito em juízo não é necessária a inscrição, no registro público, de documentos de procedência estrangeira, autenticados por via consular.

STF **Súm. 261.** Para a ação de indenização, em caso de avaria, é dispensável que a vistoria se faça judicialmente.

ENUNCIADOS

CJF **Civil 157.** O termo "confissão" deve abarcar o conceito lato de depoimento pessoal, tendo em vista que este consiste em meio de prova de maior abrangência, plenamente admissível no ordenamento jurídico brasileiro.

CJF **Civil 158.** A amplitude da noção de "prova plena" (isto é, "completa") importa presunção relativa acerca dos elementos indicados nos incisos do § 1º, devendo ser conjugada com o disposto no parágrafo único do art. 219.

CJF **Civil 297.** O documento eletrônico tem valor probante, desde que seja apto a conservar a integridade de seu conteúdo e idôneo a apontar sua autoria, independentemente da tecnologia empregada.

CJF **Civil 298.** Os arquivos eletrônicos incluem-se no conceito de "reproduções eletrônicas de fatos ou de coisas", do art. 225 do Código Civil, aos quais deve ser aplicado o regime jurídico da prova documental.

CJF **Notarial/Registral 70.** A prova escrita da celebração de um negócio jurídico pode ser complementada por ata notarial que reproduza diálogos por meio de aplicativos e redes sociais, nos termos do art. 227, parágrafo único, do Código Civil.

QUESTÕES OBJETIVAS

42. (Cespe/TRF/2R/Juiz/2011) Assinale a opção correta de acordo com as normas do direito civil no que se refere à prova.

a) É defeso ao juiz requisitar documentos protegidos por sigilo legal.

b) A confissão poderá ser revogada caso seja realizada com vício de consentimento.

c) Não será reconhecida força probante ao traslado conferido por serventuário sem poderes para tanto.

d) É aceita no processo a gravação de conversa por um dos interlocutores, sem o conhecimento do outro.

e) A jurisprudência do STJ admite interceptação telefônica em sede cível.

43. (Cespe/TRF/3R/Juiz/2011) Ao solucionar questão relacionada à origem de dívida de dois mil reais contraída por um dos cônjuges, durante o casamento, em comércio próximo à residência do casal, o juiz, diante da ausência de outros elementos de prova, tomou o débito como contraído a bem da família. Com base nesse caso, assinale a opção correta.

a) É inadmissível utilizar presunção para resolver a questão, dada a possibilidade de prova oral.

b) Cuida-se de presunção "hominis", decorrente da experiência da vida.

c) A decisão tomou a condição de casado como indício de presunção comum absoluta.

d) A condição de casados determina presunção legal relativa de comunhão da dívida.

e) Aplica-se ao caso a presunção legal absoluta de comunhão da dívida.

4. DO DIREITO DAS OBRIGAÇÕES

TOP 5: 1º LUGAR ENTRE OS MAIORES AGREGADOS DE QUESTÕES DO LIVRO!

4.1. Das Modalidades

ENUNCIADOS

1) Das Obrigações de Dar

CJF **Civil 15.** As disposições do art. 236 do novo Código Civil também são aplicáveis à hipótese do art. 240, "in fine".

CJF **Civil 160.** A obrigação de creditar dinheiro em conta vinculada de FGTS é obrigação de dar, obrigação pecuniária, não afetando a natureza da obrigação a circunstância de a disponibilidade do dinheiro depender da ocorrência de uma das hipóteses previstas no art. 20 da Lei n. 8.036/90.

2) Das Obrigações Divisíveis e Indivisíveis

CJF **Civil 540.** Havendo perecimento do objeto da prestação indivisível por culpa de apenas um dos devedores, todos respondem, de maneira divisível, pelo equivalente e só o culpado, pelas perdas e danos.

CJF **Civil 647.** A obrigação de não fazer é compatível com o inadimplemento relativo (mora), desde que implique o cumprimento de prestações de execução continuada ou permanente e ainda útil ao credor.

3) Das Obrigações Solidárias

CJF **Comercial 22.** Não se presume solidariedade passiva (art. 265 do Código Civil) pelo simples fato de duas ou mais pessoas jurídicas integrarem o mesmo grupo econômico.

CJF **Civil 347.** A solidariedade admite outras disposições de conteúdo particular além do rol previsto no art. 266 do Código Civil.

CJF **Civil 348.** O pagamento parcial não implica, por si só, renúncia à solidariedade, a qual deve derivar dos termos expressos da quitação ou, inequivocadamente, das circunstâncias do recebimento da prestação pelo credor.

CJF **Civil 349.** Com a renúncia da solidariedade quanto a apenas um dos devedores solidários, o credor só poderá cobrar do beneficiado a sua quota na dívida; permanecendo a solidariedade quanto aos demais devedores, abatida do débito a parte correspondente aos beneficiados pela renúncia.

CJF **Civil 350.** A renúncia à solidariedade diferencia-se da remissão, em que o devedor fica inteiramente liberado do vínculo obrigacional, inclusive no que tange ao rateio da quota do eventual codevedor insolvente, nos termos do art. 284.

CJF **Civil 351.** A renúncia à solidariedade em favor de determinado devedor afasta a hipótese de seu chamamento ao processo.

INFORMATIVOS

STJ **Litisconsortes vencidos na demanda. Sentença que não distribuiu, de forma expressa, a responsabilidade proporcional das verbas de sucumbência. Reconhecimento da solidariedade. Art. 87, §§ 1º e 2º, do CPC. Benefício da justiça gratuita concedida a dois dos três litisconsortes. Irrelevância.** Reconhecida a solidariedade na condenação da verba honorária sucumbencial, aplica-se a norma do art. 275 do CC, que permite ao credor exigir de um ou de alguns dos devedores, parcial ou totalmente, a dívida comum, mesmo que algum dos vencidos goze da gratuidade judiciária e o outro não. *REsp 2005691, 3ª T, 29.9.2022. Inf 751.*

QUESTÕES OBJETIVAS

44. (TRF/4R/Juiz/2022) Dadas as assertivas abaixo, assinale a alternativa correta.

I. Nas obrigações de dar coisa certa, havendo a perda da coisa antes da tradição, sem culpa do devedor, o credor poderá escolher entre outra coisa fungível e a resolução da obrigação.
II. O negócio jurídico unilateral e a responsabilidade civil são fontes de obrigações.
III. Nas obrigações de dar coisa certa, o vendedor pode exigir acréscimo no preço caso haja melhoramentos e acréscimos na coisa antes da tradição, mesmo que a obrigação já tenha sido pactuada. Por outro lado, se a obrigação for de restituir coisa certa e sobrevier melhoramento ou acréscimo à coisa, sem despesa ou trabalho do devedor, o lucro ficará com o credor, sem obrigação de qualquer tipo de indenização.
IV. Nas obrigações de dar coisa incerta, ela deverá ser indicada, ao menos, pelo gênero e pela quantidade. Nesse caso, a escolha pertence ao credor, se o contrário não resultar do título da obrigação.

a) Estão corretas apenas as assertivas I e II.
b) Estão corretas apenas as assertivas II e III.
c) Estão corretas apenas as assertivas III e IV.
d) Estão corretas apenas as assertivas I, II e IV.
e) Estão corretas apenas as assertivas II, III e IV.

45. (TRF/3R/Juiz/2018) Em matéria de solidariedade, é incorreto afirmar:

a) Se um dos credores solidários falecer, cada qual dos herdeiros só terá direito de exigir e receber a quota do crédito que corresponder ao seu quinhão, salvo se a obrigação for indivisível.
b) Decisão judicial desfavorável a um dos credores solidários, ressalvada exceção pessoal que o devedor possa invocar em relação a qualquer daqueles, não pode prejudicar os demais.
c) A propositura de demanda pelo credor somente em face de um ou de alguns dos devedores solidários configura renúncia tácita à solidariedade.
d) Impossibilitando-se a prestação por culpa de um dos devedores solidários, só o culpado responderá por eventuais perdas e danos.

46. (TRF/3R/Juiz/2018) Sobre as obrigações indivisíveis, é correto afirmar:

a) A remissão da dívida por um dos credores não extingue a dívida para com os demais.
b) A indivisibilidade e solidariedade são fenômenos iguais, na medida em que, se a prestação não for divisível e houver mais de um devedor, cada um será obrigado pela totalidade.
c) Havendo mais de um credor, é vedado a apenas um deles receber a prestação por inteiro.
d) Elas podem se configurar mesmo quando o objeto seja prestação consistente em fazer, e ainda que a obrigação de fazer posteriormente se resolva em perdas e danos.

47. (TRF/2R/Juiz/2017) Analise as assertivas abaixo e, ao final, assinale a opção correta:

I. Em contrato paritário, em que as partes se apresentam em igualdade de condições, será lícita, como regra geral, a cláusula que aumente o prazo de prescrição relativamente às prestações avençadas.
II. Ao contrário da solidariedade passiva, a solidariedade ativa é raramente prevista de modo direto pela lei.
III. Proposta a ação de cobrança contra apenas um dos devedores solidários, que é citado, de modo a impossibilitar que ele, com êxito, sustente a prescrição, isso não afeta o reconhecimento da prescrição contra os codevedores solidários que não são réus.

a) Apenas a I é falsa.
b) Apenas a II é falsa.
c) Apenas a III é falsa.
d) Apenas a I e a III são falsas.
e) Todas são verdadeiras.

48. (TRF/3R/Juiz/2016) Assinale a alternativa incorreta:

a) Perde a qualidade de indivisível a obrigação que se resolver em perdas e danos.
b) Convertendo-se a prestação em perdas e danos, subsiste, para todos os efeitos, a solidariedade.
c) A remissão da dívida feita por um dos credores em obrigação indivisível extingue esta para com os demais credores.
d) A remissão da dívida feita por um dos credores solidários extingue a obrigação com relação ao devedor, devendo aquele credor responder aos outros pela parte que lhes caiba.

4.2. Da Transmissão

ENUNCIADOS

CJF **Civil 16.** O art. 299 do Código Civil não exclui a possibilidade da assunção cumulativa da dívida quando dois ou mais devedores se tornam responsáveis pelo débito com a concordância do credor.

CJF **Civil 352.** Salvo expressa concordância dos terceiros, as garantias por eles prestadas se extinguem com a assunção de dívida; já as garantias prestadas pelo devedor primitivo somente são mantidas no caso em que este concorde com a assunção.

CJF **Civil 353.** A recusa do credor, quando notificado pelo adquirente de imóvel hipotecado, comunicando-lhe o interesse em assumir a obrigação, deve ser justificada.

CJF **Civil 422.** A expressão "garantias especiais" constante do art. 300 do CC/2002 refere-se a todas as garantias, quaisquer delas, reais ou fidejussórias, que tenham sido prestadas voluntária e originariamente pelo devedor primitivo ou por terceiro, vale dizer, aquelas que dependeram da vontade do garantidor, devedor ou terceiro para se constituírem.

CJF **Civil 423.** O art. 301 do CC deve ser interpretado de forma a também abranger os negócios jurídicos nulos e a significar a continuidade da relação obrigacional originária em vez de "restauração", porque, envolvendo hipótese de transmissão, aquela relação nunca deixou de existir.

CJF **Civil 424.** A comprovada ciência de que o reiterado pagamento é feito por terceiro no interesse próprio produz efeitos equivalentes aos da notificação de que trata o art. 303, segunda parte.

CJF **Civil 618.** O devedor não é terceiro para fins de aplicação do art. 288 do Código Civil, bastando a notificação prevista no art. 290 para que a cessão de crédito seja eficaz perante ele.

CJF **Civil 648.** Aplica-se à cessão da posição contratual, no que couber, a disciplina da transmissão das obrigações prevista no CC, em particular a expressa anuência do cedido, "ex vi" do art. 299 do CC.

QUESTÕES DISCURSIVAS

3. (Cespe/TRF/2R/Juiz/2011) Sobre cessão de crédito, responda: (i) é válida a cessão formalizada de modo verbal? (ii) é válida a cessão de crédito futuro, ainda não existente, quando cedido? (iii) o cedente responde ao cessionário se o crédito cedido é anulado, sendo omisso o contrato sobre tal eventualidade?

QUESTÕES OBJETIVAS

49. (TRF/2R/Juiz/2017) Assinale a opção correta:

a) É nula a cessão de crédito celebrada de modo verbal.
b) A cessão de crédito celebrada por escrito particular, para que seja oponível a terceiros, deve ser levada a registro, em regra no Cartório de Títulos e Documentos.
c) A validade da cessão de crédito previdenciário, no plano federal, depende de escritura pública.
d) A assunção de débito, realizada através de escritura pública, é oponível ao credor independentemente de seu assentimento.
e) As exceções comuns, não pessoais, que o devedor tenha para impugnar o crédito cedido devem ser comunicadas ao cessionário imediatamente após o devedor ser notificado da cessão, sob pena de não mais poderem ser arguidas, sem prejuízo do regresso contra o cedente.

50. (TRF/2R/Juiz/2014) Analise as seguintes assertivas e assinale, ao final, a opção adequada:

I. a regra no sentido de que a diferença de causa nas dívidas não impede a compensação é inaplicável quando um dos débitos é proveniente de furto ou roubo.
II. a validade da cessão de crédito, em regra, depende da anuência do devedor.
III. a novação de obrigação nula opera a sua convalidação, com eficácia desde a origem ("ex tunc").
IV. em regra, o inadimplemento da obrigação, positiva e líquida, no seu termo, constitui de pleno direito em mora o devedor, mas os efeitos da mora só se operam após a notificação ou interpelação.

a) Apenas uma proposição está correta.
b) Apenas as assertivas I e III estão corretas.
c) Apenas as assertivas I e IV estão corretas.
d) Apenas as assertivas II e III estão corretas.
e) Há três assertivas corretas.

51. (Cespe/TRF/1R/Juiz/2013) Suponha que um fazendeiro, mediante contrato escrito, tenha doado 10% da safra produzida em sua fazenda para uma instituição de caridade que, posteriormente, havia transferido essa vantagem para terceira pessoa. Nessa situação, o segundo negócio se configura como:

a) novação.
b) sub-rogação legal.
c) subcontrato.
d) cessão de contrato.
e) cessão de crédito.

52. (Cespe/TRF/5R/Juiz/2011) A respeito do adimplemento, do inadimplemento e da extinção das obrigações, assinale a opção correta.

a) Havendo dois débitos da mesma natureza, líquidos e vencidos, o devedor pode imputar pagamento parcial de um deles, independentemente de convenção.
b) A mitigação do pacta sunt servanda pelo novo Código Civil permite que o juiz imponha ao credor a dação em pagamento, conforme as circunstâncias do caso concreto.
c) Podendo o terceiro não interessado pagar débito em nome do devedor, pode ele também compensar o débito alheio com aquilo que o credor lhe dever.
d) Havendo recusa do credor em receber o pagamento, o depósito da coisa devida é suficiente para elidir a mora.
e) O usufrutuário cujo direito real tenha sido registrado após a hipoteca do imóvel pode remir a hipoteca sub-rogando-se no direito do credor.

53. (TRF/4R/Juiz/2010) Assinale a alternativa correta. No que se refere à transmissão das obrigações, podemos afirmar que:

a) A cessão de crédito pode ocorrer independentemente da vontade do devedor, salvo estipulação em contrário no contrato originário.
b) A cessão de débito só pode ocorrer com a participação do devedor, mesmo que o credor não concorde.
c) A cessão de contrato bilateral só pode ocorrer se uma das partes concordar.
d) A cessão de crédito pode ocorrer independentemente da vontade do credor, desde que concorde o devedor.
e) Todas as alternativas anteriores estão incorretas.

4.3. Do Adimplemento e Extinção

ENUNCIADOS

1) Do Pagamento

CJF **Civil 17.** A interpretação da expressão "motivos imprevisíveis", constante do art. 317 do novo Código Civil, deve abarcar tanto causas de desproporção não previsíveis como também causas previsíveis, mas de resultados imprevisíveis.

CJF **Civil 18.** A "quitação regular", referida no art. 319 do novo Código Civil, engloba a quitação dada por meios eletrônicos ou por quaisquer formas de "comunicação à distância", assim entendida aquela que permite ajustar negócios jurídicos e praticar atos jurídicos sem a presença corpórea simultânea das partes ou de seus representantes.

CJF **Civil 425.** O pagamento repercute no plano da eficácia, e não no plano da validade, como preveem os arts. 308, 309 e 310 do Código Civil.

2) Da Novação

CJF **Civil 547.** Na hipótese de alteração da obrigação principal sem o consentimento do fiador, a exoneração deste é automática, não se aplicando o disposto no art. 835 do Código Civil quanto à necessidade de permanecer obrigado pelo prazo de 60 (sessenta) dias após a notificação ao credor, ou de 120 (cento e dias) dias no caso de fiança locatícia.

3) Da Compensação

CJF **Civil 19.** A matéria da compensação, no que concerne às dívidas fiscais e parafiscais de Estados, do Distrito Federal e de Municípios, não é regida pelo art. 374 do Código Civil.

QUESTÕES OBJETIVAS

54. (Cespe/TRF/5R/Juiz/2017) Na hipótese de um credor aceitar, em vez do valor prometido, a entrega de um bem móvel pelo devedor, ocorrerá a

a) sub-rogação convencional.
b) dação em pagamento.
c) novação.
d) compensação.
e) sub-rogação objetiva.

55. (TRF/3R/Juiz/2016) Assinale a alternativa incorreta:

a) A expromissão é uma forma de novação subjetiva ativa, que implica a extinção da obrigação em favor do devedor secundário.
b) São susceptíveis de cessão, por meio de escritura pública o direito à sucessão aberta e o quinhão do herdeiro.
c) São irrevogáveis os atos de aceitação ou de renúncia da herança.
d) Quando a obrigação for divisível, só incorre na pena o devedor ou o herdeiro do devedor que a infringir, e proporcionalmente à sua parte na obrigação.

4.4. Do Inadimplemento

SÚMULAS

1) Da Mora na Alienação Fiduciária

STJ **Súm. 72.** A comprovação da mora é imprescindível à busca e apreensão do bem alienado fiduciariamente.

STJ **Súm. 245.** A notificação destinada a comprovar a mora nas dívidas garantidas por alienação fiduciária dispensa a indicação do valor do débito.

2) Correção Monetária

STJ **Súm. 43.** Incide correção monetária sobre dívida por ato ilícito a partir da data do efetivo prejuízo.

STJ **Súm. 362.** A correção monetária do valor da indenização do dano moral incide desde a data do arbitramento.

3) Juros Moratórios

STF **Súm. 163.** Salvo contra a Fazenda Pública, sendo a obrigação ilíquida, contam-se os juros moratórios desde a citação inicial para a ação.

STF **Súm. 254.** Incluem-se os juros moratórios na liquidação, embora omisso o pedido inicial ou a condenação.

STF **Súm. 412.** No compromisso de compra e venda com cláusula de arrependimento, a devolução do sinal, por quem o deu, ou a sua restituição em dobro, por quem o recebeu, exclui indenização maior a título de perdas e danos, salvo os juros moratórios e os encargos do processo.

STJ **Súm. 54.** Os juros moratórios fluem a partir do evento danoso, em caso de responsabilidade extracontratual.

STJ **Súm. 379.** Nos contratos bancários não regidos por legislação específica, os juros moratórios poderão ser convencionados até o limite de 1% ao mês.

4) Outros Temas

STJ **Súm. 76.** A falta de registro do compromisso de compra e venda de imóvel não dispensa a prévia interpelação para constituir em mora o devedor.

STJ **Súm. 380.** A simples propositura da ação de revisão de contrato não inibe a caracterização da mora do autor.

ENUNCIADOS

1) Disposições Gerais

CJF **Civil 426.** Os honorários advocatícios previstos no art. 389 do Código Civil não se confundem com as verbas de sucumbência, que, por força do art. 23 da Lei n. 8.906/1994, pertencem ao advogado.

CJF **Civil 443.** O caso fortuito e a força maior somente serão considerados como excludentes da responsabilidade civil quando o fato gerador do dano não for conexo à atividade desenvolvida.

CJF **Civil 548.** Caracterizada a violação de dever contratual, incumbe ao devedor o ônus de demonstrar que o fato causador do dano não lhe pode ser imputado.

2) Da Mora

CJF **Civil 162.** A inutilidade da prestação que autoriza a recusa da prestação por parte do credor deverá ser aferida objetivamente, consoante o princípio da boa-fé e a manutenção do sinalagma, e não de acordo com o mero interesse subjetivo do credor.

CJF **Civil 354.** A cobrança de encargos e parcelas indevidas ou abusivas impede a caracterização da mora do devedor.

CJF **Civil 427.** É válida a notificação extrajudicial promovida em serviço de registro de títulos e documentos de circunscrição judiciária diversa da do domicílio do devedor.

CJF **Civil 619.** A interpelação extrajudicial de que trata o parágrafo único do art. 397 do Código Civil admite meios eletrônicos como e-mail ou aplicativos de conversa on-line, desde que demonstrada a ciência inequívoca do interpelado, salvo disposição em contrário no contrato.

3) Das Perdas e Danos

CJF **Civil 161.** Os honorários advocatícios previstos nos arts. 389 e 404 do Código Civil apenas têm cabimento quando ocorre a efetiva atuação profissional do advogado.

CJF **Civil 163.** A regra do art. 405 do novo Código Civil aplica-se somente à responsabilidade contratual, e não aos juros moratórios na responsabilidade extracontratual, em face do disposto no art. 398 do novo CC, não afastando, pois, o disposto na Súmula 54 do STJ.

CJF **Civil 428.** Os juros de mora, nas obrigações negociais, fluem a partir do advento do termo da prestação, estando a incidência do disposto no art. 405 da codificação limitada às hipóteses em que a citação representa o papel de notificação do devedor ou àquelas em que o objeto da prestação não tem liquidez.

CJF **Civil 658.** As perdas e danos indenizáveis, na forma dos arts. 402 e 927, do Código Civil, pressupõem prática de atividade lícita, sendo inviável o ressarcimento pela interrupção de atividade contrária ao Direito.

4) Dos Juros Legais

CJF **Civil 20.** A taxa de juros moratórios a que se refere o art. 406 é a do art. 161, § 1º, do Código Tributário Nacional, ou seja, 1% (um por cento) ao mês. A utilização da taxa SELIC como índice de apuração dos juros legais não é juridicamente segura, porque impede o prévio conhecimento dos juros; não é operacional, porque seu uso será inviável sempre que se calcularem somente juros ou somente correção monetária; é incompatível com a regra do art. 591 do novo Código Civil, que permite apenas a capitalização anual dos juros, e pode ser incompatível com o art. 192, § 3º, da Constituição Federal, se resultarem juros reais superiores a 12% (doze por cento) ao ano.

CJF **Civil 164.** Tendo a mora do devedor início ainda na vigência do Código Civil de 1916, são devidos juros de mora de 6% ao ano até 10 de janeiro de 2003; a partir de 11 de janeiro de 2003 (data de entrada em vigor do novo Código Civil), passa a incidir o art. 406 do Código Civil de 2002.

5) Da Cláusula Penal

CJF **Civil 165.** Em caso de penalidade, aplica-se a regra do art. 413 ao sinal, sejam as arras confirmatórias ou penitenciais.

CJF **Civil 354.** A cobrança de encargos e parcelas indevidas ou abusivas impede a caracterização da mora do devedor.

CJF **Civil 355.** Não podem as partes renunciar à possibilidade de redução da cláusula penal se ocorrer qualquer das hipóteses previstas no art. 413 do Código Civil, por se tratar de preceito de ordem pública.

CJF **Civil 356.** Nas hipóteses previstas no art. 413 do Código Civil, o juiz deverá reduzir a cláusula penal de ofício.

CJF **Civil 357.** O art. 413 do Código Civil é o que complementa o art. 4º da Lei n. 8.245/91. Revogado o Enunciado 179 da III Jornada.

CJF **Civil 358.** O caráter manifestamente excessivo do valor da cláusula penal não se confunde com a alteração de circunstâncias, a excessiva onerosidade e a frustração do fim do negócio jurídico, que podem incidir autonomamente e possibilitar sua revisão para mais ou para menos.

CJF **Civil 359.** A redação do art. 413 do Código Civil não impõe que a redução da penalidade seja proporcionalmente idêntica ao percentual adimplido.

CJF **Civil 429.** As multas previstas nos acordos e convenções coletivas de trabalho, cominadas para impedir o descumprimento das disposições normativas constantes desses instrumentos, em razão da negociação coletiva dos sindicatos e empresas, têm natureza de cláusula penal e, portanto, podem ser reduzidas pelo Juiz do Trabalho quando cumprida parcialmente a cláusula ajustada ou quando se tornarem excessivas para o fim proposto, nos termos do art. 413 do Código Civil.

CJF **Civil 649.** O art. 421-A, inc. I, confere às partes a possibilidade de estabelecerem critérios para a redução da cláusula penal, desde que não seja afastada a incidência do art. 413.

CJF **Comercial 67.** Na locação "built to suit", é válida a estipulação contratual que estabeleça cláusula penal compensatória equivalente à totalidade dos alugueres a vencer, sem prejuízo da aplicação do art. 416, parágrafo único, do Código Civil.

QUESTÕES DISCURSIVAS

4. (TRF/2R/Juiz/2014) Como estabelecer a distinção entre mora e inadimplemento total? Esclareça, também, em que consiste o chamado inadimplemento antecipado.

5. (TRF/2R/Juiz/2013) Duas pessoas jurídicas, a XX e a YY, ajustam que uma delas (XX) treinará e preparará os empregados da outra, de modo a qualificá-los. O contrato prevê o início de execução (duas semanas após a assinatura), a remuneração, o prazo de vigência e o caráter personalíssimo do acerto, devido à expertise única da empresa prestadora. Não se ajustou cláusula penal. A sociedade XX, dois dias depois da assinatura do pacto, desiste de cumpri-lo, já que recebeu oferta melhor de terceiro, e isso ocupará todo o seu pessoal. Indaga-se: é possível a desistência? E a resolução? Com ou sem perdas e danos? Há possibilidade de compelir-se a prestadora a executar o ajuste? Obrigatória a fundamentação à luz dos dispositivos pertinentes.

6. (Cespe/TRF/2R/Juiz/2009) A Caixa Econômica Federal ingressa com execução contra certo mutuário. Assinala que o contrato venceu antecipadamente, já que o fiador faleceu e o devedor, intimado, não substituiu a garantia. Os embargos à execução sustentam: (i) a previsão de vencimento antecipado, no caso, é abusiva e nula, pois o devedor está em dia com as prestações do contrato, e a morte do fiador é alheia às partes; (ii) o débito não é líquido, já que existe necessidade de cálculo do abate de juros embutidos nas prestações, não suprimidos do montante executado, indicado na inicial. Responda se é nula a cláusula de vencimento antecipado e esclareça, por outro lado, o conceito de dívida líquida.

7. (TRF/2R/Juiz/2007) Se a obrigação de pagar o aluguel pelo tempo que faltar constituir indenização excessiva, pode o juiz fixá-la em bases razoáveis?.

QUESTÕES OBJETIVAS

56. (TRF/2R/Juiz/2017) Leia as assertivas adiante e, a seguir, marque a opção correta:

I. O ato de renúncia à herança ou de remissão de dívida, praticado por quem tem muitos débitos vincendos, é considerado fraudulento independentemente de prova do dano ("eventus damni"), que é presumido pelo legislador.
II. São anuláveis os contratos onerosos do devedor insolvente, gravosos ao seu patrimônio, quando a insolvência for notória, ainda que não haja prova de ser ela conhecida do outro contratante.
III. A ação pauliana é a via para postular a invalidade do ato em fraude a credores, e está submetida ao prazo prescricional de cinco anos, contados da prática do ato.
IV. O pagamento antecipado, feito pelo devedor insolvente a um de seus credores quirografários, em relação a débito realmente existente, é apto a ser invalidado em benefício do acervo concursal.

a) Apenas as assertivas I e II estão corretas.
b) Apenas as assertivas I e III estão corretas.
c) Apenas as assertivas II e IV estão corretas.
d) Apenas a assertiva II está correta.
e) Apenas as assertivas I e IV estão corretas.

57. (Cespe/TRF/5R/Juiz/2015) A respeito do inadimplemento das obrigações, assinale a opção correta.

a) A redução da cláusula penal quando a obrigação principal tiver sido cumprida em parte deve-se dar no percentual de dias cumpridos do contrato.
b) Se, devido a mora do devedor, a prestação não for mais de interesse do credor, este poderá rejeitá-la e exigir a satisfação das perdas e dos danos.
c) Devido a obrigação proveniente da prática de ato ilícito, o devedor será considerado em mora desde o ajuizamento da ação indenizatória.
d) Devido ao fato de a obrigação principal e a multa compensatória terem naturezas diversas, a cobrança desta não impede que o credor exija o cumprimento daquela.
e) Em caso de inexecução involuntária do contrato, o inadimplente pode ser compelido a pagar as perdas e os danos se tiver se responsabilizado pelos prejuízos resultantes de caso fortuito ou de força maior.

58. (Cespe/TRF/1R/Juiz/2015) Lino ajuizou ação ordinária de cobrança contra Marcos e Carlos, seu fiador, em decorrência do inadimplemento absoluto de aluguéis mensais e encargos condominiais, previstos em contrato escrito de locação de imóvel residencial celebrado entre as partes. O autor requereu o pagamento da cláusula penal estipulada no valor correspondente a vinte aluguéis mensais. Em sua defesa, Marcos alegou que Pedro, um terceiro, havia assumido a dívida que constava de notificação extrajudicial que lhe fora anteriormente endereçada por Lino com relação aos mesmos valores. Afirmou, ainda, que havia expedido a Lino, com aviso de recebimento, uma cópia do documento assinado por Pedro, assinalando o prazo de quarenta e oito horas para o consentimento na assunção da dívida, porém sem resposta do credor. Marcos aduziu, ainda, que possuía crédito decorrente de comodato pactuado com Lino e requereu a compensação de parte da dívida, bem como a redução, pelo juiz, da cláusula penal.

A respeito dessa situação hipotética, assinale a opção correta à luz das normas do direito civil referentes a obrigações.

a) Marcos poderá compensar parte da dívida com Lino, já que a diferença de causas não impede a compensação.
b) A cláusula penal é obrigação acessória e convencional, razão pela qual deve ser preservada a autonomia das vontades de Lino e Marcos, não podendo o juiz intervir na relação negocial e reduzir a penalidade.
c) Diante do inadimplemento absoluto da obrigação, a culpa contratual é, em regra, presumida contra o devedor e há, nesse caso, uma inversão do ônus da prova, cabendo a Marcos a prova da ausência de culpa.
d) Se a assunção da dívida por Pedro vier a ser anulada, a garantia prestada por Carlos, em regra, será restaurada, pois o acessório segue o principal.
e) O silêncio de Lino sobre a assunção de dívida gera a presunção de sua aceitação, podendo Pedro invocar as exceções pessoais que competiam a Marcos.

59. (TRF/2R/Juiz/2014) À luz do previsto no Código Civil de 2002, assinale a opção correta:

a) O sistema de responsabilidade por ato de terceiro é, em regra, de responsabilidade subjetiva, com presunção relativa de culpa.
b) Aquele que, acobertado pelo estado de necessidade, causa dano a terceiro, está isento de responder pelo prejuízo, diante da excludente de ilicitude.
c) A responsabilidade dos patrões, pelos atos de seus empregados, assenta-se no risco da atividade e apenas excepcionalmente admite o direito de regresso.
d) Quanto à inexecução, o Código Civil prevê que, ainda que ela resulte de dolo do devedor, as perdas e danos só incluem os prejuízos efetivos e os lucros cessantes por efeito dela direto e imediato.
e) É vedada a cumulação de dano moral com o dano estético.

60. (TRF/4R/Juiz/2014) Dadas as assertivas abaixo, assinale a alternativa correta. A respeito das Obrigações, de acordo com o Código Civil de 2002 (Lei n. 10.406/02, na redação vigente), pode-se dizer que:

I. Se a prestação se tornar impossível em momento posterior à constituição do vínculo obrigacional, mas antes da tradição ou pendente condição suspensiva, e para tanto tendo concorrido com culpa o devedor, este se torna responsável tão somente pelo ressarcimento do equivalente perdido.
II. No caso de pagamento indevido de obrigação de fazer (seja pelo desempenho desta, seja para eximir-se da obrigação de não fazer), não se pode exigir daquele que recebeu a prestação qualquer tipo de indenização.
III. No caso da obrigação de fazer, quando a prestação respectiva for fungível, havendo resistência do devedor em cumpri-la, seja por recusa, seja por mora, o credor poderá mandar executá-la, à custa do devedor, podendo ainda ajuizar contra ele ação de indenização por perdas e danos decorrentes do inadimplemento.
IV. As perdas e danos incluem os prejuízos efetivos e os lucros cessantes por efeito direto e imediato da inexecução da obrigação.
V. A cláusula penal ou pena convencional é um pacto acessório à obrigação principal, no qual se estipula a obrigação de pagar pena ou multa, para o caso de uma das partes se furtar ao cumprimento da obrigação principal.

a) Está correta apenas a assertiva I.
b) Estão corretas apenas as assertivas I e II.
c) Estão corretas apenas as assertivas II, III e IV.
d) Estão corretas apenas as assertivas III, IV e V.
e) Estão corretas todas as assertivas.

61. (TRF/3R/Juiz/2010) Aponte assertiva correta. A "mulcta poenitencialis":

a) É pena pelo inadimplemento absoluto do contrato.
b) É pena pela mora contratual.
c) É cláusula liberatória pelo arrependimento do negócio.
d) É cláusula punitiva pela desistência não autorizada do negócio.

62. (Cespe/TRF/2R/Juiz/2009) No que se refere a perdas e danos, assinale a opção correta.

a) Na responsabilidade contratual, a distinção entre culpa e dolo, para fins de indenização, será irrelevante conforme a natureza do contrato.
b) O Código Civil adota a teoria da equivalência dos antecedentes causais, para fins de indenização.
c) Lucro cessante corresponde ao ganho que provavelmente ingressaria no patrimônio do lesado.
d) A indenização pela perda da chance exige a probabilidade objetiva de que o resultado em expectativa ocorreria.
e) A teoria da diferença consiste em avaliar o dano tomando em consideração o patrimônio do ofensor.

4.5. *Dos Contratos em Geral*

ATENÇÃO: ESTE TEMA É MUITO EXIGIDO NOS CONCURSOS!

SÚMULAS

STF Súm. 335. É válida a cláusula de eleição do foro para os processos oriundos do contrato.

STJ Súm. 181. É admissível ação declaratória, visando a obter certeza quanto à exata interpretação de cláusula contratual.

STJ Súm. 286. A renegociação de contrato bancário ou a confissão da dívida não impede a possibilidade de discussão sobre eventuais ilegalidades dos contratos anteriores.

ENUNCIADOS

1) Disposições Gerais

1.1) Preliminares

CJF Civil 21. A função social do contrato, prevista no art. 421 do novo Código Civil, constitui cláusula geral, a impor a revisão do princípio da relatividade dos efeitos do contrato em relação a terceiros, implicando a tutela externa do crédito.

CJF Civil 22. A função social do contrato, prevista no art. 421 do novo Código Civil, constitui cláusula geral, que reforça o princípio de conservação do contrato, assegurando trocas úteis e justas.

CJF Civil 23. A função social do contrato, prevista no art. 421 do novo Código Civil, não elimina o princípio da autonomia contratual, mas atenua ou reduz o alcance desse princípio quando presentes interesses metaindividuais ou interesse individual relativo à dignidade da pessoa humana.

CJF **Civil 24.** Em virtude do princípio da boa-fé, positivado no art. 422 do novo Código Civil, a violação dos deveres anexos constitui espécie de inadimplemento, independentemente de culpa.

CJF **Civil 25.** O art. 422 do Código Civil não inviabiliza a aplicação, pelo julgador, do princípio da boa-fé nas fases pré e pós-contratual.

CJF **Civil 26.** A cláusula geral contida no art. 422 do novo Código Civil impõe ao juiz interpretar e, quando necessário, suprir e corrigir o contrato segundo a boa-fé objetiva, entendida como a exigência de comportamento leal dos contratantes.

CJF **Civil 27.** Na interpretação da cláusula geral da boa-fé, deve-se levar em conta o sistema do Código Civil e as conexões sistemáticas com outros estatutos normativos e fatores metajurídicos.

CJF **Civil 166.** A frustração do fim do contrato, como hipótese que não se confunde com a impossibilidade da prestação ou com a excessiva onerosidade, tem guarida no direito brasileiro pela aplicação do art. 421 do Código Civil.

CJF **Civil 167.** Com o advento do Código Civil de 2002, houve forte aproximação principiológica entre esse Código e o Código de Defesa do Consumidor, no que respeita à regulação contratual, uma vez que ambos são incorporadores de uma nova teoria geral dos contratos.

CJF **Civil 168.** O princípio da boa-fé objetiva importa no reconhecimento de um direito a cumprir em favor do titular passivo da obrigação.

CJF **Civil 169.** O princípio da boa-fé objetiva deve levar o credor a evitar o agravamento do próprio prejuízo.

CJF **Civil 170.** A boa-fé objetiva deve ser observada pelas partes na fase de negociações preliminares e após a execução do contrato, quando tal exigência decorrer da natureza do contrato.

CJF **Civil 171.** O contrato de adesão, mencionado nos arts. 423 e 424 do novo Código Civil, não se confunde com o contrato de consumo.

CJF **Civil 172.** As cláusulas abusivas não ocorrem exclusivamente nas relações jurídicas de consumo. Dessa forma, é possível a identificação de cláusulas abusivas em contratos civis comuns, como, por exemplo, aquela estampada no art. 424 do Código Civil de 2002.

CJF **Civil 360.** O princípio da função social dos contratos também pode ter eficácia interna entre as partes contratantes.

CJF **Civil 361.** O adimplemento substancial decorre dos princípios gerais contratuais, de modo a fazer preponderar a função social do contrato e o princípio da boa-fé objetiva, balizando a aplicação do art. 475.

CJF **Civil 362.** A vedação do comportamento contraditório ("venire contra factum proprium") funda-se na proteção da confiança, tal como se extrai dos arts. 187 e 422 do Código Civil.

CJF **Civil 363.** Os princípios da probidade e da confiança são de ordem pública, estando a parte lesada somente obrigada a demonstrar a existência da violação.

CJF **Civil 364.** No contrato de fiança é nula a cláusula de renúncia antecipada ao benefício de ordem quando inserida em contrato de adesão.

CJF **Civil 546.** O § 2º do art. 787 do Código Civil deve ser interpretado em consonância com o art. 422 do mesmo diploma legal, não obstando o direito à indenização e ao reembolso.

CJF **Civil 582.** Com suporte na liberdade contratual e, portanto, em concretização da autonomia privada, as partes podem pactuar garantias contratuais atípicas.

CJF **Civil 621.** Os contratos coligados devem ser interpretados a partir do exame do conjunto das cláusulas contratuais, de forma a privilegiar a finalidade negocial que lhes é comum.

CJF **Civil 650.** O conceito de pessoa superendividada, previsto no art. 54-A, § 1º, do Código de Defesa do Consumidor, deve abranger, além das dívidas de consumo, as dívidas em geral, de modo a se verificar o real grau de comprometimento do seu patrimônio mínimo para uma existência digna.

1.2) Da Formação dos Contratos

CJF **Civil 173.** A formação dos contratos realizados entre pessoas ausentes, por meio eletrônico, completa-se com a recepção da aceitação pelo proponente.

CJF **Civil 430.** No contrato de adesão, o prejuízo comprovado do aderente que exceder ao previsto na cláusula penal compensatória poderá ser exigido pelo credor independentemente de convenção.

CJF **Civil 431.** A violação do art. 421 conduz à invalidade ou à ineficácia do contrato ou de cláusulas contratuais.

CJF **Civil 432.** Em contratos de financiamento bancário, são abusivas cláusulas contratuais de repasse de custos administrativos (como análise do crédito, abertura de cadastro, emissão de fichas de compensação bancária, etc.), seja por estarem intrinsecamente vinculadas ao exercício da atividade econômica, seja por violarem o princípio da boa-fé objetiva.

CJF **Civil 433.** A cláusula de renúncia antecipada ao direito de indenização e retenção por benfeitorias necessárias é nula em contrato de locação de imóvel urbano feito nos moldes do contrato de adesão.

CJF **Civil 434.** A ausência de denunciação da lide ao alienante, na evicção, não impede o exercício de pretensão reparatória por meio de via autônoma.

CJF **Civil 435.** O contrato de promessa de permuta de bens imóveis é título passível de registro na matrícula imobiliária.

CJF **Civil 436.** A cláusula resolutiva expressa produz efeitos extintivos independentemente de pronunciamento judicial.

1.3) Dos Vícios Redibitórios

CJF **Civil 28.** O disposto no art. 445, §§ 1º e 2º, do Código Civil reflete a consagração da doutrina e da jurisprudência quanto à natureza decadencial das ações edilícias.

CJF **Civil 174.** Em se tratando de vício oculto, o adquirente tem os prazos do caput do art. 445 para obter redibição ou abatimento de preço, desde que os vícios se revelem nos prazos estabelecidos no parágrafo primeiro, fluindo, entretanto, a partir do conhecimento do defeito.

CJF **Civil 583.** O art. 441 do Código Civil deve ser interpretado no sentido de abranger também os contratos aleatórios, desde que não inclua os elementos aleatórios do contrato.

1.4) Da Evicção

CJF **Civil 651.** A evicção pode decorrer tanto de decisão judicial como de outra origem, a exemplo de ato administrativo.

1.5) Do Contrato Preliminar

CJF **Civil 30.** A disposição do parágrafo único do art. 463 do novo Código Civil deve ser interpretada como fator de eficácia perante terceiros.

2) Do Distrato

CJF **Civil 584.** Desde que não haja forma exigida para a substância do contrato, admite-se que o distrato seja pactuado por forma livre.

3) Da Extinção do Contrato

3.1) Da Cláusula Resolutiva

CJF **Civil 31.** As perdas e danos mencionadas no art. 475 do novo Código Civil dependem da imputabilidade da causa da possível resolução.

CJF **Civil 361.** O adimplemento substancial decorre dos princípios gerais contratuais, de modo a fazer preponderar a função social do contrato e o princípio da boa-fé objetiva, balizando a aplicação do art. 475.

CJF **Civil 437.** A resolução da relação jurídica contratual também pode decorrer do inadimplemento antecipado.

CJF **Civil 548.** Caracterizada a violação de dever contratual, incumbe ao devedor o ônus de demonstrar que o fato causador do dano não lhe pode ser imputado.

CJF **Civil 586.** Para a caracterização do adimplemento substancial (tal qual reconhecido pelo Enunciado 361 da IV Jornada de Direito Civil – CJF), levam-se em conta tanto aspectos quantitativos quanto qualitativos.

3.2) Da Exceção de Contrato não Cumprido

CJF **Civil 438.** A exceção de inseguridade, prevista no art. 477, também pode ser oposta à parte cuja conduta põe manifestamente em risco a execução do programa contratual.

CJF **Civil 652.** É possível opor exceção de contrato não cumprido com base na violação de deveres de conduta gerados pela boa-fé objetiva.

3.3) Da Resolução por Onerosidade Excessiva

CJF **Civil 175.** A menção à imprevisibilidade e à extraordinariedade, insertas no art. 478 do Código Civil, deve ser interpretada não somente em relação ao fato que gere o desequilíbrio, mas também em relação às consequências que ele produz.

CJF **Civil 176.** Em atenção ao princípio da conservação dos negócios jurídicos, o art. 478 do Código Civil de 2002 deverá conduzir, sempre que possível, à revisão judicial dos contratos e não à resolução contratual.

CJF **Civil 365.** A extrema vantagem do art. 478 deve ser interpretada como elemento acidental da alteração de circunstâncias, que comporta a incidência da resolução ou revisão do negócio por onerosidade excessiva, independentemente de sua demonstração plena.

CJF **Civil 366.** O fato extraordinário e imprevisível causador de onerosidade excessiva é aquele que não está coberto objetivamente pelos riscos próprios da contratação.

CJF **Civil 367.** Em observância ao princípio da conservação do contrato, nas ações que tenham por objeto a resolução do pacto por excessiva onerosidade, pode o juiz modificá-lo equitativamente, desde que ouvida a parte autora, respeitada a sua vontade e observado o contraditório.

CJF **Civil 439.** A revisão do contrato por onerosidade excessiva fundada no Código Civil deve levar em conta a natureza do objeto do contrato. Nas relações empresariais, observar-se-á a sofisticação dos contratantes e a alocação de riscos por eles assumidas com o contrato.

CJF **Civil 440.** É possível a revisão ou resolução por excessiva onerosidade em contratos aleatórios, desde que o evento superveniente, extraordinário e imprevisível não se relacione com a álea assumida no contrato.

INFORMATIVOS

STJ **Contrato paritário. Cláusula expressa afastando a cobrança ou indenização em caso de ruptura antecipada. Equilíbrio econômico. Autonomia privada. Legislação específica. Boa-fé. Função social do contrato. Expectativa das partes. Cláusula abusiva. Não demonstrada.** A cláusula que desobriga uma das partes a remunerar a outra por serviços prestados na hipótese de rescisão contratual não viola a boa-fé e a função social do contrato quando presente equilíbrio entre as partes contratantes no momento da estipulação. *REsp 1799039, 3ª T, 7.10.2022. Inf 754.*

QUESTÕES DISCURSIVAS

8. (TRF/4R/Juiz/2008) No atual sistema jurídico brasileiro, a mera onerosidade excessiva autoriza a revisão judicial dos contratos ou esta revisão depende da ocorrência de fatos imprevisíveis (aplicação da teoria da imprevisão)?

9. (TRF/2R/Juiz/2007) Distinguir boa-fé objetiva de boa-fé subjetiva.

10. (TRF/4R/Juiz/2006) Disserte sobre as teorias da onerosidade excessiva e da "exceptio non adimpleti contractus", apontando no que consistem, qual a sua aplicação no direito civil e quais as suas parecências e dessemelhanças.

11. (Cespe/TRF/5R/Juiz/2006) Segundo a doutrina, o novo Código Civil contempla três princípios sociais do contrato. Descreva-os detalhadamente.

QUESTÕES OBJETIVAS

63. (TRF/3R/Juiz/2018) Em matéria de extinção dos contratos é correto afirmar:

a) Considerando os postulados da boa-fé objetiva e da função social do contrato, é eventualmente possível, mesmo diante do inadimplemento, recusar-se a resolução do contrato pela invocação da teoria do substancial adimplemento.
b) Na resolução do contrato por onerosidade excessiva, segundo a lei, os efeitos da sentença que a decretar retroagirão ao momento da ocorrência dos acontecimentos tidos por extraordinários e imprevisíveis.
c) A resilição unilateral é vedada e deve ser juridicamente qualificada como violação do contrato a justificar sua resolução por justa causa.
d) Não havendo no contrato expressa cláusula resolutiva, não há como presumir que exista disposição tácita de tal natureza.

64. (Cespe/TRF/5R/Juiz/2017) Estabelecido contrato de fornecimento de insumos para empresa que comercializa produtos químicos, será juridicamente possível o fornecedor pedir, de acordo com a lei civil, a resolução do contrato, se a sua prestação se tornar excessivamente onerosa:

a) com extrema vantagem para a outra parte, por acontecimento extraordinário, ainda que previsível.
b) por acontecimento extraordinário, ainda que sem proveito para a outra parte.
c) com vantagem extrema para a outra parte em razão de acontecimento extraordinário e imprevisível.
d) por acontecimento extraordinário, ainda que não imprevisível.
e) por acontecimento extraordinário, ainda que não imprevisível, provocado por fato do príncipe.

65. (Cespe/TRF/5R/Juiz/2017) Um idoso ajuizou ação em face de entidade não governamental de atendimento à pessoa idosa, visando apurar irregularidades praticadas por essa entidade. Considerando essa situação hipotética, assinale a opção correta.

a) Depois de apresentada a defesa, o juiz poderá designar audiência de instrução e julgamento.
b) Antes de citar o réu, o juiz deverá intimar o Ministério Público para firmar acordo visando eliminar as irregularidades.
c) Recebida a petição inicial, deverá ser marcada audiência de conciliação, na qual o dirigente da entidade deverá apresentar defesa escrita.
d) Havendo motivo grave, poderá o juiz, antes de ouvir o Ministério Público, decretar liminarmente o afastamento provisório do dirigente da entidade.
e) Caso, ao final do processo, seja aplicada pena de multa, esta deverá ser imposta à entidade.

66. (TRF/2R/Juiz/2017) Pessoa jurídica obteve empréstimo junto a certa instituição financeira, pelo qual recebeu determinada quantia, com a obrigação de devolvê-la com correção e juros de 12% ao ano. Exclusivamente à luz dos dados fornecidos e da visão dominante, classifique o contrato citado:

a) Bilateral imperfeito, de adesão e feneratício.
b) Unilateral, real e oneroso.
c) Bilateral, oneroso, formal e de adesão.
d) Bilateral, real, de adesão e oneroso.
e) Unilateral, puramente consensual (não real), benéfico e oneroso.

67. (TRF/3R/Juiz/2016) Marque a alternativa correta, observando a jurisprudência dominante do Superior Tribunal de Justiça:

a) A simples propositura da ação de revisão de contrato inibe a caracterização da mora do autor.
b) Nas indenizações por ato ilícito, os juros compostos não são devidos por aquele que praticou o crime.
c) A evicção consiste na perda parcial ou integral da posse ou da propriedade do bem, via de regra, em virtude de decisão judicial que atribui o uso, a posse ou a propriedade a outrem, em decorrência de motivo jurídico anterior ao contrato de aquisição.

d) Os conceitos de onerosidade excessiva e de imprevisão são sinônimos, tendo o legislador civil deles feito uso de modo indistinto.

68. (TRF/4R/Juiz/2016) Assinale a alternativa correta.

a) A proposta de contrato obriga o proponente se o contrário não resultar dos termos dela, da natureza do negócio ou das circunstâncias do caso, salvo, entre outras hipóteses, se, feita sem prazo a pessoa presente, não foi imediatamente aceita.

b) Aquele que tiver prometido fato de terceiro responderá por perdas e danos quando este não o executar, inclusive na hipótese de o terceiro ser cônjuge do promitente, dependendo da sua anuência o ato a ser praticado, e desde que, pelo regime do casamento, a indenização, de algum modo, venha a recair sobre os seus bens.

c) A cláusula resolutiva expressa opera de pleno direito; a tácita depende de prévia notificação à outra parte, a qual pode se dar via instrumento particular.

d) Na venda de coisa móvel, pode o vendedor reservar para si a propriedade até que o preço esteja integralmente pago. É o que se chama de contrato de "leasing".

e) Nos contratos bancários, na impossibilidade de comprovar a taxa de juros efetivamente contratada – por ausência de pactuação ou pela falta de juntada do instrumento aos autos –, aplica-se a taxa média de mercado, divulgada pelo Banco Central, praticada nas operações da mesma espécie, mesmo se a taxa cobrada for mais vantajosa para o devedor.

69. (Cespe/TRF/1R/Juiz/2015) Maria, médica cardiologista, que namora Paulo, mas com ele não mantém união estável, ajuizou ação anulatória de negócio jurídico de compra e venda contra a empresa Biotecnologia Ltda. Para tanto, sustentou que adquiriu da ré um aparelho do tipo marca-passo, que foi implantado em seu namorado Paulo, em caráter de urgência, mediante a emissão de um cheque no valor de R$ 10.000,00. O aparelho em questão é comumente vendido no mercado por R$ 4.000,00. Nessa situação hipotética:

a) Maria teve sua vontade viciada, pois agiu fundada no temor de dano iminente e considerável a Paulo.

b) Maria, por inexperiência, se obrigou ao pagamento de valor desproporcional ao praticado no mercado no ato de celebração do negócio jurídico.

c) para que o pedido seja julgado procedente, deve ficar demonstrado por Maria o dolo de aproveitamento da fornecedora do material, ou seja, a vilania do outro contratante.

d) Maria não tem legitimidade para propor a demanda, já que Paulo não é seu marido nem com ela convive em regime de união estável.

e) segundo a legislação de regência, a hipótese é de nulidade do negócio jurídico, e o juiz deve reconhecer de ofício o vício de consentimento mediante a prolação de sentença declaratória.

70. (Cespe/TRF/5R/Juiz/2015) No que se refere à teoria da imprevisão prevista no Código Civil, assinale a opção correta.

a) Mesmo quando comprovada a imprevisibilidade do evento, o enriquecimento sem causa de uma parte em detrimento da outra, em função desse evento, não é requisito essencial à extinção do contrato.

b) Será afastada a aplicabilidade dessa teoria se assim estiver expressamente estipulado em contrato de execução continuada ou diferida.

c) Os efeitos da sentença que extinguir o contrato retroagirão à data da citação, e não à data do evento imprevisível que tiver dado causa à extinção do contrato.

d) A referida teoria não pode ser utilizada pelo devedor quando se tratar de evento que afete contrato unilateral pelo qual ele assumiu obrigações.

e) A teoria da imprevisão pode dar causa à redução da prestação da parte prejudicada pelo acontecimento, mas não pode ser utilizada para modificar as condições do contrato.

71. (Cespe/TRF/1R/Juiz/2015) No que concerne à teoria geral dos contratos, assinale a opção correta.

a) A fase de puntuação na formação do contrato não vincula os participantes a sua celebração definitiva, o que impede inferir-se eventual responsabilização contratual nas tratativas.

b) A atividade médica realizada sem o consentimento informado do paciente, ainda que exitosa, constitui hipótese de violação positiva do contrato.

c) A parte lesada pelo inadimplemento pode pleitear a resolução do contrato, que é um direito potestativo do credor, razão pela qual o adimplemento substancial da obrigação pelo devedor não impede a extinção do negócio jurídico.

d) Para a aplicação da teoria da imprevisão, exige-se que o contrato seja sinalagmático, oneroso, comutativo e de trato sucessivo e que surja fato superveniente que gere um desequilíbrio entre as partes contratantes.

e) Os vícios redibitórios atingem o plano de validade do contrato e podem gerar sua anulabilidade mediante o manejo de ação redibitória.

72. (TRF/2R/Juiz/2014) Assinale a opção correta:

a) Em regra, a garantia contra a evicção incide por força da própria lei, tanto aos contratos onerosos quanto aos contratos gratuitos, sendo que, nestes últimos, é lícita a cláusula que a afasta do ajuste.

b) A garantia contra os vícios redibitórios é especificidade do contrato de compra e venda.

c) A garantia contra os vícios redibitórios abarca, em regra, os vícios ostensivos.

d) A garantia contra os vícios redibitórios e contra os riscos da evicção, no Código Civil, pressupõe a culpa do alienante, ao contrário do sistema do Código de Defesa do Consumidor, que é objetivo.

e) No Código Civil, presente o vício redibitório, em regra o adquirente decai do direito de obter a redibição ou o abatimento do preço no prazo de trinta dias se a coisa for móvel, e de um ano se for imóvel, contado da entrega efetiva.

73. (Cespe/TRF/2R/Juiz/2013) A respeito do direito das obrigações, dos contratos e do enriquecimento sem causa, assinale a opção correta de acordo com o que disciplina o Código Civil.

a) Nos contratos onerosos, o alienante responde pela evicção. Essa subsiste garantia ainda que a aquisição tenha se realizado em hasta pública.

b) Na hipótese de exclusão contratual da responsabilidade pela evicção, se esta se der, o evicto terá direito a receber o preço que tiver pagado pela coisa evicta se não sabia do risco da evicção, mas, todavia, se dele tiver sido previamente informado, não lhe será albergado o direito de receber a quantia paga, mesmo que não tenha assumido o risco quando tomou conhecimento desse.

c) Aquele que, sem justa causa, enriquecer à custa de outrem será obrigado a restituir o indevidamente auferido com atualização dos valores monetários. Se o enriquecimento tiver por objeto coisa determinada, quem a recebeu será obrigado a restituí-la, e, se a coisa não mais subsistir, a restituição se fará pelo valor do bem na época em que foi recebido.

d) Para exigir a pena convencional, o credor deve, necessariamente, alegar e provar o prejuízo.

e) No dano emergente, avaliam-se os reflexos futuros do ato lesivo sobre o patrimônio do credor; assim, esse dano corresponde ao acréscimo patrimonial que seria concedido ao ofendido caso a obrigação contratual ou legal tivesse sido cumprida.

74. (Cespe/TRF/2R/Juiz/2013) Assinale a opção correta à luz da Lei de Locações e do Código Civil.

a) A fixação do "quantum" da indenização dependerá da aferição do grau de culpa do agente.

b) Ao possuidor de má-fé serão ressarcidas somente as benfeitorias necessárias, sendo-lhe garantido, todavia, o direito de retenção pela importância destas.

c) Na dívida portável, o credor fica com a responsabilidade de procurar o devedor para obter o adimplemento, pois o pagamento será realizado no domicílio do devedor, não ficando constituída a mora deste último antes da cobrança efetiva pelo credor. Na dívida quesível, o pagamento será realizado no domicílio do credor, sendo a mora automática nos contratos com termo, visto que o devedor deverá procurar o credor na data aprazada para adimplir a obrigação assumida.

d) O princípio da boa-fé objetiva é aplicável a todas as fases do contrato, impondo ao credor o dever de evitar o agravamento do próprio prejuízo.

e) Não se admitirá a emenda da mora se o locatário já houver utilizado essa faculdade por duas vezes nos vinte e quatro meses imediatamente anteriores à propositura da ação.

75. (Cespe/TRF/2R/Juiz/2011) Considerando a controvérsia referente a determinada relação jurídica existente entre dois contratantes, assinale a opção correta.

a) Se o direito sobre o qual controvertam as pessoas for contestado em juízo, eventual transação deverá ser efetuada mediante escritura pública ou termo nos autos.

b) Celebrada transação, qualquer das partes poderá retratar-se unilateralmente antes de transitar em julgado a sentença homologatória.

c) Se a controvérsia girar em torno de direito indivisível, eventual transação aproveitará às partes que nela não intervierem.

d) Erro de direito escusável de qualquer das partes anula transação efetuada extrajudicialmente.

e) Se, em transação, as partes incluírem cláusula impondo pena convencional, esta será considerada não escrita.

76. (Cespe/TRF/5R/Juiz/2011) Considerando a hipótese de que duas pessoas tenham firmado, de forma paritária, contrato para fornecimento continuado de serviços, assinale a opção correta.

a) Será potestativa, por se submeter a evento futuro e incerto, cláusula do contrato que estipule a aceitação de outro índice de correção monetária para o caso de desaparecer o índice vigente à época de sua celebração.

b) A excessiva onerosidade da prestação do devedor será causa bastante para a resolução ou a revisão do contrato.

c) O juiz poderá dar interpretação ampliativa a esse contrato.

d) Havendo cláusula duvidosa, o juiz deverá interpretar o contrato de forma a não favorecer nenhuma das partes.

e) Detectada ambiguidade no texto contratual, o juiz deverá dar interpretação que favoreça o devedor.

77. (TRF/3R/Juiz/2010) Aponte a alternativa que alude às hipóteses legais em que se pode fundamentar a seguinte assertiva técnico-doutrinária: "A cláusula geral da função social do contrato é matéria de ordem pública e enseja atividade hermenêutico--integrativa do juiz".

a) Artigos 2.035, parágrafo único e 421 do Código Civil brasileiro.

b) Artigos 422 e 398 do Código Civil.

c) Artigos 2º e 422 do Código Civil brasileiro.

d) Artigos 186 e 927, parágrafo único, do Código Civil brasileiro.

78. (TRF/4R/Juiz/2010) Assinale a alternativa correta. A "exceptio non adimpleti contractus" pode ser aplicada:

a) Apenas nos contratos unilaterais.

b) Apenas nos contratos bilaterais.

c) Nos contratos unilaterais e bilaterais.

d) Somente nos contratos escritos.

e) Todas as alternativas anteriores estão incorretas.

79. (Cespe/TRF/5R/Juiz/2009) A respeito da disciplina das obrigações, assinale a opção correta.

a) Considere que Marcos tenha cedido seus direitos sobre determinado imóvel a Lúcia, obrigando-se a pagar o imposto sobre a propriedade predial e territorial urbana relativo ao ano anterior, que estava em atraso. Considere, ainda, que Lúcia tenha pagado a Marcos R$ 200 mil, correspondentes a 90% do preço ajustado para o imóvel, comprometendo-se a pagar o restante em 60 dias. Nessa situação hipotética, eventual atraso no cumprimento de qualquer das obrigações ainda pendentes não ensejaria, por si só, a resolução do contrato, visto que se configuraria, na hipótese, inadimplemento mínimo.

b) Caso um candidato a cargo de juiz de direito fosse atropelado quando se dirigia para a realização da prova oral, tendo sido aprovado em outras fases do concurso, seria possível que fosse atribuída ao ofensor a obrigação de indenizar pela perda de uma chance, desde que restasse comprovado que o candidato seria aprovado na prova oral, diante de seu desempenho em concursos anteriores.

c) De acordo com a legislação brasileira, considera-se mora apenas o pagamento extemporâneo por parte do devedor ou a recusa injustificada do credor de receber o pagamento no prazo devido, caracterizando-se como inadimplemento a desconformidade quanto ao lugar ou ao modo de pagamento previamente estabelecidos.

d) O inadimplemento da obrigação pode ser absoluto ou relativo, sendo absoluto quando o atraso na prestação gera, no devedor, o desinteresse em prestá-la ante a impossibilidade de reparar eventuais prejuízos decorrentes de sua atitude.

e) Considere que uma empresária tenha contratado uma agência de publicidade para a colocação de outdoors na cidade em que trabalha, a fim de divulgar a sua empresa, tendo a contratada instalado os referidos outdoors em locais de difícil acesso e sem iluminação. Nessa situação hipotética, não se caracteriza descumprimento de obrigação, visto que o serviço foi realizado, mesmo que de forma não satisfatória.

4.6. Das Várias Espécies de Contrato

4.6.1. Compra e Venda; Troca ou Permuta; Contrato Estimatório

SÚMULAS

STF Súm. 412. No compromisso de compra e venda com cláusula de arrependimento, a devolução do sinal, por quem o deu, ou a sua restituição em dobro, por quem o recebeu, exclui indenização maior a título de perdas e danos, salvo os juros moratórios e os encargos do processo.

STF Súm. 413. O compromisso de compra e venda de imóveis, ainda que não loteados, dá direito à execução compulsória, quando reunidos os requisitos legais.

STF Súm. 489. A compra e venda de automóvel não prevalece contra terceiros, de boa-fé, se o contrato não foi transcrito no registro de títulos e documentos.

STJ Súm. 76. A falta de registro do compromisso de compra e venda de imóvel não dispensa a prévia interpelação para constituir em mora o devedor.

STJ Súm. 308. A hipoteca firmada entre a construtora e o agente financeiro, anterior ou posterior à celebração da promessa de compra e venda, não tem eficácia perante os adquirentes do imóvel.

ENUNCIADOS

1) Da Compra e Venda

CJF Civil 177. Por erro de tramitação, que retirou a segunda hipótese de anulação de venda entre parentes (venda de descendente para ascendente), deve ser desconsiderada a expressão "em ambos os casos", no parágrafo único do art. 496.

CJF Civil 178. Na interpretação do art. 528, devem ser levadas em conta, após a expressão "a benefício de", as palavras "seu crédito, excluída a concorrência de", que foram omitidas por manifesto erro material.

CJF Civil 368. O prazo para anular venda de ascendente para descendente é decadencial de dois anos (art. 179 do Código Civil).

CJF Civil 441. Na falta de acordo sobre o preço, não se presume concluída a compra e venda. O parágrafo único do art. 488 somente se aplica se houverem diversos preços habitualmente praticados pelo vendedor, caso em que prevalecerá o termo médio.

CJF Civil 545. O prazo para pleitear a anulação de venda de ascendente a descendente sem anuência dos demais descendentes e/ou do cônjuge do alienante é de 2 (dois) anos, contados da ciência do ato, que se presume absolutamente, em se tratando de transferência imobiliária, a partir da data do registro de imóveis.

CJF Civil 592. O art. 519 do Código Civil derroga o art. 35 do Decreto-Lei n. 3.365/1941 naquilo que ele diz respeito a cenários de tredestinação ilícita. Assim, ações de retrocessão baseadas em alegações de tredestinação ilícita não precisam, quando julgadas depois da incorporação do bem desapropriado ao patrimônio da entidade expropriante, resolver-se em perdas e danos.

CJF Civil 623. Ainda que sejam muitos os condôminos, não há direito de preferência na venda da fração de um bem entre dois coproprietários, pois a regra prevista no art. 504, parágrafo único, do Código Civil, visa somente a resolver eventual concorrência entre condôminos na alienação da fração a estranhos ao condomínio.

CJF Civil 653. O quadro-resumo a que se refere o art. 35-A da Lei n. 4.591/1964 é obrigação do incorporador na alienação de imóveis em fase de construção ou já construídos.

2) Do Contrato Estimatório

CJF Civil 32. No contrato estimatório (art. 534), o consignante transfere ao consignatário, temporariamente, o poder de alienação da coisa consignada com opção de pagamento do preço de estima ou sua restituição ao final do prazo ajustado.

QUESTÕES OBJETIVAS

80. (TRF/3R/Juiz/2016) Sobre os contratos em espécie, assinale a alternativa correta:

a) O contrato de seguro por danos pessoais não compreende os danos morais, devendo haver cláusula expressa com tal previsão de cobertura.
b) A cláusula especial de venda sobre documentos transforma o negócio de compra, de modo que a transferência documentária faz as vezes da tradição real.
c) São elementos essenciais categoriais da compra e venda o preço, a coisa e a tradição.
d) A locação por tempo determinado cessa de pleno direito findo o prazo estipulado, mediante notificação ou aviso prévio obrigatório.

81. (Cespe/TRF/5R/Juiz/2015) Mário, casado com Luísa em regime de comunhão parcial de bens, contratou com a esposa a venda, para ela, de um veículo raro, herdado de seu pai, pelo preço de R$ 50,00. Na negociação, ficou combinado que a esposa poderia utilizar o veículo pelo prazo de cinco dias, e, se, durante esse período, não se sentisse satisfeita, poderia devolvê-lo. Com referência a essa situação hipotética, assinale a opção correta.

a) O contrato é viciado, já que ele condiciona o recebimento da coisa a condição potestativa.
b) A compradora já detém direito real sobre o bem devido ao consenso existente entre as partes.
c) O preço ínfimo estabelecido para o bem não afeta a natureza do negócio.
d) O contrato seria afetado pelo regime de casamento apenas se o regime de bens fosse a comunhão universal de bens.
e) A venda é nula porque se deu entre pessoas casadas.

82. (TRF/4R/Juiz/2012) Dadas as assertivas abaixo, assinale a alternativa correta.

I. Em relação às obrigações de fazer, se o fato puder ser executado por terceiro, será livre ao credor mandá-lo executar à custa do devedor, havendo recusa ou mora deste, sem prejuízo da indenização cabível, e, nos casos urgentes, pode o credor executar ou mandar executar o fato, para depois se ressarcir, independentemente de autorização judicial.
II. A obrigação solidária não poderá ser pura e simples para um dos codevedores e condicional ou a prazo para outro, em razão da unidade do vínculo obrigacional.
III. Na dação em pagamento, se o credor for evicto da coisa recebida em pagamento, restabelecer-se-á a obrigação primitiva, ficando sem efeito a quitação dada, ressalvados os direitos de terceiros.
IV. Na compra e venda, até o momento da tradição, os riscos da coisa correm por conta do vendedor, e os do preço, por conta do comprador. Todavia, os casos fortuitos ocorrentes no ato de contar, marcar ou assinalar coisas, que comumente se recebem contando, pesando, medindo ou assinalando, e que já tiverem sido postas à disposição do comprador, correrão por conta deste.
V. No contrato estimatório, o consignante entrega bens, móveis ou imóveis, ao consignatário, que fica autorizado a vendê-los, pagando àquele preço ajustado, salvo se preferir, no prazo estabelecido, restituir-lhe a coisa consignada.

a) Estão corretas apenas as assertivas I e V.
b) Estão corretas apenas as assertivas II e IV.
c) Estão corretas apenas as assertivas I, III e IV.
d) Estão corretas apenas as assertivas II, III e V.
e) Estão corretas todas as assertivas.

83. (Cespe/TRF/1R/Juiz/2009) Em relação aos contratos, assinale a opção correta.

a) Considere que determinado indivíduo tenha comprado uma televisão, ficando pactuado o dia para a entrega do bem pelo estabelecimento comercial e que, na véspera da data combinada para a entrega, o estabelecimento tenha se incendiado por problema elétrico e todos os seus bens tenham sido destruídos. Nessa situação, o contrato de compra e venda ficará resolvido, porque o vendedor não tem obrigação, já que a televisão foi destruída.
b) No direito brasileiro, não é permitido o mútuo oneroso em que se presumam devidos os juros.
c) A cláusula de reserva de domínio consiste no direito que o vendedor se reserva de reaver, em certo prazo, o imóvel alienado, restituindo ao comprador o preço mais as despesas por ele realizadas.
d) Não é lícito que, no contrato de compra e venda, o preço seja fixado pela taxa de mercado.
e) Considere que um indivíduo tenha celebrado contrato de compra e venda de seu apartamento em 10.11.2008, sendo

a respectiva escritura pública devidamente registrada no cartório de registro de imóveis em 10/3/2009. Considere, ainda, que, no mês de janeiro de 2009, tenha sobrevindo cobrança do IPTU sobre o imóvel. Nessa situação, o vendedor é responsável pelo pagamento do IPTU.

4.6.2. Doação; Locação de Coisas; Empréstimo

SÚMULAS

STF **Súm. 492.** A empresa locadora de veículos responde, civil e solidariamente com o locatário, pelos danos por este causados a terceiro, no uso do carro locado.

STJ **Súm. 26.** O avalista do título de crédito vinculado a contrato de mútuo também responde pelas obrigações pactuadas, quando no contrato figurar como devedor solidário.

ENUNCIADOS

1) Da Doação

CJF **Civil 33.** O novo Código Civil estabeleceu um novo sistema para a revogação da doação por ingratidão, pois o rol legal previsto no art. 557 deixou de ser taxativo, admitindo, excepcionalmente, outras hipóteses.

CJF **Civil 549.** A promessa de doação no âmbito da transação constitui obrigação positiva e perde o caráter de liberalidade previsto no art. 538 do Código Civil.

CJF **Civil 622.** Para a análise do que seja bem de pequeno valor, nos termos do que consta do art. 541, parágrafo único, do Código Civil, deve-se levar em conta o patrimônio do doador.

CJF **Civil 654.** Em regra, é válida a doação celebrada entre cônjuges que vivem sob o regime da separação obrigatória de bens.

CJF **Notarial/Registral 27.** A cláusula de impenhorabilidade, imposta em doação ou testamento, não obsta a alienação do bem imóvel, nem a outorga de garantia real convencional ou o oferecimento voluntário à penhora, pelo beneficiário.

CJF **Notarial/Registral 82.** Em regra, é válida a doação entre cônjuges que vivem sob o regime de separação obrigatória de bens.

2) Da Locação de Coisas

CJF **Civil 180.** A regra do parágrafo único do art. 575 do novo CC, que autoriza a limitação pelo juiz do aluguel-pena arbitrado pelo locador, aplica-se também ao aluguel arbitrado pelo comodante, autorizado pelo art. 582, 2ª parte, do novo CC.

3) Do Empréstimo

CJF **Civil 34.** No novo Código Civil, quaisquer contratos de mútuo destinados a fins econômicos presumem-se onerosos (art. 591), ficando a taxa de juros compensatórios limitada ao disposto no art. 406, com capitalização anual.

INFORMATIVOS

STJ **Comodato. Extinção. Ocupação exclusiva de parcela dos condôminos. Indenização. Aluguéis. Possibilidade. Vedação ao enriquecimento sem causa. Mora. Citação.** Cessado o comodato, o condômino privado da posse do imóvel tem direito ao recebimento de indenização equivalente aos aluguéis proporcionais ao seu quinhão, dos proprietários que permaneceram na posse exclusiva do bem, os quais, caso não notificados extrajudicialmente, podem ser constituídos em mora por meio da citação nos autos da ação de arbitramento dos aluguéis. *REsp 1953347, 4ª T, 9.8.2022. Inf 745.*

STJ **Doação entre pai e filho. Cláusula resolutiva. Contrato verbal. Força obrigatória. Partes anuentes.** A condição resolutiva de doação verbal estabelecida entre pai e filho e desconhecida por terceiros não produz efeitos jurídicos contra estes. *REsp 1905612, 3ª T, 29.3.2022. Inf 731.*

STJ **Doação inoficiosa. Ação de nulidade. Prazo prescricional. Termo inicial. Regra geral. Data do registro do ato jurídico. Flexibilização. Ciência inequívoca anterior ao registro.** Na ação de nulidade de doação inoficiosa, o prazo prescricional é contado a partir do registro do ato jurídico que se pretende anular, salvo se houver anterior ciência inequívoca do suposto prejudicado. *REsp 1933685, 3ª T, 15.3.2022. Inf 730.*

QUESTÕES OBJETIVAS

84. (Cespe/TRF/1R/Juiz/2013) A respeito da transação, da empreitada, do mandato, da doação e da prestação de serviços, assinale a opção correta.

a) De acordo com o Código Civil, o contrato de prestação de serviço não finda em razão da morte de uma das partes.
b) Para a revogação da doação por ingratidão, exige-se que os atos praticados, além de se revestirem objetivamente dessa característica, sejam graves.
c) A transação realizada por instrumento público no curso do processo só valerá após a homologação do juiz.
d) Na empreitada global, o dono da obra será responsabilizado se provada a sua culpa quanto a danos causados a prédio vizinho.
e) É válida a constituição de mandatário, por instrumento particular, para renunciar à herança do mandante.

85. (Cespe/TRF/5R/Juiz/2013) Com base na teoria geral dos contratos, assinale a opção correta.

a) Considere que Paulo tenha celebrado com João contrato de comodato por meio do qual lhe emprestará sua moto durante o prazo de um ano. Nessa situação, o ato de entrega da coisa por João a Paulo encontra-se no plano de validade do negócio jurídico, sem o qual o ajuste não estará perfeito e acabado.
b) Considere que Pedro tenha celebrado com Arnaldo dois contratos coligados: um principal, cujo objeto é um lote com uma casa edificada para moradia, e outro secundário, cujo objeto são dois lotes contíguos àquele, para instalação de futura área de lazer. Nessa situação, de acordo com a jurisprudência do STJ, a falta de pagamento integral do preço relativo ao segundo contrato pode levar à resolução do primeiro, em razão da dependência entre os negócios jurídicos, cujos efeitos estão interligados.
c) A liberdade contratual relaciona-se com a escolha da pessoa ou das pessoas com quem o negócio será celebrado, ao passo que a liberdade de contratar está relacionada com o conteúdo do negócio jurídico.
d) A necessidade de proteção da dignidade da pessoa humana e dos direitos da personalidade na seara contratual é um dos aspectos da eficácia externa do princípio da função social dos contratos.
e) Suponha que José tenha celebrado com Maria contrato de mútuo de dinheiro sujeito a juros pelo qual, além da obrigação de restituir a quantia emprestada, deveriam ser pagos juros. Nesse caso, o contrato firmado é bilateral e oneroso.

4.6.3. Prestação de Serviço; Empreitada; Depósito

SÚMULAS

STF **Súm. Vinculante 25.** É ilícita a prisão civil de depositário infiel, qualquer que seja a modalidade do depósito.

STJ **Súm. 130.** A empresa responde, perante o cliente, pela reparação de dano ou furto de veículo ocorridos em seu estacionamento.

ENUNCIADOS

1) Da Prestação de Serviço

CJF **Civil 541.** O contrato de prestação de serviço pode ser gratuito.

CJF **Comercial 32.** Nos contratos de prestação de serviços nos quais as partes contratantes são empresários e a função econômica do contrato está relacionada com a exploração de atividade empresarial, as partes podem pactuar prazo superior a quatro anos, dadas as especificidades da natureza do serviço a ser prestado, sem constituir violação do disposto no art. 598 do Código Civil.

CJF **Comercial 33.** Nos contratos de prestação de serviços nos quais as partes contratantes são empresários e a função econômica do contrato está relacionada com a exploração de atividade empresarial, é lícito às partes contratantes pactuarem, para a hipótese de denúncia imotivada do contrato, multas superiores àquelas previstas no art. 603 do Código Civil.

2) Da Empreitada

CJF **Civil 181.** O prazo referido no art. 618, parágrafo único, do CC, refere-se unicamente à garantia prevista no "caput", sem prejuízo de poder o dono da obra, com base no mau cumprimento do contrato de empreitada, demandar perdas e danos.

CJF **Comercial 34.** Com exceção da garantia contida no artigo 618 do Código Civil, os demais artigos referentes, em especial, ao contrato de empreitada (arts. 610 a 626) aplicar-se-ão somente de forma subsidiária às condições contratuais acordadas pelas partes de contratos complexos de engenharia e construção, tais como EPC, EPC-M e Aliança.

INFORMATIVOS

STJ **Inadimplemento contratual. Direito subjetivo da revisão contratual diante dos efeitos advindos da pandemia da Covid-19. Redução proporcional do valor das mensalidades escolares. Continuidade da prestação dos serviços. Equilíbrio econômico e financeiro. Inviabilidade na redução do valor da mensalidade.** A situação decorrente da pandemia pela Covid-19 não constitui fato superveniente apto a viabilizar a revisão judicial de contrato de prestação de serviços educacionais com a redução proporcional do valor das mensalidades. *REsp 1998206, 4ª T, 14.6.2022. Inf 741.*

QUESTÕES OBJETIVAS

86. (TRF/3R/Juiz/2018) Em relação ao contrato de depósito voluntário, é correto afirmar:

a) O depositário poderá deixar de restituir a coisa, dentre outras razões, se houver motivo razoável para suspeitar que a coisa foi dolosamente obtida pelo depositante.
b) O depositário poderá furtar-se à restituição da coisa se houver fundamento para alegar compensação, mesmo que essa última não se funde em outro contrato de depósito.
c) Sendo dois ou mais depositantes e divisível a coisa depositada, o depositário só entregará a cada um a respectiva parte, ainda que entre eles haja solidariedade.
d) A prova da existência do contrato pode ser feita exclusivamente por testemunhas, independentemente do respectivo valor.

87. (Cespe/TRF/5R/Juiz/2015) A respeito da transação, do mandato, da empreitada, da prestação de serviço e do pagamento indevido, assinale a opção correta.

a) Ainda que o empreiteiro forneça os materiais para a execução de determinada obra, a responsabilidade pelos danos causados nos prédios vizinhos será solidária com o proprietário da obra.
b) A nulidade de uma cláusula constante de transação realizada para dirimir dúvida não contamina todo o ato.
c) É considerada não escrita a cláusula pela qual o mandatário assume a obrigação de não renunciar ao mandato.
d) O contrato de prestação de serviços celebrado por tempo superior ao permitido em lei deve ter sua nulidade decretada com efeitos "ex nunc".
e) Para dar ensejo à repetição do indébito, o erro pode ser de fato ou de direito, mas não pode ser grosseiro.

88. (Cespe/TRF/1R/Juiz/2015) De acordo com o Código Civil, assinale a opção correta a respeito da prestação de serviço, da empreitada, do mandato, do transporte e do depósito.

a) No contrato de depósito, em caso de superveniente incapacidade do depositário, o depósito será estendido, até o prazo avençado, à pessoa que assumir a administração dos bens.
b) No contrato de prestação de serviço, a ausência de habilitação para o serviço contratado acarreta o não recebimento do objeto e o impedimento do pagamento.
c) No contrato de empreitada, a ausência de verificação da obra por parte do comitente não obsta a rejeição da obra.
d) No mandato, os atos praticados pelo substabelecido serão considerados inexistentes se a proibição de substabelecer constar da procuração.
e) No contrato de transporte, o conhecimento de transporte é documento essencial para a comprovação do recebimento da carga e para a conclusão do negócio.

89. (TRF/3R/Juiz/2010) Aponte a alternativa incorreta. No contrato de empreitada:

a) A obrigação de fornecer materiais pode resultar da vontade das partes.
b) O empreiteiro de uma obra pode contribuir para ela só com seu trabalho;
c) O empreiteiro de uma obra pode contribuir para ela com o seu trabalho e com materiais.
d) Sempre correm por conta do empreiteiro os riscos da obra, até o momento da entrega da obra.

90. (Cespe/TRF/5R/Juiz/2009) Carlos, de posse de projeto elaborado por uma arquiteta e por ele aprovado, celebrou contrato de empreitada mista com uma construtora para a realização de reforma em imóvel seu, não tendo sido estipulada cláusula de reajuste de preço. Com base nessa situação hipotética, assinale a opção correta.

a) Como é usual nos contratos de empreitada mista, a responsabilidade da construtora abrangerá o fornecimento de mão de obra e de materiais, ficando a direção da obra sob a responsabilidade de Carlos.
b) Ainda que a construtora comprove aumento do custo do material e dos salários dos empregados, não lhe cabe o direito a qualquer acréscimo no preço acertado com Carlos.
c) Em face da natureza do contrato celebrado, a construtora é responsável por eventuais danos causados a terceiros em decorrência da reforma do imóvel, ficando Carlos isento de qualquer responsabilidade.
d) Havendo modificações no projeto original, somente poderá a construtora exigir acréscimo no preço contratado se tais modificações forem autorizadas por instruções escritas do dono da obra, não cabendo a alegação de conhecimento tácito deste.
e) Em regra, Carlos poderá introduzir as modificações que entender convenientes no projeto original, desde que as autorize por escrito.

4.6.4. Mandato; Comissão; Agência e Distribuição

SÚMULAS

STJ **Súm. 60.** É nula a obrigação cambial assumida por procurador do mutuário vinculado ao mutuante, no exclusivo interesse deste.

STJ **Súm. 476.** O endossatário de título de crédito por endosso-mandato só responde por danos decorrentes de protesto indevido se extrapolar os poderes de mandatário.

TRF2 **Súm. 45.** É dispensável a exigência de reconhecimento de firma em procuração com clausula "ad judicia", outorgada a advogado para postulação em juízo apenas com poderes gerais para o foro.

ENUNCIADOS

1) Da Comissão

CJF Comercial 68. No contrato de comissão com cláusula "del credere", responderá solidariamente com o terceiro contratante o comissário que tiver cedido seus direitos ao comitente, nos termos da parte final do art. 694 do Código Civil.

2) Do Mandato

CJF Civil 182. O mandato outorgado por instrumento público previsto no art. 655 do CC somente admite substabelecimento por instrumento particular quando a forma pública for facultativa e não integrar a substância do ato.

CJF Civil 183. Para os casos em que o parágrafo primeiro do art. 661 exige poderes especiais, a procuração deve conter a identificação do objeto.

CJF Civil 184. Da interpretação conjunta desses dispositivos, extrai-se que o mandatário tem o direito de reter, do objeto da operação que lhe foi cometida, tudo o que lhe for devido em virtude do mandato, incluindo-se a remuneração ajustada e o reembolso de despesas.

CJF Civil 655. Nos casos do art. 684 do Código Civil, ocorrendo a morte do mandante, o mandatário poderá assinar escrituras de transmissão ou aquisição de bens para a conclusão de negócios jurídicos que tiveram a quitação enquanto vivo o mandante.

3.2) Da Agência e Distribuição

CJF Comercial 31. O contrato de distribuição previsto no art. 710 do Código Civil é uma modalidade de agência em que o agente atua como mediador ou mandatário do proponente e faz jus à remuneração devida por este, correspondente aos negócios concluídos em sua zona. No contrato de distribuição autêntico, o distribuidor comercializa diretamente o produto recebido do fabricante ou fornecedor, e seu lucro resulta das vendas que faz por sua conta e risco.

QUESTÕES OBJETIVAS

91. (Vunesp/TRF/3R/Juiz/2022) Assinale a assertiva correta:

a) O mandato é contrato de acordo com o qual uma pessoa capaz ou incapaz recebe de outrem poderes para, em seu nome, praticar atos ou administrar interesses.
b) O mandato é o instrumento da procuração.
c) O mandato pode se dar por instrumento particular e deve conter a indicação do lugar no qual foi passado, a qualificação do outorgante, a data e objetivo da outorga com a designação e a extensão dos poderes conferidos.
d) O terceiro com quem o mandatário tratar não poderá exigir que a procuração traga a firma reconhecida, por ser formalidade que a lei não exige.

92. (TRF/3R/Juiz/2018) Sobre o mandato, é correto afirmar que:

a) O substabelecimento deve observar a mesma forma pela qual foi outorgado o mandato.
b) Sem prévia e expressa concordância do mandante, é vedado ao mandatário reter, do objeto da operação que lhe foi cometida, valor suficiente para remunerar o que for devido por força do mandato.
c) Havendo valores líquidos, o mandatário pode compensar os prejuízos a que deu causa com os proveitos que, por outro lado, tenha granjeado ao seu constituinte.
d) É possível estabelecer a irrevogabilidade do mandato quando ela for condição de um negócio bilateral ou quando tiver sido estipulada no exclusivo interesse do mandatário.

93. (TRF/2R/Juiz/2017) A renúncia ao mandato judicial deve ser compreendida, sob o ângulo de tal contrato, como forma de:

a) Delegação contratual.
b) Inadimplemento contratual.
c) Caducidade contratual.
d) Resilição.
e) Expromissão.

94. (Cespe/TRF/2R/Juiz/2013) Assinale a opção correta com base no Código Civil, no CDC e na jurisprudência do STJ.

a) O STJ já sedimentou entendimento no sentido da obrigatoriedade do aviso de recebimento (AR) na carta de comunicação ao consumidor sobre a negativação de seu nome em bancos de dados e cadastros.
b) Conferido o mandato com a cláusula "in rem suam", a sua revogação não terá eficácia, nem se extinguirá pela morte de qualquer das partes, ficando o mandatário dispensado de prestar contas, e podendo transferir para si os bens móveis ou imóveis objeto do mandato, obedecidas as formalidades legais.
c) O comodatário poderá recobrar do comodante as despesas feitas com o uso e gozo da coisa emprestada.
d) O pedido do pagamento de indenização à seguradora interrompe o prazo de prescrição até que o segurado tenha ciência da decisão.
e) Não se revogam por ingratidão as doações puramente remuneratórias, mas as que se fizerem em cumprimento de obrigação natural são passíveis de revogação.

95. (TRF/3R/Juiz/2010) Assinale a alternativa correta. O mandato:

a) É modalidade de contrato de prestação de serviço de Advocacia.
b) O mandato para o foro em geral não se impõe seja dado ao Advogado.
c) A nomeação de outro mandatário para o mesmo negócio, sem ressalva, constitui revogação tácita do mandato anterior.
d) Ciente da morte do mandante, o mandatário deve fazer cessar todo e qualquer ato ou negócio decorrente da execução do mandato.

4.6.5. Corretagem; Transporte; Seguro; Constituição de Renda

SÚMULAS

1) Do Seguro

STF Súm. 188. O segurador tem ação regressiva contra o causador do dano, pelo que efetivamente pagou, até o limite previsto no contrato de seguro.

STF Súm. 257. São cabíveis honorários de advogado na ação regressiva do segurador contra o causador do dano.

STJ Súm. 101. A ação de indenização do segurado em grupo contra a seguradora prescreve em um ano.

STJ Súm. 229. O pedido do pagamento de indenização à seguradora suspende o prazo de prescrição até que o segurado tenha ciência da decisão.

STJ Súm. 246. O valor do seguro obrigatório deve ser deduzido da indenização judicialmente fixada.

STJ Súm. 278. O termo inicial do prazo prescricional, na ação de indenização, é a data em que o segurado teve ciência inequívoca da incapacidade laboral.

STJ Súm. 402. O contrato de seguro por danos pessoais compreende os danos morais, salvo cláusula expressa de exclusão.

STJ Súm. 465. Ressalvada a hipótese de efetivo agravamento do risco, a seguradora não se exime do dever de indenizar em razão da transferência do veículo sem a sua prévia comunicação.

STJ Súm. 529. No seguro de responsabilidade civil facultativo, não cabe o ajuizamento de ação pelo terceiro prejudicado direta e exclusivamente em face da seguradora do apontado causador do dano.

STJ Súm. 537. Em ação de reparação de danos, a seguradora denunciada, se aceitar a denunciação ou contestar o pedido do autor, pode ser condenada, direta e solidariamente junto com o segurado, ao pagamento da indenização devida à vítima, nos limites contratados na apólice.

STJ Súm. 610. O suicídio não é coberto nos dois primeiros anos de vigência do contrato de seguro de vida, ressalvado o direito do beneficiário à devolução do montante da reserva técnica formada.

STJ Súm. 616. A indenização securitária é devida quando ausente a comunicação prévia do segurado acerca do atraso no pagamento do prêmio, por constituir requisito essencial para a suspensão ou resolução do contrato de seguro.

STJ Súm. 620. A embriaguez do segurado não exime a seguradora do pagamento da indenização prevista em contrato de seguro de vida.

STJ Súm. 632. Nos contratos de seguro regidos pelo Código Civil, a correção monetária sobre a indenização securitária incide a partir da contratação até o efetivo pagamento.

2) Do Transporte

STF Súm. 161. Em contrato de transporte, é inoperante a cláusula de não indenizar.

STF Súm. 187. A responsabilidade contratual do transportador, pelo acidente com o passageiro, não é elidida por culpa de terceiro, contra o qual tem ação regressiva.

STJ Súm. 145. No transporte desinteressado, de simples cortesia, o transportador só será civilmente responsável por danos causados ao transportado quando incorrer em dolo ou culpa grave.

ENUNCIADOS

1) Da Corretagem

CJF Comercial 36. O pagamento da comissão, no contrato de corretagem celebrado entre empresários, pode ser condicionado à celebração do negócio previsto no contrato ou à mediação útil ao cliente, conforme os entendimentos prévios entre as partes. Na ausência de ajuste ou previsão contratual, o cabimento da comissão deve ser analisado no caso concreto, à luz da boa-fé objetiva e da vedação ao enriquecimento sem causa, sendo devida se o negócio não vier a se concretizar por fato atribuível exclusivamente a uma das partes.

2) Do Transporte

CJF Civil 369. Diante do preceito constante no art. 732 do Código Civil, teleologicamente e em uma visão constitucional de unidade do sistema, quando o contrato de transporte constituir uma relação de consumo, aplicam-se as normas do Código de Defesa do Consumidor que forem mais benéficas a este.

CJF Civil 559. Observado o Enunciado 369 do CJF, no transporte aéreo, nacional e internacional, a responsabilidade do transportador em relação aos passageiros gratuitos, que viajarem por cortesia, é objetiva, devendo atender à integral reparação de danos patrimoniais e extrapatrimoniais.

3) Do Seguro

3.1) Disposições Gerais

CJF Civil 185. A disciplina dos seguros do Código Civil e as normas da previdência privada que impõem a contratação exclusivamente por meio de entidades legalmente autorizadas não impedem a formação de grupos restritos de ajuda mútua, caracterizados pela autogestão.

CJF Civil 370. Nos contratos de seguro por adesão, os riscos predeterminados indicados no art. 757, parte final, devem ser interpretados de acordo com os arts. 421, 422, 424, 759 e 799 do Código Civil e 1º, inc. III, da Constituição Federal.

CJF Civil 371. A mora do segurado, sendo de escassa importância, não autoriza a resolução do contrato, por atentar ao princípio da boa-fé objetiva.

CJF Civil 372. Em caso de negativa de cobertura securitária por doença pré-existente, cabe à seguradora comprovar que o segurado tinha conhecimento inequívoco daquela.

CJF Civil 376. Para efeito de aplicação do art. 763 do Código Civil, a resolução do contrato depende de prévia interpelação.

CJF Civil 542. A recusa de renovação das apólices de seguro de vida pelas seguradoras em razão da idade do segurado é discriminatória e atenta contra a função social do contrato.

CJF Civil 543. Constitui abuso do direito a modificação acentuada das condições do seguro de vida e de saúde pela seguradora quando da renovação do contrato.

CJF Civil 585. Impõe-se o pagamento de indenização do seguro mesmo diante de condutas, omissões ou declarações ambíguas do segurado que não guardem relação com o sinistro.

CJF Civil 656. Do princípio da boa-fé objetiva, resulta o direito do segurado, ou do beneficiário, de acesso aos relatórios e laudos técnicos produzidos na regulação do sinistro.

CJF Civil 657. Diante do princípio da boa-fé objetiva, o regulador do sinistro tem o dever de probidade, imparcialidade e celeridade, o que significa que deve atuar com correção no cumprimento de suas atividades.

3.2) Do Seguro de Dano

CJF Civil 373. Embora sejam defesos pelo § 2º do art. 787 do Código Civil, o reconhecimento da responsabilidade, a confissão da ação ou a transação não retiram ao segurado o direito à garantia, sendo apenas ineficazes perante a seguradora.

CJF Civil 544. O seguro de responsabilidade civil facultativo garante dois interesses, o do segurado contra os efeitos patrimoniais da imputação de responsabilidade e o da vítima à indenização, ambos destinatários da garantia, com pretensão própria e independente contra a seguradora.

CJF Civil 546. O § 2º do art. 787 do Código Civil deve ser interpretado em consonância com o art. 422 do mesmo diploma legal, não obstando o direito à indenização e ao reembolso.

CJF Civil 552. Constituem danos reflexos reparáveis as despesas suportadas pela operadora de plano de saúde decorrentes de complicações de procedimentos por ela não cobertos.

3.3) Do Seguro de Pessoa

CJF Civil 186. O companheiro deve ser considerado implicitamente incluído no rol das pessoas tratadas no art. 790, parágrafo único, por possuir interesse legítimo no seguro da pessoa do outro companheiro.

CJF Civil 187. No contrato de seguro de vida, presume-se, de forma relativa, ser premeditado o suicídio cometido nos dois primeiros anos de vigência da cobertura, ressalvado ao beneficiário o ônus de demonstrar a ocorrência do chamado "suicídio involuntário".

CJF Civil 374. No contrato de seguro, o juiz deve proceder com equidade, atentando às circunstâncias reais, e não a probabilidades infundadas, quanto à agravação dos riscos.

CJF Civil 375. No seguro em grupo de pessoas, exige-se o quórum qualificado de 3/4 do grupo, previsto no § 2º do art. 801 do Código Civil, apenas quando as modificações impuserem novos ônus aos participantes ou restringirem seus direitos na apólice em vigor.

CJF Civil 542. A recusa de renovação das apólices de seguro de vida pelas seguradoras em razão da idade do segurado é discriminatória e atenta contra a função social do contrato.

INFORMATIVOS

STJ Seguro de vida. Acidente de trânsito. Embriaguez do segurado. Negativa de cobertura. Impossibilidade. Estado mental do segurado. Irrelevante. Súmula 620 do STJ. Nos seguros de pessoas, é vedada a exclusão de cobertura na hipótese de sinistros ou acidentes decorrentes de atos praticados pelo segurado em estado de insanidade mental, de alcoolismo ou sob efeito de substâncias tóxicas. *REsp 1999624, 2ª S, 28.9.2022. Inf 751.*

STJ Transporte rodoviário. Roubo de carga. Adoção de todas as cautelas assecuratórias pela transportadora. Agravamento do risco pelo segurado. Ato culposo ou doloso. Responsabilidade Civil. Dever de indenização da seguradora. Exoneração. O roubo de carga em transporte rodoviário, mediante uso de arma de fogo, exclui a responsabilidade da transportadora perante a seguradora do proprietário da mercadoria transportada, quando adotadas todas as cautelas que razoavelmente dela se poderia esperar, assim como a conduta direta do segurado que agravar o risco da cobertura contratada, por ato culposo ou doloso, acarreta a exoneração do dever da seguradora do pagamento da indenização. *EREsp 1577162, 2ª S, 10.8.2022. Inf 744.*

STJ **Seguro de dano. Incêndio. Perda total de imóvel. Valor da indenização. Efetivo prejuízo. Momento do sinistro. Princípio indenitário. CC.** Em caso de perda total do bem segurado, a indenização securitária deve corresponder ao valor do efetivo prejuízo experimentado no momento do sinistro, observado, contudo, o valor máximo previsto na apólice do seguro de dano, nos termos dos arts. 778 e 781 do CC. *REsp 1955422, 4ª T, 14.6.2022. Inf 742.*

STJ **Seguro de vida coletivo. Recusa indenizatória. Alegação de descumprimento de deveres contratuais. Empresa estipulante. Favor de terceiro. Legitimidade de agir. Cabimento.** Apesar de, em princípio, a empresa estipulante de contrato de seguro de vida coletivo não possuir legitimidade passiva em ações nas quais pleiteia-se o pagamento de indenizações securitárias, em se tratando de ação que questiona o cumprimento das obrigações firmadas entre as partes contratantes, pode ser reconhecida a legitimidade ativa da mandatária, sem prejudicar os beneficiários do segurado a fazer jus ao recebimento da indenização. *REsp 2004461, 3ª T, 30.9.2022. Inf 753.*

STJ **Contrato de seguro de vida. Administração de bens ou interesses de terceiros. Não ocorrência. Ausência de interesse processual.** Nos contratos de seguro, o valor de indenização a ser recebido na hipótese de ocorrência do evento segurado é estabelecido previamente no contrato e, por isso, não há a "guarda" dos prêmios. *REsp 1738657, 3ª T, 14.6.2022. Inf 741.*

STJ **Seguro. Sub-rogação. Ação regressiva de ressarcimento. Cláusula de eleição de foro firmada entre a autora do dano e o segurado. Inoponibilidade à seguradora.** A cláusula de eleição de foro firmada entre a autora do dano e o segurado não é oponível à seguradora sub-rogada em ação regressiva na qual pleiteia o ressarcimento do valor pago ao segurado. *REsp 1962113, 3ª T, 25.3.2022. Inf 729.*

STJ **Seguro empresarial contra incêndio. Seguro de dano. Perda total do bem segurado. Limitação da indenização ao prejuízo efetivamente experimentado.** Na hipótese de perda total do bem segurado, o valor da indenização só corresponderá ao montante integral da apólice se o valor segurado, no momento do sinistro, não for menor. *REsp 1943335, 3ª T, 17.12.2021. Inf 722.*

STJ **Seguro de vida. Instituidor casado não separado de fato ou judicialmente. Concubina beneficiária. Impossibilidade. Expressa vedação legal. Art. 793 do CC.** O seguro de vida não pode ser instituído por pessoa casada em benefício de parceiro em relação concubinária. *REsp 1391954, 4ª T, 22.3.2022. Inf 731.*

STJ **Compra e venda de imóvel. Promitente comprador. Promitente vendedor. Corretagem. Relações jurídicas diversas. Responsabilidade da corretora. Limitação à eventual falha na prestação do serviço de corretagem.** A relação jurídica estabelecida no contrato de corretagem é diversa daquela firmada entre o promitente comprador e o promitente vendedor do imóvel, de modo que a responsabilidade da corretora está limitada a eventual falha na prestação do serviço de corretagem. *REsp 1811153, 3ª T, 15.2.2022. Inf 725.*

QUESTÕES OBJETIVAS

96. (TRF/4R/Juiz/2022) Assinale a alternativa incorreta.

a) A franquia pode ser adotada por empresa privada, empresa estatal ou entidade sem fins lucrativos, independentemente do segmento em que desenvolva a atividade.

b) É vedado ao transportador reter a bagagem do passageiro como garantia do pagamento da passagem que não tiver sido feito no início ou durante o percurso da viagem.

c) O direito real de uso de coisa imóvel pode ser objeto de alienação fiduciária em garantia desde que tal direito seja suscetível de alienação.

d) A redução de esfera de atividade do representante em desacordo com as cláusulas do contrato constitui motivo justo para a rescisão do contrato de representação comercial pelo representante.

e) Na compra e venda mercantil sob amostra, se houver contradição ou diferença com a maneira pela qual se descreveu a coisa no contrato, prevalece a amostra, o protótipo ou o modelo apresentados.

97. (TRF/3R/Juiz/2018) Sobre o contrato de seguro, é incorreto afirmar:

a) Ele será nulo se estipulado para garantia de risco proveniente de ato doloso do segurado ou do beneficiário.

b) Se o segurado fizer declaração inexata ou omitir circunstância que possa influir na aceitação da proposta ou na taxa do prêmio, perderá o direito à garantia, mas nesse caso não ficará obrigado a pagar o prêmio vencido.

c) No seguro de vida, o suicídio não é coberto nos dois primeiros anos de vigência do contrato, ressalvado o direito do beneficiário à devolução do montante da reserva técnica formada.

d) Se o segurador expedir a apólice sabedor de que o risco que o contrato pretendia cobrir estava superado fica obrigado a pagar em dobro o prêmio estipulado.

98. (TRF/4R/Juiz/2016) Dadas as assertivas abaixo, assinale a alternativa correta.

I. O simples atraso no pagamento de prestação do prêmio do seguro importa desfazimento automático do contrato, dispensada a prévia constituição do contratante em mora, contanto que previsto no instrumento contratual.

II. O que define a responsabilidade pelo pagamento das obrigações condominiais não é o registro do compromisso de compra e venda, mas a relação jurídica material com o imóvel, representada pela imissão na posse pelo promissário comprador e pela ciência inequívoca do condomínio acerca do negócio.

III. A ocorrência do suicídio antes do prazo bienal previsto na lei civil não exime, por si só, a seguradora do dever de indenizar, sendo imprescindível a comprovação da premeditação por parte do segurado, ônus que recai sobre a seguradora.

IV. O contrato de compra e venda, uma vez firmado em observância aos pressupostos de existência e aos requisitos de validade do negócio jurídico, implica transferência imediata da propriedade da coisa que tem por objeto.

a) Estão incorretas apenas as assertivas I e III.

b) Estão incorretas apenas as assertivas I e IV.

c) Estão incorretas apenas as assertivas II e IV.

d) Estão incorretas apenas as assertivas I, III e IV.

e) Nenhuma assertiva está correta.

99. (TRF/4R/Juiz/2016) Assinale a alternativa incorreta.

a) Conferido o mandato com a cláusula "em causa própria", a sua revogação não terá eficácia, e ele não se extinguirá pela morte de qualquer das partes, ficando o mandatário dispensado de prestar contas e podendo transferir para si os bens móveis ou imóveis objeto do mandato, obedecidas as formalidades legais.

b) O contrato de comissão tem por objeto a aquisição ou a venda de bens pelo comissário, em seu próprio nome, à conta do comitente. Nessa espécie contratual, o comissário fica diretamente obrigado para com as pessoas com quem contratar, sem que estas tenham ação contra o comitente, nem este contra elas, salvo se o comissário ceder seus direitos a qualquer das partes.

c) Se uma prestação não for divisível e houver dois ou mais devedores, cada um será obrigado pela dívida toda. O devedor, que paga a dívida, sub-roga-se no direito do credor em relação aos outros coobrigados.

d) Não cumprida a obrigação, responde o devedor por perdas e danos, mais juros e atualização monetária segundo índices oficiais regularmente estabelecidos e honorários de advogado.

e) O transportador responde pelos danos causados às pessoas transportadas e às suas bagagens, salvo motivo de força maior e expressa cláusula de não indenizar.

100. (TRF/2R/Juiz/2014) Existem contratos que, em sua formulação típica e clássica, geram para uma das partes prestação principal que se caracteriza como obrigação de resultado. Assinale a opção que contenha apenas contratos de tal espécie:

a) Empreitada, transporte e corretagem.
b) Locação não residencial, empreitada e fiança bancária.
c) Locação não residencial, fiança bancária e mandato em causa própria.
d) Corretagem, compra e venda consignada e transação.
e) Empreitada, compromisso e transação.

101. (Cespe/TRF/5R/Juiz/2013) À luz da jurisprudência do STJ, assinale a opção correta em relação aos contratos em espécie.

a) No âmbito dos contratos de alienação fiduciária, é possível ao credor promover, concomitantemente, ação de busca e apreensão do bem e processo de execução da nota promissória dada em garantia ao cumprimento do referido contrato.
b) A fiança prestada sem autorização de um dos cônjuges acarreta a invalidade, e não a ineficácia, da garantia.
c) Considere que um dos sócios de determinada sociedade empresária, pretendendo retirar-se da sociedade e exonerar-se da condição de fiador de determinado negócio jurídico celebrado pela empresa, tenha cedido integralmente suas cotas sociais aos demais sócios, conforme previsto no contrato social. Nessa situação, esse sócio poderia livrar-se da condição de fiador apenas procedendo à notificação extrajudicial do credor.
d) A cláusula inserta em contrato de seguro que autorize a seguradora de veículos, nos casos de perda ou furto do bem, a indenizar o segurado pelo valor de mercado do bem na data do sinistro, por si só, não é abusiva.
e) Em contrato de financiamento de automóvel garantido por alienação fiduciária, é inválida a notificação extrajudicial, por cartório de títulos e documentos de comarca diversa daquela em que o devedor é domiciliado, efetivada por via postal no seu endereço.

102. (Cespe/TRF/3R/Juiz/2011) Supondo que uma pessoa adquira de determinada empresa de transporte passagem para viajar do Rio de Janeiro a São Paulo, fazendo uso de programa de milhagem oferecido por outra empresa, conveniada à primeira, assinale a opção correta.

a) Sendo a gratuidade, na hipótese, apenas aparente, caracteriza-se o contrato de transporte típico.
b) Por ser gratuito, o contrato descrito não se caracteriza como de transporte.
c) Configura-se o negócio descrito como contrato de transporte se entre as partes for firmado instrumento.
d) Trata-se de simples contrato de prestação de serviços, porque o transporte, no caso, é cumulativo.
e) Não existe contrato na situação descrita, mas simples ato jurídico não negocial.

4.6.6. Jogo e Aposta; Fiança; Transação; Compromisso

SÚMULAS

1) Da Fiança

STJ **Súm. 214.** O fiador na locação não responde por obrigações resultantes de aditamento ao qual não anuiu.

STJ **Súm. 268.** O fiador que não integrou a relação processual na ação de despejo não responde pela execução do julgado.

STJ **Súm. 332.** A fiança prestada sem autorização de um dos cônjuges implica a ineficácia total da garantia.

STJ **Súm. 656.** É válida a cláusula de prorrogação automática de fiança na renovação do contrato principal. A exoneração do fiador depende da notificação prevista no art. 835 do Código Civil.

ENUNCIADOS

1) Da Fiança

CJF **Civil 364.** No contrato de fiança é nula a cláusula de renúncia antecipada ao benefício de ordem quando inserida em contrato de adesão.

CJF **Civil 547.** Na hipótese de alteração da obrigação principal sem o consentimento do fiador, a exoneração deste é automática, não se aplicando o disposto no art. 835 do Código Civil quanto à necessidade de permanecer obrigado pelo prazo de 60 (sessenta) dias após a notificação ao credor, ou de 120 (cento e dias) dias no caso de fiança locatícia.

2) Da transação

CJF **Civil 442.** A transação, sem a participação do advogado credor dos honorários, é ineficaz quanto aos honorários de sucumbência definidos no julgado.

INFORMATIVOS

STJ **Fiança. Necessidade de outorga conjugal. Fiador empresário ou comerciante. Irrelevância. Segurança econômica familiar. Nulidade do contrato de fiança. Aplicação da Súmula 322/STJ.** É necessária a exigência geral de outorga do cônjuge para prestar fiança, sendo indiferente o fato de o fiador prestá-la na condição de comerciante ou empresário, considerando a necessidade de proteção da segurança econômica familiar. *REsp 1525638, 4ª T, 14.6.2022. Inf 742.*

QUESTÕES OBJETIVAS

103. (TRF/2R/Juiz/2017) Ícaro, casado, avaliza empréstimo que seu amigo, Petrus, contraiu perante a Caixa Econômica (CEF). O contrato o afirma avalista em várias cláusulas, e não fiador, embora não tenham sido emitidos títulos de crédito. Não houve outorga uxória, já que Ícaro se afirmou solteiro. Única opção se amolda à linha dominante. Assinale-a:

a) Tanto o aval quanto a fiança dependem de outorga uxória, de modo que a garantia é nula, aspecto cognoscível de ofício.
b) A esposa de Ícaro pode anular o contrato por falta de outorga, e o caso é de negócio anulável, e não nulo.
c) Ícaro deve ser entendido como garantidor do contrato, independentemente de ser nominado avalista, e não é o caso de anulação do ajuste.
d) Como o aval é próprio dos títulos de crédito, o empréstimo deve ser entendido como desprovido de garantia.
e) Cabe a Ícaro, e não a sua esposa, pedir a anulação do aval.

104. (TRF/4R/Juiz/2010) Assinale a alternativa correta. Quanto à sua classificação, temos que o contrato de fiança é:

a) Unilateral.
b) Bilateral ou sinalagmático.
c) De forma livre ou não solene.
d) Principal.
e) Todas as alternativas anteriores estão incorretas.

4.7. Dos Atos Unilaterais

SÚMULAS

STJ **Súm. 322.** Para a repetição de indébito, nos contratos de abertura de crédito em conta corrente, não se exige a prova do erro.

ENUNCIADOS

CJF **Civil 35.** A expressão "se enriquecer à custa de outrem" do art. 884 do novo Código Civil não significa, necessariamente, que deverá haver empobrecimento.

CJF **Civil 36.** O art. 886 do novo Código Civil não exclui o direito à restituição do que foi objeto de enriquecimento sem causa nos casos em que os meios alternativos conferidos ao lesado encontram obstáculos de fato.

CJF **Civil 188.** A existência de negócio jurídico válido e eficaz é, em regra, uma justa causa para o enriquecimento.

CJF **Civil 551.** Nas violações aos direitos relativos a marcas, patentes e desenhos industriais, será assegurada a reparação civil ao seu titular, incluídos tanto os danos patrimoniais como os danos extrapatrimoniais.

CJF **Civil 620.** A obrigação de restituir o lucro da intervenção, entendido como a vantagem patrimonial auferida a partir da exploração não autorizada de bem ou direito alheio, fundamenta-se na vedação do enriquecimento sem causa.

QUESTÕES OBJETIVAS

105. (Cespe/TRF/5R/Juiz/2017) Ronaldo recebeu de Flávia, por meio de instrumento público, poderes para, em nome dela, administrar uma loja de revenda de automóveis. Considerando-se essa situação hipotética, assinale a opção correta.

a) Caso atue fora dos poderes a ele conferidos, Ronaldo passará a ser considerado gestor de negócios.
b) Ronaldo terá a obrigação de transferir a Flávia as vantagens que receber, salvo as que excederem ao pactuado.
c) Em caso de morte de Flávia, assim que tiver ciência do ocorrido, Ronaldo deverá suspender os negócios iniciados, comunicando o ato aos herdeiros.
d) Caso Ronaldo decida substabelecer o contrato a terceiro, deverá observar a mesma forma do contrato original.
e) Se a loja sofrer prejuízos, Ronaldo estará obrigado a indenizar Flávia apenas se ele houver agido com dolo.

4.8. Da Responsabilidade Civil

ATENÇÃO: ESTE TEMA É MUITO EXIGIDO NOS CONCURSOS!

SÚMULAS

1) Acidente de Trabalho

STF **Súm. 35.** Em caso de acidente do trabalho ou de transporte, a concubina tem direito de ser indenizada pela morte do amásio, se entre eles não havia impedimento para o matrimônio.

STF **Súm. 314.** Na composição do dano por acidente do trabalho, ou de transporte, não é contrário à lei tomar para base da indenização o salário do tempo da perícia ou da sentença.

2) Acidente de Trânsito

STJ **Súm. 132.** A ausência de registro da transferência não implica a responsabilidade do antigo proprietário por dano resultante de acidente que envolva o veículo alienado.

STJ **Súm. 145.** No transporte desinteressado, de simples cortesia, o transportador só será civilmente responsável por danos causados ao transportado quando incorrer em dolo ou culpa grave.

3) Cálculo da Indenização

STF **Súm. 314.** Na composição do dano por acidente do trabalho, ou de transporte, não é contrário à lei tomar para base da indenização o salário do tempo da perícia ou da sentença.

STF **Súm. 490.** A pensão correspondente à indenização oriunda de responsabilidade civil deve ser calculada com base no salário-mínimo vigente ao tempo da sentença e ajustar-se-á às variações ulteriores.

STF **Súm. 562.** Na indenização de danos materiais decorrentes de ato ilícito cabe a atualização de seu valor, utilizando-se, para esse fim, dentre outros critérios, os índices de correção monetária.

STJ **Súm. 43.** Incide correção monetária sobre dívida por ato ilícito a partir da data do efetivo prejuízo.

STJ **Súm. 54.** Os juros moratórios fluem a partir do evento danoso, em caso de responsabilidade extracontratual.

STJ **Súm. 246.** O valor do seguro obrigatório deve ser deduzido da indenização judicialmente fixada.

STJ **Súm. 313.** Em ação de indenização, procedente o pedido, é necessária a constituição de capital ou caução fidejussória para a garantia de pagamento da pensão, independentemente da situação financeira do demandado.

STJ **Súm. 362.** A correção monetária do valor da indenização do dano moral incide desde a data do arbitramento.

4) Contratos de Locação/Seguro/Transporte

STF **Súm. 35.** Em caso de acidente do trabalho ou de transporte, a concubina tem direito de ser indenizada pela morte do amásio, se entre eles não havia impedimento para o matrimônio.

STF **Súm. 161.** Em contrato de transporte, é inoperante a cláusula de não indenizar.

STF **Súm. 187.** A responsabilidade contratual do transportador, pelo acidente com o passageiro, não é elidida por culpa de terceiro, contra o qual tem ação regressiva.

STF **Súm. 188.** O segurador tem ação regressiva contra o causador do dano, pelo que efetivamente pagou, até o limite previsto no contrato de seguro.

STF **Súm. 492.** A empresa locadora de veículos responde, civil e solidariamente com o locatário, pelos danos por este causados a terceiro, no uso do carro locado.

5) Dano Moral

STJ **Súm. 37.** São cumuláveis as indenizações por dano material e dano moral oriundos do mesmo fato.

STJ **Súm. 227.** A pessoa jurídica pode sofrer dano moral.

STJ **Súm. 281.** A indenização por dano moral não está sujeita à tarifação prevista na Lei de Imprensa.

STJ **Súm. 326.** Na ação de indenização por dano moral, a condenação em montante inferior ao postulado na inicial não implica sucumbência recíproca.

STJ **Súm. 362.** A correção monetária do valor da indenização do dano moral incide desde a data do arbitramento.

STJ **Súm. 370.** Caracteriza dano moral a apresentação antecipada de cheque pré-datado.

STJ **Súm. 385.** Da anotação irregular em cadastro de proteção ao crédito, não cabe indenização por dano moral, quando preexistente legítima inscrição, ressalvado o direito ao cancelamento.

STJ **Súm. 387.** É lícita a cumulação das indenizações de dano estético e dano moral.

STJ **Súm. 388.** A simples devolução indevida de cheque caracteriza dano moral.

STJ **Súm. 402.** O contrato de seguro por danos pessoais compreende os danos morais, salvo cláusula expressa de exclusão.

STJ **Súm. 403.** Independe de prova do prejuízo a indenização pela publicação não autorizada de imagem de pessoa com fins econômicos ou comerciais.

STJ **Súm. 420.** Incabível, em embargos de divergência, discutir o valor de indenização por danos morais.

STJ **Súm. 624.** É possível cumular a indenização do dano moral com a reparação econômica da Lei n. 10.559/2002 (Lei da Anistia Política).

STJ **Súm. 642.** O direito à indenização por danos morais transmite com o falecimento do titular, possuindo os herdeiros da vítima legitimidade ativa para ajuizar ou prosseguir na ação indenizatória

6) Instituições Financeiras

STF **Súm. 28.** O estabelecimento bancário é responsável pelo pagamento de cheque falso, ressalvadas as hipóteses de culpa exclusiva ou concorrente do correntista.

STJ **Súm. 479.** As instituições financeiras respondem objetivamente pelos danos gerados por fortuito interno relativo a fraudes e delitos praticados por terceiros no âmbito de operações bancárias.

7) Lei de Imprensa

STJ **Súm. 221.** São civilmente responsáveis pelo ressarcimento de dano, decorrente de publicação pela imprensa, tanto o autor do escrito quanto o proprietário do veículo de divulgação.

STJ **Súm. 281.** A indenização por dano moral não está sujeita à tarifação prevista na Lei de Imprensa.

8) Título de Crédito

STJ **Súm. 475.** Responde pelos danos decorrentes de protesto indevido o endossatário que recebe por endosso translativo título de crédito contendo vício formal extrínseco ou intrínseco, ficando ressalvado seu direito de regresso contra os endossantes e avalistas.

STJ **Súm. 476.** O endossatário de título de crédito por endosso-mandato só responde por danos decorrentes de protesto indevido se extrapolar os poderes de mandatário.

9) Outros Temas

STF **Súm. 159.** Cobrança excessiva, mas de boa-fé, não dá lugar às sanções do art. 1.531 do Código Civil.

STF **Súm. 491.** É indenizável o acidente que cause a morte de filho menor, ainda que não exerça trabalho remunerado.

STJ **Súm. 130.** A empresa responde, perante o cliente, pela reparação de dano ou furto de veículo ocorridos em seu estacionamento.

STJ **Súm. 529.** No seguro de responsabilidade civil facultativo, não cabe o ajuizamento de ação pelo terceiro prejudicado direta e exclusivamente em face da seguradora do apontado causador do dano.

REPERCUSSÃO & REPETITIVOS

STF **Rep. Geral 932.** O artigo 927, parágrafo único, do Código Civil é compatível com o artigo 7º, XXVIII, da Constituição Federal, sendo constitucional a responsabilização objetiva do empregador por danos decorrentes de acidentes de trabalho, nos casos especificados em lei, ou quando a atividade normalmente desenvolvida, por sua natureza, apresentar exposição habitual a risco especial, com potencialidade lesiva e implicar ao trabalhador ônus maior do que aos demais membros da coletividade. *RE 828040, 12.3.2020.*

ENUNCIADOS

1) Da Obrigação de Indenizar

CJF **Civil 38.** A responsabilidade fundada no risco da atividade, como prevista na segunda parte do parágrafo único do art. 927 do novo Código Civil, configura-se quando a atividade normalmente desenvolvida pelo autor do dano causar a pessoa determinada um ônus maior do que aos demais membros da coletividade.

CJF **Civil 39.** A impossibilidade de privação do necessário à pessoa, prevista no art. 928, traduz um dever de indenização equitativa, informado pelo princípio constitucional da proteção à dignidade da pessoa humana. Como consequência, também os pais, tutores e curadores serão beneficiados pelo limite humanitário do dever de indenizar, de modo que a passagem ao patrimônio do incapaz se dará não quando esgotados todos os recursos do responsável, mas se reduzidos estes ao montante necessário à manutenção de sua dignidade.

CJF **Civil 40.** O incapaz responde pelos prejuízos que causar de maneira subsidiária ou excepcionalmente, como devedor principal, na hipótese do ressarcimento devido pelos adolescentes que praticarem atos infracionais, nos termos do art. 116 do Estatuto da Criança e do Adolescente, no âmbito das medidas socioeducativas ali previstas.

CJF **Civil 41.** A única hipótese em que poderá haver responsabilidade solidária do menor de 18 anos com seus pais é ter sido emancipado nos termos do art. 5º, parágrafo único, inc. I, do novo Código Civil.

CJF **Civil 42.** O art. 931 amplia o conceito de fato do produto existente no art. 12 do Código de Defesa do Consumidor, imputando responsabilidade civil à empresa e aos empresários individuais vinculados à circulação dos produtos.

CJF **Civil 43.** A responsabilidade civil pelo fato do produto, prevista no art. 931 do novo Código Civil, também inclui os riscos do desenvolvimento.

CJF **Civil 44.** Na hipótese do art. 934, o empregador e o comitente somente poderão agir regressivamente contra o empregado ou preposto se estes tiverem causado dano com dolo ou culpa.

CJF **Civil 45.** No caso do art. 935, não mais se poderá questionar sobre a existência do fato ou sobre quem seja o seu autor se essas questões se acharem categoricamente decididas no juízo criminal.

CJF **Civil 189.** Na responsabilidade civil por dano moral causado à pessoa jurídica, o fato lesivo, como dano eventual, deve ser devidamente demonstrado.

CJF **Civil 190.** A regra do art. 931 do novo CC não afasta as normas acerca da responsabilidade pelo fato do produto previstas no art. 12 do CDC, que continuam mais favoráveis ao consumidor lesado.

CJF **Civil 191.** A instituição hospitalar privada responde, na forma do art. 932 III do CC, pelos atos culposos praticados por médicos integrantes de seu corpo clínico.

CJF **Civil 377.** O art. 7º, inc. XXVIII, da Constituição Federal não é impedimento para a aplicação do disposto no art. 927, parágrafo único, do Código Civil quando se tratar de atividade de risco.

CJF **Civil 378.** Aplica-se o art. 931 do Código Civil, haja ou não relação de consumo.

CJF **Civil 443.** O caso fortuito e a força maior somente serão considerados como excludentes da responsabilidade civil quando o fato gerador do dano não for conexo à atividade desenvolvida.

CJF **Civil 444.** A responsabilidade civil pela perda de chance não se limita à categoria de danos extrapatrimoniais, pois, conforme as circunstâncias do caso concreto, a chance perdida pode apresentar também a natureza jurídica de dano patrimonial. A chance deve ser séria e real, não ficando adstrita a percentuais apriorísticos.

CJF **Civil 445.** O dano moral indenizável não pressupõe necessariamente a verificação de sentimentos humanos desagradáveis como dor ou sofrimento.

CJF **Civil 446.** A responsabilidade civil prevista na segunda parte do parágrafo único do art. 927 do Código Civil deve levar em consideração não apenas a proteção da vítima e a atividade do ofensor, mas também a prevenção e o interesse da sociedade.

CJF **Civil 447.** As agremiações esportivas são objetivamente responsáveis por danos causados a terceiros pelas torcidas organizadas, agindo nessa qualidade, quando, de qualquer modo, as financiem ou custeiem, direta ou indiretamente, total ou parcialmente.

CJF **Civil 448.** A regra do art. 927, parágrafo único, segunda parte, do CC aplica-se sempre que a atividade normalmente desenvolvida, mesmo sem defeito e não essencialmente perigosa, induza, por sua natureza, risco especial e diferenciado aos direitos de outrem. São critérios de avaliação desse risco, entre outros, a estatística, a prova técnica e as máximas de experiência.

CJF **Civil 449.** A indenização equitativa a que se refere o art. 928, parágrafo único, do Código Civil não é necessariamente reduzida sem prejuízo do Enunciado n. 39 da I Jornada de Direito Civil.

CJF **Civil 450.** Considerando que a responsabilidade dos pais pelos atos danosos praticados pelos filhos menores é objetiva, e não por culpa presumida, ambos os genitores, no exercício do poder familiar, são, em regra, solidariamente responsáveis por tais atos, ainda que estejam separados, ressalvado o direito de regresso em caso de culpa exclusiva de um dos genitores.

CJF **Civil 451.** A responsabilidade civil por ato de terceiro funda-se na responsabilidade objetiva ou independente de culpa, estando superado o modelo de culpa presumida.

CJF **Civil 452.** A responsabilidade civil do dono ou detentor de animal é objetiva, admitindo-se a excludente do fato exclusivo de terceiro.

CJF **Civil 453.** Na via regressiva, a indenização atribuída a cada agente será fixada proporcionalmente à sua contribuição para o evento danoso.

CJF **Civil 454.** O direito de exigir reparação a que se refere o art. 943 do Código Civil abrange inclusive os danos morais, ainda que a ação não tenha sido iniciada pela vítima.

CJF **Civil 551.** Nas violações aos direitos relativos a marcas, patentes e desenhos industriais, será assegurada a reparação civil ao seu titular, incluídos tanto os danos patrimoniais como os danos extrapatrimoniais.

CJF **Civil 553.** Nas ações de responsabilidade civil por cadastramento indevido nos registros de devedores inadimplentes realizados por instituições financeiras, a responsabilidade civil é objetiva.

CJF Civil 554. Independe de indicação do local específico da informação a ordem judicial para que o provedor de hospedagem bloqueie determinado conteúdo ofensivo na internet.

CJF Civil 555. "Os direitos de outrem" mencionados no parágrafo único do art. 927 do Código Civil devem abranger não apenas a vida e a integridade física, mas também outros direitos, de caráter patrimonial ou extrapatrimonial.

CJF Civil 556. A responsabilidade civil do dono do prédio ou construção por sua ruína, tratada pelo art. 937 do CC, é objetiva.

CJF Civil 557. Nos termos do art. 938 do CC, se a coisa cair ou for lançada de condomínio edilício, não sendo possível identificar de qual unidade, responderá o condomínio, assegurado o direito de regresso.

CJF Civil 558. São solidariamente responsáveis pela reparação civil, juntamente com os agentes públicos que praticaram atos de improbidade administrativa, as pessoas, inclusive as jurídicas, que para eles concorreram ou deles se beneficiaram direta ou indiretamente.

CJF Civil 562. Aos casos do art. 931 do Código Civil aplicam-se as excludentes da responsabilidade objetiva.

CJF Civil 587. O dano à imagem restará configurado quando presente a utilização indevida desse bem jurídico, independentemente da concomitante lesão a outro direito da personalidade, sendo dispensável a prova do prejuízo do lesado ou do lucro do ofensor para a caracterização do referido dano, por se tratar de modalidade de dano "in re ipsa".

CJF Civil 588. O patrimônio do ofendido não pode funcionar como parâmetro preponderante para o arbitramento de compensação por dano extrapatrimonial.

CJF Civil 589. A compensação pecuniária não é o único modo de reparar o dano extrapatrimonial, sendo admitida a reparação "in natura", na forma de retratação pública ou outro meio.

CJF Civil 590. A responsabilidade civil dos pais pelos atos dos filhos menores, prevista no art. 932, inc. I, do Código Civil, não obstante objetiva, pressupõe a demonstração de que a conduta imputada ao menor, caso o fosse a um agente imputável, seria hábil para a sua responsabilização.

CJF Civil 658. As perdas e danos indenizáveis, na forma dos arts. 402 e 927, do Código Civil, pressupõem prática de atividade lícita, sendo inviável o ressarcimento pela interrupção de atividade contrária ao Direito.

CJF Civil 659. O reconhecimento da dificuldade em identificar o nexo de causalidade não pode levar à prescindibilidade da sua análise.

CJF Civil 661. A aplicação do art. 931 do Código Civil para a responsabilização dos empresários individuais e das empresas pelos danos causados pelos produtos postos em circulação não prescinde da verificação da antijuridicidade do ato.

CJF Civil 662. A responsabilidade civil indireta do curador pelos danos causados pelo curatelado está adstrita ao âmbito de incidência da curatela tal qual fixado na sentença de interdição, considerando o art. 85, caput e §1º, da Lei n. 13.146/2015.

2) Da Indenização

CJF Civil 46. A possibilidade de redução do montante da indenização em face do grau de culpa do agente, estabelecida no parágrafo único do art. 944 do novo Código Civil, deve ser interpretada restritivamente, por representar uma exceção ao princípio da reparação integral do dano.

CJF Civil 47. O art. 945 do Código Civil, que não encontra correspondente no Código Civil de 1916, não exclui a aplicação da teoria da causalidade adequada.

CJF Civil 48. O parágrafo único do art. 950 do novo Código Civil institui direito potestativo do lesado para exigir pagamento da indenização de uma só vez, mediante arbitramento do valor pelo juiz, atendidos os arts. 944 e 945 e a possibilidade econômica do ofensor.

CJF Civil 192. Os danos oriundos das situações previstas nos arts. 949 e 950 do Código Civil de 2002 devem ser analisados em conjunto, para o efeito de atribuir indenização por perdas e danos materiais, cumulada com dano moral e estético.

CJF Civil 379. O art. 944, caput, do Código Civil não afasta a possibilidade de se reconhecer a função punitiva ou pedagógica da responsabilidade civil.

CJF Civil 380. Atribui-se nova redação ao Enunciado n. 46 da I Jornada de Direito Civil, com a supressão da parte final: não se aplicando às hipóteses de responsabilidade objetiva.

CJF Civil 381. O lesado pode exigir que a indenização, sob a forma de pensionamento, seja arbitrada e paga de uma só vez, salvo impossibilidade econômica do devedor, caso em que o juiz poderá fixar outra forma de pagamento, atendendo à condição financeira do ofensor e aos benefícios resultantes do pagamento antecipado.

CJF Civil 455. Embora o reconhecimento dos danos morais se dê, em numerosos casos, independentemente de prova ("in re ipsa"), para a sua adequada quantificação, deve o juiz investigar, sempre que entender necessário, as circunstâncias do caso concreto, inclusive por intermédio da produção de depoimento pessoal e da prova testemunhal em audiência.

CJF Civil 456. A expressão "dano" no art. 944 abrange não só os danos individuais, materiais ou imateriais, mas também os danos sociais, difusos, coletivos e individuais homogêneos a serem reclamados pelos legitimados para propor ações coletivas.

CJF Civil 457. A redução equitativa da indenização tem caráter excepcional e somente será realizada quando a amplitude do dano extrapolar os efeitos razoavelmente imputáveis à conduta do agente.

CJF Civil 458. O grau de culpa do ofensor, ou a sua eventual conduta intencional, deve ser levado em conta pelo juiz para a quantificação do dano moral.

CJF Civil 459. A conduta da vítima pode ser fator atenuante do nexo de causalidade na responsabilidade civil objetiva.

CJF Civil 460. A responsabilidade subjetiva do profissional da área da saúde, nos termos do art. 951 do Código Civil e do art. 14, § 4º, do Código de Defesa do Consumidor, não afasta a sua responsabilidade objetiva pelo fato da coisa da qual tem a guarda, em caso de uso de aparelhos ou instrumentos que, por eventual disfunção, venham a causar danos a pacientes, sem prejuízo do direito regressivo do profissional em relação ao fornecedor do aparelho e sem prejuízo da ação direta do paciente, na condição de consumidor, contra tal fornecedor.

CJF Civil 551. Nas violações aos direitos relativos a marcas, patentes e desenhos industriais, será assegurada a reparação civil ao seu titular, incluídos tanto os danos patrimoniais como os danos extrapatrimoniais.

CJF Civil 560. No plano patrimonial, a manifestação do dano reflexo ou por ricochete não se restringe às hipóteses previstas no art. 948 do Código Civil.

CJF Civil 561. No caso do art. 952 do Código Civil, se a coisa faltar, dever-se-á, além de reembolsar o seu equivalente ao prejudicado, indenizar também os lucros cessantes.

CJF Civil 629. A indenização não inclui os prejuízos agravados, nem os que poderiam ser evitados ou reduzidos mediante esforço razoável da vítima. Os custos da mitigação devem ser considerados no cálculo da indenização.

CJF Civil 630. Culpas não se compensam. Para os efeitos do art. 945 do Código Civil, cabe observar os seguintes critérios: (i) há diminuição do quantum da reparação do dano causado quando, ao lado da conduta do lesante, verifica-se ação ou omissão do próprio lesado da qual resulta o dano, ou o seu agravamento, desde que (ii) reportadas ambas as condutas a um mesmo fato, ou ao mesmo fundamento de imputação, conquanto possam ser simultâneas ou sucessivas, devendo-se considerar o percentual causal do agir de cada um.

CJF Civil 631. Como instrumento de gestão de riscos na prática negocial paritária, é lícita a estipulação de cláusula que exclui a reparação por perdas e danos decorrentes do inadimplemento (cláusula excludente do dever de indenizar) e de cláusula que fixa valor máximo de indenização (cláusula limitativa do dever de indenizar).

INFORMATIVOS

STJ Valor da indenização por danos morais. Condenação. "Quantum debeatur" inferior ao pedido. Sucumbência recíproca. Não ocorrência. Súm. 326/STJ. Subsistência no CPC. Incide a Súm. 326/STJ, no caso de discrepância entre o valor indicado no pedido e o quantum arbitrado na condenação, não havendo falar em sucumbência dos autores da demanda, vencedores em seu pedido indenizatório. *REsp 1837386, 4ª T, 16.8.2022. Inf 746.*

STJ Direito de imagem. Violação. Exposição da parte nua em rede nacional. Praia de naturismo. Ausência de autorização. Vedação expressa de captação de imagem. Apelidos de conotação vexatória. Dano moral. Configuração. Configura dano moral, sujeito à indenização, a veiculação, em rede nacional de TV, de imagem de pessoa nua em praia de naturismo, sem autorização e com atribuição de conotação pejorativa. *Proc. segredo justiça, 4ª T, 23.8.2022. Inf 746.*

STJ Transporte aéreo. Acidente aeroviário. Queda de aeronave. Indenização. Teoria objetiva. Risco da atividade. Danos causados em superfície. Consumidor por equiparação. Posse da aeronave. Cessão de direitos do arrendamento. Responsabilidade do explorador. O possuidor de aeronave acidentada é considerado explorador e, nessa condição, responsável pelos danos provocados aos a terceiros em superfície advindos de sua queda. *REsp 1984282, 4ª T, 16.8.2022. Inf 745.*

STJ Transporte aéreo. Acidente aeroviário. Queda de aeronave. Indenização. Teoria objetiva. Risco da atividade. Danos causados em superfície. Consumidor por equiparação. Arrendamento e posse indireta. Responsabilidade do explorador. A empresa arrendatária e possuidora indireta de aeronave acidentada é considerada responsável pelos danos provocados a terceiros em superfície advindos de sua queda. *REsp 1785404, 4ª T, 16.8.2022. Inf 745.*

STJ Proibição de funcionamento de imóvel comercial locado com acesso autônomo e independente. Cumprimento das normas de restrição sanitária pela Covid-19. Descabimento. Locador que age com excesso aos poderes legais e contratuais. Ato ilícito. Arts. 186, 187 e 188 do CC. Configuração. Excludente de responsabilidade civil. Inocorrência. Indenização. Arts. 927 c/c 402, CC. Obrigação. Pratica ato ilícito apto à indenização, o locador que proíbe o funcionamento de imóvel comercial locado, cujo acesso é autônomo e independente, sob a justificativa de cumprimento às normas de restrição sanitária pela Covid-19. *REsp 1997050, 4ª T, 2.8.2022. Inf 743.*

STJ Responsabilidade civil. Doações inoficiosas. Ação declaratória de nulidade. Extravio de elementos probatórios. Ação de indenização por danos morais e materiais. Ausência de nexo causal. Teoria da perda de uma chance. Não cabimento. Não se aplica a teoria da perda de uma chance para responsabilizar empresa que deixou de apresentar seus livros societários em prazo hábil para subsidiar impugnação de alegada doação inoficiosa por um de seus sócios, na hipótese de não restar comprovado o nexo de causalidade entre o extravio dos livros e as chances de vitória na demanda judicial. *REsp 1929450, 3ª T, 18.10.2022. Inf 754.*

STJ Responsabilidade civil. Eficácia transubjetiva das obrigações. Envio de carta desabonadora a patrocinadora de jogador de futebol. Teoria do terceiro cúmplice. Danos morais. Ocorrência. Terceiro ofensor também está sujeito à eficácia transubjetiva das obrigações, haja vista que seu comportamento não pode interferir indevidamente na relação, perturbando o normal desempenho da prestação pelas partes, sob pena de se responsabilizar pelos danos decorrentes de sua conduta. *Processo sob segredo de justiça, 3ª T, 29.4.2022. Inf 734.*

STJ Convite para cobertura jornalística. Benefício econômico para empresa. Fornecimento de transporte e hospedagem. Acidente automobilístico. Falecimento de jornalista. Responsabilidade civil objetiva. Teoria do risco. Incidência. Art. 927 do CC. A empresa que expede convites a jornalistas para a cobertura e divulgação de seu evento, ou seja, em benefício de sua atividade econômica, e se compromete a prestar o serviço de transporte destes, responde objetivamente pelos prejuízos advindos de acidente automobilístico ocorrido quando de sua prestação. *REsp 1717114, 3ª T, 29.3.2022. Inf 731.*

STJ Oferecimento de denúncia. Divulgação de termos da denúncia. Excesso no exercício do direito de informar. Agir midiático. Abuso cometido por membro do Ministério Público. Indenização por dano moral. Possibilidade. O excesso no exercício do direito de informar é capaz de gerar dano moral ao denunciado quando o membro do Ministério Público comete abusos ao divulgar, na mídia, o oferecimento da denúncia criminal. *REsp 1842613, 4ª T, 22.3.2022. Inf 729.*

QUESTÕES DISCURSIVAS

12. (Cespe/TRF/5R/Juiz/2007) Admite-se a responsabilidade civil pelo dano lícito?

QUESTÕES OBJETIVAS

106. (Vunesp/TRF/3R/Juiz/2022) Analise as proposições abaixo e assinale a alternativa correta:

I. A responsabilidade fundada no risco da atividade configura-se quando a atividade normalmente desenvolvida pelo autor do dano causar a pessoa determinada um ônus maior do que aos demais membros da comunidade.

II. A obrigação de reparar o dano deve levar em consideração a proteção da vítima, a atividade do ofensor e a prevenção e o interesse da sociedade.

III. A incidência da cláusula geral de responsabilidade sem culpa leva em conta o risco inerente da atividade e sua ligação a uma obrigação de resultado, em que falhe o dever de segurança que razoavelmente se poderia esperar do que é um serviço prestado.

IV. A responsabilidade sem culpa aplica-se sempre que a atividade normalmente desenvolvida, mesmo sem defeito, e não essencialmente perigosa, induza, por sua natureza, risco especial e diferenciado aos direitos de outrem, sendo critérios da avaliação de tal risco, exemplificativamente, a estatística, a prova técnica e as máximas de experiência,

a) Todas as assertivas estão corretas.
b) Apenas I e II estão corretas.
c) Apenas a III está incorreta.
d) Apenas a IV está incorreta.

107. (TRF/3R/Juiz/2018) Em tema de responsabilidade civil, é incorreto afirmar:

a) O incapaz não responde por prejuízos que causar, exceto se os responsáveis por ele não tiverem a obrigação de fazê-lo ou se não dispuserem de meios suficientes.
b) É do dono ou detentor do animal que causar dano o ônus de provar que o fato ocorreu por culpa da vítima ou força maior.
c) É de cinco anos o prazo prescricional para a pretensão de restituição de valores pagos a título de comissão de corretagem ou de serviço de assistência técnico imobiliário.
d) O dono do edifício ou construção responde por danos que decorrerem de sua ruína por falta de reparos cuja necessidade, segundo a lei, fosse manifesta.

108. (Cespe/TRF/5R/Juiz/2017) De acordo com o entendimento do STJ, a responsabilidade civil do incapaz pela reparação de danos que houver causado, quando seus pais não tiverem meios de repará-los, será

I. solidária, mas mitigada.
II. condicional.
III. subsidiária e equitativa.
IV. de eficácia diferida.

Estão certos apenas os itens

a) I e II.
b) I e III.
c) I e IV.
d) II e III.
e) III e IV.

109. (TRF/2R/Juiz/2017) Magnus, com 15 anos de idade, pega a chave do veículo de seu pai e, ao dirigi-lo com cautela, perto de sua casa, faz desvio para evitar o atropelamento de criancinha que, de surpresa, avançou sobre a rua. Magnus, ao fazer a manobra salvadora da criança, colide com veículo da Empresa de Correios e Telégrafos, regularmente estacionado. Assinale a opção correta:

a) Magnus, ao desviar, agiu em estado de necessidade, daí que não há base legal para obrigá-lo, a si ou a seu responsável, a reparar o dano causado ao veículo da ECT.
b) Admitindo que o pai de Magnus seja condenado a reparar o dano, ele, mais tarde, faz jus a obter o regresso contra o filho.
c) Embora não se configure o estado de necessidade, o absolutamente incapaz não responde em termos civis, e apenas seu representante ou responsável pode ser chamado a reparar o dano.
d) Mesmo que se acolha a tese de estado de necessidade, o responsável pelo menor pode, legalmente, ser condenado a reparar o dano causado à ECT.
e) O estado de necessidade não se caracteriza. Dirigir sem habilitação é ilícito permanente e incide o Estatuto da Criança e do Adolescente, com responsabilidade civil direta de Magnus e subsidiária de seu pai.

110. (TRF/4R/Juiz/2016) Assinale a alternativa incorreta.

a) As instituições financeiras respondem objetivamente pelos danos gerados por fortuito interno relativo a fraudes e delitos praticados por terceiros no âmbito de operações bancárias.

b) No transporte desinteressado, de simples cortesia, o transportador só será civilmente responsável por danos causados ao transportado quando incorrer em dolo ou culpa grave.

c) Independe de prova do prejuízo a indenização pela publicação não autorizada de imagem de pessoa com fins econômicos ou comerciais.

d) A apresentação antecipada de cheque pré-datado não caracteriza dano moral, visto consistir o cheque em ordem de pagamento à vista.

e) As administradoras de consórcio têm liberdade para estabelecer a respectiva taxa de administração, ainda que fixada em percentual superior a dez por cento.

111. (TRF/3R/Juiz/2016) Considerando a jurisprudência dominante no Superior Tribunal de Justiça, assinale a alternativa incorreta:

a) A correção monetária do valor da indenização do dano material incide desde a data do arbitramento.

b) São cumuláveis as pretensões ao dano moral, ao dano estético e ao dano material decorrentes do mesmo fato.

c) A simples devolução indevida de cheque caracteriza dano moral.

d) São civilmente responsáveis pelo ressarcimento de dano, decorrente de publicação pela imprensa, tanto o autor do escrito quanto o proprietário do veículo de divulgação.

112. (TRF/4R/Juiz/2014) Dadas as assertivas abaixo, assinale a alternativa correta. O Código Civil de 2002 (Lei n. 10.406/2002, na redação vigente) dedica todo o Título IX do Livro I da Parte Especial ao tema da Responsabilidade Civil, prevendo um sistema geral (responsabilidade civil subjetiva), fundado na teoria da culpa, e outro sistema subsidiário (responsabilidade civil objetiva), fundado na teoria do risco. Há, também, outros subsistemas derivados dos dois acima referidos, que se encontram no próprio diploma ou espalhados na legislação extravagante. Com base na disciplina jurídica dada pelo Código ao importante tema da reparação civil dos danos, pode-se afirmar que:

I. Uma das situações na qual incide o sistema subsidiário da responsabilidade civil objetiva ocorre quando a lei assim o determinar, como, por exemplo, no caso dos pais que respondem, objetivamente, pelos danos causados por seus filhos menores, devendo suportar, diretamente, a indenização respectiva em favor do prejudicado (art. 932, caput e inciso I, combinado ao art. 933, ambos do Código de 2002).

II. A absolvição de um réu, no processo penal, não implica automática liberação do dever de uma possível indenização cível. Sendo assim, na hipótese em que o acusado tenha sido absolvido por insuficiência de provas, persiste a possibilidade de investigação, na esfera cível, da ocorrência do dolo ou da culpa que levaram à prática do ilícito gerador da obrigação de indenizar.

III. A regra geral que orienta a obrigação de indenizar é de que a indenização mede-se pela extensão do dano. Contudo, na hipótese em que o lesado tenha, de algum modo, concorrido, culposamente, na relação de causa e efeito, a sua indenização será avaliada e fixada na proporção da gravidade comparativa de sua culpa à do autor do dano.

IV. Consideram-se ofensivos à liberdade pessoal, dando causa à indenização consistente no pagamento de perdas e danos que sobrevierem ao ofendido: o cárcere privado, a prisão por queixa ou denúncia falsa e de má-fé e a prisão ilegal.

a) Estão corretas apenas as assertivas I e III.

b) Estão corretas apenas as assertivas I e IV.

c) Estão corretas apenas as assertivas I, III e IV.

d) Estão corretas apenas as assertivas II, III e IV.

e) Estão corretas todas as assertivas.

113. (TRF/3R/Juiz/2013) Quanto à modalidade de responsabilidade civil oriunda de riscos por atividades normalmente desenvolvidas pelo autor, constante do parágrafo único, do art. 927, do Código Civil, é possível afirmar:

I. Trata-se de cláusula aberta de responsabilidade civil subjetiva envolvendo atividades que implicam risco, por sua própria natureza, com possibilidade de dano a terceiros, mediante culpa devidamente demonstrada.

II. Trata-se de cláusula aberta de responsabilidade civil objetiva envolvendo atividades reiteradas, com possibilidade de dano a terceiros, tão somente em função do risco adquirido.

III. Trata-se de cláusula aberta de responsabilidade civil objetiva envolvendo atividades não habituais, mas com possibilidade de dano a terceiros, tão somente em função do risco inerente.

IV. Trata-se de cláusula aberta de responsabilidade civil objetiva envolvendo atividades habituais, com possibilidade de dano a terceiros, tão somente em função do risco inerente.

V. Trata-se de cláusula aberta de responsabilidade civil subjetiva envolvendo atividades habituais e reiteradas, com possibilidade de dano a terceiros, tão somente em função do risco adquirido.

Assinale a alternativa correta:

a) três assertivas estão absolutamente corretas.

b) apenas a assertiva IV corresponde à inteligência do dispositivo.

c) a assertiva mais adequada ao tipo é a primeira.

d) a assertiva II é a mais adequada ao tipo.

e) tanto as assertivas III como a V estão juridicamente corretas.

114. (TRF/3R/Juiz/2013) A responsabilidade civil atribuída ao incapaz, por nosso ordenamento civil, é de ordem subsidiária, vez que prevalece a obrigação de reparação dos pais em relação a atos ilícitos praticados pelos filhos menores. Pode-se deduzir, como exceção a esta regra geral, a situação de penúria dos genitores ou mesmo quando o filho vier a ser emancipado por simples concessão dos pais. Assinale a única afirmativa considerada equivocada:

a) O texto acima descreve conteúdo normativo incompleto, eis que a exceção prevista no ordenamento abrange outras situações de desobrigação dos genitores.

b) O texto acima descreve conteúdo normativo inconsistente, uma vez que a emancipação por simples outorga dos pais não exclui, por si só, a responsabilidade decorrente de ato ilícito do filho.

c) A norma do Código Civil admite a interpretação de que os pais se exoneram da reparação civil quando os filhos são confiados, de forma contínua, à guarda dos avós.

d) O texto acima retrata a hipótese legal de responsabilidade objetiva dos pais em razão de atos ilícitos praticados pelos filhos menores, denominada de responsabilidade por fato de outrem.

e) Os incapazes respondem solidariamente em relação aos seus pais, por atos ilícitos praticados por aqueles, classificando-se tal responsabilidade como objetiva, nos termos da legislação em vigor.

115. (Cespe/TRF/1R/Juiz/2013) Considere que José, motorista de uma empresa de transporte de cargas, tendo obtido autorização para manter o veículo durante o horário de almoço, tenha causado, exatamente nesse período, acidente de trânsito com lesão a terceiro. Acerca dessa situação hipotética, assinale a opção correta.

a) A responsabilidade entre José e seu empregador será solidária.

b) A empresa não poderá ser cobrada isoladamente pela reparação dos danos.
c) O direito de regresso não existirá entre José e a empresa, caso esta arque com os prejuízos.
d) O lesado não poderá ajuizar ação conjunta contra José e seu empregador porque a natureza da responsabilidade do empregado e do empregador é diversa.
e) A empresa não responderá pelos danos porque que o acidente ocorreu quando José não estava cumprindo ordem de seu empregador.

116. (Cespe/TRF/5R/Juiz/2013) No que se refere à responsabilidade civil, assinale a opção correta.

a) A jurisprudência do STJ tem afastado a caracterização de assalto ocorrido em estabelecimentos bancários como caso fortuito ou força maior, mantendo o dever de indenizar da instituição bancária, já que a segurança é essencial ao serviço prestado.
b) É devida indenização por lucros cessantes aos dependentes, considerando-se a vida provável do falecido do qual dependam. Segundo a jurisprudência do STJ, a longevidade provável da vítima, para efeito de fixação do tempo de pensionamento, pode ser apurada, no caso concreto, por critério fixado livremente pelo próprio julgador.
c) O início do prazo para a fluência dos juros de mora, nos casos de condenação a indenização por dano moral decorrente de responsabilidade extracontratual, ocorre na data do ajuizamento da ação.
d) Quanto à sua origem, a responsabilidade civil pode ser classificada em contratual ou negocial e extracontratual ou aquiliana. Esse modelo binário de responsabilidades, embora consagrado de modo unânime pela doutrina e pela jurisprudência pátria, não está expressamente previsto no Código Civil, ao contrário do que ocorre no CDC.
e) Com base no Código Civil brasileiro, o abuso de direito pode ser conceituado como ato jurídico de objeto lícito, mas cujo exercício, levado a efeito sem a devida regularidade, acarreta um resultado ilícito. Na codificação atual, portanto, não foi mantida a concepção tridimensional do direito de Miguel Reale, segundo o qual o direito é fato, valor e norma.

117. (TRF/4R/Juiz/2012) Dadas as assertivas abaixo, assinale a alternativa correta.

I. O Código Civil, ao estatuir no seu artigo 405 que se contam "os juros de mora desde a citação inicial", tornou sem efeito a Súmula 54 do Superior Tribunal de Justiça, que, editada na vigência do Código Civil de 1916, dispunha que "os juros moratórios fluem a partir do evento danoso, em caso de responsabilidade extracontratual".
II. Segundo a jurisprudência do Superior Tribunal de Justiça, o termo "ad quem" da pensão devida aos filhos menores pelo falecimento do genitor, em virtude de ato ilícito, deve alcançar a data em que os beneficiários completem vinte e cinco anos de idade, quando se presume concluída sua formação, não sendo possível, na hipótese de pluralidade de favorecidos pelo pensionamento, a reversão da quota de um beneficiário aos demais.
III. Segundo entendimento do Superior Tribunal de Justiça, é objetiva, e não meramente presumida, a responsabilidade dos bancos pelos danos causados por fraudes ou delitos praticados por terceiros, pois decorre do risco do empreendimento, caracterizando-se como fortuito interno.
IV. A responsabilidade civil é independente da criminal. No entanto, faz coisa julgada no cível a sentença penal condenatória, a qual serve como título executivo judicial, não sendo mais cabível a discussão relativa ao "an debeatur", mas apenas ao "quantum debeatur". Também faz coisa julgada no cível a sentença penal que reconhece a inexistência material do fato e a que reconhece categoricamente não ter sido o réu o autor do fato.
V. Na responsabilidade por fato de terceiro, ou responsabilidade indireta, prevista no Código Civil, o direito de regresso está condicionado à responsabilidade subjetiva do causador direto do dano.

a) Está correta apenas a assertiva II.
b) Estão corretas apenas as assertivas I, II e III.
c) Estão corretas apenas as assertivas I, III e V.
d) Estão corretas apenas as assertivas III, IV e V.
e) Estão corretas apenas as assertivas I, II, IV e V.

118. (Cespe/TRF/1R/Juiz/2011) Considerando a responsabilidade civil pelo fato da coisa, assinale a opção correta..

a) Dono de veículo emprestado somente será responsabilizado por fato culposo do comodatário se ficar provada a negligência ao confiar a coisa a terceiro, conforme entendimento do STJ.
b) Após aceitação de obra de pequeno porte, não haverá responsabilidade solidária entre o dono do prédio e o empreiteiro na reparação de danos causados por sua ruína.
c) Será responsável por reparar dano causado a veículo de terceiro, caso não seja encontrado o motorista causador do dano, a pessoa em cujo nome o veículo envolvido no acidente estiver registrado no órgão competente.
d) Conforme entendimento do STJ, em nenhuma hipótese deve-se responsabilizar o detentor de animal que cause dano a terceiro.
e) Ainda que locado o imóvel, ao proprietário caberá a guarda jurídica da coisa.

119. (Cespe/TRF/2R/Juiz/2011) No que se refere ao dano moral, assinale a opção correta.

a) O inadimplemento contratual está fora do âmbito da indenização por danos morais.
b) A gravidade do dano deve ser medida por padrão objetivo e em função da tutela do direito.
c) De acordo com o STJ, o dano estético insere-se na categoria de dano moral e não é passível de indenização em separado.
d) A capacidade econômica da vítima não pode ser utilizada como parâmetro para arbitramento do dano moral.
e) De acordo com o STJ, a absolvição criminal por insuficiência de prova enseja indenização por danos morais.

120. (Cespe/TRF/5R/Juiz/2011) Com relação à responsabilidade do empregador, assinale a opção correta.

a) Para que seja indenizada pelo dano, é imprescindível que a vítima faça prova da relação de preposição.
b) Para responsabilização do empregador, não basta que o dano tenha sido causado em razão do trabalho.
c) O empregador é responsável pelos atos do preposto, ainda que a relação não tenha caráter oneroso.
d) Em relações regidas pelo Código Civil, ainda que o empregado não tenha atuado com culpa, o empregador será objetivamente responsável pelo dano por ele causado.
e) A aparente competência do preposto não se presta para acarretar a responsabilidade do comitente.

121. (TRF/3R/Juiz/2010) Aponte a assertiva incorreta. A responsabilidade civil objetiva:

a) Está prevista no sistema brasileiro do direito do consumidor, no Código Civil e na Constituição Federal.

b) Embora conste de outros sistemas, no sistema de direito do consumidor está prevista com exclusividade.
c) É presente no sistema de responsabilidade civil por dano ambiental.
d) É o sistema da responsabilidade civil dos que exercem atividade de risco, conforme previsão específica do Código Civil Brasileiro.

122. (TRF/3R/Juiz/2010) Aponte a alternativa correta. A intelectualidade é um dos aspectos das potências do ser humano. Danos que atinjam essa esfera:

a) Tem aspecto econômico, sempre.
b) Ensejam indenização compensatória, apenas.
c) Ensejam indenização compensatória e reparatória.
d) Tem caráter personalíssimo e nunca podem ensejar pretensão indenizatória por parte de sucessores do ofendido.

123. (Cespe/TRF/2R/Juiz/2009) Marcos, com 16 anos de idade, emancipado por seus pais, causou dano a imóvel da União. A fim de ver-se ressarcida, a União ajuizou ação ordinária de indenização contra Marcos e seus pais. A respeito dessa situação hipotética, assinale a opção correta com base na disciplina da responsabilidade civil.

a) A emancipação de Marcos não exclui o dever de indenização dos pais.
b) A responsabilidade dos pais deverá ser considerada com base na culpa presumida.
c) Os pais somente seriam considerados responsáveis se estivessem na companhia de Marcos no momento do ato.
d) É desnecessária a comprovação da culpa do filho para responsabilizar os pais.
e) Marcos não pode ser responsabilizado pelos danos.

124. (Cespe/TRF/5R/Juiz/2009) Acerca da disciplina da responsabilidade civil, assinale a opção correta.

a) Considere que Paulo, agindo em estado de necessidade, abalroe o veículo de Fernando, o que venha a deflagrar uma série de eventos que culmine na morte de Fernando, após dez dias de sua internação em hospital. Considere, ainda, que Fernando fosse casado com Cláudia, dona de casa, e pai de Henrique, de sete anos de idade. Nessa situação hipotética, a indenização deve consistir no pagamento das despesas com o tratamento da vítima, seu funeral e o luto da família, além da prestação de alimentos à esposa e ao filho do falecido, sendo a reparação correspondente ao dano moral limitada ao valor da paga pelo luto da família.
b) É entendimento corrente que o valor do seguro obrigatório recebido por vítima de evento danoso ocorrido em acidente com veículo automotor, em razão de sua natureza especial, não deve ser descontado da indenização comum.
c) Considere que Rodolfo, ator, tenha sido atropelado por Adriano e, por isso, não tenha conseguido chegar a tempo para uma apresentação que seria realizada em determinado teatro. Nessa situação hipotética, de acordo com a teoria da causalidade adequada, Adriano não deve ser obrigado a indenizar o dono do teatro pelos prejuízos decorrentes da ausência de Rodolfo na apresentação, ainda que seja possível entender que se trata de dano material reflexo.
d) Considere que Maura, estando de férias fora da cidade em que reside, alugue um carro de determinada locadora de veículos e, durante o período de locação, colida o veículo alugado com o veículo de Joaquim, causando-lhe danos. Nessa situação hipotética, como Maura detinha a posse direta do veículo juridicamente transferida e a exercia sem vigilância da locadora, não há lugar para a responsabilidade solidária entre a locatária e a locadora, dada a inexistência de relação de preposição.
e) Se o credor demandar o devedor antes de estar vencida a dívida, fora dos casos em que a lei permita, ficará o credor obrigado a pagar ao devedor metade do valor do débito, esperar o prazo faltante e arcar com eventuais custas.

5. DO DIREITO DAS COISAS

5.1. Da Posse

SÚMULAS

STF Súm. 415. Servidão de trânsito não titulada, mas tomada permanente, sobretudo pela natureza das obras realizadas, considera-se aparente, conferindo direito a proteção possessória.

STF Súm. 487. Será deferida a posse a quem, evidentemente, tiver o domínio, se com base neste for ela disputada.

STJ Súm. 619. A ocupação indevida de bem público configura mera detenção, de natureza precária, insuscetível de retenção ou indenização por acessões e benfeitorias.

ENUNCIADOS

1) Da Posse e sua Classificação

CJF Civil 76. O possuidor direto tem direito de defender a sua posse contra o indireto, e este contra aquele (art. 1.197, "in fine", do novo Código Civil).

CJF Civil 237. É cabível a modificação do título da posse "interversio possessionis" na hipótese em que o até então possuidor direto demonstrar ato exterior e inequívoco de oposição ao antigo possuidor indireto, tendo por efeito a caracterização do "animus domini".

CJF Civil 301. É possível a conversão da detenção em posse, desde que rompida a subordinação, na hipótese de exercício em nome próprio dos atos possessórios.

CJF Civil 302. Pode ser considerado justo título para a posse de boa-fé o ato jurídico capaz de transmitir a posse "ad usucapionem", observado o disposto no art. 113 do Código Civil.

CJF Civil 303. Considera-se justo título para presunção relativa da boa-fé do possuidor o justo motivo que lhe autoriza a aquisição derivada da posse, esteja ou não materializado em instrumento público ou particular. Compreensão na perspectiva da função social da posse.

CJF Civil 492. A posse constitui direito autônomo em relação à propriedade e deve expressar o aproveitamento dos bens para o alcance de interesses existenciais, econômicos e sociais merecedores de tutela.

CJF Civil 493. O detentor (art. 1.198 do Código Civil) pode, no interesse do possuidor, exercer a autodefesa do bem sob seu poder.

CJF Civil 563. O reconhecimento da posse por parte do Poder Público competente anterior à sua legitimação nos termos da Lei n. 11.977/2009 constitui título possessório.

2) Da Aquisição da Posse

CJF Civil 77. A posse das coisas móveis e imóveis também pode ser transmitida pelo constituto possessório.

CJF Civil 236. Considera-se possuidor, para todos os efeitos legais, também a coletividade desprovida de personalidade jurídica.

CJF Civil 494. A faculdade conferida ao sucessor singular de somar ou não o tempo da posse de seu antecessor não significa que, ao optar por nova contagem, estará livre do vício objetivo que maculava a posse anterior.

3) Dos Efeitos da Posse

CJF Civil 78. Tendo em vista a não recepção, pelo novo Código Civil, da "exceptio proprietatis" (art. 1.210, § 2º) em caso de ausência de prova suficiente para embasar decisão liminar ou sentença final ancorada exclusivamente no "ius possesionis", deverá o pedido ser indeferido e julgado improcedente, não obstante eventual alegação e demonstração de direito real sobre o bem litigioso.

CJF Civil 79. A "exceptio proprietatis", como defesa oponível às ações possessórias típicas, foi abolida pelo Código Civil de 2002, que estabeleceu a absoluta separação entre os juízos possessório e petitório.

CJF Civil 80. É inadmissível o direcionamento de demanda possessória ou ressarcitória contra terceiro possuidor de boa-fé, por ser parte passiva ilegítima, diante do disposto no art. 1.212 do novo Código Civil. Contra o terceiro de boa-fé cabe tão-somente a propositura de demanda de natureza real.

CJF Civil 81. O direito de retenção previsto no art. 1.219 do CC, decorrente da realização de benfeitorias necessárias e úteis, também se aplica às acessões (construções e plantações) nas mesmas circunstâncias.

CJF Civil 238. Ainda que a ação possessória seja intentada além de "ano e dia" da turbação ou esbulho, e, em razão disso, tenha seu trâmite regido pelo procedimento ordinário (CPC, art. 924), nada impede que o juiz conceda a tutela possessória liminarmente, mediante antecipação de tutela, desde que presentes os requisitos autorizadores do art. 273, I ou II, bem como aqueles previstos no art. 461-A e §§, todos do CPC.

CJF Civil 239. Na falta de demonstração inequívoca de posse que atenda à função social, deve-se utilizar a noção de "melhor posse", com base nos critérios previstos no parágrafo único do art. 507 do CC/1916.

CJF Civil 302. Pode ser considerado justo título para a posse de boa-fé o ato jurídico capaz de transmitir a posse "ad usucapionem", observado o disposto no art. 113 do Código Civil.

CJF Civil 495. No desforço possessório, a expressão "contanto que o faça logo" deve ser entendida restritivamente, apenas como a reação imediata ao fato do esbulho ou da turbação, cabendo ao possuidor recorrer à via jurisdicional nas demais hipóteses.

INFORMATIVOS

STJ Imóvel financiado. Hipoteca. Posse. Modificação da natureza jurídica. Benfeitorias. Indenização. Possibilidade. Direito de retenção. Inexistência. Promovido o leilão do bem pelo credor hipotecário, a permanência do mutuário no imóvel caracteriza posse de má-fé. *AREsp 1013333, 1ª T, 3.5.2022. Inf 735.*

QUESTÕES OBJETIVAS

125. (IFBC/TRF/2R/Juiz/2018) No que se refere ao instituto da posse no Direito Civil brasileiro, ocorre a tradição "brevi manu" no caso em que:

a) o sucessor universal continua a posse do seu antecessor.
b) o possuidor de bem imóvel em nome próprio passa a possuí-lo em nome alheio.
c) a posse é exercida no âmbito de situação de dependência econômica ou de vínculo de subordinação hierárquica.
d) se verifica a transmissão da posse pela regra da saisine.
e) o possuidor de coisa em nome alheio passa a possuí-la em nome próprio.

126. (TRF/3R/Juiz/2016) Sobre a posse, assinale a alternativa incorreta:

a) A acessão possessória pode-se dar de modo facultativo ou por continuidade do direito recebido do antecessor.
b) Admite-se o convalescimento da posse violenta e da posse clandestina.
c) A posse de boa-fé só perde este caráter no caso e desde o momento em que as circunstâncias façam presumir que o possuidor não ignora que possui indevidamente.
d) O reivindicante, quando obrigado, indenizará as benfeitorias ao possuidor de má-fé pelo valor atual.

127. (Cespe/TRF/5R/Juiz/2015) Roberto, juntamente com sua família, ocupou, cercou e construiu uma casa, um curral e um pequeno lago artificial em uma terra pública situada em área rural. O poder público, ao tomar ciência da ocupação, ajuizou ação de reintegração de posse. Em defesa, Roberto alegou que a posse se dera de boa-fé e que ele já havia feito um pedido administrativo requerendo a regularização da propriedade. O réu ainda alegou que, caso o pedido do poder público fosse procedente, ele deveria ser indenizado pelas benfeitorias erigidas, com direito de retenção.

A respeito dessa situação hipotética, assinale a opção correta.

a) Com exceção do lago artificial, Roberto fará jus a indenização pelas demais benfeitorias erigidas no imóvel.
b) Roberto terá direito à indenização pela casa, mas lhe será descontado o valor correspondente ao tempo de permanência no imóvel.
c) O direito de retenção pelas benfeitorias necessárias não poderá ser deferido.
d) A posse não pode ser considerada de má-fé, o que torna indenizáveis as benfeitorias úteis e necessárias feitas por Roberto.
e) A indenização pelo curral depende de prova de utilidade pelo poder público após a retomada do imóvel.

128. (TRF/3R/Juiz/2013) Respeitante às figuras do possuidor e do detentor, assinale a afirmativa correta:

a) A teoria subjetiva da posse não atribui aos detentores qualquer proteção possessória, ao contrário da objetiva, a qual, segundo nosso ordenamento, os considera como possuidores, podendo se utilizar de todos os interditos de defesa, em nome próprio, como se titulares fossem.
b) O Código Civil trata da figura do detentor como aquele que se encontra em relação de dependência para com o titular da posse, impossibilitando-o de favorecer-se, inexoravelmente, do instituto da prescrição aquisitiva.
c) O Código Civil admite que o detentor venha a adquirir propriedade imóvel por usucapião quando seu exercício se transmudar de detenção para posse.
d) O direito de retenção por benfeitorias realizadas no bem imóvel favorece tanto o possuidor quanto o detentor.
e) Quando o detentor for acionado judicialmente em ação reivindicatória, deverá, obrigatoriamente, denunciar à lide o proprietário ou o possuidor.

129. (TRF/3R/Juiz/2013) No que respeita à transmissão da posse, assinale a alternativa verdadeira:

a) Com base no princípio da saisine, ainda que o herdeiro nunca tenha tido a posse sobre o bem do autor da herança, bastará intentar ação de reintegração de posse, após a morte deste, para reavê-la de terceiros que o ocupem indevidamente.
b) Na mesma hipótese acima descrita, para que o herdeiro venha a obter a posse a qual nunca exerceu, será imprescindível intentar ação reivindicatória buscando a imissão da posse, eis que aquele não é considerado como possuidor.
c) No momento da abertura da sucessão transmite-se a herança, desde logo, aos herdeiros e testamentários, considerando-se aí apenas o direito de propriedade.
d) Na mesma hipótese acima, caso o terceiro esteja ocupando indevidamente apenas 40% (quarenta por cento) do bem em questão, não caberá qualquer medida possessória, eis que não há esbulho parcial.
e) Em se tratando de posse adquirida de forma clandestina pelo autor da herança, tal característica não mais subsistirá após seu falecimento, pelo princípio da saisine.

130. (Cespe/TRF/5R/Juiz/2013) Acerca dos direitos possessórios, assinale a opção correta.

a) Segundo a jurisprudência do STJ, não é possível a posse de bem público, constituindo a sua ocupação sem aquiescência formal do titular do domínio mera detenção de natureza precária. Apesar disso, resguarda-se o direito de retenção por benfeitorias em caso de boa-fé do ocupante.

b) Considere que dois irmãos tenham a posse de uma fazenda e que ambos a exerçam sobre todo o imóvel, nele produzindo hortaliças. Nesse caso, há a denominada composse pro diviso.

c) Na aferição da posse de boa-fé ou de má-fé, utiliza-se como critério a boa-fé subjetiva, assim como ocorre em relação à posse justa ou injusta.

d) O reivindicante, obrigado a indenizar as benfeitorias ao possuidor de má-fé, tem o direito de optar entre o seu valor atual e o seu custo.

e) Considera-se possuidor, para todos os efeitos legais, somente as pessoas físicas e naturais, excluindo-se, portanto, os entes despersonalizados, como, por exemplo, a massa falida.

131. (TRF/4R/Juiz/2012) Dadas as assertivas abaixo, assinale a alternativa correta.

I. Modo derivado de apossamento da coisa é denominado de tradição, podendo ser efetiva, também conhecida como "traditio longa manu"; simbólica, também referida como "fictio traditio"; consensual, também aceita como "traditio brevi manu"; e singular, também referida como "constituto possessorio".

II. "Ius possessionis" é o direito fundado no fato da posse; "ius possidendi" é o direito fundado na propriedade.

III. A existência de justo título instaura a presunção de que a posse é exercida de boa-fé, mas a sua falta não autoriza a conclusão de que há má-fé.

IV. Direito real de habitação é o direito personalíssimo e temporário de residir em imóvel, podendo ser cedido, e, quando conferido a mais de uma pessoa conjuntamente, dispensa os coabitadores de pagar aluguel uns aos outros, ainda que não residam todos no imóvel.

V. O artigo 1.238, parágrafo único, do Código Civil de 2002, que trata da usucapião extraordinária com prazo reduzido, tem aplicação imediata às posses "ad usucapionem" já iniciadas, qualquer que seja o tempo transcorrido na vigência do Código anterior, devendo apenas ser respeitada a fórmula de transição, segundo a qual serão acrescidos 2 anos ao novo prazo, nos 2 anos após a entrada em vigor do Código de 2002.

a) Está correta apenas a assertiva II.

b) Está correta apenas a assertiva V.

c) Estão corretas apenas as assertivas I e IV.

d) Estão corretas apenas as assertivas I, III e IV.

e) Estão corretas apenas as assertivas II, III e V.

132. (TRF/3R/Juiz/2010) Aponte a assertiva correta. Posse pública:

a) É qualidade da posse exercida pelas entidades de direito público.

b) É qualidade da posse contínua.

c) É qualidade da posse natural ou "nuda detentio".

d) É qualidade da posse "ad usucapionem".

133. (Cespe/TRF/5R/Juiz/2009) Com base na disciplina do direito das coisas, assinale a opção correta.

a) A boa-fé é requisito indispensável para o uso das ações possessórias, uma vez que é pressuposto básico para a interpretação de qualquer ato jurídico.

b) Ao analisar pedido de liminar em ação possessória na qual autor e réu se dizem possuidores, o juiz deve manter provisoriamente na posse aquele que tiver justo título, ou, caso nenhum deles o tenha, aquele que detiver a coisa.

c) A posse é situação de fato protegida pelo direito, tendo-se por adquirida desde o momento em que se torna possível o exercício, em nome próprio, de qualquer dos poderes inerentes à propriedade, de forma que não há como adquiri-la por intermédio de representante.

d) Na aquisição da posse natural, não há lugar para a verificação da presença das regras aplicáveis à teoria dos negócios jurídicos.

e) A posse injusta impede que seja exercido o direito de retenção sobre a coisa, tal como ocorre com o possuidor de má-fé, a quem são ressarcidas apenas as benfeitorias necessárias e é negado o exercício do referido direito.

5.2. Da Propriedade

5.2.1. Da Propriedade em Geral

ENUNCIADOS

CJF **Civil 49.** A regra do art. 1.228, § 2º, do novo Código Civil interpreta-se restritivamente, em harmonia com o princípio da função social da propriedade e com o disposto no art. 187.

CJF **Civil 82.** É constitucional a modalidade aquisitiva de propriedade imóvel prevista nos §§ 4º e 5º do art. 1.228 do novo Código Civil.

CJF **Civil 83.** Nas ações reivindicatórias propostas pelo Poder Público, não são aplicáveis as disposições constantes dos §§ 4º e 5º do art. 1.228 do novo Código Civil.

CJF **Civil 84.** A defesa fundada no direito de aquisição com base no interesse social (art. 1.228, §§ 4º e 5º, do novo Código Civil) deve ser arguida pelos réus da ação reivindicatória, eles próprios responsáveis pelo pagamento da indenização.

CJF **Civil 240.** A justa indenização a que alude o parágrafo 5º do art. 1.228 não tem como critério valorativo, necessariamente, a avaliação técnica lastreada no mercado imobiliário, sendo indevidos os juros compensatórios.

CJF **Civil 241.** O registro da sentença em ação reivindicatória, que opera a transferência da propriedade para o nome dos possuidores, com fundamento no interesse social (art. 1.228, § 5º), é condicionada ao pagamento da respectiva indenização, cujo prazo será fixado pelo juiz.

CJF **Civil 304.** São aplicáveis as disposições dos §§ 4º e 5º do art. 1.228 do Código Civil às ações reivindicatórias relativas a bens públicos dominicais, mantido, parcialmente, o Enunciado 83 da I Jornada de Direito Civil, no que concerne às demais classificações dos bens públicos.

CJF **Civil 305.** Tendo em vista as disposições dos §§ 3º e 4º do art. 1.228 do Código Civil, o Ministério Público tem o poder-dever de atuação nas hipóteses de desapropriação, inclusive a indireta, que envolvam relevante interesse público, determinado pela natureza dos bens jurídicos envolvidos.

CJF **Civil 306.** A situação descrita no § 4º do art. 1.228 do Código Civil enseja a improcedência do pedido reivindicatório.

CJF **Civil 307.** Na desapropriação judicial (art. 1.228, § 4º), poderá o juiz determinar a intervenção dos órgãos públicos competentes para o licenciamento ambiental e urbanístico.

CJF **Civil 308.** A justa indenização devida ao proprietário em caso de desapropriação judicial (art. 1.228, § 5º) somente deverá ser suportada pela Administração Pública no contexto das políticas públicas de reforma urbana ou agrária, em se tratando de possuidores de baixa renda e desde que tenha havido intervenção daquela nos termos da lei processual. Não sendo os possuidores de baixa renda, aplica-se a orientação do Enunciado 84 da I Jornada de Direito Civil.

CJF **Civil 309.** O conceito de posse de boa-fé de que trata o art. 1.201 do Código Civil não se aplica ao instituto previsto no § 4º do art. 1.228.

CJF **Civil 310.** Interpreta-se extensivamente a expressão "imóvel reivindicado" (art. 1.228, § 4º), abrangendo pretensões tanto no juízo petitório quanto no possessório.

CJF **Civil 311.** Caso não seja pago o preço fixado para a desapropriação judicial, e ultrapassado o prazo prescricional para se exigir o crédito correspondente, estará autorizada a expedição de mandado para registro da propriedade em favor dos possuidores.

CJF **Civil 496.** O conteúdo do art. 1.228, §§ 4º e 5º, pode ser objeto de ação autônoma, não se restringindo à defesa em pretensões reivindicatórias.

CJF **Civil 507.** Na aplicação do princípio da função social da propriedade imobiliária rural, deve ser observada a cláusula aberta do § 1º do art. 1.228 do Código Civil, que, em consonância com o disposto no art. 5º, inciso XXIII, da Constituição de 1988, permite melhor objetivar a funcionalização mediante critérios de valoração centrados na primazia do trabalho.

QUESTÕES OBJETIVAS

134. (TRF/4R/Juiz/2014) Dadas as assertivas abaixo, assinale a alternativa correta. O Código Civil de 2002 (na redação vigente) assegura o respeito à propriedade, na mesma linha traçada pelo legislador constituinte no art. 5º, caput e inciso XXII, da Constituição Federal de 1988, garantindo, a cada um, o direito ao respeito a seus bens. De fato, só a tutela jurídica da propriedade ocupa o extenso Título III (Da Propriedade) do Livro III (Do Direito das Coisas) de sua Parte Especial. Com base nos respectivos dispositivos, pode-se dizer que:

I. Ainda que o proprietário tenha a faculdade de usar, gozar e dispor da coisa e o direito de reavê-la do poder de quem quer que, injustamente, a possua ou detenha, ele terá de respeitar, entre outros, o equilíbrio ambiental e os patrimônios históricos e artísticos, na forma e nos limites estabelecidos pelas leis especiais respectivas.
II. O proprietário pode ser privado da coisa em determinadas situações, como, por exemplo, por desapropriação judicial decorrente da posse-trabalho, garantindo-lhe a justa indenização fixada pelo Juiz, sendo que, uma vez pago o preço, valerá a sentença como título para o registro do imóvel em nome dos possuidores.
III. A usucapião especial urbana residencial familiar exige, como condições para que o(a) interessado(a) possa vir a ser declarado(a) proprietário(a) pela referida usucapião, que a posse "ad usucapionem" seja exercida, sem interrupção ou oposição, por no mínimo 5 (cinco) anos, por aquele(a) que dividia o imóvel com ex-cônjuge ou excompanheiro (a) que abandonou o lar, e desde que esteja presente a finalidade de utilização do imóvel para fins de moradia própria, individual ou de sua família.

a) Está correta apenas a assertiva I.
b) Está correta apenas a assertiva II.
c) Está correta apenas a assertiva III.
d) Estão corretas apenas as assertivas I e II.
e) Estão corretas apenas as assertivas II e III.

135. (TRF/3R/Juiz/2013) Os parágrafos 4º e 5º, do art. 1.228, do Código Civil, reproduzem: "§ 4º O proprietário também poderá ser privado da coisa se o imóvel consistir em extensa área, na posse ininterrupta e de boa-fé, por mais de cinco anos, de considerável número de pessoas, e estas nela houverem realizado, em conjunto ou separadamente, obras e serviços considerados pelo juiz de interesse social e econômico relevante. § 5º No caso do parágrafo antecedente, o juiz fixará a justa indenização devida ao proprietário; pago o preço, valerá a sentença com o título para o registro do imóvel em nome dos possuidores". Após a análise das assertivas abaixo assinale, ao fim, a única opção considerada equivocada:

I. Os parágrafos em tela referem-se a uma novel espécie de usucapião, denominada de usucapião social, referente à área de terras, em zona rural, não excedente a cinquenta hectares.
II. Os parágrafos em questão reportam-se a inusitada modalidade de desapropriação não constante do Código Civil de 1916.
III. A figura jurídica tratada nos dispositivos acima diz respeito a desapropriação de natureza privada, sem previsão de necessária ingerência do poder executivo.
IV. A quantificação quanto à justa indenização devida, assim como à extensa área descritas não possuem critérios especificados em lei, tratando-se de cláusulas abertas.
V. Os titulares da denominada posse "pro labore", acima descrita, poderão buscar a prescrição aquisitiva do bem imóvel rural que ocupam, por mais de cinco anos, desde que se trate de população de baixa renda, com escopo único de moradia.

a) As assertivas II, III e IV estão corretas.
b) As assertivas I e III estão corretas.
c) A assertiva V está incorreta.
d) As assertivas II e IV estão corretas.
e) Apenas duas assertivas estão incorretas

136. (Cespe/TRF/2R/Juiz/2013) Com relação a direitos reais, obrigações e contratos, assinale a opção correta de acordo com o Código Civil.

a) O atual Código Civil consagra a positivação do princípio de que os direitos reais são "numerus clausus", somente podendo ser criados por lei.
b) O Código Civil vigente prevê tanto a mora simultânea quanto a mora alternativa.
c) No seguro de pessoas, a apólice ou o bilhete podem ser ao portador.
d) Pode-se estipular a fiança ainda que sem consentimento do devedor, mas não contra a sua vontade.
e) A nulidade de qualquer das cláusulas da transação não implica, por si só, a nulidade da transação.

5.2.2. Da Aquisição/Perda da Propriedade

SÚMULAS

STF **Súm. 237.** O usucapião pode ser arguido em defesa.

STF **Súm. 340.** Desde a vigência do Código Civil, os bens dominicais, como os demais bens públicos, não podem ser adquiridos por usucapião.

STF **Súm. 391.** O confinante certo deve ser citado pessoalmente para a ação de usucapião.

STJ **Súm. 11.** A presença da União ou de qualquer de seus entes, na ação de usucapião especial, não afasta a competência do foro da situação do imóvel.

STJ **Súm. 193.** O direito de uso de linha telefônica pode ser adquirido por usucapião.

REPERCUSSÃO & REPETITIVOS

STJ **Repetitivo 985.** O reconhecimento da usucapião extraordinária, mediante o preenchimento dos requisitos específicos, não pode ser obstado em razão de a área usucapienda ser inferior ao módulo estabelecido em lei municipal. *REsp 1667842, 5.4.2021.*

ENUNCIADOS

1) Da Aquisição da Propriedade

1.1) Da Usucapião

CJF **Civil 85.** Para efeitos do art. 1.240, caput, do novo Código Civil, entende-se por "área urbana" o imóvel edificado ou não, inclusive unidades autônomas vinculadas a condomínios edilícios.

CJF **Civil 86.** A expressão "justo título", contida nos arts. 1.242 e 1.260 do CC, abrange todo e qualquer ato jurídico hábil, em tese, a transferir a propriedade, independentemente de registro.

CJF **Civil 312.** Observado o teto constitucional, a fixação da área máxima para fins de usucapião especial rural levará em consideração o módulo rural e a atividade agrária regionalizada.

CJF **Civil 313.** Quando a posse ocorre sobre área superior aos limites legais, não é possível a aquisição pela via da usucapião especial, ainda que o pedido restrinja a dimensão do que se quer usucapir.

CJF **Civil 314.** Para os efeitos do art. 1.240, não se deve computar, para fins de limite de metragem máxima, a extensão compreendida pela fração ideal correspondente à área comum.

CJF **Civil 315.** O art. 1.241 do Código Civil permite que o possuidor que figurar como réu em ação reivindicatória ou possessória formule pedido contraposto e postule ao juiz seja declarada adquirida, mediante usucapião, a propriedade imóvel, valendo a sentença como instrumento para registro imobiliário, ressalvados eventuais interesses de confinantes e terceiros.

CJF Civil 317. A "accessio possessionis", de que trata o art. 1.243, primeira parte, do Código Civil, não encontra aplicabilidade relativamente aos arts. 1.239 e 1.240 do mesmo diploma legal, em face da normatividade do usucapião constitucional urbano e rural, arts. 183 e 191, respectivamente.

CJF Civil 497. O prazo, na ação de usucapião, pode ser completado no curso do processo, ressalvadas as hipóteses de má-fé processual do autor.

CJF Civil 498. A fluência do prazo de 2 anos previsto pelo art. 1.240-A para a nova modalidade de usucapião nele contemplada tem início com a entrada em vigor da Lei n. 12.424/2011.

CJF Civil 500. A modalidade de usucapião prevista no art. 1.240-A do Código Civil pressupõe a propriedade comum do casal e compreende todas as formas de família ou entidades familiares, inclusive homoafetivas.

CJF Civil 501. As expressões "ex-cônjuge" e "ex-companheiro", contidas no art. 1.240-A do Código Civil, correspondem à situação fática da separação, independentemente de divórcio.

CJF Civil 502. O conceito de posse direta referido no art. 1.240-A do Código Civil não coincide com a acepção empregada no art. 1.197 do mesmo Código.

CJF Civil 564. As normas relativas à usucapião extraordinária (art. 1.238, caput, CC) e à usucapião ordinária (art. 1.242, caput, CC), por estabelecerem redução de prazo em benefício do possuidor, têm aplicação imediata, não incidindo o disposto no art. 2.028 do Código Civil.

CJF Civil 569. No caso do art. 1.242, parágrafo único, a usucapião, como matéria de defesa, prescinde do ajuizamento da ação de usucapião, visto que, nessa hipótese, o usucapiente já é o titular do imóvel no registro.

CJF Civil 594. É possível adquirir a propriedade de área menor do que o módulo rural estabelecido para a região, por meio da usucapião especial rural.

CJF Civil 595. O requisito "abandono do lar" deve ser interpretado na ótica do instituto da usucapião familiar como abandono voluntário da posse do imóvel somado à ausência da tutela da família, não importando em averiguação da culpa pelo fim do casamento ou união estável.

CJF Civil 596. O condomínio edilício pode adquirir imóvel por usucapião.

CJF Civil 664. O prazo da usucapião contemplada no art. 1.240-A só iniciará seu curso caso a composse tenha cessado de forma efetiva, não sendo suficiente, para tanto, apenas o fim do contato físico com o imóvel.

1.2) Da Aquisição pelo Registro do Título

CJF Civil 87. Considera-se também título translativo, para fins do art. 1.245 do novo Código Civil, a promessa de compra e venda devidamente quitada (arts. 1.417 e 1.418 do CC e § 6º do art. 26 da Lei n. 6.766/79).

CJF Civil 503. É relativa a presunção de propriedade decorrente do registro imobiliário, ressalvado o sistema Torrens.

CJF Civil 624. A anulação do registro, prevista no art. 1.247 do Código Civil, não autoriza a exclusão dos dados invalidados do teor da matrícula.

1.3) Da Aquisição por Acessão

CJF Civil 318. O direito à aquisição da propriedade do solo em favor do construtor de má-fé (art. 1.258, parágrafo único) somente é viável quando, além dos requisitos explícitos previstos em lei, houver necessidade de proteger terceiros de boa-fé.

2) Da Perda da Propriedade

CJF Civil 242. A aplicação do art. 1.276 depende do devido processo legal, em que seja assegurado ao interessado demonstrar a não cessação da posse.

CJF Civil 243. A presunção de que trata o § 2º do art. 1.276 não pode ser interpretada de modo a contrariar a norma-princípio do art. 150, IV, da Constituição da República.

CJF Civil 316. Eventual ação judicial de abandono de imóvel, caso procedente, impede o sucesso de demanda petitória.

CJF Civil 565. Não ocorre a perda da propriedade por abandono de resíduos sólidos, que são considerados bens socioambientais, nos termos da Lei n. 12.305/2012.

INFORMATIVOS

STJ Condomínio "pro indiviso" entre particulares e a Terracap. Gleba não demarcada. Aquisição parcial por usucapião via judicial. Possibilidade. A existência de bem público não demarcado em condomínio "pro indiviso" com particulares não impede ação de usucapião parcial. *REsp 1504916, 4ª T, 27.9.2022. Inf 752.*

STJ Usucapião constitucional. Propriedade da metade do imóvel. Alteração fática substancial. Transmudação da posse. Animus domini. Caracterização. Usucapião reconhecido. O fato de os possuidores serem proprietários de metade do imóvel usucapiendo não faz incidir a vedação de não possuir "outro imóvel" urbano, contida no artigo 1.240 do CC. *REsp 1909276, 3ª T, 30.9.2022. Inf 753.*

STJ Dissolução do matrimônio, sem a realização de partilha. Bens que se regem pelo instituto do condomínio. Posse indireta e exclusiva da ex-esposa sobre a fração ideal pertencente ao casal dos imóveis. Percebimento de aluguéis com exclusividade pela ex-esposa. Ausência de oposição do seu ex-cônjuge e de reivindicação de qualquer dos frutos que lhe eram devidos. Lapso temporal transcorrido suficiente à aquisição da propriedade. Usucapião extraordinária. Dissolvida a sociedade conjugal, o bem imóvel comum do casal rege-se pelas regras relativas ao condomínio, ainda que não realizada a partilha de bens, possuindo legitimidade para usucapir em nome próprio o condômino que exerça a posse por si mesmo, sem nenhuma oposição dos demais coproprietários. *REsp 1840561, 3ª T, 17.5.2022. Inf 739.*

STJ Bem imóvel. Presunção legal "juris tantum" de realização acessões/benfeitorias pelo cônjuge varão. Interrupção da união conjugal. Comunhão parcial de bens. Deslocamento do ônus probatório. Teoria da carga dinâmica. A atribuição dinâmica do ônus probatório acerca da realização de acessões/benfeitorias em imóvel de propriedade do cônjuge varão, objeto de eventual partilha em ação de divórcio, pode afastar a presunção do art. 1.253 do CC. *Processo sob segredo judicial, 3ª T, 31.3.2022. Inf 731.*

QUESTÕES OBJETIVAS

137. (TRF/4R/Juiz/2022) Dadas as assertivas abaixo, assinale a alternativa correta.

I. A aquisição de bem imóvel por usucapião poderá ocorrer sob a forma judicial ou extrajudicial.
II. Não é permitida a acessão de posses para fins de contagem do tempo exigido para a usucapião.
III. Na usucapião familiar, será possível adquirir a propriedade dividida com ex-cônjuge ou ex-companheiro que abandonou o lar, mesmo que seja proprietário de outro imóvel urbano ou rural.
IV. A usucapião extraordinária exige, para sua configuração, a posse ad usucapionem bem como o lapso temporal, independentemente de boa-fé.

a) Estão incorretas apenas as assertivas I e IV.
b) Estão incorretas apenas as assertivas II e III.
c) Estão incorretas apenas as assertivas II e IV.
d) Estão corretas apenas as assertivas I e II.
e) Estão corretas apenas as assertivas I e III.

138. (IFBC/TRF/2R/Juiz/2018) Dez anos atrás o Município de São Paulo realizou obra que acabou por definir novo traçado ao rio Tietê, cujas águas abandonaram parte do antigo leito e passaram a correr em outra região. Com o desvio do rio e consequentemente esvaziamento das águas, a "Sociedade Especial Veículos e Peças Ltda" que era proprietária de terreno localizado às margens do antigo traçado do rio Tietê, tomou posse da área do álveo descoberto que ficava no limite de sua testada, totalizando 791,5 m2. Dois sujeitos se insurgiram contra tal ocupação: a) o dono do imóvel ribeirinho localizado na mesma direção da Sociedade, mas na outra margem; b) o Município de São Paulo. Assinale a alternativa correta:

a) a propriedade do álveo abandonado é do Município.
b) ambos os proprietários ribeirinhos têm direito à metade do terreno descoberto pelo álveo abandonado.
c) o Município de São Paulo terá que desfazer a obra para que seja retomado o curso do rio Tietê.
d) nenhum dos insurgentes tem razão.
e) a área passou a ser considerada res nullius.

139. (TRF/2R/Juiz/2017) Em maio de 2015, Gaio intenta ação objetivando ver reconhecida a usucapião sobre imóvel de 150 m2, localizado em terreno de marinha, com enfiteuse regularmente constituída em favor de Tício, em 1980. Gaio mostra que, diante do aparente abandono local, desde 1997 passou a exercer posse contínua e não incomodada sobre a área, com ânimo de proprietário, realizando melhorias e pagando as despesas, impostos e foro sobre o bem. Os autos revelam que Tício fora interditado em 2004, e afirmado, segundo a lei vigente, absolutamente incapaz. Desde então não ocorreu a mudança de seu quadro de interdição. Considerados corretos todos os dados acima, assinale a opção certa:

a) No caso, é viável a usucapião extraordinária do domínio direto.
b) Em tese, estão presentes e descritos os pressupostos para a usucapião especial urbana do domínio útil.
c) Não é viável, nem em tese, reconhecer usucapião, seja do domínio direto, seja do domínio útil, já que o imóvel é público.
d) A jurisprudência é assente ao admitir, em terreno de marinha objeto de aforamento, a possibilidade de usucapião extraordinária do domínio útil, mas no caso os pressupostos não estão presentes.
e) Estão presentes os pressupostos para a declaração da usucapião extraordinária do domínio útil, mas não estão descritos os pressupostos necessários para a usucapião especial urbana.

140. (TRF/4R/Juiz/2016) Assinale a alternativa incorreta. Acerca da usucapião de bens imóveis:

a) O prazo da usucapião extraordinária é de 10 anos, podendo ser reduzido para 5 anos se o possuidor houver estabelecido no imóvel sua moradia habitual ou nele realizado obras ou serviços de caráter produtivo.
b) O prazo da usucapião especial por abandono do lar, também conhecida como conjugal, é de 2 anos.
c) O prazo da usucapião "pro labore", também conhecida como especial rural, é de 5 anos.
d) O prazo da usucapião documental, também conhecida como tabular, é de 5 anos.
e) O prazo da usucapião especial coletiva de bem imóvel, previsto no Estatuto das Cidades, é de 5 anos.

141. (Cespe/TRF/5R/Juiz/2013) Em relação ao direito de propriedade, assinale a opção correta.

a) Segundo a jurisprudência do STJ, é possível a usucapião de bem móvel em contrato de alienação fiduciária em garantia quando a aquisição da posse por terceiro ocorre sem o consentimento do credor, desde que preenchidos os pressupostos legais.
b) O Código Civil de 2002 introduziu instituto jurídico inédito ao prever que o proprietário poderá ser privado de coisa imóvel, desde que constitua área extensa e esteja na posse ininterrupta e de boa-fé, por mais de cinco anos, de considerável número de pessoas que tenham nela realizado obras e serviços considerados pelo juiz de relevante interesse social e econômico.
c) A propriedade pode ser resolvida pelo implemento da condição ou pelo advento de termo. Assim, no caso de doação com cláusula de reversão, como regra geral, a resolução da propriedade tem efeitos "ex nunc".
d) Em qualquer das hipóteses de usucapião previstas no Código Civil, exige-se a posse de boa-fé e justo título.
e) A escritura pública é suficiente para a aquisição da propriedade imobiliária, sendo uma formalidade situada no plano de validade dos contratos de constituição ou transmissão de bens.

142. (TRF/3R/Juiz/2010) Assinale a alternativa correta:

a) Todas as obras feitas em uma coisa são benfeitorias.
b) Não se incluem na classe de benfeitorias as acessões.
c) O álveo abandonado não é forma de acessão.
d) O aluvião e as plantações são formas de avulsão.

5.2.3. Dos Direitos de Vizinhança

SÚMULAS

STF **Súm. 120.** Parede de tijolos de vidro translúcido pode ser levantada a menos de metro e meio do prédio vizinho, não importando servidão sobre ele.

ENUNCIADOS

CJF **Civil 88.** O direito de passagem forçada, previsto no art. 1.285 do CC, também é garantido nos casos em que o acesso à via pública for insuficiente ou inadequado, consideradas inclusive as necessidades de exploração econômica.

CJF **Civil 244.** O art. 1.291 deve ser interpretado conforme a Constituição, não sendo facultada a poluição das águas, quer sejam essenciais ou não às primeiras necessidades da vida.

CJF **Civil 245.** Muito embora omisso acerca da possibilidade de canalização forçada de águas por prédios alheios, para fins da agricultura ou indústria, o art. 1.293 não exclui a possibilidade da canalização forçada pelo vizinho, com prévia indenização aos proprietários prejudicados.

CJF **Civil 319.** A condução e a solução das causas envolvendo conflitos de vizinhança devem guardar estreita sintonia com os princípios constitucionais da intimidade, da inviolabilidade da vida privada e da proteção ao meio ambiente.

CJF **Civil 597.** A posse impeditiva da arrecadação, prevista no art. 1.276 do Código Civil, é efetiva e qualificada por sua função social.

CJF **Civil 598.** Na redação do art. 1.293, "agricultura e indústria" não são apenas qualificadores do prejuízo que pode ser causado pelo aqueduto, mas também finalidades que podem justificar sua construção.

5.2.4. Do Condomínio

SÚMULAS

STJ **Súm. 260.** A convenção de condomínio aprovada, ainda que sem registro, é eficaz para regular as relações entre os condôminos.

STJ **Súm. 478.** Na execução de crédito relativo a cotas condominiais, este tem preferência sobre o hipotecário.

ENUNCIADOS

CJF **Civil 89.** O disposto nos arts. 1.331 a 1.358 do novo Código Civil aplica-se, no que couber, aos condomínios assemelhados, tais como loteamentos fechados, multipropriedade imobiliária e clubes de campo.

CJF **Civil 90.** Deve ser reconhecida personalidade jurídica ao condomínio edilício.

CJF **Civil 91.** A convenção de condomínio, ou a assembleia geral, podem vedar a locação de área de garagem ou abrigo para veículos a estranhos ao condomínio.

CJF **Civil 92.** As sanções do art. 1.337 do novo Código Civil não podem ser aplicadas sem que se garanta direito de defesa ao condômino nocivo.

CJF **Civil 96.** Alteração do § 1º do art. 1.336 do CC, relativo a multas por inadimplemento no pagamento da contribuição condominial, para o qual se sugere a seguinte redação: "Art. 1.336.. § 1º O condômino que não pagar sua contribuição ficará sujeito aos juros moratórios convencionados ou, não sendo previstos, de um por cento ao mês, e multa de até 10% sobre o ou eventual risco de emendas sucessivas que venham a desnaturá-lo ou mesmo inibir a sua entrada em vigor". Não obstante, entendeu a Comissão da importância de aprimoramento do texto legislativo, que poderá, perfeitamente, ser efetuado durante a vigência do próprio Código, o que ocorreu, por exemplo, com o diploma de 1916, com a grande reforma verificada em 1919.

CJF **Civil 246.** Fica alterado o Enunciado n. 90, com supressão da parte final: "nas relações jurídicas inerentes às atividades de seu peculiar interesse". Prevalece o texto: "Deve ser reconhecida personalidade jurídica ao condomínio edilício".

CJF Civil 247. No condomínio edilício é possível a utilização exclusiva de área "comum" que, pelas próprias características da edificação, não se preste ao "uso comum" dos demais condôminos.

CJF Civil 248. O quórum para alteração do regimento interno do condomínio edilício pode ser livremente fixado na convenção.

CJF Civil 320. O direito de preferência de que trata o art. 1.338 deve ser assegurado não apenas nos casos de locação, mas também na hipótese de venda da garagem.

CJF Civil 328. Propõe-se a supressão do inciso V do art. 1.334 do Código Civil.

CJF Civil 504. A escritura declaratória de instituição e convenção firmada pelo titular único de edificação composta por unidades autônomas é título hábil para registro da propriedade horizontal no competente registro de imóveis, nos termos dos arts. 1.332 a 1.334 do Código Civil.

CJF Civil 505. É nula a estipulação que, dissimulando ou embutindo multa acima de 2%, confere suposto desconto de pontualidade no pagamento da taxa condominial, pois configura fraude à lei (Código Civil, art. 1.336, § 1º), e não redução por merecimento.

CJF Civil 508. Verificando-se que a sanção pecuniária mostrou-se ineficaz, a garantia fundamental da função social da propriedade (arts. 5º, XXIII, da CRFB e 1.228, § 1º, do CC) e a vedação ao abuso do direito (arts. 187 e 1.228, § 2º, do CC) justificam a exclusão do condômino antissocial, desde que a ulterior assembleia prevista na parte final do parágrafo único do art. 1.337 do Código Civil delibere a propositura de ação judicial com esse fim, asseguradas todas as garantias inerentes ao devido processo legal.

CJF Civil 566. A cláusula convencional que restringe a permanência de animais em unidades autônomas residenciais deve ser valorada à luz dos parâmetros legais de sossego, insalubridade e periculosidade.

CJF Civil 625. A incorporação imobiliária que tenha por objeto o condomínio de lotes poderá ser submetida ao regime do patrimônio de afetação, na forma da lei especial.

CJF Civil 665. A reconstrução de edifício realizada com o propósito de comercialização das unidades durante a obra sujeita-se ao regime da incorporação imobiliária e torna exigível o registro do memorial de incorporação.

CJF Notarial/Registral 26. O condomínio urbano simples não se limita a imóveis residenciais.

INFORMATIVOS

STJ Execução fiscal. Penhora de vaga de garagem. Art. 1.331, § 1º, do CC. Alienação a pessoas estranhas ao condomínio. Convenção de condomínio. Ausência de autorização expressa. Impossibilidade. Hasta restrita a condôminos. A hasta pública para alienação de vaga de garagem em condomínio se restringe aos demais condôminos, salvo autorização expressa na convenção condominial. *REsp 2008627, 2ª T, 13.9.2022. Inf 749.*

STJ Despesas condominiais. Posse do imóvel. Entrega das chaves. Recusa ilegítima ao recebimento das chaves. Responsabilidade pelas taxas de condomínio. Adquirente do imóvel. O adquirente de imóvel deve pagar as taxas condominiais desde o recebimento das chaves ou, em caso de recusa ilegítima, a partir do momento no qual as chaves estavam à sua disposição. *REsp 1847734, 3ª T, 31.3.2022. Inf 731.*

STJ Condomínio. Assembleia ordinária ou extraordinária. Promitente comprador. Ciência da alienação. Imissão na posse do imóvel. Direito a voto. Legitimidade. Os promissários compradores têm legitimidade para participar das assembleias, ordinária ou extraordinária, desde que tenha havido a imissão na posse da unidade imobiliária e a cientificação do condomínio acerca da transação. *REsp 1918949, 3ª T, 13.12.2021. Inf 722.*

QUESTÕES OBJETIVAS

143. (TRF/2R/Juiz/2017) Caio, Tício, Mévio e Sinfrônio são condôminos de um apartamento. Caio vende sua parte a Tício, sem consultar os outros coproprietários. Assinale a opção correta:

a) Mévio, titular da maior fração ideal sobre o bem, pode obter a resolução da venda e adjudicar para si a parte vendida, depositando o preço pago por Tício dentro do prazo decadencial indicado em lei.

b) Sinfrônio, titular de benfeitorias mais valiosas incorporadas ao bem, pode obter a resolução do negócio e adjudicar a parte vendida, depositando judicialmente o preço pago dentro do prazo decadencial indicado em lei.

c) Mévio, titular da maior fração ideal sobre o bem, pode obter a resolução da venda e adjudicar para si a parte alienada, depositando o preço pago por Tício no prazo prescricional indicado em lei.

d) Sinfrônio, titular de benfeitorias mais valiosas incorporadas ao bem, pode obter a resolução do negócio e adjudicar a parte vendida, depositando judicialmente o preço pago no prazo prescricional indicado em lei.

e) Nem Mévio e nem Sinfrônio têm direito de preferência sobre a parte alienada.

5.2.5. Da Propriedade Resolúvel/Fiduciária

SÚMULAS

STJ Súm. 28. O contrato de alienação fiduciária em garantia pode ter por objeto bem que já integrava o patrimônio do devedor.

STJ Súm. 72. A comprovação da mora é imprescindível à busca e apreensão do bem alienado fiduciariamente.

STJ Súm. 92. A terceiro de boa-fé não é oponível a alienação fiduciária não anotada no certificado de registro do veículo automotor.

STJ Súm. 245. A notificação destinada a comprovar a mora nas dívidas garantidas por alienação fiduciária dispensa a indicação do valor do débito.

STJ Súm. 384. Cabe ação monitória para haver saldo remanescente oriundo de venda extrajudicial de bem alienado fiduciariamente em garantia.

ENUNCIADOS

CJF Civil 506. Estando em curso contrato de alienação fiduciária, é possível a constituição concomitante de nova garantia fiduciária sobre o mesmo bem imóvel, que, entretanto, incidirá sobre a respectiva propriedade superveniente que o fiduciante vier a readquirir, quando do implemento da condição a que estiver subordinada a primeira garantia fiduciária; a nova garantia poderá ser registrada na data em que convencionada e será eficaz desde a data do registro, produzindo efeito "ex tunc".

CJF Civil 509. A resolução da propriedade, quando determinada por causa originária, prevista no título, opera "ex tunc" e "erga omnes"; se decorrente de causa superveniente, atua "ex nunc" e "inter partes".

QUESTÕES DISCURSIVAS

13. (IFBC/TRF/2R/Juiz/2018) O tema da propriedade fiduciária tem merecido importante aplicação nas causas relacionadas às atividades da Caixa Econômica Federal como empresa pública nos segmentos contratual e de direitos reais. Sob tal contexto, devem ser respondidas as seguintes questões: a) Qual é a natureza jurídica, espécie e efeitos da propriedade fiduciária? b) Quais são as normas jurídicas aplicáveis às diversas atuações da Caixa Econômica Federal no tema da propriedade fiduciária? c) Quais são os remédios processuais à disposição da Caixa Econômica Federal em caso de inadimplemento das prestações do fiduciante?

QUESTÕES OBJETIVAS

144. (Cespe/TRF/5R/Juiz/2017) Um devedor pretende transferir a seu credor, a título de garantia, a propriedade resolúvel de determinado bem móvel infungível. Nessa situação:

a) a garantia será desfeita caso o objeto já integre o patrimônio do devedor.

b) a exigência de outras garantias será considerada cláusula não escrita.

c) o credor poderá manter a coisa caso haja inadimplemento absoluto.

d) o devedor poderá ceder o direito eventual que advém do contrato

e) a propriedade será constituída com a entrega ao credor da coisa que é objeto do contrato.

145. (Cespe/TRF/1R/Juiz/2013) A respeito da propriedade fiduciária, disciplinada no Código Civil, assinale a opção correta.

a) Qualquer bem móvel por natureza, durável e consumível, pode ser objeto do contrato de alienação fiduciária.
b) O devedor fiduciante pode valer-se das ações possessórias contra terceiros, mas não manejá-las contra o credor fiduciário em razão de ser eventual o direito.
c) Não há óbice à efetivação da penhora do bem alienado fiduciariamente por dívidas do devedor fiduciante.
d) O credor fiduciário se transformará em proprietário do bem em caso de inadimplemento absoluto da dívida.
e) Ao terceiro não interessado que pagar a dívida garantida é permitido sub-rogar-se no crédito, tendo os privilégios do credor originário.

5.3. Da Superfície

ENUNCIADOS

CJF **Civil 93.** As normas previstas no Código Civil sobre direito de superfície não revogam as relativas a direito de superfície constantes do Estatuto da Cidade (Lei n. 10.257/2001) por ser instrumento de política de desenvolvimento urbano.

CJF **Civil 94.** As partes têm plena liberdade para deliberar, no contrato respectivo, sobre o rateio dos encargos e tributos que incidirão sobre a área objeto da concessão do direito de superfície.

CJF **Civil 249.** A propriedade superficiária pode ser autonomamente objeto de direitos reais de gozo e de garantia, cujo prazo não exceda a duração da concessão da superfície, não se lhe aplicando o art. 1.474.

CJF **Civil 250.** Admite-se a constituição do direito de superfície por cisão.

CJF **Civil 321.** Os direitos e obrigações vinculados ao terreno e, bem assim, aqueles vinculados à construção ou à plantação formam patrimônios distintos e autônomos, respondendo cada um dos seus titulares exclusivamente por suas próprias dívidas e obrigações, ressalvadas as fiscais decorrentes do imóvel.

CJF **Civil 322.** O momento da desapropriação e as condições da concessão superficiária serão considerados para fins da divisão do montante indenizatório (art. 1.376), constituindo-se litisconsórcio passivo necessário simples entre proprietário e superficiário.

CJF **Civil 510.** Ao superficiário que não foi previamente notificado pelo proprietário para exercer o direito de preferência previsto no art. 1.373 do CC é assegurado o direito de, no prazo de seis meses, contado do registro da alienação, adjudicar para si o bem mediante depósito do preço.

CJF **Civil 568.** O direito de superfície abrange o direito de utilizar o solo, o subsolo ou o espaço aéreo relativo ao terreno, na forma estabelecida no contrato, admitindo-se o direito de sobrelevação, atendida a legislação urbanística.

5.4. Das Servidões

SÚMULAS

STF **Súm. 120.** Parede de tijolos de vidro translúcido pode ser levantada a menos de metro e meio do prédio vizinho, não importando servidão sobre ele.

STF **Súm. 415.** Servidão de trânsito não titulada, mas tomada permanente, sobretudo pela natureza das obras realizadas, considera-se aparente, conferindo direito a proteção possessória.

ENUNCIADOS

CJF **Civil 251.** O prazo máximo para o usucapião extraordinário de servidões deve ser de 15 anos, em conformidade com o sistema geral de usucapião previsto no Código Civil.

QUESTÕES OBJETIVAS

146. (Vunesp/TRF/3R/Juiz/2022) Assinale a alternativa correta:

a) A servidão proporciona utilidade para o prédio dominante e grava o prédio serviente, que pertence a diverso dono e constitui-se mediante declaração expressa dos proprietários, ou por testamento, e subsequente registro no Cartório de Títulos e Documentos.
b) Mediante recebimento de indenização que atenda, também, à desvalorização da área remanescente, o proprietário é obrigado a tolerar a passagem, através de seu imóvel, de cabos, tubulações e outros condutos subterrâneos de serviços de utilidade pública, em proveito de proprietários vizinhos, quando de outro modo for impossível ou excessivamente onerosa. No entanto, o proprietário prejudicado pode exigir que a instalação seja feita de modo menos gravosa à propriedade, bem como, depois, seja removida, à sua custa, para outro local do imóvel.
c) A propriedade de solo abrange jazidas, minas e demais recursos minerais e os potenciais de energia hidráulica.
d) Somente o proprietário pode ajuizar ação reivindicatória de caráter petitório, não possuindo o usufrutuário legitimidade e interesse para ajuizá-la, mas apenas o nu proprietário.

147. (TRF/2R/Juiz/2014) Sobre as servidões prediais, assinale a assertiva correta:

a) O titular do prédio dominante pode alienar a servidão em separado da propriedade, em favor de outro imóvel vizinho, pertencente a terceiro, mas o ato apenas é oponível ao titular do prédio serviente após o registro do título no assento imobiliário.
b) É inviável usucapir, na forma extraordinária, servidão não aparente e descontínua.
c) O usufrutuário de imóvel pode sobre ele constituir servidão em favor de prédio vizinho, desde que o faça a título gratuito e em caráter real.
d) O desuso da servidão, passados pelo menos quinze anos e desde que notificado o titular do prédio dominante, gera a sua extinção.
e) É vedada a renúncia à servidão por parte do titular do prédio dominante.

5.5. Do Usufruto, do Uso e da Habitação

ENUNCIADOS

CJF **Civil 252.** A extinção do usufruto pelo não uso, de que trata o art. 1.410, inc. VIII, independe do prazo previsto no art. 1.389, inc. III, operando-se imediatamente. Tem-se por desatendida, nesse caso, a função social do instituto.

INFORMATIVOS

STJ **Direito real de habitação. Cônjuge supérstite. Inoponibilidade. Copropriedade preexistente da filha exclusiva do "de cujus". Arbitramento de aluguéis. Cabimento.** Tem direito ao recebimento de aluguéis a parte que, sem vínculo de parentalidade com a cônjuge supérstite, possuía imóvel em copropriedade com o "de cujus". *REsp 1830080, 3ª T, 29.4.2022. Inf 734.*

QUESTÕES DISCURSIVAS

14. (Cespe/TRF/1R/Juiz/2013) O direito real de usufruto, tal como definido no Código Civil, pode ser extinto, aplicando-se analogicamente o prazo de extinção estabelecido para as servidões convencionais?

QUESTÕES OBJETIVAS

148. (Cespe/TRF/5R/Juiz/2013) No que se refere aos direitos reais, assinale a opção correta.

a) A legislação civil consagra requisitos específicos para o negócio jurídico constitutivo de penhor, anticrese ou hipoteca, visando a sua especialização, e, à luz da jurisprudência do STJ, a falta desses requisitos gera a nulidade do direito real.
b) O compromisso de compra e venda de imóvel, devidamente registrado na matrícula constante do registro de imóveis competente, transforma o contrato preliminar em direito real de aquisição em favor do comprador, inserindo-se no rol dos direitos reais de gozo ou fruição.
c) A propriedade superficiária não pode ser, de forma autônoma, objeto de direitos reais de gozo e de garantia, como é o caso, por exemplo, da hipoteca.
d) A servidão e a passagem forçada, institutos previstos na codificação civil, não se confundem. A servidão, em razão de sua natureza, é compulsória e exige o pagamento de indenização, enquanto a passagem forçada, instituto afeto ao direito de vizinhança, é facultativa.
e) O usufruto é inalienável, mas é possível ceder o exercício do bem usufrutuário em comodato ou locação.

5.6. Do Direito do Promitente Comprador

SÚMULAS

STJ **Súm. 239.** O direito à adjudicação compulsória não se condiciona ao registro do compromisso de compra e venda no cartório de imóveis.

ENUNCIADOS

CJF **Civil 95.** O direito à adjudicação compulsória (art. 1.418 do novo Código Civil), quando exercido em face do promitente vendedor, não se condiciona ao registro da promessa de compra e venda no cartório de registro imobiliário (Súmula n. 239 do STJ).

CJF **Civil 253.** O promitente comprador, titular de direito real (art. 1.417), tem a faculdade de reivindicar de terceiro o imóvel prometido à venda.

QUESTÕES OBJETIVAS

149. (TRF/3R/Juiz/2013) Considerando o direito real do promitente comprador de imóvel, analise as assertivas abaixo e assinale a alternativa verdadeira:

I. O contrato de promessa de compra e venda é analógico ao denominado contrato preliminar, pois para seu aperfeiçoamento necessita de uma nova e futura declaração de vontade.
II. O direito do promitente comprador de imóvel é considerado um direito real de aquisição e, uma vez pago o preço, independentemente de registro imobiliário, aquele faz jus à titularidade do bem, podendo ajuizar adjudicação compulsória em caso de recusa do transmitente.
III. Como o promitente comprador é titular de direito real, não se admite a medida de adjudicação compulsória por aquele, em caso de recusa da escrituração pelo vendedor, sem o prévio registro público do contrato.
IV. A cláusula que veda o arrependimento nesta espécie de direito real de aquisição pode ser considerada como nula, eis que fere o princípio da liberdade de contratar entre as partes.
V. O direito real de aquisição acima especificado abrange imóveis rurais ou urbanos, mas exige cláusula impeditiva de arrependimento, mediante pagamento à vista ou firmado em prestações.

a) Todas as assertivas estão corretas.
b) A assertiva II está incorreta, assim como a assertiva V.
c) As assertivas III e V estão corretas.
d) A assertiva II está correta.
e) As assertivas I e III estão corretas.

5.7. Do Penhor, da Hipoteca e da Anticrese

SÚMULAS

STJ **Súm. 308.** A hipoteca firmada entre a construtora e o agente financeiro, anterior ou posterior à celebração da promessa de compra e venda, não tem eficácia perante os adquirentes do imóvel.

STJ **Súm. 478.** Na execução de crédito relativo a cotas condominiais, este tem preferência sobre o hipotecário.

ENUNCIADOS

CJF **Civil 626.** Não afronta o art. 1.428 do Código Civil, em relações paritárias, o pacto marciano, cláusula contratual que autoriza que o credor se torne proprietário da coisa objeto da garantia mediante aferição de seu justo valor e restituição do supérfluo (valor do bem em garantia que excede o da dívida).

CJF **Civil 666.** No penhor de créditos futuros, satisfaz o requisito da especificação, de que trata o art. 1.424, IV, do Código Civil, a definição, no ato constitutivo, de critérios ou procedimentos objetivos que permitam a determinação dos créditos alcançados pela garantia.

CJF **Civil 667.** No penhor constituído sobre bens fungíveis, satisfaz o requisito da especificação de que trata o art. 1.424, IV, do Código Civil, a definição, no ato constitutivo, da espécie, qualidade e quantidade dos bens dados em garantia.

CJF **Civil 668.** Os direitos de propriedade industrial caracterizados pela exclusividade são suscetíveis de penhor, observadas as necessidades de averbação junto ao Instituto Nacional da Propriedade Industrial para a plena eficácia perante terceiros.

QUESTÕES OBJETIVAS

150. (TRF/3R/Juiz/2018) É direito do credor hipotecário:

a) Impedir que sobre o prédio hipotecado se constitua penhor rural.
b) Sendo ele credor de segunda hipoteca, promover a execução sobre o imóvel mesmo antes de vencida a primeira, ainda que não seja insolvente o devedor.
c) Celebrar hipoteca para garantia de dívida futura ou condicionada, ainda que não seja indicado o valor máximo do crédito a ser garantido.
d) Sendo ele credor de hipoteca legal, exigir do devedor que reforce a garantia com outros bens, se demonstrar a insuficiência dos imóveis especializados.

151. (TRF/2R/Juiz/2014) Analise as assertivas e assinale, ao final, a opção adequada:

I. O titular de domínio útil de imóvel foreiro à União Federal pode hipotecá-lo, nos limites de seu direito real.
II. A garantia real constituída por quem não é dono é ineficaz em relação ao proprietário. A posterior aquisição do bem, no entanto, a torna eficaz, desde o registro.
III. Empenhados ou hipotecados dois ou mais bens, em garantia de única dívida, e sendo omisso o título, o pagamento de mais da metade do débito em regra não gera direito à exoneração de um ou alguns bens, de valor inferior ao proporcional quitado.
IV. No sistema de alienação fiduciária de imóveis, doutrina e jurisprudência dominantes consideram legítima a cláusula que autoriza o credor a ficar com bem o objeto da garantia, se a dívida não for paga no vencimento.

a) Apenas uma assertiva está correta.
b) Apenas duas assertivas estão corretas.

c) Apenas as assertivas I, II e III estão corretas.
d) Apenas as assertivas I, III e IV estão corretas.
e) Todas as proposições estão corretas.

152. (Cespe/TRF/1R/Juiz/2013) A respeito da superfície, servidões, usufruto, penhor e hipoteca, assinale a opção correta.

a) O direito subjetivo integra o patrimônio do superficiário, podendo este transferir o direito de superfície a terceiro por negócio jurídico; no entanto, não haverá a saisine em favor dos herdeiros quando do seu falecimento.
b) A servidão de passagem, direito real que surge em razão da necessidade/utilidade de trânsito através de determinado imóvel, por constituir forma de proteção à função social da propriedade, embora se presuma, deve ser interpretada restritivamente.
c) O proprietário resolúvel pode conceder o bem em hipoteca, não lhe sendo vedado onerar a coisa; no entanto, verificado o evento futuro e incerto, o ônus real subsistirá, gravando-se a coisa.
d) No intuito de assegurar o cumprimento da função social da propriedade gravada, o Código Civil, sem prever prazo determinado, autoriza a extinção do usufruto pelo não uso ou pela não fruição do bem sobre o qual ele recai.
e) O valor do crédito e o bem dado em garantia com as suas especificações constituem elementos nucleares do contrato de penhor, de forma que, faltando um deles, a validade do pacto estará comprometida.

153. (Cespe/TRF/1R/Juiz/2011) Assinale a opção correta a respeito da hipoteca.

a) A hipoteca pode ser transmitida por atos inter vivos ou por causa mortis.
b) A divisibilidade da dívida contraída reflete na hipoteca, não havendo disposição contrária.
c) A hipoteca poderá envolver bens futuros.
d) A especialização da hipoteca não pode ser renovada.
e) Não pode ser fixado o valor do bem dado em hipoteca.

5.8. Da Laje

ENUNCIADOS

CJF **Civil 627.** O direito real de laje é passível de usucapião.

CJF **Civil 669.** É possível o registro do direito real de laje sobre construção edificada antes da vigência da lei, desde que respeitados os demais requisitos previstos tanto para a forma quanto para o conteúdo material da transmissão.

CJF **Proc. Civil 150.** Aplicam-se ao direito de laje os arts. 791, 804 e 889, III, do CPC.

6. DO DIREITO DE FAMÍLIA

6.1. Do Direito Pessoal

SÚMULAS

STF **Súm. 149.** É imprescritível a ação de investigação de paternidade, mas não o é a de petição de herança.

STF **Súm. 305.** Acordo de desquite ratificado por ambos os cônjuges não é retratável unilateralmente.

STJ **Súm. 277.** Julgada procedente a investigação de paternidade, os alimentos são devidos a partir da citação.

STJ **Súm. 301.** Em ação investigatória, a recusa do suposto pai a submeter-se ao exame de DNA induz presunção "juris tantum" de paternidade.

ENUNCIADOS

1) Do Casamento

1.1) Das Disposições Gerais

CJF **Civil 601.** É existente e válido o casamento entre pessoas do mesmo sexo.

1.2) Da Capacidade para o Casamento

CJF **Civil 329.** A permissão para casamento fora da idade núbil merece interpretação orientada pela dimensão substancial do princípio da igualdade jurídica, ética e moral entre o homem e a mulher, evitando-se, sem prejuízo do respeito à diferença, tratamento discriminatório.

CJF **Civil 512.** O art. 1.517 do Código Civil, que exige autorização dos pais ou responsáveis para casamento, enquanto não atingida a maioridade civil, não se aplica ao emancipado.

1.3) Dos Impedimentos

CJF **Civil 98.** O inc. IV do art. 1.521 do novo Código Civil deve ser interpretado à luz do Decreto-Lei n. 3.200/41 no que se refere à possibilidade de casamento entre colaterais de 3º grau.

1.4) Das Causas Suspensivas

CJF **Civil 330.** As causas suspensivas da celebração do casamento poderão ser arguidas inclusive pelos parentes em linha reta de um dos nubentes e pelos colaterais em segundo grau, por vínculo decorrente de parentesco civil.

1.5) Do Processo de Habilitação para o Casamento

CJF **Civil 120.** Proposição sobre o art. 1.526: Proposta: deverá ser suprimida a expressão "será homologada pelo juiz" no art. 1.526, o qual passará a dispor: "Art. 1.526. A habilitação de casamento será feita perante o oficial do Registro Civil e ouvido o Ministério Público."

CJF **Civil 513.** O juiz não pode dispensar, mesmo fundamentadamente, a publicação do edital de proclamas do casamento, mas sim o decurso do prazo.

1.6) Da Invalidade do Casamento

CJF **Civil 332.** A hipótese de nulidade prevista no inc. I do art. 1.548 do Código Civil se restringe ao casamento realizado por enfermo mental absolutamente incapaz, nos termos do inc. II do art. 3º do Código Civil.

1.7) Da Eficácia do Casamento

CJF **Civil 99.** O art. 1.565, § 2º, do Código Civil não é norma destinada apenas às pessoas casadas, mas também aos casais que vivem em companheirismo, nos termos do art. 226, caput, §§ 3º e 7º, da Constituição Federal de 1988, e não revogou o disposto na Lei n. 9.263/96.

1.8) Da Dissolução da Sociedade e do Vínculo Conjugal

CJF **Civil 100.** Na separação, recomenda-se apreciação objetiva de fatos que tornem evidente a impossibilidade da vida em comum.

CJF **Civil 121.** Proposição sobre o art. 1.571, § 2º. Proposta: dissolvido o casamento pelo divórcio direto ou por conversão, no que diz respeito ao sobrenome dos cônjuges, aplica-se o disposto no art. 1.578.

CJF **Civil 122.** Proposta: dar ao art. 1.572, caput, a seguinte redação: "Qualquer dos cônjuges poderá propor a ação de separação judicial, com fundamento na impossibilidade da vida em comum."

CJF **Civil 123.** Proposta: revogar o art. 1.573. (Prejudicado pelo Enunciado n. 254).

CJF **Civil 124.** Proposição sobre o art. 1.578. Proposta: Alterar o dispositivo para: "Dissolvida a sociedade conjugal, o cônjuge perde o direito à utilização do sobrenome do outro, salvo se a alteração acarretar: I – evidente prejuízo para a sua identificação; II – manifesta distinção entre o seu nome de família e o dos filhos havidos da união dissolvida; III – dano grave reconhecido na decisão judicial." e, por via de consequência, estariam revogados os §§ 1º e 2º do mesmo artigo.

CJF Civil 254. Formulado o pedido de separação judicial com fundamento na culpa (art. 1.572 e/ou art. 1.573 e incisos), o juiz poderá decretar a separação do casal diante da constatação da insubsistência da comunhão plena de vida (art. 1.511) que caracteriza hipótese de "outros fatos que tornem evidente a impossibilidade da vida em comum" sem atribuir culpa a nenhum dos cônjuges.

CJF Civil 255. Não é obrigatória a partilha de bens na separação judicial.

CJF Civil 514. A Emenda Constitucional n. 66/2010 não extinguiu o instituto da separação judicial e extrajudicial.

CJF Civil 515. Pela interpretação teleológica da Emenda Constitucional n. 66/2010, não há prazo mínimo de casamento para a separação consensual.

CJF Civil 516. Na separação judicial por mútuo consentimento, o juiz só poderá intervir no limite da preservação do interesse dos incapazes ou de um dos cônjuges, permitida a cindibilidade dos pedidos com a concordância das partes, aplicando-se esse entendimento também ao divórcio.

CJF Civil 517. A Emenda Constitucional n. 66/2010 extinguiu os prazos previstos no art. 1.580 do Código Civil, mantido o divórcio por conversão.

CJF Civil 571. Se comprovada a resolução prévia e judicial de todas as questões referentes aos filhos menores ou incapazes, o tabelião de notas poderá lavrar escrituras públicas de dissolução conjugal.

CJF Civil 602. Transitada em julgado a decisão concessiva do divórcio, a expedição do mandado de averbação independe do julgamento da ação originária em que persista a discussão dos aspectos decorrentes da dissolução do casamento.

1.9) Da Proteção da Pessoa dos Filhos

CJF Civil 101. Sem prejuízo dos deveres que compõem a esfera do poder familiar, a expressão "guarda de filhos", à luz do art. 1.583, pode compreender tanto a guarda unilateral quanto a compartilhada, em atendimento ao princípio do melhor interesse da criança.

CJF Civil 102. A expressão "melhores condições" no exercício da guarda, na hipótese do art. 1.584, significa atender ao melhor interesse da criança.

CJF Civil 334. A guarda de fato pode ser reputada como consolidada diante da estabilidade da convivência familiar entre a criança ou o adolescente e o terceiro guardião, desde que seja atendido o princípio do melhor interesse.

CJF Civil 336. O parágrafo único do art. 1.584 aplica-se também aos filhos advindos de qualquer forma de família.

CJF Civil 337. O fato de o pai ou a mãe constituírem nova união não repercute no direito de terem os filhos do leito anterior em sua companhia, salvo quando houver comprometimento da sadia formação e do integral desenvolvimento da personalidade destes.

CJF Civil 338. A cláusula de não tratamento conveniente para a perda da guarda dirige-se a todos os que integrem, de modo direto ou reflexo, as novas relações familiares.

CJF Civil 518. A Lei n. 11.698/2008, que deu nova redação aos arts. 1.583 e 1.584 do Código Civil, não se restringe à guarda unilateral e à guarda compartilhada, podendo ser adotada aquela mais adequada à situação do filho, em atendimento ao princípio do melhor interesse da criança e do adolescente. A regra aplica-se a qualquer modelo de família. Atualizados os Enunciados ns. 101 e 336 em razão de mudança legislativa, agora abrangidos por este enunciado.

CJF Civil 603. A distribuição do tempo de convívio na guarda compartilhada deve atender precipuamente ao melhor interesse dos filhos, não devendo a divisão de forma equilibrada, a que alude o § 2º do art. 1.583 do Código Civil, representar convivência livre ou, ao contrário, repartição de tempo matematicamente igualitária entre os pais.

CJF Civil 604. A divisão, de forma equilibrada, do tempo de convívio dos filhos com a mãe e com o pai, imposta na guarda compartilhada pelo § 2º do art. 1.583 do Código Civil, não deve ser confundida com a imposição do tempo previsto pelo instituto da guarda alternada, pois esta não implica apenas a divisão do tempo de permanência dos filhos com os pais, mas também o exer-cício exclusivo da guarda pelo genitor que se encontra na companhia do filho.

CJF Civil 605. A guarda compartilhada não exclui a fixação do regime de convivência.

CJF Civil 606. O tempo de convívio com os filhos "de forma equilibrada com a mãe e com o pai" deve ser entendido como divisão proporcional de tempo, da forma que cada genitor possa se ocupar dos cuidados pertinentes ao filho, em razão das peculiaridades da vida privada de cada um.

CJF Civil 607. A guarda compartilhada não implica ausência de pagamento de pensão alimentícia.

CJF Civil 671. A tenra idade da criança não impede a fixação de convivência equilibrada com ambos os pais.

2) Das Relações de Parentesco

2.1) Disposições Gerais

CJF Civil 103. O Código Civil reconhece, no art. 1.593, outras espécies de parentesco civil além daquele decorrente da adoção, acolhendo, assim, a noção de que há também parentesco civil no vínculo parental proveniente quer das técnicas de reprodução assistida heteróloga relativamente ao pai (ou mãe) que não contribuiu com seu material fecundante, quer da paternidade socioafetiva, fundada na posse do estado de filho.

CJF Civil 256. A posse do estado de filho (parentalidade socioafetiva) constitui modalidade de parentesco civil.

CJF Civil 519. O reconhecimento judicial do vínculo de parentesco em virtude de socioafetividade deve ocorrer a partir da relação entre pai(s) e filho(s), com base na posse do estado de filho, para que produza efeitos pessoais e patrimoniais.

CJF Civil 608. É possível o registro de nascimento dos filhos de pessoas do mesmo sexo originários de reprodução assistida, diretamente no Cartório do Registro Civil, sendo dispensável a propositura de ação judicial, nos termos da regulamentação da Corregedoria local.

2.2) Da Filiação

CJF Civil 104. No âmbito das técnicas de reprodução assistida envolvendo o emprego de material fecundante de terceiros, o pressuposto fático da relação sexual é substituído pela vontade (ou eventualmente pelo risco da situação jurídica matrimonial) juridicamente qualificada, gerando presunção absoluta ou relativa de paternidade no que tange ao marido da mãe da criança concebida, dependendo da manifestação expressa (ou implícita) da vontade no curso do casamento.

CJF Civil 105. As expressões "fecundação artificial", "concepção artificial" e "inseminação artificial" constantes, respectivamente, dos incs. III, IV e V do art. 1.597, deverão ser interpretadas como "técnica de reprodução assistida".

CJF Civil 106. Para que seja presumida a paternidade do marido falecido, será obrigatório que a mulher, ao se submeter a uma das técnicas de reprodução assistida com o material genético do falecido, esteja na condição de viúva, sendo obrigatório, ainda, que haja autorização escrita do marido para que se utilize seu material genético após sua morte.

CJF Civil 107. Finda a sociedade conjugal, na forma do art. 1.571, a regra do inc. IV somente poderá ser aplicada se houver autorização prévia, por escrito, dos ex-cônjuges, para a utilização dos embriões excedentários, só podendo ser revogada até o início do procedimento de implantação desses embriões.

CJF Civil 108. No fato jurídico do nascimento, mencionado no art. 1.603, compreende-se, à luz do disposto no art. 1.593, a filiação consanguínea e também a socioafetiva.

CJF Civil 109. A restrição da coisa julgada oriunda de demandas reputadas improcedentes por insuficiência de prova, não deve prevalecer para inibir a busca da identidade genética pelo investigando.

CJF Civil 126. Proposição sobre o art. 1.597, incs. III, IV e V. Proposta: alterar as expressões "fecundação artificial", "concepção artificial" e "inseminação artificial" constantes, respectivamente, dos incs. III, IV e V do art. 1.597 para "técnica de reprodução assistida".

CJF Civil 127. Proposição sobre o art. 1.597, inc. III. Proposta: alterar o inc. III para constar "havidos por fecundação artificial homóloga".

CJF Civil 128. Proposição sobre o art. 1.597, inc. IV. Proposta: Revogar o dispositivo.

CJF Civil 129. Proposição para inclusão de um artigo no final do Cap. II, Subtítulo II, Cap. XI, Título I, do Livro IV, com a seguinte redação: Art. 1.597-A. "A maternidade será presumida pela gestação. Parágrafo único: Nos casos de utilização das técnicas de reprodução assistida, a maternidade será estabelecida em favor daquela que forneceu o material genético, ou que, tendo planejado a gestação, valeu-se da técnica de reprodução assistida heteróloga."

CJF Civil 130. Proposição sobre o art. 1.601. Redação proposta: "Cabe ao marido o direito de contestar a paternidade dos filhos nascidos de sua mulher, sendo tal ação imprescritível. § 1º. Não se desconstituirá a paternidade caso fique caracterizada a posse do estado de filho. § 2º. Contestada a filiação, os herdeiros do impugnante têm direito de prosseguir na ação."

CJF **Civil 257.** As expressões "fecundação artificial", "concepção artificial" e "inseminação artificial", constantes, respectivamente, dos incs. III, IV e V do art. 1597 do Código Civil, devem ser interpretadas restritivamente, não abrangendo a utilização de óvulos doados e a gestação de substituição.

CJF **Civil 258.** Não cabe a ação prevista no art. 1.601 do Código Civil se a filiação tiver origem em procriação assistida heteróloga, autorizada pelo marido nos termos do inc. V do art. 1.597, cuja paternidade configura presunção absoluta.

CJF **Civil 339.** A paternidade socioafetiva, calcada na vontade livre, não pode ser rompida em detrimento do melhor interesse do filho.

CJF **Civil 520.** O conhecimento da ausência de vínculo biológico e a posse de estado de filho obstam a contestação da paternidade presumida.

CJF **Civil 521.** Qualquer descendente possui legitimidade, por direito próprio, para propor o reconhecimento do vínculo de parentesco em face dos avós ou de qualquer ascendente de grau superior, ainda que o pai não tenha iniciado a ação de prova da filiação em vida.

CJF **Civil 632.** Nos casos de reconhecimento de multiparentalidade paterna ou materna, o filho terá direito à participação na herança de todos os ascendentes reconhecidos.

CJF **Civil 633.** É possível ao viúvo ou ao companheiro sobrevivente, o acesso à técnica de reprodução assistida póstuma – por meio da maternidade de substituição, desde que haja expresso consentimento manifestado em vida pela sua esposa ou companheira.

2.3) Do Reconhecimento dos Filhos

CJF **Civil 570.** O reconhecimento de filho havido em união estável fruto de técnica de reprodução assistida heteróloga "a patre" consentida expressamente pelo companheiro representa a formalização do vínculo jurídico de paternidade-filiação, cuja constituição se deu no momento do início da gravidez da companheira.

2.4) Da Adoção

CJF **Civil 110.** É inaplicável o § 2º do art. 1.621 do novo Código Civil às adoções realizadas com base no Estatuto da Criança e do Adolescente.

CJF **Civil 111.** A adoção e a reprodução assistida heteróloga atribuem a condição de filho ao adotado e à criança resultante de técnica conceptiva heteróloga; porém, enquanto na adoção haverá o desligamento dos vínculos entre o adotado e seus parentes consanguíneos, na reprodução assistida heteróloga sequer será estabelecido o vínculo de parentesco entre a criança e o doador do material fecundante.

CJF **Civil 259.** A revogação do consentimento não impede, por si só, a adoção, observado o melhor interesse do adotando.

2.5) Do Poder Familiar

CJF **Civil 112.** Em acordos celebrados antes do advento do novo Código, ainda que expressamente convencionado que os alimentos cessarão com a maioridade, o juiz deve ouvir os interessados, apreciar as circunstâncias do caso concreto e obedecer ao princípio "rebus sic stantibus".

CJF **Civil 335.** A guarda compartilhada deve ser estimulada, utilizando-se, sempre que possível, da mediação e da orientação de equipe interdisciplinar.

CJF **Civil 673.** Na ação de destituição do poder familiar de criança ou adolescente que se encontre institucionalizada, promovida pelo Ministério Público, é recomendável que o juiz, a título de tutela antecipada, conceda a guarda provisória a quem esteja habilitado a adotá-lo, segundo o perfil eleito pelo candidato à adoção.

INFORMATIVOS

STJ **Investigação paternidade "post mortem". Busca da verdade real. Dignidade da pessoa. Recusa dos descendentes do de cujus para realização de exame DNA. Exumação de restos mortais. Possibilidade de realização de exame.** É legal a ordem judicial de exumação de restos mortais do "de cujus", a fim de subsidiar exame de DNA para averiguação de vínculo de paternidade, diante de tentativas frustradas de realizar-se o exame em parentes vivos do investigado, bem como de completa impossibilidade de elucidação dos fatos por intermédio de outros meios de prova. *Proc. segredo justiça, 3ª T, 4.10.2022. Inf 752.*

STJ **Reconhecimento de parentesco colateral em segundo grau socioafetivo (fraternidade socioafetiva) "post mortem". Condições da ação. Teoria da asserção. Pretensão abstratamente compatível com o ordenamento pátrio. Possibilidade jurídica do pedido.** Inexiste qualquer vedação legal ao reconhecimento da fraternidade/irmandade socioafetiva, ainda que "post mortem", pois a declaração da existência de relação de parentesco de segundo grau na linha colateral é admissível no ordenamento jurídico pátrio, merecendo a apreciação do Poder Judiciário. *Proc. segredo justiça, 4ª T, 4.10.2022. Inf 753.*

STJ **Investigação de paternidade. Anulatória de registro civil. Independência. Possibilidade jurídica do pedido.** Independentemente do desfecho da ação anulatória de registro civil, não há que se falar em impossibilidade jurídica de pedido investigatório de paternidade. *Proc. segredo justiça, 3ª T, 23.6.2022. Inf 742.*

STJ **União estável. Separação obrigatória de bens. Companheiro maior de 70 anos. Pacto antenupcial afastando a incidência da Súmula 377/STF, impedindo comunhão de aquestos adquiridos onerosamente na constância da convivência. Possibilidade. Meação de bens da companheira. Inocorrência. Sucessão de bens. Companheira na condição de herdeira. Impossibilidade.** No casamento ou na união estável regidos pelo regime da separação obrigatória de bens, é possível que os nubentes/companheiros, em exercício da autonomia privada, estipulando o que melhor lhes aprouver em relação aos bens futuros, pactuem cláusula mais protetiva ao regime legal, com o afastamento da Súmula 377/STF, impedindo a comunhão dos aquestos. *REsp 1922347, 4ª T, 1.2.2022. Inf 723.*

STJ **Casamento nuncupativo. Art. 1.541, caput, do CC. Formalização do ato. Prazo de 10 dias. Flexibilização. Possibilidade.** Para formalização do casamento nuncupativo, é admissível a flexibilização do prazo de 10 dias para as testemunhas comparecerem perante a autoridade judicial. *Processo sob segredo judicial, 3ª T, 22.3.2022. Inf 729.*

QUESTÕES OBJETIVAS

154. (IFBC/TRF/2R/Juiz/2018) João da Silva e Vanessa Lizandra, após vinte anos de casamento, se separam consensualmente através de escritura pública, devido à inexistência de filhos incapazes, no ano de 2015, não sendo acordada a fixação de alimentos para qualquer um deles. Após dez meses da separação formal, João vem a óbito devido ao câncer diagnosticado, sendo que Vanessa requer à União Federal (Ministério das Comunicações) sua habilitação como pensionista de servidor público civil sob o fundamento de que não houve dissolução válida da sociedade conjugal em razão da Emenda Constitucional n. 66/2010 que, segundo alega, ab-rogou as normas que tratavam da separação formal. Assinale a opção correta:

a) Vanessa não tem direito à pensão pois não houve a supressão da separação formal no Direito brasileiro.
b) Vanessa não tem direito à integralidade da pensão, mas apenas à metade do valor devido à sua necessidade.
c) Vanessa tem direito à pensão securitária, mas deve ajuizar ação declaratória de nulidade do acordo de separação.
d) a separação extrajudicial é nula eis que inexistente o instituto desde 2010.
e) a escritura pública somente contempla os casos de divórcio consensual.

155. (TRF/3R/Juiz/2016) Sobre o Direito de Família e das Sucessões, marque a alternativa incorreta:

a) São susceptíveis de cessão, por meio de escritura pública o direito à sucessão aberta e o quinhão do herdeiro.
b) São irrevogáveis os atos de aceitação ou de renúncia da herança.
c) A pensão alimentícia incide sobre a gratificação natalina e a gratificação de férias.
d) O casamento é nulo quando contraído por enfermo mental sem o necessário discernimento para a vida civil.

6.2. Do Direito Patrimonial

SÚMULAS

1) Do Regime de Bens

STF **Súm. 377.** No regime de separação legal de bens, comunicam-se os adquiridos na constância do casamento.

STJ **Súm. 197.** O divórcio direto pode ser concedido sem que haja prévia partilha dos bens.

STJ **Súm. 134.** Embora intimado da penhora em imóvel do casal, o cônjuge do executado pode opor embargos de terceiro para defesa de sua meação.

STJ **Súm. 332.** A fiança prestada sem autorização de um dos cônjuges implica a ineficácia total da garantia.

STJ **Súm. 655.** Aplica-se à união estável contraída por septuagenário o regime da separação obrigatória de bens, comunicando-se os adquiridos na constância, quando comprovado o esforço comum.

2) Dos Alimentos

STF **Súm. 226.** Na ação de desquite, os alimentos são devidos desde a inicial e não da data da decisão que os concede.

STJ **Súm. 1.** O foro do domicílio ou da residência do alimentando é o competente para a ação de investigação de paternidade, quando cumulada com a de alimentos.

STJ **Súm. 277.** Julgada procedente a investigação de paternidade, os alimentos são devidos a partir da citação.

STJ **Súm. 309.** O débito alimentar que autoriza a prisão civil do alimentante é o que compreende as três prestações anteriores ao ajuizamento da execução e as que se vencerem no curso do processo.

STJ **Súm. 358.** O cancelamento de pensão alimentícia de filho que atingiu a maioridade está sujeito à decisão judicial, mediante contraditório, ainda que nos próprios autos.

STJ **Súm. 596.** A obrigação alimentar dos avós tem natureza complementar e subsidiária, somente se configurando no caso de impossibilidade total ou parcial de seu cumprimento pelos pais.

STJ **Súm. 621.** Os efeitos da sentença que reduz, majora ou exonera o alimentante do pagamento retroagem à data da citação, vedadas a compensação e a repetibilidade.

3) Do Bem de Família

STJ **Súm. 205.** A Lei 8.009/1990 aplica-se à penhora realizada antes de sua vigência.

STJ **Súm. 364.** O conceito de impenhorabilidade de bem de família abrange também o imóvel pertencente a pessoas solteiras, separadas e viúvas.

STJ **Súm. 449.** A vaga de garagem que possui matrícula própria no registro de imóveis não constitui bem de família para efeito de penhora.

STJ **Súm. 486.** É impenhorável o único imóvel residencial do devedor que esteja locado a terceiros, desde que a renda obtida com a locação seja revertida para a subsistência ou a moradia da sua família.

STJ **Súm. 549.** É válida a penhora de bem de família pertencente a fiador de contrato de locação.

TRF4 **Súm. 10.** A impenhorabilidade da Lei n. 8.009/90 alcança o bem que, anteriormente ao seu advento, tenha sido objeto de constrição judicial.

REPERCUSSÃO & REPETITIVOS

STF **Rep. Geral 1127.** É constitucional a penhora de bem de família pertencente a fiador de contrato de locação, seja residencial, seja comercial. *RE 1307334, 8.3.2022.*

STJ **IAC 12.** A) É presumido, em regra, o rateio em partes iguais do numerário mantido em conta corrente conjunta solidária quando inexistente previsão legal ou contratual de responsabilidade solidária dos correntistas pelo pagamento de dívida imputada a um deles. B) Não será possível a penhora da integralidade do saldo existente em conta conjunta solidária no âmbito de execução movida por pessoa (física ou jurídica) distinta da instituição financeira mantenedora, sendo franqueada aos cotitulares e ao exequente a oportunidade de demonstrar os valores que integram o patrimônio de cada um, a fim de afastar a presunção relativa de rateio. *REsp 1610844, 15.6.2022.*

STJ **Repetitivo 1091.** É válida a penhora do bem de família de fiador apontado em contrato de locação de imóvel, seja residencial, seja comercial, nos termos do inciso VII, do art. 3º da Lei n. 8.009/1990. *REsp 1822040, 8.6.2022.*

ENUNCIADOS

1) Do Regime de Bens

CJF **Civil 113.** É admissível a alteração do regime de bens entre os cônjuges, quando então o pedido, devidamente motivado e assinado por ambos os cônjuges, será objeto de autorização judicial, com ressalva dos direitos de terceiros, inclusive dos entes públicos, após perquirição de inexistência de dívida de qualquer natureza, exigida ampla publicidade.

CJF **Civil 114.** O aval não pode ser anulado por falta de vênia conjugal, de modo que o inc. III do art. 1.647 apenas caracteriza a inoponibilidade do título ao cônjuge que não assentiu.

CJF **Civil 125.** Proposição sobre o art. 1.641, inc. II. Redação atual: "da pessoa maior de sessenta anos". Proposta: revogar o dispositivo.

CJF **Civil 131.** Proposta a seguinte redação ao § 2º do mencionado art. 1.639: "É inadmissível a alteração do regime de bens entre os cônjuges, salvo nas hipóteses específicas definidas no artigo 1.641, quando então o pedido, devidamente motivado e assinado por ambos os cônjuges, será objeto de autorização judicial, apurada a procedência das razões invocadas e ressalvados os direitos de terceiros, inclusive dos entes públicos, após perquirição de inexistência de dívida de qualquer natureza, exigida ampla publicidade".

CJF **Civil 132.** Outorga Conjugal em Aval. Suprimir as expressões "ou aval" do inc. III do art. 1.647 do novo Código Civil.

CJF **Civil 260.** A alteração do regime de bens prevista no § 2º do art. 1.639 do Código Civil também é permitida nos casamentos realizados na vigência da legislação anterior.

CJF **Civil 261.** A obrigatoriedade do regime da separação de bens não se aplica a pessoa maior de sessenta anos, quando o casamento for precedido de união estável iniciada antes dessa idade.

CJF **Civil 262.** A obrigatoriedade da separação de bens, nas hipóteses previstas nos incs. I e III do art. 1.641 do Código Civil, não impede a alteração do regime, desde que superada a causa que o impôs.

CJF **Civil 331.** O estatuto patrimonial do casal pode ser definido por escolha de regime de bens distinto daqueles tipificados no Código Civil (art. 1.639 e parágrafo único do art. 1.640), e, para efeito de fiel observância do disposto no art. 1.528 do Código Civil, cumpre certificação a respeito, nos autos do processo de habilitação matrimonial.

CJF **Civil 340.** No regime da comunhão parcial de bens é sempre indispensável a autorização do cônjuge, ou seu suprimento judicial, para atos de disposição sobre bens imóveis.

CJF **Civil 609.** O regime de bens no casamento somente interfere na concorrência sucessória do cônjuge com descendentes do falecido.

CJF **Civil 634.** É lícito aos que se enquadrem no rol de pessoas sujeitas ao regime da separação obrigatória de bens (art. 1.641 do Código Civil) estipular, por pacto antenupcial ou contrato de convivência, o regime da separação de bens, a fim de assegurar os efeitos de tal regime e afastar a incidência da Súmula 377 do STF.

CJF **Civil 635.** O pacto antenupcial e o contrato de convivência podem conter cláusulas existenciais, desde que estas não violem os princípios da dignidade da pessoa humana, da igualdade entre os cônjuges e da solidariedade familiar.

CJF **Civil 674.** Comprovada a prática de violência doméstica e familiar contra a mulher, o ressarcimento a ser pago à vítima deverá sair exclusivamente da meação do cônjuge ou companheiro agressor.

CJF **Notarial/Registral 80.** Podem os cônjuges ou companheiros escolher outro regime de bens além do rol previsto no Código Civil, combinando regras dos regimes existentes (regime misto).

CJF **Notarial/Registral 81.** Podem os cônjuges, por meio de pacto antenupcial, optar pela não incidência da Súmula 377 do STF.

CJF **Notarial/Registral 82.** Em regra, é válida a doação entre cônjuges que vivem sob o regime de separação obrigatória de bens.

2) Dos Alimentos

CJF **Civil 133.** Proposição sobre o art. 1.702. Proposta: Alterar o dispositivo para: "Na separação judicial, sendo um dos cônjuges desprovido de recursos, prestar-lhe-á o outro pensão alimentícia nos termos do que houverem acordado ou que vier a ser fixado judicialmente, obedecidos os critérios do art. 1.694".

CJF **Civil 134.** Proposição sobre o art. 1.704, caput. Proposta: Alterar o dispositivo para: "Se um dos cônjuges separados judicialmente vier a necessitar de alimentos, e não tiver parentes em condições de prestá-los, nem aptidão para o trabalho, o ex-cônjuge será obrigado a prestá-los, mediante pensão a ser fixada pelo juiz, em valor indispensável à sobrevivência". Revoga-se, por consequência, o parágrafo único do art. 1.704.

CJF **Civil 263.** O art. 1.707 do Código Civil não impede seja reconhecida válida e eficaz a renúncia manifestada por ocasião do divórcio (direto ou indireto) ou da dissolução da "união estável". A irrenunciabilidade do direito a alimentos somente é admitida enquanto subsista vínculo de direito de família.

CJF **Civil 264.** Na interpretação do que seja procedimento indigno do credor, apto a fazer cessar o direito a alimentos, aplicam-se, por analogia, as hipóteses dos incs. I e II do art. 1.814 do Código Civil.

CJF **Civil 265.** Na hipótese de concubinato, haverá necessidade de demonstração da assistência material prestada pelo concubino a quem o credor de alimentos se uniu.

CJF **Civil 341.** Para os fins do art. 1.696, a relação socioafetiva pode ser elemento gerador de obrigação alimentar.

CJF **Civil 342.** Observadas as suas condições pessoais e sociais, os avós somente serão obrigados a prestar alimentos aos netos em caráter exclusivo, sucessivo, complementar e não solidário, quando os pais destes estiverem impossibilitados de fazê-lo, caso em que as necessidades básicas dos alimentandos serão aferidas, prioritariamente, segundo o nível econômico-financeiro dos seus genitores.

CJF **Civil 344.** A obrigação alimentar originada do poder familiar, especialmente para atender às necessidades educacionais, pode não cessar com a maioridade.

CJF **Civil 345.** O "procedimento indigno" do credor em relação ao devedor, previsto no parágrafo único do art. 1.708 do Código Civil, pode ensejar a exoneração ou apenas a redução do valor da pensão alimentícia para quantia indispensável à sobrevivência do credor.

CJF **Civil 522.** Cabe prisão civil do devedor nos casos de não prestação de alimentos gravídicos estabelecidos com base na Lei n. 11.804/2008, inclusive deferidos em qualquer caso de tutela de urgência.

CJF **Civil 523.** O chamamento dos codevedores para integrar a lide, na forma do art. 1.698 do Código Civil, pode ser requerido por qualquer das partes, bem como pelo Ministério Público, quando legitimado.

CJF **Civil 572.** Mediante ordem judicial, é admissível, para a satisfação do crédito alimentar atual, o levantamento do saldo de conta vinculada ao FGTS.

CJF **Civil 573.** Na apuração da possibilidade do alimentante, observar-se-ão os sinais exteriores de riqueza.

CJF **Civil 675.** As despesas com doula e consultora de amamentação podem ser objeto de alimentos gravídicos, observado o trinômio da necessidade, possibilidade e proporcionalidade para a sua fixação.

3) Do Bem de Família

CJF **Civil 325.** É impenhorável, nos termos da Lei n. 8.009/90, o direito real de aquisição do devedor fiduciante.

CJF **Civil 628.** Os patrimônios de afetação não se submetem aos efeitos de recuperação judicial da sociedade instituidora e prosseguirão sua atividade com autonomia e incomunicáveis em relação ao seu patrimônio geral, aos demais patrimônios de afetação por ela constituídos e ao plano de recuperação até que extintos, nos termos da legislação respectiva, quando seu resultado patrimonial, positivo ou negativo, será incorporado ao patrimônio geral da sociedade instituidora.

INFORMATIVOS

STJ **Regime da comunhão universal de bens. Divórcio. Imóvel doado com cláusula temporária de inalienabilidade. Bem incomunicável. Separação de fato. Termo do regime de bens.** Nas hipóteses em que encerrada a convivência "more uxorio", mas ainda não decretado o divórcio, o bem gravado com cláusula de inalienabilidade temporária não integra o patrimônio partilhável. *Proc. segredo justiça, 3ª T, 31.5.2022. Inf 748.*

STJ **Nulidade de compra e venda imobiliária. Simulação em detrimento da partilha de bens do casal. Negociação entre empresas de "fachada". Existência de subordinação e parentesco entre os sócios das empresas envolvidas. Simulação manifestamente demonstrada.** O reconhecimento de simulação na compra e venda de imóvel em detrimento da partilha de bens do casal gera nulidade do negócio e garante o direito à meação a ex-cônjuge. *REsp 1969648, 3ª T, 21.10.2022. Inf 754.*

STJ **Plano de benefício administrado por entidade aberta de previdência complementar. Contribuições vertidas na constância do casamento. Regime da comunhão universal de bens. Proveito do casal. Comunicabilidade. Partilha. Possibilidade.** Os valores depositados em planos abertos de previdência privada durante a vida em comum do casal, integram o patrimônio comum e devem ser partilhados. *REsp 1545217, 4ª T, 7.12.2021. Inf 723.*

STJ **Ação de alimentos. Cumprimento de sentença. Medidas executivas. Coerção pessoal (prisão) e patrimonial (penhora). Possibilidade de cumulação. Prejuízo comprovadamente demonstrado pelo devedor. Tumulto Processual. Exceções. Análise do caso concreto pelo magistrado.** Na cobrança de obrigação alimentar, é cabível a cumulação das medidas executivas de coerção pessoal e de expropriação no âmbito do mesmo procedimento executivo, desde que não haja prejuízo ao devedor nem ocorra qualquer tumulto processual. *Proc. segredo justiça, 4ª T, 9.8.2022. Inf 744.*

QUESTÕES OBJETIVAS

156. (Cespe/TRF/2R/Juiz/2013) Assinale a opção correta com base no Código Civil.

a) É impenhorável o único imóvel residencial do devedor que esteja locado a terceiros, desde que a renda obtida com a locação seja revertida para a subsistência ou a moradia da sua família.
b) A prova exclusivamente testemunhal só se admite nos negócios jurídicos cujo valor não ultrapasse vinte vezes o maior salário mínimo vigente no país ao tempo em que esses negócios tenham sido celebrados.
c) A novação feita sem o consenso do fiador com o devedor principal não importa na exoneração daquele do encargo.
d) Os prazos de favor obstam a compensação.
e) No caso de pagamento em quotas periódicas, a quitação da última implica presunção absoluta de estarem solvidas as cotas anteriores.

157. (Cespe/TRF/1R/Juiz/2011) João, maior de idade e solteiro, foi designado curador de Maria, de 19 anos de idade, viciada em tóxico. A designação de João ocorreu em razão de o pai da curatelada ter falecido e de a mãe sofrer de doença mental. Considerando essa situação hipotética, assinale a opção correta.

a) Pelo exercício da curatela, João poderá reaver o que despender em razão dela, mas não terá direito a gratificação, dado o exercício de um múnus público.
b) O falecimento da mãe da curatelada não acarretará a extinção do bem de família, ainda que este tenha sido destinado como tal na forma do Código Civil.
c) Se João dever à curatelada, o prazo de prescrição em curso ficará interrompido desde o início do exercício da curatela.
d) Se o juiz não tiver obedecido à ordem prevista no rol elencado no Código Civil, o curador deverá ser substituído.
e) João não se sujeitará às mesmas regras de responsabilidade atribuída aos pais pelos atos da curatelada.

7. DO DIREITO DAS SUCESSÕES

7.1. Da Sucessão Geral/Legítima/Testamentária

SÚMULAS

STF **Súm. 149.** É imprescritível a ação de investigação de paternidade, mas não o é a de petição de herança.

STJ Súm. 642. O direito à indenização por danos morais transmite com o falecimento do titular, possuindo os herdeiros da vítima legitimidade ativa para ajuizar ou prosseguir na ação indenizatória

ENUNCIADOS

1) Da Sucessão Geral

1.1) Disposições Gerais

CJF Civil 525. Os arts. 1.723, § 1º, 1.790, 1.829 e 1.830 do Código Civil admitem a concorrência sucessória entre cônjuge e companheiro sobreviventes na sucessão legítima, quanto aos bens adquiridos onerosamente na união estável.

CJF Civil 641. A decisão do Supremo Tribunal Federal que declarou a inconstitucionalidade do art. 1.790 do Código Civil não importa equiparação absoluta entre o casamento e a união estável. Estendem-se à união estável apenas as regras aplicáveis ao casamento que tenham por fundamento a solidariedade familiar. Por outro lado, é constitucional a distinção entre os regimes, quando baseada na solenidade do ato jurídico que funda o casamento, ausente na união estável.

CJF PSEL 79. O Judiciário estimulará o planejamento sucessório, com ações na área de comunicação que esclareçam os benefícios da autonomia privada, com o fim de prevenir litígios e desestimular a via judiciária.

1.2) Da Herança e de sua Administração

CJF Civil 266. Aplica-se o inc. I do art. 1.790 também na hipótese de concorrência do companheiro sobrevivente com outros descendentes comuns, e não apenas na concorrência com filhos comuns.

CJF Civil 343. A transmissibilidade da obrigação alimentar é limitada às forças da herança.

1.3) Da Vocação Hereditária

CJF Civil 267. A regra do art. 1.798 do Código Civil deve ser estendida aos embriões formados mediante o uso de técnicas de reprodução assistida, abrangendo, assim, a vocação hereditária da pessoa humana a nascer cujos efeitos patrimoniais se submetem às regras previstas para a petição da herança.

CJF Civil 268. Nos termos do inc. I do art. 1.799, pode o testador beneficiar filhos de determinada origem, não devendo ser interpretada extensivamente a cláusula testamentária respectiva.

CJF Civil 269. A vedação do art. 1.801, inc. III, do Código Civil não se aplica à união estável, independentemente do período de separação de fato (art. 1.723, § 1º).

1.4) Da Aceitação e Renúncia da Herança

CJF Civil 575. Concorrendo herdeiros de classes diversas, a renúncia de qualquer deles devolve sua parte aos que integram a mesma ordem dos chamados a suceder.

1.5) Dos Excluídos da Sucessão

CJF Civil 116. O Ministério Público, por força do art. 1.815 do novo Código Civil, desde que presente o interesse público, tem legitimidade para promover ação visando à declaração da indignidade de herdeiro ou legatário.

2) Da Sucessão Legítima

CJF Civil 117. O direito real de habitação deve ser estendido ao companheiro, seja por não ter sido revogada a previsão da Lei n. 9.278/96, seja em razão da interpretação analógica do art. 1.831, informado pelo art. 6º, caput, da CF/88.

CJF Civil 270. O art. 1.829, inc. I, só assegura ao cônjuge sobrevivente o direito de concorrência com os descendentes do autor da herança quando casados no regime da separação convencional de bens ou, se casados nos regimes da comunhão parcial ou participação final nos aquestos, o falecido possuísse bens particulares, hipóteses em que a concorrência se restringe a tais bens, devendo os bens comuns (meação) ser partilhados exclusivamente entre os descendentes.

CJF Civil 271. O cônjuge pode renunciar ao direito real de habitação, nos autos do inventário ou por escritura pública, sem prejuízo de sua participação na herança.

CJF Civil 527. Na concorrência entre o cônjuge e os herdeiros do "de cujus", não será reservada a quarta parte da herança para o sobrevivente no caso de filiação híbrida.

CJF Civil 610. Nos casos de comoriência entre ascendente e descendente, ou entre irmãos, reconhece-se o direito de representação aos descendentes e aos filhos dos irmãos.

CJF Civil 642. Nas hipóteses de multiparentalidade, havendo o falecimento do descendente com o chamamento de seus ascendentes à sucessão legítima, se houver igualdade em grau e diversidade em linha entre os ascendentes convocados a herdar, a herança deverá ser dividida em tantas linhas quantos sejam os genitores.

CJF Civil 676. A expressão diversidade em linha, constante do § 2º do art. 1.836 do Código Civil, não deve mais ser restrita à linha paterna e à linha materna, devendo ser compreendidas como linhas ascendentes.

CJF Civil 687. O patrimônio digital pode integrar o espólio de bens na sucessão legítima do titular falecido, admitindo-se, ainda, sua disposição na forma testamentária ou por codicilo.

3) Da Sucessão Testamentária

CJF Civil 118. O testamento anterior à vigência do novo Código Civil se submeterá à redução prevista no § 1º do art. 1.967 naquilo que atingir a porção reservada ao cônjuge sobrevivente, elevado que foi à condição de herdeiro necessário.

CJF Civil 528. É válida a declaração de vontade expressa em documento autêntico, também chamado "testamento vital", em que a pessoa estabelece disposições sobre o tipo de tratamento de saúde, ou não tratamento, que deseja no caso de se encontrar sem condições de manifestar a sua vontade.

CJF Civil 529. O fideicomisso, previsto no art. 1.951 do Código Civil, somente pode ser instituído por testamento.

CJF Civil 611. O testamento hológrafo simplificado, previsto no art. 1.879 do Código Civil, perderá sua eficácia se, nos 90 dias subsequentes ao fim das circunstâncias excepcionais que autorizaram a sua confecção, o disponente, podendo fazê-lo, não testar por uma das formas testamentárias ordinárias.

CJF Civil 643. O rompimento do testamento (art. 1.973 do Código Civil) se refere exclusivamente às disposições de caráter patrimonial, mantendo-se válidas e eficazes as de caráter extrapatrimonial, como o reconhecimento de filho e o perdão ao indigno.

CJF Civil 687. O patrimônio digital pode integrar o espólio de bens na sucessão legítima do titular falecido, admitindo-se, ainda, sua disposição na forma testamentária ou por codicilo.

CJF Notarial/Registral 27. A cláusula de impenhorabilidade, imposta em doação ou testamento, não obsta a alienação do bem imóvel, nem a outorga de garantia real convencional ou o oferecimento voluntário à penhora, pelo beneficiário.

INFORMATIVOS

STJ Pena de sonegados. Ausência de interpelação pessoal dos herdeiros. Conhecimento acerca da ocultação de bens da herança. Má-fé. Comprovação. Aplicação. Possibilidade. É possível aplicar a pena de perdimento da herança aos herdeiros, ainda que estes não tenham sido interpelados pessoalmente, quando comprovados o conhecimento acerca da ocultação de bens da herança e o dolo existente na conduta de sonegação desses bens. *EDcl no REsp 1567276, 4ª T, 22.11.2022. Inf 758.*

STJ Petição de herança. Prescrição. Termo inicial. Abertura da sucessão. Princípio da "actio nata". Aplicação da corrente objetiva. O prazo prescricional para propor ação de petição de herança conta-se da abertura da sucessão. *Proc. segredo justiça, 2ª S, 26.10.2022. Inf 757.*

STJ Ato infracional análogo a homicídio contra ascendentes. Ato doloso, consumado ou tentado. Reconhecimento de indignidade. Exclusão de herdeiro. Cabimento. Art. 1.814 do CC. Rol taxativo. Diferença técnico-jurídica com homicídio. Irrelevância para fins civis. O herdeiro que seja autor, coautor ou partícipe de ato infracional análogo ao homicídio doloso praticado contra os ascendentes fica excluído da sucessão. *REsp 1943848, 3ª T, 18.2.2022. Inf 725.*

STJ Ação declaratória de reconhecimento de indignidade com pedido de exclusão de herdeiro. Possibilidade jurídica do pedido. Condição da ação no CPC/73. Questão de mérito no CPC/15. Resolução do processo com mérito. Aptidão para formar coisa julgada material. Divergência sobre a natureza do rol do art. 1.814 do CC e sobre as técnicas hermenêuticas admissíveis para a sua interpretação. Pedido juridicamente possível. Vedado o julgamento de improcedência liminar. É juridicamente possível o pedido de exclusão do herdeiro em virtude da prática de ato infracional análogo ao homicídio, doloso e consumado, contra os pais, à luz da regra do art. 1.814, I, do CC. *REsp 1938984, 3ª T, 18.2.2022. Inf 725.*

QUESTÕES OBJETIVAS

158. (TRF/2R/Juiz/2017) Caio, autor de romance histórico, cede os seus direitos patrimoniais sobre tal obra, em caráter pleno, total e definitivo, em favor da Editora Ufijota. No entanto, Caio falece em 2009, três anos após a citada cessão, sem deixar qualquer herdeiro. Assinale a opção correta:

a) A cessão de direitos patrimoniais, sem limitação de tempo, é nula de pleno direito e, em virtude do falecimento sem herdeiros, a possibilidade de reprodução da obra está em domínio público.

b) A cessão de direitos patrimoniais está limitada ao máximo de 5 anos e, após tal prazo, diante da falta de herdeiros, a possibilidade de exploração da obra está em domínio público.

c) Os direitos patrimoniais cedidos, em princípio, apenas estarão em domínio público a partir do ano 2080.

d) A cessão é válida, mas, a partir do falecimento, a editora e qualquer outro interessado podem reproduzir a obra, livremente.

e) Após o domínio público da obra, em 2019, qualquer interessado pode reproduzi-la, modificá-la e a ela acrescer trechos, simplificar a escrita e a sua visão filosófica, pois cessados os direitos morais, por falta de ente legitimado a tutelá-los.

159. (Cespe/TRF/3R/Juiz/2011) João comprou de Carlos uma joia e pagou por ela dez mil reais, sem que fosse lavrado documento entre os dois. De posse da joia, João foi, de táxi, até um restaurante, tendo o motorista, ao final do trajeto, emitido recibo de pagamento do serviço no valor de vinte reais. No restaurante, João encontrou-se com Maria, a quem presenteou com a joia. Maria recebeu o presente e saiu do local, sem sequer agradecer o agrado. Muito triste, João voltou para casa e reuniu a família, na presença de dois amigos, para dizer que pretendia viajar por um ano e, caso algo lhe acontecesse, seus bens deveriam ser distribuídos entre seus sobrinhos. Considerando essa situação hipotética, assinale a opção correta.

a) A doação da joia a Maria é contrato inexistente por não ter ocorrido a devida formalização da aceitação do objeto.

b) Ainda que o motorista não tivesse emitido o recibo pelo serviço prestado a João, o contrato seria válido, porém, de prova impossível, dada a inexistência de documento.

c) A declaração de João a seus familiares, mesmo expressa e testemunhada por duas outras pessoas, não é válida, por vício de forma.

d) O contrato firmado por João e o motorista do táxi só pode ser considerado plenamente válido porque se formalizou com o recibo emitido.

e) A compra e venda ocorrida entre João e Carlos é inválida, porque o valor do negócio impõe a forma escrita.

7.2. *Do Inventário e da Partilha*

ENUNCIADOS

CJF **Civil 119.** Para evitar o enriquecimento sem causa, a colação será efetuada com base no valor da época da doação, nos termos do caput do art. 2.004, exclusivamente na hipótese em que o bem doado não mais pertença ao patrimônio do donatário. Se, ao contrário, o bem ainda integrar seu patrimônio, a colação se fará com base no valor do bem na época da abertura da sucessão, nos termos do art. 1.014 do CPC, de modo a preservar a quantia que efetivamente integrará a legítima quando esta se constituiu, ou seja, na data do óbito (resultado da interpretação sistemática do art. 2.004 e seus parágrafos, juntamente com os arts. 1.832 e 884 do Código Civil).

CJF **Civil 600.** Após registrado judicialmente o testamento e sendo todos os interessados capazes e concordes com os seus termos, não havendo conflito de interesses, é possível que se faça o inventário extrajudicial.

CJF **Civil 612.** O prazo para exercer o direito de anular a partilha amigável judicial, decorrente de dissolução de sociedade conjugal ou de união estável, extingue-se em 1 (um) ano da data do trânsito em julgado da sentença homologatória, consoante dispõem o art. 2.027, parágrafo único, do Código Civil de 2002, e o art. 1.029, parágrafo único, do Código de Processo Civil (art. 657, parágrafo único, do Novo CPC).

CJF **Civil 644.** Os arts. 2.003 e 2.004 do Código Civil e o art. 639 do CPC devem ser interpretados de modo a garantir a igualdade das legítimas e a coerência do ordenamento. O bem doado, em adiantamento de legítima, será colacionado de acordo com seu valor atual na data da abertura da sucessão, se ainda integrar o patrimônio do donatário. Se o donatário já não possuir o bem doado, este será colacionado pelo valor do tempo de sua alienação, atualizado monetariamente.

8. DAS DISPOSIÇÕES FINAIS E TRANSITÓRIAS

SÚMULAS

STF **Súm. 122.** O enfiteuta pode purgar a mora enquanto não decretado o comisso por sentença.

STF **Súm. 169.** Depende de sentença a aplicação da pena de comisso.

STF **Súm. 170.** É resgatável a enfiteuse instituída anteriormente à vigência do Código Civil.

ENUNCIADOS

CJF **Civil 50.** A partir da vigência do novo Código Civil, o prazo prescricional das ações de reparação de danos que não houver atingido a metade do tempo previsto no Código Civil de 1916 fluirá por inteiro, nos termos da nova lei (art. 206).

CJF **Civil 73.** Não havendo a revogação do art. 1.160 do Código Civil, nem a modificação do § 2º do art. 1.158 do mesmo diploma, é de interpretar-se este dispositivo no sentido de não aplicá-lo à denominação das sociedades anônimas e sociedades Ltda., já existentes, em razão de se tratar de direito inerente à sua personalidade.

CJF **Civil 74.** Apesar da falta de menção expressa, como exigido pelas LCs 95/98 e 107/2001, estão revogadas as disposições de leis especiais que contiverem matéria regulada inteiramente no novo Código Civil, como, v. g., as disposições da Lei n. 6.404/76, referente à sociedade comandita por ações, e do Decreto n. 3.708/1919, sobre sociedade de responsabilidade limitada.

CJF **Civil 75.** A disciplina de matéria mercantil no novo Código Civil não afeta a autonomia do Direito Comercial.

CJF **Civil 137.** Proposta: alteração do art. 2.044 para que o prazo da "vacatio legis" seja alterado de 1 (um) para 2 (dois) anos.

CJF **Civil 260.** A alteração do regime de bens prevista no § 2º do art. 1.639 do Código Civil também é permitida nos casamentos realizados na vigência da legislação anterior.

CJF **Civil 299.** Iniciada a contagem de determinado prazo sob a égide do Código Civil de 1916, e vindo a lei nova a reduzi-lo, prevalecerá o prazo antigo, desde que transcorrido mais de metade deste na data da entrada em vigor do novo Código. O novo prazo será contado a partir de 11 de janeiro de 2003, desprezando-se o tempo anteriormente decorrido, salvo quando o não aproveitamento do prazo já decorrido implicar aumento do prazo prescricional previsto na lei revogada, hipótese em que deve ser aproveitado o prazo já decorrido durante o domínio da lei antiga, estabelecendo-se uma continuidade temporal.

CJF **Civil 300.** A lei aplicável aos efeitos atuais dos contratos celebrados antes do novo Código Civil será a vigente na época da celebração; todavia, havendo alteração legislativa que evidencie anacronismo da lei revogada, o juiz equilibrará as obrigações das partes contratantes, ponderando os interesses traduzidos pelas regras revogada e revogadora, bem como a natureza e a finalidade do negócio.

CJF **Civil 394.** Ainda que não promovida a adequação do contrato social no prazo previsto no art. 2.031 do Código Civil, as sociedades não perdem a personalidade jurídica adquirida antes de seu advento.

CJF **Civil 395.** A sociedade registrada antes da vigência do Código Civil não está obrigada a adaptar seu nome às novas disposições.

CJF **Civil 396.** A capacidade para contratar a constituição da sociedade submete-se à lei vigente no momento do registro.

QUESTÕES OBJETIVAS

160. (TRF/4R/Juiz/2012) Dadas as assertivas abaixo, assinale a alternativa correta.

I. Além da desapropriação por necessidade ou utilidade pública ou interesse social, poderá ocorrer a desapropriação judicial da coisa se o imóvel reivindicado consistir em extensa área e estiver na posse ininterrupta, por mais de cinco anos e de boa-fé, de considerável número de pessoas, e estas nela houverem realizado, em conjunto ou separadamente, obras e serviços considerados pelo juiz de interesse social e econômico relevante.

II. Segundo a orientação do Superior Tribunal de Justiça, a usucapião é modo de aquisição originária da propriedade imóvel, tendo a sentença judicial que a reconhece natureza constitutiva do domínio.

III. A cláusula que autoriza o proprietário fiduciário a ficar com a coisa alienada em garantia, se a dívida não for paga no vencimento, é nula, mas o devedor pode, com a anuência do credor, dar seu direito eventual à coisa em pagamento da dívida, após o vencimento desta.

IV. O direito real de aquisição do promitente comprador teve o seu âmbito de incidência aumentado pelo Código Civil vigente, pois passou a abarcar, além dos compromissos de compra e venda de imóveis loteados e de unidades de edifícios de incorporação, todos os contratos de promessa de compra e venda, mesmo os não registrados.

V. O Código Civil vigente proibiu a constituição de aforamentos, subordinando os existentes, até sua extinção, às disposições do Código Civil anterior, Lei n. 3.071/1916, e leis posteriores, dispondo, ainda, que o aforamento de terrenos de marinha e acrescidos regula-se por lei especial.

a) Estão corretas apenas as assertivas I e II.
b) Estão corretas apenas as assertivas II e IV.
c) Estão corretas apenas as assertivas I, III e V.
d) Estão corretas apenas as assertivas III, IV e V.
e) Estão corretas todas as assertivas.

9. LEIS ESPECIAIS

9.1. Lei de Introdução às Normas do Direito Brasileiro (DL 4.657/42)

ENUNCIADOS

CJF **Civil 408.** Para efeitos de interpretação da expressão "domicílio" do art. 7º da Lei de Introdução às Normas do Direito Brasileiro, deve ser considerada, nas hipóteses de litígio internacional relativo a criança ou adolescente, a residência habitual destes, pois se trata de situação fática internacionalmente aceita e conhecida.

Fonacom **Enunc. 75.** Na condução das sessões de conciliação e mediação que envolvam o Poder Público será contemplado o disposto no artigo 22 da LINDB quanto aos obstáculos e as dificuldades reais do gestor, as exigências das políticas públicas a seu cargo e os direitos dos administrados.

QUESTÕES DISCURSIVAS

15. (TRF/4R/Juiz/2016) Em tema de validade, vigência e eficácia da lei no tempo, discorra sobre: (i) diferenciação entre vigência, validade e eficácia da lei no tempo, no ambiente do Estado Constitucional de Direito; (ii) início da vigência da lei; (iii) término da vigência da lei; (iv) repristinação; (v) causas patológicas de perda de validade, vigência e/ou eficácia da lei; (vi) ultratividade da lei (cite um exemplo de ultratividade da lei).

QUESTÕES OBJETIVAS

161. (Cespe/TRF/5R/Juiz/2017) A continuidade de aplicação de lei já revogada às relações jurídicas civis consolidadas durante a sua vigência caracteriza

a) a aplicação do princípio da segurança jurídica.
b) a ultratividade da norma.
c) a repristinação da norma.
d) o princípio da continuidade normativa.
e) a supremacia da lei revogada.

162. (TRF/4R/Juiz/2016) Assinale a alternativa incorreta. Levando em conta a Lei de Introdução às normas do Direito Brasileiro (Decreto-Lei n. 4.657/1942, com a redação da Lei n. 12.376/2010):

a) A lei do país em que nasceu a pessoa determina as regras sobre o começo e o fim da personalidade, do nome, da capacidade e dos direitos de família.
b) Realizando-se o casamento no Brasil, será aplicada a lei brasileira quanto aos impedimentos dirimentes e às formalidades da celebração.
c) O casamento de estrangeiros poderá celebrar-se perante autoridades diplomáticas ou consulares do país de ambos os nubentes.
d) Tendo os nubentes domicílio diverso, regerá os casos de invalidade do matrimônio a lei do primeiro domicílio conjugal.
e) O regime de bens, legal ou convencional, obedece à lei do país em que tiverem os nubentes domicílio, e, se este for diverso, a do primeiro domicílio conjugal.

163. (Cespe/TRF/1R/Juiz/2015) De acordo com a Lei de Introdução às Normas do Direito Brasileiro e a posição doutrinária em relação à interpretação dessas normas, assinale a opção correta.

a) Novo texto normativo de lei federal poderá entrar em vigor ainda no seu período de "vacatio legis", quando reforçar tendências doutrinárias e jurisprudenciais que se tenham formado na vigência da lei anterior.
b) Consoante o princípio da vigência sincrônica, salvo disposição contrária, a lei orçamentária sujeita-se ao prazo de quarenta e cinco dias para entrada em vigor em todo o país.
c) É defeso ao juiz, ao aplicar a lei, corrigir erro material nela contido e não sanado pelo legislador.
d) A lei, depois de publicada e decorrido o prazo da "vacatio legis", torna-se obrigatória para todos, o que impede a alegação de erro de direito como causa de anulabilidade de um negócio jurídico.
e) Nos casos de omissão da lei, deve o juiz decidir de acordo com a analogia, os costumes, os princípios gerais do direito e a equidade, pois lhe é vedado o "non liquet".

164. (TRF/4R/Juiz/2014) Dadas as assertivas abaixo, assinale a alternativa correta. A Lei de Introdução às Normas do Direito Brasileiro (LINDB), na redação em vigor, estabelece a disciplina jurídica que regula, entre outros temas, a vigência da lei no tempo e no espaço e a aplicação dos princípios gerais do direito, dos costumes, da analogia e da equidade para suprir lacunas legais em determinadas situações, além de promover a operacionalidade das garantias constitucionais relacionadas ao respeito à coisa julgada e ao ato jurídico perfeito, contemplando também regras de direito internacional privado. De acordo com o art. 1º da Lei n. 12.376/10, houve ampliação do campo de aplicação do

Decreto-Lei n. 4.657/42, de tal modo que a LINDB, no seu atual formato, não se limita às normas de introdução ao Código Civil de 2002 (Lei n. 10.406/02), mas a todo Direito brasileiro. Sendo assim, com base na LINDB, pode-se dizer que:

I. A lei do país em que for domiciliada a pessoa determina as regras sobre o começo e o fim da personalidade, o nome, a capacidade e os direitos de família.
II. A sucessão por morte ou por ausência obedece à lei do país em que era domiciliado o defunto ou desaparecido, qualquer que seja a natureza e a situação dos bens.
III. Somente à autoridade judiciária brasileira compete conhecer das ações relativas a imóveis situados no Brasil (competência exclusiva).
IV. As autoridades consulares brasileiras são competentes para efetuar o registro de nascimento de filho(a) de brasileiro(a) que tenha nascido no país da sede do Consulado respectivo.

a) Estão corretas apenas as assertivas I e IV.
b) Estão corretas apenas as assertivas II e III.
c) Estão corretas apenas as assertivas I, III e IV.
d) Estão corretas apenas as assertivas II, III e IV.
e) Estão corretas todas as assertivas.

165. (Cespe/TRF/1R/Juiz/2013) Segundo a Lei de Introdução às Normas do Direito Brasileiro, aos bens móveis que o proprietário trouxer ao país ou àqueles que se destinarem a transporte para outros lugares aplicar-se-á a lei:

a) do país que tiver regido a última transmissão de propriedade.
b) de nacionalidade do possuidor de boa-fé.
c) mais favorável ao adquirente.
d) do país em que estiverem situados.
e) de domicílio do proprietário.

166. (TRF/3R/Juiz/2013) Com relação à solução de conflito de normas, assinale a opção correta:

I. As normas conflituais clássicas reguladas pela Lei de Introdução ao Código Civil podem ser excepcionalmente substituídas pela exceção de ordem pública.
II. A ordem pública é válvula de escape que pode conferir ao sistema de conflito de leis flexibilidade necessária à sua própria manutenção.
III. As normas de aplicação imediata também impedem a utilização da norma estrangeira designada pela regra de conexão.
IV. A sistemática dos princípios de direitos humanos deve servir de matriz interpretativa apenas do direito internacional público, mas não do direito internacional privado, que tem vertente individualista e econômica.

a) Todos os enunciados são corretos.
b) Os enunciados I e III são corretos.
c) Os enunciados II e III são falsos.
d) Os enunciados III e I são falsos.
e) Todos os enunciados são falsos.

167. (TRF/3R/Juiz/2010) Segundo Frederich Carl von Savigny há um direito próprio ao homem, o qual se determina pelo lugar de seu domicílio. A Lei de Introdução ao Código Civil (Dec.-Lei 4.657/42) adota este critério para determinar, entre outras, as regras sobre:

a) A capacidade da pessoa, inclusive a capacidade para suceder, as questões relativas à sucessão por morte, qualquer que seja a natureza e situação dos bens, as questões relativas aos bens móveis, as questões relativas á união estável.
b) A capacidade da pessoa, excepcionando-se a capacidade para sucessão, as questões relativas à invalidade matrimonial, as questões referentes aos regimes de bens, as questões relativas à atuação das pessoas jurídicas, e ao cumprimento das obrigações.
c) O começo e o fim da personalidade, ao nome e a capacidade da pessoa, excepcionando-se a capacidade para suceder, a formação da relação contratual e seu cumprimento e as questões relativas à sucessão por ausência, qualquer que seja a natureza e situação dos bens.
d) O começo e o fim da personalidade, ao nome e a capacidade da pessoa, o penhor, as questões relativas aos impedimentos matrimoniais e às causas de suspensão do matrimônio e as questões relativas à sucessão, quando os herdeiros ou beneficiários forem brasileiros.

168. (TRF/4R/Juiz/2010) Dadas as assertivas abaixo, assinale a alternativa correta. Segundo o entendimento majoritário da jurisprudência do Supremo Tribunal Federal:

I. A norma de direito público incide imediatamente sobre ato jurídico já praticado, regulando os seus efeitos futuros (retroatividade mínima) e preservando os efeitos anteriormente produzidos.
II. A irretroatividade da lei aplica-se tanto às leis de ordem pública ("jus cogens") quanto às leis dispositivas ("jus dispositivum").
III. O direito adquirido a regime jurídico somente pode ser afastado por norma constitucional superveniente.
IV. Se a lei alcançar os efeitos futuros de contratos celebrados anteriormente a ela, será essa lei retroativa porque vai interferir na causa, que é um ato ou fato ocorrido no passado.

a) Estão corretas apenas as assertivas I e IV.
b) Estão corretas apenas as assertivas II e III.
c) Estão corretas apenas as assertivas II e IV.
d) Estão corretas apenas as assertivas III e IV.
e) Estão corretas apenas as assertivas I, III e IV.

9.2. Leis de Locação de Imóveis Urbanos (Lei 8.245/91)

SÚMULAS

STF **Súm. 158.** Salvo estipulação contratual averbada no registro imobiliário, não responde o adquirente pelas benfeitorias do locatário.

STF **Súm. 374.** Na retomada para construção mais útil, não é necessário que a obra tenha sido ordenada pela autoridade pública.

STF **Súm. 409.** Ao retomante, que tenha mais de um prédio alugado, cabe optar entre eles, salvo abuso de direito.

STF **Súm. 410.** Se o locador, utilizando prédio próprio para residência ou atividade comercial, pede o imóvel locado para uso próprio, diverso do que tem o por ele ocupado, não está obrigado a provar a necessidade, que se presume.

STF **Súm. 411.** O locatário autorizado a ceder a locação pode sublocar o imóvel.

STF **Súm. 442.** A inscrição do contrato de locação no registro de imóveis, para a validade da cláusula de vigência contra o adquirente do imóvel, ou perante terceiros, dispensa a transcrição no registro de títulos e documentos.

STF **Súm. 449.** O valor da causa, na consignatória de aluguel, corresponde a uma anuidade.

STF **Súm. 483.** É dispensável a prova da necessidade, na retomada do prédio situado em localidade para onde o proprietário pretende transferir residência, salvo se mantiver, também, a anterior, quando dita prova será exigida.

STF **Súm. 486.** Admite-se a retomada para sociedade da qual o locador, ou seu cônjuge, seja sócio, com participação predominante no capital social.

STJ **Súm. 214.** O fiador na locação não responde por obrigações resultantes de aditamento ao qual não anuiu.

STJ Súm. 268. O fiador que não integrou a relação processual na ação de despejo não responde pela execução do julgado.

STJ Súm. 335. Nos contratos de locação, é válida a cláusula de renúncia à indenização das benfeitorias e ao direito de retenção.

ENUNCIADOS

CJF Comercial 67. Na locação "built to suit", é válida a estipulação contratual que estabeleça cláusula penal compensatória equivalente à totalidade dos alugueres a vencer, sem prejuízo da aplicação do art. 416, parágrafo único, do Código Civil.

INFORMATIVOS

STF Covid-19: Retomada das ações de reintegração de posse suspensas em razão da pandemia. Em face do arrefecimento dos efeitos da pandemia, cabe adotar um regime de transição para a retomada das reintegrações de posse suspensas em decorrência da doença, por meio do qual os tribunais deverão instalar comissões para mediar eventuais despejos antes de qualquer decisão judicial, a fim de reduzir os impactos habitacionais e humanitários em casos de desocupação coletiva. *ADPF 828 TPI-4ª-Ref, 2.11.2022. Pleno. Inf 1075.*

STJ Alienação de imóvel. Vigência de contrato de locação. Denúncia pelo adquirente. Pretensão de retomada do bem. Ação de despejo. Necessidade. Arts. 5º e 8º da Lei 8.245/91. Para a retomada da posse direta por adquirente de imóvel objeto de contrato de locação, o rito processual adequado é o da ação de despejo, sob pena de malferir o direito de terceiro que regularmente ocupa o bem. *REsp 1864878, 3ª T, 5.9.2022. Inf 751.*

STJ Condomínio. Uso exclusivo por um dos coproprietários. Inadimplência. Obrigação indenizatória. Pagamento de aluguel. Natureza "propter rem" da obrigação. Impenhorabilidade do bem de família. Afastamento. A obrigação do coproprietário de pagar alugueres de imóvel que este utiliza com exclusividade, como moradia por sua família, em favor do outro configura-se como "propter rem" afastando, assim, a impenhorabilidade do bem de família. *REsp 1888863, 3ª T, 20.5.2022. Inf 748.*

STJ Locação não residencial. Empresa de coworking. Superveniência de fato imprevisível ou extraordinário. Desequilíbrio estrutural na relação entre as partes. Efeitos da pandemia pela Covid-19. Revisão contratual. Cabimento. É cabível revisão judicial de contrato de locação não residencial – empresa de coworking – com redução proporcional do valor dos aluguéis em razão de fato superveniente decorrente da pandemia da Covid-19. *REsp 1984277, 4ª T, 16.8.2022. Inf 745.*

STJ Contrato de locação comercial. Lei 8.245/91. Prazo de 60 dias. Faculdade do locatário para exigir prestação de contas. Prazo sem natureza decadencial. O prazo de 60 dias para exigir prestação de contas, previsto no art. 54, § 2º, da Lei 8.245/91, refere-se a um intervalo mínimo a ser respeitado pelo locatário para promover solicitações desta natureza e, portanto, não é decadencial. *REsp 2003209, 3ª T, 30.9.2022. Inf 753.*

STJ Ação renovatória de contrato de locação comercial. Pretensão do locador de ver repetido o prazo do contrato original. Impossibilidade. Prazo máximo de prorrogação de cinco anos. O prazo máximo da renovação compulsória do contrato de locação comercial será de cinco anos, ainda que a vigência da avença locatícia supere esse período. *REsp 1990552, 4ª T, 17.5.2022. Inf 737.*

STJ Ação renovatória. Locação de imóvel não residencial. Diferença dos aluguéis. Juros moratórios. Termo inicial. Trânsito em julgado (mora "ex re"). Intimação do devedor (mora "ex persona"). O termo inicial dos juros de mora incidentes sobre as diferenças entre os valores do aluguel estabelecido no contrato e aquele fixado na ação renovatória será a data para pagamento fixada na própria sentença transitada em julgado (mora "ex re") ou a data da intimação do devedor para pagamento na fase de cumprimento de sentença (mora "ex persona"). *REsp 1888401, 3ª T, 5.4.2022. Inf 732.*

STJ Ação renovatória de locação. Diferenças dos aluguéis vencidos. Termo inicial dos juros de mora. Prazo fixado na sentença transitada em julgado. Intimação para o cumprimento de sentença. O termo inicial dos juros de mora relativos às diferenças dos aluguéis vencidos será a data para pagamento fixada na própria sentença transitada em julgado (mora "ex re") ou a data da intimação do devedor – prevista no art. 523 do CPC – para pagamento no âmbito da fase de cumprimento de sentença (mora "ex persona") *REsp 1929806, 3ª T, 13.12.2021. Inf 722.*

QUESTÕES OBJETIVAS

169. (TRF/2R/Juiz/2014) Em contrato escrito de locação, certa empresa pública federal que explora atividade econômica (instituição financeira) é a parte locatária. O pacto foi celebrado em 2008, pelo prazo de 5 anos, tendo como objeto espaço imobiliário situado em shopping center. A empresa pública promove ação renovatória, aforada cinco meses antes do termo "ad quem" do ajuste. À luz da Lei n. 8.245/91 e do entendimento dominante, assinale a proposição correta:

a) A renovatória, em tese, é viável, mas foi aforada fora do prazo decadencial.
b) Não se aplica a ação renovatória se uma das partes é pessoa integrante da administração pública indireta, e é o caso.
c) Embora viável, em tese, a ação renovatória, ela não é cabível quando o espaço imobiliário cedido encontra-se em shopping center, cujo mix descaracteriza a locação.
d) Independentemente de o imóvel situar-se em shopping, a ação renovatória apenas é cabível quando a pessoa jurídica integrante da administração é o locador.
e) O contrato é regido pelo Código Civil, por força da própria Lei n. 8.245/91; assim, o ajuste deve ser interpretado como de cessão de espaço, com a sua renovação compulsória submetida às regras do Decreto-Lei n. 9.760/46.

9.3. *Lei dos Registros Públicos (Lei 6.015/73)*

SÚMULAS

1) Compra e Venda

STF Súm. 489. A compra e venda de automóvel não prevalece contra terceiros, de boa-fé, se o contrato não foi transcrito no registro de títulos e documentos.

2) Compromisso de Compra e Venda

STF Súm. 167. Não se aplica o regime do Dec.-Lei 58, de 10.12.1937, ao compromisso de compra e venda não inscrito no registro imobiliário, salvo se o promitente vendedor se obrigou a efetuar o registro.

STF Súm. 168. Para os efeitos do Dec.-Lei 58, de 10.12.1937, admite-se a inscrição imobiliária do compromisso de compra e venda no curso da ação.

STJ Súm. 76. A falta de registro do compromisso de compra e venda de imóvel não dispensa a prévia interpelação para constituir em mora o devedor.

STJ Súm. 84. É admissível a oposição de embargos de terceiro fundados em alegação de posse advinda do compromisso de compra e venda de imóvel, ainda que desprovido do registro.

STJ Súm. 239. O direito à adjudicação compulsória não se condiciona ao registro do compromisso de compra e venda no cartório de imóveis.

3) Contrato de Locação

STF Súm. 158. Salvo estipulação contratual averbada no registro imobiliário, não responde o adquirente pelas benfeitorias do locatário.

STF Súm. 442. A inscrição do contrato de locação no registro de imóveis, para a validade da cláusula de vigência contra o adquirente do imóvel, ou perante terceiros, dispensa a transcrição no registro de títulos e documentos.

4) Documento de Procedência Estrangeira

STF Súm. 259. Para produzir efeito em juízo não é necessária a inscrição, no registro público, de documentos de procedência estrangeira, autenticados por via consular.

5) Outros Temas

STJ Súm. 375. O reconhecimento da fraude à execução depende do registro da penhora do bem alienado ou da prova de má-fé do terceiro adquirente.

STJ **Súm. 449.** A vaga de garagem que possui matrícula própria no registro de imóveis não constitui bem de família para efeito de penhora.

STJ **Súm. 496.** Os registros de propriedade particular de imóveis situados em terrenos de marinha não são oponíveis à União.

REPERCUSSÃO & REPETITIVOS

STJ **IAC 13.** A) O direito de acesso à informação no Direito Ambiental brasileiro compreende: i) o dever de publicação, na internet, dos documentos ambientais detidos pela Administração não sujeitos a sigilo (transparência ativa); ii) o direito de qualquer pessoa e entidade de requerer acesso a informações ambientais específicas não publicadas (transparência passiva); e iii) direito a requerer a produção de informação ambiental não disponível para a Administração (transparência reativa); B) Presume-se a obrigação do Estado em favor da transparência ambiental, sendo ônus da Administração justificar seu descumprimento, sempre sujeita a controle judicial, nos seguintes termos: i) na transparência ativa, demonstrando razões administrativas adequadas para a opção de não publicar; ii) na transparência passiva, de enquadramento da informação nas razões legais e taxativas de sigilo; e iii) na transparência ambiental reativa, da irrazoabilidade da pretensão de produção da informação inexistente; C) O regime registral brasileiro admite a averbação de informações facultativas sobre o imóvel, de interesse público, inclusive as ambientais; D) O Ministério Público pode requisitar diretamente ao oficial de registro competente a averbação de informações alusivas a suas funções institucionais. *REsp 1.857098, 11.5.2022.*

ENUNCIADOS

1) Das Disposições Gerais

CJF **Notarial/Registral 20.** Em regra, os serviços no Registro de Imóveis podem ser praticados e selados em qualquer dia e horário, respeitadas as normas para a prática de intimações, sendo a sanção de nulidade de atos fora das horas e dias regulamentares a que se refere o art. 9º, caput, da Lei n. 6.015/1973, aplicável apenas ao serviço de protocolo de títulos e sua respectiva lavratura.

2) Do Registro de Pessoas Naturais

2.1) Disposições Gerais

CJF **PSEL 127.** É admissível o requerimento, pelo(a) interessado(a), ao Registro Civil de Pessoas Naturais para retorno ao nome de solteiro(a), após decretado o divórcio (art. 29, § 1º, alínea f, Lei n. 6.015/1973), dispensando-se a intervenção judicial.

CJF **PSEL 129.** O pedido de certidão em inteiro teor, quando houver informação sigilosa no registro, independe de ordem judicial, se for feito ao Registrador Civil das Pessoas Naturais pelo próprio registrado ou seu responsável legal.

2.2) Da Escrituração e Ordem de Serviço

CJF **Notarial/Registral 3.** Podem ser objeto de apostilamento pelos serviços notariais e registrais, após análise formal, documentos e peças judiciais, aferida a autenticidade dos elementos exigidos pela Convenção da Haia.

CJF **PSEL 123.** Pode ser realizado o registro da naturalização no Livro "E" do Registro Civil das Pessoas Naturais, após sua concessão pelo Ministério da Justiça e Segurança Pública, tendo em vista ser o rol de atos ali registráveis meramente exemplificativo, conforme se depreende da interpretação do art. 33, parágrafo único, da Lei n. 6.015: para inscrição dos demais atos relativos ao estado civil.

CJF **PSEL 128.** É admissível a formalização de união estável por meio do registro, no livro "E" do Registro Civil de Pessoas Naturais, de instrumento particular que preencha os requisitos do art. 1.723 do CC/2002.

2.3) Do Nascimento

CJF **Notarial/Registral 1.** É possível trasladar os registros civis estrangeiros de nascimento, casamento e óbito de brasileiros naturalizados no Livro "E" do Ofício de Registro Civil das Pessoas Naturais competente mediante a apresentação do certificado de naturalização e dos demais documentos exigidos na Resolução CNJ n. 155/2012.

CJF **Notarial/Registral 2.** Não obstante a ausência de previsão legal, é facultado aos pais a atribuição de nome ao natimorto, a ser incluído em registro que deverá ser realizado no Livro C-Auxiliar.

CJF **Notarial/Registral 4.** É admissível a averbação no assento de nascimento, bem como nos registros subsequentes, da aquisição de nacionalidade originária estrangeira.

CJF **Notarial/Registral 7.** A presunção de paternidade, prevista no art. 1.597 do Código Civil, aplica-se aos conviventes em união estável, desde que esta esteja previamente registrada no Livro "E" do Registro Civil das Pessoas Naturais da Sede, ou, onde houver, no 1º Subdistrito da Comarca, nos termos do Provimento CNJ n. 37/2014.

CJF **Notarial/Registral 8.** Para inscrição dos demais atos relativos ao estado civil, é possível o registro da naturalização no Livro "E" do Registro Civil das Pessoas Naturais, após sua concessão pelo Ministério da Justiça e Segurança Pública.

CJF **PSEL 120.** São admissíveis a retomada do nome de solteiro e a inclusão do sobrenome do cônjuge de quem não o fez quando se casou, a qualquer tempo, na constância da sociedade conjugal, por requerimento ao Registro Civil das Pessoas Naturais, independentemente de autorização judicial.

CJF **PSEL 122.** O direito à inclusão de sobrenome em virtude do reconhecimento de filiação se estende aos descendentes e cônjuge da pessoa reconhecida, faculdade a ser exercida por mero requerimento perante o Oficial de Registro Civil das Pessoas Naturais, independentemente de decisão judicial.

CJF **PSEL 124.** É direito dos genitores o registro do natimorto com inclusão de nome e demais elementos de registro, independentemente de ordem judicial, sempre que optarem por seu sepultamento, nas hipóteses em que tal providência não for obrigatória.

CJF **PSEL 130.** É admissível o requerimento pelo(a) interessado(a) de alteração de seu nome, no primeiro ano após ter atingido a maioridade civil, diretamente perante o Registro Civil de Pessoas Naturais, independentemente de decisão judicial, na forma do art. 56 da Lei n. 6.015/1973.

2.4) Do Casamento

CJF **Notarial/Registral 9.** Em caso de suspeita ou dúvida acerca da declaração de pobreza para fins de habilitação de casamento, o Oficial de Registro Civil das Pessoas Naturais poderá solicitar documentos comprobatórios acerca da hipossuficiência.

CJF **Notarial/Registral 10.** É possível a averbação, diretamente perante o Registro Civil das Pessoas Naturais, do divórcio consensual decretado no exterior, independentemente de intervenção judicial, cabendo ao interessado providenciar a homologação, pelo Superior Tribunal de Justiça, apenas dos demais capítulos da sentença estrangeira, tais como alimentos, partilha de bens e guarda (art. 961, §§2º e 5º, CPC/2015).

CJF **Notarial/Registral 11.** A certidão do registro civil necessária à habilitação para casamento deve ter sido emitida há menos de 90 (noventa) dias contados da data da apresentação dos documentos para habilitação.

2.5) Da Legitimação Adotiva

CJF **Notarial/Registral 5.** É possível a transcrição no Livro "E" do Ofício de Registro Civil das Pessoas Naturais, do assento de nascimento de registrado estrangeiro que foi adotado por brasileiro.

CJF **Notarial/Registral 6.** O procedimento de reconhecimento de filiação socioafetiva não deve ser encaminhado para a análise do Judiciário, quando a ausência de consentimento do genitor ocorrer em razão de seu falecimento prévio.

CJF **Notarial/Registral 12.** A adoção unilateral da criança e do adolescente será averbada sem cancelamento do registro original.

CJF **PSEL 121.** A manifestação do Ministério Público, nos autos do procedimento extrajudicial de reconhecimento da parentalidade socioafetiva, é obrigatória quando a pessoa reconhecida contar com menos de 18 anos de idade na data do reconhecimento, ficando dispensada quando se tratar de pessoa reconhecida maior e capaz.

3) Do Registro Civil de Pessoas Jurídicas

CJF **Notarial/Registral 37.** Os atos constitutivos de organizações religiosas, e suas alterações, observarão o disposto nos arts. 44 e 46 do CC/2002, sendo tais organizações livres quanto à regência de cultos e atos confessionais.

CJF **Notarial/Registral 38.** Não cabe ao registrador, quando da qualificação dos atos constitutivos, verificar a unicidade sindical e a base territorial de entidades sindicais.

CJF **Notarial/Registral 39.** A regra da nomeação de administrador provisório pelo juiz, nos termos do art. 49 do Código Civil, poderá ser excepcionada quando a solicitação de reativação das atividades da pessoa jurídica for feita ao Oficial de

Registro Civil das Pessoas Jurídicas competente por pelo menos 1/5 (um quinto) das pessoas que a integravam ao tempo de sua paralisação.

CJF **Notarial/Registral 40.** Em razão do princípio da continuidade registral, antes de averbar a ata de eleição/nomeação e posse da atual diretoria e órgãos deliberativos das pessoas jurídicas, é necessária a averbação das atas anteriores de eleição/nomeação e posse, bem como de qualquer alteração havida no decorrer dos respectivos mandatos.

4) Do Registro de Títulos e Documentos

CJF **Notarial/Registral 41.** O ato notarial de revogação do mandato outorgado por instrumento público é admitido sem a presença do mandatário, ainda que haja cláusula de irrevogabilidade.

CJF **Notarial/Registral 43.** A existência de débitos junto ao Ibama em relação ao imóvel rural não é óbice à lavratura de escritura pública de sua transferência ou constituição de ônus real.

CJF **Notarial/Registral 47.** Nas escrituras relativas a fatos, atos ou negócios relativos a imóveis, inclusive o inventário, separação, divórcio e dissolução de união estável, é cabível a menção à consulta feita ao sítio eletrônico da Receita Federal. A existência de débitos tributários será consignada na escritura, com a advertência das partes sobre os riscos relativos à realização do ato notarial.

CJF **Notarial/Registral 48.** O inventariante nomeado pelos interessados poderá, desde que autorizado expressamente na escritura de nomeação, formalizar obrigações pendentes do falecido, a exemplo das escrituras de rerratificação, estremação e, especialmente, transmissão e aquisição de bens móveis e imóveis contratados e quitados em vida, mediante prova ao tabelião.

CJF **Notarial/Registral 49.** A divisão amigável tem como critério de avaliação dos imóveis resultantes o valor de cada área individualizada, especialmente quanto a localização, benfeitorias e tipo de solo. O tamanho da área a ser atribuída a cada condômino não é o critério determinante para aferir a equivalência dos pagamentos às frações ideais nem a eventual necessidade de recolhimento de imposto de transmissão (ITCD ou ITBI).

CJF **Notarial/Registral 50.** Os atos notariais de reconhecimento de firma e da assinatura eletrônica em documento digital se limitam à verificação da assinatura no documento com base naquela depositada em Tabelionato ou correspondente ao certificado digital notarizado, respectivamente, sem que haja análise da legalidade e conformidade jurídica do conteúdo do negócio ou ato jurídico no qual a assinatura física ou digital esteja inserida.

CJF **Notarial/Registral 52.** O divórcio consensual, a separação consensual e a extinção consensual de união estável, mesmo havendo filhos incapazes, poderão ser realizados por escritura pública, nas hipóteses em que as questões relativas à guarda, ao regime de convivência e aos alimentos dos filhos incapazes já estiverem previamente resolvidas na esfera judicial.

CJF **Notarial/Registral 53.** É admissível a escritura de restabelecimento da sociedade conjugal, ainda que haja filhos incapazes ou nascituros.

CJF **Notarial/Registral 74.** O divórcio extrajudicial, por escritura pública, é cabível mesmo quando houver filhos menores, vedadas previsões relativas a guarda e a alimentos aos filhos.

CJF **PSEL 138.** A execução de acórdão condenatório de Tribunal de Contas pode se valer das medidas de desjudicialização da execução civil, tais como a notificação pelo Registro de Títulos e Documentos, o protesto e a anotação do nome do devedor em cadastro de inadimplência.

5) Do Registro de Imóveis

5.1) Das Atribuições

CJF **Notarial/Registral 29.** A locação "built to suit" pode ser registrada ou averbada nas hipóteses previstas no art. 167, I, 3 (cláusula de vigência) e II, 16 (direito de preferência), da Lei n. 6.015/1973.

5.2) Do Processo do Registro

CJF **Notarial/Registral 17.** O disposto no §13 do art. 213 da Lei n. 6.015/1973 aplica-se aos casos em que o georreferenciamento ou a retificação de área sejam realizados após a escritura pública e antes do registro, ainda que a atualização da descrição do imóvel de origem resulte em unificação ou abertura de novas matrículas.

CJF **Notarial/Registral 13.** As certidões fiscais a que alude o art. 1º, § 2º, da Lei n. 7.433/1985, que dispõe sobre os requisitos da escritura pública, referem-se exclusivamente aos tributos relativos ao imóvel (IPTU/ITR), conforme Decreto n. 93.240/1986, sendo indevida a exigência de certidões fiscais de outra natureza na qualificação registral.

CJF **Notarial/Registral 21.** Para fins de ingresso no Registro de Imóveis, a carta de sentença ou formal de partilha pode ser aditada ou rerratificada por meio de escritura pública, com a participação de advogado e dos interessados.

CJF **Notarial/Registral 22.** Para o ingresso da união estável no Registro de Imóveis não é necessário o seu prévio registro no Livro "E" do Registro Civil das Pessoas Naturais.

CJF **Notarial/Registral 32.** A impugnação em usucapião extrajudicial fundada unicamente na presunção de que o imóvel constitui terra devoluta, ante a inexistência de registro da sua propriedade, deve ser considerada injustificada, nos termos do art. 216-A, § 10, da Lei n. 6.015/1973.

CJF **Notarial/Registral 72.** Cabe a reclamação (dúvida inversa) ao juiz de registros públicos no caso de o registrador se recusar ou omitir a processar a dúvida.

CJF **Notarial/Registral 76.** O juízo competente poderá, diante do procedimento de dúvida e da finalidade da função pública notarial, admitir a intervenção espontânea do tabelião de notas que lavrou a escritura pública objeto da desqualificação registral. Poderá, ainda, solicitar, de ofício ou a requerimento do interessado, a sua manifestação facultativa.

5.3) Dos Títulos

CJF **Notarial/Registral 28.** Poderá o oficial de Registro de Imóveis cindir o título apresentado a requerimento do interessado, com a prática do ato ou atos solicitados, salvo vedação legal ou interdependência entre os fatos inscritíveis a serem cindidos.

CJF **Notarial/Registral 51.** O acordo feito entre o ente público expropriante e o expropriado, em desapropriação por utilidade pública, respeitadas as formalidades legais do art. 108 do Código Civil, é título hábil a ingresso no registro imobiliário, independentemente de homologação judicial.

CJF **PSEL 136.** É de se fomentar a criação de procedimento extrajudicial visando à materialização de título hábil a ensejar o registro imobiliário para o alcance da propriedade plena em decorrência de contrato preliminar de promessa de compra e venda, registrado ou não, dispensando, facultativamente, a via judicial.

CJF **PSEL 191.** O termo final de mediação constitui título passível de registro perante os cartórios, desde que não envolva interesse de incapazes, devendo ser interpretado de forma ampliativa o art. 221 da Lei n. 6.015/1973, a fim de garantir a plena eficácia aos métodos extrajudiciais de solução de conflitos.

5.4) Do Registro

CJF **Notarial/Registral 14.** Para registro de imóveis, a carta de arrematação dispensa a certidão de trânsito em julgado.

CJF **Notarial/Registral 18.** É registrável a constituição do direito real de superfície na matrícula de imóvel rural, independentemente de o art. 167, I, 39 e II, 20, da Lei n. 6.015/1973, referirem-se a imóveis urbanos.

CJF **Notarial/Registral 19.** A certidão forense exigida pelo art. 18, III, b, da Lei n. 6.766/1979, para o registro especial de loteamentos, é aquela emitida em nome do loteador, sendo desnecessária certidão específica sobre imóvel determinado dada a inexistência de banco de dados judicial correspondente a indicador real.

CJF **Notarial/Registral 34.** Em atenção aos princípios da disponibilidade e da continuidade registral, a alienação de bens individualizados a terceiros, na ocasião da partilha, deve ser objeto de registro imobiliário autônomo, não se confundindo com a cessão de direitos hereditários.

CJF **Civil 669.** É possível o registro do direito real de laje sobre construção edificada antes da vigência da lei, desde que respeitados os demais requisitos previstos tanto para a forma quanto para o conteúdo material da transmissão.

5.5) Da Averbação e do Cancelamento

CJF **Notarial/Registral 15.** No procedimento de execução extrajudicial de bens alienados fiduciariamente, ocorrendo dois leilões negativos, deve-se averbar esse fato na matrícula do imóvel.

CJF **Notarial/Registral 23.** É lícito ao oficial de Registro de Imóveis promover de ofício a chamada averbação saneadora, com o escopo de aclarar os direitos vigentes em determinada matrícula.

CJF **Notarial/Registral 25.** A existência de averbação de indisponibilidade de bens, por si só, não obsta a usucapião extraordinária processada extrajudicialmente.

CJF **Notarial/Registral 31.** A gratuidade da Central Nacional de Indisponibilidades, prevista no Provimento CNJ n. 39/2014, refere-se ao uso da plataforma. Os atos de averbação e cancelamento são cobrados por meio dos emolumentos, exceto nas hipóteses legais de isenção.

CJF **Notarial/Registral 36.** Compete ao arrematante o pagamento dos emolumentos relativos aos cancelamentos dos ônus gravados na matrícula do imóvel quando do registro da carta de arrematação.

CJF **Civil 511.** Do leilão, mesmo que negativo, a que se refere o art. 27 da Lei n. 9.514/1997, será lavrada ata que, subscrita pelo leiloeiro, poderá ser averbada no registro de imóveis competente, sendo a transmissão da propriedade do imóvel levado a leilão formalizada mediante contrato de compra e venda.

CJF **PSEL 119.** Os contratos agrários de arrendamento rural e de parceria rural poderão ser averbados nas matrículas imobiliárias para fins de publicidade.

CJF **PSEL 126.** É possível averbar a consolidação da propriedade plena pelo credor fiduciário em decorrência de prévio registro de alienação fiduciária de imóvel (Lei n. 9.514/1997) ou registrar a dação em pagamento, mesmo tendo sido averbada, posteriormente ao registro citado, ordem de indisponibilidade judicial dos direitos de devedor fiduciante.

5.6) Do Registro da Regularização Fundiária Urbana

CJF **Notarial/Registral 16.** A qualificação registral de Reurb-S pode ser flexibilizada no cumprimento de requisitos formais relativos à especialidade subjetiva e objetiva, desde que possível a identificação das pessoas e dos imóveis envolvidos na regularização fundiária.

CJF **Notarial/Registral 71.** O Poder Judiciário e as serventias registrais devem estimular os Municípios e o Distrito Federal a adotarem sistemas eletrônicos com a capacidade de operação de dados geocodificados para regularização fundiária.

5.7) Outros Temas

CJF **Notarial/Registral 33.** O espólio, representado por seu inventariante, tem legitimidade para requerer a usucapião extrajudicial.

INFORMATIVOS

STF **Requisitos para a ratificação pela União de registros imobiliários decorrentes de títulos expedidos pelos estados referentes a alienações e concessões de terras públicas situadas nas faixas de fronteira.** É constitucional a ratificação de registros imobiliários prevista na Lei 13.178/15, desde que observados os requisitos e condições exigidos pela própria norma e os previstos pela CF concernentes à política agrícola, ao plano nacional de reforma agrária e à proteção dos bens imóveis que atendam a sua função social. *ADI 5623, Pleno, 25.11.2022. Inf 1077.*

STJ **Ação demarcatória. Terras particulares. Fixação de limites. Divergência entre os marcos e o constante no registro imobiliário. Retificação. Via adequada.** A ação demarcatória é a via adequada para dirimir a discrepância entre a realidade fática dos marcos divisórios e o constante no registro imobiliário. *REsp 1984013, 3ª T, 30.9.2022. Inf 752.*

STJ **Procedimento de dúvida. Ente público federal. Competência. Juízo Federal.** O processamento e julgamento de procedimento administrativo de dúvida suscitado por oficial de registro imobiliário relativamente a imóveis de autarquia pública federal compete ao juízo federal. *CC 180351, 1ª S, 3.10.2022. Inf 751.*

STJ **Retificação de registro civil. Homônimo que responde a processo criminal. Situação vexatória, humilhante e constrangedora. Advogado atuante na área criminal e professor universitário. Justo motivo configurado.** A existência de um homônimo que responde a processo criminal, ainda que em outro estado da federação, pode ensejar um constrangimento capaz de configurar o justo motivo para fundamentar a inclusão de patronímico. *REsp 1962674, 3ª T, 31.5.2022. Inf 748.*

STJ **Retificação de registro civil. Inclusão do patronímico para fazer homenagem à avó materna. Impossibilidade.** A simples pretensão de homenagear um ascendente não constitui fundamento bastante para configurar a excepcionalidade que propicia a modificação do registro. *REsp 1962674, 3ª T, 31.5.2022. Inf 748.*

STJ **Adjudicação. Agravo de instrumento pela União (Fazenda Nacional). Ausência de efeito suspensivo "ope legis". Eficácia da decisão agravada. Recurso manejado após transferência de propriedade com o registro imobiliário da adjudicação. Desconstituição. Necessidade de ação.** Após a transferência da propriedade com o registro da adjudicação no cartório de registro de imóveis, o efeito suspensivo concedido posteriormente ao agravo de instrumento interposto pela União (Fazenda Nacional) não tem o condão de retroagir a fim de atingir a eficácia do registro, porquanto a desconstituição do ato não pode ser realizada nos autos da execução, sendo necessária ação anulatória. *AgInt no REsp 1838866, 4ª T, 31.8.2022. Inf 754.*

STJ **Registro civil. Poder familiar. Nome de família. Alteração. Hipóteses excepcionais. Motivação. Imprescindibilidade. Titularidade da autoridade parental. Ambos os genitores. Separação ou divórcio. Mitigação. Inviabilidade.** Não é cabível, sem motivação idônea, a alteração do nome de menor para exclusão do agnome "filho" e inclusão do sobrenome materno. *REsp 1731091, 4ª T, 14.12.2021. Inf 723.*

STJ **Ação de retificação de nome. Duplicação de consoante inserta no apelido de família. Pretendida conciliação entre assinatura artística e nome registral. Princípio da imutabilidade relativa. Caráter excepcional e fundamentado em justo motivo. Não ocorrência. Prejuízo ao apelido familiar.** A discrepância entre a assinatura artística e o nome registral não consubstancia situação excepcional e motivo justificado à alteração da grafia do apelido de família. *REsp 1729402, 4ª T, 1.2.2022. Inf 723.*

QUESTÕES OBJETIVAS

170. (IFBC/TRF/2R/Juiz/2018) A Lei de Registros Públicos estabelece que, apresentado o título ao Cartório de Registro Imobiliário, o Oficial, havendo exigência a ser satisfeita, a indicará por escrito. O apresentante do título, não se conformando com a exigência, requererá que o Oficial suscite dúvida para o juiz dirimi-la, obedecendo-se ao seguinte:

I. No protocolo, anotará o Oficial, à margem da prenotação, a ocorrência da dúvida.
II. O Oficial dará ciência dos termos da dúvida ao apresentante, fornecendo-lhe cópia da suscitação e notificando-lhe para impugná-la no próprio Cartório Imobiliário, no prazo de quinze dias, remetendo-se, em seguida, os autos ao juiz.
III. Impugnada a dúvida, com os documentos que o interessado apresentar, será ouvido o Ministério Público no prazo de dez dias.
IV. Da sentença, poderão interpor apelação, com os efeitos devolutivo e suspensivo, o Oficial do Cartório de Registro, o interessado, o Ministério Público e o terceiro prejudicado.
V. Transitada em julgado a decisão da dúvida, se for julgada procedente, os documentos serão devolvidos ao apresentante, dando-se ciência da decisão ao Oficial, para que a consigne no Protocolo e cancele a prenotação; se for julgada improcedente, o interessado apresentará o título de novo, com o respectivo mandado judicial, para que o Oficial proceda ao registro anteriormente negado.

Está correto o que se afirma apenas em:

a) II, IV e V.
b) I, III e V.
c) I, III, IV e V.
d) III, IV e V.
e) I, II e III.

171. (Cespe/TRF/5R/Juiz/2015) A respeito do registro civil das pessoas naturais, assinale a opção correta.

a) Entre as pessoas obrigadas a fazer a declaração de nascimento de uma criança não se incluem tios.
b) Atos extrajudiciais de reconhecimento de paternidade devem ser registrados, e não averbados.
c) O registro civil de nascimento é isento de custas.
d) Ao contrário do que ocorre com o registro de imóveis, a publicidade não constitui requisito do registro civil das pessoas naturais.
e) Além da autenticidade, o registro civil das pessoas naturais confere eficácia aos atos registrados.

172. (TRF/2R/Juiz/2014) Sobre o sistema de registro imobiliário brasileiro, assinale a opção correta:

a) Observa a presunção "iures et de iure" quanto aos dados registrados.

b) Segue a especialidade, mas não a continuidade registrária.

c) Impõe, em regra, a observância da data da celebração do contrato para conferir a prioridade.

d) Admitem-se casos em que a propriedade imóvel é adquirida independentemente do registro, como ocorre com a aquisição pela usucapião e pela sucessão hereditária.

e) O imóvel poderá ter matrícula própria, plural ou coletiva e nada obsta o registro sem matrícula.

173. (Cespe/TRF/2R/Juiz/2013) Com relação à Lei de Direitos Autorais, à Lei de Registros Públicos, ao Código Civil e à jurisprudência do STJ, assinale a opção correta.

a) Serão averbadas em registro público as sentenças que decretarem a nulidade ou anulação do casamento, o divórcio, a separação judicial e a interdição por incapacidade absoluta ou relativa, bem como os atos judiciais ou extrajudiciais que declararem ou reconhecerem a filiação.

b) Os direitos autorais perduram por cinquenta anos, contados de primeiro de janeiro do ano subsequente ao falecimento do autor, e, durante esse período, integram a herança do autor e de seus sucessores, passando a obra para o domínio público após aquele período.

c) O mero inadimplemento da obrigação alimentar por parte do genitor faculta ao alimentando pleitear alimentos diretamente aos avós, exigindo-se apenas a prova do reiterado descumprimento do dever legal do alimentante primário.

d) A Lei de Registros Públicos prevê expressamente o procedimento de dúvida inversa, pelo qual a parte interessada poderia suscitar a dúvida diretamente ao juiz.

e) No procedimento de dúvida cartorária, que tem natureza administrativa, a oitiva do MP é obrigatória.

174. (Cespe/TRF/5R/Juiz/2013) No que se refere aos registros públicos, assinale a opção correta à luz da jurisprudência do STJ.

a) O georreferenciamento de imóvel rural é obrigatório para os casos de desmembramento, parcelamento, remembramento ou transferência de imóvel rural, sendo imprescindível, em caso de registro de contrato de compromisso de compra e venda, o georreferenciamento acompanhado da certificação expedida pelo Instituto Nacional de Colonização e Reforma Agrária.

b) Compete exclusivamente à justiça federal o julgamento de ação anulatória de registro de imóvel decorrente de arrematação levada a efeito no juízo trabalhista.

c) As regras que relativizam o princípio da imutabilidade dos registros públicos contemplam a possibilidade de exclusão do patronímico paterno por motivos de ordem religiosa.

d) O ingresso de documentos de procedência estrangeira no registro de títulos e documentos é condição, no que se refere às obrigações objeto do documento, mas não para a sua utilização como meio de prova, de eficácia perante terceiros.

e) Em relação ao registro de imóveis, vigora o princípio da rogação ou da instância, segundo o qual a atividade registral não depende de provocação, salvo as exceções legalmente previstas.

175. (Cespe/TRF/2R/Juiz/2011) Acerca dos registros públicos, assinale a opção correta.

a) Ainda que o registro seja efetuado mediante sentença expropriatória, não se dispensa o requisito da individuação do bem.

b) Não deve ser efetuada matrícula se a sentença declaratória de usucapião tiver sido proferida em processo no qual não tenha sido possível nomear os confrontantes do imóvel.

c) Constando erro de escritura pública registrada, o juiz poderá corrigi-lo mediante retificação do registro imobiliário.

d) Para registrar o título, o oficial do registro de imóveis, durante a fase do exame formal, deve, primeiramente, verificar a presença dos elementos extrínsecos e intrínsecos da escritura.

e) A cessão de direitos reais hereditários somente terá eficácia após registro no cartório competente.

9.4. Leis Esparsas

INFORMATIVOS

STF Compartilhamento de dados no âmbito da Administração Pública federal. É legítimo, desde que observados alguns parâmetros, o compartilhamento de dados pessoais entre órgãos e entidades da Administração Pública federal, sem qualquer prejuízo da irrestrita observância dos princípios gerais e mecanismos de proteção elencados na Lei Geral de Proteção de Dados Pessoais (Lei 13.709/18) e dos direitos constitucionais à privacidade e proteção de dados. *ADPF 695, 15.9.2022. Pleno. Inf 1068.*

STJ Rede social. Provedor de aplicação. Menor. Proteção integral. Dever de toda a sociedade. Publicação ofensiva. Retirada. Ordem judicial. Desnecessidade. Danos morais e à imagem. Omissão relevante. Responsabilidade civil configurada. Responde civilmente por danos morais o provedor de aplicação de internet que, após formalmente comunicado de publicação ofensiva a imagem de menor, se omite na sua exclusão, independentemente de ordem judicial. *REsp 1783269, 4ª T, 14.12.2021. Inf 723.*

STJ Quebra de sigilo de dados estáticos. Serviço de geolocalização. Marco Civil da Internet. Não violação. Extrapolação da decisão de quebra de sigilo em face de número indeterminado de pessoas. Princípio da proporcionalidade. Não observância. Não é possível a quebra de sigilo de dados informáticos estáticos (registros de geolocalização) nos casos em que haja a possibilidade de violação da intimidade e vida privada de pessoas não diretamente relacionadas à investigação criminal. *RMS 68119, 5ª T, 28.3.2022. Inf 729.*

STJ Marco Civil da Internet. Arts. 13, § 2º e 15, § 2º, da Lei 12.965/14. Provedores e plataformas dos registros de conexão e registros de acesso a aplicações de internet. Ministério Público. Requerimento cautelar de guarda dos dados e conteúdos por período determinado além do prazo legal. Prévia autorização judicial. Desnecessidade. Efetivo acesso dependente de ordem judicial. O requerimento de simples guarda dos registros de acesso a aplicações de internet ou registros de conexão por prazo superior ao legal, feito por autoridade policial, administrativa ou Ministério Público, prescinde de prévia autorização judicial. *HC 626983, 6ª T, 8.2.2022. Inf 724.*

QUESTÕES OBJETIVAS

176. (TRF/4R/Juiz/2022) Assinale a alternativa incorreta. No que diz respeito à disciplina do Marco Civil da Internet (Lei nº 12.965/2014):

a) são nulas de pleno direito as cláusulas contratuais que impliquem ofensa à inviolabilidade e ao sigilo das comunicações privadas pela internet.

b) na provisão de conexão à internet, onerosa ou gratuita, é vedado guardar os registros de acesso a aplicações de internet.

c) na provisão de conexão à internet, cabe ao administrador de sistema autônomo respectivo o dever de manter os registros de conexão sob sigilo, em ambiente controlado e de segurança, pelo prazo de um ano, nos termos do regulamento.

d) dentre os direitos assegurados ao usuário, está a garantia da não suspensão da conexão à internet, salvo por débito diretamente decorrente de sua utilização.

e) o provedor de aplicações de internet deverá manter os respectivos registros de acesso e do conteúdo das comunicações realizadas sob sigilo, em ambiente controlado e de segurança, pelo prazo de seis meses.

177. (TRF/4R/Juiz/2022) Assinale a alternativa correta. Nos termos da Lei Geral de Proteção de Dados (Lei nº 13.709/2018):

a) os dados pessoais sensíveis apenas poderão ser tratados com o consentimento do titular.

b) os dados pessoais anonimizados e pseudonimizados não são considerados dados pessoais para os fins da lei.

c) é autorizada a conservação dos dados pessoais, mesmo após o término de seu tratamento, para transferência a terceiro, desde que respeitados os requisitos de tratamento de dados dispostos na lei.

d) o controlador deverá comunicar à autoridade nacional e ao titular a ocorrência de todos os incidentes de segurança.

e) o controlador deverá realizar o tratamento segundo as instruções fornecidas pelo operador, que verificará a observância das próprias instruções e das normas sobre a matéria.

178. (Vunesp/TRF/3R/Juiz/2022) Assinale a alternativa correta referente aos direitos das pessoas com deficiência:

a) Os serviços de radiodifusão sonora e de imagens devem permitir o uso da linguagem de sinais ou outra subtitulação, para garantir o direito de acesso à informação às pessoas com deficiência auditiva.

b) A construção, ampliação ou reforma de edifícios públicos federais deverão ser executadas de modo que sejam ou tornem acessíveis às pessoas com deficiência ou com mobilidade reduzida, ressalvada a reserva do possível conforme previsto na Lei nº 10.098/2000.

c) Nos termos da Lei nº 13.146/2015, considera-se pessoa com deficiência aquela que tem impedimento de longo prazo de natureza física, mental, intelectual ou sensorial, o qual, em interação com uma ou mais barreiras, pode impedir a sua capacidade de trabalho e a interação com as demais pessoas.

d) As pessoas com deficiência visual acompanhadas de cão-guia têm direito a ingressarem e permanecerem com o animal em todos os meios de transporte, exceto no transporte aéreo.

179. (Vunesp/TRF/3R/Juiz/2022) Pesquisadores da área de saúde de uma Universidade pública federal estão realizando uma pesquisa para investigar a hipótese de que a Covid-19 impactou de maneira desigual a população negra no país. Para tanto, requereram o acesso à base de dados pessoais do Sistema Único de Saúde às autoridades sanitárias federais. Assinale a alternativa correta quanto à incidência da Lei Geral de Proteção de Dados à hipótese:

a) Como o dado sobre a origem racial ou étnica é considerado um dado pessoal sensível pela legislação, apenas com o consentimento de cada indivíduo seria possível esse acesso.

b) Na realização de estudos em saúde pública, os órgãos de pesquisa poderão ter acesso a bases de dados pessoais, inclusive a origem racial ou étnica, desde que os estudos sejam mantidos em ambiente controlado e seguro, respeitando-se, sempre que possível, a anonimização ou pseudonimização dos dados, e observância dos padrões éticos nos termos da legislação.

c) O órgão de pesquisa será o responsável pela segurança da informação, admitindo-se, apenas em circunstâncias excepcionais, a transferência dos dados a terceiros como previsto na legislação.

d) A Lei Geral de Proteção de Dados não tem disciplina sobre tratamento de dados pessoais realizados para fins exclusivamente acadêmicos.

180. (Vunesp/TRF/3R/Juiz/2022) Maria foi durante muitos anos ativista de uma ONG ambiental. Morava com a companheira Monique e a irmã Ana, quando foi assassinada. Logo depois surgiram vídeos no Youtube ofensivos à honra e à memória de Maria. Monique e Ana ingressaram com medida judicial postulando tutela de urgência para – além de obter a retirada dos vídeos ofensivos da plataforma – que o Youtube e os provedores de conexão fornecessem elementos que permitissem a identificação cadastral (nome, RG, CPF, endereço) dos usuários que postaram conteúdos caluniosos contra Maria, para fins de reparação de dano moral. Nesse cenário, quanto à responsabilidade dos provedores (de conexão e de aplicação) relativamente aos dados pessoais dos usuários, é correto afirmar que:

a) Tanto o Youtube quanto as empresas provedoras de acesso à internet devem fornecer, a partir do endereço IP, os dados cadastrais pessoais dos usuários que cometam atos ilícitos pela rede.

b) Apenas o Youtube – como provedor de aplicação de internet – está obrigado a guardar e fornecer dados pessoais dos usuários, sendo insuficiente a apresentação dos registros de número IP.

c) Apenas os provedores de acesso têm o dever jurídico de guardar dados cadastrais de cada um dos usuários durante o prazo de prescrição de eventual ação de reparação civil.

d) Os provedores de conexão de internet não são obrigados a guardar e fornecer dados pessoais dos usuários, sendo suficiente a apresentação dos registros de número IP.

8

DIREITO PROCESSUAL CIVIL

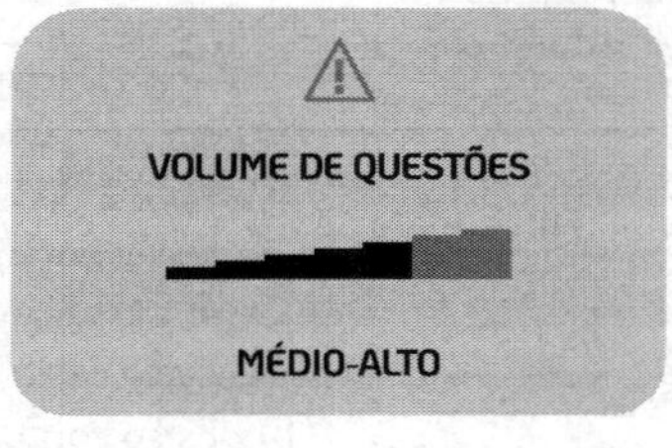

1. DAS NORMAS PROCESSUAIS CIVIS

ENUNCIADOS

CJF **Proc. Civil 1.** A verificação da violação à boa-fé objetiva dispensa a comprovação do "animus" do sujeito processual.

CJF **PSEL 49.** Os Comitês de Resolução de Disputas ("Dispute Boards") são método de solução consensual de conflito, na forma prevista no § 3º do art. 3º do Código de Processo Civil brasileiro.

CJF **PSEL 59.** A obrigação de estimular a adoção da conciliação, da mediação e de outros métodos consensuais de solução de conflitos prevista no § 3º do art. 3º do Código de Processo Civil aplica-se às entidades que promovem a autorregulação, inclusive no âmbito dos processos administrativos que tenham curso nas referidas entidades.

CJF **PSEL 60.** As vias adequadas de solução de conflitos previstas em lei, como a conciliação, a arbitragem e a mediação, são plenamente aplicáveis à Administração Pública e não se incompatibilizam com a indisponibilidade do interesse público, diante do novo Código de Processo Civil e das autorizações legislativas pertinentes aos entes públicos.

CJF **PSEL 70.** Quando questionada a juridicidade das decisões tomadas por meio de novas tecnologias de resolução de controvérsias, deve-se atuar com parcimônia e postura receptiva, buscando valorizar e aceitar os acordos oriundos dos meios digitais.

Enfam **Enunc. 1.** Entende-se por "fundamento" referido no art. 10 do CPC/2015 o substrato fático que orienta o pedido, e não o enquadramento jurídico atribuído pelas partes.

Enfam **Enunc. 2.** Não ofende a regra do contraditório do art. 10 do CPC/2015, o pronunciamento jurisdicional que invoca princípio, quando a regra jurídica aplicada já debatida no curso do processo é emanação daquele princípio.

Enfam **Enunc. 3.** É desnecessário ouvir as partes quando a manifestação não puder influenciar na solução da causa.

Enfam **Enunc. 4.** Na declaração de incompetência absoluta não se aplica o disposto no art. 10, parte final, do CPC/2015.

Enfam **Enunc. 5.** Não viola o art. 10 do CPC/2015 a decisão com base em elementos de fato documentados nos autos sob o contraditório.

Enfam **Enunc. 6.** Não constitui julgamento surpresa o lastreado em fundamentos jurídicos, ainda que diversos dos apresentados pelas partes, desde que embasados em provas submetidas ao contraditório.

Enfam **Enunc. 32.** O rol do art. 12, § 2º, do CPC/2015 é exemplificativo, de modo que o juiz poderá, fundamentadamente, proferir sentença ou acórdão fora da ordem cronológica de conclusão, desde que preservadas a moralidade, a publicidade, a impessoalidade e a eficiência na gestão da unidade judiciária.

Enfam **Enunc. 33.** A urgência referida no art. 12, § 2º, IX, do CPC/2015 é diversa da necessária para a concessão de tutelas provisórias de urgência, estando autorizada, portanto, a prolação de sentenças e acórdãos fora da ordem cronológica de conclusão, em virtude de particularidades gerenciais da unidade judicial, em decisão devidamente fundamentada.

Fonajef **Enunc. 151.** O CPC/2015 só é aplicável nos juizados especiais naquilo que não contrariar os seus princípios norteadores e a sua legislação específica.

Fonajef **Enunc. 160.** Não causa nulidade a não-aplicação do art. 10 do NCPC e do art. 487, parágrafo único, do NCPC nos juizados, tendo em vista os princípios da celeridade e informalidade.

Fonajef **Enunc. 177.** É medida contrária à boa-fé e ao dever de cooperação, previstos nos arts. 5º e 6º do CPC/2015, a impugnação genérica a cálculos, sem a indicação concreta dos argumentos que justifiquem a divergência.

Fonadirh **Enunc. 16.** A observância dos direitos humanos constitui pressuposto ao exercício constitucionalmente adequado da jurisdição, inclusive a criminal.

INFORMATIVOS

STJ **Fundamentação de decisão judicial. Concurso público. Polícia militar. Avaliação de estatura mínima. Afastamento do limite. Princípios jurídicos. Falta de razoabilidade e proporcionalidade. Peculiaridades da população local. Conceitos jurídicos indeterminados. Não aplicação de precedente vinculativo do STF. Negativa de prestação jurisdicional. Caracterização.** Incorre em negativa de prestação jurisdicional o tribunal que prolata acórdão que, para resolver a controvérsia, apoia-se em princípios jurídicos sem proceder à necessária densificação, bem como emprega conceitos jurídicos indeterminados sem explicar o motivo concreto de sua incidência no caso. *REsp 1999967, 2ª T, 17.8.2022. Inf 745.*

QUESTÕES OBJETIVAS

1. (Cespe/TJ/PR/Juiz/2019) À luz do entendimento jurisprudencial do STJ a respeito de aplicação da lei processual, de atos processuais e de execução fiscal, julgue os itens a seguir.

I. Nos processos judiciais, a fixação de honorários advocatícios sucumbenciais é regida pela lei vigente na data de prolação da sentença.

II. O prazo recursal da parte que for intimada, por oficial de justiça, a respeito de decisão judicial se inicia na data de cumprimento do mandado, e não com a juntada do mandado ao processo.

III. Na execução fiscal, o prazo de um ano de suspensão do processo, previsto na Lei de Execução Fiscal, e da respectiva prescrição intercorrente se inicia automaticamente na data de ciência da fazenda pública a respeito da não localização do devedor ou da inexistência de bens penhoráveis no endereço fornecido.

Assinale a opção correta.

a) Apenas os itens I e II estão certos.
b) Apenas os itens I e III estão certos.
c) Apenas os itens II e III estão certos.
d) Todos os itens estão certos.

2. (Cespe/TJ/PA/Juiz/2019) Após ser elaborada lista que continha a ordem cronológica de conclusão para proferir sentença, a parte requereu prioridade no julgamento, alegando urgência. O juiz, no entanto, indeferiu o pedido, por não ter vislumbrado a urgência alegada. Nessa situação hipotética, o processo retornará para a lista na

a) mesma posição em que ocupava caso o juiz entenda que o pedido não era meramente protelatório.
b) mesma posição que ocupava, independentemente da constatação de necessidade de conversão em diligência.
c) mesma posição que ocupava, se não houver necessidade de reabertura da instrução.
d) última posição entre os que já estavam na lista quando da apresentação do pedido pelo autor.
e) última posição, se o juiz entender que o pedido era manifestamente incabível.

3. (Consulplan/TJ/MG/Juiz/2018) São princípios fundamentais do processo civil, exceto:

a) isonomia.
b) cooperação.
c) informalidade.
d) boa-fé objetiva.

2. DA FUNÇÃO JURISDICIONAL

2.1. Da Jurisdição e da Ação

SÚMULAS

STF Súm. 258. É admissível reconvenção em ação declaratória.

STJ Súm. 181. É admissível ação declaratória, visando a obter certeza quanto à exata interpretação de cláusula contratual.

STJ Súm. 242. Cabe ação declaratória para reconhecimento de tempo de serviço para fins previdenciários.

STJ Súm. 461. O contribuinte pode optar por receber, por meio de precatório ou por compensação, o indébito tributário certificado por sentença declaratória transitada em julgado.

QUESTÕES OBJETIVAS

4. (TRF/3R/Juiz/2018) Sobre a jurisdição é correto afirmar que:

a) Ela é invariavelmente uma atividade estatal a cargo do Poder Judiciário.
b) Seu escopo social é a pacificação mediante a eliminação dos conflitos.
c) Seu escopo jurídico abrange a descoberta da verdade e a formação da coisa julgada material.
d) Ela é sempre uma atividade voltada à atuação do direito objetivo em concreto.

5. (TRF/4R/Juiz/2016) Considerando as regras do Código de Processo Civil de 2015:

I. As condições da ação não estão previstas no Código, o que impede o indeferimento da petição inicial por ilegitimidade para a causa ou falta de interesse processual.
II. Quando, além do autor, todos os réus manifestarem desinteresse na realização da audiência de conciliação, o prazo de contestação tem início, para todos os litisconsortes passivos, com o despacho judicial que acolhe as manifestações de desinteresse na realização da audiência de conciliação.
III. O juiz pode, independentemente de citação, julgar improcedente o pedido que contrariar súmula, desde que seja vinculante. Se o pedido contrariar enunciado de súmula não vinculante ou julgado em recurso repetitivo, deve ordenar a citação, estando em condições a petição inicial, para só depois decidir a questão, em atenção ao princípio do contraditório.
IV. Caso a decisão transitada em julgado seja omissa em relação aos honorários de sucumbência, eles não poderão ser cobrados nem em execução, nem em ação própria.

a) Estão corretas apenas as assertivas I e III.
b) Estão corretas apenas as assertivas II e III.
c) Estão corretas apenas as assertivas I, II e IV.
d) Estão corretas todas as assertivas.
e) Nenhuma assertiva está correta.

6. (FCC/TJ/MS/Juiz/2020) No que tange à jurisdição, é correto afirmar:

a) o princípio segundo o qual ninguém será processado senão pela autoridade competente diz respeito à indelegabilidade da jurisdição.
b) nos procedimentos especiais de jurisdição voluntária, a intervenção do Judiciário não é obrigatória para que se obtenha o bem da vida pretendido, mostrando-se sempre facultativa essa interferência.
c) em obediência ao princípio do juiz natural, é defesa a criação de varas especializadas, câmaras especializadas nos tribunais ou foros distritais.
d) em obediência ao princípio da inafastabilidade da jurisdição, em nenhuma hipótese a parte precisará exaurir a via administrativa de solução de conflitos, podendo sempre, desde logo, buscar a solução pela via do Poder Judiciário.
e) a integração obrigatória à relação jurídico-processual concerne ao princípio da inevitabilidade da jurisdição, gerando o estado de sujeição das partes às decisões jurisdicionais.

2.2. Dos Limites da Jurisdição Nacional e da Cooperação Internacional

QUESTÕES OBJETIVAS

7. (TRF/4R/Juiz/2022) Assinale a alternativa incorreta.

a) O Código de Processo Civil relaciona em seu texto norma específica sobre cooperação jurídica internacional, elencando princípios aplicáveis ao exercício da jurisdição.
b) São objeto de cooperação jurídica internacional os atos de comunicação e as diligências de instrução dos processos em curso, tais como citações, intimações, coleta de provas, perícias.
c) A autoridade central brasileira comunicar-se-á diretamente com suas congêneres e, se necessário, com outros órgãos estrangeiros responsáveis pela tramitação e pela execução de pedidos de cooperação enviados e recebidos pelo Estado Brasileiro, respeitadas as disposições específicas constantes de tratado.

d) Para a cooperação jurídica internacional, o Ministério da Justiça exercerá as funções de autoridade central na ausência de designação específica.
e) Na ausência de tratado, a cooperação jurídica internacional não poderá realizar-se com base em reciprocidade.

8. (Cespe/TRF/5R/Juiz/2017) De acordo com as regras do Código de Processo Civil (CPC) que tratam da cooperação jurídica internacional, o denominado auxílio direto passivo

a) depende, para que seja cumprido, da concessão de exequatur, exceto quando tiver por objeto ato de instrução processual.
b) deve ser, caso dependa de medida judicial, pleiteado em juízo pelo Ministério Público, independentemente de quem atue como autoridade central no caso.
c) deve ser encaminhado, pelo Estado estrangeiro interessado, diretamente a órgão do Poder Judiciário brasileiro.
d) pode ser utilizado para qualquer medida judicial ou extrajudicial, desde que não vedada pela lei brasileira e não sujeita a juízo de delibação no Brasil.
e) somente pode ser utilizado nos casos previstos em tratados internacionais ratificados pelo Brasil, dependendo a sua efetivação de homologação no STJ.

2.3. Da Competência Interna

SÚMULAS

1) Disposições Gerais

STF Súm. 335. É válida a cláusula de eleição do foro para os processos oriundos do contrato.

STF Súm. 363. A pessoa jurídica de direito privado pode ser demandada no domicílio da agência, ou estabelecimento, em que se praticou o ato.

STJ Súm. 224. Excluído do feito o ente federal cuja presença levara o juiz estadual a declinar da competência, deve o juiz federal restituir os autos e não suscitar conflito.

STJ Súm. 254. A decisão do juízo federal que exclui da relação processual ente federal não pode ser reexaminada no juízo estadual.

2) Da Competência da Justiça Estadual

STF Súm. Vinculante 27. Compete à justiça estadual julgar causas entre consumidor e concessionária de serviço público de telefonia, quando a Anatel não seja litisconsorte passiva necessária, assistente, nem opoente.

STF Súm. 501. Compete à justiça ordinária estadual o processo e o julgamento, em ambas as instâncias, das causas de acidente do trabalho, ainda que promovidas contra a União, suas autarquias, empresas públicas ou sociedades de economia mista.

STF Súm. 508. Compete à justiça estadual , em ambas as instâncias, processar e julgar as causas em que for parte o Banco do Brasil, S.A.

STF Súm. 516. O Serviço Social da Indústria (Sesi) está sujeito à jurisdição da justiça estadual.

STF Súm. 556. É competente a justiça comum para julgar as causas em que é parte sociedade de economia mista.

STJ Súm. 1. O foro do domicílio ou da residência do alimentando é o competente para a ação de investigação de paternidade, quando cumulada com a de alimentos.

STJ Súm. 11. A presença da União ou de qualquer de seus entes, na ação de usucapião especial, não afasta a competência do foro da situação do imóvel.

STJ Súm. 15. Compete à justiça estadual processar e julgar os litígios decorrentes de acidente do trabalho.

STJ Súm. 34. Compete à justiça estadual processar e julgar causa relativa a mensalidade escolar, cobrada por estabelecimento particular de ensino.

STJ Súm. 42. Compete à justiça comum estadual processar e julgar as causas cíveis em que é parte sociedade de economia mista e os crimes praticados em seu detrimento.

STJ Súm. 206. A existência de vara privativa, instituída por lei estadual, não altera a competência territorial resultante das leis de processo.

STJ Súm. 238. A avaliação da indenização devida ao proprietário do solo, em razão de alvará de pesquisa mineral, é processada no juízo estadual da situação do imóvel.

STJ Súm. 270. O protesto pela preferência de crédito, apresentado por ente federal em execução que tramita na justiça estadual, não desloca a competência para a justiça federal.

STJ Súm. 363. Compete à justiça estadual processar e julgar a ação de cobrança ajuizada por profissional liberal contra cliente.

STJ Súm. 368. Compete à justiça comum estadual processar e julgar os pedidos de retificação de dados cadastrais da justiça eleitoral.

STJ Súm. 505. A competência para processar e julgar as demandas que têm por objeto obrigações decorrentes dos contratos de planos de previdência privada firmados com a Fundação Rede Ferroviária de Seguridade Social – Refer é da justiça estadual.

STJ Súm. 553. Nos casos de empréstimo compulsório sobre o consumo de energia elétrica, é competente a justiça estadual para o julgamento de demanda proposta exclusivamente contra a Eletrobrás. Requerida a intervenção da União no feito após a prolação de sentença pelo juízo estadual, os autos devem ser remetidos ao tribunal regional federal competente para o julgamento da apelação se deferida a intervenção.

TRF2 Súm. 41. Na ação de desapropriação, ou de constituição de serviço administrativa, proposta por concessionária de energia elétrica, manifestando a União expressamente falta de interesse em intervir no feito, não poderá ser obrigada a integrar a relação processual, competindo o julgamento à justiça estadual.

3) Competência da Justiça Federal

STF Súm. 517. As sociedades de economia mista só têm foro na justiça federal , quando a União intervém como assistente ou opoente.

STF Súm. 689. O segurado pode ajuizar ação contra a instituição previdenciária perante o juízo federal do seu domicílio ou nas varas federais da capital do Estado-membro.

STJ Súm. 32. Compete à justiça federal processar justificações judiciais destinadas a instruir pedidos perante entidades que nela têm exclusividade de foro, ressalvada a aplicação do art. 15, II, da Lei 5.010/1966.

STJ Súm. 150. Compete à justiça federal decidir sobre a existência de interesse jurídico que justifique a presença, no processo, da União, suas autarquias ou empresas públicas.

STJ Súm. 324. Compete à justiça federal processar e julgar ações de que participa a Fundação Habitacional do Exército, equiparada à entidade autárquica federal, supervisionada pelo Ministério do Exército.

STJ Súm. 365. A intervenção da União como sucessora da Rede Ferroviária Federal S/A (RFFSA) desloca a competência para a justiça federal ainda que a sentença tenha sido proferida por juízo estadual.

4) Da Modificação da Competência

STF Súm. 335. É válida a cláusula de eleição do foro para os processos oriundos do contrato.

STJ Súm. 235. A conexão não determina a reunião dos processos, se um deles já foi julgado.

STJ Súm. 489. Reconhecida a continência, devem ser reunidas na justiça federal as ações civis públicas propostas nesta e na justiça estadual.

5) Do Conflito de Competência

STJ Súm. 3. Compete ao tribunal regional federal dirimir conflito de competência verificado, na respectiva região, entre juiz federal e juiz estadual investido de jurisdição federal.

STJ Súm. 59. Não há conflito de competência se já existe sentença com trânsito em julgado, proferida por um dos juízos conflitantes.

STJ Súm. 428. Compete ao tribunal regional federal decidir os conflitos de competência entre juizado especial federal e juízo federal da mesma seção judiciária.

6) Incompetência Relativa

STJ Súm. 33. A incompetência relativa não pode ser declarada de ofício.

TRF3 Súm. 23. É territorial e não funcional a divisão da Seção Judiciária de São Paulo em subseções. Sendo territorial, a competência é relativa, não podendo ser declinada de ofício, conforme dispõe o artigo 112 do CPC e Súmula 33 do STJ.

ENUNCIADOS

CJF **Proc. Civil 108.** A competência prevista nas alíneas do art. 53, I, do CPC não é de foros concorrentes, mas de foros subsidiários.

Enfam **Enunc. 39.** Não é válida convenção pré-processual oral (art. 4º, § 1º, da Lei n. 9.307/1996 e 63, § 1º, do CPC/2015).

Fonacom **Enunc. 26.** Considerando que as centrais de conciliação praticam atos jurisdicionais, a elas se aplicam as disposições dos arts. 67 a 69 do CPC, quanto à cooperação nacional.

Fonacom **Enunc. 40.** A atuação das unidades de conciliação não ofende o juízo natural, a teor da sistemática estabelecida no CPC em vigor.

Fonacom **Enunc. 51.** Nas ações de desapropriação por interesse público e outros conflitos socioambientais que envolvam diversos réus e que exijam tratamento uniforme, na fase de conciliação deve-se utilizar o mecanismo de cooperação judicial instituído pelo art. 69 do CPC para reunião dos processos naquela fase.

Fonacom **Enunc. 79.** Em ações versando sobre vícios construtivos, tendo como objeto o mesmo empreendimento, a prova pericial deverá preferencialmente ser concentrada em um único juízo, por ato concertado, com fundamento no artigo 69, inciso IV do CPC.

Fonacre **Enunc. 19.** As demandas em matéria de energia elétrica que apresentem efeitos sistêmicos devem ser preferencialmente reunidas para julgamento conjunto, na forma do parágrafo terceiro do artigo 55 do CPC.

INFORMATIVOS

STJ **Competência. Rompimento da barragem de Fundão em Mariana. Vara Federal de Belo Horizonte. Conexão. Ação que tem por objeto apenas a reparação de danos morais e materiais suportados por pescadores. Ausência de discussão acerca da responsabilização do Estado. Competência do foro de residência do autor. facilitação do acesso à Justiça.** Em ação que tem por objeto apenas a reparação de danos morais e materiais suportados por pescadores em razão do rompimento da barragem de Fundão em Mariana/MG, não se discutindo a responsabilização do Estado, não prevalece a competência da 12ª Vara Federal de Belo Horizonte, permitindo-se o ajuizamento no foro de residência do autor ou no local do dano. *AgInt no AREsp 1966684, 4ª T, 20.10.2022. Inf 758.*

STJ **Conflito negativo de competência. Juízo federal que reconheceu a ilegitimidade passiva de autarquia federal e remeteu os autos à justiça estadual. Execução de honorários advocatícios fixados em favor da autarquia. Prevalência do juízo em que se formou o título executivo. Competência da Justiça Federal.** Se, na mesma decisão, é reconhecida a ilegitimidade passiva de autarquia federal e, em razão disso, é determinada a remessa do processo para a Justiça Estadual, a competência para processar o cumprimento quanto aos honorários sucumbenciais nela fixados é da Justiça Federal. *CC 175883, 2ª S, 26.8.2022. Inf 747.*

STJ **Conflito negativo de competência. Juízos estadual e federal. Direito à saúde. Não inclusão da União. Opção da parte requerente. Solidariedade dos entes federados. Competência da Justiça Estadual.** Em demandas relativas a direito à saúde, é incabível ao juiz estadual determinar a inclusão da União no polo passivo da demanda se a parte requerente optar pela não inclusão, ante a solidariedade dos entes federados. *AgInt no CC 182080, 1ª S, 22.6.2022. Inf 742.*

STJ **Acordão proferido pela Justiça Estadual. Habilitação da União na qualidade de assistente simples. Interesse jurídico específico demonstrado. Intervenção anômala não configurada. Deslocamento da competência para a Justiça Federal. Perpetuatio jurisdictionis. Não incidência. Julgamento dos embargos de declaração que compete ao Tribunal Regional Federal.** Existindo interesse jurídico da União no feito, na condição de assistente simples, a competência afigura-se da Justiça Federal, conforme prevê o art. 109, I, da CF, motivo pelo qual compete ao TRF o julgamento de embargos de declaração opostos contra acórdão proferido pela Justiça Estadual. *EREsp 1265625, Corte Especial, 30.3.2022. Inf 731.*

QUESTÕES DISCURSIVAS

1. (TRF/2R/Juiz/2007) Dê um exemplo de competência funcional horizontal com a correspondente justificativa.

2. (TRF/2R/Juiz/2007) Qual a natureza jurídico-processual da competência?

QUESTÕES OBJETIVAS

9. (Vunesp/TRF/3R/Juiz/2022) Analise as proposições abaixo e assinale a alternativa correta:

I. Os embargos de terceiro são modalidade de intervenção de terceiros coata, na qual o terceiro se vê obrigado a ingressar no processo por força de constrição realizada sobre o seu patrimônio.

II. Compete ao Superior Tribunal Justiça decidir os conflitos de competência entre juizados especiais federais e juízos federais da mesma seção judiciária.

III. Há conflito de competência negativo quando dois ou mais juízes se consideram competentes.

IV. O auxílio direto é espécie de cooperação jurídica internacional e demanda um juízo de delibação por parte do Superior Tribunal de Justiça.

a) Todas estão incorretas.

b) Apenas I e II estão corretas.

c) Apenas a alternativa I está correta.

d) As alternativas I, II e IV estão corretas.

10. (TRF/4R/Juiz/2022) Dadas as assertivas abaixo, assinale a alternativa correta.

I. Excluído do feito o ente federal, cuja presença levara o juiz estadual a declinar da competência, deve o juiz federal restituir os autos, cabendo ao juiz estadual, se persistir em seu entendimento anterior, suscitar conflito negativo de competência perante o Superior Tribunal de Justiça.

II. Compete ao Supremo Tribunal Federal o julgamento de conflito de competência entre o Tribunal Superior do Trabalho e juiz federal de primeira instância.

III. Compete ao juízo onde primeiro for intentada a ação envolvendo acumulação de pedidos, trabalhista e estatutário, decidi-la nos limites da sua jurisdição, sem prejuízo do ajuizamento de nova causa, com o pedido remanescente, no juízo próprio.

IV. Após a prolação de sentença no juízo estadual, proferida em ação de usucapião, o ingresso da União na causa, na condição de assistente, não desloca a competência para o julgamento do recurso para o Tribunal Regional Federal, haja vista a competência constitucional dos Tribunais de Justiça para a revisão das sentenças proferidas pelos juízes estaduais.

a) Está correta apenas a assertiva II.

b) Estão corretas apenas as assertivas I e III.

c) Estão corretas apenas as assertivas I e IV.

d) Estão corretas apenas as assertivas II e III.

e) Estão corretas apenas as assertivas II, III e IV.

11. (Vunesp/TRF/3R/Juiz/2022) Assinale a alternativa correta:

a) Duas ou mais ações são conexas quando houver identidade de partes, sendo irrelevante a causa de pedir e o pedido.

b) Duas ou mais ações são conexas, desde que haja identidade de partes, causa de pedir e de pedido.

c) Os processos serão reunidos para julgamento conjunto sempre que houver o risco de prolação de decisões conflitantes ou contraditórias caso decididos separadamente.

d) Não obstante a conexão não determinar a reunião dos processos, se um deles já foi julgado, é dever do magistrado suspender um deles por prejudicialidade externa por até um ano.

12. (Vunesp/TRF/3R/Juiz/2022) Assinale a alternativa correta.

a) As demandas ajuizadas contra o Banco do Brasil devem ter curso perante a Justiça Federal.

b) As demandas ajuizadas contra a FUNAI devem ter curso perante a Justiça Federal.
c) As demandas ajuizadas contra a Caixa Econômica Federal só têm curso perante a Justiça Federal quando há interesse da União Federal.
d) As demandas ajuizadas contra a ANEEL devem ter curso perante a Justiça Estadual,

13. (IFBC/TRF/2R/Juiz/2018) No processo civil, determina-se a competência no momento:

a) da citação.
b) do registro ou da distribuição da petição inicial.
c) do despacho/decisão positivo que determina a citação.
d) do primeiro despacho ou decisão proferida pelo órgão julgador.
e) da estabilização da demanda, se o réu não alegar a incompetência em preliminar de contestação.

14. (Cespe/TRF/5R/Juiz/2017) De acordo com o STF, eventual ajuizamento de ação judicial proposta em razão da demora na expedição de diploma de conclusão de curso em instituição privada de ensino superior deverá ser processada e julgada pela justiça

a) estadual, se a instituição for mantida por pessoas de direito privado.
b) estadual, porquanto não há interesse da União.
c) federal, ainda que a instituição seja privada.
d) federal, desde que haja repasse de verba federal para a instituição.
e) estadual, se a instituição for administrada por pessoas de direito privado.

15. (TRF/2R/Juiz/2017) Em sede de competência, é correto afirmar que:

a) A intervenção de ente federal, a título de "amicus curiae", não desloca a competência para a Justiça Federal.
b) Argui-se, por meio de exceção, a incompetência relativa.
c) A intervenção da União, de suas autarquias e empresas públicas em concurso de credores ou de preferência desloca a competência para a Justiça Federal.
d) Compete ao Tribunal Regional Federal processar e julgar o mandado de segurança contra ato de Juizado Especial Federal.
e) Compete ao Superior Tribunal de Justiça decidir os conflitos de competência entre Juizado Especial Federal e Juízo Federal.

16. (Cespe/TRF/5R/Juiz/2017) Após ser demitido de um órgão federal, Afonso ajuizou ação contra a União, pelo procedimento comum, pedindo sua reintegração à administração pública, sob o argumento de que o ato de sua demissão havia sido nulo. Seu processo foi distribuído a uma vara federal comum. Posteriormente, Afonso ajuizou nova demanda, em sede de juizado especial federal, buscando a condenação da União no valor de vinte mil reais, a título de danos morais, em razão dos mesmos fatos que deram ensejo à sua demissão. Nessa situação hipotética, os dois processos

a) deverão ser reunidos na vara federal comum, para que se evitem decisões contraditórias, ainda que não haja conexão pela causa de pedir.
b) poderão ser reunidos apenas se o juiz da vara federal entender que a reunião não comprometerá a razoável duração do primeiro processo.
c) não deverão ser reunidos, e o processo distribuído ao juizado especial federal deverá ser extinto sem resolução do mérito.
d) não poderão ser reunidos para julgamento conjunto, e, por esse motivo, não haverá modificação de competência.
e) deverão ser reunidos, em razão da conexão pela causa de pedir, salvo se um deles já houver sido sentenciado.

17. (TRF/2R/Juiz/2017) Analise as proposições e, ao final, marque a opção correta:

I. Quando a Constituição Federal se utiliza da locução "maioria absoluta" para qualificar o quorum necessário a certos atos de órgãos Colegiados, equivale dizer que ela exige, para o caso, pelo menos metade dos membros deste Colegiado mais um, ou, como se diz com exata precisão, "metade mais 1".
II. O sistema constitucional, à luz da interpretação que o STF confere à Lei Maior, admite que o Juiz Federal seja competente para apreciar e julgar lides em que há, de um lado, Estado Federado e, de outro, a União Federal.
III. Por força de regra constitucional, caso o Município resolva executar dívida de IPTU de Estado estrangeiro, a Justiça Federal será a competente.

a) Apenas as assertivas I e II estão corretas.
b) Apenas as assertivas II e III estão corretas.
c) Apenas as assertivas I e III estão corretas.
d) Todas estão corretas.
e) Apenas a assertiva III está correta.

18. (FGV/TJ/PR/Juiz/2021) Sobre a modificação de competência, é correto afirmar que:

a) não há conflito de competência quando dois juízes divergem sobre a necessidade de reunião ou separação de processos.
b) não pode o Ministério Público arguir incompetência relativa nas causas em que atuar como fiscal da ordem jurídica.
c) o juiz que não acolher a competência declinada deverá suscitar o conflito, ainda que atribua a competência a outro juízo.
d) em caso de incompetência absoluta, se não houver decisão em sentido contrário, devem ser mantidos os efeitos da decisão proferida pelo juízo incompetente até que outra seja proferida, se for o caso, pelo juízo competente.
e) quando houver continência e a ação contida tiver sido proposta anteriormente, no processo relativo à ação continente será proferida sentença sem resolução de mérito; caso contrário, as ações serão necessariamente reunidas.

19. (FGV/TJ/PR/Juiz/2021) Antônio contratou empréstimo bancário no caixa eletrônico quando foi fazer outras movimentações financeiras. A contratação foi voluntária, mas, ao longo do tempo, Antônio percebeu que as parcelas estavam muito altas, pois, embora já tivesse pagado uma quantia expressiva, o seu saldo devedor continuava elevado. Diante disso, Antônio procurou seu advogado e foi orientado a ajuizar uma ação probatória autônoma, com o objetivo de realizar prova pericial técnica para apurar se os juros do empréstimo estavam compatíveis com o mercado ou se tinham alcançado patamares abusivos, de modo a viabilizar futura ação de revisão das cláusulas do contrato de empréstimo. Considerando essa situação concreta, é correto afirmar que:

a) são concorrentes os foros do local onde a prova será produzida e o do domicílio do réu, cabendo ao autor a escolha do foro para ajuizamento da produção antecipada de prova.
b) eventual ação de revisão das cláusulas do contrato de empréstimo deverá ser distribuída por dependência à produção antecipada de prova.
c) após a conclusão da perícia, o laudo será homologado pelo juiz, que reconhecerá a existência ou inexistência de abusividade em relação aos juros do empréstimo.
d) a produção antecipada de prova se destina à produção das provas requeridas pela parte autora, não sendo possível que o réu se utilize do mesmo procedimento para produzir outra prova.

e) a prova será produzida após a defesa do réu, na qual devem ser expostos os argumentos de mérito e formulados os quesitos técnicos, sob pena de preclusão.

20. (Vunesp/TJ/SP/Juiz/2018) Em matéria de competência, é correto afirmar:

a) a regra de competência estabelecida para quando o réu for incapaz, conforme critério territorial, é inderrogável e sua inobservância gera incompetência absoluta.
b) para ação fundada em direito real, em regra, será competente o foro da situação da coisa, móvel ou imóvel.
c) no cumprimento de precatória, se o juiz deprecado reconhecer sua incompetência territorial, deverá devolver a carta ao juiz deprecante.
d) na execução fundada em título extrajudicial, é concorrentemente competente o foro da situação dos bens sujeitos a constrição.

21. (Cespe/TJ/PR/Juiz/2019) De acordo com o Código de Processo Civil, no que concerne ao julgamento de ação reivindicatória da propriedade de bem imóvel localizado em território nacional, a competência internacional da justiça brasileira e a competência territorial do foro do local do imóvel são consideradas, respectivamente, como

a) exclusiva e absoluta.
b) exclusiva e relativa.
c) concorrente e absoluta.
d) concorrente e relativa.

22. (Cespe/TJ/PA/Juiz/2019) De acordo com o Código de Processo Civil (CPC), o domicílio para fins de competência do foro em ação ajuizada em desfavor de sociedade sem personalidade jurídica que tenha descumprido obrigação contratual será o do local onde

a) a obrigação tiver sido contraída.
b) a obrigação deverá ser satisfeita.
c) o representante for encontrado.
d) o representante legal tiver residência fixa.
e) a sociedade exercer suas atividades.

3. DOS SUJEITOS DO PROCESSO

3.1. Das Partes e dos Procuradores

3.1.1. Da Capacidade Processual

SÚMULAS

STJ **Súm. 134.** Embora intimado da penhora em imóvel do casal, o cônjuge do executado pode opor embargos de terceiro para defesa de sua meação.

STJ **Súm. 196.** Ao executado que, citado por edital ou por hora certa, permanecer revel, será nomeado curador especial, com legitimidade para apresentação de embargos.

STJ **Súm. 525.** A Câmara de vereadores não possui personalidade jurídica, apenas personalidade judiciária, somente podendo demandar em juízo para defender os seus direitos institucionais.

INFORMATIVOS

STF **Procuradorias municipais: legitimidade para interpor recurso em ação de controle de constitucionalidade.** A procuradoria jurídica estadual ou municipal possui legitimidade para interpor recurso em face de acórdão de tribunal de justiça proferido em representação de inconstitucionalidade. A ausência de assinatura do chefe do Poder Executivo na petição recursal não constitui óbice para a análise do recurso, sendo suficiente que a peça seja subscrita pelo procurador, que também detém legitimidade recursal em ações de controle de constitucionalidade. *ARE 873804 AgR-2º-ED-EDv-AgR, 13.10.2022, Pleno. Inf 1072.*

QUESTÕES OBJETIVAS

23. (IFBC/TRF/2R/Juiz/2018) Em termos de sujeitos processuais, pode-se afirmar que:

a) os pais têm legitimidade para postular alimentos para os filhos.
b) no Código de Processo Civil de 2015, não se exige a participação do cônjuge do autor nas ações possessórias em geral.
c) em caso de união estável comprovada, ambos os companheiros precisam ser citados em demanda que verse sobre dívida contraída por um deles a bem da família.
d) o espólio é representado em juízo, ativa e passivamente, pelos sucessores.
e) os procuradores de um Estado não poderão praticar atos processuais em favor de outro ente federado, mesmo que firmado convênio entre as respectivas procuradorias.

24. (Vunesp/TJ/RS/Juiz/2018) O ente sem personalidade jurídica:

a) poderá ingressar em juízo por possuir personalidade judiciária.
b) não poderá ingressar em juízo sem representação especial.
c) não poderá ingressar em juízo em nome próprio.
d) não poderá ingressar em juízo por não responder patrimonialmente.
e) poderá ingressar em juízo desde que autorizado em seus estatutos.

25. (TRT/4R/Juiz/2016) Assinale a assertiva incorreta sobre processo de conhecimento.

a) Até o trânsito em julgado da ação, poderá o Juiz conhecer de ofício, em qualquer tempo e grau de jurisdição, a ausência dos pressupostos de constituição e de desenvolvimento válido e regular do processo, a existência de perempção, litispendência ou coisa julgada, a ausência de legitimidade ou interesse processual, bem como a intransmissibilidade da ação, por disposição legal, em caso de morte.
b) A não regularização da representação processual pelo autor, no prazo fixado pelo Juízo de primeiro grau, acarreta a extinção do processo sem resolução do mérito.
c) São condições da ação, conforme previsão expressa, e, portanto, matéria de ordem pública, sobre as quais o Juiz deve se pronunciar de ofício, a legitimidade de parte, o interesse processual e a possibilidade jurídica do pedido.
d) É permitido ao Juiz decidir parcialmente o mérito em julgamento antecipado quando um ou mais pedidos ou parcela deles se mostrarem incontroversos ou em condições de imediato julgamento, podendo a parte liquidar ou executar, desde logo, a obrigação parcialmente reconhecida, ainda que existente recurso interposto.
e) A audiência poderá ser integralmente gravada em imagem e áudio, podendo ser realizada a gravação diretamente por qualquer das partes, ainda que sem autorização judicial.

3.1.2. Dos Deveres das Partes e de Seus Procuradores

SÚMULAS

1) Das Despesas, dos Honorários Advocatícios e das Multas (arts. 82 a 97)

1.1) Das Despesas

STJ **Súm. 190.** Na execução fiscal, processada perante a justiça estadual, cumpre à Fazenda Pública antecipar o numerário destinado ao custeio das despesas com o transporte dos oficiais de justiça.

STJ Súm. 483. O INSS não está obrigado a efetuar depósito prévio do preparo por gozar das prerrogativas e privilégios da Fazenda Pública.

TRF2 Súm. 36. Os Conselhos de Fiscalização Profissional estão isentos de custas processuais na justiça federal , apenas durante a vigência de norma isencional estabelecida pela Lei 6.032, de 30.4.74, revogada após a entrada em vigor da Lei 9.289 de 4.7.1996.

TRF4 Súm. 20. O art. 8º, § 1º, da Lei 8.620/93 não isenta o INSS das custas judiciais, quando demandado na justiça estadual.

TRF4 Súm. 42. A União e suas autarquias estão sujeitas ao adiantamento das despesas do oficial de justiça necessárias ao cumprimento de diligências por elas requeridas.

1.2) Honorários Advocatícios

STF Súm. Vinculante 47. Os honorários advocatícios incluídos na condenação ou destacados do montante principal devido ao credor consubstanciam verba de natureza alimentar cuja satisfação ocorrerá com a expedição de precatório ou requisição de pequeno valor, observada ordem especial restrita aos créditos dessa natureza.

STF Súm. 257. São cabíveis honorários de advogado na ação regressiva do segurador contra o causador do dano.

STF Súm. 389. Salvo limite legal, a fixação de honorários de advogado, em complemento da condenação, depende das circunstâncias da causa, não dando lugar a recurso extraordinário.

STF Súm. 450. São devidos honorários de advogado sempre que vencedor o beneficiário de justiça gratuita.

STF Súm. 616. É permitida a cumulação da multa contratual com os honorários de advogado, após o advento do Código de Processo Civil vigente.

STJ Súm. 14. Arbitrados os honorários advocatícios em percentual sobre o valor da causa, a correção monetária incide a partir do respectivo ajuizamento.

STJ Súm. 29. No pagamento em juízo para elidir falência, são devidos correção monetária, juros e honorários de advogado.

STJ Súm. 105. Na ação de mandado de segurança, não se admite condenação em honorários advocatícios.

STJ Súm. 110. A isenção do pagamento de honorários advocatícios, nas ações acidentárias, é restrita ao segurado.

STJ Súm. 111. Os honorários advocatícios, nas ações previdenciárias, não incidem sobre as prestações vencidas após a sentença.

STJ Súm. 153. A desistência da execução fiscal, após o oferecimento dos embargos, não exime o exequente dos encargos da sucumbência.

STJ Súm. 201. Os honorários advocatícios não podem ser fixados em salários-mínimos.

STJ Súm. 303. Em embargos de terceiro, quem deu causa à constrição indevida deve arcar com os honorários advocatícios.

STJ Súm. 488. O § 2º do art. 6º da Lei n. 9.469/1997, que obriga à repartição dos honorários advocatícios, é inaplicável a acordos ou transações celebrados em data anterior à sua vigência.

STJ Súm. 517. São devidos honorários advocatícios no cumprimento de sentença, haja ou não impugnação, depois de escoado o prazo para pagamento voluntário, que se inicia após a intimação do advogado da parte executada.

TRF2 Súm. 12. São devidos honorários advocatícios no processo cautelar, em que houver litígio.

TRF4 Súm. 16. A apelação genérica, pela improcedência da ação, não devolve ao Tribunal o exame da fixação dos honorários advocatícios, se esta deixou de ser atacada no recurso.

TRF4 Súm. 70. São devidos honorários advocatícios em execução de título judicial, oriundo de ação civil pública.

TRF4 Súm. 79. Cabível a denunciação da lide à Caixa Econômica Federal nas ações em que os ex-procuradores do Banco Meridional buscam o pagamento de verba honorária relativamente aos serviços prestados para a recuperação dos créditos cedidos no processo de privatização da instituição.

TRF4 Súm. 133. Na execução ou cumprimento individual de sentença proferida em ação coletiva, mesmo na vigência do CPC-2015, são cabíveis honorários advocatícios, ainda que não-embargadas, mantendo-se válido o entendimento expresso da Súmula 345 do Superior Tribunal de Justiça.

TRF4 Súm. 134. A ausência de impugnação pela Fazenda Pública ao cumprimento de sentença não enseja a redução pela metade dos honorários advocatícios por ela devidos, não sendo aplicável à hipótese a regra do artigo 90, § 4º, combinado com o artigo 827, § 1º, ambos do CPC 2015.

1.3) Honorários Periciais

STJ Súm. 232. A Fazenda Pública, quando parte no processo, fica sujeita à exigência do depósito prévio dos honorários do perito.

1.4) Ônus Sucumbenciais

STJ Súm. 326. Na ação de indenização por dano moral, a condenação em montante inferior ao postulado na inicial não implica sucumbência recíproca.

STJ Súm. 462. Nas ações em que representa o FGTS, a CEF, quando sucumbente, não está isenta de reembolsar as custas antecipadas pela parte vencedora.

TRF4 Súm. 38. São devidos os ônus sucumbenciais na ocorrência de perda do objeto por causa superveniente ao ajuizamento da ação.

2) Da Gratuidade da Justiça (arts. 98 a 102)

STF Súm. 450. São devidos honorários de advogado sempre que vencedor o beneficiário de justiça gratuita.

STJ Súm. 481. Faz jus ao benefício da justiça gratuita a pessoa jurídica com ou sem fins lucrativos que demonstrar sua impossibilidade de arcar com os encargos processuais.

REPERCUSSÃO & REPETITIVOS

STJ Repetitivo 1076. I) A fixação dos honorários por apreciação equitativa não é permitida quando os valores da condenação, da causa ou o proveito econômico da demanda forem elevados. É obrigatória nesses casos a observância dos percentuais previstos nos §§ 2º ou 3º do artigo 85 do CPC – a depender da presença da Fazenda Pública na lide -, os quais serão subsequentemente calculados sobre o valor: (a) da condenação; ou (b) do proveito econômico obtido; ou (c) do valor atualizado da causa. II) Apenas se admite arbitramento de honorários por equidade quando, havendo ou não condenação: (a) o proveito econômico obtido pelo vencedor for inestimável ou irrisório; ou (b) o valor da causa for muito baixo. *REsp 1850512, 16.2.2022.*

ENUNCIADOS

1) Dos Deveres (arts. 77 a 78)

Fonajef Enunc. 64. Não cabe multa pessoal ao procurador "ad judicia" do ente público, seja com base no art. 77, seja nos arts. 497 ou 536, todos do CPC/2015.

Fonajef Enunc. 149. É cabível, com fundamento no art. 77, IV, §§ 1º a 5º do CPC/2015, a aplicação de multa pessoal à autoridade administrativa responsável pela implementação da decisão judicial.

2) Das Despesas, dos Honorários Advocatícios e das Multas (arts. 82 a 97)

CJF Proc. Civil 4. A entrada em vigor de acordo ou tratado internacional que estabeleça dispensa da caução prevista no art. 83, § 1º, inc. I do CPC/2015, implica na liberação da caução previamente imposta.

CJF Proc. Civil 5. Ao proferir decisão parcial de mérito ou decisão parcial fundada no art. 485 do CPC, condenar-se-á proporcionalmente o vencido a pagar honorários ao advogado do vencedor, nos termos do art. 85 do CPC.

CJF Proc. Civil 6. A fixação dos honorários de sucumbência por apreciação equitativa só é cabível nas hipóteses previstas no § 8º do art. 85 do CPC.

CJF Proc. Civil 7. A ausência de resposta ao recurso pela parte contrária, por si só, não tem o condão de afastar a aplicação do disposto no art. 85, § 11, do CPC.

CJF Proc. Civil 8. Não cabe majoração de honorários advocatícios em agravo de instrumento, salvo se interposto contra decisão interlocutória que tenha fixado honorários na origem, respeitados os limites estabelecidos no art. 85, §§ 2º, 3º e 8º, do CPC.

CJF **Proc. Civil 9.** Aplica-se o art. 90, § 4º, do CPC ao reconhecimento da procedência do pedido feito pela Fazenda Pública nas ações relativas às prestações de fazer e de não fazer.

CJF **Proc. Civil 10.** O benefício do § 4º do art. 90 do CPC aplica-se apenas à fase de conhecimento.

CJF **Proc. Civil 109.** Na hipótese de cumulação alternativa, acolhido integralmente um dos pedidos, a sucumbência deve ser suportada pelo réu.

CJF **Proc. Civil 118.** É cabível a fixação de honorários advocatícios na ação de produção antecipada de provas na hipótese de resistência da parte requerida na produção da prova.

Enfam **Enunc. 14.** Em caso de sucumbência recíproca, deverá ser considerada proveito econômico do réu, para fins do art. 85, § 2º, do CPC/2015, a diferença entre o que foi pleiteado pelo autor e o que foi concedido, inclusive no que se refere às condenações por danos morais.

Enfam **Enunc. 15.** Nas execuções fiscais ou naquelas fundadas em título extrajudicial promovidas contra a Fazenda Pública, a fixação dos honorários deverá observar os parâmetros do art. 85, § 3º, do CPC/2015.

Enfam **Enunc. 16.** Não é possível majorar os honorários na hipótese de interposição de recurso no mesmo grau de jurisdição (art. 85, § 11, do CPC/2015).

Enfam **Enunc. 17.** Para apuração do "valor atualizado da causa" a que se refere o art. 85, § 2º, do CPC/2015, deverão ser utilizados os índices previstos no programa de atualização financeira do CNJ a que faz referência o art. 509, § 3º.

Fonajef **Enunc. 40.** Havendo sucumbência recíproca, independentemente da proporção, não haverá condenação em honorários advocatícios.

3) Da Gratuidade da Justiça (arts. 98 a 102)

Fonajef **Enunc. 38.** A qualquer momento poderá ser feito o exame de pedido de gratuidade com os critérios dos artigos 98 e seguintes do CPC/2015. Presume-se necessitada a parte que perceber renda até o valor do limite de isenção do imposto de renda.

Fonajef **Enunc. 50.** Sem prejuízo de outros meios, a comprovação da condição socioeconômica do autor pode ser feita por laudo técnico confeccionado por assistente social, por auto de constatação lavrado por oficial de justiça ou através de oitiva de testemunha.

Fonajef **Enunc. 199.** Constatada fraude de condições socioeconômicas desfavoráveis, conclui-se que a parte autora não preencheu o requisito de miserabilidade, julgando-se improcedente de plano.

Fonajef **Enunc. 205.** A concessão da justiça gratuita à parte não se estende às custas para expedição de certidão de validação de procuração para fins de levantamento de requisição de pequeno valor ou precatório.

Fonajef **Enunc. 206.** Para fins de gratuidade da justiça, a presença de elementos (local de domicílio, comprovante de rendimentos, profissão, extrato de informações sociais, contas de energia elétrica, dentre outros) que enfraqueçam a presunção da declaração de hipossuficiência justifica o indeferimento ou a imposição de ônus à parte requerente de comprovação da condição alegada.

Fonage **Enunc. 3.** Ressalvada a comprovação de necessidade por outros meios, a gratuidade judiciária somente deverá ser concedida para aqueles que aufiram renda inferior ao limite de isenção do imposto de renda.

INFORMATIVOS

STF **Quitação de dívida ativa por meio alternativo de cobrança e honorários advocatícios de procuradores estaduais.** É constitucional, desde que observado o teto remuneratório, norma estadual que destina aos procuradores estaduais honorários advocatícios incidentes na hipótese de quitação de dívida ativa em decorrência da utilização de meio alternativo de cobrança administrativa ou de protesto de título. *ADI 5910, 27.5.2022. Pleno Inf 1056.*

STJ **Honorários advocatícios. Honorários contratuais "ad exitum". Efetivo êxito. Julgamento definitivo da causa. Cobrança antecipada. Descabimento.** É descabida a cobrança antecipada de honorários "ad exitum" relativamente a ações ainda não julgadas em definitivo, apenas com base em decisão liminar. *AgInt no AgInt no AREsp 1997699, 4ª T, 24.10.2022. Inf 758.*

STJ **Honorários advocatícios. Sentença proferida na vigência do CPC/73. Reforma do julgado na vigência do CPC/15. Inversão da sucumbência. Aplicação das regras do CPC/73. Arbitramento segundo o critério da equidade. Possibilidade.** Aplicam-se as regras previstas no CPC/73 para o arbitramento de honorários advocatícios quando a sentença tenha sido proferida na vigência deste diploma, ainda que este título judicial venha a ser reformado, com a inversão da sucumbência, na vigência do CPC/15. *Proc. segredo justiça, 4ª T, 8.11.2022. Inf 756.*

STJ **Ação de exigir contas. Primeira fase. Procedência do pedido. Honorários advocatícios de sucumbência. Arbitramento. Proveito econômico inestimável. Critério da equidade.** Os honorários advocatícios de sucumbência na primeira fase da ação de exigir contas devem ser arbitrados por apreciação equitativa, conforme disposto no § 8º do art. 85 do CPC. *REsp 1874920, 3ª T, 6.10.2022. Inf 756.*

STJ **Honorários de sucumbência. Base de cálculo. Sucumbência recíproca. Recurso exclusivo da parte autora. Provimento. Alteração do critério de fixação. Majoração da verba honorária devida pela recorrente. Impossibilidade. "Reformatio in pejus".** Os honorários fixados na sucumbência recíproca são independentes entre si, isto é, trata-se de obrigações de natureza cindível na qual o recurso de uma parte, ou de seu advogado, não pode prejudicar o recorrente, sob pena de se majorar indevidamente a verba honorária já fixada em favor do patrono da parte contrária, não recorrente, resultando em reformatio in pejus. *AgInt no REsp 1944858, 4ª T, 27.9.2022. Inf 751.*

STJ **Ação rescisória. Reconhecimento de incompetência. Juízos rescindendo e rescisório. Julgamento por órgãos jurisdicionais distintos. Honorários advocatícios. Fixação pelo Tribunal que realiza o juízo rescindendo. Cabimento.** É devida a fixação de honorários advocatícios quando, em julgamento de ação rescisória, o Tribunal reconhece a sua incompetência, realizando apenas o juízo rescindendo, e submete ao órgão jurisdicional competente o juízo rescisório. *REsp 1848704, 2ª T, 23.8.2022. Inf 747.*

STJ **Ação de inventário. Pedido de reserva de honorários. Advogado constituído pelo inventariante. Conflito de interesses entre os herdeiros. Não vinculação do espólio.** Havendo conflito de interesses entre os herdeiros, as despesas de verba honorária do advogado constituído pelo inventariante não devem ser suportadas pelo espólio. *AgInt no AREsp 1924962, 4ª T, 12.8.2022. Inf 746.*

STJ **Ação de cobrança. Autor estrangeiro e não residente no Brasil. Caução. Art. 83 do CPC. Tratado Internacional. Protocolo de Las Leñas. Extensão do tratamento interno para nacionais e residentes nos Estados signatários.** O Protocolo de Las Leñas, do qual o Brasil é signatário, não traz dispensa genérica da prestação de caução, limitando-se a impor o tratamento igualitário entre todos os cidadãos e residentes nos territórios de quaisquer dos Estados-Partes. *REsp 1991994, 4ª T, 20.6.2022. Inf 742.*

STJ **Honorários advocatícios contratuais. Pagamento com recursos do Fundef/Fundeb. Vedação. Superveniência da ADPF 528. Modificação do entendimento do STJ. Utilização dos juros moratórios dos precatórios. Possibilidade. Natureza autônoma dos juros em relação à verba principal.** Nas demandas envolvendo valores relacionados ao Fundef/Fundeb, é possível a utilização dos juros moratórios dos precatórios para pagamento dos honorários contratuais, ante a natureza autônoma dos juros em relação à verba principal. *AREsp 1369724, 1ª T, 2.8.2022. Inf 743.*

STJ **Honorários advocatícios de sucumbência. Fazenda Pública vencedora. Patrimônio da entidade estatal. Direito autônomo do procurador judicial. Inocorrência.** Os honorários advocatícios de sucumbência, quando vencedora a Fazenda Pública, integram o patrimônio da entidade estatal, não constituindo direito autônomo do procurador judicial. *AgInt no AREsp 1834717, 2ª T, 19.5.2022. Inf 743.*

STJ **Honorários contratuais. Retenção. Verbas do Fundef/Fundeb. Impossibilidade. ADPF 528. Observância obrigatória. Juros de mora. Autonomia. Pagamento. Viabilidade.** O reconhecimento da inconstitucionalidade do pagamento de honorários advocatícios contratuais com recursos alocados no Fundef/Fundeb não exclui a possibilidade de adimplemento de tal verba com base no montante correspondente aos juros de mora incidentes sobre o valor do precatório devido pela União. *AgInt no REsp 1874550, 1ª T, 25.10.2022.*

STJ **Litisconsorte passivo. Exclusão. Julgamento parcial da lide. Honorários advocatícios sucumbenciais. Fixação de forma proporcional a matéria decidida. Ofensa ao art. 85, § 2º, do CPC não caracterizada.** Nas hipóteses de julgamento parcial, como ocorre na decisão que exclui um dos litisconsortes passivos sem colocar fim à demanda, os honorários devem observar proporcionalmente a matéria efetivamente apreciada. *REsp 1760538, 3ª T, 26.5.2022. Inf 738.*

STJ **Plano de saúde. Cobertura de tratamento médico. Indenização por danos morais. Honorários advocatícios. Incidência sobre as condenações ao pagamento. Quantia certa. Obrigação de fazer.** Nas sentenças que reconheçam o direito à cobertura de tratamento médico e ao recebimento de indenização por danos morais, os honorários advocatícios sucumbenciais incidem sobre as condenações ao pagamento de quantia certa e à obrigação de fazer. *EAREsp 198124, 2ª S, 11.5.2022. Inf 739.*

STJ Honorários advocatícios. Sucumbência recíproca. Bases de cálculo distintas em relação aos litigantes. Distribuição proporcional. Grau de êxito. Art. 85, § 2º, do CPC. Verificada a existência de sucumbência recíproca, os honorários e ônus decorrentes devem ser distribuídos adequada e proporcionalmente, levando-se em consideração o grau de êxito de cada um dos envolvidos, bem como os parâmetros dispostos no art. 85, § 2º, do CPC. *EDcl no AgInt nos EDcl no AREsp 1553027, 4ª T, 6.5.2022. Inf 739.*

STJ Gratuidade de justiça. Microempreendedor individual – MEI e empresário individual. Hipossuficiência financeira. Comprovação. Desnecessidade. Impugnação pela parte adversa e solicitação de documentos pelo magistrado. Possibilidade. A concessão da gratuidade de justiça ao MEI e ao empresário individual prescinde de comprovação da hipossuficiência financeira. *REsp 1899342, 4ª T, 29.4.2022. Inf 734.*

STJ Reclamação. Indeferimento inicial. Comparecimento espontâneo. Angularização. Relação processual. Honorários advocatícios. Cabimento. É cabível condenação em honorários advocatícios no julgamento de reclamação indeferida liminarmente na qual a parte comparece espontaneamente para apresentar defesa. *Rcl 41569, 2ª S, 09.2.2022. Inf 724.*

STJ Honorários advocatícios sucumbenciais. Juros de mora. Termo inicial. Recurso intempestivo. Trânsito em julgado. Dia seguinte ao transcurso do prazo recursal. O termo inicial dos juros de mora incidentes sobre os honorários sucumbenciais dá-se no dia seguinte ao transcurso do prazo recursal, ainda que interposto recurso manifestamente intempestivo. *REsp 1984292, 3ª T, 01.4.2022. Inf 731.*

QUESTÕES OBJETIVAS

26. (IFBC/TRF/2R/Juiz/2018) Considera-se atentatória à dignidade da justiça a conduta comissiva ou omissiva do executado que:

a) I - frauda a execução; II - se opõe maliciosamente à execução, empregando ardis e meios artificiosos; III - dificulta ou embaraça a realização da penhora; IV - resiste injustificadamente às ordens judiciais; V - interpuser recurso com intuito manifestamente protelatório.
b) I - frauda a execução; II - se opõe maliciosamente à execução, empregando ardis e meios artificiosos; III - dificulta ou embaraça a realização da penhora; IV - provocar incidente manifestamente infundado; V - intimado, não indica ao juiz quais são e onde estão os bens sujeitos à penhora e os respectivos valores, nem exibe prova de sua propriedade e, se for o caso, certidão negativa de ônus.
c) I - frauda a execução; II - se opõe maliciosamente à execução, empregando ardis e meios artificiosos; III - alterar a verdade dos fatos; IV - resiste injustificadamente às ordens judiciais; V - intimado, não indica ao juiz quais são e onde estão os bens sujeitos à penhora e os respectivos valores, nem exibe prova de sua propriedade e, se for o caso, certidão negativa de ônus.
d) I - frauda a execução; II - se opõe maliciosamente à execução, empregando ardis e meios artificiosos; III - dificulta ou embaraça a realização da penhora; IV - resiste injustificadamente às ordens judiciais; V - intimado, não indica ao juiz quais são e onde estão os bens sujeitos à penhora e os respectivos valores, nem exibe prova de sua propriedade e, se for o caso, certidão negativa de ônus.
e) I - frauda a execução; II - deduzir pretensão ou defesa contra texto expresso de lei ou fato incontroverso; III - dificulta ou embaraça a realização da penhora; IV - resiste injustificadamente às ordens judiciais; V - intimado, não indica ao juiz quais são e onde estão os bens sujeitos à penhora e os respectivos valores, nem exibe prova de sua propriedade e, se for o caso, certidão negativa de ônus.

27. (IFBC/TRF/2R/Juiz/2018) A gratuidade da justiça não compreende:

a) Os emolumentos devidos a notários ou registradores.
b) as despesas com a realização de exame de código genético - DNA.
c) A dispensa da publicação em outros meios que não oficiais.
d) Os honorários do advogado.
e) as obrigações decorrentes da sucumbência, que ficarão sob condição suspensiva.

28. (TRF/3R/Juiz/2018) Relativamente à gratuidade no processo civil, indique a afirmativa incorreta:

a) Ela compreende, dentre outros, as taxas judiciais, os depósitos exigidos para interposição de recurso ou propositura de ação e, ainda, os honorários de perito e advocatícios, inclusive aqueles decorrentes da sucumbência.
b) Sua concessão poderá ocorrer apenas em relação a algum dos atos processuais e poderá consistir em parcelamento de despesas.
c) No caso de assistência por advogado particular, a gratuidade não abrange o preparo de recurso que verse exclusivamente sobre valor de honorários de sucumbência fixados em favor daquele primeiro.
d) Quando houver recurso contra a decisão que a indeferir ou revogar, o recorrente estará dispensado do recolhimento de custas até decisão do relator sobre a questão, preliminarmente ao julgamento do recurso.

29. (Cespe/TRF/5R/Juiz/2017) No que concerne ao processo de execução contra a fazenda pública, à tutela provisória, ao direito processual intertemporal e aos deveres das partes, assinale a opção correta.

a) Os preceitos sobre direito probatório do atual CPC se aplicam às provas requeridas em data anterior a sua vigência nos casos em que a produção da prova não havia sido concluída no momento em que a Lei n. 13.105/2015 entrou em vigor.
b) Em caso de ação condenatória com pedido único de obrigação de fazer proposta em face da fazenda pública, se o ente público reconhecer a procedência do pedido e cumprir a obrigação, os honorários deverão ser reduzidos pela metade.
c) Cancelamento de precatório, sob qualquer fundamento, em razão de requerimento da administração pública, deverá ser examinado pelo presidente do tribunal responsável pela requisição de pagamento.
d) Caso seja concedida tutela antecipada requerida em caráter antecedente, em sede de ação rescisória, a decisão do magistrado se estabilizará se não for interposto recurso ou impugnação pela parte interessada.
e) Em caso de processo sobrestado no tribunal em razão de afetação de caso paradigma em regime repetitivo, é vedada a apreciação de novo requerimento de tutela provisória de natureza antecipada

30. (Cespe/TRF/5R/Juiz/2017) Um juiz federal determinou que a União implantasse determinado direito do autor de ação judicial. A União, após ser intimada da decisão por meio do advogado da União, não cumpriu a determinação judicial. Nessa situação, o advogado da União, atuando no exercício de suas funções:

a) não poderá ser responsabilizado administrativamente, juntamente com a autoridade pública, pelo descumprimento de determinação judicial, mas poderá ser preso.
b) deverá ser preso pelo descumprimento de determinação judicial.
c) deverá ser responsabilizado judicialmente pelo descumprimento de determinação judicial.
d) deverá ser responsabilizado judicialmente, juntamente com a autoridade pública competente, pelo descumprimento de determinação judicial.
e) não poderá ser responsabilizado judicialmente pelo descumprimento de determinação judicial nem poderá ser preso.

3.1.3. Dos Procuradores, Da Sucessão das Partes e dos Procuradores

SÚMULAS

STF **Súm. 644.** Ao titular do cargo de procurador de autarquia não se exige a apresentação de instrumento de mandato para representá-la em juízo.

STJ **Súm. 375.** O reconhecimento da fraude à execução depende do registro da penhora do bem alienado ou da prova de má-fé do terceiro adquirente.

STJ **Súm. 644.** O núcleo de prática jurídica deve apresentar o instrumento de mandato quando constituído pelo réu hipossuficiente, salvo nas hipóteses em que é nomeado pelo juízo.

TRF2 **Súm. 45.** É dispensável a exigência de reconhecimento de firma em procuração com clausula "ad judicia", outorgada a advogado para postulação em juízo apenas com poderes gerais para o foro.

TRF4 **Súm. 64.** É dispensável o reconhecimento de firma nas procurações "ad judicia", mesmo para o exercício em juízo dos poderes especiais previstos no art. 38 do CPC.

QUESTÕES OBJETIVAS

31. (FCC/TST/Enamat/Juiz/2017) Quanto às regras que tratam das partes, dos procuradores e da intervenção de terceiros, o Código de Processo Civil estabelece que

a) a alienação a título particular da coisa ou do direito litigioso por ato entre vivos altera a legitimidade das partes e o adquirente ou cessionário poderá ingressar em juízo, como sucessor, independentemente de consentimento da parte contrária.
b) o juiz, desde que haja requerimento da parte ou do Ministério Público, quando lhe couber intervir no processo, condenará o litigante de má-fé a pagar multa, que deverá ser superior a 1% e inferior a 10% do valor corrigido da causa, bem como a indenizar a parte contrária pelos prejuízos que esta sofreu e a arcar com os honorários advocatícios e com todas as despesas que efetuou.
c) o incidente de desconsideração da personalidade jurídica, inclusive a hipótese de desconsideração inversa, será instaurado de ofício ou a requerimento da parte ou do Ministério Público, quando lhe couber intervir no processo.
d) o incidente de desconsideração é cabível em todas as fases do processo de conhecimento, no cumprimento de sentença e na execução fundada em título executivo extrajudicial, sendo dispensada sua instauração se for requerida na petição inicial, caso em que será citado o sócio ou a pessoa jurídica, com suspensão do processo.
e) a concessão de gratuidade não afasta a responsabilidade do beneficiário pelas despesas processuais e pelos honorários advocatícios decorrentes de sua sucumbência, que ficarão sob condição suspensiva de exigibilidade e somente poderão ser executados se, nos cinco anos subsequentes ao trânsito em julgado da decisão que as certificou, o credor demonstrar que deixou de existir a situação de insuficiência de recursos que justificou a concessão de gratuidade, extinguindo-se, passado esse prazo, tais obrigações do beneficiário.

3.2. Do Litisconsórcio

SÚMULAS

STF **Súm. 631.** Extingue-se o processo de mandado de segurança se o impetrante não promove, no prazo assinado, a citação do litisconsorte passivo necessário.

STF **Súm. 701.** No mandado de segurança impetrado pelo Ministério Público contra decisão proferida em processo penal, é obrigatória a citação do réu como litisconsorte passivo.

STJ **Súm. 358.** O cancelamento de pensão alimentícia de filho que atingiu a maioridade está sujeito à decisão judicial, mediante contraditório, ainda que nos próprios autos.

ENUNCIADOS

Fonajef **Enunc. 18.** No caso de litisconsorte ativo, o valor da causa, para fins de fixação de competência deve ser calculado por autor.

Fonajef **Enunc. 19.** Aplicam-se os §§ 1º e 2º do art. 113 do CPC/2015 em sede de juizados especiais federais.

Fonajef **Enunc. 21.** As pessoas físicas, jurídicas, de direito privado ou de direito público estadual ou municipal podem figurar no polo passivo, no caso de litisconsórcio necessário.

INFORMATIVOS

STJ **Ação de reintegração de posse. Composse. Litisconsórcio passivo necessário. Ausência de citação. Nulidade. Vício transrescisório. Alegação em simples petição. Possibilidade.** Na hipótese de composse, a decisão judicial de reintegração de posse deverá atingir de modo uniforme todas as partes ocupantes do imóvel, configurando-se caso de litisconsórcio passivo necessário. *REsp 1811718, 3ª T, 5.8.2022. Inf 743.*

QUESTÕES OBJETIVAS

32. (Vunesp/TJ/SP/Juiz/2021) Caio e Tício, em conjunto e solidariamente, firmaram compromisso de compra e venda para aquisição de um imóvel de Semprônio. Em razão da falta de pagamento, o vendedor pretende resolver o negócio, propondo demanda a esse fim em face dos compradores. A partir dessa narrativa, temos

a) não é possível a identificação do tipo de litisconsórcio sem que se saiba qual o teor da sentença.
b) litisconsórcio passivo, necessário e unitário.
c) litisconsórcio passivo, facultativo e unitário.
d) litisconsórcio passivo, facultativo e comum.

33. (Cespe/TJ/PR/Juiz/2019) Renato, recém-nascido, e Antônia, sua mãe, são autores de ação ajuizada em desfavor de Luiz, suposto pai de Renato. Na ação, são pleiteados a declaração de paternidade de Luiz em favor de Renato e o ressarcimento de despesas decorrentes do parto em favor de Antônia. Essa situação configura hipótese de litisconsórcio facultativo e

a) unitário.
b) eventual.
c) sucessivo.
d) alternativo.

3.3. Da Intervenção de Terceiros

SÚMULAS

STJ **Súm. 537.** Em ação de reparação de danos, a seguradora denunciada, se aceitar a denunciação ou contestar o pedido do autor, pode ser condenada, direta e solidariamente junto com o segurado, ao pagamento da indenização devida à vítima, nos limites contratados na apólice.

STJ **Súm. 553.** Nos casos de empréstimo compulsório sobre o consumo de energia elétrica, é competente a justiça estadual para o julgamento de demanda proposta exclusivamente contra a Eletrobrás. Requerida a intervenção da União no feito após a prolação de sentença pelo juízo estadual, os autos devem ser remetidos ao tribunal regional federal competente para o julgamento da apelação se deferida a intervenção.

ENUNCIADOS

CJF **Proc. Civil 11.** Aplica-se o disposto nos arts. 133 a 137 do CPC às hipóteses de desconsideração indireta e expansiva da personalidade jurídica.

CJF **Proc. Civil 82.** Quando houver pluralidade de pedidos de admissão de "amicus curiae", o relator deve observar, como critério para definição daqueles que serão admitidos, o equilíbrio na representatividade dos diversos interesses jurídicos contrapostos no litígio, velando, assim, pelo respeito à amplitude do contraditório, paridade de tratamento e isonomia entre todos os potencialmente atingidos pela decisão.

CJF **Proc. Civil 110.** A instauração do incidente de desconsideração da personalidade jurídica não suspenderá a tramitação do processo de execução e do cumprimento de sentença em face dos executados originários.

CJF **Proc. Civil 111.** O incidente de desconsideração da personalidade jurídica pode ser aplicado ao processo falimentar.

Enfam **Enunc. 53.** O redirecionamento da execução fiscal para o sócio-gerente prescinde do incidente de desconsideração da personalidade jurídica previsto no art. 133 do CPC/2015.

Fonajef **Enunc. 14.** Nos juizados especiais federais, não é cabível a intervenção de terceiros ou a assistência.

INFORMATIVOS

STJ **Fundo de Investimento em Participações (FIP). Natureza jurídica. Condomínio especial. Desconsideração da personalidade jurídica. Cotas. Constrição judicial. Possibilidade.** Fundo de investimento pode sofrer os efeitos da aplicação do instituto da desconsideração da personalidade jurídica. *REsp 1965982, 3ª T, 8.4.2022. Inf 733.*

STJ **Pedido de desconsideração inversa da personalidade do sócio executado. Legitimidade e interesse recursal do sócio para recorrer da decisão. Existência.** O sócio executado possui legitimidade e interesse recursal para impugnar a decisão que defere o pedido de desconsideração inversa da personalidade jurídica dos entes empresariais dos quais é sócio. *REsp 1980607, 3ª T, 12.8.2022. Inf 744.*

QUESTÕES DISCURSIVAS

3. (TRF/2R/Juiz/2007) Qual o fundamento da intervenção de terceiro?

QUESTÕES OBJETIVAS

34. (Vunesp/TRF/3R/Juiz/2022) Assinale a alternativa correta:

a) O Incidente de Desconsideração da Personalidade Jurídica é instituto. de direito material voltado para permitir a desconsideração da personalidade jurídica, seja ela direta ou inversa.
b) O Incidente de Desconsideração da Personalidade Jurídica é uma ação incidental semelhante aos embargos de terceiro na qual se veicula uma pretensão em face dos sucessores do devedor originário.
c) O Incidente de Desconsideração da Personalidade Jurídica, no processo já em curso, é um incidente processual no qual se procura estender a responsabilidade patrimonial a terceiros, que não figuravam como partes na demanda originária.
d) O Incidente de Desconsideração da Personalidade Jurídica é modalidade de intervenção de terceiros que apenas tem cabimento quando constatado o desvio de finalidade da pessoa jurídica.

35. (TRF/4R/Juiz/2022) Dadas as assertivas abaixo, assinale a alternativa correta.

I. A seguradora denunciada à lide por aquele que demanda postulando a condenação do réu ao reparo dos danos provocados em seu veículo poderá assumir a posição de litisconsorte do denunciante e acrescentar novos argumentos à petição inicial, procedendo-se em seguida à citação do réu.
II. Admite-se uma única denunciação sucessiva, promovida pelo denunciado contra seu antecessor imediato na cadeia dominial ou quem seja responsável por indenizá-lo, não podendo o denunciado sucessivo promover nova denunciação, hipótese em que eventual direito de regresso será exercido por ação autônoma.
III. Não se admite denunciação da lide requerida por um réu contra o outro.
IV. Não cabe denunciação da lide quando se pretende transferir a responsabilidade do evento danoso a terceiro.

a) Estão corretas apenas as assertivas I e III.
b) Estão corretas apenas as assertivas I, II e IV.
c) Estão corretas apenas as assertivas I, III e IV.
d) Estão corretas apenas as assertivas II, III e IV.
e) Estão corretas todas as assertivas.

36. (TRF/3R/Juiz/2018) Sobre o incidente de desconsideração da personalidade jurídica é correto afirmar que:

a) Sua instauração impede atos de invasão patrimonial até que a questão sobre a desconsideração seja resolvida
b) Se o pedido for acolhido, o marco considerado pela lei para eventual fraude de execução é o da citação da pessoa jurídica cuja personalidade se pretende desconsiderar.
c) O julgamento favorável ao credor, pelo mérito do incidente, não impede que a pessoa jurídica cuja personalidade se busca desconsiderar rediscuta o mesmo tema pela via dos embargos de terceiro.
d) Se a desconsideração for requerida na inicial, não haverá suspensão do processo e a questão deverá ser obrigatoriamente resolvida ao final da fase de conhecimento, pela sentença.

37. (Cespe/TRF/5R/Juiz/2017) Julgue os itens a seguir, referentes aos atos processuais, à intervenção de terceiros e ao processo de execução e arbitragem.

I. A União goza da prerrogativa de intimação pessoal nos processos que tramitam nos juizados especiais federais.
II. Na hipótese de condenação do réu e do terceiro denunciado à lide, será vedado ao autor, em qualquer caso, requerer o cumprimento da sentença contra o terceiro denunciado.
III. Adquirente de bem móvel ou imóvel penhorado em execução, em caso de arrematação judicial, poderá efetuar o pagamento de forma parcelada, desde que ao menos vinte e cinco por cento do valor do lance seja pago à vista.
IV. A arbitragem poderá ser utilizada em litígio que envolva entes integrantes da administração pública e, nesses casos, eventual decisão que condene a fazenda pública não se submeterá ao reexame necessário.

Estão certos apenas os itens

a) I e IV.
b) II e III.
c) II e IV
d) I, II e III.
e) I, III e IV.

38. (FCC/TJ/GO/Juiz/2021) XPTO Ltda. foi demandada por Y, que, pretendendo atingir bens dos sócios, por vislumbrar a ocorrência de confusão patrimonial, deverá instaurar incidente de desconsideração da personalidade jurídica, o qual

a) é decidido por sentença.
b) deve ser instaurado ainda que o pleito conste da petição inicial e suspende o processo até que seja decidido, por decisão interlocutória.
c) implica, se acolhido, anulação das alienações havidas em fraude à execução.
d) é cabível apenas no cumprimento de sentença e se infrutíferas as tentativas de penhora de bens da sociedade empresária.
e) suspende o processo, salvo se a desconsideração houver sido pleiteada na petição inicial.

39. (FGV/TJ/PR/Juiz/2021) A pessoa jurídica Beta alienou onerosamente um eletrodoméstico para Bruna. Por um defeito de fabricação do produto, houve um princípio de incêndio na casa de Bruna que experimentou prejuízos materiais e morais. Julgado procedente o pedido e iniciado o cumprimento de sentença, verificou-se que Beta não tinha patrimônio suficiente para a devida reparação determinada pelo juízo cível. Diante do exposto, é correto afirmar que:

a) Bruna poderá buscar a reparação liquidada no processo do fabricante, pois este responde solidariamente.

b) é cabível a desconsideração da personalidade jurídica se ficar demonstrado que a pessoa jurídica agiu em abuso do direito ou que houve confusão patrimonial.

c) é cabível a desconsideração da personalidade jurídica, desde que o interessado comprove que o devedor não tem patrimônio suficiente para suportar a execução.

d) pela Lei de Liberdade Econômica, apenas poderá ser admitida a desconsideração da personalidade jurídica se houver comprovação de desvio de finalidade ou de confusão patrimonial.

e) a desconsideração da personalidade jurídica dependerá da prova de que os administradores ou sócios da pessoa jurídica foram beneficiados direta ou indiretamente pelo abuso do direito.

3.4. Do Juiz e dos Auxiliares da Justiça

SÚMULAS

STF **Súm. 72.** No julgamento de questão constitucional, vinculada a decisão do Tribunal Superior Eleitoral, não estão impedidos os ministros do Supremo Tribunal Federal que ali tenham funcionado no mesmo processo, ou no processo originário.

STF **Súm. 252.** Na ação rescisória, não estão impedidos juízes que participaram do julgamento rescindendo.

STJ **Súm. 33.** A incompetência relativa não pode ser declarada de ofício.

STJ **Súm. 121.** Na execução fiscal, o devedor deverá ser intimado, pessoalmente, do dia e hora da realização do leilão.

ENUNCIADOS

CJF **Proc. Civil 13.** O art. 139, VI, do CPC autoriza o deslocamento para o futuro do termo inicial do prazo.

CJF **Proc. Civil 14.** A ordem cronológica do art. 153 do CPC não será renovada quando houver equívoco atribuível ao Poder Judiciário no cumprimento de despacho ou decisão.

CJF **PSEL 22.** A expressão "sucesso ou insucesso" do art. 167, § 3º, do Código de Processo Civil não deve ser interpretada como quantidade de acordos realizados, mas a partir de uma avaliação qualitativa da satisfação das partes com o resultado e com o procedimento, fomentando a escolha da câmara, do conciliador ou do mediador com base nas suas qualificações e não nos resultados meramente quantitativos.

Enfam **Enunc. 35.** Além das situações em que a flexibilização do procedimento é autorizada pelo art. 139, VI, do CPC/2015, pode o juiz, de ofício, preservada a previsibilidade do rito, adaptá-lo às especificidades da causa, observadas as garantias fundamentais do processo.

Enfam **Enunc. 48.** O art. 139, IV, do CPC/2015 traduz um poder geral de efetivação, permitindo a aplicação de medidas atípicas para garantir o cumprimento de qualquer ordem judicial, inclusive no âmbito do cumprimento de sentença e no processo de execução baseado em títulos extrajudiciais.

Enfam **Enunc. 57.** O cadastro dos conciliadores, mediadores e câmaras privadas deve ser realizado nos núcleos estaduais ou regionais de conciliação (Núcleos Permanentes de Métodos Consensuais de Solução de Conflitos – NUPEMEC), que atuarão como órgãos de gestão do sistema de autocomposição.

Enfam **Enunc. 58.** As escolas judiciais e da magistratura têm autonomia para formação de conciliadores e mediadores, observados os requisitos mínimos estabelecidos pelo CNJ.

Enfam **Enunc. 59.** O conciliador ou mediador não cadastrado no tribunal, escolhido na forma do § 1º do art. 168 do CPC/2015, deverá preencher o requisito de capacitação mínima previsto no § 1º do art. 167.

Enfam **Enunc. 60.** À sociedade de advogados a que pertença o conciliador ou mediador aplicam-se os impedimentos de que tratam os arts. 167, § 5º, e 172 do CPC/2015.

Enfam **Enunc. 62.** O conciliador e o mediador deverão advertir os presentes, no início da sessão ou audiência, da extensão do princípio da confidencialidade a todos os participantes do ato.

Fonajef **Enunc. 170.** Aos conciliadores que atuarem na fase pré-processual não se aplicam as exigências previstas no art. 11 da Lei 13.140/2015.

Fonacom **Enunc. 83.** As demandas estruturais e processos repetitivos exigem uma postura mais ativa do juiz, na busca de cooperação judicial e centralização de processos, bem como na utilização de ferramentas tecnológicas e virtuais, com vistas ao diálogo aberto e consensual entre as partes/instituições envolvidas.

Fonacom **Enunc. 90.** A participação de oficiais de Justiça nos cursos de formação em conciliação e mediação deve ser viabilizada pelos tribunais, de forma a atender no artigo 154, VI, do CPC.

3.5. Do Ministério/Advocacia/Defensoria Públicos

SÚMULAS

STF **Súm. 643.** O Ministério Público tem legitimidade para promover ação civil pública cujo fundamento seja a ilegalidade de reajuste de mensalidades escolares.

STJ **Súm. 116.** A Fazenda Pública e o Ministério Público têm prazo em dobro para interpor agravo regimental no Superior Tribunal de Justiça.

STJ **Súm. 189.** É desnecessária a intervenção do Ministério Público nas execuções fiscais.

STJ **Súm. 226.** O Ministério Público tem legitimidade para recorrer na ação de acidente do trabalho, ainda que o segurado esteja assistido por advogado.

STJ **Súm. 329.** O Ministério Público tem legitimidade para propor ação civil pública em defesa do patrimônio público.

STJ **Súm. 594.** O Ministério Público tem legitimidade ativa para ajuizar ação de alimentos em proveito de criança ou adolescente independentemente do exercício do poder familiar dos pais, ou do fato de o menor se encontrar nas situações de risco descritas no art. 98 do Estatuto da Criança e do Adolescente, ou de quaisquer outros questionamentos acerca da existência ou eficiência da Defensoria Pública na comarca.

STJ **Súm. 601.** O Ministério Público tem legitimidade ativa para atuar na defesa de direitos difusos, coletivos e individuais homogêneos dos consumidores, ainda que decorrentes da prestação de serviço público.

ENUNCIADOS

CJF **Proc. Civil 15.** Aplicam-se às entidades referidas no § 3º do art. 186 do CPC as regras sobre intimação pessoal das partes e suas testemunhas (art. 186, § 2º; art. 455, § 4º, IV; art. 513, § 2º, II e art. 876, § 1º, II, todos do CPC).

CJF **Proc. Civil 112.** A intervenção do Ministério Público como fiscal da ordem jurídica não inviabiliza a celebração de negócios processuais.

CJF **PSEL 42.** O membro do Ministério Público designado para exercer as funções junto aos centros, câmaras públicas de mediação e qualquer outro espaço em que se faça uso das técnicas de autocomposição, para o tratamento adequado de conflitos, deverá ser capacitado em técnicas de mediação e negociação, bem como de construção de consenso.

INFORMATIVOS

STJ **Instituições privadas de ensino superior. Escritórios de prática jurídica. Art. 186, § 3º do CPC. Prerrogativa de prazo em dobro. Aplicabilidade.** A prerrogativa de prazo em dobro para as manifestações processuais também se aplica aos escritórios de prática jurídica de instituições privadas de ensino superior. *REsp 1986064, Corte Especial, 8.6.2022. Inf 740.*

STJ **Parte com enfermidade psíquica grave. Prévia declaração judicial de incapacidade. Irrelevância. Eventual ação de interdição. Legitimados ordinários. Conflito de interesses. Ministério Público. Ausência de intimação e intervenção em primeiro grau. Prejuízo concreto configurado. Nulidade processual.** É nulo o processo em que não houve a intimação e a intervenção do Ministério Público em primeiro grau de jurisdição, apesar da presença de parte com enfermidade psíquica grave e cujos legitimados para propor eventual ação de interdição possuem conflitos de interesses. *REsp 1969217, 3ª T, 11.3.2022. Inf 730.*

QUESTÕES OBJETIVAS

40. (Vunesp/TJ/RO/Juiz/2019) Ao lado da advocacia privada, a Constituição Federal reservou a três órgãos públicos a defesa, preventiva ou repressiva, de interesses juridicamente protegidos, tratando-os como essenciais à função jurisdicional do Estado. A respeito do tema e sua disciplina processual, assinale a alternativa correta.

a) Em razão do interesse público envolvido, é obrigatória a intervenção do Ministério Público nas ações indenizatórias propostas contra o Estado.
b) O membro da Advocacia Pública será civil e diretamente responsável quando agir com dolo ou culpa no exercício de suas funções.
c) A intervenção do Ministério Público é necessária em todos os procedimentos de jurisdição voluntária.
d) A intimação pessoal dos membros do Ministério Público e da Defensoria Pública far-se-á da mesma forma prevista para os membros da Advocacia Pública.
e) O juiz determinará de ofício a intimação pessoal da parte patrocinada pela Defensoria Pública quando o ato processual depender de providência ou informação que somente o representado possa realizar ou prestar.

41. (Vunesp/TJ/SP/Juiz/2018) Em relação ao Ministério Público, é correto afirmar:

a) quando a prova pericial por ele requerida não seja realizada por entidade pública, caberá a ele, Ministério Público, adiantar os custos respectivos, desde que haja previsão orçamentária.
b) em prol do Ministério Público vigora presunção de veracidade de suas alegações e de autenticidade dos documentos que juntar aos autos.
c) se o respectivo membro deixar de cumprir decisão jurisdicional ou criar embaraço para tanto, será a ele imposta multa de até vinte por cento do valor da causa, sem prejuízo da apuração de eventual responsabilidade disciplinar.
d) respectivo membro será civilmente responsável, de forma direta quando agir com fraude e regressivamente quando agir com dolo ou culpa grave.

42. (Vunesp/TJ/MT/Juiz/2018) A Advocacia Pública, o Ministério Público e a Defensoria Pública compõem as chamadas funções essenciais à justiça. A respeito da atuação dessas instituições no processo civil, assinale a alternativa correta.

a) O juiz determinará, de ofício, a intimação pessoal da parte patrocinada pela Defensoria Pública quando o ato processual depender de providência ou informação que somente por ela possa ser realizada ou prestada.
b) A curadoria especial é função institucional da Defensoria Pública e do Ministério Público.
c) Os membros da Defensoria Pública, do Ministério Público e da Advocacia Pública serão civil e regressivamente responsáveis quando agirem com dolo ou fraude no exercício de suas funções.
d) Nos casos de intervenção como fiscal da ordem jurídica, o Ministério Público terá vista dos autos antes das partes, sendo intimado de todos os atos do processo.
e) A intimação pessoal do membro do Ministério Público se dá da mesma forma da intimação pessoal do membro da Defensoria Pública, mas de forma diversa da prevista para os membros da Advocacia Pública.

43. (Cespe/TJ/PR/Juiz/2017) Em cada uma das próximas opções, é apresentada uma situação hipotética, seguida de uma assertiva a ser julgada. Assinale a opção que, de acordo com a legislação processual, apresenta a assertiva correta.

a) Foi distribuída para determinado juiz ação em que é parte instituição de ensino na qual ele leciona. Nessa situação, o magistrado tem de se declarar suspeito, haja vista que a suspeição independe de arguição do interessado.
b) Em determinada ação de cobrança, o magistrado julgou parcialmente procedente o pedido autoral, condenando o réu a pagar metade do valor pleiteado. Nessa situação, os honorários advocatícios deverão ser compensados em razão da sucumbência recíproca.
c) O MP deixou de apresentar parecer após o prazo legal que possuía para se manifestar como fiscal da ordem jurídica. Nessa situação, o juiz deverá requisitar os autos e dar andamento ao processo mesmo sem a referida manifestação.
d) Pedro ajuizou demanda contra Roberto e, na petição inicial, requereu a concessão de gratuidade de justiça. Nessa situação, caberá agravo de instrumento contra a decisão que denegar ou conceder o pedido de gratuidade.

4. DOS ATOS PROCESSUAIS

4.1. Da Forma, do Tempo e do Lugar

SÚMULAS

STF Súm. 310. Quando a intimação tiver lugar na sexta-feira, ou a publicação com efeito de intimação for feita nesse dia, o prazo judicial terá início na segunda-feira imediata, salvo se não houver expediente, caso em que começará no primeiro dia útil que se seguir.

STF Súm. 641. Não se conta em dobro o prazo para recorrer, quando só um dos litisconsortes haja sucumbido.

ENUNCIADOS

CJF Proc. Civil 17. A Fazenda Pública pode celebrar convenção processual, nos termos do art. 190 do CPC.

CJF Proc. Civil 18. A convenção processual pode ser celebrada em pacto antenupcial ou em contrato de convivência, nos termos do art. 190 do CPC.

CJF Proc. Civil 20. Aplica-se o art. 219 do CPC na contagem do prazo para oposição de embargos à execução fiscal previsto no art. 16 da Lei n. 6.830/1980.

CJF Proc. Civil 21. A suspensão dos prazos processuais prevista no caput do art. 220 do CPC estende-se ao Ministério Público, à Defensoria Pública e à Advocacia Pública.

CJF Proc. Civil 112. A intervenção do Ministério Público como fiscal da ordem jurídica não inviabiliza a celebração de negócios processuais.

CJF Proc. Civil 113. As disposições previstas nos arts. 190 e 191 do CPC poderão ser aplicadas ao procedimento de recuperação judicial.

CJF Proc. Civil 114. Os entes despersonalizados podem celebrar negócios jurídicos processuais.

CJF Proc. Civil 115. O negócio jurídico processual somente se submeterá à homologação quando expressamente exigido em norma jurídica, admitindo-se, em todo caso, o controle de validade da convenção.

CJF Proc. Civil 116. Aplica-se o art. 219 do CPC na contagem dos prazos processuais previstos na Lei n. 6.830/1980.

CJF Proc. Civil 152. O pacto de impenhorabilidade (arts. 190, 200 e 833, I) produz efeitos entre as partes, não alcançando terceiros.

CJF Proc. Civil 153. A penhorabilidade dos bens, observados os critérios do art. 190 do CPC, pode ser objeto de convenção processual das partes.

CJF Civil 681. A existência de documentos em que há dados pessoais sensíveis não obriga à decretação do sigilo processual dos autos. Cabe ao juiz, se entender cabível e a depender dos dados e do meio como produzido o documento, decretar o sigilo restrito ao documento específico.

Enfam Enunc. 36. A regra do art. 190 do CPC/2015 não autoriza às partes a celebração de negócios jurídicos processuais atípicos que afetem poderes e deveres do juiz, tais como os que: a) limitem seus poderes de instrução ou de sanção à litigância ímproba; b) subtraiam do Estado/juiz o controle da legitimidade das partes ou do ingresso de "amicus curiae"; c) introduzam novas hipóteses de recorribilidade, de rescisória ou de sustentação oral não previstas em lei; d) estipulem o julgamento do conflito com base em lei diversa da nacional vigente; e e) estabeleçam prioridade de julgamento não prevista em lei.

Enfam Enunc. 37. São nulas, por ilicitude do objeto, as convenções processuais que violem as garantias constitucionais do processo, tais como as que: a) autorizem o uso de prova ilícita; b) limitem a publicidade do processo para além das hipóteses expressamente previstas em lei; c) modifiquem o regime de competência absoluta; e d) dispensem o dever de motivação.

Enfam Enunc. 38. Somente partes absolutamente capazes podem celebrar convenção pré-processual atípica (arts. 190 e 191 do CPC/2015).

Enfam Enunc. 45. A contagem dos prazos em dias úteis (art. 219 do CPC/2015) aplica-se ao sistema de juizados especiais.

Fonajef Enunc. 198. A suspensão de prazos processuais dos dias 20 de dezembro a 20 de janeiro é aplicável aos juizados especiais federais.

Fonacom Enunc. 81. Nas ações em que a controvérsia disser respeito à comprovação da qualidade de segurado especial é lícita a celebração de negócio jurídico processual (artigo 190 do CPC), para que a produção de provas seja documentada e concentrada na petição inicial e contestação, com a apresentação de elementos documentais e audiovisuais sobre o autor, local e forma de trabalho, inclusive com gravação de oitiva de confrontantes e georreferenciamento, no caso do autor; e consulta aos sistemas previdenciários e demais bases governamentais disponíveis, no caso do INSS, com oportunidade para réplica escrita, dispensando-se, a critério do juiz, a realização de audiência de instrução e julgamento.

QUESTÕES OBJETIVAS

44. (Vunesp/TJ/RO/Juiz/2019) Com relação à forma, ao tempo e ao lugar dos atos processuais, assinale a alternativa correta.

a) A parte poderá renunciar ao prazo estabelecido exclusivamente em seu favor, desde que o faça de maneira expressa.
b) Os atos das partes consistentes em declarações unilaterais ou bilaterais de vontade só podem modificar ou extinguir direitos processuais após a homologação judicial.
c) Salvo autorização judicial, as citações, intimações e penhoras não poderão ser realizadas no período de férias forenses e nos feriados.
d) Em caso de obstáculo criado por uma das partes, superado o motivo que deu causa à suspensão do curso do prazo, este será restituído integralmente à outra parte.
e) O documento redigido em língua estrangeira poderá ser juntado aos autos desacompanhado de versão para a língua portuguesa se as partes assim acordarem.

45. (FCC/TJ/AL/Juiz/2019) Quanto aos prazos:

a) sendo a lei omissa, o prazo para a parte praticar o ato processual será sempre o de dez dias.
b) a parte pode renunciar àqueles estabelecidos exclusivamente em seu favor, desde que o faça de maneira expressa.
c) quando contados em dias, estabelecidos legal ou judicialmente, computar-se-ão os dias corridos.
d) se processuais, interrompem-se nos dias compreendidos entre 20 de dezembro e 20 de janeiro, inclusive.
e) será considerado intempestivo o ato praticado antes de seu termo inicial, por ainda não existir, processualmente.

46. (Cespe/TJ/CE/Juiz/2018) A fixação de calendário para a prática de atos processuais:

a) vincula as partes, mas não o juiz.
b) torna dispensável intimação para a audiência cuja data esteja designada no calendário.
c) é uma convenção processual e, portanto, não pode ser firmada pela fazenda pública.
d) deve assumir a forma determinada em lei para evitar falha que gere nulidade.
e) é uma convenção processual que, se estipular confidencialidade, permitirá que o processo tramite em segredo de justiça.

47. (FCC/TJ/SC/Juiz/2017) Em relação à forma dos atos processuais, é correto afirmar:

a) Compete privativamente aos tribunais regulamentar a prática e a comunicação oficial de atos processuais por meio eletrônico, velando pela compatibilidade dos sistemas, disciplinando a incorporação progressiva de novos avanços tecnológicos e editando, para esse fim, os atos que forem necessários.
b) Os atos e termos processuais são em regra formais, considerando-se nulos os que tenham sido praticados em desrespeito a essa premissa.
c) A desistência da ação produzirá efeitos imediatos nos autos, embora seja possível discutir os ônus sucumbenciais se não houver anuência da parte adversa ao ato.
d) Apenas decisões interlocutórias e sentenças devem ser publicadas no Diário de Justiça Eletrônico, já que despachos, por não causarem gravames, não necessitam de publicação.
e) Versando o processo sobre direitos que admitam autocomposição, é lícito às partes plenamente capazes estipular mudanças no procedimento para ajustá-lo às especificidades da causa e convencionar sobre os seus ônus, poderes, faculdades e deveres processuais, antes ou durante o processo.

4.2. Da Comunicação

SÚMULAS

STF Súm. 154. Simples vistoria não interrompe a prescrição.

STJ Súm. 106. Proposta a ação no prazo fixado para o seu exercício, a demora na citação, por motivos inerentes ao mecanismo da Justiça, não justifica o acolhimento da arguição de prescrição ou decadência.

STJ Súm. 204. Os juros de mora nas ações relativas a benefícios previdenciários incidem a partir da citação válida.

STJ Súm. 426. Os juros de mora na indenização do seguro DPVAT fluem a partir da citação.

STJ Súm. 429. A citação postal, quando autorizada por lei, exige o aviso de recebimento.

ENUNCIADOS

Fonajef Enunc. 66. Os juizados especiais federais somente processarão as cartas precatórias oriundas de outros juizados especiais federais de igual competência.

INFORMATIVOS

STJ Ausência de citação do executado. Juntada de procuração nos autos. Comparecimento espontâneo. Não configuração. Ausência de poderes para receber citação no instrumento procuratório. O peticionamento nos autos por advogado destituído de poderes especiais para receber citação não configura comparecimento espontâneo apto a suprir tal necessidade. *RHC 168440, 4ª T, 16.8.2022. Inf 745.*

STJ Citação. Pessoa Jurídica. Mudança de endereço comunicada à junta comercial. Ausência de atualização do endereço no sítio eletrônico da internet. Carta citatória entregue no endereço antigo. Nulidade. Inaplicabilidade da teoria da aparência. Não é possível considerar válida a citação de pessoa jurídica em seu antigo endereço, cuja mudança fora comunicada à Junta Comercial, mas sem alteração no sítio eletrônico da empresa. *REsp 1976741, 3ª T, 26.4.2022. Inf 734.*

STJ **Ação de fornecimento de suplementação alimentar. Manifestação da União. Envio de ofício ao Ministério da Saúde. Determinação de citação. Ausência. Comparecimento espontâneo. Não configuração.** A juntada nos autos de simples manifestação da União informando o envio de ofício, antes de despacho determinando a sua citação para responder a ação, não configura comparecimento espontâneo apto a suprir a falta de citação. *REsp 1904530, 2ª T, 8.3.2022. Inf 728.*

QUESTÕES OBJETIVAS

48. (TRF/3R/Juiz/2018) Sobre o ato de citação, é correto afirmar:

a) O gerente de filial ou agência presume-se autorizado pela pessoa jurídica estrangeira a receber citação para qualquer processo.

b) Nos casos de litisconsórcio passivo necessário, o juiz de ofício determinará diretamente a citação de todos que devam ser litisconsortes.

c) No caso de ação possessória em que figure no polo passivo grande número de pessoas, a citação será feita por edital.

d) A procuração geral para o foro, salvo se previstos poderes especiais específicos, não habilita o advogado a receber citação, o que vale inclusive para a hipótese de reconvenção, por ter esta natureza jurídica de ação.

49. (TRF/2R/Juiz/2017) Mévio ingressa com ação em face da Empresa de Correios e Telégrafos -ECT. Postula indenização, já que foi atropelado por veículo da ré. Marque a opção correta:

a) A citação pode ser feita na pessoa do advogado geral da União.

b) Considerando que a ré é o Correio, a citação não pode ser feita pelo correio e deve ser feita por Oficial de Justiça.

c) Julgado procedente o pedido, a citação será, no caso, o termo inicial do fluxo dos juros de mora.

d) A citação válida, ainda que ordenada por juiz incompetente, torna prevento do juízo.

e) A citação válida, ainda que ordenada por juiz incompetente, produz litispendência.

50. (TRF/2R/Juiz/2017) Mévio ingressa com ação em face da Empresa de Correios e Telégrafos - ECT. Postula indenização, já que foi atropelado por veículo da ré. Marque a opção correta:

a) A citação pode ser feita na pessoa do advogado geral da União.

b) Considerando que a ré é o Correio, a citação não pode ser feita pelo correio e deve ser feita por Oficial de Justiça.

c) Julgado procedente o pedido, a citação será, no caso, o termo inicial do fluxo dos juros de mora.

d) A citação válida, ainda que ordenada por juiz incompetente, torna prevento do juízo.

e) A citação válida, ainda que ordenada por juiz incompetente, produz litispendência.

51. (FCC/TJ/MS/Juiz/2020) No tocante à citação, é correto afirmar:

a) não se fará citação quando se verificar que o citando é mentalmente incapaz ou está impossibilitado de recebê-la.

b) a citação será sempre pessoal, salvo exclusivamente a feita na pessoa do curador do incapaz.

c) a interrupção da prescrição, operada pelo despacho que ordena a citação, retroagirá à data da prática do fato que originou a demanda.

d) quando frustrada a citação pessoal, por meio de oficial de justiça, esta far-se-á por via postal e, mostrando-se infrutífera, por edital.

e) a citação válida, salvo se ordenada por juízo incompetente, induz litispendência, torna litigiosa a coisa e constitui em mora o devedor.

52. (FCC/TJ/SC/Juiz/2017) No que se refere à comunicação dos atos processuais, é correto que

a) para a eficácia e existência do processo é indispensável a citação do réu ou do executado, com a ressalva única de indeferimento da petição inicial.

b) o comparecimento espontâneo do réu ou do executado supre a falta ou a nulidade da citação, fluindo a partir desta data o prazo para apresentação de contestação ou de embargos à execução.

c) a citação válida, salvo se ordenada por juízo incompetente, induz litispendência, torna litigiosa a coisa e constitui em mora o devedor.

d) a citação será sempre pessoal, por se tratar de ato personalíssimo e, portanto, intransferível.

e) como regra geral, a citação será feita por meio de mandado a ser cumprido por oficial de justiça; frustrada esta, far-se-á pelo correio.

4.3. Das Nulidades

ENUNCIADOS

Enfam **Enunc. 34.** A violação das regras dos arts. 12 e 153 do CPC/2015 não é causa de nulidade dos atos praticados no processo decidido/cumprido fora da ordem cronológica, tampouco caracteriza, por si só, parcialidade do julgador ou do serventuário.

Enfam **Enunc. 42.** Não será declarada a nulidade sem que tenha sido demonstrado o efetivo prejuízo por ausência de análise de argumento deduzido pela parte.

INFORMATIVOS

STJ **Ausência de intimação. Audiência. Recondução de curador provisório. Nulidade do ato processual. Efetivo prejuízo. Demonstração. Necessidade. Princípio "pas de nullité sans grief". Súm. 83/STJ.** Ante o consagrado princípio "pas de nullité sans grief", deve-se demonstrar o efetivo prejuízo para comprovar a nulidade processual pela falta de intimação para participar de audiência que reconduziu anterior curador. *Proc. segredo justiça, 4ª T, 20.9.2022. Inf 751.*

STJ **Alegação de nulidade. Intimação em nome de causídico diverso. Não ocorrência. Publicação em nome dos advogados constituídos à época do ato processual. Mais de uma oportunidade para registrar o novo patrocínio.** É incabível a alegação de nulidade por ausência de intimação na hipótese em que novo causídico, ainda que sem juntada de mandato, omitiu-se em registrar seu efetivo patrocínio em ata de audiência e, sucessivamente, em novo prazo para alegações finais. *AgRg no AREsp 2021072, 6ª T, 13.9.2022. Inf 749.*

QUESTÕES OBJETIVAS

53. (TRF/2R/Juiz/2017) Atenção. O acerto da presente questão consiste em identificar a assertiva falsa. Em tema de nulidade processual, é errado afirmar:

a) O CPC adota a concepção de instrumentalidade das formas.

b) Com a restrição ao cabimento do agravo de instrumento, não há mais pena de preclusão caso a eventual nulidade dos atos não seja alegada na primeira oportunidade que couber à parte falar nos autos.

c) Quando puder decidir o mérito em favor da parte a quem aproveite a nulidade, o Juiz não a pronunciará.

d) Anulado o ato, consideram-se de nenhum efeito os subsequentes que dele dependam; todavia, a nulidade de uma parte do ato não prejudicará as outras que dela sejam independentes.

e) O ato não será repetido nem sua falta será suprida quando não prejudicar a parte.

54. (TRF/2R/Juiz/2017) Analise as assertivas e, após, marque a opção correta:

I. Em regra, as questões resolvidas na fase de conhecimento, se a decisão a seu respeito não comportava agravo de instrumento, serão cobertas pela preclusão caso não sejam suscitadas em preliminar da apelação, eventualmente interposta contra a decisão final, ou nas contrarrazões.

II. É preclusivo o prazo para arguição de incompetência absoluta.

III. Das três hipóteses clássicas de preclusão, a temporal, a lógica e a consumativa, o Código de 2015 prestigiou as duas primeiras e aboliu a última.

a) Estão corretas apenas as assertivas I e II.
b) Estão corretas apenas as assertivas I e III.
c) São falsas apenas as assertivas II e III.
d) São falsas todas as assertivas.
e) São falsas apenas as assertivas I e II.

55. (Cespe/TRF/1R/Juiz/2015) Com relação à teoria das nulidades processuais, assinale a opção correta.

a) É pacífico o entendimento do STJ de que o reconhecimento de nulidade pela falta de intimação do MP de qualquer decisão proferida em processo em que sua atuação é prevista em lei independe da demonstração de prejuízo às partes.
b) No caso de ajuizamento de ação pelo marido, a ausência de outorga da mulher, nas situações em que a lei a considere obrigatória, será causa de nulidade absoluta, que pode ser reconhecida de ofício pelo julgador.
c) A coisa julgada material afasta a possibilidade de discussão sobre a invalidade de atos praticados em processos por ela alcançados.
d) O ato processual absolutamente nulo é inválido de pleno direito e sua ineficácia independe do pronunciamento do julgador.
e) Ocorre a convalidação subjetiva do ato processual quando a parte prejudicada pela prática de ato anulável deixa de requerer sua invalidade no primeiro momento em que deveria se manifestar nos autos.

56. (FCC/TJ/AL/Juiz/2019) O erro de forma do processo

a) acarreta a ineficácia de todos os atos processuais, que deverão ser repetidos de acordo com a forma prescrita ou não defesa em lei.
b) acarreta unicamente a anulação dos atos que não possam ser aproveitados, devendo ser praticados os que forem necessários a fim de se observarem as prescrições legais.
c) não acarreta consequência processual alguma, devendo prevalecer os atos praticados em nome do exercício pleno e efetivo da atividade jurisdicional.
d) acarreta a inexistência dos atos processuais cujo aproveitamento não seja possível, a serem novamente praticados em tempo razoável.
e) é mera irregularidade, que só necessitará de ratificação ou convalidação se alguma das partes for menor ou incapaz.

57. (FCC/TST/Enamat/Juiz/2017) Sobre os atos processuais, nulidades e valor da causa, o Código de Processo Civil estabelece:

a) A nulidade dos atos deve ser alegada na primeira oportunidade em que couber à parte falar nos autos, sob pena de preclusão, que não ocorrerá quanto às nulidades que o juiz deva decretar de ofício ou provando a parte legítimo impedimento para alegação oportuna.
b) A nulidade por ausência de intimação do Ministério Público para acompanhar o feito em que deveria intervir pode ser decretada independentemente de sua manifestação sobre a inexistência de prejuízo, que sempre se presume.
c) Ao pronunciar a nulidade, o juiz declarará que atos são atingidos e ordenará as providências necessárias a fim de que sejam repetidos ou retificados, mesmo quando não prejudicar a parte.
d) O valor da causa será, na ação de cobrança de dívida, a soma monetariamente corrigida do principal, dos juros de mora vencidos e de outras penalidades, se houver, até a data de propositura da ação, e, na ação indenizatória, inclusive a fundada em dano moral, o valor pretendido, cabendo ao juiz, desde que por requerimento da parte contrária, corrigir o valor da causa quando verificar que não corresponde ao conteúdo patrimonial em discussão ou ao proveito econômico perseguido.
e) O juízo arbitral poderá expedir carta arbitral, para que órgão do Poder Judiciário pratique ou determine o cumprimento, na área de sua competência territorial, de ato objeto de pedido de cooperação judiciária, exceto os que importem efetivação de tutela provisória.

4.4. Da Distribuição e do Registro, Do Valor da Causa

SÚMULAS

STF **Súm. 449.** O valor da causa, na consignatória de aluguel, corresponde a uma anuidade.

STF **Súm. 667.** Viola a garantia constitucional de acesso à jurisdição a taxa judiciária calculada sem limite sobre o valor da causa.

ENUNCIADOS

CJF **Proc. Civil 44.** É requisito da petição inicial da tutela cautelar requerida em caráter antecedente a indicação do valor da causa.

Fonajef **Enunc. 5.** As sentenças e antecipações de tutela devem ser registradas tão-somente em meio eletrônico.

Fonajef **Enunc. 15.** Na aferição do valor da causa, deve-se levar em conta o valor do salário mínimo em vigor na data da propositura de ação.

Fonajef **Enunc. 18.** No caso de litisconsorte ativo, o valor da causa, para fins de fixação de competência deve ser calculado por autor.

Fonajef **Enunc. 48.** Havendo prestação vencida, o conceito de valor da causa para fins de competência do juizado especial federal é estabelecido pelo art. 292 do CPC/2015.

Fonajef **Enunc. 49.** O controle do valor da causa, para fins de competência do juizado especial federal , pode ser feito pelo juiz a qualquer tempo.

Fonajef **Enunc. 123.** O critério de fixação do valor da causa necessariamente deve ser aquele especificado no artigo 292, §§ 1º e 2º, do CPC/2015, pois este é o elemento que delimita as competências dos JEFs e das Varas (a exemplo do que foi feito pelo art. 2º, § 2º, da Lei 12.153/09).

Fonajef **Enunc. 169.** A solução de controvérsias pela via consensual, pré-processual, pressupõe a não distribuição da ação.

5. DA TUTELA PROVISÓRIA

SÚMULAS

STJ **Súm. 482.** A falta de ajuizamento da ação principal no prazo do art. 806 do CPC acarreta a perda da eficácia da liminar deferida e a extinção do processo cautelar.

TRF2 **Súm. 12.** São devidos honorários advocatícios no processo cautelar, em que houver litígio.

ENUNCIADOS

1) Disposições Gerais

CJF **Proc. Civil 38.** As medidas adequadas para efetivação da tutela provisória independem do trânsito em julgado, inclusive contra o Poder Público (art. 297 do CPC).

CJF **Proc. Civil 45.** Aplica-se às tutelas provisórias o princípio da fungibilidade, devendo o juiz esclarecer as partes sobre o regime processual a ser observado.

Enfam **Enunc. 26.** Caso a demanda destinada a rever, reformar ou invalidar a tutela antecipada estabilizada seja ajuizada tempestivamente, poderá ser deferida em caráter liminar a antecipação dos efeitos da revisão, reforma ou invalidação pretendida, na forma do art. 296, parágrafo único, do CPC/2015, desde que demonstrada a existência de outros elementos que ilidam os fundamentos da decisão anterior.

Fonajef **Enunc. 5.** As sentenças e antecipações de tutela devem ser registradas tão-somente em meio eletrônico.

Fonajef **Enunc. 89.** Não cabe processo cautelar autônomo, preventivo ou incidental, no âmbito dos juizados especiais federais.

Fonage **Enunc. 5.** É cabível a substituição dos danos punitivos por tutela específica.

2) Da Tutela de Urgência

2.1) Disposições Gerais

CJF **Proc. Civil 39.** Cassada ou modificada a tutela de urgência na sentença, a parte poderá, além de interpor recurso, pleitear o respectivo restabelecimento na instância superior, na petição de recurso ou em via autônoma.

CJF **Proc. Civil 40.** A irreversibilidade dos efeitos da tutela de urgência não impede sua concessão, em se tratando de direito provável, cuja lesão seja irreversível.

CJF **Proc. Civil 41.** Nos processos sobrestados por força do regime repetitivo, é possível a apreciação e a efetivação de tutela provisória de urgência, cuja competência será do órgão jurisdicional onde estiverem os autos.

CJF **Proc. Civil 42.** É cabível a concessão de tutela provisória de urgência em incidente de desconsideração da personalidade jurídica.

Enfam **Enunc. 25.** A vedação da concessão de tutela de urgência cujos efeitos possam ser irreversíveis (art. 300, § 3º, do CPC/2015 pode ser afastada no caso concreto com base na garantia do acesso à Justiça (art. 5º, XXXV, da CRFB).

Fonajef **Enunc. 86.** A tutela de urgência em sede de turmas recursais pode ser deferida de ofício.

2.2) Do Procedimento da Tutela Antecipada Requerida em Caráter Antecedente

CJF **Proc. Civil 43.** Não ocorre a estabilização da tutela antecipada requerida em caráter antecedente, quando deferida em ação rescisória.

CJF **Proc. Civil 44.** É requisito da petição inicial da tutela cautelar requerida em caráter antecedente a indicação do valor da causa.

CJF **Proc. Civil 130.** É possível a estabilização de tutela antecipada antecedente em face da Fazenda Pública.

Enfam **Enunc. 18.** Na estabilização da tutela antecipada, o réu ficará isento do pagamento das custas e os honorários deverão ser fixados no percentual de 5% sobre o valor da causa (art. 304, caput, c/c o art. 701, caput, do CPC/2015).

Enfam **Enunc. 27.** Não é cabível ação rescisória contra decisão estabilizada na forma do art. 304 do CPC/2015.

Enfam **Enunc. 28.** Admitido o recurso interposto na forma do art. 304 do CPC/2015, converte-se o rito antecedente em principal para apreciação definitiva do mérito da causa, independentemente do provimento ou não do referido recurso.

2.3) Do Procedimento da Tutela Cautelar Requerida em Caráter Antecedente

CJF **Proc. Civil 46.** A cessação da eficácia da tutela cautelar, antecedente ou incidental, pela não efetivação no prazo de 30 dias, só ocorre se caracterizada omissão do requerente.

3) Da Tutela da Evidência

CJF **Proc. Civil 47.** A probabilidade do direito constitui requisito para concessão da tutela da evidência fundada em abuso do direito de defesa ou em manifesto propósito protelatório da parte contrária.

CJF **Proc. Civil 48.** É admissível a tutela provisória da evidência, prevista no art. 311, II, do CPC, também em casos de tese firmada em repercussão geral ou em súmulas dos tribunais superiores.

CJF **Proc. Civil 135.** É admissível a concessão de tutela da evidência fundada em tese firmada em incidente de assunção de competência.

Enfam **Enunc. 29.** Para a concessão da tutela de evidência prevista no art. 311, III, do CPC/2015, o pedido reipersecutório deve ser fundado em prova documental do contrato de depósito e também da mora.

Enfam **Enunc. 30.** É possível a concessão da tutela de evidência prevista no art. 311, II, do CPC/2015 quando a pretensão autoral estiver de acordo com orientação firmada pelo Supremo Tribunal Federal em sede de controle abstrato de constitucionalidade ou com tese prevista em súmula dos tribunais, independentemente de caráter vinculante.

Enfam **Enunc. 31.** A concessão da tutela de evidência prevista no art. 311, II, do CPC/2015 independe do trânsito em julgado da decisão paradigma.

INFORMATIVOS

STJ **Medidas executivas atípicas. Medidas coercitivas. Apreensão de passaporte. Limitação temporal. Inexistência de duração pré-estabelecida. Verificação caso a caso.** Não há um tempo pré-estabelecido fixamente para a duração da medida coercitiva atípica, que deve perdurar por tempo suficiente para dobrar a renitência do devedor. *HC 711194, 3ª T, 27.6.2022. Inf 749.*

QUESTÕES DISCURSIVAS

4. (Cespe/TRF/5R/Juiz/2015) Qual o tratamento doutrinário e jurídico-positivo dado à tutela inibitória no direito brasileiro? Fundamente sua resposta.

QUESTÕES OBJETIVAS

58. (IFBC/TRF/2R/Juiz/2018) Caio requereu, como tutela provisória de urgência, em caráter antecedente, o bloqueio de cem mil reais, na conta-corrente de Tício, a título de garantia para a eventual procedência de pedido de condenação pecuniária em face do mesmo, tendo o juiz deferido a medida, que não foi impugnada. Em seguida, o juiz considerou estabilizada a demanda e extinguiu o processo sem o julgamento do mérito. Em relação ao caso descrito, pode-se afirmar que:

a) o processo deveria ser extinto com o julgamento do mérito.
b) o juiz deveria ter aguardado a contestação, tendo em vista que a impugnação à estabilização pode ser realizada na contestação.
c) a tutela provisória concedida não é suscetível de estabilização.
d) o juiz deveria ter indeferido a tutela em questão porque não cabível em caráter antecedente.
e) o juiz deveria ter aplicado o princípio da fungibilidade à hipótese.

59. (TRF/2R/Juiz/2017) Marque a opção correta:

a) O requerente de tutela de urgência, desde que esteja de boa-fé, não responde pela reparação de eventual prejuízo que a efetivação da medida, mais tarde revogada pela sentença definitiva, tenha causado à contraparte.
b) Se ocorrer a cessação da eficácia da medida, a parte requerente responde pelo prejuízo que a efetivação da tutela de urgência cause à parte adversa.
c) Os valores de benefício previdenciário recebido por força de tutela antecipada posteriormente revogada pela sentença (que transita em julgado) não devem ser devolvidos.
d) Em hipótese na qual ocorreu, sem caução, o cumprimento provisório de sentença, e depois provimento do recurso - que não tinha efeito suspensivo -, o juiz deve verificar o caso concreto e, com equidade, distribuir os prejuízos entre as partes.
e) Nas hipóteses nas quais, no cumprimento provisório, o CPC prevê a dispensa de caução, é vedado ao juiz exigi-la.

60. (FGV/TJ/PR/Juiz/2021) Sobre as tutelas provisórias, é correto afirmar que:

a) as tutelas de evidência concedidas liminarmente demandam a comprovação da urgência pela parte interessada.
b) o indeferimento da tutela cautelar não obsta que a parte formule o pedido principal nem influi no julgamento desse, salvo se o motivo do indeferimento for o reconhecimento de decadência ou de prescrição.
c) em relação à tutela cautelar requerida em caráter antecedente, não poderá haver alteração da causa de pedir no momento de formulação do pedido principal.
d) na tutela antecipada requerida em caráter antecedente, a decisão que concede a tutela não faz coisa julgada, mas pode ser desafiada por ação rescisória.
e) em caso de revogação da tutela de urgência, a parte será responsabilizada por dano processual, além de responder pelo prejuízo causado à parte contrária em ação própria.

61. (FGV/TJ/PR/Juiz/2021) Sobre as tutelas provisórias, é correto afirmar que:

a) a tutela provisória será requerida ao juízo da causa ou, quando antecedente, ao juízo do foro do domicílio do réu.
b) salvo decisão judicial em contrário, a tutela provisória conservará a eficácia durante o período de suspensão do processo.
c) a tutela de urgência de natureza cautelar não será concedida quando houver perigo de irreversibilidade dos efeitos da decisão.
d) no caso de pedido cautelar antecedente, o pedido principal deverá ser deduzido por ação própria.
e) a decadência do direito não acarreta a responsabilização do requerente por eventual revogação da tutela de urgência já efetivada anteriormente à prolação da sentença que reconheceu aquela.

62. (Vunesp/TJ/SP/Juiz/2021) Proposta demanda em face de ente público para fornecimento de medicamento, foi concedida tutela de urgência em 02.09 para fornecimento imediato, tendo o réu sido intimado na mesma data. A liminar não foi cumprida. Diante desse fato, o juízo prolatou em 06.10 nova decisão fixando multa diária de R$ 5.000,00, retroativa a 02.09, até que a tutela de urgência fosse cumprida. Com base nesses fatos, pode-se afirmar que

a) é cabível a fixação de multa diária nessas hipóteses contra o ente público, no entanto ela não pode retroagir.
b) é cabível a fixação de multa diária nessas hipóteses contra o ente público, no entanto ela deve ficar limitada ao valor equivalente a doze meses de fornecimento do medicamento.
c) é cabível a fixação de multa diária nessas hipóteses contra o ente público e ela pode retroagir com base no poder geral de cautela do juiz.
d) não é cabível a fixação de multa diária nessas hipóteses contra o ente público e ela, por consequência, não poderia retroagir.

63. (FCC/TJ/MS/Juiz/2020) A tutela provisória

a) de urgência de natureza antecipada só poderá ser concedida após justificação prévia.
b) de urgência de natureza cautelar pode ser efetivada mediante arresto, sequestro, arrolamento de bens, registro de protesto contra alienação de bem e qualquer outra medida idônea para asseguração do direito.
c) da evidência será concedida sempre e unicamente quando caracterizado o abuso do direito de defesa ou o manifesto propósito protelatório da parte.
d) observará o rol taxativo previsto na norma processual.
e) conserva sua eficácia na pendência do processo, mas pode a qualquer tempo ser modificada, embora não revogada.

64. (FCC/TJ/AL/Juiz/2019) A tutela da evidência

a) em nenhuma hipótese admite concessão de liminar judicial.
b) depende de demonstração de perigo de dano iminente.
c) depende de demonstração de risco ao resultado útil do processo.
d) não pode ser concedida se dependente de prova documental dos fatos constitutivos do direito do autor, ainda que o réu não oponha objeção capaz de gerar dúvida razoável.
e) será concedida, entre outras hipóteses, se se tratar de pedido reipersecutório fundado em prova documental adequada do contrato de depósito, caso em que será decretada a ordem de entrega do objeto custodiado, sob cominação de multa.

65. (Cespe/TJ/PR/Juiz/2019) No que concerne às regras estabelecidas para a tutela provisória, o Código de Processo Civil determina que a concessão, pelo magistrado, da tutela de evidência

a) dependerá da demonstração de perigo de dano ou de risco ao resultado útil do processo e ocorrerá nas situações em que os efeitos da decisão sejam reversíveis.
b) poderá ser deferida liminarmente caso os fatos sejam comprovados apenas pela via documental e exista tese firmada em julgamento de casos repetitivos.
c) será realizada na forma de decisão interlocutória de mérito e produzirá coisa julgada material caso não seja impugnada pelo réu.
d) será cabível somente na hipótese de verificação de abuso do direito de defesa da parte ré, haja vista a natureza punitiva dessa modalidade de tutela provisória.

66. (Vunesp/TJ/MT/Juiz/2018) As tutelas provisórias têm como objetivo minimizar as consequências nefastas que o tempo do processo pode causar no direito da parte. No entanto, sua efetivação poderá causar prejuízos à parte adversa. A respeito do tema, assinale a alternativa correta.

a) A indenização será liquidada nos autos em que a medida tiver sido concedida, sempre que possível.
b) A sentença que reconhece a prescrição ou decadência da pretensão do autor não tem o condão de gerar a responsabilidade daquele que se beneficiou da efetivação da tutela de urgência.
c) Por se tratar de dano decorrente de decisão judicial, não há que se falar em responsabilidade pela efetivação da tutela provisória de urgência, salvo em caso de culpa do requerente.
d) A responsabilidade do requerente pela efetivação da tutela provisória que ao final do processo foi cassada é subjetiva, depende de apuração da culpa e do prejuízo, devendo ser realizada em autos apartados.
e) O prejudicado pela tutela de urgência infundada necessita propor ação de indenização contra o requerente para obter o reconhecimento de seu direito e a condenação do responsável.

67. (Consulplan/TJ/MG/Juiz/2018) Acerca da tutela provisória de urgência cautelar ou satisfativa, é correto afirmar que a parte:

a) deve demonstrar apenas o perigo de dano.
b) somente pode requerer em caráter antecedente.
c) é responsável pela indenização do dano processual se a sentença for desfavorável para ela.
d) é responsável pela indenização do dano processual ainda que a sentença seja favorável a ela.

68. (Cespe/TJ/PR/Juiz/2017) No que concerne aos procedimentos especiais previstos no CPC e nas leis extravagantes, assinale a opção correta à luz da legislação e do entendimento dos tribunais superiores.

a) Em se tratando de ação de reintegração de posse, deve-se observar o procedimento comum, se for ajuizada após o prazo de ano e dia do esbulho, caso em que não terá as características inerentes às ações possessórias, como, por exemplo, a fungibilidade.

b) Em observância ao princípio da celeridade, o procedimento dos juizados especiais cíveis é incompatível com qualquer uma das modalidades de intervenção de terceiros previstas no CPC.

c) A utilização do procedimento de arrolamento para o inventário quando o valor dos bens do espólio for igual ou inferior a mil salários mínimos será expressamente proibida se houver interessado incapaz.

d) Tratando-se de tutela provisória que determina a indisponibilidade de bens do réu em ACP por ato de improbidade administrativa, dispensa-se a comprovação de "periculum in mora".

6. DA FORMAÇÃO, DA SUSPENSÃO E DA EXTINÇÃO DO PROCESSO

ENUNCIADOS

CJF **PSEL 21.** É facultado ao magistrado, em colaboração com as partes, suspender o processo judicial enquanto é realizada a mediação, conforme o art. 313, II, do Código de Processo Civil, salvo se houver previsão contratual de cláusula de mediação com termo ou condição, situação em que o processo deverá permanecer suspenso pelo prazo previamente acordado ou até o implemento da condição, nos termos do art. 23 da Lei n. 13.140/2015.

Fonajef **Enunc. 185.** Os mecanismos processuais de suspensão de processos não impedem a realização de atos processuais necessários para o exame ou efetivação da tutela de urgência.

QUESTÕES OBJETIVAS

69. (TRF/3R/Juiz/2018) Relativamente à suspensão do processo, é incorreto afirmar:

a) Ela não ocorrerá quando se arguir impedimento ou suspeição do membro do Ministério Público, quando este atuar como autor da demanda.

b) É causa autorizadora da suspensão o parto ou adoção, quando a advogada responsável pelo processo constituir a única patrona da causa.

c) Suspende-se a execução se os bens penhorados não forem alienados por ausência de licitantes, por um ano, após o que começará a correr o prazo de prescrição intercorrente.

d) Se o conhecimento do mérito depender da verificação de fato delituoso, o juízo cível poderá examinar incidentalmente a questão prévia se, proposta a ação penal, decorrer o prazo de um ano sem pronunciamento do juízo criminal.

70. (FCC/TST/Enamat/Juiz/2017) Sobre formação, suspensão e extinção do processo, a legislação processual civil estabelece:

a) A ação é considerada proposta quando do protocolo da petição inicial, mas somente a citação válida induz litispendência, torna litigiosa a coisa e constitui o devedor em mora, inclusive no caso de inadimplemento de obrigações decorrentes de ato ilícito.

b) Havendo morte do autor, sendo transmissível o direito em litígio e não tendo sido ajuizada a ação de habilitação, o juiz determinará a suspensão do processo e a intimação de seu espólio, de quem for o sucessor ou, se for o caso, dos herdeiros, pelos meios de divulgação que reputar mais adequados, para que manifestem interesse na sucessão processual e promovam a respectiva habilitação no prazo designado, sob pena de extinção do processo sem resolução de mérito.

c) Durante a suspensão do processo é vedado praticar qualquer ato processual, podendo o juiz, mesmo no caso de arguição de impedimento e de suspeição, determinar a realização de atos urgentes a fim de evitar dano irreparável.

d) Se o conhecimento do mérito depender de verificação da existência de fato delituoso, o juiz deverá determinar a suspensão do processo até que se pronuncie a justiça criminal, pelo prazo máximo de um ano, ao final do qual incumbirá ao juiz cível examinar incidentemente a questão prévia.

e) Havendo falecimento de qualquer das partes, proceder-se-á à habilitação, na instância em que estiver, suspendendo-se, a partir de então, o processo para processamento da habilitação, com citação dos requeridos e, se necessário, dilação probatória, que, independentemente da espécie, será feita nos autos do processo principal.

7. DO PROCESSO DE CONHECIMENTO E DO CUMPRIMENTO DE SENTENÇA

TOP 5: 5º LUGAR ENTRE OS MAIORES AGREGADOS DE QUESTÕES DO LIVRO!

7.1. Do Procedimento Comum

7.1.1. Das Disposições Gerais, Da Petição Inicial

SÚMULAS

STJ **Súm. 318.** Formulado pedido certo e determinado, somente o autor tem interesse recursal em arguir o vício da sentença ilíquida.

ENUNCIADOS

CJF **Proc. Civil 119.** É admissível o ajuizamento de ação de exibição de documentos, de forma autônoma, inclusive pelo procedimento comum do CPC (art. 318 e seguintes).

Fonacom **Enunc. 43.** A reclamação pré-processual dispensa os requisitos do art. 319 do CPC.

INFORMATIVOS

STJ **Indeferimento da petição inicial. Prequestionamento ficto. Art. 1.025 do CPC. Necessidade de se apontar violação ao art. 1.022 do CPC. Art. 321 do CPC. Emenda à inicial. Imprescindibilidade.** O indeferimento da petição inicial, quer por força do não-preenchimento dos requisitos exigidos nos arts. 319 e 320 do CPC, quer pela verificação de defeitos e irregularidades capazes de dificultar o julgamento de mérito, reclama a concessão de prévia oportunidade de emenda pelo autor, nos termos do art. 321 do CPC. *REsp 2013351, 2ª S, 19.9.2022. Inf 751.*

QUESTÕES OBJETIVAS

71. (Vunesp/TRF/3R/Juiz/2022) Emília trabalhou de 1987 a 1994 como celetista nos quadros do município de São Bernardo, até que houve a implantação do Regime Jurídico Único transformando o vínculo dos servidores em estatutário. Alegando ter adquirido uma tendinite no período em que era celetista, intentou ação em face do Instituto Nacional de Seguro Social pleiteando a concessão do benefício previdenciário de auxílio-acidente. A Autarquia Previdenciária sustentou que a desvinculação de Emília do regime geral de previdência social tornaria seu pedido juridicamente impossível, o que deveria resultar na extinção do processo sem resolução de mérito. Assinale a alternativa correta à luz do CPC de 2015:

a) A decisão deve reconhecer a ausência da condição da ação referente à possibilidade jurídica do pedido em razão da inexistência de regulação normativa a justificar o pleito e determinar a extinção do processo sem resolução de mérito.

b) A decisão deve ser pelo prosseguimento do processo, apesar de ser possível a extinção do feito sem exame do mérito por impossibilidade jurídica do pedido, em virtude de ser aplicável ao caso a teoria da asserção, segundo a qual as condições de ação devem ser examinadas à luz do alegado pelas partes.
c) A decisão deve ser pelo prosseguimento do processo, pois a alegada impossibilidade jurídica do pedido confunde-se com o mérito da demanda.
d) A decisão deve ser pelo prosseguimento do processo considerando que a possibilidade jurídica do pedido é uma questão de mérito, pois o Código de Processo Civil de 2015 não adota a categoria jurídica das condições da ação.

72. (TRF/3R/Juiz/2018) Sobre o pedido, como elemento da petição inicial, é correto afirmar:

a) Tratando-se de prestações sucessivas, elas se reputam incluídas independentemente de declaração do autor e serão abrangidas pela condenação as que se vencerem até julgamento em segundo grau de jurisdição.
b) É lícito ao autor formular pedidos alternativos, para que o juiz conheça do posterior quando não puder acolher o anterior.
c) É lícito ao autor cumular pedidos, desde que eles sejam compatíveis entre si, que haja uniformidade procedimental e que o juízo não seja relativamente incompetente para qualquer um dos pedidos.
d) A interpretação do pedido deverá ocorrer no contexto geral da postulação.

73. (Cespe/TJ/BA/Juiz/2019) A respeito da petição inicial de ação civil, julgue os itens a seguir.

I. Ainda que, para atender os requisitos da petição inicial, o autor requeira uma diligência excessivamente onerosa, é vedado ao juiz indeferir a inicial sob esse fundamento.
II. Ao contrário da ausência da indicação dos fundamentos jurídicos do pedido, a falta de indicação dos fatos acarreta o indeferimento de plano da inicial.
III. Não lhe sendo possível obter o nome do réu, o autor poderá indicar as características físicas do demandado, o que, se viabilizar a citação deste, não será causa de indeferimento da inicial.
IV. Se a ação tiver por objeto a revisão de obrigação decorrente de empréstimo, o autor deverá, sob pena de inépcia, discriminar na inicial, entre as obrigações contratuais, aquelas que pretende controverter, além de quantificar o valor incontroverso do débito.

Estão certos apenas os itens

a) I e II.
b) I e IV.
c) III e IV.
d) I, II e III.
e) II, III e IV.

74. (Cespe/TJ/PA/Juiz/2019) Em ação de indenização, se o autor pedir indenização por danos materiais e morais, estará caracterizada a cumulação

a) sucessiva.
b) simples.
c) subsidiária.
d) alternativa.
e) eventual.

7.1.2. Da Improcedência Liminar do Pedido

SÚMULAS

STJ **Súm. 409.** Em execução fiscal, a prescrição ocorrida antes da propositura da ação pode ser decretada de ofício (art. 219, § 5º, do CPC).

TRF2 **Súm. 42.** A petição inicial não pode ser indeferida liminarmente, ao fundamento de que as copias que a instruem carecem de autenticação.

ENUNCIADOS

CJF **Proc. Civil 22.** Em causas que dispensem a fase instrutória, é possível o julgamento de improcedência liminar do pedido que contrariar decisão do Supremo Tribunal Federal em controle concentrado de constitucionalidade ou enunciado de súmula vinculante.

Enfam **Enunc. 43.** O art. 332 do CPC/2015 se aplica ao sistema de juizados especiais e o inciso IV também abrange os enunciados e súmulas dos seus órgãos colegiados competentes.

Fonajef **Enunc. 1.** O julgamento liminar de mérito não viola o princípio do contraditório e deve ser empregado na hipótese de decisões reiteradas de improcedência pelo juízo, bem como nos casos que dispensem a fase instrutória, quando o pedido contrariar frontalmente norma jurídica.

Fonajef **Enunc. 159.** Nos termos do Enunciado nº 1 do Fonajef e à luz dos princípios da celeridade e da informalidade que norteiam o processo no JEF, vocacionado a receber demandas em grande volume e repetitivas, interpreta-se o rol do art. 332 como exemplificativo.

QUESTÕES OBJETIVAS

75. (FCC/TST/Enamat/Juiz/2017) Com relação ao julgamento de improcedência liminar do pedido,

a) provido eventual recurso interposto pelo autor, havendo necessidade de dilação probatória, os autos serão devolvidos à instância ordinária para que siga seu curso normal, quando o réu será citado.
b) no caso de vários pedidos e em que apenas um diga respeito a entendimento firmado em incidente de resolução de demanda repetitiva, o juiz poderá indeferir a petição inicial quanto ao pedido repetido e determinar a citação do réu com relação aos demais.
c) o texto normativo em análise, por estar localizado dentro do procedimento ordinário comum do Livro do processo de conhecimento, não se aplica às ações que se processam por rito especial, a exemplo do mandado de segurança.
d) a hipótese retratada pode ser de julgamento com resolução do mérito ou sem resolução do mérito, como no caso de impossibilidade jurídica do pedido.
e) no caso de julgamento parcial de algum dos pedidos cumulados na petição inicial, prosseguindo o processo quanto aos demais pleitos, o recurso cabível pelo autor será o de apelação.

7.1.3. Da Audiência de Conciliação ou de Mediação

ENUNCIADOS

CJF **Proc. Civil 23.** Na ausência de auxiliares da justiça, o juiz poderá realizar a audiência inaugural do art. 334 do CPC, especialmente se a hipótese for de conciliação.

CJF **Proc. Civil 24.** Havendo a Fazenda Pública publicizado ampla e previamente as hipóteses em que está autorizada a transigir, pode o juiz dispensar a realização da audiência de mediação e conciliação, com base no art. 334, § 4º, II, do CPC, quando o direito discutido na ação não se enquadrar em tais situações.

CJF **Proc. Civil 25.** As audiências de conciliação ou mediação, inclusive dos juizados especiais, poderão ser realizadas por videoconferência, áudio, sistemas de troca de mensagens, conversa online, conversa escrita, eletrônica, telefônica e telemática ou outros mecanismos que estejam à disposição dos profissionais da autocomposição para estabelecer a comunicação entre as partes.

CJF **Proc. Civil 26.** A multa do § 8º do art. 334 do CPC não incide no caso de não comparecimento do réu intimado por edital.

CJF **Proc. Civil 121.** Não cabe aplicar multa a quem, comparecendo à audiência do art. 334 do CPC, apenas manifesta desinteresse na realização de acordo, salvo se a sessão foi designada unicamente por requerimento seu e não houver justificativa para a alteração de posição.

CJF **PSEL 29.** Caso qualquer das partes comprove a realização de mediação ou conciliação antecedente à propositura da demanda, o magistrado poderá dispensar a audiência inicial de mediação ou conciliação, desde que tenha tratado da questão objeto da ação e tenha sido conduzida por mediador ou conciliador capacitado.

CJF **PSEL 32.** A ausência da regulamentação prevista no art. 1º da Lei n. 9.469/1997 não obsta a autocomposição por parte de integrante da Advocacia-Geral da União e dirigentes máximos das empresas públicas federais nem, por si só, torna-a inadmissível para efeito do inc. II do § 4º do art. 334 do CPC/2015.

CJF **PSEL 39.** A previsão de suspensão do processo para que as partes se submetam à mediação extrajudicial deverá atender ao disposto no § 2º do art. 334 da lei processual, podendo o prazo ser prorrogado no caso de consenso das partes.

Enfam **Enunc. 56.** Nas atas das sessões de conciliação e mediação, somente serão registradas as informações expressamente autorizadas por todas as partes.

Enfam **Enunc. 61.** Somente a recusa expressa de ambas as partes impedirá a realização da audiência de conciliação ou mediação prevista no art. 334 do CPC/2015, não sendo a manifestação de desinteresse externada por uma das partes justificativa para afastar a multa de que trata o art. 334, § 8º.

Fonajef **Enunc. 171.** Sempre que possível, as sessões de mediação/conciliação serão realizadas por videoconferência, a ser efetivada por sistema de livre escolha.

Fonacom **Enunc. 4.** A inadmissibilidade de autocomposição referida no art. 334, § 4º, II, do NCPC depende de previsão legal.

Fonacom **Enunc. 5.** No silêncio do autor sobre a opção pela audiência de conciliação ou mediação (arts. 319, VII e 334, § 4º, do NCPC), o juiz designará a audiência sem a necessidade de emenda à inicial.

Fonacom **Enunc. 6.** O desinteresse de uma das partes pela autocomposição não constitui motivo justificado para o não comparecimento à audiência de conciliação ou mediação (art. 334, § 8º, do NCPC).

Fonacom **Enunc. 7.** A designação de novas sessões de conciliação ou mediação (art. 334, § 2º, do NCPC) poderá ser feita pelo conciliador ou mediador, havendo consenso entre as partes, independentemente de despacho judicial, ficando as partes desde logo intimadas da nova data, incidindo, em caso de ausência injustificada, o disposto no § 8º do mesmo artigo.

Fonacom **Enunc. 8.** Não são passíveis de conciliação créditos prescritos ou decaídos sujeitos à cobrança da Lei de Execução Fiscal.

Fonacom **Enunc. 12.** Em ações de reintegração de posse alusivas ao Programa de Arrendamento Residencial – PAR, é cabível a designação de audiência prévia de conciliação antes da apreciação do pedido liminar.

Fonacom **Enunc. 13.** Nas ações de responsabilidade civil, é cabível a realização de audiência de conciliação antes da citação.

Fonacom **Enunc. 18.** A falta de prova ou a incerteza quanto à matéria de fato não torna a questão automaticamente intransigível

Fonacom **Enunc. 30.** Os conciliadores/mediadores atuarão nas audiências, sessões eletrônicas do art. 334 do CPC, sendo facultativa sua atuação em sessões de negociação direta por meio eletrônico.

Fonacom **Enunc. 47.** As audiências por videoconferência devem ser utilizadas como uma das formas de difundir a prática da conciliação nas subseções do interior.

Fonacom **Enunc. 71.** O artigo 334 do CPC e o art. 10 da Lei nº 10.259/2001 conferem poderes aos representantes judiciais federais para transacionar, constituindo ausência injustificada à audiência a mera alegação de falta de poderes.

Fonacom **Enunc. 78.** Caso o mutuário não autorize a entrada dos representantes da CEF para realização de prévia vistoria administrativa, caberá a extinção do processo sem julgamento do mérito, por falta de interesse de agir.

Fonacom **Enunc. 80.** Em ações de vícios construtivos, a conciliação, ainda que o pedido principal se restrinja à obrigação de pagar, deve priorizar a reparação do imóvel (obrigação de fazer).

INFORMATIVOS

STJ **Acordo firmado entre as partes. Arrependimento unilateral, antes da homologação pelo judiciário. Impossibilidade.** Em regra, é descabido o arrependimento e a rescisão unilateral da transação, ainda que antes da homologação judicial. *AgInt no AREsp 1952184, 4ª T, 25.8.2022. Inf 750.*

7.1.4. Da Contestação, Da Reconvenção, Da Revelia

SÚMULAS

STJ **Súm. 485.** A Lei de Arbitragem aplica-se aos contratos que contenham cláusula arbitral, ainda que celebrados antes da sua edição.

ENUNCIADOS

CJF **Proc. Civil 120.** Deve o juiz determinar a emenda também na reconvenção, possibilitando ao reconvinte, a fim de evitar a sua rejeição prematura, corrigir defeitos e/ou irregularidades.

CJF **Proc. Civil 122.** O prazo de contestação é contado a partir do primeiro dia útil seguinte à realização da audiência de conciliação ou mediação, ou da última sessão de conciliação ou mediação, na hipótese de incidência do art. 335, inc. I, do CPC.

CJF **Proc. Civil 123.** Aplica-se o art. 339 do CPC à autoridade coatora indicada na inicial do mandado de segurança e à pessoa jurídica que compõe o polo passivo.

CJF **Proc. Civil 124.** Não há preclusão consumativa do direito de apresentar contestação, se o réu se manifesta, antes da data da audiência de conciliação ou de mediação, quanto à incompetência do juízo.

Fonajef **Enunc. 46.** A litispendência deverá ser alegada e provada, nos termos do CPC/2015 (art. 337, VI), pelo réu, sem prejuízo dos mecanismos de controle desenvolvidos pela justiça federal.

INFORMATIVOS

STJ **Contestação. Pretensão de declaração de nulidade de cláusula contratual. Possibilidade. Fatos impeditivos, modificativos e extintivos do direito do autor. Defesa substancial indireta.** Se a pretensão de cobrança deduzida na inicial é fundada em cláusula contratual, a alegação de nulidade dessa cláusula ou da própria cobrança pode ser manejada em contestação, por caracterizar fato extintivo do direito do autor. *REsp 2000288, 3ª T, 27.10.2022. Inf 757.*

STJ **Contestação. Alegação de compensação de valores. Possibilidade. Fatos impeditivos, modificativos e extintivos do direito do autor. Defesa substancial indireta.** É possível a compensação ser alegada em contestação, de forma a justificar o não pagamento do valor cobrado ou a sua redução, extinguindo ou modificando o direito do autor. *REsp 2000288, 3ª T, 27.10.2022. Inf 757.*

STJ **Contestação. Formulação de pedido de revisão ou rescisão contratual. Impossibilidade. Ressalva quanto à alegação de prévio desfazimento do contrato.** Não há como formular, na contestação, pedido de rescisão ou revisão contratual. *REsp 2000288, 3ª T, 27.10.2022. Inf 757.*

QUESTÕES OBJETIVAS

76. (FCC/TJ/GO/Juiz/2021) A reconvenção

a) prossegue mesmo que ocorra causa extintiva que impeça o exame de mérito da ação principal.
b) dispensa a atribuição de valor à causa.
c) pode ser proposta apenas pelo réu contra o próprio autor.
d) não leva, se improcedente, à condenação em honorários advocatícios, os quais são devidos apenas pela procedência do pedido principal.
e) só pode ser proposta se oferecida contestação.

77. (FCC/TJ/MS/Juiz/2020) Alberto Roberto tornou-se réu em uma ação de cobrança de nota promissória. Ficou sabendo por um escrevente do Cartório, procurou um advogado e, antes mesmo de ser citado, contestou o feito. Essa contestação

a) é intempestiva, porque praticado o ato fora do prazo, o que se dá tanto antes quanto depois de finalizada sua contagem; no entanto, se o autor concordar, será a contestação tida por tempestiva, caracterizando a anuência um negócio jurídico processual.
b) será tida por inexistente, devendo ser praticado o ato novamente no prazo legal da contestação.
c) será tida por intempestiva, pois o que define a tempestividade é o início da contagem do prazo, ainda não iniciado.
d) será considerada tempestiva, sem necessidade de reiteração do ato após a citação de Alberto Roberto.
e) será considerada um ato praticado condicionalmente, pois dependerá de ratificação por Alberto Roberto, necessariamente dentro do prazo legal de oferecimento da defesa.

78. (Vunesp/TJ/AC/Juiz/2019) Uma vez frustrada a audiência de conciliação ou mediação, abre-se ao réu, no processo civil, a possibilidade de manifestar-se acerca dos termos do quanto constante na petição inicial, observando-se:
a) a prescrição ou a decadência devem ser alegadas em contestação, como preliminares processuais.
b) a reconvenção pode ser proposta contra o autor e terceiro, vedando-se o litisconsórcio no seu polo ativo.
c) quando o réu, em contestação, alegar sua ilegitimidade, deverá indicar o sujeito passivo da relação jurídica discutida sempre que tiver conhecimento, sob pena de arcar com as despesas processuais e de indenizar o autor pelos prejuízos decorrentes da falta de indicação.
d) se o réu não contestar a ação, será considerado revel, e não tendo patrono nos autos, os prazos contra ele fluirão da data de sua intimação pessoal.

79. (Cespe/TJ/PA/Juiz/2019) No curso de ação cível, é defeso ao juiz conhecer de ofício
a) convenção de arbitragem.
b) falta de caução.
c) ausência de interesse processual.
d) conexão.
e) perempção.

80. (Vunesp/TJM/SP/Juiz/2016) No tocante ao tema resposta do réu, assinale a alternativa correta.
a) O termo inicial para oferecimento de contestação será sempre a data da audiência de conciliação ou de mediação, ou da última sessão de conciliação, quando qualquer parte não comparecer ou, comparecendo, não houver autocomposição.
b) Deve necessariamente ser alegado no bojo da contestação a denunciação da lide, o chamamento do processo, a incompetência relativa, a impugnação ao valor da causa e a arguição de impedimento ou suspeição.
c) Os litisconsortes passivos sempre têm o mesmo prazo para apresentar contestação.
d) O réu pode ser condenado a arcar com as despesas processuais e indenizar o autor pelos prejuízos decorrentes da falta de indicação do sujeito passivo, quando alegar sua ilegitimidade e não indicar o sujeito passivo, tendo conhecimento de quem o seja.
e) A existência de convenção de arbitragem pode ser alegada a qualquer tempo pelo réu.

7.1.5. Das Providências Preliminares e do Saneamento

SÚMULAS

STF Súm. 231. O revel, em processo civil, pode produzir provas, desde que compareça em tempo oportuno.

INFORMATIVOS

STJ Despacho saneador. Matérias preliminares. Questões que se confundem com a pretensão meritória. Postergação do exame. Possibilidade. Não há nulidade no despacho saneador que se limita a postergar o exame das matérias preliminares, quando essas se confundem com a pretensão meritória e há necessidade de prévia instrução probatória. *REsp 1945660, 1ª T, 27.9.2022. Inf 751.*

QUESTÕES OBJETIVAS

81. (TRF/2R/Juiz/2017) Caio move ação em face de autarquia federal. O feito é contestado e, depois, o juiz federal verifica, de ofício, que o lapso de tempo prescricional previsto em lei foi ultrapassado, embora nada nos autos toque ou refira o assunto. O Juiz:
a) Deve julgar o processo extinto sem resolução do mérito.
b) Deve julgar o pedido improcedente, tendo em vista que a prescrição pode ser reconhecida de ofício.
c) Deve ser dada às partes oportunidade de manifestação.
d) A hipótese, no novo CPC, é de carência de ação.
e) Não conhecerá da prescrição, diante da omissão da defesa.

7.1.6. Do Julgamento Conforme o Estado do Processo

SÚMULAS

STF Súm. 424. Transita em julgado o despacho saneador de que não houve recurso, excluídas as questões deixadas, explícita ou implicitamente, para a sentença.

ENUNCIADOS

CJF Proc. Civil 27. Não é necessário o anúncio prévio do julgamento do pedido nas situações do art. 355 do CPC.

CJF Proc. Civil 28. Os incisos do art. 357 do CPC não exaurem o conteúdo possível da decisão de saneamento e organização do processo.

CJF Proc. Civil 29. A estabilidade do saneamento não impede a produção de outras provas, cuja necessidade se origine de circunstâncias ou fatos apurados na instrução.

CJF Proc. Civil 117. O art. 356 do CPC pode ser aplicado nos julgamentos dos tribunais.

CJF Proc. Civil 125. A decisão parcial de mérito não pode ser modificada senão em decorrência do recurso que a impugna.

CJF Proc. Civil 126. O juiz pode resolver parcialmente o mérito, em relação à matéria não afetada para julgamento, nos processos suspensos em razão de recursos repetitivos, repercussão geral, incidente de resolução de demandas repetitivas ou incidente de assunção de competência.

CJF Proc. Civil 127. O juiz pode homologar parcialmente a delimitação consensual das questões de fato e de direito, após consulta às partes, na forma do art. 10 do CPC.

Enfam Enunc. 49. No julgamento antecipado parcial de mérito, o cumprimento provisório da decisão inicia-se independentemente de caução (art. 356, § 2º, do CPC/2015), sendo aplicável, todavia, a regra do art. 520, IV.

QUESTÕES OBJETIVAS

82. (TRF/2R/Juiz/2017) Analise as assertivas e, ao final, assinale a opção correta:
I. A extinção do processo, sem resolução do mérito, por 3 (três) vezes, obsta a que o autor intente de novo a ação.
II. O autor pode desistir do mandado de segurança antes de proferida a sentença, independentemente do consentimento do réu.
III. Mesmo já contestado o feito, e independentemente de ouvir o réu, o juiz pode extinguir o processo por abandono da causa, desde que intime o autor, pessoalmente, para suprir a falta e este não o faça.
a) Apenas as assertivas I e II estão corretas.
b) Apenas as assertivas II e III estão corretas.

c) Apenas a assertiva II está correta.
d) Apenas as assertivas I e III estão corretas.
e) Todas as assertivas estão corretas.

83. (Vunesp/TJ/RJ/Juiz/2019) No que diz respeito ao julgamento antecipado parcial de mérito, é correto afirmar que o respectivo pronunciamento judicial

a) deve ser objeto de confirmação quando da prolação da futura sentença, por se tratar de decisão de natureza provisória.
b) configura-se em sentença, sendo, portanto, apelável.
c) é passível de cumprimento provisório, mesmo que tenha sido julgado em definitivo o recurso dele interposto.
d) pode ser executado, independentemente de caução, ainda que esteja pendente de julgamento recurso contra ele interposto.
e) deve reconhecer a existência de obrigação líquida, não sendo cabível sua prévia liquidação.

84. (Consulplan/TJ/MG/Juiz/2018) A propôs ação de cobrança cumulada com indenização por danos materiais contra B. Alegou que as partes celebraram um negócio jurídico e o réu deveria pagar a importância de R$ 90.000,00 no prazo de 90 (noventa) dias, mas ele deixou de adimplir a obrigação. Acrescentou ter deixado de auferir lucro no valor de R$ 5.000,00, porque, diante do inadimplemento, perdeu um bom negócio que estava em vias de concretizar com C. Citado, o réu, no prazo legal, ofereceu contestação e somente negou a existência do lucro cessante alegado, porque não seria verídico estar o autor em negociação com C. Requereu produção de prova oral. As partes, expressamente e em oportunidade pertinente, informaram que não desejavam a audiência de conciliação ou mediação. Acerca desse caso hipotético, o Juiz deverá:

a) fazer julgamento parcial de mérito.
b) determinar a produção de prova pericial.
c) extinguir o processo sem julgamento de mérito.
d) fazer julgamento conforme o estado do processo.

85. (FCC/TST/Enamat/Juiz/2017) A respeito do julgamento conforme o estado do processo, do saneamento e da audiência de instrução e julgamentos, a legislação processual civil estabelece:

a) Na audiência de instrução e julgamento, o juiz fica dispensado de tentar a conciliação, se a autocomposição já restou frustrada na audiência específica de conciliação ou se todas as partes já manifestaram expressamente o desinteresse pela autocomposição.
b) Se o juiz verificar a existência de coisa julgada, poderá fazer o julgamento conforme o estado do processo, proferindo sentença sem resolver o mérito, desde que o faça em relação a todo o processo.
c) O juiz julgará antecipadamente o mérito do pedido, quando não houver necessidade de produção de outras provas ou quando o réu for revel e presumir-se verdadeiras as alegações de fato formuladas pelo autor e, ainda, o réu não houver formulado requerimento de provas contrapostas às alegações do autor, o que deve fazer por representação nos autos a tempo de praticar os atos processuais indispensáveis a essa produção.
d) No caso de um ou mais dos pedidos formulados ou parcela deles mostrar-se incontroverso, o juiz decidirá parcialmente o mérito, podendo a parte liquidar ou executar, desde logo, a obrigação reconhecida, independentemente de caução, desde que não haja recurso de agravo de instrumento interposto contra a decisão.
e) Na decisão de saneamento e organização do processo, deverá também o juiz, quando necessário, delimitar as questões de fato sobre as quais recairá a atividade probatória, especificando os meios de prova admitidos e a distribuição do ônus da prova, caso em que obrigatoriamente deverá designar audiência de instrução e julgamento.

86. (Faurgs/TJ/RS/Juiz/2016) Confrontando o sistema de audiências previsto pelo Código de Processo Civil de 1973 com aquele previsto pelo Novo Código de Processo Civil, instituído pela Lei n. 13.105/2015, assinale a alternativa correta.

a) A audiência de conciliação ou de mediação prevista pelo Novo Código é idêntica, em sua função e conteúdo, à audiência de conciliação do procedimento sumário disciplinado no Código de 1973, dado que ambas visam à realização da transação e, caso essa não seja obtida, à apresentação da defesa do demandado.
b) A audiência de conciliação ou de mediação prevista pelo Novo Código é idêntica, em sua função e conteúdo, à audiência preliminar disciplinada pelo Código de 1973, já que ambas se destinam apenas à tentativa de resolução consensual do conflito.
c) Assim como o Código de 1973 dispunha em relação à audiência preliminar, o Novo Código permite ao juiz dispensar a realização da audiência de conciliação ou de mediação quando as circunstâncias da causa evidenciarem ser improvável a obtenção da transação.
d) De regra, no Novo CPC, o saneamento e a organização da causa, incluindo a delimitação consensual das questões de fato e de direito controvertidas, ocorrerão por meio de decisão judicial escrita, salvo quando a causa apresentar complexidade em matéria de fato ou de direito, quando deverá ser designada audiência.
e) O comparecimento de ambas as partes à audiência de conciliação ou de mediação prevista pelo Novo CPC é obrigatório e, assim como ocorria com a audiência preliminar do CPC de 1973, existe a previsão de aplicação, à parte ausente, da pena de confissão.

7.1.7. Da Audiência de Instrução e Julgamento

QUESTÕES OBJETIVAS

87. (Cespe/TJ/PA/Juiz/2019) É causa que, por força de lei, pode acarretar o adiamento de audiência de instrução e julgamento em causa cível

a) atraso injustificado de vinte minutos no seu início.
b) ausência, ainda que injustificada, de testemunha.
c) convenção das partes.
d) ausência do Ministério Público.
e) ausência do advogado de uma das partes.

7.1.8. Das Provas

SÚMULAS

1) Disposições Gerais

STJ **Súm. 301.** Em ação investigatória, a recusa do suposto pai a submeter-se ao exame de DNA induz presunção "juris tantum" de paternidade.

2) Da Produção Antecipada da Prova

STJ **Súm. 368.** Compete à justiça comum estadual processar e julgar os pedidos de retificação de dados cadastrais da justiça eleitoral.

3) Da Prova Documental

STF **Súm. 225.** Não é absoluto o valor probatório das anotações da carteira profissional.

STF Súm. 260. O exame de livros comerciais, em ação judicial, fica limitado às transações entre os litigantes.

STJ Súm. 132. A ausência de registro da transferência não implica a responsabilidade do antigo proprietário por dano resultante de acidente que envolva o veículo alienado.

4) Da Prova Pericial

STF Súm. 261. Para a ação de indenização, em caso de avaria, é dispensável que a vistoria se faça judicialmente.

5) Da Prova Testemunhal

STJ Súm. 149. A prova exclusivamente testemunhal não basta à comprovação da atividade rurícola, para efeito da obtenção de benefício previdenciário.

REPERCUSSÃO & REPETITIVOS

STJ Repetitivo 1000. Desde que prováveis a existência da relação jurídica entre as partes e de documento ou coisa que se pretende seja exibido, apurada em contraditório prévio, poderá o juiz, após tentativa de busca e apreensão ou outra medida coercitiva, determinar sua exibição sob pena de multa com base no art. 400, parágrafo único, do CPC/2015. *REsp 1.777.553, 1.7.2021.*

ENUNCIADOS

CJF Proc. Civil 30. É admissível a prova emprestada, ainda que não haja identidade de partes, nos termos do art. 372 do CPC.

CJF Proc. Civil 31. A compatibilização do disposto nos arts. 378 e 379 do CPC com o art. 5º, LXIII, da CF/1988, assegura à parte, exclusivamente, o direito de não produzir prova contra si quando houver reflexos no ambiente penal.

CJF Proc. Civil 32. A vedação à apresentação de defesa prevista no art. 382, § 4º, do CPC, não impede a alegação pelo réu de matérias defensivas conhecíveis de ofício.

CJF Proc. Civil 33. No depoimento pessoal, o advogado da contraparte formulará as perguntas diretamente ao depoente.

CJF Proc. Civil 34. A qualificação incompleta da testemunha só impede a sua inquirição se houver demonstração de efetivo prejuízo.

CJF Proc. Civil 35. Considerando os princípios do acesso à justiça e da segurança jurídica, persiste o interesse de agir na propositura de ação declaratória a respeito da questão prejudicial incidental, a ser distribuída por dependência da ação preexistente, inexistindo litispendência entre ambas as demandas (arts. 329 e 503, § 1º, do CPC).

CJF Proc. Civil 50. A eficácia da produção antecipada de provas não está condicionada a prazo para a propositura de outra ação.

CJF Proc. Civil 118. É cabível a fixação de honorários advocatícios na ação de produção antecipada de provas na hipótese de resistência da parte requerida na produção da prova.

CJF Proc. Civil 119. É admissível o ajuizamento de ação de exibição de documentos, de forma autônoma, inclusive pelo procedimento comum do CPC (art. 318 e seguintes).

CJF Proc. Civil 128. Exceto quando reconhecida sua nulidade, a convenção das partes sobre o ônus da prova afasta a redistribuição por parte do juiz.

CJF Proc. Civil 129. É admitida a exibição de documentos como objeto de produção antecipada de prova, nos termos do art. 381 do CPC.

Fonajef Enunc. 155. As disposições do CPC/2015 referentes às provas não revogam as disposições específicas da Lei n. 10.259/2001, sobre perícias (art. 12), e nem as disposições gerais da Lei n. 9.099/1995.

Fonacom Enunc. 18. A falta de prova ou a incerteza quanto à matéria de fato não torna a questão automaticamente intransigível

Fonacom Enunc. 79. Em ações versando sobre vícios construtivos, tendo como objeto o mesmo empreendimento, a prova pericial deverá preferencialmente ser concentrada em um único juízo, por ato concertado, com fundamento no artigo 69, inciso IV do CPC.

INFORMATIVOS

STJ Negócio jurídico processual. Consenso entre as partes para a indicação de perito. Ausência. Profissional recusado. Realização da prova pericial. Impossibilidade. Se não há consenso entre as partes a respeito da escolha do perito, o profissional indicado por uma das partes, mas rejeitado pela outra, não pode realizar a produção da prova como perito do juízo. *REsp 1924452, 3ª T, 10.10.2022.*

STJ Divulgação não autorizada e incompleta de novela. Violação de direitos morais do autor reconhecida. Título executivo judicial que determina fosse levada em consideração a repercussão econômica do ilícito. Cumprimento de sentença. Quantificação dos danos. Perícia técnica. Imprescindibilidade. É imprescindível perícia técnica para quantificar dano moral, ante divulgação não autorizada de obra, reconhecido em título executivo em que se determina que seja considerada a repercussão econômica do ilícito. *REsp 1983290, 3ª T, 26.4.2022. Inf 734.*

QUESTÕES DISCURSIVAS

5. (Cespe/TRF/5R/Juiz/2018) Em que consiste a prova diabólica? Quando houver prova bilateralmente diabólica, como deve o juiz proceder? A quem cabe o ônus da prova? Justifique.

6. (TRF/2R/Juiz/2007) O que você entende por princípio da aquisição em matéria de prova?

QUESTÕES OBJETIVAS

88. (TRF/4R/Juiz/2022) Assinale a alternativa correta.

a) A produção antecipada da prova é de competência do juízo do foro onde esta deva ser produzida ou do foro do domicílio do réu e previne a competência do juízo para a ação que venha a ser proposta.

b) O direito ao silêncio estende-se aos litigantes no regime do Código de Processo Civil, não podendo a parte ser prejudicada pelo não comparecimento ao depoimento pessoal ou por recusar-se a responder às perguntas que lhe forem feitas.

c) O documento público ou particular que contiver declaração de ciência de determinado fato possui presunção relativa de veracidade do fato declarado, incumbindo à parte contra quem é produzido o ônus de provar a falsidade da declaração.

d) O fato notório, que dispensa a produção de prova para ser considerado verdadeiro, é aquele de conhecimento comum e geral no momento em que ocorreu, ou de conhecimento particular do juiz.

e) O Código de Processo Civil adota a teoria da carga dinâmica do ônus da prova, permitindo ao juiz, no exercício dos poderes instrutórios que lhe competem, atribuir o ônus da prova de modo diverso da regra geral, segundo a qual incumbe ao autor o ônus probatório quanto ao fato constitutivo de seu direito e ao réu o ônus probatório quanto à existência de fato impeditivo, modificativo ou extintivo do direito do autor.

89. (FCC/TJ/GO/Juiz/2021) Acerca das provas, considere:

I. Para que seja aplicada, a pena de confesso demanda prévia intimação pessoal para o depoimento pessoal.

II. O juiz não pode indeferir a prova testemunhal ainda que os fatos hajam sido confessados.

III. O perito pode escusar-se da nomeação, caso em que o juiz nomeará novo perito.

IV. Findo o depoimento, a parte poderá contraditar a testemunha.

Está correto o que se afirma apenas em

a) I.

b) I, II e III.

c) II, III e IV.

d) I e III.

e) II e IV.

90. (Cespe/TJ/PR/Juiz/2019) De acordo com o Código de Processo Civil, a produção antecipada da prova requerida antes do ajuizamento da demanda principal

a) segue procedimento no qual é admitida a interposição de apelação contra a decisão que indeferir totalmente a produção da prova pleiteada.
b) pode ser utilizada somente na hipótese de o autor provar que o prévio conhecimento dos fatos é imprescindível para o ajuizamento de ação.
c) é da competência exclusiva do foro onde a prova deva ser produzida.
d) acarreta a prevenção do juízo para a ação que venha a ser proposta com base na prova produzida.

91. (TRF/3R/Juiz/2018) Em tema de prova pericial afigura-se correto afirmar:

a) O critério para que o juiz determine a produção de prova técnica simplificada é a prevalência da oralidade no processo.
b) Se o laudo for inconclusivo o juiz poderá reduzir a remuneração do perito.
c) No caso em que as partes, de comum acordo, escolham o perito, compete exclusivamente àquelas a formulação de quesitos.
d) Sendo vedado ao perito ultrapassar os limites de sua designação, ele deve se abster de emitir opiniões pessoais que excedam o exame técnico ou científico do objeto da perícia, de ouvir testemunhas ou de obter documentos que estejam em poder da parte.

92. (Vunesp/TJ/SP/Juiz/2017) Em matéria de prova, é incorreto afirmar:

a) a falsidade de documento será resolvida como questão incidental e sobre a decisão não incidirá a autoridade da coisa julgada, salvo se a parte requerer que o juiz decida a falsidade como questão principal.
b) desde que sejam capazes, e que a controvérsia comporte autocomposição, as partes podem escolher o perito, e a perícia, assim produzida, substituirá, para todos os efeitos, a que seria realizada por perito nomeado pelo juiz, sem prejuízo do convencimento motivado do magistrado.
c) a parte pode requerer o depoimento pessoal da parte adversária, do litisconsorte e eventualmente dela própria.
d) na audiência de instrução, as perguntas serão formuladas pelas partes (por seus advogados) diretamente à testemunha, mas o juiz poderá inquirir a testemunha tanto antes quanto depois da inquirição feita pelas partes.

93. (FCC/TJ/SC/Juiz/2017) Em relação à prova, é correto afirmar que:

a) como regra, há hierarquia entre as provas previstas normativamente, embora não exista hierarquia entre as provas admitidas consuetudinariamente.
b) os fatos ocorridos, sobre os quais se tenha estabelecido controvérsia, prescindem de prova.
c) a existência e o modo de existir de algum fato podem ser atestados ou documentados, a requerimento do interessado, mediante ata lavrada por tabelião; dados representados por imagem ou som gravados em arquivos eletrônicos poderão constar da ata notarial.
d) para que o juiz determine as provas necessárias ao julgamento do mérito é preciso sempre que a parte as requeira, tendo em vista o princípio da inércia jurisdicional.
e) o ônus da prova não admite ser convencionado em sentido contrário ao da norma jurídica, salvo unicamente nas relações consumeristas, se em prol do consumidor.

94. (FCC/TST/Enamat/Juiz/2017) Com relação à prova documental, a legislação processual civil sobre a matéria estabelece:

a) Quando intimada para se manifestar sobre documento constante dos autos, poderá a parte impugná-lo como meio de prova, o que significa alegar sua falsidade.
b) Nos casos em que a lei exigir documento público como da substância do ato, se a prova legal existir validamente, o juiz poderá admitir outros meios de prova, em atenção ao princípio do livre convencimento motivado.
c) Quando o documento particular contiver declaração de ciência de determinado fato, incumbirá ao signatário o ônus de provar a veracidade ou não do fato contido no documento.
d) Caso haja arguição de falsidade de documento juntado com a inicial, independentemente de pedido de declaração de falsidade incidental, será feito o exame pericial pertinente, ainda que o autor concorde em retirar o documento dos autos, no prazo de réplica.
e) Incumbe ao réu instruir a contestação com os documentos destinados a provar suas alegações e, a critério do juiz, após expressa justificativa do motivo de impedimento de apresentação anterior, avaliar a possibilidade de juntada de documentos em momento posterior.

95. (Faurgs/TJ/RS/Juiz/2016) Na vigência do Novo Código de Processo Civil, instituído pela Lei n. 13.105/2015, Gabriel propõe ação de produção antecipada de prova pericial em face da Construtora Macondo S/A. Alega, basicamente, em petição inicial, que preenche os requisitos legais e que a prova, caso produzida, terá o condão de viabilizar a autocomposição das partes. Nesse caso, é correto afirmar que a produção:

a) deverá ser indeferida, uma vez que a justificativa de Gabriel não demonstra perigo de que venha a se tornar impossível a verificação dos fatos.
b) deverá ser indeferida, uma vez que a medida judicial em questão só pode ser utilizada para produção de prova oral.
c) deverá ser deferida, e, caso Gabriel queira propor ação indenizatória posteriormente, o juízo da ação de produção antecipada já estará prevento para julgar a nova ação.
d) deverá ser deferida, e, havendo caráter contencioso, deverá o juiz determinar, inclusive de ofício, a citação de interessados na produção da prova.
e) deverá ser indeferida, uma vez que o direito à prova encontra óbice no direito à livre iniciativa da parte contrária.

96. (TRT/4R/Juiz/2016) Assinale a assertiva correta sobre prova.

a) É possível a inversão do ônus da prova por convenção das partes em qualquer circunstância, devendo o Juiz fundamentar decisão contrária à disposição convencionada.
b) Consiste a confissão no reconhecimento do fato em que se funda o direito do autor. A confissão de um fato equivale, em termos de efeitos jurídicos, ao reconhecimento jurídico do pedido, conduzindo necessariamente à procedência da pretensão da parte adversa.
c) Para que a confissão extrajudicial gere efeitos no processo, deverá ser renovada em seus termos perante o Juiz da causa.
d) Exceto na hipótese de sigilo profissional, é vedado à parte ou a terceiro se escusarem de exibir, em Juízo, documento ou coisa, quando instados a fazê-lo pelo Julgador, hipótese em que este deverá adotar medidas coercitivas para efetivar a exibição, a exemplo de imposição de multa por atraso e busca e apreensão.
e) O Juiz pode determinar, de ofício, ainda que com oposição das partes, a realização das provas que entender necessárias à solução do litígio.

7.1.9. Da Sentença e da Coisa Julgada

SÚMULAS

1) Disposições Gerais

STF **Súm. 216.** Para decretação da absolvição de instância pela paralisação do processo por mais de trinta dias, é necessário que o autor, previamente intimado, não promova o andamento da causa.

STJ **Súm. 240.** A extinção do processo, por abandono da causa pelo autor, depende de requerimento do réu.

STJ **Súm. 409.** Em execução fiscal, a prescrição ocorrida antes da propositura da ação pode ser decretada de ofício (art. 219, § 5º, do CPC).

2) Elementos e Efeitos da Sentença

STF **Súm. 317.** São improcedentes os embargos declaratórios, quando não pedida a declaração do julgado anterior, em que se verificou a omissão.

STJ **Súm. 318.** Formulado pedido certo e determinado, somente o autor tem interesse recursal em arguir o vício da sentença ilíquida.

STJ **Súm. 621.** Os efeitos da sentença que reduz, majora ou exonera o alimentante do pagamento retroagem à data da citação, vedadas a compensação e a repetibilidade.

TRF4 **Súm. 53.** A sentença que, independentemente de pedido, determina a correção monetária do débito judicial não é "ultra" ou "extra petita".

3) Remessa Necessária

STF **Súm. 423.** Não transita em julgado a sentença por haver omitido o recurso "ex ofício", que se considera interposto "ex lege".

STJ **Súm. 45.** No reexame necessário, é defeso ao tribunal agravar a condenação imposta a Fazenda Pública.

STJ **Súm. 325.** A remessa oficial devolve ao tribunal o reexame de todas as parcelas da condenação suportadas pela Fazenda Pública, inclusive dos honorários de advogado.

STJ **Súm. 490.** A dispensa de reexame necessário, quando o valor da condenação ou do direito controvertido for inferior a sessenta salários mínimos, não se aplica a sentenças ilíquidas.

TRF2 **Súm. 14.** A remessa necessária não pode ser provida para agravar a condenação imposta à Fazenda Pública, haja ou não recurso voluntário das partes.

TRF2 **Súm. 61.** Há remessa necessária nos casos de sentenças ilíquidas e condenatórias, de obrigação de fazer ou de não fazer, nos termos do artigo 496, inciso I e parágrafo 3º, do Código de Processo Civil de 2015.

TRF3 **Súm. 10.** O art. 475, inciso II, do CPC (remessa oficial) foi recepcionado pela vigente Constituição Federal.

4) Coisa Julgada

STJ **Súm. 401.** O prazo decadencial da ação rescisória só se inicia quando não for cabível qualquer recurso do último pronunciamento judicial.

ENUNCIADOS

CJF **Proc. Civil 36.** O disposto no art. 506 do CPC não permite que se incluam, dentre os beneficiados pela coisa julgada, litigantes de outras demandas em que se discuta a mesma tese jurídica.

CJF **Proc. Civil 59.** Não é exigível identidade absoluta entre casos para a aplicação de um precedente, seja ele vinculante ou não, bastando que ambos possam compartilhar os mesmos fundamentos determinantes.

Enfam **Enunc. 9.** É ônus da parte, para os fins do disposto no art. 489, § 1º, V e VI, do CPC/2015, identificar os fundamentos determinantes ou demonstrar a existência de distinção no caso em julgamento ou a superação do entendimento, sempre que invocar jurisprudência, precedente ou enunciado de súmula.

Enfam **Enunc. 10.** A fundamentação sucinta não se confunde com a ausência de fundamentação e não acarreta a nulidade da decisão se forem enfrentadas todas as questões cuja resolução, em tese, influencie a decisão da causa.

Enfam **Enunc. 11.** Os precedentes a que se referem os incisos V e VI do § 1º do art. 489 do CPC/2015 são apenas os mencionados no art. 927 e no inciso IV do art. 332.

Enfam **Enunc. 12.** Não ofende a norma extraível do inciso IV do § 1º do art. 489 do CPC/2015 a decisão que deixar de apreciar questões cujo exame tenha ficado prejudicado em razão da análise anterior de questão subordinante.

Enfam **Enunc. 13.** O art. 489, § 1º, IV, do CPC/2015 não obriga o juiz a enfrentar os fundamentos jurídicos invocados pela parte, quando já tenham sido enfrentados na formação dos precedentes obrigatórios.

Enfam **Enunc. 19.** A decisão que aplica a tese jurídica firmada em julgamento de casos repetitivos não precisa enfrentar os fundamentos já analisados na decisão paradigma, sendo suficiente, para fins de atendimento das exigências constantes no art. 489, § 1º, do CPC/2015, a correlação fática e jurídica entre o caso concreto e aquele apreciado no incidente de solução concentrada.

Enfam **Enunc. 47.** O art. 489 do CPC/2015 não se aplica ao sistema de juizados especiais.

Fonajef **Enunc. 64.** Não cabe multa pessoal ao procurador "ad judicia" do ente público, seja com base no art. 77, seja nos arts. 497 ou 536, todos do CPC/2015.

Fonajef **Enunc. 153.** A regra do art. 489, parágrafo primeiro, do NCPC deve ser mitigada nos juizados por força da primazia dos princípios da simplicidade e informalidade que regem o JEF.

Fonajef **Enunc. 160.** Não causa nulidade a não-aplicação do art. 10 do NCPC e do art. 487, parágrafo único, do NCPC nos juizados, tendo em vista os princípios da celeridade e informalidade.

Fonajef **Enunc. 183.** O magistrado, ao aplicar ao caso concreto a "ratio decidendi" contida no precedente vinculante, não precisa enfrentar novamente toda a argumentação jurídica que já fora apreciada no momento de formação do precedente, sendo suficiente que demonstre a correlação fática e jurídica entre o caso concreto e aquele já apreciado.

Fonage **Enunc. 2.** O dano social decorrente de demandas repetitivas pode ser reconhecido de ofício pelo juiz.

INFORMATIVOS

STJ **Embargos à execução. Título extrajudicial. Contrato de prestação de serviços. Relação de trato continuado. Acórdão que extingue a execução. Observância à limitação de ordem temporal. Alteração fática posterior. Violação da coisa julgada. Inocorrência.** Não faz coisa julgada sobre a integralidade da relação jurídica o pronunciamento judicial que aprecia relações de trato continuado que sofrem modificações de ordem fática e jurídica no tempo. *REsp 2027650, 3ª T, 28.10.2022. Inf 759.*

STJ **Violação à coisa julgada. Título executivo judicial transitado em julgado que estabelece fase liquidação de sentença. Ausência de comprovação da liquidez da dívida. Cumprimento imediato da sentença. Descabimento.** Configura violação à coisa julgada o imediato cumprimento de sentença, quando o título judicial transitado em julgado determina a apuração dos danos materiais sofridos pela parte em liquidação de sentença e esta não apresenta documentação apta a comprovar a liquidez da dívida. *AREsp 1832357, 4ª T, 23.8.2022. Inf 749.*

STJ **Valor da indenização por danos morais. Condenação. "Quantum debeatur" inferior ao pedido. Sucumbência recíproca. Não ocorrência. Súm. 326/STJ. Subsistência no CPC.** Incide a Súm. 326/STJ, no caso de discrepância entre o valor indicado no pedido e o quantum arbitrado na condenação, não havendo falar em sucumbência dos autores da demanda, vencedores em seu pedido indenizatório. *REsp 1837386, 4ª T, 16.8.2022. Inf 746.*

STJ **Conflito de coisas julgadas. Prevalência da última decisão que transitou em julgado. Exceção. Execução ou início da execução do primeiro título. Prevalência da primeira coisa julgada.** Nos casos em que já executado o título formado na primeira coisa julgada, ou se iniciada sua execução, deve prevalecer a primeira coisa julgada em detrimento daquela formada em momento posterior. *AgInt nos EDcl no REsp 1930955, 2ª T, 8.3.2022. Inf 728.*

QUESTÕES DISCURSIVAS

7. (TRF/2R/Juiz/2007) Qual o significado da expressão "pro et contra" para a imutabilidade da coisa julgada?

QUESTÕES OBJETIVAS

97. (TRF/3R/Juiz/2018) Sobre a coisa julgada é incorreto afirmar:

a) A decisão concessiva de tutela antecipada estabilizada, segundo a lei, não faz coisa julgada material, ainda que a estabilidade só possa ser afastada mediante a propositura de ação própria que busque a revisão, reforma ou anulação do que se decidiu.
b) A decisão que determina a expedição de mandado monitório, se não for cumprida a prestação pelo requerido, nem forem apresentados embargos, enseja a formação de coisa julgada material e, portanto, ação rescisória.
c) Como regra, a improcedência por insuficiência de provas não impede nova propositura da mesma demanda e julgamento do mérito respectivo se o interessado apresentar novos elementos de prova, desde que não ocorra prescrição ou decadência.
d) Em ação de dissolução parcial de sociedade, segundo a lei, a pessoa jurídica ficará vinculada pela coisa julgada, ainda que não citada, desde que todos seus sócios o sejam.

98. (FCC/TJ/GO/Juiz/2021) Mévio vendeu um carro a Tício, que se obrigou a pagá-lo em vinte e quatro prestações mensais sucessivas. No quarto mês, porém, Tício caiu em inadimplência, razão pela qual Mévio ajuizou ação de cobrança do débito vencido, a qual foi julgada procedente. Na sentença, o juiz, além dos consectários compreendidos no pedido, deverá condenar Tício ao pagamento

a) apenas do débito vencido, sobre pena de a sentença ser considerada ultra petita.
b) do débito vencido e das prestações vincendas, enquanto durar a obrigação, ainda que Mévio não as tenha pedido expressamente, se, no curso do processo, não forem pagas nem consignadas.
c) apenas do débito vencido, pois é vedado ao juiz proferir sentença genérica.
d) apenas do débito vencido, sob pena de a sentença ser considerada extra petita.
e) do débito vencido e das prestações que se vencerem até a citação, ainda que Mévio não as tenha pedido expressamente, se, no curso do processo, não forem pagas nem consignadas.

99. (Vunesp/TJ/RJ/Juiz/2019) Denomina-se coisa julgada material a autoridade que torna imutável e indiscutível a decisão de mérito não mais sujeita a recurso. No que pertine ao instituto da coisa julgada, segundo o regime estabelecido pelo diploma processual vigente, assinale a alternativa correta.

a) O regime da formação de coisa julgada sobre questões prejudiciais somente é aplicável aos processos iniciados após a vigência do Código de Processo Civil de 2015.
b) A sentença faz coisa julgada às partes entre as quais é dada, não prejudicando nem beneficiando terceiros.
c) A tutela antecipada antecedente, se não for afastada por decisão que a revir, reformar ou invalidar, proferida em ação ajuizada por uma das partes no prazo de dois anos, faz coisa julgada, vez que se torna imutável e indiscutível.
d) A coisa julgada aplica-se à resolução de questão preliminar, decidida expressa e incidentemente no processo, desde que a mesma conste do dispositivo da sentença.
e) Fazem coisa julgada os motivos da sentença desde que importantes para determinar o alcance da parte dispositiva do pronunciamento judicial.

100. (Vunesp/TJ/RO/Juiz/2019) Em relação à Fazenda Pública, é correto afirmar que

a) goza da prerrogativa do prazo em dobro para todas as manifestações processuais como parte, mas não como interveniente.
b) proposta ação monitória contra a Fazenda Pública, escoado o prazo sem apresentação de embargos ao mandato monitório, a constituição do título executivo judicial dependerá, em regra, da remessa necessária ao tribunal.
c) a sentença arbitral contra a Fazenda Pública está sujeita à remessa necessária, não produzindo efeito senão depois de confirmada pelo tribunal.
d) é presentada em juízo pela Advocacia Pública, devendo-se exigir a outorga de mandato pelos entes públicos a seus respectivos procuradores.
e) quando do cumprimento de sentença que impõe uma obrigação de pagar, a Fazenda será intimada para impugnação, e o prazo previsto no CPC será contado em dobro.

101. (Cespe/TJ/BA/Juiz/2019) O juiz proferirá sentença sem resolução de mérito quando

a) acolher a alegação de existência de convenção de arbitragem.
b) homologar a transação.
c) homologar o reconhecimento da procedência do pedido formulado na ação.
d) homologar a renúncia à pretensão formulada na ação.
e) verificar a impossibilidade jurídica do pedido.

102. (Cespe/TJ/PA/Juiz/2019) Considera-se fundamentada a decisão interlocutória se o juiz apenas

a) expuser as razões que lhe formaram o convencimento.
b) indicar o dispositivo legal aplicável.
c) invocar precedente jurisprudencial aplicável.
d) reproduzir o ato normativo aplicável.
e) empregar conceitos jurídicos, ainda que indeterminados.

103. (Vunesp/TJ/RO/Juiz/2019) A hipoteca judiciária é um efeito secundário próprio da sentença, estando correto afirmar que

a) sobrevindo a reforma ou invalidação da decisão condenatória, eventuais perdas e danos decorrentes da hipoteca deverão ser apurados em ação própria.
b) deve ser realizada perante o cartório de registro imobiliário mediante ordem judicial e demonstração de urgência.
c) a decisão não produz hipoteca judiciária se pendente arresto sobre o bem do devedor.
d) decorre da sentença condenatória, sendo irrelevante a interposição ou não de recurso contra ela, ainda que este seja dotado de efeito suspensivo.
e) decorre da decisão que condenar o réu ao pagamento de prestação pecuniária, salvo se a condenação for genérica.

7.1.10. Da Liquidação de Sentença

SÚMULAS

STJ **Súm. 344.** A liquidação por forma diversa da estabelecida na sentença não ofende a coisa julgada.

ENUNCIADOS

CJF **Proc. Civil 145.** O recurso cabível contra a decisão que julga a liquidação de sentença é o agravo de instrumento.

INFORMATIVOS

STJ **Execução de título judicial. Prêmio de Loteria Federal. Sentença omissa quanto aos critérios a serem aplicados para a correção monetária. Expurgos inflacionários na forma prevista no Manual de Cálculos da Justiça Federal. Incidência.** Nas liquidações de sentença, no âmbito da Justiça Federal, a correção monetária deve ser calculada segundo os índices indicados no Manual de Orientação de Procedimentos para os Cálculos da Justiça Federal para os meses nos quais houve expurgos inflacionários, salvo decisão judicial em contrário. *REsp 1904401, 3ª T, 14.12.2021. Inf 723.*

QUESTÕES OBJETIVAS

104. (FGV/TJ/PR/Juiz/2021) Sobre o procedimento de liquidação de sentença, é correto afirmar que:

a) a liquidação por arbitramento se aplica quando houver necessidade de alegar e provar fato novo relacionado com o "quantum debeatur".
b) em caso de julgamento parcial de mérito estabelecendo obrigações líquida e ilíquida, poderá a parte liquidar ou executar a obrigação, independentemente de caução, ainda que haja recurso pendente de julgamento.
c) quando a apuração do valor depender de cálculo aritmético, o credor deverá instaurar a liquidação por cálculos, com a participação do contador judicial ou de perito contábil.
d) em caso de omissão do título judicial, os juros moratórios podem ser incluídos na liquidação desde que a parte tenha formulado o pedido na inicial.
e) não cabe agravo de instrumento contra as decisões proferidas em sede de liquidação de sentença, devendo a parte, se houver interesse, manejar exceção de pré-executividade.

105. (Cespe/TJ/BA/Juiz/2019) Caso o juiz julgue parcialmente o mérito, reconhecendo a existência de obrigação ilíquida, a parte vencedora

a) poderá promover de pronto a liquidação, mediante o depósito de caução.
b) poderá promover de pronto a liquidação, ainda que seja interposto recurso pela parte vencida.
c) deverá aguardar a extinção do processo para promover a liquidação.
d) deverá promover a liquidação nos mesmos autos, em vista do princípio da eficiência.
e) poderá promover a liquidação somente após transcorrido o prazo para interposição de recurso pela parte vencida.

7.2. Do Cumprimento da Sentença

SÚMULAS

1) Disposições Gerais (arts. 513 a 519)

STJ **Súm. 517.** São devidos honorários advocatícios no cumprimento de sentença, haja ou não impugnação, depois de escoado o prazo para pagamento voluntário, que se inicia após a intimação do advogado da parte executada.

TRF4 **Súm. 110.** Na vigência do CPC de 2015, subsiste o entendimento jurisprudencial consolidado de que o cumprimento individual de sentença de ação coletiva pode ser proposto no foro do domicílio do substituído ou no foro do juízo que proferiu a sentença coletiva, hipótese em que não haverá prevenção e os processos individuais serão livremente distribuídos.

2) Do Cumprimento Definitivo da Sentença que Reconhece a Exigibilidade de Obrigação de Pagar Quantia Certa (arts. 523 a 527)

STJ **Súm. 517.** São devidos honorários advocatícios no cumprimento de sentença, haja ou não impugnação, depois de escoado o prazo para pagamento voluntário, que se inicia após a intimação do advogado da parte executada.

4) Do Cumprimento de Sentença que Reconheça a Exigibilidade de Obrigação de Prestar Alimentos (arts. 528 a 533)

STF **Súm. 490.** A pensão correspondente à indenização oriunda de responsabilidade civil deve ser calculada com base no salário-mínimo vigente ao tempo da sentença e ajustar-se-á às variações ulteriores.

STJ **Súm. 54.** Os juros moratórios fluem a partir do evento danoso, em caso de responsabilidade extracontratual.

STJ **Súm. 246.** O valor do seguro obrigatório deve ser deduzido da indenização judicialmente fixada.

STJ **Súm. 309.** O débito alimentar que autoriza a prisão civil do alimentante é o que compreende as três prestações anteriores ao ajuizamento da execução e as que se vencerem no curso do processo.

STJ **Súm. 313.** Em ação de indenização, procedente o pedido, é necessária a constituição de capital ou caução fidejussória para a garantia de pagamento da pensão, independentemente da situação financeira do demandado.

4) Do Cumprimento de Sentença que Reconheça a Exigibilidade de Obrigação de Pagar Quantia Certa pela Fazenda Pública (arts. 534 e 535)

STJ **Súm. 144.** Os créditos de natureza alimentícia gozam de preferência, desvinculados os precatórios da ordem cronológica dos créditos de natureza diversa.

STJ **Súm. 394.** É admissível, em embargos à execução, compensar os valores de imposto de renda retidos indevidamente na fonte com os valores restituídos apurados na declaração anual.

STJ **Súm. 487.** O parágrafo único do art. 741 do CPC não se aplica às sentenças transitadas em julgado em data anterior à da sua vigência.

ENUNCIADOS

1) Disposições Gerais (arts. 513 a 519)

CJF **Proc. Civil 84.** O comparecimento espontâneo da parte constitui termo inicial dos prazos para pagamento e, sucessivamente, impugnação ao cumprimento de sentença.

CJF **Proc. Civil 85.** Na execução de título extrajudicial ou judicial (art. 515, § 1º, do CPC) é cabível a citação postal.

CJF **Proc. Civil 87.** O acordo de reparação de danos feito durante a suspensão condicional do processo, desde que devidamente homologado por sentença, é título executivo judicial.

Enfam **Enunc. 50.** O oferecimento de impugnação manifestamente protelatória ao cumprimento de sentença será considerado conduta atentatória à dignidade da Justiça (art. 918, III, parágrafo único, do CPC/2015), ensejando a aplicação da multa prevista no art. 774, parágrafo único.

Enfam **Enunc. 51.** A majoração de honorários advocatícios prevista no art. 827, § 2º, do CPC/2015 não é aplicável à impugnação ao cumprimento de sentença.

Enfam **Enunc. 55.** Às hipóteses de rejeição liminar a que se referem os arts. 525, § 5º, 535, § 2º, e 917 do CPC/2015 (excesso de execução) não se aplicam os arts. 9º e 10 desse Código.

Fonajef **Enunc. 224.** A fixação de astreinte (multa cominatória) na sentença está inserida no poder de coerção especial do juiz.

2) Do Cumprimento Provisório da Sentença que Reconhece a Exigibilidade de Obrigação de Pagar Quantia Certa (arts. 520 a 522)

CJF **Proc. Civil 88.** A caução prevista no inc. IV do art. 520 do CPC não pode ser exigida em cumprimento definitivo de sentença. Considera-se como tal o cumprimento de sentença transitada em julgado no processo que deu origem ao crédito executado, ainda que sobre ela penda impugnação destituída de efeito suspensivo.

CJF **Proc. Civil 136.** A caução exigível em cumprimento provisório de sentença poderá ser dispensada se o julgado a ser cumprido estiver em consonância com tese firmada em incidente de assunção de competência.

3) Do Cumprimento Definitivo da Sentença que Reconhece a Exigibilidade de Obrigação de Pagar Quantia Certa (arts. 523 a 527)

CJF **Proc. Civil 89.** Conta-se em dias úteis o prazo do caput do art. 523 do CPC.

CJF **Proc. Civil 90.** Conta-se em dobro o prazo do art. 525 do CPC nos casos em que o devedor é assistido pela Defensoria Pública.

CJF **Proc. Civil 91.** Interpreta-se o art. 524 do CPC e seus parágrafos no sentido de permitir que a parte patrocinada pela Defensoria Pública continue a valer-se da contadoria judicial para elaborar cálculos para execução ou cumprimento de sentença.

CJF **Proc. Civil 92.** A intimação prevista no caput do art. 523 do CPC deve contemplar, expressamente, o prazo sucessivo para impugnar o cumprimento de sentença.

CJF **Proc. Civil 93.** Da decisão que julga a impugnação ao cumprimento de sentença cabe apelação, se extinguir o processo, ou agravo de instrumento, se não o fizer.

CJF **Proc. Civil 94.** Aplica-se o procedimento do art. 920 do CPC à impugnação ao cumprimento de sentença, com possibilidade de rejeição liminar nas hipóteses dos arts. 525, § 5º, e 918 do CPC.

CJF **Proc. Civil 95.** O juiz, antes de rejeitar liminarmente a impugnação ao cumprimento de sentença (art. 525, § 5º, do CPC), deve intimar o impugnante para sanar eventual vício, em observância ao dever processual de cooperação (art. 6º do CPC).

Fonajef **Enunc. 56.** Aplica-se analogicamente nos juizados especiais federais a inexigibilidade do título executivo judicial, nos termos do disposto nos arts. 525, §§ 12, 14, 15; 535, §§ 7º, 8º; 1.057, todos do CPC/2015.

4) Do Cumprimento de Sentença que Reconheça a Exigibilidade de Obrigação de Prestar Alimentos (arts. 528 a 533)

CJF **Proc. Civil 146.** O prazo de 3 (três) dias previsto pelo art. 528 do CPC conta-se em dias úteis e na forma dos incisos do art. 231 do CPC, não se aplicando seu § 3º.

CJF **Proc. Civil 147.** Basta o inadimplemento de uma parcela, no todo ou em parte, para decretação da prisão civil prevista no art. 528, § 7º, do CPC.

CJF **Civil 599.** Deve o magistrado, em sede de execução de alimentos avoengos, analisar as condições do(s) devedor(es), podendo aplicar medida coercitiva diversa da prisão civil ou determinar seu cumprimento em modalidade diversa do regime fechado (prisão em regime aberto ou prisão domiciliar), se o executado comprovar situações que contraindiquem o rigor na aplicação desse meio executivo e o torne atentatório à sua dignidade, como corolário do princípio de proteção aos idosos e garantia à vida.

5) Do Cumprimento de Sentença que Reconheça a Exigibilidade de Obrigação de Fazer, de não Fazer ou de Entregar Coisa (arts. 536 a 538)

CJF **Proc. Civil 96.** Os critérios referidos no caput do art. 537 do CPC devem ser observados no momento da fixação da multa, que não está limitada ao valor da obrigação principal e não pode ter sua exigibilidade postergada para depois do trânsito em julgado.

Fonajef **Enunc. 63.** Cabe multa ao ente público pelo atraso ou não cumprimento de decisões judiciais com base no art. 461 do CPC, acompanhada de determinação para a tomada de medidas administrativas para apuração de responsabilidade funcional e/ou dano ao erário, inclusive com a comunicação ao Tribunal de Contas da União. Havendo contumácia no descumprimento, caberá remessa de ofício ao Ministério Público Federal para análise de eventual improbidade administrativa.

Fonajef **Enunc. 64.** Não cabe multa pessoal ao procurador "ad judicia" do ente público, seja com base no art. 77, seja nos arts. 497 ou 536, todos do CPC/2015.

Fonajef **Enunc. 65.** Não cabe a prévia limitação do valor da multa coercitiva (astreintes), que também não se sujeita ao limite de alçada dos juizados especiais federais, ficando sempre assegurada a possibilidade de reavaliação do montante final a ser exigido na forma do parágrafo 1º do artigo 537 do CPC/2015.

6) Do Cumprimento de Sentença em Ações Coletivas

Fonacom **Enunc. 86.** No cumprimento de sentença de ação coletiva, deverá ser priorizada a conciliação para a fixação dos parâmetros de execução.

Fonacom **Enunc. 87.** No cumprimento de sentença em ações coletivas deve ser priorizada a execução invertida, como forma de atender ao princípio da celeridade e fomentar a conciliação.

INFORMATIVOS

STJ **Cessão de crédito. Liquidação. Retomada do cumprimento de sentença já iniciado. Fracionamento do cumprimento de sentença de único provimento jurisdicional. Impossibilidade. Coisa julgada. Impeditivo de nova demanda.** É incabível a repropositura de cumprimento de sentença de parcela de mesmo crédito que não foi cobrado anteriormente em observância à coisa julgada impeditiva de nova demanda. *REsp 1778638, 4ª T, 7.11.2022. Inf 758.*

STJ **Decisão interlocutória. Penhora de bens. Recurso cabível. Agravo de instrumento. Apresentação prévia de simples petição nos termos do CPC. Desnecessidade. Faculdade do devedor.** Na fase de cumprimento de sentença, não há óbice à interposição direta do recurso de agravo de instrumento contra decisão que determina a penhora de bens sem a prévia utilização do procedimento de impugnação previsto no art. 525, § 11, do CPC. *REsp 2023890, 3ª T, 27.10.2022. Inf 757.*

STJ **Cumprimento de sentença arbitral. Impugnação ao cumprimento de sentença. Depósito para garantia do juízo. Pagamento voluntário. Não ocorrência. Aplicação de multa e de honorários advocatícios. CPC.** A multa e honorários advocatícios a que se refere o § 1º do art. 523 do CPC serão excluídos apenas se o executado depositar voluntariamente a quantia devida em juízo, sem condicionar seu levantamento a qualquer discussão do débito. *REsp 2007874, 3ª T, 6.10.2022. Inf 756.*

STJ **Prisão civil. Nulidade. Pré-existência de ações penais que envolvem o magistrado que decretou a prisão e o suposto devedor de alimentos. Reconhecimento de impedimento e suspeição cumulativamente (inimizade). CPC. Quebra da imparcialidade em processo distinto da execução de alimentos. Produção de efeitos expansivos para todos os processos que envolvem as partes.** A pré-existência de ações penais envolvendo, de um lado, o juiz, e de outro lado, a parte ou o seu advogado, é causa típica de impedimento (art. 144, IX, do CPC) que obsta a eventual decretação de prisão civil por dívida de alimentos, ainda que presentes os requisitos para adoção da medida coativa extrema. *Proc. segredo justiça, 3ª T, 28.10.2022.*

STJ **Prisão civil. Alimentos. Advogado alimentante. Inexistência de sala de estado-maior. Recolhimento em cela separada. Prisão domiciliar. Inadmissibilidade.** A prerrogativa de ser recolhido em sala de estado-maior não pode incidir na prisão civil do advogado devedor de alimentos, desde que lhe seja garantido um local apropriado, separado de presos comuns. *Proc. segredo justiça, 2ª S, 26.10.2022.*

STJ **Obrigação de alimentos. Prisão civil do devedor. Inadequada e ineficaz no caso concreto. Afastamento excepcional. Legalidade.** A prisão civil do devedor de alimentos pode ser excepcionalmente afastada, quando a técnica de coerção não se mostrar a mais adequada e eficaz para obrigá-lo a cumprir suas obrigações. *RHC 160368, 3ª T, 18.4.2022. Inf 733.*

STJ **Execução de alimentos. Inadimplemento. Prisão civil. Pandemia. Covid-19. Retomada do cumprimento em regime fechado. Possibilidade. Análise casuística. Contexto epidemiológico local.** Cabe ao magistrado determinar o regime fechado para cumprimento da prisão civil de acordo com o caso específico e a observância do contexto epidemiológico local. *Processo sob segredo judicial, 4ª T, 5.4.2022. Inf 732.*

STJ **Cumprimento de sentença. Prescrição superveniente. Cabimento. Excepcionalidade.** Apenas a prescrição superveniente à formação do título pode ser alegada em cumprimento de sentença. *REsp 1931969, 3ª T, 11.2.2022. Inf 726.*

QUESTÕES DISCURSIVAS

8. (TRF/2R/Juiz/2017) Cláusula penal e multa cominatória (astreintes). Aborde: conceitos e funções. Limites legais. Incidência quando da ausência de prejuízo. Preceito cominatório e sua modificação: preclusão e revisão da decisão (interlocutória ou sentença) que fixa a multa cominatória. Contrato e fixação, em seu bojo, de multa cominatória: preceito cominatório ou cláusula penal? Termo de ajustamento de conduta e acordos homologados judicialmente: as multas aí fixadas têm natureza de cláusula penal ou de astreintes? Sujeitam-se a tetos imperativos? Multa cominatória contra a Fazenda Pública.

QUESTÕES OBJETIVAS

106. (TRF/3R/Juiz/2018) No cumprimento de sentença, afigura-se correto afirmar que:

a) A decisão judicial sujeita a recurso desprovido de efeito suspensivo poderá ser levada a protesto, depois de transcorrido o prazo para pagamento.
b) É título executivo judicial a decisão homologatória da autocomposição judicial, sendo que essa última pode versar relação jurídica que não tenha sido deduzida em juízo, desde que se limite aos sujeitos já presentes no processo.
c) O cumprimento provisório, a ser realizado da mesma forma que o definitivo, corre por iniciativa e responsabilidade do exequente, e será iniciado mediante prestação de caução.
d) Em se tratando de quantia certa, não ocorrendo o pagamento voluntário no prazo legal, o débito será acrescido de multa e de honorários advocatícios, ambos no percentual de dez por cento (10%) cada.

107. (Cespe/TRF/5R/Juiz/2017) Com base na jurisprudência do Superior Tribunal de Justiça (STJ), julgue os seguintes itens, no que concerne à tutela provisória, à competência e ao cumprimento de sentença.

I. Mesmo após o comparecimento espontâneo do réu em juízo, é indispensável sua intimação formal para que se inicie o prazo para a impugnação na fase de cumprimento de sentença.
II. A justiça federal possui competência para julgar demanda proposta por estudante acerca de credenciamento de instituição privada de ensino superior junto ao Ministério da Educação, com vistas à expedição de diploma de ensino a distância ao autor.
III. Em demanda previdenciária, os valores recebidos por força de tutela provisória de urgência antecipada posteriormente revogada serão irrepetíveis, em razão da natureza alimentar e da boa-fé no seu recebimento.

Assinale a opção correta.

a) Nenhum item está certo.
b) Apenas o item I está certo.
c) Apenas o item II está certo.
d) Apenas o item III está certo.
e) Todos os itens estão certos.

108. (TRF/4R/Juiz/2016) Acerca do novo Código de Processo Civil de 2015:

I. Entre os procedimentos especiais de jurisdição contenciosa extintos pelo novo Código de Processo Civil, estão a ação de depósito; a ação de usucapião de terras particulares; a ação de nunciação de obra nova; o interdito proibitório; e a ação de anulação e substituição de título ao portador.
II. A sentença condenatória para pagamento de quantia certa contra a Fazenda Pública será executada no mesmo processo, em fase de cumprimento de sentença, a exemplo do que ocorre contra os devedores privados, sendo o meio de defesa a impugnação; já a execução de título extrajudicial dar-se-á por meio de processo específico de execução, cuja defesa deverá ser promovida via embargos do devedor.
III. Ficou mantida a possibilidade de, no prazo para embargos, o devedor parcelar o débito, com os acréscimos legais previstos na legislação processual, mediante o depósito de 30% do valor, pagando o restante em seis parcelas, inclusive no cumprimento de sentença.

a) Está correta apenas a assertiva I.
b) Está correta apenas a assertiva II.
c) Está correta apenas a assertiva III.
d) Estão corretas apenas as assertivas I e III.
e) Estão corretas todas as assertivas.

109. (FCC/TJ/GO/Juiz/2021) No cumprimento definitivo de sentença que haja imposto condenação em quantia certa, ou já fixada em liquidação:

a) o executado, a requerimento do exequente, será intimado a pagar voluntariamente o débito no prazo de quinze dias, já acrescido de custas e honorários advocatícios, sob pena de multa de dez por cento.
b) serão arbitrados honorários em benefício do executado no caso de acolhimento, ainda que parcial, de impugnação ou de exceção de pré-executividade.
c) a incidência da multa demanda prévia intimação pessoal do executado.
d) se o executado realizar o pagamento tempestivo, ainda que parcial, não incidirá em multa.
e) não efetuado tempestivamente o pagamento voluntário, o juiz, a pedido do exequente, determinará a expedição de mandado de penhora e avaliação.

110. (FCC/TJ/MS/Juiz/2020) No que tange ao procedimento concernente ao cumprimento da sentença, é correto afirmar:

a) quando o juiz decidir relação jurídica sujeita a condição ou termo, o cumprimento da sentença não dependerá de demonstração de que se realizou a condição ou de que ocorreu o termo.
b) o cumprimento provisório da sentença impugnada por recurso desprovido de efeito suspensivo não poderá em nenhuma situação admitir o levantamento de depósito em dinheiro ou a prática de atos que importem transferência de posse ou domínio, pela possibilidade de irreversibilidade dos efeitos de tais atos.
c) como regra, o devedor será intimado pessoalmente para cumprir a sentença espontaneamente em quinze dias, sob pena de multa.
d) o cumprimento da sentença que reconhece o dever de pagar quantia, provisório ou definitivo, far-se-á de ofício ou a requerimento do credor.
e) o cumprimento da sentença não poderá ser promovido em face do fiador, do coobrigado ou do corresponsável que não tiver participado da fase de conhecimento.

111. (Vunesp/TJ/RJ/Juiz/2019) Segundo os contornos traçados pelo Código de Processo Civil de 2015 à impugnação ao cumprimento de sentença, assinale a alternativa correta.

a) O executado pode alegar a ilegitimidade de parte advinda da fase de conhecimento tanto no que concerne ao polo ativo quanto ao passivo da demanda.
b) Por ter natureza jurídica de ação, não se aplica o benefício do prazo em dobro em processos de autos físicos para os executados que tiverem diferentes procuradores.
c) Tal defesa típica é exclusiva do cumprimento definitivo de sentença, sendo que, quando de cumprimento provisório se tratar, o executado poderá defender-se por meio de simples petição.
d) O rol de matérias arguíveis pelo executado limita-se a alegações posteriores ao trânsito em julgado do pronunciamento judicial executado.
e) O executado poderá alegar nesta defesa típica a nulidade da sentença arbitral, se houver execução judicial.

112. (Cespe/TJ/PR/Juiz/2019) Paulo requereu o cumprimento provisório da sentença que condenou Fernando a lhe pagar a quantia de cinquenta mil reais em uma demanda que tramitou pelo procedimento comum. À petição em que requereu o início do cumprimento de sentença, Paulo juntou cópia da decisão exequenda, certidão de interposição do recurso de Fernando não dotado de efeito suspensivo e outros documentos necessários ao cumprimento. Ele, ainda, requereu ao juízo no qual o título foi formado que:• o cumprimento de sentença fosse remetido ao juízo da localidade onde Fernando possui bens; • fossem fixados honorários para a fase de cumprimento de sentença; • fosse imposta multa por eventual inadimplemento de Fernando; • dispensassem-no do pagamento de caução, em razão da sua situação de necessidade, que foi demonstrada. Com relação a essa situação hipotética, é correto afirmar que

a) o pedido de remessa à localidade onde Fernando possui bens deve ser rejeitado, porque o cumprimento de sentença é de competência exclusiva do juízo que profere a sentença.
b) não cabe o arbitramento de honorários na fase de cumprimento provisório da sentença, porque essa fase processual é um ato facultativo de Paulo.
c) Fernando poderá depositar o referido valor com o único intuito de evitar a incidência da multa, ato que não será tido como incompatível com o recurso interposto por ele.
d) Paulo poderá ser dispensado do pagamento de caução apenas se tiver firmado com Fernando negócio processual com essa finalidade e devidamente homologado pelo juízo competente.

7.3. Dos Procedimentos Especiais

SÚMULAS

1) Da Ação de Exigir Contas

STJ **Súm. 259.** A ação de prestação de contas pode ser proposta pelo titular de conta corrente bancária.

2) Das Ações Possessórias

STJ **Súm. 228.** É inadmissível o interdito proibitório para a proteção do direito autoral.

STJ **Súm. 637.** O ente público detém legitimidade e interesse para intervir, incidentalmente, na ação possessória entre particulares, podendo deduzir qualquer matéria defensiva, inclusive, se for o caso, o domínio.

3) Dos Embargos de Terceiro

STJ **Súm. 84.** É admissível a oposição de embargos de terceiro fundados em alegação de posse advinda do compromisso de compra e venda de imóvel, ainda que desprovido do registro.

STJ **Súm. 134.** Embora intimado da penhora em imóvel do casal, o cônjuge do executado pode opor embargos de terceiro para defesa de sua meação.

STJ **Súm. 195.** Em embargos de terceiro não se anula ato jurídico, por fraude contra credores.

STJ **Súm. 303.** Em embargos de terceiro, quem deu causa à constrição indevida deve arcar com os honorários advocatícios.

4) Da Ação Monitória

STJ **Súm. 247.** O contrato de abertura de crédito em conta corrente, acompanhado do demonstrativo de débito, constitui documento hábil para o ajuizamento da ação monitória.

STJ **Súm. 282.** Cabe a citação por edital em ação monitória.

STJ **Súm. 292.** A reconvenção é cabível na ação monitória, após a conversão do procedimento em ordinário.

STJ **Súm. 299.** É admissível a ação monitória fundada em cheque prescrito.

STJ **Súm. 339.** É cabível ação monitória contra a Fazenda Pública.

STJ **Súm. 384.** Cabe ação monitória para haver saldo remanescente oriundo de venda extrajudicial de bem alienado fiduciariamente em garantia.

STJ **Súm. 475.** Responde pelos danos decorrentes de protesto indevido o endossatário que recebe por endosso translativo título de crédito contendo vício formal extrínseco ou intrínseco, ficando ressalvado seu direito de regresso contra os endossantes e avalistas.

STJ **Súm. 476.** O endossatário de título de crédito por endosso-mandato só responde por danos decorrentes de protesto indevido se extrapolar os poderes de mandatário.

STJ **Súm. 503.** O prazo para ajuizamento de ação monitória em face do emitente de cheque sem força executiva é quinquenal, a contar do dia seguinte à data de emissão estampada na cártula.

STJ **Súm. 504.** O prazo para ajuizamento de ação monitória em face do emitente de nota promissória sem força executiva é quinquenal, a contar do dia seguinte ao vencimento do título.

STJ **Súm. 531.** Em ação monitória fundada em cheque prescrito, ajuizada contra o emitente, é dispensável a menção ao negócio jurídico subjacente à emissão da cártula.

5) Do Inventário e da Partilha

STF **Súm. 542.** Não é inconstitucional a multa instituída pelo Estado-membro, como sanção pelo retardamento do início ou da ultimação do inventário.

REPERCUSSÃO & REPETITIVOS

STJ **Repetitivo 1074.** No arrolamento sumário, a homologação da partilha ou da adjudicação, bem como a expedição do formal de partilha e da carta de adjudicação, não se condicionam ao prévio recolhimento do imposto de transmissão causa mortis, devendo ser comprovado, todavia, o pagamento dos tributos relativos aos bens do espólio e às suas rendas, a teor dos arts. 659, § 2º, do CPC/2015 e 192 do CTN. *REsp 1896526, 28.10.2022.*

ENUNCIADOS

1) Das Ações Possessórias

CJF **Civil 569.** No caso do art. 1.242, parágrafo único, a usucapião, como matéria de defesa, prescinde do ajuizamento da ação de usucapião, visto que, nessa hipótese, o usucapiente já é o titular do imóvel no registro.

2) Do Inventário e da Partilha

CJF **Proc. Civil 51.** Havendo registro judicial ou autorização expressa do juízo sucessório competente, nos autos do procedimento de abertura, registro e cumprimento de testamento, sendo todos os interessados capazes e concordes, poderão ser feitos o inventário e a partilha por escritura pública.

CJF **Proc. Civil 52.** Na organização do esboço da partilha tratada pelo art. 651 do CPC, deve-se incluir a meação do companheiro.

CJF **Proc. Civil 131.** A remissão ao art. 672, feita no art. 664, § 4º, do CPC, consiste em erro material decorrente da renumeração de artigos durante a tramitação legislativa. A referência deve ser compreendida como sendo ao art. 662, norma que possui conteúdo integrativo adequado ao comando expresso e finalístico do art. 664, § 4º.

CJF **PSEL 77.** Havendo registro ou expressa autorização do juízo sucessório competente, nos autos do procedimento de abertura e cumprimento de testamento, sendo todos os interessados capazes e concordes, o inventário e partilha poderão ser feitos por escritura pública, mediante acordo dos interessados, como forma de pôr fim ao procedimento judicial.

3) Dos Embargos de Terceiro

CJF **Proc. Civil 53.** Para o reconhecimento definitivo do domínio ou da posse do terceiro embargante (art. 681 do CPC), é necessária a presença, no polo passivo dos embargos, do réu ou do executado a quem se impute a titularidade desse domínio ou dessa posse no processo principal.

CJF **Proc. Civil 132.** O prazo para apresentação de embargos de terceiro tem natureza processual e deve ser contado em dias úteis.

CJF **Proc. Civil 133.** É admissível a formulação de reconvenção em resposta aos embargos de terceiro, inclusive para o propósito de veicular pedido típico de ação pauliana, nas hipóteses de fraude contra credores.

4) Da Habilitação

CJF **Proc. Civil 54.** Estando o processo em grau de recurso, o requerimento de habilitação far-se-á de acordo com o Regimento Interno do respectivo tribunal (art. 687 do CPC).

CJF **Proc. Civil 55.** É cabível apelação contra sentença proferida no procedimento especial de habilitação (arts. 687 a 692 do CPC).

5) Da Ação Monitória

CJF **Proc. Civil 101.** É admissível ação monitória, ainda que o autor detenha título executivo extrajudicial.

CJF **Proc. Civil 134.** A apelação contra a sentença que julga improcedentes os embargos ao mandado monitório não é dotada de efeito suspensivo automático (art. 702, § 4º, e 1.012, § 1º, V, CPC).

6) Dos Procedimentos de Jurisdição Voluntária

CJF **Proc. Civil 56.** A legitimidade conferida à Defensoria Pública pelo art. 720 do CPC compreende as hipóteses de jurisdição voluntária previstas na legislação extravagante, notadamente no Estatuto da Criança e do Adolescente.

CJF **Proc. Civil 57.** Todos os legitimados a promover a curatela, cujo rol deve incluir o próprio sujeito a ser curatelado, também o são para realizar o pedido do seu levantamento.

QUESTÕES OBJETIVAS

113. (Vunesp/TRF/3R/Juiz/2022) Assinale a alternativa correta quanto à aplicação das normas processuais de procedimentos especiais em legislação extravagante:

a) Foi concedida liminar em mandado de segurança para que o Secretário de Assistência Farmacêutica do Ministério da Saúde concedesse a Ana o remédio para tratamento da doença retinose pigmentar, grave doença ocular. Posteriormente, no momento da prolação da sentença, após as informações da autoridade coatora e do parecer do Ministério Público Federal, que demonstravam que o medicamento era experimental, não aprovado pela Agência de Vigilância Sanitária, inclusive por não haver estudos de comprovação da sua eficácia terapêutica, o magistrado, revendo seu posicionamento inicial, denegou a ordem na sentença, e expressamente sustentou a impossibilidade de manutenção da medida liminar quando há decisão final denegatória. Quanto a este aspecto processual, a decisão foi compatível com o entendimento dos Tribunais Superiores sobre a matéria.

b) Lúcio trabalhou na época da ditadura militar em uma repartição que teria sido alvo de investigações sigilosas pelo Serviço Nacional de Informação, o que descobriu após a leitura de um artigo acadêmico sobre justiça de transição. Intentando conhecer os eventuais dados que existiam a seu respeito impetra um Habeas Data, defendendo que a tutela do direito à autodeterminação das informações sobre si próprio, ainda mais em questão tão sensível, justifica o seu interesse de agir para impetração da ação, independentemente da configuração da recusa de informações por parte da autoridade administrativa. A decisão acolheu a alegação feita por Lúcio, o que está em consonância com entendimento dos Tribunais Superiores sobre a matéria.

c) A cidadã Maria intenta ação popular para anular ato de Ministro de Estado da Saúde que supostamente teria lesado o patrimônio público ao adquirir medicamentos sem comprovada eficácia terapêutica para o Sistema Único de Saúde. O Ministro de Estado alega, como preliminar em sua contestação, a incompetência do juízo federal de primeiro grau em virtude de ter prerrogativa de foro para anulação de seus atos no Supremo Tribunal Federal. A decisão acolheu a preliminar, aplicando analogicamente o artigo 105, inc. I, alínea b, da Constituição Federal, que confere ao Supremo Tribunal Federal a competência para julgar atos de Ministro de Estado em mandado de segurança. A decisão está em consonância com o entendimento dos Tribunais Superiores quanto à existência de prerrogativa de foro para julgamento em ação popular.

d) Manoel, servidor público federal, requereu administrativamente a concessão de um benefício concedido a vários servidores que estavam nas mesmas condições que as suas. Contudo, a autoridade administrativa decidiu examinar o pedido apenas após o retorno de suas férias. Em face dessa decisão, Manoel simultaneamente interpôs recurso administrativo que tinha efeito suspensivo, e ao mesmo tempo impetrou mandado de segurança para obter a concessão do benefício. A decisão reconheceu a ausência de interesse jurídico na impetração do mandado de segurança, em virtude da existência de recurso com efeito suspensivo, o que está em consonância com o entendimento dos Tribunais Superiores.

114. (Cespe/TRF/5R/Juiz/2017) Em um processo administrativo instaurado com a finalidade de separar terras devolutas da União de imóveis particulares, a comissão especial responsável pela instauração do procedimento realizou, na forma da lei, convocação dos interessados para a apresentação de título e documentos. Entretanto, diversos interessados não atenderam nem ao edital de convocação, nem à notificação para celebrar termo com a União. Nessa situação hipotética, de acordo com a legislação vigente, para que ocorra a devida identificação do imóvel da União, com efeito de registro como título de propriedade:

a) deverá ser proposta ação de divisão e demarcação de terras, conforme procedimento previsto no CPC.
b) o Instituto Nacional de Colonização e Reforma Agrária deverá ajuizar ação discriminatória.
c) deverá ser proposta ação reivindicatória de propriedade, porque a lei presume que os imóveis pertencem ao particular convocado.
d) a União deverá propor ação, pelo procedimento comum, com pedido de tutela provisória, já que não há procedimento especial previsto para esse caso.
e) será dispensável o ajuizamento de ação judicial, porque se presume a renúncia em razão da inércia dos interessados.

115. (Vunesp/TJ/SP/Juiz/2021) Caio, Abel e Adão são os únicos sócios de uma sociedade anônima de capital fechado, detendo, respectivamente, 40%, 30% e 30% das ações. Por entender que a sociedade não pode mais preencher o seu fim, Caio propõe ação de dissolução parcial de sociedade cumulada com apuração de haveres em face de Abel e Adão, não incluindo a sociedade. A demanda é julgada procedente e apurados os haveres em R$ 1.000.000,00. Considerando essa situação, assinale a alternativa correta.

a) A sociedade somente pode responder pelo débito se, em incidente processual, for obtida a desconsideração inversa da personalidade jurídica.
b) A sentença é válida, mas ineficaz em relação à sociedade.
c) Apesar de não incluída no polo passivo a sociedade sofre os efeitos da decisão e da autoridade da coisa julgada.
d) O processo deve ser declarado nulo, pois a sociedade deve obrigatoriamente ser incluída no polo passivo.

116. (FGV/TJ/PR/Juiz/2021) Acerca do procedimento de inventário, é correto afirmar que:

a) podem as partes arguir qualquer matéria em sua manifestação sobre as primeiras declarações.
b) o credor de dívida líquida e certa, ainda não vencida, não pode requerer habilitação no inventário.

c) a partilha, depois de transitada em julgado a sentença, somente pode ser alterada por meio de sua rescisão.
d) é lícita a cumulação de inventários para a partilha de heranças de pessoas diversas, quando houver identidade de pessoas entre as quais devam ser repartidos os bens.
e) caso seja necessária a sobrepartilha, esta seguirá procedimento especial simplificado.

117. (FCC/TJ/MS/Juiz/2020) Em relação às ações reguladas por procedimentos especiais, é correto afirmar:

a) a ação monitória será proposta por aquele que afirmar, com base em prova oral ou escrita sem exequibilidade, ter direito de exigir do devedor capaz o pagamento de valor em dinheiro ou a entrega de coisa fungível ou infungível, ou de bem móvel ou imóvel.
b) a oposição é manifestada por aquele que, denunciado da lide ou chamado ao processo, impugna sua condição de responsável pela obrigação contratual ou extracontratual.
c) no caso de ação possessória em que figure no polo passivo grande número de pessoas, serão feitas a citação pessoal dos ocupantes que forem encontrados no local e a citação por edital dos demais, determinando-se, ainda, a intimação do Ministério Público e, se envolver pessoas em situação de hipossuficiência econômica, da Defensoria Pública.
d) no tocante à ação de consignação em pagamento, será o depósito requerido no lugar do pagamento, cessando para o devedor, à data do depósito, os juros e os riscos da mora, ainda que a demanda seja ao depois julgada improcedente, por sua demonstração tempestiva de boa-fé objetiva.
e) a ação de dissolução parcial de sociedade tem por objeto único a resolução da sociedade empresária contratual ou simples em relação ao sócio falecido, excluído ou que exerceu o direito de retirada ou recesso.

118. (Vunesp/TJ/RJ/Juiz/2019) A monitória é ação de procedimento especial que apresenta contornos que a assemelham por vezes à execução e, em outras, ao processo de conhecimento. Sobre a ação monitória, assinale a alternativa correta.

a) É admitida a reconvenção na ação monitória sendo igualmente permitido o oferecimento de reconvenção à reconvenção.
b) Por ser ação cabível com base em prova escrita sem eficácia de título executivo, não é possível ao réu, reconhecendo o crédito do autor e comprovando o depósito de trinta por cento do valor, exigir o parcelamento do restante em até seis vezes mensais.
c) Cabe apelação sem efeito suspensivo automático contra a sentença que rejeita os embargos.
d) Pelo fato de que se constitui de pleno direito o título executivo judicial, se não realizado o pagamento e não apresentados os embargos monitórios, somente é admitida a citação do réu na modalidade pessoal.
e) O réu, para que possa opor embargos, deverá apresentar caução suficiente e idônea, arbitrada de plano pelo juiz e prestada nos próprios autos.

119. (Cespe/TJ/SC/Juiz/2019) De acordo com as disposições do CPC, assinale a opção correta relativa aos procedimentos especiais.

a) Entre os legitimados para requerer a abertura de inventário, estão os credores dos herdeiros ou do autor da herança, mas não os credores do legatário.
b) No caso da ação possessória multitudinária, o oficial de justiça procurará, por uma vez, os ocupantes no imóvel, sendo citados por edital os que não forem encontrados na ocasião, independentemente de outras diligências para citação por hora certa.
c) Em razão da sumariedade do procedimento monitório, o CPC vedou a possibilidade da reconvenção em demandas dessa natureza.
d) Falecendo qualquer uma das partes no curso do processo, a sucessão processual acontecerá por meio do procedimento de habilitação, que ocorrerá nos mesmos autos da demanda, independentemente de suspensão do processo.
e) Em regra, o proprietário fiduciário do bem constrito ou ameaçado não detém legitimidade ativa para ajuizar embargos de terceiro.

120. (Cespe/TJ/SC/Juiz/2019) Matheus e Isaac – o primeiro residente e domiciliado em São Paulo/SP, e o segundo em Recife/PE – resolveram adquirir, em condomínio, imóvel localizado na praia de Jurerê, em Florianópolis/SC, pertencente a Tarcísio, residente e domiciliado em Recife/PE. Após a celebração da promessa de compra e venda com caráter irrevogável e irretratável e depois do pagamento do preço ajustado, Tarcísio se recusou a lavrar a escritura pública definitiva do imóvel, sob a alegação de que o preço deveria ser reajustado, em razão da recente instalação de dois famosos "beach clubs" na região. Inconformados, Matheus e Isaac resolveram buscar tutela judicial, a fim de obrigar Tarcísio a cumprir o negócio jurídico. Nessa situação hipotética, é correto afirmar, à luz das regras do Código de Processo Civil (CPC) e da jurisprudência majoritária do STJ, que o mecanismo jurídico adequado para a tutela pretendida é

a) a ação de adjudicação compulsória, que independerá do prévio registro do compromisso de compra e venda no cartório de imóveis competente e deverá ser ajuizada em Florianópolis/SC ou Recife/PE, mas não em São Paulo/SP.
b) a ação reivindicatória, que independerá do prévio registro do compromisso de compra e venda no cartório de imóveis competente e deverá ser ajuizada necessariamente em Florianópolis/SC.
c) a ação de adjudicação compulsória, que independerá de prévio registro do compromisso de compra e venda no cartório de imóveis competente e deverá ser ajuizada necessariamente em Florianópolis/SC.
d) a ação reivindicatória, que dependerá do prévio registro do compromisso de compra e venda no cartório de imóveis competente e deverá ser ajuizada em Florianópolis/SC ou Recife/PE, mas não em São Paulo/SP.
e) a ação de adjudicação compulsória, que dependerá do prévio registro do compromisso de compra e venda no cartório de imóveis e deverá ser ajuizada em Florianópolis/SC ou Recife/PE, mas não em São Paulo/SP.

121. (Cespe/TJ/PR/Juiz/2019) De acordo com as normas previstas no Código de Processo Civil para os procedimentos especiais, assinale a opção correta.

a) Em procedimento de inventário e partilha, o magistrado está proibido de deferir antecipadamente a um herdeiro o direito de uso e fruição de bem do espólio.
b) O magistrado que, em ação de consignação em pagamento, concluir pela insuficiência do depósito, somente poderá condenar, em sentença, o autor ao pagamento da diferença percebida caso tenha sido apresentada reconvenção pelo réu.
c) O magistrado que verificar a existência de terceiro titular de interesse em embargar ato tratado em juízo deverá ordenar a sua intimação pessoal.
d) Em ação monitória, o magistrado deverá determinar, em regra, a citação do réu por meio de oficial de justiça, porque naquele procedimento é vedada a citação pelo correio.

8. DO PROCESSO DE EXECUÇÃO

8.1. Da Execução em Geral

SÚMULAS

1) Disposições Gerais

STJ **Súm. 196.** Ao executado que, citado por edital ou por hora certa, permanecer revel, será nomeado curador especial, com legitimidade para apresentação de embargos.

TRF4 **Súm. 27.** A prescrição não pode ser acolhida no curso do processo de execução, salvo se superveniente à sentença proferida no processo de conhecimento.

2) Das Partes

STJ **Súm. 27.** Pode a execução fundar-se em mais de um título extrajudicial relativos ao mesmo negócio.

STJ **Súm. 268.** O fiador que não integrou a relação processual na ação de despejo não responde pela execução do julgado.

3) Dos Requisitos Necessários para Realizar Qualquer Execução

STJ **Súm. 233.** O contrato de abertura de crédito, ainda que acompanhado de extrato da conta corrente, não é título executivo.

STJ **Súm. 248.** Comprovada a prestação dos serviços, a duplicata não aceita, mas protestada, é título hábil para instruir pedido de falência.

STJ **Súm. 258.** A nota promissória vinculada a contrato de abertura de crédito não goza de autonomia em razão da iliquidez do título que a originou.

STJ **Súm. 300.** O instrumento de confissão de dívida, ainda que originário de contrato de abertura de crédito, constitui título executivo.

4) Da Responsabilidade Patrimonial

STJ **Súm. 375.** O reconhecimento da fraude à execução depende do registro da penhora do bem alienado ou da prova de má-fé do terceiro adquirente.

TRF4 **Súm. 41.** É incabível o sequestro de valores ou bloqueio das contas bancárias do INSS para garantir a satisfação de débitos judiciais.

TRF4 **Súm. 109.** É possível que a constrição executiva recaia sobre os direitos que o executado detém no contrato de alienação fiduciária.

REPERCUSSÃO & REPETITIVOS

STJ **Repetitivo 677.** Na execução, o depósito efetuado a título de garantia do juízo ou decorrente da penhora de ativos financeiros não isenta o devedor do pagamento dos consectários de sua mora, conforme previstos no título executivo, devendo-se, quando da efetiva entrega do dinheiro ao credor, deduzir do montante final devido o saldo da conta judicial. *REsp 1820963, 19.10.2022.*

ENUNCIADOS

CJF **Proc. Civil 86.** As prestações vincendas até o efetivo cumprimento da obrigação incluem-se na execução de título executivo extrajudicial (arts. 323 e 318, parágrafo único, do CPC).

CJF **Proc. Civil 97.** A execução pode ser promovida apenas contra o titular do bem oferecido em garantia real, cabendo, nesse caso, somente a intimação de eventual coproprietário que não tenha outorgado a garantia.

CJF **Proc. Civil 98.** O art. 782, § 3º, do CPC não veda a possibilidade de o credor, ou mesmo o órgão de proteção ao crédito, fazer a inclusão extrajudicial do nome do executado em cadastros de inadimplentes.

CJF **Proc. Civil 99.** A inclusão do nome do executado em cadastros de inadimplentes poderá se dar na execução definitiva de título judicial ou extrajudicial.

CJF **Proc. Civil 100.** Interpreta-se a expressão condomínio edilício do art. 784, X, do CPC de forma a compreender tanto os condomínios verticais, quanto os horizontais de lotes, nos termos do art. 1.358-A do Código Civil.

CJF **Proc. Civil 102.** A falta de oposição dos embargos de terceiro preventivos no prazo do art. 792, § 4º, do CPC não impede a propositura dos embargos de terceiro repressivos no prazo do art. 675 do mesmo Código.

CJF **Proc. Civil 148.** A reiteração pelo exequente ou executado de matérias já preclusas pode ensejar a aplicação de multa por conduta contrária à boa-fé.

CJF **Proc. Civil 149.** A falta de averbação da pendência de processo ou da existência de hipoteca judiciária ou de constrição judicial sobre bem no registro de imóveis não impede que o exequente comprove a má-fé do terceiro que tenha adquirido a propriedade ou qualquer outro direito real sobre o bem.

CJF **Proc. Civil 150.** Aplicam-se ao direito de laje os arts. 791, 804 e 889, III, do CPC.

Enfam **Enunc. 52.** A citação a que se refere o art. 792, § 3º, do CPC/2015 (fraude à execução) é a do executado originário, e não aquela prevista para o incidente de desconsideração da personalidade jurídica (art. 135 do CPC/2015).

Enfam **Enunc. 54.** A ausência de oposição de embargos de terceiro no prazo de 15 (quinze dias) prevista no art. 792, § 4º, do CPC/2015 implica preclusão para fins do art. 675, caput, do mesmo código.

INFORMATIVOS

STJ **Execução de contrato de honorários advocatícios. Exceção de pré-executividade. Expressa cessão de crédito que se operou entre advogado ingressante e a sociedade de advocacia. Legitimidade da sociedade de advocacia.** A sociedade de advocacia é parte legítima para cobrar honorários contratuais na hipótese de expressa cessão de crédito operada por advogado ingressante. *REsp 2004335, 3ª T, 18.8.2022. Inf 749.*

QUESTÕES OBJETIVAS

122. (Cespe/TRF/1R/Juiz/2015) No curso de um processo de execução, o juiz determinou o bloqueio da única conta bancária do casal executado por ser o único meio encontrado para satisfazer o débito existente. Diante de informações constantes nos autos de que o casal começou a passar dificuldades financeiras em decorrência do ato de constrição, o juiz determinou, de ofício, a disponibilização de quantia mensal aos executados, enquanto remanescer o bloqueio judicial do numerário em favor da fazenda pública. Nessa situação hipotética, quanto à disponibilização da renda mensal, o juiz:

a) agiu de maneira correta, uma vez que a medida em benefício dos executados manteve-se nos limites do poder geral de cautela que a lei confere aos juízes.
b) praticou "error in procedendo", visto que colocou em risco a efetividade da tutela do direito material da parte exequente e agiu sem pedido da parte executada.
c) procedeu corretamente, uma vez que a liberação do crédito constitui antecipação de tutela baseada no abuso de direito do exequente.
d) agiu de forma equivocada, visto que a disponibilização dessa quantia constitui medida cautelar inominada, que não pode ser concedida de ofício.
e) agiu em desacordo com as normas processuais, pois, embora seja permitida a medida de ofício, a parte exequente deveria ter sido intimada previamente.

123. (Cespe/TJ/PR/Juiz/2019) De acordo com o STF, a legitimidade ativa para execução de condenação patrimonial imposta por tribunal de contas estadual é do

a) Ministério Público do respectivo estado.
b) Ministério Público junto ao tribunal de contas estadual.
c) tribunal de contas prolator da decisão.
d) ente público beneficiado com a condenação.

8.2. Das Diversas Espécies de Execução

SÚMULAS

1) Disposições Gerais

STF Súm. 150. Prescreve a execução no mesmo prazo de prescrição da ação.

STJ Súm. 417. Na execução civil, a penhora de dinheiro na ordem de nomeação de bens não tem caráter absoluto.

2) Da Execução das Obrigações de Fazer ou de não Fazer

STJ Súm. 410. A prévia intimação pessoal do devedor constitui condição necessária para a cobrança de multa pelo descumprimento de obrigação de fazer ou não fazer.

3) Da Execução por Quantia Certa

3.1) Disposições Gerais

STF Súm. 458. O processo da execução trabalhista não exclui a remição pelo executado.

3.2) Da Citação do Devedor e do Arresto

STJ Súm. 375. O reconhecimento da fraude à execução depende do registro da penhora do bem alienado ou da prova de má-fé do terceiro adquirente.

3.3) Da Penhora, do Depósito e da Avaliação

3.3.1) Do Objeto da Penhora

STJ Súm. 328. Na execução contra instituição financeira, é penhorável o numerário disponível, excluídas as reservas bancárias mantidas no Banco Central.

STJ Súm. 364. O conceito de impenhorabilidade de bem de família abrange também o imóvel pertencente a pessoas solteiras, separadas e viúvas.

STJ Súm. 417. Na execução civil, a penhora de dinheiro na ordem de nomeação de bens não tem caráter absoluto.

STJ Súm. 449. A vaga de garagem que possui matrícula própria no registro de imóveis não constitui bem de família para efeito de penhora.

STJ Súm. 451. É legítima a penhora da sede do estabelecimento comercial.

STJ Súm. 486. É impenhorável o único imóvel residencial do devedor que esteja locado a terceiros, desde que a renda obtida com a locação seja revertida para a subsistência ou a moradia da sua família.

TRF4 Súm. 10. A impenhorabilidade da Lei n. 8.009/90 alcança o bem que, anteriormente ao seu advento, tenha sido objeto de constrição judicial.

TRF4 Súm. 108. É impenhorável a quantia depositada até quarenta salários mínimos em caderneta de poupança (art. 833, X, NCPC), bem como a mantida em papel moeda, conta-corrente ou aplicada em CDB, RDB ou em fundo de investimentos, desde que seja a única reserva monetária, e ressalvado eventual abuso, má-fé, ou fraude.

3.3.2) Da Documentação da Penhora, de seu Registro e do Depósito

STJ Súm. 134. Embora intimado da penhora em imóvel do casal, o cônjuge do executado pode opor embargos de terceiro para defesa de sua meação.

STJ Súm. 319. O encargo de depositário de bens penhorados pode ser expressamente recusado.

TRF4 Súm. 81. O transcurso de lapso temporal razoável superior a um ano é fundamento para a renovação do pedido de penhora "on line" via Bacenjud.

3.3.3) Do Lugar de Realização da Penhora

STJ Súm. 375. O reconhecimento da fraude à execução depende do registro da penhora do bem alienado ou da prova de má-fé do terceiro adquirente.

3.3.4) Da Modificações da Penhora

STJ Súm. 406. A Fazenda Pública pode recusar a substituição do bem penhorado por precatório.

3.4) Da Expropriação de Bens

STJ Súm. 121. Na execução fiscal, o devedor deverá ser intimado, pessoalmente, do dia e hora da realização do leilão.

STJ Súm. 128. Na execução fiscal, haverá segundo leilão se, no primeiro, não houver lanço superior à avaliação.

3.5) Da Satisfação do Crédito

STJ Súm. 270. O protesto pela preferência de crédito, apresentado por ente federal em execução que tramita na justiça estadual, não desloca a competência para a justiça federal.

TRF4 Súm. 32. No cálculo de liquidação de débito judicial, inclui-se o índice de 42,72% relativo à correção monetária de janeiro de 1989.

TRF4 Súm. 37. Na liquidação de débito resultante de decisão judicial, incluem-se os índices relativos ao IPC de março, abril e maio de 1990 e fevereiro de 1991.

4) Da Execução contra a Fazenda Pública

STF Súm. Vinculante 17. Durante o período previsto no parágrafo 1º do artigo 100 da Constituição, não incidem juros de mora sobre os precatórios que nele sejam pagos.

STF Súm. Vinculante 47. Os honorários advocatícios incluídos na condenação ou destacados do montante principal devido ao credor consubstanciam verba de natureza alimentar cuja satisfação ocorrerá com a expedição de precatório ou requisição de pequeno valor, observada ordem especial restrita aos créditos dessa natureza.

STF Súm. 655. A exceção prevista no art. 100, caput, da Constituição, em favor dos créditos de natureza alimentícia, não dispensa a expedição de precatório, limitando-se a isentá-los da observância da ordem cronológica dos precatórios decorrentes de condenações de outra natureza.

STJ Súm. 144. Os créditos de natureza alimentícia gozam de preferência, desvinculados os precatórios da ordem cronológica dos créditos de natureza diversa.

STJ Súm. 279. É cabível execução por título extrajudicial contra a Fazenda Pública.

STJ Súm. 311. Os atos do Presidente do Tribunal que disponham sobre processamento e pagamento de precatório não têm caráter jurisdicional.

TRF5 Súm. 1. Na execução de dívida alimentícia da Fazenda Pública, observa-se o rito do art. 730 CPC, expedindo-se precatório cujo pagamento tem preferência, em classe especial.

TRF5 Súm. 5. As prestações atrasadas, reconhecidas como devidas pela administração pública, devem ser pagas com correção monetária.

REPERCUSSÃO & REPETITIVOS

STF Rep. Geral 1127. É constitucional a penhora de bem de família pertencente a fiador de contrato de locação, seja residencial, seja comercial. *RE 1307334, 8.3.2022.*

STJ IAC 12. A) É presumido, em regra, o rateio em partes iguais do numerário mantido em conta corrente conjunta solidária quando inexistente previsão legal ou contratual de responsabilidade solidária dos correntistas pelo pagamento de dívida imputada a um deles. B) Não será possível a penhora da integralidade do saldo existente em conta conjunta solidária no âmbito de execução movida por pessoa (física ou jurídica) distinta da instituição financeira mantenedora, sendo franqueada aos cotitulares e ao exequente a oportunidade de demonstrar os valores que integram o patrimônio de cada um, a fim de afastar a presunção relativa de rateio. *REsp 1610844, 15.6.2022.*

STJ Repetitivo 1091. É válida a penhora do bem de família de fiador apontado em contrato de locação de imóvel, seja residencial, seja comercial, nos termos do inciso VII, do art. 3º da Lei n. 8.009/1990. *REsp 1822040, 8.6.2022.*

ENUNCIADOS

CJF Proc. Civil 103. Pode o exequente – em execução de obrigação de fazer fungível, decorrente do inadimplemento relativo, voluntário e inescusável do executado – requerer a satisfação da obrigação por terceiro, cumuladamente ou não com perdas e danos, considerando que o caput do art. 816 do CPC não derrogou o caput do art. 249 do Código Civil.

CJF Proc. Civil 104. O fornecimento de certidão para fins de averbação premonitória (art. 799, IX, do CPC) independe de prévio despacho ou autorização do juiz.

CJF **Proc. Civil 105.** As hipóteses de penhora do art. 833, § 2º, do CPC aplicam-se ao cumprimento da sentença ou à execução de título extrajudicial relativo a honorários advocatícios, em razão de sua natureza alimentar.

CJF **Proc. Civil 106.** Na expropriação, a apropriação de frutos e rendimentos poderá ser priorizada em relação à adjudicação, se não prejudicar o exequente e for mais favorável ao executado.

CJF **Proc. Civil 150.** Aplicam-se ao direito de laje os arts. 791, 804 e 889, III, do CPC.

CJF **Proc. Civil 151.** O legitimado pode remir a execução até a lavratura do auto de adjudicação ou de alienação (CPC, art. 826).

CJF **Proc. Civil 152.** O pacto de impenhorabilidade (arts. 190, 200 e 833, I) produz efeitos entre as partes, não alcançando terceiros.

CJF **Proc. Civil 153.** A penhorabilidade dos bens, observados os critérios do art. 190 do CPC, pode ser objeto de convenção processual das partes.

CJF **Proc. Civil 154.** O exequente deve providenciar a intimação do coproprietário no caso da penhora de bem indivisível ou de direito real sobre bem indivisível.

CJF **Proc. Civil 155.** A penhora a que alude o art. 860 do CPC poderá recair sobre direito litigioso ainda não reconhecido por decisão transitada em julgado.

CJF **Proc. Civil 156.** O decurso de tempo entre a avaliação do bem penhorado e a sua alienação não importa, por si só, nova avaliação, a qual deve ser realizada se houver, nos autos, indícios de que houve majoração ou diminuição no valor.

CJF **Proc. Civil 157.** No leilão eletrônico, a proposta de pagamento parcelado (art. 895 do CPC), observado o valor mínimo fixado pelo juiz, deverá ser apresentada até o início do leilão, nos termos do art. 886, IV, do CPC.

CJF **Proc. Civil 158.** A sentença de rejeição dos embargos à execução opostos pela Fazenda Pública não está sujeita à remessa necessária.

INFORMATIVOS

STF **Satisfação de créditos trabalhistas mediante bloqueio de recursos públicos repassados pelo FNDE.** Ofendem os princípios da legalidade orçamentária, da separação dos Poderes e da continuidade da prestação dos serviços públicos as decisões judiciais que, com o objetivo de satisfazer créditos trabalhistas, determinam o bloqueio de recursos públicos federais transferidos às Associações de Pais e Professores (APPs) pelo Fundo Nacional de Desenvolvimento da Educação (FNDE) para a implementação do Programa Dinheiro Direto na Escola (PDDE). O montante atribuído às APPs destina-se ao cumprimento de atividades essencialmente públicas, razão pela qual a respectiva execução dos valores deve seguir as regras constitucionais de organização orçamentária das finanças públicas. Os recursos públicos de aplicação compulsória em educação são impenhoráveis e o Poder Judiciário não pode modificar, mediante a imposição de atos constritivos, a destinação de verbas previamente definida pelas autoridades governamentais competentes, por configurar indevida interferência nas atribuições reservadas aos demais Poderes. *ADPF 988, 17.10.2022, Pleno. Inf 1072.*

STJ **Execução de alimentos. Prestação alimentícia em favor de ex-cônjuge. Natureza indenizatória. Débito pretérito. Rito da prisão civil. Descabimento.** O inadimplemento de alimentos compensatórios, destinados à manutenção do padrão de vida de ex-cônjuge em razão da ruptura da sociedade conjugal, não justifica a execução pelo rito da prisão, dada a natureza indenizatória e não propriamente alimentar. *Proc. segredo justiça, 4ª T, 20.9.2022. Inf 757.*

STJ **Penhora de cotas de fundo de investimento. Valorização antes do resgate. Acréscimo transferido ao exequente. Impossibilidade. Excesso de execução caracterizado.** A penhora de cotas de fundo de investimento não confere, automaticamente, ao exequente a condição de cotista desse fundo, não sujeitando-se aos riscos provenientes dessa espécie de investimento. *REsp 1885119, 3ª T, 8.11.2022. Inf 756.*

STJ **Ação de alimentos. Cumprimento de sentença. Alimentos pretéritos. Técnica da penhora e expropriação. Alimentos atuais. Técnica coercitiva da prisão civil. Cumprimento conjunto no mesmo processo. Possibilidade.** É admissível a cumulação, em um mesmo processo, de cumprimento de sentença de obrigação de pagar alimentos atuais, sob a técnica da prisão civil, e alimentos pretéritos, sob a técnica da penhora e da expropriação. *Proc. segredo justiça, 3ª T, 21.10.2022. Inf 756.*

STJ **Bloqueio via Bacen Jud. Art. 842 do CPC. Manutenção da natureza acautelatória. Comprovação dos requisitos para efetivação em momento anterior à citação. Necessidade.** O CPC não alterou a natureza jurídica do bloqueio de dinheiro via Bacen Jud, permanecendo a natureza acautelatória e a necessidade de comprovação dos requisitos para sua efetivação em momento anterior à citação. *REsp 1664465, 2ª T, 2.8.2022. Inf 743.*

STJ **Execução de título extrajudicial. Bloqueio "on line" em conta corrente e poupança. Quantia de até 40 salários mínimos. Impenhorabilidade. Art. 833, X do CPC.** É possível ao devedor poupar valores sob a regra da impenhorabilidade no patamar de até quarenta salários mínimos, não apenas aqueles depositados em cadernetas de poupança, mas também em conta corrente ou em fundos de investimento, ou guardados em papel-moeda. *AgInt no REsp 1958516, 4ª T, 14.6.2022. Inf 742.*

STJ **Contrato de arrendamento mercantil. Título executivo extrajudicial. Configuração.** O contrato de arrendamento mercantil é título executivo extrajudicial apto a instrumentalizar a ação de execução forçada. *REsp 1699184, 4ª T, 25.10.2022.*

STJ **Adjudicação. Privilégio de crédito tributário. União (Fazenda Nacional). Art. 5°, par. ún., da Lei 9.469/97. Processo na fase de execução. Intervenção anômala. Impossibilidade.** É inviável a intervenção anômala da União na fase de execução ou no processo executivo, salvo na ação cognitiva incidental de embargos. *AgInt no REsp 1838866, 4ª T, 31.8.2022. Inf 754.*

STJ **Pedido de desistência de execução. Embargos de devedor. Condicionamento à concordância do executado. Descabimento. Prévia renúncia ao direito sobre o qual se funda a ação.** O art. 3º da Lei 9.469/97, que condiciona a concordância do Advogado-Geral da União e dirigentes máximos das empresas públicas federais com pedido de desistência de ação à expressa renúncia ao direito em que se funda a ação, não se aplica na execução de título judicial. *REsp 1769643, 1ª T, 14.6.2022. Inf 742.*

STJ **Locação comercial. Bem de família oferecido em caução. Impenhorabilidade.** É impenhorável o bem de família oferecido como caução em contrato de locação comercial. *REsp 1789505, 4ª T, 7.4.2022. Inf 732.*

STJ **Execução. Obrigação de fazer e de pagar. Pretensões autônomas. Independência dos prazos prescricionais.** O ajuizamento de execução da obrigação de fazer não interrompe o prazo para a execução da obrigação de pagar. *AgInt no AREsp 1804754, 1ª T, 15.3.2022. Inf 730.*

STJ **Construção de imóvel. Débito originado de contrato de empreitada global. Bem de família. Penhora. Possibilidade.** Admite-se a penhora do bem de família para saldar o débito originado de contrato de empreitada global celebrado para promover a construção do próprio imóvel. *REsp 1976743, 3ª T, 11.3.2022. Inf 728.*

QUESTÕES OBJETIVAS

124. (TRF/4R/Juiz/2022) Dadas as assertivas abaixo, assinale a alternativa correta.

I. Admite-se como prova a confissão, desde que seja feita perante o juiz ou por meio de instrumento público, com a assistência de advogado.

II. O recurso que verse exclusivamente sobre valor de honorários de sucumbência fixados em favor do advogado de beneficiário da justiça gratuita estará sujeito a preparo, salvo se o próprio advogado demonstrar que tem direito à gratuidade.

III. É vedado ao juiz determinar à União que proceda aos cálculos e apresente os documentos relativos à execução nos processos em tramitação nos juizados especiais federais cíveis, cabendo a elaboração dos cálculos à parte exequente ou à contadoria do juízo.

IV. O juiz deve deferir o requerimento de inclusão do nome do executado em cadastros de inadimplentes, preferencialmente pelo sistema Serasajud, independentemente do esgotamento prévio de outras medidas executivas, salvo se vislumbrar alguma dúvida razoável à existência do direito ao crédito previsto na Certidão de Dívida Ativa.

a) Estão corretas apenas as assertivas I e III.
b) Estão corretas apenas as assertivas II e IV.
c) Estão corretas apenas as assertivas I, II e III.
d) Estão corretas apenas as assertivas II, III e IV.
e) Nenhuma das assertivas está correta.

125. (TRF/4R/Juiz/2022) Dadas as assertivas abaixo, assinale a alternativa correta.

I. Segundo a jurisprudência atual do Superior Tribunal de Justiça, medidas executivas atípicas, como apreensão de passaporte ou da Carteira Nacional de Habilitação, podem ser adotadas tão logo decorrido o prazo para a indicação de bens à penhora.

II. Segundo a jurisprudência atual do Superior Tribunal de Justiça, em não havendo bens penhoráveis, poderá o juiz determinar a apreensão da Carteira Nacional de Habilitação do devedor pelo prazo máximo de dois anos.

III. Ocorrida a dissolução irregular da empresa após a citação na execução fiscal, o termo inicial do prazo prescricional para a cobrança do crédito dos sócios-gerentes infratores será a data da citação da empresa.

IV. O bem indivisível poderá ser levado à alienação no processo de execução, desde que se garanta ao coproprietário ou ao cônjuge meeiro alheio à execução o correspondente à sua quota-parte, incidente sobre o valor do leilão, ainda que este seja inferior ao da avaliação.

a) Estão corretas apenas as assertivas I e II.
b) Estão corretas apenas as assertivas I e III.
c) Estão corretas apenas as assertivas II e IV.
d) Estão corretas apenas as assertivas III e IV.
e) Nenhuma das assertivas está correta.

126. (Vunesp/TRF/3R/Juiz/2022) Assinale a alternativa correta:

a) Não há previsão em nosso ordenamento jurídico para o registro no Cartório de Imóveis de uma ação de conhecimento que tenha por objetivo o recebimento de um crédito, pois só se contempla a hipótese de registro das citações de ações reais ou reipersecutórias, relativas a imóveis (ex vi art. 197, nº 21, inc. I, da Lei de Registros Públicos – Lei nº 6.015/1973).
b) A Lei de Registros Públicos (Lei nº 6.015/1973) autoriza o registro de toda e qualquer ação pessoal e real que tenha o condão de levar o demandado à insolvência, com vista a evitar a fraude de execução.
c) A averbação no registro de imóveis, de veículos ou de outros bens sujeitos à penhora, arresto ou indisponibilidade poderá ser obtida pelo exequente por meio de certidão com identificação das partes e do valor da causa, desde que a execução seja admitida pelo juiz.
d) O art. 828 do CPC autoriza o registro de toda e qualquer ação de natureza patrimonial, seja ela fundada em direito real ou pessoal.

127. (TRF/3R/Juiz/2018) Sobre a penhora é correto afirmar:

a) Poderá haver requerimento de substituição quando a penhora incidir sobre bens de baixa liquidez, exceto se observada a ordem legal de nomeação.
b) Quando se tratar de ativos financeiros, a determinação de indisponibilidade que precede a conversão em penhora dar-se-á mediante prévia ciência do ato ao executado.
c) No caso de penhora de crédito, se o terceiro negar o débito em conluio com o executado, a quitação dada pelo terceiro será considerada inválida perante o processo.
d) A penhora de percentual de faturamento de empresa, segundo a lei, é medida subsidiária e será determinada se o executado não tiver outros bens penhoráveis ou se eles forem insuficientes ou de difícil alienação.

8.3. Dos Embargos à Execução

SÚMULAS

STJ **Súm. 46.** Na execução por carta, os embargos do devedor serão decididos no juízo deprecante, salvo se versarem unicamente vícios ou defeitos da penhora, avaliação ou alienação dos bens.

ENUNCIADOS

CJF **Proc. Civil 158.** A sentença de rejeição dos embargos à execução opostos pela Fazenda Pública não está sujeita à remessa necessária.

Fonacom **Enunc. 9.** Nas hipóteses em que negado administrativamente o parcelamento ordinário, nada obsta que se faça o parcelamento judicial fundado no Código de Processo Civil (art. 745-A do CPC/1973 e art. 916 do NCPC).

INFORMATIVOS

STJ **Embargos à execução de título extrajudicial. Adiantamento de contratos de câmbio (ACC). Encargos. Empresa devedora em recuperação judicial. Sujeição dos créditos ao processo de soerguimento. Inadequação da via eleita. Extinção da execução.** O crédito referente ao efetivo adiantamento do contrato de câmbio deve ser objeto de pedido de restituição nos autos da recuperação judicial e os respectivos encargos reclamam habilitação no quadro geral de credores, por estarem sujeitos ao regime especial, mostrando-se inadequada a execução direta. *REsp 1723978, 3ª T, 22.3.2022. Inf 729.*

QUESTÕES DISCURSIVAS

9. (Cespe/TRF/5R/Juiz/2013) A União opôs embargos à execução de sentença proferida em ação coletiva, consistente em reclamação de reajuste salarial, proposta por sindicato de servidores, alegando que o servidor X, que figurava na relação dos sindicalizados, ingressara também com ação individual, perante o juizado especial, durante a tramitação do feito. Sustentou a União, também, que os servidores Y e Z, após o trânsito em julgado da sentença proferida na ação coletiva, ingressaram, inadvertidamente, com demanda idêntica perante o juizado especial. Registre-se que, no caso de Y, ainda não foi proferida sentença e no de Z, o processo individual foi extinto, prematuramente, em decorrência da prescrição do direito de reclamar o reajuste salarial. Em face dessa situação hipotética, proponha a solução mais adequada aos embargos, em relação aos substituídos X, Y e Z.

8.4. Da Suspensão e da Extinção do Processo de Execução

INFORMATIVOS

STJ **Prescrição intercorrente. Honorários advocatícios. Superveniência da Lei 14.195/21. Alteração legal no art. 921, III, § 5º, do CPC. Fixação de honorários sucumbenciais e custas. Impossibilidade. "Extinção sem ônus". Marco temporal. Data da prolação da sentença.** Após a alteração do art. 921, § 5º, do CPC, promovida pela Lei 14.195/21, o reconhecimento da prescrição intercorrente e a consequente extinção do processo obstam a condenação da parte que deu causa à ação ao pagamento de honorários sucumbenciais. *REsp 2025303, 3ª T, 11.11.2022. Inf 759.*

STJ **Confissão de dívida. Validade reconhecida. Decisão transitada em julgado. Violação à coisa julgada. Ocorrência. Extinção da execução. Descabimento.** Não é cabível extinção da execução pela ausência de juntada das avenças anteriores e subjacentes ao contrato de confissão de dívida. *REsp 1805898, 3ª T, 4.5.2022. Inf 735.*

QUESTÕES OBJETIVAS

128. (Vunesp/TJ/SP/Juiz/2021) Caio propôs processo de execução de cheque em face de Tício. Como não foram localizados bens, o processo permaneceu suspenso por mais de cinco anos. Considerando essa situação, deve o juiz

a) intimar o exequente a se manifestar a respeito de eventual prescrição intercorrente e, posteriormente, se for o caso, extinguir o processo em razão de sua ocorrência.
b) intimar o exequente para dar regular andamento ao processo sob pena de reconhecer a prescrição intercorrente, uma vez que configurada em concreto a inércia do credor.

c) intimar o exequente para dar regular andamento ao processo sob pena de, não o fazendo, ter início o prazo de contagem para fins de prescrição intercorrente.

d) desde logo, extinguir o processo em razão da prescrição intercorrente, na medida em que, por se tratar de questão de ordem pública, deve ser conhecida de ofício.

9. DOS PROCESSOS NOS TRIBUNAIS E DOS MEIOS DE IMPUGNAÇÃO DAS DECISÕES JUDICIAIS

9.1. *Da Ordem dos Processos e dos Processos de Competência Originária dos Tribunais*

9.1.1. Disposições Gerais

ENUNCIADOS

Enfam **Enunc. 7.** O acórdão, cujos fundamentos não tenham sido explicitamente adotados como razões de decidir, não constitui precedente vinculante.

Enfam **Enunc. 8.** Os enunciados das súmulas devem reproduzir os fundamentos determinantes do precedente.

Enfam **Enunc. 41.** Por compor a estrutura do julgamento, a ampliação do prazo de sustentação oral não pode ser objeto de negócio jurídico entre as partes.

QUESTÕES OBJETIVAS

129. (TRF/4R/Juiz/2016) Considerando o Código de Processo Civil de 2015:

I. O Código é marcado pelos princípios do contraditório permanente e obrigatório, da cooperação, do máximo aproveitamento dos atos processuais, da primazia do julgamento de mérito e da excepcionalidade dos recursos intermediários, entre outros.

II. O Código busca a segurança jurídica e a isonomia, reforçando o sistema de precedentes ("stare decisis") e estabelecendo como regra, no plano vertical, a observância dos precedentes e da jurisprudência e, no plano horizontal, a estabilidade, a integridade e a coerência da jurisprudência.

III. A distinção ("distinguishing"), a superação ("overruling") e a superação para a frente, mediante modulação dos efeitos ("prospective overruling"), são técnicas de adequação do sistema de precedentes às alterações interpretativas da norma e às circunstâncias factuais postas sob exame dos juízes e dos tribunais.

IV. Paralelamente à proteção da segurança jurídica, a necessidade de evolução da hermenêutica exige que apenas súmulas, vinculantes ou não, sejam consideradas parâmetros para aplicação do sistema de precedentes, sob pena de se imobilizar a exegese das normas.

a) Estão corretas apenas as assertivas I e II.
b) Estão corretas apenas as assertivas I, II e III.
c) Estão corretas apenas as assertivas II, III e IV.
d) Estão corretas todas as assertivas.
e) Nenhuma assertiva está correta.

9.1.2. Da Ordem dos Processos no Tribunal

SÚMULAS

STJ **Súm. 253.** O art. 557 do CPC, que autoriza o relator a decidir o recurso, alcança o reexame necessário.

ENUNCIADOS

CJF **Proc. Civil 60.** É direito das partes a manifestação por escrito, no prazo de cinco dias, sobre fato superveniente ou questão de ofício na hipótese do art. 933, § 1º, do CPC, ressalvada a concordância expressa com a forma oral em sessão.

CJF **Proc. Civil 61.** Deve ser franqueado às partes sustentar oralmente as suas razões, na forma e pelo prazo previsto no art. 937, caput, do CPC, no agravo de instrumento que impugne decisão de resolução parcial de mérito (art. 356, § 5º, do CPC).

CJF **Proc. Civil 63.** A técnica de que trata o art. 942, § 3º, I, do CPC aplica-se à hipótese de rescisão parcial do julgado.

CJF **Proc. Civil 66.** Admite-se a correção da falta de comprovação do feriado local ou da suspensão do expediente forense, posteriormente à interposição do recurso, com fundamento no art. 932, parágrafo único, do CPC.

CJF **Proc. Civil 137.** Se o recurso do qual se originou a decisão embargada comportou a aplicação da técnica do art. 942 do CPC, os declaratórios eventualmente opostos serão julgados com a composição ampliada.

Fonajef **Enunc. 29.** Cabe ao relator, monocraticamente, atribuir efeito suspensivo a recurso, não conhecê-lo, bem assim lhe negar ou dar provimento nas hipóteses tratadas no artigo 932, IV, "c", do CPC, e quando a matéria estiver pacificada em súmula da Turma Nacional de Uniformização, enunciado de Turma Regional ou da própria turma recursal, bem como em julgamento de pedido de uniformização de interpretação de lei federal pela Turma Nacional de Uniformização.

Fonajef **Enunc. 156.** Não se aplica aos juizados especiais a técnica de julgamento não unânime (art. 942, CPC/2015).

QUESTÕES OBJETIVAS

130. (IFBC/TRF/2R/Juiz/2018) Em termos de jurisprudência e/ou precedentes qualificados, indicados no art. 927 do Código de Processo Civil, com efeito vinculativo, para que os juízes e tribunais observem, estão:

a) as decisões do Supremo Tribunal Federal em controle concentrado de constitucionalidade; os enunciados de súmula vinculante; os acórdãos em incidente de assunção de competência ou de resolução de demandas repetitivas e em julgamento de recursos extraordinário e especial repetitivos; os enunciados das súmulas do Supremo Tribunal Federal em matéria constitucional e do Superior Tribunal de Justiça em matéria infraconstitucional; a orientação do plenário ou do órgão especial aos quais estiverem vinculados.

b) as decisões do Supremo Tribunal Federal em controle concentrado de constitucionalidade; os enunciados de súmula vinculante; os acórdãos em incidente de assunção de competência ou de resolução de demandas repetitivas e em julgamento de recursos extraordinário e especial repetitivos; os enunciados das súmulas do Supremo Tribunal Federal em matéria constitucional e do Superior Tribunal de Justiça em matéria infraconstitucional; a jurisprudência dominante dos tribunais.

c) as decisões do Supremo Tribunal Federal em controle concentrado de constitucionalidade; os enunciados de súmula vinculante; os acórdãos em resolução de demandas repetitivas e em julgamento de recursos extraordinário e especial repetitivos; os enunciados das súmulas do Supremo Tribunal Federal em matéria constitucional e do Superior Tribunal de Justiça em matéria infraconstitucional; a orientação do plenário ou do órgão especial aos quais estiverem vinculados.

d) as decisões do Supremo Tribunal Federal em controle de constitucionalidade; os enunciados de súmula vinculante; os acórdãos em incidente de assunção de competência ou de resolução de demandas repetitivas e em julgamento de recursos extraordinário e especial repetitivos; os enunciados das súmulas do Supremo Tribunal Federal em matéria constitucional e do Superior Tribunal de Justiça em matéria infraconstitucional; a orientação do plenário ou do órgão especial aos quais estiverem vinculados.

e) as decisões do Supremo Tribunal Federal em controle concentrado de constitucionalidade; os enunciados de súmula vinculante; os acórdãos em incidente de assunção de competência ou de resolução de demandas repetitivas e em julgamento de recursos extraordinário e especial repetitivos; os enunciados das súmulas do Supremo Tribunal Federal e do Superior Tribunal de Justiça; a orientação do plenário ou do órgão especial aos quais estiverem vinculados.

131. (TRT/4R/Juiz/2016) A técnica de julgamento ampliado aplica-se:

a) ao julgamento do recurso de apelação, desde que o resultado não seja unânime, bem como ao julgamento do recurso de agravo de instrumento, quando houver reforma de decisão que julgar parcialmente o mérito, em resultado não unânime.
b) ao julgamento do recurso de apelação, desde que o resultado não seja unânime e reforme a sentença de mérito.
c) ao julgamento do recurso de apelação, desde que o resultado não seja unânime, bem como ao julgamento do recurso de agravo de instrumento, quando houver reforma de decisão que julgar parcialmente o mérito, sem que exista necessidade de julgamento não unânime.
d) apenas ao julgamento do recurso de apelação, desde que o resultado não seja unânime.
e) aos casos de julgamento de remessa necessária.

132. (Vunesp/TJM/SP/Juiz/2016) Considere o seguinte caso hipotético. Simprônio, Major da Polícia Militar, moveu ação indenizatória alegando danos morais e perdas e danos por não ter sido promovido ao posto superior no concurso de promoção, alegando que a promoção teria sido impedida em razão da existência de processo de cobrança ajuizada em face do mesmo, quando na realidade tratava-se de homônimo. A ação foi julgada procedente quanto ao pedido de danos morais, tendo sido fixada indenização no montante de R$ 30.000,00. Interposto recurso pela Fazenda do Estado, dois julgadores votaram dando provimento ao recurso do réu para julgar a ação improcedente porque o autor não teria comprovado que a dívida seria de homônimo, enquanto o terceiro desembargador deu provimento ao recurso entendendo que a ação seria improcedente em razão de prescrição da pretensão. Assinale a alternativa correta, nos termos do Código de Processo Civil vigente.

a) Os julgadores que já tiverem votado, ocorrendo o novo julgamento na mesma sessão, não poderão rever seus votos, pois como ocorre prosseguimento do julgamento, somente serão colhidos os votos dos novos integrantes convocados para a sessão.
b) O julgamento deve ter prosseguimento em sessão a ser designada com a presença de outros julgadores ou na mesma sessão, colhendo-se os votos de outros julgadores que porventura componham o órgão colegiado, pois o julgamento não foi unânime quanto ao fundamento da improcedência.
c) O julgamento deve ser encerrado, não se aplicando a técnica de prosseguimento do julgamento, pois, embora com fundamentos diversos, foi dado provimento ao recurso da Fazenda do Estado em decisão unânime.
d) Se o recurso interposto fosse de agravo de instrumento por decisão parcial de mérito, caberia a aplicação da técnica de prosseguimento do julgamento, pois houve julgamento divergente na fundamentação, fazendo-se necessário o prosseguimento da sessão para colheita de voto de outros julgadores.
e) Seria possível o prosseguimento do julgamento em razão de julgamento não unânime mesmo se o julgamento tivesse sido proferido somente em razão de remessa necessária.

9.1.3. Do Incidentes (IAC, IAI, IRDR)

SÚMULAS

STF **Súm. Vinculante 10.** Viola a cláusula de reserva de plenário (CF, art. 97) a decisão de órgão fracionário de tribunal que, embora não declare expressamente a inconstitucionalidade de lei ou ato normativo do Poder Público, afasta a sua incidência no todo ou em parte.

ENUNCIADOS

1) Do Incidente de Assunção de Competência

CJF **Proc. Civil 65.** A desistência do recurso pela parte não impede a análise da questão objeto do incidente de assunção de competência.

CJF **Proc. Civil 135.** É admissível a concessão de tutela da evidência fundada em tese firmada em incidente de assunção de competência.

CJF **Proc. Civil 136.** A caução exigível em cumprimento provisório de sentença poderá ser dispensada se o julgado a ser cumprido estiver em consonância com tese firmada em incidente de assunção de competência.

CJF **Proc. Civil 141.** É possível a conversão de Incidente de Assunção de Competência em Incidente de Resolução de Demandas Repetitivas, se demonstrada a efetiva repetição de processos em que se discute a mesma questão de direito.

2) Do Incidente de Resolução de Demandas Repetitivas

CJF **Proc. Civil 107.** Não se aplica a suspensão do art. 982, I, do CPC ao cumprimento de sentença anteriormente transitada em julgado e que tenha decidido questão objeto de posterior incidente de resolução de demandas repetitivas.

CJF **Proc. Civil 140.** A suspensão de processos pendentes, individuais ou coletivos, que tramitam no Estado ou na região prevista no art. 982, I, do CPC não é decorrência automática e necessária da admissão do IRDR, competindo ao relator ou ao colegiado decidir acerca da sua conveniência.

CJF **Proc. Civil 141.** É possível a conversão de Incidente de Assunção de Competência em Incidente de Resolução de Demandas Repetitivas, se demonstrada a efetiva repetição de processos em que se discute a mesma questão de direito.

CJF **Proc. Civil 142.** Determinada a suspensão decorrente da admissão do IRDR (art. 982, I), a alegação de distinção entre a questão jurídica versada em uma demanda em curso e aquela a ser julgada no incidente será veiculada por meio do requerimento previsto no art. 1.037, § 10.

CJF **Proc. Civil 143.** A revisão da tese jurídica firmada no incidente de resolução de demandas repetitivas pode ser feita pelas partes, nos termos do art. 977, II, do CPC/2015.

CJF **PSEL 63.** A perspectiva da conciliação judicial, inclusive por adesão, em razão ou no bojo de incidente de resolução de demandas repetitivas, é compatível com o Código de Processo Civil (Lei n. 13.105, de 16 de março de 2015) e com a Lei da Mediação (Lei n. 13.140, de 26 de junho de 2015).

Enfam **Enunc. 20.** O pedido fundado em tese aprovada em IRDR deverá ser julgado procedente, respeitados o contraditório e a ampla defesa, salvo se for o caso de distinção ou se houver superação do entendimento pelo tribunal competente.

Enfam **Enunc. 21.** O IRDR pode ser suscitado com base em demandas repetitivas em curso nos juizados especiais.

Enfam **Enunc. 22.** A instauração do IRDR não pressupõe a existência de processo pendente no respectivo tribunal.

Enfam **Enunc. 44.** Admite-se o IRDR nos juizados especiais, que deverá ser julgado por órgão colegiado de uniformização do próprio sistema.

Fonajef **Enunc. 181.** Admite-se o IRDR nos juizados especiais federais, que deverá ser julgado por órgão colegiado de uniformização do próprio sistema.

Fonajef **Enunc. 184.** Durante a suspensão processual decorrente do IRDR e de recursos repetitivos pode haver produção de provas no juízo onde tramita o processo suspenso, em caso de urgência, com base no art. 982, § 2º, do CPC.

Fonacom **Enunc. 61.** A admissão do IRDR pelo Tribunal não impede que haja negociação e conciliação nos processos pendentes de julgamento em primeiro grau, ainda que suspensos.

Fonacom **Enunc. 62.** Julgado o incidente de resolução de demandas repetitivas pelo Tribunal, com o reconhecimento do direito material discutido, nada impede que no próprio Tribunal, haja acordo em relação a questões secundárias e incidentais que envolvem a efetivação ou o cumprimento da obrigação fixada na tese.

INFORMATIVOS

STJ **Cômputo em dobro de pena de presos no complexo do Curado/PE. Resolução da CIDH de 28.11.2018. Alegado excesso de prazo no julgamento de IRDR pelo Tribunal de Justiça. Inexistência. Não ultrapassado o prazo do art. 980 do CPC.** Não há como se reconhecer excesso de prazo no julgamento do Incidente de Resolução de Demandas Repetitivas 0008770-65.2021.8.17.9000 instaurado pelo TJPE, quando não extrapolado o prazo estipulado no art. 980 do CPC, assim como não há ilegalidade na suspensão dos recursos que versam sobre o cômputo em dobro de pena dos presos no Complexo do Curado até a resolução do Incidente. *AgRg no HC 708653, 5ª T, 18.3.2022. Inf 731.*

QUESTÕES OBJETIVAS

133. (Vunesp/TRF/3R/Juiz/2022) Assinale a alternativa correta:

a) O Incidente de Resolução de Demandas Repetitivas é instituto voltado a solucionar questão de direito, com grande repercussão social, com repetição em múltiplos processos.
b) O Incidente de Assunção de Competência é instituto voltado a tutelar a homogeneidade do direito, quando há demandas repetitivas e em andamento.
c) O Incidente de Assunção de Competência destina-se a solucionar parte, parcela ou a totalidade de demandas que versem sobre direitos individuais homogêneos, coletivos stricto sensu e difusos.
d) O Incidente de Assunção de Competência é instituto voltado a solucionar questão de direito, com grande repercussão social, sem repetição em múltiplos processos.

134. (IFBC/TRF/2R/Juiz/2018) O Código de Processo Civil de 2015 instituiu o Incidente de Resolução de Demandas Repetitivas (IRDR), sendo correta a afirmativa, em relação a este novo instituto processual, de que:

a) o pedido de instauração somente poderá ser feito pelo relator, pelas partes, pelo Ministério Público e pela Defensoria Pública.
b) a sua admissibilidade é feita pelo respectivo relator.
c) a tese firmada no incidente diz respeito a questão unicamente de direito e será aplicada, com eficácia persuasiva, aos processos que tramitem no Estado ou região.
d) a suspensão dos processos pendentes somente pode ser estabelecida pelo colegiado.
e) são cabíveis os recursos especial e extraordinário, com efeito suspensivo, em relação ao julgamento do mérito do incidente.

135. (Vunesp/TJ/SP/Juiz/2021) O incidente de resolução de demandas repetitivas tem como objetivo a uniformização de jurisprudência, com vistas à submissão das decisões de primeiro grau e, também, pelos tribunais de segunda instância, à jurisprudência dominante, com a finalidade de fortificar a segurança jurídica, aplicando-se, em notória integração, normas do Código de Processo Civil ao Processo Penal, por analogia. Diante desse quadro, e nos termos da legislação vigente, é correto afirmar que

a) o exame prévio de admissibilidade prescinde da comprovação de divergência quanto à questão de direito, mostrando-se suficiente ao seu desenvolvimento a divergência interpretativa dos fatos na jurisprudência, através da colação de julgados a indicar conflito de decisões.
b) os requisitos para a instauração do incidente, pressupostos de sua admissibilidade, são aqueles formais e objetivos, indicados pelo artigo 976 do Código de Processo Civil.
c) o incidente de resolução de demandas repetitivas é previsto no ordenamento processual civil e as normas próprias desse procedimento não podem ser utilizadas, por analogia, no processo penal, uma vez que o artigo 15 do CPP somente autoriza, expressamente, a sua aplicação de forma supletiva ou subsidiária nos processos eleitorais, trabalhistas ou administrativos.
d) os pressupostos relativos aos requisitos formais e objetivos, indicados no artigo 976 do CPP, envolvem o chamamento de interessados na lide, apontados na inicial pelo requerente, facultada a participação do amicus curiae e a intervenção obrigatória do Ministério Público, como fiscal da ordem jurídica.

136. (Vunesp/TJ/AC/Juiz/2019) É cabível a instauração do incidente de resolução de demandas repetitivas (IRDR) quando houver, simultaneamente, efetiva repetição de processos que contenham controvérsia sobre a mesma questão unicamente de direito, assim como risco de ofensa à isonomia e à segurança jurídica. No que diz respeito ao chamado IRDR, segundo os ditames literalmente dispostos no Código de Processo Civil, assinale a afirmação correta.

a) O "amicus curiae" não pode recorrer da decisão que o julgar.
b) A apelação do feito, de onde adveio o incidente, deve ser julgada pela Câmara de origem, e não pelo órgão colegiado incumbido de julgar o IRDR.
c) Tendo como objeto questão relativa à prestação de serviço concedido, o resultado do julgamento será comunicado à entidade pública reguladora competente, para fiscalização da efetiva aplicação da tese adotada por parte dos entes sujeitos à regulação.
d) O Estado do Acre tem legitimidade para revisão da tese jurídica nele firmada.

9.1.4. Do Conflito de Competência

SÚMULAS

STJ **Súm. 59.** Não há conflito de competência se já existe sentença com trânsito em julgado, proferida por um dos juízos conflitantes.

9.1.5. Da Homologação de Decisão Estrangeira

SÚMULAS

STF **Súm. 381.** Não se homologa sentença de divórcio obtida por procuração, em país de que os cônjuges não eram nacionais.

INFORMATIVOS

STJ **Homologação de sentença estrangeira. Guarda de criança concedida ao pai. Ação judicial posterior, com trânsito em julgado, na jurisdição brasileira. Dispositivos em conflito. Sentença estrangeira não homologada.** A mera pendência de ação judicial no Brasil não impede a homologação da sentença estrangeira, mas a existência de decisão judicial proferida no Brasil contrária ao conteúdo da sentença estrangeira impede a sua homologação. *AgInt na SEC 6362-EX, Corte Especial, 1.6.2022. Inf 739.*

QUESTÕES OBJETIVAS

137. (IFBC/TRF/2R/Juiz/2018) O art. 963, VI, do Código de Processo Civil exige, para que uma sentença estrangeira seja homologada, que não haja ofensa à ordem pública. Qual o alcance desse requisito?

I. A sentença estrangeira deve ser idêntica àquela que seria proferida no Brasil, caso o litígio fosse submetido ao Judiciário brasileiro.

II. A sentença estrangeira, quanto ao mérito, deve ser compatível com princípios fundamentais do direito brasileiro.
III. A sentença estrangeira, quanto ao seu procedimento no exterior, deve ser compatível com o devido processo legal.
IV. A sentença estrangeira deve ter considerado a legislação brasileira sobre o assunto.
a) Somente a alternativa I está correta
b) As alternativas I e IV estão corretas.
c) Somente a alternativa II está correta.
d) Somente a alternativa III está correta.
e) As alternativas II e III estão corretas.

138. (IFBC/TRF/2R/Juiz/2018) Em matéria cível, na concessão do exequatur às cartas rogatórias provenientes do exterior:
I. Não deve haver análise de mérito da ação que tramita no exterior.
II. Deve haver análise do mérito da ação que tramita no exterior para verificar a sua procedência à luz do direito brasileiro.
III. A análise da compatibilidade com a ordem pública brasileira deve se limitar ao ato a ser praticado no Brasil.
IV. A ordem pública brasileira impede o exequatur para prática de ato que, segundo a lei brasileira, não seria cabível na hipótese analisada.
a) Somente as alternativas I e III estão corretas.
b) Somente as alternativas I e IV estão corretas.
c) Somente a alternativa II está correta.
d) Somente a alternativa III está correta.
e) Somente a alternativa I está correta.

9.1.6. Da Ação Rescisória

SÚMULAS

STF **Súm. 343.** Não cabe ação rescisória por ofensa a literal dispositivo de lei, quando a decisão rescindenda se tiver baseado em texto legal de interpretação controvertida nos tribunais.

STF **Súm. 514.** Admite-se ação rescisória contra sentença transitada em julgado, ainda que contra ela não se tenha esgotado todos os recursos.

STJ **Súm. 33.** A incompetência relativa não pode ser declarada de ofício.

STJ **Súm. 175.** Descabe o depósito prévio nas ações rescisórias propostas pelo INSS.

STJ **Súm. 401.** O prazo decadencial da ação rescisória só se inicia quando não for cabível qualquer recurso do último pronunciamento judicial.

TRF3 **Súm. 27.** É inaplicável a Súmula 343 do Supremo Tribunal Federal, em ação rescisória de competência da Segunda Seção, quando implicar exclusivamente interpretação de texto constitucional.

TRF4 **Súm. 63.** Não é aplicável a Súmula 343 do Supremo Tribunal Federal nas ações rescisórias versando matéria constitucional.

REPERCUSSÃO & REPETITIVOS

STF **Rep. Geral 775.** Compete ao Tribunal Regional Federal processar ação rescisória proposta pela União com o objetivo de desconstituir sentença transitada em julgado proferida por juiz estadual, quando afeta interesses de órgão federal. *RE 598650, 8.10.2021.*

INFORMATIVOS

STJ **Ação rescisória. Indeferimento da petição inicial por ausência de requisitos. Depósito previsto no art. 968, inciso II, do CPC. Devolução ao autor da demanda. Ausência de julgamento colegiado. Possibilidade.** Extinta a ação rescisória, por indeferimento da petição inicial, sem apreciação do mérito, por meio de deliberação monocrática, o relator poderá facultar, ao autor, o levantamento do depósito judicial previsto no art. 968, II, do CPC. *Proc. segredo justiça, 2ª S, 10.8.2022. Inf 744.*

QUESTÕES OBJETIVAS

139. (FGV/TJ/PR/Juiz/2021) José ajuizou ação em face de João com três pedidos autônomos: a) declaração da relação jurídica mantida entre as partes; b) obrigação de fazer; e c) indenização por danos materiais. A sentença julgou integralmente procedentes os três pedidos de José, fixando a indenização no valor de R$ 100.000,00. João não recorreu da sentença, que transitou em julgado no dia 21/01/2018. Porém, dois anos e dois meses depois do trânsito em julgado, João tomou conhecimento da existência de um documento antigo (que até então desconhecia), da época em que mantinha com José a relação jurídica objeto da lide e que não integrou sua defesa. Tal documento, na visão de João, poderia acarretar a improcedência do pedido indenizatório formulado por José. Diante dessa situação jurídica, é correto afirmar que:
a) considerando que o documento é antigo, contemporâneo à relação outrora existente entre as partes, cabia a João apresentar o documento no curso do processo, não podendo, agora, após o trânsito em julgado, se beneficiar dele.
b) considerando que transcorreu o prazo de dois anos e dois meses do trânsito em julgado, João perdeu o direito de ajuizar a ação rescisória.
c) não cabe ação rescisória para impugnar apenas um dos fundamentos da decisão transitada em julgado.
d) cabe mandado de segurança para invalidar o título executivo e suspender o cumprimento de sentença.
e) cabe ação rescisória, pois o prazo, nessa hipótese, será contado a partir da data de descoberta da prova nova, observado o prazo máximo de cinco anos, contado do trânsito em julgado da última decisão proferida no processo.

140. (FCC/TJ/SC/Juiz/2017) Em relação à ação rescisória:
a) não é cabível, por violação manifesta à norma jurídica, contra decisão baseada em enunciado de súmula ou acórdão proferido em julgamento de casos repetitivos, que não tenha considerado a existência de distinção entre a questão discutida no processo e o padrão decisório que lhe deu fundamento.
b) só se pode ajuizá-la de decisões que tenham resolvido o mérito e transitadas em julgado.
c) há erro de fato quando a decisão rescindenda admitir fato inexistente ou quando considerar inexistente fato efetivamente ocorrido, sendo dispensável que o fato não represente ponto controvertido sobre o qual o juiz deveria ter-se pronunciado.
d) pode ter por objeto apenas um capítulo da decisão.
e) sua propositura impede como regra o cumprimento da decisão rescindenda, até seu final julgamento.

9.1.7. Da Reclamação

SÚMULAS

STF **Súm. 734.** Não cabe reclamação quando já houver transitado em julgado o ato judicial que se alega tenha desrespeitado decisão do Supremo Tribunal Federal.

ENUNCIADOS

CJF **Proc. Civil 64.** Ao despachar a reclamação, deferida a suspensão do ato impugnado, o relator pode conceder tutela provisória satisfativa correspondente à decisão originária cuja autoridade foi violada.

CJF **Proc. Civil 138.** É cabível reclamação contra acórdão que aplicou indevidamente tese jurídica firmada em acórdão proferido em julgamento de recursos extraordinário ou especial repetitivos, após o esgotamento das instâncias ordinárias, por analogia ao quanto previsto no art. 988, § 4º, do CPC.

INFORMATIVOS

STJ **Incidente de Resolução de Demandas Repetitivas. Inobservância de tese estabelecida pelo Superior Tribunal de Justiça - STJ. Equivalência a Recurso Especial Repetitivo. Reclamação. Descabimento. Aplicação da tese delineada na Rcl 36.476/SP.** É descabida a reclamação ao STJ com fundamento em inobservância de acórdão proferido em recurso especial em IRDR. *Rcl 43019, 2ª S, 3.10.2022. Inf 758.*

STJ **Descumprimento de acórdão prolatado em incidente de assunção de competência. Reclamação. Esgotamento da instância ordinária. Não exigência.** Não se exige o esgotamento da instância ordinária como pressuposto de conhecimento da reclamação fundamentada em descumprimento de acórdão prolatado em incidente de assunção de competência (IAC). *Rcl 40617, 2ª S, 24.8.2022. Inf 746.*

QUESTÕES OBJETIVAS

141. (Vunesp/TJ/RJ/Juiz/2019) A reclamação teve suas hipóteses de cabimento significativamente majoradas pelo Código de Processo Civil, inserindo-se de forma determinante no contexto de proteção aos precedentes judiciais. Nesse sentido, é correto afirmar que cabe reclamação

a) mesmo que proposta após o trânsito em julgado da decisão reclamada.
b) para garantir a observância da orientação do plenário ou do órgão especial aos quais estiverem juízes e tribunais vinculados.
c) para garantir a observância dos enunciados das súmulas do Supremo Tribunal Federal em matéria constitucional e do Superior Tribunal de Justiça em matéria infraconstitucional.
d) tanto para corrigir a aplicação indevida da tese jurídica fixada em incidente de assunção de competência quanto para sanar a sua não aplicação aos casos que a ela correspondam.
e) para garantir a observância de acórdão proferido em julgamento de recurso especial repetitivo, quando a inobservância tenha se dado por decisão proferida em primeira instância.

142. (FCC/TST/Enamat/Juiz/2017) De acordo com as regras do Código de Processo Civil sobre o cabimento da reclamação, a Lei n. 13.256/2016 prevê que

a) não é cabível a propositura de reclamação para assegurar a observância obrigatória de súmula vinculante do Supremo Tribunal Federal, mesmo que antes do trânsito em julgado da decisão judicial objeto da reclamação.
b) é cabível a propositura de reclamação para assegurar a observância obrigatória de julgamento proferido em sede de recurso extraordinário com repercussão geral, mesmo que depois do trânsito em julgado da decisão judicial objeto da reclamação, caso não tenham sido exauridas as instâncias ordinárias.
c) não é cabível a propositura de reclamação para assegurar a observância obrigatória de julgamento proferido em sede de recurso especial repetitivo ou recurso extraordinário repetitivo, mesmo que antes do trânsito em julgado da decisão judicial objeto da reclamação, caso já tenham sido exauridas as instâncias ordinárias.
d) é cabível a propositura de reclamação para assegurar a observância obrigatória de julgamento proferido em sede de incidente de assunção de competência, desde que antes do trânsito em julgado da decisão judicial objeto da reclamação.
e) é cabível a propositura de reclamação para assegurar a observância obrigatória de julgamento proferido em sede de incidente de resolução de demandas repetitivas, mesmo que depois do trânsito em julgado da decisão judicial objeto da reclamação.

9.2. Dos Recursos

9.2.1. Disposições Gerais

SÚMULAS

STF **Súm. 322.** Não terá seguimento pedido ou recurso dirigido ao Supremo Tribunal Federal, quando manifestamente incabível, ou apresentando fora do prazo, ou quando for evidente a incompetência do Tribunal.

STF **Súm. 392.** O prazo para recorrer de acórdão concessivo de segurança conta-se da publicação oficial de suas conclusões, e não da anterior ciência à autoridade para cumprimento da decisão.

STF **Súm. 425.** O agravo despachado no prazo legal não fica prejudicado pela demora da juntada, por culpa do cartório; nem o agravo entregue em cartório no prazo legal, embora despachado tardiamente.

STF **Súm. 515.** A competência para a ação rescisória não é do Supremo Tribunal Federal, quando a questão federal, apreciada no recurso extraordinário ou no agravo de instrumento, seja diversa da que foi suscitada no pedido rescisório.

STJ **Súm. 55.** Tribunal regional federal não é competente para julgar recurso de decisão proferida por juiz estadual não investido de jurisdição federal.

STJ **Súm. 99.** O Ministério Público tem legitimidade para recorrer no processo em que oficiou como fiscal da lei, ainda que não haja recurso da parte.

STJ **Súm. 202.** A impetração de segurança por terceiro, contra ato judicial, não se condiciona à interposição de recurso.

STJ **Súm. 226.** O Ministério Público tem legitimidade para recorrer na ação de acidente do trabalho, ainda que o segurado esteja assistido por advogado.

STJ **Súm. 484.** Admite-se que o preparo seja efetuado no primeiro dia útil subsequente, quando a interposição do recurso ocorrer após o encerramento do expediente bancário.

STJ **Súm. 568.** O relator, monocraticamente e no Superior Tribunal de Justiça, poderá dar ou negar provimento ao recurso quando houver entendimento dominante acerca do tema.

TRF1 **Súm. 26.** A lei regente do recurso é a que está em vigor na data da publicação da sentença.

TRF4 **Súm. 83.** Em face da preclusão consumativa, não pode a parte se valer de recurso excepcional adesivo quando, em momento anterior, já houver manifestado sua irresignação por meio do recurso excepcional autônomo.

ENUNCIADOS

Enfam **Enunc. 46.** O § 5º do art. 1.003 do CPC/2015 (prazo recursal de 15 dias não se aplica ao sistema de juizados especiais.

Fonajef **Enunc. 58.** Excetuando-se os embargos de declaração, cujo prazo de oposição é de cinco dias, os prazos recursais contra decisões de primeiro grau no âmbito dos juizados especiais federais são sempre de dez dias, independentemente da natureza da decisão recorrida.

Fonajef **Enunc. 60.** A matéria não apreciada na sentença, mas veiculada na inicial, pode ser conhecida no recurso inominado, mesmo não havendo a oposição de embargos de declaração.

Fonajef **Enunc. 85.** Não é obrigatória a degravação, tampouco a elaboração de resumo, para apreciação de recurso, de audiência gravada por meio magnético ou equivalente, desde que acessível ao órgão recursal.

INFORMATIVOS

STJ **Rescisão e revisão contratual. Indenização por danos morais e materiais. Efeito expansivo subjetivo dos recursos. CPC. Aplicabilidade às hipóteses de litisconsórcio unitário e às demais que justifiquem tratamento igualitário das partes.** A regra do art. 1.005 do CPC não se aplica apenas às hipóteses de litisconsórcio unitário, mas, também, a quaisquer outras hipóteses em que a ausência de tratamento igualitário entre as partes gere uma situação injustificável, insustentável ou aberrante. *REsp 1993772, 3ª T, 13.6.2022. Inf 743.*

STJ **Tempestividade. CPC. Contagem do prazo em dias úteis. Suspensão dos prazos por ato administrativo local. Comprovação. Cópia de página do Diário de Justiça Eletrônico. Lei 11.419/06. Documento idôneo.** Na contagem realizada conforme o disposto no art. 219 do CPC, não se deve computar o dia em que, por força de ato administrativo editado pela presidência do Tribunal local, os prazos processuais estavam suspensos. A cópia de página do Diário de Justiça Eletrônico, editado na forma do disposto no art. 4º, da Lei 11.419/06, é documento idôneo para comprovar a tempestividade recursal. *AgInt no AREsp 1788341, 4ª T, 3.5.2022. Inf 738.*

STJ **Recurso especial. Intempestividade. Feriado de Corpus Christi. Lei federal. Inexistência. Feriado local. Comprovação idônea. Imprescindibilidade.** A ausência de expediente forense no dia de Corpus Christi deve ser comprovada pela parte, no momento da interposição do recurso, por meio de documento idôneo. *AREsp 1779552, 4ª T, 6.5.2022. Inf 735.*

STJ Intempestividade recursal. Equívoco do sistema eletrônico do Tribunal de Justiça. Prorrogação do prazo. Demonstração de justa causa. Imprescindibilidade. Para a prorrogação do prazo recursal é necessária a configuração da justa causa, que deve ser demonstrada de maneira efetiva. *AREsp 1837057, 4ª T, 29.3.2022. Inf 733.*

STJ Prazo recursal. Erro de informação pelo sistema eletrônico do Tribunal de origem. Termo final para interposição do recurso que considera feriado local. Ausência de comprovação no ato de interposição do recurso. Mitigação. Princípios da confiança e da boa-fé. O erro do sistema eletrônico do Tribunal de origem na indicação do término do prazo recursal é apto a configurar justa causa para afastar a intempestividade do recurso. *EAREsp 1759860, Corte Especial, 21.3.2022. Inf 729.*

9.2.2. Da Apelação

SÚMULAS

STF Súm. 320. A apelação despachada pelo juiz no prazo legal não fica prejudicada pela demora da juntada, por culpa do cartório.

STF Súm. 428. Não fica prejudicada a apelação entregue em cartório no prazo legal, embora despachada tardiamente.

STJ Súm. 277. Julgada procedente a investigação de paternidade, os alimentos são devidos a partir da citação.

STJ Súm. 331. A apelação interposta contra sentença que julga embargos à arrematação tem efeito meramente devolutivo.

TRF4 Súm. 16. A apelação genérica, pela improcedência da ação, não devolve ao Tribunal o exame da fixação dos honorários advocatícios, se esta deixou de ser atacada no recurso.

TRF4 Súm. 25. É cabível apelação da sentença que julga liquidação por cálculo, e agravo de instrumento da decisão que, no curso da execução, aprecia atualização da conta.

ENUNCIADOS

CJF Proc. Civil 67. Há interesse recursal no pleito da parte para impugnar a multa do art. 334, § 8º, do CPC por meio de apelação, embora tenha sido vitoriosa na demanda.

CJF Proc. Civil 68. A intempestividade da apelação desautoriza o órgão "a quo" a proferir juízo positivo de retratação.

CJF Proc. Civil 144. No caso de apelação, o deferimento de tutela provisória em sentença retira-lhe o efeito suspensivo referente ao capítulo atingido pela tutela.

Fonajef Enunc. 54. O artigo 1.013 e parágrafos do CPC interpretam-se ampliativamente no âmbito das turmas recursais, em face dos princípios que orientam o microssistema dos juizados especiais federais.

QUESTÕES OBJETIVAS

143. (Cespe/TRF/5R/Juiz/2017) Contra pronunciamento de magistrado que, em primeiro grau, decida pela impugnação ao cumprimento de sentença, caberá recurso de

a) apelação, se o processo for extinto, ou de agravo de instrumento, se o processo prosseguir.
b) agravo de instrumento, em qualquer caso.
c) agravo de instrumento, apenas se o recorrente demonstrar urgência.
d) apelação, em qualquer caso.
e) apelação, sempre que o juiz acolher a impugnação do executado.

144. (FCC/TJ/MS/Juiz/2020) Indeferida a inicial, o autor

a) deverá aguardar o trânsito em julgado, se quiser ajuizar nova demanda sobre a mesma matéria, não sendo possível o juízo de retratação.
b) poderá apelar, com possibilidade de retratação do juiz em cinco dias; não havendo retratação, os autos subirão imediatamente, não havendo citação do réu porque não chegou a se constituir a relação jurídico-processual.
c) poderá apelar, facultado ao juiz, no prazo de cinco dias, retratar-se; se não houver retratação, o juiz mandará citar o réu para responder ao recurso.
d) poderá apelar, subindo os autos ao Tribunal imediatamente, sem citação do réu para resposta ao recurso.
e) poderá impetrar mandado de segurança, pelo direito líquido e certo à prestação jurisdicional.

145. (Vunesp/TJ/SP/Juiz/2017) Em matéria recursal, é correto afirmar que:

a) se os embargos de declaração forem acolhidos com modificação da decisão embargada, ficará automaticamente prejudicado o outro recurso que o embargado já tiver interposto contra a decisão originária, ressalvada a interposição de novo recurso.
b) do pronunciamento que julgar parcial e antecipadamente o mérito, caberá apelação desprovida de efeito suspensivo.
c) a resolução da questão relativa à desconsideração da personalidade jurídica será sempre impugnável por agravo de instrumento.
d) a apelação devolverá ao tribunal todas as questões suscitadas e debatidas, ainda que não decididas, mas a devolução em profundidade ficará limitada ao capítulo impugnado.

146. (Cespe/TJ/PR/Juiz/2017) Júlio ajuizou ação indenizatória contra Manoel, tendo formalizado pedido único de indenização por danos morais no valor de cem mil reais. Na fase de produção de provas, o juiz indeferiu o pedido de prova pericial feito por Júlio. Ao final da fase de conhecimento, o magistrado julgou integralmente procedente o pedido de indenização. Nessa situação hipotética, de acordo com as regras previstas no CPC, eventual pretensão recursal de Júlio com a finalidade de permitir a realização da perícia

a) poderá ser apresentada em contrarrazões, caso Manoel apele da sentença.
b) estará preclusa caso não tenha sido interposto recurso de agravo de instrumento da decisão que indeferiu a prova.
c) deverá ser rejeitada em qualquer hipótese por falta de interesse recursal.
d) poderá ser alcançada mediante a interposição de recurso de apelação, quando o autor for intimado da sentença de procedência.

147. (FCC/TJ/SC/Juiz/2017) Examine os enunciados seguintes, concernentes aos recursos:

I. A apelação devolverá ao tribunal o conhecimento da matéria impugnada; já o capítulo da sentença que confirma, concede ou revoga a tutela provisória não é impugnável na apelação, mas por meio de interposição de agravo autônomo.
II. Caberá agravo de instrumento contra decisões interlocutórias proferidas na fase de liquidação de sentença ou de cumprimento de sentença, no processo de execução e no processo de inventário.
III. Nos embargos de divergência, entre outras hipóteses, é embargável o acórdão de órgão fracionário que em recurso extraordinário ou em recurso especial, divergir do julgamento de qualquer outro órgão do mesmo tribunal, sendo um acórdão de mérito e outro que não tenha conhecido do recurso, embora tenha apreciado a controvérsia.
IV. Caso o acolhimento dos embargos de declaração implique modificação da decisão embargada, o embargado que já tiver interposto outro recurso contra a decisão originária tem o direito de complementar ou alterar suas razões, nos exatos limites da modificação, no prazo de dez dias, contado da intimação da decisão dos embargos de declaração.

Está correto o que se afirma apenas em

a) II e III.

b) II e IV.
c) I, II e III.
d) I, III e IV.
e) II, III e IV.

148. (FCC/TJ/SC/Juiz/2017) Em uma ação de despejo por falta de pagamento julgada procedente, o locatário interpõe apelação, à qual se nega provimento por maioria de votos. Nesse caso

a) o julgamento terá prosseguimento em sessão a ser designada com a presença de outros julgadores, que serão convocados nos termos previamente definidos no regimento interno, em número suficiente para garantir a possibilidade de inversão do resultado inicial, assegurado às partes e a eventuais terceiros o direito de sustentar oralmente suas razões perante os novos julgadores, entretanto, sendo possível prosseguimento do julgamento dar-se-á na mesma sessão.
b) não haverá prosseguimento do julgado, uma vez que a maioria negava provimento ao apelo; somente se fosse dado provimento ao apelo, por maioria, é que necessária e automaticamente ocorreria o prolongamento do julgamento.
c) não haverá prosseguimento do julgado, uma vez que a maioria negava provimento ao apelo; somente se fosse provido o apelo, por maioria, e a requerimento expresso da parte, é que ocorreria o julgamento estendido do processo.
d) haverá o prosseguimento do julgamento, pois atualmente não mais se exige o provimento majoritário do apelo; no entanto, será preciso requerimento expresso da parte a quem beneficiaria a reversão do julgado.
e) não haverá o prosseguimento do julgamento, pois foram extintos os embargos infringentes, cabendo apenas a oposição de embargos de declaração e, julgados estes, a interposição de recursos especial e extraordinário.

9.2.3. Do Agravo

SÚMULAS

STF **Súm. 315.** Indispensável o traslado das razões da revista, para julgamento, pelo Tribunal Superior do Trabalho, do agravo para sua admissão.

STJ **Súm. 118.** O agravo de instrumento é o recurso cabível da decisão que homologa a atualização do cálculo da liquidação.

STJ **Súm. 182.** É inviável o agravo do art. 545 do CPC que deixa de atacar especificamente os fundamentos da decisão agravada.

STJ **Súm. 223.** A certidão de intimação do acórdão recorrido constitui peça obrigatória do instrumento de agravo.

TRF1 **Súm. 44.** Cabe agravo de instrumento das decisões concernentes à atualização de cálculo de liquidação.

TRF2 **Súm. 19.** Não é cabível agravo regimental da decisão que examina a admissibilidade dos chamados recursos constitucionais – RE, REsp e RO.

TRF4 **Súm. 25.** É cabível apelação da sentença que julga liquidação por cálculo, e agravo de instrumento da decisão que, no curso da execução, aprecia atualização da conta.

REPERCUSSÃO & REPETITIVOS

STJ **Repetitivo 1022.** É cabível agravo de instrumento contra todas as decisões interlocutórias proferidas nos processos de recuperação judicial e nos processos de falência, por força do art. 1.015, parágrafo único, CPC. *REsp 1717213, 10.12.2020.*

ENUNCIADOS

1) Do Agravo de Instrumento (arts. 1.015 a 1.020)

CJF **Proc. Civil 69.** A hipótese do art. 1.015, parágrafo único, do CPC abrange os processos concursais, de falência e recuperação.

CJF **Proc. Civil 70.** É agravável o pronunciamento judicial que postergar a análise de pedido de tutela provisória ou condicioná-la a qualquer exigência.

CJF **Proc. Civil 71.** É cabível o recurso de agravo de instrumento contra a decisão que indefere o pedido de atribuição de efeito suspensivo a embargos à execução, nos termos do art. 1.015, X, do CPC.

CJF **Proc. Civil 72.** É admissível a interposição de agravo de instrumento tanto para a decisão interlocutória que rejeita a inversão do ônus da prova, como para a que a defere.

CJF **Proc. Civil 73.** Para efeito de não conhecimento do agravo de instrumento por força da regra prevista no § 3º do art. 1.018 do CPC, deve o juiz, previamente, atender ao art. 932, parágrafo único, e art. 1.017, § 3º, do CPC, intimando o agravante para sanar o vício ou complementar a documentação exigível.

CJF **Proc. Civil 145.** O recurso cabível contra a decisão que julga a liquidação de sentença é o agravo de instrumento.

2) Do Agravo Interno (art. 1.021)

CJF **Proc. Civil 74.** O termo "manifestamente" previsto no § 4º do art. 1.021 do CPC se refere tanto à improcedência quanto à inadmissibilidade do agravo.

CJF **Proc. Civil 77.** Para impugnar decisão que obsta trânsito a recurso excepcional e que contenha simultaneamente fundamento relacionado à sistemática dos recursos repetitivos ou da repercussão geral (art. 1.030, I, do CPC) e fundamento relacionado à análise dos pressupostos de admissibilidade recursais (art. 1.030, V, do CPC), a parte sucumbente deve interpor, simultaneamente, agravo interno (art. 1.021 do CPC) caso queira impugnar a parte relativa aos recursos repetitivos ou repercussão geral e agravo em recurso especial/extraordinário (art. 1.042 do CPC) caso queira impugnar a parte relativa aos fundamentos de inadmissão por ausência dos pressupostos recursais.

Fonajef **Enunc. 30.** A decisão monocrática referendada pela turma recursal, por se tratar de manifestação do colegiado, não é passível de impugnação por intermédio de agravo interno.

Fonajef **Enunc. 87.** A decisão monocrática proferida por relator é passível de agravo interno.

STJ **Agravo de instrumento. Recurso julgado por maioria. Julgamento parcial do mérito. Reforma da decisão agravada. Aplicação da técnica de julgamento ampliado. Possibilidade.** Somente se admite a técnica do julgamento ampliado, em agravo de instrumento, prevista no art. 942, § 3º, II, do CPC, quando houver o provimento do recurso por maioria de votos e desde que a decisão agravada tenha julgado parcialmente o mérito. *REsp 1.960.580, 3ª T, 13.10.2021Inf 713.*

INFORMATIVOS

STJ **Agravo interno. Multa. Art. 1.021, §§ 4º e 5º, do CPC. Depósito prévio. Substituição por carta fiança. Possibilidade. Fiador e afiançado na mesma pessoa. Inadmissão.** Nos termos do art. 1.021, § 5º, do CPC, não é possível aceitar carta fiança como depósito prévio do valor da multa em que a instituição financeira figura como fiador e afiançado. *REsp 1997043, 3ª T, 27.10.2022. Inf 758.*

STJ **Agravo regimental no agravo em recurso especial. Inovação introduzida no art. 7º, § 2º-B, III, da Lei 8.906/94 pela Lei 14.365/22. Sustentação oral. Descabimento.** Não cabe sustentação oral no julgamento de agravo regimental no agravo em recurso especial, mesmo após a inovação introduzida no Estatuto da Ordem dos Advogados do Brasil pela Lei 14.365/22. *EDcl no AgRg no AREsp 2170433, 5ª T, 10.10.2022. Inf 752.*

STJ **Recurso. Princípio da dialeticidade recursal. Não impugnação específica dos fundamentos da decisão atacada. Súmula 182/STJ. Agravo interno. Dupla aplicação do art. 932, III, do CPC. Multa. art. 1.021, §§ 1º e 4º do CPC.** O recurso que insiste em não atacar especificamente os fundamentos da decisão recorrida seguidamente é manifestamente inadmissível (dupla aplicação do art. 932, III, do CPC), devendo ser penalizado com a multa prevista no art. 1.021, § 4º, do CPC. *AgInt no AREsp 2092094, 2ª T, 16.8.2022. Inf 745.*

STJ **Habilitação de crédito no inventário. Decisão que indefere o pedido. Art. 1.015, par. ún. do CPC. Recurso cabível. Agravo de instrumento.** Na vigência da nova legislação processual, o pronunciamento judicial que versa sobre a habilitação do crédito no inventário é uma decisão interlocutória a que se impugna por meio de agravo de instrumento com base no art. 1.015, par. ún., do CPC. *REsp 1963966, 3ª T, 5.5.2022. Inf 744.*

STJ **Estatuto da Advocacia. Lei 14.365/22. Prerrogativas. Sustentação oral em recurso interposto contra decisão monocrática de relator. Decisão que defere ou indefere a contracautela em suspensão de liminar e sentença (ou suspensão**

de segurança). Descabimento. Não é cabível a sustentação oral no agravo interno interposto contra decisão do Presidente do Tribunal que defere ou indefere a contracautela em suspensão de liminar de sentença ou suspensão de segurança. *QO no AgInt na SLS 2507, Corte Especial, 22.6.2022. Inf 743.*

STJ **Agravo de instrumento. Requerimento de expedição de ofícios para apresentação de arquivos. Natureza de exibição de documentos. Art. 1.015, VI, do CPC. Cabimento.** É cabível a interposição de agravo de instrumento contra decisões que versem sobre o mero requerimento de expedição de ofício para apresentação ou juntada de documentos ou coisas, independentemente da menção expressa ao termo "exibição" ou aos arts. 396 a 404 do CPC. *REsp 1853458, 1ª T, 2.3.2022. Inf 726.*

STJ **Ação de dissolução parcial de sociedade. Exclusão de sócio. Decisão que homologa transação. Natureza jurídica de sentença. Recurso cabível. Apelação. Interposição de agravo de instrumento. Erro grosseiro. Princípio da fungibilidade recursal. Inaplicabilidade.** A interposição de agravo de instrumento contra decisão que, em ação de exclusão de sócio, homologa transação quanto à saída da sociedade e fixa critérios para apuração dos haveres constitui erro grosseiro, inviabilizando a aplicação do princípio da fungibilidade recursal. *REsp 1954643, 3ª T, 18.2.2022. Inf 725.*

QUESTÕES OBJETIVAS

149. (Cespe/TJ/SC/Juiz/2019) José ajuizou ação de despejo cumulada com cobrança de aluguéis atrasados em desfavor de Paulo, tendo o magistrado julgado procedentes os pedidos, declarando rescindido o contrato de locação, determinando a desocupação do imóvel e condenando Paulo ao pagamento dos valores atrasados. Paulo interpôs recurso de apelação, pedindo a reforma integral da sentença. Durante o trâmite recursal, José iniciou a execução provisória apenas em relação à cobrança dos aluguéis, pois Paulo, após interpor apelação, desocupou voluntariamente o imóvel. Intimado para pagamento da parte líquida da condenação, Paulo agravou da decisão, sustentando ser necessário aguardar o julgamento da apelação antes de se dar andamento à execução provisória. Nessa situação hipotética, assinale a opção correta à luz da jurisprudência do STJ.

a) O recurso de agravo de instrumento deverá ser provido, uma vez que, ficando a ação limitada à cobrança dos aluguéis, seria autorizado o recebimento da apelação no efeito suspensivo, visto que a ação passaria a ter natureza exclusivamente condenatória.
b) O recurso de agravo de instrumento deverá ser provido, pois a Lei n. 8.245/1991 não prevê regramento específico em relação aos efeitos do recebimento do recurso de apelação; portanto, o apelo deveria ter sido recebido nos efeitos devolutivo e suspensivo, atendendo à regra geral no CPC.
c) O recurso de agravo de instrumento deverá ser denegado, porque a apelação que ataca sentença proferida em ação de despejo, ainda que cumulada com ação de cobrança de débitos atrasados, deve ser recebida somente no efeito devolutivo, em razão de regramento específico da Lei n. 8.245/1991 em relação aos efeitos do recebimento da apelação.
d) O recurso de agravo de instrumento deverá ser denegado, já que, embora não haja regramento específico acerca dos efeitos do recebimento da apelação na Lei n. 8.245/1991, a desocupação voluntária implicou em desistência do recurso de apelação.
e) O recurso de agravo de instrumento não deverá ser conhecido, por ausência de pressuposto objetivo de admissibilidade recursal, pois, além de existir regramento específico acerca dos efeitos do recebimento da apelação na Lei n. 8.245/1991, a desocupação voluntária implicou desistência do recurso de apelação.

150. (Vunesp/TJ/AC/Juiz/2019) O agravo de instrumento é recurso cabível para que a parte sucumbente efetue a impugnação de decisões interlocutórias proferidas no curso do processo. A respeito do recurso em pauta, é correto afirmar que

a) quando interpostos em autos físicos, deverá ser instruído com o comprovante do pagamento das respectivas custas e do porte de remessa e de retorno.
b) é cabível a realização de sustentação oral pelas partes, quando interposto contra decisões interlocutórias que versem sobre tutelas provisórias de urgência ou da evidência.
c) sendo eletrônicos ou físicos os autos, o agravante, no prazo de 3 (três) dias, juntará ao processo principal cópia da petição do agravo de instrumento.
d) se o juiz de primeira instância comunicar que reformou integral ou parcialmente a decisão impugnada, o relator considerará prejudicado o agravo de instrumento.

9.2.4. Dos Embargos de Declaração

SÚMULAS

STF **Súm. 317.** São improcedentes os embargos declaratórios, quando não pedida a declaração do julgado anterior, em que se verificou a omissão.

STJ **Súm. 98.** Embargos de declaração manifestados com notório propósito de prequestionamento não têm caráter protelatório.

STJ **Súm. 211.** Inadmissível recurso especial quanto à questão que, a despeito da oposição de embargos declaratórios, não foi apreciada pelo tribunal "a quo".

STJ **Súm. 579.** Não é necessário ratificar o recurso especial interposto na pendência do julgamento dos embargos de declaração quando inalterado o julgamento anterior.

ENUNCIADOS

CJF **Proc. Civil 75.** Cabem embargos declaratórios contra decisão que não admite recurso especial ou extraordinário, no tribunal de origem ou no tribunal superior, com a consequente interrupção do prazo recursal.

CJF **Proc. Civil 76.** É considerada omissa, para efeitos do cabimento dos embargos de declaração, a decisão que, na superação de precedente, não se manifesta sobre a modulação de efeitos.

Enfam **Enunc. 40.** Incumbe ao recorrente demonstrar que o argumento reputado omitido é capaz de infirmar a conclusão adotada pelo órgão julgador.

INFORMATIVOS

STJ **Sucessivas oposições de embargos de declaração. Nítido caráter protelatório. Repetição dos embargos anteriormente opostos. Abuso de direito caracterizado. Baixa dos autos.** Não obstante na esfera penal não ser viável a fixação de multa por litigância de má-fé, é possível, até mesmo antes do trânsito em julgado da condenação, a baixa dos autos à origem, independentemente da publicação do acórdão recorrido. *Proc. segredo justiça, Corte Especial, 25.8.2022. Inf 750.*

QUESTÕES OBJETIVAS

151. (TRF/3R/Juiz/2018) Sobre os embargos de declaração, é correto afirmar:

a) Eles não são via processual adequada para a correção de erro material uma vez que esse tipo de vício não está sujeito a preclusão.
b) Se opostos contra decisão unipessoal, podem ser conhecidos como agravo interno, a ser julgado também monocraticamente.
c) Se eles forem rejeitados ou não houver alteração de resultado, o recurso interposto pela outra parte antes da publicação do julgamento dos embargos precisará ser ratificado, sob pena de preclusão lógica.
d) Na reiteração de embargos manifestamente protelatórios, haverá elevação da multa e a interposição de qualquer recurso fica condicionada ao depósito prévio do valor, mas essa condição não se aplica ao beneficiário da justiça gratuita.

152. (TRF/2R/Juiz/2017) Caio ajuíza demanda em face de empresa pública. Formula dois pedidos e lastreia o pedido "a" na tese "x", firmada em Incidente de Resolução de Demandas Repetitivas, julgada recentemente pelo TRF-2ª Região. Ao apreciar a petição inicial, o juiz profere decisão parcial de mérito, sem mencionar a tese "x", julgando improcedente o pedido "a", por considerar a matéria unicamente de direito e por já ter proferido anteriormente sentença sobre a mesma matéria. No mesmo ato, determina que o feito prossiga, em relação ao outro pedido, com a citação da ré. O caso é típico de cabimento do seguinte recurso:

a) Apelação.
b) Agravo interno.
c) Reclamação perante o TRF.
d) Embargos de declaração.
e) Correição parcial.

153. (Cespe/TJ/PR/Juiz/2019) André interpôs recurso extraordinário contra acórdão proferido por tribunal de justiça. Em sequência, ao realizar o juízo de admissibilidade do recurso, o presidente do tribunal de justiça prolatou decisão inadmitindo o recurso, por entender que não havia sido cumprido o requisito do prequestionamento de matéria constitucional. Dois dias após ter sido intimado da decisão de inadmissão, André opôs embargos de declaração, alegando haver obscuridade na decisão monocrática proferida na origem. Nessa situação hipotética, de acordo com a jurisprudência do STF, os embargos de declaração

a) não são cabíveis e, por isso, não haverá interrupção do prazo recursal para a interposição de agravo em recurso extraordinário.
b) interrompem o prazo recursal para a interposição de agravo em recurso extraordinário, ainda que não venham a ser conhecidos.
c) devem ser recebidos como agravo em recurso extraordinário, em decorrência do princípio da fungibilidade recursal.
d) devem ser julgados pelo prolator da decisão de origem, mas, somente se forem providos, será possível a interposição de novo recurso ao STF.

9.2.5. Dos Recursos para o STF e para o STJ

SÚMULAS

1) Embargos de Divergência no STF

STF Súm. 247. O relator não admitirá os embargos da Lei 623, de 19.2.49, nem deles conhecerá o Supremo Tribunal Federal, quando houver jurisprudência firme do Plenário no mesmo sentido da decisão embargada.

STF Súm. 290. Nos embargos da Lei 623, de 19.02.1949, a prova de divergência far-se-á por certidão, ou mediante indicação do "Diário da Justiça" ou de repertório de jurisprudência autorizado, que a tenha publicado, com a transcrição do trecho que configure a divergência, mencionadas as circunstâncias que identifiquem ou assemelhem os casos confrontados.

STF Súm. 300. São incabíveis os embargos da Lei 623, de 19.02.1949, contra provimento de agravo para subida de recurso extraordinário.

STF Súm. 598. Nos embargos de divergência não servem como padrão de discordância os mesmos paradigmas invocados para demonstrá-la mas repelidos como não dissidentes no julgamento do recurso extraordinário.

2) Embargos de Divergência no STJ

STJ Súm. 158. Não se presta a justificar embargos de divergência o dissídio com acórdão de turma ou seção que não mais tenha competência para a matéria neles versada.

STJ Súm. 168. Não cabem embargos de divergência, quando a jurisprudência do Tribunal se firmou no mesmo sentido do acórdão embargado.

STJ Súm. 315. Não cabem embargos de divergência no âmbito do agravo de instrumento que não admite recurso especial.

STJ Súm. 316. Cabem embargos de divergência contra acórdão que, em agravo regimental, decide recurso especial.

STJ Súm. 420. Incabível, em embargos de divergência, discutir o valor de indenização por danos morais.

3) Recurso Especial

3.1) Hipóteses de Cabimento

STJ Súm. 5. A simples interpretação de cláusula contratual não enseja recurso especial.

STJ Súm. 7. A pretensão de simples reexame de prova não enseja recurso especial.

STJ Súm. 86. Cabe recurso especial contra acórdão proferido no julgamento de agravo de instrumento.

STJ Súm. 123. A decisão que admite, ou não, o recurso especial deve ser fundamentada com o exame dos seus pressupostos gerais e constitucionais.

STJ Súm. 126. É inadmissível recurso especial, quando o acórdão recorrido assenta em fundamentos constitucional e infraconstitucional, qualquer deles suficiente, por si só, para mantê-lo, e a parte vencida não manifesta recurso extraordinário.

STJ Súm. 203. Não cabe recurso especial contra decisão proferida por órgão de segundo grau dos juizados especiais.

STJ Súm. 518. Para fins do art. 105, III, a, da Constituição Federal, não é cabível recurso especial fundado em alegada violação de enunciado de súmula.

3.2) Divergência Jurisprudencial

STJ Súm. 13. A divergência entre julgados do mesmo tribunal não enseja recurso especial.

STJ Súm. 83. Não se conhece do recurso especial pela divergência, quando a orientação do tribunal se firmou no mesmo sentido da decisão recorrida.

3.3) Prequestionamento

STJ Súm. 98. Embargos de declaração manifestados com notório propósito de prequestionamento não têm caráter protelatório.

STJ Súm. 211. Inadmissível recurso especial quanto à questão que, a despeito da oposição de embargos declaratórios, não foi apreciada pelo tribunal "a quo".

3.4) Ratificação

STJ Súm. 579. Não é necessário ratificar o recurso especial interposto na pendência do julgamento dos embargos de declaração quando inalterado o julgamento anterior.

4) Recurso Extraordinário

4.1) Fungibilidade

STF Súm. 272. Não se admite como ordinário recurso extraordinário de decisão denegatória de mandado de segurança.

4.2) Hipóteses de Cabimento

STF Súm. 279. Para simples reexame de prova não cabe recurso extraordinário.

STF Súm. 280. Por ofensa a direito local não cabe recurso extraordinário.

STF Súm. 281. É inadmissível o recurso extraordinário, quando couber, na justiça de origem, recurso ordinário da decisão impugnada.

STF Súm. 283. É inadmissível o recurso extraordinário, quando a decisão recorrida assenta em mais de um fundamento suficiente e o recurso não abrange todos eles.

STF Súm. 289. O provimento do agravo, por uma das turmas do Supremo Tribunal Federal, ainda que sem ressalva, não prejudica a questão do cabimento do recurso extraordinário.

STF Súm. 292. Interposto o recurso extraordinário por mais de um dos fundamentos indicados no art. 101, III, da Constituição, a admissão apenas por um deles não prejudica o seu conhecimento por qualquer dos outros.

STF Súm. 389. Salvo limite legal, a fixação de honorários de advogado, em complemento da condenação, depende das circunstâncias da causa, não dando lugar a recurso extraordinário.

STF Súm. 399. Não cabe recurso extraordinário, por violação de lei federal, quando a ofensa alegada for a regimento de tribunal.

STF Súm. 400. Decisão que deu razoável interpretação à lei, ainda que não seja a melhor, não autoriza recurso extraordinário pela letra a do art. 101, III, da Constituição Federal.

STF Súm. 454. Simples interpretação de cláusulas contratuais não dá lugar a recurso extraordinário.

STF Súm. 505. Salvo quando contrariarem a Constituição, não cabe recurso para o Supremo Tribunal Federal, de quaisquer decisões da Justiça do Trabalho, inclusive dos presidentes de seus tribunais.

STF Súm. 513. A decisão que enseja a interposição de recurso ordinário ou extraordinário não é a do plenário, que resolve o incidente de inconstitucionalidade, mas a do órgão (câmaras, grupos ou turmas) que completa o julgamento do feito.

STF Súm. 636. Não cabe recurso extraordinário por contrariedade ao princípio constitucional da legalidade, quando a sua verificação pressuponha rever a interpretação dada a normas infraconstitucionais pela decisão recorrida.

STF Súm. 637. Não cabe recurso extraordinário contra acórdão de tribunal de justiça que defere pedido de intervenção estadual em município.

STF Súm. 638. A controvérsia sobre a incidência, ou não, de correção monetária em operações de crédito rural é de natureza infraconstitucional, não viabilizando recurso extraordinário.

STF Súm. 640. É cabível recurso extraordinário contra decisão proferida por juiz de primeiro grau nas causas de alçada, ou por turma recursal de juizado especial cível e criminal.

STF Súm. 733. Não cabe recurso extraordinário contra decisão proferida no processamento de precatórios.

STF Súm. 735. Não cabe recurso extraordinário contra acórdão que defere medida liminar.

4.3) Medida Cautelar

STF Súm. 634. Não compete ao Supremo Tribunal Federal conceder medida cautelar para dar efeito suspensivo a recurso extraordinário que ainda não foi objeto de juízo de admissibilidade na origem.

STF Súm. 635. Cabe ao presidente do tribunal de origem decidir o pedido de medida cautelar em recurso extraordinário ainda pendente do seu juízo de admissibilidade.

4.4) Prazo

STF Súm. 728. É de três dias o prazo para a interposição de recurso extraordinário contra decisão do Tribunal Superior Eleitoral, contado, quando for o caso, a partir da publicação do acórdão, na própria sessão de julgamento, nos termos do art. 12 da Lei 6.055/74, que não foi revogado pela Lei 8.950/94.

4.5) Prequestionamento

STF Súm. 282. É inadmissível o recurso extraordinário, quando não ventilada, na decisão recorrida, a questão federal suscitada.

STF Súm. 356. O ponto omisso da decisão, sobre o qual não foram opostos embargos declaratórios, não pode ser objeto de recurso extraordinário, por faltar o requisito do prequestionamento.

4.6) Requisitos Formais

STF Súm. 284. É inadmissível o recurso extraordinário, quando a deficiência na sua fundamentação não permitir a exata compreensão da controvérsia.

STF Súm. 287. Nega-se provimento do agravo quando a deficiência na sua fundamentação, ou na do recurso extraordinário, não permitir a exata compreensão da controvérsia.

4.7) Outros Temas

STF Súm. 249. É competente o Supremo Tribunal Federal para a ação rescisória quando, embora não tendo conhecido do recurso extraordinário, ou havendo negado provimento ao agravo, tiver apreciado a questão federal controvertida.

STF Súm. 299. O recurso ordinário e o extraordinário interpostos no mesmo processo de mandado de segurança, ou de "habeas corpus", serão julgados conjuntamente pelo Tribunal Pleno.

STF Súm. 325. As emendas ao Regimento do Supremo Tribunal Federal, sobre julgamento de questão constitucional, aplicam-se aos pedidos ajuizados e aos recursos interpostos anteriormente à sua aprovação.

STF Súm. 456. O Supremo Tribunal Federal, conhecendo do recurso extraordinário, julgará a causa, aplicando o direito à espécie.

STF Súm. 515. A competência para a ação rescisória não é do Supremo Tribunal Federal, quando a questão federal, apreciada no recurso extraordinário ou no agravo de instrumento, seja diversa da que foi suscitada no pedido rescisório.

STF Súm. 528. Se a decisão contiver partes autônomas, a admissão parcial, pelo presidente do tribunal "a quo", de recurso extraordinário que, sobre qualquer delas se manifestar, não limitará a apreciação de todas pelo Supremo Tribunal Federal, independentemente de interposição de agravo de instrumento.

STF Súm. 727. Não pode o magistrado deixar de encaminhar ao Supremo Tribunal Federal o agravo de instrumento interposto da decisão que não admite recurso extraordinário, ainda que referente a causa instaurada no âmbito dos juizados especiais.

REPERCUSSÃO & REPETITIVOS

STJ Repetitivo 1071. A discussão acerca da eficácia e efeitos da medida cautelar ou do julgamento de mérito da ADI 2332 não comporta revisão em recurso especial. *Pet 12344, 13.11.2020.*

ENUNCIADOS

1) Do Recurso Extraordinário e do Recurso Especial (arts. 1.029 a 1.041)

CJF Proc. Civil 78. A suspensão do recurso prevista no art. 1.030, III, do CPC deve se dar apenas em relação ao capítulo da decisão afetada pelo repetitivo, devendo o recurso ter seguimento em relação ao remanescente da controvérsia, salvo se a questão repetitiva for prejudicial à solução das demais matérias.

CJF Proc. Civil 79. Na hipótese do art. 1.032 do CPC, cabe ao relator, após possibilitar que o recorrente adite o seu recurso para inclusão de preliminar sustentando a existência de repercussão geral, oportunizar ao recorrido que, igualmente, adite suas contrarrazões para sustentar a inexistência da repercussão.

CJF Proc. Civil 80. Quando o Supremo Tribunal Federal considerar como reflexa a ofensa à Constituição afirmada no recurso extraordinário, deverá, antes de remetê-lo ao Superior Tribunal de Justiça para julgamento como recurso especial, conceder prazo de quinze dias para que as partes complementem suas razões e contrarrazões de recurso.

CJF Proc. Civil 81. A devolução dos autos pelo Superior Tribunal de Justiça ou Supremo Tribunal Federal ao tribunal de origem depende de decisão fundamentada, contra a qual cabe agravo na forma do art. 1.037, § 13, II, do CPC.

CJF Proc. Civil 139. A ausência de retratação do órgão julgador, na hipótese prevista no art. 1030, II, do CPC, dispensa a ratificação expressa para que haja o juízo de admissibilidade e a eventual remessa do recurso extraordinário ou especial ao tribunal superior competente, na forma dos arts. 1.030, V, "c", e 1.041 do CPC.

CJF Proc. Civil 142. Determinada a suspensão decorrente da admissão do IRDR (art. 982, I), a alegação de distinção entre a questão jurídica versada em uma demanda em curso e aquela a ser julgada no incidente será veiculada por meio do requerimento previsto no art. 1.037, § 10.

Enfam Enunc. 23. É obrigatória a determinação de suspensão dos processos pendentes, individuais e coletivos, em trâmite nos Estados ou regiões, nos termos do § 1º do art. 1.036 do CPC/2015, bem como nos termos do art. 1.037 do mesmo código.

Enfam Enunc. 24. O prazo de um ano previsto no art. 1.037 do CPC/2015 deverá ser aplicado aos processos já afetados antes da vigência dessa norma, com o seu cômputo integral a partir da entrada em vigor do novo estatuto processual.

Fonajef Enunc. 211. Havendo conflito entre acórdãos proferidos em julgamento de recurso especial repetitivo no Superior Tribunal de Justiça e de representativo da controvérsia na Turma Nacional de Uniformização, deve-se dar prevalência, salvo hipótese de distinção ou sinalização de superação do precedente, ao entendimento do Superior Tribunal de Justiça, por ser o órgão incumbido constitucionalmente da uniformização da interpretação do direito federal, competindo-lhe, ainda, rever as decisões da TNU na hipótese de conflito jurisprudencial.

2) Dos Embargos de Divergência (arts. 1.043 a 1.044)

CJF **Proc. Civil 83.** Caso os embargos de divergência impliquem alteração das conclusões do julgamento anterior, o recorrido que já tiver interposto o recurso extraordinário terá o direito de complementar ou alterar suas razões, nos exatos limites da modificação, no prazo de quinze dias, contados da intimação da decisão dos embargos de divergência.

INFORMATIVOS

STJ **Juízo de admissibilidade dos Embargos de Divergência. Paradigmas originados de órgãos fracionários vinculados à seções distintas e também à mesma seção. Competência da Corte Especial.** Se o embargante invocar, como paradigmas, julgado de órgão fracionário de diferente Seção e também julgado de órgão fracionário da mesma Seção que prolatou o acórdão embargado, caberá à Corte Especial proferir juízo negativo de admissibilidade dos embargos de divergência se ausentes seus requisitos, somente devendo ser cindido o julgamento na hipótese em que for admissível o pronunciamento de mérito da Seção a qual estão vinculados os órgãos fracionários que proferiram os acórdãos paradigma e embargado. *EAREsp 1681737, Corte Especial, 9.8.2022. Inf 744.*

STJ **Prequestionamento de dispositivos constitucionais. Recurso Especial. Impossibilidade.** Não há possibilidade de manifestação, em sede de recurso especial, ainda que para fins de prequestionamento, a respeito de alegada violação a dispositivos da Constituição Federal. *EDcl no AgInt no RMS 66940, 2ª T, 21.6.2022. Inf 742.*

STJ **Incidente de resolução de demandas repetitivas. Acórdão que fixa a tese. Pedido de revisão. Causa decidida. Inocorrência. Recurso especial. Não cabimento.** Não cabe recurso especial contra acórdão proferido pelo Tribunal de origem que fixa tese jurídica em abstrato em julgamento do IRDR, por ausência do requisito constitucional de cabimento de "causa decidida", mas apenas naquele que aplique a tese fixada, que resolve a lide, desde que observados os demais requisitos constitucionais do art. 105, III, da CF e dos dispositivos do CPC que regem o tema. *REsp 1798374, Corte Especial, 18.5.2022. Inf 737.*

STJ **Dissídio jurisprudencial acerca da possibilidade de conhecimento do recurso especial, mesmo sem indicação expressa do permissivo constitucional em que se funda. Possibilidade, desde as razões recursais demonstrem o seu cabimento de forma inequívoca. Inteligência do art. 1029, II, do CPC.** A falta de indicação expressa da norma constitucional que autoriza a interposição do recurso especial (alíneas a, b e c do inciso III do art. 105 da CF) implica o seu não conhecimento pela incidência da Súm. 284/STF, salvo, em caráter excepcional, se as razões recursais conseguem demonstrar, de forma inequívoca, a hipótese de seu cabimento. *EAREsp 1672966, Corte Especial, 20.4.2022. Inf 734.*

STJ **Recurso especial. Prequestionamento. Certidão de julgamento. Fundamentação por referência. Impossibilidade.** Para comprovação de prequestionamento, não se admite que a certidão de julgamento, de caráter administrativo, subscrita por servidor desprovido de poder jurisdicional, sirva como integrante do acórdão para aferição dos fundamentos do julgado. *AgInt no REsp 1809807, 2ª T, 15.2.2022. Inf 725.*

QUESTÕES OBJETIVAS

154. (Vunesp/TJ/SP/Juiz/2021) No que diz respeito a repercussão geral, deve ser observado que

a) Eventual prejuízo parcial do caso concreto subjacente ao recurso extraordinário, ou extinção por outra causa como falecimento da parte, constitui óbice ao prosseguimento para exame da tese, em sede de repercussão geral.
b) Determinado o sobrestamento de processos de natureza penal, opera-se automaticamente a suspensão da prescrição da pretensão punitiva, daí porque o sobrestamento abrange necessariamente inquéritos policiais ou procedimento investigatórios conduzidos pelo Ministério Público, além de não se admitir a produção de qualquer tipo de prova no processo eventualmente iniciado.
c) A despeito de não constar do Código de 2015, a exigência de preliminar formal de repercussão geral, diferentemente do que previa o CPC/1973, a jurisprudência do STF continua exigindo-a, o que não afasta nem se confunde com a possibilidade de reconhecimento de ofício.
d) Reconhecida a repercussão geral de questão constitucional, há preclusão a respeito.

155. (Vunesp/TJ/RJ/Juiz/2019) Com base no tratamento conferido pelo Código de Processo Civil de 2015 aos recursos direcionados para o Supremo Tribunal Federal e para o Superior Tribunal de Justiça, é correto afirmar:

a) da decisão que inadmite recurso extraordinário ou recurso especial em decorrência da aplicação de entendimento firmado em regime de repercussão geral ou em julgamento de recursos repetitivos, cabe agravo em recurso extraordinário ou em recurso especial.
b) nos processos promovidos perante a justiça federal de primeira instância em que forem partes organismo internacional e pessoa domiciliada no país, cabe agravo de instrumento dirigido ao Superior Tribunal de Justiça das decisões interlocutórias previstas no artigo 1.015 do diploma processual.
c) se o Supremo Tribunal Federal considerar como reflexa a ofensa à Constituição afirmada no recurso extraordinário, por pressupor a revisão da interpretação de lei federal ou de tratado, inadmitirá o recurso interposto por se tratar de recurso exclusivamente cabível para corrigir ofensa direta ao texto constitucional.
d) quando o recurso extraordinário ou especial fundar-se em dissídio jurisprudencial, o recorrente fará a prova da divergência com a certidão, cópia ou citação do repositório de jurisprudência, oficial ou credenciado em que houver sido publicado o acórdão divergente, bastando, nas razões recursais, transcrever a ementa do acórdão paradigma.
e) na hipótese de interposição conjunta de recurso extraordinário e recurso especial, uma vez concluído o julgamento do recurso especial, os autos serão remetidos ao Supremo Tribunal Federal para apreciação do recurso extraordinário ainda que este estiver prejudicado, pois é da competência exclusiva do Supremo Tribunal Federal declarar a existência de prejudicialidade.

10. DISPOSIÇÕES FINAIS E TRANSITÓRIAS

ENUNCIADOS

CJF **Proc. Civil 58.** O prazo para interposição do agravo previsto na Lei n. 8.437/92 é de quinze dias, conforme o disposto no art. 1.070 do CPC.

QUESTÕES OBJETIVAS

156. (TRF/2R/Juiz/2017) Sobre o direito intertemporal, considere as normas do Código de Processo Civil e o entendimento do Superior Tribunal de Justiça e assinale a opção correta:

a) As disposições do CPC/2015 devem ser aplicadas imediatamente após a sua entrada em vigor a todos os processos em tramitação.
b) São cabíveis honorários sucumbenciais recursais somente contra decisões publicadas a partir da entrada em vigor do novo código.
c) As disposições de direito probatório adotadas no novo código somente serão aplicadas aos processos instaurados a partir da sua entrada em vigor.
d) No tema intertemporal, o CPC adotou o sistema puro do isolamento dos atos processuais.
e) No tema, o novo CPC adotou o sistema das fases processuais.

11. LEIS ESPECIAIS

11.1. Lei das Cautelares contra o Poder Público (Lei 8.437/92)

QUESTÕES OBJETIVAS

157. **(Cespe/TRF/5R/Juiz/2017)** Caio impetrou mandado de segurança no STJ apresentando dois pedidos cumulados de reconhecimento de nulidade de dois atos praticados por ministro de Estado. O STJ, em decisão colegiada final, concedeu parcialmente a segurança para reconhecer a nulidade apenas de um dos atos praticados pelo ministro. Para impugnar essa decisão, Caio apresentou recurso ordinário, e a União interpôs recurso extraordinário. Considerando as normas jurídicas e a jurisprudência dos tribunais superiores, assinale a opção correta a respeito dessa situação hipotética.

a) Pedido de concessão de efeito suspensivo a qualquer um dos recursos, se feito entre a interposição e a publicação da decisão de admissão de tal recurso, deverá ser dirigido ao presidente ou ao vice-presidente do STJ.
b) Se o Supremo Tribunal Federal negar provimento ao recurso interposto por Caio e der provimento ao recurso da União, deverão ser fixados honorários de sucumbência em grau recursal.
c) A admissibilidade dos recursos apresentados será examinada na origem, sendo ainda possível que o tribunal recorrido determine o sobrestamento dos recursos.
d) Caso o recurso de Caio verse apenas sobre matéria constitucional, o STJ deverá aplicar o princípio da fungibilidade e receber o recurso como extraordinário.
e) Na hipótese de o presidente ou vice-presidente do STJ determinar, erroneamente, sobrestamento do recurso da União, a União deverá interpor recurso de agravo em recurso extraordinário.

11.2. Lei de Arbitragem (Lei 9.307/96)

ENUNCIADOS

1) Disposições Gerais (arts. 1º e 2º)

CJF **PSEL 4.** Na arbitragem, cabe à Administração Pública promover a publicidade prevista no art. 2º, § 3º, da Lei n. 9.307/1996, observado o disposto na Lei n. 12.527/2011, podendo ser mitigada nos casos de sigilo previstos em lei, a juízo do árbitro.

CJF **PSEL 81.** A conciliação, a arbitragem e a mediação, previstas em lei, não excluem outras formas de resolução de conflitos que decorram da autonomia privada, desde que o objeto seja lícito e as partes sejam capazes.

2) Da Convenção de Arbitragem e seus Efeitos (arts. 3º a 12)

CJF **Comercial 16.** O adquirente de cotas ou ações adere ao contrato social ou estatuto no que se refere à cláusula compromissória (cláusula de arbitragem) nele existente; assim, estará vinculado à previsão da opção da jurisdição arbitral, independentemente de assinatura e/ou manifestação específica a esse respeito.

CJF **Comercial 75.** Havendo convenção de arbitragem, caso uma das partes tenha a falência decretada: (i) eventual procedimento arbitral já em curso não se suspende e novo procedimento arbitral pode ser iniciado, aplicando-se, em ambos os casos, a regra do art. 6º, § 1º, da Lei n. 11.101/2005; e (ii) o administrador judicial não pode recusar a eficácia da cláusula compromissória, dada a autonomia desta em relação ao contrato.

CJF **PSEL 2.** Ainda que não haja cláusula compromissória, a administração pública poderá celebrar compromisso arbitral.

CJF **PSEL 5.** A arguição de convenção de arbitragem pode ser promovida por petição simples, a qualquer momento antes do término do prazo da contestação, sem caracterizar preclusão das matérias de defesa, permitido ao magistrado suspender o processo até a resolução da questão.

CJF **PSEL 6.** O processamento da recuperação judicial ou a decretação da falência não autoriza o administrador judicial a recusar a eficácia da convenção de arbitragem, não impede a instauração do procedimento arbitral, nem o suspende.

CJF **PSEL 12.** A existência de cláusula compromissória não obsta a execução de título executivo extrajudicial, reservando-se à arbitragem o julgamento das matérias previstas no art. 917, incs. I e VI, do CPC/2015.

3) Dos Árbitros (arts. 13 a 18)

CJF **PSEL 8.** São vedadas às instituições de arbitragem e mediação a utilização de expressões, símbolos ou afins típicos ou privativos dos Poderes da República, bem como a emissão de carteiras de identificação para árbitros e mediadores.

4) Do Procedimento Arbitral (arts. 19 a 22)

CJF **PSEL 11.** Nas arbitragens envolvendo a administração pública, é permitida a adoção das regras internacionais de comércio e/ou usos e costumes aplicáveis às respectivas áreas técnicas.

CJF **PSEL 13.** Podem ser objeto de arbitragem relacionada à administração pública, dentre outros, litígios relativos: I – ao inadimplemento de obrigações contratuais por qualquer das partes; II – à recomposição do equilíbrio econômico-financeiro dos contratos, cláusulas financeiras e econômicas.

5) Da Carta Arbitral (art. 22-C)

CJF **PSEL 3.** A carta arbitral poderá ser processada diretamente pelo órgão do Poder Judiciário do foro onde se dará a efetivação da medida ou decisão.

6) Da Sentença Arbitral (arts. 23 a 33)

CJF **PSEL 1.** A sentença arbitral não está sujeita à ação rescisória.

CJF **PSEL 7.** Os árbitros ou instituições arbitrais não possuem legitimidade para figurar no polo passivo da ação prevista no art. 33, caput, e § 4º, da Lei 9.307/1996, no cumprimento de sentença arbitral e em tutelas de urgência.

CJF **PSEL 9.** A sentença arbitral é hábil para inscrição, arquivamento, anotação, averbação ou registro em órgãos de registros públicos, independentemente de manifestação do Poder Judiciário.

CJF **PSEL 10.** O pedido de declaração de nulidade da sentença arbitral formulado em impugnação ao cumprimento da sentença deve ser apresentado no prazo do art. 33 da Lei 9.307/1996.

7) Outros Temas

CJF **PSEL 24.** Sugere-se que as faculdades de direito instituam disciplinas autônomas e obrigatórias e projetos de extensão destinados à mediação, à conciliação e à arbitragem, nos termos dos arts. 2º, § 1º, VIII, e 8º, ambos da Resolução CNE/CES n. 9, de 29 de setembro de 2004.

INFORMATIVOS

STJ **Pedido de habilitação de crédito. Controvérsia acerca da existência do crédito e apuração de seu quantum devido. Reconhecimento da existência de cláusula compromissória arbitral. Suspensão da habilitação do crédito sob a pendência de apuração no Juízo arbitral.** É possível suspender a habilitação de crédito até que se resolva a controvérsia quanto à existência dele, bem como a seu respectivo valor em juízo arbitral, em observância a cláusula compromissória estabelecida entre as partes. *REsp 1774649, 3ª T, 3.11.2022. Inf 759.*

STJ **Conflito de competência. Tribunais arbitrais vinculados à mesma Câmara de Arbitragem. Questão que não é objeto de disciplina regulamentar. Competência do Superior Tribunal de Justiça.** Compete ao STJ conhecer e julgar o conflito de competência estabelecido entre Tribunais Arbitrais vinculados à mesma Câmara de Arbitragem, quando a solução para o impasse criado não é objeto de disciplina no regulamento desta. *Proc. segredo justiça, 2ª S, 30.6.2022. Inf 749.*

STJ **Arbitragem. Alegação de nulidade. Impugnação ao cumprimento de sentença ou ação de nulidade. Prazo decadencial de 90 dias. Art. 33 da Lei 9.307/96.** A escolha entre a ação de nulidade e a impugnação ao cumprimento de sentença em nada interfere na cristalização ou não da decadência, de modo que, escoado o prazo de 90 dias para o ajuizamento da ação de nulidade, não poderá a parte suscitar as hipóteses de nulidade previstas no art. 32 da Lei de Arbitragem pela via da impugnação. *REsp 1928951, 3ª T, 18.2.2022. Inf 727.*

QUESTÕES DISCURSIVAS

10. (TRF/2R/Juiz/2007) Empresa pública federal celebra contrato com empresa brasileira contendo cláusula compromissória. A empresa privada descumpre o acordado e a empresa pública ajuíza ação judicial. A empresa privada requer a extinção do processo sem julgamento do mérito face à existência de convenção de arbitragem. Analise a questão, à luz da legislação, jurisprudência e doutrina.

QUESTÕES OBJETIVAS

158. (Vunesp/TRF/3R/Juiz/2022) A propósito dos métodos adequados de resolução de conflitos, julgue as assertivas abaixo e assinale a correta:

I. Na sistemática do Código de Processo Civil de 2015, em virtude do valor atribuído à conciliação e à mediação, a falta de realização de audiência de conciliação é considerada causa de nulidade processual pelo Superior Tribunal de Justiça.

II. A câmara arbitral ou o próprio árbitro têm legitimidade para promover a ação ou mandado de segurança para cumprimento da sentença arbitral no caso de FGTS, nos termos do entendimento do Superior Tribunal de Justiça.

III. As deliberações da Câmara de Conciliação e Arbitragem Federal - CCAF, criada pelo Ato Regimental nº 05 de 27/09/2007 como unidade da Consultoria Geral da União, em litígios "interna corporis" envolvendo a administração direta federal, autarquias, fundações, sociedade de economia mista e empresa pública federais não são sindicáveis pelo Poder Judiciário, mesmo quando questionadas por terceiros que não fizeram parte da conciliação, como o Ministério Público Federal.

IV. A Política Judiciária Nacional de Tratamento dos Conflitos de interesses, instituída pela Resolução CNJ nº 125 de 2010, com as alterações subsequentes, permite que os juízes coordenadores dos Centros Jurídicos de solução de Conflitos e Cidadania ou Centrais de Conciliação homologuem acordos entabulados em feitos de outras varas, remetidos para os Centros, e em reclamações pré-processuais.

a) Apenas as assertivas I e IV estão corretas.
b) Apenas a assertiva IV está correta.
c) Apenas as assertivas II e III estão corretas.
d) Todas as assertivas estão corretas.

159. (IFBC/TRF/2R/Juiz/2018) Para a homologação de laudo arbitral proferido no exterior, envolvendo réu domiciliado no Brasil:

a) A citação para o procedimento arbitral deve ter sido feita pela via de carta rogatória citatória.
b) A citação para o procedimento arbitral pode ter sido feita pela via postal, com prova inequívoca de recebimento.
c) A citação para o procedimento arbitral é presumida pelo comparecimento do réu ao procedimento de exequatur.
d) A citação para o procedimento arbitral deve ter observado a legislação aplicável ao mérito da arbitragem.
e) A citação para o procedimento arbitral deve ter sido feita por edital.

160. (TRF/3R/Juiz/2016) Dadas as assertivas abaixo, assinale a alternativa correta. Com base no disposto na Lei n. 9.307/96 e suas alterações posteriores, é possível afirmar que:

I. Do compromisso arbitral deverá constar, obrigatoriamente, o nome, profissão, estado civil e domicílio das partes; o nome, profissão e domicílio do árbitro, ou dos árbitros, ou, se for o caso, a identificação da entidade à qual as partes delegaram a indicação de árbitros; a matéria que será objeto da arbitragem; o local, ou locais, onde se desenvolverá a arbitragem e onde será proferida a sentença arbitral.

II. Extingue-se o compromisso arbitral escusando-se qualquer dos árbitros, antes de aceitar a nomeação, a menos que as partes tenham declarado, expressamente, aceitar substituto.

III. São requisitos obrigatórios da sentença arbitral: o relatório, que conterá os nomes das partes e um resumo do litígio; os fundamentos da decisão, onde serão analisadas as questões de fato e de direito, mencionando-se, expressamente, se os árbitros julgaram por equidade; o dispositivo, em que os árbitros resolverão as questões que lhes forem submetidas e estabelecerão o prazo para o cumprimento da decisão, se for o caso; a data e o lugar em que foi proferida.

IV. Para que haja a homologação da sentença arbitral estrangeira, deverá haver requerimento da parte interessada, devendo a petição inicial conter as indicações da lei processual, conforme o art. 282 do Código de Processo Civil, sendo dispensável a apresentação do original da sentença arbitral, desde que substituído por cópia devidamente certificada, autenticada pelo consulado brasileiro e acompanhada de tradução oficial e sendo dispensável a apresentação do original da convenção de arbitragem, desde que substituído por cópia devidamente certificada, acompanhada de tradução oficial.

Estão corretas:

a) I, III e IV.
b) I e II.
c) II e III.
d) III e IV.

11.3. Lei de Mediação (Lei 13.140/15)

ENUNCIADOS

1) Lei de Mediação (Lei 13.140/15)

1.1) Da Mediação (arts. 2º a 31)

CJF **PSEL 14.** A mediação é método de tratamento adequado de controvérsias que deve ser incentivado pelo Estado, com ativa participação da sociedade, como forma de acesso à justiça e à ordem jurídica justa.

CJF **PSEL 15.** Recomenda-se aos órgãos do sistema de justiça firmar acordos de cooperação técnica entre si e com universidades, para incentivo às práticas dos métodos consensuais de solução de conflitos, bem assim com empresas geradoras de grande volume de demandas, para incentivo à prevenção e à solução extrajudicial de litígios.

CJF **PSEL 17.** Nos processos administrativo e judicial, é dever do Estado e dos operadores do direito propagar e estimular a mediação como solução pacífica dos conflitos.

CJF **PSEL 38.** O Estado promoverá a cultura da mediação no sistema prisional, entre internos, como forma de possibilitar a ressocialização, a paz social e a dignidade da pessoa humana.

CJF **PSEL 45.** A mediação e conciliação são compatíveis com a recuperação judicial, a extrajudicial e a falência do empresário e da sociedade empresária, bem como em casos de superendividamento, observadas as restrições legais.

CJF **PSEL 72.** As instituições privadas que lidarem com mediação, conciliação e arbitragem, bem como com demais métodos adequados de solução de conflitos, não deverão conter, tanto no título de estabelecimento, marca ou nome, dentre outros, nomenclaturas e figuras que se assimilem à ideia de Poder Judiciário.

CJF **PSEL 81.** A conciliação, a arbitragem e a mediação, previstas em lei, não excluem outras formas de resolução de conflitos que decorram da autonomia privada, desde que o objeto seja lícito e as partes sejam capazes.

1.1.1) Disposições Gerais (arts. 2º e 3º)

CJF **PSEL 41.** Além dos princípios já elencados no art. 2º da Lei 13.140/2015, a mediação também deverá ser orientada pelo princípio da decisão informada.

Fonacom **Enunc. 17.** Não havendo vedação legal expressa à transação, a indisponibilidade do interesse público não é óbice à conciliação nos conflitos administrativos (art. 3º da Lei n. 13.140/2015 e art. 334, § 4º, II, NCPC).

1.1.2) Dos Mediadores (arts. 4º a 13)

1.1.2.1) Disposições Comuns (arts. 4º a 8º)

CJF **PSEL 43.** O membro do Ministério Público com atribuição para o procedimento consensual, devidamente capacitado nos métodos negociais e autocompositivos, quando atuar como mediador, ficará impedido de exercer atribuições típicas de seu órgão de execução, cabendo tal intervenção, naquele feito, a seu substituto legal.

CJF **PSEL 83.** O terceiro imparcial, escolhido pelas partes para funcionar na resolução extrajudicial de conflitos, não precisa estar inscrito na Ordem dos Advogados do Brasil e nem integrar qualquer tipo de conselho, entidade de classe ou associação, ou nele inscrever-se.

Fonacom **Enunc. 88.** É fundamental a regulamentação e a obtenção de recursos orçamentários para a remuneração dos conciliadores e mediadores judiciais, nos termos da Resolução CNJ 271/2018.

Fonacom **Enunc. 89.** O conciliador e o mediador voluntários devem ser protegidos conforme os regulamentos protetivos de trabalho voluntário.

1.1.2.2) Dos Mediadores Extrajudiciais (arts. 9º e 10)

CJF **PSEL 47.** A menção à capacitação do mediador extrajudicial, prevista no art. 9º da Lei n. 13.140/2015, indica que ele deve ter experiência, vocação, confiança dos envolvidos e aptidão para mediar, bem como conhecimento dos fundamentos da mediação, não bastando formação em outras áreas do saber que guardem relação com o mérito do conflito.

1.1.2.3) Dos Mediadores Judiciais (arts. 11 a 13)

Fonacom **Enunc. 21.** A certificação para efeito de atividade jurídica, bem como a manutenção no cadastro do respectivo tribunal, demanda a dedicação de tempo mínimo pelo conciliador/mediador, consoante as peculiaridades locais.

1.1.3) Do Procedimento de Mediação (arts. 14 a 29)

1.1.3.1) Disposições Comuns (arts. 14 a 20)

CJF **PSEL 18.** Os conflitos entre a administração pública federal direta e indireta e/ou entes da federação poderão ser solucionados pela Câmara de Conciliação e Arbitragem da Administração Pública Federal – CCAF – órgão integrante da Advocacia-Geral da União, via provocação do interessado ou comunicação do Poder Judiciário.

CJF **PSEL 19.** O acordo realizado perante a Câmara de Conciliação e Arbitragem da Administração Pública Federal – CCAF – órgão integrante da Advocacia-Geral da União – constitui título executivo extrajudicial e, caso homologado judicialmente, título executivo judicial.

CJF **PSEL 26.** É admissível, no procedimento de mediação, em casos de fundamentada necessidade, a participação de crianças, adolescentes e jovens – respeitado seu estágio de desenvolvimento e grau de compreensão – quando o conflito (ou parte dele) estiver relacionado aos seus interesses ou direitos.

CJF **PSEL 34.** Se constatar a configuração de uma notória situação de desequilíbrio entre as partes, o mediador deve alertar sobre a importância de que ambas obtenham, organizem e analisem dados, estimulando-as a planejarem uma eficiente atuação na negociação.

CJF **PSEL 58.** A conciliação/mediação, em meio eletrônico, poderá ser utilizada no procedimento comum e em outros ritos, em qualquer tempo e grau de jurisdição.

Fonacom **Enunc. 29.** A conciliação/mediação em meio eletrônico poderá ser utilizada em qualquer procedimento e em qualquer grau de jurisdição.

Fonacom **Enunc. 31.** As formas de realização da sessão/audiência de conciliação/mediação (presencial, eletrônica, por videoconferência ou em sistema itinerante) não são excludentes entre si e devem ser escolhidas de acordo com sua adequação às especificidades do caso concreto

Fonacom **Enunc. 32.** A escolha da forma de realização da sessão/audiência de conciliação/mediação (presencial, eletrônica, por videoconferência ou em sistema itinerante) será feita, preferencialmente, pelas unidades de conciliação/mediação.

Fonacom **Enunc. 48.** As audiências de conciliação, mediação e negociação direta podem ser realizadas por meios eletrônicos síncronos ou assíncronos, podendo ser utilizados: fórum virtual de conciliação, audiência virtual, videoconferência, whatsapp, webcam, skype, scopia, messenger e outros, sendo todos os meios igualmente válidos.

Fonacom **Enunc. 54.** É válida, com o consentimento das partes, a realização de negociação mediada pelo Judiciário, através de e-mail oficial ou aplicativo de mensagens (WhatsApp ou semelhante) vinculado a linha institucional, seja em continuidade de sessão presencial, ou mesmo com dispensa desta, apresentando-se aos autos a conclusão.

Fonacom **Enunc. 55.** Nas sessões de conciliação/mediação, para viabilizar a interação de todos os participantes, é possível a utilização de qualquer meio de videoaudiência, ainda que não oficial.

Fonacom **Enunc. 56.** O Poder Judiciário pode se utilizar de máquinas inteligentes como conciliadores em matérias previamente determinadas pelos Núcleos de Conciliação, desde que o procedimento seja facultativo para as partes.

1.1.3.2) Da Mediação Extrajudicial (arts. 21 a 23)

CJF **PSEL 16.** O magistrado pode, a qualquer momento do processo judicial, convidar as partes para tentativa de composição da lide pela mediação extrajudicial, quando entender que o conflito será adequadamente solucionado por essa forma.

CJF **PSEL 21.** É facultado ao magistrado, em colaboração com as partes, suspender o processo judicial enquanto é realizada a mediação, conforme o art. 313, II, do Código de Processo Civil, salvo se houver previsão contratual de cláusula de mediação com termo ou condição, situação em que o processo deverá permanecer suspenso pelo prazo previamente acordado ou até o implemento da condição, nos termos do art. 23 da Lei n. 13.140/2015.

CJF **PSEL 35.** Os pedidos de homologação de acordos extrajudiciais deverão ser feitos no Centro Judiciário de Solução de Conflitos e Cidadania, onde houver.

CJF **Notarial/Registral 73.** Visando a disseminar a prática da mediação e da conciliação extrajudicial, recomenda-se aos Tribunais e às Corregedorias de Justiça que promovam campanhas junto aos delegatários e à sociedade, sobre a possibilidade de o cidadão buscar os serviços extrajudiciais para a solução de seus conflitos.

Fonacom **Enunc. 57.** A conciliação extraprocessual homologada pela Justiça não cria precedente jurídico com relação à tese de fundo sustentada pelo demandante.

Fonacom **Enunc. 58.** O juiz que atua diretamente na mediação extraprocessual não fica impedido para julgar eventual demanda proposta em razão da não realização de acordo.

Fonacom **Enunc. 60.** Em conciliação extraprocessual por WhatsApp, o registro da conversa vale como termo de acordo após a homologação pelo juiz.

1.1.3.3) Da Mediação Judicial (arts. 24 a 29)

CJF **PSEL 44.** Havendo processo judicial em curso, a escolha de mediador ou câmara privada ou pública de conciliação e mediação deve observar o peticionamento individual ou conjunto das partes, em qualquer tempo ou grau de jurisdição, respeitado o contraditório.

CJF **PSEL 63.** A perspectiva da conciliação judicial, inclusive por adesão, em razão ou no bojo de incidente de resolução de demandas repetitivas, é compatível com o Código de Processo Civil (Lei n. 13.105, de 16 de março de 2015) e com a Lei da Mediação (Lei n. 13.140, de 26 de junho de 2015).

Fonacom **Enunc. 14.** As centrais de conciliação exercem atribuição jurisdicional.

Fonacom **Enunc. 15.** As centrais de conciliação podem praticar atos instrutórios que visem à operacionalização de composições.

Fonacom **Enunc. 16.** O juiz vinculado à central de conciliação pode, excepcionalmente, apreciar pedidos de tutela provisória, relacionados ao cumprimento de acordos.

Fonacom **Enunc. 27.** As centrais de conciliação podem atuar em qualquer matéria e alçada para fins de conciliação, mediação ou outro método consensual de solução de conflitos.

1.1.4) Da Confidencialidade e suas Exceções (arts. 30 a 31)

CJF **PSEL 46.** Os mediadores e conciliadores devem respeitar os padrões éticos de confidencialidade na mediação e conciliação, não levando aos magistrados dos seus respectivos feitos o conteúdo das sessões, com exceção dos termos de acordo, adesão, desistência e solicitação de encaminhamentos, para fins de ofícios.

Fonacom **Enunc. 73.** Em razão do princípio da confidencialidade, as audiências de conciliação, quando realizadas conjuntamente com a instrução, somente terão gravados os atos relativos à instrução.

1.2) Da Autocomposição em que for Parte PJDP (arts. 32 a 40)

1.2.1) Disposições Comuns (arts. 32 a 34)

CJF **PSEL 25.** A União, os Estados, o Distrito Federal e os Municípios têm o dever de criar Câmaras de Prevenção e Resolução Administrativa de Conflitos com atribuição específica para autocomposição do litígio.

CJF **PSEL 31.** É recomendável a existência de uma advocacia pública colaborativa entre os entes da federação e seus respectivos órgãos públicos, nos casos em que haja interesses públicos conflitantes/divergentes. Nessas hipóteses, União, Estados, Distrito Federal e Municípios poderão celebrar pacto de não propositura de demanda judicial e de solicitação de suspensão das que estiverem propostas com estes, integrando o polo passivo da demanda, para que sejam submetidos à oportunidade de diálogo produtivo e consenso sem interferência jurisdicional.

CJF **PSEL 40.** Nas mediações de conflitos coletivos envolvendo políticas públicas, judicializados ou não, deverá ser permitida a participação de todos os potencialmente interessados, dentre eles: (i) entes públicos (Poder Executivo ou Legislativo) com competências relativas à matéria envolvida no conflito; (ii) entes privados e grupos sociais diretamente afetados; (iii) Ministério Público; (iv) Defensoria Pública, quando houver interesse de vulneráveis; e (v) entidades do terceiro setor representativas que atuem na matéria afeta ao conflito.

CJF **PSEL 54.** A administração pública deverá oportunizar a transação por adesão nas hipóteses em que houver precedente judicial de observância obrigatória.

1.2.2) Dos Conflitos da Administração Direta, Autarquias e Fundações (arts. 35 a 40)

CJF **PSEL 74.** Havendo autorização legal para a utilização de métodos adequados de solução de controvérsias envolvendo órgãos, entidades ou pessoas jurídicas da Administração Pública, o agente público deverá: (i) analisar a admissibilidade de eventual pedido de resolução consensual do conflito; e (ii) justificar por escrito, com base em critérios objetivos, a decisão de rejeitar a proposta de acordo.

CJF **PSEL 84.** O Poder Público – inclusive o Poder Judiciário – e a sociedade civil deverão estimular a criação, no âmbito das procuradorias municipais e estaduais, de centros de solução de conflitos, voltados à solução de litígios entre a Administração Pública e os cidadãos, como, por exemplo, a Central de Negociação da Procuradoria-Geral da União.

Fonacom **Enunc. 52.** A norma do art. 36, parágrafo 4º, da Lei 13.140/2015 (Lei da Mediação) é aplicável às ações de improbidade e faculta a conciliação judicial, ab-rogando a redação do art. 17, parágrafo 1º, da Lei 8.429/92.

Fonacom **Enunc. 70.** A CCAF – Câmara de Conciliação e Arbitragem da Administração Federal pode ser instada desde a fase pré-processual pelos Núcleos Permanentes de Métodos Consensuais de Solução de Conflitos – NUPMEC, através da AGU, em hipóteses de entendimentos jurídicos controversos entre entidades da administração pública federal entre si ou entre estes e o órgão de representação judicial.

1.3) Disposições Finais (arts. 41 a 48)

CJF **PSEL 32.** A ausência da regulamentação prevista no art. 1º da Lei n. 9.469/1997 não obsta a autocomposição por parte de integrante da Advocacia-Geral da União e dirigentes máximos das empresas públicas federais nem, por si só, torna-a inadmissível para efeito do inc. II do § 4º do art. 334 do CPC/2015.

CJF **PSEL 57.** As comunidades têm autonomia para escolher o modelo próprio de mediação comunitária, não devendo se submeter a padronizações ou modelos únicos.

Fonacom **Enunc. 42.** A ausência de decreto não é óbice à solução autocompositiva de conflitos nos termos do art. 1º da Lei nº 9.469/97 com a redação da Lei nº 13.140/2015.

2) Política Judiciária Federal de Solução Consensual dos Conflitos (Res. CJF 398/16)

2.1) Da Competência dos Núcleos e Centros Judiciários de Solução Consensual de Conflitos e Cidadania (arts. 8º e 9º)

CJF **PSEL 20.** Enquanto não for instalado o Centro Judiciário de Solução de Conflitos e Cidadania (Cejusc), as sessões de mediação e conciliação processuais e pré-processuais poderão ser realizadas por meio audiovisual, em módulo itinerante do Poder Judiciário ou em entidades credenciadas pelo Núcleo Permanente de Métodos Consensuais de Solução de Conflitos (Nupemec), no foro em que tramitar o processo ou no foro competente para o conhecimento da causa, no caso de mediação e conciliação pré-processuais.

CJF **PSEL 67.** Nos colégios recursais, o relator poderá, monocraticamente, encaminhar os litígios aos Centros Judiciários de Solução de Conflitos e Cidadania.

CJF **Notarial/Registral 69.** Recomenda-se aos Tribunais a celebração de convênios com notários e registradores para a instalação de centros judiciários de solução de conflitos e cidadania.

Fonacom **Enunc. 3.** A efetividade dos centros de solução de conflitos pressupõe a participação das instituições parceiras no planejamento das atividades.

Fonacom **Enunc. 28.** Os CEJUSCONS podem firmar convênios com universidades para que, nas matérias com interesse científico e jurídico, atuem como facilitadores nas audiências de conciliação/mediação.

Fonacom **Enunc. 72.** É possível, de comum acordo, a remessa de autos pelas subseções judiciárias ao Centro de Conciliação da Capital e Núcleos de Conciliação dos Tribunais para a realização de sessões de conciliação eletrônicas.

2.2) Da Estrutura dos Centros Judiciários de Solução Consensual de Conflitos e Cidadania (arts. 10 e 11)

Fonacom **Enunc. 53.** Estruturação do Manual de Boas Práticas. Disponibilização no portal da conciliação (art. 15 da Res. 125/2010) das práticas apresentadas pelas 5 regiões, com sua descrição, repassando aos CEJUCONS e escolas das magistraturas. Inclusão das atividades dos NUPEMECS e dos CEJUSCONS nos processos de vitaliciamento e formação continuada dos magistrados. Inclusão de capacitação em técnicas de solução de conflitos aos magistrados em processo de vitaliciamento e em cursos oferecidos na formação continuada. A qualificação em técnicas de conciliação e mediação de todos os intervenientes no conflito na fase judicial e pré-processual (conciliadores, mediadores, representantes judiciais e prepostos) é essencial ao êxito da utilização do processo auto compositivo. Maior ênfase dos CEJUSCONS na atuação em atendimento e orientação ao cidadão, especialmente com a capacitação da comunidade ao exercício de cidadania, com observância dos princípios do empoderamento e da alteridade, na forma da parte final do art. 8º da Resolução nº 125/2010 do CNJ. Pautas concentradas de audiências de conciliação/mediação, de preferência temáticas, constituem metodologia de atuação que favorece a solução auto compositiva de litígios. A participação ativa das coordenações dos NUPEMECS nas atividades desenvolvidas pelos CEJUSCONS é fator que tem contribuído para o efetivo atendimento da política judiciária de solução consensual de conflitos estabelecida pela Resolução CJF 398/2016 e pelos Tribunais Regionais Federais.

Fonacom **Enunc. 74.** Os Núcleos e Centros de Conciliação, os Centros de Inteligência e os Núcleos de Demandas Repetitivas trabalharão em conjunto no sentido da identificação de demandas estruturais e repetitivas, para tratamento adequado (sistema multiportas) e melhor gerenciamento dos conflitos, inclusive com criação de fluxo padronizado a partir da fixação de critérios estabelecidos por meio de diálogo interinstitucional.

2.3) Da Seleção e Formação dos Conciliadores e Mediadores (arts. 14 a 23)

Fonacom **Enunc. 19.** O estágio supervisionado do ciclo de formação de conciliadores/mediadores da Justiça Federal deverá ser realizado preferencialmente "in loco" e por supervisores integrantes dos CEJUSCONs. Quando necessário, poderá ser conduzido total ou parcialmente a distância, seja por videoconferência ou por meio de plataforma virtual (art. 18, parágrafo único; Res. 398/2016).

Fonacom **Enunc. 20.** O conteúdo básico teórico da formação de conciliadores/mediadores, no âmbito da Justiça Federal, deverá contemplar as peculiaridades da jurisdição deste ramo do judiciário (art. 6º, inciso II, Res. 398/2016).

Fonacom **Enunc. 22.** A submissão ao ciclo de formação de formadores em conciliação/mediação, demanda necessariamente prévia conclusão das partes teórica e prática do ciclo básico, e reiterada prática no exercício da atividade.

Fonacom **Enunc. 23.** A formação em conciliação/mediação, seja qual for o nível ou público-alvo, deverá sempre contemplar a educação para cidadania.

Fonacom **Enunc. 33.** Devem ser elaborados materiais pedagógicos dos cursos de formação em conciliação/mediação especificamente voltados às necessidades e às peculiaridades da Justiça Federal, envolvendo, inclusive, causas de alta complexidade e demandas repetitivas.

Fonacom **Enunc. 34.** Recomenda-se que os materiais pedagógicos contenham termos de audiência de conciliação/mediação, com os respectivos itens obrigatórios, de acordo com as particularidades da matéria.

Fonacom **Enunc. 35.** Recomenda-se que nos elementos pedagógicos dos cursos de formação em mediação/conciliação sejam disponibilizados materiais audiovisuais, tais como vídeos, gravações e outras mídias digitais.

Fonacom **Enunc. 36.** Os materiais pedagógicos de cursos de formação em conciliação/mediação devem abranger noções elementares do direito material subjacente às causas mais comuns nos processos conciliatórios da justiça federal, inclusive mediante intercâmbio científico entre as instituições neles envolvidas.

Fonacom Enunc. 37. Os materiais pedagógicos dos cursos de formação em conciliação/mediação devem abranger conteúdo que tenham como destinatários os magistrados, seja na condição de gestores de centros de conciliação ou mesmo como presidentes de sessões de conciliação.

Fonacom Enunc. 38. Os materiais pedagógicos de cursos de formação em conciliação/mediação devem abranger conteúdo relacionado às técnicas de relacionamentos interinstitucionais.

Fonacom Enunc. 39. Apesar da distinção conceitual entre a mediação e a conciliação, recomenda-se que ambas sejam tratadas conjuntamente nos materiais pedagógicos e nos cursos de formação voltados à justiça federal.

3) Outros Temas

3.1.) Contato Interinstitucional

Fonacom Enunc. 1. O contato interinstitucional é necessário para a efetividade da solução consensual dos conflitos, e deverá ser realizado preferencialmente com um interlocutor qualificado – que tenha alçada para decidir.

Fonacom Enunc. 2. O contato interinstitucional realizado pelo juiz, como membro de poder, não lhe retira a imparcialidade como órgão julgador.

Fonacom Enunc. 25. Os contatos interinstitucionais para a busca da solução consensual de conflitos devem ser promovidos pelos coordenadores regionais e locais da conciliação, no âmbito de suas atribuições.

3.2) "Dispute Board"

CJF PSEL 49. Os Comitês de Resolução de Disputas ("Dispute Boards") são método de solução consensual de conflito, na forma prevista no § 3º do art. 3º do Código de Processo Civil brasileiro.

CJF PSEL 76. As decisões proferidas por um Comitê de Resolução de Disputas ("Dispute Board"), quando os contratantes tiverem acordado pela sua adoção obrigatória, vinculam as partes ao seu cumprimento até que o Poder Judiciário ou o juízo arbitral competente emitam nova decisão ou a confirmem, caso venham a ser provocados pela parte inconformada.

CJF PSEL 80. A utilização dos Comitês de Resolução de Disputas ("Dispute Boards"), com a inserção da respectiva cláusula contratual, é recomendável para os contratos de construção ou de obras de infraestrutura, como mecanismo voltado para a prevenção de litígios e redução dos custos correlatos, permitindo a imediata resolução de conflitos surgidos no curso da execução dos contratos.

3.3) Ensino Jurídico

CJF PSEL 23. Recomenda-se que as faculdades de direito mantenham estágios supervisionados nos escritórios de prática jurídica para formação em mediação e conciliação e promovam parcerias com entidades formadoras de conciliadores e mediadores, inclusive tribunais, Ministério Público, OAB, defensoria e advocacia pública.

CJF PSEL 24. Sugere-se que as faculdades de direito instituam disciplinas autônomas e obrigatórias e projetos de extensão destinados à mediação, à conciliação e à arbitragem, nos termos dos arts. 2º, § 1º, VIII, e 8º, ambos da Resolução CNE/CES n. 9, de 29 de setembro de 2004.

CJF PSEL 30. Nas mediações realizadas gratuitamente em programas, câmaras e núcleos de prática jurídica de faculdades de direito, os professores, orientadores e coordenadores que não estejam atuando ou participando no caso concreto, não estão impedidos de assessorar ou representar as partes, em suas especialidades.

CJF PSEL 66. É fundamental a atualização das matrizes curriculares dos cursos de direito, bem como a criação de programas de formação continuada aos docentes do ensino superior jurídico, com ênfase na temática da prevenção e solução extrajudicial de litígios e na busca pelo consenso.

3.4) Ensino Regular

CJF PSEL 27. Recomenda-se o desenvolvimento de programas de fomento de habilidades para o diálogo e para a gestão de conflitos nas escolas, como elemento formativo-educativo, objetivando estimular a formação de pessoas com maior competência para o diálogo, a negociação de diferenças e a gestão de controvérsias.

CJF PSEL 28. Propõe-se a implementação da cultura de resolução de conflitos por meio da mediação, como política pública, nos diversos segmentos do sistema educacional, visando auxiliar na resolução extrajudicial de conflitos de qualquer natureza, utilizando mediadores externos ou capacitando alunos e professores para atuarem como facilitadores de diálogo na resolução e prevenção dos conflitos surgidos nesses ambientes.

CJF PSEL 73. A educação para a cidadania constitui forma adequada de solução e prevenção de conflitos, na via extrajudicial, e deve ser adotada e incentivada como política pública privilegiada de tratamento adequado do conflito pelo sistema de justiça.

3.5.) Temas Esparsos

CJF PSEL 42. O membro do Ministério Público designado para exercer as funções junto aos centros, câmaras públicas de mediação e qualquer outro espaço em que se faça uso das técnicas de autocomposição, para o tratamento adequado de conflitos, deverá ser capacitado em técnicas de mediação e negociação, bem como de construção de consenso.

CJF PSEL 55. O Poder Judiciário e a sociedade civil deverão fomentar a adoção da advocacia colaborativa como prática pública de resolução de conflitos na área do direito de família, de modo a que os advogados das partes busquem sempre a atuação conjunta voltada para encontrar um ajuste viável, criativo e que beneficie a todos os envolvidos.

CJF PSEL 61. Os gestores, defensores e advogados públicos que, nesta qualidade, venham a celebrar transações judiciais ou extrajudiciais, no âmbito de procedimento de conciliação, mediação ou arbitragem, não responderão civil, administrativa ou criminalmente, exceto se agirem mediante dolo ou fraude.

Fonacom Enunc. 69. A conversão da reclamação pré-processual em processo judicial deve ser simplificada como medida de facilitação do acesso à justiça.

Fonacom Enunc. 90. A participação de oficiais de Justiça nos cursos de formação em conciliação e mediação deve ser viabilizada pelos tribunais, de forma a atender no artigo 154, VI, do CPC.

Fonacom Enunc. 91. Estimulam-se a criação e a manutenção dos cadastros regionais e nacional de conciliadores, mediadores e câmaras privadas para a permanência desses profissionais no sistema judiciário.

QUESTÕES OBJETIVAS

161. (IFBC/TRF/2R/Juiz/2018) Com relação à aplicabilidade dos meios consensuais de solução de conflitos que envolvam o poder público, é correto afirmar que:

a) eles não se aplicam à administração pública. A inafastabilidade da jurisdição decorrente da soberania impede a administração de negociar e firmar acordos com particulares.
b) o interesse público não pode ser objeto de transação pela administração. Nesse sentido, o campo de atuação desses meios consensuais no direito administrativo é muito restrito pela indisponibilidade do interesse público.
c) a supremacia do interesse público sobre o particular não legitima a realização de mediação e/ou arbitragem em conflitos em que a administração pública é parte.
d) Lei n. 13.140 de 26.06.2015 - Lei de Mediação - permite a autocomposição de conflitos como meio de solução de conflitos que envolvam a administração pública, incluindo no seu objeto os direitos disponíveis e os indisponíveis que admitam transação.
e) é cabível a utilização da arbitragem em conflitos decorrentes de contratos de concessões e permissões de serviços públicos, cujo objeto envolvam atos de gestão e de império da administração.

11.4. Leis dos Juizados Especiais

SÚMULAS

STF Súm. 640. É cabível recurso extraordinário contra decisão proferida por juiz de primeiro grau nas causas de alçada, ou por turma recursal de juizado especial cível e criminal.

STF **Súm. 727.** Não pode o magistrado deixar de encaminhar ao Supremo Tribunal Federal o agravo de instrumento interposto da decisão que não admite recurso extraordinário, ainda que referente a causa instaurada no âmbito dos juizados especiais.

STJ **Súm. 203.** Não cabe recurso especial contra decisão proferida por órgão de segundo grau dos juizados especiais.

STJ **Súm. 376.** Compete à turma recursal processar e julgar o mandado de segurança contra ato de juizado especial.

STJ **Súm. 428.** Compete ao tribunal regional federal decidir os conflitos de competência entre juizado especial federal e juízo federal da mesma seção judiciária.

TRF3 **Súm. 36.** É incabível a redistribuição de ações no âmbito dos juizados especiais federais, salvo no caso de Varas situadas em uma mesma base territorial.

TRF4 **Súm. 115.** Ação em que a parte autora objetiva a mera declaração de um direito, cujo reconhecimento acarretaria modificação de atos administrativos apenas de maneira reflexa, torna inaplicável a regra prevista no artigo 3º, § 1º, inciso III, da Lei n. 10.259/2001, prevalecendo a competência absoluta pelo valor da causa, do JEF.

TNU **Súm. 7.** Descabe incidente de uniformização versando sobre honorários advocatícios por se tratar de questão de direito processual.

TNU **Súm. 17.** Não há renuncia tácita no juizado especial federal, para fins de competência.

TNU **Súm. 42.** Não se conhece de incidente de uniformização que implique reexame de matéria de fato.

TNU **Súm. 43.** Não cabe incidente de uniformização que verse sobre matéria processual.

REPERCUSSÃO & REPETITIVOS

STJ **Repetitivo 1029.** Não é possível propor nos juizados especiais da fazenda pública a execução de título executivo formado em ação coletiva que tramitou sob o rito ordinário, assim como impor o rito sumaríssimo da Lei 12.153/2009 ao juízo comum da execução. *REsp 1804186, 12.8.2020.*

STJ **Repetitivo 1030.** Ao autor que deseje litigar no âmbito de Juizado Especial Federal Cível, é lícito renunciar, de modo expresso e para fins de atribuição de valor à causa, ao montante que exceda os 60 (sessenta) salários mínimos previstos no art. 3º, caput, da Lei 10.259/2001, aí incluídas, sendo o caso, as prestações vincendas. *REsp 1807665, 28.10.2020.*

STJ **Repetitivo 1053.** Os Juizados Especiais da Fazenda Pública não têm competência para o julgamento de ações decorrentes de acidente de trabalho em que o Instituto Nacional do Seguro Social figure como parte. *REsp 1866015, 10.3.2021.*

ENUNCIADOS

1) Lei dos Juizados Especiais (Lei 9.099/95)

1.1) Disposições Gerais (arts. 1º e 2º)

CJF **Proc. Civil 2.** As disposições do CPC aplicam-se supletiva e subsidiariamente às Leis n. 9.099/1995, 10.259/2001 e 12.153/2009, desde que não sejam incompatíveis com as regras e princípios dessas leis.

CJF **Proc. Civil 16.** As disposições previstas nos arts. 190 e 191 do CPC poderão aplicar-se aos procedimentos previstos nas leis que tratam dos juizados especiais, desde que não ofendam os princípios e regras previstos nas leis n. 9.099/1995, 10.259/2001 e 12.153/2009.

Fonajef **Enunc. 180.** O intervalo entre audiências de instrução (CPC/2015, art. 357, § 9º) é incompatível com o procedimento sumaríssimo (CF, art. 98, I) e com os critérios de celeridade, informalidade, simplicidade e economia processual dos juizados (Lei 9.099/1995, art. 2º).

1.2) Da Competência (arts. 3º e 4º)

1.3) Das Partes (arts. 8º a 11)

CJF **Comercial 61.** Em atenção ao princípio do tratamento favorecido à microempresa e à empresa de pequeno porte, é possível a representação de empresário individual, sociedade empresária ou EIRELI, quando enquadrados nos respectivos regimes tributários, por meio de preposto, perante os juizados especiais cíveis, bastando a comprovação atualizada do seu enquadramento.

Fonajef **Enunc. 14.** Nos juizados especiais federais, não é cabível a intervenção de terceiros ou a assistência.

1.4) Dos Atos Processuais (arts. 12 e 13)

CJF **Proc. Civil 19.** O prazo em dias úteis previsto no art. 219 do CPC aplica-se também aos procedimentos regidos pelas leis n. 9.099/1995, 10.259/2001 e 12.153/2009.

Fonajef **Enunc. 120.** Não é obrigatória a degravação de julgamentos proferidos oralmente, desde que o arquivo de áudio esteja anexado ao processo, recomendando-se o registro, por escrito, do dispositivo ou acórdão.

Fonajef **Enunc. 175.** Por falta de previsão legal específica nas leis que tratam dos juizados especiais, aplica-se, nestes, a previsão da contagem dos prazos em dias úteis (CPC/2015, art. 219).

1.5) Do Pedido (arts. 14 a 17)

Fonajef **Enunc. 130.** O estabelecimento pelo juízo de critérios e exigências para análise da petição inicial, visando a evitar o trâmite de ações temerárias, não constitui restrição do acesso aos JEFs.

1.6) Da Conciliação e do Juízo Arbitral (arts. 21 a 26)

Fonajef **Enunc. 45.** Havendo contínua e permanente fiscalização do juiz togado, conciliadores criteriosamente escolhidos pelo juiz, poderão, para certas matérias, realizar atos instrutórios previamente determinados, como redução a termo de depoimentos, não se admitindo, contudo, prolação de sentença a ser homologada.

Fonajef **Enunc. 76.** A apresentação de proposta de conciliação pelo réu não induz a confissão.

Fonajef **Enunc. 81.** Cabe conciliação nos processos relativos a pessoa incapaz, desde que presente o representante legal e intimado o Ministério Público.

Fonajef **Enunc. 152.** A conciliação e a mediação nos juizados especiais federais permanecem regidas pelas leis 10.259/2001 e 9.099/1995, mesmo após o advento do novo Código de Processo Civil.

1.7) Da Instrução e Julgamento (arts. 27 a 29)

1.8) Da Resposta do Réu (arts. 30 e 31)

Fonajef **Enunc. 12.** No juizado especial federal , não é cabível o pedido contraposto formulado pela União Federal, autarquia, fundação ou empresa pública federal.

1.9) Das Provas (arts. 32 a 37)

Fonajef **Enunc. 117.** A perícia unificada, realizada em audiência, é válida e consentânea com os princípios informadores dos juizados especiais.

Fonajef **Enunc. 118.** É válida a realização de prova pericial antes da citação, desde que viabilizada a participação das partes.

Fonajef **Enunc. 122.** É legítima a designação do oficial de justiça, na qualidade de "longa manus" do juízo, para realizar diligência de constatação de situação socioeconômica.

Fonajef **Enunc. 168.** A produção de auto de constatação por oficial de justiça, determinada pelo Juízo, não requer prévia intimação das partes, sob pena de frustrar a eficácia do ato, caso em que haverá o contraditório diferido.

1.10) Da Sentença (arts. 38 a 47)

CJF **Proc. Civil 37.** Aplica-se aos juizados especiais o disposto nos parágrafos do art. 489 do CPC.

Fonajef **Enunc. 2.** Nos casos de julgamentos de procedência de matérias repetitivas, é recomendável a utilização de contestações depositadas na secretaria, a fim de possibilitar a imediata prolação de sentença de mérito.

Fonajef **Enunc. 32.** A decisão que contenha os parâmetros de liquidação atende ao disposto no art. 38, parágrafo único, da Lei n. 9.099/95.

Fonajef **Enunc. 107.** Fora das hipóteses do artigo 4º da Lei n. 10.259/2001, a impugnação de decisões interlocutórias proferidas antes da sentença deverá ser feita no recurso desta (art. 41 da Lei n. 9.099/95).

Fonajef **Enunc. 124.** É correta a aplicação do art. 46 da Lei 9.099/95 nos juizados especiais federais, com preservação integral dos fundamentos da sentença.

Fonajef **Enunc. 154.** O art. 46, da Lei 9.099/95, não foi revogado pelo novo CPC.

1.11) Dos Embargos de Declaração (arts. 48 a 50)

Fonajef **Enunc. 42.** Em caso de embargos de declaração protelatórios, cabe a condenação em litigância de má-fé (princípio da lealdade processual).

Fonajef **Enunc. 58.** Excetuando-se os embargos de declaração, cujo prazo de oposição é de cinco dias, os prazos recursais contra decisões de primeiro grau no âmbito dos juizados especiais federais são sempre de dez dias, independentemente da natureza da decisão recorrida.

Fonajef **Enunc. 60.** A matéria não apreciada na sentença, mas veiculada na inicial, pode ser conhecida no recurso inominado, mesmo não havendo a oposição de embargos de declaração.

1.12) Da Extinção do Processo sem Julgamento do Mérito (art. 51)

Fonajef **Enunc. 24.** Reconhecida a incompetência do juizado especial federal , é cabível a extinção de processo, sem julgamento de mérito, nos termos do art. 1º da Lei n. 10.259/2001 e do art. 51, III, da Lei n. 9.099/95, não havendo nisso afronta ao art. 12, § 2º, da Lei 11.419/06.

Fonajef **Enunc. 94.** O artigo 51, inc. I, da Lei 9.099/95 aplica-se aos JEFs, ainda que a parte esteja representada na forma do artigo 10, caput, da Lei 10.259/01.

Fonajef **Enunc. 176.** A previsão contida no art. 51, § 1º, da Lei 9.099/1995 afasta a aplicação do art. 317 do CPC/2015 no âmbito dos juizados especiais.

Fonajef **Enunc. 221.** A ausência da parte autora a quaisquer das audiências realizadas no curso do processo não enseja a automática extinção do feito nos termos do art. 51, da Lei 9.099/1995, sendo possível a resolução do mérito se a causa estiver madura para o julgamento.

1.13) Da Execução (arts. 52 e 53)

Fonajef **Enunc. 13.** Não são admissíveis embargos de execução nos juizados especiais federais, devendo as impugnações do devedor ser examinadas independentemente de qualquer incidente.

Fonajef **Enunc. 35.** A execução provisória para pagar quantia certa é inviável em sede de juizado, considerando outros meios jurídicos para assegurar o direito da parte.

Fonajef **Enunc. 71.** A parte autora deverá ser instada, na fase da execução, a renunciar ao excedente à alçada do juizado especial federal , para fins de pagamento por requisições de pequeno valor, não se aproveitando, para tanto, a renúncia inicial, de definição de competência.

Fonajef **Enunc. 90.** Os honorários advocatícios impostos pelas decisões de juizado especial federal serão executados no próprio juizado, por quaisquer das partes.

Fonajef **Enunc. 129.** Nos juizados especiais federais, é possível que o juiz determine que o executado apresente os cálculos de liquidação.

Fonajef **Enunc. 150.** A multa derivada de descumprimento de antecipação de tutela com base nos artigos 301, 536 e 537, do CPC/2015, aplicados subsidiariamente, é passível de execução mesmo antes do trânsito em julgado da sentença.

1.14) Das Despesas (arts. 54 e 55)

Fonajef **Enunc. 39.** Não sendo caso de justiça gratuita, o recolhimento das custas para recorrer deverá ser feito de forma integral nos termos da resolução do Conselho da Justiça Federal, no prazo da Lei n. 9.099/95.

Fonajef **Enunc. 57.** Nos juizados especiais federais, somente o recorrente vencido arcará com honorários advocatícios.

Fonajef **Enunc. 62.** A aplicação de penalidade por litigância de má-fé, na forma do art. 55 da Lei n. 9.099/95, não importa a revogação automática da gratuidade judiciária.

Fonajef **Enunc. 99.** O provimento, ainda que parcial, de recurso inominado afasta a possibilidade de condenação do recorrente ao pagamento de honorários de sucumbência.

Fonajef **Enunc. 125.** É possível realizar a limitação do destaque dos honorários em RPV ou precatório.

Fonajef **Enunc. 145.** O valor dos honorários de sucumbência será fixado nos termos do artigo 55, da Lei nº 9.099/95, podendo ser estipulado em valor fixo quando for inestimável ou irrisório o proveito econômico ou, ainda, quando o valor da causa for muito baixo, observados os critérios do artigo 85, § 2º, CPC/2015.

Fonajef **Enunc. 146.** A Súmula 421 do STJ aplica-se não só à União como também a todos os entes que compõem a Fazenda Pública.

1.15) Disposições Finais (arts. 56 a 59)

Fonajef **Enunc. 44.** Não cabe ação rescisória no juizado especial federal. O artigo 59 da Lei n. 9.099/95 está em consonância com os princípios do sistema processual dos juizados especiais, aplicando-se também aos juizados especiais federais.

2) Lei dos Juizados Especiais Federais (Lei 10.259/01)

2.1) Aplicação Subsidiária da LJE (art. 1º)

Fonajef **Enunc. 24.** Reconhecida a incompetência do juizado especial federal , é cabível a extinção de processo, sem julgamento de mérito, nos termos do art. 1º da Lei n. 10.259/2001 e do art. 51, III, da Lei n. 9.099/95, não havendo nisso afronta ao art. 12, § 2º, da Lei 11.419/06.

2.2) Competência (art. 3º)

Fonajef **Enunc. 9.** Além das exceções constantes do § 1º do artigo 3º da Lei n. 10.259, não se incluem na competência dos juizados especiais federais, os procedimentos especiais previstos no Código de Processo Civil, salvo quando possível a adequação ao rito da Lei n. 10.259/2001.

Fonajef **Enunc. 16.** Não há renúncia tácita nos juizados especiais federais para fins de fixação de competência.

Fonajef **Enunc. 17.** Não cabe renúncia sobre parcelas vincendas para fins de fixação de competência nos juizados especiais federais.

Fonajef **Enunc. 20.** Não se admite, para firmar competência dos juizados especiais federais, o fracionamento de parcelas vencidas, ou de vencidas e vincendas, decorrentes da mesma relação jurídica material.

Fonajef **Enunc. 22.** A exclusão da competência dos juizados especiais federais quanto às demandas sobre direitos ou interesses difusos, coletivos ou individuais homogêneos somente se aplica quanto a ações coletivas.

Fonajef **Enunc. 106.** Cabe à turma recursal conhecer e julgar os conflitos de competência apenas entre juizados especiais federais sujeitos a sua jurisdição.

Fonajef **Enunc. 114.** Havendo cumulação de pedidos, é ônus da parte autora a identificação expressa do valor pretendido a título de indenização por danos morais, a ser considerado no valor da causa para fins de definição da competência dos juizados especiais federais.

Fonajef **Enunc. 115.** Para a reunião de processos, a competência funcional dentro dos juizados especiais federais se define em virtude da natureza do pedido do qual decorra a pretensão de indenização por danos morais.

2.3) Recursos (art. 5º)

Fonajef **Enunc. 59.** Não cabe recurso adesivo nos juizados especiais federais.

Fonajef **Enunc. 61.** O recurso será recebido no duplo efeito, salvo em caso de antecipação de tutela ou medida cautelar de urgência.

Fonajef **Enunc. 108.** Não cabe recurso para impugnar decisões que apreciem questões ocorridas após o trânsito em julgado.

Fonajef **Enunc. 109.** A tempestividade do recurso pode ser comprovada por qualquer meio idôneo, inclusive eletrônico.

Fonajef **Enunc. 144.** É cabível recurso inominado contra sentença terminativa se a extinção do processo obstar que o autor intente de novo a ação ou quando importe negativa de jurisdição.

Fonajef **Enunc. 182.** O juízo de admissibilidade do recurso inominado deve ser feito na turma recursal, aplicando-se subsidiariamente o art. 1.010, § 3º, do CPC/2015.

Fonacom **Enunc. 10.** A conciliação deve ser estimulada na fase recursal, inclusive nas turmas recursais, assim como na fase de execução.

2.4) Partes (art. 6º)

Fonajef **Enunc. 75.** É lícita a exigência de apresentação de CPF para o ajuizamento de ação no juizado especial federal.

Fonajef **Enunc. 10.** O incapaz pode ser parte autora nos juizados especiais federais, dando-se-lhe curador especial, se ele não tiver representante constituído.

Fonajef **Enunc. 11.** No ajuizamento de ações no juizado especial federal , a microempresa e a empresa de pequeno porte deverão comprovar essa condição mediante documentação hábil.

Fonajef **Enunc. 21.** As pessoas físicas, jurídicas, de direito privado ou de direito público estadual ou municipal podem figurar no polo passivo, no caso de litisconsórcio necessário.

Fonajef **Enunc. 82.** O espólio pode ser parte autora nos juizados especiais cíveis federais.

Fonajef **Enunc. 121.** Os entes públicos, suas autarquias e empresas públicas não têm legitimidade ativa nos juizados especiais federais.

Fonajef **Enunc. 128.** O condomínio edilício, por interpretação extensiva do art. 6º, I, da Lei 10.259/01, pode ser autor no JEF.

Fonajef **Enunc. 178.** A tutela provisória em caráter antecedente não se aplica ao rito dos juizados especiais federais, porque a sistemática de revisão da decisão estabilizada (art. 304 do CPC/2015) é incompatível com os arts. 4º e 6º da Lei nº 10.259/2001.

2.5) Citações e Intimações (art. 7º)

Fonajef **Enunc. 3.** A auto intimação eletrônica atende aos requisitos das leis ns. 10.259/2001 e 11.419/2006 e é preferencial à intimação por e-mail.

Fonajef **Enunc. 4.** Na propositura de ações repetitivas ou de massa, sem advogado, não havendo viabilidade material de opção pela autointimação eletrônica, a parte firmará compromisso de comparecimento, em prazo pré-determinado em formulário próprio, para ciência dos atos processuais praticados.

Fonajef **Enunc. 7.** Nos juizados especiais federais o Procurador Federal não tem a prerrogativa de intimação pessoal.

Fonajef **Enunc. 8.** É válida a intimação do Procurador Federal para cumprimento da obrigação de fazer, independentemente de ofício, com base no artigo 461 do Código de Processo Civil.

Fonajef **Enunc. 55.** A nulidade do processo por ausência de citação do réu ou litisconsorte necessário pode ser declarada de ofício pelo juiz nos próprios autos do processo, em qualquer fase, ou mediante provocação das partes, por simples petição.

Fonajef **Enunc. 73.** A intimação telefônica, desde que realizada diretamente com a parte e devidamente certificada pelo servidor responsável, atende plenamente aos princípios constitucionais aplicáveis à comunicação dos atos processuais.

Fonajef **Enunc. 74.** A intimação por carta com aviso de recebimento, mesmo que o comprovante não seja subscrito pela própria parte, é válida desde que entregue no endereço declarado pela parte.

2.6) Prazos (art. 9º)

Fonajef **Enunc. 53.** Não há prazo em dobro para a Defensoria Pública no âmbito dos juizados especiais federais.

Fonajef **Enunc. 175.** Por falta de previsão legal específica nas leis que tratam dos juizados especiais, aplica-se, nestes, a previsão da contagem dos prazos em dias úteis (CPC/2015, art. 219).

2.7) Representantes (art. 10)

CJF **PSEL 62.** Os representantes judiciais da União, autarquias, fundações e empresas públicas federais têm autorização legal, decorrente da Lei n. 10.259, de 12 de julho de 2001 para, diretamente, conciliar, transigir ou desistir de recursos em quaisquer processos, judiciais ou extrajudiciais, cujo valor da causa esteja dentro da alçada equivalente à dos juizados especiais federais.

Fonajef **Enunc. 67.** O caput do artigo 9º da Lei n. 9.099/1995 não se aplica subsidiariamente no âmbito dos juizados especiais federais, visto que o artigo 10 da Lei n. 10.259/2001 disciplinou a questão de forma exaustiva.

Fonajef **Enunc. 68.** O estagiário de advocacia, nos termos do Estatuto da OAB, tão-só pode praticar, no âmbito dos juizados especiais federais, atos em conjunto com advogado e sob responsabilidade deste.

Fonajef **Enunc. 83.** O art. 10, caput, da Lei n. 10.259/2001 não autoriza a representação das partes por não advogados de forma habitual e com fins econômicos.

Fonacom **Enunc. 41.** Os representantes da união, autarquias, fundações públicas e empresas públicas federais já têm expressa autorização legal para conciliar, transigir e desistir nos termos do art. 10, parágrafo único, da Lei nº 10.259/2001.

Fonacom **Enunc. 71.** O artigo 334 do CPC e o art. 10 da Lei nº 10.259/2001 conferem poderes aos representantes judiciais federais para transacionar, constituindo ausência injustificada à audiência a mera alegação de falta de poderes.

2.8) Documentos de Entes Públicos (art. 11)

Fonajef **Enunc. 113.** O disposto no art. 11 da Lei n. 10.259/2001 não desobriga a parte autora de instruir seu pedido com a documentação que lhe seja acessível junto às entidades públicas rés.

Fonajef **Enunc. 116.** O dever processual, previsto no art. 11 da n. Lei 10.259/2001, não implica automaticamente a inversão do ônus da prova.

2.9) Exame Técnico (art. 12)

Fonajef **Enunc. 91.** Os juizados especiais federais são incompetentes para julgar causas que demandem perícias complexas ou onerosas que não se enquadrem no conceito de exame técnico (art. 12 da Lei n. 10.259/2001).

Fonajef **Enunc. 127.** Para fins de cumprimento do disposto no art. 12, § 2º, da Lei 10.259/01, é suficiente intimar o INSS dos horários preestabelecidos para as perícias do JEF.

Fonajef **Enunc. 147.** A mera alegação genérica de contrariedade às informações sobre atividade especial fornecida pelo empregador, não enseja a realização de novo exame técnico.

Fonajef **Enunc. 155.** As disposições do CPC/2015 referentes às provas não revogam as disposições específicas da Lei n. 10.259/2001, sobre perícias (art. 12), e nem as disposições gerais da Lei n. 9.099/1995.

Fonajef **Enunc. 179.** Cumpre os requisitos do contraditório e da ampla defesa a concessão de vista do laudo pericial pelo prazo de cinco dias, por analogia ao caput do art. 12 da Lei 10.259/2001.

2.10) Uniformização de Interpretação de Lei Federal (art. 14)

Fonajef **Enunc. 43.** É adequada a limitação dos incidentes de uniformização às questões de direito material.

Fonajef **Enunc. 97.** Cabe incidente de uniformização de jurisprudência quando a questão deduzida nos autos tiver reflexo sobre a competência do juizado especial federal.

Fonajef **Enunc. 98.** É inadmissível o reexame de matéria fática em pedido de uniformização de jurisprudência.

Fonajef **Enunc. 105.** A Turma de Uniformização, ao externar juízo acerca da admissibilidade do pedido de uniformização, deve considerar a presença de similitude de questões de fato e de direito nos acórdãos confrontados.

Fonajef **Enunc. 132.** Em conformidade com o art. 14, § 9º, da Lei 10.259/01, cabe ao colegiado da turma recursal rejulgar o feito após a decisão de adequação de Tribunal Superior ou da TNU.

Fonajef **Enunc. 211.** Havendo conflito entre acórdãos proferidos em julgamento de recurso especial repetitivo no Superior Tribunal de Justiça e de representativo da controvérsia na Turma Nacional de Uniformização, deve-se dar prevalência, salvo hipótese de distinção ou sinalização de superação do precedente, ao entendimento do Superior Tribunal de Justiça, por ser o órgão incumbido constitucionalmente da uniformização da interpretação do direito federal, competindo-lhe, ainda, rever as decisões da TNU na hipótese de conflito jurisprudencial.

2.11) Recurso Extraordinário (art. 15)

Fonajef **Enunc. 157.** Aplica-se o art. 1.030, par. único, do CPC/2015 aos recursos extraordinários interpostos nas turmas recursais do JEF.

2.12) Obrigação de Pagar Quantia Certa (art. 17)

Fonajef **Enunc. 47.** Eventual pagamento realizado pelos entes públicos demandados deverá ser comunicado ao juízo para efeito de compensação quando da expedição da requisição de pequeno valor.

Fonajef **Enunc. 52.** É obrigatória a expedição de requisição de pequeno valor – RPV em desfavor do ente público para ressarcimento de despesas periciais quando este for vencido.

Fonajef **Enunc. 72.** As parcelas vencidas após a data do cálculo judicial podem ser pagas administrativamente, por meio de complemento positivo.

2.13) Turmas Recursais (art. 21)

CJF **PSEL 67.** Nos colégios recursais, o relator poderá, monocraticamente, encaminhar os litígios aos Centros Judiciários de Solução de Conflitos e Cidadania.

Fonajef Enunc. 28. É inadmissível a avocação, por Tribunal Regional Federal, de processos ou matéria de competência de turma recursal, por flagrante violação ao art. 98 da Constituição Federal.

Fonajef Enunc. 30. A decisão monocrática referendada pela turma recursal, por se tratar de manifestação do colegiado, não é passível de impugnação por intermédio de agravo interno.

Fonajef Enunc. 86. A tutela de urgência em sede de turmas recursais pode ser deferida de ofício.

Fonajef Enunc. 88. Não se admite mandado de segurança para turma recursal, exceto na hipótese de ato jurisdicional teratológico contra o qual não caiba mais recurso.

Fonajef Enunc. 100. No âmbito dos juizados especiais federais, a turma recursal poderá conhecer diretamente das questões não examinadas na sentença que acolheu prescrição ou decadência, estando o processo em condições de imediato julgamento.

Fonajef Enunc. 101. A turma recursal tem poder para complementar os atos de instrução já realizados pelo juiz do juizado especial federal , de forma a evitar a anulação da sentença.

Fonajef Enunc. 102. Convencendo-se da necessidade de produção de prova documental complementar, a turma recursal produzirá ou determinará que seja produzida, sem retorno do processo para o juiz do juizado especial federal.

Fonajef Enunc. 103. Sempre que julgar indispensável, a turma recursal, sem anular a sentença, baixará o processo em diligências para fins de produção de prova testemunhal, pericial ou elaboração de cálculos.

Fonajef Enunc. 110. A competência das turmas recursais reunidas, onde houver, deve ser limitada à deliberação acerca de Enunciados das turmas recursais das respectivas seções judiciárias.

Fonajef Enunc. 131. A turma recursal, analisadas as peculiaridades do caso concreto, pode conhecer documentos juntados na fase recursal, desde que não implique apreciação de tese jurídica não questionada no primeiro grau.

2.14) Marco Temporal da Competência (art. 25)

Fonajef Enunc. 139. Não serão redistribuídas a juizado especial federal (JEF) recém-criado as demandas ajuizadas até a data de sua instalação, salvo se as varas de JEFs estiverem na mesma sede jurisdicional.

2.15) Outros Temas

Fonajef Enunc. 218. Pelo princípio da preservação da competência jurisdicional, as notas técnicas emitidas pelos Centros de Inteligência que apresentem conteúdo material ou processual, considerada a independência da jurisdição, são propositivas, não vinculativas.

QUESTÕES OBJETIVAS

162. (IFBC/TRF/2R/Juiz/2018) Em relação aos juizados especiais federais, é correto afirmar-se:

a) não se deve admitir, em hipótese alguma, a impetração de mandado de segurança contra as decisões proferidas nos juizados.
b) deve-se admitir a impetração de mandado de segurança contra as decisões interlocutórias proferidas nos juizados, como sucedâneo do agravo de instrumento e apenas nas hipóteses em que este seria cabível.
c) os mandados de segurança impetrados contra decisões proferidas pelos juizados de primeira instância devem ser apreciados pelo Tribunal Regional Federal.
d) os mandados de segurança impetrados contra decisões proferidas pelos juizados de primeira instância devem ser apreciados pelas Turmas Recursais.
e) os mandados de segurança impetrados contra decisões proferidas pelos juizados de primeira instância devem ser apreciados por Juiz Federal Titular de Vara Federal.

163. (TRF/3R/Juiz/2018) Assinale a alternativa correta:

a) Tramitando determinada demanda previdenciária nos Juizados Especiais Federais e se fazendo necessária a realização de prova técnica para o deslinde da controvérsia, se, após a apresentação do laudo médico, as partes controverterem sobre as conclusões científicas do perito nomeado, deverá o Juízo declinar da competência para processo e julgamento do feito para a vara federal comum, sob o argumento da complexidade da matéria envolvida.
b) Tramitando determinada demanda previdenciária nos Juizados Especiais Federais, após a prolação de sentença de improcedência que se fundou em laudo médico, na análise do recurso contra ela interposto, poderá monocraticamente o relator, na Turma Recursal, ao não se sentir suficientemente esclarecido pelas conclusões do perito, determinar a realização de nova perícia, sem, entretanto, anular o julgado, com fundamento na aplicação subsidiária do disposto no CPC.
c) Tramitando determinada demanda previdenciária nos Juizados Especiais Federais, após a realização de perícia médica que concluiu contrariamente ao alegado pelo autor, é direito subjetivo seu a realização de novo exame técnico, de forma a subsidiar o deslinde da controvérsia.
d) Tramitando determinada demanda previdenciária nos Juizados Especiais Federais e havendo a condenação do INSS na implantação de determinado benefício e no pagamento dos valores atrasados é possível, se apurado que o valor devido supera os 60 (sessenta) salários mínimos, que o exequente opte pela expedição de RPV no valor do limite máximo e pela expedição de precatório dito complementar para pagamento do montante excedente.

164. (TRF/3R/Juiz/2016) Assinale a alternativa correta, acerca dos Juizados Especiais Federais.

a) Podem ser partes no Juizado Especial Federal Cível, como autores, as pessoas físicas, as microempresas e as empresas de pequeno e médio porte e, como rés, a União, autarquias e fundações públicas, exclusivamente.
b) Não haverá prazo diferenciado para a prática de qualquer ato processual pelas pessoas jurídicas de direito público.
c) Tendo em vista a indisponibilidade do interesse público, inviável que representantes judiciais da União, autarquias e fundações públicas desistam nos processos da competência dos Juizados Especiais Federais.
d) Há previsão legal expressa prevendo o reexame necessário em certas hipóteses, em causas submetidas ao Juizado Especial Federal.

165. (Cespe/TRF/5R/Juiz/2015) A respeito dos juizados especiais cíveis no âmbito da justiça federal, assinale a opção correta.

a) Contra as sentenças proferidas pelos juizados especiais federais em desfavor da fazenda pública da União deve haver o reexame necessário.
b) A opção pelo procedimento dos juizados especiais federais importa em renúncia tácita ao valor que exceder aos sessenta salários mínimos previstos em lei.
c) O STJ firmou entendimento no sentido de ser cabível a impetração de mandado de segurança com a finalidade de promover o controle de competência dos juizados especiais federais.
d) Nos juizados especiais federais, a União, as autarquias, as fundações públicas e as empresas públicas federais podem ser rés, mas a atuação como autor está limitada às pessoas físicas.
e) A produção de prova pericial não é admitida nos juizados especiais federais, cuja competência está restrita a causas de menor complexidade.

166. (Cespe/TRF/1R/Juiz/2015) Acerca dos sujeitos processuais e do litisconsórcio no processo civil, assinale a opção correta.

a) De acordo com entendimento consolidado pelo STJ, em ação contra o INSS que verse sobre contribuições previdenciárias, admite-se a formação de litisconsórcio facultativo após o ajuizamento da ação.

b) Genitora que defende direitos de titularidade de um filho absolutamente incapaz atua como parte no processo.

c) Em caso de litisconsórcio classificado como necessário, o juiz deve emitir decisão idêntica para todos os litigantes que ocupem o mesmo polo da demanda.

d) Conforme jurisprudência dominante do STJ, a qualificação da relação como sendo de consumo não afasta a possibilidade de denunciação da lide.

e) A vedação da intervenção de terceiros no âmbito dos juizados especiais federais não afasta a possibilidade de formação de litisconsórcio.

167. (TRF/4R/Juiz/2014) Dadas as assertivas abaixo, assinale a alternativa correta. Acerca dos juizados especiais federais:

I. Proposta ação anulatória de lançamento fiscal no juizado especial federal, em razão de o valor da causa ser inferior a sessenta salários mínimos, segundo a orientação jurisprudencial dominante, a ação de execução fiscal relativa a esse lançamento deverá ser remetida ao respectivo juizado, por funcionar a ação anulatória como sucedâneo dos embargos.

II. Compete ao Superior Tribunal de Justiça decidir conflitos de competência entre juizado especial federal e juízo da mesma seção judiciária, por não fazerem os tribunais regionais federais parte do microssistema dos juizados especiais.

III. Não cabe recurso especial contra decisão proferida por órgão de segundo grau dos juizados especiais federais.

IV. O pedido de uniformização de interpretação de lei federal é cabível quando houver divergência entre decisões sobre questões de direito material ou processual proferidas por turmas recursais na interpretação da lei.

V. Segundo a Lei n. 10.259/2001, são vedados o fracionamento, a repartição ou a quebra do valor da execução, de modo que o pagamento se faça em parte por intermédio de requisição de pequeno valor e em parte mediante expedição do precatório, e a expedição de precatório complementar ou suplementar do valor pago.

a) Estão corretas apenas as assertivas I e III.

b) Estão corretas apenas as assertivas III e V.

c) Estão corretas apenas as assertivas IV e V.

d) Estão corretas apenas as assertivas II, IV e V.

e) Estão corretas todas as assertivas.

168. (Cespe/TRF/5R/Juiz/2013) Assinale a opção correta acerca dos juizados especiais federais.

a) A turma nacional de uniformização admite incidente de uniformização que verse sobre honorários advocatícios.

b) No âmbito da turma nacional de uniformização, é possível o não conhecimento do pedido de uniformização por decisão monocrática se o acordão recorrido não guardar similitude fática e jurídica com o acórdão paradigma.

c) É cabível recurso adesivo no rito dos juizados especiais federais.

d) De acordo com entendimento firmado pelo STF, as restrições em relação à concessão de medidas liminares contra o poder público, previstas em lei específica, também se aplicam às demandas previdenciárias.

e) O principal critério de competência previsto no rito dos juizados especiais federais é o valor da causa, fixado em até sessenta salários mínimos, sendo possível a renúncia tácita sobre parcelas vincendas para fins de fixação de competência.

169. (Cespe/TRF/1R/Juiz/2013) Relativamente aos juizados especiais cíveis e considerando as disposições constantes da Lei dos Juizados Especiais Cíveis e Criminais e da Lei dos Juizados Especiais Cíveis e Criminais no âmbito da Justiça Federal, assinale a opção correta.

a) Quando o autor, na fase de conhecimento, formular pedido em valor superior ao fixado para a competência dos juizados federais, o julgador, em face de disposição expressa contida na Lei dos Juizados Especiais Cíveis e Criminais no âmbito da Justiça Federal, deverá considerar que a opção pelo juizado importa em renúncia tácita ao crédito excedente ao limite estabelecido na lei, excetuada a hipótese de conciliação.

b) Se, ao analisar a inicial de ação distribuída para a vara do juizado especial federal, o julgador verifica que a pretensão do autor versa acerca de obrigações vincendas, ele deverá considerar, para fins de análise da competência do juizado federal, o valor de cada parcela, que não poderá exceder o montante de sessenta salários mínimos.

c) Nas comarcas onde não houver vara do juizado especial federal, a causa poderá ser proposta no juizado especial estadual, aplicando-se a lei dos juizados especiais Cíveis e Criminais no âmbito da Justiça Federal no juízo estadual, com observância de que eventual recurso contra a sentença definitiva será apreciado pela Turma Recursal Federal.

d) O incidente de uniformização, quando fundado em divergência entre decisões de turmas recursais de diferentes regiões, terá cabimento quando visar interpretação de lei federal relativamente a questões de direito material. Nessa hipótese, a competência para o processamento e o julgamento será da Turma Nacional de Uniformização da Jurisprudência dos Juizados Especiais Federais.

e) Assim como ocorre na legislação referente aos juizados especiais cíveis estaduais, a Lei dos Juizados Especiais Cíveis e Criminais no âmbito da Justiça Federal veda expressamente a atuação do incapaz como parte autora nos feitos de sua competência.

170. (Cespe/TRF/2R/Juiz/2013) Tendo em vista que a competência da justiça federal é definida pela CF e em leis especiais, assinale a opção correta.

a) Na ação civil pública ajuizada por autarquia federal com o objetivo de proteger bem imóvel público, o juízo competente será o juiz de primeiro grau da justiça estadual, se na localidade do imóvel não houver vara federal.

b) A delegação da competência da justiça federal à justiça estadual de primeiro grau, mesmo encontrando-se autorizada pela CF para outras situações, somente se tem observado com relação às causas previdenciárias.

c) A competência dos juizados especiais federais cíveis será absoluta em relação às causas em que a União seja parte como demandante ou demandada e que tenham valor de até sessenta salários mínimos.

d) O valor da causa, no litisconsórcio ativo, deve ser definido dividindo-se seu montante pelo número de autores para fins de definição de competência do juizado especial federal cível.

e) TRF, ao decidir, em agravo de instrumento, sobre a competência da justiça federal, não poderá pronunciar-se de modo diverso em grau de recurso de apelação na mesma ação.

171. (TRF/4R/Juiz/2012) Dadas as assertivas abaixo, assinale a alternativa correta.

I. Cabe recurso extraordinário contra decisão proferida por Turma Recursal dos Juizados Especiais Federais, porém não cabe recurso especial.

II. Compete, como regra geral, ao Tribunal Regional Federal processar e julgar o mandado de segurança contra ato de juiz do Juizado Especial Federal.

III. Segundo o Superior Tribunal de Justiça, os Juizados Especiais Federais possuem competência para o julgamento das ações de fornecimento de medicamentos em que haja litisconsórcio passivo entre a União, o Estado e o Município, cujo valor da causa não exceda sessenta salários mínimos, sendo desinfluente o grau de complexidade da demanda ou o fato de ser necessária a realização de perícia técnica.

IV. Se, na fase de execução, for apurado valor superior ao limite de alçada do Juizado Especial Federal, deverá o juiz declarar a nulidade do processo e remeter os autos para a Justiça Federal ordinária.

V. Paradigmas emanados de Tribunais Regionais Federais não possuem aptidão para a instauração de pedido de uniformização de jurisprudência no âmbito da Turma Nacional de Uniformização dos Juizados Especiais Federais.

a) Estão corretas apenas as assertivas I e II.
b) Estão corretas apenas as assertivas I, III e V.
c) Estão corretas apenas as assertivas II, III e IV.
d) Estão corretas apenas as assertivas I, II, III e V.
e) Estão corretas todas as assertivas.

172. (Cespe/TRF/3R/Juiz/2011) Com referência à obrigação de fazer, determinada por sentença de juizado especial federal, assinale a opção correta.

a) O início do procedimento de cumprimento da sentença necessariamente depende de pedido da parte interessada.
b) O cumprimento mediante ofício torna a expedição, por exemplo, de mandado de busca e apreensão, incompatível com o procedimento.
c) Descumprida a ordem emanada da sentença, cabe a imposição de multa à autoridade comunicada por ato atentatório ao exercício da jurisdição.
d) A intimação dirigida à autoridade citada no processo não supre a necessidade específica de ofício, em se tratando de cumprimento da decisão.
e) A pendência de recurso interposto da sentença que determine a obrigação não afeta o cumprimento da decisão.

12. TEORIA E PRINCÍPIOS

QUESTÕES OBJETIVAS

173. (Cespe/TRF/3R/Juiz/2011) Assinale a opção correta acerca dos princípios do processo civil.

a) Observa o princípio da igualdade das partes o juiz que determina a emenda da inicial, antes de indeferi-la.
b) Ao inverter o ônus da prova em ação que trate de direito do consumidor, o juiz orienta o processo de acordo com o princípio da garantia de duração processual razoável.
c) A possibilidade de o relator de ação rescisória definir prazo superior a quinze dias para o réu apresentar resposta indica influência do princípio da adaptabilidade.
d) Quando o juiz converte o procedimento sumário em ordinário por detectar maior complexidade da prova técnica, ele está aplicando o princípio da cooperação, sob a ótica do esclarecimento.
e) A consideração pelo juiz da possibilidade de existência de propósito protelatório do réu indica análise da situação conforme o princípio da boa-fé processual, sob o ângulo objetivo.

174. (FCC/TJ/MS/Juiz/2020) Em relação aos princípios constitucionais do processo civil, considere os enunciados seguintes:

I. A publicidade processual é a regra geral prevista tanto na Constituição Federal como no Código de Processo Civil; as exceções a esse princípio são estabelecidas por meio de rol taxativo em ambas as normas legais citadas.

II. O princípio da isonomia processual não deve ser entendido abstrata e sim concretamente, garantindo às partes manter paridade de armas, como forma de manter equilibrada a disputa judicial entre elas; assim, a isonomia entre partes desiguais só pode ser atingida por meio de um tratamento também desigual, na medida dessa desigualdade.

III. A razoável duração do processo abrange sua solução integral, incluindo-se a atividade satisfativa, assegurados os meios que garantam a celeridade da tramitação processual.

IV. O princípio do contraditório processual aplica-se apenas à matéria dispositiva, mas não às matérias de ordem pública, casos em que o juiz poderá agir de ofício prescindindo-se da oitiva prévia das partes.

Está correto o que se afirma apenas em

a) II e III.
b) II, III e IV.
c) I e IV.
d) I e II.
e) III e IV.

9

DIREITO EMPRESARIAL

VOLUME DE QUESTÕES

MÉDIO

1. DO EMPRESÁRIO

ENUNCIADOS

1) Da Caracterização e da Inscrição

CJF **Civil 53.** Deve-se levar em consideração o princípio da função social na interpretação das normas relativas à empresa, a despeito da falta de referência expressa.

CJF **Civil 54.** É caracterizador do elemento empresa a declaração da atividade-fim, assim como a prática de atos empresariais.

CJF **Civil 193.** O exercício das atividades de natureza exclusivamente intelectual está excluído do conceito de empresa.

CJF **Civil 194.** Os profissionais liberais não são considerados empresários, salvo se a organização dos fatores da produção for mais importante que a atividade pessoal desenvolvida.

CJF **Civil 195.** A expressão "elemento de empresa" demanda interpretação econômica, devendo ser analisada sob a égide da absorção da atividade intelectual, de natureza científica, literária ou artística, como um dos fatores da organização empresarial.

CJF **Civil 198.** A inscrição do empresário na Junta Comercial não é requisito para a sua caracterização, admitindo-se o exercício da empresa sem tal providência. O empresário irregular reúne os requisitos do art. 966, sujeitando-se às normas do Código Civil e da legislação comercial, salvo naquilo em que forem incompatíveis com a sua condição ou diante de expressa disposição em contrário.

CJF **Civil 199.** A inscrição do empresário ou sociedade empresária é requisito delineador de sua regularidade, e não da sua caracterização.

CJF **Civil 200.** É possível a qualquer empresário individual, em situação regular, solicitar seu enquadramento como microempresário ou empresário de pequeno porte, observadas as exigências e restrições legais.

CJF **Civil 201.** O empresário rural e a sociedade empresária rural, inscritos no registro público de empresas mercantis, estão sujeitos à falência e podem requerer concordata.

CJF **Civil 202.** O registro do empresário ou sociedade rural na Junta Comercial é facultativo e de natureza constitutiva, sujeitando-o ao regime jurídico empresarial. É inaplicável esse regime ao empresário ou sociedade rural que não exercer tal opção.

CJF **Civil 465.** A "transformação de registro" prevista no art. 968, § 3º, e no art. 1.033, parágrafo único, do Código Civil não se confunde com a figura da transformação de pessoa jurídica.

CJF **Civil 466.** Para fins do direito falimentar, o local do principal estabelecimento é aquele de onde partem as decisões empresariais, e não necessariamente a sede indicada no registro público.

2) Da Capacidade

CJF **Civil 197.** A pessoa natural, maior de 16 e menor de 18 anos, é reputada empresário regular se satisfizer os requisitos dos arts. 966 e 967; todavia, não tem direito a concordata preventiva, por não exercer regularmente a atividade por mais de dois anos.

CJF **Civil 203.** O exercício da empresa por empresário incapaz, representado ou assistido somente é possível nos casos de incapacidade superveniente ou incapacidade do sucessor na sucessão por morte.

CJF **Civil 204.** A proibição de sociedade entre pessoas casadas sob o regime da comunhão universal ou da separação obrigatória só atinge as sociedades constituídas após a vigência do Código Civil de 2002.

CJF **Civil 205.** Adotar as seguintes interpretações ao art. 977: (1) a vedação à participação de cônjuges casados nas condições previstas no artigo refere-se unicamente a uma mesma sociedade; (2) o artigo abrange tanto a participação originária (na constituição da sociedade) quanto a derivada, isto é, fica vedado o ingresso de sócio casado em sociedade de que já participa o outro cônjuge.

CJF **Civil 467.** A exigência de integralização do capital social prevista no art. 974, § 3º, não se aplica à participação de incapazes em sociedades anônimas e em sociedades com sócios de responsabilidade ilimitada nas quais a integralização do capital social não influa na proteção do incapaz.

QUESTÕES OBJETIVAS

1. (IFBC/TRF/2R/Juiz/2018) Analise as alternativas abaixo e marque a opção correta, considerando o Código Civil e os Enunciados das Jornadas de Direito Civil:

I. Os profissionais liberais não são considerados empresários, salvo se a organização dos fatores da produção for mais importante que a atividade pessoal desenvolvida.

II. A expressão "elemento de empresa" demanda interpretação econômica, devendo ser analisada sob a égide da absorção da atividade intelectual, de natureza científica, literária ou artística, como um dos fatores da organização empresarial.

III. O exercício da empresa por empresário incapaz, representado ou assistido somente é possível nos casos de incapacidade superveniente ou incapacidade do sucessor na sucessão por morte.

a) Estão corretas apenas as assertivas I e II.
b) Todas as assertivas estão corretas.
c) Estão corretas as assertivas II e III.
d) Estão corretas as assertivas I e III.
e) Somente a assertiva I está correta.

2. (Cespe/TRF/5R/Juiz/2013) De acordo com o Código Civil, o exercício da atividade empresarial por pessoa legalmente impedida:

a) implica a nulidade dos atos praticados.
b) implica a anulabilidade dos atos praticados.
c) resulta no dever de responder pelas obrigações contraídas.
d) consiste em crime contra a fé pública.
e) consiste em crime contra a administração da justiça.

3. (Cespe/TRF/3R/Juiz/2011) Três pessoas uniram-se e passaram a desenvolver atividade econômica informal – venda de camisetas com pinturas exclusivas. Uma passou a cuidar das compras e administração (o administrador), outra, das pinturas (o artista) e a outra, das vendas (o vendedor). O negócio cresceu e, após o vendedor dar expressamente sua aceitação a determinada encomenda, não foi possível cumprir os prazos estipulados para a entrega. O comprador, então, decidiu ajuizar ação para reaver os prejuízos. Com base nessa situação, é correto afirmar que a responsabilidade cabe:

a) aos três, pois são solidários no negócio.
b) ao administrador e ao vendedor, em razão das funções que cada um exerce no negócio.
c) à pessoa jurídica que representar a sociedade.
d) ao vendedor, pois foi ele quem assinou a aceitação da encomenda.
e) ao administrador, pois ele é o gestor do negócio.

4. (Cespe/TRF/1R/Juiz/2011) No que concerne à teoria da empresa e ao direito do empresário, assinale a opção correta.

a) O empresário casado pode alienar os imóveis que integram o patrimônio da empresa ou gravá-los de ônus real, independentemente da outorga do cônjuge, qualquer que seja o regime de bens.
b) Define-se empresa como qualquer organização cuja finalidade seja o exercício profissional de atividade econômica, incluindo-se trabalhos de natureza intelectual, científica, literária ou artística.
c) A tripartição das atividades empresariais em industriais, comerciais e agrícolas amplia o conceito de empresa, e a falta de homogeneidade das diferentes atividades não impede a comparação entre elas.
d) As associações, diferentemente das sociedades, são embasadas exclusivamente no exercício profissional.
e) A pessoa legalmente impedida de exercer atividade própria de empresário pode regularizar a sua situação perante a junta comercial.

5. (Cespe/TRF/2R/Juiz/2011) Segundo a doutrina, o direito comercial não se formou em uma única época nem no meio de um só povo. A cooperação de todos os povos em tempos sucessivos, firmada fundamentalmente nas bases econômicas, é que o constituíram e lhe imprimiram o caráter autônomo. Com relação ao direito comercial e ao empresário, assinale a opção correta.

a) Os funcionários públicos estão proibidos de exercer atividade empresarial, de acordo com a CF e normas específicas; contudo, a proibição diz respeito ao efetivo exercício da atividade empresarial, não existindo restrição quanto ao fato de o funcionário público ser simplesmente acionista ou quotista de sociedade empresária.
b) Nos termos do Código Civil, somente podem exercer a atividade empresarial os que estiverem em pleno gozo da capacidade civil e não forem legalmente impedidos, não havendo possibilidade de menor de dezoito anos exercer a atividade empresarial.
c) O cosmopolitismo, a onerosidade, a informalidade e a fragmentação são as principais características do direito comercial. Com relação às espécies de autonomia no direito comercial, a doutrina destaca a autonomia substancial, que é identificada pela existência de um corpo legislativo codificado.
d) Empresário é definido na lei como o profissional que exerce atividade econômica organizada para a produção ou a circulação de bens ou serviços. Para a doutrina, também será empresário aquele que organizar episodicamente a produção de certa mercadoria, mesmo destinando-a à venda no mercado.
e) Somente será considerado empresário o exercente profissional de atividade econômica organizada para a produção ou a circulação de bens ou serviços, inscrito no registro de empresas do órgão próprio.

6. (Cespe/TRF/2R/Juiz/2009) Assinale a opção correta acerca do direito da empresa.

a) O termo empresa não se refere à pessoa jurídica, mas à atividade econômica que tem por função organizar a produção ou circulação de bens ou serviços.
b) O termo empresário refere-se ao sócio da sociedade empresária.
c) Em regra, as sociedades empresárias e as simples devem-se registrar perante a junta comercial.
d) O profissional liberal desempenha, via de regra, atividade empresária, mesmo que não empregue terceiros.
e) Após o Código Civil de 2002, que adotou a teoria da empresa, não se pode mais falar em autonomia do direito comercial.

7. (Cespe/TRF/5R/Juiz/2009) De acordo com o sistema jurídico brasileiro:

a) é permitido ao magistrado exercer atividade empresária.
b) é facultativa a inscrição de empresário no Registro Público de Empresas Mercantis da respectiva sede, antes do início de suas atividades empresárias.
c) em regra, quem exerce profissão intelectual é considerado empresário.
d) quem é impedido de exercer a atividade empresária, caso a exerça, não responderá pelas obrigações que contrair.
e) marido e mulher podem contratar, entre si, sociedade empresária desde que não sejam casados sob o regime de comunhão universal de bens ou no da separação obrigatória de bens.

2. DA SOCIEDADE

2.1. Disposições Gerais

ENUNCIADOS

CJF **Comercial 13.** A decisão que decretar a dissolução parcial da sociedade deverá indicar a data de desligamento do sócio e o critério de apuração de haveres.

CJF **Comercial 16.** O adquirente de cotas ou ações adere ao contrato social ou estatuto no que se refere à cláusula compromissória (cláusula de arbitragem) nele existente; assim, estará vinculado à previsão da opção da jurisdição arbitral, independentemente de assinatura e/ou manifestação específica a esse respeito.

CJF **Comercial 19.** Não se aplica o Código de Defesa do Consumidor às relações entre sócios/acionistas ou entre eles e a sociedade.

CJF **Comercial 86.** O desacerto do mérito da decisão negocial não é, por si só, causa de responsabilidade civil do administrador, a qual pressupõe o descumprimento de dever legal ou estatutário.

CJF **Comercial 91.** A desconsideração da personalidade jurídica de sociedades integrantes de mesmo grupo societário (de fato ou de direito) exige a comprovação dos requisitos do art. 50 do Código Civil por meio do incidente de desconsideração da personalidade jurídica ou na forma do art. 134, § 2º, do Código de Processo Civil.

CJF **Civil 57.** A opção pelo tipo empresarial não afasta a natureza simples da sociedade.

CJF **Civil 196.** A sociedade de natureza simples não tem seu objeto restrito às atividades intelectuais.

CJF **Civil 207.** A natureza de sociedade simples da cooperativa, por força legal, não a impede de ser sócia de qualquer tipo societário, tampouco de praticar ato de empresa.

CJF **Civil 382.** Nas sociedades, o registro observa a natureza da atividade (empresarial ou não art. 966); as demais questões seguem as normas pertinentes ao tipo societário adotado (art. 983). São exceções as sociedades por ações e as cooperativas (art. 982, parágrafo único).

CJF **Civil 474.** Os profissionais liberais podem organizar-se sob a forma de sociedade simples, convencionando a responsabilidade limitada dos sócios por dívidas da sociedade, a despeito da responsabilidade ilimitada por atos praticados no exercício da profissão.

CJF **Civil 475.** Considerando ser da essência do contrato de sociedade a partilha do risco entre os sócios, não desfigura a sociedade simples o fato de o respectivo contrato social prever distribuição de lucros, rateio de despesas e concurso de auxiliares.

CJF **Civil 476.** Eventuais classificações conferidas pela lei tributária às sociedades não influem para sua caracterização como empresárias ou simples, especialmente no que se refere ao registro dos atos constitutivos e à submissão ou não aos dispositivos da Lei n. 11.101/2005.

CJF **Civil 477.** O art. 983 do Código Civil permite que a sociedade simples opte por um dos tipos empresariais dos arts. 1.039 a 1.092 do Código Civil. Adotada a forma de sociedade anônima ou de comandita por ações, porém, ela será considerada empresária.

INFORMATIVOS

STJ **Sucessão empresarial irregular. Comprovação formal. Desnecessidade. Prosseguimento na exploração da mesma atividade econômica, no mesmo endereço e com o mesmo objeto social. Presunção.** A caracterização da sucessão empresarial fraudulenta não exige a comprovação formal da transferência de bens, direitos e obrigações à nova sociedade, admitindo-se sua presunção quando os elementos indiquem que houve o prosseguimento na exploração da mesma atividade econômica, no mesmo endereço e com o mesmo objeto social. *AgInt no REsp 1837435, 4ª T, 10.5.2022. Inf 737.*

QUESTÕES DISCURSIVAS

1. (Cespe/TRF/2R/Juiz/2011) A dissolução da sociedade empresária, por decisão judicial, acarreta a perda da personalidade jurídica?

QUESTÕES OBJETIVAS

8. (IFBC/TRF/2R/Juiz/2018) Julgue os itens a seguir e marque a opção correta, considerando o disposto no Código Civil e nos Enunciados das Jornadas de Direito Civil.

I. As expressões "de peita" ou "suborno" § 1º do art. 1.011 do Código Civil brasileiro devem ser entendidas como corrupção ativa ou passiva.
II. O termo "subsidiariamente" constante do inciso VIII, art. 997, do Código Civil brasileiro deverá ser substituído por "solidariamente" a fim de compatibilizar esse dispositivo com o art. 1.023 do mesmo Código.
III. O administrador pode ser pessoa natural ou jurídica, com base no art. 1.062, § 2º do Código Civil brasileiro.
IV. Vedada a contribuição de sócio exclusivamente em prestação de serviço nas sociedades cooperativas, com base no art. 1094,1, do Código Civil.

a) Estão corretas apenas as assertivas I e II.
b) Estão corretas as assertivas I, II e IV.
c) Estão corretas as assertivas II e III.
d) Todas as assertivas estão corretas.
e) Estão corretas as assertivas I e IV.

9. (Cespe/TRF/5R/Juiz/2017) Considerando-se os dispositivos legais pertinentes, em caso de dívida assumida por ente despersonalizado:

a) os sócios responderão de forma limitada, e o ente de forma ilimitada.
b) os sócios responderão de forma subsidiária, desde que não tenham praticado atos contrários ao estatuto ou ao contrato social.
c) os sócios responderão de forma solidária e ilimitada pelas obrigações assumidas pelo grupamento.
d) o sócio administrador responderá solidariamente pelos ilícitos praticados.
e) o sócio gestor responderá de forma subsidiária e limitada pelo ato de má gestão.

10. (Cespe/TRF/5R/Juiz/2015) Considerando uma sociedade empresária cujo capital social esteja dividido em ações nominativas, assinale a opção correta no que diz respeito à responsabilidade civil.

a) O sócio fundador que não tiver exercido função de administrador ou de conselheiro fiscal não será responsabilizado por irregularidades nos atos constitutivos da sociedade.
b) Não haverá responsabilidade de conselheiro fiscal em razão de ato praticado por administrador, haja vista que as atribuições e os deveres de cada um deles são diversos.
c) Poderá haver responsabilidade subsidiária do administrador que não procurar impedir a prática de atos ilícitos de outros administradores.
d) O juiz poderá excluir a responsabilidade do administrador que, ao atuar dentro de suas atribuições, causar prejuízo à sociedade, caso fique demonstrada a boa-fé ao agir.
e) A assembleia geral não poderá responsabilizar a sociedade pelos atos praticados pelos primeiros administradores antes de cumpridas as formalidades de constituição.

11. (TRF/3R/Juiz/2016) Marque a alternativa incorreta, observando-se a legislação e a jurisprudência dominante do Superior Tribunal de Justiça:

a) Nos contratos bancários, é vedado ao julgador conhecer, de ofício, da abusividade das cláusulas.
b) A nota promissória vinculada a contrato de abertura de crédito não goza de autonomia em razão da iliquidez do título que a originou.
c) O avalista do título de credito vinculado a contrato de mutuo também responde pelas obrigações pactuadas, quando no contrato figurar como devedor solidário.
d) A companhia dissolvida perde automaticamente sua personalidade jurídica.

12. (Cespe/TRF/2R/Juiz/2009) Com relação ao direito societário, assinale a opção correta.

a) Cônjuges não podem contratar sociedade empresarial entre si quando casados sob o regime de participação final nos aquestos.
b) O administrador da sociedade empresária não responde por prejuízos causados em virtude de atos culposos cometidos na gestão da sociedade.
c) O empresário rural deve-se registrar perante a junta comercial.
d) Nas sociedades de pessoas, a interdição de um dos sócios faz que este seja automaticamente excluído da sociedade.
e) Uma sociedade empresarial administrada por norte-americanos e com capital social holandês, contratada por iranianos e libaneses residentes na Inglaterra, deve ser considerada nacional se for registrada e mantiver sede no Brasil, além de seguir as leis brasileiras.

13. (Cespe/TRF/5R/Juiz/2009) Julgue os itens a seguir, relativos a direito societário:

I. De acordo com o Código Civil, a sociedade adquire personalidade jurídica com a inscrição, no registro próprio e na forma da lei, de seus atos constitutivos.

II. Uma das mais importantes distinções entre as sociedades civis e as sociedades comerciais é a possibilidade de essas últimas pedirem falência, enquanto aquelas se submetem à insolvência civil.

III. Na sociedade limitada, a responsabilidade de cada sócio restringe-se ao valor de suas quotas, mas há solidariedade pela integralização do capital social.

IV. A desconsideração da personalidade jurídica não extingue a pessoa jurídica; apenas suspende episodicamente sua autonomia.

V. Entre outras características, a sociedade de pessoas diferencia-se da sociedade de capital pelo fato de que nesta se usa razão social, e não denominação.

A quantidade de itens certos é igual a:

a) 1.
b) 2.
c) 3.
d) 4.
e) 5.

2.2. *Da Sociedade não Personificada*

ENUNCIADOS

CJF **Civil 58.** A sociedade em comum compreende as figuras doutrinárias da sociedade de fato e da irregular.

CJF **Civil 208.** As normas do Código Civil para as sociedades em comum e em conta de participação são aplicáveis independentemente de a atividade dos sócios, ou do sócio ostensivo, ser ou não própria de empresário sujeito a registro (distinção feita pelo art. 982 do Código Civil entre sociedade simples e empresária).

CJF **Civil 209.** O art. 986 deve ser interpretado em sintonia com os arts. 985 e 1.150, de modo a ser considerada em comum a sociedade que não tenha seu ato constitutivo inscrito no registro próprio ou em desacordo com as normas legais previstas para esse registro (art. 1.150), ressalvadas as hipóteses de registros efetuados de boa-fé.

CJF **Civil 210.** O patrimônio especial a que se refere o art. 988 é aquele afetado ao exercício da atividade, garantidor de terceiro, e de titularidade dos sócios em comum, em face da ausência de personalidade jurídica.

CJF **Civil 211.** Presume-se disjuntiva a administração dos sócios a que se refere o art. 989.

CJF **Civil 212.** Embora a sociedade em comum não tenha personalidade jurídica, o sócio que tem seus bens constritos por dívida contraída em favor da sociedade, e não participou do ato por meio do qual foi contraída a obrigação, tem o direito de indicar bens afetados às atividades empresariais para substituir a constrição.

QUESTÕES OBJETIVAS

14. (TRF/4R/Juiz/2022) Assinale a alternativa correta.

a) Na sociedade simples, os herdeiros do cônjuge de sócio poderão exigir desde logo a parte que lhes couber na quota social.

b) A sociedade em comum caracteriza-se pela não inscrição dos atos constitutivos e pela responsabilidade solidária e ilimitada dos sócios pelas obrigações sociais.

c) Na sociedade em conta de participação, a atividade constitutiva do objeto social deverá ser exercida em conjunto pelo sócio ostensivo e pelo sócio participante.

d) O contrato social da sociedade simples não poderá prever outras causas de dissolução diversas das previstas na lei.

e) A inscrição em registro do contrato conferirá personalidade jurídica à sociedade em conta de participação.

2.3. *Da Sociedade Personificada*

2.3.1. Simples, Nome Coletivo, Comandita Simples

ENUNCIADOS

1) Da Sociedade Simples

1.1) Do Contrato Social

CJF **Comercial 10.** Nas sociedades simples, os sócios podem limitar suas responsabilidades entre si, à proporção da participação no capital social, ressalvadas as disposições específicas.

CJF **Civil 206.** A contribuição do sócio exclusivamente em prestação de serviços é permitida nas sociedades cooperativas (art. 1.094, I) e nas sociedades simples propriamente ditas (art. 983, 2ª parte).

CJF **Civil 213.** O art. 997, inc. II, não exclui a possibilidade de sociedade simples utilizar firma ou razão social.

CJF **Civil 215.** A sede a que se refere o caput do art. 998 poderá ser a da administração ou a do estabelecimento onde se realizam as atividades sociais.

CJF **Civil 383.** A falta de registro do contrato social (irregularidade originária art. 998) ou de alteração contratual versando sobre matéria referida no art. 997 (irregularidade superveniente art. 999, parágrafo único) conduzem à aplicação das regras da sociedade em comum (art. 986).

CJF **Civil 384.** Nas sociedades personificadas previstas no Código Civil, exceto a cooperativa, é admissível o acordo de sócios, por aplicação analógica das normas relativas às sociedades por ações pertinentes ao acordo de acionistas.

CJF **Civil 385.** A unanimidade exigida para a modificação do contrato social somente alcança as matérias referidas no art. 997, prevalecendo, nos demais casos de deliberação dos sócios, a maioria absoluta, se outra mais qualificada não for prevista no contrato.

CJF **Civil 478.** A integralização do capital social em bens imóveis pode ser feita por instrumento particular de contrato social ou de alteração contratual, ainda que se trate de sociedade sujeita ao registro exclusivamente no registro civil de pessoas jurídicas.

CJF **Civil 479.** Na sociedade simples pura (art. 983, parte final, do CC/2002), a responsabilidade dos sócios depende de previsão contratual. Em caso de omissão, será ilimitada e subsidiária, conforme o disposto nos arts. 1.023 e 1.024 do CC/2002.

1.2) Dos Direitos e Obrigações dos Sócios

CJF **Civil 216.** O quórum de deliberação previsto no art. 1.004, parágrafo único, e no art. 1.030 é de maioria absoluta do capital representado pelas quotas dos demais sócios, consoante a regra geral fixada no art. 999 para as deliberações na sociedade simples. Esse entendimento aplica-se ao art. 1.058 em caso de exclusão de sócio remisso ou redução do valor de sua quota ao montante já integralizado.

CJF **Comercial 63.** O nu-proprietário de quotas ou ações gravadas com usufruto, quando não regulado no respectivo ato institutivo, pode exercer o direito de fiscalização da sociedade.

1.3) Da Administração

CJF **Comercial 11.** A regra do art. 1.015, parágrafo único, do Código Civil deve ser aplicada à luz da teoria da aparência e do primado da boa-fé objetiva, de modo a prestigiar a segurança do tráfego negocial. As sociedades se obrigam perante terceiros de boa-fé.

CJF **Civil 59.** Os sócios-gestores e os administradores das empresas são responsáveis subsidiária e ilimitadamente pelos atos ilícitos praticados, de má gestão ou contrários ao previsto no contrato social ou estatuto, consoante estabelecem os arts. 990, 1.009, 1.016, 1.017 e 1.091, todos do Código Civil.

CJF **Civil 60.** As expressões de peita ou suborno do § 1º do art. 1.011 do novo Código Civil devem ser entendidas como corrupção, ativa ou passiva.

CJF **Civil 218.** Não são necessárias certidões de nenhuma espécie para comprovar os requisitos do art. 1.011 no ato de registro da sociedade, bastando declaração de desimpedimento.

CJF **Civil 219.** Está positivada a teoria "ultra vires" no direito brasileiro, com as seguintes ressalvas: (a) o ato "ultra vires" não produz efeito apenas em relação à sociedade; (b) sem embargo, a sociedade poderá, por meio de seu órgão deliberativo, ratificá-lo; (c) o Código Civil amenizou o rigor da teoria "ultra vires", admitindo os poderes implícitos dos administradores para realizar negócios acessórios ou conexos ao objeto social, os quais não constituem operações evidentemente estranhas aos negócios da sociedade; (d) não se aplica o art. 1.015 às sociedades por ações, em virtude da existência de regra especial de responsabilidade dos administradores (art. 158, II, Lei n. 6.404/76).

CJF **Civil 220.** É obrigatória a aplicação do art. 1.016 do Código Civil de 2002, que regula a responsabilidade dos administradores, a todas as sociedades limitadas, mesmo àquelas cujo contrato social preveja a aplicação supletiva das normas das sociedades anônimas.

CJF **Notarial/Registral 42.** O art. 1.015 do Código Civil refere-se à venda ou oneração de imóvel da sociedade, não sendo necessária autorização para aquisição de imóvel pelo administrador em nome da sociedade, no silêncio do contrato.

1.4) Das Relações com Terceiros

CJF **Civil 61.** O termo "subsidiariamente", constante do inc. 8º do art. 997 do Código Civil, deverá ser substituído por "solidariamente" a fim de compatibilizar esse dispositivo com o art. 1.023 do mesmo Código.

CJF **Civil 386.** Na apuração dos haveres do devedor, por consequência da liquidação de suas quotas na sociedade, não devem ser consideradas eventuais disposições contratuais restritivas à determinação de seu valor.

CJF **Civil 387.** A opção entre fazer a execução recair sobre o que ao sócio couber no lucro da sociedade, ou na parte que lhe tocar em dissolução, orienta-se pelos princípios da menor onerosidade e da função social da empresa.

CJF **Civil 388.** O disposto no art. 1.026 do Código Civil não exclui a possibilidade de o credor fazer recair a execução sobre os direitos patrimoniais da quota de participação que o devedor possui no capital da sociedade.

CJF **Civil 389.** Quando se tratar de sócio de serviço, não poderá haver penhora das verbas descritas no art. 1.026, se de caráter alimentar.

1.5) Da Resolução da Sociedade em Relação a um Sócio

CJF **Civil 62.** Com a exclusão do sócio remisso, a forma de reembolso das suas quotas, em regra, deve-se dar com base em balanço especial, realizado na data da exclusão.

CJF **Civil 67.** A quebra do "affectio societatis" não é causa para a exclusão do sócio minoritário, mas apenas para dissolução (parcial) da sociedade.

CJF **Civil 221.** Diante da possibilidade de o contrato social permitir o ingresso na sociedade do sucessor de sócio falecido, ou de os sócios acordarem com os herdeiros a substituição de sócio falecido, sem liquidação da quota em ambos os casos, é lícita a participação de menor em sociedade limitada, estando o capital integralizado, em virtude da inexistência de vedação no Código Civil.

CJF **Civil 391.** A sociedade limitada pode adquirir suas próprias quotas, observadas as condições estabelecidas na Lei das Sociedades por Ações.

CJF **Civil 481.** O insolvente civil fica de pleno direito excluído das sociedades contratuais das quais seja sócio.

CJF **Civil 482.** Na apuração de haveres de sócio retirante de sociedade holding ou controladora, deve ser apurado o valor global do patrimônio, salvo previsão contratual diversa. Para tanto, deve-se considerar o valor real da participação da holding ou controladora nas sociedades que o referido sócio integra.

1.6) Da Dissolução

CJF **Civil 67.** A quebra do "affectio societatis" não é causa para a exclusão do sócio minoritário, mas apenas para dissolução (parcial) da sociedade.

CJF **Civil 483.** Admite-se a transformação do registro da sociedade anônima, na hipótese do art. 206, I, d, da Lei n. 6.404/1976, em empresário individual ou empresa individual de responsabilidade limitada.

CJF **Civil 487.** Na apuração de haveres de sócio retirante (art. 1.031 do CC), devem ser afastados os efeitos da diluição injustificada e ilícita da participação deste na sociedade.

2) Da Sociedade em Nome Coletivo

CJF **Civil 63.** Suprimir o art. 1.043 ou interpretá-lo no sentido de que só será aplicado às sociedades ajustadas por prazo determinado.

3) Da Sociedade em Comandita Simples

CJF **Civil 489.** No caso da microempresa, da empresa de pequeno porte e do microempreendedor individual, dispensados de publicação dos seus atos (art. 71 da Lei Complementar n. 123/2006), os prazos estabelecidos no Código Civil contam-se da data do arquivamento do documento (termo inicial) no registro próprio.

QUESTÕES OBJETIVAS

15. (Cespe/TRF/1R/Juiz/2013) A respeito das sociedades previstas no Código Civil, assinale a opção correta.

a) Na sociedade em comandita simples, os sócios comanditários são obrigados apenas pelo valor de suas quotas.

b) Na sociedade em conta de participação, obrigam-se todos os sócios perante terceiros com quem a sociedade contrata.

c) A sociedade em nome coletivo pode contar, entre seus sócios, com outra sociedade.

d) Na sociedade em comandita por ações, o acionista diretor não tem direito ao benefício de ordem, respondendo solidariamente com a sociedade pelas obrigações sociais.

e) A sociedade simples deve ser registrada no registro público de empresas.

16. (Cespe/TRF/3R/Juiz/2011) Assinale a opção correspondente a exemplo de sociedade simples.

a) empresa limitada destinada ao comércio de alimentos aos consumidores.

b) sociedade destinada ao exercício de profissão intelectual na forma de sociedade por ações.

c) sociedade limitada destinada ao comércio de miudezas aos consumidores.

d) sociedade cooperativa de produtores rurais.

e) sociedade por ações destinada a atividades artísticas.

17. (Cespe/TRF/5R/Juiz/2011) Suponha que uma sociedade simples abandone o seu objeto social e passe a exercer como principal atividade a compra de bens móveis e sua posterior revenda no mercado, auferindo, após um ano, lucro de um milhão de reais. Em face dessa situação hipotética, assinale a opção correta consoante o Código Civil.

a) A sociedade, por ser simples, pode ser transformada em sociedade empresarial mediante aprovação da maioria dos sócios, em assembleia convocada para tal fim.

b) A sociedade simples e os seus administradores serão qualificados como empresários irregulares.

c) A sociedade, por ser simples, não pode ter acionistas, uma vez que somente sócios-quotistas poderão compor o seu quadro societário.

d) Por não cumprir o seu objeto social, à referida sociedade aplicam-se as disposições que regulam a sociedade em comum.

e) Caso os sócios queiram extinguir a sociedade, poderão fazê-lo por meio de fusão com uma sociedade empresarial que já exerça a atividade citada.

18. (TRF/3R/Juiz/2010) Nas sociedades simples:

a) O sócio investido de poderes de administração pelo Estatuto Social pode deles ser destituído por decisão da maioria dos sócios.

b) Na hipótese de outorga de poderes por instrumento diverso do Estatuto Social, estes poderes somente serão revogados por justa causa, apurada segundo deliberação da maioria absoluta dos sócios.

c) Em qualquer hipótese, o sócio administrador pode ser destituído mediante decisão judicial, que reconheça a ocorrência de justa causa para esta destituição.

d) O sócio investido de poderes de administração pelo Estatuto Social não pode ser deles destituído em qualquer hipótese.

2.3.2. Limitada, Anônima, Comandita por Ações

ATENÇÃO: ESTE TEMA É MUITO EXIGIDO NOS CONCURSOS!

SÚMULAS

STJ **Súm. 389.** A comprovação do pagamento do "custo do serviço" referente ao fornecimento de certidão de assentamentos constantes dos livros da companhia é requisito de procedibilidade da ação de exibição de documentos ajuizada em face da sociedade anônima.

STJ **Súm. 551.** Nas demandas por complementação de ações de empresas de telefonia, admite-se a condenação ao pagamento de dividendos e juros sobre capital próprio independentemente de pedido expresso. No entanto, somente quando previstos no título executivo, poderão ser objeto de cumprimento de sentença.

ENUNCIADOS

1) Da Sociedade Limitada

1.1) Disposições Preliminares

CJF **Civil 65.** A expressão "sociedade limitada", tratada no art. 1.052 e seguintes do novo Código Civil, deve ser interpretada "stricto sensu", como "sociedade por quotas de responsabilidade limitada".

CJF **Civil 214.** As indicações contidas no art. 997 não são exaustivas, aplicando-se outras exigências contidas na legislação pertinente para fins de registro.

CJF **Civil 217.** Com a regência supletiva da sociedade limitada, pela Lei das Sociedades por Ações, ao sócio que participar de deliberação na qual tenha interesse contrário ao da sociedade aplicar-se-á o disposto no art. 115, § 3º, da Lei n. 6.404/76. Nos demais casos, aplica-se o disposto no art. 1.010, § 3º, se o voto proferido foi decisivo para a aprovação da deliberação, ou o art. 187 (abuso do direito), se o voto não tiver prevalecido.

CJF **Civil 222.** O art. 997, V, não se aplica a sociedade limitada na hipótese de regência supletiva pelas regras das sociedades simples.

CJF **Civil 223.** O parágrafo único do art. 1.053 não significa a aplicação em bloco da Lei n. 6.404/76 ou das disposições sobre a sociedade simples. O contrato social pode adotar, nas omissões do Código sobre as sociedades limitadas, tanto as regras das sociedades simples quanto as das sociedades anônimas.

1.2) Das Quotas

CJF **Comercial 12.** A regra contida no art. 1.055, § 1º, do Código Civil deve ser aplicada na hipótese de inexatidão da avaliação de bens conferidos ao capital social; a responsabilidade nela prevista não afasta a desconsideração da personalidade jurídica quando presentes seus requisitos legais.

CJF **Comercial 18.** O capital social da sociedade limitada poderá ser integralizado, no todo ou em parte, com quotas ou ações de outra sociedade, cabendo aos sócios a escolha do critério de avaliação das respectivas participações societárias, diante da responsabilidade solidária pela exata estimação dos bens conferidos ao capital social, nos termos do art. 1.055, § 1º, do Código Civil.

CJF **Civil 224.** A solidariedade entre os sócios da sociedade limitada pela exata estimação dos bens conferidos ao capital social abrange os casos de constituição e aumento do capital e cessa após cinco anos da data do respectivo registro.

CJF **Civil 225.** Sociedade limitada. Instrumento de cessão de quotas. Na omissão do contrato social, a cessão de quotas sociais de uma sociedade limitada pode ser feita por instrumento próprio, averbado junto ao registro da sociedade, independentemente de alteração contratual, nos termos do art. 1.057 e parágrafo único do Código Civil.

CJF **Civil 391.** A sociedade limitada pode adquirir suas próprias quotas, observadas as condições estabelecidas na Lei das Sociedades por Ações.

1.3) Da Administração

CJF **Civil 66.** A teor do § 2º do art. 1.062 do Código Civil, o administrador só pode ser pessoa natural.

CJF **Comercial 64.** Criado o conselho de administração na sociedade limitada, não regida supletivamente pela Lei de Sociedade por Ações (art. 1.053, parágrafo único, do Código Civil) e, caso não haja regramento específico sobre o órgão no contrato, serão aplicadas, por analogia, as normas da sociedade anônima.

1.4) Das Deliberações dos Sócios

CJF **Civil 226.** A exigência da presença de três quartos do capital social, como quórum mínimo de instalação em primeira convocação, pode ser alterada pelo contrato de sociedade limitada com até dez sócios, quando as deliberações sociais obedecerem à forma de reunião, sem prejuízo da observância das regras do art. 1.076 referentes ao quórum de deliberação.

CJF **Civil 227.** O quórum mínimo para a deliberação da cisão da sociedade limitada é de três quartos do capital social.

CJF **Civil 228.** As sociedades limitadas estão dispensadas da publicação das demonstrações financeiras a que se refere o § 3º do art. 1.078. Naquelas de até dez sócios, a deliberação de que trata o art. 1.078 pode dar-se na forma dos §§ 2º e 3º do art. 1072, e a qualquer tempo, desde que haja previsão contratual nesse sentido.

CJF **Civil 229.** A responsabilidade ilimitada dos sócios pelas deliberações infringentes da lei ou do contrato torna desnecessária a desconsideração da personalidade jurídica, por não constituir a autonomia patrimonial da pessoa jurídica escudo para a responsabilização pessoal e direta.

CJF **Civil 392.** Nas hipóteses do art. 1.077 do Código Civil, cabe aos sócios delimitarem seus contornos para compatibilizá-los com os princípios da preservação e da função social da empresa, aplicando-se, supletiva (art. 1.053, parágrafo único) ou analogicamente (art. 4º da LICC), o art. 137, § 3º, da Lei das Sociedades por Ações, para permitir a reconsideração da deliberação que autorizou a retirada do sócio dissidente.

CJF **Civil 484.** Quando as deliberações sociais obedecerem à forma de reunião, na sociedade limitada com até 10 (dez) sócios, é possível que a representação do sócio seja feita por outras pessoas além das mencionadas no § 1º do art. 1.074 do Código Civil (outro sócio ou advogado), desde que prevista no contrato social.

CJF **Civil 485.** O sócio que participa da administração societária não pode votar nas deliberações acerca de suas próprias contas, na forma dos arts. 1.071, I, e 1.074, § 2º, do Código Civil.

1.5) Do Aumento e da Redução do Capital

CJF **Civil 489.** No caso da microempresa, da empresa de pequeno porte e do microempreendedor individual, dispensados de publicação dos seus atos (art. 71 da Lei Complementar n. 123/2006), os prazos estabelecidos no Código Civil contam-se da data do arquivamento do documento (termo inicial) no registro próprio.

1.6) Da Resolução da Sociedade em Relação a Sócios Minoritários

CJF **Comercial 17.** Na sociedade limitada com dois sócios, o sócio titular de mais da metade do capital social pode excluir extrajudicialmente o sócio minoritário desde que atendidas as exigências materiais e procedimentais previstas no art. 1.085, caput e parágrafo único, do CC.

CJF **Civil 67.** A quebra do "affectio societatis" não é causa para a exclusão do sócio minoritário, mas apenas para dissolução (parcial) da sociedade.

2) Da Sociedade Anônima

CJF **Comercial 14.** É vedado aos administradores de sociedades anônimas votarem para aprovação/rejeição de suas próprias contas, mesmo que o façam por interposta pessoa.

CJF **Comercial 15.** O vocábulo "transação", mencionado no art. 183 § 1º, d, da Lei das S. A., deve ser lido como sinônimo de "negócio jurídico", e não no sentido técnico que é definido pelo Capítulo XIX do Título VI do Livro I da Parte Especial do Código Civil brasileiro.

CJF **Comercial 16.** O adquirente de cotas ou ações adere ao contrato social ou estatuto no que se refere à cláusula compromissória (cláusula de arbitragem) nele existente; assim, estará vinculado à previsão da opção da jurisdição arbitral, independentemente de assinatura e/ou manifestação específica a esse respeito.

CJF **Comercial 19.** Não se aplica o Código de Defesa do Consumidor às relações entre sócios/acionistas ou entre eles e a sociedade.

CJF **Civil 68.** Suprimir os arts. 1.088 e 1.089 do novo Código Civil em razão de estar a matéria regulamentada em lei especial.

CJF **Civil 230.** A fusão e a incorporação de sociedade anônima continuam reguladas pelas normas previstas na Lei n. 6.404/76, não revogadas pelo Código Civil (art. 1.089), quanto a esse tipo societário.

CJF **Comercial 65.** O mandatário do sócio residente ou domiciliado no exterior (art. 119 da Lei 6.404/1976) não é responsável pelas obrigações de seu mandante.

CJF **Comercial 66.** A limitação de distribuição de dividendos periódicos de que trata o art. 204, § 1º da Lei das Sociedades por Ações refere-se ao lucro distribuível, reconhecido em balanço intermediário levantado conforme o estatuto social, e não à antecipação do pagamento de dividendos por conta do lucro cuja existência é provável, nos termos da legislação tributária.

CJF **Comercial 85.** A obrigação de voto em bloco, prevista em acordo de acionistas, não pode ser invocada, por seus signatários ou por membros do conselho de administração, com o propósito de eximi-los da obrigação de votar em consonância com a lei e com os interesses da companhia.

CJF **Comercial 88.** A ação de responsabilidade contra controlador (LSA, art. 117) ou sociedade controladora (LSA, art. 246) não pressupõe a prévia deliberação assemblear.

CJF **Comercial 94.** A vedação da sociedade entre cônjuges contida no art. 977 do Código Civil não se aplica às sociedades anônimas, em comandita por ações e cooperativa.

3) Da Sociedade em Comandita por Ações

CJF **Civil 59.** Os sócios-gestores e os administradores das empresas são responsáveis subsidiária e ilimitadamente pelos atos ilícitos praticados, de má gestão ou contrários ao previsto no contrato social ou estatuto, consoante estabelecem os arts. 990, 1.009, 1.016, 1.017 e 1.091, todos do Código Civil.

CJF **Comercial 94.** A vedação da sociedade entre cônjuges contida no art. 977 do Código Civil não se aplica às sociedades anônimas, em comandita por ações e cooperativa.

INFORMATIVOS

STJ **Responsabilização civil de controladores. Acionistas minoritários. Legitimidade extraordinária (ação social "ut singuli"). Inércia da companhia. Configuração. Imprescindibilidade.** Os acionistas minoritários não têm legitimidade extraordinária para promover procedimentos arbitrais destinados à responsabilização civil dos controladores, com base no art. 246 da Lei 6.404/76, (ação social "ut singuli") enquanto não caracterizada a inércia da companhia, o que se verifica quando, convocada assembleia geral para deliberar sobre a responsabilidade destes, há deliberação autorizativa e não são promovidas as medidas cabíveis dentro dos três meses subsequentes ou quando há deliberação negativa. *Proc. segredo justiça, 2ª S, 30.6.2022. Inf 749.*

QUESTÕES OBJETIVAS

19. (Vunesp/TRF/3R/Juiz/2022) Analise as proposições abaixo e assinale a alternativa correta:

I. A dissolução da sociedade limitada observa e respeita as mesmas regras dispostas para a sociedade em nome coletivo e para a sociedade simples.

II. A dissolução da sociedade limitada respeita as mesmas regras dispostas para a sociedade em nome coletivo, para a sociedade simples e para a sociedade anônima.

III. A sociedade anônima rege-se por lei especial, não havendo disciplina jurídica no Código Civil.

IV. É possível o deferimento, mesmo em situações excepcionais, da dissolução parcial de sociedades anônimas fechadas, em especial quando são incluídas cláusulas estatutárias que inviabilizam a livre circulação dos títulos de participação societária e está presente um caráter eminentemente familiar, e as qualidades pessoais dos sócios adquirem relevância para o desenvolvimento das atividades sociais.

a) Todas estão corretas.
b) Apenas I e II estão corretas.
c) Apenas III e IV estão corretas.
d) Apenas I e IV estão corretas.

20. (TRF/3R/Juiz/2018) A sociedade anônima fechada "X" emite debêntures, subscritas em sua totalidade pelo banco "Y". A escritura de emissão estipula que "X" somente poderá empreender novos negócios se devidamente autorizada por "Y". Assinale a alternativa correta:

a) Nos termos da Lei das Sociedades por Ações (Lei nº 6.404, de 1976), "Y" é controlador de "X".
b) A emissão de debêntures deverá ser registrada no Banco Central do Brasil.
c) A totalidade dos acionistas de "X" deverá aprovar a emissão.
d) A garantia das debêntures pode ser flutuante.

21. (IFBC/TRF/2R/Juiz/2018) Considerando as sociedades anônimas, marque a opção correta de acordo com a Lei n. 6.404/76:

a) A responsabilidade do alienante de uma ação não integralizada cessa imediatamente após a transferência dessa ação ao adquirente.
b) Em relação à sociedade anônima, a ação é sempre divisível.
c) Uma companhia é considerada aberta ou fechada conforme os valores mobiliários de sua emissão estejam ou não admitidos à negociação no mercado de valores mobiliários.
d) Constatada a mora, a companhia não pode mandar vender na bolsa de valores as ações do acionista remisso, por conta e risco do acionista.
e) As ações de uma sociedade anônima são classificadas, de acordo com a espécie, em extraordinárias, ordinárias, preferenciais e de fruição.

22. (Cespe/TRF/5R/Juiz/2017) Conforme a Lei das Sociedades Anônimas, as competências privativas da assembleia geral incluem a

a) autorização para emissão de debêntures e para a contratação de empréstimos.
b) solicitação ao conselho de administração para que providencie em dez dias a eleição ou a destituição de liquidantes.
c) fixação de orientação geral dos negócios da companhia.
d) indicação de lista tríplice ao conselho de administração para eleição, a qualquer tempo, de administradores e fiscais da companhia.
e) deliberação sobre as demonstrações financeiras e contas apresentadas anualmente pelos administradores.

23. (TRF/2R/Juiz/2017) Quanto à sociedade limitada, considere as proposições abaixo:

I. Caso o contrato social seja omisso sobre o quórum necessário a alterá-lo, sua eventual modificação poderá ocorrer, em regra, por deliberação que represente a maioria absoluta do capital social.

II. O contrato social pode prever a impossibilidade de alienação de quotas a estranhos ao quadro social e, se o fizer, as quotas serão impenhoráveis por dívida particular de sócio.

III. Caso o contrato social estipule prazo determinado paia a duração da sociedade, ela será dissolvida com a chegada do termo previsto, salvo se, vencido o prazo e sem oposição de sócio, não entrar a sociedade em liquidação, caso em que ela se prorrogará por tempo indeterminado.

a) Todas as assertivas estão corretas.
b) Apenas I e II estão corretas.
c) Apenas I e III estão corretas.
d) Apenas II e III estão corretas.
e) Apenas a III está correta.

24. (TRF/4R/Juiz/2016) Assinale a alternativa incorreta.

a) Podem exercer a atividade de empresário os que estiverem em pleno gozo da capacidade civil e não forem legalmente impedidos.
b) Celebram contrato de sociedade limitada as pessoas que reciprocamente se obrigam a contribuir, com bens ou serviços, para o exercício de atividade econômica e a partilha, entre si, dos resultados.
c) Poderá ser atribuída à empresa individual de responsabilidade limitada constituída para a prestação de serviços de qualquer natureza a remuneração decorrente da cessão de direitos patrimoniais de autor ou de imagem, nome, marca ou voz de que seja detentor o titular da pessoa jurídica, vinculados à atividade profissional.
d) A sociedade cooperativa funciona sob denominação integrada pelo vocábulo "cooperativa".
e) Poderá o incapaz, por meio de representante ou devidamente assistido, continuar a empresa antes exercida por ele enquanto capaz, por seus pais ou pelo autor de herança.

25. (TRF/3R/Juiz/2016) Marque a alternativa correta:

a) O art. 6º, e, da Lei n. 4.380/1964 estabelece limitação aos juros remuneratórios nos contratos vinculados ao Sistema Financeiro da Habitação – SFH.
b) Nas sociedades anônimas, apenas os administradores da companhia e seu acionista controlador podem ser responsabilizados pelos atos de gestão e pela utilização abusiva do poder.
c) Nos contratos de financiamento celebrados no âmbito do SFH, sem cláusula de garantia de cobertura do FCVS, o saldo devedor residual deverá ser suportado pelo mutuante.
d) Nos contratos vinculados ao SFH, a atualização do saldo devedor não antecede sua amortização pelo pagamento da prestação.

26. (Cespe/TRF/1R/Juiz/2015) De acordo com a lei de regência das sociedades anônimas, assinale a opção correta.

a) É solidária a responsabilidade dos administradores de companhias de capital aberto pelos prejuízos que causarem em virtude do não cumprimento dos deveres impostos pela legislação para assegurar o funcionamento normal da sociedade empresária.
b) Companhia de capital aberto cujo capital social seja estabelecido por seu estatuto em R$ 100.000.000,00 divididos em 100.000.000 de ações sem valor nominal não poderá estabelecer valor nominal para as ações de determinada classe preferencial, porque suas ações não possuem valor nominal.
c) Se resolver onerar por penhor ou caução as suas ações, o acionista deverá encaminhar proposta para deliberação do conselho administrativo. Caso o conselho aprove a proposta, o ato será averbado no livro de registro de ações.
d) Na constituição do conselho fiscal da companhia, os titulares de ações preferenciais sem direito a voto terão direito de eleger um membro e seu respectivo suplente em votação em separado.
e) Em caso de emissão de valores imobiliários cujo objetivo seja captar recursos para a realização de empreendimentos de grande porte, a companhia deverá valer-se das notas promissórias com vencimentos em dez anos, conhecidas como "commercial papers".

27. (TRF/4R/Juiz/2014) Assinale a alternativa correta. A respeito da assembleia geral de sociedade anônima:

a) A ausência do acionista majoritário impede a instalação de assembleia geral.
b) Não se admite, na assembleia geral, deliberação a respeito do ajuizamento de ação de responsabilidade civil contra o administrador, se a matéria não estiver prevista na ordem do dia.
c) É lícito deliberar em assembleia geral que o saldo da reserva legal ultrapasse o valor do capital social em até 20%.
d) Os acionistas sem direito de voto não podem discutir matéria submetida à deliberação da assembleia geral.
e) O acionista pode ser representado na assembleia geral por advogado cuja procuração tenha sido outorgada há menos de 1 (um) ano.

28. (TRF/4R/Juiz/2014) Assinale a alternativa incorreta. A respeito da sociedade anônima:

a) Se a assembleia deliberar não promover ação de responsabilidade civil do administrador, qualquer acionista poderá ajuizá-la, como substituto processual da companhia.
b) Pode o juiz reconhecer a exclusão da responsabilidade do administrador, se convencido de que este agiu de boa-fé e visando ao interesse da companhia.
c) Os resultados de ação de responsabilidade civil do administrador, promovida por acionista, deferem-se à companhia, mas esta deverá indenizá-lo, até o limite daqueles resultados, de todas as despesas em que tiver incorrido, inclusive correção monetária e juros dos dispêndios realizados.
d) O administrador ou os administradores contra os quais deva ser proposta ação de responsabilidade civil por deliberação da assembleia geral ficarão impedidos e deverão ser substituídos na mesma assembleia.
e) Exime-se de responsabilidade o administrador dissidente que faça consignar sua divergência em ata de reunião do órgão de administração ou, não sendo possível, dela dê ciência imediata e por escrito ao órgão da administração, no conselho fiscal, se em funcionamento, ou à assembleia geral.

29. (TRF/2R/Juiz/2014) O art. 243 da Lei n. 6.404/76 estatui que o relatório anual da administração deva relacionar os investimentos da companhia em sociedades coligadas e controladas e mencionar as modificações ocorridas durante o exercício. Nesse contexto das sociedades anônimas, analise as proposições:

I. São coligadas as sociedades nas quais a investidora tenha influência significativa.
II. Considera-se controlada a sociedade na qual a controladora, diretamente ou através de outras controladas, é titular de direitos de sócio que lhe assegurem, de modo permanente, preponderância nas deliberações sociais e o poder de eleger a maioria dos administradores.
III. Presume-se a influência significativa quando a investidora for titular de 20% (vinte por cento) ou mais do capital votante da investida, sem controlá-la.
IV. A Comissão de Valores Mobiliários pode exigir que a companhia aberta divulgue informações adicionais sobre coligadas e controladas.

Das proposições apresentadas:

a) Todas as assertivas estão corretas.
b) Apenas I e III estão corretas.
c) Apenas I e IV estão corretas.
d) Apenas três delas estão corretas.
e) Apenas uma está correta.

30. (Cespe/TRF/5R/Juiz/2013) Aldo, Bruna e Carla criaram uma sociedade limitada cujo capital foi integralizado da seguinte forma: Aldo contribuiu com 10 mil reais em espécie; Bruna, com um veículo no valor de 30 mil; e Carla, com um imóvel no valor de 60 mil reais. Nessa situação hipotética, até que se cumpra o prazo de cinco anos da abertura da empresa, a responsabilidade dos sócios sobre a estimação dos bens conferidos será:

a) solidária entre Bruna e Carla, e subsidiária de Aldo, já que ele integralizou o capital em dinheiro.
b) pessoal de Bruna, pelo valor do veículo, e pessoal de Carla, pelo valor do imóvel.
c) solidária dos três sócios.
d) pessoal de Bruna e subsidiária de Carla, no que se refere ao valor do veículo, e pessoal de Carla e subsidiária de Bruna, em relação ao valor do imóvel.
e) solidária entre Bruna e Carla, sem qualquer responsabilidade de Aldo, já que ele integralizou o capital em dinheiro.

31. (Cespe/TRF/1R/Juiz/2013) Em relação às sociedades anônimas, assinale a opção correta.

a) É desnecessária escritura pública para que determinado imóvel seja incorporado ao patrimônio da sociedade anônima para efeito da formação do capital social.
b) É incabível, por ser a lei regente omissa, a dissolução parcial de sociedade anônima fechada, de cunho familiar, por quebra da "affectio societatis".
c) O presidente da assembleia geral ou ordinária da sociedade anônima deve computar voto ainda que contrarie acordo de acionistas devidamente arquivado na companhia, cabendo ao interessado recorrer ao Poder Judiciário para a execução específica do acordo.
d) O direito de voto na sociedade anônima é classificado como direito essencial do acionista, não podendo sofrer qualquer espécie de restrição.
e) Não sendo as debêntures valores mobiliários, sua emissão não está sujeita à autorização ou ao conhecimento prévio da Comissão de Valores Mobiliários.

32. (Cespe/TRF/2R/Juiz/2013) Na criação de certa sociedade por ações de capital fechado, o estatuto pode estabelecer que a empresa tenha ações ordinárias e preferenciais. Suas ações ordinárias podem, por sua vez, estar distribuídas em classes, criadas em razão de alguns critérios. Nesse caso, os critérios válidos para a criação de ações ordinárias na empresa incluem a:

a) prioridade no reembolso do capital e a conversibilidade em ações preferenciais.
b) prioridade na distribuição de dividendos e o direito de voto em separado para o preenchimento de determinados cargos de órgãos administrativos.
c) exigência de nacionalidade brasileira do acionista e a prioridade no reembolso do capital.
d) conversibilidade em ações preferenciais e a exigência de nacionalidade brasileira do acionista.
e) prioridade na distribuição de dividendos e a conversibilidade em ações preferenciais.

33. (TRF/4R/Juiz/2012) Dadas as assertivas abaixo, assinale a alternativa correta.

I. Na companhia ou sociedade fechada os valores mobiliários de sua emissão são admitidos à negociação, mediante prévio registro na Comissão de Valores Mobiliários.
II. O estatuto da sociedade anônima pode estipular regras de preferência na negociação das ações.
III. Segundo a jurisprudência prevalente, é possível a dissolução parcial de sociedade anônima com a retirada dos sócios dissidentes, após a apuração de seus haveres.
IV. O administrador que deixa de comunicar o descumprimento estatutário de predecessor é solidariamente responsável.

a) Estão corretas apenas as assertivas I e II.
b) Estão corretas apenas as assertivas III e IV.
c) Estão corretas apenas as assertivas I, II e III.
d) Estão corretas apenas as assertivas II, III e IV.
e) Estão corretas todas as assertivas.

34. (TRF/4R/Juiz/2012) Assinale a alternativa correta.

a) Não é lícito estabelecer, em contrato social de sociedade limitada, a regência supletiva da sociedade limitada pelas normas da sociedade anônima.
b) A sociedade limitada é administrada pelos sócios-gerentes, assim designados no estatuto social da respectiva companhia.
c) A constituição de conselho fiscal é privativa de sociedade anônima.
d) O capital social de sociedade anônima, quando da constituição desta, deve ser formado, exclusivamente, em moeda corrente nacional.
e) A diretoria de sociedade anônima será composta por, no mínimo, dois diretores.

35. (Cespe/TRF/2R/Juiz/2011) Assinale a opção correta no que tange à sociedade limitada.

a) Quando a sociedade limitada estiver sujeita à regência supletiva do regime das anônimas, responderá por todos os atos praticados em seu nome e poderá ressarcir-se dos prejuízos em regresso contra o administrador que haja excedido seus poderes; quando sujeita à regência supletiva do regime das sociedades simples, responderá somente pelos atos que, praticados em seu nome, forem evidentemente estranhos ao objeto social ou aos negócios que costume estabelecer.
b) Assembleia e reunião distinguem-se pelo procedimento: aquela segue rito mais solene, ditando o código suas regras; esta tem rito simplificado, cabendo aos sócios, no contrato social, estabelecer os detalhes do procedimento. Tanto a reunião quanto a assembleia podem ser dispensadas e substituídas por documento escrito, desde que esse documento trate da mesma matéria e seja aprovado pela maioria dos sócios.
c) A administração da sociedade limitada pode ser exercida por qualquer pessoa, seja ela sócia ou não. É possível que a sociedade seja gerida por administradores não sócios, desde que sua designação ocorra pela aprovação de dois terços dos sócios, enquanto o capital não estiver integralizado. O administrador não nomeado em contrato social será destituído do cargo por sócios que representem três quartos do capital social.
d) Com o objetivo de evitar lesão aos credores da sociedade cujo capital seja reduzido por excesso, determina o legislador que, se houver impugnação por parte do credor quirografário, portador de título líquido anterior à deliberação, no prazo de noventa dias a contar da data de publicação da ata da assembleia que a aprovar, a redução somente poderá realizar-se se provado o pagamento ao referido credor ou o depósito do valor em juízo.
e) Para determinadas matérias, em razão de maior importância para a sociedade e repercussão nos direitos dos sócios e de terceiros, tais como a expulsão de sócio minoritário, a lei prevê algumas formalidades, como a de publicação, na imprensa oficial e em jornal de grande circulação, de anúncio convocando assembleia de sócios, devendo mediar, entre a primeira inserção e a realização da assembleia, o prazo máximo de cinco dias, para a primeira convocação.

36. (Cespe/TRF/3R/Juiz/2011) Uma das características do mundo globalizado é a adoção de normas internacionais em diversos setores da sociedade. Na área da contabilidade, por exemplo, houve, nos últimos anos, alterações significativas introduzidas pela Lei das Sociedades por Ações. No que se refere à classificação dos componentes patrimoniais, assinale a opção correta com base nas normas legais atualmente aplicáveis.

a) Os direitos realizáveis após o término do exercício seguinte devem ser classificados no grupo "realizável a longo prazo".
b) O que antes era contabilizado no grupo "investimentos" passou a sê-lo no grupo "imobilizado".
c) O grupo "ativo imobilizado" manteve-se como parte do grupo "investimentos".
d) As despesas pré-operacionais devem ser registradas como parte do grupo "diferido".
e) Todos os ativos que não devam ser contabilizados no "ativo circulante" devem sê-lo no "ativo não circulante".

37. (Cespe/TRF/2R/Juiz/2011) O modelo da sociedade anônima foi concebido originalmente para viabilizar grandes empreendimentos, constituindo instrumento próprio para a captação de recursos perante número expressivo de investidores. Com relação a esse tipo de sociedade, assinale a opção correta.

a) Nas companhias abertas, caso o pagamento do preço da ação não tenha sido feito integralmente no momento da subscrição, sua venda somente pode efetivar-se depois de realizados pelo menos 20% do preço de emissão, sob pena de nulidade. Nesse caso, o alienante continuará responsável, solidariamente com o adquirente, pelo pagamento das prestações que faltarem para a integralização das ações transferidas, responsabilidade que perdurará pelo prazo de dois anos a contar da transferência das ações.
b) Inspirado na figura do "trustee" do direito anglo-saxão, o legislador criou a figura do agente fiduciário dos debenturistas, cuja incumbência é justamente fiscalizar a companhia e preservar os interesses dos credores debenturísticos. Tanto na emissão pública de debêntures como na emissão privada, destinada a um número de pessoas determinadas e conhecidas, é obrigatória a nomeação do agente fiduciário. Cabe à companhia, quando da emissão de debêntures, a escolha desse agente, que pode ser pessoa física, desde que satisfaça os requisitos do cargo.
c) A companhia fechada de pequeno porte, mesmo que faça parte de um grupo de sociedades, como controladora ou filiada, está isenta de diversas obrigações comuns às demais sociedades. Contudo, não está dispensada de publicar os documentos da administração, tais como o relatório sobre os negócios sociais e os principais fatos administrativos do exercício, as demonstrações financeiras e o parecer dos auditores independentes, ainda que tais documentos sejam arquivados no registro do comércio.
d) No que se refere à forma de transferência ou circulação, as ações podem ser classificadas em nominativas escriturais e nominativas registradas: as nominativas escriturais são mantidas em conta de depósito em nome de seus titulares, em instituição financeira designada pela companhia e autorizada pela Comissão de Valores Mobiliários; as nominativas registradas são aquelas cujo título de propriedade se comprova mediante contrato de compra e venda, recibo ou declaração.
e) O "commercial paper", por constituir título de curto prazo, deve ser emitido com vencimento mínimo de trinta dias contados da emissão do título. Em se tratando de companhia fechada, o prazo máximo será de cento e oitenta dias; tratando-se de companhia aberta, o prazo poderá chegar a trezentos e sessenta dias. Existe a possibilidade de resgate antecipado do referido título, desde que com anuência do titular; se o resgate for parcial, deverá ser realizado sorteio ou leilão entre os titulares.

38. (Cespe/TRF/1R/Juiz/2011) A lei que dispõe sobre as sociedades por ações reconhece como essencial o direito de o acionista:

a) participar do acervo da companhia em caso de liquidação e fiscalizar as deliberações da assembleia geral.
b) fiscalizar a gestão dos negócios sociais e retirar-se da sociedade nos casos previstos em lei.
c) fiscalizar a gestão dos diretores e participar do acervo da companhia, em caso de liquidação.
d) participar dos aumentos de capital decorrentes de correção monetária e fiscalizar a observância da convenção do grupo.
e) participar das decisões da política financeira ou operacional da investida e dos lucros sociais.

39. (Cespe/TRF/3R/Juiz/2011) Os dez sócios que detêm o capital social de determinada empresa limitada pretendem promover fusão com outra empresa. Nessa situação, em conformidade com o Código Civil:

a) não há necessidade de reunião ou assembleia para a tomada de decisão, se todos os sócios decidirem por escrito.
b) a decisão deve ser tomada em assembleia.
c) a assembleia ou a reunião destinada à discussão do assunto só pode ser instalada com a presença de todos detentores do capital social.
d) a assembleia ou a reunião destinada à deliberação sobre a matéria vincula os sócios que não estiverem presentes.
e) a matéria pode ser deliberada pela diretoria, desde que com a presença de algum dos sócios.

40. (TRF/3R/Juiz/2010) Estabelecendo o contrato da sociedade por quotas de responsabilidade limitada quórum superior a 50% dos titulares das suas quotas, para a alteração do contrato social:

a) Esse quórum há de ser respeitado em qualquer hipótese.
b) Havendo conflito, a respeito dessa alteração, entre majoritários e minoritários, atua, na espécie, o princípio que tutela o direito da maioria.
c) Apenas em casos excepcionais deve prevalecer nessa hipótese o princípio majoritário.
d) Caberá às partes o pleito de uma solução judicial harmonizadora dos interesses conflitantes dos sócios.

41. (TRF/3R/Juiz/2010) Em uma sociedade anônima, por decisão assemblear majoritária, alterou-se seu estatuto social para impor a realização de arbitragem nos conflitos entre a sociedade e os acionistas. Nesse caso:

a) Todos os acionistas ficam adstritos a se submeterem à arbitragem em tais conflitos.
b) Apenas aqueles que votaram a favor da inserção da arbitragem ficam a ela vinculados.
c) Os que votaram contra fazem jus a recesso.
d) A decisão assemblear é inválida por impor aos minoritários a obrigatoriedade da arbitragem e, pois, a exclusão da tutela jurisdicional estatal.

2.3.3. Cooperativa, Coligadas, Dependente de Autorização

ENUNCIADOS

1) Da Sociedade Cooperativa

CJF **Comercial 94.** A vedação da sociedade entre cônjuges contida no art. 977 do Código Civil não se aplica às sociedades anônimas, em comandita por ações e cooperativa.

CJF **Civil 69.** As sociedades cooperativas são sociedades simples sujeitas a inscrição nas juntas comerciais.

CJF **Civil 206.** A contribuição do sócio exclusivamente em prestação de serviços é permitida nas sociedades cooperativas (art. 1.094, I) e nas sociedades simples propriamente ditas (art. 983, 2ª parte).

2) Da Sociedade Dependente de Autorização

CJF **Civil 486.** A sociedade estrangeira pode, independentemente de autorização do Poder Executivo, ser sócia em sociedades de outros tipos além das anônimas.

QUESTÕES OBJETIVAS

42. (Vunesp/TRF/3R/Juiz/2022) Assinale a alternativa correta:

a) É característica da sociedade cooperativa a existência de capital social que pertence aos seus cooperados.
b) É característica da sociedade cooperativa a existência de capital social variável ou ausente.
c) Na cooperativa, há a intransferibilidade das quotas do capital a terceiros estranhos à sociedade, sendo inviável a sua penhora.
d) Os sócios-cooperados pretendem extrair lucros e obter outros benefícios, como a facilidade de comercialização de mercadorias e melhor acesso à assistência técnica e às novas tecnologias.

43. (Cespe/TRF/5R/Juiz/2015) Assinale a opção correta a respeito das sociedades dependentes de autorização governamental para funcionamento.

a) A sociedade terá o prazo de doze meses para obter ratificação da autoridade governamental em caso de alteração dos fins sociais, sob pena de cassação.
b) Ao contrário das sociedades de leasing, as administradoras de consórcio não necessitam de autorização governamental para funcionarem.
c) A origem do capital investido na sociedade pouco importa para que esta seja considerada de nacionalidade brasileira.
d) A competência para autorizar o funcionamento de sociedade anônima será do ente federativo onde estiver situada a sede da empresa.
e) Não havendo prazo no ato governamental que expeça a autorização, esta não caducará se a sociedade não entrar em funcionamento.

2.3.4. Liquidação, Transformação, Incorporação, Fusão e Cisão

ENUNCIADOS

CJF **Civil 70.** As disposições sobre incorporação, fusão e cisão previstas no Código Civil não se aplicam às sociedades anônimas. As disposições da Lei n. 6.404/76 sobre essa matéria aplicam-se por analogia às demais sociedades naquilo em que o Código Civil for omisso.

CJF **Civil 231.** A cisão de sociedades continua disciplinada na Lei n. 6.404/76, aplicável a todos os tipos societários, inclusive no que se refere aos direitos dos credores. Interpretação dos arts. 1.116 a 1.122 do Código Civil.

CJF **Civil 232.** Nas fusões e incorporações entre sociedades reguladas pelo Código Civil, é facultativa a elaboração de protocolo firmado pelos sócios ou administradores das sociedades; havendo sociedade anônima ou comandita por ações envolvida na operação, a obrigatoriedade do protocolo e da justificação somente a ela se aplica.

QUESTÕES OBJETIVAS

44. (TRF/3R/Juiz/2016) Assinale a alternativa incorreta:

a) A fusão determina a manutenção das sociedades que se unem, para formar sociedade nova, que a elas sucederá nos direitos e obrigações.
b) A cláusula constitutiva de mandato, lançada no endosso, confere ao endossatário o exercício dos direitos inerentes ao título, salvo restrição expressamente estatuída.
c) Na sociedade em comandita simples, a morte de sócio comanditário, salvo disposição do contrato, não impede sua continuidade com seus sucessores, que designarão quem os represente.
d) A invenção e o modelo de utilidade são considerados suscetíveis de aplicação industrial quando possam ser utilizados ou produzidos em qualquer tipo de indústria.

45. (Cespe/TRF/2R/Juiz/2013) Supondo que faleça certo sócio de determinada sociedade limitada, a regra geral inserta no Código Civil será a da liquidação de suas cotas. Todavia, de acordo com excepcionalidades também insertas no Código Civil, essa regra será afastada se:

a) o sócio falecido deixar registrado em testamento seu desejo de não liquidação das suas cotas ou se o contrato dispuser diferentemente.
b) o contrato dispuser diferentemente ou se os sócios remanescentes optarem pela dissolução da sociedade.
c) os sócios remanescentes optarem pela dissolução da sociedade ou se o sócio falecido tiver função de administração na sociedade.
d) o sócio falecido tiver participação superior a 50% do capital social ou se o contrato dispuser diferentemente.
e) o sócio falecido tiver função de administração na sociedade ou se ele tiver participação societária superior a 50% do capital social.

46. (Cespe/TRF/1R/Juiz/2011) Com referência à transformação, incorporação, fusão e cisão das sociedades, assinale a opção correta.

a) A transformação determina a extinção das sociedades que se unem para formar sociedade nova, que a elas sucederá nos direitos e obrigações.
b) Na cisão com extinção da companhia cindida, as sociedades que absorverem parcelas do patrimônio da referida companhia responderão subsidiariamente pelas obrigações da companhia extinta.
c) Nas sociedades anônimas, a assembleia geral possui competência privativa para deliberar sobre transformação, fusão, incorporação e cisão da companhia, sua dissolução e liquidação, eleger e destituir liquidantes assim como para julgar-lhes as contas.
d) A fusão não depende do consentimento de todos os sócios, salvo se prevista na ata da assembleia, caso em que o dissidente poderá retirar-se da sociedade.
e) A sociedade que houver de ser incorporada tomará conhecimento desse ato, e, se o aprovar, autorizará os administradores a praticar o necessário à incorporação, não podendo haver a subscrição de bens.

3. DO ESTABELECIMENTO

SÚMULAS

STF **Súm. 419.** Os municípios têm competência para regular o horário do comércio local, desde que não infrinjam leis estaduais ou federais válidas.

STF **Súm. Vinculante 38.** É competente o município para fixar o horário de funcionamento de estabelecimento comercial.

STF **Súm. Vinculante 49.** Ofende o princípio da livre concorrência lei municipal que impede a instalação de estabelecimentos comerciais do mesmo ramo em determinada área.

ENUNCIADOS

CJF Comercial 7. O nome de domínio integra o estabelecimento empresarial como bem incorpóreo para todos os fins de direito.

CJF Comercial 8. A sub-rogação do adquirente nos contratos de exploração atinentes ao estabelecimento adquirido, desde que não possuam caráter pessoal, é a regra geral, incluindo o contrato de locação.

CJF Comercial 58. O empresário individual casado é o destinatário da norma do art. 978 do CCB e não depende da outorga conjugal para alienar ou gravar de ônus real o imóvel utilizado no exercício da empresa, desde que exista prévia averbação de autorização conjugal à conferência do imóvel ao patrimônio empresarial no cartório de registro de imóveis, com a consequente averbação do ato à margem de sua inscrição no registro público de empresas mercantis.

CJF Comercial 59. A mera instalação de um novo estabelecimento, em lugar antes ocupado por outro, ainda que no mesmo ramo de atividade, não implica responsabilidade por sucessão prevista no art. 1.146 do CCB.

CJF Comercial 95. Os perfis em redes sociais, quando explorados com finalidade empresarial, podem se caracterizar como elemento imaterial do estabelecimento empresarial.

CJF Civil 233. A sistemática do contrato de trespasse delineada pelo Código Civil nos arts. 1.142 e ss., especialmente seus efeitos obrigacionais, aplica-se somente quando o conjunto de bens transferidos importar a transmissão da funcionalidade do estabelecimento empresarial.

CJF Civil 234. Quando do trespasse do estabelecimento empresarial, o contrato de locação do respectivo ponto não se transmite automaticamente ao adquirente.

CJF Civil 393. A validade da alienação do estabelecimento empresarial não depende de forma específica, observado o regime jurídico dos bens que a exijam.

CJF Civil 488. Admite-se a penhora do website e de outros intangíveis relacionados com o comércio eletrônico.

CJF Civil 490. A ampliação do prazo de 5 (cinco) anos de proibição de concorrência pelo alienante ao adquirente do estabelecimento, ainda que convencionada no exercício da autonomia da vontade, pode ser revista judicialmente, se abusiva.

QUESTÕES OBJETIVAS

47. (TRF/3R/Juiz/2018) Assinale a alternativa correta:

a) O acionista controlador que aliena suas quotas sociais não pode concorrer com a sociedade pelo prazo de 4 anos.
b) O alienante do estabelecimento empresarial não pode concorrer com o comprador pelo prazo estabelecido no contrato, que poderá ser superior a 5 anos.
c) No contrato de distribuição, não é potestativa a cláusula que permite ao fabricante fixar o preço da mercadoria de acordo com suas tabelas.
d) A existência de dependência econômica do distribuidor em relação ao fornecedor autoriza a aplicação do Código de Defesa do Consumidor ao contrato, conforme jurisprudência pacífica do STJ.

48. (TRF/2R/Juiz/2014) Sobre o estabelecimento empresarial, assinale a alternativa correta:

a) O estabelecimento é tratado como universalidade de direito e, embora não tenha personalidade jurídica, é pessoa formal, podendo figurar, nas hipóteses em que a sociedade é irregular, no polo ativo ou passivo de relação processual.
b) O estabelecimento não é dotado de personalidade jurídica e pode ser negociado independentemente da sociedade alienante. O trespasse não opera sub-rogação e os débitos e relações que digam respeito ao complexo alienado não se comunicam ao adquirente, e obrigam exclusivamente ao alienante.
c) A moderna doutrina sustenta, em termos práticos, a equiparação entre empresa e estabelecimento, confirmando a orientação seguida pela legislação nacional.
d) O trespasse implica a sub-rogação do adquirente nos contratos relativos ao complexo alienado, de modo que quem antes havia contratado com o alienante é obrigado a respeitar o ajuste, agora com o novo titular, salvo quanto aos contratos de natureza personalíssima, que podem ser denunciados.
e) Quando não foi ajustada cláusula em contrário, o contrato de trespasse impõe ao alienante obrigação de não fazer concorrência ao adquirente, nos cinco anos subsequentes à transferência.

49. (Cespe/TRF/1R/Juiz/2011) Assinale a opção correta com relação a estabelecimento comercial.

a) Caso o locatário, no momento da propositura da ação renovatória, apresente valor locativo compatível com o valor de mercado, o locador deverá renovar a locação, ainda que ele receba proposta mais vantajosa de terceiro.
b) A locação empresarial submete-se ao regime jurídico da renovação compulsória, de acordo com o qual a locação deve ser contratada por tempo determinado de, no mínimo, cinco anos, admitida a soma dos prazos de contratos escritos, sucessivamente renovados, podendo esse cálculo ser feito pelo sucessor ou cessionário do locatário.
c) Não havendo previsão contratual, o adquirente de estabelecimento pode usar o nome do alienante, precedido do seu próprio, com qualificação de sucessor, por ato entre vivos.
d) A cessão de créditos referentes a estabelecimento transferido não produz efeitos em relação aos devedores.
e) O estabelecimento comercial compõe o patrimônio do empresário, que possui livre disponibilidade para aliená-lo, sem a necessidade de concordância dos credores.

50. (Cespe/TRF/2R/Juiz/2011) Se a atividade empresarial é exercida pelo empresário, sua representação patrimonial denomina-se estabelecimento, que é a reunião de todos os bens necessários para a realização da atividade empresarial, também chamada, sob a influência dos franceses, fundo de comércio, ou, sob a dos italianos, azienda. Com relação ao estabelecimento empresarial, assinale a opção correta.

a) Com a edição do atual Código Civil, consagrou-se o entendimento de que o estabelecimento é uma universalidade de bens que passa a ser uma universalidade de fato, e não, de direito, como era considerado anteriormente.
b) O aviamento, por ser considerado bem, está sujeito a proteção direta, assim como o patrimônio material ou imaterial da empresa.
c) Tratando-se de ação renovatória, para que o empresário possa pleitear a renovação compulsória da locação, independentemente da vontade do locador, exige-se que o contrato a renovar seja celebrado por escrito e por prazo indeterminado.
d) Com o trespasse, presume-se sub-rogado o adquirente nos contratos que, até então firmados pelo alienante, sejam de tratos sucessivos estipulados para a exploração do estabelecimento e tenham caráter pessoal, não se transferindo automaticamente nesse caso.
e) Com a venda do estabelecimento, altera-se a figura de seu titular, que passa a ser o comprador; com a venda da sociedade empresária, entretanto, não existe alteração do titular do estabelecimento, que permanece o mesmo.

51. (Cespe/TRF/1R/Juiz/2009) Marta adquiriu de Ana um salão de beleza com determinado nome de fantasia. Quatro meses após alienação desse estabelecimento empresarial, Ana inaugurou, na mesma rua, a 200 metros do estabelecimento alienado, um novo salão de beleza com nome de fantasia semelhante ao anterior. Questionada por Marta, Ana alegou não haver, no documento da transação, cláusula contratual proibindo o estabelecimento de novo salão de beleza no local. Considerando essa situação hipotética, assinale a opção correta.

a) A adquirente do estabelecimento não pode impedir o restabelecimento da alienante, tendo em vista a ausência de cláusula expressa a esse respeito no contrato realizado entre elas.
b) Não há que se falar em concorrência desleal, pois o estabelecimento adquirido por Marta e o aberto por Ana são salões de beleza diferentes, ainda que possuam nomes semelhantes.
c) A clientela dos estabelecimentos não é o objeto do negócio jurídico, especialmente porque se trata de atividade de prestação de serviço, que, em regra, é pessoal e não se transfere em razão de suas características. Assim, não há problemas de concorrência.
d) Assiste razão a Marta, pois, ainda que na transação realizada por elas não haja cláusula contratual expressa proibindo o restabelecimento, não pode a alienante concorrer com o estabelecimento alienado.
e) Não se pode falar em concorrência; o que se observa é que Ana empregou meio fraudulento para desviar, em proveito próprio, clientela que já era sua.

4. DOS INSTITUTOS COMPLEMENTARES

SÚMULAS

STF Súm. 260. O exame de livros comerciais, em ação judicial, fica limitado às transações entre os litigantes.

STF Súm. 390. A exibição judicial de livros comerciais pode ser requerida como medida preventiva.

STJ Súm. 389. A comprovação do pagamento do "custo do serviço" referente ao fornecimento de certidão de assentamentos constantes dos livros da companhia é requisito de procedibilidade da ação de exibição de documentos ajuizada em face da sociedade anônima.

ENUNCIADOS

1) Do Registro

CJF Civil 55. O domicílio da pessoa jurídica empresarial regular é o estatutário ou o contratual, em que indicada a sede da empresa, na forma dos arts. 968, IV, e 969, combinado com o art. 1.150, todos do Código Civil.

CJF Comercial 97. O produtor rural, pessoa natural ou jurídica, na ocasião do pedido de recuperação judicial, não precisa estar inscrito há mais de dois anos no Registro Público de Empresas Mercantis, bastando a demonstração de exercício de atividade rural por esse período e a comprovação da inscrição anterior ao pedido.

CJF Civil 209. O art. 986 deve ser interpretado em sintonia com os arts. 985 e 1.150, de modo a ser considerada em comum a sociedade que não tenha seu ato constitutivo inscrito no registro próprio ou em desacordo com as normas legais previstas para esse registro (art. 1.150), ressalvadas as hipóteses de registros efetuados de boa-fé.

2) Do Nome Empresarial

CJF Comercial 1. Decisão judicial que considera ser o nome empresarial violador do direito de marca não implica a anulação do respectivo registro no órgão próprio nem lhe retira os efeitos, preservado o direito de o empresário alterá-lo.

CJF Comercial 2. A vedação de registro de marca que reproduza ou imite elemento característico ou diferenciador de nome empresarial de terceiros, suscetível de causar confusão ou associação (art. 124, V, da Lei n. 9.279/1996), deve ser interpretada restritivamente e em consonância com o art. 1.166 do Código Civil.

CJF Civil 71. Suprimir o artigo 1.160 do Código Civil por estar a matéria regulada mais adequadamente no art. 3º da Lei n. 6.404/76 (disciplinadora das S. A.) e dar nova redação ao § 2º do art. 1.158, de modo a retirar a exigência da designação do objeto da sociedade.

CJF Civil 72. Suprimir o art. 1.164 do novo Código Civil.

CJF Civil 491. A proteção ao nome empresarial, limitada ao Estado-Membro para efeito meramente administrativo, estende-se a todo o território nacional por força do art. 5º, XXIX, da Constituição da República e do art. 8º da Convenção Unionista de Paris.

3) Da Escrituração

CJF Civil 235. O pequeno empresário, dispensado da escrituração, é aquele previsto na Lei n. 9.841/99.

QUESTÕES OBJETIVAS

52. (TRF/2R/Juiz/2017) Sociedade empresária impetra mandado de segurança em face de ato do Presidente da Junta Comercial do Estado do Rio de Janeiro, que nega o arquivamento de alteração contratual. O ato aponta a inviabilidade do nome empresarial, diante de similitude para com outro já existente, de diversa sociedade. Em relação ao lema, analise as assertivas abaixo e, depois, marque a opção correta:

I. Em relação ao mandado de segurança impetrado, a competência é da Justiça Estadual, já que o ato foi praticado por autoridade estadual.
II. Independentemente de tema processual, o controle de similitude de nome empresarial cabe ao Instituto Nacional de Propriedade Industrial, e não à Junta Comercial.
III. A colidência de nome empresarial é matéria do interesse exclusivo de seus titulares, e a análise do tema, sem provocação do interessado, não cabe nem à Junta Comercial e nem ao Instituto Nacional de Propriedade Industrial.
IV. Às Juntas Comerciais cabe a análise da escolha de títulos de estabelecimento e formas societárias, enquanto ao Instituto Nacional de Propriedade Industrial, entre outras tarefas, cabe a análise de pedido de registro e eventual colidência de marcas.

a) Estão erradas todas a assertivas.
b) Apenas as assertivas I e II estão corretas.
c) Apenas as assertivas I e III estão corretas.
d) Apenas a assertiva IV está correta.
e) Está correta apenas a assertiva II.

53. (TRF/3R/Juiz/2016) Relativamente ao registro do empresário, assinale a alternativa incorreta:

a) O requerimento deve conter a firma, com a respectiva assinatura autógrafa que poderá ser substituída pela assinatura autenticada com certificação digital ou meio equivalente que comprove a sua autenticidade.
b) No caso de abertura de microempresa e empresa de pequeno porte, poderá ser dispensado o uso da firma, com a respectiva assinatura autógrafa.
c) O empresário que instituir sucursal, filial ou agência, em lugar sujeito à jurisdição de outro Registro Público de Empresas Mercantis, neste poderá, se o desejar, também inscrevê-la, com a prova da inscrição originária.
d) O empresário, cuja atividade rural constitua sua principal profissão, pode requerer inscrição no Registro Público de Empresas Mercantis da respectiva sede, caso em que, depois de inscrito, ficará equiparado, para todos os efeitos, ao empresário sujeito a registro.

54. (Cespe/TRF/2R/Juiz/2013) Os sócios majoritários da empresa mercantil X, detentores de 80% do capital dessa empresa, pretendem levar à junta comercial do respectivo estado certos documentos da empresa X para arquivamento. Nessa situação hipotética, em conformidade com a Lei de Registro de Empresas Mercantis e Atividades Afins, a junta comercial poderá promover o arquivamento:

a) da prorrogação do contrato social, depois de findo o prazo nele fixado.

b) dos documentos que obedecerem às prescrições legais, mesmo que eles contenham matéria contrária aos interesses dos sócios minoritários.
c) dos documentos de alteração contratual da empresa, ainda que neles figure como titular pessoa que esteja condenada pela prática de crime cuja pena vede o acesso à atividade mercantil.
d) dos atos constitutivos da empresa que não designem o respectivo capital.
e) dos atos constitutivos da empresa que não contenham declaração precisa de seu objeto.

55. (Cespe/TRF/3R/Juiz/2011) Considere que determinada empresa, constituída no estado de São Paulo e em fase de franca expansão, decida abrir estabelecimento em município do estado do Paraná. Nessa situação, a instituição da filial no Paraná, no que se refere à formalização no registro público de empresas mercantis, deve ser:

a) registrada necessariamente em ambos os estados.
b) registrada em São Paulo ou no Paraná, a critério da empresa.
c) apenas averbada em São Paulo.
d) apenas registrada no estado do Paraná.
e) registrada no Paraná e averbada em São Paulo.

56. (Cespe/TRF/5R/Juiz/2009) Com relação ao direito empresarial, julgue os itens seguintes:

I. A regra, no sistema jurídico brasileiro, é a da divisão patrimonial entre sócio e empresa. No entanto, em termos de obrigação tributária, o sócio-gerente pode ser responsabilizado pessoalmente, bastando a constatação de inadimplemento tributário da empresa.
II. O processo e o julgamento das causas em que são partes instituições financeiras em regime de liquidação extrajudicial competem à justiça estadual, a menos que a União, suas entidades autárquicas ou suas empresas públicas sejam interessadas, na condição de autoras, rés, assistentes ou opoentes.
III. As juntas comerciais são órgãos federais.

Assinale a opção correta.

a) Apenas um item está certo.
b) Apenas os itens I e II estão certos.
c) Apenas os itens I e III estão certos. .
d) Apenas os itens II e III estão certos.
e) Todos os itens estão certos.

5. CONTRATOS MERCANTIS/BANCÁRIOS

ATENÇÃO: ESTE TEMA É MUITO EXIGIDO NOS CONCURSOS!

SÚMULAS

1) Arrendamento Mercantil

STJ **Súm. 138.** O ISS incide na operação de arrendamento mercantil de coisas móveis.

STJ **Súm. 293.** A cobrança antecipada do valor residual garantido (VRG) não descaracteriza o contrato de arrendamento mercantil.

STJ **Súm. 369.** No contrato de arrendamento mercantil (leasing), ainda que haja cláusula resolutiva expressa, é necessária a notificação prévia do arrendatário para constituí-lo em mora.

STJ **Súm. 564.** No caso de reintegração de posse em arrendamento mercantil financeiro, quando a soma da importância antecipada a título de valor residual garantido (VRG) com o valor da venda do bem ultrapassar o total do VRG previsto contratualmente, o arrendatário terá direito de receber a respectiva diferença, cabendo, porém, se estipulado no contrato, o prévio desconto de outras despesas ou encargos pactuados.

2) Alienação Fiduciária

STJ **Súm. 28.** O contrato de alienação fiduciária em garantia pode ter por objeto bem que já integrava o patrimônio do devedor.

STJ **Súm. 72.** A comprovação da mora é imprescindível à busca e apreensão do bem alienado fiduciariamente.

STJ **Súm. 92.** A terceiro de boa-fé não é oponível a alienação fiduciária não anotada no certificado de registro do veículo automotor.

STJ **Súm. 245.** A notificação destinada a comprovar a mora nas dívidas garantidas por alienação fiduciária dispensa a indicação do valor do débito.

STJ **Súm. 384.** Cabe ação monitória para haver saldo remanescente oriundo de venda extrajudicial de bem alienado fiduciariamente em garantia.

TRF4 **Súm. 87.** É admitida a pena de perdimento de veículo objeto de alienação fiduciária ou de arrendamento mercantil, independentemente da participação do credor fiduciário ou arrendante no evento que deu causa à pena.

3) Contratos Bancários

3.1) Código de Defesa do Consumidor

STJ **Súm. 285.** Nos contratos bancários posteriores ao Código de Defesa do Consumidor incide a multa moratória nele prevista.

STJ **Súm. 297.** O Código de Defesa do Consumidor é aplicável às instituições financeiras.

STJ **Súm. 477.** A decadência do art. 26 do CDC não é aplicável à prestação de contas para obter esclarecimentos sobre cobrança de taxas, tarifas e encargos bancários.

STJ **Súm. 479.** As instituições financeiras respondem objetivamente pelos danos gerados por fortuito interno relativo a fraudes e delitos praticados por terceiros no âmbito de operações bancárias.

3.2) Comissão de Permanência

STJ **Súm. 30.** A comissão de permanência e a correção monetária são inacumuláveis.

STJ **Súm. 294.** Não é potestativa a cláusula contratual que prevê a comissão de permanência, calculada pela taxa média de mercado apurada pelo Banco Central do Brasil, limitada à taxa do contrato.

STJ **Súm. 296.** Os juros remuneratórios, não cumuláveis com a comissão de permanência, são devidos no período de inadimplência, à taxa média de mercado estipulada pelo Banco Central do Brasil, limitada ao percentual contratado.

STJ **Súm. 472.** A cobrança de comissão de permanência – cujo valor não pode ultrapassar a soma dos encargos remuneratórios e moratórios previstos no contrato – exclui a exigibilidade dos juros remuneratórios, moratórios e da multa contratual.

3.3) Conta Corrente

STJ **Súm. 247.** O contrato de abertura de crédito em conta corrente, acompanhado do demonstrativo de débito, constitui documento hábil para o ajuizamento da ação monitória.

STJ **Súm. 259.** A ação de prestação de contas pode ser proposta pelo titular de conta corrente bancária.

STJ **Súm. 300.** O instrumento de confissão de dívida, ainda que originário de contrato de abertura de crédito, constitui título executivo.

STJ **Súm. 322.** Para a repetição de indébito, nos contratos de abertura de crédito em conta corrente, não se exige a prova do erro.

3.4) Juros

STJ **Súm. 379.** Nos contratos bancários não regidos por legislação específica, os juros moratórios poderão ser convencionados até o limite de 1% ao mês.

STJ **Súm. 530.** Nos contratos bancários, na impossibilidade de comprovar a taxa de juros efetivamente contratada – por ausência de pactuação ou pela falta de juntada do instrumento aos autos –, aplica-se a taxa média de mercado, divulgada pelo Bacen, praticada nas operações da mesma espécie, salvo se a taxa cobrada for mais vantajosa para o devedor.

STJ Súm. 539. É permitida a capitalização de juros com periodicidade inferior à anual em contratos celebrados com instituições integrantes do Sistema Financeiro Nacional a partir de 31.3.2000 (MP 1.963-17/00, reeditada como MP 2.170-36/01), desde que expressamente pactuada.

STJ Súm. 541. A previsão no contrato bancário de taxa de juros anual superior ao duodécuplo da mensal é suficiente para permitir a cobrança da taxa efetiva anual contratada.

3.5) Tarifas

STJ Súm. 565. A pactuação das tarifas de abertura de crédito (TAC) e de emissão de carnê (TEC), ou outra denominação para o mesmo fato gerador, é válida apenas nos contratos bancários anteriores ao início da vigência da Resolução-CMN n. 3.518/2007, em 30.4.2008.

STJ Súm. 566. Nos contratos bancários posteriores ao início da vigência da Resolução-CMN n. 3.518/2007, em 30.4.2008, pode ser cobrada a tarifa de cadastro no início do relacionamento entre o consumidor e a instituição financeira.

3.6) Outros Temas

STJ Súm. 286. A renegociação de contrato bancário ou a confissão da dívida não impede a possibilidade de discussão sobre eventuais ilegalidades dos contratos anteriores.

STJ Súm. 298. O alongamento de dívida originada de crédito rural não constitui faculdade da instituição financeira, mas direito do devedor, nos termos da lei.

STJ Súm. 381. Nos contratos bancários, é vedado ao julgador conhecer, de ofício, da abusividade das cláusulas.

4) Outros Contratos Mercantis

STF Súm. 151. Prescreve em um ano a ação do segurador sub-rogado para haver indenização por extravio ou perda de carga transportada por navio.

STJ Súm. 109. O reconhecimento do direito a indenização, por falta de mercadoria transportada via marítima, independe de vistoria.

STJ Súm. 371. Nos contratos de participação financeira para a aquisição de linha telefônica, o Valor Patrimonial da Ação (VPA) é apurado com base no balancete do mês da integralização.

TRF1 Súm. 50. Prescreve em 3 (três) meses para a Conab, o prazo para propositura da ação de depósito, contado a partir do dia em que a mercadoria foi ou deveria ser entregue (Decreto n. 1.102/1903, art. 11, "in fine").

REPERCUSSÃO & REPETITIVOS

STJ Repetitivo 1085. São lícitos os descontos de parcelas de empréstimos bancários comuns em conta-corrente, ainda que utilizada para recebimento de salários, desde que previamente autorizados pelo mutuário e enquanto esta autorização perdurar, não sendo aplicável, por analogia, a limitação prevista no § 1º do art. 1º da Lei n. 10.820/2003, que disciplina os empréstimos consignados em folha de pagamento. *REsp 1863973, 2ª S, 9.3.2022.*

ENUNCIADOS

1) Disposições Gerais sobre Contratos Empresariais

CJF Comercial 20. Não se aplica o Código de Defesa do Consumidor aos contratos celebrados entre empresários em que um dos contratantes tenha por objetivo suprir-se de insumos para sua atividade de produção, comércio ou prestação de serviços.

CJF Comercial 21. Nos contratos empresariais, o dirigismo contratual deve ser mitigado, tendo em vista a simetria natural das relações interempresariais.

CJF Comercial 23. Em contratos empresariais, é lícito às partes contratantes estabelecer parâmetros objetivos para a interpretação dos requisitos de revisão e/ou resolução do pacto contratual.

CJF Comercial 24. Os contratos empresariais coligados, concretamente formados por unidade de interesses econômicos, permitem a arguição da exceção de contrato não cumprido, salvo quando a obrigação inadimplida for de escassa importância.

CJF Comercial 25. A revisão do contrato por onerosidade excessiva fundada no Código Civil deve levar em conta a natureza do objeto do contrato. Nas relações empresariais, deve-se presumir a sofisticação dos contratantes e observar a alocação de riscos por eles acordada.

CJF Comercial 26. O contrato empresarial cumpre sua função social quando não acarreta prejuízo a direitos ou interesses, difusos ou coletivos, de titularidade de sujeitos não participantes da relação negocial.

CJF Comercial 27. Não se presume violação à boa-fé objetiva se o empresário, durante as negociações do contrato empresarial, preservar segredo de empresa ou administrar a prestação de informações reservadas, confidenciais ou estratégicas, com o objetivo de não colocar em risco a competitividade de sua atividade.

CJF Comercial 28. Em razão do profissionalismo com que os empresários devem exercer sua atividade, os contratos empresariais não podem ser anulados pelo vício da lesão fundada na inexperiência.

CJF Comercial 29. Aplicam-se aos negócios jurídicos entre empresários a função social do contrato e a boa-fé objetiva (arts. 421 e 422 do Código Civil), em conformidade com as especificidades dos contratos empresariais.

2) Contratos Empresariais em Espécie

2.1) Arrendamento Mercantil

CJF Comercial 38. É devida devolução simples, e não em dobro, do valor residual garantido (VRG) em caso de reintegração de posse do bem objeto de arrendamento mercantil celebrado entre empresários.

2.2) Compra e Venda Internacional

CJF Comercial 89. Para fins de interpretação do art. 3(2) da CISG (Convenção das Nações Unidas sobre Contratos de Compra e Venda Internacional de Mercadorias), promulgada pelo Decreto n. 8.327, a natureza de compra e venda de mercadoria é prevalente e não é descaracterizada pelo (i) caráter híbrido do bem objeto da compra e venda, como eletrodomésticos inteligentes, computadores e outros itens com funcionalidades digitais associadas, nem pela (ii) prestação de serviços acessórios de instalação, atualização ou desenvolvimento de software necessários para o funcionamento do bem objeto da compra e venda.

CJF Comercial 90. Na interpretação da CISG (Convenção das Nações Unidas sobre Contratos de Compra e Venda Internacional de Mercadorias), promulgada pelo Decreto n. 8.327/2014, ou de contrato a ela submetido, deve-se atentar para a jurisprudência e doutrina internacionais sobre a CISG, tendo em vista as diretrizes fixadas no seu art. 7(1).

2.3.) Corretagem

CJF Comercial 36. O pagamento da comissão, no contrato de corretagem celebrado entre empresários, pode ser condicionado à celebração do negócio previsto no contrato ou à mediação útil ao cliente, conforme os entendimentos prévios entre as partes. Na ausência de ajuste ou previsão contratual, o cabimento da comissão deve ser analisado no caso concreto, à luz da boa-fé objetiva e da vedação ao enriquecimento sem causa, sendo devida se o negócio não vier a se concretizar por fato atribuível exclusivamente a uma das partes.

2.4) Derivativos

CJF Comercial 35. Não haverá revisão ou resolução dos contratos de derivativos por imprevisibilidade e onerosidade excessiva (arts. 317 e 478 a 480 do Código Civil).

2.5) Distribuição

CJF Comercial 31. O contrato de distribuição previsto no art. 710 do Código Civil é uma modalidade de agência em que o agente atua como mediador ou mandatário do proponente e faz jus à remuneração devida por este, correspondente aos negócios concluídos em sua zona. No contrato de distribuição autêntico, o distribuidor comercializa diretamente o produto recebido do fabricante ou fornecedor, e seu lucro resulta das vendas que faz por sua conta e risco.

2.6) Empreitada

CJF Comercial 34. Com exceção da garantia contida no artigo 618 do Código Civil, os demais artigos referentes, em especial, ao contrato de empreitada (arts. 610 a 626) aplicar-se-ão somente de forma subsidiária às condições contratuais acordadas pelas partes de contratos complexos de engenharia e construção, tais como EPC, EPC-M e Aliança.

2.7) Prestação de Serviços

CJF **Comercial 32.** Nos contratos de prestação de serviços nos quais as partes contratantes são empresários e a função econômica do contrato está relacionada com a exploração de atividade empresarial, as partes podem pactuar prazo superior a quatro anos, dadas as especificidades da natureza do serviço a ser prestado, sem constituir violação do disposto no art. 598 do Código Civil.

CJF **Comercial 33.** Nos contratos de prestação de serviços nos quais as partes contratantes são empresários e a função econômica do contrato está relacionada com a exploração de atividade empresarial, é lícito às partes contratantes pactuarem, para a hipótese de denúncia imotivada do contrato, multas superiores àquelas previstas no art. 603 do Código Civil.

2.8) Representação comercial

CJF **Comercial 82.** A indenização devida ao Representante, prevista no art. 27, alínea j, da Lei n. 4.886/1965, deve ser apurada com base nas comissões recebidas durante todo o período em que exerceu a representação, afastando-se os efeitos de eventual pagamento a menor, decorrente de prática ilegal ou irregular da Representada reconhecida por decisão judicial ou arbitral transitada em julgado.

2.9) Seguro

CJF **Comercial 84.** O seguro contra risco de morte ou perda de integridade física de pessoas que vise garantir o direito patrimonial de terceiro ou que tenha finalidade indenizatória submete-se às regras do seguro de dano, mas o valor remanescente, quando houver, será destinado ao segurado, ao beneficiário indicado ou aos sucessores.

2.10) Shopping Center

CJF **Comercial 30.** Nos contratos de "shopping center", a cláusula de fiscalização das contas do lojista é justificada desde que as medidas fiscalizatórias não causem embaraços à atividade do lojista.

CJF **Comercial 83.** O complexo edilício constituído por unidades condominiais comerciais autônomas, sem exploração econômica coordenada de forma unitária, ainda que chamado "shopping do tipo vendido", não caracteriza contrato de shopping center.

2.11) Transporte Aéreo Internacional

CJF **Comercial 37.** Aos contratos de transporte aéreo internacional celebrados por empresários aplicam-se as disposições da Convenção de Montreal e a regra da indenização tarifada nela prevista (art. 22 do Decreto n. 5.910/2006).

INFORMATIVOS

STJ **Factoring. Natureza jurídica do contrato. Descaracterização para mútuo feneratício pelo tribunal de origem. Empréstimo de dinheiro (mútuo feneratício) entre particulares. Possibilidade. Juros de 12% ao ano e capitalização apenas anual. Art. 591 do CC. Lei da usura. Incidência. Empréstimo concedido por sociedade empresária de factoring que não é instituição financeira. Ausência de nulidade.** Embora não constitua instituição financeira, não é vedado à sociedade empresária de factoring celebrar contrato de mútuo feneratício, devendo apenas serem respeitadas as regras dessa espécie contratual aplicáveis aos particulares, especialmente quanto aos juros devidos e à capitalização. *REsp 1987016, 3ª T, 13.9.2022. Inf 750.*

STJ **Contrato de franquia. Violação à cláusula de exclusividade pela franqueadora. Locações realizadas na modalidade "corporate fleet".** O contrato de franquia deve ser interpretado no sentido de dar alcance do direito de exclusividade do franqueado, inclusive em relação às locações realizadas na modalidade "corporate fleet". *REsp 1741586, 3ª T, 13.6.2022. Inf 747.*

STJ **Cédulas de crédito bancário. Correção monetária lastreada no índice do Certificado do Depósito Interbancário. CDI. Inaplicabilidade da Súmula 176/STJ. Legalidade da pactuação.** Não há vedação à adoção da variação dos Certificados de Depósitos Interbancários – CDI como encargo financeiro em contratos bancários, devendo o abuso ser observado caso a caso, em cotejo com as taxas médias de mercado regularmente divulgadas pelo Banco Central do Brasil para as operações de mesma espécie, o que não ocorre na espécie. *REsp 1630706, 4ª T, 13.6.2022. Inf 742.*

STJ **Arrendamento mercantil. Extinção dos contratos. Resilição. Impossibilidade no caso de mora. Abuso de direito.** No arrendamento mercantil, a resilição não poderá ser exercida se o contratante se encontrar em mora, devendo, nesses casos, o devedor, suportar todos os riscos de sua inadimplência, sob pena de configurar-se abuso do direito por parte do contratante que pretende resilir. *REsp 1699184, 4ª T, 25.10.2022.*

STJ **Contrato de distribuição. Lista de clientela. Marketing do fabricante. Qualidade do produto e notoriedade da marca. Informações contratuais. Know-how. Apropriação indevida. Inocorrência.** Nos contratos de distribuição de bebidas, as informações relativas à formação da clientela estão associadas às estratégias de marketing utilizadas pelo fabricante, à qualidade do produto e à notoriedade da marca, e não ao esforço e à dedicação do distribuidor. *REsp 1727824, 3ª T, 8.4.2022. Inf 733.*

STJ **Arrendamento mercantil (leasing). Sociedade arrendadora. Bens arrendados integrantes do ativo (não circulantes). Propriedade. Art. 3º da Lei 6.099/74.** Durante a vigência do arrendamento mercantil, a sociedade empresária arrendadora é proprietária dos bens arrendados, os quais integram o seu ativo permanente (não circulante), nos termos do art. 3º da Lei 6.099/74. *REsp 1747824, 1ª T, 29.11.2022. Inf 759.*

QUESTÕES OBJETIVAS

57. (Vunesp/TRF/3R/Juiz/2022) Assinale a alternativa correta:

a) A alienação fiduciária regulada pela Lei nº 9.514/97 é negócio jurídico pelo qual o devedor, ou fiduciante, com o escopo de garantia, contrata a transferência ao credor, ou fiduciário, da propriedade resolúvel de coisa móvel ou imóvel.
b) A alienação fiduciária regulada pelo Decreto-Lei nº 911/69 é negócio jurídico pelo qual o devedor, ou fiduciante, com o escopo de garantia, contrata a transferência ao credor, ou fiduciário, da propriedade resolúvel de coisa móvel ou imóvel.
c) A alienação fiduciária regulada pelo Decreto-Lei nº 911/69 é negócio jurídico pelo qual o devedor, ou fiduciante, com o escopo de garantia, contrata a transferência ao credor, ou fiduciário, da propriedade resolúvel de coisa imóvel.
d) A alienação fiduciária regulada pela Lei nº 9.514/97 é negócio jurídico pelo qual o devedor, ou fiduciante, com o escopo de garantia, contrata a transferência ao credor, ou fiduciário, da propriedade resolúvel de coisa imóvel.

58. (IFBC/TRF/2R/Juiz/2018) Consoante orientação contemporânea adotada pelo Superior Tribunal de Justiça, à luz dos contratos de alienação fiduciária em garantia regidos pelo Decreto-Lei n. 911/69, a teoria do adimplemento substancial:

a) é cabível em razão da disciplina do Código Civil sobre propriedade fiduciária.
b) pode ser adotada caso haja parcela mínima não paga da dívida.
c) não deve ser empregada, tal como nos casos de propriedade fiduciária tratada no Código Civil.
d) é descabida devido à exigência do pagamento da integralidade da dívida para o bem ser restituído ao devedor livre de ônus.
e) é aplicável apenas quando mais de oitenta por cento da dívida foi paga.

59. (IFBC/TRF/2R/Juiz/2018) À luz dos princípios jurídicos da função social do contrato e da boa-fé objetiva, assinale a alternativa correta quanto à hipótese na qual a instituição bancária se recusa em substituir a garantia dada pela incorporadora imobiliária em contrato de financiamento, mesmo após a ciência de que a unidade habitacional se encontrava quitada pelo seu adquirente:

a) a garantia prestada pela incorporadora repercute em relação ao adquirente da unidade.
b) a função social do contrato é bastante para invalidar a alienação fiduciária em garantia.
c) não há conexão entre o contrato de compra e venda da unidade imobiliária e a alienação fiduciária em garantia.
d) o dever de informação, não cumprido por culpa da incorporadora e negligência do banco, torna ineficaz a alienação fiduciária em garantia quanto ao adquirente.

e) a instituição bancária agiu de modo cauteloso ao aceitar como garantia unidades habitacionais quitadas pelos adquirentes.

60. (TRF/3R/Juiz/2018) Sobre a intepretação dos contratos entre empresas, é correto afirmar:

a) O princípio do pacta sunt servanda é um dos principais vetores de interpretação dos contratos empresariais.

b) O preâmbulo do contrato deve ser utilizado pelo intérprete para revelar o motivo individual que impeliu cada uma das partes à celebração, pois a motivação do declarante individualmente considerado é importante diretriz de interpretação dos contratos empresariais.

c) Ao julgador é defeso modificar a cláusula penal ajustada pelas partes empresárias, que não se encontram em situação de paridade econômica.

d) São aplicáveis os princípios consolidados e as regras de direito do consumidor, quando do contrato participam sociedades com disparidade de poder econômico.

61. (TRF/4R/Juiz/2016) Dadas as assertivas abaixo, assinale a alternativa correta. A propósito dos contratos empresariais:

I. Nos contratos de alienação fiduciária em garantia firmados na vigência da Lei n. 10.931/2004, compete ao devedor, no prazo de 5 (cinco) dias após a execução da liminar na ação de busca e apreensão, pagar a integralidade da dívida – entendida esta como os valores apresentados e comprovados pelo credor na inicial –, sob pena de consolidação da propriedade do bem móvel objeto de alienação fiduciária.

II. Nas ações de reintegração de posse motivadas por inadimplemento de arrendamento mercantil financeiro, quando o produto da soma do "valor residual garantido" quitado com o valor da venda do bem for maior que o total pactuado como "valor residual garantido" na contratação, será direito do arrendatário receber a diferença, cabendo, porém, se estipulado no contrato, o prévio desconto de outras despesas ou encargos contratuais.

III. A cobrança antecipada do "valor residual garantido" descaracteriza o contrato de arrendamento mercantil.

IV. Constitui prática comercial abusiva o envio de cartão de crédito sem prévia e expressa solicitação do consumidor, configurando-se ato ilícito indenizável e sujeito à aplicação de multa administrativa.

a) Estão corretas apenas as assertivas I, II e III.
b) Estão corretas apenas as assertivas I, II e IV.
c) Estão corretas apenas as assertivas I, III e IV.
d) Estão corretas apenas as assertivas II, III e IV.
e) Estão corretas todas as assertivas.

62. (Cespe/TRF/5R/Juiz/2015) A empresa Gama Factoring ajuizou execução contra Beta Comércio e Mauro da Silva, com o objetivo de receber nota promissória dada em garantia de duplicatas sacadas contra a empresa Jota Comércio, que foram recebidas pela exequente mediante endosso subscrito pelos executados, no âmbito de contrato de fomento mercantil.

A respeito dessa situação hipotética, assinale a opção correta.

a) A existência do crédito em si não pode mais ser discutida pela Gama Factoring.

b) De acordo com o entendimento do STJ, a Gama Factoring caracteriza-se como instituição financeira.

c) A regra é que a Gama Factoring assuma o risco e não tenha direito à ação de regresso contra Beta Comércio e Mauro da Silva.

d) Nesse tipo contratual, os executados devem garantir a solvência do crédito.

e) A executada não poderá alegar defesa que tenha contra a emitente da duplicata.

63. (Cespe/TRF/5R/Juiz/2015) Arnaldo celebrou contrato com determinado banco, o qual se obrigou a disponibilizar ao cliente, por prazo determinado, certa quantia em dinheiro, aceitando os saques por ele efetuados. Com referência a essa situação hipotética, assinale a opção correta.

a) Juros e comissão somente poderão ser cobrados se Arnaldo fizer uso do crédito.

b) Caso pague ao banco valor indevido, Arnaldo não precisará provar o erro para a repetição de indébito.

c) Não solvida dívida oriunda de crédito utilizado por Arnaldo, o contrato em questão servirá como título executivo.

d) Nesse contrato, será abusiva a cobrança de taxa de juros remuneratórios superior a 12% ao ano.

e) Para garantir a dívida, Arnaldo pode assinar nota promissória, que gozará de autonomia e liquidez.

64. (TRF/4R/Juiz/2014) Dadas as assertivas abaixo, assinale a alternativa correta.

I. Segundo o Superior Tribunal de Justiça, nas ações de reintegração de posse motivadas por inadimplemento de arrendamento mercantil financeiro, quando o produto da soma do VRG (valor residual garantidor) quitado com o valor da venda do bem for maior que o total pactuado como VRG na contratação, será direito do arrendatário receber a diferença, cabendo, porém, se estipulado no contrato, o prévio desconto de outras despesas ou encargos contratuais.

II. Nos contratos celebrados no âmbito do Sistema Financeiro da Habitação, é vedada a capitalização de juros em qualquer periodicidade.

III. A regra de imputação prevista no art. 354 do Código Civil de 2002 (havendo capital e juros, o pagamento imputar-se-á primeiro nos juros vencidos e depois no capital, salvo estipulação em contrário, ou se o credor passar a quitação por conta do capital), que reproduz o art. 993 do Código Civil de 1916, não se aplica aos contratos celebrados no âmbito do Sistema Financeiro da Habitação.

IV. É incompatível com a Constituição da República Federativa do Brasil, conforme orientação do Supremo Tribunal Federal, por ferir o princípio do devido processo legal, a execução extrajudicial prevista no Decreto-Lei 70/66.

a) Está incorreta apenas a assertiva I.
b) Estão incorretas apenas as assertivas I e III.
c) Estão incorretas apenas as assertivas II e IV.
d) Estão corretas apenas as assertivas I e II.
e) Estão corretas apenas as assertivas II e III.

65. (Cespe/TRF/2R/Juiz/2013) José é representante comercial da empresa X, com exclusividade de zona para o território do estado do Rio de Janeiro estabelecida em contrato. Nessa situação hipotética, José terá direito de receber as comissões dos negócios realizados no estado Rio de Janeiro, entre a representada e compradores domiciliados nesse estado, nos casos em que os negócios tenham sido realizados com a intermediação:

a) dele ou de terceiros, apenas.

b) dele ou nos casos em que os negócios tenham sido realizados diretamente pela empresa X, apenas.

c) dele ou de algum preposto seu, apenas.

d) dele ou de terceiros ou nos casos em que os negócios tenham sido realizados diretamente pela empresa X.

e) dele, apenas.

66. **(TRF/3R/Juiz/2013)** Marque a alternativa correta de acordo com os contratos empresariais e o Sistema Financeiro Nacional:

a) A exclusividade de contrato de representação comercial deve ser expressamente prevista na forma escrita, sob pena de não sua não consideração.

b) Consoante entendimento do STJ, o instrumento adequado para a discussão da abusividade de cláusulas de contrato de alienação fiduciária em garantia é a ação revisional e não como matéria de defesa em ação de busca e apreensão.

c) Ao se pressupor como contrato de adesão considera-se inexistente a eleição de foro prevista em contrato de franquia.

d) De acordo com o STJ, o contrato de factoring pertence ao Sistema Financeiro Nacional, razão pela qual não se lhe aplica a limitação de juros prevista na Lei de Usura.

e) Conforme entendimento do STJ é inerente à racionalidade econômica do leasing financeiro a preservação de um valor mínimo em favor do arrendador pelo produto financiado, a servir-lhe de garantia, a depender, no caso de não exercida a opção de compra pelo arrendatário, do valor recebido com a venda do produto.

67. **(Cespe/TRF/1R/Juiz/2013)** Tendo Maria deixado de pagar as parcelas referentes a contrato de financiamento com alienação fiduciária em garantia de um apartamento localizado em Brasília/DF, firmado entre ela e determinado banco, o banco solicitou ao oficial do registro de imóveis a notificação de Maria para quitar as prestações. A pedido desse oficial, a notificação foi realizada pelo oficial do registro de títulos e documentos de Brasília. Intimada, Maria, que havia realizado benfeitorias úteis no imóvel, não quitou as prestações, tendo, então, o oficial do registro de imóveis averbado na matrícula do imóvel a consolidação em favor do banco, que procedeu a um leilão público para a venda do apartamento. Nesse leilão, o maior lance dado ao imóvel foi em valor inferior ao seu valor. O banco, então, realizou outro leilão, tendo o maior lance dado ao imóvel, nessa ocasião, sido de valor inferior ao valor da dívida e demais acréscimos legais. Com base na situação hipotética acima, assinale a opção correta.

a) Dado o valor do lance feito no segundo leilão, o banco está dispensado de pagar a Maria as benfeitorias feita no imóvel.

b) Sendo exclusivamente do oficial de registro de imóveis onde o bem está matriculado a competência para a notificação do devedor, para efeito de constituí-lo em mora, a intimação de Maria deve ser considerada inválida.

c) A averbação da consolidação da propriedade do imóvel em favor do banco só poderia ter sido realizada se não tivesse havido lance nos leilões realizados, razão por que é inválida.

d) O segundo leilão é inválido, pois só poderia ter sido realizado, de acordo com a lei, se o maior lance dado no primeiro leilão não tivesse alcançado o valor da dívida.

e) Tendo sido o valor do lance, no segundo leilão, inferior ao valor total da dívida e dos acréscimos, o banco poderia propor ação de execução do saldo, já que o contrato tem eficácia de título executivo extrajudicial se comprovado o lance feito no segundo leilão.

68. **(Cespe/TRF/1R/Juiz/2013)** A respeito dos contratos comerciais em espécie, assinale a opção correta.

a) Deve ser considerada venda sob condição a venda, à vista, de amostras, sendo ela considerada perfeita se as coisas efetivamente entregues tiverem qualidades correspondentes às das amostras.

b) Em se tratando de contrato de factoring, é lícito a cobrança de juros em percentual superior a 12% ao ano.

c) A autorização da ação de reintegração de posse da arrendante, no caso de arrendamento mercantil, independe de notificação prévia do arrendatário, que se considera em mora em razão do inadimplemento da obrigação de que tenha pleno conhecimento ("dies interpellatio hominis").

d) A previsão de cláusula "del credere" no contrato de comissão mercantil impõe ao comissário a obrigação de responder, perante o terceiro adquirente com quem contrata, pela solvência do comitente.

e) É lícita a inclusão, no contrato de cartão de crédito, de cláusula mandato que tenha como efeito autorizar a administradora do contratante a representá-lo perante instituições financeiras, visando obter financiamento do crédito por ele utilizado.

69. **(TRF/4R/Juiz/2012)** Dadas as assertivas abaixo, assinale a alternativa correta.

I. A cobrança antecipada do valor residual garantido descaracteriza o contrato de arrendamento mercantil, que passa a configurar contrato de compra e venda.

II. É admitida a cobrança da comissão de permanência no período da inadimplência, com limite na taxa do contrato, cumulada somente com correção monetária.

III. A cobrança de encargos indevidos no vencimento da obrigação importa na descaracterização da mora.

IV. O bem alienado fiduciariamente não pode ser objeto de penhora.

a) Está correta apenas a assertivas IV.

b) Estão corretas apenas as assertivas III e IV.

c) Estão corretas apenas as assertivas I, II e III.

d) Estão corretas todas as assertivas.

e) Nenhuma assertiva está correta.

70. **(Cespe/TRF/5R/Juiz/2011)** O contrato por meio do qual alguém entrega quantia de dinheiro ao banco para que este dela disponha livremente, com a obrigação de restituí-la ao depositante ou de entregá-la, em uma única vez ou em partes, à pessoa que este indicar, caracteriza-se como:

a) conta-corrente bancária.

b) mútuo bancário.

c) crédito documentado bancário.

d) abertura de crédito bancário.

e) depósito bancário.

71. **(Cespe/TRF/1R/Juiz/2011)** "O crédito documentário é uma operação bancária consistente em uma técnica que assegura o cumprimento recíproco das obrigações na compra e venda internacional, eliminando os riscos do pagamento e da entrega da mercadoria." (Nelson Abrão. Direito bancário. In: Revista dos Tribunais, p. 133, com adaptações). Tendo o texto acima como referência temática, assinale a opção correta.

a) Incumbe ao ordenante notificar ao beneficiário a existência da disponibilidade creditícia em seu favor.

b) Cabe ao beneficiário fornecer ao banco a provisão necessária para que ele efetue o pagamento no exterior.

c) A extinção das obrigações entre o banco emissor e o cliente ordenante ocorre no momento em que é pago o valor da compra.

d) Por ordem do comprador importador, o crédito originariamente aberto pelo banco emissor em favor do exportador beneficiário não pode ser transferido ao fornecedor.

e) A realização de crédito documentado propriamente dito ocorre no momento em que o banco emissor, ou o intermediário, em troca dos documentos descritos no contrato, e devidamente verificados, paga ou aceita a letra de câmbio contra ele sacada, ou desconta a sacada contra o comprador.

72. **(Cespe/TRF/2R/Juiz/2011)** A respeito dos contratos que os empresários individuais e as sociedades empresárias celebram no

exercício diário de suas atividades econômicas, assinale a opção correta.

a) A Resolução n. 2.039 do Bacen prevê duas espécies de leasing: o financeiro e o operacional, e a doutrina registra, ainda, a modalidade específica denominada "lease back" ou "leasing back", que se caracteriza pelo fato de o bem já ser da arrendadora, que apenas o aluga ao arrendatário, sem o custo inicial da aquisição.

b) A Lei n. 6.729/1979, com as alterações introduzidas pela Lei n. 8.132/1990, disciplina a concessão comercial que tenha por objeto o comércio de mercadorias, sendo, contudo, atípico o contrato quando a concessão comercial referir-se a veículos automotores.

c) Embora o Código Civil determine que o objeto da propriedade fiduciária seja necessariamente coisa móvel infungível, existe a possibilidade de contrato de alienação fiduciária no mercado financeiro e de capitais, bem como em garantia de crédito fiscal e previdenciário.

d) No contrato de compra e venda, a cláusula de reserva de domínio somente surtirá efeitos perante terceiro quando estiver expressamente prevista, sendo possível a aplicação da referida cláusula especial nos contratos cujo objeto seja bem móvel ou imóvel.

e) O contrato de comissão pode ostentar a cláusula "del credere", segundo a qual os riscos do negócio cabem ao comitente, já que o comissário, embora atue em nome próprio, o faz no interesse do comitente e à conta dele, de acordo, inclusive, com suas instruções.

73. (Cespe/TRF/5R/Juiz/2011) A respeito dos contratos comerciais, assinale a opção correta.

a) Corretagem consiste em contrato no qual o corretor, operando por prestação de serviços ou por mandato, obriga-se a obter, para o seu cliente, um ou mais negócios, conforme as instruções dele recebidas.

b) Mediante contrato de consignação, o consignante entrega bens móveis ou imóveis para o consignatário vender em próprio nome e à sua conta.

c) Caracteriza-se a distribuição no contrato de agência especialmente porque o agente tem ao seu dispor a coisa negociada.

d) Denomina-se comissão o contrato por meio do qual o comitente adquire ou vende bens em seu próprio nome, à conta do comissário.

e) Franquia é o contrato em que ocorre uma cessão de marca necessariamente associada à prestação de serviços.

74. (TRF/3R/Juiz/2010) A compra e venda comercial celebrada "a no domino" é:

a) nula.

b) anulável.

c) ineficaz.

d) fato gerador da responsabilidade por evicção.

75. (TRF/4R/Juiz/2010) O contrato de conta-corrente é um dos mais usuais na área bancária, estabelecendo-se relação na qual o banco se compromete a receber os valores remetidos pelo cliente ou por terceiros, bem assim a cumprir as ordens de pagamentos emitidas até o limite do valor depositado ou, firmado também pacto de abertura de crédito, até o limite estabelecido. Muitas vezes ocorrem problemas na execução desses contratos, dando causa a inúmeras ações que tramitam no judiciário brasileiro. Dadas as assertivas abaixo sobre os contratos de conta-corrente e de abertura de crédito, assinale a alternativa correta.

I. O contrato de abertura de crédito, ainda que acompanhado de extrato da conta corrente, não é título executivo, mas, instruído com demonstrativo de débito, constitui documento hábil para o ajuizamento da ação monitória.

II. O instrumento de confissão de dívida, ainda que originário de contrato de abertura de crédito, constitui título executivo extrajudicial.

III. Nos contratos bancários é vedado ao julgador conhecer, de ofício, da abusividade das cláusulas.

IV. A renegociação de contrato bancário ou a confissão da dívida não impede a possibilidade de discussão sobre eventuais ilegalidades dos contratos anteriores.

V. Não é potestativa a cláusula contratual que prevê a comissão de permanência, calculada pela taxa média de mercado apurada pelo Banco Central do Brasil, limitada à taxa do contrato.

a) Estão corretas apenas as assertivas I e II.

b) Estão corretas apenas as assertivas I, IV e V.

c) Estão corretas apenas as assertivas III, IV e V.

d) Estão corretas apenas as assertivas I, II, III e IV.

e) Estão corretas todas as assertivas.

76. (Cespe/TRF/5R/Juiz/2009) Acerca de aspectos diversos do direito civil e do direito empresarial, assinale a opção incorreta.

a) Encontra-se já sedimentado na jurisprudência do STJ que, nos contratos garantidos por alienação fiduciária, não há depósito típico, razão pela qual não há que se falar em imposição de prisão civil, possibilidade presente apenas para o devedor de pensão alimentícia.

b) Nos contratos de leasing, caso conste cláusula resolutiva expressa, não se exige a notificação prévia do arrendatário para que o contrato seja considerado em mora.

c) Os contratos de colaboração empresarial são aqueles que se definem por uma obrigação particular, em que um dos contratantes (o colaborador) assume, em relação aos produtos ou serviços do outro (o fornecedor), a criação ou ampliação do mercado.

d) De acordo com a jurisprudência, as administradoras de cartões de crédito são consideradas instituições financeiras.

e) A bandeira de um país não é registrável como uma marca.

77. (Cespe/TRF/1R/Juiz/2009) Do ponto de vista jurídico, entende-se por atividade bancária a coleta, a intermediação ou a aplicação de recursos financeiros próprios em moeda nacional ou estrangeira. Por contrato bancário, entende-se aquele em que um dos contratantes é um banco. Com relação aos contratos bancários, assinale a opção correta.

a) O contrato bancário compreendido como operação passiva é aquele que torna o cliente devedor do banco, a exemplo dos contratos de mútuo bancário, que, dessa natureza, são os mais comuns.

b) O contrato de alienação fiduciária em garantia é classificado como contrato bancário impróprio e só pode ter como objeto bem móvel.

c) O mútuo bancário é contrato real, tendo em vista que se aperfeiçoa com a entrega do dinheiro objeto do empréstimo pelo banco ao mutuário.

d) O arrendamento mercantil é espécie legal de contrato de mútuo que permite ao mutuário, ao término do contrato, adquirir o bem objeto do contrato, desde que pague um valor residual, que pode ser amortizado no decorrer do contrato, caso tenha havido a intenção preliminar de adquiri-lo ou restituí-lo ao término do contrato de mútuo.

e) Em determinado contrato de mútuo bancário, a imposição de performance bonde significa que o mutuário confere ao dinheiro vinculação específica definida em contrato.

6. LEI DE INTERVENÇÃO E LIQUIDAÇÃO EXTRAJUDICIAL (LEI 6.024/74)

QUESTÕES OBJETIVAS

78. (Cespe/TRF/5R/Juiz/2017) Os efeitos imediatos da decretação da liquidação extrajudicial de instituição financeira incluem

a) a inexigibilidade das cláusulas penais dos contratos unilaterais antecipadamente vencidos em virtude da decretação da liquidação extrajudicial.

b) o impedimento da instituição para ajuizar, enquanto durar a liquidação, ações sobre direitos e interesses relativos ao acervo da entidade liquidanda, embora as que se encontram em tramitação possam continuar.

c) o vencimento antecipado das obrigações da liquidanda, com continuidade de contagem do prazo prescricional das obrigações de responsabilidade da instituição.

d) a incorporação nas dívidas principais das penas pecuniárias por infração de leis penais e administrativas.

e) a fluência de juros estipulados contra a massa, enquanto não integralmente pago o passivo.

79. (Cespe/TRF/1R/Juiz/2015) Assinale a opção correta com base nas normas sobre liquidação extrajudicial das instituições financeiras.

a) Um dos principais efeitos da decretação da liquidação extrajudicial de um banco é a suspensão da prescrição relativa a obrigações de responsabilidade da instituição, de modo que, ao final da liquidação, os prazos prescricionais se reiniciam a partir da data em que a suspensão acaba.

b) Com a decretação da liquidação extrajudicial de determinada instituição financeira, haverá incidência de correção monetária sobre a totalidade de suas obrigações, desde o vencimento até o seu efetivo pagamento, sem qualquer interrupção ou suspensão.

c) Instituição financeira que decidir interpor recurso de decisões do liquidante deverá fazê-lo junto ao Banco Central do Brasil; o efeito do recurso, nesse caso, será suspensivo.

d) Diferentemente das normas do procedimento falimentar das sociedades empresárias, as normas que regem a liquidação extrajudicial da instituição financeira não dispõem sobre a fixação de um termo legal quando da decretação da liquidação.

e) Conforme entendimento do STJ, os juízos falimentares não podem mitigar a regra de suspensão das ações e execuções iniciadas sobre direitos e interesses relativos ao acervo da entidade liquidanda, devido ao caráter público das normas que regem as instituições financeiras.

80. (Cespe/TRF/5R/Juiz/2015) Com base na jurisprudência do STJ, assinale a opção correta a respeito da liquidação extrajudicial de instituição financeira.

a) Na liquidação extrajudicial, o liquidante atua em nome e por conta da pessoa jurídica, como verdadeira "longa manus" da instituição financeira liquidanda, administrando-a sob as diretrizes ditadas pelo BCB.

b) Decretada a liquidação extrajudicial de determinada instituição financeira, ocorrerá, de imediato, a interrupção da prescrição das obrigações de tal instituição.

c) O fato de uma instituição financeira estar em regime de liquidação extrajudicial, sob intervenção do BCB, retira a competência da justiça estadual para apreciar eventual litígio em que a instituição seja parte.

d) Ao procedimento de liquidação extrajudicial de instituições financeiras que se submete a rito próprio é vedada a aplicação da legislação falimentar.

e) Se não houver completa insolvência da pessoa jurídica, será incabível a liquidação extrajudicial, ainda que seja comprovado grave desrespeito às normas de regência das instituições financeiras.

81. (TRF/2R/Juiz/2014) Assinale a alternativa correta:

a) Em regra, a lei das sociedades anônimas não se aplica às sociedades de economia mista, que contam com disciplina própria.

b) A teor de seu texto expresso, a lei de falências é aplicável às empresas públicas.

c) À vista de atos de má administração, que coloquem a instituição financeira e os seus credores em risco, cabe à Comissão de Valores Mobiliários (CVM) decretar o regime de intervenção, nomeando interventor com plenos poderes de gestão.

d) Em regra, a indisponibilidade de bens dos administradores das instituições financeiras em regime de liquidação não inibe a alienação, ficando o adquirente na condição de depositário.

e) A decretação da liquidação extrajudicial da instituição financeira produz, de imediato, o vencimento antecipado das obrigações da liquidanda.

7. LEI DE PROPRIEDADE INDUSTRIAL (LEI 9.279/96)

ATENÇÃO: ESTE TEMA É MUITO EXIGIDO NOS CONCURSOS!

SÚMULAS

STJ **Súm. 143.** Prescreve em cinco anos a ação de perdas e danos pelo uso de marca comercial.

REPERCUSSÃO & REPETITIVOS

STJ **Repetitivo 1065.** O marco inicial e o prazo de vigência previstos no parágrafo único do art. 40 da LPI não são aplicáveis às patentes depositadas na forma estipulada pelo art. 229, parágrafo único, dessa mesma lei (patentes mailbox). *REsp 1869959, 27.4.2022.*

ENUNCIADOS

CJF **Comercial 1.** Decisão judicial que considera ser o nome empresarial violador do direito de marca não implica a anulação do respectivo registro no órgão próprio nem lhe retira os efeitos, preservado o direito de o empresário alterá-lo.

CJF **Comercial 2.** A vedação de registro de marca que reproduza ou imite elemento característico ou diferenciador de nome empresarial de terceiros, suscetível de causar confusão ou associação (art. 124, V, da Lei n. 9.279/1996), deve ser interpretada restritivamente e em consonância com o art. 1.166 do Código Civil.

CJF **Comercial 60.** Os acordos e negócios de abstenção de uso de marcas entre sociedades empresárias não são oponíveis em face do Instituto Nacional de Propriedade Industrial – INPI, sem prejuízo de os litigantes obterem tutela jurisdicional de abstenção entre eles na justiça estadual.

CJF **Comercial 107.** O fato gerador do parágrafo único do art. 40 da Lei n. 9.279/96 não engloba a hipótese de mora administrativa havida em concausa ou perpetrada pelo depositante do pedido de patente, desde que demonstrada conduta abusiva deste.

CJF **Comercial 108.** Não cabe a condenação do INPI em sucumbência, nos termos do art. 85 do CPC, quando a matéria não for de seu conhecimento prévio e não houver resistência judicial posterior.

CJF **Comercial 109.** Os pedidos de abstenção de uso e indenização, quando cumulados com ação visando anular um direito de propriedade industrial, são da competência da justiça federal , em face do art. 55 do CPC.

CJF Comercial 110. Aplicam-se aos negócios jurídicos de propriedade intelectual o disposto sobre a função social dos contratos, probidade e boa-fé.

CJF Comercial 111. Nas ações de nulidade de indeferimento de pedido de registro de marca, o titular do registro marcário apontado como anterioridade impeditiva é litisconsorte passivo necessário, à luz do que dispõe o art. 115 do CPC.

CJF Comercial 112. O termo inicial do prazo de 30 dias previsto no parágrafo único do art. 162 da Lei n. 9.279/96 é o primeiro dia útil subsequente ao término in albis do prazo de 60 dias previsto no caput do mesmo artigo.

CJF Comercial 113. Em ações que visam anular um direito de propriedade industrial, a citação do INPI para se manifestar sobre os pedidos deve ocorrer apenas após a contestação do titular do direito de propriedade industrial.

CJF Comercial 114. A proteção jurídica ao conjunto-imagem de um produto ou serviço não se estende à funcionalidade técnica.

CJF Civil 551. Nas violações aos direitos relativos a marcas, patentes e desenhos industriais, será assegurada a reparação civil ao seu titular, incluídos tanto os danos patrimoniais como os danos extrapatrimoniais.

CJF Civil 663. Para evitar a extinção do registro marcário, os sócios de sociedade liquidada poderão requerer ao Instituto Nacional da Propriedade Industrial – INPI a transferência da titularidade da marca.

CJF Civil 668. Os direitos de propriedade industrial caracterizados pela exclusividade são suscetíveis de penhor, observadas as necessidades de averbação junto ao Instituto Nacional da Propriedade Industrial para a plena eficácia perante terceiros.

INFORMATIVOS

STJ Direito marcário. Comitês oficiais. Utilização do termo "paraolímpico". Instituto com atividades voltadas à inclusão social de pessoas com necessidades especiais e ao incentivo às práticas esportivas. Possibilidade. Art. 3º c/c art. 15, § 2º, da Lei 9.615/98. É possível o uso da expressão "paraolímpico" por instituto com atividades voltadas à inclusão social de pessoas com necessidades especiais e ao incentivo às práticas esportivas, quando ausentes fins comerciais. *REsp 1691899, 4ª T, 8.11.2022. Inf 756.*

STJ Violação a direito de marca. Imitação de "trade dress". Concorrência de desleal. Inocorrência. Ausência de ineditismo, confusão ao consumidor ou desvio de clientela. Supressio. Perda do direito de apropriar-se da roupagem, por carência de animus. Convivência harmônica entre as marcas, há mais de quarenta anos. Para a caracterização da infringência de marca, não é suficiente que se demonstrem a semelhança dos sinais e a sobreposição ou afinidade das atividades, é necessário que a coexistência das marcas seja apta a causar confusão no consumidor ou prejuízo ao titular da marca anterior, configurando concorrência desleal. *REsp 1726804, 3ª T, 29.9.2022. Inf 752.*

STJ Ação de Anulação de Ato Administrativo. Registro de marca. "Rose & Bleu". Uso exclusivo. Impossibilidade. Cores e denominações (LPI, art. 124, VIII). Termos nominativos sugestivos (LPI, art. 124, VI). Nos termos do art. 124, incisos VI e VIII, da LPI, vocábulos genéricos, de uso comum, e que designam produtos ou serviços inseridos do segmento de atuação da sociedade, bem como as cores e suas denominações, exceto se combinadas de modo peculiar e distintivo, não são registráveis como marca. *REsp 1339817, 4ª T, 11.10.2022. Inf 753.*

QUESTÕES DISCURSIVAS

2. (TRF/2R/Juiz/2017) É frequente a ação de nulidade de marca registrada, movida por algum interessado contra o INPI e a pessoa jurídica que obteve o registro. Pergunta-se: em tais demandas, pode o INPI aderir ao pedido do autor? Em caso positivo, a ação perde o objeto? Se a causa da nulidade reside em ser a autora titular de marca anterior, imitada pela ré, é adequado o cúmulo, no bojo da ação de nulidade, de pedido indenizatório contra tal ré, pelo prejuízo causado?

3. (TRF/2R/Juiz/2013) Em que consiste a figura da patente? Goza de alguma proteção, dentro ou fora do plano da propriedade industrial, o criador de invento ou de modelo de utilidade ainda não patenteados e nem submetidos a registro?

4. (Cespe/TRF/1R/Juiz/2011) Estabeleça as principais semelhanças e diferenças entre propriedade intelectual e propriedade convencional, bem como as existentes entre os direitos de propriedade industrial e os direitos autorais.

5. (TRF/2R/Juiz/2007) Quais os bens imateriais protegidos pelo direito da propriedade industrial?

QUESTÕES OBJETIVAS

82. (TRF/4R/Juiz/2022) Assinale a alternativa incorreta.

a) Se dois ou mais autores tiverem realizado a mesma invenção ou o mesmo modelo de utilidade, de forma independente, o direito de obter patente será assegurado àquele que provar o depósito mais antigo, independentemente das datas de invenção ou criação.
b) A Lei de Propriedade Industrial também se aplica ao pedido de patente ou de registro proveniente do exterior depositado no país, mas apenas por quem tenha proteção assegurada por tratado ou convenção em vigor no Brasil.
c) Os programas de computador em si são considerados invenções, mas não são considerados modelos de utilidade.
d) Os direitos de propriedade industrial são considerados bens móveis para os efeitos legais.
e) A nulidade da patente produzirá efeitos a partir da data do depósito do pedido.

83. (Vunesp/TRF/3R/Juiz/2022) Assinale a alternativa correta a propósito da proteção do conjunto-imagem dos produtos:

a) Segundo entendimento do Superior Tribunal de Justiça, o conjunto-imagem depende de registro no Instituto Nacional de Propriedade Industrial.
b) A proteção do conjunto-imagem decorre da proteção da propriedade intelectual e da vedação à concorrência desleal.
c) Considera-se que não há plena identidade conceitual entre as expressões "conjunto-imagem" e "trade-dress".
d) Para a configuração da prática da concorrência desleal no uso do conjunto-imagem basta a demonstração da confusão ou associação indevida.

84. (TRF/3R/Juiz/2018) Sobre as patentes mail box, apreciadas pelo STJ em 2018, é correto afirmar que:

a) Seu prazo de vigência é de 20 anos, contados da data de concessão.
b) Por conta da expedição tardia da carta-patente pelo INPI ("back log"), a invenção do recorrente resta desprovida de amparo legal até que esse ato administrativo seja praticado, justificando o prazo de proteção de 15 anos, contado a partir da data da concessão da patente.
c) Cuidando de eventual conflito envolvendo tratado internacional e lei interna, o STF assentou que vigora no Brasil um sistema que considera que o tratado internacional é hierarquicamente superior à lei interna.
d) A proteção ordinária conferida ao titular de patentes consiste em privilégio que excepciona a regra geral de nosso ordenamento jurídico, cujo objetivo visa a assegurar a ampla concorrência e a livre iniciativa. Assim, concessão de uma patente é uma exceção, que deve ser interpretada restritivamente.

85. (IFBC/TRF/2R/Juiz/2018) Um empresário manifestou interesse em depositar no INPI - Instituto Nacional de Propriedade Industrial, um pedido de marca para uma bicicleta híbrida (elétrica e com força muscular). Conhecedor da concorrência no seguimento explorado, procurou proteger algumas peculiaridades do produto através da proteção da marca. Analise as proposições abaixo, que estejam em conformidade com o ordenamento jurídico brasileiro e marque a opção correta:

I. A bicicleta faz um som característico, que individualiza o produto, de modo que o empresário incluiu na proteção da marca o sinal sonoro.
II. A bicicleta emprega material de fibra de carbono, onde foi acrescentado uma substância olfativa capaz de individualizar o produto, e consta no pedido da marca a proteção olfativa da bicicleta.
III. A bicicleta com características de sustentabilidade ambiental, levou o empresário a utilizar no depósito da sua marca, um elemento figurativo de uma folha verde.

a) Apenas as assertivas I e II estão corretas.
b) Apenas as assertivas II e III estão corretas.
c) Apenas as assertivas I e III estão corretas.
d) Todas as assertivas estão corretas.
e) Apenas a assertiva III está correta.

86. (IFBC/TRF/2R/Juiz/2018) Pedro desenvolveu uma cadeira de escritório ergonômica, cuja nova forma apresenta novidade e atividade inventiva, com excelente melhoria funcional no seu uso. Com a alta procura para industrializarem a cadeira, manifestou interesse em proteger este produto através da propriedade industrial. Considerando o enunciado, podemos afirmar que a melhor proteção jurídica para o produto será:

a) Patente de invenção.
b) Patente de modelo de utilidade.
c) Desenho industrial.
d) Patente de desenho industrial.
e) Não é patenteável este produto.

87. (IFBC/TRF/2R/Juiz/2018) O ordenamento jurídico brasileiro protege a propriedade industrial e disciplina os diversos institutos jurídicos que estão sob proteção. Dentre as espécies de propriedade industrial a lei prevê a patente de invenção, quando alguns requisitos legais são cumpridos, ou quando a proteção do invento não é vedada pela lei. Diante das possibilidades admitidas no ordenamento brasileiro, marque a opção correta.

a) É patenteável a invenção que atenda aos requisitos de novidade, atividade inventiva e aplicabilidade industrial, como o código fonte, de um programa de computador em si.
b) É patenteável a descoberta que atenda aos requisitos de novidade e aplicabilidade industrial.
c) É patenteável a invenção que atenda aos requisitos de novidade, atividade inventiva e aplicabilidade industrial, incluindo os programas de computador que estejam embarcados em um produto, de forma essencial ao funcionamento do mesmo.
d) É patenteável a descoberta, que atenda aos requisitos de novidade e aplicabilidade industrial, incluindo os programas de computador que estejam embarcados em um produto, de forma essencial ao funcionamento do produto.
e) É patenteável o modelo de utilidade de produto, que tenha aplicação industrial e atividade inventiva, incluindo as técnicas e métodos operatórios.

88. (TRF/2R/Juiz/2017) Sociedade empresária obteve, em 2010, o registro da marca "Lord Ello", para assinalar produtos que, mais tarde, tencionava fabricar. Devido a critérios internos, a fabricação foi adiada e a marca não foi usada. Em 2017, outra pessoa jurídica estuda adotar idêntico designativo, para assinalar produtos da mesma classe e do mesmo segmento consumidor. Indique a opção correta:

a) Como o registro foi deferido à anterior requerente, o uso legítimo da marca, por outrem, exige licença, certo que, dentro dos dez anos de proteção inicial, é indiferente a falta de uso.
b) Em regra, a falta de uso implica, após o prazo previsto em lei, nulidade absoluta do registro.
c) A falta de uso pode gerar a anulação do registro, se decorrente de capricho ou de intuito de especulação, mas a invalidade não ocorre quando a abstenção é oriunda de critérios lógicos, como, no caso, prioridades mercadológicas da fabricante.
d) A falta de uso pode implicar caducidade do registro, decorrido o prazo previsto em lei, desde que as anuidades não sejam pagas.
e) Em princípio, afigura-se presente, no caso, hipótese de caducidade da marca, apta a ser requerida pela sociedade que apresenta interesse em adotá-la e pronunciada pelo Instituto Nacional de Propriedade Industrial.

89. (TRF/4R/Juiz/2016) Assinale a alternativa incorreta. Com base nas teses firmadas pelo Superior Tribunal de Justiça a respeito da propriedade intelectual:

a) A marca de alto renome (assim definida em lei) é exceção ao princípio da especificidade e tem proteção especial em todos os ramos de atividade, desde que previamente registrada no Brasil e assim declarada pelo INPI – Instituto Nacional de Propriedade Industrial.
b) Marcas fracas ou evocativas, constituídas por expressões comuns ou genéricas, não possuem o atributo da exclusividade, podendo conviver com outras semelhantes.
c) Para se conceder a proteção especial da marca de alto renome em todos os ramos de atividade, é dispensável procedimento administrativo junto ao Instituto Nacional de Propriedade Industrial.
d) Para a caracterização da colidência entre marcas, devem ser utilizados os seguintes parâmetros: (i) as marcas devem ser apreciadas sucessivamente, de modo a se verificar se a lembrança deixada por uma influência na lembrança deixada pela outra; (ii) as marcas devem ser avaliadas com base nas suas semelhanças, e não nas suas diferenças; e (iii) as marcas devem ser comparadas pela sua impressão de conjunto, e não por detalhes.
e) Vige no Brasil o sistema declarativo de proteção de marcas e patentes, que prioriza aquele que primeiro fez uso da marca, constituindo o registro no órgão competente mera presunção, que se aperfeiçoa pelo uso.

90. (Cespe/TRF/1R/Juiz/2015) Acerca da propriedade industrial, assinale a opção correta.

a) A licença compulsória com exclusividade é concedida por ato do Poder Executivo federal ao licenciado para que, no prazo de um ano, inicie a sua exploração e atenda aos casos de emergência nacional ou interesse público.
b) A extinção dos direitos sobre uma marca coletiva ou de certificação depende de um processo administrativo instaurado junto ao Instituto Nacional da Propriedade Industrial, podendo a parte interessada requerer o seu registro imediatamente após a extinção.
c) A degeneração da marca simboliza a perda de sua função distintiva, passando ela a se confundir com o próprio produto ofertado no mercado.
d) A proteção às marcas notoriamente conhecidas, às quais não se aplica o princípio da especialidade, estende-se a outros ramos de atividade a que o empresário eventualmente se dedique.
e) É patenteável o desenho industrial cujo objeto de uso prático apresente uma nova forma, seja passível de industrialização e gere uma melhoria funcional em um objeto já existente.

91. (TRF/2R/Juiz/2014) Assinale a opção que lista, de modo correto, algumas das características incidentes, em regra, no sistema de proteção à propriedade industrial:

a) Proteção a partir do registro; patente de modelo de utilidade com vigência de 30 anos; impossibilidade de aferição, de ofício, da nulidade do registro de marca.
b) Coibição da concorrência desleal; proteção independentemente de registro; prazo de vigência da patente de invenção fixado em 35 anos.
c) Proibição de patentear ser vivo, salvo espécies menores com modificações genéticas; reconhecimento de direitos morais ao titular da patente; 35 anos de proteção aos desenhos industriais.
d) Possibilidade de o titular da patente licenciar, contratualmente, a sua exploração; 20 anos de vigência para as patentes de invenção; proteção às marcas, em regra atenta à especialidade.
e) Impossibilidade de patentear ideias; possibilidade de licença compulsória, a critério do Instituto Nacional de Propriedade Industrial; direitos morais, nos moldes do direito autoral, em favor do titular de marca registrada.

92. (TRF/3R/Juiz/2013) Relativamente ao direito de marca, marque a alternativa correta:

a) É passível de registro como marca a designação ou sigla de entidade ou órgão público, quando não requerido o registro pela própria entidade ou órgão público.
b) O registro de marca de certificação pode ser requerido por pessoa com interesse comercial ou industrial direto no produto ou serviço atestado.
c) O prazo para a resposta do réu, titular do registro nas ações de nulidade, é de 60 (sessenta) dias, ainda que ele seja pessoa jurídica de direito privado.
d) O direito de marca é considerado direito fundamental, por se confundir com o direito de personalidade do seu titular; assim, a ação para declarar a nulidade do registro de marca é imprescritível.
e) Conforme entendimento do STJ, em caso de contrafação, deve-se comprovar tanto o dano material quanto o dano moral.

93. (Cespe/TRF/1R/Juiz/2013) No que concerne à propriedade industrial, assinale a opção correta.

a) O Instituto Nacional de Propriedade Industrial não tem legitimidade para propor ação de nulidade de registro concedido em situação que configure contravenção à lei regente, cabendo apenas ao prejudicado propô-la.
b) O titular da marca pode impedir, por meio de ação inibitória, que o empresário que comercialize o respectivo produto utilize sinal distintivo próprio da empresa juntamente com a marca do produto.
c) É possível o deferimento de patente referente a microrganismos transgênicos.
d) No Brasil, a proteção de marca notoriamente conhecida condiciona-se a depósito prévio da marca junto ao Instituto Nacional da Propriedade Industrial, salvo se a origem da marca for país participante da União de Paris.
e) Para o registro de desenho industrial junto ao Instituto Nacional de Propriedade Industrial, é necessário que se atenda ao requisito da novidade, definida como configuração visual distinta em relação a objetos anteriores.

94. (Cespe/TRF/2R/Juiz/2013) A Lei da Propriedade Industrial determina o que é ou não patenteável. Consoante essa norma, os itens passíveis de patenteamento incluem:

a) uma nova teoria científica capaz de demonstrar as razões da falta de eficiência energética de determinados geradores.
b) novos programas de computadores.
c) novos métodos cirúrgicos para aplicação ao corpo humano.
d) um esquema de novo método publicitário.
e) um objeto de uso prático suscetível de aplicação industrial, que apresente nova forma, envolvendo ato inventivo que resulte em melhoria funcional em sua fabricação.

95. (Cespe/TRF/5R/Juiz/2013) Em caso de invenção de um produto, a legitimidade para requerer a patente caberá, entre outros:

a) à União.
b) à empresa em que o inventor trabalhe, independentemente de previsão contratual.
c) aos interessados em explorar economicamente a patente.
d) aos cessionários dos direitos de patente, quando cedidos.
e) aos empregados do inventor que colaborarem na invenção.

96. (Cespe/TRF/5R/Juiz/2013) O CDC, embora não trate objetivamente do comércio realizado por meio da Internet, contém dispositivos que se aplicam aos negócios feitos por meio da Internet, como o direito de arrependimento. O prazo para contagem desse direito pode começar a partir:

a) da chegada do aviso de expedição do produto e será de trinta dias.
b) da chegada do aviso de expedição do produto e será de quinze dias.
c) da assinatura do contrato e será de trinta dias.
d) da assinatura do contrato e será de sete dias.
e) do ato de recebimento do produto e será de trinta dias.

97. (TRF/4R/Juiz/2012) Dadas as assertivas abaixo, assinale a alternativa correta.

I. Fica extinto o registro da marca de pessoa domiciliada no exterior que não mantenha representante no Brasil.
II. Da decisão do Presidente do Instituto Nacional da Propriedade Industrial (INPI) cabe recurso ao Conselho Superior da Fazenda Nacional.
III. A empresa pode manter o negócio diretamente relacionado à marca que cede para terceiros.
IV. A "pipeline" concedida no Brasil garante proteção de exclusividade ao medicamento mesmo que declarada nula a patente no país de origem.

a) Está correta apenas a assertiva I.
b) Está correta apenas a assertiva III.
c) Estão corretas apenas as assertivas I, II e IV.
d) Estão corretas apenas as assertivas II, III e IV.
e) Nenhuma assertiva está correta.

98. (TRF/4R/Juiz/2012) Assinale a alternativa correta.

a) Não será considerada como estado da técnica a divulgação de invenção ou modelo de utilidade, promovida pelo inventor, quando ocorrida durante os doze meses que precederem a data de depósito ou a da prioridade do pedido de patente.
b) O desenho industrial consiste na forma plástica ornamental de um objeto, ou o conjunto ornamental de linhas e cores, aplicável a um produto, ainda que configure obra de caráter puramente artístico.
c) Desde que o pedido de patente de invenção contenha resumo fundamentado e relatório descritivo, será dispensável nele consignar reivindicações de qualquer natureza.
d) É registrável como desenho industrial a forma determinada por considerações essencialmente funcionais, desde que tais funções sejam caracterizadas pela originalidade e pela novidade.
e) A expedição do certificado de registro de desenho industrial depende de prévio exame de mérito, a ser realizado de ofício pelo Instituto Nacional de Propriedade Industrial, quanto à respectiva originalidade e novidade.

99. (Cespe/TRF/5R/Juiz/2011) A respeito do registro de marca no INPI, nos termos da Lei n. 9.279/1996, assinale a opção correta.

a) A proteção da marca não se limita à função de marcar produtos e serviços, podendo envolver também o uso da marca em papéis, impressos, propaganda e documentos relativos à atividade do titular da marca.

b) Pessoa física pode requerer registro de marca desde que comprove ser empresária e demonstre estar o sinal visual relacionado à atividade que efetivamente exerce.

c) O uso de marca de alto renome confere proteção ao seu titular em todos os ramos de atividade, independentemente de registro prévio no INPI.

d) Para ser registrado como marca, o sinal visual deve reunir as seguintes características: novidade, atividade inventiva e aplicabilidade comercial ou industrial.

e) Cabe aos empresários do respectivo setor requerer marca de certificação de produto, demonstrando que sua fabricação decorre de atividade exercida efetiva e licitamente.

100. (Cespe/TRF/5R/Juiz/2011) Com relação ao registro de invenções no INPI, assinale a opção correta.

a) A extensão da proteção da patente é determinada com base no relatório descritivo do pedido, que pode ser modificado pelo autor até a publicação do resumo em revista oficial.

b) Os litígios judiciais sobre a validade ou a defesa de direitos protegidos por patentes têm como foro necessário a justiça federal, em razão da natureza jurídica do INPI.

c) O INPI pode iniciar procedimento administrativo para a anulação de patente no prazo de até cinco anos contados da concessão do registro, ocorrendo, após esse prazo, a decadência do poder da administração para invalidar o registro.

d) Durante o processo administrativo de registro da patente no INPI, qualquer pessoa que demonstrar interesse poderá apresentar documentos no período entre a publicação do pedido e o final do exame.

e) O registro de patente somente pode ser requerido pelo autor da invenção, que pode, a qualquer momento, dispor dos direitos patrimoniais protegidos pela patente por meio de acordo em separado.

101. (Cespe/TRF/1R/Juiz/2011) De acordo com a CF, a lei assegura aos autores de inventos industriais privilégio temporário para sua utilização bem como para a proteção das criações industriais, da propriedade das marcas, dos nomes de empresas e de outros signos distintivos, tendo em vista o interesse social e o desenvolvimento tecnológico e econômico do país. Com relação à proteção da propriedade industrial, considerados o seu interesse social e o desenvolvimento tecnológico e econômico do país, assinale a opção correta.

a) O titular da marca pode impedir que comerciantes ou distribuidores utilizem sinais distintivos que lhes sejam próprios, juntamente com a marca do produto, para a sua promoção e comercialização.

b) O titular fica sujeito a ter a patente licenciada compulsoriamente se exercer os direitos dela decorrentes de forma abusiva, ou por meio dela praticar abuso de poder econômico, comprovado nos termos da lei, por decisão administrativa ou judicial.

c) A patente de modelo de utilidade que envolva descoberta abrange as teorias científicas e métodos matemáticos, vigorando pelo prazo de vinte anos, contados da data de depósito.

d) A ação de nulidade poderá ser ajuizada a qualquer tempo da vigência da patente, perante a justiça estadual, pelo Instituto Nacional da Propriedade Industrial ou por qualquer pessoa com legítimo interesse.

e) A patente de invenção deve atender aos requisitos de novidade, atividade inventiva e aplicação industrial e vigorará pelo prazo de quinze anos, contados da data de depósito.

102. (Cespe/TRF/2R/Juiz/2011) De acordo com o direito à propriedade industrial ou à propriedade empresarial imaterial, expressão preferida por alguns doutrinadores, assinale a opção correta.

a) Para que o desenho industrial possa ser registrado e ter seu criador direito de exclusividade sobre ele, devem estar presentes dois requisitos: novidade e originalidade; o registro diz respeito ao desenho industrial e ao modelo de utilidade, enquanto a patente se refere à invenção e à marca.

b) No direito industrial, diferem a licença e a cessão; a primeira não transfere a propriedade do direito industrial, que continua titulado por quem licencia, sendo esse modelo de contrato, por sua especificidade, disciplinado exclusivamente pelas normas da lei da propriedade industrial.

c) As licenças compulsórias de patente concedem exclusividade ao licenciado, mas não comportam sublicenciamento, devendo seu pedido ser formulado mediante indicação das condições oferecidas ao titular da patente.

d) Marca de alto renome é aquela que somente ganha proteção em seu próprio ramo e atividade, ou seja, sua proteção ocorre somente em relação aos produtos ou serviços idênticos ou similares, independentemente de ser previamente depositada ou registrada no Brasil.

e) A cessão de patente rege-se pelas normas atinentes à cessão de direitos, observadas as disposições específicas da legislação sobre a propriedade industrial; nesse sentido, o cedente responde, perante o cessionário, pela existência do direito industrial à data da cessão.

103. (Cespe/TRF/3R/Juiz/2011) André, Bruno e César realizaram uma mesma invenção, respectivamente, nos meses de janeiro, fevereiro e março de 2011. As invenções foram depositadas para registro de patente nos meses de abril, maio e junho de 2011, respectivamente, por Bruno, César e André, tendo sido informada, em cada registro, a data de conclusão da invenção. Os processos administrativos iniciados com o depósito foram concluídos em julho, agosto e setembro de 2011, correspondentemente, para César, André e Bruno. Nessa situação hipotética, a patente deve ser concedida:

a) a César, cujo processo foi concluído primeiramente.

b) a André, por ser o primeiro inventor, e a Bruno, por ter sido o primeiro a fazer o depósito.

c) aos três inventores, porque todos eles depositaram no mesmo ano.

d) a André, por ter sido o primeiro a inventar.

e) a Bruno, por ter sido o primeiro a depositar.

104. (Cespe/TRF/5R/Juiz/2009) A respeito de propriedade industrial, assinale a opção correta.

a) Entre os requisitos de patenteabilidade, inclui-se o da economicidade.

b) O direito industrial brasileiro impede a patente de quaisquer organismos vivos transgênicos.

c) De acordo com o princípio da especificidade, a proteção da marca registrada é restrita, via de regra, à classe dos produtos ou serviços a que pertence o objeto marcado.

d) O titular de uma patente tem o direito de impedir terceiros de produzir, em caráter privado, o produto objeto da patente, mesmo que não sofra, com isso, prejuízos econômicos e que não haja, por parte do terceiro, finalidade comercial.

e) O direito de propriedade intelectual, se exercido ininterruptamente pelo seu titular, não caduca.

8. LEI DE RECUPERAÇÃO JUDICIAL, EXTRAJUDICIAL E FALÊNCIA (LEI 11.101/05)

8.1. Falência

SÚMULAS

1) Crimes Falimentares

STF **Súm. 592.** Nos crimes falimentares, aplicam-se as causas interruptivas da prescrição, previstas no Código Penal.

2) Regras Processuais

STJ **Súm. 25.** Nas ações da Lei de Falências, o prazo para a interposição de recurso conta-se da intimação da parte.

STJ **Súm. 264.** É irrecorrível o ato judicial que apenas manda processar a concordata preventiva.

STJ **Súm. 480.** O juízo da recuperação judicial não é competente para decidir sobre a constrição de bens não abrangidos pelo plano de recuperação da empresa.

TRF4 **Súm. 90.** O encerramento de processo falimentar sem bens aptos à satisfação do crédito tributário, constada a impossibilidade de redirecionamento, conduz à extinção da execução fiscal por falta de interesse processual (art. 485, VI, CPC/15).

3) Requerimento de Falência

STJ **Súm. 29.** No pagamento em juízo para elidir falência, são devidos correção monetária, juros e honorários de advogado.

STJ **Súm. 248.** Comprovada a prestação dos serviços, a duplicata não aceita, mas protestada, é título hábil para instruir pedido de falência.

STJ **Súm. 361.** A notificação do protesto, para requerimento de falência da empresa devedora, exige a identificação da pessoa que a recebeu.

4) Restituição de Adiantamento de Contrato de Câmbio

STF **Súm. 193.** Para a restituição prevista no art. 76, parágrafo 2, da Lei de Falências, conta-se o prazo de quinze dias da entrega da coisa e não da sua remessa.

STF **Súm. 417.** Pode ser objeto de restituição, na falência, dinheiro em poder do falido, recebido em nome de outrem, ou do qual, por lei ou contrato, não tivesse ele a disponibilidade.

STF **Súm. 495.** A restituição em dinheiro da coisa vendida a crédito, entregue nos quinze dias anteriores ao pedido de falência ou de concordata, cabe, quando, ainda que consumida ou transformada, não faça o devedor prova de haver sido alienada a terceiro.

STJ **Súm. 36.** A correção monetária integra o valor da restituição, em caso de adiantamento de câmbio, requerida em concordata ou falência.

STJ **Súm. 133.** A restituição da importância adiantada, a conta de contrato de câmbio, independe de ter sido a antecipação efetuada nos quinze dias anteriores ao requerimento da concordata.

STJ **Súm. 307.** A restituição de adiantamento de contrato de câmbio, na falência, deve ser atendida antes de qualquer crédito.

REPERCUSSÃO & REPETITIVOS

STJ **Repetitivo 1022.** É cabível agravo de instrumento contra todas as decisões interlocutórias proferidas nos processos de recuperação judicial e nos processos de falência, por força do art. 1.015, parágrafo único, CPC. *REsp 1717213, 10.12.2020.*

ENUNCIADOS

CJF **Comercial 42.** O prazo de suspensão previsto no art. 6º, § 4º, da Lei n. 11.101/2005 pode excepcionalmente ser prorrogado, se o retardamento do feito não puder ser imputado ao devedor.

CJF **Comercial 43.** A suspensão das ações e execuções previstas no art. 6º da Lei n. 11.101/2005 não se estende aos coobrigados do devedor.

CJF **Comercial 45.** O magistrado pode desconsiderar o voto de credores ou a manifestação de vontade do devedor, em razão de abuso de direito.

CJF **Comercial 47.** Nas alienações realizadas nos termos do art. 60 da Lei n. 11.101/2005, não há sucessão do adquirente nas dívidas do devedor, inclusive nas de natureza tributária, trabalhista e decorrentes de acidentes de trabalho.

CJF **Comercial 48.** A apuração da responsabilidade pessoal dos sócios, controladores e administradores feita independentemente da realização do ativo e da prova da sua insuficiência para cobrir o passivo, prevista no art. 82 da Lei n. 11.101/2005, não se refere aos casos de desconsideração da personalidade jurídica.

CJF **Comercial 49.** Os deveres impostos pela Lei n. 11.101/2005 ao falido, sociedade limitada, recaem apenas sobre os administradores, não sendo cabível nenhuma restrição à pessoa dos sócios não administradores.

CJF **Comercial 50.** A extensão dos efeitos da quebra a outras pessoas jurídicas e físicas confere legitimidade à massa falida para figurar nos polos ativo e passivo das ações nas quais figurem aqueles atingidos pela falência.

CJF **Comercial 51.** O saldo do crédito não coberto pelo valor do bem e/ou da garantia dos contratos previstos no § 3º do art. 49 da Lei n. 11.101/2005 é crédito quirografário, sujeito à recuperação judicial.

CJF **Comercial 56.** A Fazenda Pública não possui legitimidade ou interesse de agir para requerer a falência do devedor empresário.

CJF **Comercial 72.** A legitimidade do Ministério Público para propor e conduzir a ação de responsabilidade de que trata o art. 46 da Lei n. 6.024/1974 não cessa com a decretação da falência da instituição submetida a regime especial, porquanto o art. 47 da mencionada lei foi revogado tacitamente pelo art. 7º, II, da Lei n. 9.447/1997.

CJF **Comercial 73.** Para que seja preservada a eficácia do disposto na parte final do § 2º do artigo 6º da Lei n. 11.101/05, é necessário que, no juízo do trabalho, o crédito trabalhista para fins de habilitação seja calculado até a data do pedido da recuperação judicial ou da decretação da falência, para não se ferir a "par condicio creditorum" e observarem-se os arts. 49, "caput", e 124 da Lei n. 11.101/2005.

CJF **Comercial 75.** Havendo convenção de arbitragem, caso uma das partes tenha a falência decretada: (i) eventual procedimento arbitral já em curso não se suspende e novo procedimento arbitral pode ser iniciado, aplicando-se, em ambos os casos, a regra do art. 6º, § 1º, da Lei n. 11.101/2005; e (ii) o administrador judicial não pode recusar a eficácia da cláusula compromissória, dada a autonomia desta em relação ao contrato.

CJF **Comercial 80.** Para classificar-se credor, em pedido de habilitação, como privilegiado especial, em razão do art. 83, IV, "d" da Lei de Falências, exige-se, cumulativamente, que: (a) esteja vigente a LC 147/2014 na data em que distribuído o pedido de recuperação judicial ou decretada a falência do devedor; (b) o credor faça prova de que, no momento da distribuição do pedido de recuperação judicial ou da decretação da falência, preenchia os requisitos legais para ser reconhecido como microempreendedor individual, microempresa ou empresa de pequeno porte.

CJF **Comercial 101.** O incidente de desconsideração da personalidade jurídica deve ser observado no processo falimentar, sem a suspensão do processo.

CJF **Comercial 103.** Em se tratando de processo eletrônico, os editais previstos na Lei n. 11.101/2005 podem ser publicados em versão resumida, somente apontando onde se encontra a relação de credores nos autos, bem como com a indicação do sítio eletrônico que contenha a íntegra do edital.

CJF **Comercial 105.** Se apontado pelo administrador judicial, no relatório previsto no art. 22, III, e, da Lei n. 11.101/2005, que não foram encontrados bens suficientes sequer para cobrir os custos do processo, incluindo honorários do administrador judicial, o processo deve ser encerrado, salvo se credor interessado depositar judicialmente tais valores conforme art. 82 do CPC/2015, hipótese em que o crédito referente ao valor depositado será classificado como extraconcursal, nos termos do art. 84, II, da Lei n. 11.101/2005.

INFORMATIVOS

STJ **Falência. Medidas executivas atípicas. Apreensão e retenção de passaportes. Ocultação de patrimônio. Possibilidade. Aplicação subsidiária do CPC. Decisão fundamentada. Direito ao contraditório.** É cabível a medida coercitiva atípica de apreensão de passaportes, em sede de processo de falência, quando constatados fortes indícios de ocultação de patrimônio. *HC 742879, 4ª T, 13.9.2022. Inf 749.*

STJ **Contrato garantido por hipoteca. Constrição do bem dado em garantia. Insuficiência. Pedido de falência. Cabimento.** Em contrato garantido por hipoteca, a efetivação de penhora sobre o bem dado em garantia, por si só, não impede que o credor requeira a falência do devedor com fundamento no art. 94, II, da Lei 11.101/05. *REsp 1698997, 4ª T, 16.8.2022. Inf 748.*

STJ **Convenção de arbitragem. Cláusula compromissória. Afastamento. Falência. Hipossuficiência financeira. Impossibilidade. Incompetência do juízo estatal.** Quando houver cláusula arbitral, em regra, submete-se ao tribunal arbitral qualquer questão que envolva a existência, validade e eficácia da cláusula compromissória. *REsp 1959435, 3ª T, 30.8.2022. Inf 747.*

STJ **Alienação de bens da massa falida. Adoção excepcional de modalidade. Rejeição da proposta pela assembleia-geral de credores. Autorização do juízo de falências. Possibilidade. Conformidade com a regra expressa no § 3º do art. 145, da Lei 11.101/05.** É possível o juízo de falência autorizar modalidade alternativa de alienação de ativos, mesmo diante da rejeição da proposta pela assembleia-geral de credores. *Proc. segredo justiça, 4ª T, 4.10.2022. Inf 754.*

STJ **Personalidade jurídica. Desconsideração. Bens. Restituição. Massa falida. Possibilidade. Ação própria. Desnecessidade.** É possível a desconsideração da personalidade jurídica incidentalmente no processo falimentar, independentemente de ação própria, verificada a fraude e a confusão patrimonial entre a falida e outras empresas. *REsp 1686123, 3ª T, 22.3.2022. Inf 729.*

STJ **Cooperativa de crédito. Liquidação pelo Banco Central do Brasil. Submissão ao processo de falência. Cabimento. Especialidade da Lei 6.024/74 ante a Lei 11.101/05.** É possível a submissão de cooperativa de crédito ao processo de falência. *REsp 1878653, 3ª T, 17.12.2021. Inf 722.*

STJ **Autofalência. Ausência de protestos contra a devedora. Termo legal da falência. Noventa dias antes da distribuição do pedido.** Na hipótese de autofalência, inexistindo protestos contra a devedora, o termo legal deve ser fixado em até 90 dias antes da distribuição do pedido. *REsp 1890290, 3ª T, 22.2.2022. Inf 726.*

QUESTÕES DISCURSIVAS

6. (TRF/2R/Juiz/2007) Qual a finalidade da ação revocatória falimentar?

QUESTÕES OBJETIVAS

105. (TRF/4R/Juiz/2022) Assinale a alternativa correta.

a) As concessionárias de serviço público podem ter a falência decretada, com a consequente extinção da concessão ou da permissão.

b) São exigíveis do devedor as despesas feitas pelos credores para tomar parte na recuperação judicial ou na falência, salvo as custas judiciais decorrentes de litígio com o devedor.

c) É competente para homologar o plano de recuperação extrajudicial, deferir a recuperação judicial ou decretar a falência o juízo do local da sede do devedor ou da filial de empresa que tenha sede fora do Brasil.

d) A decretação da falência ou o deferimento do processamento da recuperação judicial não implica suspensão do curso da prescrição das obrigações do devedor sujeitas à Lei nº 11.101/2005.

e) O devedor poderá, até a aprovação do plano de recuperação judicial, distribuir lucros ou dividendos a sócios e acionistas.

106. (TRF/2R/Juiz/2017) Considere a falência de sociedade empresária e assinale a opção correta:

a) Uma vez decretada a quebra, as ações de cobrança que a falida move, na Justiça Federal, em face de empresa pública federal, devem ser remetidas ao juízo universal da falência.

b) Perante o juízo falimentar, empresa pública federal (credora fiduciária) faz jus a pedir a restituição de bem objeto da alienação fiduciária, sendo o falido o devedor fiduciante.

c) A União Federal pode exigir, na falência, o pagamento de multas e penalidades por infração à lei tributária, que terão os privilégios destinados aos créditos tributários.

d) No sistema da atual Lei de Falências (Lei nº 11.101/05), o pagamento de multas e penalidades administrativas não mais pode ser exigido do falido.

e) Credor com garantia real, titular de crédito ainda não vencido, não tem interesse em requerer a falência.

107. (Cespe/TRF/1R/Juiz/2013) A União propôs ação com pedido de execução de crédito tributário contra a XYZ Sociedade Ltda., do que resultou a penhora dos bens da sociedade. Julgados improcedentes os embargos opostos pela devedora, foi designada hasta pública para a venda dos bens penhorados. Após a alienação dos referidos bens, sobreveio, nos autos da execução, notícia da falência da XYZ Sociedade Ltda., cuja decretação ocorreu uma semana antes da data da hasta pública. Neste caso, o juiz federal deve:

a) determinar a entrega à massa falida do dinheiro obtido com a venda, para que seja rateado entre os credores.

b) determinar a entrega à União do dinheiro obtido com a venda, já que o crédito tributário não está sujeito a qualquer espécie de concurso de credores.

c) decretar a nulidade da arrematação e determinar a entrega dos bens penhorados ao administrador judicial.

d) decretar a nulidade da arrematação e designar outra hasta pública, com a intimação do administrador judicial.

e) decretar a nulidade da arrematação, determinar a entrega dos bens penhorados ao administrador judicial e requerer ao juiz da falência a penhora no rosto dos autos.

108. (Cespe/TRF/5R/Juiz/2011) Uma sociedade limitada, alienante, celebrou contrato de trespasse com uma sociedade anônima, adquirente, e, decorridos três meses, a alienante requereu a própria falência, que lhe foi deferida. Com relação a essa situação hipotética e ao contrato de trespasse como regulado pelo Código Civil, assinale a opção correta.

a) Mediante contrato de trespasse, transfere-se ao adquirente uma universalidade de direitos, ou seja, todo o patrimônio da alienante.

b) Como o trespasse ocorreu dentro do termo legal da falência, o negócio jurídico deve ser revertido, devolvendo-se o que foi adquirido à massa falida.

c) Os débitos contabilizados pela sociedade limitada que sejam anteriores ao trespasse devem ser cobrados na falência, não sendo oponíveis à sociedade anônima adquirente.

d) A sociedade anônima pode extinguir sua responsabilidade pelos débitos da falida se depositar no juízo da falência os bens adquiridos e notificar os credores para receber o que lhes for devido por rateio.

e) Os credores da sociedade falida à época não poderão requerer a ineficácia do trespasse se, demonstrado que foram devidamente intimados da alienação, não tiverem manifestado oposição no prazo de trinta dias.

8.2. Recuperação Judicial/Extrajudicial

SÚMULAS

STJ **Súm. 480.** O juízo da recuperação judicial não é competente para decidir sobre a constrição de bens não abrangidos pelo plano de recuperação da empresa.

STJ **Súm. 581.** A recuperação judicial do devedor principal não impede o prosseguimento das ações e execuções ajuizadas contra terceiros devedores solidários ou coobrigados em geral, por garantia cambial, real ou fidejussória.

TRF4 **Súm. 111.** O deferimento do processamento de recuperação judicial não é capaz de suspender, por si só, as execuções fiscais, mas obsta a realização de atos judiciais que reduzam o patrimônio da empresa em recuperação judicial, enquanto mantida essa condição.

REPERCUSSÃO & REPETITIVOS

STJ **Repetitivo 1022.** É cabível agravo de instrumento contra todas as decisões interlocutórias proferidas nos processos de recuperação judicial e nos processos de falência, por força do art. 1.015, parágrafo único, CPC. *REsp 1717213, 10.12.2020.*

STJ **Repetitivo 1051.** Para o fim de submissão aos efeitos da recuperação judicial, considera-se que a existência do crédito é determinada pela data em que ocorreu o seu fato gerador. *REsp 1843332, 9.12.2020.*

STJ **Repetitivo 1145.** Ao produtor rural que exerça sua atividade de forma empresarial há mais de dois anos é facultado requerer a recuperação judicial, desde que esteja inscrito na Junta Comercial no momento em que formalizar o pedido recuperacional, independentemente do tempo de seu registro. *REsp 1905573, 3.8.2022.*

ENUNCIADOS

CJF **Comercial 44.** A homologação de plano de recuperação judicial aprovado pelos credores está sujeita ao controle judicial de legalidade.

CJF **Comercial 46.** Não compete ao juiz deixar de conceder a recuperação judicial ou de homologar a extrajudicial com fundamento na análise econômico-financeira do plano de recuperação aprovado pelos credores.

CJF **Comercial 52.** A decisão que defere o processamento da recuperação judicial desafia agravo de instrumento.

CJF **Comercial 53.** A assembleia geral de credores para deliberar sobre o plano de recuperação judicial é una, podendo ser realizada em uma ou mais sessões, das quais participarão ou serão considerados presentes apenas os credores que firmaram a lista de presença encerrada na sessão em que instalada a assembleia geral.

CJF **Comercial 54.** O deferimento do processamento da recuperação judicial não enseja o cancelamento da negativação do nome do devedor nos órgãos de proteção ao crédito e nos tabelionatos de protestos.

CJF **Comercial 55.** O parcelamento do crédito tributário na recuperação judicial é um direito do contribuinte, e não uma faculdade da fazenda pública, e, enquanto não for editada lei específica, não é cabível a aplicação do disposto no art. 57 da Lei n. 11.101/2005 e no art. 191-A do CTN.

CJF **Comercial 57.** O plano de recuperação judicial deve prever tratamento igualitário para os membros da mesma classe de credores que possuam interesses homogêneos, sejam estes delineados em função da natureza do crédito, da importância do crédito ou de outro critério de similitude justificado pelo proponente do plano e homologado pelo magistrado.

CJF **Comercial 74.** Embora a execução fiscal não se suspenda em virtude do deferimento do processamento da recuperação judicial, os atos que importem em constrição do patrimônio do devedor devem ser analisados pelo juízo recuperacional, a fim de garantir o princípio da preservação da empresa.

CJF **Comercial 76.** Nos casos de emissão de títulos de dívida pela companhia recuperanda, na qual exista agente fiduciário ou figura similar representando uma coletividade de credores, caberá ao agente fiduciário o exercício do voto em assembleia-geral de credores, nos termos e mediante as autorizações previstas no documento de emissão, ressalvada a faculdade de qualquer investidor final pleitear ao juízo da recuperação o desmembramento do direito de voz e voto em assembleia para exercê-los individualmente, unicamente mediante autorização judicial.

CJF **Comercial 77.** As alterações do plano de recuperação judicial devem ser submetidas à assembleia geral de credores, e a aprovação obedecerá ao quórum previsto no art. 45 da Lei n. 11.101/05, tendo caráter vinculante a todos os credores submetidos à recuperação judicial, observada a ressalva do art. 50, § 1º, da Lei n. 11.101/05, ainda que propostas as alterações após dois anos da concessão da recuperação judicial e desde que ainda não encerrada por sentença.

CJF **Comercial 78.** O pedido de recuperação judicial deve ser instruído com a relação completa de todos os credores do devedor, sujeitos ou não à recuperação judicial, inclusive fiscais, para um completo e adequado conhecimento da situação econômico-financeira do devedor.

CJF **Comercial 79.** O requisito do inc. III do § 1º do art. 58 da Lei n. 11.101 aplica-se a todas as classes nas quais o plano de recuperação judicial não obteve aprovação nos termos do art. 45 desta Lei.

CJF **Comercial 81.** Aplica-se à recuperação judicial, no que couber, o princípio da "par condicio creditorum".

CJF **Comercial 96.** A recuperação judicial do empresário rural, pessoa natural ou jurídica, sujeita todos os créditos existentes na data do pedido, inclusive os anteriores à data da inscrição no Registro Público de Empresas Mercantis.

CJF **Comercial 98.** A admissão pelo juízo competente do processamento da recuperação judicial em consolidação processual (litisconsórcio ativo) não acarreta automática aceitação da consolidação substancial.

CJF **Comercial 99.** Para fins de aplicação da parte final do art. 49, § 3º, da Lei n. 11.101/2005, é do devedor o ônus da prova da essencialidade do bem.

CJF **Comercial 100.** Consideram-se sujeitos à recuperação judicial, na forma do art. 49 da Lei n. 11.101/2005, os créditos decorrentes de fatos geradores anteriores ao pedido de recuperação judicial, independentemente da data de eventual acordo, sentença ou trânsito em julgado.

CJF **Comercial 102.** A decisão que defere o processamento da recuperação judicial desafia agravo de instrumento, nos termos do art. 1.015 do CPC/2015.

CJF **Comercial 104.** Não haverá sucessão do adquirente de ativos em relação a penalidades pecuniárias aplicadas ao devedor com base na Lei n. 12.846/2013 (Lei Anticorrupção), quando a alienação ocorrer com fundamento no art. 60 da Lei n. 11.101/2005.

CJF **Comercial 106.** O juízo da recuperação extrajudicial poderá determinar, no início do processo, a suspensão de ações ou execuções propostas por credores sujeitos ao plano de recuperação extrajudicial, com a finalidade de preservar a eficácia e a utilidade da decisão que vier a homologá-lo.

CJF **Proc. Civil 113.** As disposições previstas nos arts. 190 e 191 do CPC poderão ser aplicadas ao procedimento de recuperação judicial.

CJF **PSEL 45.** A mediação e conciliação são compatíveis com a recuperação judicial, a extrajudicial e a falência do empresário e da sociedade empresária, bem como em casos de superendividamento, observadas as restrições legais.

INFORMATIVOS

STJ **Recuperação judicial. Opção do credor por não habilitar seu crédito. Sujeição aos efeitos desta. Novação do crédito.** O credor que optar por não se habilitar na recuperação judicial sofrerá os seus respectivos efeitos, caso em que o crédito será considerado novado e o credor deverá recebê-lo em conformidade com o previsto no plano, ainda que em execução posterior ao encerramento da recuperação judicial. *EDcl no REsp 1851692, 4ª T, 9.9.2022. Inf 749.*

STJ **Recuperação judicial. Limitação do tratamento preferencial (Lei 11.101/05, art. 83, I). Possibilidade. Previsão no plano.** É possível, por deliberação da Assembleia Geral de Credores, a aplicação do limite previsto no art. 83, I, da Lei 11.101/05 às empresas em recuperação judicial, desde que devida e expressamente previsto pelo plano de recuperação judicial, instrumento adequado para dispor sobre forma de pagamento das dívidas da empresa em soerguimento. *REsp 1785467, 4ª T, 16.8.2022. Inf 745.*

STJ **Recuperação judicial. Habilitação de crédito. Honorários advocatícios. Natureza alimentar. Crédito trabalhista por equiparação.** Os créditos resultantes de honorários advocatícios têm natureza alimentar e equiparam-se aos trabalhistas para efeito de habilitação em falência ou recuperação judicial. *REsp 1785467, 4ª T, 16.8.2022. Inf 745.*

STJ **Recuperação judicial. Homologação de plano. Agravo de instrumento. Desistência. Anuência da parte contrária. Desnecessidade. Julgamento de ofício pelo tribunal. Impossibilidade.** Não cabe ao Tribunal indeferir o pedido de desistência em agravo de instrumento e julgar o recurso de ofício, ainda que que as questões nele veiculadas sejam ordem pública e de interesse da coletividade dos credores da empresa em recuperação judicial. *REsp 1930837, 3ª T, 25.10.2022.*

STJ **Recuperação judicial. Homologação de crédito. Prosseguimento de ação revisional. Possibilidade.** A habilitação do crédito e a posterior homologação do plano de recuperação judicial não impede a rediscussão do seu valor em ação revisional de contrato relativa à mesma dívida. *REsp 1700606, Terceira Turma, 13.6.2022.*

STJ **Recuperação judicial. Habilitação de crédito. Faculdade. Execução após o encerramento da recuperação judicial. Valor integral do crédito. Impossibilidade. Necessidade de observância das condições do plano aprovado.** O credor não indicado na relação inicial de que trata o art. 51, III e IX, da Lei 11.101/05 não está obrigado a se habilitar, mas não terá o direito de receber seu crédito pelo valor integral, devendo se submeter às condições estabelecidas no plano de recuperação judicial aprovado. *REsp 1655705, 2ª S, 25.5.2022. Inf 738.*

STJ **Recuperação judicial. Impugnação à habilitação de crédito. Contagem do prazo. Dias corridos.** O prazo de 10 dias, previsto no art. 8º da Lei 11.101/05, para apresentar impugnação à habilitação de crédito, deve ser contado em dias corridos. *AgInt no REsp 1830738, 4ª T, 24.5.2022. Inf 739.*

STJ Produtos agrícolas - soja e milho. Bens de capital. Não caracterização. Parte final do § 3º do art. 49 da Lei 11.101/05. Não incidência. Produtos agrícolas - soja e milho - não são bens de capital essenciais à atividade empresarial, não incidindo a norma contida na parte final do § 3º do art. 49 da Lei 11.101/05. *REsp 1991989, 3ª T, 5.5.2022. Inf 735.*

STJ Recuperação judicial. Habilitação de crédito. Não obrigatoriedade. Direito disponível. Recebimento fora da recuperação. Excepcionalidade. Reconhecimento posterior. Trânsito em julgado. Sentença de encerramento. O credor que não foi citado na relação inicial de que trata o artigo 51, III e IX, da Lei 11.101005 não está obrigado a se habilitar, pois o direito de crédito é disponível, porém não terá como receber seu crédito fora da recuperação, salvo quando a decisão que reconhece estar o crédito submetido a seus efeitos for posterior ao trânsito em julgado da sentença de encerramento da recuperação judicial. *REsp 1655705, 2ª S, 27.4.2022. Inf 734.*

STJ Empresa incorporada a grupo empresarial em recuperação judicial. Crédito constituído anteriormente. Controle dos atos de constrição. Juízo universal. O crédito constituído anteriormente à incorporação de empresa a grupo empresarial em recuperação judicial deve se submeter ao juízo universal. *REsp 1972038, 3ª T, 1.4.2022. Inf 733.*

STJ Recuperação judicial. Assembleia geral de credores. Rejeição do plano. Declaração de falência. Inocorrência. Faculdade do juiz. "Cram down". Cabimento. Art. 58 da Lei 11.101/05. Período anterior à Lei 14.112/20. É cabível a homologação pelo juízo do plano de recuperação judicial rejeitado pelos credores em assembleia ("cram down"), cumpridos os requisitos legais previstos no art. 58 da Lei 11.101/05. *REsp 1788216, 3ª T, 22.3.2022. Inf 729.*

STJ Recuperação Judicial. Associações civis sem fins lucrativos. Finalidade e atividades econômicas. Legitimidade ativa. Associações civis sem fins lucrativos com finalidade e atividades econômicas detêm legitimidade para requerer recuperação judicial. *AgInt no TP 3654, 4ª T, 15.3.2022. Inf 730.*

STJ Empresa em recuperação judicial. Execução fiscal. Constrição judicial dos bens da recuperanda. Conflito de competência. Materialização da oposição concreta à efetiva deliberação do Juízo da recuperação judicial. Imprescindibilidade. A caracterização de conflito de competência perante o STJ pressupõe a materialização da oposição concreta do juízo da execução fiscal à efetiva deliberação do juízo da recuperação judicial a respeito do ato constritivo. *CC 181190, 2ª S, 7.12.2021. Inf 722.*

QUESTÕES DISCURSIVAS

7. (Cespe/TRF/5R/Juiz/2013) A empresa de transportes Boa Viagem Ltda., com sede na cidade de Recife/PE, ingressou com pedido de recuperação judicial, cujo processamento foi deferido, em 5.6.2012, pelo juízo de direito da 5ª Vara Cível de Recife. Entre os principais credores da referida empresa, encontrava-se a Contest Leasing S.A., com sede em São Paulo/SP, arrendadora de quarenta caminhões da frota da arrendatária em recuperação judicial. A Fazenda Nacional, no curso de ação de execução fiscal contra a Contest Leasing S.A., obteve deferimento, pelo juiz da 12ª Vara Federal de São Paulo, de mandado de penhora dos quarenta caminhões, tendo sido remetida carta precatória eletrônica à Seção Judiciária de Pernambuco, para cumprimento. O juízo da 7ª Vara Federal de Recife deu cumprimento ao mandado de penhora, concretizado em 11.10.2012, com a apreensão e recolhimento dos veículos a depósito judicial. Boa Viagem Ltda. opôs embargos de terceiro perante a 7ª Vara Federal de Recife, alegando a impenhorabilidade dos caminhões e a competência privativa da 5ª Vara Cível de Recife para decidir sobre o processo de recuperação judicial, especialmente sobre os bens imprescindíveis ao funcionamento da empresa, com fundamento no princípio da função social e no da preservação da empresa. A embargante, Boa Viagem Ltda., alegou, ainda, que o contrato de arrendamento mercantil deveria ser considerado compra e venda a prazo, sob o argumento de que o valor residual garantido estava sendo pago juntamente com as prestações, motivo pelo qual esses bens não poderiam ser penhorados por não estarem mais na esfera de propriedade da executada, Contest Leasing S.A. Em face dessa situação hipotética, proponha a solução adequada ao caso, com base nas normas processuais pertinentes bem como nas que regulam a recuperação judicial de empresas e os contratos de arrendamento mercantil, manifestando-se sobre as alegações de Boa Viagem Ltda.

QUESTÕES OBJETIVAS

109. (Vunesp/TRF/3R/Juiz/2022) Assinale a alternativa correta:

I. O mutuário do Sistema Financeiro Habitacional pode ser compelido a contratar o seguro habitacional obrigatório com a instituição financeira mutuante ou com a seguradora por ela indicada.

II. Os credores estrangeiros têm os mesmos direitos conferidos aos credores nacionais nos processos de recuperação judicial, de recuperação extrajudicial ou de falência, respeitada a ordem de classificação dos créditos previstas na legislação de referência e não serão discriminados em razão de sua nacionalidade ou da localização de sua sede, estabelecimento residência ou domicílio.

III. Qualquer das partes contratantes pode encerrar o contrato de conta de depósitos bancários, desde que haja comunicação prévia nos termos de Resolução do Banco Central.

IV. A cédula de crédito bancário na modalidade de crédito rotativo ou cheque especial não é considerada como título executivo extrajudicial.

a) Apenas as assertivas I e II são corretas.
b) Apenas as assertivas III e IV são corretas.
c) Apenas as assertivas II e IV são corretas.
d) Apenas as assertivas II e III são corretas.

110. (Cespe/TRF/5R/Juiz/2017) Maria, credora de um título de crédito, ingressou com um processo de execução somente contra o avalista João, já que o devedor principal, José, empresário individual, não possuía bens disponíveis para uma eventual constrição judicial. No curso do processo de execução, sobreveio a recuperação judicial de José, o que motivou o executado João a solicitar, com esse fundamento, que o juiz proferisse decisão que impedisse o prosseguimento do processo de execução e habilitasse o crédito no feito da recuperação judicial. Nessa situação hipotética, considerando o entendimento jurisprudencial sumulado a respeito da matéria, o juiz da causa executiva deverá

a) solicitar informações sobre a fase em que se encontra a recuperação judicial.
b) extinguir o processo de execução, devendo o credor se habilitar no processo de recuperação judicial.
c) solicitar a reserva, na recuperação judicial, do valor correspondente ao título executado.
d) suspender a ação de execução pelo prazo máximo e improrrogável de cento e oitenta dias.
e) indeferir o pedido e prosseguir normalmente a execução.

111. (TRF/4R/Juiz/2016) Assinale a alternativa correta. Acerca da recuperação judicial no direito brasileiro:

a) A recuperação judicial do devedor principal não impede o prosseguimento das execuções nem induz suspensão ou extinção de ações ajuizadas contra terceiros devedores solidários ou coobrigados em geral, por garantia cambial, real ou fidejussória.
b) A regra da soberania da assembleia geral de credores pode ser excepcionada por decisão judicial proferida liminarmente, para sua suspensão ou adiamento, em razão de pendência de discussão acerca da existência, da quantificação ou da classificação de créditos.
c) Microempresas e empresas de pequeno porte não podem apresentar plano de recuperação judicial, pois são sujeitas a regime jurídico especial e protetivo.
d) Microempresas e empresas de pequeno porte podem apresentar plano especial de recuperação judicial, o qual, entre outras condições, preverá pagamento em até 48 (quarenta e oito)

parcelas mensais, iguais e sucessivas, as quais não poderão ser acrescidas de juros, tampouco conter proposta de abatimento do valor das dívidas.

e) Pode requerer recuperação judicial o devedor que, no momento do pedido, exerça regularmente suas atividades há mais de um ano e atenda aos demais requisitos legais.

112. (Cespe/TRF/1R/Juiz/2015) A respeito da recuperação judicial, da recuperação extrajudicial e da falência do empresário e da sociedade empresária, assinale a opção correta.

a) Caberá à parte prejudicada interpor o recurso de agravo, na forma estabelecida no CPC, caso o juízo falimentar decida pela restituição de determinado bem ou por seu o retorno à massa falida em decorrência de procedimento revocatório.

b) A legislação falimentar determina, em rol taxativo de modalidades, a realização da alienação do ativo por meio de leilão, proposta fechada ou pregão.

c) Em uma assembleia-geral de credores, as sociedades empresárias coligadas ou controladoras do falido têm direito a voto proporcional ao valor de seus créditos e são consideradas para fins de verificação do quórum de instalação e de deliberação.

d) O magistrado pode indeferir a petição inicial de recuperação judicial da sociedade empresária nas hipóteses elencadas no CPC, caso em que haverá a convolação do pedido de recuperação judicial em falência.

e) O plano de recuperação extrajudicial poderá estabelecer a produção de efeitos anteriores à sua homologação judicial desde que se refira à modificação do valor ou da forma de pagamento dos credores subscritores.

113. (TRF/4R/Juiz/2014) Assinale a alternativa incorreta.

a) A notificação do protesto, para requerimento de falência da empresa devedora, não prescinde da identificação da pessoa que a recebeu.

b) Em face da universalidade do juízo concursal, o juízo da recuperação judicial é competente para decidir sobre a constrição de bens da empresa recuperanda, ainda que não abrangidos pelo plano de recuperação da empresa.

c) Os bens dos sócios das sociedades recuperandas não estão sob a tutela do juízo da recuperação judicial, a menos que haja determinação expressa nesse sentido.

d) Está pacificado no âmbito da Segunda Seção do Superior Tribunal de Justiça, o entendimento segundo o qual compete ao Juízo da recuperação judicial tomar todas as medidas de constrição e de venda de bens integrantes do patrimônio da empresa sujeitos ao plano de recuperação judicial, uma vez aprovado o referido plano.

e) Segundo o Supremo Tribunal Federal, a opção do legislador infraconstitucional, ao editar a nova lei de recuperação judicial e falências, foi manter o regime anterior de execução dos créditos trabalhistas pelo juízo universal da falência, sem prejuízo da competência da Justiça Laboral quanto ao julgamento do processo de conhecimento.

114. (Cespe/TRF/2R/Juiz/2013) A Lei n. 11.101/2005, que regula as recuperações judicial e extrajudicial e a falência do empresário e da sociedade empresária, se aplicaria:

a) a uma empresa pública, como a ECT.

b) a um indivíduo qualquer que, conforme o Código Civil, se enquadre no conceito de empresário.

c) a uma instituição financeira, como o Banco do Brasil S.A.

d) a uma entidade de previdência complementar operadora de planos de saúde.

e) a uma empresa de economia mista, como a Petrobras.

115. (Cespe/TRF/5R/Juiz/2011) Caso seja concedida, pelo juiz, a recuperação judicial de sociedade empresária, conforme a Lei n. 11.101/2005, só então ocorrerá, necessariamente, a:

a) novação dos créditos envolvidos pelo plano de recuperação, sem prejuízo das garantias oferecidas por fiadores e obrigados de regresso.

b) formação de assembleia geral de credores para acompanhar a recuperação judicial até o seu término regular ou a sua convolação em falência.

c) suspensão do curso da prescrição e de todas as ações e execuções em face do devedor, inclusive aquelas dos credores particulares do sócio solidário.

d) substituição dos antigos administradores da empresa devedora por administrador judicial, a quem competirá fazer cumprir o plano de recuperação aprovado em assembleia de credores.

e) formação, a cargo do administrador judicial, do quadro-geral de credores, que deve ser submetido à homologação do juiz em até quarenta e cinco dias.

116. (Cespe/TRF/2R/Juiz/2011) Assinale a opção correta com base na Lei n. 11.101/2005, que regula a recuperação judicial, a extrajudicial e a falência do empresário e da sociedade empresária.

a) Têm direito de voto na assembleia-geral de credores todos os que sejam arrolados no quadro geral, tais como o proprietário fiduciário de bens e o arrendador mercantil; a relação de credores com direito a voto pode ser alterada no decorrer da recuperação judicial ou falência, estabelecendo a lei que as deliberações não serão, em princípio, invalidadas em razão de posterior decisão judicial modificadora da condição de credor.

b) Como todas as demais decisões, a sentença de falência deve conter o histórico dos fatos invocados pelas partes, a fundamentação e a conclusão, podendo, de plano, fixar o termo legal da falência, que, juridicamente, só passa a existir com a decretação da sentença, sendo a apelação o recurso cabível contra a sentença que julgar improcedente o pedido de falência ou que a decreta.

c) A ação revocatória, que se encerra com sentença declaratória do vício, produz efeito desde o momento em que se iniciou e, julgado procedente o pedido, os bens devem ser restituídos à massa em espécie, inclusive com seus acessórios, ou pelo valor de mercado, sendo declara a ineficácia ou revogado o ato de cessão dos créditos que tenham passado por operações de securitização.

d) De acordo com essa lei, os débitos tributários não estão sujeitos à recuperação judicial, ou seja, independentemente do que ficar estabelecido no plano de recuperação, os tributos devidos pelo empresário devem sempre ser quitados de acordo com as normas tributárias, cabendo ao devedor apresentar as certidões negativas de débito tributário.

e) A referida lei criou colegiado composto por credores, denominado comitê de credores, de existência e funcionamento obrigatórios e cujo objetivo é conduzir o processo de falência e de recuperação judicial, basicamente desempenhando as funções de fiscalização e consultoria.

9. TÍTULOS DE CRÉDITO

9.1. Disposições Gerais

SÚMULAS

STF Súm. 189. Avais em branco e superpostos consideram-se simultâneos e não sucessivos.

STF Súm. 387. A cambial emitida ou aceita com omissões, ou em branco, pode ser completada pelo credor de boa-fé antes da cobrança ou do protesto.

STF **Súm. 600.** Cabe ação executiva contra o emitente e seus avalistas, ainda que não apresentado o cheque ao sacado no prazo legal, desde que não prescrita a ação cambiária.

STJ **Súm. 26.** O avalista do título de crédito vinculado a contrato de mútuo também responde pelas obrigações pactuadas, quando no contrato figurar como devedor solidário.

STJ **Súm. 60.** É nula a obrigação cambial assumida por procurador do mutuário vinculado ao mutuante, no exclusivo interesse deste.

STJ **Súm. 248.** Comprovada a prestação dos serviços, a duplicata não aceita, mas protestada, é título hábil para instruir pedido de falência.

STJ **Súm. 361.** A notificação do protesto, para requerimento de falência da empresa devedora, exige a identificação da pessoa que a recebeu.

STJ **Súm. 475.** Responde pelos danos decorrentes de protesto indevido o endossatário que recebe por endosso translativo título de crédito contendo vício formal extrínseco ou intrínseco, ficando ressalvado seu direito de regresso contra os endossantes e avalistas.

STJ **Súm. 476.** O endossatário de título de crédito por endosso-mandato só responde por danos decorrentes de protesto indevido se extrapolar os poderes de mandatário.

ENUNCIADOS

CJF **Comercial 39.** Não se aplica a vedação do art. 897, parágrafo único, do Código Civil, aos títulos de crédito regulados por lei especial, nos termos do seu art. 903, sendo, portanto, admitido o aval parcial nos títulos de crédito regulados em lei especial.

CJF **Civil 52.** As disposições relativas aos títulos de crédito do Código Civil aplicam-se àqueles regulados por leis especiais, no caso de omissão ou lacuna.

CJF **Comercial 69.** Prescrita a pretensão do credor à execução de título de crédito, o endossante e o avalista, do obrigado principal ou de coobrigado, não respondem pelo pagamento da obrigação, salvo em caso de locupletamento indevido.

CJF **Comercial 70.** O prazo estabelecido no art. 21, § 1º, da Lei n. 9.492/97, para o protesto por falta de aceite é aplicável apenas na falta de disposição diversa contida em lei especial referente a determinado título de crédito (por exemplo, duplicatas). Aplica-se, portanto, a disposição contida no art. 44, 2ª alínea, da Lei Uniforme de Genebra, ao protesto por falta de aceite de letra de câmbio.

CJF **Civil 461.** As duplicatas eletrônicas podem ser protestadas por indicação e constituirão título executivo extrajudicial mediante a exibição pelo credor do instrumento de protesto, acompanhado do comprovante de entrega das mercadorias ou de prestação dos serviços.

CJF **Civil 462.** Os títulos de crédito podem ser emitidos, aceitos, endossados ou avalizados eletronicamente, mediante assinatura com certificação digital, respeitadas as exceções previstas em lei.

CJF **Civil 463.** A prescrição da pretensão executória não atinge o próprio direito material ou crédito, que podem ser exercidos ou cobrados por outra via processual admitida pelo ordenamento jurídico.

CJF **Civil 464.** As disposições relativas aos títulos de crédito do Código Civil aplicam-se àqueles regulados por leis especiais, no caso de omissão ou lacuna.

INFORMATIVOS

STJ **Interrupção de prazo prescricional pelo protesto de duplicatas. Posterior ajuizamento de ação declaratória de inexistência de débito. Art. 202 caput do CC. Impossibilidade de nova interrupção da prescrição.** Não é possível a interrupção do prazo prescricional em razão do ajuizamento de ação declaratória de inexigibilidade dos débitos pelo devedor quando já tiver havido anterior interrupção do prazo prescricional pelo protesto das duplicatas. *REsp 1963067, 3ª T, 24.2.2022. Inf 727.*

STJ **Concurso de credores. Múltiplas penhoras. Idêntico privilégio. Forma de rateio. Proporcionalidade em relação ao valor dos respectivos créditos.** A solvência dos créditos privilegiados detidos por credores concorrentes (concurso particular) independe de se perquirir acerca da anterioridade da penhora, devendo o rateio do montante constrito ser procedido de forma proporcional ao valor dos créditos (art. 962 do CC). *REsp 1987941, 3ª T, 5.5.2022. Inf 735.*

QUESTÕES DISCURSIVAS

8. (TRF/2R/Juiz/2007) A vedação do aval parcial prevista no artigo 897 do Código Civil, parágrafo único, do Código Civil, aplica-se aos títulos cambiariformes? ("Art. 897. O pagamento de um título de crédito, que contenha obrigação de pagar soma determinada, pode ser garantido por aval. Parágrafo único. É vedado o aval parcial.").

9. (TRF/3R/Juiz/2006) O que significam os princípios da autonomia substancial e da acessoriedade formal do aval num título cambiário?

QUESTÕES OBJETIVAS

117. (TRF/2R/Juiz/2017) Considere as proposições e, ao final, marque a opção correta:

I. E viável o aval parcial aposto em cheque.
II. O Código Civil veda expressamente o aval parcial.
III. E viável o aval parcial aposto em nota promissória.
IV. A cláusula proibitiva do endosso, aposta em nota promissória, não impede a transferência do crédito.

a) Apenas a I é falsa.
b) Apenas a II é falsa.
c) Apenas a III é falsa.
d) Apenas a IV é falsa.
e) Todas são verdadeiras.

118. (Cespe/TRF/5R/Juiz/2017) Em relação aos títulos de crédito, assinale a opção correta.

a) A duplicata tem prazo prescricional de execução estipulado em seis meses, contados do pagamento, para os coobrigados exercerem o direito de regresso.
b) A cláusula "sem garantia" pode ser aposta em qualquer fase da circulação do título e proíbe a realização de endosso a partir do momento de sua introdução no título.
c) A duplicata e o cheque são classificados como causais, e a nota promissória e a letra de câmbio como não causais.
d) A cláusula "não aceitável" é cabível somente nos títulos de crédito com vencimento a certo termo de vista.
e) A cláusula "sem despesas" transforma em facultativo o protesto necessário contra quaisquer devedores.

119. (Cespe/TRF/1R/Juiz/2015) Em decorrência de compra e venda mercantil, determinada sociedade anônima sacou uma duplicata a ser paga por sociedade empresária limitada em data certa previamente estabelecida mediante contrato firmado entre as partes. As mercadorias foram entregues e recebidas sem quaisquer avarias, vícios, defeitos ou diferenças relativos a qualidade e quantidade, e não houve divergências quanto ao prazo ou ao preço estipulados entre as referidas sociedades. Considerando essa situação hipotética, assinale a opção correta.

a) A possibilidade de estipulação, pela sociedade empresária, de vencimento a certo termo da data e a certo termo da vista para o cumprimento de obrigação mercantil contraída pelas partes decorre da natureza cambial e causal das duplicatas.
b) A sociedade empresária poderia decidir dar ou não o aceite, uma vez que tal ato é livre e normalmente decorrente de outras obrigações assumidas entre o sacador e o sacado.
c) As partes poderiam inserir cláusula não à ordem na cártula e, assim, convencionar a cessão ordinária de crédito como efeito do endosso.
d) Havendo aval no título de crédito, as partes devem indicar, de forma expressa, o seu avalizado, pois a ausência de indicação acarretaria nulidade do aval.
e) Em caso de falência da referida sociedade empresária, a sociedade anônima poderá requerer o vencimento antecipado da cártula.

120. (TRF/4R/Juiz/2014) Dadas as assertivas abaixo, assinale a alternativa correta.

I. O endossatário que recebe, por endosso translativo, título de crédito contendo vício formal, sendo inexistente a causa para conferir lastro à emissão de duplicata, responde pelos danos causados diante de protesto indevido, ressalvado seu direito de regresso contra os endossantes e avalistas.

II. Só responde por danos materiais e morais o endossatário que recebe título de crédito por endosso-mandato e o leva a protesto se extrapola os poderes de mandatário ou em razão de ato culposo próprio, como no caso de apontamento depois da ciência acerca do pagamento anterior ou da falta de higidez da cártula.

III. O prazo para ajuizamento de ação monitória em face do emitente de nota promissória sem força executiva é quinquenal, a contar do dia seguinte ao vencimento do título.

IV. O instrumento de confissão de dívida, ainda que originário de contrato de abertura de crédito, constitui título executivo extrajudicial.

a) Estão corretas apenas as assertivas I e II.
b) Estão corretas apenas as assertivas II e IV.
c) Estão corretas apenas as assertivas I, II e III.
d) Estão corretas apenas as assertivas I, III e IV.
e) Estão corretas todas as assertivas.

121. (TRF/2R/Juiz/2014) Assinale a opção correta:

a) O endosso póstumo libera o avalista e, em regra, apenas obriga, perante o endossatário, o emitente do título.
b) No endosso para cobrança, com a cláusula "por procuração", tendo agido nos limites dos poderes, o endossatário não é responsável pelo dano gerado a partir do indevido protesto do título.
c) O protesto de certidão de dívida ativa, antes admitido pela jurisprudência, passou a ser medida inviável em virtude de modificação legislativa operada no ano 2012.
d) O aval póstumo é vedado pela Lei Uniforme de Genebra (LUG) e pela legislação interna nacional.
e) O endosso em preto produz mero efeito de cessão civil.

122. (Cespe/TRF/1R/Juiz/2013) João emitiu, em 1º.10.2012, um cheque em pagamento de uma mercadoria no valor de R$ 500,00 avalizado por Bosco – que aceitou dar o aval no valor de R$ 300,00. Dois dias após a celebração do contrato, João constatou um grave defeito na mercadoria, que impedia seu funcionamento. Ao procurar o vendedor, para devolver a mercadoria e receber seu cheque de volta, João foi por ele informado de que o cheque havia sido endossado a Pedro, que, procurado por João, informou-lhe que endossara o cheque em branco. Carlos, que havia recebido o cheque, tendo preenchido o endosso em seu nome, apresentou-o, no dia 28.10.2012, para pagamento. O pagamento do cheque foi recusado por falta de fundos, motivo declarado no próprio cheque pela câmara de compensação. Com base na situação hipotética apresentada acima, assinale a opção correta.

a) Apenas depois de cobrar de Pedro o pagamento do cheque, poderá Carlos cobrar dos demais portadores do cheque, já que foi Pedro quem lhe endossou o cheque.
b) Para não perder o direito de cobrar de João e dos demais endossantes o valor do cheque, Carlos deve protestá-lo.
c) É válido o aval parcial dado por Bosco, estando ele, portanto, obrigado a pagar R$ 300,00.
d) Em defesa contra eventual cobrança de Carlos, João pode negar-se a pagar sob o argumento de que a mercadoria por ele adquirida parentou grave defeito.
e) A transmissão do cheque feita a Carlos é inválida, pois não se admite, na lei, tal modalidade de endosso.

123. (Cespe/TRF/1R/Juiz/2011) A respeito dos títulos de crédito, assinale a opção correta.

a) A morte do responsável cambiário constitui modalidade de transferência anômala da obrigação, que, por não possuir caráter personalíssimo, é repassada aos herdeiros, mesmo que o óbito tenha ocorrido antes do vencimento do título.
b) O documento é suficiente para atestar a existência de crédito, não havendo nos títulos de crédito solidariedade entre os vários obrigados, mas uma unidade de prestação.
c) Cabe ação executiva contra o emitente e seus avalistas, ainda que não apresentado o cheque ao sacado no prazo legal, ou prescrita a ação cambiária.
d) Na prestação de serviços, a duplicata não aceita, mas protestada, é título hábil para instruir o pedido de falência, não sendo necessária a comprovação dos serviços.
e) O estabelecimento bancário não é responsável pelo pagamento de cheque falso, ressalvadas as hipóteses de culpa exclusiva ou concorrente do correntista.

124. (Cespe/TRF/5R/Juiz/2009) A respeito de títulos de crédito, é correto afirmar que:

a) a cambial emitida ou aceita com omissões não pode ser completada pelo credor de boa-fé antes da cobrança ou do protesto.
b) a cláusula "não à ordem", lançada no título de crédito, impede a circulação do crédito.
c) a duplicata, por ser título de crédito causal, não comporta endosso.
d) o aval é o ato cambiário por meio do qual uma pessoa, o avalista, compromete-se a pagar o título de crédito nas mesmas condições que um devedor desse título, o avalizado.
e) o prazo prescricional do cheque é de seis meses a contar da data da sua emissão.

125. (Cespe/TRF/1R/Juiz/2009) Nos termos do art. 887 do Código Civil, o título de crédito, documento necessário ao exercício do direito literal e autônomo nele contido, somente produz efeito quando preenche os requisitos da lei. A respeito da teoria geral dos títulos de crédito, assinale a opção correta.

a) Os títulos de crédito são atos jurídicos unilaterais que contêm direito autônomo, o qual se revela mais fortemente no momento em que o título circula.
b) Tendo em vista a simplicidade que caracteriza os títulos de crédito e as regras gerais introduzidas pelo Código Civil a esse respeito, a cartularidade deixou de ser pressuposto para a eficácia legal desses títulos.
c) Entende-se por independência ou autonomia do título de crédito – termos sinônimos – que ele não guarda relação com o contrato que lhe deu origem.
d) A abstração – princípio absoluto dos títulos de crédito – é característica que serve à autonomia desses títulos e que é fundamental para a sua circulação.
e) Os princípios aplicáveis aos títulos de crédito são absolutos, assim entendidos na doutrina e na jurisprudência como forma de dar credibilidade ao título que circula.

9.2. Títulos em Espécie

SÚMULAS

1) Cheque

STF Súm. 28. O estabelecimento bancário é responsável pelo pagamento de cheque falso, ressalvadas as hipóteses de culpa exclusiva ou concorrente do correntista.

STF Súm. 600. Cabe ação executiva contra o emitente e seus avalistas, ainda que não apresentado o cheque ao sacado no prazo legal, desde que não prescrita a ação cambiária.

STJ Súm. 299. É admissível a ação monitória fundada em cheque prescrito.

STJ Súm. 370. Caracteriza dano moral a apresentação antecipada de cheque pré-datado.

STJ Súm. 388. A simples devolução indevida de cheque caracteriza dano moral.

STJ Súm. 503. O prazo para ajuizamento de ação monitória em face do emitente de cheque sem força executiva é quinquenal, a contar do dia seguinte à data de emissão estampada na cártula.

STJ Súm. 531. Em ação monitória fundada em cheque prescrito, ajuizada contra o emitente, é dispensável a menção ao negócio jurídico subjacente à emissão da cártula.

2) Cédula de Crédito Rural

STJ Súm. 16. A legislação ordinária sobre crédito rural não veda a incidência da correção monetária.

STJ Súm. 93. A legislação sobre cédulas de crédito rural, comercial e industrial admite o pacto de capitalização de juros.

3) Duplicata

STJ Súm. 248. Comprovada a prestação dos serviços, a duplicata não aceita, mas protestada, é título hábil para instruir pedido de falência.

4) Nota Promissória

STJ Súm. 258. A nota promissória vinculada a contrato de abertura de crédito não goza de autonomia em razão da iliquidez do título que a originou.

STJ Súm. 504. O prazo para ajuizamento de ação monitória em face do emitente de nota promissória sem força executiva é quinquenal, a contar do dia seguinte ao vencimento do título.

ENUNCIADOS

CJF Comercial 40. O prazo prescricional de 6 (seis) meses para o exercício da pretensão à execução do cheque pelo respectivo portador é contado do encerramento do prazo de apresentação, tenha ou não sido apresentado ao sacado dentro do referido prazo. No caso de cheque pós-datado apresentado antes da data de emissão ao sacado ou da data pactuada com o emitente, o termo inicial é contado da data da primeira apresentação.

CJF Comercial 41. A cédula de crédito bancário é título de crédito dotado de força executiva, mesmo quando representativa de dívida oriunda de contrato de abertura de crédito bancário em conta-corrente, não sendo a ela aplicável a orientação da Súmula 233 do STJ.

CJF Comercial 71. A prescrição trienal da pretensão à execução, em face do emitente e seu avalista, de nota promissória à vista não apresentada a pagamento no prazo legal ou fixado no título, conta-se a partir do término do referido prazo.

CJF Civil 461. As duplicatas eletrônicas podem ser protestadas por indicação e constituirão título executivo extrajudicial mediante a exibição pelo credor do instrumento de protesto, acompanhado do comprovante de entrega das mercadorias ou de prestação dos serviços.

INFORMATIVOS

STJ Cédula de crédito rural hipotecária. DL 73/66. Ausência de prévia contratação de seguro por morte. Morte do mutuário. Quitação do contrato. Não ocorrência. No contrato de financiamento garantido por cédula rural hipotecária, na forma do DL 73/66, a ausência de previsão específica do seguro por morte não conduz à quitação do contrato. *AgInt nos EDcl no AgInt no AREsp 954650, 4ª T, 10.5.2022. Inf 736.*

STJ Nota promissória. Duplicidade de datas de vencimento. Defeito sanável. Prevalecimento da data posterior. Vontade do emitente. Presunção. Na aposição de datas de vencimentos distintas em nota promissória, sendo uma coincidente com a emissão do título, deve prevalecer, por presunção de que se trata da efetiva manifestação de vontade do devedor, a data posterior. *REsp 1964321, 3ª T, 18.2.2022. Inf 725.*

QUESTÕES OBJETIVAS

126. (Cespe/TRF/2R/Juiz/2013) Considerando que determinada empresa emita uma duplicata contra um comprador, assinale a opção correta.

a) Se o credor não enviar a duplicata para aceite e o devedor não pagá-la até o vencimento, não poderá o credor obter o registro de protesto por falta de pagamento.
b) Se o credor enviar a duplicata para aceite e o devedor não pagá-la até o vencimento, o credor deverá, inicialmente, promover o protesto do título por falta de aceite.
c) Caso a empresa envie o título para aceite do devedor e este não o devolva, o credor somente poderá requerer o registro de protesto motivado por falta de aceite após o vencimento da obrigação.
d) Caso a empresa envie o título para aceite do devedor e este o devolva ao credor sem aceite e antes de decorrido o prazo legal para aceite, o credor passa a ter, a partir do recebimento da duplicata, o direito ao registro do protesto.
e) Se o credor não enviar a duplicata para aceite, não poderá protestá-la por falta de pagamento antes do vencimento.

127. (Cespe/TRF/5R/Juiz/2013) Conforme o Código Civil, a assinatura de nota promissória cuja data de vencimento não tenha sido previamente definida acarreta:

a) a definição do vencimento como sendo trinta dias após a data da emissão.
b) a impossibilidade de cobrança de juros, ainda que tenham sido pactuados no título.
c) a definição do vencimento como sendo à vista.
d) a impossibilidade de cobrança do título até que se acorde a data do vencimento.
e) a invalidade do negócio jurídico que deu origem ao título.

128. (Cespe/TRF/2R/Juiz/2011) Com relação ao título de crédito, considerado, na doutrina, o documento necessário para o exercício do direito, literal e autônomo, nele mencionado, assinale a opção correta.

a) Cheque administrativo ou bancário é aquele em que o emitente se confunde com o sacado, ou seja, é emitido pela própria instituição financeira. Estabelece a lei que regulamenta os cheques que o cheque pode ser emitido contra o próprio banco sacado, desde que ao portador.
b) A nota promissória não produzirá efeito quando faltarem a indicação de vencimento e a indicação do lugar em que se deva efetuar o pagamento.
c) A lei que regulamenta a duplicata estabelece que a emissão da fatura é obrigatória em todos os contratos, sejam eles de compra e venda mercantil ou de prestação de serviços.
d) O cheque devolvido ao seu portador por falta de provisão de fundos pode ser apresentado somente mais uma vez, e sua execução contra os endossantes e avalistas depende de protesto.
e) Estabelece a lei uniforme relativa às letras de câmbio e às notas promissórias que o sacador de letra de câmbio pagável à vista ou a certo termo de vista pode fazer constar a incidência de juros sobre o valor a ser pago.

129. (Cespe/TRF/3R/Juiz/2011) Determinado documento foi apresentado, como cheque, ao caixa de instituição financeira localizada no Brasil para recebimento, em espécie, do valor registrado. O caixa da instituição, todavia, devolveu o papel ao apresentante informando-o de que, legalmente, aquele documento não valia como cheque. Tendo como referência essa situação, assinale a opção correspondente a hipótese prevista para a devolução do referido documento.

a) A instituição financeira em que trabalha o caixa não é, de fato, banco, mas, apenas, a ele equiparada.
b) No documento está escrito a palavra "check", em lugar da palavra cheque, por pertencer aos Estados Unidos da América o banco de origem do documento.
c) A assinatura do emitente foi aposta por meio de chancela mecânica.
d) Não há indicação, no documento, do lugar de pagamento.
e) Não há indicação, no documento, do lugar de emissão.

130. (TRF/4R/Juiz/2010) Dadas as assertivas abaixo, assinale a alternativa correta.

I. O portador de um cheque emitido na mesma praça, mesmo tendo apresentado o título ao sacado, perderá o direito de executá-lo, caso não tome a iniciativa de promover a execução, se decorridos mais de 180 dias da data de sua emissão.
II. Em se tratando o cheque de um documento formal, valerá apenas como princípio de prova de dívida no caso de ser apresentado sem constar o local de sua emissão.
III. Ocorrendo a prescrição da via executiva, terá o portador o prazo de 2 (dois) anos a contar da data da emissão do cheque para promover a ação de enriquecimento ilícito contra o emitente.
IV. O cheque pós-datado não poderá ser apresentado ao sacador se ocorrer a morte do emitente em data anterior à ajustada para a sua apresentação.

a) Estão corretas apenas as assertivas I e II.
b) Estão corretas apenas as assertivas II e IV.
c) Estão corretas apenas as assertivas I, II e III.
d) Estão corretas todas as assertivas.
e) Nenhuma assertiva está correta.

131. (TRF/4R/Juiz/2010) Os títulos de crédito são documentos que representam obrigação pecuniária. Um dos mais conhecidos é a nota promissória, que constitui uma promessa de pagamento que uma pessoa faz a outra. Dadas as assertivas abaixo sobre nota promissória, assinale a alternativa correta.

I. A nota promissória em que não se indique a época do pagamento será considerada pagável no prazo de trinta dias contados da data da emissão.
II. Na falta de indicação especial, o lugar onde a nota promissória foi passada considera-se como sendo o lugar do pagamento.
III. Não são aplicáveis às notas promissórias as disposições da Lei Uniforme de Genebra atinentes às letras de câmbio.
IV. Conquanto a nota promissória de regra tenha autonomia, quando vinculada a contrato de abertura de crédito ela perde esse atributo, em razão da iliquidez do título que a originou.
V. O avalista de nota promissória vinculada a contrato de mútuo, quando figurar no contrato como devedor solidário, também responde pelas obrigações pactuadas.

a) Estão corretas apenas as assertivas I, IV e V.
b) Estão corretas apenas as assertivas II, III e IV.
c) Estão corretas apenas as assertivas II, IV e V.
d) Estão corretas apenas as assertivas I, II, IV e V.
e) Estão corretas todas as assertivas.

132. (Cespe/TRF/2R/Juiz/2009) Antônio emitiu, em 13.10.2009, cheque no valor nominal de R$ 3.000,00 para pagar móveis encomendados ao seu marceneiro Luís, fabricados com a ajuda de Marcos. Considerando essa situação hipotética, assinale a opção correta.

a) Mesmo que Antônio risque no cheque a expressão "ou à sua ordem", Luís pode endossar esse título.
b) Se Luís endossar o cheque para Marcos, este pode cobrar o cheque de Antônio na hipótese de este ter sustado o título por desacordo com Luís.
c) Caso Marcos receba o cheque por endosso, pode proibir novo endosso, o que de fato impedirá tal ato.
d) Luís pode apresentar o cheque ao sacado, pedindo que lance no verso do título declaração de que a quantia ali indicada está reservada em seu benefício durante o prazo de apresentação do título, qualificando-o como cheque visado.
e) Terceiro pode vir a avalizar o cheque emitido por Antônio, condicionando a garantia à entrega dos móveis a contento.

10

DIREITO FINANCEIRO

VOLUME DE QUESTÕES

BAIXO

1. DESPESAS E RECEITAS PÚBLICAS

QUESTÕES OBJETIVAS

1. (IFBC/TRF/2R/Juiz/2018) Sobre a disciplina das operações de crédito público, assinale a alternativa correta:

a) os contratos de operação de crédito externo conterão cláusula que importe na compensação automática de débitos e crédito.

b) é permitida a operação de crédito entre uma instituição financeira estatal e o ente da Federação que a controle, na qualidade de beneficiário do empréstimo, desde que com oferta de garantia pelo ente federado.

c) no caso de operação de crédito junto a organismo financeiro internacional, a União só prestará garantia a ente que atenda as exigências legais para o recebimento de transferências voluntárias.

d) o ente da Federação cuja dívida tiver sido honrada pela União ou por Estado, em decorrência de garantia prestada em operação de crédito, terá suspenso o acesso a novos créditos ou financiamentos até a liquidação de ao menos 50 (cinquenta) por cento da mencionada dívida.

e) a operação de crédito por antecipação de receita é permitida no último ano de mandato do Presidente, Governador ou Prefeito Municipal.

2. (IFBC/TRF/2R/Juiz/2018) Um colecionador de obras de arte decide doar todo o seu acervo ao Instituto Brasileiro de Museus, uma autarquia pública federal responsável pela gestão de museus federais. Da perspectiva do direito financeiro, esta doação se caracteriza como uma receita pública. Diante disso, assinale a alternativa correta acerca desta modalidade de receita pública:

a) trata-se de receita pública originária.

b) trata-se de receita pública derivada.

c) trata-se de receita pública ordinária.

d) trata-se de receita pública não efetiva.

e) trata-se de receita pública patrimonial.

3. (Cespe/TRF/5R/Juiz/2017) A respeito de receita pública, assinale a opção correta.

a) Os valores provenientes de empréstimos compulsórios têm natureza de receitas públicas, em virtude de ingressarem no caixa de forma efetiva.

b) A cobrança de preços públicos, entrada de recursos no caixa com natureza de perenidade, é considerada ingresso público, e não receita pública.

c) A receita proveniente de impostos tem a mesma classificação que a proveniente do pagamento de caução, dado que acabam ingressando no caixa do governo, mesmo que a caução seja eventualmente devolvida.

d) São receitas públicas originárias as provenientes de atividade exclusiva estatal, como, por exemplo, a cobrança de tributos.

e) Os ingressos de recursos no caixa do governo, que constem dos valores previstos no orçamento, têm caráter permanente.

4. (Cespe/TRF/5R/Juiz/2015) Considerando que o Detran, ao aplicar multa de trânsito ao condutor de veículo automotor, concede ao Estado o direito de receber tal receita, assinale a opção correta a respeito da natureza e classificação dessa receita e da relação dela com a dívida ativa.

a) A multa é uma receita pública, visto que qualquer ingresso de numerário caracteriza uma receita pública.

b) No momento em que não for paga e for inscrita em dívida ativa, a multa passará a ter a natureza de dívida ativa tributária.

c) A multa aplicada pelo Detran, por traduzir o poder impositivo do Estado e por ocorrer esporadicamente, ou seja, sem previsão, é considerada ingresso temporário de numerário, e não receita pública.

d) A multa paga pelo condutor do veículo automotor é considerada ingresso de numerário de natureza permanente, sendo, por isso, classificada como receita originária.

e) A multa paga pelo condutor é considerada receita derivada, pois não é originada na utilização ou exploração do patrimônio público.

5. (Cespe/TRF/1R/Juiz/2015) Tendo em vista que as receitas públicas podem ser classificadas em originárias e derivadas, assinale a opção correta.

a) A receita patrimonial é originária, uma vez que decorre da exploração do patrimônio público.

b) A receita corrente é originária, haja vista a sua tendência de sempre se repetir.

c) A receita de tributos cujo lançamento se opera de ofício é considerada originária, porque nasce a partir de ato da administração pública.

d) A receita de capital é, por natureza, derivada, pois decorre da aplicação do dinheiro público.
e) A receita de lucro de estatais é derivada, pois provém de ente privado para o poder público.

6. (TRF/4R/Juiz/2014) Dadas as assertivas abaixo, assinale a alternativa correta. Considerando o estatuído na Lei n. 4.320/64, que dispõe sobre normas gerais de Direito Financeiro para elaboração e controle dos orçamentos e balanços da União, dos Estados, dos Municípios e do Distrito Federal:

I. Classificam-se como despesas de custeio as dotações para manutenção de serviços anteriormente criados, inclusive as destinadas a atender a obras de conservação e adaptação de bens imóveis.
II. Classificam-se como transferências correntes as dotações para despesas as quais não correspondam contraprestação direta em bens ou serviços, inclusive para contribuições e subvenções destinadas a atender à manifestação de outras entidades de direito público ou privado.
III. Classificam-se como investimentos as dotações para o planejamento e a execução de obras, inclusive as destinadas à aquisição de imóveis considerados necessários à realização destas últimas, bem como para programas especiais de trabalho, aquisição de instalações, equipamentos e material permanente e constituição ou aumento do capital de empresas que não sejam de caráter comercial ou financeiro.
IV. Incluem-se entre as inversões financeiras as dotações destinadas à aquisição de títulos representativos do capital de empresas ou entidades de qualquer espécie, já constituídas, quando a operação não importar aumento do capital.

a) Estão corretas apenas as assertivas I e II.
b) Estão corretas apenas as assertivas I, II e III.
c) Estão corretas apenas as assertivas I, III e IV.
d) Estão corretas apenas as assertivas II, III e IV.
e) Estão corretas todas as assertivas.

7. (Cespe/TRF/2R/Juiz/2013) As despesas que caracterizam inversão financeira incluem a dotação para:

a) pagamento de juros da dívida pública.
b) aquisição de material permanente.
c) amortização da dívida pública.
d) obra pública.
e) aquisição de títulos representativos do capital de empresas em funcionamento.

8. (Cespe/TRF/2R/Juiz/2013) A verificação do direito adquirido pelo credor, tendo por base os títulos e documentos comprobatórios do respectivo crédito, constitui:

a) o pagamento da despesa.
b) a nota de extinção de obrigação.
c) a liquidação da despesa.
d) o empenho.
e) a ordem de pagamento.

9. (Cespe/TRF/3R/Juiz/2011) Acerca da classificação da receita pública, cujos parâmetros independem de sua natureza jurídica, assinale a opção correta.

a) As contribuições sociais classificam-se como receitas tributárias, assim como as multas tributárias.
b) A obtenção de recursos financeiros decorrentes de operações de crédito classifica-se como receita de capital, e as multas tributárias não são classificadas como receitas tributárias.
c) A obtenção de recursos financeiros decorrentes de operações de crédito classifica-se como receita de capital, e as contribuições sociais, como receitas tributárias.
d) A obtenção de recursos financeiros decorrentes de operações de crédito classifica-se como receita corrente, assim como o recebimento de amortização da dívida.
e) o recebimento de amortização da dívida classifica-se como receita de capital, e as multas tributárias, como receitas tributárias.

10. (Cespe/TRF/2R/Juiz/2009) Considerando que o Poder Executivo federal esteja determinado a realizar a abertura de crédito extraordinário por meio da edição de medida provisória (MP), para fazer face às despesas de execução de investimentos das obras do Programa de Aceleração do Crescimento, de sua responsabilidade, assinale a opção correta de acordo com a jurisprudência do STF.

a) Trata-se de crédito suplementar ou especial e não de extraordinário e, por isso, será necessária prévia autorização legislativa para sua abertura, de modo a fazer face às despesas de execução de investimentos.
b) A abertura do crédito terá eficácia com a aprovação da MP pelo Congresso Nacional.
c) Tendo em conta que a matéria objeto da MP é de exclusiva competência do presidente da República, o crédito extraordinário será regular e terá eficácia desde a vigência da norma.
d) A MP poderá referir-se às despesas de custeio, mas não às de investimento, pois, neste caso, fugirá à natureza do crédito extraordinário.
e) Somente prévia autorização legislativa, ou seja, aprovação de lei no Congresso Nacional, poderá autorizar a abertura de qualquer crédito extraordinário.

2. DÍVIDA PÚBLICA

QUESTÕES OBJETIVAS

11. (TRF/3R/Juiz/2018) Indique a afirmação correta:

a) Lei ordinária não pode dispor sobre dívida pública e sobre emissão e resgate de títulos da dívida pública.
b) É da competência de cada pessoa política dispor, mediante decreto regulador, sobre sua dívida pública externa e interna, incluída a de suas autarquias, fundações e demais entidades controladas.
c) Cabe ao Conselho Monetário Nacional exercer a competência constitucional para emitir moeda em nome da União.
d) O orçamento da seguridade social abrange todas as entidades e órgãos a ela vinculados por determinação legal, mas não está incluído na lei orçamentária anual.

12. (Cespe/TRF/2R/Juiz/2013) A competência privativa para fixar limites globais para o montante da dívida consolidada da União, dos estados, do DF e dos municípios pertence:

a) STF.
b) TCU.
c) ao Senado Federal.
d) ao Congresso Nacional.
e) à Câmara dos Deputados.

13. (Cespe/TRF/2R/Juiz/2011) Nos meses de junho e julho de 2011, verificou-se no parlamento estadunidense disputa política pela aprovação de norma que elevasse o nível de endividamento daquela União federal. Acerca das normas constitucionais brasileiras relativamente a essa matéria, assinale a opção correta.

a) O limite da dívida mobiliária dos estados e dos municípios é matéria de lei federal, enquanto o limite da dívida mobiliária da União é matéria de resolução do Senado Federal.
b) O limite da dívida mobiliária da União, dos estados e dos municípios é matéria de resolução do Senado Federal.
c) O limite da dívida mobiliária da União, dos estados e dos municípios é matéria de lei federal.
d) O limite da dívida mobiliária da União é matéria de lei federal, e o limite da dívida mobiliária dos estados e dos municípios é matéria de resolução do Senado Federal.
e) O limite da dívida mobiliária da União e dos estados é matéria de lei federal, e o limite da dívida mobiliária dos municípios é matéria de resolução do Senado Federal.

14. (Cespe/TRF/5R/Juiz/2009) Supondo-se que um órgão público apresente, em seu patrimônio, em 31.12.2008, valores de créditos a receber e a pagar, assinale a opção correta.

a) Se uma parcela de dívida passiva tiver vencimento após 31.12.2009, tal parcela deve ser classificada como dívida fundada.
b) Os depósitos recebidos pelo órgão são considerados dívida ativa não tributária.
c) Os serviços da dívida a pagar são classificados como dívida fundada.
d) Os créditos do órgão referentes a multas tributárias constituem dívida ativa não tributária.
e) A inscrição em dívida ativa exige que o crédito do órgão seja certo, porém não obrigatoriamente líquido.

3. FISCALIZAÇÃO CONTÁBIL, FINANCEIRA E ORÇAMENTÁRIA

SÚMULAS

STF Súm. Vinculante 3. Nos processos perante o Tribunal de Contas da União asseguram-se o contraditório e a ampla defesa quando da decisão puder resultar anulação ou revogação de ato administrativo que beneficie o interessado, excetuada a apreciação da legalidade do ato de concessão inicial de aposentadoria, reforma e pensão.

STF Súm. 6. A revogação ou anulação, pelo Poder Executivo, de aposentadoria, ou qualquer outro ato aprovado pelo Tribunal de Contas, não produz efeitos antes de aprovada por aquele tribunal, ressalvada a competência revisora do Judiciário.

STF Súm. 248. É competente, originariamente, o Supremo Tribunal Federal, para mandado de segurança contra ato do Tribunal de Contas da União.

STF Súm. 347. O Tribunal de Contas, no exercício de suas atribuições, pode apreciar a constitucionalidade das leis e dos atos do Poder Público.

STF Súm. 653. No Tribunal de Contas estadual, composto por sete conselheiros, quatro devem ser escolhidos pela Assembleia Legislativa e três pelo chefe do Poder Executivo estadual, cabendo a este indicar um dentre auditores e outro dentre membros do Ministério Público, e um terceiro à sua livre escolha.

REPERCUSSÃO & REPETITIVOS

STF Rep. Geral 47. A competência técnica do Tribunal de Contas do Estado, ao negar registro de admissão de pessoal, não se subordina à revisão pelo Poder Legislativo respectivo. *RE 576920, 14.5.2020.*

STF Rep. Geral 327. A inscrição de entes federados em cadastro de inadimplentes (ou outro que dê causa à negativa de realização de convênios, acordos, ajustes ou outros instrumentos congêneres que impliquem transferência voluntária de recursos), pressupõe o respeito aos princípios do contraditório, da ampla defesa e do devido processo legal, somente reconhecido: a) após o julgamento de tomada de contas especial ou procedimento análogo perante o Tribunal de Contas, nos casos de descumprimento parcial ou total de convênio, prestação de contas rejeitada, ou existência de débito decorrente de ressarcimento de recursos de natureza contratual (salvo os de conta não prestada); b) após a devida notificação do ente faltoso e o decurso do prazo nela previsto (conforme constante em lei, regras infralegais ou em contrato), independentemente de tomada de contas especial, nos casos de não prestação de contas, não fornecimento de informações, débito decorrente de conta não prestada, ou quaisquer outras hipóteses em que incabível a tomada de contas especial. *RE 1067086, 17.9.2020.*

STF Rep. Geral 445. Em atenção aos princípios da segurança jurídica e da confiança legítima, os Tribunais de Contas estão sujeitos ao prazo de 5 anos para o julgamento da legalidade do ato de concessão inicial de aposentadoria, reforma ou pensão, a contar da chegada do processo à respectiva Corte de Contas. *RE 636553, 19.2.2020.*

STF Rep. Geral 642. O Município prejudicado é o legitimado para a execução de crédito decorrente de multa aplicada por Tribunal de Contas estadual a agente público municipal, em razão de danos causados ao erário municipal. *RE 1003433, 14.9.2021.*

STF Rep. Geral 899. É prescritível a pretensão de ressarcimento ao erário fundada em decisão de Tribunal de Contas. *RE 636886, 20.4.2020.*

INFORMATIVOS

STF TCU: competência para fiscalizar verbas federais complementares ao Fundef/Fundeb. Compete ao TCU fiscalizar a aplicação, por parte dos demais entes da Federação, de verbas federais, transferidas pela União, para complementar o Fundo de Desenvolvimento do Ensino Fundamental e Valorização do Magistério e o Fundo de Manutenção e Desenvolvimento da Educação Básica e de Valorização dos Profissionais da Educação. Os recursos destinados ao Fundef/Fundeb a título de complementação, quando o montante investido pelos estados e pelo Distrito Federal não for suficiente para atingir o mínimo por aluno, são originários da União. A fiscalização da aplicação de recursos federais é atribuição do TCU, conforme disposto na CF e na própria Lei Orgânica do Tribunal (Lei 8.443/92). *ADI 5791, 2.9.2022. Pleno. Inf 1066.*

STF Auditor substituto de conselheiro de Corte de Contas estadual e remuneração proporcional. É constitucional norma estadual que prevê o pagamento proporcional da remuneração devida a conselheiro de Tribunal de Contas para auditor em período de substituição. Por constituir exercício temporário das mesmas funções, admite-se o pagamento dos mesmos vencimentos e vantagens, por critério de isonomia. Não se trata de equiparação ou vinculação das remunerações das duas carreiras. *ADI 6951, 10.6.2022. Pleno. Inf 1058.*

STF Tribunal de Contas estadual: normas gerais sobre prescrição e decadência. É constitucional norma estadual decorrente de emenda parlamentar a projeto de lei de iniciativa do TCE que veicule regras sobre prescrição e decadência a ele aplicáveis. Não obstante a ausência de disciplina expressa no ordenamento jurídico sobre prescrição e decadência no âmbito do TCU, a criação desses institutos pelos Tribunais de Contas nas diversas unidades federativas alinha-se com a interpretação mais consentânea com a CF, notadamente o caráter excepcional das regras de imprescritibilidade. *ADI 5384, 27.5.2022. Pleno Inf 1056.*

STJ Conselheiro de Tribunal de Contas Estadual. Perda do cargo ocupado com garantia de vitaliciedade. Necessidade de decisão judicial transitada em julgado, em ação própria. Arts. 73, § 3º, e 75 da CF. Reintegração imediata do impetrante. Impossibilidade. Cargo ocupado por outro conselheiro vitalício. Colocação em disponibilidade. Inteligência da legislação estadual do Paraná. Conselheiro de TCE, quando não puder ser reintegrado imediatamente, deve permanecer em disponibilidade, conforme legislação estadual, haja vista que a perda do cargo ocupado com garantia de vitaliciedade necessita de decisão judicial transitada em julgado, em ação própria. *RMS 52896, 2ª T, 17.10.2022. Inf 757.*

STJ Danos causados ao erário municipal. TCE. Multa. Execução. Município. Legitimidade. RE 1003433. Tema 642. Adequação de entendimento. O município prejudicado é o legitimado para a execução de crédito decorrente de multa aplicada por TCE a agente público municipal, em razão de danos causados ao erário municipal. *AgInt no AREsp 926.189, 2ª T, 15.2.2022. Inf 725.*

QUESTÕES OBJETIVAS

15. (TRF/2R/Juiz/2017) À luz do entendimento dominante dos Tribunais Superiores, aprecie as afirmativas e, ao final, marque a opção correta:

I. A inscrição de multas impostas pelo Tribunal de Contas da União (TCU) na dívida ativa da União é opcional.
II. Inscrita em dívida ativa, a multa pode ser cobrada judicialmente pelo Ministério Público, seja o que atua junto ao Tribunal de Contas ou não.

III. Quando o TCU aplica multa a gestor estadual ou municipal, o beneficiário é a União Federal, e não o Estado ou o Município.

a) Apenas as assertivas I e II estão corretas.
b) Apenas as assertivas II e III estão corretas.
c) Apenas as assertivas I e III estão corretas.
d) Apenas a assertiva II está correia.
e) Todas as assertivas estão corretas.

16. (TRF/4R/Juiz/2016) Dadas as assertivas abaixo, assinale a alternativa correta.

I. É inconstitucional norma local que estabeleça a competência do Tribunal de Contas da União para realizar exame prévio de validade de contratos firmados com o Poder Público.
II. As sociedades de economia mista e as empresas públicas federais estão sujeitas à fiscalização do Tribunal de Contas da União.
III. No âmbito das competências institucionais do Tribunal de Contas da União, aquela consistente em apreciar e emitir parecer prévio sobre as contas prestadas anualmente pelo Presidente da República fica subordinada ao crivo posterior do Congresso Nacional.
IV. A tomada de contas especial, enquanto procedimento administrativo disciplinar, visa ao ressarcimento do dano causado ao erário.

a) Estão corretas apenas as assertivas I, II e III.
b) Estão corretas apenas as assertivas I, II e IV.
c) Estão corretas apenas as assertivas I, III e IV.
d) Estão corretas apenas as assertivas II, III e IV.
e) Estão corretas todas as assertivas.

17. (TRF/4R/Juiz/2014) Assinale a alternativa correta. É de competência do Tribunal de Contas da União:

a) O julgamento das contas do Presidente da República.
b) Revisar e decretar a nulidade, em decisão definitiva, de atos administrativos editados em contrariedade à Constituição.
c) Manifestar-se, previamente, sobre a elaboração de proposta do orçamento da União.
d) Fazer o controle prévio da constitucionalidade de lei orçamentária.
e) Nenhuma das alternativas anteriores está correta.

18. (Cespe/TRF/2R/Juiz/2013) No Brasil, o órgão que tem competência exclusiva para julgar anualmente as contas prestadas pelo presidente da República é:

a) o Congresso Nacional.
b) STF.
c) a Comissão Mista de Senadores e Deputados.
d) TCU.
e) o Senado Federal.

19. (Cespe/TRF/5R/Juiz/2011) No que se refere ao Poder Legislativo, assinale a opção correta.

a) Apesar de não admitir o veto presidencial tácito, a CF admite o denominado veto sem motivação, resguardando ao presidente da República a prerrogativa de simplesmente vetar, sem explicar os motivos de seu ato.
b) A partir da promulgação da CF, as medidas provisórias passaram a ser apreciadas pelo Congresso Nacional no prazo de sessenta dias, prorrogável pelo mesmo período, não se admitindo, portanto, possibilidade de vigência de medida provisória por mais de cento e vinte dias.
c) Segundo entendimento do STF, as cortes de contas gozam de autonomia, autogoverno e iniciativa reservada para a instauração de processo legislativo que pretenda alterar a sua organização e funcionamento, razão por que é inconstitucional lei estadual de iniciativa parlamentar que altere ou revogue dispositivos da lei orgânica do tribunal de contas do estado, que estabelece preceitos concernentes à forma de atuação, competências e organização do órgão.
d) Uma vez obtida resolução delegatória, o presidente da República fica obrigado a editar a lei objeto do pedido de delegação ao Congresso Nacional.
e) O Poder Legislativo não detém competência para emendar projeto de lei de iniciativa reservada ao chefe do Poder Executivo.

20. (Cespe/TRF/5R/Juiz/2011) De acordo com o que dispõe a CF, a atuação conjunta do TCU e do Congresso Nacional no que se refere a controle externo é requerida em caso de:

a) disposição sobre limites para a concessão de garantia da União em operações de crédito interno.
b) aprovação da exoneração do procurador-geral da República.
c) julgamento das contas do presidente da República.
d) aprovação prévia da escolha de presidente e diretores do Bacen.
e) aprovação das iniciativas do Poder Executivo referentes a atividades nucleares.

21. (Cespe/TRF/2R/Juiz/2011) A respeito da fiscalização contábil, financeira e orçamentária da administração pública federal e das competências do TCU, assinale a opção correta.

a) Quando o TCU detectar irregularidades ou abusos na execução de contratos firmados pela administração pública federal, o Senado Federal poderá determinar-lhes a imediata sustação, além de poder imputar débito ou multa aos responsáveis.
b) A fiscalização exercida pelo Congresso Nacional sobre a administração pública federal, no que diz respeito aos aspectos financeiros, não alcança as empresas públicas e as sociedades de economia mista, que se sujeitam ao regime jurídico próprio das empresas privadas.
c) Compete ao TCU aplicar aos responsáveis, em caso de ilegalidade de despesa ou irregularidade de contas, as sanções previstas em lei, que estabelecerá, entre outras cominações, multa proporcional ao dano causado ao erário.
d) É competência exclusiva do Congresso Nacional julgar as contas prestadas pelos administradores e demais responsáveis por dinheiros, bens e valores públicos da administração direta e indireta, incluídas as fundações e sociedades instituídas e mantidas pelo poder público federal.
e) Cabe à comissão mista de deputados e senadores, com exclusividade, emitir parecer prévio sobre as contas prestadas anualmente pelo presidente da República.

22. (Cespe/TRF/5R/Juiz/2009) A respeito do processo legislativo, do TCU e do orçamento, assinale a opção correta.

a) Suponha que determinado projeto de lei ordinária seja encaminhado para sanção presidencial e que, nesse mesmo momento, o presidente da República resolva editar uma medida provisória acerca da mesma matéria tratada no referido projeto. Nessa situação hipotética, desde que atendidos os demais preceitos constitucionais, não há impedimento para se editar a referida medida provisória.
b) Considere que um projeto de lei de iniciativa parlamentar tenha por objeto autorizar o parcelamento de débitos tributários federais em 60 meses, especificando o seu alcance e requisitos. Nessa situação hipotética, a sanção presidencial elimina a inconstitucionalidade formal do referido projeto de lei, visto

que a matéria é de competência privativa do presidente da República.

c) Não compete ao TCU fiscalizar a correta aplicação das receitas que os estados e municípios recebem pela participação ou compensação no resultado da exploração de petróleo, xisto betuminoso e gás natural.

d) Uma proposta de emenda constitucional que tenha sido rejeitada ou prejudicada somente pode ser reapresentada na mesma sessão legislativa mediante a propositura da maioria absoluta dos membros de cada casa do Congresso Nacional.

e) O orçamento público rege-se pelo princípio da reserva de lei. Assim, os orçamentos e os créditos adicionais e extraordinários somente podem ser aprovados ou autorizados por meio de lei, não sendo admitida a edição de medida provisória.

4. LEI DE RESPONSABILIDADE FISCAL (LC 101/00)

SÚMULAS

STJ Súm. 615. Não pode ocorrer ou permanecer a inscrição do município em cadastros restritivos fundada em irregularidades na gestão anterior quando, na gestão sucessora, são tomadas as providências cabíveis à reparação dos danos eventualmente cometidos.

REPERCUSSÃO & REPETITIVOS

STJ Repetitivo 1075. É ilegal o ato de não concessão de progressão funcional de servidor público, quando atendidos todos os requisitos legais, a despeito de superados os limites orçamentários previstos na Lei de Responsabilidade Fiscal, referentes a gastos com pessoal de ente público, tendo em vista que a progressão é direito subjetivo do servidor público, decorrente de determinação legal, estando compreendida na exceção prevista no inciso I do parágrafo único do art. 22 da Lei Complementar 101/2000. *REsp 1878849, 1ª S, 24.2.2022.*

QUESTÕES DISCURSIVAS

1. (TRF/2R/Juiz/2017) Diversos entes federados têm encontrado sérias dificuldades para realizar o pagamento dos gastos de pessoal. O ordenamento jurídico veicula mecanismos que buscam limitar esta espécie de despesas, de modo a evitar o agravamento do desequilíbrio fiscal. Acerca desses mecanismos, responda aos itens abaixo: (a) identifique e conceitue o tipo de receita tomada como parâmetro para o cálculo do limite com despesas de pessoal, bem como identifique o percentual de limites globais para cada ente federado (União, Estados e Municípios). (b) discorra sobre as espécies de gastos que entram no cômputo da despesa total com pessoal de cada ente da Federação, bem como sobre a possibilidade de cômputo dos contratos de terceirização de mão de obra em tal limite. (c) conceitue o chamado "limite prudencial de despesa com pessoal", bem como enumere as consequências de este limite prudencial ser ultrapassado. (d) aponte as sanções previstas na Lei de Responsabilidade Fiscal para o ente que ultrapassar o limite de gastos com pessoal. (e) analise a possibilidade de redução temporária da jornada de trabalho de cargo ou função pública com adequação dos vencimentos à nova carga horária como mecanismo de limite de despesas de pessoal.

QUESTÕES OBJETIVAS

23. (TRF/4R/Juiz/2022) Assinale a alternativa correta. De acordo com a Lei Complementar Federal nº 101/2000 (Lei de Responsabilidade Fiscal):

a) as normas de finanças públicas relativas à responsabilidade na gestão fiscal obrigam todos os Poderes da União, dos Estados, do Distrito Federal e dos Municípios, excluídos os Tribunais de Contas, por serem órgãos controladores.

b) o refinanciamento da dívida pública deve constar separadamente na lei orçamentária e nas de crédito adicional.

c) na proposta orçamentária encaminhada pelo Poder Executivo, não é admitida em qualquer hipótese a reestimativa de receita por parte do Poder Legislativo.

d) a concessão ou a ampliação de incentivo ou benefício de natureza tributária da qual decorra renúncia de receita deverá estar acompanhada de estimativa do impacto orçamentário-financeiro somente no exercício em que deva se iniciar sua vigência.

e) para a apuração da despesa total com pessoal, será observada a remuneração bruta do servidor, sem dedução ou retenção de qualquer natureza.

24. (TRF/2R/Juiz/2017) Sobre a renúncia de receitas na Lei de Responsabilidade Fiscal (Lei Complementar nº 101/2000), assinale a opção correta:

a) A legalidade da concessão de benefício de natureza tributária da qual decorra renúncia de receita estará garantida, sob o ponto de vista da Lei Complementar nº 101, desde que esteja acompanhada de estimativa do impacto orçamentário-financeiro no exercício em que deva iniciar sua vigência e nos dois seguintes.

b) A redução nas alíquotas do imposto de produtos industrializados (IPI), em razão de seu impacto sobre a arrecadação federal, submete-se aos requisitos para renúncia de receitas estabelecidos pela Lei de Responsabilidade Fiscal.

c) Quando o ato de concessão ou ampliação do incentivo ou benefício do qual decorra renúncia de receita estiver condicionado à implementação de medidas de compensação, o benefício só entrará em vigor 90 (noventa) dias após implementadas tais medidas.

d) E facultativo o exercício da competência tributária pelos entes federados, razão pela qual o ente que não instituir todos os impostos de sua competência pode, nos termos da Lei de Responsabilidade Fiscal, continuar a receber transferências obrigatórias e voluntárias.

e) O cancelamento de débito cujo montante seja inferior ao dos respectivos custos de cobrança não é considerado, pela Lei de Responsabilidade Fiscal, como renúncia de receita.

25. (TRF/2R/Juiz/2017) À luz da Lei Complementar n. 101/2000 (Lei de Responsabilidade Fiscal – LRF)), assinale a opção correta:

a) É vedado a Estados e Municípios – e permitido à União Federal – conceder garantia em operações de crédito externas.

b) Em regra, instituição financeira que contrate operação de crédito com ente da Federação fica dispensada de exigir comprovação de que a operação atende às condições e limites estabelecidos na Lei de Responsabilidade Fiscal.

c) A Caixa Econômica Federal, em razão da proibição de operação de crédito entre instituição financeira estatal e o ente da Federação que a controla, está impedida de adquirir títulos da dívida de emissão da União Federal.

d) O Banco Central do Brasil está impedido de comprar diretamente títulos emitidos pela União, salvo para refinanciar a dívida mobiliária federal que estiver vencendo na sua carteira.

e) É absolutamente vedado ao Tesouro Nacional adquirir títulos da dívida pública federal existentes na carteira do Banco Central do Brasil.

26. (TRF/2R/Juiz/2014) O artigo 16 da Lei Complementar n. 101/2000 (Lei de Responsabilidade Fiscal) prevê: "Art. 16. A criação, expansão ou aperfeiçoamento de ação governamental que acarrete aumento de despesa será acompanhado de: I – estimativa do impacto orçamentário-financeiro no exercício em que deva entrar em vigor e nos dois subsequentes; II – declaração do ordenador de despesa de que o aumento tem adequação orçamentária e financeira com a lei orçamentária anual e compatibilidade com o plano plurianual e com a lei de diretrizes orçamentárias". Sobre o referido dispositivo, assinale a opção correta:

a) Segundo a jurisprudência do Tribunal de Contas da União, o aumento de despesa a que se refere o caput do artigo 16 da Lei de Responsabilidade Fiscal alcança apenas as despesas de pessoal.
b) Segundo a jurisprudência do Supremo Tribunal Federal, os referidos requisitos devem constituir condição prévia de empenho e licitação de serviços, fornecimento de bens e execução de obras, mesmo aqueles que não ultrapassem um exercício financeiro.
c) As despesas rotineiras e corriqueiras da Administração Pública, já previstas no orçamento, destinadas à manutenção das ações governamentais preexistentes, prescindem do cumprimento dos requisitos previstos no art. 16 da Lei de Responsabilidade Fiscal.
d) O artigo 16 da Lei de Responsabilidade Fiscal não é aplicável ao Poder Judiciário, eis que a própria legislação limitou o seu alcance apenas ao Poder Executivo e ao Poder Legislativo.
e) Para que seja considerada adequada com a lei orçamentária anual, a despesa deverá ser acompanhada de comprovação que demonstre que o seu aumento não afetará as metas de resultados fiscais, devendo o seu efeito financeiro, nos períodos seguintes, ser compensado pelo aumento permanente de receita ou pela redução permanente despesa.

27. (Cespe/TRF/1R/Juiz/2013) No que concerne à Lei de Responsabilidade Fiscal, assinale a opção correta.

a) O município que instituir taxa, realizar as estimativas da receita associada, mas não efetivar a sua arrecadação, não poderá receber transferências voluntárias da União, por ausência de requisito essencial da gestão fiscal responsável.
b) O Poder Executivo federal pode, para fins de cumprimento de metas fiscais, limitar, mediante decreto de contingenciamento, a execução de despesas decorrentes de obrigação constitucional, dado o caráter meramente autorizativo da lei orçamentária anual.
c) A lei orçamentária anual de um estado da Federação deve, obrigatoriamente, indicar todas as despesas referentes à sua dívida pública, mobiliária ou contratual.
d) Um município poderá, em sua lei de orçamento, consignar dotação ilimitada para despesas de programas voltados à superação de grave problema de mobilidade urbana.
e) Sendo a realização da receita prevista no orçamento incompatível com as metas fiscais da lei de diretrizes orçamentárias, conforme apuração bimestral, o MP e o Poder Judiciário não estarão sujeitos às regras de limitação de empenho da despesa e de movimentação financeira.

28. (TRF/4R/Juiz/2010) Dadas as assertivas abaixo, assinale a alternativa correta. Segundo a Lei de Responsabilidade Fiscal (Lei Complementar 101/2000), no "Art. 11. Constituem requisitos essenciais da responsabilidade na gestão fiscal a instituição, previsão e efetiva arrecadação de todos os tributos da competência constitucional do ente da Federação. Parágrafo único. É vedada a realização de transferências voluntárias para o ente que não observe o disposto no caput, no que se refere aos impostos". Esse artigo:

I. É de constitucionalidade inquestionável.
II. É de constitucionalidade questionável diante da regra de competência tributária privativa dos entes federados, mas a doutrina tende fortemente a admitir sua constitucionalidade, pois não imporia obrigação de exercício de competência tributária, mas apenas consequências de seu não exercício.
III. Implica obrigatória instituição do imposto sobre grandes fortunas (inciso VII do art. 153 da Constituição Federal) pela União Federal, conforme reconhecido pela jurisprudência.
IV. Visa diretamente combater a guerra fiscal entre os Estados, sendo o principal dispositivo da Lei de Responsabilidade Fiscal visando a essa finalidade.

a) Está correta apenas a assertiva II.
b) Estão corretas apenas as assertivas II e III.
c) Estão corretas apenas as assertivas III e IV.
d) Todas as assertivas estão corretas.
e) Nenhuma assertiva está correta.

5. LEIS ORÇAMENTÁRIAS

ATENÇÃO: ESTE TEMA É MUITO EXIGIDO NOS CONCURSOS!

INFORMATIVOS

STF Lei de Diretrizes Orçamentárias: autonomia do Ministério Público estadual. É inconstitucional a limitação de despesas da folha complementar do Ministério Público Estadual do Estado do Ceará em percentual da despesa anual da folha normal de pagamento, sem a devida participação efetiva do órgão financeiramente autônomo no ato de estipulação em conjunto dessa limitação na Lei de Diretrizes Orçamentárias. É indispensável a efetiva participação do Ministério Público – órgão constitucionalmente autônomo – no ciclo orçamentário, sob pena da respectiva norma incidir em inconstitucionalidade por afronta à sistemática orçamentária e financeira prevista na Constituição Federal (art. 127, §§ 3º a 6º, e art. 168, caput). *ADI 7073, 23.9.2022. Pleno. Inf 1069.*

STF Saúde pública: financiamento federal e alteração da forma de cálculo dos recursos mínimos aplicados pela União. São constitucionais – por não violarem o direito à saúde – os arts. 2º e 3º da EC 86/15 ("Emenda do Orçamento Impositivo"), os quais alteraram a forma de cálculo dos recursos mínimos aplicados anualmente, pela União, em Ações e Serviços Públicos de Saúde (ASPS) mediante a instituição de subpisos anuais progressivos, neles incluída a parcela oriunda das receitas de "royalties" de petróleo e de gás natural. Não há comprovação de que a mudança dos parâmetros para a definição do patamar mínimo referente ao financiamento federal desfigura o núcleo essencial de direito fundamental, notadamente do direito à saúde, mesmo sob a ótica da vedação ao retrocesso social, visto ser admitida a regulamentação desses direitos por critérios escolhidos pelo legislador ordinário. *ADI 5595, 17.10.2022. Pleno. Inf 1073.*

STF Prazo para adequação ao sistema único e integrado de execução orçamentária. O Decreto presidencial 10.540/20, que estabelece prazo para que os entes federados promovam adequação necessária para a integração ao sistema de publicidade de dados, estabelecido pela LC 156/16, com padrão mínimo de transparência e qualidade, não ofende os princípios da legalidade, da separação dos Poderes, da reserva de lei complementar, da publicidade, da eficiência e da impessoalidade. *ADPF 763, 28.10.2022. Pleno. Inf 1074.*

STF Norma estadual e emenda parlamentar impositiva em lei orçamentária. São inconstitucionais emendas parlamentares estaduais de caráter impositivo em lei orçamentária anteriores à vigência das ECs 86/15 e 100/19. Inexiste no ordenamento jurídico brasileiro a figura da constitucionalidade superveniente, de modo que não há se falar na consequente convalidação das normas. Não cabe à Constituição estadual instituir a figura das programações orçamentárias impositivas fora das hipóteses previstas no regramento nacional. *ADI 6308, 3.6.2022. Pleno. Inf 1057.*

STF Ministério Público de Contas estadual e limites legais de gastos do Poder Executivo. É inconstitucional, por ofensa ao princípio da separação dos Poderes, norma estadual que submete as despesas com pessoal do MPC aos limites orçamentários fixados para o Poder Executivo. Cabe ao TCE a iniciativa de leis que tratem de sua organização e estrutura internas, o que inclui a organização do MPC, que integra, em termos estruturais, as Cortes de Contas, motivo pelo qual suas despesas não devem se submeter aos limites orçamentários fixados para o Poder Executivo. *ADI 5563, 3.6.2022. Pleno. Inf 1057.*

STF Processo legislativo para a autorização de alienação de ações de empresa estatal e obtenção de crédito para o custeio de despesas correntes de estado-membro. Não podem ser realizadas junto a instituições financeiras estatais operações financeiras com a finalidade de obtenção de crédito para pagamento de pessoal ativo, inativo e pensionista, dos estados, do Distrito Federal e dos municípios. A "regra de ouro" das finanças públicas versada no art. 167, III, da CF, segundo a qual o ente público não deve se endividar mais que o necessário para realizar suas despesas de capital, não impede a contratação de operações de crédito para o custeio de despesas correntes. O estado pode financiar suas despesas de capital mediante receitas de operações de crédito, desde que estas não excedam o montante das despesas de capital. Isso deverá ser observado pelo chefe do Poder Executivo quando fizer a operação financeira autorizada por lei. O art. 167, X, da CF não proíbe a concessão de empréstimos para pagamento de pessoal. O dispositivo veda, contudo, que os empréstimos realizados junto a instituições financeiras dos governos federal e estaduais sejam utilizados para aquele fim. Impede-se, portanto, a alocação das receitas obtidas com instituições financeiras estatais para o custeio de pessoal ativo e inativo. Por oportuno, nada impede a realização de empréstimos com instituições financeiras privadas para pagamento de despesas com pessoal, porquanto a proibição não as alcança. *ADI 5683, 20.4.2022. Pleno. Inf 1051.*

STF Emendas do relator-geral do orçamento: suspensão da execução orçamentária e prestação de serviços essenciais à coletividade. Diante dos riscos de paralisação de serviços essenciais à coletividade, deve-se dar, em juízo cautelar, continuidade à execução das despesas classificadas sob o identificador de Resultado Primário 9 (RP 9). *ADPF 850 MC-Ref-Ref, Pleno, 16.12.2021. Inf 1042.*

QUESTÕES OBJETIVAS

29. (TRF/4R/Juiz/2022) Assinale a alternativa correta.

a) É vedada a inclusão na lei orçamentária anual de dispositivo estranho à previsão da receita e à fixação da despesa, não se incluindo na proibição a autorização para abertura de créditos suplementares e contratação de operações de crédito, ainda que por antecipação de receita, nos termos da lei.
b) Os planos e programas nacionais devem ser elaborados em consonância com o plano plurianual aprovado pelo Poder Legislativo, o que não é exigível dos planos e programas regionais e setoriais, que comportam certa flexibilização.
c) O princípio da anualidade delimita a periodicidade da lei orçamentária para o exercício financeiro, que poderá não coincidir com o ano civil.
d) O princípio da unidade consiste na exigência de elaboração de um único documento orçamentário, sem discriminação dos órgãos abrangidos.
e) O princípio da universalidade traduz a exigência de inclusão de todas as receitas e despesas públicas no orçamento anual, exceto os investimentos das empresas em que a União, direta ou indiretamente, detenha a maioria do capital social com direito a voto.

30. (TRF/4R/Juiz/2022) Assinale a alternativa incorreta.

a) As propostas de leis orçamentárias sujeitam-se a regime especial de tramitação no Poder Legislativo.
b) É vedado ao Banco Central conceder, direta ou indiretamente, empréstimos ao Tesouro Nacional e a qualquer órgão ou entidade que não seja instituição financeira.
c) É vedada a realização de operações de créditos que excedam o montante das despesas de capital, ressalvadas as autorizadas mediante créditos suplementares ou especiais com finalidade precisa, aprovados pelo Poder Legislativo por maioria simples.
d) O pagamento da despesa só será efetuado quando ordenado após sua regular liquidação.
e) A dívida fundada compreende os compromissos de exigibilidade superior a doze meses, contraídos para atender a desequilíbrio orçamentário ou financeiro de obras e serviços públicos.

31. (TRF/4R/Juiz/2022) Dadas as assertivas abaixo, assinale a alternativa correta.

I. As três espécies de leis orçamentárias são de iniciativa do Poder Executivo: Lei do Plano Plurianual (PPA), Lei das Diretrizes Orçamentárias (LDO) e Lei Orçamentária Anual (LOA).
II. O Plano Plurianual estabelece, de forma regionalizada, diretrizes, objetivos e metas da administração pública federal para as despesas de capital e outras delas decorrentes e para as relativas aos programas de duração continuada, mas a efetiva realização das despesas dependerá da lei orçamentária.
III. As despesas de capital são aquelas pertinentes a investimentos, inversões financeiras e transferências de capital.
IV. Nenhum investimento cuja execução ultrapasse um exercício financeiro poderá ser iniciado sem prévia inclusão no plano plurianual ou sem lei que autorize a inclusão, sob pena de crime de responsabilidade.
V. A previsão da despesa na lei orçamentária não gera, automaticamente, direito subjetivo à sua efetiva realização.

a) Estão corretas apenas as assertivas I, II e IV.
b) Estão corretas apenas as assertivas I, II e V.
c) Estão corretas apenas as assertivas I, III e V.
d) Estão corretas apenas as assertivas III, IV e V.
e) Estão corretas todas as assertivas.

32. (Vunesp/TRF/3R/Juiz/2022) Assinale a afirmativa correta quanto aos princípios orçamentários:

a) O princípio da especialização exige que as receitas apareçam de maneira discriminada, de forma que as origens dos recursos sejam detalhadas para concessões genéricas de despesas.
b) O princípio da exclusividade exige que a lei orçamentária contenha apenas matéria de receitas e despesas, não permitindo exceções como a autorização para abertura de créditos suplementares e contratações de operações de crédito.
c) O princípio da universalidade determina que todas as receitas e todas as despesas estejam previstas no orçamento, sendo indispensável para o controle parlamentar.
d) O princípio do equilíbrio como regra de ouro das finanças públicas significa que a despesa autorizada em cada exercício não pode ser superior ao total de receitas estimadas, não se admitindo como exceção o endividamento para investimento.

33. (IFBC/TRF/2R/Juiz/2018) Em relação às normas de finanças públicas previstas na Constituição, assinale a alternativa correta:

a) a competência da União para emitir moeda será exercida exclusivamente pelo Banco Central e pela Secretaria do Tesouro Nacional.
b) faculta-se ao Poder Executivo fazer acompanhar o projeto de lei orçamentária de demonstrativo regionalizado do efeito, sobre as receitas e despesas, decorrente de isenções, anistias, remissões, subsídios e benefícios de natureza financeira, tributária e creditícia.
c) após o envio ao Congresso Nacional de projeto de lei orçamentária, o Presidente da República não poderá mais propor qualquer alteração.
d) é possível a transposição, o remanejamento ou a transferência de recursos de uma categoria de programação para outra ou de um órgão para outro, desde que com prévia autorização por ato do chefe do Poder Executivo, com exceção daqueles relacionados às atividades de ciência, tecnologia e inovação, os quais necessitam de prévia autorização legislativa.
e) as emendas individuais ao projeto de lei orçamentária serão aprovadas no limite de 1,2% (um inteiro e dois décimos por cento) da receita corrente líquida prevista no projeto encaminhado pelo Poder Executivo, sendo que a metade deste percentual será destinada a ações e serviços públicos de saúde.

34. (Cespe/TRF/5R/Juiz/2017) O orçamento moderno, diferentemente do orçamento tradicional, é instrumento de planejamento governamental e necessário para a consecução das políticas públicas. A respeito desse assunto, que envolve o conceito de orçamento e princípios orçamentários, assinale a opção correta.

a) O orçamento moderno trabalha com a ideia central de que os recursos a serem arrecadados devem servir à aquisição de meios para fazer face exclusivamente às despesas contingenciais.
b) O orçamento público é um instrumento que confere ao Poder Executivo poder discricionário para a reformulação de políticas públicas, sem a necessidade de autorização legislativa para tanto.
c) O orçamento público moderno deve garantir o equilíbrio fiscal, por meio do cumprimento das metas de resultados fiscais estipuladas.
d) O orçamento moderno, assim como o tradicional, exige que as receitas sejam matematicamente iguais às despesas.
e) A concepção moderna de orçamento público enfatiza seu aspecto contábil e gerencial, distanciando-se da avaliação de eficiência e efetividade.

35. (Cespe/TRF/5R/Juiz/2017) A respeito dos princípios orçamentários, assinale a opção correta.

a) O princípio do equilíbrio orçamentário foi alterado para considerar a possibilidade da previsão de déficit nas contas públicas, desde que mantido em níveis controláveis e nos parâmetros impostos pela legislação.
b) O princípio da transparência orçamentária diz respeito à necessidade de divulgação anual do orçamento para conhecimento, pelos cidadãos, da estimação de receita e despesa.
c) O princípio da não afetação refere-se à impossibilidade de vinculação de impostos a determinadas despesas, salvo se a vinculação se referir exclusivamente ao pagamento de dívida pública.
d) O princípio da especialidade ou especificação do orçamento define que somente o orçamento pode tratar de matéria orçamentária, podendo conter autorização para a abertura de créditos suplementares e operações de crédito.
e) O princípio participativo orçamentário refere-se à possibilidade de o cidadão fazer representações perante os órgãos de controle interno e externo e de fiscalização para a apuração de fatos relacionados ao cumprimento do orçamento.

36. (TRF/4R/Juiz/2016) Assinale a alternativa incorreta. Acerca do orçamento público, tendo em conta as disposições constitucionais:

a) As emendas individuais ao projeto de lei orçamentária serão aprovadas no limite de 1,2% (um inteiro e dois décimos por cento) da receita corrente líquida prevista no projeto encaminhado pelo Poder Executivo, sendo que a metade desse percentual será destinada a ações e serviços públicos de saúde.
b) As programações orçamentárias previstas nas emendas individuais ao projeto de lei orçamentária não serão de execução obrigatória nos casos dos impedimentos de ordem técnica.
c) Constitui crime de responsabilidade a realização de investimento cuja execução ultrapasse um exercício financeiro sem prévia inclusão no plano plurianual, ou sem lei que autorize a inclusão.
d) A transposição, o remanejamento ou a transferência de recursos de uma categoria de programação para outra poderão ser admitidos, no âmbito das atividades de ciência, tecnologia e inovação, com o objetivo de viabilizar os resultados de projetos restritos a essas funções, mediante ato do Poder Executivo, desde que haja prévia autorização legislativa.
e) Os recursos correspondentes às dotações orçamentárias, compreendidos os créditos suplementares e especiais, destinados aos órgãos dos Poderes Legislativo e Judiciário, do Ministério Público e da Defensoria Pública, ser-lhes-ão entregues até o dia 20 de cada mês, em duodécimos, na forma da lei complementar.

37. (Cespe/TRF/1R/Juiz/2015) Conforme recente emenda constitucional, o limite das emendas individuais ao projeto de lei orçamentária é calculado com base na:

a) receita corrente líquida definida pelo Congresso Nacional para o exercício a que se destine a proposta.
b) receita corrente líquida prevista para o ano em que esteja sendo encaminhada a proposta.
c) receita corrente líquida realizada no exercício anterior.
d) média das receitas correntes líquidas realizadas nos dois exercícios anteriores à proposta.
e) receita corrente líquida prevista no projeto encaminhado pelo Poder Executivo.

38. (Cespe/TRF/1R/Juiz/2015) No que se refere aos princípios orçamentários estabelecidos na CF, assinale a opção correta.

a) Na elaboração de lei orçamentária, é proibida a concessão de créditos sem limite de valor estabelecido.
b) Na definição de fontes de financiamento das despesas públicas, é proibida a vinculação a órgão, fundo ou despesa de receita derivada de taxa, empréstimo compulsório e contribuição de melhoria.
c) Para a realização de despesas distintas do pagamento de benefícios do RGPS, é proibida a utilização de recursos arrecadados a título de contribuição social sobre o lucro líquido das empresas.
d) A autorização para a abertura de créditos especiais pelo Poder Executivo pode estar contida na própria lei orçamentária.
e) É admissível a abertura de crédito suplementar sem a indicação dos recursos correspondentes, desde que o crédito seja destinado a custear despesas decorrentes de calamidades públicas.

39. (TRF/4R/Juiz/2014) Dadas as assertivas abaixo, assinale a alternativa correta.

I. A lei orçamentária anual não conterá dispositivo estranho à previsão da receita e à fixação da despesa, incluindo-se na proibição a autorização para abertura de créditos suplementares e contratação de operações de crédito, ainda que por antecipação de receita, nos termos da lei.
II. É matéria reservada à lei complementar dispor sobre o exercício financeiro, a vigência, os prazos, a elaboração e a organização do plano plurianual, da lei de diretrizes orçamentárias e da lei orçamentária anual.
III. É matéria sujeita à regulação por lei ordinária o estabelecimento de normas de gestão financeira e patrimonial da administração direta e indireta, bem como de condições para a instituição e o funcionamento de fundos.
IV. Considerando a natureza meramente programática da lei que regula o plano plurianual, as emendas ao projeto de lei de diretrizes orçamentárias poderão, em situações excepcionais, ser aprovadas mesmo quando contrariem o plano plurianual.
V. O Poder Executivo, por decreto, e o Poder Legislativo, por lei, podem instituir fundos de qualquer natureza.

a) Está correta apenas a assertiva I.
b) Está correta apenas a assertiva II.
c) Estão corretas apenas as assertivas I, III e IV.
d) Estão corretas apenas as assertivas II, IV e V.
e) Estão corretas todas as assertivas.

40. (Cespe/TRF/5R/Juiz/2013) À luz da CF, das normas gerais de direito financeiro e da jurisprudência do STF sobre a matéria, assinale a opção correta.

a) A prerrogativa da autonomia financeira dos poderes visa impedir o Poder Executivo de causar, em desfavor do Poder Judiciário, do Poder Legislativo e do MP, um estado de subordinação financeira capaz de comprometer, pela gestão arbitrária do orçamento, a independência político-jurídica dessas instituições.

b) Compete ao Congresso Nacional estabelecer os limites globais e as condições para o montante da dívida mobiliária dos estados, do DF e dos municípios.

c) As despesas empenhadas, não liquidadas e não pagas até 31 de dezembro são consideradas restos a pagar processados.

d) Caso não receba a proposta orçamentária no prazo fixado pela CF, o Poder Legislativo não poderá considerar como proposta a lei do orçamento vigente.

e) A CF não possui vedação expressa às chamadas caudas orçamentárias.

41. (Cespe/TRF/2R/Juiz/2013) Quando, no decorrer da execução orçamentária, uma dotação se revelar insuficiente, o Poder Executivo poderá lançar mão da abertura de:

a) crédito suplementar, após autorização legislativa.

b) crédito especial, independentemente da existência de recursos disponíveis para a realização da despesa.

c) créditos especiais ou suplementares, por meio de medidas provisórias.

d) crédito especial, após aprovação legal.

e) crédito extraordinário, por meio de decreto.

42. (Cespe/TRF/5R/Juiz/2011) A respeito do que dispõe a CF sobre finanças públicas, assinale a opção correta.

a) O orçamento da seguridade social, que abrange todas as entidades e órgãos a ela vinculados, da administração direta ou indireta, está compreendido na lei orçamentária anual.

b) Cabe a lei ordinária federal dispor sobre a fiscalização financeira da administração pública direta e indireta, bem como sobre operações de câmbio realizadas por órgãos e entidades da União, dos estados, do DF e dos municípios.

c) São vedadas ao BACEN a compra e a venda de títulos de emissão do Tesouro Nacional.

d) Relatório resumido da execução orçamentária deve ser publicado pelo Poder Executivo federal no prazo máximo de sessenta dias após o encerramento de cada trimestre.

e) O exame e a emissão de parecer sobre projeto de lei relativo às diretrizes orçamentárias competem a uma comissão permanente de senadores da República.

43. (Cespe/TRF/2R/Juiz/2011) Considerando as especificidades dos orçamentos previstos na Lei Orçamentária Anual da União, consoante a CF, assinale a opção correta.

a) O orçamento monetário destina-se às despesas e receitas do BACEN.

b) O orçamento previdenciário contém as dotações destinadas à saúde e à previdência.

c) O orçamento federal de investimento das estatais abrange todas as empresas públicas e sociedades de economia mista públicas, incluindo-se as dos estados e dos municípios.

d) O orçamento fiscal compreende parte da administração direta e parte da administração indireta da União.

e) O orçamento plurianual cria dotações orçamentárias para quatro anos.

44. (Cespe/TRF/3R/Juiz/2011) Se uma autarquia receber, mediante determinação da lei orçamentária, dotação insuficiente para determinado projeto:

a) terá de reduzir o valor do projeto para adequá-lo à dotação.

b) deve requerer a abertura de crédito suplementar pelo valor que falte, caso necessite acrescer o valor.

c) deve requerer a abertura de crédito especial pelo valor que falte, caso necessite acrescer o valor.

d) deve requerer a abertura de crédito extraordinário pelo valor que falte, caso necessite acrescer o valor.

e) pode gastar acima do valor da dotação, até o limite permitido na lei orçamentária.

45. (Cespe/TRF/1R/Juiz/2011) De acordo com o princípio da não afetação da receita de impostos, que rege tanto o direito financeiro quanto o tributário, o legislador é proibido de vincular a receita de impostos a órgão, fundo ou despesa. Todavia, a despeito desse princípio, o legislador pode vincular a receita do imposto de renda a:

a) pagamento da dívida pública mobiliária federal.

b) convênios para atender a despesas imprevisíveis e urgentes decorrentes de calamidades públicas.

c) despesas com aposentadorias do RGPS.

d) prestação de garantias às operações de crédito por antecipação de receita.

e) despesas com assistência social.

46. (Cespe/TRF/1R/Juiz/2011) Supondo que, em janeiro de 2014, ano de realização da Copa do Mundo de Futebol no Brasil, o governo federal verifique a necessidade de realizar uma obra de mobilidade urbana que deverá estar pronta em junho de 2014, por ser indispensável para a cerimônia de abertura dos jogos, assinale a opção correspondente às normas por meio das quais pode ser criada a dotação necessária à referida obra.

a) lei de criação de crédito especial ou lei do plano plurianual.

b) lei orçamentária anual ou lei do plano plurianual.

c) lei do plano plurianual ou lei de criação de crédito suplementar.

d) lei orçamentária anual ou lei de criação de crédito suplementar.

e) lei orçamentária anual ou lei de criação de crédito especial.

47. (Cespe/TRF/2R/Juiz/2011) Assinale a opção correta com relação às normas da CF sobre as finanças públicas, os orçamentos e os princípios gerais da atividade econômica.

a) Cabe à lei orçamentária anual estabelecer, de forma regionalizada, as diretrizes, os objetivos e as metas da administração pública federal para as despesas de capital e para os custos relacionados aos programas de duração continuada.

b) As disponibilidades de caixa da União devem ser depositadas no Banco do Brasil S.A.; as dos estados, do DF, dos municípios e dos órgãos ou entidades do poder público e das empresas por ele controladas, nas instituições financeiras oficiais que a legislação indicar.

c) É vedado ao BACEN conceder, direta ou indiretamente, empréstimos a qualquer órgão ou entidade que não seja instituição financeira, bem como comprar e vender títulos de emissão do Tesouro Nacional.

d) Pertence ao Poder Executivo a iniciativa das leis que estabeleçam o plano plurianual, as diretrizes orçamentárias e os orçamentos anuais.

e) O Estado é o agente normativo e regulador da atividade econômica, cabendo-lhe exercer, de forma determinante, as funções de incentivo e planejamento para os setores público e privado.

6. PRECATÓRIOS

SÚMULAS

STF **Súm. Vinculante 17.** Durante o período previsto no parágrafo 1º do artigo 100 da Constituição, não incidem juros de mora sobre os precatórios que nele sejam pagos.

STF **Súm. Vinculante 47.** Os honorários advocatícios incluídos na condenação ou destacados do montante principal devido ao credor consubstanciam verba de natureza alimentar cuja satisfação ocorrerá com a expedição de precatório ou requisição de pequeno valor, observada ordem especial restrita aos créditos dessa natureza.

STF **Súm. 655.** A exceção prevista no art. 100, caput, da Constituição, em favor dos créditos de natureza alimentícia, não dispensa a expedição de precatório, limitando-se a isentá-los da observância da ordem cronológica dos precatórios decorrentes de condenações de outra natureza.

STJ **Súm. 144.** Os créditos de natureza alimentícia gozam de preferência, desvinculados os precatórios da ordem cronológica dos créditos de natureza diversa.

STJ **Súm. 311.** Os atos do Presidente do Tribunal que disponham sobre processamento e pagamento de precatório não têm caráter jurisdicional.

STJ **Súm. 406.** A Fazenda Pública pode recusar a substituição do bem penhorado por precatório.

TRF1 **Súm. 4.** A preferência prevista no art. 100, "caput", da Constituição Federal, não obriga a Fazenda Pública a dispensar a expedição de precatório no pagamento dos créditos de natureza alimentícia.

TRF1 **Súm. 37.** Os débitos judiciais devem ser atualizados, no período em que vigorou o congelamento, pela variação da OTN, de acordo com o IPC mensal.

TRF1 **Súm. 45.** Não é devida a inclusão de juros moratórios em precatório complementar, salvo se não foi observado o prazo previsto no art. 100, § 1º da Constituição Federal no pagamento do precatório anterior.

TRF5 **Súm. 1.** Na execução de dívida alimentícia da Fazenda Pública, observa-se o rito do art. 730 CPC, expedindo-se precatório cujo pagamento tem preferência, em classe especial.

REPERCUSSÃO & REPETITIVOS

STF **Rep. Geral 361.** A cessão de crédito alimentício não implica a alteração da natureza. *RE 631537, 22.5.2020.*

STF **Rep. Geral 521.** O pagamento parcelado dos créditos não alimentares, na forma do art. 78 do ADCT, não caracteriza preterição indevida de precatórios alimentares, desde que os primeiros tenham sido inscritos em exercício anterior ao da apresentação dos segundos, uma vez que, ressalvados os créditos de que trata o art. 100, § 2º, da Constituição, o pagamento dos precatórios deve observar as seguintes diretrizes: (1) a divisão e a organização das classes ocorrem segundo o ano de inscrição; (2) inicia-se o pagamento pelo exercício mais antigo em que há débitos pendentes; (3) quitam-se primeiramente os créditos alimentares; depois, os não alimentares do mesmo ano; (4) passa-se, então, ao ano seguinte da ordem cronológica, repetindo-se o esquema de pagamento; e assim sucessivamente. *RE 612707, 21.5.2020.*

STF **Rep. Geral 792.** Lei disciplinadora da submissão de crédito ao sistema de execução via precatório possui natureza material e processual, sendo inaplicável a situação jurídica constituída em data que a anteceda. *RE 729107, 8.6.2020.*

STF **Rep. Geral 1037.** O enunciado da Súmula Vinculante 17 não foi afetado pela superveniência da Emenda Constitucional 62/2009, de modo que não incidem juros de mora no período de que trata o § 5º do art. 100 da Constituição. Havendo o inadimplemento pelo ente público devedor, a fluência dos juros inicia-se após o 'período de graça. *RE 1169289, 16.6.2020.*

STF **Rep. Geral 1231.** (I) As unidades federadas podem fixar os limites das respectivas requisições de pequeno valor em patamares inferiores aos previstos no artigo 87 do ADCT, desde que o façam em consonância com sua capacidade econômica. (II) A aferição da capacidade econômica, para este fim, deve refletir não somente a receita, mas igualmente os graus de endividamento e de litigiosidade do ente federado. (III) A ausência de demonstração concreta da desproporcionalidade na fixação do teto das requisições de pequeno valor impõe a deferência do Poder Judiciário ao juízo político-administrativo externado pela legislação local. *RE 1359139, 2.9.2022.*

INFORMATIVOS

STF **Cancelamento de precatórios e requisições de pequeno valor (RPV) federais não resgatados.** É inconstitucional o cancelamento automático – realizado diretamente pela instituição financeira oficial depositária e sem prévia ciência do beneficiário ou formalização de contraditório – de precatórios e RPV federais não resgatados em dois anos. A medida infringe o princípio da separação dos Poderes, já que gestão de recursos destinados ao seu pagamento incumbe ao Judiciário por decorrência do texto constitucional (CF, art. 100), o qual não deixou margem limitativa do direito de crédito ao legislador infraconstitucional. A simples previsão da faculdade do credor requerer posteriormente a expedição de novo ofício requisitório com a conservação da ordem cronológica anterior não repara os vícios inerentes ao cancelamento. Nesse momento processual da tutela executiva a Fazenda Pública não detém a titularidade da quantia, a previsão legal ofende o direito de propriedade, além de conferir tratamento mais gravoso ao credor, criando distinção que deriva automaticamente do decurso do tempo, sem averiguar as reais razões do não levantamento do montante, afastando-se da necessária obediência à isonomia. *ADI 5755, 30.6.2022. Pleno. Inf 1061.*

STJ **Precatório. Superpreferência. Superveniência de lei local autorizadora de elevação do teto para obrigações de pequeno valor. Pedido de complementação. Possibilidade.** É devido o pedido de complementação do crédito de natureza alimentícia, dotado de superpreferência, na forma dos arts. 100, § 2º, da CF e 102, § 2º, do ADCT, com a adoção dos limites estabelecidos por lei local que majorou o teto para as obrigações de pequeno valor. *RMS 68549, 2ª T, 2.8.2022. Inf 743.*

STJ **Precatórios em favor dos Estados e Municípios. Fundef/Fundeb. Juros de mora. Pagamento de honorários advocatícios. Possibilidade.** Os juros de mora incidentes sobre o valor do precatório devido pela União em ações propostas em favor dos Estados e dos Municípios relativos às verbas destinadas ao Fundef/Fundeb podem ser utilizadas para pagamento de honorários advocatícios contratuais. *AgInt no REsp 1880972, 2ª T, 3.5.2022. Inf 735.*

QUESTÕES OBJETIVAS

48. (TRF/4R/Juiz/2022) Dadas as assertivas abaixo, assinale a alternativa correta.

I. As execuções contra os conselhos de fiscalização profissional seguem o regime dos precatórios, por se tratar de entidades com natureza jurídica de autarquia.

II. A cessão de crédito de natureza alimentar, executado sob o regime dos precatórios, é permitida; todavia, o crédito cedido perderá a sua natureza original e, consequentemente, a prioridade na ordem dos pagamentos.

III. O pagamento dos valores devidos pela Fazenda Pública entre a data da impetração do mandado de segurança e a efetiva implementação da ordem concessiva deve observar o regime jurídico previsto no artigo 100 da Constituição Federal.

IV. Os atos do presidente do tribunal que disponham sobre processamento e pagamento de precatório não têm caráter jurisdicional e, portanto, não são suscetíveis de revisão por recurso especial ou extraordinário.

a) Estão corretas apenas as assertivas I e III.
b) Estão corretas apenas as assertivas II e IV.
c) Estão corretas apenas as assertivas III e IV.
d) Estão corretas apenas as assertivas I, II e III.
e) Estão corretas todas as assertivas.

49. (Cespe/TRF/5R/Juiz/2017) Pagamentos devidos pela fazenda pública federal, estadual, distrital e municipal em virtude de sentença judiciária deverão ser feitos exclusivamente na ordem cronológica de apresentação dos precatórios. Conforme o entendimento do STF, é aplicável o regime de precatório apenas à

a) União, aos estados, ao Distrito Federal, aos municípios, às autarquias, às fundações públicas, às empresas públicas e às sociedades de economia mista prestadoras de serviço público próprio do Estado.
b) União, aos estados, ao Distrito Federal, aos municípios, às autarquias, às fundações públicas, às empresas públicas, às

sociedades de economia mista prestadoras de serviço público próprio do Estado e aos conselhos profissionais.

c) União, aos estados, ao Distrito Federal e aos municípios.

d) União, aos estados, ao Distrito Federal, aos municípios, às autarquias e às fundações públicas.

e) União, aos estados, ao Distrito Federal, aos municípios, às autarquias, às fundações públicas e aos conselhos profissionais.

50. (TRF/4R/Juiz/2016) Assinale a alternativa incorreta.

a) Segundo o Supremo Tribunal Federal, é incabível o fracionamento do valor de precatório em execução de sentença com o objetivo de efetuar o pagamento das custas processuais por meio de requisição de pequeno valor.

b) Segundo o Supremo Tribunal Federal, o valor devido entre a data da impetração do mandado de segurança e a implementação da ordem concessiva está sujeito ao regime do precatório ou da requisição de pequeno valor.

c) O Presidente de Tribunal, no processamento dos precatórios judiciais, exerce função de natureza eminentemente administrativa, por isso suas decisões não se tornam suscetíveis de serem impugnadas por recursos de natureza jurisdicional.

d) Os débitos de natureza alimentícia que compreendem aqueles decorrentes de salários, vencimentos, proventos, pensões e suas complementações, benefícios previdenciários e indenizações por morte ou por invalidez, fundados em responsabilidade civil, em virtude de sentença judicial transitada em julgado, serão sempre pagos, independentemente da condição subjetiva do titular do crédito, com preferência sobre todos os demais débitos.

e) É obrigatória a inclusão no orçamento das entidades de direito público de verba necessária ao pagamento de seus débitos, oriundos de sentenças transitadas em julgado, constantes de precatórios judiciários apresentados até 1º de julho, fazendo-se o pagamento até o final do exercício seguinte, quando terão seus valores atualizados monetariamente.

51. (Cespe/TRF/1R/Juiz/2015) Aos sessenta e cinco anos de idade, Antônio foi atropelado culposamente por um automóvel da administração pública federal o que lhe ocasionou invalidez para o exercício do trabalho. A vítima ingressou com uma ação fundada em responsabilidade civil do Estado, na qual logrou êxito, uma vez que a sentença que condenou a União a lhe pagar indenização transitou em julgado. O precatório gerado foi inscrito no orçamento aprovado para o exercício fiscal do ano de 2015. Considerando essa situação hipotética, assinale a opção correta em conformidade com a disciplina constitucional dos precatórios.

a) Antônio, independentemente da concordância do ente ou órgão devedor, poderá ceder seu precatório a terceiros.

b) O crédito somente será válido se houver dotação na lei orçamentária anual com a designação expressa de que o precatório é de titularidade de Antônio.

c) O crédito de Antônio não possui natureza alimentar, uma vez que foi fundamentado em ato ilícito civil da administração pública federal que ensejou indenização por invalidez.

d) Dado que Antônio tem mais de sessenta anos, o crédito terá prioridade sobre todos os demais créditos, e deverá ser pago integralmente independentemente do seu valor.

e) Caso o crédito de Antônio seja considerado por lei como de pequeno valor, seu precatório será pago com preferência sobre todos os demais.

52. (TRF/4R/Juiz/2014) Dadas as assertivas abaixo, assinale a alternativa correta.

I. Segundo o Supremo Tribunal Federal, a falta de inclusão de precatório em previsão orçamentária, após o encaminhamento da requisição pelo Poder Judiciário, autoriza a medida de sequestro de verbas públicas da pessoa jurídica de direito público renitente.

II. Medida provisória que abre crédito extraordinário não se exaure no ato de sua primeira aplicação. Ela somente se exaure ao final do exercício financeiro para o qual foi aberto o crédito extraordinário nela referido.

III. A ausência de dotação orçamentária prévia em legislação específica não autoriza a declaração de inconstitucionalidade da lei, impedindo tão somente a sua aplicação naquele exercício financeiro.

IV. Não é lícito ao Tribunal de Contas da União promover revisão de índices referentes ao Fundo de Participação dos Municípios, que devem viger durante todo o exercício financeiro, para reduzi-los no curso deste.

a) Estão corretas apenas as assertivas II e IV.

b) Estão corretas apenas as assertivas III e IV.

c) Estão corretas apenas as assertivas I, II e III.

d) Estão corretas apenas as assertivas II, III e IV.

e) Estão corretas todas as assertivas.

53. (Cespe/TRF/5R/Juiz/2011) A respeito da disciplina constitucional dos precatórios, assinale a opção correta.

a) É lícita a cessão, total ou parcial, de créditos em precatórios a terceiros, desde que haja a expressa concordância do respectivo ente estatal devedor, mediante petição dirigida a respectivo tribunal.

b) Pode a União assumir débitos oriundos de precatórios exclusivamente dos estados e do DF, refinanciando-os diretamente.

c) Apenas os débitos de natureza alimentícia cujos titulares tenham sessenta e cinco anos de idade, ou mais, na data de expedição do precatório, ou sejam portadores de doença grave, definidos na forma da lei, devem ser pagos com preferência sobre todos os demais débitos.

d) No orçamento das entidades de direito público, é obrigatória a inclusão de verba necessária ao pagamento de seus débitos constantes de precatórios judiciários apresentados até 1º de julho, devendo o pagamento ser feito até o final do exercício seguinte, e os respectivos valores, atualizados com juros de 2% ao mês.

e) De acordo com disposição expressa da CF, o presidente do tribunal competente que, por ato comissivo ou omissivo, retardar ou tentar frustrar a liquidação regular de precatórios incorrerá em crime de responsabilidade e responderá, também, perante o Conselho Nacional de Justiça.

7. REPARTIÇÃO/TRANSFERÊNCIA DE RECEITAS/ RECURSOS

SÚMULAS

STF Súm. Vinculante 30. É inconstitucional lei estadual que, a título de incentivo fiscal, retém parcela do ICMS pertencente aos municípios.

REPERCUSSÃO & REPETITIVOS

STF Rep. Geral 364. É dos Estados e Distrito Federal a titularidade do que arrecadado, considerado Imposto de Renda, incidente na fonte, sobre rendimentos pagos, a qualquer título, por si, autarquias e fundações que instituírem e mantiverem. *RE 607886, j. 4.5.2021.*

INFORMATIVOS

STF Covid-19: educação e transferência de recursos para acesso à internet. É constitucional norma federal que prevê a transferência de recursos pela União aos estados e ao Distrito Federal para garantir o acesso à internet, com fins educacionais, por alunos e professores da educação básica em virtude da calamidade pública decorrente da Covid-19. A Lei 14.172/21 está em consonância com a norma constitucional que posiciona a educação como um direito social (art. 205), bem como ao princípio segundo o qual o ensino será ministrado com "igualdade de condições para o acesso e permanência na escola" (art. 206, I), uma vez que objetiva garantir a conectividade a alunos e professores da rede pública de ensino no contexto da pandemia da Covid-19. Não há qualquer contrariedade ao devido processo legislativo, pois (i) a norma não prevê qualquer disposição que implique na criação de órgãos na Administração Pública federal, na sua reorganização ou na alteração de suas atribuições; e (ii) a aprovação do projeto de lei foi precedida da demonstração da viabilidade financeira e orçamentária, em observância ao art. 113 do ADCT, respeitando as limitações legais cabíveis e sem desobedecer ao regime extraordinário fiscal implementado pelas ECs 106/2020 e 109/2021. *ADI 6926, 1.7.2022. Pleno. Inf 1061.*

STF Autonomia municipal e vinculação de parte do ICMS recebido pelo estado. É inconstitucional, por violação à cláusula constitucional da não afetação da receita oriunda de impostos e à autonomia municipal, norma estadual que determina a forma de aplicação dos recursos destinados ao município em razão da repartição constitucional de receitas. É de pleno direito dos próprios municípios a parcela que lhes é devida na repartição constitucional de receitas, de modo que não cabe o estabelecimento de qualquer forma de condicionamento ou retenção pelos estados. *ADI 2355, 16.9.2022. Pleno. Inf 1068.*

QUESTÕES OBJETIVAS

54. (TRF/2R/Juiz/2017) Acerca da repartição constitucional de receitas tributárias, marque a opção correta:

a) Pertence aos Estados e ao Distrito Federal metade do produto da arrecadação do imposto da União sobre renda e proventos de qualquer natureza, incidente na fonte, sobre rendimentos pagos por eles, a qualquer título.

b) A União entregará parcela do produto da arrecadação dos impostos sobre renda e proventos de qualquer natureza (IR) e sobre produtos industrializados (IPI) diretamente ao Fundo de Participação dos Municípios no primeiro decêndio do mês de julho de cada ano.

c) A União entregará parcela do produto da arrecadação da CIDE-combustíveis sobre imposto de renda e proventos de qualquer natureza diretamente ao Fundo de Participação dos Municípios.

d) A União entregará parcela da arrecadação do imposto sobre produtos industrializados (IPI) diretamente aos Municípios, proporcionalmente ao valor das respectivas exportações de produtos industrializados ocorridas em seus territórios.

e) A União entregará diretamente aos Estados das Regiões Norte, Nordeste e Centro-Oeste parcela do produto da arrecadação dos impostos sobre renda e proventos de qualquer natureza (IR) e sobre produtos industrializados (IPI), de acordo com os planos regionais de desenvolvimento.

55. (TRF/2R/Juiz/2014) O Banco do Brasil celebra contrato de mútuo com o Estado do Espírito Santo, com interveniência da União Federal, e insere cláusula autorizando a retenção dos créditos do referido Estado no fundo de participação dos estados em caso de inadimplemento, com a compensação da dívida. Sobrevindo o inadimplemento, o Banco executa a cláusula, retendo créditos do Estado e compensando-os com a dívida. Assinale a alternativa correta:

a) A retenção é constitucional, pois, embora o fundo de participação pertença aos estados, ele pode, excepcionalmente, ser retido para pagamento de créditos da administração federal direta e indireta, até quando não exista cláusula expressa, conforme jurisprudência dominante.

b) A retenção é inconstitucional, pois o fundo de participação dos estados só pode ser retido se houver crédito da própria União Federal ou de suas autarquias ou para exigir o cumprimento do gasto mínimo com o sistema único de saúde.

c) A retenção é constitucional, desde que, além da prévia interveniência da União Federal (requisito cumprido), exista a prévia aprovação do Tribunal de Contas da União Federal.

d) A retenção é inconstitucional, pois o fundo de participação dos estados é receita própria destes entes e não pode ser retido.

e) A retenção é constitucional, pois existiu a necessária cláusula em tal sentido, ajustada à autonomia do Estado, constitucionalmente garantida, e ocorreu a prévia interveniência da União Federal, de modo que seu cumprimento é exigência do princípio constitucional da moralidade.

56. (TRF/4R/Juiz/2014) Dadas as assertivas abaixo, assinale a alternativa correta.

I. Pertence aos Estados e ao Distrito Federal o produto da arrecadação do imposto da União sobre renda e proventos de qualquer natureza, incidente na fonte, sobre rendimentos pagos, a qualquer título, por eles, por suas autarquias, por suas empresas públicas e pelas fundações que instituírem e mantiverem.

II. Caberá ao Município cem por cento do valor relativo ao Imposto Territorial Rural sempre que, na forma da lei, optar o ente federativo por fiscalizar e cobrar a exação e desde que não implique redução do imposto ou qualquer outra forma de renúncia fiscal.

III. A União entregará quinze por cento do produto da arrecadação do imposto sobre produtos industrializados aos Estados e ao Distrito Federal, proporcionalmente ao valor das respectivas exportações de produtos industrializados.

IV. Os Estados entregarão aos respectivos Municípios vinte por cento dos recursos que receberem da cota que lhes cabe do imposto sobre produtos industrializados.

V. Segundo orientação do Supremo Tribunal Federal, a Constituição da República Federativa do Brasil veda o estabelecimento de cláusula contratual que implique, a um só tempo, vinculação e repasse direto de valores sem o aporte na contabilidade do Município e sem o ingresso nesta última.

a) Estão corretas apenas as assertivas II e V.

b) Estão corretas apenas as assertivas III e IV.

c) Estão corretas apenas as assertivas I, II e IV.

d) Estão corretas apenas as assertivas I, II e V.

e) Estão corretas apenas as assertivas III, IV e V.

57. (Cespe/TRF/5R/Juiz/2013) Com base na CF, na LRF, na interpretação doutrinária da legislação financeira e na jurisprudência do STF sobre a matéria, assinale a opção correta.

a) Conforme entendimento do STF, um estado pode receber transferências voluntárias da União mesmo que uma de suas entidades da administração indireta esteja inadimplente e inscrita em um dos cadastros restritivos federais, em respeito ao princípio da intranscendência das medidas restritivas de direito.

b) Não havendo suficiente dotação orçamentária ou autorização específica na respectiva lei de diretrizes orçamentárias, serão anuláveis, nos termos da LRF, os atos que impliquem aumento da despesa com pessoal.

c) As receitas originárias, obtidas pelo Estado mediante seu poder de autoridade (ius imperii), são captadas coercitivamente de particulares, ao passo que as receitas derivadas decorrem da exploração do patrimônio do Estado, que participa da atividade econômica explorando atividades privadas e cobrando tarifa ou preço público.

d) O Poder Legislativo não pode rejeitar o projeto de lei orçamentária.
e) No Brasil, adota-se expressamente o regime contábil misto, sendo o regime de caixa aplicado às despesas públicas e o de competência, às receitas públicas.

58. (Cespe/TRF/1R/Juiz/2011) Por força de dispositivo constitucional, a União repassa, a cada mês, para estados e municípios uma parcela da arrecadação de alguns tributos. Toda a arrecadação de outros tributos, entretanto, permanece com a União, a exemplo do imposto sobre:

a) produtos industrializados.
b) operações de crédito, câmbio e seguro.
c) a propriedade territorial rural.
d) a importação.
e) a renda e proventos de qualquer natureza.

8. OUTROS TEMAS

INFORMATIVOS

STF Piso salarial nacional para os profissionais da enfermagem. Os efeitos da Lei 14.434/22 ficarão suspensos até que sejam avaliados os seus impactos sobre a situação financeira dos estados e municípios, os riscos para a empregabilidade e a qualidade dos serviços de saúde, tudo com base em informações a serem prestadas, no prazo de 60 dias, pelos entes estatais, órgãos públicos e entidades representativas da área de saúde. *ADI 7222 MC-Ref, 16.9.2022. Pleno. Inf 1068.*

QUESTÕES DISCURSIVAS

2. (TRF/3R/Juiz/2016) Princípio da reserva do possível: (a) O que significa? (b) Quando o Poder Judiciário é provocado pelo Ministério Público Federal ou qualquer interessado para resolver sobre a implementação de direitos sociais (moradia, saúde, educação, etc.) como deve ser a atuação dele?

QUESTÕES OBJETIVAS

59. (TRF/3R/Juiz/2013) Analise as assertivas abaixo:

I. O direito financeiro e o direito tributário são dois ramos da ciência jurídica muito próximos. Em parte, concorrem ao tratar de temas em comum, como o tributo; em parte se distanciam, pois o direito financeiro é mais abrangente do que o direito tributário.
II. Enquanto o direito financeiro tem por objeto as formas financeiras do Estado, englobando as receitas, as despesas, a autorização de gastos e a fiscalização do dinheiro público, o direito tributário é mais restrito, cuidando apenas de uma parte das receitas públicas, justamente as tributárias.
III. As receitas públicas podem ser divididas entre originárias, derivadas e transferidas. As receitas originárias são as provenientes de normas de direito privado, como as doações, o recebimento de bens vacantes e os preços públicos, dentre outras; as receitas derivadas são assim chamadas por derivarem das leis de ordem pública e incluem receitas tributárias e não tributárias, como multas.
IV. A Constituição Federal de 1988 distinguiu rigidamente o direito financeiro e o direito tributário. Comprova essa afirmação o fato de que, dentro do título "Da tributação e do orçamento" há um capítulo dedicado exclusivamente ao "sistema tributária nacional", que não veicula nenhum comando de direito financeiro, enquanto o capítulo seguinte é dedicado, exclusivamente, às finanças públicas. Assim, considerando que o constituinte originário dedicou uma seção à "repartição das receitas tributárias" dentro do capítulo dedicado à tributação, referida matéria deve ser vista, cientificamente, como própria do direito tributário.

A respeito das afirmações acima, assinale a única resposta correta:

a) todas as assertivas são verdadeiras.
b) somente as assertivas II e IV são verdadeiras.
c) somente a assertiva IV é falsa.
d) somente as assertivas II e IV são falsas.
e) todas as assertivas são falsas.

60. (TRF/4R/Juiz/2010) Dadas as assertivas abaixo, assinale a alternativa correta, em matéria de Finanças Públicas.

I. As disposições legislativas relativas às Finanças Públicas deverão ser feitas mediante lei complementar.
II. A União somente pode emitir moeda pelo Banco Central.
III. É vedada a vinculação de receita de impostos a órgão, fundo ou despesa, salvo exceções expressas na Constituição.
IV. O orçamento estabelecerá o necessário equilíbrio entre receitas e despesas, havendo, portanto, uma vinculação entre a obtenção das receitas de impostos e as despesas previstas.
V. É vedada a utilização de recursos provenientes das contribuições sociais de que trata o art. 195, I, a e II, para realização de despesas distintas do pagamento de benefícios do Regime Geral de Previdência Social de que trata o art. 201, todos da Constituição Federal.

a) Estão corretas apenas as assertivas II e III.
b) Estão corretas apenas as assertivas I, II e V.
c) Estão corretas apenas as assertivas II, III e V.
d) Estão corretas apenas as assertivas I, II, III e V.
e) Estão corretas todas as assertivas.

61. (Cespe/TRF/2R/Juiz/2009) Com relação às normas de finanças públicas previstas na CF e ao direito financeiro, assinale a opção correta.

a) O direito financeiro cuida do crédito público e da dívida pública.
b) Cabe à lei complementar instituir o plano plurianual.
c) À lei ordinária cabe dispor acerca do exercício financeiro da lei orçamentária anual.
d) A despesa, a receita, o orçamento e o crédito públicos são objeto de estudo do direito financeiro.
e) A compatibilização das funções das instituições oficiais de crédito da União, resguardadas as características e as condições operacionais plenas daquelas voltadas ao desenvolvimento regional, não é matéria de norma geral a ser reservada à lei complementar.

62. (Cespe/TRF/1R/Juiz/2009) Considerando que o governo de determinado estado da Federação, após a arrecadação de impostos, tenha criado um fundo para que essa receita seja destinada à manutenção do ensino fundamental, assinale a opção correta.

a) A CF autoriza a União a fazer a vinculação em questão, mas não os estados.
b) Essa possibilidade de vinculação é vedada pelo princípio orçamentário da exclusividade.
c) O estado pode criar fundo com a referida vinculação de receita de imposto, bem como de receita proveniente de taxa.
d) A vedação de vincular receita de imposto a fundo ou órgão tem exceção apenas quanto à prestação de garantias às operações de crédito por antecipação.
e) O estado poderia criar essa vinculação à despesa para custear serviços públicos de segurança pública.

11

DIREITO TRIBUTÁRIO

VOLUME DE QUESTÕES

MÉDIO-ALTO

1. COMPETÊNCIA TRIBUTÁRIA

SÚMULAS

STF Súm. 503. A dúvida, suscitada por particular, sobre o direito de tributar, manifestado por dois Estados, não configura litígio da competência originária do Supremo Tribunal Federal.

STJ Súm. 353. As disposições do Código Tributário Nacional não se aplicam às contribuições para o FGTS.

QUESTÕES DISCURSIVAS

1. (TRF/3R/Juiz/2013) As divisões da filosofia repercutiram no direito, como se extrai da separação entre direito natural, direito positivo, realismo jurídico e pós-positivismo. No direito constitucional, sustenta-se que vivemos na era do neoconstitucionalismo, que influenciará o direito tributário. Nesse contexto, pergunta-se: (i) O que significa neoconstitucionalismo? (ii) Que época vivemos no direito tributário? (iii) Como as divisões jusfilosóficas distintas refletem no direito tributário? (iv) Há algum(ns) tema(s) do direito tributário cujo impacto filosófico fica mais claro?

QUESTÕES OBJETIVAS

1. (Cespe/TRF/2R/Juiz/2013) Pode ser objeto de delegação:

a) a capacidade tributária ativa.
b) o poder tributário.
c) a competência tributária.
d) a soberania tributária.
e) a autonomia tributária.

2. (Cespe/TRF/5R/Juiz/2011) Considerando a competência tributária e as limitações do poder de tributar, assinale a opção correta.

a) É compatível com a CF lei complementar estadual que isente os membros do MP do pagamento de custas judiciais, notariais, cartorárias e quaisquer taxas ou emolumentos.
b) Segundo a jurisprudência do STF, ofende o princípio da isonomia tributária a instituição de lei que, por motivos extrafiscais, imprima tratamento desigual a microempresas de capacidade contributiva distinta, afastando do regime do SIMPLES aquelas cujos sócios tenham condição de disputar o mercado de trabalho sem auxílio estatal.
c) A imunidade tributária recíproca impede a cobrança de impostos, taxas e contribuições entre os entes federativos.
d) De acordo com o que dispõe o CTN, os tributos cuja receita seja distribuída, no todo ou em parte, a outras pessoas jurídicas de direito público pertencem à competência legislativa daquela a que tenham sido atribuídos.
e) A atribuição da competência tributária compreende as garantias e os privilégios processuais que competem à pessoa jurídica de direito público que a conferir.

3. (Cespe/TRF/3R/Juiz/2011) Suponha que determinado poder legislativo estadual crie tributo sobre a circulação de qualquer pessoa de um município para outro, atribuindo-lhe o nome de ICMS e, para justificá-lo, informe que a maior parte da receita será destinada a construir nova estrada entre os dois municípios. Nesse caso, o tributo deve ser considerado:

a) constitucional, porque só o estado tem competência para instituir ICMS.
b) inconstitucional, por motivos de competência e de vinculação.
c) inconstitucional, porque se caracteriza como taxa, havendo serviço a ela vinculado.
d) constitucional, consistindo em contribuição de melhoria que beneficiará os proprietários da área.
e) constitucional, sendo imposto destinado a financiar a estrada.

4. (TRF/3R/Juiz/2010) De acordo com o art. 154, I, da Constituição Federal, poderá a União, por intermédio da chamada competência residual, instituir:

a) Impostos e contribuições, mediante lei ordinária, que não estejam previstos em outros artigos da Constituição, desde que sejam não-cumulativos e não tenham fato gerador ou base de cálculo próprios dos discriminados na Constituição.
b) Impostos, mediante lei complementar, que não estejam previstos em outros artigos da Constituição, desde que sejam não-cumulativos e não tenham base de cálculo ou alíquota próprios dos discriminados na Constituição.
c) Contribuições, mediante lei complementar, que não estejam previstos em outros artigos da Constituição, desde que sejam cumulativos e tenham fato gerador ou base de cálculo próprios dos discriminados na Constituição.

d) Impostos, mediante lei complementar, que não estejam previstos em outros artigos da Constituição, desde que sejam não-cumulativos e não tenham fato gerador ou base de cálculo próprios dos discriminados na Constituição.

5. (Cespe/TRF/2R/Juiz/2009) Assinale a opção correta acerca da competência tributária.

a) A União detém competência tributária residual e no seu exercício poderá editar lei em que a nova exação seja não cumulativa, desde que não tenha fato gerador ou base de cálculo próprios dos demais tributos discriminados na CF.

b) A competência tributária da União sobre operações de crédito, câmbio e seguro ou relativas a títulos ou valores mobiliário não a autoriza a tributar as operações de "factoring", uma vez que em tal atividade há transferência de crédito sem direito de regresso, e a duplicata não paga não é devolvida ao credor original, como ocorre no setor financeiro.

c) A União poderá estabelecer a incidência do imposto sobre importação da mercadoria nacional exportada que retornar por importação, já que lhe foi outorgada competência tributária sobre a origem do bem vindo do exterior, não importando o local de fabricação.

d) O ônus tributário dos impostos indiretos recai no consumo, em razão do que é direito do industrial, quando adquirir insumos com alíquota de IPI menor do que a estabelecida para o produto final, fazer incidir esta última também na aquisição, cumprindo a não cumulatividade do imposto.

e) A competência para instituir tributo é distinta da competência para efetuar sua fiscalização e cobrança; pode, por isso, ser delegada a condição de sujeito ativo da obrigação tributária e, consequentemente, a competência para lançar, fiscalizar e exigir o pagamento do tributo.

2. ESPÉCIES DE TRIBUTOS

ATENÇÃO: ESTE TEMA É MUITO EXIGIDO NOS CONCURSOS!

SÚMULAS

1) Contribuições Especiais

STF **Súm. Vinculante 40.** A contribuição confederativa de que trata o artigo 8º, IV, da Constituição Federal, só é exigível dos filiados ao sindicato respectivo.

STF **Súm. 659.** É legítima a cobrança da Cofins, do PIS e do Finsocial sobre as operações relativas a energia elétrica, serviços de telecomunicações, derivados de petróleo, combustíveis e minerais do país.

STF **Súm. 732.** É constitucional a cobrança da contribuição do salário-educação, seja sob a Carta de 1969, seja sob a CF/1988, e no regime da Lei 9.424/96.

STJ **Súm. 423.** A Contribuição para Financiamento da Seguridade Social – Cofins incide sobre as receitas provenientes das operações de locação de bens móveis.

STJ **Súm. 468.** A base de cálculo do PIS, até a edição da MP n. 1.212/1995, era o faturamento ocorrido no sexto mês anterior ao do fato gerador.

STJ **Súm. 499.** As empresas prestadoras de serviços estão sujeitas às contribuições ao Sesc e Senac, salvo se integradas noutro serviço social.

STJ **Súm. 508.** A isenção da Cofins concedida pelo art. 6º, II, da LC n. 70/1991 às sociedades civis de prestação de serviços profissionais foi revogada pelo art. 56 da Lei n. 9.430/1996.

STJ **Súm. 516.** A Contribuição de Intervenção no Domínio Econômico (Cide) para o Incra (Decreto-Lei 1.110/70), devida por empregadores rurais e urbanos, não foi extinta pelas leis 7.787/89, 8.212/91 e 8.213/91, não podendo ser compensada com a contribuição ao INSS.

STJ **Súm. 584.** As sociedades corretoras de seguros, que não se confundem com as sociedades de valores mobiliários ou com os agentes autônomos de seguro privado, estão fora do rol de entidades constantes do art. 22, § 1º, da Lei n. 8.212/1991, não se sujeitando à majoração da alíquota da Cofins prevista no art. 18 da Lei n. 10.684/2003.

TRF5 **Súm. 4.** É válida cobrança da contribuição prevista no Decreto-lei 308/67, com base no limite máximo estabelecido no Decreto-lei 1.952/82.

TRF2 **Súm. 24.** A contribuição do salário educação é constitucional, posto que foi expressamente recepcionada pela Constituição Federal de 1988, através do artigo 212, § 5º, não cabendo, portanto, a sua compensação.

TNU **Súm. 28.** Encontra-se prescrita a pretensão de ressarcimento de perdas sofridas na atualização monetária da conta do Plano de Integração Social – PIS-, em virtude de expurgos ocorridos por ocasião dos Planos Econômicos Verão e Collor I.

TNU **Súm. 84.** Comprovada a situação de desemprego por mais de 3 anos, o trabalhador tem direito ao saque dos valores depositados em sua conta individual do PIS.

2) Taxas

STF **Súm. Vinculante 12.** A cobrança de taxa de matrícula nas universidades públicas viola o disposto no art. 206, IV, da Constituição Federal.

STF **Súm. Vinculante 19.** A taxa cobrada exclusivamente em razão dos serviços públicos de coleta, remoção e tratamento ou destinação de lixo ou resíduos provenientes de imóveis, não viola o artigo 145, II, da Constituição Federal.

STF **Súm. Vinculante 29.** É constitucional a adoção, no cálculo do valor de taxa, de um ou mais elementos da base de cálculo própria de determinado imposto, desde que não haja integral identidade entre uma base e outra.

STF **Súm. Vinculante 41.** O serviço de iluminação pública não pode ser remunerado mediante taxa.

STF **Súm. 595.** É inconstitucional a taxa municipal de conservação de estradas de rodagem cuja base de cálculo seja idêntica à do imposto territorial rural.

STF **Súm. 665.** É constitucional a taxa de fiscalização dos mercados de títulos e valores mobiliários instituída pela Lei 7.940/89.

STF **Súm. 667.** Viola a garantia constitucional de acesso à jurisdição a taxa judiciária calculada sem limite sobre o valor da causa.

STJ **Súm. 178.** O INSS não goza de isenção do pagamento de custas e emolumentos, nas ações acidentárias e de benefícios, propostas na justiça estadual.

TRF1 **Súm. 52.** A cobrança de taxa de matrícula ou mensalidade em qualquer curso ministrado em estabelecimento oficial de ensino público viola o disposto no art. 206, IV, da Constituição Federal.

TRF2 **Súm. 20.** O adicional de tarifa portuária (ATP) incide apenas nas operações realizadas com mercadorias importadas e exportadas, objeto do comércio de navegação de longo curso, não incidindo sobre os serviços de utilização e atração dos portos.

TRF2 **Súm. 37.** A isenção do Adicional ao Frete para Renovação da Marinha Mercante (AFRMM) depende da existência de ato internacional de natureza contratual, firmado pelo Brasil concedendo o benefício à mercadoria importada, não podendo ser concedida por acordo ou tratado de caráter geral, cujo objeto é a regulamentação do comércio internacional.

TRF2 **Súm. 50.** As anuidades da Ordem dos Advogados do Brasil não têm natureza tributária e estão afetas às turmas especializadas em direito administrativo.

TRF4 **Súm. 22.** É inconstitucional a cobrança de taxa ou do emolumento para licenciamento de importação, de que trata o art. 10 da Lei 2.145/53, com a redação da Lei 7.690/88 e da Lei 8.387/91.

TRF5 **Súm. 14.** É inconstitucional a cobrança da taxa de expediente para emissão de guia de importação (Lei 7.690/88, art. 10).

TRF5 **Súm. 15.** É válida a cobrança da Taxa de Fiscalização dos Mercados de Títulos e Valores Mobiliários (Lei 7.940/89), com base em tabela, por faixas de contribuintes.

3) Empréstimos Compulsórios

TRF1 **Súm. 25.** Nas ações que visem à devolução do empréstimo compulsório de combustível, cobrado indevidamente dos contribuintes, é suficiente a prova de propriedade do veículo, sendo desnecessária a comprovação da quantia paga a esse título, uma vez que o valor do resgate é de ser calculado com base nas Instruções Normativas 147/86, 92/87, 183/87 e 201/88, da SRF, sobre o consumo médio por veículo.

TRF2 **Súm. 11.** É desnecessária a apresentação dos comprovantes de aquisição de combustíveis – gasolina ou álcool carburante – na ação de restituição do empréstimo compulsório instituído pelo Decreto-lei n. 2.288, de 23 de julho de 1986, que estabeleceu, desde logo, a sistemática de cálculo para sua devolução (art. 16)

TRF3 **Súm. 16.** Basta a comprovação da propriedade do veículo para assegurar a devolução, pela média de consumo, do empréstimo compulsório sobre a compra de gasolina e álcool previsto no Decreto-lei n. 2.288/1986.

TRF3 **Súm. 21.** A União Federal possui legitimidade passiva nas ações decorrente do empréstimo compulsório previsto no Decreto-lei n. 2.288/86.

TRF3 **Súm. 30.** É constitucional o empréstimo compulsório sobre o consumo de energia elétrica previsto na Lei 4.156/62, sendo legítima a sua cobrança até o exercício de 1993.

TRF4 **Súm. 1.** É inconstitucional a exigência do empréstimo compulsório instituído pelo artigo 10 do Decreto-Lei 2.288, de 1986, na aquisição de veículos de passeio e utilitários.

TRF4 **Súm. 13.** É inconstitucional o empréstimo compulsório incidente sobre a compra de gasolina e álcool, instituído pelo artigo 10 do Decreto-Lei 2.288, de 1986.

TRF4 **Súm. 23.** É legítima a cobrança do empréstimo compulsório incidente sobre o consumo de energia elétrica, instituído pela Lei 4.156/62, inclusive na vigência da Constituição Federal de 1988.

TRF4 **Súm. 33.** A devolução do empréstimo compulsório sobre combustíveis (art. 10 do Decreto-lei n. 2.288/86) independe da apresentação das notas fiscais.

TRF5 **Súm. 12.** É inconstitucional o empréstimo compulsório instituído pelo Decreto-Lei n. 2.288/86. Legitimidade passiva da União para a causa.

TRF5 **Súm. 13.** O empréstimo compulsório em favor da Eletrobrás foi recepcionado pela Constituição Federal de 1988.

REPERCUSSÃO & REPETITIVOS

1) Contribuições Especiais

STF **Rep. Geral 325.** As contribuições devidas ao Sebrae, à APEX e à ABDI com fundamento na Lei 8.029/1990 foram recepcionadas pela EC 33/2001. *RE 603624, 23.9.2020.*

STF **Rep. Geral 495.** É constitucional a contribuição de intervenção no domínio econômico destinada ao Incra devida pelas empresas urbanas e rurais, inclusive após o advento da EC nº 33/2001. *RE 630898, 7.4.2021.*

2) Taxas

STF **Rep. Geral 696.** É constitucional a aplicação dos recursos arrecadados por meio de contribuição para o custeio da iluminação pública na expansão e aprimoramento da rede. *RE 666404, 18.8.2020.*

STF **Rep. Geral 1085.** A inconstitucionalidade de majoração excessiva de taxa tributária fixada em ato infralegal a partir de delegação legislativa defeituosa não conduz à invalidade do tributo nem impede que o Poder Executivo atualize os valores previamente fixados em lei de acordo com percentual não superior aos índices oficiais de correção monetária. *RE 1258934, 10.4.2020.*

STF **Rep. Geral 919.** A instituição de taxa de fiscalização do funcionamento de torres e antenas de transmissão e recepção de dados e voz é de competência privativa da União, nos termos do art. 22, IV, da Constituição Federal, não competindo aos Municípios instituir referida taxa. *RE 776594, 2.12.2022.*

STJ **Repetitivo 1123.** O art. 3º da Resolução RDC 10/2000 estabeleceu, em concreto, a própria base de cálculo da Taxa de Saúde Suplementar – especificamente na modalidade devida por plano de saúde (art. 20, I, da Lei 9.961/2000) –, em afronta ao princípio da legalidade estrita, previsto no art. 97, IV, do CTN. *REsp 1872241, 23.11.2022.*

ENUNCIADOS

CARF **Súm. 127.** A incidência da Contribuição de Intervenção no Domínio Econômico (CIDE) na contratação de serviços técnicos prestados por residentes ou domiciliados no exterior prescinde da ocorrência de transferência de tecnologia.

CARF **Súm. 158.** O Imposto de Renda Retido na Fonte – IRRF incidente sobre valores pagos, creditados, entregues, empregados ou remetidos, a cada mês, a residentes ou domiciliados no exterior, a título de remuneração pelas obrigações contraídas, compõe a base de cálculo da Contribuição de Intervenção no Domínio Econômico – CIDE de que trata a Lei nº 10.168/2000, ainda que a fonte pagadora assuma o ônus financeiro do imposto retido.

INFORMATIVOS

STF **Taxas de fiscalização da atividade de mineração.** É constitucional a instituição, por meio de lei estadual, de taxas de controle, monitoramento e fiscalização de atividades de pesquisa, lavra, exploração e aproveitamento de recursos minerários (TFRM). Os estados-membros possuem competência administrativa fiscalizatória sobre recursos hídricos e minerais, desde que informado pelo princípio da subsidiariedade, emanado de uma concepção própria do federalismo cooperativo brasileiro, de modo que é possível desempenharem, quando traduzível em serviço público ou poder de polícia, atividade administrativa remunerada mediante taxa. A base de cálculo das taxas minerárias deve guardar razoável proporcionalidade entre a quantidade de minério extraído e o dispêndio de recursos públicos com a fiscalização dos contribuintes, observados os princípios da proibição do confisco e da precaução ambiental. *ADI 4787, 1.8.2022. Pleno. Inf 1062.*

STF **Parâmetros para o cálculo das custas judiciais e emolumentos.** É válida a cobrança das custas judiciais e emolumentos tendo por parâmetro o valor da causa ou do bem ou negócio objeto dos atos judiciais e extrajudiciais, desde que definidos limites mínimo e máximo e mantida uma razoável e proporcional correlação com o custo da atividade. Essa forma de cálculo é plenamente admitida, visto que os parâmetros fixados não constituem a base de cálculo da taxa respectiva, mas apenas um critério para a sua incidência, haja vista ser impossível aferir, em cada caso, o efetivo custo do serviço. *ADI 2846, 13.9.2022. Pleno. Inf 1067.*

STF **Cobrança de taxa de segurança para eventos.** É inconstitucional a cobrança de taxa de segurança para eventos, visto que a segurança pública deve ser remunerada por meio de impostos, já que constitui serviço geral e indivisível, devido a todos os cidadãos, independentemente de contraprestação. *ADI 2692, 30.9.2022. Pleno. Inf 1070.*

STF **Lei estadual: militares estaduais e instituição de contribuição para custear serviços de saúde.** É inconstitucional preceito de lei estadual que institui contribuição compulsória de bombeiros e policiais militares estaduais para compor fundo de assistência, com o objetivo de custear serviços de saúde a eles prestados. Contudo, o legislador estadual pode estabelecer contribuição facultativa com o aludido fim. O texto constitucional atribui à União a competência exclusiva para a instituição de contribuições sociais, de intervenção no domínio econômico e de interesse das categorias profissionais ou econômicas (CF, art. 149). Vale lembrar que os entes estaduais só podem instituir contribuição para custear o regime previdenciário tratado no art. 40 da CF. *ADI 5368, 28.10.2022. Pleno. Inf 1074.*

STF **Custas e emolumentos judiciais: majoração e criação de sanções processuais por ente estadual.** É constitucional norma estadual que fixa custas processuais mais elevadas para causas consideradas de alto valor ou alta complexidade. Há pertinência entre o valor das custas e o custo do serviço judicial prestado, o que se revela como efetiva progressividade tributária. No entanto, a determinação de "dobra de custas" sem a necessária correlação entre o valor da taxa e o custo dos serviços prestados constitui afronta ao texto constitucional (CF, art. 145, II). Portanto, se o critério adotado é a qualidade do usuário do serviço, resta evidente a falta dessa referibilidade. *ADI 7063, 3.6.2022. Pleno. Inf 1057.*

QUESTÕES DISCURSIVAS

2. (TRF/4R/Juiz/2006) Pedágio é tarifa ou tributo?

QUESTÕES OBJETIVAS

6. (Vunesp/TRF/3R/Juiz/2022) Assinale a afirmativa correta:

a) De acordo com a jurisprudência do Superior Tribunal de Justiça, cabe compensação de tributo recolhido indevidamente com débito tributário do contribuinte cobrado em execução fiscal, se o crédito do contribuinte for anterior ao seu débito.

b) Segundo a jurisprudência dominante, tem direito à compensação ou repetição de indébito das contribuições do PIS/Cofins no regime não cumulativo o contribuinte de direito que tenha assumido o ônus do seu encargo, aplicando-se o art. 166 do Código Tributário Nacional.

c) A base de cálculo, faturamento ou receita bruta das contribuições do PIS/Cofins englobam a parcela do ICMS incidente sobre a venda da mercadoria e que está embutida no preço da mesma.

d) Segundo o Superior Tribunal de Justiça, o crédito de PIS/Cofins no regime não cumulativo é possível quando os insumos adquiridos forem essenciais ou relevantes para a atividade econômica da empresa.

7. (IFBC/TRF/2R/Juiz/2018) Acerca das contribuições sociais de interesse de categorias profissionais e econômicas, à luz da jurisprudência atual dos Tribunais Superiores, assinale a alternativa correta:

a) nos termos da Lei nº 12.514/2011, os Conselhos Regionais de Fiscalização Profissional não executarão judicialmente dívidas referentes a anuidades inferiores a 4 (quatro) vezes o valor cobrado anualmente da pessoa física ou jurídica inadimplente, devendo tal vedação ser aplicada às execuções já em curso no momento de entrada em vigor da referida lei.

b) os Conselhos Regionais de Fiscalização Profissional podem livremente fixar o valor de suas anuidades, independentemente de parâmetro legal, em razão das peculiaridades da natureza jurídica de tais Conselhos.

c) as anuidades da OAB possuem natureza tributária, devendo ser cobradas mediante processo de execução fiscal.

d) a contribuição ao SEBRAE é qualificada, pelo Supremo Tribunal Federal, como tendo natureza de contribuição de intervenção no domínio econômico - CIDE, e não como contribuição social de interesse de categorias profissionais e econômicas.

e) a contribuição sindical, prevista na atual redação dos arts. 578 e 579 da CLT, apresenta natureza tributária, em razão de seu caráter compulsório, devendo ser cobrada por execução fiscal.

8. (TRF/3R/Juiz/2018) A Primeira Seção do Superior Tribunal de Justiça firmou orientação no sentido de que "as contribuições especiais atípicas (de intervenção no domínio econômico) são constitucionalmente destinadas a finalidades não diretamente referidas ao sujeito passivo, o qual não necessariamente é beneficiado com a atuação estatal e nem a ela dá causa (referibilidade). Esse é o traço característico que as distingue das contribuições de interesse de categorias profissionais e de categorias econômicas" (EREsp 724.789/RS, Rel. Min. Eliana Calmon, Primeira Seção, DJ 28.5.2007). À luz dessa decisão, é correto afirmar que

a) A referibilidade é condição constitucional necessária para a incidência das contribuições de intervenção no domínio econômico.

b) As contribuições de intervenção no domínio econômico só podem ser cobradas de sujeito passivo diretamente relacionado com a atuação estatal a ser financiada.

c) A referibilidade é condição constitucional necessária para a incidência das contribuições de interesse de categoria profissional.

d) As contribuições especiais atípicas são cobradas de sujeitos passivos vinculados a categorias profissionais.

9. (TRF/2R/Juiz/2017) Assinale a opção correta:

a) Denomina-se capacidade tributária ativa a aptidão do Estado para instituir tributos, que é indelegável.

b) Para acabar com eventual "guerra fiscal", a União Federal pode, mediante lei complementar, permitir que os Estados estabeleçam diferença de tratamento tributário em razão da procedência ou destino de bens e serviços.

c) As chamadas contribuições parafiscais podem ser, em regra, instituídas por lei ordinária.

d) Denomina-se salvaguarda tributária a situação na qual o sujeito detentor da competência tributária não é o mesmo sujeito que foi investido da capacidade ativa tributária.

e) Aas contribuições especiais são aquelas que têm função regulatória de mercado e nelas o ente que instituiu o tributo é o destinatário dos recursos arrecadados.

10. (TRF/3R/Juiz/2016) Aponte a alternativa correta:

a) Contribuições de melhoria são tributos vinculados à prestação ou à disposição de serviços públicos fruíveis pelo contribuinte.

b) Pagando um imposto o contribuinte pode exigir do Poder Público uma contraprestação individual e específica.

c) Em caso de relevante interesse público os Estados e o DF podem instituir contribuições de intervenção no domínio econômico.

d) A tarifa pública e o preço público não se submetem ao regime jurídico tributário porque sua natureza é contratual.

11. (Cespe/TRF/5R/Juiz/2015) Assinale a opção correta acerca das contribuições parafiscais.

a) Quando não enquadradas no conceito de contribuições sociais, as contribuições parafiscais destinam-se à intervenção no domínio econômico ou ao interesse de categorias profissionais ou econômicas, vedada outra destinação.

b) As contribuições parafiscais sociais são as únicas que podem incidir sobre as receitas de exportação.

c) É constitucionalmente proibida a incidência de contribuições de intervenção no domínio econômico sobre as importações de serviços.

d) No caso de incidência de contribuição de intervenção no domínio econômico sobre certo faturamento, não será admissível a aplicação de alíquota "ad valorem".

e) Apesar de as contribuições parafiscais serem tributos, nem todas são destinadas a órgãos e entidades públicas.

12. (Cespe/TRF/1R/Juiz/2015) A União instituiu taxa com a finalidade de remunerar a efetiva atividade desenvolvida pela Força Nacional de Segurança Pública. Os cidadãos residentes nas localidades de atuação da Força Nacional deverão pagar a taxa referente apenas ao período em que essa atuação persistir. Nessa situação hipotética, a taxa a ser cobrada:

a) é constitucional, por fundamentar-se na utilização efetiva ou potencial, pelos contribuintes, de serviço público de segurança.

b) é inconstitucional, visto que serviços de segurança pública devem ser remunerados por tarifa.

c) é inconstitucional, uma vez que os serviços de segurança pública não podem ser usufruídos individualmente, mas atendem a um número indeterminado de pessoas.

d) é constitucional, por ser fundamentada no efetivo exercício do poder de polícia pelo Estado.

e) é inconstitucional, por não atender aos critérios da generalidade e da universalidade.

13. (TRF/4R/Juiz/2014) Assinale a alternativa incorreta. Considerando o disposto no Código Tributário Nacional:

a) A base de cálculo do imposto sobre a importação, quando a alíquota seja "ad valorem", é o preço normal que o produto, ou seu similar, alcançaria, ao tempo da importação, em uma venda em condições de livre concorrência, para entrega no porto ou no lugar de entrada do produto no país.

b) O Superior Tribunal de Justiça firmou entendimento no sentido de que, em se tratando da "área de reserva legal", é imprescindível a averbação da referida área na matrícula do imóvel para o gozo do benefício da isenção vinculado ao ITR, sendo que as áreas de preservação permanente não sofrem a obrigatoriedade do mencionado registro.

c) A base de cálculo do imposto sobre a renda e os proventos de qualquer natureza é o montante real, arbitrado ou presumido, da renda ou dos proventos tributáveis.
d) Os serviços públicos, para fins de cobrança de taxa, são divisíveis, quando podem ser destacados em unidades autônomas de intervenção, de utilidade ou de necessidades públicas, e específicos, quando suscetíveis de utilização, separadamente, por parte de cada um dos seus usuários.
e) A base de cálculo do imposto incidente sobre as operações de crédito, câmbio e seguro, ou relativas a títulos ou valores mobiliários, é, quanto às operações relativas a títulos e valores mobiliários, na emissão, o valor nominal mais o ágio, se houver.

14. (TRF/2R/Juiz/2014) Entre as opções abaixo, assinale aquela que lista apenas impostos que são, classicamente e pela sua natureza, classificados como indiretos:
a) Imposto de Resposta, IPI e Cofins.
b) ICMS, Funrural e taxa judiciária.
c) Imposto de Renda, IPVA e IPTU.
d) IPTU, ICMS e transmissão causa mortis.
e) IPI, ICMS e ISS.

15. (TRF/4R/Juiz/2014) Assinale a alternativa correta. O art. 148 da Constituição Federal autoriza a instituição de empréstimos compulsórios:
a) Para promover o investimento público de relevante interesse estadual, observando o disposto no art. 150, III, b, da Constituição Federal.
b) No caso de guerra civil iminente.
c) Para promover o enxugamento do excesso de moeda no mercado.
d) Mediante lei ordinária para fazer face às despesas de calamidade pública.
e) Nenhuma das alternativas anteriores está correta.

16. (TRF/3R/Juiz/2013) O § 4º do artigo 177 da Constituição Federal autorizou o Congresso Nacional a instituir contribuição de intervenção no domínio econômico relativa às atividades de importação ou comercialização de petróleo e seus derivados, gás natural e seus derivados e álcool combustível, o que foi atendido pela Lei n. 10.336/2001. A seu respeito, marque a única resposta correta:
a) os valores decorrentes da arrecadação com a Contribuição de Intervenção no Domínio Econômico sobre Combustíveis – Cide Combustíveis – têm que ser, obrigatoriamente, gastos nas finalidades estipuladas em lei até o último dia do mês seguinte àqueles em que forem arrecadados.
b) os valores decorrentes da arrecadação com a Contribuição de Intervenção no Domínio Econômico sobre Combustíveis – Cide Combustíveis – têm que ser, obrigatoriamente, aplicados nas finalidades estipuladas em lei até o último dia do exercício seguinte àqueles em que forem arrecadados.
c) se os valores arrecadados com a Contribuição de Intervenção no Domínio Econômico sobre Combustíveis – Cide Combustíveis – não forem destinados às finalidades estipuladas constitucionalmente, têm os contribuintes assegurado o direito de não pagá-la ou de repetir o indébito.
d) se os valores arrecadados com a Contribuição de Intervenção no Domínio Econômico sobre Combustíveis – Cide Combustíveis – não forem destinados às finalidades estipuladas legalmente, têm os contribuintes assegurado o direito de não pagá-la ou de repetir o indébito.
e) os valores arrecadados com a Contribuição de Intervenção no Domínio Econômico sobre Combustíveis – Cide Combustíveis – não podem ser gastos em rubrica estranha à destinação estabelecida constitucionalmente. Entretanto, o Governo não é obrigado a gastar os recursos arrecadados.

17. (TRF/4R/Juiz/2012) Dadas as assertivas abaixo, assinale a alternativa correta.
I. Segundo a Constituição Federal, as contribuições de seguridade social incidem sobre o faturamento, e não sobre a receita.
II. Após a regulamentação infraconstitucional da Emenda Constitucional n. 42, de 19 de dezembro de 2003, que autorizou que a Contribuição Social para o Financiamento da Seguridade Social (Cofins) fosse não cumulativa, ressalvadas as empresas prestadoras de serviços e as optantes pelo Simples, todas as empresas estão submetidas ao regime da não cumulatividade.
III. A legislação que regulamenta o PIS e a Cofins não cumulativos não admite a geração de créditos presumidos.
IV. Nas operações de comércio exterior, as contribuições sociais e de intervenção no domínio econômico incidirão na importação de produtos estrangeiros ou serviços, não incidindo, porém, sobre as receitas decorrentes de exportação.
V. Ressalvadas as contribuições previdenciárias, que estão sujeitas à disciplina da Lei n. 8.212/1991 (Lei de Custeio da Previdência Social), é vedada, segundo a Constituição Federal, a alteração do prazo de prescrição, em matéria tributária, por lei ordinária.
a) Está correta apenas a assertiva II.
b) Está correta apenas a assertiva IV.
c) Estão corretas apenas as assertivas I, III e IV.
d) Estão corretas apenas as assertivas I, II, III e V.
e) Nenhuma assertiva está correta.

18. (Cespe/TRF/2R/Juiz/2011) O sistema tributário brasileiro compreende tributos de diversas espécies. Em regra, quando uma pessoa jurídica de natureza industrial vende produto a empresa comercial, sobre essa operação incidem:
a) taxas e impostos.
b) apenas contribuições sociais.
c) taxas e contribuições sociais.
d) impostos e contribuições sociais.
e) apenas taxas.

19. (Cespe/TRF/5R/Juiz/2011) A respeito do Sistema Tributário Nacional, assinale a opção correta.
a) Consoante a jurisprudência do STF, as custas, a taxa judiciária e os emolumentos constituem espécies de preço público. Assim, é admissível que parte da arrecadação obtida com essas espécies seja destinada a instituições privadas, entidades de classe e caixas de assistência dos advogados.
b) Compete aos entes federativos instituir contribuições sociais, de intervenção no domínio econômico e de interesse das categorias profissionais ou econômicas, como instrumento de atuação nas respectivas áreas, observado o princípio da anterioridade.
c) A cobrança de taxa exclusivamente em razão dos serviços públicos de coleta, remoção e tratamento ou destinação de lixo ou resíduos provenientes de imóveis não viola o texto constitucional.
d) A receita proveniente da arrecadação de empréstimo compulsório instituído para atender a despesa extraordinária decorrente de calamidade pública ocorrida no sul do país pode ser destinada para a construção de escolas públicas na região Nordeste, uma vez que é vedada a vinculação de receita de tributos a órgão, fundo ou despesa.
e) Segundo o STF, a existência de órgão administrativo constitui condição suficiente para o reconhecimento da

constitucionalidade da cobrança da taxa de localização e fiscalização, sendo um dos elementos para se inferir o efetivo exercício do poder de polícia, exigido constitucionalmente.

20. (Cespe/TRF/1R/Juiz/2011) Considerando o que dispõe a CF acerca da CSLL, assinale a opção correta.

a) É possível, desde que por meio de lei, estabelecer a substituição tributária da CSLL.
b) O contribuinte da CSLL deve ser definido por meio de lei complementar.
c) O fato gerador da obrigação tributária da CSLL deve ser definido por meio de lei complementar.
d) Não incide CSLL sobre a produção de papel destinado à impressão de jornais.
e) Qualquer isenção relativa à CSLL somente poderá ser instituída por meio de lei que regule exclusivamente a referida contribuição.

21. (Cespe/TRF/5R/Juiz/2011) Com relação a taxas e contribuições, assinale a opção correta.

a) É cabível a cobrança de contribuição de melhoria em virtude da construção de estradas de rodagem e do recapeamento de via pública já asfaltada.
b) As contribuições sociais residuais devem ser instituídas por lei complementar, ser não cumulativas e ter bases de cálculo e fatos geradores diferentes dos de outras contribuições sociais.
c) Aplicam-se às contribuições para o fundo de garantia do tempo de serviço as disposições do CTN.
d) Em conformidade com a legislação local aplicável, é legítima a cobrança de taxa de calçamento.
e) É ilegítima a cobrança da contribuição para financiamento da seguridade social (Cofins) sobre as operações relativas a serviços de telecomunicações.

22. (Cespe/TRF/2R/Juiz/2011) Assinale a opção correta com base nas normas constitucionais relativas aos princípios gerais do sistema tributário, às limitações do poder de tributar e à repartição das receitas tributárias.

a) As contribuições de melhoria, de competência exclusiva dos municípios, são tributos cujo fato gerador é a valorização de imóveis urbanos em razão de obras realizadas pelo poder público local.
b) Pertencem aos municípios 50% do produto da arrecadação do imposto da União sobre a propriedade territorial rural, relativamente aos imóveis neles situados, mas apenas na hipótese de os próprios municípios realizarem a cobrança e a fiscalização do imposto.
c) A instituição do imposto sobre transmissão causa mortis e do de doação cabe ao município onde se situe o bem imóvel.
d) Diferentemente dos impostos, as taxas têm como característica essencial a existência de atividade estatal específica e divisível, ou seja, há a necessidade de o serviço realizado trazer, em tese, benefício potencial e determinado ao contribuinte, que deve pagá-lo ainda que não o utilize.
e) Pelo princípio da anterioridade tributária, nenhum tributo, seja da União, dos estados, do DF ou dos municípios, pode ser cobrado no mesmo exercício financeiro em que tenha sido aprovada a lei que o instituiu.

23. (TRF/4R/Juiz/2010) Dadas as assertivas abaixo, assinale a alternativa correta. Em matéria de taxas, o Supremo Tribunal Federal pacificou entendimento de que o disposto no § 2º do art. 145 da Constituição Federal ("as taxas não poderão ter base de cálculo própria de impostos"):

I. Interpreta-se como aceito em tradicional doutrina, de que a base de cálculo identifica a natureza do tributo (Alfredo Augusto Becker, Amílcar de Araújo Falcão etc.).
II. Interpreta-se como proposto em doutrina mais recente, que nega importância aos critérios tradicionais de identificação (dentre os quais a base de cálculo) e classificação dos tributos em três espécies (Marco Aurélio Greco e outros).
III. Interpreta-se dando por constitucional a adoção, no cálculo da taxa, de um ou mais elementos da base de cálculo própria de determinado imposto, desde que não haja integral identidade entre uma base e outra.
IV. Interpreta-se dando por inconstitucional a adoção de bases de cálculo para taxas que tomem um ou mais elementos da base de cálculo própria de determinado imposto.
V. Interpreta-se mediante recurso ao princípio da razoabilidade, admitindo-se coincidências de base de cálculo de taxas e de impostos em alguns casos e em outros não.

a) Está correta apenas a assertiva III.
b) Estão corretas apenas as assertivas I e IV.
c) Estão corretas apenas as assertivas II e IV.
d) Estão corretas todas as assertivas.
e) Nenhuma assertiva está correta.

24. (TRF/3R/Juiz/2010) Assinale a alternativa incorreta:

a) O imposto sobre produtos industrializados terá reduzido seu impacto sobre a aquisição de bens de capital pelo contribuinte do imposto, na forma da lei.
b) As contribuições de intervenção no domínio econômico não poderão ter alíquota específica.
c) O ouro, quando definido em lei como ativo financeiro ou instrumento cambial, sujeita-se, exclusivamente, à incidência do imposto sobre operações de crédito, câmbio e seguro, ou relativas a títulos ou valores mobiliários.
d) A lei determinará medidas para que os consumidores sejam esclarecidos acerca dos impostos que incidam sobre mercadorias e serviços.

25. (TRF/4R/Juiz/2010) Dadas as assertivas abaixo, assinale a alternativa correta. Na discussão judicial da exclusão ou não de vendas inadimplidas da base de cálculo das contribuições Cofins e PIS, ficou firme na jurisprudência do Superior Tribunal de Justiça que:

I. Não se pode equiparar as vendas canceladas com as vendas inadimplidas.
II. Somente as vendas inadimplidas em que os vendedores tenham esgotado integralmente todos os meios regulares de cobrança sem sucesso dão direito a estorno das operações e consequente exclusão de base de cálculo das contribuições Cofins e PIS.
III. Tanto as vendas inadimplidas como as canceladas não permitem exclusão da base de cálculo daquelas contribuições, pois ocorreram os respectivos fatos geradores por ocasião da venda.
IV. Somente nos casos de comprovada fraude poderão as vendas ser excluídas da base de cálculo das contribuições para a Cofins e o PIS, para fins de sua apuração.
V. Basta a prova de apresentação de representação junto à autoridade policial para permitir a exclusão da base de cálculo da Cofins e do PIS das vendas inadimplidas mediante fraude.

a) Está correta apenas a assertiva I.
b) Está correta apenas a assertiva II.
c) Estão corretas apenas as assertivas I e III.
d) Estão corretas apenas as assertivas II e IV.
e) Estão corretas apenas as assertivas I, III e V.

26. (TRF/3R/Juiz/2010) Assinale a alternativa incorreta:

a) As taxas não poderão ter base de cálculo própria de impostos.
b) Cabe à lei complementar dispor sobre conflitos de competência, em matéria tributária, entre a União, os Estados, o Distrito Federal e os Municípios.
c) A União poderá instituir taxas, em razão do exercício do poder de polícia ou pela utilização, efetiva ou potencial, de serviços públicos específicos e indivisíveis, prestados ao contribuinte ou postos a sua disposição.
d) O Distrito Federal poderá instituir contribuição de melhoria, decorrente de obras públicas.

27. (Cespe/TRF/2R/Juiz/2009) Acerca de taxa, de preço público, de contribuições e de empréstimo compulsório, assinale a opção correta.

a) O valor cobrado por serviço público não essencial sob o regime de concessão é necessariamente submetido ao regime próprio das taxas.
b) A Cofins não incide sobre a receita da sociedade comercial decorrente da locação de veículos, por se tratar de cessão de uso e gozo de coisa a título oneroso, que não pode ser equiparada com mercadoria.
c) A União pode instituir empréstimo compulsório com devolução do valor recebido em títulos da dívida pública.
d) A Cofins não incide sobre as variações cambiais que decorram de vendas ao exterior.
e) A taxa independe da associação do fato gerador com o serviço para o qual foi instituída.

28. (Cespe/TRF/5R/Juiz/2009) Suponha que uma empresa de combustíveis, além de produzir álcool e combustíveis fósseis e realizar compras e vendas de petróleo e desses combustíveis no mercado internacional, também possua um laboratório que preste serviços de análise da qualidade de combustíveis para outras empresas. Nessa situação, assinale a opção que apresenta um tributo que deve ser aplicado à empresa e o seu correspondente fato gerador.

a) taxa, pela prestação do serviço de análise laboratorial, desde que específico, divisível e efetivamente prestado.
b) IPI em razão da venda de gasolina para as distribuidoras.
c) contribuição de intervenção no domínio econômico, em razão da exportação de álcool.
d) contribuição de intervenção no domínio econômico, em razão da importação de petróleo.
e) contribuição social sobre o lucro, em razão do faturamento, na hipótese de a empresa apurar seu imposto de renda sobre o lucro real.

3. LEGISLAÇÃO TRIBUTÁRIA

ENUNCIADOS

CARF **Súm. 35.** O art. 11, § 3º, da Lei nº 9.311/96, com a redação dada pela Lei nº 10.174/2001, que autoriza o uso de informações da CPMF para a constituição do crédito tributário de outros tributos, aplica-se retroativamente.

CARF **Súm. 74.** Aplica-se retroativamente o art. 14 da Lei nº 11.488, de 2007, que revogou a multa de ofício isolada por falta de acréscimo da multa de mora ao pagamento de tributo em atraso, antes prevista no art. 44, § 1º, II, da Lei nº 9.430/96.

CARF **Súm. 151.** Aplica-se retroativamente o inciso II do § 4º do art. 1º da Lei 11.945/2009, referente a multa pela falta ou atraso na apresentação da "DIF Papel Imune" devendo ser cominada em valor único por declaração não apresentada no prazo trimestral, e não mais por mês calendário, conforme anteriormente estabelecido no art. 57 da MP nº 2.158-35/ 2001, consagrando-se a retroatividade benéfica nos termos do art. 106, do Código Tributário Nacional.

CARF **Súm. 155.** A multa prevista no art. 33 da Lei nº 11.488/07 não se confunde com a pena de perdimento do art. 23, inciso V, do Decreto Lei nº 1.455/76, o que afasta a aplicação da retroatividade benigna definida no art. 106, II, "c", do Código Tributário Nacional.

CARF **Súm. 167.** O art. 76, inciso II, alínea "a" da Lei nº 4.502, de 1964, deve ser interpretado em conformidade com o art. 100, inciso II do CTN, e, inexistindo lei que atribua eficácia normativa a decisões proferidas no âmbito do processo administrativo fiscal federal, a observância destas pelo sujeito passivo não exclui a aplicação de penalidades.

QUESTÕES OBJETIVAS

29. (Vunesp/TRF/3R/Juiz/2022) Sobre a relação entre tributação e defesa do meio ambiente, assinale a afirmativa correta:

a) A defesa do meio ambiente, inclusive mediante tratamento diferenciado conforme o impacto ambiental dos produtos e serviços e de seus processos de elaboração e prestação (Título VII – Da ordem econômica e financeira – capítulo I – Dos princípios gerais da atividade econômica, conforme preceito específico do art. 170, VI da CF/88) não se aplica à matéria tributária que está toda regulada no Título VI – Da tributação e do orçamento, no capítulo próprio I – Do Sistema Tributário Nacional (arts. 145-162 da CF/88).
b) A defesa do meio ambiente, conforme art. 170, VI, mencionado na alínea anterior como princípio programático da atividade econômica, ainda que seja aplicável à matéria tributária, não autoriza o intérprete da legislação federal tributária a adotar interpretação conforme a Constituição que seja mais favorável ao meio ambiente.
c) Isenção fiscal concedida a prazo certo e sob condição de determinada obrigação de preservação ambiental não pode ser revogada a qualquer momento, mesmo na eventualidade de descumprimento da condição, até que seja definitivamente apurado.
d) De acordo com o tratado do GATT não é possível à lei brasileira discriminar produtos nacionais e estrangeiros similares, tributando estes últimos mais gravosamente se forem mais danosos ao meio ambiente.

30. (TRF/3R/Juiz/2018) Indique a afirmação incorreta:

a) Tributo é toda prestação pecuniária compulsória, em moeda ou cujo valor nela se possa exprimir, instituída em lei, que não constitua sanção por ato ilícito.
b) Medida provisória pode estabelecer a extinção de tributo.
c) Lei que disponha sobre outorga de isenção deve ser interpretada literalmente.
d) Os decretos restringem o conteúdo e o alcance das leis em função das quais são expedidos.

31. (Cespe/TRF/5R/Juiz/2017) Sob a vigência de determinada norma tributária, contribuintes deixaram de recolher o tributo devido, do que resultou a autuação do fisco e a impugnação dos contribuintes. Antes mesmo do fim do processo administrativo fiscal, foi aprovada e entrou em vigor legislação tributária que concedeu isenção parcial, reduzindo em 50% o referido tributo, para as mesmas operações. Com relação a essa situação hipotética, assinale a opção correta, conforme as normas a respeito da aplicação e vigência da lei tributária dispostas no Código Tributário Nacional (CTN).

a) Os contribuintes inadimplentes não poderão recolher os 50% do tributo devido, dada a impossibilidade de retroação no caso de a lei nova ser interpretativa, o que ocorreu na situação hipotética apresentada.

b) Os contribuintes inadimplentes terão o direito de recolher o valor do tributo em 50%, já que o ato ainda não se encontra definitivamente julgado.

c) A irretroatividade da lei tributária não alcança algumas exceções previstas no Código Tributário Nacional (CTN), como é o caso da concessão da isenção parcial prevista na situação hipotética apresentada, uma vez que a exceção busca aplicação do princípio da segurança jurídica.

d) Os contribuintes inadimplentes não poderão se beneficiar do recolhimento com base na nova lei, já que ela passou a viger após o nascimento da obrigação tributária e não há fundamento legal para desconsiderá-la.

e) Os contribuintes inadimplentes terão o direito de recolher 50% a título de tributo devido, pois a lei retroage para beneficiá-los, mesmo antes do fim do processo administrativo fiscal, dado o princípio da lei mais benigna.

32. (TRF/4R/Juiz/2016) Assinale a alternativa incorreta.

a) Segundo entendimento da doutrina e do Supremo Tribunal Federal, a proibição do efeito confiscatório da exação tributária não está estabelecida em critérios objetivos, e a sua aplicação depende da análise da razoabilidade, da proporcionalidade e da moderação.

b) É vedado instituir imposto sobre livros, jornais, periódicos e o papel destinado à sua impressão, mesmo quando a comercialização destes seja realizada por pessoa jurídica com o objetivo de auferir lucros com a atividade.

c) As isenções, anistias e remissões de tributos podem ser instituídas mediante decreto, dispensada a edição de lei em sentido estrito.

d) É autorizado por lei atribuir a sujeito passivo da obrigação tributária a responsabilidade pelo pagamento do tributo, ainda que o fato gerador não tenha ocorrido, fenômeno este denominado substituição tributária.

e) É vedado à União, aos Estados e aos Municípios instituírem impostos sobre templos de qualquer culto.

33. (TRF/2R/Juiz/2014) Sobre os tratados internacionais em matéria tributária, assinale a opção correta:

a) Os tratados internacionais firmados entre a República Federativa do Brasil e outros países com a finalidade de evitar a bitributação prevalecerão em relação à legislação tributária ordinária tão logo seus instrumentos sejam depositados no âmbito internacional.

b) Os tratados internacionais firmados entre a República Federativa do Brasil e outros países com a finalidade de evitar a bitributação deverão prevalecer em relação à legislação tributária ordinária, assim que seja aprovada a necessária Resolução do Congresso Nacional que os homologue internamente.

c) Os tratados internacionais firmados com a finalidade de evitar a bitributação entre dois países, após aprovação em dois turnos em ambas as casas do Congresso Nacional, deverão prevalecer em relação à legislação tributária ordinária e servirão de parâmetro para o controle de sua constitucionalidade.

d) Os tratados internacionais firmados com a finalidade de evitar a bitributação entre dois países, uma vez assinados e devidamente publicado o Decreto Legislativo respectivo, deverão prevalecer em relação à legislação tributária ordinária.

e) Os tratados internacionais, assinados pela República Federativa do Brasil com o objetivo de evitar a dupla tributação em relação a outros países, não deverão prevalecer em relação à legislação tributária ordinária.

34. (TRF/2R/Juiz/2014) O Código Tributário prevê que se interprete literalmente a legislação tributária que disponha sobre:

a) Pagamento do crédito tributário.

b) Outorga de isenção.

c) Cumprimento de obrigações tributárias acessórias.

d) Capitulação do fato gerador.

e) Sobre as penas cominadas, em caso de dúvida.

35. (Cespe/TRF/3R/Juiz/2011) Em setembro de 2011, a União editou decreto determinando a elevação das alíquotas de IPI sobre a importação de automóveis e instrução normativa determinando a prorrogação do direito de dedução, sobre o imposto de renda anual da pessoa física, da contribuição previdenciária paga a empregado doméstico. Em ambas as normas, há cláusula de vigência para o dia da publicação desses atos normativos. Acerca desse aspecto, é correto afirmar, em conformidade com a CF e com o CTN, que:

a) os efeitos do decreto produzem-se a partir de 1º.1.2012, e os da instrução normativa, a partir da publicação.

b) os efeitos do decreto produzem-se após 90 dias contados da publicação, e os da instrução normativa, a partir da publicação.

c) os efeitos do decreto e da instrução normativa produzem-se após 90 dias contados da publicação.

d) os efeitos do decreto e da instrução normativa produzem-se a partir de 1º de janeiro de 2012.

e) os efeitos do decreto e da instrução normativa produzem-se a partir da publicação dessas normas.

36. (Cespe/TRF/2R/Juiz/2011) De acordo com o que dispõe o CTN, há possibilidade de lei nova retroagir em seus efeitos se o ato:

a) tiver contrariado fraudulentamente uma obrigação acessória relativa a imposto que deveria ter sido cumprida antes da vigência da nova lei, independentemente de ter sido ou não julgado.

b) tiver importado o não pagamento de tributo e não tiver sido definitivamente julgado quando da vigência da nova lei, e esta deixar de considerá-lo contrário a uma exigência de ação.

c) tiver importado o não pagamento de tributo e já tiver sido definitivamente julgado quando da vigência da nova lei, e esta deixar de considerá-lo como contrário a uma exigência de ação.

d) não tiver sido definitivamente julgado, independentemente de se referir a imposto ou contribuição, e a nova lei deixar de considerá-lo infração.

e) tiver contrariado fraudulentamente uma obrigação acessória relativa a contribuição social com vigência já findada quando da vigência da nova lei, independentemente de ter sido ou não julgado.

37. (Cespe/TRF/2R/Juiz/2011) Em consonância com as normas previstas no CTN relativas à interpretação da definição legal do fato gerador da obrigação de pagar o tributo devido, assinale a opção correta com relação à prática de crime de descaminho.

a) Somente se considera ocorrido o fato gerador se o descaminho for praticado pelo próprio contribuinte.

b) Não ocorre o fato gerador se o agente não conseguir seus intuitos.

c) O fato gerador somente se considera ocorrido se o descaminho for praticado por terceiros.

d) Não ocorre o fato gerador, dada a inadmissibilidade de se tributar o crime de descaminho.

e) O fato gerador considera-se ocorrido, independentemente da validade jurídica do ato praticado.

38. (Cespe/TRF/5R/Juiz/2009) Suponha que, em 28.12.2008, tenha sido publicada uma lei que, destinada a desestimular o uso de amianto, tenha elevado o IPI incidente sobre certos produtos industriais originários daquela substância e reduzido o IPI sobre os mesmos produtos quando fabricados com PVC. Suponha, ainda, que, em 25.1.2009, tenha sido publicada a aprovação, pelo Brasil, de um tratado internacional que isente de IPI os produtos que tenham como insumo o amianto e que as duas normas citadas traziam cláusula de vigência a iniciar-se na respectiva publicação. Nessa situação:

a) as indústrias produtoras de caixas-d'água de amianto pagarão IPI elevado após 28.3.2009.
b) as indústrias produtoras de caixas-d'água de PVC somente pagarão IPI reduzido sobre as vendas realizadas a partir de 28.3.2009.
c) as indústrias produtoras de caixas-d'água de amianto pagarão IPI elevado entre 28.12.2008 e 24.1.2009.
d) as indústrias produtoras de caixas-d'água de amianto pagarão IPI elevado entre 1º.1.2009 e 24.1.2009.
e) as indústrias produtoras de caixas-d'água de PVC pagarão IPI reduzido sobre as vendas realizadas em 1º.1.2009.

39. (Cespe/TRF/2R/Juiz/2009) Considerando que o presidente da República Federativa do Brasil tenha assinado tratado com três países da América do Sul, no qual ficou deliberado que os produtos originários de um gozarão, nos outros países, do mesmo tratamento tributário aplicado ao produto nacional, assinale a opção correta.

a) Por se tratar de convenção internacional de integração regulando matéria tributária, o tratado gerará para os impostos de competência da União efeitos imediatos, por aplicação dos princípios do efeito direto e da aplicabilidade imediata.
b) Caso o Congresso Nacional venha a homologar o tratado mediante decreto legislativo, este gerará efeitos para a União, os estados e os municípios, inclusive no que diz respeito à matéria reservada à lei complementar.
c) O Estado-membro poderá denunciar o tratado sempre que houver diminuição de sua receita pela incidência do ajuste, com base na distribuição de competência tributária estabelecida na CF.
d) O tratado incorporado ao sistema tributário nacional por decreto legislativo tem prevalência sobre a lei ordinária.
e) Em virtude da paridade estabelecida no tratado, não poderá ser tributado o bem importado por instituição que apenas no estrangeiro goze de imunidade tributária.

4. OBRIGAÇÃO TRIBUTÁRIA

SÚMULAS

STJ **Súm. 251.** A meação só responde pelo ato ilícito quando o credor, na execução fiscal, provar que o enriquecimento dele resultante aproveitou ao casal.

STJ **Súm. 360.** O benefício da denúncia espontânea não se aplica aos tributos sujeitos a lançamento por homologação regularmente declarados, mas pagos a destempo.

STJ **Súm. 430.** O inadimplemento da obrigação tributária pela sociedade não gera, por si só, a responsabilidade solidária do sócio-gerente.

STJ **Súm. 435.** Presume-se dissolvida irregularmente a empresa que deixar de funcionar no seu domicílio fiscal, sem comunicação aos órgãos competentes, legitimando o redirecionamento da execução fiscal para o sócio-gerente.

STJ **Súm. 554.** Na hipótese de sucessão empresarial, a responsabilidade da sucessora abrange não apenas os tributos devidos pela sucedida, mas também as multas moratórias ou punitivas referentes a fatos geradores ocorridos até a data da sucessão.

TRF4 **Súm. 112.** A responsabilização dos sócios fundada na dissolução irregular da pessoa jurídica (art. 135 do CTN) prescinde de decretação da desconsideração de personalidade jurídica da empresa e, por conseguinte, inaplicável o incidente processual previsto nos arts. 133 a 137 do CPC/15.

TRF4 **Súm. 113.** A certidão do oficial de justiça atestando que a empresa não foi encontrada no endereço fornecido como domicílio fiscal constitui indício suficiente de dissolução irregular, apto a ensejar o redirecionamento da execução contra o sócio-gerente.

REPERCUSSÃO & REPETITIVOS

STJ **Repetitivo 981.** O redirecionamento da execução fiscal, quando fundado na dissolução irregular da pessoa jurídica executada ou na presunção de sua ocorrência, pode ser autorizado contra o sócio ou o terceiro não sócio, com poderes de administração na data em que configurada ou presumida a dissolução irregular, ainda que não tenha exercido poderes de gerência quando ocorrido o fato gerador do tributo não adimplido, conforme art. 135, III, do CTN. *REsp 1645333, 25.5.2022.*

STJ **Repetitivo 1118.** Somente mediante lei estadual/distrital específica poderá ser atribuída ao alienante responsabilidade solidária pelo pagamento do imposto sobre a propriedade de veículos automotores – IPVA do veículo alienado, na hipótese de ausência de comunicação da venda do bem ao órgão de trânsito competente. *REsp 1881788, 23.11.2022.*

ENUNCIADOS

CARF **Súm. 49.** A denúncia espontânea (art. 138 do Código Tributário Nacional) não alcança a penalidade decorrente do atraso na entrega de declaração.

CARF **Súm. 65.** Inaplicável a responsabilidade pessoal do dirigente de órgão público pelo descumprimento de obrigações acessórias, no âmbito previdenciário, constatadas na pessoa jurídica de direito público que dirige.

CARF **Súm. 71.** Todos os arrolados como responsáveis tributários na autuação são parte legítima para impugnar e recorrer acerca da exigência do crédito tributário e do respectivo vínculo de responsabilidade.

CARF **Súm. 75.** A recuperação da espontaneidade do sujeito passivo em razão da inoperância da autoridade fiscal por prazo superior a sessenta dias aplica-se retroativamente, alcançando os atos por ele praticados no decurso desse prazo.

CARF **Súm. 113.** A responsabilidade tributária do sucessor abrange, além dos tributos devidos pelo sucedido, as multas moratórias ou punitivas, desde que seu fato gerador tenha ocorrido até a data da sucessão, independentemente de esse crédito ser formalizado, por meio de lançamento de ofício, antes ou depois do evento sucessório.

CARF **Súm. 126.** A denúncia espontânea não alcança as penalidades infligidas pelo descumprimento dos deveres instrumentais decorrentes da inobservância dos prazos fixados pela Secretaria da Receita Federal do Brasil para prestação de informações à administração aduaneira, mesmo após o advento da nova redação do art. 102 do Decreto-Lei nº 37, de 1966, dada pelo art. 40 da Lei nº 12.350, de 2010.

CARF **Súm. 130.** A atribuição de responsabilidade a terceiros com fundamento no art. 135, inciso III, do CTN não exclui a pessoa jurídica do polo passivo da obrigação tributária.

CARF **Súm. 172.** A pessoa indicada no lançamento na qualidade de contribuinte não possui legitimidade para questionar a responsabilidade imputada a terceiros pelo crédito tributário lançado.

INFORMATIVOS

STF **Não se admite que ente federativo diverso imponha espécie de obrigação tributária acessória a entes destinatários de exação.** As contribuições recebidas pelos sindicatos têm natureza tributária. Assim, mesmo em se tratando de verba pública – enquanto receita tributária com destinação específica –, não é qualquer ente público que pode estabelecer obrigações ligadas a esse mesmo tributo, mas somente aquele que tem competência normativa: a União (CF, art. 149). *ADI 5349, 19.8.2022. Pleno. Inf 1064.*

STF **Constitucionalidade da chamada "norma geral antielisão".** Não viola o texto constitucional a previsão contida no par. ún. do art. 116 do CTN. Em verdade, ela confere máxima efetividade a esses preceitos, objetivando, primordialmente, combater a evasão fiscal, sem que isso represente permissão para a autoridade fiscal de cobrar tributo por analogia ou fora das hipóteses descritas em lei, mediante interpretação econômica. Nesse contexto, apenas viabiliza que a autoridade tributária aplique base de cálculo e alíquota a uma hipótese de incidência estabelecida em lei e que tenha efetivamente se realizado. *ADI 2446, 8.4.2022. Pleno. Inf 1050.*

STJ **Sucessão empresarial irregular. Comprovação formal. Desnecessidade. Prosseguimento na exploração da mesma atividade econômica, no mesmo endereço e com o mesmo objeto social. Presunção.** A caracterização da sucessão empresarial fraudulenta não exige a comprovação formal da transferência de bens, direitos e obrigações à nova sociedade, admitindo-se sua presunção quando os elementos indiquem que houve o prosseguimento na exploração da mesma atividade econômica, no mesmo endereço e com o mesmo objeto social. *AgInt no REsp 1837435, 4ª T, 10.5.2022. Inf 737.*

STJ Execução fiscal. Responsabilidade do sócio. Dissolução regular. Micro e pequena empresa. Ausência de certidão de regularidade fiscal. Incidência do art. 134, VII, do CTN. No caso de micro e pequenas empresas é possível a responsabilização dos sócios pelo inadimplemento do tributo, com base no art. 134, VII, do CTN, cabendo-lhes demonstrar a insuficiência do patrimônio quando da liquidação para exoneração da responsabilidade pelos débitos. *REsp 1876549, 2ª T, 6.5.2022. Inf 735.*

STJ Tributos estaduais. Pandemia (Covid-19). Pretensão de suspensão temporária de vencimento e de postergação do prazo de pagamento das prestações dos parcelamentos. Discricionariedade dos poderes executivo ou legislativo. Impossibilidade de sua concessão pela via judicial. Na ausência de legislação estadual específica que conceda o direito à postergação do vencimento ou à suspensão da exigibilidade das prestações dos parcelamentos de tributos estaduais, não há como se estender os efeitos de normas aplicáveis no âmbito dos tributos federais ou do Simples Nacional, ou mesmo benefícios concedidos por outro Estado da Federação, aos tributos devidos em razão da pandemia (Covid-19). *RMS 67443, 2ª T, 18.3.2022. Inf 730.*

QUESTÕES DISCURSIVAS

3. (TRF/2R/Juiz/2014) Em que consiste o instituto da denúncia espontânea? Explicite os requisitos de sua configuração, bem como sua aplicabilidade às obrigações tributárias principal e acessória, e aos tributos sujeitos a lançamento de ofício, declaração e homologação?

4. (TRF/4R/Juiz/2012) Disserte sobre a responsabilidade tributária do acionista, sócio, diretor, gerente ou administrador de pessoa jurídica, enfocando os seguintes aspectos: (i) hipóteses de cabimento; (ii) responsabilidade pelo não recolhimento; e (iii) natureza jurídica.

5. (TRF/4R/Juiz/2008) Considerando os enunciados abaixo, discorra sobre o tema, abordando os quesitos ao final indicados: "A incidência do imposto independe da denominação da receita ou do rendimento, da localização, condição jurídica ou nacionalidade da fonte, da origem e da forma de percepção." "A autoridade administrativa poderá desconsiderar atos ou negócios jurídicos praticados com a finalidade de dissimular a ocorrência do fato gerador do tributo ou a natureza dos elementos constitutivos da obrigação tributária, observados os procedimentos a serem estabelecidos em lei ordinária." (i) Teça breves comentários acerca da natureza jurídica, da eficácia e da eventual constitucionalidade de tais assertivas. (ii) O fisco tem a obrigação de "requalificar" ou "recaracterizar" os atos jurídicos de acordo com a sua verdade material (sob o aspecto jurídico), abandonando e/ou desconsiderando a qualificação, denominação ou caracterização dada pelas partes?.

6. (TRF/4R/Juiz/2008) Discorra sobre a legalidade ou viabilidade do planejamento tributário.

QUESTÕES OBJETIVAS

40. (TRF/2R/Juiz/2017) Entidade autárquica federal adquire imóvel. Mais tarde, não se comprovando o recolhimento da taxa de coleta de lixo, de período anterior à alienação, surge dúvida sobre a eventual responsabilidade da autarquia em honrar tal débito. Sobre essa eventual responsabilidade, pode-se afirmar que:

a) Ela não existe, tendo em conta se tratar de autarquia.
b) A responsabilidade é subsidiária.
c) A responsabilidade é solidária.
d) A responsabilidade é regressiva.
e) A responsabilidade é autônoma, e apenas existe se o lixo foi recolhido.

41. (TRF/2R/Juiz/2017) Em 2014, empresa do setor de alimentos adquire estabelecimento comercial de outra e passa, ali, a exercer a mesma atividade da alienante. A pessoa jurídica alienante deixa de existir e seus antigos sócios passam a atuar em outros ramos. Dois anos depois, é lavrado auto de infração em razão do não recolhimento de Imposto de Renda (IRPJ), acrescido de penalidade, tudo relativo ao ano base 2012. Assinale a opção correta:

a) Apenas a alienante, cuja operação concretizou o fato gerador do tributo devido, responde diretamente pelo tributo e pela penalidade. Seus sócios gerentes podem responder, comprovado o encerramento irregular da pessoa jurídica.
b) A adquirente do estabelecimento responde diretamente pelo tributo e pela penalidade.
c) Alienante e adquirente respondem, na proporção de suas culpas, pelos tributos e penalidades devidos.
d) O tributo pode ser exigido diretamente da adquirente, e a penalidade é integralmente devida apenas pela alienante e seus antigos sócios, estes independentemente da dissolução irregular.
e) penas a alienante é devedora do tributo e da penalidade. A adquirente é responsável subsidiária, e bem assim os sócios da alienante, independentemente da dissolução irregular.

42. (TRF/3R/Juiz/2016) Considere a denúncia espontânea (art. 138 do CTN) e assinale a alternativa incorreta:

a) Não se aplica aos tributos sujeitos a lançamento por homologação regularmente declarados, mas que são pagos a destempo.
b) Só se considera espontânea a denúncia apresentada antes de qualquer medida de fiscalização relacionada com a infração fiscal.
c) Aplica-se ao caso em que o contribuinte devedor confessa a dívida e obtém o parcelamento do débito tributário.
d) Exclui a exigência da multa, mas não evita a incidência dos juros moratórios e da correção monetária do débito confessado.

43. (Cespe/TRF/5R/Juiz/2015) A respeito de responsabilidade tributária, assinale a opção correta.

a) A responsabilidade tributária derivada é aquela que é transferida a terceiro que tenha ligação direta e pessoal com o fato gerador da obrigação, sem que decorra de expressa previsão legal.
b) A responsabilidade tributária originária é aquela que ocorre com o inadimplemento da obrigação tributária por parte do contribuinte.
c) A responsabilidade tributária por infração a lei tributária praticada por pessoa na gestão de sociedade limitada ficará adstrita ao capital social devidamente integralizado.
d) A responsabilidade tributária por infração implica solidariedade da sociedade com o gestor que cometer infração no pagamento dos tributos.
e) A sujeição passiva indireta pode ser fruto de uma responsabilidade por sucessão, o que caracteriza uma das modalidades de responsabilidade por transferência.

44. (TRF/3R/Juiz/2013) Sobre a expressão fato gerador, marque a única resposta incorreta:

a) fato gerador foi conceito eleito pelo constituinte originário para distribuir as materialidades dos impostos entre a União, Estados, Distrito Federal e Municípios.
b) No Brasil, é expressão consagrada, largamente utilizada pelo legislador, e remonta à publicação da tradução de artigo do jurista Gaston Jèze, em 1945, significando a legislação que cria tributos e os fatos econômicos que farão surgir a obrigação tributária.

c) é expressão criticada por parte da doutrina especializada, por ser utilizada pelo legislador quer para se referir à norma tributária, quer para se referir aos fatos ocorridos no mundo fenomênico, o que pode dificultar sua compreensão. Nesses termos, pode ser substituída por hipótese de incidência tributária e fato imponível.

d) fato gerador, como norma tributária, refere-se aos acontecimentos econômicos, escolhidos pelo legislador, que poderão fazer surgir a obrigação tributária.

e) como norma geral, a legislação que definir juridicamente fato gerador pode ser veiculada por medida provisória que, acolhida pelo Congresso Nacional, vinculará todos os entes tributantes.

45. (TRF/3R/Juiz/2013) Aponte a única resposta que representa a legislação em vigor:

a) são passíveis de desconsideração os atos ou negócios jurídicos que visem a reduzir o valor de tributo, a evitar ou a postergar o seu pagamento ou a ocultar os verdadeiros aspectos do fato gerador ou a real natureza dos elementos constitutivos da obrigação tributária, ainda que lícitos.

b) os atos ou negócios jurídicos praticados com a finalidade de dissimular a ocorrência de fato gerador de tributo ou a natureza dos elementos constitutivos de obrigação tributária serão desconsiderados, para fins tributários, pela autoridade administrativa competente, observados os procedimentos estabelecidos nas normas gerais de direito tributário; não se incluem na mesma sistemática os atos e negócios jurídicos em que se verificar a ocorrência de dolo, fraude ou simulação.

c) para a desconsideração de ato ou negócio jurídico que vise dissimular a ocorrência do fato gerador do tributo ou a natureza dos elementos constitutivos da obrigação tributária, a autoridade administrativa deverá levar em conta, entre outras, a ocorrência de falta de propósito negociai ou abuso de forma.

d) na hipótese de a fiscalização tributária identificar a ocorrência de atos ou negócios jurídicos praticados com a finalidade de dissimular a ocorrência do fato gerador do tributo ou a natureza dos elementos constitutivos da obrigação tributária, a autoridade administrativa poderá desconsiderá-los, instaurando-se procedimento administrativo específico, no curso do procedimento de fiscalização, em que se garantirá ao sujeito passivo amplo direito de defesa.

e) na hipótese de a fiscalização tributária identificar a ocorrência de atos ou negócios jurídicos praticados com a finalidade de dissimular a ocorrência do fato gerador do tributo ou a natureza dos elementos constitutivos da obrigação tributária, a autoridade administrativa poderá desconsiderá-los, observando os procedimentos estabelecidos em lei ordinária.

46. (Cespe/TRF/5R/Juiz/2013) Assinale a opção correta de acordo com a CF, as normas gerais de direito tributário e a jurisprudência do STJ e do STF.

a) Não é admissível o repasse, na fatura de energia elétrica, do encargo financeiro relativo à contribuição de integração social e à contribuição para o financiamento da seguridade social devidas pela concessionária.

b) O fato de a sociedade não ser localizada no endereço fornecido como domicílio fiscal não gera presunção de que ela tenha sido irregularmente dissolvida.

c) É constitucional a adoção, no cálculo do valor de taxa, de um ou mais elementos da base de cálculo própria de determinado imposto, mesmo que haja integral identidade entre uma base e outra.

d) O CTN adota expressamente o princípio do "non olet", cuja aplicação implica tributação do produto da atividade ilícita, bastando, para tanto, que a hipótese de incidência da obrigação tributária se realize no mundo dos fatos.

e) O IR será norteado pelos critérios da generalidade, da seletividade e da progressividade, na forma da lei.

47. (TRF/3R/Juiz/2013) No critério ou aspecto pessoal da hipótese de incidência tributária, localizamos:

a) como sujeito passivo a pessoa que possui o direito subjetivo de exigir o cumprimento do dever de recolher o tributo, enquanto como sujeito ativo a pessoa que deverá recolher o tributo. No polo ativo podemos encontrar o contribuinte (quando tenha relação pessoal e direta com a situação que constitua o respectivo fato gerador), o responsável (aquele que, sem ser contribuinte, sua obrigação decorra de disposição expressa de lei) e o substituto (pessoa vinculada à materialidade da norma que, não sendo seu contribuinte, será chamado a recolher o tributo por expressa disposição de lei).

b) como sujeito ativo a pessoa que possui o direito subjetivo de exigir o cumprimento do dever de recolher o tributo, enquanto como sujeito passivo a pessoa que deverá recolher o tributo. No polo passivo podemos encontrar o contribuinte (quando tenha relação pessoal e direta com a situação que constitua o respectivo fato gerador), o responsável (aquele que, sem ser contribuinte, sua obrigação decorra de disposição expressa de lei) e o substituto (pessoa vinculada à materialidade da norma que, não sendo seu contribuinte, será chamado a recolher o tributo por expressa disposição de lei).

c) como sujeito ativo a pessoa que possui o direito subjetivo de exigir o cumprimento do dever de recolher o tributo, enquanto como contribuinte a pessoa que deverá recolher o tributo, englobando o sujeito passivo (quando tenha relação pessoal e direta com a situação que constitua o respectivo fato gerador), o responsável (aquele que, sem ser contribuinte, sua obrigação decorra de disposição expressa de lei) e o substituto (pessoa vinculada à materialidade da norma que, não sendo seu contribuinte, será chamado a recolher o tributo por expressa disposição de lei).

d) como sujeito ativo a pessoa que possui o direito subjetivo de exigir o cumprimento do dever de recolher o tributo, enquanto como sujeito passivo a pessoa que deverá recolher o tributo. No polo passivo podemos encontrar o contribuinte (aquele cuja obrigação decorra de disposição expressa de lei), o responsável (quando tenha relação pessoal e direta com a situação que constitua o respectivo fato gerador), e o substituto (pessoa vinculada à materialidade da norma que, não sendo seu contribuinte, será chamado a recolher o tributo por expressa disposição de lei).

e) como sujeito ativo a pessoa que possui o direito subjetivo de exigir o cumprimento do dever de recolher o tributo, enquanto como sujeito passivo a pessoa que deverá recolher o tributo. No polo passivo podemos encontrar o contribuinte, o responsável e o substituto, tratados como sinônimos pela legislação.

48. (Cespe/TRF/5R/Juiz/2011) No que concerne a obrigação tributária, assinale a opção correta.

a) Na falta de eleição, pelo contribuinte ou responsável, de domicílio tributário, considera-se, na forma da legislação aplicável, como domicílio tributário, preferencialmente, o lugar da situação do bem ou da ocorrência dos atos ou fatos que deram origem à obrigação.

b) Considere que Ômega tenha adquirido, a título oneroso, estabelecimento empresarial de Delta Auto Peças Ltda. e, após três meses, Delta tenha iniciado nova atividade empresarial, na área de venda de medicamentos. Nesse caso, Ômega será subsidiariamente responsável pelos débitos tributários devidos por Delta até a data da alienação.

c) Os tutores respondem solidariamente pelo cumprimento de obrigações principais e acessórias devidas pelos tutelados, nos atos em que intervierem, ou pelas omissões, nos casos de impossibilidade de exigência do cumprimento da obrigação tributária pelo contribuinte.

d) A responsabilidade do agente por infrações é excluída pela denúncia espontânea, que deve ser apresentada antes da propositura da ação penal, em relação às conceituadas por lei como crimes.

e) Estabelece-se, como um dos efeitos da solidariedade, que a isenção ou remissão de crédito outorgada pessoalmente a qualquer dos coobrigados exonera todos os demais.

49. (TRF/4R/Juiz/2010) Dadas as assertivas abaixo, assinale a alternativa correta. Quanto à responsabilidade de sócios-gerentes pelo pagamento de tributos devidos pela sociedade que dirigem, é assente na jurisprudência dos Tribunais Superiores que:

I. O inadimplemento da obrigação tributária pela sociedade gera, por si só, a responsabilidade solidária do sócio-gerente.

II. O inadimplemento da obrigação tributária pela sociedade não gera, por si só, a responsabilidade solidária do sócio-gerente.

III. A simples falta de comunicação de mudança de domicílio fiscal às autoridades competentes legitima o redirecionamento da execução fiscal para o sócio-gerente.

IV. A simples falta de comunicação de mudança de domicílio fiscal às autoridades competentes não legitima, por si só, o redirecionamento da execução fiscal para o sócio-gerente.

V. O descumprimento de obrigação acessória já é suficiente para responsabilização do sócio-gerente pelo pagamento da obrigação principal.

a) Estão corretas apenas as assertivas I e III.
b) Estão corretas apenas as assertivas II e III.
c) Estão corretas apenas as assertivas II e IV.
d) Estão corretas apenas as assertivas II e V.
e) Nenhuma assertiva está correta.

50. (Cespe/TRF/2R/Juiz/2009) Assinale a opção correta no que concerne ao fato gerador da obrigação tributária.

a) As obrigações principais e acessórias estão sujeitas ao princípio constitucional da legalidade estrita.

b) A obrigação do pagamento tributário decorre da adequação da situação fática (fato gerador) à previsão normativa abstrata instituidora do tributo, fenômeno denominado incidência tributária. As situações não previstas na norma abstrata correspondem à não incidência.

c) A obrigação tributária de pagamento de tributo não admite que em sua base de cálculo seja inserido o valor de outro tributo.

d) A inadimplência das vendas a prazo é condição resolutiva da hipótese de incidência tributária.

e) A hipótese de incidência depende da origem lícita da renda auferida, máxime quando incidir sobre o lucro.

51. (Cespe/TRF/5R/Juiz/2009) Em testamento, certo indivíduo solteiro havia determinado que seu imóvel, avaliado em R$ 100.000,00, deveria ser destinado a uma criança, filha de um casal amigo; o outro imóvel, de R$ 150.000,00, seria destinado a seu filho, também criança, que era órfão de mãe no momento da lavratura do testamento. O saldo bancário deveria ser distribuído igualmente entre o legatário e o herdeiro citados. Ao falecer, o testador deixou saldo bancário de R$ 100.000,00 e foi dado cumprimento ao testamento. Na elaboração, pelo tabelião, do documento de arrecadação do imposto sobre transmissão "causa mortis" e doações relativo aos imóveis, foi apurado imposto menor que o devido, fato que, antes de encerrar o processo judicial de cumprimento do testamento, foi descoberto pelo fisco do respectivo estado de situação dos bens e que gerou duas multas moratórias. Nessa situação hipotética:

a) o espólio deve responder pelas diferenças dos impostos e o tabelião, pelas multas.

b) o pai do legatário deve responder pela diferença do imposto sobre a transmissão do imóvel legado, o curador do filho deve responder pela diferença do imposto sobre o imóvel herdado e o tabelião, pelas multas.

c) o pai do legatário deve responder pela diferença do imposto sobre a transmissão do imóvel legado e pela respectiva multa, e o curador do filho deve responder pela diferença do imposto sobre o imóvel herdado e pela respectiva multa.

d) o espólio deve responder pelas diferenças dos impostos e pelas multas.

e) o espólio deve responder pelas diferenças dos impostos, e o pai do legatário e o curador do filho devem responder pelas respectivas multas.

5. CRÉDITO TRIBUTÁRIO

ATENÇÃO: ESTE TEMA É MUITO EXIGIDO NOS CONCURSOS!

SÚMULAS

1) Constituição do Crédito Tributário

STJ Súm. 360. O benefício da denúncia espontânea não se aplica aos tributos sujeitos a lançamento por homologação regularmente declarados, mas pagos a destempo.

STJ Súm. 436. A entrega de declaração pelo contribuinte reconhecendo débito fiscal constitui o crédito tributário, dispensada qualquer outra providência por parte do fisco.

STJ Súm. 446. Declarado e não pago o débito tributário pelo contribuinte, é legítima a recusa de expedição de certidão negativa ou positiva com efeito de negativa.

STJ Súm. 555. Quando não houver declaração do débito, o prazo decadencial quinquenal para o Fisco constituir o crédito tributário conta-se exclusivamente na forma do art. 173, I, do CTN, nos casos em que a legislação atribui ao sujeito passivo o dever de antecipar o pagamento sem prévio exame da autoridade administrativa.

TRF4 Súm. 59. A UFIR, como índice de correção monetária de débitos e créditos tributários, passou a viger a partir de janeiro de 1992.

2) Suspensão do Crédito Tributário

STF Súm. Vinculante 21. É inconstitucional a exigência de depósito ou arrolamento prévios de dinheiro ou bens para admissibilidade de recurso administrativo.

STJ Súm. 112. O depósito somente suspende a exigibilidade do crédito tributário se for integral e em dinheiro.

STJ Súm. 373. É ilegítima a exigência de depósito prévio para admissibilidade de recurso administrativo.

TRF3 Súm. 1. Em matéria fiscal é cabível medida cautelar de depósito, inclusive quando a ação principal for declaratória de inexistência de obrigação tributária.

TRF3 Súm. 2. É direito do contribuinte, em ação cautelar, fazer o depósito integral de quantia em dinheiro para suspender a exigibilidade de crédito tributário.

TRF4 Súm. 18. O depósito judicial destinado a suspender a exigibilidade do crédito tributário somente poderá ser levantado, ou convertido em renda, após o trânsito em julgado da sentença.

TRF4 Súm. 85. A adesão a parcelamento de crédito tributário implica a suspensão da execução, mediante o arquivamento do feito, sem baixa na distribuição.

TRF4 Súm. 114. É indevida a exclusão do contribuinte do Programa de Recuperação Fiscal (Refis) instituído pela Lei n. 9.964/2000, sob o fundamento de que as parcelas, calculadas nos moldes da referida norma, são em montante insuficiente à amortização do débito consolidado.

TRF4 **Súm. 91.** No parcelamento que prescinde de ato formal de exclusão, o prazo prescricional é interrompido, recomeçando a fluir, por inteiro, quando do descumprimento do acordo celebrado.

3) Extinção do Crédito Tributário

3.1) Compensação

STJ **Súm. 213.** O mandado de segurança constitui ação adequada para a declaração do direito à compensação tributária.

STJ **Súm. 460.** É incabível o mandado de segurança para convalidar a compensação tributária realizada pelo contribuinte.

STJ **Súm. 461.** O contribuinte pode optar por receber, por meio de precatório ou por compensação, o indébito tributário certificado por sentença declaratória transitada em julgado.

STJ **Súm. 464.** A regra de imputação de pagamentos estabelecida no art. 354 do Código Civil não se aplica às hipóteses de compensação tributária.

TRF2 **Súm. 34.** A contribuição previdenciária sobre a remuneração paga aos administradores, autônomos e avulsos, tendo sido declarada inconstitucional, pode ser compensada com contribuições da mesma espécie, desnecessária a comprovação de inexistência de repercussão ou repasse, dada à sua natureza de tributo direto.

TRF4 **Súm. 45.** Descabe a concessão de liminar ou de antecipação de tutela para a compensação de tributos.

3.2) Prescrição e Decadência

STF **Súm. Vinculante 8.** São inconstitucionais o parágrafo único do artigo 5º do Decreto-lei n. 1.569/1977 e os artigos 45 e 46 da Lei n. 8.212/1991, que tratam de prescrição e decadência de crédito tributário.

STJ **Súm. 622.** A notificação do auto de infração faz cessar a contagem da decadência para a constituição do crédito tributário; exaurida a instância administrativa com o decurso do prazo para a impugnação ou com a notificação de seu julgamento definitivo e esgotado o prazo concedido pela Administração para o pagamento voluntário, inicia-se o prazo prescricional para a cobrança judicial.

TRF4 **Súm. 91.** No parcelamento que prescinde de ato formal de exclusão, o prazo prescricional é interrompido, recomeçando a fluir, por inteiro, quando do descumprimento do acordo celebrado.

3.3) Repetição de Indébito

STF **Súm. 546.** Cabe a restituição do tributo pago indevidamente, quando reconhecido por decisão, que o contribuinte "de jure" não recuperou do contribuinte "de facto" o "quantum" respectivo.

STJ **Súm. 162.** Na repetição de indébito tributário, a correção monetária incide a partir do pagamento indevido.

STJ **Súm. 188.** Os juros moratórios, na repetição do indébito tributário, são devidos a partir do trânsito em julgado da sentença.

STJ **Súm. 447.** Os Estados e o Distrito Federal são partes legítimas na ação de restituição de imposto de renda retido na fonte proposta por seus servidores.

STJ **Súm. 523.** A taxa de juros de mora incidente na repetição de indébito de tributos estaduais deve corresponder à utilizada para cobrança do tributo pago em atraso, sendo legítima a incidência da taxa Selic, em ambas as hipóteses, quando prevista na legislação local, vedada sua cumulação com quaisquer outros índices.

STJ **Súm. 625.** O pedido administrativo de compensação ou de restituição não interrompe o prazo prescricional para a ação de repetição de indébito tributário de que trata o art. 168 do CTN nem o da execução de título judicial contra a Fazenda Pública.

TRF2 **Súm. 52.** É inconstitucional a expressão "observado, quanto ao art. 3º, do disposto no art. 106, inciso I, da Lei n. 5.172, de 25 de Outubro de 1966. Código Tributário Nacional", constante do art. 4º, segunda parte, da Lei Complementar 118, de 9 de Fevereiro de 2005, por violação ao art. 5º, XXXVI da Constituição Federal.

TRF2 **Súm. 59.** É inconstitucional o art. 4º, segunda parte, da Lei Complementar 118, de 9 de Fevereiro de 2005, considerando-se válida a aplicação do prazo de 5 anos apenas às ações ajuizadas após o decurso da "vacatio legis" de 120 dias, ou seja, a partir de 9 de Junho de 2005.

TRF4 **Súm. 5.** A correção monetária incidente até a data do ajuizamento deve integrar o valor da causa na ação de repetição de indébito.

TRF4 **Súm. 31.** Na ação de repetição do indébito tributário, os juros de mora incidem a partir do trânsito da sentença em julgado.

TNU **Súm. 35.** A Taxa Selic, composta por juros de mora e correção monetária, incide nas repetições de indébito tributário.

4) Exclusão do Crédito Tributário

STF **Súm. 539.** É constitucional a lei do Município que reduz o imposto predial urbano sobre imóvel ocupado pela residência do proprietário, que não possua outro.

STF **Súm. 544.** Isenções tributárias concedidas, sob condição onerosa, não podem ser livremente suprimidas.

STF **Súm. 581.** A exigência de transporte em navio de bandeira brasileira, para efeito de isenção tributária, legitimou-se com o advento do Decreto-lei 666, de 2.7.69.

5) Garantias e Privilégios do Crédito Tributário

STF **Súm. 563.** O concurso de preferência a que se refere o parágrafo único, do art. 187, do Código Tributário Nacional, é compatível com o disposto no art. 9º, inciso I, da Constituição Federal.

STJ **Súm. 560.** A decretação da indisponibilidade de bens e direitos, na forma do art. 185-A do CTN, pressupõe o exaurimento das diligências na busca por bens penhoráveis, o qual fica caracterizado quando infrutíferos o pedido de constrição sobre ativos financeiros e a expedição de ofícios aos registros públicos do domicílio do executado, ao Denatran ou Detran.

REPERCUSSÃO & REPETITIVOS

STJ **Repetitivo 1048.** O imposto de transmissão causa mortis e doação – ITCMD, referente a doação não oportunamente declarada pelo contribuinte ao fisco estadual, a contagem do prazo decadencial tem início no primeiro dia do exercício seguinte àquele em que o lançamento poderia ter sido efetuado, observado o fato gerador, em conformidade com os arts. 144 e 173, I, ambos do CTN. *REsp 1841798, 28.4.2021.*

ENUNCIADOS

1) Constituição de Crédito Tributário (arts. 142 a 150)

1.1) Lançamento (arts. 142 a 146)

CARF **Súm. 6.** É legítima a lavratura de auto de infração no local em que foi constatada a infração, ainda que fora do estabelecimento do contribuinte.

CARF **Súm. 7.** A ausência da indicação da data e da hora de lavratura do auto de infração não invalida o lançamento de ofício quando suprida pela data da ciência.

CARF **Súm. 9.** É válida a ciência da notificação por via postal realizada no domicílio fiscal eleito pelo contribuinte, confirmada com a assinatura do recebedor da correspondência, ainda que este não seja o representante legal do destinatário.

CARF **Súm. 17.** Não cabe a exigência de multa de ofício nos lançamentos efetuados para prevenir a decadência, quando a exigibilidade estiver suspensa na forma dos incisos IV ou V do art. 151 do CTN e a suspensão do débito tenha ocorrido antes do início de qualquer procedimento de ofício a ele relativo.

CARF **Súm. 21.** É nula, por vício formal, a notificação de lançamento que não contenha a identificação da autoridade que a expediu.

CARF **Súm. 27.** É valido o lançamento formalizado por Auditor-Fiscal da Receita Federal do Brasil de jurisdição diversa da do domicílio tributário do sujeito passivo.

CARF **Súm. 33.** A declaração entregue após o início do procedimento fiscal não produz quaisquer efeitos sobre o lançamento de ofício.

CARF **Súm. 34.** Nos lançamentos em que se apura omissão de receita ou rendimentos, decorrente de depósitos bancários de origem não comprovada, é cabível a qualificação da multa de ofício, quando constatada a movimentação de recursos em contas bancárias de interpostas pessoas.

CARF **Súm. 46.** O lançamento de ofício pode ser realizado sem prévia intimação ao sujeito passivo, nos casos em que o Fisco dispuser de elementos suficientes à constituição do crédito tributário.

CARF **Súm. 59.** A tributação do lucro na sistemática do lucro arbitrado não é invalidada pela apresentação, posterior ao lançamento, de livros e documentos imprescindíveis para a apuração do crédito tributário que, após regular intimação, deixaram de ser exibidos durante o procedimento fiscal.

CARF **Súm. 92.** A DIPJ, desde a sua instituição, não constitui confissão de dívida, nem instrumento hábil e suficiente para a exigência de crédito tributário nela informado.

CARF **Súm. 112.** É nulo, por erro na identificação do sujeito passivo, o lançamento formalizado contra pessoa jurídica extinta por liquidação voluntária ocorrida e comunicada ao Fisco Federal antes da lavratura do auto de infração.

CARF **Súm. 144.** A presunção legal de omissão de receitas com base na manutenção, no passivo, de obrigações cuja exigibilidade não seja comprovada ("passivo não comprovado"), caracteriza-se no momento do registro contábil do passivo, tributando-se a irregularidade no período de apuração correspondente.

CARF **Súm. 165.** Não é nulo o lançamento de ofício referente a crédito tributário depositado judicialmente, realizado para fins de prevenção da decadência, com reconhecimento da suspensão de sua exigibilidade e sem a aplicação de penalidade ao sujeito passivo.

CARF **Súm. 166.** Inexiste vedação legal à aplicação de juros de mora na constituição de crédito tributário em face de entidade submetida ao regime de liquidação extrajudicial.

CARF **Súm. 171.** Irregularidade na emissão, alteração ou prorrogação do MPF não acarreta a nulidade do lançamento.

3.2) Arbitramento (art. 148)

CARF **Súm. 97.** O arbitramento do lucro em procedimento de ofício pode ser efetuado mediante a utilização de qualquer uma das alternativas de cálculo enumeradas no art. 51 da Lei nº 8.981, de 20 de janeiro de 1995, quando não conhecida a receita bruta.

CARF **Súm. 96.** A falta de apresentação de livros e documentos da escrituração não justifica, por si só, o agravamento da multa de ofício, quando essa omissão motivou o arbitramento dos lucros.

3.3) Lançamento por Homologação (art. 150)

CARF **Súm. 99.** Para fins de aplicação da regra decadencial prevista no art. 150, § 4º, do CTN, para as contribuições previdenciárias, caracteriza pagamento antecipado o recolhimento, ainda que parcial, do valor considerado como devido pelo contribuinte na competência do fato gerador a que se referir a autuação, mesmo que não tenha sido incluída, na base de cálculo deste recolhimento, parcela relativa a rubrica especificamente exigida no auto de infração.

CARF **Súm. 123.** Imposto de renda retido na fonte relativo a rendimentos sujeitos a ajuste anual caracteriza pagamento apto a atrair a aplicação da regra decadencial prevista no artigo 150, § 4º, do Código Tributário Nacional.

CARF **Súm. 135.** A antecipação do recolhimento do IRPJ e da CSLL, por meio de estimativas mensais, caracteriza pagamento apto a atrair a aplicação da regra decadencial prevista no art. 150, § 4º do CTN.

CARF **Súm. 138.** Imposto de renda retido na fonte incidente sobre receitas auferidas por pessoa jurídica, sujeitas a apuração trimestral ou anual, caracteriza pagamento apto a atrair a aplicação da regra decadencial prevista no art. 150, § 4º do CTN.

CARF **Súm. 148.** No caso de multa por descumprimento de obrigação acessória previdenciária, a aferição da decadência tem sempre como base o art. 173, I, do CTN, ainda que se verifique pagamento antecipado da obrigação principal correlata ou esta tenha sido fulminada pela decadência com base no art. 150, § 4º, do CTN.

2) Suspensão do Crédito Tributário (arts. 151 a 155-A)

Fonacre **Enunc. 7.** Nos setores de alta tributação, em razão do elevado risco da irreversibilidade e do impacto à concorrência, a eventual suspensão da exigibilidade do crédito será, preferencialmente, efetuada mediante depósito integral e em dinheiro.

Fonacre **Enunc. 23.** O Poder Judiciário deve agir com cautela, se possível ouvindo a Fazenda Pública, e evitar a concessão de medidas liminares tributárias sem o devido recolhimento dos montantes questionados ou depósito em dinheiro para garantia do juízo, nas demandas judiciais em que sejam identificados indícios de: 1) reiterada prática evasiva pelo agente econômico demandante; 2) atuação do demandante em mercados que reconhecidamente possuam elevada carga tributária e baixa margem de lucro; e 3) risco significativo de ganho de participação de mercado pelo demandante relacionado diretamente ao não recolhimento de tributos.

CARF **Súm. 5.** São devidos juros de mora sobre o crédito tributário não integralmente pago no vencimento, ainda que suspensa sua exigibilidade, salvo quando existir depósito no montante integral.

CARF **Súm. 48.** A suspensão da exigibilidade do crédito tributário por força de medida judicial não impede a lavratura de auto de infração.

CARF **Súm. 50.** É cabível a exigência de multa de ofício se a decisão judicial que suspendia a exigibilidade do crédito tributário perdeu os efeitos antes da lavratura do auto de infração.

CARF **Súm. 58.** No regime do Lucro Real, as variações monetárias ativas decorrentes de depósitos judiciais com a finalidade de suspender a exigibilidade do crédito tributário devem compor o resultado do exercício, segundo o regime de competência, salvo se demonstrado que as variações monetárias passivas incidentes sobre o tributo objeto dos depósitos não foram computadas na apuração desse resultado.

3) Extinção do Crédito Tributário (arts. 156 a 174)

3.1) Pagamento (arts. 157 a 164)

CARF **Súm. 4.** A partir de 1º de abril de 1995, os juros moratórios incidentes sobre débitos tributários administrados pela Secretaria da Receita Federal são devidos, no período de inadimplência, à taxa referencial do Sistema Especial de Liquidação e Custódia – SELIC para títulos federais.

3.2) Pagamento Indevido (arts. 165 a 169)

CARF **Súm. 24.** Não compete à Secretaria da Receita Federal do Brasil promover a restituição de obrigações da Eletrobrás nem sua compensação com débitos tributários.

CARF **Súm. 60.** Os juros aplicados na restituição de valores indevidamente retidos na fonte, quando do recebimento de verbas indenizatórias decorrentes da adesão a programas de demissão voluntária, devem ser calculados a partir da data do recebimento dos rendimentos, se ocorrido entre 1º de janeiro de 1996 e 31 de dezembro de 1997, ou a partir do mês subsequente, se posterior.

CARF **Súm. 84.** É possível a caracterização de indébito, para fins de restituição ou compensação, na data do recolhimento de estimativa.

CARF **Súm. 164.** A retificação de DCTF após a ciência do despacho decisório que indeferiu o pedido de restituição ou que não homologou a declaração de compensação é insuficiente para a comprovação do crédito, sendo indispensável a comprovação do erro em que se fundamenta a retificação.

3.3) Compensação (arts. 170 e 170-A)

CARF **Súm. 52.** Os tributos objeto de compensação indevida formalizada em Pedido de Compensação ou Declaração de Compensação apresentada até 31.10.2003, quando não exigíveis a partir de DCTF, ensejam o lançamento de ofício.

CARF **Súm. 152.** Os créditos relativos a tributos administrados pela Receita Federal do Brasil (RFB), reconhecidos por sentença judicial transitada em julgado que tenha permitido apenas a compensação com débitos de tributos da mesma espécie, podem ser compensados com débitos próprios relativos a quaisquer tributos administrados pela Receita Federal do Brasil, observada a legislação vigente por ocasião de sua realização.

CARF **Súm. 170.** A homologação tácita não se aplica a pedido de compensação de débito de um sujeito passivo com crédito de outro.

CARF **Súm. 175.** É possível a análise de indébito correspondente a tributos incidentes sobre o lucro sob a natureza de saldo negativo se o sujeito passivo demonstrar, mesmo depois do despacho decisório de não homologação, que errou ao preencher a Declaração de Compensação – DCOMP e informou como crédito pagamento indevido ou a maior de estimativa integrante daquele saldo negativo.

3.4) Decadência (art. 173)

CARF **Súm. 10.** Para fins de contagem do prazo decadencial para a constituição de crédito tributário relativo a lucro inflacionário diferido, deve-se levar em conta o período de apuração de sua efetiva realização ou o período em que, em face da legislação, deveria ter sido realizado, ainda que em percentuais mínimos.

CARF **Súm. 72.** Caracterizada a ocorrência de dolo, fraude ou simulação, a contagem do prazo decadencial rege-se pelo art. 173, inciso I, do CTN.

CARF **Súm. 78.** A fixação do termo inicial da contagem do prazo decadencial, na hipótese de lançamento sobre lucros disponibilizados no exterior, deve levar em consideração a data em que se considera ocorrida a disponibilização, e não a data do auferimento dos lucros pela empresa sediada no exterior.

CARF **Súm. 101.** Na hipótese de aplicação do art. 173, inciso I, do CTN, o termo inicial do prazo decadencial é o primeiro dia do exercício seguinte àquele em que o lançamento poderia ter sido efetuado.

CARF **Súm. 104.** Lançamento de multa isolada por falta ou insuficiência de recolhimento de estimativa de IRPJ ou de CSLL submete-se ao prazo decadencial previsto no art. 173, inciso I, do CTN.

CARF **Súm. 106.** Caracterizada a ocorrência de apropriação indébita de contribuições previdenciárias descontadas de segurados empregados e/ou contribuintes individuais, a contagem do prazo decadencial rege-se pelo art. 173, inciso I, do CTN.

CARF **Súm. 114.** O Imposto de Renda incidente na fonte sobre pagamento a beneficiário não identificado, ou sem comprovação da operação ou da causa, submete-se ao prazo decadencial previsto no art. 173, I, do CTN.

CARF **Súm. 116.** Para fins de contagem do prazo decadencial para a constituição de crédito tributário relativo à glosa de amortização de ágio na forma dos arts. 7º e 8º da Lei nº 9.532, de 1997, deve-se levar em conta o período de sua repercussão na apuração do tributo em cobrança.

CARF **Súm. 148.** No caso de multa por descumprimento de obrigação acessória previdenciária, a aferição da decadência tem sempre como base o art. 173, I, do CTN, ainda que se verifique pagamento antecipado da obrigação principal correlata ou esta tenha sido fulminada pela decadência com base no art. 150, § 4º, do CTN.

CARF **Súm. 156.** No regime de drawback, modalidade suspensão, o termo inicial para contagem do prazo quinquenal de decadência do direito de lançar os tributos suspensos é o primeiro dia do exercício seguinte ao encerramento do prazo de trinta dias posteriores à data limite para a realização das exportações compromissadas, nos termos do art. 173, I, do CTN.

CARF **Súm. 174.** Lançamento de multa por descumprimento de obrigação acessória submete-se ao prazo decadencial previsto no art. 173, inciso I, do CTN.

3.5) Prescrição (art. 174)

CARF **Súm. 11.** Não se aplica a prescrição intercorrente no processo administrativo fiscal.

CARF **Súm. 91.** Ao pedido de restituição pleiteado administrativamente antes de 9 de junho de 2005, no caso de tributo sujeito a lançamento por homologação, aplica-se o prazo prescricional de 10 (dez) anos, contado do fato gerador.

INFORMATIVOS

STJ **Execução fiscal. Adesão a programa de parcelamento. Prescrição intercorrente. Interrupção.** A adesão a programa de parcelamento tributário é causa de suspensão da exigibilidade do crédito e interrompe o prazo prescricional. *REsp 1922063, 2ª T, 21.10.2022. Inf 754.*

STJ **Créditos presumidos de ICMS. Exclusão da base de cálculo do IRPJ/CSLL. Mandado de segurança objetivando a declaração do direito à restituição do indébito na via administrativa. Cabimento.** É possível assegurar, na via administrativa, o direito à restituição do indébito tributário reconhecido por decisão judicial em mandado de segurança. *REsp 1951855, 1ª T, 8.11.2022. Inf 756.*

STJ **ICMS. Substituição tributária. Base de cálculo. Valor efetivo da operação. Restituição de diferença. Art. 166 do CTN. Inaplicabilidade. Juízo de retratação.** É devida a restituição da diferença do ICMS pago a mais no regime de substituição tributária para frente se a base de cálculo efetiva da operação for inferior à presumida, sendo inaplicável a condição de que trata o art. 166 do CTN. *REsp 525625, 2ª T, 9.8.2022. Inf 744.*

STJ **ISSQN. Lançamento por homologação. Recolhimento em favor de município diverso. Decadência. Art. 173, I, CTN. Aplicação.** O recolhimento do tributo a município diverso daquele a quem seria efetivamente devido não afasta a aplicação da regra da decadência prevista no art. 173, I do CTN. *AREsp 1904780, 1ª T, 14.12.2021. Inf 723.*

STJ **Declaração de Crédito Tributário Federal - DCTF. Erro material. Anulação de débito. Prévio requerimento administrativo. Desnecessidade. Interesse de agir. Existência.** Existe interesse de agir para proposição de ação ordinária objetivando a anulação de débito fiscal, com fundamento na ocorrência de erro, perpetrado pelo contribuinte, no preenchimento da DCTF, ainda que inexistente prévio requerimento administrativo. *REsp 1753006, 1ª T, 23.9.2022. Inf 759.*

QUESTÕES DISCURSIVAS

7. (Cespe/TRF/2R/Juiz/2009) Harmoniza-se, ou não, a doutrina dos atos próprios com a revisibilidade do lançamento tributário?

QUESTÕES OBJETIVAS

52. (TRF/3R/Juiz/2018) Indique a afirmação incorreta:

a) Os tratados internacionais para evitar a dupla tributação prevalecem sobre a legislação interna brasileira.
b) O aplicador da lei não pode empregar a analogia para exigir tributo não previsto em lei.
c) A compensação pode ser promovida pelo sujeito passivo, mesmo sem lei que a preveja, desde que seja realizada entre tributos e contribuições da mesma espécie.
d) A moratória suspende a exigibilidade do crédito tributário.

53. (IFBC/TRF/2R/Juiz/2018) Acerca da dação em pagamento como modalidade de extinção de crédito tributário inscrito em dívida ativa da União, assinale a alternativa correta:

a) a dação em pagamento de bens imóveis aplica-se a créditos tributários referentes ao Regime Especial Unificado de Arrecadação de Tributos e Contribuições devidos pelas Microempresas e Empresas de Pequeno Porte - Simples Nacional.
b) a dação em pagamento como modalidade de extinção de crédito tributário inscrito em dívida ativa da União deve recair, preferencialmente, sobre bens imóveis, podendo se admitir, a critério do credor, a dação em pagamento de bens móveis.
c) caso o crédito que se pretenda extinguir seja objeto de discussão judicial, a dação em pagamento somente produzirá efeitos após a desistência da referida ação pelo devedor ou corresponsável e a renúncia dó direito sobre o qual se funda a ação.
d) o imóvel transferido deve ter valor de avaliação superior ao montante integral do débito, sendo vedada a possibilidade de complementação em dinheiro de eventual diferença entre os valores da totalidade da divida e o valor do bem ou dos bens ofertados em dação.
e) a critério do devedor, deve a União aceitar o pagamento pela dação de bem imóvel, como opção ao pagamento em dinheiro.

54. (TRF/3R/Juiz/2016) São causas da exclusão do crédito tributário:

a) isenção e anistia.
b) imunidade e remissão.
c) transação e compensação.
d) decadência e novação.

55. (TRF/4R/Juiz/2016) Assinale a alternativa correta. Quanto ao crédito tributário em geral, bem como relativamente à sua constituição, às suas garantias e aos seus privilégios:

a) Não caracteriza denúncia espontânea a hipótese em que o contribuinte, mesmo após efetuar a declaração parcial do débito tributário, acompanhado do respectivo pagamento integral, venha a retificá-la antes de qualquer procedimento da Administração Tributária, noticiando a existência de diferença a maior, cuja quitação se dá concomitantemente.
b) A isenção pode ser restrita a determinada região do território da entidade tributante, em função de condições a ela peculiares.
c) Na dicção do Código Tributário Nacional, são causas de exclusão do crédito tributário: anistia, isenção e remição.

d) A exclusão do crédito tributário dispensa o cumprimento das obrigações acessórias dependentes da obrigação principal cujo crédito seja excluído, ou dela consequente.

e) A propositura de ação anulatória de débito tributário pela Fazenda Pública, municipal ou estadual, ou de embargos à execução fiscal, nos termos da orientação jurisprudencial do Superior Tribunal de Justiça, por si só, não autoriza a expedição de certidão positiva com efeitos de negativa por parte da Administração Tributária Federal, sendo necessário, para tanto, o depósito integral do montante devido ou a existência de outra causa de suspensão da exigibilidade do crédito tributário prevista, expressamente, no Código Tributário Nacional, ou, no caso de embargos à execução, de garantia do juízo.

56. (TRF/4R/Juiz/2016) Dadas as assertivas abaixo, assinale a alternativa correta.

I. É de cinco anos o prazo da Fazenda Pública para promover o lançamento de ofício de impostos, contados do dia em que for devido o imposto, sob pena de decadência do direito.

II. A partir do majoritário entendimento do Superior Tribunal de Justiça, o prazo decadencial para o lançamento será de cinco anos, a contar da ocorrência do fato gerador, independentemente de ter havido ou não pagamento pelo contribuinte.

III. No caso de fraude, dolo ou simulação na declaração prestada pelo contribuinte, relativamente aos tributos sujeitos ao lançamento por homologação, o marco inicial de contagem da decadência para constituição do crédito tributário é o primeiro dia do exercício seguinte àquele em que o lançamento poderia ter sido efetuado.

IV. A decadência sujeita-se às causas de interrupção de contagem do prazo previstas para a cobrança do crédito tributário, nos casos de protesto judicial ou qualquer outro ato que constitua em mora o devedor.

V. Segundo majoritária jurisprudência do Superior Tribunal de Justiça sobre o assunto, a confissão espontânea do contribuinte em parcelamento é admitida como modalidade de declaração de tributos e pode, independentemente de anterior declaração, fundamentar o futuro título executivo (Certidão de Dívida Ativa).

a) Estão corretas apenas as assertivas I e III.
b) Estão corretas apenas as assertivas II e IV.
c) Estão corretas apenas as assertivas II e V.
d) Estão corretas apenas as assertivas III e V.
e) Estão corretas todas as assertivas.

57. (TRF/3R/Juiz/2016) O lançamento tributário:

a) reporta-se à data da ocorrência do fato gerador da obrigação e é regido pela lei vigente, mesmo que venha a ser revogada ou modificada.

b) constitui a obrigação tributária e torna-se imutável após a notificação válida do sujeito passivo.

c) é inibido por decisão judicial que suspende a exigibilidade do crédito tributário.

d) identifica o sujeito passivo, verifica a ocorrência do fato gerador, calcula o montante do tributo devido e estabelece os critérios para a revisão "de ofício" do crédito decorrente.

58. (TRF/4R/Juiz/2014) Dadas as assertivas abaixo, assinale a alternativa correta. Considerando a jurisprudência do Superior Tribunal de Justiça:

I. A decadência é forma de extinção do crédito tributário, e, por isso, uma vez extinto o direito, não pode ser reavivado por qualquer sistema de lançamento ou autolançamento, seja via documento de confissão de dívida, de declaração de débitos, de parcelamento ou de outra espécie qualquer.

II. A fixação do regime de competência para a quantificação da base de cálculo do tributo e do regime de caixa para a dedução das despesas fiscais não implica majoração do tributo devido, inexistindo violação ao conceito de renda fixado na legislação federal.

III. Ressalvada a hipótese de resistência da Administração Tributária, não incide correção monetária sobre os créditos de IPI decorrentes do princípio constitucional da não cumulatividade (créditos escriturais), por ausência de previsão legal.

IV. A confissão da dívida não inibe o questionamento judicial da obrigação tributária, no que se refere aos seus aspectos jurídicos. Quanto aos aspectos fáticos sobre os quais incide a norma tributária, a regra é que não se pode rever judicialmente a confissão de dívida efetuada com o escopo de obter parcelamento de débitos tributários, salvo se a matéria de fato constante de confissão de dívida decorrer de defeito causador de nulidade do ato jurídico (v.g. erro, dolo, simulação e fraude).

a) Está correta apenas a assertiva IV.
b) Estão corretas apenas as assertivas I e II.
c) Estão corretas apenas as assertivas I, II e III.
d) Estão corretas apenas as assertivas II, III e IV.
e) Estão corretas todas as assertivas.

59. (TRF/2R/Juiz/2014) Sobre a compensação em matéria tributária é correto afirmar:

a) Uma vez apresentada declaração de compensação de tributos federais, restará interrompido o prazo para a execução de título executivo judicial que assegura ao contribuinte a restituição de tributo indevidamente recolhido.

b) Em relação à compensação de tributos federais é certo que o seu regime jurídico deve ser estabelecido por lei específica, sendo ainda vedado ao legislador delegar à Administração Pública o estabelecimento de novas condições não previstas na referida lei.

c) Consoante entendimento que se pacificou na jurisprudência, o disposto no art. 170-A do CTN, que exige o trânsito em julgado para fins de compensação de crédito tributário, somente se aplica às demandas ajuizadas após a vigência da Lei Complementar n. 104/01, ou seja, a partir de 11/1/2001.

d) No âmbito da execução fiscal de tributos federais, não poderá o contribuinte utilizar a alegação de compensação como argumento de defesa, ainda que o débito tenha sido objeto de compensação antes da inscrição em dívida ativa.

e) Os recolhimentos relativos a tributo que tenha sido objeto de pronúncia de inconstitucionalidade pelo Supremo Tribunal Federal, em sede de Recurso Extraordinário com Repercussão Geral declarada poderão ser utilizados como crédito em compensação com débitos de tributos administrados pela Receita Federal do Brasil, independentemente de ajuizamento de ação judicial pelo contribuinte.

60. (TRF/2R/Juiz/2014) Atenção. O acerto da presente questão consiste em identificar a assertiva falsa. Sobre constituição do crédito tributário é errado afirmar:

a) A Administração Pública pode modificar os fundamentos jurídicos utilizados para dar embasamento ao lançamento de ofício, muito embora em se tratando do mesmo sujeito passivo, novo entendimento somente possa ser aplicado prospectivamente.

b) A observância pelo contribuinte das práticas reiteradamente utilizadas pelas autoridades administrativas acarreta a impossibilidade de que o lançamento de ofício, uma vez realizado, contemple a imposição de multas e a incidência de juros de mora.

c) O lançamento de ofício, tido como procedimento destinado à verificação da ocorrência do fato gerador da respectiva obrigação, no qual será determinada a matéria tributável, o cálculo do montante devido a título de tributo e o sujeito passivo responsável pelo recolhimento, consiste em atividade plenamente vinculada, mesmo em caso de créditos tributários prescritos.
d) No caso de tributos federais sujeitos ao lançamento por homologação e administrados pela Secretaria da Receita Federal, a entrega da Declaração de Débitos e Créditos Tributários (DCTF) pelo contribuinte acarreta a constituição dos créditos tributários ali informados, sendo imprescindível a realização de lançamento de ofício para a constituição de eventuais outros créditos não informados pelo contribuinte.
e) A Fazenda Pública dispõe do prazo de cinco anos para a constituição do crédito tributário mediante lançamento de ofício, sendo certo que referido prazo se inicia no primeiro dia do ano imediatamente posterior ao fato gerador.

61. (Cespe/TRF/2R/Juiz/2013) Suspenderá a exigibilidade do crédito tributário:

a) a impetração de ação anulatória de débito fiscal.
b) a impetração de mandado de segurança preventivo.
c) o ajuizamento de ação de consignação em pagamento.
d) o parcelamento.
e) o depósito do valor que o sujeito passivo considera devido, mesmo que seja inferior ao montante integral do crédito.

62. (TRF/3R/Juiz/2013) Nos termos da legislação em vigor, interpretada sistematicamente, é correto afirmar:

a) a extinção do crédito tributário decorrente da cobrança de contribuições sociais ocorre no momento da transferência do montante arrecadado para os cofres do INSS.
b) a extinção do crédito tributário decorrente da cobrança de empréstimos compulsórios ocorre com a devolução dos valores arrecadados ao sujeito passivo.
c) a extinção do crédito tributário decorrente da cobrança de contribuições sociais destinadas ao INSS ocorre com o pagamento do tributo, desde que os valores arrecadados sejam transferidos aos cofres do INSS em até 30 dias.
d) a extinção do crédito tributário decorrente da cobrança de empréstimos compulsórios ocorre cinco anos após o pagamento do tributo, abrindo-se igual prazo para sua devolução ao contribuinte.
e) a extinção do crédito tributário decorrente da cobrança de contribuições sociais destinadas ao INSS ocorre com o pagamento do tributo.

63. (Cespe/TRF/5R/Juiz/2013) Com base na jurisprudência dos tribunais superiores sobre o processo judicial tributário e o direito tributário, assinale a opção correta.

a) O CTN admite expressamente a compensação tributária entre sociedades empresárias do mesmo grupo econômico.
b) Caso, em uma execução fiscal, não sejam localizados bens penhoráveis, deve-se suspender o processo por dois anos e, findo esse prazo, deve-se iniciar o prazo da prescrição quinquenal intercorrente.
c) Admite-se a exceção de pré-executividade na execução fiscal relativa às matérias conhecíveis de ofício, ainda que essas matérias demandem dilação probatória.
d) A fazenda pública pode substituir a certidão de dívida ativa até a prolação da sentença de embargos, em caso de correção de erro material ou formal. Nessa situação, pode-se modificar o sujeito passivo da execução.
e) A instituição, por meio de norma estadual, de hipótese de extinção de crédito tributário por transcurso de prazo para apreciação de recurso administrativo fiscal (perempção) ofende a reserva de lei complementar constitucionalmente estabelecida para a matéria.

64. (Cespe/TRF/2R/Juiz/2013) Opera-se a dispensa legal de pagamento do tributo devido, pressupondo crédito tributário regularmente constituído, por meio da:

a) isenção.
b) prescrição.
c) decadência.
d) imunidade.
e) remissão.

65. (Cespe/TRF/1R/Juiz/2013) Contribuinte devedor de tributo, após ter sido lavrado contra ele auto de infração pelo fisco, solicitou o pagamento do valor apurado por meio de compensação por precatórios e realizou, de forma parcelada, o pagamento do sinal exigido de 10%. Após a quitação do sinal, o contribuinte apresentou os precatórios para análise da certeza e liquidez dos títulos. Em face dessa situação hipotética e do que prevê a legislação tributária vigente, assinale a opção correta.

a) A compensação por precatórios deve seguir, de forma subsidiária, as regras gerais da moratória.
b) O fato de a administração tributária aceitar os precatórios, após o pagamento do sinal, para a análise da certeza e liquidez gera a extinção do crédito tributário.
c) O parcelamento do sinal dado como exigência para o processamento do pedido de compensação não pode ser entendido como parcelamento do débito tributário.
d) A solicitação da compensação por precatórios gera, desde o início, a suspensão do crédito tributário, uma vez que o sinal foi parcelado.
e) O parcelamento e a compensação possuem a mesma natureza jurídica.

66. (Cespe/TRF/1R/Juiz/2013) O fisco, após operação realizada em várias empresas, comprovou que uma delas suprimia tributos mediante a prática de fraude, motivo pelo qual lavrou auto de infração em junho de 2013, tendo sido a fraude praticada em maio de 2008. Na fiscalização, verificou-se também que a empresa recolhia tributos pela modalidade de lançamento por homologação e que o fazia em valores muito inferiores aos devidos. Nessa situação hipotética.

a) a decadência da constituição do crédito ocorreu em virtude do crédito tributário constituído por lançamento por homologação, visto que o contribuinte realizava pagamentos.
b) o fisco não poderia ter constituído o crédito tributário, visto que decorreram mais de cinco anos da data do fato gerador.
c) o lançamento realizado pelo contribuinte, passados cinco anos da data do fato gerador, é considerado homologado, extinguindo-se o crédito tributário.
d) o fisco poderia constituir o crédito, uma vez que houve fraude e, por isso, a contagem inicia-se no primeiro dia do exercício seguinte.
e) a prescrição, no caso, ocorreu em virtude do lançamento por homologação.

67. (TRF/4R/Juiz/2012) Dadas as assertivas abaixo, assinale a alternativa correta.

I. Segundo o Código Tributário Nacional, entre as modalidades de extinção do crédito tributário, se incluem o pagamento, a compensação, a prescrição, a decadência, a anistia e a conversão de depósito em renda.

II. O parcelamento do crédito tributário pelo contribuinte, segundo a orientação do Superior Tribunal de Justiça, além de suspender a exigibilidade do crédito tributário, implica denúncia espontânea.

III. O contribuinte pode, após o vencimento da obrigação tributária e antes de proposta a execução fiscal, mediante ação cautelar de caução, garantir, em juízo, a dívida tributária, a qual, suspendendo a exigibilidade do crédito tributário, autoriza a expedição de certidão positiva com efeitos de negativa.

IV. Em sede tributária, à imputação do pagamento, na compensação, aplica-se o mesmo regime do direito civil, segundo o qual o pagamento parcial imputar-se-á primeiro sobre os juros para, só depois de findos estes, amortizar-se o capital.

V. Na repetição do indébito de tributos federais, incide correção monetária a partir do pagamento indevido, aplicando-se a esse título a Selic (taxa referencial do Sistema Especial de Liquidação e de Custódia), além dos juros, os quais incidem a partir do trânsito em julgado da decisão definitiva, no percentual de 1% ao mês.

a) Está correta apenas a assertiva II.
b) Está correta apenas a assertiva IV.
c) Estão corretas apenas as assertivas I e III.
d) Estão corretas apenas as assertivas II e V.
e) Nenhuma assertiva está correta.

68. (TRF/4R/Juiz/2012) Dadas as assertivas abaixo, assinale a alternativa correta.

I. Segundo o Código Tributário Nacional, entre as modalidades de extinção do crédito tributário, se incluem o pagamento, a compensação, a prescrição, a decadência, a anistia e a conversão de depósito em renda.

II. O parcelamento do crédito tributário pelo contribuinte, segundo a orientação do Superior Tribunal de Justiça, além de suspender a exigibilidade do crédito tributário, implica denúncia espontânea.

III. O contribuinte pode, após o vencimento da obrigação tributária e antes de proposta a execução fiscal, mediante ação cautelar de caução, garantir, em juízo, a dívida tributária, a qual, suspendendo a exigibilidade do crédito tributário, autoriza a expedição de certidão positiva com efeitos de negativa.

IV. Em sede tributária, à imputação do pagamento, na compensação, aplica-se o mesmo regime do direito civil, segundo o qual o pagamento parcial imputar-se-á primeiro sobre os juros para, só depois de findos estes, amortizar-se o capital.

V. Na repetição do indébito de tributos federais, incide correção monetária a partir do pagamento indevido, aplicando-se a esse título a Selic (taxa referencial do Sistema Especial de Liquidação e de Custódia), além dos juros, os quais incidem a partir do trânsito em julgado da decisão definitiva, no percentual de 1% ao mês.

a) Está correta apenas a assertiva II.
b) Está correta apenas a assertiva IV.
c) Estão corretas apenas as assertivas I e III.
d) Estão corretas apenas as assertivas II e V.
e) Nenhuma assertiva está correta.

69. (TRF/4R/Juiz/2012) Dadas as assertivas abaixo, assinale a alternativa correta.

I. No caso de importação de mercadoria despachada para consumo, o fato gerador, para o Imposto de Importação, consuma-se na data da entrada da mercadoria no Brasil.

II. Aos atos ou negócios jurídicos que estiverem subordinados à cláusula de condição resolutória, o fato gerador reputar-se-á acontecido, inexistindo disposição em contrário, no momento do implemento da condição.

III. Uma série de fatos que se aperfeiçoam no fim de um determinado período é o conceito de um fato gerador continuado.

IV. Vige no ordenamento nacional com base no princípio da proteção à confiança que a modificação introduzida, de ofício ou em consequência de decisão administrativa ou judicial, nos critérios jurídicos e adotados pela autoridade administrativa no exercício do lançamento somente pode ser efetivada, em relação a um mesmo sujeito passivo, quanto a fato gerador ocorrido posteriormente à sua introdução.

V. Em se tratando de tributo lançado por homologação, se o contribuinte houver declarado o débito e não tiver efetuado o pagamento até o vencimento, a confissão desse débito equivalerá à constituição do crédito tributário, que poderá ser imediatamente inscrito em dívida ativa e cobrado, independentemente de qualquer procedimento administrativo de lançamento.

a) Estão corretas apenas as assertivas I e II.
b) Estão corretas apenas as assertivas II e III.
c) Estão corretas apenas as assertivas IV e V.
d) Estão corretas apenas as assertivas I, III e IV.
e) Estão corretas apenas as assertivas II, III e V.

70. (Cespe/TRF/5R/Juiz/2011) Pessoa jurídica Beta possui débitos vencidos relativos ao IPTU correspondente aos exercícios de 2008 e 2009, cada um no valor de R$ 500,00. Sem discriminar o tributo a ser pago, Beta efetuou o recolhimento de R$ 500,00 perante a autoridade administrativa fiscal competente. Posteriormente, a devedora constatou erro na alíquota do IPTU. Com base nessa situação hipotética, assinale a opção correta.

a) A empresa Beta pode pleitear a restituição parcial do tributo e a integral dos juros de mora e das penalidades pecuniárias aplicadas.
b) O prazo para que Beta pleiteie a restituição do tributo eventualmente pago a maior é de dois anos, contados da data da extinção do crédito tributário.
c) Caso Beta pleiteie a restituição do tributo, as infrações de caráter formal não prejudicadas pelo erro da alíquota aplicada ao IPTU não serão passíveis de restituição.
d) Pode a autoridade administrativa competente receber o recolhimento, imputando-o ao pagamento do IPTU relativo ao exercício de 2009.
e) Se Beta formular consulta para esclarecer determinado dispositivo da legislação tributária, não incidirão juros de mora sobre o principal até que tal pendência seja solucionada.

71. (Cespe/TRF/2R/Juiz/2011) De acordo com o CTN, constitui caso de extinção do crédito tributário:

a) a concessão de isenção tributária.
b) o transcorrer do prazo de cinco anos contados da constituição do crédito.
c) a concessão de anistia.
d) o depósito do montante integral do crédito.
e) a concessão de parcelamento do crédito.

72. (Cespe/TRF/3R/Juiz/2011) Uma lei que crie determinada anistia tributária atenderá ao que dispõe o CTN se, expressamente, anistiar:

a) infrações resultantes de conluio.
b) atos praticados com fraude, mas não considerados crimes ou contravenções.
c) as infrações cometidas antes e depois de sua edição.
d) tanto as multas tributárias quanto os crimes de sonegação.
e) atos praticados com dolo, mas não considerados crimes ou contravenções.

73. (Cespe/TRF/2R/Juiz/2011) Supondo que um contribuinte faça à Receita Federal do Brasil uma declaração para efeitos de cálculo de determinado imposto, assinale a opção correta.

a) O tributo será, obrigatoriamente lançado por homologação.

b) Se a declaração não atender à forma prevista na legislação tributária, o lançamento deverá ser feito por homologação, após a devida correção formal da declaração.

c) Sendo o tributo lançado por homologação, se a Receita Federal verificar que o tributo está subdimensionado, deverá cobrar a diferença por meio de um lançamento de ofício.

d) O tributo será, obrigatoriamente, lançado por declaração.

e) O tributo poderá ser lançado por declaração ou por homologação, à escolha da Receita Federal.

74. (TRF/3R/Juiz/2010) São modalidades de extinção do crédito tributário:

a) Prescrição, decadência, transação, conversão do depósito em renda e consignação em pagamento:

b) Pagamento, remissão, isenção, parcelamento e prescrição.

c) Compensação, decadência, anistia, depósito do montante integral do débito e dação em pagamento.

d) Parcelamento, remissão, prescrição, decadência e dação em pagamento.

75. (TRF/4R/Juiz/2010) Dadas as assertivas abaixo, assinale a alternativa correta. Quanto ao prazo de prescrição e decadência em matéria tributária, os Tribunais Superiores têm decidido que:

I. Alterações de prazos de decadência e prescrição como as feitas pelo art. 5º do Decreto-Lei 1.569/77 e pelos arts. 45 e 46 da Lei 8.212/91 são válidas devido à especialidade desses diplomas no tocante aos tributos específicos de que tratam.

II. Alterações de prazos de decadência e prescrição como as feitas pelo art. 5º do Decreto-Lei 1.569/77 e pelos arts. 45 e 46 da Lei 8.212/91 são ilegais devido ao conflito com dispositivos de Lei Complementar (Código Tributário Nacional), que é hierarquicamente superior àqueles diplomas posteriores.

III. Alterações de prazos de decadência e prescrição como as feitas pelo art. 5º do Decreto-Lei 1.569/77 e pelos arts. 45 e 46 da Lei 8.212/91 são inconstitucionais por exigir-se Lei Complementar para reger tais matérias.

IV. O prazo de prescrição para cobrança de tributos sujeitos a lançamento por homologação é de 5 anos a partir da data em que o pagamento antecipado foi ou deveria ter sido feito.

V. O prazo de prescrição para cobrança de tributos sujeitos a lançamento por homologação é de 10 anos (5 + 5) somente até a publicação da Lei Complementar 118/2005, a partir da qual passa a ser de apenas 5 anos.

a) Estão corretas apenas as assertivas I e II.

b) Estão corretas apenas as assertivas II e IV.

c) Estão corretas apenas as assertivas III e IV.

d) Estão corretas apenas as assertivas III e V.

e) Estão corretas apenas as assertivas II, III e IV.

76. (TRF/4R/Juiz/2010) Dadas as assertivas abaixo, assinale a alternativa correta. Quanto à compensação de tributos federais, é matéria firme na atual jurisprudência do Superior Tribunal de Justiça:

I. Deve ser considerado o regime jurídico vigente à época do ajuizamento da demanda, não podendo ser a causa julgada à luz do direito superveniente.

II. Deve ser considerado o regime jurídico vigente no momento em que deva ser feita efetivamente a compensação com encontro de contas entre os mutuamente credores e devedores e, em consequência, caso a compensação pretendida não tenha sido aceita pela administração pública e posteriormente venha a ser vedada pela legislação, aplica-se o dispositivo legal impeditivo.

III. Serão regidas mediante disposições infralegais, pois somente a forma da compensação é que pode ser alterada.

IV. A legislação aplicável nos casos de compensação é a do tempo em que foram gerados os créditos em favor do contribuinte, devendo aplicar-se os sucessivos regimes de compensação criados pelas leis e pelos regulamentos, conforme o período de geração de tais créditos.

V. A compensação somente é possível entre créditos e débitos de tributos da mesma espécie.

a) Está correta apenas a assertiva I.

b) Está correta apenas a assertiva II.

c) Está correta apenas a assertiva III.

d) Estão corretas apenas as assertivas IV e V.

e) Nenhuma assertiva está correta.

77. (Cespe/TRF/5R/Juiz/2009) O fisco municipal, tendo verificado a ocorrência do fato gerador do ISSQN, promoveu o lançamento tributário, após o que lhe foi entregue pelo contribuinte a devida declaração, que apontava para um valor de crédito tributário menor que o cobrado. O contribuinte, então, ajuizou uma ação ordinária e obteve, liminarmente, o direito de depositar em juízo o valor do tributo que fora confessado e de pagar a diferença do imposto cobrado somente após o trânsito em julgado da ação. Com base nessa situação hipotética, assinale a opção correta.

a) O lançamento do ISSQN, no caso, ocorreu por homologação, e a decisão do juiz gerou suspensão do crédito tributário dos dois componentes do lançamento.

b) Em regra, o lançamento do ISSQN é, por natureza, por homologação, e a decisão do juiz gerou suspensão do crédito tributário dos dois componentes do lançamento.

c) O lançamento do ISSQN, nessa situação, ocorreu por homologação, e a decisão do juiz gerou suspensão do crédito tributário em relação ao imposto em litígio e extinção, quanto à parte confessada.

d) O lançamento do ISSQN, no caso em tela, ocorreu de ofício e a decisão do juiz gerou suspensão do crédito tributário em relação ao imposto em litígio e extinção, quanto à parte confessada.

e) Em regra, o lançamento do ISSQN é, por natureza, por homologação, e a decisão do juiz gerou extinção do crédito tributário dos dois componentes do lançamento.

6. ADMINISTRAÇÃO TRIBUTÁRIA

SÚMULAS

1) Fiscalização

STF **Súm. 70.** É inadmissível a interdição de estabelecimento como meio coercitivo para cobrança de tributo.

STF **Súm. 323.** É inadmissível a apreensão de mercadorias como meio coercitivo para pagamento de tributos.

STF **Súm. 439.** Estão sujeitos à fiscalização tributária ou previdenciária quaisquer livros comerciais, limitado o exame aos pontos objeto da investigação.

STF **Súm. 547.** Não é lícito à autoridade proibir que o contribuinte em débito adquira estampilhas, despache mercadorias nas alfândegas e exerça suas atividades profissionais.

STJ **Súm. 352.** A obtenção ou a renovação do Certificado de Entidade Beneficente de Assistência Social (Cebas) não exime a entidade do cumprimento dos requisitos legais supervenientes.

STJ Súm. 612. O certificado de entidade beneficente de assistência social (Cebas), no prazo de sua validade, possui natureza declaratória para fins tributários, retroagindo seus efeitos à data em que demonstrado o cumprimento dos requisitos estabelecidos por lei complementar para a fruição da imunidade.

2) Dívida Ativa

STJ Súm. 392. A Fazenda Pública pode substituir a certidão de dívida ativa (CDA) até a prolação da sentença de embargos, quando se tratar de correção de erro material ou formal, vedada a modificação do sujeito passivo da execução.

3) Certidões Negativas

STJ Súm. 446. Declarado e não pago o débito tributário pelo contribuinte, é legítima a recusa de expedição de certidão negativa ou positiva com efeito de negativa.

REPERCUSSÃO & REPETITIVOS

1) Fiscalização

STF Rep. Geral 1020. É incompatível com a Constituição Federal disposição normativa a prever a obrigatoriedade de cadastro, em órgão da administração municipal, de prestador de serviços não estabelecido no território do Município e imposição ao tomador da retenção do imposto sobre serviços – ISS quando descumprida a obrigação acessória. *RE 1167509, 27.2.2021.*

STF Rep. Geral 1042. É constitucional vincular o despacho aduaneiro ao recolhimento de diferença tributária apurada mediante arbitramento da autoridade fiscal. *RE 1090591, 16.9.2020.*

2) Certidões Negativas

STF Rep. Geral 743. É possível ao Município obter certidão positiva de débitos com efeito de negativa quando a Câmara Municipal do mesmo ente possui débitos com a Fazenda Nacional, tendo em conta o princípio da intranscendência subjetiva das sanções financeiras. *RE 770149, 5.8.2020.*

STJ Repetitivo 1074. No arrolamento sumário, a homologação da partilha ou da adjudicação, bem como a expedição do formal de partilha e da carta de adjudicação, não se condicionam ao prévio recolhimento do imposto de transmissão causa mortis, devendo ser comprovado, todavia, o pagamento dos tributos relativos aos bens do espólio e às suas rendas, a teor dos arts. 659, § 2º, do CPC/2015 e 192 do CTN. *REsp 1896526, 28.10.2022.*

ENUNCIADOS

CJF Tributário I.3. A arbitragem é meio legítimo de solução de conflitos entre fisco e contribuintes, desde que venha a ser legalmente instituída.

CJF Tributário II.2. Informações e dados relativos a incentivos fiscais, concedidos a pessoas jurídicas ou por elas fruídos, devem ser fornecidos a qualquer interessado (transparência passiva), nos termos da Lei de Acesso à Informação, e objeto de divulgação no Portal da Transparência do ente federado (transparência ativa).

Fonacre Enunc. 4. Nos casos de devedores contumazes, não são aplicáveis as súmulas 70, 323 e 547 do STF.

CARF Súm. 8. O Auditor Fiscal da Receita Federal é competente para proceder ao exame da escrita fiscal da pessoa jurídica, não lhe sendo exigida a habilitação profissional de contador.

CARF Súm. 29. Os cotitulares da conta bancária que apresentem declaração de rendimentos em separado devem ser intimados para comprovar a origem dos depósitos nela efetuados, na fase que precede à lavratura do auto de infração com base na presunção legal de omissão de receitas ou rendimentos, sob pena de exclusão, da base de cálculo do lançamento, dos valores referentes às contas conjuntas em relação às quais não se intimou todos os cotitulares.

CARF Súm. 30. Na tributação da omissão de rendimentos ou receitas caracterizada por depósitos bancários com origem não comprovada, os depósitos de um mês não servem para comprovar a origem de depósitos havidos em meses subsequentes.

CARF Súm. 32. A titularidade dos depósitos bancários pertence às pessoas indicadas nos dados cadastrais, salvo quando comprovado com documentação hábil e idônea o uso da conta por terceiros.

CARF Súm. 37. Para fins de deferimento do Pedido de Revisão de Ordem de Incentivos Fiscais (PERC), a exigência de comprovação de regularidade fiscal deve se ater aos débitos existentes até a data de entrega da declaração de Rendimentos da Pessoa Jurídica na qual se deu a opção pelo incentivo, admitindo-se a prova da regularidade em qualquer momento do processo administrativo, independentemente da época em que tenha ocorrido a regularização, e inclusive mediante apresentação de certidão de regularidade posterior à data da opção.

INFORMATIVOS

STJ Mandado de segurança coletivo. Advogados e sociedades de advogados. Cadastro e acesso a informações. Dados fiscais pertinentes ao cálculo do ICMS a ser repassado aos municípios. Impossibilidade. O profissional de advocacia privada constituído por município por mandato com poderes expressos não tem direito líquido e certo para o cadastramento e acesso aos dados utilizados pelos Estados no cálculo do valor adicionado referente ao ICMS. *RMS 68647, 1ª T, 8.11.2022. Inf 757.*

STJ Regime especial de fiscalização. Restrição ou inviabilidade ao exercício da atividade empresarial. Ausência de prova pré-constituída. Inexistência de direito líquido e certo. Precedentes do STF e do STJ. Atendidos os requisitos previstos em lei, é legítima a submissão de empresas a regime especial de fiscalização, salvo comprovação de que as medidas inviabilizem indevidamente o livre exercício da atividade econômica. *RMS 65714, 2ª T, 3.3.2022. Inf 728.*

QUESTÕES OBJETIVAS

78. (Cespe/TRF/5R/Juiz/2017) Em cada uma das opções a seguir, é apresentada uma situação hipotética. Assinale a opção que apresenta situação que configura quebra de sigilo fiscal conforme as disposições do CTN.

a) Com base nas informações constantes dos livros fiscais obtidos em determinada empresa, o funcionário do fisco lavrou auto de infração e, ao final do procedimento administrativo, sem autorização judicial, encaminhou a informação para apuração criminal.
b) A Fazenda Pública divulgou, por meio de sistemas públicos, sem autorização dos contribuintes, a concessão de moratória ou parcelamentos.
c) Um funcionário da Receita Federal, tendo tomado conhecimento de informações fiscais por conta de sua função, repassou-as a outro funcionário da Receita Federal, do mesmo setor, para providências funcionais, sem expressa autorização da chefia direta.
d) Tendo tomado conhecimento de informações fiscais, um funcionário do fisco lavrou o devido auto de infração e, após o prazo de impugnação, encaminhou-o para a inscrição na dívida ativa, sem conhecimento do secretário da Receita Federal.
e) Tendo verificado práticas ilícitas de natureza tributária, no curso de processo administrativo fiscal, o funcionário do fisco encaminhou a informação ao Ministério Público, ao final do procedimento administrativo, bem como repassou para um jornalista amigo as informações, sob a promessa de sigilo da fonte.

79. (Cespe/TRF/5R/Juiz/2015) Um contribuinte deixou de recolher determinado tributo no prazo previsto em lei e, por isso, foi alvo de ação do fisco, que procedeu à lavratura de auto de infração cobrando o valor original do referido tributo com juros, correção monetária e multa pecuniária. No referido auto de infração, ficou concedido o prazo de vinte dias para que o contribuinte efetuasse o pagamento ou o impugnasse. Nessa situação hipotética, A o valor cobrado pelo auto de infração constitui dívida ativa não tributária até a inscrição da referida dívida, na forma da lei.

b) o valor cobrado pelo fisco constitui dívida ativa não tributária, visto que admite prova em contrário.

c) o débito constituído por meio de auto de infração corresponde a crédito público, no sentido que o direito financeiro dá a essa expressão, podendo, por isso, ser cobrado judicialmente.

d) durante o referido prazo de vinte dias, a inscrição de dívida ativa tributária estaria impossibilitada, haja vista que o prazo para pagamento ou impugnação não se teria esgotado.

e) o débito apurado contra o contribuinte consolidou-se com a lavratura do auto de infração em dívida ativa tributária.

80. (Cespe/TRF/1R/Juiz/2015) Acerca das regras fiscais de fiscalização e sigilo, assinale a opção correta.

a) De acordo com o Código Tributário Nacional, admite-se a transferência de dados fiscais sigilosos obtidos em razão do exercício dos poderes de fiscalização, se solicitada por outros entes da administração pública. Nessa hipótese, a entrega dos dados, ainda que constitua exceção à regra de preservação do sigilo, deverá ser feita pessoalmente à autoridade solicitante, mediante recibo.

b) O STJ admite a retroatividade de mecanismos de fiscalização instituídos por lei, podendo estes atingir fatos geradores ocorridos anteriormente à sua publicação, mesmo que isso implique novo lançamento tributário.

c) A apreensão de mercadorias até o pagamento do tributo devido inclui-se entre os poderes de fiscalização tributária do fisco.

d) Os livros obrigatórios de escrituração comercial e fiscal devem ser conservados por cinco anos, a contar da data das operações a que se refiram, ainda que o prazo prescricional da pretensão tributária venha a ser interrompido.

e) Conforme jurisprudência do STJ, a guarda e a conservação dos livros de escrituração comercial e fiscal podem ser feitas por microfilmagem dos documentos originais, os quais, após tal procedimento, poderão ser descartados.

81. (Cespe/TRF/1R/Juiz/2013) Com base no que dispõe o Código Tributário Nacional acerca da dívida ativa, assinale a opção correta.

a) A dívida ativa refere-se, sempre, à dívida tributária.

b) A dívida regularmente inscrita goza de certeza e liquidez e não poderá ser ilidida por nenhuma prova.

c) A fluência de juros de mora exclui a liquidez do crédito inscrito em dívida ativa.

d) Quando houver corresponsáveis, obrigatoriamente, estes também deverão ser indicados no termo de inscrição.

e) Comprovada após decisão de primeira instância, a nulidade dos requisitos que devem constar no termo de inscrição pode ser suprida mediante a substituição da certidão nula.

82. (Cespe/TRF/5R/Juiz/2011) Pessoa jurídica Alfa teve seu nome inscrito em dívida ativa pela Receita Federal do Brasil em decorrência do não recolhimento, no prazo legal, do imposto sobre renda de pessoas jurídicas. A Fazenda Nacional, com base no termo de inscrição em dívida ativa, ajuizou execução fiscal, na qual incluiu o principal acrescido de juros de mora, na forma da lei. No entanto, no termo, não constava a data em que a dívida foi inscrita. Com referência a essa situação hipotética, assinale a opção correta.

a) A omissão da data da inscrição da dívida é causa de nulidade da inscrição, mas não, do processo de cobrança dela decorrente.

b) A quantia devida e a forma de calcular os juros de mora acrescidos não são consideradas requisitos do termo de inscrição da dívida ativa.

c) A nulidade do termo de inscrição da dívida ativa em razão da ausência da data de inscrição pode ser sanada, a qualquer tempo, mediante substituição da certidão nula.

d) A nulidade do termo de inscrição da dívida ativa pode ser sanada, mediante substituição da certidão nula, devendo ser devolvido à devedora o prazo para defesa, que somente pode versar sobre a parte modificada.

e) A presunção de liquidez da dívida regularmente inscrita em dívida ativa abrange o principal, mas não, os juros de mora.

83. (Cespe/TRF/2R/Juiz/2009) Assinale a opção correta acerca da dívida ativa.

a) A dívida ativa não tributária resulta da constituição de crédito de natureza não fiscal, inscrita na repartição competente, cujo erro constatado no termo de inscrição causa nulidade absoluta.

b) O detalhamento do cálculo dos juros de mora, quando da constituição do débito tributário, é requisito obrigatório e deve constar do termo de inscrição da dívida ativa tributária.

c) A nulidade do termo de inscrição na dívida ativa é relativa e pode ser sanada até a decisão final do procedimento administrativo.

d) A inscrição da dívida ativa é ato administrativo que propicia a cobrança judicial e tem efeito de prova que não pode ser ilidida por nenhuma outra.

e) De acordo com a jurisprudência do STJ, é imprescindível processo administrativo fiscal e notificação prévia do contribuinte para inscrição na dívida ativa de débito declarado e não pago referente a contribuição previdenciária.

84. (Cespe/TRF/2R/Juiz/2009) O fisco federal, em operação realizada em feira permanente, lavrou auto de infração contra determinado contribuinte e cobrou o tributo federal sonegado com juros de mora e penalidades, tendo estipulado prazo de quinze dias para esse contribuinte realizar o pagamento ou impugnar a cobrança. Com relação a essa situação hipotética, assinale a opção correta.

a) O débito apurado contra o contribuinte, ainda não inscrito, é considerado dívida ativa não tributária.

b) A inscrição do débito é requisito essencial para que este seja considerado dívida ativa, pois assim não admitiria prova em contrário.

c) Passado o prazo estipulado, não havendo o pagamento do tributo nem a impugnação do auto de infração, impõe-se a inscrição do débito na dívida ativa, o que dá ao crédito tributário presunção de certeza e liquidez, mesmo havendo incidência de juros de mora a serem calculados.

d) O crédito tributário constituído é receita tributária originária, de caráter temporário, e, por isso, não é correto falar em dívida ativa.

e) O crédito tributário, formalizado por meio do auto de infração lavrado pelo fisco federal, tem o condão de constituir o crédito em dívida ativa de natureza tributária.

85. (Cespe/TRF/2R/Juiz/2009) Assinale a opção correta com relação ao procedimento fiscal e à dívida ativa.

a) A autoridade fiscal poderá efetuar apreensão temporária de mercadorias desacompanhadas de documento fiscal idôneo e retê-las até comprovação de legitimidade de sua posse pelo proprietário.

b) Durante fiscalização tributária, poderá o fisco efetivar busca e apreensão de documentos nas dependências e no escritório de sociedade comercial, independentemente de autorização judicial e de seus proprietários, prepostos ou gerentes.

c) Ao tomar conhecimento de contribuições sociais declaradas por empresa na declaração de contribuições e tributos federais, cujos valores não foram recolhidos no prazo estabelecido, deverá a autoridade fiscal notificá-la para efetuar o recolhimento do débito, sob pena de inscrição em dívida ativa, ficando suspenso o prazo prescricional.

d) A autoridade fiscal deverá fazer constar da certidão de inscrição do débito tributário em dívida ativa o nome dos sócios-gerentes, corresponsáveis pela dúvida, pressuposto necessário para viabilizar o redirecionamento do executivo fiscal.

e) A fazenda pública pode substituir a certidão de inscrição do débito fiscal em dívida ativa, quando aquela apresentar nulidade, apenas até a citação do devedor no executivo fiscal.

7. LIMITAÇÕES DO PODER DE TRIBUTAR

7.1. Imunidades

SÚMULAS

STF Súm. Vinculante 52. Ainda quando alugado a terceiros, permanece imune ao IPTU o imóvel pertencente a qualquer das entidades referidas pelo artigo 150, inciso VI, alínea "c", da Constituição Federal, desde que o valor dos aluguéis seja aplicado nas atividades para as quais tais entidades foram constituídas.

STF Súm. Vinculante 57. A imunidade tributária constante do art. 150, VI, d, da CF/88 aplica-se à importação e comercialização, no mercado interno, do livro eletrônico (e-book) e dos suportes exclusivamente utilizados para fixá-los, como leitores de livros eletrônicos (e-readers), ainda que possuam funcionalidades acessórias.

STF Súm. 75. Sendo vendedora uma autarquia, a sua imunidade fiscal não compreende o imposto de transmissão "inter vivos", que é encargo do comprador.

STF Súm. 336. A imunidade da autarquia financiadora, quanto ao contrato de financiamento, não se estende à compra e venda entre particulares, embora constantes os dois atos de um só instrumento.

STF Súm. 591. A imunidade ou a isenção tributária do comprador não se estende ao produtor, contribuinte do imposto sobre produtos industrializados.

STF Súm. 657. A imunidade prevista no art. 150, VI, "d", da CF abrange os filmes e papéis fotográficos necessários à publicação de jornais e periódicos.

STF Súm. 730. A imunidade tributária conferida a instituições de assistência social sem fins lucrativos pelo art. 150, VI, "c", da Constituição, somente alcança as entidades fechadas de previdência social privada se não houver contribuição dos beneficiários.

STJ Súm. 612. O certificado de entidade beneficente de assistência social (Cebas), no prazo de sua validade, possui natureza declaratória para fins tributários, retroagindo seus efeitos à data em que demonstrado o cumprimento dos requisitos estabelecidos por lei complementar para a fruição da imunidade.

TRF4 Súm. 34. Os municípios são imunes ao pagamento de IOF sobre suas aplicações financeiras.

REPERCUSSÃO & REPETITIVOS

STF Rep. Geral 207. As imunidades previstas nos artigos 149, § 2º, I, e 153, § 3º, III, da Constituição Federal são aplicáveis às empresas optantes pelo Simples Nacional. *RE 598468, 22.5.2020.*

STF Rep. Geral 328. A imunidade assegurada pelo art. 150, VI, 'c', da Constituição da República aos partidos políticos, inclusive suas fundações, às entidades sindicais dos trabalhadores e às instituições de educação e de assistência social, sem fins lucrativos, que atendam aos requisitos da lei, alcança o IOF, inclusive o incidente sobre aplicações financeiras. *RE 611510, 12.4.2021.*

STF Rep. Geral 336. As entidades religiosas podem se caracterizar como instituições de assistência social a fim de se beneficiarem da imunidade tributária prevista no art. 150, VI, 'c', da Constituição, que abrangerá não só os impostos sobre o seu patrimônio, renda e serviços, mas também os impostos sobre a importação de bens a serem utilizados na consecução de seus objetivos estatutários. *RE 630790, 18.3.2022.*

STF Rep. Geral 508. Sociedade de economia mista, cuja participação acionária é negociada em Bolsas de Valores, e que, inequivocamente, está voltada à remuneração do capital de seus controladores ou acionistas, não está abrangida pela regra de imunidade tributária prevista no art. 150, VI, 'a', da Constituição, unicamente em razão das atividades desempenhadas. *RE 600867, 29.6.2020.*

STF Rep. Geral 475. A imunidade a que se refere o art. 155, § 2º, X, "a", da CF não alcança operações ou prestações anteriores à operação de exportação. *RE 754917, 5.8.2020.*

STF Rep. Geral 674. A norma imunizante contida no inciso I do § 2º do art. 149 da Constituição Federal alcança as receitas decorrentes de operações indiretas de exportação caracterizadas por haver participação negocial de sociedade exportadora intermediária. *RE 759244, 12.2.2020.*

STF Rep. Geral 1140. As empresas públicas e as sociedades de economia mista delegatárias de serviços públicos essenciais, que não distribuam lucros a acionistas privados nem ofereçam risco ao equilíbrio concorrencial, são beneficiárias da imunidade tributária recíproca prevista no artigo 150, VI, a, da Constituição Federal, independentemente de cobrança de tarifa como contraprestação do serviço. *RE 1320054, 7.5.2021.*

INFORMATIVOS

STF Imunidade recíproca de sociedade de economia mista prestadora exclusiva de serviço público essencial. Sociedade de economia mista estadual prestadora exclusiva do serviço público de abastecimento de água potável e coleta e tratamento de esgotos sanitários faz jus à imunidade tributária recíproca sobre impostos federais incidentes sobre patrimônio, renda e serviços. *ACO 3410, 20.4.2022. Pleno. Inf 1051.*

QUESTÕES OBJETIVAS

86. (TRF/4R/Juiz/2022) Assinale a alternativa correta.

a) A imunidade tributária subjetiva aplica-se a seus beneficiários na posição de contribuinte de direito ou de contribuinte de fato, conforme a repercussão econômica do tributo envolvido.

b) É exigível o lançamento direto do tributo e a notificação pessoal do contribuinte para fins de inscrição em dívida ativa de crédito tributário resultante de lançamento por homologação, por força dos princípios constitucionais do contraditório e da ampla defesa.

c) No Direito Tributário, a solidariedade comporta benefício de ordem e não se estende aos deveres instrumentais.

d) A imunidade tributária recíproca não exonera o sucessor das obrigações tributárias relativas aos fatos jurídicos tributários ocorridos antes da sucessão.

e) A pessoa jurídica de direito privado que resultar de fusão, transformação ou incorporação de outra ou em outra é responsável pelos tributos devidos até a data do ato pelas pessoas jurídicas de direito privado fusionadas, transformadas ou incorporadas, desde que haja continuidade da exploração da atividade sob a mesma razão social.

87. (IFBC/TRF/2R/Juiz/2018) À luz da jurisprudência atual do STF sobre a extensão do reconhecimento da imunidade tributária recíproca às empresas estatais, assinale a alternativa correta:

a) a Empresa Brasileira de Correios e Telégrafos (ECT) não goza de imunidade tributária recíproca ao exercer atividades em regime de concorrência com a iniciativa privada.

b) empresa estatal que presta serviços de saúde exclusivamente pelo SUS, não tendo por finalidade a obtenção de lucro, goza da imunidade tributária recíproca.

c) empresa estatal que presta serviço público de abastecimento de água e tratamento de esgoto, em regime de monopólio, goza de imunidade tributária recíproca, ainda que distribua lucros ao ente controlador.

d) a Casa da Moeda do Brasil (CMB) não goza de imunidade tributária recíproca, pois também executa atividades abertas à ampla concorrência e participação do setor privado.

e) caso a empresa estatal assuma o tipo societário de sociedade de economia mista, não poderá gozar da imunidade tributária recíproca, em razão da presença de sócios privados em seu quadro societário.

88. (TRF/2R/Juiz/2017) Leia as proposições e, ao final, assinale a opção correta:

I. Instituição de educação, beneficiária de imunidade tributária, faz jus a exigir o afastamento do IPI incidente sobre o automóvel que ela vai adquirir e usar exclusivamente em suas atividades.

II. Instituição de educação, beneficiária de imunidade tributária, que tem certo imóvel alugado, cuja renda reverte em benefício de suas finalidades, não está sujeita a pagar IPTU sobre este seu bem, dado em locação.

III. A imunidade constitucional recíproca abrange os entes integrantes da administração indireta de cada unidade federada.

a) Apenas as assertivas I e II estão corretas.
b) Apenas as assertivas II e III estão corretas.
c) Apenas a assertiva II está correta.
d) Todas as assertivas são equivocadas.
e) Apenas a assertiva I está correta.

89. (TRF/3R/Juiz/2016) Considere as seguintes afirmações e assinale a alternativa correta:

I. As multas fiscais também são alcançadas pelo princípio da não-confiscatoriedade.

II. As medidas provisórias podem instituir ou majorar tributos para os quais não é exigida lei complementar.

III. O IPI (imposto sobre produtos industrializados) não incide sobre produtos industrializados destinados à exportação.

IV. A imunidade recíproca prevista para as pessoas políticas alcança empresas públicas e sociedades de economia mista delegatárias de serviços públicos que atuam em regime de monopólio.

a) Todas as afirmações são erradas.
b) As afirmações II e III são erradas.
c) Todas as afirmações são verdadeiras.
d) A afirmação IV é a única verdadeira.

90. (TRF/4R/Juiz/2014) Dadas as assertivas abaixo, assinale a alternativa correta. Considerando a jurisprudência do Supremo Tribunal Federal:

I. A prestação de ações e serviços de saúde por sociedades de economia mista corresponde à própria atuação do Estado, razão pela qual a elas se estende a imunidade tributária prevista na alínea a do inciso VI do art. 150 da Constituição Federal, desde que a empresa estatal não tenha por finalidade a obtenção de lucro e o capital social seja majoritariamente estatal.

II. É incompatível com o texto constitucional a regra constante de lei ordinária que condiciona o ingresso de empresa no Simples à inexistência de débito tributário, por se constituir em sanção política e via indireta de cobrança de tributo.

III. A imunidade tributária conferida a instituições de assistência social sem fins lucrativos pelo art. 150, VI, c, da Constituição Federal somente alcança as entidades fechadas de previdência social se não houver contribuição dos beneficiários.

IV. A lei que altera o prazo de pagamento do tributo, por não implicar majoração da exação, não se sujeita ao princípio da anterioridade.

V. É inconstitucional a cobrança de taxa para custear o serviço de iluminação pública.

a) Estão corretas apenas as assertivas I, II e IV.
b) Estão corretas apenas as assertivas I, II, IV e V.
c) Estão corretas apenas as assertivas I, III, IV e V.
d) Estão corretas apenas as assertivas II, III, IV e V.
e) Estão corretas todas as assertivas.

91. (TRF/2R/Juiz/2014) Assinale a opção correta:

a) São imunes de impostos os templos religiosos, assim entendidos os prédios dedicados ao culto de religião consagrada e de aceitação tradicional, sem extensão.
b) É lícito exigir impostos sobre a comercialização ao consumidor final de DVD que contenha videofonograma produzido por produtores brasileiros, em território nacional, contendo obras musicais de autores estrangeiros interpretadas por artistas brasileiros.
c) A imunidade constitucional tributária torna indevida a incidência de IOF sobre operações de câmbio praticadas em favor de entidade sindical dos empregadores, quando da remessa de valores ao exterior para fins de aplicação financeira.
d) Imóvel rural pertencente a líder de partido político é imune de Imposto Territorial Rural, durante o mandato parlamentar do líder.
e) Todo cidadão é isento (na verdade, imune) do pagamento de taxas judiciais quando do ajuizamento de ações populares destinadas a anular ato lesivo ao patrimônio público, à moralidade administrativa, ao meio ambiente e ao patrimônio histórico e cultural, a não ser quando demonstrada a má-fé no ajuizamento da ação.

92. (Cespe/TRF/5R/Juiz/2013) Ainda com base na CF, nas normas gerais de direito tributário e na jurisprudência do STJ e do STF sobre essa matéria, assinale a opção correta.

a) Ainda que a isenção tenha sido concedida por prazo certo e sob condição onerosa, é possível a sua posterior revogação, com efeitos sobre os contribuintes que tiverem por ela sido beneficiados, já que eles não possuem direito adquirido de usufruir do benefício legalmente estipulado.
b) É devida a correção monetária ao creditamento do IPI quando há oposição ao seu aproveitamento decorrente de resistência legítima do fisco.
c) A simples declaração, pelo contribuinte, do débito tributário lhe dá o direito de obter a certidão negativa ou positiva com efeito de negativa.
d) O inadimplemento da obrigação tributária pela sociedade é suficiente, por si só, para atrair a responsabilidade solidária do sócio-gerente.
e) A imunidade tributária recíproca é princípio garantidor da Federação, motivo pelo qual não pode ser restringida nem mesmo por emenda constitucional.

7.2. Princípios

ATENÇÃO: ESTE TEMA É MUITO EXIGIDO NOS CONCURSOS!

SÚMULAS

STF **Súm. Vinculante 50.** Norma legal que altera o prazo de recolhimento da obrigação tributária não se sujeita ao princípio da anterioridade.

STF **Súm. Vinculante 52.** Ainda quando alugado a terceiros, permanece imune ao IPTU o imóvel pertencente a qualquer das entidades referidas pelo artigo 150, inciso VI, alínea "c", da Constituição Federal, desde que o valor dos aluguéis seja aplicado nas atividades para as quais tais entidades foram constituídas.

STF **Súm. 69.** A Constituição Estadual não pode estabelecer limite para o aumento de tributos municipais.

STF **Súm. 239.** Decisão que declara indevida a cobrança do imposto em determinado exercício não faz coisa julgada em relação aos posteriores.

STF Súm. 667. Viola a garantia constitucional de acesso à jurisdição a taxa judiciária calculada sem limite sobre o valor da causa.

TRF4 Súm. 89. A instituição da base de cálculo da Taxa de Saúde Suplementar (TSS) por resolução da Agência Nacional de Saúde Suplementar (RDC n. 10, de 2000) afronta o princípio da legalidade tributária, conforme o disposto no art. 97, IV, do CTN.

ENUNCIADOS

Fonacre Enunc. 6. A neutralidade tributária é um princípio comum a todas as esferas federativas, objetivando a proteção aos princípios da livre concorrência e equilíbrio dos mercados.

INFORMATIVOS

STF Covid-19: prorrogação de benefício concedido para o enfrentamento da pandemia no âmbito desportivo. É inconstitucional - por violar os princípios da legalidade, da segurança jurídica, da não surpresa dos contribuintes e da isonomia - a interpretação do artigo 1º da Lei 14.117/21 no sentido de condicionar os efeitos da suspensão de exigibilidade dos parcelamentos de dívidas no âmbito do Programa de Modernização da Gestão e de Responsabilidade Fiscal do Futebol Brasileiro (PROFUT) ao término da vigência do Decreto Legislativo 6/2020. *ADI 7015, 2.12.2022. Pleno. Inf 1078.*

STF IPVA: isenção fiscal e tratamento não isonômico. É inconstitucional condicionar o benefício de isenção fiscal do IPVA quanto à propriedade de veículos utilizados para o serviço de transporte escolar com a filiação de seus motoristas profissionais autônomos a sindicato ou cooperativa. A condição imposta pela norma impugnada, de forma indireta, constrange o proprietário de veículo a se filiar às entidades associativas a fim de usufruir da benesse fiscal, e compele os já filiados a permanecerem nessa posição, em evidente afronta aos princípios da isonomia, da liberdade sindical e da liberdade de associação. *ADI 5268, 5.8.2022. Pleno. Inf 1062.*

STF IPVA: contagem de prazos para atendimento dos princípios da anterioridade anual e nonagesimal. I. No caso de um tributo sujeito duplamente à anterioridade de exercício e à noventena, a lei que institui ou majora a imposição somente será eficaz, de um lado, no exercício financeiro seguinte ao de sua publicação e, de outro, após decorridos noventa dias da data de sua divulgação em meio oficial. Logo, a contar da publicação da lei, os prazos transcorrem simultaneamente, e não sucessivamente. II. Não há desvio de finalidade no caso de lei ordinária alterar o aspecto temporal do IPVA para viabilizar, a um só tempo, o respeito à garantia da anterioridade, inclusive nonagesimal, e viabilizar a tributação dos veículos automotores pela alíquota majorada no exercício financeiro seguinte ao da publicação desse diploma legal. Afinal, a finalidade da legislação é lícita e explícita. III. O princípio da igualdade tributária não resta ofendido na hipótese de um veículo automotor novo submeter-se a alíquota distinta de IPVA em comparação a outro automóvel adquirido em anos anteriores no lapso referente aos 90 dias da noventena, em certo exercício financeiro. Sendo assim, pela própria sistemática de tributação do IPVA posta na legislação infraconstitucional, não se cuida de tratamento desigual entre contribuintes que se encontrem em situação equivalente. *ADI 5282, 17.10.2022, Pleno. Inf 1072.*

STF Isenção da taxa de inscrição em concurso público a servidores públicos estaduais. É inconstitucional lei estadual que isenta servidores públicos da taxa de inscrição em concursos públicos promovidos pela Administração Pública local, privilegiando, sem justificativa razoável para tanto, um grupo mais favorecido social e economicamente. *ADI 3918, 13.5.2022. Pleno. Inf 1054.*

QUESTÕES DISCURSIVAS

8. (Vunesp/TRF/3R/Juiz/2022) O artigo XII do Tratado Bilateral de Itaipu celebrado entre o Brasil e Paraguai, promulgado pelo Decreto n. 72.207, de 28.08.1973, estabelece o seguinte em matéria tributária: "As Altas Partes Contratantes adotarão, quanto à tributação, as seguintes normas: a) não aplicarão impostos, taxas e empréstimos compulsórios, de qualquer natureza, à Itaipu e aos serviços de eletricidade por ela prestados; (...). c) não aplicarão impostos, taxas e empréstimos compulsórios, de qualquer natureza, sobre os lucros da Itaipu e sobre os pagamentos e remessas por ela efetuados a qualquer pessoa física ou jurídica, sempre que os pagamentos de tais impostos, taxas e empréstimos compulsórios sejam de responsabilidade legal da Itaipu." Considerando os dispositivos constitucionais aplicáveis, a legislação complementar do Código Tributário Nacional e a Convenção de Viena sobre o Direito dos Tratados, analise as incidências tributárias do Imposto de Renda da Pessoa Jurídica, a Contribuição Social sobre o Lucro e a incidência das contribuições sociais do PIS/Cofins sobre o faturamento (receita bruta) da empresa Itaipu, respondendo ao seguinte e justificando as suas respostas: (a) a alínea "a", que faz referência a impostos de qualquer natureza, pode ser aplicada ao PIS/Cofins que são contribuições sociais sobre o faturamento/receita bruta? (b) a alínea "c", primeira parte, que faz referência a impostos de qualquer natureza sobre os lucros da Itaipu, pode ser aplicada também à Contribuição Social sobre o Lucro, além do Imposto de Renda? (c) a alínea "c", segunda parte, que faz referência a impostos de qualquer natureza sobre os pagamentos e remessas por ela efetuados a qualquer pessoa física ou jurídica, pode ser aplicada à Contribuição Social sobre Folha de Salários? (d) Faz qualquer diferença para a interpretação do Tratado o entendimento do Paraguai, a outra Alta Parte Contratante, no sentido de que a empresa Itaipu tem uma imunidade tributária praticamente geral quanto às suas atividades?

9. (Cespe/TRF/1R/Juiz/2013) Redija um texto dissertativo a respeito do seguinte tema: "Os princípios da igualdade e da vedação ao confisco, conforme a Constituição Federal de 1988 (CF)." Ao elaborar sua dissertação, aborde, necessariamente e na sequência dada, os seguintes aspectos: (i) princípio da igualdade; (ii) igualdade segundo a CF; (iii) dever de distinguir segundo a capacidade econômica (capacidade contributiva como princípio fundamental da justiça tributária); (iv) igualdade e vedação de confisco; (v) direito de propriedade e vedação à tributação confiscatória segundo a CF.

10. (TRF/2R/Juiz/2013) Túlio da Silva, advogado domiciliado no Município do Rio de Janeiro, adquiriu uma motocicleta nova na Concessionária Duas Rodas Ltda. em março de 2013. Todavia, ao tomar conhecimento do valor da alíquota do IPI que incidira sobre o veículo, e que montava a 35%, considerou-a confiscatória, daí porque decidiu ajuizar ação de repetição de indébito tributário em uma das varas federais da capital, pleiteando a devolução do que foi pago a este título. Como V. Sª., na qualidade de juiz federal substituto da vara para a qual foi distribuída a inicial, se posicionaria na espécie?

QUESTÕES OBJETIVAS

93. (TRF/4R/Juiz/2022) Assinale a alternativa incorreta. De acordo com a jurisprudência do Supremo Tribunal Federal:

a) a Constituição Federal prescreveu normas que visam a assegurar a cada ente federativo uma esfera de competência tributária que lhe garanta renda própria para o pleno exercício de sua autonomia. O legislador constituinte, contudo, restringiu a liberdade do legislador infraconstitucional de definir a competência tributária dos entes federativos, estabelecendo limitações ao poder de tributar e um sistema de repartição das receitas tributárias.
b) o adequado tratamento tributário, previsto na Constituição Federal, concerne à tributação do ato cooperativo, e não aos tributos dos quais as cooperativas possam vir a ser contribuintes.
c) o princípio constitucional que veda a instituição de tributo federal não uniforme no território nacional impede a concessão de tratamento fiscal diferenciado, com base em critérios regionais.
d) para além das imunidades dos impostos, que estão previstas no artigo 150 da Constituição Federal, há uma série de outras limitações estabelecidas pelo legislador constituinte, inclusive para outras espécies tributárias.

e) a concessão de isenção tributária traduz ato discricionário, que, fundado em juízo de conveniência e oportunidade do Poder Público, destina-se a implementar objetivos estatais qualificados pela nota da extrafiscalidade.

94. (TRF/3R/Juiz/2018) Considerando que dentre as limitações constitucionais ao poder de tributar insere-se a vedação ao uso do tributo com efeito de confisco, indique qual a afirmação correta:

a) O Poder Executivo pode criar multas em percentuais que excedam o valor do tributo cobrado, visto que a imposição de multa tem o duplo objetivo de educar o contribuinte e de ressarcir o Poder Público.
b) A multa correspondente a 90% do valor do tributo devido não tem caráter confiscatório.
c) A falta de atualização monetária da tabela de incidência do imposto de renda na fonte sobre os salários tem natureza de confisco.
d) É possível a cobrança de multa confiscatória desde que observado o princípio da praticidade da arrecadação e da prevalência do interesse público sobre o privado.

95. (TRF/3R/Juiz/2016) O princípio da anterioridade genérica significa que:

a) as pessoas políticas não podem cobrar tributos levando em conta fatos geradores ocorridos antes do início da vigência da lei que os instituiu ou aumentou.
b) as pessoas políticas não podem exigir tributos no mesmo exercício financeiro em que foi publicada a lei que os instituiu ou aumentou.
c) as pessoas políticas não podem exigir ou majorar tributos antes de decorridos três meses da entrada em vigor da lei que os instituiu ou aumentou.
d) as pessoas políticas não podem exigir tributos sem que haja prévia autorização orçamentária para a cobrança deles em cada exercício financeiro.

96. (TRF/3R/Juiz/2016) Assinale a alternativa incorreta:

a) Tratando-se de serviço indivisível e inespecífico, a iluminação pública não pode ser remunerada mediante taxa.
b) Cabe ao Poder Judiciário, em prestígio da isonomia, estender tratamento tributário benéfico já previsto em lei, para contribuinte não contemplado no texto legal.
c) As contribuições sociais e as contribuições de intervenção no domínio econômico não incidirão sobre receitas decorrentes de exportação.
d) É possível a adoção, no cálculo do valor de uma taxa, de um ou mais elementos da base de cálculo de um imposto, desde que não ocorra integral identidade entre uma base e outra.

97. (TRF/3R/Juiz/2016) Com relação a jurisprudência dominante, assinale a alternativa correta:

a) STF: isenções tributárias, como favor fiscal que são, podem ser livremente suprimidas mesmo se concedidas sob condição onerosa.
b) STJ: na execução fiscal é necessária a instrução da petição inicial com o demonstrativo do cálculo do débito, para assegurar a ampla defesa do contribuinte.
c) STJ: no caso de sucessão empresarial, a responsabilidade da sucessora abrange os tributos e as multas moratórias devidas pela sucedida referentes aos fatos geradores ocorridos até a sucessão, mas não as multas punitivas dado o caráter pessoal delas.
d) STF: a norma legal que altera o prazo de recolhimento da obrigação tributária não se sujeita ao princípio da anterioridade.

98. (Cespe/TRF/1R/Juiz/2015) Lei federal referente ao imposto de renda publicada em 25.11.2014 introduziu majoração da alíquota do imposto, entretanto não dispôs sobre o início de sua vigência. Nessa situação hipotética, a nova norma teria eficácia a partir de:

a) 23.2.2015, aplicando-se os princípios da anterioridade anual e da anterioridade nonagesimal.
b) 9.1.2015, aplicando-se o princípio da anterioridade anual e desconsiderando-se o princípio da anterioridade nonagesimal.
c) 1º.1.2016, aplicando-se o princípio da anterioridade anual a partir do início da vigência da norma.
d) 1º.1.2015, aplicando-se o princípio da anterioridade anual e sem se considerar o princípio da anterioridade nonagesimal.
e) 23.2.2015, aplicando-se o princípio da anterioridade nonagesimal e desconsiderado o princípio da anterioridade anual.

99. (TRF/2R/Juiz/2014) Marque a assertiva equivocada:

a) O direito fundamental à igualdade tributária proíbe qualquer atuação do Poder Público no sentido de estabelecer tratamento diferenciado fundado na ocupação profissional ou função exercida pelos contribuintes.
b) O direito fundamental à igualdade tributária veda qualquer atuação do Poder Público no sentido de estabelecer tratamento diferenciado a contribuintes que estejam em situação idêntica.
c) É vedado à União instituir imposto que não seja uniforme em todo o território nacional ou que implique diferenciação em relação a determinada região do país, em detrimento de outra, salvo nas hipóteses de incentivos fiscais destinados a promover o desenvolvimento equilibrado do país.
d) As contribuições sociais poderão ter bases de cálculo ou alíquotas diferenciadas, a depender da atividade econômica exercida pelo contribuinte, do porte da atividade empresarial, da condição estrutural do mercado de trabalho, da utilização intensiva de mão de obra ou de outros fatores a serem estabelecidos pela legislação infraconstitucional.
e) O direito fundamental à igualdade fiscal não é violado quando a legislação infraconstitucional estabelece gradação de alíquotas do imposto sobre a renda e proventos de qualquer natureza baseada no montante da renda auferida.

100. (TRF/2R/Juiz/2014) Assinale a opção correta:

a) É comum e legítimo que o fisco condicione o funcionamento de estabelecimento empresarial ao pagamento de débitos vencidos de IPI relativos a outro estabelecimento do mesmo contribuinte.
b) Universidade Federal pode condicionar a contratação de professor aprovado em concurso à demonstração de inexistência de débitos em relação ao sistema de seguridade social.
c) O Fisco federal exigirá seus tributos utilizando diferentes meios previstos em lei, dentre os quais se incluem cadastros de devedores (ex.: Cadin) e a possibilidade de condicionar o exercício de atividade empresarial à demonstração de sua regularidade fiscal em relação a todos os tributos eventualmente incidentes sobre a atividade empresarial.
d) É permitido à autoridade administrativa vedar que o contribuinte realize operações de importação de mercadorias, com o objetivo de levá-lo ao adimplemento do tributo e ao bem da coletividade.
e) As normas constitucionais que garantem a observância da anterioridade na criação e majoração de determinados tributos integram o bloco de direitos fundamentais dos contribuintes e, como tal, não podem ser eliminadas em eventual reforma da Constituição.

101. (Cespe/TRF/5R/Juiz/2013) Assinale a opção correta de acordo com a CF, as normas gerais de direito tributário e a jurisprudência do STJ e do STF sobre essa matéria.

a) Incide IR sobre a indenização por danos morais.
b) É possível a instituição de taxa sobre o serviço de iluminação pública.
c) De acordo com o STF, a não cumulatividade é considerada cláusula pétrea, visto que constitui direito fundamental das pessoas na condição de contribuintes.
d) A edição pela União de norma modificadora alterando o prazo para o recolhimento de determinada obrigação tributária deve respeitar o princípio da anterioridade.
e) Configura-se o caráter confiscatório de determinado tributo sempre que o efeito cumulativo, resultante das múltiplas incidências tributárias estabelecidas pela mesma entidade estatal, afetar, substancialmente e de maneira irrazoável, o patrimônio ou os rendimentos do contribuinte.

102. (Cespe/TRF/5R/Juiz/2013) Assinale a opção correta de acordo com a CF, as normas gerais de direito tributário e a jurisprudência do STJ e do STF.

a) Segundo a CF, o IR deve submeter-se à exigência da noventena, mas não necessita obedecer a anterioridade tributária. O IPI, por sua vez, tem o tratamento inverso, visto que está liberado da noventena, mas é obrigado a respeitar a anterioridade tributária.
b) A seletividade implica tributação diferenciada conforme a qualidade do que é objeto da tributação, não se confundindo com a progressividade, que se refere ao simples agravamento do ônus tributário conforme a base de cálculo aumenta.
c) O imposto sobre operações financeiras submete-se ao princípio da anterioridade anual.
d) É possível a utilização da regra de imputação de pagamentos prevista no Código Civil às hipóteses de compensação tributária.
e) É inadmissível a cobrança de tarifa de água fixada de acordo com as categorias de usuários e as faixas de consumo.

103. (Cespe/TRF/2R/Juiz/2013) Assinale a opção correta acerca do sistema tributário nacional.

a) Compete aos estados a instituição de imposto sobre transmissão "inter vivos", a qualquer título, por ato oneroso, de bens imóveis, por natureza ou acessão física.
b) O produto da arrecadação do imposto sobre renda e proventos de qualquer natureza, incidente na fonte, pertence à União, mesmo que recaia sobre rendimentos pagos pelos estados.
c) Os municípios e o DF poderão instituir taxa, na forma das respectivas leis, para custeio do serviço de iluminação pública.
d) O município pode atualizar o IPTU, mediante decreto, em percentual não superior ao índice oficial de correção monetária.
e) O aumento da alíquota do imposto sobre renda e proventos de qualquer natureza deve obedecer aos princípios da anterioridade anual e nonagesimal.

104. (TRF/3R/Juiz/2013) A respeito do princípio constitucional da vedação de utilização de tributo com efeito de confisco, é correto afirmar:

a) a manifestação de tributo confiscatório depende da caracterização da violação à capacidade econômica do contribuinte e deve ser feita em relação a cada tributo, vedando-se a análise da totalidade da carga tributária suportada pelo sujeito passivo.
b) somente se aplica a impostos, quer diretos, quer indiretos, não abrangendo as taxas; também não se aplica às multas tributárias, pelo fato de que elas possuem, em realidade, natureza não tributária, mas administrativa.
c) considerando a natureza de norma programática, a caracterização do que seja tributo com efeito de confisco depende de regulamentação por legislação infraconstitucional; por isso, cabe somente ao Supremo Tribunal Federal, em controle concentrado de constitucionalidade, sua aplicação.
d) a interdição, pela Carta Política, de qualquer pretensão governamental que possa conduzir, no campo da fiscalidade, à injusta apropriação estatal, no todo ou em parte, do patrimônio ou dos rendimentos dos contribuintes, comprometendo-lhes, pela insuportabilidade da carga tributária, o exercício do direito a uma existência digna, ou a prática de atividade profissional lícita ou, ainda, a regular satisfação de suas necessidades vitais básicas.
e) diante da ausência de legislação ou de jurisprudência nacionais a seu respeito, a caracterização do que seja tributo com efeito de confisco somente é alcançável mediante a aplicação do direito comparado.

105. (TRF/3R/Juiz/2010) Assinale a alternativa incorreta:

a) A União poderá instituir empréstimo compulsório, mediante Lei Complementar para atender a despesas extraordinárias, decorrentes de calamidade pública, de guerra externa ou sua iminência.
b) A cobrança de impostos deve sempre decorrer de uma situação que independa de qualquer atividade estatal específica.
c) A contribuição de melhoria é instituída para fazer face ao custo de obras públicas do qual decorra valorização imobiliária.
d) É vedado instituir tratamento desigual entre contribuintes que se encontrem em situação equivalente, admitindo-se distinções em razão da ocupação profissional ou função por eles exercida.

106. (TRF/4R/Juiz/2010) Dadas as assertivas abaixo, quanto à igualdade, em matéria tributária como em outras matérias, assinale a alternativa correta.

I. Segundo autorizada doutrina (Celso Antonio Bandeira de Mello, Humberto Ávila, etc.), o elemento-chave para a verificação da igualdade é o critério de distinção ("medida de comparação") analisado à luz da finalidade.
II. A doutrina atual preconiza bastar para que se verifique a igualdade que haja "tratamento igual para os iguais e desigual para os desiguais", conforme consagrada fórmula.
III. Admitem-se "ações afirmativas" sem ofensa à igualdade, mas é difícil delimitar os legítimos contornos dessas políticas.
IV. Não se admitem distinções da tributação conforme as atividades do contribuinte, particularmente as de natureza profissional.
V. As alíquotas dos impostos sobre o patrimônio podem ser progressivas.

a) Estão corretas apenas as assertivas I e III.
b) Estão corretas apenas as assertivas I, III e IV.
c) Estão corretas apenas as assertivas I, III, IV e V.
d) Estão corretas todas as assertivas.
e) Nenhuma assertiva está correta.

107. (Cespe/TRF/2R/Juiz/2009) Com relação às limitações constitucionais do poder de tributar, assinale a opção correta.

a) A proibição constitucional da utilização de tributo com efeito de confisco decorre de seu efeito cumulativo, ou seja, sempre que várias incidências estabelecidas pelo mesmo ente tributante afetarem o patrimônio ou rendimentos do contribuinte de forma não razoável. Nessa situação, sua verificação é individual, passível apenas de controle difuso da constitucionalidade.

b) A utilização de tributo com efeito de confisco tem como parâmetro a incidência do novo tributo em face de sua própria carga tributária, não o total da carga tributária a que esteja submetido o contribuinte.

c) As multas aplicadas em face da sonegação ou do não recolhimento dos impostos, quando superem o valor do bem, em princípio ofendem tanto o princípio da proporcionalidade quanto o da proibição de tributos com efeito de confisco.

d) Confisco é sanção e, para verificar se o tributo tem esse efeito, é necessário examinar se a lei que instituiu o tributo tem como fim impor penalidade ao contribuinte.

e) Os tributos indiretos são repassados ao consumidor final e não incidem sobre renda ou patrimônio, sendo-lhes inaplicável o princípio constitucional da vedação de confisco.

108. (Cespe/TRF/1R/Juiz/2009) Assinale a opção correta com relação aos princípios constitucionais da anterioridade e da legalidade.

a) Às taxas é aplicado o princípio da anterioridade de exercício, mas não o da anterioridade nonagesimal, que é restrita a impostos e contribuições.

b) Ofende o princípio da legalidade decreto que antecipa data de recolhimento de tributo.

c) Autarquia federal pode expedir instrução normativa para cobrança de preço público objetivando custear o cadastro de empresas e serviços administrativos referente à fiscalização das atividades desenvolvidas por empresas do ramo importador de pescados, inclusive estabelecendo sanções pecuniárias para o descumprimento das obrigações que relacionar.

d) Inexistindo legislação específica impondo condições e limites, é lícito ao Poder Executivo alterar as alíquotas da contribuição de intervenção no domínio econômico (CIDE).

e) Atende ao princípio da anterioridade de exercício a publicação, no Diário Oficial, da lei instituidora de imposto no dia 31/12, sábado, apesar de a sua circulação dar-se apenas na segunda-feira.

7.3. Outros Temas

QUESTÕES OBJETIVAS

109. (TRF/3R/Juiz/2016) Só podem ser instituídos por meio de lei complementar:

a) o empréstimo compulsório e o imposto extraordinário.

b) a contribuição de intervenção no domínio econômico e o empréstimo compulsório.

c) o imposto sobre grandes fortunas e as contribuições de interesse de categorias profissionais ou econômicas.

d) o empréstimo compulsório e o imposto residual.

110. (Cespe/TRF/5R/Juiz/2015) Considerando um acordo bilateral celebrado entre Brasil e Bolívia, no qual a União tenha concedido isenção de tributos estaduais e municipais para as operações do gasoduto Brasil-Bolívia, assinale a opção correta com base na jurisprudência do STF.

a) Tratado internacional na área tributária, desde sua assinatura, pode ser invocado por particulares para a defesa de seus direitos na esfera tributária.

b) Ao estabelecer como princípio regente nas relações internacionais a integração econômica com os países latino-americanos, a CF alterou o modo como o Brasil deve interpretar e integrar os tratados e convenções internacionais às normas nacionais.

c) O acordo em questão é inconstitucional em virtude de ferir a vedação constitucional da instituição de isenção heterônoma pela União.

d) O Estado Federal brasileiro, por ser representado pela União, não ultrapassou os limites do seu poder tributário ao instituir a referida isenção de tributos de competência de estados e municípios.

e) Os tratados internacionais revogam as leis ordinárias, desde sua assinatura pelas representações dos países, pois vige, no nosso ordenamento jurídico, o postulado da aplicabilidade imediata dos tratados na área tributária.

111. (TRF/4R/Juiz/2014) Assinale a alternativa incorreta. Em relação à lei complementar em matéria tributária:

a) Compete à lei complementar regular os conflitos de competência entre a União, os Estados, o Distrito Federal e os Municípios.

b) Compete à lei complementar regular as limitações constitucionais ao poder de tributar.

c) Compete à lei complementar estabelecer normas gerais sobre definição de tributos e de suas espécies, bem como, em relação aos impostos discriminados na Constituição, a dos respectivos fatos geradores, bases de cálculo e contribuintes.

d) Compete à lei complementar estabelecer normas gerais sobre o adequado tratamento tributário ao ato cooperativo praticado pelas sociedades cooperativas.

e) Segundo a orientação do Supremo Tribunal Federal, matéria veiculada por lei complementar só pode ser revogada por lei complementar, mesmo que o objeto nela tratado não esteja, segundo a Constituição Federal, sujeito a essa espécie normativa.

112. (TRF/2R/Juiz/2014) O acerto da presente questão consiste em identificar a assertiva falsa. Sobre o papel da Lei Complementar em matéria tributária é errado afirmar:

a) Somente Lei Complementar Federal poderá dispor sobre a definição do prazo de prescrição do crédito tributário, assim como seu termo inicial e causas de suspensão e interrupção, o que condicionará o exercício da competência tributária de Estados e Municípios.

b) É permitido à União estabelecer, mediante Lei Complementar, regime diferenciado e simplificado de recolhimento de tributos federais para microempresas e empresas de pequeno porte.

c) Dentre os papéis destacados à Lei Complementar Federal em matéria tributária não se encontra o estabelecimento de alíquotas mínimas e máximas de determinados impostos.

d) Cabe à União Federal instituir, mediante lei complementar, o tributo conhecido como empréstimo compulsório, com a finalidade de realização de investimento público de caráter urgente e de relevante interesse da nação.

e) É atribuição da União estabelecer, por lei complementar, empréstimo compulsório destinado ao atendimento de despesas classificadas como extraordinárias, decorrentes de guerra externa, iminência de guerra externa ou calamidade pública.

113. (Cespe/TRF/1R/Juiz/2013) Considerando as disposições constitucionais relativas ao Sistema Tributário Nacional, assinale a opção correta.

a) Tributos de caráter extrafiscal, pela sua própria natureza, podem constituir sanção de atos ilícitos praticados pelo contribuinte.

b) Desequilíbrios na concorrência podem ser prevenidos pela adoção de critérios especiais de tributação, nos termos constitucionais.

c) Emenda constitucional proibiu os municípios brasileiros de instituir contribuição destinada ao custeio do serviço de iluminação pública, tendo admitido, porém, a utilização de taxas com essa finalidade.

d) A imunidade consignada a templos de qualquer culto abrange seu patrimônio, sua renda e seu serviços, independentemente da finalidade essencial dessas entidades.

e) Compete exclusivamente à Câmara dos Deputados avaliar, periodicamente, a funcionalidade do Sistema Tributário Nacional.

114. (Cespe/TRF/5R/Juiz/2013) Considerando a CF, as normas gerais de direito tributário e a jurisprudência do STJ e do STF sobre a matéria, assinale a opção correta.

a) O contribuinte que declara o tributo sujeito a lançamento por homologação e deixa de efetuar o pagamento na data estabelecida não perde o direito de se valer do benefício da denúncia espontânea.

b) Nas suas relações exteriores, a República Federativa do Brasil pode firmar tratado internacional que estabeleça isenção de quaisquer tributos, sejam eles federais, estaduais ou municipais, visto que o âmbito de aplicação das restrições previstas no artigo 151 da CF é o das relações das entidades federadas entre si.

c) Salvo disposição de lei em contrário, no caso de parcelamento do crédito tributário, não haverá incidência de juros e multas.

d) Inexiste vinculação entre os recursos que forem apurados por intermédio do empréstimo compulsório e a despesa que fundamentar sua instituição.

e) No caso de tributo sujeito a lançamento por homologação, o prazo prescricional quinquenal para o fisco exercer a cobrança de seus créditos é iniciado na data do vencimento da obrigação ou da entrega da declaração, o que ocorrer primeiro.

115. (Cespe/TRF/2R/Juiz/2013) A União poderá instituir impostos não previstos na CF, desde que eles não sejam cumulativos nem tenham fato gerador ou base de cálculo próprios dos nela discriminados, mediante:

a) medida provisória.

b) lei delegada.

c) lei ordinária.

d) lei complementar.

e) emenda constitucional.

116. (Cespe/TRF/2R/Juiz/2013) "O número excessivo de impostos embutidos nos preços dos produtos tem impacto direto na mesa do brasileiro. Do valor total de um pacote de arroz, por exemplo, 18,65% representam cobrança de impostos. O tradicional peru, que custa, em média, R$ 58,80, sairia para o consumidor por R$ 41,72 sem a incidência de tributos. Já uma garrafa de espumante, com custo de R$ 22,00, valeria R$ 8,80 sem a cobrança dos impostos. Os preços impressionaram as pessoas que participaram de uma mobilização a favor da maior transparência tributária para os consumidores e que, na ocasião, visitaram um minimercado instalado no vão livre do MASP, em São Paulo, onde estava discriminada a porcentagem dos tributos embutidos nos alimentos." Internet: www.fiesp.com.br (com adaptações). Com referência ao texto acima e ao que disciplina a CF acerca da transparência tributária para o consumidor, assinale a opção correta.

a) Por ser matéria tributária de índole federativa, que exige providências a cargo da União, dos estados e dos municípios, a implementação da transparência dos impostos para os consumidores depende de resolução do Senado Federal.

b) A transparência tributária para o consumidor, tema objeto da mobilização referida no texto, é reservada à lei complementar, nos termos da CF.

c) A informação exigida pelos consumidores é um direito assegurado explicitamente pela CF, no âmbito das limitações ao poder tributário do Estado.

d) O direito à informação sobre impostos para os consumidores é um princípio constitucional explícito da atividade econômica.

e) É vedada, nos termos constitucionais, a edição de medida provisória para alterar norma que disponha sobre a transparência tributária para os consumidores.

117. (TRF/4R/Juiz/2012) Dadas as assertivas abaixo, assinale a alternativa correta.

I. A jurisprudência do Supremo Tribunal Federal fixou entendimento no sentido de que a alteração do prazo para recolhimento das contribuições sociais não ofende o princípio da anterioridade tributária mitigada, previsto no art. 195, § 6º, da Constituição Federal de 1988.

II. É constitucional a adoção, no cálculo do valor da taxa, de um ou mais elementos da base de cálculo própria de determinado imposto, desde que não haja integral identidade entre uma base e outra.

III. Segundo a Constituição Federal, apenas as contribuições de seguridade social estão sujeitas à limitação de não poderem ser cobradas antes de decorridos noventa dias da data em que haja sido publicada a lei que institui ou altera a exação.

IV. Segundo o Supremo Tribunal Federal, a sociedade de economia mista que presta serviços na área da saúde sem a finalidade de obtenção de lucro, ainda que o seu capital seja majoritariamente estatal, não goza da imunidade intergovernamental recíproca que é conferida pelo legislador constituinte às autarquias e às fundações mantidas pelo Poder Público, no que se refere à renda e aos serviços vinculados às suas finalidades essenciais e às delas decorrentes, pois não incluídas, expressamente, na regra imunizante que consta do texto constitucional.

V. Ressalvada a competência da União, a Constituição da República Federativa do Brasil veda aos demais entes da Federação com competência tributária a concessão de isenções heterônomas.

a) Estão corretas apenas as assertivas I e II.

b) Estão corretas apenas as assertivas III e IV.

c) Estão corretas apenas as assertivas I, II e V.

d) Estão corretas apenas as assertivas III, IV e V.

e) Estão corretas todas as assertivas.

118. (Cespe/TRF/2R/Juiz/2011) Com relação às prerrogativas constitucionais da União sobre os estados e municípios, assinale a opção correta.

a) Constitui competência da União instituir isenção do imposto sobre heranças, legados e doações, desde que essa isenção afete apenas um estado específico.

b) À União cabe definir alíquotas do imposto sobre a propriedade de veículos automotores a serem aplicadas em cada estado.

c) Cabe à União criar imposto sobre serviços de qualquer natureza em municípios que não tiverem instituído essa exação, embora a competência para cobrá-los seja dos próprios municípios.

d) À União compete realizar a cobrança de imposto sobre serviços de qualquer natureza em municípios que, embora tenham instituído essa exação, não a estejam cobrando.

e) Compete à União, por meio de lei complementar, regular a forma como, mediante deliberação dos estados e do DF, podem ser concedidos, pelos estados, isenções, incentivos e benefícios fiscais.

8. IMPOSTOS FEDERAIS

ATENÇÃO: ESTE TEMA É MUITO EXIGIDO NOS CONCURSOS!

SÚMULAS

1) II/IE

STJ **Súm. 95.** A redução da alíquota do imposto sobre produtos industrializados ou do imposto de importação não implica redução do ICMS.

TRF4 **Súm. 19.** É legítima a restrição imposta pela Portaria Decex n. 8, de 13.5.91, no que respeita à importação de bens usados, dentre os quais pneus e veículos.

TRF4 **Súm. 92.** O custo dos serviços de capatazia não integra o "valor aduaneiro" para fins de composição da base de cálculo do imposto de importação.

2) IOF

STF **Súm. 664.** É inconstitucional o inciso V do art. 1º da Lei 8.033/90, que instituiu a incidência do imposto nas operações de crédito, câmbio e seguros – IOF sobre saques efetuados em caderneta de poupança.

STJ **Súm. 185.** Nos depósitos judiciais, não incide o imposto sobre operações financeiras.

STJ **Súm. 569.** Na importação, é indevida a exigência de nova certidão negativa de débito no desembaraço aduaneiro, se já apresentada a comprovação da quitação de tributos federais quando da concessão do benefício relativo ao regime de "drawback".

TRF2 **Súm. 3.** A isenção do IOF, prevista no art. 6º do Decreto-lei n. 2.434/88, somente se aplica às importações realizadas no amparo de guias emitidas a partir de 1º de julho de 1988.

TRF4 **Súm. 4.** É constitucional a isenção prevista no art. 6º do Decreto Lei 2.434, de 19.5.88.

TRF4 **Súm. 34.** Os municípios são imunes ao pagamento de IOF sobre suas aplicações financeiras.

3) IPI

STF **Súm. Vinculante 58.** Inexiste direito a crédito presumido de IPI relativamente à entrada de insumos isentos, sujeitos à alíquota zero ou não tributáveis, o que não contraria o princípio da não cumulatividade.

STF **Súm. 591.** A imunidade ou a isenção tributária do comprador não se estende ao produtor, contribuinte do imposto sobre produtos industrializados.

STJ **Súm. 95.** A redução da alíquota do imposto sobre produtos industrializados ou do imposto de importação não implica redução do ICMS.

STJ **Súm. 411.** É devida a correção monetária ao creditamento do IPI quando há oposição ao seu aproveitamento decorrentes de resistência ilegítima do Fisco.

STJ **Súm. 494.** O benefício fiscal do ressarcimento do crédito presumido do IPI relativo às exportações incide mesmo quando as matérias-primas ou os insumos sejam adquiridos de pessoa física ou jurídica não contribuinte do PIS/Pasep.

STJ **Súm. 495.** A aquisição de bens integrantes do ativo permanente da empresa não gera direito a creditamento de IPI.

TRF4 **Súm. 80.** Incide o imposto de produtos industrializados na importação de veículo automotor por pessoa natural, ainda que não desempenhe atividade empresarial e o faça para uso próprio.

4) IRPJ/IRPF

STF **Súm. 93.** Não está isenta do imposto de renda a atividade profissional do arquiteto.

STF **Súm. 586.** Incide imposto de renda sobre os juros remetidos para o exterior, com base em contrato de mútuo.

STF **Súm. 587.** Incide imposto de renda sobre o pagamento de serviços técnicos contratados no exterior e prestados no Brasil.

STJ **Súm. 125.** O pagamento de férias não gozadas por necessidade do serviço não está sujeito à incidência do imposto de renda.

STJ **Súm. 136.** O pagamento de licença-prêmio não gozada por necessidade do serviço não está sujeito ao imposto de renda.

STJ **Súm. 215.** A indenização recebida pela adesão a programa de incentivo à demissão voluntária não está sujeita à incidência do imposto de renda.

STJ **Súm. 262.** Incide o imposto de renda sobre o resultado das aplicações financeiras realizadas pelas cooperativas.

STJ **Súm. 386.** São isentas de imposto de renda as indenizações de férias proporcionais e o respectivo adicional.

STJ **Súm. 447.** Os Estados e o Distrito Federal são partes legítimas na ação de restituição de imposto de renda retido na fonte proposta por seus servidores.

STJ **Súm. 463.** Incide imposto de renda sobre os valores percebidos a título de indenização por horas extraordinárias trabalhadas, ainda que decorrentes de acordo coletivo.

STJ **Súm. 498.** Não incide imposto de renda sobre a indenização por danos morais.

STJ **Súm. 556.** É indevida a incidência de imposto de renda sobre o valor da complementação de aposentadoria pago por entidade de previdência privada e em relação ao resgate de contribuições recolhidas para referidas entidades patrocinadoras no período de 1.1.1989 a 31.12.1995, em razão da isenção concedida pelo art. 6º, VII, b, da Lei n. 7.713/1988, na redação anterior à que lhe foi dada pela Lei n. 9.250/1995.

STJ **Súm. 590.** Constitui acréscimo patrimonial a atrair a incidência do imposto de renda, em caso de liquidação de entidade de previdência privada, a quantia que couber a cada participante, por rateio do patrimônio, superior ao valor das respectivas contribuições à entidade em liquidação, devidamente atualizadas e corrigidas.

STJ **Súm. 598.** É desnecessária a apresentação de laudo médico oficial para o reconhecimento judicial da isenção do imposto de renda, desde que o magistrado entenda suficientemente demonstrada a doença grave por outros meios de prova.

STJ **Súm. 627.** O contribuinte faz jus à concessão ou à manutenção da isenção do imposto de renda, não se lhe exigindo a demonstração da contemporaneidade dos sintomas da doença nem da recidiva da enfermidade.

TRF2 **Súm. 9.** A conversão do imposto sobre a renda devido pelas pessoas jurídicas nos termos do prescrito pelo artigo 25 da Lei n. 7730, de 31.1.89, não exclui a incidência da atualização monetária prevista no parágrafo único do artigo 15 da Lei n. 7738, de 9.3.89.

TRF2 **Súm. 23.** Não incide imposto de renda sobre a indenização recebida pela adesão ao programa de desligamento voluntário.

TRF3 **Súm. 12.** Não incide o imposto de renda sobre a verba indenizatória recebida a título da denominada demissão incentivada ou voluntária.

TRF3 **Súm. 17.** Não incide imposto de renda sobre verba indenizatória paga a título de férias vencidas e não gozadas em caso de rescisão contratual.

TRF4 **Súm. 54.** Os valores recebidos a título de incentivo à demissão voluntária não se sujeitam à incidência do imposto de renda.

TRF4 **Súm. 84.** Concedida a isenção do imposto de renda incidente sobre os proventos de aposentadoria percebidos por portadores de neoplasia maligna, nos termos art. 6º, inciso XIV, da Lei 7.713/88, não se exige a persistência dos sintomas para a manutenção do benefício.

TRF4 **Súm. 88.** O art. 6º, XIV, da Lei n. 7.713/1988, norma que deve ser interpretada na sua literalidade, não faz distinção entre cegueira binocular e monocular, para efeito de isenção de imposto sobre a renda.

TRF5 **Súm. 2.** A empresa que teve reconhecido o direito a isenção do imposto de renda, de conformidade com o art. 13 da Lei 4.239, de 27.6.63, com a redação dada pelo artigo primeiro do Decreto-Lei 1.564, de 29.6.77, antes do advento da Lei 7.450, de 23.12.85, tem direito adquirido de ver seu pedido de prorrogação examinado pela Sudene e obter a ampliação do benefício por até mais cinco anos, se comprovado o atendimento das condições estabelecidas no artigo terceiro do Decreto-Lei 1.564, de 29.6.77.

TRF5 **Súm. 20.** Incide imposto de renda sobre os juros pagos pelas cooperativas de crédito aos seus cooperados, mesmo em montante inferior a 12% ao ano.

5) ITR

TRF4 **Súm. 86.** É desnecessária a apresentação de Ato Declaratório Ambiental – ADA para o reconhecimento do direito à isenção de Imposto Territorial Rural – ITR. Todavia, para o gozo da isenção do ITR no caso de área de "reserva legal", é imprescindível a averbação da referida área na matrícula do imóvel.

REPERCUSSÃO & REPETITIVOS

1) II/IE

STJ **Repetitivo 1014.** Os serviços de capatazia estão incluídos na composição do valor aduaneiro e integram a base de cálculo do imposto de importação. *REsp 1799306, 19.5.2020.*

2) IOF

STF **Rep. Geral 328.** A imunidade assegurada pelo art. 150, VI, 'c', da Constituição da República aos partidos políticos, inclusive suas fundações, às entidades sindicais dos trabalhadores e às instituições de educação e de assistência social, sem fins lucrativos, que atendam aos requisitos da lei, alcança o IOF, inclusive o incidente sobre aplicações financeiras. *RE 611510, 12.4.2021.*

3) IPI

STF **Rep. Geral 324.** É constitucional o artigo 3º da Lei 7.798/1989, que estabelece valores pré-fixados para o IPI. *RE 602917, 29.6.2020.*

STF **Rep. Geral 501.** É constitucional a fixação de alíquotas de IPI superiores a zero sobre garrafões, garrafas e tampas plásticas, ainda que utilizados para o acondicionamento de produtos essenciais. *RE 606314, 11.5.2021.*

STF **Rep. Geral 906.** É constitucional a incidência do Imposto sobre Produtos Industrializados – IPI no desembaraço aduaneiro de bem industrializado e na saída do estabelecimento importador para comercialização no mercado interno. *RE 946648, 28.8.2020.*

4) IRPJ/IRPF

STF **Rep. Geral 185.** É constitucional o artigo 5º da Lei nº 9.779/1999, no que autorizada a cobrança de Imposto de Renda sobre resultados financeiros verificados na liquidação de contratos de swap para fins de hedge. *RE 1224696, 7.6.2021.*

STF **Rep. Geral 699.** É constitucional a cobrança, em face das entidades fechadas de previdência complementar não imunes, do imposto de renda retido na fonte (IRRF) e da contribuição social sobre o lucro líquido (CSLL). *RE 612686, 28.10.2022.*

STF **Rep. Geral 808.** Não incide imposto de renda sobre os juros de mora devidos pelo atraso no pagamento de remuneração por exercício de emprego, cargo ou função. *RE 855091, 13.3.2021.*

STF **Rep. Geral 842.** O artigo 42 da Lei 9.430/1996 é constitucional. RE 855649, 30.4.2021.

STF **Rep. Geral 962.** É inconstitucional a incidência do IRPJ e da CSLL sobre os valores atinentes à taxa Selic recebidos em razão de repetição de indébito tributário. *RE 1063187, 24.9.2021.*

STJ **Repetitivo 878.** 1. Regra geral, os juros de mora possuem natureza de lucros cessantes, o que permite a incidência do Imposto de Renda. 2. Os juros de mora decorrentes do pagamento em atraso de verbas alimentares a pessoas físicas escapam à regra geral da incidência do Imposto de Renda, posto que, excepcionalmente, configuram indenização por danos emergentes. 3. Escapam à regra geral de incidência do Imposto de Renda sobre juros de mora aqueles cuja verba principal seja isenta ou fora do campo de incidência do IR. *REsp 1.470.443, 25.8.2021.*

ENUNCIADOS

1) IPI

CARF **Súm. 16.** O direito ao aproveitamento dos créditos de IPI decorrentes da aquisição de matérias-primas, produtos intermediários e material de embalagem utilizados na fabricação de produtos cuja saída seja com isenção ou alíquota zero, nos termos do art. 11 da Lei nº 9.779, de 1999, alcança, exclusivamente, os insumos recebidos pelo estabelecimento do contribuinte a partir de 1º de janeiro de 1999.

CARF **Súm. 18.** A aquisição de matérias-primas, produtos intermediários e material de embalagem tributados à alíquota zero não gera crédito de IPI.

CARF **Súm. 19.** Não integram a base de cálculo do crédito presumido da Lei nº 9.363, de 1996, as aquisições de combustíveis e energia elétrica uma vez que não são consumidos em contato direto com o produto, não se enquadrando nos conceitos de matéria-prima ou produto intermediário.

CARF **Súm. 20.** Não há direito aos créditos de IPI em relação às aquisições de insumos aplicados na fabricação de produtos classificados na TIPI como NT.

CARF **Súm. 124.** A produção e a exportação de produtos classificados na Tabela de Incidência do IPI (TIPI) como "não-tributados" não geram direito ao crédito presumido de IPI de que trata o art. 1º da Lei nº 9.363, de 1996.

CARF **Súm. 128.** No cálculo do crédito presumido de IPI, de que tratam a Lei nº 9.363, de 1996 e a Portaria MF nº 38, de 1997, as receitas de exportação de produtos não industrializados pelo contribuinte incluem-se na composição tanto da Receita de Exportação – RE, quanto da Receita Operacional Bruta – ROB, refletindo nos dois lados do coeficiente de exportação – numerador e denominador.

CARF **Súm. 154.** Constatada a oposição ilegítima ao ressarcimento de crédito presumido do IPI, a correção monetária, pela taxa Selic, deve ser contada a partir do encerramento do prazo de 360 dias para a análise do pedido do contribuinte, conforme o art. 24 da Lei nº 11.457/07.

CARF **Súm. 183.** O valor das aquisições de matérias-primas, produtos intermediários, materiais de embalagem, energia elétrica e combustíveis, empregados em atividades anteriores à fase industrial do processo produtivo, não deve ser incluído na base de cálculo do crédito presumido do IPI, de que tratam as leis nºs 9.363/96 e 10.276/01.

2) IRPF

CARF **Súm. 12.** Constatada a omissão de rendimentos sujeitos à incidência do imposto de renda na declaração de ajuste anual, é legítima a constituição do crédito tributário na pessoa física do beneficiário, ainda que a fonte pagadora não tenha procedido à respectiva retenção.

CARF **Súm. 13.** Menor pobre que o sujeito passivo crie e eduque pode ser considerado dependente na Declaração do Imposto de Renda da Pessoa Física, desde que o declarante detenha a guarda judicial.

CARF **Súm. 38.** O fato gerador do Imposto sobre a Renda da Pessoa Física, relativo à omissão de rendimentos apurada a partir de depósitos bancários de origem não comprovada, ocorre no dia 31 de dezembro do ano-calendário.

CARF **Súm. 40.** A apresentação de recibo emitido por profissional para o qual haja Súmula Administrativa de Documentação Tributariamente Ineficaz, desacompanhado de elementos de prova da efetividade dos serviços e do correspondente pagamento, impede a dedução a título de despesas médicas e enseja a qualificação da multa de ofício.

CARF **Súm. 42.** Não incide o imposto sobre a renda das pessoas físicas sobre os valores recebidos a título de indenização por desapropriação.

CARF **Súm. 43.** Os proventos de aposentadoria, reforma ou reserva remunerada, motivadas por acidente em serviço e os percebidos por portador de moléstia profissional ou grave, ainda que contraída após a aposentadoria, reforma ou reserva remunerada, são isentos do imposto de renda.

CARF **Súm. 44.** Descabe a aplicação da multa por falta ou atraso na entrega da Declaração de Ajuste Anual do Imposto de Renda das Pessoas Físicas, quando o sócio ou titular de pessoa jurídica inapta não se enquadre nas demais hipóteses de obrigatoriedade de apresentação dessa declaração.

CARF **Súm. 61.** Os depósitos bancários iguais ou inferiores a R$ 12.000,00 (doze mil reais), cujo somatório não ultrapasse R$ 80.000,00 (oitenta mil reais) no ano-calendário, não podem ser considerados na presunção da omissão de rendimentos caracterizada por depósitos bancários de origem não comprovada, no caso de pessoa física.

CARF **Súm. 63.** Para gozo da isenção do imposto de renda da pessoa física pelos portadores de moléstia grave, os rendimentos devem ser provenientes de aposentadoria, reforma, reserva remunerada ou pensão e a moléstia deve ser devidamente comprovada por laudo pericial emitido por serviço médico oficial da União, dos Estados, do Distrito Federal ou dos Municípios.

CARF **Súm. 68.** A Lei nº 8.852, de 1994, não outorga isenção nem enumera hipóteses de não incidência de Imposto sobre a Renda da Pessoa Física.

CARF **Súm. 69.** A falta de apresentação da declaração de rendimentos ou a sua apresentação fora do prazo fixado sujeitará a pessoa física à multa de um por cento ao mês ou fração, limitada a vinte por cento, sobre o Imposto de Renda devido, ainda que integralmente pago, respeitado o valor mínimo.

CARF **Súm. 73.** Erro no preenchimento da declaração de ajuste do imposto de renda, causado por informações erradas, prestadas pela fonte pagadora, não autoriza o lançamento de multa de ofício.

CARF **Súm. 86.** É vedada a retificação da Declaração de Ajuste Anual do Imposto sobre a Renda da Pessoa Física que tenha por objeto a troca de forma de tributação dos rendimentos após o prazo previsto para a sua entrega.

CARF **Súm. 87.** O imposto de renda não incide sobre as verbas recebidas regularmente por parlamentares a título de auxílio de gabinete e hospedagem, exceto quando a fiscalização apurar a utilização dos recursos em benefício próprio não relacionado à atividade legislativa.

CARF **Súm. 143.** A prova do imposto de renda retido na fonte deduzido pelo beneficiário na apuração do imposto de renda devido não se faz exclusivamente por meio do comprovante de retenção emitido em seu nome pela fonte pagadora dos rendimentos.

CARF **Súm. 146.** A variação cambial ativa resultante de investimento no exterior avaliado pelo método da equivalência patrimonial não é tributável pelo IRPJ e CSLL.

CARF **Súm. 147.** Somente com a edição da Medida Provisória nº 351/2007, convertida na Lei nº 11.488/2007, que alterou a redação do art. 44 da Lei nº 9.430/1996, passou a existir a previsão específica de incidência da multa isolada na hipótese de falta de pagamento do carnê-leão (50%), sem prejuízo da penalidade simultânea pelo lançamento de ofício do respectivo rendimento no ajuste anual (75%).

CARF **Súm. 180.** Para fins de comprovação de despesas médicas, a apresentação de recibos não exclui a possibilidade de exigência de elementos comprobatórios adicionais.

3) IRPJ

CARF **Súm. 3.** Para a determinação da base de cálculo do Imposto de Renda das Pessoas Jurídicas e da Contribuição Social sobre o Lucro, a partir do ano-calendário de 1995, o lucro líquido ajustado poderá ser reduzido em, no máximo, trinta por cento, tanto em razão da compensação de prejuízo, como em razão da compensação da base de cálculo negativa.

CARF **Súm. 26.** A presunção estabelecida no art. 42 da Lei nº 9.430/96 dispensa o Fisco de comprovar o consumo da renda representada pelos depósitos bancários sem origem comprovada.

CARF **Súm. 36.** A inobservância do limite legal de trinta por cento para compensação de prejuízos fiscais ou bases negativas da CSLL, quando comprovado pelo sujeito passivo que o tributo que deixou de ser pago em razão dessas compensações o foi em período posterior, caracteriza postergação do pagamento do IRPJ ou da CSLL, o que implica em excluir da exigência a parcela paga posteriormente.

CARF **Súm. 54.** A constatação de existência de "passivo não comprovado" autoriza o lançamento com base em presunção legal de omissão de receitas somente a partir do ano-calendário de 1997.

CARF **Súm. 67.** Em apuração de acréscimo patrimonial a descoberto a partir de fluxo de caixa que confronta origens e aplicações de recursos, os saques ou transferências bancárias, registrados em extratos bancários, quando não comprovada a destinação, efetividade da despesa, aplicação ou consumo, não podem lastrear lançamento fiscal.

CARF **Súm. 79.** A partir da vigência da Lei nº 9.249, de 1995, a dedução de contraprestações de arrendamento mercantil exige a comprovação da necessidade de utilização dos bens arrendados para produção ou comercialização de bens e serviços.

CARF **Súm. 80.** Na apuração do IRPJ, a pessoa jurídica poderá deduzir do imposto devido o valor do imposto de renda retido na fonte, desde que comprovada a retenção e o cômputo das receitas correspondentes na base de cálculo do imposto.

CARF **Súm. 82.** Após o encerramento do ano-calendário, é incabível lançamento de ofício de IRPJ ou CSLL para exigir estimativas não recolhidas.

CARF **Súm. 85.** Na revenda de veículos automotores usados, de que trata o art. 5º da Lei no 9.716, de 26 de novembro de 1998, aplica-se o coeficiente de determinação do lucro presumido de 32% (trinta e dois por cento) sobre a receita bruta, correspondente à diferença entre o valor de aquisição e o de revenda desses veículos.

CARF **Súm. 94.** Os lucros auferidos no exterior por filial, sucursal, controlada ou coligada serão convertidos em reais pela taxa de câmbio, para venda, do dia das demonstrações financeiras em que tenham sido apurados tais lucros, inclusive a partir da vigência da MP nº 2.158-35, de 2001.

CARF **Súm. 95.** A presunção de omissão de receitas caracterizada pelo fornecimento de recursos de caixa à sociedade por administradores, sócios de sociedades de pessoas, ou pelo administrador da companhia, somente é elidida com a demonstração cumulativa da origem e da efetividade da entrega dos recursos.

CARF **Súm. 105.** A multa isolada por falta de recolhimento de estimativas, lançada com fundamento no art. 44 § 1º, inciso IV da Lei nº 9.430, de 1996, não pode ser exigida ao mesmo tempo da multa de ofício por falta de pagamento de IRPJ e CSLL apurado no ajuste anual, devendo subsistir a multa de ofício.

CARF **Súm. 114.** O imposto de renda incidente na fonte sobre pagamento a beneficiário não identificado, ou sem comprovação da operação ou da causa, submete-se ao prazo decadencial previsto no art. 173, I, do CTN.

CARF **Súm. 115.** A sistemática de cálculo do "Método do Preço de Revenda menos Lucro com margem de lucro de sessenta por cento (PRL 60)" prevista na Instrução Normativa SRF nº 243, de 2002, não afronta o disposto no art. 18, inciso II, da Lei nº 9.430, de 1996, com a redação dada pela Lei nº 9.959, de 2000.

CARF **Súm. 118.** Caracteriza ganho tributável por pessoa jurídica domiciliada no país a diferença positiva entre o valor das ações ou quotas de capital recebidas em razão da transferência do patrimônio de entidade sem fins lucrativos para entidade empresarial e o valor despendido na aquisição de título patrimonial.

CARF **Súm. 121.** A isenção do imposto de renda prevista no art. 6º, inciso XIV, da Lei n.º 7.713, de 1988, referente à cegueira, inclui a cegueira monocular.

CARF **Súm. 123.** Imposto de renda retido na fonte relativo a rendimentos sujeitos a ajuste anual caracteriza pagamento apto a atrair a aplicação da regra decadencial prevista no artigo 150, § 4º, do Código Tributário Nacional.

CARF **Súm. 137.** Os resultados positivos decorrentes da avaliação de investimentos pelo método da Equivalência Patrimonial não integram a base de cálculo do IRPJ ou da CSLL na sistemática do lucro presumido.

CARF **Súm. 139.** Os descontos e abatimentos, concedidos por instituição financeira na renegociação de créditos com seus clientes, constituem despesas operacionais dedutíveis do lucro real e da base de cálculo da CSLL, não se aplicando a essa circunstância as disposições dos artigos 9º a 12 da Lei nº 9.430/1996.

CARF **Súm. 141.** As aplicações financeiras realizadas por cooperativas de crédito constituem atos cooperativos, o que afasta a incidência de IRPJ e CSLL sobre os respectivos resultados.

CARF **Súm. 142.** Até 31.12.2008 são enquadradas como serviços hospitalares todas as atividades tipicamente promovidas em hospitais, voltadas diretamente à promoção da saúde, mesmo eventualmente prestadas por outras pessoas jurídicas, excluindo-se as simples consultas médicas.

CARF **Súm. 145.** A partir da 01.10.2002, a compensação de crédito de saldo negativo de IRPJ ou CSLL, ainda que com tributo de mesma espécie, deve ser promovida mediante apresentação de Declaração de Compensação - DCOMP.

CARF **Súm. 176.** O imposto de renda pago por sócio pessoa física, em tributação definitiva de ganho de capital, pode ser deduzido do imposto de renda exigido de pessoa jurídica em razão da requalificação da sujeição passiva na tributação da mesma operação de alienação de bens ou direitos.

CARF **Súm. 177.** Estimativas compensadas e confessadas mediante Declaração de Compensação (DCOMP) integram o saldo negativo de IRPJ ou CSLL ainda que não homologadas ou pendentes de homologação.

4) ITR

CARF **Súm. 23.** A autoridade administrativa pode rever o Valor da Terra Nua mínimo (VTNm) que vier a ser questionado pelo contribuinte do imposto sobre a propriedade territorial rural (ITR) relativo aos exercícios de 1994 a 1996, mediante a apresentação de laudo técnico de avaliação do imóvel, emitido por entidade de reconhecida capacidade técnica ou por profissional devidamente habilitado, que se reporte à época do fato gerador e demonstre, de forma inequívoca, a legitimidade da alteração pretendida, inclusive com a indicação das fontes pesquisadas.

CARF **Súm. 41.** A não apresentação do Ato Declaratório Ambiental (ADA) emitido pelo IBAMA, ou órgão conveniado, não pode motivar o lançamento de ofício relativo a fatos geradores ocorridos até o exercício de 2000.

CARF **Súm. 45.** O imposto sobre a propriedade territorial rural não incide sobre áreas alagadas para fins de constituição de reservatório de usinas hidroelétricas.

CARF **Súm. 70.** É imune ao ITR o imóvel pertencente às entidades indicadas no artigo 150, VI, c, da Constituição, que se encontra arrendado, desde que a receita assim obtida seja aplicada nas atividades essenciais da entidade.

CARF **Súm. 122.** A averbação da Área de Reserva Legal (ARL) na matrícula do imóvel em data anterior ao fato gerador supre a eventual falta de apresentação do Ato declaratório Ambiental (ADA).

STJ **Imposto sobre operações financeiras – IOF. Câmbio. Vinculação à exportação. Adiantamento sobre contrato de câmbio (ACC). Operação de crédito. Fato gerador. Inexistência.** O Adiantamento sobre Contrato de Câmbio (ACC), vinculado à exportação de bens e serviços, não constitui fato gerador do Imposto sobre Operações Financeiras – IOF. *REsp 1.452.963, 1ª T, 18.5.2021, Info 697.*

INFORMATIVOS

STF Pensão alimentícia e incidência do imposto de renda. É inconstitucional norma que prevê a incidência do IR sobre valores percebidos pelo alimentado a título de alimentos ou pensão alimentícia. O recebimento de renda ou provento de qualquer natureza pelo alimentante – de onde ele retira a parcela a ser paga ao credor dos alimentos – já configura, por si só, fato gerador do IR. Submeter também os valores recebidos pelo alimentado representa nova incidência do mesmo tributo sobre a mesma realidade, configurando "bis in idem". *ADI 5422, 3.6.2022. Pleno. Inf 1057.*

STJ Crédito presumido de ICMS. Exclusão das bases de cálculo do IRPJ e da CSLL. Aplicação de entendimento firmado pela Seção de Direito Público do STJ (EREsp 1517492). Questão análoga analisada pelo STF sob o rito da repercussão geral. Princípio federativo. Não é possível a inclusão de créditos presumidos de ICMS na base de cálculo do IRPJ e da CSLL, não tendo a LC 60/17 aptidão para alterar a conclusão de que a tributação federal do crédito presumido de ICMS representa violação ao princípio federativo. *REsp 1951855, 1ª T, 8.11.2022. Inf 756.*

STJ Imposto de Renda. Cessão com deságio de precatório. Preço recebido. Não configuração de ganho de capital. Não incidência. Não incide IR sobre o preço recebido em virtude de cessão com deságio de precatório. *REsp 1785762, 2ª T, 29.9.2022. Inf 751.*

STJ IRPJ. Sistemática do lucro real. Dedução de valores destinados ao pagamento de montante em razão da prestação de serviços de administradores e conselheiros. Exigência de que haja valor mensal e fixo. Descabimento. É possível a dedução, na apuração do IRPJ, pela sistemática do lucro real, da soma destinada ao pagamento de montante em razão da prestação de serviços de administradores e conselheiros, ainda que não corresponda a valor mensal e fixo. *REsp 1746268, 1ª T, 16.8.2022. Inf 745.*

STJ IRPJ. CSLL. Transações internacionais com partes vinculadas. Preços de transferência. Base de cálculo. Método do preço de revenda menos lucro – PRL60. Instrução Normativa SRF 243/02. Ilegalidade. Art. 18, II, da Lei 9.430/96. O art. 12, § 11, da IN SRF 243/02 extrapolou a mera interpretação do art. 18, II, da Lei 9.430/96, na medida em que criou conceitos e métricas a serem considerados no cálculo do preço-parâmetro, não previstos, sequer de forma implícita, no texto legal então vigente. *AREsp 511736, 1ª T, 4.10.2022. Inf 754.*

STJ Imposto de renda. Moléstia grave. Art. 6º da Lei 7.713/88. Pessoa diagnosticada com o vírus HIV e ostente sintomas da AIDS. Isenção. Independentemente de a pessoa diagnosticada como soropositiva para HIV ostentar sintomas da AIDS, deve o contribuinte ser abrangido pela isenção do imposto sobre a renda da pessoa física – IRPF. *REsp 1808546, 2ª T, 20.5.2022. Inf 737.*

STJ Atraso no pagamento de remuneração por exercício de emprego, cargo ou função. Juros de mora. Imposto de renda. Não incidência. Tema 808 do STF. Exercício do juízo de retratação. Não incide imposto de renda sobre os juros de mora devidos pelo atraso no pagamento de remuneração por exercício de emprego, cargo ou função. *AgRg no REsp 1494279, 2ª T, 28.4.2022. Inf 734.*

STJ IRPJ. CSLL. Base de cálculo. Incentivo fiscal. Regime especial de pagamento do ICMS. Pretensão de caracterização como renda ou lucro. Impossibilidade. O incentivo fiscal outorgado por Estado-membro por meio de desoneração relativa ao ICMS não integra a base de cálculo do IRPJ e CSLL. *REsp 1222547, 1ª T, 8.3.2022. Inf 728.*

QUESTÕES DISCURSIVAS

11. (TRF/4R/Juiz/2014) Analise, em linhas gerais, a aplicação do princípio (para alguns, técnica) da não cumulatividade em relação ao Imposto sobre Produtos Industrializados e à Contribuição para a Seguridade Social (Cofins não cumulativa), destacando as características, as semelhanças e as diferenças da aplicação do referido princípio nesses tributos.

12. (TRF/3R/Juiz/2010) Em relação ao imposto sobre a renda e a contribuição social sobre o lucro líquido, responda: (i) Há um conceito constitucional de renda e proventos de qualquer natureza, delimitador da competência tributária impositiva, para fins de instituição do imposto previsto no artigo 153, III, da Constituição Federal? (ii) Os lucros apurados no exterior por coligada de pessoa jurídica brasileira, no encerramento de cada exercício financeiro, devem ser oferecidos à tributação no Brasil? (iii) De acordo com o artigo 149, § 2º, da Constituição Federal, as contribuições sociais e de intervenção no domínio econômico não incidirão sobre as receitas de exportação. Esta imunidade alcança a contribuição social sobre o lucro líquido, destinada ao custeio da seguridade social? (iv) Pessoa jurídica questiona, por intermédio de mandado de segurança, a incidência da contribuição social sobre o lucro líquido sobre as receitas de exportação, sabendo-se que nenhum débito tributário relativamente a esta incidência foi reconhecido em seus documentos fiscais. Medida liminar é concedida. Sete anos após, há o trânsito em julgado da ação. A decisão final é desfavorável à empresa. Indaga-se: houve a constituição do crédito tributário? Operou-se a decadência?

QUESTÕES OBJETIVAS

119. (TRF/4R/Juiz/2022) Assinale a alternativa correta. Com base na jurisprudência do Supremo Tribunal Federal:

a) é imune ao pagamento de taxas para registro de regularização migratória somente o estrangeiro que implementa os pressupostos legais para concessão de visto humanitário.
b) é constitucional a incidência do Imposto sobre Produtos Industrializados (IPI) no desembaraço aduaneiro de bem industrializado e na saída do estabelecimento importador para comercialização no mercado interno.
c) a Constituição Federal, ao prever a possibilidade de alteração das alíquotas e da base de cálculo do imposto sobre operações de crédito, câmbio e seguro ou relativas a títulos ou valores mobiliários mediante decreto executivo, estabelece uma exceção ao princípio da legalidade tributária.
d) a proibição de concessão de isenções tributárias heterônomas, prevista na Constituição Federal, aplica-se tanto nas hipóteses em que a União atua na ordem internacional quanto no plano das relações institucionais internas, por força do princípio federativo.
e) ao prever a gratuidade da emissão da primeira via da carteira de identidade, por meio de lei federal, a União usurpou a competência dos estados para a instituição de taxa pela prestação de serviço público estadual.

120. (Vunesp/TRF/3R/Juiz/2022) De acordo com a Lei Federal nº 9.430/95 sobre preços de transferência entre empresas relacionadas com operações internacionais, para efeito de Imposto de Renda e Contribuição Social sobre o Lucro, é correto afirmar que:

a) Trata-se de norma antielisiva específica para evitar a redução artificial do lucro tributável através de superfaturamento nas importações e subfaturamento nas exportações.
b) Adotou os parâmetros da OCDE (Organização de Cooperação para o Desenvolvimento Econômico) para combater a elisão fiscal internacional de empresas multinacionais, inclusive quanto às margens de lucro nela estipuladas.
c) Os métodos de apuração de lucro entre as empresas relacionadas previstas na lei não são de livre escolha do contribuinte.
d) Foi declarada inconstitucional incidentalmente pelo TRF da 3ª Região e a matéria está pendente de apreciação no Supremo Tribunal Federal.

121. (Vunesp/TRF/3R/Juiz/2022) Analise as seguintes afirmativas e assinale a resposta correta:

I. O IPI (Imposto sobre Produtos Industrializados) tem como fato gerador a industrialização de bens, suas alíquotas devem variar de acordo com a essencialidade dos produtos e tal tributo não está sujeito ao princípio da anterioridade do exercício financeiro.
II. Como tributos incidentes sobre o lucro, tanto o imposto de renda da pessoa jurídica quanto a contribuição social sobre o lucro estão submetidos aos princípios da anterioridade de noventa dias e da anterioridade de exercício financeiro.

III. À proibição constitucional ao uso do tributo com efeito confiscatório pode ser considerada um princípio jurídico não apenas programático, mas efetivamente concretizável.

IV. A imunidade de impostos prevista no art. 150, VI da Constituição Federal deve ser interpretada literalmente consoante o disposto no Código Tributário Nacional, pois se trata de uma espécie de isenção constitucional.

a) Apenas as afirmativas I e II estão corretas.
b) Apenas as afirmativas I e III estão corretas.
c) Apenas as afirmativas II e IV estão corretas.
d) Apenas as afirmativas III e IV estão corretas.

122. (TRF/3R/Juiz/2018) Indique a conclusão correta. A despesa operacional, para ser dedutível da base de cálculo do imposto sobre a renda da pessoa jurídica tributada pelo lucro real, deve ser:

a) Paga de acordo com o regime de competência.
b) Usual e normal à atividade da empresa.
c) Incorrida de acordo com o regime de caixa.
d) Autorizada pela fiscalização federal.

123. (TRF/3R/Juiz/2018) Indique a conclusão correta. A receita de venda de mercadoria por pessoa jurídica tributada pelo lucro real deve ser oferecida à tributação no período-base em que:

a) O preço for recebido e contabilizado de acordo com o regime de caixa.
b) O preço for utilizado para aumento de capital.
c) For iniciado o processo de industrialização do produto final.
d) Houver a tradição da mercadoria para o comprador.

124. (TRF/3R/Juiz/2018) Indique a conclusão correta. O Imposto sobre Operações de Crédito, Câmbio e Seguro, ou relativas a Títulos ou Valores Mobiliários (IOF):

a) Somente incide sobre operações desenvolvidas no âmbito do mercado financeiro, ou seja, quando há intervenção de instituição financeira autorizada a funcionar pelo Banco Central do Brasil.
b) Pode ter sua alíquota alterada por meio de decreto do Poder Executivo e sem observância do princípio da anterioridade, desde que obedecidas as condições e os limites previstos em lei.
c) Incide sobre qualquer movimentação financeira de recursos.
d) Será seletivo em função da essencialidade da operação financeira.

125. (TRF/3R/Juiz/2018) Indique a afirmação correta:

a) Cabe à Constituição Federal a definição dos tributos e de suas espécies, bem como, em relação aos impostos, a definição dos respectivos fatos geradores, bases de cálculo e contribuintes.
b) Somente lei complementar estadual pode dispor sobre conflitos de competência tributária entre os Estados.
c) Os Estados podem instituir contribuição de intervenção no domínio econômico, desde que relacionada com uma atividade estatal desenvolvida nos seus respectivos territórios.
d) O Poder Executivo Federal pode alterar a alíquota do imposto sobre a importação de produtos estrangeiros, por meio de decreto, desde que atendidas as condições e os limites previstos em lei.

126. (TRF/3R/Juiz/2016) O IOF (imposto sobre operações de crédito, câmbio e seguro, ou relativas a títulos ou valores mobiliários):

a) tem predominante função extrafiscal e não se submete à anterioridade tributaria; o Poder Executivo pode manejar as suas alíquotas para ajustá-lo a objetivos de política monetária indicando o que almeja alcançar com a mudança de alíquota.
b) incide na operação financeira de levantamento de depósitos judiciais destinados a suspender a exigibilidade do crédito tributário ou a garantir a instância executiva.
c) pode ser exigido nas operações financeiras dos Estados, DF e Municípios, porque essa tributação não é limitada pela imunidade constitucional recíproca.
d) pode incidir sobre qualquer operação financeira, desde que seja observado o princípio da estrita legalidade, porque as operações enumeradas no CTN são exemplificativas.

127. (TRF/4R/Juiz/2016) Dadas as assertivas abaixo, assinale a alternativa correta.

I. Segundo entendimento sumulado do Supremo Tribunal Federal, norma legal que altera o prazo de recolhimento da obrigação tributária não se sujeita ao princípio da anterioridade.

II. Segundo entendimento sumulado do Superior Tribunal de Justiça, na repetição do indébito tributário, a correção monetária incide a partir do pagamento indevido, e os juros moratórios, somente após o trânsito em julgado da sentença.

III. Segundo entendimento do Superior Tribunal de Justiça, o Imposto de Renda Pessoa Jurídica e a Contribuição Social sobre o Lucro Líquido não incidem sobre o lucro inflacionário.

IV. Segundo entendimento sumulado do Superior Tribunal de Justiça, não incide o imposto sobre operações financeiras nos depósitos judiciais.

a) Está correta apenas a assertiva III.
b) Estão corretas apenas as assertivas I e IV.
c) Estão corretas apenas as assertivas II e IV.
d) Estão corretas apenas as assertivas I, II e III.
e) Estão corretas todas as assertivas.

128. (TRF/4R/Juiz/2016) Dadas as assertivas abaixo, assinale a alternativa correta.

I. O Imposto de Renda Pessoa Jurídica, na forma da legislação vigente, possui base de cálculo diferente para cada método de tributação, podendo ser por meio de apuração por lucro real, lucro presumido ou arbitramento, sendo, em todos os casos, incidente a mesma alíquota.

II. O contribuinte tem livre escolha do método de tributação do Imposto de Renda Pessoa Jurídica – lucro real, lucro presumido e arbitramento –, independentemente do ramo de atividade e faturamento da pessoa jurídica.

III. A Autoridade Fiscal, por meio do devido processo administrativo, possui prerrogativa de proceder ao arbitramento do lucro de determinada pessoa jurídica quando não dispuser de elementos fidedignos nos registros contábeis e nas obrigações acessórias de responsabilidade do contribuinte.

IV. O Imposto de Renda de Pessoa Jurídica é tributo sujeito ao lançamento por homologação, cabendo à Autoridade Fiscal proceder ao lançamento de ofício na hipótese de declaração a menor pelo contribuinte.

V. É vedado às pessoas jurídicas utilizarem prejuízo fiscal acumulado para a compensação com débitos de Imposto de Renda de Pessoa Jurídica próprio.

a) Estão corretas apenas as assertivas I e III.
b) Estão corretas apenas as assertivas II e IV.
c) Estão corretas apenas as assertivas II e V.
d) Estão corretas apenas as assertivas III e IV.
e) Nenhuma assertiva está correta.

129. (TRF/4R/Juiz/2016) Assinale a alternativa correta.

a) O imposto sobre produtos industrializados, segundo a Constituição Federal, será seletivo, em função da essencialidade do produto, não cumulativo, compensando-se o que for devido em cada operação com o montante cobrado nas anteriores, salvo em relação às empresas optantes pelo lucro presumido, e não incidirá sobre produtos industrializados destinados ao exterior.

b) O imposto sobre a propriedade territorial rural será progressivo, terá suas alíquotas fixadas de forma a desestimular a manutenção de propriedades improdutivas, não incidirá sobre pequenas glebas rurais, definidas em lei, quando as explore o proprietário que não possua outro imóvel e será fiscalizado e cobrado pelos Municípios que assim optarem, na forma da lei, desde que não implique redução do imposto ou qualquer outra forma de renúncia fiscal.

c) A instituição de imposto inominado, de competência residual da União, poderá ocorrer mediante lei complementar ou ordinária, desde que seja não cumulativo e não tenha fato gerador ou base de cálculo próprios dos discriminados na Constituição Federal.

d) A União, na iminência ou nos casos de guerra externa ou de grave comoção intestina, poderá instituir impostos extraordinários, compreendidos ou não em sua competência tributária, os quais serão suprimidos, gradativamente, cessadas as causas de sua criação.

e) Todas as alternativas anteriores estão incorretas.

130. (TRF/2R/Juiz/2014) A questão da tributação ligada à proteção ambiental é cada vez mais presente. Entre os tributos abaixo listados, assinale aquele cujo caráter extrafiscal é manifesto (já na Constituição Federal) e, como reconhecido pelo Superior Tribunal de Justiça e deduzido de texto de lei, tem esse caráter hoje ligado à proteção ambiental:

a) Imposto de renda.
b) Imposto sobre serviços.
c) Imposto sindical único.
d) Imposto territorial rural.
e) Imposto sobre a transmissão "causa mortis".

131. (TRF/4R/Juiz/2014) Assinale a alternativa incorreta. Segundo o que dispõe a Constituição Federal:

a) A imunidade intergovernamental recíproca é extensiva às autarquias e fundações públicas, no que se refere ao patrimônio, à renda e aos serviços, apenas quando vinculados às suas finalidades essenciais ou às delas decorrentes.

b) Apenas a União pode instituir Contribuição de Intervenção no Domínio Econômico.

c) Mediante lei complementar, é possível instituir um regime único de arrecadação dos impostos e das contribuições da União, dos Estados, do Distrito Federal e dos Municípios, que poderá, inclusive, estabelecer condições de enquadramento diferenciadas por Estado.

d) Lei complementar poderá estabelecer critérios especiais de tributação, com o objetivo de prevenir desequilíbrios da concorrência, sem prejuízo da competência de a União, por lei, estabelecer normas de igual objetivo.

e) É facultado ao Poder Executivo, atendidas as condições e os limites estabelecidos em lei, alterar as alíquotas dos impostos de importação de produtos estrangeiros, de exportação para o exterior, de produtos nacionais ou nacionalizados, de produtos industrializados e de operações de crédito, câmbio e seguro, ou relativas a títulos ou valores mobiliários.

132. (Cespe/TRF/1R/Juiz/2013) No que se refere às espécies tributárias, aos impostos federais e às receitas públicas, assinale a opção correta.

a) Para a incidência do imposto de renda das pessoas físicas, considera-se, independentemente da denominação dos rendimentos e da nacionalidade da fonte, o benefício do contribuinte, por qualquer forma e a qualquer título.

b) O imposto sobre produtos industrializados, apesar de constituir importante instrumento de política econômica, desestimula o setor exportador, pois incide sobre a produção industrial destinada a outros países.

c) Como forma de fortalecer o papel do Estado no desenvolvimento econômico, a legislação referente ao imposto de renda prevê o favorecimento das empresas públicas e das sociedades de economia mista, dando-lhes tratamento distinto ao dado às demais pessoas jurídicas.

d) Taxa instituída pela União pelo exercício do poder de polícia, por ser receita tributária, classifica-se legalmente como receita de capital.

e) Dado seu caráter regressivo, o imposto sobre propriedade territorial não desestimula a manutenção de propriedades improdutivas.

133. (Cespe/TRF/5R/Juiz/2013) À luz da jurisprudência dos tribunais superiores, assinale a opção correta.

a) A ausência de notificação ao contribuinte acerca do ato de lançamento do crédito tributário a ele concernente não implica, necessariamente, nulidade do lançamento e da execução fiscal nele fundada.

b) Em embargos à execução, é inadmissível compensar os valores do IR retidos indevidamente na fonte com os valores restituídos apurados na declaração anual.

c) No caso de mercadoria importada para consumo, o fato gerador do imposto de importação ocorre na data do registro da declaração de importação do bem, devendo a alíquota vigente nessa data ser aplicada no cálculo do imposto.

d) É possível ao juiz, de ofício, conceder ao contribuinte a remissão de crédito tributário vencido há cinco anos ou mais cujo valor consolidado seja igual ou inferior a R$ 10 mil, prescindindo-se, nesse caso, de prévia verificação da eventual existência de outros débitos junto à Procuradoria-Geral da Fazenda Nacional ou à Receita Federal do Brasil.

e) Os estados e o DF são partes ilegítimas na ação de restituição de IR retido na fonte proposta por seus servidores.

134. (TRF/4R/Juiz/2012) Dadas as assertivas abaixo, assinale a alternativa correta.

I. O Imposto Sobre Produtos Industrializados não incide sobre os produtos industrializados destinados ao exterior.

II. Incide o Imposto Territorial Rural, e não o Imposto Sobre a Propriedade Territorial Urbana, sobre imóvel localizado na área urbana do Município que, comprovadamente, é utilizado para a exploração extrativa agrícola, pecuária ou agroindustrial.

III. A taxa de ocupação, devida pela utilização efetiva de imóveis da União por particulares, caracteriza-se como uma taxa, conforme preconizado no Código Tributário Nacional, pois há a efetiva utilização do imóvel e depende de concessão ou autorização do Poder Público Federal.

IV. O imposto, de competência da União, sobre operações de crédito, câmbio e seguro e sobre operações relativas a títulos e valores mobiliários tem como fato gerador, quanto às operações de câmbio, a sua efetivação pela entrega de moeda nacional ou estrangeira, ou de documento que a represente, ou sua colocação à disposição do interessado em montante equivalente à moeda estrangeira ou nacional entregue ou posta à disposição por este.

V. Em relação ao imposto de exportação, o Poder Executivo pode, nas condições e nos limites estabelecidos em lei, alterar as alíquotas ou a base de cálculo, a fim de ajustá-lo aos objetivos da política cambial e do comércio exterior, não estando esse tributo, nesse particular, sujeito ao princípio da estrita legalidade tributária.

a) Está correta apenas a assertiva V.
b) Estão corretas apenas as assertivas I, II e III.
c) Estão corretas apenas as assertivas I, II e IV.
d) Estão corretas apenas as assertivas III, IV e V.
e) Estão corretas todas as assertivas.

135. (Cespe/TRF/1R/Juiz/2011) João, contribuinte do imposto de renda da pessoa física, recebe mensalmente um salário de R$ 5.000,00 e uma renda de aluguel de R$ 2.000,00, relativa a um apartamento urbano de sua propriedade e cujo inquilino é contratualmente responsável pelo pagamento mensal do condomínio, no valor de R$ 500,00. João, por sua vez, reside em uma casa que não lhe pertence, pela qual paga aluguel mensal no valor de R$ 2.000,00, sem incidência de taxa condominial. Com base nessa situação hipotética, assinale a opção correta.

a) Se o locatário entregar ao locador, mensalmente, o valor do condomínio, e o locador promover o pagamento, essa prática implicará elevação da base de cálculo mensal do imposto de renda do locador em R$ 500,00.
b) A dedução mensal determinada em lei para efeito do cálculo do imposto de renda mensal da pessoa física deve ser efetuada sobre o salário, para o cálculo do imposto retido na fonte, e, igualmente, sobre a renda de aluguel.
c) Não há qualquer imposto de renda mensal a ser pago por João sobre o aluguel recebido, pois o valor que João recebe mensalmente é igual ao valor que ele paga de aluguel.
d) João deve pagar mensalmente imposto de renda apenas sobre os R$ 500,00 de condomínio que o inquilino paga, pois esse é o saldo positivo entre a receita e a despesa mensal com habitação.
e) Para pagar o imposto de renda adicional, João deve levar em consideração apenas a renda de R$ 2.000,00 relativa ao aluguel, não importando o quanto o inquilino pague de condomínio.

136. (Cespe/TRF/5R/Juiz/2011) Com relação aos impostos federais, assinale a opção correta.

a) A imunidade tributária conferida aos partidos políticos, às entidades sindicais dos trabalhadores e às instituições de educação e de assistência social, sem fins lucrativos, não abrange o imposto sobre operações de crédito, câmbio e seguro, ou as relativas a títulos ou valores mobiliários.
b) É constitucional a instituição de taxa municipal de conservação de estradas de rodagem cuja base de cálculo seja idêntica à do imposto sobre a propriedade territorial rural.
c) A base de cálculo do imposto sobre a exportação corresponde, quando a alíquota for específica, ao preço normal que o produto ou seu similar alcançaria, ao tempo da exportação, em uma venda em condições de livre concorrência.
d) Considera-se contribuinte do imposto de renda o titular de disponibilidade econômica ou jurídica, podendo a lei atribuir essa condição ao possuidor, a qualquer título, dos bens produtores de renda ou dos proventos tributáveis.
e) O imposto sobre produtos industrializados, que pode ser seletivo, em razão da essencialidade do produto, deve ser não cumulativo e incidir sobre produtos industrializados destinados ao exterior.

137. (TRF/3R/Juiz/2010) Assinale a alternativa incorreta com relação ao IPI:

a) Este imposto será seletivo em função da essencialidade do produto.
b) Não incidirá sobre produtos industrializados destinados ao exterior.
c) Terá reduzido seu impacto sobre a aquisição de bens de capital pelo contribuinte do imposto, na forma da lei.
d) Terá suas alíquotas mínimas e máximas fixadas pelo Senado Federal.

138. (TRF/3R/Juiz/2010) Assinale a alternativa correta:

a) Lei complementar poderá estabelecer critérios especiais de tributação, com o objetivo de prevenir desequilíbrios da concorrência, sem prejuízo da competência de a União, por lei, estabelecer normas de igual objetivo.
b) As contribuições de intervenção no domínio econômico incidirão sobre as receitas decorrentes de exportação.
c) A União poderá efetuar a cobrança do Imposto Territorial Rural (ITR) sobre pequenas glebas, ainda que o proprietário que as explore não possua outro imóvel rural.
d) O IPI poderá incidir sobre produtos destinados ao exterior desde que não sejam caracterizados como essenciais.

139. (TRF/3R/Juiz/2010) Relativamente ao imposto sobre a renda, assinale a alternativa incorreta:

a) Obedecerá aos critérios da generalidade, universalidade e progressividade, na forma da lei.
b) Terá como fato gerador a aquisição de disponibilidade econômica ou jurídica de renda, assim entendidos o produto do capital, do trabalho ou da combinação de ambos e de proventos de qualquer natureza, assim entendidos os demais acréscimos patrimoniais.
c) Terá sua incidência vinculada à denominação da receita ou rendimento, à localização, condição jurídica ou nacionalidade da fonte.
d) A lei estabelecerá as condições e o momento em que se dará a disponibilidade da renda, quando proveniente do exterior, para fins de incidência deste imposto.

140. (Cespe/TRF/2R/Juiz/2009) Em cada uma das opções abaixo, apresenta-se uma situação hipotética acerca do imposto de importação (II), seguida de assertiva a ser julgada. Assinale a opção que apresenta a assertiva correta.

a) Determinada empresa especializada na venda em atacado de produtos de pequeno valor resolveu modernizar seus departamentos de almoxarifado e contabilidade e, para tanto, importou diversos computadores. Nessa situação, não incidirá II, em virtude de se tratar de produtos destinados ao ativo fixo, não considerados mercadoria.
b) No desembaraço aduaneiro de mercadorias importadas por determinada empresa, o auditor fiscal desconfiou dos valores lançados nos documentos que lhe foram apresentados e constatou que estes eram inidôneos. Nessa situação, o fiscal poderá arbitrar validamente outros valores para incidência do II e condicionar a liberação das mercadorias ao oferecimento de garantia de pagamento.
c) Uma empresa adquiriu mercadorias na China, preencheu declaração de importação e registrou-a nos órgãos estatais. Nessa situação, não lhe poderá ser exigido o II no desembaraço aduaneiro, porque foi regularmente registrada a operação.
d) Ana Maria, retornando do exterior, excedeu a cota de isenção estabelecida para a importação de produtos de uso pessoal, declarando valores muito inferiores, o que foi constatado pelo fisco quando do ingresso na fronteira. Nessa situação, o fisco deverá aplicar a sanção de perdimento das mercadorias.
e) Determinada empresa dirigiu-se a posto fiscal de fronteira para liberar mercadorias importadas e lá tomou ciência do aumento da alíquota do II. Nessa situação, a empresa deverá efetuar o pagamento do tributo com base na alíquota vigente na data da expedição da guia de importação.

141. (Cespe/TRF/5R/Juiz/2009) Entre as características de determinados impostos, estão a seletividade obrigatória, a não cumulatividade e a não incidência quando o bem ou o serviço destina-se ao exterior. Assinale a opção em que é apresentado imposto sobre o qual se aplicam as três características mencionadas.

a) imposto sobre produtos industrializados.
b) imposto sobre a renda e proventos das pessoas jurídicas.
c) imposto sobre serviços de qualquer natureza.
d) imposto sobre operações de crédito, câmbio e seguro, ou sobre operações relativas a títulos ou valores mobiliários.
e) imposto sobre operações relativas à circulação de mercadorias e sobre prestações de serviços.

142. (Cespe/TRF/5R/Juiz/2009) Determinada empresa industrial que produz um único tipo de produto tributado com IPI e com ICMS adquire, para sua produção, dois tipos de insumos industrializados: um deles é isento de IPI e o outro, imune à tributação do referido imposto. Considerando os dispositivos constitucionais e a jurisprudência do STF aplicável ao caso e a inexistência de qualquer norma infraconstitucional a respeito dessa matéria, é correto afirmar que, na aplicação do mecanismo de não cumulatividade, a referida empresa:

a) pode deduzir, do IPI a pagar, o crédito presumido relativo ao insumo isento, mas não em relação ao insumo imune.
b) pode deduzir, do IPI a pagar, o crédito presumido relativo ao insumo imune, mas não o relativo ao insumo isento.
c) não pode deduzir qualquer crédito presumido, seja relativo ao insumo isento ou ao imune.
d) pode deduzir, do IPI a pagar, apenas o valor do crédito real do ICMS pago nas operações de compra.
e) pode deduzir, do ICMS a pagar, o crédito presumido relativo ao insumo imune, mas não o relativo ao insumo isento.

143. (Cespe/TRF/1R/Juiz/2009) A respeito do crédito e do princípio da não cumulatividade do IPI, assinale a opção correta.

a) A indústria não pode creditar-se do valor do IPI relativo à energia elétrica consumida no processo de industrialização, por não se tratar de insumo ou matéria-prima que se incorpore à transformação do produto.
b) Se uma indústria utilizar, no processo de industrialização, diversos bens onerados pelo IPI sobre os quais incidam diferentes alíquotas, quando da saída do produto dessa indústria, deverá ser utilizada a alíquota média, objetivando cumprir o princípio da não cumulatividade.
c) Em razão da seletividade e essencialidade do produto é que poderá o industrial creditar-se do IPI referente aos insumos adquiridos com alíquota zero.
d) A indústria pode creditar-se do IPI pago na aquisição de materiais destinados ao ativo permanente da empresa, para fazer face ao princípio constitucional da não cumulatividade.
e) Não gera crédito do IPI o valor do tributo incidente sobre as embalagens recebidas para emprego em industrialização e acondicionamento.

9. DIREITO PROCESSUAL TRIBUTÁRIO

9.1. Execução Fiscal

SÚMULAS

1) Competência

STJ **Súm. 58.** Proposta a execução fiscal, a posterior mudança de domicílio do executado não desloca a competência já fixada.

STJ **Súm. 66.** Compete à justiça federal processar e julgar execução fiscal promovida por conselho de fiscalização profissional.

STJ **Súm. 349.** Compete à justiça federal ou aos juízes com competência delegada o julgamento das execuções fiscais de contribuições devidas pelo empregador ao FGTS.

TRF5 **Súm. 21.** Compete às Varas Federais processar e julgar as execuções fiscais propostas pela União, suas autarquias e empresas públicas, salvo aquelas ajuizadas perante a justiça estadual , em exercício de competência delegada, até 13 de março de 2015.

2) Despesas e Honorários Advocatícios

STJ **Súm. 153.** A desistência da execução fiscal, após o oferecimento dos embargos, não exime o exequente dos encargos da sucumbência.

STJ **Súm. 190.** Na execução fiscal, processada perante a justiça estadual , cumpre à Fazenda Pública antecipar o numerário destinado ao custeio das despesas com o transporte dos oficiais de justiça.

STJ **Súm. 400.** O encargo de 20% previsto no DL n. 1.025/1969 é exigível na execução fiscal proposta contra a massa falida.

TRF1 **Súm. 42.** Nas execuções da dívida da União, o juiz não poderá reduzir o encargo de 20% (vinte por cento), previsto no Decreto-Lei 1.025/69

TRF3 **Súm. 11.** Na execução fiscal, a Fazenda Pública está obrigada a adiantar as despesas de transporte do oficial de justiça.

3) Embargos

STJ **Súm. 392.** A Fazenda Pública pode substituir a certidão de dívida ativa (CDA) até a prolação da sentença de embargos, quando se tratar de correção de erro material ou formal, vedada a modificação do sujeito passivo da execução.

STJ **Súm. 394.** É admissível, em embargos à execução, compensar os valores de imposto de renda retidos indevidamente na fonte com os valores restituídos apurados na declaração anual.

TRF4 **Súm. 12.** Na execução fiscal, quando a ciência da penhora for pessoal, o prazo para a oposição dos embargos de devedor inicia no dia seguinte ao da intimação deste.

4) Extinção

STJ **Súm. 409.** Em execução fiscal, a prescrição ocorrida antes da propositura da ação pode ser decretada de ofício (art. 219, § 5º, do CPC).

TRF2 **Súm. 6.** Execução fiscal suspensa com base no artigo 40 da Lei n. 6830/80 não pode ser julgada extinta, mas arquivada sem baixa na distribuição, após o término do prazo de suspensão.

TRF2 **Súm. 8.** Ajuizada a execução fiscal, de valor inferior ao limite estipulado no artigo 1º do Decreto-lei n. 1.793/80, não cabe ao juiz extinguir o processo sob alegação de falta de interesse processual da exequente.

TRF3 **Súm. 31.** Na hipótese de suspensão da execução fiscal, com fundamento no artigo 40 da Lei 6.830/80, decorrido o prazo legal, serão os autos arquivados sem extinção do processo ou baixa na distribuição.

TRF4 **Súm. 46.** É incabível a extinção do processo de execução fiscal pela falta de localização do devedor ou inexistência de bens penhoráveis (art. 40 da Lei n. 6.830/80).

TRF4 **Súm. 90.** O encerramento de processo falimentar sem bens aptos à satisfação do crédito tributário, constada a impossibilidade de redirecionamento, conduz à extinção da execução fiscal por falta de interesse processual (art. 485, VI, CPC/15).

5) Legitimidade Ativa

STJ **Súm. 139.** Cabe à Procuradoria da Fazenda Nacional propor execução fiscal para cobrança de crédito relativo ao ITR.

6) Leilão

STJ **Súm. 121.** Na execução fiscal, o devedor deverá ser intimado, pessoalmente, do dia e hora da realização do leilão.

STJ **Súm. 128.** Na execução fiscal, haverá segundo leilão se, no primeiro, não houver lanço superior à avaliação.

7) Penhora

STJ **Súm. 406.** A Fazenda Pública pode recusar a substituição do bem penhorado por precatório.

STJ **Súm. 451.** É legítima a penhora da sede do estabelecimento comercial.

TRF2 **Súm. 31.** Na execução fiscal, é vedada a nomeação à penhora de títulos da dívida pública sem liquidez imediata, de difícil ou duvidosa liquidação.

8) Petição Inicial

STJ **Súm. 558.** Em ações de execução fiscal, a petição inicial não pode ser indeferida sob o argumento da falta de indicação do CPF e/ou RG ou CNPJ da parte executada.

STJ **Súm. 559.** Em ações de execução fiscal, é desnecessária a instrução da petição inicial com o demonstrativo de cálculo do débito, por tratar-se de requisito não previsto no art. 6º da Lei n. 6.830/1980.

9) Responsabilidade Tributária

STJ **Súm. 251.** A meação só responde pelo ato ilícito quando o credor, na execução fiscal, provar que o enriquecimento dele resultante aproveitou ao casal.

STJ **Súm. 430.** O inadimplemento da obrigação tributária pela sociedade não gera, por si só, a responsabilidade solidária do sócio-gerente.

STJ **Súm. 435.** Presume-se dissolvida irregularmente a empresa que deixar de funcionar no seu domicílio fiscal, sem comunicação aos órgãos competentes, legitimando o redirecionamento da execução fiscal para o sócio-gerente.

STJ **Súm. 554.** Na hipótese de sucessão empresarial, a responsabilidade da sucessora abrange não apenas os tributos devidos pela sucedida, mas também as multas moratórias ou punitivas referentes a fatos geradores ocorridos até a data da sucessão.

TRF4 **Súm. 113.** A certidão do oficial de justiça atestando que a empresa não foi encontrada no endereço fornecido como domicílio fiscal constitui indício suficiente de dissolução irregular, apto a ensejar o redirecionamento da execução contra o sócio-gerente.

10) Suspensão

STJ **Súm. 314.** Em execução fiscal, não localizados bens penhoráveis, suspende-se o processo por um ano, findo o qual se inicia o prazo da prescrição quinquenal intercorrente.

STJ **Súm. 583.** O arquivamento provisório previsto no art. 20 da Lei n. 10.522/2002, dirigido aos débitos inscritos como dívida ativa da União pela Procuradoria-Geral da Fazenda Nacional ou por ela cobrados, não se aplica às execuções fiscais movidas pelos conselhos de fiscalização profissional ou pelas autarquias federais.

TRF2 **Súm. 6.** Execução fiscal suspensa com base no artigo 40 da Lei n. 6830/80 não pode ser julgada extinta, mas arquivada sem baixa na distribuição, após o término do prazo de suspensão.

TRF3 **Súm. 31.** Na hipótese de suspensão da execução fiscal, com fundamento no artigo 40 da Lei 6.830/80, decorrido o prazo legal, serão os autos arquivados sem extinção do processo ou baixa na distribuição.

TRF4 **Súm. 85.** A adesão a parcelamento de crédito tributário implica a suspensão da execução, mediante o arquivamento do feito, sem baixa na distribuição.

11) Outros Temas

STJ **Súm. 189.** É desnecessária a intervenção do Ministério Público nas execuções fiscais.

STJ **Súm. 393.** A exceção de pré-executividade é admissível na execução fiscal relativamente às matérias conhecíveis de ofício que não demandem dilação probatória.

STJ **Súm. 414.** A citação por edital na execução fiscal é cabível quando frustradas as demais modalidades.

STJ **Súm. 515.** A reunião de execuções fiscais contra o mesmo devedor constitui faculdade do Juiz.

TRF4 **Súm. 58.** A execução fiscal contra a Fazenda Pública rege-se pelo procedimento previsto no art. 730 do Código de Processo Civil.

REPERCUSSÃO & REPETITIVOS

1) Despesas e Honorários Advocatícios

STJ **Repetitivo 961.** Observado o princípio da causalidade, é cabível a fixação de honorários advocatícios, em exceção de pré-executividade, quando o sócio é excluído do polo passivo da execução fiscal, que não é extinta. *REsp 1764405, 29.3.201.*

STJ **Repetitivo 1054.** A teor do art. 39 da Lei n. 6.830/1980, a fazenda pública exequente, no âmbito das execuções fiscais, está dispensada de promover o adiantamento de custas relativas ao ato citatório, devendo recolher o respectivo valor somente ao final da demanda, acaso resulte vencida. *REsp 1.858.965, 1ª S, 22.9.2021.*

2) Exceção de pré-executividade

STJ **Repetitivo 961.** Observado o princípio da causalidade, é cabível a fixação de honorários advocatícios, em exceção de pré-executividade, quando o sócio é excluído do polo passivo da execução fiscal, que não é extinta. *REsp 1764405, 29.3.201.*

3) Legitimidade Ativa/Passiva

STF **Rep. Geral 559.** A EC nº 57/08 não convalidou desmembramento municipal realizado sem consulta plebiscitária e, nesse contexto, não retirou o vício de ilegitimidade ativa existente nas execuções fiscais que haviam sido propostas por município ao qual fora acrescida, sem tal consulta, área de outro para a cobrança do IPTU quanto a imóveis nela localizados. *RE 614384, 29.4.2022.*

4) Responsabilidade Tributária

STJ **Repetitivo 981.** O redirecionamento da execução fiscal, quando fundado na dissolução irregular da pessoa jurídica executada ou na presunção de sua ocorrência, pode ser autorizado contra o sócio ou o terceiro não sócio, com poderes de administração na data em que configurada ou presumida a dissolução irregular, ainda que não tenha exercido poderes de gerência quando ocorrido o fato gerador do tributo não adimplido, conforme art. 135, III, do CTN. *REsp 1645333, 25.5.2022.*

STJ **Repetitivo 1049.** A execução fiscal pode ser redirecionada em desfavor da empresa sucessora para cobrança de crédito tributário relativo a fato gerador ocorrido posteriormente à incorporação empresarial e ainda lançado em nome da sucedida, sem a necessidade de modificação da certidão de dívida ativa, quando verificado que esse negócio jurídico não foi informado oportunamente ao fisco. *REsp 1848993, 9.9.2020.*

5) Outros Temas

STJ **Repetitivo 1012.** O bloqueio de ativos financeiros do executado via sistema Bacenjud, em caso de concessão de parcelamento fiscal, seguirá a seguinte orientação: (i) será levantado o bloqueio se a concessão é anterior à constrição; e (ii) fica mantido o bloqueio se a concessão ocorre em momento posterior à constrição, ressalvada, nessa hipótese, a possibilidade excepcional de substituição da penhora online por fiança bancária ou seguro garantia, diante das peculiaridades do caso concreto, mediante comprovação irrefutável, a cargo do executado, da necessidade de aplicação do princípio da menor onerosidade. *REsp 1696270, 8.6.2022.*

STJ **Repetitivo 1026.** O art. 782, § 3º, do CPC é aplicável às execuções fiscais, devendo o magistrado deferir o requerimento de inclusão do nome do executado em cadastros de inadimplentes, preferencialmente pelo sistema Serasajud, independentemente do esgotamento prévio de outras medidas executivas, salvo se vislumbrar alguma dúvida razoável à existência do direito ao crédito previsto na certidão de dívida ativa – CDA. *REsp 1807180, 11.3.2021.*

ENUNCIADOS

1) Competência

Fonef **Enunc. 5.** A execução fiscal ajuizada na justiça federal, em momento anterior à vigência da Lei 13.043/2014, nela permanece, ainda que o domicílio do devedor não seja sede de vara federal, uma vez que o art. 75 da Lei 13.043/2014 restringe-se às execuções ajuizadas na justiça estadual.

Fonef **Enunc. 37.** A competência do juízo da execução fiscal é plena até a aprovação do plano de recuperação judicial pela assembleia-geral de credores, mediante a comprovação de regularidade fiscal pelo devedor, enquanto esta perdurar.

2) Constrição Patrimonial

2.1) Arresto

Fonef **Enunc. 30.** O arresto, como medida executiva (artigo 7º, II da LEF e artigo 830 do CPC), é cabível após frustrada tentativa de citação e pode ser efetuado pelo oficial de justiça, ou por meio eletrônico (Bacenjud), antes mesmo da citação por edital.

Fonef **Enunc. 31.** O arresto como medida cautelar incidental (artigo 301 do CPC), pode ser determinado nos próprios autos da execução fiscal e é cabível quando necessário para garantir o resultado útil da execução, mesmo antes de determinada a citação. O deferimento da medida cautelar pressupõe que esteja demonstrado o risco concreto de alienação ou dissipação de bens ou valores, hipótese em que é possível a decretação prévia da indisponibilidade de bens, inclusive por meios eletrônicos (Renajud ou Bacenjud).

2.2) Bacenjud

Fonef **Enunc. 12.** Nos termos do art. 11 da LEF, a constrição de ativos financeiros pelo sistema Bacenjud independe de requerimento da parte exequente.

Fonef **Enunc. 14.** A renovação do pedido de Bacenjud deve vir acompanhada de prova mínima da atividade financeira da parte executada.

Fonef **Enunc. 15.** Para grandes devedores, é cabível a quebra de sigilo bancário quando o resultado do Bacenjud se afigure negativo, com efetiva prova de atividade da empresa.

Fonef **Enunc. 26.** Formada a convicção do juiz acerca do excesso de indisponibilidade, inicia-se o prazo de 24 horas previsto no art. 854, § 1º, do CPC/2015, para que seja determinado o levantamento do bloqueio do montante excedente.

Fonef **Enunc. 33.** A reiteração de pedidos de bloqueio por meio do sistema Bacenjud, quando frustradas tentativas anteriores, pressupõe que sejam demonstrados indícios de mudança patrimonial pelo exequente que justifiquem a nova medida.

Fonef **Enunc. 34.** A liberação de quantias excedentes bloqueadas por meio do Bacenjud (artigo 854, inciso 1º do CPC) pode ficar prejudicada caso haja determinação de arresto (cautelar ou executivo) ou penhora ainda não cumpridos ou frustrados determinados em outros processos, contra o executado, pelo mesmo juízo.

2.3) Penhora

Fonef **Enunc. 4.** A ordem de preferência de bens penhoráveis, prevista no artigo 11 da LEF, prevalece sobre a do art. 835, caput, do novo CPC.

Fonef **Enunc. 13.** A menção à penhora contida no art. 11, I, da Lei 11.941/2009 deve ser interpretada de forma a abranger qualquer constrição patrimonial judicial.

Fonef **Enunc. 16.** Cabe ao juízo federal deprecar a efetivação da penhora de faturamento quando a matriz ou filiais da empresa executada funcionarem em local diverso da sede do juízo.

Fonef **Enunc. 18.** Na penhora de recebíveis, cabe constrição integral, sendo ônus do executado comprovar que o montante penhorado inviabiliza suas atividades.

Fonef **Enunc. 25.** Tendo em vista os princípios da cooperação e da boa-fé, aplicáveis à execução fiscal, resta preclusa a alegação de impenhorabilidade, fundada no art. 854, § 3º, I, do CPC/2015, quando a liberação do excedente tenha decorrido de requerimento do executado.

2.4) Outros Meios

Fonef **Enunc. 11.** É possível a constrição patrimonial, mediante uso dos sistemas à disposição da justiça federal, antes da efetiva citação do executado.

Fonef **Enunc. 19.** Considerando que os veículos estão sujeitos a acelerada depreciação, é possível a sua alienação antecipada na execução fiscal.

Fonef **Enunc. 22.** Na execução fiscal, o art. 854 do CPC/2015 autoriza a indisponibilidade de ativos financeiros antes da citação do executado, a título de arresto executivo.

Fonef **Enunc. 24.** Os meios de expropriação dos bens do devedor previstos no CPC/2015 aplicam-se ao sistema de cobrança das execuções fiscais.

Fonef **Enunc. 38.** Para fins de suspensão do procedimento de alienação, é ônus do executado comprovar que o bem constrito no bojo da execução fiscal consta do plano de recuperação judicial.

Fonef **Enunc. 39.** Não constando o bem do plano de recuperação judicial, compete ao devedor comprovar a sua essencialidade para a efetividade do referido plano.

3) Despesas e Honorários Advocatícios

Fonef **Enunc. 28.** A regra do art. 19, parágrafo primeiro, inciso I, da Lei 10.522/2002, sobre dispensa de condenação de honorários da Fazenda Pública, é especial em relação ao artigo 89 do CPC.

Fonef **Enunc. 29.** O encargo legal previsto no artigo 1º do Decreto-lei 1.025/1969 substitui, em embargos ao devedor, a condenação em honorários de advogado prevista no CPC.

4) Embargos

CJF **Proc. Civil 20.** Aplica-se o art. 219 do CPC na contagem do prazo para oposição de embargos à execução fiscal previsto no art. 16 da Lei n. 6.830/1980.

5) Responsabilidade Tributária

Fonef **Enunc. 6.** É possível o redirecionamento da execução fiscal ao sócio-gerente e ou administrador na hipótese de dissolução irregular, nos créditos tributários e não tributários.

Fonef **Enunc. 7.** Nos termos da Súmula 435 do STJ, "presume-se dissolvida irregularmente a empresa que deixar de funcionar no seu domicílio fiscal, sem a comunicação aos órgãos competentes, legitimando o redirecionamento da execução fiscal ao sócio-gerente".

Fonef **Enunc. 8.** Compete ao exequente, no momento do pedido de redirecionamento, demonstrar que o sócio-gerente ou administrador compunha o quadro societário, nessa condição, ao tempo da dissolução irregular.

Fonef **Enunc. 9.** O termo inicial do prazo para o exequente requerer o redirecionamento conta-se da sua ciência da dissolução irregular comprovada nos autos.

Fonef **Enunc. 10.** É possível o redirecionamento ao sócio-administrador ou gerente à época do fato gerador, desde que o exequente comprove uma das hipóteses do art. 135 do CTN.

Fonef **Enunc. 20.** O incidente de desconsideração da personalidade jurídica, previsto no art. 133 do NCPC, não se aplica aos casos em que há pedido de inclusão de terceiros no polo passivo da execução fiscal de créditos tributários, com fundamento no art. 135 do CTN, desde que configurada a dissolução irregular da executada, nos termos da Súmula 435 do STJ.

Fonef **Enunc. 21.** O incidente de desconsideração da personalidade jurídica, previsto no art. 133 do NCPC, é aplicável aos casos em que há pedido de redirecionamento da execução fiscal da dívida ativa, com fundamento na configuração de grupo econômico, ou seja, nas hipóteses do art. 50 do CC.

Fonef **Enunc. 35.** O reconhecimento de grupo econômico de fato, para fins tributário, não pode se basear exclusivamente em decisões da justiça do trabalho.

Fonef **Enunc. 36.** O reconhecimento liminar da responsabilidade tributária de pessoas jurídicas integrantes de grupos econômicos de fato é viável mediante a apresentação de um conjunto de indícios de ocorrência de fraude fiscal, tais como a dissimulação de atos e negócios jurídicos, a utilização de interpostas pessoas e uso de empresas desprovidas de atividade econômica para o cumprimento de obrigação acessória, dentre outros.

Fonef **Enunc. 42.** O reconhecimento da existência de grupo econômico e a inclusão de corresponsáveis, diretamente no curso da execução fiscal, mediante apresentação de indícios contundentes e decisão fundamentada, é possível e não fere o devido processo legal, sendo prescindível a prévia responsabilização em processo administrativo.

6) Prazos

CJF **Proc. Civil 116.** Aplica-se o art. 219 do CPC na contagem dos prazos processuais previstos na Lei n. 6.830/1980.

Fonef **Enunc. 23.** Na execução fiscal, os prazos processuais deverão ser contados em dias úteis, nos termos do art. 219 do CPC/2015 .

7) Suspensão

Fonef **Enunc. 17.** Com a criação do parcelamento especial da recuperação judicial, previsto na Lei 13.043/2014, o deferimento da recuperação judicial não tem mais o efeito de suspender a execução fiscal enquanto não realizado o parcelamento, dependendo a suspensão do adimplemento das parcelas.

Fonef **Enunc. 41.** O juiz da vara de execução fiscal pode aplicar de ofício o art. 20, caput, da Portaria 396/2016, para fins da suspensão prevista no art. 40 da LEF.

8) Outros Temas

CJF **PSEL 53.** Estimula-se a transação como alternativa válida do ponto de vista jurídico para tornar efetiva a justiça tributária, no âmbito administrativo e judicial, aprimorando a sistemática de prevenção e solução consensual dos conflitos tributários entre administração pública e administrados, ampliando, assim, a recuperação de receitas com maior brevidade e eficiência.

Fonef Enunc. 1. A presunção de liquidez e certeza conferida à certidão de dívida ativa pelo art. 3º da LEF e pelo art. 204, caput, do CTN ilide a aplicação do art. 373, § 1º, do novo CPC aos devedores que constam do título executivo.

Fonef Enunc. 2. O art. 828 do novo CPC aplica-se às execuções fiscais, sem prejuízo de outras garantias do crédito fazendário.

Fonef Enunc. 3. É possível a citação por hora certa nos processos de execução fiscal, com base no art. 830, § 2º, do novo CPC.

Fonef Enunc. 27. As medidas determinadas com base no artigo 139 do CPC são compatíveis com a execução fiscal, desde que tenham relação com a satisfação do crédito e não afetem direitos alheios à esfera patrimonial, podendo ser ordenadas de ofício pelo juízo.

Fonef Enunc. 40. É cabível a execução provisória do seguro garantia caso não renovado dentro do prazo de vigência da apólice.

Fonacom Enunc. 67. É eficaz a conciliação pré-processual quanto a créditos tributários inscritos em dívida ativa, desde que não prescritos ou decaídos.

INFORMATIVOS

STF Execução fiscal: antecipação de pagamento de despesa com diligência de oficial de justiça pela Fazenda Pública. É inconstitucional, por violar competência legislativa privativa da União, lei estadual que obriga a Fazenda Pública a antecipar o pagamento das despesas com diligências dos oficiais de justiça. A lei versou sobre norma de processo civil, incidindo, portanto, em inconstitucionalidade formal. Todavia, a declaração de inconstitucionalidade não importa, por si só, na dispensa da referida antecipação. Isso porque subsiste a orientação do STJ acerca da interpretação do artigo 39 da Lei 6.830/80 – cuja uniformização da jurisprudência culminou na edição da Súm. 190. *ADI 5969, 30.9.2022. Pleno. Inf 1070.*

STJ OAB. Anuidades. Execução judicial. Valor inferior a R$2.500,00. Impossibilidade. Art. 8º da Lei 12.514/11. Aplicabilidade. A OAB submete-se à disposição contida no art. 8º da Lei 12.514/11, a limitação de execução judicial de anuidades, quando o valor for inferior a R$2.500,00. *AREsp 2147187, 2ª T, 8.11.2022. Inf 756.*

STJ Concurso singular de credores. Fazenda Pública. Execução movida por terceiro. Habilitação no produto de arrematação de bem. Ausência de penhora anterior realizada pela autarquia fazendária sobre o mesmo bem. Preferência. Levantamento. Certeza, a liquidez e a exigibilidade da obrigação encartada no título executivo. Execução Fiscal. Imprescindibilidade. Não existência de execução fiscal. Reserva da totalidade (ou de parte) do produto da penhora. Em concurso singular de credores, a Fazenda Pública possui preferência na habilitação no produto de arrematação de bem, ainda que sem ter perfectibilizado prévia constrição juntamente com os demais credores, estando, todavia, o levantamento deste valor condicionado à ordem de pagamento a ser exarada em demanda que certifique a certeza, a liquidez e a exigibilidade da obrigação encartada no título executivo. Na hipótese de não existir execução fiscal aparelhada, garante-se o exercício do direito do credor privilegiado mediante a reserva da totalidade (ou de parte) do produto da penhora levada a efeito em execução de terceiros. *EREsp 1603324, Corte Especial, 21.9.2022. Inf 750.*

STJ Execução fiscal. Embargos à execução. Fazenda Pública vencida. Valores referentes à contratação de seguro garantia. Ressarcimento. Indevido. É descabido o ressarcimento de valor despendido com a apresentação de seguro garantia para viabilizar a oposição de embargos à execução opostos contra pretensão da Fazenda Pública. *REsp 1852810, 2ª T, 19.9.2022. Inf 750.*

STJ Fazenda Pública. Não sujeição ao pagamento de custas e emolumentos. Despesas com o deslocamento de oficiais de justiça. Distinção. Depósito Prévio. Imprescindibilidade. A isenção prevista em favor da Fazenda Pública no art. 39 da Lei 6.830/80 não pode ser estendida às despesas com o deslocamento dos oficiais de justiça para a prática do ato citatório. *AgInt no REsp 1995692, 1ª T, 25.8.2022. Inf 747.*

STJ Execução fiscal. Valor da causa. 50 ORTNS. Alçada. Agravo de instrumento. Não cabimento. Não cabe agravo de instrumento em execuções fiscais cujo valor não supere cinquenta Obrigações Reajustáveis do Tesouro Nacional. *AREsp 1751847, 2ª T, 16.8.2022. Inf 745.*

STJ Falência. Execução Fiscal anteriormente ajuizada. Redirecionamento da execução. Ineficácia dos negócios jurídicos decretada pelo Juízo Universal da Falência que não prejudica o feito executivo. A ineficácia do negócio jurídico decretada no juízo falimentar não impede prosseguimento da execução fiscal. *REsp 1822226, 2ª T, 27.9.2022. Inf 753.*

STJ Execução fiscal. Adesão a programa de parcelamento. Prescrição intercorrente. Interrupção. A adesão a programa de parcelamento tributário é causa de suspensão da exigibilidade do crédito e interrompe o prazo prescricional. *REsp 1922063, 2ª T, 21.10.2022. Inf 754.*

STJ Execução fiscal. Oferecimento de seguro-garantia. Prazo de validade determinado. Impossibilidade. Garantia inidônea. A apólice de seguro-garantia com prazo de vigência determinado é inidônea para fins de garantia da execução fiscal. *AgInt no REsp 1924099, 1ª T, 24.5.2022. Inf 738.*

STJ Execução fiscal. Responsabilidade do sócio. Dissolução regular. Micro e pequena empresa. Ausência de certidão de regularidade fiscal. Incidência do art. 134, VII, do CTN. No caso de micro e pequenas empresas é possível a responsabilização dos sócios pelo inadimplemento do tributo, com base no art. 134, VII, do CTN, cabendo-lhes demonstrar a insuficiência do patrimônio quando da liquidação para exoneração da responsabilidade pelos débitos. *REsp 1876549, 2ª T, 6.5.2022. Inf 735.*

STJ Execução fiscal. IPTU. Parcelamento do crédito tributário. Promitente comprador. Responsabilidade solidária. Presunção de renúncia. Inexistência. O parcelamento tributário requerido por um dos devedores solidários não importa em renúncia à solidariedade em relação aos demais coobrigados. *REsp 1978780, 2ª T, 5.4.2022. Inf 732.*

QUESTÕES DISCURSIVAS

13. (TRF/2R/Juiz/2017) Contribuinte foi autuado, em 2015, em razão do não recolhimento de tributo federal supostamente devido. O lançamento foi impugnado administrativamente, sem êxito. Após alguns meses, o contribuinte não tem ajuizada contra si a respectiva execução fiscal, mas pretende discutir judicialmente o lançamento. Assinale a(s) medida(s) judicial(is) que podem ser utilizadas para satisfação de sua pretensão. Justifique. Conseguiria o contribuinte obter certidão negativa de débitos fiscais, durante o período?

14. (Cespe/TRF/5R/Juiz/2011) O nome de Jonas Neto, ex-sócio da Locus Amoenus Ltda., que detinha 10% das respectivas quotas do capital social e cuja retirada da sociedade ocorreu em 25/3/2002 (data do arquivamento da alteração societária no registro do comércio), foi consignado no rol de corresponsáveis tributários de uma certidão de dívida ativa, lavrada em 24.3.2006, em desfavor da aludida empresa, relativa a débito de contribuição previdenciária sobre folha de salários, das competências de janeiro a março de 2002. Tal débito tributário é objeto de execução fiscal aforada em 24.3.2010, contra a qual foram opostos embargos à execução ainda pendentes de julgamento. Jonas Neto, que nunca figurou como administrador da referida empresa, é titular de um crédito de indenização, por responsabilidade civil da União, inscrito em precatório judicial. Sabendo da iminente liberação do crédito do precatório, a União atravessou petição pugnando pela compensação do respectivo crédito com a noticiada dívida previdenciária, ou, alternativamente, pela suspensão do pagamento do precatório em razão da dívida objeto de execução fiscal. Em face da situação hipotética acima apresentada, responda, de forma fundamentada, se procede a pretensão da União.

QUESTÕES OBJETIVAS

144. (TRF/4R/Juiz/2022) Assinale a alternativa correta. De acordo com a jurisprudência do Superior Tribunal de Justiça:

a) a execução fiscal pode ser redirecionada em desfavor da empresa sucessora para cobrança de crédito tributário relativo a fato gerador ocorrido posteriormente à incorporação empresarial e ainda lançado em nome da sucedida, sem a necessidade de modificação da Certidão de Dívida Ativa, quando verificado que esse negócio jurídico não foi informado oportunamente ao fisco.

b) o descumprimento da obrigação acessória de informar mensalmente ao INSS dados relacionados aos fatos geradores da contribuição previdenciária, não impede a expedição de certidão negativa de débito.

c) não cabe a fixação de honorários advocatícios, em exceção de pré-executividade, quando o sócio é excluído do polo passivo da execução fiscal, que não é extinta.
d) não há previsão legal de protesto de certidão de dívida ativa, por se tratar de título executivo extrajudicial apto a viabilizar o imediato ajuizamento da execução fiscal.
e) o pedido de parcelamento fiscal, quando indeferido, não interrompe o prazo prescricional para a cobrança do tributo.

145. (TRF/4R/Juiz/2022) Assinale a alternativa correta.

a) O redirecionamento da execução fiscal, quando fundado na dissolução irregular da pessoa jurídica executada ou na presunção de sua ocorrência, não pode ser autorizado contra o sócio ou o terceiro não sócio que, embora exercesse poderes de gerência ao tempo do fato gerador, sem incorrer em prática de atos com excesso de poderes ou infração à lei, ao contrato social ou aos estatutos, dela regularmente se retirou e não deu causa à sua posterior dissolução irregular.
b) A personalidade jurídica é requisito essencial para a capacidade de postular em juízo.
c) O art. 5º da Lei nº 9.469/1997 permite a intervenção anômala da União em processos que tenham como partes autarquias, fundações públicas, sociedades de economia mista e empresas públicas federais, fundada apenas em interesses econômicos, independentemente da demonstração de interesse jurídico. Essa espécie de intervenção atrai a competência da Justiça Federal para o processamento e o julgamento da lide.
d) O cessionário do crédito poderá ingressar no processo de execução como sucessor do exequente originário, desde que o consinta o executado; caso não haja o consentimento, o cessionário poderá intervir como assistente do exequente.
e) É cabível a reclamação contra decisão de Turma Recursal dos Juizados Especiais Federais com a finalidade de discutir contrariedade à jurisprudência dominante ou sumulada do Superior Tribunal de Justiça.

146. (IFBC/TRF/2R/Juiz/2018) Sobre a ação de execução fiscal de crédito tributário, à luz da jurisprudência atual do STJ, assinale a alternativa correta:

a) as execuções fiscais de dívida ativa tributária da União relativas a débitos iguais ou inferiores a R$ 10.000,00 (dez mil reais), em razão do baixo valor, devem ser extintas sem resolução do mérito, por falta de interesse de agir.
b) é possível o ajuizamento de execução fiscal enquanto pendente de julgamento ação anulatória de lançamento fiscal em que houve depósito do montante integral do débito, já citada a Fazenda Pública.
c) a homologação do pedido de parcelamento fiscal após a propositura da ação de execução fiscal extingue o processo sem resolução do mérito.
d) é cabível a condenação da Fazenda Pública ao pagamento de honorários advocatícios em decorrência da extinção da execução fiscal pelo acolhimento de exceção de pré-executividade.
e) o termo inicial para a oposição dos embargos à execução fiscal é a data da juntada aos autos do mandado cumprido de intimação da penhora.

147. (TRF/2R/Juiz/2017) Ao ser citado, sócio de empresa percebe que ele, pessoa física, figura no polo passivo de execução fiscal. Ao buscar informações, verifica que, embora seu nome conste da certidão de dívida ativa que fundamenta a execução, o débito é oriundo de valores relativos ao Imposto de Renda de Pessoa Jurídica, declarados mas não pagos, da sociedade da qual é sócio-administrador e que, originariamente, figurava sozinha no polo passivo. O empresário, após aferir que não houve prescrição nem decadência, opõe exceção de pré-executividade, sem garantir o juízo, alegando exclusivamente a sua ilegitimidade passiva. Deve o Juiz:

a) Acatar a exceção e extinguir a execução relativamente ao empresário, já que a simples falta de pagamento do tributo (devidamente declarado) não acarreta a responsabilidade subsidiária do sócio.
b) Rejeitar a exceção, já que o nome do sócio consta da certidão da dívida, daí que cabe ao empresário o ônus de provar que não agiu com excesso de poderes ou infração à lei, ao contrato social ou ao estatuto da empresa, dilação incompatível com a via eleita.
c) Acatar a exceção e excluir o empresário do polo passivo, determinando que a Fazenda, caso queira executar também o sócio administrador, proceda na forma estabelecida pelo Código de Processo Civil, de modo a instaurar o incidente de desconsideração da personalidade jurídica.
d) Intimar o excipiente para, nos termos da Lei de Execuções Fiscais (Lei nº 6.830/80), garantir o juízo, sob pena de rejeição da exceção.
e) Rejeitar a exceção, já que o empresário é responsável direto pelo crédito tributário, como sócio-administrador e a falta do pagamento do tributo já enseja sua responsabilização direta.

148. (TRF/4R/Juiz/2016) Assinale a alternativa incorreta. Acerca da execução fiscal:

a) Os embargos à execução fiscal não terão efeito suspensivo, salvo se estiver garantida integralmente a execução e presentes os pressupostos para a concessão da antecipação da tutela provisória.
b) Segundo a orientação do Superior Tribunal de Justiça, a citação por edital, na execução fiscal, somente é cabível quando não exitosas as outras modalidades de citação ali previstas: a citação por correio e a citação por oficial de justiça.
c) O despacho do juiz que defere o processamento da execução fiscal importa, a um só tempo, em ordem para citação, penhora, arresto, registro da penhora ou do arresto, avaliação dos bens penhorados ou arrestados e, caso não suspensa a execução, leilão.
d) Segundo a orientação do Superior Tribunal de Justiça, a ação anulatória em que se discute o crédito tributário implica litispendência em relação aos embargos do devedor caso a matéria de defesa tratada nestes últimos seja a mesma.
e) Na execução por carta, é possível a duplicidade de embargos, cabendo, porém, ao juízo deprecado o julgamento dos embargos que versarem sobre vícios ou irregularidades praticados no próprio juízo deprecado.

149. (TRF/4R/Juiz/2016) Dadas as assertivas abaixo, assinale a alternativa correta. Sobre a medida cautelar fiscal:

I. É incabível a propositura de medida cautelar fiscal sem a constituição definitiva do crédito tributário.
II. A medida cautelar fiscal é assecuratória apenas do crédito tributário, sendo os demais créditos públicos garantidos por outros instrumentos processuais.
III. Excepcionalmente, o Superior Tribunal de Justiça admite a decretação de indisponibilidade de bens de pessoa jurídica, ainda que estes não constituam o seu ativo permanente quando não forem localizados no patrimônio do devedor bens que possam garantir a execução fiscal.

a) Está correta apenas a assertiva II.
b) Está correta apenas a assertiva III.
c) Estão corretas apenas as assertivas I e II.
d) Estão corretas apenas as assertivas I e III.
e) Estão corretas todas as assertivas.

150. (TRF/4R/Juiz/2014) Assinale a alternativa incorreta. Sobre o processo de execução fiscal:

a) É compatível com a Constituição norma inserta na lei de execução fiscal que afirma incabível apelação em casos de execução fiscal cujo valor seja inferior a 50 ORTNs.

b) Segundo a orientação do Superior Tribunal de Justiça, os créditos objeto de execução fiscal que não ostentam natureza tributária têm como marco interruptivo da prescrição o despacho do Juiz que determina a citação.

c) Conforme a jurisprudência do Superior Tribunal de Justiça, o representante da Fazenda Pública, em sede de execução fiscal e de respectivos embargos, possui a prerrogativa de ser intimado pessoalmente, em virtude do disposto no art. 25 da Lei n. 6.830/80, sendo que tal prerrogativa também é assegurada no segundo grau de jurisdição, razão pela qual não é válida, nessa situação, a intimação efetuada exclusivamente por meio da imprensa oficial ou de carta registrada.

d) Está pacificado no Superior Tribunal de Justiça que as execuções fiscais da Fazenda Nacional não podem ser propostas nas capitais dos Estados ou em cidades nas quais a Administração Pública esteja mais aparelhada, isto é, por comodidade sua, se nelas não residem os devedores, sendo cabível a declinação da competência de ofício.

e) Segundo a orientação do Superior Tribunal de Justiça, tendo em vista o que dispõe o Código Tributário Nacional acerca da autonomia dos estabelecimentos, é impossível a penhora de depósito de titularidade das filiais por débitos da matriz.

151. (TRF/3R/Juiz/2013) A respeito da execução fiscal, regida pela Lei n. 6.830/1980, assinale a alternativa correta:

a) O executado ausente do país será citado por meio de carta rogatória.

b) As intimações do representante da Fazenda Pública poderão ser feitas pessoalmente, pelo órgão oficial ou pelo correio, com aviso de recepção.

c) São admissíveis embargos do executado mesmo que não garantida a execução.

d) Os embargos poderão ser oferecidos em até 15 (quinze) dias, contados da juntada aos autos da prova da citação.

e) Conforme o valor da dívida, das sentenças de primeira instância poderão caber embargos infringentes; e da decisão que rejeitar os embargos infringentes poderá caber recurso extraordinário ao Supremo Tribunal Federal, observado o disposto na Constituição Federal.

152. (Cespe/TRF/2R/Juiz/2011) Deve ser cobrada judicialmente, por meio de processo distinto da execução fiscal, a dívida:

a) de um inquilino para com uma autarquia municipal.

b) de um inquilino para com o fisco federal.

c) contratual de uma autarquia municipal para com o fisco federal.

d) tributária de uma sociedade de economia mista municipal para com o fisco federal.

e) de um estado para com uma sociedade de economia mista federal.

153. (TRF/4R/Juiz/2010) Assinale a alternativa correta. Uma vez ajuizada execução fiscal pela Fazenda Nacional:

a) O meio próprio e insubstituível de defesa do contribuinte é a propositura de embargos de devedor.

b) Para promover sua defesa, o contribuinte pode discutir toda a matéria objeto da execução em "exceção de pré-executividade".

c) O contribuinte pode discutir a matéria em ação anulatória de lançamento fiscal, proposta antes ou depois da execução, dispensando-se nesse caso os embargos do devedor.

d) Fica inibida a discussão de qualquer matéria não cabível em embargos do devedor e, portanto, prejudicada eventual ação anulatória de lançamento fiscal, naquilo em que exceda tais limites da lide.

e) Somente a nulidade da CDA pode ser discutida judicialmente.

154. (TRF/4R/Juiz/2010) Assinale a alternativa correta. Conforme jurisprudência firme do Tribunal Regional Federal da 4ª Região:

a) A execução fiscal contra a Fazenda Pública rege-se pelo procedimento previsto no art. 730 do Código de Processo Civil.

b) A execução fiscal contra a Fazenda Pública rege-se pelo procedimento especial previsto na Lei 6.830/80.

c) Não cabe execução fiscal contra a Fazenda Pública por força da imunidade recíproca estabelecida na Constituição em seu art. 150, VI, alínea a.

d) Não cabe execução fiscal federal contra as Fazendas Estaduais, Municipais ou Distrital, pois a cobrança de créditos federais far-se-á mediante retenção e compensação com verbas devidas pelo Fundo de Participação Federal, conforme a Lei de Responsabilidade Fiscal.

e) Nenhuma das alternativas anteriores está correta.

155. (TRF/4R/Juiz/2010) Assinale a alternativa correta. Quanto ao efeito suspensivo dos embargos à execução fiscal, é correto afirmar:

a) Os embargos serão sempre recebidos com efeito suspensivo.

b) Os embargos serão em regra recebidos com efeito suspensivo, cabendo ao juízo a faculdade de retirar-lhes tal efeito, de ofício ou a requerimento da parte.

c) Os embargos serão sempre recebidos com efeito suspensivo no caso de oporem-se a Execução Fiscal, pois, conforme reconhecido pela jurisprudência do TRF-4ª Região, nesse caso o prosseguimento da execução sempre poderá causar ao executado dano de difícil ou incerta reparação.

d) Os embargos serão recebidos de ofício em efeito suspensivo quando forem relevantes seus fundamentos e o prosseguimento da execução puder causar ao executado dano de difícil ou incerta reparação.

e) Os embargos serão recebidos em efeito suspensivo somente a requerimento do embargante, quando forem relevantes seus fundamentos e o prosseguimento da execução puder causar ao executado dano de difícil ou incerta reparação.

156. (Cespe/TRF/5R/Juiz/2009) Constituída uma dívida tributária contra certo contribuinte, foi emitida a respectiva certidão de dívida ativa. Como o contribuinte não a pagou, o Estado ajuizou a devida ação de execução fiscal sem nada requerer em especial, quanto à citação. Nesse caso, e de acordo com a Lei de Execução Fiscal, o juiz deve, inicialmente, determinar a citação:

a) pelo correio, com aviso de recebimento, e a citação deve ser considerada feita na data da entrega da carta no endereço do executado.

b) por oficial de justiça, e a citação será considerada feita quando da juntada aos autos do processo do mandado cumprido.

c) pelo correio, com aviso de recebimento, e a citação deve ser considerada feita em 10 dias após a entrega da carta à agência postal.

d) por oficial de justiça, e a citação deve ser considerada feita quando da data definida como de cumprimento do mandado.

e) pelo correio, com aviso de recebimento, e a citação será considerada feita quando da juntada aos autos do processo do respectivo aviso de recebimento.

157. (Cespe/TRF/1R/Juiz/2009) Francisco passou a não pagar aos credores e ao fisco os tributos devidos nas operações da sociedade comercial que gerenciava, tendo-se retirado da sociedade e registrado a alteração contratual na junta comercial. Os credores promoveram diversas ações de execução contra a empresa, cujo patrimônio foi totalmente alienado para o pagamento das dívidas, no curso do procedimento administrativo de lançamento fiscal. A fazenda nacional ajuizou execução fiscal contra a pessoa jurídica, mas não obteve êxito na localização de bens para penhora. Nessa situação hipotética, a execução fiscal poderá ser redirecionada contra Francisco:

a) em virtude da inexistência de bens da sociedade e da inadimplência com a fazenda pública, que é credora privilegiada.
b) porque não foi requerida, previamente, a falência.
c) na parte relativa à redução tributária obtida por meio de contribuição previdenciária descontada do empregado e deliberadamente não recolhida aos cofres públicos.
d) se for demonstrado que o sucessor na administração da empresa não tinha conhecimento dos débitos fiscais.
e) caso se trate de sociedade por cotas de responsabilidade limitada.

9.2. *Outros Temas*

INFORMATIVOS

STF Plano de redução de letalidade policial e controle de violações de direitos humanos. O Estado do Rio de Janeiro deve elaborar, no prazo máximo de 90 dias, um plano para redução da letalidade policial e controle das violações aos direitos humanos pelas forças de segurança, que apresente medidas objetivas, cronogramas específicos e previsão dos recursos necessários para a sua implementação. *ADPF 635 MC-ED, Pleno, 3.2.2022. Inf 1042.*

STF Remanejamento de cargos em comissão de peritos do MNPCT, fragilização do combate à tortura no País e abuso do poder regulamentar. São indevidos, mediante decreto, o remanejamento dos cargos em comissão destinados aos peritos do Mecanismo Nacional de Prevenção e Combate à Tortura (MNPCT), a exoneração de seus ocupantes e a transformação dessa atividade em prestação de serviço público relevante não remunerado. Tais medidas levam ao esvaziamento de políticas públicas previstas na Lei 12.847/13, o que importa em abuso do poder regulamentar e, por conseguinte, desrespeito à separação dos Poderes. *ADPF 607, 25.3.2022. Pleno. Inf 1048.*

STJ Juízo de retratação (artigo 1.040, II, do CPC). Estado estrangeiro. Atos de império. Período de guerra. Delito contra o direito internacional da pessoa humana. Ato ilícito e ilegítimo. Imunidade de jurisdição. Relativização. Possibilidade. Os atos ilícitos praticados por Estados estrangeiros em violação a direitos humanos não gozam de imunidade de jurisdição. *RO 109, 4ª T, 7.6.2022. Inf 740.*

QUESTÕES OBJETIVAS

158. (TRF/4R/Juiz/2022) Dadas as assertivas abaixo, assinale a alternativa correta.

I. As decisões dos órgãos singulares de jurisdição administrativa, ainda que tenham eficácia normativa, não constituem normas complementares da legislação tributária, por força do princípio da legalidade.
II. A pendência de consulta formulada pelo contribuinte dentro do prazo legal para pagamento do crédito tributário não afasta o cômputo de juros de mora, a contar do vencimento.
III. Não viola a legalidade tributária a lei que, prescrevendo o teto, possibilita o ato normativo infralegal fixar o valor de taxa em proporção razoável com os custos da atuação estatal, valor esse que não pode ser atualizado por ato do próprio conselho de fiscalização em percentual superior aos índices de correção monetária legalmente previstos.
IV. Salvo decisão em contrário, a medida cautelar fiscal conservará sua eficácia durante o período de suspensão do crédito tributário ou não tributário.

a) Estão corretas apenas as assertivas I e II.
b) Estão corretas apenas as assertivas I e IV.
c) Estão corretas apenas as assertivas II e III.
d) Estão corretas apenas as assertivas III e IV.
e) Estão corretas todas as assertivas.

159. (TRF/2R/Juiz/2014) A Lei n. 8.397/92 disciplina a medida cautelar fiscal. Em relação ao tema, é correto afirmar:

a) O procedimento cautelar fiscal não pode ser instaurado antes da constituição do crédito fazendário a ser objeto de cobrança, salvo autorização do Ministro da Fazenda.
b) Para a concessão da medida cautelar é essencial a prova literal da constituição do crédito, salvo exceções expressamente delimitadas na legislação, e a prova documental referente ao enquadramento em uma das hipóteses previstas na Lei (art. 2º), caracterizadoras de situações de risco que poderiam inviabilizar a satisfação do crédito.
c) No caso de os autos de execução já se encontrarem no Tribunal, ainda assim o ajuizamento de cautelar fiscal será da competência do juízo de primeiro grau que decidiu o executivo fiscal e não do Tribunal.
d) Na hipótese de a medida cautelar fiscal ser concedida em procedimento preparatório, a execução fiscal (ação principal) deverá ser ajuizada em 30 (trinta) dias a contar da efetivação da tutela judicial deferida.
e) Inexiste, no âmbito do procedimento da medida cautelar fiscal, a presunção de veracidade dos fatos alegados pela autora, caso ocorra a revelia da parte ré.

160. (Cespe/TRF/5R/Juiz/2013) Considerando a Lei do Processo Administrativo Fiscal – Decreto n. 70.235/1972 -, a doutrina de referência e a jurisprudência do STF sobre a matéria, assinale a opção correta.

a) A Lei do Processo Administrativo Fiscal foi recepcionada como lei complementar pela CF.
b) O prazo para o contribuinte apresentar impugnação por escrito ao auto de infração é de quinze dias, devendo esse pleito ser instruído com a prova documental das alegações trazidas na irresignação protocolada.
c) Ainda que não tenha sido apresentada tempestivamente a impugnação, o direito do contribuinte de se opor administrativamente contra a exigência tributária não será atingido pela preclusão, impedindo-se, assim, a constituição definitiva do crédito tributário.
d) O princípio da instrumentalidade das formas não se aplica ao processo administrativo fiscal.
e) As sociedades de economia mista que exerçam atividade econômica em regime de concorrência ou que tenham como objetivo distribuir lucros aos seus acionistas não podem beneficiar-se do sistema de pagamento por precatório de dívidas decorrentes de decisões judiciais.

161. (Cespe/TRF/1R/Juiz/2011) Determinado contribuinte reside em área situada na fronteira entre dois municípios, não sendo muito bem delineada, naquela localidade, a separação geográfica entre as duas municipalidades. Em razão dessa circunstância, ocorreu de ele ter sido notificado pelas duas fazendas municipais para pagar o IPTU. Nesse caso, deve o contribuinte:

a) pagar a totalidade dos impostos e ajuizar, contra cada município, ação de repetição de indébito de metade do valor do IPTU.
b) omitir-se de pagar o imposto perante as duas fazendas, uma vez que o caso configura bitributação.
c) ajuizar ação de consignação em pagamento.
d) pagar metade de cada um dos impostos e ajuizar pedido de revisão de valor do IPTU junto aos dois municípios.
e) interpor recurso junto aos dois municípios para que eles definam a qual deles pertence a área em questão.

162. (TRF/4R/Juiz/2010) Assinale a alternativa incorreta.

a) A citação por edital na execução fiscal é cabível quando frustradas as demais modalidades.
b) A exceção de pré-executividade é admissível na execução fiscal relativamente às matérias conhecíveis de ofício que não demandem dilação probatória.
c) A decisão do Juízo Federal que exclui da relação processual ente federal não pode ser reexaminada pela Justiça Estadual.
d) A extinção do processo por abandono da causa pelo autor independe de requerimento do réu.
e) Todas as alternativas anteriores estão incorretas.

163. (Cespe/TRF/5R/Juiz/2009) Ajuizada ação em desfavor da fazenda pública, o autor realizou pedido de antecipação da tutela jurisdicional para suspender a exigibilidade do crédito tributário que pretende ver anulado. Com referência a essa situação hipotética, assinale a opção correta.

a) Ausente vedação expressa à antecipação dos efeitos da tutela jurisdicional nessa hipótese, aplica-se a regra geral, de modo que, presentes os requisitos constantes no Código de Processo Civil, o juiz pode deferir o pedido para desconstituir antecipadamente o crédito.
b) É legalmente vedada a emissão de liminares que esgotem o objeto da ação, por isso será impossível a concessão de tutela antecipatória dos efeitos do provimento final almejado ante a irreversibilidade do provimento de suspensão da exigibilidade do crédito tributário.
c) Não é viável a concessão de qualquer tipo de decisão liminar em desfavor da fazenda pública que implique, direta ou indiretamente, vantagem pecuniária para a outra parte, conforme interpretação corrente da Lei n. 9.494/1997.
d) Se, além de provado o risco de dano irreparável correspondente à demora na entrega da prestação jurisdicional, restar também provada a verossimilhança da alegação por prova que indique claramente o direito do autor, será possível a concessão da medida em caráter irrevogável.
e) Em princípio, não é viável provimento antecipatório que desconstitua uma situação jurídica, mas é viável provimento que adiante somente os efeitos da tutela pretendida, o que autorizaria o juiz, no caso hipotético, a suspender antecipadamente a exigibilidade do crédito, se provados os requisitos necessários.

12

DIREITO ADMINISTRATIVO

VOLUME DE QUESTÕES

MUITO ALTO

1. AGENTES PÚBLICOS

1.1. Disposições Gerais

SÚMULAS

STF **Súm. 22.** O estágio probatório não protege o funcionário contra a extinção do cargo.

STF **Súm. 36.** Servidor vitalício está sujeito a aposentadoria compulsória, em razão da idade.

STF **Súm. 39.** À falta de lei, funcionário em disponibilidade não pode exigir, judicialmente, o seu aproveitamento, que fica subordinado ao critério de conveniência da Administração.

STF **Súm. 46.** Desmembramento de serventia de justiça não viola o princípio de vitaliciedade do serventuário.

STF **Súm. 47.** Reitor de universidade não é livremente demissível pelo Presidente da República durante o prazo de sua investidura.

STJ **Súm. 137.** Compete à justiça comum estadual processar e julgar ação de servidor público municipal, pleiteando direitos relativos ao vínculo estatutário.

STJ **Súm. 173.** Compete à justiça federal processar e julgar o pedido de reintegração em cargo público federal, ainda que o servidor tenha sido dispensado antes da instituição do Regime Jurídico Único.

STJ **Súm. 346.** É vedada aos militares temporários, para aquisição de estabilidade, a contagem em dobro de férias e licenças não gozadas.

TRF1 **Súm. 3.** Os direitos concedidos aos servidores públicos federais relativamente à transferência de uma para outra instituição de ensino, em razão de mudança de domicílio, são extensivos aos servidores dos Estados, Distrito Federal, Territórios e Municípios.

TRF1 **Súm. 43.** A transferência compulsória para instituição de ensino congênere, a que se refere o art. 99 da Lei 8.112/90, somente poderá ser efetivada de estabelecimento público para publico ou de privado para privado, salvo a inexistência, no local de destino, de instituição de ensino da mesma natureza.

REPERCUSSÃO & REPETITIVOS

STF **Rep. Geral 221.** No exercício da autonomia legislativa municipal, não pode o Município, ao disciplinar o regime jurídico de seus servidores, restringir o direito de férias a servidor em licença saúde de maneira a inviabilizar o gozo de férias anuais previsto no art. 7º, XVII da Constituição Federal de 1988. *RE 593448, 2.12.2022.*

STF **Rep. Geral 697.** É inconstitucional o aproveitamento de servidor, aprovado em concurso público a exigir formação de nível médio, em cargo que pressuponha escolaridade superior. *RE 740008, 19.12.2020.*

STF **Rep. Geral 1021.** Nos termos do artigo 5º, VIII, da Constituição Federal é possível à Administração Pública, inclusive durante o estágio probatório, estabelecer critérios alternativos para o regular exercício dos deveres funcionais inerentes aos cargos públicos, em face de servidores que invocam escusa de consciência por motivos de crença religiosa, desde que presentes a razoabilidade da alteração, não se caracterize o desvirtuamento do exercício de suas funções e não acarrete ônus desproporcional à Administração Pública, que deverá decidir de maneira fundamentada. *ARE 1099099, 26.11.2020.*

STF **Rep. Geral 1081.** As hipóteses excepcionais autorizadoras de acumulação de cargos públicos previstas na Constituição Federal sujeitam-se, unicamente, a existência de compatibilidade de horários, verificada no caso concreto, ainda que haja norma infraconstitucional que limite a jornada semanal. *ARE 1246685, 20.3.2020.*

STF **Rep. Geral 1182.** À luz do art. 227 da CF, que confere proteção integral da criança com absoluta prioridade e do princípio da paternidade responsável, a licença maternidade, prevista no art. 7º, XVIII, da CF e regulamentada pelo art. 207 da Lei 8.112/90, estende-se ao pai genitor monoparental. *RE 1348854, 12.5.2022.*

STJ **Repetitivo 1075.** É ilegal o ato de não concessão de progressão funcional de servidor público, quando atendidos todos os requisitos legais, a despeito de superados os limites orçamentários previstos na Lei de Responsabilidade Fiscal, referentes a gastos com pessoal de ente público, tendo em vista que a progressão é direito subjetivo do servidor público, decorrente de determinação legal, estando compreendida na exceção prevista no inciso I do parágrafo único do art. 22 da Lei Complementar 101/2000. *REsp 1878849, 1ª S, 24.2.2022.*

STJ **Repetitivo 1135.** É possível ao servidor que já usufruiu o primeiro período de férias, após cumprida a exigência de 12 (doze) meses de exercício, usufruir as férias seguintes no mesmo ano civil, dentro do período aquisitivo ainda em curso, nos termos do § 1º do art. 77 da Lei 8.112/1990. *REsp 1954503, 26.10.2022.*

ENUNCIADOS

CJF **Administrativo 16.** As hipóteses de remoção de servidor público a pedido, independentemente do interesse da Administração, fixadas no art. 36, parágrafo único, III, da Lei 8.112/1990 são taxativas. Por esse motivo, a autoridade que indefere a remoção quando não presentes os requisitos da lei não pratica ato ilegal ou abusivo.

CJF **Administrativo 37.** A estabilidade do servidor titular de cargo público efetivo depende da reunião de dois requisitos cumulativos: (i) o efetivo desempenho das atribuições do cargo pelo período de 3 (três) anos; e (ii) a confirmação do servidor no serviço mediante aprovação pela comissão de avaliação responsável (art. 41, caput e § 4º, da CRFB c/c arts. 20 a 22 da Lei n. 8.112/1990). Assim, não há estabilização automática em virtude do tempo, sendo o resultado positivo em avaliação especial de desempenho uma condição indispensável para a aquisição da estabilidade.

QUESTÕES OBJETIVAS

1. (TRF/4R/Juiz/2022) Assinale a alternativa correta.

a) Cargos, empregos e funções públicas não são acessíveis aos estrangeiros.

b) A investidura em cargo, emprego ou função pública depende de aprovação prévia em concurso público.
c) É vedado aos servidores públicos exercer qualquer outra função pública, salvo uma de magistério.
d) O exercício do direito de greve, sob qualquer forma ou modalidade, é vedado aos policiais civis e a todos os servidores públicos que atuem diretamente na área de segurança pública.
e) Os servidores públicos adquirem estabilidade após dois anos de efetivo exercício da função.

2. (IFBC/TRF/2R/Juiz/2018) Dadas as assertivas abaixo, assinale a alternativa correta:

a) Nos casos de acumulação de cargos, empregos e funções, a observância do teto remuneratório é aferida mediante somatório dos ganhos do agente público nos cargos acumulados.
b) É lícita a acumulação de dois cargos privativos da área de saúde, bastando a demonstração concreta da compatibilidade de horários, mesmo que a soma das horas semanais trabalhadas ultrapasse o limite de jornada estipulado em ato administrativo.
c) A revisão, nas esferas administrativa, controladora ou judicial, quanto à validade de ato, contrato, ajuste, processo ou norma administrativa, cuja produção já se houver completado levará em conta as orientações gerais do momento da declaração de invalidade. Nesse caso, não cabe considerar entendimentos ou orientações que prevaleciam à época.
d) Embora não caiba ao STF obrigar o Poder Executivo a encaminhar projeto de lei destinado a fixar o reajuste anual dos servidores públicos, previsto no artigo 37, inciso X da CF/88, é possível ao Poder Judiciário conceder indenização pleiteada por servidor, a pretexto de perdas salariais por conta de inflação não reposta em decorrência de tal omissão do Poder Executivo.
e) Em tema de concurso público é possível ao Poder Judiciário reexaminar amplamente o conteúdo das questões e os critérios de correção utilizados, com base no princípio da inafastabilidade do controle judiciário.

3. (TRF/3R/Juiz/2018) A jurisprudência do Supremo Tribunal Federal é firme no sentido de que o direito de greve do servidor público é assegurado, ainda que não tenha sido publicada a lei complementar de que trata o inciso VII do art. 37 da Constituição Federal. Além disso, também de acordo com o STF:

a) O servidor público tem direito à remuneração pelos dias parados, em qualquer hipótese.
b) O servidor público tem direito à remuneração pelos dias parados, somente se o movimento grevista foi motivado por conduta ilícita do sindicato da categoria.
c) O servidor público tem direito à remuneração pelos dias parados, somente se o movimento grevista foi motivado por conduta ilícita do Poder Público.
d) O servidor público não tem direito à remuneração pelos dias parados, em nenhuma hipótese.

4. (TRF/2R/Juiz/2017) Entre as opções abaixo, apenas uma, nos termos da Lei nº 8.112/90, não é causa de demissão do servidor público. Assinale-a:

a) Inassiduidade habitual.
b) Coagir subordinado, no sentido de filiar-se a partido político.
c) Proceder de forma desidiosa.
d) Receber presente ou vantagem de qualquer espécie, em razão de suas atribuições.
e) Participar de gerência ou administração de sociedade.

5. (TRF/2R/Juiz/2014) A Lei n. 8.112/90 disciplina, no seu âmbito, os institutos da nomeação, da reversão e da reintegração. Analise as assertivas abaixo e, ao final, assinale a opção correta.

I. As três são formas de provimento de cargo público.
II. A nomeação pode prescindir de prévio concurso público.
III. A reversão pode ocorrer mesmo que o cargo antes exercido pelo funcionário esteja agora ocupado, e não exista outra vaga.
IV. A reintegração produz efeitos "ex nunc", sem direitos patrimoniais pretéritos.

a) Apenas as afirmativas I e II estão corretas.
b) Apenas as afirmativas I, II e III estão corretas.
c) Apenas as afirmativas II e III estão corretas.
d) Apenas a afirmativa I está errada.
e) Apenas as afirmativas III e IV estão corretas.

6. (Cespe/TRF/2R/Juiz/2013) À luz da legislação pertinente, bem como da doutrina e da jurisprudência dominante dos tribunais superiores, assinale a opção correta com relação a contratos administrativos, serviços públicos, intervenção do Estado no domínio econômico, poderes da administração pública e agentes e servidores públicos.

a) Não é legítima a cobrança de tarifa de água fixada de acordo com categorias de usuários e faixas de consumo.
b) Segundo a jurisprudência pacífica do STF, é possível a delegação do poder de polícia à sociedade de economia mista.
c) Conforme a jurisprudência pacífica do STJ, será devida indenização ao permissionário de serviço público de transporte coletivo por prejuízos em face de déficit nas tarifas, ausente ou não o procedimento licitatório prévio, uma vez que não se autoriza o enriquecimento sem causa por parte do poder concedente.
d) Inserto no Código Civil, o instituto de intervenção do Estado no domínio econômico segundo o qual o proprietário poderá ser privado de seu imóvel se este consistir em extensa área, na posse ininterrupta e de boa-fé, por mais de cinco anos, de considerável número de pessoas, e estas nela houverem realizado, em conjunto ou separadamente, obras e serviços considerados pelo juiz de interesse social e econômico relevante é considerado espécie de usucapião coletiva, a qual tem aplicação quando o imóvel não cumpre a sua função social.
e) Para fins de aquisição de estabilidade do militar temporário, não podem ser contadas em dobro as férias e licenças não gozadas.

7. (Cespe/TRF/2R/Juiz/2013) A respeito de servidores públicos federais, regimes jurídicos e previdenciários e processo administrativo e disciplinar, assinale a opção correta.

a) Na administração pública direta, é possível estabelecer regimes jurídicos diversos no mesmo órgão, ou seja, regimes celetista e estatutário, sendo que, para isso, a lei deverá observar a natureza, o grau de responsabilidade e complexidade dos cargos.
b) Salvo disposição legal, será de dez dias o prazo para a interposição de recurso administrativo, contado a partir da intimação ou divulgação oficial da decisão recorrida.
c) Conforme dispõe a lei pertinente, o regime jurídico de pessoal das entidades fechadas de previdência complementar será o regime celetista.
d) É vedada a acumulação remunerada de cargos públicos, exceto quando, havendo compatibilidade de horários, caracterizar-se uma das seguintes situações: dois cargos ou empregos privativos de profissionais de saúde; dois cargos de professor; ou um cargo de professor com outro de natureza técnica ou científica.

e) Segundo a jurisprudência do STF e do STJ, nos casos de crimes afiançáveis praticados por servidores públicos, a existência de inquérito policial suprirá qualquer nulidade, quando não houver defesa preliminar.

8. (TRF/4R/Juiz/2012) Dadas as assertivas abaixo, assinale a alternativa correta.

I. Cargo público é o conjunto de atribuições e responsabilidades previstas na estrutura organizacional que devem ser cometidas a servidor investido exclusivamente mediante concurso público de provas ou de provas e títulos.

II. A nomeação, a promoção, a ascensão e a reintegração são algumas das formas de provimento de cargos públicos previstas na legislação de regência dos servidores públicos civis federais.

III. No âmbito do regime jurídico dos servidores públicos civis da União, a recondução, que foi extinta por modificação legislativa ocorrida em 1997, consistia no retorno à atividade do servidor aposentado, no interesse da administração, desde que a aposentadoria tivesse se dado de forma voluntária.

IV. A ordem constitucional veda qualquer restrição ao acesso a cargos públicos com base em distinção de gênero.

a) Está correta apenas a assertiva I.
b) Estão corretas apenas as assertivas II e IV.
c) Estão corretas apenas as assertivas III e IV.
d) Estão corretas apenas as assertivas I, II e III.
e) Nenhuma assertiva está correta.

9. (TRF/4R/Juiz/2012) Dadas as assertivas abaixo, assinale a alternativa correta.

I. Segundo entendimento do Supremo Tribunal Federal, atualmente os servidores das entidades de fiscalização do exercício profissional podem ser submetidos a regime jurídico de trabalho contratual, haja vista que referidas pessoas jurídicas, a despeito de ostentar natureza jurídica de direito público, qualificam-se como autarquias especiais.

II. A Constituição Federal estabelece que o direito de greve do servidor público depende de regulamentação quanto aos seus limites por lei complementar, mas o Supremo Tribunal Federal entende que o referido direito é dotado de eficácia imediata, observado, no que cabível, o disposto na Lei n. 7.783/1989, que dispõe genericamente sobre o exercício do direito de greve.

III. Dados obtidos em interceptação de comunicações telefônicas, judicialmente autorizadas para produção em investigação criminal ou em instrução processual penal, podem ser usados em procedimento administrativo disciplinar contra a mesma pessoa em relação à qual foram colhidos, ou mesmo contra outros servidores cujos supostos ilícitos teriam despontado à colheita dessas provas.

IV. Dentro do prazo de validade do concurso público, a Administração pode escolher o momento no qual se realizará a nomeação, mas não pode dispor sobre a própria nomeação, a qual, de acordo com o edital, constitui um direito do concursando aprovado dentro do número de vagas previstas e, dessa forma, um dever imposto ao poder público.

V. É firme a jurisprudência do Supremo Tribunal Federal no sentido de que as normas constitucionais que dispõem a respeito da aposentadoria dos servidores públicos são de absorção obrigatória pelas Constituições dos Estados, de modo que a fixação de idade para a aposentadoria compulsória aos setenta anos não está sujeita à atuação inovadora do legislador constituinte estadual, ou mesmo do legislador municipal.

a) Estão corretas apenas as assertivas I e II.
b) Estão corretas apenas as assertivas II e III.
c) Estão corretas apenas as assertivas III, IV e V.
d) Estão corretas apenas as assertivas I, II, IV e V.
e) Estão corretas todas as assertivas.

10. (Cespe/TRF/2R/Juiz/2011) No que diz respeito aos agentes públicos, assinale a opção correta.

a) De acordo com posição firmada no STJ, o excesso de prazo para a conclusão do processo administrativo disciplinar é causa de nulidade, mesmo quando não comprovado prejuízo à defesa do servidor.
b) Conforme dispõe a Lei n. 8.112/1990, é indispensável, no processo administrativo disciplinar, a concessão de prazo para a apresentação, pela defesa, de alegações após o relatório final da comissão processante, sob pena de nulidade processual.
c) Segundo entendimento do STJ, caso o servidor público adira a programa de demissão voluntária promovido pelo Estado e, anos depois, ingresse novamente no serviço público, mediante aprovação em concurso, tem ele direito à manutenção das vantagens pessoais percebidas em decorrência do vínculo anterior.
d) A CF conferiu estabilidade e efetividade àqueles que, embora não tivessem ingressado no serviço público mediante aprovação em concurso público, estavam em exercício, no serviço público, na data da promulgação da Carta, por pelo menos cinco anos continuados.
e) Consoante entendimento do STJ, a supressão, pelo poder público, de gratificação que esteja sendo paga a servidor público configura ato comissivo, de efeitos permanentes, e não de trato sucessivo, razão pela qual a impetração de mandado de segurança para impugnar o ato deve ocorrer no prazo de cento e vinte dias contados da sua edição.

11. (Cespe/TRF/3R/Juiz/2011) Considerando demanda promovida pela União contra advogado de seus quadros que perdeu o prazo para interpor recurso contra decisão desfavorável em mandado de segurança e permitiu o trânsito em julgado da referida decisão, assinale a opção correta.

a) A reparação possível tem caráter moral e exige prova de que a imagem pública da autoridade identificada como coatora foi atingida.
b) A reparação devida em razão da procedência da ação deverá abranger danos materiais atinentes à possibilidade de sucesso perdida pela não observância do prazo recursal.
c) A responsabilidade do advogado é objetiva, já que atuava em nome da administração pública no momento em que perdeu o prazo para o recurso.
d) O provimento do pedido deve prever a reversão aos cofres públicos exatamente daquilo que foi perdido em razão do trânsito em julgado da decisão não recorrida.
e) Não existe direito à reparação de danos caso não reste provado que a jurisprudência se encontrava uniformizada em sentido contrário ao da decisão não recorrida.

12. (Cespe/TRF/1R/Juiz/2011) Relativamente à disciplina constitucional sobre a administração pública, o MP e a AGU, assinale a opção correta.

a) Segundo decisão liminar exarada pelo STF, permanece em vigor a redação original do dispositivo da CF que consagra o regime jurídico único no âmbito da administração direta, das autarquias e das fundações, tanto na esfera federal como estadual e municipal.
b) Conforme a CF, o MPU compreende o MP Militar, o MP do Trabalho, o MP Militar e o MP Eleitoral, todos dotados de estrutura própria.

c) Ao MP é assegurada autonomia funcional e administrativa, mas não financeira, pois a elaboração de sua proposta orçamentária é realizada pelo Poder Executivo.

d) A AGU é instituição chefiada pelo advogado-geral da União, cargo de livre nomeação pelo presidente da República, entre os membros da carreira da advocacia da União.

e) As funções de confiança e os cargos em comissão, no âmbito da administração pública direta, só podem ser exercidos por servidores ocupantes de cargo efetivo.

13. (TRF/3R/Juiz/2010) Em relação aos agentes estatais é correto afirmar:

a) Os atos praticados por funcionário de fato são reputados válidos em razão da aparência de legalidade que se revestem e em nome dos princípios da boa-fé do administrado e da segurança jurídica.

b) Admite-se a prestação de serviço gratuito no âmbito da administração pública, assim como a realização de trabalhos voluntários, independentemente de autorização legal.

c) As regras e princípios pertinentes aos servidores públicos civis não são aplicáveis aos militares, os quais possuem regime jurídico próprio.

d) À ocupante de cargo em comissão é assegurada a estabilidade em virtude de gravidez.

14. (Cespe/TRF/1R/Juiz/2009) Com base na Lei n. 8.112/1990, assinale a opção correta.

a) Readaptação é a investidura do servidor em cargo de atribuições e responsabilidades compatíveis com a limitação que tenha sofrido em sua capacidade física ou mental, verificada em inspeção médica.

b) O prazo para o servidor empossado em cargo público entrar em exercício é de trinta dias, contados da data da posse.

c) Na hipótese de inexistência de cargo vago, o servidor sujeito à readaptação será aposentado.

d) Recondução é o retorno à atividade de servidor aposentado por invalidez, quando junta médica oficial declarar insubsistentes os motivos da aposentadoria.

e) Posse é o efetivo desempenho das atribuições do cargo público ou da função de confiança.

15. (Cespe/TRF/5R/Juiz/2009) A Assembleia Legislativa do Estado de Pernambuco editou a Lei n. X/2008, de iniciativa do governador, reformulando vários aspectos (criação de cargos, regime jurídico dos servidores, remuneração, transferência de detentos, procedimentos etc.) do sistema penitenciário do Estado. Entre os dispositivos dessa lei, incluem-se os seguintes: "Art. 4º Fica criado, na estrutura organizacional da Secretaria de Estado da Justiça e de Direitos Humanos, o quadro suplementar de assistente jurídico penitenciário, sendo assegurado ao servidor estadual investido na função de assistente jurídico de estabelecimento penitenciário o direito de permanecer nessa função, que será extinta com a respectiva vacância. Parágrafo único: Fica limitado a cinquenta o número de funções do quadro suplementar a que se refere o caput deste artigo, sendo atribuída a seus ocupantes a remuneração correspondente à de defensor público de 1ª classe, observada a carga horária deste. Art. 5º O estágio probatório dos servidores ocupantes do quadro criado no artigo 4º é de dois anos. Art. 6º A remuneração dos agentes penitenciários passa a ser de R$ 1.125,00 (um mil, cento e vinte cinco reais)." Em face dos aspectos hipotéticos da Lei n. X/2008 e das disposições constitucionais relativas à administração pública e aos servidores públicos, assinale a opção correta.

a) Considerando que tenham sido colocados no quadro criado pelo art. 4º da lei em questão servidores originariamente aprovados em concurso público – para os cargos de analista de administração e guarda penitenciário – que já auxiliavam juridicamente os presos, é correto afirmar que tal lei não violou o princípio do concurso público, pois a norma apenas regularizou uma situação de fato existente.

b) Segundo o entendimento mais recente do STJ, a redação do art. 5º da Lei n. X/2008 seria incompatível com o dispositivo constitucional, que confere estabilidade ao servidor público após três anos de efetivo exercício.

c) Somente será necessária nova publicação do valor da remuneração dos agentes penitenciários quando houver modificação desse valor.

d) Não há vício de constitucionalidade no art. 6º da lei em apreço.

e) A referida lei não violou o dispositivo constitucional que veda a vinculação ou equiparação de quaisquer espécies remuneratórias para efeito de remuneração de pessoal do serviço público.

1.2. Cargo em Comissão, Função de Confiança

SÚMULAS

STF **Súm. Vinculante 13.** A nomeação de cônjuge, companheiro ou parente em linha reta, colateral ou por afinidade, até o terceiro grau, inclusive, da autoridade nomeante ou de servidor da mesma pessoa jurídica, investido em cargo de direção, chefia ou assessoramento, para o exercício de cargo em comissão ou de confiança, ou, ainda, de função gratificada na Administração Pública direta e indireta, em qualquer dos Poderes da União, dos Estados, do Distrito Federal e dos municípios, compreendido o ajuste mediante designações recíprocas, viola a Constituição Federal.

STF **Súm. 8.** Diretor de sociedade de economia mista pode ser destituído no curso do mandato.

STF **Súm. 25.** A nomeação a termo não impede a livre demissão, pelo Presidente da República, de ocupante de cargo dirigente de autarquia.

STJ **Súm. 218.** Compete à justiça dos estados processar e julgar ação de servidor estadual decorrente de direitos e vantagens estatutárias no exercício de cargo em comissão.

REPERCUSSÃO & REPETITIVOS

STF **Rep. Geral 670.** I. No julgamento de ação direta de inconstitucionalidade proposta para questionar a validade de leis que criam cargos em comissão, ao fundamento de que não se destinam a funções de direção, chefia e assessoramento, o Tribunal deve analisar as atribuições previstas para os cargos; II. Na fundamentação do julgamento, o Tribunal não está obrigado se pronunciar sobre a constitucionalidade de cada cargo criado, individualmente. *RE 719870, 13.10.2020.*

ENUNCIADOS

CJF **Administrativo 23.** O art. 9º, II, c/c art. 10 da Lei 8.112 estabelece a nomeação de servidor em comissão para cargos de confiança vagos. A existência de processo seletivo por competências para escolha de servidor para cargos de confiança vagos não equipara as regras deste processo seletivo às de concurso público, e nem o regime jurídico de servidor em comissão ao de servidor em caráter efetivo, quando se tratar de cargo isolado de provimento efetivo ou de carreira.

INFORMATIVOS

STF **Tribunal de Contas estadual: requisitos constitucionais para a criação de cargos em comissão.** É inconstitucional a criação de cargos em comissão sem a devida observância dos requisitos indispensáveis fixados pelo STF no julgamento do RE 1041210 (Tema 1010 RG). *ADI 6655, 6.5.2022. Pleno. Inf 1053.*

1.3. Concurso Público

SÚMULAS

STF **Súm. Vinculante 43.** É inconstitucional toda modalidade de provimento que propicie ao servidor investir-se, sem prévia aprovação em concurso público destinado ao seu provimento, em cargo que não integra a carreira na qual anteriormente investido.

STF **Súm. Vinculante 44.** Só por lei se pode sujeitar a exame psicotécnico a habilitação de candidato a cargo público.

STF **Súm. 15.** Dentro do prazo de validade do concurso, o candidato aprovado tem o direito a nomeação, quando o cargo for preenchido sem observância da classificação.

STF **Súm. 16.** Funcionário nomeado por concurso tem direito a posse.

STF **Súm. 17.** A nomeação de funcionário sem concurso pode ser desfeita antes da posse.

STF **Súm. 683.** O limite de idade para a inscrição em concurso público só se legitima em face do art. 7º, XXX, da Constituição, quando possa ser justificado pela natureza das atribuições do cargo a ser preenchido.

STF **Súm. 684.** É inconstitucional o veto não motivado à participação de candidato a concurso público.

STJ **Súm. 266.** O diploma ou habilitação legal para o exercício do cargo deve ser exigido na posse e não na inscrição para o concurso público.

STJ **Súm. 377.** O portador de visão monocular tem direito de concorrer, em concurso público, às vagas reservadas aos deficientes.

STJ **Súm. 552.** O portador de surdez unilateral não se qualifica como pessoa com deficiência para o fim de disputar as vagas reservadas em concursos públicos.

TRF2 **Súm. 30.** O exame psicotécnico é critério seletivo legítimo, desde que permita aos candidatos o conhecimento dos resultados pessoais e a interposição de eventual recurso, previsto em edital.

REPERCUSSÃO & REPETITIVOS

STF **Rep. Geral 22.** Sem previsão constitucionalmente adequada e instituída por lei, não é legítima a cláusula de edital de concurso público que restrinja a participação de candidato pelo simples fato de responder a inquérito ou ação penal. *RE 560900, 5.2.2020.*

STF **Rep. Geral 386.** Nos termos do artigo 5º, VIII, da Constituição Federal é possível a realização de etapas de concurso público em datas e horários distintos dos previstos em edital, por candidato que invoca escusa de consciência por motivo de crença religiosa, desde que presentes a razoabilidade da alteração, a preservação da igualdade entre todos os candidatos e que não acarrete ônus desproporcional à Administração Pública, que deverá decidir de maneira fundamentada. *RE 611874, 26.11.2020.*

STF **Rep. Geral 667.** É inconstitucional, por dispensar o concurso público, a reestruturação de quadro funcional por meio de aglutinação, em uma única carreira, de cargos diversos, quando a nova carreira tiver atribuições e responsabilidades diferentes dos cargos originais. *RE 642895, 15.5.2020.*

STF **Rep. Geral 1157.** É vedado o reenquadramento, em novo plano de cargos, carreiras e remuneração, de servidor admitido sem concurso público antes da promulgação da Constituição Federal de 1988, mesmo que beneficiado pela estabilidade excepcional do artigo 19 do ADCT, haja vista que esta regra transitória não prevê o direito à efetividade, nos termos do artigo 37, II, da Constituição Federal e decisão proferida na ADI 3609. *ARE 1306505, 28.3.2022.*

STJ **Repetitivo 1094.** O candidato aprovado em concurso público pode assumir cargo que, segundo o edital, exige título de ensino médio profissionalizante ou completo com curso técnico em área específica, caso não seja portador desse título mas detenha diploma de nível superior na mesma área profissional. *REsp 1.888.049, 22.9.2021.*

INFORMATIVOS

STF **Contratação temporária: vacância de cargo público efetivo e educação pública.** É inconstitucional norma estadual que, de maneira genérica e abrangente, permite a convocação temporária de profissionais da área da educação sem prévio vínculo com a Administração Pública para suprir vacância de cargo público efetivo. A medida viola a regra do concurso público, ao permitir a contratação para atividades absolutamente previsíveis, permanentes e ordinárias do Estado, autorizando que sucessivas contratações temporárias perpetuem indefinidamente a precarização de relações trabalhistas no âmbito da Administração Pública. *ADPF 915, 20.5.2022. Pleno. Inf 1055.*

STF **Alteração de escolaridade para o cargo de perito técnico de polícia por meio de lei estadual.** A exigência de diploma de nível superior, promovida por legislação estadual, para o cargo de perito técnico de polícia – que anteriormente tinha o nível médio como requisito de escolaridade – não viola o princípio do concurso público nem as normas constitucionais sobre competência legislativa (CF, arts. 22, I; 24, XVI e § 4º), pois se trata de reestruturação da Administração, e não provimento derivado por ascensão. *ADI 7081, Pleno, 21.9.2022. Pleno. Inf 1074.*

STJ **Concurso público. Reclassificação. Decisão judicial. Mandado de segurança. Prazo decadencial. Termo inicial. Último ato administrativo.** A data do último ato administrativo reputado ilegal é o termo inicial do prazo decadencial para impetração de mandado de segurança com objetivo de reclassificação em concurso público em virtude de anulação de questões por decisão judicial após o encerramento do prazo de validade do certame. *RMS 64025, 2ª T, 10.10.2022. Inf 752.*

STJ **Concurso público. Nomeação em cargo público. Exigibilidade de habilitação em nível superior (bacharelado). Superveniência de lei estadual. Alteração da legislação aplicável para permissão de tecnólogo. Inaplicabilidade. Observância das exigências previstas no edital.** A exigência dos requisitos previstos em edital para nomeação em cargo público não pode ser afastada por legislação posterior mais benéfica ao candidato. *AgInt no RMS 61658, 2ª T, 27.5.2022. Inf 748.*

STJ **Concurso público. Cotas. Candidato autodeclarado pardo. Posterior recusa pela comissão especial. Caso concreto. Dilação probatória. Inadequação da via mandamental.** É inadequado o manejo de mandado de segurança com vistas à defesa do direito de candidato em concurso público a continuar concorrendo às vagas reservadas às pessoas pretas ou pardas, quando a comissão examinadora de heteroidentificação não confirma a sua autodeclaração. *RMS 58785, 1ª T, 23.8.2022. Inf 746.*

STJ **Concurso público. Cláusula de barreira. Eliminação de candidatos fora das vagas. Revogação da regra. Benefícios em favor do candidato. Reclassificação dentro das vagas oferecidas. Posterior restauração da cláusula de barreira. Impossibilidade.** A reclassificação do candidato para dentro do número de vagas oferecidas no edital de abertura de concurso público, operada em razão de ato praticado pela Administração Pública, confere-lhe o direito público subjetivo ao provimento no cargo público, ainda que durante a vigência do ato não tenha sido providenciada a sua nomeação e que, em seguida, o ato de que derivada a reclassificação tenha sido posteriormente anulado. *RMS 62093, 2ª T, 24.5.2022. Inf 738.*

QUESTÕES OBJETIVAS

16. (TRF/4R/Juiz/2022) Assinale a alternativa incorreta. Considerando os termos e os conceitos presentes na citação abaixo: "O indiciamento, ato posterior ao estado de suspeito, reclama a existência de um 'feixe de indícios convergentes' e está baseado em um juízo de probabilidade e não de mera possibilidade em relação à autoria delitiva. Dessarte, é de bom alvitre que sejam realizadas diligências iniciais buscando elementos de informação sobre o autor do delito, evitando-se o constrangimento ilegal, a estigmatização e o etiquetamento jurídico e social decorrentes de um indiciamento temerário, desprovido de lastro mínimo." (STJ, RHC 82511/RS, DJe 16/10/2017).

a) Na esteira de Émile Durkheim, considerado um dos autores fundamentais da sociologia, a criminologia crítica compreende a conduta desviante não como uma propriedade do ato em si, mas como fenômeno de reação social, que define o que é desvio e a ele se opõe, sem correspondência necessária às mais relevantes necessidades individuais e coletivas.

b) Dentre os conteúdos jurídicos do direito de igualdade, é inadmissível o emprego de estereótipos raciais negativos, como, a propósito, decidiu o Supremo Tribunal Federal sobre ações afirmativas nas universidades.

c) O Supremo Tribunal Federal, ao decidir sobre reserva de vagas para pessoas negras em concursos públicos, salientou a reprovação constitucional aos processos sociais de estigmatização racial e aos seus efeitos, concluindo pela violação ao princípio da igualdade como reconhecimento; no entanto, evitou fundamentar a decisão em alegado direito de reparação diante do estigma moral da escravidão.

d) O tratamento preferencial em serviços comunitários de saúde mental, em favor de pessoas acometidas de transtorno mental (Lei nº 10.216/2001, que dispõe sobre a proteção e os direitos das pessoas portadoras de transtornos mentais e redireciona o modelo assistencial em saúde mental, no contexto da chamada "luta antimanicomial"), vai ao encontro do dever de evitar constrangimento ilegal, estigmatização e etiquetamento jurídico.

e) Conforme a Corte Interamericana de Direitos Humanos, a legislação nacional que, em matéria de casamento, se utiliza de uma denominação específica para casais do mesmo sexo, diversa daquela para casais de sexos opostos, incorre em diferença estigmatizante, violadora da proibição de discriminação.

17. (IFBC/TRF/2R/Juiz/2018) A prova de aptidão física em concursos públicos pode acarretar situações a serem dirimidas no edital. Nesse sentido, sobre essa modalidade de prova é correto afirmar que:

a) a proteção constitucional à maternidade e à gestante autoriza o tratamento diferenciado à candidata gestante, com designação de outra data para a realização do teste de aptidão física, especialmente se comprovado que a realização da prova na condição em que se encontra pode prejudicar a saúde do feto.

b) comprovado que o impedimento de realização da prova na data designada deu-se em razão de mudança na situação de saúde do candidato (ex. fraturas, cirurgia, doenças) é possível a designação de nova data para a realização da prova de aptidão física.

c) o STF, no julgamento do RE n. 630733, alterou seu entendimento para consignar que não viola o princípio da isonomia a remarcação de teste de aptidão física em virtude de impedimento de caráter pessoal relacionado ao candidato.

d) importa em privilégio às candidatas grávidas, em detrimento dos demais e, portanto, viola o princípio da isonomia nos certames públicos, a designação de nova data para a realização do teste físico.

e) o edital é a lei do concurso, de forma que se a candidata não comparecer na data da realização do teste, mesmo por estar na condição de gestante e ter comprovado que a realização do teste expõe à saúde do feto, estará automaticamente eliminada, conforme previsão expressa nos editais.

18. (TRF/3R/Juiz/2018) É obrigatória a aprovação prévia em concurso público para a ocupação de cargos e empregos públicos efetivos. Trata-se da realização do princípio da igualdade de acesso ao serviço público. Com base nesse enunciado, indique a afirmação correta:

a) Limites de idade, sexo, altura e capacitação profissional devem ser estabelecidos em regulamento do concurso e não apenas no edital.

b) Para que o candidato possa fazer jus às vagas reservadas aos portadores de deficiência, estas precisam necessariamente causar dificuldades no desempenho das funções do cargo disputado, em função da aplicação do princípio da congruência.

c) O princípio da igualdade de gênero impede que o edital de concurso público preveja a participação apenas de concorrentes de determinado sexo.

d) Conflita com o princípio da razoabilidade a eleição, como critério de desempate, do desempenho profissional anterior, relacionado com a titularidade do serviço para o qual se realiza o concurso.

19. (Cespe/TRF/5R/Juiz/2017) Com base no princípio da igualdade, o STF julgou constitucional a Lei das Cotas Raciais (Lei n. 12.990/2014), que reserva para negros o percentual de vinte por cento das vagas oferecidas nos concursos públicos para provimento de cargos efetivos e empregos públicos. De acordo com o STF, contudo, tal percentual abrange apenas a administração

a) direta, autárquica e fundacional do Poder Executivo federal.

b) pública federal direta e indireta, no âmbito dos três Poderes.

c) pública federal, estadual, distrital e municipal, no âmbito do respectivo Poder Executivo.

d) direta do Poder Executivo federal.

e) direta e indireta do Poder Executivo federal.

1.4. Regras Remuneratórias

SÚMULAS

STF Súm. Vinculante 4. Salvo os casos previstos na Constituição Federal, o salário mínimo não pode ser usado como indexador de base de cálculo de vantagem de servidor público ou de empregado, nem ser substituído por decisão judicial.

STF Súm. Vinculante 15. O cálculo de gratificações e outras vantagens do servidor público não incide sobre o abono utilizado para se atingir o salário mínimo.

STF Súm. Vinculante 16. Os artigos 7º, IV, e 39, § 3º (redação da EC 19/98), da Constituição, referem-se ao total da remuneração percebida pelo servidor público.

STF Súm. Vinculante 37. Não cabe ao Poder Judiciário, que não tem função legislativa, aumentar vencimentos de servidores públicos sob o fundamento de isonomia.

STF Súm. Vinculante 42. É inconstitucional a vinculação do reajuste de vencimentos de servidores estaduais ou municipais a índices federais de correção monetária.

STF Súm. Vinculante 55. O direito ao auxílio-alimentação não se estende aos servidores inativos.

STF Súm. 567. A Constituição, ao assegurar, no § 3º, do art. 102, a contagem integral do tempo de serviço público federal, estadual ou municipal para os efeitos de aposentadoria e disponibilidade não proíbe à União, aos Estados e aos Municípios mandarem contar, mediante lei, para efeito diverso, tempo de serviço prestado a outra pessoa de direito público interno.

STF Súm. 678. São inconstitucionais os incisos I e III do art. 7º da Lei 8.162/91, que afastam, para efeito de anuênio e de licença-prêmio, a contagem do tempo de serviço regido pela CLT dos servidores que passaram a submeter-se ao regime jurídico único.

STF Súm. 679. A fixação de vencimentos dos servidores públicos não pode ser objeto de convenção coletiva.

STF Súm. 682. Não ofende a Constituição a correção monetária no pagamento com atraso dos vencimentos de servidores públicos.

STJ Súm. 97. Compete à justiça do trabalho processar e julgar reclamação de servidor público relativamente a vantagens trabalhistas anteriores à instituição do Regime Jurídico Único.

STJ Súm. 137. Compete à justiça comum estadual processar e julgar ação de servidor público municipal, pleiteando direitos relativos ao vínculo estatutário.

STJ Súm. 170. Compete ao juízo onde primeiro for intentada a ação envolvendo acumulação de pedidos, trabalhista e estatutário, decidi-la nos limites da sua jurisdição, sem prejuízo do ajuizamento de nova causa, com o pedido remanescente, no juízo próprio.

STJ Súm. 218. Compete à justiça dos estados processar e julgar ação de servidor estadual decorrente de direitos e vantagens estatutárias no exercício de cargo em comissão.

STJ Súm. 378. Reconhecido o desvio de função, o servidor faz jus às diferenças salariais decorrentes.

TRF1 Súm. 8. É constitucional a supressão do reajuste de 26,06% sobre salários, vencimentos, soldos, proventos e pensões, determinada pelo Decreto-Lei 2.335/87 (Plano Bresser).

TRF1 Súm. 17. Não existe direito adquirido à incorporação aos salários, vencimentos, proventos, soldos e pensões, do índice de reajuste de 84,32% de março e resíduos de janeiro e fevereiro de 1990 (Medida Provisória 154/90 e Lei 8030/90).

TRF1 **Súm. 18.** Os servidores transpostos para os cargos de Analista e Técnico de Finanças e Controle não fazem jus à Gratificação de Controle Interno auferida nos cargos de origem (Decretos-leis n. 2.191/84, 2.225/85 e 2.346/87).

TRF1 **Súm. 24.** O reajuste concedido pela Lei n. 8.237/91 aos militares das Forças Armadas não é extensivo aos servidores civis.

TRF1 **Súm. 28.** Não existe direito adquirido à incorporação dos salários, vencimentos, proventos, soldos e pensões, do índice de reajuste de 26,05% de fevereiro de 1989 (Lei 7.730/89).

TRF1 **Súm. 31.** A gratificação adicional por tempo de serviço incide, tão somente, sobre o valor do vencimento base.

TRF1 **Súm. 53.** Consideram-se legais a Resolução 19.784/97 e a Portaria 158/02, ambas do Tribunal Superior Eleitoral.

TRF2 **Súm. 13.** Os servidores públicos federais e militares ainda não haviam implementado a condição temporal para a incorporação a sua remuneração do índice de reajustamento de 84,32%, correspondente ao IPC de Março de 1990 quando sobreveio a Medida Provisória n. 154, de 15 de Março de 1990, que incidiu imediatamente.

TRF2 **Súm. 16.** O aumento da remuneração dos militares decorrentes da aplicação da Lei 8.237/91, não é extensivo aos servidores civis.

TRF2 **Súm. 21.** A diária de asilado concedida ao militar pode ser substituída pelo auxílio-invalidez, desde que não resulte em redução do montante global de seus proventos.

TRF2 **Súm. 22.** A diária de asilado concedida ao militar inativo é devida a esposa e dependentes do servidor falecido.

TRF2 **Súm. 35.** Não há direito adquirido ao reajuste de vencimentos, proventos ou pensões, pelos índices de 26,06% (Plano Bresser) e 26,05% (Plano Verão), relativo, respectivamente, ao IPC de Junho/87 e a variação da URP de fevereiro/89.

TRF4 **Súm. 9.** Incide correção monetária sobre os valores pagos com atraso, na via administrativa, a título de vencimento, remuneração, provento, soldo, pensão ou benefício previdenciário, face a sua natureza alimentar.

TRF4 **Súm. 30.** A conversão do regime jurídico trabalhista para o estatutário não autoriza ao servidor o saque dos depósitos do FGTS.

TRF4 **Súm. 35.** Inexiste direito adquirido a reajuste de vencimentos de servidores públicos federais com base na variação do IPC – Índice de Preços ao Consumidor – de março e abril de 1990.

TRF4 **Súm. 96.** A concessão de adicional de atividade penosa para servidores em exercício em zonas de fronteira ou em localidades cujas condições de vida o justifiquem, previsto nos artigos 70 e 71 da Lei n. 8.112/90, está condicionada à prévia regulamentação que defina os parâmetros para sua percepção.

TRF4 **Súm. 97.** O servidor tem direito às férias, bem como ao respectivo adicional, no período correspondente à licença para capacitação, porquanto é considerado como de efetivo exercício, nos termos do art. 102, VIII, e, da Lei n. 8.112/90.

TRF4 **Súm. 116.** O militar transferido para a reserva sem ter usufruído a licença-prêmio, nem dela se valido para fins de aposentadoria, tem direito à conversão em pecúnia, sob pena de enriquecimento sem causa por parte da administração.

TRF4 **Súm. 120.** O auxílio-transporte é devido a todos os servidores que façam uso de algum meio de transporte, seja público ou privado, para se deslocarem entre sua residência e o local de trabalho, conforme orientação já sedimentada pelo Superior Tribunal de Justiça, a partir de interpretação do art. 1º da MP n. 2.165-36/2001.

TRF5 **Súm. 3.** O pagamento de diferenças de vencimentos decorrentes da incidência da URP, nos meses de abril e maio de 1988, não implica em perda de objeto da ação de conhecimento ou da execução, remanescendo a apuração de correção monetária, juros e ônus de sucumbência.

TRF5 **Súm. 16.** O reajuste dos servidores militares estabelecido na Lei 8.237/91 não tem aplicação aos servidores civis.

TRF5 **Súm. 19.** O deslocamento, a serviço, do Juiz do Trabalho substituto, no território da respectiva zona de atuação, previamente delimitado por ato do TRT, não gera direito ao pagamento de diárias. A ajuda de custo só é devida com a mudança de domicílio do magistrado, em caráter definitivo.

TNU **Súm. 13.** O reajuste concedido pelas leis 8.622/93 e 8.627/93 (28,86%) constituiu revisão geral dos vencimentos e, por isso, é devido também aos militares que não o receberam em sua integralidade, compensado o índice então concedido, sendo limite temporal desse reajuste o advento da MP 2131 de 28.12.2000.

TNU **Súm. 23.** As substituições de cargos ou funções de direção ou chefia ou de cargo de natureza especial ocorridas a partir da vigência da MP 1.522/1996, e até o advento da Lei 9.527/1997, quando iguais ou inferiores a trinta dias, não geram direito à remuneração correspondente ao cargo ou função substituída.

TNU **Súm. 39.** Nas ações contra a Fazenda Pública, que versem sobre pagamento de diferenças decorrentes de reajustes nos vencimentos de servidores públicos, ajuizadas após 24.08.2001, os juros de mora devem ser fixados em 6% (seis por cento) ao ano (art. 1º-F da Lei 9.494/97).

TNU **Súm. 58.** Não é devido o reajuste na indenização de campo por força da alteração trazida pelo Decreto 5.554/2005.

REPERCUSSÃO & REPETITIVOS

STF **Rep. Geral 359.** Ocorrida a morte do instituidor da pensão em momento posterior ao da Emenda Constitucional n. 19/1998, o teto constitucional previsto no inciso XI do artigo 37 da Constituição Federal incide sobre o somatório de remuneração ou provento e pensão percebida por servidor. *RE 602584, 6.8.2020.*

STF **Rep. Geral 551.** Servidores temporários não fazem jus a décimo terceiro salário e férias remuneradas acrescidas do terço constitucional, salvo (I) expressa previsão legal e/ou contratual em sentido contrário, ou (II) comprovado desvirtuamento da contratação temporária pela Administração Pública, em razão de sucessivas e reiteradas renovações e/ou prorrogações. *RE 1066677, 22.5.2020.*

STF **Rep. Geral 600.** Não cabe ao Poder Judiciário, que não tem função legislativa, aumentar qualquer verba de servidores públicos de carreiras distintas sob o fundamento de isonomia, tenham elas caráter remuneratório ou indenizatório. *RE 710293, 16.9.2020.*

STF **Rep. Geral 624.** O Poder Judiciário não possui competência para determinar ao Poder Executivo a apresentação de projeto de lei que vise a promover a revisão geral anual da remuneração dos servidores públicos, tampouco para fixar o respectivo índice de correção. *RE 843112, 22.9.2020.*

STF **Rep. Geral 779.** Os substitutos ou interinos designados para o exercício de função delegada não se equiparam aos titulares de serventias extrajudiciais, visto não atenderem aos requisitos estabelecidos nos arts. 37, inciso II, e 236, § 3º, da Constituição Federal para o provimento originário da função, inserindo-se na categoria dos agentes estatais, razão pela qual se aplica a eles o teto remuneratório do art. 37, inciso XI, da Carta da República. *RE 808202, 24.8.2020.*

STF **Rep. Geral 900.** É defeso o pagamento de remuneração em valor inferior ao salário mínimo ao servidor público, ainda que labore em jornada reduzida de trabalho. *RE 964659, 5.8.2022.*

STF **Rep. Geral 1038.** I. A Constituição Federal não prevê adicional noturno aos militares estaduais ou distritais. II. Mandado de injunção será cabível para que se apliquem, aos militares estaduais, as normas que regulamentam o adicional noturno dos servidores públicos civis, desde que o direito a tal parcela remuneratória esteja expressamente previsto na Constituição Estadual ou na Lei Orgânica do Distrito Federal. *RE 970823, 18.8.2020.*

STF **Rep. Geral 1082.** As gratificações de natureza "pro labore faciendo" são incorporadas à aposentadoria conforme as normas de regência de cada uma delas, não caracterizando ofensa ao direito à integralidade a incorporação em valor inferior ao da última remuneração recebida em atividade por servidor que se aposentou nos termos do art. 3º da Emenda Constitucional n. 47/2005. *RE 1225330, 20.3.2020.*

STJ **Repetitivo 1009.** Os pagamentos indevidos aos servidores públicos decorrentes de erro administrativo (operacional ou de cálculo), não embasado em interpretação errônea ou equivocada da lei pela Administração, estão sujeitos à devolução, ressalvadas as hipóteses em que o servidor, diante do caso concreto, comprova sua boa-fé objetiva, sobretudo com demonstração de que não lhe era possível constatar o pagamento indevido. *REsp 1.769.306, 19.5.2021.*

STJ **Repetitivo 1086.** Presente a redação original do art. 87, § 2º, da Lei n. 8.112/1990, bem como a dicção do art. 7º da Lei n. 9.527/1997, o servidor federal inativo, sob pena de enriquecimento ilícito da Administração e independentemente de prévio requerimento administrativo, faz jus à conversão em pecúnia de licença-prêmio por ele não fruída durante sua atividade funcional, nem contada em dobro para a aposentadoria, revelando-se prescindível, a tal desiderato, a comprovação de que a licença-prêmio não foi gozada por necessidade do serviço. *REsp 1854662, 22.6.2022.*

INFORMATIVOS

STJ **Servidor público. Valores recebidos. Decisão judicial precária. Reforma posterior. Restituição. Possibilidade.** Valores recebidos por servidores públicos por força de decisão judicial precária, posteriormente reformada, devem ser restituídos ao erário. *AREsp 1711065, 2ª T, 5.5.2022. Inf 735.*

STJ Servidor público. Demissão. Anulação administrativa do ato. Reintegração ao cargo. Recebimento das rubricas concernentes ao auxílio-transporte e ao adicional de insalubridade. Exercício ficto. Impossibilidade. O servidor público reintegrado não faz jus ao recebimento das parcelas remuneratórias referentes ao auxílio-transporte e ao adicional de insalubridade pelo período em que esteve indevidamente afastado do cargo público. *REsp 1941987, 1ª T, 10.12.2021. Inf 722.*

STJ Bolsa desempenho. Caráter "propter laborem". Servidores Inativos. Impossibilidade. A bolsa de desempenho instituída pela Lei 9.383/11 do Estado da Paraíba possui natureza "propter laborem" não sendo, portanto, devida aos servidores inativos. *RMS 68357, 2ª T, 22.3.2022. Inf 729.*

QUESTÕES OBJETIVAS

20. (IFBC/TRF/2R/Juiz/2018) A remuneração do servidor público é a soma dos vencimentos do cargo e de vantagens pecuniárias. Com relação ao regime remuneratório dos servidores públicos é correto afirmar que:

a) a garantia da irredutibilidade dos vencimentos não veda a redução de parcelas que compõem a remuneração ou mesmo a alteração no modo de cálculo de gratificações e outras vantagens, desde que preservado o valor da remuneração total.
b) a isonomia remuneratória prevista na Constituição Federal garante paridade entre os cargos de igual atribuição ou assemelhados no Executivo, no Legislativo e no Judiciário.
c) em caso de acordo é possível a fixação de vencimento de servidor por meio de Convenção Coletiva desde que homologado judicialmente.
d) a fixação de subsídios dos Membros do Legislativo, bem como Presidente, Vice-Presidente e Ministros de Estado ocorre por meio de Lei de competência exclusiva do Congresso, sancionada pelo Presidente da República.
e) os pensionistas de servidor público falecido já aposentado, terão suas pensões regidas pela Lei vigente por ocasião da aposentadoria do servidor falecido.

21. (Cespe/TRF/5R/Juiz/2017) A respeito de agentes públicos, assinale a opção correta.

a) Conforme entendimento do STF, para a concessão de licença prêmio na forma de indenização a servidor público, deverá ser considerada a remuneração bruta do servidor, sem a limitação constitucional do teto, em razão do seu caráter indenizatório.
b) Caso um ente público com participação em determinada sociedade de economia mista não aporte, para a sociedade, recursos para despesas de pessoal ou custeio em geral, será legítimo que os diretores dessa sociedade percebam remuneração além do teto constitucional.
c) Servidor público federal que ingresse no serviço público após a instituição da previdência complementar no âmbito da União deverá, obrigatoriamente, aderir ao regime de previdência privada.
d) Empregado público ingressou no quadro de servidores de determinada empresa estatal, sem concurso público, seis anos antes do advento da Constituição Federal de 1988. Nesse caso, ele adquiriu a estabilidade excepcional garantida por artigo do Ato das Disposições Constitucionais Transitórias, no entanto a efetividade no cargo só será obtida por concurso público.
e) Servidor público que tenha aderido a plano de previdência complementar administrado por entidade fechada de previdência complementar e que deseje contribuir com 10% acima do valor estabelecido pela entidade administradora do plano somente poderá fazê-lo se a contribuição do ente público ao qual esteja vinculado for também suplementada, a fim de atender ao princípio constitucional da paridade contributiva.

22. (TRF/4R/Juiz/2016) Dadas as assertivas abaixo, assinale a alternativa correta.

I. Servidores de empresas públicas e sociedades de economia mista admitidos por concurso público não gozam da estabilidade preconizada no art. 41 da Constituição Federal de 1988, mas sua demissão deve ser sempre motivada.
II. É vedada a incorporação de quintos aos vencimentos de magistrados decorrente de exercício de função comissionada em cargo público ocorrido em data anterior ao ingresso na magistratura.
III. É legítima a publicação, inclusive em sítio eletrônico mantido pela Administração Pública, dos nomes de seus servidores e dos valores dos correspondentes vencimentos e vantagens pecuniárias.
IV. Cabe ao Tribunal de Contas da União apreciar a legalidade formal e material de processos de concessão inicial de aposentadoria, reforma e pensão, desde que assegure o contraditório e a ampla defesa, especialmente quando da decisão puder resultar anulação ou revogação de ato administrativo que beneficie o servidor interessado e seus dependentes.

a) Estão corretas apenas as assertivas I e II.
b) Estão corretas apenas as assertivas II e III.
c) Estão corretas apenas as assertivas III e IV.
d) Estão corretas apenas as assertivas I, II e III.
e) Estão corretas apenas as assertivas II, III e IV.

23. (TRF/2R/Juiz/2014) A Constituição Federal estende aos servidores de cargos públicos certos direitos dos trabalhadores previstos no art. 7º de seu texto. Entre os abaixo listados, assinale direito que não foi estendido, pela própria Lei Maior, aos servidores:

a) Salário mínimo nacionalmente unificado.
b) Duração do trabalho normal não superior a oito horas diárias e quarenta e quatro semanais.
c) Proteção do mercado de trabalho da mulher, mediante incentivos específicos, nos termos da lei.
d) Adicional de remuneração para as atividades penosas, insalubres ou perigosas, na forma da lei.
e) Remuneração do serviço extraordinário superior, no mínimo, em cinquenta por cento à do normal.

24. (Cespe/TRF/5R/Juiz/2011) A respeito da administração pública e das funções essenciais à justiça, assinale a opção correta.

a) Conforme entendimento do STF, compete ao STJ dirimir conflito negativo de competência entre o Ministério Público Federal e o MP de determinado estado.
b) A CF submeteu os empregados das empresas públicas e das sociedades de economia mista ao teto remuneratório da administração pública, limitando expressamente a aplicação de tal determinação aos casos em que tais empresas recebam recursos da fazenda pública para custeio em geral ou gasto com pessoal.
c) Segundo entendimento do STF, membro do MP pode exercer cargo ou função pública em órgão externo à organização do MP, ainda que tenha ingressado na instituição após a promulgação da CF.
d) Assim como as cortes de contas, as defensorias públicas estão organizadas nas esferas federal, estadual e municipal, com autonomia funcional e administrativa assegurada pela CF.
e) A garantia da inamovibilidade é conferida, pela CF, aos membros do MP, da advocacia pública e da defensoria pública.

2. ATOS ADMINISTRATIVOS

2.1. Disposições Gerais

QUESTÕES DISCURSIVAS

1. (Cespe/TRF/5R/Juiz/2018) Discorra sobre o seguinte tema: "Discricionariedade administrativa e controle jurisdicional." Em seu texto, aborde, necessariamente, os seguintes aspectos: - Discricionariedade: ideia, natureza e características. - Discricionariedade e elementos do ato administrativo. Autovinculação. - Discricionariedade e conceitos jurídicos indeterminados. - Discricionariedade e atividade técnica. - Controle jurisdicional da discricionariedade. - Discricionariedade e improbidade administrativa.

2. (TRF/3R/Juiz/2013) Discorrer a respeito da noção de ato administrativo, ressaltando o critério hábil à sua identificação dentre as atividades jurídicas do Estado, bem como a respeito da extensão do controle judicial quanto ao mesmo.

QUESTÕES OBJETIVAS

25. (TRF/4R/Juiz/2016) Assinale a alternativa correta.

a) A imperatividade dos atos administrativos admite arbitrariedade da Administração em situações em que a atuação punitiva se imponha.
b) A presunção de legitimidade dos atos administrativos admite prova em contrário, mas o ônus de provar a ilegitimidade é do particular.
c) As penas da Lei de Improbidade Administrativa possuem independência das esferas penais, civis e administrativas, mas não podem ser aplicadas cumulativamente.
d) Na fixação das penas previstas na Lei de Improbidade Administrativa, o juiz levará em conta somente a extensão do dano causado ao Poder Público.
e) Não estão sujeitos às penalidades da Lei de Improbidade Administrativa os atos de improbidade praticados contra o patrimônio de entidade particular que receba subvenção, benefício ou incentivo fiscal de órgão público.

26. (TRF/4R/Juiz/2016) Assinale a alternativa correta. Acerca da anulação e da revogação do ato administrativo:

a) Ambas podem ser decretadas pelo Poder Judiciário como instrumento de controle da atividade administrativa.
b) Ambas dão-se no âmbito da discricionariedade administrativa.
c) Ambas retroagem à data em que o ato for praticado.
d) Ambas podem ser realizadas pela autoridade administrativa competente no exercício da autotutela administrativa.
e) Ambas decorrem da ilegalidade da atuação administrativa.

27. (TRF/4R/Juiz/2016) Dadas as assertivas abaixo, assinale a alternativa correta.

I. Impedida a parte de participar de concorrência pública por ato imputável à Administração, é devida indenização, com base na Teoria da Perda de uma Chance, equivalente ao benefício que teria auferido se vencedor no certame.
II. Segundo a Teoria dos Motivos Determinantes, quando a Administração motiva o ato, mesmo que a lei não exija motivação, ele só será válido se os motivos forem verdadeiros.
III. Havendo alteração da situação de fato ou de direito após o trânsito em julgado de decisão judicial concessiva de vantagem funcional, a Administração pode unilateralmente suprimir tal vantagem, sem necessidade de processo judicial ou administrativo.

a) Está correta apenas a assertiva II.
b) Estão corretas apenas as assertivas I e II.
c) Estão corretas apenas as assertivas II e III.
d) Estão corretas todas as assertivas.
e) Nenhuma assertiva está correta.

28. (Cespe/TRF/5R/Juiz/2015) Assinale a opção correta com relação aos atos administrativos.

a) Tanto os atos administrativos constitutivos quanto os negociais e os enunciativos dispõem do atributo da imperatividade.
b) A permissão de uso de bem público, tradicionalmente considerada ato administrativo precário, possui atualmente natureza jurídica de contrato administrativo bilateral resultante de atividade vinculada do administrador.
c) A competência, como elemento do ato administrativo, pode ser delegada a outros órgãos ou agentes, se não houver impedimento legal, mesmo que estes não sejam hierarquicamente subordinados aos que possuam a competência originária.
d) São classificados como compostos os atos administrativos elaborados pela manifestação autônoma de agentes ou órgãos diversos que concorrem para a formação de um único ato.
e) A homologação é ato administrativo que envolve apenas competências discricionárias relacionadas à conveniência de ato anteriormente praticado.

29. (Cespe/TRF/1R/Juiz/2015) Com relação ao ato administrativo, assinale a opção correta.

a) Os vícios sanáveis do ato administrativo, que admitem convalidação, são aqueles relacionados à forma, à finalidade e ao motivo.
b) A avocação da competência, embora ocorra em caráter excepcional, dispensa motivação e a existência de uma relação hierárquica.
c) Consideram-se atos administrativos enunciativos aqueles que são editados no exercício do poder hierárquico com o objetivo de disciplinar as relações internas da administração pública, dos quais são exemplos as circulares, as instruções e os avisos.
d) O decreto, como espécie de ato administrativo, confunde-se com o regulamento, de maneira que não pode haver decreto sem regulamento, nem regulamento sem o decreto respectivo.
e) Há formalidades que são essenciais ao ato administrativo; assim, a ausência de ampla defesa e contraditório acarreta a invalidade da imposição de sanções administrativas, do mesmo modo que a ausência de motivação causa a nulidade da demissão de servidor público.

30. (TRF/4R/Juiz/2014) Assinale a alternativa incorreta.

a) O princípio da razoabilidade está previsto expressamente em lei ordinária e, ademais, aplica-se à Administração Pública Federal como decorrência do sistema estabelecido na Constituição.
b) A prescrição em favor da Fazenda Pública somente pode ser interrompida uma vez e recomeça a correr, pela metade do prazo, na data do ato que a interrompeu, ou do último ato do processo para interrompê-la, mas não fica reduzida aquém de cinco anos, embora o titular do direito a interrompa durante a primeira metade do prazo.
c) Conquanto o Supremo Tribunal Federal já tenha afirmado em diversas ocasiões a legitimidade jurídica de fundamentação "per relationem" em sede de processo judicial, no processo administrativo, por expressa determinação legal, a motivação deve ser explícita, clara e congruente, não podendo consistir

em declaração de concordância com fundamentos de anteriores pareceres, informações, decisões ou propostas.

d) Excetuada a apreciação da legalidade do ato de concessão inicial de aposentadoria, reforma e pensão, nos processos perante o Tribunal de Contas da União asseguram-se o contraditório e a ampla defesa quando da decisão puder resultar anulação ou revogação de ato administrativo que beneficie o interessado.

e) A Administração deve anular seus próprios atos quando eivados de vício de legalidade e pode revogá-los por motivo de conveniência ou oportunidade, respeitados os direitos adquiridos. O direito/dever de anulação, todavia, no caso de atos administrativos de que decorram efeitos favoráveis para os destinatários, decai, segundo a Lei n. 9.784/99 em cinco anos, contados da data em que foram praticados, salvo comprovada má-fé.

31. (TRF/2R/Juiz/2014) Leia as assertivas abaixo e, ao final, assinale a opção correta.

I. com fundamento na autoexecutoriedade, a Administração Pública, nas hipóteses expressamente autorizadas pelo legislador a agir independentemente de ordem judicial, não tem a faculdade de acionar o Poder Judiciário para executar a sua decisão.

II. a indisponibilidade do interesse público impede que se adote a arbitragem para a solução de conflitos envolvendo sociedades de economia mista e empresas públicas.

III. a presunção de veracidade e legitimidade é instrumento necessário à satisfação das atividades administrativas, e admite prova em sentido contrário, cabendo ao administrado o ônus de provar que se trata de ato ilegítimo.

IV. o princípio da continuidade das atividades administrativas alcança apenas os serviços públicos essenciais, que não podem ser interrompidos por causar danos ao interesse público primário, não se estendendo às demais funções administrativas.

Em relação às quatro assertivas acima, estão corretas:

a) Apenas I e II.
b) Apenas III e IV.
c) Apenas a IV.
d) Apenas a III.
e) Apenas a II.

32. (TRF/3R/Juiz/2013) Assinale a alternativa correta:

a) Para qualificar um ato jurídico como sendo ato administrativo é insuficiente a noção de regime jurídico, mas fundamental a identificação do órgão de poder a que pertença o agente que o tenha expedido.

b) O exame da legalidade de um ato administrativo deve ser levado a efeito à luz das regras jurídicas em vigor, sendo útil, mas não indispensável, considerar também princípios jurídicos.

c) Ato administrativo só é dotado de executoriedade quando a lei expressamente o estabelece.

d) Ato administrativo expedido no exercício de competência discricionária é insusceptível de controle judicial, pois esse controle implicaria exame do mérito do ato, o que é vedado ao Judiciário fazer sob pena de ofensa ao princípio da independência entre os Poderes.

e) Todo e qualquer ato administrativo é susceptível de apreciação pelo Judiciário, não obstante a extensão do seu controle comporte limites em face de sua classificação.

33. (TRF/3R/Juiz/2013) Assinale a alternativa correta:

a) Atos de polícia administrativa, dotados que são de presunção de legalidade e imperatividade, comportam sempre execução forçada, pela própria Administração Pública, sem necessidade de propositura de ação judicial.

b) Atos de polícia administrativa, expedidos que são, todos eles, no exercício de competência discricionária, se suficientemente motivados não comportam invalidação.

c) Atos de polícia administrativa, expedidos que são, todos eles, no exercício de competência vinculada, não comportam qualquer juízo de conveniência e oportunidade para sua expedição.

d) Atos de polícia administrativa, tendo presunção de validade, podem ser expedidos com fundamento em regulamento autônomo quando não houver lei disciplinando a matéria.

e) Atos de polícia administrativa comportam executoriedade, se necessário, pela própria Administração, desde que haja lei que a determine ou autorize, nos casos de urgência, ou quando não houver outro meio legal que possa assegurar a realização de interesse público impostergável.

34. (TRF/4R/Juiz/2012) Dadas as assertivas abaixo, assinale a alternativa correta.

I. Em decorrência dos princípios da impessoalidade e da segurança jurídica, consideram-se válidos os atos praticados por servidor de fato.

II. O poder de autotutela da administração pública pode ser exercido de ofício apenas no que se refere à legalidade do ato, dependendo a apreciação do mérito administrativo de provocação do interessado.

III. A atuação do Estado não se limita à prestação de serviços públicos, pois, além da regulamentação e da fiscalização de atividades reservadas à iniciativa privada (intervenção indireta), incumbe-lhe a exploração de atividade econômica, por meio de empresas estatais (intervenção direta), em regime de monopólio ou em regime de competição, a seu juízo de conveniência, hipótese em que se submete às normas de direito privado que não forem expressamente derrogadas pela Constituição.

IV. A descentralização por colaboração consiste na transferência da execução de um determinado serviço público a pessoa jurídica de direito privado, previamente existente, por meio de contrato ou ato administrativo unilateral, mantendo o Poder Público a titularidade do serviço.

a) Está correta apenas a assertiva II.
b) Estão corretas apenas as assertivas I e III.
c) Estão corretas apenas as assertivas I e IV.
d) Estão corretas apenas as assertivas II e III.
e) Estão corretas apenas as assertivas II, III e IV.

35. (TRF/3R/Juiz/2010) Em relação à invalidade dos atos administrativos é incorreto afirmar que:

a) Assim como no direito civil a nulidade parcial de um ato administrativo não o prejudicará na parte válida se esta for separável.

b) A nulidade dos atos administrativos conexos, tal como a dos atos administrativos especiais referentes a vários sujeitos, rege-se pelo princípio de que o útil não se vicia pelo inútil ("utile per inutile non vitiatur").

c) Em procedimento administrativo, ou seja, numa série de atos conexos, invalidado um dos parciais, subsistem os que dele não sejam consequentes ou dependentes.

d) Os atos jurídicos nulos e os anuláveis produzem efeitos distintos em relação a terceiros de boa-fé.

36. (Cespe/TRF/5R/Juiz/2009) A respeito do ato administrativo, do controle desses atos e de temas correlatos, assinale a opção correta.

a) Pedro, autoridade superior, delegou determinada competência a Alfredo com o propósito de descentralizar a prestação do serviço público e assegurar maior rapidez nas decisões, uma vez que Alfredo tem um contato mais direto com o objeto da delegação. Nessa situação, Alfredo somente pode subdelegar a competência se Pedro deixou essa autorização consignada de forma expressa no ato de delegação.
b) Segundo o entendimento firmado pela Corte Especial do STJ, caso o ato acoimado de ilegalidade tenha sido praticado antes da promulgação da Lei n. 9.784/1999, a administração tem o prazo de cinco anos para anulá-lo, a contar da prática do ato.
c) Cada vez mais a doutrina e a jurisprudência caminham no sentido de admitir o controle judicial do ato discricionário. Essa evolução tem o propósito de substituir a discricionariedade do administrador pela do Poder Judiciário.
d) Na ação civil pública proposta por associação, caracterizada a litigância de má-fé, a autora e todos os seus diretores serão solidariamente condenados em honorários advocatícios e ao décuplo das custas, sem prejuízo da responsabilidade por perdas e danos.
e) Alguns doutrinadores entendem que o elemento finalidade do ato administrativo pode ser discricionário. Isso porque a finalidade pode ser dividida entre finalidade em sentido amplo, que se identifica com o interesse público de forma geral, e finalidade em sentido estrito, que se encontra definida na própria norma que regula o ato. Assim, a primeira seria discricionária e a segunda, vinculada.

2.2. Prescrição Administrativa

SÚMULAS

STF Súm. 383. A prescrição em favor da Fazenda Pública recomeça a correr, por dois anos e meio, a partir do ato interruptivo, mas não fica reduzida aquém de cinco anos, embora o titular do direito a interrompa durante a primeira metade do prazo.

STF Súm. 443. A prescrição das prestações anteriores ao período previsto em lei não ocorre, quando não tiver sido negado, antes daquele prazo, o próprio direito reclamado, ou a situação jurídica de que ele resulta.

STJ Súm. 85. Nas relações jurídicas de trato sucessivo em que a Fazenda Pública figure como devedora, quando não tiver sido negado o próprio direito reclamado, a prescrição atinge apenas as prestações vencidas antes do quinquênio anterior à propositura da ação.

STJ Súm. 467. Prescreve em cinco anos, contados do término do processo administrativo, a pretensão da Administração Pública de promover a execução da multa por infração ambiental.

STJ Súm. 633. A Lei n. 9.784/1999, especialmente no que diz respeito ao prazo decadencial para a revisão de atos administrativos no âmbito da Administração Pública federal, pode ser aplicada, de forma subsidiária, aos estados e municípios, se inexistente norma local e específica que regule a matéria.

STJ Súm. 634. Ao particular aplica-se o mesmo regime prescricional previsto na Lei de Improbidade Administrativa para o agente público.

REPERCUSSÃO & REPETITIVOS

STF Rep. Geral 899. É prescritível a pretensão de ressarcimento ao erário fundada em decisão de Tribunal de Contas. *RE 636886, 20.4.2020.*

INFORMATIVOS

STJ Ato administrativo. Revisão. Prazo decadencial quinquenal previsto na Lei 9.784/99. Termo "a quo". Ato não submetido a controle de legalidade de Tribunal de Contas. Data da edição do ato pela Administração. Nas hipóteses em que não haja exercício do controle de legalidade por Tribunal de Contas, o prazo decadencial quinquenal previsto no art. 54 da Lei 9.784/99 transcorre a partir da edição do ato pela Administração. *AgInt no AREsp 1761417, 1ª T, 23.6.2022. Inf 750.*

STJ Sociedade de economia mista prestadora de serviços públicos essenciais, sem finalidade lucrativa e natureza concorrencial. Prescrição quinquenal. Dec. 20.910/32. Aplicabilidade. Aplica-se a prescrição quinquenal do Dec. 20.910/32 às empresas estatais prestadoras de serviços públicos essenciais, não dedicadas à exploração de atividade econômica com finalidade lucrativa e natureza concorrencial. *REsp 1635716, 1ª T, 11.10.2022. Inf 753.*

QUESTÕES OBJETIVAS

37. (Cespe/TRF/1R/Juiz/2013) Considere que, em 20.8.2013 (terça-feira), determinada pessoa tenha sofrido danos materiais em razão de acidente provocado por servidor de órgão público, no exercício de sua função. Nessa situação, o último dia de prazo para o ajuizamento de ação que vise à obtenção de indenização a ser paga pelo ente público, de acordo com o entendimento do STJ, será:

a) 21.8.2018 (terça-feira).
b) 20.8.2015 (quinta-feira).
c) 23.8.2016 (terça-feira).
d) 22.8.2023 (terça-feira).
e) 22.8.2016 (segunda-feira).

38. (TRF/4R/Juiz/2010) Assinale a alternativa correta. O prazo prescricional das ações propostas contra a Fazenda Pública é:

a) O prazo estabelecido pelo Código Civil, variando, portanto, conforme a natureza do pedido.
b) O prazo geral de 10 anos estabelecido pelo art. 205 do Código Civil.
c) De 5 anos para ações contra a Fazenda Federal, por força do art. 1º do Decreto 20.910/32, e de 10 anos para as Fazendas Públicas Estaduais, Municipais e Distrital (art. 205 do Código Civil), por força da especialidade daquele dispositivo para a esfera federal.
d) De 5 anos, conforme o art. 1º do Decreto 20.910/32.
e) Todas as alternativas anteriores estão incorretas.

39. (Cespe/TRF/1R/Juiz/2009) No que concerne à administração pública federal, assinale a opção correta.

a) A autoridade administrativa superior, caso pretenda delegar a decisão de recursos administrativos, deverá fazê-lo mediante portaria a ser publicada no Diário Oficial da União, de modo a garantir o conhecimento da delegação aos interessados, em consonância com o princípio da publicidade.
b) Compete privativamente ao presidente da República expedir instruções para a execução de leis, decretos e regulamentos.
c) Compete privativamente ao presidente da República dispor, mediante decreto, sobre a criação e a extinção de órgãos públicos.
d) Prescreve em cinco anos a ação punitiva da administração pública federal, direta e indireta, no exercício do poder de polícia, objetivando apurar infração à legislação em vigor, contando-se tal prazo da data da prática do ato ou, no caso de infração permanente ou continuada, do dia em que tiver cessado.
e) Ao delegar a edição de atos de caráter normativo, o instrumento de delegação especificará as matérias e poderes transferidos, os limites da atuação do delegado, a duração e os objetivos da delegação, podendo conter ressalva de exercício da atribuição delegada.

3. BENS PÚBLICOS

ATENÇÃO: ESTE TEMA É MUITO EXIGIDO NOS CONCURSOS!

SÚMULAS

STF **Súm. 340.** Desde a vigência do Código Civil, os bens dominicais, como os demais bens públicos, não podem ser adquiridos por usucapião.

STF **Súm. 477.** As concessões de terras devolutas situadas na faixa de fronteira, feitas pelos Estados, autorizam, apenas, o uso, permanecendo o domínio com a União, ainda que se mantenha inerte ou tolerante, em relação aos possuidores.

STF **Súm. 479.** As margens dos rios navegáveis são domínio público, insuscetíveis de expropriação e, por isso mesmo, excluídas de indenização.

STF **Súm. 480.** Pertencem ao domínio e administração da União, nos termos dos artigos 4º, IV, e 186, da Constituição Federal de 1967, as terras ocupadas por silvícolas.

STF **Súm. 650.** Os incisos I e XI do art. 20 da Constituição Federal não alcançam terras de aldeamentos extintos, ainda que ocupadas por indígenas em passado remoto.

STJ **Súm. 103.** Incluem-se entre os imóveis funcionais que podem ser vendidos os administrados pelas Forças Armadas e ocupados pelos servidores civis.

STJ **Súm. 238.** A avaliação da indenização devida ao proprietário do solo, em razão de alvará de pesquisa mineral, é processada no juízo estadual da situação do imóvel.

STJ **Súm. 619.** A ocupação indevida de bem público configura mera detenção, de natureza precária, insuscetível de retenção ou indenização por acessões e benfeitorias.

STJ **Súm. 637.** O ente público detém legitimidade e interesse para intervir, incidentalmente, na ação possessória entre particulares, podendo deduzir qualquer matéria defensiva, inclusive, se for o caso, o domínio.

TRF5 **Súm. 17.** É possível a aquisição do domínio útil de bens públicos em regime de aforamento, via usucapião, desde que a ação seja movida contra particular, até então enfiteuta, contra quem operar-se-á a prescrição aquisitiva, sem atingir o domínio direto da União.

REPERCUSSÃO & REPETITIVOS

STJ **IAC 8.** É indevida a cobrança promovida por concessionária de rodovia, em face de autarquia prestadora de serviços de saneamento básico, pelo uso da faixa de domínio da via pública concedida. *REsp 1817302, 8.6.2022.*

ENUNCIADOS

CJF **Administrativo 2.** O administrador público está autorizado por lei a valer-se do desforço imediato sem necessidade de autorização judicial, solicitando, se necessário, força policial, contanto que o faça preventivamente ou logo após a invasão ou ocupação de imóvel público de uso especial, comum ou dominical, e não vá além do indispensável à manutenção ou restituição da posse (art. 37 da Constituição Federal; art. 1.210, § 1º, do Código Civil; art. 79, § 2º, do Decreto-Lei n. 9.760/1946; e art. 11 da Lei n. 9.636/1998).

INFORMATIVOS

STJ **Terreno de marinha. Laudêmio. Fato gerador. Registro do imóvel em cartório. Efetiva transmissão de domínio útil. Art. 1.227 do CC.** O fato gerador do laudêmio é o registro do imóvel em cartório de registro de imóveis, que é o momento em que ocorre a transferência do domínio útil do aludido direito real. *REsp 1833609, 1ª T, 11.11.2022. Inf 757.*

QUESTÕES OBJETIVAS

40. (Vunesp/TRF/3R/Juiz/2022) Analise as assertivas abaixo, à luz da disciplina dos direitos reais, e assinale a alternativa correta:

I. Considera-se que o imóvel financiado pela Caixa Econômica Federal com recursos do Sistema Financeiro Habitacional não se equipara a bem público, sendo, portanto, admissível a ocorrência da usucapião.

II. Para fins de usucapião de domínio útil de terreno de marinha não se distingue se a posse advém do regime de ocupação ou da enfiteuse.

III. As servidões de passagem que atravessam propriedades privadas para garantir acesso público às praias marítimas podem ser fechadas pelos proprietários quando há a desafetação da praia como bem público.

IV. A decretação da Emergência em Saúde Pública de Importância Nacional decorrente da infecção humana pelo Coronavírus não resultou em nenhuma política legislativa que tenha reforçado, ainda que temporariamente, a proteção da posse provisória de imóvel público em face de desocupação coletiva forçada.

a) Estão incorretas apenas as assertivas II e III.
b) Estão incorretas apenas as assertivas III e IV.
c) Estão incorretas apenas as assertivas I e II.
d) Todas as assertivas estão incorretas.

41. (TRF/4R/Juiz/2022) Assinale a alternativa correta. A respeito dos bens públicos

a) as ruas, as praças e as estradas são bens de uso especial.
b) são características dos bens públicos a imprescritibilidade, a inalienabilidade e a penhorabilidade.
c) os bens de uso especial submetem-se a regime próprio, de direito privado.
d) os bens dominicais podem ser alienados, observadas as exigências legais.
e) os terrenos de marinha pertencem à União e são considerados bens públicos de uso comum.

42. (IFBC/TRF/2R/Juiz/2018) Com relação ao regime jurídico dos bens públicos, é correto afirmar que:

a) os bens imóveis da União não afetados à atividade pública podem ser objeto de uso privativo por particular até mesmo para fins residenciais. Nesse caso, no entanto, não há que se falar em locação, instituto exclusivo de direito privado, mas em concessão, instituto de direito público.
b) é possível a alienação de bens públicos de uso comum ou de uso especial, desde que ocorra previamente a desafetação do bem.
c) o bem público de uso comum é utilizado por todos da coletividade em igualdade de condições e de forma gratuita.
d) a concessão de uso de bem público é um contrato administrativo por meio do qual o particular tem uso exclusivo do bem, em geral para desenvolvimento de atividade pública de grande vulto. Assim, a administração, em nome do interesse público, pode escolher livremente o concessionário.
e) as terras devolutas, são terras privadas, porém inalienáveis, remanescentes no território brasileiro, não afetadas a qualquer uso público.

43. (TRF/3R/Juiz/2018) Indique a afirmação correta:

a) A alienação de bens imóveis pelas autarquias federais não depende de autorização legislativa, mas será sempre precedida de avaliação.
b) A alienação de bens imóveis pelas autarquias federais depende de autorização legislativa, de avaliação prévia e de licitação na modalidade de concorrência, dispensada a licitação em algumas hipóteses, dentre as quais a dação em pagamento.
c) A alienação de bens móveis pelas autarquias federais será sempre precedida de avaliação e de licitação.
d) A alienação de bens móveis pelas autarquias federais será sempre precedida de licitação, inclusive nos casos de venda de ações em Bolsa de Valores.

44. (Cespe/TRF/5R/Juiz/2017) Os postes de sinalização colocados em via pública para promover a acessibilidade das pessoas com mobilidade reduzida são considerados, de acordo com a lei:

a) elementos de urbanização.
b) tecnologia assistiva.
c) tecnologia funcional.
d) equipamentos urbanos.
e) mobiliários urbanos.

45. (TRF/3R/Juiz/2016) Incluem-se entre os bens dos Estados:

a) os potenciais de energia elétrica.
b) os rios e lagos em terrenos de seu domínio, ainda que sejam limítrofes de outros países.
c) as cavidades naturais subterrâneas e os sítios arqueológicos e pré-históricos.
d) as áreas nas ilhas oceânicas e costeiras que estiverem sob seu domínio, excluídas as que forem da União, dos Municípios ou que pertençam a particulares.

46. (TRF/3R/Juiz/2016) Dadas as assertivas abaixo, assinale a alternativa correta. São bens da União:

I. O mar territorial, entendido como uma faixa de doze milhas marítimas de largura, medidas a partir da linha de baixa-mar do litoral continental e insular, tal como indicada nas cartas náuticas de grande escala, reconhecidas oficialmente no Brasil.
II. Os recursos naturais da plataforma continental, entendida como o subsolo das áreas submarinas que se estendem além do seu mar territorial, em toda a extensão do prolongamento natural de seu território terrestre, até o bordo exterior da margem continental, ou até uma distância de cento e cinquenta milhas marítimas das linhas de base, a partir das quais se mede a largura do mar territorial, nos casos em que o bordo exterior da margem continental não atinja essa distância.
III. Os recursos naturais da zona econômica exclusiva, entendida como uma faixa que se estende das doze às duzentas milhas marítimas, contadas a partir das linhas de base que servem para medir a largura do mar territorial.

Estão corretas:

a) I, II e III.
b) I e III.
c) II e III.
d) Apenas III.

47. (TRF/4R/Juiz/2016) Assinale a alternativa incorreta.

a) Embora a Constituição Federal estabeleça que os recursos minerais, inclusive os do subsolo, sejam bens da União Federal, fica garantida, ao concessionário da lavra, a propriedade do produto de sua exploração.
b) Mesmo que os recursos naturais da plataforma continental e os recursos minerais sejam bens da União, a participação ou a compensação dos Estados, do Distrito Federal e dos Municípios, no resultado da exploração de petróleo, xisto betuminoso e gás natural compõem as receitas originárias destes últimos entes federativos.
c) As concessões de terras devolutas situadas na faixa de fronteira, feitas pelos Estados, autorizam apenas o uso, permanecendo o domínio com a União, ainda que se mantenha inerte ou tolerante em relação aos possuidores.
d) Todas as terras tradicionalmente ocupadas pelos índios são um bem público nacional. Elas são inalienáveis e indisponíveis. Entretanto, os índios têm a sua posse permanente, cabendo-lhes o usufruto exclusivo das riquezas do solo, dos rios e dos lagos nelas existentes.
e) A faixa de até 150 (cento e cinquenta) quilômetros de largura, ao longo das fronteiras terrestres, designada como faixa de fronteira, é considerada fundamental para defesa do território nacional e, por conseguinte, não é passível de ocupação ou utilização por particulares.

48. (TRF/4R/Juiz/2016) Dadas as assertivas abaixo, assinale a alternativa correta.

I. O candidato aprovado fora das vagas previstas no edital tem direito subjetivo à nomeação se, após serem preenchidas todas as vagas, surgirem novas vagas durante o prazo de validade do certame.
II. É taxativo o rol de doenças graves na Lei do Regime Jurídico Único para efeito de aposentadoria por invalidez permanente com proventos integrais.
III. O registro imobiliário não é oponível em face da União para afastar o regime dos terrenos de marinha.

a) Estão corretas apenas as assertivas I e II.
b) Estão corretas apenas as assertivas I e III.
c) Estão corretas apenas as assertivas II e III.
d) Estão corretas todas as assertivas.
e) Nenhuma assertiva está correta.

49. (Cespe/TRF/5R/Juiz/2015) Com relação aos bens públicos, assinale a opção correta.

a) A inalienabilidade é característica tanto dos bens de uso comum do povo como dos bens dominicais e dos de uso especial.
b) A CF admite que os estados, o DF e os municípios, bem como os órgãos da administração direta e indireta de todos os entes federativos, participem no resultado da exploração de recursos minerais no âmbito de seu respectivo território.
c) As terras devolutas são bens públicos que não possuem afetação pública nem foram incorporados ao domínio privado.
d) Os terrenos de marinha são as áreas que, banhadas pelas águas de mar ou de rios navegáveis, integram o patrimônio dos diversos entes federativos e cuja utilização, por particulares, somente é admitida mediante permissão de uso.
e) Devido ao fato de os bens públicos de uso comum se destinarem à utilização geral pelos indivíduos, é vedada a cobrança de remuneração pela utilização desse tipo de bem.

50. (Cespe/TRF/1R/Juiz/2015) Assinale a opção correta acerca do domínio público.

a) As terras devolutas são bens públicos de uso especial que, em regra, integram o patrimônio da União.
b) Diferentemente dos bens de uso comum do povo, os bens de uso especial podem ser alienados mesmo enquanto conservarem a sua qualificação.
c) São considerados bens públicos aqueles integrantes do patrimônio das pessoas jurídicas de direito público interno e das pessoas jurídicas de direito privado que integram a administração pública.
d) O uso privativo dos bens públicos pode se dar tanto por instrumentos de direito público quanto por instrumentos jurídicos de direito privado.
e) Os terrenos de marinha, considerados bens públicos federais, não podem ter seu uso transferido a particulares.

51. (TRF/4R/Juiz/2014) Dadas as assertivas abaixo, assinale a alternativa correta.

I. São bens da União as terras tradicionalmente ocupadas pelos remanescentes das comunidades dos quilombos, as quais se destinam à sua posse permanente, cabendo-lhes o usufruto exclusivo das riquezas do solo, dos rios e dos lagos nelas existentes.

II. São bens da União as terras situadas na faixa de cento e cinquenta quilômetros de largura ao longo das fronteiras terrestres, designada como faixa de fronteira, considerada fundamental para defesa do território nacional.

III. São indisponíveis as terras devolutas ou arrecadadas pelos Estados, por ações discriminatórias.

IV. As jazidas, em lavra ou não, os demais recursos minerais e os potenciais de energia hidráulica constituem propriedade distinta da do solo, para efeito de exploração ou aproveitamento, e pertencem à União, mas o produto da lavra é de propriedade do concessionário.

a) Está correta apenas a assertiva II.
b) Está correta apenas a assertiva IV.
c) Estão corretas apenas as assertivas I e IV.
d) Estão corretas apenas as assertivas I, II e III.
e) Nenhuma assertiva está correta.

52. (Cespe/TRF/1R/Juiz/2013) No que concerne aos recursos minerais, assinale a opção correta.

a) A autorização de lavra de recursos minerais é direito fora do comércio, não podendo ser cedida nem transferida e, caso seja suspensa pelo poder público antes do prazo determinado, não é sequer indenizável.
b) A pesquisa e a lavra de recursos minerais somente poderão ser efetuadas mediante autorização, permissão ou contrato de concessão, no interesse nacional.
c) A exploração de recursos minerais não beneficia financeiramente o proprietário do imóvel, pois tais recursos, para efeito de exploração e aproveitamento, pertencem à União.
d) O minério, desde que extraído, passa a pertencer ao minerador, que poderá utilizá-lo ou comercializá-lo livremente.
e) O regime de concessão de lavra é formalizado mediante contrato administrativo.

53. (TRF/3R/Juiz/2013) Assinale a alternativa incorreta:

a) Bens públicos que sejam terras devolutas gozam dos atributos da inalienabilidade absoluta, impenhorabilidade e imprescritibilidade.
b) Os bens públicos gozam dos atributos da inalienabilidade nos termos da lei, impenhorabilidade e imprescritibilidade.
c) Os bens públicos de uso comum do povo ou de uso especial não são alienáveis enquanto estiverem afetados a referidas finalidades.
d) Os bens públicos dominicais ou dominiais são passíveis de alienação desde que haja interesse público devidamente justificado, avaliação e, quando imóveis, autorização legislativa e licitação, dispensada esta nos casos estabelecidos em lei.
e) Bens públicos móveis podem ser alienados independentemente de autorização legislativa, mas exige-se interesse público devidamente justificado, avaliação e licitação, dispensada esta nos casos estabelecidos em lei.

54. (Cespe/TRF/5R/Juiz/2013) No que se refere à classificação e ao regime jurídico dos bens públicos, às terras devolutas e aos terrenos de marinha, assinale a opção correta.

a) A CF garante a todos o direito de reunir-se pacificamente sem armas, em locais abertos ao público, mediante autorização do poder público, exigida para evitar frustrar reunião anteriormente convocada para o mesmo local.
b) Consoante o disposto na CF, os bens públicos são passíveis de aquisição por meio de usucapião.
c) Em regra, as terras devolutas pertencem à União e são consideradas bens dominicais ou dominiais.
d) A locação de imóveis da União realiza-se mediante contrato, não estando sujeita às disposições de outras leis concernentes à locação, razão por que, em caso de não pagamento dos aluguéis nos prazos estipulados, a rescisão ocorre de pleno direito, podendo a União imitir-se sumariamente na posse da coisa locada, sem que o locatário tenha direito de purgar a mora.
e) A União pode lavrar auto de demarcação nos seus imóveis nos casos de regularização fundiária de interesse social e interesse público, com base no levantamento da situação da área a ser regularizada.

55. (Cespe/TRF/5R/Juiz/2013) À luz da jurisprudência dos tribunais superiores, assinale a opção correta acerca de bens públicos, processo administrativo, serviços públicos, controle dos atos da administração e PPPs.

a) Conforme a jurisprudência do STJ, é plausível a exigência de avaliação psicológica por meio de instrumento normativo-regulamentar de caráter abstrato e geral, se for revestida de caráter objetivo e recorrível.
b) Tratando-se de PPPs, a norma que regula as competências do órgão gestor é de caráter geral, aplicando-se, portanto, à União, aos estados, aos municípios e ao DF.
c) De acordo com a jurisprudência do STF, não são bens da União as terras onde se localizavam os aldeamentos indígenas extintos antes da Constituição de 1891, de domínio dos estados-membros.
d) Como o STF entende ser de cinco anos o prazo decadencial para que a administração reveja seus atos, consubstancia ilegalidade rebatível por meio de mandado de segurança a edição de portaria para a instauração de procedimento preliminar de revisão, considerando-se a coisa julgada administrativa.
e) Segundo a jurisprudência do STJ, quando há corte de energia elétrica por parte da concessionária de serviço público, o dano moral é presumido, ou seja, "in ren ipsa", sendo prescindível, portanto, a comprovação de prejuízo à sua honra objetiva.

56. (TRF/4R/Juiz/2012) Dadas as assertivas abaixo, assinale a alternativa correta.

I. Segundo entendimento do Supremo Tribunal Federal, os Municípios, integrantes que são da Federação, podem cobrar indenização das concessionárias de serviço público em razão da instalação de equipamentos necessários à prestação do serviço de telefonia em faixas de domínio público de vias públicas.

II. As jazidas minerais subterrâneas e as que afloram à superfície constituem propriedade distinta do solo, e, estejam ou não em lavra, a pesquisa e a lavra dependem, no primeiro caso, de autorização ou concessão da União e, no segundo caso, dos Municípios.

III. A Lei n. 10.257/2001, regulamentando os artigos 182 e 183 da Constituição Federal, que tratam da Política Urbana, disciplinou a usucapião especial de imóvel urbano, assim entendida a área ou edificação de até duzentos e cinquenta metros quadrados, admitindo sua incidência em terras de propriedade dos municípios, desde que haja utilização por cinco anos, ininterruptamente e sem oposição, como moradia de família de baixa renda.

IV. Os acrescidos de marinha, assim compreendidos somente aqueles que se formarem artificialmente para o lado do mar ou dos rios e lagoas, a partir de 33 metros medidos horizontalmente, para a parte da terra, da posição da linha do preamar médio de 1831, são classificados como bens do patrimônio dominical da União.

a) Está correta apenas a assertiva I.
b) Está correta apenas a assertiva III.
c) Estão corretas apenas as assertivas II e III.

d) Estão corretas apenas as assertivas I, II e IV.
e) Nenhuma assertiva está correta.

57. (TRF/4R/Juiz/2012) Dadas as assertivas abaixo, assinale a alternativa correta.

I. São indisponíveis as terras devolutas ou arrecadadas pelo Estado, por ações discriminatórias, necessárias à proteção dos ecossistemas naturais.
II. Constituem patrimônio nacional a Floresta Amazônica brasileira, a Mata Atlântica, a Serra do Mar, o Pantanal Mato-Grossense e a Zona Costeira.
III. A alienação ou a concessão, a qualquer título, de terras públicas com área superior a dois mil e quinhentos hectares a pessoa física ou jurídica, ainda que por interposta pessoa, dependerá de prévia aprovação do Congresso Nacional.
IV. São bens da União as terras tradicionalmente ocupadas pelos índios, alcançando áreas de aldeamentos extintos, desde que habitados por indígenas em passado remoto.

a) Está correta apenas a assertiva I.
b) Estão corretas apenas as assertivas I e IV.
c) Estão corretas apenas as assertivas I, II e III.
d) Estão corretas apenas as assertivas II, III e IV.
e) Estão corretas todas as assertivas.

58. (Cespe/TRF/1R/Juiz/2011) Com referência a domínio e bens públicos, assinale a opção correta.

a) Os terrenos de marinha ou qualquer de seus acrescidos não podem pertencer a particular.
b) Os bens públicos de uso comum não podem ser utilizados por particulares.
c) Embora a alienação, por estado da Federação, de terras de fronteira pertencentes à União seja considerada transferência a non dominus, tal circunstância não pode ser declarada de ofício pelo magistrado, por se tratar de hipótese de nulidade sanável.
d) Segundo o STJ, a transferência onerosa de direito sobre benfeitorias realizadas em terreno de marinha dá ensejo à cobrança de laudêmio.
e) A ação discriminatória é o procedimento judicial adequado para que o Estado comprove que as terras são devolutas, distinguindo-as das particulares, não mais havendo, na ordem jurídica nacional, processo administrativo para a referida finalidade.

59. (Cespe/TRF/3R/Juiz/2011) No que se refere à classificação e ao regime jurídico dos bens públicos, às terras devolutas e aos terrenos de marinha, assinale a opção correta.

a) Como regra, as terras devolutas pertencem à União e, por serem bens patrimoniais, enquadram-se na categoria de bens de uso especial.
b) Justifica-se o domínio da União sobre os terrenos de marinha em virtude da necessidade de defesa e de segurança nacional, motivo por que é expressamente vedada sua utilização por particulares.
c) Os bens que constituem o patrimônio da União, dos estados ou dos municípios, como objeto de direito pessoal ou real, são considerados de uso especial.
d) Os bens públicos de uso comum do povo e os de uso especial são inalienáveis enquanto conservarem essa qualificação, mas os bens públicos dominicais podem ser alienados, observadas as exigências da lei.
e) Os bens públicos de uso comum e os dominicais, mas não os de uso especial, podem ser utilizados por particulares, desde que essa utilização atenda ao interesse público e esteja de acordo com os preceitos legais.

60. (Cespe/TRF/5R/Juiz/2011) Considerando que se incluem entre os bens públicos expressos na CF os terrenos de marinha e os terrenos acrescidos, assinale a opção correta com base na CF e no Decreto-lei n. 9.760/1946.

a) Os terrenos de marinha são considerados bens públicos dominicais em qualquer circunstância.
b) Os terrenos de marinha são considerados bens públicos de uso comum se, na área a eles correspondente, existirem praias marítimas.
c) Os terrenos de marinha são bens de propriedade dos estados membros da Federação nos quais estejam localizados.
d) Os direitos dos foreiros podem ser transmitidos por ato causa mortis, com anuência da União.
e) Os terrenos de marinha são considerados, em regra, bens públicos especiais.

61. (TRF/4R/Juiz/2010) Assinale a alternativa correta. Quanto aos bens públicos, pode-se afirmar que:

a) jamais podem ser alienados.
b) jamais podem ser cedidos (emprestados) gratuitamente.
c) só excepcionalmente podem ser submetidos à usucapião.
d) só podem ser alienados por decisão judicial.
e) todas as alternativas anteriores estão incorretas.

62. (TRF/4R/Juiz/2010) Dadas as assertivas abaixo, assinale a alternativa correta:

I. As terras devolutas podem tanto ser do domínio da União como dos Estados-membros.
II. A desafetação legal somente se faz necessária para a alienação de bem de uso comum do povo.
III. A imprescritibilidade incide tanto sobre os bens públicos de uso comum do povo como sobre os de uso especial e os bens dominiais.
IV. As chamadas "cláusulas exorbitantes" podem tanto integrar os contratos administrativos típicos como os contratos privados celebrados pela Administração em pé de igualdade com os particulares contratantes.
V. A permissão de uso assegura ao permissionário o uso especial e individual de bem público e gera direitos subjetivos para proteger sua utilização na forma permitida.

a) Estão corretas apenas as assertivas III e IV.
b) Estão corretas apenas as assertivas IV e V.
c) Estão corretas apenas as assertivas I, II e III.
d) Estão corretas apenas as assertivas I, III e V.
e) Nenhuma assertiva está correta.

63. (TRF/4R/Juiz/2010) Dadas as assertivas que seguem sobre bens públicos, assinale a alternativa correta.

I. Os bens públicos de uso comum do povo e os de uso especial são imprescritíveis, impenhoráveis e também inalienáveis enquanto conservarem a respectiva qualificação. Os bens públicos dominicais embora também tenham por atributos a impenhorabilidade e a imprescritibilidade, podem ser alienados, desde que observadas as exigências da lei.
II. Conquanto as terras tradicionalmente ocupadas pelos índios destinem-se à sua posse permanente, cabendo-lhes o usufruto exclusivo das riquezas do solo, dos rios e dos lagos nelas existentes, elas pertencem todas à União Federal, ostentando a natureza de bens de uso especial.
III. No regime da Constituição Federal brasileira, todas as terras devolutas existentes no território nacional pertencem à União, admitida a cessão aos Estados e aos Municípios, desde que não se trate de imóveis situados na faixa de fronteira.

IV. As ilhas fluviais e lacustres situadas nas zonas limítrofes com outros países incluem-se entre os bens da União; as demais ilhas fluviais e lacustres pertencem aos Estados.

V. O ajuizamento de ação contra o foreiro, na qual se pretende usucapião do domínio útil do bem, não viola a regra de que os bens públicos não se adquirem por usucapião, prevista no artigo 183, § 3º, da Constituição Federal.

a) Estão corretas apenas as assertivas I e II.
b) Estão corretas apenas as assertivas I, II e III.
c) Estão corretas apenas as assertivas II, IV e V.
d) Estão corretas apenas as assertivas I, II, IV e V.
e) Estão corretas todas as assertivas.

64. (Cespe/TRF/1R/Juiz/2009) Assinale a opção incorreta relativamente aos bens públicos.

a) Bens de uso comum do povo são aqueles que, por determinação legal ou por sua própria natureza, podem ser utilizados por todos em igualdade de condições, sem necessidade de consentimento individualizado por parte da administração, a exemplo de rios, mares, estradas, ruas e praças.
b) Não dispondo a lei em contrário, consideram-se de uso especial os bens pertencentes às pessoas jurídicas de direito público a que se tenha dado estrutura de direito privado.
c) Bens de uso especial são as coisas móveis ou imóveis, corpóreas ou incorpóreas, utilizadas pela administração pública para a realização de suas atividades e a consecução de seus fins.
d) São bens de uso especial os edifícios ou terrenos destinados a serviço ou estabelecimento da administração federal, estadual, territorial ou municipal, inclusive os de suas autarquias.
e) Os bens integrantes do domínio público do Estado têm por características a imprescritibilidade e a impenhorabilidade.

65. (Cespe/TRF/2R/Juiz/2009) Assinale a opção correta acerca dos bens públicos.

a) São bens do domínio público do Estado considerados afetados a uma finalidade pública os de uso comum do povo e os dominicais.
b) Em execução de título executivo judicial na qual a União tenha sido condenada a pagar valor elevado, o exequente pode requerer ao juiz a penhora de bem da executada, desde que não tenha destinação pública.
c) Os bens de uso comum que têm como característica a inalienabilidade absoluta não são imprescritíveis.
d) O bem imóvel dominical da União pode ser alienado, desde que se demonstre interesse público e haja prévia avaliação, autorização legislativa e regular procedimento licitatório.
e) A utilização de uma rua, durante 24 horas, pela comunidade, para a comemoração de festejos regionais, caracteriza uso normal de bem público.

66. (Cespe/TRF/5R/Juiz/2009) Acerca do regime jurídico, das características e de outros temas relacionados à administração indireta, assinale a opção correta.

a) Prevalece o entendimento de que, no âmbito da União, os contratos celebrados pelas empresas públicas prestadoras de serviço público, via de regra, se submetem ao controle prévio do TCU.
b) É vedada a participação de outras pessoas de direito público interno ou entidades da administração indireta da União, dos estados, do DF e dos municípios na composição do capital de empresa pública de propriedade da União.
c) As regras sobre aposentadoria e estabilidade, constantes dos artigos 40 e 41 da CF, se aplicam ao pessoal das sociedades de economia mista que exercem atividade econômica.
d) A penhora de bens de sociedade de economia mista prestadora de serviço público pode ser realizada ainda que esses bens sejam essenciais para a continuidade do serviço.
e) O TRF da 5ª Região acompanha o entendimento do STF de que os bens da ECT gozam do atributo da impenhorabilidade.

67. (Cespe/TRF/5R/Juiz/2009) A respeito de recursos hídricos e mineração, assinale a opção correta.

a) Como um dos elementos do meio ambiente, a água é um bem dominical que integra o patrimônio privado do poder público.
b) Na medida em que a água é um recurso natural limitado, a gestão dos recursos hídricos deve-se dar de forma centralizada pelo poder público, privilegiando seu uso racional e limitado. Assim, em situações de escassez, o uso prioritário refere-se ao aproveitamento de potenciais hidrelétricos.
c) A pesquisa e a lavra de recursos minerais e o aproveitamento dos potenciais de energia hidráulica somente poderão ser efetuados, mediante autorização ou concessão da União, por brasileiros ou empresa brasileira de capital nacional, na forma da lei.
d) Cabe à União, em caráter privativo, legislar sobre mineração. Nesse sentido, são de sua competência o registro, o acompanhamento e a fiscalização das concessões de direitos de pesquisa e exploração de recursos minerais, mesmo que situadas no território dos estados, do DF e dos municípios.
e) Os recursos minerais, inclusive os do subsolo, são considerados bens da União. No entanto, os estados, o DF, os municípios e os órgãos da administração direta da União participarão do resultado da exploração desses minérios localizados em seus territórios, ou receberão compensação financeira por essa exploração.

4. CONTROLE DA ADMINISTRAÇÃO PÚBLICA

4.1. Ações de Controle

QUESTÕES OBJETIVAS

68. (Cespe/TRF/5R/Juiz/2017) Acerca dos atos administrativos, do poder regulamentar e do poder de polícia, assinale a opção correta.

a) Para o STJ, as balanças de pesagem corporal oferecidas gratuitamente a clientes por farmácias são passíveis de fiscalização pelo Inmetro, a fim de preservar as relações de consumo, sendo, portanto, legítima a cobrança de taxa decorrente do poder de polícia no exercício da atividade de fiscalização.
b) Um servidor público efetivo indicado para cargo em comissão foi exonerado "ad nutum" sob a justificativa de haver cometido assédio moral no exercício da função. Posteriormente, a administração reconheceu a inexistência da prática do assédio, mas persistiu a exoneração do servidor, por se tratar de ato administrativo discricionário. Nessa situação, o ato de exoneração é válido por não se aplicar a teoria dos motivos determinantes.
c) Conforme o STF, o Poder Judiciário não detém competência para substituir banca examinadora de concurso público para reexaminar o conteúdo das questões e os critérios de correção utilizados, admitindo-se, no entanto, o controle do conteúdo das provas ante os limites expressos no edital.
d) A homologação é um ato administrativo unilateral vinculado ao exame de legalidade e conveniência pela autoridade homologante, sendo o ato a ser homologado passível de alteração,

em virtude do princípio da hierarquia presente no exercício da atividade administrativa.

e) Lei ordinária instituiu a criação de autarquia federal vinculada ao Ministério X, com o objetivo de atuar na fiscalização e no fomento de determinado setor. Publicada a referida lei, o ministro expediu decreto estabelecendo a estrutura organizacional e o funcionamento administrativo da nova autarquia. Esse caso ilustra a constitucionalidade do decreto regulamentar por delegação do presidente da República.

69. (TRF/2R/Juiz/2017) Analise as assertivas e. em seguida, marque a opção correta:

I. Respeitados os parâmetros da Lei nº 9.307/96 ou, quando for o caso, de lei específica, as empresas públicas, as sociedades de economia mista e até as autarquias podem submeter seus litígios à arbitragem. Já a Administração Pública direta não o pode.

II. A arbitragem que envolva a Administração Pública será preferencialmente de direito.

III. A execução de sentença arbitral estrangeira envolvendo sociedade de economia mista e empresas públicas não depende de homologação para ser executada no Brasil.

IV. Para o direito administrativo, não há distinção entre compromisso e cláusula compromissória.

a) Apenas a assertiva I está correta.
b) Apenas a assertiva II está correta.
c) Apenas a assertiva III está correta.
d) Apenas a assertiva IV está correta.
e) Todas as assertivas são falsas.

4.2. Lei de Acesso à Informação (Lei 12.527/11)

ENUNCIADOS

CJF **Administrativo 13.** As empresas estatais são organizações públicas pela sua finalidade, portanto, submetem-se à aplicabilidade da Lei 12.527/2011 "Lei de Acesso à Informação", de acordo com o artigo 1º, parágrafo único, inciso II, não cabendo a decretos e outras normas infralegais estabelecer outras restrições de acesso a informações não previstas na Lei.

CJF **Administrativo 15.** A administração pública promoverá a publicidade das arbitragens da qual seja parte, nos termos da Lei de Acesso à Informação.

CJF **Civil 688.** A Lei de Acesso à Informação (LAI) e a Lei Geral de Proteção de Dados Pessoais (LGPD) estabelecem sistemas compatíveis de gestão e proteção de dados. A LGPD não afasta a publicidade e o acesso à informação nos termos da LAI, amparando-se nas bases legais do art. 7º, II ou III, e art. 11, II, a ou b, da Lei Geral de Proteção de Dados.

QUESTÕES OBJETIVAS

70. (TRF/4R/Juiz/2014) Dadas as assertivas abaixo, assinale a alternativa correta. A Constituição Federal de 1988 assegurou a todos o direito de receber dos órgãos públicos informações de seu interesse particular ou de interesse coletivo ou geral, que serão prestadas nos prazos fixados em lei, sob pena de responsabilidade, ressalvadas aquelas cujo sigilo seja imprescindível à segurança do Estado e da sociedade. Além disso, preocupada em resguardar a moralidade administrativa e a probidade dos agentes públicos, a Carta de 1988 garantiu o direito de participação dos usuários na Administração Pública direta ou indireta, na forma da lei, especialmente no que diz respeito ao direito de acesso a registros administrativos e às informações sobre atos do governo. Determinou, ainda, como dever da Administração Pública, na forma da lei, a gestão de documentos governamentais e as providências para franquear as consultas respectivas a quantos delas necessitarem. Com base nessa matriz constitucional (art. 5º, caput e incisos X e XXXIII; art. 37, caput, § 3º e inciso II; e art. 216, caput e § 2º, da Constituição Federal de 1988), foi editada a Lei n. 12.527/11 (Lei de Acesso à Informação). Tal diploma legal trouxe, entre outras disposições, novas figuras típicas de ilícitos administrativos, além de promover algumas alterações importantes na Lei n. 8.112/90 (Lei do Regime Jurídico Único dos Servidores Públicos Civis da União, das autarquias e das fundações públicas federais). Sendo assim, levando em consideração as redações atuais dessas duas leis ordinárias, tão valiosas à proteção da moralidade e da probidade administrativas, é correto afirmar que:

I. Os órgãos e entidades públicas respondem diretamente pelos danos causados em decorrência da divulgação não autorizada ou da utilização indevida de informações sigilosas ou informações pessoais, cabendo a apuração de responsabilidade funcional nos casos de dolo ou culpa, assegurando o respectivo direito de regresso.

II. É dever do servidor público, entre outros, levar as irregularidades de que tiver ciência, em razão do cargo, ao conhecimento da autoridade superior ou, quando houver suspeita de envolvimento desta, ao conhecimento de outra autoridade competente para apuração. Nenhum servidor poderá ser responsabilizado civil, penal ou administrativamente por dar ciência à autoridade superior ou, quando houver suspeita de envolvimento desta, a outra autoridade competente para apuração de informação concernente à prática de crimes ou improbidade de que tenha conhecimento, ainda que em decorrência do exercício de cargo, emprego ou função pública.

III. A autoridade que tiver ciência da irregularidade no serviço público é obrigada a promover a sua apuração imediata, mediante sindicância ou processo administrativo disciplinar (PAD), assegurada ao acusado a ampla defesa. Os prazos de prescrição contra a ação disciplinar começam a correr na data em que o fato se tornou conhecido, sendo que a abertura de sindicância ou a instauração de processo administrativo disciplinar (PAD) interrompe a prescrição, até a decisão final proferida pela autoridade competente.

a) Está correta apenas a assertiva I.
b) Estão corretas apenas as assertivas I e III.
c) Estão corretas apenas as assertivas II e III.
d) Estão corretas todas as assertivas.
e) Nenhuma assertiva está correta.

4.3. Lei de Improbidade (Lei 8.429/92)

SÚMULAS

STJ **Súm. 634.** Ao particular aplica-se o mesmo regime prescricional previsto na Lei de Improbidade Administrativa para o agente público.

TRF4 **Súm. 94.** A tipificação do ato de improbidade administrativa que atenta contra os princípios da administração pública, previsto no artigo 11 da Lei n. 8.429/92, exige apenas o dolo genérico, consistente na vontade de praticar a conduta.

TRF4 **Súm. 119.** Na ação civil pública por ato de improbidade administrativa, o mero indício da prática de atos ímprobos legitima o recebimento da petição inicial.

REPERCUSSÃO & REPETITIVOS

STF **Rep. Geral 1199.** 1) É necessária a comprovação de responsabilidade subjetiva para a tipificação dos atos de improbidade administrativa, exigindo-se – nos artigos 9º, 10 e 11 da LIA – a presença do elemento subjetivo – dolo; 2) A norma benéfica da Lei 14.230/2021 – revogação da modalidade culposa do ato de improbidade administrativa –, é irretroativa, em virtude do artigo 5º, inciso XXXVI, da Constituição Federal, não tendo incidência em relação à eficácia da coisa julgada; nem tampouco durante o processo de execução das penas e seus incidentes; 3) A nova Lei 14.230/2021 aplica-se aos atos de improbidade administrativa culposos praticados na vigência do texto anterior da lei, porém sem condenação transitada em julgado, em virtude da revogação expressa do texto anterior; devendo o juízo competente analisar eventual dolo por parte do agente; 4) O novo regime prescricional previsto na Lei 14.230/2021 é irretroativo, aplicando-se os novos marcos temporais a partir da publicação da lei. *ARE 843989, 25.2.2022.*

STJ Repetitivo 1055. É possível a inclusão do valor de eventual multa civil na medida de indisponibilidade de bens decretada em ação de improbidade administrativa, inclusive nas demandas ajuizadas com esteio na prática de conduta prevista no art. 11 da Lei n. 8.429/1992, tipificador da ofensa aos princípios nucleares administrativos. *REsp 1.862.792, 25.8.2021.*

STJ Repetitivo 1089. Na ação civil pública por ato de improbidade administrativa é possível o prosseguimento da demanda para pleitear o ressarcimento do dano ao erário, ainda que sejam declaradas prescritas as demais sanções previstas no art. 12 da Lei n. 8.429/1992. *REsp 1.899.455, 22.9.2021.*

STJ Repetitivo 1108. A contratação de servidores públicos temporários sem concurso público, mas baseada em legislação local, não configura a improbidade administrativa prevista no art. 11 da Lei n. 8.429/1992, por estar ausente o elemento subjetivo (dolo), necessário para a configuração do ato de improbidade violador dos princípios da administração pública. *REsp 1913638, 11.5.2022.*

ENUNCIADOS

CJF Administrativo 7. Configura ato de improbidade administrativa a conduta do agente público que, em atuação legislativa lato sensu, recebe vantagem econômica indevida.

Fonacom Enunc. 52. A norma do art. 36, parágrafo 4º, da Lei 13.140/2015 (Lei da Mediação) é aplicável às ações de improbidade e faculta a conciliação judicial, ab-rogando a redação do art. 17, parágrafo 1º, da Lei 8.429/92.

INFORMATIVOS

STF Nova Lei de Improbidade Administrativa e eficácia temporal. 1) É necessária a comprovação de responsabilidade subjetiva para a tipificação dos atos de improbidade administrativa, exigindo-se – nos arts. 9º, 10 e 11 da LIA – a presença do elemento subjetivo – dolo; 2) A norma benéfica da Lei 14.230/2021 – revogação da modalidade culposa do ato de improbidade administrativa –, é irretroativa, em virtude do artigo 5º, inciso XXXVI, da Constituição Federal, não tendo incidência em relação à eficácia da coisa julgada; nem tampouco durante o processo de execução das penas e seus incidentes; 3) A nova Lei 14.230/2021 aplica-se aos atos de improbidade administrativa culposos praticados na vigência do texto anterior da lei, porém sem condenação transitada em julgado, em virtude da revogação expressa do texto anterior; devendo o juízo competente analisar eventual dolo por parte do agente; 4) O novo regime prescricional previsto na Lei 14.230/2021 é irretroativo, aplicando-se os novos marcos temporais a partir da publicação da lei. A partir do advento da Lei 14.230/2021 (nova Lei de Improbidade Administrativa) – cuja publicação e entrada em vigor ocorreu em 26.10.2021 –, deixou de existir, no ordenamento jurídico, a tipificação para atos culposos de improbidade administrativa. *ARE 843989, 18.8.2022. Pleno. Inf 1065.*

STF Ação de improbidade administrativa: legitimidade ativa concorrente. Os entes públicos que sofreram prejuízos em razão de atos de improbidade também estão autorizados, de forma concorrente com o Ministério Público, a propor ação e a celebrar acordos de não persecução civil em relação a esses atos. *ADI 7043, 31.8.2022. Pleno. Inf 1066.*

STJ Improbidade administrativa. Fase recursal. Acordo. Não persecução cível. Possibilidade. Art. 17, § 1º da Lei 8.429/92. Alterado pela Lei 13.964/19 (Pacote Anticrime). É possível a homologação judicial de acordo de não persecução cível no âmbito da ação de improbidade administrativa em fase recursal. *AREsp 102585, 1ª S, 9.3.2022. Inf 728.*

STJ Conflito negativo de competência. Juízos estadual e federal. Ação de improbidade administrativa ajuizada por ente municipal. Prestação de contas de verbas federais. Mitigação das súmulas 208/STJ e 209/STJ. Competência cível da Justiça Federal absoluta em razão da pessoa. Art. 109, I, da CF. Ausência de ente federal em qualquer dos polos da relação processual. Competência da Justiça Estadual. Nas ações de improbidade administrativa, a competência da Justiça Federal é definida em razão da presença das pessoas jurídicas de direito público previstas no art. 109, I, da CF na relação processual, e não em razão da natureza da verba federal sujeita à fiscalização da TCU. *CC 174764, 1ª S, 9.2.2022. Inf 724.*

QUESTÕES DISCURSIVAS

3. (IFBC/TRF/2R/Juiz/2018) Dissertação: Improbidade Administrativa. O candidato deverá abordar, necessariamente, os seguintes tópicos: a) Sujeitos: pessoa jurídica; particular; agente político; conselhos de fiscalização do exercício profissional; sucessores do ímprobo. b) Medidas cautelares: Indisponibilidade de bens: cabimento; duração; afastamento do agente público; sequestro. c) Atos de improbidade: atos administrativos (discricionariedade; controle; erro de apreciação e discricionariedade técnica), legislativos e jurisdicionais. d) Tipologia objetiva e subjetiva: conceitos jurídicos indeterminados e improbidade; enriquecimento ilícito; atos lesivos ao patrimônio público; atos de concessão ou aplicação indevida de benefício financeiro ou tributário; atos atentatórios aos princípios regentes da atividade estatal; atos dolosos e culposos: a culpa grave e a cegueira deliberada. Inter-relação das decisões proferidas nas esferas administrativa, penal e civil. e) Competência: A questão do foro por prerrogativa de função; atos praticados em detrimento de sociedade de economia mista federal. f) Prescrição: Prazos; ato de improbidade que caracteriza crime; prosseguimento, após o advento da prescrição, para fins de viabilizar ressarcimento ao erário público: É cabível? g) Sentença: requisitos; congruência. Consectários. h) Sanções: adequação à natureza do ato e dosimetria: perda de bens ou valores; ressarcimento do dano; dano moral; perda da função pública: Pode o juiz federal decretá-la se o agente é vinculado à administração estadual ou municipal? Há atos ímprobos de pequeno potencial ofensivo? Aplica-se o princípio da insignificância em atos de improbidade? i) Acordo de leniência e Lei de Improbidade Administrativa.

4. (TRF/3R/Juiz/2016) A Constituição Federal (art. 37, § 4º) estabelece que atos de improbidade administrativa importarão em várias penalidades. O dispositivo é regulado pela Lei n. 8.429/92. Responda: (a) O que se entende por improbidade administrativa? O que a improbidade administrativa ofende? Quais as três espécies básicas de improbidade administrativa? (b) Quem pode ser réu em ação de improbidade administrativa? Existe foro específico por prerrogativa de função? (c) O elenco de comportamentos existente na Lei n. 8.429/92 é taxativo? Atos de improbidade podem ser definidos em outras leis? Justifique. (d) A prescrição da ação de responsabilização por ato de improbidade administrativa impede a apuração do ressarcimento de danos causados ao erário? Justifique. (e) No cenário da improbidade administrativa são possíveis medidas preventivas em desfavor do suposto ímprobo? Que espécies de penalidades são aplicáveis em caso de condenação?

QUESTÕES OBJETIVAS

71. (TRF/4R/Juiz/2022) Assinale a alternativa incorreta. Sobre os atos de improbidade administrativa e a respectiva ação:

a) aplicam-se os princípios do direito administrativo sancionador.
b) é dado ao Ministério Público celebrar acordo de não persecução civil.
c) as sanções de suspensão de direitos políticos e de proibição de contratar ou de receber incentivos fiscais ou creditícios do poder público observarão o limite máximo de vinte anos.
d) o sucessor ou o herdeiro daquele que causar dano ao erário ou que se enriquecer ilicitamente está sujeito apenas à obrigação de repará-lo até o limite do valor da herança ou do patrimônio transferido.
e) os atos de improbidade administrativa que causam prejuízo ao erário admitem a modalidade culposa.

72. (IFBC/TRF/2R/Juiz/2018) A Lei n. 8.429, de 2.6.1992, é o diploma regulador da improbidade administrativa. Com relação ao seu conteúdo, integrado pela jurisprudência do STJ, analise as assertivas abaixo e, ao final, assinale a alternativa correta:

I. se houve incorporação de verba repassada pela União ao patrimônio do Município, a competência para apurar eventual ato de improbidade cometido pelo Prefeito é da justiça federal.
II. Dispõe o verbete 209, da súmula de jurisprudência do STJ que compete à justiça estadual processar e julgar Prefeito por desvio de verba transferida e incorporada ao patrimônio municipal.
III. A configuração de ato de improbidade administrativa, descrito no art. 11 da Lei n. 8.429/92 dispensa a demonstração da ocorrência de dano para a administração pública ou o enriquecimento ilícito do agente.
IV. É necessária a demonstração de risco para a administração em obter ressarcimento do dano, como por exemplo na transferência de bens por parte do agente, para fundamentar a decretação de indisponibilidade de bens.

a) Apenas a alternativa I está correta.
b) Apenas as alternativas II e IV estão corretas.
c) Apenas as alternativas I e III estão corretas.
d) Apenas as alternativas II e III estão corretas.
e) Nenhuma das alternativas está correta.

73. (IFBC/TRF/2R/Juiz/2018) Considere as assertivas abaixo e assinale a alternativa correta. Segundo o STF:

I. É prescritível a ação de reparação de danos à Fazenda Pública decorrentes de ilícito civil.
II. É prescritível a ação de ressarcimento decorrente de ato de improbidade administrativa praticado com culpa.
III. São imprescritíveis as ações de ressarcimento decorrentes de ato de improbidade administrativa praticado com dolo.

a) Todas as assertivas estão corretas.
b) Somente a assertiva III está correta.
c) As assertivas II e III estão corretas.
d) As assertivas I e III estão corretas.
e) Somente a assertiva I está correta.

74. (TRF/3R/Juiz/2018) A Lei nº 8.429, de 1992, dispõe sobre as sanções a que se submetem os agentes públicos nos casos de prática de ato de improbidade administrativa. As disposições dessa lei são aplicáveis:

a) Exclusivamente aos indivíduos que, mediante remuneração, exercem mandato, cargo, emprego ou função na administração pública direta, indireta ou fundacional.
b) Exclusivamente aos indivíduos que, sem remuneração, exercem mandato, cargo, emprego ou função na administração pública direta, indireta ou fundacional.
c) Exclusivamente aos indivíduos que, independentemente de remuneração, exercem mandato, cargo, emprego ou função na administração pública direta, indireta ou fundacional.
d) Também aos indivíduos que, mesmo não sendo agentes públicos, induzam ou concorram para a prática do ato de improbidade ou dele se beneficiem de forma direta ou indireta.

75. (TRF/2R/Juiz/2017) O Ministério Público Federal (MPF) ajuizou ação de improbidade administrativa em face de dois agentes públicos, por alegada ordenação de despesa não prevista em lei (art. 10, IX, da Lei nº 8.429/92), com potencial prejuízo à União. Não houve prévio inquérito civil e a ação foi aforada imediatamente após ter o MPF recebido documentos e decisão preliminar proferida pelo Tribunal de Contas da União (TCU), em tomada de contas. Assinale a opção correta:

a) O inquérito civil visa à coleta de elementos idôneos a propiciar suporte ao ajuizamento da ação de improbidade, sendo necessária a sua previa realização como condição de procedibilidade da ação.
b) A falta de inquérito civil e mesmo de quaisquer outros elementos que deem suporte à postulação é suprida, no sistema da Lei 8.429/92, pela obrigatória notificação prévia dos demandados, que farão defesa prévia antes do recebimento da própria inicial.
c) No caso, posterior decisão do TCU que aponte a regularidade dos atos que ordenaram as despesas tornará sem objeto a ação.
d) A pessoa jurídica prejudicada pelo ato de improbidade administrativa (no caso, a União) pode ingressar nos autos, mesmo após o decurso do prazo relativo à juntada da contestação, para apresentar argumentos favoráveis à condenação dos autores dos atos acoimados de ímprobos.
e) Comprovado que os atos não têm suporte legal, estará caracterizada a improbidade administrativa.

76. (TRF/3R/Juiz/2016) Nos termos da Lei nº 8.429/1992 (Lei da Improbidade Administrativa) é correto afirmar que à pessoa condenada por ter realizado operação financeira sem observância das normas legais e regulamentares, podem ser aplicadas, dentre outras, as seguintes cominações:

a) Perda da função pública; suspensão dos direitos políticos de oito a dez anos e proibição de contratar com o Poder Público ou receber benefícios ou incentivos fiscais ou creditícios, direta ou indiretamente, ainda que por intermédio de pessoa jurídica da qual seja sócio majoritário, pelo prazo de dez anos.
b) Perda da função pública; suspensão dos direitos políticos de cinco a oito anos e proibição de contratar com o Poder Público ou receber benefícios ou incentivos fiscais ou creditícios, direta ou indiretamente, ainda que por intermédio de pessoa jurídica da qual seja sócio majoritário, pelo prazo de cinco anos.
c) Perda da função pública; suspensão dos direitos políticos de três a cinco anos e proibição de contratar com o Poder Público ou receber benefícios ou incentivos fiscais ou creditícios, direta ou indiretamente, ainda que por intermédio de pessoa jurídica da qual seja sócio majoritário, pelo prazo de três anos.
d) Perda da função pública; suspensão dos direitos políticos de cinco a dez anos e proibição de contratar com o Poder Público ou receber benefícios ou incentivos fiscais ou creditícios, direta ou indiretamente, ainda que por intermédio de pessoa jurídica da qual seja sócio majoritário, pelo prazo de dez anos.

77. (TRF/4R/Juiz/2016) Assinale a alternativa correta.

a) A responsabilização do agente público por ato de improbidade administrativa que cause lesão ao erário exige regime jurídico estatutário, mas o exercício da atividade pode ser decorrente de concurso público ou cargo em comissão.
b) Todo ato de improbidade administrativa que cause lesão ao erário exige dolo do agente e perda patrimonial pública.
c) Constitui ato de improbidade administrativa o enriquecimento ilícito por perceber vantagem econômica para intermediar a liberação ou a aplicação de verba pública, desde que haja prejuízo ao Poder Público igual ou superior a essa vantagem.
d) Deixar de prestar contas quando esteja obrigado a fazê-lo constitui ato de improbidade administrativa por atentar contra os princípios da Administração Pública.
e) Permitir que se utilizem, em obra ou serviço particular, veículos, equipamentos ou material da Administração Pública caracteriza ato de improbidade administrativa, independentemente de causar prejuízo ao erário.

78. (TRF/4R/Juiz/2016) Dadas as assertivas abaixo, assinale a alternativa correta.

I. Sem que haja dano efetivo ao patrimônio público, ou enriquecimento ilícito do réu, é inviável a constatação de ter ocorrido ato de improbidade administrativa.

II. A utilização de provas emprestadas não é possível na ação de improbidade administrativa.
III. A indisponibilidade de bens pode ser decretada na ação de improbidade administrativa, independentemente da comprovação de que o réu esteja dilapidando seu patrimônio ou na iminência de fazê-lo.
a) Está correta apenas a assertiva III.
b) Estão corretas apenas as assertivas I e II.
c) Estão corretas apenas as assertivas II e III.
d) Estão corretas todas as assertivas.
e) Nenhuma assertiva está correta.

79. (Cespe/TRF/1R/Juiz/2015) A respeito da ação de improbidade administrativa, assinale a opção correta.
a) Não havendo pedido na inicial de condenação ao ressarcimento dos danos causados, tal condenação na sentença configura julgamento extra petita.
b) Na caracterização de uma conduta como improbidade por retardamento indevido da prática de ato de ofício, a presença do elemento subjetivo doloso é dispensável à condenação do agente.
c) O decreto de indisponibilidade de bens em ação civil pública por ato de improbidade administrativa dispensa a comprovação de "periculum in mora".
d) O convencimento do julgador sobre a inexistência de ato de improbidade é insuficiente à rejeição da inicial, porquanto prevalece o interesse da sociedade ("in dubio pro societate").
e) O decreto de indisponibilidade dos bens por ato de improbidade causador de lesão ao patrimônio público recairá apenas sobre o acréscimo patrimonial que adveio ao apontado como responsável.

80. (TRF/4R/Juiz/2014) Dadas as assertivas abaixo, assinale a alternativa correta.
I. O juízo de delibação para recebimento da petição inicial previsto na Lei n. 8.429/92, precedido de notificação do demandado, somente é obrigatório para ações de improbidade administrativa típicas, ou seja, que visem a aplicar aos responsáveis sanções político-civis de caráter pessoal.
II. Segundo orientação do Superior Tribunal de Justiça, as sanções disciplinares previstas na Lei n. 8.112/90 são independentes em relação às penalidades previstas na Lei n. 8.429/92, mas, proposta a ação de improbidade, é necessário aguardar-se o trânsito em julgado para que seja editado o ato de demissão por prática de improbidade administrativa.
III. Segundo entendimento do Superior Tribunal de Justiça, para a caracterização do ato de improbidade administrativa que importa enriquecimento ilícito, é despicienda a demonstração do elemento subjetivo, consolidado no dolo ou na culpa; já para a caracterização de ato de improbidade administrativa que atenta contra os princípios da administração pública, é necessária a demonstração do elemento subjetivo, consolidado no dolo ou, ao menos, na culpa.
IV. O sucessor daquele que causar lesão ao patrimônio público ou se enriquecer ilicitamente não está sujeito às cominações da Lei n. 8.429/92, pois segundo estabelece a Constituição Federal, nenhuma pena passará da pessoa do infrator.
a) Está correta apenas a assertiva I.
b) Está correta apenas a assertiva III.
c) Estão corretas apenas as assertivas I, II e III.
d) Estão corretas apenas as assertivas II, III e IV.
e) Nenhuma assertiva está correta.

81. (TRF/2R/Juiz/2014) No tocante à improbidade administrativa, disciplinada pela Lei n. 8.429/92, assinale a opção em conformidade com o entendimento dominante em doutrina e no Superior Tribunal de Justiça:
a) Todos os atos de improbidade administrativa previstos nos artigos 9º (enriquecimento ilícito), 10 (que causam dano ao erário) e 11 (violação de princípios da Administração Pública) podem ser praticados com dolo ou culpa.
b) Quem não é agente público (o terceiro, previsto no artigo 3º da Lei n. 8.429/92) não pode responder isoladamente (sem a presença de qualquer agente público), em ação de improbidade, e ser submetido às medidas gerais previstas no artigo 12 da mencionada legislação.
c) Em caso de dano ao erário, causado por agente que comete ato de improbidade administrativa, é firme a orientação de que a prescrição está sujeita aos prazos disciplinados no art. 23 da Lei n. 8.429/92.
d) Na aplicação das medidas estipuladas no art. 12 da Lei n. 8.429/92 (incisos I, II e III), reconhecida a improbidade do servidor, o magistrado está vinculado à aplicação de todas as modalidades ali previstas, tendo liberdade apenas no que se refere à gradação, haja vista que o § 4º do art. 37 da Constituição Federal encontra-se no imperativo.
e) No âmbito da improbidade administrativa, após o julgamento do tribunal de segundo grau, mantendo condenação do agente público, a legislação admite a perda imediata do cargo público, sem prejuízo de futuro retorno na hipótese de reforma do julgado por tribunal superior.

82. (Cespe/TRF/1R/Juiz/2013) Servidor efetivo praticou ato que caracterizava infração administrativa, tendo sido a conduta descoberta três anos depois, ocasião em que foi instaurado o processo administrativo disciplinar (PAD) que culminou com a pena de demissão. Encaminhados os autos ao MP, este ajuizou ação civil por ato de improbidade, com pedidos de aplicação, ao servidor, de multa cível, suspensão dos direitos políticos, proibição de contratar com o poder público, perda de bens e valores acrescidos ilicitamente ao patrimônio e ressarcimento integral do dano. O ajuizamento da ação ocorreu seis anos após a prática do ato. Foi pleiteada liminarmente a decretação da indisponibilidade dos bens do réu, no valor necessário ao ressarcimento integral do dano. Com base nessa situação hipotética, assinale a opção correta.
a) Pelos pedidos do MP, conclui-se ter sido observada a tese da cumulatividade compulsória das sanções à improbidade administrativa, tendo-se omitido, apenas, o pedido de perda da função pública, dada a demissão.
b) O fato de o MP ter pleiteado a perda de bens e valores acrescidos ilicitamente ao patrimônio do servidor indica que o órgão considerou que o ato de improbidade caracteriza atentado aos princípios da administração pública.
c) Os bens do réu adquiridos antes da investidura no cargo público efetivo não são passíveis de expropriação judicial para ressarcimento do dano.
d) Estão prescritas a pretensão de aplicação de multa cível e a de proibição de contratar com o poder público, mas não a de ressarcimento integral do dano.
e) O MP poderia ter pleiteado liminarmente o bloqueio de valor maior que o estritamente necessário ao ressarcimento integral do dano material ao erário.

83. (TRF/3R/Juiz/2010) Assinale a assertiva correta:
a) A limitação administrativa à propriedade privada é a clássica manifestação do exercício do poder de polícia e sempre sujeita à administração ao pagamento de indenização.
b) A servidão administrativa, por caracterizar o dever de suportar do administrado, gera o direito à indenização.

c) A licença e a autorização não estão sujeitas à indenização.

d) A pessoa jurídica poderá figurar no polo passivo na ação de improbidade e como consequência a empresa sucessora responde pelos danos causados ao erário público.

84. (Cespe/TRF/1R/Juiz/2009) A respeito de improbidade administrativa, assinale a opção correta à luz da Lei n. 8.429/1992.

a) A ação de improbidade administrativa terá o rito ordinário e será proposta pelo MP ou pela pessoa jurídica interessada, dentro de sessenta dias da efetivação da medida cautelar.

b) Sendo meramente culposa a conduta comissiva do agente público que ocasione prejuízo ao erário, isso não poderá ensejar responsabilização por improbidade administrativa.

c) As ações destinadas a levar a efeito as sanções previstas na lei podem ser propostas em até três anos após o término do exercício de mandato, de cargo em comissão ou de função de confiança.

d) Ao MP não é permitido efetuar transação, acordo ou conciliação nas ações de improbidade administrativa. Essa vedação, legalmente, não se aplica à fazenda pública, tendo em vista que o ajuste feito com o agente público infrator poderá ser economicamente vantajoso ao erário.

e) Praticado ato de improbidade administrativa que importe enriquecimento ilícito, o responsável estará sujeito às seguintes cominações: perda dos bens ou valores acrescidos ilicitamente ao patrimônio; ressarcimento integral do dano, quando houver; perda da função pública; suspensão dos direitos políticos por período de oito a dez anos; pagamento de multa civil de até três vezes o valor do acréscimo patrimonial; e proibição de contratar com o poder público ou receber benefícios ou incentivos fiscais ou creditícios, direta ou indiretamente, ainda que por intermédio de pessoa jurídica da qual seja sócio majoritário, pelo prazo de dez anos.

4.4. Lei de Responsabilização de Pessoas Jurídicas (Lei 12.846/13)

ENUNCIADOS

CJF **Administrativo 21.** A conduta de apresentação de documentos falsos ou adulterados por pessoa jurídica em processo licitatório configura o ato lesivo previsto no art. 5º, IV, "d", da Lei n. 12.846/2013, independentemente de essa sagrar-se vencedora no certame ou ter a continuidade da sua participação obstada nesse.

QUESTÕES OBJETIVAS

85. (TRF/4R/Juiz/2014) Dadas as assertivas abaixo, assinale a alternativa correta. Com relação à recente Lei n. 12.846/2013 (que dispõe sobre a responsabilização administrativa e civil de pessoas jurídicas pela prática de atos contra a Administração Pública, nacional ou estrangeira, mais conhecida como Lei Anticorrupção:

I. Aplica-se o disposto nessa lei às sociedades empresárias e às sociedades simples, personificadas ou não, independentemente da forma de organização ou modelo societário adotado, bem como a quaisquer fundações, associações de entidades ou pessoas ou sociedades estrangeiras que tenham sede, filial ou representação no território brasileiro, constituídas de fato ou de direito, ainda que temporariamente.

II. As pessoas jurídicas serão responsabilizadas, objetivamente, nos âmbitos administrativo e civil, pelos atos lesivos capitulados no referido diploma legal, em seu interesse ou benefício, exclusivo ou não, sem prejuízo da responsabilidade individual de seus dirigentes ou administradores ou de qualquer pessoa natural, autora, coautora ou partícipe do ato ilícito.

III. São exemplos de atos lesivos praticados contra a Administração Pública nacional ou estrangeira, nos termos da Lei Anticorrupção: prometer, oferecer ou dar, direta ou indiretamente, vantagem indevida a agente público, ou a terceira pessoa a ele relacionada; manipular ou fraudar o equilíbrio econômico-financeiro dos contratos celebrados com a Administração Pública; fraudar licitação pública ou contrato dela decorrente.

IV. Consideram-se, como Administração Pública estrangeira, os órgãos e as entidades estatais ou as representações diplomáticas de país estrangeiro, de qualquer nível ou esfera de governo, bem como as pessoas jurídicas controladas, direta ou indiretamente, pelo poder público de país estrangeiro. Equiparam-se à Administração Pública estrangeira as organizações públicas internacionais.

V. Na esfera administrativa, a responsabilidade da pessoa jurídica não afasta a possibilidade de sua responsabilização na esfera judicial, sendo que o Ministério Público ou a Advocacia Pública ou órgão de representação judicial (ou equivalente) do ente público poderá requerer a indisponibilidade de bens, direitos ou valores necessários à garantia do pagamento da multa ou da reparação integral do dano causado, conforme previsto na lei, ressalvado o direito do terceiro de boa-fé. Além disso, nas ações de responsabilização judicial, será adotado o rito previsto na Lei n. 7.347/85.

a) Estão corretas apenas as assertivas III e IV.

b) Estão corretas apenas as assertivas I, II e III.

c) Estão corretas apenas as assertivas II, III, IV e V.

d) Estão corretas todas as assertivas.

e) Nenhuma assertiva está correta.

5. ENTES DA ADMINISTRAÇÃO PÚBLICA

5.1. Disposições Gerais

ENUNCIADOS

CJF **Administrativo 11.** O contrato de desempenho previsto na Lei 13.934/2019, quando celebrado entre órgãos que mantêm entre si relação hierárquica, significa a suspensão da hierarquia administrativa, por autovinculação do órgão superior, em relação ao objeto acordado, para substituí-la por uma regulação contratual, nos termos do art. 3º da referida Lei.

QUESTÕES DISCURSIVAS

5. (Cespe/TRF/5R/Juiz/2013) Disserte sobre o tema direito administrativo e regulação, abordando, necessariamente, os seguintes aspectos: (i) do Estado liberal ao Estado regulador (à guisa de introdução); (ii) regulação: conceito e razões justificadoras; (iii) formas tradicionais de regulação e regulação independente; (iv) agências reguladoras: natureza e suas autonomias; (v) competência normativa; (vi) agências reguladoras e controle pelos tribunais de contas e pelo Poder Judiciário.

6. (Cespe/TRF/1R/Juiz/2013) Discorra acerca das possibilidades de controle sobre as agências reguladoras.

QUESTÕES OBJETIVAS

86. (TRF/4R/Juiz/2014) Dadas as assertivas abaixo, assinale a alternativa correta. Sobre o consórcio público, nos termos da redação vigente da Lei n. 11.107/05 (a qual regulamentou o art. 241 da Constituição Federal de 1988, dispondo sobre normas gerais de contratação de consórcios públicos):

I. O consórcio público é a união de entes federados para a realização de objetivos e interesses comuns, como ocorre, por exemplo, quando vários municípios se unem em forma de consórcio para a preservação de área de mata que se estenda sobre os territórios de todos eles.

II. O consórcio público pode se revestir tanto de personalidade jurídica de direito público (associação pública), a partir da vigência das leis de ratificação do protocolo de intenções, quanto de personalidade jurídica de direito privado, desde que satisfeitos os requisitos da lei civil. Neste último caso, deverá observar também as normas de direito público no que diz respeito às licitações, aos contratos, à prestação de contas e à admissão de pessoal por concurso público, os quais são agentes públicos estatutários.

III. O consórcio público com personalidade jurídica de direito público integra a Administração Indireta dos entes reunidos em consórcio, segundo expressa determinação da Lei n. 11.107/05. Contudo, caso seja instituído com personalidade jurídica de direito privado, o consórcio integrará a Administração Indireta do ente federado com maior produto interno bruto.

a) Está correta apenas a assertiva I.
b) Estão corretas apenas as assertivas I e II.
c) Estão corretas apenas as assertivas I e III.
d) Estão corretas apenas as assertivas II e III.
e) Estão corretas todas as assertivas.

5.2. Autarquias, Agências, Fundações

SÚMULAS

1) Agências Executivas/Reguladoras

STJ **Súm. 506.** A Anatel não é parte legítima nas demandas entre a concessionária e o usuário de telefonia decorrentes de relação contratual.

2) Autarquias

STF **Súm. 25.** A nomeação a termo não impede a livre demissão, pelo Presidente da República, de ocupante de cargo dirigente de autarquia.

3) Conselhos de Fiscalização Profissional

STJ **Súm. 66.** Compete à justiça federal processar e julgar execução fiscal promovida por conselho de fiscalização profissional.

STJ **Súm. 79.** Os bancos comerciais não estão sujeitos a registro nos conselhos regionais de economia.

STJ **Súm. 120.** O oficial de farmácia, inscrito no Conselho Regional de Farmácia, pode ser responsável técnico por drogaria.

STJ **Súm. 275.** O auxiliar de farmácia não pode ser responsável técnico por farmácia ou drogaria.

STJ **Súm. 413.** O farmacêutico pode acumular a responsabilidade técnica por uma farmácia e uma drogaria ou por duas drogarias.

STJ **Súm. 561.** Os conselhos regionais de farmácia possuem atribuição para fiscalizar e autuar as farmácias e drogarias quanto ao cumprimento da exigência de manter profissional legalmente habilitado (farmacêutico) durante todo o período de funcionamento dos respectivos estabelecimentos.

TRF2 **Súm. 57.** São inconstitucionais a expressão "fixar", constante do caput, e a integralidade do § 1º do art. 2º da Lei n. 11.000/04.

4) Outros Temas

STJ **Súm. 324.** Compete à justiça federal processar e julgar ações de que participa a Fundação Habitacional do Exército, equiparada à entidade autárquica federal, supervisionada pelo Ministério do Exército.

STJ **Súm. 483.** O INSS não está obrigado a efetuar depósito prévio do preparo por gozar das prerrogativas e privilégios da Fazenda Pública.

REPERCUSSÃO & REPETITIVOS

STF **Rep. Geral 732.** É inconstitucional a suspensão realizada por conselho de fiscalização profissional do exercício laboral de seus inscritos por inadimplência de anuidades, pois a medida consiste em sanção política em matéria tributária. *RE 647885, 27.4.2020.*

ENUNCIADOS

CJF **Administrativo 25.** A ausência de tutela a que se refere o art. 3º, caput, da Lei 13.848/2019 impede a interposição de recurso hierárquico impróprio contra decisões finais proferidas pela diretoria colegiada das agências reguladoras, ressalvados os casos de previsão legal expressa e assegurada, em todo caso, a apreciação judicial, em atenção ao disposto no art. 5º, XXXV, da Constituição Federal.

CJF **Administrativo 38.** A realização de Análise de Impacto Regulatório (AIR) por órgãos e entidades da administração pública federal deve contemplar a alternativa de não regulação estatal ou desregulação, conforme o caso.

CJF **Civil 8.** A constituição de fundação para fins científicos, educacionais ou de promoção do meio ambiente está compreendida no CC, art. 62, parágrafo único.

CJF **PSEL 82.** O Poder Público, o Poder Judiciário, as agências reguladoras e a sociedade civil deverão estimular, mediante a adoção de medidas concretas, o uso de plataformas tecnológicas para a solução de conflitos de massa.

CJF **PSEL 85.** O Poder Público – inclusive o Poder Judiciário – e a sociedade civil deverão estimular a criação, no âmbito das entidades de classe, de conselhos de autorregulamentação, voltados para a solução de conflitos setoriais.

INFORMATIVOS

STF **Fundo de Fiscalização das Telecomunicações e poder de polícia.** É legítimo o poder de polícia conferido à Anatel para fiscalizar as atividades de radiodifusão. *ADI 4039, 24.6.2022. Pleno. Inf 1060.*

STF **ANP e poder normativo de regulação.** É constitucional a instituição do Programa de Monitoramento da Qualidade dos Combustíveis (PMQC) por normativo da Agência Nacional do Petróleo (ANP), na medida em que o ato regulatório apresenta correspondência direta com as diretrizes e os propósitos conferidos por sua lei instituidora. *ADI 7031, 5.8.2022. Pleno. Inf 1062.*

STJ **Agência reguladora. Poderes Administrativos. ANAC. Recuperação judicial. Slots e Hotrans (horários de transporte). Realocação. Incorporação de ativos de empresa aérea. Análise da matéria pelo Poder Judiciário. Excepcionalidade. Vícios objetivos na decisão administrativa.** Ao Poder Judiciário não cabe se imiscuir na decisão administrativa da ANAC acerca da realocação de "slots" e "hotrans" (horários de transporte), serviço prestado por empresa aérea em recuperação judicial, a ponto de impor a observação absoluta do princípio da preservação da empresa, quando inexistirem vícios objetivos na decisão, mesmo em prejuízos à concorrência do setor e aos usuários do serviço público concedido. *REsp 1287461, 2ª T, 30.6.2022. Inf 745.*

STJ **Agência reguladora. Auto de infração. Processo administrativo. Multa. Aplicação. Termo inicial. Interposição de recurso administrativo. Juros de mora. Não afastamento.** A interposição de recurso administrativo não afasta a incidência dos juros moratórios sobre multa aplicada por agência reguladora. *AREsp 1574873, 1ª T, 18.10.2022. Inf 754.*

QUESTÕES DISCURSIVAS

7. (Cespe/TRF/2R/Juiz/2011) Discorra sobre as entidades de fiscalização do exercício de profissão regulamentada sob a perspectiva da sua natureza jurídica, do regime jurídico para aquisição de bens e contratação de serviços, do regime jurídico de seus funcionários, dos privilégios processuais que lhe são reservados e da natureza jurídica de suas receitas.

8. (Cespe/TRF/1R/Juiz/2011) Exponha os principais traços que distinguem, no direito brasileiro, autarquias, empresas públicas e sociedades de economia mista, abordando, necessariamente, os seguintes aspectos: (i) forma de constituição; (ii) privilégios processuais; (iii) personalidade jurídica; (iv) regime tributário; (v) regime de bens.

QUESTÕES OBJETIVAS

87. (TRF/3R/Juiz/2018) Um dos principais objetivos do "Consenso de Washington" (1989) foi fornecer um receituário para implantar o neoliberalismo na América Latina, sendo um dos principais vetores a redução do papel do Estado na economia. Nesse contexto, tivemos no Brasil as privatizações e a mudança do perfil do Estado, de interventor e/ou empresário para o Estado regulador. Esse foi o cenário em que nasceram as agências reguladoras. Com base no regime jurídico a que elas se submetem, indique a afirmação correta:

a) As agências reguladoras regulam e controlam as atividades objeto de concessão, permissão ou autorização de serviços públicos ou de concessão para exploração de bem público, vedados os atos de repressão (sanção) com fundamento no poder de polícia.

b) As agências reguladoras são as únicas entidades da Administração Pública competentes para regular a atividade econômica.

c) No seu âmbito de atuação, as agências reguladoras podem exercer todas as prerrogativas e funções que a lei outorga ao Poder Público na gestão de contratos e atos de delegação relacionados ao serviço público.

d) No exercício de atividade típica de regulação, as decisões das agências reguladoras podem ser reformadas por meio de recurso hierárquico endereçado ao chefe do Poder Executivo.

88. (Cespe/TRF/5R/Juiz/2015) Assinale a opção correta acerca do papel do Estado como agente regulador e da competência para a atividade regulatória.

a) A regulação econômica exercida pelo Estado consiste na intervenção direta nos setores econômicos considerados estratégicos para o desenvolvimento nacional, ora por meio de indução (incentivo e planejamento), ora por meio de direção (fiscalização e controle).

b) Apenas duas agências reguladoras brasileiras possuem previsão constitucional específica: a Anatel e a ANP.

c) As empresas estatais que exercem atividade econômica em regime de monopólio sujeitam-se às normas de regulação do setor correspondente, estando isentas, porém, da aplicação de penalidades.

d) No Brasil, diferentemente das agencies do direito norte-americano, cujos atos não se submetem ao "judicial review", as agências reguladoras estão submetidas ao controle jurisdicional de seus atos, da mesma forma que quaisquer outros órgãos estatais.

e) Predomina no Brasil a modalidade regulatória denominada autorregulação, na qual o agente estatal assume as funções de normatização, fiscalização e fomento dos setores econômicos.

89. (Cespe/TRF/5R/Juiz/2015) Considerando a disciplina legal acerca das agências reguladoras e das agências executivas, assinale a opção correta.

a) Apenas as autarquias podem, mediante iniciativa do advogado-geral da União, ser qualificadas como agências executivas, desde que possuam um plano estratégico de reestruturação e de desenvolvimento institucional que definam diretrizes, políticas e medidas voltadas para a racionalização de sua estrutura.

b) A qualificação de uma entidade como agência reguladora é efetivada por meio de decreto do chefe do Poder Executivo, a partir do que deverá assinar contrato de gestão com o respectivo ministério ao qual é subordinada.

c) A agência executiva deve celebrar contrato de gestão com o respectivo ministério supervisor, com periodicidade mínima de um ano, no qual se estabelecerão os objetivos, metas e indicadores de desempenho da entidade, bem como os recursos necessários e os critérios e instrumentos para a avaliação do seu cumprimento.

d) Pela técnica da deslegalização, mediante a qual o próprio legislador retirou certas matérias do domínio da lei, as agências reguladoras podem editar atos normativos dotados de conteúdo técnico que disciplinem matérias que deveriam ser reguladas por lei ordinária e por lei complementar, desde que expressamente autorizadas pela legislação pertinente.

e) As agências reguladoras são autarquias com regime jurídico especial, dotadas de autonomia em relação ao ente central, razão pela qual não se admite a interposição de recurso hierárquico impróprio contra suas decisões nem a demissão de seus dirigentes, salvo mediante sentença transitada em julgado.

90. (Cespe/TRF/1R/Juiz/2015) A lei federal X, dotada de vigência e eficácia, estabeleceu normas regulatórias que condicionaram e limitaram o exercício de atividades típicas para determinado setor econômico. Posteriormente, promulgou-se a lei federal Y, a qual revogou expressamente a lei federal X. Por meio da nova lei, determinada autarquia federal em regime especial foi criada com a função de estabelecer padrões para o exercício do setor econômico em questão. Assim, a nova autarquia assumiu as competências para regular esse setor de forma ampla, como a edição de normas, o exercício do poder de polícia e a aplicação de penalidades, as quais eram anteriormente exercidas diretamente pela União. Em face dessa situação hipotética e das discussões doutrinárias e jurisprudenciais a respeito da regulação e das agências reguladoras, assinale a opção correta.

a) Os atos normativos expedidos pelos entes reguladores têm natureza de atos administrativos, não podendo modificar, suspender, suprimir ou revogar disposição legal, nem tampouco inovar na ordem jurídica. O poder normativo dos entes reguladores está limitado à complementação e à suplementação normativa da lei.

b) A lei federal Y, que promoveu a delegação legislativa, deve ser declarada inconstitucional, pois é inadmissível, no sistema jurídico vigente, o esvaziamento das competências exclusivas do Poder Legislativo por meio de sua transferência ao Poder Executivo.

c) A transferência, ao ente administrativo, da competência para dispor sobre matéria anteriormente disciplinada por lei em sentido estrito, fundamentada no rebaixamento da valoração objetiva das atividades reguladas, é um fenômeno conhecido como degradação hierárquica.

d) A transferência da competência normativa da União para uma autarquia federal ofendeu os princípios da tipicidade, da preeminência de lei, da legalidade e da separação dos poderes.

e) A transferência das competências tipicamente legislativas para o novo ente administrativo, que passou a exercer a atividade regulatória, é um fenômeno conhecido como deslegalização ou como congelamento do grau hierárquico.

91. (Cespe/TRF/1R/Juiz/2013) Com relação às organizações sociais, às organizações da sociedade civil de interesse público, aos órgãos públicos e às entidades da administração indireta, assinale a opção correta.

a) As organizações da sociedade civil de interesse público devem possuir conselho de administração em cuja composição haja representantes do poder público e de entidades da sociedade civil, além de membros eleitos entre seus associados e pessoas que tenham notória capacidade profissional e reconhecida idoneidade moral.

b) No que se refere à atuação estatal, denomina-se singular o órgão dotado de um único centro de competências ou atribuições.
c) Tanto a criação quanto a extinção de autarquia só podem ocorrer por lei de competência privativa do chefe do Executivo.
d) As empresas públicas e as sociedades de economia mista só podem ser instituídas mediante lei autorizativa; suas subsidiárias, entretanto, podem ser criadas por ato administrativo.
e) Para ser qualificada como organização social, a entidade deve firmar termo de parceria com o ministério da área em que atua.

92. (Cespe/TRF/5R/Juiz/2013) De acordo com a CF e a jurisprudência dos tribunais superiores quanto ao direito administrativo regulador, ao controle dos atos da administração, às formas de intervenção do Estado na propriedade e aos servidores públicos, assinale a opção correta.

a) Seria inconstitucional norma editada por estado da Federação autorizando a contratação de pessoal para atender a necessidade temporária de excepcional interesse público nas áreas de saúde, educação e assistência jurídica de competência específica de órgãos autônomos, autarquias e fundações públicas desprovidos de quadro próprio de pessoal e de técnicos especializados no âmbito de projetos especiais instituídos por ato do chefe do Poder Executivo.
b) Segundo o entendimento do STF, o termo a quo do prazo de cinco anos para que o TCU examine a legalidade dos atos concessivos de aposentadorias, reformas e pensões conta-se a partir do efetivo afastamento do servidor do serviço em razão da aposentadoria, em virtude da necessidade de se garantir a segurança jurídica.
c) De acordo com a CF, o Estado, como agente normativo e regulador da atividade econômica, exerce as funções de fiscalização, incentivo e prestação de serviço público.
d) Em decorrência da servidão administrativa, o poder público está autorizado a usar a propriedade imóvel para a execução de obras e serviços públicos, podendo os municípios instituir servidões em imóveis estaduais e estes em imóveis federais, bem com o inverso, desde que haja autorização legislativa.
e) Considere que determinado servidor público, demitido administrativamente, tenha, posteriormente, sido reintegrado no cargo por ele ocupado originariamente, tendo sido instaurado processo administrativo para proceder à sua reintegração, e que o presidente da República tenha, então, determinado a imediata reintegração desse servidor e a exoneração do servidor em estágio probatório que estava ocupando seu cargo. Nesse caso, o servidor exonerado pode interpor recurso administrativo contra a decisão que o exonerou.

93. (TRF/3R/Juiz/2013) Assinale a alternativa incorreta:

a) Autarquias, empresas públicas, sociedades de economia mista, fundações governamentais e consórcios públicos personalizados integram a Administração Pública Indireta.
b) Autarquias são pessoas jurídicas de direito público, com capacidade exclusivamente administrativa, e podem, quanto à sua estrutura ou base, serem apartadas em corporativas ou fundacionais.
c) Fundações governamentais são, todas elas, integrantes da Administração Pública Indireta, e submetem-se ao mesmo regime jurídico porque são igualmente pessoas jurídicas de direito privado.
d) Organizações Sociais, Organizações da Sociedade Civil de Interesse Público e Consórcios Públicos são espécies de pessoas jurídicas, as duas primeiras com personalidade de direito privado, e a terceira podendo revestir-se de personalidade de direito público ou de direito privado, nos termos da lei, dependendo da forma como forem organizadas.
e) Empresas governamentais constituem gênero compreensivo das espécies empresas públicas e sociedades de economia mista, dotadas de personalidade de direito privado, que se submetem a regime jurídico parcialmente de direito público, exigindo-se autorização legislativa específica para criação de cada qual.

94. (Cespe/TRF/1R/Juiz/2013) Considerando a disciplina constante da legislação federal sobre as agências reguladoras e as agências executivas, assinale a opção correta.

a) No exercício de seu poder normativo, as agências reguladoras exercem função de natureza legislativa, particularmente no que se refere ao estabelecimento de normas relacionadas aos seus objetivos institucionais.
b) A qualificação de uma autarquia ou fundação pública como agência executiva deve ser feita por ato do titular do ministério em cuja área de competência esteja enquadrada sua principal atividade.
c) Um dos requisitos necessários à qualificação de uma autarquia ou fundação pública como agência executiva é a celebração de contrato de gestão com o respectivo ministério supervisor ao qual se acha vinculada.
d) As relações de trabalho nas agências reguladoras são regidas pela Consolidação das Leis do Trabalho e legislação trabalhista correlata, em regime de emprego público.
e) As agências reguladoras e as agências executivas integram a administração pública indireta, tendo apenas as agências reguladoras a natureza de autarquia de regime especial.

95. (Cespe/TRF/5R/Juiz/2011) É característica da natureza de autarquia especial conferida à Agência Nacional de Energia Elétrica, agência reguladora criada pelo Estado brasileiro:

a) a contratação de servidores não concursados para atribuições efetivas.
b) a independência administrativa.
c) o mandato variável de seus dirigentes.
d) a exoneração sumária de seus dirigentes.
e) a vinculação financeira a órgãos da administração direta.

96. (Cespe/TRF/2R/Juiz/2011) No que concerne à administração pública direta, a órgãos públicos e a entidades da administração indireta, assinale a opção correta.

a) A sociedade de economia mista pode explorar empreendimentos e exercer atividades distintas das definidas pela lei que autorizou a sua constituição, mediante deliberação do respectivo órgão de direção.
b) É vedada a participação de pessoas jurídicas de direito privado no capital da empresa pública, ainda que integrem a administração indireta.
c) No que se refere à posição estatal, os órgãos superiores são órgãos de direção, controle e comando que gozam de autonomia administrativa, financeira e técnica.
d) As fundações e sociedades instituídas e mantidas pelo poder público submetem-se ao controle exercido pelo tribunal de contas, o qual se estende, na esfera federal, a todas as empresas de que a União participe tanto majoritária quanto minoritariamente.
e) Embora dotada de personalidade jurídica própria, a autarquia não dispõe de capacidade de autoadministração, característica da pessoa política que a constituiu.

97. (Cespe/TRF/3R/Juiz/2011) Considerando a atividade regulatória da administração pública e o regime jurídico das agências reguladoras e executivas, assinale a opção correta.

a) As relações de trabalho nas agências reguladoras são regidas pela CLT e geridas por um conselho diretor cujos membros são escolhidos pelo presidente da República e por ele nomeados, após aprovação pelo Senado Federal.

b) Apenas a Anatel e a ANP são previstas constitucionalmente e, por isso, dispõem de independência administrativa e autonomia financeira, não se sujeitam a subordinação hierárquica, tendo seus dirigentes mandato fixo e estabilidade, prerrogativas que as demais agências reguladoras não possuem.

c) A função primordial das agências reguladoras e das agências executivas consiste no exercício do controle sobre particulares prestadores de serviços públicos.

d) A qualificação de autarquia ou fundação como agência executiva dar-se-á por ato do presidente da República.

e) Diferentemente das agências reguladoras, as agências executivas não dispõem de autonomia de gestão.

98. (TRF/4R/Juiz/2010) Dadas as assertivas abaixo, assinale a alternativa correta:

I. A descentralização pressupõe pessoas jurídicas diversas; a desconcentração refere-se a uma só pessoa.

II. As autarquias, cuja gênese depende de Decreto específico, somente podem ser extintas por ato de igual natureza.

III. Somente por lei específica poderá ser autorizada a instituição de fundação, cabendo à lei complementar definir a área de sua atuação.

IV. As empresas públicas e as sociedades de economia mista sujeitam-se ao regime jurídico próprio das empresas privadas quanto aos direitos e às obrigações civis, comerciais, trabalhistas e tributárias.

a) Estão corretas apenas as assertivas I e II.

b) Estão corretas apenas as assertivas I, III e IV.

c) Estão corretas apenas as assertivas II, III e IV.

d) Estão corretas todas as assertivas.

e) Nenhuma assertiva está correta.

5.3. Empresas Públicas e Sociedades de Economia Mista

SÚMULAS

STF Súm. 8. Diretor de sociedade de economia mista pode ser destituído no curso do mandato.

STF Súm. 508. Compete à justiça estadual , em ambas as instâncias, processar e julgar as causas em que for parte o Banco do Brasil, S. A.

STF Súm. 517. As sociedades de economia mista só têm foro na justiça federal , quando a União intervém como assistente ou opoente.

STF Súm. 556. É competente a justiça comum para julgar as causas em que é parte sociedade de economia mista.

STJ Súm. 42. Compete à justiça comum estadual processar e julgar as causas cíveis em que é parte sociedade de economia mista e os crimes praticados em seu detrimento.

STJ Súm. 333. Cabe mandado de segurança contra ato praticado em licitação promovida por sociedade de economia mista ou empresa pública.

TRF4 Súm. 93. Os funcionários transferidos da RFFSA para a VALEC não têm direito a perceber os seus proventos segundo o plano de cargos e salários dos empregados que sempre foram da VALEC, mas sim do plano de cargos e salários da extinta RFFSA (em conformidade com o § 2º, do art. 17, da Lei 11.483/2007).

ENUNCIADOS

CJF Administrativo 8. O exercício da função social das empresas estatais é condicionado ao atendimento da sua finalidade pública específica e deve levar em conta os padrões de eficiência exigidos das sociedades empresárias atuantes no mercado, conforme delimitações e orientações dos §§ 1º a 3º do art. 27 da Lei 13.303/2016.

CJF Administrativo 14. A demonstração da existência de relevante interesse coletivo ou de imperativo de segurança nacional, descrita no parágrafo 1º do art. 2º da Lei 13.303/2016, será atendida por meio do envio ao órgão legislativo competente de estudos/documentos (anexos à exposição de motivos) com dados objetivos que justifiquem a decisão pela criação de empresa pública ou de sociedade de economia mista cujo objeto é a exploração de atividade econômica.

CJF Administrativo 22. A participação de empresa estatal no capital de empresa privada que não integra a Administração Pública enquadra-se dentre as hipóteses de "oportunidades de negócio" prevista no art. 28, § 4º, da Lei 13.303/2016, devendo a decisão pela referida participação observar os ditames legais e os regulamentos editados pela empresa estatal a respeito desta possibilidade.

CJF Administrativo 24. Viola a legalidade o regulamento interno de licitações e contratos editado por empresa estatal de qualquer ente da federação que estabelece prazo inferior ao previsto no artigo 83, § 2º, da Lei Federal n. 13.303/2016, referente à apresentação de defesa prévia no âmbito de processo administrativo sancionador.

CJF Administrativo 27. A contratação para celebração de oportunidade de negócios, conforme prevista pelo art. 28, § 3º, II, e § 4º da Lei n. 13.303/2016 deverá ser avaliada de acordo com as práticas do setor de atuação da empresa estatal. A menção à inviabilidade de competição para concretização da oportunidade de negócios deve ser entendida como impossibilidade de comparação objetiva, no caso das propostas de parceria e de reestruturação societária e como desnecessidade de procedimento competitivo, quando a oportunidade puder ser ofertada a todos os interessados.

CJF Administrativo 30. A "inviabilidade de procedimento competitivo" prevista no art. 28, § 3º, inc. II, da Lei 13.303/2016 não significa que, para a configuração de uma oportunidade de negócio, somente poderá haver apenas um interessado em estabelecer uma parceria com a empresa estatal. É possível que, mesmo diante de mais de um interessado, esteja configurada a inviabilidade de procedimento competitivo.

CJF Administrativo 32. É possível a contratação de seguro de responsabilidade civil aos administradores de empresas estatais, na forma do artigo 17, § 1º, da Lei Federal n. 13.303/2016, a qual não abrangerá a prática de atos fraudulentos de favorecimento pessoal ou práticas dolosas lesivas à companhia e ao mercado de capitais.

INFORMATIVOS

STF Empresas estatais e transferência do controle técnico, administrativo ou de gestão compartilhada. É inconstitucional lei estadual que veda ao Poder Executivo e às empresas públicas e de economia mista, cujo controle acionário pertença ao estado, de assinarem contratos ou outros instrumentos legais congêneres que viabilizem a transferência do controle técnico, administrativo ou de gestão compartilhada. A norma desobedece ao disposto no art. 173, § 1º, I a V, da CF, no ponto em que preconiza caber a lei federal disciplinar o "Estatuto da Empresa Pública", observado o regime jurídico próprio das empresas privadas, quanto a obrigações civis, comerciais, trabalhistas e tributárias. Assim, a celebração de negócios jurídicos deve ser analisada individualmente e à luz da Lei 13.303/16, sendo inviável que, por meio de lei estadual, de iniciativa parlamentar, se objetive proibir a celebração de contratos com específicas disposições às empresas públicas e sociedades de economia mista, cujo regime jurídico é único, de âmbito nacional. *ADI 1846, 21.10.2022. Pleno. Inf 1073.*

QUESTÕES OBJETIVAS

99. (TRF/4R/Juiz/2022) Assinale a alternativa correta. Sobre a administração pública direta e indireta:

a) autarquias são criadas por lei, possuem personalidade jurídica de direito público e autonomia política e administrativa.

b) empresas públicas e sociedades de economia mista possuem personalidade jurídica de direito privado e estão sujeitas a controle estatal, interno e externo.

c) entes da Administração Pública indireta, detentores de personalidade jurídica de direito privado, não se submetem à exigência de concurso público para a contratação de seus empregados.

d) os privilégios da Fazenda Pública são extensíveis às sociedades de economia mista que exerçam suas atividades em regime de concorrência e distribuam lucros aos seus acionistas.
e) agências reguladoras independem de lei específica para sua criação e caracterizam-se pela independência administrativa e financeira.

100. (TRF/3R/Juiz/2018) A possibilidade de criação, pela União, de pessoas jurídicas de direito público e de direito privado, com atribuições para prestar serviços públicos, caracteriza uma das faces mais relevantes da Administração Indireta. Nesse tema, indique a afirmação correta:

a) É legítima a criação, por lei, de pessoa jurídica de direito público, a ela atribuindo-se a execução de determinado serviço público, retendo, porém, a União, a titularidade sobre tal serviço.
b) Lei que crie sociedade de economia mista controlada pela União pode conter cláusula genérica que permita àquela sociedade adquirir participação em outras empresas.
c) Nas hipóteses de descentralização, em que a União crie por lei autarquia vinculada a um ministério, haverá relação hierárquica entre o ente autárquico e o órgão ministerial, porém não o controle político.
d) Em nome do princípio da eficiência e da boa gestão, admite-se que lei federal autorize genericamente a União a criar sociedades de economia mista e fundações que sejam necessárias para dar cumprimento ao planejamento setorial.

101. (TRF/2R/Juiz/2017) O Estatuto Jurídico das Empresas Públicas e Sociedades de Economia Mista e suas subsidiárias foi instituído com a Lei nº 13.303, de 30.06.16. Marque a opção correta:

a) Depende de lei específica a constituição da empresa pública ou de sociedade de economia mista. A lei, desde que presente justificativa plausível, pode delegar ao Executivo a definição do relevante interesse coletivo que justifica a criação do ente e, em tal caso, o fará de modo claro e transparente.
b) É vedada a participação das entidades da administração indireta no capital das empresas públicas.
c) A Lei nº 13.303 traz forte preocupação com a governança corporativa e impõe que o Conselho de Administração seja integralmente compostos por membros independentes.
d) Os membros do Conselho de Administração e os diretores são administradores e submetem-se às normas da Lei nº 6.404/76 (Lei das S.A.).
e) As empresas públicas e sociedades de economia mista não estão submetidas à disciplina da Lei de Falências e nem às normas da Comissão de Valores Mobiliários.

102. (TRF/2R/Juiz/2014) Assinale a opção correta:

a) Segundo a jurisprudência do Supremo Tribunal Federal, é necessária uma autorização legislativa específica para a criação de empresas subsidiárias, não sendo suficiente a previsão na própria lei que instituiu a sociedade de economia mista matriz.
b) Segundo a jurisprudência do Supremo Tribunal Federal, é constitucional a restrição imposta por lei editada por um ente federativo, vedando que outros entes federativos adquiram participação minoritária nas sociedades de economia mista sob seu controle.
c) A participação minoritária de uma sociedade de economia mista em sociedade empresária privada depende obrigatoriamente de autorização legislativa, atraindo para a sociedade empresária privada o dever de licitar apenas para as contratações relacionadas às suas atividades-meio.
d) Segundo a jurisprudência do Supremo Tribunal Federal, as empresas públicas e as sociedades de economia mista são proibidas de contratar com o ente estatal que as criou e que detenha o seu controle.
e) Os empregados das empresas públicas e das sociedades de economia mista submetem-se ao regime trabalhista comum, ingressam nos respectivos empregos após prévia aprovação em concurso público, e ao respectivo regime de trabalho não se lhe aplica vedação à acumulação de empregos e funções públicas.

103. (TRF/4R/Juiz/2012) Dadas as assertivas abaixo, assinale a alternativa correta, no que se refere à organização administrativa.

I. A sociedade de economia mista é entidade dotada de personalidade jurídica de direito privado, instituída, mediante autorização legal, para desempenhar atividades de natureza exclusivamente empresarial, e pode se revestir de qualquer das formas em direito admitidas.
II. As agências reguladoras não têm natureza autárquica nem integram a administração pública indireta.
III. As empresas estatais exploradoras de atividade econômica não se sujeitam à obrigatoriedade de procedimento licitatório.
IV. As organizações sociais integram a administração pública quando assumem a forma de autarquia de regime especial.

a) Está correta apenas a assertiva II.
b) Está correta apenas a assertiva IV.
c) Estão corretas apenas as assertivas I e III.
d) Estão corretas apenas as assertivas II, III e IV.
e) Nenhuma assertiva está correta.

104. (Cespe/TRF/1R/Juiz/2011) Assinale a opção correta com referência à administração direta e indireta.

a) O STF entende que a imunidade tributária recíproca dos entes políticos, prevista na CF, não é extensiva às autarquias.
b) As sociedades de economia mista somente têm foro na justiça federal quando a União intervém como assistente ou opoente, competindo à justiça federal, e não à justiça comum, decidir acerca da existência de interesse que justifique a presença da União no processo.
c) Os empregados das empresas públicas e das sociedades de economia mista estão sujeitos ao teto remuneratório estabelecido para a administração pública, mesmo quando tais entidades não recebem recursos da fazenda pública para custeio em geral ou gasto com pessoal.
d) De acordo com o entendimento do STJ, o servidor da administração pública federal direta que tenha prestado serviços a empresa pública ou a sociedade de economia mista tem direito ao cômputo do tempo de serviço prestado nas referidas entidades para todos os fins, inclusive para a percepção de adicional de tempo de serviço.
e) Os atos de gestão comercial praticados pelos administradores de empresas públicas e de sociedade de economia mista podem ser contestados por meio de mandado de segurança.

105. (Cespe/TRF/5R/Juiz/2011) A respeito do regime jurídico e das características das empresas estatais – empresas públicas e sociedades de economia mista –, assinale a opção correta.

a) A instituição de empresa estatal pode ser realizada no mesmo ato jurídico de criação de secretaria de um estado-membro da Federação.
b) As empresas estatais não estão obrigadas a obedecer aos princípios de impessoalidade, moralidade, eficiência e publicidade.
c) As empresas estatais exploradoras de atividade econômica de produção ou comercialização de bens ou de prestação de

serviços sujeitam-se ao regime jurídico próprio das empresas privadas.

d) A responsabilidade civil das empresas estatais pelos atos ilícitos civis praticados por seus agentes é objetiva.

e) As empresas estatais podem ser dotadas de personalidade jurídica de direito privado ou de direito público.

106. (Cespe/TRF/2R/Juiz/2009) Considerando que a União pretenda criar uma empresa pública subsidiária da Infraero para exercer serviços de infraestrutura aeroportuária, assinale a opção correta acerca dessa situação e da organização da administração pública.

a) De acordo com o texto constitucional, o serviço de infraestrutura aeroportuária é de competência privativa da União e não pode ser delegado, mediante contrato de concessão ou permissão, à iniciativa privada.

b) A citada subsidiária deverá ser criada por meio de lei.

c) De acordo com o entendimento do STF, os serviços prestados pela Infraero, no exercício da sua atividade fim, são imunes ao imposto sobre serviços.

d) Como a atividade da Infraero visa lucro, não é possível, de acordo com a CF, estabelecer distinção entre essa empresa pública e as demais empresas privadas do setor.

e) Os dirigentes da referida empresa subsidiária deverão ser regidos pela Consolidação das Leis do Trabalho.

5.4. Entes Paraestatais

SÚMULAS

STF **Súm. 516.** O Serviço Social da Indústria (Sesi) está sujeito à jurisdição da justiça estadual.

ENUNCIADOS

CJF **Administrativo 5.** O conceito de dirigentes de organização da sociedade civil estabelecido no artigo 2º, inciso IV, da Lei Federal n. 13.019/2014 contempla profissionais com a atuação efetiva na gestão executiva da entidade, por meio do exercício de funções de administração, gestão, controle e representação da pessoa jurídica, e, por isso, não se estende aos membros de órgãos colegiados não executivos, independentemente da nomenclatura adotada pelo estatuto social.

CJF **Administrativo 9.** Em respeito ao princípio da autonomia federativa (art. 18 da CF), a vedação ao acúmulo dos títulos de OSCIP e OS prevista no art. 2º, inc. IX, c/c art. 18, §§ 1º e 2º, da Lei n. 9.790/1999 apenas se refere à esfera federal, não abrangendo a qualificação como OS nos Estados, no Distrito Federal e nos Municípios.

QUESTÕES OBJETIVAS

107. (TRF/3R/Juiz/2016) Dadas as assertivas abaixo a respeito das OSCIPs, assinale a alternativa correta.

I. Podem qualificar-se como Organizações da Sociedade Civil de Interesse Público as pessoas jurídicas de direito privado sem fins lucrativos que tenham sido constituídas e se encontrem em funcionamento regular há, no mínimo, 1 (um) ano, desde que os respectivos objetivos sociais e normas estatutárias atendam aos requisitos instituídos pela Lei nº 9.790/1999.

II. Não são passíveis de qualificação como Organizações da Sociedade Civil de Interesse Público, as sociedades comerciais, os sindicatos, as associações de classe ou de representação de categoria profissional, nem as instituições religiosas ou voltadas para a disseminação de credos, cultos, práticas e visões devocionais e confessionais.

III. Dentre os objetos sociais possíveis para a qualificação instituída pela Lei nº 9.790/1999 está o de realização de estudos e pesquisas para o desenvolvimento, a disponibilização e a implementação de tecnologias voltadas à mobilidade de pessoas, por qualquer meio de transporte.

Estão corretas:

a) Apenas I e II.

b) I, II e III.

c) Apenas II.

d) Apenas II e III.

108. (Cespe/TRF/5R/Juiz/2015) Com relação às entidades do terceiro setor e às pessoas jurídicas que integram a administração indireta, assinale a opção correta.

a) As OS's formalizam o regime de cooperação com o poder público por meio da celebração de termo de parceria no qual são descritos, de modo detalhado, os direitos e as obrigações dos pactuantes.

b) São passíveis de qualificação como OSCIP, entre outras entidades, as fundações públicas e as sociedades civis ou associações de direito privado, desde que se dediquem a atividades e objetivos sociais descritos na Lei n. 9.790/1999, conhecida como Lei das OSCIP's.

c) As fundações estatais, sejam elas de direito público ou de direito privado, somente podem ser criadas por lei específica de iniciativa do chefe do Poder Executivo.

d) As empresas públicas devem ter a forma de sociedades anônimas; as sociedades de economia mista, por sua vez, podem revestir-se de qualquer uma das formas admitidas em direito.

e) As pessoas jurídicas de direito privado que pretendem qualificar-se como OSCIP's não podem ter fins lucrativos e devem ter como objetivos, entre outros, a promoção gratuita da educação e da saúde, da segurança alimentar e nutricional e do voluntariado.

109. (TRF/4R/Juiz/2014) Dadas as assertivas abaixo, assinale a alternativa correta. A respeito das entidades paraestatais, entes de cooperação ou, simplesmente, terceiro setor, com base na Lei n. 9.637/98, na Lei n. 9.790/99 e no Decreto n. 3.100/99 (nas suas redações vigentes):

I. O Poder Executivo poderá qualificar como Organizações Sociais, por meio de contratos de gestão, pessoas jurídicas de direito privado, sem fins lucrativos, cujas atividades sejam dirigidas ao ensino, à pesquisa científica, ao desenvolvimento tecnológico, à proteção e à preservação do meio ambiente, à cultura e à saúde, desde que satisfeitos os requisitos exigidos na Lei n. 9.637/98.

II. O termo de parceria é o instrumento passível de ser firmado entre o Poder Público e as entidades qualificadas como Organizações da Sociedade Civil de Interesse Público (OSCIPs), destinado à formação de vínculo de cooperação entre as partes, para fomento e execução de atividades de interesse público, como, por exemplo, promoção da assistência social, da cultura, da defesa e da conservação dos patrimônios históricos e artísticos e dos estudos e pesquisas para desenvolvimento de tecnologias alternativas, atendidos os requisitos da Lei n. 9.790/99 e do Decreto n. 3.100/99.

III. Independentemente das atividades às quais se dediquem, nunca poderão ser qualificadas como OSCIPs, entre outras, as instituições religiosas ou voltadas à disseminação de credos, cultos, práticas e visões devocionais e confessionais, as fundações públicas e as empresas que comercializem planos de saúde.

a) Está correta apenas a assertiva I.

b) Estão corretas apenas as assertivas I e II.

c) Estão corretas apenas as assertivas I e III.

d) Estão corretas apenas as assertivas II e III.

e) Estão corretas todas as assertivas.

110. (Cespe/TRF/2R/Juiz/2013) No que concerne a organizações sociais e a OSCIPs, assinale a opção correta.

a) Os responsáveis pela fiscalização do termo de parceria, ao tomarem conhecimento de qualquer irregularidade ou ilegalidade na utilização de recursos ou bens da organização parceira, deverão dar imediata ciência ao tribunal de contas respectivo e ao MP, sob pena de responsabilidade solidária.

b) Segundo o STF, é juridicamente aceitável a celebração de termo de parceria entre o poder público e OSCIP, sendo possível, inclusive, a utilização desse expediente para a contratação de prestadores de serviço terceirizados para o exercício de funções próprias da atividade-fim da entidade pública.

c) Às organizações sociais poderão ser destinados bens públicos, sendo dispensada licitação, mediante permissão de uso, consoante cláusula expressa de contrato de gestão celebrado com o poder público.

d) Segundo o STF, as organizações sociais, como entes de cooperação, dispõem dos benefícios processuais inerentes à fazenda pública, tendo em vista a relevância da sua atividade, que visa o interesse público.

e) Por expressa disposição legal, doações poderão realizadas por OSCIP a partidos políticos ou candidatos a mandatos eletivos; entretanto, tais doações devem, necessariamente, ser incluídas na prestação de contas da doadora e, ao final de cada exercício, devem ser submetidas ao tribunal de contas respectivo, a fim de se realizar o controle contábil-financeiro da organização.

111. (Cespe/TRF/5R/Juiz/2013) Assinale a opção correta, considerando a execução de serviços públicos por OSs e OSCIPs, em regime de parceria com o poder público.

a) Denomina-se contrato de gestão o instrumento passível de ser firmado entre o poder público e as OSCIPs destinado à formação de vínculo de cooperação para o fomento e a execução de atividades de interesse público.

b) As empresas que tenham interesse em obter o qualificativo de OSs devem estar em funcionamento a pelo menos dois anos e dedicar-se a uma das seguintes atividades: ensino, pesquisa científica, desenvolvimento tecnológico, proteção e preservação do meio ambiente, cultura e saúde.

c) Para se qualificarem como OSCIPs, as pessoas jurídicas interessadas devem ser regidas por estatutos cujas normas disponham expressamente sobre a observância dos princípios da legalidade, impessoalidade, moralidade, publicidade, eficiência e universalização do serviço.

d) Uma OS pode qualificar-se como OSCIP, desde que não tenha fins lucrativos, ao passo que uma OSCIP não é passível de qualificação como OS.

e) Para serem consideradas OSs ou OSCIPs, as instituições não devem ter fins lucrativos, ou seja, não podem distribuir entre os seus sócios, conselheiros, diretores, empregados ou doadores, eventuais excedentes operacionais, dividendos, bonificações, participações ou parcelas do seu patrimônio, auferidos mediante o exercício de suas atividades, os quais devem ser aplicados integralmente na consecução de seu objeto social.

112. (TRF/4R/Juiz/2012) Dadas as assertivas abaixo, assinale a alternativa correta.

I. A desqualificação da entidade como organização social pelo Poder Executivo será precedida de processo administrativo, assegurado o direito de ampla defesa, respondendo os seus dirigentes, individual e solidariamente, pelos danos ou prejuízos decorrentes de sua ação ou omissão.

II. Às organizações sociais poderão ser destinados recursos orçamentários e bens públicos necessários ao cumprimento do contrato de gestão, dispensada licitação.

III. O tombamento de bens públicos realizado pelo órgão federal competente processa-se mediante simples notificação à entidade a quem pertencer ou sob cuja guarda estiver a coisa tombada, produzindo, a partir de então, os respectivos efeitos.

IV. A diferença entre limitação administrativa e servidão administrativa é que aquela implica a constituição de direito real de uso e gozo em favor do poder público ou da coletividade, ao passo que esta constitui restrição em proveito de determinado bem afetado a fim de utilidade pública.

a) Está correta apenas a assertiva IV.

b) Estão corretas apenas as assertivas I e III.

c) Estão corretas apenas as assertivas II e IV.

d) Estão corretas apenas as assertivas I, II e III.

e) Estão corretas todas as assertivas.

113. (Cespe/TRF/3R/Juiz/2011) Assinale a opção correta, considerando a execução de serviços públicos pelas organizações sociais e OSCIPs, em regime de parceria com o poder público.

a) Os conselhos de administração das OSCIPs devem obrigatoriamente ser compostos por representantes do poder público, definidos pelos estatutos das entidades.

b) Denomina-se contrato de gestão o instrumento que, passível de ser firmado entre o poder público e as OSCIPs, seja destinado à formação de vínculo de cooperação para o fomento e a execução das atividades de interesse público.

c) O contrato de gestão representa verdadeira cooperação entre as partes no tocante ao interesse público a ser perseguido, sendo vedada, porém, a contratação direta que, feita com entidade colaboradora, implique, de algum modo, dispensa de licitação.

d) O termo de parceria é ajuste que somente se consuma após aprovação do ministro de Estado ou de autoridade supervisora da área correspondente à atividade fomentada.

e) As organizações sociais e as OSCIPs detêm personalidade jurídica de direito privado e não têm fins lucrativos.

114. (Cespe/TRF/2R/Juiz/2011) Com relação ao terceiro setor e aos princípios que regem o direito administrativo, assinale a opção correta.

a) As entidades que integram o terceiro setor não se sujeitam a controle de tribunal de contas, dada a natureza privada de sua organização.

b) As organizações sociais são instituídas por iniciativa do poder público para o desempenho de serviço público de natureza social.

c) A doutrina aponta o crescimento do terceiro setor como uma das consequências da aplicação do denominado princípio da subsidiariedade no âmbito da administração pública.

d) Com fundamento no princípio da impessoalidade, a doutrina destaca que, no âmbito do processo administrativo, a autoridade administrativa não pode invocar o seu próprio impedimento ou suspeição, ao contrário do que ocorre nas ações judiciais.

e) Aplica-se o princípio da especialidade quando a administração pública firma termo de parceria com organizações da sociedade civil de interesse público, visto que recebe ou pode receber delegação para a gestão do serviço público.

115. (Cespe/TRF/5R/Juiz/2011) Entre os setores do Estado, destaca-se o denominado terceiro setor – conceito surgido com a reforma do Estado brasileiro –, que compreende os serviços não exclusivos do Estado e abrange a atuação simultânea do Estado com outras organizações privadas e não estatais, como as organizações sociais (OSs) e as organizações da sociedade civil de interesse público (OSCIPs). Considerando as semelhanças e as diferenças entre essas duas entidades paraestatais, assinale a opção correta.

a) O poder público deve celebrar contrato de gestão com a OSCIP.
b) O processo de habilitação de OS deve tramitar no Ministério da Justiça.
c) As OSs são regidas pela Lei n. 9.790/1999.
d) As OSCIPs são regidas pela Lei n. 9.637/1998.
e) Nem a OS nem a OSCIP podem ter fim lucrativo ou econômico.

116. (Cespe/TRF/1R/Juiz/2009) Assinale a opção correta, tendo como referência as leis n. 9.637/1998 e n. 9.790/1999.

a) Uma cooperativa qualificada como OSCIP poderá colaborar com o poder público para o fomento e a execução das atividades de interesse público, após a realização de consulta ao conselho de políticas públicas da respectiva área de atuação.
b) É vedada a participação de servidores públicos na composição do conselho de OSCIP.
c) A desqualificação de entidade como organização social dependerá de regular processo judicial movido pelo MP, com base no descumprimento das disposições contidas no contrato de gestão.
d) A perda da qualificação de OSCIP ocorre a pedido ou mediante decisão proferida em processo administrativo ou judicial, de iniciativa popular ou do MP, no qual serão assegurados a ampla defesa e o contraditório.
e) Entende-se por contrato de gestão o instrumento firmado entre o poder público e a entidade qualificada como OSCIP, com vistas à formação de parceria entre as partes para fomento e execução de atividades relativas ao ensino, à pesquisa científica, ao desenvolvimento tecnológico, à proteção e preservação do meio ambiente, à cultura e à saúde.

117. (Cespe/TRF/5R/Juiz/2009) No meio, entre as atividades exclusivas de Estado e a produção de bens e serviços para o mercado, temos hoje, dentro do Estado, uma série de atividades na área social e científica que não lhe são exclusivas, que não envolvem poder de Estado. Incluem-se nessa categoria as escolas, as universidades, os hospitais etc. Se o seu financiamento em grandes proporções é uma atividade exclusiva do Estado, sua execução definitivamente não o é. Pelo contrário, estas são atividades competitivas, que podem ser controladas não apenas pela administração pública gerencial, mas também e principalmente pelo controle social e pela constituição de quase-mercados. Nesses termos, não há razão para que essas atividades permaneçam dentro do Estado, sejam monopólio estatal. Mas também não se justifica que sejam privadas. (Luiz Carlos Bresser Pereira. A Reforma do Estado dos anos 90: lógica e mecanismos de controle. In: Lua Nova – Revista de Cultura Política, n. 45, 1998, p. 49-95, com adaptações). Com relação à reforma do Estado brasileiro e ao tema abordado no texto acima, assinale a opção correta.

a) No contexto da reforma do Estado referida no texto, publicização surge como sinônimo de privatização. Ambas partem da dicotomia entre o público e o privado e servem para caracterizar a alteração da forma de gestão pública em que se impõe a transferência de vários bens e atividades do Estado (ambiente público) para a propriedade privada (ambiente privado).
b) A administração pública gerencial, ou nova administração pública, tem como uma de suas características principais a diminuição do papel da burocracia estatal, colocando em segundo plano o trabalho técnico na formulação e gestão das políticas públicas.
c) As leis que dispõem sobre a qualificação de entidades como organizações sociais e como OSCIPs são instrumentos importantes da reforma do Estado brasileiro realizada na segunda metade da década passada. Essas leis, contudo, não preveem formas de controle dessas entidades, que, apesar de caracterizarem-se como privadas, são fomentadas pelo poder público.
d) A administração pública gerencial deve dar ênfase na avaliação que tem como parâmetro os resultados obtidos, especialmente quando se trata da prestação de serviços sociais e científicos. Por essa razão, tanto a lei que trata das organizações sociais quanto a que trata das OSCIPs preveem que o instrumento firmado entre o poder público e as entidades qualificadas – contrato de gestão e termo de parceria, respectivamente – deve estipular as metas e os resultados a serem atingidos e os critérios objetivos de avaliação e desempenho.
e) O plenário do STF deferiu medida cautelar em ação direta de inconstitucionalidade para suspender a eficácia do dispositivo legal que diz ser dispensável a licitação para a celebração de contratos de prestação de serviços com as organizações sociais, qualificadas no âmbito das respectivas esferas de governo, para atividades contempladas no contrato de gestão.

118. (Cespe/TRF/2R/Juiz/2009) Assinale a opção correta a respeito dos princípios regentes do direito administrativo e da reforma do Estado.

a) De acordo com o princípio da publicidade, os atos administrativos devem ser publicados necessariamente no Diário Oficial, não tendo validade a mera publicação em boletins internos das repartições públicas.
b) De acordo com o Plano Diretor da Reforma do Estado, o segundo setor compõe o chamado núcleo estratégico, que define as leis e as políticas públicas e cobra o seu cumprimento.
c) De acordo com um modelo de administração gerencial, no setor das atividades exclusivas e de serviços competitivos ou não exclusivos, o foco é a ênfase no controle prévio da atividade, de forma a não permitir condutas não previstas em lei.
d) As organizações sociais poderão receber recursos públicos mediante transferências voluntárias, mas não poderão receber recursos diretamente do orçamento.
e) Não podem ser qualificadas como OSCIPs as organizações sociais.

6. INTERVENÇÃO DO ESTADO NA PROPRIEDADE

6.1. Desapropriação

SÚMULAS

1) Correção Monetária

STF Súm. 561. Em desapropriação, é devida a correção monetária até a data do efetivo pagamento da indenização, devendo proceder-se à atualização do cálculo, ainda que por mais de uma vez.

STJ Súm. 67. Na desapropriação, cabe a atualização monetária, ainda que por mais de uma vez, independente do decurso de prazo superior a um ano entre o cálculo e o efetivo pagamento da indenização.

2) Honorários

STF Súm. 378. Na indenização por desapropriação incluem-se honorários do advogado do expropriado.

STF Súm. 617. A base de cálculo dos honorários de advogado em desapropriação é a diferença entre a oferta e a indenização, corrigidas ambas monetariamente.

STJ Súm. 131. Nas ações de desapropriação incluem-se no cálculo da verba advocatícia as parcelas relativas aos juros compensatórios e moratórios, devidamente corrigidas.

STJ Súm. 141. Os honorários de advogado em desapropriação direta são calculados sobre a diferença entre a indenização e a oferta, corrigidas monetariamente.

3) Juros

STF Súm. 164. No processo de desapropriação, são devidos juros compensatórios desde a antecipada imissão de posse, ordenada pelo juiz, por motivo de urgência.

STF Súm. 416. Pela demora no pagamento do preço da desapropriação não cabe indenização complementar além dos juros.

STF Súm. 618. Na desapropriação, direta ou indireta, a taxa dos juros compensatórios é de 12% (doze por cento) ao ano.

STJ Súm. 12. Em desapropriação, são cumuláveis juros compensatórios e moratórios.

STJ Súm. 56. Na desapropriação para instituir servidão administrativa são devidos os juros compensatórios pela limitação de uso da propriedade.

STJ Súm. 69. Na desapropriação direta, os juros compensatórios são devidos desde a antecipada imissão na posse e, na desapropriação indireta, a partir da efetiva ocupação do imóvel.

STJ Súm. 70. Os juros moratórios, na desapropriação direta ou indireta, contam-se desde o trânsito em julgado da sentença.

STJ Súm. 102. A incidência dos juros moratórios sobre os compensatórios, nas ações expropriatórias, não constitui anatocismo vedado em lei.

STJ Súm. 113. Os juros compensatórios, na desapropriação direta, incidem a partir da imissão na posse, calculados sobre o valor da indenização, corrigido monetariamente.

STJ Súm. 114. Os juros compensatórios, na desapropriação indireta, incidem a partir da ocupação, calculados sobre o valor da indenização, corrigido monetariamente.

STJ Súm. 131. Nas ações de desapropriação incluem-se no cálculo da verba advocatícia as parcelas relativas aos juros compensatórios e moratórios, devidamente corrigidas.

4) Outros Temas

STF Súm. 23. Verificados os pressupostos legais para o licenciamento da obra, não o impede a declaração de utilidade pública para desapropriação do imóvel, mas o valor da obra não se incluirá na indenização, quando a desapropriação for efetivada.

STF Súm. 157. É necessária prévia autorização do Presidente da República para desapropriação, pelos Estados, de empresa de energia elétrica.

STF Súm. 476. Desapropriadas as ações de uma sociedade, o poder desapropriante, imitido na posse, pode exercer, desde logo, todos os direitos inerentes aos respectivos títulos.

STF Súm. 652. Não contraria a Constituição o art. 15, § 1º, do DL 3.365/41 (Lei da Desapropriação por Utilidade Pública).

STJ Súm. 354. A invasão do imóvel é causa de suspensão do processo expropriatório para fins de reforma agrária.

TRF1 Súm. 34. Na ação de desapropriação o parecer do assistente técnico pode ser juntado aos autos a qualquer tempo, antes de proferida a sentença.

TRF2 Súm. 41. Na ação de desapropriação, ou de constituição de serviço administrativa, proposta por concessionária de energia elétrica, manifestando a União expressamente falta de interesse em intervir no feito, não poderá ser obrigada a integrar a relação processual, competindo o julgamento à justiça estadual.

TRF4 Súm. 11. O desapropriante está desobrigado de garantir compensação pelo deságio que os títulos da dívida agrária venham a sofrer, se levados ao mercado antecipadamente.

REPERCUSSÃO & REPETITIVOS

STF Rep. Geral 858. I. O trânsito em julgado de sentença condenatória proferida em sede de ação desapropriatória não obsta a propositura de ação civil pública em defesa do patrimônio público, para discutir a dominialidade do bem expropriado, ainda que já se tenha expirado o prazo para a ação rescisória; II. Em sede de ação de desapropriação, os honorários sucumbenciais só serão devidos caso haja devido pagamento da indenização aos expropriados. *RE 1010819, 26.5.2021.*

STJ Repetitivo 126. O índice de juros compensatórios na desapropriação direta ou indireta é de 12% até 11.6.1997, data anterior à vigência da MP 1577/97. *Pet 12344, 28.10.2020.*

STJ Repetitivo 184. O valor dos honorários advocatícios em sede de desapropriação deve respeitar os limites impostos pelo artigo 27, § 1º, do Decreto-lei 3.365/41 – qual seja: entre 0,5% e 5% da diferença entre o valor proposto inicialmente pelo imóvel e a indenização imposta judicialmente. *Pet 12344, 13.11.2020.*

STJ Repetitivo 280. Até 26.9.1999, data anterior à edição da MP 1901-30/99, são devidos juros compensatórios nas desapropriações de imóveis improdutivos. *Pet 12344, 13.11.2020.*

STJ Repetitivo 281. Mesmo antes da MP 1901-30/99, são indevidos juros compensatórios quando a propriedade se mostrar impassível de qualquer espécie de exploração econômica atual ou futura, em decorrência de limitações legais ou fáticas. *Pet 12344, 13.11.2020.*

STJ Repetitivo 282. I. A partir de 27.9.99, data de edição da MP 1901-30/99, exige-se a prova pelo expropriado da efetiva perda de renda para incidência de juros compensatórios (art. 15-A, § 1º, do Decreto-Lei 3.365/41); ii) Desde 5.5.2000, data de edição da MP 2027-38/00, veda-se a incidência dos juros em imóveis com índice de produtividade zero (art. 15-A, § 2º, do Decreto-Lei 3.365/41). *Pet 12344, 13.11.2020.*

STJ Repetitivo 1019. O prazo prescricional aplicável à desapropriação indireta, na hipótese em que o Poder Público tenha realizado obras no local ou atribuído natureza de utilidade pública ou de interesse social ao imóvel, é de 10 anos, conforme parágrafo único do art. 1.238 do CC. *REsp 1757352, 7.5.2020.*

STJ Repetitivo 1072. Os juros compensatórios observam o percentual vigente no momento de sua incidência. *Pet 12344, 13.11.2020.*

STJ Repetitivo 1073. As súmulas 12/STJ ("Em desapropriação, são cumuláveis juros compensatórios e moratórios"), 70/STJ ("Os juros moratórios, na desapropriação direta ou indireta, contam-se desde o trânsito em julgado da sentença") e 102/STJ ("A incidência dos juros moratórios sobre compensatórios, nas ações expropriatórias, não constitui anatocismo vedado em lei") somente se aplicam às situações havidas até 12.01.2000, data anterior à vigência da MP 1.997-34. *Pet 12344, 13.11.2020.*

ENUNCIADOS

CJF Administrativo 3. Não constitui ofensa ao artigo 9º do Decreto-Lei n. 3.365/1941 o exame por parte do Poder Judiciário, no curso do processo de desapropriação, da regularidade do processo administrativo de desapropriação e da presença dos elementos de validade do ato de declaração de utilidade pública.

CJF Administrativo 4. O ato declaratório da desapropriação, por utilidade ou necessidade pública, ou por interesse social, deve ser motivado de maneira explícita, clara e congruente, não sendo suficiente a mera referência à hipótese legal.

CJF Administrativo 31. A avaliação do bem expropriado deve levar em conta as condições mercadológicas existentes à época da efetiva perda da posse do bem.

INFORMATIVOS

STJ Desapropriação. Extensão. Área contígua. Impossibilidade. Atualização monetária. Parâmetro. Último laudo judicial. Juros compensatórios. Incidência sobre o imóvel efetivamente expropriado. Cabimento. Há violação aos limites das matérias que podem ser discutidas em ação de desapropriação direta quando se admite o debate – e até mesmo indenização – de área diferente da verdadeiramente expropriada, ainda que vizinha. *REsp 1577047, 1ª T, 25.5.2022. Inf 738.*

STJ Ação de desapropriação por utilidade pública. Desistência. Honorários advocatícios. Parâmetro. Inexistência de condenação e de proveito econômico. Valor atualizado da causa. Limites da Lei das Desapropriações. Na hipótese de desistência da ação de desapropriação por utilidade pública, face a inexistência de condenação e de proveito econômico, os honorários advocatícios sucumbenciais observam o valor atualizado da causa, assim como os limites da Lei das Desapropriações. *REsp 1834024, 2ª T, 10.5.2022. Inf 736.*

QUESTÕES DISCURSIVAS

9. (Cespe/TRF/5R/Juiz/2011) Dênio Firmo, residente e domiciliado na cidade de Recife/PE, ajuizou ação ordinária em detrimento da União, pretendendo reaver o domínio de imóvel situado no referido município e cuja descrição consta da petição inicial. Alega o autor que o referido imóvel foi expropriado pela União, com a finalidade – que constou do decreto de utilidade pública – de instalação de unidade de artilharia (regimento) vinculada à 7ª Região Militar. Imitida judicialmente a União na posse do imóvel em 21.10.1996, restou abandonado o referido objetivo, tendo resolvido o governo federal patrocinar a construção, no local, de um hospital que seria mantido pelo Ministério da Saúde, o que foi ultimado em 1º.11.1997. Sustenta, ainda, o autor que, em virtude de evidente desvio de finalidade, ele faz jus ao retorno do bem, ficando obrigado apenas a restituir o valor percebido a título de indenização. A ré contestou, argumentando o seguinte: (i) ocorrência de prescrição, porquanto, consumado o suposto desvio de finalidade em 1º.11.1997, a ação somente fora proposta em 2.3.2003, tendo a citação ocorrido em 1º de abril do mesmo ano; (ii) não cabimento do retorno do bem ao expropriado, sob o argumento de que os arts. 518 e 519 do Código Civil vigente, ratificando dispositivos do diploma de 1916 (arts. 1.150 e 1.156), somente asseguram direito à indenização; (iii) inexistência do mencionado desvio de finalidade. Com base nessa situação hipotética, posicione-se a respeito da procedência do pleito do autor da ação, abordando todos os óbices apontados pela defesa da ré.

QUESTÕES OBJETIVAS

119. (TRF/4R/Juiz/2022) Assinale a alternativa incorreta.

a) A desapropriação é forma originária de aquisição da propriedade.

b) A ação de indenização por desapropriação indireta não tem caráter obrigacional ou pessoal, mas natureza real, visto que os prejuízos decorrem da perda do domínio imobiliário por ato ilegal do poder público.

c) É cabível a retrocessão quando o poder público não dê ao imóvel a utilização prevista no ato expropriatório ou quando lhe dê destinação pública diversa daquela nele mencionada.

d) Com a declaração de utilidade pública, o poder público poderá ingressar no bem objeto da desapropriação com a finalidade de efetuar verificações e medições.

e) O procedimento expropriatório é dividido em fase declaratória e fase executória.

120. (TRF/4R/Juiz/2022) Assinale a alternativa correta.

a) A propriedade produtiva poderá ser desapropriada para fins de reforma agrária.

b) Na desapropriação por interesse social, as benfeitorias úteis e necessárias serão indenizadas mediante títulos da dívida pública.

c) Em observância ao princípio da legalidade, só a lei poderá autorizar a União a propor a ação de desapropriação.

d) Um dos requisitos para aferir se a propriedade rural cumpre sua função social é a exploração que favoreça o bem-estar dos proprietários e dos trabalhadores.

e) A propriedade de imóveis públicos poderá ser adquirida por usucapião, quando autorizada por lei.

121. (TRF/2R/Juiz/2017) Analise as assertivas e, depois, assinale a opção correta:

I. Ocorre o apossamento administrativo de propriedade privada sem regular desapropriação, mas a área foi afetada para destinação apta a ensejar a expropriação. No caso, é quinquenal o prazo prescricional para o proprietário postular indenização, em face da Administração Pública, pela perda da propriedade.

II. No âmbito da desapropriação por interesse social, intentada a ação, o proprietário pode discutir, em seu bojo, o preço ofertado e a presença ou não dos pressupostos para a declaração de interesse social, mas não a conveniência e a oportunidade da declaração de interesse social.

III. Não há que se subtrair do Judiciário a apreciação de lesão a direito, de modo que a conveniência e a oportunidade da declaração de interesse social podem ser debatidas no bojo da expropriatória.

a) Apenas a assertiva I é correta.

b) Apenas a assertiva II é correta.

c) Apenas a assertiva III é correta.

d) Todas as assertivas são falsas.

e) Apenas as assertivas I e II estão corretas.

122. (TRF/2R/Juiz/2017) Sobre desapropriação, marque a assertiva correta:

a) Decretada a utilidade pública do bem a ser expropriado, e desde que passado o prazo legal para o acordo administrativo, ficam as autoridades administrativas autorizadas a penetrar nos prédios compreendidos na declaração.

b) O decreto de utilidade pública marca o início do prazo de caducidade da ação de desapropriação indireta.

c) A declaração de utilidade pública marca o início do prazo prescricional da ação de desapropriação indireta.

d) O decreto de utilidade pública implica vedação de licenciamento de obra no bem objeto do ato expropriatório.

e) A expedição do Decreto de utilidade pública marca o início de prazo quinquenal findo o qual, não havendo acordo e não intentada a ação, o ato caducará.

123. (Cespe/TRF/1R/Juiz/2015) A União publicou decreto expropriatório por utilidade pública de imóvel urbano. No decreto, declarou-se o interesse de instalar, no referido imóvel, a sede de determinado órgão público federal. A administração pública imitiu-se na posse do bem e realizou as reformas necessárias. Em seguida, as atividades do órgão público foram inauguradas no imóvel. O prazo do decreto expropriatório caducou sem que a administração propusesse acordo para o pagamento da indenização nem ajuizasse, para esse fim, a ação judicial. Acerca dessa situação hipotética, assinale a opção correta à luz das normas e precedentes jurisprudenciais a respeito da desapropriação.

a) A ação de indenização tem natureza pessoal e deve ser proposta pelo proprietário no foro de domicílio da pessoa jurídica expropriante.

b) Conforme o entendimento atual do STJ, o prazo para a interposição da ação indenizatória, pelo proprietário, é de vinte anos, contados da imissão na posse.

c) O proprietário poderá obter a restituição do bem mediante a propositura de ação reivindicatória contra a União.

d) Ocorreu desapropriação indireta, que, comparada à desapropriação comum, caracteriza-se pela inversão entre as fases de pagamento da indenização e apossamento do bem desapropriado.

e) Não houve ilegalidade na imissão na posse ocorrida, visto que o ato administrativo é dotado de autoexecutoriedade e decorreu dos poderes transferidos à administração pelo decreto expropriatório.

124. (TRF/4R/Juiz/2014) Assinale a alternativa incorreta.

a) O ato do Poder Legislativo que efetive o tombamento e, de igual modo, aquele que pretenda alterar as condições de tombamento regularmente instituído pelo Poder Executivo são inconstitucionais, dada a sua incompatibilidade com o princípio da harmonia dos poderes.

b) A ação que busca a reparação de danos causados por imposição de limitação administrativa está sujeita à prescrição quinquenal, pois tem natureza pessoal.

c) O sistema minerário vigente no Brasil atribui à concessão de lavra – que constitui verdadeira "res in comercio" – caráter negocial e conteúdo de natureza econômico-financeira. O impedimento causado pelo Poder Público na exploração empresarial das jazidas legitimamente concedidas gera o dever estatal de indenizar o minerador que detém, por efeito de regular delegação presidencial, o direito de industrializar e de aproveitar o produto resultante da extração mineral.

d) Na desapropriação por interesse social para fins de reforma agrária o valor referente às benfeitorias úteis e necessárias deve ser depositado em dinheiro pelo expropriante à ordem do juízo, e o referente à terra nua, em Títulos da Dívida Agrária.

e) Na desapropriação por utilidade pública, a eventual improdutividade do imóvel não afasta o direito aos juros compensatórios, pois esses restituem não só o que o expropriado deixou de ganhar com a perda antecipada, mas também a expectativa de renda, considerando a possibilidade de o imóvel ser aproveitado a qualquer momento de forma racional e adequada, ou até ser vendido com o recebimento do seu valor à vista.

125. (TRF/2R/Juiz/2014) Assinale a opção correta:

a) A retrocessão é direito subjetivo do particular expropriado, de caráter real, e nasce para o interessado toda a vez que, um ano após a imissão na posse, o expropriante não deu ao bem a exata destinação indicada no ato declaratório.

b) Uma vez declarada a utilidade pública do bem a ser expropriado, presente o pressuposto indicado no ato declaratório, o proprietário perde a possibilidade de aliená-lo, mas não está inibido de sobre ele fazer melhorias, não computáveis no cálculo da indenização.

c) A tredestinação sana o vício causal eventualmente constante no ato expropriatório.

d) Declarada a utilidade pública do bem a ser expropriado, e intentada a respectiva ação expropriatória, o proprietário réu não tem o direito de pretender discutir, no bojo de tal ação, a ausência de pressuposto efetivo a caracterizar a utilidade pública.

e) O sistema legal brasileiro não permite que a ação de desapropriação possa ser proposta por pessoa jurídica de direito privado.

126. (TRF/3R/Juiz/2013) Assinale a alternativa incorreta:

a) De acordo com o Decreto-lei n. 3.365/41, os concessionários de serviços públicos poderão promover desapropriações desde que haja autorização expressa, constante de lei ou contrato.

b) A desapropriação para fins de criação ou ampliação de distritos industriais só pode ser levada a efeito em havendo aprovação, prévia e expressa, pelo Poder Público competente, do respectivo projeto de implantação.

c) A denominada "tredestinação" pode ser caracterizada como sendo lícita ou ilícita, sendo que em ambos os casos deve ser reconhecido ao expropriado o direito à retrocessão.

d) Os bens do domínio dos Estados, Municípios, Distrito Federal e Territórios poderão ser desapropriados pela União, e os dos Municípios pelos Estados, mas o ato deverá ser precedido de autorização legislativa.

e) O apossamento, pelo Poder Público, de um bem imóvel particular, com ânimo definitivo, sem observar os pressupostos legais exigidos para a sua efetivação, configura desapropriação indireta.

127. (Cespe/TRF/2R/Juiz/2013) No que diz respeito à desapropriação e suas espécies como forma de intervenção no domínio econômico, assinale a opção correta.

a) O valor do bem expropriado, no caso de desapropriação para fins de utilidade pública, deve ser entendido como sendo o valor da terra nua cumulativamente ao valor dos acessórios, os quais são entendidos como sendo as benfeitorias necessárias, úteis e voluptuárias, que devem ser pagos em parcela única.

b) A jurisprudência do STJ no tocante à indenização de mata nativa ou de cobertura vegetal tem exigido, para reconhecimento do direito à indenização, a efetiva comprovação, por parte do expropriado, de que, antes do início do processo expropriatório, a exploração econômica se mostrava compatível com a lei.

c) Conforme o entendimento do STF, os juros moratórios relacionados a uma ação de desapropriação ajuizada em 2011 devem ser fixados em 12% ao ano.

d) Os juros compensatórios e moratórios, na desapropriação, não são cumuláveis, sendo devidos apenas os juros compensatórios, os quais são pagos na desapropriação direta, a partir da efetiva ocupação do imóvel.

e) A hipótese do art. 243 da CF é considerada uma das hipóteses de desapropriação. Além disso, esse instituto atinge toda a extensão do imóvel, e, não apenas a área onde houve o plantio de drogas.

128. (Cespe/TRF/1R/Juiz/2013) Acerca da desapropriação, assinale a opção correta.

a) Bens públicos não podem ser desapropriados, razão pela qual a União, os estados e os municípios não podem desapropriar bens pertencentes a qualquer ente federativo.

b) O procedimento da desapropriação compreende a fase declaratória e a executória, esta última obrigatoriamente a ser desenvolvida na instância judicial.

c) Considera-se desapropriação indireta aquela pela qual o Estado se apropria de bem particular sem observância dos requisitos que compõem o procedimento expropriatório, como o ato declaratório e a indenização prévia.

d) A desapropriação por interesse social para fins de reforma agrária de imóvel rural que não esteja cumprindo sua função social compete à União, com pagamento mediante títulos da dívida pública de emissão aprovada pelo Senado Federal, com prazo de resgate de até dez anos, em parcelas anuais e sucessivas, assegurados o valor real da indenização e os juros legais.

e) As glebas em que forem localizadas culturas ilegais de plantas psicotrópicas devem ser imediatamente expropriadas e especificamente destinadas ao assentamento de colonos, para fins de reforma agrária, garantido o pagamento das benfeitorias úteis e necessárias.

129. (TRF/4R/Juiz/2012) Dadas as assertivas abaixo, assinale a alternativa correta.

I. De acordo com a Constituição Federal, a competência para legislar sobre desapropriação é concorrente entre os entes federativos.

II. É devida indenização ao expropriado correspondente aos danos ocasionados aos elementos que compõem o fundo de comércio pela desapropriação do imóvel.

III. A jurisprudência do Supremo Tribunal Federal firmou-se no sentido de inadmitir a indenizabilidade das matas e revestimentos florestais que recobrem áreas dominiais privadas, sob o fundamento de que sua preservação decorre de mera limitação administrativa imposta pelo poder público.

IV. Não há prazo legal para o município proceder ao adequado aproveitamento do imóvel desapropriado em razão de não cumprimento de sua função social.

a) Está correta apenas a assertiva II.

b) Estão corretas apenas as assertivas I e II.

c) Estão corretas apenas as assertivas III e IV.

d) Estão corretas apenas as assertivas I, III e IV.

e) Nenhuma assertiva está correta.

130. (Cespe/TRF/1R/Juiz/2011) No que concerne às formas de intervenção do Estado na propriedade, assinale a opção correta.

a) Na desapropriação indireta, a indenização deve abranger as mesmas parcelas que incidem na desapropriação legal, inclusive os juros compensatórios.

b) Segundo o STJ, se o imóvel sobre o qual tenha sido constituída servidão administrativa não produzia rendas, não são devidos os juros compensatórios sobre a indenização fixada em decorrência da limitação do uso da propriedade, já que estes se destinam a remunerar os possíveis lucros que o proprietário tenha deixado de auferir com a utilização econômica do bem expropriado.
c) A transcrição no registro de imóveis constitui ato exigível tanto no tombamento provisório quanto no definitivo.
d) Quando a servidão administrativa é constituída mediante acordo, o ato declaratório de utilidade pública é dispensável.
e) Em se tratando de glebas de terra onde se cultivem plantas psicotrópicas, o ato expropriatório, segundo o STF, deve ficar adstrito às áreas de efetivo cultivo, não podendo abranger toda a propriedade.

131. (Cespe/TRF/2R/Juiz/2011) Assinale a opção correta acerca do instituto da desapropriação.

a) A indicação precisa do proprietário é requisito indispensável para o ajuizamento da ação de desapropriação, sob pena de nulidade do processo.
b) Nos casos de desapropriação por interesse social, a legitimação ativa é conferida com exclusividade aos entes federativos, sendo vedada a atribuição de poder expropriatório às entidades da administração indireta.
c) Na hipótese de expropriação de glebas de terra em que sejam cultivadas plantas psicotrópicas, o expropriado tem direito à indenização concernente às áreas que não foram objeto de efetivo plantio.
d) Segundo entendimento do STF, a desapropriação de imóveis rurais para fins de utilidade pública e de reforma agrária é de competência exclusiva da União.
e) O terceiro atingido pelo ato de desapropriação tem direito à respectiva indenização, que pode ser postulada em ação própria.

132. (TRF/4R/Juiz/2010) Considere o seguinte enunciado: “Um Decreto considerando de interesse social determinada área para fins de reforma agrária foi publicado. Enquanto tramitava o processo judicial expropriatório, a empresa proprietária do terreno celebrou negociações com a empresa imobiliária, com objetivo de loteamento, e desde logo construiu ruas internas e fez ajardinamento.” Dadas as assertivas abaixo, assinale a alternativa correta:

I. A declaração de interesse social que antecede a desapropriação guarda por si mesma o condão de transferir a propriedade do futuro expropriado ao Estado, em razão do que se deve inibir a realização das benfeitorias.
II. O licenciamento para a realização de obras na área expropriada não pode ser negado; todavia, a administração não será obrigada a indenizá-las quando efetivada a desapropriação.
III. A declaração de interesse social não pode perdurar indefinidamente, havendo prazo de caducidade a ser respeitado, mesmo que subsista o interesse público na expropriação do bem.
IV. Caso seja alienado o imóvel à incorporadora imobiliária antes de concluído o processo expropriatório, tal ato jurídico padecerá de vício insanável, não guardando sequer existência no universo jurídico.

a) Estão corretas apenas as assertivas I e III.
b) Estão corretas apenas as assertivas II e III.
c) Estão corretas apenas as assertivas II e IV.
d) Estão corretas apenas as assertivas I, III e IV.
e) Estão corretas todas as assertivas.

6.2. Outros Tipos de Intervenção

SÚMULAS

STJ Súm. 56. Na desapropriação para instituir servidão administrativa são devidos os juros compensatórios pela limitação de uso da propriedade.

INFORMATIVOS

STF Requisição administrativa de bens ou serviços públicos. A requisição administrativa “para atendimento de necessidades coletivas, urgentes e transitórias, decorrentes de situações de perigo iminente, de calamidade pública ou de irrupção de epidemias” – prevista na Lei Orgânica do Sistema Único de Saúde (Lei 8.080/90) – não recai sobre bens e/ou serviços públicos de outro ente federativo. *ADI 3454, 20.6.2022. Pleno. Inf 1059.*

STJ Servidão administrativa. Imissão na posse. Valor apurado unilateralmente. Violação ao art. 15 do DL 3.365/41. É cabível a avaliação pericial provisória como condição à imissão na posse nas ações regidas pelo DL 3.365/41, quando não observados os requisitos previstos no art. 15, § 1.º, do referido diploma. *AREsp 1674697, 2ª T, 8.11.2022. Inf 756.*

QUESTÕES OBJETIVAS

133. (TRF/4R/Juiz/2022) Assinale a alternativa correta. A respeito das formas de intervenção do Estado na propriedade, a instalação de redes de energia elétrica é exemplo de:

a) servidão administrativa.
b) desapropriação indireta.
c) tombamento.
d) requisição administrativa.
e) ocupação temporária.

134. (Cespe/TRF/5R/Juiz/2017) Em cada uma das opções a seguir é apresentada uma situação hipotética acerca das formas de intervenção do Estado na propriedade, seguida de uma assertiva a ser julgada. Assinale a opção correspondente à assertiva correta.

a) O comprador de um imóvel com restrição pretende ser indenizado por ter sofrido limitação administrativa preexistente constante em nota “non aedificandi” - proibição de construir - referente a parte do imóvel, em razão de normas ambientais. Nesse caso, é indevida a indenização pretendida, pois não há perda da propriedade, mas apenas restrições de uso.
b) Um imóvel de propriedade privada situado às margens de um rio navegável que atravessa todo o estado foi objeto de decreto expropriatório. Nessa situação, é devida ao proprietário a indenização de toda a propriedade, incluindo-se a área situada às margens do rio.
c) Uma propriedade particular foi objeto de decreto expropriatório para a construção de um parque público no local. No entanto, o desabamento de uma escola pública situada em área de risco levou o estado a construir emergencialmente uma escola na referida propriedade. Nessa situação, o particular cujo bem foi expropriado poderá utilizar-se da retrocessão para readquirir a sua propriedade, considerando-se a alteração da finalidade do decreto expropriatório.
d) Decreto do presidente da República instituiu estado de defesa em determinado estado da Federação, em razão de fortes chuvas que causaram destruição e fizeram muitos habitantes desabrigados em determinada região. Em virtude do decreto, foi possível a ocupação temporária de uma propriedade privada próxima ao local mais afetado. Nessa situação, considerando-se a relevância do interesse público e a urgência da situação, a União não responderá pelos custos decorrentes da ocupação temporária.

e) Um imóvel de propriedade da União situa-se no centro histórico de um município e conserva todas as características históricas e arquitetônicas da época colonial. Nesse caso, o município é impedido de efetuar o tombamento desse imóvel, pois, apesar de se tratar de hipótese de exercício de competência concorrente, incide o princípio da hierarquia federativa.

135. (TRF/3R/Juiz/2016) Dadas as assertivas abaixo, assinale a alternativa correta, nos termos do Decreto-lei nº 25/37.

I. O tombamento provisório possui caráter preventivo e assemelha-se ao definitivo quanto às limitações incidentes sobre a utilização do bem tutelado.

II. Sem prévia autorização do Serviço do Patrimônio Histórico e Artístico Nacional, não se poderá, na vizinhança da coisa tombada, fazer construção que lhe impeça ou reduza a visibilidade, nem nela colocar anúncios ou cartazes, sob pena de destruição da coisa, com imposição de multa.

III. Com prévia autorização especial do Serviço do Patrimônio Histórico e Artístico Nacional, as coisas tombadas poderão ser mutiladas, vedado em todos os casos sua demolição ou destruição.

Estão corretas:

a) apenas I e II.
b) I, II e III.
c) apenas I.
d) apenas II e III.

136. (TRF/4R/Juiz/2016) Assinale a alternativa que corretamente completa, pela ordem, a seguinte afirmação: As ferrovias são assentadas sobre (___) que é margeada por uma (___) cuja natureza jurídica (desta última) é de (___).

a) faixa de domínio – área "non aedificandi" – limitação administrativa.
b) área "non aedificandi" – faixa de domínio – servidão administrativa.
c) faixa de domínio – área "non aedificandi" – servidão administrativa.
d) área "non aedificandi" – faixa de domínio – limitação administrativa.
e) Nenhuma das alternativas anteriores está correta.

137. (Cespe/TRF/5R/Juiz/2015) Assinale a opção correta no que tange às formas de intervenção do Estado na propriedade.

a) A requisição, modalidade de intervenção estatal que ocorre em situação de perigo público iminente, abrange tanto bens móveis quanto bens imóveis e serviços particulares.
b) Legislar sobre desapropriação compete, concorrentemente, à União, aos estados e ao DF.
c) Todos os entes federativos dispõem de competência para promover expropriação confiscatória mediante a qual as glebas onde forem localizadas culturas ilegais de plantas psicotrópicas ou a exploração de trabalho escravo serão retiradas do particular, com direito a indenização apenas das benfeitorias.
d) A servidão administrativa é direito de caráter não real que incide sobre bens móveis e imóveis.
e) As limitações administrativas são atos singulares que alcançam indivíduos determinados e possuem caráter de transitoriedade.

138. (Cespe/TRF/1R/Juiz/2015) Com a finalidade de garantir a preservação ambiental em áreas rurais, determinada autoridade competente editou decreto que estabeleceu a proibição de corte, exploração ou supressão de vegetação em áreas caracterizadas como componentes da mata atlântica. Nessa situação hipotética, o ato descrito:

a) ensejará indenização apenas se provocar prejuízo ao proprietário e desde que a aquisição da propriedade se tenha dado antes da intervenção do Estado.
b) ensejará ação de indenização que, no caso, será classificada como real e terá prazo prescricional de vinte anos, contados a partir da data em que se iniciar a intervenção do Estado na propriedade.
c) constituiu uma limitação administrativa, a qual se caracteriza pela restrição ao caráter exclusivo da propriedade e por ser promovida por meio de ato geral de efeitos abstratos que atinge um número indeterminado de bens que se encontrem na situação descrita.
d) constituiu uma servidão administrativa; por essa razão, o direito a indenização ocorre excepcionalmente e restringe-se aos casos de grave redução do valor econômico do bem.
e) constituiu uma desapropriação indireta; diante disso, o Estado deve indenizar o proprietário pelo valor da terra nua e das benfeitorias nela existentes.

139. (Cespe/TRF/1R/Juiz/2013) Assinale a opção correta no que diz respeito às limitações administrativas, à requisição e ao tombamento como formas de intervenção do Estado na propriedade.

a) O tombamento, forma de intervenção do poder público na propriedade, pode incidir tanto sobre bens móveis quanto sobre bens imóveis.
b) Ainda que haja inconformismo e resistência do proprietário, o poder público poderá promover o tombamento de determinado bem, razão pela qual se diz que o tombamento é, quanto à constituição, um ato compulsório, visto que sua realização independe do consentimento do particular.
c) As limitações administrativas são determinações por meio das quais o Estado impõe ao proprietário obrigações de caráter positivo, que implicam o dever de fazer algo em prol do interesse público.
d) A passagem subterrânea, por determinado terreno particular, de dutos para o transporte de gás configura exemplo de limitação administrativa.
e) A requisição é modalidade de intervenção por meio da qual o Estado, em face de perigo iminente, utiliza serviços, mas não bens, de particulares.

140. (Cespe/TRF/1R/Juiz/2013) No que se refere à servidão administrativa, assinale a opção correta.

a) A exemplo da requisição, a servidão, direito pessoal da administração, é caracterizada pela transitoriedade.
b) Embora normalmente incida sobre a propriedade imóvel, a servidão administrativa pode ser instituída também sobre bens móveis, desde que, em ambos os casos, sejam bens privados, e não públicos.
c) Caracteriza-se como servidão administrativa a proibição, imposta pelo poder público ao particular, de construir além de certo número de pavimentos, ou de promover desmatamento além de determinado percentual em área de sua propriedade.
d) A servidão administrativa, seja ela decorrente diretamente de lei, de contrato ou de decisão judicial, gera para o Estado, como regra, o dever de indenizar o proprietário do imóvel atingido.
e) Por encerrar apenas o uso da propriedade alheia para possibilitar a execução de serviços públicos, a servidão não enseja, ao contrário da desapropriação, a perda da propriedade.

141. (Cespe/TRF/2R/Juiz/2013) Tendo em vista que a desapropriação e o tombamento podem ser considerados formas de intervenção do Estado no domínio privado, assinale a opção correta.

a) O tombamento pode ocorrer por iniciativa da administração pública ou do proprietário do bem, sendo devida indenização prévia em ambos os casos, a qual representa condição para que o tombamento se aperfeiçoe.

b) Segundo a jurisprudência do STJ, os municípios podem realizar o tombamento de bens pertencentes à União.

c) Somente os bens privados podem ser objeto de tombamento.

d) Segundo entendimento firmado pelo STJ, caso desapareçam os motivos que tenham provocado a iniciativa do processo expropriatório, o expropriante terá o poder jurídico de desistir da desapropriação, inclusive no curso da ação judicial. Nessa situação, será considerada irrelevante a situação na qual o imóvel se apresente quando da manifestação de desistência.

e) No procedimento desapropriatório, sempre que o administrador pratica a tredestinação do bem, tal fato enseja a nulidade do ato declaratório e, por conseguinte, dá ensejo a retrocessão.

142. (TRF/4R/Juiz/2012) Dadas as assertivas abaixo, assinale a alternativa correta.

I. A desqualificação da entidade como organização social pelo Poder Executivo será precedida de processo administrativo, assegurado o direito de ampla defesa, respondendo os seus dirigentes, individual e solidariamente, pelos danos ou prejuízos decorrentes de sua ação ou omissão.

II. Às organizações sociais poderão ser destinados recursos orçamentários e bens públicos necessários ao cumprimento do contrato de gestão, dispensada licitação.

III. O tombamento de bens públicos realizado pelo órgão federal competente processa-se mediante simples notificação à entidade a quem pertencer ou sob cuja guarda estiver a coisa tombada, produzindo, a partir de então, os respectivos efeitos.

IV. A diferença entre limitação administrativa e servidão administrativa é que aquela implica a constituição de direito real de uso e gozo em favor do poder público ou da coletividade, ao passo que esta constitui restrição em proveito de determinado bem afetado a fim de utilidade pública.

a) Está correta apenas a assertiva IV.

b) Estão corretas apenas as assertivas I e III.

c) Estão corretas apenas as assertivas II e IV.

d) Estão corretas apenas as assertivas I, II e III.

e) Estão corretas todas as assertivas.

143. (Cespe/TRF/5R/Juiz/2011) Com base na CF e no Decreto-lei n. 25/1937, assinale a opção correta a respeito de tombamento de bens.

a) Somente os bens privados constituem objeto de tombamento.

b) Os bens privados podem ser tombados a pedido do proprietário desde que a coisa se revista dos requisitos necessários para constituir parte integrante do patrimônio histórico e artístico nacional.

c) O tombamento compulsório ocorre mediante determinação do presidente do IPHAN, com a anuência do particular proprietário do bem.

d) O ato de tombamento pode ser revogado, mas não anulado.

e) Estão autorizados a proceder ao tombamento de bens a União e os municípios, mas não os estados-membros da Federação.

144. (Cespe/TRF/3R/Juiz/2011) No que se refere às limitações e às servidões administrativas e às diversas espécies de desapropriações, assinale a opção correta.

a) A expropriação de terras em que sejam cultivadas plantas psicotrópicas alcança todas as culturas de plantas consideradas psicotrópicas, mas abrange apenas a área efetivamente cultivada, não a propriedade em seu conjunto.

b) O ato declaratório de utilidade pública ou interesse social, na desapropriação, tanto pode advir do Poder Executivo, por meio de decreto, quanto do Poder Legislativo, por meio de lei, mas a segunda fase do procedimento da desapropriação – a executória – somente pode se dar no curso de processo judicial em que se reconheça a legalidade do ato.

c) Limitações administrativas são determinações de caráter geral que impõem obrigações positivas, negativas ou permissivas e se dirigem a proprietários indeterminados, com o fim de condicionar a propriedade à função social que dela é exigida.

d) A servidão administrativa, como direito real que autoriza o poder público a usar a propriedade imóvel ou móvel para permitir a execução de obras e serviços de interesse coletivo, é instituída sobre bens privados, não sobre bens públicos.

e) A desapropriação sancionadora ocorre em razão do descumprimento da função social da propriedade urbana, sendo de competência exclusiva dos municípios, mediante justa e prévia indenização em dinheiro.

7. LICITAÇÕES E CONTRATOS

7.1. Contratos

ENUNCIADOS

CJF **Administrativo 6.** O atraso superior a 90 (noventa) dias dos pagamentos devidos pela Administração Pública autoriza o contratado a suspender o cumprimento de suas obrigações até que seja normalizada a situação, mesmo sem provimento jurisdicional.

CJF **Administrativo 10.** Em contratos administrativos decorrentes de licitações regidas pela Lei n. 8.666/1993, é facultado à Administração Pública propor aditivo para alterar a cláusula de resolução de conflitos entre as partes, incluindo métodos alternativos ao Poder Judiciário como Mediação, Arbitragem e Dispute Board.

CJF **Administrativo 17.** Os contratos celebrados pelas empresas estatais, regidos pela Lei n. 13.303/16, não possuem aplicação subsidiária da Lei n. 8.666/93. Em casos de lacuna contratual, aplicam-se as disposições daquela Lei e as regras e os princípios de direito privado.

CJF **Administrativo 18.** A ausência de previsão editalícia não afasta a possibilidade de celebração de compromisso arbitral em conflitos oriundos de contratos administrativos.

CJF **Administrativo 19.** As controvérsias acerca de equilíbrio econômico-financeiro dos contratos administrativos integram a categoria das relativas a direitos patrimoniais disponíveis, para cuja solução se admitem meios extrajudiciais adequados de prevenção e resolução de controvérsias, notadamente a conciliação, a mediação, o comitê de resolução de disputas e a arbitragem.

CJF **Administrativo 24.** Viola a legalidade o regulamento interno de licitações e contratos editado por empresa estatal de qualquer ente da federação que estabelece prazo inferior ao previsto no artigo 83, § 2º, da Lei Federal n. 13.303/2016, referente à apresentação de defesa prévia no âmbito de processo administrativo sancionador.

CJF **Administrativo 29.** A Administração Pública pode promover comunicações formais com potenciais interessados durante a fase de planejamento das contratações públicas para a obtenção de informações técnicas e comerciais relevantes à definição do objeto e elaboração do projeto básico ou termo de referência, sendo que este diálogo público-privado deve ser registrado no processo administrativo e não impede o particular colaborador de participar em eventual licitação pública, ou mesmo de celebrar o respectivo contrato, tampouco lhe confere a autoria do projeto básico ou termo de referência.

CJF **Administrativo 36.** A responsabilidade solidária das empresas consorciadas pelos atos praticados na licitação e na execução do contrato, de que trata o inciso V do artigo 33 da Lei n. 8.666/1993, refere-se à responsabilidade civil, não se estendendo às penalidades administrativas.

INFORMATIVOS

STJ **Honorários advocatícios. Contrato administrativo. Licitação para contratação de serviços de advocacia. Cláusula de renúncia aos honorários de sucumbência. Lei 8.666/93.** Nos contratos administrativos, é válida a cláusula que prevê renúncia do direito aos honorários de sucumbência por parte de advogado contratado. *AREsp 1825800, 1ª T, 11.4.2022. Inf 733.*

QUESTÕES OBJETIVAS

145. (TRF/4R/Juiz/2022) Assinale a alternativa correta.

a) Uma das características do contrato administrativo reside em sua imutabilidade.

b) A presença da Administração Pública como contratante caracteriza o contrato administrativo que, em consequência, será regido pelo direito público.

c) Os contratos administrativos são dotados de cláusulas exorbitantes.

d) A nulidade de contratos administrativos somente poderá ser declarada por órgão jurisdicional.

e) Denomina-se fato do príncipe toda ação ou omissão da Administração, relacionada com o contrato, que impeça ou retarde a sua execução.

146. (TRF/3R/Juiz/2018) O art. 87, inciso IV, da Lei nº 8.666, de 1993, prevê que a inexecução do contrato firmado com a Administração Pública pelo contratado pode ocasionar a aplicação de uma série de sanções, dentre as quais a declaração de inidoneidade do contratado para licitar ou contratar com a Administração Pública. Isso quer dizer que, se houver inexecução do contrato:

a) O contratado fica impedido de participar de novas licitações do Poder Público e os contratos em andamento devem ser imediatamente rescindidos.

b) O contratado fica impedido de participar de novas licitações do Poder Público, mas os contratos em andamento continuam a ser executados normalmente.

c) O contratado fica impedido de participar de novas licitações e os seus direitos e obrigações, relativos aos contratos em andamento, devem ser cedidos a terceiro por ele indicado.

d) O contratado não fica impedido de participar de novas licitações do Poder Público, mas os contratos em andamento devem ser imediatamente rescindidos.

147. (Cespe/TRF/5R/Juiz/2015) Assinale a opção correta no que se refere aos contratos administrativos.

a) As cláusulas exorbitantes de que a administração pública pode lançar mão nos contratos administrativos não precisam constar dos instrumentos contratuais, mas deverão, necessariamente, estar previstas no edital da licitação.

b) Caso ocorra desequilíbrio do contrato devido a aumento da alíquota de tributo que incida sobre o objeto contratual, o particular contratado será beneficiado com a revisão contratual; entretanto, a administração não poderá reduzir o valor devido no ajuste na hipótese de haver diminuição da alíquota de tributo.

c) Os contratos e seus aditamentos serão lavrados nas repartições interessadas, as quais manterão arquivo cronológico dos seus autógrafos e registro sistemático do seu extrato, sendo integralmente vedados, sob pena de nulidade, contratos verbais com a administração.

d) O fato da administração é um fato genérico e extracontratual imputável à administração pública que acarreta o aumento dos custos do contrato administrativo.

e) O contrato administrativo tem como uma de suas características a alteração unilateral; entretanto, apenas as cláusulas regulamentares (ou de serviço) podem ser alteradas unilateralmente, possibilidade essa que não alcança as cláusulas econômico-financeiras e monetárias.

148. (Cespe/TRF/5R/Juiz/2013) Assinale a opção correta sobre prescrição, bens públicos, intervenção do Estado no domínio econômico, contratos administrativos e concessão de serviços públicos.

a) A lei de regência admite a subconcessão, nos termos previstos no contrato de concessão, bastando, para isso, que o poder concedente seja notificado.

b) Conforme disposto no Decreto n. 20.910/1932, a citação inicial interrompe a prescrição, quando, por qualquer motivo, o processo tiver sido anulado.

c) Segundo a lei de regência, a locação de bens imóveis da União, sendo de interesse público secundário, deve ser feita mediante contrato, firmado conforme as disposições da Lei de Locações.

d) Tratando-se de desapropriação por utilidade pública, alegada a urgência, que não pode ser renovada, fica o expropriante obrigado a requerer a imissão provisória dentro do prazo improrrogável de cento e oitenta dias.

e) O contratado é responsável pelos danos causados diretamente a terceiros ou à administração decorrentes de sua culpa ou dolo na execução do contrato. Essa responsabilidade não se exclui nem se reduz se tiver havido fiscalização ou acompanhamento pelo órgão interessado.

149. (TRF/3R/Juiz/2013) Assinale a alternativa correta:

a) Contratos administrativos típicos são aqueles assim denominados, desde que uma das partes seja entidade integrante da Administração Pública.

b) Em se tratando de contratos administrativos, submetem-se apenas a regime jurídico administrativo, não se lhes aplicando, em hipótese alguma, disposições de direito privado.

c) Todo contrato firmado por entidade governamental submete-se a regime jurídico consagrador de prerrogativas em favor dela, como as de modificá-lo ou rescindi-lo unilateralmente.

d) Decretada a nulidade de um contrato administrativo, ficam desconstituídos seus efeitos, impondo-se sempre ao contratado restituir à Administração contratante o que dela tiver recebido a título de pagamento pelo executado.

e) No exercício das prerrogativas que assistem à Administração Pública, admite-se alteração unilateral de contrato administrativo, sendo relevante para reconhecimento da incidência de condicionamentos e limites a distinção entre aumentos qualitativos e quantitativos de seu objeto.

150. (Cespe/TRF/1R/Juiz/2013) A respeito dos contratos celebrados pela administração pública, assinale a opção correta.

a) O contrato de direito privado celebrado pela administração pública pode ser anulado unilateralmente, em caso de ilegalidade, após o devido processo administrativo, observados o contraditório e a ampla defesa.

b) A "exceptio non adimpleti contractus" não pode ser invocada por inadimplência nos contratos administrativos.

c) A possibilidade de alteração das cláusulas contratuais é prerrogativa da administração nos contratos em que haja supremacia do interesse público, abrangidas as cláusulas econômicas em prol do particular.

d) As cláusulas exorbitantes existem implicitamente no contrato administrativo propriamente dito, ainda que não expressamente previstas.

e) O contrato administrativo em sentido restrito distingue-se dos demais no que se refere à finalidade pública, ao interesse público e à exigência de prévia licitação.

151. (TRF/3R/Juiz/2010) Assinale a alternativa correta:

a) Nos contratos administrativos personalíssimos a cessão e a subcontratação são admitidas excepcionalmente e somente nos casos expressamente previstos em lei.

b) Aos contratos administrativos são aplicados supletivamente os princípios próprios da teoria geral dos contratos, excluindo-se, porém os princípios da função social do contrato e da autonomia privada.

c) No contrato de seguro celebrado pela administração o objeto segurado ou os riscos incidentes não podem ser ampliados unilateralmente pela administração, mas esta pode exercer a prerrogativa de extinguir unilateralmente o contrato.

d) Os princípios da probidade e da boa-fé objetiva, previstos no art. 422 do Código Civil, não são aplicáveis aos contratos administrativos.

152. (TRF/3R/Juiz/2010) O equilíbrio econômico-financeiro do contrato administrativo é intangível, razão pela qual nos contratos de execução continuada ou diferida são inseridas cláusulas que visam sua manutenção, sendo, incorreto asseverar:

a) A cláusula de revisão ou recomposição de preços impõe a verificação dos custos originariamente previstos pelo contratado para formulação de sua proposta, e dos custos que efetivamente oneraram o particular ao longo da execução do contrato.

b) A cláusula de reajuste de preço dispensa a realização de levantamentos para fins de determinação da variação dos custos previstos e efetivamente verificados ao longo da execução do contrato.

c) A cláusula de reajuste ou de repactuação prevê a aplicação de índice, escolhido unilateralmente pela administração, de modo a refletir a variação de preços e a inflação do período.

d) A cláusula de repactuação é obrigatoriamente adotada nos contratos de serviços contínuos com prazo superior a doze meses, aproximando-se da revisão de preços quanto ao seu conteúdo.

7.2. Licitações

7.2.1. Disposições Gerais

SÚMULAS

STJ **Súm. 333.** Cabe mandado de segurança contra ato praticado em licitação promovida por sociedade de economia mista ou empresa pública.

REPERCUSSÃO & REPETITIVOS

STF **Rep. Geral 854.** Salvo em situações excepcionais devidamente comprovadas, serviço público de transporte coletivo pressupõe prévia licitação. *RE 1001104, 15.5.2020.*

STJ **Repetitivo 1038.**. Os editais de licitação ou pregão não podem conter cláusula prevendo percentual mínimo referente à taxa de administração, sob pena de ofensa ao artigo 40, inciso X, da Lei n. 8.666/1993. *REsp 1840113, 23.10.2020.*

ENUNCIADOS

CJF **Administrativo 1.** Autorização para apresentação de projetos, levantamentos, investigações ou estudos no âmbito do Procedimento de Manifestação de Interesse, quando concedida mediante restrição ao número de participantes, deve se dar por meio de seleção imparcial dos interessados, com ampla publicidade e critérios objetivos.

CJF **Administrativo 35.** Cabe mandado de segurança para pleitear que seja obedecida a ordem cronológica para pagamentos em relação a crédito já reconhecido e atestado pela Administração, de acordo com o art. 5º, caput, da Lei n. 8.666/1993.

QUESTÕES OBJETIVAS

153. (IFBC/TRF/2R/Juiz/2018) Um município iniciou procedimento licitatório de concorrência para contratação de um determinado serviço. Foi publicado o edital e iniciada a fase de habilitação. No julgamento das habilitações assim procedeu a administração:

I. A proponente X foi inabilitada por não atender ao requisito do edital quanto ao número mínimo de empregados e anos de existência com atuação no mercado.

II. A proponente Y foi inabilitada por se tratar de uma empresa de pequeno porte, que não pode participar da licitação de acordo com as regras vigentes.

III. A proponente Z foi inabilitada por estar com a certidão de débitos fiscais federais positiva.

IV. A proponente W foi inabilitada por serem empresas em consórcio, uma vez que o edital vedava a participação de consórcios, já que o objeto da licitação era simples.

Com base em referidas informações indique a alternativa correta:

a) Todas as decisões de inabilitações acima referidas são ilegais por ferirem o postulado da competitividade, restringindo de forma indevida a participação do maior número de concorrentes.

b) Somente a decisão III está correta. As demais decisões de inabilitação são ilegais por se tratar de questões impertinentes à licitação.

c) Todas as decisões de inabilitação referidas estão corretas. A administração deve garantir a lisura e seriedade no cumprimento das exigências fixadas no edital.

d) Somente a decisão II está correta uma vez que empresas de pequeno porte não possuem capital social e recursos mínimos necessários para contratarem com a administração pública.

e) As decisões III e IV estão corretas. É critério da administração, desde que conste no edital a vedação quanto à participação de empresas em consórcio, especialmente em licitações simples.

154. (TRF/3R/Juiz/2018) Reconhecida a nulidade da licitação vencida por empresa privada para a prestação de serviço de limpeza urbana, e tendo sido já prestados parte dos serviços contratados e paga parte da remuneração ajustada, a Administração Pública:

a) Tem direito à devolução dos valores pagos por serviços prestados, mas somente no caso de a nulidade da licitação ter sido reconhecida por culpa da empresa contratada.

b) Tem direito à devolução dos valores pagos por serviços prestados, mas somente no caso de a nulidade da licitação ter sido reconhecida por culpa da Administração Pública.

c) Tem direito à devolução dos valores pagos por serviços prestados, independentemente de quem tenha sido a culpa pela nulidade da licitação.

d) Não tem direito à devolução dos valores pagos por serviços já prestados.

155. (TRF/3R/Juiz/2018) O art. 3º da Lei nº 8.666, de 1993, prevê que o processo licitatório tem por objetivo, dentre outros, garantir a seleção da proposta mais vantajosa para a Administração Pública na aquisição de bens e serviços. Mas em caso de apresentação de duas ou mais propostas em igualdade de condições, a escolha da vencedora será feita:

a) Mediante a realização de sorteio.

b) Pela ordem cronológica de apresentação das propostas.

c) Preferindo-se a proposta cujos bens ou serviços a serem fornecidos sejam produzidos ou prestados no País.

d) Preferindo-se a proposta cujos bens ou serviços a serem fornecidos sejam produzidos ou prestados por empresa brasileira de capital nacional.

156. (TRF/2R/Juiz/2017) Sociedade empresária pretende participar de licitação de obra pública (sob a égide da Lei nº 8.666/93) e ingressa em juízo alegando violação aos princípios da legalidade e da competitividade, questionando as seguintes cláusulas do edital:

I. exigência, na fase de habilitação, no item relativo à qualificação técnica, de que o vínculo profissional do responsável técnico que integra o quadro permanente do licitante seja exclusivamente celetista.

II. exigência, na fase de habilitação, no item relativo à qualificação econômico-financeira, que a garantia da proposta, no valor de 5% (cinco por cento) do valor estimado do objeto da contratação, seja apresentada em data anterior à realização da licitação.

III. exigência, na fase de habilitação, no item relativo à qualificação técnica, da comprovação da propriedade das máquinas e equipamentos essenciais para a execução do objeto.

Procedem os questionamentos em relação:

a) A todos os itens.
b) Apenas ao item I.
c) Apenas aos itens I e II.
d) Apenas aos itens II e III.
e) Apenas ao item III.

157. (TRF/3R/Juiz/2016) Em determinado edital de licitação referente a serviços de engenharia de grande porte constou uma norma que exige, como requisito para os interessados, a comprovação de experiência anterior em obra similar à licitada. Sobre a referida imposição, em conformidade com o entendimento das Cortes Superiores, é possível afirmar que:

a) Trata-se de imposição inviável, já que desagasalhada de expressa previsão legal e porquanto frustra o direito à livre concorrência, até mesmo diante da conclusão de que os interessados podem demonstrar capacidade técnica a despeito de experiência anterior.
b) Trata-se de imposição viável, mas que deve ser abrandada de modo a se admitir que os interessados comprovem, por outros meios claros e incontroversos, a capacidade técnica para realização da obra.
c) Trata-se de imposição viável, porquanto se agasalha no propósito de permitir à Administração Pública a avaliação da capacidade técnica dos interessados, nos exatos termos do prescrito no inciso II do art. 30 da Lei n. 8.666/93.
d) Embora a ampliação do universo de participantes não possa ser implementada indiscriminadamente, de modo a comprometer a segurança dos contratos, a previsão é inviável porquanto evidentemente desproporcional.

158. (TRF/4R/Juiz/2016) Dadas as assertivas abaixo, assinale a alternativa correta.

I. A Administração pode unilateralmente modificar o contrato administrativo, para melhor adequá-lo às finalidades de interesse público, desde que respeitados os direitos do contratado.

II. É dispensável a licitação quando não acudirem interessados à licitação anterior e esta, justificadamente, não puder ser repetida sem prejuízo para a Administração.

III. Nos empreendimentos executados e explorados sob o regime de concessão, é vedado incluir no objeto da licitação a obtenção de recursos financeiros para a sua execução.

a) Está correta apenas a assertiva I.
b) Está correta apenas a assertiva II.
c) Estão corretas apenas as assertivas I e II.
d) Estão corretas todas as assertivas.
e) Nenhuma assertiva está correta.

159. (Cespe/TRF/1R/Juiz/2015) Com referência a licitação, sistema de registro de preços, contratos administrativos e pregão, assinale a opção correta.

a) No pregão, ao contrário das demais modalidades de licitação, a adjudicação do objeto da licitação ao vencedor antecede à homologação do procedimento.
b) A licitação frustrada, assim considerada aquela à qual não acudirem interessados à licitação anterior e que não possa ser repetida sem prejuízo para a administração, caracteriza hipótese de inexigibilidade de licitação.
c) O sistema de registro de preços pode ser definido como uma modalidade de licitação por meio da qual a administração pública seleciona a melhor proposta para celebração de contratos específicos a mais de um órgão ou entidade.
d) Entre os casos de dispensa de licitação está a contratação, por pessoas jurídicas de direito público e de direito privado que integram a administração pública, de bens ou serviços oriundos de entidade que integre a administração pública, desde que o preço contratado seja compatível com o praticado no mercado.
e) Os contratos administrativos possuem prazo determinado, devendo sua duração ficar sempre adstrita à vigência dos respectivos créditos orçamentários.

160. (TRF/4R/Juiz/2014) Dadas as assertivas abaixo, assinale a alternativa correta.

I. É inconstitucional a lei estadual que estabeleça como condição de acesso à licitação pública, para aquisição de bens e serviços, que a empresa licitante tenha a fábrica ou a sede no Estado-membro.

II. Estabelece a Lei n. 8.666/93 que são considerados produtos manufaturados nacionais todos aqueles produzidos por pessoas jurídicas situadas no Brasil ou em países integrantes do Mercado Comum do Sul – Mercosul.

III. Segundo a Lei n. 8.666/93, caso adquira um imóvel mediante dação em pagamento, a União pode aliená-lo posteriormente sem autorização legislativa.

IV. Deserta a licitação, abre-se a possibilidade de a Administração Pública contratar a obra ou o serviço diretamente, pois está presente hipótese de inexigibilidade.

V. Segundo a Lei n. 8.666/93, o bem imóvel da União cuja aquisição haja derivado de dação em pagamento, pode ser alienado por ato da autoridade competente, observadas as seguintes regras: avaliação; comprovação da necessidade ou utilidade da alienação; adoção do procedimento licitatório, sob a modalidade de concorrência ou leilão.

a) Estão corretas apenas as assertivas I e II.
b) Estão corretas apenas as assertivas I, III e V.
c) Estão corretas apenas as assertivas II, III e IV.
d) Estão corretas apenas as assertivas III, IV e V.
e) Estão corretas todas as assertivas.

7.2.2. Dispensa/Inexigibilidade

QUESTÕES OBJETIVAS

161. (Cespe/TRF/5R/Juiz/2017) Acerca de licitações e contratações na administração pública, assinale a opção correta.

a) No processo de licitação, a classificação é ato administrativo vinculado mediante o qual a comissão acolhe as propostas apresentadas nos termos e nas condições do edital e, se for constatada fraude nessa etapa, os membros da comissão respondem solidariamente, independentemente de posições individuais divergentes registradas em ata.
b) Uma autarquia federal vinculada à área de educação pretende contratar pessoa jurídica de direito privado, sem fins lucrativos, para a prestação de serviços de educação. Nessa situação, a qualificação da futura contratada como organização social

para as atividades de ensino contempladas no contrato de gestão possibilita a contratação com dispensa de licitação.

c) Uma autarquia federal publicou edital para a contratação, pelo regime diferenciado de contratação (RDC), de empresa fornecedora de canetas da marca X. No entanto, um fornecedor de canetas similares, mas de outra marca, solicitou que o instrumento convocatório fosse impugnado. Nessa situação, a impugnação é indevida, já que a indicação da marca é legal, por se tratar de RDC.

d) Lei estadual fixou normas para regular os procedimentos licitatórios em seu âmbito de atuação. Adotou os parâmetros gerais da Lei de Licitações e, de forma específica, estabeleceu que, para a aquisição de bens ou serviços, a empresa licitante deva ter fábrica no respectivo estado da Federação. Conforme entendimento do STF, tem caráter constitucional a referida exigência, devido às singularidades existentes no estado e ao interesse de fomentar o desenvolvimento industrial local.

e) Na hipótese de uma empresa pública pretender vender imóvel desafetado a entidade pertencente ao terceiro setor, configura-se dispensa de licitação, considerando-se o interesse público presente na alienação e as características do imóvel.

162. (TRF/2R/Juiz/2017) Dispensa e inexigibilidade de licitação são figuras distintas. Assinale a opção na qual, no sistema da Lei nº 8.666/93, as hipóteses caracterizam inexigibilidade de licitação:

a) Contratação de artista consagrado pela crítica especializada e pela opinião pública e contratação de equipamento que só possa ser fornecido por produtor exclusivo.

b) Casos de intervenção da União no domínio econômico, para regular preços e casos de calamidade pública qualificados pela urgência e necessidade de atendimento da situação

c) Casos de guerra ou de grave perturbação da ordem e casos de calamidade pública qualificados pela urgência e necessidade de atendimento da situação.

d) Casos de compras de gêneros perecíveis, no tempo necessário para a realização de licitação, com base no preço do dia e casos de intervenção da União no domínio econômico, para regular preços.

e) Contratação de artista consagrado pela crítica especializada e pela opinião pública e contratação em momento de grave perturbação da ordem pública.

163. (TRF/3R/Juiz/2016) Considerando as assertivas abaixo sobre licitações, assinale a alternativa correta:

I. Configura hipótese de dispensa de licitação a alienação de bens imóveis residenciais construídos da Administração Pública, gratuita ou onerosa, aforamento, concessão de direito real de uso, locação ou permissão de uso, destinados ou efetivamente utilizados no âmbito de programas habitacionais ou de regularização fundiária de interesse social desenvolvidos por órgãos ou entidades da administração pública.

II. Configura hipótese de dispensa de licitação os casos de emergência ou de calamidade pública, quando caracterizada urgência de atendimento de situação que possa ocasionar prejuízo ou comprometer a segurança de pessoas, obras, serviços, equipamentos e outros bens, públicos ou particulares, e somente para os bens necessários ao atendimento da situação emergencial ou calamitosa e para as parcelas de obras e serviços que possam ser concluídas no prazo máximo de 180 (cento e oitenta) dias consecutivos e ininterruptos, contados da celebração do contrato, vedada a prorrogação dos respectivos contratos.

III. Configura hipótese de inexigibilidade de licitação quando houver inviabilidade de competição, em especial, para aquisição de materiais, equipamentos, ou gêneros que só possam ser fornecidos por produtor, empresa ou representante comercial exclusivo, vedada a preferência de marca, devendo a comprovação de exclusividade ser feita através de atestado fornecido pelo órgão de registro do comércio do local em que se realizaria a licitação ou a obra ou o serviço, pelo Sindicato, Federação ou Confederação Patronal, ou, ainda, pelas entidades equivalentes, bem como para a contratação de serviços técnicos, dentre outros, de elaboração de estudos técnicos, planejamentos e projetos básicos ou executivos e de pareceres, perícias e avaliações em geral, desde que de natureza singular, com profissionais ou empresas de notória especialização, vedada a inexigibilidade para serviços de publicidade e divulgação.

Estão corretas:

a) I e II.

b) I, II e III.

c) I e III.

d) II e III.

164. (TRF/3R/Juiz/2013) Assinale a alternativa incorreta:

a) A licitação constitui processo administrativo em larga medida vinculado, obrigatório como regra para celebração, pela Administração Pública, direta e indireta, de contratos de seu interesse, comportando variados ritos procedimentais, nos termos da lei.

b) Serviço de natureza singular, para efeito de reconhecimento de inexigibilidade de licitação, é apenas aquele que só pode ser prestado por um único profissional ou empresa.

c) O fato de acorrerem ao certame licitatório vários licitantes que tenham sido regularmente habilitados, e que tenham apresentado igualmente propostas nos termos do instrumento convocatório, não autoriza proclamar vencedora proposta cujo valor seja excessivo ou manifestamente inexequível, ainda que seja, dentre as oferecidas, a melhor.

d) Não configura hipótese de inexigibilidade de licitação a só exclusividade de produção do que a Administração Pública necessita adquirir, sendo indispensável a exclusividade de fornecimento.

e) Para anular ou revogar a licitação a autoridade competente deve antes comunicar formalmente aos licitantes os motivos pelos quais pretende assim proceder, fixando-lhes prazo para manifestação, independentemente do direito que lhes assiste, posteriormente, de recorrerem da eventual decisão administrativa de anulação ou revogação do certame.

7.2.3. Sistema de Registro de Preços

QUESTÕES DISCURSIVAS

10. (TRF/2R/Juiz/2013) Ultimada licitação que foi processada por meio do sistema de registro de preços, determinado licitante questionou a legalidade do procedimento em razão do edital não ter previsto qualquer dotação orçamentária, o que teria violado o disposto no art. 14 da Lei n. 8.666/93. Procede a irresignação do licitante?

QUESTÕES OBJETIVAS

165. (Cespe/TRF/5R/Juiz/2015) Assinale a opção correta a respeito de licitações e registro de preços.

a) Representa hipótese de licitação dispensada, com previsão na Lei n. 8.666/1993, a locação de imóvel destinado ao atendimento das finalidades precípuas da administração cuja necessidade de instalação e localização condicione a sua escolha.

b) Quando, no decorrer de uma licitação, os licitantes apresentarem propostas com preços manifestamente superiores aos praticados no mercado nacional ou incompatíveis com os fixados pelos órgãos oficiais competentes, se estará diante, então, da chamada licitação deserta.

c) Em todas as modalidades licitatórias, faz-se imprescindível a constituição de comissão permanente ou especial de, no mínimo, três membros, servidores qualificados pertencentes aos quadros permanentes dos órgãos da administração responsável pela licitação, a qual será responsável por receber, examinar e julgar todos os documentos e procedimentos relativos às licitações e ao cadastramento dos licitantes.

d) O sistema de registro de preços é o procedimento administrativo por meio do qual a administração pública seleciona as propostas mais vantajosas, que ficarão registradas para futuras contratações de prestação de serviços e aquisição de bens mediante concorrência ou pregão.

e) Se a administração pública pretender contratar serviços ou adquirir materiais, equipamentos ou gêneros que só possam ser fornecidos por produtor, empresa ou representante comercial exclusivo, poderá fazê-lo mediante dispensa de licitação.

166. (Cespe/TRF/5R/Juiz/2009) Acerca de licitações, contratos administrativos e temas relacionados, assinale a opção correta.

a) Considerando que a Lei n. 8.666/1993 dispõe que a licitação é dispensável na contratação de instituição brasileira incumbida regimental ou estatutariamente da pesquisa, do ensino ou do desenvolvimento institucional, ou de instituição dedicada à recuperação social do preso, desde que a contratada detenha inquestionável reputação ético-profissional e não tenha fins lucrativos, é correto concluir que o objeto contratado sem prévia licitação com fundamento nesse dispositivo legal pode ser subcontratado.

b) No procedimento previsto na Lei n. 8.666/1993, em qualquer fase da licitação, a comissão pode promover diligências destinadas a complementar a instrução do processo, permitindo, inclusive, a juntada posterior de documento que deveria constar originariamente da proposta.

c) A variação do valor contratual para fazer face ao reajuste de preços e às atualizações decorrentes das condições de pagamento previstas no contrato não caracteriza alteração da avença, mas deve ser registrada em termo aditivo.

d) No sistema de registro de preços, ao preço do primeiro colocado poderão ser registrados tantos fornecedores quantos necessários para que, em função das propostas apresentadas, seja atingida a quantidade total estimada para o item. Quando das contratações, contudo, deverá ser respeitada a ordem de classificação das empresas constantes da ata.

e) O pregão não pode ser utilizado para a contratação de bens e serviços de tecnologia da informação.

7.2.4. Regime Diferenciado de Contratações

QUESTÕES OBJETIVAS

167. (TRF/2R/Juiz/2014) Em relação ao Regime Diferenciado de Contratação, instituído pela Lei n. 12.462, de 04 de agosto de 2011, assinale a alternativa correta:

a) A remuneração variável vinculada ao desempenho da contratada, com base em metas, padrões de qualidade, critérios de sustentabilidade ambiental e prazo de entrega definidos no edital e no contrato é admitida em todos os contratos, salvo nas obras e serviços de engenharia.

b) As contratações regidas pelo Regime Diferenciado de Contratação não admitem que mais de uma empresa ou instituição executem o mesmo objeto de forma concorrente ou simultânea, eis que a múltipla execução não é conveniente para atender à administração pública.

c) Nas licitações e contratações de obras e serviços de engenharia regidas pelo Regime Diferenciado de Contratação, serão adotados, preferencialmente, os regimes de execução por empreitada por preço unitário, empreitada por preço global e empreitada integral.

d) O julgamento pelo menor preço ou maior desconto poderá considerar o menor dispêndio para a administração pública, admitindo, inclusive, que sejam considerados os custos indiretos relacionados com as despesas de manutenção, utilização, reposição, depreciação e impacto ambiental, entre outros fatores.

e) O valor estimado da contratação integrada será calculado com base nos valores praticados pelo mercado, nos valores pagos pela administração pública em serviços e obras similares e em um banco de dados de preços constituído obrigatoriamente por todos os entes da federação, com vistas a permitir maior intercâmbio de informações sobre os custos das obras.

8. PROCESSO ADMINISTRATIVO

8.1. Processo Comum

SÚMULAS

STF **Súm. Vinculante 21.** É inconstitucional a exigência de depósito ou arrolamento prévios de dinheiro ou bens para admissibilidade de recurso administrativo.

STF **Súm. 271.** Concessão de mandado de segurança não produz efeitos patrimoniais, em relação a período pretérito, os quais devem ser reclamados administrativamente ou pela via judicial própria.

STF **Súm. 346.** A Administração Pública pode declarar a nulidade dos seus próprios atos.

STF **Súm. 429.** A existência de recurso administrativo com efeito suspensivo não impede o uso do mandado de segurança contra omissão da autoridade.

STF **Súm. 430.** Pedido de reconsideração na via administrativa não interrompe o prazo para o mandado de segurança.

STF **Súm. 473.** A administração pode anular seus próprios atos, quando eivados de vícios que os tornam ilegais, porque deles não se originam direitos; ou revogá-los, por motivo de conveniência ou oportunidade, respeitados os direitos adquiridos, e ressalvada, em todos os casos, a apreciação judicial.

STJ **Súm. 633.** A Lei n. 9.784/1999, especialmente no que diz respeito ao prazo decadencial para a revisão de atos administrativos no âmbito da Administração Pública federal, pode ser aplicada, de forma subsidiária, aos estados e municípios, se inexistente norma local e específica que regule a matéria.

ENUNCIADOS

CJF **Administrativo 33.** O prazo processual, no âmbito do processo administrativo, deverá ser contado em dias corridos mesmo com a vigência dos arts. 15 e 219 do CPC, salvo se existir norma específica estabelecendo essa forma de contagem.

CJF **PSEL 56.** As ouvidorias servem como um importante instrumento de solução extrajudicial de conflitos, devendo ser estimulada a sua implantação, tanto no âmbito das empresas, como da Administração Pública.

INFORMATIVOS

STF **Processo administrativo e princípio da publicidade.** Os processos administrativos sancionadores instaurados por agências reguladoras contra concessionárias de serviço público devem obedecer ao princípio da publicidade durante toda a sua tramitação, ressalvados eventuais atos que se enquadrem nas hipóteses de sigilo previstas em lei e na Constituição. Em regra, a imposição de sigilo a processos administrativos sancionadores, instaurados por agências reguladoras contra concessionárias de serviço público, é incompatível com a Constituição. *ADI 5371, Pleno, 25.2.2022. Inf 1045.*

QUESTÕES DISCURSIVAS

11. (Cespe/TRF/5R/Juiz/2015) Considerando a proibição do "venire contra factum proprium" (proibição de comportamento contraditório), responda, de forma fundamentada, qual norma jurídica deve nortear o julgamento, na esfera administrativa, de um caso que verse sobre relação jurídica continuada: (i) a norma cristalizada na jurisprudência do órgão julgador à época em que ocorreram os fatos jurídicos; (ii) a norma cristalizada na jurisprudência do órgão julgador à época do julgamento; ou (iii) outra solução.

QUESTÕES OBJETIVAS

168. (TRF/4R/Juiz/2022) Assinale a alternativa correta. Sobre o processo administrativo e sua regulamentação pela Lei nº 9.784/1999:

a) o direito da Administração de anular os atos administrativos de que decorram efeitos favoráveis para os destinatários decai em cinco anos, contados da data em que foram praticados, salvo comprovada má-fé.

b) inexistindo competência legal específica, o processo administrativo deverá ser iniciado perante a autoridade de maior grau hierárquico para decidir.

c) não têm legitimidade para interpor recurso administrativo aqueles cujos direitos ou interesses forem indiretamente afetados pela decisão recorrida.

d) em regra, o recurso administrativo tem efeito suspensivo.

e) o órgão competente para decidir o recurso poderá apenas confirmar ou modificar, total ou parcialmente, a decisão recorrida, não podendo determinar sua anulação ou revogação.

169. (TRF/2R/Juiz/2017) Analise as assertivas e, ao final, marque a opção correta:

I. No recurso administrativo, a "reformatio in pejus" é inconstitucional, por violar o princípio da especialidade e da segregação das funções.

II. Das decisões administrativas cabe recurso, em regra, apenas nos aspectos que se referem à legalidade do decidido, e a admissibilidade de que o recurso reveja o mérito (conveniência e oportunidade) depende de explícita previsão legal, pena de afronta à competência dos agentes públicos, previamente definida em lei.

III. É inconstitucional a exigência de depósito em dinheiro, ou andamento de bem, para admissibilidade de recurso administrativo; é admissível, porém, a exigência de fiança ou outra caução.

a) Apenas a assertiva II está correta.

b) Todas as assertivas são erradas.

c) Apenas a assertiva III é correta.

d) Apenas as assertivas I e III são corretas.

e) Todas as assertivas são corretas.

170. (TRF/4R/Juiz/2014) Dadas as assertivas abaixo, assinale a alternativa correta. Com base na atual redação da Lei n. 9.784/99, ao regular o processo administrativo no âmbito da administração pública federal:

I. A Administração tem o dever de explicitamente emitir decisão nos processos administrativos e sobre solicitações ou reclamações em matéria de sua competência. Uma vez concluída a instrução de processo administrativo, a Administração tem o prazo de até 30 (trinta) dias para decidir, salvo prorrogação por igual período expressamente motivada.

II. Os atos administrativos deverão ser motivados, com indicação dos fatos e dos fundamentos jurídicos, quando, entre outras hipóteses: neguem, limitem ou afetem direitos ou interesses; imponham ou agravem deveres, encargos ou sanções; dispensem ou declarem a inexigibilidade de processo licitatório; deixem de aplicar jurisprudência firmada sobre a questão ou discrepem de pareceres, laudos, propostas e relatórios finais.

III. A desistência do pedido formulado ou até mesmo a renúncia a direitos disponíveis feita pelo administrado são causas de extinção do processo administrativo o qual tenha proposto. Contudo, a desistência ou a renúncia formulada pelo administrado não prejudica automaticamente o andamento do feito respectivo nas hipóteses em que a Administração considere que o interesse público assim o exija.

IV. Em caso de recurso da decisão administrativa, se o recorrente alegar violação de enunciado de súmula vinculante, cabe ao órgão competente para decidir sobre o referido recurso explicitar as razões da aplicabilidade ou da inaplicabilidade da súmula. Além disso, acolhida pelo Supremo Tribunal Federal a reclamação fundada em violação de enunciado da súmula vinculante, dar-se-á ciência à autoridade prolatora e ao órgão competente para o julgamento do recurso, os quais deverão adequar as futuras decisões administrativas em casos semelhantes, sob pena de responsabilização pessoal nas esferas cível, administrativa e penal.

a) Estão corretas apenas as assertivas I e II.

b) Estão corretas apenas as assertivas II e III.

c) Estão corretas apenas as assertivas I, III e IV.

d) Estão corretas apenas as assertivas II, III e IV.

e) Estão corretas todas as assertivas.

171. (TRF/2R/Juiz/2014) Em relação ao processo administrativo regido pela Lei n. 9.784/99, assinale a opção correta:

a) O comparecimento à consulta pública não confere, por si, a condição de interessado do processo, mas confere o direito de obter da Administração resposta fundamentada, que poderá ser comum a todas as alegações substancialmente iguais.

b) A administração tem o dever de explicitamente emitir decisão nos processos administrativos e sobre solicitações ou reclamações, em matéria de sua competência, no prazo de até trinta dias da conclusão da instrução do processo administrativo, não se admitindo prorrogação do referido prazo.

c) Os processos administrativos de que resultem sanções produzem coisa julgada material, mas, desde que a pedido do interessado, podem ser revistos a qualquer tempo, uma vez que tenham surgido fatos novos ou circunstâncias relevantes suscetíveis de justificar a inadequação da sanção aplicada.

d) Terão prioridade na tramitação, em qualquer órgão ou instância, os procedimentos administrativos em que figurem como partes ou interessados as pessoas que comprovarem a sua hipossuficiência econômica ou que sejam beneficiárias de ações afirmativas legalmente reconhecidas.

e) O direito da administração de anular os atos administrativos de que decorram efeitos favoráveis para os destinatários decai em cinco anos, contados da data em que foram praticados, independentemente de elemento subjetivo.

172. (TRF/3R/Juiz/2010) O processo administrativo no âmbito da Administração Pública Federal é disciplinado pela Lei 9.784, de 29 de janeiro de 1999, sendo incorreto afirmar:

a) A edição de atos normativos e a decisão de recursos administrativos não podem ser objeto de delegação.

b) Em caso de risco iminente a administração poderá adotar motivadamente providências acauteladoras, desde que previamente ouvido o interessado.

c) A autoridade administrativa poderá indeferir a produção de prova requerida pelo interessado por entendê-la desnecessária ao esclarecimento dos fatos, ainda que referida prova seja lícita e pertinente.

d) A boa-fé objetiva deve nortear a conduta do administrado perante a administração, impondo-se seu proceder com lealdade e probidade.

8.2. Processo Disciplinar

SÚMULAS

STF Súm. Vinculante 5. A falta de defesa técnica por advogado no processo administrativo disciplinar não ofende a Constituição.

STF Súm. 18. Pela falta residual, não compreendida na absolvição pelo juízo criminal, é admissível a punição administrativa do servidor público.

STF Súm. 19. É inadmissível segunda punição de servidor público, baseada no mesmo processo em que se fundou a primeira.

STF Súm. 20. É necessário processo administrativo, com ampla defesa, para demissão de funcionário admitido por concurso.

STF Súm. 21. Funcionário em estágio probatório não pode ser exonerado nem demitido sem inquérito ou sem as formalidades legais de apuração de sua capacidade.

STF Súm. 55. Militar da reserva está sujeito a pena disciplinar.

STF Súm. 673. O art. 125, § 4º, da Constituição, não impede a perda da graduação de militar mediante procedimento administrativo.

STJ Súm. 591. É permitida a "prova emprestada" no processo administrativo disciplinar, desde que devidamente autorizada pelo juízo competente e respeitados o contraditório e a ampla defesa.

STJ Súm. 592. O excesso de prazo para a conclusão do processo administrativo disciplinar só causa nulidade se houver demonstração de prejuízo à defesa.

STJ Súm. 611. Desde que devidamente motivada e com amparo em investigação ou sindicância, é permitida a instauração de processo administrativo disciplinar com base em denúncia anônima, em face do poder-dever de autotutela imposto à Administração.

STJ Súm. 635. Os prazos prescricionais previstos no art. 142 da Lei n. 8.112/1990 iniciam-se na data em que a autoridade competente para a abertura do procedimento administrativo toma conhecimento do fato, interrompem-se com o primeiro ato de instauração válido – sindicância de caráter punitivo ou processo disciplinar – e voltam a fluir por inteiro, após decorridos 140 dias desde a interrupção.

STJ Súm. 641. A portaria de instauração do processo administrativo disciplinar prescinde da exposição detalhada dos fatos a serem apurados.

STJ Súm. 650. A autoridade administrativa não dispõe de discricionariedade para aplicar ao servidor pena diversa de demissão quando caraterizadas as hipóteses previstas no art. 132 da Lei n. 8.112/1990.

INFORMATIVOS

STJ Servidor público. Processo administrativo disciplinar. Suspensão de aposentadoria. Lacuna em direito local. Aplicação subsidiária da Lei 8.112/90. Possibilidade. A lacuna em lei complementar estadual acerca da possibilidade de suspender processo de concessão de aposentadoria enquanto tramita processo administrativo disciplinar deve ser suprida com a aplicação subsidiária da Lei 8.112/90. *AgInt no AgInt no RMS 61130, 2ª T, 27.9.2022. Inf 751.*

STJ Objeção à utilização de provas colhidas de maneira independente em Processo Administrativo Disciplinar (PAD). Não ocorrência. Remanescência de conjunto probatório robusto produzido na esfera administrativa. Não contaminação. Teoria da fonte independente e descoberta inevitável da prova. A decisão que determina exclusão de elementos probatórios obtidos mediante o acesso ao e-mail funcional de servidor investigado não contamina a legalidade da utilização de provas produzidas de forma independente por comissão disciplinar de PAD, em observância à teoria da fonte independente e da descoberta inevitável da prova. *AgRg na Rcl 42292, 3ª S, 26.8.2022. Inf 747.*

STJ Processo administrativo. Autoridade julgadora. Autoridade legalmente obrigada a oferecer denúncia criminal. Comprometimento da imparcialidade. Não configuração. Nulidade. Inocorrência. O oferecimento de denúncia criminal por autoridade que, em razão de suas atribuições legais, seja obrigada a fazê-lo não a inabilita, só por isso, a desempenhar suas funções como autoridade julgadora no processo administrativo. *RMS 54717, 1ª T, 9.8.2022. Inf 744.*

QUESTÕES OBJETIVAS

173. (TRF/3R/Juiz/2018) A posse de servidor público é condicionada à apresentação da relação dos bens e direitos que integram seu patrimônio privado, para ser arquivada no serviço de pessoal competente. A prestação de informação falsa nesse documento acarretará ao declarante:

a) A aplicação da pena de demissão a bem do serviço público.
b) A aplicação da pena de advertência.
c) A aplicação da pena de suspensão por 30 (trinta) dias.
d) A abertura de prazo para a regularização da informação na declaração.

174. (TRF/3R/Juiz/2013) Assinale a alternativa correta:

a) Todos os agentes públicos estão submetidos ao Estado mediante relação de emprego e, assim, passíveis de demissão mediante processo administrativo disciplinar em que seja assegurado o direito ao contraditório e à ampla defesa.
b) A exigência de regime jurídico único não está mais em vigor desde o advento da Emenda Constitucional n. 19/98, que deu nova redação ao art. 39 da Constituição da República.
c) A lei, ao criar cargos públicos, denominando alguns deles como sendo de direção, chefia ou assessoramento, e de provimento em comissão, é o quanto basta para que as nomeações sem concurso, respeitada a vedação do nepotismo, sejam válidas.
d) Titulares de cargos públicos de provimento em caráter efetivo, nomeados em virtude de concurso público, adquirem estabilidade com o só transcurso do prazo de três anos de efetivo exercício.
e) Sanções disciplinares comportam controle pelo Judiciário, desde que provocado por quem tenha legitimidade para agir, controle esse que não fica restrito ao exame da competência de quem tenha expedido o ato, da observância de formalidades legais e da exigência de motivação.

175. (TRF/3R/Juiz/2013) Assinale a alternativa correta:

a) Ato administrativo disciplinar só comporta controle judicial no que concerne aos aspectos de competência e formalidades essenciais.
b) Sanções administrativas, inconfundíveis com sanções penais, independem de lei anterior que as preveja.
c) Infrações administrativas, inconfundíveis com infrações penais, independem de lei anterior que as defina, mesmo com tipos abertos.
d) Sanções administrativas, implicando exercício de competência discricionária, não comportam, para efeito de controle, exame dos motivos do ato.
e) Para aplicação de sanções disciplinares é impostergável respeito ao devido processo legal, observado o contraditório, a ampla defesa, bem como, dentre outros, o princípio do formalismo moderado.

176. (Cespe/TRF/1R/Juiz/2013) Acerca do PAD, assinale a opção correta.

a) Aplicada pena de multa, a apresentação de recurso administrativo pode ficar condicionada ao prévio recolhimento do valor da sanção.
b) No âmbito da legislação federal, os meios de apuração de ilícitos administrativos são o PAD e os meios sumários, que compreendem a sindicância e a verdade sabida, que ensejam,

inclusive, a aplicação de pena se forem consideradas de forma isolada.

c) O relatório da comissão processante é peça meramente opinativa.

d) O PAD é sempre necessário para a imposição de pena de demissão ao servidor estável, mas não para o efetivo ainda em estágio probatório.

e) A ampla defesa e o contraditório são garantidos aos acusados em geral, por isso a falta de defesa técnica por advogado invalida o PAD.

177. (Cespe/TRF/5R/Juiz/2011) Jorge, servidor público federal, acusou sua colega de trabalho, Lúcia, também servidora pública federal, de ter-lhe atirado, enfurecida, durante o expediente de serviço e dentro do local de trabalho, o telefone celular a ele pertencente, o que lhe teria provocado lesão grave e a destruição do aparelho. Em sua defesa, Lúcia alegou que, no dia da mencionada agressão, não comparecera ao local de trabalho. Com base nessa situação hipotética e na Lei n. 8.112/1990, que dispõe sobre os deveres e obrigações do servidor público, assinale a opção correta com relação à responsabilização administrativa, civil e criminal da referida servidora.

a) A responsabilidade civil-administrativa não resulta de ato omissivo praticado por servidor no desempenho do cargo ou função.

b) A existência de sanção penal contra Lúcia inibe a aplicação de sanção administrativa, e vice-versa.

c) O prejuízo decorrente da destruição do aparelho de telefone celular de Jorge enseja a responsabilização administrativa de Lúcia.

d) Caso ocorra a absolvição criminal de Lúcia, em razão de ela comprovar que não compareceu ao trabalho no dia em que Jorge sofreu a agressão, não caberá aplicação de sanção administrativa contra a servidora.

e) A responsabilidade penal em geral não abrange as contravenções imputadas ao servidor, nessa qualidade.

178. (TRF/4R/Juiz/2016) Dadas as assertivas abaixo, assinale a alternativa correta. Sobre o processo administrativo-disciplinar no âmbito federal:

I. A portaria de instauração do processo administrativo-disciplinar prescinde de minuciosa descrição dos fatos imputados, sendo certo que a exposição pormenorizada dos acontecimentos se mostra necessária somente quando do indiciamento do servidor.

II. O prazo prescricional interrompido com a abertura do processo administrativo disciplinar voltará a correr por inteiro após o decurso do prazo legal para o encerramento do procedimento.

III. Instaurado o competente processo administrativo-disciplinar, fica superado o exame de eventuais irregularidades ocorridas durante a sindicância.

IV. A autoridade administrativa pode aplicar a pena de demissão quando em processo administrativo-disciplinar, é apurada a prática de ato de improbidade por servidor público, tendo em vista a independência das instâncias civil, penal e administrativa.

a) Estão corretas apenas as assertivas I e II.

b) Estão corretas apenas as assertivas II e III.

c) Estão corretas apenas as assertivas I, III e IV.

d) Estão corretas apenas as assertivas II, III e IV.

e) Estão corretas todas as assertivas.

179. (TRF/3R/Juiz/2010) A Lei 8.112, de 11 de dezembro de 1990, regulamenta o procedimento administrativo disciplinar, sendo correto asseverar:

a) O procedimento administrativo disciplinar deve ser sempre precedido de sindicância, com o objetivo de definir os fatos objeto do processo e os indícios de autoria.

b) A comissão competente para instauração do processo administrativo disciplinar deverá ser composta por três servidores estáveis, devendo ser presidida por servidor que possua nível de escolaridade igual ou superior ao do indiciado.

c) A autoridade julgadora encontra-se vinculada ao relatório conclusivo produzido pela comissão processante, não podendo agravar a penalidade proposta, abrandá-la ou isentar o servidor de responsabilidade.

d) O julgamento fora do prazo legal implica na nulidade do processo administrativo disciplinar.

180. (TRF/3R/Juiz/2010) Tratando-se de processo administrativo disciplinar é incorreto afirmar que:

a) O abuso de autoridade não se restringe à mera falta de competência do servidor público para a prática do ato, mas se configura quando não for observado o princípio da proporcionalidade.

b) Considerando que não há discricionariedade no ato administrativo que impõe sanção disciplinar, a revisão do Poder Judiciário se limita aos aspectos formais.

c) A revisão da punição administrativa não está sujeita à prescrição, podendo ser revista a qualquer tempo, desde que comprovado eventual erro no processamento do feito ou fato novo suscetível de reexame.

d) O Superior Tribunal de Justiça firmou entendimento no sentido de que cabe a utilização de prova emprestada no processo administrativo disciplinar.

9. RESPONSABILIDADE CIVIL DO ESTADO

SÚMULAS

STJ **Súm. 647.** São imprescritíveis as ações indenizatórias por danos morais e materiais decorrentes de atos de perseguição política com violação de direitos fundamentais ocorridos durante o regime militar.

TNU **Súm. 59.** A ausência de declaração do objeto postado não impede a condenação da ECT a indenizar danos decorrentes do extravio, desde que o conteúdo da postagem seja demonstrado por outros meios de prova admitidos em direito.

REPERCUSSÃO & REPETITIVOS

STF **Rep. Geral 362.** Nos termos do artigo 37, § 6º, da Constituição Federal, não se caracteriza a responsabilidade civil objetiva do Estado por danos decorrentes de crime praticado por pessoa foragida do sistema prisional, quando não demonstrado o nexo causal direto entre o momento da fuga e a conduta praticada. *RE 608880, 8.9.2020.*

STF **Rep. Geral 365.** Considerando que é dever do Estado, imposto pelo sistema normativo, manter em seus presídios os padrões mínimos de humanidade previstos no ordenamento jurídico, é de sua responsabilidade, nos termos do art. 37, § 6º, da Constituição, a obrigação de ressarcir os danos, inclusive morais, comprovadamente causados aos detentos em decorrência da falta ou insuficiência das condições legais de encarceramento. *RE 580252, 11.9.2017.*

STF **Rep. Geral 366.** Para que fique caracterizada a responsabilidade civil do Estado por danos decorrentes do comércio de fogos de artifício, é necessário que exista a violação de um dever jurídico específico de agir, que ocorrerá quando for concedida a licença para funcionamento sem as cautelas legais ou quando for de conhecimento do poder público eventuais irregularidades praticadas pelo particular. *RE 136861, 11.3.2020.*

STF **Rep. Geral 512.** O Estado responde subsidiariamente por danos materiais causados a candidatos em concurso público organizado por pessoa jurídica de direito privado (art. 37, § 6º, da CRFB/88), quando os exames são cancelados por indícios de fraude. *RE 662405, 29.6.2020.*

STF Rep. Geral 826. É imprescindível para o reconhecimento da responsabilidade civil do Estado em decorrência da fixação de preços no setor sucroalcooleiro a comprovação de efetivo prejuízo econômico, mediante perícia técnica em cada caso concreto. *ARE 884325, 18.8.2020.*

STF Rep. Geral 1055. É objetiva a responsabilidade civil do Estado em relação a profissional da imprensa ferido por agentes policiais durante cobertura jornalística, em manifestações em que haja tumulto ou conflitos entre policiais e manifestantes. Cabe a excludente da responsabilidade da culpa exclusiva da vítima, nas hipóteses em que o profissional de imprensa descumprir ostensiva e clara advertência sobre acesso a áreas delimitadas, em que haja grave risco à sua integridade física. *RE 1209429, 10.6.2021.*

ENUNCIADOS

CJF Administrativo 40. Nas ações indenizatórias ajuizadas contra a Fazenda Pública aplica-se o prazo prescricional quinquenal previsto no Decreto n. 20.910/1932 (art. 1º), em detrimento do prazo trienal estabelecido no Código Civil de 2002 (art. 206, § 3º, V), por se tratar de norma especial que prevalece sobre a geral.

CJF PSEL 64. Os dirigentes máximos de entes estatais que exploram atividade econômica podem delegar à sua área jurídica a capacidade de intervir na resolução de litígios extrajudiciais provocados por clientes, em virtude de falhas ocorridas na realização de negócios, emitindo manifestação de caráter mandatório às demais áreas da instituição com a finalidade de indenizar (patrimonial e/ou extrapatrimonialmente) ou solicitar providências que reparem o dano causado aos clientes, de acordo com a legislação e jurisprudência pertinentes.

Fonajef Enunc. 140. A fixação do valor do dano moral deve representar quantia necessária e suficiente para compensar os danos sofridos pelo autor da demanda, como também para desestimular futuras violações.

INFORMATIVOS

STJ Roubo com emprego de arma de fogo. Fila de pedágio. Responsabilidade civil da concessionária de rodovia. Inexistência. Excludente de ilicitude. Fortuito externo. Fato de terceiro. Rompimento do nexo de causalidade. A concessionária de rodovia não deve ser responsabilizada por roubo com emprego de arma de fogo cometido contra seus usuários em posto de pedágio. *REsp 1872260, 3ª T, 7.10.2022. Inf 752.*

STJ Fundação Privada de apoio à universidade. Prestação de serviço público. Terceiro prejudicado. Responsabilidade objetiva civil extracontratual. Prescrição quinquenal. Lei 9.494/97. A fundação privada de apoio à universidade pública presta serviço público, razão pela qual responde objetivamente pelos prejuízos causados a terceiros, submetendo-se a pretensão indenizatória ao prazo prescricional quinquenal previsto no art. 1º-C da Lei 9.494/97. *AREsp 1893472, 2ª T, 28.6.2022. Inf 744.*

STJ Responsabilidade civil objetiva. Concessionária de serviços públicos de transporte. Queda de passageiro em via férrea de metrô, por decorrência de mal súbito. Nexo de causalidade entre a conduta da concessionária e o evento danoso. Inexistência. Não adoção de tecnologia moderna "portas de plataforma" ("platform screen doors" – PSD). Irrelevância. Caso fortuito externo caracterizado. Considera-se fortuito externo a queda de passageiro em via férrea de metrô, por decorrência de mal súbito, não ensejando o dever de reparação do dano por parte da concessionária de serviço público, mesmo considerando que não houve adoção, por parte do transportador, de tecnologia moderna para impedir o trágico evento. *REsp 1936743, 4ª T, 14.6.2022. Inf 741.*

STJ Responsabilidade civil do Estado por omissão. Morte em decorrência de disparo de arma de fogo no interior de hospital público. Ausência de vigilância. Falha específica no dever de agir. Excludente de ilicitude. Fato de terceiro. Não ocorrência. O hospital que deixa de fornecer o mínimo serviço de segurança, contribuindo de forma determinante e específica para homicídio praticado em suas dependências, responde objetivamente pela conduta omissiva. *REsp 1708325, 2ª T, 24.5.2022. Inf 740.*

STJ Responsabilidade civil do Estado. Acidente de trânsito em rodovia estadual. Óbito da vítima. Omissão estatal quanto ao dever de conservação e sinalização da via pública. Danos materiais devidos. Reconhecida a responsabilidade estatal por acidente com evento morte em rodovia, é devida a indenização por danos materiais aos filhos menores e ao cônjuge do "de cujus". *REsp 1709727, 1ª T, 11.4.2022. Inf 733.*

QUESTÕES OBJETIVAS

181. (TRF/4R/Juiz/2022) Assinale a alternativa correta. Sobre a responsabilidade civil do Estado:

a) em se tratando de conduta omissiva, a responsabilidade é objetiva.

b) como regra, o ordenamento jurídico brasileiro adota a teoria do risco integral, exigindo a presença do nexo de causalidade e admitindo causas excludentes da responsabilidade civil do Estado.

c) a responsabilidade civil das pessoas jurídicas de direito privado, prestadoras de serviço público, é objetiva relativamente aos usuários do serviço, não se estendendo a pessoas outras que não ostentem a condição de usuário.

d) a ação por danos causados por agente público deve ser ajuizada contra o Estado ou contra a pessoa jurídica de direito privado prestadora de serviço público, sendo parte passiva legitimada para a ação o autor do ato, com a finalidade de assegurar o direito de regresso nos casos de dolo ou culpa.

e) em nenhuma hipótese o Estado responderá por atos judiciais ou legislativos que causem danos.

182. (Cespe/TRF/5R/Juiz/2017) Acerca da responsabilidade civil, assinale a opção correta de acordo com a doutrina e a jurisprudência dos tribunais superiores.

a) Uma autarquia federal, por meio de processo licitatório, celebrou contrato com empresa para a prestação de serviços de limpeza em sua sede. A referida empresa não honrou com as obrigações trabalhistas com os seus empregados, que realizavam os serviços na sede do ente público. Nessa situação, incide a responsabilidade objetiva extracontratual da União, nos termos do entendimento do STF.

b) Lei de determinado estado da Federação estabeleceu a responsabilidade do estado durante a realização de evento internacional na capital dessa unidade federativa: o estado assumiria os efeitos da responsabilidade civil perante os organizadores do evento, por todo e qualquer dano resultante ou que surgisse em função de qualquer incidente ou acidente de segurança relacionado ao referido evento, exceto na situação em que organizadores ou vítimas concorressem para a ocorrência do dano. Conforme entendimento do STF, a referida lei estadual é constitucional, pois a Constituição Federal de 1988 não esgota matéria relacionada à responsabilidade civil.

c) Um professor de escola pública foi agredido por um aluno em sala de aula, tendo sido atingido por disparo de arma de fogo. Nessa situação, incide a responsabilidade subjetiva estatal devido à conduta omissiva do Estado pelo não oferecimento de segurança adequada aos seus servidores.

d) Em caso de dano causado por servidor público, o Estado tem o dever de indenizar a vítima, independentemente da licitude da conduta, cabendo, ainda, ação regressiva contra o servidor, fundada na responsabilidade objetiva e em razão da teoria do risco administrativo.

e) Particular que tenha sofrido danos materiais e morais provocados por servidor público no exercício de suas atribuições poderá ingressar com ação diretamente contra o servidor na busca de reparo pelos prejuízos sofridos, aplicando-se a teoria da imputação volitiva com incidência da responsabilidade objetiva no tocante à comprovação do dano.

183. (TRF/2R/Juiz/2017) Em 2014, conhecido assaltante e homicida foge do presídio federal. O inquérito administrativo que apurou o evento resulta em punição de dois servidores e mudança de padrões de segurança. Já o foragido mantém-se quieto até 2016, quando se une a outro meliante. Os dois invadem casa, roubam e matam pai de família, na frente da esposa. A dupla de meliantes foge. Por conta da falha de segurança no presídio, a viúva aciona a União Federal, pedindo ressarcimento consistente em pensão alimentícia, danos morais, despesas de funeral e luto, além de reparação do custo de psiquiatra. Assinale a resposta adequada à orientação dominante na doutrina e nos Tribunais Superiores:

a) O pedido é improcedente.

b) A procedência do pedido de pensão depende da prova da dependência econômica da autora para com o falecido. Já o dano moral ocorre "in re ipsa".

c) No caso, o dano moral ocorre "in re ipsa" e a verba de luto e funeral deve ser arbitrada mesmo se não provados os gastos, já que essas despesas sempre existem, em eventos assim.

d) A compensação por dano moral procede, mas, ainda que se provem gastos com psiquiatra, estes estão fora do desdobramento normal do evento, que apenas abarca os danos diretos e imediatos.

e) No caso, as verbas de luto e funeral dependem de prova, não podendo ser meramente arbitradas. A dependência econômica da esposa é presumida e a eventual pensão deve ser limitada à idade de sobrevida provável da vítima.

184. (TRF/3R/Juiz/2016) Dadas as assertivas abaixo, assinale a alternativa correta.

a) As empresas públicas, pessoas jurídicas de direito privado, são submetidas à responsabilidade civil objetiva, independentemente de seu objeto.

b) A pessoa jurídica prestadora de serviços públicos se sujeita à responsabilidade civil objetiva, ainda que estes sejam prestados por concessionárias e permissionárias e ainda que o dano seja causado a usuário ou terceiro.

c) A responsabilidade civil por danos nucleares é integral, podendo ser afastada em casos extremos de força maior.

d) Segundo precedentes do STJ, o roubo em face do Estado, mediante uso de arma de fogo, é fato de terceiro que, em regra, não é equiparável à força maior, razão pela qual não afasta a responsabilidade objetiva do Estado, caso verificados danos a terceiros.

185. (TRF/3R/Juiz/2016) O cancro cítrico é doença altamente contagiosa que atinge as diversas variedades de citros, afetando a produtividade e a qualidade da lavoura, levando, inclusive, à morte do vegetal contaminado. A patologia é incurável e demanda, como medida profilática, a erradicação dos vegetais contaminados. Nesses termos, criou-se Campanha Nacional de Erradicação do Cancro Cítrico – CANECC, instaurada por meio da Portaria nº 291/1997 e promovida pelo Ministério da Agricultura, em consonância com o Decreto nº 24.114/34, que prevê a possibilidade de destruição parcial ou tal das lavouras contaminadas ou passíveis de contaminação em condições como essa. Imaginando-se que determinado proprietário, atingido pelas medidas sanitárias acima indicadas, reivindica indenização, é possível afirmar, com alicerce nesses elementos, que:

a) Em tese é cabível indenização, tendo em vista que o art. 37, § 6º, da CF/88 consagra a responsabilidade objetiva do Estado, cujo reconhecimento condiciona-se à comprovação dos seguintes requisitos: conduta lesiva imputável a um de seus agentes, dano indenizável e nexo de causalidade entre a conduta impugnada, restando dispensada a configuração de culpa, de excesso ou de abuso do Poder Público.

b) Em tese não é cabível indenização, tendo em vista que, conforme entendimento jurisprudencial pacífico, em casos como esse, a indenização somente seria devida se comprovado excesso ou abuso do Poder Público.

c) Embora em tese não seja necessária a comprovação de excesso ou abuso do Poder Público para que seja reconhecido o direito à indenização em casos como esse, a indenização não é cabível porquanto o ato praticado buscou resguardar o interesse público.

d) Em tese não é cabível indenização, porquanto em nenhuma hipótese o Estado deve reparar danos causados a terceiros quando decorrentes de seu comportamento lícito.

186. (Cespe/TRF/5R/Juiz/2015) Juliana faleceu aos oito anos de idade, após ter sido atropelada por um veículo oficial do Ministério da Fazenda. Os pais da criança, pessoas humildes e de baixa renda, ajuizaram ação contra a União, requerendo indenização por danos materiais consistentes no pagamento de pensão mensal. Com relação a essa situação hipotética, assinale a opção correta.

a) A pensão mensal será devida aos pais da vítima a partir do dia em que esta completaria quatorze anos de idade.

b) A pensão mensal no valor de dois terços do salário mínimo será devida aos pais da vítima desde a data do falecimento desta.

c) A pensão mensal arbitrada somente deixará de ser paga quando ocorrer o óbito dos pais da vítima.

d) Gratificação natalina e décimo terceiro salário não farão parte da pensão fixada a título de indenização.

e) A pensão mensal no valor de um terço do salário mínimo será devida aos pais da vítima desde a data do evento danoso.

187. (Cespe/TRF/5R/Juiz/2015) Acerca da responsabilidade civil do Estado e da responsabilidade administrativa, civil e penal do servidor, assinale a opção correta.

a) Se um servidor público federal que responda a processo por crime de corrupção passiva for absolvido por insuficiência de provas quanto à autoria desse crime, ele não poderá ser processado e punido por esse crime na esfera administrativa.

b) A administração pública não pode aplicar ao servidor a pena de demissão em processo disciplinar se ainda estiver em curso a ação penal a que ele responda pelo mesmo fato.

c) Como regra, as pessoas jurídicas de direito privado que desenvolvam atividades econômicas não se submetem à responsabilidade civil objetiva, exceção feita apenas às empresas públicas, sejam elas prestadoras de serviços ou promotoras de atividades econômicas.

d) A responsabilidade das concessionárias e permissionárias de serviços públicos será objetiva, independentemente de a vítima ser usuário ou terceiro.

e) A ação de ressarcimento proposta pelo Estado contra o agente que, agindo com culpa ou dolo, for responsável por dano causado a terceiro prescreve em três anos, conforme dispõe o Código Civil para toda e qualquer pretensão de reparação civil.

188. (Cespe/TRF/1R/Juiz/2015) Determinado motorista de uma empresa de transporte coletivo de pessoas causou, sem dolo ou culpa, um acidente de trânsito, o qual provocou danos materiais aos passageiros e a pessoas que transitavam na rua. O serviço de transporte coletivo tinha como fundamento um contrato de concessão da empresa de transporte com a administração pública, de modo que os passageiros eram usuários do serviço prestado pela empresa e as pessoas que transitavam na rua não tinham qualquer relação contratual decorrente do serviço prestado pela empresa. Com referência a essa situação hipotética, assinale a opção correta de acordo com a jurisprudência do STF acerca da responsabilidade civil do Estado.

a) A responsabilidade civil da empresa é objetiva, visto que decorre da aplicação da teoria do risco integral. Desse modo, é suficiente para sua configuração a demonstração da conduta, do resultado e do nexo causal.

b) A empresa será responsabilizada de forma objetiva tanto no que tange aos usuários quanto aos não usuários do serviço, uma vez que, embora não seja pessoa jurídica de direito público, ela atua por delegação do Estado na prestação de serviço público.

c) Será incabível indenização para os passageiros e os transeuntes, uma vez que o motorista agiu sem dolo ou culpa e, portanto, não cometeu ato ilícito.

d) A responsabilidade civil da empresa é objetiva para os danos provocados aos usuários do serviço público; contudo, em relação aos transeuntes, a responsabilidade civil da empresa é subjetiva, aplicando-se as regras das relações jurídicas extracontratuais.

e) A responsabilidade civil da empresa é subjetiva, o que requer a existência de dolo ou culpa do motorista para o surgimento do direito à reparação dos danos.

189. (Cespe/TRF/1R/Juiz/2015) Um servidor público, fiscal de determinada agência reguladora federal, promoveu a interdição cautelar de um estabelecimento comercial por violação de normas regulatórias. Após dois meses, a agência reguladora constatou que a interdição ocorreu por erro do fiscal, e autorizou a desinterdição do estabelecimento. Posteriormente, a empresa prejudicada ajuizou ação contra o servidor responsável pela interdição, por meio da qual pediu indenização sob a alegação de que ele foi responsável pelo prejuízo. Com relação a essa situação hipotética, assinale a opção correta à luz da jurisprudência predominante no STF e STJ relativamente à matéria.

a) O processo deve ser extinto sem resolução do mérito por ilegitimidade passiva, pois, conforme a CF, não se admite a responsabilidade civil "per saltum" da pessoa física do agente.

b) A reparação do dano sofrido pela empresa não é de responsabilidade do Estado, pois o ato administrativo de interdição teve caráter cautelar, não punitivo.

c) O servidor poderá promover a denunciação da lide ao ente público em decorrência da aplicação da teoria da responsabilidade objetiva do Estado.

d) É facultado à empresa ajuizar a ação contra o Estado ou contra o servidor responsável pelo dano.

e) O pedido deverá ser julgado procedente se a empresa comprovar o prejuízo sofrido, a conduta culposa ou dolosa do servidor e o nexo de causalidade entre a conduta e o dano.

190. (TRF/3R/Juiz/2013) Assinale a alternativa correta:

a) As entidades da administração indireta submetidas a regime de direito privado e exploradoras de atividade econômica devem sujeitar-se ao mesmo regime de responsabilidade civil extracontratual do Estado.

b) O Estado não responde pelo comportamento de seus agentes quando estes, embora no exercício de função administrativa, causarem danos a terceiros em decorrência de móvel pessoal.

c) O Estado deve necessariamente responder pelos danos causados por fatos da natureza quando, devendo obstá-lo, a sua atuação tiver sido insuficiente.

d) O Estado não deve reparar danos causados a terceiros quando forem decorrentes de seu comportamento lícito.

e) A ausência de nexo de causalidade entre o comportamento estatal e o dano a terceiros não exclui necessariamente a responsabilidade civil do Estado.

191. (Cespe/TRF/2R/Juiz/2013) Com referência a atos administrativos, bens públicos, responsabilidade do Estado e administração pública, assinale a opção correta à luz da jurisprudência dos tribunais superiores.

a) Os registros de propriedade particular de imóveis situados em terrenos de marinha são oponíveis à União.

b) Segundo a jurisprudência do STF, os elementos que compõem a estrutura e delineiam o perfil da responsabilidade civil do poder público compreendem: a alteridade do dano; a causalidade material entre o "eventus damni" e o comportamento positivo ou negativo do agente público; a oficialidade da atitude casual e lesiva imputável a agente do poder público, que, nessa condição fundamental tenha incidido em conduta lesiva ou omissiva, independentemente da licitude, ou não, do seu comportamento funcional; e a ausência de causa excludente da responsabilidade estatal.

c) Segundo a jurisprudência do STJ, nos casos em que o contrato administrativo for considerado nulo, o contratante não terá direito a indenização pelos serviços prestados à administração pública, não havendo que se cogitar o animus do contratante, tendo em vista que, em razão da natureza declaratória da ação anulatória, as partes retroagem ao "status quo ante".

d) As sociedades de economia mista fazem parte da administração indireta e, como detêm participação de capital público, são submetidas hierarquicamente ao ministério a cujas atividades estejam vinculadas.

e) O Poder Judiciário não pode realizar o controle dos atos administrativos discricionários, sob pena de ofensa ao princípio da separação dos poderes.

192. (TRF/4R/Juiz/2012) Dadas as assertivas abaixo, assinale a alternativa correta.

I. As ações de ressarcimento ao erário por danos decorrentes de atos de improbidade administrativa podem ser propostas desde que observado o prazo de cinco anos após o término do exercício de mandato, de cargo em comissão ou de função de confiança.

II. O estado responde objetivamente pelos danos causados pelos seus agentes a terceiros, assegurado o direito de regresso contra o responsável nos casos de dolo ou culpa, e, nessa linha, implica responsabilidade do Estado o dano causado por policial militar que, estando de folga, mas fardado, pega carona em veículo de particular e, usando arma da corporação, acaba por feri-lo com tiro.

III. As pessoas jurídicas de direito privado prestadoras de serviço de transporte coletivo responderão objetivamente pelos danos que seus agentes, nessa qualidade, causarem a terceiros, assegurado o direito de regresso contra o responsável nos casos de dolo ou culpa, mesmo em relação aos não usuários do serviço.

IV. O Poder Público, ao receber estudante em estabelecimento da rede oficial de ensino, assume o compromisso de velar pela preservação de sua integridade física, devendo empregar todos os meios para preservar a intangibilidade física dos alunos, respondendo por eventuais lesões que eles venham a sofrer, mesmo que decorrentes de agressão perpetrada por colega de classe.

a) Estão corretas apenas as assertivas I e II.

b) Estão corretas apenas as assertivas I e IV.

c) Estão corretas apenas as assertivas II e III.

d) Estão corretas apenas as assertivas II, III e IV.

e) Estão corretas todas as assertivas.

193. (TRF/4R/Juiz/2010) Dadas as assertivas abaixo sobre responsabilidade civil do Estado, assinale a alternativa correta.

I. Em matéria de responsabilidade civil do Estado, a Constituição Federal brasileira consagrou em seu artigo 37, § 6º, a adoção, como fundamento básico, da teoria francesa da "faute du service" (falta de serviço), ligada à máxima "le roi ne peut mal faire" (o rei não pode errar), da qual decorre a responsabilização objetiva tanto das pessoas jurídicas de direito público como das de direito privado prestadoras de serviços públicos.

II. Por força do disposto no artigo 37, § 6º, da Constituição Federal, as pessoas jurídicas de direito público e de direito privado prestadoras de serviços públicos respondem objetivamente pelos danos que seus agentes, nessa qualidade, causarem a terceiros, condicionado o direito de regresso contra o responsável à comprovação de dolo.

III. Consoante o entendimento predominante no Supremo Tribunal Federal, a adequada interpretação do art. 37, § 6º, da Constituição Federal conduz à conclusão de que a responsabilidade civil das pessoas jurídicas de direito privado prestadoras de serviço público é objetiva tanto relativamente a terceiros usuários como aos não usuários do serviço.

IV. Não reconhecida categoricamente na sentença criminal a inexistência material do fato, a absolvição de agente público acusado de causar lesões corporais não obsta a que o prejudicado busque a reparação de eventuais danos materiais e morais junto à pessoa jurídica à qual vinculado aquele.

V. De acordo com o entendimento atual do Supremo Tribunal Federal, quando um preso que está sob a custódia do Estado foge e vem a praticar crime, causando prejuízo a terceiro, a responsabilidade do ente estatal respectivo exsurge como consequência automática, pois presumido o nexo de causalidade entre a omissão da autoridade pública e o delito praticado, haja vista o que dispõe o artigo 37, § 6º, da Constituição Federal.

a) Está correta apenas a assertiva II.
b) Estão corretas apenas as assertivas II e V.
c) Estão corretas apenas as assertivas III e IV.
d) Estão corretas apenas as assertivas I, II e V.
e) Nenhuma das assertivas está correta.

194. (Cespe/TRF/2R/Juiz/2009) Uma empresa privada foi contratada pela União para construir um prédio, onde irá funcionar órgão público. No entanto, durante a execução da obra, um andaime caiu sobre um carro estacionado nas imediações. Após a perícia, verificou-se que o servidor público responsável pelo acompanhamento do contrato não estava no local na hora do acidente. Com referência a essa situação hipotética, assinale a opção correta à luz do instituto da responsabilidade civil do Estado.

a) De acordo com a legislação de regência e com a teoria do risco administrativo, a responsabilidade civil da União será objetiva.
b) A responsabilidade civil da União será subjetiva, pois houve omissão do agente público no acompanhamento da obra.
c) A ação de reparação civil, na hipótese, sob o fundamento da responsabilidade civil objetiva da União, caberá diretamente contra a União e o servidor.
d) Como se trata de contrato de obra pública, a responsabilidade civil será subjetiva e, em um primeiro momento, apenas da construtora contratada pela execução da obra, sem que a conduta do servidor exclua ou reduza essa responsabilidade.
e) A denunciação do servidor à lide, pela União, é obrigatória, sob pena de perda do direito de regresso.

195. (Cespe/TRF/5R/Juiz/2009) Com relação à administração pública e aos servidores públicos, assinale a opção correta.

a) Conforme recente entendimento do STJ, o prazo do estágio probatório é de 24 meses, não tendo sido modificado ante a alteração constitucional que fixou o prazo de 3 anos como requisito objetivo para a obtenção da estabilidade.
b) Considere que Maria seja servidora pública aposentada e, em janeiro de 1997, tenha sido aprovada em concurso público. Nessa situação hipotética, Maria não pode acumular os proventos de sua aposentadoria com a remuneração do novo cargo efetivo.
c) Suponha que, em determinado local onde haja prática reiterada de roubo, tenha ocorrido um latrocínio e que a família da vítima tenha ingressado com ação judicial, visando condenar o Estado a ressarcir os danos morais e materiais experimentados. Nessa situação hipotética, a responsabilidade é objetiva, visto que está caracterizado um dever específico de agir de forma a evitar o dano.
d) No âmbito de um estado-membro, o limite da remuneração ou do subsídio para os respectivos procuradores de estado é o mesmo previsto para o chefe do Poder Executivo estadual.
e) Suponha que seja construído grande e moderno estádio de futebol para sediar os jogos da copa do mundo de 2014 em um estado e que o nome desse estádio seja o de um político famoso ainda vivo. Nessa situação hipotética, embora se reconheça a existência de promoção especial, não há qualquer inconstitucionalidade em se conferir o nome de uma pessoa pública viva ao estádio.

10. SERVIÇOS PÚBLICOS

10.1. Disposições Gerais

SÚMULAS

STJ **Súm. 356.** É legítima a cobrança da tarifa básica pelo uso dos serviços de telefonia fixa.

STJ **Súm. 407.** É legítima a cobrança da tarifa de água, fixada de acordo com as categorias de usuários e as faixas de consumo.

STJ **Súm. 412.** A ação de repetição de indébito de tarifas de água e esgoto sujeita-se ao prazo prescricional estabelecido no Código Civil.

ENUNCIADOS

CJF **PSEL 87.** O Poder Público e a sociedade civil estimularão a expansão e fortalecimento de ouvidorias dos órgãos do sistema de justiça, optando por um modelo inovador e ativo, com a figura essencial de ouvidor/ouvidora independente das corporações a que estão vinculados (as).

INFORMATIVOS

STF **Medidas para garantir a continuidade de serviços públicos essenciais e direito de greve.** São constitucionais o compartilhamento, mediante convênio, com estados, Distrito Federal ou municípios, da execução de atividades e serviços públicos federais essenciais, e a adoção de procedimentos simplificados para a garantia de sua continuidade em situações de greve, paralisação ou operação de retardamento promovidas por servidores públicos federais. Nessa hipótese, não se criam cargos, nem se autoriza contratação temporária. Tampouco delegam-se atribuições de servidores públicos federais a servidores públicos estaduais, ou autoriza-se a investidura em cargo público federal sem a aprovação prévia em concurso público. *ADI 4857, 11.3.2022. Inf 1046.*

STJ **Energia elétrica. Interferência do Poder Judiciário em regras de elevada especificidade técnica por meio de liminar. Grave lesão à ordem e à economia pública. Demonstração.** A interferência do Poder Judiciário em regras de elevada especificidade técnica do setor elétrico por meio de liminar configura grave lesão à ordem e à economia pública. *SLS 2162, Corte Especial, 2.5.2022. Inf 739.*

QUESTÕES OBJETIVAS

196. (IFBC/TRF/2R/Juiz/2018) A reforma administrativa, no âmbito da gestão do Estado brasileiro, busca tornar administração pública mais eficiente e voltada para a cidadania. Nesse sentido, é correto afirmar que:

a) foram restringidas as modalidades de parceria do poder público a fim de permitir maior controle de gastos e, por conseguinte, maior eficiência.

b) foram criadas fontes de receitas para o Estado, sob autorização do STF, tais como a taxa de iluminação pública e a taxa de limpeza e conservação urbana.
c) foi retomada a ideia de uma administração pública rígida e voltada para o controle interno, em detrimento da administração pública gerencial, que se mostrou inábil no combate à corrupção e ao nepotismo.
d) a Lei 13.334, de 13.09.2016 criou o Programa de parceiros de investimento, destinado ao fortalecimento da interação entre o Estado e a iniciativa privada, para a execução de empreendimento público de infraestrutura.
e) o Estado retoma atividades que são próprias da iniciativa privada, ampliando sua atuação, a título de intervenção no domínio econômico, nos termos do art. 173 da Constituição Federal.

197. (TRF/3R/Juiz/2018) Indique a afirmação correta:

a) O contrato de concessão de serviço público não pode prever a arbitragem como mecanismo para a resolução de disputas entre as partes.
b) A transferência do controle societário da empresa concessionária do serviço público, sem prévia anuência do poder concedente, sujeita a empresa ao pagamento de multa.
c) A caducidade da concessão pode ser declarada quando o serviço estiver sendo prestado de forma inadequada ou ineficiente, a critério do poder concedente.
d) A encampação, caracterizada pela retomada do serviço público pelo poder concedente durante o prazo da concessão, é condicionada à existência de lei autorizadora específica e ao pagamento de indenização ao concessionário.

198. (TRF/2R/Juiz/2017) A Lei n. 13.334, de 13.09.16, cria o Programa de Parceria de Investimentos, visando a ampliar e fortalecer a interação entre o Estado e a iniciativa privada, com medidas de desestatização. Analise as proposições e, depois, marque a opção correta:

I. O Programa de Parceria de Investimentos se limita às concessões patrocinada e administrativa.
II. O Programa de Parceria de Investimentos cria dever para os órgãos, entidades e autoridades estatais envolvidas no empreendimento de atuar em conjunto e em caráter prioritário para promover todos os atos e processos administrativos necessários à sua estruturação, liberação e execução.
III. O Programa de Parceria de Investimentos não pode ser aplicado aos empreendimentos empresariais privados.
IV. O Programa de Parceria de Investimentos obriga que as licitações para escolha dos futuros parceiros sejam internacionais, com o fim de atrair novos operadores econômicos para o setor de infraestrutura brasileiro.
V. O Programa de Parceria de Investimentos tem, dentre outros objetivos, assegurar a estabilidade e a segurança jurídica, com a garantia da mínima intervenção nos negócios e investimentos.

a) Estão corretas apenas as assertivas II e III.
b) Estão corretas apenas as assertivas I e IV.
c) Estão corretas apenas as assertivas III e V.
d) Estão corretas apenas as assertivas II e V.
e) Estão corretas apenas as assertivas I e II.

199. (Cespe/TRF/5R/Juiz/2013) À luz da jurisprudência dos tribunais superiores, assinale a opção correta em relação ao controle dos atos da administração pública e a servidores públicos.

a) Segundo jurisprudência do STF, entidades da administração pública direta podem adotar, para contratação de pessoal, tanto o regime estatutário quanto o regime celetista, conforme a complexidade do cargo a ser ocupado.
b) Não é admitida a acumulação de proventos de duas aposentadorias decorrentes do exercício de um cargo de professor e do de um cargo técnico ou científico.
c) Segundo entendimento do STF, o candidato aprovado em concurso público tem direito líquido e certo de ser nomeado não apenas em relação às vagas especificadas no edital de abertura do concurso, mas também em relação às que surjam em decorrência da vacância de cargos no período de vigência do certame.
d) Segundo entendimento do STF, não podem os estados-membros elaborar lei que estabeleça normas permissivas de interferências nas relações jurídico-contratuais firmadas entre o poder público concedente, federal ou municipal, e as empresas concessionárias de serviços públicos, ainda que alegadamente no exercício de sua competência concorrente subsidiária para legislar sobre consumo e responsabilidade por dano causado ao consumidor do serviço prestado por essas empresas.
e) Segundo entendimento do STF, é constitucional o estabelecimento de limite de idade em concurso para ingresso nas Forças Armadas, desde que tal restrição esteja condicionada à edição de lei, conforme expressa disposição constitucional, admitindo-se, até a edição da referida lei, previsão de tal restrição no edital do concurso, de forma que seu estabelecimento por meio de ato administrativo não configura desrespeito ao princípio constitucional da ampla acessibilidade aos cargos públicos.

10.2. Autorização, Concessão, Delegação e Permissão

SÚMULAS

STF Súm. 510. Praticado o ato por autoridade, no exercício de competência delegada, contra ela cabe o mandado de segurança ou a medida judicial.

REPERCUSSÃO & REPETITIVOS

STF Rep. Geral 774. A norma estadual que impõe à concessionária de geração de energia elétrica a promoção de investimentos, com recursos identificados como parcela da receita que aufere, voltados à proteção e à preservação de mananciais hídricos é inconstitucional por configurar intervenção indevida do Estado no contrato de concessão da exploração do aproveitamento energético dos cursos de água, atividade de competência da União, conforme art. 21, XII, "b", da Constituição Federal. *RE 827538, 12.5.2020.*

STF Rep. Geral 854. Salvo em situações excepcionais devidamente comprovadas, serviço público de transporte coletivo pressupõe prévia licitação. *RE 1001104, 15.5.2020.*

STF Rep. Geral 991. Afronta o princípio da separação dos Poderes a anulação judicial de cláusula de contrato de concessão firmado por agência reguladora e prestadora de serviço de telefonia que, em observância aos marcos regulatórios estabelecidos pelo Legislador, autoriza a incidência de reajuste de alguns itens tarifários em percentual superior ao do índice inflacionário fixado, quando este não é superado pela média ponderada de todos os itens. *RE 1059819, 18.2.2022.*

STJ IAC 8. É indevida a cobrança promovida por concessionária de rodovia, em face de autarquia prestadora de serviços de saneamento básico, pelo uso da faixa de domínio da via pública concedida. *REsp 1817302, 8.6.2022.*

INFORMATIVOS

STF Transferência da concessão e do controle societário das concessionárias de serviços públicos. É constitucional a transferência da concessão e do controle societário das concessionárias de serviços públicos, mediante anuência do poder concedente (Lei 8.987/95, art. 27). *ADI 2946, 8.3.2022. Inf 1046.*

STJ Rádio comunitária. Autorização de funcionamento. Demora na apreciação do pedido. Concessão pelo judiciário em caráter precário. Impossibilidade. Princípio

da separação dos poderes. A demora da Administração para apreciar o pedido de autorização para funcionamento de rádio comunitária não legitima o Poder Judiciário a conceder, ainda que em caráter precário, o direito de continuidade das atividades. *EDv nos EREsp 1797663, 1ª S, 10.8.2022. Inf 748.*

STJ **Serviço público. Contrato de concessão. Intervenção. Contraditório prévio. Desnecessidade.** Não se exige contraditório prévio à decretação de intervenção em contrato de concessão com concessionária de serviço público. *RMS 66794, 2ª T, 22.2.2022. Inf 727.*

STJ **Faixa de domínio. Concessionária de serviço público. Cobrança pelo ente federado. Não cabimento. RE 581947. Distinguishing. Art. 11 da Lei 8.987/95. Conflito entre concessionárias. Exigência de contraprestação. Possibilidade. ERESP 985695.** As concessionárias de serviço público podem efetuar a cobrança pela utilização de faixas de domínio de rodovia, mesmo em face de outra concessionária, desde que haja previsão editalícia e contratual. *REsp 1677414, 1ª T, 14.12.2021. Inf 722.*

STJ **Concessionária de serviço público. Faixa de domínio. Cobrança pelo uso da faixa de domínio por outra concessionária que explora serviço público diverso. Possibilidade. Previsão no contrato de concessão. Imprescindibilidade.** As concessionárias de serviço público podem efetuar a cobrança pela utilização de faixas de domínio por outra concessionária que explora serviço público diverso, desde que haja previsão no contrato de concessão. *AREsp 1510988, 2ª T, 10.2.2022. Inf 724.*

QUESTÕES OBJETIVAS

200. (TRF/3R/Juiz/2018) A Lei nº 8.987, de 1995, dispõe sobre o regime de concessão e permissão para a prestação de serviços públicos. No capítulo sobre política tarifária está previsto que:

a) Após a apresentação da proposta, é possível realizar-se a revisão da tarifa, para mais ou para menos, caso haja qualquer alteração na legislação tributária - exceto do imposto sobre a renda - quando comprovado o impacto no cálculo do seu valor.

b) A tarifa do serviço público será fixada no contrato, de comum acordo entre as partes.

c) É vedada a cobrança de tarifas diferenciadas em função da existência de custos específicos para o atendimento de diferentes segmentos de usuários.

d) É vedada a inclusão no contrato de cláusula de revisão do valor da tarifa, com o objetivo de manter-se o equilíbrio econômico-financeiro.

201. (TRF/2R/Juiz/2017) Sobre o equilíbrio econômico-financeiro das concessões comuns, patrocinadas e administrativas reguladas nas Leis nº 8.987/95 e nº 11.079/04, é correto afirmar que:

a) A tarifa do serviço público deve ser fixada pelo Poder Concedente no edital, com o objetivo de viabilizar a sua modicidade e universalização do serviço.

b) A cobrança da tarifa, desde que fixada em Decreto, pode ser condicionada à existência de serviço público alternativo e gratuito para o usuário.

c) As tarifas poderão ser diferenciadas em razão das características técnicas e dos custos específicos provenientes do atendimento aos distintos segmentos de usuários.

d) A taxa intenta de retorno prevista no plano de negócios apresentado pelo licitante vencedor deve ser assegurada anualmente como único mecanismo de manutenção do equilíbrio econômico-financeiro do contrato.

e) A taxa interna de retorno prevista no plano de negócios apresentado pelo licitante vencedor serve como parâmetro de aferição do equilíbrio econômico-financeiro do contrato, desde que previamente atestada pelo Tribunal de Contas do Poder Concedente.

202. (Cespe/TRF/5R/Juiz/2015) Tendo em vista as permissões e concessões de serviços públicos e as parcerias público-privadas, assinale a opção correta.

a) A concessionária do serviço público somente pode interromper a prestação do serviço por motivos de ordem técnica ou de segurança das instalações, casos em que ficará dispensada de realizar prévia comunicação ao usuário.

b) A concessão patrocinada se caracteriza pelo fato de a administração pública, além de ser a usuária direta ou indireta do serviço ou da obra contratada, ser integralmente responsável pela remuneração do parceiro público-privado.

c) Embora seja formalizada por meio de contrato administrativo, a permissão de serviço público se diferencia da concessão por não poder ser firmada com pessoa jurídica ou consórcio de empresas.

d) O poder concedente poderá intervir na concessão, com o fim de assegurar a adequação na prestação do serviço e o fiel cumprimento das normas contratuais, regulamentares e legais pertinentes, medida essa que deve ser formalizada por decreto.

e) A encampação, que constitui uma das formas de extinção do contrato de concessão, deve ser adotada pela administração sempre que se caracterizar a inadimplência por parte do concessionário.

203. (Cespe/TRF/1R/Juiz/2015) A União concedeu a determinada empresa a administração de um conjunto de rodovias federais, o que abrangia a exploração da infraestrutura, a prestação do serviço público de recuperação, a operação, a manutenção, o monitoramento, a conservação, a implantação de melhorias e a ampliação de capacidade da rodovia. Iniciado o funcionamento do pedágio, o Ministério Público Federal ingressou com ação na justiça para impedir a sua cobrança. A alegação do promotor era de que não se disponibilizou alternativa viária gratuita aos cidadãos, o que impossibilitava a cobrança de pedágio. Nessa situação hipotética, o pedido deve ser julgado:

a) improcedente, haja vista que, apesar de ser obrigatória por lei a construção ou manutenção de via alternativa e gratuita, cabe ao poder público decidir por sua disponibilização, a depender dos critérios de conveniência e oportunidade.

b) improcedente por inexistir norma jurídica legal ou constitucional que imponha a obrigatoriedade da existência de via alternativa gratuita à rodovia com pedágio.

c) improcedente, pois a cobrança do pedágio pode ser iniciada antes da existência da via alternativa gratuita cuja construção, entretanto, deve estar prevista no plano de desenvolvimento da concessão.

d) procedente, uma vez que, não havendo via alternativa e gratuita, a cobrança de pedágio em rodovia federal viola o direito ao livre tráfego de pessoas e bens.

e) procedente, pois, embora sem previsão expressa na CF, a Lei n. 8.987/1995 estabeleceu, como condição prévia à cobrança da tarifa, a obrigatoriedade de disponibilização de via gratuita como alternativa à via com pedágio.

204. (TRF/4R/Juiz/2014) Dadas as assertivas abaixo, assinale a alternativa correta. A respeito das concessões de serviços públicos, no ordenamento jurídico brasileiro:

I. São espécies de concessões de serviço público: a concessão de serviço público, a concessão de serviço público precedida da execução de obra pública, a concessão patrocinada e a concessão administrativa.

II. A parceria público-privada é o contrato administrativo de concessão na modalidade patrocinada ou administrativa.

III. A concessão patrocinada é a concessão de serviços públicos ou de obras públicas de que trata a Lei n. 8.987/95, quando envolver, adicionalmente à tarifa cobrada dos usuários, contraprestação pecuniária do parceiro público ao parceiro privado. Já a concessão administrativa é o contrato de prestação de serviços de que a Administração Pública seja a usuária direta ou indireta, ainda que envolva a execução de obra ou fornecimento e instalação de bens. Entretanto, não constitui parceria público-privada a concessão comum, assim entendida a concessão de serviços públicos ou de obras públicas de que trata a Lei n. 8.987/95, quando não envolver contraprestação pecuniária do parceiro público ao parceiro privado.

IV. Entre as formas de extinção de um contrato de concessão, como previsto no art. 35 da Lei n. 8.987/95, a rescisão é a única com a qual a concessionária pode contar para extingui-lo, desde que demonstre, judicialmente, que o poder concedente descumpriu as regras contratuais, ainda que não possa alegar o princípio da "exceptio non adimpleti contractus" como justificativa para interromper ou paralisar a prestação dos serviços respectivos antes do trânsito em julgado da decisão que lhe seja favorável.

V. A caducidade é obrigatoriamente decretada (ato administrativo vinculado) sempre que houver a transferência de concessão ou do controle societário da concessionária, sem prévia anuência do poder concedente.

a) Estão corretas apenas as assertivas I e II.
b) Estão corretas apenas as assertivas III e IV.
c) Estão corretas apenas as assertivas II, III e V.
d) Estão corretas apenas as assertivas I, III, IV e V.
e) Estão corretas todas as assertivas.

205. (TRF/3R/Juiz/2013) Assinale a alternativa incorreta:

a) O que caracteriza uma atividade como serviço público é o fato de ser atribuída sua titularidade à União, Estados, Distrito Federal ou Municípios, submetendo-se sua prestação a regime jurídico de direito público, por determinação constitucional ou legal.
b) Concessionários de serviço público remuneram-se explorando-o economicamente, geralmente mediante cobrança de tarifa de seus usuários, inconfundível com taxa, espécie do gênero tributo.
c) Concessões e permissões de serviço público são duas formas de prestação descentralizada, outorgadas pelos respectivos titulares, sendo inconfundíveis com a contratação de serviços de terceiros, sob o regime da Lei n. 8.666/93.
d) A única forma de assegurar ao concessionário de serviço público a manutenção do equilíbrio econômico-financeiro da concessão é mediante reajuste ou revisão da tarifa inicialmente fixada, consoante fórmula expressamente estabelecida no edital da licitação e no contrato.
e) Tarifa, cobrada pelo concessionário dos usuários do serviço público que presta, não é a única forma admissível de remuneração daquele, em cujo favor podem ser previstas outras fontes de receita, nos termos da lei, do edital de licitação e do contrato.

206. (Cespe/TRF/1R/Juiz/2013) A respeito da concessão e permissão de serviços públicos e das parcerias público-privadas, assinale a opção correta.

a) O concessionário executa o serviço em seu próprio nome e corre os riscos normais do empreendimento, fazendo jus ao recebimento da remuneração, à manutenção do equilíbrio econômico da concessão e à inalterabilidade do objeto, sendo vedado ao poder público introduzir alterações unilaterais no contrato.
b) A natureza jurídica da permissão de serviço público é a de contrato administrativo de adesão.
c) A rescisão, como forma de extinção da concessão, ocorre por iniciativa do poder concedente.
d) Nas parcerias público-privadas, o concessionário deve ser remunerado exclusivamente pelo pagamento das respectivas tarifas pelos usuários.
e) Considera-se concessão de serviço público a delegação de sua prestação, feita pelo poder concedente, mediante licitação, na modalidade de concorrência ou tomada de preços, a pessoa física, jurídica ou consórcio de empresas que demonstre capacidade para seu desempenho, por sua conta e risco e por prazo determinado.

207. (Cespe/TRF/2R/Juiz/2013) Assinale a opção correta acerca dos serviços públicos.

a) São consideradas causas de extinção da concessão: o advento do termo contratual, a decretação da falência ou recuperação judicial, a encampação, a caducidade, a rescisão e a anulação.
b) O procedimento administrativo aplicável nos casos de intervenção por parte do poder concedente deverá ser concluído no prazo de até cento e vinte dias, sob pena de considerar-se inválida a intervenção.
c) Segundo jurisprudência pacífica do STJ, mesmo quando o consumidor é órgão público, o corte de fornecimento de água estará autorizado por lei, sempre que resultar da falta injustificada de pagamento.
d) Segundo a jurisprudência do STJ, nos casos em que a concessionária de serviço público, quando da realização de uma obra, for suspeita de ter provocado abalos no meio ambiente, o princípio da precaução autorizará a inversão do ônus da prova, impondo, assim, à concessionária responsável, a obrigação de demonstrar que a obra não causou impactos ambientais.
e) Considera-se caducidade a retomada do serviço pelo poder concedente durante o prazo da concessão, por motivo de interesse público, mediante lei autorizativa específica e após prévio pagamento de indenização.

208. (Cespe/TRF/3R/Juiz/2011) Em relação ao conceito de serviço público, ao regime jurídico da concessão, da permissão e da autorização e às parcerias público privadas, assinale a opção correta.

a) A permissão de serviço público tem natureza de contrato bilateral, comutativo e "intuitu personae", o qual somente pode ser celebrado com pessoa física que demonstre capacidade para desempenhá-lo por sua conta e risco, não podendo ser firmado com pessoa jurídica.
b) A autorização de serviço público constitui ato vinculado, por meio do qual o poder público delega a execução de serviço de sua titularidade para que o particular o execute predominantemente em seu próprio benefício, mas sempre sob a fiscalização do Estado.
c) No âmbito das parcerias público-privadas, as concessões administrativas caracterizam-se pelo fato de o concessionário perceber recursos de duas fontes, uma decorrente do pagamento da tarifa pelos usuários e outra, de caráter adicional, oriunda de contraprestação pecuniária devida pelo poder concedente.
d) Serviço público é toda a atividade prestada diretamente pelo Estado com o objetivo de satisfazer às necessidades essenciais e secundárias da coletividade, sob regime exclusivo de direito público, não sendo considerados públicos os serviços prestados por particulares por meio de concessão ou permissão.
e) A concessão de serviço público é contrato administrativo por meio do qual a administração transfere a pessoa jurídica ou a consórcio de empresas a execução de certa atividade de interesse coletivo, de forma remunerada.

209. (Cespe/TRF/1R/Juiz/2011) Assinale a opção correta no que diz respeito às agências reguladoras e executivas, à concessão de serviços públicos e às PPPs.

a) Na esfera federal, a qualificação de uma autarquia ou fundação como agência executiva decorre de iniciativa exclusiva do chefe do Poder Executivo.

b) Os ex-dirigentes das agências reguladoras continuam vinculados à entidade no denominado período de quarentena, durante o qual fazem jus à remuneração compensatória equivalente ao cargo de nível imediatamente abaixo do cargo de direção que exerciam.

c) Em se tratando de PPP na modalidade patrocinada, o parceiro público não dispõe de poderes como a encampação ou a intervenção ou o de decretar a caducidade.

d) A PPP na modalidade administrativa não admite a atualização dos valores contratuais, circunstância que revela a ausência do denominado equilíbrio econômico-financeiro no ajuste firmado.

e) Na hipótese de extinção do contrato de concessão por decurso do prazo de vigência, o poder público pode proceder à imediata retomada da prestação do serviço, até a realização de nova licitação, sem que esteja condicionado o termo final do contrato ao prévio pagamento de eventual indenização.

210. (Cespe/TRF/2R/Juiz/2011) A respeito do contrato de concessão de serviço público, assinale a opção correta.

a) Embora a concessão de serviço público demande a realização de procedimento licitatório, é admitida a contratação direta nas hipóteses de dispensa e inexigibilidade de licitação, previstas na legislação de regência.

b) No contrato de concessão de serviço público, o concessionário tem direito ao equilíbrio econômico e financeiro e à inalterabilidade do objeto.

c) Na hipótese de responsabilidade do concessionário por prejuízos causados a terceiros em decorrência da execução do serviço público, é vedada a responsabilidade solidária do poder concedente, que, no máximo, pode vir a ser responsabilizado subsidiariamente no caso de insuficiência de bens da empresa concessionária.

d) O instituto da encampação, por sua própria natureza, não confere ao concessionário direito à indenização pelos prejuízos que sofrer em decorrência do ato.

e) A reversão não é cabível na hipótese de extinção do contrato de concessão decorrente do advento do termo contratual.

211. (TRF/3R/Juiz/2010) Assinale a alternativa correta:

a) Nas sociedades de economia mista não é assegurada a participação dos acionistas minoritários na constituição e funcionamento dos conselhos de administração e fiscal.

b) Para a cessão ou transferência total ou parcial de autorização ou concessão de exploração de recursos minerais exige-se a prévia anuência do poder concedente.

c) As empresas públicas exploradoras de atividade econômica de produção ou comercialização de bens podem ter regime jurídico tributário distinto das empresas privadas.

d) As sociedades de economia mista não se sujeitam à responsabilidade pela prática de atos contra a economia popular.

10.3. Parcerias Público Privadas

ENUNCIADOS

CJF **Administrativo 28.** Na fase interna da licitação para concessões e parcerias público-privadas, o Poder Concedente deverá indicar as razões que o levaram a alocar o risco no concessionário ou no Poder Concedente, tendo como diretriz a melhor capacidade da parte para gerenciá-lo.

CJF **Administrativo 34.** Nos contratos de concessão e PPP, o reajuste contratual para reposição do valor da moeda no tempo é automático e deve ser aplicado independentemente de alegações do Poder Público sobre descumprimentos contratuais ou desequilíbrio econômico-financeiro do contrato, os quais devem ser apurados em processos administrativos próprios para este fim, nos quais garantir-se-ão ao parceiro privado os direitos ao contraditório e à ampla defesa.

INFORMATIVOS

STJ **Suspensão de liminar. Parceria Público-Privada (PPP). Redução do preço do barril do petróleo no mercado internacional. Queda de arrecadação fiscal. Configuração de lesão à ordem pública e econômica. Continuidade do serviço. Desequilíbrio econômico-financeiro evidenciado.** A queda de arrecadação fiscal de município contratante advinda da redução do preço do barril de petróleo no mercado internacional não constitui motivo suficiente para redução da contraprestação devida à concessionária de serviços públicos se essa contraprestação não estiver vinculada contratualmente à variação do preço do petróleo. *AgInt na SLS 2779, Corte Especial, 16.8.2022. Inf 748.*

QUESTÕES DISCURSIVAS

12. (TRF/2R/Juiz/2017) Determinado ente público celebra contrato de parceria público-privada, na modalidade concessão administrativa, cujo objeto é a construção, gestão, operação e manutenção de unidades penitenciárias. O Ministério Público ingressa com ação judicial questionando a validade de duas cláusulas contratuais. A primeira cláusula autoriza a rescisão do contrato por iniciativa do concessionário, no caso de reiterado descumprimento das obrigações assumidas pelo Poder Concedente, podendo o concessionário interromper os serviços desde que autorizado por decisão liminar em ação judicial intentada para esta finalidade. Argumenta o parquet que, a despeito de existir, na Lei nº 11.079/04, lacuna normativa acerca das hipóteses de extinção de parceria público- privada, a referida cláusula viola o princípio da supremacia do interesse público sobre o interesse privado. A segunda cláusula autoriza que o Poder Concedente contrate serviço técnico de um Verificador Independente, a fim de auxiliá-lo no acompanhamento e fiscalização das obrigações do concessionário e no monitoramento permanente do processo de aferição do desempenho do concessionário. Com fundamento no relatório apresentado pelo Verificador Independente é que são feitos os pagamentos por parte do Poder Concedente. Argumenta o Parquet que a cláusula viola expressamente o disposto no artigo 4º, inciso III, da Lei n. 11.079/04, que estabelece como diretriz das parcerias público-privadas a indelegabilidade das funções de regulação, jurisdicional, do exercício do poder de polícia e de outras atividades exclusivas do Estado. Procedem os pleitos do Ministério Público? E a fundamentação invocada?

QUESTÕES OBJETIVAS

212. (TRF/3R/Juiz/2018) A Lei nº 11.079, de 2004, instituiu normas gerais para a contratação da chamada "parceria público-privada" no âmbito do Poder Público. Esse tipo de contrato administrativo de concessão pode ser feito nas seguintes modalidades:

a) Patrocinada, quando envolver, além do recebimento da tarifa cobrada dos usuários do serviço público, o pagamento de contraprestação do parceiro privado ao parceiro público.

b) Administrativa, quando a própria Administração Pública seja a usuária direta ou indireta da prestação dos serviços, ainda que envolva a execução de obras ou a instalação de bens.

c) Comum, quando não envolver o pagamento de contraprestação pecuniária do parceiro público ao parceiro privado.

d) Especial, quando o serviço público não é sujeito ao pagamento de tarifa.

213. (Cespe/TRF/5R/Juiz/2017) Acerca do regime jurídico das agências reguladoras, da concessão de serviços e da parceria público-privada (PPP), assinale a opção correta.

a) A empresa privada X adquiriu a concessão de determinado serviço público, mas, para a regular prestação do serviço, faz-se necessária a desapropriação de alguns imóveis de particulares. Nessa situação, cabem exclusivamente ao poder concedente a declaração de utilidade pública dos imóveis a serem desapropriados, a efetivação da desapropriação e a consequente indenização, estando a participação da concessionária nesse processo proibida em razão de sua natureza privada.

b) O estado X firmou uma PPP, na modalidade patrocinada, com a empresa Y: o objeto é a concessão de uma rodovia estadual. Nos termos das cláusulas de reajustes do contrato de concessão, a concessionária aumentou o valor do pedágio, o que causou forte insatisfação popular. Nessa situação, é legalmente permitido ao estado X revogar o reajuste com alteração da equação econômico-financeira e pagar à concessionária os valores correspondentes.

c) Ato regulamentar de determinada agência reguladora é passível de questionamento por meio de recurso hierárquico dirigido à instância de governo à qual a agência seja vinculada.

d) Em determinada rodovia federal explorada por meio de concessão, o tráfego foi suspenso, em caráter emergencial, em razão de fortes chuvas que assolaram a região e impossibilitaram a circulação de veículos; a concessionária do serviço não adotou qualquer medida para solucionar o problema. Nessa situação, após instauração de regular processo administrativo, deverá ser decretada a intervenção na concessão, bem como extinto o referido contrato, a fim de se realizarem as obras de recuperação da rodovia.

e) O estado X pretende realizar obra de restauração no parque estadual com a construção de pistas de corrida, quadras poliesportivas e parque aquático. Em decorrência de restrição orçamentária, o estado pretende firmar uma PPP para tal fim. Nesse caso, é vedada a realização da PPP, por se tratar exclusivamente de contrato de execução de obra pública.

214. (TRF/3R/Juiz/2016) Dadas as assertivas abaixo, assinale a alternativa correta no que concerne à contratação de parceria público-privada no âmbito da administração pública.

I. Concessão patrocinada é o contrato de prestação de serviços de que a Administração Pública seja a usuária direta ou indireta, ainda que envolva execução de obra ou fornecimento e instalação de bens.

II. Concessão administrativa é a concessão de serviços públicos ou de obras públicas de que trata a Lei nº 8.987, de 13 de fevereiro de 1995, quando envolver, adicionalmente à tarifa cobrada dos usuários contraprestação pecuniária do parceiro público ao parceiro privado.

III. As cláusulas dos contratos de parceria público-privada deverão prever, dentre outros, o prazo de vigência do contrato, compatível com a amortização dos investimentos realizados, não inferior a 5 (cinco), nem superior a 35 (trinta e cinco) anos, incluindo eventual prorrogação.

Estão corretas:

a) I, II e III.

b) Apenas I.

c) Apenas II.

d) Apenas III.

215. (TRF/2R/Juiz/2014) Em relação às parcerias público-privadas, é correto afirmar que:

a) A obrigatoriedade do licitante vencedor em constituir uma sociedade de propósito específico alcança apenas as concessões patrocinadas, considerando a circunstância de que as concessões administrativas se assemelham às terceirizações.

b) As pessoas físicas ou jurídicas da iniciativa privada que apresentem projetos, estudos, levantamentos ou investigações que sejam utilizados nas modelagens das parcerias público-privada ficam proibidas de participar da licitação subsequente.

c) Nas parcerias público-privadas é possível emitir empenho em nome dos financiadores do projeto em relação às obrigações pecuniárias da Administração Pública, ficando o parceiro público impedido de autorizar a transferência do controle acionário da sociedade de propósito específico para os seus financiadores, com vistas a resguardar o interesse público.

d) A repartição de riscos entre as partes pode considerar o fato do príncipe e a álea econômica extraordinária, excluindo-se o caso fortuito e a força maior, atribuíveis ao Poder Público para não onerar o preço a ser ofertado pelo parceiro privado.

e) É vedado à Administração Pública ser titular da maioria do capital votante de uma sociedade de propósito específico estruturada para viabilizar uma parceria público-privada

216. (Cespe/TRF/2R/Juiz/2013) Mediante lei sancionada em 2004, o Brasil adotou a PPP como instrumento para a viabilização de projetos fundamentais ao crescimento do país. Referida lei incorporou conceitos bem-sucedidos da experiência internacional, de modo a garantir que as PPPs sejam balizadas na atuação transparente da administração pública. Acerca desse instrumento de gestão pública, assinale a opção correta.

a) Embora a responsabilidade fiscal não seja uma diretriz expressa na legislação de PPP, o melhor entendimento doutrinário aponta para a aplicação da Lei de Responsabilidade Fiscal à execução desse tipo de contrato administrativo.

b) Não se admite o emprego da arbitragem na hipótese de um município querer dirimir conflitos decorrentes de contrato de PPP.

c) Um estado da Federação, no âmbito de contrato de PPP para a realização de obras públicas nos seus municípios, estará impedido de ceder parte de seus créditos não tributários a título de contraprestação.

d) É expressamente vedada a uma sociedade de propósito específico, incumbida de implantar e gerir o objeto de uma PPP em determinado estado da Federação, constituir-se sob a forma de companhia aberta.

e) Caso um estado da Federação celebre contrato administrativo de PPP visando à concessão de serviços públicos, conforme legislação específica, e, além da tarifa a ser cobrada dos usuários, o contrato preveja contraprestação pecuniária do parceiro público ao parceiro privado, ter-se-á, nessa hipótese, um exemplo da chamada concessão patrocinada.

217. (Cespe/TRF/5R/Juiz/2011) Considere as situações hipotéticas I e II, a seguir:

I. O Estado brasileiro deseja transferir para o setor privado o serviço de conservação e manutenção de estradas com a instituição da cobrança de pedágio, cuja arrecadação será suficiente para a remuneração de serviços e obras necessários ao atendimento adequado dos usuários.

II. O Estado brasileiro deseja transferir para o setor privado a conservação e a manutenção de presídios, serviço que, por não ser autossustentável financeiramente, demandará o aporte de recursos públicos.

Com base nessas situações e na Lei n. 11.079/2004, que dispõe sobre PPPs, assinale a opção correta.

a) É admissível a celebração de contrato de PPP na situação I, de acordo com a discricionariedade do administrador.

b) É vedada a celebração de contrato de PPP em ambas as situações.

c) Cabe a celebração de contrato de PPP tanto na situação I quanto na situação II, independentemente de o empreendimento ser autossustentável financeiramente ou não.

d) Permite-se a celebração de contrato de PPP apenas na situação I, que trata de empreendimento autossustentável financeiramente.

e) Apenas na situação II, que trata de empreendimento não autossustentável financeiramente, admite-se a celebração de contrato de PPP.

218. (Cespe/TRF/1R/Juiz/2009) Assinale a opção correta com referência a parcerias público privadas, de acordo com a Lei n. 11.079/2004.

a) É permitida a celebração de contrato de parceria público privada que tenha como objeto único o fornecimento de mão de obra, o fornecimento e instalação de equipamentos ou a execução de obra pública, desde que o período de prestação do serviço seja superior a cinco anos.

b) Antes da celebração do contrato de parceria público-privada, deverá ser constituída sociedade de propósito específico, que terá de assumir a forma de companhia aberta, com valores mobiliários admitidos à negociação no mercado.

c) Concessão administrativa é o contrato de prestação de serviços de que a administração pública seja a usuária direta ou indireta, desde que não envolva o fornecimento e a instalação de bens.

d) A contraprestação da administração pública terá de ser obrigatoriamente precedida da disponibilização do serviço objeto do contrato de parceria público-privada.

e) A contratação de parceria público-privada terá de ser precedida de licitação, nas modalidades de concorrência ou tomada de preços, estando a abertura do processo licitatório condicionada à autorização da autoridade competente.

219. (Cespe/TRF/2R/Juiz/2009) Assinale a opção correta a respeito do direito administrativo regulador.

a) Decisão de agência reguladora pode ser alterada por meio de recurso hierárquico.

b) As agências executivas podem ser transformadas em agências reguladoras, por meio de contrato de gestão.

c) Os contratos de concessão de serviço público devem ser precedidos de procedimento licitatório de concorrência, no qual a análise da habilitação dos licitantes deve ser obrigatoriamente anterior à de classificação das propostas e oferecimento de lances.

d) Será obrigatória autorização por meio de lei específica para uma concessão patrocinada, no âmbito das parcerias público-privadas, em que mais de 70% da remuneração do parceiro privado deva ser paga pela administração pública.

e) De acordo com a lei de regência atual, os contratos de franquia postal podem ser celebrados por meio de credenciamento.

11. SISTEMA FINANCEIRO DA HABITAÇÃO

SÚMULAS

STJ **Súm. 31.** A aquisição, pelo segurado, de mais de um imóvel financiado pelo Sistema Financeiro da Habitação, situados na mesma localidade, não exime a seguradora da obrigação de pagamento dos seguros.

STJ **Súm. 199.** Na execução hipotecária de crédito vinculado ao Sistema Financeiro da Habitação, nos termos da Lei n. 5.741/1971, a petição inicial deve ser instruída com, pelo menos, dois avisos de cobrança.

STJ **Súm. 327.** Nas ações referentes ao Sistema Financeiro da Habitação, a Caixa Econômica Federal tem legitimidade como sucessora do Banco Nacional da Habitação.

STJ **Súm. 422.** Os juros remuneratórios não estão limitados nos contratos vinculados ao Sistema Financeiro da Habitação.

STJ **Súm. 450.** Nos contratos vinculados ao SFH, a atualização do saldo devedor antecede sua amortização pelo pagamento da prestação.

STJ **Súm. 454.** Pactuada a correção monetária nos contratos do SFH pelo mesmo índice aplicável à caderneta de poupança, incide a taxa referencial (TR) a partir da vigência da Lei n. 8.177/1991.

STJ **Súm. 473.** O mutuário do SFH não pode ser compelido a contratar o seguro habitacional obrigatório com a instituição financeira mutuante ou com a seguradora por ela indicada.

STJ **Súm. 586.** A exigência de acordo entre o credor e o devedor na escolha do agente fiduciário aplica-se, exclusivamente, aos contratos não vinculados ao Sistema Financeiro da Habitação – SFH.

TRF4 **Súm. 39.** Aplica-se o índice de variação do salário da categoria profissional do mutuário para o cálculo do reajuste dos contratos de mútuo habitacional com cláusula PES, vinculados ao SFH.

TRF4 **Súm. 121.** É competente a justiça federal nos feitos em que se discute cobertura securitária, no âmbito do Sistema Financeiro da Habitação (SFH), quando se tratar de apólice pública (ramo 66), vinculada ao FCVS, considerando o advento da Lei 13.000/2014, que assegurou a intervenção da CEF como representante judicial do FCVS.

REPERCUSSÃO & REPETITIVOS

STF **Rep. Geral 1011.** 1) Considerando que, a partir da MP 513/2010 (que originou a Lei 12.409/2011 e suas alterações posteriores, MP 633/2013 e Lei 13.000/2014), a CEF passou a ser administradora do FCVS, é aplicável o art. 1º da MP 513/2010 aos processos em trâmite na data de sua entrada em vigor (26.11.2010): 1.1.) sem sentença de mérito (na fase de conhecimento), devendo os autos ser remetidos à justiça federal para análise do preenchimento dos requisitos legais acerca do interesse da CEF ou da União, caso haja provocação nesse sentido de quaisquer das partes ou intervenientes e respeitado o § 4º do art. 1º-A da Lei 12.409/2011; e 1.2) com sentença de mérito (na fase de conhecimento), podendo a União e/ou a CEF intervir na causa na defesa do FCVS, de forma espontânea ou provocada, no estágio em que se encontre, em qualquer tempo e grau de jurisdição, nos termos do parágrafo único do art. 5º da Lei 9.469/1997, devendo o feito continuar tramitando na justiça comum estadual até o exaurimento do cumprimento de sentença; 2) Após 26.11.2010, é da justiça federal a competência para o processamento e julgamento das causas em que se discute contrato de seguro vinculado à apólice pública, na qual a CEF atue em defesa do FCVS, devendo haver o deslocamento do feito para aquele ramo judiciário a partir do momento em que a referida empresa pública federal ou a União, de forma espontânea ou provocada, indique o interesse em intervir na causa, observado o § 4º do art. 64 do CPC e/ou o § 4º do art. 1º-A da Lei 12.409/2011. *RE 827996, 29.6.2020.*

INFORMATIVOS

STJ **Sistema Financeiro de Habitação. Contrato de mútuo. Parcelas vencidas. Execução. Contagem do prazo prescricional. Termo inicial. Data do vencimento da última parcela.** Em contrato de mútuo vinculado ao SFH, o termo inicial para a contagem do prazo prescricional da pretensão de cobrança de parcelas vencidas é a data de vencimento da última parcela. *AgInt no REsp 1837718, 4ª T, 30.8.2022. Inf 747.*

STJ **Ação Civil Pública. Liquidação da sentença coletiva promovida pelo Ministério Público. Ilegitimidade. Interrupção do prazo prescricional da pretensão individual dos credores. Inocorrência. Modulação dos efeitos da decisão.** A liquidação da sentença coletiva, promovida pelo Ministério Público, não tem o condão de interromper o prazo prescricional para o exercício da pretensão individual de liquidação e execução pelas vítimas e seus sucessores. *REsp 1758708, Corte Especial, 20.4.2022. Inf 734.*

STJ **Programa de arrendamento residencial (PAR). Cessão de posição contratual pelo arrendatário. Possibilidade. Requisitos de validade. Flexibilização dos critérios pela CEF. Impossibilidade.** A cessão, pelo arrendatário do imóvel, de posição contratual ou de direitos decorrentes de contrato de arrendamento residencial no âmbito do PAR, somente será válida se forem cumpridos os seguintes requisitos: I) atendimento, pelo novo arrendatário, dos critérios para ingresso no PAR; II) respeito de eventual fila para ingresso no PAR; e III) consentimento prévio pela Caixa Econômica Federal, na condição de agente operadora do Programa. *REsp 1950000, 3ª T, 25.3.2022. Inf 731.*

QUESTÕES OBJETIVAS

220. (Vunesp/TRF/3R/Juiz/2022) Analise as proposições abaixo assinale a alternativa correta:

I. o Ministério Público Federal não possui legitimidade para defesa dos interesses de mutuários do Sistema Financeiro da Habitação (SFH).

II. Nas ações referentes ao Sistema Financeiro da Habitação, a Caixa Econômica Federal não tem legitimidade passiva para responder por eventuais vícios de construção nos imóveis financiados, salvo quando realiza atividade distinta daquela própria de agente financeiro stricto sensu.

III. O mutuário do SFH deve contratar o seguro habitacional obrigatório com a instituição financeira mutuante ou com a seguradora por ela indicada.

IV. Nos contratos celebrados no âmbito do SFH não é permitida a capitalização de juros, ressalvada a demonstração de sua necessidade pela Caixa Econômica Federal.

a) Apenas a assertiva II é verdadeira.
b) Apenas a assertiva I é verdadeira.
c) Apenas a assertiva III é verdadeira.
d) Apenas a assertiva IV é verdadeira.

221. (IFBC/TRF/2R/Juiz/2018) Com relação ao direito à moradia, em especial no âmbito do sistema financeiro de habitação, é correto afirmar que:

a) por se tratar se um direito individual e em razão de a política pública em questão não ser destinada às classes sociais menos favorecidas, o Ministério Público não tem legitimidade para propor ações coletivas sobre a matéria.
b) em casos de contratos firmados sem a cláusula que garanta à cobertura de eventual saldo devedor pelo FCVS, o mutuário tem direito à quitação do contrato ao final do prazo, independentemente da existência de saldo residual.
c) o imóvel vinculado ao sistema financeiro de habitação não pode ser objeto de usucapião.
d) nos chamados "contratos de gaveta", foi dispensada a anuência da instituição financeira mutuante, em razão da vulnerabilidade das partes cedentes/cessionárias envolvidas, garantindo-se a eles todos direitos, em face da instituição financeira.
e) a capitalização de juros é vedada, conforme Lei n. 11.977/2009. Nesse sentido o mutuante teve que recalcular de ofício o saldo devedor em todos os contratos posto que a capitalização de juros ocorria de forma automática.

222. (TRF/3R/Juiz/2018) Segundo entendimento do Superior Tribunal de Justiça a respeito dos contratos do Sistema Financeiro da Habitação, é correto afirmar que:

a) As normas do Código de Defesa do Consumidor são aplicáveis a todos os contratos relacionados ao Sistema Financeiro da Habitação, independentemente da data de sua celebração.
b) Nos contratos de seguro habitacional obrigatório no âmbito do Sistema Financeiro da Habitação, as seguradoras não são responsáveis pelos vícios decorrentes da construção.
c) Não é admitida a cobrança do Coeficiente de Equivalência Salarial - CES - em contratos vinculados ao Sistema Financeiro da Habitação, ainda que exista expressa previsão contratual.
d) O mutuário do Sistema Financeiro da Habitação não pode ser compelido a contratar seguro habitacional obrigatório com a instituição financeira mutuante ou com a seguradora por ela indicada.

223. (TRF/4R/Juiz/2016) Dadas as assertivas abaixo, assinale a alternativa correta. De acordo com a jurisprudência do Superior Tribunal de Justiça, firmada em sede de Recursos Repetitivos:

I. Nos contratos de financiamento celebrados no âmbito do Sistema Financeiro da Habitação, sem cláusula de garantia de cobertura do Fundo de Compensação de Variações Salariais, o saldo devedor residual deverá ser suportado pelo mutuário.

II. No caso de cessão de direitos sobre imóvel financiado no âmbito do Sistema Financeiro da Habitação, é indispensável a anuência da instituição financeira, sob pena de o cessionário não adquirir legitimidade ativa para futura ação revisional das condições pactuadas.

III. Nos contratos vinculados ao Sistema Financeiro da Habitação, a atualização do saldo devedor antecede a sua amortização pelo pagamento da prestação.

IV. No âmbito do Sistema Financeiro da Habitação, é necessária a contratação do seguro habitacional com o próprio agente financeiro ou com seguradora por ele indicada.

a) Estão corretas apenas as assertivas I e III.
b) Estão corretas apenas as assertivas II e IV.
c) Estão corretas apenas as assertivas I, II e III.
d) Estão corretas apenas as assertivas I, II e IV.
e) Estão corretas todas as assertivas.

224. (Cespe/TRF/2R/Juiz/2013) Acerca dos contratos e do SFH, assinale a opção correta de acordo com o que disciplinam o Código Civil e a jurisprudência do STJ.

a) A "supressio" configura-se quando há a supressão, por renúncia tácita, de um direito, em virtude do seu não exercício. A "surrectio", por sua vez, ocorre nos casos em que o decurso do tempo implica o surgimento de uma posição jurídica pela regra da boa-fé.
b) Segundo o Código Civil, o doador pode estipular cláusula de reversão em favor de terceiro na hipótese de este sobreviver ao donatário.
c) É lícita a compra e venda entre cônjuges com relação a bens incluídos na comunhão.
d) O direito de preferência é passível de cessão e pode ser transmitido aos herdeiros.
e) O STJ já pacificou o entendimento no sentido da possibilidade de o mutuário do SFH ser obrigado a contratar o seguro habitacional obrigatório com a instituição financeira mutuante ou com a seguradora por ela indicada, não havendo abusividade em tal situação.

225. (Cespe/TRF/5R/Juiz/2013) Com relação ao SFH, assinale a opção correta, considerando a legislação pertinente e a jurisprudência do STJ.

a) Para correção monetária do saldo devedor dos contratos de financiamento imobiliário, deve-se aplicar como índice de correção o BTNF.
b) No caso de imóveis adquiridos pelo SFH, a companhia securitizadora pode instituir regime fiduciário sobre créditos imobiliários.
c) As associações civis gozam de legitimidade ativa para representar mutuários do SFH e questionar a incidência de índices de inflação.
d) Não é permitida a pactuação de capitalização de juros com periodicidade mensal nas operações realizadas pelas entidades integrantes do SFH.
e) É taxativo o rol de instituições que integram o SHF constante da Lei n. 4.380/1964.

226. (Cespe/TRF/1R/Juiz/2011) Assinale a opção correta com relação aos contratos administrativos.

a) Na hipótese de inexecução total ou parcial do contrato administrativo, a administração pode aplicar a sanção de advertência juntamente com a suspensão temporária de participação em licitação.
b) A conversão de cruzeiros reais em unidades reais de valor no território nacional constituiu hipótese de aplicação da teoria da imprevisão, circunstância que autorizou o restabelecimento do equilíbrio econômico-financeiro dos contratos firmados com o poder público.
c) O contrato de concessão de serviço público não ostenta a característica da mutabilidade.
d) A respeito dos contratos de prestação de serviço firmados pelo Estado, entende o STF que a inadimplência do contratado transfere à administração pública a responsabilidade pelo pagamento dos encargos trabalhistas.
e) Segundo o STJ, nos contratos do Sistema Financeiro da Habitação com cobertura do fundo de compensação de variações salariais, não se aplicam as regras do CDC.

227. (TRF/3R/Juiz/2010) Assinale a alternativa correta:

a) A ação de revisão de contrato de financiamento imobiliário celebrado no âmbito do SFH funda-se em direito pessoal, não se aplicando a norma do art. 95 do CPC.
b) Compete ao Superior Tribunal de Justiça julgar conflito negativo de competência instaurado entre juiz federal com exercício nos Juizados Especiais Federais e juiz de Vara Federal.
c) O juizado especial federal não é competente para conhecer de ação de revisão de financiamento imobiliário, firmado nos termos do SFH, ainda que o valor da causa não exceda o limite estabelecido no art. 3º da Lei 10.259/01.
d) Compete ao juízo estadual, no exercício de competência federal delegada, processar e julgar as causas de revisão de financiamento imobiliário, nos contratos firmados sob a égide do SFH, com comprometimento do fundo de compensação de variações salariais, quando não existir Vara Federal na cidade.

228. (Cespe/TRF/2R/Juiz/2009) Acerca dos bens públicos e do SFH, assinale a opção correta.

a) A aplicação do CDC nos financiamentos do SFH não é admitida pela jurisprudência recente do STJ, já que não há, na hipótese, verdadeira relação de consumo, mas intermediação econômica do agente financeiro para viabilizar a aquisição do imóvel.
b) O STJ entende que o MP tem legitimidade para ajuizar ação civil pública na defesa de mutuários do SFH.
c) O sistema de amortização denominado série gradiente, com descontos nas primeiras prestações e posterior recuperação financeira dos valores descontados mediante fator de acréscimo nas prestações seguintes, viola, conforme entendimento do STJ, as regras do SFH.
d) Os bens perdidos por criminoso condenado por sentença da justiça federal serão do estado-membro da Federação onde se situe a seção judiciária.
e) São bens públicos da União os recursos minerais, inclusive aqueles localizados no subsolo, de forma que essa propriedade se estende também para o resultado da lavra, nas concessões regularmente firmadas.

229. (Cespe/TRF/5R/Juiz/2009) Acerca do SFH, julgue os itens a seguir, considerando a jurisprudência dominante do STJ:

I. A cessão de mútuo hipotecário prescinde da anuência da instituição financeira mutuante.
II. É legítima a cobrança do coeficiente de equiparação salarial quando contratualmente estabelecida.
III. A parcela do financiamento deve ser debitada após a correção do saldo devedor.
IV. Admite-se a TR como índice de correção monetária tanto das prestações quanto do saldo devedor, quando prevista no contrato a atualização segundo índice aplicado à caderneta de poupança, ainda que o contrato tenha sido firmado antes da Lei n. 8.177/1991.

Estão certos apenas os itens:

a) I e II.
b) I e III.
c) II e IV.
d) I, III e IV.
e) II, III e IV.

12. TEORIA, PODERES E PRINCÍPIOS

12.1. Poderes

SÚMULAS

STF Súm. Vinculante 38. É competente o município para fixar o horário de funcionamento de estabelecimento comercial.

STF Súm. Vinculante 49. Ofende o princípio da livre concorrência lei municipal que impede a instalação de estabelecimentos comerciais do mesmo ramo em determinada área.

STF Súm. 397. O poder de polícia da Câmara dos Deputados e do Senado Federal, em caso de crime cometido nas suas dependências, compreende, consoante o regimento, a prisão em flagrante do acusado e a realização do inquérito.

STF Súm. 419. Os municípios têm competência para regular o horário do comércio local, desde que não infrinjam leis estaduais ou federais válidas.

REPERCUSSÃO & REPETITIVOS

STF Rep. Geral 532. É constitucional a delegação do poder de polícia, por meio de lei, a pessoas jurídicas de direito privado integrantes da Administração Pública indireta de capital social majoritariamente público que prestem exclusivamente serviço público de atuação própria do Estado e em regime não concorrencial. *RE 633782, 26.10.2020.*

INFORMATIVOS

STJ Servidor público estadual. Decreto Estadual. Bens e evolução patrimonial. Disponibilização de informações. Obrigatoriedade. Poder regulamentar da Administração Pública. Não extrapola o poder regulamentar da Administração Pública, ou os princípios que a regem, Decreto Estadual que dispõe sobre o dever de agentes públicos disponibilizarem informações sobre seus bens e evolução patrimonial. *AgInt nos EDcl no RMS 55819, 1ª T, 17.8.2022. Inf 747.*

QUESTÕES DISCURSIVAS

13. (TRF/3R/Juiz/2008) Recentemente vimos se expandir a epidemia de Dengue provocada pela ampliação dos focos do mosquito "Aedes aegypti". Em vários locais onde esta epidemia de manifestou, especialmente em cidades litorâneas, onde são abundantes casas de veraneio, constatou-se que muitos focos do mosquito se localizavam em residências inabitadas ou para as quais a autoridade pública de vigilância sanitária não conseguia obter autorização para realizar sua tarefa de fiscalização e eliminação do mosquito. Em face desta situação, pergunta-se: o Estado – através de seu poder de polícia ou da via judicial pode impor aos cidadãos, inclusive em casos de resistência ou ausência do morador, o dever de suportar o ingresso de agentes sanitários nos ambientes privados, em face dos princípios da proteção à intimidade, privacidade, inviolabilidade do domicílio, interesse público e outros correlatos?

QUESTÕES OBJETIVAS

230. (IFBC/TRF/2R/Juiz/2018) O conceito de poder de polícia vem sofrendo mutações e questionamentos especialmente a partir da segunda metade do século XX. O poder de polícia versa sobre em que medida e sob qual regime o Estado pode interferir na liberdade e propriedade dos particulares. Nesse contexto, é correto afirmar que:

a) na licença, ao contrário da autorização, a administração tem que manifestar seu consentimento para que o particular possa exercer um direito. A norma delega aspectos à apreciação da administração no caso concreto.
b) a supremacia do interesse público sobre interesses particulares é o fundamento da moderna compreensão do conceito de poder de polícia, ampliando a discricionariedade do Estado nas limitações impostas aos particulares.
c) com a releitura do poder de polícia, passou a ser amplamente aceita a delegação do exercício do poder de polícia a particulares, estranhos à administração pública.
d) os atos praticados no exercício do poder de polícia não são autoexecutórios, daí a necessidade de o poder público recorrer ao Poder Judiciário para, por exemplo, demolir uma edificação irregular.
e) as vistorias periódicas em edifícios, bem como as pesagens em caminhões nas estradas são exemplos de atuação do Estado por meio do poder de polícia de fiscalização, a qual pode ser repressiva ou preventiva.

231. (TRF/3R/Juiz/2016) Sobre o poder de polícia, assinale a alternativa incorreta.

a) Segundo o STF, o art. 144, § 8º, da CF ("Os Municípios poderão constituir guardas municipais destinadas à proteção de seus bens, serviços e instalações, conforme dispuser a lei"), não impede que a guarda municipal exerça funções adicionais à de proteção dos bens, serviços e instalações do Município, incluindo o exercício do poder de polícia para fiscalização do trânsito, que não é prerrogativa exclusiva das entidades policiais.
b) Segundo o STF, a taxa de renovação de licença de funcionamento é constitucional, desde que haja o efetivo exercício do poder de polícia, não bastando para sua demonstração a mera existência de órgão administrativo que possua estrutura e competência para a realização da atividade de fiscalização.
c) A edição de atos normativos pode caracterizar a atuação de polícia administrativa, por exemplo, quando impõe limitações administrativas ao exercício dos direitos e de atividades individuais.
d) Atos de polícia administrativa podem ser expedidos no exercício de competência discricionária ou vinculada, conforme o caso.

232. (Cespe/TRF/5R/Juiz/2015) Assinale a opção correta com relação ao poder regulamentar e ao poder de polícia administrativa.

a) O poder de polícia administrativa tem como uma de suas características a autoexecutoriedade, entendida como sendo a prerrogativa de que dispõe a administração para praticar atos e colocá-los em imediata execução sem depender de autorização judicial.
b) O exercício do poder de polícia administrativa é sempre discricionário, caracterizando-se por conferir ao administrador liberdade para escolher o melhor momento de sua atuação ou a sanção mais adequada no caso concreto, por exemplo, quando houver previsão legal de duas ou mais sanções para determinada infração.
c) No exercício da atividade de polícia, a administração atua por meio de atos concretos e impositivos que geram deveres e obrigações aos indivíduos, não sendo possível considerar que a edição de atos normativos caracterize atuação de polícia administrativa.
d) O poder regulamentar é prerrogativa concedida textualmente pela CF ao chefe do Poder Executivo federal que não se estende aos governadores e aos prefeitos.
e) No exercício do poder regulamentar, o presidente da República pode dispor, mediante decreto, sobre a organização e o funcionamento da administração federal, quando tal ato administrativo não implicar aumento de despesa; sobre a criação e extinção de órgãos públicos; sobre a extinção de funções ou cargos públicos, quando estes estiverem vagos.

233. (Cespe/TRF/1R/Juiz/2015) Relativamente ao poder regulamentar, à regulação e ao poder de polícia administrativa, assinale a opção correta.

a) O regulamento autônomo diferencia-se do regulamento de execução porque, enquanto este é editado com fundamento na lei, aquele possui fundamento direto na Constituição, sendo possível, portanto, que inove na ordem jurídica.
b) Nem todos os atos de polícia são autoexecutórios, mas todos possuem o atributo da coercibilidade na medida em que impõem restrições ou condições que devem ser obrigatoriamente cumpridas pelos particulares.
c) No âmbito federal, adota-se o limite temporal de três anos para o exercício de ação punitiva pela administração pública no exercício do poder de polícia, objetivando apurar infração à legislação em vigor.
d) No exercício do poder regulamentar, compete ao presidente da República sancionar, promulgar e fazer publicar as leis e as propostas de emenda à Constituição, bem como expedir decretos e regulamentos que disciplinem sua execução.
e) O poder regulamentar exercido pelo chefe do Poder Executivo não se confunde com o poder regulatório atribuído a certas entidades administrativas. Ambos possuem, porém, conteúdo eminentemente técnico e englobam o exercício de atividades normativas, executivas e judicantes.

234. (TRF/4R/Juiz/2014) Dadas as assertivas abaixo, assinale a alternativa correta.

I. Os atos de polícia são executados pela própria autoridade administrativa, independentemente de autorização judicial. Não obstante, se o ato de polícia tiver como objeto a demolição de uma casa habitada, a respectiva execução deve ser autorizada judicialmente e acompanhada por oficiais de justiça.
II. É condição constitucional para a cobrança de taxa pelo exercício de poder de polícia a competência do ente tributante para exercer a fiscalização da atividade específica do contribuinte.
III. Um órgão administrativo federal e seu titular poderão, se não houver impedimento legal, delegar parte da sua competência a outros órgãos ou titulares, ainda que estes não lhe sejam hierarquicamente subordinados, quando for conveniente, em razão de circunstâncias de índole técnica, social, econômica, jurídica ou territorial.
IV. Compete privativamente ao Presidente da República sancionar, promulgar e fazer publicar as leis, bem como expedir decretos e regulamentos para sua fiel execução, mas é possível a delegação a Ministro de Estado para dispor, mediante decreto, sobre organização e funcionamento da administração federal.

a) Estão corretas apenas as assertivas I e III.

b) Estão corretas apenas as assertivas II e IV.
c) Estão corretas apenas as assertivas I, III e IV.
d) Estão corretas apenas as assertivas II, III e IV.
e) Estão corretas todas as assertivas.

235. (TRF/3R/Juiz/2013) Assinale a alternativa correta:

a) Lei e regulamento submetem-se ao mesmo regime jurídico, já que consubstanciam normas jurídicas editadas pelo Estado, mediante atuação de agentes públicos que exercem cargo político.
b) Nosso sistema constitucional não admite regulamentos independentes ou autônomos, delegados ou autorizados, e os de execução podem ser sustados pelo Congresso Nacional se houver exorbitância no exercício da competência regulamentar pelo Presidente da República.
c) Lei e regulamento assemelham-se porque são igualmente instrumentos hábeis à criação de obrigação e proibição aos administrados, assim como os atos normativos das agências reguladoras.
d) Lei e regulamento distinguem-se também no que concerne à exigência de compatibilidade com a Constituição, que só a lei deve manter porque é de nível hierárquico imediatamente inferior àquela.
e) Lei e regulamento assemelham-se porque consubstanciam normas jurídicas dotadas, via de regra, de generalidade e abstração, e inovam originariamente na ordem jurídica.

236. (Cespe/TRF/1R/Juiz/2013) No que diz respeito ao poder de polícia administrativa, assinale a opção correta.

a) No Código Tributário Nacional, é apresentada a definição legal de poder de polícia, cujo exercício constitui um dos fatos geradores da taxa.
b) O poder público não tem interesse de agir para a propositura de ações cominatórias que objetivem impor ao particular atos de poder de polícia.
c) A discricionariedade, um dos atributos do poder de polícia, jamais se caracteriza como ato vinculado.
d) Evidencia-se o atributo da autoexecutoriedade na execução das multas impostas em decorrência do poder de polícia.
e) O poder de polícia pode ser originário ou delegado, caracterizando-se este último por atos de execução que admitem a imposição de taxas.

237. (TRF/4R/Juiz/2012) Dadas as assertivas abaixo, assinale a alternativa correta.

I. O Poder de Polícia é indelegável, de modo que, de acordo com o entendimento do Supremo Tribunal Federal, não pode ser transferido a entidade integrante da administração pública indireta.
II. O exercício do Poder de Polícia não é necessariamente presencial, pois pode ocorrer a partir de local remoto, com auxílio de instrumentos que permitam à administração examinar a conduta do agente fiscalizado.
III. A instituição pelos Municípios de taxa de localização e funcionamento de atividade econômica é constitucional, uma vez que sua instituição opera-se em razão de legítimo exercício do Poder de Polícia.
IV. Ao Presidente da República é possível dispor sobre a organização e o funcionamento da administração pública, quando isso não implicar aumento de despesa, bem como extinguir cargos públicos quando vagos.
V. O exercício do Poder Disciplinar pelo Estado não está sujeito ao prévio encerramento da "persecutio criminis" que venha a ser instaurada contra o agente perante órgão competente do Poder Judiciário.

a) Estão corretas apenas as assertivas I e II.
b) Estão corretas apenas as assertivas III e V.
c) Estão corretas apenas as assertivas I, III e IV.
d) Estão corretas apenas as assertivas I, II, IV e V.
e) Estão corretas apenas as assertivas II, III, IV e V.

238. (Cespe/TRF/1R/Juiz/2011) Assinale a opção correta a respeito do exercício do poder regulamentar, do poder normativo não legislativo e do poder de polícia.

a) No âmbito federal, prescreve em cinco anos a ação punitiva da administração federal, direta e indireta, no exercício do poder de polícia, para apurar infração à legislação em vigor, prazo não passível de interrupção ou suspensão.
b) De acordo com o entendimento do STF, quando o Poder Executivo expede regulamento, ato normativo de caráter não legislativo, não o faz no exercício de função legislativa, mas no de função normativa, sem que haja derrogação do princípio da divisão dos poderes.
c) O poder normativo da administração pode ser expresso por meio de deliberações e de instruções editadas por autoridades que não o chefe do Poder Executivo, as quais podem inovar no ordenamento jurídico, criando direitos e impondo obrigações.
d) De acordo como o STF, o exercício do poder de polícia deve ser necessariamente presencial e depende da existência de órgão de controle estruturado para a fiscalização do exercício dos direitos individuais.
e) A autoexecutoriedade, atributo do poder de polícia, consiste na possibilidade de a administração executar suas decisões sem prévia autorização do Poder Judiciário e sem a necessidade de observância de procedimento em todas as denominadas medidas de polícia.

239. (Cespe/TRF/2R/Juiz/2011) Assinale a opção correta acerca da aplicação dos poderes administrativos.

a) Não há, no âmbito da administração pública, a possibilidade de se proceder à distribuição de competência na organização administrativa, sem o estabelecimento de relação hierárquica quanto às respectivas atividades.
b) As sanções de natureza administrativa, decorrentes do exercício do poder de polícia, somente encontram legitimidade quando o ato praticado pelo administrado estiver previamente definido pela lei como infração administrativa.
c) O poder de avocar atribuições de competência exclusiva do órgão subordinado constitui uma das decorrências do poder hierárquico.
d) Com fundamento no poder disciplinar, a administração pública pode apurar infrações e aplicar penalidades a servidores públicos e a particulares, ainda que não estejam sujeitos à disciplina interna da administração.
e) O presidente da República, no exercício do denominado poder regulamentar ou normativo, pode criar ou extinguir ministérios e órgãos da administração pública.

240. (TRF/3R/Juiz/2010) Relativamente ao poder regulamentar da administração, assinale a alternativa incorreta:

a) O regulamento consiste na autodisciplina da administração pública, para obter o procedimento regular, harmônico e coerente dos seus órgãos e agentes na execução dos encargos que lhe são cometidos por lei, sendo desta dependente.
b) É cabível o regulamento apenas em matéria que será objeto de ação administrativa ou desta dependente.
c) Entre as finalidades do regulamento insere-se a disciplina da discrição administrativa, ou seja, de regular a liberdade relativa de agir da administração.

d) O regulamento vincula a administração, mas não exonera o administrado de responsabilidade perante o Poder Público por comportamentos realizados em conformidade com ele.

12.2. Princípios

SÚMULAS

STF Súm. Vinculante 13. A nomeação de cônjuge, companheiro ou parente em linha reta, colateral ou por afinidade, até o terceiro grau, inclusive, da autoridade nomeante ou de servidor da mesma pessoa jurídica, investido em cargo de direção, chefia ou assessoramento, para o exercício de cargo em comissão ou de confiança, ou, ainda, de função gratificada na Administração Pública direta e indireta, em qualquer dos Poderes da União, dos Estados, do Distrito Federal e dos municípios, compreendido o ajuste mediante designações recíprocas, viola a Constituição Federal.

QUESTÕES OBJETIVAS

241. (TRF/4R/Juiz/2022) Assinale a alternativa correta. Sobre o direito administrativo brasileiro:

a) o princípio da eficiência é princípio implícito que decorre da exigência de a Administração Pública atingir os melhores resultados no desenvolvimento de suas atividades.
b) o princípio da segurança jurídica não pode ser invocado para manter a validade de atos nulos.
c) segundo o princípio da publicidade, todos têm direito a receber informações dos órgãos públicos, ressalvadas aquelas cujo sigilo seja imprescindível ao interesse particular.
d) não viola os princípios da moralidade, da impessoalidade e da isonomia diploma legal que excepciona da vedação ao nepotismo os servidores que estiverem no exercício do cargo no momento de sua edição.
e) em atenção aos princípios da segurança jurídica e da confiança legítima, os Tribunais de Contas estão sujeitos ao prazo de 5 anos para o julgamento da legalidade do ato de concessão inicial de aposentadoria, reforma ou pensão, a contar da chegada do processo à respectiva Corte de Contas.

242. (TRF/3R/Juiz/2018) São princípios constitucionais implícitos ou reconhecidos da Administração Pública, porquanto consectários lógicos dos preceitos da Lei Maior:

a) impessoalidade e eficiência.
b) razoabilidade e legalidade.
c) segurança jurídica e moralidade.
d) prevalência do interesse público e proporcionalidade.

243. (Cespe/TRF/5R/Juiz/2017) Acerca dos princípios constitucionais e legais que regem a administração pública, assinale a opção correta.

a) Lei de determinado estado da Federação estipula programa de incentivo fiscal exclusivamente para atletas nascidos no estado e que tenham a melhor classificação no campeonato estadual. Nessa situação, para o STF, a fixação de condições formais para a concessão de benefício fiscal exime a lei estadual de resguardar o tratamento isonômico no que se refere aos concidadãos.
b) Conforme o STJ, o princípio da continuidade dos serviços públicos não impede a interrupção do fornecimento de energia elétrica destinada à iluminação pública de hospital municipal inadimplente.
c) Uma autarquia federal constatou, a partir de denúncia, que servidor efetivo com dois anos de exercício no cargo havia apresentado documentação falsa para a investidura no cargo. Nessa situação, conforme o STF, os atos praticados pelo servidor até o momento são válidos, em razão dos princípios da proteção à confiança e da segurança jurídica.
d) Não configura ofensa ao princípio da moralidade a nomeação de esposa de magistrado, devidamente concursada, para função de confiança diretamente subordinada ao juiz cônjuge.
e) Todo ato administrativo emitido por agente público submete-se ao princípio da legalidade; quando o ato atende exclusivamente à legalidade, exclui-se do controle judicial o juízo de conveniência e oportunidade.

244. (TRF/3R/Juiz/2013) Assinale a alternativa correta:

a) Princípios de Direito Administrativo devem ser levados em consideração para efeito de decisão judicial apenas quando a lei for omissa, e após recurso à analogia e aos costumes.
b) Desconsiderar princípios de direito administrativo não implica ofensa à ordem jurídica desde que haja disposição legal que, enquanto regra geral aplicável ao caso, possa servir de fundamento para a decisão a ser proferida.
c) Princípios de direito administrativo, expressos na Constituição da República, são hierarquicamente superiores a quaisquer outras regras jurídicas, sejam elas constitucionais ou não.
d) Em direito administrativo, princípios jurídicos têm caráter prescritivo, condicionam o exercício de competências discricionárias, são úteis no processo de interpretação dos atos normativos em geral, e se prestam à colmatação de lacunas.
e) O Direito Administrativo é composto por princípios e regras que, como espécies de normas jurídicas, consubstanciam prescrições diferenciadas, conquanto dotadas do mesmo grau de generalidade e abstração.

245. (TRF/3R/Juiz/2013) Assinale a alternativa correta:

a) Para configuração de improbidade administrativa é suficiente a ofensa objetiva a princípios da Administração Pública, sendo irrelevante o elemento subjetivo do agente público.
b) Moralidade e probidade administrativa são expressões sinônimas, com idêntica denotação e ofensas a ambas se configuram igualmente nos casos de dolo ou culpa.
c) Legalidade, moralidade e probidade administrativas compõem exigências impostergáveis aos agentes públicos, e que são indissociáveis, razão pela qual a não observância de quaisquer delas enseja a aplicação das mesmas sanções.
d) Legalidade, moralidade e probidade não são expressões dotadas de sinonímia absoluta, mas não há ofensa à moralidade ou probidade administrativa sem ofensa a ordem jurídica que, todavia, deve apresentar-se agravada ou qualificada em face de desvio ético-jurídico.
e) Seja qual for a modalidade de improbidade administrativa, aos agentes públicos por ela responsabilizados deve ser aplicada a sanção de perda da função pública independentemente do trânsito em julgado da sentença condenatória.

246. (Cespe/TRF/2R/Juiz/2013) Com referência ao regime jurídico e aos princípios da administração pública, assinale a opção correta de acordo com o pensamento doutrinário dominante.

a) São considerados como basilares da administração pública os princípios da legalidade, da supremacia do interesse público sobre o privado e o da continuidade do serviço público.
b) Para o particular, o princípio da legalidade apresenta conotação negativa ou restritiva; já para a administração pública ele apresenta caráter positivo ou ampliativo.
c) Do princípio da continuidade do serviço público decorrem os princípios da sindicabilidade e da autoexecutoriedade.
d) O princípio da sindicabilidade é reconhecido expressamente pela jurisprudência do STF.

e) Sempre que a administração pública estiver envolvida em relações jurídicas, sejam elas de direito público ou de direito privado, o interesse da administração pública deverá imperar, pois ele sempre se sobrepõe ao interesse privado.

247. (Cespe/TRF/1R/Juiz/2011) No que se refere aos princípios que regem o direito administrativo, as organizações sociais e as organizações da sociedade civil de interesse público, assinale a opção correta.

a) As instituições hospitalares não gratuitas e as cooperativas são aptas para o recebimento da qualificação de organizações da sociedade civil de interesse público, nos termos da legislação de regência.

b) Na sindicância, ainda que instaurada com caráter meramente investigatório ou preparatório de um processo administrativo disciplinar, é indispensável a observância dos princípios do contraditório e da ampla defesa.

c) Segundo o STJ, na hipótese em que o particular ocupa irregularmente área pública, não é cabível o pagamento de indenização por acessões ou benfeitorias, tampouco o direito de retenção, sob pena de ofensa aos princípios da indisponibilidade do patrimônio público e da supremacia do interesse público.

d) O contrato de gestão, instituto oriundo da reforma administrativa, recebeu tratamento diferenciado no ordenamento jurídico nacional, a exemplo da Lei de Licitações e Contratos, que inseriu a celebração de contratos de prestação de serviços com as organizações sociais, qualificadas no âmbito das respectivas esferas de governo, para atividades contempladas no contrato de gestão como hipótese de inexigibilidade de licitação.

e) O auxílio que o poder público presta à organização social não pode abranger a destinação de recursos orçamentários e bens necessários ao cumprimento do contrato de gestão, ainda que mediante permissão de uso.

248. (Cespe/TRF/3R/Juiz/2011) Acerca dos órgãos e entidades que integram a administração pública federal e dos princípios que informam o direito administrativo, assinale a opção correta.

a) Como pessoas jurídicas criadas por lei, dotadas de capacidade de autodeterminação e de patrimônio e receita próprios, as autarquias não se submetem a controle administrativo ou legislativo, mas apenas a controle jurisdicional, tanto pelas vias comuns quanto pelas especiais.

b) As empresas públicas, criadas por lei específica, destinam-se à realização de atividades típicas da administração que requeiram, para seu melhor funcionamento, gestão administrativa e financeira descentralizada.

c) Apenas os órgãos situados no ápice da pirâmide estatal, como os Poderes Legislativo, Executivo e Judiciário, dispõem de personalidade jurídica própria e plena capacidade processual.

d) As entidades da administração indireta regem-se primordialmente por normas de direito privado, subordinando-se ao ministério em cuja área de competência estiver enquadrada sua principal atividade.

e) Afora os princípios constantes do texto constitucional, a legislação determina, de forma expressa, que a administração pública federal obedeça, entre outros, aos princípios da motivação, razoabilidade, ampla defesa e segurança jurídica.

249. (TRF/4R/Juiz/2010) Dadas as assertivas abaixo sobre funções estatais e princípios informadores do regime jurídico administrativo, assinale a alternativa correta.

I. No Brasil as atividades estatais básicas estão distribuídas entre Poderes independentes e harmônicos entre si, o Legislativo, o Judiciário e o Executivo, vocacionados ao desempenho, respectivamente, das funções normativa, judicial e administrativa, estando esta última concentrada no Executivo, o qual a exerce precipuamente, mas sem exclusividade.

II. Em decorrência, dentre outros, dos princípios da legalidade, da indisponibilidade do interesse público e da impessoalidade, o gestor da coisa pública tem com ela uma relação de administração, de modo que seu agir está atrelado à finalidade cogente, mesmo quando admitido juízo discricionário na prática do ato administrativo.

III. Conquanto não previsto explicitamente no artigo 37, caput, da Constituição Federal, o princípio da razoabilidade informa o regime jurídico administrativo brasileiro, prestando-se como balizador para a verificação da higidez da ação administrativa, notadamente quando esta tem características discricionárias.

IV. Estabelece a Constituição Federal que a administração pública direta e indireta de qualquer dos Poderes da União, dos Estados, do Distrito Federal e dos Municípios obedecerá ao princípio da publicidade, havendo possibilidade de instituição, pela via legislativa, de restrições ao acesso a autos de processo administrativo.

V. As funções estatais estão sujeitas à rígida observância de diretriz fundamental, que, encontrando suporte teórico no princípio da proporcionalidade, veda os excessos normativos e as prescrições irrazoáveis do Poder Público, prestando-se o referido princípio (da proporcionalidade), nesse contexto, para inibir e neutralizar os abusos do Poder Público no exercício de suas funções, qualificando-se como parâmetro de aferição da higidez dos atos praticados por agentes públicos.

a) Estão corretas apenas as assertivas I, IV e V.

b) Estão corretas apenas as assertivas II, III e IV.

c) Estão corretas apenas as assertivas I, II, III e IV.

d) Estão corretas apenas as assertivas I, III, IV e V.

e) Estão corretas todas as assertivas.

13

DIREITO AMBIENTAL

VOLUME DE QUESTÕES

ALTO

1. CÓDIGO DE MINERAÇÃO (DL 227/67)

QUESTÕES OBJETIVAS

1. (TRF/2R/Juiz/2017) Quanto à relação entre mineração e direito ambiental é correto afirmar que:

a) A autorização de pesquisa mineral pressupõe o licenciamento ambiental da outorga de lavra.

b) A evidência de que a exploração de recursos minerais possa causar degradação ao meio ambiente não impede o licenciamento, por si, já que a própria Constituição Federal refere que, nesta atividade, o meio ambiente degradado será posteriormente recuperado, conforme a solução técnica exigida pelo órgão ambiental.

c) Na competência do Estado para registrar as concessões de direitos de pesquisa e lavra não se inclui a fiscalização de tais atividades.

d) A emissão da outorga de lavra gera direito do empreendedor à obtenção da licença ambiental, ainda que com condicionantes, exceto se a lavra se localizar em unidades de conservação.

e) O licenciamento ambiental de uma lavra não autoriza a realização de atividades que causem impacto ambiental direto.

2. (TRF/3R/Juiz/2016) Dadas as assertivas abaixo, assinale a alternativa correta. Sobre a exploração de jazidas, em lavra ou não, e demais recursos minerais, conforme previsto na Constituição Federal e no Código de Mineração (Decreto nº 227/67), pode-se afirmar que:

I. A autorização de pesquisa será sempre por prazo determinado, e as autorizações e concessões não poderão ser cedidas ou transferidas, total ou parcialmente, sem prévia anuência do poder concedente.

II. O prazo de validade da autorização de pesquisa não será inferior a um ano, nem superior a três anos, a critério do DNPM – Departamento Nacional da Produção Mineral, consideradas as características especiais da situação da área e da pesquisa mineral objetivada.

III. É admitida a prorrogação do alvará de pesquisa, sob as seguintes condições: a prorrogação poderá ser concedida, tendo por base a avaliação do desenvolvimento dos trabalhos, conforme critérios estabelecidos em portaria do Diretor-Geral do DNPM; a prorrogação deverá ser requerida até sessenta dias antes de expirar-se o prazo da autorização vigente, devendo o competente requerimento ser instruído com um relatório dos trabalhos efetuados e justificativa do prosseguimento da pesquisa; a prorrogação independe da expedição de novo alvará, contando-se o respectivo prazo a partir da data da publicação, no Diário Oficial da União, do despacho que a deferir.

IV. O titular de autorização de pesquisa poderá realizar os trabalhos respectivos, e também as obras e serviços auxiliares necessários, em terrenos de domínio público ou particular, abrangidos pelas áreas a pesquisar, devendo pagar aos respectivos proprietários ou posseiros uma renda pela ocupação dos terrenos e uma indenização pelos danos e prejuízos que possam ser causados pelos trabalhos de pesquisa, observadas, dentre outras, as seguintes regras: no caso de terrenos públicos, é dispensado o pagamento da renda, ficando o titular da pesquisa sujeito apenas ao pagamento relativo a danos e prejuízos; se o titular do Alvará de Pesquisa, até a data da transcrição do título de autorização, não juntar ao respectivo processo prova de acordo com os proprietários ou posseiros do solo acerca da renda e indenização, o Diretor-Geral do Departamento Nacional de Produção Mineral enviará ao Juiz de Direito da Comarca onde estiver situada a jazida, cópia do referido título, ocasião em que, após o devido procedimento, sendo exigida a representação da União, o Juiz mandará proceder à avaliação da renda e dos danos e prejuízos a que se refere este artigo, na forma prescrita no Código de Processo Civil.

Estão corretas as assertivas:

a) I, II e III.

b) I, II, III e IV.

c) I e IV.

d) III e IV.

3. (TRF/4R/Juiz/2022) Assinale a alternativa correta. Os empreendimentos que se destinam à exploração de recursos minerais em âmbito federal obrigam o empreendedor dentre outras exigências:

a) à elaboração de Plano de Recuperação de Área Degradada (PRAD) à Agência Nacional de Mineração (ANM), caso a exploração se destine a barragens.

b) à elaboração de um Plano de Recuperação de Área Degradada (PRAD) no momento da apresentação do Estudo de Impacto Ambiental (EIA) e do Relatório do Impacto Ambiental (RIMA) ao órgão ambiental.

c) à elaboração de um Plano de Recuperação de Área Degradada (PRAD) perante o órgão ambiental, quando encerrados os trabalhos de exploração da área.

d) à comunicação, após o término da exploração da área, ao órgão ambiental, o qual, se entender necessário, poderá exigir a elaboração de um Plano de Recuperação de Área Degradada (PRAD).

e) nenhuma das alternativas anteriores está correta.

4. (TRF/4R/Juiz/2016) Assinale a alternativa correta. A partir da legislação que regulamenta a atividade de mineração (Código de Minas – Decreto-Lei n. 277/67):

a) Não se aplica o Decreto-Lei n. 277/67 às jazidas de minerais que afloram à superfície terrestre naturalmente, ainda que detenham valor econômico.

b) É direito do proprietário da área da jazida a participação nos resultados da lavra, ainda que integralmente explorada por terceiro.

c) O titular da Pesquisa de Relatório aprovado pelo Departamento Nacional de Produção Mineral detém direito exclusivo para requerer a concessão de lavra, independentemente do prazo para o seu exercício.

d) Dispõe o proprietário da área objeto da pesquisa de jazidas a faculdade de permitir o ingresso de terceiros autorizados pelo Departamento Nacional de Produção Mineral em sua propriedade ou, alternativamente, exigir rendimentos pela ocupação dos terrenos e indenização pelos danos e prejuízos.

e) Nenhumas das alternativas anteriores está correta.

5. (TRF/4R/Juiz/2014) Assinale a alternativa correta. Acerca do regime jurídico brasileiro de exploração dos recursos minerais:

a) O Código de Minas (Decreto-Lei n. 227, de 1967) estabelece um sistema de normalização, outorga e fiscalização das concessões baseado em procedimentos burocráticos e centralizadores, e a outorga da concessão é um ato discricionário no qual os direitos minerários são obtidos pelo cumprimento dos requisitos burocráticos, cabendo ao poder concedente exercer o julgamento da conveniência técnica e do interesse da sociedade naquela concessão.

b) A exploração mineral é integrada por três tipos de procedimentos: pesquisa, concessão de lavra e permissão de lavra garimpeira. A intervenção do poder público fica restrita à fase de outorga dos títulos minerários.

c) A simples pesquisa mineral com vista à definição de uma jazida e ao estudo da sua viabilidade econômica é corolário da livre iniciativa e independe de autorização do poder público federal, desde que corra por conta e risco do interessado e não cause dano ambiental. Em caso de êxito nas prospecções, poderá o interessado requerer ao poder público a concessão de lavra, apresentando o resultado da pesquisa.

d) A realização de pesquisa mineral feita por empresa privada depende de autorização expressa do órgão federal competente e é etapa necessária ao início do procedimento de concessão de lavra.

e) Os recursos minerais, inclusive aqueles existentes no subsolo, pertencem à União, a ela cabendo o monopólio estatal sobre pesquisa, lavra, industrialização e comércio.

6. (Cespe/TRF/1R/Juiz/2011) Assinale a opção correta com referência a impactos ao meio ambiente causados pela exploração de recursos naturais.

a) Ao inserir entre os bens da União as reservas minerais, inclusive as de subsolo, o legislador constituinte reconheceu a condição monopolizadora conferida à União para atividades de exploração de petróleo, por exemplo, entendendo como fator fundamental vinculado à tutela dos bens ambientais o seu direito de propriedade.

b) Os biocombustíveis, incluídos na Lei de Política Energética, são regulados pela Agência Nacional de Petróleo, que deve cumprir os objetivos relacionados à proteção do meio ambiente como os aplicados ao petróleo.

c) A utilização de áreas naturais para a lavra de minerais pode ser realizada por decreto federal, estadual ou norma municipal, desde que não comprometa a integridade dos atributos que justifiquem a proteção das referidas áreas.

d) A legislação federal vigente não permite a importação de agrotóxicos, sendo possível, contudo, importar seus componentes em separado, o que dificulta a ação fiscalizadora da administração pública.

e) Florestas ou áreas tombadas podem ser modificadas pela exploração mineral, desde que mediante proposta viável de recuperação total da área, com assinatura de termo de compromisso para o seu cumprimento.

7. (Cespe/TRF/2R/Juiz/2009) Quanto à mineração, julgue os itens a seguir.

I. Mina é o depósito natural de uma ou mais substâncias úteis, incluindo os combustíveis naturais.

II. Jazida é o nome dado à mina explorada, notadamente quando há galerias de onde os homens extraem metais, combustíveis ou quaisquer substâncias minerais.

III. Lavra é o conjunto de operações coordenadas objetivando o aproveitamento industrial da jazida, desde a extração das substâncias minerais úteis que contiver, até o seu beneficiamento.

IV. Lavra garimpeira ou garimpagem é a atividade de aproveitamento de substâncias minerais garimpáveis, executada no interior de áreas estabelecidas para este fim.

Estão certos apenas os itens:

a) I e II.

b) I e III.

c) II e III.

d) II e IV.

e) III e IV.

8. (Cespe/TRF/2R/Juiz/2009) O DNPM visa promover o planejamento e o fomento da exploração mineral e do aproveitamento dos recursos minerais e superintender as pesquisas geológicas, minerais e de tecnologia mineral, bem como assegurar, controlar e fiscalizar o exercício das atividades de mineração em todo o território nacional. Compete ao DNPM, entre outras atribuições:

a) nomear três representantes do sindicato das indústrias de mineração e metalurgia, com poder de veto, para integrar a Câmara Técnica de Extração Mineral do Conselho Nacional do Meio Ambiente.

b) estabelecer os padrões de lapidação adotados no país conforme disposto nas convenções de que o Brasil é signatário.

c) exercer a fiscalização sobre o controle ambiental, a higiene e a segurança das atividades de mineração, atuando em articulação com os demais órgãos responsáveis pelo meio ambiente, segurança, higiene e saúde ocupacional dos trabalhadores.

d) elaborar, em articulação com os demais órgãos responsáveis pelo meio ambiente, segurança, higiene e saúde ocupacional dos trabalhadores, as diretrizes para a gestão sustentável das lavras garimpeiras nas unidades de proteção integral.

e) fiscalizar a pesquisa, a lavra, o beneficiamento e a comercialização dos bens minerais, não podendo, contudo, realizar vistorias, autuar infratores e impor as sanções cabíveis sem prévia anuência do Ibama e da Polícia Federal.

2. CÓDIGO FLORESTAL (LEI 12.651/12)

ATENÇÃO: ESTE TEMA É MUITO EXIGIDO NOS CONCURSOS!

SÚMULAS

TRF1 **Súm. 56.** O art. 62 do Novo Código Florestal é aplicável aos reservatórios artificiais de água destinados a geração de energia ou ao abastecimento público que foram registrados ou tiveram seus contratos de concessão ou autorização assinados anteriormente à MP 2.166/67, de 24.8.2001, tão somente para evitar demolições, sem, no entanto, ter o condão de possibilitar novas edificações, ainda que seja além da cota máxima maximorum.

TRF1 **Súm. 57.** A Resolução Conama n. 302/2002, que dispõe sobre os parâmetros, definições e limites de Áreas de Preservação Permanente de reservatórios artificiais, somente se aplica aos fatos a ela posteriores.

TRF1 **Súm. 58.** A Resolução Conama n. 04/85, editada em razão do art. 18 da Lei n. 6.938/81, apenas contempla as formações florísticas e áreas de florestas como reserva ecológica, em nada se relacionando às áreas de preservação permanente incluídas no antigo Código Florestal (Lei n. 4.771/65) por ocasião da Medida Provisória n. 2.166-67/2001.

TRF1 **Súm. 59.** A existência de lei municipal indicando a natureza urbana de determinada área é início de prova para se afastar a alegação de que o imóvel nela construído possui natureza rural, devendo ser cotejada com os demais elementos de prova acostados aos autos para fins de fixação da Área de Preservação Permanente respectiva.

REPERCUSSÃO & REPETITIVOS

STJ **Repetitivo 1010.** Na vigência do novo Código Florestal (Lei n. 12.651/2012), a extensão não edificável nas Áreas de Preservação Permanente de qualquer curso d'água, perene ou intermitente, em trechos caracterizados como área urbana consolidada, deve respeitar o que disciplinado pelo seu art. 4º, caput, inciso I, alíneas a, b, c, d e e, a fim de assegurar a mais ampla garantia ambiental a esses espaços territoriais especialmente protegidos e, por conseguinte, à coletividade. *REsp 1770760, 28.4.2021.*

QUESTÕES OBJETIVAS

9. (TRF/4R/Juiz/2022) Assinale a alternativa correta. Considerando as diretrizes da Lei nº 12.651/2012 (Código Florestal) e da Lei nº 14.119/2021 (Política Nacional de Pagamento por Serviços Ambientais), com relação ao pagamento por serviços ambientais relacionados com o regime de conservação das águas e dos serviços hídricos:

a) não se admite o pagamento por serviços ambientais relacionados com o regime de conservação das águas e dos serviços hídricos, porque não previsto explicitamente em lei.

b) admite-se o pagamento por serviços ambientais relacionados com o regime de conservação das águas e dos serviços hídricos, porém apenas se feito por meio de contribuições privadas, seja por pessoas físicas, seja por pessoas jurídicas.

c) admite-se o pagamento por serviços ambientais relacionados com o regime de conservação das águas e dos serviços hídricos, desde que autorizado previamente pelo Tribunal de Contas da União.

d) admite-se o pagamento por serviços ambientais relacionados com o regime de conservação das águas e dos serviços hídricos para a conservação do meio ambiente, como forma de promoção do desenvolvimento ecologicamente sustentável.

e) nenhuma das alternativas anteriores está correta.

10. (IFBC/TRF/2R/Juiz/2018) Todo imóvel rural deve manter área com cobertura de vegetação nativa, a título de Reserva Legal, sem prejuízo da aplicação das normas sobre as Áreas de Preservação Permanente, observado o seguinte percentual mínimo em relação à área do imóvel situado em Cerrado:

a) 20%.

b) 35%.

c) 45%.

d) 50%

e) 80%.

11. (IFBC/TRF/2R/Juiz/2018) O Direito Ambiental revela mecanismos compensatórios que buscam a substituição de um bem ambiental por outro de valor equivalente e, em tal dimensão, é possível cogitar de uma compensação ambiental "lato sensu". Dentre as espécies de compensação ambiental admitidas no Direito brasileiro há a compensação de Reserva Legal que consiste:

a) na supressão da vegetação em área de preservação permanente, autorizada em caso de utilidade pública ou de interesse social, quando não houver alternativa técnica ao empreendimento proposto.

b) na compensação da reserva legal por outra área equivalente em importância ecológica e extensão, pertencente ao mesmo ecossistema e localizada na mesma microbacia em conformidade com os critérios previstos em regulamento.

c) na restauração natural do dano ambiental em área distinta da área degradada, com a finalidade de assegurar a conservação das funções ecológicas equivalentes.

d) na destinação de área equivalente à extensão da área desmatada, na mesma bacia hidrográfica do Bioma Mata Atlântica, em áreas localizadas no mesmo Município ou região metropolitana.

e) no apoio à implantação e manutenção de unidades de conservação do Grupo de Proteção Integral como meio de compensar a instalação de empreendimentos causadores de significativo impacto ambiental.

12. (TRF/3R/Juiz/2018) Recentemente o Supremo Tribunal Federal concluiu o julgamento das ações diretas de constitucionalidade 4901, 4902, 4903, 4937 e da ação declaratória de constitucionalidade 42, as quais tratavam de diversos dispositivos da Lei nº 12.651/2012, denominada Código Florestal. De acordo com referido julgamento, é correto afirmar que:

a) O Supremo Tribunal Federal decidiu pela inconstitucionalidade da anistia concedida a todo aquele que tenha praticado a supressão de vegetação em área de preservação permanente, reserva legal ou de uso restrito anteriores a 22 de julho de 2008, nos termos do artigo 59 da Lei nº 12.651/2012.

b) Ao declarar a inconstitucionalidade das expressões "gestão de resíduos" e "instalações necessárias à realização de competições esportivas", contidas no artigo 3º, VIII, alínea b, da Lei nº 12.651/2012, o Supremo Tribunal Federal reduziu as hipóteses em que se permite o desmatamento de área de preservação permanente por motivo de utilidade pública.

c) O Supremo Tribunal Federal considerou constitucional o mecanismo da Cota de Reserva Ambiental (CRA) que permite a compensação da Reserva Legal de imóvel rural, afastando, porém, a exigência prevista no Código Florestal de que referida compensação somente poderia ser realizada em áreas pertencentes ao mesmo bioma e que mantivessem identidade ecológica.

d) Embora tenha reconhecido a constitucionalidade da maior parte dos dispositivos do Código Florestal, o Supremo Tribunal Federal também admitiu que a redução da área de reserva legal prevista na norma estabeleceu um padrão de proteção ambiental inferior ao que existia antes de sua vigência, em afronta ao princípio da vedação ao retrocesso e em contrariedade ao artigo 225 da Constituição Federal.

13. (Cespe/TRF/5R/Juiz/2017) A supressão de vegetação nativa fora de área de preservação permanente (APP)

a) poderá ser autorizada caso a vegetação abrigue espécie da flora ameaçada de extinção, segundo lista oficial, independentemente da adoção de medidas compensatórias.

b) poderá ser realizada pelo proprietário rural independentemente de autorização prévia, conforme as finalidades econômicas da propriedade.

c) depende de prévia autorização do órgão ambiental competente, qualquer que seja sua localização.

d) depende de prévia autorização do órgão ambiental competente apenas se integrar reserva legal ou unidade de conservação.

e) poderá ser autorizada ao proprietário rural cujo imóvel tenha registro no Cadastro Ambiental Rural (CAR), ainda que haja áreas abandonadas na propriedade.

14. (TRF/3R/Juiz/2016) Dadas as assertivas abaixo, assinale a alternativa correta. Com base no disposto na Lei nº 12.651/2012 e suas alterações posteriores, é possível afirmar sobre os institutos conceituados em seu art. 3º:

I. Área de Preservação Permanente: área protegida coberta por vegetação nativa, com a função ambiental de preservar os recursos hídricos, a paisagem, a estabilidade geológica e a biodiversidade, facilitar o fluxo gênico de fauna e flora, proteger o solo e assegurar o bem-estar das populações humanas.

II. Reserva Legal: área localizada no interior de uma propriedade ou posse rural, delimitada nos termos do art. 12 da mesma lei, com a função de assegurar o uso econômico de modo sustentável dos recursos naturais do imóvel rural, auxiliar a conservação e a reabilitação dos processos ecológicos e promover a conservação da biodiversidade, bem como o abrigo e a proteção de fauna silvestre e da flora nativa.

III. Manejo sustentável: administração da vegetação natural para a obtenção de benefícios econômicos, sociais e ambientais, respeitando-se os mecanismos de sustentação do ecossistema objeto do manejo e considerando-se, cumulativa ou alternativamente, a utilização de única espécie madeireira, de múltiplos produtos e subprodutos da flora, bem como a utilização de outros bens e serviços.

Estão corretas as assertivas:

a) I e II.

b) I, II e III.

c) Apenas a II.

d) Apenas a III.

15. (TRF/3R/Juiz/2016) Dadas as assertivas abaixo, assinale a alternativa incorreta. Com base no disposto na Lei nº 12.651/2012 e suas alterações posteriores, é possível afirmar sobre a Reserva Legal:

a) Todo imóvel rural deve manter área com cobertura de vegetação nativa, a título de Reserva Legal, sem prejuízo da aplicação das normas sobre as Áreas de Preservação Permanente, observados os seguintes percentuais mínimos em relação à área do imóvel caso os imóveis estejam situados na Amazônia Legal, excetuados os casos previstos no art. 68 da referida Lei: 80% (oitenta por cento), no imóvel situado em área de florestas; 35% (trinta e cinco por cento), no imóvel situado em área de cerrado; 20% (vinte por cento), no imóvel situado em área de campos gerais. Para os imóveis situados nas demais regiões do país, o percentual é de 20% (vinte por cento).

b) Em caso de fracionamento do imóvel rural, a qualquer título, inclusive para assentamentos pelo Programa de Reforma Agrária, será considerada, para fins do disposto do caput, a área do imóvel antes do fracionamento.

c) Nos casos de imóvel situado em área de florestas na Amazônia Legal, o poder público poderá reduzir a Reserva Legal para até 50% (cinquenta por cento), para fins de recomposição, quando o Município tiver mais de 80% (oitenta por cento) da área ocupada por unidades de conservação da natureza de domínio público e por terras indígenas homologadas. Nas mesmas hipóteses o poder público estadual, ouvido o Conselho Estadual de Meio Ambiente, poderá reduzir a Reserva Legal para até 50% (cinquenta por cento), quando o Estado tiver Zoneamento Ecológico-Econômico aprovado e mais de 75% (setenta e cinco por cento) do seu território ocupado por unidades de conservação da natureza de domínio público, devidamente regularizadas, e por terras indígenas homologadas.

d) Os empreendimentos de abastecimento público de água e tratamento de esgoto não estão sujeitos à constituição de Reserva Legal. Também não será exigido Reserva Legal relativa às áreas adquiridas ou desapropriadas por detentor de concessão, permissão ou autorização para exploração de potencial de energia hidráulica, nas quais funcionem empreendimentos de geração de energia elétrica, subestações ou sejam instaladas linhas de transmissão e de distribuição de energia elétrica. Também não será exigido Reserva Legal relativa às áreas adquiridas ou desapropriadas com o objetivo de implantação e ampliação de capacidade de rodovias e ferrovias.

16. (TRF/4R/Juiz/2016) Dadas as assertivas abaixo, assinale a alternativa correta. As áreas de preservação permanente:

I. Admitem a regularização fundiária de interesse social.

II. Podem-se situar tanto em zonas rurais quanto em urbanas.

III. Permitem o acesso de pessoas e de animais para a obtenção de água e para a realização de atividades de baixo impacto ambiental.

a) Estão corretas apenas as assertivas I e II.

b) Estão corretas apenas as assertivas I e III.

c) Estão corretas apenas as assertivas II e III.

d) Estão corretas todas as assertivas.

e) Nenhuma assertiva está correta.

17. (TRF/4R/Juiz/2016) Assinale a alternativa correta. Em se tratando de moradia residencial erigida em área de preservação permanente, sem autorização ou licença ambiental, é possível afirmar, segundo a jurisprudência predominante do Superior Tribunal de Justiça, que:

a) Sua demolição prescinde de ordem judicial, em decorrência da auto executoriedade dos atos administrativos.

b) Sua demolição é vedada, tendo em vista que o direito fundamental à moradia se sobrepõe ao direito à proteção do meio ambiente.

c) Sua demolição poderá ocorrer se autorizada pelo Poder Judiciário.

d) Sua demolição só poderá ocorrer se o Poder Público oferecer alternativa de residência aos ocupantes.

e) Nenhuma das alternativas anteriores está correta.

18. (Cespe/TRF/5R/Juiz/2015) Ao constatar a existência de um condomínio de casas de veraneio em APP às margens de um grande rio que banha dois estados, o Ibama lavrou autos de intimação demolitória. Registrou, ainda, que houve desmatamento de área de reserva legal. Na defesa administrativa, foi provado que houve licenciamento ambiental pelo ente estadual competente e que o empreendimento estava em área previamente degradada em zona urbana, conforme o PDOT. Rejeitada a defesa administrativa, os particulares ingressaram com ações anulatórias dos autos de infração em que sustentavam incompetência do Ibama, entre outras alegações de nulidade. Em face dessa situação hipotética, assinale a opção correta.

a) A existência de prévio licenciamento ambiental e a prévia degradação da APP impedem a cominação da pena mais gravosa de demolição.

b) Na situação, é irrelevante a alegação de que a APP se localiza em área urbana, uma vez que as APPs e as reservas legais afetam propriedades públicas e privadas, em perímetro rural ou urbano.

c) O Ibama é competente para a fiscalização, haja vista que qualquer rio que banha dois estados caracteriza-se como bem da União.

d) O Ibama é incompetente para exercer o poder de polícia em relação a empreendimento cujo licenciamento ambiental é de competência local.

e) A largura da APP, em razão de se tratar de área marginal de rio perene, não se altera, esteja o rio em zona urbana ou rural.

19. (Cespe/TRF/5R/Juiz/2015) No que se refere à tutela do meio ambiente segundo a CF, assinale a opção correta.

a) A União pode desapropriar, por interesse social, para reforma agrária, imóvel rural de proprietário que não respeite as regras referentes a APP e reserva legal.

b) A indenização por desapropriação de imóvel rural abrangerá, por interesse social, para reforma agrária, benfeitorias necessárias, sendo paga previamente, em títulos da dívida agrária.

c) Compete aos municípios, por meio do PDOT, instituir diretrizes para o desenvolvimento urbano, inclusive habitação, saneamento básico e transportes urbanos.

d) O princípio da participação democrática no direito ambiental é instrumentalizado pela ação popular, mas não pela ACP, devido às diferenças na legitimação ativa.

e) Compete ao Conselho da República propor as condições para uso de áreas de preservação e exploração de recursos naturais, desde que sejam indispensáveis à segurança nacional.

20. (Cespe/TRF/1R/Juiz/2015) Um empreendedor e posseiro ocupa informalmente um imóvel rural de cerca de três módulos fiscais em área de floresta na Amazônia Legal e exerce desde 2005 atividades agrossilvipastoris consolidadas em 50% do imóvel, cuja utilização envolve, em uma parte, a plantação de soja, em outra, a criação de gado em APP, próxima a um pequeno córrego para que os animais tenham acesso à água. Nos outros 50% do imóvel, em que a vegetação nativa continua preservada, o empreendedor pretende futuramente utilizar parte da área para novas atividades agrossilvipastoris. O imóvel não apresenta regularização da reserva legal. Considerando essa situação hipotética, assinale a opção correta a respeito da regularização ambiental do imóvel em questão, conforme a legislação aplicável.

a) Para fins de regularização, a área de reserva legal do imóvel deverá estar registrada no CAR do cartório de registro de imóveis.

b) Se houver autorização prévia do órgão competente, será permitido ao empreendedor realizar o corte raso da vegetação nativa de área ainda não utilizada, desde que respeitado o percentual de 20% do imóvel a título de reserva legal.

c) A continuidade da atividade agrossilvipastoril do empreendedor na APP será permitida se a atividade for informada no CAR e se forem atendidos os critérios técnicos previstos na legislação referente à parte da APP a ser recomposta.

d) A regularidade da reserva legal depende da regularidade fundiária, de modo que deve ser requerida pelo seu legítimo proprietário.

e) Desde que previsto no zoneamento ecológico-econômico do estado, o órgão ambiental competente, ouvido o conselho de meio ambiente, poderá dispensar a delimitação de reserva legal do imóvel.

21. (TRF/2R/Juiz/2014) A Lei n. 12.651/12, chamada de novo Código Florestal, conceitua o instituto da "reserva legal". Assinale a opção correta:

a) Trata-se de reserva destinada a proteger espécies de fauna especialmente ameaçados.

b) Trata-se de unidade de conservação, instituída obrigatoriamente por lei, com a finalidade de proteger paisagens naturais de rara beleza cênica.

c) Trata-se de um tipo de área de preservação permanente, instituída por lei para a defesa de aves migratórias.

d) Trata-se de instituto, criado exatamente pelo Código Florestal, segundo o qual um determinado percentual de terrenos localizados em área urbana deve ter sua vegetação preservada, independentemente da área.

e) Trata-se de área localizada no interior de propriedade ou posse rural, correspondente, em geral, a 20% da área total do terreno, com a função, dentre outras, de assegurar o uso econômico de modo sustentável dos recursos naturais, auxiliar a conservação e a reabilitação dos processos ecológicos e promover a conservação da biodiversidade.

22. (TRF/2R/Juiz/2014) Em relação às áreas de preservação permanente "APPs", assinale a opção correta:

a) São áreas protegidas, previstas no chamado novo Código Florestal, cobertas ou não por vegetação nativa, cuja função ambiental inclui a preservação dos recursos hídricos e da paisagem, a estabilidade geológica, a biodiversidade e a proteção do solo.

b) São unidades de conservação criadas segundo tipologia prevista no novo Código Florestal que se diferenciam da reserva legal pela restrição total da supressão e do manejo de vegetação.

c) São áreas localizadas por ato administrativo em grandes propriedades, para cumprimento da função socioambiental, que, na região sudeste, deve corresponder no mínimo a 20% (vinte por cento) da área total do imóvel.

d) São unidades de conservação de proteção integral, criadas pelo novo Código Florestal, incluindo topos de morro, faixas marginais de rios e áreas de restingas.

e) São áreas previstas no novo Código Florestal cuja vegetação só pode ser alterada nos casos de utilidade pública relevante.

23. (Cespe/TRF/1R/Juiz/2013) Com base em três autos de infração combinados com autos de embargo de obra lavrados pelo Ibama contra empresa de turismo de aventura que começou a edificar hotéis em terrenos de sua propriedade localizados em três estados diferentes, às margens de um rio que corta esses três estados, o MPF ajuizou ACP contra tal empresa, alegando repercussão regional do dano e pleiteando a condenação da empresa, a demolição das obras levantadas a menos de trinta metros da borda da calha do leito regular, a recomposição da vegetação nativa suprimida e o pagamento de indenização por dano ambiental. A empresa, em sua contestação, suscitou preliminares de incompetência do juízo e ilegitimidade ativa do MPF e alegou que tinha licenças ambientais de instalação expedidas, para cada obra individualmente, pelos entes ambientais de cada estado federado, o que afastaria a competência do Ibama para a fiscalização do empreendimento. Sustentou, ainda, que os hotéis seriam de pequeno porte e construídos isoladamente uns dos outros, não havendo, por isso, razão para considerá-los conjuntamente como empreendimento único de repercussão regional, e que, na área de preservação permanente (APP), as edificações ocupariam apenas locais previamente degradados, sem vegetação, dado o solo rochoso, tendo extirpado vegetação nativa apenas fora da APP, até mesmo porque a preservação ambiental coincide com seus interesses econômicos, que consistem na exploração do turismo ecológico com sustentabilidade. Com relação à situação hipotética apresentada, assinale a opção correta.

a) Correto o argumento acerca da incompetência do Ibama para a fiscalização, já que órgãos estaduais concederam licenças ambientais para cada empreendimento isoladamente.
b) Não procede a alegação da empresa de que não poderia ser responsabilizada pela supressão de flora nativa fora da APP, salvo se comprovar a existência de autorização válida expedida por órgão competente.
c) O pedido de indenização deve ser subsidiário, pois apenas no caso de ser inviável a reparação total "in natura" do dano ambiental é que se pode cogitar de condenação ao pagamento em pecúnia.
d) Procede a alegação de ilegitimidade ativa do MPF, já que os terrenos são particulares e as águas superficiais fluentes são bens dos estados.
e) A alegação de ocorrência de dano ambiental de âmbito regional atrai a competência da seção judiciária do DF.

24. (Cespe/TRF/1R/Juiz/2013) Com base em três autos de infração combinados com autos de embargo de obra lavrados pelo Ibama contra empresa de turismo de aventura que começou a edificar hotéis em terrenos de sua propriedade localizados em três estados diferentes, às margens de um rio que corta esses três estados, o MPF ajuizou ACP contra tal empresa, alegando repercussão regional do dano e pleiteando a condenação da empresa, a demolição das obras levantadas a menos de trinta metros da borda da calha do leito regular, a recomposição da vegetação nativa suprimida e o pagamento de indenização por dano ambiental. A empresa, em sua contestação, suscitou preliminares de incompetência do juízo e ilegitimidade ativa do MPF e alegou que tinha licenças ambientais de instalação expedidas, para cada obra individualmente, pelos entes ambientais de cada estado federado, o que afastaria a competência do Ibama para a fiscalização do empreendimento. Sustentou, ainda, que os hotéis seriam de pequeno porte e construídos isoladamente uns dos outros, não havendo, por isso, razão para considerá-los conjuntamente como empreendimento único de repercussão regional, e que, na área de preservação permanente (APP), as edificações ocupariam apenas locais previamente degradados, sem vegetação, dado o solo rochoso, tendo extirpado vegetação nativa apenas fora da APP, até mesmo porque a preservação ambiental coincide com seus interesses econômicos, que consistem na exploração do turismo ecológico com sustentabilidade. Considerando a situação hipotética apresentada, assinale a opção correta.

a) A ação não poderia ter sido proposta caso o Ibama tivesse determinado, após processo administrativo regular, a demolição das obras por meio de medidas administrativas autoexecutórias.
b) Os entes estaduais que concederam as licenças de instalação – mesmo que tenham autorizado as obras em APP – não poderiam ser incluídos no polo passivo da ação, visto que pessoas jurídicas de direito público não são abrangidas pela definição legal de poluidor.
c) Se a ré comprovar cabalmente a alegação de que edificou somente onde não havia vegetação na APP, deverá o pedido de demolição das obras ser julgado improcedente.
d) A identificação física da área de construção do empreendimento como APP ripária decorre diretamente da definição legal em vigor, prescindindo de edição de ato normativo do Poder Executivo.
e) A largura de trinta metros para caracterização da APP ciliar é a mínima legal, podendo ser maior em virtude da largura do rio e(ou) do fato de estar ele localizado em área rural ou urbana.

25. (Cespe/TRF/1R/Juiz/2013) No que concerne a proteção florestal e gestão de florestas, assinale a opção correta.

a) A destinação de florestas públicas a comunidades locais é incompatível com os princípios constitucionais da impessoalidade e da isonomia.
b) As concessões florestais são formalizadas mediante contratos administrativos, precedidos de licitação, salvo nas hipóteses de declaração de inexigibilidade.
c) As florestas naturais, bem como as plantadas, localizadas nos diversos biomas, em bens da União, dos estados, do DF, dos municípios ou de entidades da administração indireta são consideradas florestas públicas.
d) A gestão do patrimônio florestal brasileiro, em especial das florestas públicas, é disciplinada em lei ordinária, comumente chamada de Código Florestal.
e) É vedado ao poder público delegar o direito de praticar manejo florestal sustentável a consórcio de pessoas jurídicas.

26. (TRF/4R/Juiz/2012) Dadas as assertivas abaixo, assinale a alternativa correta.

I. É obrigatória a averbação da reserva legal no Cartório de Registro de Imóveis.
II. Matas de encostas, topos dos morros e áreas com altitude superior a 1800m (um mil e oitocentos metros) não podem ser exploradas para atividades econômicas.
III. A Lei n. 12.651/2012 cria o conceito normativo de área rural consolidada.
IV. Apicuns e salgados são planícies salinas integrantes do conceito legal de Área de Proteção Permanente.

a) Está correta apenas a assertiva II.
b) Está correta apenas a assertiva IV.
c) Estão corretas apenas as assertivas III e IV.
d) Estão corretas apenas as assertivas I, II e III.
e) Nenhuma assertiva está correta.

27. (TRF/4R/Juiz/2012) Dadas as assertivas abaixo, segundo a Lei n. 12.651/2012, assinale a alternativa correta.

I. Considera-se área de preservação permanente, em zonas rurais ou urbanas as faixas marginais de qualquer curso d'água natural perene, desde a borda da calha do leito regular, em largura mínima variável entre 30 (trinta) e 500 (quinhentos) metros.
II. Considera área de preservação permanente as áreas no entorno dos lagos e lagoas naturais, em faixa com largura mínima de 100 (cem) metros em zona rural, exceto para o corpo d'água com até 20 (vinte) hectares de superfície, cuja faixa marginal será de 50 (cinquenta) metros; localizados os lagos e as lagoas em zona urbana, a largura mínima da área de preservação permanente será de 30 (trinta) metros.
III. Considera área de preservação permanente as restingas, como fixadoras de dunas ou estabilizadoras de mangues; os manguezais, em toda a sua extensão; e as áreas em altitude superior a 1.800 (mil e oitocentos) metros, qualquer que seja a vegetação.
IV. Permite a intervenção ou a supressão de vegetação nativa em área de preservação permanente constituída por restingas, como fixadoras de dunas ou em manguezais, a ser autorizada, excepcionalmente, em locais onde a função ecológica do manguezal esteja comprometida, para execução de obras habitacionais e de urbanização, inseridas em projetos de regularização fundiária de interesse social, em áreas urbanas consolidadas ocupadas por população de baixa renda.
V. Considera de preservação permanente, quando declaradas de interesse social por ato do Chefe do Poder Executivo, as áreas cobertas com florestas ou outras formas de vegetação destinadas a proteger sítios de excepcional beleza ou de valor científico, cultural ou histórico; formar faixas de proteção ao longo de rodovias e ferrovias; assegurar condições de bem-estar

público; ou auxiliar a defesa do território nacional, a critério das autoridades militares.

a) Estão corretas apenas as assertivas I e V.
b) Estão corretas apenas as assertivas II e IV.
c) Estão corretas apenas as assertivas I, III e V.
d) Estão corretas apenas as assertivas II, III, IV.
e) Estão corretas todas as assertivas.

3. CONSTITUIÇÃO FEDERAL

3.1. Do Meio Ambiente

INFORMATIVOS

STF Fundo Clima: funcionamento, destinação de recursos e contingenciamento de verbas. O Poder Executivo tem o dever constitucional de fazer funcionar e alocar anualmente os recursos do Fundo Clima, para fins de mitigação das mudanças climáticas, estando vedado seu contingenciamento, em razão do dever constitucional de tutela ao meio ambiente (CF, art. 225), de direitos e compromissos internacionais assumidos pelo Brasil (CF, art. 5º, § 2º), bem como do princípio constitucional da separação dos poderes (CF, art. 2º c/c art. 9º, § 2º, LRF). A União e os representantes eleitos têm dever constitucional, supralegal e legal de proteger o meio ambiente e de combater as mudanças climáticas. Ademais, os tratados sobre direito ambiental desfrutam de status supranacional, pois constituem espécie do gênero tratados de direitos humanos. Assim, a tutela ambiental possui natureza jurídica vinculante, eis que não inserida em juízo político, de conveniência e oportunidade, do chefe do Poder Executivo, de modo que, acaso evidenciado um contexto de colapso nas políticas públicas atinentes ao tema, o Poder Judiciário deve atuar para garantir obediência ao princípio da vedação ao retrocesso. *ADPF 708, 1º.7.2022. Pleno. Inf 1061.*

STF Composição de órgãos de controle ambiental. São inconstitucionais as normas que, a pretexto de reestruturarem órgãos ambientais, afastam a participação da sociedade civil e dos governadores do desenvolvimento e da formulação de políticas públicas, bem como reduzem, por via de consequência, o controle e a vigilância por eles promovidos. A CF confere ao Poder Público e à coletividade o dever de preservar e defender o meio ambiente . A responsabilidade da coletividade só existe se a ela for viabilizada a participação na formulação, execução e controle das políticas públicas ambientais, razão pela qual a CF também teve o cuidado de estabelecer o dever de o Poder Público promover a educação ambiental, em todos os níveis de ensino, e a conscientização pública para a necessidade de preservação do meio ambiente (CF, art. 225, § 1º, VI). *ADPF 651, 28.4.2022. Pleno. Inf 1052.*

QUESTÕES OBJETIVAS

28. (IFBC/TRF/2R/Juiz/2018) "Todos têm direito ao meio ambiente ecologicamente equilibrado, bem de uso comum do povo e essencial à sadia qualidade de vida" (trecho do art. 225, da Constituição Federal). De modo a assegurar o cumprimento e a efetividade desse direito, incumbe ao Poder Público:

a) preservar a diversidade e a integridade do patrimônio genético do País, ressalvada a fiscalização das entidades de pesquisa de material genético.
b) controlar apenas a comercialização de substâncias que comportem risco para a vida e o meio ambiente, mas não sua produção.
c) preservar e restaurar os processos ecológicos essenciais e prover o manejo ecológico das espécies e ecossistemas.
d) promover a educação ambiental exclusivamente no nível fundamental de ensino e a conscientização pública para a preservação do meio ambiente.
e) proteger a fauna e a flora, vedadas, na forma de regulamento, as práticas que coloquem em risco sua função ecológica, provoquem a extinção das espécies ou submetam os animais à experimentação.

29. (TRF/3R/Juiz/2018) Considerando o artigo 225 da Constituição Federal, assinale a alternativa correta:

a) Cabe ao Poder Público o controle e a fiscalização da atividade mineradora, especialmente sobre a poluição causada, havendo discricionariedade quanto à aplicação de penalidades administrativas e penais, quando houver a integral reparação do dano pelo poluidor.
b) Aquele que explorar recursos minerais está obrigado a reparar o meio ambiente, devendo reabilitar o solo contaminado e recuperar integralmente as condições em que se encontrava antes do exercício da atividade, sob pena de imposição de sanções penais e administrativas.
c) A exploração dos recursos minerais está condicionada à reparação do meio ambiente degradado, de acordo com solução técnica exigida pelo órgão público competente, na forma da lei.
d) Incumbe ao Poder Público proteger a fauna e a flora, vedadas as práticas que coloquem em risco sua função ecológica, provoquem a extinção de espécies ou submetam os animais a qualquer crueldade, inclusive quando utilizados para a prática desportiva ou outras formas de manifestações culturais.

30. (Cespe/TRF/2R/Juiz/2013) Assinale a opção correta a respeito do direito ambiental sob o foco constitucional.

a) O MP tem o monopólio da ação penal por crimes ambientais e da ação civil pública ambiental.
b) A CF confere ao poder público e à coletividade o dever de preservar o meio ambiente, incumbindo-lhes várias atribuições específicas, inclusive a fiscalização de entidades que manipulem material genético.
c) A partir do texto constitucional pode-se concluir que a produção de energia nuclear, a comercialização de medicamentos e o emprego de agrotóxicos devem, obrigatoriamente, ser controlados pelo poder público.
d) Proprietário de pequeno imóvel rural, mesmo que nele não resida, pode beneficiar-se de usucapião especial urbana.
e) O princípio da responsabilidade ambiental entre gerações é meramente prospectivo e, por isso, não está positivado na CF.

31. (Cespe/TRF/5R/Juiz/2013) Tendo em vista que, de acordo com o art. 225, § 4º, da CF, na utilização da zona costeira, patrimônio nacional, deve-se manter a preservação do meio ambiente, assinale a opção correta.

a) As normas específicas fixadas pela União no Plano Nacional de Gerenciamento Costeiro não são obrigatórias para estados e municípios.
b) Pertencem à União as praias marítimas, as ilhas oceânicas e costeiras, sem exceção.
c) O prévio estudo de impacto ambiental é exigido apenas para os projetos urbanísticos acima de 10 ha.
d) O Brasil não ratificou a Convenção das Nações Unidas sobre o Direito do Mar e a Proteção do Meio Ambiente.
e) Os planos estaduais e municipais de gerenciamento costeiro não podem fixar limitações à utilização de imóveis, sendo essa uma prerrogativa apenas do plano nacional.

3.2. Repartição de Competências

REPERCUSSÃO & REPETITIVOS

STF Rep. Geral 970. É constitucional – formal e materialmente – lei municipal que obriga à substituição de sacos e sacolas plásticos por sacos e sacolas biodegradáveis. *RE 732686, 19.10.2022.*

ENUNCIADOS

Fonadirh Enunc. 51. Os §§ 2º e 3º do art. 2º da Instrução Normativa Ibama nº 8, de 20 de fevereiro de 2019, que estabelecem a possibilidade de delegação cautelar do licenciamento ambiental pelo Ibama ao órgão estadual ou municipal, não atendem aos requisitos legais de delegação de competência (art. 11, Lei nº 9.784/1999 e art. 5º da LC 140/2011) e implicam em esvaziamento da garantia constitucional de inafastabilidade da jurisdição (art. 5º, XXXV, da CF).

INFORMATIVOS

STF Licenciamento ambiental e competência municipal. É inconstitucional interpretação de norma de Constituição estadual de que decorra a supressão da competência dos Municípios para regular e executar o licenciamento ambiental de atividades e empreendimentos de impacto local. Cabe aos municípios promover o licenciamento ambiental das atividades ou empreendimentos que possam causar impacto ambiental de âmbito local. Com amparo nas regras de repartição de competências, o município é competente para legislar sobre o meio ambiente com a União e o estado no limite do seu interesse local e desde que tal regramento seja harmônico com a disciplina estabelecida pelos demais entes federados (CF, art. 24, VI c/c o art. 30, I e II). A Política Nacional do Meio Ambiente, estabelecida pela Lei 6.938/81, expressamente prevê que dependem de licenciamento ambiental a construção, a instalação, a ampliação e o funcionamento de estabelecimentos e atividades utilizadores de recursos ambientais, efetiva ou potencialmente poluidores ou capazes de causar degradação ambiental sob qualquer forma. Nesse contexto, o conjunto normativo e a jurisprudência acerca do tema reforçam a referida competência municipal e a sua importância. *ADI 2142, 24.6.2022. Pleno. Inf 1060.*

STF Alteração dos critérios para dispensa de licenciamento ambiental por meio de norma estadual. É inconstitucional, por invadir a competência legislativa geral da União (CF, art. 24, VI, §§ 1º e 2º) e violar o direito ao meio ambiente ecologicamente equilibrado (art. 225, § 1º, IV), norma estadual que cria dispensa do licenciamento ambiental para atividade potencialmente causadora de significativa degradação do meio ambiente. A legislação exorbitou dos limites expressamente estabelecidos pela legislação federal para o tratamento da matéria, promovendo indevida inovação ao prever o aumento do mínimo de fonte de energia primária idônea a criar uma presunção de significativa degradação ambiental, bem como ao inserir requisito diverso para o licenciamento, consistente na extensão da área inundada. Ao desconsiderar o patamar mínimo estabelecido para a configuração de atividade potencialmente poluidora, violou o direito fundamental ao meio ambiente ecologicamente equilibrado e afrontou a obrigatoriedade da intervenção do Poder Público em matéria ambiental. A norma impugnada, por representar proteção insuficiente, deixa de observar os princípios da proibição de retrocesso em matéria socioambiental, da prevenção e da precaução. *ADI 4529, 21.11.2022. Pleno. Inf 1076.*

STF Área de Preservação Ambiental Permanente e competência legislativa. É inconstitucional lei estadual que legitime ocupações em solo urbano de APP fora das situações previstas em normas gerais editadas pela União. Em matéria de competência legislativa concorrente, vale a regra da predominância do interesse, respeitando-se a legislação estadual sempre (e apenas) que ela promover um aumento no padrão normativo de proteção aos bens jurídicos tutelados. Nesse sentido, se a lei estadual amplia os casos de ocupação antrópica em áreas de preservação permanente previstos na norma federal vigente à época, ela, além de estar em descompasso com o conjunto normativo elaborado pela União, flexibiliza a proteção ao meio ambiente local, tornando-o mais propenso a sofrer danos. *ADI 5675, Pleno, 18.12.2021. Inf 1042.*

QUESTÕES OBJETIVAS

32. (Vunesp/TRF/3R/Juiz/2022) O Supremo Tribunal Federal julgou, recentemente (em 2022), por unanimidade, a Ação Direta de Inconstitucionalidade nº 2.142 (ADI 2142), que teve por finalidade questionar os limites da competência concorrente estadual em matéria ambiental. No julgamento desta ADI 2142, foi fixada a seguinte tese: "É inconstitucional interpretação do art. 264 da Constituição do Estado do Ceará de que decorra a supressão da competência dos Municípios para regular e executar o licenciamento ambiental de atividades e empreendimentos de impacto local." Em matéria ambiental, sobre a repartição de competência entre os entes federativos, à luz da legislação e da jurisprudência dominante do Supremo Tribunal Federal e Superior Tribunal de Justiça, é correto afirmar que:

a) Os municípios têm competência originária para tratar as atividades de interesse local predominante, cabendo-lhes ainda exercer atribuições originárias da União, dos Estados e do Distrito Federal, desde que seja firmado convênio e que o município destinatário da delegação disponha de órgão ambiental capacitado a executar as ações administrativas a serem delegadas e de conselho de meio ambiente.
b) Em Área de Proteção Ambiental (APA) municipal, a competência para licenciamento ambiental será exclusiva do Município.
c) A competência e autonomia do Município são reconhecidas pelo Judiciário em matéria de fiscalização e de licenciamento ambiental, mas não para aplicação de sanções administrativas.
d) Os empreendimentos e atividades poderão ser licenciados ambientalmente por dois entes federativos, quando houver complexidade técnica e consequências para municípios limítrofes.

33. (Cespe/TRF/5R/Juiz/2017) Por entender insuficiente a proibição de lei federal para o cultivo de organismos geneticamente modificados (OGMs) em determinadas áreas, determinado estado-membro editou lei mais rigorosa, ampliando o rol relativo aos tipos de áreas em que tal atividade é vedada no seu território. Além disso, o estado-membro criminalizou condutas relacionadas ao cultivo de OGMs, que, na esfera federal, são consideradas meras infrações administrativas. Essa lei estadual é

a) ilegal quanto à ampliação do rol de áreas de cultivo proibido e constitucional na parte criminal.
b) ilegal em relação a ambos os aspectos, por violação a lei federal.
c) constitucional em relação aos dois aspectos, em decorrência do exercício de competência legislativa suplementar.
d) inconstitucional em relação a ambas as inovações, por vício de competência.
e) constitucional quanto à ampliação do rol de áreas de cultivo proibido e inconstitucional na parte criminal.

34. (TRF/2R/Juiz/2017) Assinale a opção correta:

a) O Estado membro possui competência concorrente para legislar sobre a proteção do meio ambiente e sobre a defesa dos recursos naturais e, nessa linha, pode regular as condições de utilização das águas subterrâneas, que são bens dos Estados.
b) A competência para legislar sobre águas e sobre o meio ambiente é privativa da União.
c) O Estado membro pode disciplinar o uso de águas subterrâneas apenas se a União não tiver lei específica sobre o tema.
d) Apenas mediante autorização prevista em Lei Complementar, o Estado membro pode disciplinar o uso de águas subterrâneas.
e) Como compete à União dispor sobre o sistema nacional de gerenciamento de recursos hídricos, é vedado aos Estados disciplinar o uso de águas subterrâneas.

35. (TRF/4R/Juiz/2016) Assinale a alternativa correta. Acerca da competência de legislar em matéria ambiental prevista na Constituição:

a) É de competência concorrente entre União, Estados e Municípios a edição de normas gerais acerca de proteção do meio ambiente e controle de poluição.
b) Inexiste competência da União para legislar sobre proteção ambiental em porção territorial limitada a um Estado ou que não tenha alcance em todo o território nacional, como, por exemplo, a vedação de pesca em um único estado da federação.
c) Segundo posicionamento firmado pelo Supremo Tribunal Federal, viola a Constituição Federal a edição de norma estadual que vise a suprimir requisito legal previsto em lei federal mais

restritivo para determinada modalidade de licenciamento ambiental, sem justificada peculiaridade local.

d) É de competência concorrente entre União, Estados e Municípios a edição de normas de responsabilidade por danos ao meio ambiente.

e) Todas as alternativas anteriores estão corretas.

36. (Cespe/TRF/5R/Juiz/2011) Acerca da repartição de competências em matéria ambiental, assinale a opção correta.

a) Se um município cuja principal atividade econômica seja a pesca estabelecer, mediante lei, regras sobre a captura e o transporte de pescado em sua área, tais normas não serão válidas, uma vez que o dispositivo constitucional não prevê para os municípios competência para tal. Nesse caso, devem ser aplicados apenas os textos federais e estaduais que disciplinam a matéria.

b) Tendo sido o Parque Nacional do Iguaçu, no Paraná, criado por decreto federal (Decreto-lei n. 1.035/1939), não pode a prefeitura do município de localização desse parque estabelecer medidas de preservação ambiental na área do parque, atribuição inserida na competência material exclusiva da União.

c) A pesquisa e a lavra de recursos minerais e o aproveitamento de energia hidráulica constituem atividades da esfera de competência da União. Assim, uma vez que os recursos minerais pertencem a esse ente federativo, e não ao proprietário do solo, cabe à administração federal autorizar sua exploração.

d) É competência privativa da União a proteção, por meio do IPHAN, dos documentos, das obras e de outros bens de valor histórico, artístico e cultural, dos monumentos, das paisagens naturais notáveis e dos sítios arqueológicos.

e) Se determinado estado da Federação editar lei instituindo código florestal, a referida lei deverá ser considerada inconstitucional, visto que cabe à União, em caráter privativo, legislar sobre a matéria.

4. LEI DA BIODIVERSIDADE (LEI 13.123/15)

QUESTÕES OBJETIVAS

37. (TRF/3R/Juiz/2016) Dadas as assertivas abaixo, assinale a alternativa correta. Acerca do Conselho de Gestão do Patrimônio Genético – CGen, órgão colegiado criado no âmbito do Ministério do Meio Ambiente, de caráter deliberativo, normativo, consultivo e recursal, responsável por coordenar a elaboração e a implementação de políticas para a gestão do acesso ao patrimônio genético e ao conhecimento tradicional associado e da repartição de benefícios, formado por representação de órgãos e entidades da administração pública federal que detêm competência sobre as diversas ações de que trata a Lei nº 13.123/2015, com participação máxima de 60% (sessenta por cento) e a representação da sociedade civil em no mínimo 40% (quarenta por cento) dos membros, é possível afirmar que:

I – No que toca à representação da sociedade civil, deve ser garantida a paridade entre o setor empresarial, o setor acadêmico e as populações indígenas, comunidades tradicionais e agricultores tradicionais.

II. Compete ao CGen estabelecer normas técnicas, diretrizes e critérios para elaboração e cumprimento do acordo de repartição de benefícios e critérios para a criação de banco de dados para o registro de informação sobre patrimônio genético e conhecimento tradicional associado.

III. Compete ao CGen criar e manter base de dados relativos às coleções "ex situ", entendidas como aquelas que são mantidas fora das sedes administrativas do CGen, das instituições credenciadas que contenham amostras de patrimônio genético.

Estão corretas as assertivas:

a) I e II.

b) I, II e III.

c) I e III.

d) II e III.

38. (Cespe/TRF/5R/Juiz/2015) A respeito de biodiversidade e de proteção jurídica do conhecimento tradicional associado, assinale a opção correta.

a) A preservação de ecossistemas é fundamental à biodiversidade, pois há espécies vegetais e animais cuja conservação só é viável "ex situ", ou seja, em seus habitats naturais.

b) Compete exclusivamente à União gerir o patrimônio genético e o acesso ao conhecimento tradicional associado, respeitadas as atribuições setoriais.

c) O patrimônio genético e o conhecimento tradicional a ele associado são patrimônio comum da humanidade e não devem ser utilizados economicamente pelos países de origem.

d) As definições constitucional e legal de conhecimento tradicional associado abrangem modos de criar, fazer e viver.

e) O Protocolo de Nagoya não trouxe avanços significativos às prévias conquistas alcançadas no âmbito da Convenção sobre Diversidade Biológica.

39. (TRF/4R/Juiz/2014) Assinale a alternativa incorreta.

a) Conhecimento tradicional associado é o conhecimento, a inovação ou a prática das comunidades indígenas, quilombolas ou tradicionais, associado às propriedades, aos usos e às características da diversidade biológica que possam ser identificados como da respectiva comunidade.

b) Cabe à Fundação Nacional do Índio – Funai, ouvidos os interessados, autorizar o acesso ao conhecimento tradicional associado quando pertencente às comunidades indígenas, assegurada a participação destas no resultado da comercialização.

c) Ao Conselho de Gestão do Patrimônio Genético – CGEN compete deliberar sobre autorização de acesso a conhecimento tradicional associado, mediante anuência prévia de seu titular.

d) Quando uma empresa ou instituição de pesquisa mantém contato com uma comunidade local ou indígena visando a obter informações sobre o potencial de um ou outro componente do patrimônio genético que se encontra no território por ela ocupado, está acessando conhecimento tradicional associado.

e) O legislador reconhece o direito das comunidades locais e das comunidades indígenas de decidir sobre o uso de seus conhecimentos tradicionais associados ao patrimônio genético do país.

40. (Cespe/TRF/1R/Juiz/2013) A respeito de biodiversidade e dos conhecimentos tradicionais associados, assinale a opção correta.

a) Somente a partir da Convenção da Diversidade Biológica, na ECO-92, ficou estabelecido, a fim de dificultar a biopirataria, que o uso comercial de genes de qualquer espécie nativa depende do consentimento informado do governo do país de origem.

b) A gestão do acesso ao conhecimento tradicional associado compete aos estados.

c) A Convenção da Diversidade Biológica é uma convenção-quadro que, para a concretização de seus objetivos, vem sendo complementada por protocolos mais específicos, como o de Nagoya.

d) O conhecimento tradicional associado não tem expressão econômica real nem potencial, sendo juridicamente protegido devido à relevância como manifestação do meio ambiente cultural.

e) Incumbe ao poder público e à sociedade o dever de preservar a diversidade e a integridade do patrimônio genético e o de fiscalizar as entidades dedicadas a pesquisa e manipulação de material genético.

41. (Cespe/TRF/5R/Juiz/2009) Julgue os itens subsequentes, relativos à biodiversidade e à proteção jurídica do conhecimento tradicional associado:

I. A Convenção sobre Diversidade Biológica, da qual o Brasil é signatário, reconhece o direito soberano de cada Estado de explorar seus recursos naturais segundo suas políticas ambientais, razão pela qual não admite a transferência de tecnologias que utilizem recursos genéticos entre as partes contratantes.

II. Incumbe ao poder público preservar a diversidade e a integridade do patrimônio genético do país e fiscalizar as entidades dedicadas à pesquisa e manipulação de material genético.

III. O Conselho de Gestão do Patrimônio Genético, formado por representantes de órgãos e entidades da administração pública federal com competência para acompanhar as atividades de acesso e de remessa de amostra de componente do patrimônio genético e do conhecimento tradicional associado, é órgão que possui caráter deliberativo, não lhe competindo estabelecer normas relativas à gestão do patrimônio genético.

IV. O direito dos índios ao usufruto exclusivo das riquezas naturais e de todas as utilidades existentes nas terras que habitam compreende o direito à posse, ao uso e à percepção das riquezas naturais e de todas as utilidades existentes, bem como ao produto da exploração econômica de tais riquezas naturais e utilidades.

V. São nulos e extintos, não produzindo efeitos jurídicos, os atos que tenham por objeto a ocupação, o domínio e a posse das terras ocupadas pelos índios, permitida a exploração das riquezas naturais dos rios e dos lagos nelas existentes por pessoas físicas, mediante prévia e expressa autorização da Fundação Nacional do Índio.

Estão certos apenas os itens:

a) I e II.
b) I e V.
c) II e IV.
d) III e IV.
e) IV e V.

5. LEI DOS AGROTÓXICOS (LEI 7.802/92)

QUESTÕES OBJETIVAS

42. (TRF/4R/Juiz/2012) Dadas as assertivas abaixo, assinale a alternativa correta.

I. São agrotóxicos e afins, para os efeitos legais, produtos e agentes de processos físicos, químicos ou biológicos destinados ao uso nos setores de produção, no armazenamento e no beneficiamento de produtos agrícolas, nas pastagens, na proteção de florestas, nativas ou implantadas, e de outros ecossistemas e também de ambientes urbanos, hídricos e industriais, cuja finalidade seja alterar a composição da flora ou da fauna, a fim de preservá-las da ação danosa de seres vivos considerados nocivos.

II. São agrotóxicos e afins, para os efeitos legais, substâncias e produtos empregados como desfolhantes, dessecantes, estimuladores e inibidores de crescimento.

III. Cabe ao Município legislar supletivamente sobre o uso e o armazenamento dos agrotóxicos, seus componentes e afins.

IV. Compete aos Estados e ao Distrito Federal, nos termos dos arts. 23 e 24 da Constituição Federal, legislar sobre o uso, a produção, o consumo, o comércio e o armazenamento dos agrotóxicos, seus componentes e afins, bem como fiscalizar o uso, o consumo, o comércio, o armazenamento e o transporte interno.

V. No exercício de sua competência, a União legislará sobre produção, registro, comércio interestadual, exportação, importação, transporte, classificação e controle tecnológico e toxicológico; controlará e fiscalizará os estabelecimentos de produção, importação e exportação; analisará os produtos agrotóxicos, seus componentes e afins, nacionais e importados; controlará e fiscalizará a produção, a exportação e a importação.

a) Estão corretas apenas as assertivas I e V.
b) Estão corretas apenas as assertivas II, III e IV.
c) Estão corretas apenas as assertivas I, II, III e V.
d) Estão corretas todas as assertivas.
e) Nenhuma assertiva está correta.

43. (Cespe/TRF/2R/Juiz/2011) Considerando as substâncias que comportem risco à vida, à qualidade de vida e ao ambiente e os cuidados necessários para o seu manuseio, assinale a opção correta.

a) Entidades públicas de ensino e pesquisa podem realizar experimentos com substâncias químicas, independentemente de registro.
b) O transporte de substâncias químicas tóxicas pode ser feito a granel.
c) Na responsabilização por dano causado a terceiro em decorrência de acidente com veículo cuja carga transportada não envolva substância perigosa, considera-se o risco da atividade e aplica-se a responsabilidade objetiva.
d) É exclusiva da União a competência para legislar sobre a produção e o consumo de substâncias que comprometam a vida, a qualidade de vida e o meio ambiente.
e) O registro de substância química que prejudique a vida, a qualidade de vida e o ambiente deve ser realizado por órgão federal.

44. (Cespe/TRF/3R/Juiz/2011) Acerca da mineração e dos produtos tóxicos em sua correlação com o ambiente, assinale a opção correta.

a) A União, os estados e o DF têm competência concorrente para legislar sobre jazidas, minas e outros recursos minerais.
b) Os agrotóxicos, seus componentes e afins só poderão ser produzidos, exportados, importados, comercializados e utilizados se previamente registrados no órgão federal competente.
c) Constitui responsabilidade exclusiva do poder público estadual a instituição de programas educativos e de mecanismos de controle e estímulo à devolução das embalagens vazias pelos usuários.
d) A concessão de lavras e a realização de trabalhos de pesquisa em áreas de conservação dependem de autorização do Ibama.
e) Compete à União, com exclusividade, registrar, acompanhar e fiscalizar as concessões de direitos de exploração de recursos minerais em todo o território nacional.

6. LEI DOS CRIMES AMBIENTAIS (LEI 9.605/98)

ATENÇÃO: ESTE TEMA É MUITO EXIGIDO NOS CONCURSOS!

SÚMULAS

TRF2 **Súm. 40.** Em se tratando de crimes ambientais, a regra é a competência da justiça estadual, exceto se praticados em detrimento de bens, serviços ou interesses da União, de suas autarquias e empresas públicas.

REPERCUSSÃO & REPETITIVOS

STJ **Repetitivo 1036.** A apreensão do instrumento utilizado na infração ambiental, fundada na atual redação do § 4º do art. 25 da Lei n. 9.605/1998, independe do uso específico, exclusivo ou habitual para a empreitada infracional. *REsp 1814944, 10.2.2021.*

ENUNCIADOS

Fonacrim **Enunc. 30.** Em circunstâncias excepcionais, o princípio da insignificância é aplicável aos crimes contra o meio ambiente.

INFORMATIVOS

STJ **Crimes ambientais. Associação criminosa (art. 288 do CP). Descrição insuficiente dos fatos e nexo de causalidade. Múltiplos atores no cargo de administrador. Alta rotatividade. Ausência de precisa individualização da conduta de cada um dos acusados na denúncia. Vínculo associativo permanente não demonstrado. Inépcia reconhecida.** Para a caracterização do delito de associação criminosa inserido em contexto societário, é imprescindível que a denúncia contenha a descrição da predisposição comum de meios para a prática de uma série indeterminada de delitos e uma contínua vinculação entre os associados com essa finalidade, não bastando a menção da posição/cargo ocupado pela pessoa física na empresa. *RHC 139465, 6ª T, 31.8.2022. Inf 748.*

STJ **Princípio da intranscendência da pena. Crime de poluição (art. 54, § 2º, V, da Lei 9.605/98). Conduta praticada por sociedade empresária posteriormente incorporada por outra. Extinção da incorporada. Responsabilização penal da incorporadora. Descabimento. Ausência de indício de fraude. Aplicação analógica do art. 107, I, do CP. Extinção da punibilidade.** O princípio da intranscendência da pena, previsto no art. 5º, XLV da Constituição Federal, tem aplicação às pessoas jurídicas, de modo que, extinta legalmente a pessoa jurídica – sem nenhum indício de fraude –, aplica-se analogicamente o art. 107, I, do CP, com a consequente extinção de sua punibilidade. *REsp 1977172, 3ª S, 24.8.2022. Inf 746.*

QUESTÕES OBJETIVAS

45. (IFBC/TRF/2R/Juiz/2018) Sobre a temática da infração administrativa ambiental e as sanções cominadas na Lei n. 9.605/98, assinale a opção correta:

a) A multa administrativa é de natureza subjetiva, independentemente de culpa ou dolo.

b) A multa diária será aplicada somente quando for comprovado o dolo.

c) O pagamento de multa imposta pelos Estados, Municípios, Distrito Federal ou Territórios substitui a multa federal na mesma hipótese de incidência.

d) A celebração do termo de compromisso de reparação ou cessação de danos não encerra a multa diária.

e) A multa será fixada com base na diferença entre o maior e o menor salário mínimo vigente.

46. (IFBC/TRF/2R/Juiz/2018) Em matéria de prescrição da pretensão da Administração Pública em promover a execução de multa por infração administrativa no Direito Ambiental, assinale a alternativa correta:

a) o prazo é de cinco anos, a contar da notificação no processo administrativo.

b) o prazo é de três anos, iniciando-se do término do processo administrativo.

c) o prazo é de três anos, a contar da notificação no processo judicial.

d) o prazo é de três anos, contados da portaria de instauração do processo administrativo.

e) o prazo é de cinco anos, contados do encerramento do processo administrativo.

47. (TRF/2R/Juiz/2017) Assinale a opção correta:

a) A responsabilidade civil ambiental é informada pela doutrina do risco integral e não admite ação de regresso.

b) Em regra, a cobrança de multa administrativa oriunda de responsabilidade ambiental não prescreve.

c) Por falta de nexo de causalidade, não se pode impor a obrigação de recuperar a degradação ambiental ao atual proprietário do imóvel, quando ele não a causou.

d) Conforme o atual entendimento do STF, a responsabilidade penal da pessoa jurídica por crimes ambientais subordina-se à simultânea persecução da pessoa física responsável pela conduta (princípio da dupla imputação).

e) A Lei nº 9.605/98 prevê a pena de imposição de liquidação forçada, com perdimento do patrimônio, à pessoa jurídica utilizada preponderantemente para facilitar a prática dos crimes contra o meio ambiente previstos em seu texto.

48. (TRF/2R/Juiz/2017) Pedro, pai de cinco filhos menores, responde a ação penal como incurso no artigo 34 da Lei n. 9.605/98 ("Pescar em período no qual a pesca seja proibida ou em lugares interditados por órgão competente"). Ele foi flagrado na posse de 28 Kg de camarão e, em seu interrogatório, admitiu ter sido o responsável pela pesca do crustáceo, já que tem por hábito aproveitar o período da proibição para lucrar com o valor elevado e que a quantidade apreendida decorreu do somatório das ações praticadas ao longo de 60 dias. Provou que cada dia de pesca não lhe rendeu mais do que 500 gramas do crustáceo. Assinale a opção correta:

a) De acordo com a orientação predominante no STJ, não é possível aplicar o princípio da insignificância aos crimes contra o meio ambiente.

b) Nos delitos de acumulação, que são aqueles que resultam do acúmulo de condutas individualmente inofensivas, a aplicação da teoria da bagatela não leva em conta o resultado do somatório das condutas, mas sim cada uma delas isoladamente.

c) O entendimento dominante aponta que o princípio da insignificância afasta a culpabilidade penal e pressupõe a primariedade do agente, além da mínima ofensividade da conduta, a nenhuma periculosidade social da ação e a inexpressividade da lesão jurídica provocada.

d) A reconhecida habitualidade na prática da conduta criminosa constitui obstáculo para o reconhecimento da insignificância.

e) Como o artigo 34 da Lei n. 9.605/98 é uma norma penal em branco, caso o julgamento ocorra depois do término do período de proibição da pesca, deve ser reconhecida a abolitio criminis, com a extinção da punibilidade.

49. (Cespe/TRF/5R/Juiz/2017) Em um processo administrativo sancionador no âmbito do Ibama, foi proferida decisão - ainda sujeita a recurso - aplicando multa ao autor de infração administrativa ambiental. A respeito dessa situação hipotética, é correto inferir que

a) a infração administrativa sob análise está tipificada também como contravenção penal.

b) a aplicação de multa foi antecedida pela aplicação da pena de advertência em processo anterior.

c) a multa aplicada é prevista em portaria do IBAMA.

d) a admissibilidade de recurso administrativo está condicionada ao prévio depósito do valor da multa

e) ainda não está em curso o prazo prescricional para a cobrança da multa.

50. (TRF/3R/Juiz/2016) Relativamente à responsabilidade penal da pessoa jurídica, é possível afirmar que:

a) É cabível quando praticados crimes ambientais e contrários à administração pública.

b) É inconstitucional, haja vista o princípio da responsabilidade penal objetiva.
c) Independe da responsabilização das pessoas físicas envolvidas, conforme decidiu o Supremo Tribunal Federal, ao julgar o RE 548181/PR, de relatoria da Ministra Rosa Weber.
d) Depende da responsabilização das pessoas físicas envolvidas, conforme decidiu o Supremo Tribunal Federal, ao julgar o RE 548181/PR.

51. (Cespe/TRF/1R/Juiz/2015) Considerando o que dispõem as normas ambientais aplicáveis em matéria de responsabilidade administrativa ambiental e de infrações administrativas, assinale a opção correta.
a) Se um indivíduo cometer mais de uma infração administrativa ambiental de mesma natureza, ele deverá ser apenado com aplicação de multa em triplo, desde que no momento do julgamento da nova infração tenha havido trânsito em julgado administrativo da infração anterior.
b) Por ocasião do julgamento de infração administrativa contra a flora, caso a infração tenha sido cometida no interior de unidade de conservação da natureza, poderá haver agravamento da multa indicada, com sua aplicação em dobro.
c) Há impossibilidade jurídica na aplicação de mais de uma multa ao mesmo empreendimento irregular, com fundamento em tipos administrativos distintos, haja vista a proibição de "bis in idem".
d) Após a lavratura do auto de infração por falta de licenciamento ambiental, é possível, mediante pedido de regularização pelo infrator ao órgão licenciador, afastar a cobrança da multa aplicada que não tenha sido inscrita em dívida ativa.
e) Até a apreensão definitiva de caminhão utilizado em transporte irregular de produtos florestais, não se admite a posse nem a utilização desse veículo pela administração pública federal.

52. (Cespe/TRF/1R/Juiz/2015) Acerca do poder de polícia ambiental, da responsabilidade ambiental e das infrações ambientais no âmbito federal, assinale a opção correta de acordo com a legislação vigente.
a) Na apuração de infrações administrativas ambientais, aplicar-se-á prescrição intercorrente quando os processos instaurados ficarem paralisados por mais de dois anos sem julgamento ou despacho.
b) Uma vez aplicada advertência para os casos de infrações de menor potencial ofensivo, o órgão ambiental não poderá aplicar multa pelo mesmo fato.
c) O cumprimento de termo de compromisso perante o órgão ambiental relativo à conversão de multa simples em prestação de serviços de preservação do meio ambiente, obedecidas as exigências legais, provoca efeitos tanto na esfera administrativa quanto na esfera civil.
d) Haverá ilegalidade na aplicação de sanções administrativas cuja fundamentação jurídica específica indique ilícito constante de decreto regulamentar, visto que a responsabilização administrativa ambiental exige descrição de fatos ilícitos em lei.
e) O Instituto Chico Mendes de Conservação da Biodiversidade é incompetente para a lavratura dos autos de infrações cometidas no interior de unidade de conservação federal, dado que o poder de polícia ambiental no âmbito federal é exclusivo do Ibama.

53. (TRF/4R/Juiz/2014) Assinale a alternativa correta. Considerando o disposto na Lei n. 9.605/98, que prevê sanções penais e administrativas punitivas às condutas lesivas ao meio ambiente:
a) Verificada a infração, serão apreendidos os produtos e os instrumentos utilizados para sua prática. Tratando-se de produtos perecíveis ou madeira, serão estes avaliados e levados a leilão, sendo o valor arrecadado revertido ao órgão ambiental responsável pela sua apreensão.
b) A Lei n. 9.605/98 não prevê em seus dispositivos a possibilidade de aproveitamento econômico de produtos perecíveis ou madeira, apreendidos pelo órgão ambiental competente, estabelecendo que os mesmos devam ser destruídos ou incinerados.
c) O pagamento de multa administrativa imposta pelos órgãos ambientais de Estados, Municípios, Distrito Federal ou Territórios substitui a multa imposta por órgão ambiental federal na mesma hipótese de incidência.
d) O produto de infração ambiental e o instrumento utilizado para sua prática devem ser leiloados, e o valor arrecadado, revertido ao Fundo de Defesa de Direitos Difusos – FDD, criado pela Lei n. 7.347/85.
e) Em caso de prática reiterada de infrações administrativas ao meio ambiente, é cabível a pena de intervenção no estabelecimento, aplicada e executada pelo órgão ambiental competente, afastando-se temporariamente os gestores até que o dano ambiental seja reparado, assegurados o direito de ampla defesa e o contraditório.

54. (TRF/3R/Juiz/2013) Assinale a alternativa falsa:
a) A Lei n. 9.666, de 28 de abril de 2000 – que dispõe sobre prevenção e controle e fiscalização da poluição causada por lançamento de óleo e outras substâncias nocivas ou perigosas em águas de jurisdição nacional – aplicar-se-á quando ausentes os pressupostos para aplicação da Convenção Internacional para a Prevenção da Poluição Causada por Navios (Marpol 73/78).
b) As entidades exploradoras de portos organizados e instalações portuárias e os proprietários ou exploradores de suas instalações de apoio são obrigados a realizar auditorias ambientais independentes e bianuais.
c) A Marinha do Brasil não tem poder de polícia em matéria ambiental, que é exercida exclusivamente pelo Ibama, no âmbito da Administração Pública Federal.
d) Alijamento pode ser entendido como: (i) todo despejo deliberado, no mar, de resíduos e outras substancias, efetuados por embarcações, aeronaves, plataformas ou outras construções no mar; (ii) todo afundamento deliberado, no mar, de embarcações, aeronaves, plataformas ou outras construções.
e) Em se tratando de recursos minerais, sua exploração sujeitará o responsável à recuperação do meio ambiente degradado.

55. (TRF/3R/Juiz/2013) Assinale a alternativa correta:
a) Presentes indícios de autoria e materialidade da prática de crime por parte de cliente de advogado é possível a determinação de busca e apreensão em seu escritório pela autoridade judiciária, desde que em decisão motivada, específica e pormenorizada, a ser cumprido na presença de representante da OAB, sendo, em qualquer hipótese, vedada a utilização dos documentos, das mídias e dos objetos pertencentes ao advogado ou a outros clientes.
b) Nos crimes ambientais, o baixo grau de escolaridade do agente é circunstância que sempre atenua a pena.
c) O crime de liberar ou descartar organismo geneticamente modificado em desacordo com as normas estabelecidas pelos órgãos competentes pode ser classificado como de perigo concreto, uma vez que a lesão à propriedade ou ao meio ambiente é causa de aumento de pena, mas não é necessária à consumação do delito.
d) Em ação penal originária em trâmite no STJ, o relator poderá delegar a realização de interrogatório ou de outro ato de instrução processual apenas a juiz de direito de primeiro

grau com competência territorial no local de cumprimento da carta de ordem.

e) Na mesma ação mencionada no item anterior, o relator será o juiz da instrução, que se realizará segundo o disposto em lei específica e, no Código de Processo Penal, no que for aplicável, não havendo previsão expressa da incidência de normas regimentais.

56. (TRF/3R/Juiz/2013) Marque a alternativa considerada correta:

a) Nossa legislação ambiental não considera delito o abate de animal em situação peculiar como, por exemplo, para saciar a fome própria ou de sua família.

b) Nossa legislação ambiental prevê apenas pena de multa para quem exporta couro de anfíbios para países do Mercosul.

c) Por nossa Carta Magna, a Serra do Mar, o Pantanal Mato-Grossense, o Cristo Redentor e a Zona Costeira são considerados patrimônio nacional.

d) A pesca no período da piracema enseja a notificação do infrator para a devida reparação, sob pena de aplicação de multa proporcional ao dano ambiental.

e) Não há ilicitude no ato de apreensão e corte de madeira de lei para fins exclusivamente domésticos.

57. (Cespe/TRF/5R/Juiz/2013) A respeito dos crime ambientais, assinale a opção correta.

a) A pena de multa fixada na sentença condenatória por crime ambiental será calculada de acordo com os critérios previstos no CP e, se revelar-se ineficaz, ainda que aplicada no seu valo máximo, poderá ser aumentada de três vezes, tendo em vista o valor da vantagem econômica auferida.

b) O juiz que julgar o indivíduo que praticou crime de ter em depósito madeira sem licença válida para o armazenamento deve decretar o leilão ou a destruição da mercadoria apreendida, conforme o estado da coisa.

c) Não há modalidade culposa do crime de elaborar laudo falso para licenciamento ambiental.

d) Em se tratando de crime de danificar floresta de preservação permanente, o arrependimento do infrator, manifestado pela limitação significativa da degradação ambiental causada, faz incidir, na terceira fase de aplicação da pena, causa especial de redução.

e) A perícia de constatação do dano ambiental produzida no juízo cível poderá ser aproveitada no processo penal, dispensada a instauração do contraditório, se este tiver sido assegurado na instância cível.

58. (Cespe/TRF/2R/Juiz/2013) Acerca dos crimes ambientais e de suas respectivas sanções penais, assinale a opção correta.

a) Devido à importância crescente atribuída ao meio ambiente, a lei que dispõe sobre as sanções penais e administrativas aplicáveis a condutas e atividades lesivas ao meio ambiente instituiu penas mais rigorosas para as pessoas físicas, prestigiando as penas de encarceramento como regra geral.

b) A pena de prestação de serviços à comunidade nos crimes ambientais inclui prestação de serviços em entidades assistenciais, hospitais, escolas e orfanatos.

c) As pessoas jurídicas estão sujeitas a responder por crimes ambientais nas modalidades dolosa ou culposa, cometidos por decisão de seu representante legal ou contratual, ou de seu órgão colegiado, no interesse ou benefício da entidade.

d) O valor pago a título de pena de prestação pecuniária não será deduzido do montante de eventual reparação civil a que for condenado o infrator.

e) Se ao crime ambiental for aplicada pena privativa de liberdade inferior a quatro anos, deverá ocorrer sua substituição por pena restritiva de direito.

59. (TRF/4R/Juiz/2012) Dadas as assertivas abaixo, considerando o disposto na Lei n. 9.605/1998, assinale a alternativa correta.

I. Em se tratando de crime contra a fauna, a pena é aumentada de metade caso seja cometido em período proibido à caça.

II. Em se tratando de crime contra a fauna, a pena é aumentada até o triplo se decorrer do exercício de caça profissional.

III. Danificar vegetação secundária, em estágio médio de regeneração, do Bioma Mata Atlântica constitui crime contra a flora, mesmo que a ação seja culposa.

IV. Maltratar planta de ornamentação em propriedade alheia constitui crime contra a flora.

V. Pichar, grafitar ou por qualquer meio conspurcar edificação ou monumento urbano é crime contra o ordenamento urbano e o patrimônio cultural.

a) Estão corretas apenas as assertivas II e III.

b) Estão corretas apenas as assertivas I, IV e V.

c) Estão corretas apenas as assertivas I, II, III e IV.

d) Estão corretas todas as assertivas.

e) Nenhuma assertiva está correta.

60. (TRF/4R/Juiz/2012) Dadas as assertivas abaixo, assinale a alternativa correta.

I. O processo administrativo para apuração de infração ambiental prevê prazo máximo de 15 (quinze) dias para o infrator oferecer defesa ou impugnação contra o auto de infração, contados da data da ciência da autuação.

II. O prazo para a autoridade competente julgar processo administrativo ambiental será de 30 (trinta) dias, contados da data do encerramento do prazo para a apresentação da defesa ou da impugnação.

III. É de 15 (quinze) dias o prazo para o infrator recorrer da decisão condenatória à instância superior do Sistema Nacional do Meio Ambiente (Sisnama), ou à Diretoria de Portos e Costas do Ministério da Marinha, de acordo com o tipo de autuação.

IV. O prazo para pagamento de multa administrativa pelo infrator de norma ambiental será de 30 (trinta) dias, contados da data do recebimento da respectiva notificação.

V. Do processo administrativo por infração ambiental pode advir a pena restritiva de direitos consistente na proibição de o infrator contratar com a Administração Pública pelo período não superior a 2 (dois) anos.

a) Está correta apenas a assertiva II.

b) Está correta apenas a assertiva IV.

c) Estão corretas apenas as assertivas I e III.

d) Estão corretas apenas as assertivas I, IV e V.

e) Nenhuma assertiva está correta.

61. (TRF/4R/Juiz/2010) Dadas as assertivas abaixo, assinale a alternativa correta.

I. O Instituto Brasileiro do Meio Ambiente e dos Recursos Naturais Renováveis compõe o Sistema Nacional do Meio Ambiente com a finalidade de executar e fazer executar, como órgão federal, a política e as diretrizes governamentais fixadas para o meio ambiente, sendo que a fiscalização e o controle da aplicação de critérios e normas de qualidade ambiental serão exercidos pelo Ibama em caráter supletivo à atuação dos órgãos estadual e municipal competentes.

II. O processamento, a industrialização e o enriquecimento de minérios e minerais nucleares constituem monopólio da União, sendo, sob o regime de permissão, autorizadas a comercialização e a utilização de radioisótopos para pesquisa e usos médicos, agrícolas e industriais.

III. Em se tratando de organismos geneticamente modificados, a Comissão Técnica Nacional de Biossegurança – CTNBio delibera, em última e definitiva instância, sobre os casos em que a atividade é potencial ou efetivamente causadora de degradação ambiental, bem como sobre a necessidade do licenciamento ambiental.

IV. O pagamento de multa administrativa por infração ambiental imposta pelo Município substitui a aplicação de penalidade pecuniária pelo órgão federal em decorrência do mesmo fato.

V. Constatada a infração ambiental, o agente autuante, no uso do seu poder de polícia, poderá adotar as medidas administrativas de apreensão, embargo de obra ou atividade, suspensão de venda ou fabrico e destruição de produtos ou instrumentos da infração, com o objetivo de prevenir a ocorrência de novas infrações, resguardar a recuperação ambiental e garantir o resultado prático do processo administrativo.

a) Estão corretas apenas as assertivas I, II e IV.
b) Estão corretas apenas as assertivas I, III e V.
c) Estão corretas apenas as assertivas I, III, IV e V.
d) Estão corretas todas as assertivas.
e) Nenhuma assertiva está correta.

62. (TRF/4R/Juiz/2010) Dadas as assertivas abaixo, assinale a alternativa correta.

I. Em razão da prática de crime previsto na Lei 9.605/1998, as pessoas jurídicas podem receber multa, penas restritivas de direitos ou de prestação de serviços à comunidade nos casos em que a infração seja cometida por decisão de seu representante legal ou contratual ou de seu órgão colegiado, no interesse ou benefício da sua entidade.

II. As penas previstas na Lei 9.605/1998 poderão ser aplicadas às pessoas jurídicas de forma isolada, cumulativa ou alternativa e serão convertidas, em caso de injustificado descumprimento, em penas privativas de liberdade dos responsáveis pela pessoa jurídica punida.

III. As penas restritivas de direitos previstas na Lei 9.605/1998 para a pessoa jurídica infratora são a suspensão parcial ou total de atividades e a interdição temporária de estabelecimento, obra ou atividade, bem como a proibição de contratar com o Poder Público e de obter subsídio, subvenção ou doações.

IV. O Fundo Penitenciário Nacional será o beneficiário do patrimônio da pessoa jurídica que tiver liquidação forçada por ter sido utilizada preponderantemente com o fim de ocultar a prática de crime previsto na Lei 9.605/1998.

V. Poderá ser desconsiderada a pessoa jurídica sempre que a sua personalidade for obstáculo ao ressarcimento de prejuízos causados à qualidade do meio ambiente.

a) Estão corretas apenas as assertivas II e V.
b) Estão corretas apenas as assertivas I, II e V.
c) Estão corretas apenas as assertivas I, III e V.
d) Estão corretas apenas as assertivas I, III, IV e V.
e) Estão corretas todas as assertivas.

63. (TRF/4R/Juiz/2010) Dadas as assertivas abaixo, assinale a alternativa correta.

I. Em razão da prática de crime previsto na Lei 9.605/1998, as pessoas jurídicas podem receber multa, penas restritivas de direitos ou de prestação de serviços à comunidade nos casos em que a infração seja cometida por decisão de seu representante legal ou contratual ou de seu órgão colegiado, no interesse ou benefício da sua entidade.

II. As penas previstas na Lei 9.605/1998 poderão ser aplicadas às pessoas jurídicas de forma isolada, cumulativa ou alternativa e serão convertidas, em caso de injustificado descumprimento, em penas privativas de liberdade dos responsáveis pela pessoa jurídica punida.

III. As penas restritivas de direitos previstas na Lei 9.605/1998 para a pessoa jurídica infratora são a suspensão parcial ou total de atividades e a interdição temporária de estabelecimento, obra ou atividade, bem como a proibição de contratar com o Poder Público e de obter subsídio, subvenção ou doações.

IV. O Fundo Penitenciário Nacional será o beneficiário do patrimônio da pessoa jurídica que tiver liquidação forçada por ter sido utilizada preponderantemente com o fim de ocultar a prática de crime previsto na Lei 9.605/1998.

V. Poderá ser desconsiderada a pessoa jurídica sempre que a sua personalidade for obstáculo ao ressarcimento de prejuízos causados à qualidade do meio ambiente.

a) Estão corretas apenas as assertivas II e V.
b) Estão corretas apenas as assertivas I, II e V.
c) Estão corretas apenas as assertivas I, III e V.
d) Estão corretas apenas as assertivas I, III, IV e V.
e) Estão corretas todas as assertivas.

7. LEI DA POLÍTICA NACIONAL DE BIOSSEGURANÇA (LEI 11.105/05)

QUESTÕES OBJETIVAS

64. (TRF/3R/Juiz/2018) A respeito da Lei nº 11.105/2005 (Lei de Biossegurança), que regulamenta os incisos II, IV e V do parágrafo 1º do artigo 225 da Constituição Federal, é correto afirmar que:

a) As atividades e projetos que envolvam OGM (Organismos Geneticamente Modificados) e seus derivados, relacionados ao ensino com manipulação de organismos vivos, à pesquisa científica e ao desenvolvimento tecnológico, nos termos do artigo 2º, parágrafo 2º, podem ser realizados por pessoas físicas em atuação autônoma e independente, desde que mantenham vínculo empregatício ou qualquer outro com pessoas jurídicas.
b) Para os efeitos desta lei está incluído na categoria de OGM aquele resultante de técnicas que impliquem a introdução direta de material hereditário em um organismo, inclusive fecundação in vitro, conjugação, transdução e transformação.
c) Aplicam-se os dispositivos desta lei quando a modificação genética for obtida por meio da mutagênese, fusão celular e autoclonagem de organismos, ainda que implique a utilização de OGM como receptor ou doador.
d) Dentre as diversas atividades relativas aos OGM, estão abrangidas pela lei a construção, o cultivo, a manipulação e a pesquisa, estabelecendo-se normas de segurança e mecanismos de fiscalização.

65. (Cespe/TRF/5R/Juiz/2013) A respeito de atividades que envolvam OGMs e seus derivados, assinale a opção correta à luz da Lei n. 11.105/2005.

a) As entidades financiadoras ou patrocinadoras das atividades que envolvam OGM e seus derivados devem exigir a apresentação do certificado de qualidade em biossegurança, sob pena de se tornarem corresponsáveis pelos eventuais efeitos decorrentes da atividade.
b) A realização de atividades que envolvam OGM e seus derivados depende de autorização expedida por órgão estadual competente em matéria ambiental.
c) É permitido o registro, o patenteamento e o licenciamento de tecnologias genéticas de restrição de uso.

d) Para fins de pesquisa e terapia, é proibida a utilização de células-tronco embrionárias obtidas de embriões humanos produzidos por fertilização "in vitro".
e) As atividades relacionadas à pesquisa científica podem ser desenvolvidas por pessoas físicas, desde que estas mantenham vínculo empregatício, ou de qualquer outra natureza, com pessoas jurídicas.

66. (TRF/4R/Juiz/2012) Dadas as assertivas abaixo, assinale a alternativa correta.

I. É da União a atribuição de licenciar atividades de transporte de material radioativo ou que utilize energia nuclear.
II. É dos Estados-membros o controle ambiental sobre o transporte marítimo de produtos perigosos.
III. Na Declaração Universal sobre Genoma e Direitos Humanos, cada sujeito é colocado na condição de titular de direito sobre o genoma, sendo-lhe exigido o consentimento para acesso a esse bem.
IV. Constitui crime a comercialização de células-tronco embrionárias.

a) Está correta apenas a assertiva I.
b) Estão corretas apenas as assertivas II e III.
c) Estão corretas apenas as assertivas II, e IV.
d) Estão corretas apenas as assertivas I, III e IV.
e) Estão corretas todas as assertivas.

67. (Cespe/TRF/1R/Juiz/2011) A biodiversidade integra, na atualidade, a agenda política, econômica e ambiental em todos os países, sendo sua efetiva proteção reconhecida como fundamental ao equilíbrio ecológico. Acerca desse tema, assinale a opção correta.

a) Incluem-se entre os objetos de proteção, no âmbito da biodiversidade, aspectos relacionados à biotecnologia, tais como a utilização de sistemas biológicos, organismos vivos e derivados na fabricação ou modificação de produtos ou processos para uso específico.
b) O texto constitucional não incluiu em seus dispositivos a proteção à biodiversidade.
c) A biodiversidade é corretamente definida como a variedade de espécies vivas existentes nos diversos ecossistemas, não abrangendo as complexas relações que se formam entre as diversas formas de vida, tampouco os recursos ambientais.
d) A Convenção da Biodiversidade Biológica foi o primeiro documento a definir, no cenário internacional, a proteção à biodiversidade.
e) Na aplicação das disposições da Política Nacional da Biodiversidade, os limites da jurisdição nacional restringem-se ao território nacional continental.

68. (Cespe/TRF/3R/Juiz/2011) No que diz respeito ao patrimônio genético e à proteção jurídica do conhecimento tradicional associado, assinale a opção correta.

a) Compete à Comissão Técnica Nacional de Biossegurança decidir sobre a liberação no ambiente de produtos contendo OGM ou derivados.
b) Cabe aos órgãos e entidades fiscalizadores da administração pública federal exercer diretamente, sem possibilidade de delegação, os serviços relacionados à atividade de fiscalização das atividades de pesquisa e de liberação comercial de OGM e seus derivados.
c) Entre outros critérios, consideram-se terras tradicionalmente ocupadas pelos índios as que são necessárias à sua reprodução física e cultural segundo seus usos, costumes e tradições.
d) A CF atribui aos estados-membros a tarefa de zelar pela organização social, costumes, línguas, crenças e tradições dos índios, e de proteger e fazer respeitar os seus bens, cabendo à União a demarcação e proteção das terras indígenas.
e) As atividades e projetos que envolvam OGM e seus derivados, relacionados à manipulação de organismos vivos, à pesquisa científica e ao desenvolvimento tecnológico, somente são admitidos no âmbito de entidades de direito público ou privado e de pessoas físicas em atuação autônoma que mantenham vínculo empregatício com pessoas jurídicas.

69. (Cespe/TRF/5R/Juiz/2011) Considerando a disciplina legal sobre diversidade biológica e proteção do conhecimento tradicional associado, assinale a opção correta.

a) Em decorrência do princípio da livre iniciativa, a legislação brasileira não admite o estabelecimento de restrições ao regime de propriedade intelectual sobre microrganismos, permitindo apenas a regulamentação dos meios para se assegurar o livre acesso aos recursos da diversidade biológica do país.
b) Considera-se conhecimento tradicional associado toda amostra de componente do patrimônio genético cuja aplicação industrial ou de outra natureza se preste a fins de pesquisa científica, desenvolvimento tecnológico ou bioprospecção.
c) As comunidades indígenas e as comunidades locais que criam, desenvolvem, detêm ou conservam conhecimento tradicional associado ao patrimônio genético têm o direito de ter indicada a origem do acesso ao conhecimento tradicional em todas as publicações, utilizações, explorações e divulgações, sendo a elas vedada a percepção de benefícios resultantes da exploração econômica do conhecimento de sua titularidade.
d) O patrimônio genético existente no país submete-se ao poder de polícia da União; logo, o uso, a comercialização e o aproveitamento desse patrimônio para quaisquer fins sujeitam-se à fiscalização, às restrições e à repartição de benefícios estabelecidas em legislação federal.
e) O acesso a amostra de componente do patrimônio genético brasileiro e ao conhecimento tradicional associado só pode ocorrer mediante acompanhamento do Conselho de Gestão do Patrimônio Genético, órgão do Ministério do Meio Ambiente, vedadas a utilização comercial de ambos e a remessa de amostra para o exterior.

70. (Cespe/TRF/5R/Juiz/2011) Acerca da engenharia genética e de sua relação com o ambiente, assinale a opção correta.

a) A lei que estabelece normas de segurança e mecanismos de fiscalização de atividades que envolvam OGM e seus derivados prevê o estabelecimento de sanções administrativas, mas não criminais, contra as ações ou omissões que as violem.
b) Atividades e projetos que envolvam OGMs e seus derivados somente podem ser desenvolvidos por pessoas físicas ou entidades de direito público ou privado que se dediquem à pesquisa científica, ao desenvolvimento tecnológico e à produção industrial.
c) Estão sujeitos a controle legal a construção, o cultivo, a produção, a manipulação, o transporte, a transferência, a importação, a exportação, o armazenamento, a pesquisa, a comercialização, o consumo, a liberação no ambiente e o descarte de OGM e seus derivados.
d) A comercialização de células-tronco embrionárias obtidas de embriões humanos produzidos por fertilização "in vitro" e não utilizados no respectivo procedimento só é possível mediante a obtenção de certificado de qualidade em biossegurança, emitido pela Comissão Técnica Nacional de Biossegurança, atendidas as condições estabelecidas na legislação pertinente.
e) Em qualquer hipótese, são vedadas a liberação, a destruição ou o descarte, no ambiente, de OGM ou seus derivados.

71. (TRF/3R/Juiz/2010) Assinale a proposição incorreta:

a) O princípio protetor-recebedor fundamenta a isenção do Imposto Territorial Rural (ITR) concedida às áreas de preservação permanente, de reserva legal e as declaradas de interesse ecológico pelo órgão ambiental competente, incluídas nestas últimas as Reservas Particulares do Patrimônio Natural (RPPNs).

b) O princípio da precaução amplia a responsabilidade ambiental ao exigir a adoção de medidas protetivas eficazes mesmo diante da dúvida ("in dubio pro ambiente") e da falta de certeza científica quanto aos riscos (riscos incertos).

c) Este princípio está contemplado na Declaração do Rio, nas Convenções do Clima e da Diversidade Biológica e uma de suas manifestações no direito brasileiro é a exigência constitucional do controle da produção, comercialização e emprego de técnicas, métodos e substâncias que comporte risco para a vida, a qualidade de vida e o meio ambiente.

d) No Brasil há consenso que a liberação da comercialização dos organismos geneticamente modificados (OGMs) e a ampla competência atribuída à CTNBio (Comissão Técnica Nacional de Biossegurança) pela Lei de Biossegurança para deliberar sobre o EIA/RIMA e o licenciamento ambiental nessa matéria atendem adequadamente à exigência constitucional de controle ambiental prévio decorrente do princípio da precaução.

72. (Cespe/TRF/2R/Juiz/2009) O Protocolo de Cartagena sobre Biossegurança, exigido pela Convenção sobre Diversidade Biológica (CDB), celebrado em janeiro de 2000:

I. visa contribuir para assegurar nível adequado de proteção no campo da transferência, da manipulação e do uso seguros dos organismos vivos modificados resultantes da biotecnologia moderna que possam ter efeitos adversos na conservação e no uso sustentável da diversidade biológica.

II. determina que a utilização da biotecnologia e da bioprospecção, com capacitação em biossegurança, nos países em desenvolvimento, em particular os menos desenvolvidos, deve ser implementada quando houver disponibilização de recursos financeiros suficientes para arcar com a internalização dos custos operacionais.

III. estabelece que a contabilização de todos os possíveis efeitos adversos dos organismos vivos modificados na conservação e no uso sustentável da diversidade biológica e a avaliação dos riscos para a saúde humana são prerrogativas inalienáveis das partes signatárias da CDB.

IV. aplica-se ao movimento transfronteiriço, ao trânsito, à manipulação e à utilização de todos os organismos vivos modificados que possam ter efeitos adversos na conservação e no uso sustentável da diversidade biológica, levando também em conta os riscos para a saúde humana.

Estão certos apenas os itens:

a) I e II.
b) I e III.
c) I e IV.
d) II e III.
e) III e IV.

73. (Cespe/TRF/2R/Juiz/2009) O conhecimento da biodiversidade, como um dos componentes da Política Nacional de Biodiversidade, congrega diretrizes:

a) destinadas à determinação da variabilidade genética utilizável no fortalecimento da gestão pública e do processo de sistematização dos inventários ecossistêmicos relacionados às intervenções antrópicas sobre os biomas do território brasileiro.

b) que promovem o acesso irrestrito aos componentes do patrimônio genético e dos conhecimentos tradicionais associados, de modo que sejam compartilhados, de forma justa e equitativa, com a sociedade brasileira, incluindo os povos indígenas.

c) voltadas à geração, sistematização e disponibilização de informações que permitam conhecer os componentes da biodiversidade do país e que apoiem a gestão da biodiversidade, bem como diretrizes relacionadas à produção de inventários, à realização de pesquisas ecológicas e à realização de pesquisas sobre conhecimentos tradicionais.

d) para a promoção da participação da sociedade, excluindo os povos indígenas, quilombolas e outras comunidades locais, na contabilização dos custos da utilização sustentável de seus componentes e da repartição justa e equitativa dos benefícios derivados da utilização de recursos genéticos.

e) que fortalecem a infraestrutura das organizações não governamentais para: a formação e a fixação de recursos humanos; o acesso à tecnologia, bem como para o fortalecimento do marco legal e a integração de políticas públicas.

8. LEI DA POLÍTICA NACIONAL DE RECURSOS HÍDRICOS (LEI 9.433/97)

ATENÇÃO: ESTE TEMA É MUITO EXIGIDO NOS CONCURSOS!

QUESTÕES OBJETIVAS

74. (IFBC/TRF/2R/Juiz/2018) De acordo a Lei n. 9.433/97, são instrumentos da Política Nacional de Recursos Hídricos:

a) a compensação a Estados membros da Federação.
b) a outorga dos direitos de disposição de recursos hídricos.
c) a cessão gratuita pelo uso de recursos hídricos.
d) a gestão centralizada dos recursos hídricos.
e) os Planos de Recursos Hídricos.

75. (Cespe/TRF/5R/Juiz/2017) Os comitês de bacias hidrográficas são

a) competentes para implantar e gerir o Sistema Nacional de Informações sobre Segurança de Barragens.
b) competentes para outorgar o direito de uso de recursos hídricos em corpos de água de domínio da União, mediante permissão.
c) incompetentes para aprovar o Plano de Recursos Hídricos da bacia.
d) incompetentes para arbitrar administrativamente conflitos relacionados a recursos hídricos.
e) incompetentes para o exercício do poder de polícia.

76. (TRF/2R/Juiz/2017) Quanto à outorga de direito de uso de recursos hídricos, assinale a opção correta:

a) A outorga é de competência exclusiva da Agência Nacional de Águas.

b) Em situações de escassez, o uso prioritário dos recursos hídricos deve ser destinado ao consumo humano e à dessedentação de animais e, em seguida, às prioridades de uso estabelecidas no Plano de Recursos Hídricos aplicável a cada corpo hídrico.

c) A outorga só será suspensa nos casos de não cumprimento, pelo outorgado, dos termos estabelecidos ou de necessidade premente de água para atender a situações de calamidade, sempre mediante processo administrativo em que se assegure ampla defesa.

d) A outorga deverá observar o uso específico para o qual o corpo hídrico tiver sido destinado, vedado o seu uso múltiplo.
e) Desde que respeite a classe em que o corpo de água estiver enquadrado, a outorga não fica condicionada às prioridades de uso.

77. (TRF/3R/Juiz/2016) Dadas as assertivas abaixo, assinale a alternativa correta. Sobre a gestão de recursos hídricos nacionais, é possível afirmar que:

I. A jurisprudência do STJ firmou entendimento no sentido de que, como regra, tendo em vista a legislação vigente, há necessidade de outorga para a extração de água do subterrâneo por meio de poço artesiano.

II. Na forma dos arts. 20, III, e 26, I, da Constituição Federal, não mais existe propriedade privada de lagos, rios, águas superficiais ou subterrâneas, fluentes, emergentes ou em depósito, e quaisquer correntes de água. Nesses termos, a interpretação a ser conferida ao art. 11, caput, do Código de Águas ("São públicos dominicais, se não estiverem destinados ao uso comum, ou por algum título legítimo não pertencerem ao domínio particular"), que, teoricamente, coaduna-se com o sistema constitucional vigente e com a Lei das Águas (Lei 9.433/1997), é a de que, no que concerne a rios federais e estaduais, o título legítimo em favor do particular que afastaria o domínio pleno da União seria somente o decorrente de enfiteuse ou concessão, este último de natureza real.

III. Segundo a Lei nº 9433/1997, estão sujeitos a outorga pelo Poder Público os direitos dos usos de recursos hídricos, dentre outros, de derivação ou captação de parcela da água existente em um corpo de água para consumo final, inclusive abastecimento público, ou insumo de processo produtivo e de lançamento em corpo de água de esgotos e demais resíduos líquidos ou gasosos, tratados ou não, com o fim de sua diluição, transporte ou disposição final.

Estão corretas as assertivas:

a) I e III.
b) I, II e III.
c) II e III.
d) III.

78. (TRF/4R/Juiz/2016) Assinale a alternativa correta. A respeito da Política Nacional de Recursos Hídricos, prevista na Lei n. 9.433/97:

a) O regime de outorga de direitos de uso de recursos hídricos é aplicável aos aquíferos subterrâneos destinados a consumidor final ou como insumo de processo produtivo, como também para aproveitamento de potenciais hidrelétricos.
b) Depende de outorga do Poder Público o uso de córregos, rios e aquíferos subterrâneos para suprimento de necessidade de pequenos núcleos populacionais em meio rural e acumulações de água consideradas insignificantes.
c) O Poder Executivo Federal não poderá delegar a competência para conceder outorga de direito de uso de recurso hídrico de domínio da União.
d) A Agência Nacional de Águas não compõe o Sistema Nacional de Gerenciamento de Recursos Hídricos, embora atue paralelamente com a missão de regular o acesso e o uso sustentável da água.
e) Nenhuma das alternativas anteriores está correta.

79. (TRF/4R/Juiz/2014) Assinale a alternativa correta. Sobre a gestão de recursos hídricos:

a) A outorga de direito de uso de recursos hídricos é o ato administrativo mediante o qual a autoridade competente do Poder Executivo da União, dos Estados, do Distrito Federal e dos Municípios, faculta ao outorgado o direito de uso de recursos hídricos, pelo prazo não excedente a 30 (trinta) anos, renovável.
b) A orientação predominante do Superior Tribunal de Justiça é no sentido de que, sendo as águas subterrâneas bens da União, a outorga de extração de água de poços artesianos, nas localidades atendidas pela rede pública de saneamento, deve ser emitida pela autoridade federal competente.
c) A outorga deve ser emitida pelo Comitê de Bacia Hidrográfica nos casos de rios e corpos de água situados nas fronteiras internacionais.
d) A Agência Nacional de Águas – ANA é a responsável pela emissão de outorgas de direito de uso de recursos hídricos em corpos hídricos de domínio da União.
e) Os serviços de saneamento, nos casos dos municípios integrantes de regiões metropolitanas, são de titularidade dos Estados e compreendem o abastecimento básico de água potável, o esgotamento sanitário, a limpeza urbana e o manejo de resíduos sólidos e de águas pluviais.

80. (Cespe/TRF/2R/Juiz/2013) Tendo em vista as normas que regem os recursos hídricos nacionais, assinale a opção correta.

a) A outorga e a utilização de recursos hídricos para fins de geração de energia elétrica estarão subordinadas ao Plano Nacional de Recursos Hídricos.
b) A apropriação de águas subterrâneas por meio de poços é permitida aos proprietários de terrenos rurais, desde que para consumo final.
c) As águas subterrâneas e os rios que provenham de outros países ou banhem mais de um estado são bens da União.
d) As águas públicas podem ser de uso comum ou dominicais, sendo que apenas as últimas podem ser objeto de outorga.
e) A lei que regulamenta a Política Nacional de Recursos Hídricos instituiu o direito de venda das águas como forma de conscientizar a coletividade acerca da importância de sua preservação.

81. (Cespe/TRF/5R/Juiz/2013) O objetivo do regime de outorga de direitos de uso de recursos hídricos é assegurar o controle quantitativo e qualitativo dos usos da água e o efetivo exercício dos direitos de acesso à água. No âmbito da União:

a) a outorga preventiva de uso de recursos hídricos confere ao requerente, desde a sua autorização, o imediato uso dos recursos hídricos.
b) o aproveitamento dos recursos hídricos – incluídos os potenciais energéticos, a pesquisa e a lavra das riquezas minerais em terras indígenas – só pode ser efetivado mediante autorização do Congresso Nacional e após as comunidades afetadas terem sido ouvidas.
c) a inexistência de declaração de reserva de disponibilidade hídrica não impede a Agência Nacional de Energia Elétrica de licitar a concessão ou a autorização do uso de potencial de energia hidráulica em corpo de água de domínio da União.
d) a outorga de uso dos recursos hídricos depende de prévia realização de licitação.
e) a competência para a edição de normas gerais sobre outorga é do Ministério do Meio Ambiente.

82. (Cespe/TRF/5R/Juiz/2013) No que se refere à Agência Nacional de Águas (ANA), agência reguladora cuja autonomia administrativa e financeira é mais ampla do que a das demais autarquias, assinale a opção correta.

a) Compete à ANA definir os critérios para a aplicação dos recursos arrecadados com a cobrança do uso de recursos hídricos.

b) A concessão, pela ANA, de outorga do direito de uso de recursos hídricos da União depende de homologação do Conselho Nacional de Recursos Hídricos.
c) Desde sua nomeação, o diretor da ANA está sujeito à perda de mandato em decorrência de renúncia, condenação judicial transitada em julgado ou decisão definitiva em processo administrativo disciplinar.
d) As outorgas de direito de uso de recursos hídricos para concessionárias e autorizadas de serviços públicos e de geração de energia hidrelétrica vigoram por prazos iguais aos prazos dos correspondentes contratos de concessão ou atos administrativos de autorização.
e) Não se pode delegar a execução de atividades de competência da ANA às agências de água ou de bacia hidrográfica.

83. (Cespe/TRF/1R/Juiz/2013) A respeito das restrições e obrigações impostas aos entes públicos e aos particulares para viabilizar a defesa do meio ambiente, assinale a opção correta.

a) Os valores arrecadados com a cobrança do uso de recursos hídricos devem ser aplicados obrigatoriamente em programas e intervenções contempladas nos planos de recursos hídricos, sob pena de desvio de finalidade.
b) O licenciamento ambiental e o estudo prévio de impacto ambiental (EPIA) são imprescindíveis para viabilizar a extração de minério, podendo o órgão público competente impor, também, a obrigação de recuperar o meio ambiente degradado.
c) A defesa do meio ambiente, caso este venha a ser objeto de atividade predatória, pode justificar restrições ao uso da propriedade rural, mas sem alcançar o extremo da desapropriação, já que os valores do desenvolvimento econômico e proteção ambiental devem ser conciliados.
d) Os procedimentos de avaliação de impacto ambiental visam fornecer informações às administrações públicas, a fim de que possam decidir, de modo eficaz, pela proteção ao meio ambiente.
e) O proprietário de terreno particular pode apropriar-se das águas que existirem debaixo da superfície de seu prédio, retirando-as por meio de poços, desde que não prejudique os aproveitamentos existentes nem as desvie de seu curso natural.

84. (Cespe/TRF/1R/Juiz/2011) Assinale a opção correta com referência ao ordenamento jurídico brasileiro sobre a proteção dos recursos hídricos.

a) A lei de gestão de recursos hídricos permite ao Poder Executivo federal delegar aos estados e ao DF competência para conceder outorga de direito de uso de recurso hídrico de domínio da União.
b) Quando se tratar de bacia hidrográfica situada em terras indígenas, a comunidade indígena deverá ser representada por membros de entidades ambientais federais.
c) A CF divide o domínio das águas entre a União e os municípios conforme a localização dos corpos de água.
d) As associações intermunicipais de bacias hidrográficas integram o Sistema Nacional de Gerenciamento de Recursos Hídricos como órgão colegiado.
e) A atual legislação de gestão de recursos hídricos autoriza os estados a, de forma unilateral, organizar a cobrança pelo uso dos recursos hídricos.

85. (Cespe/TRF/3R/Juiz/2011) Com relação aos recursos hídricos, assinale a opção correta.

a) De acordo com a Política Nacional de Recursos Hídricos, em situações de escassez, o uso dos recursos hídricos deve restringir-se ao consumo humano, vedada sua utilização para qualquer outra finalidade.
b) A água é bem de domínio público, portanto, todo e qualquer uso dos recursos hídricos está sujeito a outorga pelo poder público.
c) A outorga de direito de uso de recursos hídricos não implica a alienação das águas, que são inalienáveis, mas o simples direito de seu uso.
d) O poder público é apenas o gestor dos recursos hídricos, não lhe sendo facultado cobrar por sua utilização, visto que a água, elemento que compõe o meio ambiente, não é considerada bem econômico.
e) A gestão dos recursos hídricos deve ser centralizada, cabendo ao Ministério do Meio Ambiente promover a articulação do planejamento de recursos hídricos no âmbito nacional, regional e estadual, bem como com seus usuários diretos.

86. (Cespe/TRF/5R/Juiz/2011) Considerando as normas relativas aos recursos hídricos e à mineração, assinale a opção correta.

a) É competência comum da União, dos estados, do DF e dos municípios registrar, acompanhar e fiscalizar as concessões de direitos de pesquisa e exploração de recursos minerais em seus territórios bem como legislar sobre jazidas, minas, outros recursos minerais e metalurgia.
b) A outorga de direito de uso de recursos hídricos não implica a alienação parcial das águas, que são inalienáveis, mas o simples direito de seu uso.
c) De acordo com a CF, é competência comum da União, dos estados, do DF e dos municípios definir os critérios de outorga dos direitos de uso dos recursos hídricos.
d) A outorga de uso de recursos hídricos efetiva-se por ato da autoridade pública competente, contudo, não sendo a água considerada bem suscetível de valor econômico, o seu uso não implica cobrança.
e) Os estados, o DF e os municípios têm garantida participação no resultado da exploração de petróleo ou gás natural existente no respectivo território, excetuando-se os existentes em plataforma continental, no mar territorial ou na zona econômica exclusiva, pois, nessas áreas, os recursos minerais são considerados bens da União.

87. (Cespe/TRF/2R/Juiz/2009) A cobrança pelo uso de recursos hídricos visa:

a) instituir a água como bem econômico e impor ao usuário medidas restritivas de direitos quanto à outorga e à fruição dos recursos hídricos.
b) incentivar a privatização dos mecanismos de distribuição da água, bem como das estações de tratamento.
c) incentivar o reuso das águas servidas na produção de ração animal.
d) estabelecer limites diários para a captação das águas superficiais.
e) obter recursos financeiros para o financiamento dos programas e das intervenções contempladas nos planos de recursos hídricos.

88. (Cespe/TRF/2R/Juiz/2009) É objetivo do regime de outorga do direito de uso de recursos:

a) conceder direitos alternativos ao uso, ao consumo e à captação das águas servidas.
b) assegurar o controle quantitativo e qualitativo dos usos da água e o efetivo exercício do direito de acesso a ela.
c) autorizar a extração de água de aquífero subterrâneo para consumo final ou como insumo de processo produtivo.
d) aperfeiçoar o aproveitamento dos potenciais hidrelétricos.

e) regular os usos que alterem o regime, a quantidade ou a qualidade da água existente em um corpo de água.

89. (Cespe/TRF/2R/Juiz/2009) A cobrança pelo uso de recursos hídricos visa:

a) instituir a água como bem econômico e impor ao usuário medidas restritivas de direitos quanto à outorga e à fruição dos recursos hídricos.
b) incentivar a privatização dos mecanismos de distribuição da água, bem como das estações de tratamento.
c) incentivar o reuso das águas servidas na produção de ração animal.
d) estabelecer limites diários para a captação das águas superficiais.
e) obter recursos financeiros para o financiamento dos programas e das intervenções contempladas nos planos de recursos hídricos.

90. (Cespe/TRF/1R/Juiz/2009) Assinale a opção correta quanto à PNRH.

a) A água é bem de domínio público, além de ser recurso natural limitado, dotado de valor econômico.
b) A outorga de direito de uso, instrumento de gestão dos recursos hídricos, pode ser concedida por prazo não superior a 35 anos, renovável com alienação parcial das águas.
c) Em caso de interrupção do abastecimento de água por mais de 72 horas, o poder público local poderá multar a empresa concessionária em decorrência da infração por ela praticada.
d) A bacia hidrográfica é a unidade territorial para a implementação do Sistema Nacional de Irrigação.
e) O objetivo da PNRH é implementar os meios necessários para a cobrança pelo uso e pelo consumo de água no Brasil.

9. LEI DA POLÍTICA NACIONAL DE RESÍDUOS SÓLIDOS (LEI 12.305/10)

QUESTÕES OBJETIVAS

91. (Vunesp/TRF/3R/Juiz/2022) Concretizando os dispositivos constitucionais do direto ao meio ambiente e do direito às cidades sustentáveis, em 02 de agosto de 2010, passou a vigorar a Lei nê 12.305, que instituiu a Política Nacional de Resíduos Sólidos (PNRS). Segundo dados do Panorama dos Resíduos Sólidos no Brasil (2020), a geração saiu de 66,7 milhões de toneladas em 2010 para 79,1 milhões em 2019, com aumento de 12,4 milhões de toneladas numa década. O mesmo estudo diz ainda que cada brasileiro produz, em média, 378,2 kg de lixo por ano, o que corres- ponde a mais de 1 kg por dia (Fonte: Agência Senado). É nítido o impacto ambiental dos milhões de toneladas de resíduos que, quando descartados sem observância das normas, contaminam rios, lagos, córregos, olhos-d'água, nascentes, solos, lençóis freáticos etc. Nesse contexto, à luz da legislação e jurisprudência do Supremo Tribunal Federal, é correto afirmar que:

a) A obrigação do Município em adotar as medidas administrativas necessárias à correta gestão dos resíduos sólidos no âmbito do seu território é passível de controle pelo Judiciário.
b) As ações voltadas para efetivar a Política Nacional de Resíduos Sólidos (PNRS) são determinantes para o Poder Público e indicativas para o setor empresarial e a coletividade.
c) A responsabilidade de estruturar e implementar os sistemas de logística reversa, mediante retomo dos produtos após o uso pelo consumidor, é do Poder Público, via serviço público de limpeza urbana e de manejo dos resíduos sólidos.
d) O lançamento de rejeitos ou resíduos sólidos são permitidos em corpos hídricos atestados pelo poder público como impróprios para banho ou consumo da água.

92. (TRF/3R/Juiz/2018) De acordo com a Política Nacional de Resíduos Sólidos prevista na Lei nº 12.305/2010, é correto afirmar que:

a) A Política Nacional de Resíduos Sólidos reúne o conjunto de princípios, objetivos, instrumentos, diretrizes, metas e ações a serem seguidos pela União, Estados, Distrito Federal e Municípios, de maneira independente e concorrente, nos termos do artigo 4º da lei.
b) O princípio do protetor-recebedor, também denominado princípio da visão sistêmica, implica a observância das variáveis ambiental, social e cultural na gestão dos resíduos sólidos, além do respeito às diversidades locais e regionais.
c) Não há distinção entre resíduos sólidos e rejeitos, eis que ambos, na definição legal, são os materiais, objetos ou substâncias resultantes de atividades humanas em sociedade a cuja destinação final se procede.
d) São instrumentos da Política Nacional de Resíduos Sólidos a coleta seletiva, os inventários e o sistema declaratório anual de resíduos sólidos, entre outros.

93. (TRF/2R/Juiz/2017) Quanto à ordem de prioridade a ser observada nas políticas de gestão e de gerenciamento de resíduos sólidos:

a) A disposição final ambientalmente adequada dos rejeitos é o objetivo maior da Política Nacional de Resíduos Sólidos.
b) A ordem de prioridade é reciclagem, não geração e, por fim, uso como fonte de energia.
c) A ordem de prioridade se inicia com a tentativa de não geração e segue com a redução, reutilização, reciclagem, tratamento dos resíduos sólidos e disposição final ambientalmente adequada dos rejeitos.
d) A ordem de prioridade é reciclar, reutilizar e, se for possível, não gerar.
e) Segundo o princípio do poluidor pagador, a prioridade é a não geração, a taxação daqueles que geram mais e, quanto aos resíduos gerados, a disposição final efetuada em consonância com a política de saneamento básico.

94. (TRF/4R/Juiz/2012) Dadas as assertivas abaixo, assinale a alternativa correta.

I. Estão sujeitas à observância da Lei n. 12.305/2010 as pessoas físicas ou jurídicas, de direito público ou privado, responsáveis, direta ou indiretamente, pela geração de resíduos sólidos e as que desenvolvam ações relacionadas à gestão integrada ou ao gerenciamento de resíduos sólidos, sendo que a referida lei não se aplica aos rejeitos radioativos, que são regulados por legislação específica.
II. Para os efeitos da Lei n. 12.305/2010, entende-se por área órfã contaminada a área contaminada cujos responsáveis pela disposição não sejam identificáveis ou individualizáveis.
III. Para os efeitos da Lei n. 12.305/2010, logística reversa é o instrumento de desenvolvimento econômico e social caracterizado por um conjunto de ações, procedimentos e meios destinados a viabilizar a coleta e a restituição dos resíduos sólidos ao setor empresarial, para reaproveitamento, em seu ciclo ou em outros ciclos produtivos, ou outra destinação final ambientalmente adequada.
IV. No âmbito da responsabilidade compartilhada pelo ciclo de vida dos produtos, o titular dos serviços públicos de limpeza urbana e de manejo de resíduos sólidos, observado, se houver, o plano municipal de gestão integrada de resíduos sólidos, priorizará a organização e o funcionamento de cooperativas

ou de outras formas de associação de catadores de materiais reutilizáveis e recicláveis formadas por pessoas físicas de baixa renda, bem como sua contratação, que é dispensável de licitação, nos termos do inciso XXVII do art. 24 da Lei n. 8.666/1993.

V. Sem prejuízo da obrigação de, independentemente da existência de culpa, reparar os danos causados, a ação ou omissão das pessoas físicas ou jurídicas que importe inobservância aos preceitos da Lei n. 12.305/2010 ou de seu regulamento sujeita os infratores às sanções previstas em lei, em especial às fixadas na Lei n. 9.605/1998, que dispõe sobre as sanções penais e administrativas derivadas de condutas e atividades lesivas ao meio ambiente.

a) Estão corretas apenas as assertivas I e III.
b) Estão corretas apenas as assertivas IV e V.
c) Estão corretas apenas as assertivas I, II e IV.
d) Estão corretas apenas as assertivas II, III e V.
e) Estão corretas todas as assertivas.

10. LEI DA POLÍTICA NACIONAL DO MEIO AMBIENTE (LEI 6.938/81)

INFORMATIVOS

STF Resolução 491/18-Conama: padrões de qualidade do ar e diretrizes da OMS. Ainda é constitucional a Resolução 491/18 do Conselho Nacional do Meio Ambiente (Conama), que dispõe sobre padrões de qualidade do ar. Entretanto, nova norma deve ser editada. A resolução está em trânsito para a inconstitucionalidade e precisa ser aperfeiçoada. Logo, o Conama deve editar norma atualizada tendo em conta os novos parâmetros de qualidade do ar recomendados pela OMS. *ADI 6148, 5.5.2022. Pleno. Inf 1053.*

STF Concessão automática de licença ambiental para empresas com grau de risco médio. É inconstitucional a concessão automática de licença ambiental no sistema responsável pela integração (Redesim) para o funcionamento de empresas que exerçam atividades de risco médio nos termos da classificação estabelecida em ato do Poder Público. O licenciamento ambiental dispõe de base constitucional e não pode ser suprimido, ainda que de forma indireta, por lei. Também não pode ser simplificado a ponto de ser esvaziado, salvo se a norma que o excepcionar apresentar outro instrumento apto a assegurar a proteção ao meio ambiente com igual ou maior qualidade. //Não possui fundamento constitucional válido a vedação da coleta adicional, pelos órgãos competentes, de dados que não tenham sido disponibilizados na Redesim previamente ou no ato do protocolo do pedido de licenciamento. A proteção ao meio ambiente não pode ser comprometida por interesses empresariais nem ser dependente de motivações exclusivamente econômicas, na medida em que o desenvolvimento econômico deve ocorrer de forma sustentável. *ADI 6808, 28.4.2022. Pleno. Inf 1052.*

QUESTÕES OBJETIVAS

95. (TRF/3R/Juiz/2018) De acordo com o artigo 9º da Lei nº 6.938/81, não são instrumentos da Política Nacional do Meio Ambiente:

a) O estabelecimento de padrões de qualidade ambiental, o zoneamento e a avaliação de impactos ambientais.
b) Os órgãos e entidades que constituem o Sistema Nacional do Meio Ambiente - SISNAMA.
c) Os incentivos à criação de tecnologia voltados para a melhoria da qualidade ambiental e os instrumentos econômicos, como concessão florestal, servidão ambiental e seguro ambiental.
d) O sistema nacional de informações sobre o meio ambiente e o Cadastro Técnico Federal de Atividades e Instrumentos de Defesa Ambiental.

96. (Cespe/TRF/5R/Juiz/2017) O instrumento econômico da Política Nacional do Meio Ambiente que envolve a delegação onerosa de direito de praticar manejo sustentável em uma unidade de manejo, mediante licitação, por prazo determinado, é denominado

a) seguro ambiental.
b) servidão ambiental.
c) concessão florestal.
d) zoneamento ambiental.
e) terceirização de manejo.

97. (Cespe/TRF/5R/Juiz/2015) Uma mineradora apresentou EIA-Rima com o objetivo de viabilizar a exploração de recursos minerais em determinado local. O órgão ambiental competente exigiu, então, apresentação de PRAD. A empresa considerou a exigência ilegal e impetrou mandado de segurança por meio do qual busca dar continuidade ao procedimento de obtenção de licença ambiental sem que cumpra tal exigência. Considerando essa situação hipotética, assinale a opção correta.

a) A imposição às mineradoras do dever de recuperarem as áreas degradadas viola o princípio da legalidade, conforme resolução do Conama.
b) É legítima e tem base legal a exigência do impetrado de apresentação do PRAD, cujo objetivo é viabilizar a compensação ambiental.
c) A recuperação de áreas degradadas é um dos princípios da Política Nacional do Meio Ambiente; em relação às mineradoras, é ela uma exigência constitucional.
d) É incabível a exigência do PRAD quando a atividade nem sequer foi iniciada, porque não se trata de instrumento de prevenção, mas sim de recuperação.
e) Não cabe à mineradora apresentar o PRAD, mas sim ao órgão técnico, que deve elaborá-lo e exigir seu cumprimento pelo particular.

98. (TRF/3R/Juiz/2013) Assinale a alternativa correta:

a) A Política Nacional de Meio Ambiente consagra a responsabilidade objetiva do poluidor.
b) Havendo incerteza científica quanto a possibilidade de ocorrência de danos ambientais, deve ser considerada inconstitucional a adoção de medidas efetivas visando a prevenir a degradação do meio ambiente.
c) Os componentes abióticos da natureza não estão sujeitos a regramentos visando a sua utilização de forma racional, que elimine ou minimize os riscos de degradação do meio ambiente.
d) Os princípios ambientais constitucionais não integram de forma estruturante a função social da propriedade.
e) A preservação do meio ambiente e dos recursos naturais são elementos que não integram a função social da propriedade.

99. (Cespe/TRF/2R/Juiz/2013) De acordo com a PNMA, assinale a opção correta.

a) Embora seja órgão colegiado consultivo e deliberativo da PNMA, O Conama não atua junto ao SNUC.
b) Poluidor é aquele que gera poluição, não estando abrangidos por esse conceito aqueles cuja atividade provoque mera alteração adversa no meio ambiente, já que esta decorre de toda atividade humana.
c) O Conama é responsável por supervisionar os licenciamentos concedidos pelos estados para as atividades efetiva ou potencialmente poluidoras.
d) A concessão florestal, a servidão ambiental, e o seguro ambiental são instrumentos da PNMA.
e) Segundo o princípio do poluidor-pagador, os custos de reparação de área degradada devem ser impostos a quem a danificou, vedada a imposição de tal ônus a novo adquirente.

100. (Cespe/TRF/5R/Juiz/2011) Considerando o conceito e a natureza econômica do direito ambiental e da PNMA, assinale a opção correta.

a) As diretrizes da PNMA, dispostas na Lei n. 6.938/1981, orientam a ação do governo federal no que se refere à qualidade ambiental e à manutenção do equilíbrio ecológico, cabendo aos estados, ao DF e aos municípios, no exercício de sua autonomia político-legislativa, estabelecer livremente as normas e os planos ambientais por meio de leis próprias.

b) Ao conceber o meio ambiente como o conjunto de condições, leis, influências e interações de ordem física, química e biológica que permite, abriga e rege a vida humana, o direito ambiental ostenta índole antropocêntrica, considerando o ser humano o seu único destinatário.

c) O direito ambiental é dotado de instrumentos que o capacitam a atuar na ordem econômica, e, nesse sentido, a PNMA visa, entre outros objetivos, assegurar adequado padrão de desenvolvimento socioeconômico ao país.

d) Ainda que a CF não considere expressamente a defesa do meio ambiente como princípio que rege a atividade econômica, a livre iniciativa somente pode ser praticada observadas as regras constitucionais que tratam do tema.

e) A CF estabelece regras mediante as quais a função social da propriedade urbana submete-se à necessidade de preservação ambiental, contudo, com relação à propriedade rural, o texto constitucional nada diz a esse respeito, embora disponha sobre a obrigatoriedade de existirem normas infraconstitucionais que estipulem critérios sobre o tema.

101. (Cespe/TRF/1R/Juiz/2011) A tutela do meio ambiente envolve a institucionalização de normas, o estabelecimento de objetivos e princípios claros, a identificação de instrumentos efetivos de proteção bem como a organização de uma estrutura que possa realmente implementar a política ambiental. A respeito desse tema, assinale a opção correta.

a) O relatório de qualidade do meio ambiente, instrumento da Política Nacional do Meio Ambiente, é entendido como aplicação do princípio da responsabilização.

b) Os instrumentos ambientais relacionados ao exercício do poder de polícia não podem ensejar impactos no custo da produção, mesmo que em defesa do meio ambiente.

c) O padrão de qualidade ambiental é instrumento abrangente que representa uma análise do impacto de certo empreendimento na ocasião de sua instalação.

d) A criação de zonas estritamente industriais envolvendo a instalação de polos cloroquímicos é matéria que se encontra na esfera da competência concorrente entre a União e os estados.

e) O zoneamento econômico ecológico constitui instrumento de organização territorial, de caráter obrigatório e vinculado.

102. (Cespe/TRF/3R/Juiz/2011) Considerando a Lei n. 6.938/1981, que dispõe sobre a Política Nacional do Meio Ambiente e o Sistema Nacional do Meio Ambiente, assinale a opção correta.

a) O Sistema Nacional do Meio Ambiente é constituído pelos órgãos e entidades da União, dos estados, do DF e dos municípios, bem como pelas fundações instituídas pelo poder público, responsáveis pela proteção e melhoria da qualidade ambiental.

b) O Conama é o órgão central da Política Nacional de Meio Ambiente, de natureza consultiva, ao qual cabe planejar, coordenar, supervisionar e controlar as diretrizes governamentais fixadas para o ambiente.

c) Compete ao Instituto Chico Mendes de Conservação da Biodiversidade exercer, em caráter exclusivo, o poder de polícia ambiental para a proteção das unidades de conservação instituídas pela União.

d) Como regra, cabe ao Ibama conceder licenciamento prévio para construção, instalação e funcionamento de estabelecimentos e atividades que utilizem recursos ambientais e sejam considerados efetiva e potencialmente poluidores, restando aos órgãos estaduais o licenciamento em caráter supletivo.

e) A fiscalização e o controle da aplicação de critérios, normas e padrões de qualidade ambiental serão exercidos prioritariamente pelo Conama, de forma conjunta com os órgãos estaduais e municipais competentes.

103. (Cespe/TRF/5R/Juiz/2009) Acerca do Sisnama e da lei que dispõe sobre a Política Nacional do Meio Ambiente (PNMA) – Lei n. 6.938/1981 -, assinale a opção correta.

a) O Sisnama constitui-se de órgãos e entidades da União, dos estados, do DF e dos municípios, bem como de fundações instituídas pelo poder público, responsáveis pela proteção e melhoria da qualidade ambiental.

b) A lei que dispõe sobre a PNMA prevê a instituição de uma taxa de controle e fiscalização ambiental, a ser cobrada pelos diversos órgãos estaduais e municipais de meio ambiente, cujo fato gerador é o exercício regular do poder de polícia para controle e fiscalização das atividades potencialmente poluidoras e utilizadoras de recursos naturais.

c) Cada estado da Federação deve instituir e manter, sob sua administração, um cadastro técnico de atividades potencialmente poluidoras ou utilizadoras de recursos ambientais, para registro obrigatório de pessoas físicas ou jurídicas que se dediquem a atividades potencialmente poluidoras e(ou) à extração, produção, transporte e comercialização de produtos potencialmente perigosos ao meio ambiente.

d) Integram o plenário do Conama, na qualidade de conselheiros permanentes, um representante do MP Federal e três representantes dos MPs estaduais, indicados pelo procurador-geral da República.

e) Cabe ao Ibama, como órgão central do Sisnama, prover os serviços de apoio técnico e administrativo do Conama.

104. (Cespe/TRF/1R/Juiz/2009) O zoneamento ambiental:

a) é instrumento de gestão do qual dispõem o governo, o setor produtivo e a sociedade, cujo fim específico é delimitar geograficamente áreas territoriais com o objetivo de estabelecer regimes especiais de uso, gozo e fruição da propriedade, em nível regional, estadual ou municipal.

b) é uma divisão analítica e disciplinadora da legislação ambiental do uso, gozo e fruição do solo, planejado com o objetivo de compartimentar a gestão dos recursos ambientais.

c) é espécie de controle estatal capaz de ordenar o funcionamento dos ecossistemas e a evolução das mudanças climáticas, de forma a compatibilizar as determinantes sistêmicas com os interesses e direitos ambientais e sociais e tornar possível o crescimento sustentável.

d) é instrumento de organização do território a ser obrigatoriamente seguido na implantação de planos, obras e atividades públicas e privadas, estabelecendo medidas e padrões de proteção ambiental destinados a assegurar a qualidade ambiental dos recursos hídricos e do solo e a conservação da biodiversidade, com objetivo de garantir o desenvolvimento sustentável e a melhoria das condições de vida da população.

e) é instrumento político de natureza punitiva que visa disciplinar as atividades antrópicas e a ocupação urbana.

11. LEI DO SISTEMA NACIONAL DE UNIDADES DE CONSERVAÇÃO (LEI 9.985/00)

ATENÇÃO: ESTE TEMA É MUITO EXIGIDO NOS CONCURSOS!

SÚMULAS

TRF4 **Súm. 86.** É desnecessária a apresentação de Ato Declaratório Ambiental – ADA para o reconhecimento do direito à isenção de Imposto Territorial Rural – ITR. Todavia, para o gozo da isenção do ITR no caso de área de "reserva legal", é imprescindível a averbação da referida área na matrícula do imóvel.

QUESTÕES OBJETIVAS

105. (Cespe/TRF/5R/Juiz/2017) Uma área em geral extensa, com certo grau de ocupação humana, dotada de atributos abióticos, bióticos, estéticos ou culturais especialmente importantes para a qualidade de vida e o bem-estar das populações humanas, e que tem como objetivos básicos proteger a diversidade biológica, disciplinar o processo de ocupação e assegurar a sustentabilidade do uso dos recursos naturais é considerada, pela legislação do Sistema Nacional de Unidades de Conservação da Natureza:

a) unidade de uso sustentável da categoria área de relevante interesse ecológico.
b) unidade de uso sustentável da categoria reserva de desenvolvimento sustentável.
c) unidade de proteção integral da categoria área de relevante interesse ecológico.
d) unidade de proteção integral da categoria área de proteção ambiental.
e) unidade de uso sustentável da categoria área de proteção ambiental.

106. (Cespe/TRF/5R/Juiz/2017) A Lei que instituiu o Sistema Nacional de Unidades de Conservação da Natureza (Lei n. 9.985/2000), em seu art. 36, estabelece a seguinte modalidade de compensação ambiental: nos casos de licenciamento ambiental de empreendimentos de significativo impacto ambiental, o empreendedor é obrigado a apoiar a implantação e a manutenção de unidade de conservação do grupo de proteção integral. Considerando essa informação, assinale a opção que apresenta o princípio que embasa tal previsão legal, conforme a jurisprudência do Supremo Tribunal Federal (STF).

a) função social da propriedade
b) usuário-pagador
c) preponderância do interesse público
d) solidariedade intergeracional
e) precaução

107. (TRF/2R/Juiz/2017) Em relação às Unidades de Conservação é correto afirmar que:

a) O licenciamento de atividade desenvolvida em área de proteção ambiental federal é sempre de competência da União.
b) O resultado das consultas públicas prévias à criação de unidades de conservação só vincula o Poder Executivo quando houver participação da maioria da população diretamente interessada e desde que a consulta seja feita com acompanhamento do Tribunal Regional Eleitoral.
c) A zona de amortecimento de uma unidade de conservação deve ter seus limites definidos, seja no ato de criação da unidade ou posteriormente.
d) Nas unidades de conservação de proteção integral não são permitidas atividades com finalidades lucrativas.
e) Nas Reservas de Desenvolvimento Sustentável só são admitidas visitas de parentes dos residentes que façam parte da população tradicional abrigada pela reserva.

108. (TRF/4R/Juiz/2016) Dadas as assertivas abaixo, assinale a alternativa correta. Acerca da Lei Federal n. 9.985/00, que instituiu o Sistema Nacional de Unidades de Conservação da Natureza:

I. O Sistema Nacional de Unidades de Conservação da Natureza é composto pelas Unidades de Conservação Federais, Estaduais e Municipais.
II. As Unidades de Conservação podem ser divididas entre Proteção Integral e de Uso Sustentável, e, em todas as situações, haverá a transferência do título de propriedade ao ente federativo que a instituiu.
III. O Sistema Nacional de Unidades de Conservação é composto por um órgão consultivo, o Conama; um órgão Central, o Ministério do Meio Ambiente; e um órgão executivo, que, para as Unidades de Conservação Federais, pode ser o Instituto Chico Mendes ou o Ibama.
IV. Todas as unidades de conservação instituídas legalmente possuem zona de amortecimento, que tem como objetivo minimizar os impactos negativos da atividade humana sobre a unidade.
V. É permitida a ocupação das Unidades de Conservação para fins de pesquisa científica, independentemente de autorização do órgão gestor respectivo.

a) Estão corretas apenas as assertivas I e II.
b) Estão corretas apenas as assertivas I e III.
c) Estão corretas apenas as assertivas II e IV.
d) Estão corretas apenas as assertivas III e IV.
e) Estão corretas apenas as assertivas III e V.

109. (Cespe/TRF/5R/Juiz/2015) Determinada lei federal criou um refúgio de vida silvestre que abrange áreas particulares repletas de nascentes e lagos. Decorridos seis anos, os proprietários das áreas abrangidas ajuizaram ação de indenização por desapropriação indireta. O poder público apresentou contestação em que alegou prescrição e o descabimento de indenização, uma vez que a criação da unidade de conservação não impôs gravames adicionais além dos que já incidiam por força de leis anteriores, como o Código Florestal. O poder público aduziu, ainda, que não promovera o desapossamento das terras. Com relação a essa situação hipotética e considerando a legislação de regência e a jurisprudência do STJ, assinale a opção correta.

a) O pagamento de indenização só ocorrerá se for caracterizada a desapropriação indireta, pois outras restrições ao direito de propriedade não são indenizáveis.
b) Há APPs na área objeto da lide, mas isso é irrelevante para o deslinde da causa.
c) Caso não tenha havido o desapossamento irreversível da propriedade, como alega o poder público, não restará caracterizada a desapropriação indireta.
d) No caso em apreço, a prescrição foi consumada, uma vez que é quinquenal o prazo para se obter indenização da fazenda pública em decorrência de desapropriação indireta.
e) A criação de unidade de conservação de proteção integral em área privada implica, necessariamente, o pagamento de indenização.

110. (Cespe/TRF/1R/Juiz/2015) Acerca do Sistema Nacional de Unidades de Conservação e das normas relativas à criação, implantação e gestão dessas unidades, assinale a opção correta.

a) Admite-se a transformação parcial de unidade de conservação de uso sustentável em unidade de conservação de proteção integral, desde que por meio de lei e obedecidas as exigências de prévios estudos e consulta pública.

b) À luz do entendimento do STF, é vedada a criação pelo poder público de mais de um tipo de unidade de conservação a partir de um mesmo procedimento administrativo.

c) As populações tradicionais residentes, de maneira irregular, em unidades de conservação poderão continuar a exercer as mesmas atividades já realizadas nas áreas ocupadas quando da criação da unidade.

d) O subsolo e o espaço aéreo, desde que contribuam para a estabilidade do ecossistema protegido, integram os limites das unidades de conservação.

e) As categorias de unidades de conservação de área de proteção ambiental e reserva particular de patrimônio natural devem contar com a delimitação de uma zona de amortecimento no seu entorno, cujo regime jurídico aplicável é o de uma limitação administrativa imposta aos proprietários, com vistas a minimizar os impactos negativos no interior da unidade de conservação.

111. (TRF/4R/Juiz/2014) Assinale a alternativa correta. Relativamente às áreas de preservação ambiental – APAs:

a) O regime jurídico em vigor para as Áreas de Preservação Ambiental – APAs impede a exploração dos recursos naturais nelas existentes.

b) São permitidas nas Áreas de Preservação Ambiental – APAs as atividades de terraplanagem, mineração, dragagem e escavação indispensáveis ao aproveitamento turístico, desde que os danos ou a degradação inevitáveis sejam reparados, mitigados ou compensados.

c) Há interdição total da mineração nas Áreas de Preservação Ambiental – APAs mesmo que o interessado comprove que não ocorrerão danos ambientais.

d) Os Estados-membros da Federação têm competência para legislar sobre as jazidas minerais localizadas na superfície. A União tem competência privativa para legislar sobre as jazidas minerais existentes no subsolo.

e) Aos municípios e aos Estados é permitida a extração de substâncias minerais de emprego imediato na construção civil, definidas em portaria do Ministério de Minas e Energia, para uso exclusivo em obras públicas por eles executadas diretamente, respeitados os direitos minerários em vigor nas áreas onde devam ser executadas as obras e vedada a comercialização.

112. (TRF/2R/Juiz/2014) Em relação às áreas de proteção ambiental – APAS, assinale a opção correta:

a) São unidades de conservação de proteção integral que têm como objetivo básico a preservação de ecossistemas naturais de grande relevância ecológica, possibilitando a realização de pesquisas científicas e o desenvolvimento de atividades de educação e interpretação ambiental e de recreação e turismo ecológico.

b) São unidades de conservação que admitem o uso residencial, mas que são incompatíveis com o exercício de qualquer atividade econômica.

c) São espaços especialmente protegidos cuja criação deve ser precedida da devida desapropriação, sendo vedado o exercício de atividade econômica, excetuada aquela conduzida pela população tradicional.

d) São unidades de conservação de uso sustentável nas quais são permitidas apenas a visitação pública e as atividades de ecoturismo.

e) São unidades de conservação de uso sustentável com certo grau de ocupação humana, dotadas de atributos abióticos, bióticos, estéticos ou culturais especialmente importantes para a qualidade de vida e o bem-estar das populações humanas, onde será permitido o exercício de atividade econômica desde que compatível com os atributos que justificaram sua criação.

113. (TRF/2R/Juiz/2014) Em relação à extinção de reserva biológica estadual, assinale a alternativa correta:

a) Trata-se de ato discricionário do Poder Executivo.

b) Se a reserva foi criada por decreto pode ser extinta por decreto, se foi criada por lei somente a lei pode extingui-la.

c) A reserva biológica pode ser extinta por decreto, mas mediante realização de estudo prévio de impacto ambiental ao qual se dará ampla publicidade.

d) Reservas biológicas e da biosfera só podem ser extintas por emenda à convenção internacional da biodiversidade.

e) Reserva biológica só pode ser extinta por lei do mesmo ente que a criou.

114. (Cespe/TRF/2R/Juiz/2013) Em 2009, um particular ajuizou ação por desapropriação indireta em decorrência da edição de normas, datadas do ano 2001, que constituíram como área de proteção ambiental extensos trechos às margens de um lago, abrangendo a propriedade do autor. Na petição inicial, este informou que, em virtude dessas normas, o poder público registrou no cartório de imóveis a proibição de edificar por quase todo o seu imóvel, esvaziando o conteúdo econômico desse bem. Daí o pedido de reconhecimento da desapropriação indireta e, sucessivamente, o pleito de indenização pelas restrições. Em contestação, o poder público alegou prescrição e, ainda, que não houve desapropriação indireta, mas mera limitação administrativa não indenizável que, ao contrário do alegado pelo autor, até incrementou o valor do imóvel, por ter aumentado o interesse de turistas. Acerca dessa situação hipotética e da legislação a ela pertinente, assinale a opção correta.

a) O poder público só ficará obrigado a indenizar limitação administrativa decorrente de criação de unidade de conservação em terras particulares se ficar configurada uma restrição que esvazie totalmente o valor econômico do bem.

b) Na situação em apreço, é irrelevante o argumento de que foi incrementado o interesse turístico na área, pois, de acordo com a legislação pertinente, o proprietário será privado do direito de estabelecer as condições para visitação pelo público.

c) A lei que instituiu o SNUC não especifica as categorias de unidades de conservação que ensejam obrigatoriamente a transferência do domínio particular para o público, devendo a apreciação ser feita caso a caso.

d) Na hipótese em questão, já transcorreu o prazo prescricional, quer se trate de caso de desapropriação indireta ou de indenização por restrição de uso decorrente da legislação ambiental.

e) A desapropriação indireta pode caracterizar-se mesmo sem o efetivo apossamento da propriedade individual pelo poder público.

115. (Cespe/TRF/1R/Juiz/2013) O MP, alegando iminente degradação ambiental, ajuizou ACP, visando obstar a construção de um empreendimento comercial composto por dois restaurantes, uma lanchonete e uma loja de conveniência em zona de amortecimento de parque nacional federal, gerido pelo Ibama. A ação foi ajuizada contra os empreendedores e contra o estado que instaurou o procedimento de licenciamento. Considerando essa situação hipotética, assinale a opção correta.

a) O parque nacional é uma unidade de conservação de uso sustentável, na qual permitem-se recreação em contato com a natureza e turismo ecológico, o que legitima a intenção de dotar a zona de amortecimento com a infraestrutura apresentada.

b) A edição de lei específica será necessária caso o poder público, para resolver o impasse, decida ampliar o parque nacional sem modificar seus limites originais, apenas estendendo-os para abranger a área do pretendido empreendimento.
c) O autor da ACP preocupa-se com os chamados efeitos de borda, que, embora decorram de atividade antrópica fora das fronteiras da unidade de conservação, são da esfera de competência do gestor dessa unidade.
d) A competência para julgar o feito é da justiça comum, pois a zona de amortecimento é área particular e não é parte no feito a União, suas autarquias ou empresa pública.
e) Deverão ser indenizadas pelo poder público eventuais limitações administrativas impostas aos empreendedores no julgamento da ação, caso estejam impedidos de explorar seus imóveis na forma pretendida.

116. (Cespe/TRF/1R/Juiz/2011) O texto constitucional prevê a criação de espaços territoriais especialmente protegidos como forma de assegurar o exercício ao direito fundamental relacionado ao meio ambiente. Sobre espaços territoriais, unidades de conservação e o Sistema Nacional de Unidades de Conservação, assinale a opção correta.

a) A unidade de conservação pode ser criada por meio de lei ou decreto, e, em caso de abranger área particular, não se aplica a desafetação, pois o domínio não se transmite ao poder público, em nenhuma circunstância.
b) Os espaços territoriais previstos na CF dizem respeito apenas às porções do território nacional, isto é, pertencentes à União, não podendo atingir áreas estaduais ou municipais.
c) A necessidade de manutenção de cobertura vegetal protetora de recursos hídricos e da estrutura do solo justifica a proteção de determinado espaço territorial.
d) A legislação prevê, de forma taxativa, como espaços passíveis de proteção, áreas marginais a cursos de água, topos de morros e montanhas, escarpas e bordas de tabuleiros e chapadas, restingas.
e) No regime jurídico das unidades de conservação, não há previsão de tratamento às populações tradicionais habitantes de área a ser protegida pelo poder público.

117. (TRF/4R/Juiz/2010) Dadas as assertivas abaixo, assinale a alternativa correta.

I. A Lei 9.985/2000 instituiu o Sistema Nacional de Unidades de Conservação da Natureza – SNUC. As unidades integrantes do Sistema dividem-se em dois grupos, com características específicas, sendo que um deles é o grupo das unidades de Proteção Integral e o outro é o grupo das Unidades de Uso Sustentável.
II. O Grupo das Unidades de Uso Sustentável tem como objetivo básico preservar a natureza, sendo admitido apenas o uso indireto dos seus recursos naturais, com exceção dos casos previstos na Lei 9.985/2000.
III. O Grupo das Unidades de Uso Sustentável, referido na Lei 9.985/2000, é constituído das Áreas de Proteção Ambiental, Áreas de Relevante Interesse Ecológico, Florestas Nacionais, Reservas Extrativistas, Reservas de Fauna, Reservas de Desenvolvimento Sustentável e Reservas Particulares do Patrimônio Natural.
IV. Segundo a Lei 9.985/2000, Parque Nacional é a unidade de conservação da natureza que tem como objetivo básico a preservação de ecossistemas naturais de grande relevância ecológica e beleza cênica, possibilitando a realização de pesquisas científicas e o desenvolvimento de atividade de educação e interpretação ambiental, de recreação em contato com a natureza e de turismo ecológico.
V. Conforme a Lei 9.985/2000, as unidades de conservação, inclusive as Áreas de Proteção Ambiental e as Reservas Particulares do Patrimônio Natural, devem possuir uma zona de amortecimento e, quando convenientes, corredores ecológicos.

a) Está correta apenas a assertiva V.
b) Estão corretas apenas as assertivas I e V.
c) Estão corretas apenas as assertivas I, II e V.
d) Estão corretas apenas as assertivas I, III e IV.
e) Estão corretas apenas as assertivas II, III e IV.

118. (TRF/4R/Juiz/2010) Assinale a alternativa correta. A unidade de conservação, de posse e de domínio público federal, que tem como objetivo a preservação integral da biota e dos demais atributos naturais existentes em seus limites, sem interferência humana direta ou modificações ambientais, excetuando-se as medidas de recuperação de seus ecossistemas alterados e as ações de manejo necessárias para recuperar e preservar o equilíbrio natural, a diversidade biológica e os processos ecológicos naturais, é denominada, pela Lei 9.985/2000, de:

a) estação ecológica.
b) parque nacional.
c) floresta nacional.
d) reserva de desenvolvimento sustentável.
e) reserva biológica.

119. (Cespe/TRF/5R/Juiz/2009) Com relação ao Sistema Nacional de Unidades de Conservação, assinale a opção correta.

a) A unidade de conservação só pode ser criada por lei em sentido formal, devendo ser precedida de estudos técnicos e de consulta pública que permitam identificar os limites mais adequados para a unidade.
b) A área de proteção ambiental, dotada de atributos abióticos, bióticos, estéticos ou culturais especialmente importantes para a qualidade de vida e o bem-estar das populações humanas, é constituída apenas por terras públicas.
c) Compõem o grupo das unidades de proteção integral as seguintes categorias de unidades de conservação: reserva biológica, área de relevante interesse ecológico, floresta nacional e reserva de fauna.
d) É possível a transformação, total ou parcial, de unidades de conservação do grupo de uso sustentável em unidades do grupo de proteção integral, por instrumento normativo do mesmo nível hierárquico do que criou a unidade, desde que se promova consulta pública que permita identificar a localização, a dimensão e os limites mais adequados para a unidade.
e) O parque nacional pode ser criado e permanecer em área de domínio privado, com o objetivo de preservar ecossistemas naturais de grande relevância ecológica e beleza cênica, possibilitando a realização de pesquisas científicas e o desenvolvimento de atividades de educação ambiental, de recreação em contato com a natureza e de turismo ecológico.

120. (Cespe/TRF/1R/Juiz/2009) O SNUC é constituído pelo conjunto das unidades de conservação federais, estaduais e municipais. Os objetivos do SNUC incluem:

a) a promoção da utilização comercial da biodiversidade no processo de desenvolvimento econômico do país.
b) a promoção do desenvolvimento sustentável a partir dos recursos naturais, bem como a proteção de paisagens naturais e pouco alteradas, de notável beleza cênica.
c) a contribuição para manter a diversidade biológica e dos recursos genéticos no território nacional e nas águas jurisdicionais, além da replicação das espécies ameaçadas de extinção por meio do processo de clonagem.

d) o estímulo à substituição dos insumos naturais pelos equivalentes sintéticos na produção dos fármacos industriais, bem como a regulação do uso e da ocupação do solo nas estações ecológicas.

e) o estímulo à utilização progressiva do bioma do cerrado na manutenção do equilíbrio ecológico da região central do país, além da proteção e recuperação dos recursos edáficos utilizados na produção de biocombustíveis.

121. (Cespe/TRF/2R/Juiz/2009) O Sistema Nacional de Unidades de Conservação classifica como unidade de proteção integral:

a) a reserva biológica, que visa preservar ecossistemas naturais de grande relevância ecológica e beleza cênica, podendo abranger áreas particulares.

b) a estação ecológica, que é área destinada à preservação da natureza e também, quando autorizada pela administração da unidade e sujeita às condições e restrições estabelecidas por esta, à realização de pesquisa científica.

c) a reserva da fauna, que visa proteger a fauna e estimular a realização de estudos tecnológicos e científicos sobre o manejo econômico sustentável de recursos faunísticos.

d) o refúgio da vida silvestre, cuja finalidade é resguardar os atributos excepcionais da natureza, com visitação pública sujeita às condições e restrições estabelecidas no plano de manejo da unidade.

e) a floresta nacional, que, diferentemente dos parques, possa ter seus recursos utilizados de forma sustentável.

12. LEIS ESPARSAS

QUESTÕES OBJETIVAS

122. (TRF/4R/Juiz/2022) Assinale a alternativa incorreta. A educação ambiental no Brasil é:

a) obrigatória, por força de dispositivos da Constituição Federal e da legislação que rege a matéria.

b) prevista na Lei nº 6.938/1981, que rege a Política Nacional do Meio Ambiente.

c) prevista como matéria obrigatória em todos os níveis e em todas as modalidades do ensino formal, devendo ser desenvolvida no âmbito dos currículos das instituições de ensino públicas e privadas.

d) prevista como matéria não específica em todos os níveis de ensino.

e) prevista no currículo como disciplina específica obrigatória em todos os níveis de ensino e em todas as modalidades do ensino formal.

123. (TRF/4R/Juiz/2022) Assinale a alternativa correta. O reconhecimento de que um bem imóvel tem valor histórico-artístico e que, consequentemente, deve ser preservado pode ser feito por meio de:

a) declaração de relevância histórica ou artística, por decreto legislativo do Congresso Nacional.

b) tombamento, por ato administrativo da autoridade pertencente ao órgão responsável pelo resguardo do patrimônio histórico e artístico ou ato do agente do Ministério Público Federal ou Estadual, respeitado o devido processo legal.

c) tombamento, por ato administrativo da autoridade pertencente ao órgão responsável pelo resguardo do patrimônio histórico e artístico ou de decisão da autoridade judicial competente em ação judicial.

d) tombamento pelo Instituto do Patrimônio Histórico e Artístico Nacional (IPHAN), autarquia federal que, com exclusividade, é responsável pela preservação e pela divulgação do patrimônio material e imaterial do país.

e) nenhuma das alternativas anteriores está correta.

124. (Vunesp/TRF/3R/Juiz/2022) Os noticiários têm reportado, cada vez com maior frequência, situações graves que vinculam mudanças climáticas a desastres. Sob o ponto de vista jurídico, o Direito dos Desastres está relacionado com a gestão do risco e visa gerir as fases de um evento catastrófico. No âmbito normativo brasileiro, a Lei 12.608/2012, além de autorizar a criação de sistema de informações e monitoramento de desastres, instituiu a Política Nacional de Proteção e Defesa Civil – PNPDEC; e a Lei 12.187/2009, instituiu a Política Nacional sobre Mudança do Clima – PNMC, estabelecendo princípios, objetivos, diretrizes e instrumentos. A PNPDEC, nos termos do art. 32, parágrafo único da Lei 12.608/2012, deve se integrar à política de mudanças climáticas. Sobre este assunto, à luz da legislação e da jurisprudência dominante do Supremo Tribunal Federal e Superior Tribunal de Justiça, dadas as assertivas abaixo, assinale a alternativa correta:

I. É dever da União, dos Estados, do Distrito Federal e dos Municípios adotar as medidas necessárias à redução dos riscos de desastre.

II. Compete à União apoiar os Estados, o Distrito Federal e os Municípios no mapeamento das áreas de risco, nos estudos de identificação de ameaças, suscetibilidades, vulnerabilidades e risco de desastre e nas demais ações de prevenção, mitigação, preparação, resposta e recuperação.

III. A Política Nacional sobre a Mudança do Clima (PNMC) deve ser executada pelos entes políticos e pelos órgãos da administração pública, com observância dos princípios da precaução, da prevenção, da participação cidadã, do desenvolvimento sustentável, visando, dentre outros, à preservação, à conservação e à recuperação dos recursos ambientais, com particular atenção aos grandes biomas naturais tidos como Patrimônio Nacional.

a) I e II estão corretas.

b) II e III estão corretas.

c) I e III estão corretas.

d) I, II e III estão corretas.

125. (Vunesp/TRF/3R/Juiz/2022) Em maio de 2022, no Incidente de Assunção de Competência (IAC 13), o Superior Tribunal de Justiça estabeleceu quatro teses relativas ao direito de acesso à informação no direito ambiental. A base para julgamento deste IAC 13 pelo Superior Tribunal de Justiça foi a incidência, na hipótese, da Lei de Acesso à Informação (LAI), de 2011, e da Lei de Acesso à Informação Ambiental, de 2003. À luz da legislação e ou da jurisprudência dominante, assinale a alternativa correta:

a) Os órgãos e entidades da Administração Pública, integrantes do Sistema Nacional do Meio Ambiente – Sisnama, ficam obrigados a permitir o acesso público aos documentos, expedientes e processos administrativos que tratem de matéria ambiental e a fornecer todas as informações ambientais que estejam sob sua guarda, com exceção de informações relativas ao agronegócio, como sobre as que envolvem o uso de substâncias tóxicas e perigosas e de organismos geneticamente modificados.

b) Os entes federativos não têm obrigação de franquear amplo acesso às informações acerca da execução de Planos de Manejos de Áreas de Proteção Ambiental (APA), podendo permitir o acesso a órgãos públicos e a entidades ambientais cadastradas.

c) Na obrigação de transparência ambiental pelo Estado, não cabe falar em transparência reativa, aquela decorrente do dever de produção de informação ambiental ainda inexistente no âmbito da administração pública.

d) Para assegurar o direito constitucional ao meio ambiente sadio e equilibrado, o poder público tem o dever de promover a educação ambiental em todos os níveis de ensino e a conscientização pública para a preservação ambiental.

126. (IFBC/TRF/2R/Juiz/2018) As políticas nacionais para o aproveitamento racional das fontes de energia visam alcançar vários objetivos tratados na Lei n. 9.478/97, entre os quais se encontra o seguinte:

a) fomentar a pesquisa e o desenvolvimento relacionados à energia renovável.
b) mitigar as emissões de gases nos setores de energia e de transportes, sem o uso de biocombustíveis.
c) utilizar apenas uma única fonte de energia, com aproveitamento dos insumos disponíveis.
d) incrementar, em bases políticas, a participação dos biocombustíveis na matriz energética regional.
e) garantir o fornecimento de biocombustíveis apenas em regiões de fronteira.

127. (Cespe/TRF/5R/Juiz/2017) Assinale a opção que apresenta o instrumento de cooperação internacional para a consecução dos princípios e objetivos da Convenção da Diversidade Biológica e que abrange o tema da repartição dos benefícios advindos da utilização dos conhecimentos tradicionais associados à biodiversidade.

a) Protocolo de Cartagena.
b) Convenção da Basileia.
c) Convenção de Ramsar.
d) Protocolo de Quioto.
e) Protocolo de Nagoya.

128. (TRF/2R/Juiz/2017) Em relação à Política Nacional sobre Mudança do Clima, instituída pela Lei nº 12.187/09, é correto afirmar que:

a) O conceito de "adaptação" se refere às medidas necessárias para adaptar o sistema produtivo aos objetivos da política climática, reduzindo o volume de emissões de gases de efeito estufa, e o conceito de "mitigação" se refere às iniciativas para reduzir a vulnerabilidade das populações mais afetadas pelas mudanças climáticas.
b) A implementação da Política Nacional sobre Mudança do Clima é de competência privativa da União.
c) Com a aprovação da Política Nacional sobre Mudança do Clima, qualquer pessoa, física ou jurídica, responsável, direta ou indiretamente, por emissões de gases de efeito estufa, pode ser obrigada, inclusive judicialmente, a compensar integralmente suas emissões, até por força do princípio do poluidor pagador.
d) Qualquer instrumento da Política Nacional sobre Mudança do Clima só pode ser utilizado mediante prévia aprovação pela conferência das partes à Convenção Quadro das Nações Unidas sobre Mudanças Climáticas (as denominadas "COPs").
e) Os registros, inventários, estimativas, avaliações e outros estudos de emissões de gases de efeito estufa e de suas fontes, elaborados com base em informações e dados fornecidos por entidades públicas e privadas, são instrumentos da Política Nacional Sobre Mudança do Clima.

129. (Cespe/TRF/2R/Juiz/2013) Acerca da política urbana, assinale a opção correta.

a) É competência dos municípios instituir diretrizes para o desenvolvimento urbano, inclusive habitação, saneamento básico e transportes urbanos.
b) Em face da onerosidade que o trabalho de elaboração do plano diretor representa para o poder público municipal, todas as cidades com população inferior a vinte mil habitantes estão desobrigadas de elaborar o referido plano.
c) O planejamento municipal deverá utilizar-se de alguns instrumentos próprios do direito ambiental, como o zoneamento ambiental.
d) No âmbito das cidades, a elaboração do estudo de impacto de vizinhança substitui a elaboração do EIA, por ser o primeiro mais específico.
e) É facultado a todo poder público municipal exigir do proprietário do solo urbano não edificado que promova seu adequado aproveitamento, sob pena de edificação compulsória, pagamento de IPTU progressivo ou desapropriação.

130. (Cespe/TRF/5R/Juiz/2011) Com relação ao zoneamento ambiental, assinale a opção correta.

a) Para integrar o planejamento e a execução de funções públicas de interesse comum, os estados podem instituir regiões metropolitanas constituídas por agrupamentos de municípios limítrofes, condicionada tal iniciativa à aprovação, por lei, dos municípios envolvidos.
b) O plano diretor, instrumento para o estabelecimento de critérios gerais de ordenação dos espaços urbanos, é obrigatório para todas as cidades que se situem em um mesmo complexo geoeconômico e social e para as que, reunidas, constituam aglomerações urbanas e microrregiões.
c) O zoneamento ambiental constitui um dos instrumentos da PNMA para evitar a ocupação desordenada do solo urbano ou rural, razão por que cabe exclusivamente à União definir, em todas as unidades da Federação, espaços territoriais e seus componentes a serem especialmente protegidos.
d) As indústrias ou grupos de indústrias já existentes e que não se localizem nas zonas industriais definidas por lei devem ser submetidas à instalação de equipamentos especiais de controle e, nos casos mais graves, à relocalização, podendo-se conferir aos projetos com essa finalidade condições especiais de financiamento.
e) Considera-se zoneamento ambiental a definição do entorno de uma unidade de conservação, onde as atividades humanas se sujeitam a normas e restrições específicas, a fim de que se reduzam os impactos negativos sobre a unidade.

131. (Cespe/TRF/5R/Juiz/2011) Com relação às normas que regulam o controle e o transporte de produtos tóxicos e a política energética, assinale a opção correta.

a) Cabe às agências reguladoras do setor energético propor ao Presidente da República políticas nacionais e medidas específicas destinadas a promover o aproveitamento racional dos recursos energéticos do país, em conformidade com a legislação vigente.
b) Aos estados e ao DF, no exercício de sua competência legislativa, cabe, em caráter privativo, editar normas sobre registro, comércio, classificação e controle tecnológico e toxicológico dos agrotóxicos.
c) O transporte de agrotóxicos e de suas embalagens vazias está sujeito aos procedimentos estabelecidos em legislação específica, de responsabilidade exclusiva da União.
d) São de propriedade da União todos os depósitos de petróleo, gás natural e outros hidrocarbonetos fluidos existentes em território nacional, nele compreendidos a parte terrestre, o mar territorial, a plataforma continental e a zona econômica exclusiva.
e) Compete à Petrobras implementar, em sua esfera de atribuições, a política nacional de petróleo, gás natural e biocombustíveis, com ênfase na garantia do suprimento de derivados de petróleo, gás natural e seus derivados e biocombustíveis, em todo o território nacional.

13. LICENCIAMENTO AMBIENTAL

ATENÇÃO: ESTE TEMA É MUITO EXIGIDO NOS CONCURSOS!

ENUNCIADOS

Fonadirh Enunc. 47. As licenças ambientais devem atender a padrões normativos compatíveis com a Constituição, as convenções e tratados internacionais de direitos humanos, a fim de respeitarem o biocentrismo e se tornarem instrumentos eficientes e eficazes, tanto para a conservação do meio ambiente e garantia dos direitos relacionados à sociobiodoversidade e seu uso sustentável quanto para o desenvolvimento da indústria, comércio e serviços.

QUESTÕES DISCURSIVAS

1. (TRF/2R/Juiz/2014) O Município YY altera, por meio de lei formal, o zoneamento de área protegida por razões ambientais, permitindo a instalação de atividades econômicas em parte desta área. Por meio de ação civil pública, o Ministério Público questiona o licenciamento ambiental de empreendimento localizado na área objeto da mudança legislativa. Sustenta a inconstitucionalidade da lei por ausência de estudo prévio de impacto ambiental, violação ao princípio da precaução e violação à vedação de retrocesso. Daí a ilegalidade do licenciamento. Assiste razão ao MP? Discuta apenas o mérito da tese levantada, e não questões processuais.

2. (TRF/2R/Juiz/2007) Quais espécies de licenças ambientais você conhece?.

3. (TRF/2R/Juiz/2007) Ministério Público Federal ajuíza ação civil pública em face do DNIT (Departamento Nacional de Infraestrutura de Transportes) objetivando a suspensão de continuidade das obras de determinado acesso viário, sob o fundamento de ausência de prévia realização do EIA-RIMA específicos, segundo a legislação correlata, sendo a liminar diferida para apreciação, com a vinda da resposta, sendo nesta arguida que a pavimentação está praticamente concluída, além do que já houve, efetivo dispêndio de valores vultosos, devendo ser inacolhida a medida "initio litis". Na qualidade de magistrado decida, de forma fundamentada, indicando eventualmente, os postulados, princípios, e regras aplicáveis ao deslinde da hipótese enfocada, dando os fatos como comprovados.

QUESTÕES OBJETIVAS

132. (Vunesp/TRF/3R/Juiz/2022) No licenciamento ambiental, quando há povos indígenas, comunidades quilombolas e outras comunidades tradicionais no local ou nas proximidades do empreendimento ou serviço, a avaliação de impactos socioambientais, além de seguir as normas ambientais pertinentes, requer ainda a estrita observância da Constituição brasileira de 1988 e, no que couber, da Convenção nº 169 da Organização Internacional do Trabalho (OIT), especialmente no que concerne à previsão do Direito à Consulta e ao Consentimento Prévio, Livre e Informado. Dadas as assertivas abaixo, assinale a alternativa correta:

I. Cada vez que sejam previstas medidas legislativas ou administrativas suscetíveis de afetar os povos indígenas, comunidades quilombolas e outras comunidades tradicionais, é dever do Estado lhes garantir o direito de consulta livre, prévia e informada.

II. O Estado deverá zelar para sejam efetuados estudos junto aos povos indígenas, comunidades quilombolas e outras comunidades tradicionais, com o objetivo de se avaliar a incidência social, espiritual e cultural que as atividades submetidas ao licenciamento ambiental possam ter sobre esses povos e comunidades.

III. É possível haver compatibilidade entre meio ambiente e terras indígenas, ainda que estas envolvam áreas de conservação ambiental e/ou áreas de preservação ambiental. Esta compatibilidade é que autoriza a dupla afetação, sob a administração do competente órgão ambiental, devendo-se observar a Convenção nº 169 da OIT, especialmente quanto à necessidade da consulta livre, prévia e informada dos povos indígenas na elaboração do plano de administração conjunta ou gestão compartilhada do espaço ambientalmente protegido.

a) I e II estão corretas.
b) II e III estão corretas.
c) I e III estão corretas.
d) Todas estão corretas.

133. (TRF/3R/Juiz/2018) A respeito do licenciamento ambiental, é correto afirmar que:

a) Conforme a Lei Complementar nº 140/2011, os empreendimentos e atividades são licenciados ou autorizados, ambientalmente, apenas pela União, Estados ou Distrito Federal de forma concorrente, tendo em vista a competência prevista no artigo 24 da Constituição Federal.
b) De acordo com a Lei Complementar nº 140/2011 e com a Lei nº 6.938/81, o licenciamento ambiental abrange o estudo de impacto ambiental e a revisão de atividades efetiva ou potencialmente poluidoras.
c) É o procedimento administrativo destinado a licenciar atividades ou empreendimentos utilizadores de recursos ambientais, efetiva ou potencialmente poluidores ou capazes, sob qualquer forma, de causar degradação ambiental.
d) Em face da supremacia da União em determinar os critérios a serem observados quanto à proteção do meio ambiente, apenas a concessão de autorização do Poder Público federal poderá contrariar regra municipal ou estadual que estabeleça zoneamento para determinado espaço territorial.

134. (TRF/2R/Juiz/2017) Em relação à competência para o licenciamento ambiental é correto afirmar que:

a) O ente que não tem competência para licenciar a atividade tampouco poderá aplicar medidas de polícia sobre ela.
b) Atividades localizadas em faixa de até 50 km da fronteira serão sempre licenciadas pela União.
c) Atividades que captem água de rios federais serão sempre licenciadas pela União.
d) Em regra, o ente competente para o licenciamento de uma atividade será competente para aplicar sanções administrativas ambientais à pessoa responsável pela atividade.
e) O licenciamento ambiental de qualquer atividade conduzida por concessionária de serviço público federal será de competência da União.

135. (TRF/2R/Juiz/2017) O licenciamento ambiental de atividade de produção de petróleo compete:

a) À União, ao Estado e ao município onde estiver localizada a atividade, pois, pelo art. 23, VI, da Constituição Federal, a competência para proteção do meio ambiente é comum e o múltiplo licenciamento é mais apto a proteger o bioma.
b) Exclusivamente à União, pois se trata de atividade sujeita constitucionalmente a monopólio federal.
c) A resposta depende da localização da atividade. Assim, por exemplo, se a atividade estiver localizada no mar, a competência será sempre da União, se estiver localizada em terra, a competência será sempre do Estado.
d) A resposta depende da localização e da natureza exata da atividade. Assim, por exemplo, se a atividade estiver localizada no mar territorial, a competência será da União. Se a atividade

estiver localizada no continente, fora de terras indígenas, parques nacionais, divisas com outros estados ou fronteiras internacionais e não se tratar de unidade de produção de recurso não convencional de petróleo, a competência será do Estado.

e) À União e ao Estado onde estiver localizada a atividade, por força do artigo 10 da Lei 6.938/8 I (Lei da Política Nacional do Meio Ambiente).

136. (TRF/4R/Juiz/2016) Dadas as assertivas abaixo, assinale a alternativa correta.

I. Existindo licença de construir concedida pelo Município, não há que se cogitar de limitações ambientais ao direito de construir em área urbana.

II. É permitida a exploração florestal com propósito comercial em áreas de reserva legal, mediante manejo sustentável aprovado por órgão ambiental.

III. Segundo a jurisprudência majoritária do Superior Tribunal de Justiça, embora seja possível, em tese, a cumulação da obrigação de reparar o dano ambiental (obrigação de fazer) com a de indenizar, esta última não será devida se houver restauração completa do bem lesado.

a) Estão corretas apenas as assertivas I e II.
b) Estão corretas apenas as assertivas I e III.
c) Estão corretas apenas as assertivas II e III.
d) Estão corretas todas as assertivas.
e) Nenhuma assertiva está correta.

137. (Cespe/TRF/1R/Juiz/2015) Um empreendedor deu entrada em pedido de licenciamento ambiental no órgão estadual competente. Após paralisar o procedimento por dez meses, o órgão estadual informou que não teria capacidade técnico-administrativa para licenciar o empreendimento e que só a teria após a realização e a conclusão de concurso público para a contratação de servidores, o que demoraria um ano aproximadamente. Diante desses fatos, o empreendedor pediu arquivamento do pedido no órgão estadual e solicitou a atuação do órgão ambiental federal, que assumiu o procedimento de licenciamento ambiental. Nessa situação hipotética, à luz da Lei Complementar n. 140/2011, a atuação do órgão federal:

a) decorreu de competência residual com o intuito de fornecer apoio técnico ao órgão estadual que continuará responsável pelo licenciamento.
b) decorreu de competência delegada por força de lei, que dispensa delegação formal pelo titular do órgão estadual.
c) decorreu da competência vertical, exercida diante da prevalência do interesse federal, superior hierarquicamente aos interesses dos demais entes da Federação.
d) foi regular, desde que as licenças ambientais tenham sido emitidas sob a responsabilidade dos titulares dos órgãos estadual e federal.
e) foi supletiva, em substituição ao órgão estadual originariamente detentor da atribuição para licenciar.

138. (Cespe/TRF/1R/Juiz/2015) Assinale a opção correta acerca do EIA e do procedimento de licenciamento ambiental.

a) Para o licenciamento ambiental de empreendimentos a serem instalados em municípios com mais de vinte mil habitantes, exige-se a realização de audiência pública para expor o conteúdo do EIA e do respectivo RIMA, bem como para recolher sugestões e dirimir dúvidas.
b) No âmbito do conteúdo do EIA, os impactos ambientais a serem analisados são os capazes de afetar direta ou indiretamente a biota e a qualidade dos recursos naturais, afastando-se os impactos de ordem econômica ou social.
c) O empreendedor e os profissionais que elaboram o EIA são responsáveis pelas informações apresentadas ao órgão ambiental competente e estão sujeitos a sanções nos âmbitos administrativo, penal e civil.
d) Para fins de orientar o poluidor no cumprimento de medidas de recuperação e(ou) indenização por danos causados em virtude de atividade industrial, exige-se o instrumento do licenciamento ambiental.
e) Nos casos devidamente justificados, para se aumentar a economicidade e eficiência, admite-se o procedimento de licenciamento ambiental conjunto, por exemplo, entre os órgãos ambientais federal e estaduais.

139. (Cespe/TRF/1R/Juiz/2015) Dado que, em determinadas situações, o instrumento do licenciamento ambiental se relaciona com as unidades de conservação da natureza, assinale a opção correta de acordo com a legislação ambiental e sua jurisprudência.

a) Se o empreendimento de significativo impacto ambiental afetar a zona de amortecimento da unidade de conservação, o órgão licenciador deverá solicitar opinião do órgão ambiental responsável pela gestão da unidade.
b) No licenciamento ambiental de empreendimento causador de significativo impacto ambiental, o empreendedor é obrigado a apoiar a implantação e a manutenção de unidade de conservação de proteção integral a título de compensação ambiental. Esse apoio é feito mediante investimento, cujo montante deve pagar, no mínimo, meio por cento dos custos totais da implantação do empreendimento.
c) A indicação, pelo órgão licenciador, do montante total a ser pago a título de compensação ambiental, à luz do entendimento do STF, deve ocorrer de acordo com o grau de impacto significativo negativo do empreendimento indicado no EIA e respectivo relatório (EIA/Rima).
d) Ao se aplicarem recursos de compensação ambiental na manutenção de unidades de conservação já criadas, devem-se priorizar as pesquisas sobre o manejo da unidade e área de amortecimento em relação à aquisição de bens e serviços necessários à implantação, gestão, monitoramento e proteção.
e) As atividades humanas no interior de unidades de conservação de uso sustentável, desde que compatíveis com os objetivos dessas unidades, devem ser precedidas de licenciamento ambiental.

140. (TRF/2R/Juiz/2014) Em relação ao estudo prévio de impacto ambiental:

a) Trata-se de estudo a ser exigido como condição prévia à operação de qualquer atividade potencialmente causadora de dano ambiental.
b) Trata-se de estudo inspirado pelos princípios da precaução e da prevenção, cujo resultado vincula a administração ambiental e que deve ser realizado previamente à instalação de qualquer atividade comprovadamente causadora de impacto ambiental.
c) Trata-se de estudo a ser exigido, no curso do licenciamento ambiental, como condição prévia à instalação de obra ou atividade potencialmente causadora de degradação significativa ao meio ambiente.
d) Trata-se de estudo de natureza vinculativa, a ser exigido como condição prévia à instalação de obra potencialmente causadora de degradação significativa do meio ambiente e, assim, caso não recomende a obra, inviabilizada estará a concessão da licença.
e) Trata-se de estudo inspirado pelo princípio da precaução, de caráter obrigatório em qualquer procedimento de licenciamento ambiental.

141. (TRF/2R/Juiz/2014) Em relação à atribuição para promover o licenciamento ambiental dos empreendimentos localizados na zona costeira é correto afirmar que:

a) Desde que seus impactos se limitem ao território de um município e não inclua a zona econômica exclusiva serão sempre de atribuição municipal.
b) Serão sempre de atribuição federal, já que a zona costeira é considerada patrimônio nacional.
c) Se o empreendimento se localizar no mar territorial, na plataforma continental ou na zona econômica exclusiva, a atribuição será da União. A atribuição também será da União se o empreendimento incluir áreas das faixas terrestre e marítima da zona costeira, nos casos previstos em tipologia estabelecida a partir de proposição de Comissão Tripartite Nacional.
d) Quando situado em zona urbana a atribuição será do município, e do Estado quando situado na zona rural.
e) Se a localização do empreendimento incluir apenas área da faixa terrestre da zona costeira, a atribuição será do Estado, se incluir área da faixa marítima a atribuição será sempre da União.

142. (TRF/3R/Juiz/2013) Assinale a alternativa correta:

a) A exigência de estudo de impacto ambiental ou de qualquer outra forma de avaliação de impacto ambiental é medida tipicamente administrativa e, portanto, praticada apenas pelo executivo.
b) Todas as decisões da Comissão Técnica Nacional de Biossegurança – CTNBio, quanto aos aspectos de biossegurança de OGM e seus derivados vincula os demais órgãos e entidades da administração.
c) O patrimônio genético é bem material e não se confunde com os bens materiais individuais ou coletivos.
d) O registro do patrimônio imaterial, tal como estabelecido em legislação própria, estabelece exclusividade no uso dos costumes ou práticas tradicionais, estabelecendo uma proibição geral de uso não licenciado.
e) Cabe ao Poder Público preservar e ao homem restaurar os processos ecológicos essenciais e prover o manejo ecológico das espécies e ecossistemas.

143. (Cespe/TRF/5R/Juiz/2013) A competência para legislar sobre a proteção ao meio ambiente é comum à União, aos estados, ao DF e aos municípios, havendo ações administrativas que competem a cada um desses entes de maneira exclusiva. De acordo com a Lei Complementar n. 140/2011, compete exclusivamente à União:

a) promover o licenciamento ambiental de empreendimentos e atividades localizados ou desenvolvidos em áreas de proteção ambiental.
b) aprovar o manejo e a supressão de vegetação, florestas e formações sucessoras em atividades ou empreendimentos licenciados ou autorizados ambientalmente pelo estado.
c) aprovar o funcionamento de criadouros da fauna silvestre.
d) promover e orientar a educação ambiental em todos os níveis de ensino e a conscientização pública para a proteção do meio ambiente.
e) promover o licenciamento ambiental de empreendimentos e atividades localizados ou desenvolvidos em terras indígenas.

144. (Cespe/TRF/5R/Juiz/2013) Sabendo que, segundo a Lei Complementar n. 140/2011, o licenciamento ambiental é o procedimento administrativo destinado a licenciar atividades ou empreendimentos utilizadores de recursos ambientais, efetiva ou potencialmente poluidores ou capazes, de qualquer forma, de causar degradação ambiental, assinale a opção correta.

a) O licenciamento ambiental deve ser requerido ao órgão estadual competente e, em caráter supletivo, ao Instituto Brasileiro do Meio Ambiente e dos Recursos Naturais Renováveis.
b) Depois de concedida a licença, esta só pode ser revista pelo poder público se identificada irregularidade no procedimento que a antecedeu.
c) O decurso dos prazos de licenciamento, sem a emissão da licença ambiental, implica autorização para a obra ou atividade, vigendo até que o órgão licenciador emita decisão definitiva sobre o caso.
d) O licenciamento ambiental é um instrumento autônomo em relação ao estudo prévio de impacto ambiental.
e) As regras relativas à licença estabelecida no âmbito do direito administrativo aplicam-se ao licenciamento ambiental.

145. (Cespe/TRF/2R/Juiz/2013) Acerca do EIA e do RIMA, assinale a opção correta.

a) A resolução do Conama que regulamenta a realização de EIA enumera exaustivamente as atividades obrigatoriamente sujeitas a esse tipo de estudo.
b) Cabe ao órgão público competente para o licenciamento estabelecer, "ab initio", os limites da área geográfica a ser analisada pela equipe multidisciplinar encarregada da elaboração de EIA/RIMA.
c) É crime sujeito a pena de reclusão e multa a elaboração ou apresentação, no licenciamento, de laudo ou relatório ambiental total ou parcialmente falso ou enganoso, inclusive por omissão.
d) A CF prestigia os princípios da informação e participação ao determinar expressamente a realização de audiências públicas para dar publicidade aos estudos prévios de impacto ambiental.
e) Não podem os estados e municípios legislar sobre EIA, pois essa competência foi delegada pela União ao Conama.

146. (Cespe/TRF/5R/Juiz/2013) A elaboração de estudo prévio de impacto ambiental, expressamente exigida na CF:

a) pode ser substituída pela realização de relatório de viabilidade ambiental.
b) pode ser dispensada mediante disposição expressa em Constituição estadual.
c) deve anteceder, necessariamente, a implantação da obra ou a realização da atividade.
d) deve ser feita concomitantemente à implantação da obra ou à realização da atividade.
e) pode ser dispensada mediante disposição expressa em lei federal.

147. (Cespe/TRF/1R/Juiz/2013) No que se refere ao EIA e a licenciamento e licenças ambientais, assinale a opção correta.

a) O Ibama é competente para estabelecer normas e critérios para o licenciamento de atividades efetiva ou potencialmente poluidoras, podendo ainda licenciar empreendimentos de repercussão regional ou nacional.
b) A licença ambiental com prazo de validade determinado é ato administrativo definitivo, e, por isso, confere ao administrado o direito de exercer a atividade na forma do licenciamento, sem revisão, até a expiração do prazo.
c) Se a licença ambiental for requerida a qualquer tempo antes da expiração do seu prazo de validade, este será automaticamente prorrogado até a manifestação definitiva do órgão competente.
d) É taxativa a listagem contida em resolução federal que enumera as atividades cujo licenciamento dependerá obrigatoriamente da elaboração de EIA/RIMA. Tal rol cria presunção

absoluta de que essas atividades são causadoras de significativa degradação ambiental.

e) A bacia hidrográfica na qual se situará determinado projeto é a única referência geográfica preestabelecida para a equipe multidisciplinar encarregada da elaboração de EIA/RIMA que, para fixar os limites da área de influência, observará a extensão dos impactos.

148. (Cespe/TRF/2R/Juiz/2011) A tutela do meio ambiente, devido à complexidade que engendra, envolve definição de políticas públicas, utilização adequada de instrumentos de prevenção e controle das atividades econômicas e atuação constante do poder público. Acerca desse tema, assinale a opção correta.

a) O estudo de impacto ambiental exigido por órgão ambiental competente pode ser objeto de reforma judicial.

b) Entre as atribuições do Conselho Nacional do Meio Ambiente, integrante do Sistema Nacional de Meio Ambiente, inclui-se o desenvolvimento de projetos para o uso racional e sustentável de recursos naturais e para melhorar a qualidade de vida da população.

c) Comparado à avaliação de impacto ambiental, o estudo de impacto ambiental tem abrangência restrita.

d) O estudo de impacto ambiental tem natureza jurídica de ato administrativo ambiental.

e) A autorização para o funcionamento de atividade potencialmente degradadora do ambiente independe da localização do empreendimento ou de estudos preliminares de uso do solo.

149. (Cespe/TRF/3R/Juiz/2011) Acerca do licenciamento ambiental, assinale a opção correta.

a) Compete ao Conama determinar, quando julgar necessário, a realização de estudos das alternativas e das possíveis consequências ambientais de projetos privados que possam causar significativa degradação ambiental, e ao Ibama cabe apreciar os estudos de impacto ambiental de projetos desenvolvidos pelo poder público.

b) Compete ao órgão ambiental municipal, ouvidos os órgãos competentes da União, dos estados e do DF, quando couber, o licenciamento ambiental de empreendimentos e atividades de impacto ambiental local, bem como o que lhe for delegado pelo estado-membro por instrumento legal ou convênio.

c) Pertence ao Ibama, em caráter exclusivo e indelegável, a competência para o licenciamento ambiental de empreendimentos e atividades com significativo impacto ambiental de âmbito regional.

d) O licenciamento ambiental dos empreendimentos e atividades localizados ou desenvolvidos nas florestas e demais formas de vegetação natural de preservação permanente e de todas as que assim forem consideradas por normas federais é da competência do órgão ambiental federal.

e) São idênticos os prazos de validade da licença prévia, da licença de instalação e da licença de operação, etapas inextinguíveis do licenciamento ambiental.

150. (Cespe/TRF/3R/Juiz/2011) Assinale a opção correta a respeito do EIA.

a) No EIA, deve ser desenvolvido diagnóstico ambiental da área de influência do projeto, considerados o meio físico, o biológico e os ecossistemas naturais, sendo de responsabilidade do RIMA a análise do meio socioeconômico e das relações de dependência entre a sociedade local, os recursos ambientais e a potencial utilização futura desses recursos.

b) O elenco de atividades que dependem do EIA e respectivo RIMA consta exemplificativamente da lei, podendo o órgão ambiental competente, a seu critério, exigir a apresentação do EIA/RIMA em outras hipóteses que julgar relevantes.

c) No caso de empreendimentos e atividades sujeitos ao EIA, verificada a necessidade de complementação dos esclarecimentos prestados, o órgão ambiental competente poderá, de modo unilateral, independentemente da participação do empreendedor, exigir providências suplementares, cujo descumprimento implica o indeferimento sumário do pedido de licença.

d) A audiência pública não é etapa que deva preceder obrigatoriamente a realização do EIA, sendo necessária apenas quando solicitada pelo órgão ambiental responsável pela concessão do licenciamento, o único que dispõe de legitimidade para requerê-la.

e) Pertence ao empreendedor que pretenda a liberação ambiental de seus projetos o dever de pagar as custas do EIA, sujeitando-se, ele e os profissionais que subscrevam os estudos, à responsabilidade nas instâncias administrativa, civil e penal pelas informações apresentadas.

151. (Cespe/TRF/5R/Juiz/2011) A respeito do EIA, assinale a opção correta.

a) Nos casos de licenciamento ambiental de empreendimentos de significativo impacto ambiental, assim considerado pelo órgão ambiental competente, com fundamento em EIA e respectivo relatório (EIA/RIMA), o empreendedor é obrigado a apoiar a implantação e a manutenção de unidade de conservação de proteção integral.

b) A construção, a instalação, a ampliação e o funcionamento de estabelecimentos e atividades considerados efetiva e potencialmente poluidores, bem como os capazes, sob qualquer forma, de causar degradação ambiental, dependem de prévio licenciamento, cuja concessão cabe privativamente ao órgão estadual competente.

c) O EIA deve ser realizado por equipe multidisciplinar habilitada, que, não vinculada direta ou indiretamente ao proponente do projeto, será a responsável técnica pelos resultados apresentados.

d) Compete ao Ibama determinar, quando julgar necessário, a realização de estudos das alternativas e das possíveis consequências ambientais de projetos públicos ou privados, requisitando aos órgãos federais, estaduais e municipais e às entidades privadas as informações indispensáveis para apreciação dos EIAs, e respectivos relatórios, no caso de obras ou atividades de significativa degradação ambiental.

e) Um dos requisitos técnicos do EIA é a descrição da área de influência do projeto após a realização da obra. Embora não seja necessário caracterizar a situação da área antes da implantação do projeto, a legislação exige que se descreva, no EIA, de forma prospectiva, o modo como o meio físico, o meio biológico e os ecossistemas naturais regem à obra ou ao empreendimento.

152. (Cespe/TRF/5R/Juiz/2009) Acerca do licenciamento ambiental, assinale a opção correta.

a) A construção, instalação, ampliação e funcionamento de atividades utilizadoras de recursos ambientais, consideradas efetiva ou potencialmente poluidoras, dependerão de prévio licenciamento dos órgãos federais que compõem o Sisnama.

b) Compete ao IBAMA, órgão executor do Sisnama, o licenciamento ambiental dos empreendimentos e atividades cujos impactos ambientais ultrapassem os limites territoriais de um ou mais municípios, bem como dos empreendimentos delegados pela União aos estados ou ao DF, por instrumento legal ou convênio.

c) Poderá ser concedida a cientistas, pertencentes a instituições científicas, oficiais ou oficializadas, ou por estas indicadas, licença especial para a coleta de espécimes da fauna silvestre, em qualquer época. Aos cientistas das instituições nacionais que tenham, por lei, a atribuição de coletar material zoológico para fins científicos serão concedidas licenças permanentes.

d) Para a expedição das diversas modalidades de licença ambiental (licença prévia, licença de instalação e licença de operação), o órgão ambiental competente não poderá estabelecer prazos de análise diferenciados, devendo, todos eles, observar o prazo máximo de doze meses a contar do ato de protocolar o requerimento até seu deferimento ou indeferimento.

e) A licença de instalação autoriza, após as verificações necessárias, o início da atividade licenciada e o funcionamento de seus equipamentos de controle de poluição, de acordo com o previsto na licença prévia.

153. (Cespe/TRF/1R/Juiz/2009) Quanto à licença e ao licenciamento ambiental, assinale a opção correta.

a) O licenciamento ambiental é espécie de ato administrativo unilateral e vinculado, pelo qual a administração faculta àquele que preenche os requisitos legais o exercício de determinada atividade.

b) Por ser ato vinculado suis generis, a licença ambiental não poderá ser concedida quando o estudo prévio de impacto ambiental for desfavorável ao empreendimento.

c) Por se tratar de ato administrativo por meio do qual o órgão ambiental competente estabelece as condições, restrições e medidas de controle ambiental que deverão ser observadas pelo empreendedor, o licenciamento ambiental aplica-se a todas as atividades utilizadoras de recursos ambientais.

d) Em razão de sua discricionariedade, a licença ambiental não pode ser concedida sem que sejam supridas todas as condicionantes que limitem as atividades consideradas efetiva ou potencialmente degradadoras, previamente relacionadas na planilha de comando e controle do memorial descritivo que compõe o relatório de impacto ambiental.

e) O licenciamento ambiental é o conjunto de etapas constituintes do procedimento administrativo que objetiva a concessão da licença ambiental, sendo esta, portanto, uma das etapas do licenciamento.

14. RESPONSABILIDADE AMBIENTAL

ATENÇÃO: ESTE TEMA É MUITO EXIGIDO NOS CONCURSOS!

SÚMULAS

STJ **Súm. 613.** Não se admite a aplicação da teoria do fato consumado em tema de Direito Ambiental.

STJ **Súm. 618.** A inversão do ônus da prova aplica-se às ações de degradação ambiental.

STJ **Súm. 623.** As obrigações ambientais possuem natureza "propter rem", sendo admissível cobrá-las do proprietário ou possuidor atual e/ou dos anteriores, à escolha do credor.

STJ **Súm. 629.** Quanto ao dano ambiental, é admitida a condenação do réu à obrigação de fazer ou à de não fazer cumulada com a de indenizar.

REPERCUSSÃO & REPETITIVOS

STF **Rep. Geral 774.** A norma estadual que impõe à concessionária de geração de energia elétrica a promoção de investimentos, com recursos identificados como parcela da receita que aufere, voltados à proteção e à preservação de mananciais hídricos é inconstitucional por configurar intervenção indevida do Estado no contrato de concessão da exploração do aproveitamento energético dos cursos de água, atividade de competência da União, conforme art. 21, XII, "b", da Constituição Federal. *RE 827538, 12.5.2020.*

STF **Rep. Geral 999.** É imprescritível a pretensão de reparação civil de dano ambiental. *RE 654833, 20.4.2020.*

INFORMATIVOS

STJ **Dano ambiental. Responsabilidade civil do Estado. Construção de moradias me área de preservação permanente. Ciência de Município. Inércia por mais de seis anos. Responsabilidade objetiva por omissão.** A responsabilidade civil por dano ambiental é objetiva e solidária. E, nos casos em que o Poder Público concorre para o prejuízo por omissão, a sua responsabilidade solidária é de execução subsidiária (ou com ordem de preferência). *AREsp 1756656, 2ª T, 21.10.2022. Inf 758.*

STJ **Extração ilegal de recurso natural (areia). Desatendimento às limitações constantes da licença de operação. Pretensão indenizatória da União. Reparação integral do valor obtido com a extração irregular. Oposição de pedido de ressarcimento dos custos operacionais. Descabimento.** A empresa que efetua irregularmente a lavra de minério, enriquecendo-se ilicitamente, não pode pretender o ressarcimento dos custos operacionais dessa atividade "contra legem", sob o argumento de que a não remuneração ensejaria o locupletamento sem causa da União. *REsp 1860239, 1ª T, 19.8.2022. Inf 746.*

STJ **Ação civil pública. Meio ambiente. Reparação de danos decorrentes de construção. TAC. Deficiência na execução de obrigação. Questões meramente patrimoniais que não se confundem com dano ao meio ambiente. Sujeição à prescrição quinquenal.** A pretensão executória de obrigações de fazer previstas em Termo de ajustamento de conduta (TAC) firmado para reparação de danos ambientais decorrentes de empreendimento imobiliário, quando relacionadas a questões meramente patrimoniais, não visando a restauração de bens de natureza ambiental, sujeita-se à prescrição quinquenal. *AREsp 1941907, 1ª T, 9.8.2022. Inf 744.*

STJ **Responsabilidade por dano ambiental. Município. Legitimidade passiva. Omissão fiscalizatória. Canil particular clandestino. Maus-tratos de animais. Contaminação do solo. Ciência por mais de uma década. Inação. Dimensão ecológica da dignidade humana. Competência comum. Federalismo cooperativo ambiental.** A omissão na fiscalização e mitigação dos danos ambientais enseja a imposição judicial de obrigações positivas para o Município a fim de solucionar o problema cuja extensão temporal e quantitativa revela afronta à dimensão ecológica da dignidade humana. *AREsp 2024982, 2ª T, 24.6.2022. Inf 742.*

STJ **Dano ambiental. Ressarcimento ao erário. Indenização fixada pelo Tribunal a quo no montante de 50% do faturamento bruto obtido pela extração ilegal. Necessidade de reparação integral.** A indenização de dano ambiental deve abranger a totalidade dos danos causados, não sendo possível ser decotadas em seu cálculo despesas referentes à atividade empresarial (impostos e outras). *REsp 1923855, 2ª T, 28.4.2022. Inf 734.*

QUESTÕES OBJETIVAS

154. (TRF/4R/Juiz/2022) Assinale a alternativa correta.

a) O assistente simples e o assistente litisconsorcial atuam como auxiliares da parte principal e se submetem aos efeitos da coisa julgada, exceto se provarem que desconheciam a existência de alegações ou provas das quais o assistido, por dolo ou culpa, não se valeu.

b) A sentença de mérito será ineficaz em relação à parte não citada, no caso de inobservância do litisconsórcio necessário unitário.

c) A formação do litisconsórcio facultativo decorre da autonomia privada e, desse modo, não pode ser limitada pelo juiz.

d) A responsabilidade civil por danos ambientais é solidária entre o poluidor direto e o indireto, o que permite que a ação seja ajuizada contra qualquer um deles, sendo facultativo o litisconsórcio.

e) Considera-se inexigível a obrigação reconhecida em título executivo judicial fundado em lei ou ato normativo considerado inconstitucional pelo Supremo Tribunal Federal, ou fundado em aplicação ou interpretação da lei ou do ato normativo tido pelo Supremo Tribunal Federal como incompatível com a Constituição Federal, em controle de constitucionalidade concentrado ou difuso, ainda que o pronunciamento pela inconstitucionalidade tenha ocorrido após o trânsito em julgado da decisão exequenda.

155. (Vunesp/TRF/3R/Juiz/2022) Sobre a reparação do dano ambiental, à luz da legislação e da jurisprudência dominante do Supremo Tribunal Federal e Superior Tribunal de Justiça, é correto afirmar que:

a) Houve, no Supremo Tribunal Federal, reconhecimento de repercussão geral de matéria relativa à prescrição de pedido de reparação de dano ambiental e foi fixada a seguinte tese: "E imprescritível a pretensão de reparação civil de dano ambiental".
b) O empreendedor somente será obrigado a reparar o dano que sua atividade causou ao meio ambiente, se a licença ambiental estiver irregular ou se houver falha na realização do estudo ambiental e na apresentação do relatório de impacto ambiental (EIA/RIMA).
c) Quanto ao dano ambiental, não se admite a acumulação da condenação do réu à obrigação de fazer ou à de não fazer com a obrigação de indenizar.
d) As obrigações ambientais possuem natureza "propter rem", não se admitindo que o credor exija, em juízo, cumprimento de obrigações ambientais do proprietário ou possuidor anterior, sendo possível, ao credor, escolher entre o proprietário ou o possuidor atual.

156. (Vunesp/TRF/3R/Juiz/2022) Sobre o regime de responsabilidade para reparação e indenização de danos ambientais, à luz da legislação e da jurisprudência dominante do Supremo Tribunal Federal e Superior Tribunal de Justiça, é correto afirmar que:

a) As leis de Biossegurança (Lei nº 11.105/05), de Resíduos Sólidos (Lei nº 12.305/10) e o Código Florestal (Lei nº 12.651/12) não preveem expressamente o regime de responsabilidade objetiva para reparação e indenização de danos causados ao meio ambiente e a terceiros afetados.
b) A responsabilidade civil da administração pública por danos ao meio ambiente, decorrente de sua omissão no dever de fiscalização, é de caráter solidário, mas de execução subsidiária.
c) Na hipótese de omissão estatal no dever de fiscalizar os danos ao meio ambiente, o Estado é considerado poluidor direto.
d) No âmbito civil, o espectro de sujeitos responsáveis pelo dano ambiental fica restrito aqueles que diretamente realizam condutas e atividades lesivas, sejam pessoas físicas ou jurídicas.

157. (IFBC/TRF/2R/Juiz/2018) No que se refere à responsabilidade ambiental decorrente do dano relativo à degradação ambiental, assinale a alternativa correta:

a) a responsabilidade civil por dano ambiental é subjetiva, informada pela teoria do risco integral, sendo possível seu afastamento em razão de excludentes de responsabilidade civil.
b) os responsáveis civis pela degradação ambiental têm obrigação divisível e não solidária e, por isso, devem integrar o litisconsórcio passivo necessário na ação civil pública.
c) a responsabilidade civil por dano ambiental é objetiva, fundada na teoria do risco administrativo, com a possibilidade da sua descaracterização quando houver excludente de responsabilidade civil.
d) a obrigação de recuperar a degradação ambiental é do proprietário do bem imóvel, mesmo que não tenha contribuído para a deflagração do dano, devido à sua natureza "propter rem".
e) a obrigação de reparar o dano é exclusiva do titular da propriedade do imóvel na época da sua causação, não se estendendo ao novo proprietário que não contribuiu para sua ocorrência.

158. (TRF/3R/Juiz/2018) A respeito da responsabilidade por dano ecológico é correto afirmar que:

a) Segundo a teoria do risco criado, a responsabilidade pelo dano ecológico é objetiva, admitindo-se as excludentes de culpa da vítima e força maior.
b) Pela teoria do risco integral é suficiente a demonstração do nexo causal e do dano para que exista o dever de repará-lo, exceto em caso de ações de particulares praticadas de forma clandestina.
c) Diante da impossibilidade da produção de prova negativa, segundo o Superior Tribunal de Justiça, não é possível se exigir de quem supostamente promoveu o dano ambiental que comprove que não o causou ou que a substância lançada ao meio ambiente não lhe é potencialmente lesiva.
d) Em face da proporção e da intensidade que o dano ecológico pode alcançar é que a Lei nº 6.938/81 instituiu um fundo nacional para suprir situações de lesão em matéria de poluição como auxílio à reparação de seus efeitos.

159. (Cespe/TRF/5R/Juiz/2017) O Ministério Público ajuizou ações na esfera cível e criminal contra empresa exploradora de petróleo, alegando prejuízos decorrentes de vazamento de óleo combustível em águas marinhas. O vazamento de óleo resultou na mortandade da fauna aquática e o Instituto Brasileiro do Meio Ambiente e dos Recursos Naturais Renováveis (Ibama) determinou, então, a imediata proibição de pesca na região, por seis meses. Na fase de provas, foram provadas a regularidade das instalações da empresa, que contava com as melhores tecnologias disponíveis, e a idoneidade dos esforços para a reparação do problema, tendo o prejuízo ocorrido por motivo de força maior. Determinado pescador profissional ajuizou ação indenizatória individual pelos mesmos fatos, requerendo danos materiais e morais. A respeito dessa situação hipotética, assinale a opção correta.

a) A pretensão indenizatória na ação civil pública pelo dano ambiental difuso é imprescritível.
b) A pretensão do pescador é imprescritível
c) A responsabilidade da empresa pela poluição gerada é objetiva em todas as ações.
d) Se reconhecida processualmente, a força maior afastará a obrigação de indenizar.
e) O reconhecimento da força maior como determinante do dano não tem repercussão na ação criminal.

160. (Cespe/TRF/5R/Juiz/2015) A Funai ajuizou ação contra o proprietário de imóvel rural lindeiro ao seu com a intenção de ser indenizada pelos danos decorrentes de incêndio iniciado nessa propriedade vizinha, ocasionado pela prática de queimada de palha de cana-de-açúcar. A Funai demonstrou que o fogo alcançou instalações de uma fazenda que ela utilizava para proporcionar qualificação em trabalho rural e extrativismo aos indígenas. Por sua vez, o MP, em razão desses fatos, ajuizou ACP em que objetivava a recomposição das áreas de reserva legal e o pagamento de indenização pelo dano ambiental. O réu alegou ilegitimidade passiva porque o fogo fora ateado por arrendatário de sua fazenda e, no mérito, alegou, ainda, ausência de dolo ou culpa de sua parte e que detinha autorização, pelo órgão competente, para efetivar a queimada da palha. Acerca dessa situação hipotética, assinale a opção correta.

a) A alegada autorização para a queima da palha de cana-de-açúcar é nula diante da proibição, expressa no Código Florestal, do uso de fogo para se erradicar vegetação.
b) Caso seja comprovado que o arrendatário realizou a queimada, deve ser afastada a responsabilidade do réu em ambas as ações.
c) Na ACP, haverá responsabilização objetiva, o que não ocorre com a ação ajuizada pela Funai.

d) Os danos patrimoniais sofridos pela Funai caracterizam-se como dano ambiental por ricochete.
e) O pedido de indenização na ACP tem de ser subsidiário ao pedido de recomposição "in natura", por ser a recomposição o principal interesse da tutela ambiental.

161. (TRF/4R/Juiz/2014) Assinale a alternativa correta. Sobre a reparação do dano ambiental:

a) Conforme orientação dominante do Superior Tribunal de Justiça, a responsabilidade por dano ambiental é objetiva, informada pela teoria do risco integral, sendo descabida a invocação, pela empresa responsável pelo dano ambiental, de excludentes de responsabilidade civil para afastar a sua obrigação de indenizar.
b) A responsabilidade por dano ambiental pressupõe, além da demonstração de dolo ou culpa, a existência de uma atividade econômica que implique riscos para a saúde e para o meio ambiente, impondo-se ao empreendedor a obrigação de prevenir tais riscos (princípio da prevenção) e de internalizá-los em seu processo produtivo (princípio do poluidor-pagador).
c) A orientação dominante do Superior Tribunal de Justiça é no sentido de não ser possível, em ação civil pública, que a sentença condenatória imponha ao responsável, cumulativamente, as obrigações de recompor o meio ambiente degradado e de pagar quantia em dinheiro a título de compensação por dano moral coletivo.
d) Conforme orientação do Superior Tribunal de Justiça, os atos de polícia podem ser executados pela própria autoridade ambiental, independentemente de ordem judicial, mesmo quando tiverem por objeto a demolição de casa habitada.
e) Em nosso sistema jurídico, o princípio da reparação integral do dano ambiental, que permite a responsabilização mediante a cumulação de obrigações de fazer, de não fazer e de indenizar, tem sua aplicação restrita aos danos que atinjam os recursos hídricos, considerados essenciais à vida.

162. (TRF/2R/Juiz/2014) Em relação à responsabilidade pela reparação do dano ambiental é correto afirmar que:

a) Tem caráter objetivo, justificado pela doutrina à luz da incidência do princípio da precaução, e não admite regresso.
b) É objetiva quando o dano é genuíno e puramente ecológico, ao que se chama de princípio do poluidor pagador.
c) É objetiva para o poluidor que causar danos ao meio ambiente e também em relação aos danos a terceiros afetados por sua atividade, ainda que já recuperado o ambiente atingido.
d) Passou a ser objetiva com a aprovação da Constituição de 1988 e a adoção, no bojo da Lei Maior, de capítulo dedicado ao meio ambiente.
e) É objetiva, integral, solidária, com nexo diluído (ou mesmo apagado) e sem excludente, em razão do princípio da responsabilidade comum e indiferenciada.

163. (Cespe/TRF/2R/Juiz/2013) Um pescador artesanal profissional ajuizou ação indenizatória por danos materiais e morais contra empresa exploradora de petróleo, alegando prejuízos decorrentes de vazamento de óleo combustível em águas marinhas onde pescava. Provou-se que o rompimento do oleoduto fora causado por deslizamentos de terra decorrentes de chuvas torrenciais. Essas mesmas chuvas causaram o rompimento das barreiras de contenção instaladas pela empresa ao tentar remediar o problema. O vazamento de óleo resultou na mortandade da fauna aquática e na imediata proibição de pesca na região, imposta pelo Ibama, com duração de seis meses. Na fase de provas, restou cabalmente comprovada a regularidade das instalações da empresa segundo as melhores tecnologias disponíveis e a idoneidade dos esforços para reparação do problema. Na situação hipotética acima descrita:

a) por ter natureza punitiva, a condenação por danos morais será inviável se, no caso, for reconhecida a ausência de dolo ou culpa do réu, ou seja, ausência de ilícito a ser punido.
b) a força maior implica necessariamente ausência de culpa e, por isso, se for reconhecida processualmente, afastará a obrigação de indenizar.
c) a pretensão indenizatória do pescador será imprescritível, porque está relacionada à ocorrência de dano ambiental.
d) o princípio do poluidor-pagador é, em tese, aplicável ao caso porque, embora não esteja positivado na legislação brasileira, está previsto em documentos internacionais de que o Brasil é signatário.
e) não é cabível a inversão do ônus da prova quanto ao "an debeatur" e ao "quantum debeatur" do dano material, cabendo ao pescador provar também a ocorrência, mas não o "quantum", do dano moral pretendido.

164. (TRF/3R/Juiz/2013) Assinale a alternativa correta:

a) A pura infração de normas de zoneamento urbano não importa, necessariamente, na configuração de dano, atual ou potencial, ao meio ambiente.
b) O licenciamento ambiental não constitui forma de manifestação de poder de polícia exercido pelo Estado sobre as atividades utilizadoras de recursos ambientais.
c) O estudo prévio de impacto ambiental e o respectivo relatório de impacto sobre o meio ambiente (EIA/RIMA) é necessariamente exigido em todas as atividades que causem impacto ao meio ambiente.
d) Na atividade de biotecnologia e/ou manipulação genética a obrigação de indenizar o dano que causam ao meio ambiente depende da prova de existência de culpa.
e) São disponíveis as terras devolutas dos Estados, necessárias à proteção dos ecossistemas naturais.

165. (Cespe/TRF/2R/Juiz/2013) Acerca das disposições legais e doutrinárias sobre danos e impactos ambientais, assinale a opção correta.

a) O EIA deve, obrigatoriamente, prever medidas mitigadoras dos impactos negativos, tais como programas de educação ambiental dirigidos aos usuários do projeto analisado.
b) Se for procedente a ação civil pública proposta por associação civil, a indenização pelo dano ambiental difuso será revertida a essa associação, desde que ela tenha sido constituída há mais de um ano e que inclua entre suas finalidades a defesa do meio ambiente.
c) A atividade de controle e fiscalização de atividades potencialmente poluidoras não pode gerar a cobrança de taxas dos fiscalizados porque, como ocorre em benefício de toda a população, deve ser custeada por impostos.
d) Estados e municípios não podem criar outros tipos de sanções para as infrações administrativas contra o meio ambiente, ficando restritos ao rol apresentado na Lei dos Crimes Ambientais.
e) A compensação ambiental é uma contribuição financeira que aplica o princípio do usuário-pagador e pode ser implementada na forma de investimento na redução dos prováveis danos ao meio ambiente.

166. (Cespe/TRF/5R/Juiz/2013) A responsabilidade por possíveis danos ao meio ambiente decorrentes de atividade ou empreendimento:

a) condiciona-se à demonstração do elemento subjetivo pelo agente.
b) restringe-se ao ressarcimento do dano, caso a licença ambiental tenha sido concedida regularmente.

c) pode ensejar, na esfera administrativa, a sanção de intervenção na empresa infratora.
d) enseja o dever de reparar, caso a conduta consista, no mínimo, em ilicitude administrativa.
e) não abrange a pessoa jurídica na esfera penal.

167. (Cespe/TRF/5R/Juiz/2011) No que se refere à proteção judicial e à responsabilidade em matéria ambiental, assinale a opção correta.

a) Para efeito de responsabilidade administrativa, considera-se infração administrativa ambiental toda ação ou omissão que viole as regras jurídicas de uso, gozo, promoção, proteção e recuperação do ambiente, podendo qualquer pessoa que constatar infração ambiental dirigir representação às autoridades competentes para que exerçam o poder de polícia.
b) As pessoas jurídicas podem ser responsabilizadas, administrativa, civil e penalmente, por crimes ambientais, nos casos em que a infração seja cometida por decisão de seu representante legal ou contratual, ou de seu órgão colegiado, no interesse ou benefício da sua entidade; contudo, nesse caso, a responsabilidade das pessoas jurídicas exclui a das pessoas físicas, autoras, coautoras ou partícipes do mesmo fato.
c) Suponha que determinado indivíduo tenha praticado caça em propriedade particular, sem permissão, licença ou autorização da autoridade competente, ou em desacordo com a licença ou permissão obtida. Nessa situação, a competência para julgar o delito será da justiça federal, instância competente para processar e julgar os crimes praticados contra a fauna.
d) Na hipótese de uma pessoa praticar, em período proibido, pesca em rio que sirva de limite entre dois estados, a competência para o processo e o julgamento será da justiça estadual de qualquer dos estados envolvidos.
e) A pessoa jurídica de direito público ou privado responsável, direta ou indiretamente, por atividade causadora de degradação ambiental fica obrigada, independentemente de culpa, a indenizar ou reparar os danos causados ao ambiente; no que se refere a pessoa física, porém, faz-se necessário o elemento subjetivo para configurar sua responsabilidade civil.

168. (Cespe/TRF/2R/Juiz/2011) A responsabilidade em caso de dano ao ambiente é reconhecida, no artigo 225 da CF, como princípio de proteção ambiental e deve ser repartida entre o poder público, a sociedade e o particular. Com relação a esse assunto, assinale a opção correta.

a) Para se determinar a responsabilidade por risco em matéria ambiental, é suficiente a demonstração do estabelecimento de causalidade entre a ação e o dano.
b) O poder público, como principal protetor do ambiente, não pode responder por danos ambientais.
c) Em matéria ambiental, o dano só estará sujeito a reparação e indenização quando se referir à responsabilidade civil por dano ambiental.
d) Na avaliação do dano ambiental, devem ser considerados o prejuízo causado pelo empreendimento a uma pluralidade de pessoas, a impossibilidade ou a dificuldade de sua reparação, a duração da sua repercussão em termos temporais e sua possibilidade de valoração.
e) Na esfera ambiental, a responsabilidade objetiva pode ser proposta em caráter exclusivo pelo MP.

169. (Cespe/TRF/3R/Juiz/2011) Relativamente à responsabilização por dano ambiental e ao poder de polícia ambiental, assinale a opção correta.

a) O prejuízo do dano ambiental alcança o próprio ambiente e terceiros, e, nesse sentido, o poluidor é obrigado, independentemente da existência de culpa, a indenizar ou reparar os danos causados em razão de sua atividade.
b) Na aplicação de penalidades como a advertência e a multa, a autoridade competente deverá observar tão somente a gravidade do fato e os antecedentes do infrator quanto ao cumprimento da legislação ambiental, sem considerações de ordem pessoal como, por exemplo, a situação econômica do infrator.
c) São autoridades competentes para lavrar auto de infração ambiental os funcionários de órgãos ambientais integrantes do Sistema Nacional de Meio Ambiente, mas a atribuição para instaurar o processo administrativo pertence, privativamente, aos dirigentes dos órgãos ambientais, conforme definido em lei.
d) A responsabilidade das pessoas jurídicas, na esfera administrativa, civil e penal, por infração cometida por seu representante legal ou contratual, ou por seu órgão colegiado, em benefício da entidade, afasta a responsabilidade das pessoas físicas coautoras ou partícipes do mesmo fato.
e) A prestação de serviços à comunidade é pena restritiva de direitos aplicável às pessoas físicas, mas não às jurídicas, às quais somente se aplicam a pena de multa e as restritivas de direitos que impliquem suspensão parcial ou total de atividades, a interdição temporária de estabelecimento, obra ou atividade e a proibição de contratar com o poder público, bem como dele obter subsídios.

170. (TRF/4R/Juiz/2010) Dadas as assertivas abaixo, e tendo em conta a melhor doutrina e a legislação ambiental, assinale a alternativa correta:

I. O princípio "poluidor-pagador" constitui forma de compensação do dano ambiental, esgotando-se com a prestação pecuniária.
II. A recomposição dos danos ambientais, quando possível, deve sempre preferir à recuperação por meio de medidas compensatórias.
III. Todo dano ambiental possui natureza patrimonial.
IV. As medidas compensatórias adotadas em função da ocorrência de dano ambiental irrecuperável, sempre que possível, devem guardar relação com o bem ambiental lesado.
V. Havendo impossibilidade de restauração ecológica "in situ", abre-se ao poluidor a opção para a compensação ecológica por meio da tutela ressarcitória por equivalente ou a indenização em dinheiro.

a) Estão corretas apenas as assertivas I e V.
b) Estão corretas apenas as assertivas II e IV.
c) Estão corretas apenas as assertivas I, III e V.
d) Estão corretas apenas as assertivas II, IV e V.
e) Nenhuma assertiva está correta.

171. (TRF/4R/Juiz/2010) Dadas as assertivas abaixo, assinale a alternativa correta.

I. O princípio da precaução legitima a inversão do ônus da prova nas ações ambientais, segundo recente orientação do Superior Tribunal de Justiça.
II. O baixo grau de instrução ou escolaridade do agente são fatores irrelevantes à fixação da pena pelo cometimento de crime ambiental.
III. A fiscalização ambiental somente pode ser exercida pelas autoridades licenciadoras.
IV. A ação de reparação do dano ambiental difuso é imprescritível.
V. A responsabilidade por danos ambientais é objetiva e, como tal, não exige a comprovação de culpa, bastando a constatação do dano e do nexo de causalidade entre a ação ou a omissão e o evento danoso.

a) Estão corretas apenas as assertivas II e III.
b) Estão corretas apenas as assertivas II e IV.
c) Estão corretas apenas as assertivas I, II e IV.
d) Estão corretas apenas as assertivas I, IV e V.
e) Estão corretas todas as assertivas.

172. (Cespe/TRF/5R/Juiz/2009) Acerca da responsabilidade civil no direito ambiental, assinale a opção correta.

a) A manipulação de produtos geneticamente modificados só ensejará a responsabilidade dos seus agentes se ficar comprovada a existência de culpa stricto sensu.
b) Cabem ao produtor, em qualquer caso, as responsabilidades administrativa, civil e penal pelos danos causados à saúde das pessoas e ao meio ambiente, quando a produção, comercialização, utilização, transporte e destinação de embalagens vazias de agrotóxicos, seus componentes e afins não cumprirem o disposto na legislação pertinente.
c) Na medida em que o mar territorial é bem da União, a responsabilidade por dano causado, ainda que por terceiros, aos ecossistemas, ao patrimônio genético e aos recursos naturais de suas águas é exclusiva daquele ente federativo.
d) Aquele que, com autorização do poder público, executar atividade de pesquisa, lavra ou extração de recursos minerais somente fica obrigado a recuperar o meio ambiente degradado se ficar comprovada a existência de dolo ou culpa.
e) A responsabilidade civil por dano causado por atividade poluidora é objetiva, razão pela qual o poluidor é obrigado, independentemente da existência de culpa, a indenizar ou reparar os danos causados ao meio ambiente e a terceiros afetados por sua atividade.

15. TUTELA PROCESSUAL

SÚMULAS

STJ **Súm. 618.** A inversão do ônus da prova aplica-se às ações de degradação ambiental.

REPERCUSSÃO & REPETITIVOS

STJ **IAC 13.** A) O direito de acesso à informação no Direito Ambiental brasileiro compreende: i) o dever de publicação, na internet, dos documentos ambientais detidos pela Administração não sujeitos a sigilo (transparência ativa); ii) o direito de qualquer pessoa e entidade de requerer acesso a informações ambientais específicas não publicadas (transparência passiva); e iii) direito a requerer a produção de informação ambiental não disponível para a Administração (transparência reativa); B) Presume-se a obrigação do Estado em favor da transparência ambiental, sendo ônus da Administração justificar seu descumprimento, sempre sujeita a controle judicial, nos seguintes termos: i) na transparência ativa, demonstrando razões administrativas adequadas para a opção de não publicar; ii) na transparência passiva, de enquadramento da informação nas razões legais e taxativas de sigilo; e iii) na transparência ambiental reativa, da irrazoabilidade da pretensão de produção da informação inexistente; C) O regime registral brasileiro admite a averbação de informações facultativas sobre o imóvel, de interesse público, inclusive as ambientais; D) O Ministério Público pode requisitar diretamente ao oficial de registro competente a averbação de informações alusivas a suas funções institucionais. *REsp 1857098, 11.5.2022.*

ENUNCIADOS

CJF **PSEL 33.** É recomendável a criação de câmara de mediação a fim de possibilitar a abertura do diálogo, incentivando e promovendo, nos termos da lei, a regularização das atividades sujeitas ao licenciamento ambiental que estão funcionando de forma irregular, ou seja, incentivar e promover o chamado "licenciamento de regularização" ou "licenciamento corretivo".

Fonacom **Enunc. 49.** É cabível a antecipação dos pagamentos de perícias em litígios socioambientais com verbas dos fundos de defesa dos direitos difusos mediante posterior reembolso pelo vencido na causa.

Fonacom **Enunc. 50.** Sempre que possível, a conciliação deve buscar que os recursos angariados em ações ambientais sejam direcionados para a realização de projetos na zona de influência do dano ambiental.

QUESTÕES OBJETIVAS

173. (Cespe/TRF/5R/Juiz/2017) Em se tratando de ação civil pública por danos ambientais ajuizada

a) por associação de vítimas, eventuais multas processuais serão revertidas em favor dos associados.
b) pelo Ministério Público, a indenização arbitrada em sentença será destinada às vítimas diretas do prejuízo ambiental.
c) por estado-membro, a indenização arbitrada em sentença será destinada ao erário estadual.
d) por associação, a indenização arbitrada em sentença será destinada aos associados.
e) pelo Ministério Público, eventuais multas processuais serão revertidas em favor do Fundo de Direitos Difusos.

174. (TRF/4R/Juiz/2016) Dadas as assertivas abaixo, assinale a alternativa correta. Segundo a jurisprudência dominante do Superior Tribunal de Justiça:

I. Considerando que o dano moral se fundamenta na dor e no sofrimento psíquico, é impossível a sua constatação em ação civil pública ambiental, diante da indeterminabilidade e da transindividualidade dos sujeitos passivos.
II. O dano moral coletivo prescinde da comprovação de dor e abalo psíquico, em se tratando de lesão a direitos difusos e coletivos.
III. É possível a condenação em dano moral coletivo ambiental se provados a dor e o abalo psíquico sofridos pela comunidade atingida.

a) Está correta apenas a assertiva I.
b) Está correta apenas a assertiva II.
c) Está correta apenas a assertiva III.
d) Estão corretas todas as assertivas.
e) Nenhuma assertiva está correta.

175. (Cespe/TRF/2R/Juiz/2013) Determinada associação de moradores ajuizou ação civil pública contra concessionária de energia elétrica, demandando a adoção de medidas para a redução do campo eletromagnético de linha de transmissão a ser instalada sobre seu bairro, sob o argumento de que, na intensidade prevista na licença de instalação, havia estudos denunciadores da possibilidade de aumento do risco de câncer nas pessoas expostas por longos períodos à radiação liberada. A associação requereu ainda medida liminar para que, durante o curso do processo, fosse observado padrão de segurança dos níveis de radiação adotado em certo país estrangeiro, sob pena de multa. Considerando a situação hipotética acima, assinale a opção correta.

a) A associação de moradores em apreço tem legitimidade ativa para pleitear o cumprimento de obrigações de fazer, mas não teria legitimidade para pleitear indenização pelos danos ambientais difusos.
b) Como a autora provou a existência de estudos que indicam aumento dos riscos de câncer, caberá à ré comprovar a segurança quanto aos níveis de radiação a serem emitidos pela citada linha de transmissão.
c) O pleito da associação funda-se no princípio da precaução, segundo o qual devem ser adotadas medidas mitigadoras dos danos ambientais devidamente comprovados em EIA/RIMA.
d) Se a atividade em questão tiver sido licenciada conforme padrões de segurança nacionais, será juridicamente impossível a

pretensão de obrigar a empresa à implementação de critérios mais rigorosos.

e) Caso venha a fixar eventuais astreintes na modalidade de multa diária, o juiz deverá observar um limite para que o valor não enseje enriquecimento sem causa da associação autora.

176. (TRF/4R/Juiz/2012) Dadas as assertivas abaixo, assinale a alternativa correta.

I. A jurisprudência prevalente aponta que a responsabilidade objetiva na reparação do dano pelas empresas poluidoras não se estende ao patrimônio pessoal de seus gestores, salvo dolo ou culpa grave.

II. Não serve a ação civil pública para a proteção de direitos ambientais, pela inexistência de tutelados identificáveis.

III. Pode o termo de ajustamento de conduta ser proposto pelo Ministério Público ou por órgãos ambientais como o Ibama e as Secretarias Municipais de Meio Ambiente.

IV. Considera-se Área de Preservação Permanente (APP) a vegetação nativa às margens de rios, lagos e nascentes, tendo como parâmetro o nível de cheia.

a) Está correta apenas a assertiva II.
b) Está correta apenas a assertiva III.
c) Estão corretas apenas as assertivas III e IV.
d) Estão corretas apenas as assertivas I, II e IV.
e) Nenhuma assertiva está correta.

177. (Cespe/TRF/3R/Juiz/2011) Considerando a efetivação da proteção normativa ao ambiente e o papel do MP na jurisdição civil coletiva, assinale a opção correta.

a) A celebração de termo de compromisso de reparação do dano ambiental com pessoas físicas ou jurídicas responsáveis por atividades causadoras de degradação ambiental somente pode ser feita em juízo.

b) Da sentença que concluir pela carência ou improcedência da ação popular ambiental cabe recurso, que, entretanto, é restrito ao autor da inicial ou ao MP.

c) Tanto na ação popular ambiental como na ação civil pública ambiental, o MP atua na condição de típico substituto processual.

d) Na ação civil pública em defesa do ambiente e cujo objeto seja o cumprimento de obrigação de fazer ou não fazer, o juiz poderá determinar que o executado cumpra a prestação da atividade devida ou cesse a atividade nociva, e, ainda, cominar multa diária, desde que haja requerimento do autor.

e) Aplicam-se às ações coletivas ambientais, no que for cabível, o sistema processual do CDC.

178. (Cespe/TRF/5R/Juiz/2011) Acerca do papel do MP na efetivação da proteção normativa ao ambiente, assinale a opção correta.

a) Em caso de desistência infundada ou abandono da ação civil pública por associação legitimada, somente outro ente legitimado poderá assumir a titularidade ativa, cabendo ao MP, nesse caso, acompanhar a ação na condição de fiscal da lei.

b) Deve o MP acompanhar ação popular ambiental, cabendo-lhe apressar a produção da prova e promover a responsabilidade, civil ou criminal, dos que nela incidirem, sendo-lhe facultado, ainda, em qualquer caso, assumir a defesa do ato impugnado ou dos seus autores.

c) Admite-se o litisconsórcio facultativo entre os MPs da União, do DF e dos estados na ação civil pública em defesa de interesses e direitos relacionados ao ambiente.

d) A iniciativa do MP de propor ação civil pública ambiental somente pode ocorrer de ofício ou mediante provocação de servidor público, no cumprimento de dever funcional.

e) Apenas o MP e as associações que tenham a proteção ao meio ambiente entre suas finalidades institucionais dispõem de legitimidade para ingressar em juízo na defesa de interesses difusos resultantes de dano ambiental.

179. (Cespe/TRF/2R/Juiz/2011) Para a efetiva proteção do meio ambiente, a CF concede funções diferenciadas ao MP, ao Poder Judiciário e à administração pública. A esse respeito, assinale a opção correta.

a) No exercício do poder de polícia em defesa do ambiente, a administração pública executa ações de natureza unicamente repressiva.

b) Promover inspeções e diligências investigativas que envolvam autoridades administrativas constitui forma de atuação judicial do MP.

c) A competência para julgar ação proposta por empresa particular com concessão de fornecimento de serviço público, mesmo sem o interesse da União, de suas autarquias ou empresas, será sempre da justiça federal.

d) Ao MP é reconhecida legitimidade para atuar, como parte e como fiscal da lei, na defesa dos interesses individuais e coletivos, dentro dos limites constitucionais e institucionais, incluindo-se os que se refiram ao meio ambiente.

e) O compromisso de ajustamento de conduta constitui instituto semelhante ao do direito civil denominado transação.

180. (TRF/3R/Juiz/2010) Sobre a atuação do Ministério Público, do Poder Judiciário e da Administração Ambiental visando maior efetividade da proteção ambiental é incorreto afirmar que:

a) O Termo de Ajustamento de Conduta (TAC) tomado pelo Ministério Público e órgãos públicos legitimados possibilita o estabelecimento, de comum acordo, de obrigações para a prevenção e/ou a reparação integral do dano ambiental, das respectivas cominações, dos prazos e demais condições de cumprimento, consistindo em título executivo extrajudicial ou judicial, se homologado em juízo.

b) A celebração do TAC restringe-se ao estabelecimento de obrigações na esfera da responsabilidade civil ambientai e não pode constituir óbice à imposição, cumulativamente, de sanções administrativas e penais, se for o caso, em razão da independência das esferas de responsabilidade, conforme expressa disposição constitucional.

c) O Termo de Compromisso (TC) firmado com o órgão ambiental competente, fixando medidas de correção e adequação para atendimento das exigências impostas, reduz significativamente o valor da multa simples aplicada, e a assinatura do instrumento não implica a automática renúncia ao direito de recorrer administrativamente, ou de pleitear nova conversão de multa pelo período de 05 (cinco) anos, contados da data de sua assinatura.

d) A composição prévia do dano ambiental para fins de transação penal, a suspensão condicional do processo durante o cumprimento das obrigações assumidas e a extinção da punibilidade com a constatação da reparação integral do dano ambiental são especificidades do procedimento dos juizados especiais para os crimes ambientais de menor potencial ofensivo.

16. TEORIA E PRINCÍPIOS

16.1. Princípios

INFORMATIVOS

STF Supressão de marcos regulatórios ambientais e proibição do retrocesso ambiental. A mera revogação de normas operacionais fixadoras de parâmetros mensuráveis necessários ao cumprimento da legislação ambiental, sem sua substituição ou atualização, compromete a observância do texto constitucional, da legislação vigente e de compromissos internacionais. *ADPF 748, 20.5.2022. Pleno. Inf 1055.*

QUESTÕES DISCURSIVAS

4. (Cespe/TRF/1R/Juiz/2011) Com base no direito ambiental, discorra sobre os princípios do poluidor-pagador, da precaução e da prevenção, bem como sobre as condições específicas da responsabilização penal da pessoa jurídica.

5. (Cespe/TRF/5R/Juiz/2009) Considerando o estágio atual do direito ambiental brasileiro, explique se há fundamento para o princípio do poluidor-pagador e para se considerar como princípio de direito ambiental o do usuário-pagador, inclusive quanto à tendência de aplicação deste último no que se refere aos recursos não econômicos e aos abióticos.

6. (TRF/4R/Juiz/2006) Discorra sobre os seguintes princípios do direito ambiental: (i) princípio do poluidor-pagador; (ii) princípio da precaução.

QUESTÕES OBJETIVAS

181. (IFBC/TRF/2R/Juiz/2018) A respeito do princípio da precaução em relação ao Direito Ambiental, é correto afirmar que:

a) o ônus da prova sobre a ocorrência do dano ambiental e sua autoria é do autor da ação civil pública.
b) os riscos são certos e o perigo de dano é concreto.
c) o Poder Público deve comprovar que os riscos existem, e que a pessoa que explora a atividade foi a causadora do dano.
d) ele se confunde com o princípio da prevenção.
e) compete a quem supostamente promoveu o dano ambiental comprovar que não o causou ou que a substância lançada ao meio ambiente não lhe é potencialmente lesiva.

182. (TRF/3R/Juiz/2018) A respeito dos princípios que sustentam o direito ambiental brasileiro é correto afirmar que:

a) O princípio do desenvolvimento sustentável envolve a substituição de norma de expansão quantitativa por uma melhoria qualitativa como caminho para o progresso, trazendo a integração entre a proteção ambiental e o desenvolvimento econômico para o benefício das presentes e futuras gerações.
b) O princípio usuário-pagador pressupõe uma prática ilícita daquele que utiliza o recurso ambiental, sendo possível a exigência de pagamento quando houver o cometimento de faltas ou infrações.
c) O princípio da precaução contido no artigo 225 da Constituição Federal impõe ao Poder Público a obrigação de controlar atividades de risco quando importarem ameaças de danos irreversíveis e conhecidos pela ciência, sendo liberada a atividade se não houver prova do prejuízo.
d) A Lei de Política Nacional do Meio Ambiente obriga a reparação dos danos causados pelo poluidor à fauna, à flora e ao meio ambiente, devendo ser demonstrada a culpa em sua conduta, exceto em caso de prejuízo causado pela atividade nuclear.

183. (TRF/3R/Juiz/2016) Dadas as assertivas abaixo, assinale a alternativa correta.

I. O princípio da prevenção está intimamente relacionado ao brocardo jurídico "in dubio contra projectum" e, segundo jurisprudência das Cortes Superiores, impõe o reconhecimento da inversão do ônus da prova.
II. A respeito das sanções penais e administrativas derivadas de condutas e atividades lesivas ao meio ambiente, é possível afirmar que configuram circunstâncias atenuantes o baixo grau de instrução ou escolaridade do agente, o arrependimento do infrator, manifestado pela espontânea reparação do dano, ou limitação significativa da degradação ambiental causada, a comunicação prévia pelo agente do perigo iminente de degradação ambiental, a ausência de intuito de obtenção de vantagem pecuniária e a colaboração com os agentes encarregados da vigilância e do controle ambiental.
III. Tratando-se de direito difuso, a reparação civil de danos ambientais assume grande amplitude, com profundas implicações na espécie de responsabilidade do degradador, que é objetiva e fundada no simples risco ou no simples fato da atividade danosa, independentemente da culpa do agente causador do dano.

Estão corretas as assertivas:

a) I e II.
b) I, II e III.
c) II e III.
d) III.

184. (Cespe/TRF/1R/Juiz/2015) No direito ambiental, o princípio do poluidor-pagador, em sentido estrito, fundamentado na teoria econômica, pode ser observado, por exemplo, na hipótese de:

a) conversão de multa em prestação de serviços de preservação, melhoria e recuperação do meio ambiente, desde que os custos desses serviços não sejam inferiores ao valor da multa convertida.
b) imposição de limitações administrativas à propriedade privada, nos casos em que o proprietário pretenda exercer atividade econômica potencial ou efetivamente poluidora em imóvel rural.
c) imposição ao empreendedor de obrigação de manter investimentos em desenvolvimento científico contínuo, quando houver incertezas científicas sobre a ameaça de danos ambientais graves ou irreversíveis causados pela sua atividade econômica.
d) imposição de multa administrativa pelo órgão ambiental fiscalizador ao responsável por atividade econômica poluidora, de forma a garantir, por meio de compensação pecuniária, o exercício da atividade econômica poluidora.
e) imposição ao empreendedor, pelo órgão competente, de obrigação de arcar com os custos de prevenção, mitigação e compensação de impactos ambientais causados pela atividade econômica, como condição para o licenciamento.

185. (Cespe/TRF/1R/Juiz/2009) O princípio da natureza pública da proteção ambiental:

a) aponta para a incompatibilidade irredutível entre o interesse público e a iniciativa privada, condicionando esta à discricionariedade daquele e distribuindo às camadas mais pobres da população, de forma equitativa, o acesso aos recursos naturais.
b) fundamenta-se, no que se refere à defesa da desapropriação das terras e dos meios produtivos, na proteção ao patrimônio histórico, ao ambiente cultural e ao ambiente do trabalho.
c) resume os esforços da esfera política na manutenção do equilíbrio dinâmico dos sistemas socioambientais passíveis de serem utilizados no processo de justa repartição da renda e de reforma agrária.
d) decorre da previsão legal que considera o meio ambiente como valor a ser necessariamente assegurado e protegido para uso de todos.

e) foi descaracterizado pelo neoliberalismo, em razão de ter sido enunciado pelo governo soviético em decorrência do acidente de Tchernobil, quando, pelo descaso do Soviete Supremo, não havia leis de proteção ambiental que salvaguardassem a segurança das populações humanas no entorno das usinas nucleares.

16.2. Teoria

QUESTÕES OBJETIVAS

186. (IFBC/TRF/2R/Juiz/2018) No âmbito do Direito Ambiental, é correto afirmar que:

a) o princípio da segurança jurídica impede a demolição de edificação em área de preservação permanente.

b) a licença ambiental, por si só, afasta a responsabilidade pela reparação do dano causado em área de preservação permanente devido à edificação na região.

c) é admitida a teoria do fato consumado em caso de residências familiares em área de proteção ambiental.

d) não se admite a aplicação da teoria do fato consumado.

e) a estabilidade das relações sociais não autoriza o retomo da situação fática ao status quo ante, em havendo construções em área de preservação permanente.

187. (Cespe/TRF/5R/Juiz/2013) O direito ao meio ambiente é um direito de interesse:

a) individual homogêneo de grande relevância social.

b) coletivo.

c) difuso.

d) meramente individual.

e) exclusivo do poder público.

188. (TRF/3R/Juiz/2013) Assinale a alternativa correta:

a) A água não pode ser compreendida como um bem do domínio público, dotado de valor econômico.

b) A concepção do desenvolvimento sustentado tem em vista a conciliação entre a conservação dos recursos naturais e o desenvolvimento estatal.

c) Os mecanismos de controle de preço podem ser utilizados como forma de intervenção do Estado em busca de uma atividade menos agressiva dos agentes econômicos em relação ao ambiente no qual ele está inserido.

d) A Lei n. 6.938, de 31 de agosto de 1981, que dispõe sobre a Política Nacional de Meio Ambiente, não compreende a proteção ao meio ambiente como atividade de natureza econômica.

e) As condutas lesivas ao meio ambiente sujeitarão apenas as pessoas físicas às sanções penais e administrativas.

189. (Cespe/TRF/5R/Juiz/2013) Entre as fontes de energias renováveis, inclui-se a energia solar. Em relação a essa fonte de energia, assinale a opção correta.

a) O direito à captação da energia solar não é um direito integrante da função social da propriedade.

b) A captação e a utilização da energia solar sujeitam-se à realização de licenciamento ambiental, prescindindo da elaboração de estudo prévio de impacto ambiental.

c) A energia solar é classificada como um bem imóvel.

d) Caso, ao redor de determinada propriedade que capte energia solar, seja construído um prédio que dificulte a captação da energia, a possível diminuição da captação da energia solar não poderá ser objeto de indenização.

e) A utilização de energia solar prescinde de autorização prévia do órgão ambiental.

190. (TRF/4R/Juiz/2012) Dadas as assertivas abaixo, assinale a alternativa correta.

I. Como parte do processo educativo mais amplo, todos têm direito à educação ambiental, incumbindo aos meios de comunicação de massa colaborar de maneira ativa e permanente na disseminação de informações e práticas educativas sobre meio ambiente e incorporar a dimensão ambiental em sua programação.

II. São princípios básicos da educação ambiental, dentre outros, o enfoque humanista, holístico, democrático e participativo.

III. São princípios básicos da educação ambiental, dentre outros, a vinculação entre a ética, a educação, o trabalho e as práticas sociais.

IV. São princípios básicos da educação ambiental, dentre outros, o reconhecimento e o respeito à pluralidade e à diversidade individual e cultural.

V. A educação ambiental deve ser implantada como disciplina específica no currículo de ensino.

a) Estão corretas apenas as assertivas I e III.

b) Estão corretas apenas as assertivas II, IV e V.

c) Estão corretas apenas as assertivas I, II, III e IV.

d) Estão corretas apenas as assertivas II, III, IV e V.

e) Estão corretas todas as assertivas.

191. (Cespe/TRF/1R/Juiz/2011) Em defesa do meio ambiente, o STF assim se pronunciou: "O direito à integridade do meio ambiente – típico direito de terceira geração – constitui prerrogativa jurídica de titularidade coletiva, refletindo, dentro do processo de afirmação dos direitos humanos, a expressão significativa de um poder atribuído, não ao indivíduo identificado em sua singularidade, mas num sentido verdadeiramente mais abrangente, à própria coletividade social". Tendo o texto acima como referência, assinale a opção correta com base nas disposições legais de defesa do meio ambiente.

a) Em atendimento ao princípio do poluidor pagador, previsto no direito positivo brasileiro, a Política Nacional do Meio Ambiente determina a proteção de áreas ameaçadas de degradação.

b) A defesa do direito ao meio ambiente equilibrado nasceu a partir da Declaração de Estocolmo, em 1972, cujas premissas são marcadamente biocêntricas.

c) O objeto de proteção do direito ambiental concentra-se nos fatores bióticos e abióticos, que devem ser tratados isoladamente.

d) Em razão do tratamento dispensado ao meio ambiente pelo texto constitucional, depreende-se que é exigido dos cidadãos, predominantemente, um "non facere" em relação ao meio ambiente.

e) O direito fundamental ao meio ambiente ecologicamente equilibrado afasta eventual tentativa de desafetação ou desdestinação indireta.

192. (Cespe/TRF/2R/Juiz/2011) Considerando a concessão de status de direito fundamental ao ambiente ecologicamente equilibrado no ordenamento jurídico nacional, assinale a opção correta.

a) As normas de proteção ambiental brasileiras têm natureza reflexa.

b) Para o ordenamento jurídico nacional, a natureza jurídica do meio ambiente é controversa.

c) Aplica-se o princípio da subsidiariedade às ações praticadas contra o ambiente, ficando a critério do agente público a valoração do dano.

d) O direito ambiental e o direito econômico são áreas do direito que se inter-relacionam, estando ambas voltadas para a melhoria do bem-estar das pessoas e para a estabilidade do processo produtivo.

e) Com relação à competência ambiental executiva, dispõe a CF que a organização e o planejamento de aglomerações urbanas e microrregiões competem exclusivamente aos municípios.

14

DIREITO INTERNACIONAL PRIVADO

VOLUME DE QUESTÕES

MUITO BAIXO

1. APLICAÇÃO DA LEI NO ESPAÇO

ATENÇÃO: ESTE TEMA É MUITO EXIGIDO NOS CONCURSOS!

REPERCUSSÃO & REPETITIVOS

STF **Rep. Geral 373.** Os atos ilícitos praticados por Estados estrangeiros em violação a direitos humanos não gozam de imunidade de jurisdição. *ARE 954858, 20.8.2021.*

QUESTÕES DISCURSIVAS

1. (TRF/2R/Juiz/2007) O Brasil ratificou e promulgou a Convenção de Haia sobre os Aspectos Civis do Sequestro de Crianças, pela qual em face da retenção ilícita de uma criança por um dos pais, o outro pode pedir o seu retorno. Qual o juiz competente para a ação de devolução?.

QUESTÕES OBJETIVAS

1. (Vunesp/TRF/3R/Juiz/2022) Dadas as assertivas que se seguem, assinale a alternativa correta:

a) A via de transmissão da cooperação jurídica internacional denominada "autoridade central" consiste em órgão de comunicação estatal, o qual possui a função de gerenciar o trâmite dos pleitos cooperacionais, recebendo e enviando-os a outro Estado, zelando ainda pela adequação das solicitações enviadas e recebidas aos termos da legislação de regência. Pode ainda, a depender do tratado, a autoridade central exercer funções de execução dos deveres impostos ao Estado-Parte.

b) O reconhecimento e execução de sentença estrangeira em um Estado podem ser realizados por meio do modo de controle limitado, também chamado de juízo de delibação, pelo qual o Estado do foro afere determinados aspectos referentes à sentença estrangeira, mas exige, simultaneamente, a análise do mérito completo da decisão.

c) A Convenção da Haia sobre a Obtenção de Provas no Exterior em matéria civil e comercial prevê que a autoridade judicial deve aplicar integralmente a legislação do Estado Requerente no que diz respeito às formalidades a serem seguidas na obtenção da prova.

d) O Protocolo de Las Leñas de Cooperação e Assistência Jurisdicional em Matéria Civil, Comercial, Trabalhista e Administrativa, de 1992, proíbe que seja aplicado o reconhecimento e execução de sentenças em matéria de reparação de danos e restituição de bens pronunciadas na esfera penal.

2. (Vunesp/TRF/3R/Juiz/2022) Dadas as assertivas que se seguem, assinale a alternativa correta:

a) O conteúdo da cláusula de ordem pública no Direito Internacional Privado é definido a partir do contexto social e valores do Estado estrangeiro de origem da lei a ser aplicada pelo Estado do foro.

b) O silêncio de um tratado de Direito Internacional Privado no que tange à cláusula de ordem pública implica que seu uso, baseado em outro diploma normativo, é proibido pelo aplicador da citada norma no Brasil.

c) O recurso à ordem pública na escolha das leis possui duas fases sucessivas: a primeira, é o afastamento da lei estrangeira indicada pelo uso das regras de conexão; a segunda, é a designação de outra regra (em geral, a do próprio foro) para regular o fato transnacional.

d) A Convenção sobre os aspectos civis do sequestro internacional de crianças (1980) prevê, de modo expresso, uma cláusula de proteção à ordem pública, repetindo a tradição de tal menção nos tratados celebrados sob os auspícios da Conferência da Haia de Direito Internacional Privado.

3. (Vunesp/TRF/3R/Juiz/2022) Dadas as assertivas que se seguem, assinale a alternativa correta:

a) O princípio do favorecimento é operacionalizado pela adoção de duas ou mais regras de conexão, levando à possibilidade de incidência potencial de várias leis, cuja aplicação será dependente de critério espacial (e não mais material).

b) O princípio da proximidade adota o método multilateral indireto; contudo, a sede de determinada situação e a localização do ordenamento são aferidas de acordo com os vínculos "in concreto" com a situação, podendo servir como cláusula de exceção, correção ou escape, e, ainda, critério inicial de fixação da lei aplicável.

c) O método do reconhecimento exige, usualmente, uma situação jurídica consolidada, de acordo com a lei estrangeira de sua formação, mesmo com a ofensa à ordem pública do Estado do foro que reconhece a situação.

d) O Direito Internacional Privado conta com conjunto de normas de "soft law" veiculadas por meio da edição de leis-modelo e recomendações, as quais representam instrumentos internacionais vinculantes impondo aos Estados que adotem legislação interna compatível.

4. (TRF/3R/Juiz/2018) Consoante ensinamentos da doutrina, na seara do Direito Internacional Privado, sabe-se que as regras de conexão estabelecem qual o direito aplicável às diversas situações jurídicas conectadas a mais de um sistema legal, após a necessária qualificação e em determinadas situações pode ocorrer o fenômeno denominado reenvio. Avalie, a seguir, as seguintes assertivas e, depois, expresse sua convicção:

I. O processo de qualificação, ou de classificação, que leva ao elemento de conexão, considera um de três diferentes aspectos: o sujeito, o objeto ou o ato jurídico.

II. Como exemplos de regras de conexão, podemos citar: "lex loci solutionis" (lei do local onde as obrigações ou a obrigação principal do contrato, deve ser cumprida); "lex damni" (lei do local onde se manifestaram as consequências do ato ilícito, para reger a obrigação de indenizar); "lex monetae" (lei do país em cuja moeda a dívida ou outra obrigação legal é expressa); lei mais favorável, descrita como a lei mais benéfica em situações específicas.

III. A lei qualificadora não coincide, necessariamente, com a lei aplicável.

IV. O reenvio pode ocorrer em dois graus; em primeiro grau, quando um país nega competência à sua lei em favor de outro país, que, a seu turno, também nega competência à sua lei, configurando uma recusa recíproca; em segundo grau, o reenvio pode ocorrer quando a lei do país "A" manda aplicar a lei do país "B", e a lei do país "B" determina que se aplique a lei do país "C".

a) Todas as assertivas estão corretas.

b) Apenas as assertivas I, II e IV estão corretas.

c) Apenas as assertivas I, III e IV estão corretas.

d) A assertiva I é a única correta.

5. (IFBC/TRF/2R/Juiz/2018) Em matéria de pedidos de alimentos por credor situado no Brasil e devedor em país diverso:

I. Aplica-se a Convenção de Nova Iorque sobre Prestação de Alimentos no Estrangeiro de 1956.

II. Aplica-se a Convenção da Haia sobre a Cobrança Internacional de Alimentos para Crianças e Outros Membros da Família, de 2007.

III. Aplica-se o Protocolo da Haia sobre Lei Aplicável às Obrigações de Prestar Alimentos, de 2007.

a) Somente a Convenção prevista na alternativa I está em vigor no Brasil.

b) Somente a Convenção prevista na alternativa II está em vigor no Brasil.

c) Somente a Convenção prevista na alternativa III está em vigor no Brasil.

d) Todas as Convenções estão em vigor no Brasil.

e) Somente as Convenções previstas nas alternativas I e II estão em vigor no Brasil.

6. (Cespe/TRF/5R/Juiz/2017) Assinale a opção correta de acordo com as normas de direito internacional privado (DIPr).

a) Na hipótese de uma fábrica situada na fronteira entre dois países explodir, por negligência ou imprudência, e destruir propriedades situadas para além do Estado onde se localiza, deve-se utilizar como elemento de conexão o lugar da conduta.

b) No DIPr, a qualificação, que significa determinar a natureza do fato ou instituto para o fim de enquadrá-lo em uma categoria jurídica existente, se relaciona às obrigações, devendo-se aplicar a lei do país em que se constituírem.

c) No DIPr, considera-se questão prévia a delimitação da competência do juízo.

d) No caso de uma norma jurídica estipular como formas alternativas de regência de atos entre vivos a lei do lugar de celebração do ato, a do lugar que regula a substância do ato e a lei nacional dos contraentes (se for comum), aplicar-se-á o elemento de conexão que indicar a norma mais favorável à validade formal do ato.

e) Para o direito brasileiro, na hipótese de um domiciliado no Brasil e uma domiciliada na Argentina vierem a se casar e estabelecer como domicílio comum primeiro o Brasil e depois a Argentina, o regime de bens será regulado pela legislação argentina.

7. (TRF/2R/Juiz/2017) Na hipótese de idêntica ação ser proposta no Brasil e no exterior, e inexistindo Tratado com o país estrangeiro, marque a opção correta:

a) A litispendência internacional não pode ser conhecida de ofício e deve ser arguida. Arguida, ela impede que o juiz brasileiro dê curso à ação intentada no Brasil se a questão já tiver sido submetida a juiz estrangeiro.

b) litispendência internacional pode ser conhecida de ofício e impede que o juiz brasileiro dê curso à ação intentada no Brasil se a questão já está submetida a juiz estrangeiro.

c) Em tema afeto à soberania, os Estados estrangeiros estão impedidos de conhecer demandas que versem sobre causas situadas no território de outras soberanias, sob pena de responsabilização internacional.

d) Se uma sentença brasileira decidir determinada questão que também tenha sido decidida por sentença estrangeira, será sempre a sentença brasileira a que produzirá efeitos no Brasil.

e) A ação intentada no estrangeiro não impede que a mesma questão seja submetida a juiz brasileiro, nem produz litispendência.

8. (TRF/3R/Juiz/2016) Assinale a alternativa incorreta:

a) Realizando-se o casamento no exterior, pela autoridade estrangeira, será aplicada a lei do local da celebração com relação aos impedimentos dirimentes e às formalidades.

b) O casamento de um brasileiro, domiciliado ou não no exterior, celebrado perante a autoridade consular brasileira, submete-se ao direito brasileiro, constituindo-se exceção à regra da "lex loci celebrationis".

c) Somente se os nubentes forem estrangeiros poderão celebrar o casamento no Brasil perante o cônsul do país de ambos, segundo a lei do Estado da autoridade celebrante, configurando-se exceção à regra da "lex loci celebrationis".

d) O casamento celebrado no exterior, observadas todas as regras do direito local estrangeiro, será sempre válido no Brasil.

9. (Cespe/TRF/1R/Juiz/2013) Assinale a opção correta no que se refere à Convenção de Nova Iorque sobre a prestação de alimentos no estrangeiro.

a) A convenção estabelece a competência obrigatória da Corte Interamericana de Direitos Humanos para resolver controvérsias sobre sua interpretação e aplicação.

b) A invocação de suas disposições por um Estado-parte contra outro Estado-parte somente será possível se o estado invocativo estiver obrigado pela convenção.
c) A formulação de reservas é vedada pela convenção.
d) A convenção veda a adesão.
e) A convenção não se aplica aos pedidos de modificação das decisões judiciárias sobre prestação de alimentos.

10. (Cespe/TRF/1R/Juiz/2011) No que diz respeito às fontes do direito internacional privado, ao conflito de leis, ao reenvio e à interpretação do direito estrangeiro, assinale a opção correta.
a) A prova dos fatos ocorridos em país estrangeiro rege-se pela lei que nele vigorar, quanto ao ônus e aos meios de produzir-se, não admitindo, porém, os tribunais brasileiros provas que a lei brasileira desconheça.
b) As partes têm liberdade para escolher a lei de regência em contratos internacionais em razão da regra geral da autonomia da vontade, em matéria contratual. Nesse sentido, as leis, atos e sentenças de outro país, bem como quaisquer declarações de vontade, terão plena eficácia no Brasil, independentemente de qualquer condição ou ressalva.
c) Entre as fontes do direito internacional privado incluem-se as convenções internacionais, o costume internacional e os princípios gerais do direito, mas não as decisões judiciais e a doutrina dos juristas, estas, somente obrigatórias para as partes litigantes e a respeito dos casos em questão.
d) Embora entenda o STF que haja paridade entre o tratado e a lei nacional, esse tribunal firmou a tese de que, no conflito entre tratado de qualquer natureza e lei posterior, esta há sempre de prevalecer, pois a CF não garante privilégio hierárquico do tratado sobre a lei, sendo inevitável que se garanta a autoridade da norma mais recente.
e) Para resolver os conflitos de lei no espaço, o Brasil adota a prática do reenvio, mediante a qual se substitui a lei nacional pela estrangeira, desprezando-se o elemento de conexão apontado pela ordenação nacional, para dar preferência à indicada pelo ordenamento jurídico alienígena.

11. (Cespe/TRF/1R/Juiz/2011) Considerando a legislação brasileira relativa à competência jurisdicional nas relações jurídicas com elemento estrangeiro, as cartas rogatórias e a homologação de sentenças estrangeiras, assinale a opção correta.
a) Tanto a autoridade judiciária brasileira quanto a autoridade do país de origem do autor da herança, se este for estrangeiro, têm competência para proceder a inventário e partilha de bens situados no Brasil.
b) A homologação de sentença estrangeira no Brasil, cuja natureza é jurisdicional, pode ser concedida a sentença de qualquer natureza, com exceção das que sejam meramente declaratórias do estado das pessoas.
c) A carta rogatória obedecerá, quanto à admissibilidade e ao modo de cumprimento, ao disposto na legislação brasileira, devendo necessariamente ser remetida aos juízes ou tribunais estrangeiros por contato direto entre as autoridades judiciárias dos Estados envolvidos.
d) Não conhecendo a lei estrangeira, o juiz brasileiro não pode exigir da parte que a invoque o fornecimento de prova do seu texto e vigência, mas, sim, solicitar às autoridades de outro Estado os elementos de prova ou informação sobre o texto, sentido e alcance legal de seu direito.
e) A competência jurisdicional brasileira é territorial-relativa e incide sobre o estrangeiro domiciliado no país, sendo competente também o juiz brasileiro quando a obrigação tiver de ser cumprida no Brasil e quando a ação se originar de fato ocorrido ou de ato praticado no território nacional.

12. (Cespe/TRF/5R/Juiz/2011) Mohamed, filho concebido fora do matrimônio, requereu, na justiça brasileira, pensão alimentícia do pai, Said, residente e domiciliado no Brasil. Said negou o requerido e não reconheceu Mohamed como filho, alegando que, perante a Tunísia, país no qual ambos nasceram, somente são reconhecidos como filhos os concebidos no curso do matrimônio.
a) partir dessa situação hipotética, assinale a opção correta à luz da legislação brasileira de direito internacional privado.
a) A reserva da ordem pública não está expressa na Lei de Introdução às Normas do Direito Brasileiro.
b) O juiz, ao julgar a referida relação jurídica, deve obedecer à lei da Tunísia.
c) Nesse caso, não se aplicam normas de ordem pública, pois se trata de relação jurídica de direito internacional privado, e não, de direito internacional público.
d) O juiz não deverá aplicar, nessa situação, o direito estrangeiro.
e) A lei brasileira assemelha-se à da Tunísia, razão pela qual esta deverá ser aplicada.

13. (Cespe/TRF/2R/Juiz/2011) Os elementos de conexão brasileiros constituem parte da norma do direito internacional privado que determina o ordenamento jurídico a ser aplicado a determinada causa. Assinale a opção correspondente à correta correlação entre fato(s) jurídico(s) e elemento de conexão na Lei de Introdução do Código Civil.
a) situação do regime de bens – nacionalidade dos cônjuges.
b) qualificação e regulação das obrigações – domicílio dos contratantes.
c) formalidades de celebração e impedimentos do casamento – nacionalidade dos nubentes.
d) personalidade e capacidade – domicílio da pessoa.
e) penhor – local do bem.

14. (Cespe/TRF/3R/Juiz/2011) De acordo com a Lei de Introdução às Normas do Direito Brasileiro, a capacidade para suceder é regulada pela lei:
a) de nacionalidade do herdeiro ou legatário.
b) de domicílio do herdeiro ou legatário.
c) em que se encontra o herdeiro ou legatário.
d) de nacionalidade do "de cujus".
e) do último domicílio do "de cujus".

15. (TRF/3R/Juiz/2010) Em relação ao ônus e à produção da prova no âmbito do direito internacional privado é correto afirmar, exceto:
a) A prova dos fatos ocorridos em país estrangeiro rege-se pela lei que nele vigorar quanto ao ônus e aos meios de produzir-se, não se admitindo, porém, a produção de provas que a lei brasileira desconheça.
b) Não se pode impor às partes o ônus de produzir a prova do teor e vigência da lei estrangeira, salvo quando por ela invocado.
c) Não sendo a incidência do direito estrangeiro alegada pela parte, o Juiz não está autorizado a exigir a colaboração da parte, com fulcro no art. 337 do Código de Processo Civil.
d) Entendendo o Juiz ser o caso de aplicação do direito estrangeiro, deverá intimar a parte a quem este beneficia a comprovar seu teor e vigência, sob pena de extinção do feito sem apreciação do mérito.

16. (TRF/3R/Juiz/2010) Para solução do conflito de leis no espaço é de fundamental importância a qualificação da relação de direito, isto é, se a questão é de capacidade ou de forma. Assim, considerando as regras da Lei de Introdução ao Código Civil (Dec.-Lei 4.657/42) pergunta-se:

a) A capacidade negocial do contratante há de ser aferida em função da sua lei pessoal, enquanto a validade do negócio jurídico deve ser constatada de acordo com as regras do local de sua celebração e de sua execução.
b) Tratando-se de gestão de negócios a capacidade das partes deve ser regida pela lei do domicílio, e possuindo as partes domicílios diversos, os efeitos da gestão serão regrados pela lei que estas eventualmente estipularem, por força da incidência do princípio da autonomia da vontade, admitido pela Lei de Introdução ao Código Civil.
c) A capacidade nupcial há de ser aferida segundo as regras de domicílio dos nubentes, ainda que estes sejam diversos, caso em que o primeiro domicílio conjugal determinará as regras incidentes sobre as hipóteses de invalidade do matrimônio e o regime de bens, e as leis nacionais disciplinarão as formalidades de realização do matrimônio, caso celebrado no Brasil, por força do princípio "lex loci celebrationes".
d) A capacidade para adquirir a propriedade pela usucapião, bem como os pressupostos objetivos necessários à ocorrência da prescrição aquisitiva, será aferida em função da lei do local em que se encontrarem os bens, sejam móveis ou imóveis, em virtude do princípio "lex rei sitae".

17. (TRF/3R/Juiz/2010) O artigo 1º, inciso I, da Constituição Federal elenca entre os fundamentos da República Federativa do Brasil a soberania. Por seu turno o art. 4º, incisos I e V, da CF, prevê que nas suas relações internacionais a República Federativa do Brasil, reger-se-á, entre outros, pelos princípios da independência nacional e da igualdade entre os Estados, sendo, portanto, correto afirmar que:

a) A norma estrangeira não pode ser aplicada no Brasil, sob pena de infringência à soberania nacional.
b) A lei estrangeira, aplicada por força de dispositivo de direito internacional privado brasileiro, se equipara à legislação federal brasileira, para efeito de admissibilidade de recurso especial, quando contrariada ou lhe for negada vigência pelo Juiz nacional.
c) Tratando-se de norma legitimamente expedida por Estado igualmente soberano, e aplicável em território nacional por força da autoridade do legislador federal, ela se incorpora à legislação federal, não podendo ter sua eficácia afastada.
d) A legislação brasileira será eficaz fora dos limites do território nacional, por força do princípio da extraterritorialidade, quando a relação jurídica tiver por objeto interesses de cidadão brasileiro.

2. ARBITRAGEM INTERNACIONAL

QUESTÕES OBJETIVAS

18. (TRF/4R/Juiz/2012) Dadas as assertivas abaixo, assinale a alternativa correta.

I. A sentença arbitral estrangeira é obrigatória, porém, por si só, não possui força executória no Brasil.
II. Ao contrário das normas de "jus cogens", as normas de "soft law" não são obrigatórias, nem influenciam a formação de costumes internacionais, dado o seu caráter eminentemente político.
III. A regra segundo a qual os navios em alto-mar devem submeter-se à jurisdição exclusiva do Estado do pavilhão não comporta exceção.
IV. O estatuto pessoal de um refugiado será regido pela lei do país de seu domicílio, ou, na falta de domicílio, pela lei do país de sua nacionalidade.

a) Está correta apenas a assertiva I.
b) Está correta apenas a assertiva IV.
c) Estão corretas apenas as assertivas I, II e III.
d) Estão corretas apenas as assertivas II, III e IV.
e) Estão corretas todas as assertivas.

19. (Cespe/TRF/2R/Juiz/2011) A arbitragem constitui-se em método previsto no direito internacional e no direito brasileiro para a resolução de controvérsias. A legislação brasileira que trata da arbitragem foi elaborada tendo como parâmetro o modelo de arbitragem internacional das Nações Unidas. Assinale a opção correta, tendo como parâmetro a lei que regula, no Brasil, a arbitragem (Lei n. 9.307/1996).

a) A escolha dos árbitros é feita pelo magistrado da causa.
b) A sentença arbitral não está sujeita à homologação do Poder Judiciário para surtir efeitos entre as partes.
c) Qualquer matéria está sujeita à arbitragem no Brasil.
d) O árbitro é escolhido entre os magistrados de carreira da comarca onde a contenda surgir.
e) A arbitragem pode ser compulsória, nos casos previstos em lei.

20. (Cespe/TRF/2R/Juiz/2009) O instrumento no qual as partes elegem a arbitragem internacional como forma de solução de possíveis litígios futuros caracteriza:

a) o compromisso arbitral.
b) a qualificação prévia arbitral.
c) a cláusula de eleição do foro.
d) o reenvio prejudicial arbitral.
e) a cláusula compromissória.

3. CARTA ROGATÓRIA

QUESTÕES DISCURSIVAS

2. (TRF/2R/Juiz/2007) Carta rogatória proveniente da Argentina para busca e apreensão de bens no Brasil, recebida pelo STJ. A parte brasileira interessada alega que se trata de carta rogatória executória, contrária ao direito brasileiro. Opine justificadamente se procedem as alegações da parte brasileira.

QUESTÕES OBJETIVAS

21. (TRF/2R/Juiz/2017) Analise as assertivas e, depois, assinale a opção correta:

I. Decisão de urgência, proferida pelo juiz estrangeiro antes da sentença, poderá ser executada no Brasil por meio de carta rogatória.
II. Ainda que o litígio envolva apenas pessoas de direito privado e interesses privados, a carta rogatória deve ser cumprida por juiz federal.
III. Mesmo quando a matéria envolva tema de competência exclusiva da jurisdição nacional, é juridicamente viável a concessão de exequatur à carta rogatória estrangeira, que não vincula posterior homologação da sentença a ser proferida.

a) Apenas a assertiva I é falsa.
b) Apenas a assertiva II é falsa.
c) Apenas a assertiva III é falsa.
d) Todas as assertivas são falsas.
e) Todas as assertivas estão corretas.

22. (TRF/2R/Juiz/2017) Sobre sentença estrangeira, rogatória e cooperação internacional, assinale a opção correta:

a) Por entender que o auxílio direto nem sempre é questão decorrente de Tratado ou Contrato entre a União e o Estado estrangeiro ou organismo internacional, o CPC/2015 não atribuiu competência, para cumpri-lo, à Justiça Federal.

b) A sentença estrangeira só pode ser homologada no Brasil se a autoridade que a prolatou tiver jurisdição internacional exclusiva.

c) A homologação de sentença estrangeira e a execução de rogatória submetem-se à compatibilidade com a ordem pública brasileira, matéria a ser apreciada pelo Juiz Federal, no chamado juízo prévio de delibação.

d) A carta rogatória será cumprida como requerida pela via diplomática, de modo que, quando exista requerimento de que a testemunha preste juramento com a mão sobre a Bíblia, será esta a liturgia procedimental a ser observada.

e) Na ausência de designação de outro órgão, pelo tratado ou instrumento de cooperação internacional, o Ministério da Justiça exercerá as funções de autoridade central.

23. (TRF/2R/Juiz/2014) Leia as assertivas e, depois, assinale a opção correta:

I. O auxílio direto é espécie do gênero cooperação jurídica internacional e consiste na assistência que a autoridade nacional presta à autoridade estrangeira requerente por meio de um procedimento nacional. Como regra, deve estar previsto em tratado internacional e prescinde da concessão de "exequatur" pelo Superior Tribunal de Justiça.

II. Seguindo jurisprudência do Supremo Tribunal Federal, o Superior Tribunal de Justiça tem negado "exequatur" a todas as cartas rogatórias de natureza executória, ao fundamento de que sua concessão burla a necessária homologação da sentença estrangeira.

III. Concedido o "exequatur" pelo Superior Tribunal de Justiça, a Carta Rogatória será cumprida por juiz federal de primeiro grau, independentemente da matéria de que cuide.

a) Apenas a assertivas I está correta.

b) Apenas as assertivas I e II estão corretas.

c) Apenas as assertivas I e III estão corretas.

d) Apenas as assertivas II e III estão corretas.

e) Todas as assertivas estão corretas

24. (TRF/3R/Juiz/2013) Em ação de indenização por perdas e danos, movida por pessoa física domiciliada no Brasil e em razão de fato aqui ocorrido, a demanda foi contestada e, após trâmite regular, transitou em julgado acórdão do Tribunal Regional Federal. Em cumprimento de sentença, foi requerida a penhora de bens em uma embaixada estrangeira (cujo titular fora autor do ilícito). Neste caso, o Juiz deve:

a) Encaminhar os autos ao Supremo Tribunal Federal.

b) Deferir a penhora, pois não se trata de hipótese coberta por imunidade da representação diplomática.

c) Indeferir a penhora, em razão da imunidade de jurisdição do Estado estrangeiro e extinguir o processo.

d) Solicitar ao Estado estrangeiro o cumprimento da sentença, pela via diplomática.

e) Expedir rogatória para o Judiciário do Estado Estrangeiro interessado, para que a penhora seja cumprida em seu território.

25. (Cespe/TRF/2R/Juiz/2011) Situação I: Bernardo, juiz federal, recebeu carta rogatória da França para ouvir o depoimento de testemunha brasileira de roubo ocorrido em Paris. Situação II: Michelle, juíza francesa, recebeu carta rogatória do Brasil para citar Manoel, brasileiro residente em Paris, em processo de divórcio em curso no Brasil. Sabendo que o magistrado nacional pode aplicar direito estrangeiro quando executar sentença estrangeira ou quando cumprir carta rogatória, assinale a opção correta acerca das situações hipotéticas apresentadas acima.

a) Na primeira situação, perante a justiça brasileira, a hipótese é de carta rogatória ativa.

b) Em ambas as situações, perante a justiça brasileira, a hipótese é de carta rogatória passiva.

c) Na segunda situação, perante a justiça brasileira, a hipótese é de carta rogatória passiva.

d) Na primeira situação, perante a justiça francesa, a hipótese é de carta rogatória ativa.

e) Na segunda situação, perante a justiça francesa, a hipótese é de carta rogatória ativa.

4. COMÉRCIO E CONTRATOS INTERNACIONAIS

QUESTÕES OBJETIVAS

26. (IFBC/TRF/2R/Juiz/2018) Com relação à OMC e ao GATT, assinale a alternativa correta:

I. O GATT foi o resultado de negociações que surgiram em 1955 e atualmente integra a estrutura da OMC, cuja finalidade é expandir o comércio internacional, os acordos preferenciais e evitar as barreiras tarifárias.

II. O GATT adota o princípio da nação mais favorecida, ou seja, um favorecimento alfandegário oferecido a uma nação deve ser extensível aos demais países.

III. A cláusula de habilitação, enquanto princípio do GATT, admite uma exceção ao princípio da nação mais favorecida.

IV. A OMC, cuja sede está situada em Zurich, pode adotar medidas compensatórias para regular a ordem econômica internacional.

a) Estão corretas apenas as assertivas I e II.

b) Estão corretas as assertivas I, II e IV.

c) Estão corretas as assertivas II e III.

d) Todas as assertivas estão corretas.

e) Estão corretas as assertivas I e IV.

27. (Cespe/TRF/5R/Juiz/2017) Considere que haja controvérsia entre determinado país que se posicionou contrário à política de outro Estado de concessão de subsídios à exportação de produtos automobilísticos. A respeito desse caso, assinale a opção correta considerando as normas da Organização Mundial do Comércio (OMC) bem como as fases do processo decisório desse organismo.

a) Ao Órgão Especial da OMC compete a fase de conciliação, na qual se decidem questões de fato e de direito.

b) Em caso de apelação, o plenário da OMC deve decidir, nessa fase, sobre as questões fáticas trazidas à revisão, em audiência.

c) Mesmo que o país interessado leve o caso a outro foro internacional, a jurisdição compulsória recairá sobre a OMC, se as partes envolvidas forem membros da organização.

d) O país descontente poderá postular diretamente em face das empresas automobilísticas envolvidas, desde que sejam empresas multinacionais.

e) Recebida a petição acerca da controvérsia, a OMC deverá organizar um painel com sete membros, escolhidos entre uma lista de trinta especialistas, a fim de decidir a questão.

28. (Cespe/TRF/5R/Juiz/2015) Objetivando proteger a indústria automobilística nacional, o presidente da República editou decreto que aumentou a alíquota geral do IPI em 30% e concedeu desconto, no mesmo percentual, às empresas nacionais fabricantes de automóveis. Tal medida teve como consequência a redução de 60% no volume de importação de veículos. Considerando a situação hipotética acima descrita, assinale a opção correta.

a) O acordo sobre subsídios e medidas compensatórias, caracterizado como um acordo comercial plurilateral, está incorporado ao Acordo Constitutivo da OMC.
b) Qualquer membro da OMC pode apresentar demanda ao órgão de solução de controvérsias da organização, alegando a contrariedade entre as referidas medidas tributárias adotadas pelo Brasil e os acordos comerciais por este firmados, sujeitando-o à sua jurisdição.
c) O Acordo Constitutivo da OMC incorporou o acordo denominado GATT-1947, mantendo a voluntariedade no cumprimento de suas regras pelos países em desenvolvimento, a exemplo do Brasil, até o alcance do seu pleno desenvolvimento econômico.
d) Na situação considerada, se a CF e as leis locais tiverem sido observadas, não poderá haver responsabilização internacional do Brasil por violação de acordos multilaterais de comércio, como no caso dos acordos firmados no âmbito da OMC.
e) A medida em questão pode ser caracterizada, à luz do direito comercial internacional, como medida compensatória, justificável com fundamento na proteção do interesse nacional.

29. (TRF/4R/Juiz/2014) Assinale a alternativa correta. As medidas de salvaguardas são restrições ao comércio internacional que podem ser adotadas para proteger os setores produtivos nacionais, permitindo a sua adaptação e a retomada da competitividade. Conforme o "Acordo sobre Salvaguardas" (Acordo SG) relativo ao artigo XIX do GATT de 1994 ("The General Agreement on Tariffs and Trade"), as salvaguardas:

a) Aplicam-se aos produtos e serviços quando demonstrada a ocorrência de práticas comerciais desleais e a violação das regras de livre comércio.
b) Têm como requisitos de aplicação o aumento das importações de determinado produto que não atenda os padrões mínimos de qualidade e sustentabilidade.
c) Têm sua aplicação regida pelos princípios, entre outros, da temporariedade, da generalidade, da liberalização progressiva e da concessão de medidas compensatórias aos países membros afetados.
d) Têm caráter urgente e temporário e podem ser aplicadas seletivamente de acordo com o país de procedência dos produtos.
e) O Acordo Geral autoriza membro do GATT a adotar medidas de salvaguarda para proteger determinado setor de produção nacional concorrente quando o súbito aumento da importação possa produzir impacto considerável na cultura dos povos indígenas, no folclore nacional e na erradicação da pobreza.

30. (TRF/3R/Juiz/2013) No que diz respeito aos contratos internacionais, assinale a opção correta:

I. No Brasil, a regra de direito internacional privado que indica o sistema jurídico que será aplicado é a do local da celebração do contrato.
II. A cláusula de eleição de foro e de lei aplicável são similares.
III. A cláusula de eleição de foro prevalece mesmo em caso de competência exclusiva da justiça brasileira.
IV. Na ausência de local de celebração é preciso definir qual das partes é a proponente, para aplicar-se a regra de sua residência.

a) Todos os enunciados são corretos.
b) Apenas os enunciados I e III são corretos.
c) Apenas enunciados II e III são falsos.
d) Os enunciados III e I são falsos.
e) Todos os enunciados são falsos.

31. (TRF/3R/Juiz/2013) Na esfera da Organização Mundial do Comércio:

a) As "rodadas" ministeriais não debatem temas relacionados com propriedade intelectual, pois se trata de tema sensível que sobrepassa o comércio de bens.
b) Por força da cláusula de paz, não cabe o debate em tomo do comércio de produtos agrícolas.
c) O dumping, consistente na importação abaixo de preço de custo é considerado prática desleal de comércio.
d) As medidas compensatórias podem ser adotadas em caso de violação de normas trabalhistas por algum Estado-Parte.
e) Não é vedada aos membros a adoção de política industrial, mas é vedada a adoção de subsídios públicos direcionados à exportação.

32. (Cespe/TRF/5R/Juiz/2011) Em contratos internacionais, inter-relacionam-se vários sistemas jurídicos; por isso, tais contratos são caracterizados por meio de cláusulas típicas e de uma linguagem comum estabelecida pela Câmara Internacional do Comércio, sendo uma das formas de padronização desses contratos denominada Incoterms 1990 ("International Rules for Interpretation of Trade Terms"). Com base nessa padronização, assinale a opção correta acerca dos contratos de compra e venda internacional.

a) FOB ("free on board") é o contrato que prevê que o vendedor cumpra a obrigação de entregar as mercadorias quando estas estiverem a caminho, ou seja, no momento do embarque no navio no porto de origem.
b) No contrato CFR ("cost and freight"), prevê-se que o comprador pague os custos e o frete necessários para trazer as mercadorias ao porto de destino.
c) No contrato do tipo CIF ("cost, insurance and freight"), prevê-se que o comprador pague os custos, o frete e o seguro necessários para o transporte das mercadorias ao porto de destino.
d) Em contratos EXW ("ex works"), está previsto que o vendedor cumpra a obrigação de entregar as mercadorias quando estas estiverem prontas e disponíveis para o comprador no estabelecimento do vendedor.
e) O contrato FCA ("free carrier") prevê que o vendedor cumpra a obrigação de entregar as mercadorias antes da liberação para exportação, cujos custos devem ser assumidos pelo comprador.

33. (Cespe/TRF/1R/Juiz/2011) Acerca dos contratos internacionais, da arbitragem como método de solução alternativa de controvérsias e dos procedimentos previstos na Convenção de Nova Iorque sobre a prestação de alimentos no estrangeiro, assinale a opção correta.

a) Denomina-se imperativa a disposição que impede as partes de, ao celebrarem contrato em um país, para nele ser cumprido, incluir regras contratuais que confrontem as leis desse país.
b) É competente para receber e julgar as ações de cobrança de alimentos no estrangeiro o juízo federal da capital da unidade federativa em que reside o credor, sendo considerada autoridade remetente e instituição intermediária a AGU.
c) Na execução das cartas rogatórias para a cobrança de alimentos no estrangeiro, admite-se, de acordo com a Convenção de Nova Iorque, o reembolso de taxas ou despesas, além da cobrança dos demandantes estrangeiros ou não residentes de caução ou de qualquer outro pagamento ou depósito para garantir a cobertura das despesas.
d) O que define a natureza do contrato (nacional ou internacional) é a nacionalidade das partes celebrantes; assim,

considera-se internacional o contrato em que as partes têm nacionalidades diversas, fenômeno denominado "estraneidade".

e) Para ser executada no Brasil, a sentença arbitral estrangeira está sujeita a prévia homologação do STF.

34. (Cespe/TRF/2R/Juiz/2011) Assinale a opção correta acerca dos princípios gerais da atividade econômica, do GATT e da OMC.

a) A OMC, criada na quarta rodada de negociação do GATT, em Genebra, em 1955, é organização internacional que negocia e normatiza regras sobre o comércio entre as nações; seus membros transacionam e celebram acordos que são internalizados pelos poderes constituídos de seus signatários e passam, desse modo, a regular o comércio internacional de cada nação.

b) São vinculantes e caracterizados pela abrangência, automaticidade e exequibilidade os efeitos das decisões proferidas pelo sistema de solução de controvérsias da OMC, instituído para substituir antigo procedimento similar adotado pelo GATT, podendo qualquer nação acioná-lo na qualidade de terceiro interessado, independentemente de ser parte da organização.

c) O conceito de soberania foi desenvolvido pelo filósofo francês Jean Bodin, e, segundo a atual doutrina, o princípio da soberania nacional somente se efetiva quando a nação alcança patamares de desenvolvimento econômico e social que lhe garantam a plena independência das decisões políticas, sem a necessidade de auxílios internacionais, de forma que somente existirá Estado soberano onde houver independência econômica.

d) Segundo a jurisprudência do STF, não ofende o princípio da livre concorrência lei federal, estadual ou municipal que impeça a instalação de estabelecimentos comerciais do mesmo ramo em determinada área, uma vez que o Estado é o responsável pela condução das políticas públicas destinadas a organizar a distribuição equitativa das atividades da economia nacional.

e) A primeira rodada de negociação do GATT, realizada em Tóquio, em 1947, versou sobre tarifas, agricultura, serviços, propriedade intelectual e medidas de investimento, tendo sido estabelecida, na ocasião, a chamada cláusula da nação mais favorecida, que prevê a gradual supressão de determinados benefícios à medida que os países subdesenvolvidos ou em fase de desenvolvimento incrementam suas economias.

35. (Cespe/TRF/3R/Juiz/2011) No que se refere ao comércio internacional e suas instituições, assinale a opção correta.

a) O GATT não reconhece acordos regionais, sob o fundamento de que eles são utilizados para impor barreiras ao restante das partes contratantes.

b) A atuação da OMC estende-se a mercadorias, serviços e direitos de propriedade intelectual, com o objetivo de reduzir barreiras comerciais e tratamentos discriminatórios.

c) No Mercosul, há direito comunitário, sendo as normas oriundas de órgãos comuns e dispensada a internalização, conforme as regras de direito internacional.

d) O GATT e a OMC foram concebidos em 1948 para expandir o comércio internacional.

e) Por constituir tratado multilateral, cujas partes atuam em posição de igualdade, o GATT não apresenta condições especiais para os países em desenvolvimento.

36. (Cespe/TRF/5R/Juiz/2009) Em um mundo globalizado, são cada vez mais frequentes os contratos internacionais de compra e venda de mercadorias (exportação e importação de mercadorias). Buscando uniformizar e regulamentar alguns aspectos do comércio internacional, a Comissão das Nações Unidas de Direito do Comércio Internacional (Uncitral) estabeleceu algumas cláusulas típicas de contratos internacionais, entre as quais destacam-se as "hardship clauses", que tratam:

a) da língua usada nas cláusulas contratuais.

b) da confidencialidade dos contratos.

c) das cláusulas atributivas de jurisdição.

d) dos efeitos danosos de mudanças ocorridas no ambiente institucional, político, comercial ou legal dos contratos.

e) das cláusulas penais dos contratos.

37. (Cespe/TRF/5R/Juiz/2009) Assinale a opção correta no que concerne ao GATT e à OMC.

a) O GATT foi promulgado em 1970 com a finalidade de expandir o comércio internacional e reduzir os direitos alfandegários, por intermédio de contingenciamentos, acordos preferenciais e barreiras pecuniárias.

b) A cláusula de habilitação, um dos princípios do GATT, estabelece que todo e qualquer favorecimento alfandegário oferecido a uma nação deve ser extensível às demais.

c) A OMC, fórum permanente de negociação para a solução de controvérsias quanto às práticas desleais e de combate a medidas arbitrárias de comércio exterior, foi criado pelo Acordo de Tóquio, de 1985, e está vinculado ao Fundo Monetário Internacional.

d) O Conselho Geral é o órgão da OMC incumbido da resolução de disputas e mecanismos de revisão de política comercial. Dotado de função análoga à judiciária, esse conselho vale-se, via de regra, de mecanismos de composição extrajudicial, como a arbitragem.

e) O sistema de solução de controvérsias da OMC conta com apenas três fases: formulação de consultas pelos Estados envolvidos, constituição de grupo especial e prolação de decisão.

38. (Cespe/TRF/5R/Juiz/2009) A OMC, organização que trata das regras sobre o comércio entre as nações, apresenta um sistema de solução de controvérsias criado para solucionar os conflitos gerados pela aplicação dos acordos a respeito do comércio internacional entre os seus membros. Recentemente, o debate sobre a aplicação dos tratados comerciais tem sido iluminado pelo princípio "in dubio mitius" ou "in dubio pro mitius", cujo uso resulta em uma interpretação:

a) literal restritiva dos tratados.

b) sistemática ampliativa dos tratados.

c) sistemática restritiva dos tratados.

d) literal ampliativa dos tratados.

e) literal que pode favorecer o papel da OMC de criar novas normas distintas das previstas nos tratados.

5. HOMOLOGAÇÃO DE SENTENÇA ESTRANGEIRA

SÚMULAS

STF **Súm. 381.** Não se homologa sentença de divórcio obtida por procuração, em país de que os cônjuges não eram nacionais.

QUESTÕES DISCURSIVAS

3. (Cespe/TRF/5R/Juiz/2009) Quais são as especialidades do Protocolo de Las Leñas sobre Cooperação e Assistência Judiciária em Matéria Civil, Comercial, Trabalhista e Administrativa, em relação à homologação de sentenças estrangeiras e às cartas rogatórias?

4. (TRF/2R/Juiz/2007) Um brasileiro e uma americana casaram-se em Nova York, em 1995. Em 2004, o casamento se desfez e o brasileiro voltou para o Brasil. A esposa ajuizou uma ação de divórcio e a citação do marido foi realizada pelo correio. Em 2005, de posse da sentença de divórcio proferida em NY, na qual o marido foi revel, a ex-esposa ajuizou um pedido de homologação no STJ. Analise os requisitos de homologabilidade do caso em questão.

QUESTÕES OBJETIVAS

39. (Cespe/TRF/5R/Juiz/2017) A respeito da homologação de sentenças estrangeiras, assinale a opção correta.

a) Na hipótese de tutela provisória de urgência estrangeira, o beneficiário que tiver interesse na sua execução no território brasileiro deverá requerer a respectiva homologação ao STJ.

b) Conforme entendimento do STJ, a comprovação da definitividade da decisão homologanda só será admitida por meio da certidão de seu trânsito.

c) O indeferimento de pedido de homologação de sentença estrangeira impede a propositura de novo pedido, em função da coisa julgada.

d) No caso de sentença estrangeira que regulamenta alimentos homologada pelo STJ, admite-se a superveniência de decisão posterior, pelo Poder Judiciário brasileiro, que disponha de forma diferente.

e) Caso um interessado pretenda fazer valer a eficácia, no Brasil, de decisão estrangeira de divórcio consensual ou conflituoso, deverá requerer ao STJ a respectiva homologação.

40. (TRF/3R/Juiz/2016) Sobre as assertivas que se seguem, assinale a alternativa correta:

I. A sentença eclesiástica de anulação de matrimônio, confirmada pelo Supremo Tribunal da Assinatura Apostólica, no Vaticano, será submetida à homologação do Superior Tribunal de Justiça, observado o acordo firmado entre o Brasil e a Santa Sé, relativo ao Estatuto Jurídico da Igreja Católica no Brasil (Decreto 7.107/2010).

II. A Procuradoria-Geral da República tem legitimidade ativa para deduzir pedido de homologação de sentença estrangeira de alimentos, perante o Superior Tribunal de Justiça, na qualidade de Instituição Intermediária indicada nos termos da Convenção de Nova York sobre Prestação de Alimentos no Estrangeiro, promulgada pelo Decreto 56.826, de 2.9.1965, combinado com a Lei nº 5.478, de 25.7.1968.

III. As sentenças estrangeiras terão os seus efeitos reconhecidos no ordenamento jurídico brasileiro somente depois de homologadas pelo Superior Tribunal de Justiça.

IV. O Acordo de Cooperação e Assistência Jurisdicional, denominado Protocolo de Las Lenãs, promulgado pelo Decreto nº 6.891, de 2.7.2009, busca facilitar o sistema de reconhecimento de sentenças estrangeiras proferidas por tribunais domésticos dos Estados do Mercosul, porém não modifica em nada a competência do Superior Tribunal de Justiça para homologá-las.

a) Todas as assertivas estão corretas.

b) Todas as assertivas estão incorretas.

c) Somente a assertivas III está incorreta.

d) Somente a assertiva IV está incorreta.

41. (Cespe/TRF/5R/Juiz/2015) A respeito das regras atinentes ao processo internacional e à homologação de sentenças estrangeiras, assinale a opção correta.

a) O ajuizamento de demanda no Brasil constitui empecilho à homologação de sentença estrangeira.

b) Para fins de homologação de sentença arbitral, exige-se que a regular citação de pessoa residente no território brasileiro tenha sido realizada por carta rogatória.

c) Por ocasião do cumprimento de carta rogatória, aplica-se a lei processual da justiça rogada, sendo irrelevante solicitação da justiça rogante no sentido de se aplicar sua legislação.

d) Para fins de homologação de sentença estrangeira, exige-se que ela não ofenda a soberania nacional, a ordem pública, os bons costumes e a reciprocidade no reconhecimento das sentenças brasileiras.

e) Em casos específicos, o STJ poderá reexaminar, a requerimento do interessado, as decisões já proferidas em pedidos de homologação de sentenças estrangeiras.

42. (Cespe/TRF/3R/Juiz/2011) Com base na jurisprudência do STJ sobre a homologação de sentenças estrangeiras no Brasil, assinale a opção correta.

a) A pendência de julgamento, no Brasil, de apelação contra sentença proferida em ação na qual se discutam alimentos dos filhos dos ex-cônjuges impede a homologação de sentença estrangeira com o mesmo objeto.

b) Ainda quando encaminhada por via diplomática, a sentença estrangeira deve ser autenticada pela autoridade consular brasileira.

c) O ajuizamento de ação de revisão de alimentos no Brasil inviabiliza o processamento do pedido de homologação de sentença estrangeira relativa ao tema.

d) É autorizada a homologação de sentença estrangeira que, ao decretar o divórcio, convalida acordo celebrado pelos ex-cônjuges quanto à partilha de bens situados no Brasil.

e) O inadimplemento de obrigações decorrentes da sentença estrangeira impede sua homologação no Brasil.

43. (TRF/4R/Juiz/2010) Dadas as assertivas abaixo, assinale a alternativa correta.

I. A delibação é um sistema jurídico de homologação de sentença estrangeira que tem fundamento na cortesia internacional pela qual a sentença estrangeira é reapreciada e examinada quanto ao mérito e à sua forma.

II. O procedimento a ser seguido para a homologação de sentença estrangeira é, segundo a norma do Código de Processo Civil, o do Regimento Interno do Supremo Tribunal Federal.

III. Segundo o entendimento majoritário do tribunal competente para a homologação de sentença estrangeira, contra essa é passível de arguição como defesa apenas a questão relativa à observância dos requisitos para a homologação, sendo vedado à arguição versar sobre outras questões.

IV. Havendo tramitação de duas ações idênticas paralelamente (competência concorrente) na jurisdição estrangeira e jurisdição nacional e ocorrendo o trânsito em julgado da sentença estrangeira e sua homologação no Brasil, deverá ser extinto o processo no Brasil pela ocorrência de coisa julgada estrangeira.

V. Poderá ser homologada pelo tribunal competente do Brasil a sentença estrangeira já transitada em julgado relativa a sucessão mortis causa que dispõe sobre bem imóvel situado no Brasil.

a) Está correta apenas a assertiva III.

b) Está correta apenas a assertiva IV.

c) Estão corretas apenas as assertivas I e II.

d) Estão corretas apenas as assertivas I e IV.

e) Estão corretas apenas as assertivas II e III.

15

DIREITO INTERNACIONAL PÚBLICO

VOLUME DE QUESTÕES

MÉDIO

1. DIREITO DOS TRATADOS

ATENÇÃO: ESTE TEMA É MUITO EXIGIDO NOS CONCURSOS!

ENUNCIADOS

CJF **Pen. Proc. Penal 27.** São imprescritíveis e insuscetíveis de anistia, graça ou indulto crimes que caracterizem graves violações de direitos humanos, praticados por agentes públicos ou particulares, diante da Convenção Americana de Direitos Humanos e da pacífica jurisprudência da Corte Interamericana de Direitos Humanos, de observância obrigatória por todos os órgãos e poderes do Estado brasileiro.

QUESTÕES DISCURSIVAS

1. (TRF/2R/Juiz/2007) Brasil ratificou e promulgou a Convenção Interamericana de Direitos Humanos, também conhecida como Pacto de São José. Determina no seu artigo 8º, 2, h, o duplo grau de jurisdição, como o direito de toda pessoa acusada de delito, de recorrer da sentença para juiz ou tribunal superior. Como se coaduna o presente dispositivo com os casos em que a própria Constituição regulou que um determinado caso fosse julgado exclusivamente por tribunal, sem previsão de recurso?

QUESTÕES OBJETIVAS

1. (TRF/3R/Juiz/2018) Em se tratando da Convenção de Viena sobre o Direito dos Tratados, aberta à assinatura em Viena, aos 23.05.1969, pondere as seguintes afirmações e indique a alternativa correta:

I. Se a interpretação do tratado deixa o sentido ambíguo ou obscuro, ou, ainda, conduz a um resultado que seja manifestamente absurdo, fica o intérprete autorizado a buscar meios suplementares de interpretação, inclusive aos trabalhos preparatórios e às circunstâncias de sua conclusão.

II. Acordos posteriores entre as partes, relativos à interpretação do tratado ou à aplicação de seus dispositivos, somente podem influir na sua interpretação se forem consonantes com a jurisprudência da Corte Internacional de Justiça.

III. A reserva é um direito que compete ao Estado e que pode ser exercido, sempre por escrito, em mais de um momento, ou seja, quando da assinatura, ratificação, aceitação ou adesão, mesmo que tal conduta (formulação da reserva) seja rechaçada pelo tratado, pois prevalece, no caso, a autonomia de vontade e o pacta sunt servanda.

IV. É desnecessário o consentimento de um Estado que tenha aceitado uma reserva, a qual pode ser retirada a qualquer momento por quem a formulou; mas, nesse caso, é imprescindível que o tratado dispense ou não exija tal consentimento do Estado que aceitara ou fizera objeção à reserva.

a) Todas as assertivas são corretas.
b) As assertivas II e III são as únicas corretas.
c) As assertivas I e IV são as únicas corretas.
d) A assertiva I é a única correta.

2. (TRF/3R/Juiz/2018) Sobre a aplicação de tratados internacionais com normas contraditórias entre si, devem ser respeitadas certas regras, que são enunciadas pela Convenção de Viena. Aponte, portanto, a afirmação incorreta:

a) quando os dois tratados não têm como contratantes os mesmos Estados, estabelecendo-se entre um Estado parte em ambos os tratados e um Estado parte somente no tratado mais recente, aplica-se o mais recente.
b) quando os dois tratados não têm como contratantes os mesmos Estados, estabelecendo-se entre um Estado parte em ambos os tratados e um Estado parte somente no tratado anterior, aplica-se o tratado anterior.
c) entre os Estados parte nos dois tratados só se aplica o anterior no que ele não for compatível com o novo tratado.
d) a violação de um tratado pode sujeitar o Estado a ser responsabilizado em âmbito internacional, sendo que os conflitos porventura existentes são na maioria das vezes resolvidos por meio de interpretação.

3. (Cespe/TRF/5R/Juiz/2017) Até hoje, o sistema legislativo internacional é de forma horizontal, não havendo nenhum órgão legislativo da sociedade internacional. (...). Não há autoridade legislativa que adote uma legislação universalmente vinculativa e não há corte internacional com jurisdição compulsória. (...). Já que não existe uma constituição da sociedade internacional que possa esclarecer as fontes do direito internacional, as cortes internacionais têm tentado determinar as suas regras de aplicação. Essa questão é geralmente tratada como fontes do direito internacional. (Hee Moon Jo. Introdução ao direito internacional. 2. ed. São Paulo: LTr, 2004, p. 77-8, com adaptações). A respeito do assunto abordado nesse fragmento de texto, assinale a opção correta, considerando que CIJ se refere à Corte Internacional de Justiça.

a) "Jus cogens" são normas imperativas de direito internacional geral, aceitas e reconhecidas pela comunidade internacional dos Estados como um todo, que não podem ser derrogadas ou modificadas, salvo por norma ulterior de direito internacional geral da mesma natureza, e que podem ter fundamento tanto convencional quanto consuetudinário.
b) Dada sua soberania, os Estados podem, no que se refere aos atos unilaterais autonormativos, voltar atrás quanto a declarações ou manifestações formuladas expressamente, não havendo de se falar em vinculação ao conteúdo daquilo que formalmente expressaram.
c) O Estatuto da CIJ enumera um rol de fontes que a Corte pode utilizar para cumprir sua função de decidir as controvérsias que lhe forem submetidas, mas não, do ponto de vista doutrinário, um rol de fontes para o direito internacional.
d) A "opinio juris" do costume internacional representa uma atividade estatal que é normativamente obrigatória, de forma que, conforme já decidido pela CIJ, se pode inferir que há uma norma proibitiva de determinado agir quando os Estados não agirem de determinada forma.
e) Conforme já decidido pela CIJ, a norma consuetudinária será absorvida ou revogada pela norma de tratado internacional se ambas regularem o mesmo conteúdo.

4. (Cespe/TRF/5R/Juiz/2017) Acerca dos tratados internacionais, assinale a opção correta.

a) Admite-se que a entrada em vigor de um tratado ocorra a partir do implemento de uma condição, como, por exemplo, o depósito junto ao secretário-geral da Organização das Nações Unidas (ONU).
b) Na hipótese de um tratado não ter entrado em vigor, um Estado signatário pode praticar atos que acarretem a inviabilidade prática de aplicação do ato internacional.
c) Admite-se que, por ocasião da aprovação do texto convencional de tratado, o Congresso Nacional do Estado efetue emendas a esse tratado, de modo que a ratificação seja realizada com reservas.
d) A expedição de decreto presidencial executório de tratado internacional, após sua ratificação, pelo presidente da República, junto ao depositário, é expressamente prevista na Constituição Federal de 1988.
e) Não se admite que se considere o preâmbulo do tratado para fins de interpretar o contexto desse mesmo tratado.

5. (TRF/2R/Juiz/2017) Quanto à internalização de tratados ao ordenamento nacional, assinale a opção correta:

a) O sistema de recepção de tratados internacionais previsto na Constituição Federal não acolhe o chamado princípio do efeito direto e imediato dos tratados ou convenções internacionais sobre Direitos Humanos.
b) A extradição solicitada por Estado estrangeiro para Fins de cumprimento de pena somente poderá ser deferida depois de internalizado o tratado de extradição firmado entre o Brasil e o respectivo Estado estrangeiro.
c) Somente após ser aprovado em duplo turno de votação, nas duas casas do Congresso Nacional, seguido de publicação de Decreto Presidencial, poderá o Tratado Internacional adquirir validade no Direito Brasileiro.
d) Tratado internacional que verse sobre matéria que a Constituição brasileira reserva ao domínio da Lei Complementar poderá ter aplicabilidade interna, bastando que no ato de internalização seja observado o quórum de maioria absoluta previsto no artigo 69 da Constituição.
e) Tratados que versem sobre concretização de Direitos Humanos no plano interno não podem ser objeto de denúncia pelo Estado Brasileiro, sob pena de violação ao postulado da proibição de retrocesso.

6. (TRF/2R/Juiz/2017) Leia as assertivas e, ao fim, marque a opção correta:

I. Segundo a Convenção de Viena sobre o Direito dos Tratados, o Estado soberano é autorizado, ao assinar, ratificar, aceitar ou aprovar um tratado, ou a ele aderir, formular reserva, salvo nos casos em que a reserva não seja permitida pelo tratado, o tratado seja restritivo quanto às reservas que podem ser feitas ou quando a reserva manifestada seja incompatível com o objeto e a finalidade do tratado.
II. Segundo o Pacto Internacional sobre Direitos Civil e Políticos, o estrangeiro que se encontre legalmente no território brasileiro só poderá dele ser expulso em decorrência de decisão adotada em conformidade com a lei e, a menos que razões imperativas de segurança a isso se oponham, terá a possibilidade de expor as razões que militem contra a sua expulsão e de ter seu caso reexaminado pelas autoridades competentes, ou por uma ou várias pessoas especialmente designadas pelas referidas autoridades, e de fazer-se representar com este objetivo.
III. A Convenção sobre os Direitos das Crianças estabelece, como critério de definição de incidência, que são consideradas como crianças todo e qualquer ser humano menor de 18 (dezoito) anos de idade, em nítido caso de presunção absoluta.

a) Apenas a assertiva I está errada.
b) Apenas a assertiva II está errada.
c) Apenas a assertiva III está errada.
d) Apenas as assertivas I e III estão erradas.
e) Todas estão erradas.

7. (Cespe/TRF/5R/Juiz/2015) A respeito dos tratados internacionais, assinale a opção correta.

a) Como regra, um Estado não pode invocar as disposições de seu direito interno para justificar o inadimplemento de um tratado, salvo na hipótese de violação manifesta a norma de direito interno de importância fundamental sobre competência para concluir tratados.
b) A Convenção de Viena sobre Direito dos Tratados, de 1969, conceitua como tratado o acordo internacional concluído por escrito entre Estados e regido em conformidade com o direito internacional, desde que sua denominação se inicie por um dos seguintes termos: tratado, acordo ou pacto.
c) A reserva significa uma declaração unilateral feita por um Estado, ao assinar, ratificar, aceitar ou aprovar um tratado, com o objetivo de excluir ou modificar efeito jurídico de certas disposições de um tratado multilateral ou bilateral.
d) Para que um tratado internacional entre em vigor é necessário que ele seja registrado na Secretaria das Nações Unidas.
e) A superveniência de uma norma de "jus cogens" que esteja em conflito com um tratado acarretará a suspensão temporária das disposições ajustadas até que haja modificação do que tiver sido pactuado.

8. (Cespe/TRF/5R/Juiz/2015) Assinale a opção correta relativamente à personalidade jurídica internacional e à condição jurídica do estrangeiro.

a) A personalidade jurídica internacional é reconhecida de forma ampla, equiparando-se, nesse aspecto, à personalidade estatal.
b) Eventual acordo de concessão entre a multinacional General Motors e o Estado brasileiro será regido pelo direito dos tratados, haja vista a constatação de personalidade jurídica internacional das empresas multinacionais.
c) Não se admite a extradição na hipótese de o Brasil não possuir tratado com o país requerente.
d) Para a concessão de asilo político, exige-se a caracterização de crime de natureza política ou ideológica, admitindo-se, em determinadas situações, o critério da reciprocidade.
e) A capacidade de que são dotadas as organizações internacionais intergovernamentais para firmar tratados decorre essencialmente de personalidade jurídica dessas organizações e das normas que as regem.

9. (Cespe/TRF/5R/Juiz/2015) No que tange a convenções, tratados de direito internacional relativos ao processo penal e relações jurisdicionais com autoridade estrangeira, assinale a opção correta.

a) A regra para a produção de provas em Estado estrangeiro é a expedição de cartas rogatórias, nas quais deverá constar a necessidade de nomeação de defensor ao réu, pelo juízo rogado, caso a defesa constituída não compareça ao ato.
b) Para que possa aplicar a Convenção de Mérida, o Estado requerente deve demonstrar que os delitos mencionados em sua requisição causaram-lhe dano ou prejuízo patrimonial.
c) De acordo com a Convenção de Mérida, pode haver, antes mesmo de decisão transitada em julgado no Estado requerente, restituição de ativos confiscados no Estado requerido.
d) Os pedidos de auxílio direto e de cooperação jurídica internacional para prática de atos no território nacional devem ser analisados pelo STJ e exigem a reserva material do procedimento mediante carta rogatória e "exequatur".
e) Embora a sentença penal estrangeira possa obrigar o condenado a reparar o dano na esfera cível, ela não produz os efeitos da reincidência penal nem pode resultar em aplicação de pena ou medida de segurança a cidadão brasileiro.

10. (Cespe/TRF/1R/Juiz/2015) A respeito do direito dos tratados, assinale a opção correta.

a) É vedado que mais de dois Estados sejam depositários de um mesmo tratado.
b) Diferentemente da Convenção de Havana sobre Tratados, a Convenção de Viena sobre o Direito dos Tratados não traz qualquer definição do termo tratado.
c) Um tratado somente pode criar obrigações para um terceiro Estado que dele não faça parte se este consentiu expressamente, por escrito, nesse sentido.
d) É vedada a extinção de um tratado multilateral em virtude de violação substancial de suas disposições por uma das partes.
e) Um ato relativo à conclusão de um tratado por pessoa que não possa ser considerada representante de um Estado gera nulidade insanável no instrumento.

11. (TRF/4R/Juiz/2014) Assinale a alternativa correta. Admite-se que a norma jurídica expressa em tratado ou lei opere, desde quando vigente, em relação a fatos ou situações preexistentes.

a) O enunciado trata da figura jurídica da retroação, que consiste em regra nos tratados internacionais.
b) O enunciado trata da figura jurídica do reenquadramento do fato, que consiste em regra nos tratados internacionais.
c) O enunciado trata da figura jurídica da retroação, que consiste em exceção nos tratados internacionais.
d) O enunciado trata da figura jurídica do reenquadramento do fato, vedada nos tratados internacionais.
e) O enunciado é incompatível com o fato de as normas serem, via de regra, elaboradas para o futuro e as regulações para fatos posteriores à assinatura dos tratados.

12. (TRF/4R/Juiz/2014) Dadas as assertivas abaixo, assinale a alternativa correta. Considerando-se a relação de hierarquia existente entre os tratados internacionais e a Constituição Brasileira vigente:

I. No sistema jurídico brasileiro, os tratados ou as convenções internacionais estão hierarquicamente subordinados à autoridade normativa da Constituição da República. Em consequência, nenhum valor jurídico terão os tratados internacionais que, incorporados ao sistema de direito positivo interno, transgredirem, formal ou materialmente, o texto da Carta Política.
II. O Poder Judiciário dispõe de competência para, quer em sede de fiscalização abstrata, quer no âmbito do controle difuso, efetuar o exame de constitucionalidade dos tratados ou das convenções internacionais, salvo se já incorporados ao sistema de direito positivo interno.
III. Os tratados ou as convenções internacionais, uma vez regularmente incorporados ao direito interno, situam-se, no sistema jurídico brasileiro, nos mesmos planos de validade, de eficácia e de autoridade em que se posicionam as leis ordinárias, havendo, em consequência, entre estas e os atos de direito internacional público, mera relação de paridade normativa.
IV. O primado da Constituição, no sistema jurídico brasileiro, é oponível ao princípio pacta sunt servanda, inexistindo, por isso mesmo, no direito positivo nacional, o problema da concorrência entre tratados internacionais e a Lei Fundamental da República, cuja suprema autoridade normativa deverá sempre prevalecer sobre os atos de direito internacional público.
V. Os tratados internacionais celebrados pelo Brasil – ou aos quais o Brasil venha a aderir – não podem versar matéria posta sob reserva constitucional de lei complementar. É que, em tal situação, a própria Carta Política subordina o tratamento legislativo de determinado tema ao exclusivo domínio normativo da lei complementar, que não pode ser substituída por qualquer outra espécie normativa infraconstitucional, exceto quanto aos atos internacionais já incorporados ao direito brasileiro.

a) Estão corretas apenas as assertivas I e III.
b) Estão corretas apenas as assertivas IV e V.
c) Estão corretas apenas as assertivas I, III e IV.
d) Estão corretas apenas as assertivas II, III e IV.
e) Estão corretas todas as assertivas.

13. (TRF/3R/Juiz/2013) Em relação ao procedimento de internação de Tratados Internacionais, é correto dizer que:

a) Os tratados são promulgados por decreto legislativo.
b) Os tratados são ratificados por decreto do Poder Executivo.
c) Qualquer tratado internacional tem status constitucional, desde que seguido o procedimento especial previsto pela própria Constituição da República.
d) Os tratados constitutivos do Mercosul foram ratificados e promulgados segundo procedimento diverso do normalmente previsto.
e) Os chamados "executive agreements", que não criam obrigações onerosas para os Estados-Partes, independem de ratificação.

14. (Cespe/TRF/1R/Juiz/2013) No que concerne aos tratados internacionais, assinale a opção correta.

a) É possível a aplicação de tratado internacional já denunciado, desde que mediante decreto legislativo que o revigore.
b) Os tratados internacionais, ainda que devidamente internalizados, não se aplicam aos estados e municípios.
c) É exclusividade do Congresso Nacional a resolução definitiva de questões controvertidas que tratem de tratados internacionais que acarretem encargos ou compromissos gravosos ao patrimônio nacional.
d) Lei posterior e contrária a tratado internacional devidamente internalizado tem como consequência a revogação formal e imediata do tratado.
e) O postulado da aplicabilidade imediata vale no Brasil, para os tratados internacionais, a partir do momento da aposição da assinatura do presidente da República.

15. (Cespe/TRF/2R/Juiz/2013) Acerca do direito dos tratados internacionais, como regido pela Convenção de Viena sobre o Direito dos Tratados de 1969, assinale a opção correta.

a) A necessidade de forma escrita está expressa na definição de tratado presente na Convenção de Viena.
b) Na regra geral de interpretação dos tratados, está previsto o recurso aos trabalhos preparatórios.
c) A mudança fundamental de circunstâncias é causa de nulidade de um tratado.
d) O rompimento de relações diplomáticas gera, por si só, a suspensão da execução de um tratado.
e) A adesão somente é possível quando expressamente disposta no tratado.

16. (Cespe/TRF/5R/Juiz/2013) A respeito da incorporação do direito internacional ao direito brasileiro, assinale a opção correta.

a) A casa iniciadora, no que diz respeito a projetos de decreto legislativo de aprovação de tratados, é o Senado Federal.
b) A ratificação de tratado pelo presidente da República é ato discricionário.
c) Diferentemente dos tratados-lei, tratados-contrato não necessitam de aprovação do Congresso Nacional para passar a integrar o ordenamento jurídico nacional.
d) Tratados de direitos humanos ratificados antes ou depois da CF incorporam-se ao direito pátrio com força de emenda constitucional.
e) É proibido ao Congresso Nacional aprovar os tratados com ressalvas.

17. (TRF/4R/Juiz/2012) Relativamente ao que estabelece a Convenção de Viena sobre o Direito dos Tratados, aprovada pelo Decreto Legislativo n. 496, de 17 de julho de 2009, assinale a alternativa correta.

a) O Estado-parte não pode invocar as disposições de seu direito interno para justificar o inadimplemento de um tratado, inexistindo regra expressa de exceção.
b) A nulidade, a extinção ou a denúncia de um tratado eximem o Estado do dever de cumprir a obrigação nele prevista, ainda que se trate de norma à qual o Estado estaria sujeito em virtude do Direito Internacional.
c) Uma reserva, ainda que expressamente autorizada pelo tratado, só será eficaz se houver aceitação posterior pelos demais Estados contratantes.
d) Um tratado que não contém disposição relativa à sua extinção nem prevê denúncia ou retirada não é suscetível de denúncia ou retirada, a não ser que: a) se estabeleça terem as partes tencionado admitir a possibilidade da denúncia ou da retirada; ou b) um direito de denúncia ou retirada possa ser deduzido da natureza do tratado.
e) Salvo disposição em contrário, uma reserva anteriormente formulada pode ser retirada a qualquer momento, desde que haja o consentimento do Estado que a aceitou expressamente.

18. (Cespe/TRF/5R/Juiz/2011) No texto da Convenção de Viena de 1969, tratado internacional é definido como:

a) acordo de vontades entre particulares de diferentes nacionalidades.
b) negócio jurídico lícito, tal como previsto no Código Civil brasileiro.
c) acordo internacional concluído por escrito entre Estados e regido pelo direito internacional.
d) sentença prolatada por tribunal internacional.
e) ato unilateral de imposição de uma norma de um país a outro.

19. (Cespe/TRF/1R/Juiz/2011) Considerando aspectos relacionados à ratificação, registro, efeitos, vigência e promulgação dos tratados, assinale a opção correta.

a) Os tratados que, concluídos pelos membros da ONU, não tenham sido devidamente registrados e publicados no secretariado desse organismo internacional não podem ser invocados, pelas partes, perante qualquer órgão da organização.
b) Por criarem ou modificarem situações jurídicas objetivas, os tratados somente produzem efeitos entre as partes.
c) Considera-se vigência diferida o método segundo o qual os tratados entram em vigor simultaneamente ao término da negociação e ao consentimento definitivo das partes envolvidas.
d) No Brasil, os tratados entram em vigor após a promulgação dos decretos legislativos mediante os quais o Congresso Nacional se manifesta favoravelmente à sua aprovação.
e) A ratificação de um tratado, como expressão definitiva do consentimento das partes, é etapa imprescindível, somente consumada mediante a entrega mútua do instrumento escrito por ocasião de sua assinatura formal.

20. (Cespe/TRF/2R/Juiz/2011) O Estado regulamenta a convivência social em seu território por meio de legislação nacional, e a comunidade internacional também cria regras, que podem conflitar com as nacionais. A respeito das correntes doutrinárias que procuram proporcionar solução para o conflito entre as normas internas e as internacionais, assinale a opção correta.

a) A corrente monista e a dualista apresentam as mesmas respostas para o conflito entre as normas internas e as internacionais.
b) Nenhum país adota a corrente doutrinária monista.
c) Consoante a corrente monista, o ato de ratificação de tratado gera efeitos no âmbito nacional.
d) De acordo com a corrente dualista, o direito interno e o direito internacional convivem em uma única ordem jurídica.
e) De acordo com a corrente monista, a norma interna sempre prevalece sobre a internacional.

21. (Cespe/TRF/3R/Juiz/2011) A aplicação provisória de tratados:

a) somente termina com a anuência de todos os Estados-partes.
b) é disciplinada por artigo da Convenção de Viena sobre Direito dos Tratados, o qual é objeto de reserva por parte do Brasil.
c) é possível, em alguns casos, consoante a Convenção de Viena sobre Direito dos Tratados, após a entrada em vigor do tratado.
d) somente é permitida em relação a todo o texto do tratado.
e) deve ser expressamente prevista no tratado.

22. (TRF/4R/Juiz/2010) Dadas as assertivas abaixo, assinale a alternativa correta.

I. No Brasil não é possível a homologação parcial de sentença estrangeira, mas é admissível a concessão de tutela de urgência no seu procedimento.

II. O juiz brasileiro, tratando-se de crime de "lavagem de dinheiro" (Lei 9.613, de 3.3.98) praticado por estrangeiro em outro país, pode, mediante solicitação da autoridade competente, determinar a apreensão ou o sequestro de bens e direitos, independentemente da existência de tratado ou convenção, desde que o governo do país da autoridade solicitante prometa reciprocidade ao Brasil.

III. Quando os tratados versarem sobre direitos humanos, serão sempre internalizados com força de lei complementar.

IV. Somente os Estados independentes têm capacidade para firmar tratado internacional.

V. Os tratados-contratos ou tratados especiais se extinguem, dentre outros modos, quando ocorrer a sua execução integral, pela impossibilidade de execução, pela renúncia unilateral por parte do Estado exclusivamente beneficiado, pela denúncia unilateral, pela guerra e pela inexecução do tratado por um dos Estados contratantes.

a) Estão corretas apenas as assertivas I e III.
b) Estão corretas apenas as assertivas I e IV.
c) Estão corretas apenas as assertivas II e IV.
d) Estão corretas apenas as assertivas II e V.
e) Estão corretas apenas as assertivas III e V.

23. (Cespe/TRF/5R/Juiz/2009) Considerando a jurisprudência atual do STF, assinale a opção correta quanto à relação entre tratado e norma de direito interno.

a) O STF apregoa o primado do direito internacional em face do ordenamento nacional brasileiro.
b) Tratados e convenções guardam estrita relação de paridade normativa com as leis delegadas editadas pelo Poder Executivo.
c) Há sempre a primazia dos tratados internacionais de comércio exterior sobre as normas internas aduaneiras.
d) O Decreto-lei n. 911/1969, que permite a prisão civil do devedor-fiduciante, foi revogado pelo Pacto de San José da Costa Rica.
e) Para decidir conflito entre tratado e norma de direito interno, além do critério da "lex posterior derogat priori", o STF aplica, ainda, um outro, qual seja, o da "lex posterior generalis non derogat legi priori speciali".

24. (Cespe/TRF/1R/Juiz/2009) Um Estado pretende ratificar um tratado, mas, para fazê-lo, almeja adaptar alguns de seus dispositivos à interpretação que seus tribunais internos dão a determinado direito contido no tratado. Nessa situação, o instrumento mais adequado a ser utilizado por esse Estado é:

a) a denúncia.
b) a cláusula "rebus sic stantibus".
c) a suspensão.
d) o "jus cogens".
e) a reserva.

25. (Cespe/TRF/2R/Juiz/2009) Quanto ao registro e à publicidade de tratados internacionais, segundo a Carta das Nações Unidas, é correto afirmar que:

a) os tratados não registrados não podem ser invocados perante órgãos das Nações Unidas.
b) a obrigação de registro e publicidade de tratados está contida em uma norma "jus cogens".
c) é competência da Assembleia-Geral das Nações Unidas publicar os tratados concluídos por qualquer membro da organização.
d) os tratados devem ser registrados perante as Nações Unidas desde antes da ratificação.
e) os tratados devem ser registrados e publicados em todas as línguas oficiais das Nações Unidas.

2. DIREITOS HUMANOS

ATENÇÃO: ESTE TEMA É MUITO EXIGIDO NOS CONCURSOS!

ENUNCIADOS

1) Sistema Interamericano

Fonadirh **Enunc. 20.** As decisões judiciais devem observar o controle de convencionalidade realizado pela Corte Interamericana de Direitos Humanos, com especial atenção à jurisprudência produzida e reafirmada no âmbito dos casos em que restou condenado o Estado brasileiro.

Fonadirh **Enunc. 21.** A obrigatoriedade da realização de audiência de custódia prescinde de lei específica que a determine, tendo em vista sua expressa previsão na Convenção Americana de Direitos Humanos e no Pacto de Direitos Civis e Políticos.

Fonadirh **Enunc. 23.** Os crimes da ditadura militar são crimes contra a humanidade, imprescritíveis e insuscetíveis de anistia, conforme decidido pela Corte Interamericana de Direitos Humanos em controle de convencionalidade.

Fonadirh **Enunc. 30.** A construção e a preservação das liberdades democráticas previstas na Constituição e no Sistema Interamericano de Direitos Humanos pressupõem a consolidação do processo de justiça de transição pós-ditadura militar em suas três vertentes: busca da verdade, construção da memória e aplicação da justiça.

Fonadirh **Enunc. 45.** As políticas públicas que concretizam direitos sociais devem considerar as múltiplas discriminações decorrentes de gênero, raça e outros, consoante tratamento da Convenção Interamericana contra toda forma de discriminação e intolerância.

2) Sistema Internacional

Fonadirh **Enunc. 6.** A hipótese de não devolução prevista no art. 3º da Convenção contra a Tortura e outros Tratamentos ou Penas Cruéis, Desumanos ou Degradantes é absoluta, não comportando qualquer exceção, devendo ser aplicada para refugiados, imigrantes e brasileiros naturalizados indistintamente.

Fonadirh **Enunc. 27.** Recomenda-se que os casos envolvendo direitos humanos em relação à orientação sexual e identidade de gênero sejam apreciados levando-se em conta os Princípios de Yogyakarta.

Fonadirh **Enunc. 28.** Nos crimes de tráfico de pessoas devem ser observadas as circunstâncias pessoais, sociais, de vulnerabilidade e hipossuficiência na aferição do consentimento da vítima, nos termos do artigo 3º do Protocolo Adicional da Convenção de Palermo.

3) Sistema Nacional

Fonadirh **Enunc. 15.** É dever do Estado a manutenção de instituições permanentes de monitoramento e acompanhamento das possíveis violações de direitos humanos, garantindo todos os meios para o pleno cumprimento de seus propósitos e exercício de suas capacidades.

Fonadirh **Enunc. 16.** A observância dos direitos humanos constitui pressuposto ao exercício constitucionalmente adequado da jurisdição, inclusive a criminal.

Fonadirh **Enunc. 31.** O Conselho da Comissão de Anistia possui competência exclusiva para apreciar os requerimentos de declaração de anistia política e assim implementar a política constitucional transicional brasileira.

Fonadirh **Enunc. 32.** A reparação obtida por intermédio do instituto da anistia política possui natureza exclusivamente indenizatória para todos os efeitos, reputando-se inconstitucional qualquer medida legislativa ou administrativa que busque caracterizá-la como sendo de natureza previdenciária ou trabalhista.

Fonadirh **Enunc. 33.** As pessoas a serem nomeadas para compor o Conselho da Comissão de Anistia devem ter como pressuposto que houve um Estado de Exceção no Brasil entre 1964 e 1985 e devem estar comprometidas com o processo constitucional de reparação, compromisso esse a ser comprovado por suas atuações em defesa dos direitos humanos, restando absolutamente incompatível à "ratio legis" do instituto constitucional da anistia política que pessoas que ostentem conduta hostil ao processo de reparação ou apologética a violações de direitos humanos e ao regime autoritário possam tomar assento junto ao Conselho.

Fonadirh **Enunc. 34.** É vedado pela ordem constitucional brasileira instaurada em 1988 que agentes públicos possam realizar homenagens ao regime ditatorial instaurado em 1964 e aos agentes ditatoriais que praticaram graves violações de direitos humanos e atentaram explicitamente contra a ordem democrática e as normas internacionais de proteção aos direitos humanos.

4) Estatuto dos Refugiados

Fonadirh **Enunc. 5.** Além das hipóteses previstas na Lei nº 9.474/97, o princípio do "non-refoulement" também pode ser aplicado para imigrantes que não sejam refugiados ou solicitantes de refúgio com base no art. 62 da Lei nº 13.445/17.

Fonadirh **Enunc. 9.** É possível o reconhecimento judicial da condição de refugiado, desde que haja decisão prévia de indeferimento pelo CONARE.

Fonadirh **Enunc. 11.** A regulamentação administrativa da acolhida humanitária poderá ser estendida judicialmente, por analogia, a apátridas e a nacionais de países em situação de grave ou iminente instabilidade institucional, de conflito armado, de calamidade de grande proporção, de desastre ambiental ou de grave violação de direitos humanos ou de direito internacional humanitário, ou em outras hipóteses.

QUESTÕES DISCURSIVAS

2. (Vunesp/TRF/3R/Juiz/2022) A proteção internacional dos direitos das pessoas com deficiência consta de diversos diplomas normativos internacionais. Considerando os tratados ratificados pelo Brasil e que possuem relevância na temática, responda ao seguinte, justificando as suas respostas: (a) conceitue o modelo médico e o modelo biopsicossocial de definição e avaliação das deficiências, expondo a opção da proteção internacional dos direitos humanos. (b) o dever de assegurar inclusão às pessoas com deficiência pode ser imposto a órgãos e entes privados, de acordo com a normatividade internacional? (c) o direito à participação das pessoas com deficiência previsto na Convenção Internacional sobre os Direitos das Pessoas com Deficiência exige que os órgãos públicos de políticas públicas temáticas tenham representação paritária de representantes das pessoas com deficiência? (d) ainda sobre o direito à participação das pessoas com deficiência previsto na Convenção Internacional sobre os Direitos das Pessoas com Deficiência, este direito abrange também a elaboração de informes ou manifestações internacionais do Estado sobre a temática, considerando o papel do Poder Executivo na representação externa do Estado? (e) considerando que a Comissão Interamericana de Direitos Humanos e a Corte Interamericana de Direitos Humanos possuem, respectivamente, atribuição e jurisdição sobre a promoção de direitos das pessoas com deficiência, como evitar que haja posições contraditórias com o que for deliberado pelo Comitê sobre os Direitos das Pessoas com Deficiência?

QUESTÕES OBJETIVAS

26. (Vunesp/TRF/3R/Juiz/2022) Dadas as assertivas que se seguem, assinale a alternativa correta:

a) Nos casos em que a nacionalidade tenha sido obtida por declaração falsa ou fraude, a Convenção para a Redução dos Casos de Apatridia (1961) prevê que a privação da nacionalidade seja feita por cancelamento automático da naturalização por ato administrativo.
b) A Convenção Internacional sobre os Direitos das Pessoas com Deficiência prevê que as pessoas com deficiência não sejam excluídas do sistema educacional geral sob alegação de deficiência.
c) De acordo com a Declaração da Organização das Nações Unidas sobre os Direitos dos Povos Indígenas, os povos indígenas têm o direito à consulta prévia, mas não possuem o direito ao consentimento prévio antes da adoção e aplicação de medidas legislativas e administrativas que os afetem.
d) O modo indireto de proteção dos direitos sociais consiste na proteção dos direitos sociais como facetas dos direitos civis e políticos. Até o momento, na jurisprudência da Corte Interamericana de Direitos Humanos, somente esse modo de proteção é utilizado.

27. (TRF/4R/Juiz/2022) Dadas as assertivas abaixo, assinale a alternativa correta. De acordo com a Corte Interamericana de Direitos Humanos:

I. as comunidades indígenas são titulares do direito de propriedade sobre os seus territórios.
II. os povos indígenas têm direito à duração razoável tanto dos processos administrativos de reconhecimento, titulação, demarcação e delimitação de suas propriedades territoriais indígenas quanto do processo de desintrusão das pessoas não indígenas que se encontram em seus territórios.
III. os Estados devem consultar ativamente e de maneira fundamentada os povos indígenas interessados antes de adotar e aplicar medidas legislativas e administrativas que os afetem. Além disso, as consultas devem realizar-se de boa-fé, por meio de procedimentos culturalmente adequados, e devem ter por finalidade chegar a um acordo.
IV. a Convenção nº 169 da Organização Internacional do Trabalho e outros tratados internacionais de direitos humanos que não integram o Sistema Interamericano de Proteção dos Direitos Humanos não podem ser utilizados pela Corte Interamericana de Direitos Humanos para analisar o conteúdo e o alcance da Convenção Americana sobre Direitos Humanos.

a) Estão corretas apenas as assertivas I, II e III.
b) Estão corretas apenas as assertivas I, III e IV.
c) Estão corretas apenas as assertivas II, III e IV.
d) Estão corretas todas as assertivas.
e) Nenhuma das assertivas está correta.

28. (TRF/4R/Juiz/2022) Dadas as assertivas abaixo, assinale a alternativa correta.

I. De acordo com a Corte Interamericana de Direitos Humanos, o direito à saúde é um direito autônomo protegido pela Convenção Americana sobre Direitos Humanos e exige, em situações de urgência, que os Estados tenham uma adequada regulação dos serviços de saúde, oferecendo os serviços necessários de acordo com os elementos de disponibilidade, acessibilidade, qualidade e aceitabilidade, em condições de igualdade e sem discriminação.
II. Segundo a Corte Interamericana de Direitos Humanos, os Estados estão proibidos de devolver, expulsar, deportar, retornar, rechaçar na fronteira ou não admitir ou, de qualquer maneira, transferir ou remover uma criança a um Estado quando sua vida, segurança e/ou liberdade estejam em risco de violação por causa de perseguição ou ameaça, violência generalizada ou violações massivas aos direitos humanos.
III. Segundo o Pacto Internacional sobre Direitos Civis e Políticos, os direitos à vida e de não ser submetido à tortura ou à escravidão e a proibição de discriminação não podem ser suspensos mesmo ante situações que ameacem a existência da nação.
IV. Na sentença do caso Favela Nova Brasília vs. Brasil, a Corte Interamericana de Direitos Humanos condenou o Brasil a

estabelecer os mecanismos normativos necessários para que, na hipótese de supostas mortes, tortura ou violência sexual decorrentes de intervenção policial, em que prima facie policiais apareçam como possíveis acusados, desde a "notitia criminis" delegue-se a investigação a um órgão independente e diferente da força pública envolvida no incidente, como uma autoridade judicial ou o Ministério Público.

a) Estão corretas apenas as assertivas I, II e III.
b) Estão corretas apenas as assertivas I, III e IV.
c) Estão corretas apenas as assertivas II, III e IV.
d) Estão corretas todas as assertivas.
e) Nenhuma das assertivas está correta.

29. (TRF/4R/Juiz/2022) Assinale a alternativa incorreta.

a) Na avaliação dos problemas comportamentais das presumíveis vítimas de tortura, o Manual para a Investigação e Documentação Eficazes da Tortura e outras Penas ou Tratamentos Cruéis, Desumanos ou Degradantes (Protocolo de Istambul) dispõe sobre a realização de avaliação neuropsicológica, sobretudo em duas situações: lesões cerebrais e perturbação de estresse pós-traumático e lesões afins.
b) A prática de confinamento solitário por mais de 15 dias está proibida nas Regras Mínimas das Nações Unidas para o Tratamento de Reclusos (Regras de Nelson Mandela).
c) Em se tratando de educação pública, a Corte Interamericana de Direitos Humanos decidiu que a retirada, pela Diocese Católica, de certificado de idoneidade de professora para lecionar a disciplina de religião católica, com base na sua orientação sexual, viola a proibição de discriminação prevista na Convenção Americana sobre Direitos Humanos.
d) No Brasil, o controle de convencionalidade de matriz nacional – exame da compatibilidade das normas nacionais diante das normas internacionais de direitos humanos – deve ser exercido exclusivamente pelo Supremo Tribunal Federal, exceto diante das normas internacionais que compõem o bloco de constitucionalidade restrito – aprovadas pelo rito especial do art. 5º, § 3º, da Constituição Federal,– cujo controle de convencionalidade deve ser exercido por todos os juízes e tribunais.
e) A Convenção Americana sobre Direitos Humanos não define o meio de execução das decisões da Corte Interamericana de Direitos Humanos, cumprindo ao Estado escolhê-lo, exceto quanto à indenização compensatória, que poderá ser executada pelo processo interno vigente para a execução de sentenças contra o Estado.

30. (TRF/4R/Juiz/2022) Assinale a alternativa incorreta.

a) Para a Corte Interamericana de Direitos Humanos, as disposições da Lei de Anistia brasileira que impedem a investigação e a sanção de graves violações de direitos humanos são incompatíveis com a Convenção Americana sobre Direitos Humanos.
b) No Brasil, possui hierarquia constitucional a norma convencional que proíbe a publicação, a circulação ou a difusão, por qualquer forma e/ou meio de comunicação, inclusive a internet, de qualquer material racista ou racialmente discriminatório que defenda, promova ou incite o ódio, a discriminação e a intolerância; e tolere, justifique ou defenda atos que constituam ou tenham constituído genocídio ou crimes contra a humanidade.
c) Segundo entendimento da Corte Interamericana de Direitos Humanos, a jurisdição penal militar não é competente para investigar, julgar e sancionar os autores de violações de direitos humanos de civis.
d) O Protocolo Adicional à Convenção Americana sobre Direitos Humanos em Matéria de Direitos Econômicos, Sociais e Culturais "Protocolo de São Salvador", promulgado no Brasil por meio de decreto presidencial, enuncia que toda pessoa tem direito à Previdência Social que a proteja das consequências da velhice e da incapacitação que a impeça física ou mentalmente de obter os meios de vida digna e decorosa.
e) O Conselho de Direitos Humanos está vinculado, na Organização das Nações Unidas, ao Conselho de Segurança, o qual poderá determinar a suspensão de seus membros em caso de grave e sistemática violação de direitos humanos.

31. (TRF/4R/Juiz/2022) Assinale a alternativa correta.

a) No sistema interamericano de direitos humanos, há reprovação da discriminação individual e institucional, sem, todavia, reconhecimento da dimensão estrutural da discriminação, nem de sua relevância jurídica; por sua vez, a reprovação jurídica à discriminação indireta no direito brasileiro é anterior à incorporação da Convenção Interamericana contra o Racismo, a Discriminação Racial e Formas Correlatas de Intolerância ao direito brasileiro, instrumento normativo internacional que dispôs expressamente sobre esse conceito.
b) Desigualdades e discriminações estruturais devem ser levadas em consideração por juízas e juízes na condução das audiências, na escuta das partes e de seus argumentos, bem como na produção da prova pericial, o que requer inclusive circunscrever quesitos que tracem as motivações decorrentes dos processos interseccionais de opressão, como gênero, raça e orientação sexual.
c) Multiculturalismo e interculturalidade são perspectivas que resultam, fundamentalmente, na mesma compreensão e postura judiciais diante dos desafios colocados pelo pluralismo ao exercício da jurisdição.
d) A pessoa transgênero tem direito subjetivo à alteração do prenome e da classificação de gênero no registro civil pela via administrativa ou judicial, independentemente de procedimento cirúrgico, desde que acompanhada por declaração escrita de sua vontade e por laudo psicológico ou psiquiátrico, por se tratar de direito fundamental ao livre desenvolvimento da personalidade.
e) Ao estabelecer que as pessoas com deficiência são "aquelas que têm impedimentos de longo prazo de natureza física, mental, intelectual ou sensorial, os quais, em interação com diversas barreiras, podem obstruir sua participação plena e efetiva na sociedade em igualdade de condições com as demais pessoas", o ordenamento jurídico brasileiro adotou compreensão biomédica da deficiência, o que requer a consideração da Classificação Internacional de Funcionalidade (CIF) em cada caso.

32. (TRF/4R/Juiz/2022) Assinale a alternativa correta. A Autoridade Central do Brasil encarregada de dar cumprimento às obrigações impostas pela Convenção sobre os Aspectos Civis do Sequestro Internacional de Crianças em nosso país é:

a) o Conselho Nacional de Justiça.
b) a Procuradoria-Geral da República.
c) a autoridade central administrativa federal vinculada ao Ministério da Justiça e Segurança Pública.
d) a Secretaria de Estado dos Direitos Humanos do Ministério das Relações Exteriores.
e) nenhuma das alternativas anteriores está correta.

33. (Vunesp/TRF/3R/Juiz/2022) Dadas as assertivas que se seguem, assinale a alternativa correta:

a) O controle de convencionalidade de matriz internacional é realizado pela Corte Interamericana de Direitos Humanos tanto no exercício de sua jurisdição contenciosa quanto na sua jurisdição consultiva, ficando excluída somente a aferição de compatibilidade de norma constitucional em face da Convenção Americana de Direitos Humanos.

b) A suspensão de direitos e garantias previstas em tratados de direitos humanos obedece a limites materiais, temporais e procedimentais, como se vê, por exemplo, na impossibilidade de suspensão do direito à integridade pessoal, liberdade de pensamento, consciência e de religião na Convenção Americana sobre Direitos Humanos.

c) A responsabilidade internacional do Estado não abarca os atos comissivos ou omissivos imputados ao Poder Judiciário nacional, devido à impossibilidade, em nome da separação dos poderes, do Poder Executivo interferir na condução dos atos judiciais.

d) O Protocolo de Ushuaia sobre o Compromisso Democrático no Mercosul prevê a adoção de medidas de reação em caso de ruptura da ordem democrática em Estado membro do bloco, adotadas por maioria e sem a participação do Estado afetado.

34. (TRF/3R/Juiz/2018) Relativamente à Convenção Interamericana sobre Asilo Diplomático e à Convenção Interamericana sobre Asilo Territorial, assinadas em Caracas, aos 28.03.1954, analise as seguintes assertivas:

I. É ilícito conceder asilo a pessoas que, na ocasião em que o solicitem, tenham sido acusadas de delitos comuns, processadas ou condenadas por esse motivo pelos tribunais ordinários competentes, sem haverem cumprido as penas respectivas; nem a desertores das forças de terra, ar e mar, salvo quando os fatos que motivarem o pedido de asilo, em qualquer hipótese, apresentem caráter nitidamente político.

II. O asilo diplomático só poderá ser concedido em casos de urgência e pelo tempo estritamente indispensável para que o asilado deixe o país com as garantias concedidas pelo governo do Estado territorial, a fim de não correrem perigo sua vida, sua liberdade ou sua integridade pessoal, ou para que de outra maneira o asilado seja posto em segurança.

III. Um Estado parte tem direito de pedir a outro Estado parte que restrinja aos asilados ou refugiados políticos a liberdade de reunião ou associação, que a legislação interna deste reconheça a todos os estrangeiros dentro do seu território.

IV. Não viola o tratado o Estado que, tendo concedido asilo ou refúgio a determinado indivíduo, proceda à sua vigilância ou ao internamento em distância prudente de suas fronteiras, a pedido do Estado interessado, quando se tratar de dirigentes notórios de movimento subversivo assim como daqueles sobre os quais existam provas de que se dispõem a incorporar-se no mesmo movimento.

a) Todas as assertivas são incorretas.

b) A assertiva III é a única incorreta.

c) A assertiva IV é a única incorreta.

d) As assertivas I, II e IV são incorretas.

35. (TRF/3R/Juiz/2018) "(...) a União, na qualidade de ente federado com personalidade jurídica na esfera internacional, quem tem o poder de contrair obrigações jurídicas internacionais em matéria de direitos humanos, mediante ratificação de tratados. Consequentemente, a sistemática de monitoramento e fiscalização de tais obrigações recai na pessoa jurídica da União. Deste modo, por coerência, há de caber à União a responsabilidade para apurar, processar e julgar casos de violação de direitos humanos (...)" (extraído do Boletim dos Procuradores da República nº 14, junho 1999). Sob esse enfoque, a reforma constitucional de 2004 trouxe importante contribuição e pode-se julgar correto que:

a) De acordo com a jurisprudência do STJ, a ocorrência de grave violação a direitos humanos ocasiona ipso jure o acolhimento do Incidente de Deslocamento de Competência (IDC) para a Justiça Federal, suscitado pelo Procurador Geral da República.

b) A primeira federalização de grave violação de direitos humanos deu-se no caso do homicídio do defensor de direitos humanos Manoel Mattos.

c) A introdução do IDC pela Emenda Constitucional nº 45, de 2004, foi relevante por criar o único instrumento que possibilita à União cumprir, no plano interno, suas obrigações internacionais de defesa dos direitos humanos.

d) No caso Dorothy Stang, o incidente foi acolhido pelo STJ por somar-se à grave violação dos direitos humanos, decorrente do assassinato da religiosa, a inércia das autoridades estaduais em processar e punir os autores do crime.

36. (TRF/3R/Juiz/2018) Em 1999, Damião Ximenes Lopes, pessoa com deficiência mental, foi internado na Casa de Repouso Guararapes, na cidade de Sobral (CE), pelo Sistema Único de Saúde (SUS), em perfeito estado físico. Poucos dias depois, sua mãe o encontrou agonizante, sangrando, com hematomas, sujo e com as mãos amarradas para trás, vindo a falecer nesse mesmo dia, sem qualquer assistência médica no momento de sua morte. Com a demora nos processos cível e criminal na Justiça daquele Estado na apuração de responsabilidades, a família, alegando violação do direito à vida, à integridade psíquica (dos familiares, pela ausência de punição aos autores do homicídio) e ao devido processo legal em prazo razoável, peticionou à Comissão Interamericana de Direitos Humanos (CIDH), que veio a processar o Estado brasileiro perante a Corte Interamericana de Direitos Humanos (Corte IDH). Com relação a esse caso, é correto afirmar que:

a) Em face do caráter subsidiário da jurisdição internacional, foi acolhida exceção de admissibilidade por ausência de esgotamento dos recursos internos, oposta pelo Estado brasileiro, tendo sido determinada pela Corte IDH a suspensão do feito até o exaurimento dos mecanismos internos de reparação.

b) A forma federativa do Estado brasileiro justificou a condenação do Estado do Ceará em litisconsórcio passivo com a União.

c) Foi aplicada pela Corte IDH a doutrina da eficácia horizontal da proteção internacional dos direitos humanos ("Drittwirkung"), responsabilizando o Estado brasileiro.

d) Petição dos familiares da vítima endereçada à Corte IDH, após o trâmite regular em que se afastou as preliminares do Brasil de ausência de esgotamento dos recursos internos e denunciação à lide ao Ceará, foi acolhida com condenação da União.

37. (TRF/3R/Juiz/2018) A narrativa dos direitos humanos tem sido no sentido de ampliar sua proteção. A esse respeito, "o termo interseccionalidade foi criado por Kimberle Crenshaw para retratar a incidência dos mais diversos fatores de discriminação em um caso concreto. Tal necessidade foi verificada a partir do momento em que o caráter universal dos direitos humanos mostrou-se insuficiente para tutelar e salvaguardar os direitos humanos" (cf. Caio Cezar Paiva e Thimotie A. Heemann, "Jurisprudência Internacional de Direitos Humanos", 2. ed., 2017, p. 587). Fatores de discriminação não resolvidos, ou quando enfrentados de forma desconexa, se entrelaçam, aumentando a opressão em grandeza exponencial. Foi o que ocorreu com a violação de direitos de mulher refugiada, negra, pobre, analfabeta, homossexual e com a filha portadora de HIV, a quem foi negado pelo Estado o direito à educação. Ao apreciar essa situação, o Sistema Interamericano de Direitos Humanos reconheceu pela primeira fez o fenômeno da interseccionalidade. Trata-se do julgamento do caso:

a) Tereza de La Cruz Flore vs. Peru.

b) Gonzalez Lluy vs. Equador.

c) Cosme Rosa Genoveva vs. Brasil.

d) Loayza Tamayo vs. Peru.

38. (Cespe/TRF/5R/Juiz/2017) A respeito da responsabilidade internacional do Estado e da proteção aos direitos humanos, assinale a opção correta.

a) Dada a autonomia do Poder Judiciário, não se admite a responsabilidade do Estado por atos judiciais na hipótese de não aplicação de tratado internacional invocado pela parte em juízo.

b) Para a configuração da responsabilidade do Estado por atos praticados por particulares, é irrelevante a obrigação estatal em relação ao direito internacional.

c) Não se admite a responsabilidade internacional do Estado quando seu agente age funcionalmente exorbitando, de forma inequívoca, dos poderes previstos no próprio direito interno.

d) Para que ocorra o Incidente de Deslocamento de Competência para a Justiça Federal, é obrigatória a demonstração inequívoca da total incapacidade das instâncias e autoridades locais em oferecer respostas às ocorrências de grave violação aos direitos humanos.

e) Não se admite a responsabilidade do Estado por atos legislativos no caso de emenda constitucional contrariar tratado internacional.

39. (Cespe/TRF/5R/Juiz/2017) Um problema perene que envolve discussões teóricas e práticas é a coexistência de normas internacionais com normas nacionais. A esse respeito, assinale a opção correta.

a) As correntes teóricas que estabelecem critérios para justificar a solução de conflitos normativos entre as normas internacionais e as normas internas prescindem dos ordenamentos jurídicos nacionais.

b) O fato de um Estado não poder invocar uma norma jurídica doméstica para se escusar de uma obrigação internacional significa que o direito internacional ignora o direito interno.

c) Na hipótese de conflito entre uma norma constitucional e uma norma internacional prevalecerá a primeira, pois apregoa-se a obrigatoriedade do direito internacional às regras do direito interno, em decorrência de uma percepção teórica de um monismo do tipo internacionalista.

d) As correntes teóricas dualistas, ainda que moderadas, apregoam uma visão que engloba de forma indistinta tratados internacionais, costumes e princípios gerais de direito.

e) Considera-se o monismo do tipo internacionalista dialógico uma corrente adequada para tratar de conflitos normativos que envolvam direitos humanos, visto que poderia haver a aplicação da norma de direito interno em detrimento da de direito internacional ou vice-versa.

40. (TRF/2R/Juiz/2017) No que diz respeito à força legal da Convenção Americana sobre Direitos Humanos, assinale a opção correta:

a) Por consistir em Tratado de Direitos Humanos firmado antes de 1988, mas promulgado internamente pelo Brasil somente em 1992, o Tratado em questão atrai a incidência do § 2º do artigo 5º da Constituição, razão pela qual as normas protetivas nele previstas ostentam caráter supralegal.

b) vigência da Constituição de 1988, mas promulgado internamente pelo Brasil somente em 2007, o Tratado em questão atrai a incidência do § 3º do artigo 5º da Constituição, razão pela qual as normas protetivas nele previstas ostentam caráter constitucional.

c) Por consistir em Tratado de Direitos Humanos firmado antes da vigência da Constituição de 1988, mas promulgado internamente pelo Brasil somente em 1992, o Tratado em questão atrai a incidência do § 3º do artigo 5º da Constituição, razão pela qual as normas protetivas nele previstas ostentam caráter supralegal.

d) Por se tratar de Tratado de Direitos Humanos firmado após a vigência da Constituição de 1988, mas promulgado internamente pelo Brasil somente em 2007, o Tratado em questão atrai a incidência do § 2º do artigo 5o da Constituição, razão pela qual as normas protetivas nele previstas ostentam caráter constitucional.

e) Sendo um Tratado de Direitos Humanos firmado antes da vigência da Constituição de 1988, mas promulgado internamente pelo Brasil somente em 1992, o Tratado em questão atrai a incidência do § 3º do artigo 5º da Constituição, razão pela qual as normas protetivas nele previstas ostentam caráter constitucionalizado.

41. (TRF/3R/Juiz/2016) Dadas as assertivas abaixo, assinale a alternativa correta:

I. O pedido de refúgio poderá ser solicitado pelo estrangeiro a qualquer autoridade migratória que se encontre na fronteira, que deverá ouvir o interessado e preparar termo de declaração, além de lhe proporcionar as informações necessárias quanto aos trâmites cabíveis, suspendendo-se quaisquer procedimentos administrativo ou criminal decorrente da entrada irregular, instaurados contra o peticionário e pessoas de seu grupo familiar que o acompanhem.

II. O estrangeiro que obtiver a concessão de refúgio ou asilo torna-se imune à extradição, se o pedido desta decorrer das mesmas razões pelas quais foi concedido o refúgio ou asilo.

III. A decisão sobre a concessão de asilo ou refúgio tem caráter discricionário e compete ao Poder Executivo, pois tem reflexos no plano das relações internacionais do Estado.

IV. Poderá ser reconhecida pelo Estado brasileiro a condição de refugiado ao estrangeiro com dupla nacionalidade, síria e norte-americana, ainda que esteja sob a proteção dos Estados Unidos da América.

a) Todas as assertivas estão corretas.

b) A assertiva III está incorreta.

c) As assertivas II e IV estão corretas.

d) A assertiva IV está incorreta.

42. (TRF/3R/Juiz/2016) Consideradas as assertivas que se seguem, assinale a alternativa correta:

I. A Corte Interamericana de Direitos Humanos, órgão da Convenção Americana de Direitos Humanos, tem a finalidade de julgar casos de violação dos direitos humanos ocorridos em países que integram a Organização dos Estados Americanos (OEA) e reconheçam a sua competência, como o Brasil, que a reconheceu por meio do Decreto Legislativo nº 89, de 1998, do Senado Federal.

II. O instituto do deslocamento de competência para a Justiça Federal poderá ocorrer, em qualquer fase processual, com relação a inquéritos e processos em trâmite na Justiça Estadual, com a finalidade de assegurar o cumprimento de obrigações decorrentes de tratado internacional de direitos humanos do qual o Brasil seja parte, mediante requerimento do Procurador-Geral da República perante o Supremo Tribunal Federal, nas hipóteses de grave violação de direitos humanos.

III. Compete ao Superior Tribunal de Justiça julgar, em recurso especial, as causas decididas, em única ou última instância, pelos Tribunais Regionais Federais ou pelos Tribunais dos Estados, do Distrito Federal e Territórios, quando a decisão recorrida contrariar tratado ou negar-lhe vigência.

IV. O Tribunal Penal Internacional, criado pelo Estatuto de Roma de 1998 promulgado pelo Decreto nº 4.388, de 25.9.2002, tem competência para julgar crime de genocídio; crimes contra a humanidade; crimes de guerra e crime de agressão, todos imprescritíveis, em relação às violações praticadas depois da entrada em vigor do Estatuto de Roma.

a) As assertivas I e II estão incorretas.
b) Somente a assertiva II está incorreta.
c) Somente a assertiva IV está incorreta.
d) Todas as assertivas estão corretas.

43. (Cespe/TRF/5R/Juiz/2015) Após a Segunda Grande Guerra (1939-1945), em virtude das atrocidades cometidas contra milhares de seres humanos, diversos debates na sociedade internacional passaram a questionar a necessidade de uma instância penal internacional para processar e punir aqueles que tivessem cometido crimes contra a humanidade. Acerca dessa temática, assinale a opção correta.

a) Uma das principais características do funcionamento dos tribunais "ad hoc" remonta à garantia básica do direito penal de exigência de um juiz previamente constituído ao cometimento do crime.
b) Caso uma organização internacional não governamental, regularmente criada e em funcionamento de acordo com a legislação brasileira, pratique atos conducentes à perseguição de determinado grupo religioso, o TPI, criado pelo Estatuto de Roma, possui competência para julgar essa organização.
c) Configura-se crime contra a humanidade a perseguição de um grupo ou coletividade que possa ser identificado por motivos de gênero, sendo por este termo abrangidos os sexos masculino e feminino, dentro do contexto da sociedade, não lhe devendo ser atribuído qualquer outro significado.
d) A imunidade de jurisdição penal dos agentes diplomáticos prevista na Convenção de Viena sobre Relações Diplomáticas, de 1961, é extensiva ao TPI.
e) Na hipótese de haver conflito positivo entre a jurisdição penal do Estado brasileiro e a do TPI, a competência para decidir sobre o conflito passará a ser da CIJ.

44. (Cespe/TRF/1R/Juiz/2015) Com referência à proteção internacional dos direitos humanos, assinale a opção correta.

a) O III Protocolo Facultativo ao Pacto Internacional de Direitos Civis e Políticos possibilita que um Estado-parte aceite a jurisdição do TPI para casos de graves e sistemáticas violações aos direitos inderrogáveis estabelecidos no pacto.
b) A Declaração Universal dos Direitos Humanos contém direitos de cunho social, como assistência à maternidade e à infância e férias periódicas remuneradas.
c) A Corte Internacional de Justiça já considerou o direito ao desenvolvimento, contido no Pacto Internacional de Direitos Econômicos, Sociais e Culturais, como norma "jus cogens".
d) O Conselho de Direitos Humanos possui a metade de seus membros composta de experts independentes e a outra metade composta por representantes de Estados-membros da ONU.
e) Durante a Conferência de Viena sobre Direitos Humanos de 1993, foi adotado o texto da Convenção Mundial de Direitos Humanos.

45. (TRF/2R/Juiz/2014) Leia as assertivas e, depois, assinale a opção correta:

I. O refúgio é medida inspirada em razões humanitárias, de natureza administrativa, cuja concessão é disciplinada em lei, de natureza vinculada, e se destina a proteger pessoas vítimas de perseguição por pertencerem a determinado grupo, seja étnico, religioso, nacional, ou de opiniões políticas, entre outros.
II. O asilo é medida política, de natureza discricionária, e alberga quem sofra perseguição individual, e está referido na Constituição da República Federativa do Brasil.
III. O pedido de refúgio impede o prosseguimento do processo de extradição.
IV. A decisão do Comitê Nacional para Refugiados, que indefere o pedido de refúgio, é passível de controle judicial por juiz federal de primeiro grau.

a) Apenas as assertivas I e IV estão corretas.
b) Apenas as assertivas III e IV estão corretas.
c) Apenas as assertivas I e II estão corretas.
d) Todas as assertivas estão corretas.
e) Todas as assertivas estão incorretas.

46. (Cespe/TRF/2R/Juiz/2013) Com relação ao Comitê de Direitos Humanos (CDH) do Pacto Internacional sobre Direitos Civis e Políticos, assinale a opção correta.

a) Em casos excepcionais, admite-se que haja no CDH dois nacionais de um mesmo Estado.
b) As comunicações interestatais podem ser processadas pelo CDH independentemente de qualquer aceitação prévia pelo Estado-parte.
c) É de seis anos o mandato dos membros do CDH.
d) Após a apresentação do primeiro relatório pelo Estado-parte, o CDH pode solicitar novos relatórios a qualquer tempo.
e) Os membros do CDH são eleitos para representar os Estados de que são nacionais.

47. (Cespe/TRF/1R/Juiz/2013) Considerando a proteção internacional dos direitos humanos, assinale a opção correta.

a) O direito de asilo, admitido por diversos ordenamentos jurídicos, como, por exemplo, o brasileiro, não é expressamente previsto como um direito humano em normas internacionais.
b) Conforme previsão expressa no Pacto Internacional dos Direitos Econômicos, Sociais e Culturais, as normas dele constantes têm aplicação imediata.
c) Dado o princípio da tipicidade, não se admite a estipulação, em normas consuetudinárias, da proibição de tortura, prevista em diversos tratados internacionais.
d) O direito dos povos indígenas recebe, nas normas de direito internacional, tratamento idêntico ao reservado ao direito de qualquer outra minoria.
e) Em caso de violação de direitos humanos, admite-se a mitigação da norma que apregoa a negação de intervenção em assuntos internos.

48. (Cespe/TRF/5R/Juiz/2011) A Declaração Universal dos Direitos Humanos:

a) não trata de direitos econômicos.
b) trata dos direitos de liberdade e igualdade.
c) trata o meio ambiente ecologicamente equilibrado como direito de todos.
d) não faz referência a direitos políticos.
e) não faz referência a direitos culturais e à bioética.

49. (Cespe/TRF/3R/Juiz/2011) Assinale a opção correta relativamente aos mecanismos de implementação dos direitos humanos no plano internacional.

a) A Corte Europeia de Direitos Humanos julga exclusivamente demandas de indivíduos contra Estados.
b) Na atualidade, existem apenas duas cortes regionais em funcionamento: a Corte Interamericana de Direitos Humanos e a Corte Europeia de Direitos.
c) A comissão Europeia de Direitos Humanos é um órgão de conciliação e mediação do sistema europeu de proteção.
d) A Corte Europeia de Direitos Humanos dispõe de competência consultiva.
e) Decisões da Corte Interamericana de Direitos Humanos são passíveis de recurso à Corte Internacional de Justiça.

50. (Cespe/TRF/3R/Juiz/2011) Conforme a jurisprudência do STF, tratados de direitos humanos anteriores à Emenda Constitucional n. 45/2003 possuem, no direito brasileiro, status hierárquico:

a) supraconstitucional.
b) constitucional originário.
c) constitucional derivado.
d) supralegal.
e) legal.

51. (TRF/3R/Juiz/2010) A Declaração Universal dos Direitos Humanos fundada no reconhecimento da dignidade inerente a todos os membros da família humana reconhece como direito inalienável do homem, exceto:

a) O direito à instrução, sendo a instrução elementar obrigatória.
b) O direito a um padrão de vida capaz de assegurar a si e a sua família saúde e bem-estar, inclusive alimentação, vestuário, habitação, cuidados médicos e os serviços sociais indispensáveis.
c) O direito à proteção à minoria étnica e religiosa, assim entendida como os imigrantes residentes em determinado Estado.
d) O direito de participar livremente da vida cultural da comunidade.

52. (Cespe/TRF/2R/Juiz/2009) Assinale a opção correspondente à convenção que conta com um tribunal internacional para fiscalizar o cumprimento de suas disposições.

a) Pacto Internacional sobre Direitos Econômicos, Sociais e Culturais.
b) Pacto Internacional sobre Direitos Civis e Políticos.
c) Convenção Asiática sobre Direitos Humanos.
d) Convenção relativa ao Estatuto dos Refugiados.
e) Carta Africana de Direitos Humanos e dos Povos.

3. DOMÍNIO PÚBLICO INTERNACIONAL

QUESTÕES OBJETIVAS

53. (Cespe/TRF/1R/Juiz/2015) No que se refere à regulação internacional do espaço aéreo e do espaço extra-atmosférico, assinale a opção correta.

a) Os Estados que desenvolvam atividade no espaço cósmico têm o dever de informar o secretário-geral da ONU sobre a natureza dessas atividades.
b) Em caso de sequestro de aeronave, é autorizado ao comandante exigir a ajuda de qualquer passageiro, a fim de tomar medidas coercitivas contra o indivíduo que cometer esse ilícito.
c) O TPI é a corte competente para exercer a jurisdição em casos de sequestro de aeronaves, salvo se o Estado de matrícula da aeronave se dispuser a processar o acusado.
d) A exploração e o uso do espaço cósmico, inclusive da Lua e dos demais corpos celestes, se fundamenta nos princípios da cooperação, da assistência mútua e da efetividade.
e) A Convenção sobre Responsabilidade Internacional por Danos Causados por Objetos Espaciais dispensa o esgotamento prévio de recursos internos em caso de pedido de indenização ao Estado lançador.

54. (Cespe/TRF/1R/Juiz/2015) Ao realizar um cruzeiro turístico, uma embarcação de pavilhão do Estado A parou em área situada na zona econômica exclusiva do Estado B e lá permaneceu. Após dez dias, autoridades do Estado B apreenderam a embarcação sob a alegação de que esta deveria ter informado que permaneceria parada naquela área, sendo a ausência de informação motivo para suspeitar de seu engajamento em atividade ilícita. Nessa situação hipotética, a atitude do Estado B violou:

a) o direito de passagem em trânsito da embarcação.
b) a liberdade de navegação da embarcação.
c) a liberdade de exploração econômica da embarcação.
d) a liberdade do estatuto de bandeira da embarcação.
e) o direito de passagem inocente da embarcação.

55. (Cespe/TRF/2R/Juiz/2013) Assinale a opção correta com relação à Convenção das Nações Unidas sobre o Direito do Mar.

a) Os navios de Estados sem litoral têm direito a passagem inocente pelo mar territorial de um Estado costeiro, desde que mediante prévia autorização deste.
b) O Estado costeiro deve pedir autorização à Autoridade Internacional para os Fundos Marinhos para realizar perfurações, além de duzentas milhas marítimas, em sua plataforma continental.
c) Agências especializadas das Nações Unidas não podem arvorar bandeiras em suas embarcações.
d) O Estado costeiro em cujas águas espécies catádromas passem a maior parte do seu ciclo vital deve ser responsável pela gestão dessas espécies.
e) O limite exterior máximo da zona contígua é de trinta milhas marítimas contadas das linhas de base que servem para medir a largura do mar territorial.

56. (Cespe/TRF/5R/Juiz/2013) À luz da Convenção de Aviação Civil Internacional, assinale a opção correta no que se diz respeito à navegação aérea.

a) Para efeito de delimitação do espaço aéreo, considera-se território do Estado sua zona contígua.
b) A convenção em apreço aplica-se a aeronaves civis e, excepcionalmente, a aeronaves de propriedade do governo usadas para fins alfandegários.
c) No caso de a aeronave de um Estado sofrer acidente em território de outro Estado, ocasionando a morte de passageiros, ao Estado de registro será oferecido designar observadores para assistirem às investigações.
d) Admite-se o registro duplo para aeronaves comerciais que façam rotas internacionais periódicas entre dois Estados.
e) As aeronaves terão a mesma nacionalidade da pessoa física ou jurídica que as tiver registrado.

57. (TRF/4R/Juiz/2012) Assinale a alternativa correta.

a) A responsabilidade dos Estados em matéria de proteção internacional do meio ambiente é comum, porém, diferenciada.
b) O Supremo Tribunal Federal é o órgão competente para apreciar o recurso interposto por pessoa jurídica de direito privado domiciliada no Brasil contra decisão que lhe foi desfavorável, quando o litígio envolver organismo internacional.
c) O português equiparado ao brasileiro não pode exercer direitos políticos no Brasil, porque é exigível, para esse fim, a condição de brasileiro nato ou naturalizado.
d) O estrangeiro deportado do Brasil somente poderá retornar ao país depois de transcorridos cinco anos da data da decisão que determina a deportação.
e) As medidas repressivas ou sancionatórias que visam à implementação das obrigações internacionais dos Estados podem consistir em: (i) transferência de recursos financeiros, para compensar custos de implementação de obrigações ou aquisição de tecnologia; (ii) transferência de tecnologia; ou (iii) troca de experiências, intercâmbios de profissionais, custeio de pesquisas.

58. (Cespe/TRF/5R/Juiz/2011) O domínio público internacional refere-se a espaços de interesse geral pertencentes a todas as nações. A respeito desse assunto, assinale a opção correta com base nos tratados e convenções pertinentes.

a) O espaço aéreo não é considerado domínio público internacional.
b) A Antártica é considerada domínio público internacional cujo uso deve destinar-se a fins científicos e militares.
c) Os espaços territoriais de domínio público internacional não se sujeitam à soberania de nenhum país.
d) É juridicamente possível o domínio privado dos corpos celestes.
e) Os rios internacionais, como, por exemplo, o Danúbio, na Europa, podem ser considerados de domínio público internacional.

59. (Cespe/TRF/1R/Juiz/2011) No que tange ao espaço aéreo internacional, à nacionalidade das aeronaves e ao TPI, assinale a opção correta.

a) O TPI poderá impor à pessoa condenada pelos crimes que afetem a humanidade no seu conjunto a pena de prisão perpétua, se o elevado grau de ilicitude e as condições pessoais do condenado o justificarem. Entretanto, esse tribunal poderá reexaminar a pena com vistas à sua redução quando o condenado já tiver cumprido vinte e cinco anos de prisão.
b) O Estado exerce, sobre os ares situados acima de seu território e de seu mar territorial, soberania, que só não é absoluta porque sofre restrição ditada por velha norma internacional: o direito, reconhecido em favor dos aviões civis, de passagem inocente, que deve ser contínua e rápida, proibindo-se tudo quanto não seja estritamente relacionado com o ato de passar pelo espaço aéreo.
c) Segundo as regras internacionais, todo avião utilizado em tráfego internacional deve possuir pelo menos uma nacionalidade, determinada por seu registro ou matrícula. A aeronave poderá ter mais de uma matrícula – as de complacência –, mas, no caso de a companhia aérea ser controlada pelo Estado, e não por particulares, cada avião deverá possuir uma nacionalidade singular.
d) O TPI, instituição permanente, com jurisdição sobre as pessoas responsáveis pelos crimes de maior gravidade e funções complementares às jurisdições penais nacionais, constitui corte internacional vinculada à ONU, não dispondo de personalidade jurídica própria.
e) Nos termos do Estatuto de Roma, o TPI só poderá exercer os seus poderes e funções no território de qualquer Estado-parte, sendo-lhe defeso agir em relação a atos praticados no território dos Estados que não tenham subscrito o Estatuto.

60. (Cespe/TRF/2R/Juiz/2011) A colocação de satélites no espaço sideral e a chegada do homem à Lua na década de 60 do século passado ensejaram a criação de normas internacionais sobre o espaço extra-atmosférico. Entre tais normas, destaca-se o tratado sobre os princípios aplicáveis à exploração e uso do espaço extra-atmosférico, assinado em 1967 e, posteriormente, a convenção sobre a responsabilidade internacional por danos causados por objetos espaciais, em 1972. Com base nessas normas e nos princípios internacionais, assinale a opção correta.

a) Se um satélite alemão adentrar a atmosfera e atingir avião da companhia Air France, haverá responsabilização internacional.
b) Há identidade entre as normas internacionais sobre o espaço aéreo e o extra-atmosférico.
c) É permitida a colocação em órbita de objeto portador de armas nucleares, desde que autorizada pela ONU.
d) Permite-se a instalação de base lunar militar para a proteção do planeta Terra.
e) Se um satélite americano cair sobre uma casa brasileira, haverá causa excludente de ilicitude, o que impede a indenização.

61. (Cespe/TRF/1R/Juiz/2011) No que se refere ao domínio público marítimo internacional, assinale a opção correta.

a) Nos termos da Convenção das Nações Unidas sobre o Direito do Mar, os Estados sem litoral devem ter direito reconhecido de participar do aproveitamento do excedente dos recursos vivos das zonas econômicas exclusivas dos Estados costeiros da mesma região, independentemente de acordos.
b) O Estado costeiro tem o direito de aplicar as suas leis e regulamentos aduaneiros, fiscais, de imigração e sanitários na zona econômica exclusiva.
c) Conforme a Convenção das Nações Unidas sobre o Direito do Mar, a soberania do Estado costeiro sobre o mar territorial estende-se ao espaço aéreo sobrejacente a este, bem como ao leito e ao subsolo desse mar.
d) Os Estados exercem soberania sobre suas águas interiores, ainda que estejam obrigados a assegurar o direito de passagem inocente em favor dos navios mercantes, mas não dos navios de guerra.
e) Na plataforma continental, os Estados possuem direitos de soberania no tocante à exploração e aproveitamento dos seus recursos naturais, mas a falta de utilização e exploração desses direitos em qualquer de suas formas autoriza outros Estados ao seu exercício, ainda que sem consentimento expresso.

62. (TRF/3R/Juiz/2010) Em relação aos recursos naturais dos Estados é correto afirmar:

a) O Estado ao assumir controle unilateral de recurso natural comum a outro Estado não viola preceitos de direito internacional.
b) A biosfera amazônica por alcançar além do Brasil outros Estados da América do Sul, como o Peru e a Colômbia, não pode ser considerada como recurso natural nacional, devendo ser compartilhada por todos os países.
c) Os recursos petrolíferos existentes na plataforma continental além de duzentas milhas marítimas da linha de base podem ser explorados exclusivamente pelo Estado costeiro.
d) Segundo o Direito Internacional os recursos naturais são próprios de cada Estado, compartilhados entre dois ou mais países ou pertencentes à comunidade internacional.

63. (Cespe/TRF/2R/Juiz/2009) O direito de visita de navios de guerra em alto-mar pode ser exercido quando, nos termos da Convenção das Nações Unidas sobre Direito do Mar, haja motivo razoável para suspeitar que um navio em alto-mar:

a) instale ilhas artificiais.
b) exerça atividade terrorista.
c) não tenha nacionalidade.
d) pesque espécies em extinção.
e) conduza investigação científica sem autorização.

4. LEI DE MIGRAÇÃO (LEI 13.445/17)

REPERCUSSÃO & REPETITIVOS

STF Rep. Geral 373. Estrangeiro e filho brasileiro nascido posteriormente à expulsão. O § 1º do art. 75 da Lei 6.815/1980 não foi recepcionado pela Constituição Federal de 1988 (CF), sendo vedada a expulsão de estrangeiro cujo filho brasileiro foi reconhecido ou adotado posteriormente ao fato ensejador do ato expulsório, uma vez comprovado estar a criança sob a guarda do estrangeiro e deste depender economicamente. *RE 608898, 25.6.2020.*

ENUNCIADOS

Fonadirh **Enunc. 1.** Salvo naquelas hipóteses em que a distinção é explícita, migrantes indocumentados possuem acesso aos mesmos direitos que os migrantes documentados.

Fonadirh **Enunc. 2.** Não se admite prisão para fins de deportação ou expulsão uma vez que não há previsão na Lei nº 13.445/17 (Lei de Migração), não sendo o decreto via adequada para tanto.

Fonadirh **Enunc. 5.** Além das hipóteses previstas na Lei nº 9.474/97, o princípio do "non-refoulement" também pode ser aplicado para imigrantes que não sejam refugiados ou solicitantes de refúgio com base no art. 62 da Lei nº 13.445/17.

Fonadirh **Enunc. 7.** A exigência documental de migrantes em situação de vulnerabilidade deve ser relativizada diante das circunstâncias do caso concreto e da dificuldade de obtenção de documentos no país de origem.

Fonadirh **Enunc. 8.** Além das causas de inexpulsabilidade previstas pelo art. 55 da Lei nº 13.445/2017, é possível anular a expulsão com base na previsão de não devolução na legislação interna ou em tratados internacionais de direitos humanos.

Fonadirh **Enunc. 10.** Para a regularização migratória de crianças e adolescentes é suficiente a representação por apenas um genitor, sem a necessidade de autorização expressa do ausente, ante o reconhecimento da regularização documental como elemento da proteção integral (art. 3º, V e XVII da Lei nº 13.445/2017) e desvinculação entre a concessão de autorização de residência e eventual devolução futura por reconhecimento de subtração internacional.

Fonadirh **Enunc. 12.** A inclusão de nome social no RNM – Registro Nacional Migratório dispensa a alteração no registro civil do país de origem, nos termos do art. 69, §§ 4º e 5º do Decreto nº 9.199/2017, devendo o nome civil constar apenas nos bancos de dados internos e não na CRNM – Carteira de Registro Nacional Migratório do/a imigrante.

QUESTÕES OBJETIVAS

64. (IFBC/TRF/2R/Juiz/2018) Brasileira nata adquire voluntariamente a nacionalidade derivada norte-americana, sem que isso lhe tenha sido imposto de alguma maneira. Em seguida, contraiu matrimônio com norte-americano - assassinado poucos anos depois - e, após a sua morte, veio para o Brasil. Os Estados Unidos apresentaram um pedido de extradição ao governo brasileiro sob o fundamento de que ela era acusada de matar o marido. Com relação à hipótese é correto afirmar que:

a) É possível a extradição de brasileira nata, quando o pedido é fundado em tratado em vigor no Brasil.
b) Brasileira nata somente pode ser extraditada no caso de comprovado envolvimento em tráfico ilícito de entorpecentes e drogas afins.
c) É possível a extradição de brasileira naturalizada, nos termos da Constituição Federal, e de estrangeira, considerada como tal a pessoa que perdeu a nacionalidade brasileira por ter adquirido voluntariamente outra nacionalidade.
d) A extradição somente é possível quando fundada em tratado.
e) O direito brasileiro admite somente a extradição decorrente de condenação penal definitiva no exterior.

65. (IFBC/TRF/2R/Juiz/2018) Quanto à expulsão, marque a opção correta:

a) A Lei de Migração expressamente prevê que o estrangeiro cuja presença atente contra a segurança nacional e ordem pública pode ser expulso.
b) O estrangeiro que tiver filho brasileiro sob sua guarda ou dependência econômica ou socioafetiva pode ser expulso.
c) Brasileiro naturalizado não pode ser expulso do território nacional.
d) Pessoa com mais de 70 anos, residente no Brasil há mais de 10 anos, não pode ser expulsa em nenhum caso.
e) Estrangeiro, com cônjuge ou companheiro residente no Brasil reconhecido judicial ou legalmente, pode ser expulso.

66. (IFBC/TRF/2R/Juiz/2018) Sobre a naturalização, com base na Lei de Migração:

I. A naturalização pode ser ordinária, extraordinária, especial ou provisória.
II. A naturalização provisória poderá ser concedida ao migrante criança ou adolescente que tenha fixado residência em território nacional antes de completar 10 (dez) anos de idade e deverá ser requerida por intermédio de seu representante legal.
III. A naturalização tem efeitos "ex nunc".
IV. A naturalização extraordinária será concedida a pessoa de qualquer nacionalidade fixada no Brasil há mais de 15 (quinze) anos ininterruptos e sem condenação penal, desde que demonstre condições financeiras para permanecer no país.

a) Somente as alternativas I e II estão corretas.
b) Somente as alternativas I, II e III estão corretas.
c) Somente a alternativa III está correta.
d) Todas as alternativas estão corretas.
e) Somente as alternativas I e III estão corretas.

67. (TRF/2R/Juiz/2017) Analise as assertivas abaixo e, ao final, assinale a opção correta:

I. Incorre em causa de perda de nacionalidade o brasileiro nato que, já sendo milionário e exclusivamente por ter se apaixonado pelos céus de Paris, obtém a nacionalidade francesa, por naturalização.
II. Incorre em causa de perda de nacionalidade o brasileiro que tiver reconhecida outra nacionalidade originária por Estado estrangeiro.
III. Sujeito nascido no estrangeiro, filho de mãe brasileira e de pai estrangeiro, que veio a residir no território brasileiro e aqui, após a maioridade, optou e adquiriu a nacionalidade brasileira pode, oportunamente, candidatar-se e ser eleito Presidente da República.

a) Todas as assertivas são corretas.
b) Apenas a assertiva I está correta.
c) Apenas as assertivas I e III estão corretas.
d) Apenas as assertivas II e III estão corretas.
e) Apenas as assertivas I e II estão corretas.

68. (Cespe/TRF/1R/Juiz/2011) Assinale a opção correta acerca da condição jurídica dos estrangeiros.

a) O Brasil admite a concessão tanto do asilo diplomático quanto do asilo territorial.
b) Somente é passível de expulsão do território brasileiro o estrangeiro que sofra condenação por crimes que atentem contra a segurança nacional ou a ordem política ou social.
c) Segundo o direito internacional costumeiro, nenhum Estado tem o direito de negar visto para o ingresso de estrangeiro em seu território, seja em definitivo, seja a título temporário.
d) A deportação, como forma de exclusão do estrangeiro do território brasileiro, somente se efetiva mediante ato que, exarado pelo ministro de Estado da Justiça, impeça o retorno do deportado ao país.
e) A CF dispõe que o brasileiro naturalizado somente pode ser extraditado em caso de crime comum ou de comprovado envolvimento em tráfico ilícito de entorpecentes e drogas afins, desde que, em ambos os casos, os crimes tenham sido praticados antes da naturalização.

5. MERCOSUL

QUESTÕES OBJETIVAS

69. (TRF/4R/Juiz/2022) Assinale a alternativa incorreta. Com relação ao Aquífero Guarani, que abrange os territórios dos quatro países que fundaram o Mercosul (Argentina, Brasil, Paraguai e Uruguai):

a) tem as suas águas subterrâneas reguladas de modo uniforme, havendo uma lei única disciplinando sua utilização em todos os países signatários do Acordo sobre o Aquífero Guarani.

b) o Acordo sobre o Aquífero Guarani constitui o único tratado multilateral que se propõe a regular, especificamente, águas subterrâneas transfronteiriças.

c) a cooperação entre as partes que integram o Acordo sobre o Aquífero Guarani deverá se desenvolver sem prejuízo dos projetos e empreendimentos que decidam executar em seus respectivos territórios, de conformidade com o direito internacional.

d) é objeto de acordo entre os países do Mercosul (Argentina, Brasil, Paraguai e Uruguai), que se comprometeram a utilizar seus recursos com base em critérios de uso racional e sustentável, respeitando a obrigação de não causar prejuízo sensível às demais partes e ao meio ambiente.

e) se uma das partes do Acordo sobre o Aquífero Guarani considerar que estudos, atividades ou uma obra de outro país possa vir a ocasionar-lhe um prejuízo sensível, poderá solicitar a essa parte que lhe transmita os dados técnicos disponíveis.

70. (TRF/3R/Juiz/2018) Sobre o Mercosul e sua disciplina jurídica, reflita sobre as seguintes assertivas:

I. Derrogando o Protocolo de Brasília, o Protocolo de Olivos, assinado aos 18.02.2002, aprovado pelo Decreto Legislativo 712, de 2003, e promulgado no Brasil pelo Dec. 4.982/2004, estabelece mecanismos para solução de controvérsias entre os Estados Partes; e o procedimento arbitral "ad hoc" será utilizado, caso o conflito não tenha sido solucionado por negociação direta, nem por intervenção do Grupo Mercado Comum.

II. São órgãos componentes da estrutura institucional do Mercosul: (i) Conselho do Mercado Comum (CMC); (ii) Grupo Mercado Comum (GMC); (iii) Comissão de Comércio do Mercosul (CMC); (iv) Comissão Parlamentar Conjunta (CPC); (v) Foro Consultivo Econômico-Social (FCES); (vi) Secretaria Administrativa do Mercosul (SAM); (vii) Conselho de Segurança (CS).

III. São fontes jurídicas do MERCOSUL: (i) o Tratado de Assunção, seus protocolos e os instrumentos adicionais ou complementares; (ii) os acordos celebrados no âmbito do Tratado de Assunção e seus protocolos; (iii) as decisões do Conselho Mercado Comum, as Resoluções do Grupo Mercado Comum e as Diretrizes da Comissão de Comércio do Mercosul, adotadas desde a entrada em vigor do Tratado de Assunção.

IV. As normas produzidas pelo Conselho Mercado Comum, pelo Grupo Mercado Comum e pela Comissão de Comércio do Mercosul, além de possuírem caráter obrigatório, deverão, quando necessário, ser incorporadas aos ordenamentos jurídicos nacionais mediante os procedimentos previstos pela legislação de cada país.

a) Apenas as assertivas I e III são incorretas.

b) A assertiva II é a única incorreta.

c) Apenas as assertivas II e IV são incorretas.

d) A assertiva IV é a única incorreta.

71. (TRF/4R/Juiz/2016) Dadas as assertivas abaixo, assinale a alternativa correta. Considerando as regras jurídicas do Mercosul:

I. O Grupo Mercado Comum é órgão consultivo do Mercosul, integrado por 3 membros representantes dos Ministérios de Relações Exteriores e dos Ministérios da Defesa.

II. Para a solução de controvérsias no âmbito do Mercosul, qualquer dos Estados-parte pode recorrer ao procedimento arbitral perante o Tribunal "ad hoc" independentemente de qualquer procedimento anterior, vedada a participação de árbitros de nacionalidade dos Estados que controvertem.

III. A concessão do benefício da justiça gratuita em processo judicial em um dos países do Mercosul estende-se aos demais quando em algum deles se tiver de homologar ou executar a sentença, ou ainda se em outro dos Estados-parte do Mercosul tiver de ser cumprida medida cautelar ou obtidas provas.

IV. A autoridade jurisdicional do Estado requerido poderá recusar o cumprimento de uma carta rogatória referente a medidas cautelares quando estas forem manifestamente contrárias à sua ordem pública.

a) Está correta apenas a assertiva III.

b) Estão corretas apenas as assertivas I e II.

c) Estão corretas apenas as assertivas III e IV.

d) Estão corretas apenas as assertivas I, III e IV.

e) Estão corretas todas as assertivas.

72. (Cespe/TRF/1R/Juiz/2013) Quanto ao Mercosul, ao acordo geral de tarifas e comércio (GATT) e à Organização Mundial do Comércio (OMC), assinale a opção correta.

a) Em seu sistema de defesa comercial, o Mercosul dispõe do marco normativo, espécie de regulamento que contempla procedimentos comuns de investigação e tomada de decisão a serem adotados por seus signatários na defesa de seus interesses.

b) Os particulares, sejam pessoas físicas ou jurídicas, que se sintam prejudicados em decorrência da aplicação, por qualquer dos Estados-partes do Mercosul, de medidas administrativas de efeito restritivo, em infração ao Tratado de Assunção, deverão formalizar suas reclamações ante a seção nacional do Grupo Mercado Comum do país sede de seus negócios ou onde tenham sua residência habitual.

c) Conforme o princípio da proteção transparente, os bens importados devem receber o mesmo tratamento concedido a produto equivalente de origem nacional, visando-se coibir, no âmbito da OMC, que os países estabeleçam tratamento privilegiado e protecionista não evidenciado para sua indústria nacional, em detrimento dos concorrentes estrangeiros.

d) As restrições quantitativas à importação são muito utilizadas, atualmente, pelos países desenvolvidos como medida de caráter protecionista, principalmente no que se refere a produtos de informática.

e) No sistema de solução de controvérsias adotado pela OMC, as decisões proferidas são vinculantes, tendo o ESC ("Dispute Settlement Undestanding"), que representa grande avanço em face do antigo procedimento adotado pelo GATT, introduzido um modelo mais claro, razoável e organizado de solução de controvérsias.

73. (TRF/3R/Juiz/2013) Os Estados-Parte do Mercosul, no âmbito do Conselho Mercado Comum, deliberam:

a) Por maioria absoluta.

b) Por maioria simples, cabendo ao Secretário do Mercosul dar voto de minerva, havendo empate.

c) Por unanimidade.

d) Por unanimidade, sendo essa a explicação para a natureza supranacional do Mercosul.

e) Por maioria simples, não passando a proposição em caso de empate.

74. (Cespe/TRF/2R/Juiz/2013) A respeito da estrutura institucional do Mercosul, assinale a opção correta.

a) As normas da Comissão de Comércio do Mercosul possuem caráter meramente recomendatório.

b) Compõe a estrutura institucional do Mercosul a Comissão de Tribunais Constitucionais.

c) É atribuição do Conselho do Mercado Comum supervisionar as atividades da Secretaria Administrativa do Mercosul.

d) Cabe ao Conselho do Mercado Comum exercer a titularidade da personalidade jurídica do Mercosul.

e) Ao Mercosul é vedado estabelecer acordos de sede.

75. (TRF/4R/Juiz/2012) Relativamente ao Mercosul, assinale a alternativa correta.

a) O laudo do Tribunal Arbitral "Ad Hoc" poderá ser revisto pelo Tribunal Permanente de Revisão, exclusivamente em questões de direito objeto da controvérsia e interpretações jurídicas, exceto se for emitido com base nos princípios "ex aequo et bono".

b) O Tratado de Assunção conferiu ao Mercosul personalidade jurídica de Direito Internacional.

c) As controvérsias que surjam entre os Estados-partes sobre a interpretação, a aplicação ou o não cumprimento de atos normativos do Mercosul deverão ser solucionadas segundo os procedimentos estabelecidos no Protocolo de Olivos, não podendo ser submetidas a outro sistema de solução de controvérsias.

d) De acordo com o Tratado de Assunção, o Grupo Mercado Comum é integrado por membros dos Estados-partes que representam os seguintes órgãos: Ministério das Relações Exteriores, Ministério da Economia ou seus equivalentes e Casa Civil.

e) A Comissão Parlamentar Conjunta é o órgão encarregado de assistir o Grupo Mercado Comum, assegurando a aplicação dos instrumentos de política comercial comum acordados pelos Estados-partes.

76. (Cespe/TRF/5R/Juiz/2011) Carlos, argentino, residente no Brasil, obteve laudo arbitral proferido pelo Uruguai, condenando Mendes, paraguaio residente no Brasil, ao pagamento de R$ 10.000,00. Com relação a essa situação hipotética e considerando os princípios básicos da cooperação e assistência jurisdicional que regem o Mercosul, organização internacional com personalidade jurídica própria e objetivos específicos, bem como o que dispõe o Protocolo de Las Leñas, documento básico de cooperação e assistência jurisdicional entre os países integrantes do Mercosul, assinale a opção correta.

a) O litígio em questão deve ser resolvido entre o Uruguai e o Paraguai, não podendo ser trazido para o Brasil.

b) Laudo arbitral homologado é título não executável no Brasil, óbice que não existiria caso se tratasse de sentença homologada.

c) Após a homologação do referido laudo, Carlos poderá cobrar a dívida no Brasil.

d) O Protocolo de Las Leñas não prevê situações como a descrita na hipótese.

e) Sem a devida homologação pelo STF, o citado laudo arbitral não tem valor jurídico no Brasil.

77. (Cespe/TRF/1R/Juiz/2011) Relativamente às organizações internacionais, à nacionalidade da pessoa jurídica e ao Mercosul, assinale a opção correta.

a) A ONU e a Organização dos Estados Americanos são consideradas, quanto à estrutura jurídica, organizações supranacionais, na medida em que assumem atribuições específicas dos Estados, restringindo parte de seu poder soberano.

b) Considera-se empresa brasileira de capital nacional a organização cujo controle efetivo esteja em caráter permanente sob a titularidade direta ou indireta de pessoas físicas domiciliadas e residentes no país, ou de entidades de direito público interno.

c) As chamadas agências especializadas da ONU, a exemplo da Organização das Nações Unidas para a Educação, a Ciência e a Cultura e a Organização para a Alimentação e a Agricultura, embora tenham alcance universal, não são dotadas de personalidade jurídica própria no âmbito do direito das gentes.

d) Nos termos do Protocolo de Ouro Preto, o Mercosul é uma organização internacional dotada de personalidade jurídica própria, que se apoia em um sistema deliberativo fundado na via de consenso dos Estados-partes.

e) No âmbito do direito das gentes, denomina-se originária a personalidade jurídica das organizações, e derivada, a dos Estados.

78. (Cespe/TRF/1R/Juiz/2011) A respeito do Mercosul e dos sujeitos econômicos, assinale a opção correta.

a) As denominadas empresas transnacionais são entidades autônomas, de personalidade jurídica de direito privado, que estabelecem sua gestão negocial e organizam sua produção em bases internacionais, com vínculo direto e compromisso com as fronteiras ou com os interesses políticos de determinada nação.

b) A previsão da CF quanto à busca, pela República Federativa do Brasil, da integração econômica dos povos da América Latina, visando à formação de uma comunidade latino-americana de nações, representa o ideal de Simon Bolívar, que inicialmente defendeu a integração puramente econômica das Américas.

c) Compõe a estrutura do sistema de solução de controvérsias do Mercosul o Tribunal Permanente de Revisão, ao qual poderá ser encaminhado pelos Estados interessados recurso de revisão contra laudo emitido pelo Tribunal Arbitral "Ad Hoc".

d) À Comissão de Comércio, órgão superior do Mercosul, incumbem a condução política do processo de integração e a tomada de decisões para a garantia do cumprimento dos objetivos estabelecidos pelos Estados-partes e para lograr a constituição final do mercado comum.

e) No plano internacional, os sujeitos econômicos não se limitam às entidades com personalidade jurídica, que atuam na formação e concretização das normas de direito internacional, razão pela qual qualquer empresa que atue no comércio exterior é classificada como sujeito econômico internacional.

79. (Cespe/TRF/3R/Juiz/2011) Com relação ao disposto no Protocolo de Olivos para a Solução de Controvérsias no Mercosul, assinale a opção correta.

a) Esse tratado acrescenta dispositivos ao Protocolo de Brasília, em conformidade com o qual deve ser interpretado.

b) O Tribunal Permanente de Revisão, previsto nesse acordo, é composto por dez árbitros, devendo cada um dos Estados-parte escolher dois deles e dois ser nomeados de comum acordo.

c) Segundo esse tratado, os Estados-parte é permitido recorrer, de comum acordo, diretamente ao Tribunal Permanente de Revisão, sem a necessidade de recurso prévio a tribunal arbitral "ad hoc".

d) Nesse protocolo, é vedado, assim como na Corte Internacional de Justiça, o uso por particulares do mecanismo de solução de controvérsias.

e) Nesse acordo, é expressamente proibida a possibilidade de denúncia.

80. (Cespe/TRF/2R/Juiz/2009) Assinale a opção correta quanto à solução de controvérsias no âmbito do Mercosul. Nesse sentido, considere que a sigla TAPR significa Tribunal Arbitral Permanente de Revisão.

a) Quando controvérsia sobre a aplicação de decisão do Conselho do Mercado Comum envolver mais de cinco Estados-partes, o TAPR será integrado por três árbitros.
b) Cada Estado-parte do Mercosul designará um árbitro titular e seu suplente para integrar o TAPR, por dois anos, renováveis por, no máximo, dois períodos consecutivos.
c) A cidade de Buenos Aires é a sede oficial do TAPR do Mercosul.
d) Os árbitros dos tribunais arbitrais "ad hoc" e os do TAPR serão nomeados entre pessoas com notável saber jurídico ou econômico, com mais de trinta e cinco e menos de sessenta e seis anos de idade.
e) Salvo disposição em contrário, os laudos dos tribunais arbitrais "ad hoc" devem ser cumpridos no prazo de um ano, a contar da notificação da parte obrigada.

81. (Cespe/TRF/5R/Juiz/2009) Assinale a opção correta, acerca do Mercosul.

a) O Mercosul, criado pelo Protocolo de Recife como ente dotado de personalidade jurídica de direito público, apresenta estrutura orgânica intergovernamental, sendo suas decisões tomadas por votação, respeitando-se a maioria dos votos.
b) Ao Conselho do Mercado Comum, órgão superior do Mercosul, cabem a condução política do processo de integração e a tomada de decisões para assegurar o cumprimento dos objetivos estabelecidos pelo Tratado de Assunção, devendo esse conselho reunir-se, pelo menos, uma vez por bimestre, com a participação dos presidentes dos Estados-partes.
c) Constituem órgãos do Mercosul, de capacidade decisória e natureza intergovernamental, o Conselho do Mercado Comum, o Grupo Mercado Comum e a Comissão de Comércio do Mercosul, bem como o Tribunal Permanente de Revisão e o Parlamento do Mercosul.
d) São funções e atribuições do Grupo Mercado Comum a propositura de projetos de decisões ao Conselho do Mercado Comum e o exercício da titularidade da personalidade jurídica do Mercosul.
e) Quaisquer controvérsias entre os Estados-partes a respeito da interpretação, da aplicação ou do descumprimento das disposições contidas no Tratado de Assunção e dos acordos celebrados no âmbito desse tratado devem ser submetidas exclusivamente aos procedimentos de solução estabelecidos no Protocolo de Ouro Preto.

82. (Cespe/TRF/1R/Juiz/2009) Assinale a opção correta com relação ao Mercosul.

a) O atual estágio de integração do Mercosul é de mercado comum.
b) O Tratado de Assunção, celebrado em 1991, conferiu personalidade jurídica internacional ao Mercosul.
c) As decisões dos órgãos do Mercosul são tomadas por maioria, o que caracteriza a natureza flexível e gradual do processo.
d) O Conselho do Mercado Comum é o órgão superior do Mercosul, que tem por incumbência a condução política do processo de integração e a tomada de decisões para assegurar o cumprimento dos objetivos estabelecidos pelo Tratado de Assunção.
e) Em caso de controvérsias no âmbito do Mercosul, deve ser aplicado o Protocolo de Brasília.

6. SUJEITOS DE DIREITO INTERNACIONAL PÚBLICO

6.1. Estados/Indivíduos

QUESTÕES DISCURSIVAS

3. (IFBC/TRF/2R/Juiz/2018) Sobre o tema da imunidade de jurisdição do Estado e seus representantes, responda objetivamente: a) Qual a extensão da imunidade de jurisdição dos agentes consulares em matéria cível e criminal? b) Qual a extensão da imunidade de jurisdição dos agentes diplomáticos em matéria cível e criminal? c) Os agentes consulares e diplomáticos podem renunciar à essa imunidade? d) Quais são os critérios aplicáveis às imunidades das organizações internacionais?

QUESTÕES OBJETIVAS

83. (IFBC/TRF/2R/Juiz/2018) Sobre a imunidade de jurisdição e de execução do Estado estrangeiro e de seus bens e de organismos internacionais, marque a alternativa correta:

a) Não há imunidade de execução de bens de Estado estrangeiro para cumprimento de dívidas trabalhistas.
b) A imunidade absoluta de jurisdição de Estado estrangeiro em matéria trabalhista vigorou no Brasil até a promulgação da Constituição de 1988, sendo flexibilizada somente pelo art. 114, que estabeleceu a competência da Justiça do Trabalho para ações trabalhistas envolvendo entes de direito público externo.
c) A imunidade de jurisdição de Estado estrangeiro em matéria trabalhista foi flexibilizada no Brasil em função da evolução do costume internacional sobre a matéria.
d) Organismos internacionais gozam de imunidade de jurisdição em igualdade de condições com Estados estrangeiros.
e) As imunidades dos organismos internacionais independem dos tratados que os criaram.

84. (Cespe/TRF/5R/Juiz/2017) Com relação à personalidade internacional, ao Estado, aos princípios e às organizações internacionais, assinale a opção correta.

a) A doutrina Tobar, com referência a Carlos Tobar, ministro das relações exteriores do Equador, surgiu em 1907 e pautava-se no princípio da não intervenção.
b) Embora possa haver exceções, como é o caso da ONU, a criação de organizações internacionais decorre essencialmente do direito consuetudinário internacional.
c) Em razão da própria evolução dos direitos humanos, os indivíduos são os sujeitos principais e originais do direito internacional.
d) Os grupos beligerantes que se organizam politicamente com o intuito de desmembramento ou de mudança de governo ou de regime vigente, devido ao seu caráter temporário, não se sujeitam às normas do direito internacional em matéria de conflito bélico, mas sim ao ordenamento jurídico doméstico.
e) O reconhecimento de governo deve ser tratado diferentemente do reconhecimento de Estado, considerando-se que os efeitos jurídicos são diversos no direito internacional.

85. (Cespe/TRF/5R/Juiz/2015) Assinale a opção correta com referência a imunidade jurisdicional.

a) O fundamento para se reconhecer a imunidade de jurisdição das organizações internacionais repousa na divisão entre atos decorrentes de "jure imperii" ou de "jure gestionis".

b) A renúncia de imunidade de jurisdição por um Estado estrangeiro implica a impossibilidade de se invocar a impenhorabilidade de bens desse Estado por ocasião do processo de execução.

c) Conforme entendimento do STJ, tratando-se de ato de guerra, haverá imunidade absoluta de jurisdição, por ser tal ato considerado como ato de império.

d) A imunidade de jurisdição das organizações internacionais intergovernamentais é do tipo relativa por força do costume internacional.

e) A impenhorabilidade dos bens de Estado estrangeiro decorre de regra do direito costumeiro internacional.

86. (Cespe/TRF/5R/Juiz/2013) Acerca da imunidade de jurisdição estatal, assinale a opção correta.

a) No Brasil, a imunidade de jurisdição, assim como a imunidade de execução, é absoluta para todas as matérias.

b) O STF tem competência para julgar, em única e última instância, casos que envolvam a aplicação desse tipo de imunidade.

c) A Convenção das Nações Unidas sobre Imunidades Jurisdicionais dos Estados e de sua Propriedade não está em vigor, pois ainda não foi ratificada por, no mínimo, trinta Estados.

d) A aplicação do princípio "par in parem no habet judicium", hoje aplicado a Estados, iniciou-se na prática das organizações internacionais.

e) A Corte Internacional de Justiça entende que esse tipo de imunidade não é aplicável em casos de violações a direitos humanos, como, por exemplo, aqueles que envolvam trabalhos forçados.

87. (TRF/4R/Juiz/2012) Dadas as assertivas abaixo, assinale a alternativa correta.

I. A imunidade de jurisdição reconhecida aos agentes diplomáticos é diversa da reconhecida aos agentes consulares.

II. Na zona contígua brasileira, que se estende das doze às vinte e quatro milhas marítimas, contadas a partir das linhas de base que servem para medir a largura do mar territorial, o Brasil poderá adotar as medidas de fiscalização necessárias para reprimir as infrações às leis e aos regulamentos, no seu território ou no seu mar territorial.

III. A renúncia à imunidade de jurisdição de agente diplomático, no tocante às ações cíveis ou administrativas, implica renúncia à imunidade quanto às medidas de execução da sentença.

IV. O Estado que nega a concessão de um "exequatur" não está obrigado a comunicar ao Estado que envia os motivos da recusa.

a) Está correta apenas a assertiva IV.

b) Estão corretas apenas as assertivas II e III.

c) Estão corretas apenas as assertivas I, II e III.

d) Estão corretas apenas as assertivas I, II e IV.

e) Estão corretas todas as assertivas.

88. (Cespe/TRF/3R/Juiz/2011) A respeito de imunidade de jurisdição e execução do Estado estrangeiro no Brasil, assinale a opção correta.

a) A execução de bens de Estados estrangeiros somente é possível no caso de expressa renúncia por parte do executado.

b) O Brasil é parte na Convenção sobre Imunidade de Jurisdição entre países do Mercosul.

c) Estados diretamente envolvidos com atividade terrorista comprovada por decisão do Conselho de Segurança das Nações Unidas não gozam de imunidade de jurisdição.

d) As regras costumeiras sobre imunidade dos Estados reconhecidas pelo Brasil aplicam-se também às organizações internacionais.

e) A imunidade de jurisdição é absoluta no Brasil para casos que envolvam reclamações trabalhistas.

89. (Cespe/TRF/1R/Juiz/2009) Pedro, cidadão brasileiro, presta serviços como cozinheiro na embaixada do Estado X no Brasil. Após constatar que vários dos direitos trabalhistas previstos na Consolidação das Leis do Trabalho estavam sendo desrespeitados, Pedro decidiu ajuizar ação na justiça do trabalho brasileira. Com base nessa situação hipotética, assinale a opção correta.

a) Deve ser seguido o procedimento descrito na Convenção das Nações Unidas sobre Imunidades de Jurisdição e Execução do Estado.

b) Em matéria trabalhista, não há imunidade de jurisdição do Estado estrangeiro no Brasil.

c) A imunidade de jurisdição do Estado estrangeiro é absoluta por força de uma norma "jus cogens".

d) A competência para conhecer da ação é da justiça federal.

e) Em matéria trabalhista, não há imunidade de execução do Estado estrangeiro no Brasil.

6.2. Organismos Internacionais

ATENÇÃO: ESTE TEMA É MUITO EXIGIDO NOS CONCURSOS!

QUESTÕES OBJETIVAS

90. (TRF/3R/Juiz/2018) "Sob a inspiração do ideal liberal-individualista, esse organismo internacional tem salvaguardado o valor da liberdade e sua projeção na esfera privada e familiar, afirmando o direito de todo e qualquer indivíduo de desenvolver sua personalidade. Com base no princípio da proporcionalidade, tem invalidado interferências estatais abusivas. Ao proteger de forma indireta os direitos sociais, tem entendido que o direito à vida privada requer não apenas obrigações negativas do Estado, mas ainda prestações positivas, condenando a omissão estatal quando afronta o direito à vida privada - por exemplo degradação ambiental causada por empresa. Referida instituição é movida pelo respeito à vida privada e pelo ideal liberal-individualista como princípios basilares (cf. Flavia Piovesan, "Direitos Humanos e Justiça Internacional", 7. ed., p. 212, adaptada). Assinale a instituição a que o texto acima se refere:

a) Comissão Interamericana de Direitos Humanos.

b) Corte Europeia de Direitos Humanos.

c) Tribunal Penal Internacional.

d) Corte Interamericana de Direitos Humanos.

91. (Cespe/TRF/5R/Juiz/2015) Assinale a opção correta relativamente à fundamentação, às fontes e às características do direito internacional público.

a) Admite-se a escusa de obrigatoriedade de um costume internacional se o Estado provar de forma efetiva que se opôs ao seu conteúdo desde a sua formação.

b) Não há previsão expressa de princípios gerais do direito internacional no Estatuto da CIJ.

c) O Estatuto da CIJ estabelece que as decisões proferidas pelas organizações internacionais sejam consideradas fontes do direito internacional público.

d) A corrente voluntarista considera que a obrigatoriedade do direito internacional deve basear-se no consentimento dos cidadãos.

e) O consentimento perceptivo da corrente objetivista significa que a normatividade jurídica do direito internacional nasce da pura vontade dos Estados.

92. (Cespe/TRF/1R/Juiz/2015) Entre os órgãos do TPI, inclui-se o(a):

a) sala para crimes contra a humanidade.
b) gabinete do procurador.
c) sala "ad hoc" para a ex-Iugoslávia.
d) sala do júri.
e) gabinete do diretor-geral.

93. (Cespe/TRF/5R/Juiz/2013) Com relação aos crimes de competência do TPI, assinale a opção correta.

a) A transferência, à força, de crianças de um grupo religioso para outro é classificada como crime contra a humanidade.
b) O TPI pode exercer jurisdição sobre o Estado como um todo apenas em caso de crime de agressão.
c) O crime de apartheid é praticado no contexto de um regime institucionalizado de opressão e domínio sistemático de um grupo racial sobre um ou mais grupos nacionais e com a intenção de manter esse regime.
d) O TPI não tem jurisdição em relação aos crimes de guerra cometidos em conflitos armados não internacionais se não existir declaração formal de guerra.
e) As normas costumeiras sobre crimes de guerra somente podem ser base para o julgamento do TPI se estiverem codificadas em tratados.

94. (TRF/4R/Juiz/2012) Assinale a alternativa correta.

a) No âmbito da Organização das Nações Unidas, as decisões da Assembleia Geral, em questões importantes, serão tomadas por maioria de três quintos dos membros presentes e votantes.
b) De acordo com a Convenção Americana sobre Direitos Humanos (Pacto de São José da Costa Rica), excepcionalmente, admite-se a expulsão coletiva de estrangeiros.
c) São organizações internacionais com vocação universal e atuação especializada: a Organização Internacional do Trabalho, a Organização Mundial de Saúde, a Organização para a Alimentação e Agricultura, o Fundo Monetário Internacional e a Anistia Internacional.
d) A estrutura da Organização Internacional do Trabalho compreende uma Conferência Geral e um Conselho de Administração, ambos compostos por representantes dos Estados-membros, cujas deliberações são tomadas por maioria absoluta.
e) As organizações internacionais diferenciam-se das organizações não governamentais, porque estas, em geral, são regidas em sua constituição pelo direito interno do país, ou dos países, em que estão constituídas e registradas e têm suas sedes legais.

95. (Cespe/TRF/5R/Juiz/2011) No que se refere aos órgãos que compõem a ONU, a OIT e a OMC assinale a opção correta.

a) A Assembleia Geral é órgão da OIT.
b) O Conselho de Administração compõe a ONU.
c) O Comitê de Comércio e Desenvolvimento integra a OMC.
d) A Conferência Ministerial compõe a OIT.
e) O Conselho de Tutela integra a OMC.

96. (Cespe/TRF/2R/Juiz/2011) Com relação à estrutura, ao funcionamento e aos princípios da ONU, estabelecidos na Carta das Nações Unidas, assinale a opção correta.

a) Os membros da ONU, em regra, podem utilizar força militar para a resolução dos conflitos internacionais.
b) Não há dever de solidariedade entre os membros da ONU.
c) O princípio da não intervenção não prejudica a aplicação de medidas coercitivas nos casos previstos na Carta.
d) Os Estados que não são membros da ONU não têm obrigações na promoção da paz e da segurança internacionais.
e) A ONU é embasada no princípio da igualdade orçamentária dos seus membros, de modo que todos devem custeá-la na mesma proporção.

97. (Cespe/TRF/2R/Juiz/2011) Assinale a opção correta a respeito dos objetivos e da estrutura da Organização Internacional do Trabalho (OIT), criada pela Conferência de Paz (Tratado de Versalhes, Parte XII), nos termos da Declaração de Filadélfia (Constituição da OIT).

a) Há, na estrutura institucional dessa organização, de forma semelhante à da ONU, uma assembleia geral.
b) A organização é dirigida pela Repartição Internacional do Trabalho.
c) Essa organização é secretariada pela Conferência Internacional do Trabalho.
d) Os objetivos dessa organização incluem o incentivo à existência de sindicatos únicos.
e) É objetivo dessa organização favorecer a proteção da eficiência econômica e da equidade social por meio de órgãos colegiados com estrutura tripartite.

98. (Cespe/TRF/3R/Juiz/2011) Assinale a opção correspondente a entidade à qual cabe solicitar pareceres consultivos à Corte Internacional de Justiça, desde que autorizado pela Assembleia-Geral da ONU.

a) Organização Mundial da Saúde.
b) tribunal constitucional de Estados.
c) parlamento de Estados.
d) tribunal internacional especializado.
e) Comitê Internacional da Cruz Vermelha.

99. (Cespe/TRF/5R/Juiz/2011) O Tribunal Penal Internacional, que revolucionou a proteção dos direitos fundamentais e o conceito de soberania, tem competência para julgar crimes contra a humanidade e crimes de guerra, de genocídio e de agressão. De acordo com o Tratado de Roma, qualquer ato praticado, com consciência, como parte de um ataque generalizado ou sistemático contra população civil é considerado crime contra a humanidade. Nesse contexto, constitui ato qualificado como crime contra a humanidade:

a) a deportação ou transferência forçada de populações.
b) a morte ou o ferimento de adversários que se tenham rendido.
c) a adoção de medidas destinadas a impedir nascimentos no seio do grupo.
d) a organização de tribunais de exceção.
e) o recrutamento de crianças com menos de quinze anos de idade.

100. (Cespe/TRF/2R/Juiz/2011) Considere que o Japão denuncie ao procurador do TPI crime contra a humanidade cometido pelo governo da China contra população do Tibet. Com base nessa situação hipotética e no Decreto n. 4.388/2002, que aprovou o Tratado de Roma, por meio do qual foi instituído o TPI, assinale a opção correta.

a) O TPI é obrigado a aceitar denúncia oferecida pelo procurador.

b) O Japão não poderia agir da forma descrita, pois só o Conselho da ONU pode apresentar denúncia ao procurador do TPI.
c) Só a própria população do Tibet poderia formular representação ao procurador do TPI.
d) O procurador apreciará a seriedade da informação, podendo recolher informações suplementares.
e) O procurador é obrigado a denunciar o governo chinês.

101. (Cespe/TRF/3R/Juiz/2011) No que se refere ao Tribunal Penal Internacional, assinale a opção correta.

a) De acordo com o Estatuto de Roma, esse tribunal tem competência expressa para julgar o terrorismo como crime contra a humanidade.
b) As línguas de trabalho, nesse tribunal, são o inglês e o francês.
c) Trata-se de organismo especializado da ONU.
d) De acordo com o que prevê o Estatuto de Roma, esse tribunal pode decidir pela pena de morte em casos graves.
e) Essa corte começou a funcionar em 1998, com a conclusão do Estatuto de Roma.

102. (TRF/4R/Juiz/2010) Dadas as assertivas abaixo, assinale a alternativa correta.

I. A Unesco – Organização das Nações Unidas para a Educação, Ciência e Cultura é uma organização internacional especializada, sem vinculação à ONU. Foi criada na Conferência de Londres em 1945, tem, dentre outras, a função de lutar para que sejam respeitados os direitos do Homem, as liberdades fundamentais e a justiça e está sediada em Genebra.
II. O FMI – Fundo Monetário Internacional é um organismo internacional criado em 1944, com sede em Washington, e tem como função, dentre outras, promover o comércio internacional, manter estáveis os balanços de pagamentos dos diversos países de forma a evitar oscilações cambiais e conceder empréstimos aos países-membros.
III. O GATT é uma convenção internacional, surgida na Conferência de Genebra (de 1947), que disciplina os princípios norteadores das relações mercantis entre os Estados, tem por finalidade a promoção do pleno emprego, a expansão do comércio internacional e a melhoria no padrão de vida dos povos e, embora não tenha celebrado qualquer acordo com a ONU, com ela mantém relações estreitas, razão por que é costume incluí-lo como uma organização internacional especializada da ONU.
IV. A Convenção sobre Diversidade Biológica, adotada pelas Nações Unidas em 1992 em Nova Iorque, não foi aprovada nem adotada pelo Brasil.
V. A OMC – Organização Mundial do Comércio, com sede em Genebra, foi criada pelo acordo firmado em Marrakech (Marrocos) em 1994, o qual foi aprovado no Brasil por Decreto Legislativo no mesmo ano e, após a sua promulgação, entrou em vigor em 1995.

a) Estão corretas apenas as assertivas IV e V.
b) Estão corretas apenas as assertivas I, II e III.
c) Estão corretas apenas as assertivas I, IV e V.
d) Estão corretas apenas as assertivas II, III e IV.
e) Estão corretas apenas as assertivas II, III e V.

103. (TRF/4R/Juiz/2010) Dadas as assertivas abaixo, assinale a alternativa correta.

I. O Tribunal Penal Internacional, com sede em Haia, criado pelo Estatuto de Roma, tem competência para os crimes mais graves que afetam a comunidade internacional no seu conjunto e abrange os crimes de genocídio, os crimes contra a humanidade, os crimes de guerra, os crimes de agressão e os crimes de tráfico internacional de drogas que afetem mais de 2 (dois) países.
II. Para a competência do Tribunal Penal Internacional, é considerado como crime de "genocídio", qualquer ato praticado com a intenção de destruir, no todo ou em parte, um grupo religioso enquanto tal, por meio de transferência à força de crianças do grupo para outro grupo.
III. São consideradas línguas oficiais do Tribunal Penal Internacional somente o inglês e o francês.
IV. São consideradas como línguas de trabalho do Tribunal Penal Internacional o árabe, o chinês, o espanhol e o russo, sendo que o regulamento processual pode também definir os casos em que outras línguas oficiais podem ser usadas como língua de trabalho.
V. O Tribunal Penal Internacional poderá funcionar em outro local sempre que entender conveniente.

a) Estão corretas apenas as assertivas I e II.
b) Estão corretas apenas as assertivas I e III.
c) Estão corretas apenas as assertivas II e V.
d) Estão corretas apenas as assertivas III e IV.
e) Estão corretas apenas as assertivas III e V.

104. (Cespe/TRF/2R/Juiz/2009) A respeito do Estatuto de Roma, que criou o Tribunal Penal Internacional (TPI), assinale a opção correta.

a) É prevista a existência de juízes "ad hoc" no TPI.
b) Não está prevista a revisão de sentença proferida pelo TPI.
c) A pena de prisão, por um número determinado de anos, é de até trinta anos.
d) Nos casos de acusação pelo crime de agressão, o acusado deverá estar ausente do julgamento.
e) Qualquer Estado reconhecido pela comunidade internacional pode apresentar denúncia ao procurador do TPI.

105. (Cespe/TRF/5R/Juiz/2009) Com relação ao processo no Tribunal Penal Internacional (TPI), assinale a opção correta.

a) Menores de dezoito anos podem ser processados no TPI.
b) O TPI é regido pelo princípio da complementaridade.
c) O TPI pode ter jurisdição sobre crimes ocorridos em qualquer território.
d) No TPI, podem ser processados crimes ocorridos antes da entrada em vigor do estatuto desse tribunal.
e) Toda "notitia criminis" deve ser admitida e julgada pelo TPI.

7. RELAÇÕES DIPLOMÁTICAS E CONSULARES

QUESTÕES DISCURSIVAS

4. (TRF/2R/Juiz/2007) Comente as decisões abaixo, apontando os princípios de direito internacional que as fundamentam, as tendências da jurisprudência e doutrina, bem como as regras de competência interna a respeito da matéria: (i) STJ, RO 1/SP: "Inexiste imunidade de jurisdição para o Estado estrangeiro em causa de natureza trabalhista. Precedentes do STF e do STJ." (ii) STF ACO 575/DF: Imunidade de Jurisdição. Litígio entre Estado Estrangeiro e (...). Ação civil de reparação patrimonial (acidente que envolve veículo diplomático). (...). Evolução do tema na doutrina, na legislação comparada e na jurisprudência do Supremo Tribunal Federal (...). Precedentes do STJ (RTJ 133/159 e RTJ 161/643-644)".

QUESTÕES OBJETIVAS

106. (TRF/4R/Juiz/2016) Dadas as assertivas abaixo, assinale a alternativa correta. Considerando a Convenção de Viena sobre as Relações Diplomáticas:

I. O Estado acreditante deverá certificar-se de que a pessoa que pretende nomear como o chefe da missão perante o Estado acreditado obteve o "agrément" do referido Estado que, por sua vez, não está obrigado a dar ao Estado acreditante as razões da eventual negação do "agrément".

II. Os locais de missões diplomáticas são invioláveis, não podendo os agentes do Estado acreditado neles ingressar sem o consentimento do chefe da missão diplomática.

III. A missão diplomática tem o poder de representar o Estado acreditante perante o Estado acreditado, derivando disso um complexo de poderes, dentre os quais a prerrogativa de fazer declarações, inclusive para fins de extradição de seus súditos.

IV. A nota diplomática, que vale pelo que nela se contém, goza da presunção "juris tantum" de autenticidade e de veracidade, consubstanciando documento formal cuja eficácia jurídica deriva das condições e peculiaridades de seu trânsito por via diplomática e que faz presumir a sinceridade da declaração encaminhada por via diplomática quanto, por exemplo, à integridade da pretensão punitiva ou executória do Estado requerente em caso de extradição.

a) Está correta apenas a assertiva II.
b) Está correta apenas a assertiva III.
c) Estão corretas apenas as assertivas I e II.
d) Estão corretas apenas as assertivas I, III e IV.
e) Estão corretas todas as assertivas.

107. (Cespe/TRF/5R/Juiz/2015) Considerando a possibilidade de determinado fato ocasionar responsabilidade internacional, assinale a opção correta.

a) Os danos indiretos advindos de ato ilícito são aceitos como causa de pedir reparação por dano.
b) Caso um fato ilícito internacional seja praticado por um funcionário estatal em evidente ilegalidade de acordo com o direito nacional, não se poderá falar em imputação de responsabilidade ao Estado empregador desse funcionário.
c) Atos praticados por violência popular ou insurreição não acarretam responsabilidade internacional do Estado, salvo se este não agir com a devida diligência ou for negligente.
d) Não se admite a responsabilidade internacional do Estado brasileiro na hipótese de decisão liminar ser concedida por juiz federal para evitar lesão grave ou de difícil reparação e que, ao mesmo tempo, afaste a aplicabilidade de tratado internacional.
e) Pode ser atribuída a determinado Estado responsabilização internacional pela prática de ato ilícito de que não tenha resultado dano.

108. (Cespe/TRF/1R/Juiz/2015) Raul, nacional do Estado X, solicitou asilo diplomático na embaixada do Estado Y, localizada no território do Estado Z, alegando que tem sofrido perseguição política por ação conjunta dos Estados X e Z. O asilo diplomático foi concedido pelo Estado Y, que reconhece como norma de direito internacional costumeiro o asilo diplomático, ao passo que o Estado Z alega que nunca reconheceu tal norma como válida e obrigatória para si. Nessa situação hipotética:

a) o Estado Y não pode entregar Raul às autoridades do Estado Z, após a concessão do asilo, mas pode entregá-lo às autoridades de seu próprio Estado.
b) o Estado Z está obrigado a conceder a Raul um salvo-conduto para que ele deixe o seu território.
c) a embaixada do Estado Y, localizada no território do Estado Z, é inviolável, mesmo estando Raul em seu interior.
d) Raul tem direito a ter reconhecido pelo Estado Z o asilo diplomático concedido pelo Estado Y.
e) o Estado Y tem o dever de aplicar a Raul o princípio "aut dedere aut judicare".

109. (Cespe/TRF/1R/Juiz/2013) Considere que o Estado A tenha adentrado o espaço aéreo do Estado B sem a sua autorização e que, após tratativas diplomáticas, ele tenha reconhecido que cometera uma violação ao direito do Estado B, tendo apresentado pedido formal de desculpa pelo ocorrido. Nessa situação, de acordo com os artigos da Comissão de Direito Internacional da ONU sobre Responsabilidade Internacional dos Estados, o reconhecimento da violação e o pedido de desculpas realizado pelo Estado A caracterizam a forma de reparação denominada:

a) danos morais.
b) garantia de não repetição.
c) restituição.
d) compensação.
e) satisfação.

110. (Cespe/TRF/2R/Juiz/2009) À luz da Convenção de Viena, assinale a opção correta acerca das relações diplomáticas.

a) Os locais da missão diplomática são invioláveis, exceto em caso de calamidades.
b) O Estado acreditado tem o dever de doar os locais destinados à missão diplomática.
c) A residência particular do agente diplomático tem proteção diferenciada dos locais da missão diplomática.
d) Em caso de conflito armado, os locais da missão diplomática devem ser protegidos pelo Estado acreditado.
e) Os arquivos e os documentos da missão diplomática são invioláveis, exceto em caso de fundada desconfiança em relação ao Estado suspeito de atividade ilícita.

8. SOLUÇÃO DE CONTROVÉRSIAS

QUESTÕES OBJETIVAS

111. (TRF/3R/Juiz/2018) Considere as seguintes assertivas e assinale a incorreta:

a) Sobre as fontes do Direito Internacional Público, a doutrina clássica afirma que tratado e costume possuem o mesmo valor sem que um tenha primazia sobre o outro; por isso, um pode derrogar ou modificar o outro.
b) O ato unilateral tem sido considerado pela doutrina como fonte do Direito Internacional, apesar de não constar expressamente do rol previsto no artigo 38 do Estatuto da Corte Internacional de Justiça, tendo, como exemplo, as resoluções das organizações internacionais.
c) Dentre os princípios gerais de direito no âmbito interno, os seguintes foram consagrados na jurisprudência internacional, segundo doutrina: (i) proibição ao abuso de direito; (ii) responsabilidade internacional decorrente de atos ilícitos e restituição do que foi adquirido por enriquecimento ilícito; (iii) exceção da prescrição liberatória; (iv) obrigação de reparar os danos emergentes e lucros cessantes.
d) O recurso à equidade prescinde da concordância das partes para ser validamente utilizado pelo juiz internacional ao proferir sua decisão.

112. (Cespe/TRF/5R/Juiz/2015) Tendo em vista que o conflito de interesses é comum a toda sorte de sociedade, e que essa característica não poderia ser diferente ao se considerar a sociedade internacional, assinale a opção correta.

a) A arbitragem é uma forma jurisdicional de solução pacífica de conflitos internacionais e a Corte Permanente de Arbitragem de Haia não representa efetivamente um tribunal internacional.
b) O direito de angária é uma das espécies de embargo sob o qual o Estado requisita os meios de transporte estrangeiro que estejam em seu território mediante indenização.
c) Como condição de eficácia para serem cumpridas no Brasil, sentenças da CIJ têm de ser homologadas pelo STJ.
d) A negociação prévia é condição de admissibilidade de ação ajuizada perante tribunal internacional.
e) O inquérito é utilizado como forma de se estabelecer previamente a materialidade dos fatos exclusivamente em uma instância jurisdicional internacional.

113. (Cespe/TRF/5R/Juiz/2015) Considerando que empresa pública federal brasileira estabeleça contrato internacional com empresa privada sediada na Argentina, assinale a opção correta.

a) Havendo cláusula expressa de submissão à arbitragem, admite-se que as partes possam escolher, livremente, as regras de direito que serão aplicadas na arbitragem, inclusive aquelas do direito argentino, desde que não haja violação aos bons costumes e à ordem pública.
b) Se o contrato possuir a cláusula "hardship", isso significará que, havendo um elemento da natureza que torne impossível o cumprimento da avença, ocorrerá a extinção do contrato sem indenização por perdas e danos.
c) Se, do contrato em questão originar-se controvérsia que envolva os Estados-parte (Brasil e Argentina) e se tal controvérsia for submetida ao Tribunal Permanente de Revisão do Mercosul, eventual laudo arbitral proferido por esse tribunal será de cumprimento facultativo.
d) Na hipótese de dúvida sobre o direito civil aplicável (brasileiro ou argentino), pode estar presente o instituto do reenvio, que ocorre quando o direito internacional privado brasileiro indica o direito argentino como aplicável ao caso, e o direito internacional privado argentino indica, na mesma hipótese, a aplicação de seu próprio direito civil.
e) Na hipótese de haver conflito sobre a interpretação de cláusula contratual, ainda que o juiz conheça o direito argentino, ele não poderá decidir o caso sem a prova da existência e aplicação do direito estrangeiro.

114. (Cespe/TRF/1R/Juiz/2015) O instrumento que regula atualmente a solução de controvérsias no âmbito do Mercosul é o:

a) Protocolo de Ouro Preto.
b) Protocolo de Brasília.
c) Protocolo de Assunção.
d) Protocolo de las Leñas.
e) Protocolo de Olivos.

115. (Cespe/TRF/2R/Juiz/2013) Os meios diplomáticos de solução pacífica de controvérsias incluem:

a) a conciliação.
b) o tribunal internacional.
c) a arbitragem internacional.
d) o tribunal misto.
e) o tribunal constitucional.

116. (Cespe/TRF/2R/Juiz/2009) O fato de um Estado oferecer ajuda a outros dois Estados para resolver certa controvérsia, sem, contudo, interferir nas negociações, configura o meio de solução de controvérsias denominado:

a) mediação.
b) conciliação.
c) bons ofícios.
d) inquérito.
e) troca de notas.

9. TRATADOS E CONVENÇÕES ESPARSOS

QUESTÕES OBJETIVAS

117. (TRF/4R/Juiz/2022) Assinale a alternativa incorreta.

a) A Conferência da Haia constitui uma das organizações mais importantes para a harmonização da codificação internacional, estando a serviço da cooperação judiciária e administrativa em matéria de direito internacional privado, mormente com referência à proteção da infância e da adolescência.
b) Atribui-se à Conferência da Haia o mérito pela criação do sistema de autoridades centrais, cujo objetivo é promover a cooperação administrativa e judicial entre os Estados.
c) Quanto às convenções processuais, no âmbito da Conferência da Haia, estas afetam todas as áreas da cooperação jurídica internacional, seja no campo do direito de família, seja no campo contratual.
d) A República Federativa do Brasil ratificou o Estatuto da Conferência da Haia de Direito Internacional Privado, sendo parte de seus Estados-membros fundadores, jamais tendo dela se retirado.
e) A Conferência da Haia dedica-se à pesquisa de várias problemáticas relacionadas ao Direito Internacional, sendo composta pela reunião de seus Estados-membros. As decisões colegiadas da Conferência possuem a finalidade de estimular a criação de normas internacionais e recomendações a serem seguidas por seus Estados-membros.

118. (IFBC/TRF/2R/Juiz/2018) A Convenção da Haia sobre os Aspectos Civis do Sequestro Internacional de Crianças:

a) visa garantir o retomo da criança ilicitamente transferida ou retida indevidamente ao país da sua residência habitual.
b) tem por objetivo garantir a punição do genitor que perpetrou o sequestro.
c) permite que se impeça o retomo da criança ao país da residência habitual quando se alegar violação à ordem pública brasileira.
d) não autoriza o retomo de crianças brasileiras ao país estrangeiro de residência habitual, pois a criança brasileira tem o direito de residir no país.
e) somente autoriza que o retomo da criança seja solicitado pela via da Autoridade Central.

119. (TRF/3R/Juiz/2018) Cuidando-se dos efeitos civis do sequestro internacional de crianças, de acordo com e nos estritos termos da convenção concluída na cidade de Haia, em 25/10/1980, considere as seguintes assertivas:

I. Qualquer decisão que, baseada nos termos da Convenção, determine o retorno da criança, não afeta os fundamentos do direito de guarda.
II. Se restar provado que a criança já está integrada no seu novo meio, por mais de um ano, a autoridade judicial ou administrativa não está obrigada a determinar o seu retorno.
III. Decisão fundamentada quanto ao direito de guarda pode servir de base para justificar a recusa de retorno da criança, nos termos da Convenção, podendo as autoridades judiciais

ou administrativas do Estado requerido levar em consideração os motivos dessa decisão na aplicação da Convenção.

IV. É lícita a exigência de prestação de caução ou depósito para garantir o pagamento dos custos e despesas relativas aos procedimentos previstos na convenção, podendo o interessado, se o caso, alegar impossibilidade de arcar com tais gastos, caso em que poderá ser eximido de tais pagamentos.

a) Todas as assertivas são corretas.
b) A assertiva III é a única correta.
c) As assertivas I e II são as únicas corretas.
d) As assertivas III e IV são as únicas corretas.

120. (TRF/3R/Juiz/2018) Sobre o tema da solução de controvérsias de abrangência internacional (arbitragem), avalie as seguintes assertivas:

I. Mesmo que a arbitragem tenha transcorrido totalmente em território nacional (audiências, reuniões), se a sentença arbitral for proferida fora do Brasil, tratar-se-á de sentença estrangeira, exigindo, unicamente, a homologação pelo Superior Tribunal de Justiça para a regular produção de efeitos.

II. No tocante ao reconhecimento ou execução de sentença arbitral estrangeira, os tratados internacionais têm prevalência sobre a lei interna, que só possui aplicação subsidiária e nos termos da legislação própria.

III. Nos termos da Convenção de Nova Iorque (Decreto 4.311/2002), pode ser indeferido o reconhecimento ou execução de uma sentença arbitral se houver prova de que a parte contra a qual a sentença é invocada não recebeu notificação adequada sobre a designação do árbitro ou do processo de arbitragem, ou lhe foi impossível, por outras razões, apresentar seus argumentos.

IV. É causa bastante ao indeferimento do reconhecimento ou execução de sentença arbitral estrangeira a comprovação de que referida sentença ainda não se tornou obrigatória para as partes, foi anulada ou suspensa por ordem de autoridade do país em que foi proferida.

a) Todas as assertivas estão corretas.
b) Apenas as assertivas II e IV estão corretas.
c) A assertiva I é a única correta.
d) Apenas as assertivas I, III e IV estão corretas.

121. (Cespe/TRF/5R/Juiz/2017) Na hipótese de aplicação da Convenção sobre os Aspectos Civis do Sequestro Internacional de Crianças (Haia, 1980), o juiz brasileiro poderá rejeitar o pedido de retorno da criança se

a) ficar comprovado que a pessoa, instituição ou organismo que tinha a seu cuidado a criança não exercia efetivamente o direito de guarda por ocasião do seu nascimento.
b) ficar comprovado que existe grave risco de a criança, no seu retorno, ficar sujeita a perigos de ordem física, não sendo considerados impedimentos para o retorno da criança os possíveis perigos de ordem psíquica.
c) for verificado que a criança se opõe ao retorno, desde que já possua doze anos ou mais de idade, idade a partir da qual se deve considerar suas opiniões sobre o assunto.
d) houver expirado o período de um ano entre a data da transferência ou da retenção indevidas e a data do início do processo, independentemente da integração da criança no novo seio de convívio.
e) houver razões para crer que a criança tenha sido levada para outro Estado.

122. (TRF/2R/Juiz/2017) Quanto à Convenção de Haia, de 1980, sobre Aspectos Civis do Sequestro Internacional de Crianças, leia as proposições e, ao final, assinale a opção correta:

I. Pleiteado, perante a Autoridade Central Brasileira, o retorno da criança para o lugar de sua residência habitual, a Convenção estabelece que este pedido não possa ser negado, embora a negativa, na prática, ocorra com relativa frequência.

II. Não é possível a tramitação exclusivamente administrativa do pedido de restituição, já que se trata de matéria submetida à reserva de jurisdição.

III. As crianças que tenham nacionalidade brasileira já reconhecida não poderão ser retornadas, já que, segundo entendimento dominante, tal determinação seria forma de extradição não autorizada pela Carta Constitucional.

a) Apenas a assertiva I está correta.
b) Apenas a assertiva II está correta.
c) Apenas a assertiva III está correta.
d) Apenas as assertivas II e III estão corretas.
e) Todas as assertivas são incorretas.

123. (TRF/4R/Juiz/2016) Assinale a alternativa incorreta. Levando em conta a Convenção de Nova York sobre Prestação de Alimentos no Estrangeiro (20.6.1956):

a) O Brasil aderiu, aprovou e promulgou a Convenção de Nova York sobre a Prestação de Alimentos no Estrangeiro.
b) Se a Parte Contratante em cujo território deve ser executada Carta Rogatória julgar que ela compromete sua soberania ou sua segurança, poderá negar a sua execução.
c) A ação de alimentos transnacionais é da competência da Justiça Federal mesmo quando não amparada pela Convenção de Nova York.
d) No Brasil a "Instituição Intermediária" é, hoje, a Procuradoria-Geral da República.
e) No Brasil, a "Autoridade Central" é, hoje, a Procuradoria-Geral da República.

124. (TRF/4R/Juiz/2016) Assinale a alternativa incorreta. Levando em conta a Convenção sobre os Aspectos Civis do Sequestro Internacional de Crianças e Adolescentes (Haia, 25.10.1980):

a) A autoridade judicial ou administrativa do Estado onde a criança se encontre pode não ordenar o seu retorno se for verificado que a criança se opõe a ele e que ela atingiu idade e grau de maturidade tais que seja apropriado levar em consideração as suas opiniões sobre o assunto.
b) Nenhuma caução ou depósito, qualquer que seja a sua denominação, poderá ser imposta para garantir o pagamento de custos e despesas relativos aos processos judiciais ou administrativos previstos na Convenção.
c) Dois ou mais Estados Contratantes, com o objetivo de reduzir as restrições a que poderia estar sujeito o retorno da criança, podem estabelecer entre si acordo para derrogar as disposições da Convenção que possam implicar tais restrições.
d) A aplicação da Convenção cessa quando a criança atingir a idade de 18 anos.
e) No Brasil, a Autoridade Central para os fins da Convenção é, atualmente, a Secretaria de Direitos Humanos da Presidência da República.

125. (TRF/4R/Juiz/2016) Dadas as assertivas abaixo, assinale a alternativa correta. Considerando a Convenção das Nações Unidas contra o Crime Organizado Transnacional:

I. A convenção é aplicável, no Brasil, aos crimes com pena de privação de liberdade cujo máximo não seja inferior a quatro anos, mesmo que tenham sido cometidas em um só Estado, mas tenham participação de grupo criminoso organizado que pratique atividades criminosas em mais de um Estado.

II. Por força da convenção, os Estados-parte mitigam sua soberania admitindo que um dos celebrantes exerça, em território de outro Estado, jurisdição ou funções reservadas, pelo direito interno desse Estado, às suas autoridades.

III. A convenção determina que cada Estado-parte adote, em conformidade com os princípios fundamentais do seu direito interno, medidas legislativas que sejam necessárias para caracterizar como infração penal diversas condutas de lavagem do produto de crime, dentre as quais a dissimulação da verdadeira origem de bens ou direitos a eles relativos, sabendo o seu autor que ditos bens são produto de crime.

IV. Pela convenção, as autoridades competentes de um Estado-parte podem, sem pedido prévio e sem prejuízo de seu direito interno, comunicar informações relativas a questões penais a uma autoridade competente de outro Estado-parte, quando essas informações puderem ajudar a empreender investigações e processos penais.

a) Está correta apenas a assertiva II.
b) Está correta apenas a assertiva III.
c) Estão corretas apenas as assertivas I e II.
d) Estão corretas apenas as assertivas I, III e IV.
e) Estão corretas todas as assertivas.

126. (TRF/3R/Juiz/2016) Considerados os termos da Lei nº 8.617, de 4.1.1993, denominada a Lei do Mar, assinale a alternativa incorreta:

a) O Brasil exerce na plataforma continental direitos de soberania para efeitos de exploração dos recursos naturais, no leito e no subsolo das áreas submarinas que se estendem além do seu mar territorial, em toda a extensão do prolongamento natural de seu território terrestre, até o bordo exterior da margem continental, ou até uma distância de 200 (duzentas) milhas marítimas das linhas de base.
b) No mar territorial o Brasil exerce soberania e tem direito de inspeção e apresamento dos navios que trafegam nessa zona de mar por infração ao seu direito interno, especialmente às regras que proíbam o alijamento de substâncias nocivas.
c) Na zona econômica exclusiva (ZEE) o Brasil tem o direito exclusivo de regulamentar a investigação científica marinha, a proteção e preservação do meio marítimo, bem como a construção, a operação e o uso de todos os tipos de ilhas artificiais, instalações e estruturas.
d) Quando os navios-cassino estrangeiros navegarem pelo mar territorial brasileiro, no exercício do direito de passagem inocente, rápida e contínua, que não seja prejudicial à paz, à boa ordem ou à segurança do Brasil, não será exercida a jurisdição penal brasileira a bordo, mesmo na hipótese de ocorrência de infração criminal com consequências para o Estado brasileiro.

127. (TRF/3R/Juiz/2016) Dadas as assertivas abaixo, assinale a alternativa correta: Em 10.10.2001, W.W.W., americano, casa-se com A.A.A., brasileira. Dessa união nasceu, no Brasil, a menina A.W, em 10.10.2005. A partir de então, outubro de 2005, os pais fixaram residência nos Estados Unidos da América. Em julho de 2015, a mãe, AAA, veio a São Paulo, trazendo a filha, com a autorização do pai. Na data do agendamento da passagem aérea de regresso ao EUA, em 30.07.2015, AAA comunicou o esposo que decidiu não regressar e permanecer no Brasil com a menor. Em face da transferência, em 30.08.2015, o pai noticiou o fato à Autoridade Central americana, e, paralelamente, na mesma data, ingressou com ação de busca, apreensão e restituição da menor na Justiça Federal de São Paulo. A mãe respondeu, em sede de contestação da ação, que obteve a guarda da filha perante a Justiça Estadual de São Paulo, até porque a menina, A.W., é brasileira. A Advocacia da União pleiteou o seu ingresso na ação em trâmite na Justiça Federal. Quais das medidas abaixo poderiam ser ordenadas pelo Juiz Federal, com fundamento nas normas expressas e implícitas da Convenção da Haia sobre Sequestro Internacional de Crianças, promulgada pelo Decreto nº 3.413, de 14.4.2000:

I. Determinar as providências necessárias à responsabilização da mãe na esfera criminal, pela prática de sequestro internacional, encaminhando peças ao Ministério Público Federal.

II. Comunicar o MM. Juiz de Direito prolator da decisão que deferiu a guarda na Justiça Estadual, alertando sobre a existência da ação para a discussão de eventual ocorrência de retenção ilícita dos menores, nos termos da Convenção da Haia. Acolher o pedido da União para ingressar no polo ativo do feito como litisconsorte do pai, na qualidade Autoridade Central.

III. Julgar extinto o processo sem julgamento de mérito em razão de a menina, A.W, ser brasileira, aplicando na espécie a interpretação sistemática com a regra da Constituição da República (art. 5º, XLVII, "d") a qual proíbe a pena de banimento, que veda a determinação de saída compulsória do território nacional de cidadão brasileiro.

IV. Considerar que o pedido foi deduzido em período de menos de um ano da data da transferência ou retenção, eventualmente, indevida, razão por que deverá deliberar acerca do retorno da menor AW aos Estados Unidos da América, onde se localizava a sua residência habitual.

a) Todas as assertivas estão corretas.
b) A assertiva IV está incorreta.
c) Somente as assertivas II e IV estão corretas.
d) Somente a assertivas III está incorreta.

128. (Cespe/TRF/1R/Juiz/2015) Assinale a opção correta com relação ao estatuto de igualdade entre brasileiros e portugueses.

a) O brasileiro ou o português beneficiário do estatuto de igualdade que se encontrar em um terceiro Estado poderá gozar da proteção diplomática tanto do Estado da residência habitual quanto do Estado da nacionalidade.
b) Excetuam-se do regime de equiparação somente os direitos expressamente reservados em lei por ambos os Estados.
c) No Brasil, o estatuto de igualdade será atribuído por ato conjunto do ministro da Justiça e do ministro das Relações Exteriores.
d) O brasileiro em Portugal ou o português no Brasil, independentemente de requerimento à autoridade competente, poderá gozar de direitos políticos após dois anos de residência habitual.
e) O brasileiro ou o português beneficiário do estatuto de igualdade não estará sujeito à extradição, salvo se essa for requerida pelo governo do Estado da nacionalidade.

129. (TRF/3R/Juiz/2010) Segundo preconiza o art. 109, inciso IX, da CF, aos juízes federais compete processar e julgar os crimes cometidos a bordo de navios ou aeronaves, ressalvada a competência da justiça militar. A Convenção relativa a infrações e a certos outros atos praticados a bordo de aeronave, concluída em Tóquio em 1963, e ratificada pelo Brasil em 1969, tendo entrado em vigor no território nacional em 14.04.1970, promulgada pelo Decreto 66.520, de 30.04.1970, é aplicada às infrações às leis penais, sendo incorreto afirmar que:

a) O Estado de matrícula da aeronave será competente para exercer a jurisdição sobre infrações e atos praticados a bordo.
b) As infrações cometidas a bordo de aeronaves matriculadas num Estado contratante serão consideradas, para fins de extradição, cometidas, não só num lugar onde houverem ocorrido, mas também no Estado de matrícula da aeronave.
c) O Estado contratante, que não for o da matrícula, não poderá interferir no voo de uma aeronave a fim de exercer a sua jurisdição penal em relação a uma infração cometida a bordo, a

menos que a infração tenha sido cometida por ou contra um nacional desse Estado ou pessoa que tenha aí sua residência.

d) O Estado contratante obriga-se a conceder a extradição da pessoa que praticou a infração penal ao Estado de matrícula da aeronave.

130. (TRF/3R/Juiz/2010) Assinale a alternativa correta:

a) Proposta ação por brasileiro em face de Estado Estrangeiro visando a receber indenização por danos morais e materiais, decorrentes da proibição de entrada no país, apesar da anterior concessão de visto de turismo, deve o magistrado extinguir o processo, por inépcia da inicial.

b) Proposta ação por brasileiro em face de Estado Estrangeiro visando a receber indenização por danos morais e materiais, decorrentes da proibição de entrada no país, apesar da anterior concessão de visto de turismo, deve o magistrado determinar a citação do Estado Estrangeiro, já que a imunidade de jurisdição não representa regra que automaticamente deva ser aplicada aos processos judiciais movidos contra Estado Estrangeiro, e pode, ou não, ser exercida por esse Estado.

c) A questão relativa à imunidade de jurisdição, atualmente, é vista de forma absoluta, mesmo nas hipóteses em que o objeto litigioso tenha como fundamento relação jurídica de natureza meramente civil, comercial ou trabalhista.

d) Proposta ação por brasileiro em face de Estado Estrangeiro visando a receber indenização por danos morais e materiais, decorrentes da proibição de entrada no país, apesar da anterior concessão de visto de turismo, deve o magistrado extinguir o processo, por se tratar de hipótese de imunidade absoluta de Jurisdição, não sendo possível sua relativização, por vontade soberana do Estado alienígena.

GABARITOS

1. DIREITO CONSTITUCIONAL									
1-C	2-D	3-D	4-E	5-D	6-C	7-E	8-D	9-D	10-A
11-C	12-A	13-A	14-C	15-E	16-E	17-A	18-C	19-B	20-C
21-E	22-A	23-C	24-E	25-A	26-A	27-E	28-A	29-A	30-A
31-A	32-D	33-B	34-C	35-A	36-A	37-D	38-D	39-D	40-D
41-B	42-D	43-C	44-D	45-A	46-A	47-B	48-A	49-B	50-C
51-E	52-A	53-D	54-B	55-D	56-C	57-A	58-D	59-C	60-E
61-B	62-A	63-E	64-D	65-B	66-D	67-A	68-D	69-E	70-B
71-E	72-C	73-D	74-C	75-A	76-A	77-C	78-C	79-B	80-E
81-A	82-B	83-E	84-C	85-E	86-D	87-C	88-A	89-D	90-E
91-C	92-B	93-D	94-B	95-A	96-A	97-E	98-D	99-C	100-C
101-C	102-D	103-C	104-E	105-A	106-C	107-E	108-C	109-E	110-C
111-D	112-C	113-E	114-A	115-C	116-B	117-A	118-E	119-E	120-B
121-D	122-C	123-A	124-C	125-E	126-E	127-A	128-B	129-A	130-D
131-D	132-E	133-C	134-B	135-E	136-B	137-D	138-A	139-D	140-B
141-C	142-B	143-D	144-A	145-C	146-C	147-C	148-E	149-A	150-A
151-D	152-A	153-E	154-B	155-E	156-E	157-B	158-E	159-C	160-C
161-B	162-A	163-A	164-C	165-D	166-B	167-D	168-C	169-B	170-A
171-D	172-D	173-C	174-A	175-E	176.-D	177-D	178-C	179-C	180-B
181-A	182-E	183-B	184-E	185-B	186-E	187-B	188-E	189-C	190-E
191-A	192-D	193-E	194-C	195-B	196-E	197-E	198-D	199-B	200-A
201-C	202-D	203-E	204-C	205-A	206-A	207-C	208-C	209-A	210-A

211-C	212-A	213-B	214-A	215-A	216-D	217-C	218-C	219-B	220-C
221-E	222-C	223-A	224-A	225-B	226-A	227-B	228-E	229-B	230-B
231-D	232-A	233-D	234-D	235-A	236-A	237-E	238-D		
2. DIREITO DO CONSUMIDOR									
1-C	2-D	3-D	4-A	5-A	6-C	7-A	8-B	9-D	10-C
11-C	12-C	13-E	14-A	15-C	16-A	17-C	18-C	19-D	20-C
21-D	22-E	23-D	24-C	25-A	26-E	27-C	28-C	29-C	30-D
31-E	32-B	33-C	34-D	35-D	36-B	37-A	38-A	39-E	40-A
41-D	42-C	43-B	44-A	45-D	46-B	47-B			
3. DIREITO ECONÔMICO									
1-A	2-B	3-C	4-D	5-D	6-D	7-C	8-E	9-C	10-B
11-C	12-E	13-B	14-D	15-E	16-D	17-D	18-A	19-C	20-E
21-A	22-C	23-E	24-E	25-C	26-A	27-D	28-A	29-A	30-D
31-D	32-C	33-E	34-D	35-D	36-D	37-A	38-C	39-D	40-A
41-E	42-E	43-B	44-E	45-B	46-E	47-A	48-C	49-B	50-E
51-A	52-D	53-C	54-A	55-E	56-A	57-D	58-E	59-C	60-B
61-D									
4. DIREITO PENAL									
1-E	2-C	3-B	4-D	5-A	6-C	7-D	8-E	9-D	10-C
11-D	12-A	13-E	14-D	15-A	16-B	17-B	18-C	19-A	20-A
21-E	22-E	23-A	24-D	25-A	26-E	27-E	28-C	29-C	30-D
31-A	32-D	33-A	34-E	35-B	36-E	37-A	38-D	39-E	40-D
41-B	42-B	43-C	44-C	45-B	46-C	47-D	48-D	49-A	50-D
51-B	52-B	53-A	54-A	55-E	56-A	57-A	58-E	59-A	60-E
61-A	62-C	63-B	64-D	65-C	66-E	67-A	68-A	69-A	70-A

71-B	72-A	73-B	74-A	75-A	76-A	77-D	78-A	79-E	80-E
81-D	82-D	83-C	84-B	85-C	86-C	87-B	88-C	89-B	90-A
91-E	92-C	93-C	94-A	95-E	96-D	97-E	98-B	99-C	100-B
101-B	102-A	103-D	104-B	105-A	106-C	107-E	108-A	109-D	110-C
111-C	112-E	113-A	114-D	115-A	116-B	117-E	118-D	119-B	120-D
121-C	122-E	123-B	124-C	125-E	126-D	127-D	128-C	129-B	130-A
131-A	132-A	133-E							

5. DIREITO PREVIDENCIÁRIO

1-C	2-C	3-D	4-A	5-E	6-B	7-A	8-C	9-E	10-A
11-D	12-D	13-B	14-A	15-D	16-A	17-A	18-D	19-B	20-B
21-B	22-C	23-C	24-D	25-B	26-E	27-E	28-D	29-E	30-A
31-D	32-E	33-E	34-A	35-A	36-E	37-D	38-A	39-D	40-B
41-B	42-B	43-A	44-C	45-D	46-A	47-D	48-C	49-E	50-A
51-B	52-D	53-A	54-C	55-D	56-B	57-C	58-A	59-C	60-B
61-E	62-C	63-B	64-E	65-A	66-C	67-D	68-D	69-E	70-C
71-B	72-C	73-A	74-A	75-E	76-D	77-D	78-A	79-C	80-C
81-C	82-D	83-C	84-E	85-D	86-C	87-A	88-B	89-C	90-E
91-B	92-A	93-B	94-E	95-A	96-B	97-C	98-E	99-A	100-E
101-C	102-C	103-E	104-B	105-B	106-E	107-E	108-B	109-C	110-A
111-D	112-B	113-B	114-B	115-B	116-D	117-D	118-B	119-B	120-A
121-B	122-E								

6. DIREITO PROCESSUAL PENAL

1-C	2-B	3-D	4-A	5-B	6-E	7-E	8-C	9-B	10-E
11-E	12-B	13-D	14-B	15-A	16-C	17-B	18-D	19-B	20-E
21-C	22-D	23-D	24-B	25-A	26-E	27-E	28-E	29-B	30-B

31-B	32-C	33-A	34-A	35-B	36-B	37-B	38-A	39-A	40-E
41-A	42-D	43-D	44-E	45-C	46-E	47-A	48-B	49-A	50-A
51-B	52-A	53-C	54-A	55-D	56-B	57-E	58-A	59-E	60-A
61-A	62-B	63-D	64-A	65-B	66-B	67-D	68-D	69-D	70-E
71-E	72-B	73-C	74-E	75-C	76-B	77-B	78-D	79-A	80-E
81-C	82-B	83-B	84-B	85-C	86-A	87-D	88-B	89-E	90-D
91-A	92-B	93-B	94-D	95-C	96-E	97-B	98-C	99-E	100-E
101-B	102-E	103-D	104-C	105-E	106-C	107-D	108-A	109-B	110-A
111-B	112-D	113-E	114-D	115-C	116-E	117-E	118-E	119-E	120-C
121-D	122-B	123-B	124-C						

7. DIREITO CIVIL

1-B	2-B	3-E	4-E	5-C	6-C	7-E	8-A	9-B	10-D
11-B	12-C	13-B	14-B	15-E	16-D	17-B	18-C	19-B	20-B
21-B	22-B	23-A	24-B	25-C	26-E	27-D	28-C	29-D	30-A
31-E	32-C	33-E	34-C	35-A	36-A	37-E	38-E	39-A	40-E
41-A	42-D	43-B	44-B	45-C	46-A	47-D	48-C	49-B	50-A
51-E	52-E	53-A	54-B	55-A	56-C	57-E	58-C	59-D	60-D
61-C	62-C	63-A	64-C	65-A	66-B	67-C	68-A	69-C	70-C
71-B	72-E	73-A	74-D	75-A	76-C	77-A	78-B	79-A	80-B
81-D	82-C	83-E	84-B	85-A	86-A	87-A	88-C	89-D	90-B
91-C	92-D	93-D	94-B	95-C	96-B	97-B	98-D	99-E	100-A
101-D	102-A	103-C	104-A	105-A	106-A	107-C	108-D	109-D	110-D
111-A	112-E	113-D	114-E	115-A	116-A	117-D	118-B	119-B	120-C
121-B	122-C	123-A	124-C	125-E	126-D	127-C	128-C	129-A	130-D
131-E	132-D	133-D	134-D	135-B	136-A	137-B	138-A	139-D	140-A

141-B	142-B	143-E	144-D	145-E	146-B	147-B	148-E	149-D	150-D
151-C	152-D	153-A	154-A	155-D	156-A	157-B	158-C	159-C	160-C
161-B	162-A	163-E	164-E	165-E	166-B	167-A	168-C	169-A	170-B
171-E	172-D	173-E	174-D	175-A	176-E	177-C	178-A	179-B	180-C

8. DIREITO PROCESSUAL CIVIL

1-B	2-C	3-C	4-B	5-E	6-E	7-E	8-D	9-A	10-D
11-C	12-B	13-B	14-C	15-A	16-D	17-B	18-D	19-A	20-D
21-A	22-E	23-C	24-A	25-C	26-D	27-E	28-A	29-B	30-E
31-E	32-B	33-C	34-C	35-B	36-B	37-E	38-E	39-C	40-D
41-A	42-C	43-C	44-A	45-B	46-B	47-E	48-A	49-E	50-E
51-A	52-B	53-B	54-C	55-E	56-B	57-A	58-C	59-B	60-B
61-B	62-A	63-B	64-E	65-B	66-A	67-C	68-D	69-C	70-B
71-C	72-D	73-C	74-B	75-B	76-A	77-D	78-C	79-A	80-D
81-C	82-C	83-D	84-A	85-C	86-D	87-C	88-E	89-D	90-A
91-B	92-C	93-C	94-E	95-D	96-E	97-C	98-B	99-A	100-B
101-A	102-A	103-D	104-B	105-B	106-D	107-C	108-B	109-B	110-E
111-E	112-C	113-A	114-B	115-C	116-D	117-C	118-C	119-B	120-C
121-C	122-A	123-D	124-B	125-E	126-C	127-D	128-A	129-B	130-A
131-A	132-C	133-D	134-E	135-B	136-C	137-E	138-A	139-E	140-D
141-D	142-D	143-A	144-C	145-D	146-A	147-A	148-A	149-C	150-B
151-D	152-D	153-A	154-C	155-B	156-B	157-A	158-B	159-B	160-D
161-D	162-D	163-B	164-B	165-C	166-E	167-B	168-B	169-D	170-D
171-B	172-C	173-C	174-A						

9. DIREITO EMPRESARIAL

1-B	2-C	3-A	4-A	5-A	6-A	7-E	8-A	9-C	10-D

11-D	12-E	13-D	14-B	15-A	16-D	17-E	18-C	19-D	20-D
21-C	22-E	23-E	24-B	25-B	26-D	27-E	28-A	29-A	30-C
31-A	32-D	33-D	34-E	35-D	36-E	37-E	38-B	39-A	40-B
41-B	42-B	43-C	44-A	45-B	46-C	47-C	48-E	49-B	50-E
51-D	52-A	53-C	54-B	55-E	56-A	57-D	58-D	59-D	60-A
61-B	62-C	63-B	64-D	65-D	66-E	67-A	68-E	69-B	70-E
71-E	72-C	73-C	74-C	75-E	76-B	77-C	78-A	79-B	80-B
81-E	82-C	83-B	84-D	85-E	86-B	87-C	88-E	89-C	90-C
91-D	92-C	93-C	94-E	95-D	96-D	97-A	98-A	99-A	100-D
101-B	102-E	103-E	104-C	105-A	106-B	107-A	108-E	109-D	110-E
111-A	112-E	113-B	114-B	115-A	116-D	117-E	118-E	119-E	120-E
121-B	122-C	123-A	124-D	125-A	126-E	127-C	128-E	129-B	130-E
131-C	132-D								

10. DIREITO FINANCEIRO

1-C	2-A	3-E	4-E	5-A	6-E	7-E	8-C	9-B	10-A
11-A	12-C	13-D	14-A	15-C	16-A	17-E	18-A	19-C	20-C
21-C	22-C	23-B	24-E	25-D	26-C	27-C	28-A	29-A	30-C
31-E	32-C	33-E	34-C	35-A	36-D	37-E	38-A	39-B	40-A
41-A	42-A	43-D	44-B	45-D	46-E	47-D	48-C	49-A	50-D
51-A	52-D	53-E	54-B	55-B	56-A	57-A	58-D	59-C	60-E
61-D	62-C								

11. DIREITO TRIBUTÁRIO

1-A	2-D	3-B	4-D	5-E	6-D	7-D	8-C	9-C	10-D
11-E	12-C	13-D	14-E	15-E	16-E	17-E	18-D	19-C	20-A
21-B	22-D	23-A	24-B	25-A	26-C	27-D	28-D	29-C	30-D

31-D	32-C	33-D	34-B	35-B	36-D	37-E	38-E	39-D	40-C
41-B	42-C	43-E	44-E	45-E	46-D	47-B	48-B	49-B	50-B
51-D	52-C	53-C	54-A	55-B	56-D	57-A	58-E	59-C	60-C
61-D	62-E	63-E	64-E	65-C	66-D	67-E	68-E	69-C	70-C
71-B	72-A	73-C	74-A	75-C	76-A	77-B	78-E	79-D	80-B
81-D	82-D	83-B	84-C	85-A	86-D	87-B	88-C	89-C	90-C
91-E	92-E	93-C	94-B	95-B	96-B	97-D	98-D	99-A	100-E
101-E	102-B	103-D	104-D	105-D	106-C	107-C	108-E	109-D	110-D
111-E	112-C	113-B	114-B	115-D	116-C	117-A	118-E	119-B	120-A
121-B	122-B	123-D	124-B	125-D	126-A	127-E	128-D	129-B	130-D
131-E	132-A	133-C	134-C	135-E	136-D	137-D	138-A	139-C	140-B
141-A	142-C	143-C	144-A	145-A	146-D	147-B	148-C	149-B	150-E
151-E	152-E	153-C	154-A	155-E	156-A	157-C	158-D	159-B	160-E
161-C	162-D	163-E							

12. DIREITO ADMINISTRATIVO

1-D	2-B	3-C	4-B	5-B	6-E	7-C	8-E	9-C	10-E
11-B	12-A	13-A	14-A	15-B	16-C	17-A	18-D	19-B	20-A
21-B	22-D	23-D	24-B	25-B	26-D	27-A	28-C	29-E	30-C
31-D	32-E	33-E	34-C	35-D	36-E	37-A	38-D	39-D	40-D
41-D	42-B	43-B	44-E	45-D	46-B	47-E	48-C	49-C	50-D
51-B	52-D	53-A	54-D	55-C	56-E	57-C	58-D	59-D	60-B
61-E	62-D	63-D	64-B	65-D	66-E	67-E	68-C	69-E	70-D
71-E	72-D	73-A	74-D	75-D	76-B	77-D	78-A	79-C	80-A
81-B	82-E	83-D	84-E	85-D	86-A	87-C	88-B	89-C	90-A
91-C	92-A	93-C	94-C	95-B	96-D	97-D	98-B	99-B	100-B

101-D	102-B	103-E	104-B	105-C	106-C	107-D	108-E	109-E	110-C
111-E	112-D	113-E	114-C	115-E	116-D	117-D	118-E	119-C	120-D
121-D	122-E	123-D	124-D	125-D	126-C	127-B	128-C	129-A	130-A
131-E	132-B	133-A	134-A	135-C	136-A	137-A	138-A	139-A	140-E
141-B	142-D	143-B	144-C	145-C	146-B	147-E	148-E	149-E	150-D
151-C	152-C	153-E	154-A	155-C	156-A	157-C	158-C	159-A	160-B
161-B	162-A	163-C	164-B	165-D	166-D	167-D	168-A	169-B	170-E
171-A	172-B	173-A	174-E	175-E	176-C	177-D	178-E	179-B	180-B
181-A	182-B	183-A	184-B	185-B	186-A	187-D	188-B	189-A	190-C
191-B	192-D	193-C	194-D	195-C	196-D	197-D	198-D	199-D	200-A
201-C	202-D	203-B	204-E	205-D	206-B	207-D	208-E	209-E	210-B
211-B	212-B	213-E	214-D	215-E	216-E	217-E	218-D	219-D	220-A
221-C	222-D	223-A	224-A	225-C	226-E	227-A	228-B	229-E	230-E
231-B	232-A	233-A	234-E	235-B	236-A	237-E	238-B	239-B	240-D
241-E	242-D	243-C	244-D	245-D	246-D	247-C	248-E	249-E	

13. DIREITO AMBIENTAL

1-B	2-B	3-B	4-B	5-D	6-B	7-E	8-C	9-D	10-B
11-B	12-B	13-C	14-C	15-C	16-D	17-C	18-E	19-A	20-C
21-E	22-A	23-B	24-D	25-C	26-C	27-E	28-C	29-C	30-C
31-A	32-A	33-E	34-A	35-C	36-C	37-A	38-B	39-B	40-C
41-C	42-D	43-E	44-B	45-C	46-E	47-E	48-D	49-E	50-C
51-B	52-C	53-C	54-C	55-B	56-A	57-A	58-E	59-C	60-E
61-D	62-D	63-D	64-D	65-A	66-D	67-A	68-C	69-D	70-C
71-D	72-C	73-C	74-E	75-E	76-B	77-A	78-A	79-D	80-A
81-B	82-D	83-A	84-C	85-C	86-B	87-E	88-B	89-E	90-A

91-A	92-D	93-C	94-E	95-B	96-C	97-C	98-A	99-D	100-C
101-E	102-A	103-A	104-A	105-E	106-B	107-C	108-B	109-C	110-D
111-E	112-E	113-E	114-A	115-C	116-C	117-D	118-E	119-D	120-B
121-B	122-E	123-C	124-D	125-D	126-A	127-E	128-E	129-C	130-D
131-E	132-D	133-C	134-D	135-D	136-C	137-E	138-C	139-C	140-C
141-C	142-A	143-E	144-D	145-C	146-C	147-E	148-C	149-B	150-E
151-A	152-C	153-E	154-D	155-A	156-B	157-D	158-A	159-A	160-D
161-A	162-C	163-E	164-A	165-E	166-B	167-A	168-D	169-A	170-B
171-D	172-E	173-E	174-B	175-B	176-B	177-E	178-C	179-D	180-C
181-E	182-A	183-D	184-E	185-D	186-D	187-C	188-C	189-E	190-C
191-E	192-D								

14. DIREITO INTERNACIONAL PRIVADO

1-A	2-C	3-B	4-A	5-D	6-D	7-E	8-D	9-B	10-A
11-E	12-D	13-D	14-B	15-D	16-C	17-B	18-A	19-B	20-E
21-C	22-E	23-C	24-D	25-D	26-C	27-C	28-B	29-C	30-C
31-E	32-D	33-A	34-C	35-B	36-D	37-D	38-A	39-D	40-A
41-E	42-D	43-B							

15. DIREITO INTERNACIONAL PÚBLICO

1-C	2-C	3-A	4-A	5-A	6-C	7-A	8-E	9-C	10-C
11-C	12-C	13-E	14-C	15-A	16-B	17-D	18-C	19-A	20-C
21-B	22-D	23-E	24-E	25-A	26-B	27-A	28-D	29-D	30-E
31-B	32-C	33-B	34-B	35-B	36-C	37-B	38-D	39-E	40-A
41-D	42-A	43-C	44-B	45-D	46-D	47-E	48-B	49-D	50-D
51-C	52-E	53-E	54-B	55-D	56-C	57-A	58-E	59-A	60-A
61-C	62-D	63-C	64-C	65-C	66-B	67-C	68-A	69-A	70-B

71-C	72-B	73-C	74-D	75-A	76-C	77-D	78-C	79-C	80-B
81-C	82-D	83-C	84-E	85-C	86-C	87-D	88-A	89-B	90-B
91-B	92-B	93-C	94-E	95-C	96-C	97-E	98-A	99-A	100-D
101-B	102-E	103-C	104-C	105-B	106-E	107-C	108-C	109-E	110-D
111-D	112-A	113-A	114-E	115-A	116-C	117-D	118-A	119-C	120-A
121-E	122-E	123-C	124-D	125-D	126-D	127-C	128-E	129-D	130-B

ANOTAÇÕES

ANOTAÇÕES

ANOTAÇÕES

ANOTAÇÕES

ANOTAÇÕES

EDITORA
JusPODIVM
www.editorajuspodivm.com.br

RENOVA
GRAF
www.renovagraf.com.br

JUS2749